W0004476

Stefan Loose Travel Handbücher

Ursula Spraul-Doring und Richard Doring danken Elena aus Songkhla, Michael Spjuth von Ko Tao, Carmen aus Chaweng, Jörg Gundlach und Wolfgang Zöllner von Lamai, Thomas Krey aus Phetchaburi, Klaus Zelm aus Bang Saphan, Mister Graham von Ko Chang, Corinna Volkmann aus Berlin, den Mitarbeitern von TAT in Nakhon Si Thammarat und Hat Yai. Für exzellente Zusatzrecherche von Nathon und den meisten Stränden auf Ko Samui , von Ko Chang und Khao Lak danken wir ganz besonders Gerlinde Bankemper, Thomas Uhlig und Dit aus Hohenstein-Ernstthal, Roland Berglas aus Basel, Kanyarat Kosavisutte aus Krabi, Susanne Jauernig aus Marbach, Dagmar Minne und Gerald Hoffstedt aus Bremen.

Renate und Stefan Loose danken allen Freunden in Thailand, die sie mit Informationen versorgt und ihnen unterwegs geholfen haben, vor allem Pip Fagrajang und ihren Töchtern Plu, Pla und Paeng aus Bang Yai, Steffen Kochan, Chris und Tan aus Phuket, Apple und Noi aus Kanchanaburi, Allan Davidson von Budget sowie den Mitarbeitern von TAT in Kanchanaburi, Ayutthaya und Phuket. Hilfreich waren auch die Mitarbeiter von TAT in Bangkok und Frankfurt, besonders Khun Pataraporn Bamroong und Khun Kaneungnit Chotikakul. Besonderen Dank für die Recherche von Pattaya an Volker Klinkmüller aus Chonburi und von Bangkok an Uwe Löwel aus Mae Sai.

Kunya Tuntivisootti-kul danken wir für das Setzen der Thai-Schriftzeichen.

Zudem bedanken wir uns ganz herzlich bei folgenden Leserbriefschreibern:
Klaus Feith, Michael Maergner, Johannes Hotz, Manuela Schindler, René Reinert, Roland Berglas, Claudia Krüger, Patricia Wollny, Christian Stimming, Hermann Steinhart, Claudia Geißler, Roland Holl, Björn Uwe Kambeck, Elke Schehler, Christian Möschel, Katharina Becker, Marcel Syben, Lars Dankworth, Sonja Arnold, Balint Morvai, Alexa Schulze, Wieland Lehnert, Natascha Müller, Marc-Oliver Klein, Herbert Warth, Uwe Faulborn, Uwe Speck, Claudia Krüger, Werner Fischbach, Patricia Wollny, Wieland Wenz, Uwe Knoll, Ruedi Seyfert, Herbert Warth, Susann Hutter, Christine Knüfer, Simone Kräuchi, Daniela Hundt, Wouter Hoekstra, Sandra Müller-Dülfer, Rouven Dörr, Corinna Ochsmann, Simone Kohlenberg, Sven Lindberg, Gerold Fix und Matthias Espenhahn.

Schreibt uns!
Wir sind auf Anregungen, Ergänzungen und Korrekturen angewiesen, wenn auch dieses Buch aktuell bleiben soll. Es ist unmöglich, für die nächste Auflage alle Orte erneut zu besuchen. Dieses Buch wurde im Winter 2003/2004 fertig gestellt. Informationen, die von den Lesern kommen, sind sicherlich aktueller.

Zuschriften bitte an:
Stefan Loose Travel Handbücher
Zossener Str. 52/2, 10961 Berlin
✉ info@loose-verlag.de

Kein Brief bleibt ungelesen, die brauchbarsten Zuschriften belohnen wir mit einem Freiexemplar aus unserem Verlagsprogramm.

Bitte beachten: Informationen sollten so exakt wie möglich sein, v.a. Ortsangaben, Adressen etc. Hotels möglichst in einen Plan einzeichnen. Vielen Dank!

Stefan Loose Travel Handbuch

Thailand
Der Süden

Von Bangkok bis Penang

5. Auflage

**Richard Doring, Renate Loose
Stefan Loose, Ursula Spraul-Doring**

Aktuelle Reisetipps auf 760 Seiten!

Thailand - Der Süden
Stefan Loose Travel Handbücher
© **Januar 2004**
DuMont Reiseverlag

5., vollständig überarbeitete Auflage

Gesamtredaktion und -herstellung:
Bintang Buchservice GmbH
Zossener Str. 55/2, 10961 Berlin

Fotos: Bildnachweis s.S. 751
Karten: Anja Linda Dicke, Klaus Schindler
Lektorat: Renate Loose, Jessika Zollickhofer
Layout und Herstellung: Gritta Deutschmann
Farbseitengestaltung: Matthias Grimm
Umschlaggestaltung: Gritta Deutschmann und Britta Dieterle

Druck und Weiterverarbeitung:
Westermann Druck Zwickau GmbH

ISBN 3-7701-6129-7

Inhalt

Mehr als nur Beach

Wer träumt nicht von weißen Sandstränden und sachte im Wind wiegenden Kokospalmen, von klarem, türkisblauem Meer und einsamen Inseln und wer sehnt sich nicht danach, auf abenteuerlichen Pfaden die geheimnisvolle Welt des Dschungels zu entdecken oder liebenswerte Menschen kennen zu lernen, die noch ursprünglicher leben als wir? Wen reizen nicht prunkvolle Tempelanlagen mit immer lächelnden Buddha-Statuen? All das kann man im Süden Thailands finden.

In Thailand, so scheint es, werden viele Träume wahr. Dennoch ist nicht zu übersehen, dass dieses Land auch mit vielen Problemen zu kämpfen hat, z.B. Prostitution, Kinderarbeit, landlose Bauern. Auch die starke Verwestlichung fällt ins Auge. Thailand verschließt sich nicht gegen die Einflüsse europäischer Lebensart, möchte nicht auf die technischen Errungenschaften der westlichen Welt verzichten, vor allem aber möchte es nicht auf dem Stand eines sogenannten „Schwellenlandes" stehen bleiben, sondern strebt den Status einer modernen Industriegesellschaft an. Dieser Trend bringt Vor- und Nachteile: verpestete Luft und lärmendes Verkehrschaos in den Großstädten, verschmutzte Flüsse und stinkende Kanäle, gigantische Hochhäuser und unansehnliche Fabriken, die sich entlang der Ausfallstraßen weit ins Land hinaus ausdehnen – aber auch gut ausgebaute Straßen, bequeme Busse und Züge, luxuriöse Hotelanlagen, qualitativ hervorragendes Essen und einen hohen hygienischen Standard.

Doch gerade das erleichtert Anfängern die ersten Schritte in diesem exotischen Land, dessen Sprache und Schrift nur schwer zu erlernen ist, und lässt zahlreiche Besucher, die von dem Land und seinen Menschen begeistert sind, immer wieder zurückkehren. Dass auch der Tourismus als blühender Industriezweig gehegt und gepflegt wird, stört manche Traveller am meisten. Viele behaupten, Thailand sei überlaufen. Das stimmt jedoch nur auf den ersten Blick und gilt sicherlich zur Hochsaison (vor allem Ende Dezember und im Januar) für die Touristenzentren. Aber wie viele davon gibt es überhaupt im ganzen Land? Kaum zwei Dutzend. Wer auf kühle Drinks

und Duschen, elektrischen Strom, europäisches Essen, Discos und Bars verzichten kann, findet mit Leichtigkeit Alternativen auf Inseln, an Stränden und in vielen hundert Dörfern und Städten Thailands. Man braucht nur aufmerksam in diesem Buch zu lesen.

Aus praktischen Gründen haben wir auch den nördlichen Teil West-Malaysias mit eingeschlossen. Hält man sich längere Zeit in Thailand auf, kommt unweigerlich der Moment, an dem das Visum abläuft. Ein Trip ins Nachbarland nach Kota Bharu, Pulau Perhentian oder Penang, die durchaus einen längeren Aufenthalt lohnen, bietet zudem neue Erfahrungen und stellt eine interessante Ergänzung einer Süd-Thailand-Reise dar.

In diesem Buch geben wir Adressen, Preise, Routen und Informationen weiter,

- ▶ die Anfängern die ersten Schritte in Thailand erleichtern,
- ▶ die Fortgeschrittene zu neuen Wegen ermutigen
- ▶ und die auch Kenner auf noch so manches Unbekannte hinweisen.

Wir nennen jedoch keine Geheimtipps für Plätze, die noch keinen Touristen gesehen haben. Wir haben Hunderte von schönen Stellen selbst besucht, aber nur eine Auswahl davon in diesem Buch veröffentlicht. Jeder, der viel Zeit, Unternehmungsgeist und minimale Thai-Kenntnisse mitbringt, kann seine eigenen „Paradiese" entdecken – und wird hoffentlich so viel Verantwortungsgefühl aufbringen, Informationen darüber nicht weiter zu verbreiten.

Dieses Buch enthält nicht nur Fakten, sondern auch Informationen über Sitten und Gebräuche der Bewohner des Landes, die Besuchern die Augen für Traditionen, Probleme und Zusammenhänge öffnen und Verständnis für die Kultur Thailands und seine freundlichen Menschen wecken.

In diesem Sinne wünschen wir viel Spaß beim Vorbereiten und Reisen.

Das Travel Handbuch-Team

Reisevorbereitung

Einreiseformalitäten

Visa

Ohne Visum können Bürger aus ca. 40 Ländern, darunter Deutsche, Schweizer und Österreicher, maximal 30 Tage im Land bleiben. In diesem Fall wird die Aufenthaltsgenehmigung für 30 Tage bei der Einreise in den Pass gestempelt. Für einen längeren Aufenthalt benötigt man ein **Touristenvisum**, das eine thailändische diplomatische Vertretung im Ausland ausstellt. Für bis zu 60 Tage kostet es ca. 30 € (90 Tage gültig), Anträge für eine / zwei weitere Einreise(n) 60/90 € (180 Tage gültig).

Geschäftsreisende und mit Thailändern verheiratete Ehepartner können ein **Non-Immigrant-Visum** für bis zu 90 Tage für 50 € beantragen. **Mit dem Non-Immigrant-Visum „B"** für 120 € können Berechtigte innerhalb von 365 Tagen mehrfach jeweils für max. 90 Tage einreisen. Die Konsulate verlangen unterschiedliche Belege.

Für den **Visum-Antrag** braucht man ein Antragsformular, das man vom jeweils zuständigen Konsulat oder der Botschaft nach schriftlicher Anforderung mit einem frankierten Rückumschlag zugeschickt bekommt, ein Passbild (manchmal auch zwei) und den Reisepass, der bei der Einreise mindestens noch sechs Monate gültig sein muss. Kinder benötigen einen eigenen Reisepass oder müssen bei den Eltern eingetragen sein. Vom Ausstellungsdatum an muss innerhalb von 90 Tagen die Einreise erfolgt sein. In begründeten Fällen wird die Frist um weitere 90 Tage verlängert. Wer nicht mindestens US$500 oder ein Ausreiseticket besitzt, dem kann die Einreise verweigert werden. Auch sind allzu nachlässig gekleidete Besucher nicht gern gesehen.

Es ist möglich, das 60 Tage-Touristenvisum bei jedem Immigration Office für ca. 2000 Baht um 30 Tage zu **verlängern**. Dabei sollte man ordentlich gekleidet sein und ggf. einen größeren Geldbetrag vorweisen können. Die 30 Tage gültige visafreie Aufenthaltsgenehmigung wird normalerweise nur im Falle von Krankheit um max. 7–10 Tage verlängert. Mit einem Double-Entry-Visum kann man nach Malaysia und Myanmar (Victoria Point) ausreisen und problemlos innerhalb von Minuten nach Thailand zurückkehren. Nach Victoria Point benötigt das Boot 30 Minuten (40 Baht pro Strecke). Auf der Thai-Seite wird das Thai-Visum regulär aus dem Pass gestempelt. Der Border Pass für Myanmar wird von einem Immigration Office auf einer Insel ausgestellt und kostet für Touristen mit Thai-Visum US$5 oder 300 Baht, für Touristen ohne Thai-Visum (d.h. nur mit 30-Tage-Stempel) US$15 oder 750 Baht. Bei der Rückkehr wird wieder ein Einreisevisum erteilt (im selben Büro, das um 16.30 Uhr schließt). Ohne Visum erhält man bei der Wiedereinreise beliebig oft die 30 Tage gültige visafreie Aufenthaltsgenehmigung. Wer wieder ein Visum für 60 oder 90 Tage benötigt, kann in Kota Bharu oder Penang in Malaysia in 2 Tagen ein neues beantragen. Wer von Bangkok in ein Nachbarland fliegen möchte, kann mit einem noch nicht abgelaufenen Touristenvisum in der Abflugshalle für 500 Baht ein Re-Entry-Permit erhalten, das jedoch das 60 Tage-Touristenvisum nicht verlängert.

Wird die Aufenthaltsgenehmigung oder das Visum **überzogen** (bei Maschinen, die erst nach Mitternacht abfliegen, zählt auch der Abflugtag!), ist bei der Ausreise für den zweiten überzogenen Tag eine Geldstrafe von 400 Baht und für jeden weiteren Tag 200 Baht in einheimischer Währung fällig. Es sind vor der Abreise von einem Grenzbeamten mehrere Formulare auszufüllen, was einige Zeit dauern kann, daher rechtzeitig am Immigration-Schalter erscheinen.

Das Visum zu überziehen, wird nicht als Bagatelle angesehen und kann schon nach wenigen Tagen zu gravierenden Problemen führen. Bei längerem Aufenthalt ohne Visum kommt es zur Gerichtsverhandlung, und wer dann seine Strafe nicht zahlen kann, muss ins Gefängnis.

Immigration Department
Soi Suanphlu, Sathon Tai Rd., Bangkok,
✆ 2873101-9, ✉ 2871310.

Zoll

Zollfrei sind neben den üblichen Gegenständen des täglichen Bedarfs 200 Zigaretten bzw. 250 g Tabak, 1 l Wein oder 1 l Spirituosen, ein Fotoapparat, eine Film- oder Video-Kamera und 5 Filme. Alle weiteren Dinge müssen bei der Einreise deklariert und verzollt werden. Für unbelichtetes Filmmaterial beträgt der selten erhobene Satz 40% des Gesamtwertes.

Verboten ist die Einfuhr von Waffen, Porno-Literatur und Drogen bzw. die Ausfuhr von Buddhastatuen und echten Antiquitäten. Der Handel mit Antiquitäten ist in Thailand verboten. Gelegenheit macht auch Drogen-Schmuggler. Es sitzen bereits viele Touristen wegen Drogenbesitz in den Gefängnissen Thailands.

Ausländische Währung darf in beliebiger Höhe ohne Deklaration ein- und ausgeführt werden. Die Ein- und Ausfuhr thailändischer Währung ist p.P. auf 50 000 Baht begrenzt. Wer am Flughafen von Bangkok, Phuket oder Hat Yai Waren im Wert von mindestens 5000 Baht (pro Quittung min. 2000 Baht) gekauft hat, erhält die VAT (z.Zt.10%) gegen Vorlage der Quittungen in bar zurück.

Thailändische Botschaften und Konsulate

... in Europa
Botschaft in Deutschland:
12163 Berlin, Lepsiusstr. 64-66
✆ 030-794810, ✉ 79481511
🕐 Mo–Fr 9–13 (✆ zudem 14.30–17 Uhr).
Konsulate:
20099 Hamburg 1, An der Alster 85
✆ 040-24839118, ✉ 24839115
🕐 Mo–Fr 10–12 Uhr.
40474 Düsseldorf, Cecilienallee 6-10
✆ 0211-4912632, ✉ 4912639
🕐 Mo–Do 9–12, Fr 14–17 Uhr
80639 München, Prinzenstr. 13
✆ 089-1689788, ✉ 13071180
🕐 Mo–Fr 9–12 Uhr.
70174 Stuttgart, Hubertstraße 4
✆ 0711-2264844, ✉ 2264856
🕐 Mo–Fr 9–12 Uhr.
60596 Frankfurt, Kennedyallee 109
✆ 069-698680, Visa 069-69868207, ✉ 69868228
🕐 Mo–Fr 9–12.30 (✆ zudem 15–17 Uhr).
Außenstelle:
76133 Karlsruhe, Stephanienstr. 22
✆ 0721-2031456, ✉ 2031457
🕐 Mo–Fr 9–16 Uhr.

Botschaft in der Schweiz:
3097 Bern-Liebefell, Kirchstr. 56
✆ 031-9703030-34, ✉ 9703035
🕐 Mo–Fr 9–12 (✆ zudem 14–17 Uhr).
Konsulate:
1211 Geneva, Rue Senebier 20
✆ 022-3110723, ✉ 2346362.
4051 Basel, St. Alban-Graben 8
✆ 061-2064565, ✉ 2711466.

8001 Zürich, Talacker 50
✆ 01-2217060, ✉ 2346362
🕐 Mo–Fr 9.30–11.30 Uhr.

Botschaft in Österreich:
1180 Wien, Cottagegasse 48
✆ 01-4783330, ✉ 4782907
🕐 Mo–Fr 9–13 Uhr.
Konsulate:
5020 Salzburg, Ahrenbergstr. 2
✆ 0662-646566
🕐 Mo–Fr 9–12 Uhr.
6021 Innsbruck, Bozner Platz 2
✆ 0512-580461, ✉ 577250
🕐 Mo–Fr 9–12 Uhr.
6850 Dornbirn, Rieggasse 44
✆ 05572-25614
🕐 Mo–Fr 9–16 Uhr.

... in Asien
Konsulat in China:
King World Hotel, 28 Beijing Rd., Kunming, Yunnan
✆ 0871-3168916, ✉ 3166891.

Botschaft in Hong Kong (VR China):
8th floor, Fairmont House, 8 Cotton Tree Drive, Central
✆ 25216481-5, ✉ 25218629.

Botschaft in Indien:
56-N Nyaya Marg, Chanakyapuri, New Delhi 11002
✆ 605679, ✉ 6872029.
Konsulate:
Mumbai, Malabar View, 33 Marine Drive St., Chowpatty Sea Face, ✆ 3631404, ✉ 3632417.
Calcutta, 18-B Mandeville Gardens, Ballygunge
✆ 407836, ✉ 4406251.

Botschaft in Indonesien:
Jl. Imam Bonjol 74, Jakarta
✆ 3904052, ✉ 3107469.

Botschaft in Kambodscha:
4 Monivong Bvd., Phnom Penh
✆ 426182.

Botschaft in Laos:
Route Phonekheng, Vientiane, P.O.Box 128
✆ 2508, ✉ 169053.

Botschaft in Malaysia:
Kuala Lumpur, 206 Jl. Ampang
 ☏ 2148 8222, ✆ 2148 6527
◴ Mo–Fr 9–12.30 Uhr.
Konsulate:
Penang, 1 Jl. Ayer Rajah, Ecke Jl. Tungku Abdul Rahman
 ☏ 2268029
◴ Mo–Fr 9–12 und 14–15 Uhr.
Kota Bharu, 4426 Jl. Pengkalan Chepa
 ☏ 7482545
◴ So–Do 9–16 Uhr.

Botschaft in Myanmar (Burma):
Yangon (Rangoon), 91 Pyay Rd.
 ☏ 21713, ✆ 95122784.

Botschaft in Nepal:
Thapathali, Jyoti Kendra Bldg., P.O.Box 3333, Kathmandu
 ☏ 213910, ✆ 226599.

Botschaft in Singapore:
370 Orchard Rd.
 ☏ 7372644, ✆ 7320778.

Botschaft in Vietnam:
Hanoi , 63-65 Hoang Dieu St.
 ☏ 235092-4, ✆ 235088.

Botschaften und Konsulate in Thailand

Deutsche Botschaft
Bangkok, 9 Sathon Tai Rd.
 ☏ 2879000, 2879014, ☏ 2871776, ◴ www.german-embassy.or.th, 24 Stunden-Notfallnummer (zumeist nur in den Dienstzeiten erreichbar),
 ☏ 01-8456224
◴ Mo, Do 7.30–14, Di, Mi 7.30–13.30, Fr 7.30–13.30, Visaanträge bis 10.30 Uhr
Deutsches Konsulat in Phuket (s.S. 484)

Botschaft der Schweiz
Bangkok, 35 North Wireless Rd.
 ☏ 2530156-60, ✆ 2554481
◴ Mo–Fr 9–12 Uhr.

Botschaft von Österreich
Bangkok, Chartered Square Bldg., 152 Sathon Nua Rd.
 ☏ 2682222, ✆ 2682226, ◴ www.austriaemb.or.th
◴ Mo–Fr 8–16 Uhr.
Österreichisches Konsulat in Phuket (s.S. 484)

Botschaft von Malaysia
Bangkok, 33-35 Sathon Tai Rd.
 ☏ 6792190-9, ✆ 6792208
◴ Mo–Fr 8.30–12 und 13–16 Uhr.
Konsulat in Hat Yai, ☏ 074-311062.

Malaysia
Visa

Für die Einreise nach Malaysia benötigt man einen Pass, der noch mindestens sechs Monate nach Einreisedatum gültig sein muss. Bei der Einreise wird Deutschen, Schweizern und Österreichern ein *Visit Pass* ausgestellt, der zum dreimonatigen visafreien Aufenthalt berechtigt.

Dieser *Visit Pass* kann für 5 RM in einem Immigration Office um einen Monat verlängert werden. Wer länger bleiben will, reist vor Ablauf der Aufenthaltsgenehmigung kurz in ein Nachbarland aus. Wer an der Grenzabfertigung heruntergekommen erscheint und zu wenig Geld hat, kann zurückgewiesen werden. Bei der Ankunft aus West-Malaysia in Sarawak wird ein neuer *Visit Pass* in den Pass gestempelt, der die Aufenthaltsdauer aber nicht verlängert, sondern an der ursprünglich in West-Malaysia festgelegten Frist orientiert. Wer direkt in Sarawak einreist, erhält normalerweise einen *Visit Pass* für 4 Wochen, der in jedem Immigration Office bis maximal 3 Monate verlängert werden kann.

Zoll

Zollfrei sind 200 Zigaretten, 1l alkoholische Getränke, Lebensmittel bis zu einem Wert von 75 RM und andere Geschenke bis zu einem Wert von 200 RM. Teurere Geschenke müssen verzollt werden. Normalerweise müssen 50% des Neuwertes (Kaufbeleg hilfreich) gegen Quittung als Pfand hinterlegt werden und bei der Ausreise mit dem Objekt bekommt man das Geld zurück.

Wir warnen dringend davor, Drogen mit über die Grenzen zu nehmen! Malaysia hat sehr strenge Drogengesetze. Es kann bereits Ärger geben, wenn sich im Gepäck Schlaftabletten und andere in Malaysia nicht zugelassene Medikamente finden. In diesem Fall hilft eine ärztliche Bescheinigung, dass der Betreffende diese Medikamente braucht. Besonders beim Grenzübertritt von Thailand nach Malaysia sollte man darauf achten, dass keine Drogen ins Gepäck geschmuggelt wurden.

Malaysische Botschaften und Konsulate

Botschaft in Deutschland:
10785 Berlin, Klingelhöferstr. 6
✆ 030-8857490, ✆ 88574950
✉ mwberlin@compuserve.com
🕐 Mo–Fr 9–12 Uhr.

Botschaft in Österreich:
1040 Wien, Prinz-Eugen-Straße 18
✆ 01-5051042/1569, ✆ 5057942
✉ mwvienna@netway.at.

Botschaft in der Schweiz:
(Permanent Mission to the UN) 1215 Genève 15
International Center Cointrin, Block H, 1st Floor
Route de Pre-Bois 20
✆ 022-7881505, ✆ 7880492
✉ mwgeneva@itu.ch
🕐 Mo–Fr 8.30–13 und 14–17 Uhr.

Botschaft in Thailand (s.o.)

Botschaften in Malaysia
Deutsche Botschaft
50400 Kuala Lumpur, 26th Floor Menara Tan & Tan, 207 Jl. Tun Razak
✆ 2170 9666, ✆ 2161 9800
🖥 www.german-embassy.org.my
🕐 Mo–Fr 9–16 Uhr.
Konsulat in Penang (s. S. 692)

Botschaft der Schweiz
55000 Kuala Lumpur, 16 Pesiaran Madge
✆ 2148 0622, ✆ 2148 0935
✉ vertretung@kua.rep.admin.ch
🕐 Mo–Fr 9–12.30 Uhr.

Botschaft von Österreich
50250 Kuala Lumpur, MUI Plaza, Jl. Ramlee
✆ 2148 4277, ✆ 2148 9813
✉ kuala-lumpur-ob@bmaa.gv.at
🕐 Mo–Fr 9–12 Uhr.

Informationen

Die Fremdenverkehrsämter und diverse Websites können vor der Reise weitere Informationen liefern. Wir bitten insbesondere darum, sich schon vor der Reise die Warnungen des TAT und der Touristenpolizei bezüglich der Betrügereien mit wertlosen Edelsteinen einzuprägen, da vor allem Neuankömmlinge zu den häufigsten Opfern der psychologisch äußerst gewieften Gauner zählen.

Thailändisches Fremdenverkehrsbüro (TAT)
60311 Frankfurt, Bethmannstraße 58
✆ 069-1381390, ✆ 281468
✉ tatfra@t-online.de
🖥 www.tat.or.th (englisch)
🖥 www.amazingthailand.th (englisch)
🖥 www.thailandtourismus.de (deutsch)
🖥 www.welcomethai.com (englisch)
🖥 newsroom.tat.or.th (aktuelle Veranstaltungen, Feste und touristische Informationen)

Malaysisches Fremdenverkehrsamt (Tourism Malaysia)
60311 Frankfurt, Roßmarkt 11
✆ 069-283782, ✆ 13379121
🖥 www.tourismmalaysia.de.

Informationen im Internet

Das Netz gibt zahllose Anregungen für die nächste Tour, hilft bei der Reiseplanung und bietet konkrete Buchungsmöglichkeiten: Man kann Flüge, Mietwagen oder Zimmer reservieren, sich über das Zielgebiet informieren, den aktuellen Wetterbericht oder Wechselkurs abfragen, Geldautomaten ausfindig machen, die lokalen Tageszeitungen oder Reiseberichte anderer Traveller lesen, Post empfangen, Restaurants für jeden Geschmack finden und vieles mehr. Unschlagbar ist das Netz, wenn es darum geht, Reisepartner zu finden, sich unterwegs zu treffen oder sich in einer Newsgroup mit Gleichgesinnten auszutauschen.

Suchmaschinen wie **Web.de** oder **Yahoo.de** vereinen unter dem übergeordneten Stichwort „Reisen" oder „Touristik" ein buntes Sammelsurium von mehr oder weniger brauchbaren Seiten zu verschiedenen Themen. Hier kann man Flüge buchen, Reiseinfos abfragen und Reisebüro-Seiten erkunden. Englische Seiten findet man unter

🖳 city.net/countries/ ... (Ländername)

🖳 www.excite.com/travel/countries/ ... (Ländername)

Reiseportale offerieren ein breites Angebot mit Links zu Airlines, Reise-Auktionen, Rezensionen von Reiseliteratur, Last-Minute-Angeboten diverser Reiseveranstalter, persönliche Beratung, Infos über diverse Länder, das Wetter, Wechselkurse oder Neuigkeiten aus der Branche. Zu den großen im deutschsprachigen Bereich gehören:

Shell Geostar
🖳 www.shell-geostar.de
Travel 24
🖳 www.travel24.com
Travelchannel
🖳 www.travelchannel.de
TraXXX-Reisen
🖳 focus.de/D/DR/dr.htm
Urlaubs.net
🖳 www.urlaubs.net

Um Flüge online direkt zu buchen, muss man kein Reiseexperte sein. Allerdings werden auf den Seiten der Fluggesellschaften die meisten Tickets nur zum teuren IATA-Tarif angeboten, und Sonderangebote sind selten. Nicht nur Flüge, sondern auch Schiffspassagen, Hotelzimmer und alles rund ums Reisen kann gebucht werden über:

Reiseplanung
🖳 www.reiseplanung.de
Travel Select
🖳 www.travelselect.com
Travelocity
🖳 travelocity.com/

In den endlosen, verwirrenden Listen hunderter Anbieter sind günstige Offerten eher selten.

Auch der Service lässt zu wünschen übrig, so dass sich die Seiten vor allem zum Recherchieren eignen. Wer dann weiß, welche Airlines zu welchem Preis die günstigste Route fliegt und zudem noch Plätze verfügbar hat, kann immer noch den Preis als Obergrenze nehmen und in Reisebüros nach günstigeren Angeboten fahnden. Zudem hat das Reisebüro den Vorteil, dass es dort einen Ansprechpartner gibt, der bei Problemen kontaktiert werden kann.

Wer flexibel ist oder schon bald losfahren möchte, findet auch Last-Minute-Angebote oder Sondertarife für Flüge, Hotelzimmer oder Tickets, die teils nur im Netz von Veranstaltern, Hotels oder Airlines offeriert werden.

1A-FLY.DE
🖳 www.1a-fly.de
5 vor 12, Lastminute
🖳 www.lastminute.de
Del Mundo
🖳 www.delmundo.de
Deutsches Reisebüro
🖳 www.der.de
Discount-Flug
🖳 www.discount-flug.de
Expedia
🖳 www.expedia.de
Flugbörse
🖳 www.flugboerse.de
Mc Flight
🖳 www.mcflight.de
Nix wie weg
🖳 www.nix-wie-weg.de
Offerto
🖳 www.offerto.de
Travel Overland
🖳 www.traveloverland.de
TUI
🖳 www.tui.de

Zudem gibt es Auktionen mit Reiseangeboten:
i trade
🖳 itrade.de
Ricardo
🖳 www.ricardo.de
yahoo
🖳 de.auctions.yahoo.com/de/

Weitere interessante Web-Adressen

Auswärtiges Amt

🖳 www.auswaertiges-amt.de

Länderspezifische Informationen zu den Themen Gesundheit, Sicherheit und Einreisebestimmungen.

CIA The World Factbook

🖳 www.odci.gov/cia/publications/factbook/

Wesentliche Grunddaten aller Länder der Erde. Ideal für Geografielehrer und potenzielle Auswanderer.

Deutsche Zentrale für Globetrotter

🖳 www.dzg.com

Der Verein, in dem sich bereits seit über 25 Jahren Globetrotter und Traveller vereinen, nun auch online mit Reiseberichten und Tipps.

DuMont Reiseverlag

🖳 www.dumontreise.de

Neben dem bewährten Reiseführerprogramm Zusatzangebote wie Länderlexikon, Reise-Quiz und internationaler Kulturkalender.

IgoUgo

🖳 www.igougo.com

Die mit Reisefotos und Reportagen vollgepackte Partner-Site von roughguides.com liefert verlässliche Informationen aus erster Hand.

International Student Travel Confederation

🖳 www.istc.org

Weltweit Geld sparen mit einem Internationalen Studentenausweis.

Karten und Atlanten

🖳 geography.about.com

Alles über Karten und die geografischen Grundlagen. Wer sich dafür interessiert, wie Karten entstehen und welche Darstellungsmöglichkeiten es gibt, kann sich hier informieren. Landkarten sowie geografische und GPS-Informationen über Thailand finden sich bisher noch nicht im Netz.

Lonely Planet

🖳 www.lonelyplanet.com

Zusammenfassungen aller Lonely Planet-Reiseführer, Updates der wichtigsten Titel und Erfahrungsberichte von Travellern, spezielle Infos, Reisepartner und Ideen für die nächste Reise.

Mungo Park

🖳 mungopark.com

Expeditionen in abgelegene Flecken der Erde live miterleben, zudem ergänzende Features und Hintergrundinfos über die entsprechenden Länder.

National Geographic

🖳 www.nationalgeographic.de

Das bekannteste Reisemagazin online mit Beiträgen aus der aktuellen (deutschen) Ausgabe.

Denart & Lechhart

🖳 www.globetrotter.de

Lauche und Maas

🖳 www.lauche-maas.de

Die Reiseausrüster bieten die notwendige Ausstattung für Globetrotter und Outdoor-Fans.

Reisebuchung

🖳 www.travel.de

🖳 www.urlaubstage.de

Wer seine Reise gern beim Reisebüro buchen möchte, findet hier umfassende Informationen.

Centrum für Reisemedizin

🖳 www.crm.de

Die Reisemedizin (LTU)

🖳 www.die-reisemedizin.de

Tropen- und reisemedizinische Beratung Freiburg

🖳 www.tropenmedizin.de

Tropeninstitut Hamburg

🖳 www.tropenmedizin.net

Tropeninstitut München

🖳 www.fitfortravel.de

Wichtige Informationen vor einer Reise in die Tropen oder in andere Länder mit einem hohen gesundheitlichen Risiko, die zwar ernst genommen werden, aber einen nicht davon abhalten sollten, die Welt zu entdecken.

Stefan Loose Travel Handbücher

🖳 www.loose-verlag.de

Jede Menge Tipps, die neben den praktischen Travel Handbüchern das Reisen erleichtern: monatliche Updates, ein Reiseplaner, Austausch mit

Gleichgesinnten im Globetrotter-Forum, Länderprofile und viele Hintergrundinformationen.

🖥 www.thailand2000.de/dneues.htm
Neue Informationen von der Recherche unserer Thailand-Autoren.

Survival
🖥 www.survival.imweb.com
Survival-Training für Outdoor-Guides und Profi-Tipps für Naturfreaks und Abenteurer.

Tiefenrausch
🖥 www.tiefenrausch.de
🖥 www.moxter.de
🖥 www.tauchreisen.net
Hier kann man nicht nur auf der Oberfläche surfen, sondern in die Tiefen der Ozeane abtauchen.

Wechselkurse
🖥 www.oanda.com/convert/classic
🖥 finance.yahoo.com/m3?u
Tagesaktuelle Wechselkurse von allen wichtigen Währungen.

Internet-Adressen über Thailand (ohne Gewähr)
Allerdings werden nicht alle Sites gepflegt, oft sind Informationen völlig veraltet oder chaotisch aufbereitet, so dass man nach stundenlangem Surfen nicht viel klüger ist als zuvor.

Thailand-Infos (deutsch)
🖥 www.baanthai.com
🖥 www.ramiworld.de/thailand
🖥 www.siam.de
🖥 www.thaiaktuell.com
🖥 www.thailandtipps.de
🖥 www.thaisouth.com/Reiseziele

Thailand-Infos und Hotelbuchung (englisch)
🖥 asiatravel.com/thailand.html
🖥 www.hotels.siam.net
🖥 www.hotelstravel.com/thailand.html
🖥 www.HotelThailand.com
🖥 www.passplanet.com/thailand/
🖥 www.planetholiday.com/Hotels/General/ thailand.htm

🖥 www.regit.com/regitel/thailand/regitel.htm
🖥 www.sawadee.com
🖥 www.sino.net/thai/hotel/thhotdir.html
🖥 www.travelthai.com
Weitere Adressen in den regionalen Kapiteln. Bei Hotelbuchungen über Internet sind bereits Anzahlungen verlangt, Buchungen jedoch nie getätigt worden. Deshalb ist Vorsicht angebracht.

Medien (englisch)
🖥 www.bangkokpost.com (Bangkok Post)
🖥 www.bkkmetro.com (Metro – Stadtmagazin aus Bangkok, langsam)
🖥 www.nationmultimedia.com (The Nation)

Organisationen, Behörden und mehr (englisch)
🖥 www.forest.go.th (Royal Forestry Department)
🖥 www.inet.co.th/ngo/
(Links zu NGOs, die in Thailand arbeiten)
🖥 www.cs.ait%20ac.th/~wutt/rama9.html
(der König Thailands)

Internet-Adressen über Malaysia (ohne Gewähr)
🖥 www.cari.com.my
(Exzellente Malaysia-Suchmaschine)

Hotelbuchung (englisch)
🖥 asiatravel.com/malaysia.html
🖥 www.hotelstravel.com/malaysia.html
🖥 www.HotelMalaysia.com
🖥 www.planetholiday.com/Hotels/General/ malaysia.asp
🖥 www.regit.com/regitel/malaysia/regitel.htm

Medien (englisch):
🖥 www.nst.com.my (New Straits Times)
🖥 thestar.com.my (The Star)

Organisationen, Behörden und mehr (englisch):
🖥 www.tourism.gov.my
(Allgemeine touristische Infos und zahlreiche Links)
🖥 www.newsasia-singapore.com
(Allgemeine touristische Infos und zahlreiche Links, auch in deutsch)

Klima und Reisezeiten

Niemand plant einen Badeurlaub an der Nordseeküste im Dezember, doch viele vergessen, dass auch in Süd-Thailand und im nördlichen Teil Malaysias bei der Routenplanung Regen- und Trockenzeiten berücksichtigt werden sollten, obwohl extreme klimatische Schwankungen auch zu außergewöhnlichen Regenfällen und Hitzewellen führen können. Aktuelle Wettervorhersage unter 🖥 www.thaimet.tmd.go.th/eng/default.asp

Die **Temperaturen** schwanken an der Küste im Verlauf des Tages meist zwischen 22 °C und 32 °C. Je näher der Äquator ist, um so geringer werden die Temperaturschwankungen.

Besonders die Küsten haben ihre eigenen Windsysteme und **Regenzeiten**. Normalerweise treten nur im Juli, August, September und Oktober auch mehrere Regentage hintereinander auf. Dann kann an einem Tag mehr Regen fallen als in mehreren trüben europäischen Monaten.

Winde bringen Regen, wenn sie vom Meer her kommen – kommen sie vom Festland, sind sie hingegen trocken. Von Mai bis Oktober liegen Thailand im Einflussbereich des Südwest-Monsuns, der dem Land ab Mai hohe Niederschläge beschert. Von November bis Februar bringt der Nordost-Monsun der Ostküste von Prachuap Khiri Khan bis nach Malaysia Regen.

Hierdurch kommt es zu **drei Jahreszeiten**, die regional verschieden ausgeprägt sind:

Die kühle Jahreszeit (November bis Februar)

Am „kältesten" ist es im Dezember und Januar. In diesen Monaten schwankt die Temperatur in Bangkok zwischen 20 °C am Morgen und 30 °C am Nachmittag. Im Süden gibt es geringere Temperaturschwankungen. Im Ko Samui-Archipel bringt der Nordostmonsun viel Regen. Von November bis in den März hinein ist Hauptsaison für Touristen aus Europa.

Die heiße Jahreszeit (März bis Mai)

Die Temperaturen steigen ab Februar ständig an. Zu den hohen Temperaturen kommt eine Wasserknappheit, die sich vor allem in Bangkok bemerkbar macht. Mittagstemperaturen von über 40 °C im Schatten sind keine Seltenheit. Angenehm ist nur der Aufenthalt an der Küste, wo in den traditionellen Badeorten Hochkonjunktur herrscht.

Die Regenzeit (Mai bis Oktober)

Der einsetzende Südwestmonsun bringt vom Indischen Ozean Niederschläge, vor allem für die Westküste (Ranong, Phuket, Krabi). In den vergangenen Jahren hat die Regenzeit später als üblich eingesetzt. Im Landesinneren regnet es wesentlich später und weniger, die Niederschläge nehmen bis zum September / Oktober kontinuierlich zu. Von Mai bis August kann man die Küste Süd-Thailands am Golf von Siam (z.B. Ko Samui) besuchen – die Westküste am Indischen Ozean jedoch nur beschränkt. Im September und Oktober fallen fast überall hohe Niederschläge. Wann die Regenzeit beginnt und wie lange sie dauert, weiß niemand genau im Voraus. Es kann selbst Mitte November noch stark regnen. Unsere Angaben sind durchschnittliche Werte. In Folge der Erderwärmung scheint sich auch der Monsun zu verschieben. In den letzten Jahren kam und endete er später. Vielen Gebieten brachte er weniger Regen, suchte jedoch die Westküste im trockensten Monat Februar mit tagelangen Schauern heim.

Reisezeiten

→ Die **ideale Reisezeit** ist die Trockenzeit (Dezember bis März). Nur in Ko Samui und an der Ostküste regnet es im November und Dezember häufig. Am sichersten ist die Reise einen Monat nach dem Ende der Regenzeit zu beginnen. Erfahrene Thailand-Reisende bevorzugen die Monate Juni bis August: Nach den ersten Regenfällen strahlt das Land im Sonnenschein in sattem Grün, viele tropische Früchte werden reif.

→ Wichtig für die Planung der Reise sind auch die **Schulferien**. Während der europäischen Sommer- und Weihnachtsferien herrscht Hochsaison, doch auch während der thailändischen Universitätsferien (Mitte März–Juni) und Schulferien (Mitte Mai–Mitte Juli). Es sind kaum Zimmer frei, Fähren und Busse sind ausgebucht.

→ Vor allem an **Feiertagen** wie dem Chinesischen Neujahr, dem Thai-Neujahr (*Songkran*, 13.–15. April) und den Brückentagen bis zum nächsten

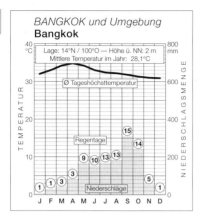

BANGKOK und Umgebung
Bangkok

Lage: 14°N / 100°O — Höhe ü. NN: 2 m
Mittlere Temperatur im Jahr: 28,1°C

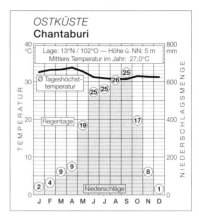

OSTKÜSTE
Chantaburi

Lage: 13°N / 102°O — Höhe ü. NN: 5 m
Mittlere Temperatur im Jahr: 27,0°C

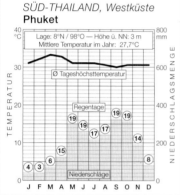

SÜD-THAILAND, Westküste
Phuket

Lage: 8°N / 98°O — Höhe ü. NN: 3 m
Mittlere Temperatur im Jahr: 27,7°C

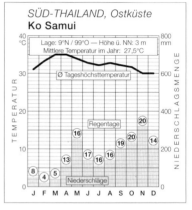

SÜD-THAILAND, Ostküste
Ko Samui

Lage: 9°N / 99°O — Höhe ü. NN: 3 m
Mittlere Temperatur im Jahr: 27,5°C

Wochenende, aber auch in der Zeit zwischen Weihnachten und dem 1. Januar, sind die Zimmer in Badeorten und Erholungsgebieten nicht nur ausgebucht, sondern häufig sogar überbucht. Viele Bus- und Zugtickets sind ausverkauft.

Ungeeignet für Ausflüge in die Umgebung von Bangkok sind zudem Feiertage und **Wochenenden**, denn dann sind sehr viele Thais unterwegs – häufig in großen Gruppen, Busse und Züge sind ausgebucht, viele Hotels belegt und die Naturattraktionen überlaufen.

Anreise

Kaum jemand fährt auf dem Landweg oder mit dem Schiff nach Thailand oder Nord-Malaysia. Der normale Weg von Europa aus ist der Flug mit einer europäischen oder asiatischen Fluggesellschaft (z.B.: Lufthansa, Sabena, Swissair, Singapore Airlines, MAS, KLM, Emirates, Royal Brunei, Thai International) nach Bangkok, Kuala Lumpur oder Phuket.

Die Airlines differieren beachtlich in ihrer Sicherheit, der Reisedauer (Anzahl und Dauer der Zwischenstopps) und dem Preis. Der seit Jahren tobende Preiskrieg hat auf diesen Routen zu einem Preisverfall geführt. Wer Wert auf Sicherheit und Service legt, bekommt ein Graumarkt-Ticket einer zuverlässigen europäischen oder südostasiatischen Gesellschaft bereits für 500–700 €. Verschiedene asiatische und osteuropäische Airlines (Biman, China Airlines) liegen mit ihren Preisen sogar darunter. Einigen von ihnen fehlt es allerdings an gut ausgebildeten Spezialisten für die Bedienung und Wartung des Fluggeräts, was auf Kosten der Sicherheit geht. Besonders Biman und Aeroflot bzw. die aus ihr hervorgegangenen Firmen genießen keinen guten Ruf bei Vielfliegern. Uns wurde zudem mehrfach von verloren gegangenem Gepäck berichtet. Einen guten Ruf hat hingegen CSA.

Zudem verkaufen einige Chartergesellschaften, z.B. LTU oder Condor auch nur Flüge. Wer Faltbootgepäck mitnehmen will, ist mit Condor gut beraten, denn 100 kg für 2 Personen werden gegen eine minimale Gebühr von 25 € hin und zurück transportiert. Während der Hochsaison wird ein beachtlicher Aufschlag erhoben. Zudem gibt es für die Abflugtermine zum Ferienbeginn und -ende schon Monate im Voraus keinen freien Platz, und viele Maschinen sind überbucht. Günstigste Monate zum Fliegen sind Februar, März, Juni, Oktober und November.

Inlandflüge können unter Umständen als günstige Anschlussflüge gebucht werden. Mit Thai Airways ist z.B. der Anschlussflug von Bangkok nach Phuket bei einigen Tarifen fast umsonst. Zudem fliegen LTU und Lauda Air in der Saison direkt nach Phuket.

Thai Airways, 60313 Frankfurt, Börsenplatz 13-15, ☎ 069-92874444, ✆ 92874333, oder in München ☎ 089-92160128, 🖥 www.thaiair.com.

Bangkok Airways, 60311 Frankfurt, Bethmannstr. 58, ☎ 069-13377565-6, ✆ 13377567, ✉ bkkair.fra@t-online.de, 🖥 www. bangkokairways.de, www.bangkokair.com

MAS, 60313 Frankfurt, An der Hauptwache 7, ☎ 069-13871910, ✆ 13871960, 🖥 www.malaysiaairlines.com.my

Normalerweise ist die Geltungsdauer von Billigtickets auf 6 Monate begrenzt. Zudem kann man mit ihnen nicht die Fluggesellschaft wechseln und erhält kein Geld zurückerstattet, wenn der Flug nicht angetreten wird.

Gebuchte Flüge müssen bei einigen wenigen Airlines noch spätestens drei Tage vor Abflug rückbestätigt werden, was auch telefonisch geschehen kann. Nicht selten sind die Maschinen überbucht, und die Letzten kommen trotz Rückbestätigung nicht mehr mit. Es empfiehlt sich daher, rechtzeitig am Flughafen zu erscheinen.
Bitte bei Auslandsflügen ab Thailand auch an die Airport Tax von 500 Baht denken und, falls das Visum überzogen wurde, an die Strafe (s.S. 12). In Malaysia ist die Airport Tax normalerweise im Flugpreis enthalten.

Bei weniger strikter Handhabung ist zumindest eine Stornierungsgebühr fällig. Für die Umbuchung des Rückflugs müssen 50–75 € bezahlt werden. Trotzdem sollte man keine *open date tickets* kaufen, da Flüge von und nach Thailand oder Malaysia häufig schon Monate im Voraus ausgebucht sind.

Gesundheit

Thailand und Malaysia sind keine Entwicklungsländer mehr, was zwar manche Touristen bedauern, jedoch im Bereich Gesundheit und Hygiene schätzen sollten.

Die gesundheitlichen Risiken sind relativ gering. Wenn man auf die Gerichte fahrender Händler, die oft in den Slums zubereitet werden, verzichtet und ungeschältes Obst und rohe bzw. nicht ausreichend gekochte oder gebratene Speisen meidet und sich weitmöglichst vor Mückenstichen schützt, braucht man keine Angst vor schweren Krankheiten zu haben – Malaria ausgenommen. Hier eine alphabetische Aufstellung der wichtigsten Krankheitsgefahren.

Aber bitte keine Panik – die meisten Risiken sind durch normales, umsichtiges Verhalten minimierbar, genau wie bei uns zu Hause.

Aids

Gibt es wirklich immer noch Menschen, die nicht wissen, wie sich Aids verbreitet? Vor allem in Thailand ist Aids ein öffentlich diskutiertes Faktum. Nicht zu glauben, dass es immer noch Männer gibt, die während ihres Urlaubs vom Freiheitsdrang beseelt beim Verkehr mit Prostituierten auf das Kondom verzichten, ja sogar darauf bestehen, es „ohne" machen zu wollen!

Mittlerweile sind über eine Million Menschen, 2,2% der erwachsenen Bevölkerung, mit dem HIV-Virus infiziert, und man befürchtet, dass sich diese Zahl schon bald auf 2–4 Millionen erhöhen könnte. Die höchste Konzentration an Infizierten leben in Hafenstädten und Fernfahrerzentren. Stichproben in verschiedenen Städten Thailands ergaben, dass bis zu 90% aller Prostituierten HIV positiv waren. Die überwiegende Mehrheit der thailändischen Männer macht ihre ersten sexuellen Erfahrungen mit Prostituierten. Deshalb wurde von der Regierung ein *National Aids Comittee* unter der Leitung des Premierministers eingesetzt und die *100%-Condom Campaign* propagiert, die Prostituierte verpflichtet, Kondome zu benutzen. Es bleibt fraglich, wieweit sie das ihren alkoholisierten Kunden klarmachen können. Unvorsichtigkeit ist schon schlimm genug, aber wer auch noch an „Sauberkeitsbescheinigungen" oder -beteuerungen glaubt, ist einfach naiv. Und das kann bekanntlich tödlich sein. Also, Männer wie Frauen: kein Verkehr ohne Gummi, jedenfalls nicht bei fremden Männern oder Frauen. Und da bekanntlich auch das Präservativ keinen hundertprozentigen Schutz bietet, ist Abstinenz noch immer der sicherste Weg.

Allergien

Wer stark allergisch reagiert, sollte sich auch in Thailand vor einigen potenziellen Allergenen besonders in Acht nehmen: Meeresticere, Fischsoße (in jedem Essen enthalten), Geschmacksverstärker (MSG), Quallen, verunreinigtes Meerwasser, Chlor im Swimmingpool oder Duschwasser, Massageöle, Räucherspiralen gegen Mücken, Duftstoffe der Aromatherapie, Luftverschmutzung… Dermatitis kann durch das Meerwasser sogar reduziert werden.

Cholera

Die Cholera tritt vor allem in übervölkerten Gebieten unter unhygienischen Bedingungen immer wieder auf.

Der Impfschutz durch handelsüblichen Impfstoff ist umstritten, Reaktionen sind häufig. Geimpft wird deshalb nur dann, wenn eine entsprechende Einreisebestimmung besteht, was für Thailand und Malaysia nicht zutrifft. In diesem Fall genügt entgegen der Herstellerempfehlung eine einmalige Injektion.

Neue Impfstoffe sind in der Erprobung. Solange man auf eine saubere, hygienische Umgebung achtet und nicht geschwächt ist, wird man kaum gefährdet sein.

Denguefieber

Diese Viruskrankheit kann überall epidemieartig auftreten, am ehesten während der Regenzeit. In den letzten Jahren geschah die auf Ko Pha Ngan und besonders auf Ko Phi Phi. Sie wird durch die Aedes aegypti-Mücke übertragen, die an ihren schwarz-weiß gebänderten Beinen zu erkennen ist. Sie sticht während des ganzen Tages. Nach der Inkubationszeit von bis zu einer Woche kommt es zu plötzlichen Fieberanfällen, Kopf- und Muskelschmerzen. Nach 3–5 Tagen kann sich ein Hautausschlag über den ganzen Körper verbreiten. Bei Stufe 1 klingen nach 1–2 Wochen die Krankheitssymptome ab.

Ein zweiter Anfall (Stufe 2) kann zu Komplikationen (inneren und äußeren Blutungen) führen. Wie bei der Malaria ist ein Moskitonetz und der Schutz vor Mückenstichen der beste Weg der Vorsorge. Es gibt keine Impfung oder spezielle Behandlung. Schmerztabletten, Fieber senkende Mittel und kalte Wadenwickel lindern die Symptome. Keinesfalls sollten ASS, Aspirin oder ein anderes acetylsalicylsäurehaltiges Medikament genommen werden, da diese einen lebensgefährlichen hämorrhagischen Verlauf herausfordern.

Ein einfacher Test kann Denguefieber verifizieren: 5 Minuten den Oberarm abbinden, öffnen und in der Armbeuge nachsehen – falls rote Flecken erscheinen, ist es zu 90% Denguefieber.

Diabetes

Wer zuckerkrank ist, kann durchaus nach Thailand reisen. Insbesondere Ko Samui ist darauf eingestellt, und die ärztliche Versorgung ist gut. Erfahrungen haben gezeigt, dass der Zuckerspiegel nach dem Urlaub sogar niedriger sein kann.

Entsprechende Informationen erhält man im *Magic Light Restaurant* am Chaweng Beach. In Phuket können sich Zuckerkranke z.B. im *Phuket International Hospital* als Insulinspritzer anmelden und im Notfall dort Insulin bekommen. Kühleis ist auch in abgelegenen Gebieten erhältlich.

Durchfallerkrankungen

Auch Asien-Reisende plagen manchmal Durchfälle (Diarrhöe), die durch Infektionen hervorgerufen werden. Verdorbene Lebensmittel, nicht kontinuierlich gekühlte Meeresfrüchte, zu kurz gegartes Rindfleisch, ungeschältes, schon länger aufgeschnittenes Obst, Salate, kalte Getränke oder schlecht gekühlte Eiscreme sind häufig die Verursacher. Da auch Mikroorganismen im Wasser durchschlagende Wirkung zeigen können, sollte man nur abgefülltes Wasser trinken (auf den versiegelten Verschluss achten). Wer ganz sicher gehen will, verzichtet zudem auf zerstoßenes Stangeneis. Die zylinderförmigen Eiswürfel gelten dagegen als unbedenklich. Eine Elektrolyt-Lösung (*Elotrans* bzw. für Kinder *Oralpädon*), die verlorene Flüssigkeit und Salze ergänzt, reicht bei den meist harmlosen Durchfällen völlig aus. Man kann sich selbst eine Lösung herstellen aus 4 gehäuften Teelöffeln Zucker oder Honig, 1/2 Teelöffel Salz und 1 l Orangensaft oder abgekochtem Wasser. Zur Not, z.B. vor langen Fahrten, kann auf *Imodium*, das die Darmtätigkeit ruhig legt, zurückgegriffen werden (aber nur in geringen Dosen, da die Ausscheidung von Krankheitserregern verzögert wird!). Wer Durchfälle mit Fenchel, Kamille und anderen uns bekannten Kräutertees lindern möchte, sollte sich einen Vorrat mitnehmen. Zudem hilft eine Bananen- oder Reis-und-Tee-Diät und Cola in Maßen, denn es enthält Zucker, Spurenelemente, Elektrolyte und ersetzt das verloren gegangene Wasser. Generell sollte man viel trinken und die Zufuhr von Salz nicht vergessen. Bei länger anhaltenden Erkrankungen empfiehlt es sich, einen Arzt aufzusuchen – es könnte auch eine bakterielle oder eine Amöben-**Ruhr** (Dysenterie) sein.

Verstopfungen können durch eine große Portion geschälter Früchte, z.B. Ananas oder eine halbe Papaya (mit Kernen essen), verhindert werden.

Erkältungen

Sie kommen in den Tropen häufiger vor als man denkt. Schuld sind vor allem Ventilatoren und Klimaanlagen, die krasse Temperaturwechsel und zu viel Zugluft bescheren. Nassgeschwitzt in klimatisierte Räume zu flüchten, ist nicht ratsam, wenn man nicht etwas zum Überziehen dabei hat. Auch in klimatisierten Bussen und in den Bergen ist wärmere Kleidung wichtig.

Gelbsucht

Die schwere Lebererkrankung **Hepatitis B** wird vor allem durch sexuellen Körperkontakt und durch Blut (ungenügend sterilisierte Injektionsnadeln, Bluttransfusionen, Tätowierung, Piercen, Akupunktur) übertragen. Eine rechtzeitige vorbeugende Impfung, z.B. mit *Gen H-B-Vax*, ist sehr zu empfehlen.

Die **Hepatitis A** wird durch infiziertes Wasser und Lebensmittel oral übertragen. Vor einer Ansteckung schützt der Impfstoff *Havrix* (auch als Kombi-Impfung *Twinrix* für Hepatitis A und B erhältlich). Während die meisten Menschen nach einer harmlosen Hepatitis A-Infektion im Kindesalter gegen diese Krankheit immun sind, trifft dieses nur auf ein Drittel aller Europäer zu. Ob die Impfung notwendig ist, zeigt ein Antikörpertest.

Hepatitis C und D werden auf demselben Weg übertragen wie Hepatitis B und können ebenfalls zu gefährlichen Langzeitschäden führen.

Geschlechtskrankheiten (Veneral Diseases)

Gonorrhöe und die gefährlichere **Syphilis** sind in Asien weit verbreitete Infektionskrankheiten, vor allem bei Prostituierten. Dass der Verkehr mit Prostituierten ohne Kondom ein großes Risiko darstellt, muss mittlerweile hoffentlich nicht mehr betont werden. Bei den ersten Anzeichen einer Erkrankung (Ausfluss / Geschwüre) unbedingt ein Krankenhaus zum Anlegen einer Kultur und zur Blutentnahme aufsuchen.

Hauterkrankungen

Bereits vom Schwitzen kann man sich unangenehm juckende Hautpilze holen. Gegen zu starkes Schwitzen hilft Körperpuder, *Ice Powder*, das angenehm kühlt und in Apotheken oder Supermärkten in Thailand erhältlich ist.

Für andere Erkrankungen sind häufig Kopf-, Kleider-, Filzläuse, Flöhe, Milben oder Wanzen verantwortlich.

Hitzepickel kann man mit *Prickly Heat Powder* behandeln. Gegen Kopfläuse hilft *Organoderm*, oder, falls man wieder in Deutschland ist, *Goldgeist forte*.

Wer anfällig ist, bekommt in den Tropen selbst im Schatten und bei bedecktem Himmel in den ersten Tagen ganz schnell einen Sonnenbrand. Ein Sonnenhut, T-Shirt und Sonnenschutzmittel mit höchstem Lichtschutzfaktor sind besonders für hellhäutige Kinder unabdingbar.

Kinderlähmung

Selbst in Europa treten immer noch Epidemien auf. Wer während der letzten 10 Jahre die Impfungen versäumt hat, sollte sich vom Hausarzt den Impfstoff verschreiben lassen.

Malaria

Thailand und Malaysia gelten laut WHO zwar als C-Land, dennoch besteht für Touristen, die sich auf eingefahrenen Routen bewegen, nur ein sehr geringes Risiko. Bangkok und der Süden werden als weitgehend malariafrei bezeichnet. In einigen Gegenden von Thailand kommt die *Malaria tropica* vor, die unbehandelt zum Tode führen kann. Als gefährlich gelten nur die Grenzgebiete zu Kambodscha und Burma in den Provinzen Trat und Tak. Von den Touristenorten gilt Ko Chang (Trat) als malariagefährdet.

Die Mücke *Anopheles*, die den Malariaerreger *Plasmodium falciparum* übertragen kann, sticht während der Nacht, also zwischen Beginn der Dämmerung und Sonnenaufgang. Die beste Vorbeugung gegen Malaria besteht darin, möglichst nicht gestochen zu werden: Am Abend schützen helle Kleidung wie lange Hosen, langärmlige Hemden, engmaschige Socken (einige Reisende schwören dagegen nach Sonnenuntergang auf dunkle Kleidung) und Mücken abweisendes Mittel auf der Basis von *Deet*, das auf die Haut aufgetragen wird und die Geschmacksnerven stechender Insekten lähmt (Thai: *jah tah gan juung*). Einige Apotheken bieten sanftere Mittel an, die auf Zitronellaund Nelkenöl basieren, z.B. *Zedan* (100 ml 3,95 €). Bewährt hat sich der Wirkstoff *Permethrin*, mit dem Kleidung und Moskitonetz eingesprüht werden. Er geht eine Verbindung mit dem Gewebe ein, ohne zu ölen, und bleibt wochenlang wirksam.In Deutschland ist er z.B. in den Handelsmarken *NO BITE* (100 ml für Kleidung, 20 €, ☐ www.nobite. com) und *TYRA-X* (500 ml für Moskitonetze, 12,73 €, ☐ www.tyrax.de) enthalten. In Thailand wird das teure, wenig effektive *Jaico* sowie das preiswerte, ziemlich giftige *Sketolene* verkauft. Einige Tropenerfahrene schwören auf die Einnahme

von Vitamin B in hohen Dosen, bei anderen ist es wirkungslos.

Ist der Schlafraum nicht mückensicher (lückenlose Mückengitter an Fenster und Türen), sollte man unter einem Moskitonetz schlafen. Am sichersten ist ein eigenes, mit *Permethrin* behandeltes Netz. Löcher verschließt man am besten mit Klebeband.

Bei niedrigen Temperaturen in klimatisierten Räumen sind die Mücken zwar weniger aktiv, aber keineswegs ungefährlich. Notfalls verringern das Risiko auch *Coils*, grüne Räucherspiralen, die wie Räucherstäbchen abbrennen und für ca. 8 Stunden die Luft verpesten. Oft werden sie abends unter den Tischen gestellt, um die herumschwirrenden Moskitos zu vertreiben.

Häufig wird noch die Einnahme von 2–3 Tabletten *Resochin* an zwei Tagen der Woche eine Woche vor Einreise ins infizierte Gebiet bis 4 Wochen nach der Rückkehr empfohlen, zumeist in Verbindung mit *Paludrine*, 2x tgl., in Thailand erhältlich. Allerdings sind immer mehr Erreger der *Malaria tropica* gegen diese Präparate resistent. Resochin allein gilt jedoch weiterhin als wirksam gegen die Erreger der anderen, nicht tödlichen Formen von Malaria. Zunehmend raten Tropeninstitute von chemischer Prophylaxe bei Thailandreisen ab und empfehlen mechanischen Schutz.

Mit der Zulassung von *Malarone* (Wirkstoff Atovaquon/Proguanil) steht seit Mai 2001 ein neues Mittel zur Malariaprophylaxe in den deutschen Apotheken. Der Hersteller wirbt mit der guten Verträglichkeit und dem wirksamen Schutz vor dem Erreger *Plasmodium falsiparum*. Da durch Malarone die Parasiten bereits in der Leber angegriffen werden, ist die Einnahmedauer relativ kurz: täglich eine Tablette ein bis zwei Tage vor, während und sieben Tage nach dem Aufenthalt im Malariagebiet. Mögliche Nebenwirkungen sind Übelkeit, Kopfschmerzen und Durchfall. Malarone wird vor allem bei Reisen in Gebiete mit hohem Malariarisiko empfohlen, allerdings sollte es nicht länger als vier Wochen eingenommen werden, da Langzeitstudien bislang fehlen. Risiken für Schwangere und Kinder können ebenfalls noch nicht eingeschätzt werden. Ein großer Nachteil von Malarone ist der Preis: Die Packung mit zwölf Tabletten kostet ca. 60 €.

In Deutschland gibt es den Malaria-Schnelltest *MalaQuick*, mit dem der Reisende im Notfall anhand eines Blutstropfens in acht Minuten selbst feststellen können, ob ihre Symptome durch den Malariaerreger *Plasmodium falciparum* ausgelöst wurden (in Apotheken erhältlich).

Wer sich in einem Gebiet ohne ärztliche Versorgung infiziert hat, kann zur Überbrückung mit einer *Standby*-Therapie mit Mefloquin (*Lariam*, in Thailand z.B. in den Apotheken nahe Khaosan Rd. erhältlich), Atovaquon/Proguanil (*Malarone*) oder seit kurzem Artmether/Lamefantrin (*Riamet*) beginnen. *Lariam* ist wegen seiner z.T. schwerwiegenden Nebenwirkungen (im Beipackzettel stehen nicht umsonst Hinweise auf Depressionen und Suizid) umstritten.

Wer aus Thailand oder Malaysia zurückkehrt und an einer nicht geklärten fieberhaften Erkrankung leidet, auch wenn es sich nur um leichtes Fieber und Kopfschmerzen handelt und erst Monate nach der Rückkehr auftritt, sollte dem Arzt unbedingt über den Tropenaufenthalt berichten und auf einem Bluttest bestehen. Die ersten Symptome einer Malaria können denen eines banalen grippalen Infektes ähneln und werden daher häufig verkannt, was schon nach wenigen Tagen das Leben bedrohen kann.

Pilzinfektionen

Frauen leiden im tropischen Klima häufiger unter Pilzinfektionen. Vor der Reise sollten sie sich entsprechende Medikamente verschreiben lassen.

· Eine Creme oder Kapseln sind besser als Zäpfchen, die bei der Hitze schmelzen. Ungepflegte Swimming Pools in den Tropen sind Brutstätten für Pilze aller Art.

Schlangen- und Skorpionbisse, giftige Meerestiere

Die weit verbreitete Angst steht in keinem Verhältnis zur realen Gefahr, denn Giftschlangen greifen nur dann an, wenn sie attackiert werden (🖳 www.siam-info.de/german/schlangen.html). Gefährlich ist evtl. die Zeit nach Sonnenuntergang zwischen 18 und 20 Uhr, vor allem bei Regen.

Einige Schlangen töten durch ein Blutgift, in diesem Fall benötigt man sofort ein Serum, andere töten durch ein Nervengift, dann ist außerdem eine künstliche Beatmung wichtig. Das Provinzkrankenhaus, in das der Betroffene schnellstens gelangen sollte, muss zudem sofort informiert werden, damit ein Arzt und das Serum beim Eintreffen bereit stehen.

Skorpionstiche sind in dieser Region generell nicht tödlich. Kräutertabletten und Ruhigstellen des Körperteils lindert den Schmerz, Wasserkontakt meiden. Normalerweise lassen die anfangs starken Schmerzen nach 1–2 Tagen nach.

Durchaus real ist in den Tropen die Gefahr, mit nesselnden und giftigen Meerestieren in Kontakt zu kommen. Nur 2 Arten von Fischen können gefährlich werden, die man nur schwer vom Meeresboden unterscheiden kann: zum einen **Stachelrochen**, deren Gift fürchterliche Schmerzen verursacht, zum anderen **Steinfische**, die sehr giftige Rückenstachen besitzen. Beim Schnorcheln führt die Berührung von **Feuerkorallen** zu stark brennenden Hautreizungen, während giftige Muränen, Rotfeuerfische und Seeschlangen nur ganz selten gefährlich werden. **Seeigel** sind zwar nicht giftig, ein eingetretener Stachel ist aber sehr schmerzhaft und verursacht lang eiternde Wunden.

Wie überall auf der Welt breiten sich auch in Thailands Meeren vermehrt **Quallen** aus, so dass Badende immer häufiger an ihren giftigen Tentakeln streifen. Gehen die schmerzhaften Bläschen nach der Behandlung mit hochprozentigem Essig, Cortisonspray oder säurehaltigem Pflanzenbrei nicht innerhalb einer Stunde zurück, muss ein Arzt aufgesucht werden. Menschen, die unter einer Allergie leiden, sind besonders gefährdet. Weitere Informationen unter 🖳 www.siam-info.de/german/meerestiere.html.

Sonnenbrand und Hitzschlag

Selbst bei bedecktem Himmel ist die Sonneneinstrahlung unglaublich intensiv. Viele Reisende treffen nur am Strand Vorkehrungen gegen Sonnenbrand und Hitzschlag, doch dies ist auch bei Touren durchs Hinterland unbedingt notwendig. Als wichtigste Schutzmaßnahmen empfiehlt es sich, regelmäßig Mittel mit hohem Sonnenschutzfaktor auf die Haut aufzutragen, Hut und Sonnenbrille zu tragen und tagsüber viel zu trinken.

Erschöpfungszustände bei Hitze äußern sich durch Kopfschmerzen, Übelkeit, Benommenheit und erhöhte Temperatur. Um die Symptome zu lindern, sollte man unbedingt schattige Bereiche aufsuchen und genügend Flüssigkeit zu sich nehmen. Erbrechen und Orientierungslosigkeit können auf einen Hitzschlag hinweisen, der potenziell lebensbedrohlich ist – deshalb muss man sich sofort in medizinische Behandlung begeben.

Thrombose

Bei längeren Flugreisen verringert sich durch den Bewegungsmangel der Blutfluss vor allem in den Beinen, wodurch es zur Bildung von Blutgerinnseln kommen kann, die, wenn sich sich von der Gefäßwand lösen und durch den Körper wandern, eine akute Gefahr darstellen (z.B. Lungenembolie). Gefährdet sind vor allem Personen mit Venenerkrankungen oder Übergewicht, aber auch Schwangere, Raucher oder Frauen, die die Pille nehmen. Das Risiko verhindern Bewegung, viel trinken (aber keinen Alkohol) und notfalls Kompressionsstrümpfe der Klasse 1–2.

Tollwut

Thailand hat eine sehr hohe Todesrate an Tollwut. Wo streunende oder auch verendete Hunde zu sehen sind, ist Vorsicht geboten. Wer von einem Hund, einer Katze oder einem Affen gekratzt oder gebissen wird, muss sich sofort impfen lassen, da eine Infektion sonst tödlich endet. In Krankenhäusern in Bangkok und Phuket gibt es den teuren *HDC*-Impfstoff (*Human Diploid Cell*). Eine vorbeugende Impfung ist sehr teuer und nur bei längerem Aufenthalt sinnvoll.

Typhus / Paratyphus

Typische Symptome: über 7 Tage hohes Fieber einhergehend mit einem eher langsamen Puls und Benommenheit. Empfehlenswert ist die gut verträgliche Schluckimpfung mit *Typhoral L* für alle Reisende. Drei Jahre lang schützt eine Injektion des neuen Typhus-Impfstoffs *Typhim VI*, ehe er wieder aufgefrischt werden muss.

Unfälle

Die meisten Unfälle passieren Touristen beim Motorrad fahren. Häufig werden Touristen (und Einheimische) von lautlos herabfallenden Kokosnüssen und Palmwedeln getroffen. Vor allem nach Regenfällen sollte man sich von hohen Palmen in ungepflegten Palmenhainen fern halten.

Das **Bangkok Hospital**, mit *Network Hospitals* in allen Provinzen, verfügt über einen Flugrettungs-Notdienst, der nicht nur in Thailand sondern auch in den angrenzenden Ländern hilft: Notruf ☎ 02310-3456. Es stehen Hubschrauber und Flugzeuge mit ausgebildetem Rettungspersonal zur Verfügung. In Bangkok gibt es *Motorlance* – ein Motorrad, das einen Notfallarzt schnell zum Unfallort bringt.

Wurmerkrankungen

Winzige oder größere Exemplare, die überall lauern können, setzen sich an den verschiedensten Körperstellen bzw. -organen fest und sind oft erst Wochen nach der Rückkehr festzustellen.

Die meisten sind harmlos und durch eine einmalige Wurmkur zu vernichten, andere sind gefährlich, z.B. Hakenwürmer. Sie bahnen sich den Weg durch die Fußsohlen, deshalb sollte man auf feuchten Böden unbedingt Sandalen tragen.

Nach einer Reise in abgelegene Gebiete ist es empfehlenswert, den Stuhl auf Würmer untersuchen zu lassen. Notwendig ist das, wenn man über längere Zeiträume auch nur leichte Durchfälle hat.

Tropeninstitute in Deutschland	
Berlin	Spandauer Damm 130, Haus 10, 14050, ☎ 030-30 11 66
Dresden	Friedrichstr. 39, 01067, ☎ 0351-480 3801
Düsseldorf	Moorenstr. 5, 40225, ☎ 0211-811 7031
Göttingen	Werner-von-Siemens-Str. 10, 37077, ☎ 0551-30 75 00
Frankfurt	Paul-Ehrlich-Str. 20, 60596, ☎ 069-6301 5033
Hamburg	Seewartenstr. 10, 20459, ☎ 040-4281 8800, 🖳 www.gesundes-reisen.de
Heidelberg	Im Neuenheimer Feld 324, 69120, ☎ 06221-56 29 25, Informationen vom Band über Asien ☎ 06221-56 56 33
München	Leopoldstr. 5, 80802, ☎ 089-218 013 500, Informationen vom Band über Asien ☎ 089-218 013 508. 🖳 www.fitfortravel.de
Rostock	Ernst-Heidemann-Str. 6-8, 15055, ☎ 0381-494 7583, Beratung nur mit Termin Mo 13–15 und Do 15–17 Uhr
Tübingen	Kepplerstr. 15, 72074, ☎ 07071-298 2364

Vorschlag für eine Reiseapotheke Von allen regelmäßig benötigten Medikamenten sollte man einen ausreichenden Vorrat mitnehmen. Nicht zu empfehlen sind Zäpfchen oder andere hitzeempfindliche Medikamente. In den Apotheken Thailands und Malaysia gibt es viele Präparate billiger und ohne Rezept. Bei Untersuchungen stellte sich heraus, dass einige Präparate gefälscht waren. Wer in einem Krankenhaus oder einer Privatklinik behandelt wird, erhält die Medikamente dort passend abgezählt. Preisgünstiger als in Europa sind Impfungen (auf Einwegspritze bestehen).

Basisausstattung
→ Verbandzeug (Heftpflaster, Leukoplast, Blasenpflaster „compeed", Mullbinden, elastische Binde, sterile Kompressen, Verbandpäckchen, Dreiecktuch, Schere, Pinzette)
→ sterile Einmalspritzen und -kanülen in verschiedenen Größen (mit ärztlicher Bestätigung, dass sie medizinisch notwendig sind, damit man nicht für einen Fixer gehalten wird)
→ Fieberthermometer
→ Kondome
→ Lärmstopp (gegen Lärmbelästigung)
→ Beipackzettel

Malaria-Prophylaxe
→ Chloroquin (z.B. Resochin*, nur für gefährdete Grenzgebiete)
→ Paludrine* (zusätzlich zu Chloroquin, nur für gefährdete Grenzgebiete)
→ Lariam* oder Halfan* zur Standby-Therapie
→ MalaQuick Standby Malaria-Test
→ Mückenschutz (Jaico oder Sketolene-Konzentrat 40% – in Thailand kaufen; für Kinder: Zanzarin)

Schmerzen und Fieber
→ keine acetylsalicylsäurehaltigen Medikamente, Benuron, Dolormin
→ Buscopan (gegen krampfartige Schmerzen)
→ Antibiotika* gegen bakterielle Infektionen (in Absprache mit dem Arzt mitnehmen)

Magen- und Darmerkrankungen
→ Imodium akut oder in Thailand: Lomotil (gegen Durchfall, v.a. vor längeren Fahrten)

→ Elotrans oder Elektrolytdrinks (zur Rückführung von Mineralien, in jeder Apotheke)
→ Dulcolax Dragees, Laxoberal Tropfen (gegen Verstopfung)
→ Talcid, Riopan (gegen Sodbrennen)

Erkrankungen der Haut
→ Desinfektionsmittel (Betaisodona Lösung, Hansamed Spray, Kodan Tinktur)
→ Tyrosur Gel, Nebacetin Salbe RP (bei infizierten oder infektionsgefährdeten Wunden)
→ Soventol Gel, Azaron Stift, Fenistil Tropfen, Teldane Tabletten (bei Juckreiz nach Insektenstichen oder allergischen Erkrankungen)
→ Prickly Heat Powder (gegen Hitzebläschen und Schwitzen, in jeder Apotheke)
→ Soventol Hydrocortison Creme, Ebenol Creme (bei starkem Juckreiz oder stärkerer Entzündung)
→ Cortison- und antibiotikahaltige Salbe gegen Bläschenbildung nach Quallenkontakt
→ Wund- & Heilsalbe (Bepanthen)
→ Fungizid ratio, Canesten (bei Pilzinfektionen)
→ Berberil, Yxin (Augentropfen bei Bindehautentzündungen)

Erkältungskrankheiten
→ Olynth Nasenspray, Nasivin
→ Dorithricin, Dolo Dobendan (bei Halsschmerzen)
→ Silomat (Hustenstiller)
→ Acc akut, Mucosolvan, Gelomyrtol (zum Schleim lösen)

Kreislauf
→ Korodin, Effortil (Kreislauf anregend)

Reisekrankheit
→ Superpep Kaugummis, Vomex

Sonnenschutz mit UVA- und UVB-Filter
→ Ladival Milch bzw. Gel, Ilrido ultra Milch
→ Sonnenschutzstift für die Lippen
→ Bei Sonnenallergie: Calamine (in Apotheken in Thailand erhältlich)

Bitte bei den Medikamenten Gegenanzeigen und Wechselwirkungen beachten und sich vom Arzt oder Apotheker beraten lassen.
(rezeptpflichtig in Deutschland)*

Wundinfektionen

Unter unhygienischen Bedingungen können sich schon aufgekratzte Moskitostiche zu beträchtlichen Infektionen auswachsen, wenn sie unbehandelt bleiben. Wichtig ist es, dass jede noch so kleine Wunde sauber gehalten, desinfiziert und evtl. mit Pflaster geschützt wird. Antibiotika-Salben unterstützen den Heilprozess.

Wundstarrkrampf

Wundstarrkrampf-Erreger findet man überall auf der Erde. Verletzungen kann man nie ausschließen, und wer noch keine Tetanusimpfung hatte, sollte sich unbedingt zwei Impfungen im 4-Wochen-Abstand geben lassen, die nach einem Jahr aufgefrischt werden müssen. Danach genügt eine Impfung alle 10 Jahre.

Am besten ist die Impfung mit dem Tetanus-Diphterie-(Td-)Impfstoff für Personen über 5 Jahre, um gleichzeitig einen Schutz vor Diphtherie zu erhalten.

Versicherung

Reiserücktrittskostenversicherung

Bei einer pauschal gebuchten Reise ist eine Rücktrittskostenversicherung meist im Preis inbegriffen (zur Sicherheit nachfragen). Wer individuell plant, muss sich um die Absicherung dieses Risikos selbst kümmern. Reisebüros bieten z.T. Versicherungen an oder vermitteln den Abschluss. Viele Reiserücktrittskostenversicherungen müssen kurz nach der Buchung abgeschlossen werden (in der Regel bis 14 Tage danach). Bei Krankheit oder Tod eines Familienmitglieds oder Reisepartners ersetzt die Versicherung die Stornokosten der Reise. Eine Reiseunfähigkeit wegen Krankheit muss ärztlich nachgewiesen werden. Die Kosten der Versicherung richten sich nach dem Preis der Reise und der Höhe der Stornogebühren. Sie liegen in der Regel zwischen 15 und 90 € pro Person. Zum Teil gibt es eine Selbstbeteiligung.

Reisegepäckversicherung

Viele Versicherungen bieten die Absicherung des Verlustes von Gepäck an, einige haben sich sogar darauf spezialisiert (z.B. Elvia, ✆ 089-624240,

www.elvia.de). Allen Versicherungen ist gemein, dass die Bedingungen, unter denen das Gepäck abhanden kommen „darf", sehr eng gefasst sind. Deshalb ist es wichtig, die Versicherungsbedingungen genau zu studieren und sich entsprechend zu verhalten. Bei vielen Versicherungen ist z.B. das Gepäck in unbewacht abgestellten Kraftfahrzeugen zu keinem Zeitpunkt versichert. Kameras oder Fotoapparate dürfen wegen möglicher Mopedräuber nicht über die Schulter gehängt werden, sondern müssen am Körper befestigt sein, sonst zahlt die Versicherung nicht (so Gerichtsurteile). Ohnehin sind Foto- und videotechnische Geräte meist nur bis zu einer bestimmten Höhe oder bis zu einem bestimmten Prozentsatz des Neuwertes versichert, auch Schmuck unterliegt Einschränkungen, ebenso wie Bargeld.

Entscheidet man sich für eine Reisegepäckversicherung, ist darauf zu achten, dass sie Weltgeltung hat, die gesamte Dauer der Reise umfasst und in ausreichender Höhe abgeschlossen ist. Wer eine wertvolle Fotoausrüstung mitnimmt, kann darüber nachdenken, eine Zusatzversicherung abzuschließen (s.u.).

Tritt ein Schadensfall ein, muss der Verlust sofort bei der Polizei gemeldet werden. Eine **Checkliste**, auf der alle Gegenstände und ihr Wert eingetragen sind, ist dabei hilfreich. Ansonsten sollte alles, was nicht ausreichend versichert ist, im Handgepäck transportiert werden. Eine Reisegepäckversicherung mit einer Deckung von rund 2000 € kostet für 24 Tage ca. 30 €, als Jahresvertrag etwa 60–70 €.

Fotoversicherung

Um hochwertige Fotoausrüstungen voll abzusichern, kann es sinnvoll sein, eine zusätzliche Fotoapparate-Versicherung abzuschließen. Diese ist zwar relativ teuer, aber die Geräte sind so gegen alle möglichen Risiken versichert. Die Kosten richten sich nach dem Wert der Ausrüstung bzw. der Versicherungssumme.

Reisekrankenversicherung

Es ist ratsam, auf alle Fälle eine Reisekrankenversicherung abzuschließen. Nur wenige private Krankenkassen schließen den weltweiten Schutz im Krankheitsfall ein. Die meisten Reisebüros und einige Kreditkartenorganisationen bieten aber derartige Versicherungen an. Bei Krankheit – speziell Krankenhausaufenthalten – kann sehr schnell eine erhebliche Summe zusammenkommen, die aus eigener Tasche bezahlt werden müsste. Ist man versichert, kann man die Kosten gegen Vorlage der Rechnungen zu Hause geltend machen. Einschränkungen gibt es natürlich auch hier, besonders bezüglich Zahnbehandlungen (nur Notfallbehandlung) und chronischen Krankheiten (Bedingungen durchlesen).

Die später bei der Versicherung einzureichende **Rechnung** sollte folgende Angaben enthalten:

- Name, Vorname, Geburtsdatum, Behandlungsort und -datum
- Diagnose
- erbrachte Leistungen in detaillierter Aufstellung (Beratung, Untersuchungen, Behandlungen, Medikamente, Injektionen, Laborkosten, Krankenhausaufenthalt)
- Unterschrift des behandelnden Arztes
- Stempel

Wer im Ausland schwer erkrankt, wird zu Lasten der Versicherung heimgeholt, aber nur, wenn er plausibel darlegen kann, dass am Urlaubsort keine ausreichende Versorgung gewährleistet ist. Dann geht es mit Linienmaschinen oder auch mit eigens losgeschickten Ambulanzflugzeugen nach Hause. Die meisten Versicherungen haben inzwischen den Passus „wenn medizinisch notwendig" in das Kleingedruckte aufgenommen. Aber gerade die medizinische Notwendigkeit ist nicht immer leicht zu beweisen. Ist der Passus „wenn medizinisch sinnvoll und vertretbar" formuliert, kann man wesentlich besser für eine Rückholung argumentieren.

Die Universa Krankenversicherung AG versichert Reisende auf allen Auslandsreisen (auch Geschäftsreisen), die nicht länger als zwei Monate dauern, zu einem Preis von 8 € p.P. bzw. 17,80 € ab Eintrittsalter 60 pro Jahr. Der Auslandsschutzbrief des ADAC gilt ein Jahr lang für Reisen von jeweils maximal 45 Tagen und kostet für Mitglieder 11,70 €, Nicht-Mitglieder zahlen 13,50 €. Weitere Anbieter sind u.a. Debeka, Europa und HUK-Coburg. Wer länger verreisen möchte, sollte nach Langzeittarifen für bis zu 3 Jahren fragen.

Versicherungspakete

Von verschiedenen Unternehmen werden Versicherungspakete angeboten, die neben der Reisekrankenversicherung eine Gepäck-, Reiserücktrittskosten- und Reise-Notruf-(oder Rat&Tat) Versicherung einschließen. Mit Letzterer erhält man über eine Notrufnummer Soforthilfe während der Reise. Krankenhauskosten werden sofort von der Versicherung beglichen, und bei ernsthaften Erkrankungen übernimmt sie den Rücktransport. Ist der Versicherte nicht transportfähig und muss länger als 10 Tage im Krankenhaus bleiben, kann eine nahe stehende Person auf Kosten der Versicherung einfliegen. Auch beim Verlust der Reisekasse erhält man über den Notruf einen Vorschuss.

Die Pakete sind jedoch, ebenso wie die günstigen Krankenversicherungs-Angebote, auf maximal 5–8 Wochen begrenzt. Da bei längeren Reisen bis zu einem Jahr nur Einzelversicherungen möglich sind und der Versicherungsschutz teurer wird, sollte man in diesem Fall die Leistungen verschiedener Unternehmen vergleichen. Wer sich optimal absichern möchte, schließt eine separate Kranken-, Reise-Notruf- (Rat & Tat-), Unfall- und Gepäckversicherung ab. Bei häufigen Auslandsreisen können die Einzelversicherungen oder das Paket auch für ein ganzes Jahr abgeschlossen werden. Dann besteht auf allen Reisen Versicherungsschutz, sofern diese nicht länger als 6 Wochen dauern. Entsprechende Versicherungspakete lassen sich bequem über Reisebüros abschließen, wobei die Kosten von der Dauer und dem Wert der Reise abhängen.

Gepäck

Die folgende Liste dient auch uns seit vielen Jahren als Hilfe beim Packen. Sie ist jedoch keineswegs vollständig und kann nach individuellen Bedürfnissen ergänzt werden.

Kleidung

→ **Feste Schuhe** (für Trekking-Touren reichen Turnschuhe meist aus)
→ **Sandalen** (in die man leicht hinein und herausschlüpfen kann)
→ **Gummi-** oder **Trekkingsandalen** (unter Duschen Pilzgefahr!)

→ **Hosen** bzw. **Röcke** aus Baumwolle, die nicht zu eng sitzen sollten.

→ **Kurze Hosen** (bei Männern bis zum halben Oberschenkel, bei Frauen bis zum Knie, Shorts nur am Strand)

→ **Hemden*** oder **Blusen***

→ **T-Shirts*** / **Polo-Shirt*** mit Ärmel (mit Kragen fürs Schnorcheln)

→ **Jacke** (für die An- und Abreise, kühle Nächte in den Bergen und ac-Busse)

→ **Pullover**

→ **Regenschirm** (keine Gummijacke wegen Wärmestau!)

→ **Sonnenschutz:** Hut/Brille* (in unzerbrechlicher Box)/Sonnencreme

→ **Socken** (für den Abend dichte, nicht allzu kurze Socken als Moskitoschutz)

→ **Unterwäsche** (aus Baumwolle); für Frauen BH

→ **Badekleidung**, für Frauen außerhalb der Touristenzentren einteiliger Badeanzug

Hygiene und Pflege

→ **Zahnbürste***, **Zahnpasta*** in stabiler Tube, **Zahnseide**

→ **Shampooo**/Haarpflegemittel (die auf europäische Haare abgestimmt sind)

→ **Nagelschere*** und Nagelfeile

→ **Rasierer** (in abgelegenen Gebieten ist ein Nassrasierer zu bevorzugen)

→ **Kosmetika** und Hautpflegemittel

→ **Papiertaschentücher**

→ **Feuchties** (zur Hygiene unterwegs und wo es kein Wasser gibt)

→ **Tampons** (ausreichend mitnehmen, in internationalen Hotels oder Supermärkten teuer).

→ **Plastiktüten** (für schmutzige Wäsche und als Nässeschutz, Nachschub vorhanden)

→ **Nähzeug** (Zwirn/Nadeln/Sicherheitsnadeln)

→ **Toilettenpapier*** (auf den meisten öffentlichen Toiletten nicht vorhanden, dafür steht es auf den Tischen in Restaurants, wo es Servietten ersetzt)

Sonstiges

→ **Adapter** (da manche Steckdosen Flachstecker nicht aufnehmen, ansonsten gibt es keine Probleme mit Elektrogeräten – sofern Elektrizität vorhanden)

→ **Reisewecker** (oder Armbanduhr mit eingebautem Wecker)

→ **Taschenlampe***

→ **Taschenmesser** (z.b. Schweizer Messer)

→ **Reiseapotheke** (s.S. 27)

→ **Notizbuch*** und Stifte*

→ **Reisepass** (evtl. Internationaler Studentenausweis und Personalausweis, der zum Geld abheben reicht, wenn der Pass bei einer Auto-/Motorradverleihfirma hinterlegt wurde)

→ **Impfpass** (oder zumindest eine Kopie davon für den Notfall)

→ **Führerschein**

→ **Geld** (Bargeld/Reiseschecks/Abrechnung über Schecks/Kreditkarte)

→ **Flugtickets**

→ **Kopien der Dokumente** (nach der Einreise wegen Einreisestempel anfertigen)

→ **Reiseführer**, **Landkarten**

→ **Reiselektüre**

→ **Kleine Geschenke** (Postkarten, Briefmarken, Münzen, Fotos von Daheim, Buntstifte, Murmeln oder Haargummis statt Bonbons für Kinder …)

Tipp: Alle wichtigen Reisedokumente zu Hause einscannen und an die eigene Web-Mail-Adresse schicken, evtl. auch Geheimzahlen, Telefonnummern, Reiseschecknummern, Medikamentennamen, Blutgruppe etc. So können diese im Notfall unterwegs abgerufen werden.

Wer in einfachen Unterkünften wohnen wird, braucht zudem

→ **Seife*** oder seifenfreie Waschlotion im bruchsicheren Behälter

→ dünne **Handtücher***, die schnell trocknen* (meist in den Hotels vorhanden)

→ **Waschmittel** in der Tube (für alle, die selbst Wäsche waschen)

→ **Plastikbürste*** (zum Reinigen von Wäsche und Schuhen)

→ **tiefer Plastikteller*** (für Essen vom Markt)

→ **Tauchsieder*** (zum Kochen von Kaffee und Tee)

→ **Tasse oder Becher*** (für heiße Getränke)

→ **Kordel** (als Wäscheleine oder zum Aufspannen des Moskitonetzes)

→ **Klebeband** (um zu packen und Löcher im Moskitonetz zu verschließen)

→ **kleine Nägel** oder Reißzwecken (zum Befestigen des Moskitonetzes)

→ **60-Watt-Birne*** (für alle, die noch spät lesen wollen)

→ **Vorhängeschloss*** (und kleine Schlösser* fürs Gepäck)

→ **Moskitonetz***

→ **Schlafsack** (Leinenschlafsack, Bettbezug oder 2 dünne Tücher) In billigen Hotels gibt es keine Decken, und Laken werden nicht häufig gewechselt.

* Diese Gegenstände sind in Thailand oder Malaysia preiswerter zu erwerben.

Der Wickelrock und das „gute Stück"

Das meistgetragene Kleidungsstück auf dem Land ist, neben Gummisandalen, der Wickelrock (Thai: *phasin*; malaiisch*: sarong*). Auch Touristen können ihn auch beim Baden an nicht abgeschirmten Waschplätzen als Rock im Haus oder am Strand tragen und sich damit zudecken. Als Bekleidung außerhalb der Strände ist er ungeeignet.

Während einer Reise wird man evtl. von Einheimischen eingeladen. Handelt es sich um eine Hochzeit oder ein anderes Familienfest, wird erwartet, dass Gäste sich dem Anlass entsprechend kleiden. Deshalb sollte auch ein gutes Stück im Gepäck sein, das längere Reisen unbeschadet übersteht. Bei chinesischen Festen (außer bei Begräbnissen) trägt man keine weiße, blaue oder schwarze Kleidung.

Bei der Auswahl der Kleidung empfiehlt sich eine Kombination aus lässig-bequemer und gut aussehender, „ordentlicher" Kleidung. In Thailand, aber auch in Malaysia, beurteilt man die Menschen weit mehr als in Europa nach ihrem Äußeren. Ein schmuddeliges Outfit stößt unmerklich auf Ablehnung. Auch allzu weit ausgeschnittene und eng anliegende Kleidung wird vor allem bei Frauen als obszön angesehen. Wäsche wird fast überall innerhalb von 24 Stunden für wenig Geld gewaschen und gebügelt. In vielen Traveller-Hotels gibt es zudem die Möglichkeit, selbst zu waschen.

Rucksäcke, Koffer und Taschen

Wer überwiegend mit öffentlichen Verkehrsmitteln unterwegs ist und längere Strecken zu Fuß zurücklegen will, reist am besten mit Rucksack. Beim Kauf probiert man ihn mit etwa 15 Kilo Inhalt an.

Ein Kompromiss zwischen Koffer und Rucksack stellen die Koffer-Rucksäcke dar, die von der Vorderseite bepackt werden und bei denen das Tragegestell eingepackt werden kann.

Wer sein Gepäck nicht weit tragen muss, kann auch mit Koffer reisen. Vorteil: Man wird nicht mit dem negativen Image belegt, das Rucksack-Touristen manchmal haben. Zudem sind sie in öffentlichen Verkehrsmitteln leichter zu verstauen als sperrige Rucksäcke.

Ein zusätzlicher Tages-Rucksack *(daypack)* oder eine Falttasche kann unterwegs bei Tagesausflügen oder Kurztrips das Gepäck aufnehmen und auf dem Heimflug für weiteren Stauraum sorgen.

Notfalls gibt es überall billige Koffer und Reisetaschen zu kaufen.

Für Kameras benötigt man Fototaschen, die möglichst nicht schon von außen auf den wertvollen Inhalt schließen lassen. Sie sollten aus festem Material bestehen (nicht aufschlitzbar!), gut verschließbar sein und Platz für weiteres Handgepäck haben.

Wertsachen, wie Geld, Pässe, Schecks und Tickets, lassen sich am besten nah am Körper in einem breiten Hüftgurt aus Baumwollstoff aufbewahren. Unter Hosen und locker fallenden Kleidern kann man ihn um die Hüfte gebunden unauffällig tragen.

Alle Papiere – auch das Geld – werden zusätzlich durch eine Plastikhülle geschützt, denn Schweiß ist zerstörerisch, und unleserliche Bankbescheinigungen oder Flugtickets machen Ärger.

Geld

Bargeld

Bargeld birgt das größte Risiko, da bei Diebstahl alles weg ist. Doch mit ein paar US$-Noten kann man schnell mal ein Taxi oder die Airport Tax bezahlen. Dollarscheine sind überall bekannt, Euro-Scheine dagegen kaum. 100-Dollar-Noten werden wegen zahlreicher im Umlauf befindlicher Fälschungen häufig nicht akzeptiert.

Bargeld immer in Plastiktüten packen, vor allem wenn sie am Körper getragen werden, um Verfärbungen durch die Einwirkung von Feuchtigkeit zu vermeiden.

Reisechecks

Sicherheit bieten Reisechecks (Travellers Cheques), die gegen 1% Provision bei jeder Bank erhältlich sind. In den Touristenregionen und Provinzhauptstädten werden auch **Euro-Reiseschecks** gewechselt. In der Provinz bevorzugt man US$-Schecks. Generell sind die Kurse für Reiseschecks besser als für Bargeld. Beim Einlösen wird für jeden Scheck eine Gebühr von 23 Baht berechnet. Manche Banken wechseln nicht mehr als US$300 bzw. US$500.

Da die Gebühr beim Einlösen pro Scheck berechnet wird, sollte man lieber weniger Schecks mit einem höheren Wert mitnehmen. In Thailand ist der Wechselkurs für Schecks günstiger als für Bargeld. Es wird allerdings eine Provision von 23 Baht pro Scheck verlangt. Bei Verlust oder Diebstahl werden sie im nächsten Vertragsbüro ersetzt (bei Thomas Cook in ihrer Vertretung in Bangkok, s.S. 178). Wichtig ist, dass für den Nachweis die Kaufabrechnung an einer anderen Stelle aufbewahrt wird als die eigentlichen Schecks. Außerdem hilft eine Aufstellung aller bisher bereits eingelösten Schecks, denn diese werden nicht ersetzt. Unsere Leser hatten wiederholt Schwierigkeiten, gestohlene AMEXCO-Reiseschecks in Thailand ersetzt zu bekommen.

Geldautomaten (ATM) sind praktisch, denn man braucht weder Öffnungszeiten zu beachten noch Formulare auszufüllen, zudem gibt es kaum Warteschlangen. Allerdings haben sie auch ihre Tücken: Die Geldausgabeschlitze können manuell so blockiert werden, dass zwar die Karte, nicht aber das Geld herauskommt (dieses fummeln sich anschließend die Diebe hervor). Sofern man das Geräusch des Geldzählvorgangs vernommen und weder eine Quittung über einen abgebrochenen Vorgang noch Bargeld erhalten hat, sollte man misstrauisch sein, den Automaten nicht aus den Augen lassen und jemanden bitten, sofort die zuständige Bank zu informieren. Gleiches gilt, wenn während des Buchungsvorgangs der Strom ausfällt und die Karte im Automaten stecken bleibt. Wer auf Nummer sicher gehen will, geht während der Bank-Öffnungszeiten zu einem Automaten vor einer Bank.

Warnung Die Kreditkarte darf beim Bezahlen nicht aus den Augen gelassen werden, damit kein zweiter Kaufbeleg erstellt werden kann, auf dem später die Unterschrift gefälscht wird! Sie darf auch niemals in einem Safe, der auch anderen zugänglich ist, verwahrt werden. Schon viele Reisende mussten zu Hause den Kontoauszügen entnehmen, dass während ihrer Abwesenheit hemmungslos „eingekauft" worden war.

Geldkarten

Mit der ec-Karte und Geheimzahl kann man an fast allen Geldautomaten mit Maestro-Symbol Bargeld abheben. Umgerechnet wird zum Briefkurs, die Gebühr beträgt pro Transaktion knapp 3 €. Der Maximalbetrag kann bei der Hausbank erfragt werden und beträgt meist 500 € pro Tag. Bei einigen Automaten ist der Maximalbetrag aus technischen Gründen geringer.

Kreditkarten

Mit Kreditkarten wie *American Express, Visa, MasterCard (Eurocard)* oder *Diner's Card* kann man nicht nur Flugtickets, Mietwagen, Einkäufe, Hotel- und Restaurantrechnungen im oberen Preisniveau bargeldlos bezahlen, sondern auch Bargeld abheben (Inhaber der Postsparkarte mit Visa-Plus-Funktion bis zu viermal im Jahr gebührenfrei). In Thailand und Malaysia sind Auszahlungs- und Akzeptanzstellen sowie Geldautomaten (ATM) weit verbreitet.

Einige Reisende berichten, dass ihre Euro/Mastercard nie funktioniert hat: „Pin nicht definiert". Evtl. hilft es, nur die ersten 4 Ziffern einer längeren Pin einzutippen. Geschäfte verlangen entgegen den Vertragsvereinbarungen oft die Verkäufergebühr (3–5%) vom Kunden. In diesem Fall sollte man sich diesen Betrag auf der Rechnung extra ausweisen lassen und ihn beim Kreditkartenunternehmen zurückfordern. Es ist ratsam, eine bestimmte Summe als Guthaben auf dem Kreditkarten-Konto zu deponieren, damit man nicht auf den vorgegebenen Kreditrahmen angewiesen ist, denn sobald dieser überzogen ist, wird die Karte gesperrt.

Auf vielen Kreditkarten-Konten werden sogar Zinsen gezahlt, die gar nicht unattraktiv sind. Verlust oder Diebstahl sind sofort zu melden, um gegen den Missbrauch der Karte abgesichert zu sein.

Bei Mietwagen oder Flügen, die mit der Karte bezahlt werden, ist in der Regel automatisch eine Unfallversicherung inklusive, bei einigen Karten eine Mietwagen-Vollkaskoversicherung.

Informationen und Notrufnummern:
American Express: ✆ 069/97971000 (auch bei Verlust für Ersatzkarten zuständig), 🖥 www. americanexpress.com/germany. In Bangkok unter ✆ 2735522-44, in Kuala Lumpur unter ✆ 2050 0213.
Visa: ✆ 069/920110, Standorte der Geldautomaten: 🖥 www.visa.de/tk/atm, Karte sperren: ✆ +1/410/581994 (international gebührenfrei). Die Vertragsbanken *Bank of Ayutthaya, Siam Commercial Bank, Kasikorn Bank, Bangkok Bank, Thai Military Bank* bzw. in Malaysia *Overseas Union, Chase Manhattan, Standard Chartered, HBC, Malayan Banking, Overseas Chinese Banking* zahlen innerhalb des Kreditrahmens pro Woche bis zu umgerechnet 1000 € in bar aus, mindestens 40 €. Gebühren 3,65%, mindestens 5 € zum Briefkurs vom Vortag (mit einem Konto der Allgemeinen Deutschen Direktbank kostenfrei, 🖥 www. diba.de). Gleiches gilt für Geldautomaten.
MasterCard: ✆ 069/79330, Standorte: 🖥 www. mastercard.com/atm/, Karte sperren: ✆ +1/314/2756690 (international gebührenfrei). Die Vertragsbanken, *Bank of America, Bank of Ayutthaya, Siam Commercial Bank, Thai Military Bank, Kasikorn Bank* bzw. in Malaysia *HBC, Bank of America, Overseas Chinese Banking, Chase Manhattan Bank, Bank Bumiputra* zahlen alle 7 Tage bis zu umgerechnet 1000 € aus, mindestens 60 €, Gebühren bei Banken 3% und am Automaten: 2%, min. 5 €, Umrechnung zum Briefkurs vom Vortag

Postcheckkonto

Schweizer mit einem **Postcheckkonto** in der Schweiz können bei allen thailändischen Postämtern problemlos und schnell mit einem Postscheck bis zu 5000 Baht abheben. Dasselbe gilt für Holländer. Allerdings haben viele Geldschalter der Postämter nicht so lange geöffnet wie die Briefschalter.

Überweisungen

Bei Überweisungen von Geld aus Europa schickt die asiatische Bank ein Fax (Fax-Nummer notieren) an die Heimatbank und fordert den entsprechenden Betrag an. Eine telegrafische Anweisung kostet etwa 30–40 €. Der überwiesene Betrag wird zum Devisenkurs umgerechnet und bar oder in Travellers Cheques gegen eine Gebühr von etwa 10 € ausgezahlt. Die Kosten lassen sich reduzieren, wenn die Gebühren für die Überweisung vom heimischen Konto, die Kosten für den Begünstigten jedoch vor Ort beglichen werden. Wer sich den Abwicklungsbeleg nach Thailand oder Malaysia faxen lässt, kann bei der Bank etwas Druck machen, doch normalerweise ist das Geld nach 3 Tagen verfügbar.

Für Überweisungen eignen sich am besten die Zentralen der Banken in Bangkok, vor allem die Bangkok Bank (Korrespondenzbank der Sparkassen, Zentrale in Bangkok, 333 Silom Rd., ✆ 2343333, 🖥 www.bbl.co.th) oder die Deutsche Bank (Zentrale in Bangkok, 208 Witthayu Rd., 🕐 Mo–Fr von 8.30–15.30 Uhr). Überweisungen nach Malaysia sollte man nach Penang durchführen. Auch über die Reisebank AG in Frankfurt, ✆ 1800-3040700, kann man sich Bargeld schicken lassen. Der überwiesene Betrag wird zum Devisenkurs umgerechnet und bar in Landeswährung oder in Reisechecks gegen eine Gebühr von etwa US$10 ausgezahlt.

Etwas weniger kompliziert, aber schnell erfolgt der Geldtransfer über **Moneygram** oder **Western Union**, da bei diesem Vorgang nicht zwei Unternehmen kooperieren müssen. Unmittelbar nach Einzahlung bei einer heimatlichen Zweigstelle (bei Western Union auch über den Postbank-Direktservice) kann der Begünstigte das Geld in Empfang nehmen. Die Gebühren richten sich nach der überwiesenen Summe: Für 1000 € fallen etwa 40 € an, die vom Absender zu begleichen sind.

Weitere Informationen, auch über Zweigstellen weltweit:
Moneygram, ✆ 069/689 7010, 🖥 www.moneygram.com.
Western Union, ✆ 0180/303 0330, 🖥 www.westernunion.com. Wird in Deutschland von allen Zweigstellen der Postbank angeboten.

Währung

Währungseinheit in Thailand ist der **Baht** mit 100 **Satang**. In Umlauf sind Banknoten in Höhe von 1000, 500, 100, 50 und 20 Baht sowie Münzen zu 10 (innen golden, außen silbrig), 5, 2 (sehr selten) und 1 Baht. Nur auf der Post werden gelegentlich 50 und 25 Satang herausgegeben und angenommen. Angekündigt wurde die Ausgabe von 10 000 Baht-Scheinen. Es gibt zudem verschiedene Sondermünzen und -scheine.

In Malaysia ist die Währungseinheit der malaysische Ringgit (RM) mit 100 sen (¢). Im Umlauf sind Banknoten zu 5, 10, 20, 50, 100 und 500 RM sowie Münzen zu 1, 5, 10, 20, 50 sen und 1 RM (alte 1 RM-Scheine sind kaum noch im Umlauf).

Wechselkurs

Seit Mitte 1997 ist der Wechselkurs des Baht freigegeben, was eine Abwertung von ca. 50% zur Folge hatte. Sein Kurs schwankte 2003 gemäß Angebot und Nachfrage zwischen 41 und 44 Baht/US$. Thailand hat es geschafft, unter der vom IWF vorgegebenen maximalen Inflationsrate von 10% zu bleiben, die 2002 nur 0,7% betrug.

Wechselkurs (Herbst 2003)

1 €	=	46,93 Baht	10 Baht	=	0,21 €
1 sFr	=	30,00 Baht	10 Baht	=	0,33 sFr
1 €	=	4,46 RM	1 RM	=	0,22 €
1 sFr	=	2,85 RM	1 RM	=	0,35 sFr

Aktuelle Wechselkurse unter 🖳 www.oanda.com

Reisekosten
Thailand

Generell ist das Preisniveau für Touristen in Bangkok, Phuket und einigen Touristenzentren wesentlich höher als in der Provinz. Außerdem gibt es neben dem Stadt-Land-Preisgefälle beachtliche regionale Unterschiede. Auf Ko Lanta, Ko Chang oder Ko Pha Ngan kann man bei anspruchsloser Lebensführung mit 250–300 Baht am Tag auskommen, wenn das Zimmer geteilt wird. Darin sind allerdings Souvenirs, Mieten von Motorrädern oder Autos und Foodtrips sowie Bier und Thai Whisky nicht enthalten.

Wenn der Urlaub etwas komfortabler sein soll, braucht man mindestens 500–800 Baht pro Tag. In diesem Budget sind dann auch komfortable Bungalows und bessere Restaurants enthalten. Wer regelmäßig Bier trinkt, gut essen geht oder Hotels mit Swimming Pool und anderen luxuriösen Einrichtungen genießen will, braucht noch viele Baht

mehr ohne Begrenzung nach oben. Da ein Zimmer für eine Person genauso viel kostet wie für zwei Personen, reist man zu zweit immer billiger.

Malaysia

Billigreisende können in Malaysia mit etwa 20–30 RM Übernachtungskosten für ein Doppelzimmer rechnen. An Essensständen und in billigen Restaurants kostet ein Gericht um 3 RM. Wer sparen will, sollte Tee trinken und Alkohol vergessen, da dieser überall verhältnismäßig teuer ist. Mit Mindestkosten für Essen und Trinken von 20 RM pro Tag sollte man selbst bei sparsamer Lebensweise rechnen.

Im Vergleich zu anderen südostasiatischen Ländern sind die Transportkosten, also Bus- und Zugfahrten, in Malaysia etwas höher. Allerdings sind in der Regel keine großen Entfernungen zu überwinden. Billigstes Transportmittel sind die lokalen Busse. Überlandtaxen (knapp doppelt so teuer wie Busse) sind eine schnellere Alternative für alle, denen etwas mehr Geld zur Verfügung steht. Außerhalb von Kuala Lumpur und Penang ist ein Mietwagen eine empfehlenswerte Alternative.

Banken

Banken in Thailand sind an hohen Schildern mit den jeweiligen Symbolen leicht zu finden. Öffnungszeiten der Banken: Mo–Fr (außer feiertags) 8.30–15.30 Uhr. In Bangkok und in den Touristenorten haben einige Schalter (*currency exchange service*) täglich von 8.30–22 Uhr geöffnet, so dass es hier keine Probleme gibt. Nachts wechseln im Notfall die *money changer* in den Hotels, meist zu schlechten Kursen. Vorsicht bei der Einreise nach Malaysia: In Kelantan (Ostküste), Kedah und Perlis (Westküste) sind die Banken am Do nur von 9.30–11.30 Uhr geöffnet und Fr geschlossen, am Sa und So jedoch geöffnet. Ansonsten öffnen Banken Mo–Fr 10–15 und Sa 9.30–11.30 Uhr.

Frauen unterwegs

In Thailand und in Nord-Malaysia ist sicherlich die Anmache längst nicht so groß wie in einigen Ländern Nordafrikas oder des vorderen Orients, doch gibt es eine Reihe von Einschränkungen. Nicht nur das Nirvana bleibt Frauen unzugänglich. Diskriminierend sind unter anderem auch religiöse Überlieferungen und Gesetze: So ist Frauen der Zutritt zu dem heiligen Bereich *(Bot)* einiger buddhistischer Tempelanlagen verboten oder begrenzt. Buddhistischen Mönchen ist es verboten, Frauen zu berühren.

Andere Situationen sind generell gefährlich – vom kostenlosen Übernachten in Wohnungen selbst ernannter Guides bis zu nächtlichen Spaziergängen an einsamen Stränden oder durch unbelebte Stadtviertel. Es empfiehlt sich besonders, einen großen Bogen um Männergruppen zu machen, die betrunken oder in ausgelassener Stimmung sind. Wenn Frauen in Thailand belästigt werden, dann häufig von betrunkenen Männern.

Das Anfassen ist freilich nicht immer als Anmache zu verstehen. Thais berühren die Haut von Europäern und bewundern die helle Farbe – ein Kennzeichen für Menschen, die es nicht nötig haben, auf den Feldern zu arbeiten. Allerdings lassen sich einheimische Frauen eindeutige Berührungen von fremden Männern nicht gefallen. Vor allem Europäer sollten nicht glauben, dass sich hinter jeder Thai-Frau eine Prostituierte verbirgt.

Was für uns durchaus normal ist, kann in Thailand völlig anders ankommen. Schon Frauen, die sich männlich verhalten, rauchen und trinken, stoßen auf Unverständnis. Es ist sinnlos, traditionell aufgewachsene Asiaten und Asiatinnen von der Selbstbestimmung der Frau überzeugen zu wollen und von ihnen Verständnis für hüllenloses Sonnenbaden zu erwarten. Hinter den modernen Fassaden regiert auch noch immer die Tradition.

In Bangkok wird toleriert, dass junge Pärchen Arm in Arm durch die Straßen laufen. Doch noch immer ist es üblich, dass ein Mann neben seiner Ehefrau, die für die Familie zuständig ist, eine Geliebte finanziert, und auf dem Land werden Mädchen kurz nach der Pubertät mit einem Mann verheiratet, den die Eltern aussuchen.

Asiaten sind in ihren Ansichten oft viel konventioneller als ihr Aussehen. Frauen, die nicht dem gängigen Bild von Ehefrau oder Mutter entsprechen, werden leicht in die Rolle der frei verfügbaren Prostituierten gedrängt. Lockere Umgangsformen und allzu luftige Kleidung können einiges dazu beitragen. Deshalb am besten direkten Blickkontakt mit Männern meiden, einen BH tragen und möglichst Schultern, Oberarme und Beine bis zum Knie bedeckt halten.

Ein vorweisbarer Ehemann – manchmal reicht schon ein Foto oder ein Ehering – verhilft zu größerer Akzeptanz. Schwanger oder gar mit Kindern wird eine Frau in den heiligen Status der Mutter erhoben und nahezu unantastbar. Das Schönheitsideal der meisten Thai-Männer wird durch das zierliche Mädchen von Nord-Thailand bestimmt. Die große westliche Frau gilt nicht gerade als begehrenswert.

Da in Thailand die meisten Frauen berufstätig sind und eine aktive Rolle in der Gesellschaft spielen, fällt es nicht schwer, trotz Sprachbarriere Bekanntschaften zu schließen. Kontakte zu malaiischen Frauen sind hingegen rar, denn viele leben ausschließlich in ihren Familienverbänden. Kontakte zu männlichen Reisenden sind nicht immer angenehm. Besonders allein reisende Frauen werden oft als eine preiswertere Alternative zu einheimischen Prostituierten gesehen. Wer auf diese Anmache keine Lust hat, tut sich am besten mit einer Freundin zusammen, mit der frau auch das Zimmer teilen kann.

Einheimische Frauen reisen in Gruppen – eine gute Idee, denn dann ist frau sicherer vor den Nachstellungen eines Guides im Dschungel, eines Fischers an einem einsamen Strand oder vor den Zugriffen lüsterner Männer im dichten Gedränge großer Feste oder überfüllter Verkehrsmittel.

Problematische Situationen lassen sich durch ein selbstsicheres Auftreten und einige schlagfertige Worte in Thai oft schnell entkrampfen. „Lass mich bitte in Frieden" heißt auf Thai: *Kor toodt ká ja ma yúng gab tschán* (á = kurz gesprochener Vokal).

Zur Not genügt auch ein rüdes „Hau ab", auf Thai: „Bai! Bai!"

Trotz dieser Warnungen sollte frau nicht in ständiger Angst vor einer Vergewaltigung leben (es passiert glücklicherweise höchst selten) und sich nicht davon abhalten lassen, auch ohne männlichen Begleitschutz Asien zu entdecken. Viele Frauen, die allein unterwegs waren, können bestätigen, dass eine derartige Reise sehr viel Spaß macht.

Mit Kindern unterwegs

Es gibt auch in Thailand und Nord-Malaysia Reiseziele, die bei Kindern beliebt sind. Vor allem Stadtkinder genießen die freie Natur, sind fasziniert von Stränden und Märkten, wo Händler, Fischer und Bauern häufig auf sie eingehen. Spaß macht es zudem, in Werkstätten Handwerkern und Künstlern bei der Arbeit zuzusehen. Vergnügungszentren und Tierparks gibt es vor allem in Bangkok, Pattaya und Phuket. Auf dem Land finden Kinder zu ihrer Freude Wasserbüffel, Hühner, Enten und Katzen – auch wenn der hautnahe Kontakt mit Haustieren gemieden werden sollte (Ungeziefer und Tollwut, v.a. bei Hunden!). Das größte Plus: Es gibt viele einheimische Kinder und die sind wie selbstverständlich fast immer und überall dabei.

Die Anreise per Flugzeug und die damit verbundene Zeitverschiebung ist immer beschwerlich, muss jedoch nicht zum Stress werden. Am lästigsten sind die Wartezeiten auf den Flughäfen. Man kann sie allerdings sehr gut nutzen, um sich und die Kinder in den überall vorhandenen Wasch- bzw. Mutter-und-Kind-Räumen in Ruhe zu waschen, die Zähne zu putzen und die Kleidung zu wechseln, was in den beengten Flugzeugtoiletten nur mit Mühe zu bewerkstelligen ist.

Der Komfort im Flugzeug selbst variiert je nach Fluggesellschaft. Die renommierten bieten „schwebende" Kinderbettchen für Säuglinge, Kinder-Menüs, die vor denen für Erwachsene ausgegeben werden, damit man den Kindern beim Essen behilflich sein kann. Meist gibt es Spiele, Bastelmaterial oder Ähnliches. Es kann aber passieren, dass es weder Milch noch eine Möglichkeit, sie zu erwärmen, gibt, von Babynahrung ganz zu schweigen. Besonders mit einem Kind unter 2 Jahren, das noch keinen Anspruch auf einen Sitzplatz hat, sollte nur eine der großen Fluggesellschaften in Betracht gezogen werden; der Service ist ungleich besser, und man wird beim Aus- und Einsteigen bevorzugt behandelt, was bei Billiganbietern nicht der Fall ist.

Eine Rückentrage für die Kleinsten hat sich bestens bewährt, man kann sie notfalls auch im Flugzeug aufstellen und dem Kind somit ein Minimum an Bewegungsfreiheit geben. Ein Krabbelkind 10–12 Stunden auf dem Schoß zu halten, geht über die Kräfte eines einzelnen Menschen. Gerade als allein

reisendes Elternteil sollte man sich nicht scheuen, Mitreisende und Flugpersonal um Hilfe zu bitten. In jedem Fall empfiehlt sich eine Ausrüstung mit Windeln, Babynahrung und Wechselwäsche wie für eine Dreitagereise, denn für einen unvorhergesehenen Aufenthalt sollte man immer gewappnet sein.

Für die ersten Nächte nach der Ankunft braucht man ein gutes, möglichst ruhiges Hotel, in dem sich niemand übermäßig durch ein weinendes oder aufgedrehtes Kind gestört fühlt. Auch die Eltern brauchen gute Nerven und eine gute Konstitution, um den Jetlag zu überwinden. Ältere und reisegewohnte Kinder kommen mit der Umstellung eher zurecht, dennoch sollte man auf großartige Unternehmungen gleich nach der Ankunft tunlichst verzichten. Für die Nacht muss unbedingt etwas zu essen und zu trinken bereitgehalten werden.

Keine übertriebene Angst vor Schmutz, Krankheiten und fremder Sprache! Kinder haben normalerweise gute Abwehrkräfte, finden leicht Anschluss und regeln viele Sachen nonverbal. Sie verstehen sehr schnell die Notwendigkeit, sich öfter als gewohnt die Hände zu waschen, kein Wasser aus der Wasserleitung zu trinken etc. Man sollte das Kind vor der Reise gründlich untersuchen lassen und darauf achten, dass es alle erforderlichen Impfungen – einschließlich gegen Kinderkrankheiten – besitzt.

Da auch Asiaten gerne in großen Familienpulks reisen, besitzen die meisten Hotels Mehrbettzimmer oder bauen auf Nachfrage ein zusätzliches Bett auf. Man braucht nicht unbedingt in teureren Unterkünften abzusteigen. Auch billige Hotels haben oft Zimmer mit drei Betten, in denen Familien mit 2 Kindern gut unterkommen. Bungalow-Siedlungen an den Stränden sind meist so überschaubar, dass man in Hörweite des Zimmers gemütlich den Abend verbringen kann. Allerdings sind Eltern vom öffentlichen Nachtleben ausgeschlossen, es sei denn, man wechselt sich mit jemandem bei der Betreuung ab.

Mit Kindern lassen sich keine Mammut-Touren unternehmen. Solange Kinder keinen eigenen Sitzplatz beanspruchen, nicht älter als 4 Jahre sowie unter 1 m groß (beim Eisenbahnfahren in Thailand) sind, reisen sie bei Bus- und Bahnfahrten umsonst. Zwischen 4 und 12 Jahren bzw. unter 1,50 m zahlen sie den halben Preis. Es ist ratsam, den Kindern möglichst einen eigenen Sitzplatz zu besorgen. Bei

Flügen zahlen sie unter 2 Jahren 10%, zwischen 2 und 12 Jahren bereits weit mehr als die Hälfte. Lange Reisetage überstehen Kinder wie Eltern leichter mit einigen Kinder-Kassetten. Nach der Ankunft sollte man an einem Ruhetag die neue Umgebung erkunden.

Bei jeder noch so kurzen Fahrt gehört etwas Proviant und zumindest ein Kinder-T-Shirt zum Wechseln ins Handgepäck. Erwachsene können warten, bis irgendwann angehalten wird, wo es etwas zu essen/trinken gibt – Kindern verdirbt eine unfreiwillige Hungerkur oder Durststrecke nachhaltig die Lust am Reisen.

Keine Probleme gibt es normalerweise mit dem Essen in chinesischen Restaurants, während Thai-, einige indische und malaiische Gerichte für europäische Kinder häufig zu scharf sind. Dennoch wird man überall bemüht sein, geeignetes Essen für die Kinder zu besorgen, auch wenn eine kleine Extraportion zubereitet werden muss. Viel Spaß macht ein Picknick, vor allem wenn man vorher alles gemeinsam auf dem Markt eingekauft hat. Als Getränke für unterwegs haben sich die (allerdings recht süßen) Tee-, Kakao- und Saft-Päckchen à 0,2 l bewährt. Nahrungsmittel sollte man in Plastikdosen aufbewahren oder mit Klebeband luftdicht verschließen, sonst kann man sich vor Ameisen und anderem Kleinvieh bald nicht mehr retten.

Babynahrung und Wegwerfwindeln sind auf dem Land unbekannt, in Touristenzentren und den Supermärkten der Großstädte hingegen vorhanden. Auf Reisen sind Plastikwindeln von unbestrittenem Vorteil, bleibt man länger an einem Ort, sollte man besser auf Baumwollwindeln zurückgreifen.

Sehr wichtig ist die Einbeziehung der Kinder in die Vorbereitung der Reise. Kinder möchten am Planen oder Kofferpacken teilnehmen und ihre Wünsche sollten im Rahmen des Möglichen berücksichtigt werden. Es ist auch hilfreich, darüber zu sprechen, was es in Thailand zu sehen und zu erleben gibt. Welches Kind wird nicht von der Vorstellung zahlreicher Tiere, vom Buddeln und Muscheln suchen am Strand und vor allem vom Dschungel und den geheimnisvollen Tempeln begeistert sein?

Nicht vergessen!

→ Reisepass (Kinder jeglichen Alters brauchen für Thailand einen eigenen Reisepass)
→ Impfpass
→ SOS-Anhänger mit allen wichtigen Daten
→ Kleidung – möglichst strapazierfähige, leichte Sachen
→ Wegwerfwindeln
→ Babynahrung
→ Fläschchen für Säuglinge
→ Kassettenrecorder und Kassetten
→ Spiele und Bücher
→ Fotos von wichtigen Daheimgebliebenen gegen Heimweh
→ Kuscheltier (muss gehütet werden wie ein Augapfel, denn ein verloren gegangener Liebling kann allen den Rest der Reise verderben – reiseerprobte Kinder beugen vor, indem sie nur das zweitliebste Kuscheltier mitnehmen)
→ Sonnencreme mit hohem Lichtschutzfaktor
→ Kopfbedeckung

Praktische Tipps

Übernachtung

Hütten, Gästehäuser und Bungalows

Die romantischen **Hütten** am Strand von Ko Pha Ngan, Ko Tao, Ko Lanta, Ko Phayam, Ko Samet oder Ko Chang und die modernen **Gästehäuser** in Kota Bharu, Krabi oder Bangkok sind sehr einfach ausgestattet und überwiegend billiger als die preiswertesten thailändischen Hotels. Ihre Ausstattung beschränkt sich meist auf eine dünne Matratze, eine Lampe und (wichtig, aber selten!) ein Moskitonetz. Wenn der Strom von einem Generator erzeugt wird, herrscht oft schon ab 22 Uhr Dunkelheit. Um Duschen und Toiletten aufzusuchen, braucht man eine gute Taschenlampe.

Gelegentlich gibt es auch noch Kübelduschen, bei denen das Wasser mit einer Kelle oder Schale aus einer Wanne geschöpft und über den Körper gegossen wird. Dabei sollte das Wasser nie verunreinigt werden. Besonders hellhörig sind Holzhäuser mit dünnen Bretterwänden, wie sie in der Khaosan Road in Bangkok, an vielen Stränden üblich sind.

Die allereinfachste Bambushütte ist auf Ko Pha Ngan schon für 80 Baht, auf Ko Samet für 100 Baht zu haben, auf Ko Chang kostet der gleiche Standard 150 Baht, auf Ko Phi Phi mindestens 180 Baht. In Nord-Thailand kostet die billigste Hütte mit eigener Dusche und WC zumeist ab 80 bis 120 Baht, in Süd-Thailand je nach Lage mindestens 120 bis 250 Baht.

Für einen **Bungalow** aus festen Materialien, mit Glasfenstern und guten Matratzen sind 250 Baht und mehr fällig. Kommen ein Ventilator (Englisch *fan*, auf Thai *patlom*) und einige Möbelstücke dazu, werden es über 300 Baht. Liegt die Hütte in einem teuren Gebiet (Ko Phi Phi, White Sand Beach auf Ko Chang, Klong Dao Beach auf Ko Lanta) oder an Stränden, die nur am Wochenende von Thai-Touristen frequentiert werden, zahlt man für denselben Standard einige hundert Baht mehr. Ein Touristen-Bungalow mit Klimaanlage (ac) kostet ab 450 Baht (auf Ko Samui ab 800 Baht), ein ac-Bungalow für Thais ab 600 Baht.

Das Personal der Bungalowanlagen und Gästehäuser sorgt auch für das leibliche Wohl der Gäste. Tee und Kaffee gibt es fast überall, häufig auch ein Frühstück, oder es befindet sich gleich nebenan ein Restaurant mit Frühstück, Getränken und gutem Thai-Essen. Das Diebstahlrisiko, vor allem in Schlafsälen, verringert ein eigenes Vorhängeschloss oder ein abschließbarer Rucksack. Immer häufiger monieren unsere Leser den unangenehmen Geruch, der von unzulänglicher Abwasserentsorgung durch Resorts, Restaurants und ganze Touristenorte herrührt, was die Verursacher natürlich nicht gern hören. Dezente Hinweise auf preiswerte alternative Technologien, die es in Thailand durchaus gibt, können vielleicht einen Denkprozess in Gang setzen.

In Penang kosten einfache DZ in Gästehäusern um 25 RM, in Kota Bharu etwas weniger. Dort sind Betten im Schlafsaal bereits ab 5 RM zu bekommen.

Ferienwohnungen und -häuser werden nur selten angeboten, z.Zt. in Pattaya, Ban Krut, Ko Samui, Phuket, Khao Lak und Sichon. Der Standard entspricht internationalem Niveau, die Preise liegen niedriger. Die voll ausgestatteten Küchen werden zumeist nur fürs Frühstück oder zur Zubereitung von Babynahrung genutzt, da das Essen außerhalb bekannt billig und schmackhaft ist.

Die Sorgen der Gästehaus-Besitzer   In den letzten 12 Jahren wurden die Preise in fast allen billigen Travellerunterkünften wegen der starken Konkurrenz kaum angehoben. Darunter haben insbesondere solche Unterkünfte, die von den Betreibern nur gepachtet wurden, spürbar gelitten. Vor allem die sanitären Einrichtungen hätten vielfach eine Generalrenovierung nötig. Doch die Besitzer scheren sich nur wenig um Instandhaltung, und die Pächter können die Kosten nicht aufbringen. Manche Gästehausbesitzer warten lieber ab, bis die alten Hütten verfallen. Mit Bankkrediten bauen sie, wenn nichts mehr geht, völlig neue Bungalows aus Stein, die dann natürlich teurer vermietet werden. Wer ein Zimmer in einem Gästehaus buchen will, kann nicht auf eine Bestätigung per Fax hoffen, sondern sollte z.B. einen 10-Dollar-Schein per Einschreiben als Anzahlung für die erste Nacht hinschicken.

Hotels

Internationalem Standard entsprechende **Luxushotels** gibt es u.a. in Bangkok, Pattaya, Cha-am, Hua Hin, Phuket, Ko Phi Phi und Ko Samui; im

Norden Malaysias auf Langkawi, in Georgetown und Batu Ferringhi auf der Insel Penang. Das *Oriental* in Bangkok, das zu den fünf besten Hotels der Welt gehört, verlangt Zimmerpreise von US$200–2000 für die *Author's Residence* pro Nacht.

Wer in **mittleren Hotels** (ab 400 Baht aufwärts) nach einem *discount* fragt, erhält häufig Rabatt. Wer Touristenhotels über Reisebüros bucht, kann meist mit einem spürbaren Abschlag rechnen. In Malaysia sind die Hotelpreise dieser Kategorie etwas höher, aber auch hier sollte man immer nach *promotion rates* fragen.

In der Provinz werden Hotels mit ordentlichem Standard recht billig angeboten. Für 150 bis 250 Baht bekommt man ein meist sauberes Doppelzimmer mit Dusche und Fan, Einzelzimmer (Zimmer mit nur einem, aber großen Bett) sind etwa 30–40% billiger.

Provinz-Hotels, oft nur in Thai-Schrift gekennzeichnet, werden auch meist stundenweise vermietet. Abseits der Touristenpfade gibt es zu diesen lauten Unterkünften kaum Alternativen. Wer relativ ungestört schlafen will, besorgt sich am besten ein Zimmer nach hinten (wegen des Straßenverkehrs) und im obersten Stockwerk (wegen des anderen Verkehrs). Der Preis richtet sich nach der Art des Zimmers und nicht nach der Anzahl der Personen, die dort übernachten. In Malaysia gelten in Mittelklasse bzw. Provinz-Hotels für Einzel- oder Doppelzimmer jeweils die gleichen Preise. Es gibt in den seltensten Fällen einen Abschlag.

Reservierung und Vorausbuchung

Normalerweise ist immer ein freies Zimmer zu bekommen. Schwierig wird es nur in den Urlaubsorten an Feiertagen, vor allem Weihnachten, zum westlichen, chinesischen und thailändischen Neujahr. Auch während der europäischen Sommer- und Weihnachtsferien sind viele Zimmer ausgebucht. Abends kann es schwierig sein, in dem gewünschten Gästehaus noch einen Platz zu bekommen. Wer sicher gehen will, ruft am Vormittag im Zielort an und reserviert ein Zimmer. Wer während der Hochsaison anreist, kann für die ersten Nächte bereits zu Hause über Reisebüros und bei Veranstaltern Zimmer buchen. Die thailändische Jugend zieht es in den Universitätsferien (Mitte März bis Juni) und Schulferien (Mitte Mai bis Mitte Juli) vorwiegend an Strände, die bei ausländischen Touristen weniger beliebt sind.

Spartipp: Touristenhotels mittlerer und gehobenen Standards lassen sich wesentlich günstiger vor der Abreise über Reiseveranstalter buchen, die komfortable Zimmer zu Preisen um 30–50 € p.P. anbieten, nur in der Luxuskategorie (Sukhothai, Shangri-La und natürlich Oriental) sind sie teurer. Günstigere Preise erhält häufig auch, wer direkt per Internet oder vor Ort über Reisebüros bucht.

Thailand für Genießer
Ausgewählte Tipps von Heide-Ilka Weber

Amanpuri (Phuket)
Im Einklang mit der Seele
Amanpuri – Harmonie und Stille, damit sich die Seele wieder finden und der Geist entfalten kann. Von den Thais hat Architekt Ed Tuttle die Architektur und die meditative Beschaulichkeit des Wohnstils übernommen und sie im Amapuri Hotel neu interpretiert. Weitab vom Inseltrubel und Straßenlärm findet sich das exklusive Paradies in einem steilen Palmenhain. Die 40 Pavillons mit ihren fein geschwungenen Thai–Dächern ruhen auf Stelzen in einer tempelähnlichen Anlage, die einfach nur schön und meditativ ist. Stille und Verzicht werden kultiviert ganz im Geist des Zen. Die Privatheit ist der größte Luxus. Gäste genießen das unvergleichliche Farbenspiel der Natur von ihrem Freiluft–Wohnzimmer oder vom Privatstrand aus. Das Abend–Entertainment bestreiten Bassfrösche und Zikaden. Schlafzimmer und Bad, allesamt mit Naturmaterialien ausgestattet, fließen nahtlos ineinander über. Das Ganze könnte man auch billiger haben in Thailand. Aber dann eben weniger fein und nicht annähernd so beseelt, wie es dieser Ort ist. Amanpuri ist ein Hotel für ganz besondere Anlässe, für eine Honeymoon, oder für Verliebte, die sich was Besonderes leisten wollen (🖳 www.amanresorts.com). Außerdem in Bangkok: Das **Peninsula** gegenüber dem Oriental sowie das **Sukhothai** wegen seines Designs.

Preise der Unterkünfte Wir haben die Unterkünfte in vier Kategorien unterteilt, wobei die Preise jeweils für ein Doppelzimmer *(double room)* gelten:

*	bis	150 Baht	30 RM
**	bis	300 Baht	60 RM
***	bis	600 Baht	100 RM
****	bis	1200 Baht	150 RM

Da die Preise der teureren Mittelklasse-, First Class- und Luxus-Hotels stark schwanken, haben wir auf eine generelle Preiseinteilung verzichtet. In der gehobenen Kategorie wird in Thailand auf den Zimmerpreis 10% Government Tax und 7% Service Charge aufgeschlagen, in Malaysia 10% Service Charge und 5% Tax.

Übernachtung in Nationalparks

In den meisten der über 100 Nationalparks in Thailand werden Bungalows oder Zelte angeboten. Die **Zimmer** sind zwar kahl und nur mit Matrat-zen bestückt, aber geräumig und relativ teuer (von 200 bis 1000 Baht). Dafür können in einem Bungalow manchmal bis zu 10 Personen auf Matratzen übernachten – keinesfalls ungewöhnlich, da Thais meist in Gruppen unterwegs sind. Allein oder zu zweit lassen sich in einigen Nationalparks für die großen Bungalows Preise von 100–200 Baht pro Person aushandeln.

In seltener besuchten Parks kann das Erscheinen eines *farang* zu einem absoluten Erlebnis werden und heftige Aktivität der Angestellten auslösen. Alleinreisende männliche Traveller haben den Vorteil, für einige Baht bei den Rangern privat unterkommen zu können.

In vielen Nationalparks gibt es **Tourist Centers**, in denen eine kleine Bücherei, ein Informationsraum und eine Ausstellung über die Sehenswürdigkeiten im Park untergebracht sind (○ 8.30–16.30 Uhr). Mindestens ein Englisch sprechender Ranger soll auch ausländischen Touristen behilflich sein können. Er ist mit Erste-Hilfe-Material und einem Notfall-Sender ausgerüstet.

Weitere Übernachtungsmöglichkeiten

Klöster bieten Männern einen einfachen Schlafplatz (gegen eine Spende in Höhe des Übernachtungspreises im Gästehaus), während sie Frauen überwiegend verschlossen bleiben. Sie sind keine Hotels, Service oder nennenswerter Komfort kann dort nicht erwartet werden.

Zelten ist nicht nur in National Parks sehr beliebt, sondern auch bei Gästehäusern am Strand sehr gut möglich, wenn man freundlich fragt.

Essen und Trinken

Wer längere Zeit die **Thai-Küche** genossen hat, wird sie zu einer der Besten der Welt rechnen. Auf den ersten Blick hat sie viele Ähnlichkeiten mit der chinesischen Küche. Nach näherem Kennenlernen entdeckt man malaiische Einflüsse, denn vieles wird mit Kokosnussmilch gekocht. Auch die Wirkung indischer Currys ist nicht zu verleugnen. Im Allgemeinen sind Thai-Gerichte kräftig gewürzt. Nicht nur Chilis bestimmen den Geschmack, sondern die ausgewogene Zusammenstellung von frischem Gemüse, Knoblauch, Zitronengras, Currygewürzen, Shrimp-Paste, Fischsoße, Tamarinde, Koriander, Kokosmilch, Palmzucker und, nicht zu vergessen, den frischen Fischen, Shrimps, Krebsen, Langusten und Muscheln. Grundnahrungsmittel ist Reis, *kao*, der mit verschiedenen Beilagen und Soßen gegessen wird. *Khin kao* ist auch der allgemeine Begriff für „essen", was auf die Bedeutung von Reis in Thailand schließen lässt. An Fischsoße und Glutamat wird beim Thai-Essen nicht gespart, da es das Kochen vereinfacht. Gute Informationen über Thai-Essen im Netz unter 🖳 www. leckerbisschen.de.

Wie essen?

Normalerweise wird in Thailand mit **Löffel** (rechts) und **Gabel** (links) gegessen, wobei man mit der Gabel, entsprechend unserem Messer, die Speisen auf den Löffel schiebt, mit dem man isst. Besonders in ländlichen Regionen benutzt man dafür die rechte Hand. Die linke gilt als unrein und sollte nie das Essen berühren. Zu Nudelsuppen, die man hauptsächlich mittags isst, werden **Stäbchen** *(chop sticks)* und ein kurzer Suppenlöffel gereicht.

Man befördert die Nudeln mit Hilfe der Stäbchen auf den Löffel. Nur in chinesischen Restaurants werden auch Reisgerichte mit Stäbchen gegessen, für Touristen werden aber immer Gabel und Löffel gebracht.

Da die meisten Frauen berufstätig sind, ist es üblich, dass die ganze Familie außer Haus isst. Vom Morgen bis zum frühen Abend nimmt man leichte Suppen und kleine Snacks zu sich. Erst nach Sonnenuntergang gibt es eine Hauptmahlzeit, die aus mehreren Gängen besteht, die zumeist auf dem **Abendessenmarkt** zusammengestellt werden.

Um richtig Thai zu essen, geht man am besten mit mehreren Freunden in ein Restaurant und stellt verschiedene Gerichte zusammen. Es ist üblich, dass alle Gerichte gleichzeitig serviert werden und sich jeder nach Belieben in kleinen Happen bedient. Suppen isst man zum Hauptgericht und nicht vorher.

Wo essen?

Es ist selten ein Problem, zu jeder Tages- oder Nachtzeit irgendwo etwas Essbares zu bekommen. In vielen Orten werden **Essenstände** auf Straßen, großen Plätzen oder Märkten attraktiv aufgebaut. Dort sind die Gerichte am billigsten. Für wenige Baht gibt es eine klare Suppe mit Sojasprossen, Kräutern, Gemüse und Fleisch- oder Fischbällcheneinlage. Meist werden die Gerichte vor aller Augen frisch zubereitet. Andere Stände verkaufen Getränke oder frische Fruchtsäfte.

Restaurants außerhalb der Touristenzentren

Sie haben meist keine englische Speisekarte. In einem typischen **Straßenrestaurant** empfiehlt es sich, einen Thai-Grundwortschatz (s.S. 45 und im Kapitel Anhang) bereit zu haben. Die rohen Zutaten wie Fleisch, Fisch und Gemüse liegen in einer Vitrine oder im Kühlschrank. Man braucht also nur darauf zu deuten und das Wort für gebraten oder gekocht zu sagen. Häufig stehen verschiedene fertige Currys in großen Töpfen am Eingang, so dass man nur den Deckel zu lüften braucht, um eine Auswahl zu treffen. Nach dem Preis sollte man vor dem Essen fragen. Fast immer sind die Gerichte stark gewürzt, und die vielen kleinen Chilis sind der Grund, dass das Essen nicht schlecht wird. Wer nicht scharf essen kann oder will, deutet auf die

Gerichte und fragt: *pät mai?* (ist's scharf?). Ist die Antwort *mai pät* oder *mä pät* (nicht scharf), kann nicht viel passieren. Lautet die Antwort allerdings *pät pät*, sollte man sich auf eine sehr scharfe Mahlzeit einstellen. Wer auf seine Gesundheit bedacht ist, vergewissert sich, ob die Küche einen sauberen Eindruck macht. Die Gesundheitsämter verleihen das Logo „Clean Food – Good Taste" an Restaurants, deren Küchen einen Test auf Bazillen bestanden haben – der Geschmack des Essens wird nicht geprüft.

Restaurants in Touristenzentren und großen Städten

Sie offerieren eine englische Speisekarte (*menu*) und sind, je nach Ausstattung, Lage und Qualität, manchmal etwas teurer. Zu Traveller-Unterkünften gehören meistens **einfache Restaurants**, in denen es europäisches Frühstück, gebratenen Reis, Traveller-Food und Softdrinks gibt. Bestellt man mehrere Gerichte oder geht mit einer Gruppe essen, kann es passieren, dass die Rechnung höher ausfällt als die Summe der Einzelgerichte. Wem es nichts ausmacht, in den Augen des Wirtes als geizig zu gelten, der kann versuchen, die Rechnung zu beanstanden. Im Gegensatz zu den Hotels und **Restaurants der gehobenen Preisklasse**, wo zum Rechnungsbetrag 10% Bedienung addiert wird, enthält die Rechnung in kleineren Restaurants kein Trinkgeld. Bei gutem Service sind einige Baht immer angebracht. In Traveller-Restaurants ist das jedoch nicht üblich.

Wem eine gewisse Kantinen-Atmosphäre nichts ausmacht, kann sich in den **Food Corners** großer Kaufhäuser (meist im Ober- oder Untergeschoss) an vielen sauberen Essenständen ein billiges, mehrgängiges Menü zusammenstellen – bezahlt wird mit Coupons, Trinkwasser ist gratis.

Coffee Shops

Wer glaubt, hier ein gemütliches Café mit leckerem Kuchen gefunden zu haben, liegt völlig falsch. Kaffee und Kuchen bekommt man höchstens in einer Bakery oder in den großen Hotels, vor allem zum *high tea*. Der **Coffee Shop** hingegen, ein großer klimatisierter Raum, der manchmal Erinnerungen an sozialistische Massenabfütterungs-Restaurants aufkommen lässt, dient unterschiedlichsten Bedürfnissen, ist Frühstücksraum, Restaurant und Bar zugleich, wobei in den so genannten „Junggesellenhotels" letzteres überwiegt. Die dort herumsitzenden jungen Mädchen sind auch in den seltensten Fällen Hotelgäste sondern auf der Suche nach Kundschaft. In einigen Kaufhäusern und Einkaufszentren haben in den letzten Jahren **Kaffeetheken** und Filialen internationaler Kaffeehaus-Ketten aufgemacht, die mehrere Dutzend verschiedene Sorten Kaffee aus allen Kontinenten anbieten und frisch aufbrühen.

Was essen?

Entlang der ausgetretenen Pfade zwischen Bangkok und Krabi finden sich immer Restaurants, die ihre Küche dem europäischen Gaumen angepasst haben. In den Touristenzentren Ko Samui, Phuket oder Hua Hin braucht man selbst auf Pizza, Steaks oder Kartoffelsalat nicht zu verzichten. Auch wer die thailändische Küche schätzen gelernt hat, kann sich also immer mal wieder eine Abwechslung gönnen.

Der gängige Preis für ein **Thai-Gericht** liegt bei 40–60 Baht, in besseren Restaurants bei 70–80 Baht. Dafür gibt es in den meisten Fällen ausgezeichnete Gerichte und einen Super-Service. An den Straßen-Restaurants kann man sich schon für 20 Baht satt essen. Gebratener Reis mit Ei, Huhn, Schweinefleisch oder Krabben kostet in Traveller-Restaurants um 25–40 Baht.

Da das Meer nirgendwo weit entfernt ist, gibt es überall fantastischen **Fisch** und anderes **Seafood**. Die Palette der Zubereitung reicht von schärfsten Fisch-Currys bis zu frischem Lobster oder delikat zubereiteten Krebsen in den Seafood-Restaurants an den Stränden. Vor allem frische Fische werden nach Gewicht bezahlt. Die einheimischen Gäste kennen die Preise. Wer sich noch nicht auskennt, fragt vorher nach dem Preis (meist pro 100 g). Auch in Thailand sind solch erlesene Köstlichkeiten wie Hummer relativ teuer. Während man einen etwa 40 cm langen Fisch bereits für 120 Baht bekommt, zahlt man für etwa 10 cm lange Langusten mindestens 15 Baht pro Stück und für einen mittelgroßen Hummer mindestens 400 Baht. Wer Fisch und Seafood mag, wird in Thailand bestimmt auf seine Kosten kommen.

Gewürze

Thais würzen ihre Speisen nach der Zubereitung selbst nach, und zwar aus den Plastikbehältern, die auf dem Tisch stehen und Zucker, zerstoßene, getrocknete, rote Chilis, Chilis in Essig und manchmal zerstoßene Erdnüsse enthalten. Frisch serviert wird **prik nam plah** – eine salzige Fischsoße mit Knoblauch, Limonensaft, Palmzucker, Sojasoße und vielen klein geschnittenen grünen oder roten Chilis. Übrigens: je kleiner die Chilis, desto schärfer sind sie.

Snacks

An Straßenständen werden viele leckere Zwischenmahlzeiten gebraten, gekocht oder gegrillt, z.B. gefüllte süße oder salzige Kuchen, **gluei tord** (gebratene Bananen) oder **kanom dschiäb** (ausgebackene Teigtaschen mit Fleisch- oder Krabbenfüllung). Nach dem Preis sollte man allerdings vorher fragen. Jede Region hat ihre eigenen Snacks.

Eine Spezialität, die ursprünglich aus dem Nordosten stammt, ist **som tam** – ein scharfer Salat aus unreifen, grob geriebenen Papayas und getrockneten Shrimps.

Reis und Nudeln

Das Grundnahrungsmittel aller Thais, der Reis, wird in unterschiedlichen Formen serviert:
kao plao gekochter, körniger Reis (Englisch: plain rice) kommt als Beilage zu den meisten Gerichten
kao nieo Klebreis (Englisch: *sticky rice)* ist vor allem im Norden auf dem Land verbreitet und wird auch zu som tam oder im Süden als Dessert, z.B. zu frischen Mangoscheiben, gegessen.

Preiswert ist das Standard-Gericht vieler Traveller:
kao phat gebratener Reis (gesprochen *kao padd,* auf Englisch *fried rice.*

Es gibt Traveller, die während ihres Aufenthaltes in Thailand nichts anderes essen – und damit viel verpassen. Dieses Gericht gibt es in den verschiedensten Ausführungen, z.B. als **kao phat gung** (mit Krabben), als **kao phat gai** (mit Huhn) oder als *American Fried Rice* (mit gebratenem Ei). In einfacher Form wird z.B. **kao muh daeng** – mit kleinen Streifen Schweinefleisch, Zwiebeln und etwas Ei gebraten.

Als Beilagen werden Gurken und die sauerscharfe Sauce mit Chilis (**prik nam plah**) serviert. In vielen Touristen-Restaurants ist diese nur auf speziellen Wunsch zu erhalten – stattdessen steht Ketchup auf dem Tisch.

Nudeln gibt es in mehreren Arten:
gueh tiao (auch: *kwai tiao*) – weiße, ganz dünne oder breite Reisnudeln, werden hauptsächlich in die leckeren, süß-sauren Suppen gegeben, die mittags an vielen Essenständen zubereitet werden.
bah mie gelbliche Weizenmehl-Nudeln, die es in verschiedensten Varianten gibt.
phat thai (gespr. *padd tai*), ein sehr beliebtes, leckeres Gericht aus gebratenen Reisnudeln mit Tofu, Gemüse, Ei und Erdnüssen.
khanom chin auf einem Esstisch an Straßenständen stehen verschiedene Beilagen wie Trockenfischchen, Gurken, Pickles, rohe und eingelegte Sojasprossen, von denen sich die Gäste nach Belieben bedienen, um die Nudeln auf ihrem Teller zu garnieren. Nur ein gekochtes Ei als Beilage ist extra zu bezahlen. Besonders im Süden sehr beliebt.

Fleisch oder Fisch

Sie gehören neben Gemüse zu jeder kompletten Mahlzeit, so dass es Vegetarier, die auch keinen Fisch essen, schwer haben:

gai	Hühnerfleisch
nüa	Rindfleisch
gung	Garnele, Krabben
ped	Entenfleisch
gung tale	Hummer
plah	Fisch
muh	Schweinefleisch
puh	Krebse

Thai-Currys

Sie gibt es in verschiedenen Schärfegraden:
gäng garih ein mildes, indisches Curry.
gäng masaman die einheimische Variante mit Knoblauch, Ingwer, Zitronengras, Koriander, Kardamom, Muskatnuss, Muskatblüte, Zimt, Nelken, Tamarinde, Limonen, Zucker, Kokosmilch und Chilis.
gäng pät sehr scharfes Curry (*gaeng phet gai* = Hühnchencurry; *gaeng ped* ist hingegen ein mildes Entengericht).
gäng khiau wahn extrem scharf, ein grünes Curry, das zusätzlich Shrimp-Paste *(blachan)* und viele Chilis enthält.

Kleines Wörterbuch

Restaurant	*rahn ahahn*	ร้านอาหาร
essen	*gin / tahn*	กิน / ทาน
trinken	*dühm*	ดื่ม
essen gehen	*pai tahn ahahn*	ไปทานอาหาร
hungrig	*hiju*	หิว
durstig sein	*hiju nam*	หิวน้ำ
Das Essen schmeckt gut!	*ahahn a-roi*	อาหารอร่อย
Dasselbe noch einmal	*ao ik*	เอาอีก
Ich mag ...	*pom / tschan schop*	ผม/ฉันชอบ
Die Rechnung, bitte!	*tschek bin*	เช็คบิล
heiß	*rohn*	ร้อน
kalt	*jen*	เย็น
süß	*wahn*	หวาน
süß-sauer	*prio-wahn*	เปรี้ยวหวาน
scharf	*pät*	เผ็ด
gebraten	*tord*	ทอด
gekocht	*tom*	ต้ม
gegrillt	*yang*	ย่าง
getoastet	*ping*	ปิ้ง
Fisch	*plah*	ปลา
Fischküchlein	*tord man plah*	ทอดมานปลา
Garnele, Krabben	*gung*	กุ้ง
Hummer	*gung gam gram*	กุ้งก้ามกราม
Krebse	*puh*	ปู
Tintenfisch	*plahmük*	ปลาหมึก
Schweinefleisch	*muh*	หมู
Rindfleisch	*nüa*	เนื้อ
Hühnerfleisch	*gai*	ไก่
Entenfleisch	*ped*	เป็ด
Gemüse	*phak*	ผัก
gelbe Nudeln	*bah mie*	บะหมี่
weiße Nudeln	*gueh tiao*	ก๋วยเตี๋ยว
Reis	*kao*	ข้าว
weißer Reis	*kao plao*	ข้าวเปล่า
gebratener Reis	*kao phat*	ข้าวผัด
Ei	*khai*	ไข่
Omelett	*khai dschiao*	ไข่เจียว
Wasser	*nam*	น้ำ
Tee	*tschah*	ชา
Kaffee	*gafä*	กาแฟ
vegetarisch	*mangsawirat*	มังสาวิรัต
vegetarisches Restaurant	*rahn ahahn mangsawirat*	ร้านอาหารมังสาวิรัต
vegetarische Kost	*ahahn jä*	อาหารเจ
kein Seafood	*mai gin ahahn thale*	ไม่กินอาหารทะเล
kein Fleisch	*mai sai nua*	ไม่ใส่เนื้อ
Pfannengemüse	*phat phak*	ผัดผัก
Verwenden Sie kein Glutamat	*mai sai phong churot*	ไม่ใส่ผงชูรส

Suppen

kao tom ist eine Reissuppe mit Fleischeinlage, die zum Frühstück gegessen wird, beispielsweise mit Hühnchen = *kao tom gai.*

tom yam besonders würzig, Thai-Suppe mit Zitronengras, Zitronenblättern, Chilis, Tamarinde und anderen Zutaten sauer-scharf gewürzt. Beliebt als *tom yam gai* (mit Hühnchen) oder *tom yam gung* (mit Krabben).

Salate

Aus gesundheitlichen Erwägungen sind Blattsalate in Thailand leider nicht zu empfehlen.

Wir können allerdings auf eine unserer Lieblingsspeisen, **yam nüa** – Rindfleisch-Salat – nicht verzichten. Dieses kalte Gericht aus eingelegtem Rindfleisch, verschiedenen Salaten, Korianderblättern, Minze, Knoblauch, Chilis und einer sauren Sauce ist so scharf, dass hoffentlich keine Bakterien darin überleben.

Eier

Sie heißen **khai** (nicht zu verwechseln mit dem Eier legenden Huhn = **gai**).

khai tord gebratene Eier.

khai luak weich gekochte Eier.

khai tom hart gekochte Eier, die sich am Ende kaum voneinander unterscheiden, da es sich hierbei um eine typisch europäische Zubereitungsart handelt.

khai yad sai schmackhaftes Omelett mit Fleisch- oder Gemüsefüllung.

Vegetarisch

Vegetarier haben es nicht einfach, denn die meisten Thais essen zu jedem Gericht etwas Fleisch oder Seafood. Nur an buddhistischen Feiertagen verzichten manche auf ihre geliebten Proteine. Trotzdem gibt es eine wachsende Zahl vegetarischer Restaurants (rahn ahahn mangsawirat), die sehr preisgünstig sind (10–15 Baht je Gericht). Sie haben aber meistens nur bis Mittag geöffnet. Neuere vegetarische Restaurants, die sich den Wünschen der Traveller angepasst haben, verlangen auch weit höhere Preise. Überall wo Wok-Gerichte angeboten werden, kann man sich problemlos eine reine Gemüsepfanne, **phat pak,** zubereiten lassen.

Europäische und andere Gerichte

In Touristenzentren und Großstädten findet, wer sich nicht dauerhaft mit der Thai-Küche anfreunden kann, eine breite Auswahl bekannter Gerichte – von Hamburger und Pizza in Filialen internationaler Fast food-Ketten bis zum Steak und Eisbein wie bei Muttern. Allerdings werden auch europäische Preise verlangt, denn viele Zutaten, wie Käse oder Wein, müssen importiert werden, was die Kosten erheblich in die Höhe treibt.

Getränke
Wasser und Säfte

Nam Wasser, sollte nicht aus der Leitung getrunken werden.

nam dühm (Polaris) Trinkwasser in recyclebaren Plastikflaschen oder in Behältern in öffentlichen Gebäuden. Beim Kauf sollte man unbedingt auf einen versiegelten Verschluss achten. Vor allem bei Kleinanbietern kann das Wasser dennoch bakterienverseucht sein.

nam räh Mineralwasser.

nam yen kaltes Wasser.

nam manau Zitronen- oder Limonensaft, manchmal auch Limonade.

nam som Orangensaft, ebenso wie Zitronensaft, wird oft mit Salz gewürzt, was zwar dem Körper gut tut, doch vielen europäischen Gaumen nicht schmeckt. Wer die Säfte pur möchte, bestellt: *mai glüa* – ohne Salz.

nam käng Eis zum Kühlen von Getränken. Die zerschlagenen Eisbrocken sind nicht immer hygienisch einwandfrei, bedenkenlos sind die glatten Eiszylinder.

Tee

Tschah der überall im Orient verstandene Name für Tee. Er ist in Thailand jedoch fast nur in Touristenzentren erhältlich als:

tschah ron heißer, schwarzer Tee, mit Milch und Zucker serviert.

tschah dam Tee nur mit Zucker, ohne Milch.

tschah dam yen kalter Tee mit Zucker.

tschah manau Tee mit Zitrone (*manau* = Zitrone).

nam tschah sehr dünner Tee, der in chinesischen Lokalen überall kostenlos aufsteht.

Kaffee

Gafä Kaffee ist das am weitesten verbreitete Getränk, mit süßer Kondensmilch und Pulverkaffee angerührt, keine Ähnlichkeit mit unserem Kaffee.

gafä dam ron Kaffee ohne Milch.

gafä yen Kaffee mit Eis, gibt es überall

oh liang der schwarze, süße Eiskaffee, erfrischend.

Weitere alkoholfreie Getränke

An kalten, alkoholfreien Getränken wird eine große Auswahl angeboten. Am beliebtesten und mit ca. 7–10 Baht recht billig sind die internationalen **Softdrinks** (an Stränden häufig 10–15 Baht). Zum Mitnehmen werden sie leider in Plastiktüten umgefüllt. Daneben gibt es Sodawasser und

nam maprao die klare Kokosmilch junger, grüner oder orange-farbener Kokosnüsse, die am besten gekühlt schmeckt und sehr erfrischt. Nicht bekömmlich ist dagegen das Wasser der reifen, braunen Kokosnuss

Vitamilk eine süße Sojabohnen-Milch.

nohm sot H-Milch, die häufig gesüßt oder mit Aromastoffen (z.B. Erdbeergeschmack) angereichert ist, in 0,2 Liter Päckchen abgepackt.

Bier und Whisky

Singha-Bier (*bia*) gibt es überall in Flaschen, es ist jedoch verhältnismäßig teuer. Den Markt erobert hat das nach Laos-Bier schmeckende preiswerte **Chang**. Seltener erhält man das herbe **Amarit** sowie die neueren **Ice**-Biere. Bei Ausländern beliebt ist **Carlsberg**, das auch vom Fass gezapft wird, sowie **Heineken**. Zunehmend drängen weitere europäische Marken auf den Markt, wie **Amstel, Hartmannsdorfer, Phuket Lager** oder **Mittweidaer**.

Die lokale Alkoholdroge Nr. 1 ist **Mekhong**, der Thai-Whisky, der zu allen Gelegenheiten aufgetischt wird und wie akzeptabler Weinbrand schmeckt. Die Thais fordern gerne andere Gäste zum Mittrinken auf. Wir empfehlen, ihn lieber mit Wasser oder Cola zu verdünnen.

Früchte

Wie alle tropischen Länder hat Thailand ein gewaltiges, preiswertes Angebot an uns fremden tropischen Früchten. Auf jeden Fall probieren sollte man:

A-ngun – Weintrauben, die auch in den Tropen, v.a. in den Provinzen westlich von Bangkok wachsen, werden von April bis September angeboten.

Äppen – unser Apfel wird das ganze Jahr über importiert: 10–14 Baht pro Stück.

Chom-phu – der Rosenapfel, eine glockenförmige, säuerliche Frucht mit grünlicher bis roter Schale ist nur kurzzeitig von April bis Juni zu bekommen.

Durian – die Zibetfrucht, auch Stachelfrucht genannt, gilt als Königin der Früchte. Diese grüne, stachlige Frucht ist auch für Uneingeweihte nicht zu verwechseln, da sie penetrant riecht. Am besten lässt man sich von einem Kenner eine Frucht aussuchen. Auch während der Saison von April bis August sind Durian teuer. Beim Bauern kostet eine kleine etwa 10 Baht.

Farang – Guaven, die Fremden, die ursprünglich aus Spanien kamen, erfreuen sich großer Beliebtheit. Die grüne, apfelähnliche Frucht kann reif als Obst oder grün mit Salz und Zucker gegessen werden.

Gluei – Bananen gibt es das ganze Jahr über auf den Märkten in 20 verschiedenen Größen und Geschmacksrichtungen. Auf Straßen und Busbahnhöfen werden gebackene Bananen verkauft.

Kanun – Jackbaumfrucht, riesige, grünlichgelbe Früchte mit runden Stacheln, die 30–90 cm lang und 25–50 cm breit werden. Die festen, gelben, herausgelösten Fruchtsegmente werden portionsweise auf den Straßenmärkten verkauft. Saison ist von Januar bis Mai.

Lakmut (Sawo) – der Breiapfel, eine ovale, kartoffelfarbige Frucht, die ähnlich wie Birne schmeckt, wird von Februar bis April angeboten.

Lamut – Sapodilla, kleine, ovale Frucht, süßsaurer Geschmack, von Juli bis September.

Lamyai – Longan (besonders gut in Chiang Mai!), eine dünne, feste, bräunliche Schale umgibt das weiße, leicht säuerlich-saftige Fruchtfleisch. Die kleinen, runden Früchte werden ebenfalls büschelweise reif verkauft. Saison ist von Juni bis August.

Langsat – Lansat, die murmelgroßen, süß-säuerlichen Früchte mit hellbrauner Schale und bitterem Kern werden büschelweise von Mai bis Juli verkauft.

Linchi – Litschipflaumen (Lychee) sind vor allem bei Chinesen als Desserts aus der Konserve beliebt. Frisch gibt es sie von April bis Juni.

Makham wan – süße Tamarinde des Nordostens, von Dezember bis Februar.

Malakor – Papaya, die 7–60 cm langen, grünen bis orange-roten Früchte enthalten viel Vitamin A und Calcium. Sie schmecken besonders gut mit frischen Limonen zum Frühstück. Zudem sind sie – zusammen mit Bananen, Ananas und Wassermelonen – ein wesentlicher Bestandteil des Obstsalates. Grüne Papaya, in dünne Streifen geschnitten und mit Chilis, getrockneten Krabben und Knoblauch gemischt, wird als som tam vor allem im Nordosten gegessen. Sie reifen das ganze Jahr über.

Mamuang – Mango, länglich-ovale Früchte. In unreifem Zustand sehen sie grün aus, man isst das säuerliche, feste Fruchtfleisch als Gemüse mit einer scharfen Sauce. Reif sehen sie rötlich-gelb aus, das Fruchtfleisch ist gelb, saftig und süß. Saison von März bis Juni.

Mangkut – Mangostanenfrucht, die 6–7 cm großen, violett-roten Früchte mit weicher, dicker Schale enthalten 5–8 weiße, leicht säuerliche Frucht-Segmente (Vorsicht – sie färben stark). Von Mai bis Oktober werden sie im Süden des Landes geerntet.

Maprao – Kokosnüsse, das ganze Jahr über.

Ngoh – Rambutan, auch Zwillingspflaume genannt, etwa 5 cm große, runde, rote Früchte, deren haariges Aussehen ihnen den Namen gegeben hat. Unter der weichen Schale liegt das weiße Fruchtfleisch um einen großen Kern. Sie werden büschelweise verkauft und sind oft von Ameisen bevölkert. Saison von März bis September.

Noina – Netzanone, gibt es von Juni bis September.

Phutsa – Jujube, die kleine, runde Frucht aus dem Osten des Landes findet man von August bis Februar auf den Märkten. Sie ist süß und wird normalerweise ungeschält gegessen.

Sapparot – Ananas, gibt es von April bis Juli und im Dezember/Januar für wenige Baht geschält auf der Straße. Die Gegend um Hua Hin in Süd-Thailand mit seinen sandigen Böden ist eines der größten Ananas-Anbaugebiete.

Som-tra – Süßorange, eine Mischung zwischen den uns bekannten Orangen und Mandarinen, schlecht zu schälen, aber gut für Säfte. Es gibt sie das ganze Jahr über, v.a. zwischen September und November, der Kilopreis richtet sich nach der Größe.

Som-o – Pomelos, riesige Grapefruits, deren Fruchtfleisch etwas trocken und manchmal recht sauer ist. Es gibt sie vor allem von August bis November.

Strawberry – Erdbeeren, aus dem Norden von Dezember bis März.

Taeng-mo – Wassermelone, sollte nur frisch aufgeschnitten verzehrt werden, da die Schnittflächen in kürzester Zeit hochgradig von Bakterien verseucht werden.

Kleiner Exkurs: Die malaiische Küche

Ais Kacang – Gelee-Würfel aus Agar-Agar in verschiedenen Farben, süße, rote Bohnen und Mais werden auf geraspeltem Eis angerichtet und mit einer dicken Kokosmilch-Sauce übergossen.

Gado-Gado – kalter Salat aus gekochtem Mischgemüse, der mit Erdnusssoße angemacht und zu dem Krupuk serviert wird.

Gebratene Nudeln – Mie Goreng, eine Abwechslung zu gebratenem Reis stellen gebratene Nudeln dar, die mit grünem Blattgemüse gemischt und mit Oystersoße serviert werden.

Gebratener Reis – Nasi Goreng, auf Englisch *Fried Rice*. Das bekannteste Gericht, bei dem Reis mit Gemüse, Chilis und Fleisch oder Krabben gemischt wird – manchmal mit Ei.

Laksa – ist eine dicke Fischsuppe mit Nudel- und Gemüseeinlagen. Eine Spezialität der Nonyas ist *Penang Laksa*, eine zusätzlich mit Fischpaste gewürzte, saure Suppe.

Lontong – in Bananenblätter gewickelter Klebreis. Beilage zu Sate oder Gado-Gado.

Nasi Rames – zum Reis gibt es unterschiedliche kalte Beilagen, meist verschiedene Gemüse, geröstete Erdnüsse, Kokosraspeln, Rindfleisch oder Huhn, Fisch und Ei.

Nasi Lemak – ein preiswertes Gericht, das aus weißem, in Kokosmilch gekochtem Reis und verschiedenen Beilagen besteht, meist gekochte Eier, kleine Trockenfische *(Ikan Bilis)*, Gurken *(Mentimun)* und Erdnüsse *(Kacang Tanah)*.

Otak-Otak – ein typisches Nonya-Gericht. Feingemahlenes, scharfgewürztes Fisch- und Krabbenfleisch wird in Bananenblätter gewickelt über Holzkohlenfeuer gegrillt.

Rendang – eine Art malaiischer Gulasch. Rindfleisch-Würfel werden in einer dicken, sehr würzigen Sauce gekocht. Das Fleisch kann sehr zäh sein.

Rojak – Ananas, Gurken und Sengkuang (eine braune, knollige Wurzel) werden mit einer sauer-scharfen Sauce aus Chilis, Shrimp-Paste, Tamarinde und Palmzucker angemacht. Sind die hygienischen Umstände suspekt, sollte auf den kalten Salat wegen der Gefahr von Durchfallerkrankungen verzichtet werden.

Sate – Kleine Fleischspieße werden eingelegt und über Holzkohle gegrillt. Dazu gibt es eine würzig-süße Erdnusssoße. Die Spieße, die man im 10er Bündel kauft, sind recht günstig. Allerdings ist das Fleisch vielfach fett, zäh oder besteht zum Teil aus Hühnerhaut.

Sayur Goreng – wie die chinesische Cap Cai-Variante, gebratenes Gemüse. Soll es etwas anderes als das grüne Blattgemüse sein, bestellt man eine oder mehrere Gemüsesorten.

Soto – eine dicke Suppe, verdickte Kokosmilch wird zusammen mit Gemüse, Fleisch und Reis gekocht. Klare Suppen werden unter dem Begriff *Sop* zusammengefasst.

Verkehrsmittel

Überregionale Verkehrsmittel

Thailand und West-Malaysia sind insgesamt verkehrstechnisch gut erschlossene Länder. Besonders das Eisenbahnnetz ist in Thailand auf den Knotenpunkt Bangkok ausgerichtet, während in Malaysia die Hauptverbindung an der Westküste in Nord-Süd-Richtung verläuft. In Kota Bharu beginnt eine weitere Strecke durchs Landesinnere, die bei Gemas auf die Nord-Süd-Hauptlinie trifft. Das **Straßennetz** im Großraum Bangkok ist autobahnmäßig ausgebaut, die Metropole selbst wird von mehreren mautpflichtigen Stadtautobahnen durchzogen.

Nach Süden führt die Fernstraße *Petchkasem*, der fast durchweg vierspurig ausgebaute H4/H41 Bangkok – Chumphon – Surat Thani – Hat Yai – Sadao – Butterworth (Penang). Ab malaysischer Grenze besteht eine durchgehende, mautpflichtige Autobahn bis nach Johor Bharu (Singapore). Zur Ostküste führt der Sukhumvit Highway H3 über Rayong nach Trat.

Flüge

Das abgespeckte Inlandsflugnetz der **Thai Airways** (TG), 🖥 www.thaiair.com, ist zentral auf Bangkok ausgerichtet. Internationale Flüge in der Region führen nach Yangon, Vientiane, Hanoi, Saigon, Phnom Penh, Singapore, Penang, Langkawi und Kunming. Auf allen Flügen gilt Rauchverbot. Ticket-Änderungen kosten eine geringe Gebühr. An vielen

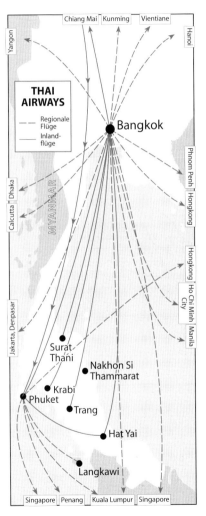

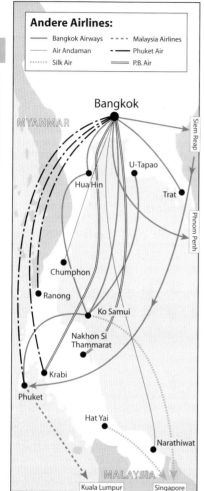

Andere Airlines:

—— Bangkok Airways	- - - - Malaysia Airlines
—— Air Andaman	—·—· Phuket Air
······· Silk Air	═══ P.B. Air

Bangkok

MYANMAR

Siem Reap

U-Tapao

Hua Hin

Trat

Phnom Penh

Chumphon

Ranong

Ko Samui

Nakhon Si
Thammarat

Krabi

Phuket

Hat Yai

Narathiwat

MALAYSIA

Kuala Lumpur   Singapore

Provinzflughäfen besteht ein Zubringerservice im Auftrag von Thai Airways zwischen Airport und Stadt-Büro (meist 40–80 Baht, nicht in Bangkok), so dass man nicht auf teure Taxen angewiesen ist.

Bangkok Airways (PG), 🖥 www.bangkokair.com (mit Online-Buchung), fliegt mit Boeing 717 von Bangkok u.a. nach Trat, Hua Hin, Ko Samui und Sukhothai sowie von Ko Samui nach Phuket, Hua Hin und Singapore. Allerdings werden die Flugpläne häufig ohne Vorwarnung der täglich wechselnden Bedarfslage angepasst. Sicher sind die je nach Saison bis zu 20 Flüge pro Tag nach Ko Samui. In der Nebensaison von April bis Oktober wird mit *Special Fares* geworben, die einen relativ geringen Abschlag gewähren. Bangkok Airways bietet einen *Discovery Airpass* an, bei dem man 3 bis 6 Coupons für Inlandsflüge zu je US$50 und für Auslandsflüge zu je US$80 kaufen kann (2 Monate gültig). Auskunft vom Büro in Frankfurt, ✆ 069-13377565, ✉ bkkair.fra@t-online.de, 🖥 www.bangkokairways.de, Buchungen unter 🖥 www.bangkokair.com.

PB Air (9Q), 🖥 www.pbair.com, fliegt mit 80-sitzigen Fokker-Jets von Bangkok nach Lampang, Krabi, Nakhon Si Thammarat und in einige Städte im Nordosten. Reservierung in Bangkok, ✆ 02-2610221-5.

Air Andaman (2Y), ✉ booking@airandaman.com, 🖥 www.airandaman.com, bedient mit kleinen Maschinen ein Dutzend Flughäfen, die früher von Thai Airways angeflogen wurden. Wird ein Flug nicht voll, z.B. nach Chumphon, werden die „Fluggäste" per Taxi ans Ziel befördert, natürlich zum selben Preis.

Phuket Airlines (9R), 🖥 www.phuketairlines.com, fliegt mit B737-200 von Bangkok nach Ranong, Krabi und Udon Thani. Reservierung in Bangkok, ✆ 02-6798999.

Bei Inlandsflügen kommt eine Versicherung von derzeit 110 Baht hinzu und es wird eine *Airport Tax* von 50 Baht (Ko Samui 400 Baht, Trat 200 Baht) erhoben, bei Auslandsflügen 500 Baht (Malaysia 40 RM). Inland-Tickets sind 90 Tage gültig. Flugpreise sind bei den Abflugsorten angegeben.

Malaysia Airlines (MAS), ✆ 03-7463000, 🖥 www.malaysiaairlines.com.my, fliegt mit modernen Maschinen innerhalb des Landes, in die Nachbarländer und nach Europa. Das Flugnetz ist auf Kuala Lumpur ausgerichtet.

Die private malaysische Fluggesellschaft **Air Asia** fliegt verschiedene Ziele in West-Malaysia, Sabah und Sarawak an. Internetbuchungen über 🖥 www.airasia.com zwischen den beiden Landesteilen sind zum Teil beträchtlich billiger als MAS.

Eisenbahn

Die thailändische Eisenbahn ist ein zuverlässiges und sicheres Verkehrsmittel, das sich gerade auf längeren Strecken lohnt. Das einspurige Streckennetz der *State Railway of Thailand (SRT)* umfasst 4487 km. Sämtliche Eisenbahnlinien gehen sternförmig von Bangkok aus Richtung Norden, Nordosten, Osten, Süden und Westen bis in die äußersten Landesteile. Die Züge unterscheiden sich nach Komfort und Geschwindigkeit.

Express Diesel Railcar (EXP. DRC., auch *Sprinter*): Teurer und schneller als alle anderen Züge. Sie verkehren tags und nachts Richtung Süden zwischen Bangkok und Surat Thani (1x pro Tag, 9 Std.) sowie Yala (1x pro Tag, 15 Std.). In den klimatisierten Großraumwaggons können die bequemen Sitze wie im Flugzeug zurückgeklappt werden. Die Stewardess verteilt zu Mittag Fertiggerichte in Pappschachteln und Wasser mit Eis, am Nachmittag Kaffee und Gebäck. Für sie gelten besondere Preise.

Special Express Trains (EXP. SP.): Schnellzüge. Zwei Züge verkehren einmal täglich in beiden Richtungen von Bangkok nach Sungai Golok an der Grenze zu Malaysia (ca. 21 Std.) bzw. bis zur Grenze in Padang Besar (ca. 17 Std.), von wo ein Anschlusszug nach Butterworth (ca. 3 Std.) weiterfährt (dieser Zug heißt auch **International Express**). Sie haben klimatisierte und nicht klimatisierte 1. Klasse- und 2. Klasse-Abteile mit Schlafwagen, deren Sitze bzw. untere Liegen intakt sind (Zuschläge s.u.). Der Zug nach Sungai Golok verfügt zudem über eine 3. Klasse.

Zuschläge Die in den regionalen Kapiteln angegebenen Fahrpreise erhöhen sich für:
→ Special Express Trains um 80 Baht (von Februar–Mai von Fr–So um 100 Baht)
→ Special Express 35,36,37,38 um 100 Baht (120 Baht)
→ Express Trains um 60 Baht (80 Baht)
→ Rapid Trains um 40 Baht (60 Baht)
→ Ac in der 2. / 3. Klasse um 50–80 Baht
→ Schlafwagenzuschläge pro Bett oben / unten im
   Special Express Train 2. Klasse 130–150 / 200–240 Baht
   Rapid 2. Klasse 100 / 150 Baht
→ Ac in der 2. Klasse mit Stewardess plus 100–130 Baht
→ Ac in der 2. Klasse Sleeper plus 120–140 Baht
→ 1. Klasse ac pro Kabine für 2 Pers. 400 Baht, für 1 Pers. 300 Baht

STATE RAILWAY OF THAILAND (SRT)

═══ Fernzüge

······· Spezial-Ticket (Zug + Boot)

Express Trains (EXP.): Schnellzüge. Je ein Zug fährt täglich in beiden Richtungen von Bangkok nach Trang (ca. 14 Std.) und Nakhon Si Thammarat (ca. 15 Std). Sie haben Sitze in der 2. und 3. Klasse, Schlafwagen mit etwas durchgesessenen Sitzen in der zweiten Klasse (Zuschläge s.u.) und sind in einem Teil der 2. Klasse klimatisiert.

Rapid Trains (RAP.): Eilzüge. Recht betagte Züge mit 2. und 3. Klasse-Waggons, die mehrmals täglich in den Süden und zurück fahren. haben in der 2. Klasse Schlafwagen, einige wenige sind sogar klimatisiert. Die Sitze sind durchgesessen, das Essen ist billiger.

Ordinary Trains (ORD.): Bummelzüge, die an jeder Haltestelle anhalten. Sie haben nur 3. Klasse-Waggons z.T. mit Holzbänken und sind zur Hauptverkehrszeit meist überfüllt. Auf dem englischsprachigen Fahrplan sind sie nur zum Teil aufgeführt. Verspätungen sind relativ häufig, da sie anderen Zügen Platz machen müssen.

Diesel Railcars (DRC.): Diese langsamen Triebwagen (nur 3. Klasse mit Holzbänken) verkehren in Richtung Kanchanaburi und Nam Tok (River Kwae) sowie nach Aranyaprathet an der Grenze zu Kambodscha .

In der ersten (nur in Express-Zügen) und zweiten Klasse entsprechen die Nachtzüge einem rollenden Hotel. Das 2-Personen-Abteil der 1.Kl. ist etwas schmaler als die 6er-Abteile in deutschen Zügen und besteht aus einer Sitzbank, die in ein oberes und ein unteres Bett umgewandelt wird, und einem Mini-Handwaschbecken. Bettwäsche und AC sind vorhanden, das Fenster ist nicht zu öffnen. Morgens kommen Kellner/-innen und verkaufen Kaffee. In der 2.Kl. werden ab 20 Uhr die **Betten** heruntergeklappt (ca. 1,85 m lang in Fahrtrichtung), mit sauberer, weißer Bettwäsche bezogen und mit Vorhängen abgeteilt. In Express-Zügen sind die unteren Betten 75 cm breit (oben nur 60 cm), bieten volle Sitzhöhe, und es rotiert kein Fan neben dem Kopf. Da in den älteren Rapid-Zügen die Sitze durchgesessen sind, kann unten keine ebene Fläche entstehen – oben schläft es sich besser. Die Sitze der 2. Klasse ohne Schlafwagen sind zwar gepolstert, ansonsten aber miserabel – nur für den Notfall ratsam. Waschgelegenheiten sind ausreichend vorhanden, in einigen Wagen sogar eine Dusche, sie werden jedoch nicht immer geputzt.

Das **Essen** ist nicht besonders gut und dürftig, die Preise variieren mit der Zugklasse – am billigsten im Rapid, am teuersten im Special Express. Neben der freundlich überreichten Menükarte (im Express z.B. Abendessen für 120 bzw. 150 Baht, Frühstück für 75 Baht) verbirgt der Kellner auch eine Speisekarte mit billigeren Einzelgerichten (ab 25 bzw. 60 Baht). Von jedem Menü bleibt viel Plastikmüll zurück. Zwischen den Mahlzeiten werden die Fahrgäste tagsüber von zwei Stewardessen mittels kleiner Wägelchen (wie im Flugzeug) am Platz mit Getränken und Imbissen versorgt.

Nur wenige Züge führen einen Speisewagen (rechtzeitig reservieren!), ansonsten wird das Essen am Sitzplatz serviert. Hierfür wird extra ein Tisch aufgeklappt. Zur Essenszeit bieten auf vielen Bahnhöfen Verkäuferinnen einfache Currys oder gebratene Hähnchenteile mit Klebreis sehr preiswert an.

Getränke werden von fliegenden Händlern tagsüber laufend angeboten. Trinkwasser aus großen Plastikflaschen steht in vielen Wagen zur Verfügung.

In allen Zügen besteht Rauchverbot. Die erste und ein Teil der zweiten Klasse ist mit dichten Fenstern und Klimaanlage versehen, die aber häufig viel zu kalt ist. In Waggons mit Fan stehen tagsüber die Fenster offen, was dem Fahrgast bei vielen Stunden Fahrt zu einer dicken Staubschicht verhilft.

Leider ist die Bahn nicht sehr schnell, was bei nächtlichen Langstreckenfahrten aber kaum ins Gewicht fällt. Ihr großer Vorteil ist wie überall: Sie ist bequemer und sicherer. Motorradtransport ist möglich.

Für ausländische Touristen wird für 1500 Baht (ohne Zuschläge) bzw. 3000 Baht (inkl. Zuschläge) ein 20 Tage gültiger *Thailand Rail Pass* angeboten, der sich allerdings nur lohnt, wenn man mindestens 6 Langstrecken befahren will. Infos gibt es im Bahnhof von Bangkok, ☏ 2237010, 2237020.

Die aktuellen englischsprachigen **Eisenbahnfahrpläne** für die wichtigsten Züge erhält man umsonst an vielen Bahnhofsschaltern oder gegen eine geringe Gebühr vom

Fahrplancenter, S. Rachdi, Tellstr. 45, CH-8400 Winterthur, ☏/☏ 0041-52-2131220, 🖳 www.fahrplancenter.com

Unter 🖳 www.srt.or.th/httpEng kann man die Verbindungen für einzelne Strecken abfragen, unter 🖳 www.thailand2000.de/kursbuch werden die für Traveller interessanten Fahrpläne von unserem Autor regelmäßig überarbeitet.

Es ist ratsam, Tickets für längere Strecken einige Tage im Voraus zu buchen, denn die Nachtzüge sind häufig voll. Mit dem **Computerreservierungssystem** geht das ganz einfach: An jedem größeren Bahnhof kann man problemlos jedes beliebige Ticket schon 60 Tage im Voraus sofort kaufen. Allerdings wird bei Stornierungen nur der halbe Fahrpreis erstattet.

Windige Reisebüros haben schon Sitzplätze reserviert, die es im Zug gar nicht gab (berüchtigt sind vor allem Reisebüros auf Ko Samui und Ko Lanta). Wer sichergehen will, sollte deshalb rechtzeitig an einem Bahnhof reservieren. Es ist besser, das Gepäck (vor allem Handgepäck) immer im Auge zu behalten, da es schon zu Diebstählen gekommen ist. Mit einem einfachen Fahrrad-Ringschloss lässt sich das Gepäck leicht an den Metallleitern und Gepäcknetzen festschließen.

Wer bereit ist, mindestens 1400 € für die 2000 km lange Fahrt von Bangkok nach Singapore auszugeben, kann einen Platz im nostalgischen *Eastern & Oriental Express* buchen, der einmal wöchentlich 130 betuchten Gästen eine Luxusreise im Stil von Somerset Maugham ermöglicht. Informationen und Buchungen über **Venice Simplon-Orient-Express**, Sachsenring 85, 50677 Köln, ☎ 0221-3380300, 🖷 3380333, 🖳 www.orient-express.com.

Bereits 1923 war es möglich, mit der **malaiischen Eisenbahn** von Singapore nach Bangkok zu fahren. Auf der Hauptlinie Singapore–Kuala Lumpur–Penang (787 km) verkehren nur noch wenige Züge, da bis 2005 die einspurige Trasse komplett erneuert wird. Die Plätze sind reserviert, und man hat die Wahl zwischen einer klimatisierten 1. und einer klimatisierten bzw. nicht klimatisierten 2. Klasse. Da die Klimaanlage auf Hochtouren läuft, sollte man warme Sachen dabei haben. Es kann auch nicht schaden, etwas zu essen mitzunehmen, denn das Angebot im Speisewagen ist sehr spärlich.

Für längere Strecken und mit viel Gepäck empfiehlt es sich, die schnelleren Züge und auf längeren Nachtfahrten ein Bett zu buchen. Es kostet in der 2. Klasse ac 11,50 RM oben und 14 RM unten, sowie in der ersten Klasse 50 bzw. 70 RM.

Der **International Express** verkehrt zwischen Bangkok und Butterworth (Penang), der **Ekspres Langkawi** zwischen Kuala Lumpur und Hat Yai. Man kann 30 Tage für die 1., 2. und 3. Klasse im voraus das Ticket buchen, wenn eine Platz- bzw. Bett-Reservierung vorgenommen wird. Fahrtunterbrechungen sind nur bei Reisen über 200 km möglich.

Über die gute Homepage der *Kereta Api Tana Melayu*, der malaiischen Eisenbahnen (🖳 www. ktmb.com.my) kann man nicht nur die neuesten Fahrpläne und -preise abrufen, sondern auch Buchungen vornehmen, die prompt per E-Mail und einer Buchungsnummer bestätigt werden.

Busse

Das System der **öffentlichen Verkehrsmittel** auf der Straße ist in Thailand hervorragend ausgebaut. Vom Luxusbus mit 24 Sitzen bis zum Motorradtaxi greifen alle Transportmittel nahtlos ineinander über. Selbst wer mitten in der Nacht auf dem Busbahnhof einer Provinzstadt aussteigt, kann darauf vertrauen, dass ihn eine Riksha zu einem freien Hotelzimmer bringt, wenn auch nicht unbedingt zum gewünschten. Einen Anschlussbus in die nächste Stadt bekommt man allerdings schon ab dem späten Nachmittag nur noch selten.

Non-ac-Busse (Normal-Busse, no-air, Thammada oder Standard 3): Zumeist rote Staatsbusse der *Transport Co.* und Busse privater Konzessionäre fahren zum Festpreis von ca. 0,32 Baht/km (kürzere Strecken bis 0,35 Baht/km) nahezu jede Stadt des Landes an. Zu festen Zeiten fahren sie in unterschiedlicher Anzahl von den Bus Terminals ab, werden jedoch immer häufiger durch 2. Klasse ac-Busse ersetzt. Für Personen über 1,70 m sind sie meist ein Gräuel, weil die Beine nicht zwischen die etwa 60 Sitze passen. Die hinterste Sitzbank sollte man meiden.

Ac-Busse (Klimatisierte Busse, Aircon-Busse, Air 1, Bus air oder Standard 1B): Vorwiegend blaue, klimatisierte Busse mit Toilette und etwa 48 Sitzen. Sie sind mit ca. 0,56–0,61 Baht/km nicht ganz doppelt so teuer wie non-ac Busse und verkehren auf längeren Strecken. Die Preise können aufgrund unterschiedlicher Serviceleistungen, Routen und der Konkurrenzsituation um 10–20% variieren. Für Unterhaltung mit Videos ist während der Fahrt gesorgt. Getränke und kleinere Mahlzeiten sind häufig im Preis inbegriffen. Die ac-Busse fahren entweder von den Büros der privaten Bus-Companies oder den Bus Terminals ab. Manchmal werden die Passagiere sogar vom Hotel abgeholt.

Nachtbusse haben den Nachteil, dass man wenig sieht, leicht einschläft und es daher vermehrt zu Diebstählen kommt. Wachsamkeit ist also angebracht! Bei der ständig laufenden Klimaanlage wird es v.a. nachts sehr kalt. Nur wenige Busse haben Decken, und viele ac-Düsen lassen sich nicht abstellen. Da hilft viel Klopapier oder ein breites Klebeband und warme Kleidung, sonst droht trotz Tropen und Sonne eine Erkältung.

Die orangen **2. Klasse ac-Busse** (2.Kl. ac-Bus, second class ac-Bus, Air 2, oder Standard 2) ohne Toilette und Essen sind mit ca. 0,44 Baht/km billiger als die blauen Varianten. Sie besitzen mehr und engere Sitze und werden immer häufiger anstelle von non-ac-Bussen eingesetzt.

VIP-Busse (gesprochen: wie-ei-pie; VIP-32, Bus air, Standard 1): Vorwiegend blaue, neuere ac-Busse mit 32, manchmal 40, bequemen Sitzen. Sie sind mit ca. 0,66 Baht/km etwas teurer als ac-Busse, können bei den privaten Busgesellschaften und in den jeweiligen Busbahnhöfen gebucht werden und fahren zu festen Zeiten ab. Die Toiletten im Bus funktionieren, eine Stewardess reicht Getränke und Snacks, ein Essengutschein ist im Preis enthalten. Die etwas übertriebene Bezeichnung VIP führt häufig zu (gewollten!) Verwechslungen mit den echten VIP-24 Bussen.

Die ausschließlich staatlichen **VIP-24 Busse** (999-Busse, VIP-24, Standard 1A) mit 24 Sitzen (8 Reihen à 3 Sitze) fahren von Bangkok in 15 Städte im Süden in 7–16 Std., überwiegend nachts. Sie sind sehr bequem und mit 0,88 Baht/km ca. 50% teurer als ac-Busse. Tickets kann man nur in den Büros an den Bus Terminals kaufen, ab 3 Tage vor Abfahrt. Die Sitze haben ausreichend Platz für lange Beine und lassen sich, mit Ausnahme der letzten Reihe, so weit wie im Flugzeug zurückstellen. Es werden häufig Decken gegen die kühle ac-Brise ausgeteilt. Viele Passagiere kommen ausgeschlafen an.

Nun noch einige Anmerkungen zu weniger angenehmen Themen:

Vielfach gewarnt wurden wir vor dem so genannten **Khaosan-Bus** von Bangkok nach Surat Thani, wo Verteilerbusse nach Phuket, Krabi und Ko Samui weiterfahren. Ständig und systematisch werden Traveller im Schlaf bestohlen. Die Polizei ist machtlos, da der Bus als illegal gilt und jeder auf eigenes Risiko mitfährt. Sie verteilt aber manchmal Flugblätter, in denen auf die Risiken bei der Fahrt hingewiesen wird (s.S. 189).

Einige Thai-Busfahrer haben die Angewohnheit, sich wie Rennfahrer zu verhalten – Tempo 120 und minutenlange Überholmanöver der konkur-

rierenden Bus Companies (die alle zur gleichen Zeit losfahren) sind gerade nachts nichts Außergewöhnliches. Trotzdem passieren relativ selten Unfälle. Aber wenn etwas passiert, sieht es meist schlimm aus. Die einzige Methode bei betrunkenen oder schläfrigen Busfahrern heißt AUSSTEIGEN! Es ist zwecklos, andere einheimische Mitfahrer von der drohenden Gefahr überzeugen zu wollen. Das Busreisen ist in Thailand ziemlich unproblematisch und obendrein noch preiswert. In den meisten Städten sind die Busbahnhöfe zentral gelegen.

In **Malaysia** fahren generell vormittags mehr Busse als nachmittags. Wer größere Entfernungen zurücklegen möchte, sollte deshalb früh aufstehen. Mit **Nahverkehrsbussen** lässt sich jedes Dorf erreichen, sofern es eine Straße gibt. Da sie überall halten, um Passagiere aufzunehmen oder abzusetzen, kann eine Fahrt von 30 km durchaus eine Stunde und länger dauern. Tickets sind am Automaten im Bus erhältlich. Da dieser kein Wechselgeld herausgibt, sollte man Kleingeld bereithalten! **Minibusse** verkehren nur in der Umgebung einiger großer Städte. Sie fahren zumeist ohne festen Fahrplan ab, wenn sie voll sind. **Fernbusse** sind wesentlich schneller und zuverlässiger. Zwischen den großen Städten West-Malaysias verkehren klimatisierte Expressbusse zahlreicher privater Gesellschaften und der staatlichen *Transnasional* zum Einheitspreis. Nur die bequemeren Business-Busse, auch Luxus- oder VIP-Busse genannt, mit weniger Sitzplätzen sind teurer. Tickets werden an zahlreichen Schaltern der Busgesellschaften verkauft, die sich zumeist am Busbahnhof befinden.

Und noch eine Warnung: Unterwegs auf keinen Fall Essen oder Getränke von Fremden annehmen! Es ist schon passiert, dass Touristen am Ende der Busreise aus einem tiefen Schlaf erwachten und ohne Gepäck dastanden. Ansonsten ist das Busreisen ziemlich unproblematisch und obendrein noch preiswert.

Minibusse

In verschiedenen Provinzhauptstädten haben Privatunternehmer einen Liniendienst mit klimatisierten, 16-sitzigen Minibussen (auch: *Microbus*) aufgezogen. Sie fahren alle ein bis zwei Stunden, zumeist zur vollen Stunde, von bestimmten Stellen in der Stadt zu benachbarten Provinzhauptstädten und anderen festen Zielen. Tickets gibt es an einem

Tisch am Straßenrand, nur wenig teurer als für ac-Busse. Sind alle Fahrgäste da, wird auch früher ab-gefahren. Der Fahrstil der Fahrer ist dem Verkehr angemessen.

Für Traveller interessante Routen sind z.B. Chumphon – Ranong, Chumphon – Surat Thani, Trang – Ko Lanta, Krabi – Ko Lanta, Hat Yai – Pak-bara, Trang – Pakbara.

Sammeltaxi

In **Süd-Thailand** sind die Sammeltaxen eine Alter-native zum Bus. Die alten Benz-Limousinen fahren los, sobald 6 Passagiere (2 vorn, 4 hinten) zum sel-ben Ziel wollen. Sie sind etwa 50% teurer als die weit langsameren Busse und haben für unter-schiedliche Richtungen verschiedene Startplätze am Straßenrand.

In **Malaysia** dürfen Überlandtaxis („*Kereta Se-wa*") laut Gesetz vier Personen befördern. Heute wartet allerdings kaum noch jemand am Taxihalte-platz, bis vier Personen mit gleichem Fahrtziel ein-getroffen sind, sondern mietet das gesamte Taxi und zahlt die frei gebliebenen Plätze mit. Die Fahrpreise liegen leicht über denen einer 2.-Klasse-Eisenbahn-fahrt. Bei langen Strecken oder abgelegenen Zielen muss man oft einen Teil der Rückfahrt bezahlen. Das Gleiche gilt auch für Fahrten am Nachmittag.

Boote

Nur wenige Flussboote fahren in Thailand den Me-nam Chao Phraya (auch: Mae Nam Chao Phraya) hinauf. Für Touristen ist die Bootstour nach Ayut-thaya und Bang Pa In interessant (s.S. 223 und S. 222). Regelmäßig verkehren vom Festland Boote nach Ko Samui, Ko Pha Ngan, Ko Tao, Ko Samet, Ko Chang, Ko Mak, Ko Bulon Lae, Ko Lipe, Ko Lanta, Ko Phi Phi und auf die Pattaya, Phuket und Krabi vorgelagerten Inseln.

Longtail-Boote – 5–10 m lange, offene Boote, die von einem beweglich gelagerten Motor ange-trieben werden, dessen Schraube weit nach hinten übers Boot hinausragt. Das Standard-Boot in Thai-land: sehr schnell, sehr nass, sehr laut. Touristen benutzen sie auf den Klongs und dem Chao Phraya in Bangkok, auf dem Stausee im Khao Sok Natio-nal Park sowie zwischen vielen Inseln.

Passagierboote – umgebaute Fischkutter mit Sitzbänken und Sonnendach. Bedienen zu festen Zeiten an wenigen Tagen der Woche die größeren

Dörfer auf Inseln, um den Bewohnern die Fahrt zum Markt zu ermöglichen, und transportieren vor allem Waren. Zudem werden sie von Tauchbasen verwandt und an Touristen für Ausflüge auf die vorgelagerten Inseln vermietet.

Nachtboote – mehrstöckige, langsame Schiffe, die nachts zwischen Surat Thani und Ko Samui, Surat Thani und Ko Pha Ngan sowie Surat Thani und Ko Tao verkehren. Sie sind bei Travellern als „schwimmende Jugendherberge" sehr beliebt, hat-ten aber schon mehrere schwere Zusammenstöße mit dem Gegenboot. Keine Unfälle hatte dagegen das Nachtboot von Chumphon nach Ko Tao, das nur manchmal umdreht, wenn dem Kapitän die Wellen vor der Flussmündung zu hoch erscheinen.

Expressboote – schnelle Passagierboote, die zwischen Surat Thani, Ko Samui, Ko Pha Ngan, Ko Tao und Chumphon eingesetzt werden. Sie sind bei normalen Witterungsverhältnissen recht sicher, aber nicht absolut pünktlich. Das Ko Samui-Boot wird häufig gnadenlos überladen. Das Ko Tao-Boot bringt bei Wellengang von über 2 m die Fahrgäste, die nicht auf die Fahrt verzichten wollen, in echte Lebensgefahr. Zum zweiten bedienen mehrere Ge-sellschaften in hartem Wettbewerb die Routen zwi-schen Krabi, Phuket, Ko Phi Phi und Ko Lanta. Auch Tagesausflüge zu den Similan-Inseln werden mit Expressbooten durchgeführt.

Speedboats – große, schnelle Außenborder-boote, die Gäste von teuren Inselhotels nach Bedarf befördern oder von Tauchschulen zu entfernteren Tauchgebieten eingesetzt werden. Einige verkehren auch regelmäßig zwischen Chumphon und Ko Tao bzw. von Ko Samui über Ko Pha Ngan nach Ko Tao.

Autofähren – transportieren Fahrzeuge und Passagiere zwischen Ko Samui und Don Sak bzw. Khanom sowie zwischen Ko Pha Ngan und Don Sak und zwischen dem Festland und Ko Chang (Trat). Sie sind sehr sicher und zuverlässig.

Hydrofoil – superschnelle Tragflächenboote, die sich in Thailand wegen Wartungsproblemen nicht durchsetzen konnten. Eines wird derzeit von einer Tauchschule zwischen Phuket bzw. Khao Lak und den Similan Inseln eingesetzt.

Motorräder und Mopeds

Humpelt in Phuket oder auf Ko Samui ein braun gebrannter *farang* mit dem Arm in der Schlinge über die Straße, dann handelt es sich meist um ein

Motorrad-Unfallopfer – leider kein seltener Fall. Allein in Pattaya verunglückt während der Hochsaison fast täglich ein Motorradfahrer tödlich.

In fast allen Touristenorten und vielen Provinzstädten gibt es **Motorräder** (ab 250 Baht) und **Mopeds** (ab 180 Baht) zu mieten. Die kleinen Hondas sind zwar für Tagesausflüge bestens geeignet, aber keinesfalls für lange Strecken, zu zweit oder mit Gepäck. Die Verkehrssicherheit vieler Leihmotorräder lässt zu wünschen übrig. Es besteht **Helmpflicht**, und Helme sind in vielen Verleihstellen auch zu haben, denn das Fehlen des Sturzhelms wird inzwischen fast überall mit 500 Baht Geldstrafe geahndet und strikt kontrolliert. Da aber Handschuhe und Brille nicht gebräuchlich sind, und sich so mancher (wegen der Bräune) gern nur mit Shorts und Gummisandalen bekleidet in den Sattel schwingt, kommt es selbst bei leichten Stürzen zu bösen Hautabschürfungen. Gelegentlich wird der Internationale Führerschein und häufig die Hinterlegung des **Passes** verlangt, wovon in Ko Samui abzuraten ist. Besser ist es dort, nur den **Personalausweis** abzugeben.

Wer vorhat, öfter Motorräder zu leihen, sollte auch den Jethelm von zu Hause mitbringen, da die geliehenen häufig nicht passen. Mit eingeschaltetem Scheinwerfer wird man nicht so leicht übersehen. Vor allem in Kurven gilt es, so weit wie möglich links zu fahren. Die Tasche oder der Tagesrucksack im Korb sollte immer befestigt werden, da es einige motorisierte Langfinger gibt.

Haftpflichtversicherungen für Leihmotorräder decken in Thailand nur Personenschäden bis max. 50 000 Baht ab, jedoch keine Sachschäden. Auch als Motorradfahrer sind Ausländer bei einem Unfall zur Zahlung einer Entschädigung verpflichtet. Der Unfallgegner wird praktisch niemals zahlen können (s.u.). An jedem vierten Verkehrsunfall in Thailand ist ein Motorrad beteiligt.

Wer sein **eigenes Bike** nach Thailand mitnehmen will, sollte sich bei *Lufthansa* nach den speziellen Motorradbedingungen erkundigen. Das Bike kann voll beladen auf eine Palette gefahren werden. Am Flughafen in Bangkok kommt es mit derselben Maschine an und kann sofort benutzt werden.

Fahrräder

In vielen Tourismuszentren kann man **Fahrräder** mieten, die meist jedoch nicht verkehrssicher und wenig komfortabel sind. Auch **Mountain Bikes** vergammeln beim Vermieten schnell. Wer vorhat, nicht nur am Strand entlang zu radeln, sollte sich besser ein Rad mitbringen oder kaufen. Mit einer guten Karte und unseren Kurzbeschreibungen können engagierte Biker vorwiegend auf verkehrsarmen Routen von Bangkok in den Süden fahren. Unsere Kartenskizzen verdeutlichen die empfohlenen Bikerouten, i.b. die Nebenstraßen von Kanchanaburi nach Ratchaburi, von Phetchaburi über Cha-am und Hua Hin nach Kuiburi, von Ban Krut über Bang Saphan bis Chumphon sowie von Lang Suan nach Surat Thani oder über die Berge an die Andamanensee nach Takua Pa. Weitere Anregungen sind im Kapitel Reiseziele unter Bootsfahrten und Biketouren zu finden (s.S. 121). Im Internet stehen Fahrradinfos zu Thailand unter 🖳 home.
t-online.de/home/Martin.vanBaal/rad_thai.htm

Man kann für kürzere Strecken ein Pickup chartern oder das Bike im Gepäckwagen eines Zuges abgeben (nicht in *Express* und *Special Express*). Auch einige Busse nehmen Bikes im Gepäckraum oder auf dem Dach mit, sofern ausreichend Platz ist. Notfalls müssen sie zerlegt werden.

Nur die ärmeren Thais auf dem Land fahren Rad. Wer es sich leisten kann, kauft sich ein Motorrad oder gar ein Auto. Ein Rad fahrender Tourist wird entsprechend geringschätzig betrachtet und ohne weiteres von einem heranbrausenden LKW rücksichtslos von der Fahrbahn gedrängt.

Generell eignen sich die Großstädte, besonders Bangkok, nicht zum Rad fahren, da die Straßen gefährlich und die Bürgersteige belebt und voller Fallstricke sind. Am meisten Spaß macht eine Tour während der kühlen Jahreszeit (November–Februar) abseits der Hauptstraßen. In einigen Provinzen (z.B. Phang Nga) gibt es aktive Radsportler, die exzellente Rundstrecken empfehlen können, und auf Phuket werden geführte Touren angeboten.

In ländlichen Regionen **Malaysias** sind Fahrräder und kleine Motorräder ideale Transportmittel, um gemütlich das Land und seine Menschen kennen zu lernen. Allerdings kann kaum noch Fahrräder mieten. Ungeübte Motorradfahrer sollten viel befahrene Straßen meiden, da Bus- und LKW-Fahrer keine Rücksicht nehmen. Zu beachten ist die Helmpflicht für Motorradfahrer – auch auf kleinen Maschinen! Generell sollten Motorradfahrer bedenken, dass die Fahrzeuge – trotz gegenteiliger Behauptungen – nicht versichert sind.

Mietwagen

Um ein Auto in **Thailand** zu mieten, benötigt man nur den internationalen Führerschein und etwas Geld. Es ist aber nicht ratsam, die ersten Erfahrungen im asiatischen Straßenverkehr in Bangkok zu machen.

Außer dem obligatorischen Linksverkehr gibt es noch andere **Verkehrsregeln**, die aber nicht sehr ernst genommen werden. Das Chaos von Bangkok ist nur der Anfang. Auf dem Land haben große Fahrzeuge wie Busse und Lastwagen immer Vorfahrt, auch Wasserbüffel, Schweine, Hühner und Enten genießen ein besonderes Recht, und man muss immer bereit sein, das Fehlverhalten anderer zu akzeptieren. Der Seitenstreifen wird von langsamen Verkehrsteilnehmern und zum Ausweichen bei entgegenkommenden überholenden Fahrzeugen genutzt. Die Geschwindigkeit ist auf den Highways auf 90 km/h begrenzt, auf den Autobahnen darf bis zu 120 km/h gefahren werden. Thais, die von der Polizei bei einem Verkehrsvergehen erwischt werden, kommen oft mit einer gemeinsamen Runde Mekhong in der nächsten Kneipe davon. Auch der Papierkrieg kann häufig durch kleinere Zuwendungen beschleunigt werden.

Wenn Verkehrspolizisten behaupten, das Radar hätte eine überhöhte Geschwindigkeit gemessen, sollte man sich zuerst die Fotos zeigen lassen, bevor man bezahlt.

Eine hilfreiche Ausschilderung der Highways und Hauptstraßen mit lateinischen Buchstaben ist in abgelegenen Regionen nicht vorhanden. Dann hilft eine **Straßenkarte**, auf der die Orte in Thai- und lateinischen Buchstaben bezeichnet sind. Brauchbar fanden wir die *Thailand Highway Map*, ein Atlas mit zweisprachigen Karten im Maßstab 1 : 1 Mio. und zahlreichen Stadtplänen.

Normalbenzin kostet an großen Tankstellen 16–17 Baht pro Liter. Bis zu 20 Baht verlangen kleine Tankstellen, wo das Benzin aus Fässern gepumpt wird.

Mietwagen der Mittelklasse sind landesweit für ca. 1500–2200 Baht pro Tag zu haben, ab 7 Tagen Mietdauer für 1300–1900 Baht. Die preiswerten lokalen Autovermietungen in Phuket verlangen nur 1000–1500 Baht. In den Touristenzentren werden auch Jeeps (ca. 1000 Baht pro Tag) und Pickups (800 Baht, gut für Kleingruppen bis 10 Personen) vermietet. Zumeist kann bei längerer Mietdauer um

den Preis gehandelt werden. Von der Kreditkarte wird häufig ein Blankobeleg als Sicherheit hinterlegt, was bei renommierten Firmen kein Problem darstellt. Seinen Pass zu hinterlegen gilt jedoch als grob fahrlässig. Avis (💻 www.avisthailand.com) und Hertz bieten *one way rental service* zwischen Phuket, Ko Samui, Bangkok, Pattaya und Chiang Mai an, Budget (✆ 1800-283438 (gebührenfrei), 💻 www.budget.co.th, Sonderpreis für Loose-Leser s.S. 739) zwischen allen Niederlassungen ab sieben Tagen Mietdauer ohne Aufpreis. Adressen der Autovermietungen im lokalen Teil unter „Sonstiges".

Eine Probefahrt empfiehlt sich auf alle Fälle, keinesfalls sollte man den gesamten Preis im Voraus bezahlen, sondern lieber eine Sicherheit hinterlegen. Falls das Fahrzeug unterwegs zusammenbricht, hat man so eine günstigere Ausgangsposition. Eine Haftpflichtversicherung ist gesetzlich vorgeschrieben. Internationale Versicherungsunternehmen bieten auch Touristen die Möglichkeit, Autos mit einer geringen Selbstkostenbeteiligung zu versichern. Nach thailändischem Recht müssen Unfallverursacher bei Personenschäden an die Betroffenen Entschädigungen von 10 000–200 000 Baht bezahlen, je nach Schwere der Verletzungen. Ein Ausländer muss immer damit rechnen, bei einem Unfall als der allein Schuldige zu gelten. Wird eine Rechtsberatung benötigt, kann man sich an den von der Deutschen Botschaft empfohlenen Rechtsanwalt wenden:

Mr. Bhuttree Kuwanon, Sataporn Building Suite 304, 70 Pan Rd. Silom, ✆ 2368790-1; eine Beratungsstunde (auf Englisch) kostet 1500 Baht.

Leider kann man bisher nicht mit einem Mietwagen die Grenze nach Malaysia oder Kambodscha überschreiten. Das Gleiche gilt auch in umgekehrter Richtung.

West-Malaysia lässt sich gut mit dem eigenen Fahrzeug erkunden. Renommierte Firmen vermieten Autos in allen größeren Städten Malaysias. Neben den internationalen Gesellschaften Avis und Budget bieten auch lokale Firmen, die in den regionalen Kapiteln gelistet sind, Mietwagen an. Alle haben unterschiedliche Tarife, es gibt spezielle Tages- oder Wochenendtarife mit begrenzter Kilometerzahl oder Ausflugstarife ohne Kilometerbegrenzung.

Da in der Mittelklasse-Kategorie (Proton Wira, das malaysische Auto) die Nachfrage häufig das Angebot übersteigt, sollte man frühzeitig reservieren. In der ausländischen Mittelklasse (Ford Telstar, Nissan Bluebird, Toyota Corolla) oder der oberen Klasse (Volvo, Mercedes) sind immer Wagen zu bekommen, z.T. auch mit Fahrer. Alle Autos sind mit einer Klimaanlage ausgestattet.

Viele Firmen besitzen am Flughafen einen Schalter und gegebenenfalls einen Zubringerdienst, womit man zusätzliche Wege spart. Zudem besteht die Möglichkeit, das Auto am Ort A zu mieten und am Ort B abzugeben. Kleinere Firmen verlangen eine Rückgabe am selben Ort, sind allerdings dafür oft etwas billiger.

In **Malaysia** genügt für Deutsche der nationale **Führerschein**. Es empfiehlt sich, für täglich 10–12 RM eine **Zusatzversicherung** *(collision damage waiver)* abzuschließen, um die Eigenbeteiligung in Höhe von 2000 RM bei Schäden am Mietwagen aufzuheben. Man sollte sich den Mietwagen genau ansehen. Fahrer und Beifahrer, die sich nicht anschnallen, müssen mit hohen Strafen von 200 RM Geldstrafe oder bis zu 6 Wochen Haft rechnen.

Nahverkehrsmittel

Das Verkehrswesen zeichnet sich durch eine Vielzahl billiger, konkurrierender Nahverkehrsmittel aus. Nach 18 Uhr ist es praktisch unmöglich, aus kleinen Orten wegzukommen. Dann muss man teuer chartern. Wer passend zahlt, umgeht Probleme mit dem Wechselgeld.

Samlor – ein dreirädriges Fahrrad-Taxi (auch: Fahrradriksha) mit überdachter Sitzbank für 2 Personen für kurze Strecken. Der Fahrpreis muss vorher ausgehandelt werden. In Penang und Kota Bharu stellen die Fahrradriksha noch immer ein beliebtes Transportmittel dar.

Tuk Tuk – ein dreirädriger Motorroller (Vespa) mit überdachter Sitzbank, manchmal auch *samlor* genannt. Mit mehr als 2 Personen oder mit Gepäck wird es in dem kleinen Aufbau recht eng. Tuk Tuks fahren nicht auf langen Strecken. Der Fahrpreis muss vorher ausgehandelt werden (3 Finger ausgestreckt = 30 Baht, 4 Finger = 40 Baht, etc.). Eingesetzt in Bangkok, Trang (eine besonders umweltfeindliche Version) und in vielen weiteren Städten, in Phuket abgelöst durch einen viersitzigen, umweltfreundlichen Viertakter.

Motorradtaxi – normales Motorrad oder Moped, das bis zu 2 Fahrgäste zu beliebigen Zielen mitnimmt. Der Fahrpreis ist recht niedrig, muss aber vorher ausgehandelt werden. Sieht im Stadtverkehr äußerst gefährlich aus, besonders wenn Damen freihändig quer auf dem Sozius sitzen. Eingesetzt in vielen Städten, auf Inseln ohne PKWs und in ländlichen Gegenden.

Taxi – klimatisierter PKW, in Bangkok überwiegend mit, ansonsten ohne Taxameter. Der Fahrpreis beträgt bei Taxameter-Taxen für die ersten beiden Kilometer 35 Baht, ansonsten muss er vorher ausgehandelt werden. Ein unbedarfter Tourist bezahlt für ein Flughafen-Taxi häufig überhöhte Preise. Taxifahrer sprechen meist kein Englisch. Sie erhalten normalerweise kein Trinkgeld, außer für besondere Gefälligkeiten.

Ähnliches gilt in Malaysia. Besondere Vorsicht ist an Busbahnhöfen und Bahnhöfen geboten, wo Taxifahrer versuchen, Ortsunkundige zu neppen. An großen Flughäfen wurde dem Missbrauch ein Riegel vorgeschoben. Hier kauft man an einem Schalter einen Taxi-Coupon zum Festpreis ins gewünschte Hotel bzw. den entsprechenden Stadtteil. Wer frühmorgens ein Taxi benötigt, sollte es über das Hotel telefonisch vorbestellen.

Songthaew (gesprochen: *song-täo*) – ein privat betriebener Kleinlaster (manchmal sogar ein großer LKW, der auch Minibus heißt) mit zwei niedrigen Sitzbänken, auf denen sich die Passagiere gegenübersitzen. Das Dach ist nicht ganz heruntergezogen, so dass es vor allem bei schneller Fahrt stark zieht. Sie haben feste Preise, für Sitz- wie für Stehplätze dieselben. Nach Sonnenuntergang kann man das Fahrzeug in der Regel nur für mehrere hundert Baht chartern.

Songthaews fahren nach unterschiedlichen Prinzipien:
→ In größeren Städten bedienen sie relativ feste Routen zu einem Einheitstarif (5–20 Baht), bringen jedoch in der Zielgegend die Passagiere bis vor die Tür. Für *farang*, die kein Thai sprechen, ist es schwierig, ihren Zielort zu erfahren. Anzutreffen z.B. in Bangkok, Ranong, Nakhon Si Thammarat.
→ In mittleren Städten kurven sie ständig durch die Stadt auf der Suche nach Fahrgästen. Man nennt das Ziel und erhält ein Handzeichen, einzusteigen oder zu warten. Wer viel Zeit hat und ganz hinten sitzt, kann so die halbe Stadt kennen lernen. Fahrpreis meist 5–7 Baht.

→ In vielen Städten fahren Songthaews in regelmäßigen Abständen zu bestimmten Orten in der Umgebung. Sie haben einen festen Startplatz am Straßenrand. Der Tarif richtet sich nach der Entfernung und ist auch für Touristen fest. In Ko Samui und Phuket sind die Strände angeschrieben.

→ Zweigt von einer großen Straße eine kleinere ab, die nicht von großen Bussen bedient wird, übernehmen Songthaews die Verteilung der Fahrgäste in die kleinen Orte. Dasselbe gilt für Bahnhöfe auf dem Land. Die Preise sind fest.

Pickup – ein Songthaew, der überall Passagiere mitnimmt.

Minibus – (auch: Microbus oder Microvan) eine komfortablere Einrichtung auf dem Lande anstelle der halboffenen Songthaews. In Bangkok werden sie zusätzlich zu den festen Buslinien eingesetzt und bedienen einige Busstrecken in der Nacht. In manchen Städten werden auch ganz normale Songthaews modisch Minibus genannt.

Stadtbus – normaler, farblich gekennzeichneter Bus mit Nummer, der eine bestimmte Route befährt. Eine beliebige Strecke kostet je nach Stadt 2–5 Baht. Nur in der Metropole gibt es klimatisierte Busse (6–16 Baht) und Microbusse (20 Baht). Stadtbusse verkehren auch in Georgetown und auf der gesamten Insel Penang sowie in Kota Bharu und Umgebung.

Personenfähren, **Klongboote** und **Expressboote** übernehmen speziell in Bangkok auf dem Menam Chao Phraya einen Teil des öffentlichen Nahverkehrs.

Feste und Feiertage

Thailand

Viele Feste in Thailand sind buddhistischen Ursprungs und richten sich nach dem religiösen Kalender. Da sich diese Zeitrechnung am Mondzyklus orientiert, schwankt der exakte Termin der Feiertage innerhalb von 29 Tagen. Das Jahr 2003 ist das Jahr 2546 nach Buddha, 2004 = 2547 und 2005 = 2548.

Der erste Mondmonat beginnt am Tag nach dem Neumond vor der Wintersonnenwende (also zwischen dem 23. November und dem 22. Dezember). Etwa alle 3 Jahre wird ein zusätzlicher Monat eingeschoben (das nächste Mal wieder 2004). Für staatliche Feste gilt der westliche Kalender.

Die Vollmondtage (sie können um einen Tag abweichen)		
2004:	7.1.	6.2.	7.3.
	5.4.	4.5.	3.6.
	2.7.	31.7.	30.8.
	28.9.	28.10.	26.11.
	26.12.		
2005:	25.1.	24.2.	25.3.
	24.4.	23.5.	22.6.
	21.7.	19.8.	18.9.
	17.10.	16.11.	15.12.

Fällt ein gesetzlicher Feiertag auf ein Wochenende, wird am darauf folgenden Montag ein *Bank Holiday* gefeiert. Die Büros von Privatfirmen sind meist geschlossen und Behörden spärlich besetzt. Dadurch gibt es in Thailand etwa ein Dutzend lange Wochenenden pro Jahr. Die angegebenen Termine können sich um 1 bis 2 Tage verschieben. Eine schöne Website zu Thailands Festen: 🖥 www.asien-feste.de

1. Januar – Neujahr

Langes Wochenende, das zumeist auf die folgende Woche ausgedehnt wird, wo viele Geschäfte geschlossen bleiben.

Neumondtag zwischen 21. Januar und 19. Februar – Chinesisches Neujahr (22.1.2004, 9.2.2005)

Das chinesische Neujahrsfest findet im Familienkreis statt. Das Fest beginnt am ersten Tag des zunehmenden Mondes im zweiten Mondmonat nach der Wintersonnenwende, dauert drei Tage und wird zu mehrtägigen Familienausflügen genutzt.

Im Rhythmus von 12 Jahren wird das Jahr jeweils nach einem Tier benannt, dem bestimmte Eigenheiten zugeschrieben werden. So ist 2003 das Jahr der Ziege, dann folgen die Tiere Affe, Hahn, Hund, Schwein, Ratte, Büffel, Tiger, Hase (Katze), Drachen, Schlange und Pferd. Schon Tage zuvor scheint sich das ganze Land in einem Kaufrausch zu befinden. Eine Woche vor Beginn des neuen Jahres werden die Wohnungen geputzt, denn der Küchengott wird im Himmel über jede Familie berichten. Ein besonders süßer, klebriger Kuchen aus Melasse wird gekocht, damit dem Gott nur Süßes über die Lippen kommt. Andere meinen, dass ihm durch die Kuchen der Mund so verklebt wird, dass er nichts mehr sagen kann.

Am Abend des letzten Tages des alten Jahres versammelt sich die Großfamilie zu einem Festessen. Den Kindern werden kleine, rote Umschläge mit Geldbeträgen überreicht. Bei der Größe einer durchschnittlichen chinesischen Familie können die Neujahrsfeierlichkeiten teuer werden, so dass das 13., 14. oder gar 15. Monatsgehalt, das zu diesem Zeitpunkt ausgezahlt wird, gelegen kommt.

Vollmondtag im Februar/März – Makha Bucha (7.3.2004, 24.2.2005)

Es finden Lichterprozessionen um die Tempel statt, die an Buddhas Predigt vor 1250 Zuhörern erinnern.

Mit Blumen und Kerzen in gefalteten Händen umrunden die Gläubigen dreimal das Gebäude, im Tempel predigen Mönche die Lehre Buddhas. Große Feierlichkeiten im Marmortempel von Bangkok.

6. April – Chakri-Tag

Inthronisation des ersten Chakri-Königs und Begründers der Königsstadt Bangkok, Feier im Wat Phra Keo.

13.–15. April – Thai-Neujahr

Es ist besser bekannt unter dem Namen *songkran*. Wenn das ganze Land über die Hitze klagt und auf den einsetzenden Monsun wartet, beginnt für die Bauern auf dem Land das Erntejahr. Schon einige Tage vor Songkran bespritzen sich die Menschen auf den Straßen mit Wasser. Eine angenehme Erfrischung, sofern man darauf vorbereitet ist und sich nicht in Bangkok befindet, wo man ab und an mit einer Dusche Klong-Wasser rechnen muss. Zu Hause badet man die Buddha-Figuren, hält Hausputz und erweist den älteren Familienmitgliedern durch eine zeremonielle Handwaschung und kleine Geschenke seine Hochachtung.

1. Mai – Tag der Arbeit

Nur Banken sind geschlossen.

5. Mai – Krönungstag

Der jetzige König Rama IX. wurde am 5.5.1950 zum König gekrönt, obwohl er bereits 1946 die Regentschaft übernommen hatte. Langes Wochenende.

Vollmondtag im Mai – Visakha Bucha (4.5.2004, 23.5.2005)

Heiligstes buddhistisches Fest. Am Abend oder Vorabend finden zur Feier der Geburt, der Erleuchtung Buddhas und seines endgültigen Eintretens ins Nirvana in allen Tempeln Lichterprozessionen um den Bot statt. Zentrale Feiern im Wat Phra Keo.

Mitte Mai – Die Königliche Zeremonie des Pflügens

Ein Stellvertreter des Königs, heute meist der Landwirtschaftsminister, führt eine symbolische Aussaat auf dem Sanam Luang aus, zu der viele Bauern aus dem ganzen Land anreisen. Für sie ist es das Zeichen, mit der Feldarbeit zu beginnen. Ein Reiskorn von der Zeremonie, das der eigenen Saat untergemischt wird, soll eine gute Ernte gewährleisten.

Vollmondtag im Juli – Asanha Bucha, Khao Phansa (2./3.7.2004, 21./22.7.2005)

Fest im Juli, das an die erste Predigt Buddhas in der Öffentlichkeit erinnert. Prozessionen mit Blumen und Kerzen um den Bot. Die Fastenzeit Khao Phansa beginnt am Tag nach Asanha Bucha und dauert drei Monate bis zum Ende der Regenzeit. Während dieser Zeit dürfen die Mönche das Kloster nachts nicht verlassen und unterliegen strengeren Regeln. Im Allgemeinen ist dieses die Zeit, während der junge Männer ins Kloster gehen. Entsprechend finden zu Beginn des Fastenmonats überall Ordinationsfeierlichkeiten statt.

12. August – Geburtstag der Königin

Königin Sirikit ist seit 1950 First Lady in Thailand. Langes Wochenende.

Oktober – Thot Kathin, Ok Phansa (28./29.10.2004, 17./18.10.2005)

Nach dem Ende der Fastenzeit reisen während der folgenden Wochen die Menschen aus allen Landesteilen in ihren Heimat-Tempel, um den Mönchen neue Roben und Opfergaben zu überbringen.

23. Oktober – Chulalongkorn-Tag

Todestag von König Rama V. (Chulalongkorn). Er gilt als der Herrscher, der das Land westlichen Einflüssen öffnete. Langes Wochenende.

Vollmondtag im November – Loy Krathong

(9.11.2003, 26.11.2004, 16.11.2005)
Im November, am Ende der Regenzeit, wird das große Lichterfest gefeiert. Kleine Boote, traditionell aus Bananenstrünken gefertigt und mit brennenden Kerzen, Räucherstäbchen und Blumen geschmückt, treiben auf den Flüssen, Seen und Klongs – eine Opfergabe an die Göttin des Wassers, *Mae Khingkhe*.

5. Dezember – Geburtstag des Königs

Nationalfeiertag. Paraden und Feiern in Bangkok und auf dem Land. Langes Wochenende.

10. Dezember – Verfassungstag

Langes Wochenende.

31. Dezember – Silvester

Langes Wochenende.

Regionale Feste und Festivals

Bei jedem Tempel in Thailand wird einmal im Jahr ein großes, **religiöses Fest** veranstaltet, das von den Einheimischen begangen wird. Einige davon haben wegen der Berühmtheit des Tempels überregionale Bedeutung erlangt. Tausende von Pilgern versammeln sich mehrere Tage lang, um gemeinsam zu feiern. Religiöse Zeremonien, farbenprächtige Prozessionen, Bootsrennen oder andere Veranstaltungen begleiten die Feierlichkeiten.

In jeder Provinzhauptstadt wird einmal im Jahr eine *fair* veranstaltet, eine Art **Volksfest** und Jahrmarkt, wo lokale handwerkliche oder landwirtschaftliche Erzeugnisse vorgestellt werden.

Weitere **Festivals** wurden erst in den letzten Jahren von der *Tourist Authority* ins Leben gerufen, um eine Region touristisch zu fördern. Für zwei oder drei Tage im Jahr überschwemmen vor allem einheimische Touristen ansonsten ruhige Provinzstädte.

Die Termine der religiösen Feste variieren nach dem Mondkalender (s.o.), die anderen Feste und Festivals werden meist auf ein bestimmtes Wochenende in einem bestimmten Monat gelegt.

Die genauen Termine der Festtage sind in der Werbebroschüre *Major Events and Festivals* aufgelistet, die es in jedem *Tourist Office* gibt. Im Internet unter 🖳 www.thailandtourismus.de hinken sie der Zeit hinterher.

Januar

Ayutthaya: *Elephant Round-up* (Elefantenfest, Touristenspektakel)

Februar

Phetchaburi: *Phra Nakhon Khiri Fair* (Volksfest mit Light & Sound Show, 1. Woche)
Pattani: *Chao Mae Lim Kor Nieo* (religiöses Fest, Prozession, Mitte Februar)
Nakhon Si Thammarat: *Hae Pha Khun That* (religiöses Fest, Prozession, um Vollmond)

März

Yala: *Asian Turteltauben Festival* (Singvogel-Wettbewerb)
Trat: *Memorial Day* (Gedächtnis-Tag, 23.3.)

April

Pattaya: *Pattaya Festival* (Touristenfest, ca. 16.-18.4.)
Samut Prakan: *Phra Pra Daeng Songkran* (Neujahrsfest der Mon, ca. 18.–20.4.)
Si Racha: *Ancestral Spirits Ceremony* (religiöses Familienfest, Volksfest, ca. 19.–21.4.)
Phattalung: *Southern Thailand Shadow Play Contest* (Schattenspiel-Wettbewerbe)

Mai

Rayong: *Rayong Fruits Fair* (Fest der reifen Früchte, Volksfest, 1. und 2. Woche)
Chantaburi: *Chantaburi Fruit Fair* (Volksfest, Mai oder Juni)
Trat: *Rakam Fair* (Fest der Rakam-Früchte, Volksfest, Ende Mai/Anfang. Juni)

Juni

Ban Kram (Rayong): *Sunthorn Phu Day* (kulturelles Fest zu Ehren des Poeten, 26. Juni)
Phattalung: *Manohra Dance Contest* (Wettbewerb der Manohra-Tänzer)
Yala: *Chao Pho Lak Muang* (Stadtfest, letzte Woche)

Juli
Pattaya: *Pattaya Marathon* (Sportveranstaltung, Mitte Juli)

August
Surat Thani: *Rambutan Fair* (Fest der Rambutan-Früchte, Volksfest, Anfang August)

September
Nakhon Si Thammarat: *Prapheni Duan Sip* (Fest des zehnten Monats, religiös)
Songkhla: *Chinese Lunar Festival* (religiöses Fest, Volksfest, nach Vollmond)
Narathiwat: *Kor Lae Boat Races* (Bootsrennen, Volksfest, 3. Wochenende)
Phuket, Trang, Krabi: *Vegetarian Festival* (Vegetarier-Fest, religiöses Fest, nach Neumond Ende September / Anfang Oktober)

Oktober
Surat Thani: *Chak Phra Festival* (religiöse Prozessionen, an Vollmond)
Chonburi: *Chonburi Buffalo Races* (Büffelrennen, Bauernfest, Volksfest)
Phattalung: *Drum Contest* (Trommel-Wettbewerb, zweite Monatshälfte)
Ko Samui: *Samui Festival* (Touristenspektakel)

November
Ayutthaya: *Bang Sai Loy Krathong* (religiöses Freudenfest, 1 Tag nach Vollmond)
Samut Prakan: *Wat Chedi Klang Nam Festival* (religiös, Bootsrennen)
Kanchanaburi: *River Kwai Bridge Week* (Sound & Light Show, letzte Woche)
Nakhon Pathom: *Phra Pathom Chedi Fair* (Tempelfest, Volksfest)

Dezember
Phuket: *Phuket King's Cup Regatta* (Jachtrennen, 1. und 2. Woche)
Ayutthaya: *World Heritage Site Celebrations* (Touristenfest, Mitte Dezember)

Malaysia
Der islamische Kalender
Im Vielvölkerstaat Malaysia benutzt man im Alltagsleben den westlichen Kalender, an dem sich staatliche Feiertage, Geburtstage und offizielle Veranstaltungen orientieren. Hingegen werden muslimische Feste wie z.B. der Ramadan nach dem islamischen Kalender festgelegt. Dieser beginnt mit der Flucht Mohammeds aus Mekka am 16. Juli 622 n.Chr. Da diesem Kalendersystem der Mondzyklus zugrunde liegt, besteht jedes Jahr aus 12 Mond-Monaten mit 29 oder 30 Tagen und ist mit 354–355 Tagen normalerweise 10–11 Tage kürzer als das Sonnenjahr. Ein neues Jahr beginnt mit dem Erscheinen des 13. neuen Mondes.

2003 beginnt der Ramadan, der neunte Fastenmonat, am 27. Oktober und endet mit dem Hari Raya Fest am 24. November. 2004 wird der Ramadan Mitte Oktober beginnen und vier Wochen später mit Hari Raya enden.

Nationale Feiertage
1. Januar – Neujahr
Neumondtag zwischen 21. Januar und 19. Februar – Chinesisches Neujahr
Februar – Hari Raya Haji
März – Ma'al Hijrah (Awal Muharam), islamisches Neujahrsfest
1. Mai – internationaler Tag der Arbeit
Vollmondtag im Mai – Wesak, größter buddhistischer Feiertag
Anfang Juni – Geburtstag des Königs
Ende Mai / Anfang Juni – Mohammeds Geburtstag
31. August – Nationalfeiertag
Ende Oktober / Anfang November – Deepavali, hinduistisches Lichterfest
25. Dezember – Weihnachten
Neumond im Oktober – Beginn des Ramadan
Folgender Neumond – Hari Raya Puasa, das Ende des Ramadan

Einkaufen
Bangkok, Pattaya, Phuket und sind **Shopping-Paradiese**. An Straßenständen, auf Märkten und Nachtmärkten wird alles verkauft, was ein Touristenherz höher schlagen lässt: Textilien, Silberschmuck, vermeintliche und „echte" Antiquitäten, Holzschnitzereien, Lackarbeiten und Keramik, Puppen und Masken, Bilder, Lederarbeiten und – nicht zu vergessen – Kopien von Markenwaren wie

PRAKTISCHE TIPPS

Lacoste-Shirts und Rolex-Uhren. Bei Artikeln, die nur für Touristen hergestellt werden, sollte man sich und dem Verkäufer das Vergnügen des Feilschens gönnen. Als guter Startpreis gilt etwa die Hälfte des zuerst geforderten Preises.

> Wir raten davon ab, Antiquitäten und Produkte aus geschützten Tieren zu kaufen, denn: Kultstätten werden nur geplündert, seltene Tiere nur gejagt und alte Erbstücke nur verkauft, wenn sich dafür Käufer finden.
> Jeder Kauf trägt dazu bei, dass Südostasien schon bald seiner wichtigsten Kultur- und Naturschätze beraubt ist. Zudem ist der Handel mit Antiquitäten in Thailand verboten.
> Der Zoll beschlagnahmt alle Stücke, für die keine Exportgenehmigungen vorliegen oder die unter das Washingtoner Artenschutzabkommen fallen (s. S. 88). Dazu gehören auch Schlangenhäute und alle Produkte aus Krokodilleder.

Vor allem in Bangkok, aber auch in Penang, lassen sich Touristen von Schleppern in Läden zum **Kauf von Edelsteinen** überreden. Das funktioniert häufig so: Seriös aussehende, hilfsbereite Thais sprechen Touristen auf dem Weg zu einer Sehenswürdigkeit an. Nachdem sie erfahren haben, wohin man will, erklären sie, dass der Tempel aus irgendeinem Grund heute ausnahmsweise geschlossen sei und bieten als Alternative eine Tour zu einem Juwelier an, in dem ausgerechnet heute ein besonders günstiges Angebot gemacht wird. Zudem kann man die Steine in Deutschland zum vielfachen Preis verkaufen, manchmal soll sogar der dort studierende Neffe der Abnehmer sein, der sich damit sein Studium finanziert ... Nichts davon stimmt! Am Ende hat man für einen weit überhöhten Preis **minderwertige Edelsteine** gekauft, die in Deutschland kein Juwelier anfasst, und es ist sehr schwierig, das Geld zurückzubekommen, da es sich ja um echte Steine und keine Fälschungen handelt. Unter 🖳 www.geocities.com/thaigemscamgroup/ DE/Intro/Introde.html versucht eine Selbsthilfegruppe, aufzuklären und Opfern zu helfen – bitte vor einem „Kauf" lesen!

Gesprächigen Tuk Tuk- und Taxifahrern, die einen super-günstigen Preis akzeptieren und unterwegs schnell noch an einem interessanten Juwelier-

oder Seidenladen vorbeisehen wollen, sollte man ebenso misstrauen. Sie wollen allerdings häufig nur eine Provision kassieren.

Ein Gang über den **Markt** ist immer empfehlenswert. Hier werden die Waren des täglichen Bedarfs gehandelt, und man erhält einen Überblick über Angebot und Preise. Nebenbei kann man sich mit frischem Obst eindecken oder einen kleinen Snack zu sich nehmen.

Einkaufszentren verkaufen westliche und lokale Waren zu Festpreisen. In diesen klimatisierten Konsumtempeln haben sich preiswerte Essenmärkte mit Coupon-System, Fast Food und andere Restaurants, die von jungem Publikum bevorzugt werden, etabliert.

Prinzipiell werden **europäische Waren** in allen Touristenzentren verkauft. Wer Wegwerfwindeln, einen guten Käse, neue Schuhe oder ein Ersatzteil für den Walkman benötigt, der schaut sich am besten dort um. Selbst englisch- oder gar deutschsprachige Zeitschriften und Bücher gibt es hier.

Löhne und Preise

Der staatlich festgelegte Mindestlohn eines Industriearbeiters betrug 2002 im **Großraum Bangkok** 172 Baht pro Tag, in anderen Landesteilen noch weniger – und das bei einer offiziellen 48–54 Stunden-Woche! Bauarbeiter können über 200 Baht verdienen. Insgesamt sind die Einkommen in der Hauptstadt wesentlich höher als in den Provinzen. Laut der Tageszeitung *Bangkok Post* zahlt man hier im Durchschnitt neunmal so viel Lohn wie im Nordosten, wo viele Bauern gerade einmal 40 Baht am Tag verdienen.

Die Mindestlöhne gelten nur für gewerbliche Arbeitnehmer und werden von der Industrie häufig unterlaufen. Vor allem Frauen und Kinder beschäftigt man gleichermaßen zu Hungerlöhnen. Zum Vergleich: Pro Tag gibt ein Durchschnittstourist fast 4000 Baht aus.

Aufgrund der Rezession werden von vielen Firmen Vergünstigungen, wie der hohe Bonus zum Jahresende, gestrichen. Trotz steigender Konsumgüterpreise sind aus Angst vor Arbeitslosigkeit Forderungen nach Lohnerhöhungen nur selten zu vernehmen. Statt dessen vertraut man aufs Glück, was der Lotteriegesellschaft stattliche Gewinne beschert und den Staatshaushalt erheblich aufbessert.

Das monatliche Pro-Kopf-Durchschnittseinkommen in **Malaysia** beträgt etwa 1000 RM. Wie bei jeder Statistik muss man berücksichtigen, dass Wenige sehr viel und Viele sehr wenig verdienen.

Der Verdienst eines Großteils der weiblichen Arbeitskräfte, Reisbauern, Plantagenarbeiter und Fischer liegt unter dem Existenzminimum, während der Wirtschaftsboom vor allem in den Städten eine wohlhabende Mittelschicht hervorgebracht hat.

Post

Nach unseren Erfahrungen ist die Post zwischen Thailand oder Malaysia und Europa recht zuverlässig.

Für längere Mitteilungen nach Europa sind **Aerogramme** preisgünstiger als Briefe. Urlaubsgrüße auf **Postkarten** erreichen den Empfänger in 5–10 Tagen, wenn sie mit Luftpost verschickt und dem entsprechenden Sticker versehen werden.

Wichtige Post sollte man per **Einschreiben** (*registered mail*) oder mit dem Kurierdienst der Post **EMS** (in Malaysia auch Speedpost) versenden. Auch innerhalb von Thailand oder Malaysia ist ein Brief mit EMS kaum länger als 2–3 Tage unterwegs.

Soll ein Brief nach Europa schnell ankommen, lohnt es sich nicht, ihn **„Express"** zu senden, da er erst im Ankunftsland bevorzugt behandelt wird. Solche Briefe sollten immer in Bangkok oder einer anderen größeren Stadt am Hauptpostamt aufgegeben und per EMS versandt werden.

Von den Postämtern und vielen Hotels aus kann man auch **faxen**, wobei nachts die Leitungen nach Europa am wenigsten belastet sind. Die Postämter haben entsprechende Vordrucke, Preise s.u.

Kurierdienste: Nicht billig, aber schnell und zuverlässig ist der Versand per Kurierdienst. Der private Kurierdienst *DHL* verlangt z.B. für ein bis zu 250 g schweres Päckchen nach Deutschland 1200 Baht bzw. 105 RM. Er lohnt sich also nur bei ebenso wichtigen wie leichtgewichtigen Dingen.

Porto nach Europa

Postkarten (Luftpost)	12 Baht
große Postkarten	15 Baht
Aerogramme	15 Baht
Briefe bis 10 g Luftpost)	24 Baht
EMS bis 250 g (Minimum)	950 Baht
bis 500 g	1050 Baht
bis 1 kg	1250 Baht
Fax (A4-Seite) erste Seite	118 Baht
jede weitere Seite	80 Baht
Int. **Telegramme** pro Wort	10–14 Baht
(mindestens 10 Worte)	

EMS-Gebühren innerhalb von Thailand

bis 20 g	15 Baht
bis 100 g	17 Baht
bis 250 g	20 Baht
bis 500 g	30 Baht

Porto von Malaysia nach Europa

Postkarten – (Luftpost)	50 sen
Aerogramme	50 sen
Briefe (Luftpost) erste 10 g	90 sen
plus jede weiteren 10 g	50 sen

Päckchen, Pakete, Fracht

Thailand ist ein Einkaufsparadies, und so dauert es nicht lange, bis Rucksäcke und Koffer aus allen Nähten platzen und beim Heimflug die Freigepäckgrenze überschritten ist. Kauft man größere Gegenstände ein, übernimmt das Geschäft häufig den Versand nach Europa. Was aber tun mit all den Souvenirs und Kleinigkeiten, die man gern mit nach Hause nehmen möchte, für die im Gepäck aber kein Platz ist? Viele große Postämter, vor allem in Bangkok, bieten einen Packservice an. Entsprechend der zu versendenden Gegenstände erhält man am Schalter für 5–35 Baht einen Karton, den hilfsbereite Postbeamte gegen eine geringe Gebühr alles fachmännisch verpacken. Nur die Zollerklärung (s.u.) muss man selbst ausfüllen. Was Zeit hat, kann auf dem Land-/Seeweg gemächlich nach Hause schippern, wobei die Pakete aus Bangkok am schnellsten ankommen, während sie aus der Provinz häufig 4 Wochen länger unterwegs sind und bis zu 16 Wochen brauchen.

Soll ein Paket möglichst schnell und sicher nach Europa gelangen, lohnt es sich, auf den Kurierdienst EMS der Post zurückzugreifen. Die Paketgebühren nach Österreich und in die Schweiz sind zum Teil etwas niedriger. Wer Pakete wegschickt, sollte die aktuelle offizielle Preisliste checken und darauf achten, dass nicht zu viel Porto abgerechnet wird.

Paketgebühren nach Deutschland in Baht

	Land-/ Seeweg	SAL	Luftpost	EMS
Dauer	8–12 Wo.	3–4 Wo.	1–2 Wo.	3–5 Tg.
1 kg	850	900	1100	1250
2 kg	970	1180	1450	1750
5 kg	1330	2020	2500	3250
10 kg	1930	3420	4250	6250
20 kg	3130	6220	7750	

Bei schwereren Gegenständen benötigt man eine teure **Spedition**, falls sich nicht schon der Händler darum kümmert (in diesem Fall immer auf einer exakten Quittung bestehen). Die Speditionskosten schlüsseln sich nach Seefracht (bis zum jeweiligen Hafen) und Landfracht (Hafen – Heimatort) auf, wobei letzteres ein Vielfaches der Seefracht betragen kann.

Eine übergewichtige Kiste kann auch bei der **Luftfracht** als *unaccompanied baggage* aufgegeben werden. In diesem Fall schickt die Fluggesellschaft, bei der das Ticket gebucht ist, sie mit der nächsten, unausgebuchten Maschine nach. *Pattaya Cargo*, 179/86 Naklua Road, Pattaya, verlangt beispielsweise dafür eine Grundgebühr von 1500 Baht plus 90 Baht pro Kilo. Die Fracht muss mindestens 4 Tage vor dem Abflug aufgegeben werden.

Post empfangen

Falls man keine feste, zuverlässige Adresse hat, kann man die Post **postlagernd** an ein Postamt schicken lassen. Ein Brief müsste folgendermaßen adressiert sein:

Name (hervorgehoben!), Vorname (ohne Herr/Frau/Mr./Mrs.)
General Post Office (G.P.O.)
Poste Restante
Stadt
Thailand bzw. Malaysia

Unter Vorlage des Passes werden an den **Poste-Restante-Schaltern** die Briefe ausgegeben, wofür manchmal eine geringe Gebühr zu zahlen ist. Wichtig ist, dass die Postbeamten auch unter dem Vornamen nachsehen. Das Gleiche gilt für Doppelnamen. Viele Postämter heben Briefe drei Monate auf und schicken sie erst danach an den Absender zurück. Telegramme werden schon nach vier Wochen wieder zurückgesandt. Zudem sind sie in einigen Postämtern an anderen Schaltern abzuholen (Bangkok).

Wer Post erwartet, aber schon weiterreisen will, kann kostenlos einen **Nachsendeantrag** stellen. Das klappt allerdings nur mäßig – die Post bleibt entweder liegen oder reist im Acht-Wochen-Abstand von Stadt zu Stadt hinterher.

Grundsätzlich kann man auch die Post an die jeweilige **Botschaft** schicken lassen, was die Beamten jedoch nicht sonderlich mögen, denn sie sind mit anderer Arbeit gut ausgelastet. Der Brief muss in diesem Fall hinter dem Namen mit dem Zusatz: c/o Embassy of … versehen sein.

Thailand und Malaysia haben fünfstellige **Postleitzahlen**.

Kommunikation

Thailand
Orts- und Ferngespräche

Obwohl das Telefonnetz in Thailand gut ausgebaut ist, kann es manchmal zu Überlastungen kommen. Von öffentlichen Fernsprechern aus kostet ein 3 Minuten-Ortsgespräch 1–5 Baht, von öffentlichen Telefonen in Hotelhallen aus mehr, von privaten Apparaten aus kann unbegrenzt für 3 Baht telefoniert werden. Von roten Telefonen sind nur Ortsgespräche möglich, während von blauen, die 1 und 5 Baht-Münzen akzeptieren, auch nationale Gespräche geführt werden können. Zudem können von grünen Kartentelefonzellen Inlandsgespräche und von gelben Auslandsgespräche geführt werden. Vor allem die grünen Telefonzellen sind häufig kaputt, so dass man sich vor dem Kauf einer **Telefonkarte** vergewissern sollte, ob sie auch einsetzbar ist. Einige Leser haben mit den Karten schlechte Erfahrungen gemacht.

Ferngespräche kosten je nach Entfernung 5–20 Baht pro Minute. Bei Münztelefonen muss, wenn sich der Teilnehmer meldet, ein Knopf gedrückt werden, um das Gespräch freizuschalten.

Internationale Gespräche

Man kann von Fernsprechämtern *(Telecommunication Centers)*, mit internationalen Telefonkarten oder mit der Thaicard internationale Ferngespräche führen. Zudem bieten private *oversea telephones* und Hotels ihre Dienste an. Am billigsten sind Gespräche übers Internet, wenn es auf die Qualität nicht ankommt.

Bei den Fernsprechämtern, den Telefonkarten und der Thaicard wird im **internationalen Selbstwähldienst** im Block zu 6 Sekunden abgerechnet, bei Telefonkarten in Blocks zu 25 Baht. In die meisten europäischen Länder kosten 6 Sekunden 4,5 Baht. Auf diesen Preis gewähren die Fernsprechämter nachts einen Abschlag: so kosten 6 Sekunden von 21–24 Uhr und 5–7 Uhr nur 80% (3,6 Baht) sowie von 0–5 Uhr 70% (3,2 Baht).

Die PhoneNet Card (nur in Bangkok) und die **Thaicard** für 300, 500 oder 1000 Baht ist an Postämtern und einigen Kiosken erhältlich. Sie ist ein Jahr gültig und kann auch für Gespräche aus dem Ausland nach Thailand verwendet werden. Auf der Rückseite der Karte findet sich eine genaue Gebrauchsanweisung. Nach dem Wählen einer Zugangsnummer wird die Geheimnummer eingegeben, die auf der Karte nach dem Abrubbeln einer aufgeprägten Schicht sichtbar wird, und dann die Telefonnummer. Die Kommunikationssprache ist Thai oder Englisch.

Bei privaten Telefonanschlüssen berechnet die thailändische *Telecom* bereits nach dem zweiten Rufzeichen eine Einheit, selbst wenn nicht abgehoben wird. Es ist also keine Schikane von Gästehausbesitzern, wenn sie für nicht zustande gekommene Gespräche eine Gebühr verlangen.

Eine Seite nach Mitteleuropa zu faxen, kostet bei der *Telecom* etwa 118 Baht, bei privaten Anbietern auch das Doppelte.

Wer unbedingt mit einer bestimmten Person sprechen will, kann beim Fernsprechamt ein **person to person-Gespräch** führen, was für 3 Minuten 216 Baht kostet. Für ein *Collect call* (**R-Gespräch** = der Gesprächspartner bezahlt) nach Deutschland wählt man ✆ 001-999-49-1000 und

erreicht eine Telefonvermittlung in Frankfurt, die das Gespräch weitervermittelt. Für diesen Service kassiert die Deutsche Telekom eine heftige Zusatzgebühr. In vielen Unterkünften ist dieser *Home Direct Service* nicht zugelassen, da er das Telefon blockiert, ohne den Besitzern etwas einzubringen.

Die privaten **oversea telephones** in vielen Touristenorten haben völlig unterschiedliche Preise. Einige verlangen zusätzlich eine nicht unerhebliche *service charge* (Preise vorher schriftlich geben lassen). Andere nutzen das Internet (ab 15 Baht, manchmal schlechte Verbindungen) oder preiswerte Anbieter. Ab und an wird falsch abgerechnet oder auf die nächste volle Minute aufgerundet.

Wer von seinem **Hotelzimmer** aus telefonieren möchte, muss diesen Luxus teuer bezahlen, denn die Hotels berechnen pro Minute 100 Baht und mehr, wobei sie häufig eine Mindestgesprächsdauer zugrunde legen, die auch dann bezahlt werden muss, wenn kürzer telefoniert wird.

Mobiltelefone

In Thailand und Malaysia kann man mit dem eigenen Handy telefonieren. *D1*, *D2*, *E-Plus* und O_2 kooperieren mit zahlreichen Netzwerkbetreibern in der ganzen Welt. Wer sein Mobiltelefon mitnehmen möchte, sollte sich vor der Reise bei seiner Telefongesellschaft erkundigen, ob der Handy-Vertrag das so genannte „International Roaming" einschließt und über welches Netz das Mobiltelefon vor Ort betrieben werden kann. Für Handys mit Prepaid-Karten gelten Sonderregelungen.

Beim „**Roaming**" bucht sich das Handy automatisch ins Netz des ausländischen Mobilfunk-Anbieters ein, mit dem die heimische Handy-Gesellschaft zusammenarbeitet (der Name erscheint auf dem Display). Man ist dann im Ausland unter seiner regulären Handy-Nummer erreichbar. Geht ein Anruf ein, wird er von der Handy-Gesellschaft zu Hause in eben dieses Netz weitergeleitet. Doch die Erreichbarkeit hat ihren **Preis**: Bei eingehenden Anrufen aus Europa zahlt der Anrufer in der Regel nur den heimischen Tarif, während die Kosten, die für die Vermittlung ins fremde Netzes anfallen, zu Lasten der eigenen Rechnung gehen. Wer sein **Handy** in Thailand nutzt, zahlt je nach Gesellschaft für jedes Gespräch nach und aus Deutschland um 2,50 € für die erste Min., für die weiteren unter 2 €. SMS sind wesentlich günstiger. Wer viel telefonieren will, kauft sich eine geeignete Chip-Card von DTAC in einem der vielen Telefon-Shops.

Durch die interessanten Tarife der konkurrierenden Telefongesellschaften in Deutschland kann es für Anrufe in die Heimat unter Umständen am preiswertesten sein, sich zurückrufen zu lassen. Da die Tarife ständig wechseln, informiert man sich am besten vor der Abreise über den derzeit günstigsten Anbieter, z.B. über 🖳 www.teltarif.de.

Bei Gesprächen innerhalb des fremden Netzes werden in der Regel die landesüblichen Tarife berechnet. Infos zu Tarifen, Prepaid-Handys und Netzwerk-Kooperationen unter

D1, ✆ 2202 (Handy) oder 01803-302202,
🖳 www.t-d1.de
D2, ✆ 1212 (Handy) oder 0800-1721212,
🖳 www.d2privat.de
E-Plus, ✆ 1111 (Handy) oder 01803-177177,
🖳 www.eplus-online.de
O2, 🖳 www.o2online.de

Wer mit seinem Handy im Ausland telefonieren möchte, muss sich auch darüber informieren, ob das Handy in den richtigen Frequenzbereichen (GSM 900, GSM 1800 oder GSM 1900) funkt. Das ist je nach Handy und Land verschieden.

Und noch ein Tipp: In manchen Ländern stehen mehrere Roaming-Netze zur Auswahl, doch nicht immer bucht sich das Handy in das günstigste Netz ein. In diesem Fall sollte man sich über die Tarife der Anbieter informieren und notfalls manuell unter dem Menüpunkt „Netze" oder „Netzwahl" ins preiswertere Netz wechseln.

Alle Telefonnummern in Thailand wurden auf 9 Stellen umgestellt. Nun muss die Vorwahl **immer** mitgewählt werden, also auch bei Ortsgesprächen.

Vorwahlen in Thailand (immer mitwählen)

Ayutthaya	035
Bangkok	02
Chantaburi	039
Chumphon	077
Hat Yai	074
Hua Hin	032
Kanchanaburi	034

Krabi	075
Phang Nga	076
Phetchaburi	032
Phuket	076
Ranong	077
Ratchaburi	032
Rayong	038
Songkhla	074
Surat Thani	077
Trang	075

Internationale Vorwahl nach:

Deutschland	00149
Indonesien	00162
Malaysia	09
Niederlande	00131
Österreich	00143
Schweiz	00141

Von D, A und CH ist die Vorwahl nach Thailand 0066 + Ortsvorwahl ohne 0, z.B. Bangkok: 0066-2.

Wichtige Telefonnummern in Thailand

Vor allem in Bangkok gültig:

Notruf (Polizei)	191
Notruf (Feuerwehr)	199
Tourist Service Line	1155
Touristenpolizei (landeseinheitlich)	1699
Vermittelte Ferngespräche innerhalb Thailands	101
Vermittelte Ferngespräche (Ausland)	100
Informationen national	183
Informationen international	100
Internationaler Selbstwähldienst	001
Zeitansage	181

Internet

Da in Thailand lokale Telefongespräche (noch!) keinem Zeittakt unterliegen, hat sich die Nutzung von E-Mail und Internet rasant entwickelt. Superschnelle Verbindungen ermöglichen Studenten, Forschern und Geschäftsleuten, bisher nur schwer zugängliche Informationen aus der ganzen Welt in Sekundenschnelle abzufragen. Mit einer gewissen Euphorie blicken modern denkende Thais der Globalisierung und ihren wirtschaftlichen Chancen entgegen. In den nächsten Jahren wird fast jedes Touristenhotel eine Homepage einrichten, die meist über eine gute Suchmaschine gefunden werden kann.

Internet-Cafés und Gästehäuser, in denen auch Traveller E-Mail abfragen und versenden können, gibt es bereits in allen Städten und Touristenzentren. Vielerorts stehen für Laptops geeignete Anschlüsse zur Verfügung. Preise in Orten und auf Inseln, die ans Festnetz angeschlossen sind, betragen meist 1 bis 2 Baht pro Minute, aber auch weniger. Selbst auf abgelegenen Inseln ist es teilweise möglich, E-Mails per Satellitentelefon zu checken, was jedoch seinen Preis hat. Loxinfo, CS-Internet u.a. verkaufen Karten mit PIN-Code für einige 100 Baht, mit denen man mehrere Stunden im Internet surfen kann, selbst mit Handy und Notebook. Der Zugangscode 1222 gilt landesweit.

Wer bis jetzt noch keine eigene **E-Mail-Adresse** hat, kann sich eine bei ⊟ www.gmx.de, ⊟ web.de, ⊟ www.rocketmail.com, ⊟ www.yahoo.com oder ⊟ www.juno.com vor der Abreise zulegen. Das sollte jedoch rechtzeitig vor der Reise geschehen, da man sein Account bei einigen Anbietern mit einem Code aktivieren muss, der erst ein bis zwei Wochen nach der Anmeldung versandt wird.

Auf der Webseite ⊟ www.kropla.com findet man nützliche Infos über den Zugang ins Internet mit einem Laptop, eine weltumfassende Auflistung der Landesvorwahlen sowie Angaben über elektrische Systeme in verschiedenen Ländern.

Malaysia

Von **öffentlichen Fernsprechern** kann man in Malaysia für 10 sen lokale Telefonate führen. Überregionale Gespräche sind zwischen 19 und 7 Uhr um die Hälfte billiger. Normaltarif: Für 10 sen kann man bis 50 km – 1 Min., bis 150 km – 20 Sek., bis 550 km 7 1/2 Sek. und darüber 4 Sek. telefonieren. Von Kartentelefonen sind internationale Gespräche mit der üblichen internationalen Vorwahl (Deutschland 0049) möglich. Ein Gespräch nach Deutschland und in die Schweiz kostet von 12–24 Uhr 6 RM pro Minute, von Mitternacht bis 12 Uhr 4 RM. Der gleiche verbilligte Tarif gilt von Sa 18 Uhr bis Montag 6 Uhr. Gespräche nach Österreich sind generell um 10% billiger.

In Malaysia konkurrieren mehrere Telefongesellschaften miteinander. Obwohl ihre Tarife identisch sind, werden Telefonkarten nur von der entsprechenden Gesellschaft akzeptiert. Am weitesten verbreitet sind die blauen Telefone der Telekom, die mit der Phonecard, auch *kadfon* genannt betrieben werden, während die gelben und orangenen Telefone von Uniphone eine *uniphonekad* benötigen. Telefonkarten im Wert von 2–50 RM sind am Zeitungskiosk, in kleinen Geschäften, bei einigen Money Changern sowie bei der Post erhältlich. Mit der *TimeKontact Calling Card*, ⊟ www.time.com.my, für 38 RM, die nach dem ersten Gebrauch 6 Monate gültig ist, können auch Auslandsgespräche geführt werden. Vor dem Gespräch ist eine Zugangsnummer zu wählen und ein Karten- sowie PIN-Code einzugeben. Inzwischen gibt es auch zahlreiche Kartentelefone, die Kreditkarten annehmen, dafür jedoch erhöhte Gebühren berechnen.

Vorwahl einiger Städte

Alor Setar, Kangar	04
Kota Bharu	09
Kuala Lumpur	03
Langkawi, Penang	04
Singapore	02

Wichtige Telefonnummern in Malaysia

Polizei	999
Notruf (Feuerwehr, Krankenwagen)	994
Vermittlung international	108
Auskunft, national	103
Auskunft, international	102

Zeitverschiebung Die Zeitverschiebung zur Mitteleuropäischen Zeit (MEZ) beträgt in Thailand 6 Std., zur Sommerzeit 5 Std., zu Malaysia eine Std. mehr.

MEZ	Sommerzeit	Thailand	Malaysia
17	18	23	24 Uhr
20	21	02	03 Uhr
23	24	05	06 Uhr
02	03	08	09 Uhr
05	06	11	12 Uhr
08	09	14	15 Uhr
11	12	17	18 Uhr
14	15	20	21 Uhr

Medizinische Versorgung

Das Gesundheitswesen in **Thailand** ist gut entwickelt. Generell findet man in den Provinzhauptstädten Krankenhäuser, in vielen kleineren Orten und Dörfern Erste-Hilfe-Stationen oder Gesundheitszentren, an denen natürlich nicht in drei 8-Stunden-Schichten gearbeitet wird. Meist sind in Gesundheitszentren auch keine ausgebildeten Ärzte tätig. Selbst in Provinzstädten sind die Krankenhäuser sauber, gut ausgestattet und die Mitarbeiter hilfsbereit.

Liegen schwierige Probleme vor oder steht eine Operation an, ist es besser, nach Bangkok zu fahren. Hier gibt es gut eingerichtete **Krankenhäuser** und Englisch oder Deutsch sprechende, privat praktizierende Ärzte. Empfehlenswert sind die privaten Krankenhäuser, in denen der Patient die recht niedrigen Kosten selbst tragen muss.

Die Krankenbehandlung an staatlichen Krankenhäusern ist, bis auf eine geringe Aufnahmegebühr, frei. Die Medikamente müssen selbst bezahlt werden. In Touristenzentren sind viele private *clinics* mehr am Geld als an der Gesundheit interessiert. Es empfiehlt sich, bei ernsten Krankheiten ortsansässige Ausländer oder die Botschaft zu Rate zu ziehen.

In Thailand haben deutsche und schweizer **Zahntechniker** Labors nach europäischem Qualitätsstandard aufgemacht. German-Dental, 162/197 Moo 10, Thapaya Rd., Pattaya, ✆ 00-66-38-251289, ✆ 00-66-38-251232, genießt z.B. einen guten Ruf und ist sehr preiswert. Kostenvoranschläge und Termine können per Fax erfragt werden.

Adressen der Krankenhäuser stehen bei den jeweiligen Orten. (Weitere Informationen zum Thema Gesundheit s.S. 21ff.)

In **Malaysia** ist die Qualifikation der Ärzte und die Ausstattung der **Krankenhäuser** gut und entspricht europäischem Standard. Bei schwerwiegenden Krankheiten sollte man allerdings ein privates Großstadtkrankenhaus aufsuchen. Touristen müssen in Malaysia für ärztliche Behandlungen in die Tasche greifen. Die Atmosphäre in den preisgünstigen staatlichen Krankenhäusern ist nicht immer angenehm. Privat praktizierende Ärzte sind keinesfalls besser qualifiziert als ihre Kollegen im Krankenhaus, gewährleisten jedoch eine schnellere und angenehmere Behandlung. Eine normale Konsulta-

tion kostet 40–60 RM einschließlich der Medikamente. In den großen Städten gibt es auch einen Notdienst, der nachts und am Wochenende geöffnet hat.

In vielen Städten gibt es auch **chinesische Ärzte** und Ärztinnen, die traditionelle chinesische Heilmethoden praktizieren. Nur wenige von ihnen sprechen Englisch, deshalb sollte man jemanden mitnehmen, der übersetzen kann.

Kriminalität

Thailand und Malaysia können insgesamt als sichere Länder angesehen werden. Es wurden nur sehr wenige Überfälle auf Touristen bekannt, diese Fälle behandelte die Presse dann immer sehr ausführlich.

Tricks und Betrügereien

Nur noch ganz selten passiert es, dass Touristen im Zug oder Bus durch freundlich angebotene **Kekse** eingeschläfert und ausgeraubt werden.

Häufiger hört man über Betrügereien mit Kreditkarten, die während Ausflügen in Gästehäusern zurückgelassen werden. Auch ist Thailand dafür bekannt, dass in Restaurants und Geschäften zusätzliche **Belege für Kreditkarten** erstellt werden (s.S. 32).

Besonders oft werden in Bangkok (vor allem in der Nähe des Königspalastes) Touristen mit angeblich einmalig günstigen Angeboten von **Edelsteinen** zum „Geschäft ihres Lebens" verführt, was nach wie vor, trotz überall publizierter Warnungen, funktioniert (s.S. 174). Seltsamerweise werden 80–90% aller Fälle von Deutschen angezeigt!

Auch mit folgender Methode zocken **Trickbetrüger** erfolgreich ab: Ein freundlicher, junger Mann spricht Touristen auf der Straße an, erkundigt sich nach deren Herkunft und vermeldet erfreut, dass seine Schwester (...) in Deutschland lebt. Bei einem Drink in einem Café kommt man sich näher, wobei der junge Mann geschickt die finanziellen Verhältnisse des Touristen auskundschaftet und ihn zu einem Spielchen überredet, das der Fremde zunächst natürlich gewinnt. Anschließend wird in einem Privathaus mit höheren Einsätzen **Black Jack** gespielt, und plötzlich ist es aus mit der

Glückssträhne, und es besteht keine Möglichkeit, auszusteigen. Selbst Ausländer versuchen mit Betrügereien andere Touristen abzuzocken.

Einbruch und Diebstahl

Vor allem in Schlafsälen und billigen Gästehäusern kommt es hin und wieder zu Diebstählen, zumeist durch Mitreisende. Manchmal wird das Gepäck auch von unehrlichen Mitarbeitern durchwühlt oder Geld aus dem Safe gestohlen.

Außerhalb der Hotels besteht eine gewisse Gefahr in überfüllten Bussen sowie auf Schiffen, die regelmäßig von Touristen genutzt werden, an Stränden und in den Traveller-Zentren. Auch aus Ablagekörben von Mofas wurde während der Fahrt von überholenden Mofafahrrern das Handgepäck mit allen Wertsachen entwendet.

Gepäck sollte immer beaufsichtigt werden, was in der Praxis für allein Reisende schlichtweg unmöglich ist. Die **Gepäckaufbewahrung** an Bahnhöfen ist eine sichere und billige Möglichkeit. Auch das Reisebüro, bei dem man sein Ticket kauft, verwahrt das Gepäck bis zur Abfahrt. Ein leichtes Fahrradschloss reduziert das Risiko gegen Null.

Gegenüber Reisebekanntschaften ist eine natürliche Skepsis angebracht, besonders im Fall der „I want to practise my English"-Freunde. Manche nette Typen sind plötzlich samt der „gut" bewachten Sachen verschwunden.

Wertsachen gehören auf Reisen ausschließlich ins Handgepäck. Rucksäcke und Reisetaschen sollten mit kleinen Vorhängeschlössern verschlossen sein. Nette Nachbarn im Bus oder Zug verringern das Diebstahl-Risiko.

Nach der Ankunft im Hotel können Wertgegenstände im **Hotelsafe** verschlossen oder gegen Quittung deponiert werden (Schecks einzeln mit Nummern auflisten und quittieren lassen und niemals Kreditkarten abgeben!). Bei der Rücknahme sollten alle Reiseschecks einzeln gezählt und kontrolliert werden.

Manchmal sind Türschlösser oder vorhandene Vorhängeschlösser schon mit den einfachsten Werkzeugen oder Zweitschlüsseln zu öffnen. Dann ist ein eigenes, starkes **Vorhängeschloss** als zusätzliche Sicherung von Nutzen. In Schlafsälen sollte der Rucksack mit einem leichten Fahrradschloss gesichert werden, sofern keine abschließbaren Schränke vorhanden sind.

Nächtliche, einsame Spaziergänge mit einer sichtbar umgehängten, teuren **Kamera** sind nirgends zu empfehlen. Sie gehört zumindest in eine Plastiktüte. Sicherer ist es zu zweit oder in kleinen Gruppen. Auch der Einfluss von Drogen (dazu gehört auch Alkohol!) bedeutet ein erhöhtes Risiko.

Es ist nicht ratsam, wertvollen **Schmuck** zu tragen oder mit großen Geldbeträgen zu prahlen. Schon US$500 sind für viele Menschen, denen man in Thailand begegnet, mehr als ein Jahreseinkommen.

In Handtaschen oder Portemonnaies gehört nur Kleingeld. Scheine sind besser in innen eingenähten, tiefen, vorderen Hosentaschen oder in doppelt gesicherten Brusttaschen aufgehoben. Besonders gefährdet sind dicke Bauch- oder Nierentaschen.

Die Schecks wurden gestohlen: Die Abrechnung über die Reiseschecks und die Schecks selbst sollten ohnehin stets getrennt aufbewahrt werden. Nur wer die Abrechnung bei Verlust oder Diebstahl vorzeigen kann, bekommt die Schecks ersetzt.

Außerdem hilft eine Aufstellung aller bisher bereits eingelösten Schecks, denn diese werden natürlich nicht ersetzt. Soforthilfe gibt es bei AMEXCO (American Express, s.S. 33 und 178) – Leser hatten wiederholt Schwierigkeiten, gestohlene American-Express-Reiseschecks in Thailand ersetzt zu bekommen, da in manchen Orten zu viele Schecks auf dem Schwarzmarkt verkauft werden. Reiseschecks von Thomas Cook werden in ihrer Vertretung in Bangkok ersetzt, s.S. 178 .

Der Pass ist weg: Von allen wichtigen Papieren sollten schon vor der Reise Fotokopien gemacht werden oder die wichtigsten Seiten eingescannt und an die eigene E-Mail-Adresse geschickt werden, nach der Einreise auch von der Passseite mit dem Einreisestempel.

Den Reisepass muss man nicht überallhin mitnehmen, so genügt bei Treks oder nassen Bootsfahrten durchaus eine gute Fotokopie. Zudem kann man den Personalausweis mitnehmen und ihn an einer anderen Stelle aufbewahren. Es ist damit viel leichter, im Notfall in der Botschaft die Identität zu belegen (Adressen s.S. 14). In jedem Fall kostet der Verlust dieser Papiere viel Zeit und Rennerei (Polizei (Verlustmeldung) – Botschaft (2 Passbilder + Identitätsnachweis) – Immigration). Da man Reiseschecks nur mit Pass einlösen kann, ist es ratsam, immer etwas Bargeld dabeizuhaben.

Wenn etwas passiert ist, muss auf jeden Fall die Polizei verständigt werden. Eine Reisegepäckversicherung zahlt nur, wenn ein Polizeiprotokoll vorliegt. In allen Touristenzentren gibt es eine Englisch sprechende Touristenpolizei, meist in der Nähe der *Tourist Information*, die im Notfall hilft.

Die landeseinheitliche Nummer der Touristenpolizei in Thailand lautet 1699.

Drogen

Unter Abhängigen von harten Drogen herrscht in aller Welt eine hohe Beschaffungskriminalität, und Drogen sind in vielen Regionen Thailands ohne größere Probleme zu beschaffen, sie werden Touristen manchmal von Händlern geradezu aufgedrängt. Zudem ist die Polizei darauf aus, Erfolge in der Drogenszene nachzuweisen. Dabei werden nicht selten Taxifahrer angeheuert, um ahnungslosen Touristen Drogen anzubieten. Bei der Übergabe schnappt die Falle zu.

Die ausgelassene Urlaubsstimmung bewirkt vielfach ein geradezu naives Verhältnis zu Drogen, was nicht selten im bösen Erwachen in Polizeihaft endet. Nach Full Moon Partys auf Ko Pha Ngan war schon manch einer gezwungen, durch finanzielle Zuwendungen für die Erstellung des Polizeiberichts und eine hohe Kaution seine Freilassung aus einem der nicht gerade gastlichen thailändischen Gefängnisse zu erwirken. Dann will auch noch der Rechtsanwalt bezahlt werden, und so sind im günstigen Fall einige Tausend Euro fällig, bevor man vom *Immigration Detention Center* in Bangkok abgeschoben wird. Weniger Zahlungskräftige dürfen ihre Strafe absitzen.

Reisende nach Malaysia werden ab und zu gefragt, ob sie ein Geschenk für einen Verwandten oder Freund, der dort lebt, mitnehmen können. Wenn sich an der Grenze herausstellt, dass in dem „Geschenk" Drogen versteckt sind, hat der Kurier wider Willen große Probleme, der Anklage zu entgehen, und auf Drogenbesitz steht in Malaysia die Todesstrafe!

Thailand – Malaysia besser verstehen

Natürlich kann man sich während einer Reise durch den Süden Thailands oder den Norden Malaysias damit begnügen, am Strand zu liegen, Landschaften und Bauwerke zu bestaunen, und die Menschen, die hier leben, nur am Rande als Kellner, Dienstmädchen, Schalterbeamte oder Hotelpersonal wahrzunehmen. Wer immer noch glaubt, dies sei nur das typische Verhalten des Pauschaltouristen, der irrt. Gerade die Traveller-Szene neigt dazu, sich in abgeschlossenen Refugien aufzuhalten, in denen die Annehmlichkeiten Asiens und die gewohnten Zutaten westlicher Kultur zu künstlichen Urlaubs-Welten zusammengeschmolzen sind. Sie ähneln sich alle, diese Szenarien, ob sie nun auf Ko Pha Ngan, in Krabi oder Batu Ferringhi liegen. Und die Massen strömen von einem dieser Punkte zum nächsten auf mehr oder weniger ausgetretenen Pfaden, ohne einen Blick nach rechts oder links zu werfen.

Wer sich lange und häufig an solchen Orten aufgehalten hat, fragt sich vielleicht eines schönen Morgens, ob der Banana Pancake hier wirklich besser schmeckt als 1000 Kilometer weiter westlich, ob das Meer hier wirklich blauer und die Hütten billiger sind – und das könnte der Beginn einer unvergesslichen Asienreise werden.

Nein, nichts gegen den legitimen Wunsch, endlich mal unter Palmen in der Sonne zu liegen und das Leben zu genießen. Aber die bleibenden Eindrücke, die unser Leben bereichert und unseren Horizont erweitert haben, sind in der Rückschau oft ganz andere gewesen. Das Erlebnis der Natur, die Erfahrung extremer Lebensumstände, die Konfrontation mit fremder Sprache und unbekannten Religionen spielen darin häufig eine wichtige Rolle. Meistens aber sind es Begegnungen, Situationen mit anderen Menschen, mit neuen, ungewohnten, unbekannten, vielleicht auch extremen Verhaltensweisen, an die wir uns am besten erinnern und von denen wir am liebsten erzählen.

Beobachten und zuhören, weniger Ratschläge erteilen, andere Spielregeln akzeptieren, sichere Wertvorstellungen in Frage stellen, sich Zeit nehmen und neue Eindrücke verarbeiten – all das kann eine Reise zu einem besonderen Erlebnis machen. Und obendrein macht es Spaß! Der Reiz am

Reisen liegt doch gerade darin, dass anderswo alles ganz anders ist als bei uns. Und wenn dieses Andere nicht so ist, wie wir es erwartet oder erwünscht haben, sondern eben „anders" – welch eine wunderbare Chance für unseren auf bekannte Daten und alte Gewohnheiten fixierten Denkapparat!

Ein paar allgemeine Hintergrundinformationen

Der **Familienverband** bietet jedem Sicherheit und Geborgenheit und ist die Grundlage der Gesellschaft. Die jüngeren Mitglieder werden angehalten, die ältere Generation zu verehren und zu unterstützen. Wer gegen ihre traditionellen Regeln verstößt, schließt sich aus der Gemeinschaft aus und verliert damit jede soziale Absicherung. Der Bau von Bewässerungssystemen, Straßen und Tempeln ist, wie die Wahrnehmung anderer übergeordneter Interessen, Aufgabe der ganzen Dorfgemeinschaft.

Das zumeist auch räumlich enge Familienzusammenleben lässt – völlig im Gegensatz zur westlichen Gesellschaft – keinen Platz für **individuelle Bedürfnisse**, Absonderung und Ruhe.

Körperkontakt ist normal und selbstverständlich, und selbst fremden Besuchern gegenüber scheut man davor nicht zurück. Es ist ein Zeichen enger Freundschaft, wenn Männer oder Frauen Hand in Hand durch die Straßen bummeln. **Körperkontakte zwischen Männern und Frauen** allerdings sind für die Öffentlichkeit tabu. Strenge Verhaltensmuster regeln das Verhältnis der Geschlechter untereinander und es gilt als äußerst unschicklich, Gefühle zwischen Mann und Frau in der Öffentlichkeit zu zeigen.

Kinder werden einerseits besonders liebevoll umsorgt, andererseits zu Pflicht und Gehorsam den Eltern gegenüber angehalten. Sie sind bei unzureichender Renten- und Krankenversorgung die einzige Absicherung und Stütze im Alter. Ebenso wie die Eltern genießen auch Lehrer, religiöse und politische Oberhäupter, oft auch Vorgesetzte in Betrieben, unumstößliche Autorität. Kinder aus ärmlichen und zumeist kinderreichen Familien sind oft schon in jungen Jahren gezwungen, die Schule zu verlassen und für ihre Familie zu sorgen. Gerade auch wegen dieser billigen Arbeitskräfte sind Waren und Dienstleistungen in Thailand und in den Ländern der Dritten Welt so preisgünstig sind.

Wo viele Menschen auf engem Raum aufeinander angewiesen sind, ist das Streben nach **Harmonie** eine mehr oder weniger zentrale Grundlage des Gesellschaftssystems. Konflikte werden, so weit es geht, vermieden. Wer Auseinandersetzungen in der Öffentlichkeit austrägt, gilt als rüde und verliert Gesicht. Das gilt auch für Touristen, die allzu leicht ihren Ärger zeigen oder ihre Gastgeber kritisieren. Direkte Ablehnung zu vermeiden ist eine Höflichkeitsgeste, die Europäer oft falsch deuten.

Wer Thai um etwas bittet, wird zum Beispiel selten eine Absage bekommen, selbst wenn es nicht möglich ist, der Bitte zu entsprechen. Statt „nein" sagt man aus **Höflichkeit** lieber „vielleicht" und zeigt durch zögerndes Verhalten seine Ablehnung. Auch die Frage nach dem Weg wird eher falsch als gar nicht beantwortet, was zu einer Odyssee oder völliger Ratlosigkeit führen kann. Ein Lächeln hilft, manche problematische oder unsichere Situation zu überstehen, ebenso wie die häufig verwandte Formel *mai pen rai* – was so viel heißt wie „das macht nichts!".

Ein anderes Phänomen, das Reisenden vor allem in ländlichen Regionen deutlich wird, ist, dass die Menschen mit einem völlig anderen **Zeitbegriff** arbeiten. Planung und Vorausdenken sind nicht so wichtig, wie in der Gegenwart zu leben. Es spielt keine Rolle, ob ein Bus in fünf Minuten oder später abfährt. Geduld ist eine der wichtigsten Tugenden. Was sich hier und jetzt abspielt, ist von größerer Bedeutung – selbst wenn es nur das Warten am Busbahnhof ist – als ein imaginäres Ziel in der Zukunft. Die Zukunft ist genauso wenig real wie die Vergangenheit, also schenkt man beiden wenig Aufmerksamkeit.

Um so unverständlicher erscheint es uns lärmgeplagten Europäern, dass für den Thai auch noch so großer **Lärm** nicht als unangenehm empfunden wird. Schon um 5 Uhr morgens dröhnen die Dorflautsprecher und senden bis 7 Uhr Nachrichten und Musik. Bei Festen und Feierlichkeiten wird das gesamte Dorf bis tief in die Nacht beschallt, ohne dass sich ein Thai darüber beschwert. Im Gegenteil: Ruhe und Dunkelheit gelten als unheimlich und werden vermieden. Viele Fischer glauben, dass die laut knatternden Motoren der Longtailboote die bösen Geister des Meeres vertreiben, je lauter sie wirkungsvoller.

Gäste in einem fremden Land

Schon seit Jahrhunderten sind Weiße in Thailand und Malaysia bekannt. In der Königsstadt Ayutthaya lebten Europäer, Chinesen und Japaner im 17. und 18. Jahrhundert in eigenen Stadtvierteln. Europäische Missionare, Händler, Politiker und Ingenieure dienten den Königen Thailands als Berater und Geschäftspartner. Die Könige Rama IV. und V. waren westlichen Einflüssen gegenüber aufgeschlossen. Da Thailand niemals unter Kolonialherrschaft geriet, lernten die Thai Europäer nur als Gäste in ihrem Land kennen. Es ist daher nicht erstaunlich, dass auch Touristen weitgehend als **Gäste** des Landes betrachtet werden.

Vor allem außerhalb der Touristenzentren tritt man ihnen offen und mit besonderer Höflichkeit entgegen, wenn sie sich sichtlich bemühen, ihre Verhaltensweise den lokalen Sitten anzupassen. Wer den Menschen gegenüber überheblich und intolerant auftritt, wird jedoch nicht selten auf Ablehnung stoßen.

Die **Religion** spielt im täglichen Leben der Menschen eine bedeutende Rolle – so der Buddhismus bei den Thais und Chinesen und der Islam bei den Malaien im Süden von Thailand und in Malaysia. Daneben sind bei den Bergstämmen Naturreligionen weit verbreitet, und selbst bei den Anhängern der „Hochreligionen" ist der Glaube an Geister, Hexen und Magie immer noch lebendig. Näheres s. S. 99.

In den **Städten** haben sich die Traditionen vermischt und sind von westlichen Einflüssen überlagert worden, während sie auf dem Lande noch weitgehend ihre Eigenheiten bewahren konnten. In den Großstädten prallen die Kontraste zwischen westlicher und östlicher Kultur, aber auch zwischen Armut und Reichtum aufeinander. Leicht lässt man sich von den modernen Fassaden der Einkaufsstraßen täuschen, hinter denen sich eine andere Realität verbirgt.

Wie verhält sich ein Gast, der beispielsweise in eine Familie eingeladen wird? Wie wir im umgekehrten Fall, erwarten die Menschen von ihren Gästen, dass sie sich den einheimischen **Sitten** entsprechend verhalten. Natürlich kann ein Tourist nicht alle sozialen Verhaltensweisen und religiösen Sitten der Einheimischen praktizieren, und das wird auch nicht erwartet. Aber schon das Bemühen und das Interesse, das traditionelle Leben der Menschen zu verstehen, wird freundlich aufgenommen und honoriert.

Eine Hilfestellung zum richtigen Verhalten kann der Band *Land und Leute, Thailand,* von Polyglott sein.

Sitten und Gebräuche in Thailand

Der Kopf gilt als heilig und sollte nie, auch nicht in europäisch-freundschaftlicher Geste, berührt werden. Der Fuß ist der unedelste Körperteil und darf deshalb nie einem anderen Menschen oder gar einer Buddhastatue entgegengestreckt werden, was bei der asiatischen Sitzweise manchem Europäer Schwierigkeiten bereitet.

Die linke Hand gilt als unrein; deshalb benutzt man die rechte Hand, um zu essen, etwas zu geben oder in Empfang zu nehmen. Große Achtung und so manches strahlende Lächeln erwirbt sich ein Ausländer, der beim Geben oder Überreichen die typische „Gebe-Geste" der Thai anwendet: Während die rechte Hand den Gegenstand übergibt, berührt die linke Hand leicht den rechten Unterarm, um anzudeuten, dass man mit ganzem Herzen gibt.

Thais **begrüßen** sich normalerweise nicht per Handschlag, sondern mit einer Geste, bei der die (eigenen) Handinnenflächen gegeneinander gelegt werden: dem *wai.* Doch ist ein *wai* nicht nur eine Begrüßung, sondern auch ein Zeichen des Respekts, das zuerst dem höher gestellten Menschen dargeboten wird, der es zurückgibt. Ausländer können sich durchaus mit einem Kopfnicken aus der Affaire ziehen oder zumindest darauf achten, dass sie kein falsches *wai* benutzen. Es existieren bestimmte Regeln, wie ein *wai* anzuwenden ist: Mönche: gefaltete Hände vor der Stirn. – Ältere: Hände vor der Nase. – eindeutig niedriger gestellte Person (Kinder, Hausangestellte, Kellner usw.): Hände vor der Brust. – Höher gestellte: Hände vor dem Mund.

Wenn Thais jemanden **heranwinken**, wird das von Europäern oft gegenteilig verstanden, denn das Winken mit der abgewinkelten Handfläche ähnelt stark unserer „Hau ab"-Geste.

Wenn ein Thai im Haus oder Tempel zwischen stehenden oder hockenden Menschen hindurchgehen muss, beugt er leicht den Oberkörper nach vorn und hält den rechten Arm schräg nach unten gestreckt, als ob er die Verbindung zwischen den anderen durchschneiden wolle. Wendet ein Ausländer diese respektvolle Geste an, so erntet er viele freundliche Blicke.

Man beurteilt Fremde weitgehend nach der **Kleidung** – sehr lässige Kleidung oder gar Badekleidung wird außerhalb der Strände nicht geschätzt. Das gilt vor allem für den Besuch von religiösen Stätten. Vor dem Betreten eines Hauses zieht man die Schuhe aus ebenso wie in buddhistischen Tempeln. Besonders während religiöser Zeremonien sollte man sich zurückhaltend verhalten und um Erlaubnis fragen, ehe man fotografiert.

Es gilt als unhöflich, vor betenden Gläubigen herumzulaufen, sich über ihre Köpfe zu erheben oder die religiösen Statuen und Anlagen zu erklimmen.

Sitten und Gebräuche in Malaysia

Malaysia ist ein Vielvölkerstaat, in dem Malaien, Chinesen, Inder und andere Völker mit völlig unterschiedlichen Traditionen um ein Zusammenleben bemüht sind. Toleranz ist erforderlich, wenn Moslems, Hindus, Buddhisten und Christen Tür an Tür miteinander leben. Entsprechend der Vielzahl der Völkerschaften, Kultureinflüsse, Religionen und geographischen Gegebenheiten hat sich auch auf dem Gebiet der Sitten und Gebräuche eine unübersehbare Vielfalt entwickelt.

Alle Lebensbereiche der malaiischen Bevölkerung werden vom **Islam** geprägt. Die strengen islamischen Regeln erfordern es, dass Frauen sich in der Öffentlichkeit verhüllen, so dass nur Gesicht, Hände und Füße zu sehen sind. Ausschließlich der Genuss von Lebensmitteln, die unter muslimischen Riten zubereitet wurden, also *halal* sind, ist erlaubt. Der Verzehr von Alkohol und Schweinefleisch ist verboten, wie auch das Glücksspiel. In einem malaiischen Restaurant nach einem Bier oder einem *sate babi* zu fragen, wird nur ungläubiges Erstaunen hervorrufen. Ebenso ist die Berührung mit dem Speichel oder den Exkrementen von Hunden tabu, daher gibt es in muslimischen Dörfern kaum Hunde.

Es ist äußerst unhöflich, vor den betenden Gläubigen in der Moschee herumzulaufen oder sich über ihre Köpfe zu erheben. Viele Moscheen sind Frauen nicht zugänglich. Der Kopf gilt als heilig und sollte nie, auch nicht in europäisch-freundschaftlicher Geste, berührt werden.

Der Fuß ist der unedelste Körperteil und darf deshalb nie einem anderen Menschen entgegenge-

streckt werden, was beim Sitzen auf dem Boden manchem Europäer Schwierigkeiten bereitet. Die linke Hand gilt als unrein; man benutzt immer die rechte Hand, um zu essen bzw. um etwas zu geben oder in Empfang zu nehmen.

Familienzusammenhänge bestimmen auch das Leben der **Chinesen**. Noch heute wird nicht selten der Ehepartner von den Familienmitgliedern ausgewählt und die Erziehung der Kinder von den Großeltern festgelegt. Die Ansichten und Entscheidungen der älteren Menschen genießen höchsten Respekt und werden in der Regel akzeptiert.

Der chinesische Buddhismus ist sehr mit der Verehrung der Ahnen verwoben. Man betritt einen Tempel durch die rechte Tür und verlässt ihn durch die linke. Wer in eine chinesische Familie eingeladen wird, sollte sich möglichst nicht in Blau, Schwarz oder Weiß kleiden, denn diese Farben sind an besondere Anlässe gebunden.

Geschenke sind beim ersten Besuch nicht üblich. Als Geschenk für gute Freunde sind Lebensmittel – möglichst paarweise – am besten geeignet. Das gemeinsame Essen spielt eine große Rolle und wird ausgiebig genossen. Einen „Anstandsrest" auf dem Teller zu lassen, gilt traditionell erzogenen Chinesen als Verschwendung, die auf den Platten verbliebenen Reste mit nach Hause zu nehmen hingegen als normal. Die materielle Not, die die Chinesen einst zum Verlassen ihres Heimatlandes gezwungen hat, zeigt noch ihre Auswirkungen. Angestrebt wird finanzieller Wohlstand für die Familie.

Die **Inder** gehören keiner einheitlichen Religionsgemeinschaft an. Einige sind Moslems, andere Hindus oder Mitglieder verschiedener Sekten. Entsprechend unterschiedlich ist ihre Lebensweise. Während Moslems kein Schweinefleisch essen, ist Rindfleisch für Hindus tabu. Einige Inder sind auch Vegetarier. In einem indischen Restaurant wäscht man sich vor dem Essen die Hände und benutzt nur die rechte Hand – ob es nun ein Besteck gibt oder nicht.

In den Städten, den Schmelztiegeln der Völker und Kulturen, haben sich die Traditionen vermischt und sind von westlichen Einflüssen überlagert worden, während sie auf dem Lande noch weitgehend ihre Eigenheiten bewahren konnten. In den Großstädten prallen die Kontraste zwischen westlicher und östlicher Kultur, aber auch zwischen Armut und Reichtum, am krassesten aufeinander.

Betteln ist vielfach verpönt und sollte vor allem bei Kindern nicht gefördert werden. Andererseits ist es die einzige Einkommensquelle vieler kranker oder älterer Menschen – besonders in den Großstädten.

Vom Umgang mit Geld

In Touristenläden und an Souvenirständen gehört zum Einkaufen auch das **Handeln**. Wer größere Mengen kauft, kann am ehesten mit Preisnachlässen rechnen. Vor allem in Bangkok und Phuket werden häufig höhere Touristenpreise verlangt. Nicht gehandelt wird in Kaufhäusern (hier ist evtl. ein *discount* möglich), Hotels, Restaurants und in öffentlichen Verkehrsmitteln mit festen Preisen. Unsinnig ist es etwa, den Preis eines Essens vorher herunterzuhandeln – es kann dadurch viel schlechter werden. Wer Obst gar zu billig einkauft, findet schnell ein paar weniger gute oder unreife Stücke in seinem Einkauf.

Jeder Tourist gilt als reich. Wie sonst könnte er sich diese weite Reise leisten? Dennoch sieht man es nicht gern, wenn die westlichen Besucher allzu freigebig ihr Geld verteilen, denn nur gezielte, langfristige Hilfen, und nicht einige Münzen in einer ausgestreckten Hand, können die Lebenssituation der Menschen verändern.

Betteln sollte nicht gefördert werden. Eine Ausnahme sind körperbehinderte Bettler und alte Menschen. Wenn an den Tempeltoren um eine Spende gebeten wird oder in buddhistischen Ländern morgens die Mönche durch die Straßen ziehen, um die Gaben der Gläubigen entgegenzunehmen, sollte man das nicht mit Betteln gleichsetzen. Denn es ist für die Gläubigen eine besondere Gunst, sich durch die freiwillige Gabe einen Verdienst erwerben zu können, wofür sie sich bei den Mönchen bedanken.

Menschen fotografieren

Dass man die Kamera wie eine Waffe handhaben kann und sie auch wie eine solche empfunden werden kann, wissen wir nicht erst seitdem der Tourismus die Dritte Welt entdeckt hat.

Gerade das Fotografieren von Menschen erfordert Respekt und Sensibilität. Oft genügt es schon, sich vorzustellen, wie das ist, eine Kamera auf sich gerichtet zu fühlen, noch dazu bei so privaten Tätigkeiten wie essen, schlafen, beten oder Feste

feiern. Sich wegen eines guten Schnappschusses dazwischenzudrängen, ist mehr als grob und unhöflich. Die elementaren Regeln der Gastfreundschaft sollten auch hier eingehalten werden, sich diskret im Hintergrund zu halten, ist nur eine davon.

Mit Geld oder Geschenken Bilder zu erkaufen, ist eine entwürdigende Instrumentalisierung und wird auch so empfunden. Wenn man schon meint, unbedingt ganz nah herangehen zu müssen, so ist es das mindeste, sein Gegenüber um Erlaubnis zu fragen. Und auch hier bewahrheitet sich die asiatische Regel, dass ein Lächeln und ein paar freundliche Worte die Situation enorm entspannen und viele Hindernisse aus dem Weg räumen.

Sonstiges

Deutsche Sender

Mit einem guten Weltempfänger ist die **Deutsche Welle** über Kurzwelle auf verschiedenen Frequenzen zu empfangen. Die aktuellen Frequenzen sind erhältlich von der Deutschen Welle, Abt. Ausstrahlungsmanagement, 50588 Köln, ✆ 0221-3893208, ✉ 3893220, ✉ tb@dw-world.de, ▯ dw-world.de.

Die Deutsche Welle strahlt ihr 24-stündiges Fernsehprogramm **DW TV** in Deutsch, Englisch und Spanisch sowie verschiedene Hörfunkprogramme über den Satelliten AsiaSat 2 aus. Einige Hotels speisen das Programm in das hoteleigene Netz ein. Zu jeder vollen Stunde wird ein halbstündiges Nachrichtenjournal ausgestrahlt, zur geraden Weltzeit-Stunde in Englisch, zur ungeraden in Deutsch, außer um 21 und 2 Uhr, wo es in Spanisch läuft. Es folgen halbstündige Features mit deutschlandbezogenen Themen in der jeweiligen Sprache.

Ab 2004 sendet zudem **German TV** ein Programm aus Beiträgen öffentlich-rechtlicher Sender sowie der Deutschen Welle, wobei sein Schwerpunkt mehr im Unterhaltungsbereich liegt.

Öffnungszeiten

Geschäfte in **Thailand** sind normalerweise tgl. von 8 bis gegen 21 Uhr geöffnet, Kaufhäuser erst ab 10 Uhr. Manche Läden öffnen sonntags etwas später. Auf den meisten Märkten herrscht kurz nach Sonnenaufgang Hochbetrieb, denn dann ist das Obst und Gemüse noch taufrisch. Gegen 10 Uhr befinden sich die meisten Marktfrauen bereits auf dem Heimweg.

In **Malaysia** sind sie normalerweise tgl. von 9.30–19 Uhr geöffnet, Supermärkte von 10–22 Uhr. Viele Läden verkaufen auch am Sonntag bzw. Freitag.

Ämter und Behörden öffnen in **Thailand** Mo–Fr von 8.30–12 und 13–16.30 Uhr. Die Mittagspause kann allerdings variieren. Deshalb empfiehlt es sich, möglichst nicht zwischen 11.30 und 13 Uhr hinzugehen. Auch kurz vor Büroschluss ist möglicherweise niemand mehr ansprechbar.

In **Malaysia** sind sie Mo–Do 8–12.45 und 14–16.15 Uhr geöffnet, Fr 8–12.15 und 14.45–16.15 Uhr (die Mittagspause wird wegen der Gebetszeiten verlängert) und Sa 8–12.45 Uhr. Es kann passieren, dass bereits eine halbe Stunde vor Büroschluss die zuständigen Leute nicht mehr zu erreichen sind.

Banken sind in **Thailand** Mo–Fr (außer feiertags) von 8.30–15.30 Uhr geöffnet. In Bangkok und den wichtigsten Touristenorten gibt es einen *currency exchange service* täglich von 8.30 bis ca. 22 Uhr.

In **Malaysia** sind sie Mo–Fr von 10–15 Uhr und Sa 9.30–11.30 Uhr geöffnet. In Kelantan, Terengganu, Kedah und Perlis sind die Banken am Do nur von 9.30–11.30 Uhr geöffnet, am Freitag geschlossen und am Sonntag geöffnet.

Steuern und Trinkgelder

In Hotels der mittleren und gehobenen Preisklasse in **Thailand** wird auf den Zimmerpreis 10% Government Tax aufgeschlagen. Manchmal verlangen auch Gästehäuser und billige Hotels völlig unberechtigt von Ahnungslosen diesen Steuerzuschlag.

In Thailand wird eine Mehrwertsteuer von 7% auf alle Waren und Dienstleistungen erhoben. Sie gilt jedoch nicht für Hotelpreise und wird auch nicht von Taxifahrern auf den ausgehandelten Fahrpreis aufgeschlagen.

Die **Mehrwertsteuererstattung** (VAT Refund for Tourists) lohnt nur bei größeren Beträgen ab 20 000 Baht, da die Mehrwertsteuer 7% beträgt und die Bearbeitungsgebühren sowie die Bankgebühren abgezogen werden. Zudem müssen bei der Einreise Einkäufe in dieser Höhe beim Zoll wieder deklariert werden, wobei eine deutsche MwSt von 16% fällig wird. In Hotels und großen Restaurants in **Malaysia** ist es üblich, dass 10% *service charge* und 5% Steuer auf die Rechnung aufgeschlagen werden.

Normalerweise wird kein **Trinkgeld** erwartet. In Hotels und besseren Restaurants addiert man auf den Rechnungsbetrag ein Trinkgeld von 10%. Ansonsten gibt man ein Trinkgeld, dessen Höhe vom Rechnungsbetrag und dem Standard des Restaurants abhängen sollte. In einfachen Restaurants braucht man nichts zu geben oder lässt einige Münzen vom Wechselgeld liegen, während in besseren Häusern mindestens 10 Baht gegeben werden sollten. Taxifahrer und Hotelpersonal sollten für besondere Dienstleistungen entlohnt werden, z.B. mit 10 Baht oder 1 RM pro getragenem Gepäckstück, in teuren Hotels entsprechend mehr.

Süd-Thailand
und seine Bewohner

Land und Geografie

Beim Anflug auf Bangkok blickt man auf ein endloses Mosaik aus Reisfeldern, das je nach Jahreszeit in hellem Grün, sattem Gelb oder lehmigem Braun leuchtet. Die Ebene durchzieht ein schimmerndes Netz von Kanälen und Flüssen, an deren Ufern, wie Perlen an einer Schnur, die Dörfer liegen. Dann erreicht man am Ufer des Menam die Metropole, die sich mit ihren Vororten entlang der Straßen aufs Land hinaus ausdehnt. Bei einer Reise in den Süden zeigt sich das Land von einer ganz anderen Seite.

Thailand, mit 514 000 km^2 um 43% größer als Deutschland, liegt südlich des nördlichen Wendekreises, zwischen 6° und 20° nördlicher Breite und 97° und 106° östlicher Länge.

Vom Norden bis in den südlichen „Rüssel" des so genannten „Elefantenkopfes" beträgt die Entfernung über 1800 km, was der Entfernung Kopenhagen – Rom entspricht, von Westen nach Osten sind es 800 km, fast so weit wie von Paris nach Berlin. Hingegen ist das Land an seiner schmalsten Stelle nur 15 km breit.

Das gesamte Flussnetz von Thailand ist 3 Millionen Kilometer lang. Davon sind etwa 10 000 km schiffbar. Durch die Wasserkraft der Flüsse wird außerdem mehr als ein Drittel des Energiebedarfs gedeckt.

Thailand Regionen - Provinzen (Changwats), Bevölkerung, Fläche

Region	Fläche in km^2	Bevölkerung in Millionen (2002)	Bevölkerungsdichte in Einw./ km^2
Metropole Bangkok	1 565	6,0	3834
Zentralregion (ohne Bangkok)	102 334	14	137
Nordregion	169 644	12	71
Nordostregion	168 854	21	124
Südregion	70 715	8	113
Gesamt-Thailand	513 115*	62*	121
zum Vergleich: Deutschland	356 978	81,5	228

*Differenz durch Abrundung

Zentralregion: Bangkok Metropolis, Ang Thong, Ayutthaya, Chachoengsao, Chai Nat, Chantaburi, Chonburi, Kanchanaburi, Lopburi, Nakhon Nayok, Nakhon Pathom, Nonthaburi, Pathum Thani, Phetchaburi, Prachinburi, Prachuap Khiri Khan, Ratchaburi, Rayong, Sa Kaeo, Samut Prakan, Samut Sakhon, Samut Songkhram, Saraburi, Singburi, Suphanburi, Trat, Uthai Thani.

Nordregion: Chiang Mai, Chiang Rai, Kamphaeng Phet, Lampang, Lamphun, Mae Hong Son, Nakhon Sawan, Nan, Phayao, Phichit, Phitsanulok, Phetchabun, Phrae, Sukhothai, Tak, Uttaradit.

Nordostregion: Amnat Charoen, Buri Ram, Chaiyaphum, Kalasin, Khon Kaen, Loei, Maha Sarakham, Nakhon Phanom, Nakhon Ratchasima (Korat), Nong Bua Lamphu, Nong Khai, Roi-Et, Sakhon Nakhon, Si Saket, Surin, Ubon Ratchathani, Udon Thani, Yasothon.

Südregion: Chumphon, Surat Thani, Phuket, Phang Nga, Ranong, Krabi, Nakhon Si Thammarat, Phattalung, Trang, Satun, Songkhla, Pattani, Yala, Narathiwat.

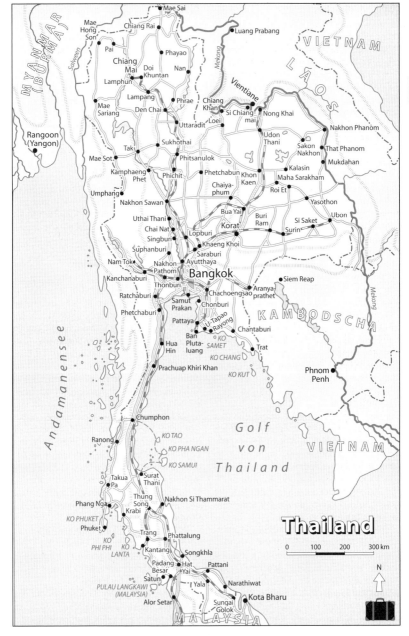

Thailand

0   100   200   300 km

N

Die Zentralregion

Die weite, ebene Landschaft ist vom Menam Chao Phraya, dem mit 365 km größten Fluss des Landes, seinen Nebenflüssen und dem weiten Delta geprägt. Der *Menam* (= Mutter des Wassers / Fluss) *Chao Phraya* (= hoher Adelstitel) windet sich durch ein Tiefland, das weniger als 80 m über dem Meeresspiegel liegt. Große Mengen Sand, Kies und andere verwitterte Materialien wurden von den Wassermassen im Laufe der Jahrmillionen in der Ebene Schicht für Schicht abgelagert. Jahr für Jahr werden weitere Mengen an Sedimentgestein und fruchtbaren Mineralstoffen aus den Bergen des Nordens in Richtung Meer transportiert. Früher wurden mit dem Einsetzen der Regenzeit weite Landstriche überflutet, denn die Wassermassen des Menam betrugen das Hundertfache der Menge, die während des Tiefstandes in der Trockenzeit vorhanden war.

Mehrere große Dämme haben den Fluss im Oberlauf weitgehend gebändigt. Doch immer noch stehen monatelang weite Gebiete des Kernlandes unter Wasser. Ständig muss eine Fahrrinne für die Binnenschifffahrt ausgebaggert werden, und die Flussmündung verlagert sich jährlich mehrere Meter weiter ins Meer hinaus. Diese fruchtbare alluviale Ebene, die intensiv für den Reisanbau genutzt wird, geht in ihren Randbereichen in eine hügelige Landschaft über, die zum Teil aus älteren Gesteinsablagerungen besteht.

Die Südregion

Das Land am Meer. Thailand besitzt eine über 2600 km lange Küste, überwiegend am Golf von Thailand und zu einem geringeren Teil am Indischen Ozean (Andamanensee). Im Südosten erstrecken sich die Ausläufer der Bilauktaung-Bergkette bis zum Meer. In der frühen Erdneuzeit (Tertiär) hatte sich hier Sandstein abgelagert, den später basaltische Laven, die aus dem Erdinneren nach oben drangen, überlagerten.

Die West- und Ostküste des südlichen Landesteils auf dem Malaiischen Halbinsel trennen staffelförmig versetzte Bergketten (Tenasserim-, Phuket-, Nakhon- und Kalakiri-Kette). Während an der Westküste die schroffen Karstfelsen steil ins Meer abfallen und Inselgruppen aus bizarren Kalkformationen (Bucht von Phang Nga) bilden, läuft das Gebirge im Osten in eine weite Küstenebene aus.

Natur

Elefanten und Teakwälder, die beiden typischsten Vertreter der thailändischen Fauna und Flora, werden die meisten Besucher des Landes kaum noch in ihrer natürlichen Form sehen können. Das Bild des Landes prägen statt dessen die kultivierten Reisfelder und domestizierte Wasserbüffel.

Flora

Die natürliche Flora von Thailand ist zum einen von den jeweiligen Bodenverhältnissen abhängig, zum anderen spielt die geografische Lage und damit das Klima eine große Rolle. Während im Süden immergrüne Wälder das Land bedecken, muss sich die Pflanzenwelt weiter im Norden an eine deutlich zunehmende Trockenperiode und stärkere Temperaturschwankungen anpassen.

Immergrüne Regenwälder

Immergrüne Regenwälder findet man in Thailand nur im Süden (etwa ab Chumphon) vor, wobei Primärwälder nur noch etwa 3% der Landesfläche bedecken. In über 70 m Höhe erstreckt sich das dichte Blätterdach ihrer höchsten Bäume, das die anderen Pflanzen vor direktem Sonnenlicht, Temperaturschwankungen und Änderungen der Luftfeuchtigkeit schützt. Andererseits müssen sich die niedrigeren Bäume, in der Konkurrenz um das Licht, dem Himmel entgegenstrecken. Im Dämmerlicht zwischen den breiten Brettwurzeln und herabhängenden Lianen wachsen verschiedene Büsche und Sträucher, die eine hohe Luftfeuchtigkeit benötigen, aber mit wenig Licht auskommen. Das Laub und andere organische Stoffe werden am Boden von Kleinstlebewesen zersetzt und in Humus umgewandelt. Er bildet auf dem zumeist unfruchtbaren, tropischen Lehmboden eine dünne Auflage und ist die überwiegende Nährstoffquelle der Pflanzen.

In Bodennähe wird das Grün der Wälder nur selten von farbigen Blumen unterbrochen. Viele Orchideenarten sind Epiphyten und leben, wie Schmarotzerpflanzen, auf anderen Pflanzen in den oberen Stockwerken des Waldes.

An einer Lichtung, wo die Sonne bis auf den Boden vordringen kann, ändert sich die Vegetation. Lianen, Sträucher und andere Pflanzen wachsen im

Dschungelgebiet von Khao Sok

Überfluss und bilden ein undurchdringliches Dickicht.

Sobald dieser Wald abgeholzt wird, fehlt es an organischen Stoffen für den natürlichen Kreislauf von Pflanzenwachstum und Humusproduktion. Zudem ist der lockere Humusboden durch das Wurzelwerk der Pflanzen nicht mehr geschützt und rasch ausgewaschen. Wird das Land nicht bebaut, entwickelt sich nach langer Zeit ein Sekundärwald, der weitaus weniger Artenfülle aufweist und aus niedrigen Bäumen, Büschen und Lianen besteht.

Monsunwälder

Ausgeprägte Trockenzeiten bestimmen den Pflanzenwuchs in den meisten Landesteilen. Wie in unserem Winter werfen die Bäume in der regenarmen Zeit ihre Blätter ab. Bereits im Dezember und Januar leuchten die Blätter in herbstlichen Farben. Bis zum Einsetzen der Regenzeit im Mai sind sie unbelaubt mit Ausnahme einiger Bäume, die gerade jetzt in kräftigen Farben blühen.

Da während dieser heißesten Jahreszeit kein Schatten spendendes Blätterdach die untere Bodenregion der Wälder vor direkter Sonneneinstrahlung schützt, können dort nur Pflanzen überleben, die sich diesem jahreszeitlichen Klimawechsel angepasst haben. Mit dem Einsetzen der Regenzeit entwickelt sich dann wieder eine üppige Belaubung. Im Gegensatz zu vielen Bäumen werfen die niedrigen Büsche und Pflanzen ihre Blätter nicht ab, da diese durch eine verdunstungshindernde Schicht vor zu starkem Austrocknen geschützt sind.

Die Artenvielfalt dieser Monsunwälder ist wesentlich geringer und der Bestand ist lichter als im immergrünen Regenwald. In trockenen Monsunwäldern überwiegen die *Dipterocarpaceen,* lichte Bäume mit immergrünen, ledrigen Blättern, deren Blüten und Harz einen aromatischen Duft verbreiten.

Mangrovenwälder

An den flachen Küsten im tropischen Süden bilden Mangrovenwälder manchmal einen kilometerlangen, nur schwer durchdringlichen, schmalen Saum. Die unterschiedlichen Baumarten dieser bis zu 20 m hohen Wälder finden durch ein Stelzwurzelsystem Halt im Schlick und Schlamm des durch die Gezeiten stark strömenden Gewässers. Häufig bilden sich vor den Mangroven Sandbänke im Meer, wodurch die Sümpfe verlanden. Vor allem dort, wo die Mangroven abgeholzt wurden, wachsen in den ausgedehnten, sumpfigen Deltagebieten der großen Flüsse Nipapalmen (*Nypa fruticans*), deren große Palmwedel zum Dachdecken und für Matten verwendet werden und aus deren Früchten eine Art Bier für den Eigenbedarf gebraut wird.

Immer noch werden große Mengen Mangroven zu Holzkohle verarbeitet und nach Bangkok, Singapore und in die arabischen Länder verkauft. In einem halben Jahrhundert ist bereits die Hälfte aller Mangrovenwälder verschwunden. Das Gleichgewicht wird dadurch nachhaltig gestört, und der Ufersaum ist schutzlos der Meeresbrandung ausgesetzt, so dass das Land vom Meer überspült wird. Zudem belastet die zunehmende Zersiedlung und die Anlage von Shrimp-Farmen das Ökosystem der Küste (s.S.86).

Wasserhyazinthen

Viele Flüsse und Klongs sind mit großen Inseln dickblättriger, tiefgrüner Wasserpflanzen bedeckt, die den Schiffsverkehr behindern. Erst 1901 wurden die Wasserhyazinthen aus Java nach Thailand eingeführt, wo sie sich rasant vermehrten.

Nach vergeblichen Versuchen, die Ausbreitung der zählebigen Pflanze zu verhindern, hat man ihre Vorteile erkannt. Die Wasserhyazinthe kann nicht nur – wie eine natürliche Kläranlage – das Wasser sauber halten, sondern auf Grund ihres hohen Proteingehalts auch als Futter, Dünger und auf andere Art wirtschaftlich genutzt werden.

Der Gummibaum (Hevea brasiliensis)

Er war ursprünglich am Amazonas beheimatet und hatte den Kautschukbaronen der brasilianischen Urwaldstadt Manaus einen beispiellosen Boom beschert. Um das Monopol zu schützen, war die Ausfuhr der wild wachsenden Pflanze bei Todesstrafe verboten. Dennoch kamen 70 000 Samen 1876 auf dunklem Wege nach London, wo sie im Kew Garden Früchte trugen, die den Grundstein von Malaysias Kautschukindustrie bildeten. Henry Nicholas Ridley, Leiter der Forstverwaltung der Straits Settlements und des Botanischen Gartens in Singapore, führte viele Experimente durch, entwickelte eine neue Zapfmethode und propagierte den Plantagenanbau des Gummibaums unter den britischen Pflanzern. Bereits 1896 entstanden die ersten Gummiplantagen, und schon bald hatte der billige-

re Malaya-Kautschuk den brasilianischen vom Weltmarkt verdrängt.

Vor allem Dunlops Erfindung des pneumatischen Fahrradreifens und die Einführung der Fließbandproduktion bei Automobilen durch Henry Ford ließen den Bedarf an Naturkautschuk in die Höhe schnellen, so dass in Gebieten mit entsprechenden Klima- und Bodenverhältnissen immer mehr Plantagen entstanden (s.S. 606, Trang).

Ein Gummibaum muss fünf bis sechs Jahre alt sein, um zum erstenmal angezapft werden zu können. Dabei wird mit einem besonderen Messer ein spiralförmig nach unten laufender Schnitt in die Baumrinde geritzt. In einer Schale wird der milchige Kautschuksaft aufgefangen und später vom Zapfer in einen Sammelbehälter gegossen. Unter Zusatz von Chemikalien wird der frisch gezapfte Latex zu dünnen Fladen verarbeitet, anschließend mit einer Handmangel ausgewalzt, getrocknet und in größeren Betrieben verarbeitet.

Fauna

Im Übergangsbereich zwischen China und der malaiischen Halbinsel verfügt Thailand über eine besonders artenreiche Fauna. Dennoch sind sechzehn Tierarten von der Ausrottung bedroht und acht weitere bereits oder nahezu ausgestorben. Obwohl seit 1961 zum Schutz der Tiere immer mehr Naturparks eingerichtet werden, sind vor allem die Großsäugetiere der tropischen Wälder stark gefährdet – so das Sumatra-Nashorn (das nur noch im Umphang Distrikt in der Provinz Tak lebt), Tapir, Leopard und Tiger. Raubtiere oder anderes Großwild bekommt man in den seltensten Fällen tatsächlich zu Gesicht. Die schonungslose Jagd auf das Nashorn, dessen Horn nach chinesischer Tradition ein Aphrodisiakum sein soll, war ein wichtiger Grund für das Verschwinden der Tierart. Neben der Jagd und dem illegalen Tierfang wurde zudem durch das Abholzen der Wälder der Lebensraum der Tiere eingeengt. Auch die Meeresfauna ist durch die gnadenlose Überfischung massiv gefährdet.

Andere Säugetiere

Kleinere Tiere, die noch relativ häufig auftreten, sind die Wildrinder Banteng und Kating. Die Monsunwälder sind der Lebensraum der Hirsche, des **Sambar** (*Cervus unicolor*), ein dunkelbraunes, verhältnismäßig großes Tier, und des **Schweinshirsches**.

Oft sind auch Affen zu hören und zu sehen, vor allem **Gibbons** und **Makaken**. Von einer rotbraunen Makakenart mit kurzem Schwanz, die überwiegend auf dem Dschungelboden lebt, werden junge, männliche Tiere gefangen, gezähmt und in den Dörfern bei der Kokosnuss-Ernte (z.B. auf Ko Samui) eingesetzt (s.S. 335).

Elefanten Sogar der von den Thais seit Jahrhunderten verehrte und wegen seiner Kraft geschätzte Elefant ist gefährdet. Man nimmt an, dass wilde Elefanten, sofern man sie nicht stärker schützt, in 30–40 Jahren ebenfalls ausgerottet sein werden. In ganz Thailand leben laut WWF etwa 1800 wilde Elefanten, überwiegend im Tenasserim-Gebirge entlang der burmesischen Grenze. Zudem wurden etwa 3000 gezähmte Elefanten für den Abtransport der Bäume aus dem Dschungel, gehalten (1955 waren es noch über 13 000). Mit dem 1989 ausgesprochenen Verbot, für kommerzielle Zwecke Bäume zu fällen, wurden viele Elefanten in Thailand arbeitslos. Einige arbeiten jetzt in Myanmar und Laos, unterhalten Touristen oder ziehen bettelnd durch Bangkok.

Doch die Tage der Dickhäuter sind gezählt, da auch Bambus und andere einheimische Pflanzen, von denen sie sich ernähren, mehr und mehr von Eukalyptusplantagen verdrängt werden.

Wer einen Eindruck von der Arbeitsleistung dieser Tiere im Dschungel erhalten möchte, kann ein Trainingscamp für junge Elefanten besuchen. Mit den Stoßzähnen hebt ein ausgewachsenes, kräftiges Tier von 16–40 Jahren bis zu 400 kg und zieht bis zu 1 1/2 Tonnen. Die Stoßzähne des asiatischen Elefanten sind zwar kleiner als die des afrikanischen, dennoch werden ein Paar der bis zu 80 cm langen und 24 cm starken Zähne für 20 000 Baht und mehr verkauft. Seit dem weltweiten Verbot des Elfenbeinhandels ist der Markt weitgehend zusammengebrochen. Ein ausgewachsener Arbeitselefant, der ein 6-jähriges Training hinter sich hat, wird mit 200 000 Baht gehandelt.

Im immergrünen Regenwald sind relativ häufig so genannte Gleiter zu sehen. Das größte unter ihnen, das **Riesenflughörnchen**, erreicht voll ausgestreckt eine Länge von beinahe einem Meter, wobei der Rumpf etwa 50 cm lang ist. Daneben gibt es **Flattermakis** (*flying lemur*), die zur Familie der Halbaffen gehören und etwa die Größe einer Hauskatze erreichen.

In vielen dunklen Höhlen leben Schwärme von bis zu mehreren Millionen **Fledermäusen**, die abends fast gleichzeitig aufbrechen, um auf Insektenfang zu gehen oder sich an reifen Früchten gütlich zu tun. Die 1,5 bis 2 g schwere Hummel-Fledermaus (*Craseonycteris thonglongyai*), die erst 1973 entdeckt wurde, gilt als das kleinste Säugetier der Welt.

Amphibien und Reptilien

Thailands Gewässer sind nicht nur die Heimat zahlloser **Fische** und **Frösche**, sondern auch die von **Schildkröten** und **Krokodilen**. Das größte Reptil, das bis zu 10 m lange Leistenkrokodil, ist jedoch ebenso wie das weniger seltene, kleine Siamesische Krokodil zumeist nur in Krokodilfarmen zu sehen.

Unter den über 100 Schlangenarten Thailands gibt es sechzehn giftige, aber nur sechs, deren Biss tödlich sein kann – die **Königskobra** (*Naja hannah*), **Kobra** (*Naja naja*), **Russel's Viper** (*Vipera russelli*), die **Gestreifte Krait** (*Bungarus fasciatus*), die **Malaiische Viper** (*Ancistrodon rhodostoma*) und die **Grüne Pit Viper** (*Trimeresurus popeorum*) sowie einige Arten von **Seeschlangen**.

Während die Kobra beim Biss ein Nervengift überträgt, wirkt das Gift der Vipern auf Blut und Blutgefäße.

Auch die längste Schlange Asiens, der **Netz-Python**, kommt in Thailand vor. Pythons können bis zu 10 m lang werden und bei dieser Länge etwa 140 kg wiegen. Sie umschlingen und erdrücken ihre Beute, die aus kleineren Säugetieren, Affen oder Vögeln besteht. Mitunter verirren sich Pythons sogar in Städte.

Zu den besonders exotischen Reptilienarten gehören **Flugdrachen** (*flying lizard*) und **Flugfrösche**, die eine enorme Gleitfähigkeit entwickelt haben, die es ihnen erlaubt, sich im Blätterdach des Dschungels schnell fortzubewegen.

Schlammspringer

Weitere Wassertiere

In den Mangrovensümpfen leben **Schlammspringer**, etwa 15 cm lange Knochenfische, die auch auf dem Land leben können. Sie stellen die Atmung auf Hautatmung um und benutzen ihre Brustflossen, die wie Arme ausgebildet sind, um sich durch den Schlamm zu bewegen.

In den Gewässern zwischen Chumphon und Ko Tao und in der Andamanensee treffen Taucher häufig den größten Fisch der Erde, den **Walhai**, an. Er kann bis zu 18 m lang werden und über 10 Tonnen wiegen. Der Fisch gehört zur Familie der Haie und ernährt sich hauptsächlich von Plankton. (Wale sind bekanntlich Säugetiere.)

Zwischen den Inseln vor Trang leben seltene **Seekühe**, Dugong genannt. Diese walzenförmigen Säugetiere, die das Wasser nie verlassen, können bis zu 4 m lang und 400 kg schwer werden.

Insekten

Unüberschaubar ist die Vielfalt an Insekten – Grillen, Grashüpfer und Gottesanbeterinnen gibt es ebenso wie die weniger angenehmen oder sogar gefährlichen Ameisen, Anopheles-Mücken, Wespen, Hornissen, Hundertfüßler und Tausendfüßler. Allein von den **Schmetterlingen** kommen in Thailand 500 verschiedene Arten in allen Größen und Farben vor.

Beeindruckend ist der **Nashornkäfer**, der bis zu 5 cm lang werden kann. Unter der Vielzahl an Käferarten existieren auch winzige Käfer, die mit Ameisen in ihren Nestern zusammenleben und mit ihnen eine Symbiose eingegangen sind. Die **Riesenameise**, der man häufig auf Dschungelpfaden begegnet, wird über 2,5 cm lang. Die **Rote Baumameise** baut Nester aus Blättern oder Blattstücken, die durch ein fadenähnliches Sekret zusammengefügt werden. Wenn man durch Zufall an eines ihrer Nester stößt, reagiert diese Ameisenart äußerst aggressiv.

Vögel

In Thailand wurden über tausend Vogelarten gezählt, Zugvögel eingeschlossen. Während man an den Stränden vergebens nach Seevögeln Ausschau hält, kann man an den flachen Binnenseen Süd-Thailands viele asiatische Wasservögel beobachten. Auch auf wenig besiedelten Inseln oder in Dschungellichtungen Nord-Thailands kommt der Vogelfreund auf seine Kosten. Im Urlaub kann so mancher Birdwatcher mehr als hundert Vögel abhaken.

Vögel, die sich vor allem in den oberen Baumkronen der Wälder aufhalten, sind am ehesten frühmorgens in der Nähe Früchte tragender Bäume zu beobachten. Schon von weitem ist das laut klatschende Fluggeräusch der **Nashornvögel** zu hören, deren Flügel Spannweiten bis zu drei Metern erreichen.

An den Flussläufen huschen die grünblau schillernden **Eisvögel** auf ihrer Jagd nach Insekten und kleinen Fischen entlang, während die weißen **Reiher** auf dem Rücken der Wasserbüffel und in den Reisfeldern ihre Nahrung suchen. Auch **Kraniche** und **Störche** leben in dieser offenen, überschaubaren Landschaft.

Vogelparadiese sind vor allem die Feuchtgebiete, die mit über 250 000 km² knapp 5% der Landesfläche bedecken, wie z.B. das Vogelschutzgebiet Thale Noi.

Leben im Korallenriff

Die Riffe sind ein wichtiges Ökotop der tropischen Meere, ein Lebensraum, in dem die größte Artenvielfalt an Meeresfauna und -flora zu finden ist. Die Grundlage dieser Tierstöcke wird vor allem von den **Steinkorallen** gebildet. Ein einzelnes dieser Kleinstlebewesen, das sich auf einem Felsen oder Stein festsetzt und langsam heranwächst, liefert die Grundlage für das Entstehen einer Kolonie. An der Unterseite des zylindrischen Körpers produziert das Tier mit seinen Ausscheidungen eine Kalkplatte, durch die es auf der Unterlage haftet. Dann werden von weiteren Kalkausscheidungen strahlenförmig auf der Platte stehende Leisten ausgebildet, deren Außenwände wiederum miteinander verbunden sind.

Durch fortgesetztes Knospen und Ausscheiden des Kalks entsteht im Laufe der Jahrhunderte ein **Korallenriff**, das etwa 0,5 bis 2,8 cm pro Jahr wächst und zu kilometerlangen „Gärten" zusammenwachsen kann. Die lebenden Korallen können, im Gegensatz zu dem weißen, abgestorbenen Skelett, die verschiedensten Farben annehmen. Im Riff haben zahllose Korallenfische, Muscheltiere, Krebse, Quallen, Seeanemonen, Seesterne und Kleinstlebewesen ihren Lebensraum gefunden. Korallen und Algen leben nicht in dunklen Meerestiefen, sondern nur in einer Tiefe von etwa 3 bis 50 m.

Haustiere

Neben dem Wasserbüffel, dem Rückgrat der südostasiatischen Landwirtschaft, werden in dem überwiegend buddhistischen Land viele Tiere für die Fleischproduktion gehalten. Traditionell leben unter den auf Stelzen errichteten Häusern und in den umliegenden Gärten Schweine, Enten und Hühner. Vereinzelt grasen auf den Weiden höhergelegener, kühlerer Regionen große Rinderherden. Um den Fleischbedarf zu decken, ist auch in Thailand Massentierhaltung erforderlich. In den Tempeln finden Dutzende herrenloser Hunde und Katzen Zuflucht, die durchaus wohlgenährt sind, aber überall, auch am Strand, als gefährliche Überträger von Tollwut, Hakenwürmern und anderen z.T. lebensgefährlichen Krankheiten gelten. Ganz ungefährlich hingegen sind die Geckos, kleine Eidechsen, die mit Vorliebe abends an der Zimmerdecke rings um die Lampen Insekten auflauern, um sie zu verspeisen.

Landschaften

In den abwechslungsreichen Landschaften Thailands zeigen und verbergen sich überaus viele Naturschönheiten, wie überwucherte Kalksteinfelsen, herrliche Tropfsteinhöhlen und vielfältige Wasserfälle.

Kalksteinfelsen

Vor allem in Süd-Thailand ragen die subtropischen **Kegelkarstfelsen** aus der Ebene auf. Diese Landschaftsform kommt ansonsten nur noch in Vietnam und Südchina vor.

Sie entstanden während einer regenreichen Kaltzeit (Pluvialzeit) durch Lösungsverwitterung (Korrosion) einer ehemals zusammenhängenden Kalktafel. An der Grenze von Kalkgestein zu undurchlässigem Nebengestein blieben diese steilwandigen Türme als Reste der ehemals höhergele-

genen Landoberfläche erhalten. Im Meeresnationalpark von Phang Nga und in der Gegend von Krabi sind die bizarren, von wild wuchernder Strauchvegetation und einzelnen Schirmbäumen überzogenen Felsen am leichtesten zugänglich.

Höhlen

Durch Auswaschung wurde das **Kalkgestein** durchlöchert und bildete Höhlen, in denen stetig tropfendes Wasser Stalagmiten (von unten) und Stalaktiten (von oben) formt. Manche dieser Höhlen besitzen mehrere Ausgänge, einige werden von Bächen oder sogar Flüssen durchflossen. Viele Höhlen im ganzen Land enthalten buddhistische Heiligtümer oder dienen als Meditationsklausen.

Wasserfälle

Die Thais lieben ihre Wasserfälle, ob sie steile Felswände herunterrauschen, hundertfache **Kaskaden** bilden oder **Sinterterrassen** herunterrieseln. Fast immer gibt es Badeplätze oder sogar Swimming Pools, in denen sich die Einheimischen vor allem am Wochenende vergnügen.

Das Wasser ist meistens völlig klar und rein, da es aus unbewohnten Wäldern stammt. Nur in der Regenzeit nimmt es eine erdbraune Farbe an. Die freie Fallhöhe der Wasserfälle beträgt nur selten mehr als 20 m. Doch die Thais messen die Höhe einschließlich aller Zwischenstufen, dadurch kursieren gewaltige Werte. So mancher Tourist ist deshalb enttäuscht von den thailändischen Wasserfällen und übersieht ihre Reize.

In vielen Restaurants hängen Poster der schönsten Wasserfälle, die ihr Aussehen zumeist bizarren Kalktuffen verdanken. Sie entstehen durch Kalkablagerung auf feinen Pflanzenhaaren der im kalkhaltigen Wasser wachsenden Algen, Moose und Blütenpflanzen. Durch das Entweichen der Kohlensäure bilden sich poröse **Kalktuffe**, die nachträglich durch Kalksubstanz ausgefüllt werden. Die festen Kalknasen werden vom Moos überwuchert und bilden Barrieren, auf denen weiterer Kalk abgelagert wird und so kleine, poröse Terrassen ausbildet, die pro Jahr 2 bis 3 cm wachsen können.

Strände

Thailand ist berühmt für seine wunderschönen **Sandstrände**. Entlang der 2600 km langen Küste und auf Hunderten von Inseln wurden in Jahrtausenden Muschelkalk, Korallengestein oder Sandstein zerrieben. So entstanden mannigfaltige Strände, die einheimische und westliche Touristen anziehen.

Thais lieben vor allem die sehr flachen, festen Strände, an denen sie bis über die Knöchel im Wasser flanieren können. Sie sammeln Muscheln, Krebse, Seesterne und anderes Meeresgetier, rasten unter den Schatten spendenden Kasuarinen (*Casuarina equisetifolia*) und vertilgen große Mengen von Mekhong Whisky zu scharfen Snacks. Westliche Touristen ziehen rasch abfallende Badestrände vor, über die sich Kokospalmen neigen. So kommt man sich nur selten ins Gehege.

Ein seltsames Phänomen stellen die **Gezeiten** im Golf von Thailand dar. Sie verlaufen völlig anders als etwa an der Nordsee, vor allem scheint es nur einmal am Tag eine Flut zu geben. Es kann viel Spaß bereiten, sich die jeweiligen lokalen Erklärungen anzuhören.

Umwelt

Die Vernichtung der Wälder

Mit der Ausweitung der landwirtschaftlichen Anbaufläche während der letzten 35 Jahre von knapp 8 Millionen Hektar auf über 20 Mill. Hektar nahm gleichzeitig die **Waldfläche** Thailands von nahezu 30 Millionen Hektar auf etwas mehr als 10 Mill. Hektar ab. Jährlich wurden 2 Mill. m³ Holz geschlagen. Hierdurch verlor das Land seine wasserspeichernden und klimatisch ausgleichend wirkenden Wälder – die Folgen sind bereits überall zu erkennen. Das wilde Abholzen von Bergregionen im Süden des Landes führte 1988 zu Erdrutschen, bei denen über 700 Menschen starben.

Ein königliches Dekret stoppte daraufhin 1989 alle kommerziellen Holzfällerarbeiten. Mehr als bisher wird Holz aus Laos und Myanmar importiert. Dennoch geht die **Waldvernichtung** weiter, illegal und mit höheren Kosten, aber fast unvermindert. Durch das Fehlen der natürlichen Wasserspeicher kommt es bereits zu Beginn der Trockenzeit zu ungewöhnlich frühem **Wassermangel**, die künstlichen Wasserspeicher füllen sich nur noch selten, und die Bevölkerung ist gezwungen, verstärkt Grundwasser anzuzapfen. Zudem hat der

Boden durch das fehlende Wurzelwerk der Bäume keinen Halt mehr und wird von den Wassermassen während der Regenzeit weggespült. **Bodenerosion**, Überschwemmungen und lange Dürreperioden sind das Ergebnis, denn Lalang-Gräser und Nutzpflanzen können weitaus weniger Wasser speichern als der Wald und den Boden kaum vor Erosion schützen.

Die Folgen der Industrialisierung

Mit zunehmender Industrialisierung und steigendem Lebensstandard nehmen die **Umweltprobleme** dramatisch zu. Die so genannten Schwellenländer weisen bereits Züge unserer Wegwerfgesellschaft auf. Man entledigt sich des Mülls auf die bequemste Weise – Bahndämme, Strände, Picknickplätze, Nationalparks und Wanderwege zeugen davon. Aus Wohnhäusern, Fabriken und Hotels werden bedenkenlos alle Abfälle ungeklärt in die Flüsse und ins Meer gekippt – in Bangkok werden die Klongs zu Kloaken und verschwinden unter Straßen.

Organische Abfallstoffe brauchen den Sauerstoff des Wassers auf, der Fluss kippt um, und die Fische verenden im faulig stinkenden Wasser. Besonders die Lebensmittel-Industrie belastet bei der Verarbeitung von Tapioka und Zuckerrohr die Gewässer, ebenso die petrochemische und die Papierindustrie. Der zunehmende Einsatz von Pestiziden und Düngemitteln fördert diese Entwicklung. Hinzu kommt die Belastung mit Schwermetallen, vor allem im relativ flachen Golf von Thailand.

Beispiel: Shrimp-Farmen

Im vergangenen Jahrzehnt setzte in verschiedenen Gesellschaftsschichten eine Art Wettlauf um das große Geld ein, ohne Rücksicht auf die Umwelt, auf gewachsene Sozialstrukturen und die technischen Voraussetzungen. So wurden im Süden Tausende von Hektar Land zu Shrimp-Farmen umgewandelt, die kurzfristig zwar Gewinne abwarfen, aber nach wenigen Jahren vergiftet waren: die Reisfelder in der weiteren Umgebung können nicht mehr genutzt werden, das Grundwasser ist mit Pestiziden belastet und das abgepumpte Wasser aus den Teichen schädigt die Ökologie der Uferzonen und verunreinigt Badestrände. Der Schlamm in den Teichen ist hochgradig verseuchter Sondermüll, der von niemandem entsorgt werden kann.

Kein Thai fühlt sich für die Beseitigung der Schäden zuständig oder gar verantwortlich – und schon kommen ausländische Entwicklungshilfeorganisationen, die an einigen Symptomen herumkurieren wollen.

Die Verursacher dieser Katastrophen legen derweil weitere Shrimp-Farmen in bisher intakten Gebieten an, z.B. in unmittelbarer Nähe von Badestränden, in den gefährdeten Mangrovenwäldern oder gar in National Parks, die eigentlich unter besonderem Schutz internationaler Verbände stehen.

Umweltbewusstsein

Doch auch ein gegenläufiger Trend ist zu erkennen. Während der letzten Jahre ist das Umweltbewusstsein in kleinen Kreisen der Bevölkerung gestiegen.

Mittlerweile sind insgesamt 13% der Landesfläche unter **Naturschutz** gestellt worden. Man beginnt, sich gegen die Zerstörung der Natur durch die zunehmende Industrialisierung ohne umweltschützende Auflagen zu wehren.

In Phuket stürmten 1986 aufgebrachte **Demonstranten** die erste Tantalum-Fabrikationsstätte und brannten sie nieder. Tantalum wird u.a. aus Rückständen der Zinn-Produktion gewonnen und bei der Herstellung von Kondensatoren, im Maschinenbau, in der Chemie und bei der Reaktor-Herstellung benötigt.

In den Jahren 1988/89 verhinderten engagierte **Studenten** den Bau eines weiteren Staudammes nördlich von Kanchanaburi. Auch das einzigartige Gesetz zum **Schutz der Wälder** wurde durch den massiven Protest der Bevölkerung erstritten. 1990 gründete Phoruthep Phoruprapha (Siam Motors) das Projekt *Think Earth*, das ein Bewusstsein für die Erhaltung der natürlichen Ressourcen fördern und entsprechende Projekte unterstützen möchte, um der kommenden Generation eine grüne Welt zu hinterlassen. Bisher wurden über eine halbe Million Bäume gepflanzt, Schildkröten gerettet und die Dugongs vor Trang vor dem Aussterben bewahrt.

Welche europäischen Umweltschutzbewegungen können mit solchen Erfolgen aufwarten? Da ist es kaum verwunderlich, wenn Forderungen und Ratschläge von wohlmeinenden westlichen Experten und engagierten Laien brüsk zurückgewiesen werden mit der **Gegenforderung**: „Schützt zuerst eure eigenen Wälder! Sorgt für die Reinhaltung eurer eigenen Flüsse und Meere! Stoppt den Treibhauseffekt durch die Schließung eurer Kohlekraftwerke und durch die Verminderung des Autoverkehrs!"

Um die Zunahme von **Ödland** zu stoppen, fördert die thailändische Regierung, und vor allem der König, **Aufforstungsprogramme**. Die regenerierten Waldflächen sind allerdings wesentlich kleiner als die gerodeten Flächen, doch neue Gesetze beschleunigen diese Projekte, um einen großen Teil der verlorenen Wälder in den nächsten Jahren zurückzugewinnen. So verschenken die lokalen Forstbehörden Stecklinge von Bäumen, Gebüsch und Leguminosen – 30 Stück pro Person und Monat. Gleichzeitig versucht man, den Bergvölkern andere Anbaumethoden näher zu bringen und den auf Brandrodungsfeldbau basierenden Mohnanbau durch das Anpflanzen von Blumen, Gemüse und anderen Nahrungsmitteln abzulösen.

Einige schwere **Niederlagen** mussten Umweltschützer allerdings auch hinnehmen. Zwischen den Regierungen von Myanmar und Thailand war z.B. vereinbart worden, eine 700 km lange **Gasleitung** von der Küste Burmas bis nach Ratchaburi zu bauen und dafür in einem ursprünglichen Waldgebiet in der Provinz Kanchanaburi auf fast 300 km Länge eine breite Schneise zu roden. Trotz aktiver Proteste mehrerer Umweltschutzgruppen wurde damit der Wald für Wilderer und illegale Holzfirmen geöffnet.

Beispiel: Abwasser

Besonders in der **Tourismusindustrie** liegt das Umweltbewusstsein im Argen, vor allem bei Hoteliers und Restaurantbesitzern. Nur ganz wenige Hotels, Resorts und Bungalowanlagen entsorgen ihre Abwässer ökologisch unbedenklich. An einem der attraktivsten Strände werden z.B. Abwässer ohne ausreichende Klärung in die dahinter liegende Lagune geleitet, von wo sie über einen Klong wieder am Strand verteilt werden. Der zeitweilig unerträgliche Gestank wird von den Anrainern anscheinend gar nicht mehr wahr genommen. Ein thailändischer Ingenieur, der im Fernsehen die langfristigen Vorteile von **Kläranlagen** schilderte und Hoteliers zum Bau ermutigte, wird in verquerer Argumentation von diesen als Feind des Tourismus angegriffen.

Restaurants am Strand werden meistens auf kurzzeitig gepachtetem Land gebaut, fast immer

Auch wir als Besucher des Landes können einen kleinen Beitrag zur Erhaltung der Umwelt leisten

→ Generell gilt im Dschungel wie am Strand der Grundsatz: *take nothing but pictures, leave nothing but footprints.* Dass die Thais selbst sich häufig nicht an diese Devise halten, ist keine Entschuldigung. Guides und Bootsleute kann man durchaus darum bitten, nicht kompostierbaren Müll von einer Tour mit zurückzunehmen.

→ Für manche Völker ist die Jagd lebensnotwendig – für uns ist sie ein unnützes Vergnügen, das nur Schaden anrichtet.

→ Souvenirs von bedrohten Pflanzen und Tieren (z.B. Schildkröten, Krokodile) werden nur hergestellt, wenn sich dafür auch Abnehmer finden. Der Import nach Europa ist auf Grund des Washingtoner Artenschutzabkommens ohnehin verboten!

→ Taucher, die sich auf Korallen stellen oder sie gar abbrechen, haben bereits ganze Riffe zerstört. Auch für Schmuck und andere Souvenirs wurden viele Korallenbänke abgetragen, wodurch der Lebensraum zahlloser Fische, Krebse und anderer Weichtiere zerstört wurde.

→ Wer bei Touren in entlegene Gebiete feststellen muss, dass noch irgendwo Holz geschlagen wird, sollte dieses Wissen nicht für sich behalten, sondern Forstbehörden, Zeitungen oder engagierte Umweltschutzgruppen darüber informieren.

→ Soft Drinks und Wasser gibt es auch in Pfandflaschen, Restaurantbesitzer kann man gezielt danach fragen. Auf Plastiktüten und überflüssige Verpackungen kann man verzichten. Auch unterwegs sollte man darauf achten, dass Müll nicht achtlos in die Landschaft geworfen wird.

→ Touristen gelten in den Tropen als die größten Wasserverschwender. Da der Wassermangel in Thailands Touristenzentren von Jahr zu Jahr dramatischer wird, sollte sich jeder bemühen, sorgsam mit dem kostbaren Nass umzugehen.

→ Wer mit der Entsorgung von Abwasser nicht einverstanden ist, kann die Besitzer und Betreiber von Resorts und Restaurants darauf ansprechen: *Steter Tropfen hölt den Stein.*

unter unzulänglichen sanitären und ökologischen Bedingungen, da sich der Bau von Kläranlagen und Filtern angeblich nicht rechne. Gesetze, die strikte Auflagen verlangen, gelten bisher nur für große Unternehmen, werden häufig umgangen und berücksichtigen nur unzureichend neue Technologien.

Ein ermutigender Lichtblick: Engagierte Einzelkämpfer haben mit wissenschaftlicher Unterstützung der Universität Hamburg ein preisgünstiges **Klärverfahren** entwickelt, das unter Verwendung lokaler Materialien auf bakterieller Basis ohne Chemikalien aus Abwasser klares, geruchloses und geschmackloses **Brauchwasser** erzeugt. Einige Anlagen sind in Phuket und Khao Lak in Betrieb (🖵 www.thailand2000.de/umwelt).

Bevölkerung

Bevölkerungsstruktur

In Thailand leben etwa 62 Millionen Menschen. Waren 1970 noch 16,5% der Bevölkerung jünger als 5 Jahre, sind es mittlerweile weniger als 12%. Die Lebenserwartung liegt in Thailand bei 72 Jahren (1960: 52 Jahre, in Westeuropa heute etwa 76 Jahre).

Vor allem in den ländlichen Räumen lebt etwa ein Drittel der Bevölkerung unter dem Existenzminimum. Entgegen der populären staatlichen Familienplanungspolitik sind gerade die Bergvölker noch immer traditionellem Denken verhaftet. Man wünscht sich viele Kinder, denn sie steigern das soziale Ansehen und sind die einzige Alterssicherung. Hingegen praktizieren die meisten Thai-Familien auch auf dem Land Geburtenplanung. Noch leben 69% der Bevölkerung auf dem Land. Dennoch ist die **Verstädterung**, wie überall auf der Welt, nicht zu übersehen. Die Bevölkerung der Metropole

Bangkok hat sich während der letzten 20 Jahre mehr als verdoppelt. Die Stadt wirkt wie ein Magnet auf die junge, arbeitslose Landbevölkerung. Die Träume von einem besseren Leben enden nicht selten in menschenunwürdigen Fabriken oder Massagesalons.

Die Bevölkerungsdichte der städtischen Region Bangkok und Thonburi liegt bei 3834 Einwohnern pro km^2, was über dem Wert entsprechender europäischer Großstädte liegt. Im Gegensatz zu den westeuropäischen Städten leben die meisten Menschen in Bangkok allerdings in ein- bis zweistöckigen Häusern – ähnlich wie in den Kleinstädten. Neben der Hauptstadt Bangkok (inkl. Umland je nach Schätzungen 9–12 Millionen Einwohner) gibt es keine weiteren Millionenstädte.

Schon früh haben sich die Menschen in den Flussebenen niedergelassen, die auch heute zu den am dichtesten besiedelten Regionen gehören. Hingegen können in den Bergregionen nur wenige Menschen auf den kargen Böden ihre Lebensgrundlage erwirtschaften.

Die Thai

81% der Gesamtbevölkerung Thailands sind Thai, so dass das Land relativ homogen ist. Über Jahrhunderte wanderte das Volk der Thai aus Yünnan Richtung Süden. Während die „großen Thai", die heutigen Shan, ins östliche Burma zogen, ließen sich die „kleinen Thai" im Gebiet des heutigen Nord-Thailands nieder.

Von den alten Hochkulturen der Mon und Khmer übernahm man die Grundzüge für eine eigene Schrift, aus dem ceylonesischen Raum brachten Mönche den Theravada-Buddhismus und aus China kamen Handwerker und Künstler ins Land. Da die Thai niemals kolonisiert wurden, haben sie ihre eigene kulturelle Identität bis heute weitgehend bewahrt.

Während der Ayutthaya-Periode festigte sich die Rolle des Königs als Staatsoberhaupt. Obwohl Thailand 1932 in eine konstitutionelle Monarchie umgewandelt wurde, kommt dem vom ganzen Volk verehrten König noch immer eine große Bedeutung zu. Ebenso wie die prunkvollen Tempel das Bild der Städte und Dörfer bestimmen, prägt der Buddhismus das gesellschaftliche Leben der Thai. Wenn auch staatliche Schulen mittlerweile die meisten Kinder ausbilden, so gehen doch viele

männliche Thai mindestens einmal in ihrem Leben als Mönch ins Kloster. Neben buddhistischen Traditionen haben zahllose Riten und Bräuche hinduistischen oder animistischen Ursprungs einen festen Platz im Leben der Menschen.

Ethnische Minderheiten

Vor allem in den südlichen und nördlichen Provinzen leben ethnische Minderheiten. Die Südprovinzen an der Grenze zu Malaysia (Pattani, Yala, Narathiwat und Satun) werden von **islamischen Malaien** bewohnt, die dort bis zu 80% der Bevölkerung ausmachen.

Eine andere, wirtschaftlich einflussreiche Minderheit sind die ca. 6 Mill. **Chinesischstämmigen** in Thailand. Obwohl die wirtschaftlichen Beziehungen zwischen Thailand und China bis ins 13. und 14. Jahrhundert zurückreichen, sind die meisten Chinesen erst in jüngerer Zeit eingewandert. Zwischen dem Beginn des 19. Jahrhunderts und 1950 flüchteten etwa 4 Mill. Chinesen aus ihrer krisengeschüttelten Heimat nach Thailand, wo ihre Arbeitskraft geschätzt wurde und sie in Handel und Wirtschaft zu Wohlstand gelangten. Eine Untersuchung der Thammasat-Universität stellte fest, dass 63 der 100 größten Industriebetriebe von Chinesen kontrolliert werden. Zudem sind 23 der 25 einflussreichsten Männer der Wirtschaft chinesischstämmige Thais.

Die moslemische Minderheit

Seit dem 13. Jahrhundert, als die Herrscher Sukhothais die malaiischen Sultanate im Süden der Halbinsel zu Vasallenstaaten erklärten, war diese Region zwar unter der formalen Oberhoheit Siams, aber praktisch blieb sie sich selbst überlassen. Mit der Ausbreitung des Islam im indonesischen Raum wurde auch die malaiische Bevölkerung der Halbinsel bis hinauf nach Chumphon islamisiert. 1909 mussten unter britischem Druck die Sultanate Kedah, Perlis, Kelantan und Terengganu abgetreten werden. In den verbleibenden malaiischen Gebieten Süd-Thailands begann eine radikale Assimilierungspolitik, die von Unverständnis, Vorurteilen und kulturellem Chauvinismus gekennzeichnet war und die bis zum heutigen Tag die Beziehungen zwischen dem Staatsvolk der Thai und den Thai Moslems, wie sie von Bangkok euphemistisch genannt werden, bestimmt.

In Thailand gibt es über 2 Mill. Moslems, von denen drei Viertel im Süden des Landes leben, vor allem in den Provinzen Yala, Narathiwat, Pattani und Satun. Immer wieder gibt es Auseinandersetzungen zwischen Moslems und den von Bangkok eingesetzten Verwaltungsbeamten um die regionale Autonomie.

Auch in Bangkok hat man nicht vergessen, dass über Jahrzehnte kommunistische und separatistische Guerilla (neben ganz gewöhnlichen Banditen) den Süden mit Überfällen, Entführungen und Morden terrorisierten. Nach dem 11. September und dem Bombenattentat auf Bali fürchtet man wieder verstärkt Anschläge islamischer Fundamentalisten.

Die strengen religiösen Regeln, die den Genuss von Alkohol und Schweinefleisch verbieten, stellen aber auch Barrieren dar, die soziale Integration und berufliche Mobilität verhindern. Praktizierende Moslems leben zumeist als Bauern oder Fischer auf dem Land und haben in der modernen Gesellschaft nur geringe Chancen auf einen gut bezahlten Beruf in Wirtschaft oder Verwaltung.

Geschichte

Im Gegensatz zu allen anderen Staaten Südostasiens kam Thailand **nie unter direkte koloniale Herrschaft**. Zwischen den Einflussgebieten Großbritanniens im Westen und Süden (Britisch-Indien, Burma, Malaya) und den französischen Kolonien im Osten (Laos, Kambodscha, Vietnam) gelegen, musste Thailand einer vorsichtigen **Balance-Politik** zwischen den Großmächten folgen, und vor allem im 19. Jahrhundert große Gebiete abtreten.

1896 garantierten beide rivalisierenden Großmächte die immer während Neutralität des zentralen Teils Siams, wie die damalige offizielle Staatsbezeichnung lautete, ohne dabei zu vergessen, sich gegenseitig wirtschaftliche und strategische Einfluss- und Interessensphären zuzuschanzen. Militärisch aber wurde das Land nie unterworfen.

Bis zum 13. Jahrhundert: Frühgeschichte

Archäologische Keramik- und Waffenfunde in Ban Chiang und in der Nähe von Kanchanaburi weisen eine **Besiedlung** des Landes vor über 7000 Jahren

nach. Nach neueren Funden in Grotten bei Krabi lebten sogar schon vor 43 000 Jahren viele Menschen als Sammler und Jäger im Süden Thailands.

Die eigentliche Herkunft der Thai-Völker ist wissenschaftlich umstritten. Historisch nachweisbar sind ihre **Wanderungsbewegungen** seit Beginn unserer Zeitrechnung. Im 8. bis 11. Jahrhundert waren die Thai-Siedler bereits aus dem heutigen Süd-China in ein Gebiet vorgedrungen, das sich von Assam im äußersten Westen bis nach Vietnam erstreckte. Häufig traten sie dabei in Kontakt mit bereits hinduisierten Bevölkerungsgruppen. Andererseits besaßen sie genügend sozialen Zusammenhalt und politische Ordnung, um kleine Fürstentümer zu gründen. Weiter im Süden erstreckte sich das Khmer-Reich von Angkor (Kambodscha) vom 10.–13. Jahrhundert bis weit nach Thailand hinein.

Die ersten **Reiche der Thai** entstanden in Chiang Mai und Chiang Rai, aber auch in Nord-Burma und Yünnan. Im 13. Jahrhundert wuchs die Bedeutung mehrerer dieser Staaten, da sie als Vasallen der Mongolen an deren Siegen über Burma und dem Reich Champa (in Vietnam) teilhatten.

13. / 14. Jahrhundert: Unter der Herrschaft von Sukhothai

Im Zentrum der indochinesischen Halbinsel waren zwei Völker vom Einfluss Indiens geprägt. Die Khmer im Mekong-Delta und die Mon in Zentral-Thailand und Nieder-Burma hatten mächtige Reiche und hoch entwickelte Kulturen geschaffen. Der Einfluss beider Völker war jedoch im 13. Jahrhundert stark zurückgegangen. In diesem Macht-Vakuum gelang es den Thai, den Mon-Staat Haripunchai (Lamphun) zu besiegen und 1296 Chiang Mai zu gründen. Nachdem schon 1220 die Khmer aus der zentralen Ebene verdrängt worden waren, wurde 1228 Sukhothai gegründet.

Beide Thai-Fürstentümer übernahmen viele Kulturelemente der Mon und Khmer. Das wichtigsten waren die Annahme des Theravada Buddhismus aus Ceylon, in den viele Elemente des alten animistischen Glaubens eingingen, und die Übernahme der Schrift.

Sukhothai gelangte zum Ende des 13. Jahrhunderts unter König Ramkhamhaeng zu großer kultureller Blüte. Er verband die Fähigkeit einer effizienten Herrschaft mit militärischer Stärke und trat gleichzeitig als Befürworter des Buddhismus und der Künste auf, Heute wird er als „Vater Thailands" betrachtet.

15.–18. Jahrhundert:
Unter der Herrschaft von Ayutthaya

Der Nachfolgestaat Sukhothais war das um 1350 entstandene Königreich Ayutthaya im Zentrum der fruchtbaren Chao Phraya-Ebene. Zum Beginn des 15. Jahrhunderts wurde Sukhothai unterworfen und das Khmer-Reich besiegt bzw. zum Vasallen degradiert. Gegen die nördlichen Thai-Staaten Laos und Chiang Mai führten König Trailoks Truppen zahlreiche Kriege. Um die militärische Position gegenüber dem nördlichen Nachbarn zu verbessern, wurde vorübergehend die Hauptstadt nach Phitsanulok verlegt. Chiang Mai konnte jedoch nicht unterworfen werden, da es sich zeitweise mit dem Königreich Burma verbündete, das zum Erz-Rivalen des Ayutthaya-Reiches wurde. Erst zum Ende des 18. Jahrhunderts gelang die Eroberung Chiang Mais.

Waren die Sukhothai-Könige noch volksverbunden, so wurden jetzt am Hof Zeremonien eingeführt, die dem Herrscher göttliche Eigenschaften zusprachen. Damit war die absolute Monarchie geboren. Am weitesten gingen die Veränderungen in der Administration des Reiches. Mitglieder der königlichen Familie, die bisher die verschiedenen Landesteile als quasi eigene Ländereien verwalteten, wurden durch ernannte Adlige ersetzt. Eine Rangordnung der Mitglieder des Königshauses und des Adels wurde festgelegt und die gesellschaftliche Funktion jedes einzelnen definiert. An der Spitze der Hierarchie stand der König. Die Masse der Menschen, die Bauern, waren in zwei Klassen unterteilt: Freie und Sklaven. Freie hatten das Recht, Land bis zu einer Größe von 25 rai (1 rai = 1600 m^2) zu bestellen. Durch ein hierarchisches Abgabenrecht bekam jeder Bürger Ayutthayas eine „soziale Wertigkeit" (*sakdi na*), die durch den Landbesitz definiert war. Die des Königs war unendlich, die eines durchschnittlichen freien Bauern war 25 *sakdi na*, die des Thronnachfolgers 100 000 usw.

Stärkster Rivale Ayutthayas war das benachbarte Königreich Burma. 1569 wurden die Thai besiegt, burmesische Garnisonen eingerichtet und ein neuer König ernannt, der die Oberhoheit Burmas

anerkannte. 15 Jahre war Ayutthaya ein Vasall Burmas. In fünf Kriegszügen gelang es dem Prinzen Naresuan zwischen 1584 und 1592 die burmesische Herrschaft abzuschütteln. Die Außenbeziehungen Ayutthayas mit den meisten anderen asiatischen Staaten waren durch intensiven Handel geprägt. Handelsschiffe segelten nach Malacca, in die Häfen Indiens, Chinas und Javas. Besondere Beziehungen bestanden mit China, das als „älterer Bruder" angesehen wurde.

Bedeutsam waren die Kontakte Ayutthayas mit den europäischen Großmächten. Seit dem Jahr 1511 das Sultanat Malacca von Portugal erobert worden war, kamen portugiesische Händler, Missionare und Diplomaten auch nach Ayutthaya. Portugiesische Söldner dienten im Heer. Im 17. Jahrhundert trafen Holländer und Engländer ein, die Handelsstützpunkte nahe der Hauptstadt und in den Häfen des Südens einrichteten. 1664 erzwang Holland unter der Androhung militärischer Gewalt den Abschluss eines Vertrags, der ihm ein Monopol in den wichtigsten Bereichen des Außenhandels einräumte. Um den holländischen Einfluss zu vermindern, wurden zwischen 1665 und 1690 diplomatische Kontakte zwischen Ayutthaya und Frankreich aufgenommen. 1687 traf eine französische Gesandtschaft mit mehr als 600 gut ausgerüsteten Soldaten ein. König Narai, beraten durch den griechischen Abenteurer Konstantin Phaulkon, geriet in den Augen des Thai Adels und der königlichen Familie mehr und mehr unter europäischen Einfluss. 1688 gelang eine Palast-Revolte, Phaulkon wurde geköpft und die französischen Soldaten wurden vertrieben. Damit begann für 150 Jahre eine neue Politik der Abschottung gegenüber den westlichen Großmächten.

Mitte des 18. bis Mitte des 19. Jh.:
Der Beginn der Chakri-Dynastie

Nachdem 1767 Ayutthaya vom Erzfeind des Reiches, Burma, völlig niedergebrannt und dem Erdboden gleichgemacht worden war, versank das Land im Chaos. Wie bei damaligen Kriegen üblich, wurden alle qualifizierten Handwerker, die noch am Leben gebliebene königliche Familie und weitere 106 000 Bewohner Ayutthayas nach Burma verschleppt. Der Provinz-Gouverneur Taksin sammelte die verbliebenen Soldaten und versuchte, das Land politisch wiederzuvereinigen, da sich Provinzen und Vasallenstaaten nach der Invasion Burmas losgesagt hatten. 1768 wurde er in der neuen Hauptstadt Thonburi zum König ausgerufen. Im Zeitraum von 14 Jahren gelang es ihm in zahlreichen Kriegen, das Land wieder zusammenzufügen. Wichtigster Heerführer wurde General Chakri, der Taksin entmachtete und zum König Rama I. gekrönt wurde. Damit war er der erste König der noch heute herrschenden Dynastie.

Unter den Chakri-Königen wurde bis zur Mitte des 19. Jahrhunderts hauptsächlich eine Politik der Restauration verfolgt. Der vergangene Glanz Ayutthayas sollte wiederhergestellt werden. Für die neuen Tempel und Paläste, die in Bangkok errichtet wurden, verwandte man sogar Ziegelsteine aus den Ruinen der alten Hauptstadt.

Veränderungen sozialer und wirtschaftlicher Natur wurden unumgänglich, als sich die Handelsbeziehungen zu China ausweiteten und die europäischen Großmächte neues Interesse an Ostasien zeigten. Chinesische Einwanderer, meist Händler oder Unternehmer, siedelten sich vor allem in Bangkok an. Mitte des 19. Jahrhunderts waren mehr als die Hälfte der 400 000 Einwohner der Stadt Chinesen.

Ende des 19. Jh.: Reformen unter Mongkut und Chulalongkorn

König Mongkut wird als Erneuerer und Reformer des Reiches gesehen. Seine Außenpolitik war von der Vormachtstellung der westlichen Großmächte bestimmt. Deshalb wurden England, den Vereinigten Staaten, Frankreich und anderen Ländern Handels-Privilegien eingeräumt und Territorien abgetreten. Das Schicksal Burmas – nach drei Kriegen vollständig Britisch-Indien einverleibt – war für Siam eine traumatische Erfahrung.

Sein Sohn Chulalongkorn führte diese Politik fort. Französische Kanonenboote auf dem Menam Chao Phraya ließen Chulalongkorn keine andere Möglichkeit, als territoriale Konzessionen an Frankreich und Großbritannien zu machen. Alle laotischen Vasallenstaaten und große Gebiete in Kambodscha fielen an Frankreich. Diese Beschwichtigungspolitik wurde ergänzt durch ein innenpolitisches Reformprogramm, dessen Durchsetzung auf große Schwierigkeiten stieß, da es alte Privilegien des Adels und der königlichen Familie

beschnitt. 1909 mussten die nordmalaiischen Sultanate Perlis, Kedah, Terengganu und Kelantan an das britische Kolonialreich abgetreten werden.

Es wurde eine zentralisierte Verwaltung geschaffen, an deren Spitze Ministerien nach europäischem Vorbild standen. Steuergesetze ersetzten die alte hierarchische Abgabenstruktur, und mit der entscheidenden Verbesserung der Infrastruktur entstanden die Eisenbahnlinien nach Malaya und Chiang Mai. Im Rahmen der Umgestaltung des gesamten Erziehungssystems wurden Universitäten gegründet.

Unter Chulalongkorn wurde ein Dekret erlassen, dass niemand mehr als Sklave geboren werden könne, was die Abschaffung der Sklaverei einleitete. Der König öffnete das Land verschiedenen europäischen Nationen und beschäftigte in seiner zivilen und militärischen Verwaltung Briten, Belgier und Italiener. Deutsche projektierten die Eisenbahnlinie nach Norden.

Zweck aller Reformen war es, Thailand innen zu stärken, um der westlichen Herausforderung standzuhalten. Chulalongkorn veränderte die althergebrachte Gesellschaftsordnung, hielt aber gleichzeitig an bestimmten Traditionen fest und gilt dadurch als Begründer des modernen Siam.

Die wichtigsten Könige Thailands	
? –1317	Mengrai (Lanna)
1275–1317	Ramkhamhaeng
1350–1369	U-Thong
1388–1395	Ramesuan
1590–1605	Naresuan
1630–1656	Prasat Thong
1657–1688	Narai
1767–1782	Taksin
1782–1809	Rama I. (General Chakri)
1809–1824	Rama II. (Phra Phutthaletla Naphalai)
1824–1851	Rama III. (Phra Nangklao)
1851–1868	Rama IV. (Mongkut)
1868–1910	Rama V. (Chulalongkorn)
1910–1925	Rama VI. (Vichiravudh)
1925–1935	Rama VII. (Prajadhipok)
1935–1946	Rama VIII. (Anand Mahidol)
seit 1946	Rama IX. (Bhumipol)

Die 30er und 40er Jahre: Konstitutionelle Monarchie

1932 wurde Siam, wie die offizielle Staatsbezeichnung bis dahin lautete, durch einen unblutigen Staatsstreich eine konstitutionelle Monarchie. Westlich ausgebildete Intellektuelle und große Teile des Bürgertums waren mit der Herrschaft König Prajadhipoks unzufrieden, da er, im Gegensatz zu seinem Großvater Chulalongkorn, kaum Interesse an der Erneuerung des Landes zeigte und sich Vettern- und Misswirtschaft ausbreitete. Pridi Phanomyong, ein in Frankreich ausgebildeter Rechtsanwalt, war der politische Kopf der radikaldemokratischen Bewegung, die, zusammen mit den mehr konservativen Militärs, den Coup durchführte. Pibul Songgram, Führer des konservativen Flügels, wurde bald zum stärksten Mann der Nation, die nun Thailand hieß.

1940 war das Land Alliierter der Achsenmächte Nazi-Deutschland, Japan und Italien. Mit japanischer Unterstützung annektierte Thailand Teile von Laos, Kambodscha und Malaya. 1944 wurde Pibul Songgram gestürzt, und Thailand verbündete sich mit seinen ehemaligen Gegnern. Pridi Phanomyong, der Führer der antijapanischen Bewegung während des Krieges, arbeitete mit seinen Freunden eine neue Verfassung aus. Er wurde 1947 durch einen Militärputsch unter der Führung von Songgram gestürzt und ging ins Exil. Später wurde er Sprecher der Bewegung Freies Thailand in der Volksrepublik China.

Die 50er und 60er Jahre: Diktatur

Unter der Führung Songgrams wurde das Land streng antikommunistisch und Mitglied in der SEATO (South East Asia Treaty Organization), dem asiatischen Gegenstück zur NATO. 1957 stürzten Militärs unter Marschall Sarit die Einmann-Diktatur. Sarit, eine umstrittene Figur der neueren Geschichte, war beim Volk beliebt, während viele Landeskenner ihn als korrupten Diktator einstufen. Feldmarschall Thanom Kittikachorn wurde neuer Premier und führte Thailand noch enger in die Arme der USA. Während des Vietnam-Krieges war das Land von einem Netz von US-Militärstützpunkten überzogen. Von Udon Thani, Ubon Ratchathani oder U-Tapao aus wurden viele verheerende B52-Bombereinsätze in Vietnam und Laos geflogen. Nach den Wahlen von 1969 wurde zwar

ein Parlament gebildet, doch die Macht lag weiterhin in den Händen von Kittikachorn und seinen Generälen.

Die 70er Jahre: Demokratische Erneuerung

Die fortwährenden Auseinandersetzungen zwischen Parlament und den Militärs führten im November 1971 zur Auflösung der Nationalversammlung, Aufhebung der Verfassung und Erklärung des Kriegsrechts. Fast zwei Jahre lag die eigentliche Macht in den Händen der Armee- und Polizeioffiziere, die sich durch Korruption auszeichneten.

Im Oktober 1973 protestierten Hunderttausende gegen die Verhaftung oppositioneller Studentenführer. 71 Menschen wurden wahllos erschossen und mehrere Hundert verletzt; erbitterte Straßenkämpfe folgten. Das Ende der herrschenden Militärclique war gekommen, als Kittikachorn, Prapas und Narong ins Ausland flohen. König Bhumipol verkündete den Rücktritt des Militärregimes und die Einsetzung des Rektors der Thammasat-Universität, Sanya Dharmasakti, als neuen Premier, was man als Sieg der Studentenbewegung verstand.

Sanya hatte die undankbare Aufgabe, das dem Ruin zustrebende Land zu regieren. Streiks, Kriminalität, Inflation und die sich zuspitzenden Auseinandersetzungen mit kommunistischen Guerillas im Norden und Nordosten sowie die militante Bewegung der Moslem-Minderheit im Süden waren nur einige Probleme.

In der folgenden Zeit wechselten sich die Parteien mit der Bildung von Regierungen ab, bis im Oktober 1976 das Militär wiederum die Macht übernahm. Ab 1977 war General Kriangsak Premier, der sich durch eine Reformpolitik nach innen und einer realistischen Ausgleichspolitik nach außen von seinen Vorgängern unterschied.

Die 80er Jahre: Wirtschaftsboom

Im Frühjahr 1980 wurde Kriangsak gestürzt, und das Parlament bestimmte General Prem Tinsulanond zu seinem Nachfolger, der das Land mit einer demokratisch legitimierten Mehrparteienkoalition regierte. Thailand wurde wiederum streng antikommunistisch, die Auseinandersetzungen an der Grenze zu Kambodscha waren Anlass für verstärkte Waffenlieferungen und gemeinsame Manöver mit den USA. Viele innenpolitischen Reformen verliefen im Sande. Die muslimische Separatistenbewegung im Süden verlor 1987 durch die Kapitulation von 650 Guerillas stark an Einfluss.

1988 ging die Chart Thai Partei aus allgemeinen Parlamentswahlen als Sieger hervor. Ihr Vorsitzender, Chatichai Choonhavan, führte als Ministerpräsident eine 7-Parteien-Koalition. Daneben hatte die Armee großen Einfluss. Durch populäre Anordnungen (z.B. Amnestie für politische Gefangene, Erhöhung der Gehälter der Staatsangestellten und des Reispreises für die Bauern) und den wirtschaftlichen Boom konnte die Regierung die anfängliche Skepsis in der Bevölkerung überwinden. Doch schon bald kam es durch den Anstieg der Verbraucherpreise, die ungleiche Einkommensentwicklung, Bodenspekulation und Korruption zu Spannungen, die vor allem im Militär zu Unmutsäußerungen führten.

Die 90er Jahre:
Politisierung der Massen

Es überraschte nicht, als im Februar 1991 die Armee in einem unblutigen Putsch Chatichai Choonhavan absetzte. Ein *National Peace Keeping Council* (NPKC) übernahm die Macht und beauftragte Zivilisten unter der Leitung von Premierminister Anand Panyarachun mit der Ausarbeitung einer neuen Verfassung.

Im März 1992 wurden wiederum Wahlen abgehalten, bei denen die den Militärs nahe stehenden Parteien vor allem im ländlichen Raum die Mehrheit der Stimmen erhielten oder kauften. Als im Mai der Anführer des Putsches, General Suchinda Kraprayoon, der nicht dem Parlament angehörte, zum Ministerpräsidenten ernannt wurde, kam es zu Massendemonstrationen.

Sie gipfelten in gewalttätigen Auseinandersetzungen mit zahlreichen Toten und der Verhaftung des charismatischen Leiters der *Palang Dharma Partei*, Chamlong Srimuang, sowie 4000 seiner Anhänger. Nach der Intervention des Königs wurden die Gefangenen freigelassen, und General Suchinda ("Big Su") musste zurücktreten.

Unter dem Druck der Straße kam es im September 1992 zu Neuwahlen, aus der eine 5-Parteien-Koalition unter dem demokratischen Premierminister Chuan Leekpai hervorging.

Viele gut gemeinte Reformversuche der Regierung scheiterten am Widerstand der Opposition

und einiger Mitglieder aus den eigenen Reihen. Auch die *Palang Dharma Partei* verlor 1994 durch innerparteilichen Streit an Ansehen. Auf der anderen Seite hatten die Mai-Unruhen zu einem verstärkten demokratischen Bewusstsein geführt, so dass außerparlamentarische Gruppen die Politiker unter Druck setzten, die Reformen fortzuführen und vor allem die Lebensbedingungen auf dem Land zu verbessern.

Aufgrund von Korruptionsvorwürfen im Zusammenhang mit einer Landreform zerbrach die 5-Parteien-Koalition im Mai 1995, Premierminister Chuan Leekpai verlor die Neuwahlen, bei denen viel über Stimmenkäufe in den ländlichen Regionen gemunkelt wurde. Der Führer der Chart Thai-Partei, Banharn Silpa-archa, wurde zum 21. Premierminister Thailands ernannt. Aber auch diese 7-Parteien-Koalition ging schnell in die Brüche, so dass bereits Ende 1996 wieder Neuwahlen anstanden, aus denen Chavalit Yongchaiyudh, ein ehemaliger General, als Sieger hervorging. Die überwältigende Mehrheit der Wähler in Bangkok stimmte jedoch für die Opposition. Die wankelmütige *Palang Dharma Partei* wurde nahezu aufgerieben.

Zu dieser Zeit kündigte sich bereits mit dem Verfall der Immobilienpreise und dem Zusammenbruch einiger Grundstücksgesellschaften die Wirtschaftskrise an. In der ersten Jahreshälfte 1997 begann sie sich auch in anderen Bereichen bemerkbar zu machen. Die Regierung, die sich bislang mehr um die Verteilung persönlicher Pfründe als um eine solide Wirtschaftspolitik gekümmert hatte, reagierte anfangs panisch mit Steuererhöhungen, die kurz darauf jedoch wieder zurückgenommen werden mussten. Der Rücktritt zweier Finanzminister, ein rapider Währungsverfall und der Vertrauensverlust beim IWF wie bei der Bevölkerung zwangen Chavalit schließlich, im November 1997 sein Amt niederzulegen.

In dieser schwierigen Situation wurde der ehemalige demokratische Ministerpräsident Chuan Leekpai vom König mit der Bildung einer neuen Koalition beauftragt, die mit einer dünnen Mehrheit wichtige Reformen durchsetzen musste. Im Zentrum der Politik des Premiers stand die Bekämpfung von Pleiten, Arbeitslosigkeit und sozialen Problemen. Im Gegensatz zur boomenden Exportwirtschaft konnte sich in den folgenden Jahren die Binnennachfrage auf Grund des niedrigen

Lohnniveaus nicht erholen. Unter diesen Bedingungen fand Thaksin von der neugegründeten Thai Rak Thai (*Thais lieben Thais*) mit seinen großzügigen finanziellen Versprechungen und offener Polemik gegen westliche Ausländer Gehör und gewann am 6.1.2001 mit einer überwältigenden Mehrheit die Wahlen. Thaksin bildete eine Drei-Parteien-Koalition, um mit einer 2/3-Mehrheit Gesetze schnell verabschieden zu können, und berief in sein Kabinett viele alte Gesichter aus mehreren gescheiterten Regierungen. Als eine der ersten, vom Wahlvolk kaum wahrgenommenen Maßnahmen, wurden Firmen mit ausländischer Beteiligung unter die Lupe genommen und die Arbeitsgenehmigungen von tausenden von Ausländern, die zum Großteil im Tourismusgewerbe arbeiten, nicht oder nur unter verschärften Bedingungen erneuert. Die populistische, polarisierende Politik der neuen Thaksin-Regierung sowie die gegen Ausländer gerichteten Maßnahmen wurde Ende 2002 selbst vom König in seiner jährlichen Geburtstagsansprache kritisiert.

Regierung

Die Verfassung

Nach der Revolution von 1932 wurde die erste Verfassung des Landes in Kraft gesetzt. Danach liegt die oberste Gewalt in der Hand des Volkes. Der Monarch, die Nationalversammlung, der Staatsrat und die Gerichte üben die **Staatsgewalt** im Namen des Volkes aus. War damit die Souveränität des Volkes gegeben, so wurden außerdem die Gleichheit vor dem Gesetz wie auch die allgemeinen Grundfreiheiten westlicher Verfassungen garantiert. Seit 1932 sind zwar 16 neue Verfassungen erstellt worden, die aber alle diese Grundsätze beibehielten. In der ersten Jahreshälfte 1997 arbeitete eine **verfassunggebende Versammlung** (*CDA = Constitution Drafting Assembly*) aus 99 indirekt gewählten Persönlichkeiten wieder einmal eine neue Verfassung für Thailand aus, die aber erst unter massivem Druck der Öffentlichkeit und des Militärs im September 1997 vom Parlament gebilligt wurde. Sie soll das politische Leben reformieren, Machtmissbrauch des Staates verhindern und die Korruption in der Politik und Verwaltung eindämmen. Die Zukunft Thailands wird mit davon abhängen, ob die Forderungen der Demokratiebewegungen nach mehr bürgerlichen Freiheiten und Mitbestimmung zum Tragen kommen.

Die Königsfamilie

Obwohl die Revolution von 1932 das Ende der absoluten Monarchie bedeutete, verehrt die Bevölkerung in hohem Maße die Königsfamilie und sieht in ihr als der Nation einigendes Element.

Der König ist Staatsoberhaupt, Oberbefehlshaber der Streitkräfte und religiöses Oberhaupt zugleich. Die Intensität der Verehrung der königlichen Familie ist für Europäer kaum nachvollziehbar. Das Portrait von **König Bhumipol** und der Königin findet sich in jedem Haus, in jedem Laden, selbst in den einfachsten Hütten armer Bauern, in den Büros der Staatsangestellten ebenso wie in Restaurants oder Coffeeshops. Der König steht über dem politischen Tagesgeschehen, und so hat Bhumipol seit seinem Amtsantritt 1946 insgesamt 19 Militärputsche oder gewaltsame Regierungswechsel erlebt. Das Königshaus wirkte in all den Wirren immer als stabilisierende Kraft. Entsprechend prunkvoll wurde sein 50-jähriges Thronjubiläum gefeiert.

König Bhumipol und Königin Sirikit haben einen Sohn, **Kronprinz Maha Vajrakingkorn**, und drei Töchter, Prinzessin Chulabhorn, Prinzessin Sirindhorn und Ubol Ratana, die bis 1998 mit einem Amerikaner verheiratet war und keine repräsentativen Funktionen mehr wahrnimmt.

Vor allem Prinzessin **Sirindhorn**, die bei der Bevölkerung große Beliebtheit genießt, unterstützt unermüdlich die Arbeit ihres Vaters, wofür sie den neuen Titel Maha Chakri erhielt. Zudem wurde 1974 zum ersten Mal in der Geschichte des Landes die Thronfolge dahingehend geändert, dass unter bestimmten Bedingungen auch königliche Töchter die Nachfolge übernehmen können.

Die Königsfamilie gibt sich volksverbunden und besucht selbst abgelegene Provinzen. In vielen königlich initiierten und unterstützten **Projekten** werden vor allem in der Land- und Forstwirtschaft neue Maßstäbe gesetzt. Auf dem Gelände des Chitralada Palastes, in dem die königliche Familie residiert, wurde eine Experimentier-Milchfarm errichtet, in der bestimmte, klimageeignete Rinderarten für die Milchproduktion gezüchtet werden. Ebenfalls bekannt ist die Fischzuchtstation. Die sich schnell vermehrenden *Tilapia Fische* ernähren sich von Unkraut und Insektenlarven und können in den Reisfeldern zu einer Verringerung des Einsatzes von Chemikalien beitragen. Gleichzeitig wird der Landbevölkerung dadurch proteinhaltige Nahrung zur Verfügung gestellt.

Die ausgeprägte Verehrung des Königs kommt zum Beispiel im täglichen Abspielen der Königshymne zum Ausdruck. Morgens um 8 Uhr steht die Nation still, wenn aus öffentlichen Lautsprechern die Königshymne erklingt. Ähnliches geschieht im Kino – vor dem Beginn der Vorstellung erscheint die Fahne und der König auf der Leinwand, die Hymne wird abgespielt und alle Kinobesucher erheben sich von ihren Stühlen.

Die Innenpolitik

Der größte Teil der Bevölkerung lebt auf dem Land, allerdings drängen immer mehr, wie überall auf der Welt, in die Städte. Die Einwohnerzahl der Metropole Bangkok hat sich während der letzten 20 Jahre mehr als verdoppelt. Die Stadt wirkt wie ein Magnet auf die Landbevölkerung. Die Träume von einem besseren Leben enden nicht selten in menschenunwürdigen Fabriken oder Massagesalons. In früheren Jahrzehnten suchten die Bauern nur während der Regenzeit zusätzliche Verdienstmöglichkeiten in den Städten. Seit den 90er Jahren ziehen jedoch viele ehemalige Dorfbewohner in den Großraum Bangkok und andere Industriezentren, die während des atemberaubenden wirtschaftlichen Aufschwungs entstanden sind. In vielen Dörfern des Nordostens und Südens hingegen, wo die Armut landesweit am größten ist, hat sich kaum etwas geändert.

Effektive Einkommensverluste Mitte der 80er Jahre durch einen Preisverfall bei traditionellen Agrarprodukten, wie Tapioka und Schweinefleisch, und Misserfolge bei der Einführung neuer Erzeugnisse wie Cashewnüsse und Maulbeerbäume hatten die Unruhe unter den Bauern geschürt. Als dann noch die Lebensmittelpreise stiegen und große Staudammprojekte die Existenz ganzer Dörfer bedrohten, begannen 1993/94 massive Protestaktionen.

Die zunehmende öffentliche politische Diskussion und Demokratisierung während der vergangenen Jahre machte vielen Mut, aktiv aufzubegehren. Vor allem die ländliche Bevölkerung wehrt sich mittlerweile gegen Ungerechtigkeiten bei der Landreform oder beim Bau von Staudämmen, wenn das überspülte fruchtbare Ackerland durch minderwertige Böden kompensiert werden soll. Aber auch die **Stadtbevölkerung** fordert immer deutlicher ihre demokratischen Rechte ein. Der Kampf um die neue Verfassung mobilisierte breite Bevölkerungsschichten. Auch die widersprüchlichen Reaktionen der Regierung während der Wirtschaftskrise wurden in der Presse heftig kritisiert und Forderungen nach dem Rücktritt des Premiers laut und unmissverständlich geäußert.

Nach jahrelanger Arbeit zeigt die staatlich propagierte **Familienplanung** Erfolge und kann anderen asiatischen Ländern als Vorbild dienen, denn das Bevölkerungswachstum von einstmals über 3% ist mittlerweile bei nur 1% angelangt. Die Aufklärungskampagnen und Maßnahmen gegen Aids (Meldepflicht, Verpflichtung der Prostituierten zum Gebrauch von Kondomen) sind zwar im Vergleich zu anderen Ländern Asiens vorbildlich, wurden allerdings zu spät initiiert und können das rasant wachsende Problem nicht an der Wurzel packen.

Die Außenpolitik

In der Außenpolitik war Thailand seit dem Ende des 2. Weltkriegs bis in die 70er Jahre auf streng antikommunistischem Kurs und mit den USA militärisch verbündet. Thai-Soldaten kämpften in Korea und Vietnam. Unter Kriangsak begann eine vorsichtige Annäherung an die Nachbarn im Osten: Vietnam, Laos und Kambodscha. Damit wurde dem traditionellen Ziel der Außenpolitik Thailands, die Unabhängigkeit durch realistische Beziehungen zu den drei wichtigen Großmächten Sowjetunion, China und den USA zu bewahren, Rechnung getragen.

Zudem ist Thailand Mitglied in der Bewegung der Blockfreien Staaten und im südostasiatischen Wirtschaftsverband ASEAN. Die Auflösung des Ostblocks erleichterte in den 90er Jahren den Ausbau der Wirtschaftsbeziehungen zu den ehemals sozialistischen Nachbarstaaten. 1994 konnte die erste Mekong-Brücke zwischen Thailand und Laos eröffnet werden.

Der schwimmende Markt in Damnoen Saduak

Die Vielfalt der thailändischen Küche genießen – ein Erlebnis besonderer Art

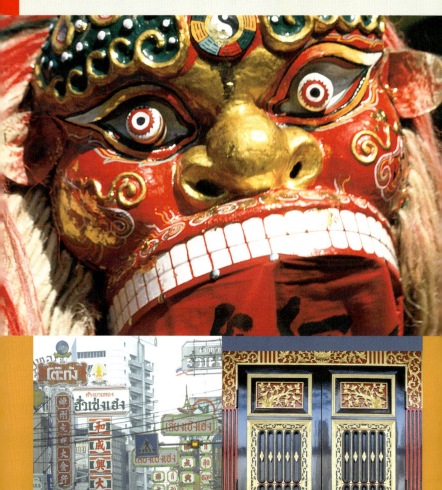

Schon seit Jahrhunderten lebt eine
chinesische Minorität in Thailand

Der Buddhismus prägt das Leben der meisten Thais

Bangkok – eine Stadt der Gegensätze

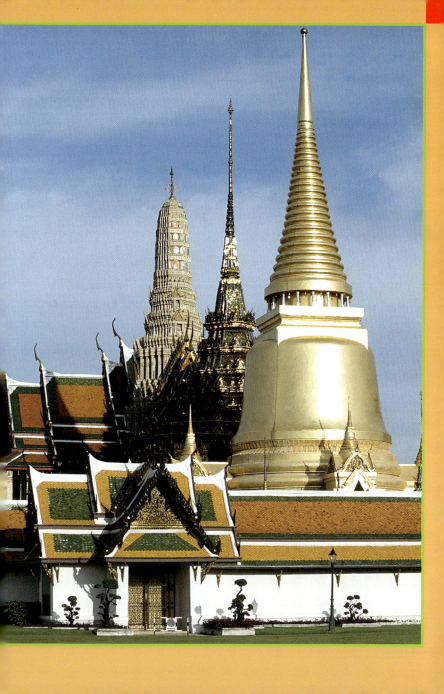

Mon-, Thai- und Karen-Mädchen in traditioneller Kleidung

Wirtschaft

Spätestens während der Wirtschaftskrise 1997/98 wurde vielen Menschen in Thailand die Bedeutung der internationalen finanziellen Verflechtungen deutlich. Die hohe **Auslandsverschuldung** von 1999 noch 86 Milliarden US$, strikte Auflagen des IWF und zahlreiche Pleiten machten sich auch im Alltag bemerkbar. Nicht nur zahlungsunfähige Reiche mussten ihre Mercedes-Karossen und Landhäuser abstoßen, auch die weniger Begüterten schnallten den Gürtel enger. Viele Restaurants blieben leer, und Luxusboutiquen schlossen ihre Pforten.

Importe wurden gedrosselt, während die angekurbelte **Exportwirtschaft** das Defizit verringern helfen sollte. Allerdings entsprach selbst die Reisernte auf Grund der Wetteranomalitäten nicht den Erwartungen, so dass eine wichtige Quelle für harte Währungen weniger ertragreich als erwartet sprudelte. Im **Tourismus** lockten die günstigen Preise zwar mehr Besucher aus Europa an, die kauffreudigen Touristen aus den ebenfalls krisengeschüttelten Nachbarländern übten jedoch ein Jahr lang ein wenig Abstinenz. Kaum hatte sich die Situation wieder normalisiert, führten der Irak-Krieg, Warnungen vor Anschlägen und SARS zu einem erneuten Rückgang des Tourismus, eines bedeutenden Wirtschaftsfaktors.

Bereits 1996 zogen dunkle Wolken am Horizont auf, als einige Immobiliengesellschaften auf Grund fallender Preise und unverkäuflicher Bauprojekte Konkurs anmelden mussten. Durch ausstehende fällige Kredite und die Flucht von ausländischem Kapital kam es zu finanziellen Engpässen bei Banken und Finanzierungsgesellschaften. Kreditzinsen und Auslandsverschuldung stiegen so rapide an wie die Börsenkurse fielen, so dass im August 1997 der IWF mit Kreditzusagen in Höhe von 17,2 Milliarden US$ und strikten Auflagen eingreifen musste. Zum Jahresende wurden von der Regierung 56 Finanzierungsgesellschaften geschlossen. Anderen Forderungen des IWF stand die Regierung kritisch gegenüber, war aber generell bemüht, sie zu erfüllen.

Um die Kassen der Banken und Firmen zu füllen, offerierte man einerseits finanzkräftigen internationalen Unternehmen Beteiligungen, wollte aber andererseits die Kontrolle und Entscheidungsgewalt behalten. Die Folge waren Pleiten, zunehmen-

de Arbeitslosigkeit und höhere Preise. Ein Großteil der Menschen, die ihre Arbeitsplätze in der Industrie verloren hatten und aus den armen ländlichen Regionen stammen, kehrten in ihre Dörfer zurück, wo ein Fleckchen Land auch eine größere Familie wenigstens notdürftig ernähren kann.

Die Hälfte der thailändischen Bevölkerung lebt von der **Landwirtschaft**. Neue Arbeitsplätze werden seit Jahren aber nur von der Industrie geschaffen, in der etwa 15% arbeiten. Mittlerweile liegt der Anteil der industriellen Produktion am Bruttoinlandsprodukt bei 41%. In der Landwirtschaft werden nur 11% des Bruttoinlandsproduktes erwirtschaftet. Während das Bruttosozialprodukt 1992 noch bei US$1840 pro Person lag, betrug es 2000 US$2200 (zum Vergleich: Indien US$440, Deutschland US$26 000) – ein Resultat des durchschnittlichen jährlichen Wirtschaftswachstums von 8% zwischen 1990 und 1996. Mit Beginn der Krise 1997 sank das Wachstum des Bruttoinlandsprodukt auf 0,3% ab. Nach dem Rückgang bzw. Nullwachstum Ende der neunziger Jahre stieg es danach wieder um über 4% an und wuchs 2002 um 5,2%.

Landwirtschaft heißt in Thailand hauptsächlich Feldbau. Fleischproduktion wird nur in relativ kleinem Umfang betrieben. Andererseits ist die Zahl kommerziell betriebener Tierzuchtbetriebe im letzten Jahrzehnt enorm gestiegen. Noch bis in die 50er Jahre wurde in erster Linie Nassreis angebaut, das Haupt-Nahrungsmittel in Thailand. Um die rasch anwachsende Bevölkerung zu ernähren, wurden nach dem 2. Weltkrieg Berghänge und schlechte Böden kultiviert, die sich nicht für den Reisanbau eignen. Hier pflanzte man neue Kulturpflanzen mit geringeren Ansprüchen an Bodenqualität an wie Zuckerrohr, Mais, Cassava, Tapioka und Kenaf. In der Umgebung der Städte stieg die Produktion von Obst und Gemüse. Vor allem im Süden erstrecken sich riesige Ananas- und Gummibaumplantagen. Mittlerweile ist Thailand mit 2,2 Mill. Tonnen pro Jahr der weltgrößte Kautschukproduzent.

Zwischen 1985 und 1994 verdoppelte sich das durchschnittliche Einkommen der Thai auf 2321 Baht pro Haushalt im Monat – in den Boomjahren zunächst bei der städtischen Bevölkerung auf 4809 Baht, doch dann vor allem bei der ländlichen Bevölkerung auf 1563 Baht. Denn Dank der Maßnahmen der von den Demokraten geführten Regierung von 1992–94, nämlich den Wohlstand aus dem

Zentrum aufs Land zu verteilen, halbierte sich von 1988 bis 1994 der Anteil der Menschen, die unter der Armutsgrenze leben. Dennoch leben vor allem auf dem Land noch ein beachtlicher Teil der Menschen unter der **Armutsgrenze** und können sich nicht ausreichend ernähren.

Über die Hälfte der **industriellen Produktionsstätten** konzentriert sich im Großraum Bangkok, einer Region, deren Ausläufer bis Ayutthaya und Pattaya reichen und die den neuen Tiefseehafen Laem Chabang an der Ostküste umfasst. Die bedeutendsten Zweige stellen die Computer- und Halbleiterindustrie, die arbeitsintensive Textilindustrie sowie die Verarbeitung von Nahrungsmitteln und anderer agrarischer Erzeugnisse dar. So erreichte Thailand innerhalb weniger Jahre die Weltspitze als Exporteur von Schalentieren. Relativ neu ist die Zement- und Automobilindustrie, die hauptsächlich im Ausland gefertigte Teile montiert.

Die zunehmende Industrialisierung lässt den **Energiebedarf** des Landes ansteigen. Nur ein Viertel des Bedarfs kann das Land aus eigenen Öl- und Gasvorkommen im Golf von Thailand und dem Indischen Ozean decken. Der Vertrag mit dem Regime in Yangon über die Lieferung von Gas aus den Vorkommen bei Yetagun ist bei Menschenrechtlern und Umweltschützern auf Kritik gestoßen. Durch eine 700 km lange Pipeline, davon 346 km in Thailand, die über das Tenasserim-Gebirge und Kanchanaburi nach Ratchaburi verlegt wurde, soll Thailand 30 Jahre lang mit Gas aus dem Nachbarland versorgt werden.

Exporte spielen für die thailändische Wirtschaft eine große Rolle. Bereits 59% des Bruttosozialproduktes wird ausgeführt, wobei ein Wandel von Rohstoffen und Nahrungsmitteln zu Fertigwaren und Industrieprodukten festzustellen ist. 1980 kam noch der überwiegende Teil aller Exporte aus dem agrarischen Bereich, hingegen produziert seit Mitte der 90er Jahre der industrielle Sektor die Mehrheit aller ausgeführten Güter. Reis, bis 1986 auf Platz eins, ist mittlerweile auf den neunten Rang zurückgefallen und von Computerteilen (mit dem stärksten Wachstum), Textilien, Edelsteinen, integrierten Schaltkreisen, Schuhen, Elektroartikeln, Konserven und Garnelen überrundet worden.

Reis Der Reisanbau bildete seit der Einwanderung der Thai-Stämme die Grundlage der Gesellschaft. Im Laufe der Jahrhunderte wurden die Flussniederungen kultiviert, die durch die alljährlich über die Ufer tretenden Flüsse neue Nährstoffe erhielten.

Mitte des 19. Jahrhunderts begann Siam Reis zu exportieren, was zu einer Umstrukturierung der auf Selbstversorgung orientierten Landwirtschaft führte. Anbau, Transport und Verarbeitung von Reis bestimmte das wirtschaftliche Geschehen der 20er und 30er Jahre. Der Handel ließ in Bangkok einige Reisbarone chinesischen Ursprungs zu Wohlstand gelangen. Obwohl sich das Land rasch zu einem der größten Reisexporteure der Welt entwickelte, behielt man die überlieferten landwirtschaftlichen Anbaumethoden bei. Investitionen in die Intensivierung der Landwirtschaft hielten sich in Grenzen, so dass die Hektarerträge gleich blieben oder gar sanken, was zwangsläufig zu einer Ausdehnung der Anbauflächen führte.

Tourismus

Über 10,7 Millionen Touristen kamen 2002 nach Thailand. Da etwa 56% der Touristen auf eigene Faust reisen, fließt nur ein geringer Teil der Einnahmen ins Ausland zurück. Der größte Teil der Einnahmen von ca. 9 Milliarden € bleibt als Devisenreserve im Land und macht den Tourismus zur größten Deviseneinnahmequelle. Mit diesem Geld wird der Import vieler Güter finanziert, die für die wirtschaftliche Stabilisierung des Landes benötigt werden, vor allem elektronische Bauteile, Maschinen, Chemikalien, Stahl und Öl.

Ein internationaler Tourismus im größeren Maßstab begann während des Vietnamkriegs, als viele US-Soldaten ihren R&R (*rest and recuperation*) Urlaub in Thailand verbrachten. Bisheriges Ziel der thailändischen Tourismuspolitik war es, neue Gebiete zu erschließen und mit touristischer Infrastruktur auszustatten. Ein Vorteil für jeden Besucher, der nicht wie ein Thai leben will oder kann. Mittlerweile gibt es viele Reiseziele, deren Hotels und Restaurants sich auf die Bedürfnisse der fremden Gäste eingestellt haben.

Priorität hat seit 1994 die Bewahrung der Umwelt und der Ausbau der Infrastruktur von touristischen Zielen, die vor allem durch den Massentourismus an ihre Grenzen gestoßen sind. Im Kampf um den Touristen-Dollar hat Thailand den anderen Mitbewerbern im asiatischen Raum den Rang abgelaufen. Da auch zunehmend Umwelt-Kriterien bei der Auswahl des Reiseziels eine Rolle spielen, verabschiedete der Innenminister bereits 1989 eine strenge Regelung für Gebäude an den Stränden. So dürfen Neubauten, die bis zu 75 m vom Strand entfernt liegen, nur noch 6 m hoch sein. Bis zu 200 m vom Strand beträgt die maximale Höhe 12 m, also niedriger als die Kokospalmen. Von der Lücke, die zwischen Gesetz und Realität klafft, kann sich jeder Tourist selbst überzeugen.

Zudem sieht sich Thailand als ideale Drehscheibe für Touristen, die Indochina, Südchina oder Myanmar besuchen wollen. Es gilt allerdings noch, das schlechte Image aufzupolieren, das durch Schlagzeilen über Kinderprostitution, Kriminalität oder Aids im Ausland entstanden ist. Dabei kann Thailand auf ein großes Plus verweisen: dank der ausreichenden Kapazitäten bietet es Hotels und andere touristische Dienstleistungen zu einem äußerst guten Preis-Leistungs-Verhältnis an. Für Anspruchsvolle lässt der Service jedoch in manchen Bereichen durch einen Mangel an qualifizierten Arbeitskräften zu wünschen übrig.

Der günstige Wechselkurs lockte während der Wirtschaftskrise mehr europäische Urlauber als je zuvor, wobei Ausflügler nach Laos, Kambodscha und Myanmar doppelt und dreifach gezählt werden. In den Jahren 2001 und 2002 setzte sich der Aufwärtstrend mit einem Plus von 6% fort und erreichte 10,7 Millionen Touristen. Diese Zuwächse verdankt Thailand vor allem Besuchern aus Malaysia, China und Indien sowie aus den kleineren, weniger gut entwickelten Nachbarländern, die vielfach zur medizinischen Behandlung anreisen. Hingegen kam es jüngst vor allem in den USA und Europa durch die Angst vor Terroranschlägen, dem Golfkrieg und SARS zu einem starken Einbruch im Tourismus, der sich auch in Thailand bemerkbar machte.

Der Anteil von Touristinnen liegt bei 40% und ist damit am höchsten von allen Reisezielen in Asien. Etwa die Hälfte aller Besucher kam nicht zum ersten Mal nach Thailand.

Religionen

Buddhismus

Thailand gehört neben Myanmar, Sri Lanka, Kambodscha und Laos zu den buddhistischen Ländern der Theravada-Richtung, die der konservativen Hinayana-Lehre vom „kleinen Fahrzeug" zugehören. Während der Mahayana-Buddhismus (das „große Fahrzeug") der nördlichen Länder China, Japan, Korea und Vietnam viele Wege zur Erlösung akzeptiert, orientieren sich die Lehren des Hinayana-Buddhismus streng an den überlieferten Pali-Schriften.

Kurz nach Sonnenaufgang ziehen die in safrangelben Roben gekleideten Mönche durch die Straßen, um Opfergaben von den Gläubigen – meist in Form von Lebensmitteln – entgegenzunehmen. Mit ihren Spenden erwerben sich die Geber Verdienste für ihr zukünftiges Leben, so dass sie sich ehrfürchtig und wortlos bei den Mönchen für die erwiesene Gunst bedanken. Ist ein Haus fertig gestellt oder wird ein Geschäft eröffnet, lädt man eine Gruppe von Mönchen ein, die durch ihre Anwesenheit und Gebete Glück bringen sollen. Für die Ausstattung der Tempel ist die Bevölkerung bereit, große finanzielle Opfer zu bringen. Zumindest für einige Monate nehmen die meisten Männer, einschließlich des Königs, und einige Frauen freiwillig das entbehrungsreiche, strenge Klosterleben auf sich. Auch außerhalb der Klostermauern prägt der Buddhismus das Leben.

Obwohl in Thailand die Freiheit der Religionsausübung garantiert wird, ist der Buddhismus eine Art Staatsreligion. In Thailand bekennen sich 85% der Bevölkerung zum Buddhismus, darunter eine konfuzianistische, chinesische Minderheit.

Vor allem im Süden konzentriert sich die muslimische Minderheit, während Christen und Animisten überwiegend bei den Bergvölkern im Norden zu finden sind.

Buddha

Um 563 vor unserer Zeitrechnung wurde in Lumbini (heute Süd-Nepal), am Fuße des Himalaya, ein Prinz geboren – Siddhartha Gautama. Seine Mutter Mahamaya, die sieben Tage nach der Geburt starb, hatte während ihrer Schwangerschaft einen Traum, dass ein silber-weißer Elefant seitlich in ihren Körper eingedrungen war. Hindu-Priester interpretierten ihn als Hinweis auf die Geburt eines großen Herrschers oder Buddhas. Sein Vater erzog ihn zu seinem Nachfolger und umgab ihn mit allem Luxus.

Im Alter von 16 Jahren heiratete er seine Cousine, eine hübsche Prinzessin, die einen Sohn bekam. Dennoch blieb ihm das menschliche Leid nicht verborgen. Die Legende berichtet, dass er nach dem Anblick eines alten, eines kranken und eines toten Mannes an seinem 29. Geburtstag beschloss, den irdischen Genüssen zu entsagen und als Bettelmönch durch Nord-Indien zu ziehen.

Nach sechs Jahren der Meditation und Selbstkasteiungen erlangte er während einer Vollmondnacht 528 v. Chr. durch Meditationsübungen unter einem Bodhi-Baum *(Ficus religiosa)* in dem heutigen Bodh Gaya die Erleuchtung (*bodhi*).

Er begann, im Hirschpark Isipatana nahe Varanasi, den ersten fünf Jüngern seine Erkenntnis von den Vier Edlen Wahrheiten, dem Leiden, seiner Ursache, der Überwindung des Leidens und dem Weg dorthin darzulegen.

Der Edle Achtfältige Pfad

Die Überwindung des menschlichen Leidens erreicht man weder durch Selbstkasteiung noch durch ein ausschweifendes Leben, sondern auf dem „Mittleren Weg" durch den Edlen Achtfältigen Pfad.

Da sich die Welt in ständiger Veränderung befindet, kann nichts von Dauer sein. Entsprechend gibt es keine unveränderlichen Dinge – aus Altem entspringt ständig etwas Neues, das durch das Vorangegangene bedingt ist. Die menschliche Wirklichkeit beginnt schon mit der Geburt als ein schmerzhaftes Dasein – und Leiden bestimmt das weitere Leben und den Tod. Selbst in glücklichen Situationen wird man von Verlustängsten geplagt. Mit dem Tod ergibt sich die Möglichkeit einer neuen Geburt, die wiederum einen neuen Leidenszyklus einleitet. Nur die Erkenntnis vom Ursprung des Leidens und den Möglichkeiten seiner Veränderung ermöglicht es dem Menschen, sich zu befreien.

Der Ursprung allen Leidens liegt in der Begierde nach weltlichen Genüssen und der Unzulänglichkeit, Egoismus und Stolz, die Schwächen seines eigenen Ich, zu beherrschen. Wer ausschließlich nach weltlichen Genüssen strebt, wird die zerstörerischen Kräfte von Hass, Gier, Unzufriedenheit, Angst und Trauer erfahren. Menschen sind ein Produkt ihrer Umwelt. Da sie durch individuelle Erfahrungen und Handlungen geprägt sind, sollten sie die Entwicklung der eigenen Persönlichkeit nicht dem Zufall überlassen sondern selbst in die Hand nehmen. Das Ziel des geistigen Reifeprozesses liegt im Nirvana, in dem man sich von allen Voreingenommenheiten befreit hat. Mit der Loslösung von weltlichen Genüssen und egoistischen Bedürfnissen und dem Bemühen, geduldig, liebevoll, wohltätig, mitfühlend und gütig zu sein, wird man zufrieden und erreicht einen emotional positiven Zustand. Damit ist jeder Mensch in der Lage, zu einem höheren Wissen über den Zustand der Welt zu gelangen und sein Karma zu verbessern.

Dem Ziel nähert man sich durch ständiges Einüben der acht Regeln vom Edlen Achtfältigen Pfad.

Richtige Erkenntnis – indem man seine geistigen Fähigkeiten nutzt, um die wahren Probleme der menschlichen Existenz zu verstehen.

Rechtes Denken – ohne Hass, Zorn, Begierde, Grausamkeit und Stolz.

Rechte Rede – bei der man Lügen und eitle Selbstdarstellung meidet.

Rechte Tat – Mönche unterliegen strengeren Verhaltensregeln als Laien, die nicht töten und stehlen, sowie Drogen und sexuelle Ausschweifungen meiden sollten.

Rechter Lebenserwerb – man soll sein Geld verdienen ohne anderen Menschen zu schaden.

Rechte Anstrengung – um mit seinem Willen und seiner Selbstbeherrschung eine unheilvolle geistige Verfassung zu überwinden.

Rechte Achtsamkeit – um durch Vertiefung und Meditation Selbsterkenntnis zu erlangen.

Rechte Konzentration – damit man lernt, sich in Gedanken zu vertiefen ohne abzuschweifen.

Nur so nähert man sich dem Nirvana, dem vollendeten Zustand der Ruhe und des Glücks im Leersein, der jenseits der erfahrbaren räumlichen wie zeitlichen Realität liegt. Die Legende berichtet, dass Buddha 500 Lebenszyklen benötigte, um das Nirvana, die letzte Realität, zu erreichen. Diese Erkenntnis von der Wahrheit (*dharma*) gab Buddha, der Erleuchtete, an seine Mönchsgemeinde (*sangha*) weiter. Er verbreitete zusammen mit seinen Jüngern in vielen Städten des Ganges-Tales seine Erkenntnis, bis er im Alter von 80 Jahren starb.

Buddhismus in Thailand

256 Jahre nach Buddhas Tod nahm der über den indischen Kontinent herrschende, mächtige Kaiser Ashoka die Lehre an. Er sorgte für ihre Verbreitung weit über Indien hinaus. Die mündlich überlieferten Regeln wurden erst 400 Jahre nach Buddhas Tod schriftlich auf Palmblätter in der Pali-Schrift festgehalten. Diese Aufzeichnungen sind als *Tripitaka*, Dreikorb, bekannt, da sie in drei Körben aufbewahrt wurden. Bereits während der ersten 300 Jahre nach Verkündung der Lehre spaltete sich der Buddhismus in die so genannten 18 Schulen. Als Überlieferer der alten Schule gilt der Theravada-Buddhismus.

Buddhistische Mönche gelangten bis zu den Mon, deren Reiche sich von Süd-Burma bis in die Gegend von Nakhon Pathom erstreckten. Im 8. Jahrhundert entstand in Lamphun das buddhistische Mon-Königreich Haripunchai, während dieser Zeit waren Thaton und Pegu die Zentren der dem Mahayana-Buddhismus zugehörigen Mon in Burma.

In Thailand erlangte der Buddhismus erst Bedeutung, unter König Ramkhamhaeng. Der König ließ Mönche aus Ceylon kommen, um die reine buddhistische Lehre der Hinayana-Richtung, des „kleinen Fahrzeugs", zu verbreiten. Während der folgenden Jahrhunderte waren die Könige bedeutende Förderer des Buddhismus, und noch heute bestehen enge Verbindungen zwischen dem Staat

und der Sangha. Der thailändische König ernennt das religiöse Oberhaupt des Landes, wobei der Patriarch allerdings zuvor von Vertretern der beiden buddhistischen Sekten des Landes, Mahanikaya und Dhammayuttika-Nikaya, gewählt wird. Auch bei den großen religiösen Festen kommt dem König eine wichtige Rolle zu.

Geisterglaube

Neben der streng an den Pali-Schriften orientierten Lehre wurden vom Volksglauben Geister, mystische Einflüsse, Erzählungen und Legenden aus vorbuddhistischer Zeit mit übernommen, was besonders in der religiösen Kunst und Literatur zum Ausdruck kommt. Nats, die als Verkörperung unheilverbreitender Seelen von Verstorbenen gelten, findet man in vielen Tempeln. Neben jedem Haus wird für die Schutzgeister ein eigenes kleines „Geisterhäuschen" errichtet. Sogar in buddhistischen Tempeln haben Amulett-Verkäufer und Handleser ihren festen Platz.

Das Klosterleben

Doch noch immer stellt die Gemeinschaft der Mönche (*sangha*) die Verkörperung der reinen Lehre dar. Viele männliche Thai treten mindestens einmal in ihrem Leben ins Kloster ein. Mit Beginn der Regenzeit bereiten sich viele junge Männer, die meist das 20. Lebensjahr vollendet haben, auf das Klosterleben vor. Für sie ist die mit der Ordination beginnende dreimonatige Zeit als Mönch der symbolische Übergang in die Welt der Erwachsenen. In 40 000 Tempeln leben über 240 000 Mönche und 100 000 Novizen (junge, noch nicht volljährige Mönche) und unterwerfen sich den 227 strengen buddhistischen Regeln. Sie verzichten unter anderem auf jedes Eigentum, dürfen weder Menschen noch Tiere verletzen, nicht in bequemen Betten schlafen, singen oder tanzen, kein Parfüm benutzen und müssen ein striktes Zölibat befolgen.

Ihre Mahlzeiten, die sie nur vor 12 Uhr mittags und nach Sonnenuntergang einnehmen dürfen, erhalten sie am frühen Morgen von den Gläubigen. Mönche sollen sich von allen irdischen Verlockungen lösen, so dürften sie ursprünglich nicht einmal mit einer Frau sprechen.

Dorfklöster sind nicht nur religiöse Zentren, sondern auch kostenlose Herbergen für die Alten, Waisen und Reisenden. Zudem stellen sie eine Alternative zum öffentlichen Schulsystem dar. Viele Bauernsöhne bleiben Mönch, um nach der 4–6-jährigen Grundschulzeit eine weiterführende Bildung zu erhalten. Gerade im 20. Jahrhundert ist es zu einer zunehmenden Verschulung des Mönchsordens gekommen. Die Sangha unterhält in Bangkok zwei buddhistische Universitäten, wo auch weltliche Studienkurse angeboten werden, so weit sie mit dem Leben der Mönche in irgendeinem Zusammenhang stehen. So macht man zum Beispiel die Mönche mit den sozialen Problemen der ländlichen Entwicklung vertraut.

Mit der Ordination zum Mönch wird jeder Thai zu einer geehrten und respektierten Persönlichkeit, und es entspricht selbst der Würde des Königs, einem Bauernsohn als Mönch Respekt zu bezeugen. Das beruht auf der Tatsache, dass der Mönch nicht als Individuum, sondern als Vertreter des buddhistischen Ideals angesehen wird. Um ihre individuellen Züge zu verbergen, halten Mönche bei bestimmten Ritualen fächerartige Schirme vor ihr Gesicht.

Das Klosterleben steht den Frauen nur eingeschränkt offen. Buddhistische Nonnen gehören weder einem Orden an noch können sie Rechte und Privilegien beanspruchen. Während es im ursprünglichen Buddhismus dafür keinerlei Rechtfertigung gibt, ist zu späteren Zeiten versucht worden, die Lehre entsprechend zu interpretieren.

In der modernen großstädtischen Gesellschaft spielt, wie im Westen, Religion eine immer geringere Rolle. Wenige Jugendliche lassen sich ordinieren. Man schätzt die philosophische Komponente des Buddhismus, die Meditation als geistige Erneuerung, die den Alltagsstress leben hilft, und charismatische Mönche für ihre geistige Macht. In der schnelllebigen Gesellschaft bleibt wenig Zeit für Tempelbesuche, man verlässt sich lieber auf religiöse Amulette, die neben Buddha oder berühmten Mönchen auch König Chulalongkorn – den westlich orientierten Reformer – darstellen. Die Verbesserung des Karmas tritt dabei häufig hinter der Aufstockung des Bankkontos zurück.

Buddhismus und Tourismus

→ Prinzipiell sollte jeder die Religion seines Gastlandes respektieren, egal welche Meinung man selbst darüber hat. Es sollte selbstverständlich sein, dass man einen Tempel nur ordentlich bekleidet betritt und die Schuhe auszieht.

→ Buddha ist immer eine heilige Person, und es gilt als äußerst unschicklich, eine Buddhastatue an einem ihr nicht angemessenen Ort zu platzieren.

→ Im Tempel darf man keine Buddhastatuen berühren und schon gar nicht für Erinnerungsfotos darauf posieren.

→ Es ist üblich, dass Besucher eines Tempels eine Spende für den Erhalt der Anlage hinterlassen.

→ Mönche werden verehrt. Man grüßt sie mit einem besonders höflichen, tiefen wai, lässt ihnen den Vortritt, bietet ihnen im voll besetzten Bus seinen Sitzplatz an und geht nicht neben, sondern einen Schritt hinter ihnen.

→ Frauen sollten Mönchen gegenüber zurückhaltend sein, ihnen nichts direkt überreichen, sie nicht berühren, sich nicht neben sie setzen oder mit ihnen fotografieren lassen.

→ Während morgens zur Zeit des Sonnenaufgangs die Mönche durch die Straßen ziehen, um Opfergaben einzusammeln, sollte man sie nicht stören.

→ Gibt man einem Kloster oder einem Mönch eine Spende, sollte man sie mit beiden Händen geben. Einen Dank darf man nicht erwarten. Normalerweise danken die Gläubigen für die Annahme der Spende, da ihnen eine gute Tat ermöglicht wurde.

→ Für Buddhisten ist der Kopf (im Gegensatz zum Fuß) ein heiliger Körperteil. Deshalb sollte man nie einem erwachsenen Thai an den Kopf fassen, ihm die Füße entgegenstrecken, die Füße aufs Armaturenbrett im Bus legen oder Gepäckstücke ins Gepäcknetz über die Köpfe der Mitreisenden wuchten, ohne sie vorher zu fragen.

Tempel für Ausländer

Die folgenden Klöster in Bangkok und Umgebung sowie im Süden Thailands nehmen Ausländer auf. Jeder der Tempel hat unterschiedliche Unterkünfte, Essensauswahl und verschiedene Restriktionen im Tagesablauf – alle besitzen ein Vipassana-Meditationszentrum. Weitere Informationen enthält das Buch von Joe Cummings: The Meditation Temples of Thailand: A Guide (Wayfarer Books 1990).

→ Wat Mahathat, Bangkok (Sanam Luang)
→ Wat Dharma Mongkol, Wat Vajira Dharma Sathit, Bangkok (Sukhumvit Soi 101)
→ Wat Bovonives (Wat Bovorn), Bangkok (Banglampoo)
→ Wat Pak Nam Phasi Charoen, Thonburi (Therdai Rd.)
→ Wat Pleng Vipassana, Thonburi (Charoen Sahitwong Rd.)
→ Wat Cholaphratan Rangsarit, Pak Kret, Provinz Nonthaburi
→ Wat Asokaram, Samut Prakan
→ Wat Vivekasrom, Chonburi
→ Wat Bunkanjanaram, Pattaya
→ Wat Asokaram, Samut Prakan
→ Wat Suan Moke, bei Chaiya
→ Wat Sukontawas, Nasan, in der Nähe von Surat Thani
→ Wat Khao Tham, Ban Tai auf Ko Pha Ngan

Islam

Der Islam ist die Lehre des Propheten Mohammed, wie sie im 7. Jahrhundert christlicher Zeitrechnung in Arabien verkündet wurde. Mohammed wird als der letzte einer Reihe von Propheten verstanden (Adam, Moses, Noah, Jesus usw.). Im Jahr 622 n.Chr. musste er von Mecca nach Medina fliehen. Mit diesem Jahr beginnt die islamische Zeitrechnung.

Grundlage des Islam

ist der Glaube an Allah als den alleinigen Gott. Allah ist Schöpfer, Erhalter und Erneuerer aller Dinge. Der Wille Allahs, dem sich der Mensch zu unterwerfen hat, ist im heiligen Buch, dem Koran, ausgedrückt. Er wird als Wort Gottes betrachtet, das Mohammed durch den Engel Gabriel verkündet wurde.

Unterteilt in 114 Suren beschreibt der erste Teil des Koran die ethische und geistige Lehre sowie das Jüngste Gericht; die restlichen Suren befassen sich mit der Soziallehre und den politisch-moralischen Prinzipien, durch die sich die Gemeinschaft der Gläubigen definiert. Von Beginn an hatte der Islam eine soziale Komponente, die sich in der Gleichheit und Brüderschaft der Gläubigen manifestierte. So gibt es im idealen islamischen Staat keinen Widerspruch zwischen weltlichem und religiöser Macht, zwischen gesellschaftlichem Sein und religiösem Bewusstsein. Dieser duale Charakter – religiös und sozial – war allen damals bestehenden Religionen überlegen. Christen und Juden wurden, da auch sie Heilige Bücher besaßen, toleriert, die Ungläubigen mussten aber im Heiligen Krieg *(jihad)* zum wahren Glauben gebracht werden.

Erstaunlich ist die Ausbreitung des Islam in den ersten Jahrhunderten nach Mohammeds Tod. Ein großer Teil der damals bekannten Erdballs von Spanien bis Indien und Zentral-Asien wurde für den Islam erobert. Arabische, persische und indische Händler brachten den Glauben auch in die hinduistischen und buddhistischen Großreiche Südostasiens.

Die **Fünf Grundpfeiler des Islam** wurden schon kurz nach dem Tod des Propheten aufgestellt, um die Wesensmerkmale des Glaubens darzulegen:

Glaubensbekenntnis *(taschahhud)* – „Es gibt keinen Gott außer Allah, und Mohammed ist sein Prophet". Dieses Bekenntnis, worauf sich die Zugehörigkeit zur Gemeinschaft gründet, muss mindestens einmal im Leben aufgesagt werden – laut und fehlerfrei, und der Gehalt muss vom Geist und vom Herzen vollständig verstanden werden.

Gebet – Obwohl der Koran nur drei tägliche Gebete nennt, werden im Zweiten Grundpfeiler der Lehre fünf Gebete vorgeschrieben. Der Muezzin ruft die Gläubigen zum Gebet in der Moschee. Vor jedem Gebet müssen die Hände, das Gesicht und die Füße gewaschen werden. Der Imam steht vor den Gläubigen, nach Mecca gewandt, und rezitiert Suren aus dem Koran. Zwei Mal müssen die Gläubigen auf die Knie fallen und „Gott ist groß" *(Allahu akhbar)* ausrufen. Nach der reinen Lehre müssen diese fünf täglichen Gebete ausgeführt werden, obwohl sich heute selbst überzeugte Moslems nicht daran halten. Einen besonderen Stellenwert besitzen die Freitagsgebete.

Zakat – Der Koran schreibt eine jährliche Abgabe oder Steuer vor. Sie ist in der Heiligen Schrift exakt festgelegt: Getreide und Früchte werden mit 10%, wenn das Land künstlich bewässert wird mit 5% belastet. Auf Bargeld und Edelmetalle werden 2 1/2% Zakat erhoben. In den meisten islamischen Ländern wird diese Abgabe, die nach dem Koran in erster Linie für die Armen verwendet werden soll, auf freiwilliger Basis eingezogen.

Fasten – im neunten Monat des islamischen Kalenders *(Ramadan)* ist ein tägliches Fasten von Sonnenauf- bis Sonnenuntergang vorgeschrieben. Während des Tages darf nicht gegessen, getrunken oder geraucht werden.

Hadsch – mindestens einmal in seinem Leben sollte ein Moslem die Pilgerfahrt nach Mecca unternehmen, „vorausgesetzt, dass man es sich leisten kann" und dass die zurückgebliebene Familie in der Abwesenheit des Pilgers genügend Mittel zur Verfügung hat. Höhepunkt einer jeden Pilgerreise ist der Besuch der Kaaba, eines viereckigen, aus dem Stein der Berge Meccas erbauten Gebäudes inmitten der Großen Moschee. Nach uraltem Brauch wird das Heiligtum mit schwarzen Brokatstoffen umhüllt. In der östlichen Ecke der Kaaba steht der berühmte schwarze Stein, den die Pilger berühren und küssen. Ähnlich wie in anderen islamischen Ländern wird auch in Malaysia die Hadsch, die nach dem muslimischen Kalender im letzten Monat des Jahres stattfinden muss, von offiziellen Institutionen unterstützt.

Traditionen und Tabus

Obwohl die Malaien vor mehreren hundert Jahren islamisiert wurden, haben sich alte Traditionen und Tabus aus animistischer und hinduistischer Vorzeit erhalten. Übernatürliche Wesen, Geister, Feen und Gespenster spielen in vielen Lebenssituationen der malaiischen Dorfbevölkerung eine wichtige Rolle und werden nicht als Widerspruch zum monotheistischen Islam begriffen. Geister sind allgegenwärtig, hausen in Tieren, Pflanzen, Bäumen und auf Bergen. Aber auch im Kopf eines Menschen versammeln sich die Schutzgeister, die nicht verärgert werden dürfen. Jeder Malaie ist daher verärgert, wenn man seinen Kopf oder sein Haar berührt, denn das schreckt die Geister auf. Das Konzept der gegenseitigen Achtung ist auf alte animistische Traditionen zurückzuführen. Ein Malaie wird seinen Nachbarn nie verachten, denn dadurch würde er sich den Zorn der nachbarlichen Hausgeister zuziehen, die ihrem Herrn zu dienen haben. Auch viele Krankheiten versteht man als das Werk böser Geister. Um sie zu heilen, wird der *Dukun*, eine Art traditioneller Medizinmann, gerufen. Ernstere Krankheiten behandelt der *Pawang* oder *Bomoh*. In Zeremonien, die sich über Tage hinziehen können, versucht er, die bösen Geister, die den Patienten befallen haben, auszutreiben.

Unter **Tabus** versteht man Aktionen oder Verhaltensweisen, die den Mitgliedern einer Gesellschaft oder gesellschaftlichen Gruppen verboten sind. Um nur zwei Beispiele aus der unendlichen Liste gesellschaftlicher Tabus zu nennen: Babys dürfen nachts nicht an einem Stück Zuckerrohr kauen, denn damit saugen sie das Blut aus ihren Müttern, die daraufhin sterben müssen. Oder: Wer ein *Ketupat* (Reis in Kokosnuss- oder Palmblättern gewickelt) isst, darf das Päckchen nicht achtlos aufreißen, denn sonst verläuft er sich später. Wichtig zu beachten sind die Tabus bei Begräbnissen, die in allen Bevölkerungsgruppen Malaysias anzutreffen sind. Malaien müssen schlicht und unauffällig gekleidet sein, Inder dürfen nur weiße Kleidung tragen, Chinesen nur schwarz oder blau.

Viele Tabus werden noch heute strikt eingehalten, andere eher vernachlässigt oder sind in Vergessenheit geraten. Ausländischen Gästen wird jeder Malaie mit Nachsicht begegnen, wenn sie sich „falsch" verhalten oder ein Tabu nicht berücksichtigen, trotzdem sollte man die Konventionen seiner Gastgeber unbedingt respektieren.

Kunst und Kultur

Kunstepochen

Die Kunst und Kultur Thailands ist in erster Linie durch den Buddhismus geprägt. Daneben haben animistische und hinduistische Überlieferungen aus früherer Zeit ebenso die Entwicklung der Künstler beeinflusst wie die alten chinesischen und indischen Kulturreiche.

Die Künstler waren vor allem für die Ausschmückung der Tempel zuständig. Entsprechend bestehen die Sammlungen der Museen aus religiösen Gegenständen. Vieles ist im Laufe der Geschichte dem zersetzenden tropischen Klima, Bränden oder Kriegen zum Opfer gefallen, vor allem Holzschnitzereien, Textilien und Holzgebäude, während steinerne Tempel und aus Metall gefertigte Buddha-Figuren überlebt haben.

Daneben wurden zu allen Zeiten alte Bauwerke und Skulpturen wieder bearbeitet und dem Zeitgeschmack angepasst oder verblichene Wandmalereien übermalt. Nicht selten wurden mehrere Chedis übereinander errichtet, denn mit der Produktion neuer Kunstwerke erwarb man sich einen größeren Verdienst als mit dem Restaurieren verfallener Werke. Dennoch zeugen noch heute zahlreiche Skulpturen und Tempelruinen von dem ästhetischen Empfinden der Menschen vergangener Jahrhunderte und beeindrucken die Betrachter durch ihre hohe künstlerische Qualität und Ausdruckskraft.

Kunstepochen in Thailand

1.–6. Jh.	Indische Einflüsse
6.–11. Jh.	Dvaravati / Mon
8.–13. Jh.	Srivijaya
8.–13. Jh.	Srivijaya (Süden)
8.–14. Jh.	Lopburi / Khmer
	(8.–10. Jh. früh; 11.–13. Jh. mittel;
	13.–14. Jh. spät)
13.–15. Jh.	Sukhothai
	(13.–14. Jh. früh, 14.–15. Jh. spät)
? –14. Jh.	Haripunchai (Norden)
? –13. Jh.	Lanna (Norden)
14.–16. Jh.	Chiang Saen (Norden)
14.–15. Jh.	U Thong
	(A: Lopburi-Stil, B: verfeinerter
	Lopburi-Stil, C: Sukhothai-Einfluss)
14.–18. Jh.	Ayutthaya
18.–20. Jh.	Bangkok / Ratanakosin

Vor der Gründung des Thai-Reiches

Früheste **steinzeitliche Funde**, die bis zu 1 Million Jahre alt sind, wurden in der Provinz Kanchanaburi gemacht. Nahe dem Dorf Ban Chiang im Nordosten Thailands entdeckte man bis zu 7000 Jahre alte Tonscherben, Waffen, Schmuck und andere Hinterlassenschaften einer der ältesten Siedlungen Südostasiens. Bereits vor 4500 Jahren, früher als in China und Indien, stellte man hier Werkzeuge und Waffen aus Bronze her.

Im ersten Jahrtausend unserer Zeitrechnung hatten sich bereits kulturell hoch stehende Reiche entwickelt. Der Süden Thailands stand im 8. Jahrhundert unter dem Einfluss des **Srivijaya**-Reiches von Palembang (Süd-Sumatra), eines der ersten buddhistischen Reiche, dessen Kunst stark von indischen Einflüssen geprägt war. Bereits früher hatten sich in Zentral-Thailand (Nakhon Pathom, Lopburi, U Thong), im Irrawaddy-Delta und Tenasserim-Gebirge zahlreiche Mon-Fürstentümer zu einem lockeren Verband im **Dvaravati**-Reich zusammengeschlossen. Die Skulpturen und Bauwerke aus jener Zeit sind durch eine klare Linienführung sowie symmetrische, stark stilisierte Muster gekennzeichnet. Die Buddhastatuen, überwiegend in stehender Haltung, wirken recht massiv und breitflächig. Typisch sind die spiralenförmigen, großen Locken der Köpfe sowie die zusammenlaufenden, wellenförmig geschwungenen Augenbrauen.

Die erstarkenden Khmer in Kambodscha begannen im 9. Jahrhundert ihren Machtbereich zu festigen und nach Westen hin auszudehnen. Sie verdrängten die Mon und beherrschten die Flussebene des Menam Chao Phraya, bis sie im 13. Jahrhundert von den Thai zurückgedrängt wurden. In Phimai, Lopburi, Sukhothai und an anderen Orten sind Zeugnisse der vom Mahayana Buddhismus beeinflussten Khmer-Architektur erhalten geblieben, die als **Lopburi**-Stil bezeichnet wird. Typisch sind die reich dekorierten Tempeltürme, die Prangs. Auf einem rechteckigen Unterbau sitzt ein phallusförmiger Turm, dessen Nischen vor allem Buddha-Figuren zieren. Daneben sind Türstürze und Fenster mit figürlichen Darstellungen reich dekoriert.

Die Buddha-Bildnisse aus jener Epoche weisen, ebenso wie die Bildnisse anderer Gottheiten, stark individuelle Züge auf. Häufig tragen sie Hals- und Armketten sowie einen kegelförmigen Kopfschmuck, dessen Abschluss am Haaransatz parallel zu den fast geraden Augenbrauen verläuft. Die wulstigen, großen Lippen und flachen, breiten Nasen geben dem rechteckig geformten Gesicht einen strengen Ausdruck.

Parallel dazu entwickelte sich im nördlichen **Lanna**-Reich ein eigener Kunststil. Bereits vor der Gründung von Sukhothai hatten die Thai in der Gegend von **Chiang Saen** unter dem Einfluss der benachbarten Burmesen und des Mon-Reiches **Haripunchai** einen stark indisch geprägten Stil entwickelt.

Sukhothai-Periode

Mit der Gründung von Sukhothai durch den Thai-König Ramkhamhaeng war die Grundlage für die Entwicklung einer eigenen Thai-Kultur geschaffen. Typisch für die Tempelarchitektur der Sukhothai-Zeit ist der Lotosknospen-Turm. Die Buddha-Skulpturen vollziehen einen deutlichen Wandel, indem der Khmer-Stil fast völlig umgekehrt wird. Die Gesichter erhalten einen fast weiblichen, verklärten Gesichtsausdruck.

Die spiralförmigen Haarlocken türmen sich über dem ovalen Gesicht in Form einer Stupa und enden in einer stilisierten Flamme. Über einer langen, spitzen Nase vereinigen sich die hochgeschwungenen Augenbrauen, die Lider sind halb geschlossen, während die Mundwinkel leicht nach oben gezogen sind. Die harmonisch fließenden Linien zwischen Kopf und Körper werden durch die langen, nach außen geformten Ohrläppchen unterstützt.

U-Thong- und Ayutthaya-Periode

Nach dem Zerfall von Sukhothai übernahm vom 14. bis zum 18. Jahrhundert das Königreich Ayutthaya im zentralen und südlichen Thailand auch in der Kunst die führende Rolle. In der frühen Ayutthaya-Periode bis zum 15. Jahrhundert, auch U-Thong-Periode genannt, nahm man Elemente des Khmer- und Sukhothai-Stils auf. Mit dem Erstarken der Großmacht traten diese Stilelemente in den Hintergrund.

Von größtem Einfluss auf die buddhistische Kunst war der Königshof. Es entwickelte sich ein prunkvoller Stil. Man stand auch neuen europäischen Einflüssen nicht ablehnend gegenüber. Tempel wurden mit überdimensionalen Wandmalereien ausgestattet. Ornamente, Gold und Edelsteine schmückten die Buddha-Skulpturen, die im 18. Jahrhundert sogar in kopierte Königsgewänder gekleidet wurden. Sie veränderten ihren Ausdruck von der religiösen Entrücktheit der Sukhothai-Periode zu einer majestätischen, erhabenen Distanz.

Allerdings wurden Kunstwerke vielfach bereits in großen Mengen hergestellt und verloren an künstlerischer Ausdruckskraft.

Bangkok-Periode

Mit der Zerstörung von Ayutthaya durch die Burmesen 1767 wurden nicht nur viele Kunstwerke und Schätze, sondern auch Handwerker und Künstler nach Burma verschleppt, die dem Land zu einer erneuten Blüte verhalfen. Die Chakri-Dynastie in Siam begann damit, der neuen Hauptstadt Bangkok wieder etwas Pracht der zerstörten Königsstadt zu verleihen. 1785 begann man mit dem Bau des Königstempels, Wat Phra Keo. Chinesische und europäische Einflüsse werden seit der Mitte des 19. Jahrhunderts aufgenommen und wie selbstverständlich integriert. Gutes Beispiel ist der Königspalast von Bangkok – ein Bauwerk in neoklassizistischer Bauweise mit einem gestaffelten Dach im typischen Ratanakosin-Stil, dem Bangkok-Stil der vergangenen 200 Jahre.

Buddhistische Tempel

Der buddhistische Tempel hat verschiedene Funktionen zu erfüllen: Er dient den Gläubigen als Ort für Meditationen, religiöse Zeremonien, Feierlichkeiten und Gebete, den Mönchen als Wohnbereich und Bibliothek, der Dorfbevölkerung als Versammlungsort, Wanderern als Ruhestätte und Übernachtungsmöglichkeit. Die Anlage steht Frauen und Männern, Gläubigen wie Ungläubigen offen, sofern sie die religiöse Stätte respektieren.

Entsprechend der vielfältigen Funktion besteht normalerweise eine Tempelanlage, in Thailand **Wat** genannt, aus mehreren Gebäuden, die von einer Mauer umschlossen sind: Schon von weitem erkennt man einen Tempel an dem glockenförmigen, spitz zulaufenden Turm, dem **Chedi** (Thailand) – je nach Region und Kultur-Epoche auch **Pagode** (Burma), **Dagoba** (Sri Lanka), **Stupa** (Indien, Nepal) oder **Prang** (Khmer) genannt. Er geht auf hinduistische Ursprünge zurück und beherbergt häufig eine Reliquie Buddhas. Man umschreitet ihn immer im Uhrzeigersinn. Manche Tempeltürme sind begehbar, wobei Frauen in bestimmten Bereichen oft nicht zugelassen sind.

Das religiöse Zentrum bildet ein **Bot**, die Gebetshalle. Der weite Innenraum ist mit vielen, kleineren Skulpturen dekoriert, und die Wände schmücken häufig Wandmalereien oder Ornamente. Im Mittelpunkt dieses heiligen Bezirkes steht eine große Buddhastatue. Im Bot werden religiöse Zeremonien abgehalten. Die Gläubigen sitzen dabei auf dem Boden, die Füße weisen respektvoll nach hinten. In Nord-Thailand gilt ein Bot manchmal als so heilig, dass er von Frauen nicht betreten werden darf. Daneben gibt es eine oder mehrere Seitenkapellen, **Viharn**, in denen sich Mönche versammeln und die Gläubigen beten sowie ein kleines Bibliotheksgebäude, **Mondhop** genannt, das zum Schutz häufig auf einem hohen Unterbau steht und **Sala**, offene Pavillons, die Tempelbesuchern einen schattigen Rastplatz und Schutz vor Regen bieten. Der Klosterbezirk, in dem die Mönche leben, ist von diesen Gebäuden abgetrennt oder grenzt an sie an.

Während man in Myanmar bereits die Schuhe auszieht, wenn man eine Tempelanlage betritt, wird das in Thailand erst notwendig, wenn man in ein Tempelgebäude geht.

Buddhastatuen

Jahrhundertelang wurden Buddhastatuen in Stein gemeißelt, aus Holz geschnitzt, aus Ziegelstein gefertigt und mit Gips überzogen, aus Bronze, Kupfer oder Gold gegossen. Daneben wurden auch hinduistische Götter und animistische Geister in Plastiken und Reliefs dargestellt, blieben jedoch zweitrangig.

Obwohl sich die künstlerischen Stilrichtungen und technischen Möglichkeiten im Laufe der Jahrhunderte gewandelt haben, ist die Darstellung von Buddha, dem Erleuchteten, an strengen Prinzipien aus der überlieferten indischen Kunst orientiert. Mit den Buddha-Bildnissen will man, entsprechend der Hinayana-Lehre, nicht die Person darstellen, sondern an die Lehre erinnern.

Von besonderer Bedeutung ist hierbei **Asana**, die Körperhaltung, und **Mudra**, die Handhaltung, als Ausdruck bestimmter Ereignisse und Lebenssituationen Buddhas.

Traditionell werden vier Körperhaltungen dargestellt: sitzend, liegend, stehend und schreitend, wobei die erste am weitesten verbreitet ist und in verschiedenen Variationen vorkommt.

Die symbolischen Handhaltungen haben unterschiedliche Bedeutungen.

Mudra – Handhaltungen Buddhas
Dhyana Der in Meditation versunkene Buddha.
Im Schoß ineinander verschränkte Hände mit nach oben weisenden Handflächen.

Abhaya Der furchtlose, segen- und Schutz spendende Buddha.
Die rechte in Schulterhöhe erhobene offene Hand mit der nach außen gekehrten Handfläche.

Bhumisparsa Der die Erdgöttin als Zeugin anrufende Buddha.
Die offene herabhängende Hand bei nach innen gekehrter Handfläche.

Vara Der segengewährende, barmherzige Buddha.
Die gleiche Handhaltung wie bei bei Bhumisparsa mit nach außen gekehrter Handfläche.

Vitarka Die erklärende, argumentierende Handhaltung.
Die Handfläche zeigt nach außen, die Finger sind leicht gebeugt, wobei sich der Daumen und Zeigefinger berühren und einen Kreis bilden.

Dharmachakra Buddha dreht das Rad der Lehre, des endlosen kosmischen Zyklus, womit an seine erste Predigt im Hirschpark von Isipatana erinnert wird.
Beide Hände sind in ähnlicher Haltung wie bei Vitarka vor der Brust mit nach innen gekehrten Handflächen ineinander verschränkt.

Mythologische Figuren

In einigen Plastiken wird der meditierende Buddha auf einer siebenköpfigen Schlange sitzend dargestellt, die ihn mit ihren fächerartig angereihten Köpfen vor einem Unwetter schützt. Die buddhistische Lehre erscheint häufig im Gewand der hinduistischen Mythologie.

Naga, die Dienerinnen Buddhas, sind halbgöttliche Schlangenwesen, die eine Zwischenwelt bewohnen, ein prächtiges, unterirdisches Königreich. Sie können sich mit ihren magischen Kräften in Menschen verwandeln und mit ihnen Kinder zeugen, die stark und mächtig werden. Schlangen, manchmal auch Krokodile (das Naga-Symbol der Mon), schmücken Treppenaufgänge und Tempeldächer.

Manchmal werden sie in den Klauen ihres erbitterten Erbfeindes, des **Garuda,** abgebildet. Die in ganz Südostasien und Indien verbreitete Darstellung des Königs der Vögel hat die Flügel, Klauen und den Kopf eines Raubvogels, aber den Körper eines Menschen. Er ist das Reittier des Gottes Vishnu und daher auch das königliche Wappentier, denn die thailändischen Könige gelten als Inkarnation Vishnus auf Erden. Entsprechend findet man den Garuda auf Geldscheinen und im thailändischen Wappen.

Ein weiteres königliches Tier ist **Erawan,** der dreiköpfige Elefant, Reittier von Gott Indra und gleichzeitig der hinduistische Gott der Künste und Wissenschaft. Am siamesischen Hof wurden weiße Elefanten als Symbole der königlichen Macht gehalten. Auch der jetzige König besitzt elf weiße Elefanten, die sich überwiegend in Lampang aufhalten. Aus Teakholz geschnitzte Elefanten werden an Schreinen und in Tempeln als Opfergaben dargebracht.

Weitere mythologische Figuren dienen als Tempelwächter, so die **Yaksha,** riesige Figuren mit grimmigen Gesichtern, **Kinnara** und **Kinnari,** himmlische Vogelmenschen, oder **Singha,** die zähnefletschenden, burmesischen Löwen, die vor allem in Nord-Thailand die Tempeleingänge bewachen.

Geisterhäuschen

Außerhalb der Tempelbezirke huldigt die thailändische Bevölkerung Schutzgeistern, den Nats. So besitzt jede Stadt einen eigenen Tempel, den **Lak Muang,** in dem der Schutzgeist des Ortes verehrt wird. Jedes Haus hat sein eigenes **Chao Thi,** ein Geisterhäuschen, in dem der Hausgeist wohnen kann. Es wird nach bestimmten Riten errichtet, so darf es beispielsweise niemals im Schatten des zu beschützenden Hauses stehen. Auf einem kleinen Vorbau werden regelmäßig Opfergaben niedergelegt. Je nach Wohlstand und Schutzbedürfnis der Hausbesitzer kann das Geisterhäuschen beachtliche Formen annehmen. So ist der Haustempel des Erawan Hotels in Bangkok (s.S. 141) zu einer Wallfahrtsstätte für die gesamte Bevölkerung geworden.

Kunsthandwerk

Viele künstlerischen Fähigkeiten wurden von Generation zu Generation weitergegeben. Während die alten Lackarbeiten, Seidenstoffe oder Seladonporzellan kaum noch erhalten sind, hat sich die Methode ihrer Fertigung in einer ungebrochenen Tradition bis heute bewahrt. Von den Einheimischen werden diese handgefertigten Einzelstücke keineswegs ausschließlich als Souvenirs gekauft, sondern finden noch immer bei Festen und im Alltag Verwendung. Die meisten Formen des Kunsthandwerks, die ursprünglich nicht in Süd-Thailand heimisch waren, wurden von der Tourismusindustrie in den Süden importiert. In *Thai Villages* bei Bangkok oder Phuket können Touristen nun die Handwerker bei ihrer Arbeit beobachten.

Seidenweberei

Vor allem in den ärmeren ländlichen Regionen des Nordens und Nordostens weben die Frauen in den Dörfern auf einfachen Webstühlen Seidenstoffe, die für besondere Festgewänder oder als Geschenke der Ehrerbietung verwendet werden.

Die Seidenraupen werden mit Blättern von Maulbeerbäumen gefüttert, bis sie sich in Kokons einspinnen. Nachdem die Reisernte eingebracht ist, beginnt die Zeit zum Weben, und in allen Dörfern ist das monotone Schlagen der Webstühle zu hören. Die Frauen sitzen im Schatten ihrer Häuser und spinnen die feinen Seidenfäden, die anschließend bunt eingefärbt werden.

Jim Thompson, ein Amerikaner (s.S. 141), begann mit der industriellen Seidenproduktion und der weltweiten Vermarktung.

Naturfarben werden nur noch ganz selten benutzt, das Blau der Indigo-Pflanze, Rot aus dem Sekret eines Insektes und Gelb aus einer Wurzel. Besonders kostbar ist die thailändische „Mut-Mee"-Seide, deren Muster entstehen, indem man die Fäden spannt, abbindet und mehrfach einfärbt, bevor sie gewoben werden.

Silberarbeiten

Burmesische Handwerker, die bereits seit dem 13. Jahrhundert Silber bearbeiteten, brachten diese Kunst auch nach Nord-Thailand, wo neben Schmuck und modernen Gegenständen noch immer die traditionellen Schalen und Gefäße für den religiösen Gebrauch hergestellt werden. Das Silber schmilzt man zusammen mit alten, überwiegend indischen Münzen ein. Die ausgekühlten, dünnen Silberplatten werden anschließend mit Meißeln verschiedenster Größe bearbeitet, bis die entsprechende Form und Dicke erreicht ist. Die feinen Reliefs und Ornamente der Schalen und Gefäße werden anschließend in wochenlanger Arbeit mit feinen Meißeln über einer hölzernen Form herausgearbeitet.

Holzschnitzereien

Schon vor Jahrhunderten wurden die Fassaden und das Innere der Tempel und Wohnhäuser mit plastischen Holzschnitzereien verziert. Besonders schöne Arbeiten findet man an den Giebeln, Türen und Fenstern der Tempel. Monatelang arbeiten Frauen und Männer aus einzelnen Holzstämmen tiefe Reliefs heraus, unter ihren Händen entstehen dreidimensionale Bilder, die von Buddhas Leben oder alten Heldenepen berichten.

Für wertvolle Dekorationen, wie die berühmten Elefanten, und für Möbel wird das harte Teak-Holz verwendet, das einige Jahre ablagern muss, bevor es bearbeitet werden kann.

Sawankhalok-Keramik

Die Technik des unter hohen Temperaturen gebrannten Steinguts war in Nord-China bereits vor 2000 Jahren bekannt. König Ramkhamhaeng von Sukhothai brachte 1294 von einem Besuch in China dreihundert chinesische Töpfer mit. Sie produzierten in den Brennöfen von Sukhothai Sawankhalok-Keramik, die bis in den Vorderen Orient exportiert wurde.

Mit dem Untergang von Sukhothai ging auch die Herstellung der Keramik zurück. Nach einem Krieg zwischen Ayutthaya und Lanna wurden alle Künstler aus Sukhothai, einschließlich der Töpfer, nach Chiang Mai gebracht, wo sich noch heute das Zentrum der Keramik-Produktion befindet. Noch immer verwendet man für die Keramik mit der grünlich schimmernden, eisenhaltigen Glasur keine chemischen Zusätze, sondern nur Material aus der Erde und dem Dschungel.

Lackarbeiten

Die Yun oder Kern aus den nördlichen Bergen Myanmars sollen diese Kunst auch nach Nord-Thailand (Chiang Mai) gebracht haben, wo sie noch heute praktiziert wird. Die Herstellung von Schalen, Dosen und anderen Gegenständen erfolgt in einem langwierigen Prozess. Zuerst wird eine Grundform hergestellt, die entweder aus Holz oder bei qualitativ hochwertigen Gegenständen aus geflochtenem Bambus besteht. Diese wird mit einem Lack bestrichen, der aus Asche, Kalk und dem Saft des so genannten Schwarzen-Lack-Baumes *(Melanorrhoea usitatissima)* besteht. Nachdem er getrocknet und glatt geschliffen ist, werden weitere Lackschichten aufgetragen, wobei sich dieser Vorgang bis zu fünfzehnmal wiederholen kann. Einige Lackarbeiten werden mit Goldfarbe dekoriert, andere Arbeiten sind mehrfarbig verziert, wobei die Muster durch das Anbringen farbiger Lackschichten oder -ornamente entstehen, die anschließend graviert oder abgeschliffen werden.

Tanz, Theater und Musik
Tanz und Theater

Die Heldenepen Ramayana und Mahabharata liefern den Stoff für zahllose klassische Tanz- und Theateraufführungen.

Dem thailändischen Maskentanz der Götter und Dämonen, **Khon**, liegt die thailändische Version des Ramayana zu Grunde. Bei den regelmäßig stattfindenden Aufführungen zeigen die farbenprächtig kostümierten und maskierten Tänzer nur einzelne Episoden aus dem großen Heldenepos, dem die dramatische Liebesgeschichte zwischen dem tapferen Prinzen Rama, seiner anmutigen Frau Sita und der ewigen Kampf gegen den heimtückischen Widersacher Ravana zu Grunde liegt.

Besonders beim Khon sind Theater, Tanz und Musik auf das engste miteinander verbunden, denn die klassischen Vorlagen erfordern ein gutes Zusammenspiel von Orchester, Tänzern und Rezitatoren.

Während der Maskentanz in früheren Zeiten nur am Königshof aufgeführt wurde, unterhielt man mit weniger stilisierten, humorvollen und lebensnahen **Lakon-Nok**-Aufführungen im Freien bei Dorf- und Tempelfesten die gesamte Bevölkerung. Aus dem Lakon Nok entwickelte sich im 18. Jahrhundert der **Lakon Nai**, ein höfisches Tanztheater, das von den Frauen des Königs in graziösen, anmutigen, Bewegungen getanzt wurde. Sie wurden von Orchestern, Sängern und Rezitatoren begleitet, die in getragener Form romantische Epen vortrugen. Das beliebteste Motiv war Inao, das von Rama II. geschaffene, 20 000 Verse umfassende Epos.

Die älteste Form des Tanztheaters, **Lakon Jatri**, entstammt aus dem Süden Thailands und wurde ursprünglich nur von Männern getanzt. Beliebtestes Motiv ist die Geschichte der liebreizenden Vogelprinzessin Manohra, in die sich Prinzen Suton verliebt, und der sie mit Hilfe des Schlangenkönigs an den Hof des Königs Atityawong entführt.

Traditionelle Musik

Schon immer gab es vielfältige Anlässe, um die Menschen mit Musik und Tanz zu unterhalten – zu religiösen Feierlichkeiten gehört eine musikalische Umrahmung ebenso wie zu Staatszeremonien, Dorf- und Familienfesten. Die ersten bekannten Musikinstrumente aus frühester Zeit sind Bronze-Gongs, die sowohl in Thailand als auch in Indonesien und Vietnam ausgegraben wurden. Bronze-Gongs gehören neben den Trommeln, Becken, der Oboe, Bambus-Flöte und dem Bambus-Xylophon zu den wichtigsten Musikinstrumenten in Thailand.

In Thailand unterscheidet man drei Orchester-Typen: Am Königshof wird bei Zeremonien und Theateraufführungen das **pi phat** gespielt, das aus Gongs, Xylofonen, Metallophonen und einer Oboe oder Flöte besteht. In Süd-Thailand kann man es heute auch häufig bei Tempelfesten hören und sehen. Im **Mahori**-Orchester, das Solo- und Chorgesänge begleitet, kommen Laute, Zither und andere Saiteninstrumente hinzu. Das **kruang sai** hinge-

gen, das ländliche Orchester, verwendet ausschließlich Saiten- und Blasinstrumente.

Populäre Musik

Da fast jeder Haushalt einen Kassettenrecorder besitzt, sind die populären Songs der Hitparade im ganzen Land bekannt. Viele Texte bringen das Lebensgefühl der jungen Generation zum Ausdruck, das noch in den 80er Jahren stark von den ländlichen Wurzeln und der Musik des Nordostens bestimmt war. Die berühmteste Band Carabao griff 1985 mit ihrem Lied „Made in Thailand" die Situation der Jugendlichen vom Lande auf, die, mit den Werten der Großstadt konfrontiert, auf der Suche nach ihrer eigenen Identität sind.

In In den 90er Jahren hat sich das Bild gewandelt – die neue Generation der Stars unterscheidet sich kaum von ihren Kollegen in Hong Kong oder den USA. Besonders erfolgreich sind bei der urbanen Jugend Musiker, deren Äußeres europäische Züge erkennen lässt, und deren Lieder von den individuellen Problemen der städtischen Jugend handeln, die sich kaum noch von denen anderer Jugendlicher im Westen unterscheiden.

Medien

Mit dem zunehmenden Ausbau des Transport- und Kommunikationssystems in Thailand haben sich die Medien Zugang selbst in die abgelegenen Bergregionen verschafft. Der Fernseher gehört als Statussymbol zur selbstverständlichen Einrichtung jedes städtischen und fast jedes ländlichen Haushalts.

Zudem ist mit dem Anstieg der Alphabetisierungsquote (Anteil der Erwachsenen über 14 Jahre mit Lese- und Schreibkenntnissen) auf 70% der mögliche Leserkreis für gedruckte Medien beachtlich angewachsen. Die wirtschaftliche Konzentration im Großraum Bangkok ist auch in der Presse festzustellen. Fast alle Tageszeitungen werden in der Hauptstadt produziert.

Presse

Der überwiegende Teil aller Presseorgane erscheint in Thai, daneben gibt es eine chinesische Morgen- und Abendzeitung mit einer Auflage von je 60 000 Exemplaren.

Zwei englischsprachige Tageszeitungen, **The Nation** und die **Bangkok Post** (je 20 Baht), haben eine tägliche Auflage von über 100 000 Exemplaren. Sie zeichnen sich durch eine kritische Berichterstattung aus, die auch vor der Regierung nicht Halt macht, gehören zu den besten Zeitungen in Asien und beschäftigen hervorragende Journalisten. Leser dieser Presseorgane sind neben den zahlreichen in Thailand lebenden Ausländern vor allem Angehörige der westlich gebildeten Oberschicht, wie Intellektuelle oder Geschäftsleute. 🖳 www.nationmultimedia.com und 🖳 www. bangkokpost.net/.

Thai Rath und **Daily News** sind die beiden größten thaisprachigen Tageszeitungen mit Boulevardcharakter. Ereignisse der höheren Gesellschaft, Verbrechen oder andere ungewöhnliche Geschehnisse werden mit viel Werbung und großen Fotos verkauft. Thai Rath hat eine Auflagenhöhe von etwa 500 000, Daily News etwas weniger. **Siam Rath** und **Phim Thai** sind beides kritische Tageszeitungen, die sich an einen gebildeten Leserkreis richten.

Neben den Tageszeitungen gibt es in Thailand ein breites Angebot an nationalen (z.T. in Englisch) und internationalen Magazinen. Die beiden überregionalen Magazine **Far Eastern Economic Review** und **Asiaweek** berichten wöchentlich über das politische, wirtschaftliche und kulturelle Geschehen in Asien. Sie sind eine wichtige, aktuelle Informationsquelle während der Reise.

In deutscher Sprache erscheinen wöchentlich bzw. monatlich **Der Farang** (30 Baht), 🖳 www.der-farang.com, die **Südostasien-Zeitung** (50 Baht), **Pattaya Blatt**, 🖳 www.pattayablatt. com/, **Reisen in Thailand** (gratis) und **Tip - Zeitung für Thailand** (gratis), 🖳 www.thailandtip.de, sowie **Bangkok aktuell** und **Phuket aktuell**, 🖳 www.thaiaktuell.com.

Fernsehen

1955 wurde in Thailand als erstem asiatischen Land das Fernsehen eingeführt. Heute senden landesweit fünf kommerzielle Gesellschaften, Kanal 3 und iTV (privat, Thaksin-Netzwerk), Kanal 5 (Militär), Kanal 7 (Seifenopern) und Kanal 9 (staatlich), mit viel Werbung durchsetzt japanische Comic Strips, Talk- und Spielshows sowie Serien, in denen die Probleme der modernen thailändischen Gesellschaft thematisiert werden. Kritisch wird die der-

zeitige Rolle des Mediengiganten und Premierministers Thaksin gesehen, der die bisherige Meinungsvielfalt im Nachrichtenwesen einzugrenzen versucht. Alle ausländischen Filme und Serien werden in Thai synchronisiert, der Originalton ist auf UKW Radios zu empfangen: Kanal 3: 105,5 MHz; Kanal 7: 103,75 MHz; Kanal 9: 107 MHz.

Das in Hongkong beheimatete StarTV kann über Satellit auch in Thailand gesehen werden. Außer einem Sport- und Musikkanal bietet es einen chinesischen und englischen Kanal, der u.a. Beiträge von BBC übernimmt. Daneben sind durch den Satelliten ASEA Sat 2 weitere internationale Fernsehprogramme zu empfangen, darunter das Programm der Deutschen Welle in Deutsch und Englisch und ab 2004 auch German TV. Hotels der gehobenen Preisklasse speisen zudem englische Videoprogramme und den amerikanischen Nachrichtensender CNN in ihr Kabel ein.

Radio

480 Stationen senden landesweit, wobei lokale und internationale Nachrichtensendungen vom staatlichen Sender Radio Thailand übernommen werden müssen. Außer Radio Thailand und dem Sender des Bildungsministeriums sind es sämtlich kommerzielle Sender.

In Bangkok senden einige Radiostationen ein englisches Programm. Zudem sind die deutschen und englischen Sendungen der Deutschen Welle sowie ab 2004 German TV zu empfangen (s.S. 75). Das aktuelle Radio- und Fernsehprogramm ist der Bangkok Post oder Nation zu entnehmen.

Video und DVD

Wie in anderen asiatischen Ländern sind auch in Thailand Filme aus der Konserve „in". Nach der Abfahrt wird in allen großen, klimatisierten Überlandbussen sofort ein amerikanischer B-Film, chinesischer Action-Thriller, ein Thai-Melodram oder eine indische Musik-Schnulze eingelegt. In den Gästehäusern und Restaurants der Touristenzentren wird an einem Anschlag das tägliche Film-Programm angekündigt. Durch Video und DVD, vielfach illegal kopiert, wird jede Altersgruppe erreicht, und kein Jugendschutzgesetz schreitet ein, wenn die Kinder die brutalsten Szenen auf dem Bildschirm verfolgen.

Sprache

Die **Thai-Sprache** gehört zur sino-tibetischen Sprachfamilie. Wie Chinesisch ist Thai eine einsilbige Tonsprache. In diesem für uns Europäer völlig fremden Sprachmodell liegt auch die größte Schwierigkeit.

In Thai kann theoretisch das gleiche Wort fünf verschiedene Bedeutungen haben, je nachdem, in welchem Ton es ausgesprochen wird. In der Thai-Hochsprache unterscheidet man fünf **Tonhöhen** (Tonlagen): steigend, fallend, hoch, mittel und niedrig. Nur wenige Touristen schaffen es, sie einigermaßen korrekt auszusprechen. In der Praxis erkennen Thais ein falsch betontes Wort meist aus dem Sinnzusammenhang. Sie machen sich allerdings oft einen Riesenspaß daraus, einem falsch ausgesprochenen Satz einen witzigen, meist sexuellen Sinn unterzuschieben.

Die Kompliziertheit liegt aber nicht nur in der Aussprache, sondern auch in der **Schrift.** Seit dem 13. Jahrhundert benutzen die Thai die schwungvolle Dewanagari-Schrift, die aus dem Mon entwickelt wurde, die wiederum auf der südindischen Pali-Schrift basiert. Ein kleines Wörterbuch findet sich am Ende dieses Buches (s.S. 730).

Viel Spaß macht ein Flash-Kurs im Internet, der Grundlagen und die wichtigsten Worte vermittelt, unter 🖳 www.thaisouth.com/English/LearnThai. Einzelne Lektionen eines umfangreichen Trainingskurses kann man herunterladen unter 🖳 www.siam-info.de

Im Süden Thailands werden verschiedene malaiische Dialekte gesprochen.

Malaiisch

Malaiische Sprachen, wichtigste Untergruppe der austronesischen (auch malayo-polynesischen) Sprachfamilie, werden heute von etwa 350 Millionen Menschen gesprochen. Als lingua franca der indonesischen Inselwelt und der Malaiischen Halbinsel hat sich im Lauf der Jahrhunderte die Sprache durchgesetzt, die an der Ostküste Sumatras, auf der Halbinsel Malaya (besonders im Süden) und im nahe gelegenen Archipelen Riau und Lingga gesprochen wird. Noch heute ist das Riau-Malaiisch eine Art Hochsprache, es diente als Grundlage bei der Schaffung der zwei Nationalsprachen Bahasa Indonesia und Bahasa Malaysia.

Sprachkurse

In Bangkok, Hua Hin, Ko Samui und anderen Orten werden Thai-Sprachkurse für Ausländer angeboten. Da sie bei einigen Instituten zu bestimmten Zeiten beginnen, sollte man vorher eine der folgenden Adressen anschreiben:

American University Alumni Association (AUA)
179 Ratchdamri Rd., Bangkok,
✆ 2527067, 2528170, bietet Intensivkurse an.

Baan Pasa
Soi Bintabat, Poonsuk Rd.,
Hua Hin, ✆ 511770.

Berlitz
Silom Bldg., 5th floor, 197/1 Silom Rd.,
Bangkok, ✆ 2330417.

Nisa Thai Language School
27 Sathon Tai Rd., Bangkok,
✆ 2814003, 2869323.

The Language Lounge
3034 Indra Shopping Arcade, Bangkok,
✆ 2511111 ext. 734.

Reiseziele

Strände und Inseln

Die meisten Touristen kommen wegen der herrlichen Strände nach Thailand. Preiswerte, strandnahe Unterkünfte, hervorragendes Essen, freundliche Leute, eine entspannte Atmosphäre und herrliches Wasser halten die ausländischen Touristen durchschnittlich fast 14 Tage lang auf **Ko Samui**, der Insel mit den unbestritten schönsten Stränden. Kein Wunder, dass sich Ko Samui zu einer Urlaubsinsel für Mittelklasse- und Jet-Set-Touristen gewandelt hat. Obwohl Chaweng und Lamai von Bungalow-Siedlungen überzuquellen scheinen, wirken diese Super-Strände selbst in der Saison nicht überlaufen. An den „zweitbesten" Stränden von Mae Nam und Bo Phut fühlen sich Traveller immer

noch sehr wohl. Wer jedoch das einfache, weniger „zivilisierte" Leben sucht, zieht die Nachbarinsel **Ko Pha Ngan** vor. Zu einem Reiseziel für Tauchschüler hat sich **Ko Tao** entwickelt, schließlich laden das klare Wasser und die leicht erreichbaren Korallenriffe neun Monate im Jahr zum Tauchen und Schnorcheln ein.

Herrliche Strände erstrecken sich auf der Westseite der Insel **Phuket**. Hier wurde in einem ungeheuren Bauboom ein Super-Hotel nach dem anderen hochgezogen – nichts mehr für Rucksackreisende, die auf jeden Baht schauen. Auch für Strandurlauber, die per Charter eingeflogen werden, ist Phuket keinesfalls billig, aber dennoch von November bis Mai eines der angenehmsten Pauschalreiseziele in Asien. An vielen kleineren Stränden fühlen sich auch Individualreisende wohl.

Auf der wunderschönen Insel **Ko Phi Phi** sind nach einem wahnsinnigen Boom vor allem die Hauptstrände in der Saison nicht mehr zu empfehlen. In abseits gelegenen Resorts und in der Nebensaison verbringt so mancher hier jedoch seinen Traumurlaub. Das besonders bei Mittel- und Nordeuropäern beliebte Urlaubsziel **Krabi** bietet neben wunderschöner Landschaft einige traumhafte Strände, die nur mit Booten erreicht werden können.

Die Traveller-Szene zieht es auf die weniger bekannten Inseln entlang der Westküste, z.B. **Ko Siboya**, **Ko Jum**, **Ko Lanta**, **Ko Bulon Lae**, **Ko Lipe**, **Ko Phayam** oder das „andere" **Ko Chang**. Sie sind zumeist nur mühsam zu erreichen, bieten aber außerhalb der Hauptsaison absolute Einsamkeit.

Massentourismus hat **Pattaya**, den Ferienort an der Ostküste der Bucht von Thailand, geprägt. Einige westliche Pauschalurlauber, die davon ausgehen, hier einen Badeort vorzufinden, sind enttäuscht, da Pattaya eine moderne Stadt mit allen Vor- und Nachteilen ist, in der ein reges Nachtleben für viele die Hauptattraktion darstellt. Ruhesuchende Urlauber finden in weitläufigen tropischen Gartenanlagen rings um die Swimming Pools der Luxus-Hotels Erholung. Am Wochenende und an Feiertagen

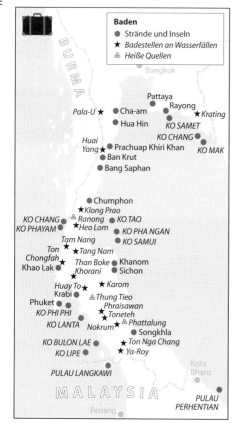

Baden

● Strände und Inseln
★ Badestellen an Wasserfällen
♨ Heiße Quellen

BURMA

Bangkok

Pattaya
Pala-U ★ ● Cha-am ● Rayong
● Hua Hin ★ Krating
KO SAMET
Huai ★ KO CHANG
Yang ★ ● Prachuap Khiri Khan KO MAK
● Ban Krut
● Bang Saphan

● Chumphon
★ Klong Prao
KO CHANG ● ♨ Ranong ● KO TAO
KO PHAYAM ● ★ Heo Lom ● KO PHA NGAN
Tam Nang ● KO SAMUI
Ton ★ Tang Nam
Chongfah ★
Khao Lak ● Than Boke ● Khanom
● Khorani ● Sichon
Huay To ★ ★ Karom
Krabi ●
Phuket ● ♨ Thung Tieo
KO PHI PHI ★ Phraisawan
★ Toneteh
KO LANTA Nokrum ★ ♨ Phattalung
● Songkhla
KO BULON LAE ● ● Ton Nga Chang
KO LIPE ● ★ Ya-Roy

PULAU LANGKAWI ●

MALAYSIA
Kota
Bharu ●
● PULAU
Penang PERHENTIAN

REISEZIELE

fallen Heerscharen von Thais aus Bangkok auf **Ko Samet** ein. Es gibt nur noch ganz wenige Unterkünfte, deren Besitzer sich über Traveller freuen.

Östlich von **Rayong** liegen entlang der Küste auch viele Strandhotels und Bungalowanlagen, die vorwiegend für einheimische Touristen mit gut gefüllter Reisekasse gebaut wurden. Einen rasanten Aufschwung erlebte **Ko Chang** ganz im Osten. An den schönsten Stränden der Insel überwiegen nicht mehr die einfachen Hütten für Traveller. Es werden immer mehr komfortable Bungalows aus festen Materialien und mit eigenem Bad gebaut, Boutique-Hotels und teure Resorts für Thais aus Bangkok sind im Kommen. Als Renner gelten die abgeschiedenen Inseln **Ko Mak** und **Ko Wai**, die dennoch ihren friedlichen Charakter bewahrt haben. Der Jet Set bleibt auf ganz kleinen Privatinseln mit isolierten Luxusanlagen unter sich. Völlig „unentdeckt" blieben die Strände im südöstlichen Zipfel entlang der Grenze zu Kambodscha, wo allerdings keine Infrastruktur anzutreffen ist.

Der traditionelle Badeort **Hua Hin** südlich von Bangkok hat sich auch zu einem Urlaubsziel für westliche Touristen, vor allem für schwedische Familien, entwickelt. Im benachbarten **Cha-am** machen in Massen vor allem Thai-Familien Urlaub. In der Umgebung entstanden luxuriöse Strandhotels für westliche Pauschaltouristen und Hochhäuser mit Eigentumswohnungen für betuchte Bangkoker und Ausländer.

Entlang der 2600 km langen Küste ziehen sich viele wunderschöne Sandstrände, die derzeit fast nur von Thais am Wochenende aufgesucht werden. Wer sich nach wirklicher Einsamkeit ohne jeden Rummel sehnt, findet unter der Woche in der Nähe von **Prachuap Khiri Khan**, **Thap Sakae**, **Ban Krut**, **Bang Saphan** und **Chumphon** hübsche Bungalows zu nicht ganz günstigen Preisen. Nur wenige ausländische Touristen halten diese ersehnte Ruhe mehr als zwei oder drei Tage lang aus, denn hier ist absolut nichts los. Zu einem neuen, nicht gerade billigen Urlaubsziel hat sich der 12 km lange Strand von **Khao Lak** an der Andamanensee entwickelt. Vor allem Paare und Familien aus Deutschland und Schweden fühlen sich in den schön angelegten Bungalowanlagen und Ferienhäusern direkt am Strand wohl.

Der Thai-Badeort **Songkhla** und die endlosen Sandstrände weiter südlich eignen sich kaum für einen Strandurlaub. Die meisten Touristinnen fühlen sich hier nicht wohl, da in diesem muslimischen Gebiet Westler in Badekleidung noch eine gar zu große Attraktion für die Einheimischen darstellen.

Thais lieben die zahllosen Badeplätze am Fuße klarer, kalter **Wasserfälle** und bevölkern sie vor allem am Wochenenden. Badefreudige Touristen, die die Mühsal der Anreise auf sich nehmen und gar im Zelt übernachten, können sich in natürlichen Badepools morgens und abends wahren Wonnen hingeben.

Ein Badevergnügen besonderer Art bieten viele **heiße Quellen**. Sehr einfach gefasste Quellen werden z.B. bei **Pai**, **Ranong** oder **Phattalung** von den Einheimischen zur Körperpflege aufgesucht. Schöne Badehütten laden im **Jae Sorn National Park** zu einem Sitzbad im körperwarmen Wasser ein. Ein Komforthotel mit hauseigenem Thermalbad gibt es nur in **Ranong**, Bungalowanlagen mit Warmwasserbecken auch in **Pai**.

Kunst und Kultur

Bangkok allein wäre schon eine längere Reise wert, sind doch hier auf engem Raum einige der schönsten Tempel Asiens zu bewundern. Allen voran der Königstempel **Wat Phra Keo** mit der unverwechselbaren Silhouette sieht so unterschiedlichen Bauwerke. Wer sich ein wenig für die buddhistische Religion Thailands interessiert, sollte unbedingt das **Wat Pho** mit seinen vielen Kunstwerken besuchen. Wer auch noch den wunderschönen Prang des **Wat Arun** auf der westlichen Flussseite besteigt, um die Aussicht über den Chao Phraya zu genießen, wird wohl die anderen herrlichen Tempel von Bangkok zunächst links liegen lassen.

Der **Königspalast** mit seiner luftig leichten Bauweise zieht jeden Besucher in seinen Bann. Nicht entgehen lassen sollte man sich eine Vorstellung traditioneller **Tänze**, ob in einem Restaurant, im Theater oder an einem der berühmten Schreine. Allerdings: Wer diese kulturellen Höhepunkte gleich zu Beginn seiner Thailand-Reise ansteuert, wird vielleicht anderen Tempeln des Landes, die kaum weniger schön sind, nicht mehr so viel abgewinnen können. Also besser erst am Ende der Reise auf Kultur-Trip durch Bangkok gehen.

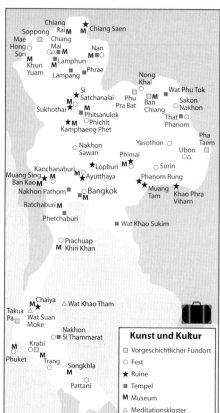

Chiang Rai
Chiang Saen
Soppong
Mae Hong Son
Chiang Mai
Nan
Khun Yuam
Lamphun
Lampang
Phrae
Nong Khai
Si Satchanalai
Phu Pra Bat
Wat Phu Tok
Sakon Nakhon
Sukhothai
Phitsanulok
Ban Chiang
That Phanom
Phichit
Kamphaeng Phet
Yasothon
Pha Taem
Nakhon Sawan
Phimai
Ubon
Kanchanaburi
Lopburi
Surin
Muang Sing
Ayutthaya
Phanom Rung
Ban Kao
Muang Tam
Khao Phra Viharn
Nakhon Pathom
Bangkok
Ratchaburi
Phetchaburi
Wat Khao Sukim
Prachuap Khiri Khan
Chaiya
Wat Khao Tham
Takua Pa
Wat Suan Moke
Nakhon Si Thammarat
Krabi
Phuket
Trang
Songkhla
Pattani

Kunst und Kultur
- ☐ Vorgeschichtlicher Fundort
- ○ Fest
- ★ Ruine
- ■ Tempel
- M Museum
- △ Meditationskloster

An einem Tag lässt sich von Bangkok aus per Boot, Bahn oder Bus die einstige Königsstadt **Ayutthaya** mit ihren geschichtsträchtigen Ruinen besuchen. Im Rahmen eines Tagesausflugs kann man in **Nakhon Pathom** einen der größten Chedis des Landes bestaunen und außerdem die ruhige Stadt **Phetchaburi** besichtigen, in der es einige schöne Tempel gibt. Auf dem Weg liegt auch der „Schwimmende Markt" von **Damnoen Saduak**, der allerdings sehr touristisch ist. Wer etwas mehr für Altertümer übrig hat, sollte auf dem Weg in den Norden in **Sukhothai** einen Zwischenstopp einlegen. In einem gepflegten Park liegen viele eindrucksvoll restaurierte Ruinen von Klöstern, Tempeln und Chedis. Auch die seltener besuchten

Außenbezirke sind lohnenswert. Als Alternative bietet **Si Satchanalai** Ruinen in einer natürlich wirkenden Umgebung. Hier stehen zerfallene Tempel und Paläste, überragt von malerischen Chedis auf grünen Hügeln. Auf dem Weg durch **Phitsanulok** kann man im Wat Phra Si Ratana Mahathat einen Blick auf die schönste Buddha-Statue von Thailand werfen. Die Ruinen von **Kamphaeng Phet** werden nur von wenigen Touristen besucht, obwohl sie an einer Hauptroute in den Norden liegen.

Viele Städte im Norden glänzen durch ihre Tempel und Chedis. Allen voran **Chiang Mai** mit seinen über 70 Wats. In Chiang Mai blüht das Kunsthandwerk, auf dem Nachtmarkt gibt es so manches herrliche Stück zu erwerben. Die „Antiquitäten" sind freilich garantiert nicht sehr alt.

Schöne Tempel und Chedis, die allerdings nur für Spezialisten wirklich interessant sind, finden sich in **Lamphun, Lampang, Phrae** und **Nan**. Hier bietet sich auch die Möglichkeit, einmal das Leben in einer angenehmen, völlig untouristischen Stadt kennen zu lernen. In dem Marktflekken **Chiang Saen**, eine der ältesten Thai-Gründungen auf dem heutigen Staatsgebiet, mit seinen vielen unbedeutenden Ruinen geht das Leben einen gemächlichen Gang.

Im äußersten Nordwesten wurden bei **Soppong** archäologisch hochinteressante Reste von Holzsärgen entdeckt, die auf 2000 Jahre alte, bisher unbekannte Völker hinweisen.

In Thailands Nordosten steckt der Tourismus noch in den Kinderschuhen. Eine wirkliche Attraktion sind die restaurierten Khmer-Ruinen in der Kleinstadt **Phimai**. Noch eindrucksvoller wirkt der auf einem Hügel errichtete Khmer-Tempel von **Phanom Rung**. Schöne Spaziergänge kann man im **Phu Pra Bat** Historical Park in hügeliger Landschaft zwischen 2000 bis 4000 Jahre alten Felszeichnungen unternehmen.

In **Ban Chiang** weisen Ausgrabungen auf eine der ältesten Kulturen der Menschheit hin. Der abgeschiedene Waldtempel **Wat Phu Tok** auf einem majestätischen Sandsteinfelsen begeistert jeden der wenigen westlichen Besucher. Im fernen Osten sind die Felszeichnungen von **Pha Taem** zu bewundern, die vor über 3000 Jahren hoch über dem Mekong an glatte Kliffs gemalt wurden. Nachdem sich die politische Lage beruhigt hat, kann der Khmer-Tempel **Khao Phra Viharn**, der sich in Kambodscha befindet, von Ubon Ratchathani aus besichtigt werden.

In Süd-Thailand sind in **Chaiya** einige 1200 Jahre alte Ruinenreste aus der Sri Vijaya-Kultur erhalten. Aus noch früherer Zeit stammen die indischen Statuen der Stadt **Takua Pa**. Das Wat Mahathat, ein hochverehrtes Kloster mit einem imposanten Chedi, steht in **Nakhon Si Thammarat**.

Geschichtsträchtige Tempelanlagen kann man auch in **Phuket** besichtigen, vor allem das Wat Chalong und Wat Phra Thong. Eindrucksvoll sind sicherlich auch die chinesischen Tempel in vielen Städten des Südens, in denen jeden Tag die Gläubigen ihre Zeremonien vollziehen.

Den besten Überblick über die Kunstschätze des Landes vermittelt das Nationalmuseum von Bangkok. Doch auch in der Provinz gibt es einige lohnenswerte **Museen**. Hier sind die Schätze ausgestellt, die bei Ausgrabungsarbeiten gefunden wurden (von Ban Chiang über Ayutthaya, Ratchaburi und Chaiya bis Songkhla).

Vielen Tempeln ist zudem ein kleines Museum angegliedert, so lagern viele Kunstschätze im **Wat Khao Sukim** bei Chantaburi und über 5000 Jahre alte Ausgrabungsstücke im **Wat Klong Thom** bei Krabi. Über Geschichte, Architektur, Kunst und Kunsthandwerk von Süd-Thailand informiert das Folklore Museum in **Songkhla**.

Ein interessantes Museum in **Chiang Rai** ist den Kulturen und Traditionen der Bergstämme gewidmet. Über das ganze Land verstreut trifft man in Dorftempeln häufig auf plastische Darstellungen der **Volkskunst**. So sollen lebensgroße Gipsfiguren den leseunkundigen Dorfbewohnern die buddhistischen Legenden nahe bringen, grausige Höllenszenen die Gläubigen vom Sündigen abhalten und groteske Tierfiguren die menschlichen Laster anprangern.

Ein kulturelles Erlebnis sind auch die traditionellen **Feste**, wie z.B. die Drachen- und Löwenparade in **Nakhon Sawan**, das Raketenfestival in **Yasothon**, das Kerzenfest in **Ubon Ratchathani** oder das Wachstempelfest in **Sakon Nakhon**, der Manohra Dance Contest in **Phattalung** oder die Kor Lae Bootsrennen in **Narathiwat**. Bei allen religiösen Festen sind Touristen, die sich respektvoll verhalten, gern gesehene Gäste, so z.B. beim großen Tempelfest in **That Phanom**, beim Fest des zehnten Monats in **Nakhon Si Thammarat** oder beim Vegetarierfest in **Phuket** und **Trang**. Speziell für Touristen, einheimische wie westliche, werden einige eindrucksvolle Feste ausgerichtet, z.B. das Elephant Round-up in **Surin** und die Loy Krathong-Feier in **Sukhothai**.

Wer tiefer in das Wesen der buddhistischen Religion eindringen will, kann **Meditationskurse** in Klöstern besuchen, die speziell auf die Vorkenntnisse und Bedürfnisse von Westlern eingehen. Mehrwöchige Kurse werden von vielen Wats in Bangkok und Chiang Mai, vom Wat Khao Tham auf Ko Pha Ngan, vom Wat Suan Moke in Süd-Thailand und von Wats in der Nähe von Ubon Ratchathani angeboten (Näheres s.S. 170, 392 und 327).

Natur und Nationalparks

Thailand besitzt einige wahrlich spektakuläre Naturschönheiten und viele landschaftlich schöne Anziehungspunkte, die Naturfreunde voll auf ihre Kosten kommen lassen.

Wer das tropische Thailand besucht, will meist auch richtigen **Dschungel** erleben. Großflächige Regenwälder gibt es zwar nicht mehr, doch die verbliebenen Reste werden in über 100 Nationalparks, 35 Wildschutzgebieten, 46 Nichtjagdgebieten und 35 Waldparks geschützt. Sie bedecken stolze 12,8 % der Landesfläche Thailands, können aber nur auf Dauer erhalten bleiben, wenn sie „Geld einbringen", also von Touristen besucht werden. Gute Beschreibungen von 10 wichtigen National Parks und 4 National Marine Parks gibt es im Web unter ⌨ www.mygreenearth.com.

In allen Nationalparks sind begrenzte Gebiete als Ausflugsziele für Thais erschlossen. An Wochenenden werden die Wanderwege, Picknicktische, Ruhebänke, Erfrischungsstände und Bungalows rege genutzt. Am Montag wird meistens der Abfall zusammengekehrt (Styropor-Verpackung darf nicht in Nationalparks gebracht werden!), und dann beginnt die Zeit, in der Touristen in Ruhe die Natur genießen können. Es ist kaum wahrscheinlich, dass ein Parkangestellter Englisch spricht oder dass ein Ausländer die Informationen im *Visitor Center* ent-

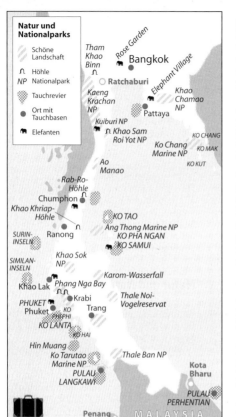

Natur und Nationalparks

〰	Schöne Landschaft
⋂	Höhle
NP	Nationalpark
▨	Tauchrevier
●	Ort mit Tauchbasen
🐘	Elefanten

Tham Khao Binn ⋂

Rose Garden

Bangkok

○ Ratchaburi

Elephant Village

Kaeng Krachan NP

Khao Chamao NP

Kuiburi NP

🐘 ⋂ Khao Sam Roi Yot NP

Pattaya

KO CHANG

Ko Chang Marine NP

KO MAK

KO KUT

Ao Manao

Rab-Ro-Höhle

Chumphon 🐘

Khao Khriap-Höhle

KO TAO

Ang Thong Marine NP

SURIN-INSELN

Ranong ⋂

KO PHA NGAN

KO SAMUI

SIMILAN-INSELN

Khao Sok NP

Karom-Wasserfall

Khao Lak

Phang Nga Bay

PHUKET 🐘 ⋂⋂

Phuket ● Krabi

KO PHI PHI

Trang

Thale Noi-Vogelreservat

KO LANTA

KO HAI

Hin Muang

Ko Tarutao Marine NP

Thale Ban NP

PULAU LANGKAWI

Kota Bharu

PULAU PERHENTIAN

Penang

MALAYSIA

größten von Thailand, eventuell einen Englisch sprechenden Führer auftreiben. Aber eine Warnung sei angebracht: in der fast weglosen Wildnis ist Trekking ein schweißtreibendes Abenteuer, das eine exzellente Kondition voraussetzt.

Ein äußerst beliebtes Ausflugsziel für stressgeplagte Bangkoker und deutsche Backpacker ist der **Erawan** National Park bei Kanchanaburi. In einer tropischen Dschungellandschaft rieseln malerische Wasserfälle die siebenstufigen Sinterterrassen herunter. Im ganzen Land verstreut gibt es in unzerstörter Natur viele schöne, aber nicht gerade gewaltige Wasserfälle, die häufig zum Baden einladen. Diese Plätze sind selten ans öffentliche Verkehrsnetz angeschlossen. Ohne eigenes Fahrzeug können sie nur mühsam und zeitaufwändig oder aber kostenintensiv erreicht werden.

Das wahre Naturerlebnis findet man an Wochentagen mit etwas Spürsinn durchaus. Besonders schön sind die herrlichen Badepools des **Karom-Wasserfalls** bei Nakhon Si Thammarat.

Höhlenfreaks entdecken in ganz Thailand Tropfsteinhöhlen. Viele werden zwar religiös genutzt, aber die meisten sind kaum für Touristen erschlossen. In Nord-Thailand kann man zum Beispiel zwischen Mae Hong Son und Pai einige eindrucksvolle Höhlen außerhalb von Nationalparks erkunden, darunter die Tunnelhöhle **Tham Lot** und die gigantische **Tham Nam Lang**, die zweitgrößte Höhle auf dem asiatischen Festland.

Bei Ratchaburi liegt eine der schönsten Höhlen Thailands, die **Tham Khao Binn**, die besonders leicht und billig zugänglich und vollständig beleuchtet ist. Ein fantastisches Naturschauspiel kann man jeden Abend bei der nahe gelegenen **Fledermaushöhle** miterleben, wenn Abermillionen der kleinen Flattertiere in einer gigantischen, sich windenden Schlange zu ihren Futterplätzen ausfliegen. Ähnlich spektakulär spielt sich der Ausflug bei der **Fledermaushöhle** am Khao Yai National Park ab. Nördlich von Kanchanaburi lädt der **Tham Than Lot** National Park zu einer abwechslungsreichen Wanderung durch eine Höhle und schönen Wald zu einer eindrucksvollen Naturbrücke ein.

ziffern kann, aber ein aufgeschlossener Naturfreund wird immer zurechtkommen.

Am besten erschlossen ist der **Khao Yai** National Park, etwa 200 km nordöstlich von Bangkok. Wanderwege durchziehen den relativ lichten Dschungel. Mit etwas Glück lassen sich Rotwild, Affen und Nashornvögel, vielleicht sogar Elefanten beobachten. Doch bereits für die Durchfahrt auf der Hauptstraße werden Ausländer zur Kasse gebeten.

Ebenfalls ideal zum Wandern ist der **Phu Kradung** National Park in Nordost-Thailand, der auf 1500 m Höhe in einem kühleren Klima eine herrlich vielfältige Vegetation bietet.

Wer unbedingt für mehrere Tage durch den Dschungel marschieren will, kann im **Kaeng Krachan** National Park, dem mit nahezu 3000 km^2

Leider hatte der Leiter der Forstbehörde Thailands, Herr Plodprasob Suraswadee, der auch für die National Parks zuständig ist, Mitte 2000 die Idee, für sämtliche Ausländer den Eintritt in allen, selbst unattraktivsten Nationalparks von Thailand von 20 Baht auf völlig überzogene 200 Baht zu erhöhen. Massive Proteste und Boykottaufrufe waren die Folge (z.B. 🖳 www.geocities.com/donutlink/boycott/). Wie die meisten Touristen können auch wir diese Entscheidung des Herrn Plodprasob unter dem Deckmantel des nationalen Interesses nicht unterstützen, sondern raten vom Besuch der vielen dritt- und viertklassigen Nationalparks ab, die diesen Eintrittspreis nicht wert sind. Die meisten Tourunternehmen arrangierten sich zähneknirschend, andere jedoch begannen, Naturattraktionen außerhalb von Nationalparks zu suchen und zugänglich zu machen. Diesen aktiven Thais gilt unsere Sympathie. Wir bitten unsere Leser, ihr Naturerlebnis möglichst außerhalb von Nationalparks zu suchen, wo sie nicht diskriminiert werden. Es gibt wahrlich genug Natur in Thailand.

Der mit 2565 m höchste Berg, der **Doi Inthanon**, liegt im Norden in einem Nationalpark. Eine Autostraße führt hoch zu den bemoosten Rhododendron-Hainen in der kühlen, ansonsten kaum spektakulären Gipfelregion. Faszinierende Berglandschaften erstrecken sich im äußersten Norden um den **Doi Tung** und weiter östlich um den **Phu Chi Fah** herum. Wer für Blumen und blühende Pflanzen schwärmt, sollte die Orchideen-Farmen und die schön angelegten Gärten der Resorts im **Mae Sa Valley** besuchen.

Die wahre Schönheit der nördlichen Landschaft lässt sich am besten zu Fuß entdecken. Trekking-Agenturen in **Chiang Mai**, **Chiang Rai**, **Pai** und vielen weiteren Orten bieten Wanderungen durch die Dörfer der Bergstämme an, häufig verbunden mit Floßfahrten und Elefanten-Safaris. Wer die Dickhäuter beim Training erleben möchte, kann im Norden das **Thai Elephant Conservation Center** bei Thung Kwian oder das **Chiang Dao Elephant Training Center** besuchen. Im Nordosten werden im Dorf **Ban Ta Klang** bei Surin die Elefanten für das *Elephant Round-up* geschult. Bei Pattaya wurde ein **Elephant Village** eröffnet, und auf Phuket, Ko Samui oder bei Khao Lak verdienen Elefanten ihren relativ teuren Lebensunterhalt, indem sie Touristen durch die Wälder schaukeln. Seit dem Verbot des Holzeinschlags wären sie sonst arbeitslos.

Auf dem Weg in den Süden liegt der **Khao Sam Roi Yot** National Park, dessen Marschland vollständig zugunsten von Krabben-Farmen zerstört wurde. Wilde Elefanten sind die Attraktion im neuen **Kuiburi National Park**, jeden Abend sollen sie an einer natürlichen Tränke zu sehen sein. Reizvoll ist die **Rab Ro-Höhle** bei Chumphon, spektakulär gar die **Khao Khriap-Höhle** weiter südlich oder die **Phra Kayang-Höhle** weiter westlich – alle liegen außerhalb von Nationalparks und können auf eigene Faust oder mit preiswerten Touren besucht werden. Im unberührten Dschungel im Hinterland von **Chumphon** können Naturfreunde trekken, mit Flößen einen Bach hinabgleiten, wilde Elefanten oder andere Tiere beobachten.

In Süd-Thailand wurden bisher sieben Nationalparks zum Schutz des tropischen Regen- und Monsunwalds eingerichtet. Leicht zugänglich ist der **Khao Sok National Park**, in dem junge, einheimische Führer erlebnisreiche Wanderungen und Dschungeltouren durchführen sowie außerhalb des Parks fröhliches Tubing und Paddeln auf dem Sok River veranstalten. Mit etwas Glück kann vielleicht ein Exemplar der Rafflesia, der größten Einzelblüte der Welt, bestaunt werden. Auf dem Stausee des **Rajjaprabha-Damms** bietet der Park weitere Attraktionen – Bootsfahrten an turmhohen Felswänden entlang und Übernachten in schwimmenden Bungalows.

Die pittoreske, tropische Felsenlandschaft zwischen **Krabi** und **Phang Nga** besteht aus verwitterten Kegelkarsten und ist von vielen hundert Höhlen durchlöchert, von denen einige nur per Boot zu erkunden sind. Im Vogelreservat **Thale Noi** halten sich von Januar bis April, wenn die Monsunwinde abgeebbt sind, viele große und kleine Wasservögel auf. Wer zum ersten Mal in die Tropen kommt, wird begeistert sein von den intensiven Farben, z.B. vom lieblichen Grün junger Reispflanzen. Vor allem zu Beginn der Regenzeit sind riesige Anbauflächen in faszinierende Farben getaucht. Um die unzähligen Inseln und die Korallenriffe vor zügelloser Ausbeutung zu schützen, wurden 18 **Marine National Parks** eingerichtet.

Ort	Saison	Tiefe	Attraktionen
Similan Islands	Dezember–April (v.a. Februar–März)	12–40 m	Weltklasse, Korallengärten, Riffe, Felsen, riesige Artenvielfalt, Fächerkorallen, Fassschwämme, Haie, Rochen, Mantas
Ko Tachai,	dito.	18–40 m	Vielfältiges Meeresleben, tolle Landschaft
Surin Islands	dito.	6–26 m	Weichkorallen, Steinkorallen, Haie, weniger große Tropenfische
Richelieu Rock		6–32 m	Steilabfall, Stein- und Weichkorallen, Fassschwämme, viele große Fische
Burma Banks	dito.	17–46 m	Felsen unter Wasser mitten im Ozean, makellose Korallen, Drifttauchen, Ozean- und Riffhaie, große Haie
Phuket	dito.	6–29 m	Korallen, Rifffische, Leopardenhaie
Ko Phi Phi	ganzjährig (v.a. Januar–März)	9–24 m	Weich- und Steinkorallen, Rifffische, Muränen, Wand- und Höhlentauchen
Krabi	ganzjährig (v.a. Nov.–April)	5–20 m	Stein- und Weichkorallen, Riffhaie, Leopardenhaie, Höhlen
Trang	November–April (v.a. Februar–März)	10–35 m	Stein- und Weichkorallen, Rifffische, Wracks, Höhlen, unberührte Riffe
Hin Muang,	dito.	6–50 m	absolute Spitzenklasse, Großfische,
Hin Daeng			Weichkorallenfelder, Walhaie, Mantas
Ko Tao	Februar–Oktober	6–32 m	Korallengärten, Riffe, Felsen, über 100 Korallenarten, Fische, Schildkröten, Walhaie (ca. Mai/Juni)
Chumphon	Februar–Oktober	6–23 m	Sehr viele Fische, Felsen
Pattaya	Dezember–Mai	18–27 m	Korallen, tropische Fische, Wracks, Inseln
Ko Chang,	Dezember–April	10–25 m	Korallengärten, Anemonenfische,
Ko Mak			Stachelrochen, Ammenhaie

Boote verkehren regelmäßig entlang der Westküste zu den Nationalparks von **Ko Tarutao, Ko Phi Phi, Phang Nga Bay, Similan Islands** und **Ko Surin**, die allesamt aus wunderschönen Inseln bestehen. Wirklich spektakulär sind die *Hongs* (Wasserhöhlen und Lagunen) in den Karstfelsen der **Phang Nga Bay**. Im Golf von Thailand wird der **Ang Thong** Marine National Park täglich von Ausflugsbooten ab Ko Samui angelaufen. Auch die vielfältige Inselwelt des **Ko Chang** Marine National Parks ist nun mit regulären Booten erreichbar.

Zu den weltbesten Tauchrevieren zählen die **Similan Islands**, die von Phuket und Khao Lak angefahren werden, und die Supertauchplätze bei den Unterwasserfelsen **Hin Daeng** und **Hin Muang**, zu denen von Ko Lanta und von Phuket Tauchboote ausfahren. Die übrigen Tauchgebiete können einem Taucher zumindest eine fantastische Bereicherung seines Thailand-Urlaubs bieten.

Mit Geräten kann man ab **Pattaya, Ko Chang, Ko Mak, Ranong, Khao Lak, Phuket, Ko Phi Phi, Krabi, Ko Lanta, Ko Hai, Ko Lipe, Ko Samui, Ko Pha Ngan, Ko Tao, Chumphon** und **Hua Hin** auf Tauch-Tour gehen. Hier gibt es Tauchbasen und internationale Tauchlehrer. Der Versuch der thailändischen Regierung, in Crash-Kursen junge Thais zu Tauchlehrern auszubilden, die ausländische Tauchlehrer und Dive Master ersetzen sollten, ist gescheitert.

Da viele Riffe nur wenige Meter von der Küste entfernt liegen, lassen sich auch ohne teure Tauchausrüstung, nur mit Schnorchel, Maske und Flossen, schöne Eindrücke von der herrlichen Unterwasserwelt sammeln. Gute Schnorchelgebiete gibt es bei fast allen Touristen-Inseln, z.B. bei **Ko Samet, Ko Samui** (Ko Mat Sum), bei **Ko Tao** (Ko Nang Yuan), bei **Ko Phi Phi** (Bamboo Islands) oder bei **Ko Lanta** (Ko Ha), außerdem im **Ko Tarutao** Marine National Park (Ko Adang, Ko Hin Ngam

Tipps zum Schnorcheln Da die Sonne unbarmherzig auf die Waden, den Rücken und den Nacken brennt, empfiehlt es sich, beim Schnorcheln ein Polohemd mit Kragen, sowie eine dünne, lange Hose zu tragen, mit der man sich auch nicht so schnell an den scharfkantigen Korallen verletzt. Nur zwei Arten von Fischen können gefährlich werden, zum einen Steinfische, die sehr giftige Rückenstacheln besitzen und die man nur schwer vom Meeresboden unterscheiden kann, zum anderen Rochen, ebenfalls mit giftigen Stacheln. Giftige Muränen, Rotfeuerfische und Seeschlangen werden seltener gefährlich. Seeigel sind zwar nicht giftig, ein eingetretener Stachel verursacht aber lang eiternde Wunden. Die Berührung von Quallen und Feuerkorallen führt zu stark brennenden Hautreizungen.

Korallenriffe gehören zu den komplexesten und empfindsamsten Ökosystemen der Erde. Fische, Krustentiere und viele Weichtiere sind auf diese Nahrungsquelle und den Schutzraum angewiesen. Steinkorallen wachsen nur sehr langsam und sind leicht zerbrechlich. Dass man Korallen niemals abbrechen oder auf ihnen stehen sollte, versteht sich von selbst.

Literatur: Neue Tauchreiseführer auf Deutsch und Englisch sind Tauchern sehr zu empfehlen und im Anhang beschrieben (s.S. 728).

Schnorchel- und Tauchfahrten Leser empfehlen, folgenden Fragen **vor** dem Buchen von Schnorchel- und Tauchfahrten zu klären:
→ Wird Entschädigung gewährt, wenn man zum Tauchausflug nicht abgeholt wird?
→ Ist man damit einverstanden, bei einem anderen Veranstalter mitzufahren?
→ Was wird bei Stornierung von allen oder einzelnen Tauchgängen zurückerstattet (z.B. bei Erkrankung oder wegen technischer Probleme)?
→ Was wird erstattet, wenn einzelne Tauchgebiete nicht angefahren werden können?
→ Garantiert der Veranstalter schriftlich, dass ein Erste-Hilfe-Koffer an Bord ist?
→ Alle Abmachungen sollten mit Unterschrift und Stempel auf der Rechnung schriftlich festgehalten und fotokopiert werden.

→ Wer mit Kreditkarte bezahlt, kann nichts dagegen machen, dass der volle Betrag abgebucht wird, auch wenn der Tauchausflug oder ein Teil davon storniert wird.
→ Eine Originalrechnung sollte höchstens gegen Quittung weggegeben werden (ein Sticker ist keine Quittung), ggf. auf der Fotokopie quittieren lassen.
→ Bei Unstimmigkeiten braucht sich niemand mit leeren Drohungen vor der Touristenpolizei einschüchtern zu lassen.

Die meisten Tauchschulen in Thailand arbeiten korrekt. Ihre Geschäftsbedingungen sind klar formuliert. Bei Problemen reagieren sie kulant.

und Ko Lipe), vor der Küste von **Trang** (Ko Rok und Ko Kradan), beim **Ko Chang** Marine National Park (Ko Mak und Ko Rang) und in den Marine National Parks der **Similan** und **Surin Islands**.

In den Gewässern zwischen **Chumphon** und **Ko Tao** kann man im Mai/Juni mit etwas Glück den bis zu 18 Tonnen schweren und 10 m langen **Walhai**, den größten Fisch der Erde, antreffen. Es werden Tauchausflüge zu diesen harmlosen Fischen organisiert, die zur Familie der Haie gehören, sich aber in erster Linie von Plankton ernähren. Auch in der Andamanensee ist der Walhai während der Tauchsaison an einigen kleinen Inseln anzutreffen, besonders regelmäßig am **Richelieu Rock** und bei den Felsen **Hin Muang** und **Hin Daeng**.

Bootsfahrten und Biketouren

Wer sich ein wenig abenteuerlich betätigen möchte, kann mit dem Motorrad oder Fahrrad, aber auch per Floß oder Boot dem Lande näher kommen. In **Bangkok** rasen Klong-Boote durch einige stinkende Kanäle, aber schöner ist eine Bootsfahrt in **Thonburi**, wo man von Bangkok aus schon nach wenigen Minuten völlig ländlich wirkende Gegenden erreicht. Bei **Kanchanaburi** laden Hausboote dazu ein, beschaulich den Kwae River hinabzutreiben. Aufregender wird es, mit Bambus-Flößen auf einem Nebenfluss des Kwae durch den Dschungel zu gleiten.

Bootsfahrten und Biketouren

BURMA

"Death Railway"

Kanchanaburi

Klong-Tour (Thonburi)

Ratchaburi

Bangkok

Phetchaburi

Hua Hin

Kuiburi

KO CHANG Bootsfahrt

Ban Krut
Bang Saphan

Chumphon

Lang Suan

Ranong

KO TAO Bootsfahrt

Surat Thani

KO SAMUI Motorrad

Rajjaprabha-Stausee

Wildwasserfahrt

Phang Nga

Krabi

Phuket

Trang

Longtail-Boote

Straße der Wasserfälle

Songkhla

KO BULON Bootsfahrt
KO LIPE

PULAU LANGKAWI

Kota Bharu

Penang
PULAU PINANG

MALAYSIA

Motorradfahrer finden ideale Rundstrecken ab **Chiang Mai** und **Chiang Rai** in diesem Buch beschrieben. Ganz individuell geführte Touren bieten hervorragende Landeskenner in **Chiang Mai, Fang** und **Mae Sai** an. Möglich sind Enduro-Fahrten für Anfänger und Experten ab **Pai**. Leichte Motorräder werden in vielen Orten im Norden vermietet. Im Nordosten lassen sich schöne Motorradfahrten über die Dörfer machen, spezielle Informationen dazu liefern zum Beispiel die Gästehäuser in **Nong Khai** und **That Phanom**. Auch im Süden gibt es herrliche Motorradrouten. Wir beschreiben detailliert eine Rundfahrt auf **Ko Samui** sowie die faszinierende Rundstrecke von **Krabi** nach **Phang Nga** und auf einer neuen Route zurück. Bei der „Kleinen Rundfahrt" ab **Phang Nga** kann man an einem Tag die Leckerbissen der Karstlandschaft genießen. Leichte Bikes und Mopeds werden in allen Touristenorten im Süden vermietet. Auch mit Mountain Bikes lassen sich von Dezember bis Mai herrliche Rundfahrten durchführen. Ein Bike mieten und auf eigene Faust losziehen kann man z.B. in **Pai, Thaton, Sang Khom, Khao Lak**, sowie auf **Ko Pha Ngan** und **Ko Samui**.

Auf dem Weg in den Süden können sich Abenteuerlustige auf Schotter- und Asphaltstraßen in Meeresnähe von **Ban Krut** über **Pathiu** nach **Chumphon** durchschlagen. Mit etwas Vorsicht sind die Nebenstraßen von **Lang Suan** nach **Surat Thani** problemlos zu bewältigen. Einfach zu befahren ist die Straße der Wasserfälle bei **Trang**. Die Hauptstraße von **Phuket** nach **Ranong** führt durch eine schöne Landschaft; wirklich genießen kann sie nur, wer einige der zahllosen Abstecher macht.

Zu empfehlen sind die teuren, fantastischen Fahrten ab **Phuket** mit dem Sea Canoe in die Wasserhöhlen und Lagunen der Karstfelsen in der Bucht von Phang Nga – ein atemberaubendes Erlebnis, sofern man nicht in der Hochsaison mit hunderten anderer Kanuten unterwegs ist. Kanufahrten in den Mangrovenwäldern von **Krabi** können viel zum Verständnis dieser fragilen Ökosysteme beitragen.

Im Nordosten kann eine Fahrt am Mekong entlang sehr reizvoll sein, vor allem die Strecke von **Si Chiangmai** nach **Chiang Khan**. Im Norden sehr beliebt und immer noch abenteuerlich ist eine Fahrt mit dem Longtail-Boot oder einem Floß auf dem Mae Kok River von **Thaton** nach **Chiang Rai**. Sehr einfach bis extrem gestaltet sich eine Fahrt mit dem Kanu, dem Floß oder dem Schlauchboot auf dem **Pai** River. Beim Trekking bieten viele Agenturen Floßfahrten auf Dschungel-Flüssen sowie mehrstündige Elefanten-Safaris an. Die eindrucksvollste Floßfahrt in Thailand kann man ab **Umphang** auf dem Mae Klong unternehmen. Gebucht kann diese Tour auch bereits in **Mae Sot** und **Bangkok** werden.

REISEZIELE

Eindrucksvolle Kanutouren führen auch den **Khao Sok** Fluss hinunter. Immer beliebter werden die Bootstouren auf dem Stausee hinter dem **Rajjaprabha-Damm** an turmhohen Kalkfelsen entlang. Vor **Krabi** und **Trang** können Traveller, die etwas Thai sprechen, Longtail-Boote chartern oder auf Versorgungsbooten mitfahren, um zu kaum besuchten Inseln zu gelangen. Ein herrliches Abenteuer bieten die Bootstouren bei den kleinen Inseln **Ko Bulon** und **Ko Lipe** – vier Tage tolles Schnorcheln und Zelten an einsamen Stränden. Ein schöner Tagesausflug ist die Umrundung von **Ko Tao** mit dem Longtail-Boot, wobei mehrere Schnorchelstopps eingelegt werden.

Die beschriebenen Fahrten und Touren sollen vor allem Anregungen für **eigene Aktivitäten** liefern. Selbstverständlich lässt sich noch sehr viel mehr an vielen weiteren Orten unternehmen, einiges davon steht auf den folgenden Seiten, anderes entwickelt sich aus dem Bedarf der Besucher und durch die Findigkeit der Thais von Tag zu Tag neu. In einer Gruppe von 4–8 Personen lässt sich für fast jede Tour ein Boot chartern – und das zu einem erschwinglichen Preis.

Fahrten mit Booten können freilich auch mal in ein unfreiwilliges **Abenteuer** ausarten. So erlebten wir in den letzten siebzehn Jahren einen Schiffbruch auf einem Riff, das Kentern eines Touristenbootes am Pier, vier Mal Motorschaden auf hoher See, plötzlichen Wassereinbruch durch eine geborstene Planke, zwei Zwangspausen wegen unerwartetem Sturm und eine Kenterung mit einem Longtailboot in den Brandungswellen. Jedes Jahr erhalten wir Briefe von Lesern, die bei unverantwortlichen Fahrten bei schwerer See Todesängste ausstanden oder gar um ihr Leben schufteten, um ein leckes Boot leer zu pumpen.

Eine ausgefallene Reiseroute

Wir könnten sie zwar beschreiben, aber welchen Sinn hätte das? Dabei fällt es gar nicht schwer, sie auch ohne die konkreten Hinweise eines Reiseführers zu finden. Das Rezept ist ganz einfach: **Mut fassen!** Mit Mut meinen wir nicht Leichtsinn, sondern die Bereitschaft, einmal anders zu reisen als gewohnt, sich von vertrauten Einstellungen zu lösen, von der geläufigen Sprache oder den einschätzbaren Umgangsformen anderer Touristen zum Beispiel.

Natürlich ist es einfacher, dem bekannten Traveller-Talk zu lauschen, als sich mit einem Thai über sein Leben zu unterhalten. Über das **Gespräch mit den Menschen** öffnen sich allerdings neue Wege zu einmaligen Erlebnissen. Viele Einheimische zögern, denn auch sie haben Vorurteile (z.B. über die lockere Moral der Touristen).

Den Touristenmassen entkommt man sicherlich an Orten, die in diesem Buch nur nebenbei oder gar nicht erwähnt werden. Oft hinterlassen nicht die großen Kulturdenkmäler in unserer Erinnerung den nachhaltigsten Eindruck, sondern die Konfrontation mit ungewohnten Situationen: Die Übernachtung in einem Dorf, als wir wegen der vielen fremden Geräusche nicht einschlafen konnten, das Reis-Frühstück am nächsten Morgen; die Begegnung mit Akha-Frauen, die trotz ihrer schweren Last laut lachend den Berg erklommen; die Erfahrung der Unfähigkeit, Kokosnüsse zu ernten oder sich im Dschungel zu orientieren; das Leben ohne Autos, Elektrizität, Dosenbier und andere Errungenschaften der Zivilisation.

Wer auf diese Art reisen mag, wird unser Buch nicht ständig zu Rate ziehen. Das kann für eine Weile sehr hilfreich sein, denn ein Reiseführer beschreibt nun einmal vor allem ausgetretene, bekannte Pfade. Eine hilfreiche Voraussetzung bei derartigen Unternehmungen besteht darin, sich über Land und Menschen zu informieren, denn vieles sieht man erst, wenn man die Hintergründe kennt. In unserer Bücherliste finden sich einige nützliche Hinweise. Und etwas Thai zu lernen, nützt auf jeden Fall, selbst wenn selten mehr dabei herauskommt, als die gute Absicht kundzutun.

Bangkok

Die Schätze des **Wat Phra Keo** und des **Nationalmuseums**
bewundern

Bei klarem Wetter vom **Bayoke II Tower** das Häusermeer der
Millionenstadt überblicken

Mit einem Longtail-Boot die schmalen Kanäle von **Thonburi**
erkunden

Auf einem **Restaurant-Boot** dinieren und dabei durch die
erleuchtete Stadt schippern

Die gigantischen **Einkaufszentren** und **Discos** des modernen
Bangkok besichtigen

Sich durch das Gewühl der schmalen Gassen der **Chinatown**
treiben lassen

Bangkok ก ร ุ ง เ ท พ

Erst 220 Jahre alt ist diese lebendige 6-Millionen-Stadt, deren Ballungsgebiet über 9 Mill. Menschen umfasst. In kaum einer anderen Stadt treten die Gegensätze, die sich im Spannungsfeld zwischen einer traditionellen asiatischen und modernen westlichen Gesellschaft aufbauen, deutlicher hervor. Dicht beieinander liegen Armut und Reichtum, Hektik und Ruhe, Glanz und Elend. In den Straßen pulsiert das Leben: Mitten im Verkehrsgewimmel wird gekauft und verkauft, Bürgersteige werden zu Märkten, Menschenmassen strömen zu den Bussen und in die Geschäfte, während in den schmalen Gassen nebenan Kinder unbehelligt Drachen steigen lassen. Nur noch gedämpft dringt der Verkehrslärm in die von Mauern umgrenzten Tempelanlagen, deren prunkvoll dekorierte Bauten im Schatten weit ausladender Bäume Oasen der Ruhe sind, sofern ihre Freiflächen nicht als Parkplätze vermietet werden.

Die Stadt scheint endlos, es gibt viele Zentren; hier das Touristenviertel (Sukhumvit Road), dort das historische Zentrum (Sanam Luang), in einem ganz anderen Gebiet die Einkaufs- und Verwaltungszentren. Eine unübersichtliche Stadt, in der die meisten Ziele nicht zu Fuß zu erreichen sind. Entsprechend wälzt sich ein Strom laut hupender Taxis, qualmender Busse, knatternder Tuk Tuks und Motorräder sowie anderer Fahrzeuge durch die Stadt und verleiht der Luft von Bangkok das typische Aroma.

Bangkok ist das Zentrum, aber auch der Wasserkopf Thailands. Über diese Stadt läuft 90% des Außenhandels; hier wird die Hälfte des Bruttosozialproduktes des Landes erwirtschaftet; hier konzentrieren sich Industrie, Administration und die Hoffnungen vieler Thais auf ein besseres Leben. Mittlerweile lebt bereits jeder achte Thai in der Metropole. Daneben gibt es das andere Bangkok, das kulturelle und religiöse Zentrum. Nirgendwo sonst sprechen so viele Thais Englisch, erhält man so viele Informationen über die Geschichte und Kultur der Nation. Allein 400 Tempel gibt es in der Stadt, viele Märkte und ein interessantes Nationalmuseum. Die Restaurants sind international, und nach Sonnenuntergang wird sich niemand langweilen – selbst wenn man keine Hostessen sucht –, denn die Musikkneipen, Discos, Kinos und Biergärten haben durchaus Weltstadt-Niveau, was von der Theaterszene nicht behauptet werden kann.

Namensvielfalt Bangkok – „Dorf der wilden Pflaumen", – ist die internationale Bezeichnung für diese Stadt, die von Thais „Stadt der Engel" – Krung Thep – genannt wird. Doch auch dies ist nur eine Abkürzung ihres richtigen Namens, den sie vom ersten König, der hier residierte, 1782 erhielt. Dieser lautet in der Übersetzung: *„Erhabene Hauptstadt wie im himmlischen Königreich, wo der Jadebuddha beheimatet ist, uneinnehmbarer, glorreicher, unsterblicher Ort, überaus mächtig, altehrwürdig, neunfach mit heiligen Juwelen geschmückte himmlische Stadt mit zahllosen Palästen, der Platz, an dem Könige residieren, auf Befehl des großen Indra errichtet von Vishnu"* und dies ist, laut Guiness Buch der Rekorde, der längste Ortsname der Welt.

Orientierung

Bangkok hat sich entlang der 4–6-spurigen, stark befahrenen Ausfallstraßen weit ins Land hinaus ausgedehnt. Die wichtigsten Verkehrsadern verlaufen in Nord-Süd-Richtung, u.a. der Menam Chao Phraya, die Eisenbahn und zwei Expressways.

Im Zentrum werden diese Trassen von breiten, in West-Ost-Richtung verlaufenden Straßen und Expressways gekreuzt. Zwischen Bangkok und der Schwesterstadt **Thonburi** im Westen stellt der breite Menam Chao Phraya eine natürliche Barriere dar. Die sieben Brücken sind während der Rushhour ständig verstopft. Ein Großteil des Personenverkehrs wird von Fähren und Booten bewältigt.

Einen Kontrast zur modernen Stadt mit ihren Hochhäusern und Baustellen bildet die **Altstadt** mit dem Königspalast am großen, ovalen Platz Sanam Luang. Nördlich davon liegt das Traveller-Zentrum **Banglampoo**.

Im **indischen Viertel** und der **Chinatown** bietet die Charoen Krung Road, die ehemalige New Road, die parallel zum Fluss verläuft, eine Orientierungshilfe. Die modernen Geschäftszentren mit internationalen Hotels, Restaurants und Geschäften konzentrieren sich rings um die **Silom Road** im Südosten und um die **Ploenchit** und **Sukhumvit Road** im Osten.

Von den Hauptstraßen zweigt ein verwirrendes Netz von schmalen Wegen ab, die sogenannten **Sois**, zum großen Teil Sackgassen, die vielfach nur von Fußgängern genutzt werden können. Sie sind meist nach der Hauptstraße, von der sie abgehen, benannt und durchnummeriert. Bei Adressen wie 236/1-5 Soi 29 Sukhumvit Rd. sorgen neben der Nummer der Soi (29) zudem Blocknummern (236) und Hausnummern (1-5) für Verwirrung.

Königspalast und Wat Phra Keo

Wer für Bangkok nicht viel Zeit hat, wird direkt zum Sanam Luang fahren, dem kulturellen Zentrum der Stadt. Der Bereich südlich des Platzes bis zum Fluss beherbergt die Bauten des Königspalastes und des Königstempels Wat Phra Keo, die von hohen, weißen Mauern umgeben sind. Eine ungeheure, märchenhafte Prachtentfaltung erwartet den Besucher. Schon allein deswegen gilt das Palastgelände für jeden Thailandreisenden als Muss, denn etwas Vergleichbares gibt es im ganzen Land nicht noch einmal.

Die Geschichte des Smaragd-Buddhas Um den Smaragd-Buddha, oft auch Jadebuddha genannt, ranken sich zahlreiche Legenden. Man vermutet, dass er aus Indien stammt. 1434 schlug ein Blitz in den Chedi eines Tempels in Chiang Rai ein. Dabei kam unter einer Hülle aus Gips die grüne Figur zum Vorschein. Da Chiang Rai damals von Chiang Mai aus regiert wurde, wollte man die von der Bevölkerung verehrte Statue dem König übergeben. Doch der Elefant, der die Statue in die Hauptstadt bringen sollte, lief nach Lampang. Als sich dies mehrfach wiederholte, beließ man den Smaragd-Buddha 32 Jahre lang dort. Erst 1468 wurde er nach Chiang Mai gebracht und in der östlichen Nische des Chedi Luang aufgestellt. 1551 nahm ihn der befreundete König von Laos mit nach Luang Prabang, und als die Hauptstadt unter dem Druck der angreifenden burmesischen Truppen nach Vientiane verlegt wurde, transportierte man die Buddhastatue dorthin. 1778 brachten die Thais den Jadebuddha als Kriegsbeute nach Thonburi und sechs Jahre später an ihren jetzigen Platz im Wat Phra Keo.

Als 1782 der Königspalast nach Bangkok verlegt wurde, wählte man dafür das am höchsten gelegene Gebiet, da es vor Überschwemmungen sicher war. Die hier siedelnden chinesischen Händler mussten in die heutige Chinatown weichen. Der Palast wurde mehrfach erweitert und mit Bauten in verschiedenen Stilrichtungen ergänzt. Selbst europäische Stilelemente fanden unter König Rama IV., der westlichen Einflüssen gegenüber aufgeschlossen war, Eingang. Nur der nördliche Bereich des Palastes und das königliche Wat Phra Keo können besichtigt werden. Während offizieller Staatsempfänge bleibt der gesamte Palastbereich geschlossen.

Das bewachte Eingangstor zum Palast, der von einer hohen Mauer umgeben ist, befindet sich am südlichen Ende des Sanam Luang. ⏱ tgl. 8.30–15.30 Uhr; Führung in Englisch um 10, 10.30, 11, 13, 13.30 und 14 Uhr, 200 Baht inkl. Informationsbroschüre in Deutsch oder Englisch sowie Eintritt zum Vimanmek Teakwood Mansion (s. S. 143), zum Tempelmuseum sowie zu den Königlichen Münzsammlungen und Dekorationen. Ein Audio-Guide kostet für 2 Std. 100 Baht. Die Wachen am Eingang lassen Besucher in Shorts, kurzen Röcken, schulterfreier Kleidung, hinten offenen Sandalen (!) u.Ä. nicht hinein bzw. verpassen ihnen gegen Hinterlegung des Passes oder einer Leihgebühr angemessene Kleidung – und ein Rundgang in geliehenen Schuhen wird zur Qual.

In den ersten Gebäuden hinter der Kasse sind die **Königlichen Münzsammlungen und Dekorationen** untergebracht – juwelenbesetzte Orden, Fahnen, Münzen von 11. Jh. bis heute, Wappen u.a. – etwas für Besucher mit speziellen Interessen. Interessant sind die prächtigen Gewänder aus Gold und Edelsteinen für den Jadebuddha, die zum Beginn der Regenzeit, der heißen und der kalten Jahreszeit gewechselt werden. ⏱ Mo–Fr 8.30–16.30 Uhr.

Wat Phra Keo

Hinter diesem Gebäude liegt das herrliche Wat Phra Keo. Durch die Eingangstore, die von riesigen Dämonen, den *Yaks*, bewacht werden, gelangt man in den Tempelbezirk. Er ist von einem überdachten **Wandelgang** umgeben, der mit besonders schönen **Wandmalereien** geschmückt ist, die auf 178 Bildern Szenen aus dem thailändischen Ramayana-Epos, dem Ramakien, darstellen. Die in Thai durchnummerierte Bildgeschichte beginnt hinter dem Viharn Yot.

Im Zentrum der Anlage erhebt sich der über und über dekorierte **Bot** des Jadebuddhas. Ordner sorgen dafür, dass man die Schuhe vor dem Eingang abstellt und sich im Inneren des Bot (Fotografieren verboten!) auf den kühlen Boden setzt, wobei die Füße nach hinten zeigen sollten.

Die Wandmalereien, die den gesamten Innenraum bedecken, stellen das Leben Buddhas dar. Auf einem mehrstufigen Altar thront die mit einem goldenen Gewand bekleidete, 66 cm hohe Buddhastatue aus Nephrit, einer Jadeart. Sie gilt als Beschützerin des Landes und der Dynastie.

Gegenüber dem Haupteingang zum Bot stehen auf einer hohen Marmor-Plattform verschiedene Gebäude. In wohl keinem Bildband fehlt das von zwei vergoldeten Chedis umgebene **Königliche Pantheon**, dessen mehrfach gestaffeltes Dach von einem Prang gekrönt wird. Goldene *Kinaras*, mythische Wesen, halb Vogel, halb Mensch, bewachen das Gebäude. Daneben ragt die **Bibliothek** für die Heiligen Schriften des Therawada-Buddhismus *(Triptaka)* mit pyramidenförmigem Mondhop-Dach empor.

Der große, goldene **Chedi** hinter der Bibliothek enthält eine Reliquie Buddhas. Das steinerne **Modell des Tempels von Angkor Wat** nördlich der Bibliothek entstand zu einer Zeit, als Kambodscha ein Vasallenstaat Siams war.

Dahinter, auf der unteren Ebene, steht die mit glasierten Ton-Blumen verzierte Gebetshalle **Viharn Yot**. In der **Viharn Phra Nak**, im Nordwesten, wird die Asche der verstorbenen Angehörigen der Chakri-Dynastie aufbewahrt. Das Gebäude **Ho Monthien Dhamma**, in der nordöstlichen Ecke der Anlage, diente zur Aufbewahrung heiliger Schriften.

Die Palastbauten

Zum Königspalast gelangt man durch das südwestliche Tor hinter dem Bot. Das erste Gebäude im Thai-Stil, den **Amarinda Vinichai-Palast**, ließ Rama I. als Gerichtshalle erbauen, später wurde er für Krönungsfeierlichkeiten und Empfänge genutzt. In einer feierlich wirkenden rotgoldenen Halle steht ein Thron mit dem neunstufigen, weißen Schirm des Herrschers sowie ein Thron mit einem mehrfach gestaffelten Dach, in dem noch heute Buddha-

statuen bei religiösen Zeremonien ausgestellt werden. Beide sind reich dekorierte Herrschaftssymbole und wurden von König Rama I. genutzt.

Am großen Platz erhebt sich der **Chakri Maha Prasad-Palast**, dessen Fassade im Renaissance-Stil so gar nicht zu den siamesischen Spitzdächern und Türmen passt. Die großen Empfangshallen im ersten Stock und die zentralen Räume, in denen die Urnen der letzten Könige verwahrt werden, sind ebenso wie alle anderen Räume nicht zugänglich.

Der kleine, graziöse **Umkleidepavillon** nebenan gilt als typisches Exempel thailändischer Architektur. Dahinter steht der von Rama I. als Krönungshalle geplante **Dusit Maha Prasad-Palast**, der seit dem Tod dieses Königs nur für Totenfeiern genutzt wird.

Im westlichen Bereich wird im **Tempelmuseum** eine interessante Ausstellung über die Restaurierungsarbeiten Anfang der 80er Jahre gezeigt. Im 1. Stock sind steinerne Buddhastatuen aus Java und andere Votivgaben, ein großer, gelackter Wandschirm und der Manangasila-Thron zu sehen.

Das Königshaus Obwohl 1932 die absolute Monarchie abgeschafft wurde, genießt König Bhumipol immer noch hohes politisches Ansehen. Er erfüllt nicht nur repräsentative Funktionen, sondern ist auch das religiöse Oberhaupt des Landes. Der König wird hoch verehrt, und überall hängen Bilder der königlichen Familie, deren Geburtstage von der gesamten Nation gefeiert werden. Wenn täglich um 8 und 18 Uhr die Königshymne auf öffentlichen Plätzen, im Radio und Fernsehen ertönt, halten die Menschen inne. Man erwartet von Touristen, dass sie respektvoll über die Königsfamilie reden und ihre Bilder ehren.

Nationalmuseum

Ein Rundgang durch das größte Museum Thailands vermittelt einen guten Überblick über die Geschichte des Landes – von prähistorischen Funden bis zur jüngeren Bangkok-Periode. Ursprünglich stand hier der Palast des „Zweiten Königs", der eine Art Stellvertreterfunktion hatte. Teile dieser Anlage, zu der auch der Tempel am Eingang gehört, sind erhalten geblieben.

🕐 Mi–So außer feiertags 9–16 Uhr, 100 Baht, ✎ 2241333. Fotografieren verboten. Am Eingang ist eine Broschüre erhältlich, die durch die Ausstellung leitet. Kostenlose einstündige Führung am Do (Thai-Kunst und -Kultur) um 9.30 Uhr in Deutsch. Englischsprachige Führungen am Mi (Thai-Kunst) und Do (Buddhismus) um 9.30 Uhr. Die Termine können sich ändern. Ein kleines Restaurant mit preiswerten Getränken und leckeren Snacks befindet sich hinter dem Haus Nr. 17 mit den Wagen für Verbrennungszeremonien; eine Gepäckaufbewahrung und ein kleiner Laden, der Bücher und Souvenirs verkauft, links vom Eingang hinter dem Informationsschalter.

Die **Buddhaisawan-Kapelle** (3), rechts vom Eingang, wurde für eine der am meisten verehrten Buddhastatuen, Phra Buddha Singh, errichtet. Die über 200 Jahre alten restaurierten Wandmalereien stellen 28 Szenen aus Buddhas Leben dar. Im hinteren Tempelbereich stehen einige schöne, alte Bücherschränke.

In der ehemaligen **Audienzhalle** (1) links von der Kapelle führen Bilder in die Thai-Geschichte ein. Dahinter enthält die **prähistorische Sammlung** (2) unter anderem ein neolithisches Grab, das bei Kanchanaburi gefunden wurde, und schöne Exemplare der Ban Chiang-Keramik.

In dem so genannten **Roten Haus** (22) links von der Kapelle lebten mehrere Prinzessinnen und Konkubinen. Das gut erhaltene Gebäude im traditionellen Thai-Stil ist mit Gegenständen aus der frühen Bangkok-Periode eingerichtet.

Der zentrale Bau des Museums, das **alte Palastgebäude** des 2. Königs, beherbergt die unterschiedlichsten Gegenstände aus der jüngeren Bangkok-Periode. Der ehemalige Thronsaal des jüngeren Bruders von Rama I. (4) bietet Platz für wechselnde Ausstellungen und (5) Gegenstände aus der königlichen Sammlung. Dahinter (6) sind prunkvoll dekorierte Sänften und Elefantensättel (Howdah) ausgestellt. Von hier ist der 1. Stock (11) mit den königlichen Insignien zu erreichen. Im Erdgeschoss nach links gelangt man zu (7) Khon-Masken, Puppen und Spielen; dahinter enthalten drei kleinere Räume Keramik und Silber aus Thailand, Japan und China (8a), Porzellan, Sawankhalok-Keramik (8b), Muscheln und Modelle (8c).

Von dem im Erdgeschoss angrenzenden Waffensaal (10) geht es links zum Perlmuttraum (9), geradeaus (13) zu den Holzschnitzereien, u.a. einer Tür aus dem Wat Suthat und Wat Phra Keo, und rechts (12) zu Steininschriften. (14a) vermittelt einen guten Überblick über die thailändischen Textilien (Brokat, Ikat, Chintz, Stickereien) und die Entwicklung der Mode. Im 1. Stock (14b) sind buddhistische Objekte ausgestellt. Im Erdgeschoss gelangt man weiter (15) zum Saal mit Musikinstrumenten.

Der alte Bereich wird von neuen Museumsgebäuden umrahmt. Der Rundgang beginnt im südlichen Flügel links vom Eingang. Die buddhistischen und hinduistischen Kunstgegenstände in beiden Stockwerken stammen aus der Zeit vor der Einwanderung der Thais in diese Region: Lopburi- / Khmer-Kunst aus dem 10.–13. Jahrhundert (S3 und S5); frühe Hindu-Skulpturen aus dem thailändischen Gebiet (S4); Dvaravati- / Mon-Kunst (S6 und S7), u.a. das große, steinerne „Rad der Lehre"; javanische hinduistische Skulpturen aus dem 7.–11. Jahrhundert (S8), darunter ein schöner Ganesha (der Elefantengott); brahmanische und buddhistische Kunst des Srivijaya-Reiches aus Chaiya, im Süden Thailands, 13. Jahrhundert (S9).

In den Sälen im Erdgeschoss des nördlichen Flügels (N1–4) sind u.a. Skulpturen, Keramik, Textilien und Münzen der Bangkok-Periode untergebracht. Im 1. Stock gelangt man zuerst (N6) zu hinduistischen Kunstobjekten aus Sukhothai. Der nächste Saal (N7) beherbergt Kunst aus Chiang Saen und Chiang Mai. Dahinter (N8) sind Skulpturen und Sawankhalok-Keramiken aus der Sukhothai-Periode zu sehen sowie (N9 und N10) Kunstobjekte aus der Ayutthaya-Periode und der vorangegangenen U-Thong (Mon-)Periode, u.a. Lackarbeiten und mit Schnitzereien verzierte Bücherschränke. Wer nach diesem Rundgang noch aufnahmefähig ist, kann sich im 1. Stock des benachbarten Gebäudes (16) einige königliche Gemächer – von der Bibliothek bis zum Schlafzimmer – ansehen. Sehenswert sind auch (17) die prunkvollen Sänften und Trauerkutschen für Verbrennungsfeierlichkeiten und einige hübsche Pavillons.

Weitere Gebäude rings um den Sanam Luang

Auf dem ovalen Phra Mane-Platz vor dem Königspalast, bekannt als Sanam Luang (= Königswiese), finden in der Trockenzeit **Drachenwettkämpfe** und an großen Feiertagen zentrale Veranstaltungen statt.

Nationaltheater und Nationalgalerie

Im Nationaltheater werden **klassische Tänze** gepflegt, aber auch populäre Khon-Dramen aufgeführt. Programminformationen Mo–Fr 8.30–16.30 Uhr unter ✆ 2241342. Von November bis Mai finden Sa und So ab 16.30 Uhr im Garten des Nationalmuseums Aufführungen statt, Eintritt 40 Baht.

Die **Nationalgalerie** in der Chao Fa Road stellt Werke moderner Künstler aus und beherbergt das nationale Filmarchiv, das jedoch, wie viele andere Räume, geschlossen ist und einen vernachlässigten Eindruck macht. ☉ Mi–So 9–16 Uhr, 10 Baht, ✆ 2812224.

Thammasat-Universität

Die Thammasat-Universität, eine der größten Universitäten der Stadt, wurde 1976 als Zentrum des politischen Widerstands von Polizei und Militär mit Waffengewalt gestürmt. Auf dem Campus kann man Englisch sprechende Studenten kennen lernen. In regionalen Fachbereichen für den Norden und Nordosten wird von Studenten unter anderem die Kultur dieser Regionen (z.B. die Musik auf traditionellen Instrumenten) gepflegt. Die meisten Studenten werden auf dem neuen Campus weit außerhalb, nahe dem Airport, unterrichtet.

Wat Mahathat

In der schmalen Seitenstraße hinter der Nationalbibliothek, gegenüber der Universität, liegt Wat Mahathat, die buddhistische **Mahachulalongkorn University**, ☉ tgl. 8–17 Uhr. An dieser Stelle stand bereits vor der Gründung von Bangkok ein Tempel, der von Rama I. ausgebaut und zu einem der wichtigsten religiösen Zentren umgestaltet wurde. Das Wat, eines der größten von Thailand, ist das Zentrum für Studien der Pali-Schriften und alter religiöser Überlieferungen. Es beherbergt in seinem abgegrenzten Klosterbereich zwischen 300 und 400 Mönche. Im Wandelgang, der das Heiligtum umgrenzt, stehen zahlreiche Buddhastatuen. In die dahinter liegenden Wände sind die Urnen Verstorbener eingelassen.

Das schwer zu findende **Meditationszentrum** (Section 5) im südwestlichen Tempelbereich steht auch ohne Voranmeldung Ausländern und Ausländerinnen (!) offen.

> **Vorsicht!** Besonders am Sanam Luang wird man von Tuk-Tuk-Fahrern, seriös aussehenden Einheimischen und sogar von Europäern zum Kauf von Edelsteinen überredet. Da bereits seit Jahren viele Touristen auf diesen Trick hereinfallen und große Mengen Geld verlieren, möchten wir noch einmal eindringlich vor solchen Schleppern warnen (s. S. 174). Es ist kein Fehler, resolut aufzutreten und mit der Polizei zu drohen.

Täglich um 16 Uhr findet eine kostenlose Einführung in Englisch statt, zudem beginnen um 7, 13 und 18 Uhr zwei- bis dreistündige Meditationsübungen. Eine Bibliothek enthält auch buddhistische Schriften in Englisch.

In den Läden in der Phra Chan Road und in einem überdachten Markt in der Mahatat Rd. hinter dem Tempel werden Heilkräuter, Schutz- und Glücksamulette sowie andere Dinge für religiöse Zeremonien, wie Buddhastatuen, Götterbilder aus dem hinduistischen Pantheon sowie Fotos der beliebten Könige verkauft (Handeln nicht üblich). Vom Phra Chan-Pier hinter dem Wat fahren Fähren zum Bahnhof in Thonburi ab. Vom Chang-Pier, noch weiter im Süden, legen neben den Expressbooten (nördlicher Pier) auch Klongboote nach Thonburi (südlicher Pier) ab (s. S. 184).

Lak Muang

Nordöstlich vom Wat Phra Keo, jenseits des Verteidigungsministeriums (mit Kanonen im Garten), wurde am 21.4.1782 um 6.54 Uhr, dem astronomisch berechneten „Geburtstermin" der neuen Königsstadt, der Grundstein Bangkoks gesetzt. Er markiert nicht nur das Zentrum des Landes, von dem aus alle Entfernungen gemessen werden, sondern ist auch Sitz des Schutzgeistes der Stadt. Den phallusförmigen, aus Holz geschnitzten Grund „stein" schützt ein neues Gebäude, dessen Dach von einem Prang gekrönt wird. Auch der Lak Muang von Thonburi hat hier sein dem Zusammenschluss der beiden Städte seinen Platz gefunden.

Besucher bekleben Repliken des Grundsteins mit Goldplättchen, umwickeln sie mit bunten Tüchern und stellen Kerzen und Blumen auf. Zu Ehren des Schutzgottes werden Opfergaben dargebracht und zum Dank für erfüllte Wünsche auf einer kleinen Bühne **traditionelle Tänze** aufgeführt.

BANGKOK

Besonders Lotteriespieler und kinderlose Paare bitten um das große Glück, dem zudem mit der Freilassung von Vögeln und Schildkröten, die auf der Straße verkauft werden, nachgeholfen werden kann.

Weniger interessant ist der **Thorani-Brunnen** im Nordosten des Platzes. Die indische Göttin der Erde wringt ihr Haar aus, so dass das Wasser herausfließt. Sie soll, nach einer Legende, durch die Wasserfluten, die sich aus ihrem Haar ergossen, Buddhas Feinde vertrieben haben.

Banglampoo

Wer genug von Kultur und Tempeln hat, kann vom Thorani-Brunnen aus die Chakraphong Road hinauflaufen und in Banglampoo, einem traditionellen Einkaufsbezirk Bangkoks, stöbern gehen. Da diese Gegend um die Khaosan Road das Traveller-Zentrum Bangkoks ist, haben sich die Läden mit ihrem Angebot darauf eingestellt.

An der Einmündung des Klong Banglampoo in den Menam Chao Phraya stehen Reste der Stadtmauer und das achteckige **Phra Sumen Fort**.

Khaosan Road Zu Beginn des Filmes *The Beach* streift Richard alias Leonardo di Caprio durch die quirlige Khao San Road und macht sie damit weltberühmt. Zwar wird man hier das Guesthouse aus dem Film vergeblich suchen, denn es handelt sich um das On On Hotel in Phuket Town, aber die voll gepackten Straßenstände, Zöpfchenflechter, Straßencafés und exotisch-bunt gekleideten Traveller aus dem Film wiedererkennen. Während sich noch vor wenigen Jahren nur selten Touristen und Urlauber hier sehen ließen und die internationale Rucksacktouristen-Szene unter sich blieb, hat sich dies nun geändert. Die Khaosan Road ist eine Sehenswürdigkeit. Dabei unterschied sich bis 1980 diese recht belebte Gegend mit vielen Stoffgeschäften noch in keiner Weise von den anderen Straßen in der Altstadt. Dann eröffneten die ersten beiden Gästehäuser in den schmalen Seitengassen, und schon bald kamen weitere hinzu. Es folgten Musikshops, Reisebüros, Banken, Restaurants mit internationalem Traveller-Food und Video sowie andere Läden, die den Bedürfnissen der Traveller Rechnung trugen. Auch Marihuana und andere Drogen gehören – wenngleich etwas versteckt – zum Angebot, deshalb ist der Hinweis der Polizei durchaus angebracht, dass der Genuss dieser Drogen in Thailand illegal ist.

Ab 17 Uhr wird die Khaosan Road für den Durchgangsverkehr gesperrt und zu einer Flaniermeile. Sie ist mittlerweile auch ein beliebtes Ziel einheimischer Jugendlicher, die am Wochenende durch die Straße bummeln und die bunte, exotische Traveller-Welt bestaunen. Mutige lassen sich sogar Zöpfchen oder eine bunte Strähne ins Haar flechten. Das einst verrufene Backpacker-Quartier lockt mit immer schickeren Restaurants und Buddy's, dem ersten international orientierten Einkaufszentrum in der Altstadt. Nicht weniger gut besucht sind die Gassen rings um den Tempel. Entlang der Tempelmauer werden abends Essenstände aufgebaut, Restaurants stellen Stühle und Tische auf die Straße, und kleine Gartenrestaurants haben bis spät nachts geöffnet.

Weitere Infos über die Khaosan Road unter www.khao-san-road.com.

Rama I. ließ die neue Stadt mit einer Mauer, 14 Forts und Kanonen befestigen. Bis auf zwei Forts wurden die Mauern unter Rama V. geschleift und an ihrer Stelle Straßen errichtet. Rings um das Fort lädt ein kleiner **Park** mit Bänken, Sitzterrassen und dem kleinen **Santichaiprakarn Pavillon** zum Ausruhen ein. Über die neue Fußgängerpromenade gelangt man am Flussufer entlang zur Phrapinklao-Brücke.

Wat Bovonives

In diesem berühmten Tempel wurde von Kronprinz Mongkut 1827 das Zentrum der strengen Regeln folgenden Dhammayuti-Sekte gegründet. Der Kronprinz lebte 14 Jahre hier, bevor er 1851 nach dem Tod seines Bruders König wurde. Auch Rama VI. und Rama VII. sowie der heutige König verbrachten vor ihrer Krönung einige Zeit als Mönche in diesem Kloster, dessen Wohnquartiere inmitten von viel Grün an kleinen Kanälen liegen. Im Tempel befindet sich nämlich das Studienzentrum für Heilkräuter sowie die Pali-Schule, die Mahamonkut Buddhist University. ⊙ tgl. 8–17 Uhr.

Im Bot, nur ⊙ tgl. 8–8.40 Uhr, steht eine berühmte, 4 m hohe bronzene Buddhafigur aus der Sukhothai-Periode. Die Wandmalereien berichten von den Verfehlungen der Menschen, ihrer zunehmend besser werdenden Lebensführung unter dem Einfluss des Buddhismus, bis sie am Ende die gelbe Robe tragen. Es ist interessant, dass hier die europäischen Einflüsse positiv dargestellt werden – westliche Gebäude, Pferderennen, Schiffe mit Missionaren, ja sogar Kirchgänger in westlicher Kleidung. Die beiden Viharn und der Bot sind nur an besonderen Festtagen geöffnet.

Wat Indraviharn

Ein Abstecher zum Thewet-Markt, nördlich von Banglampoo (s. S. 149), lässt sich mit einem Besuch von Wat Indraviharn verbinden. Eingang über die Wisut Kasat Road oder von der Samsen Road über Soi 10 Trok Wat In. Durch diese schmale Gasse gelangt man nach etwa 100 m auf einen kleinen, freien Platz mit einem restaurierten Tempel, der von einer 32 m hohen, stehenden Buddhastatue überragt wird. ⊙ tgl. 8.30–18 Uhr. Im Inneren der Statue, die Tausende geplättete Opferschalen bedecken, führt eine Treppe hinauf, allerdings ist der Zugang meistens geschlossen. Doch auch die gro-

ßen Füße, auf denen Gläubige Blumen niederlegen, sind ein beliebtes Fotomotiv.

Wat Pho

Südlich vom Königspalast gelangt man über die Sanam Chai Road zum Wat Pho oder Wat Phra Chetuphon, dem Tempel mit dem liegenden Buddha, einer der wichtigsten Tempel des Landes, der zum Pflichtprogramm jedes Thailand-Reisenden gehört. Bereits 1789 begann man unter Rama I. mit dem Bau dieses Tempels auf dem Areal eines Wats, das aus dem 16. Jahrhundert stammen soll. Rama III. ließ die Anlage renovieren und für die schreibunkundige Bevölkerung das Allgemeinwissen jener Zeit an den Tempelwänden bildhaft darstellen.

In den weitläufigen östlichen Tempelbezirk mit dem Bot gelangt man durch den Eingang in der Chetuphon Road. Die meisten Touristen, die nur den Viharn mit dem ruhenden Buddha sehen wollen, werden vor den nordwestlichen Eingang in der Thai Wang Road gefahren. ⊙ tgl. 8–17 Uhr, 20 Baht, ✆ 2220933.

Der Viharn mit dem **ruhenden Buddha** nimmt den nordwestlichen Bezirk ein. Die vergoldete, 45 m lange, liegende Statue symbolisiert Buddha bei seinem Eingang ins Nirwana. An den Fußsohlen stellen 108 Tafeln aus Perlmutt-Einlegearbeiten die Tugenden eines wahrhaften Buddhisten dar. Es bringt Glück, in jede der 108 Almosenschalen vor der Statue 25 Satang zu werfen (Schalen mit Kleingeld werden angeboten).

Südlich des Viharn, hinter dem chinesischen Pavillon, steht die Bibliothek, an die ein Teich mit einem kleinen Aussichtsberg angrenzt. Östlich davon umschließt ein Wandelgang mit zahlreichen Buddhastatuen die vier großen, mit farbigen Kacheln bedeckten **Chedis** in Grün, Orange, Gelb und Blau. Durch zwei von Tempelwächtern bewachte Tore erreicht man den westlichen Tempelbezirk.

Gleich dahinter stehen zwei kleine **Pavillons**. Die Innenwände des nördlichen Gebäudes sind mit medizinischen Motiven bemalt. Hier bieten Frauen, die fälschlicherweise behaupten, dass die **Massageschule** (s. u.) geschlossen sei, Hotelmassagen an. Während der Regentschaft von Rama III. wurde im Wat Pho die Medizinschule gegründet, in der bereits vor 150 Jahren die ersten Studenten unterrichtet wurden. Noch heute werden in zwei Pavillons beiderseits des Eingangs von der Sanam Chai Rd. die traditionellen Methoden gelehrt (10-tägige Kurse mit 5 Std. Unterricht 6000 Baht, ✆ 2254771, 2212874) und Massagen durchgeführt (120 Baht für 30 Minuten, 200 Baht für 1 Std., mit Kräutern 300 Baht, man bekommt nach der Anmeldung eine Nummer und wird dann aufgerufen). Etwa 20 steinerne Figuren im Hof zeigen Positionen dieser von indischen „Rischi" verbreiteten Massageart.

Vor dem Zugang zum Bot wird ein großer Phallus, der etwas versteckt unter einem Baum steht, als Zeichen der Fruchtbarkeit vor allem von jungen Frauen mit Kinderwunsch verehrt. In den Galerien, die an den Kardinalpunkten von vier **Viharn** unterbrochen werden, sind etwa 400 Buddhafiguren aus unterschiedlichen Epochen untergebracht. Im nördlichen Viharn öffnet sonntags um 13 Uhr die **Meditationsschule**. Die Eingänge zum zentralen **Bot** werden von Bronzelöwen bewacht. Die 152 Marmor-Reliefs auf dem Sockel und die mit Intarsienarbeiten verzierten Eingangstore stellen detailliert Episoden aus dem Ramayana dar. Szenen aus dem Leben Buddhas zieren die Innenwände.

Das südlich der Chetuphon Road an die Sakralbauten angrenzende Kloster ist mit über 300 Mönchen das größte von Bangkok.

Thonburi

Die Schwesterstadt westlich des Flusses wurde 1767 nach der Zerstörung von Ayutthaya die erste Zufluchtsstätte der zersprengten Armee unter König Taksin, bis Rama I. 1782 nach Bangkok übersiedelte. Seither konzentriert sich nicht nur das politische Leben, sondern auch Handel und Industrie am östlichen Flussufer. Auch wenn heute die beiden Millionenstädte zu einem dicht besiedelten Großraum mit gemeinsamer Verwaltung zusammengewachsen sind, scheint die Verstädterung in Thonburi noch nicht so weit fortgeschritten zu sein wie in Bangkok. Obwohl mittlerweile einige ständig verstopfte Schnellstraßen die Stadt durchziehen, bewegt sich ein großer Teil des Verkehrs immer noch auf Wasserwegen, den **Klongs**.

Dieses Thonburi kann man nur vom Boot aus erleben. Empfehlenswert ist die Tour mit dem Linienboot vom Chang-Pier hinter dem Königspalast nach **Bang Yai**.

Die Klongs Schnellboote transportieren am späten Nachmittag adrett gekleidete Büroangestellte und Schulkinder nach Hause, auf breiten Lastkähnen werden Zement und Holzkohle selbst durch die schmalsten Kanäle manövriert, und der schwimmende Supermarkt versorgt die Daheimgebliebenen mit dem Notwendigsten. Alles orientiert sich zum Wasser hin, sogar Geschäfte, die ihre Waren am Ufer feilbieten. Jedes Haus hat seine eigene Anlegestelle, die gleichzeitig der ganzen Familie als Bade- und Waschplatz dient. Die Toilette befindet sich hingegen an Land. Dennoch graut es manchem europäischem Besucher beim Anblick der fröhlich badenden Kinder im trüben, träge fließenden Wasser. In der Nähe des Menam Chao Phraya und entlang der großen Kanäle ist Bauland ebenso knapp wie in anderen Innenstädten, so dass die überwiegend aus Holz errichteten Häuser dicht aneinander gedrängt bis ins Wasser hinein-gebaut sind. In den Außenbezirken wird die Bebauung lichter, Bäume überschatten die Kanäle, und kleine, intensiv genutzte Gärten geben der Stadt ein ländliches Gepräge. Im Gegensatz zu den erholsamen Fahrten auf den Klongs von Thonburi ist man während einer Tour auf den Abwässerkanälen von Bangkok ständig besorgt, möglichst nicht mit dem Wasser in Berührung zu kommen oder gar zu kentern, was bei den hohen Wellen der entgegenkommenden Boote durchaus passieren kann. Die Fahrt auf den stinkenden Kanälen durch die Hinterhöfe der Stadt lohnt nicht als Sightseeing-Tour, sondern nur, um während der rush hour schneller voranzukommen. Auf einigen Routen wird der Verkehr während der Regenzeit eingestellt, wenn das Wasser so hoch ist, dass die Boote die Brücken nicht passieren können. Zudem werden immer mehr Klongs mit Schnellstraßen oder der Hochbahn überbaut.

Man darf sich von den hartnäckigen Bootsleuten allerdings nicht auf ein Charterboot verfrachten lassen (s. S. 184). Die Fahrt geht über den Menam Chao Phraya den breiten Klong Bangkok Noi hinauf, dem ursprünglichen Flussbett des Chao Phraya, vorbei am Bahnhof von Thonburi und den Königlichen Barken. Hinter dem Chao Phraya Hospital passiert man mehrere Autobahnbrücken sowie eine Eisenbahnbrücke und verlässt kurz darauf das Gebiet der Metropole Bangkok. Beide Ufer des Klongs sind von Holzhäusern gesäumt, zwischen denen vereinzelt Tempel stehen.

Der erste Ort in der Provinz Nonthaburi ist **Bang Kruai**. Linienboote fahren bis zum Wat an der Gabelung des Klong Bangkok Noi und Klong Bang Kruai.

Entlang der weiteren Strecke wird die Bebauung immer aufgelockerter und die Atmosphäre ländlicher. Einige recht schöne Tempel stehen am Ufer. Nach 14 km ist nach einer knappen Stunde die Endstation in Bang Yai erreicht, hier kann man etwas essen und von den Brücken herab das Treiben auf dem Klong beobachten. Wer möchte, kann ein Taxiboot für eine Fahrt durch die schmalen Kanäle des Ortes mieten.

Die Königlichen Barken

Am Klong Bangkok Noi sind vor der Arun-Amarin-Brücke in einer Bootshalle am Nordufer die Königlichen Barken untergebracht, 51 Boote, die mit Holzschnitzereien und Lackarbeiten kunstvoll verziert sind. Allerdings können nur einige der prunkvollsten besichtigt werden. Aus einem einzigen Teak-Baum ist die 46 m lange, graziöse königliche Barke *Suwana Hongsa* gearbeitet, deren Bug der kampfbereit aufgerichtete Kopf des *Hamsa* (mythischer Vogel, Transportmittel des Gottes Brahma) ziert und die in einem hoch aufgerichteten Schwanz endet. Die zweite königliche Barke ist die 45 m lange *Ananta Nagaraj* mit dem siebenfachen Schlangenkopf, dem Symbol des Wassers. In ihr befand sich während der letzten Prozessionen eine heilige Buddhastatue. Das älteste dritte Boot *Anekajati Bhujonga*, das aus der Zeit von König Rama V. stammt, ist mit filigranen Nagaschlangen verziert. Diese großen Boote werden von zahlreichen kleineren Barken eskortiert, die mit Hanumanfiguren, grimmigen Wächtern, Tigerköpfen,

gehörnten Drachen und anderen mythischen Fabelwesen geschmückt sind. Einige transportieren das Orchester, andere sind mit Kanonen bestückt.

Zu den Königlichen Barken gelangt man auf zwei verschiedenen Wegen: zum einen über einen schmalen Weg nach der Brücke hinter dem Bahnhof in Thonburi (leicht zu übersehender Wegweiser), zum anderen vom Wat Dusitaram hinter der Phrapinklao-Brücke aus. Beide sind mit Hinweisschildern markiert. Von der Endstation des ac-Busses 3 ist es nicht weit zu den Königlichen Barken (Royal Barges).

An der Brücke hält auch der non-ac-Bus 19 ab Sanam Luang. ☉ tgl. 9–17 Uhr, 30 Baht, Fotoerlaubnis 100 Baht, Videoerlaubnis 200 Baht, ✆ 4240004.

Rings um den Bahnhof

An der Mündung des Klong Bangkok Noi in den Menam Chao Phraya liegt der **Bahnhof von Thonburi**, von dem aus u. a. die Züge zum River Kwai abfahren. Er ist von Bangkok aus ab dem Phra Chan-Pier zu erreichen.

Bootsprozessionen Diese Tradition geht bis ins 14. Jh. zurück, als Flüsse die einzigen Transportwege und Kriegsschiffe die wichtigsten Waffen waren. Kunstvoll ausgestaltete Boote wurden während religiöser und königlicher Zeremonien sowie bei Reisen des Königs eingesetzt. Während der Ayutthaya-Herrschaft soll es, laut der Überlieferungen, 200 000 Boote gegeben haben, und es fanden königliche Prozessionen mit 300–400 Booten und bis zu 14 000 Mann Besatzung statt. Seit zur 200-Jahr-Feier Bangkoks 1982 die königlichen Barken restauriert und erstmals wieder eingesetzt wurden, werden zu allen großen Feierlichkeiten wieder Bootsprozessionen abgehalten. Anlässe sind seither die wichtigen Geburtstage des Königs und der Königin sowie das 50-jährige Thronjubiläum des Königs im November 1996 gewesen. An den heutigen Prozessionen sind immer noch über 2000 Mann Besatzung beteiligt. Eine kleine Ausstellung in der Halle vermittelt allen, die nicht dabei sein konnten, einen kleinen Eindruck von der prunkvollen Prozession.

Das **Sirirat-Krankenhaus** südlich vom Bahnhof, das über 100 Jahre alte, erste westliche Krankenhaus des Landes, besitzt eine etwas makabre Ausstellung. Im Gerichtsmedizinischen Institut *(Forensic Medicine Building)* sind Skelette, konservierte Organe und Körper von Mördern und deren Opfern Mo–Fr von 8.30–16.30 Uhr zur Besichtigung freigegeben. Die Aufschriften sind nur in Thai. Wem das nicht reicht, der kann im Pathologischen Institut nach Voranmeldung weitere makabre Ausstellungen besichtigen. Mittwochs von 8.30–16.30 Uhr ist zudem ein kleines Museum geöffnet, das die Geschichte der Thai-Medizin anhand von Modellen und einer traditionellen Apotheke darstellt.

Wat Arun

Vom Thien-Pier fahren Fähren für 2 Baht zum Wat Arun, dem Tempel der Morgenröte. Die aufgehende Sonne lässt die mit chinesischem Porzellan bedeckten Prangs in vielen Farben erstrahlen. Die verschieden hohen Türme symbolisieren das buddhistische Universum, in der Mitte der heilige Berg Meru, den die Weltmeere umgeben. Innerhalb der Tempelmauern stehen steinerne Figuren – unter anderem ein europäischer Kapitän –, die als Schiffsballast aus China nach Thailand gelangten. Sie sind auch in anderen Tempeln zu finden. Immer steiler werdende Treppen führen den höchsten Prang (86 m) hinauf. Die oberen Plattformen sind Touristen nicht mehr zugänglich.

Auch der Bot lohnt einen Besuch. Ist der Zugang vom Tempel aus geschlossen, gelangt man über einen weiteren Eingang von der Gasse nördlich des Tempels in den Hof. Hier sind steinerne chinesische Statuen ähnlicher Art in großer Zahl aufgereiht. Der Wandelgang ist mit bunten Blumenmotiven bemalt, und auch das Innere des Bot ist mit Wandmalereien bedeckt. Rings um den Tempel lauern Fotografen und Souvenirhändler auf Touristen. Zudem verschrecken die seit Jahren andauernden Bauarbeiten viele Besucher. Eintritt 20 Baht, ✆ 4655640, ◷ 7.30–17.30 Uhr.

Das südliche Thonburi

Das riesige **Wat Kanlayanimit** steht 2,5 km südlich vom Wat Arun, am Ende der Soi Wat Kanlaya, zu erreichen über die Israphap und Thetsaban Sai 1 Road. Von Bangkok fahren einige Fähren ab Ra-

chini-Pier hierher – vom selben Pier verkehren auch Fähren zur Santa Cruz-Kirche (s. u.). Im Glockenturm im Hof hängt die größte Bronzeglocke Thailands. Weit beeindruckender ist die riesige sitzende Buddhafigur im höchsten Viharn der Stadt, vor der die überwiegend chinesischen Besucher winzig wirken. Die verblichenen Wandgemälde weisen starke chinesische Einflüsse auf. Nur wenige Touristen kommen hierher, und alles macht einen etwas verwahrlosten Eindruck. ◷ tgl. 6–18 Uhr.

800 m weiter im Süden (zurück zur Thetsaban Sai 1 Road und nach links zur Soi Kuti Cheen) erreicht man die **Santa Cruz-Kirche** (Wat Kuti Cheen) inmitten des ehemaligen portugiesischen Viertels, des ersten europäischen Geschäftszentrums, von dem kaum noch etwas zu sehen ist. Seit dem 16. Jh. lebten portugiesische Diplomaten, Händler und Missionare im Land. Nach der Zerstörung von Ayutthaya ließen sie sich hier nieder und errichteten eine kleine Kirche, die 1913 durch das heutige Bauwerk ersetzt wurde, ◷ tgl. 6–20 Uhr. In der Kirche finden tgl. um 6 und 19 Uhr Gottesdienste statt. Die Grotte neben der Kirche wird von Gläubigen mit Jasminkränzen geschmückt. Von der Anlegestelle, wenige Meter östlich der Kirche, legen die Fähren zum Rachini-Pier ab.

In Richtung Memorial-Brücke erreicht man nach 400 m einen weiteren Tempel aus der Zeit von Rama III., **Wat Prayun Wong Sawat**. Im östlichen Bereich, nahe der Memorial-Brücke, erhebt sich eine bizarre, künstliche Felseninsel, die mit Miniaturhäusern, -tempeln und -pagoden bebaut ist. Sogar eine Grotte mit Buddhastatue und der Nachbau einer gotischen Kirche finden sich darunter. Die Gebäude wurden zum Gedenken an zahlreiche Verstorbene errichtet, deren Namen auf Plaketten verewigt sind. In dem Teich leben viele Schildkröten – Symbol für ein langes Leben –, die von Besuchern mit Früchten und anderen Leckereien gefüttert werden. ◷ tgl. 6–18 Uhr.

Am jenseitigen Bangkok-Ufer erstreckt sich die Halle des Lebensmittel- und Blumen-Großmarktes **Pak Klong Talaat**, in dem früh am Morgen am meisten los ist.

Der ehemalige große **Schwimmende Markt** nahe Wat Sai hat so sehr unter den anstürmenden Touristenmassen gelitten, dass mittlerweile die angeblichen Marktfrauen mit 30 Booten nur für die Kameras der Touristen ihr Gemüse auf und ab paddeln. Abfahrt der Touristenboote jederzeit ab Oriental Hotel-Pier.

Die Bootstouren, die gegen 7 Uhr beginnen und 350 Baht kosten, halten auch an der **Thonburi Snake and Crocodile Farm**. Besuchern wird eine Schlangenshow geboten, außerdem befindet sich auf dem Gelände ein kleiner Zoo, ⊙ tgl. 8.30–17 Uhr, 100 Baht. Lohnenswerter ist die Fahrt zum Schwimmenden Markt nach Damnoen Saduak.

Ein weiterer kleiner **Zoo** befindet sich in den beiden oberen Etagen des Pata Center, Eintritt 100 Baht inkl. eines Drinks. Anfahrt mit dem Bus Richtung Southern Bus Terminal; der Zoo liegt kurz davor auf der rechten Seite.

Rings um den Golden Mount
Ratchdamnoen Road

Zu Beginn dieses Jahrhunderts wurde die Ratchdamnoen Klang und Ratchdamnoen Nok Road angelegt, ein prunkvoller, breiter Boulevard vom Sanam Luang zur ehemaligen Thronhalle (s.S. 143), der von Regierungs- und Verwaltungsgebäuden gesäumt ist. Inmitten eines Kreisverkehrs erhebt sich das **Demokratie-Denkmal**, das an den Staatsstreich im Jahre 1932 und das Ende der absoluten Monarchie erinnert. Wer die Reliefs aus der Nähe bewundern möchte, muss jedoch erst durch den dichten Verkehr kommen, was fast unmöglich ist.

Einstmals umgrenzte eine **Stadtmauer** entlang des Klong Banglampoo und Klong Ong Ang das Stadtgebiet. Ein Teil davon ist an der Brücke restauriert worden. Hinter dem liegenden Phanfa-Pier legen Boote ab, die durch den Klong Saen Saeb in die östlichen Vororte fahren. Jenseits der Mahachai Road wurde ein kleiner Park mit einer **Gedenkstätte für König Rama III.** und einem Pavillon errichtet. Dahinter erheben sich mehrere Tempel.

Loha Prasat und Wat Ratchanatda

Hinter dem Park erhebt sich 36 m hoch der eigentümliche Metallpalast **Loha Prasat**, der eher an indische Tempelbauten erinnert. Viele kleine Türmchen sind auf drei quadratischen Ebenen pyramidenförmig angeordnet. ⊙ tgl. 9–17 Uhr. Manchmal ist es möglich, über die zentrale Wendeltreppe zur obersten Plattform hinaufzusteigen.

Hinter der Gedenkstätte für Rama III. steht **Wat Ratchanatda**. ⊙ tgl. 9–17 Uhr. Sein Viharn ist

allerdings nur gegen 16 Uhr zum Gebet geöffnet. Die Anlage wurde für eine Nichte Ramas III. errichtet. Im Viharn befindet sich eine Statue des Königs. Im angrenzenden Astrologiezentrum lassen sich Besucher aus der Hand lesen. Im südlichen Vorhof sowie in der Gasse jenseits des überbauten Klongs vor Wat Theptidaram (s.u.) werden an zahlreichen Ständen eines **Amulettmarktes** religiöse Statuen und Glücksbringer sowie Aphrodisiaka verkauft. Vor einem zerfallenen, überwucherten Mondhop neben dem Markt bringt man Opfergaben dar.

Südlich des Klongs steht ein weiterer großer, aber einfacher Tempel, **Wat Theptidaram**. Der Bot und die Prangs sind mit Mosaiken geschmückt. Im Hof stehen Figuren, die als Schiffsballast aus China hierherkamen. Inmitten der Mönchsquartiere kann das Wohnhaus des berühmten thailändischen Dichters **Sunthon Phu** besichtigt werden. Es ist weitaus angenehmer, die ruhige Gasse zwischen den Mönchsquartieren hindurch nach Süden zu laufen als auf der belebten Mahachai Road entlang der Stadtmauer.

Golden Mount

Den Zusammenfluss der drei Klongs überragt der 79 m hohe, künstlich aufgeschüttete **Golden Mount** mit dem goldglänzenden Chedi von **Wat Saket**. Der Chedi enthält eine Reliquie Buddhas, die hoch verehrt wird – vor allem während des Tempelfestes im November. Zum Golden Mount gelangt man durch den Eingang an der südlichen Borpat Road, östlich des Klongs, sowie an der Chakraphadipong Road durch eine schmale Palmenallee zwischen einer kleinen Schule und dem Wat Saket. Vor dem Aufgang zur oberen Plattform des Chedi, von der sich eine schöne Aussicht bietet, sind 10 Baht Eintritt zu zahlen. ⊙ tgl. 7.30–17.30 Uhr.

Wat Suthat und Umgebung

Anschließend geht es auf der Bamrung Muang Road Richtung Westen. In mehreren Geschäften wird eine faszinierende Sammlung von vergoldeten Buddhastatuen, Almosenschalen und anderem Tempelzubehör verkauft. In einem Kreisverkehr auf der verkehrsreichen Straße steht eine etwa 25 m hohe **Riesenschaukel** *(giant swing)*. Bei einem hinduistisch-brahmanischen Fest wurden lebensgefährliche Schaukel-Wettkämpfe ausgetragen, bis sie unter Rama VII. 1933 verboten wurden.

Südlich der Schaukel erhebt sich **Wat Suthat**. Dieser Tempel, dessen besonders schöne **Wandmalereien** zu den bedeutendsten Zeugnissen thailändischer Kunst gehören, entstand vor etwa 150 Jahren. Bronzepferde, Pagoden und steinerne Figuren im chinesischen Stil umgeben den großen Viharn, auf dessen wunderschönen, mit Schnitzereien verzierten Teakholztüren Themen aus dem Ramayana dargestellt sind. Die Innenwände sind bemalt mit Szenen aus den Leben der legendären 28 Buddhas, während die Motive auf den acht Säulen der hinduistisch-buddhistischen Kosmologie entnommen sind. Sie wurden vor einigen Jahren aufwendig restauriert, sind aber bereits wieder dabei zu bröckeln. Im Zentrum des Raumes steht die große **Buddhastatue Sri Sakyamuni** aus der Sukhothai-Periode. Den Viharn umgrenzt ein Wandelgang mit 156 Buddhastatuen. Auch der **Bot**, weiter südlich, beeindruckt durch seine Größe und hübsche Wandmalereien. König Rama VIII., dessen **Bronzestatue** im Vorhof steht, wurde im Tempel beigesetzt. Ihm zu Ehren findet alljährlich am 9. Juni eine königliche Zeremonie statt. ⏰ tgl. 9–18 Uhr, 20 Baht.

Östlich vom Tempel auf dem Mittelstreifen der Unakan Road steht der kleine **Hinduschrein Vishnu Mandir** unter Schatten spendenden Bäumen, die mit Glöckchen behängt sind. Der Gottheit Vishnu opfern Gläubige Teller mit Opfergaben und Blumenkränze. Zudem steht nordwestlich von Wat Suthat etwas versteckt in der Dinsor Road der **brahmanische Bot Phram**. Zu den mit gelben Blumenkränzen geschmückten Schreinen der Gottheiten Vishnu vor dem Tempel, Shiva, der schwarzen Statue im Tempel, Ganesha (Elefantengott) und Skanda (Kriegsgott, kleiner Schrein links vom Eingang) kommen Thai-Brahmanen, um zu beten. Die ursprünglich aus Südindien stammenden Mitglieder der obersten Hindukaste sind für die Durchführung von überlieferten brahmanischen Riten am Königshof zuständig.

Wat Ratchabophit

Die Bamrung Muang Road führt weiter im Westen durch einen alten, fast unzerstörten Stadtteil. Auf der Atsadang Road geht es am Klong Lod entlang zum Sanam Luang zurück, vorbei an vielen Läden, die Musikinstrumente und Outdoor-Ausrüstung verkaufen. Zuvor sollte man sich einen Abstecher zum hübschen Wat Ratchabophit am Ostufer des Klong Lod nicht entgehen lassen. Er wird von einem 43 m hohen, mit goldfarbenen Keramikkacheln bedeckten Chedi überragt. Von ihm aus gehen in nördliche Richtung der Bot und in südliche der Viharn ab, deren Außenwände mit farbigem chinesischem Porzellan geschmückt sind. Ein Wandelgang, der nicht immer zugänglich ist (Sa oder So probieren!), führt rund um den Stupa. Die Eingangstore sind mit geschnitzten Soldaten unterschiedlicher Einheiten verziert. ⏰ tgl. 5–18 Uhr.

In der südöstlichen Ecke des Tempelareals befindet sich das Grab der Frau Ramas V. und im Tempelbereich an der Atsadang Road, der meist nur von der Straße aus zu besichtigen ist, die Gräber der königlichen Familie, die zum Teil gotischen Kirchen nachempfunden sind.

Westlich des Tempels, jenseits der Fußgängerbrücke über den Klong, steht ein **Schwein-Denkmal**. Das vergoldete Tier wurde zur Erinnerung an die im Jahr des Schweins geborene Ehefrau Ramas V. errichtet.

Indisches Viertel und Chinatown

Die endlos lange Straße vom Wat Pho Richtung Osten, die New Road oder **Charoen Krung Road**, wurde als erste Straße der Stadt unter Rama IV. 1851–1868 entlang eines ehemaligen Elefantenpfades gebaut. Zu dieser Zeit wurde in Bangkok noch alles auf dem Wasser transportiert. Europäische Händler, die ihre Lagerhallen am Fluss hatten, forderten vom König eine Straße, um einen besseren Warentransport zu gewährleisten. Europäischer Einfluss ist im zentralen Bereich rings um das Hauptpostamt noch immer zu spüren.

Im Block, der von der Charoen Krung Road, Pahurat, Tripet und Burapha Road umgrenzt wird, wurde der ehemalige Ming Muang-Markt zum **Old Siam Plaza** umgebaut, einem neuen, fünfstöckigen Einkaufszentrum. Viele Geschäfte, die v.a. Textilien, Porzellan, Waffen und Schmuck anbieten, sind rings um drei überglaste Innenhöfe angeordnet. In einem der Höfe lockt ein stilvoller Foodmarket mit einheimischen Spezialitäten. Das Angebot reicht von einem gemütlichen Kaffee bis zu Fastfood-Restaurants. Da nur einige Geschäfte und Restaurants klimatisiert sind und viele Keramiken mit traditionellem Design sowie Bleiglasfenster verwendet wurden, erhält alles ein angenehmes historisches Flair. Sala Chalerm Krung an der Tripet Rd., Ecke Charoen Krung Rd., war in den 30er Jahren das größte und modernste Kino des Landes. Es ist nun zum **Königlichen Khon-Theater** umgebaut worden, das Gastspielen traditioneller und moderner Künstler einen gediegenen Rahmen bietet.

Indisches Viertel

Entlang der Pahurat Road und in den schmalen Gängen zwischen den alten Holzhäusern werden auf dem Pahurat-Markt Textilien, von Saris bis zu Brokatstoffen für Tempeltänzer, Schmuck, Kurzwaren in ungekannter Vielfalt und vieles mehr angeboten – günstig, aber ohne viel Exotik. Dazwischen verkaufen Essenstände indische Currys und Snacks.

Die Wohn- und Geschäftshäuser hinter dem indischen Markt überragt die goldene Kuppel des Gurdwara Siri Guru Singh Sabha **Sikh-Tempels**. Besucher, die sich in dem modernen, etwas kühl wirkenden Gebäude umsehen wollen und um Erlaubnis fragen, sind normalerweise willkommen. In den schmalen Gassen rings um den Tempel konzentrieren sich kleine Teestände und Läden, die u.a. Tempelzubehör, Betelnüsse und Schmuck verkaufen.

Chinatown

Östlich von Pahurat erstreckt sich die quirlige Chinatown. Etwa 4 Millionen Chinesen leben in Thailand, zum Teil schon seit mehreren Generationen. Weitaus stärker als in anderen Ländern haben sie sich in die Thai-Gesellschaft integriert. Besonders interessant ist die Chinatown während großer chinesischer Feste (Fest der hungrigen Geister im 7. Monat des chinesischen Jahres, Mondkuchenfest Mitte des 8. Monats) und der Neujahrsfeierlichkeiten. Dann wandelt sich die Yaowarat Road zu einer riesigen Festmeile mit Verkaufs- und Essenständen, Küchenchefs zeigen ihre Künste, und es finden Umzüge mit Löwentänzen, Chinesische Opernaufführungen und andere kulturelle Veranstaltungen statt.

Von der Pahurat Road Richtung Osten gelangt man in die schmale **Sampeng Lane**, aus der große Fahrzeuge verbannt sind, denn hier zwängen sich nur Lastkarren, Motorräder und Einkäufer hindurch. In dem einstigen verruchten Hafenviertel voller Opiumhöhlen, Spielsalons und Bordelle wird nun eine Vielfalt von Waren angeboten, von Knöpfen und

Modeschmuck bis zu Textilien und Snacks. Da die Häuser eng zusammenstehen und zum Teil durch helle Tücher vor der Sonne abgeschirmt sind, ist es selbst mittags relativ kühl.

Auf der Chakrawat Road lohnt ein Abstecher zum etwas von der Straße zurückversetzten **Wat Chakrawat**, dessen ergrauter Prang den Tempel überragt. Hinter dem Bot leben bereits ein halbes Jahrhundert Krokodile in einem kleinen Becken, seit eines, das einen Menschen attackiert hatte, im Fluss gefangen wurde. Heute blickt dieses gigantische Leistenkrokodil ausgestopft auf seinen letzten Nachkommen herab. Im entgegengesetzten Bereich des Wat, wo auf einem Hügel die Asche Verstorbener beigesetzt ist, soll in der darunter liegenden Grotte Buddha seinen Schatten an der Wand hinterlassen haben. Weniger interessant als sein viel versprechender Name „Diebesmarkt" ist der Block **Nakhon Kasem** südlich der Charoen Krung Road, zwischen Chakrawat und Boriphat Road, denn hier haben sich keine Hehler, sondern vor allem Maschinenhändler angesiedelt.

In den parallel verlaufenden Hauptstraßen, der **Yaowarat** und **Charoen Krung Road** (s.o.), wo sich ein Geschäft an das nächste reiht, bauen fliegende Händler auf den schmalen Bürgersteigen ihre Stände auf und verkaufen Kleinkram, wie Süßigkeiten, Batterien und Scheren. Welch ein Kontrast zu den dahinter liegenden, mit Gold und Jade voll gepackten Schmuckläden und den großzügigen, klimatisierten Verkaufsräumen für aphrodisische Antilopengeweihe und wertvolle Schwalbennester! Allein in der Yaowarat Rd. konzentrieren sich auf 1430 m Länge 132 lizenzierte Goldgeschäfte. Exotische Düfte weisen den Weg zu traditionellen chinesischen Apotheken, die jedem Kunden die passende Medizin aus ungewöhnlichen Bestandteilen zusammenmixen. Auf den Bürgersteigen östlich vom großen **Wat Chaichana Songkhram** hat sich der Elektro- und Elektronikmarkt ausgebreitet, auf dem sowohl Uhren, Taschenrechner und Batterien als auch Musik- und Videokassetten feilgeboten werden.

Man kann sich in eine ruhige Ecke zurückziehen und das bunte Treiben auf engstem Raum betrachten. Allerdings wälzt sich ein lauter, stinkender Verkehrsstrom durch die heißen, schmalen Straßen der Chinatown und trübt das Einkaufs- und Sightseeing-Vergnügen.

BANGKOK

Erholsamer ist ein Spaziergang durch die parallel zum Fluss verlaufende **Songwat Road**, vorbei an kleinen Tempeln und den mit Reis, Nelken, Pfeffer und anderen Produkten voll gepackten alten Lagerhäusern der Großhändler. Von Frachtkähnen werden die Waren auf Lkw verladen. Am **Ratchawong-Pier** legen die Expressboote an.

Auf dem chinesischen Markt in der **Soi Itsara Nuphap**, zwischen Charoen Krung und Yaowarat Rd., werden exotische Zutaten für die chinesische Küche verkauft, von denen Hühnerfüße und Seegurken noch die harmloseren zu sein scheinen. Südlich der Yaowarat Road wird u.a. mit Krabbenchips und Gewürzen gehandelt. Durch die schmale Gasse, die weit weniger touristisch als die Sampeng Lane ist, zwängen sich Last- und Essenskarren.

Ein besonders schöner chinesischer Mahayana-Tempel, der **Leng Noi Yee** (Thai-Name: Wat Mangkon Kamalawat), steht an der Charoen Krung Road zwischen Mangkon und Phlapphla Chai Road. Durch ein hohes, prächtiges Tor betritt man einen ausgedehnten Hof, der von der 1871 erbauten Tempelanlage begrenzt wird. Hinter dem aufwendig dekorierten Haupttempel liegen mehrere kleinere Räume, in denen auch Wahrsager und Heilkräuterverkäufer ihren Geschäften nachgehen.

Der massiv goldene Buddha im **Wat Traimit** wiegt beinahe 6 Tonnen, so dass allein das Gold einen Wert von ca. 13 Mill. Euro darstellt. Die aus dem 14. Jahrhundert stammende eindrucksvolle Statue wurde erst 1955 durch Zufall entdeckt: Als ein vermeintlicher „Stuck"-Buddha aus einer Tempelruine in diesen neuen Tempel gebracht werden sollte, fiel er zu Boden, und unter den Rissen kam die verdeckte Statue zum Vorschein. Ein Teil der Verkleidung ist im Tempel ausgestellt. Unter dem Schatten eines Banyan-Baumes im Vorhof wird dem hinduistischen Gott Brahma geopfert. Dieser Tempel steht auf dem Programm der meisten Veranstalter. ☉ tgl. 5–20 Uhr, 20 Baht.

Die chinesische Gemeinde hat 1999 König Bhumipol zum 72. Geburtstag am südlichen Ende der Yaowarat Road ein gigantisches **China Gate**, ein Eingangstor zur Chinatown, errichtet.

Im Osten endet die Chinatown am **Bahnhof Hua Lamphong**, der 1890 nach dem Vorbild von Manchester errichtet wurde. In der großen, überdachten Halle herrscht immer ein buntes Gewimmel von Reisenden, Händlern und Taschendieben. Auf zwei Stockwerken beiderseits der Wartehalle bieten mehrere Restaurants Reisenden Stärkung, darunter ein Food Court. Zudem umwerben Läden und Reisebüros die Wartenden, teils als Tourist Information getarnt, deren hilfreiche Angestellte im Prinzip nur ihre Touren und Unterkünfte verkaufen wollen. Dennoch ist die Atmosphäre recht angenehm. Ein Hauch von Luxus breitet sich aus, wenn vom linken Gleis der Eastern & Oriental Express abfährt, dessen Passagiere in einem separaten Wartesaal abgefertigt werden.

Rings um die Silom Road

Über die Charoen Krung Road (New Road) gelangt man weiter im Süden in das älteste Banken- und Geschäftsviertel der Stadt. Wer sich nicht dem Lärm und den Abgasschwaden der dichten Verkehrs aussetzen möchte, kann mit dem Expressboot bis zum Siphaya- oder Oriental-Pier fahren (s. S. 160).

Kaum zu übersehen sind das beliebte **River City-Einkaufszentrum** und das angrenzende **Royal Orchid Sheraton**, eines der größten Hotels der Stadt, am Flussufer nördlich vom Siphaya-Pier. Von hier starten viele Restaurant- und Ausflugsboote.

Inmitten dieser modernen Bauten wirkt die **Portugiesische Botschaft** südlich des Piers wie ein Relikt aus der Vergangenheit. Leider umgibt sie eine hohe Mauer, so dass das schöne Gebäude und der Garten nur vom Fluss aus zu sehen sind.

Nördlich des Piers erheben sich die Türme der **Rosenkranz-Kirche**, auch Wat Galawan genannt. Bereits nach der Zerstörung von Ayutthaya errichteten

Portugiesen hier eine katholische Kirche. Das heutige Gebäude mit schönen Bleiglasfenstern stammt allerdings aus dem Jahre 1897. ☉ tgl. 6–21 Uhr.

Das **Rare Stone Museum**, Charoen Krung Rd., südlich der Brücke, ✆ 2365666, 📠 2372112, 🖥 www.rarestonemuseum.com, Eintritt 100 Baht, stellt über 10 000 Stücke aus, von denen einzelne tonnenschwer sind. Auch das Ashtray Museum im 3. Stock enthält einige interessante Objekte.

Vom Fluss her nicht zugänglich ist das große **Hauptpostamt** an der Charoen Krung Road. König Rama V., dessen Denkmal vor dem Hauptgebäude steht, führte 1883 das Postsystem in Thailand ein und wenig später auch das Telefon.

Vom Oriental nach Süden

Das traditionelle **Oriental Hotel** zählt zu den Hotel-Legenden Asiens und hat nach wie vor seinen Platz unter den Weltbesten. Wer einen Blick in den alten Flügel (Garden Wing) werfen möchte, sollte sich ordentlich anziehen und den Nebeneingang über die Einkaufspassage oder durch den Garten benutzen, denn die Portiers wimmeln Gäste, die nicht im Hotel wohnen, normalerweise ab. Im Hotel ist fast alles noch so wie zur Zeit, als Joseph Conrad, Somerset Maugham oder Noel Coward hier abstiegen. Von der Terrasse hat man einen herrlichen Blick über den Fluss.

Vorbei am kolonialen Gebäude der **East Asiatic Company**, das zur Jahrhundertwende von einem dänischen Geschäftsmann errichtet wurde, gelangt man zu einem freien Platz, der von den Schulgebäuden des Assumption College und einer der größten Kirchen der Stadt, der katholischen **Assumption Cathedral** (Mariä Himmelfahrts-Kathedrale) im englischen Kolonialstil umgeben ist. Durch bunte Bleiglasfenster wird das in Ockertönen gehaltene Innere der Kirche erleuchtet.

Moderne Architektur In dieser Stadt ist nichts unmöglich. Bereits 1877 ließ König Chulalongkorn den Chakri Maha Prasad-Palast im italienischen Renaissance-Stil errichten und krönte ihn mit einem traditionellen Tempeldach – obwohl Tempel und Königspaläste üblicherweise in einem nur diesen vorbehaltenen, repräsentativen Thai-Stil mit mehrfach gestaffelten, mit Naga-Schlangen geschmückten Dächern und symbolträchtigen Dekors gebaut wurden.

Ende der 60er Jahre war das Narai Hotel in der Silom Road das einzige Hochhaus der Stadt. 1970 folgte das 23-stöckige Dusit Thani Hotel, am östlichen Ende der Silom Road, das 1973 vom Indra Regent Hotel übertroffen wurde. Im Vergleich zur jüngeren Hochhausgeneration, die das Bangkok Bank Building in der Silom Road nahe Soi Phipat 1983 einleitete, wirken sie alle recht schmächtig.

Der Höhenrekord wurde Ende der 80er Jahre vom 44-stöckigen und 140 m hohen bunten Baiyoke I Tower in der Ratchaprarop Road gehalten, aber in den 90er Jahren vom 84-stöckigen Baiyoke II Tower (s. S. 141) mit 309 m Höhe erheblich überboten.

Vor allem in der Sathon und unteren Silom Road konzentrieren sich die neuen Giganten. Auf dem schlammigen Untergrund der Stadt ist es erforderlich, diese Hochhäuser extrem tief zu verankern. Das führt zu einer zunehmenden Verdichtung der Böden und einer Verkleinerung der Absorptionsfläche, wodurch die Absenkung des Landes und die Überschwemmungsgefahr erhöht wird.

Die traditionellen, auf Stelzen errichteten Wohnhäuser aus Teakholz konnten nicht als Vorbilder für moderne, repräsentative Gebäude dienen. So suchte man nach einer Alternative und fand sie im Ausland. Ionische und dorische Säulen werden in moderne Hochhaus-Fassaden integriert, dazwischen stehen chinesische Geschäftshäuser, viktorianische Landhäuser und Apartmenthäuser im pseudospanischen Stil.

Die jüngeren Bauwerke scheinen manchmal Fantasy-Filmen entsprungen zu sein. Dr. Sumet Jumsai, einer der zeitgenössischen, eigenwilligen Architekten, entwarf beispielsweise das „Robotergebäude" der Bank of Asia in der Sathon Tai Road und das „Legohaus" westlich vom Expressway, hinter der Abzweigung der Suthisarn Road, in Richtung Weekend Market.

Doch auch die Anhänger der traditionellen Architektur finden immer mehr Zuspruch. Wer es sich leisten kann, bewohnt heutzutage ein Teak-Haus im traditionellen Stil à la Jim Thompson (s. S. 141).

Der Altar ist aus französischem Marmor. Sonntags um 10 Uhr findet ein englischsprachiger Gottesdienst statt. Das kirchliche College gilt als eines der besten des Landes.

Weiter im Süden bietet sich von der Lobby des **Shangri-La Hotels**, eines hellen, großzügigen Luxushotels, ein schöner Ausblick auf den Fluss. Hinter der Taksin-Brücke steht der eigenartige Tempel **Wat Yannawa**. Zwischen den beiden Chedis liegt ein 43 m langes und 17 m hohes, massives Zementboot, Sinnbild des Lebens, das ebenso wie das Boot Höhen und Tiefen überwinden muss. ☉ tgl. 5–23 Uhr. Auf dem **Fischmarkt**, noch weiter südlich, in der Soi 58, herrscht gegen 2 Uhr morgens am meisten Betrieb.

Silom Road

Mehrere Straßen verlaufen von der Charoen Krung Road unter dem neuen Highway hindurch Richtung Osten. Die interessanteste ist die belebte Silom Road, die Hauptgeschäftsstraße. Hier findet sich ein Heiligtum ganz besonderer Art, der **Sri Mariamman-Tempel**, ein Hindutempel, der 1879 von südindischen Immigranten erbaut wurde (Fotografierverbot).

Neben Brahma, Vishnu, Shiva, Ganesha und vielen anderen hinduistischen Gottheiten hat auch Buddha hier seinen Platz. Während des größten Hindufestes Thaipusam Ende Januar / Anfang Februar steht der Tempel im Mittelpunkt des Geschehens. Gäste sind gern gesehen. Vom Souvenir-Einkaufszentrum Silom Village ist es nicht weit zur **Masjid Mirasuddeen**, einer der wenigen Moscheen der Stadt im orientalischen Baustil, die sich hinter der Markthalle (viele Essenstände) erhebt. ☉ tgl. 5–20 Uhr.

Am östlichen Ende der Silom Road liegt eine der berühmt-berüchtigten Amüsiermeilen, die **Patpong Road**. Auf den ersten Blick wirkt sie mit ihrem touristischen Straßenmarkt ab 17 Uhr fast wie eine Flaniermeile. Die Go-go-Bars im Erdgeschoss werden sogar von Reisegruppen angesteuert, denn Patpong gehört zu den „Sehenswürdigkeiten" der Stadt (s. S. 167).

Die über 100 Jahre alte, kleine anglikanische **Christ Church** in der Convent Road, Ecke Sathon Nua Road, liegt in einem großen Garten mit altem Baumbestand.

Lumpini-Park

Am Ende der Silom Road erstreckt sich eine der wenigen Grünflächen der Stadt, der Lumpini-Park, der vor allem am Sonntag ein beliebtes Familien-Ausflugsziel ist. Vor dem Park steht das Denkmal von König Rama IV. Drachenverkäufer bieten, vor allem während der windigen Jahreszeit, bunte Papierdrachen an. Im Schatten der Bäume halten Angestellte aus den benachbarten Büros ihr Mittagsschläfchen, und am frühen Morgen (5.30–7.30 Uhr) praktiziert man Schattenboxen, Tai Chi. Während die alten Leute im Food Center plauschen, zieht es Jüngere ins Fitness Center. An einigen Ständen wird frisches Schlangenblut verkauft, das anregend und kräftigend wirken soll, andere halten knusprig frittierte Grillen, Skorpione und Wasserkäfer bereit. Während der Trockenzeit finden sonntags klassische Konzerte statt. Nach Einbruch der Dunkelheit sind viele zwielichtige Gestalten unterwegs, und es ist besser, den Park zu meiden.

Östlich vom Park laden die 3700 Verkaufsstände des **Suan Lum Night Bazaar**, Rama IV, Ecke Wireless Rd., von 15 Uhr bis Mitternacht zu einem entspannten Einkaufsbummel ein. In der Trockenzeit spielen nach Sonnenuntergang auf den Bühnen der großen Biergärten einheimische Bands (s. S. 169). Lohnend ist zudem ein Besuch des **Joe Louis-Puppentheaters**, in dem traditionelles thailändisches Puppenspiel aufgeführt wird (s. S. 171), und eines Thai-Boxkampfes im großen **Lumpini-Boxstadion** (s. S. 169).

Schlangenfarm

Das Königin Saoropha Memorial Institute an der Rama IV, Ecke Henri Dunant Road, beherbergt die Schlangenfarm. Das Institut wurde 1922 gegründet, um die Tollwut-Epidemien zu bekämpfen. In den Räumen ist eine kleine Ausstellung über Schlangen aufgebaut. Angeboten werden Impfungen und Informationen über Tropenkrankheiten (s. S. 22ff). Außerdem kann man sich ansehen, wie verschiedenen Arten südostasiatischer Schlangen Gift entnommen wird, um daraus Serum herzustellen. Vorführung tgl. um 10.30 und 14 Uhr, Sa und So nur vormittags, außerdem anschließend ein informativer Diavortrag. ☉ Mo–Fr 8.30–16, Sa, So und feiertags 8.30–12 Uhr. 70 Baht, dafür gibt es ein Faltblatt mit wissenswerten Details, ✆ 2520161-4.

Siam Square, Sukhumvit Road und Umgebung

Riesige Shopping Centers, Hotel- und Bürokomplexe haben sich in den ehedem so beschaulichen Wohngegenden östlich des alten Stadtkerns ausgebreitet. Aber hier und da finden sich auch noch einige Reste aus der Vergangenheit.

Zwischen **Siam Square** und **Siam Center**, einem traditionellen Einkaufszentrum der Büroangestellten und Jugendlichen, verläuft über der Rama I Road die Hochbahn, die sich vor dem Erawan-Schrein verzweigt. Eine Linie führt nach Süden Richtung Silom Road, die andere nach Osten über der **Ploenchit** und **Sukhumvit Road**, eine der Hauptverkehrsadern der Stadt.

Jim Thompson-Haus

Das Jim Thompson-Haus liegt etwas versteckt am Ende der Soi Kasemsan 2, die von der Rama I Road abgeht, non-ac-Bus 47 ab Wat Pho oder Sanam Luang. Skytrain-Station National Stadium. In mehreren großartigen traditionellen Thai-Häusern hat Jim Thompson südostasiatische Kunstschätze zusammengetragen. ⊙ tgl. 9–17 Uhr, letzter Einlass um 16.30 Uhr, die Führungen beginnen alle 10 Min., 100 Baht, Studenten bis 25 Jahre 50 Baht, ✆ 2150122.

Jim Thompson Kurz vor dem Ende des Zweiten Weltkriegs setzte der amerikanische Geheimdienst Jim Thompson als Verbindungsmann zur „Bewegung der freien Thai" ein. Er blieb nach dem Krieg in Bangkok, managte das Oriental Hotel und gründete 1948 die Thai Silk Company. Damit erweckte er die vom Aussterben bedrohte Seidenweberei in Thailand zu neuem Leben. In den 50er Jahren ließ er sechs alte Teak-Häuser nach Bangkok bringen und baute sie gegenüber dem Weberdorf an ihrem jetzigen Standort wieder auf. Ostern 1967 verschwand er spurlos im Dschungel der Cameron Highlands (Malaysia).

Erawan-Schrein

An der Ecke Ratchadamri Road steht vor dem Grand Hyatt Erawan Hotel umrahmt von massigen Skytrain-Trassen der kleine Erawan-Schrein, der sich großer Beliebtheit erfreut. Er ist einer von vielen Haustempeln der Stadt. Gott Brahma mit den vier Gesichtern ist vor allem nach Geschäftsschluss das Ziel vieler Verehrer. Sie opfern Räucherstäbchen, Früchte und Kerzen, behängen die Statue mit Blumenkränzen und erbitten den Segen der Götter, oder sie engagieren Tänzerinnen, die klassische Tänze rund um den Schrein vorführen und dabei von Musikanten begleitet werden. Ist ein Wunsch in Erfüllung gegangen, opfert man einen Teakholz-Elefanten – den herumstehenden Tieren nach zu urteilen, müssen es einige wahrhaft große Wünsche gewesen sein.

Schräg gegenüber dem Erawan-Schrein erhebt sich der massive Block des **World Trade Centers**, ein modernes, voll klimatisiertes Einkaufszentrum mit dem Zen Department Store, das vor allem die Bedürfnisse der wohlhabenden jungen Generation befriedigt. Während der Trockenzeit ist es an einigen Wochenenden von einem riesigen Biergarten umringt. Inmitten all der modernen Einkaufszentren wirkt die **Britische Botschaft** in ihrem weitläufigen Park wie ein Relikt aus jener Zeit, als die östlichen Vororte aus einstöckigen Holzhäusern und Villen bestanden. Nur wenig weiter nimmt als gigantisches Zukunftsprojekt der **Millenium Complex** Form an.

Beiderseits der Phetchburi Road

Im kleinen **Nai Lert Park** hinter dem Hilton Hotel, Witthayu Road, nahe der Phetchburi Road am Klong, stehen viele mit bunten Tüchern umwickelte Phallen, die als Fruchtbarkeitssymbole für den erwünschten Kindersegen sorgen sollen. Interessierten wird der Park auf Anfrage geöffnet.

Im quirligen Stadtviertel **Pratunam** rings um das Amari Watergate und Indra Regent Hotel wird ein Großteil des Textilhandels abgewickelt. Entlang der Bürgersteige, in den überdachten Markthallen und schmalen Sois drängen sich die Verkaufsstände. Auch in vielen Geschäften und selbst im Untergeschoss des Baiyoke II Tower stapeln sich bunte Kleidungsstücke. Inmitten der T-Shirts, Jeans, Tücher und Kleider werden Kleidungsstücke nach Maß gefertigt und Pailettenkleider aufwendig bestickt.

Der **Baiyoke II Tower** ist mit 309 m Gebäudehöhe plus 34 weiteren Antennenmetern zurzeit das höchste Gebäude des Landes. Zudem schmückt es sich mit dem Superlativ, das höchste Hotel der Welt zu sein. Für das 84-stöckige Hochhaus mussten Pfeiler 65 m tief in die Erde gerammt werden. Etwa tausend Besucher pro Tag fahren zwischen 10.30–22 Uhr zur Aussichtsplattform im 77. Stock hinauf. Theoretisch ist diese auch über 2060 Treppenstufen nach einem über einstündigen Aufstieg zu erreichen. Eintritt 200 Baht, ✆ 6563000, 🖥 www.baiyokehotels.co.th. Auf den beiden oberen Etagen kann man in Restaurants essen und in einer Bar einen Drink einnehmen. Dabei wird der Eintrittspreis angerechnet. Ein weiterer Aufzug fährt für 20 Baht aufs Dach hinauf. Bei guten Wetterverhältnissen liegt einem Bangkok zu Füßen – im Westen die von Tempeltürmen überragte Altstadt (bestes Licht vormittags) und im Osten und Süden die modernen Hochhäuser der Geschäftsviertel (bestes Licht nachmittags). Ein Gewirr von Straßen und Expressways durchzieht das Häusermeer, breite Ausfallstraßen verlieren sich Richtung Norden am Horizont. Das rapide Wachstum Bangkoks verdeutlicht eine kleine Ausstellung anhand von Statistiken und Reproduktionen historischer Stadtansichten.

Die besten Aussichtspunkte

- Baiyoke II Tower
- Golden Mount
- Dachterrasse des Grand China Princess Hotel (Yaowarat Rd., Chinatown)
- Skytrain
- Food Center im Emporium und World Trade Center
- Shangri-La, Oriental Hotel oder River View (Blick an Fluss)
- Tiara Restaurant im Dusit Hotel, Bai Yun Restaurant im Westin Banyan Tree
- Diverse Hotels in der Sukhumvit und Silom Road (Hampton Inn, Rembrandt, Tower Inn …)

Suan Pakkard-Palast

Der Suan Pakkard-Palast in der Sri Ayutthaya Road, Skytrain-Station Phayathai, enthält ein kleines, privates Museum. Einige Ausstellungsstücke von Ban Chiang-Keramik sind in traditionellen Thai-Häusern untergebracht. Der hohe Eintritt wäre allerdings nicht gerechtfertigt, gäbe es hier nicht einen schönen subtropischen Garten. ⏲ tgl. 9–16 Uhr, ✆ 2454934, 80 Baht, Studenten 50 Baht, Fotografierverbot. Die angrenzende **Marsi Gallery** war-

tet mit wechselnden archäologischen und Kunstausstellungen auf, ⏲ tgl. 10–18 Uhr, ✆ 2461775-6.

Sukhumvit Road

Nach Osten geht die Ploenchit Road in die Sukhumvit Road über. Souvenirhändler säumen die schmalen Bürgersteige. Dahinter erheben sich moderne Einkaufszentren, kleine Geschäfte, Wechselstuben und Restaurants. Die meisten Hotels liegen in den abgehenden Sois. Eine breite Schneise in dieses enge Gewirr schlägt die ausgebaute Soi Asoke (Soi 21), die von modernen Hochhäusern gesäumt wird.

Wie eine kleine Oase zwischen den Zweckbauten aus Glas und Beton wirkt der subtropische Garten der **Siam Society**, 131 Soi Asoke, mit einem alten, aus Teakholz erbauten Bauernhaus aus dem Norden, **Ban Khamthieng**. Eine ethnologische Ausstellung innerhalb des Hauses zeigt Werkzeuge und Arbeitsgeräte der nordthailändischen Bauern und Fischer sowie Textilien aus dem Norden und Nordosten. In dem hinzu gekommenen **Ban Sangaroon** ist Kunstgewerbe ausgestellt, das aus einem Architekten gesammelt wurde. ⏲ Di–Sa 9–17 Uhr, 100 Baht, ✆ 6616470-7, 🖥 www.siam-society.org.

Inmitten des Großstadtgetümmels lädt der **Queen's Park**, auch Benjasiri Park, zwischen Soi 22 und 24, mit seinen künstlichen Seen, Schatten spendenden Bäumen, modernen Skulpturen und Blumenrabatten zu einer Ruhepause ein. Kinder vergnügen sich auf der Rollerskate-Bahn oder dem Basketballplatz. Im Süden grenzt an den Park das neue Gebäude des **World Fellowship of Buddhists** (s.S. 170) und im Osten das große Einkaufszentrum **Emporium**.

Das **Planetarium** zwischen Soi 40 und dem Ekamai-Busbahnhof und das **Science-Museum** werden von einer weitläufigen Gartenanlage umgeben, die neben dem lauten, geschäftigen Busbahnhof eine Oase der Ruhe ist. Zum Komplex gehören naturwissenschaftliche Ausstellungen, ein Aquarium und Planetarium. ⏲ tgl. außer Mo und feiertags 8.30–16.30 Uhr, 40 Baht, ✆ 3925951-9.

Im **Wat Thammamongkhon**, Punnawithi 20, Soi 101 Sukhumvit Road, steht Bangkoks größter, fast 100 m hoher Chedi. Seine Spitze wird von einem Schirm gekrönt, der mit 17 kg Gold und 1063 Diamanten geschmückt ist. Ein Aufzug fährt 10 der

14 Stockwerke hinauf – der Ausblick ist herrlich. Der Jadebuddha im Inneren des Tempels gilt mit einer Länge von 2,20 m, einer Breite von 1,70 m und einem Gewicht von 15 t als weltweit größter seiner Art. ☉ tgl. 8–18 Uhr.

Zu erreichen mit einem der Busse, der die Sukhumvit Road hinauffährt (non-ac-Bus 25 ab Hauptbahnhof, 48 ab Wat Pho), an der Soi 101/1 aussteigen. Von hier sind es 500 m zum Wachiratham Sathit durch die Gasse gegenüber dem elektrischen Transformator.

Nördlich des Zentrums
Ratchdamnoen Nok Road

König Chulalongkorn (Rama V.) und sein Vater König Mongkut waren die ersten Herrscher, die europäischen Einflüssen offen gegenüberstanden. Nach einer Europareise ließ sich der König von westlichen Architekten Straßen, Brücken und Paläste errichten. Als Verlängerung der Ratchdamnoen Klang Road in nordöstlicher Richtung entstand so die Ratchdamnoen Nok Road, eine breite Prachtstraße, die der König 1904 jeden Nachmittag mit einem der ersten Automobile Südostasiens entlangtuckerte. Hier finden am Nationalfeiertag und zum Geburtstag des Königs die großen Paraden statt.

Nördlich der Kreuzung mit der Wisut Kasat Road liegt das **Ratchdamnoen-Stadion**. Hier und im Lumpini-Stadion finden Thai-Boxkämpfe statt, bei denen nicht nur mit den Fäusten gekämpft wird (s.S. 169).

Ehemalige Thronhalle

Ein Kuppelbau im neo-venezianischen Stil wurde von italienischen Architekten im Auftrag von König Rama V. als Thronhalle entworfen. Die Deckengemälde im Inneren stellen Szenen aus der Geschichte des Landes dar. Als 1932 die absolute Monarchie abgeschafft wurde, zog in das neue Gebäude das Parlament ein. Mittlerweile ist hinter der ehemaligen Thronhalle ein neues Parlamentsgebäude errichtet worden.

Der alte Kuppelbau kann nur am 2. Samstag im Januar besichtigt werden. Auf dem Platz vor dem Gebäude erhebt sich ein **Denkmal von König Rama V**. Der ac-Bus 3 fährt vom Sanam Luang Richtung Airport hier vorbei.

Vimanmek Teakwood Mansion

König Rama V. residierte in diesem luftigen, im Stil der Jahrhundertwende eingerichteten Teakholzpalast, der ursprünglich auf Ko Si Chang vor Si Racha stand, von 1901–1907. Danach wurden die insgesamt 81 Räume nur kurzzeitig in den 30er Jahren von einer der Nebenfrauen des Königs bewohnt. Sie verfielen, bis sie aus Anlass der 200-Jahr-Feier Bangkoks 1982 wieder hergerichtet wurden. Der Rundgang durch einige der 31 Zimmer und Galerien, in denen alte Fotos hängen, vermittelt einen guten Eindruck von den damaligen Lebensverhältnissen am königlichen Hof. Der kleine Pavillon wurde in einer Bauzeit von nur 7 Monaten errichtet, wobei nur für den Fußboden Nägel verwendet wurden. Er wird von künstlichen Seen umgeben. Im angrenzenden Garten werden um 10 und 16 Uhr Tänze und Schwertkämpfe aufgeführt.

☉ tgl. 9.30–16 Uhr, ca. 90-minütige Touren in Englisch jede 30 Min. bis 15 Uhr. Die Eintrittskarte zum Königspalast und Wat Phra Keo berechtigt auch zum Besuch des Vimanmek Teakwood Mansion und bleibt einen Monat lang gültig, ✆ 2811569, 🖥 www.palaces.thai.net; wer nur das Mansion sehen will, zahlt 75 Baht. Es gelten die gleichen strengen Kleidungsvorschriften wie für den Königspalast (s.S. 126). Taxi ab Skytrain-Station Victory Monument ca. 40 Baht. Eingänge gegenüber dem westlichen Zoo-Eingang und von der Ratchawithi Road. Hier müssen alle Taschen (auch Kameras) in Schließfächern verstaut werden.

Das **Royal Elephant National Museum** liegt westlich des Mansion im Dusit Park. Die unter Rama V. errichteten ehemaligen Ställe für königliche weiße Elefanten, die nun in Lampang untergebracht sind, beherbergen eine Ausstellung. Gezeigt werden Bilder, Modelle, Elfenbeinschnitzereien und andere Gegenstände, die einen Bezug zu Elefanten haben. Für den Eintritt gilt das Gleiche wie beim Vimanmek Mansion, ☉ tgl. 9.30–16 Uhr.

Verbindungen vom östlichen Sanam Luang mit non-ac-Bus 3, 30–33 oder 64 bis Ratchawithi Road. Dort umsteigen in den non-ac-Bus 18 oder 28 Richtung Victory Monument.

Marmortempel

Südlich des Zoos steht Wat Benchamabopitr, allgemein als Marmortempel bekannt, da er unter König Chulalongkorn weitgehend aus weißem Carrara-Marmor erbaut wurde. Er liegt in einem hübschen Park mit einem Kanal, in dem zahlreiche Schildkröten leben. Der Haupteingang zum Bot, der von zwei weißen Marmorlöwen bewacht wird, ist nur an Festtagen geöffnet. Ansonsten gelangt man durch einen Seiteneingang in den Innenraum, in dem eine große Buddhastatue steht, die nach dem Vorbild des im 13. Jahrhundert in Phitsanulok gegossenen Phra Buddha Chinaraj erstellt wurde. Der mit Marmorplatten gepflasterte Innenhof ist von einer Galerie umgeben, in der 52 lebensgroße Buddhastatuen stehen, die man zu den schönsten des Landes zählt. Vor dem östlichen Tempeleingang reihen sich morgens ab 6 Uhr Mönche mit Opferschalen auf, um die Spenden der Gläubigen entgegen zu nehmen. Am Abend des Makha Bucha-Festes im Februar kommen viele Gläubige mit Kerzen, Blumen und Räucherstäbchen in diesen Tempel, um das Wat betend zu umrunden. ☉ tgl. 8–17 Uhr, 30 Baht, ✆ 2812501.

Dusit-Zoo

Der nördlich der Altstadt angelegte Zoo wird gerade umgestaltet und wartet nicht gerade mit großen Sensationen auf. Am späten Nachmittag bummeln junge Thais durch die Parkanlage und genießen einen der wenigen ruhigen, erholsamen Gärten der Stadt. Im Restaurant am See werden in einer angenehm ruhigen Umgebung zu akzeptablen Preisen Seafood- und andere Thai-Gerichte serviert. ☉ tgl. 9–16 Uhr, 30 Baht, ✆ 2454934. Für Tierliebhaber lohnt zudem ein Besuch von Safari World, s.u.

Östlich des Zoos lebt die Königsfamilie im weitläufigen, von einer Mauer umgrenzten **Chitralada-Palast**, der nicht besichtigt werden kann.

Suan Chatuchak Weekend Market (auch Jatujak oder JJ Maket)

Vor allem am Samstag oder Sonntag sollte man sich den Besuch des quirligen Wochenendmarktes am Suan Chatuchak, nördlich des Zentrums, keinesfalls entgehen lassen, aber auch an anderen Wochentagen sind einige Stände geöffnet. Ab 8 Uhr breiten die Händler ihre Waren aus. Wer sich auf dem 14 ha großen, L-förmigen Platz zurechtfinden möchte, orientiert sich am besten anhand der Market Map von Nancy Chandler. Vorsicht vor Taschendieben! Anreise am besten mit dem Skytrain bis Mo Chit (s. S. 181).

Durch drei Eingänge gelangt man auf den Platz, der von Ständen mit Pflanzen, Blumen, Gartenutensilien, Möbeln und anderen Haushaltsgegenständen umrahmt wird. Der zentrale Bereich scheint überzuquellen von Textilien und Taschen, Obst und Gemüse, Vögeln, Fischen (Do großer Zierfischmarkt), Hunden, Küken und anderen Tieren, die vor allem im nördlichen Bereich verkauft werden. Lädt dieser Teil des Marktes mehr zum Schauen und Fotografieren ein, so fällt es im südwestlichen Bereich nicht schwer, Geld auszugeben. Kunstgewerbe der Bergstämme stapelt sich neben Stickereien aus Myanmar (Burma), Sarongs aus Indonesien, Lackarbeiten, Holzschnitzereien, Keramiken und T-Shirts mit ausgefallenen Motiven. Zudem kann man sich in Restaurants oder an Essensständen stärken und an den Geldautomaten mit Nachschub versorgen. Auch das Tourist Office hat hier Sa und So von 9–17 Uhr einen Stand besetzt.

Kuan-Im-Palast (Chao Mae Kuan Im)

Dieser fantastische chinesische Tempel mit einer 12-stöckigen Pagode wurde für über 500 Mill. Baht zu Ehren der Göttin der Barmherzigkeit errichtet. Er ist mit zahllosen farbigen Buddhastatuen geschmückt, von denen eine sogar das Dach ziert. Daneben finden sich Schreine im chinesischen und thailändischen Stil, hohe, mit bunten Schnitzereien verzierte Säulen, Verbrennungsöfen, Ruhepavillons, ein Souvenirladen und mehr. ☉ tgl. 7–21 Uhr. Während der chinesischen Neujahrsfeiern und des Vegetarierfestes kommen viele Besucher hierher. Von der Endstation des Skytrain Mo Chit mit dem Taxi Richtung Norden, nach 1,5 km rechts in die Latphrao Rd. abbiegen, nach 4,5 km links in die Soi 53 und nach weiteren 2 km links in die Soi Suk San 7.

Safari World

In Minburi, 99 Ram Indra 1 Rd., etwa 15 km östlich vom Airport, nördlich vom KM 9, ca. 1 Std. Fahrt mit dem Taxi vom Zentrum, ✆ 5181000-2, 🖥 safariworld.com, erstreckt sich dieser Vergnügungspark mit einem großen **Freigehege**, in dem Tiger, Nashörner, Büffel, Bären und andere Tiere aus aller Welt leben. Zahlreiche Vogelarten können in mehreren Vogelfreifluggeländen aus der Nähe betrachtet werden. Im **Marine Park**, dem zentralen Teil der Anlage, führen stündlich Delphine, Seelöwen, Elefanten, Affen oder Vögel in wechselnden, teils lustigen Shows ihre Kunststücke vor. Als Kontrastprogramm gibt es Bootstouren durch eine künstliche Dschungelwelt, Wasserski-Darbietungen, eine Adventure Show und eine Stunt Show in Wild West-Umgebung. ☉ tgl. 9–17 Uhr, 400 Baht.

Nonthaburi

Im Zentrum des modernen **Wat Songhathan** in Nonthaburi erhebt sich eine verspielte Glaspyramide. Das Kloster wird von zahlreichen Nonnen bewohnt. Von der Expressboot-Haltestelle Wat Khema 5 Min. landeinwärts gelegen.

Ko Kret Ban und Bua Thong

Nördlich der Stadt wurde vor über 200 Jahren eine Flussschleife des Menam Chao Phraya durch den Bau eines Kanals begradigt. Auf der kleinen Insel, die dadurch entstand, siedelten sich in mehreren Dörfern Mon an. Viele von ihnen nutzten die feine Tonerde der Insel für die Produktion von Wasserkrügen und anderen Töpferwaren. Getöpfert wird hier noch immer, allerdings wird der Ton mittlerweile aus anderen Gegenden hierher gebracht. Wegen ihrer ländlichen Atmosphäre, die sie sich bis heute bewahrt hat, ist die Insel ein beliebtes Ausflugsziel. Nahe dem Pier steht der größte Tempel der Insel, **Wat Paramai Yikawat**. Das kleine **Töpfereimuseum** in einem Holzhaus 150 m weiter westlich ist nur auf Thai ausgeschildert, ☉ tgl. bis gegen 15 Uhr. Expressboote fahren bis Pak Kret. Südlich der dortigen Anlegestelle fahren vom Pier am Wat Sanam Nuea Fähren für 2 Baht auf die Insel.

Weiter westlich am Klong werden in **Bang Bua Thong** morgens zwischen 9 und 10 Uhr traditionelle Süßigkeiten für den Verkauf auf dem Großmarkt hergestellt. In das Dorf gelangt man mit einem gecharterten Boot ab Pak Kret.

Übernachtung

Bei der Wahl der Bleibe sollte in erster Linie die Lage entscheiden, denn jedes Viertel hat seine eigene Atmosphäre. Zudem ist man bei den großen Entfernungen und dem zähen Verkehr lange unterwegs. Mittelklasse- und Luxushotels können wesentlich günstiger über Reisebüros in Europa und Bangkok gebucht werden.

BANGLAMPOO – Rings um die Khaosan Rd. konzentrieren sich billige Gästehäuser mit preiswerten Zimmern. Traveller finden ein breites Angebot an Restaurants, Reisebüros, Banken, Wäschereien, Internet-Terminals und anderen Versorgungseinrichtungen vor. Die Einkaufsmöglichkeiten sind überwältigend, und die Hauptsehenswürdigkeiten lassen sich leicht zu Fuß oder mit dem Bus erreichen. Expressboote auf dem Menam Chao Phraya bieten eine Alternative zu den Bussen und Taxis auf den notorisch verstopften Straßen.

Der Weg von der Khaosan Rd. Richtung Airport bzw. zum Eastern Bus Terminal und den Vergnügungsvierteln erfordert tagsüber viel Geduld. Direkte Traveller-Busse fahren zum Airport und zu anderen Zielen in Thailand (s. S. 187). Eine Übersicht über die Unterkünfte mit Adresse und Telefonnummer bietet die Karte (s. S. 161). Nur einige sind hier beschrieben. Weitere Infos unter 🖳 www.khao-san-road.com.

Gästehäuser: In der Khaosan Rd. wurden die meisten ehemaligen Wohn- und Geschäftshäuser zu Gästehäusern umgewandelt, wobei neuere Häuser z.T. schon Hotelstandard aufweisen und wesentlich teurer sind als die alten. Einfache Gästehäuser bieten Schlafsaal-Betten für ca. 100 Baht und DZ mit Fan und Gemeinschafts-Du/WC um 250 Baht. Da die Ausstattung kaum über eine dünne Schaumstoffmatratze hinausgeht und die Türen nicht immer sicher zu verriegeln sind (mit Zweitschlüssel sind schon haufiger Diebe in Zimmer eingedrungen), sollte man Bettwäsche, Handtücher und ein schweres Vorhängeschloss mitbringen. Auch den als Haussafe ausgewiesenen Blechkästen sollte nicht allzu viel Vertrauen entgegengebracht werden. Häufig sind die Wände so dünn, dass man bald die Schlafgewohnheiten jedes Nachbarn kennt. Noch lauter wird es, wenn sich direkt unter dem Zimmer ein Restaurant befindet. Ein Gästehaus verfügt durchaus über Zimmer verschiedenen Standards, so dass eine Besichtigung vor dem Einchecken lohnt, sofern nicht alle Zimmer belegt sind, was häufig zwischen November und März der Fall ist.

In der Khaosan Road sind einige zwielichtige Gestalten auf der Suche nach leichtgläubigen Touristen unterwegs und bieten sich als Geldwechsler, Visabeschaffer oder „Retter in der Not" an, um ihre Kunden um die Reisekasse zu erleichtern.

In den schmalen Gassen **rings um Wat Chanasongkram** hat sich ein weiteres Gästehaus-Zentrum herausgebildet, das weniger turbulent ist. Der Durchgang durch das Wat wird abends geschlossen.

In der **Phra Sumen und Phra Athit Road** liegen:

Gipsy ****–*****⑥③, 55 Phra Sumen Rd., ✆ 2801809, ruhige, saubere Zi mit Fan, aber überwiegend ohne Fenster, freundliches Personal.

K.S. House ****–*****⑥④, 50 Phra Sumen Rd., ✆ 6291763-4, an einer belebten Kreuzung, saubere Zi mit Du/WC, ac, nach hinten raus ruhig, auf dem Dach Biergarten, Rezeption im 1. Stock, überteuerte Angebote im Reisebüro.

Phra Athit Mansion ********⑥⑥, 22 Phra Athit Rd., ✆ 2800744-8, 🖷 2800742. Komfortable, etwas abgenutzte ac-Zi mit großem Bad, TV und Kühlschrank, Rezeption im Getränkegroßhandel.

New Merry V. ***.*–*****⑥⑥, 18-20 Phra Athit Rd., ✆ 2803315, 6290462. Saubere, kleine Zi mit Fan oder ac und Du/WC, Etagen-Du/WC, hellhörig, vorn viel Straßenlärm, ruhigere Zi nach hinten. Gutes, preiswertes, offenes Restaurant an einer stark befahrenen Straße.

Peachy ****–*****⑥⑥, 10 Phra Athit Rd., ✆ 2816471, abgewohnte Zi mit Fan oder ac mit und ohne Du/WC, Schlafsaalbetten 90 Baht, unkooperatives Management, Gefahr von Diebstählen, teures, mäßiges Gartenrestaurant.

New Siam 2 *******⑥⑦, 50 Trok Rongmai, ✆ 2822795, 🖷 6290303, 🖳 www.newsiam.net, Neueres Kleinhotel mit Aufzug und Pool (im Bau). Saubere, funktional gestaltete Zimmer mit ac oder Fan, kleinem Balkon, TV, Safe und Telefon. Restaurant mit großen Sandwiches und guten Mango Shakes.

New Siam 1 ****–****⑦②, 21 Soi Chana Songkram, in der nächsten Seitengasse etwas weiter nördlich, ✆ 2824554, 🖷 2817461, helle und begehrte, aber mittlerweile etwas überteuerte Zi mit und ohne Du/WC und Fan oder ac auf drei Stockwerken, nach hinten ruhig, gutes Essen, sehr geschäftig, ⏰ ab 6 Uhr, ab mittags meist voll.

Gecko ******⑦②, 25/3 Soi Chana Songkram, sehr saubere Zi mit Gemeinschafts-Du/WC, entspannte Atmosphäre, nettes Management.

Baan Athit ***–****⑦②, 25 Soi Chana Songkram, ✆ 6293909, ✉ baanathit@hotmail.com. Saubere Zi mit Fan und Gemeinschafts-Du/WC.

T.P. House ******⑦②, 17 Soi Chana Songkram, ✆ 2816967, 13 einfache, saubere Zimmer mit Fan und Gemeinschafts-Du/WC, ruhig und gut bewacht.

Wild Orchid Villa *****–******⑦②, 8 Soi Chana Songkram, ✆ 6294378, neue, saubere Zi mit Fan oder ac, Du/WC und Balkon, große, gemütliche, rund um die Uhr geöffnete Lobby, Restaurant, Airport Transport Service.

Merry V. ******⑦③, 33 Soi Chana Songkram, ✆ 2829267, etwas laute, enge, aber saubere DZ und 3-Bett-Zi, Etagen-Du/WC, geschäftig. Beliebtes Restaurant, Schließfächer, Airport Transport Service.

My House ****–*****⑦③, 37 Soi Chana Songkram, ✆ 2829263-4, sauber und geräumig, manchmal ist es sehr überfüllt und das Personal unfreundlich. Zimmer mit Du/WC und Fan oder ac sowie mit Fan und Gemeinschafts-Du/WC, nach hinten ruhiger. Gemütliches Restaurant mit Liegen, manchmal etwas laut eingestellter Fernseher, Wäscherei, Airport-Shuttle für 80 Baht.

Bella Bella House ****–*****⑦①, 74 Soi Chana Songkram, ✆ 6293090-1, 5-stöckiges Haus, günstige Zi mit Fan, teurer mit Du/WC, ein Aufschlag wird für Warmwasser und ac berechnet, freundlich und sauber, dürftiges Frühstück. Blick auf den Tempel.

Chart II *****–******⑦①, 54/1 Soi Chana Songkram, ✆ 6295191-3, 🖷 6295190, ✉ chartguesthouse@ yahoo.com, 40 neue, saubere Zi mit Du/WC und Fan oder ac, zur Straße hin mit Balkon, nach hinten ruhig. Geräumiges Erdgeschoss mit Restaurant und Massageraum.

Thai Thai House ******⑥⑤, 5 Soi Rambuttri, ✆ 2807435, ✉ thaithaihouse@yahoo.com, etwas abseits gelegenes, ruhiges, kleines Holzhaus, 14 saubere Zi mit Gemeinschafts-Du/WC und Fan.

Sawasdee Krungthep Inn *******⑥⑦, 30 Soi Rongmai, ✆/🖷 6290072, neues, sauberes Guesthouse, Zi mit Fan oder ac und Du/WC, auch Familienzimmer. Frühstück inkl. Nettes Restaurant im Erdgeschoss.

Sawasdee Smile Inn ****–*****⑥⑨, 35 Soi Rongmai, ✆/🖷 6292340, Massenquartier mit kleinen, teils muffigen Zimmern unterschiedlicher Kategorie mit Fan oder ac, z.T. mit Du/WC und TV, auch Schlafsaal für 90 Baht, großes Restaurant.

Baan Sabai**–*** ⑥⑨, 12 Soi Rongmai, ☎ 6291599, ✆ 6291595, neues, angenehmes Guesthouse mit einem netten Pub im chinesischen Kolonialstil. Ordentliche, saubere Zimmer mit Fan oder ac und Du/WC. Hübscher Innenhof mit Sitzgelegenheiten.

Welcome Sawasdee Inn**–*** ⑥⑧, 5-7 Soi Rongmai, ☎/✆ 6292320-1, neueres Gästehaus der Sawasdee-Kette. Über 100 kleine, ruhige Zimmer unterschiedlicher Kategorie mit Fan und Gemeinschafts-Du/WC oder ac, Du/WC und TV in einem Neubau. Unter dem Dach ein Schlafsaal mit Betten ab 90 Baht.

Sukpasath Hotel*** ⑥⑧, Soi Rambuttri, ☎ 2816926, wird vor allem stundenweise von Einheimischen genutzt.

Sunshine House*–** ⑦⓪, 45 Soi Rambuttri, ☎ 6295177, saubere Zimmer mit Fan und Gemeinschafts-Du/WC, Gepäckaufbewahrung.

Sitdhi** ⑦⓪, 3 Soi Rambuttri, ☎ 6293087, einfache Zi mit Fan und Du/WC in ruhiger Lage.

Sawasdee House**–*** ⑦④, 147 Soi Rambuttri, ☎ 2818138, ✆ 6290994, ✉ Sawasdee_House@hotmail.com, kleine, stickige Zi mit Fan oder ac und Du/WC, z.T. mit Balkon, in einem vierstöckigen Haus. Nette Leute, aber an der Rezeption etwas Hotelatmosphäre. Internationaler Telefonservice, Internet-Terminals, großes, gemütliches Restaurant mit netter Terrasse zur Straße hin, gut zum Ausruhen und Lesen, Verkauf von Secondhandbüchern.

Au-Thong** ⑦⑦, 78 Soi Rambuttri, ☎ 6292172, ✉ au_thong@hotmail.com. Im etwas zurückversetzten kleinen, renovierten Holzhaus über dem netten, gepflegten Restaurant mit preiswertem, authentischem Thai-Essen werden auch Zi mit Gemeinschafts-Du/WC vermietet.

Tuptim Bed & Breakfast*** ⑦⑦, 82 Soi Rambuttri, ☎ 6291535, ✆ 6291540, ✉ info@tuptim-b.com, kleines Haus mit 22 sauberen, sehr ruhigen Zimmern mit ac oder Fan und Gemeinschafts-Du/WC. Frühstück im kleinen Restaurant im Erdgeschoss inkl.

Orchid*** ⑦⑤, 323/2-3 Soi Rambuttri, ☎ 2802691-2, neueres Haus, saubere Zi mit großem Bett, Balkon, Du/WC, Fan oder ac.

Pannee (P.) Gh.** ⑦⑥, 150 Soi Rambuttri, ☎ 2825576, 4-stöckiges Haus nahe dem Platz. Zi mit Fan und Gemeinschafts-Du/WC. Das Restaurant stellt abends auch Tische auf die Straße.

In der **Khaosan Road**, im Zentrum des Geschehens:

Hello**–*** ⑧⓪+⑧⑨, 63-65 Khaosan Rd., ☎ 2818579, auf beiden Straßenseiten, z.T. mit ac, nicht sehr sicher, Restaurant.

Khaosan Palace Hotel***–**** ⑧②, 139 Khaosan Rd., ☎ 2813272. Kleine, helle Zi mit Fan oder ac, TV und Warmwasser-Du/WC, sauber, aber plastiküberzogene Matratzen und wegen der angrenzenden Kneipen laut, teilweise Neubau, Münzwaschmaschinen, Schließfach, 7/11 Shop.

New Nith Charoen***–**** ⑧②, 183 Khaosan Rd., ☎ 2819872, altes vierstöckiges Haus in zweiter Reihe mit etwas komfortableren Zimmern mit Du/WC. Abends werden die Gitter geschlossen, und es wird auch sonst Wert auf Sicherheit gelegt.

Marco Polo**–*** ⑧③, 108/10 Khaosan Rd., ☎ 2811715, über dem Pub, dessen laute Musik bis 2 Uhr überall zu hören ist, Zi mit ac oder Fan und Du/WC, z.T. Warmwasser.

Classic Inn**–*** ⑧③, 259 Khaosan Rd., ☎ 2817129, sauberes Kleinhotel, kleine Zi mit Du/WC, Fan oder ac an der lauten Hauptstraße.

Prankorp's**–*** ⑧⑨, 52 Khaosan Rd., ☎ 6290714, kleines, sauberes Haus, Zi mit Gemeinschafts-Du/WC, gemütliches Restaurant, in dem guter Kaffee serviert wird.

D&D Inn***–**** ⑨⓪, 68-70 Khaosan Rd., ☎ 6290526-8, ✆ 6290529, etwas kühles Hotel, in 3 Gebäuden 150 Zi mit plastiküberzogenen, harten Matratzen, Du/WC, ac, TV, Telefon, aber ohne Fenster, zur Straße hin sehr laut. Pool. Der Service könnte aufmerksamer sein, und es wird viel umgebaut.

Kawin Place**–*** ⑨①, 86 Khaosan Rd., ☎ 2817512, ✆ 2814708, anonymes Kleinhotel zurückversetzt in einer Gasse, ruhige, saubere Zi mit Fan oder ac.

Sawasdee Bangkok Inn***–**** ⑨①, 126/2 Khaosan Rd., ☎ 2801251 ✆ 2817818, neueres, mehrstöckiges Haus in einer schmalen Gasse südlich der Khaosan Rd., fast alle Zi mit Du/WC und Fan oder ac und Safe gehen von umlaufenden Innenbalkons im Südstaatenstil ab. Im Innenhof Restaurant mit Fernseher, der gut in den Zimmern zu hören ist.

Top Guest House***⑨₂, 126/1 Khaosan Rd., ✆ 2819954, alle 39 Zi mit Du/WC, Fan oder ac, z.T. sogar mit einem kleinen Balkon.

Siam Oriental Inn*–*****⑨₃, 190 Khaosan Rd., ✆ 6290312, ✉ siam_oriental@hotmail.com, anonymes Hotel, saubere Zi mit Fan oder lauter ac unterschiedlichster Ausstattung (Handtücher, Heißwasser) und Größe, ac-Zi inklusive Frühstück, großer klimatisierter 24-Std.-Coffeeshop mit Bar.

Nana Plaza Inn*–*****⑨₄, 202 Khaosan Rd., ✆ 2816402, ✆ 2816814, akzeptables Kleinhotel, Zi mit ac, Du/WC, TV und Telefon. Im EG Bierbar und das empfehlenswerte japanische Restaurant *Taketei*. Eingang auch von der Trokmayom Chakraphong.

Harn Gh.***⑨₄, 140/1 Khaosan Rd., ✆/✆ 2802129, von der Tanao Rd. aus die erste kleine Gasse rechts. Sehr saubere, renovierte und ruhige Zi mit Fan und Du/WC, freundliches, hilfsbereites Personal, gutes Preis-Leistungs-Verhältnis.

In der schmalen Gasse **Trokmayom Chakraphong**, die im Süden parallel zur Khaosan Rd. verläuft, liegen die Gästehäuser:

J.+Joe House***⑨₆, 1 Trokmayom Chakraphong, ✆ 2812949, im alten Haus kleine Zi mit Fan und Gemeinschafts-Du/WC, durchgelegene Matratzen, begrünter Innenhof, gut zum Frühstücken und Entspannen. Leckere Obstsäfte. Durch das lange geöffnete Restaurant ist es nachts etwas laut.

Barn Thai–***⑨₆, 27 Trokmayom Chakraphong, ✆ 2819041, Holzhaus mit Innenhof inmitten alter Thai-Häuser in einer schmalen Seitengasse. Einfache, kleine, saubere Zi mit Gemeinschafts-Du/WC.

New Joe House***⑨₇ (auch Joe's Gh. genannt), 81 Trokmayom Chakraphong, ✆ 2812948, ▯ www.newjoe.com, Kleinhotel, teils renovierte Zi mit Fan oder ac und Du/WC, einige mit Warmwasser, netter Garten und gutes Essen, Waschmaschinenbenutzung, Gepäckaufbewahrung.

In einer Gasse **östlich der Tanao Rd.** liegen ebenfalls einige einfache Gästehäuser, in einigen warten Mädchen auf Kunden; von der nahen Moschee wird man morgens geweckt.

First Guest House–***⑧₅, 149-151 Tanao Rd., ✆ 6293201, neueres, sauberes Haus, Zimmer mit Gemeinschafts-Du/WC und ac.

Sweety*–***⑧₆, 49 Ratchdamnoen Klang Rd., ✆ 2802191, Eingang auch von der Ratchdamnoen Rd. Einfache Zi mit Fan oder ac, z.T. mit Du/WC, Dachgarten. Wäscheservice im Erdgeschoss.

CH II***⑧₆, 85-87 Soi Damnoen Klang Nua (Soi Post Office), ✆ 2806284, Zi mit und ohne Du/WC, großes Haus mit nettem Personal, Schließfächer; Vorsicht vor Diebstählen. Internet-Terminals.

Nat II*–***⑧₆, 91-95 Soi Damnoen Klang Nua (Soi Post Office), ✆ 2820211, saubere Zi mit Fan oder ac, einige mit Du/WC, die preiswerteren ohne Fenster, Schließfächer neben der Rezeption. Im Erdgeschoss großes Restaurant mit Bar.

Hotels: Auch in der Khaosan Rd. entstehen zunehmend teurere Unterkünfte:

Sawasdee Khaosan Inn*–*****⑨₈, 18 Chakraphong Rd., ✆ 6294798-9, ✉ info@ sawasdeehotels.com, an der Ecke zur Ratchdamnoen Klang Rd. 70 große, gute ac-Zi mit TV und Kühlschrank, Restaurant.

Buddy Lodge⑧₄, 265 Khaosan Rd., ✆ 6294477, ✆ 6294499, ✆ 6294744, ▯ www.buddylodge. com. Das neue, große Hotel, das inmitten der Billigszene wie absoluter Luxus wirkt, und die Einkaufspassage nehmen einen großen Teil der nordöstlichen Khaosan Rd. ein. Alles ist feudal ausgestattet, von der Lobby bis zu den 76 Mittelklasse-Zi mit ac, Bad, Minibar und Safe, z.T. Balkon ab 1500 Baht. Restaurants und riesige Bar im Kolonialstil, in der manchmal vormittags Pianomusik gespielt wird. Professioneller Service. Einen Blickfang am Eingang bilden mehrere alte Triumph-Motorräder, Oldtimer oder ein neuer BMW, die aus der Sammlung des Besitzers Taifah, des „Königs der Khaosan Rd.", stammen.

Viengtai Hotel⑦₅, 42 Tani Rd., ✆ 2805434-5, ✆ 2818153, ▯ www.viengtai.co.th, Mittelklassehotel mitten in Banglampoo, Frühstücksbuffet inklusive, einige Gäste fühlten sich an der Rezeption unfreundlich behandelt. Einfacher, sauberer Pool im Innenhof im 3. Stock.

Royal Hotel ab****⑨₉, 2 Ratchdamnoen Rd., ✆ 2229111, ✆ 2242083, ▯ www. rattanakosin-hotel.com. Sein größtes Plus ist die zentrale Lage am Sanam Luang, 140 renovie-rungsbedürftige, zweckmäßig eingerichtete Zi, Pool, mehrere Restaurants, angenehme, belebte Lobby, Rabatt bei längerem Aufenthalt.

THEWET – Dieses Viertel weiter nördlich zwi-schen Banglampoo und Ratchawithi Rd. bietet den Vorteil, dass man in einer ruhigen, zentralen Wohngegend nahe dem Fluss mit viel Lokalkolo-rit wohnt. Außer einigen billigen Gästehäusern locken vor allem die farbenprächtigen Märkte. Der Sanam Luang ist mit Bussen und Express-booten gut zu erreichen, die Anfahrt zu den Bus-bahnhöfen ist hingegen eher mühsam. ac-Bus Nr. 10 ab Airport.

Gästehäuser: Mehrere nette Gästehäuser liegen in einem Wohngebiet hinter der Nationalbiblio-thek.

*Tavee*****(3), 83 Soi 14 Sri Ayutthaya Rd., ✆ 2801447, saubere Zi, auch Schlafsaal-Bett für 90 Baht, Gemeinschafts-Du/WC, geräumiges Haus, gutes Restaurant.

*Back-Packers Lodge*****(3), 85 Soi 14 Sri Ayut-thaya Rd., ✆ 2823231, am Ende der Soi, Haus mit 12 Zimmern, Gemeinschafts-Du/WC, nette Atmo-sphäre.

*Sawatdee*****(3), 71 Sri Ayutthaya Rd., ✆ 2810757, Schlafsaal für 70 Baht und dunkle Zi mit Fan oder ac und Gemeinschafts-Du/WC, familiär, mit kleinem Vorhof.

*Shanti Lodge*****–****(3), 37 Sri Ayutthaya Rd., ✆ 2812497, saubere, stilvoll und nett eingerichte-te Zi in allen Kategorien, vom Schlafsaalbett für 100 Baht über kleine Zi mit Fan bis zu größeren mit ac, mit kleinem Garten, viele Stammgäste. Im Restaurant gibt es gutes Essen, auch vegeta-risch. Freundliches, kompetentes Management.

*Little Home*****(3), 23/12 Sri Ayutthaya Rd., ✆ 2821574, in einem einfachen Wohnhaus Zi mit Fan, Etagen-Du/WC, freundlich, kleines Restaurant.

*Sri-Ayutthaya******(3), 23/11 Sri Ayutthaya Rd., ✆ 2825942, Zimmer mit Fan und einige mit ac, Restaurant im Erdgeschoss.

*Bangkok Youth Hostel (BYH)*****, (4), 25/2 Phit-sanulok Rd., ✆ 2820950, Ermäßigung mit Jugend-herbergsausweis, Schlafsaalbetten, sterile, un-gemütliche Zi mit Du/WC und ac, die sich nicht ausstellen lässt, nach vorn hin ziemlich laut. Da-

für sicher, freundliches Management. Tastebud-Restaurant an der Hauptstraße.

Hotels: Vor allem in dieser Gegend gibt es einige Curtain-Hotels, die stundenweise von einheimi-schen Männern besucht werden – zu erkennen an den Autoparkplätzen mit Vorhang (um die Nummernschilder vor den Blicken Neugieriger zu verbergen) sowie dem Namen (meist eine Nummer).

*Trang******(4), 99/1 Wisut Kasat Rd., ✆ 2811402-3, ☞ 2803610, Zi mit Du/WC, ac, teilweise mit Kühlschrank. Ein älteres, einfaches, aber ordent-liches Hotel in einer ruhigen Sackgasse. Großes Café mit Terrasse.

Thai Hotel (6), 78 Prachathipathai Rd., ✆ 2822831-3, ☞ 2801299, ▭ www.thai-hotel.com, in die Jahre gekommenes, ordentliches Mittelklassehotel, 100 Zi inkl. Frühstück, Pool an der Straße.

Royal Princess Hotel (1), 269 Larn Luang Rd., ✆ 2813088, ☞ 2801314, ✉ larnluang@dusit.com, das beste First-Class-Hotel im historischen Stadtkern mit stilvollen Zimmern liegt etwas ver-steckt abseits der lauten Straße. Gutes Restau-rant, Pool.

SUKHUMVIT ROAD UND UMGEBUNG – In dieser Gegend sind die meisten Europäer zu Hause – Touristen wie Geschäftsleute. Entsprechend groß ist die Auswahl an Hotels der mittleren und gehobenen Kategorie. Hier braucht man auf nichts zu verzichten, internationale Restaurants und vielfältige Einkaufsmöglichkeiten machen das Geldausgeben zum Vergnügen. Während der Hauptverkehrszeit wird die Sukhumvit Rd. zu einem kilometerlangen Parkplatz, über den man mit dem Skytrain problemlos hinübergleitet. Über den Expressway sind die Verkehrsanbindungen zum Flugplatz im Norden recht gut, und auch der Eastern Bus Terminal liegt vor der Tür.
In der Preisklasse bis 800 Baht ist das Angebot mäßig. Hingegen werden in der Soi 9 sowie in den Sois 11 und 13 von vielen Kleinhotels für 800–1000 Baht zweckmäßig eingerichtete Zi mit ac, Du/WC, TV und Kühlschrank offeriert. Teure Hotels sind günstiger über Reisebüros selbst vor Ort zu buchen.
Viele **Billighotels** gibt es in der Soi 3 vor dem *Grace Hotel* und in der Soi 4 nahe dem *Nana Ho-*

tel. Hier warten viele Mädchen rund um die Uhr auf Kunden.

Hotels der unteren Mittelklasse: *Nana Inn***** ㉙, 13/9 Soi 3 Sukhumvit Rd., ☎ 2554404-5, 📠 2544317, Kleinhotel, alle Zi mit ac, Du/WC und TV. Die niedrige Decke in der Lobby wirkt auf große Europäer etwas beklemmend.

Nana Hotel**** ㊴, Soi 4 Sukhumvit Rd., ☎ 2520121, 📠 551769, 🖳 www.nanahotel.co.th, älterer Hotelblock mitten im Trubel, dessen 334 Zimmer mit ac, Bad, TV und Kühlschrank von vielen Stammgästen gebucht werden, Pool, 24-Std.-Coffeeshop.

Dynasty Inn**** ㊴, 5/4-5 Soi 4 Sukhumvit Rd., ☎ 2501397, 📠 2554111, 🖳 www.dynastyinn.com, etwas älteres Hotel, komplett ausgestattete Zimmer an einer lauten Straße im Zentrum des Nachtlebens, 24-Std.-Coffeeshop mit vielen Mädchen.

Premier Travelodge**** ㊶, 170-170/1 Soi 8 Sukhumvit Rd., ☎ 2513031, 📠 2533195, ✉ premierlodge@yahoo.com, einfache Zi mit Du/WC, ac, TV und Kühlschrank nahe der Sukhumvit Rd., daher etwas laut.

Stable Lodge* ab*** ㊷, 39 Soi 8 Sukhumvit Rd., ☎ 6530017-9, 📠 2535125, 🖳 www.stablelodge. com, nettes Kleinhotel unter dänischer Leitung. Relativ kleine Zi mit ac, Du/WC, z.T. mit Balkon, Pool in kleinem Garten. Restaurant mit abendlichem Bar-B-Q. In der Saison steigen die Preise.

The Promenade**** ㊷, 18 Soi 8 Sukhumvit Rd., ☎ 2534116, 📠 2547707, ✉ psi_promenade.com, etwas sterile Atmosphäre, Pool auf dem Dach mit Aussicht, Sauna.

Royal Asia Lodge**** ㊸, 91 Soi 8 Sukhumvit Rd., ☎ 2515514-6, 📠 2532554, 🖳 www.royalasialodge.com, fast am Ende der Soi, rund um die Uhr kostenloser, hoteleigener Tuk-Tuk-Transport zur Sukhumvit Rd., angenehmes Hotel unter hilfsbereiter indischer Leitung, saubere Zi mit Du/WC und ac, kleiner Pool auf dem Dach. Günstiger übers Internet zu buchen.

World Inn**** ㉛, 131/5-7 Soi 9 Sukhumvit Rd., ☎ 2535391-2, 📠 2537728, etwas ältere, abgewohnte Zi mit ac, Bad/WC, TV und Kühlschrank.

Maxim's Inn**** ㉛, 131/21-23 Soi 9 Sukhumvit Rd., ☎ 2529911-2, 📠 2535329, 🖳 maximinn@ loxinfo.co.th, Zi mit Du/WC und ac, inkl. Frühstück, zweckmäßige Ausstattung, ruhig gelegen,

von einigen Zimmern blickt man neidisch auf den Pool des benachbarten Luxushotels.

***City Lodge* ㉜+㊱, 137/1-3 Soi 9 Sukhumvit Rd.,** ☎ 2537705, 📠 2554667, 28 saubere, professionell gemanagte Zi mit ac, Bad/WC, Telefon, TV und Kühlschrank um 1400 Baht direkt an der Sukhumvit (Schallschutzfenster). Weitere 35 Zimmer in der etwas ruhigeren Soi 19, ☎ 2544783, 📠 2557340. Dort auch das italienische Restaurant La Gritta mit günstigem Mittagsbuffet.

Suk 11 Hostel**** ㉛, 1/33 Soi 11 Sukhumvit Rd., ☎ 2535927, 📠 2535929, ✉ suk11@suk11.com, 🖳 www.suk11.com, nur mit zwei kleinen Schildern, „Hostel" und „suk11.com", versehen, aber am hölzernen Restaurant zu erkennen. Familiäres Gästehaus für Nichtraucher in zwei im traditionellen Stil restaurierten Geschäftshäusern. In einem Block ac-Zi mit Gemeinschafts-Du/WC sowie Dorm-Betten für 250 Baht, im anderen Haus ac-Zi mit Du/WC, hübsch gestaltete Innenhöfe, Dachterrasse und Aufenthaltsräume, Frühstück inkl.

Federal Hotel**** ㉝, 27 Soi 11 Sukhumvit Rd., ☎ 2530175-6, 📠 2535332, ✉ federalhotel@hotmail.com, etwas abseits der Hauptstraße, ruhig gelegenes, älteres Hotel mit Pool, gepflegte Zimmer mit ac, Bad/WC, Satellitenfernsehen, Minibar. Gutes Preis-Leistungs-Verhältnis. Günstiges Restaurant mit langsamem Service. Vorbuchung empfehlenswert.

Bangkok Inn**** ㉞, 155/12-13 Soi 11 Sukhumvit Rd., ☎ 2544834-7, 📠 2543545, 🖳 www.bangkokinn.com, 18 saubere Zi mit ac, Du/WC, Safe, Satelliten-TV, Kühlschrank, deutsches, hilfsbereites Management, aufmerksamer Service, ruhig.

President Inn**** ㉞, 155/14-16 Soi 11 Sukhumvit Rd., ☎ 2554230-4, 📠 2554235, ✉ presitel@ ksc.th.com, ruhig und relativ preiswert, indisches Management.

Comfort Lodge**** ㉞, 153/11-14 Soi 11 Sukhumvit Rd., ☎ 2543559-61, 📠 2543562, ✉ komfort@ ksc.th.com, 🖳 www.sino.net/comfortinn/ contact.htm, günstige Zi in Kleinhotel mit ac, TV und Kühlschrank, Pizzeria.

Hotels der gehobenen Mittelklasse: *Zenith* ㉙, 29/117 Soi 3 Sukhumvit Rd., ☎ 6554999 📠 6554940, 🖳 zenith-hotel.com, First-Class-Hotel in den oberen Stockwerken eines Neubaus. 160 kleine, nett eingerichtete Zimmer, freundlicher Service, Pool auf dem Dach mit toller Aussicht, Frühstück inkl., oft von Reisegruppen belegt.

The Park Hotel ③⓪, 6 Soi 7 Sukhumvit Rd., ☎ 2554300, ☏ 2554309, Mittelklassehotel, das von außen mehr verspricht als die Zimmer halten können. Frühstück inkl., Pool.

Swiss Park Hotel ③④, 155/23 Soi 11 Sukhumvit Rd., ☎ 2540228-9, ☏ 2540378, ✉ swisshot@ asiaaccess.net.th. 18-stöckiges Business-Hotel mit über 100 etwas abgenutzten aber sauberen Zimmern der Mittelklasse. Pool im 7. Stock. Gutes Preis-Leistungs-Verhältnis, freundlicher Service. Frühstück inkl., Rabatt bei Buchungen über Reisebüros (u.a. das im Erdgeschoss).

Grand President ③③, 14, 16 Soi 11 Sukhumvit Rd., ☎ 6511200, ☏ 6511260, ✉ gpesa@ presidentpark.com. In den 3 Hochhäusern mit jeweils einem eigenen Pool und Fitness Center können Studios und Suiten gemietet werden, die sich vor allem für Familien lohnen, die länger bleiben wollen. Eine Suite mit 2 Zimmern, Kochecke und Wohnzimmer kostet 4000 Baht, Zi ab 1500 Baht.

Ambassador Bangkok ab**** ③④, 171 Sukhumvit Rd., ☎ 2540444, ☏ 2544123, 764 abgewirtschaftete Zi in mehreren Gebäuden, u.a. im 27-stöckigen, runden Tower Wing. Viele Pauschaltouristen, dennoch stehen viele Zimmer leer.

Manhattan ③⑤, 13 Soi 15 Sukhumvit Rd., ☎ 2550166, ☏ 2553481, 🖳 www.hotelmanhattan. com, etwas älteres Mittelklassehotel mit japanischem Restaurant und vielen Langzeitgästen, Pool.

The Somerset ③⑤, 10 Soi 15 Sukhumvit Rd., ☎ 2548500-24, ☏ 2548534, ✉ somerinn@ asianet.co.th, englisch gestyltes, etwas plüschiges, neues Mittelklassehotel, Pool im Gebäude.

Rembrandt ③⑦, Soi 18 Sukhumvit Rd., ☎ 2617100, ☏ 2617017, 🖳 www.rembrandtbkk.com. Gepflegtes First-Class-Hotel mit über 400 elegant eingerichteten Zimmern auf 26 Stockwerken. Sehr aufmerksamer Service. Pool im 4. Stock, hervorragendes Frühstücksbuffet, sonntags indischer Brunch. Das indische Restaurant unterm Dach ist das beste Thailands.

Landmark ④⓪, 138 Sukhumvit Rd, ☎ 2540404, ☏ 2534259, 🖳 www.landmarkbangkok.com, 31-stöckiges Luxushotel, 415 elegant eingerich-

tete Zimmer und Suiten mit allem Komfort, Pool, Jacuzzi, Sauna und Massage, großes Frühstücksbuffet, 5 Restaurants und zahlreiche Geschäfte.

SIAM SQUARE UND UMGEBUNG – In diesem Gebiet gibt es einige günstige **Kleinhotels** etwas abseits vom Trubel und dennoch absolut verkehrsgünstig am Skytrain und in der Nähe vieler Restaurants und guter Einkaufsmöglichkeiten.
Kleinhotels: **Muangphol Mansion***** ⑤②, 931/9 Rama I Rd., ☎ 2194445, ☏ 2168053, ✉ mpm@ loxinfo.co.th, einfaches Hotel über einem Restaurant, Zi mit ac, Warmwasser-Du/WC und Kühlschrank.

Pranee Bldg. Accommodation*** ⑤②, 931/12 Soi Kasemsan 1, Ecke Rama I Rd., ☎ 2163181, ☏ 2150364, einfache Zi mit Du/WC und ac, zur Hauptstraße hin laut.

White Lodge*** ⑤①, 36/8 Soi Kasemsan 1, ☎ 2168867, ☏ 2168228, kleine Zi mit Warmwasser-Du/WC und ac. Die Zimmer im Erdgeschoss können wegen der angrenzenden Waschküche sehr laut sein. Im Vorhof ein kleines Restaurant.

A-One Inn*** ⑤⓪, 25/13-15 Soi Kasemsan 1, ☎ 2153029, ☏ 2164771, ältere Zi mit ac, Du/WC, TV und Telefon.

Wendy House*** ④⑨, 36/2 Soi Kasemsan 1, ☎ 2141149-50, ☏ 6123487, ✉ wendyweb@ cscoms.com, die Zi mit Du/WC und ac werden auch über längere Zeit vermietet. Im Erdgeschoss Café.

The Bed & Breakfast***–**** ④⑨, 36/42-43 Soi Kasemsan 1, ☎ 2153004, ☏ 2152493, kleine Zi mit einem oder 2 Betten, ac und Warmwasser-Du/WC, inklusive Frühstück.

Hotels: **Reno Hotel****** ⑤①, 40 Soi Kasemsan 1, ☎ 2150026-7, ☏ 2153430, ✉ renohotel@clickta. com, renovierte Zi mit ac, Pool mit kleiner Sonnenterrasse, Restaurant. Vor dem Hotel gute Essenstände.

Samran Place***** ④⑧, 302 Phetchburi Rd., ☎ 6111245-54, ☏ 6111255, 🖳 www.samran.com, sehr saubere Zi mit ac, gutes Essen, freundlicher Service.

Prince Hotel ab**** ④⑥, 1537/1 New Phetchburi Rd., ☎ 2516171-6, ☏ 2513318, ✉ princehtl@ asianet.co.th, Zi mit ac, gutes Preis-Leistungs-Verhältnis, Pool.

Eastin Bangkok**** ㊺, 1091/343 New Phetchburi Rd., ℡ 6517600, ✆ 6517588, ✉ eastinbk@
samart.co.th, günstig über Reisebüros zu bu-
chendes, etwas abseits gelegenes Mittelklasse-
Hotel nahe Pratunam-Markt, schöner Pool, Restaurant mit mäßigem Essen.
Morakot Hotel ab**** ⑥, 2802 New Phetchburi
Rd., ℡ 3140761-3, ✆ 3191461, etwas außerhalb
gelegen, kleines Hotel mit gutem Preis-Leistungs-
Verhältnis, Zi mit ac, Swimming Pool, Disco.
Amari Atrium ⑤, 1880 New Phetchburi Rd.,
℡ 7182000, ✆ 7182002, 🖥 www.amari.com, großes Hotel, das manchmal mit attraktiven Sonder-
angeboten aufwartet.
Asia ㊽, 296 Phayathai Rd., ℡ 2150808,
✆ 2154360, 🖥 www.asiahotel.co.th, bei deutschen Reisegruppen beliebtes Vertragshotel, einige Zimmer sind muffig und feucht. Pool auf
dem Dach, 3 Restaurants, Frühstücksbuffet inkl.,
Fitness Center, günstig über Reisebüros und Veranstalter zu buchen.
Baiyoke Sky Hotel ㊹, im Baiyoke II Tower,
222 Ratchaprarop Rd., ℡ 6563000, ✆ 6563555,
✉ baiyoke@mozart.inet.co.th, wer unbedingt
mal im höchsten Hotel der Welt gewohnt haben
möchte, muss mindestens 1900 Baht investieren.
Allerdings sind bisher nur einige Stockwerke be-
zugsfertig. Im Restaurant wird abends ein gutes
Buffet angeboten.

CHINATOWN – Neben den Billighotels im
„Bahnhofsviertel" rings um den Hauptbahnhof
Hua Lamphong gibt es einige gute chinesische
Mittelklassehotels in der Yaowarat Rd. Touristen
sind zumeist froh, das Viertel, in dem die Konzentration von Lärm und Luft verpestenden Verkehrsmitteln ein unerträgliches Ausmaß angenommen hat, schnell wieder zu verlassen. Die
Nähe zum Hauptbahnhof und Menam Chao
Phraya sind allerdings Gründe, hier zu wohnen.
Gästehäuser: *F.F. Guesthouse*** ㊸, 340/1 Trok
La-O, Rama IV Rd., ℡ 2334168, vom Hauptbahnhof aus vor der Autobahntrasse nach rechts.
10 ruhig gelegene, preiswerte Zi mit Gemein-
schafts-Du/WC in einem kleinen Haus am Ende
der Soi, lockere, familiäre Atmosphäre.
T.T. II** ⑨, 516-518 Soi Sawang, Siphaya Rd.,
10 Min. südlich vom Bahnhof, ℡ 2362946,
✆ 2363054, freundliches Gästehaus, das etwas

versteckt in einer Nebenstraße liegt. Schlafsaal-
Betten und ruhige, saubere Zi mit Fan, Etagen-
Du/WC. Das kleine Restaurant serviert Traveller-
Food. Viele Bücher, Gepäckaufbewahrung, fami-
liäre Atmosphäre. Ab Mitternacht geschlossen.
River View***–**** ㊾, 768 Soi Panunrangsi
Songwat Rd., südwestlich vom Wat Traimit,
℡ 2358501, ✆ 2375428, schöne Zi mit Telefon, TV,
Fan und Flussblick, aber ohne Du/WC, oder auf
der Rückseite mit ac und Du/WC – bei der Bu-
chung auf die richtige Zimmerkategorie achten.
Das Dachrestaurant im 8. Stock wartet von 7–22
Uhr mit einem schönen Ausblick auf den Fluss
und einer kühlen Brise auf.

Hotels: *Krung Kasem Srikrung Hotel*** ㊶,
1860 Krung Kasem Rd., ℡ 2250132, ✆ 2254705.
Der größte Vorteil dieses Hotels ist seine Lage
gegenüber dem Bahnhof. Etwas vergilbte, aber
akzeptable Zi mit ac, Du/WC, Coffeeshop.
White Orchid Hotel**** ㊴, 409-421 Yaowarat
Rd., ℡ 2260026, ✆ 2256403, die Lobby versteckt
sich hinter einem Spiegelkabinett im 1. Stock.
Renovierte, saubere ac-Zimmer, Frühstück inkl.
Lohnend ist von 11–14 Uhr der gute Lunch mit
Dim Sum und diversen kantonesischen Spezialitäten oder von 17–22 Uhr das Dinner.
China Town Hotel*** ㊵, 526 Yaowarat Rd.,
℡ 2250204-26, ✆ 2261295, 🖥 www.
chinatownhotel.co.th, mitten in Chinatown liegt
dieses chinesisch gestaltete neue Mittelklasse-
hotel zu günstigem Preis. Billige Zi ohne Ausblick, bessere im 5. Stock, Frühstück inkl.
Freundlicher Service.
Bangkok Centre Hotel**** ㊷, 328 Rama IV Rd.,
℡ 2384848-57, ✆ 2361862, 🖥 www.
bangkokcentrehotel.com, großes, von der Straße zurückversetztes neueres Hotel, große, saubere Zi, Preis inkl. Frühstücksbuffet. Nichtrau-
cher-Etage, aus den oberen Stockwerken Blick
über die Chinatown, gutes Preis-Leistungs-Verhältnis. Zurzeit überwiegend von asiatischen
Reisegruppen besucht, Pool.
Grand China Princess Hotel ㊳, 215 Yaowarat
Rd., ℡ 2249977, ✆ 2247999, 🖥 www.grandchi-
na.com, gutes, 25-stöckiges Hotel, Sonderpreise
ab 2000 Baht, traumhafter Ausblick von der
Dachterrasse mit einem kleinen Pool, die ab
19 Uhr geschlossen ist.

RINGS UM DAS HAUPTPOSTAMT – Am Ufer des Menam Chao Phraya erheben sich einige der teuersten Hotels der Stadt. Die Mittelklassehotels in der unteren Silom und Surawong Rd. werden von asiatischen Geschäftsleuten, Kurzzeitkunden und Reisegruppen bevorzugt. Die Lage in der Nähe des Hauptpostamtes und einiger Botschaften sind das größte Plus. Vor allem in der schmalen Charoen Krung Rd. stauen sich Lärm und Abgase, aber auch Spaziergänge durch die Surawong und Silom Rd. stellen eine gesundheitliche Belastung dar.

Hotels: Newrotel**** ⑬, 1216/1 Soi Charoen Krung, ☎ 2371094, ✆ 2371102, ✉ newrotel@ idn.co.th, dreistöckiges, relativ ruhig gelegenes Kleinhotel, Zi mit ac, Telefon und TV, nachträglich eingebaute Du/WC hinter einer Falttür, inkl. Frühstück im kleinen Restaurant, E-Mail-Service.

Silom Village Inn ab**** ⑰, 286/1 Silom Rd., im Silom Village, ☎ 6356810-6, ✆ 6356817, 34 kleine Zi mit Kühlschrank, moderner ac, Safe und Bad/ WC, nett eingerichtet, was für den wenig begeisternden Ausblick entschädigt. Mittelklasse, Rabatt möglich. Restaurant im 2. und Weinbar im 3. Stock.

Tower Inn ⑱, 533 Silom Rd., ☎ 2378300-4, ✆ 2378286, ✉ towerinn@bkk.a-net.net.th. In dem gepflegten Hochhaus werden im 7.–11. Stock komfortable Mittelklasse-Zimmer und im 12.–18. Stock Luxusapartments angeboten. Alle Gäste können das Fitness Center, die Sauna und den Pool auf dem Dach (gute Sicht!) nutzen. Guter Service.

La Residence ⑲, 173/8-9 Surawong Rd., ☎ 2333301, ✆ 2379322, ✉ residenc@loxinfo. co.th. Neues, in farbenfrohen Tönen gestaltetes Hotel, dessen 23 großzügige, gepflegte Zimmer sich vor allem für Langzeitaufenthalte anbieten, günstige Monatsmieten. Im Erdgeschoss ein Thai-Curry-Restaurant.

Manohra ⑫, 412 Surawong Rd., ☎ 2345070-88, ✆ 2377662, renoviertes 60er-Jahre-Mittelklasse-Hotel mit winzigem Pool neben der Lobby, der von Ganesha überwacht wird. Überwiegend einheimische Geschäftsleute.

Intown Inn**** ⑪, 1086/6 Charoen Krung Rd., ☎ 6390960-2, ✆ 2366886, ✉ intownbkk@hotmail. com, gepflegte Zi mit ac, Du/WC, Kühlschrank und TV. Guter Service, mäßiges Restaurant.

Hotels der gehobenen Preisklasse: Zu ihnen gehört natürlich auch eines der besten der Welt, das **Oriental** ⑭, 48 Oriental Ave., ☎ 2360400-20, 6959000, ✆ 2361937-9. Hotel der Luxusklasse mit allem Komfort und aufmerksamem Service, historischer Garden Wing im Kolonialstil, Gartenterrasse mit 2 Pools und Blick auf den Fluss. Zimmer im neueren River Wing mit Flussblick kosten bei Veranstaltern um US$200, im alten Flügel fast das Doppelte. Auf der anderen Flussseite kann man sich in einem der besten Spas verwöhnen lassen.

Am Fluss außerdem weitere große Hotels der Luxusklasse:

Shangri-La ⑮, 89 Soi Wat Suan Plu, Charoen Krung Rd., ☎ 2367777, ✆ 2368579, ✉ shangri-la. com, ein 5-Sterne-Luxushotel, das selbst verwöhnte Gäste zufrieden stellt.

The Peninsula ⑧, 333 Charoennakorn Rd., auf der Thonburi-Seite, ☎ 8612888, ✆ 8611112, ✉ www.peninsula.com, 39-stöckiges Luxushotel in erstaunlich ruhiger Lage mit ausgezeichnetem Service. Gediegen eingerichtete Zimmer und Flussblick ab US$260, auch günstigere Packages. Großer Pool und Spa. Restaurants, traditioneller Afternoon Tea mit salzigen und süßen Leckereien zum Festpreis. Shuttle-Boote zur Skytrain-Station und Oriental Pier.

Royal Orchid Sheraton ⑩, 2 Captain Bush Lane, Siphaya Rd., ☎ 2660123, ✆ 2368320, ✉ www. royalorchidsheraton.com. Elegantes Hotel am Fluss, 780 luxuriöse Zimmer mit allem Komfort und Flussblick ab US$200, 2 Pools in einer Gartenanlage am Fluss, abends klassische Thai-Tänze. Rabatt bei Buchungen über Reisebüros. Reisegruppen wohnen häufig in den First-Class-Hotels:

Narai ⑱, 222 Silom Rd., ☎ 2370100, ✆ 2356781, ✉ www.narai.com, günstiger, wenn es über Reisebüros vor der Abreise gebucht wird; angenehme, renovierte Zimmer, Pizzeria im Erdgeschoss und rotierendes französisches Restaurant unter dem Dach, Pool im Innenhof.

Crown Plaza ⑯, 981 Silom Rd., ☎ 2384300, ✆ 2385289, ✉ www.crownplazabangkok.com, 726 komfortable Zi im Plaza und neueren Crowne Tower, am besten nicht zur Schnellstraße hin wohnen. Mehrere Restaurants, großes Frühstücksbuffet. Überdachter Pool.

Sofitel Silom ⑱, 188 Silom Rd., ✆ 2381991, 🖶 2381999, 🖳 www.accorhotels.com. Das gläserne Hochhaus des First-Class-Hotels bietet vor allem Geschäftsleuten jeglichen Service. Hervorragendes Frühstücksbuffet, kleiner Pool, Fitness Center. Günstigere Preise bei Buchungen über Reisebüros.

Montien Hotel ㉑, 54 Surawong Rd., ✆ 2337060-9, 🖶 2365218-9, 🖳 www.montien.com. Zahlreiche Reisegruppen übernachten in den 475 Zimmern des First-Class-Hotels direkt gegenüber der Patpong. Pool im Garten, u.a. ein chinesisches Restaurant und Bäckerei. Schwesterhotel im Süden am Fluss, mit dem Shuttleboot ab River City zu erreichen.

SÜDLICH DES LUMPINI PARKS – Vor allem Stammkunden und Langzeitgäste bewohnen seit den 70er Jahren die meisten Gästehäuser in der Soi Sri Bamphen rings um das *Malaysia Hotel*. Sie scheinen sich an den mittlerweile heruntergekommenen Räumlichkeiten nur wenig zu stören, solange Drogen und Prostituierte zu haben sind. Aufgrund der Drogenszene ist mit häufigen Razzien zu rechnen. Welch ein Kontrast zu den luxuriösen Hotels und christlich geführten Gästehäusern in der Nähe! Rings um die Patpong konzentrieren sich nicht nur Go-go-Bars und andere Nachtclubs, sondern auch gute Restaurants und Einkaufsmöglichkeiten. Der Airport ist über den Highway schnell zu erreichen, und auch zum Bahnhof ist es nicht weit. Vorsicht: Wer von angeblichen Zivilpolizisten angehalten und auf Drogen kontrolliert werden soll, muss aufpassen, denn das ist ein neuer Trick einer Diebesbande.

Gästehäuser: Honey House**–*** ㉕, 35/1-4 Soi Ngam Duphli, ✆ 6798112-3, 🖶 2872035, 5 kleinere und 43 etwas teurere, größere Zi mit Du/WC, Fan oder ac, Preisnachlass bei längerer Mietdauer.

T.T.O. **–*** ㉘, 2/35 Soi Sri Bamphen, ✆ 2866783, 🖶 6797994, Gh. am Ende der Soi hinter dem gleichnamigen Reisebüro. Zi mit Du/WC, ac oder Fan und Kühlschrank.

Tukh** ㉘, 34/3 Soi Sri Bamphen, ✆ 2864228, 🖶 2871669, Zi mit Fan, Gemeinschafts-Du/WC, im Erdgeschoss ein moslemisches Restaurant.

Kenny** ㉘, 34/28 Soi Sri Bamphen, ✆ 2871658, einfache Zi über einem offenen Restaurant.

Lee I** ㉗, 23/28 Soi Sri Bamphen, ✆ 2865624, Zi mit Fan, Gemeinschafts-Du/WC. Ruhiger in einer Seitengasse liegen:

Lee 4** ㉗, 9 Soi Sapankoo, ✆ 2867874, ordentliche Zi mit Gemeinschafts-Du/WC und Fan.

Madam*–** ㉗, 11 Soi Sapankoo, ✆ 2869289, 🖶 2132087, 10 einfache Zi mit Fan, z.T. mit Du/WC, netter Vorhof, Internet-Service.

Lee 3** ㉗, 13 Soi Sapankoo, ✆ 6797045, einfach.

Sala Thai** ㉗, 15 Soi Sri Bamphen, ✆ 2871436, von einer netten Familie werden 18 sehr ruhige, saubere Zimmer mit Gemeinschafts-Du/WC und Fan v.a. an Dauergäste vermietet, auch Familienzimmer.

Bangkok Christian ㉒, 123 Saladaeng Soi 2, nahe Convent Rd., ✆ 2341852, 🖶 2371742, ✉ bcgh @loxinfo.co.th, zweckmäßig eingerichtete, saubere, überteuerte Zi mit ac und Du/WC. Wer sich an der christlich geprägten Umgebung nicht stört, kann sich im ruhigen Idyll mit großem grünen Garten, einem Relikt aus dem alten Bangkok, wohl fühlen. Frühstück inkl., zudem wird mittags und abends ein europäisches, relativ geschmackloses Essen gekocht, das von Lesern aber auch gelobt wurde.

Hostels: In der Sathon Tai Rd. gibt es zwei Ys:

YWCA**** ㉔, 13 Sathon Tai Rd., ✆ 2861936, 🖶 2873016, auf seinem einstigen großen Grundstück steht nun das Hochhaus einer Versicherungsgesellschaft, in dem sich das YWCA-Restaurant befindet. Zudem erhielt das alte Gebäude eine neue Fassade. Die Zimmer sind allerdings noch so einfach und klein wie zuvor.

YMCA Collins ㉔, 27 Sathon Tai Rd., ✆ 2871900, 2872727, 🖶 2871996, überteuerte Zi mit ac, Bad und Kühlschrank. 10-stöckiges Mittelklassehotel inmitten von Wolkenkratzern. Pool, Coffeeshop und Restaurant.

Hotels: **Malaysia****** ㉕, 54 Soi Ngam Duphli, ✆ 6798723-27, 6797127-36, 🖶 2871457-8, ✉ malaysia@ksc15.th.com, traditionelles Travelerhotel, seine Popularität nun weitgehend den zahlreichen leichten Jungen und Mädchen verdankt, die auch den 24-Std.-Coffeeshop bevölkern. Wen das nicht stört, der bekommt saubere Zimmer mit einem guten Preis-Leistungs-Verhältnis. Außerdem 4 Restaurants. Der Pool kann von Nichtgästen gegen eine Gebühr genutzt werden.

Pinnacle ㉖, 17 Soi Ngam Duphli, ☎ 2870111-31, 🖷 2873420, 🖳 www.pinnaclehotels.com, anonymes Mittelklassehotel mit 170 komfortablen Zimmern. Günstige Preise über Reisebüros. Frühstück inklusive, Jacuzzi.

The Swiss Lodge ㉒, 3 Convent Rd., ☎ 2335345, 🖷 2369425, 🖳 www.swisslodge.com, geschmackvoll eingerichtetes kleines First-Class-Hotel, das umweltbewusst ausgestattet, aber mit etwa US$100 auch recht teuer ist. Rabatt bei Buchungen über Reisebüros.

Trinity Silom Hotel ⑳, 150 Soi 5 Silom Rd., ☎ 2315333, 🖷 2315417, neues, angenehmes 100-Zimmer-Hotel der gehobenen Mittelklasse in einer ruhigen Seitengasse mit einem guten Preis-Leistungs-Verhältnis. Mit Pool und Restaurant.

Dusit Thani ㉓, 946 Rama IV Rd., ☎ 2360450-9, 🖷 6363562, 🖳 www.dusit.com, das gepflegte Hotel der Luxusklasse war noch in den 70er Jahren das höchste Haus der Stadt. Nun wirkt es in seiner Nachbarschaft winzig.

The Banyan Tree ㉔, 21/100 Sathon Tai Rd., ☎ 6791200, 🖷 6791199, 🖳 banyantree.com, modernes Luxushotel mit Suiten ab US$300 in einem schmalen, zerbrechlich wirkenden 64-stöckigen Hochhaus, im 60. Stock das noble chinesische Bai Yun Restaurant. Über mehrere Stockwerke erstreckt sich eines der größten Wellness Center mit europäischen und asiatischen Massagen, Themenbädern und Saunen.

Sukhothai ㉔, 13/3 Sathon Tai Rd., ☎ 2870222, 🖷 2874980, 🖳 www.sukhothai.com, gleich daneben. Im Gegensatz zu dem angrenzenden kühlen Riesen besitzt dieses modern und sachlich gestylte Hotel asiatisches Flair. Das Luxushotel ist eine der exklusivsten Unterkünfte der Stadt.

IN DEN AUSSENBEZIRKEN – In Thonburi sind Hotelzimmer der gehobenen Preisklasse häufig günstiger als in Bangkok zu bekommen. Einige liegen sogar verkehrsgünstig nahe dem Fluss oder einer Brücke, z.B.:

Royal River Hotel ②, 219 Charan Santiwong Rd., jenseits der Krung Thon-Brücke, ☎ 4330300, 🖷 4335880, 🖳 www.royalriverhotel.com. Zi mit Flussblick 1600 Baht, günstiger übers Internet, hilfsbereites Personal. 2 gute Restaurants am Fluss. Durch das Expressboot sehr gut zu erreichen.

Menam Riverside Hotel ⑧, 2074 Charoen Krung Rd., ☎ 6881000, 🖷 2919400, 🖳 www.menam-hotel.com, großes, etwas vernachlässigtes 711-Zimmer-Hotel am Fluss, das günstig in deutschsprachigen Katalogen angeboten wird. Alle Zi mit Flussblick, opulentes Frühstücksbuffet, mehrere Restaurants, Pool. Da das Hotel nahe dem Expressboot-Pier nur 2 Stationen südlich der Taksin-Brücke über Shuttleboote verfügt, ist es kein Problem, mit dem Boot und Skytrain die meisten Ziele zu erreichen.

The Thai House, siehe Umgebungsplan, 32/4 Moo 8, Tambol Bang Muang, Bang Yai, Nonthaburi, ☎ 9039611, 9975161, 🖷 9039354, 🖃 pip_thaihouse@hotmail.com. Übernachtung bei einer liebenswerten Familie in einem wunderschönen, traditionellen Teak-Haus, in dem man sich schnell wie zu Hause fühlt. Zi im Thai-Stil mit moderner Gemeinschafts-Du/WC, 1400 Baht pro DZ inkl. Frühstück und Transport. Das Haus am Klong ist von Bangkok aus sowohl mit dem Boot (ca. 1 1/2 Std.) als auch mit dem ac-Bus 516 zu erreichen. Letzterer fährt alle 15 Min. ab Sanam Luang für 15 Baht bis Bang Buatong, hinter dem Mitsubishi-Gebäude und der Brücke aussteigen und 10 Min. laufen oder ein Motorradtaxi für 10 Baht nehmen. Wer möchte, kann bei Pip die Geheimnisse der Thai-Küche erkunden (Kochkurse 2800 Baht inkl. Transport). Rechtzeitige Buchung empfehlenswert. Der ideale Ort zum Ankommen, Relaxen und um das Leben auf dem Land kennen zu lernen.

Am **Airport**: **Amari Airport Hotel,** durch eine Fußgängerpassage mit dem gegenüber liegenden internationalen Terminal verbunden, ☎ 5661020, 🖷 5661941. Auch Tagesräume bis 18 Uhr für maximal 6 Std. Zudem können Duschen und Sauna genutzt werden, allerdings nicht billig.

KT Gh.***, Sutthisan Rd., nahe Suan Chatuchak Weekend-Markt und Northern Bus Terminal, Taxi ab Airport 250 Baht. Geräumige, saubere Zi mit ac und Du/WC.

Essen

Aus kulinarischer Sicht ist Bangkok eine wahrhaft kosmopolitische Stadt. Neben den asiatischen Küchen von Japan bis zum Vorderen Orient gibt es deutsche, französische, italienische und spanische Restaurants. Essen zu gehen kostet kein Vermögen. An Essenständen gibt es schon ab 20 Baht eine kräftige Suppe, aber auch in guten Restaurants zahlt man für ein Thai-Gericht nicht über 80 Baht, nur in Hotels und Touristenvierteln mehr als 150 Baht. Westliche Gerichte können wesentlich teurer sein. Nicht vergessen: Seit November 2002 darf generell in ac-Restaurants nicht geraucht werden.

Ein Einkaufsbummel ist eine gute Gelegenheit, Snacks zu probieren, die es an zahlreichen Straßenständen, auf Märkten und in Supermärkten gibt. Da hier niemand Englisch spricht, kann man einfach in die Töpfe sehen oder das bestellen, was am Nachbartisch so lecker duftet. Auch süße Kuchen und scharfe Snacks werden an vielen Ständen frisch zubereitet.

BANGLAMPOO UND THEWET – Viele Traveller-Restaurants in der Khaosan Rd. und ihrer Umgebung bieten fade Varianten von Thai-Gerichten mit dem Schwerpunkt auf *fried rice* und *fried noodles*. Die Thai- und Spezialitäten-Restaurants können hingegen richtig gut sein. Allerdings ändert sich die Szene schnell. An den guten Garküchen am Chang-Pier beim Königspalast sitzt man ruhig unter Bäumen. Weitere Restaurant- und Pubtips unter 🖳 www.khao-san-road.com.

Fast Food und Essenstände: *The Pizza Company* südlich vom Wat Bovonives am zentralen Platz, Tanao Rd., und ein *McDonald's* am Demokratie-Denkmal.

Mehrere Garküchen in der Soi Rambuttri, nahe Chakraphong Rd.

Buffet Lunch: Noch ein Tipp für Schlemmer: Verschiedene große Hotels bieten Buffet Lunch um 500 Baht an, bei dem man so viel essen kann wie man will. Häufig gibt es nicht nur Thai-Gerichte, sondern auch europäische, chinesische oder japanische Spezialitäten. Spitzenqualität bei entsprechenden Preisen bietet in stilvoller Atmosphäre das

Royal Princess Hotel, 269 Larn Luang Rd., ✆ 2813088, das beste Hotel der Gegend mit einem empfehlenswerten Mittagsbuffet.

Cafés: *Ricky's Coffeeshop*, Phra Athit Rd., unter dem Pra Athit Mansion, ein winziges Café mit sehr gutem Kaffee und einer großen Auswahl an Käse-Sandwiches sowie Baguettes. Die ge-

schmackvolle Gestaltung im chinesischen Kolonialstil verdankt es dem Holländer Roil.

Saffron, Phra Athit Rd., kleines Café mit leckeren westlichen Kuchen und gutem Kaffee. ⊙ tgl. 8–21 Uhr.

Coffee & More, Phra Athit Rd., etwas weiter südlich, großes Café im Seitenflügel des alten, von Mauern und Wächtern abgeschirmten Gebäudes.

Coffee World, ein Ableger der internationalen Kette in der Buddy Lodge, 265 Khaosan Rd. ⊙ tgl. 7.30–2 Uhr.

Chinesisch: *Poon Sin*, 460 Prachathipathai Rd., ✆ 2822728, einfaches, etwas steriles Restaurant gegenüber dem *Thai Hotel*, berühmt für leckere chinesische geröstete Enten- und Schweinefleisch-Gerichte, die traditionell kalt serviert werden, aber auch aufgewärmt zu bekommen sind.

Indisch: *Khaosan Royal Indian Restaurant*, 283 Khaosan Rd., ✆ 6293204. Sauberes Restaurant in ruhiger Lage mit leckerem Essen. Freundlicher nepalesischer Manager, familiäre Atmosphäre. ⊙ tgl. 9–23.30 Uhr.

Italienisch: *Café Primavera*, Phra Sumen Rd., nettes, zweistöckiges italienisches Restaurant unter österreichischer Leitung, das zu Jazzmusik Pizza und eine große Auswahl an Nudelgerichten sowie italienisches Eis und leckeren Apfelstrudel serviert. ⊙ tgl. 9–23 Uhr.

La Casa, 210 Khaosan Rd., qualitativ recht gute Gerichte zu einem günstigen Preis. ⊙ tgl. 12–24 Uhr.

Japanisch: *Taketei*, leckeres, preiswertes japanisches Restaurant im 1. Stock des Nana Plaza Inn., 202 Khaosan Rd., ⊙ tgl. 11.30–24 Uhr.

Krai Si, 214 Phra Sumen Rd., bietet Nudelsuppen und anderes japanisches Essen zu akzeptablen Preisen. Es schließt allerdings bereits gegen 20 Uhr.

Thai: *Bai Bua Food*, 146 Soi Rambuttri, kleines Open Air-Restaurant in einer etwas ruhigeren Seitengasse.

Auch im angrenzenden *Pannee Gh*. wird lecker gekocht. Abends sind die Plätze im Freien hoch begehrt.

Baan Pla Sod, 114 Phra Athit Rd., ✆ 6293339, hier stehen Fisch- und Pilzgerichte sowie Kräutergetränke auf der Karte. ⊙ tgl. 11–14 und 17–23 Uhr.

O! Hungry, *Thai Thai Restaurant* und *Tuk* hinter dem Wat Chana Songkhram bieten ebenfalls die Möglichkeit, draußen zu sitzen. Im Tuk gutes Frühstück und große, leckere Milchshakes.

Center Khaosan Restaurant, im Zentrum der Khaosan Road, eignet sich bestens, um sich inmitten des Trubels auszuruhen und das Treiben zu beobachten.

Angenehme Restaurants, die v.a. von einheimischen Studenten besucht werden, haben sich in kleinen Geschäftshäusern rings um das Phra Sumen Fort niedergelassen. Viele sind nur abends geöffnet.

Fantastische **Nudelsuppen** gibt es in dem kleinen Restaurant ohne Namen neben der Abzweigung der Gasse zum Sak Gh. Kleine Portionen, aber schmackhaft.

Joy Luck Club, 8 Phra Sumen Rd., kleines Künstler- und Studentencafé gegenüber dem Fort mit preiswertem Thai-Essen und Getränken. ⓒ tgl. 10–1 Uhr.

Hemlock, 56 Phra Athit Rd., ✆ 2827507, mit winzigem Schild, 10 m nördlich vom Phra Athit Mansion, Treffpunkt von Intellektuellen und Künstlern, fast 200 z.T. traditionelle Thai-Gerichte – wahre geschmackliche Abenteuer – zu günstigen Preisen in gepflegter Atmosphäre, französische und kalifornische Weine, klassische Musik. ⓒ tgl. 16–24 Uhr.

Vijit Restaurant, 77/2 Ratchdamnoen Klang Rd., am Demokratie-Denkmal, ✆ 2816472, sei Mutigen empfohlen, die keinen Wert auf einen Superservice legen. Großes, beliebtes, lautes Restaurant mit Thai-Live-Musik. Die englische Übersetzung der Gerichte lässt der Fantasie Spielraum – eines sind sie aber alle: superscharf.

Jokpochana, Talad Nana, Ecke Samsen Soi 2, Restaurant, das Seafood und preiswertes Bier verkauft. ⓒ 18–6 Uhr.

Unterhaltsam ist ein Essen **am Ufer des Menam Chao Phraya** oder in einem schwimmenden Restaurant:

Ton Pho, 43 Phra Athit Rd., ✆ 2800452, ⓒ bis 22 Uhr. Restaurant mit Blick auf den Fluss.

Kaloang, in Thewet, am Flussufer zwischen Bootsschuppen am absoluten Ende der Sri Ayutthaya Rd., ✆ 2819228, gutes Seafood, viele Einheimische und gute Atmosphäre. ⓒ tgl. 11–23 Uhr.

Kanab Nam, ✆ 4336611, weiter nördlich auf der Thonburi-Seite, an der Krung Thong-Brücke. Um 19 und 20 Uhr legen Restaurantboote ab und tuckern den Fluss hinauf, dafür wird ein Zuschlag berechnet. Gutes Essen zu günstigen Preisen, die Kellner sprechen kaum Englisch, sind aber sehr aufmerksam.

Auf der Thonburi-Seite direkt am Fluss:

Ban Rim Nam, 723 Charoen Nakhon Rd., ✆ 8604500, die Auswahl an Thai-Gerichten ist so groß, dass die Speisekarte so dick wie ein Kochbuch ist. ⓒ tgl. 10.30–24 Uhr.

Supatra River House, 226 Soi Wat Rakhang, Arun Amarin Rd., ✆ 4110305, restauriertes Thai-Haus mit Garten und Bühne. Im angrenzenden Theater sind Fr–So abends klassische Tänze, Theaterstücke oder Musikaufführungen zu sehen. Es ist von einem Kulturzentrum mit dem Patravadi Theatre umgeben. Gehobenes Preisniveau, ordentliche Kleidung erwünscht, keine Sandalen. Kostenlose hauseigene Fähren ab Maharaj-Pier.

Vegetarisch: Im *Sor Nor Banglumpoo*, 179-181 Soi Rambuttri, werden auch günstige vegetarische Gerichte aufgetischt, preiswerter Internetzugang.

Pornsawan, 80 Samsen Rd., neben Soi 4, kleines, nettes Restaurant, das preiswerte Gerichte mit braunem Bergreis serviert. ⓒ tgl. 7–18.30 Uhr.

May Kaidee, 117 Tanao Rd., 100 m die Gasse hineingehen, von 9–21 Uhr preiswerte vegetarische Sandwiches und andere Snacks, bebilderte Speisekarte.

SIAM SQUARE UND UMGEBUNG – Fast Food und Essenstände: Ketten sind nahezu komplett am Siam Square, im Mah Boon Krong Shopping Center, Discovery Center und Siam Center vereint, auch Ableger der Kaffeehaus-Ketten *Black Canyon* und *Starbucks*, der Pizza-Kette *The Pizza Company* sowie *Sizzler's*. Wer sich am Siam Square doch lieber für etwas anderes entscheidet, findet weitere Alternativen, z.B. ein Steakhouse, mehrere gute japanische, vietnamesische und italienische Restaurants.

Mah Boon Krong Shopping Center, Phayathai Rd., Ecke Rama I Rd., östlich vom Siam Square, ⓒ tgl. bis 22 Uhr. Das Food Center im 6. Stock (Couponsystem) offeriert eine breite und preiswerte Auswahl an asiatischen Gerichten. Außer-

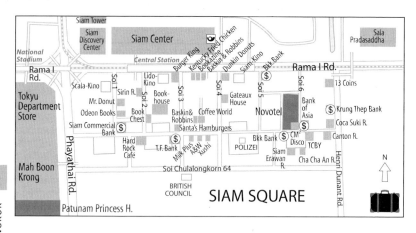

Siam Tower
Siam Discovery Center
Siam Center
National Stadium
Rama I Rd.
Sala Pradasaddha
Central Station
Tokyu Department Store
Burger King
Kentucky Fried Chicken
Bookazine
Baskin & Robbins
Dunkin Donuts
Lido-Kino
Scala-Kino
Sirin R.
Book-house
Gateaux House
Siam Kino
13 Coins
Bkk Bank
Rama I Rd.
Mr. Donut
Baskin& Robbins
Coffee World
Bank of Asia
Krung Thep Bank
Odeon Books
Book Chest
Novotel
Coca Suki R.
Siam Commercial Bank
Santa's Hamburgers
CM Disco
Canton R.
Hard Rock Café
T.F. Bank
Muh Plus
A&W
Xushi
Bkk Bank
POLIZEI
TCBY
Mah Boon Krong
Siam Erawan R.
Cha Cha An R.
N
Soi Chulalongkorn 64
BRITISH COUNCIL
SIAM SQUARE
Patunam Princess H.
Phayathai Rd.
Henri Dunant Rd.

dem mehrere Restaurants, z.B. das **MBK-Restaurant** mit schöner Sicht über den Siam Square und der Möglichkeit, Steamboat zu essen.

O-Inter Buffet, neben dem Tokyu Department Store im Mah Boon Krong Shopping Center, ✆ 6221123, bei diesem Buffet kommen Hungrige und Neugierige auf ihre Kosten. Neben Thai-wird chinesisches, koreanisches, europäisches Essen und Seafood je nach Tageszeit zu unterschiedlichen Preisen ab 300 Baht angeboten. Nichtalkoholische Getränke, Salatbar und Dessert sind inklusive.

World Trade Center, Ratchadamri, Ecke Rama I Rd., Food Center und Restaurants im 6. Stock, lohnender Ausblick auf die Stadt, u.a. eine Filiale von **Sizzler's** mit einem fantastischen Salatbuffet und viele japanische Restaurants in unterschiedlichen Preislagen.

Chinesisch: Coca Suki Restaurant, 416/3-8 Henri Dunant Rd. am Siam Square, ✆ 2516337, ⊙ tgl. 11–22 Uhr. Relativ preiswertes, beliebtes chinesisches Restaurant. Spezialität Steamboat: Alle Zutaten werden separat bestellt und in einer kochenden Brühe am Tisch gegart.

Deutsch: Hartmannsdorfer Brauhaus, Filiale im Siam Discovery Center, ✆ 6580229. In dem gediegenen Restaurant gibt es zum Weizenbier oder Selbstgebrauten deutsche Gerichte wie Leberkäse oder Lendensteaks, europäisches Preisniveau. Mittags ab 11 Uhr Buffet, ⊙ Mo–Do 11–14.30, Fr–So 11–24 Uhr.

Indonesisch: Bali, 15/3 Soi Ruam Rudee, ✆ 2543581, im netten, kleinen Haus gegenüber dem Ruam Rudee Village wird sehr gut indonesisch gekocht. Leckere Saté oder Fisch in Bananenblättern gegrillt. Gutes Preis-Leistungs-Verhältnis. ⊙ Mo–Sa 11–22, So ab 17 Uhr.

Thai u.a.: Amarin Food House, Ploenchit Rd., Amarin Plaza, neben dem Sogo Department Store, hat außer Thai-Gerichten auch chinesisches, japanisches Essen und Seafood zu akzeptablen Preisen. Von 9–15 Uhr sogar Dim Sum.

Janis Place, 334 Soi Thamasarot, nahe Phayathai Rd., gleich nördlich vom Klong Saen Saeb, ✆ 6111122, ⊙ tgl. 11–23 Uhr. In geschmackvoller Umgebung sitzt man vor dem alten viktorianischen Haus im verglasten Pavillon oder am Seerosenteich. Die Auswahl einheimischer und westlicher Gerichte umfasst auch ungewöhnliche Angebote sowie Kuchen.

Jao Khun Ou-Gallery Restaurant (Once upon a time), 32 Soi 17, Petchaburi Rd., ✆ 2528629, 🖳 www.onceuponatimeinthailand.com, in der Soi gegenüber dem Pantip Plaza; ein gutes Thai-Restaurant, das auch vietnamesische Gerichte anbietet. In drei hübsch gestalteten alten Häusern, eines mit ac und dunklen Holzmöbeln, ein anderes mit historischen Fotos, kann man ebenso wie im tropischen Garten und auf der Terrasse auf niedrigen Kissen sitzend ein fantastisches Dinner genießen. ⊙ tgl. 11–23, Mo ab 17 Uhr.

Mehrere Restaurants im mittleren Preisniveau konzentrieren sich im Ruam Rudee Village. Fast alle werben mit günstigen Mittagsmenüs um die Gunst der Angestellten aus den benachbarten Büros. Die Auswahl ist groß, so gibt es z.B. im *Tan Dinh*, ✆ 6508986-7, vietnamesische Gerichte (bebilderte Speisekarte) und im *Circle*, ✆ 6508047, kalifornische Küche ost-westlicher Mischung und im Obergeschoss einen Zigarrenclub.

Vegetarisch: *Whole Earth Restaurant*, 93/3 Soi Lang Suan, Ploenchit Rd., ✆ 2525574, ☺ tgl. 11.30–14 und 17.30–23 Uhr, ist das größte, nicht ausschließlich vegetarische Restaurant. In verschiedenen Räumen werden Thai-, indische und vegetarische Gerichte serviert, Di–Sa 19.30–22.30 Uhr bei klassischer Gitarrenmusik. Angenehme Atmosphäre, am Eingang ist es nicht so kalt wie hinten.

Vietnamesisch: *Thang Long*, 82/5 Soi Lang Suan, ✆ 2513504, nördlich vom Lumpini Park, ein angesagtes vietnamesisches Restaurant im Stil des modernen Minimalismus, gutes Essen und angenehme Musik. ☺ tgl. 11–14 und 17–23 Uhr.

SUKHUMVIT ROAD – Viele internationale Restaurants haben sich sowohl auf Touristen als auch auf die hier lebenden Europäer eingestellt. In den meisten werden für kleine Portionen hohe Preise verlangt, und der Service in der billigen Kategorie zeugt vom Stress des Personals. Ein Abendessen in einem Restaurant kann 80 Baht, aber auch 1800 Baht kosten, wobei in den Hotels und Restaurants der gehobenen Preisklasse noch Steuer und Bedienung aufgeschlagen wird. Dafür bieten sie neben einem einmaligen Ambiente auch eine hervorragende Küche. Einige Spitzenköche großer Hotels haben sich von der europäischen und thailändischen Küche anregen lassen und neue, überraschend schmackhafte Gerichte kreiert. Die Umgebung der Sukhumvit Rd. eignet sich zudem hervorragend für eine Reise durch die Küchen der asiatischen Nachbarländer.

Fast Food und Essenstände: Am preiswertesten sind die Essensmärkte, die von den Straßen in die Einkaufszentren verlagert wurden.

Robinson Department Store, Sukhumvit Rd., zwischen Soi 19 und 21. Der Food Court im Untergeschoss findet guten Zuspruch. Zahlreiche Stände verkaufen Nudelsuppen, Enten- und andere Thai-Gerichte, außerdem Steamboat, japanisches, vietnamesisches und westliches Essen sowie Kuchen und Eiscreme. ☺ tgl. 11–24 Uhr.
Foodland, an der Soi 5 Sukhumvit Rd., im Nai Lert Bldg., hier bekommt man Snacks und kleine Gerichte.

Food Center auch im *Ploenchit Center*, Sukhumvit Rd., nahe Soi 2, im 6. Stock über 20 Stände, Coupon-System, Gerichte bis 40 Baht.

Im *Emporium*, 622 Sukhumvit Rd., am (Benjasiri) Queen's Park, wartet tgl. von 10–22 Uhr die Food Hall im 5. Stock mit einem fantastischen Angebot und einer guten Sicht auf die City auf.

Unübersehbar sind in nahezu jedem Shopping Center die **Fastfood**-Ketten *Swensen's Icecream* und *The Pizza Company* (Times Square sowie zwischen Soi 1 und 3, hier wird ab 19 Uhr eingedeckt, Live-Musik gespielt und Wein serviert), *TCBY Joghurt* (Sukhumvit Plaza), *Kentucky Fried Chicken* (Maneeya), *McDonalds* (Robinson Department Store und Amarin Plaza) und andere.

Im *Green House* im Eingangsbereich des Landmark Plaza können zum Salat-Buffet auch Nudelgerichte bestellt werden.

Cafés: In den meisten großen Hotels wird in einer Bakery guter Kuchen und Brot zu europäischen Preisen verkauft.

Im Unterhaltungskomplex Clinton Plaza, Sukhumvit Rd., zwischen Soi 13 und 15, u.a. ein *Delifrance*, das Ziel für Fans frischer Kuchen und Baguettes, besonders zum Frühstück.

Kuppa, Soi 16 Sukhumvit Rd., die von der Ratchadaphisek Rd. abgeht, ✆ 6630450-1, ☺ Di–Sa 10.30–22.30 Uhr, Café im Holz-Metall-Dekor mit fantastischen Sandwiches, Kuchen und amerikanischen Gerichten.

Chinesisch: *Yong Lee*, eine Institution in der Sukhumvit Rd., Ecke Soi 15, und das bereits seit Jahrzehnten. Allerdings sollte man keine hohen Ansprüche an die Sauberkeit stellen, keine Preise auf der Speisekarte, aber die meisten Gerichte um 70 Baht.

Xian Restaurant, 10/3 Soi 40, Sukhumvit Rd., ✆ 7135288, die südchinesischen Spezialitäten sind nicht teuer, der Service ist freundlich, ☺ tgl. 11–14 und 16–22 Uhr.

Die wichtigsten Piers von Norden nach Süden
B = Bangkok-Seite, T = Thonburi-Seite
^g Haltestelle von gelben, ^r von roten Booten (s.S. 000)

(B ^g) **Nonthaburi (Phibun 3)**: non-ac-Bus 30–33
und 64 ab Sanam Luang

(B) **Phibun 2**

(T) **Wat Kian**

(T) **Wat Salari**

(B) **Wat Khema**

(B) **Phibun 1**,

(T ^{g, r}) **Rama VI** (Brücke)

(B ^{g, r}) **Bang Pho**, neben Thai Ammarit-Brauere

(B) **Kiek Kai**, Khieo Khaika Rd., non-ac-Bus
30–33, 64 ab Samsen Rd.

(B ^r) **Payab**, Klong Samsen, Endstation
non-ac-Bus 9 ab Sanam Luang

(T ^r) **Sang Hee** (Krung Thon-Brücke) (N16)

(B ^{g, r}) **Thewet**, Krung Kasem Rd., non-ac-Bus 3, 9,
30–33, 64 ab Samsen Rd. (N15)

(B) **Rama VIII / Wisut Kasat**, (Rama VIII-
Brücke) (N14)

(B) **Banglampoo / Phra Athit**, Gästehäuser
Khaosan Rd. (N13)

(T ^{g, r}) **Phrapinklao** (Brücke) (N12)

(T) **Railway Station**, Klong Bangkok Noi,
non-ac-Bus 149 ab Sathon Tai Rd. (N11)

(T ^{g, r}) **Prannock / Wang Lang**, Prannock Rd. (N10)

(B ^r) **Chang**, hinter Wat Phra Keo, Klongboote
nach Bang Kruay und Bang Yai (s.u.) (N9)

(B) **Thien**, hinter Wat Pho, Fähren zum Wat
Arun (N8)

(B) **Rachini**, am Ende der Rachini Rd. (N7)

(B ^r) **Saphan Phut** (Memorial-Brücke), Klongboote zum Klong Bang Waek (N6)

(B ^{g, r}) **Ratchawong**, Ratchawong Rd.,
Chinatown (N5)

(B ^g) **Krom Chao / Harbour Department**
(Eingang durch das Verwaltungsgebäude
des Harbour Department) (N4)

(B ^{g, r}) **Siphaya**, am River City Shopping Center (N3)

(B) **Wat Muang Kae**, hinter dem GPO (N2)

(B ^{g, r}) **Oriental**, am gleichnamigen Hotel (N1)

(B ^{g, r}) **Central / Sathon** (Taksin-Brücke), Endstation
des Skytrain (Exit 2).

(T) **Wat Sawetchat**, non-ac-Bus 6, 86 ab Sanam
Luang (S1)

(B) **Wat Vorachanyawat**, nahe *Menam Hotel*. (S2)

(B) **Wat Ratchsingkorn**, fast am Ende der
Charoen Krung Rd., non-ac-Bus 1 ab Wat
Pho, non-ac-Bus 15 ab Siam Square, non-
ac-Bus 22 ab Lumpini Park und non-ac-
Bus 75 ab Hauptbahnhof. (S3)

(T ^g) **Rajburana** (Big C, nur gelbe Boote)

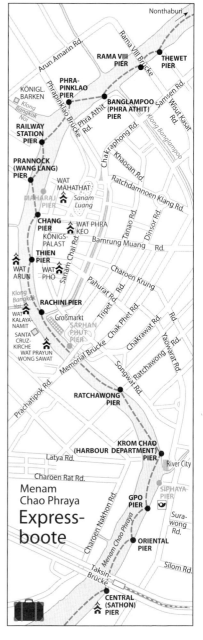

Menam
Chao Phraya

Express-
boote

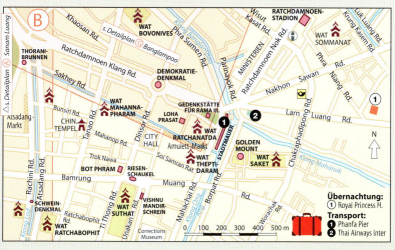

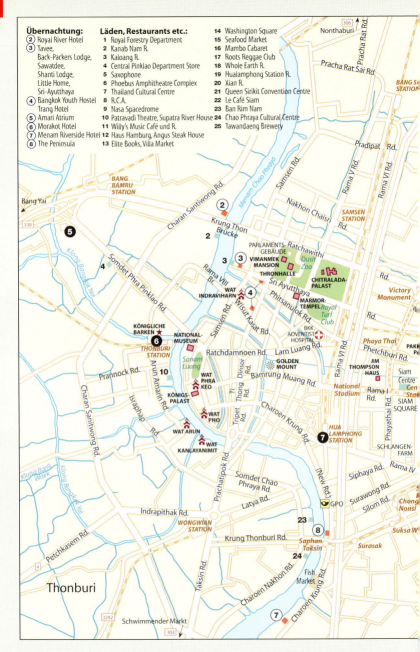

Übernachtung:
- ② Royal River Hotel
- ③ Tavee,
  Back-Packers Lodge,
  Sawatdee,
  Shanti Lodge,
  Little Home,
  Sri-Ayutthaya
- ④ Bangkok Youth Hostel
  Trang Hotel
- ⑤ Amari Atrium
- ⑥ Morakot Hotel
- ⑦ Menam Riverside Hotel
- ⑧ The Peninsula

Läden, Restaurants etc.:
1. Royal Forestry Department
2. Kanab Nam R.
3. Kaloang R.
4. Central Pinklao Department Store
5. Saxophone
6. Phoebus Amphitheatre Complex
7. Thailand Cultural Centre
8. R.C.A.
9. Nasa Spacedrome
10. Patravadi Theatre, Supatra River House
11. Willy's Music Café und R.
12. Haus Hamburg, Angus Steak House
13. Elite Books, Villa Market

14. Washington Square
15. Seafood Market
16. Mambo Cabaret
17. Roots Reggae Club
18. Whole Earth R.
19. Hualamphong Station R.
20. Xian R.
21. Queen Sirikit Convention Centre
22. Le Café Siam
23. Ban Rim Nam
24. Chao Phraya Cultural Centre
25. Tawandaeng Brewery

Transport:
- **3** Bangkok International Airport
- **4** Northern und Northeastern Bus Terminal
- **5** Southern Bus Terminal
- **6** Bahnhof Thonburi
- **7** Hauptbahnhof Hua Lamphong
- **8** Eastern Bus Terminal

Bangkok Übersicht

0   1   2   3 km

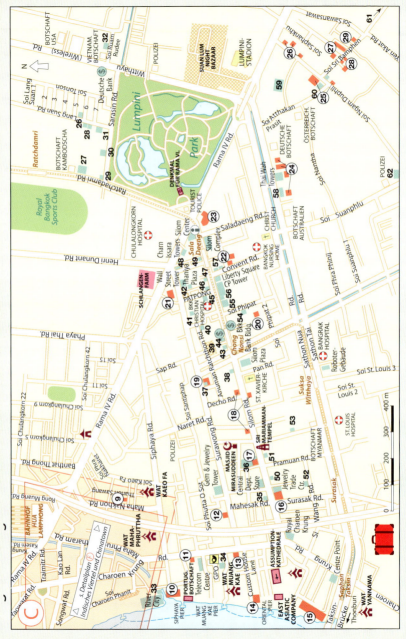

IV   Rings um die Silom Road

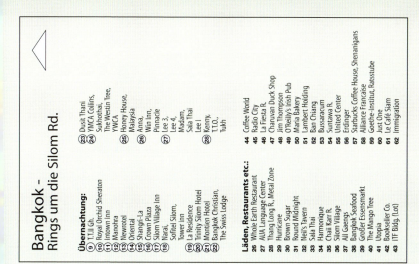

Bangkok – Rings um die Silom Rd.

Übernachtung:
⑨ T.T.II Gh.
⑩ Royal Orchid Sheraton
⑪ Intown Inn
⑫ Manohra
⑬ Newotel
⑭ Oriental
⑮ Shangri-La
⑯ Crown Plaza
⑰ Silom Village Inn
⑱ Narai,
   Sofitel Silom,
   Tower Inn
⑲ La Résidence
⑳ Trinity Silom Hotel
㉑ Montien Hotel
㉒ Bangkok Christian,
   The Swiss Lodge

㉓ Dusit Thani
㉔ YMCA Collins,
   Sukhothai,
   The Westin Tree,
   YWCA
㉕ Honey House,
   Malaysia
㉖ Anna,
   Win Inn,
   Pinnacle
㉗ Lee 3,
   Lee 4,
   Madam,
   Sala Thai
㉘ Lee I
   Kenny,
   T.T.O.,
   Tukh

Läden, Restaurants etc.:
26 Whole Earth Restaurant
27 AUA Language Center
28 Thang Long R., Metal Zone
29 Hurricane
30 Brown Sugar
31 Round Midnight
32 Neil's Tavern
33 Sala Thai
34 Harmonique
35 Chaii Karr R.
36 Silom Village
37 All Gaengs
38 Bangkok Seafood
39 Großer Essensmarkt
40 The Mango Tree
41 Utopia
42 Bookseller Co.
43 ITF Bldg. (Lot)

44 Coffee World
45 Radio City
46 La Fiesta R.
47 Charuvan Duck Shop
48 Jim Thompson
49 O'Reilly's Irish Pub
50 Maria Bakery
51 Lambert Holding
52 Ban Chiang
53 Bussaracum
54 Suntawa R.
55 United Center
56 Erdinger
57 Starbucks Coffee House, Shenanigans
58 Alliance Francaise
59 Goethe-Institut, Ratsstube
60 Just One
61 Le Café Siam
62 Immigration

Übernachtung:
㉙ Zenith,
   Nana Inn,
   Grace H.
㉚ Amari Boulevard H.,
   The Park H.,
   Maxim's Inn,
   World Inn
㉛ Suk 11 Gh.
㉜ City Lodge
㉝ Federal H.,
   Grand President

㉞ Ambassador Bangkok,
   Bangkok Inn,
   Comfort Lodge,
   President Inn,
   Swiss Park H.
㉟ Manhattan,
   The Somerset
㊱ City Lodge,
   Grand Pacific H.
㊲ Rembrandt H.
㊳ Sheraton Grande H.

㊴ Nana H.,
   Marriott H.,
   Dynasty Inn
㊵ Landmark,
   Parkway Inn
㊶ Premier Travelodge
㊷ Stable Lodge,
   The Promenade
㊸ Royal Asia Lodge

Läden, Restaurants etc.:
63 Akamon R.
64 Tilac
65 Pizza Compasny
66 Neil's Taverne
67 Akbar R.
68 Moghul Room
69 Joke Club
70 Bierschloss
71 Yong Lee
72 Asia Books
73 Le Dalat Indochine

74 International Bier Haus
75 Heidelberg, Sports
76 Big Bull
77 Maharajah's
78 Coca Suki R.
79 Cabbages & Condoms
80 Tongkee R.
81 Suda
82 Seafood Palace
83 Bei Otto, William Tell,
   Ruen Mailika R.
84 Kuppa

Bangkok – Sukhumvit Rd.

0   100   200   300   400   500 m

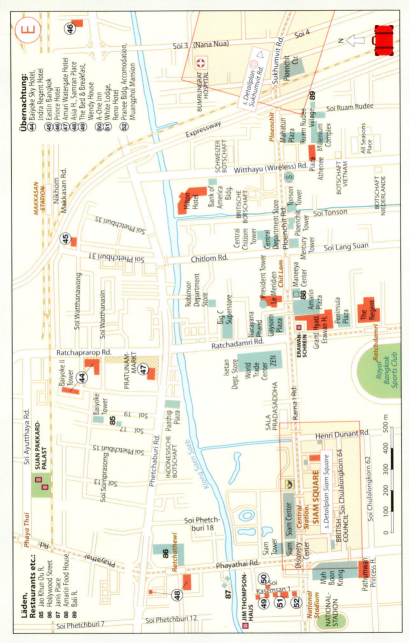

E

Soi 4

Soi 3 (Nana Nua)

N

Übernachtung:
44 Baiyoke Sky Hotel,
45 Indra Regent Hotel
46 Eastin Bangkok
     Prince Hotel
47 Amari Watergate Hotel
48 Asia H., Saman Place
49 The Bed & Breakfast,
     Wendy House
50 A-One Inn
51 White Lodge,
     Reno Hotel
52 Pranee Bldg. Accomodation,
     Muangphol Mansion

Sukhumvit Rd.
s. Detailplan
Sukhumvit Rd.

Ploenchit
Ctr.

BUMRUNGRAT
HOSPITAL

Ploenchit

89

Soi Ruam Rudee

Mahatun
Plaza

Ruam Rudee
Village

Expressway

Millenium
Complex

All Seasons
Place

Witthayu (Wireless) Rd.

SCHWEIZER
BOTSCHAFT

Plaza
Athenee

BOTSCHAFT
VIETNAM

Hilton
Hotel

Bank of
America
Bldg.

BRITISCHE
BOTSCHAFT

Soi Tonson

BOTSCHAFT
NIEDERLANDE

*MAKKASAN
STATION*

Nikhom
Makkasan Rd.

Soi Phetchaburi 35

Tonson
Tower

Ploenchit
Tower

Soi Lang Suan

Central
Chitlom
Tower

Central
Department Store

Mercury
Tower

45

Soi Phetchaburi 31

Chitlom Rd.

Ploenchit Rd.

Chit Lom

President Tower

Maneeya
Center

88

Robinson
Department
Store

Le Meridien

Gaysorn
Plaza

Amarin
Plaza

Peninsula
Plaza

The
Regent

Big C
Superstore

Narayana
Phand

Grand Hyatt
Erawan H.

ERAWAN-
SCHREIN

*Royal
Bangkok
Sports Club*

Ratchaprarop Rd.

44

Baiyoke II
Tower

PRATUNAM-
MARKT

47

Ratchadamri Rd.

Soi Watthanawong

Soi Watthanasin

Isetan
Dept. Store

World
Trade
Center

ZEN

SALA
PRADASADDHA

PRADASADDHA

Ratchadamri

Baiyoke
Tower

85

Soi 19

Soi 17

Panthip
Plaza

Rama I Rd.

Henri Dunant Rd.

500 m

400

Sri Ayutthaya Rd.

SUAN
PAKKARD-
PALAST

Soi Somprasong

Soi Phetchaburi 15

INDONESISCHE
BOTSCHAFT

Klong Saen Saeb

SIAM SQUARE

s. Detailplan Siam Square

Soi Chulalongkorn 64

BRITISH
COUNCIL

Soi Chulalongkorn 62

300

200

100

0

Phaya Thai

Phaya Thai
Rd.

Phetchaburi Rd.

Soi 13

Siam Center

*Central
Station*

Siam
Center

Discovery
Center

Siam
Tower

86

Ratchathewi

Soi Phetch-
buri 18

Phayathai Rd.

Mah
Boon
Krong

Pathumwan
Princess H.

**Läden,
Restaurants etc.:**
85 Jao Khun Ou R.
86 Hollywood Street
87 Janis Place
88 Amarin Food House
89 Bali R.

87

48

JIM THOMPSON-
HAUS

49

50

51

52

Soi
Kasemsan 1

*National
Stadium*

NATIONAL-
STADION

Soi Phetchaburi 7

Soi Phetchaburi 12

VI   Siam Square und Ploenchit Road

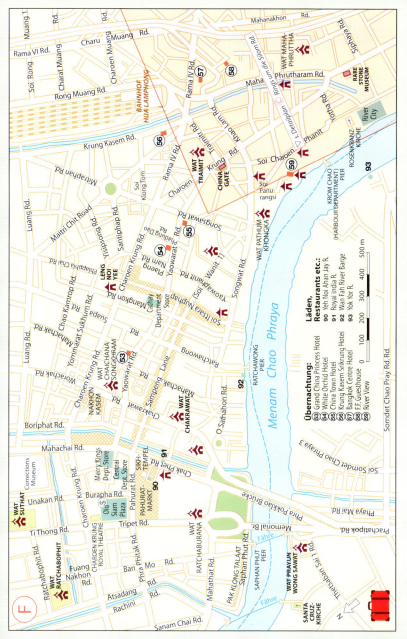

Menam Chao Phraya

Mahanakhon Rd.
Rama VI Rd.
Charu Charoen Muang Rd.
Charat Muang
Soi Rong
Rong Muang Rd.
WAT MAHA-PHRUTTHA
Pruttharam Rd.
Rama IV Rd.
Mahanakhon
Rd.
Siphaya Rd.
RARE STORE MUSEUM
River City
Yotha Rd.
Khao Lam Rd.
Tramitt Rd.
BAHNHOF HUA LAMPHONG
Krung Kasem Rd.
Krung Kasem Rd.
Mitraphan Rd.
WAT TRAIMIT
CHINA GATE
Krung
Soi Charoen
Charoen
Soi Klong Tom
Soi Panurangsi
ROSENKRANZ-KIRCHE
KROM CHAO (HARBOUR DEPARTMENT) PIER
WAT PATHUM KHONGKA
Rama IV Rd.
Songsawat Rd.
Plapphla Chai Rd.
Maitri Chit Road
Luang Rd.
Yisipsong Rd.
Santiphap Rd.
Plaeng Nam Rd.
Charoen Krung Rd.
Yaowarat Rd.
Soi Itsara Nuphap
Yaowaphanit Rd.
Songwat Rd.
LENG NOI YEE
Plaeng Dao
Mangkon Rd.
(Cathay) Department Store
Chao Kamrop Rd.
Mahachak Rd.
Yommarat Sukhum Rd.
Sampa Rd.
WAT CHAICHANA SONGKHRAM
Yaowarat Rd.
NAKHON KASEM
Luang Rd.
Worachak Rd.
Boriphat Rd.
Charoen Krung Rd.
Chakrawat Rd.
Sampeng Lane
Mahachak Rd.
WAT CHAKRAWAT
Ratchawong Lane
RATCHAWONG PIER
Mahachai Rd.
Merry Kings Dept. Store
Central Dept. Store
Old Siam Plaza
SIKH-TEMPEL
PAHURAT MARKT
O Sathahon Rd.
RATCHAWONG PIER
Unakan Rd.
WAT SUTHAT
Charoen Krung Rd.
Burapha Rd.
Pahurat Rd.
Chak Phet Rd.
WAT RATCHABOPHIT
Ti Thong Rd.
Ratchabophit Rd.
CHAROEN KRUNG ROYAL THEATRE
Fuang Nakhon Rd.
Ban Mo Rd.
Phra Pitak Rd.
Tripet Rd.
WAT RATCHABURANA
PAK KLONG TALAAT
SAPHAN PHUT PIER
Saphan Phut
Phra Pokklao Brücke
Memorial Br.
Fähre
Phra Pokklao Brücke
Soi Somdet Chao Phraya 3
Phaya Mai Rd.
Prachatipok Rd.
Atsadang Rd.
Rachini Rd.
Mahathat Rd.
Sanam Chai Rd.
Fähre
WAT PRAYUN WONG SAWAT
Thetsaban Sai 1 Rd.
SANTA CRUZ-KIRCHE
Somdet Chao Pray Rd. Rd.
Corrections Museum

57
58
56
55
54
53
59
90
91
92
93

Läden, Restaurants etc.:
90 Yeh Noi Ahan Jay R.
91 Royal India R.
92 Wan Fah River Barge
93 Yok Yor R.

Übernachtung:
53 Grand China Princess Hotel
54 White Orchid Hotel
55 China Town Hotel
56 Krung Kasem Srikrung Hotel
57 Bangkok Centre Hotel
58 F.F. Guesthouse
59 River View

0   100 200 300 400 500 m

F

Indisches Viertel und Chinatown   VII

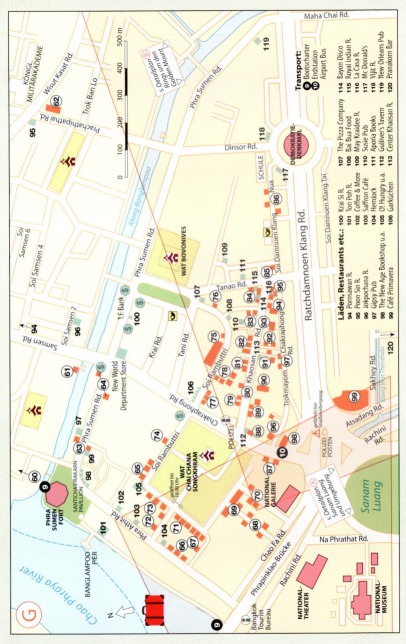

Maha Chai Rd.

Transport:
9 Bootscharter
10 Endstation
       Airport Bus

114 Bayon Disco
115 Royal Indian R.
116 La Casa R.
117 Mc Donald's
118 Vijit R.
119 New Orleans Pub
120 Pranakorn Bar

107 The Pizza Company
108 Bai Bua Food
109 May Kraidee R.
110 Susie Pub
111 Aporia Books
112 O! Hungry u.a.
113 Center Khaosan R.

Läden, Restaurants etc.:
94 Pornsawan R.
95 Poon Sin R.
96 Jokporchana R.
97 Gipsy Pub
98 The New Age Bookshop u.a.
99 Café Primavera

100 Krai Si R.
101 Ton Poh R.
102 Coffee & More
103 Saffron Café
104 Hemlock
105 O! Hungry u.a.
106 Gaïküchen

Dinsor Rd.

s Detailplan B Rings um den Golden Mount

Phra Sumen Rd.

Klong Banglampoo

DEMOKRATIE-DENKMAL

Ratchadmnoen Klang Rd.

Soi Damnoen Klang Tai

SCHULE

WAT BOVONIVES

Tanao Rd.

Soi Damnoen Klang Nua

T.f. Bank

Soi Samsen 6
Soi Samsen 4
Soi Samsen 2

Samsen Rd.

New World Department Store

Krai Rd.
Tani Rd.

Soi Rambutti

Chakraphong Rd.

Khaosan Rd.
Trokmayom
Chakraphong

KÖNIGL. MILITÄRAKADEMIE

Wisut Kasat Rd.
Prachathipathai Rd.
Trok Ban Lo

Phra Sumen Rd.

WAT CHAI CHANA SONGKHRAM

POLIZEI

NATIONAL-GALERIE

geöffnet bis 18.00 Uhr

SANTICHAIPRAKARN PAVILLION

PHRA SUMEN FORT

BANGLAMPOO PIER

Phra Athit Rd.

Chao Phraya River

Phrapinklao-Brücke

Chao Fa Rd.

Rachini Rd.

Na Phrathat Rd.

Bangkok Tourist Bureau

NATIONAL-THEATER

NATIONAL-MUSEUM

Sanam Luang

Atsadang Rd.
Rachini Rd.

Sakhey Rd.

Klong Wat Thenhda

POLIZEI-POSTEN

gefährlicher Straßenübergang

s Detailplan A Sanam Luang und Umgebung

500 m

(M): Mittelklasse

Nr.	Name	Kat.	Adresse	Tel.
60	Twin, Three O, Blue, Bamboo Gh.	**	78 Prachathipathai Rd.	2822831
61	Apple 3 Gh.	(M)	9 Phra Sumen Rd.	2823932-3
	Thai Hotel	*_**	55 Phra Sumen Rd.	2801809
62	P.S.	**	58-64 Phra Sumen Rd.	2820618
63	Gipsy	**	Phra Sumen Rd.	6291763-4
64	K.C.	**_***	43 Soi Rambuttri	2829631-3
	K.S.House	**	37 Soi Rambuttri	2822628
65	Banglumpoo Place	**_***	5 Soi Rambuttri	2820636
	Popiang House	**	22 Phra Athit Rd.	2807435
66	Banglumpoo	**	18-20 Phra Athit Rd.	2800744-8
	Thai Thai (Tuk)	****	10 Phra Athit Rd.	2803315
67	Phra Athit Mansion	*_***	50 Trok Rongmai	2816471
	New Merry V	**_***	28/2 Trok Rongmai	2822795
68	Peachy	***	Soi Rambuttri	2291114
	New Siam 2		30 Soi Rongmai	6290072
69	Ngampit		Soi Rambuttri	2816926
	Sawasdee Krungthep Inn	***	5-7 Soi Rongmai	6292320-1
70	Sukpasath Hotel	***	49/4-8 Soi Rongmai	2814901-2
	Welcome Sawasdee Inn	**_***	12 Soi Rongmai	6291593
	Chai's House	*_**	35 Soi Rongmai	6292340
71	Baan Sabai	*_**	45 Soi Rongmai	6295177
	Sawasdee Smile Inn	***	3 Soi Rambuttri	6293087
	Sunshine	*_**	57 Soi Rambuttri	6292730
72	Sitdhi	**	62 Soi Rambuttri	6290626
	Popiang 2 House	*_***	64 Soi Rambuttri	2814783
73	Roofgarden	**	54/1 Soi Chana Songkhram	6295191-3
	Mango	**	74 Soi Chana Songkhram	6293090-1
74	Chart 2	***_******	21 Soi Chana Songkhram	2824554
	Bella Bella House	**_***	25/3 Soi Chana Songkhram	6293909
	New Siam 1	**_***	25 Soi Chana Songkhram	2816967
75	Gecko	**	17 Soi Chana Songkhram	6294378
	Baan Athit	*_**	8 Soi Chana Songkhram	6293025
76	T.P. House u.a.	**	27 Soi Chana Songkhram	2829267
	Wild Orchid Villa	***_*****	33 Soi Chana Songkhram	2829263-4
	Green	**	37 Soi Chana Songkhram	2818138
	Merry V.	*_**	147 Soi Rambuttri	2805434
77	My House	**_***	42 Tani Rd.	2802691-2
	Sawasdee House	**_***	323/2-3 Soi Rambuttri	2825576
	Vientgai Hotel	(M)	150 Soi Rambuttri	6292172
	Orchid	***	78 Soi Rambuttri	
	Pannee	**		
	Au-Thong, P.R.	**		

Nr.	Name	Kat.	Adresse	Tel.
77	Tuptim Bed & Breakfast	**	82 Soi Rambuttri	6291535
	Cherry u.a.	**	90 Soi Rambuttri	2812635
78	Green House	**_***	88/1 Soi Rambuttri	2819572
	Euro Inn u.a.	**	Khaosan Rd.	
79	Hello	**_***	63-65 Khaosan Rd.	2818579
80	Lek	**	125-127 Khaosan Rd.	2818441
	Lucky Beer		133 Khaosan Rd.	2826157
81	Khaosan Palace H.	***	139 Khaosan Rd.	2813272
	Grand	**	179 Khaosan Rd.	2825711
82	New Nith Charoen	***_****	183 Khaosan Rd.	2819872
	Wally House	*_**	189/1-2 Khaosan Rd.	2827067
83	Nat	**	217-219 Khaosan Rd.	2826401
	Marco Polo	**_***	108/7-10 Soi Rambuttri	2811715
84	Classic Inn	**	259 Khaosan Rd.	2817129
	Buddy Lodge	(M)	265 Khaosan Rd.	6294477
	Harn, VS, Royal Trip	**	140/1 Khaosan Rd.	2819702
85	First	*_**	149-151 Tanao Road	6293201
	Sweety	*_**	49 Ratchdamnoen Klang Rd.	2802191
86	CH II	**	85-87 Soi Damnoen Kl. Nua	2806284
	Nat II	*_**	91-95 Soi Damnoen Kl. Nua	2820211
87	Rainbow	**	41-43 Chakraphong Rd.	2806648
	Sugar	**	45 Chakraphong Rd.	6293902
88	Ploy	**_***	2/2 Khaosan Rd.	2819247
	Prankorp's	**_***	52 Khaosan Rd.	6290714
89	Bangkok	**_***	42-44 Khaosan Rd.	6293013
	D&D Inn	**_***	68-70 Khaosan Rd.	6290526-8
90	Kawin Place	**_***	86 Khaosan Rd.	2801251
91	Sawasdee Bangkok Inn	***_****	126/2 Khaosan Rd.	2819954
92	Top	***	126/1 Khaosan Rd.	690312-13
93	Siam Oriental Inn	***_****	190 Khaosan Rd.	28164 02
94	Nana Plaza Inn	***_****	202 Khaosan Rd.	2825619
95	C.H.1	**	216 Khaosan Rd.	2813682-3
	7 Holder	**	216/2-3 Khaosan Rd.	2812949
96	Chada Friendly	**	216/6 Khaosan Rd.	2819041
	J.+ Joe House	*_**	1 Trokmayom Chakraphong Rd.	2812948
97	New Joe	**_***	27 Trokmayom Chakraph. Rd.	6294798-9
	Sawasdee Khaosan Inn	***	81 Trokmayom Chakraph. Rd.	2229111
98	Royal Hotel	(M)	18 Chakraphong Rd.	6291027
99	Smile Gh.	*_**	2 Ratchdamnoen Rd.	6293689
	Wandee Gh.	**	70 Chakraphong Rd.	
			68 Chakraphong Rd.	

Coca Suki Restaurant, 246 Sukhumvit Rd., zwischen Soi 12 und 14, im Untergeschoss des Times Square. Günstige chinesische Restaurant-Kette. Steamboat u.a. asiatische Spezialitäten, ☉ tgl. 11.30–14 und 17–20 Uhr.

Im *Tongkee* an der Abzweigung der Soi 14 von der Sukhumvit Rd., ✆ 2294420, einem alteingesessenen China-Restaurant, werden von 11–14 Uhr chinesische Teigtaschen, Dim Sum, frisch zubereitet serviert. Das sonstige Essen ist eher mäßig.

Deutsch u.a. mitteleuropäische Küchen: In den meisten europäischen Restaurants wird zumeist wohl bekannte Kost serviert, wobei das Preis-Leistungs-Verhältnis nach europäischen Maßstäben stimmt. Vor allem in der Sukhumvit Rd. konzentrieren sich mehrere kleinere deutsche Restaurants, z.B.:

Bierschloss in Soi 15, das ehemalige *Haus Hamburg*, Soi 33, das *International Bier House* in Soi 23 oder das österreichische *Big Bull*, Soi 4 sowie

Heidelberg, Soi 4, kleine Kneipe, in der ein großes, reichhaltiges Frühstück serviert wird. Auch das Fondue und die Bratkartoffelgerichte sind bei Stammgästen beliebt. ☉ tgl. 8–24 Uhr.

Tilac, 38 Soi 1 Sukhumvit Rd., ✆ 2556881, gepflegtes, freundliches, klimatisiertes Restaurant mit deutschen und einheimischen Gerichten. Die Auswahl reicht von der Schweinshaxe bis zu belegten Broten. Bei Kaffee und Kuchen kann man in aktuellen deutschen Zeitschriften schmökern. ☉ tgl. 8–24 Uhr.

Bei Otto, 1 Soi 20 Sukhumvit Rd., ✆ 2620892, ✆ 2581496, eine Institution in Bangkok. Neben dem Restaurant Schwarzwaldstube mit deutschen Gerichten (☉ tgl. 11–24 Uhr) und einer großzügigen Gaststätte mit Bier vom Fass verkauft ein Brot- und Wurstladen deutsche Spezialitäten und Graubrot aus einem deutschen Backofen.

William Tell, 19/1 Soi 20 Sukhumvit Rd., 50 m weiter, ✆ 2581516, ✆ 6634482, Schweizer und einheimische Gerichte, die Spezialität sind Fondues. Man kann drinnen oder auf der Terrasse sitzen. ☉ tgl. 11.30–23.30 Uhr.

Schnurrbart, 128/46 Soi 23 Sukhumvit Rd., am Rong Phak rechts abbiegen. In der Seitengasse wird österreichisch gekocht.

Indisch: *Moghul Room*, 1/16 Soi 11 Sukhumvit Rd., ✆ 2534465, auf 3 Stockwerken von 11–23 Uhr Currys, Tandoori-Gerichte und andere indische Spezialitäten.

Akbar, 1/4 Soi 3 Sukhumvit Rd., ✆ 2556935, eines der ältesten indischen Restaurants der Stadt mit guten Vindaloo-Gerichten, ☉ tgl. 10.30–1 Uhr.

Maharajah's, 19/1 Soi 8 Sukhumvit Rd., ✆ 2548876, nordindisches Restaurant, auch vegetarische Gerichte, ☉ tgl. 11–23 Uhr.

Rang Mahal, im obersten Stock des Rembrandt Hotels, das beste nordindische Restaurant des Landes. Eine fantastische Speisekarte, hervorragende Menüzusammenstellungen, prachtvolle Räumlichkeiten mit guter Aussicht und die Live-Musik machen das Essen zu einem Erlebnis, das aber auch seinen Preis hat. Reservierung empfohlen, ✆ 2617100, ☉ tgl. 11.30–14.30 und 18.30–22.30 Uhr.

Japanisch: Wer japanisches Essen liebt, kommt in Bangkok ganz bestimmt auf seine Kosten. Frische Zutaten aus dem nahen Meer machen die Tempura, Sushi und Sashimi besonders schmackhaft. Zudem sind sie verhältnismäßig preiswert.

Akamon, 213/7-9 Asoke Towers, Commercial Building, Soi Asoke, ✆ 2525986, ist ein gutes japanisches Restaurant.

Mexikanisch: *Señor Pico* im hinteren Flügel des Rembrandt Hotels, 19 Soi 18 Sukhumvit Rd, ✆ 2617100, gilt derzeit zu Recht als der beste Mexikaner Bangkoks. Selbst Mitglieder des Königshauses waren hier zu Gast, Reservierung erforderlich, ☉ tgl. 17–1 Uhr.

Seafood: Teuer ist der Fisch im *Seafood Palace* an der Sukhumvit, Ecke New Ratchadaphisek Rd., ✆ 6531145-8, dafür darf man in palastähnlichen Räumen mit Kristalllüstern dinieren.

Seafood Market, 89 Soi 24 Sukhumvit Rd., etwa 1 km südlich der Sukhumvit, von dort mit dem Motorradtaxi oder Tuk Tuk, ✆ 2612071-4, ☉ tgl. ab 11 Uhr. Ein einmaliges Einkaufs- und Essenserlebnis, sofern man bereit ist, gehobene Touristenpreise zu bezahlen. Nachdem die Zutaten, vor allem frischer Fisch und anderes Seafood, aber auch Gemüse und Getränke, in einer Art Supermarkt eingekauft und bezahlt sind, werden sie nach individuellen Wünschen in einer riesigen, von außen einsehbaren Küche zubereitet.

Thai u.a.: *Suda*, 6-6 Soi 14, nahe der Sukhumvit Rd., ☏ 2294664, in dem einfachen, offenen Thai-Restaurant werden große Portionen zu günstigen Preisen serviert, leckeres Hühnchen in Palmblättern, viele Touristen. ☺ zum Mittag- und Abendessen, So erst ab 16 Uhr.

***Cabbages & Condoms*,** in der Soi 12, 200 m von der Sukhumvit Rd., ☏ 2294611-28. Mit viel Humor hat Meechai Virayaidya Methoden zur Geburtenkontrolle im ganzen Land populär gemacht. Hier eröffnete er ein Restaurant mit dschungelartigem Biergarten, aber weniger attraktivem Innenbereich, das kreative einheimische und westliche Gerichte zu hohen Preisen serviert. Dem Namen entsprechend werden an der Kasse statt Bonbons Kondome kostenlos ausgegeben, und im Andenkenladen finden sich einige kuriose Souvenirs. ☺ tgl. 11–22 Uhr.

***Hualamphong Station*,** 92/1 Soi 26, Sukhumvit Rd., ☏ 2607769, Isarn-Restaurant, das aufgrund seiner reichen Dekoration wie ein Heimatmuseum wirkt, abends traditionelle Tänze. ☺ tgl. 11–23 Uhr.

***Ruen Mallika*,** 189 Soi 22, Sukhumvit Rd., ☏ 6633211-2, in einer Seitengasse und leicht zu übersehen. In einem hundert Jahre alten Haus mit großem Garten werden Thai-Gerichte serviert, die mit essbaren Blüten dekoriert sind. Große Portionen um 200 Baht, bebilderte Speisekarte, ☺ tgl. 11–20 Uhr.

***D'Jit Pochana*,** das etablierte Thai-Restaurant hat sich im Ploenchit Center, Sukhumvit Rd, an der Soi 2, niedergelassen.

Vietnamesisch: *Le Dalat Indochine*, 14 Soi 23 Sukhumvit Rd., ☏ 6617967-8, das geschmackvoll eingerichtete Holzhaus in einem tropischen Garten, die französische Musik und gepflegte Atmosphäre machen das Essen zum Vergnügen. Englische Speisekarte mit Fotos von allen Gerichten, leckere Rippchen in Zitronengras, Hauptgerichte 100–200 Baht. ☺ tgl. 11.30–14.30 und 18–22 Uhr.

***Le Dalat*,** 47/1 Soi 23 Sukhumvit Rd., ☏ 2584192, auf der gegenüberliegenden Seite 300 m weiter die Soi hinein, das ältere und größere Schwester-Restaurant.

Steaks u.a.: *Angus Steak House*, Filiale in der 595/10-11 Soi 33 Sukhumvit Rd., ☏ 2594444, Kette, die auf gute Steaks spezialisiert ist.

***Bourbon Street*,** 29/4-6 Soi 22 Sukhumvit Rd., am Ende des Washington Square, ☏ 2590328,

🖳 www.bourbonstbkk.com, Cajun-Küche mittlerer Preisklasse, von einer sättigenden Gumbo für 150 Baht bis zu leckeren Pecan Pies, in Südstaaten-Atmosphäre mit entsprechender Musik und Sportprogramm auf den Bildschirmen. Das als bestes amerikanisches Restaurant der Stadt ausgezeichnete Lokal bietet Hungrigen dienstags einen Cajun Brunch mit unbegrenztem Nachschlag. ☺ tgl. 7–1 Uhr. Manchmal ist die Bedienung allerdings überfordert.

***Stable Lodge*,** Soi 8 Sukhumvit Rd., bietet von 18–22 Uhr ein Barbecue am Pool mit viel Fleisch, bei dem man so viel essen kann, wie man will. Ziemlich teuer. Auch gutes Frühstück sowie ein breites Angebot an belegten Broten und anderen Gerichten, die im Garten oder Restaurant serviert werden.

***Joke Club*,** 155/25-29 Soi 11 Sukhumvit Rd., ☏ 6512888-9, neben dem Swiss Park Hotel, gutes Restaurant mit Bar.

Vegetarisch: *Whole Earth Restaurant*, Soi 26 Sukhumvit Rd., ☏ 2584900, Filiale des vegetarischen Restaurants in der Lang Suan Rd., ☺ tgl. 11.30–14 und 17.30–23 Uhr.

RINGS UM DIE SILOM RD. – Vor allem in der Silom Rd. dürfte es kein Problem sein, ein Restaurant zu finden. Viele sind auf das flanierende Touristenpublikum eingestellt und entsprechend teuer.

Fast Food und Essensstände: In den Nebenstraßen finden sich noch einige Essensstände, z.B. östlich der Moschee, zwischen der Silom und Anuman Raichon Rd. und neben dem Bangkok Bank Building.

Auch die westliche Küche ist vor allem mit Fastfood-Ketten in der oberen Silom Rd. und rings um die Patpong Rd. vertreten, v.a. im Untergeschoss des Silom Complex und im CP Tower. Neben zahlreichen Hamburger-Läden hat sich hier die amerikanische Kette *Sizzler's* mit einer fantastischen Salatbar und gutem Blick auf das Treiben in der Patpong Rd. niedergelassen.

Cafés: *Starbucks Coffee House*, Convent St., bei Büroangestellten beliebter Ableger der amerikanischen Kette, guter Kaffee sowie leckere Snacks.

***Coffee World*,** 144/3-4 Silom Rd., im modernen amerikanischen Stil eingerichtetes Café mit klassischer, entspannender Hintergrundmusik. Espresso-, verschiedene Kaffee- und Teesorten, zudem leckere Kuchen, Torten, Pasta und Salate. Internet-Terminals.

Maria Bakery, Silom Rd., gegenüber dem *Manohra Hotel*, hier wird neben Kuchen vor allem Pizza gebacken.

Chinesisch: *Charuvan Duck Shop*, offenes Restaurant in der Silom Rd., nahe Patpong Rd., das preiswerte, einfache Entengerichte anbietet.

Hoi Tien Lao, Pan Pacific Hotel, 22. Stock, 952 Rama IV Rd., ℡ 6329000, gutes und teures chinesisches Essen (auch Peking-Ente).

Deutsch u.a.: Ratsstube im Goethe-Institut, Soi Goethe, ℡ 2864258, das nett eingerichtete, beliebte Restaurant hält ein breites Angebot an europäischen und einheimischen Gerichten bereit. ◔ tgl. 10–22 Uhr.

Erdinger, Kamol Sukosol Bldg., Silom Rd., ℡ 6853929, große deutsche Kneipe, ◔ tgl. 11–24 Uhr.

Harmonique, 22 Soi 34 Charoen Krung Rd., Richtung Wat Muang Kae-Pier, ℡ 2378175, ein Holländer hat das Lokal in einem alten, ruhig gelegenen Haus geschmackvoll und gemütlich eingerichtet. Im schmalen Innenhof und drinnen gibt es Mo–Sa von 11–22 Uhr europäische und lokale Gerichte. Außerdem werden Antiquitäten verkauft.

Französisch: *Le Café Siam*, 4 Soi Sri Akson, ℡ 6710030-1, in der originalgetreu restaurierten, alten Villa werden in stilvoller Atmosphäre einheimische und französische Gerichte serviert und Antiquitäten zum Verkauf angeboten, ◔ tgl. 18–2 Uhr.

Indisch: In der Gegend um das GPO gibt es einige einfache indische Restaurants. Außerdem: **Royal India**, 392/1 Chak Phet Rd., ℡ 2216565, am indischen Markt, Pahurat. Restaurant im Hinterhaus, echt indisches Essen.

Mexikanisch: *La Fiesta*, Silom Rd, Ecke Patpong, ℡ 6327898-9, mexikanisches Restaurant im modernen Design, Tortillas, Steaks, Enchiladas und mehr, Gerichte 200–400 Baht, abends Live-Musik, ◔ tgl. 11–2 Uhr.

Restaurantboote: Mehrere starten abends ab River City, z.B. **Chao Phraya Chartered**, ℡ 6390704, **Chao Phraya Princess**, ℡ 4379667, **Pearl of Siam**, ℡ 2924649-52.

Dinner Cruise des Oriental Hotels, ℡ 2360400, tgl. ab 19.30–22.30 Uhr, 1500 Baht pro Person.

Wan Fah, ℡ 6227657-61, 🖳 www.wanfah.com, tgl. ab 19 Uhr, Menü mit und ohne Seafood auf einer umgebauten Reisbarke für 800 bzw. 850 Baht.

Yok Yor, 885 Somdej Chao Phraya 17 Rd., an der Marina auf der Thonburi-Seite, schräg gegenüber dem River City, ℡ 8630565, 🖳 www.yokyor.co.th, ist berühmt für sein scharfes Essen. Das Boot legt um 20 Uhr ab und kostet 800 Baht inkl. Seafood-Dinner. Die Filiale *Yok Yor Klongsan* liegt noch weiter im Süden, zu erreichen ab Central Pier.

Seafood: *Bangkok Seafood*, 158 Silom Rd., gegenüber Silom Plaza, ℡ 6356871. Überwältigende Auswahl an Fisch und Seafood zu akzeptablen Preisen, Bier vom Fass, guter Service. Draußen unter dem Wellblechdach kann es ziemlich heiß werden, nur abends geöffnet.

Thai: *Bussaracum*, 135 Pan Rd., zwischen Silom Rd. und Sathon Nua Rd., ℡ 2666312-8. Erstklassiges Thai-Restaurant, vornehm und teuer.

Hotel-Buffets: Das abendliche Buffet auf der Flussterrasse des *Oriental Hotels* ist ein besonderes Erlebnis.

Marriott Riverside's Sunday Jazzy Brunch, Charoen Nakhorn Rd., ℡ 4760022, etwas weiter im Süden am Fluss in einer großen Gartenanlage. In gepflegter, entspannter Atmosphäre kann man für 1000 Baht vom Buffet mit europäischen und asiatischen Gerichten so viel essen wie man kann.

Chaii Karr, 312/3 Silom Rd., gegenüber dem Crown Plaza. Mit viel Holz eingerichtet und gemütlich, günstige Mittagsmenüs unter 100 Baht. ◔ tgl. 10–22 Uhr.

All Gaengs, im La Residence Hotel, 173/8-9 Surawong Rd., wie der Name verspricht, werden im kleinen, mit schwarzen und weißen Kacheln gefliesten Restaurant nur *Gaeng*, Thai-Currys, serviert, ◔ tgl. abends, Mo–Fr auch mittags.

Ban Chiang, Si Wang Rd., ℡ 23670445, in einem alten Thai-Haus kann man in ungezwungener Atmosphäre preiswert essen.

The Mango Tree, 37 Soi Tantawan, Surawong Rd., ℡ 2362820, das etwas versteckt liegende Restaurant in einem alten Haus ist wegen seines angenehmen Gartens (reservieren!) und klassischer Thai-Musik (19–22 Uhr) beliebt, v.a. wenn

Mi–Sa ab 19.30 Uhr traditionelle Tänze aufgeführt werden. ☺ tgl. 11–23.30 Uhr.

Suntawa, Soi Phipat, kleines, gemütliches Restaurant mit gutem Thai-Essen und einem großen Weinangebot.

Tiara Restaurant im obersten Stockwerk des Dusit Thani Hotels, 946 Rama IV Rd., ✆ 2360450, wartet mit einer überraschend kreativen Speisekarte, einem breiten Weinangebot und einem schönen Ausblick auf. Gepflegte Atmosphäre und entsprechende Preise. Im Untergeschoss bietet das **Benjarong** Mo–Fr 11.30–14, tgl. 18.30–22 Uhr, ✆ 2360454, hervorragende Thai-Küche in stilvoller Atmosphäre.
Thai-Dinner mit Tänzen: In der endlosen Liste der Thai-Restaurants gibt es weitere, in denen klassische Thai-Tänze bei traditionellem Dinner vorgeführt werden. Sie sind allerdings recht teuer, aber auch entsprechend stilvoll, wie z.B.:
Thai Pavilion im Holiday Inn Crowne Plaza, Silom Rd., ✆ 2384300. Sehr gute Thai-Gerichte in großer Auswahl, ab 20 Uhr Khon-Tänze. Eine preiswerte Alternative ist das fast ausschließlich von Touristen besuchte Gartenrestaurant im
Silom Village, 286 Silom Rd., ✆ 2339447, ☺ tgl. 10–23 Uhr, die meisten Gerichte 100–200 Baht, gute Auswahl, leckere Gerichte und professioneller Service. Abends zwischen 19.30 und 20.30 Uhr (Anfangszeiten schwanken etwas) werden im Garten kostenlos etwa 1 Std. klassische Thai-Tänze mit Musik vorgeführt. Danach treten die Tänzer im Restaurant **Ruen Thep** im 1. Stock des gleichen Komplexes für Gruppen auf, Dinner ab 19 Uhr. Die Restaurants sind von einem Einkaufskomplex umgeben.
Chao Phraya Cultural Centre, 94 Soi Charoen Nakorn 21, Charoen Nakorn Rd., ✆ 4393477, das zur Yok Yor-Gruppe gehört, offeriert abends ein Menü, das von klassischen Thai-Tänzen begleitet wird.
Sala Thai, neben dem River City, ✆ 2669067, direkt am Fluss, sehr touristisch. Zu den Tänzen wird ein festes Menü serviert.
Vegetarisch: Jeh Noi Ahan Jay, Chak Phet Rd., Pahurat-Markt, neben dem Sikh-Tempel, ✆ 6237200, sehr preiswertes und gutes Essen, ☺ tgl. 8–18 Uhr.

Buffets in Hotels Zahlreiche große Hotel-Restaurants veranstalten Aktionswochen mit Brunch-, Lunch- und Dinner-Buffets, die in den Tageszeitungen und einigen Magazinen angekündigt werden. Auch wenn sie nicht gerade billig sind, lohnen sie wegen der exquisiten Speisen, großen Auswahl in schier endlosen Mengen und der einmaligen Atmosphäre. Die Gerichte sind überwiegend Thai, aber auch europäisch, chinesisch, indisch und japanisch. Zudem werden in Hotelgärten oder auf Terrassen stilvolle Dinner mit Barbecue (z.B. im Oriental) veranstaltet. Wer kann schon zu Hause bei einem lauen Wind am Pool unter Palmen tafeln? Mit entsprechendem Outfit und der Bereitschaft, gern auch etwas mehr zu zahlen, wird solch ein Abend zu einem unvergesslichen Erlebnis.

AUSSERHALB – Willy'z Music Cafe und Restaurant, 1922/51-53 New Phetchburi Rd., im Charn Issara Tower II, mediterran gestalteter Treffpunkt unter österreichischer Leitung, Speisekarte mit österreichisch-ungarisch-mediterranem Einschlag, riesige Portionen Spare Ribs. Deutsches und österreichisches Bier, Happy Hour bis 20 Uhr, ab 21 Uhr Live-Musik. ☺ Mo–Sa 11–2 Uhr.
Chamlong's, Kamphaeng Phet Rd., jenseits der Kamphaeng Phet 2 Rd., 100 m südlich vom Chatuchak Weekend Market unterhält die Vegetarische Gesellschaft Thailands viele Garküchen, die Sa und So von 8–14 Uhr sehr preiswerte, schmackhafte Gerichte anbieten, außerdem einen vegetarischen Lebensmittelladen.

KOCHKURSE – Wer das vorzügliche Thai-Essen nicht nur gern konsumiert, sondern auch selbst einmal kochen möchte, dem bieten zahlreiche Hotels, Restaurants und andere Organisationen Kochkurse an, u.a.:
The Thai House, ✆ 9039611, 9975161, ✆ 9039354, ✉ pip_thaihouse@hotmail.com, Unterkunft inklusive Kochkurs. Man sollte sich vorher anmelden und mindestens 3 Tage Zeit haben, s.S. 41. Pip, die Chefin, bringt ihren Schülern auf liebenswerte Art die lokale Küche nahe.
Weit teurer, aber gut sind die Kurse im **Oriental Hotel**, ✆ 6599000, im Benjarong Restaurant des

Dusit Thani, ✆ 2369999, *Grand Pacific*,
✆ 6511000, *Shangri-La*, ✆ 2367777, und anderen
Hotels.
Zudem Kurse im *Modern Women Institute* (Mae
Baan Tan Samai), nahe dem Samsen-Bahnhof,
✆ 2792831-4, 9-tägige Kurse, und *UFM Baking &
Cooking School*, Soi 33 Sukhumvit Rd.,
✆ 2590620, jeden zweiten Monat 10-tägige Kurse.

Unterhaltung und Nachtleben

Am Abend gibt es mittlerweile außerhalb der
internationalen Hotels weit interessantere Ziele
als die Etablissements, die einheimischen und
ausländischen Männern das Geld aus der Tasche ziehen. Neben den schummrigen Tanzbars
mit und ohne Go-go-Tänzerinnen, finsteren,
unterkühlten Thai-Nachtclubs und Massagesalons findet sich in Bangkok eine große Auswahl
an Kneipen, Veranstaltungsorten mit Live-Musik,
Bars, Biergärten, Kinos und Discotheken, die
einen Vergleich mit Europa nicht zu scheuen
brauchen. Jedes Stadtviertel hat abends seinen
völlig eigenen Charakter. So verbringt man in
Banglampoo den Abend in den Restaurants bei
aktuellen Videos oder Hits der letzten Jahre,
plaudert mit anderen Travellern, surft im Internet
oder schreibt Postkarten und beobachtet das
Treiben. Auch viele junge Thais kommen hierher,
um Falangs zu beobachten und sich zu vergnügen, denn auch bei Einheimischen ist die Khaosan Rd. angesagt. Hingegen zieht in der Silom
Rd.-Gegend die Patpong Nachtschwärmer ma-
gisch an, während man in der Sukhumvit Rd. bis
zum späten Abend die guten Einkaufsmöglichkeiten nutzt. Aktuelle Veranstaltungen sind in
den englischen Tageszeitungen und im Stadtmagazin *Metro*, 🖥 www.bkkmetro.com, gelistet,
das allerdings nicht überall verkauft wird. Am
besten in den Zeitungsläden der großen Hotels
nachfragen. Aktuelle Infos über Konzerte, sportliche Veranstaltungen, das Kinoprogramm und
mehr unter 🖥 www.thaiticketmaster.com.

BARS – ein weitläufiger Begriff in einer Stadt,
die für ihr Nachtleben berühmt ist. Allerdings
wird seit 2002 strikt darauf geachtet, dass alle
Bars und Restaurants spätestens um 2 Uhr

schließen und nur Gäste, die älter als 20 Jahre
sind, eingelassen werden. Da Ausweispflicht besteht, sollte man zumindest immer eine Passko-
pie dabeihaben.
Wer nicht in irgendwelchen zwielichtigen Spe-
lunken landen möchte, kann die Bars der internationalen Hotels aufsuchen, was vor allem für
allein reisende Frauen die beste Alternative ist.
Allerdings sind dort Drinks kaum unter 150 Baht
zu bekommen, zudem werden 17% *tax* und *service charge* aufgeschlagen. Günstige Getränke
während der Happy Hour, meist zwischen 17 und
20 Uhr.
Bamboo Bar, Oriental Hotel, 48 Oriental Avenue.
Das Image, eines der besten Hotels der Welt zu
sein, pflegt man mit hohen Preisen, gute Live-
Musik.
The Lobby Lounge, Shangri-La Hotel, 89 Soi Wat
Suan Plu. Der ideale Platz für einen Drink zum
Sonnenuntergang mit Blick auf den Menam Chao
Phraya. Wer etwas früher ankommt, kann sich
auch zum *high tea buffet* in der Lobby Lounge ein-
finden, deren hohe Fenster ebenfalls einen wun-
derbaren Ausblick auf den Fluss ermöglichen.
Huntsman Pub, Landmark Plaza, 138 Sukhumvit
Rd., gutes Essen bei angenehmer Musik in einer
gemütlichen Kneipe. In der *Piano Bar* im 31.
Stock des Hotels gute Cocktails und ein noch
besserer Ausblick.
Bobby's Arms, über dem Parkhaus in Patpong 2,
✆ 2336828, englischer Pub mit typischen Gerichten wie Fish 'n' Chips oder diverse Pies und
Biersorten von der Insel. Am Sonntagabend Jam
Session.
Shenanigans, Sivadon Bldg., 1 Convent Rd.,
✆ 2667160, angesagter irischer Pub, kommuni-
kationsfreundlicher Treffpunkt der Expats in
Schlips und weißem Hemd, ⏰ ab 11 Uhr, Mo–Fr
Mittagsbuffet, Happy Hour 16–19.30 Uhr.
O'Reilly's Irish Pub, Silom Rd., ✆ 6327515, irischer Pub, der in Konkurrenz zu *Shenanigans*
ebenfalls irische Gerichte zu 150–350 Baht, *All-
you-can-eat-BBQ* und diverse Biersorten anbie-
tet, Happy Hour von 17–19 Uhr, ab und an Live-
Musik.
Neil's Tavern, 58/4 Soi Ruam Rudee, zwischen
Ploenchit und Witthayu Rd., ✆ 2566875. Im englischen Landhausstil eingerichtet, ⏰ tgl. 11.30–
14 und 17.30–22 Uhr. Neben dem Pub auch ein

Restaurant gehobener Preisklasse und eine Bäckerei.

In der *Royal City Avenue*, kurz R.C.A., zwischen Rama IX und Phetchburi Rd., ist das Angebot an Pubs und Discos breiter gestreut.

Pranakorn Bar & Art Gallery, 58/2 Soi Ratchadamnoen Klang Tai, in der ersten Gasse westlich der Tanao Rd. Im 1. Stock des klimatisierten Gebäudes Poster und Musik der 50er und 60er Jahre, im 2. Stock monatlich wechselnde Ausstellungen, im 3. Stock Billard und Darts, zudem Techno-Musik, Jazz und eine gute Aussicht vom Dach.

PUBS MIT MUSIK – In Bangkok gibt es auch mehrere Pubs, in denen man (und auch Frau) einen Drink nehmen und Musik hören kann. Da meist kein Eintritt verlangt wird, sind die Getränkepreise mit beispielsweise 100–150 Baht pro Bier höher als in den normalen Kneipen.

Banglampoo und Thewet: In der Khaosan Rd. und ihren schmalen Gassen finden sich diverse preiswerte Pubs, die vor allem von Travellern besucht werden und sich auf deren Musikgeschmack eingestellt haben. Allerdings ändert sich diese Szene recht schnell.

Gulliver's Traveller's Tavern, 2/2 Khaosan Rd., gegenüber der Polizei; große, funky dekorierte ac-Kneipe mit Musikbox und Großbildschirmen für Fußballübertragungen; serviert auch westliches und einheimisches Essen, besonders günstig zur Happy Hour von 15–21 Uhr.

Susie Pub, 108/5-9 Khaosan Rd., hinter Nat Gh. In dem Holzhaus, das im 60er-Jahre-Stil dekoriert ist, amüsieren sich auch Studenten der benachbarten Uni. ☉ tgl. 11–2 Uhr.

New Orleans Pub, 522 Phra Sumen Rd., großes Haus im Südstaaten-Stil. Das Essen und die Musik sind allerdings Thai. ☉ tgl. 11–2 Uhr.

Siam Square, Sukhumvit Rd.: Kneipen und Biergärten für Männer aller Nationen finden sich entlang der Sois der Sukhumvit Rd. Bundesliga-Ergebnisse, Blasmusik, Bratwurst und (Boulevard-)Zeitung – hier gibt es alles, was Mann so braucht, inklusive Thai-Mädels, versteht sich. Alternativen dazu sind:

Hard Rock Cafe, 424/3-6 Soi 11, Siam Square, ✆ 6584090-3, 🖥 www.hardrockcafe.co.th. Eine

Patpong Ein Patpong-Besuch gehört mittlerweile zum Programm der meisten Reisegruppen. Seit hier abends einer der größten Touristenmärkte aufgebaut wird, scheint die Gasse nicht nur für Männer attraktiv. Die verspiegelten, dunklen Go-go-Bars mit bis zu 100 Tänzerinnen werden von Ständen mit Seidentüchern und -krawatten, Musikkassetten, Designertaschen und -sonnenbrillen fast in den Hintergrund gedrängt. Nicht zu ignorieren sind hingegen die Schlepper, die Touristen mit Sex-Shows in die oberen Stockwerke locken. Dort werden viele Gäste übervorteilt und mit saftigen Getränkerechnungen von bis zu 3000 Baht konfrontiert. Vor allem die Transvestiten-Szene ist bekannt dafür zu übervorteilen. Die Touristenpolizei rät, auf einer Quittung zu bestehen und sie anschließend zu benachrichtigen. Abends steht ein Bus der Touristenpolizei an der Einmündung der Patpong 1 in die Silom Rd. Neben den Go-go-Bars und Sexclubs hat die Patpong auch einige akzeptable Restaurants und Pubs aufzuweisen.

Die **Soi Cowboy** parallel zur Sukhumvit Rd., zwischen Soi 21 und 23, 🖥 www.soicowboy.net, ist ebenso voll gepackt mit Go-go-Bars wie die Patpong, aber weniger touristisch und origineller. Auch im **Nana Plaza**, Soi 4, konzentrieren sich die Bars, wobei Letztere alle Vorurteile zu bestätigen scheint, die gegen dieses Gewerbe bestehen. Jüngeren Datums ist **Clinton Plaza**, Sukhumvit Rd., zwischen Soi 13 und 15, 🖥 www.clintonplaza.com. Generelle Infos unter 🖥 www.one-night-in-bangkok.com. Bevor Mann sich ins Vergnügen stürzt, sollte er bitte s.S. 21 nachlesen.

amerikanische Idee, die begeistert angenommen wird, 3 Stockwerke voller Musik-Memorabilien, ab 22 Uhr Live-Bands, zumeist Popmusik, am Wochenende sogar 2 Bands. Teure Tagesgerichte und Snacks, wie wäre es mit Elvis Presley's Apple Pie oder Madonna's Shake? ☉ tgl. 11–2 Uhr.

The Living Room, im Sheraton Grande, Sukhumvit Rd., gegenüber Soi 19, ✆ 6530333. Gute Adresse für Jazz-Fans.

Roots Reggae & World Music Club, 6-7 Soi 26, Sukhumvit Rd., 🖳 www.rootsreggaeclub.com, Hiphop und afrikanische Klänge, akzeptable Getränkepreise.

Rund um den Lumpini Park, Patpong: *Hurricane*, Sarasin Rd., nahe Ratchdamri Rd., am Anfang der Pubmeile, Etablissement mit großem Weinangebot.

Brown Sugar, 231/19-20 Sarasin Rd., ✆ 2500103, nördlich vom Lumpini Park. Jazz, Country oder Rhythm & Blues, Live-Bands ab 21.30 Uhr, am So Jam Session, nette, gemütliche Musikkneipe, kein Eintritt, dafür sind die Getränke etwas teurer. In der Straße und um die Ecke gibt es weitere Musikkneipen, z.B.

Round Midnight, 106/12 Lang Suan Rd., ✆ 2510652, ab 21.30 Uhr gute Live-Pop-, Dance-Musik und Rock 'n' Roll.

Metal Zone, Lang Suan Rd., ✆ 2551913, mehrere Live-Bands bringen ab 20 Uhr mit Heavy Metal das Publikum in Schwung.

Radio City, 76/1-6 Patpong, kleine, im 60er-Jahre-Stil eingerichtete Musikkneipe mit Oldies live, der abendliche Höhepunkt ist der Auftritt einer Elvis-Band. ◷ tgl. 17–2 Uhr.

Im Norden: *Saxophone*, 3/8 Victory Monument, Phayathai Rd., ✆ 2465472, ein gemütlich mit viel Holz und Ziegeln eingerichtetes Pub mit großer Bar südöstlich vom Victory Monument. ◷ tgl. 18–3 Uhr, ab 21 Uhr treten hier jede Nacht einige der besten Jazz-, Rock- und Bluesmusiker auf. Gute Atmosphäre.

In der **Hollywood Street**, einer etwas verwitterten Passage neben dem Kino gegenüber dem Asia Hotel, bieten mindestens ein halbes Dutzend Musikkneipen Nachwuchsbands und Oldies eine Chance zum Auftritt.

Rock Pub, 93/26-28 Hollywood St., eine Adresse für Hard Rock- und Heavy Metal-Fans, aber auch Disco und Billard. ◷ tgl. 19–3 Uhr.

DISCOS – gibt es in jedem größeren Hotel. Vor 23 Uhr ist meist nicht viel los. Voll wird es Fr und Sa nachts. Neben westlichen Hits wird auch Thai-Pop zum Mitsingen gespielt. Meist ist kein Eintritt zu zahlen, dafür sind die Getränke relativ teuer.

Immortal Bar, 249 Khaosan Rd., im 1. Stock des Bayon-Gebäudes wird am Samstag Metal, Hard-

core und Alternative Music richtig aufgedreht, den Rest der Woche geht es mit Hiphop und Drum 'n' Bass etwas ruhiger zu. Die alte Falang-Bar wechselt allerdings öfter ihren Namen. Vielleicht liegt es daran, dass die Traveller lieber in den Straßenrestaurants sitzen. ◷ tgl. 21–2 Uhr.

Concept CM2, im Novotel, Soi 6 Siam Square, ✆ 2556888, 🖳 www.novotel.co.th, ◷ tgl. 19–2 Uhr, neben Live-Musik auch Karaoke, Themenbars, viele Prostituierte, ordentliche Kleidung erforderlich (Schuhe, Hemd…). Eintritt 200 Baht, am Wochenende 300 Baht.

La Lunar, Soi 26, Sukhumvit Rd., ✆ 2613991-4, in diesem Komplex ist neben einem Pub und Thai-Restaurant auch eine Disco untergebracht, teure Drinks, ◷ ab 18 Uhr.

Nasa Spacedrome, 999 Rama Khamhaeng Rd., ✆ 3146530. Diese riesige Disco liegt außerhalb des Zentrums, etwa 100 Baht mit dem Taxi. Auf mehreren futuristisch gestylten Stockwerken amüsiert sich bis 2 Uhr morgens ein überwiegend jugendliches Publikum.

SCHWULE UND LESBEN – Das Unterhaltungsangebot für Schwule ist überwiegend sex-orientiert. Dennoch finden sich in der Stadt auch einige Clubs und Bars, die bei toleranten Menschen keinen Anstoß erregen, und einige schwulenfreundliche Restaurants und Unterkünfte. Informationen über ganz Thailand erteilt

Utopia, Tarntawan Place Hotel, 119/5-10 Surawong Rd, ✆ 2383227, 🖳 www.utopia-tours.com. ◷ tgl. 10–18 Uhr.

Anjaree Group, die lesbische Organisation ist zu erreichen über ✆/✆ 4771776, ✉ anjaree@ hotmail.com.

TRAVESTIESHOWS – *Calypso Cabaret*, im Asia Hotel, 294/1 Phayathai Rd., 🖳 www. calypsocabaret.com, zwischen 9 und 18 Uhr an der Theaterkasse oder Reservierungen unter ✆ 6533960-2, danach unter ✆ 2168937, für die Shows um 18.30, 20.15 oder 21.45 Uhr. Travestie-Revue der gehobenen Klasse für 700 Baht inklusive eines Drinks (außerhalb der Saison günstiger, Rabattcoupons in Zeitungen). In diesem Theater, das kleiner ist als die Bühnen in Pattaya, treten verblüffende Kopien berühmter Sänger auf.

Mambo im Washington Theatre, Washington Square, ✆ 2595128, 2595715, Travestieshow um 20.30 und 22 Uhr für 600 und 800 Baht.

BIERGÄRTEN UND BRAUHÄUSER – Rings um das World Trade Center an der Ratchdamri, Ecke Ploenchit Rd., und auf dem Suan Lum Night Bazaar werden während der Trockenzeit von Januar bis April an einigen Wochenenden Hunderte von Tischen und Stühlen aufgestellt, die sich bereits nachmittags füllen. Am frühen Abend ist kaum noch ein Platz zu bekommen, denn das frisch gezapfte Bier (der Krug zu 150–200 Baht) erfreut sich großer Beliebtheit. An Essensständen werden Snacks, Würstchen vom Grill, halbe Hähnchen, Spanferkel und Thai-Gerichte verkauft.

International Bier House, Soi 23 Sukhumvit Rd., gegenüber der Einmündung der Soi Cowboy. Kleine Gartenkneipe mit lokalen und deutschen Bieren und Speisen.

Just One, Soi Ngam Duphli, Ecke Soi Atthakan Prasit, einfaches Gartenrestaurant und Musikpub, Essenstände und Tische unter Schatten spendenden Bäumen.

Hartmannsdorfer Brauhaus, die von Singha übernommene ehemalige DDR-Brauerei, betreibt einen Biergarten im SCB Park Plaza, Ratchadaphisek Rd. Selbst gebraut wird Pils, dunkles Bier, helles und dunkles Weizenbier sowie Bockbier. Mo–Sa Live-Musik, ⏰ tgl. 11–24 Uhr.

Tawandaeng Brewery, 462/61 Rama III Rd., ✆ 6781114-6. Trotz der 1600 Sitzplätze kann das Brauhaus am Wochenende nach 21 Uhr so voll werden, dass sich draußen eine Schlange bildet. Die gute Live-Musik, leckeren einheimischen und deutschen Gerichte ziehen ein überwiegend einheimisches Publikum an, was vielleicht an der Lage abseits der Touristenmeilen liegt. ⏰ tgl. 11–2 Uhr.

KINOS – Amerikanische Importe, chinesische Action-Filme aus Hongkong und einheimische Produktionen stehen auf dem Programm. Viele Filmimporte sind in Thai synchronisiert, einige mit englischen Untertiteln versehen. Das aktuelle Programm ist in der *Bangkok Post* und in der *Nation* abgedruckt. Generell sind Kinos stark gekühlt, so dass ein Pullover nicht schaden kann.

Lido Multiplex, *Siam* und *Scala* am Siam Square oder die Kinos im World Trade Center (Vorführungen nur tagsüber) sowie in anderen großen Einkaufszentren zeigen häufig englischsprachige Filme.

Im *EGV Kino* im Siam Discovery Centre werden viele aktuelle englischsprachige Filme gezeigt. Zudem warten die großen, kühlen Säle der *gold class* mit einem wahrhaft luxuriösen Kinoerlebnis auf. Für 500–600 Baht kann man es sich in den paarweise aufgestellten Liegesitzen mit Decken, Kissen und Socken bequem machen und zuvor in der Lounge einen teuren Drink oder Snack einnehmen oder sogar etwas ordern, das vor dem Film am Platz serviert wird.

Auch in den Sälen des *Major Cineplex*, z.B. im World Trade Center oder in der Sukhumvit Rd., Skytrain-Station Ekkamai (Exit 1), ✆ 5115555, 🖥 www.majorcineplex.com, wartet man mit komfortablen Sitzen auf.

Ansonsten liegen die Eintrittspreise zwischen 50 Baht (in alten Häusern) und 100 Baht (in Multiplex-Kinos). Vor dem Film ertönt die Königshymne. Es wird erwartet, dass alle Zuschauer als Zeichen des Respekts aufstehen. Deutsche Filme zeigt einmal wöchentlich das Goethe-Institut, englische das British Council und französische die Alliance Française (s.u.).

Krung Thep IMAX-Theater mit 600 Sitzplätzen, Großleinwand und 3D-Technologie im 6. Stock des Major Cineplex, Ratchayothin Rd., nahe dem Northern Bus Terminal, ✆ 5115810, 🖥 www.imaxthai.com, für Touristen 300 Baht inkl. Popcorn und Drink, ⏰ tgl. 11–22 Uhr.

THAI-BOXEN – Kampf-Atmosphäre mit Begeisterung und viel Wetten, ein thailändisches Männervergnügen. Hinten auf den billigsten Plätzen ist am meisten los. Freundliche Ticketverkäufer lassen Touristen schon mal reingehen, um die Plätze in Augenschein zu nehmen. Manchmal wird Ausländern vor allem für die hinteren Ränge ein höherer Preis abgenommen. Die Anfangszeiten sind tgl. der *Bangkok Post* zu entnehmen: *Ratchdamnoen Stadium*, Ratchdamnoen Nok Rd., ✆ 2814205. Kämpfe Mo, Mi, Do 18, So 17 Uhr, Eintritt 220–500 Baht, am Ring 1000 Baht.

Lumpini Stadium, östlich des Lumpini Parks, ✆ 2514303. Kämpfe Di, Fr 18.30, Sa 17 und 20.30

Uhr, Eintritt 220–440 und 920 Baht, bei berühmten Boxern noch mehr. Ac-Loge im 3. Stock. Die besten Kämpfer treten erst gegen 21 Uhr auf.
Channel 7 Stadium, hinter dem Northern Bus Terminal, ✆ 7270201, So ab 13.45 Uhr Boxkämpfe, Eintritt frei.
Wer selbst Thai-Boxen erlernen möchte, wendet sich an:
Muay Thai Institute, 336/932 Prachathipat, Thanyaburi, Pathum Thani 12130, ✆ 9920096-9

VERGNÜGUNGSZENTREN – Fast jedes Einkaufszentrum beherbergt unter seinem Dach einen Vergnügungspark, eine Mischung aus Spielsalon und Rummelplatz.
Dream World, ✆ 5331152, liegt noch weiter außerhalb, nördlich des Airports an der Nakhon Nayok Rd., dem H305, zwischen H1 und Outer Ring Road. Riesige Wasserrutsche und vieles mehr. Auf dem Klong schwimmen zahlreiche Restaurantboote. ⏰ tgl. 10–17 Uhr, 450 Baht, ✆ 5331152, 🖥 www.dreamworld-th.com.

Kunst und Kultur

AUA LANGUAGE CENTER – 179 Ratchdamri Rd., ✆ 2528170-3, Sprachenschule und Kulturzentrum, wo Ausstellungen und Filme gezeigt werden.

BUDDHISTISCHE MEDITATION – und Informationen über Buddhismus bietet die *World Fellowship of Buddhists*, 616 Benjasiri (Queen's) Park, Soi 24 Sukhumvit Rd., ✆ 6611284-7, an. Meditationskurse jeden ersten und dritten So im Monat von 13–16 Uhr.
Die *Sala Pradasaddha* (Royal Faith Pavillon), Rama I Rd., bietet die Möglichkeit zu Meditationen tgl. von 7–8, 12–13 und 17–20 Uhr sowie während der buddhistischen Fastenzeit und an Feiertagen von Sa abend bis So früh. Dhama-Unterweisungen jeden ersten und dritten So im Monat von 13–15 Uhr.
Das *International Buddhist Meditation Center*, House of Dhamma, Wat Mahathat, ✆ 6236326, offeriert neben Vipassana-Meditationen von 13–19.30 Uhr auch Seminare zum Buddhismus in Englisch tgl. außer So und feiertags von 13–18 Uhr. Der verantwortliche, gut Englisch sprechen-

de Mönch Phra Supat ist zu erreichen unter ✉ supat60@hotmail.com.
Im selben Tempel werden in der Section 5, ✆ 2226011, den blauen Schildern folgen, tgl. um 7, 13 und 18 Uhr 3-stündige Vipassana-Meditationen angeboten (s.S. 129), mehrtägige Retreats sind möglich, Instruktionen in Englisch Mo, Mi und Fr. Die Englisch sprechende Nonne Tipsuda ist zu erreichen unter ✆ 6235685. Weitere Infos unter ✉ piyobhaso@hotmail.com. Weiteres über buddhistische Meditationen s.S. 103.

KULTURINSTITUTE – *Goethe-Institut* (German Cultural Institute), 18/1 Soi Goethe, Sathon Tai Rd., nahe dem Malaysia Hotel, ✆ 2870942-4, 📠 2871829, ✉ goetheth@loxinfo.co.th. Stark ausgedünnte Bibliothek mit älteren deutschsprachigen Büchern (auch Kinderbücher), aktuellen Zeitungen *(Süddeutsche, FAZ, Die Zeit)* und diversen, überwiegend älteren Magazinen *(Spiegel, Stern, Brigitte)*, ⏰ Di 9.30–18, Mi 13–18, Do 9.30–17, Fr 9.30–13, Sa 8–13 Uhr. Außerdem ein Restaurant, eine Cafeteria und die Clubräume der Thai-Deutschen Gesellschaft. Hier kann man auch Deutsch sprechende Thais kennen lernen. Einmal wöchentlich werden deutsche Filme gezeigt und andere kulturelle Veranstaltungen angeboten. In der 6x jährlich veröffentlichten Broschüre sind alle Veranstaltungen aufgelistet.
Alliance Française, 29 Sathon Tai Rd., ✆ 2132122-3.
British Council, 254 Chula Soi 64, hinterer Siam Square, gegenüber ECC, ✆ 2526136.

KUNSTAUSSTELLUNGEN – Neben den sporadischen Ausstellungen in der *Nationalgalerie* am Sanam Luang werden Kunstausstellungen im Nationalmuseum, im *Thailand Cultural Center* (s.u.), in verschiedenen großen Hotels, im *River City Shopping Complex* neben dem Royal Orchid Hotel und in den Kulturinstituten gezeigt.
Fine Arts Department, am Sanam Luang in der Nationalbibliothek, ✆ 2241370, ⏰ Mo–Fr 9–16 Uhr, erteilt die Exportgenehmigung für Kunstobjekte und Antiquitäten.

THAILAND CULTURAL CENTER – Ratchadaphisek Rd., ✆ 2470028, östlich der Stadt. Dieses moderne Kulturzentrum umfasst ein Theater mit 2000 Plätzen, eine Freilichtbühne für 1000 Zuschauer, eine Bücherei und ein Sprachlabor. Hier finden Theater- und Tanzaufführungen, Konzerte, Festivals, Ausstellungen und Seminare statt. Aktuelle Infos in den Tageszeitungen.

THEATER UND TANZ – Im *Nationaltheater*, Na Phratat Rd., am Sanam Luang, werden moderne Stücke und die bei Touristen beliebten klassischen Shows gezeigt, Reservierungen unter ☎ 2241342.

Weitere Theater- und Tanzaufführungen im *Thailand Cultural Center* (s.o.) und im Winter im *Charoen Krung Royal Theatre*, Old Siam Plaza, 66 Charoen Krung Rd., ☎ 2258757-8.

Im neu erbauten *Joe Louis Theatre (Lakhon Khon Lek)*, auf dem Gelände des Suan Lum Night Bazaar, 1875 Rama IV Rd., ☎ 2529683-4, 📠 2529685, ✉ joelouistheatre@hotmail.com, 🖥 www.joelouis-theater.com, wird das Ramayana-Epos als thailändisches Puppenspiel aufgeführt. Vor der Aufführung werden die traditionellen Figuren vorgestellt. Drei Künstler agieren mit bunten, aufwendig bestickten Stabpuppen, die vom Familienoberhaupt Sakorn Yanghiawsod (Joe Louis) seit 50 Jahren angefertigt werden. Der Ausstellungsraum neben der Kasse in der Lobby ist immer zugänglich. Shows tgl. um 19.30 und 21.30 Uhr.

Patravadi Theatre, auf der Open-Air-Bühne neben dem *Supatra River House*, 69/1 Soi Wat Rakhang, Arun Amarin, Rd., ☎ 4127287-8, 🖥 www.patravaditheatre.com, wird in der Trockenzeit ab 19 Uhr ein interessantes Kulturprogramm geboten, Eintritt je nach Show 200–500 Baht. Vor der Bühne werden an den Ständen des Lan Hin Tak-Theaterrestaurants preiswerte Snacks verkauft. In verschiedenen Restaurants werden klassische Thai-Tänze zu einem festen Menü (s.S. 165) aufgeführt.

Kostenlos sind die Vorführungen am Lak Muang-Schrein am Sanam Luang (s.S. 128) sowie am Erawan-Schrein an der Ratchadamri, Ecke Ploenchit Rd. (s.S. 141). Auch im Vimanmek Mansion (s.S. 143) werden traditionelle Tänze aufgeführt.

Einkaufen

Beim Einkaufen braucht man Zeit, um die Preise zu vergleichen. Besonders Straßenhändler vor

teuren Hotels, in der Patpong, Khaosan und vor einigen Einkaufszentren, die Touristen gefälschte Markenwaren, Kunsthandwerk und andere Souvenirs offerieren, verlangen häufig total überhöhte Preise. Hingegen sind die meisten Preise in der Sukhumvit Rd., auf dem Pratunam-Markt und außerhalb der Touristenhochburgen realistischer. Während man hier um das Handeln nicht herumkommt, ist es in den Geschäften, in denen Thais einkaufen, kaum üblich zu feilschen. Wer freundlich nach einem *discount* fragt, wird schon bald die Unterschiede erkennen.

SHOPPING CENTER – Wahre Konsumtempel, die sich mit denen von Singapore oder Hong Kong durchaus messen können, konzentrieren sich vor allem in der unteren Sukhumvit Rd., der Ploenchit Rd. und Silom Rd. In ihnen sind Geschäfte, Büros, Restaurants, Kinos und Kaufhäuser untergebracht. Die Einkaufspaläste, die zu den größten der Welt zählen, liegen an den Ausfallstraßen außerhalb des Zentrums, z.B.

Seacon Square und *Seri Center* in der Srinakarin Rd. weit östlich des Zentrums.

Der *Future Park* in Rangsit, ca. 2 km nördlich des Airports, eignet sich gut für einen letzten Einkauf vor dem Abflug, sofern ausreichend Zeit (z.B. bei einem Zwischenstopp) bleibt.

Zentral liegen in der Chinatown:

Old Siam Plaza, 66 Charoen Krung Rd., eine restaurierte Markthalle, die noch viel historisches Flair ausstrahlt, was sie vor allem ihren überglasten Höfen, den im traditionellen Design gefliesten Böden und dem sparsamen Einsatz von Klimaanlagen verdankt. Eine Augenweide ist der Food Market in einem der Höfe. Daneben haben sich auch Restaurants, Fastfood-Ketten sowie Porzellan-, Waffen- und Textilgeschäfte hier niedergelassen.

River City am Menam Chao Phraya, neben dem Royal Orchid Sheraton Hotel, 🖥 www.rivercity.co.th. Rings um eine weite Halle, in der offene Stände Kunsthandwerk anbieten, reihen sich kleine Läden, u.a. viele Kunsthandwerk- und Seidengeschäfte. In der Halle finden monatlich wechselnde Ausstellungen statt. Zudem ist die Qualität der in den Läden angebotenen Waren so hoch, dass man sich in ein Museum versetzt fühlt. Ein Shuttleboot verkehrt zum Oriental Hotel.

Nahe Siam Square:

Mah Boon Krong Center, Rama I Rd., Ecke Phayathai Rd. Großer Block, viele kleine Läden bieten eine breite Palette von Waren zu günstigen Preisen an, außerdem der Tokyu Department Store und im Obergeschoss ein Food Center mit Coupon-System und Wechselschalter mehrerer Banken. ⊙ tgl. 10–20 Uhr.

Siam Square, hier gehen vor allem Jugendliche aus den benachbarten Sprachenschulen und junge Frauen aus den nahe gelegenen Büros und Hotels einkaufen. Am Wochenende treffen sich in den verkehrsberuhigten Straßen, den Läden, Restaurants und Cafés Oberschüler und Studenten zum Plausch. Entsprechend besteht das Angebot aus preiswertem Modeschmuck, Taschen und anderen Accessoires sowie Textilien in kleinen Größen und Kopien von Markenwaren.

Siam Center, traditionelles Shopping Center für Jugendliche mit vielen Textilgeschäften, mehreren Kinos, einigen Restaurants und Essenständen, im Obergeschoss Tower Records.

Siam Discovery, der angrenzende neuere Komplex ist durch eine überdachte Brücke mit dem Siam Center verbunden. Im 4. Stock *Asia Books*. Runde Formen und der Einsatz von Chrom und Glas geben dem Gebäude eine futuristische Note und den Geschäften internationaler Möbeldesigner einen passenden Rahmen. Zudem mehrere Kinos. Dahinter erhebt sich der *Siam Tower*.

World Trade Center, Ratchadamri, Ecke Rama I Rd., ein neuer, mondäner Gebäudekomplex mit dem Zen und Isetan Department Store, zahlreichen Geschäften, u.a. einem Duty-Free-Shop, Tower Records, einem Vergnügungspark, Multiplex-Kinos, einem Food Center und Restaurants im 6. und 7. Stock, Tennisplätzen, Veranstaltungsräumen, einer Eisbahn im 8. Stock (⊙ tgl. 10–14.45 und 16–21 Uhr) usw. Gegenüber weitere Einkaufszentren:

Gaysorn Plaza, mit Edelboutiquen internationaler Designer, vielen interessanten Geschäften mit Kunsthandwerk im 3. Stock.

Narayana Phand, das große Handicraft Center mit einer großen Auswahl, im Untergeschoss ein Souvenirmarkt für alle, die nicht gern an den Straßenmärkten handeln, und

Amarin Plaza, Ploenchit Rd., beherbergt viele Seidengeschäfte und im 3. Stock den Sogo Department Store.

Peninsula Plaza, Ratchadamri Rd., viele Luxusboutiquen. Hier gibt es die originalen Gucci-, Louis Vuitton-, Lacoste- oder Ellesse-Markenwaren, außerdem *Asia Books*.

Sukhumvit Rd.:

Ploenchit Center, Sukhumvit Rd., nahe Soi 2, nicht so beliebt, mit Villa-Supermarkt, ⊙ tgl. 8–22 Uhr, einigen kleinen Buchläden, mehreren Restaurants sowie einem Food Center im 6. Stock. ⊙ tgl. 7–20 Uhr.

Nai Lert Bldg., Sukhumvit Rd. zwischen Soi 3 und 5, u.a. mehrere Restaurants und ein *Foodland*.

Times Square, 246 Sukhumvit Rd., zwischen Soi 12 und 14, beherbergt zahlreiche Boutiquen, ein kleines Postamt, eine Wäscherei und Restaurants, z.B. *Coca Suki* und *The Pizza Company* sowie *Asia Books*.

Emporium, 622 Sukhumvit Rd., am Queen's (Benjasiri) Park, elegantes Einkaufszentrum mit Designer-Boutiquen, dem Emporium Department Store und einer großen, lohnenswerten Food Hall im 5. Stock mit tollem Ausblick über den Park auf die Silhouette der Stadt. Im *Greyhound Café* im 2. Stock trifft sich die Szene.

Lotus Super Center, an der On-Nut-Endstation des Skytrain in der Sukhumvit Rd., die landesweite Kette hat viele günstige Waren, aber keine Edelmarken-Artikel im Angebot.

Nahe Silom Rd.:

Silom Complex, nahe Dusit Thani Hotel, wird überwiegend vom Central Department Store eingenommen. Im Tiefgeschoss einige Fastfood-Restaurants.

Silom Centre, gegenüber, am nördlichen Ende der Silom Rd., beherbergt den *Robinson Department Store*, eine weitere Filiale in der Sukhumvit Rd. im Grand Pacific Hotel, zwischen Soi 17 und 19.

Thaniya Plaza, nahe Patpong, zwischen Silom und Surawong Rd., kleiner Komplex mit mehreren Kunsthandwerksläden, *Asia Books*, einer Filiale des Silom Village und einem Kaffeehaus.

Silom Village, kleines Einkaufszentrum mit Restaurant, Hotel und einem guten Angebot an Kunsthandwerk.

Central Department Store, das älteste Kaufhaus Bangkoks in der Ploenchit Rd., wurde nach einem Brand neu aufgebaut. Zudem gibt es Filialen u.a. im Silom Plaza und der unteren Silom Rd.

Suan Lum Night Bazaar, östlich vom Lumpini Park, wenn alle bezogen sind, machen 3700 Souvenirläden mit interessanten Angeboten und attraktiven Preisen sowie genügend Essenstände zum Stärken das Einkaufen zum Vergnügen.

Im Norden:

Panthip Plaza, Phetchburi Rd., gigantischer Einkaufskomplex für Computerfans; Hardware und legale wie kopierte Software (immer erst mit einem aktuellen Virusprogramm checken!).

Suan Chatuchak Weekend Market, s.S. 144.

Im Westen:

Central Pinklao Department Store, nahe dem Southern Bus Terminal, mit einem *Tops Supermarket,* vielen guten, preiswerten japanischen und einem Steamboat-Restaurant sowie einigen Friseuren.

MÄRKTE – In der Millionenstadt Bangkok haben einige Märkte mit ländlichem Charakter überlebt, auf denen frisches Obst und Gemüse, Fisch und Fleisch angeboten wird. Die legendären schwimmenden Märkte gibt es allerdings nur noch außerhalb der Metropole. Auf den meisten Märkten Bangkoks werden vor allem Textilien und Drogerieartikel verkauft, aber auch Pflanzen und – natürlich – Souvenirs für die zahlreichen Touristen.

Weekend Market, Suan Chatuchak. Jeden Sa und So von 8–18 Uhr lockt der große, interessante Markt über 100 000 Besucher an. An 6000 Ständen gibt es Textilien (kreative T-Shirts), Meo-Handarbeiten, Schmuck, chinesisches Porzellan, Haushaltswaren, Lebensmittel, Tiere, Kassetten, Bücher (auch in Englisch), Souvenirs, Elektroartikel, Pflanzen und sogar Wechselstuben und Geldautomaten. Mo–Fr werden überwiegend Pflanzen verkauft.

Thewet-Blumenmarkt, am nördlichen Ende der Luk Luang Rd., an der Mündung des Klong Phadung Krung Kasem. Hier werden täglich Blumen, Pflanzen, Orchideen und Palmen in allen Variationen sowie Fische, Frösche und Schildkröten verkauft. Auf der anderen Seite des Klong erstreckt sich ein Obst- und Gemüsemarkt, der sich in der Samsen Rd. fortsetzt. Textilien und Essensstände gibt es auf der gegenüberliegenden Straßenseite. An der Expressboot-Anlegestelle

wird Fischfutter verkauft, mit dem man die zahllosen Welse im Fluss anlocken kann.

Pak Klong Talaat, nahe der Memorial-Brücke findet täglich am frühen Morgen in der großen Halle am Fluss ein Großmarkt statt, auf dem mit Obst und Gemüse, Fisch und Fleisch gehandelt wird. Hier kann man das Ausladen der Transportboote beobachten. Begrenzter Verkauf auch an Endverbraucher.

Sampeng Lane, von der Pahurat Rd. über den Klong Richtung Südosten und in den Seitengassen. In der schmalen Gasse wird in zahllosen offenen Geschäften eine Vielfalt von Waren angeboten.

Pahurat-Markt, südlich der Pahurat Rd. Dieser überdachte Markt, auf dem vor allem Textilien angeboten werden, weist einen deutlich spürbaren indischen Einfluss auf. Hier findet man alles, von Saris bis zu Brokatstoffen für Tempeltänzer, Schmuck, Betelnüsse, Kurzwaren, Schreibwaren u.a. Feilschende Touristen sind nicht gern gesehen.

Pratunam-Markt, entlang der Ratchaprarop Rd sowie im und um den Baiyoke II Tower. Unzählige Stände vor allem mit Textilien, aber auch Souvenirs zu absolut günstigen Preisen. Die Verkäufer lassen gern mit sich handeln.

Amulettmarkt, neben dem Wat Ratchanatda, westlich vom Golden Mount, Schutz- und Glücksamulette und religiöse buddhistische und hinduistische Statuen sowie Abbildungen der Könige werden hier verkauft. Ein weiterer rings um das Wat Mahathat in der Phra Chan und Mahatat Rd. (Handeln nicht üblich).

Soi Bank Market, hinter der Bangkok Bank in der Silom Rd. werden Mo–Fr mittags auf dem quirligen Markt Blumen, Textilien und andere Alltagsgegenstände verkauft. Vorsicht, die Soi hat auch den Beinamen „Gasse, die das Geld hinwegschmelzen lässt".

ANTIQUITÄTEN – Der Handel mit echten Antiquitäten ist in Thailand seit 1989 **verboten**. Deshalb lebt eine ganze Branche von der Produktion täuschend echter Antiquitäten. Informationen erteilt das *Fine Arts Department* unter ✆ 2241370.

AUSRÜSTUNG – Auf dem **Atsadang-Markt** am Klong Lod in Banglampoo werden Hängematten und andere brauchbare Armeewaren verkauft. Moskitonetze sind für eine Reise an die Ostküste (Ko Samet, Ko Chang) und in den Westen (Sangkhlaburi) erforderlich. Baumwollnetze sind schwerer und weniger luftdurchlässig, aber haltbarer. Sie werden für Einzel- und Doppelbetten in Department Stores und einigen Läden sowie neben dem *New Siam Guesthouse* angeboten.

BUDDHAS – Nachdem Thailänder feststellen mussten, dass Buddhastatuen im Ausland auch als Lampenständer u.a. missbraucht wurden, ist es verboten, heilige Figuren und Buddhabildnisse auszuführen, auch wenn sich kaum jemand danach zu richten scheint. Ausnahmen gibt es nur, wenn man die Zugehörigkeit zu einer buddhistischen Religion belegen kann.

BÜCHER UND LANDKARTEN – Eine große Auswahl und die beste Auswahl an gängigen Titeln hat
Asia Books, 221 Sukhumvit Rd., 🖥 www.asiabooks.co.th, außer dem Mutterhaus zwischen Soi 15 und 17 Filialen u.a. im 1. und 3. Stock des Landmark Plaza zwischen Soi 4 und 6 Sukhumvit Rd., im Times Square, zwischen Soi 12 und 14, im Peninsula Plaza, Ratchadamri Rd., World Trade Center und vielen anderen Einkaufszentren. Alle sind bis 20 Uhr, das WTC sogar bis 21 Uhr geöffnet.
Aporia Books, 131 Tanao Rd., ✆ 6292919, der kleine Laden in Banglampoo überrascht mit einer guten Auswahl an englischsprachigen Reiseführern, Kunstbänden und Romanen.
Bei Otto, Soi 20, ein kleiner Buchladen mit vielen deutschsprachigen Titeln, auch An- und Verkauf von Secondhandbüchern.
Bookazine, Siam Square, der kleine zweistöckige Laden hat eine gute Auswahl an Reiseführern und Karten. Filialen im Sogo Department Store im 3. Stock, Ploenchit Rd.; Silom Complex im 2. Stock; CP Tower im 1. Stock, nahe Patpong.
Book Chest, Soi 2, Siam Square, und Thaniya Plaza, ist klein, hat aber gute Karten und viele Computer-Bücher.
Kinokuniya, 🖥 www.kinokuniya.com, die große japanische Kette, hat auch 2 Filialen in Bangkok, eine im Isetan Department Store, World Trade Center, ✆ 2559834, die andere im Emporium Shopping Complex, 622 Sukhumvit Rd,

✆ 6648554. Beide halten ein überraschend breites Sortiment an englischsprachigen Büchern bereit. Hier findet man fast alles!
Bookseller Co., 81 Patpong Rd., mitten in der Patpong, verkauft u.a. eine große Auswahl an Büchern über Thailand sowie deutschsprachige Zeitungen und Zeitschriften.
The New Age, 144 Phra Athit Rd., kleiner esoterischer Buchladen mit einem breiten Angebot an englischsprachigen Büchern auch über den Buddhismus.
White Lotus, ✉ ande@loxinfo.co.th, 🖥 thailine. com/lotus, hat sich auf Bücher über Thailand und Südostasien in Englisch und Deutsch spezialisiert und verschickt Kataloge.
In Secondhand-Buchläden in der Khaosan Rd. und Umgebung, z.B. im *Shaman Bookstore*, 71 Khaosan Rd., oder *Moonlight Bookshop*, 46/1 Khaosan Rd., werden neben englischsprachigen Romanen auch viele gebrauchte Reiseführer verkauft.

COMPUTER SOFTWARE – legale wie kopierte CD-Roms am günstigsten im *Panthip Plaza*, Phetchburi Rd. An Computern kann gleich gecheckt werden, ob es sich um lizenzierte Software handelt.

EDELSTEINE – Bangkok ist das weltweite Zentrum für die Aufarbeitung minderwertiger und die Herstellung synthetischer Steine. Relativ gering sind die im eigenen Land geförderten Saphire und Rubine, das meiste wird importiert.
Vorsicht! Besonders beim Kauf von Edelsteinen werden viele Ausländer übers Ohr gehauen – so geschickt, dass man es kaum glaubt! Die meisten Betroffenen werden auf der Straße von Tuk Tuk-Fahrern, selbst ernannten Guides, angeblichen Polizisten, uniformierten Frauen oder netten Studenten und seit kurzem auch von weißen Travellern angesprochen, mit fadenscheinigen Gründen (besonderer Feiertag, Sehenswürdigkeiten geschlossen, nur begrenzte Einkaufsmöglichkeit) zu einer Edelsteinschleiferei gelockt und mit dem Versprechen, die Steine zum Vielfachen des Einkaufspreises zu Hause wieder verkaufen zu können, zum Kauf überredet (die falschen Adressen werden sogar mitgeliefert).

Wir erhalten trotz dieser Warnung immer noch jedes Jahr Briefe von Betroffenen, die zum Teil mehrere tausend Dollar verloren haben. Potenzielle Käufer sollten bedenken, dass zurzeit auf dem Weltmarkt eine Saphirschwemme herrscht, die angebotene Ware zumeist nur von minderer Qualität ist und man fast jeden Stein künstlich herstellen kann. Der Verkauf von Ramsch ist schließlich nicht verboten. Wer kein Experte ist, lässt besser die Finger von lukrativ erscheinenden Geschäften. Ansonsten sollten Schmuckstücke immer mit einer Echtheitsbescheinigung versehen sein, mit der Angabe von Größe, Gewicht und Preis sowie einer Rückgabegarantie innerhalb von 30 Tagen ohne Einschränkungen und einer Quittung. 45 führende Juwelenhändler, die sich im *Jewel Fest Club* zusammengeschlossen haben, verpflichten sich, alle Waren zu einem reellen Preis zu verkaufen. Ihre Adressen sind im Tourist Office, ✆ 2353039, oder unter 🖵 www.tat.or.th/do/jewel.htm, erhältlich.
Die *Thai Gem & Jewellery Traders' Association*, 942/152 Chan Issara Tower, Rama IV Rd., ✆ 2353039, oder die *Lambert Holding*, Shanghai Bldg., 807 Silom Rd., gegenüber Silom Village, ✆ 2364343, schätzen gegen eine Gebühr Schmuckstücke und Edelsteine.
Wer Betrügern auf den Leim gegangen ist, wendet sich an die *Tourist Police*.
Aus dem Ausland schickt man alle schriftlichen Unterlagen, aber nicht die Steine, an das: *Tourist Assistance Center*, 1600 New Phetchburi Rd., Makkasan, Ratchatewi, Bangkok 10310, ✆ 2505500, 📠 2505511. Nach längeren Verhandlungen ist es evtl. möglich, 60–70% des Kaufpreises zurückzuerhalten. Weitere Tipps für Geschädigte enthält ein Merkblatt der Deutschen Botschaft.
Die Verarbeitung der Steine ist kostenlos in einigen *Gem Cutting Factories* zu beobachten.

FILME – sind teurer als in Deutschland. Offiziell dürfen nur 5 Filme importiert werden, was normalerweise nicht kontrolliert wird. Papierabzüge kann man an jeder Straßenecke machen lassen. Allerdings lässt die Qualität oft zu wünschen übrig. Diafilme sind selten zu bekommen und werden nur von wenigen Labors entwickelt (kein Kodachrome).

KOPIEN VON MARKENARTIKELN – Beliebte Souvenirs sind Hemden, Socken, Uhren, Lederwaren und viele weitere Artikel, die eines gemeinsam haben – sie sind gefälscht, nicht immer von guter Qualität, aber billig. Obwohl der Verkauf illegal ist, interessiert sich die Polizei kaum dafür. Allerdings ist es verboten, Raubkopien nach Deutschland einzuführen. Zwischen 17 und 23 Uhr bauen fliegende Händler ihre Stände in der Patpong Rd. und der angrenzenden Silom Rd. sowie in der unteren Sukhumvit Rd. auf. Weniger Stände befinden sich am Indra Hotel, Siam Square und River City Einkaufszentrum. Die günstigsten Preise bieten die Händler an Straßenständen in der Khaosan Road. Die Atmosphäre in den Geschäften und an den Ständen ist allerdings manchmal ziemlich aggressiv.

KUNSTHANDWERK – In Bangkok günstig angeboten werden Silber- und Niellowaren, Puppen und Masken, Holzschnitzereien, Abreibungen von Tempelreliefs auf dünnem Reispapier, Bronze-Artikel, Baumwoll-Textilien, Sonnenschirme, Fächer und vieles mehr. Arbeiten der Bergstämme kauft man besser in Nord-Thailand. Ansonsten kann man sich auf dem Weekend Market umschauen.
Ein breites Angebot hält der große staatliche Verkaufsraum *Narayana Phand*, Ratchadamri Rd., 🖵 www.naraiphand.com, gegenüber dem World Trade Center, bereit. 🕐 tgl. 10–21 Uhr.
Der *Thai Craft Museum Shop* im 2. und 3. Stock des Gaysorn Plaza offeriert in ansprechenden Umgebung hübsches Kunsthandwerk aus allen Landesteilen, handgewebte Textilien aus dem Norden ebenso wie Celadon aus Sukhothai, Seide aus dem Isarn und Schattenspielfiguren aus dem Süden. 🕐 tgl. 10–21 Uhr.
Qualitativ hochwertige und entsprechend teure Produkte aus Bang Sai werden in den *Chitralada Handicraft Shops* am Airport und im Königspalast hinter der Kasse verkauft.

MEDIKAMENTE – In Bangkok kosten westliche Medikamente einen Bruchteil des deutschen Preises. Untersuchungen haben ergeben, dass es sich bei einigen Präparaten um Fälschungen handelt. Wer in einem Krankenhaus oder einer

Privatklinik behandelt wird, erhält die Medikamente dort passend abgezählt.

MUSIK – Vor allem Kassetten, aber auch Schallplatten, CDs, Laser-Discs, CD-Roms, DVDs und Videos aus internationaler und einheimischer Produktion werden in den großen Musikläden und in der Khaosan Rd. angeboten. Die größten sind die Filialen von *Tower Records* im World Trade Center, Emporium und Siam Center.

SCHNEIDER – Schneider, die alle Englisch, wenn nicht sogar Deutsch sprechen, nähen nach Vorlage (Katalogbilder reichen aus, die eigene Lieblingshose ist aber besser!) Hemden, Kleider oder gar Anzüge. Selbst wenn die Kleidung innerhalb von 24 Stunden fertig sein könnte, lohnt es sich, 3 Tage und mehrere Anproben zu investieren, Details genau abzusprechen, nicht auf superschnelle, superbillige Sonderangebote hereinzufallen, Änderungen zu verlangen und dafür genügend Zeit einzuplanen. Einige Leser haben sich über Betrügereien beschwert (falsche Stoffe, schlechte Verarbeitung, Drohungen bei Änderungswünschen), andere empfahlen:

Arena's Fashion, 292/3 Silom Rd., nahe Silom Village.

Aria Fashion, Shop 3 Khaosan Rd., ☎ 28173700, wo man auch Deutsch spricht.

Esquire, 1 Soi 11 Sukhumvit Rd., ☎ 2534648.

Handsome, 312 Silom Rd., alteingesessener Herrenschneider.

Pierre Boutique, Viengtai Hotel, 42 Tani Rd., ☎ 6291516, 🖥 www.pierreboutique.com.

Sunny Fashion, 70 Khaosan Rd., ☎ 6292585, ☏ 6290137, ✉ sunnyfashions@hotmail.com.

Toms Fashion, Soi 8 Sukhumvit Rd., alteingesessener, auch Deutsch sprechender Schneider. Auch hier ist Handeln angebracht. Je nach verarbeitetem Material variieren die Kosten. Als Anhaltspunkt könnten folgende Preise dienen: 3-teiliger Nadelstreifenanzug inkl. maßgeschneidertem Hemd oder Hosenanzug plus Rock und Bluse ab 4000 Baht, Mantel ab 3000 Baht.

SEIDE – wird in vielen Geschäften in verschiedenen Qualitäten und Farben angeboten – als Kissen, Krawatten, Kleider usw. oder am laufenden Yard (1 Yard = 91,44 cm) in einer Breite von meist 1 m.

Jim Thompson, 🖥 www.jimthompson.com, ist *das* führende Geschäft in der 9 Surawong Rd., nahe Rama IV Rd., ◷ tgl. 9–21 Uhr, Filiale u.a. im Isetan-Kaufhaus im World Trade Center, ◷ tgl. 10–21 Uhr, im Emporium und in vielen Luxushotels. Vorsicht, es wird viel Kunstseide oder Mischungen mit hohem Kunstfaseranteil als angeblich echte Seide angeboten. Zur Not hilft die Feuerprobe: Seide verbrennt fast ohne Asche, während Kunstfaser schmilzt und stinkt. Waschseide ist selten zu bekommen und nicht preiswerter als in Europa.

TEXTILIEN – vor allem T-Shirts, gibt es nicht nur auf dem Weekend Market, sondern auch auf Straßenmärkten. Eine große Auswahl in der Sukhumvit Rd., in Patpong und in Banglampoo, dem traditionellen Textilzentrum der Stadt.

TIERE – In Geschäften und auf Märkten, v.a. auf dem Weekend Market, werden Tiere und tierische Produkte angeboten, die unter das Washingtoner Artenschutzabkommen fallen. Auch in Thailand ist der Handel mit geschützten Tieren verboten, und wer dennoch meint, unbedingt eines dieser abartigen Souvenirs erwerben zu müssen, macht sich strafbar und wird spätestens bei der Heimreise große Schwierigkeiten bekommen.

Sonstiges

AUTOVERMIETUNGEN – Es ist kein Vergnügen, einen Wagen durch Bangkok zu steuern. Neben der großen Verkehrsdichte und dem ungewohnten Linksverkehr fordert ein verwirrendes System von Einbahnstraßen und Busspuren, die zu unterschiedlichen Zeiten in Betrieb sind, die ganze Aufmerksamkeit des Fahrers. Wer Richtung Norden fahren will, kann sich von der Firma das Auto zum Amarin Airport Hotel bringen lassen und ist gleich auf der richtigen Straßenseite. Für die Rückkehr aus dem Norden empfiehlt sich der Airport als Treffpunkt. Sich und Sonntage gut zum Fahren, da v.a. vormittags wenig los ist. Informationen über Mietwagen s.S. 57. Expressways in Bangkok kosten 30–40 Baht Gebühren. In der günstigen Preisklasse kosten Autos je nach Firma und Mietdauer 1000–2000 Baht pro Tag:

Avis, 22 Witthayu Rd., ✆ 2555300-4, ✆ 2546718-9, 🖥 www.AVIS.co.th. Filialen u.a. im Dusit Thani und Grand Hyatt Erawan Hotel sowie außerhalb von Bangkok in Hua Hin, Pattaya, Phuket, Ko Samui und Hat Yai.

Budget, 19/23 New Phetchburi Rd., ✆ 2030250, (außerhalb von Bangkok kostenlos unter ✆ 088-220310), ✆ 2952915, 🖥 www.budget.co.th. Filialen in Hua Hin, Phuket, Ko Samui, Krabi und Khao Lak.

Grand Car Rent, Asoke Din Daeng, ✆ 2482991-2, ✆ 2468478.

Hertz, 420 Soi 71 Sukhumvit Rd., ✆ 2675161-2, ✆ 3757495, Büros in Ko Samui und Hat Yai.

Klong Toey Car Rent, 1921 Rama IV Rd., ✆ 2501930, ✆ 2523566.

Lumpini Car Rental, 167/4 Witthayu Rd., am Lumpini Park, ✆ 2551966-8.

National, 931/11 Rama I Rd., ✆ 5175677, ✆ 7764840, ✉ smtcar@samart.co.th.

BOTSCHAFTEN – Adressen und Öffnungszeiten ausländischer Botschaften in Bangkok im Praktischen Teil, s.S. 14. Visa für Laos, Vietnam und Kambodscha können auch, sofern erforderlich, über Reisebüros organisiert werden.

FAHRRÄDER – Für Bangkok ist ein eigenes Rad auf keinen Fall zu empfehlen.

Bike & Travel, 802/756 River Park, Moo 12, Kookot, Lamlookka, Pratumthani, ✆ 9900274, ✆ 9900900, 🖥 www.cyclingthailand.com, www.exploretime.com. 1–10-tägige Fahrradtouren ab 2 Teilnehmern in ländlichen Regionen Thailands, die unterschiedliche Anforderungen an die Fitness der Teilnehmer stellen.

Pro Bike, 237/2 Ratchadamri Rd., Fahrradladen mit Werkstatt.
Informationen für Biker s.S. 56.

FESTE UND FESTIVALS – Staatliche Feiertage und große religiöse Feste werden in Bangkok besonders prunkvoll begangen: Zum Geburtstag der Königin oder des Königs finden Paraden in den geschmückten Straßen statt. Bei großen Festen werden sogar die Königlichen Barken zu Wasser gelassen. Auch das chinesische Neujahrsfest ist Anlass zu 3-tägigen Feierlichkeiten in der Chinatown (s.S. 137).

Visakha Bucha, das größte buddhistische Fest, wird im Wat Phra Keo und auf dem Sanam Luang begangen. Bereits ab 8 Uhr ziehen 30–40 liebevoll dekorierte Wagen mit Statuen, die Szenen aus dem Leben Buddhas darstellen, durch die Ratchdamnoen Rd. zum Königspalast.

Während der kühlen Jahreszeit von Mitte Februar bis Ende März finden auf dem Sanam Luang **Drachenwettkämpfe** statt.

Zur **Pflugzeremonie** auf dem Sanam Luang Mitte Mai strömen Bauern aus dem ganzen Land nach Bangkok.

Während der **Songkran**-Feiern werden in Bangkoks Straßen wahre Wasserschlachten ausgetragen, wobei Touristen ein beliebtes Ziel darstellen. Gepäck oder eine Kamera sollten deshalb immer wasserdicht verpackt sein, und wer nicht ständig bis auf die Haut nass werden und mit schmierigem Wasser übergossen werden möchte, sollte die Stadt während dieser Zeit meiden. Zudem führen zahlreiche Absperrungen zum Verkehrschaos, vor allem in der Altstadt; hingegen ist es in der Chinatown ruhig.

FRISÖRE – Ein Besuch beim Frisör ist wegen der entspannenden Kopf- und Nackenmassage äußerst angenehm. Beim Haareschneiden müssen vor allem Männer darauf achten, dass ihnen der Barbier nicht den Thai-Einheitsschnitt verpasst. Auf komplizierte Schnitte, Dauerwellen, Färben und Tönen sollte man aufgrund der unterschiedlichen Haarstruktur verzichten. Generell werden die Haare im Liegen mit kaltem Wasser gewaschen.

GELD – Der Nachschub an Bargeld ist durch zahlreiche Geldautomaten und Wechselstuben in den Touristenvierteln gesichert. Zentralen der großen Banken:

Bangkok Bank, 333 Silom Rd., ✆ 2314333, verkauft auch American Express-Reiseschecks.

Bank of America, 2/2 Witthayu Rd., ✆ 2516333, ✆ 2544003.

Bank of Ayutthaya, 550 Ploenchit Rd., ✆ 2550022, ✆ 2538589.

Deutsche Bank, Wireless Bldg., 208 Witthayu Rd., ✆ 6515000, ✆ 6515151, ◷ Mo–Fr 8.30–15.30 Uhr.

Siam Commercial Bank, 1060 Phetchburi Rd., ✆ 2561234, 📠 2536697.
Kasikorn (K) Bank, 400 Paholyothin Rd., ✆ 2701122, 📠 2714033.
Kreditkartenorganisationen: *American Express*, 388 Paholyothin Rd., ✆ 2730022/44, ⏱ Mo–Fr 8–17 Uhr, Vertretung: *Sea Tours*, Suite 88-92 Phayathai Plaza, 128 Phayathai Rd., ✆ 2165934, 2165783, ⏱ Mo–Fr 8.30–17, Sa 8.30–12 Uhr, kein Einlösen von Schecks.
Visa, Bank of America Building, 2/2 Witthayu Rd., ✆ 2737448-9, ⏱ Mo–Fr 8.30–12.30 Uhr. Außerdem bei Filialen der Kasikorn Bank, der Siam Commercial Bank und der Bank of America.
Master / EuroCard, bei den Filialen der Bank of Ayutthaya, Bank of America, Siam Commercial Bank, Thai Military Bank und Kasikorn Bank.
Diners Club, 191 Silom Rd., während der Bürozeiten Mo–Fr 8–17 Uhr ✆ 2383660, ansonsten ✆ 2335775-6, bei Verlust ✆ 2313500.
Thomas Cook, Sathorn City Tower, 175 Sathorn Tai Rd., ✆ 6795521.

IMMIGRATION – 507 Soi Suanphlu, Sathon Tai Rd., ✆ 2873101-10, ⏱ Mo–Fr 8.30–16 Uhr, am Airport ✆ 5351322. Das 60-Tage-Visum kann für 500 Baht um 14 Tage verlängert werden (es wird ein Foto benötigt), die Aufenthaltsgenehmigung für 30 Tage jedoch nur in Ausnahmefällen. Wird das Visum überzogen, muss bei der Ausreise ab dem zweiten Tag 200 Baht pro Tag bezahlt werden. In diesem Fall rechtzeitig am Airport erscheinen! Besucher mit einem gültigen, aber noch nicht abgelaufenen Visum können am Airport eine Wiedereinreise-Genehmigung erhalten, die allerdings die Visadauer nicht verlängert oder verkürzt. Für eine Reise sind 500 Baht, für mehrere 1000 Baht zu zahlen, zudem ist der *boarding pass* des internationalen Fluges vorzulegen. Die meisten Ausländer, die sich über längere Zeit in Thailand aufhalten, bevorzugen den so genannten *visa run*, der sogar von Reisebüros organisiert wird: Von Bangkok fährt man meist nach Aranyaprathet, dort kurz über die Grenze nach Kambodscha und mit einem neuen Visum gleich wieder zurück nach Bangkok.

INFORMATIONEN – *Tourist Authority of Thailand* (TAT), nahe dem Demokratie-Denkmal,

4 Ratchdamnoen Nok Avenue, ✆ 2829773-6, ⏱ tgl. 8.30–16.30 Uhr. Am Informationsschalter gibt es einen Stadtplan und aktuelle Publikationen. Weitere Informationen geben die Angestellten auf Anfrage heraus.
Die Zentrale befindet sich in der New Phetchburi Rd., ✆ 2505500, 📠 2505511, ✉ center@tat.or.th, 🖥 www.tourismthailand.org, www.tat.or.th, ⏱ Mo–Fr 8.30–16.30 Uhr.
Auch am Airport, vor der Polizeistation am westlichen Ende der Khaosan Rd., vor dem Ambassador Hotel, Soi 11, Sukhumvit Rd., alle ⏱ tgl. 8–24 Uhr, und am Chatuchak Weekend Market, ⏱ Sa, So 9–17 Uhr, verteilen TAT-Filialen Informationsmaterial.
Bangkok Tourist Bureau, 17/1 Phra Athit Rd., ✆ 2257612-5, 📠 2257616, nordwestlich vom Sanam Luang, am Treppenaufgang zur Phrapinklao-Brücke, informiert nur über Bangkok, ⏱ tgl. 9–19 Uhr. Falls vorhanden, gibt es am Counter gute Straßen-, Bus- und Klongkarten. Das Büro organisiert Veranstaltungen und Aktivitäten, wie geführte Bootstouren und Fahrradfahrten durch die Altstadt. Vor dem Robinson Department Store in der Silom Rd., nahe Rama IV, zudem kleine Stände, die ein paar allgemeine Broschüren verteilen. Einige Touristeninformationen im Flughafen und Hauptbahnhof werden privat betrieben und verdienen sich eine Provision durch die Vermittlung von Hotels und Touren im Zielgebiet.
In verschiedenen Gästehäusern und Restaurants der Khaosan Rd. hängen Anschlagbretter mit teilweise guten, aktuellen Informationen.
Tourist Service Line, touristische Informationen und Hilfe in Englisch, ✆ 1672.
Im Internet: 🖥 www.bangkok.com, 🖥 www. infothai.com/bangkokmag.

INTERNET – Zahlreiche Internet-Cafés in Banglampoo und viele weitere kleine Läden in den Nebenstraßen bieten ab 30 Baht pro Std. an überwiegend recht schnellen Rechnern die günstigste Möglichkeit, eine Mail zu versenden oder zu surfen. In einigen können sogar Bilder versendet werden, z.B. bei *Terranet*, Chakraphong Rd., Ecke Soi Rambuttri, in Banglampoo. Auch bei der Post im GPO und am Airport stehen Terminals. In anderen Stadtvierteln gibt es in Restaurants, Cafés und Einkaufszentren ebenfalls zahlreiche Anbieter. Sie sind aber oft etwa doppelt so teuer. Die Online-Verbindungen über Hotmail sind häufig überlastet und nicht sehr schnell.

MASSAGE – Traditionelle Thai-Massage für 200 Baht pro Stunde im Wat Pho (s.S. 131). Hier finden auch Massage-Kurse statt, die 10 Tage dauern und 6000 Baht kosten. Wer die Thai-Massage als zu kräftig und schmerzhaft empfindet, kann sich eine schwedische Massage geben lassen und sagen, dass es kräftig sein soll. *Bodie Care*, empfehlenswerte 2-stündige Massagen für 500 Baht, mehrere Filialen, u.a. in der 37/8 Surawong Rd., neben dem Wall Street Tower, und im Wall Street Inn, 37/20-24 Surawong Plaza, Surawong Rd., ✆ 2334144.
Eve House, 18/1 Surawong Rd., ✆ 2663846, Massage und Kräutersauna nur für Frauen.
Auch in der Khaosan Rd. und ihren Seitengassen, v.a. in der Soi Rambuttri und rings um das Viengtai Hotel, bieten viele traditionelle Masseure ihre Dienste an *(Green House, Friendly Gh.* u.a.). 1 Std. kostet hier etwa 200 Baht. Die meisten Massage-Salons bieten allerdings mehr sexuelle Vergnügungen mit (möglicherweise) weniger gesunden Nachwirkungen.

MEDIZINISCHE HILFE – Ein großes Krankenhaus ist das
Bangkok Christian Hospital, 124 Silom Rd., ✆ 2336981-9, Dr. Yuthana Budsayavith spricht Deutsch.
Auf europäische Patienten eingestellt sind das *Samitivej Hospital*, 133 Soi 49 Sukhumvit Rd., ✆ 3920010-9, und
BNH Hospital, 9 Convent Rd., zwischen Silom und Sathon Nua Rd., ✆ 2332610-9, neues Gebäude; zuverlässiges, freundliches, Englisch sprechendes Personal.
Bangkok Adventist Hospital, 430 Phitsanulok Rd., ✆ 2811422, ist gut, aber relativ teuer. Wird von Missionaren geleitet.
St. Louis Hospital, 215 Sathon Tai Rd., ✆ 2120033-48, ein katholisches Krankenhaus.
Bumrungrat Hospital, 33 Soi 3 Sukhumvit Rd., ✆ 2530250-9, Sprechstunde: Mo–Fr 11–15.30 Uhr. In diesem modernen Krankenhaus, dessen teure Zimmer mit guten Hotels konkurrieren können,

arbeitet auch die Deutsch sprechende Frauenärztin Dr. Cleopandhi Soorapanthu, der Internist D. Visit und die Deutsch sprechende Zahnärztin Dr. Ingbun Tiensiri, Mi 17–20 Uhr und So 9–12 Uhr, aber vorher Termin abmachen. Der größte Teil des Personals spricht Englisch.
Saorapha Memorial Institute, besser bekannt als Schlangenfarm, Rama IV, Ecke Henri Dunant Rd., informiert über Tropenkrankheiten und Impfungen. In allen Krankenhäusern praktizieren auch **Zahnärzte**, die mit ihren Patienten wesentlich sanfter umgehen als diese es von zu Hause gewohnt sind. Man behandelt Patienten nur, wenn sie genügend Bargeld haben oder die Kreditkartennummer hinterlassen. Notfalls wird der Pass als Pfand einbehalten!

MÜLL – Die Sauberkeit der Stadt ist hart erkämpft worden, so dass Schilder, die für die Verunreinigung der Straßen drastische Strafen von bis zu US$100 androhen, durchaus ernst zu nehmen sind. Schon viele Touristen hatten für eine weggeworfene Zigarettenkippe 200 Baht zu zahlen.

NATIONALPARKS – *Royal Forestry Department*, 61 Paholyothin Rd., in der Straße Richtung Airport, ✆ 5791151/60. Hier ist auch die National Parks Division untergebracht, die unter ✆ 5797223, 5795934, zu erreichen ist. Sie erteilt Informationen über die Parks und nimmt Reservierungen für Übernachtungsmöglichkeiten vor.

POST – *General Post Office* (GPO) in der 1160 Charoen Krung Rd. (New Rd.), ✆ 2331050-9, ⏱ Mo–Fr 8–20, Sa bis 14, So und feiertags bis 13 Uhr. Postlagernde Telegramme im Raum nebenan. *Packing service* im Hauptpostamt (⏱ Mo–Fr 8–16.30 und Sa 9–12 Uhr). Internet-Service 1 Baht pro Min., aber sehr langsam.
Andere Postämter ⏱ Mo–Fr 8.30–16.30, Sa 9–12 Uhr.
In den Touristenzentren befinden sie sich:
→ in Banglampoo am großen Platz nördlich der Tani Rd. und in der Soi Damnoen Klang Nua, schräg gegenüber dem Sweety Gh.,
→ am Hauptbahnhof links vom Haupteingang,
→ versteckt im östl. Siam Center am Parkhaus,
→ in der Sukhumvit Rd. nahe Soi 4, ⏱ Mo–Fr 8.30–17.30, Sa 9–12 Uhr,

→ in den Abflughallen des National und International Airports (mit Telefon- und Internet-Service).

Außer dem Express-Postservice EMS gibt es folgende Kurierdienste:

DHL, Grand Amarin Tower, 1550 New Phetchburi Rd., ✆ 2070600;

TNT, 599 Chong Non Si Rd., ✆ 2490242-6.

RADIO – Eine englischsprachige Radiostation sendet auf der Frequenz 95,5 FM überwiegend Popmusik und informiert über aktuelle Veranstaltungen. Die aktuellen Frequenzen anderer englischsprachiger Sender (u.a. BBC, Voice of America, Radio Australia) und der Deutschen Welle sind der *Nation* zu entnehmen.

RAUCHEN – Seit 2002 werden Verstöße gegen das Rauchverbot mit einem Bußgeld von 2000 Baht geahndet. Es gilt für alle ac-Restaurants, ac-Wartehallen, ac-Geschäfte und ac-Einkaufszentren, öffentliche Verkehrsmittel (Busse, Taxis, ac-Eisenbahnwagen, Fähren, Flugzeuge), Tempel, Aufzüge, öffentliche Toiletten und Fähranlegestellen und mit wenigen Ausnahmen (z.B.: Raucherzellen am Don Muang Airport) auch für alle öffentlichen Gebäude, Banken und Flughäfen.

TELEFONIEREN – Auslandsgespräche von gelben internationalen Telefonzellen, die mit Telefonkarten zu 250 und 500 Baht betrieben werden (nicht immer zuverlässig), von privaten Telefonbüros in den Touristenzentren und vom *Telecommunication Center* rechts hinter dem GPO, ☉ rund um die Uhr. R-Gespräche, die der Angerufene bezahlt, sind nach Frankreich, Italien, Niederlande, Großbritannien, Spanien und in einige außereuropäische Länder möglich.

Im **ISD-Selbstwähldienst** wird im 6-Sekunden-Takt abgerechnet. Von privaten *oversea telephones* wird eine höhere Gebühr berechnet. Deshalb lässt man sich am besten den Preis vor dem Gespräch schriftlich geben.

In der Khaosan Rd. werden illegal Auslandsgespräche übers Internet für 15 Baht pro Min. angeboten.

Vom Telecommunication Center aus kann man zudem **Telegramme** oder **Faxe** schicken.

TOURISTENPOLIZEI – *Tourist Police*, Hotline ✆ 1155, Zentrale im 23. Stock des TPI Tower, 26/56 Chan Tat Mai Rd., ✆ 6786800, ✉ 6786869. Eine Außenstelle befindet sich an der Rama IV Rd., Ecke Ratchadamri Rd., am Lumpini Park, ✆ 2539560, neben dem Tourist Office nahe dem Demokratiedenkmal und am Airport, ✆ 5351641. Zudem steht abends ein Auto an der Patpong. In der Zentrale von TAT, 1600 New Phetchburi Rd., Makkasan, Ratchatewi, Bangkok 10310, ✆ 2505500, ✉ 2505511, befindet sich die Zentrale des *Tourist Assistance Center*, das Touristen in Notfällen mit Englisch sprechenden Angestellten behilflich ist, die sich an den wichtigsten Sehenswürdigkeiten aufhalten. Sie nehmen auch Beschwerden bei Betrügereien (z.B. beim Verkauf von Edelsteinen, s.S. 174) entgegen, sogar aus dem Ausland.

VORWAHL – 02, PLZ des Hauptpostamtes 10500.

WÄSCHE – wird in nahezu allen Hotels und Guesthouses innerhalb von 24 Stunden kalt gewaschen. In den Wäschereien der Gästehäuser wird sie allerdings nur selten gebügelt. Der Preis beginnt bei 25 Baht pro Kilo und steht in direktem Verhältnis zum Zimmerpreis.

ZEITUNGEN – Tgl. erscheinen 3 englischsprachige Zeitungen, die empfehlenswerte *Bangkok Post* und *The Nation*, beide 20 Baht, sowie eine thailändische Ausgabe der *Herald Tribune*. Außerdem gibts *Asia-Week*, *South* und *Far Eastern Economic Review* sowie die *Newsweek* oder *Time*.

In deutscher Sprache erscheint wöchentlich die *Zeitung* mit lokalen Infos und Beiträgen über das aktuelle politische Weltgeschehen. Aktuelle Szene-Infos stehen in der *Bangkok Metro*, einem englischsprachigen monatlichen Stadtmagazin. Touristeninfos sind Anzeigenblättern wie dem *Guide of Bangkok* zu entnehmen.

Nahverkehrsmittel

Das Verkehrschaos während der Rushhour (6–9 und 16–20 Uhr) ist bekannt. In den siebziger Jahren haben europäische Stadtplaner versucht, das Übel mit modernen Brückenkonstruktionen

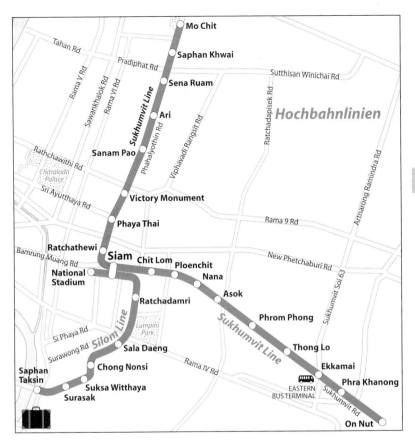

zu beseitigen – vergeblich. In den achtziger Jahren wurde ein umfangreiches Einbahnstraßensystem eingerichtet. Busse erhielten während der Rushhour eine eigene Busspur, wo sie auch in Einbahnstraßen in beide Richtungen fahren können. Nun sollen der noch wenig genutzte Skytrain und eine U-Bahn Abhilfe schaffen.

SKYTRAIN – Auch wenn es kaum noch jemand zu hoffen gewagt hatte, wurde das erste öffentliche Schnellbahnprojekt der Stadt rechtzeitig zum 72. Geburtstag des Königs am 5.12.1999 in Betrieb genommen und befördert derzeit 250 000 Passagiere pro Tag. Beide Linien kreuzen sich am großen Umsteigebahnhof Central Station am Siam Square. Die 6,5 km lange **Silom Line** führt vom National Stadium über den Siam Square, die Ratchdamri Rd., obere Silom Rd. und untere Sathon Rd. bis Saphan Taksin (= Taksin-Brücke) nach Thonburi, die **Sukhumvit Line** 17 km von der Endstation Mo Chit am Weekend Market über die Paholyothin Rd., am Victory Monument vorbei, über Phayathai Rd., Ploenchit und Sukhumvit Rd. bis zur Endstation On Nut an der Soi 77. Tickets müssen vor dem Passieren der Sperre am Automaten gekauft werden. Sie gelten für eine Fahrt und kosten, je nach Anzahl der Stopps, 10–50 Baht, der Tourist Pass für 1 Tag 100 Baht, der für 3 Tage 280 Baht. Die Züge fahren tgl. von 6–24 Uhr, Ansagen in den klimatisierten Wagen

Sightseeing mit dem Skytrain Vor allem im Zentrum des Geschäfts- und Nachtlebens hat der Zug die Mobilität erheblich erhöht und ermöglicht völlig neue Ausblicke auf Sehenswürdigkeiten der Stadt. Von **Mo Chit**, der Endstation im Norden, geht es an schicken Bürogebäuden, tristen Hinterhöfen und Dächern, die von Fernsehantennen und Geisterhäuschen überragt werden, immer geradeaus, dann im Halbrund um das **Victory Monument** und weiter zum **Siam Square**. Von oben überrascht es, inmitten der Hochhäuser und verstopften Straßen immer noch Freiflächen und grüne Oasen zu entdecken.

Besonders interessant ist die Strecke nach Süden (in Fahrtrichtung links), vorbei an der **Sala Pradasaddha**, dem **World Trade Center** und dem viel besuchten **Erawan-Schrein**. Hinter dem weitläufigen, grünen **Lumpini Park** taucht man ein in die engen Schluchten der **Silom Road** und fährt nach der Linkskurve an modernen Hochhäusern, historischen Stadtvillen und Tempeln vorbei bis zur **Taksin-Brücke**, wo die Hochbahn derzeit endet. Da die Züge als fahrbare Litfaßsäulen dienen, was die Aussicht begrenzt, sollte man ganz vorn oder hinten die freien Fenster ansteuern.

erfolgen in Thai und Englisch. In einigen Gegenden verkehren kostenlose Zubringerbusse, ☎ 6177141-2, deren Routen auf der BTS Map eingezeichnet sind. Hierfür werden kostenlose Coupons benötigt, die an den Schaltern der Stationen zu bekommen sind.

STADTBUSSE – Das öffentliche Nahverkehrssystem wird überwiegend von Stadtbussen bewältigt, die je nach Komfort unterschiedlich teuer sind. Sie sind zunehmend mit Automaten ausgestattet, also Fahrgeld passend bereithalten!

Fahrpreise für Stadtbusse:

non-ac-Busse	3,50–5 Baht
ac-Busse je nach Entfernung	6–16 Baht
Micro-Busse mit Sitzplatzgarantie	15 / 25 Baht

Einen **Stadtplan** mit Buslinien, den *Latest Tour Guide to Bangkok and Thailand*, erhält man für 35–40 Baht in Reisebüros, Buchhandlungen, Gästehäusern und Hotels. Da die Zielorte nur in Thai auf den Stadtbussen stehen, orientiert man sich an den Nummern. Dabei ist zu beachten, dass man nicht in die falsche Richtung fährt. Weitere Infos unter 🖥 www.bmta.motc.go.th. Ac-Stadtbusse haben geschlossene Türen und Fenster sowie zwei Buchstaben vor der Busnummer.

Non-ac-Stadtbusse haben blaue Schilder. Stadtbusse mit rotem Schild weichen von der normalen Route ab. Die Mercedes-Micro-Busse sind
vor allem für Pendler gedacht und verkehren von
5–22 Uhr zwischen den Vororten und dem Zentrum.

Die wichtigsten non-ac-Busse:

non-ac 2: Eastern Bus Terminal – Ratchdamnoen
Klang Rd. +

non-ac 3: Bangkampoo (Phra Athit Rd.) – Northern und Northeastern Bus Terminal

non-ac 25: Samut Prakan – Sukhumvit Rd. –
Hauptbahnhof – Sanam Luang +

non-ac 30: Nonthaburi – Banglampoo – Sanam
Luang – Southern Bus Terminal (–21.30 Uhr)

non-ac 40: Eastern Bus Terminal – Bahnhof –
Thonburi (–22.45 Uhr)

non-ac 136: Northern und Northeastern Bus Terminal – Soi 21 Sukhumvit Rd. (Soi Asoke)
Klong Toei

Die wichtigsten ac-Busse (bis gegen 20 Uhr):

ac 501: Eastern Bus Terminal – Hauptbahnhof –
Chinatown

ac 503: Northern und Northeastern Bus Terminal
– Suan Chatuchak (Weekend Market) – Banglampoo (Phra Athit Rd.) – Southern Bus Terminal

ac 507: Rama IV Rd. – Hauptbahnhof – Sanam
Luang – Southern Bus Terminal

ac 508: Samut Prakan – Eastern Bus Terminal –
Chinatown – Sanam Luang

ac 510: Airport – Suan Chatuchak (Weekend
Market) – Ratchawithi Rd. – Thonburi

ac 511: Samut Prakan – Sukhumvit Rd. – Banglampoo – Southern Bus Terminal

ac 513: Airport – Northern und Northeastern Bus
Terminal – Sukhumvit Rd. – Eastern Bus Terminal

ac 529: Airport – Siam Square – Hauptbahnhof

Die wichtigsten Micro-Busse (Route nicht auf
Busplänen verzeichnet):

Nr.1: Nonthaburi – Ratchadamnoen Rd. – Siam
Square – Silom Rd.

Nr.2: Paholyothin Rd. – Suan Chatuchak (Weekend Market) – Silom Rd. – Siam Park – Rama
IV Rd. – Royal Orchid Sheraton

Nr.4: Southern Bus Terminal – Krung Thon Brücke – Zoo – Rama IX Rd.

Nr.5: Petchkasem Rd (Thonburi) – Hauptbahnhof
– Phayathai Rd. – Victory Monument – Northern und Northeastern Bus Terminal

Nr.6: Pak Nam – Eastern Bus Terminal – Phayathai Rd. – Siam Square – River City

Nr.8: Taling Chan – Southern Bus Terminal –
Ratchdamnoen Rd. – Khaosan Rd. – Victory
Monument – Suan Chatuchak (Weekend Mar-
ket)

Nr.9: Taksin Rd. – Krung Thep Brücke – Silom Rd.
– Victory Monument – Ratchadaphisek Rd.

Nr.10: Khaosan Rd. – Rama Khamhaeng Rd.

(+ Busse verkehren rund um die Uhr.)

TAXIS – Durch Bangkok fahren viele Taxis auf
der Suche nach Fahrgästen. Sie sind mit Taxameter ausgestattet. Das bedeutet aber noch lange nicht, dass man auch jederzeit ein Taxi findet,
das bereit ist, mit eingeschalteter Uhr zu fahren.
Vor allem in Vergnügungsvierteln und am Bahnhof oder Busbahnhof verlangen Taxifahrer häufig überhöhte Festpreise. Man sollte darauf bestehen, dass das Taxameter eingeschaltet wird,
oder ein anderes Taxi nehmen. Manchmal wird
auch kurz vor dem Ende der Fahrt das Taxameter
ausgeschaltet und ein überhöhter Preis verlangt.
Für derartige Fälle Kleingeld passend bereithalten. Nachts sind einige illegale Fahrer im Einsatz,
also aufpassen, wo man einsteigt.

Die Einschaltgebühr beträgt ca. 50 Baht einschließlich der ersten 2 km, jeder folgende Kilometer kostet ca. bis zu 12 Baht, außerdem werden
bei Stau (Geschwindigkeit unter 6 km/h) 3 Baht
pro Minute fällig. Am besten während der *rush
hour* gar nicht erst losfahren. Vom Airport ist ein
Aufschlag von 100 Baht zu zahlen. Die Gebühren
für die Benutzung der Expressways, pro Strecke
30 oder 40 Baht, sind von den Passagieren zu bezahlen. Wenn ein Fahrer das Fahrziel nicht versteht, hilft eine Straßenkarte mit thailändischer
Beschriftung, eine Postkarte von der Sehenswürdigkeit, die Visitenkarte des Hotels, oder man
lässt sich vorher das Ziel in Thai aufschreiben.

Radio Taxis können rund um die Uhr unter
✆ 8800888 für zusätzliche 50 Baht telefonisch
bestellt werden. Beschwerden über Taxis unter
Angabe des Datums, der Uhrzeit und der Regis-
trierungsnummer unter ✆ 1661.

MOTORRADTAXIS – Die Fahrer, an den farbigen Westen mit Nummern zu erkennen, warten an den Abzweigungen der Sois. Kurze Strecken kosten 20 Baht. Auf Hauptstraßen und für längere Strecken sind sie nicht zu empfehlen, da sie sehr gefährlich sind. Sie dürfen nur eine Person befördern. Es besteht Helmpflicht.

TUK TUKS – Die offenen Motorroller mit Sitzbank sind teurer als Taxis und im dichten Verkehr ein Gesundheitsrisiko. Zudem sind viele Fahrer nicht mehr bereit, Touristen zu einem fairen Preis zu befördern, oder versuchen, mit falschen Behauptungen ihre Passagiere zu „Einkaufstouren" zu überreden, um eine entsprechende Provision in Form von Benzingutscheinen zu kassieren, so dass günstig ausgehandelte Touren unter Garantie den Besuch von Geschäften mit einschließen. Auch an Betrügereien mit Edelsteinen (s.o.) sind einige Tuk-Tuk-Fahrer beteiligt. Sprechen die Fahrer kein Englisch, sollte man sich vergewissern, dass sie das Fahrtziel richtig verstanden haben. Aufgrund zahlreicher Beschwerden raten wir, besser ein Taxi zu nehmen.

PERSONENFÄHREN – Mit den relativ hohen Booten mit Dach kann man von zahlreichen Piers aus zwischen 8 und 17 Uhr den Menam Chao Phraya überqueren. Die meisten Passagiere stehen. Die Anlegestellen stimmen nicht mit den Piers der Expressboote (s.u.) überein. Fahrpreis 2 Baht.

EXPRESSBOOTE – Die langen Boote mit vielen Sitzplätzen verkehren auf dem Menam Chao Phraya über 18 km zwischen Nonthaburi (Norden) und Krung Thep-Brücke (Süden) von 6–18.40 Uhr alle 20 Min., zudem Mo–Sa zur Rushhour (6–9 und 15–19 Uhr) Expressboote mit roten und Mo–Fr alle 10–20 Min mit gelben Flaggen, die nicht an allen Piers halten. Die Boote mit grünen Flaggen verkehren flussaufwärts über Nonthaburi hinaus bis Pak Kret. **Fahrpreis**, je nach Bootsflagge und Entfernung, 7–15 Baht. Tickets aufheben, da sie an manchen Piers bei der Ankunft kontrolliert werden. An den Piers informieren Schautafeln über die Boote.

LINIENBOOTE AUF DEN KLONGS – *Rua hang yao* – schmale Boote mit Sitzplätzen für etwa 15 Per-

sonen, die von einem Außenborder an einer langen Stange angetrieben werden, verkehren regelmäßig im Linienverkehr auf den Klongs von Bangkok und Thonburi. Sie werden vor allem von Pendlern genutzt, um in die Vororte zu gelangen. Bei Ausflugsfahrten lohnt es sich, erst nach 9 Uhr loszufahren, wenn die Rushhour vorüber ist. Vor Spritzwasser schützt eine Plane oder ein Schirm. **In Thonburi**: Die Boote fahren in Bangkok von separaten Anlegestellen neben den Expressboot-Stops meist dann ab, wenn sie voll sind. Touristen werden hartnäckig auf Charterboote verwiesen und müssen manchmal nachdrücklich auf einem Platz im Linienboot bestehen. In diesem Fall hilft es, die entsprechende Endstation in den Vororten zu nennen. Während der Fahrt setzen die Boote die Passagiere einzeln an privaten Bootsstegen ab, auf die diese zuvor gewiesen haben. Touristen, die nicht in das Haus eines Fremden eindringen möchten, steigen an den öffentlichen Piers der Tempel oder der Endstation aus. Expressboote halten nicht überall, sondern erst nach einer gewissen Strecke – also keine Chance, mit ihnen zu den Königlichen Barken (Royal Barges) zu gelangen. Der Fahrpreis variiert je nach Boot, Tageszeit und Entfernung zwischen 20 und 40 Baht, von Ausländern werden oft 40–60 Baht verlangt. Da diese Boote vor allem von Pendlern genutzt werden, verkehren sie überwiegend morgens, spät nachmittags und nicht am Sonntag.

Ab **Chang-Pier** auf dem Klong Bangkok Noi und Klong Bangkok Yai nach Bang Kruay oder weiter ins ländliche Bang Yai – eine schöne Tour für 30 Baht einfach, Tickets gibt es links auf der Plattform des Piers. Keine Rückfahrkarten kaufen, damit man sich für den Rückweg das Boot aussuchen kann. Letztes Boot zurück um 20 Uhr. Vorsicht, hier werden Touristen gern auf Charterboote verfrachtet, die 900 Baht verlangen! Wer sich das Ticket erst am Pier kauft, ist an allen Schleppern schon vorbeigegangen. Alternativ kann man mit dem Bus nach Bang Yai und zurück mit dem Boot fahren. Dann von Nonthaburi (Endstation der Expressboote) mit der Fähre über den Fluss und von dort mit dem Stadtbus für 4 Baht zur Endstation Bang Yai. Die Straße entlang bis zum Klong laufen, wo sich an der Brücke die Endstation der Boote befindet.

Ab **Thien-Pier** vor allem während der Rushhour für Pendler auf dem Klong Mon entlang.
Ab **Saphan Phut-Pier** alle 15 Min. bis 17 Uhr über den Klong Bangkok Yai zum Klong Bang Waek.
Ab **Phibun 1-Pier** bis abends auf dem Klong Om, während der Rushhour bis Bang Yai.
In Bangkok: Vom **Phanfa-Pier** an der Ratchdamnoen Rd. am Golden Mount verkehren Boote auf dem **Klong Saen Saeb** in die östlichen Vororte und halten z.B. an der Phayathai Rd. nördlich vom Siam Square, der Ratchadamri Rd. am Pratunam-Markt, der Chitlom und Witthayu Rd. und in der Soi 3 und 23 Sukhumvit Rd. Sie kosten je nach Entfernung 5–15 Baht.

CHARTERBOOTE – *Rua hang yao*, die großen Klongboote, in denen 6–10 Personen Platz haben, können ab 400 Baht für die erste Stunde und 300 Baht für jede weitere, kleine Boote bereits ab 200 Baht pro Stunde bzw. mindestens 500 Baht pro Tour (Expressboote ab 800 Baht), an verschiedenen Piers gemietet werden, unter anderem an der Phrapinklao-Brücke (Bangkok-Seite), Chang-Pier (hinter dem National Museum, große Auswahl), Thien-Pier (hinter Wat Pho), Siphaya-Pier (River City Pier, am Royal Orchid Sheraton, teure Charterboote), Oriental-Pier (viele Touristen und Schlepper, Touren zur Snake and Crocodile Farm in Thonburi und zum Schwimmenden Touristenmarkt am Wat Sai) und Shangri-La (Taksin-Brücke). Allerdings versuchen auch Bootsfahrer, Touristen während der Tour zu Restaurantbesuchen, Einkaufstouren und anderen Fahrtpausen zu überreden.
An der Endstation der Linienboote auf den Klongs können kleine Taxiboote für bis zu 5 Personen gechartert werden.

U-BAHN – Neben dem Skytrain wird zurzeit an einem eigenständigen U-Bahnsystem gebaut, das vom Hauptbahnhof nach Norden über die Ratchadaphisek Rd. zum Northern Bus Terminal und weiter Richtung Westen führen soll. Nicht vor 2004 soll die erste U-Bahnlinie vom Hauptbahnhof Richtung Osten entlang der Rama IV Rd. ihren Betrieb aufnehmen.

BUSTOUREN – In vielen Gästehäusern, Hotels und Reisebüros werden Tagesfahrten mit dem Bus angeboten, eine Tour geht nach Bang Pa In und Ayutthaya und eine andere zum Floating Market in Damnoen Saduak, nach Nakhon Pathom und Kanchanaburi. Bei diesen Touren erhält man nur einen flüchtigen Eindruck, denn die Fahrt selbst dauert recht lange, so dass vor Ort nur wenig Zeit zur Verfügung steht. Zudem hält der Fahrer auf dem Rückweg meist noch vor einer Orchideenfarm, einem Juwelenladen oder einer „Fabrik", um mit der Provision sein Gehalt aufzubessern. Von den preiswerten Touren der Reisebüros in der Khaosan Rd. sollte man nicht viel erwarten. Mit dem kleinen, gelben Bus der *Bangkok Metropolitan Authority* kann man von der Haltestelle am Sanam Luang aus kostenlos etwa einstündige Stadtrundfahrten durch das Zentrum unternehmen.

BOOTSTOUREN – *Chao Phraya Express Boat Service*, 78/24-29 Maharat Rd., ✆ 2225330, 6236001, fährt So um 8 Uhr ab Mahathat-Pier (8.05 Uhr ab Banglampoo-Pier) auf dem Menam Chao Phraya zum Royal Folk Arts & Crafts Center in Bang Sai, nach Bang Pa In und zum Wat Phailom für 330 Baht, Rückkehr gegen 17.30 Uhr.
So um 9 Uhr fährt ein anderes Boot ab Maharaj Pier nach Ko Kred, zu 2 Tempeln mit schönen Wandmalereien, dem Wat Poramaiyikawas aus der Ayutthaya-Periode und dem jüngeren Wat Chalermprakiet, einer Töpferei in einem Mon-Dorf und zum Ban Khanom (Süßigkeitenhaus) für 220 Baht.
So um 8.20 Uhr startet ein weiteres Boot flussabwärts zum Chedi Klang Nam und ins Mündungsgebiet des Chao Phraya. Mit dem Bus geht es weiter nach Ancient City, zu einem riesigen begehbaren Elefanten-Denkmal und dann mit dem Boot wieder zurück für 780 Baht.
Daneben veranstalten sie Fahrten auf verschiedenen Klongs für 100–400 Baht pro Person.
Tgl. um 8 Uhr fahren folgende Luxusschiffe zu einer Tagestour nach Ayutthaya und Bang Pa In ab. Im relativ hohen Preis ist ein kaltes Buffet auf dem Schiff enthalten.
River Sun Cruise, ✆ 2669316, ab River City Shopping Complex, 1500 Baht.

The Oriental Queen, ☎ 6599000, ab Oriental Hotel, 1900 Baht.
New Horizon Cruise, ☎ 2369952, ab Shangri-La Hotel, 1500 Baht.
Weitere Möglichkeiten für Flusstouren bieten die Restaurant- und großen Ausflugsboote, die meist auf dem Menam Chao Phraya flussaufwärts fahren.
A Chao Phraya Chartered Co., ☎ 6227657-61, 🖳 www.wanfah.com, veranstaltet tgl. von 14.30–16.30 Uhr für 360 Baht Touren ab River City mit dem Speedboat zu einer Reisbarke, auf der Früchte und Drinks serviert werden.
Mekhala, ☎ 2566153-5, ✆ 25671725, 🖳 www. east-west.com, Fahrt auf einer der umgebauten Reisbarken der *Mekhala*-Flotte für max. 42 Passagiere inkl. einer Übernachtung auf dem Schiff und Essen ab 5680 Baht.

TOUREN MIT DER EISENBAHN – Die *State Railway of Thailand* bietet Touren mit der Bahn an. Buchungen im *Advance Booking Office* im Hauptbahnhof Hua Lamphong, ☎ 2233762, ⏰ tgl. 8.30–16 Uhr. Tagesfahrten von 6.30–19.35 Uhr werden über Kanchanaburi nach Nam Tok angeboten sowie nach Hua Hin und Cha-am Beach, auch Wochenendtouren inkl. Übernachtung.

Transport – Anreise

BUSSE UND EISENBAHN – Nähere Informationen am jeweiligen Abfahrtsort sowie im Kapitel Weiterreise.

FLÜGE – (Weiterreise s.S. 187) Der geplante neue Suvarnabhumi Airport nahe der Eastern Outer Ring Road, der 3 Mill. Passagiere pro Jahr abfertigen können soll, wird nicht vor 2005 fertig sein. Bis dahin landen alle Maschinen am Bangkok International Airport, 22 km (via Expressway) nördlich der City, ☎ 5351111 (Information ☎ 5351254). Der Domestic Terminal liegt 500 m stadteinwärts von den beiden Internationalen Terminals 1 und 2, ☎ 5351253. Ein kostenloser Bus pendelt alle 15 Min. zwischen beiden Abfertigungshallen. In Stoßzeiten kann er sehr voll sein, dann nimmt man besser den Fußweg über die überdachte Überführung.

In allen Flughafengebäuden gibt es Wechselstuben – z.B. die *Thai Military Bank* und *Krung Thai Bank* (⏰ tgl. 6.30–24 Uhr, reelle Kurse), Wechselautomaten für Bargeld (Gepäckausgabe), ein Postamt (in den Abflughallen, ⏰ 24 Stunden, in der Ankunftshalle ⏰ 9–17 Uhr, hier können am Kartentelefon oder über die Vermittlung internationale Ferngespräche geführt werden) –, außerdem die Gepäckaufbewahrung, ☎ 5351250 (⏰ rund um die Uhr, pro Gepäckstück und 24 Std. 70 Baht, max. 3 Monate), die Zimmervermittlung (Ankunftshalle, nur wenige preiswertere Hotels und teilweise schlechte, überteuerte Angebote), ein Tourist Office (☎ 5238972, Ankunftshalle Terminal 1 und 2, nur Broschüren, ⏰ tgl. 8–24 Uhr) und den Airport Transport Service. Schon vor der Immigration gibt es Telefone, die mit Kreditkarten bedient werden (z.B. Visa, Amex), aber teuer sind. Vorsicht ist vor Schleppern geboten, die Neulingen überteuerte Touren und Transportmittel in die Stadt und andere Orte aufschwatzen wollen.
Transport nach Bangkok: Im nationalen und internationalen Airport werden am Schalter des Airport Transport Service nahe dem Ausgang **Taxis** vermittelt, die 50 Baht Aufschlag verlangen. Ankommende Taxis, die vor dem Departure-Eingang (Ebene 3) Fahrgäste absetzen, dürfen offiziell keine Gäste aufnehmen. Sie kosten ohne Aufschlag etwa 250 Baht. Immer darauf achten, dass das Taxameter eingeschaltet ist, da die Fahrer ansonsten horrende Preise verlangen. Eine gute Alternative sind Busse des **Airport Bus**-Service, ☎ 9951252-4, für 100 Baht bzw. 250 Baht für 4 Pers. Sie fahren etwa von 5 Uhr bis Mitternacht alle 20–60 Min. am ausgeschilderten Stand vor dem nationalen und den beiden internationalen Terminals ab, wo englischsprachige Hostessen behilflich sind. Nr. 1 fährt über die Ratchadamri Rd. zur Silom Rd., Nr. 2 an der Khaosan Rd. vorbei zum Sanam Luang, Nr. 3 die Sukhumvit Rd. hinauf bis Ekamai (Eastern Bus Terminal) und Charn Issara Tower II und Nr. 4 über den Siam Square zum Hauptbahnhof.
Stadtbusse sind die billigste und langsamste Möglichkeit, nehmen aber niemanden mit Reisegepäck mit. Vor allem von 6.30–10 und 15.30–20 Uhr sind sie nicht zu empfehlen. Von der Bushaltestelle an der vierspurigen Hauptstraße (ca. 400 m links vom Hauptausgang der Internationa-

len Ankunftshalle) fahren sie für 7 Baht (non-ac) bzw. 20 Baht (ac) in 1 1/2–2 1/2 Std. in die Innenstadt. Am späten Abend fahren statt der Busse Minibusse auf den gleichen Routen. Sicherheitshalber sollte man sich beim Kassierer über das Fahrtziel informieren.

Die **Eisenbahn** fährt vom Don Muang-Bahnhof gegenüber dem Internationalen Airport (von der Ebene 2 ca. 50 m über die Überführung Richtung Amari Airport Hotel laufen) in ca. 45 Min. über Bang Sue und Samsen zum Hauptbahnhof – Tickets gibt es gegen 10 Baht Aufschlag im Zug. Lokale Züge für 5–10 Baht fahren um 2.08, 2.53, 6.09, 6.11, 6.41, 6.57, 7.27, 7.39, 7.41, 8.19, 9.13, 10.22, 10.37, 11.35, 13.10, 13.45, 15.54, 16.39, 18.54, 19.41 und 20.40 Uhr. Der Rapid um 3.04, 4.16, 4.52, 5.35, 10, 14.10, 16.54, 19.19 Uhr kostet 45 Baht und der Express um 4.05, 4.30, 5.02, 5.57, 7.12, 14.19, 19.30, 22.15 und 22.55 Uhr 65 Baht.

In andere Städte: Nach **Pattaya** fahren Busse von Thai Airways für 250 Baht um 9, 12 und 19 Uhr, eine Limousine für 1500 Baht.

Nach **Ayutthaya** mit der Eisenbahn in ca. 1 Std. für 15 Baht (Rapid 55, Express 75 Baht); Abfahrt etwa 50 Min. später als am Hauptbahnhof (siehe Flüge, Weiterreise).

Nach Süden zu den Stränden: Mit dem Zug bis zum Hauptbahnhof oder auf halber Strecke in Bang Sue in die Züge Richtung Süden umsteigen. Morgens mit dem lokalen Zug um 8.22 Uhr ab Don Muang bis Bang Sue, weiter um 9.36 Uhr nach Hua Hin (44 Baht). Mittags und nachmittags weitere Züge.

Transport – Weiterreise

TRAVELLER-BUSSE – Viele Reisebüros verkaufen Bustickets zu beliebten Touristenzielen. Einige Traveller fühlten sich bei diesen Touren abgezockt, da ihnen z.B. am Zielort eine Unterkunft oder eine Tour aufgedrängt wurde. Andere fanden es sehr bequem, abgeholt zu werden und sich damit die Fahrt zum Busbahnhof zu ersparen sowie das auf Touristen abgestellte Videoprogramm statt der ansonsten üblichen Horrorstreifen zu genießen. Die Busse nach Surat Thani haben oft „Verspätung", damit die Traveller das erste Boot zu den Inseln verpassen und im Coffeeshop des Veranstalters erst mal kräftig frühstücken. Zudem sind sie

wegen Diebstahlgefahr nicht zu empfehlen. In einigen Hotels werden überteuerte VIP-Bustickets verkauft, die den Mehrpreis nicht lohnen.

KANCHANABURI 100–150 Baht
KO LANTA 680–800 Baht
KO SAMUI 470–680 Baht
KO PHA NGAN 500–600 Baht
KO TAO 670–900 Baht
KRABI 300–700 Baht
KUALA LUMPUR 1400 Baht
PENANG (Butterworth) 730–1000 Baht
PHUKET 600–700 Baht
SIEM REAP (Angkor, Kambodscha) um 6.30 Uhr ab Khaosan Rd. für 250–500 Baht über Aranyaprathet in 10–12 Std. Vor der Buchung sollte man sich über die Art des Busses, die im Preis inbegriffenen Mahlzeiten informieren und die Preise vergleichen. Auf der thailändischen Seite werden zumeist recht komfortable Busse eingesetzt. In Kambodscha sind allerdings bisher nur wenige richtige Busse im Einsatz, so dass die Strecke auf der Pritsche eines überfüllten Pickups zurückgelegt wird. Es scheint, dass vielfach unerfahrene Busfahrer eingesetzt werden. In jedem Fall ist mit langen Wartezeiten und einer unbequemen Reise zu rechnen. Visa können für 1000 Baht bereits in Bangkok organisiert oder zum gleichen Preis an der Grenze beantragt werden.
SINGAPORE 1500 Baht

BUSSE – Bangkok hat vier Busbahnhöfe, von denen die meisten Busse (außer einigen ac-Bussen und Minibussen) abfahren.

Richtung Ostküste: Ekamai, Eastern Bus Terminal, Sukhumvit Rd., gegenüber Soi Ekamai, ℡ 3912504, 3918097 für ac-Busse und ℡ 3918097 für non-ac-Busse. Gepäckaufbewahrung: 35 Baht pro Gepäckstück, ⊙ So–Fr 8–20 Uhr, Sa bis 18 Uhr.

Anreise mit dem Skytrain oder Stadtbussen, s.o. Non-ac-Busse (in Klammern Busse mit ac-Standard 1 / Standard 2) nach:

BAN PHE, 196 km, Fährhafen für Ko Samet, etwa 4x tgl. bis 18.15 Uhr für 70 Baht in 4 Std. (etwa stündlich bis 20.30 Uhr für 124 Baht).

CHANTABURI, 239 km, um 6.30, 7, 12.30 und 13 Uhr, je nach Strecke für 82/103 Baht in 3 1/2–4 1/2 Std. (alle 30 Min. bis 24 Uhr für 148 Baht / 11x tgl. von 6–18 Uhr für 115/153 Baht).

PATTAYA, 136 km, 9x tgl. bis 19.20 Uhr für 52 Baht in 2 1/2 Std. (alle 40 Min. von 9.30 bis 23 Uhr für 90/95 Baht / alle 15 Min. bis 18.20 Uhr für 73/76 Baht. Weitere ac-Busse ab Northern Bus Terminal und den großen Hotels).

TRAT, 317 km, 3x tgl. je nach Strecke für 105/126 Baht in 5 Std. (alle 2 Std. von 6–23.30 Uhr für 189/194 Baht / 9x tgl. bis 17.30 und um 24 Uhr für 147/176 Baht, VIP-32 um 8.30, 10.30, 12, 16.40, 18.30 und 22.30 Uhr für 221 Baht).

Richtung Norden und Nordosten: Northern und Northeastern Bus Terminal, Kamphaengphet 2 Rd., westlich der Straße zum Airport. Infos über Busse in den Norden ✆ 5378055, in den Nordosten ✆ 9362841-48, ins Zentrum und VIP-Busse ✆ 9363670.

Mit dem Skytrain oder mit Stadtbussen bis Suan Chatuchak (Weekend Market) und weiter mit dem Taxi oder Motorradtaxi zum *Morchit Mai* (neuer Busbahnhof). Busse zum Terminal s.S. 182.

Am Busbahnhof Restaurants, eine Information, die ihren Namen nicht verdient, und eine Gepäckaufbewahrung (20 Baht pro Stück und Tag). Non-ac-Busse (in Klammern Busse mit ac-Standard 1 / Standard 2) nach:

AYUTTHAYA, 76 km, laufend bis 18 Uhr über Bang Pa In für 37 Baht (alle 20 Min. bis 20.30 Uhr für 52 Baht / alle 15 Min. bis 19.20 Uhr für 41/52 Baht in 2 Std.).

PATTAYA, 141 km (häufig bis 18 Uhr für 97 Baht, 2 Std., günstig für den Transit aus dem Norden zur Ostküste), weitere Busse ab Eastern Bus Terminal.

Richtung Süden und Westen: Southern Bus Terminal südlich vom Hwy 338, an der Auffahrt der Borom Ratcha Chonni Rd., Infos über non-ac-Busse ✆ 4351196, ac- und VIP-Busse ✆ 4351199 oder 4351200.

Anreise mit dem Stadtbus s.S. 182.

Non-ac-Busse (in Klammern Busse mit ac-Standard 1 / Standard 2) nach:

CHUMPHON, 468 km, um 5, 6.50 und 21 Uhr für 136 Baht (um 14, 21.30, 21.40 und 22 Uhr für 272 Baht / um 5, 6 und 21 Uhr für 211 Baht in 7 Std.).

DAMNOEN SADUAK, 97 km, (von 6–21.10 Uhr alle 15 Min. für 65 Baht in 2 Std.).

HAT YAI, 954 km, um 5.30 Uhr für 315 Baht (um 7, 7.40 und zwischen 15.30 und 20.30 Uhr für

535/567 Baht / um 7, 17 und 21.45 Uhr für 416 Baht; VIP-24 um 16.30 und 18 Uhr für 830 Baht; VIP-32 um 20.20 Uhr für 624 Baht in 14–15 Std.).

HUA HIN, 201 km, um 7 Uhr für 71 Baht (alle 20 Min. bis 22.20 Uhr für 128 Baht / alle 30 Min. bis 17.30 Uhr für 99 Baht in 3 1/2 Std.).

KANCHANABURI, 129 km, (alle 15 Min. bis 22.30 Uhr für 79 Baht / alle 20 Min. bis 21.30 Uhr für 62/67 Baht in 2 1/2–3 Std.). Sammeltaxis fahren von der Haltestelle südöstlich vom Wat Suthat für ca. 400 Baht ab.

KO SAMUI, 779 km, über Surat Thani (s.u.) oder direkt (um 19.30 und 20 Uhr für 430 Baht / um 19.30 und 20.30 Uhr für 337/378 Baht; VIP-24 um 7, 19.30 und 20.20 Uhr für 660 Baht in 13–14 Std.).

KRABI, 867 km, um 19.30 und 21 Uhr für 255 Baht (um 7.30, 19, 19.30 und 20 Uhr für 459/486 Baht / um 12.50, 17, 19, 19.30 und 20 Uhr für 357/378 Baht; VIP-24 um 18 und 18.30 Uhr für 710 Baht in 12 Std.).

NAKHON PATHOM, 46 km, alle 10 Min. für 20 Baht (alle 10 Min. bis 22.30 Uhr für 40 Baht in 1 1/2 Std.).

NAKHON SI THAMMARAT, 805 km, um 6.40, 17.30, 18, 21.30, 23 und 23.50 Uhr für 252 Baht (um 9 Uhr und alle 30 Min. von 18–20.30 Uhr für 454 Baht / um 6.40, 16.30, 18,20 und 22 Uhr für 353 Baht; VIP-24 um 17.15 und 19 Uhr für 705 Baht in 12 Std.).

PHANG NGA, 815 km, (um 19 und 19.30 Uhr je nach Strecke für 441/459 Baht / um 6.30 und 19 Uhr für 357/389 Baht in 12 Std.).

PHETCHABURI, 135 km, (bis 21 Uhr alle 30 Min. für 90/101 Baht / alle 20 Min. bis 18 Uhr für 70/80 Baht in 2 Std.).

PHUKET, 891 km, um 7.30, 14 und 19 Uhr für 278 Baht (10x tgl. bis 20 Uhr für 486/500 Baht / um 7, 9.30, 14, 17 und 20 Uhr für 389 Baht; VIP-24 um 17.30, 18 und 18.30 Uhr für 755 Baht; VIP-32 um 19.45 Uhr für 567 Baht in 13 Std.) Weitere ac-Busse von privaten Busunternehmen, z.B.:
Transport Co., ✆ 4351200,
Phuket Central Tour, ✆ 4343233,
Phuket Travel Service, ✆ 4355018.

PRACHUAP KHIRI KHAN, 292 km, stündlich bis 20 Uhr für 98 Baht (von 8–13 Uhr alle 20 Min. und 6x zwischen 14.30 und 22.30 Uhr für 176 Baht / bis 20 Uhr alle 20 Min. für 137 Baht in 5 Std.)

RANONG, 583 km, um 20.50 Uhr für 185 Baht (um 9, 9.10, 20.20, 20.30 und 21 Uhr für 333 Baht / um 8.50, 13.50, 17.30 und 19.30 Uhr für 259 Baht; VIP-24 um 20 Uhr für 515 Baht in 10 Std.).

Die Touristenpolizei von Bangkok warnt:

1. Nie Wertsachen unbeaufsichtigt lassen.
2. Das Personal darf nur zu zweit sein.
3. Bus-Nummer notieren, vom Ticket eine Fotokopie behalten.
4. Beim Schlafen die Wertsachen sicher verwahren (selbst ein Bauchgurt ist nicht immer sicher!).
5. Kein Essen oder Getränk von Unbekannten annehmen.
6. Im Falle eines Diebstahls die Touristenpolizei unter ✆ 1699 benachrichtigen.

RATCHABURI, 96 km, alle 12 Min. für 41 Baht (alle 15 Min. bis 22.30 Uhr für 74 Baht / alle 15 Min. bis 21 Uhr für 52/57 Baht in 1 1/2 Std.).
SUNGAI GOLOK (malaysische Grenze), 1266 km, (um 18 Uhr für 702 Baht / um 21 Uhr für 546 Baht; VIP-24 um 17.15 Uhr für 1090 Baht in 17 Std.)
SURAT THANI, 668 km, um 9.20 und 23 Uhr für 211 Baht (von 9–9.30 und 20–20.30 Uhr für 380 Baht / um 9.30, 10.50 und 20.45 Uhr für 295 Baht; VIP-24 um 19 und 19.30 Uhr für 590 Baht in 10 Std.).
TAKUA PA (umsteigen nach Khao Lak oder Khao Sok), 757 km, 218 Baht (um 18.50 und 19 Uhr für 427 Baht; VIP-32 um 18.30 Uhr für 498 Baht).
TRANG, 862 km, (um 7 und von 19–20 Uhr für 484 Baht / um 7.30, 17 und 19 Uhr für 377 Baht; VIP-24 um 19 und 19.30 Uhr für 750 Baht in 12–13 Std.)

EISENBAHN – Von HUA LAMPHONG, dem Hauptbahnhof, fahren die meisten Züge Richtung Norden, Nordosten, Osten und Süden. Nach Krabinburi fahren zudem Züge ab Makkasan Station. Züge Richtung Kanchanaburi / River Kwae und einige langsame Züge in den Süden fahren vom Bahnhof in BANGKOK NOI ab. Statt vom alten Bahnhofsgebäude starten die Züge von der New Station, zu der ein kostenloser Shuttle in 5 Min. fährt. Frühzeitig da sein! In Thonburi können Tickets nur am Abfahrtstag gekauft werden.
Tickets erhält man bis zu 60 Tage vor der Abreise im *Advance Booking Office* im Hauptbahnhof Hua Lamphong, ✆ 2233762, 2204444, ⏰ tgl. 8.30–16 Uhr, danach sind Buchungen an den Schaltern 1–11 möglich. Kreditkarten werden akzeptiert. Tickets gibt es auch in jedem anderen thailändischen Bahnhof mit Computer-Reservierungssystem. Für zurückgegebene, nicht genutz-

te Tickets werden 50% und ab dem 5. Tag nur 20% des Fahrpreises zurückerstattet, Umbuchungen kosten 100 Baht. Wer vorhat, viele Langstrecken mit der Bahn zurückzulegen, kann sich den Thailand Rail Pass besorgen (s.S. 52). Reservierungen sind vor allem für den Zug nach Butterworth zu empfehlen und aus dem Ausland per Brief mit Bankscheck möglich. Sitzplätze werden nur bis zur Grenze reserviert.
Adresse: *Passenger Division*, Bangkok Railway Station, Bangkok 10330, Thailand. Im Informationsbüro im Bahnhof, neben dem Food Court, ✆ 2204334, sind, falls vorhanden, Fahrpläne erhältlich. Die englischsprachigen Anzeigetafeln in der Haupthalle erleichtern die Orientierung. Mehrere Restaurants sorgen für das leibliche Wohl. Etwas versteckt hinter dem Postamt am Nebeneingang befindet sich ein *KFC*. Gegenüber bietet ein Geschäft die Möglichkeit, Gegenstände, die man nicht mit sich herumtragen möchte und die keinen großen Wert darstellen, in Kartons für 10 Baht pro Tag zu hinterlegen. ⏰ Mo–Fr 8–20, Sa 8–16 Uhr; die begrenzten Öffnungszeiten beachten!
Weiterhin gibt es im Bahnhof eine zuverlässige Gepäckaufbewahrung, ⏰ tgl. 4–22 Uhr, pro Gepäckstück und Tag 20 Baht, und ein Postamt, ⏰ So–Fr 7–19 Uhr. Kalte Duschen können für 10 Baht in der Bahnhofshalle hinter der Information genutzt werden.

Vorsicht! Im und um den Bahnhof wimmelt es von selbst ernannten Tourist Guides und als offizielle Tourist Information getarnten privaten Reisebüros. Schlepper, die angeblich versuchen, Reisenden zu helfen, wollen vor allem die Angebote ihrer Firma verkaufen. Mit der Begründung, die Züge seien ausgebucht, verkaufen viele Reisebüros im und um den Bahnhof überteuerte Bustickets, Trekkingtouren und Zimmer. Wer ihr Angebot ablehnt, wird normalerweise nicht weiter behelligt. Über kriminelle Machenschaften der Guides ist uns nichts bekannt. Allerdings hat es in einem Reisebüro gegenüber dem Bahnhof Betrügereien mit Kreditkarten gegeben. Bei Problemen wendet man sich an die Tourist Police, die im Wartesaal patrouilliert.

Außer den folgenden Zügen fahren langsame Personenzüge (ORD.), die auch in kleineren Orten halten, aber auf englischsprachigen Fahrplänen nicht aufgelistet werden. Informationen über die Abkürzungen, Ausstattung, Zuschläge und Art der Züge s.S. 50.

Richtung Norden: Fahrzeit und Fahrpreis ohne Zuschläge in der 1. / 2. / 3. Klasse / Sprinter:
AYUTTHAYA (kein Sprinter), etwa 1 1/2 Std., 66 / 35 / 15 Baht.
BANG PA IN, ca. 1 1/4 Std., 54 / 28 / 12 Baht.
INTERNATIONALER AIRPORT, etwa 45 Min., – / 11 / 5 Baht.
Abfahrtszeiten der Züge bis:
Chiang Mai um 6.20 (RAP.), 8.30 (Sprinter, die schnellste und teuerste Alternative, gut auf längeren Strecken und der einzige relativ schnelle Tagzug), 14.55 (RAP.), 18 (EXP.), 19.25 (Sprinter), 19.40 (Sprinter) und 22 Uhr (RAP.).
Phitsanulok um 8.40 (ORD.) und 9.30 Uhr (Sprinter).
Den Chai, bei Phrae, um 7 (ORD.) und 20.10 Uhr (RAP.). Zudem fahren weitere langsame Personenzüge (ORD.).

Richtung Osten: Fahrzeit und Fahrpreis nur 3. Klasse:
ARANYAPRATHET, ca. 5 1/2 Std., 48 Baht.
CHACHOENGSAO, ca. 1 1/2 Std., 13 Baht.
KABINBURI 3 1/2–5 Std., 33 Baht.
PATTAYA, ca. 3 Std., 31 Baht.
PRACHINBURI, 2 1/2–3 Std., 26 Baht.
Abfahrtszeiten der Züge (nur DRC.) bis:
Pattaya und Ban Plutaluang um 6.55 Uhr.
Prachinburi um 9.40 und 17.25 Uhr.
Kabinburi um 8 und 15.05 Uhr, ab Makkasan Station um 11.20 Uhr.
Aranyaprathet um 5.55 und 13.05 Uhr.

Richtung Westen: Fahrzeit und Fahrpreis nur 3. Klasse:
KANCHANABURI, 2 1/2–4 Std., 28 Baht.
NAM TOK, 4 1/2 Std., 41 Baht.
Abfahrtszeiten der Züge nach Nam Tok (River Kwae) über Nakhon Pathom und Kanchanaburi um 7.40 und 13.50 Uhr vom Bahnhof in Thonburi, zudem um 6.50 Uhr ab Hauptbahnhof bis Kanchanaburi.

Da alle Züge Richtung Süden auch in Nakhon Pathom halten, kann man dort umsteigen, ohne nach Bangkok fahren zu müssen.

Richtung Süden: Fahrzeit und Fahrpreis ohne Zuschläge in der 1. / 2. / 3. Klasse / Sprinter:
BANG SAPHAN YAI, 6 1/2 Std., 327 / 160 / 69 / 340 Baht.
CHUMPHON, 7–8 Std., 394 / 190 / 82 / 370 Baht.
HAT YAI, 16 Std., 734 / 345 / 149 / 545 Baht.
HUA HIN, 3–4 Std., 202 / 102 / 44 / 282 Baht.
KANTANG (keine EXP.), 16 Std., 678 / 320 / 138 Baht.
NAKHON PATHOM, ca. 1 Std., 60 / 31 / 14 Baht.
NAKHON SI THAMMARAT, 15 Std., 652 / 308 / 133 Baht.
PADANG BESAR, 17 Std., 767 / 360 / 156 Baht.
PHETCHABURI, 3 Std., 153 / 78 / 34 Baht.
PRACHUAP KHIRI KHAN, 4 1/2–5 1/2 Std., 272 / 135 / 58 / 315 Baht.
SUNGAI GOLOK, 20 Std., 893 / 417 / 180 Baht.
SURAT THANI, 9–11 Std., 519 / 248 / 107 / 448 Baht.
TRANG (z.T. keine EXP.), 15 Std., 660 / 311 / 135 Baht.
YALA, 18 Std., 815 / 382 / 165 / 582 Baht.
Von Thung Song führt eine Stichlinie über Trang nach Kantang, südwestlich von Trang. Eine weitere Stichlinie zweigt in Hat Yai ab und führt über Yala zur malaysischen Grenze (Sungai Golok). Die Hauptlinie verläuft von Hat Yai über Padang Besar (Grenzort) nach Butterworth.
Die Abfahrtszeiten der Züge von Hua Lamphong nach:
Butterworth (= Penang in Malaysia) um 14.20 Uhr (EXP. SP. = internationaler Express),
Sungai Golok (malaysische Grenze) um 12.25 (RAP.), 14.45 Uhr (EXP.),
Yala um 15.50 Uhr (RAP.) und 22.50 Uhr (Sprinter, der schnellste Zug in den Süden),
Kantang um 18.20 Uhr (RAP.),
Trang um 17.05 Uhr (EXP.),
Nakhon Si Thammarat um 17.35 (RAP.) und 19.15 Uhr (EXP.),
Surat Thani um 7.15 (Sprinter) und 22.50 Uhr (Sprinter).
Zudem fahren weitere Personenzüge (ORD.) und Diesel Railcars (DRC.).
Nach Ko Samui, Ko Pha Ngan und Ko Tao bis Surat Thani. Hier warten am Bahnhof auch An-

schlussbusse nach Krabi. Nach Ko Tao mit den Zügen um 19.15 und 22.30 Uhr bis Chumphon. Der Luxuszug **Eastern & Oriental Express** verkehrt mehrmals monatlich zwischen Bangkok, Singapore, Nam Tok (Brücke am Kwai) und Chiang Mai. Informationen in Bangkok ☎ 2168661, in Deutschland unter ☎ 0221-3380300, 🖥 www. orient-expresstrains.com. Er kostet nach Chiang Mai mindestens 900 € und nach Kuala Lumpur 1000 €.

FLÜGE – Auskunft allgemein ☎ 5351111; Auskunft internationale Flüge: Abflug ☎ 5351254, 535 1386, Ankunft ☎ 5351301, 5351310, verlorenes Gepäck ☎ 5352811-2; Auskunft nationale Flüge: Abflug ☎ 5351192, 5351277, Ankunft ☎ 5351253, 5351305, verlorenes Gepäck ☎ 5353810.

> **Wichtig:** Die bei Abflug an Automaten zu entrichtende **Airport-Tax** beträgt bei internationalen Flügen 500 Baht, bei nationalen 30 Baht, Bangkok Airways 60 Baht. Es ist ratsam, rechtzeitig am Flughafen zu sein, da oft Chaos herrscht und manche Flüge überbucht werden. Die Rückbestätigung der Flüge ist bei Bangkok Airlines erforderlich, bei Thai und den meisten anderen Airlines hingegen nicht mehr.

Transport zum Airport: Ein **Taxi** aus der Innenstadt kostet etwa 250 Baht. Es empfiehlt sich, auch außerhalb der Rushhour etwa 1 1/2 Std. für die Anfahrt einzukalkulieren. Über den Expressway (Passagiere zahlen die Gebühr von 30 bzw. 70 Baht wenn 2 Highway-Strecken befahren werden) kann man bereits nach 30 Min. am Airport sein. Wer an der Skytrain-Strecke wohnt, kann bis Mo Chit fahren und dort für knapp 100 Baht ein Taxi nehmen.
Von der Khaosan Rd. fahren für ca. 80 Baht private **Minibusse** verschiedener Companies sowie für 100 Baht etwa halbstündlich von 6.30– 1 Uhr der **Airport Bus** Nr. 2. Ab Oriental und Silom Rd. mit Airport Bus Nr. 1, ab Sukhumvit Rd. mit Nr. 3 und ab Hauptbahnhof und Siam Square mit Nr. 4 zum nationalen und internationalen Terminal.
Züge fahren Richtung Norden oder Nordosten in 45 Min. zum Bahnhof Don Muang (leicht an den

großen Beschriftungen der Gebäude zu erkennen; in Fahrtrichtung rechts). Über die überdachte Fußgängerbrücke ist es ein Katzensprung zu den Abflughallen. Lokale Züge für 5–10 Baht fahren um 4.20, 4.30, 5.20, 5.45, 6.20, 7, 8.40, 9.10, 11.15, 11.45, 13, 14, 14.55, 16.10, 16.15, 16.45, 17.15, 17.25, 18.10 und 23.10 Uhr. Der Rapid um 6, 6.20, 6.40, 8.20, 14.55, 18.30, 18.45, 19, 20.10, 22 und 22.45 Uhr kostet 45 Baht und der Express um 8.30, 9.30, 18, 19.25, 19.40, 20, 20.45, 21 und 21.50 Uhr 65 Baht.
Wer längere Zeit am Flugplatz **warten** muss, kann die Zeit angenehm im *Amarin Airport Hotel* verbringen und dort den Friseur, die Sauna oder andere Hoteleinrichtungen nutzen. Auch Tageszimmer**** für bis zu 6 Std. Oder man läuft zum Bahnhof, wo man ebenfalls essen und einkaufen kann.
Der Flughafen selbst bietet Wartenden weitere Möglichkeiten zum Zeitvertreib, z.B. die Fast-Food-Restaurants (beide Terminals) und im internationalen Terminal das gemütlichere *The John Bull Pub* am Ende von Terminal 1 und das *Hofbräuhaus* am Ende des Terminal 2. Zudem werden tgl. von 8–21 Uhr im Selbstbedienungsrestaurant im 2. Stock des Parkhauses, das über den Fußgängerüberweg vom nationalen zum internationalen Airport zu erreichen ist, gegen Coupons Thai-Gerichte serviert. Nebenan ein kleiner Family-Supermarkt, ☉ rund um die Uhr, eine Apotheke und eine Reinigung. Das Telecom Centre in der Abflughalle, am Ende von Terminal 2, bietet die Möglichkeit, für 100 Baht bis zu 90 Min. im Internet zu surfen. Die Karte mit einem PIN-Code ist ein Jahr gültig und kann bei vielen Postämtern benutzt werden. Die transportfertig verpackten Orchideen im Terminal 2 sind wesentlich billiger als im Duty-Free-Bereich. Gepäck kann nur am gleichen Tag eingecheckt werden.

Inlandsflüge: Man kann schon mehrere Wochen im Voraus Flüge reservieren lassen und später die Tickets in jedem Reisebüro kaufen. Am Stand-By-Schalter im Domestic Terminal des Airports werden freie Plätze auf den nächsten Maschinen verkauft. Private Reisebüros versuchen Hotels und Touren am jeweiligen Zielort zu vermitteln – ignorieren!

Thai Airways fliegt nach: HAT YAI 2990 Baht, KRABI 2560 Baht, NAKHON SI THAMMARAT 2420 Baht, PHUKET 2625 Baht, SURAT THANI 2340 Baht, TRANG 2750 Baht.

Die private Fluggesellschaft **Bangkok Airways**, in deren Wartehalle am Airport ein kostenloser Internet-Terminal zur Verfügung steht, fliegt mit 37-sitzigen DASH 8-100 und 56-sitzigen DASH 8-300 nach:

HUA HIN 1x tgl. 1650 Baht,

KO SAMUI 10–17x tgl. 3700 Baht (rechtzeitige Buchung erforderlich, da häufig voll),

PHUKET 3x tgl. 2775 Baht,

PB Air fliegt mit einer 30-sitzigen Dornier Mi, Fr und So nach Krabi.

Phuket Air fliegt mit einer 64-sitzigen Turbo YS 11 nach KRABI 2560 Baht, RANONG 2420 Baht und PHUKET 2625 Baht.

Air Andaman, die mit kleinen Maschinen im Süden fliegt, verkehrt Mi, Fr und So nach Chumphon für 2200 Baht und im *code sharing* mit Mekong Airline nach Siem Reap.

Reisebüros werben in Touristenbroschüren. Viele befinden sich in der Khaosan Rd. und in der Soi 4 Sukhumvit Rd. Unter den Reisebüros, v.a. in der Khaosan Rd., gibt es auch schwarze Schafe, die Anzahlungen kassieren, das Büro schließen und anschließend unter anderem Namen wieder eröffnen.

Fluggesellschaften in Bangkok: Hier können auch Flüge rückbestätigt werden.

Aeroflot, Regent House, 183 Ratchadamri Rd., ☎ 2510617-8, ✆ 2553138, ✉ agl@loxinfo.co.th, ☐ www.aeroflotbkk.com

Air Andaman, Sirinrat Bldg., 3388/56 Rama IV Rd., ☎ 2299500, ✆ 2299599, ✉ booking@airandaman.com, ☐ www.airandaman.com

Air France (und UTA), 849 Silom Rd., ☎ 6351199, ✆ 6351204, ☐ www.airfrance.co.th

Air India, 1 Pacific Place, 140 Sukhumvit Rd., ☎ 2350557-8, ✆ 6310340, ☐ www.airindia.com

Asiana Airlines, Ploenchit Center 2, Sukhumvit 2 Rd., ☎ 6568620-3, ✆ 6568627, ☐ us.flyasiana.com

Austrian Airlines, 33/90 Wall Street Tower, Surawong Rd., ☎ 2670873-9, ✆ 2670880

Bangkok Airways, 99 Moo 14, Wiphawadi Rangsit Rd., ☎ 2655555, ✆ 2655556, ✉ reservation @bangkokair.co.th, ☐ www.bangkokair.com

Biman Bangladesh, 56 Surawong Rd., ☎ 2357643-4, ✆ 2369973, ☐ www.bimanbkk.com

British Airways, Abdulrahim Place, 990 Rama IV Rd., ☎ 6361747, ✆ 6361749, ☐ www.britishairways.com

Cathay Pacific, Ploenchit Tower, 898 Ploenchit Rd., ☎ 2630606, ✆ 2630631, ☐ www.cathaypacific.com

China Airlines, Peninsula Plaza, 153 Ratchadamri Rd., ☎ 2534242-3, ✆ 2534565, ☐ www.china-airlines.com

China Southern Airlines, Silom Plaza, 491/35-37 Silom Rd., ☎ 2665688, ✆ 2365279, ☐ www.cs-air.com/en/

Egypt Air, CP Tower, 313 Silom Rd., ☎ 2310504-8, ✆ 2310503, ☐ www.egyptair.com.eg

Emirates, Bangkok Bank Building, 54 Soi Asoke, Sukhumvit Rd., ☎ 6641040, ✆ 6641059, ☐ www.emirates.com

EVA Airways, Green Tower, 3656/4-5 Rama IV Rd., ☎ 2400890, ✆ 2400450, ☐ www.evaair.com

Garuda, Lumpini Tower, 1168 Rama IV Rd., ☎ 2856470-3, ✆ 2856474, ✉ bkkssga@ksc.th. com, ☐ www.garuda-indonesia.com

Gulf Air, Maneeya Center, 518/5 Ploenchit Rd., ☎ 2547931-4, ✆ 2525256

Indian Airlines, S.S. Bldg., 10/12-13 Convent Rd., ☎ 2355534-5, ✆ 2367186, ☐ indian-airlines.nic.in

Japan Airlines, 254/1 Ratchadaphisek Rd., ☎ 6925151-62, ✆ 2741460, ✉ bkkss@jal.co.th, ☐ www.jal.co.jp

Kampuchea Airlines, Jewellry Centre, 138/70 Neres Rd., ☎ 2673210-2, ✆ 2673216, ✉ bkkto@ asiasky.com

KLM, Thai Wah Tower, 133-4 Sathon Tai Rd., ☎ 6791100-11, ✆ 6791416, ☐ www.klm.com

Korean Air, Kongboonma Bldg., 699 Silom Rd., ☎ 2670985-6, ✆ 2670992, ☐ www.koreanair.com

Kuwait Airways, M. Thai Tower, All Seasons Place, 87 Wireless Rd., ☎ 6540545, ✆ 6540582, ☐ www.travelfirst.com/sub/kuwaitair.html

Lao Airlines, 491/17 Silom Plaza, Silom Rd., ☎ 2369822-3, ✆ 2369821

Lauda Air, Wall Street Tower, 33/90 Surawong Rd., ☎ 2670873-6, ✆ 2670880, ✉ bkktong@ laudaair.co.th, ☐ www.laudaair.com

LTU, Bangkok Gem and Jewellery Towers, Surawong Rd., ☎ 671235-7, ✆ 613784-6, ☎ 2671190, ☐ www.ltu.de

Lufthansa, Q-House Asoke Bldg., 66 Soi 21 Sukhumvit Rd., ✆ 2642400, 📠 2642418, 🖥 www.lufthansa.com

Malaysia Airlines, Ploenchit Tower, 898 Ploenchit Rd., ✆ 2630565-71, 📠 2630577, 🖥 malaysia-airlines.com.my

Mekong Airlines, 317 Kamolsukosol Bldg., Silom Rd., ✆ 6355370-3, 📠 6355377, ✉ mekongair@cscams.com

Myanmar Airways, 23. Floor, Jewelry Trade Center, 919/298 Silom Rd., ✆ 6300333-8, 📠 6300339

Orient Thai Airlines, Jewellry Centre, 138/70 Nares Rd., ✆ 2673210-5, 📠 2673216-7

Pakistan Airlines, Chongkolnee Bldg., 56 Surawong Rd., ✆ 2342961-5, 📠 2342357, 🖥 www.piac.com.pk

P.B. Air, UBC II Bldg., 591 Sukhumvit Rd., ✆ 2610220-5, 📠 2610227, 🖥 pbair.com

Quantas Airways, Abdulrahim Place, 990 Rama IV Rd., ✆ 6361747, 📠 6361749, 🖥 www.qantas.com

Royal Brunei, U Chu Liang Bldg., 968 Rama IV Rd., ✆ 6375151, 📠 6375858, ✉ rbabkkss@loxinfo.co.th

Royal Jordanian, C.P. Tower, 313 Silom Rd., ✆ 6382960, 📠 6382966, 🖥 www.rja.com.jo

Royal Nepal Airlines, 9th Floor, Phayathai Plaza Bldg., 128 Phayathai Rd., ✆ 2165691-5, 📠 2165687, 🖥 royalnepal.com

Royal Phnom Penh Airways, Two Pacific Place, 142 Sukhumvit Rd., ✆ 6532050-5, 📠 6532056, ✉ rphnairways@yahoo.com, 🖥 royalpnhair.com

SAS (Scandinavian Airlines), Glashaus Bldg., 1 Soi 25 Sukhumvit Rd., ✆ 2600444, 📠 2606269, 🖥 www.scandinavian.net

SIA (Singapore Airlines), Silom Center Bldg., 2 Silom Rd., ✆ 2360440, 📠 2365294, 🖥 www.singaporeair.com

Silk Air, ✆ 2360303, 📠 2365304, Büro nur in Phuket

Sri Lankan Airlines, Charn Issara Tower, 942/34-35 Rama IV Rd., ✆ 2368451, 📠 2368456, 🖥 www.srilankan.lk

Swiss International Airlines, Abdulrahim Place, 990 Rama IV Rd., ✆ 6362150-6, 📠 6362168, 🖥 www.swiss.com

Thai Airways Head Office, 89 Wiphawadi Rangsit Rd., ✆ 5451000, Reservierungen unter ✆ 6282000, 📠 2800735, 🖥 www.thaiair.com Weitere Büros: 485 Silom Rd., ✆ 2328000, 6 Larn Luang Rd., ✆ 2800060 (für Rückbestätigung in Engl.), 📠 2800735

Turkish Airlines, CP Tower, 313 Silom Rd., ✆ 2310300-7, 📠 2310311, 🖥 www.thy.com

Turkmenistan Airlines, Nailert Plaza, 644/3 Phetchburi Rd., ✆ 6565805-6, ✉ suline@ji-net.com

Uzbekistan Airways, United Bldg., Silom Rd., ✆ 6355400-2, 📠 6355403, 🖥 uzbekistan-airways.com

Vietnam Airlines (Hang Khong Vietnam), Wave Place Bldg., 55 Wireless Rd., ✆ 6554137-40, 📠 6554420, 🖥 www.vietnamair.com.vn/vnhome.htm

BIKER – Während eines Bangkok-Aufenthalts ist ein Fahrrad kein gutes Transportmittel. Man kann es im Erdgeschoss des internationalen Airports an der Gepäckaufbewahrung für 70 Baht pro 24 Std. aufbewahren lassen. Wer es mit zur Unterkunft nehmen will, chartert am besten einen Pickup. Vom Flughafen in Bangkok werden Fahrräder nur in Zügen mit Gepäckwagen mitgenommen.

Richtung Ayutthaya empfiehlt sich die Fahrt vom Airport jenseits der Bahnlinie auf Nebenstraßen Richtung Westen, am Chao Phraya entlang nach Norden über Wat Phai Lom und Bang Pa auf der schmalen Nebenstraße nach Ayutthaya (Karte s.S. 197).

Die Umgebung
von Bangkok

Bei **Ratchaburi** das Ausschwärmen der Fledermäuse am Abendhimmel bestaunen

Um den Phra Pathom in **Nakhon Pathom** wandeln

Mit der „Eisenbahn des Todes" von **Kanchanaburi nach Nam Tok** fahren

Die Tempelanlangen von **Ayutthaya** am Abend ohne Touristenmassen genießen

Im Sommerpalast **Bang Pa In** mit der Kamera auf Motivsuche gehen

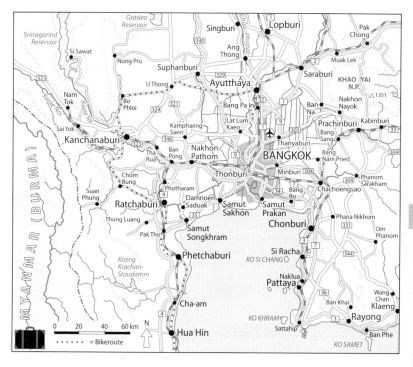

Viele in diesem Kapitel beschriebenen Ziele eignen sich für einen Tagesausflug. Da es aber nicht selten zwei Stunden dauert, aus Bangkok heraus oder wieder hinein zu kommen, lohnt es sich, eine oder zwei Übernachtungen außerhalb Bangkoks einzuplanen.

Am Wochenende und an Feiertagen ist ein großer Teil der Bevölkerung von Bangkok auf der Suche nach Grün und frischer Luft, so dass dann die meisten guten Hotels ausgebucht sind. Im folgenden Kapitel fehlen „Sehenswürdigkeiten", die auf einheimische Touristen ausgerichtet sind.

Richtung Westen

Eine schöne Tagestour führt am frühen Morgen zum schwimmenden Markt von Damnoen Saduak, von wo es weiter nach Nakhon Pathom und Kanchanaburi geht. Viele Reisebüros in Bangkok bieten Tagestouren in diese drei Orte an. Es lohnt sich jedoch, in Kanchanaburi zu übernachten und von dort aus einige Touren zu unternehmen.

Die Region westlich von Thonburi, die zahlreiche Klongs durchziehen, gilt trotz zunehmender Industrialisierung als der „Garten Thailands"; ein großes Obst- und Gemüseanbaugebiet, das die städtische Bevölkerung mit frischen Nahrungsmitteln versorgt. Entlang der Klongs erstrecken sich an wenigen Stellen noch wahrhaft idyllische Plätze, die in starkem Kontrast zu den dicht bebauten Ausfallstraßen stehen.

Damnoen Saduak คำเนินสะดวก

Der unattraktive Ort Damnoen Saduak in der Provinz Ratchaburi ist vor allem wegen seiner **schwimmenden Märkte** bekannt. Bereits ab 7 Uhr werden zahllose Reisegruppen durch die Kanäle und über die Brücken des Marktes von **Tonkem** geschleust. Die Besucher kaufen nicht das Obst und Gemüse der Frauen, sondern die Souvenirs der Händler am Ufer, ein Hit sind Hüte, die vor der prallen Sonne schützen. Zum Schutz der „Händlerrinnen" wurden Brücken und Fußwege erbaut, von denen aus sich das Treiben am besten beobachten lässt. Vor allem Tourgruppen können sich Souvenirhändlern und „Fotografen" mit Schlangen kaum erwehren. Weitere schwimmende Märkte in der von Kanälen durchzogenen Ebene zwischen Damnoen Saduak und Samut Songkhram mit ihren Obst- und Kokospalmenplantagen versuchen Tonkem mit „Floating Market"-Schildern an den Straßenrändern Konkurrenz zu machen. Schön ist am So von 6–10 Uhr der schwimmende Markt in Samut Songkhram.

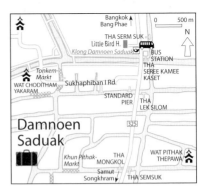

Übernachtung und Essen

Little Bird Hotel (Nok Noi)**–***, ☏ 032-254382, in einer ruhigen Seitengasse, 100 m von der Hauptstraße, große Zi mit Du/WC und Fan oder lauter ac, viele Kurzzeitgäste. Essenstände und einfache Restaurants an der Hauptstraße.

Sonstiges

FESTIVAL – Der Distrikt ist berühmt für seine „exotischen" Trauben Malaga-an. Das **Fest der süßen Trauben**, zu dem u.a. Bootsrennen und Kochwettbewerbe veranstaltet werden, findet jedes Jahr Ende März / Anfang April statt.

REISEZEIT – Die beste Zeit, den Markt zu besuchen, ist zwischen 7 und 9 Uhr, bevor die Touristenmassen ankommen. Die meisten Händlerinnen verlassen den Klong gegen 13 Uhr.

Nahverkehrsmittel

Vom Busterminal kommt man zu Fuß zum 1,8 km entfernten Markt, wenn man die wenig angenehme Straße entlang wandert. Zudem fahren von der Anlegestelle hinter dem Terminal jenseits der Straßenbrücke große Boote mit Dieselmotoren alle 20 Minuten für 20 Baht zum schwimmenden Markt von Tonkem. Außerdem können kleinere Boote für ca. 300 Baht gechartert werden.

Transport

Talat Nam, der schwimmende Markt von Damnoen Saduak, liegt 97 km westlich von Bangkok. Wer mit einem eigenen Fahrzeug unterwegs ist, kann den gut ausgeschilderten, 18 km langen Weg von Samut Songkhram aus zum Markt nicht verfehlen.
Von BANGKOK (ac-Southern Bus Terminal) klimatisierte Busse ab 6 Uhr alle 15 Min. für 65 Baht in 2 Std. Es werden organisierte Touren ab 300 Baht angeboten.
Von KANCHANABURI zuerst nach BANG PHAE mit Bus Nr. 461 alle 15 Min. für 25 Baht in 90 Min. Weiter nach Damnoen Saduak mit Bus 78 oder Minibus Nr. 1733 für 20 Baht in 20 Min.
Ab NAKHON PATHOM mit Bus 78 ab 6.30 Uhr alle 30 Min. für 25 Baht in 1 Std.
Ab RATCHABURI mit dem gelben Minibus ab 6 Uhr in gut 1 Std. über BANG PHAE, 40 Baht; man kann sich direkt am Markt absetzen lassen.
Von PHETCHABURI zuerst nach SAMUT SONGKHRAM (2. Kl. ac-Bus 30 Baht) und weiter nach Damnoen Saduak (10 Baht).

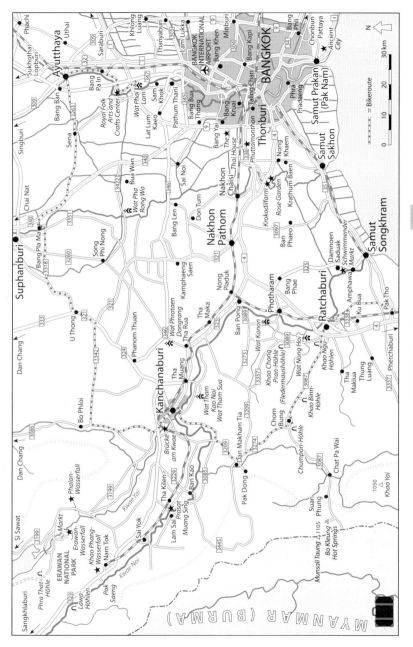

Samphran สามพราน

Jenseits der Außenbezirke von Bangkok erstreckt sich südlich vom H338 das riesige Parkgelände des **Buddhamonthon**, auf das auch ein englischspra-chiges Schild hinweist. Dieses riesige buddhistische Zentrum beherbergt Replika verschiedener Bau-werke, die für den Buddhismus von großer Bedeu-tung sind, ein kleines Museum, eine Sammlung von Pali-Schriften, Meditationshallen sowie eine über 15 m hohe Buddhastatue aus Bronze. Während wichtiger buddhistischer Feiertage finden sich hier Tausende von Gläubigen zum Gebet ein.

32 km westlich von Bangkok, am H4 nach Na-khon Pathom, liegt hinter der Brücke über den Ta-chin-Fluss der **Rose Garden**, eines der touristi-schen Ausflugsziele, das auf dem Programm vieler Pauschalurlauber steht, die hier in einer Stunde Thailand in Instant-Form erleben können. Inmit-ten eines Parks mit künstlichen Seen, Restaurants u.a. steht das so genannte *Thai Village*. Hier werden traditionelle Handwerkskünste demonstriert. Um 14.45 Uhr beginnt die einstündige Show (300 Baht): Thai-Boxen, traditionelle Hochzeit, Ordina-tion eines Mönches... Zudem werden Elefanten vorgeführt, die einen Baumstamm durch die Ge-gend rollen. ☉ tgl. 8–18 Uhr, ✆ 034-322588-93, 🖥 www.rose-garden.com. Den Park, Eintritt 10 Baht, kann man mit gemieteten Fahrrädern erkun-den. Auf der anderen Seite des Highways erstreckt sich der **Rose Garden-Golfplatz** mit 18 Löchern, der als einer der schönsten Plätze der Welt gilt.

400 m östlich vom Rose Garden werden im **Samphran Crocodile Farm & Zoo** um 12.45 und 14.20 Uhr eine Krokodil-Show, um 13.15 und 15 Uhr eine Zaubershow und um 13.45 und 15.30 Uhr eine Elefanten-Show gezeigt (außerhalb der Saison seltener, am Wochenende zusätzliche Shows). Als Sensation wartet die Farm mit einem Albino-Kro-kodil auf. ☉ tgl. 8.30–17.30 Uhr, 300 Baht, ✆ 034-311971 oder in Bangkok ✆ 02-2854325-6.

Transport

Am Park Buddhamonthon halten alle Busse Richtung NAKHON PATHOM.
Der Rose Garden und die Samphran-Krokodilf-arm am H4, 32 km westlich von Bangkok, werden überwiegend im Rahmen von organisierten Tou-ren besucht.

Nakhon Pathom นครปฐม

Vor über 2000 Jahren zogen Mönche aus dem buddhistischen Ceylon nach Osten und errichteten den ersten buddhistischen Tempel dieser Region an der Stelle, wo heute **Phra Pathom Chedi**, eine der größten Pagoden des Landes, steht. Wegen der beeindruckenden Konstruktion der frühen Bauten nimmt man an, dass Mönche aus Ceylon hier das erste Zentrum des Theravada-Buddhismus auf thailändischem Boden gründeten. Archäologen entdeckten unter der heutigen Pagode einen 39 m hohen Chedi aus dem 4. Jahrhundert im Mon-Stil. Im 11. Jahrhundert errichteten die Khmer über diesem Heiligtum einen Prang, der wiederum vor über 100 Jahren mit einem prunkvollen, über 127 m hohen Chedi überbaut wurde. Er gilt als ei-nes der höchsten buddhistischen Bauwerke der Welt.

König Mongkut unternahm während seiner Zeit als Prinz mehrere Pilgerfahrten zu der Tempel-ruine im Dschungel. Nachdem er zum König ge-krönt worden war, beschloss er, einen mächtigen Chedi über der Ruine errichten zu lassen. Als die Pagode nach 17-jähriger Bauzeit 1870 fertig gestellt war, siedelte man Menschen aus dem 20 km weiter östlich gelegenen Ort Nakhon Chaisi rings um die Anlage an. Um den zentralen Chedi sind auf einer Plattform in allen vier Himmelsrichtungen Viharn errichtet worden, die neben anderen Kunstwerken jeweils eine Buddhafigur in unterschiedlichen Po-sitionen beherbergen (N: stehender Buddha, S: Buddha wird von der Schlange geschützt, O: Buddha unter dem Bodhi-Baum, W: ruhender Buddha). Vom Haupteingang im Norden führt eine Treppe hinauf bis zur zweiten Plattform. Hier steht eine große Buddhastatue umgeben von zahlreichen Pflanzen, Ruhebänken, chinesischen Tempelfiguren u.a. Eintritt 20 Baht.

Im angeschlossenen **Museum**, ☉ Mi–So 9–16 Uhr, 30 Baht, sind einige interessante Stücke ausge-stellt, die bei Ausgrabungsarbeiten im Tempelbe-zirk gefunden wurden. Ein steinernes Rad, das die Lehre Buddhas symbolisiert, wurde auf 150 v.Chr. datiert. Mehrere Steinköpfe sind mit Knollennasen und Mützen ausgestattet, wie sie vor 2000 Jahren im Mittelmeerraum getragen wurden. Während der Bauarbeiten wohnte König Mongkut in einem kleinen Palast östlich des Chedi, der heute jedoch weitgehend zerstört ist.

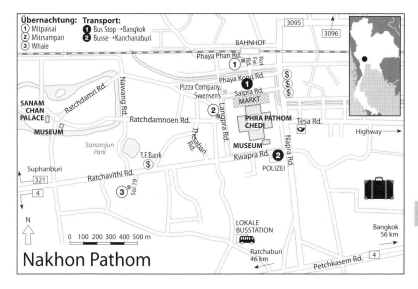

Übernachtung: Transport:
① Mitpaisal ❶ Bus Stop →Bangkok
② Mitrsampan ❷ Busse→Kanchanaburi
③ Whale

BAHNHOF

Phaya Phan Rd.
Phaya Kong Rd.
Pizza Company,
Swensen's
Saipra Rd.
MARKT

SANAM
CHAN
PALACE
MUSEUM

Ratchadamri Rd.
Nawang Rd.
Ratchdamnoen Rd.
Langpra Rd.
Theaban Rd.

PHRA PATHOM
CHEDI
Tesa Rd.
Highway

Sanamjun
Park
T.F.Bank

MUSEUM
Kwapra Rd.
Napra Rd.
POLIZEI

Suphanburi
321
4
Ratchavithi Rd.
Soi 19

LOKALE
BUSSTATION
Bangkok
56 km

N
0 100 200 300 400 500 m
Ratchaburi
46 km
Petchkasem Rd.
4

Nakhon Pathom

3095
3096

Da auch sein Nachfolger, König Rama V., sich oft hier aufhielt, ließ er sich 2 km westlich der Pagode einen kleinen Palast – **Sanam Chan** – überwiegend im westlichen Stil erbauen. Er wird heute als Verwaltungsgebäude genutzt und liegt in einem gepflegten Park mit Pavillons, Teichen und kleinen Brücken.

In einem zweistöckigen Gebäude nahe dem Kreisverkehr, das wie ein zu klein geratenes Märchenschloss wirkt und vor dem das Denkmal eines Hundes steht, ist ein Museum mit Fotografien und persönlichen Gegenständen aus dem Besitz König Ramas VI. untergebracht. Eintritt 50 Baht.

Im November, nach dem Loi Krathong-Fest, findet rings um die Pagode ein zehntägiges, großes **Tempelfest** statt. An jedem Abend wetteifern Musikgruppen um die Gunst der Zuhörer, und Freilichtkinos beginnen lautstark mit ihrem Programm. Händler und Wunderheiler finden tagsüber ihr Publikum, und Kinder vergnügen sich auf dem Jahrmarkt.

Die Stände auf dem großen Markt offerieren ein buntes Sortiment von Textilien, Schuhen, Haushaltswaren und Möbeln, aber auch Leckereien wie Pizza, Hamburger, geröstete Zikaden und Heuschrecken.

Übernachtung

Die Hotels in Bahnhofsnähe sind für den Notfall o.k.

Mitpaisal*–**** ①, am Bahnhof, 120-30 Phaya Phan Rd., ✆ 242422, ✉ mitpaisal@hotmail.com, etwas hellhörige Zi mit ac oder Fan sowie Du/WC in einem älteren, größeren Hotelblock mit Aufzug. Sein größter Vorteil ist die Nähe zum Bahnhof.
Mitrsamphan** ②, 2/11-13 Langpra Rd., ✆ 241422, laute, gekachelte Zi mit Fan und Du/WC, z.T. mit Blick auf den Chedi. Rezeption im Elektroladen darunter.

Whale*** ③, 151/79 Ratchavithi Rd. Soi 19, ✆ 251020-4, ✆ 253864, das größte Hotel des Ortes, etwa 1 km westlich der Pagode, etwas abseits der Hauptstraße, aber von dort leicht zu sehen. Gute Zi mit Fan und ac, Nightclub, am Wochenende Disco. Das chinesische Restaurant lässt zu wünschen übrig.
Das ausgeschilderte YMCA haben wir bei unserem Besuch leider nicht gefunden.

Essen

Auf dem tollen Markt zwischen Bahnhof und Chedi gibt es leckeren *kao larm*, Klebreis, der mit

Kokos und Palmzucker gesüßt in Bambus gebacken wird. Vor allem abends laden viele Essenstände zum Schlemmen ein.

Vertrauteres Essen gibt es bei der **Pizza Company** und **Swensen's** nordwestlich vom Chedi.

Sonstiges

GELD – Zahlreiche Banken mit Geldautomaten in der Napra Rd., nordöstlich vom großen Chedi.

GEPÄCKAUFBEWAHRUNG – Im Bahnhofsgebäude hinter dem Ticketschalter für 10 Baht pro Gepäckstück und Tag.

VORWAHL – 034; PLZ: 73 000.

Transport

BUSSE – Alle Busse fahren auf dem Weg zu den außerhalb gelegenen Busbahnhöfen durchs Zentrum und lassen Touristen auch an der Pagode ein- oder aussteigen. Überlandbusse halten südlich des Zentrums am Highway, lokale Busse, z.B. nach Damnoen Saduak, an der Bus Station im Süden der Stadt oder in einer der Straßen rings um die Pagode. Ortsunkundige sollten sich bei Einheimischen nach den zentralen Haltestellen erkundigen, da diese nicht ausgezeichnet sind.

Von BANGKOK, 56 km, ab non-ac-Southern Bus Terminal, Thonburi, Bus 81 bis 21.10 Uhr alle 10 Min. für 20 Baht in 1 1/2 Std. Ab ac-Terminal Busse zwischen 6 und 22.30 Uhr alle 20 Min., 40 Baht. Letzter non-ac-Bus zurück gegen 19 Uhr, ac-Bus gegen 21 Uhr.

KANCHANABURI mit Bus Nr. 81 alle 30 Min. für 28 Baht in 1 1/2–2 Std. ab der Polizeistation südlich des Chedi.

DAMNOEN SADUAK (Talat Nam) mit dem blauen ac-Bus 78 ab 6.30 Uhr alle 30 Min. für 25 Baht in 1 Std. ab der Polizeistation südlich des Chedi. Als Tagestour ab Bangkok empfiehlt es sich, Nakhon Pathom im Anschluss an die Fahrt zum schwimmenden Markt zu besuchen.

PHETCHABURI für 50 Baht in 1 1/2 Std.

EISENBAHN – Der Bahnhof liegt 500 m nördlich des Chedi.

Hier halten alle Züge von Bangkok in Richtung Süden nach Phetchaburi – Hua Hin – Surat Thani. Deshalb eignet sich die Stadt zum Umsteigen, wenn man aus dem Süden nach Kanchanaburi will oder umgekehrt.

Von BANGKOK fahren ein Dutzend Züge in 1– 1 1/2 Std. für 14 Baht, ab Hua Lamphong um 12.25 Uhr und fast halbstündig zwischen 14.20 und 19.15 Uhr sowie um 22.30 und 22.50 Uhr (einige mit Zuschlag), ab Thonburi um 7.20, 7.40, 13.30, 13.50, 17, 17.45 und 19.15 Uhr.

Von KANCHANABURI *Diesel Railcar* (nur 3. Klasse) um 7.27 Uhr und ein lokaler Zug um 14.51 Uhr, zurück um 9.20 und 14.59 Uhr, 15 Baht.

Von und nach HUA HIN für 33 / 116 / 156 Baht in der 3. / 2. Klasse / Sprinter ohne Zuschläge.

Von und nach SURAT THANI 286 Baht in der 2. Klasse ohne Zuschläge. Die Nachtzüge brauchen 9–10 Std. Wer um 19.10 oder 19.55 Uhr abfährt, ist rechtzeitig zu den Booten zwischen 5.30 und 6.30 Uhr morgens in Surat Thani.

Ratchaburi   ราชบุรี

Die mittelgroße Provinzhauptstadt liegt 96 km westlich von Bangkok in der fruchtbaren Mündungsebene des 520 km langen Mae Klong. Einheimische begegnen den wenigen Touristen, die es hierher verschlägt, mit einer freundlichen Aufgeschlossenheit, auch wenn mangelnde Sprachkenntnisse die Kommunikation erschweren. Ratchaburi spielte in der Geschichte Thailands vor über 1000 Jahren eine große Rolle. Jene Zeit bezeugen das **Wat Mahathat** (Wat Na Phratat) mit seinem hohen Prang, der mit Stuckornamenten verziert ist, und die Dvaravati-Stadt **Ku Bua**, von der nur noch Fundamente innerhalb eines Wallgrabens zu sehen sind. Das **National Museum** bietet in zwölf ebenerdigen Räumen des ehemaligen Rathauses mit englischen Schrifttafeln einen angenehm kurz gefassten Abriss der thailändischen Geschichte. Das königliche Schwert, ein wahres Prachtstück, wurde der Stadt 1913 von Rama VI. übergeben. ☉ Mi–So außer feiertags 9–16 Uhr, 30 Baht. Der zu einem Tempel umgewidmete ehemalige Königspalast **Khao Wang**, auf einem Hügel 3 km südwestlich des Zentrums, wurde 1871 für Rama V. gebaut und ist noch gut erhalten; ☉ tgl. 5.30–18 Uhr. Pickup ab Polizeistation 5 Baht.

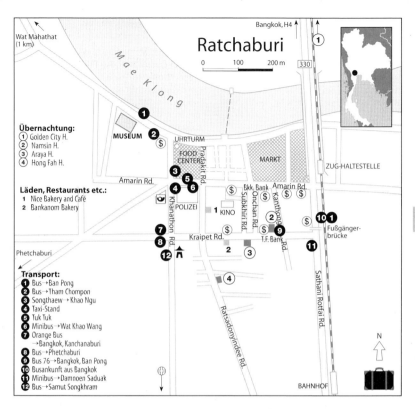

Ratchaburi

Wat Mahathat (1 km)

Bangkok, H4

Mae Klong

Übernachtung:
1 Golden City H.
2 Namsin H.
3 Araya H.
4 Hong Fah H.

MUSEUM

UHRTURM

FOOD CENTER

MARKT

ZUG-HALTESTELLE

Pradakit Rd.

Amarin Rd.

Läden, Restaurants etc.:
1 Nice Bakery and Café
2 Bankanom Bakery

Khanathon Rd.

POLIZEI

1 KINO

Bkk. Bank   Amarin Rd.

Subkhiri Rd.

Onchan Rd.

Kanthang Rd.

Phetchaburi

Kraipet Rd.

T.F. Bank

Fußgänger-brücke

2

3

Sathani Rotfai Rd.

4

Transport:
1 Bus→Ban Pong
2 Bus→Tham Chompon
3 Songthaew→Khao Ngu
4 Taxi-Stand
5 Tuk Tuk
6 Minibus→Wat Khao Wang
7 Orange Bus →Bangkok, Kanchanaburi
8 Bus→Phetchaburi
9 Bus 76→Bangkok, Ban Pong
10 Busankunft aus Bangkok
11 Minibus→Damnoen Saduak
12 Bus→Samut Songkhram

Ratsadonyindee Rd.

BAHNHOF

N

Im ganzen Land ist Ratchaburi für die riesigen irdenen **Wassertöpfe** mit Drachenmotiven bekannt, die in Handarbeit in vielen Manufakturen hergestellt werden, z.B. am H3087 Richtung Chom Bung. Interessierte können den Handwerkern zuschauen. Die Höhlen im Westen der Stadt beeindrucken auch verwöhnte Naturfreunde. Auf keinen Fall verpassen sollte man das fantastische Naturschauspiel beim Wat Khao Chong Pran. Jeden Abend irgendwann zwischen 17 und 18 Uhr fliegen Millionen kleiner Fledermäuse aus einer engen Höhlenöffnung heraus und winden sich als gigantische Schlange über den Himmel.

Übernachtung

Golden City****** ①, Petchkasem Rd., ℡ 338444, 317140-4, 4 km nördlich am Highway mitten im

Nichts. Der 7-stöckige Neubaublock lockt mit guten, relativ preiswerten Zimmern und gilt als das beste Hotel der Stadt. Mit Restaurant und Pool.
Namsin Hotel****** (ac***) ②, 2-16 Kraipet Rd., ℡ 337551, ✆ 337633, Zi mit Fan oder ac und TV, bestes Hotel in der Innenstadt mit einem guten Preis-Leistungs-Verhältnis, häufig voll. Die angebotenen Touren sind überteuert.
Araya Hotel****** (ac***) ③, 187/1-12 Kraipet Rd., ℡ 337781-2, ✆ 338022, ✉ arayard@cscoms. com, kein Hinweisschild, große, saubere Zi mit Fan, ac und TV, z.T. mit Warmwasser.
Hong Fah Hotel***** ④, 89/13 Ratsadonyindee Rd., ℡ 337484, für den Preis sehr ordentliche, große, saubere Zi. Altes Gebäude, kein englisches Schild, aber englischsprachige Rezeption, Internet-Zugang.

Das große **Food Center** neben dem Uhrturm betört die Sinne mit einer fantastischen Auswahl an Gemüse, Obst, Snacks, Süßspeisen und anderen Leckereien; ⊙ 24 Std. Vor allem spät nachmittags und am frühen Abend herrscht hier ein dichtes Gedränge. Die leckeren Nudeln am **Stand Nr. 100** sollte sich niemand entgehen lassen. Allein schon die Zubereitung ist sehenswert.

Auch auf dem Essensmarkt kann man gut und üppig essen.

Im Café der **Nice Bakery** in der Ratsadonyindee Rd. wird ab 9 Uhr Kuchen verkauft, ebenso im **Ban Kanom**, 187/27-28 Kraipet Rd., ✆ 322923, von 7–21 Uhr.

Zum Frühstücken eignen sich zudem die **An-An Bar**, Kraipet Rd, gegenüber dem Namsin Hotel, mit einer kleinen englischen Speisekarte.

Sonstiges

FESTE – Das 10-tägige **Vegetarian Festival** begeht man im Oktober im Bergtempel Wat Nong Hoi, 12 km nordwestlich der Stadt an der Straße H3089 zum Fledermaustempel.

Drei Tage und Nächte wird das **Songkran-Fest** der Mon-Volksgruppe beim Wat Ban Muong im Ban Pong Distrikt gefeiert. Es finden Geisterbeschwörungen und viele Spiele statt; Touristen sind willkommen.

GELD – Zahlreiche Banken haben in der Stadt Filialen mit Geldautomat, u.a. die **Thai Farmers Bank** an der Kraipet Rd.

POST / TELEFON – Im Zentrum neben dem Food Center. Hier können von 7–22 Uhr Auslandsgespräche geführt werden.

SCHATTENSPIEL – Im **Wat Khanon**, ✆ 233386, wird einmal monatlich und zu besonderen Anlässen ein Schattenspiel aufgeführt. Ansonsten können die prächtigsten Figuren im Tempel besichtigt werden. Ein Faltblatt informiert über die Tradition des Schattenspiels und die Herstellung der Figuren.

VORWAHL – 032; PLZ 70 000.

Nahverkehrsmittel und Touren

Rikschas und Motorradtaxis verkehren in der Stadt für wenige Baht, **Tuk Tuks** für 30 Baht. **Busse**, **Minibusse**, **Tuk Tuks** oder **Songthaews** fahren zu allen Sehenswürdigkeiten in der Umgebung. Ihre Abfahrtsstellen sind auf dem Ortsplan verzeichnet.

Autofahrer bieten zudem ihre Privatwagen für Rundfahrten an (z.B. 700 Baht für eine 4-stündige Rundfahrt zu den Höhlen). In den Hotels werden abendliche Touren zur Fledermaushöhle für 500–700 Baht angeboten. Wer sich ein Tuk Tuk chartert, zahlt je nach Anzahl der Passagiere 200–400 Baht.

P.Y. Travel, ✆ 01-7948511, offeriert Rundfahrten zu vielen Attraktionen in der Umgebung für 1000 Baht.

Transport

BUSSE – Die Abfahrtsstellen sind auf dem Ortsplan eingezeichnet.

Von BANGKOK (Southern Bus Terminal, Thonburi) mit dem non-ac-Bus zwischen 5 und 21 Uhr alle 15 Min. für 41 Baht (ac-Bus zwischen 7 und 22.30 Uhr alle 45 Min, 74 Baht, Standard 2 zwischen 6.30 und 21 Uhr alle 20 Min., 57 Baht) in 2 Std.

Nach Bangkok fährt der ac-Bus alle 45 Min. bis 20.30 Uhr vor dem Büro neben dem Namsin Hotel ab, hält aber auch an der Fußgängerbrücke in der Sathani Rotfai Rd., nördlich der Einmündung der Kraipet Rd.

Hier halten auch alle Busse nach BAN PONG, Abfahrt zu jeder vollen Std. in 1 1/2 Std. für 16 Baht. Sie passieren nach 45 Min. den Fledermaustempel (bis hier 14 Baht).

Nach NAKHON PATHOM mit ac-Bus 76 für 25 Baht in 45 Min.

Nach DAMNOEN SADUAK mit dem gelben Minibus ab 6 Uhr in gut 1 Std. über BANG PHAE, 40 Baht, man kann sich direkt am Markt absetzen lassen.

Nach SAMUT SONGKHRAM ac-Busse für 30 Baht.

Nach PHETCHABURI mit dem großen, roten Bus 73 alle 20 Min. in 1 Std. für 30 Baht.

Nach KANCHANABURI laufend bis 18 Uhr mit dem gelben, großen non-ac-Bus 461 für 36 Baht in 2 Std. ab Kraipet Rd.

DIE UMGEBUNG VON BANGKOK

Mit dem Bus nach CHOM BUNG (25 Baht, 40 Min.) erreicht man die Chompon-Höhle (2 km zu Fuß) und passiert die Zufahrt zur Khao Binn-Höhle (1,7 km zu Fuß).

EISENBAHN – Der Bahnhof liegt 1 km südlich der Innenstadt. Hier halten alle Züge zwischen Bangkok und dem Süden. An der Haltestelle bei der Brücke halten zudem lokale Züge.
Von THONBURI eignet sich der lokale Zug 255 um 7.15 Uhr oder 251 um 13.30 Uhr (Ankunft 10.08 bzw. 15.46 Uhr, nur 3. Kl., 25 Baht). Zurück mit dem lokalen Zug 252 um 8.11 Uhr oder 254 um 13.28 Uhr (Ankunft 10.55 bzw. 16.40 Uhr).
Von BANGKOK fährt der Zug 171 um 12.25 Uhr (Ankunft 15.03 Uhr, 2./3. Kl. für 57/25 Baht). Zurück am günstigsten mit dem Schnellzug 36 um 8.20 Uhr in 2 1/2 Std.
Von HUA HIN am besten mit einem lokalen Zug 254 um 11.46 oder 262 um 14.15 Uhr (Ankunft 13.48 bzw. 15.58 Uhr, 3. Kl. für 24 Baht).
Nach SURAT THANI brauchen die Nachtzüge 8–9 Std. Wer um 20.14 oder 20.58 Uhr abfährt, ist rechtzeitig zu den Booten zwischen 5.19 und 5.54 Uhr morgens in Surat Thani.

BIKER – Richtung Kanchanaburi geht es zuerst auf dem stark befahrenen H3087 ohne Seitenstreifen bis zu den Khao Ngu-Höhlen und dann bei abnehmendem Verkehr immer an der Pipeline-Trasse entlang bis Chom Bung. 1 km hinter der Chompon-Höhle auf den gut ausgebauten H3274 Richtung Tha Maka abbiegen. Durch die dünn besiedelte Ebene ist nach 16 km der Ort Ban Thap Tako erreicht und nach 9 km die Straßengabelung, auf der es links auf dem H3209, einer nur anfangs schlechten, von Schlaglöchern übersäten Straße, durch Zuckerrohrfelder und die kleinen Orte Dan Makham Tia (13 km) und Yang Ko (8 km) nach Kanchanaburi (29 km) geht. 17 km vor Kanchanaburi wird man mit einer schattigen Allee belohnt.
Richtung Süden s. Phetchaburi.

Die Umgebung von Ratchaburi

Am einfachsten sind die Höhlen im Westen der Stadt und der Fledermaustempel bei einer Rundfahrt mit einem gecharterten Minibus, Tuk Tuk oder Taxi zu besuchen. Man sollte jedoch nicht nach 14 Uhr starten, um rechtzeitig an der Kang Khao Khao-Höhle anzukommen. Billig, aber mit langen Fußwegen und Wartezeiten verbunden sind Touren mit lokalen Bussen.

Khao Binn-Höhle

Am KM 20 des H3087 zweigt die 1,7 km lange Zufahrtstraße zur besonders schönen **Tham Khao Binn** ab, die in einem gepflegten Park mit Souvenir- und Essenständen liegt. Sie ist die erste Höhle des Landes, die beleuchtet wurde, ☉ tgl. 9–17 Uhr, 10 Baht. An der Abzweigung an der Hauptstraße hält der Bus Richtung Chom Bung.

Über einen 300 m tief in den Berg hineinführenden Gang sind 8 Kammern der 800 m^2 großen Höhle zugänglich. Auch an Wochenenden ist ein Besuch trotz des Massenansturms zu empfehlen, da die Gruppen recht schnell durch die Höhle hasten und genügend Ruhe zum genüsslichen Betrachten bleibt. Die kleinen und großen Stalaktiten, eleganten Säulen, durchbrochenen „Gardinen" und Tropfsteinwasserfälle in riesigen Hallen werden von z.T. farbigen Lampen dezent, zuweilen etwas kitschig ausgeleuchtet. Überaus eindrucksvoll wirken der Schatten der „fliegenden Gans" und die „Muräne". Am Ende des 300 m langen, leicht begehbaren Weges wartet eine feuchtheiße Grotte mit kleinen Teichen und ewigem, deshalb heiligem Wasser. Leider schlagen Touristen immer wieder Tropfsteine ab, weshalb bei suspekten Besuchern ein uniformierter Führer mitgeht.

Chompon-Höhle

2 km hinter dem Verwaltungszentrum **Chom Bung** liegt 400 m rechts hinter dem Teacher College südlich vom überdimensionierten H3087 die Parkanlage mit der Höhle **Tham Chompon**. Mit dem Bus bis Chom Bung, 28 km, in ca. 40 Min. für 15 Baht und dann etwa 2 km laufen. Ein Taxi oder Tuk Tuk sollte um 200 Baht kosten und eine halbe Stunde warten.

Unter schattigen Bäumen und zwischen schönen Bonsais laden Suppen-, Snack- und Früchteständen zu einem Imbiss ein. Viele, normalerweise nicht aggressive Affen baden in kleinen Teichen und warten auf ein paar Leckerbissen, sollten aber nicht gefüttert werden. In der Höhle ist Essen, Trinken und Rauchen nicht gestattet. Über 57 Stufen erreicht man durch einen schmalen Eingang die 240 m lange, bis 25 m hohe und 30 m breite Halle. Den Abschluss bildet ein Dom mit einem Loch, durch das malerisch das Mittagslicht fällt. Ein ruhender Buddha und der bärtige Heilige Phra Russi mit seinem seltsamen Hut sind die am meisten verehrten Statuen. Geringer Eintritt, ☉ 8.30–16.30 Uhr.

Khao Ngu-Höhlen und Steingarten

Nette Plätzchen fürs Mittagessen bietet der **Steingarten** in den Khao Ngu-Bergen (Schlangen-Bergen) mit seinen Angelseen und Salas. Er ist ein schönes Beispiel für die gelungene Rekultivierung eines riesigen Steinbruchs. Von der Stadt geht es 7 km auf dem H3087 Richtung Westen und dann auf dem H3089 1 km Richtung Nordosten, Songthaew 10 Baht, das letzte fährt um 18 Uhr zurück.

In der Nähe liegen die vier Khao Ngu-Höhlen **Ta Tho**, **Chin**, **Cham** und die Eremitenhöhle **Tham Russi**, die allerdings manchmal geschlossen ist. Beim Eintreten sollte man auf keinen Fall die Schuhe stehen lassen, da die Affen schlimme Räuber sind. Die zentrale Figur, ein auf europäische Art sitzender Buddha als Bas-Relief, stammt aus der Dvaravati-Periode (10. Jh.) und weist Einflüsse aus dem indischen Gupta-Reich (5. Jh.) auf. Die Buddhastatue wird hoch verehrt und von vielen Pilgern aufgesucht. In der Nähe liegen weitere Höhlen und ein Fußabdruck des Buddha. Nach dem Lichterfest Loi Krathong findet ein großes Tempelfest statt.

Wat Nong Hoi

Auf einem Hügel, weitere 4,4 km auf dem H3089 Richtung Norden, steht dieser Tempel, der der chinesischen Gottheit Kuan Yin (auch Kuan Im) geweiht ist. Auf dem folgenden Hügel erhebt sich eine überdimensionale Buddhastatue. Hier oben bietet sich eine herrliche Aussicht über die Reisfelder bis zu den Bergen im Westen.

Kang Khao-Höhle

Aus der Haupthöhle am Fledermaustempel **Wat Khao Chong Phran**, die mit anderen durch Gänge verbunden ist, quillt jeden Abend, sobald die Sonne untergeht, ein endloses, dunkles Band heraus, zieht sich in die Breite und verwirbelt sich. Schon bald bedecken den dunklen Abendhimmel in etwa 50 m Höhe flatternde Punkte, ein hohes Zirpen

liegt in der Luft, und man glaubt sie riechen zu können: etwa 600 Millionen kleiner Fledermäuse, die sich auf den Weg zu den Obstbäumen im „Garten Thailands" an der Küste machen. Das Schauspiel soll zwei bis drei Stunden bis tief in die Dunkelheit andauern. Diese Zeit nutzen in der Höhe kreisende Raubvögel für einen Festschmaus. Noch vor dem Morgengrauen kehren die Flattertiere ab etwa 4 Uhr wieder in die Höhle zurück. Der Fledermauskot (Guano) wird von lizenzierten Arbeitern herausgeschafft und jeden Samstag im Tempelgelände als Dünger verkauft. Links vom Tempel führen Stufen auf den Berg hinauf. Nach einem 20-minütigen Aufstieg bietet sich ein schöner Ausblick. Es ist auch möglich, in die Höhle hinein zu gehen, sofern es einem nicht den Atem verschlägt.

Die Höhle liegt 24 km nordwestlich von Ratchaburi am H3089 Richtung Bang Phae hinter der Abzweigung des H3357 und ist mit dem Ban Pong-Bus zu erreichen. Man sollte den Beginn des Schauspiels zwischen 17 und 18 Uhr (bei dunklem Himmel eher früher) nicht versäumen und sich am besten vor dem großen Parkplatz postieren, an dem Essensstände und Restaurants die auf das Spektakel wartenden Touristen bedienen. Zurück nach Ratchaburi gelangt man nur noch mit etwas Glück mit dem letzten Bus gegen 18.15 Uhr, am So bereits um 17.20 Uhr. Ein Tuk Tuk zu mieten kostet je nach Anzahl der Passagiere 200–400 Baht.

Kanchanaburi กาญจนบุรี

Nicht nur die weltberühmte Brücke am Kwai, die Vorlage zu Pierre Boulles Roman und dem gleichnamigen Film, zieht einheimische wie ausländische Touristen und auch Backpacker in diese Provinzhauptstadt, die häufig nur Kan oder Kanburi genannt wird. Japanische Kriegsveteranen kommen wegen der Kriegsmuseen, Soldatenfriedhöfe und anderen Spuren, die der 2. Weltkrieg hinterlassen hat. Thailändische Familien flüchten am Wochenende aus der Metropole, um in den luxuriösen Resorts flussaufwärts von Kanchanaburi aufzutanken oder sich auf den schwimmenden Discobooten zu amüsieren. Traveller schließlich finden hier ausgesprochen preiswerte Gästehäuser und Restaurants sowie vielfältige Möglichkeiten für Touren, die weit günstiger sind als ähnliche Angebote in Touristenhochburgen.

Die weltberühmte Brücke am Kwai ist eine Touristenattraktion

Die Stadt hat viele Gesichter: Rings um den Busbahnhof liegt das planmäßig angelegte neue Geschäftszentrum. Es wird von der vierspurigen Fernstraße, die als Schneise mitten durch die Stadt verläuft, vom alten, chinesisch geprägten, quirligen Kern getrennt. Am Fluss konzentrieren sich die Touristen, südlich der neuen Brücke frequentieren asiatische Reisegruppen die Discoboote und schwimmenden Karaoke-Restaurants, während sich die Farangs in den Gästehäusern weiter nördlich in der ruhigeren, ländlichen Umgebung wohl fühlen. Dazwischen liegen weit verstreut die Sehenswürdigkeiten – die Friedhöfe, die wenig beeindruckende Brücke und die Museen.

Die berühmte **Brücke am Kwae**, besser bekannt als „River Kwai Bridge" bzw. „Brücke am Kwai", liegt 4 km nordwestlich des Busbahnhofs. Gegen 6.18, 11.08 und 16.42 Uhr überqueren Züge auf der Brücke den Kwae Yai und fahren durch das Tal des Kwae Noi bis zur heutigen Endstation Nam Tok, zurück gegen 7.18, 14.43 und 17.43 Uhr. Sie machen durch lautes Pfeifen auf sich aufmerksam, so dass sich Passanten rechtzeitig in Sicherheit bringen können. Die Bahnlinie über die 1943 errichtete Brücke am Kwae stellte für die Japaner eine strategisch wichtige Verbindung dar und wurde deshalb im Juni 1945, am Ende des Krieges, von amerikanischen Bomben teilweise zerstört, nach dem Krieg jedoch wieder repariert. Die schlichte Stahlträgerkonstruktion sieht ganz und gar nicht so aus wie im Film und Roman beschrieben. Dennoch wird sie von zahllosen Touristen fotografiert. Auf dem von Souvenirständen umgebenen Platz vor der Brücke stehen neben einer Informationstafel eine alte Draisine und zwei historische Lokomotiven.

Von dem privaten **World War II Museum** südlich der Brücke, ✆ 512596, ◷ tgl. 8–18 Uhr, 30 Baht, sollte man keine historische Aufarbeitung der Kriegsereignisse erwarten. Seine Sammlung in mehreren Gebäuden reicht von prähistorischen Faustkeilen und knalligen, realistischen Bildern ihrer Benutzer bis zu Gebrauchsgegenständen aus jüngster Vergangenheit in wahllosen Mengen. Neben einer Galerie sämtlicher Helden Thailands („Unsere Grenzen werden von den Gebeinen Gefallener geschützt.") haben auch die Helden des 2. Weltkriegs, von Stalin bis Einstein, ihren Platz – kurzum: bizarr!

Die Eisenbahn des Todes 415 km war die Strecke lang, die die Japaner während des Krieges zur Sicherung des Nachschubs als Verbindung zwischen dem thailändischen und burmesischen Eisenbahnnetz durch die Wildnis treiben ließen. Innerhalb von 17 Monaten, von Juni 1942 bis Oktober 1943, hatten 200 000 asiatische Zwangsarbeiter und 62 000 Kriegsgefangene unter großen Opfern die Trasse durch den Dschungel, die noch immer lakonisch Death Railway genannt wird, fertig gestellt. Zwangsarbeiter aus Indien, Thailand, Burma, China, Indonesien und Malaysia sowie alliierte Kriegsgefangene lebten und arbeiteten unter unmenschlichen Bedingungen im Dschungel. Allein von den Kriegsgefangenen starben über 12 000 durch Unfälle, Unterernährung und Krankheiten, bei den Zwangsarbeitern waren es sogar über 80 000. Die meisten fielen der noch heute weit verbreiteten Malaria zum Opfer. Die Gleise führten am River Kwae entlang, über den Three Pagodas Pass (Chedi Sam Ong) bis nach Thanbyuzayat in Burma und wurden 21 Monate bis zum Juni 1945 benutzt. Die Briten demontierten später einen Teil der Bahnlinie in Burma und entlang der Grenze. Die restliche Strecke hinter Nam Tok wurde nach dem Krieg von der Eisenbahnbehörde stillgelegt. Heute ist die Grenze nach Burma geschlossen, und der Dschungel hat die Trasse ab Nam Tok überwuchert. Eine neue Eisenbahnlinie nach Myanmar ist jedoch in Planung.

Wesentlich kleiner, aber angenehmer ist das **JEATH-Kriegsmuseum** (JEATH = die in den Krieg verwickelten Länder: Japan, England, Australien, Amerika, Thailand und Holland) im Wat Chai Chumphon am Mae Klong-Fluss, das Ende der 70er Jahre vom damaligen Abt in der rekonstruierten Unterkunftsbaracke eines Kriegsgefangenenlagers eingerichtet wurde. Anhand von Fundstücken, Fotos und anderen Dokumenten vermittelt es einen Eindruck vom Leben der Gefangenen und der asiatischen Zwangsarbeiter, die 1942/43 am Bau der Eisenbahnlinie beteiligt waren. ☺ tgl. 8.30–17.30 Uhr, 30 Baht, Fotografierverbot.

Ein Teil der Toten wurde auf den beiden **Soldatenfriedhöfen** *(war cemetery)* beigesetzt. Der größte, auf dem 6982 Soldaten begraben sind, befindet sich etwa 300 m südlich vom Bahnhof. An ihn grenzt ein chinesischer Friedhof und im Norden ein weiteres neues **Kriegsmuseum**.

Der zweite, auf dem 1750 Soldaten begraben sind, liegt 2 km südlich der Stadt in **Kao Pun**, am Westufer des Kwae Noi, inmitten einer schönen Landschaft. Dies ist der Beginn einer empfehlenswerten Strecke für eine Fahrrad- oder Bootstour.

In der riesigen **Spielzeugburg** nördlich der Stadt verbirgt sich keinesfalls ein Mini-Disneyland, sondern ein nüchternes Allerwelts-Einkaufszentrum, der *Castle Hill Plaza Department Store*.

Übernachtung

Kanchanaburi überrascht mit zahlreichen guten, preiswerten Gästehäusern, die allein einen längeren Aufenthalt lohnen. Die meisten Besitzer vermieten Fahrräder und Motorräder und bieten einen Wäscheservice. Kleine Restaurants sorgen für das leibliche Wohl der Traveller. Samlorfahrer erhalten von einigen Unterkünften eine Provision für neue Gäste, so dass sie nur diese Gästehäuser anfahren und falsche Informationen über die anderen erteilen. Vor dem Einchecken sollte man in den Häusern am Fluss sicher gehen, dass das Wasser im Badezimmer nicht aus dem Fluss gepumpt wird. Zudem machen auf dem Fluss vor allem am Wochenende vorbeibrausende Ausflugsboote und zahlreiche Discoboote viel Lärm, so dass an Schlaf kaum zu denken ist.

GÄSTEHÄUSER – Die meisten Gästehäuser konzentrieren sich südlich der berühmten **Brücke**: Die Lage am Fluss mit Blick auf das Wasser ist sehr beruhigend, wären da nicht die Boote, die den ganzen Tag über Touristen zwischen Brücke, Friedhof, Museum und Höhlen hin und her befördern. Überwiegend von Prostituierten und ihren Kunden werden einige der so genannten Gästehäuser auf der dem Fluss abgewandten Straßenseite hinter den Bars genutzt. Am billigsten sind Zimmer in schwimmenden Bambushäusern (Rafts) auf dem Fluss mit meist mäßigen sanitären Anlagen.

Bamboo House ** ①, 5 Soi Vietnam, Maenam Kwae Rd., ✆ 624470, ✉ bamboo-house@

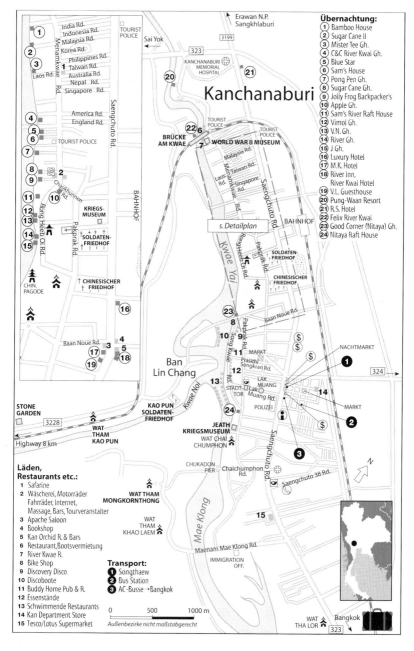

Kanchanaburi

Übernachtung:
1. Bamboo House
2. Sugar Cane II
3. Mister Tee Gh.
4. C&C River Kwai Gh.
5. Blue Star
6. Sam's House
7. Pong Pen Gh.
8. Sugar Cane Gh.
9. Jolly Frog Backpacker's
10. Apple Gh.
11. Sam's River Raft House
12. Vimol Gh.
13. V.N. Gh.
14. River Gh.
15. J Gh.
16. Luxury Hotel
17. M.K. Hotel
18. River Inn, River Kwai Hotel
19. V.L. Guesthouse
20. Pung-Waan Resort
21. R.S. Hotel
22. Felix River Kwai
23. Good Corner (Nitaya) Gh.
24. Nitaya Raft House

Läden, Restaurants etc.:
1. Safarine
2. Wäscherei, Motorräder Fahrräder, Internet, Massage, Bars, Tourveranstalter
3. Apache Saloon
4. Bookshop
5. Kan Orchid R. & Bars
6. Restaurant, Bootsvermietung
7. River Kwae R.
8. Bike Shop
9. Discovery Disco
10. Discoboote
11. Buddy Home Pub & R.
12. Essenstände
13. Schwimmende Restaurants
14. Kan Department Store
15. Tesco/Lotus Supermarket

Transport:
1. Songthaew
2. Bus Station
3. AC-Busse →Bangkok

Erawan N.P. Sangkhlaburi

Sai Yok
323
3199
KANCHANABURI MEMORIAL HOSPITAL

TOURIST POLICE

India Rd.
Indonesia Rd.
Malaysia Rd.
Korea Rd.
Philippines Rd.
Taiwan Rd.
Australia Rd.
Nepal Rd.
Singapore Rd.

Menamkwae Rd.
Laos Rd.

America Rd.
England Rd.

TOURIST POLICE

Chaokhunnen Rd.

Rong Heeb Oi Rd.
Pakorak Rd.

BAHNHOF

KRIEGS-MUSEUM

SOLDATEN-FRIEDHOF

CHIN. PAGODE

CHINESISCHER FRIEDHOF

Baan Noue Rd.

Ban Lin Chang

STONE GARDEN
3228
WAT THAM KAO PUN
Highway 8 km

KAO PUN SOLDATEN-FRIEDHOF

WAT THAM MONGKORNTHONG

WAT THAM KHAO LAEM

Saengchuto Rd.

BRÜCKE AM KWAE
TOURIST POLICE
WORLD WAR II MUSEUM
Malaysia Rd.
Taiwan Rd.
Laos Rd.
Menamkwae Rd.
Singapore Rd.

TOURIST POLICE

s. Detailplan

BAHNHOF

SOLDATEN-FRIEDHOF

CHINESISCHER FRIEDHOF

Kwae Yai

Baan Noue Rd.

Pakprak Rd.
Rong Heeb Rd.
Song Kwae

MARKT
Prasithi Songkran Rd.
LAK MUANG
Lak Muang Rd.
STADT-TOR
POLIZEI

Kwae Noi

JEATH KRIEGSMUSEUM
WAT CHAI CHUMPHON

CHUKADON PIER
Chaichumphon Rd.

Mae Klong

Maenam Mae Klong Rd.
IMMIGRATION OFF.

NACHTMARKT
324
MARKT

Saengchuto 38 Rd.

Saengchuto Rd.

N

Bangkok
323

WAT THA LOR

0   500   1000 m
Außenbezirke nicht maßstabgerecht

thaimail.com, 300 m südlich der Brücke, drei hellhörige, einsehbare, „schwimmende" Bambushütten und Doppelbungalows mit Du/WC, im Haupthaus auch einige Zimmer mit ac. Kein Restaurant.

Sugar Cane II**–*** ②, 7 Soi Cambodia, ✆ 514988, in einem gepflegten Garten Zi im Reihenhaus nahe dem Fluss mit Fan, ac-Zimmer in steinernen Bungalows und geräumige Hütten mit ac, die leider etwas dicht aneinander stehen. Restaurant am Fluss mit schönem Ausblick und Traveller-Food.

Mister Tee Gh.*–** ③, 12 Soi Laos, Maenam Kwae Rd., ✆ 624074, 1 km südlich der Brücke, zweistöckige, nach einem Brand erneuerte Bambusreihenhäuser am Fluss, Zi im Erdgeschoss mit und oben ohne Du/WC, am Wochenende höhere Preise, einfaches Restaurant.

C&C River Kwai Gh.*–** ④, 265/2 Soi England, Maenam Kwae Rd., ✆ 624547, ✆ 624548, 100 m von der Straße stehen unter Kokospalmen auf einem weitläufigen Grundstück mit Teichen, vielen Fröschen und Mücken etwas abgewohnte Häuschen mit Fan und Moskitonetz, für die viel geworben wird. Restaurant, Touren. Der in Ufernähe von Wasserhyazinthen bedeckte Fluss bietet im folgenden Abschnitt einen wunderschönen Anblick.

Blue Star*–** ⑤, 241 Mae Nam Kwae Rd., ✆ 512161, Doppelbungalows und Reihenhaus beiderseits eines kleinen Gartens, empfehlenswertes Restaurant auf einer Bambusplattform mit Blick in den Garten – zur Abwechslung mal den Chicken Cheese Burger von Oat probieren. Zi mit Fan oder ac und Du/WC, neue, urige Bungalows mit Veranda auf Stelzen im Fluss. Freundliche, hilfsbereite Familie, entspannte Atmosphäre.

Sam's House*–*** ⑥, 14/2 Moo 1, Maenam Kwae Rd., 100 m abseits der Patthana Rd, ✆ 515956, ✆ 512023, 🖳 www.samsguesthouse. com, mehrere Bambusbungalows und einstöckige Reihenhäuser gruppieren sich rings um das Restaurant, einfache Zi mit Fan, mit oder ohne Du/WC, einige einfache und komfortable mit ac und Du/WC.

Pong Pen (P.P.) Gh.**–*** ⑦, Soi Bangklated, ✆ 512981, ✉ pongphen@hotmail.com, L-förmig angeordnete Reihenhäuser hoch über dem

Fluss, so dass man nur von den vorderen aufs Wasser blickt. Kleine, saubere Zi mit Fan oder ac, Du/WC und Terrasse, die teuren mit ac und Warmwasser, Restaurant.

Sugar Cane Gh.**–*** ⑧, 22 Soi Pakistan, Maenam Kwae Rd., ✆ 624520, nette, saubere Anlage, größere und kleine Bungalows mit Du/WC, 2 große Rafts, eine mit 10 einfachen Zi mit Fan und Du/WC, die andere mit großen ac-Zimmern und Warmwasser-Du/WC, Sonnenterrasse mit schönem Blick. Freundliche, hilfsbereite Eigentümer, gutes Essen, vom Restaurant Blick auf den Fluss.

Jolly Frog Backpacker's*–** ⑨, 28 Soi China, Mae Nam Kwae Rd., ✆ 514579, größere, beliebte Backpacker-Unterkunft, 50 einfache, gemütliche Zi mit Fan oder ac, die billigsten auf Rafts, mit und ohne Du/WC, z.T. in zweistöckigen Häusern in einem netten Garten. Liegewiese und Badeplattform. Günstige Tagestouren. Das Abrechnungssystem im Restaurant ist etwas chaotisch, gutes Frühstück und billiges Bier, ansonsten finden das Essen und der Service ein geteiltes Echo.

Apple Gh.*–** ⑩, 52 Rong Heeb Oil Rd., ✆ 512017, ✆ 514958, ✉ applesguesthouse@ hotmail.com, an der Einmündung der Patthana Rd., auf einem großen, ruhigen Gelände hinter dem Tempel. 15 saubere Zi mit Du/WC, Fan, dicken Matratzen und Veranda in Reihenhäusern, die durch 2 große Ruhepavillons und eine Liegewiese von dem davor liegenden fantastischen Restaurant und dem Reisebüro getrennt sind. Freundlicher Service.

Sam's River Raft House*–*** ⑪, 48/1 Rong Heeb Oil Rd., ✆ 624231, ✆ 512023, 🖳 www. samsguesthouse.com, 2 Rafthäuser auf dem Fluss, Zi mit Fan oder ac und Warmwasser-Du/WC. Nicht gerade freundlich, zudem locken Schlepper mit falschen Versprechungen; Rechnungen im Restaurant überprüfen.

Vimol Gh.* ⑫, ehemals *Rick's Lodge*, 48/5 Rong Heeb Oil Rd., ✆ 514831, muffige Bambusbungalows in 1–2 Reihen am Fluss mit Hochbett, Du/WC und Fan. Großes Restaurant nahe dem Fluss mit schönem Ausblick, Touren.

V.N. Gh.*–** ⑬, 44 Rong Heeb Oil Rd., ✆ 514082, ✉ vn-guesthouse@hotmail.com, schmuddelig, Zi mit und ohne Du/WC und Fan in Reihenhäusern oder auf der Raft.

Folgende Gästehäuser liegen in einer kleinen Bucht, in die der Unrat aus dem Fluss gespült wird.

River Gh. **⑭, 42 Rong Heeb Oil Rd., ✆ 512491, abgewohnte Hütten im Fluss mit Du/WC.

J Gh. **⑮, schwimmende, einfache Reihenhäuser.

Aus dem **Stadtzentrum** sind seit dem Bau der neuen Straßenbrücke fast alle Gästehäuser verschwunden. Neben dem Straßenverkehr machen hier vor allem am Freitag- und Samstagabend bis tief in die Nacht zahlreiche Discoboote Lärm.

Good Corner (Nitaya) Gh. *–**㉓, Song Kwae Rd., ✆ 620240, neben der neuen Brücke, ✆ 620240, Hütten mit Fan, z.T. mit Du/WC hinter dem Restaurant.

V.L. Gh. ***⑲, 277/45 Saengchuto Rd., ✆ 513546, beliebtes, 3-stöckiges Kleinhotel gegenüber dem River Kwai Hotel, Zi mit ac, sehr sauber, nach hinten ruhig. Restaurant an der Straße, gutes Essen, ⊕ bis 22 Uhr.

Nitaya Raft House **㉔, 27/1 Pakprak Rd., ✆ 514521, südlich des Zentrums, 4 nette Pfahlhäuser auf dem Fluss, Zi mit Moskitonetz, gute Duschen, preiswertes Essen in gemütlichem Restaurant, abends Video. Nebenan liegen viele Discoboote.

Canaan Gh. **㉕, 63 Taopoon Soi 2 Bannua, ✆ 01-9860503, 01-8566833, ✉ canaanguesthouse @hotmail.com, 200 m vom Busbahnhof in einem ärmlichen Wohnviertel. Zi mit Fan und warmen Gemeinschafts-Du/WC, Aufenthaltsraum, Traveller-Restaurant, Fahrrad- und Motorradverleih, hilfsbereite Besitzer.

HOTELS – Entlang der Hauptstraße gibt es einige billige Hotels, die vor allem von Einheimischen frequentiert werden.

Luxury Hotel ***–****⑯, 284/1 Saengchuto Rd., ✆ 511168, 512494, kleines Hotel in einem etwas von der Straße zurückversetzten Neubau. Zi mit Fan oder ac und TV.

M.K. Hotel ***⑰, 277/41 Saengchuto Rd., ✆ 621143, ✆ 513233, mehrstöckiger Neubau, preiswerte Zi mit ac und Du/WC, im Erdgeschoss Restaurant mit Karaoke.

River Kwai Hotel ****⑱, 284/3-16 Saengchuto Rd., ✆ 511565, ✆ 511269, 💻 www.riverkwai. co.th, großes, renoviertes Mittelklassehotel in

einem Block im Zentrum, häufig Sonderangebote mit Frühstück inkl.; abends Disco, Pool.

River Inn ***⑱, 284/3-16 Saengchuto Rd., gleich nebenan, ✆ 621056, einfacher ausgestattet.

R.S. Hotel ***** ㉑, 264 Saengchuto Rd., ✆ 625129-42, großer, neuer Hotelblock 1 km nördlich der Brücke, gegenüber der Einkaufsburg.

Nördlich der Brücke am Kwai vermieten einige Resorts Bungalows an einheimische Touristen. Einzelreisende ohne Auto werden sich hier nicht wohl fühlen. Wer Komfort sucht, findet hier zwei schöne, große Hotelanlagen:

Felix River Kwai ㉒, 9/1 Moo 3, Thamakham, ✆ 515061, ✆ 515095, in Bangkok ✆ 02-2553410, ✆ 02-2553457, ✉ felix@kan.a-net.th, 💻 www. felixriverkwai.co.th, große Resortanlage in Sichtweite der Brücke am jenseitigen Flussufer mit zwei Pools. Komfortable, große Zimmer für über 2000 Baht. Restaurants und alles Weitere, was man von dieser Hotelkategorie erwartet. Der Service lässt allerdings zu wünschen übrig. Vor allem Gruppenreisende, aber auch einige motorisierte Individualtouristen übernachten hier.

Pung-Waan Resort ⑳, 72/1 Moo 2, Thamakham Rd., ✆ 514792-5, ✆ 515830, ✉ pungwaan@ samart.co.th, 💻 www.pungwaan-riverkwai.com. Das Resort liegt 2 km nördlich der Brücke in einem weitläufigen Park östlich des Flusses. Großzügige Zimmer mit allem Komfort, Landschaftspool, Sauna und Spa mit Aromatherapie-Anwendungen. Zimmer ab 2000 Baht. Schwesterresort am Kwae Noi bei Nam Tok.

Essen

Den meisten Gästehäusern ist ein kleines Restaurant angegliedert, in dem es Frühstück und Traveller-Food gibt. An der Song Kwae Rd. werden abends **Essenstände** aufgebaut, die ein gutes Angebot bereithalten. Hier kann man preiswert essen, z.B. gegrillte Hähnchenschenkel oder die leckere Reissuppe *Choke*.

In zahlreichen **schwimmenden Restaurants** im Zentrum und beiderseits der Brücke kann man abends in der Gesellschaft der Reisegruppen essen und bei Sonnenuntergang die fantastische Atmosphäre genießen. Die **Essenstände** an der Song Kwae Rd. werden vor allem von Thais besucht.

Apple's Restaurant, 52 Rong Heeb Oil Rd., serviert bis Mitternacht ordentliche Portionen sehr schmackhafter einheimischer und europäischer Gerichte, großes vegetarisches Angebot, leckere Masaman Currys, freundlicher Service, Sa abends Thai-Tänze. Man sitzt im Freien unter Schutzdächern. Wer mehr über Apples Kochkünste erfahren möchte, kann an einem eintägigen Kochkurs teilnehmen.

Jolly Frog Backpacker's, 28 Mae Nam Kwae Rd., großes, gut besuchtes Traveller-Food-Restaurant mit Video. Preiswerte, leckere Thai- und europäische Gerichte.

Rings um den **Busbahnhof** bestehen mehrere Möglichkeiten zu essen. Am preiswertesten sind die Essenstände und Nudelläden südlich und westlich des Busbahnhofs – auf Sauberkeit achten! Nördlich und östlich bieten mehrere klimatisierte Restaurants und Karaoke Lounges Fast Food bzw. einheimische und westliche Gerichte zu lauter Musik. Zwei internationale Fast-Food-Restaurants befinden sich im *Kan Department Store*.

Vom *Kan Orchid Restaurant* nördlich vom River Kwai Hotel kann man das Treiben auf der Hauptstraße beobachten und lecker essen, ◷ tgl. 11– 1 Uhr.

Unterhaltung

Neben den üblichen Coffeeshops und Karaokebars überrascht der

Apache Saloon, Saengchuto Rd., ✆ 515032, ein Pub und Restaurant im Wildweststil mit Mädchen in Cowboykostümen, einer riesigen Videowand und sentimentaler sowie manchmal amerikanischer Live-Musik. Leider auch Taschendiebe. Im turbulenten Zentrum am Fluss finden sich zudem das *Buddy Home Pub & Restaurant* und die *Discovery Disco*.

In der Nähe der Gästehäuser öffnen immer mehr Bierbars, die von leichten Mädchen zur Kontaktaufnahme genutzt werden und die ein kriminelles Millieu anziehen.

Vor allem am Wochenende schwimmen auf dem Fluss bis zu 200 **Discoboote**, die versuchen, sich gegenseitig zu übertönen. Viel Müll von den Booten landet im Wasser. Im Zentrum dürfen sie wegen des Lärms nicht mehr fahren.

Sonstiges

AUTOVERMIETUNGEN – *Wisut*, Menam Kwae Rd., ✆ 09-8009225.

EINKAUFEN – Ein *Lotus Supermarkt* erhebt sich unübersehbar im Süden der Stadt. Im kleinen *Bookshop* mit einer Kaffeebar ist die Auswahl nicht besonders groß, aber manchmal findet sich etwas Interessantes.

FAHRRÄDER – werden von Gästehäusern und an anderen Stellen, z.B. gegenüber Jolly Frog, für ca. 20 Baht pro Tag vermietet, Mountainbikes 80 Baht. Auf der Fähre werden sie kostenlos befördert.

FESTE – Ende November / Anfang Dezember findet das einwöchige **River Kwai Bridge Festival** statt. Höhepunkt ist die bombastische Sound-and-Light-Show über die Geschichte der Brücke, die trotz der vielen Darsteller und dem Feuerwerk wenig fasziniert. Tickets für 100–600 Baht über ▭ www.thaiticketmaster.com. Zu dieser Zeit fährt sogar der legendäre *Eastern & Orient Express* nach Kanchanaburi.

GELD – *Bangkok Bank* an der Saengchuto, Ecke U-Thong Rd., nördlich vom Markt, ✆ 511111.
Thai Farmers Bank an der Haltestelle der Busse nach Bangkok, mit Geldautomat. *Siam Commercial Bank* südlich des River Kwae Hotels, Geldautomat.

IMMIGRATION – 100/22 Mae Klong Rd., ✆ 513325, in Pak Praek, 3,5 km Richtung Bangkok, am Rathaus 800 m nach rechts, neues Haus links oder an der Hauptstraße aus dem Stadtbus aussteigen und laufen. Eine Visumverlängerung geht schnell. ◷ Mo–Fr 8.30–16.30 Uhr.

INFORMATIONEN – *Tourist Office*, ✆ 623691, 512500, ✆ 511200, ✉ tatkan@tat.or.th, Saengchuto Rd., ◷ tgl. 8.30–16.30 Uhr. Sehr gute Informationen.

INTERNET – In Kanchanaburi bieten zahlreiche Internet-Cafés für 30–50 Baht pro Std. die Möglichkeit, Mails zu verschicken und zu surfen.

KOCHEN – Vergnügliche Tageskurse für 700 Baht von 10.30–16.30 Uhr im *Apple's Restaurant* (s.o.), ✉ applescooking@yahoo.com, bei denen alle gemeinsam einkaufen, kochen und essen.

MASSAGEN – Mehrere Läden in der Maenam Kwae Rd., 200 Baht pro Behandlung. *Banthai Massage*, 92 Bangladesh Rd., ✆ 01-8566390, gute Massagen bei einem freundlichen Ehepaar.

MEDIZINISCHE HILFE – *Kanchanaburi Memorial Hospital*, am H323, der Hauptstraße, im Norden der Stadt, ✆ 624184-93, Songthaew 40 Baht, sehr sauber und freundlich. Englisch sprechende Ärzte, trotzdem sehr preiswert.

MOTORRÄDER – In mehreren Gästehäusern und in vielen Läden in der Gästehaus-Gegend werden kleinere Maschinen für 150–300 Baht vermietet.
Bike Shop, Song Kwae Rd., ⏰ tgl. außer So 8–19 Uhr, vermietet auch 250er Enduros und größere Maschinen.

POST – Hauptpostamt 2 km Richtung Bangkok.

SCHWIMMEN – Im *Felix River Kwai Hotel* und im *Pung-Waan Resort* können auch Nichtgäste für 50 Baht den Pool benutzen.

TELEFON – *Telephone Center* am Postamt südlich des Zentrums, ⏰ tgl. 7–22 Uhr. Vor dem *Jolly Frog Backpacker's* ein privater Telefonservice.

POLIZEI – Ein Stand der *Tourist Police* nahe der Brücke und an der Uferstraße zwischen Pong Pen und Sam's House, Büro nördlich des Zentrums in der Saengchuto Rd., nahe dem Isuzu Building, ✆ 512795, 512668, ⏰ rund um die Uhr.
Polizeizentrale an der zentralen Kreuzung nahe dem Tourist Office.

VORWAHL – 034; PLZ 71 000.

WÄSCHE – Gute, preiswerte Wäscherei vor dem *Jolly Frog Backpacker's*.

Da es weder Taxis noch Tuk Tuks gibt, ist man bei größeren Entfernungen oder bei schwerem Gepäck auf eines der folgenden Transportmittel angewiesen:

SAMLOR – Die Fahrrad-Rikschas kosten für kurze Strecken bei 1 Person ab 20 Baht, bei 2 Personen mindestens 30 Baht, zu den zentralen Gästehäusern 30/40 Baht, zur Brücke 60/80 Baht. Zum Felix besser mit einem Songthaew, ansonsten 150/200 Baht.

STADTBUSSE – Entlang der Hauptstraße verkehren zwischen 6 und 19 Uhr alle 15 Min. orangefarbene Stadtbusse für 6 Baht, die an festen Haltestellen stoppen, z.B. gegenüber der Einmündung der U-Thong Rd. Bus Nr. 2 fährt an der Brücke vorbei. Zu den Gästehäusern bis zum Friedhof mitfahren und dann laufen.

SONGTHAEW – Innerhalb des Stadtgebietes kostet eine Strecke 50 Baht. Eine Kleingruppe kann ein Songthaew für 500–600 Baht mieten und in 3–4 Std. zu der Brücke und den Museen fahren.

FÄHREN – Trotz der neuen Brücke ist die Personenfähre im Süden der Stadt weiterhin in Betrieb; sie bietet Radfahrern eine weitere gute Anreisemöglichkeit zu den Tempeln im Süden und kostet 5 Baht, Fahrräder und Motorräder werden kostenlos befördert.

Etwa 20 Veranstalter unterbieten sich mit preiswerten Tagestouren zur Brücke, den Höhlen und in die nähere Umgebung. Zudem werden Bahn- und Bootsausflüge, Trekkingtouren mit Elefantenreiten und Bambus-Rafting-Trips angeboten, teilweise alles an einem Tag, so dass zwischen den Fahrten kaum Zeit bleibt, die schöne Natur zu erleben. Nach der Erhöhung der Eintrittspreise für die Nationalparks wurden einige Ziele wie der Tham Than Lot National Park und die Saphirminen kaum noch angeboten. Einfache Tagestouren kosten 500–700 Baht, 2-Tages-Touren mit Elefanten und Rafting 1500–2000 Baht.

DIE UMGEBUNG VON BANGKOK

A.S. Mixed Travel neben Apple's, ✆ 512017,
📠 514958, ✉ a_s_mixed-travel@hotmail.com,
Touren mit guter Betreuung, preiswerte Minibus-
Tagestouren ohne Guide und 2–3-tägige Dschun-
geltreks bei Bophloi mit Übernachtung in einem
Karen-Dorf sowie Mountainbike-Touren in der
Gegend um Sangkhlaburi.

R.S.P. Jumbo Travel Center, 3/13 Chao-Khun-
New Rd., ✆ 514906, 512280, 📠 514771; bis zu
3-tägige Trekkingtour mit Elefantenritt, Bootsfahrt, Rafting, Schwimmen, Jeepfahrten, Besuch
einer Höhle und von Wasserfällen.

Westours, 111 Moo 3, Nongya, ✆ 01-8027208,
📠 513655, ein eher auf Gruppen ausgerichtetes
Unternehmen.

Good Times Travel, 63/1 Mae Nam Kwae Rd.,
✆ 624441, günstige Preise und gute Betreuung.

Toi's Tours, 45/3 Rong Heeb Oil Rd., ✆ 514209,
Touren in Englisch und Französisch.

BOOTSTOUREN – Hinter den schwimmenden
Restaurants und an der Eisenbahnbrücke werden Boote vermietet. Sie lohnen sich für eine
Stadtrundfahrt auf dem Kwae Noi, dem Kwae Yai
und flussabwärts auf dem Mae Klong (= Zusammenfluss von Kwae Yai und Kwae Noi). Eine
zweistündige Tour ab der Brücke zur Höhle, dem
Friedhof und Museum kostet etwa 800 Baht pro
Boot und eine einstündige Rundfahrt 400 Baht.

RAFTING UND KANUTOUREN – Das Rafting mit
großen Bambusflößen auf dem Mae Klong hat
an Beliebtheit eingebüßt. Vor allem durch die
Staudämme hat sich die Wasserqualität erheblich verschlechtert, so dass ein Bad im Fluss
nicht immer empfehlenswert ist. Wer nicht nass
werden möchte und Moskitos scheut, sollte keine Rafting-Touren auf kleinen Flößen unternehmen.

Safarine, 4 Taiwan Rd., ✆ 624140, 📠 625005,
✉ enzosafarine@yahoo.com, 🖥 www.safarine.
com, 2–5-tägige Kanutouren auf dem Kwae Noi,
Tagestour auf dem Kwae Yai ab Staudamm inkl.
Boote, Mittagessen, Guides und Transfer. Zweistündige Touren nahe der Stadt ab 200 Baht p.P.,
Tagestouren ab 1100 Baht, 2-Tagestouren
inkl. Essen, Übernachtung und Transport um
3000 Baht.

Ankommende Touristen werden von Samlor-
Fahrern abgepasst, die nachher von den Gästehäusern eine Provision verlangen und daher
nicht jedes gewünschte Gästehaus gern anfahren.

BUSSE – In Kanchanaburi halten die Busse an
der Bus Station nördlich vom Tourist Office. Ac-
Busse nach Bangkok fahren von der Seitenstraße zwischen der Bus Station und dem Tourist Office ab.
Von BANGKOK (Southern Bus Terminal) mit dem
2.-Kl.-ac-Bus 81 alle 15 Min. bis 21.30 Uhr für
62 Baht in 3 Std., ac-Busse alle 15 Min. bis 22.30
Uhr für 81 Baht in 2 1/2 Std. Der letzte Bus zurück
fährt gegen 18.30 Uhr. Zudem 3x tgl. Minibusse
für 150 Baht und Microbusse (30 Plätze) für
120 Baht von *Asia Sai Yok Tour*.
Die Minibusse von den Gästehäusern in der
Khaosan Rd. für 100–150 Baht fahren in Kanchanaburi gegen 13 Uhr ab. Sie sind nicht immer zu-
verlässig, daher sollten alle, die pünktlich in
Bangkok sein müssen, den großen blauen ac-
Bus nehmen.
Nach NAKHON PATHOM mit jedem Bangkok-
Bus oder Bus 78 für 40 Baht. Von dort weiter
nach DAMNOEN SADUAK (Floating Market) mit
Bus 81, schneller über BANG PHAE, Bus 461 alle
15 Min. für 28 Baht.
NACH RATCHABURI bis gegen 18 Uhr alle
15 Min. mit non-ac-Bus 461 für 36 Baht in 2 Std.
Von dort weiter nach HUA HIN mit Bus 71, nach
PHETCHABURI und CHA-AM mit Bus 73.
Wer auf dem Weg nach Ayutthaya Bangkok umgehen möchte, muss umsteigen: Zuerst bis SU-
PHANBURI mit Bus 411 alle 20 Min. bis 17.45 Uhr
für 35 Baht in 2 Std. Dann stündlich mit dem gelben Bus 703 in 1 1/2 Std. nach AYUTTHAYA für
40 Baht (offiziell 26 Baht, aber Ausländern werden generell 14 Baht extra für "Gepäck" aber-
langt, selbst wenn sie keines haben). Für die gesamte Strecke ist mit 6 Std. Fahrtzeit zu rechnen,
so dass sie nicht schneller ist als der Umweg
über Bangkok.
ERAWAN NATIONAL PARK, 65 km, Bus 8170 alle
50 Min. bis 17 Uhr (zurück bis 16 Uhr) in 1 1/2 Std.
für 26 Baht.

DIE UMGEBUNG VON BANGKOK

SAI YOK YAI, 104 km, Bus 8203 alle 30 Min. bis 18.30 Uhr (zurück bis 16.30 Uhr) in 2 Std. für 38 Baht.

SAMMELTAXIS – Sie fahren von der Haltestelle vor dem Busbahnhof nach Bangkok, wo sie südöstlich vom Wat Suthat halten, bieten bis zu 5 Passagieren Platz und kosten ca. 400 Baht.

EISENBAHN – Beliebt ist die gemächliche Fahrt mit dem Zug vom Bahnhof in THONBURI über Nakhon Pathom, 14 Baht, und Kanchanaburi, 28 Baht, nach NAM TOK, 39 Baht; ab Kanchanaburi 17 Baht. Allerdings dauert der interessanteste Teil der Fahrt über das Wang Po-Viadukt kurz vor Nam Tok nur wenige Minuten, die restliche Zeit geht es durch eine eher eintönige Landschaft. Zwei Züge ab Thonburi um 7.35 / 13.45 Uhr, ab Kanchanaburi um 10.51 / 16.37 Uhr, an der Brücke kurzer Stopp, Ankunft in Nam Tok um 12.40 / 18.40 Uhr. Ab Nam Tok um 13 / 5.25 Uhr, an Kanchanaburi um 14.50 / 7.26 Uhr, Ankunft in Thonburi um 17.40 / 10.25 Uhr. Ein gemischter Güter- und Passagierzug verkehrt tgl. außer feiertags nur zwischen Kanchanaburi (Abf.: 6.11 Uhr) und Nam Tok (Abf.: 15.15 Uhr) in ca. 2 1/2 Std. In der Hochsaison ist der Zug manchmal so überfüllt, dass man nichts sieht.
Ein Touristenzug, der sich kaum von den anderen unterscheidet, fährt in der Saison um 10.55 Uhr für 150 Baht p.P. von Kanchanaburi nach Nam Tok. Manchmal werden für Reisegruppen und andere Touristen zum gleichen Preis lediglich Wagen an den Regelzug angehängt. Weitere Infos unter ✆ 02-620699-700 oder am Bahnhof in Kanchanaburi, ✆ 511285.
Richtung Süden steigt man am besten in NAKHON PATHOM (25 Baht) um und kann sich bei dieser Gelegenheit den großen Chedi ansehen. Plätze im Schlafwagen frühzeitig reservieren.

BIKER – Richtung Osten siehe Ayutthaya. Richtung Süden siehe Ratchaburi.

Die Umgebung von Kanchanaburi

Folgende Touren verlaufen überwiegend auf Straßen mit befestigten Seitenstreifen und sind gut mit

dem Zweirad zu fahren. Mit Fahrrädern sind die Touren zwar machbar, aber wegen der Hitze sehr anstrengend. Besser eignen sich Motorräder. Die Strecke auf dem H3228 nördlich des Kwae Noi: Kanchanaburi – Kao Pun (Friedhof) – Wat Tham Kao Pun – Stone Garden und zurück beträgt ca. 22 km, die Tour zwischen Kwae Noi und Mae Klong: Kanchanaburi – Wat Tham Mongkorn Thong – Wat Ban Tham – Kao Noi – Tham Sua – Kanchanaburi ist ca. 38 km lang. Frauen sollten aus Gründen der Sicherheit nicht alleine fahren. Während der Zuckerrohrernte im Dezember / Januar können voll beladene Lkw vor allem Radfahrern gefährlich werden.

Die Tour zum Tiger-Tempel stieß bei Lesern auf Ablehnung, da die Tiger wie die Affen in viel zu engen Käfigen gehalten werden und von der angeblichen Rehabilitation nichts zu sehen war. Zudem verlangen die geschäftstüchtigen Mönche 100 Baht Eintritt. Dafür präsentieren sie angekettete Gibbons und fünf Tiger, die als Haustiere aufgewachsen sind und die von Besuchern gestreichelt werden können.

Wat Tham Kao Pun

Die große Tempelanlage am KM 55,8 des wenig befahrenen H3228 etwa 4 km südwestlich von Kanchanaburi hinter dem Friedhof ist leicht mit dem Fahrrad zu erreichen. Man fährt über die Brücke im Stadtzentrum und weiter auf der Straße bis 600 m hinter den Gleisen. In der **Kao Pun-Höhle** versammelt sich ein Kaleidoskop von brahmanischen, chinesischen und buddhistischen Gottheiten, Heiligen und Buddha-Statuen sowie viele Rinder, Hirsche und anderes Viehzeug. Trotz elektrischer Beleuchtung ist eine Taschenlampe empfehlenswert. Von einem der Hügel schaut ein riesiger Buddha auf den Fluss und die dahinter liegende Bergwelt herab. Man erreicht ihn, wenn man gegenüber vom Höhleneingang am kleinen chinesischen Pavillon vorbei eine kleine Anhöhe hinaufgeht.

Stone Garden (Somdechphrasrinaka)

Der Steingarten am KM 51,1 des H3228 ist kaum mehr als ein netter Picknickstopp auf einer Fahrradtour, etwa 9 km südwestlich von Kanchanaburi. 3 km vom Eingangstor des Parks kommt man hinten links zu einem sehr lichten Hain mit Tausenden urig geformter Steine, zwischen die Pflanzen gesetzt wurden.

Wat Tham Mongkorn Thong und Wat Ban Tham

Diese Tempelanlage liegt 9 km außerhalb der Stadt an einem Kalkfelsen. 3,4 km südlich des Tourist Office zweigt man vom H323 Richtung Bangkok hinter der großen Klinik nach rechts auf eine breite Straße ab und überquert nach 1 km auf einer Brücke den Fluss. Links geht es zum Wat Tham Kao Noi und Wat Tham Sua (s.u.). Weiter geradeaus liegt nach 2 km 500 m links der Straße der kleine, ruhige Höhlentempel **Khao Laem**. Fährt man weiter geradeaus, taucht links hinter einer Schule das weiße Eingangstor zum **Wat Tham Mongkorn Thong** auf. Hier zeigt eine Nachfolgerin der bekannten, verstorbenen *floating nun* gegen eine Spende von 200 Baht ihre Fähigkeit, meditierend auf dem Wasser zu schweben. 700 m hinter diesem Tor erhebt sich die Tempelanlage zum Teil auf einem Berg. Eine dreigeteilte, steile Treppe mit 100 Stufen führt zum Höhlentempel hinauf, von dessen Eingang aus sich ein schöner Ausblick bietet. Gegen eine Spende wird der Stromgenerator zu einer kleinen, niedrigen Höhlenpassage eingeschaltet. Am Ende führt eine Leiter ins Freie und zu einem weiteren kleinen Heiligtum hinter der Haupthöhle. Zurück geht es dann auf dem einfacheren Weg, der vor dem Eingang zum Höhlentempel rechts abzweigt.

Die Straße verläuft weiter am Fluss entlang an mehreren Ausflugsrestaurants vorbei zum H3209, der nicht nach Kanchanaburi führt. Vom Wat Tham Mongkorn Thong geht es daher zurück bis zur großen Brücke. Dort zweigt eine schmale, teilweise von Schlaglöchern übersäte Straße Richtung Südosten ab und führt 5,5 km parallel zum Fluss an Steinbrüchen, chinesischen Friedhöfen (nach 3 km) und mehreren Tempeln vorbei.

Bemerkenswert ist der Höhlentempel **Wat Ban Tham**. Hundert Stufen führen hinauf zum Eingang durch das 10–15 m hohe Maul eines riesigen Drachen, der sich den Berg hinabzuschlängeln scheint. Dahinter erstreckt sich eine halb offene, natürlich erleuchtete Haupthöhle mit einer großen Buddhastatue und der Statue einer Frau, die als Mrs. Bua Khlee bekannt ist und als wundertätig angesehen wird. Nebenan ein Fußabdruck Buddhas. Steigt man die Wendeltreppe am Höhleneingang hinauf, gelangt man durch einen Bambushain zu einer hübschen Tropfsteinhöhle und nach einer halbstündigen Wanderung zum Gipfel. In der Gegend

gibt es weitere Höhlen und Höhlentempel, die allerdings nicht alle sicher sind und von deren Besuch das Tourist Office abrät.

Wat Tham Kao Noi / Wat Tham Sua

Nach 1 km weiter auf der Uferstraße geht es links über die Brücke. Nun ist bereits der eine der beiden Tempel zu erkennen: Schon von weitem leuchten die roten und goldenen, mehrfach gestaffelten Tempeldächer des Bot im modernen, dekorativen Thai-Stil in der Sonne; eine überdimensionale Buddhafigur blickt auf das Land hinab. Nach weiteren 3,5 km zum Teil am Fluss entlang und dann durch das Dorf ist schließlich der große Parkplatz am Fuß der beiden Tempel, **Wat Tham Kao Noi** und **Wat Tham Sua**, erreicht.

Diese großen buddhistischen Tempel liegen auf zwei Hügeln und sind nur separat zugänglich. Da es keine Verbindungswege gibt, muss man also die Treppen wieder hinab und erneut mit dem Aufstieg beginnen oder für 10 Baht die kleine Seilbahn in Betrieb setzen lassen. Auf halber Höhe befindet sich rechts der Treppe ein kleiner Höhlentempel, dessen Eingang jedoch meist verschlossen ist.

Von den kleinen Tempeln am Fuße des Berges führt eine steile Treppe über 170 Stufen schnurgerade hinauf. Von oben eröffnet sich ein fantastischer Ausblick über die Reisfelder und die Flusslandschaft. Neben dem Bot und gigantischen Buddha des Thai-Tempels erhebt sich ein riesiger, brauner Chedi, in dessen Spitze ein Aufzug, der oft nicht funktioniert, oder 180 Stufen hinaufführen. In den Fensternischen stehen zahlreiche Buddhastatuen. Der südliche Tempel ist ganz im chinesischen Stil gehalten. Steinerne Löwen bewachen die mit chinesischen Schriftzeichen verzierten Eingangstore, die Dächer sind mit rot glänzenden Ziegeln gedeckt und die Wände mit bunten Mosaiken geschmückt. Treppenaufgänge führen durch die Anlage hinauf zur runden, siebenstöckigen Pagode, deren Innenwände mit Hunderten von Votivtafeln bedeckt sind.

Von Kanchanaburi nach Nam Tok

Mit einem eigenen Fahrzeug bieten sich mehrere Möglichkeiten für interessante Abstecher vom breit ausgebauten H323. Mehrere Abzweigungen, die von öffentlichen Verkehrsmitteln nicht befahren werden, führen nach Süden Richtung Kwae Noi-Fluss. Die Resorts am Flussufer werden vor allem von Thai-Familien bewohnt. Am H3305, der am KM 2 hinter der Brücke links zum H3305 hinab führt, liegen verschiedene Resorts.

Ban Kao

Auf dem H3229, 18 km von Kanchanaburi am KM 0 nach links, erreicht man Ban Kao. Hinter der Bahnlinie biegt man rechts auf den H3228 ab und fährt an der Ausschilderung 1 km nach links zum Fluss hinab zum lohnenswerten **Ban Kao National Museum**, in das sich nur selten ein Tourist verirrt. Ein holländischer Archäologe hatte als Kriegsgefangener einige bedeutsame Funde gemacht, die er allerdings bis zum Ende des Krieges geheim hielt. Weitere Ausgrabungen förderten menschliche Skelette, Tonscherben und andere Gegenstände zu Tage, die beweisen, dass dieses Gebiet schon vor über 5000 Jahren besiedelt war. Das Museum zeigt Ausgrabungen von 44 menschlichen Skeletten, Waffen, Werkzeugen, Schmuck, Keramiken und vielen Grabbeigaben, den Fundorten in der Nähe und in entfernteren Höhlen, die u.a. den Jägern und Sammlern der steinzeitlichen Hoabinhian-Kultur (1000–400 v.Chr.) als Wohnung dienten. Interessant sind auch der Kopf einer Brahma-Statue und andere Funde aus Muang Sing, die leider nur auf Thai beschriftet sind. ☉ Mi–So außer feiertags 9–16 Uhr, 30 Baht.

Muang Sing

6,5 km weiter auf dem H3228 am Fluss entlang Richtung Nordwesten zweigt 500 m hinter dem Bahnhof Tha Kilen der Weg zu den verwitterten **Khmer-Ruinen** der „Löwenstadt" Muang Sing ab. In einer Flussschleife ließ im 13. Jahrhundert laut einer Steininschrift ein Nachfahre des Khmer-Königs Yayavaraman VII. zu Ehren seines Vaters in dieser rechteckigen Befestigungsanlage, einem westlichen Vorposten des Khmer-Reiches, eine bedeutende Bodhisattva-Statue aufstellen. Der Wassergraben und die 880 m langen Befestigungsmauern sind noch deutlich zu erkennen. Mit riesigen Steinen gepflasterte Wege führen durch vier hohe Eingangstore zum zentralen Prang, der ebenso wie die anderen Gebäude aus Lateritgestein errichtet wurde und wahrscheinlich die Bodhisattva-Statue enthielt. Bei Ausgrabungsarbeiten in den 80er Jah-

ren wurden Buddha- und Bodhisattva-Skulpturen, Keramiken und andere Kunstwerke im Lopburi-Stil sowie prähistorische Gräber mit Beigaben freigelegt, die teilweise in einem kleinen Museum rechts des Prangs ausgestellt sind, allerdings meist als Kopien. Schilder weisen den Weg zur prähistorischen Ausgrabungsstätte am Flussufer, einem Begräbnisplatz mit freigelegten Skeletten.

☉ tgl. 8–17 Uhr, Eintritt zu dieser gepflegten Anlage pro Person 40 Baht, ✆/🖷 034-585052. Wer fit ist, kann das über 100 ha große Gelände auch ablaufen, ansonsten kostet der Eintritt für Autos 50 Baht, Motorräder 20 Baht und Fahrräder 10 Baht. Vom H3228 gelangt man über die nördlich der Ruinenstadt rechts abzweigenden H3455 nach 6 km zurück zur Hauptstraße am KM 15,6. Zur Tempelanlage fahren auch Züge bis zur Bahnstation Ban Tha Kilen. Von dort sind es 1,4 km zu Fuß bis zum Eingang. Am günstigsten ist der Zug um 10.51 Uhr ab Kanchanaburi, Ankunft um 11.49 Uhr, zurück um 16.31 Uhr.

Wang Po-Viadukt (Tham Krasae)

Kurz vor Nam Tok (= Wasserfall), der Endstation, 77 Bahn- und 58 Straßenkilometer von Kanchanaburi, führt die *Death Railway* auf einer zum Teil abenteuerlichen Strecke von 500 m zwischen steilen Felsen und dem Fluss entlang. Höhepunkt der Eisenbahnfahrt ist die Überquerung des Wang Po-Viadukts, einer Holzbrücke, die sich eng an die steilen Felswände schmiegt und über die die noch heute die Bahn im Schritttempo fährt. Kaum vorstellbar, unter welchen unsäglichen Anstrengungen dieser Streckenabschnitt von den Kriegsgefangenen mit einfachsten Werkzeugen erbaut wurde. Am gegenüberliegenden Ufer schwimmen die Floßbungalows des *River Kwai Jungle House*. Wer am Viadukt an der Haltestelle Tham Krasae aussteigt, kann über die Holzbrücke laufen und die tolle Aussicht genießen, die sich vor allem von der kleinen **Krasae-Höhle** in der Felswand bietet, in der ein großer Buddha steht. In den Restaurants kann man sich bis zur Ankunft des Zuges stärken. Am besten plant man einen Zwischenstopp in Tham Krasae auf dem Rückweg ein, fährt mit dem 13 Uhr-Zug in 37 Min. von Nam Tok bis Wang Po und von dort mit dem Nachmittagszug um 16.13 Uhr wieder zurück nach Kanchanaburi. Mit dem eigenen Fahrzeug geht es von Sai Yok über die Brücke und dann nach links.

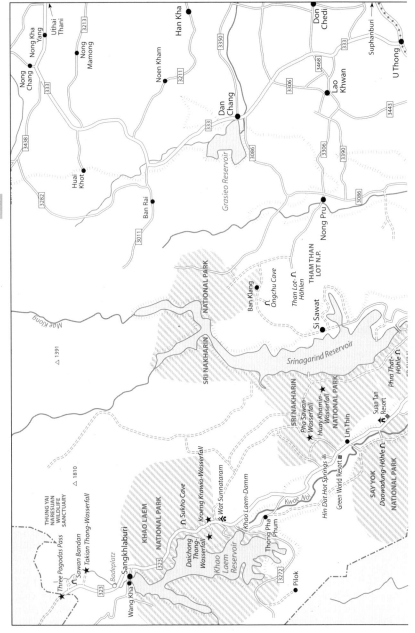

Uthai Thani

Nong Kha Yang

Nong Chang

333

3213

Nong Mamong

Han Kha

3350

Noen Kham

3211

Don Chedi

333

Suphanburi

U Thong

3468

3306

Lao Khwan

3443

3438

Huai Khot

Dan Chang

333

3306

3390

3086

3282

Ban Rai

Grasieo Reservoir

3011

Nong Pru

3086

THAM THAN LOT N.P.

Than Lot· ∩ Höhle

Ban Klang

∩ Ongchu Cave

Mae Klong

△ 1391

NATIONAL PARK

Si Sawat

SRI NAKHARIN

Srinagarind Reservoir

Phra That- ∩ Höhle

SRINAKHARIN

Pha Sawan- Wasserfall ★

★ Huay Khamin- Wasserfall

Lin Thin

NATIONAL PARK

△ 1810

Suan Tan Resort

∩

SAY YOK

Daowadung-Höhle ∩

NATIONAL PARK

THUNG YAI NARESUAN WILDLIFE SANCTUARY

∩ Sukho Cave

Kroeng Krawia-Wasserfall

∦ Wat Sunnataram

Hin Dat Hot Springs ♨

Green World Resort ■

Khao Laem-Damm

Kwae Noi

KHAO LAEM

NATIONAL PARK

Daichong Thong- Wasserfall ★

★

Khao Laem Reservoir

Thong Pha Phum

Three Pagodas Pass

∩

Sawan Bandan

★ Takian Thong-Wasserfall

Badeplatz ♨

323

Sangkhlaburi ●

Wang Kha ★

323

3272

Pilok

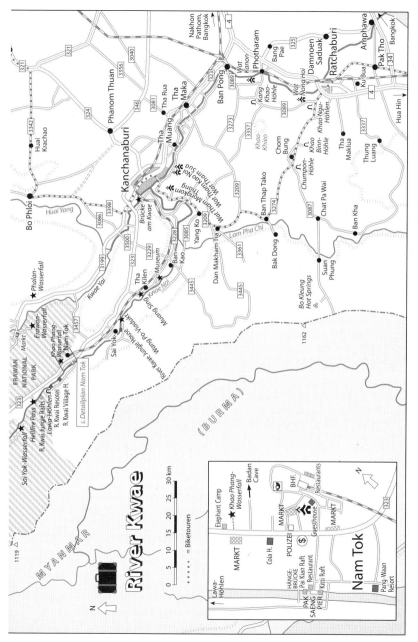

River Kwae

DIE UMGEBUNG VON BANGKOK

River Kwae 217

Scale: 0 5 10 15 20 25 30 km

•••••• = Biketouren

Nam Tok (Detailkarte):
Khao Phang-Wasserfall
Badan Cave
Elefant Camp
BHF.
Restaurants
MARKT
MARKT
Cola H.
POLIZEI
Guesthouse
323
HÄNGE-BRÜCKE
Pai Kian Raft
Restaurant
Kitti Raft
PAK SAENG PIER
Pang-Waan Resort
Lawa-Höhlen
N

Hauptkarte Orte und Straßen:
Bangkok
Nakhon Pathom, Bangkok
Amphawa
Pak Tho
34
4
Photharam
325
Bang Pae
Damnoen Saduak
Ratchaburi
Ku Bua
Wat Kanon
Wong Hoi
Kang Khao-Höhle
3089
Ban Pong
323
Khao Ngu-Höhle
3337
Hua Hin
Tha Maklua
Thung Luang
Khao Binn-Höhle
Chom Bung
3089
3273
3357
Khao Khieo
Chumpon-Höhle
3087
Chat Pa Wai
Ban Kha
Ban Thap Tako
3274
3209
Suan Phung
Bo Kleung Hot Springs
1162
321
321
3040
3356
Phanom Thuan
346
3081
Tha Rua
Tha Maka
Tha Muang
324
3342
Huai Krachao
Kanchanaburi
Bo Phloi
Huai Yang
3086
3398
3500
3199
323
Kwae Yai
Phalan-Wasserfall
Erawan-Wasserfall
Khao Phang Wasserfall
Markt
ERAWAN NATIONAL PARK
3457
Nam Tok
Sai Yok
Sai Yok-Wasserfall
Hellfire Pass
R. Kwai Jungle Rafts
Lawa-Höhlen
R. Kwai Resotel
R. Kwai Village H.
323
Wong Po-Viadukt
River Kwae Jungle House
s. Detailplan Nam Tok
Muang Sing
Tha Kilen
Ban Kao
Museum
3229
3228
3085
Yang Ko
3209
Brücke am Kwae
Wat Tham Kao Noi
Wat Tham Sua
Wat Tham Mangkorn Thong
Dan Makham Tia
Kwae Noi
Lam Pha Chi
3361
3445
Bak Dong
3445
(BURMA)
MYANMAR
1119
1162
N

Nam Tok

Der kleine, verschlafene Ort an der Endstation hat bis auf den Markt und einige kleine Läden, wo sich die Bevölkerung des Hinterlandes mit Waren eindeckt, nur wenig zu bieten. Von Nam Tok führt ein beliebter Ausflug zum **Khao Phang-Wasserfall** (ausgeschildert als *Sai Yok Noi-Waterfall*), 1 km westlich der großen Kreuzung Richtung Norden, der am Wochenende ein gut besuchter Picknickplatz ist – schön nur während der Regenzeit (Juni–Oktober). Wer von hier aus der Ausschilderung zu den Natural Springs folgt, kommt zu einem Felsen, aus dem kristallkares, 37 °C warmes Wasser sprudelt. In den Strudellöchern kann man schön baden. Am Parkplatz verkaufen mehrere Stände gesalzene Tamarinde, die hier besonders gut sein soll. Oberhalb des Wasserfalls führt ein etwa 3–4 km langer, ausgeschilderter Weg durch ein kleines Tal zur großen **Badan Cave** (auch *Wang Ba Dahl)*. Eine starke Lampe ist erforderlich, denn im Dunkeln ist der Weg zu gefährlich. An steilen Stellen sind Bambusleitern angebracht, die sehr schlüpfrig sind, an anderen Stellen muss man sich durch enge Passagen zwängen. Vor allem während der Regenzeit sind die Wände sehr feucht. Auf alle Fälle sind feste Schuhe mit gutem Profil und alte Kleidung angeraten.

Vom **Pak Saeng Pier**, 2 km südwestlich vom Bahnhof, am KM 44,5, werden Boote zu den größten Tropfsteinhöhlen in dieser Gegend, den **Lawa-Höhlen** (ca. 2 Std.) für 800 Baht hin und zurück vermietet. Sie sind auch auf der Straße zu erreichen. Eintritt 20 Baht. Eine lohnende Tour, vor allem am frühen Morgen, wenn noch keine Reisegruppen unterwegs sind. Getränke mitnehmen! Jenseits des Flusses führt eine Straße zu den Lawa-Höhlen hinauf.

Übernachtung

In keinem der Hotels in Nam Tok spricht man Englisch. Zudem lohnt es kaum, hier zu übernachten.
Cola Hotel*, 241 Moo 3, Tambon Tha Sao, ✆ 634380, ein einfaches Hotel an der lauten Hauptstraße. Zi mit Fan oder ac.
Am Pak Seng Pier zwei Rafts:
Kitti Raft**, ✆ 634186, 3 einfache Zimmer auf dem Floß mit schwimmendem Restaurant.
Pai Kiau**, ✆ 634172, einfache Unterkünfte auf Flößen nördlich vom Pier.

Weiter nördlich:
River Kwai Village Hotel, ✆ 9184562-3, 634454, ✆ 8805206, 🖳 www.bkk2000.com/rkvh, Zufahrt am KM 54. 69 km nördlich von Kanchanaburi gelegenes, komfortables Resort für westliche Reisegruppen, auch Einzelreisende sind willkommen. 190 klimatisierte, große Zimmer im 3-stöckigen Haupthaus mit Balkon, in Bungalows am Fluss und auf Rafts für 1300–2200 Baht. Restaurant, Pool. Zu erreichen über die Straße und ab Pak Seng Pier mit dem Boot in 30 Min. für 650 Baht. Touren ab Bangkok, Buchungen unter ✆ 02-2517552, ✆ 2552350.
River Kwai Resotel, in Bangkok ✆ 02-2453069, 2475373, ✆ 02-2465679, kurz vor den Lawa-Höhlen am Hang, 20 Min. vom Pak Seng Pier. Um 2000 Baht teure Einzel- und Doppel-Bungalows mit ac, TV, Du und separatem WC. Hübscher Pool, Restaurant mit abgemilderten, leckeren Thai-Gerichten. Es können Kanutouren zum Schwesterresort *River Kwae Jungle Raft* durchgeführt werden. Der ausgeschilderte 20 km lange Mountainbike-Rundkurs eignet sich nur für geübte Geländefahrer, sollte aber auch von diesen nicht allein befahren werden.
River Kwae Jungle Rafts ab****, in Bangkok ✆ 02-2453069, 2475373, ✆ 02-2465679, 40 Min. nördlich vom Pak Seng Pier, abgestimmt auf den 2. Zug fährt ein Boot des Resorts am Pier ab. Sehr ruhig gelegene Rafts auf dem Fluss hinter den Lawa-Höhlen, keine Elektrizität, Restaurant vorhanden. Gleiche Besitzer wie das *Resotel*. Weiter südlich:
Pung-Waan Resort Kwai Noi, nur wenige Minuten südlich vom Pak Seng Pier, Buchungen über ✆ 634295, ✆ 634302, ✉ pungwaan@samart.co. th, 🖳 www.pungwaan-riverkwai.com. Bungalows in einem weitläufigen Garten und Reihenhäuser am Fluss für ca. 2000 Baht, 3 Restaurants, großer Pool und Möglichkeiten für diverse Aktivitäten.
River Kwae Jungle House, direkt am Wang Po-Viadukt, 20 km südlich vom Pak Saeng-Pier, ist in 40 Min. mit dem Boot zu erreichen. ✆ 591071, ✆ 636713, 🖳 www.banrimkwae.com. Übernachtung mit Vollpension ab 900 Baht p.P. Die Bungalows am Fluss sind auf einheimische Großgruppen angelegt. Einzelreisende fühlen sich hier nicht besonders wohl.

Gegenüber vom Bahnhof in Nam Tok sorgen offene Restaurant mit englischer Speisekarte für das leibliche Wohl der wartenden Touristen. Auch am Pier gibt es einige Restaurants. Ansonsten ist die Auswahl sehr begrenzt.

Sonstiges

GELD – *Krung Thai Bank* in Nam Tok am Highway.

VORWAHL – 034.

Transport

Von KANCHANABURI fahren Züge um 6.11, 10.51 und 16.37 Uhr ab. Die zweistündige Fahrt kostet 17 Baht. Zurück um 5.25, 13 und 15.15 Uhr. Der Bus 8203 nach Kanchanaburi für 25 Baht hält jede halbe Stunde bis 18 Uhr an der Polizeistation an der Hauptstraße.

Hellfire Pass

Aufgrund einer Initiative ehemaliger australischer Kriegsgefangener wurde Mitte der 80er Jahre der Grundstein für diese Gedenkstätte gelegt. Sie befindet sich am KM 64,8, westlich des H323 an der ehemaligen Bahnstrecke. Zwischen KM 61 und 62 bieten Stände entlang der Straße Orchideen, Obst und Tamarinde an. Der Parkplatz vor dem Museum ist über die gut ausgeschilderte Zufahrt zur National Security Command Livestock Farm nach 500 m zu erreichen. Allein schon das informative **Museum** lohnt die Fahrt, ☉ tgl. 9–16 Uhr, Spende. Ein informatives Buch wird im Museum für 200 Baht verkauft. Es stellt anhand von Fotos, Skizzen, Funden und ausführlichen englischen Beschreibungen die Geschichte der Zwangsarbeiter dar. Berichte Überlebender und historische Aufnahmen sind in einem siebenminütigen Video zusammengefasst. Am Modell des Hellfire Passes lässt sich der Verlauf der Schneise gut nachvollziehen. An dieser Stelle mussten etwa 1000 Kriegsgefangene für die Bahnlinie unter großem Zeitdruck selbst nachts bei Holzfeuerbeleuchtung eine 10 m tiefe Schneise in einen Hügel schlagen, was etwa 400 Menschen das Leben kostete. Beim halbstündigen Rundweg durch Bambuswälder mit schönen Ausblicken, der u.a. zur

500 m entfernten Schneise **Konyu Cutting** führt, kann man erahnen, unter welch schwierigen Lebensbedingungen die Zwangsarbeiter mit einfachsten Geräten ihrer Arbeit nachgingen. Der Fußweg führt weiter zu anderen Schneisen, Bombenkratern, ehemaligen Camps und temporären Brücken. Wer den 4 km langen Weg auf dem Schotterbett bis Hintok laufen will, sollte für den Rückweg ein Fahrzeug an der Hintok Road organisieren.

Sai Yok National Park

Dieser 500 km^2 große Nationalpark erstreckt sich im Grenzgebiet zu Myanmar und ist über die 3 km lange Zufahrt, die am KM 80,8 abzweigt, zu erreichen. An der Kontrollstelle nach 700 m ist der Eintritt zu entrichten, ☉ tgl. 6–18 Uhr. Die Attraktion des Parks ist der **Sai Yok-Wasserfall**, der durch die Einmündung eines Nebenflusses in den Kwae Noi entsteht. Durch die Ableitung des Nebenflusses wurde ein zweiter Wasserfall künstlich geschaffen, der **Nam Jone-Wasserfall**. Während der Trockenzeit entfalten beide ihre ganze Schönheit, denn dann ist der Wasserspiegel des Kwae Noi wesentlich niedriger als während der Regenzeit.

Auf dem Parkgelände wurden **prähistorische Ausgrabungen** gemacht, unter anderem fand man das Skelett einer Frau aus dem Neolithikum. In jüngerer Vergangenheit befand sich in einem mittlerweile vom immergrünen tropischen Dschungel überwucherten Areal nahe dem Wasserfall ein japanisches Militärcamp, das an der Bahnlinie stand und von dem noch die Feuerstellen zu sehen sind.

In der **Fledermaushöhle** *(Bat Cave)* lebt das kleinste Säugetier der Welt – die Hummel-Fledermaus *(Craseonycteris thonglongyai)*. Sie wiegt nur 1,5–2 g und wurde erst 1973 entdeckt, nachzulesen auf einigen Schautafeln. Eine **Hängebrücke** führt zum Westufer. Der Nationalpark ist kaum besiedelt und nur schwer zugänglich. In dem zum Tenasserim-Gebirge gehörenden Gebiet mit bis zu 1327 m hohen Bergen leben noch Tiger und wilde Elefanten.

Von Kanchanaburi nach Nordwesten
Erawan National Park

Dieser beliebte Nationalpark, 65 km nordwestlich von Kanchanaburi, erstreckt sich entlang eines

schmalen, bewaldeten Tals beiderseits eines Nebenflusses des Kwae Yai. Er bildet eine Reihe von sieben
sehr schönen **Wasserfällen** mit Sinterterrassen, an
denen man weit hinauflaufen kann. Am schönsten
sind die zweite, dritte und fünfte Stufe, die dritte
eignet sich am besten zum Baden. Nach einem
1 1/2-stündigen, schweißtreibenden Aufstieg bis zur
7. Stufe, die nur Trittfesten zu empfehlen ist, kehren
alle Wanderer um. Es scheint nicht mehr möglich
zu sein, weiter hinauf zum kleinen Pool mit Wasserfall zu klettern. Mehrere interessante Naturlehrpfa-
de verlaufen beiderseits des Wasserfalls.

Lebensmittel dürfen nur bis zur ersten Stufe
mitgenommen werden, wo sich auch Toiletten und
Umkleidekabinen befinden. Der Morgen ist die beste Zeit, um gleich ganz hinaufzuklettern und dann
langsam hinabzuwandern. Am Wochenende wird
es sehr voll, Eintritt 200 Baht. Ab 16 Uhr sind die
Wasserfälle oberhalb der zweiten Stufe und ab
17 Uhr auch die unteren geschlossen. In dem kleinen Informationspavillon hinter dem Eingang wird
bei mindestens 15 Interessenten um 14 Uhr eine
halbstündige Diashow gezeigt.

Die **Phra That-Höhle** ist vom Park über eine
11 km lange Schotterstraße nur mit einem eigenen
Fahrzeug oder einem gecharterten Bus zu erreichen. Eintritt 20 Baht. Wer sich verständlich machen kann, bekommt evtl. einen Guide. Ansonsten
braucht man eine starke Taschenlampe und etwas
Vorsicht, um die Gänge in der Höhle zu erkunden.
Am Parkplatz steht ein kleiner Schrein, in dem die
Statue eines weißen Einsiedlers verehrt wird.

Sri Nakharin National Park (Srinagarind National Park)

Oberhalb des Erawan National Parks erhebt sich
der riesige Staudamm des **Srinagarind Reservoirs**, der im Nationalpark liegt und daher ebenfalls
Eintritt kostet. Das Park Headquarter liegt am
Westufer des Stausees. Es kann bei Trockenheit
über eine 40 km lange Erdstraße mit dem Motorrad oder Geländewagen erreicht werden, ansonsten
muss man ein Boot bei *Khun Thongchai Hommali*
in Tha Kradan mieten. Die einstündige Fahrt mit
Booten für max. 12 Personen ab Tha Kradan-Pier,
24 km nordöstlich vom Damm, kostet mindestens
1000 Baht. Zudem verkehrt einmal tgl. eine Fähre
über den See.

Im Erawan National Park bieten die hübschen
Bungalows* mit 2 sauberen Zi und 4 Betten
4–6 Pers. Platz, Buchungen über die National
Park Division in Bangkok, ℰ 02-5797223, 5795734.
Das Restaurant im Park bietet sehr gute Thai-
Küche und hat bis 21 Uhr geöffnet.
Erawan Resort**–**, 5 km vor dem Park,
ℰ 01-8387360, kleine Bungalows am Hang in ei-
nem Dorf mit Du/WC, Fan oder ac. Nebenan ein
Restaurant.
Phadaeng Resort** ab *, 127 Moo 4, am KM 46,
ℰ 02-5797145, 1 km weiter, etwas bessere Bun-
galows.
Bungalows* auch im Sri Nakharin National
Park neben dem Headquarter, das nach ca.
50 km auf der schlechten Straße erreicht wird.
Bungalows ab 1200 Baht für 4–6 Pers. zur Verfü-
gung, Buchungen in Bangkok, s.o., Restaurant
vorhanden.
Auf dem Stausee kann man auf Flößen für ca.
1000 Baht p.P. übernachten.

Durch die Verbindungsstraße zwischen dem
H323 und H3199 ist es möglich, von Nam Tok direkt zum Erawan National Park zu fahren, allerdings gibt es keine öffentlichen Verkehrsmittel.
Von KANCHANABURI verkehrt der Bus 8170 von
8–17.20 Uhr alle 50 Min. für 26 Baht in 1 1/2 Std.
bis zum Markt im Dorf vor dem Erawan National
Park und weiter zum Wasserfall. Der letzte Bus
zurück fährt gegen 16 Uhr vom Parkplatz vor dem
Eingang zum Erawan National Park ab. Am besten früh losfahren, so dass man spätestens gegen 12 Uhr hier ist.
Einige Gästehäuser in Kanchanaburi organisieren Tagestouren zum Park.

Richtung Norden

Vier- bis achtspurige Highways durchqueren nördlich der Metropole die fruchtbare Menam-Ebene,
die „Reiskammer" des Landes. Allerdings fallen
immer mehr Felder brach oder werden mit Indus-

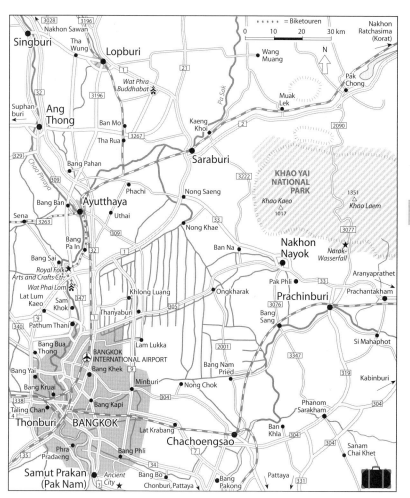

trieanlagen und neuen Wohngebieten bebaut, vor allem in der unmittelbaren Umgebung von Bangkok.

Bang Sai   บาง ไทร

Das Ausbildungszentrum für traditionelles Kunsthandwerk bei Bang Sai wurde 1984 unter der Schirmherrschaft der Königin errichtet, um vom Aussterben bedrohte Künste zu retten. Hier sollten die besten Handwerker des Landes junge Leute aus ländlichen Regionen unterrichten und die traditionellen Formen weiterentwickeln, um sie den Bedürfnissen des modernen Marktes anzupassen. Die Produktpalette ist groß: Im **Arts and Crafts Village**, dessen Häuser in verschiedenen Baustilen des Landes errichtet wurden, werden neben zierlichen Glasarbeiten Möbel aus Holz und Rattan, Seidenstoffe und Textilien, Flechtarbeiten aus getrockneten Wasserhyazinthen, aus Bambus und anderen

Materialien hergestellt. Die besten Produkte aus Bangsai werden in den *Chitralada Handicraft Shops* (z.B. am Airport oder im Königspalast hinter der Kasse) verkauft. Nach der Ausbildung gehen die jungen Leute zurück in ihre Dörfer und eröffnen kleine Betriebe, die den Bauern nach der Erntezeit ein zusätzliches Einkommen ermöglichen. Das Zentrum unterstützt die jungen Leute auch finanziell bei der Betriebsgründung und der Anschaffung von Maschinen und Geräten. Damit auch der Absatz der Produkte funktioniert, erhalten die Schüler Unterricht in kaufmännischem Grundwissen.

Die Gebäude liegen in einer weitläufigen Parklandschaft. Für die Königsfamilie wurden einige Gebäude, darunter ein **Elefantenhaus**, im traditionellen Thai-Stil errichtet. Hingegen sind die Ausbildungsräume sehr funktional gehalten. Zur Anlage gehören zudem ein buddhistisches Zentrum, eine Krankenstation, eine Baumschule, ein **Bananengarten** mit 300 verschiedenen Sorten, ein **Vogelpark**, eine Cultural Performance Hall, ein großes **Süßwasseraquarium Wang-Pla** mit riesigen Welsen und anderen einheimischen Fischen (🕐 Di–Fr 10–16.30, Sa, So und feiertags 10–18 Uhr), ein Restaurant und natürlich Souvenirshops mit viel Kitsch. Am Wochenende werden von 17.30–20 Uhr kulturelle Shows dargeboten, musikalische Darbietungen ebenso wie Schwertkämpfe und andere Wettbewerbe.

Im November starten auf dem Menam Chao Phraya die Boote zu den **International Boat and Long Boat Races**. Auch zum westlichen, chinesischen und Thai-Neujahr, zu Loi Krathong und an anderen Feiertagen finden Veranstaltungen statt.

🕐 Mo–Fr 8–17, Sa, So und feiertags 8–19 Uhr, 📞 035-366666-7, 🖷 366668, ✉ bangsai@wnet. net.th, 🖵 bangsai.net, Eintritt ins Dorf für Ausländer 100 Baht. Kombi-Ticket inklusive Kulturshow, Aquarium, Mittagessen und Transport ab jedem Hotel in Bangkok 950 Baht.

Das Center, 6 km südlich von Bang Sai am Ufer des Menam Chao Phraya, wird häufig im Rahmen einer Bootstour nach Bang Pa In (s.u.) besucht.

Mit dem eigenen Fahrzeug: von Bangkok aus von der Hauptstraße Richtung Ayutthaya nach links zur neuen Straße 347 (ausgeschildert) abbiegen oder von der neuen East-West-Ring-Road H37 an der ausgeschilderten Abzweigung 5,4 km auf dem H3309 Richtung Norden fahren.

Vom Northern Bus Terminal in BANGKOK (78 km) fahren ac-Busse alle 20 Min. in 2 Std. für 42 Baht über Bang Sai nach BANG PA IN, 18 km weiter nördlich, non-ac-Busse 8x tgl. für 30 Baht. Busse ab AYUTTHAYA 30 Baht.

Bang Pa In – Der Sommerpalast
พระราชวัง บาง ปะอิน

Im 17. Jahrhundert wurde dieser Sommerpalast der Könige von Ayutthaya auf einer Insel im Menam Chao Phraya erbaut. Er geriet in Vergessenheit, als Bangkok Königsstadt wurde. Erst als Dampfschiffe die Reisezeit verkürzten, wurde der Palast von König Mongkut wieder genutzt und ausgebaut. Damals, am Ende des 19. Jahrhunderts, entstand diese seltsame Mischung verschiedener Baustile aus China, Europa und Siam. Durch den Haupteingang betritt man zuerst den äußeren Palast. In einem weitläufigen Park steht am Flussufer ein kleiner Schrein in Form eines Khmer-Prangs, der **Ho Hem Monthian Thewat**. Er enthält die Statue des Königs Prasat Thong von Ayutthaya, des „Königs des Goldenen Palastes". Am gegenüberliegenden Ufer lebten die Familien der Brüder von König Chulalongkorn im **Saphakhan Ratchaprayun**, das 1879 im europäischen Stil erbaut wurde.

Besonders schön ist der in zahlreichen Prospekten abgebildete, kleine Wasserpavillon **Aisawan Thippa-at**, eine Holzkonstruktion aus dem Jahr 1876 im klassischen Thai-Stil, die sich in einem Teich spiegelt. Er wurde dem Umkleidepavillon im Königspalast von Bangkok nachempfunden und enthält eine Bronzestatue von König Chulalongkorn.

In der früheren königlichen Audienzhalle und Residenz **Warophat Phiman**, links vom Pavillon, finden noch immer königliche Zeremonien statt. Die Halle des neoklassischen Gebäudes, die mit Wandmalereien geschmückt ist, die Szenen aus der thailändischen Geschichte und Literatur darstellen (Ramayana, I-nau u.a.), ist nicht zugänglich. Von hier führt eine überdachte Brücke zum **Thewarat Khanlai**, dem Tor zum Inneren Palast, der früher ausschließlich der Königsfamilie vorbehalten war.

Inmitten der gepflegten Gartenanlage des Inneren Palastes stehen verschiedene Gebäude. Am interessantesten ist das von reichen Chinesen gestiftete zweistöckige Gebäude **Wehat Chamrun**, das 1889 ganz im Stil einer chinesischen Herrscherresidenz errichtet wurde. Es ist mit schönen Möbeln mit Perlmutt-Einlegearbeiten und Holzschnitzereien, u.a. dem Bett von König Chulalongkorn, ausgestattet und kann hinter schützendem Glas besichtigt werden.

Auf einer kleinen Insel steht der Aussichtsturm **Ho Withun Thatsana**, den König Chulalongkorn 1881 errichten ließ. Von oben bietet sich ein schöner Blick über die Gartenanlage.

🕐 tgl. 8.30–15.30 Uhr, 50 Baht. An der Kasse gibt es eine Broschüre, in der alle Gebäude ausführlich beschrieben sind. Hinter dem Eingang links werden 20-minütige Bootstouren um die Insel für 30 Baht angeboten, Tickets an der Kasse.

Transport

Mit einem eigenen Fahrzeug fährt man von Bangkok aus (61 km) auf der Hauptstraße Richtung Norden und biegt 22 km südlich von Ayutthaya nach links ab. Vom Bahnhof in Bang Pa In führt eine schmale Straße zwischen Fluss und Eisenbahn zum Palast. Minibusse für eine Rundfahrt kosten etwa 250 Baht pro Std., Charter bis Ayutthaya um 150 Baht.

BUSSE – Vom Northern Bus Terminal in BANGKOK fahren non-ac-Busse alle 40 Min. bis 20 Uhr für 24 Baht und ac-Busse alle 20 Min. bis 20 Uhr für 42 Baht in 2 Std., zurück bis 17 Uhr. Von AYUTTHAYA fahren Songthaew und der Bus Nr.17 bis gegen 17 Uhr alle 30 Min. für 25 Baht in 30 Min.

EISENBAHN – Alle lokalen Züge halten am kleinen Bahnhof, 1,7 km nördlich des Palastes, Motorrad-Samlor 10 Baht. Ab BANGKOK kostet die Fahrt in der 2. / 3. Kl. 26 / 12 Baht, ab AYUTTHAYA 5 / 3 Baht.

BOOTE – In Ayutthaya werden Boote ab der Bootsanlegestelle am Hua Ra Market für 800 Baht angeboten.
Chao Phraya Express Boat Service, 78/24-29 Maharat Rd., ✆ 02-2225330, 6236001-3, fährt So um 8 Uhr ab Mahathat-Pier und um 8.05 Uhr ab Banglampoo-Pier in BANGKOK zum Royal Folk Arts & Crafts Center in Bang Sai, nach Bang Pa In und zum Wat Phai Lom für 330 Baht, Rückkehr gegen 17.30 Uhr.
Weitere Boote, die auch Ayutthaya im Programm haben, s.S. 232.

Ayutthaya   อยุธยา

417 Jahre hindurch war Ayutthaya die Königsstadt des siamesischen Reiches, bis sie 1767 von burmesischen Truppen zerstört wurde. Von hier aus regierten 33 Könige. Auf dem Höhepunkt ihrer Macht hatten die absoluten Monarchen im 17. Jahrhundert eine Stadt errichten lassen, die es mit allen europäischen Metropolen ihrer Zeit aufnehmen konnte. 375 prunkvolle Tempel, 29 Festungen und 94 Tore zählte man auf dem riesigen Areal, dessen Ausmaße sich heute zwischen Wohnhäusern, Feldern und Gärten nur noch bruchstückweise erahnen lassen. Ein umfangreicher Beamtenapparat, geschützt von einer einflussreichen Militärmacht, verwaltete die im Reich eingetriebenen Steuern und pflegte regen internationalen Handel. Schiffe aus aller Welt segelten den Menam Chao Phraya hinauf, und Europäer, Chinesen und Japaner siedelten in eigenen Stadtvierteln. Die Pracht bei Hofe und die Ausstattung der Heiligtümer waren legendär, und was davon heute noch zu sehen ist, sind nurmehr kümmerliche Überreste.

Den Fall Ayutthayas haben die Thais den Burmesen bis auf den heutigen Tag nicht verziehen. Das Gold von Ayutthaya, so heißt es, bedeckt seitdem die Shwedagon-Pagode in Rangoon. Was von den Bauten nicht zerstört wurde, verfiel und wurde vom Dschungel überwuchert. Die Könige kehrten nicht an den Ort der Niederlage zurück – die neue Hauptstadt hieß Bangkok.

Die historische Stadt Ayutthaya (gesprochen: *Ayut-tha-ja*, mit vollem Namen *Phra Nakhon Si Ayutthaya*, erstreckt sich über ein weites Areal innerhalb und außerhalb der heutigen Stadt, die durch den Zusammenfluss dreier Flüsse umgrenzt wird. Die meisten Ruinen sind restauriert worden und haben dabei vielfach an Charakter eingebüßt, vor allem die großen Tempel mit ihren gepflegten Rasenflächen und asphaltierten Parkplätzen. Fast alle Tempelruinen 🕐 8.30–16.30 Uhr. Abends werden die interessantesten Sehenswürdigkeiten von bunten Scheinwerfern angestrahlt. Zwischen 19 und 21 Uhr werden Touren für 100–150 Baht angeboten. Das heutige Zentrum der Provinzstadt erstreckt sich östlich des alten Zentrums rings um den **Chao Phrom-Markt** und das Einkaufszentrum. Der Ort ist eher als Bangkok geeignet, sich nach einem Langstreckenflug zu akklimatisieren.

Ayutthaya Historical Study Center

Zu Beginn einer Rundfahrt durch die historische Stadt sei ein Besuch im Ayutthaya Historical Study Center empfohlen. Das moderne Gebäude, das von japanischen und thailändischen Architekten gemeinsam entworfen wurde, soll dem Studium der Ayutthaya-Periode dienen und beherbergt ein sehr anschauliches Museum sowie eine Bibliothek. Im Museum wird die Ayutthaya-Periode auf unkonventionelle Art mit Hilfe von Modellen, Schautafeln und Dioramen wieder zum Leben erweckt. Vier Themenschwerpunkte zeigen Ayutthaya als Hauptstadt (im unteren Bereich: u.a. Modelle des Königspalastes und des Wat Phra Si San Phet), als Handelszentrum (links: Handelsrouten, Waren, Transportmittel), als zentralistischen Staat (im hinteren, mittleren Bereich: die Rolle des Königs und seiner Hauptstadt, Symbole der Herrschaft, verschiedene Zeremonien und Machtmechanismen) sowie das traditionelle Dorfleben (rechts: Alltagsleben in einem Dorf, Sozialstruktur, Modell eines Dorfes und eines Thai-Hauses, traditionelle Medizin usw.). Der fünfte Bereich, der die Beziehungen Ayutthayas zum Ausland und die Einflüsse von außen darstellt, ist in einer Außenstelle des Museums in der japa-

nischen Siedlung zu sehen (s.u.). ✆ 245123, ⊕ Mi–So außer feiertags 9–16.30 Uhr, 100 Baht, Studenten 50 Baht – lohnenswert.

Chao Sam Phya National Museum

Eher traditionell ist das Chao Sam Phya National Museum, das in mehreren Gebäuden in einem kleinen Park untergebracht ist; der Eingang befindet sich in der Rotchana Rd.

Das Hauptgebäude macht einen etwas vernachlässigten Eindruck. Im Erdgeschoss werden Funde aus verschiedenen Epochen gezeigt, die in den 50er Jahren ausgegraben wurden. Beeindruckend sind die Goldschätze aus dem Wat Ratburana im 1. Stock, darunter goldene Amulette, Statuen, Schmuck und ein königliches Schwert. Ein weiterer Raum enthält Votivgaben aus dem Wat Mahathat.

Im zweiten Gebäude sind Funde aus verschiedenen Regionen und Epochen zu sehen. ⊕ Mi–So 9–16 Uhr, ✆ 251587, 30 Baht.

Rings um den Rama Park

Der Rama Park wurde rings um den hübschen Phra Ram-See angelegt und stellt die ihn umgebenden Tempel in einen ansprechenden Rahmen. Am runden Pavillon an der südwestlichen Seite des Sees können Tretboote für 40 Baht pro Std. ausgeliehen werden. Einige der Brücken wurden wegen Baufälligkeit gesperrt.

Südwestlich des Parks erhebt sich der hohe Prang des **Wat Phra Ram**, das 1369 unter dem zweiten König Ramesuan als Begräbnisstätte für dessen Vater, U-Thong, den Gründer von Ayut-

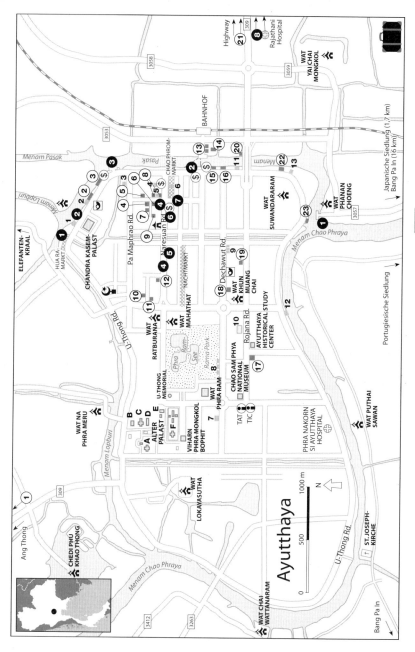

DIE UMGEBUNG VON BANGKOK

Ayutthaya

Highway
21
8
Rajathani Hospital
309
309

WAT YAI CHAI MONGKOL

3058

3059

BAHNHOF

Menam Pasak

3053

CHAO PHROM-MARKT

13 **14**
3
2
11 **20**
2 **2** **3** $
3
2
$ **5** **3** **8** **6** $
6 **4** $
4 **5** **5** **4**
4 **6** **7**
7 **6** **7** $ $
9 **6** **4** **15**
16
22 **13**

Menam Lopburi

Pasak

Menam

WAT PHANAN CHOENG

1

WAT SUWANDARARAM

Japanische Siedlung (1,7 km)
Bang Pa In (16 km)

3057

23

Menam Chao Phraya

1

ELEFANTEN-KRAAL

CHANDRA KASEM-PALAST

HUA RA-MARKT

Pa Maphrao Rd.

Naresuan Rd.

NACHTMARKT

12 **4** **5**

Dechawut Rd.

9
18 **19**
WAT KHUN MUANG CHAI

12

Portugiesische Siedlung

10 **11**

WAT RATBURANA

U-Thong Rd.

WAT MAHATHAT

Rojana Rd.

AYUTTHAYA HISTORICAL STUDY CENTER

10

17

WAT NA PHRA MERU

U-THONG MEMORIAL

Phra Ram-See

Rama Park

CHAO SAM PHYA NATIONAL MUSEUM

8

WAT PHRA RAM

PHRA NAKORN SI AYUTTHAYA HOSPITAL

WAT PUTHAI SAWAN

Menam Lopburi

B
C
D
A
ALTER PALAST
E
F

VIHARN PHRA MONGKOL BOPHIT

7

TAT
TIC

1
309

Ang Thong

CHEDI PHU KHAO THONG

WAT LOKAYASUTHA

Menam Chao Phraya

WAT CHAI WATTANARAM

3412

3263

U-Thong Rd.

ST. JOSEPH-KIRCHE

Bang Pa In

N

0   500   1000 m

thaya, erbaut wurde. ⏰ tgl. 8.30–16.30 Uhr, 20 Baht.

Östlich des Parks erstreckt sich die weitläufige Anlage von **Wat Mahathat**, einem 1374 gegründeten und während der folgenden Jahrhunderte mehrfach erweiterten Tempel. Aus der frühen Zeit sind nur noch Grundmauern erhalten. Die Ruine des zentralen Prangs, der 250 Jahre später erbaut wurde und 44 m hoch war, lässt seine ursprüngliche Größe nur noch erahnen. An seinem Fuß sitzt ein großer, steinerner Buddha. Unter dem ausgebrannten Tempel fand man wertvolle Buddha-Figuren, die vergraben worden waren, um sie vor plündernden Burmesen zu retten. ⏰ tgl. 8.30–18.30 Uhr, 30 Baht. Kurz vor Sonnenuntergang ist die Atmosphäre am schönsten.

Gegenüber überragt ein stark restaurierter Prang das **Wat Ratburana** (auch Ratchaburana). 1424 ließ der 7. König von Ayutthaya diesen Tempel als Begräbnisstätte für seine beiden älteren Brüder erbauen, die den Kampf um die Thronfolge verloren hatten. In den Krypten unter dem Prang mit ihren Wandmalereien, die zurzeit restauriert werden, wurde einer der größten Goldschätze der Stadt entdeckt – nun ausgestellt im Obergeschoss des Museums (s.o.). ⏰ tgl. 8.30–16.30 Uhr, 30 Baht, danach sind die Tore geschlossen, mittags wird es wegen der zahlreichen Tagestouristen aus Bangkok sehr voll.

Der Palastbereich

Nordwestlich des **U-Thong Memorials**, einer Statue des ersten Königs von Ayutthaya, sind auf einem weitläufigen, baumbestandenen Gelände die Mauerreste seines ehemaligen Palastes zu besichtigen. Er war 1350 erbaut worden, wurde aber bereits 100 Jahre später vom 8. König aufgegeben, als dieser seine Residenz etwas weiter nach Norden in die Nähe des Flusses verlegte. Die zweistöckige **Suriyat Amarin-Halle** nutzte König Narai zur Beobachtung der Prozession der königlichen Barken auf dem Fluss. Die angrenzende **San Phet Prasat-Halle**, von der nur noch die Fundamente erhalten sind, wurde 1448 als Empfangsgebäude für Staatsgäste erbaut. Eine nach alten Plänen erbaute Kopie kann in Muang Boran/Ancient City (s.S. 234) besichtigt werden. Unter dem 24. König von Ayutthaya entstand Anfang des 17. Jahrhunderts die Zeremonienhalle **Viharn Somdet**, das nächste Gebäude,

sowie die **Chakravatphaichayon-Halle** am östlichen Ende des Palastes, von der aus der König Paraden und Umzüge abnahm. Der offene, hölzerne **Trimuk Pavillon**, westlich der San Phet Prasat-Halle, wurde erst 1907 unter König Chulalongkorn errichtet.

Im Süden erstreckt sich **Wat Phra Si San Phet**. Mit dem Bau der prunkvollen königlichen Tempelanlage wurde 1448 begonnen, Sie wurde noch mehrfach umgestaltet und erweitert, bis die burmesischen Eroberer sie 1767 niederbrannten. Der 16 m hohe vergoldete Bronzebuddha Phra Sri San Phet, der im Viharn stand, wurde dabei zerstört. Die Anlage mit ihren vielen halb verfallenen Tempeltürmen wird von drei großen, restaurierten Chedis dominiert, die die Asche verstorbener Könige und eine Reliquie Buddhas enthalten. Rechts davon ragen die Säulen des früheren Viharn in den Himmel. Eintritt 30 Baht.

Der Innenraum des rekonstruierten **Viharn Phra Mongkol Bophit** wird von einem der größten Bronzebuddhas Thailands ausgefüllt, die Rekonstruktion einer Statue aus dem 15. Jahrhundert, die östlich des Palastes stand und beim 2. Angriff der Burmesen stark zerstört wurde. Der Viharn wurde 1956 originalgetreu rekonstruiert und die Figur 1991/92 anlässlich des 60. Geburtstags der Königin vergoldet.

Vor allem am Wochenende ist hier viel los. Neben dem Parkplatz vor dem Tempel warten zahlreiche Souvenir- und Getränkehändler auf Kunden. Unter anderem werden Currypaste, Krabbenbrot, Korbwaren und Töpferwaren angeboten.

Im Westen der Stadt

Etwas versteckt liegt **Wat Lokayasutha**. Hier blieb eine der größten liegenden Buddha-Figuren aus Stuck erhalten, die nun, nachdem das Kloster abgebrannt ist, unter freiem Himmel ruht.

Am anderen Flussufer, im Südwesten, steht **Wat Chai Wattanaram**, eine große Anlage im Khmer-Stil mit einem zentralen Prang, der wiederum von acht kleineren umgeben ist. Es wurde als zeitweilige Residenz von König Prasat Thong bereits um 1690 erbaut. Das zum UNESCO-Weltkulturerbe gehörende Bauwerk ist über eine breite Straße, die vom H3263 kurz vor der Kreuzung mit dem H3412 abgeht, zu erreichen. Eintritt 30 Baht.

Chandra Kasem-Palast und Wat Senatsanaram

Im Nordosten der Insel befindet sich der rekonstruierte Palast des Kronprinzen aus dem Jahre 1577. König Mongkut lebte zeitweise hinter den hohen Mauern. Den großen Platz umgeben mehrere Gebäude; das erste Gebäude links vom Eingang, der **Chantura Mukh Pavillon**, enthält ein kleines Museum, u.a. mit Keramiken, Buddhafiguren, Holzschnitzereien und anderen Gegenständen aus dem ehemaligen Besitz von König Mongkut. Im dahinter liegenden **Piman Rajaja Pavillon**, der ehemaligen königlichen Residenz, sind weitere Buddhastatuen und andere Gegenstände ausgestellt. Den **Pisai Salak-Turm** hinter der Residenz ließ sich König Mongkut für seine astronomischen Studien erbauen. ☉ Mi–So außer feiertags 9–16 Uhr, 30 Baht.

Im Südosten

Wat Yai Chai Mongkol liegt außerhalb des historischen Stadtkerns. Bereits König U-Thong hatte an erster Stelle 1357 den ersten Tempel der Stadt gegründet. Er wurde für Mönche erbaut, die von ihren Studien in Ceylon nach Siam zurückkehrten. Später residierte hier der Erste Patriarch. Der Tempel in seiner heutigen Form mit einem 62 m hohen Chedi, den zahlreiche Buddha-Statuen und eine gepflegte Gartenanlage umgeben, wurde unter Naresuan zur Erinnerung an einen historischen Sieg über seinen burmesischen Widersacher 1592 umgestaltet. Naresuan hatte bei Nong Sarai (Provinz Saraburi) in einem Zweikampf auf dem Rücken von Kriegselefanten eigenhändig den burmesischen Herrscher besiegt. Ein riesiges Wandgemälde von dieser Schlacht schmückt den Bot.   ☉ tgl. 8.30–16.30 Uhr, 20 Baht.

Weiter im Südwesten erstreckt sich zwischen Fluss und Straße das weitläufige **Wat Phanan Choeng**, das in früheren Jahren als Exerzierplatz diente. Möglicherweise gab es den Tempel bereits vor der Gründung von Ayutthaya, denn die 20 m hohe Buddha-Statue Phra Chao Phananchoeng (Luang Po To) im hinteren hohen Viharn soll bereits 1325 aus Stuck gefertigt worden sein und den Tempel niemals verlassen haben. Sie gilt als Beschützerin der Seeleute und wird vor allem von Chinesen verehrt. Auf der gegenüberliegenden Straßenseite befindet sich auch ein chinesischer Friedhof.

Aus der frühen Ayutthaya-Periode stammt die Statue im Sukhothai-Stil, die im Bot zwischen zwei Statuen aus der Ayutthaya-Periode steht. Sie wurde bereits 1357 angefertigt, aber erst 1965 unter Stuck, der sie vor Plünderungen schützen sollte, entdeckt. Die schönen Wandmalereien im Inneren des Bot wurden aufwendig restauriert. Das Wat wird von zahlreichen Gläubigen besucht, und es herrscht immer ein reges Treiben. ☉ tgl. 8.30–16.30 Uhr, 20 Baht. Von der Bootsanlegestelle hinter dem Wat verkehren Fähren über den Fluss. Zudem können Boote gemietet werden.

Am anderen Ufer, im **Wat Suwandararam** (früher: Wat Thong), sind ein kleiner Teil der Wandmalereien, die unter anderem den 1592 stattgefundenen Kampf zwischen den beiden verfeindeten Herrschern König Naresuan und Phra Maha Uparacha von Burma auf Kriegselefanten darstellen, unter König Rama VII. (1931) restauriert und erneuert worden. Die Tore zum Bot und Viharn sind allerdings meist verschlossen, evtl. hat man während der Gebetszeit gegen 16 Uhr die Gelegenheit, einen Blick hineinzuwerfen.

An der Einmündung des Klong in den Menam Chao Phraya, etwas weiter westlich, wurden 1959 Teile der bereits unter U-Thong errichteten alten **Stadtbefestigung** rekonstruiert. Die Ziegel der ursprünglichen Anlage waren auf Frachtkähne verladen und beim Aufbau der neuen Hauptstadt Bangkok verwendet worden.

Weiter außerhalb

Nördlich des ehemaligen Königspalastes erhebt sich jenseits des Klong Sabua **Wat Na Phra Meru** (auch: Wat Narh Pramain), eine wahrscheinlich bereits 1504 gegründete Tempelanlage. Der mit schönen Holzschnitzereien geschmückte, imposante, große Bot mit dem mehrfach gestaffelten Dach wurde kürzlich restauriert. Er enthält einen 6 m hohen, vergoldeten Bronzebuddha, der im Stil eines Ayutthaya-Herrschers gekleidet ist. Das Innere des daneben liegenden kleinen Viharn, dessen Wände mit verblichenen Wandmalereien bedeckt sind, wird von einem aus schwarzem Stein gehauenen Buddha im Dvaravati-Stil dominiert. Wahrscheinlich stammt die im europäischen Stil sitzende Statue ursprünglich aus Nakhon Pathom. Die eindrucksvollen Skulpturen, die prunkvolle Ayutthaya-Architektur der Tempelanlage und ihre landschaftlich reizvolle Umgebung machen einen Besuch äußerst lohnenswert. Eintritt 30 Baht.

2,5 km nordwestlich der Stadt liegt **Chedi Phu Khao Thong**. Der 80 m hohe Chedi ist – im Gegensatz zu den anderen Bauten – im burmesischen (Mon-)Stil erbaut. Als die Burmesen 1569 erstmals Ayutthaya eingenommen hatten, errichteten sie diesen Tempel zur Erinnerung an ihren Sieg auf einer bereits 1387 errichteten Anlage. 15 Jahre später wurden sie wieder vertrieben, und der Chedi erhielt ein neues Äußeres im Thai-Stil. Aus Anlass des 2500-jährigen Bestehens des Buddhismus wurde 1956 eine 2,5 kg schwere Goldkugel auf der Spitze der Pagode angebracht. Vor dem Chedi entstehen ein **Monument** zu Ehren von König Naresuan und eine große Parkanlage.

6 km außerhalb, nördlich der historischen Stadt, steht der **Elefantenkraal** (Paniad), der vom Tourist Office restauriert wurde. Innerhalb der Umzäunung aus Teak-Pfosten wurden die königlichen Elefanten gezähmt. Heute sind hier keine Elefanten mehr untergebracht, aber mit etwas Fantasie kann man sich das damalige Geschehen vorstellen.

Südlich von Wat Phanan Choeng befand sich die **japanische Siedlung**. Hier sind in einem modernen Rundbau, einer Außenstelle des Ayutthaya Historical Study Center, die Beziehungen Ayutthayas zum Ausland dargestellt.

Die Fahrt hierher lohnt nur für wirklich Interessierte, Eintritt mit der Eintrittskarte des Historical Study Center. Von hier sind es 14 km nach Bang Pa In, vorbei an vielen Wats, die das Flussufer säumen.

Auch die ehemalige **portugiesische Siedlung**, in der die ersten Europäer lebten, kann besichtigt werden. Von ihr ist jedoch bis auf die Reste der Sankt Petrus-Kirche, einige Skelette, Münzen und chinesisches Porzellan kaum etwas erhalten.

Übernachtung

GÄSTEHÄUSER – In den alten Holzhäusern werden zumeist einfache Zimmer vermietet. Durch den Ausbau der Straße kann sich die Atmosphäre allerdings ändern.

Ayutthaya Gh.**–*** ④, 16/2 Naresuan Rd., 232658, 01-8231283, eines der beständigsten Gästehäuser. Sehr saubere Zi, nach vorn hin aber laut. Ältere mit Gemeinschafts-Du/WC.

neuere Zi mit teils offenem, gefliestem Bad, einige mit ac. Auch ein Familienzimmer und großer Schlafsaal mit Du/WC und 8 Matratzen für 80 Baht p.P.; gutes Restaurant im EG, Fahrradvermietung. Organisiert abendliche Rundfahrten durch die ausgeleuchtete Ruinenstadt für 100 Baht. Die Besitzer verwalten auch das Nachbarhaus, 16/2 Naresuan Rd., mit einfachen Zimmern.

Chantana Gh.**–*** ⑤, 12/22 Naresuan Rd., 323200, Nichtraucher-Unterkunft in einem Neubau für ruhebedürftige Traveller, geleitet von einem älteren Ehepaar, die weder Drogen noch Prostituierte tolerieren. Saubere Zi mit Fan und Du/WC oder 3 mit ac und Warmwasser-Du/WC, dicke Matratzen. Nur in den Zimmern hinten rechts stört der Lärm der Wasserpumpe des Nachbarn. Große, überdachte Terrasse, netter Vorgarten. Frühstücken möglich.

T.M.T. Gh.** ⑥, 14/9 Naresuan Rd., wird vom Ayutthaya Gh. verwaltet. Holzhaus mit einfachen, hellhörigen Zimmern, Gemeinschafts-Du/WC.

Old B.J. Gh.* ⑦, 16/7 Naresuan Rd., 251526, in einer Seitengasse. 8 sehr einfache Zi mit Gemeinschafts-Du/WC.

Tony's Place**–*** ⑧, 12/18 Naresuan Rd., 252578, 01-6418646, große Zimmer mit Gemeinschafts-Du/WC, andere mit Du/WC und Fan oder ac, auch Schlafsaal mit 3–4 Betten für 80 Baht p.P. Das große Gartenrestaurant mit Bar und kleinen, preiswerten Gerichten sowie der Vorgarten sind ein beliebter Treffpunkt.

P.U. Gh.**–*** ⑨, 20/1 Soi Thor Kor Sor, ab Naresuan Rd., 251213, komplett renoviertes Gästehaus mit Vorgarten. 30 Zi mit Warmwasser-Du/WC und Fan oder ac, Restaurant, Fahrradvermietung.

PS Gh.** ⑩, 23/1 Juggrapat Rd., nahe Rama Park, 242394, ✉ P.S._93@hotmail.com, altes Haus mit großem Garten; einfache, saubere Zi mit Fan, eins mit ac, manchmal Schlafsaalbetten, Gemeinschafts-Du/WC. Das Frühstück wird im Garten serviert.

Tongchai Gh.** ⑪, 9/6 Maharaj Rd., 245210, einfache Zimmer in Reihenhäusern und schmuddelige Bungalows mit Fan oder ac und Du/WC in einem kleinen Garten.

New B.J. Gh.** ⑫, 19/29 Naresuan Rd., 246046, 243980, einfache Zi mit Gemeinschafts-Du/WC und Fan an der lauten Straße, gutes Essen. Es werden Touren zu den Tempeln organisiert. Fahrradverleih.

NOP Gh.* ⑬, 29/1 Moo 10, Kamung Rd., Kleinhotel nahe dem Bahnhof in der Gasse zur Fähre, ☎ 322029, 01-4816137, ✉ nopguest@yahoo.com, einfache, hellhörige Zi mit Gemeinschafts-Du/WC, Duschen auch für Nichtgäste 30 Baht. Nebenan über dem Restaurant das ähnliche **P&P House*–****.

Iudea Gh. (Riverside View)**–*** ⑮, 10/5 U-Thong Rd., 200 m links der Anlegestelle der Fähre vom Bahnhof, ☎ 243850, in dem 3-stöckigen Kleinhotel wurden die großen Räume mit Spanplatten-Wänden in kleine Zi z.T. mit Du/WC und ac aufgeteilt, einige mit winzigem Balkon zum Fluss hin, Familienbetrieb, Internetzugang.

Bann Kun Pra** ⑯, 48/2 U-Thong Rd., ☎ 241978, das ehemalige Youth Hostel in einem traditionellen Thai-Holzhaus mit Garten am Fluss nördlich der Pridi Damrong-Brücke, 3 Zi und Schlafsaal für 100 Baht p.P., Gemeinschafts-Du/WC, Restaurant.

Sherwood House**–*** ⑱, 21/25 Dechawut Rd., ☎ 6660813, ✉ sherwoodmm@hotmail.com, gemütliches Stadthaus unter englischer Leitung mit 5 sauberen, freundlich eingerichteten Zi, nach hinten ruhiger, eins davon mit ac, Du/WC außerhalb. Kleines Restaurant mit gutem Essen bis 20 Uhr und Bar; sauberer, relativ großer Swimming Pool, der auch von Nicht-Gästen für 40 Baht genutzt werden kann. Motorräder und Fahrräder zu vermieten.

Prae Si Thong Gh.*** ㉒, 8/1 U-Thong Rd., ☎ 246010, kleines, etwas abseits am Fluss gelegenes, von Noi geleitetes Haus, 10 Zi mit Du/WC und ac, Terrasse am Fluss.

The Old Palace Resort**–*** ①, 1/25 Moo 5, Klong Srabua Tavasukree, ☎ 252534, nördlich der Altstadt, östlich vom Wat Na Phra Meru, von drei hilfsbereiten Schwestern geleitete neue Anlage, ac- Bungalows und Zi mit Fan, Restaurant.

HOTELS – **U-Thong Hotel**–***** ②, 86 U-Thong Rd., ☎ 251136, muffige, dunkle Zi mit Fan oder ac, etwas für Notfälle, nicht zu verwechseln mit dem

Cathay Hotel**–*** ③, 36/5-6 U-Thong Rd., ☎ 251562, nahe Chandra Kasem-Palast, einigermaßen saubere, aber kahle, hässliche Zi mit Du/WC und Fan, auch einige mit ac, nicht sehr sicher.

Ayothaya Hotel**** ⑧, 12/4 Naresuan Rd., ☎ 232855, ✆ 251018, Hotel in zentraler Lage. 100 kleine Standard- und größere De-Luxe-Zi mit ac, Frühstück inkl. Großzügige Lobby, Restaurant und Bar mit Karaoke und Sängerinnen.

U-Thong Inn ab******** ㉑, 210 Rojana Rd., ☎ 242236, ✆ 242235, 🖥 www.uthonginn.com, 1 1/2 km östlich vom Fluss links der Straße zum Highway, großes Mittelklasse-Hotel mit 200 voll klimatisierten Zimmern. Viele Reisegruppen.

Ayutthaya Grand Hotel ab******** ㉑, 55/5 Rojana Rd., ☎ 335483, ✆ 335492, der Betonklotz des Mittelklassehotels hinter dem Busbahnhof, 4 km östlich der Stadt, lohnt nicht die hohen Zimmerpreise um 1500 Baht. Der Pool kann auch von Nicht-Gästen für 30 Baht genutzt werden.

Tevaraj Tanrin Hotel**** ⑭, 91 Moo 10, Rojana Rd., ☎ 234873-7, ✆ 244139, ✉ tevaraj@cscoms. com, schräg gegenüber dem Bahnhof, Restaurant, ac-Zi, z.T. mit schönem Blick auf den Fluss. Freundlicher Service, Frühstück inkl.

Suan Luang*** ⑰, gegenüber dem Ayutthaya Historical Study Center, ☎ 245537, ✆ 245537, da das Hotel in einem gesichtslosen Block zu einem Job Training Center gehört, ist der Service sehr freundlich, aber nicht immer perfekt. Alle Zi mit ac, auch 6-Bett-Zi mit ac oder Fan.

Wiang Fa Hotel*** ⑲, 1/8 Rojana Rd., ☎ 241353, ✆ 321572, ✉ wiangfa@hotmail.com, ac-Zimmer in 2-stöckigem Haus mit Innenhof. Zi mit Du/WC und TV, einige mit Kühlschrank und Warmwasser, sauber und recht ruhig, aber meist ist niemand da, der Englisch spricht.

Krung Si River Hotel ⑳, 27/2 Moo 11, Rojana Rd., ☎ 244333, ✆ 243777, westlich der Brücke am Fluss, angenehmes, gepflegtes Hotel der gehobenen Mittelklasse mit Sauna, Pub, Restaurant und Pool. Frühstücksbuffet inkl.

River View Palace Hotel ㉓, 35/5 U-Thong Rd., ☎ 241729, ✆ 241110, relativ neues Hotel, spartanisch eingerichtete Apartments und Zi mit Balkon und z.T. mit Blick auf den Fluss und den Tempel, die vorwiegend von asiatischen Reisegruppen und einheimischen Tagungsteilnehmern belegt sind. Mäßiges Restaurant mit einer angenehmen Flussterrasse, wo man bei einem Drink den Sonnenuntergang genießen kann. Kleiner Pool.

Wer in Ayutthaya übernachtet, sollte sich den abendlichen Bummel über den **Nachtmarkt Hua Ra** am Fluss oder den abendlichen **Straßenmarkt** östlich vom Rama Park nicht entgehen lassen. An zahlreichen Ständen wird von 18–23 Uhr gekocht und gebraten. Frische Zutaten stehen bereit, die nach Wunsch zubereitet werden. Der Markt östlich vom Park entlang der breiten Straße geht im Westen in einen Textil- und Haushaltswarenmarkt über. Hier herrscht zwar kein Gedränge, doch die Auswahl ist geringer und mit gegrillten Maden, Heuschrecken und Hühnerfüßen so exotisch, dass sie westliche Passanten i.A. weniger anspricht. Am Fluss hingegen wird sogar nach Speisekarte gekocht und an Tischen aufgetragen. Allerdings macht es mehr Spaß, durch die Gänge zu bummeln und hier und dort etwas zu kosten.

Weitere Essenstände vor dem **Bahnhof** und dem *Amporn Department Store*. In diesem Einkaufszentrum haben sich auch mehrere Fastfood-Ketten und ein Supermarkt niedergelassen. Hier auch *M.B. Suki*, ein relativ günstiges Sukiyaki-Restaurant, in dem Fleisch, Gemüse und andere Zutaten einzeln bestellt und am Tisch in einer brodelnden Brühe gegart werden. Den Abschluss bildet die Suppe mit eingeschlagenem Ei. Bebilderte Speisekarte auch in Englisch.

Im **Rama Park** laden einige offene Restaurants mittags zu einer Pause ein. Die Preise sind moderat, und die Atmosphäre inmitten von Blumen und Palmen, hinter denen die Tempeltürme hervorschauen, ist sehr angenehm.

Einige der Restaurants am Flussufer sind überteuert, bieten dafür jedoch am Abend eine schöne Atmosphäre, allerdings sind zu manchen Jahreszeiten Moskitos eine Plage.

Sai Thong River Restaurant, 45 Moo 1, U-Thong Rd., ✆ 241449, auf dieses große, hervorragende Restaurant weist eine Leuchtreklame nur in Thai-Schrift hin. Doch die Speisekarte ist auch in Englisch gehalten und listet eine große Auswahl leckerer, teils ungewöhnlicher Thai- und Isarn-Gerichte auf. Einige Tische im Freien am Fluss. Von hier legt tgl. um 13.30 und 19 Uhr die umgebaute Reisbarke Siam Thanee ab (s.u.).

Das *Pae Krung Kao Restaurant*, südlich der Brücke, ist z.T. klimatisiert. Schöner sitzt es sich draußen auf der Terrasse oder auf dem schwimmenden Restaurant. Englische, etwas umständlich geschriebene Speisekarte, kleine Portionen um 60 Baht, Prawns wesentlich teurer.

Taevaraj Tanrin, südlich vom Bahnhof; im klimatisierten Hotel-Restaurant, dem angrenzenden offenen schwimmenden Restaurant sowie im großen Thai-Nachtclub vor dem Hotel mit knapp bekleideten Sängerinnen wird gutes Thai-Essen serviert.

Ruenpae, 36/1 U-Thong Rd., im schwimmenden Restaurant neben der Brücke speisen viele Reisegruppen. Unfreundlicher Service. Vor der Bestellung nach dem Preis fragen.

Chainam, 36/2 U-Thong Rd., am Fluss neben dem Cathay Hotel, chinesisches Essen zu moderaten Preisen, freundliche Leute. Viele Traveller.

Steak 29, Pa Maphrao Rd., einheimische Speisen, Steaks oder Nudelgerichte, die man sich in angenehmer Umgebung schmecken lassen kann; freundlicher Service und reelle Preise.

Im *Moon Café*, nahe den Gästehäusern in der Naresuan Rd., sorgt Chai für gute Musik, der Alkoholkonsum ist erheblich.

Weitere Pubs in einer Seitenstraße der Rojana Rd., gegenüber dem Ayutthaya Grand Hotel, z.T. mit fetziger Live-Musik. In derselben Straße Essenstände, die rund um die Uhr geöffnet sind. Am Wochenende findet hier zudem ein Straßenmarkt statt.

AUTOVERMIETUNGEN – Wer seine ersten Fahrversuche in Thailand nicht in Bangkok machen möchte, kann sich am Don Muang Airport in Bangkok ein Auto mieten und nach Ayutthaya fahren. Allerdings ist es sehr kompliziert, vom Airport auf den Highway nach Norden zu kommen. Daher nimmt man das Auto am besten am *Airport Hotel* (auf der richtigen Straßenseite) in Empfang oder lässt es sich dorthin bringen. Auch in Ayutthaya selbst ist der Straßenverkehr ungewöhnlich chaotisch; viele Straßen sind ohne Markierungen und in schlechtem Zustand.

FAHRRÄDER – Es macht Spaß, durch diese weitläufige, dünn besiedelte Stadt zu radeln. Fahrräder kann man in den meisten Gästehäusern für 30–50 Baht und sogar bei der Touristenpolizei für 50 Baht pro Tag mieten, wobei die billigen häufig schlecht gewartet sind. Weitere Fahrradverleihe am Westufer zwischen Fähre und Bahnhof.

Eine schöne Radtour führt von der Altstadt Richtung Westen und dann nach Süden zum Wat Chai Wattanaram, einer großen Ruinenanlage mit Prangs im Khmer-Stil. Weiter am Fluss entlang geht es dann nach Südosten, wo man kurz vor dem Wat Phanan Choeng mit der Fähre übersetzen kann.

FESTE UND FEIERTAGE – Am **chinesischen Neujahrstag** findet am Wat Phanan Choeng im Süden der Stadt ein großer Jahrmarkt mit Musik und Tanz statt.

An **Songkran** (13. April) findet in der Nähe des Haupt-Wats ein schöner Umzug statt.

Ayutthaya – World Heritage Site Celebrations, Mitte Dezember, Markt und verschiedene Veranstaltungen, darunter eine empfehlenswerte Light & Sound Show über die Geschichte der Stadt. Während der Festtage kostenloser Eintritt zu allen Tempeln. Die Light & Sound Show wird zudem am letzten Samstag von Jan–April dargeboten, Eintritt 600 Baht.

Loi Krathong, im November, wird besonders prächtig im und um den Rama Park begangen.

GELD – *Thai Farmers Bank*, Naresuan Rd., nahe beim Busbahnhof. Hier auch die *Thai Military* und *Siam Commercial Bank*. *Bangkok Bank* in der Nähe vom Cathay Hotel.

INFORMATIONEN – Die Leute im *TAT-Tourist Office* gegenüber dem National Museum, 108/22 Moo 4, Tambon Pratuchai, ✆ 246076-7, ✉ 246078, schicken Touristen gleich weiter ins benachbarte *TIC – Tourist Information Center* in der ehemaligen Stadthalle, einem großen, renovierten Gebäude, südlich von TAT. Im Erdgeschoss ein Informationsschalter, wo aktuelle Broschüren und Stadtpläne erhältlich sind, Geplant sind zudem eine Bank, Gepäckaufbewahrung, ein Geldautomat und Postamt. Im Obergeschoss informiert eine großzügig gestaltete Ausstellung (Mi geschlossen) über Ayutthayas Geschichte, Architektur, das Alltagsleben seiner früheren Bewohner und vermittelt – vom Fluss aus gesehen – einen Überblick über die Highlights. Praktische Informationen können an Computern abgefragt werden. Lohnend ist das informative Einführungsvideo. ⊙ tgl. 9–17 Uhr.

MASSAGEN – Gute Massagen gegenüber dem Ayutthaya Gh., 1 Std. 200 Baht, 2 Std. 300 Baht. Freundliches Personal.

MEDIZINISCHE HILFE – *Phra Nakorn Si Ayutthaya Hospital*, großer Neubau in der U-Thong Rd., im Süden, ✆ 241686.

Rajathani Hospital, Rojana Rd., östlich des Zentrums, ✆ 335555-61.

MOTORRÄDER – gibt es ab 300 Baht pro Tag zu mieten, z.B. am Bahnhof, im Sherwood House oder bei *Zin Pol Suzuki*, 90/1-3 U-Thong Rd., ✆ 252678, 252505. Recht neue, ordentliche Suzukis für 200 Baht pro 24 Std.

POST – gegenüber dem U-Thong Hotel.

SCHWIMMEN – *Schwimmbad* schräg gegenüber dem Ayutthaya Historical Study Center, ⊙ Di–Fr 16.30–20, Sa, So 10–20 Uhr. Netter ist der Pool im *Sherwood House*, ⊙ tgl. 9–20 Uhr, Eintritt 40 Baht.

TOUREN – Mehrere Gästehäuser organisieren interessante abendliche Rundfahrten durch die ausgeleuchtete Ruinenstadt und in die Außenbezirke im ac-Bus. Sie beginnen gegen 17.30 Uhr, dauern 2 1/2 Std. und kosten 100 Baht. Auch wenn man die meisten Tempel nur noch von außen besichtigen kann, ist die Atmosphäre doch ganz anders als tagsüber und sehr beeindruckend. Insektenschutz nicht vergessen!

TOURIST POLICE – je einmal auf dem Gelände des ehemaligen Königspalastes und neben dem TAT Office, ✆ 241446.

VORWAHL – 035; PLZ 13 000.

TUK TUK – Mit einem Tuk Tuk kann man im weitläufigen Gebiet von Ayutthaya viel sehen. Richtpreis: 200 Baht pro Stunde. Von den Fahrern, die gerade am Bahnhof und Busbahnhof am Markt recht aggressiv Touristen bedrängen, bekommt man wenige Informationen. Für ein intensiveres Besichtigungsprogramm braucht man einen ganzen Tag. Innerhalb des Stadtgebietes kostet ein Tuk Tuk für Kurzstrecken 30 Baht, vom Bus Terminal am Highway in die Stadt hinein 50 Baht.

STADTBUSSE – Der ac-Stadtbus Nr. 5 pendelt für 5 Baht zwischen der Bus Station und dem Zentrum und hält ebenso wie Bus Nr. 6 am Markt. Letzterer fährt von der City Hall und dem Tourist Office zum Hua Ro-Markt und Chandra Kasem-Palast.

FÄHREN – Vom Bahnhof in die Stadt kann man mit der Fähre für 1 oder 2 Baht übersetzen. Eine Fähre führt hinter dem Bahnhof direkt über den Fluss zum Chao Phrom Markt nahe den Gästehäusern und eine zweite etwas weiter nach Norden. Zudem verkehren Fähren gegenüber dem Chandra Kasem-Palast zum gegenüberliegenden Tempel und über den Fluss zum Wat Phanan Choeng.

BOOTE – An der Bootsanlegestelle hinter dem Wat Phanan Choeng werden Boote für eine Rundfahrt vermietet. Boote für 2–3 Std., die 6–10 Pers. fassen, kosten 400–600 Baht. Nur die kleinen können den Menam Lopburi befahren, da er sehr flach ist.
Das P.S. Gh. organisiert ab 8 Teilnehmern 3-stündige Rundfahrten mit Stopps an mehreren Tempeln für 150 Baht p.P.
Vom Saithong River Restaurant legt tgl. um 13.30 und 19 Uhr die umgebaute Reisbarke *Siam Thanee* zu einer einstündigen Rundfahrt für 100 Baht p.P. ab. Sie kann auch gechartert werden.

BUSSE – Expressbusse halten am **Bus Terminal** westlich vom Highway, an der Einmündung der Rojana Rd., ca. 4 km östlich der Stadt, ✆ 335304. Plätze für die Weiterfahrt sollten in ac- und VIP-Bussen mindestens 1 Tag im Voraus gebucht werden. Von hier aus fahren Stadtbusse etwa alle 15 Min. für 5 Baht ins Zentrum. Die non-ac-Busse Richtung Norden sind häufig voll, da sie aus Bangkok kommen.
Ab BANGKOK, 76 km, Northern Bus Terminal laufend bis 19 Uhr non-ac-Busse über Bang Pa In für 37 Baht, 2.-Kl.-ac-Bus über Bang Pa In für 52 Baht, direkt alle 15 Min. bis 19.20 Uhr für 41 Baht; ac-Busse alle 20 Min. für 52 Baht in 2 Std., bei dichtem Verkehr wesentlich länger. Zurück bis gegen 19 Uhr.
Nach BANGKOK, Northern Bus Terminal, non-ac-Busse ab dem **Bus Stop am Chao Phrom-Markt** über Bang Sai (30 Baht) und Bang Pa In (25 Baht) oder 1.- und 2.-Kl.-ac-Busse vom **Bus Stop nahe New B.J. Gh.** alle 15 Min. bis gegen 19 Uhr. Schräg gegenüber starten Minibusse zum Southern Bus Terminal für 50 Baht in gut 1 Std. Von dort weiter nach Kanchanaburi oder über Suphanburi (s.u.). Weitere Minibusse zum Victory Monument für 45 Baht, von wo man mit dem Skytrain schneller im Zentrum ist als vom Northern Bus Terminal. Alle Busse halten auf Wunsch auch am Airport.
Auf der Landstraße H3057 nach Bang Pa In, die 16 km am Fluss entlangführt, verkehren auch Songthaew.
Nach KANCHANABURI geht es am schnellsten mit dem Minibus zum Southern Bus Terminal in Bangkok und von dort mit dem ac-Bus. Eine Alternative ist die Route über SUPHANBURI mit dem gelben Bus 703 in 1 1/2 Std., 40 Baht (eigentlich 26 Baht + 14 Baht Gepäckzulage für Touristen), von dort weiter mit dem Bus 411 nach Kanchanaburi, 35 Baht, 2 1/2 Std. Spätestens mittags losfahren, denn für die gesamte Strecke ist mit 4–6 Std. Fahrtzeit zu rechnen. Wer hängen bleibt, kann im *Khum Suphan Hotel*****, 28/2 Muenharn Rd., ✆ 035-522283, oder in den etwas entfernteren Hotels *Songphanburi****, ✆ 522555-7, und *Si Suphan***, ✆ 511122, (Minibus 5 Baht) übernachten.

EISENBAHN – Ab dem Bahnhof, ✆ 241521, fahren Songthaew zu den Ruinen. Ins Stadtzentrum kann man zudem die Fähre (s.o.) benutzen. Von BANGKOK am angenehmsten mit dem Zug ab Hua Lamphong etwa 20x pro Tag für 35 / 15 Baht in der 2. / 3. Klasse in 90 Min. Vom Bahnhof am Airport Don Muang kostet die 50-minütige Fahrt 11 Baht – eine angenehme Alternative für alle, die sich nach der Ankunft in Thailand erst einmal in Ruhe akklimatisieren und sich nicht gleich das chaotische Bangkok antun wollen. Bis BANG PA IN 3 Baht.

BOOTE – Von BANGKOK bieten verschiedene Gesellschaften Tagestouren mit dem Boot nach Bang Pa In und weiter mit dem Bus nach Ayutthaya an.

BIKER – Der dichte LKW-Verkehr und die schlechten, teils schmalen Straßen in der Umgebung von Ayutthaya machen Radfahren nicht gerade zum Vergnügen, vor allem auf dem schmalen, schnurgeraden H3263, der über 41 km an vielen Fabriken vorbei zum breiten H340 verläuft. Auf diesem weiter 12 km nach Norden und südwestlich von Bang Pla Ma über den Suphanburi River. Richtung Norden am Fluss entlang ist bald der H3318 erreicht, auf dem es ca. 32 km durch ein wunderschönes traditionelles Reisanbaugebiet bis zum H321 und auf diesem 10 km bis U Thong geht. 5 km südlich der Stadt rechts auf den wenig befahrenen, schnurgeraden H3342 nach Bo Phloi abbiegen. Der H3086 und H3398 führen dann aus der zentralen Tiefebene 41 km stetig hinauf nach Kanchanaburi. Richtung Bangkok siehe dort.

Auf der Sukhumvit Road nach Südosten

Fährt man von Bangkok auf der Sukhumvit Road Richtung Südosten, scheint die Stadt kein Ende zu nehmen. Bis Pattaya gehen Städte wie Chonburi, Angsila und Si Racha fast nahtlos ineinander über. Auf dieser Straße kommt man in das Mündungsgebiet des Menam Chao Phraya, das sich immer weiter nach Süden verschiebt. An der Flussmündung hatten sich lange vor den Thais bereits die Mon niedergelassen. Heute liegt ihre ehemalige Siedlung weit im Landesinneren. Der gebührenpflichtige Motorway 7 durch das dünn besiedelte Hinterland führt an all diesen Städten vorbei und verkürzt die Fahrtzeit nach Pattaya und an die Ost-

küste erheblich. Etwas überdimensioniert wirkt der gigantische Rastplatz mit zahlreichen Restaurants und Läden hinter der großen Brücke zwischen KM 49 und 50.

Samut Prakan (Pak Nam)

Um 1600 lag Samut Prakan direkt am Meer und war von großer strategischer Bedeutung. Seit dem frühen 17. Jahrhundert ließen die Könige von Ayutthaya von den Befestigungsanlagen der Stadt aus den Schiffsverkehr auf dem Menam Chao Phraya kontrollieren. 1767 wurde die Stadt von den Burmesen zerstört. Als Bangkok die neue Hauptstadt wurde, ließen die Chakri-Könige die Flussmündung durch mehrere **Forts** befestigen. Durch die Öffnung des Landes und neue Verkehrsmittel wurden die Anlagen überflüssig und zerfielen.

Wat Chedi Klang Nam (Phra Samut Chedi), das eine hoch verehrte Reliquie Buddhas enthält, war 1826 von König Rama II. auf einer Insel mitten im Fluss errichtet worden. Er sollte die eintreffenden Schiffe auf die Bedeutung des Buddhismus in Siam hinweisen. Mittlerweile liegt er am Westufer in Phra Pra Daeng und ist über die Suksawat Road von Thonburi aus zugänglich. Von der Bootsanlegestelle nahe dem Markt in Samut Prakan verkehrt eine Fähre zu dem Tempel, der von seiner Architektur her allerdings eher uninteressant ist.

Im Oktober / November feiert man mit einem großen Jahrmarkt, Prozessionen und Bootsrennen das berühmte **Tempelfest** des Wat Chedi Klang Nam. In Phra Pra Daeng wird von den Mon im April das **Songkran-Fest** besonders feierlich u.a. mit Umzügen begangen.

Krokodilfarm – Farm Chorakae

Von Samut Prakan geht es weiter nach Süden. Beim KM 28 führt eine Abzweigung rechts zur Farm der 60 000 Reptilien. Von der Endstation der Busse in Samut Prakan gehen regelmäßig Minibusse zur Farm, Taxi oder Tuk Tuk 30 Baht. Eigentlich werden die einheimischen und importierten Tiere wegen ihres Leders gezüchtet. Doch auch lebendig bringen sie eine Menge Geld, wie man an den vorbeiströmenden Besuchermassen erkennen kann. Neben Krokodilen werden viele andere Tiere in einem weitläufigen Areal gehalten und gezüchtet. Auf das Foto „Ich und der kleine Puma" kann man sicher-

lich verzichten, ebenso auf den Erwerb von Kroko-
dilleder in jeglicher Form. Die Einfuhr dieser Produkte in die EU ist grundsätzlich verboten, ob sie
nun aus Zuchtbetrieben kommen oder nicht.

⊙ tgl. 8–18 Uhr, Eintritt überteuerte 300 Baht
(!), Thais 50 Baht, ✆ 02-7035144-8, Fütterung zwischen 16.30 und 17.30 Uhr. Show, die Europäer
meist nicht sonderlich begeistert, Mo–Fr stündlich
zwischen 9 und 11 sowie 13 und 16 Uhr, zudem Sa
und So um 12 und 17 Uhr. Eine halbe Stunde später gibt es eine Elefantenshow.

Die Eintrittskarte gilt auch für das **Dinosau-
rier-Museum**, in dem Skelette und lebensgroße
Modelle zu besichtigen sind. Eine Diashow informiert über ausgestorbene Lebewesen. Nur Museum Eintritt 60 Baht.

Muang Boran (Ancient City)

Etwa 6 km weiter südlich liegt das über 100 Hektar
große, lohnende Freilichtmuseum Ancient City,
ein Thailand in Miniaturausgabe, das sogar die
Form des Landes hat und wie ein „geschrumpftes
Thailand" wirkt. In dem weitläufigen Gelände, das
zu Fuß kaum zu erwandern ist, sind 109 große Modelle zu besichtigen. Sie repräsentieren typische
Baustile, Szenen aus der Literatur sowie berühmte
oder typische Gebäude, die originalgetreu verklei-
nert oder sogar im Original an ihrem entsprechenden Platz in der Anlage aufgebaut wurden. In einem kleinen Museum sind Kunstgegenstände ausgestellt und ein Garten der Götter informiert über
die verschiedenen Religionen.

In diesem ungewöhnlich schönen und keineswegs überlaufenen Areal kann man inmitten von
viel Grün, an kleinen Wasserfällen und Seen vorbei,
all die Sehenswürdigkeiten erkunden, die man
während einer Thailand-Reise verpasst hat.

Die meisten Besucher fahren mit einem Tourbus
oder dem eigenen Wagen durch den Park. Fahrräder können am Eingang für 50 Baht gemietet werden. Damit sich die Besucher in den „Bergen Nord-
Thailands" oder an der „Südküste" nicht verlaufen,
gibt es am Eingang, an der „thailändisch-malaysi-
schen Grenze", eine „Landkarte". Zudem wird
manchmal eine informative Broschüre verkauft, in
der Details nachzulesen sind. ⊙ tgl. 8–17 Uhr, pro
Person und Auto 50 Baht, Infos in Bangkok: *Ancient
City Company*, ✆ 02-2261936, oder in Samut Prakan, ✆ 02-7634891, ⌨ www.ancientcity.com.

So um 8.20 Uhr startet ein Boot des **Chao Phraya
Express Boat Service**, 78/24-29 Maharat Rd.,
✆ 02-2225330, 6236001, flussabwärts zum Chedi
Klang Nam und ins Mündungsgebiet des Chao
Phraya. Mit dem Bus geht es weiter nach Ancient City, zu einem riesigen begehbaren Elefanten-Denkmal und dann mit dem Boot wieder zurück für 780 Baht.

Ab BANGKOK werden Mo–Sa von 9.30–16 Uhr
Touren für 180 Baht von der **Ancient City Company**, ✆ 02-2261936, 2261227 oder in Samut Prakan
✆ 02-3239253, angeboten. Am besten 2–3 Tage
im Voraus anmelden.

NACH SAMUT PRAKAN (Pak Nam) – Von BANG-
KOK (Sanam Luang im Stadtzentrum) ac-Stadtbus 8 für 20 Baht oder ac-Bus 11 ab Thonburi
über die Ratchdamnoen Avenue, die Sukhumvit
Rd. und den Expressway.

NACH PHRA PRA DAENG – Von BANGKOK mit
dem Stadtbus 82 ab Banglampoo über die Memorial Brücke und die Suk Sawat Rd. hinab bis
zur Abzweigung, die links zu dem Ort in der
Flussschleife führt. Vom Northern Bus Terminal
fährt der Stadtbus 138 über den Expressway.

NACH MUANG BORAN (Ancient City) – Von SA-
MUT PRAKAN, der Endstation des ac-Busses 11,
fährt der Minibus 36 für 5 Baht (Charter ist wesentlich teurer!). Der Bus hält nach Bedarf, deshalb muss man klingeln, wenn links der Straße
die Holzbrücke mit dem Torbogen, auf dem *Ancient City* steht, erscheint.

Mit dem eigenen Fahrzeug verlässt man an der
Ausfahrt Samut Prakan den Ostküsten-Highway
und fährt auf der alten Sukhumvit Road Richtung
Bang Pu bis zum KM 33.

Chonburi   ชลบุรี

Diese boomende, laute Industriestadt an der Küste
mit ihren verkehrsreichen Straßen wartet mit keinerlei touristischen Attraktionen auf. Im unattraktiven Stadtzentrum erhebt sich **Wat Yai Intraram**,

das König Taksin erbauen ließ. Sein Denkmal steht am Eingang des Tempels. Im Inneren sind schöne Wandmalereien zu sehen. Zum Tempel neben einer Schule biegt man vom Highway 3 auf der Thanon Sai Chana Richtung Westen ab und dann in die nächste Straße links ein.

Im **Vivek Ashram Vipassana Meditation Centre**, ℡ 038-283766, sind auch westliche Gäste, die ein ernsthaftes Interesse an Vipassana-Meditationen haben, nach Voranmeldung willkommen.

Transport

Bus Terminal am H315, ca. 300 m vom Sukhumvit Highway. Vom Eastern Bus Terminal in BANGKOK ac-Bus alle 40 Min. bis 21 Uhr, 56 Baht in 2 Std. Zurück bis 17.30 Uhr.
Lokale Busse fahren vom Postamt nach Ang Sila, Bang Saen und Pattaya.

Ang Sila   อ่าง ศิลา

Hinter Chonburi führen verschiedene Straßen zur Küste hinab, z.B. beim KM 100, wo der H3134 nach Ang Sila abzweigt. Der traditionelle Fischerort westlich der Hauptstraße, auch Zentrum der Baumwollweberei, bietet ideale Voraussetzungen für die Austern- und Muschelzucht, denn das Meer ist ruhig.

Entlang der 4 km langen Straße von der Sukhumvit Road zur Küste kann man Steinmetzen beim Meißeln von Skulpturen und Mörsern, die in Thai-Küchen zum Zerstampfen von Gewürzen benötigt werden, zusehen. An der Küstenstraße werden ebenfalls an mehreren Ständen Mörser und Trockenfisch verkauft. Kleinere Steinmörser kosten 100 Baht, größere 300 Baht.

An der Hauptstraße Richtung Bang Saen erhebt sich auf einer Hügelkuppe ein riesiger **chinesischer Tempel**, der mit vielen bunten Drachen verziert ist.

Von der Küstenstraße führt südlich von Ang Sila im Dorf **Khao Sammuk** auf der felsigen Halbinsel eine schmale Abzweigung links über einen Hügel mit einem Schrein der Göttin Samuk. Hier leben zahlreiche Makaken, die von Touristen, die heraufkommen, um die Aussicht auf die Austern- und Muschelfarmen in der Bucht zu genießen, mit Früchten gefüttert werden und entsprechend an-

hänglich sind. Mehrere Händler, die Bananen und andere Snacks verkaufen, sorgen für Nachschub.

Über eine Treppe gelangt man zu einem Thai-Tempel hinab. Nur wenige Meter weiter an der Küstenstraße Richtung Bang Saen zieren rechts der Straße bizarre, bunt angemalte Skulpturen mit Himmel- und Höllendarstellungen verschiedener östlicher Religionen, Buddhastatuen und Beton-Krokodile den Park von **Wat Saensuk**. Zahlreiche Seafood-Restaurants im Dorf sind beliebte Ausflugsziele einheimischer Urlauber. Jenseits der Restaurants am Hang erhebt sich das Kloster **Rua Samphao**. Es wurde zum Andenken an ein mit vielen Passagieren gesunkenes Schiff in der Form eines Schiffsrumpfes gebaut. Seit der Erbauer, ein hoch verehrter Abt, nicht mehr lebt, wohnen nur noch wenige Mönche und 300 Nonnen in der großen Anlage.

Bang Saen   บาง แสน

Schon seit Jahrzehnten verbringen Familien aus Bangkok, die es sich leisten können, die Wochenenden am kilometerlangen Strand oder an dem 10 km landeinwärts liegenden Golfplatz und genießen das Essen in den zahlreichen Fischrestaurants. Die freundliche Atmosphäre lockt auch einige wenige westliche Urlauber an.

Die alten Bungalows auf einem großen Gelände im Zentrum von Bang Saen entsprechen nicht mehr den heutigen Anforderungen und stehen überwiegend leer. Da auch der ehemalige Wasser-Vergnügungspark dem Verfall preisgegeben ist, wirkt das Zentrum trotz seiner attraktiven Lage an der Küste und der Strandpromenade vernachlässigt. Ein Bummel entlang der befestigten, gepflegten Strandpromenade ermöglicht einen Einblick in thailändisches Urlaubsvergnügen. Am Sandstrand stehen Liegestühle und Tische für ein Picknick unter Palmen bereit. Das Wassersportangebot beschränkt sich auf Autoreifen als Schwimmhilfe und Bananenboote. Kinder vergnügen sich im seichten Wasser, das die meiste Zeit des Jahres überraschend sauber ist. Im Sommer nimmt allerdings das Meer aufgrund des starken Algenwachstums periodisch eine bräunliche Farbe an und stinkt zum Himmel.

Vor der felsigen Küste der nördlichen Stadt wird Austernzucht betrieben. Fischer kommen mit ihren Booten von den **Austernfarmen** herein und entladen die voll gepackten Körbe aus ihren Booten. Aufgrund der Umweltbelastung durch die chemische Industrie ist Seafood aus diesen Gewässern allerdings mit Schwermetallen und Giften erheblich belastet.

In der südlichen Stadt liegt etwa 1 km landeinwärts auf dem Campus der Universität im Institute of Marine Science ein **Aquarium**. Vom Sukhumvit Highway fährt man 41 km nördlich von Pattaya die südliche Zufahrt 1,2 km Richtung Küste. Das Aquarium mit einem großen und vielen kleinen Becken beherbergt tropische Nutzfische, Korallenfische, Seeigel, Schildkröten, Krebse, Langusten, Schildkröten und einige seltene sowie kuriose Meeresbewohner. Ihm ist ein **Marine Museum** angeschlossen. ⏱ Di–So 8.30–16.30 Uhr, ✆ 391671-3, 20 Baht.

Übernachtung und Essen

Einige Zimmervermietungen in den Sois, die von der Beach Rd. abgehen, z.B.:

S.S. Bangsaen Beach Hotel****, 68 Bangsaen Rd., ✆ 381670, ✉ 381963, gepflegtes zweistöckiges Hotel nördlich vom Zentrum an der Küstenstraße. Alle Zi mit ac, Du/WC, TV und Kühlschrank. Restaurant und Pub, aber kein Pool.

Bangsaen Beach Resort***–****, 4-4/48 Bangsaen Rd., ✆ 381675-7, ✉ 383239, abgewohnte Bungalows mit Fan oder ac und Hotelzimmer mit ac auf einem riesigen Gelände, Pool.
An der Strandpromenade verkaufen viele Stände Fisch vom Grill und Som Tam. Weitere Essenstände und kleine Restaurants an der Strandstraße, v.a. zwischen Soi 1 und 2.

Bangsaen Resort ab****, 325 Bangsaen Rd., ✆ 383221, ✆/✉ 381772, neues, ruhig gelegenes Hotel hinter dem Kreisverkehr am Strand mit Restaurant und Pool. Zi mit ac, Bad, TV und Kühlschrank, etwas teurere mit Seeblick, auch einige Bungalows.

Sonstiges

EINKAUFEN – Am Sukhumvit Highway verkaufen viele Läden und Stände Fischprodukte: Fischpaste, Fischsauce, Trockenfisch und Krabbenchips.

GELD – Ein Geldautomat an der Strandstraße nahe Soi 1 und 500 m östlich vom Bangsaen Resort. Banken und ein großes Einkaufszentrum an der Zufahrtsstraße vom Sukhumvit Highway zur Universität.

INFORMATIONEN – **Tourist Office** an der Küstenstraße zwischen Soi 2 und 3. In dem wunderbaren, modernen Gebäude ist leider nur eine allgemeine Broschüre erhältlich, und das Personal spricht kaum Englisch.

VORWAHL – 038.

Transport

Vom Eastern Bus Terminal in BANGKOK, 97 km, mit dem ac-Bus alle 2 Std. bis 17 Uhr für 67 Baht in 2 Std. bis zur Abzweigung vom H3 nach Bang Saen, 10 km hinter Chonburi. Von hier sind es 3 km bis zur Küste.

Khao Khiew Open Zoo

18 km östlich des Highway erstreckt sich am südwestlichen Hang des gleichnamigen Berges der Khao Khiew Open Zoo, der 1974 als Ableger des Zoos von Bangkok gegründet wurde. Er ist flächenmäßig mit 8 km^2 zwar der größte Zoo Asiens, besitzt aber nur wenige Tiere. Wer einen Safari Park erwartet, wird enttäuscht sein. Im zentralen Bereich sind Gehege mit insgesamt 6000 Tieren aus allen Kontinenten zu sehen (Bisons, Antilopen, Gibbons, Bären, Flusspferde, Hirsche, Wasserbüffel, Tapire), die aus dem zu engen Dusit Zoo von Bangkok umziehen mussten. Auch sechs Bengalische Tiger wurden zur Paarung aus den USA hierher gebracht.

Am interessantesten ist das große Gehege mit etwa 4000 asiatischen Vögeln und für Kinder der Streichelzoo, über dem sich eine Ausstellung mit ausgestopften Tieren befindet. Zwei Drittel des Parks dient einheimischen wilden Tieren als Refugium zum Zweck der Fortpflanzung und ist nicht zugänglich. Mit etwas Glück taucht am Waldrand plötzlich ein wilder Elefant auf. Dem Zoo ist ein großes Tier-Krankenhaus angegliedert. ⏱ tgl. 8–18 Uhr, pro Person 30 Baht, für ein Auto weitere 20 Baht. Fahrräder können gemietet werden. Zudem fährt ein Shuttlebus über das Gelände. Während der Nachtsafaris können viele nachtaktive Tiere beobachtet werden.

Übernachtung

Übernachtungsmöglichkeiten in Bungalows** im Zoo für 4 Pers. mit Du/WC, in Zelten für bis zu 10 Pers. oder für 4 Pers. Reservierung unter ☎ 038-321525, 311561.

Transport

Es gibt keine öffentlichen Transportmittel hierher. Mit einem eigenen Fahrzeug fährt man vom Highway 3 in Bang Phra, 35 km nördlich von Pattaya, Richtung Bang Phra Golf Club. Am nördlichen Ufer des Reservoirs entlang erreicht man nach 18 km den Zoo. Ab Pattaya werden Halbtagstouren für etwa 500 Baht angeboten.

Si Racha   ศรีราชา

Die ehemals ruhige Handelsstadt 24 km südlich von Chonburi hat sich im Sog des neuen Tiefseehafens und Industriezentrums **Laem Chabang** am KM 128, auf einer Landzunge südlich des Ortes, zu einem modernen Versorgungszentrum mit einem großen Krankenhaus, Apartmenthäusern und Banken entwickelt. Der neue Tiefseehafen, der den viel zu kleinen Hafen von Bangkok, Klong Toey, entlasten soll, ist eines der ehrgeizigsten Industrialisierungsprojekte des Landes. Neben den Hafenanlagen und der Werft war der Ausbau einer gigantischen Infrastruktur notwendig. Zudem sind um den Hafen zahlreiche Großbetriebe, v.a. der chemischen Industrie, angesiedelt worden.

Im alten Ortskern unten am Meer (Abzweigung Thanon Surasak 3 gegenüber der Jet-Tankstelle), wo viele Geschäfte nur in chinesischen Zeichen beschriftet sind, wird vor dem ehemaligen Kino ein **Straßenmarkt** abgehalten. Weitere Angebote finden sich etwas weiter rechts vom Uhrturm in der großen **Markthalle**. Am Ende der Soi 14 ist nach 500 m der malerische **alte Hafen** erreicht, vom Busbahnhof oder Bahnhof mit dem Tuk Tuk für 20–30 Baht zu erreichen. Am langen Pier, wo farbenprächtige Fischerboote ihren Fang entladen, herrscht ein buntes Treiben. Tuk Tuks und Pickups

werden beladen, Fischernetze geflickt und Boote frisch gestrichen. Dazwischen bereiten Frauen an Essensständen und in kleinen Restaurants frische Snacks zu.

Jede gerade Std. zwischen 8 und 18 Uhr fährt eine Fähre vom Pier auf die Insel **Si Chang** für 20 Baht einfach, letztes Boot zurück um 16 Uhr. Auf der gebirgigen Insel 12 km vor der Küste liegen ein Fischerdorf und ein Resort. Rama V. ließ hier eine kleine Villa für seinen kranken Sohn errichten, der in der frischen Luft wieder genesen sollte. Auf einem Felsen im Norden erhebt sich ein kleiner Tempel mit einer schönen Aussicht über die Insel. Das Ziel einheimischer Touristen ist ein kleiner Höhlentempel.

Ca. 2 km weiter westlich endet die ausgeschilderte Abzweigung von der Sukhumvit Rd. zum Krankenhaus an der Uferpromenade und dem Park, vor dem eine Marina angelegt wird. Von hier eröffnet sich ein schöner Blick auf die Felseninsel **Ko Loy** mit dem **Wat Sri Maharaja** und einem kleinen chinesischen Tempel, zu der ein Damm hinaus führt. Der Felsen diente früher Mönchen als Meditationsinsel. Eine der Frauen von König Chulalongkorn, die von ihrem Anwesen am Strand auf dem Festland die Mönche mit aller Regelmäßigkeit hinüber- und herüberpaddeln sah, beschloss, den Damm anzulegen und einen Tempel zu errichten. Von oben bietet sich eine schöne Aussicht auf Bang Saen im Norden, Si Racha und die gebirgige Insel Si Chang. Unterhalb des Tempels liegen bunte Fischerboote vor Anker.

Im **Si Racha Tiger Zoo**, einer Forschungs- und Aufzuchtstation, werden über 170 Tiger gehalten. Von den vom Aussterben bedrohten Tieren haben nur noch etwa 150 Exemplare in der Wildnis in Thailand überlebt. Sie wurden wegen des Fells und ihrer in der chinesischen Medizin begehrten Knochen und Penisse gnadenlos gejagt. So sind im Khao Yai bisher nur ganze zwei Tiger gesichtet worden. Neben den Raubkatzen leben im Zoo zahlreiche Krokodile und weitere exotische Tiere wie Kamele, Kängurus, Strauße und andere Vögel. Zum Zoo, 341 Moo 3, Nongkham, Si Racha, ☎ 038-296556-8, ✉ tigerzoo@bkk.loxinfo.co.th, vom Hwy 36 am KM 21 auf die H3241 Richtung Norden abbiegen. ⏱ tgl. 9–18 Uhr, Eintritt 250 Baht, Thais 80 Baht.

Übernachtung und Essen

Si Chang Palace Resort****, auf Ko Si Chang, ☎ 216276, 🖷 216030, zu buchen im Office am alten Hafen.

Transport

Vom Eastern Bus Terminal in BANGKOK, 104 km, mit non-ac- und ac-Bussen ständig bis 21 Uhr bis zur Abzweigung am Sukhumvit Highway für 50–70 Baht. Zurück bis 19.30 Uhr.

Pattaya

พัทยา

Entlang der Bucht von Pattaya und der angrenzenden Strände erstreckt sich eines der größten Urlaubszentren Thailands. Die internationale Schlemmer-, Shopping-, Spaß- und Sport-Metropole lockt mehr als 3 Mill. einheimische und ausländische Touristen pro Jahr an. Trotzdem scheiden sich an dieser Stadt die Geister: Aufgrund unzähliger Schmuddelberichte, ihres Rufs als Sex-Paradies und Verbrecher-Fluchtburg bleibt sie für viele Touristen eine No-Go-Area. Andere machen Pattaya-Urlaub, ohne daheim davon zu erzählen. Doch immer mehr Deutsche, Österreicher und Schweizer (auch Ehepaare) kehren jedes Jahr zum Überwintern in das über 300 000 Einwohner zählende Seebad zurück.

Das Image mag strittig bleiben, der Boom ist es nicht: Mit atemberaubender Geschwindigkeit verdichtet sich das Zentrum mit neuen Hotels, Restaurants, Geschäften und Einkaufszentren, während sich die Vororte immer weiter ins Hinterland ausdehnen. Unmengen an Geld sind in Infrastrukturmaßnahmen und die Verschönerung des Stadtbildes geflossen: Eine Großkläranlage hat das Meer wesentlich sauberer werden lassen und eine Vielzahl neuer Straßen den Verkehrsfluss verbessert. Eine gediegene Strand-Promenade mit Sitzbänken erfreut das Auge genauso wie bunt gepflasterte Bürgersteige, der großzügig umgestaltete Busbahnhof, ein Kreisel mit Skulptur und Wasserspiel, Torbögen im Zuckerbäckerstil, Blumenrabatten oder auch die nagelneue, 200 m lange **Bali Hai Marina** mit dem schicken Passagier-Terminal im Thai-Stil.

Die neueste Attraktion ist das spektakuläre **Sanctuary of the Truth** (Heiligtum der Wahrheit),

das größte aus Holz errichtete Bauwerk Thailands, auf einer Landzunge im Stadtteil Naklua – ein Schmelztiegel asiatischer Kulturen. Über zwei Jahrzehnte haben mehr als 250 Handwerker an dem gigantischen, über 100 m hohen Pavillon gebaut und ihn mit vielen Schnitzereien, religiösen und weltlichen Motiven sowie riesigen Skulpturen versehen. Das viele Jahre abgelagerte wertvolle Tropenholz wird ständig bewässert. ☼ tgl. 8–17 Uhr, Eintritt 500 Baht, Kinder 250 Baht.

Ein Panoramablick eröffnet sich am anderen Ende der Stadt von einem kleinen Tempel auf dem Berg **Phra Tamnak**, gleich neben der Radiostation zwischen Pattaya und Jomtien Beach. Südlich der Abzweigung erstreckt sich der **Rama IX Memorial Park**, der bei Joggern beliebt ist. Vom angrenzenden **Wat Phra Yai** blickt eine riesige Buddhastatue auf das Treiben von Pattaya hinab. Der Weg dorthin führt an einem Skulpturengarten mit der Göttin der Barmherzigkeit Kuan Yin und dem Philosophen Lao-tze vorbei. Den besten Ausblick bietet der neue, 240 m hohe **Pattaya Park Tower**, ☎ 364110, mit seinen beiden Dreh-Restaurants in der 52. und 53. Etage. Für 200 Baht kann man mit dem Lift nach oben gelangen, ein Freigetränk genießen und dann mit dem **Sky Shuttle** (8 Personen), dem **Space Shuttle** (2 Personen) oder dem **Tower Jump** (allein am Flaschenzug) wieder nach unten gelangen.

Ein Ableger der Museumskette **Ripleys „Believe it or not"**, die es in fast jedem amerikanischen Urlaubsort gibt, hat sich im Einkaufszentrum Royal Garden Plaza niedergelassen: mit 250 unterhaltsamen Kuriositäten, einer Dinosaurier- und Hai-Galerie, faszinierenden optischen Täuschungen und einer dekorativ platzierten DC 3 aus Zeiten des Vietnamkriegs. 320 Baht, Kinder 270 Baht. Dazu gehören auch die angrenzenden Erlebniswelten **Laser Trek**, in der mit virtuellen Laserwaffen gekämpft wird, 100 Baht, und **Motion Master**, der unter anderem eine holprige, siebenminütige Fahrt im Flugsimulator durch die Filmwelt zu bieten hat, 200 Baht. ☼ tgl. 10–24 Uhr. Alle Attraktionen zusammen 450 Baht, Kinder 350 Baht.

Natürlich bestätigt Pattaya auch alle Vorurteile: Wenn das südliche Ende der **Beach Road** zwischen 18–24 Uhr zur Fußgängerzone, „Walking Street", „The Strip" oder „Golden Mile" wird, stürzen sich bejahrte Männer mit jungen Prostituierten in ein Nachtleben, das ihre Kräfte zu übersteigen scheint, und machen der Stadt als Vergnügungshochburg für allein reisende und „suchende" Männer alle (zweifelhafte) Ehre. Beklagt werden zudem wilde Müllkippen auf unbebauten Grundstücken, angeschwemmter Dreck, Fäkaliengeruch und die aggressive Anmache von Mopedtaxi- und Baht-Bus-Fahrern. Die bessere Auslastung der fast 40 000 Hotelzimmer der Stadt verdankt Pattaya vor allem Urlaubern aus Russland und anderen Ländern der ehemaligen Sowjetunion. Sie landen mit Chartermaschinen auf dem Flughafen U-Tapao, von dem amerikanische B-52-Bomber einst zu Kampfeinsätzen nach Vietnam starteten und mit dem einst die Geschichte des Seebads als „Rest & Recreation Center" begann.

In den entlegenen Sois von **Naklua**, dem ehemaligen Fischerdorf und kommerziellen Zentrum Pattayas, geht es noch etwas ruhiger zu. Hier haben sogar einige alte Holzhäuser überlebt. Der **Wongamat Beach** mit vielen kleinen Seafood-Restaurants, wenigen Scootern und relativ sauberem Wasser ist fest in der Hand deutschsprachiger Urlauber. Abseits des Rummels lädt südlich von Pattaya der **Jomtien Beach** (Chomtien-Strand) zum Bräunen oder Windsurfen ein. Hier finden sich weniger Bierbars und Massagesalons. Die nüchternen Hochhäuser lassen allerdings tropische Südseeträume schnell verfliegen.

Übernachtung

2002 waren in Pattaya über 300 Hotels, davon rund 10% First-Class-Hotels, mit 40 000 Zimmern registriert. Die starke Konkurrenz drückt die Preise. Bereits ab 250 Baht gibt es Unterkünfte, die allerdings manchmal etwas heruntergekommen sind. Die Auswahl von Unterkünften ist von Norden nach Süden gelistet (Norden = Naklua und Nord-Pattaya; Zentrum = Zentral-Pattaya, zwischen Beach und Second Rd.; Süden = Pattaya Hill und Jomtien Beach):

GÄSTEHÄUSER – Im Tourist Office gibt es eine Liste der Gästehäuser. Die meisten liegen in den zentralen Sois und an der stark befahrenen Second Rd. Große Schilder weisen auf freie Zimmer hin.

Im Norden: *Radi Mansion**** ⑲, 10/50 Moo 9, ✆/✆ 716386, 33 recht komfortable, geräumige und saubere Zimmer mit schönem Pool. Chef Radi entpuppt sich als ein agiler Deutsch-Jugoslawe.

Crystal Palace**–*** ⑭, 284/68 Moo 5, Naklua Road, ✆ 413535-39, ✆ 420315, nicht besonders luxuriöse, aber dennoch angenehme, saubere Zimmer.

B.J. Gh.**–*** ④, Beach Rd., ✆ 421153, ✆, 421148, südlich vom Amari Orchid Resort, 8 Zi in angenehmer Umgebung, kleines Restaurant.

Im Zentrum: *The Beach Hotel***–*** ⑦, 437/86-91 Beach Rd., Ecke Soi 6, ✆ 428020, ✆ 361740, am Rande einer Rotlichtgasse, 22 Zimmer, kleine, gemütliche Straßen-Bar, nebenan große Restaurant-Terrasse mit billigem Essen und Meeresblick.

Sawasdee Mansion**–*** ⑨, 502/1 Moo 10, Soi Honey Inn, ✆ 425360, 720561, gutes Preis-Leistungs-Verhältnis wie auch bei den anderen 4 Unterkünften der Sawasdee-Gruppe im Innenstadtbereich.

Im Süden: *Zum Nürnberger***–*** ㉓, 75/99 Moo 12, Soi 7, Jomtien, ✆ 231741, 233324, ✆ 756679, 14 gepflegte, komfortable Zimmer in ruhiger Lage, gemanagt vom deutschsprachigen Ehepaar Peter und Oy, hervorragendes Restaurant.

HOTELS – Im Norden: *Siam City Park Hotel**** ⑮, 119/102 Naklua Rd., ✆ 421678, 429859, ✆ 426304, hinter der Fußgängerbrücke rechts, neu, hell und sauber, gutes Preis-Leistungs-Verhältnis.

Steirerhaus*** ⑯, 157/5 Soi Sibunruang, ab Soi Wongamat, ✆/✆ 422482, ruhig gelegene, gemütliche Anlage mit 16 Zimmern, Pool, hervorragendes Restaurant. Hinter der Prima Villa, Strandnähe.

Prima Villa**** ⑯, 157/22-23 Soi Wongamat, ✆ 429398, ✆ 370285, gemütliche, ruhige Anlage in Strandnähe.

Romeo Palace**–*** ⑰, 300/21-22 Moo 5, Naklua Rd., ✆ 421865-7, ✆ 426101, in der Soi Wongamat, die zum Strand führt. 96 Zimmer mit ac inkl. Frühstück, unter deutscher Leitung, Pool.

Thai Garden Resort ab**** ⑱, 179/168 Moo 5, North Rd., ✆ 370614-8, 426009, ✆ 426198, 🖳 www.thaigarden.com, komfortable, saubere

Bungalows und Zimmer mit allen Annehmlichkeiten in einer weitläufigen Gartenanlage mit 2 Pools.

*Palm Garden Hotel*******–***** (2), 204/1 Moo 9, Second Rd., ✆/✉ 429188, 115 Zimmer, Pool, hier quartieren sich viele deutsche Gäste ein.

*Pinewood Condotel********* (6), 78/3 Second Rd., neben dem Alcazar, ✆ 361402-8, ✉ 361590, saubere Anlage mit 94 geräumigen Zimmern inkl. Kitchenette. Supermarkt, hübsches Restaurant und kleiner Pool.

Im Zentrum: *Flipper Lodge*******–****** (8), 520/1 Soi 8, Beach Rd., ✆ 411655-6, ✉ 426403, mitten im Vergnügungsviertel, alter und neuer Flügel, zwei Pools, gute Zimmer, viele Stammgäste.

*The Holiday Mansion******** (10), 368/2 Soi Chalemprakiat 13, Third Rd., ✆ 373700, ✉ 373701; komfortabel, praktisch, sauber, typisch für viele neue Wohnanlagen, die in der Innenstadt gebaut werden. Innenhof mit größerem Pool.

*Apex Hotel******** (11), 216/1 Moo 10, Second Rd., nahe Soi 11, ✆ 428281-2, 429233, ✉ 421184, alter und neuer Hotelflügel mit insgesamt 109 mitunter etwas abgewohnten Zimmern; oft ausgebucht. Kleiner Pool. Günstiges, überaus üppiges Frühstücksbuffet für 85 Baht, abends Buffet für 149 Baht.

*Paradise Inn******–**** (12), 12/10 Soi 17, Phra Tamnak Rd., ✆ 426410, ✉ 426412, in Strip-Nähe, aber ruhig, 99 Zimmer mit guter Ausstattung.

Im Süden: *Cabbages & Condoms* ab******** (21), Hu Kwang Beach, ✆ 250035, ✉ 250034. Das kinderfreundliche, ruhige Hotel mit 55 komfortablen Zimmern an einer schönen Bucht mit tropischer Gartenanlage. Die Anlage des früheren Ministers Meechai Viravaidya (Spitzname: „Mr. Condom") ist umweltfreundlich konzipiert; erwirtschaftete Gewinne kommen teilweise Hilfsprojekten zugute.

*Jomtien Bayview*******–***** (22), 192 Moo 12, Jomtien Rd., ✆ 251889, ✉ 251334, an der Verbindungsstraße zum Jomtien Beach, gutes Hotel, freundliches Personal, Pool.

Es folgen zwei weitere Kilometer dicht bebauter Strand mit Hotels und Bungalows überwiegend mittlerer Preislage.

Sea Breeze ab******** (24), 347/12 Moo 12, Jomtien Beach Rd., ✆ 231056, ✉ 231059, 112 gute Zimmer, kleiner Pool, dafür liegt direkt vor der Tür

Übernachtung:
(1) Dusit Resort
(2) Palm Garden H.
(3) Amari Orchid Resort
(4) B.J. Gh.
(5) The Cottage
(6) Pinewood Condotel
(7) The Beach H.
(8) Flipper Lodge
(9) Sawasdee Mansion
(10) The Holiday Mansion
(11) Apex H.
(12) Paradise Inn
(13) Marina Inn
(14) Crystal Palace
(15) Siam City Park H.
(16) Steirerhaus, Prima Villa
(17) Romeo Palace
(18) Thai Garden Resort
(19) Radi Mansion
(20) Royal Cliff Beach
(21) Cabbages & Condoms
(22) Jomtien Bayview
(23) Zum Nürnberger
(24) Sea Breeze
(25) Tarzan Hut Jomtien

Läden, Restaurants etc.:
1 Best Supermarkt
2 Tiffany
3 Elvis Pub
4 Green Tree Pub
5 P.I.C. Kitchen
6 Alcazar
7 Tourist Police
8 Immigration
9 Paradise Scuba Divers
10 Berliner Bistro + Borrow House
11 Vientiane
12 Neptune Dive Center
13 Hopf Brew House
14 Lee Tours + Farang Service Center
15 Ruen Thai R.
16 Shenanigans
17 Ice Café Berlin
18 Marine Disco
19 Blues Factory
20 Tony's Entertainment Complex
21 Star Dice Pub & Disco Lounge, Semmy's Reisebüro
22 The Bon Café
23 Wäschereien
24 Thai House
25 Foodland
26 Xzyte Disco
27 Friendship Supermarkt
28 Expat Car, Icon Showbar
29 Captain's Corner
30 Star Teff
31 Mermaid's Dive School

Transport:
1 ac Busterminal
2 Busse →Nordosten
3 407 Pattana Terminal
4 Nakornchai Air Terminal
5 Bor Kor Sor Bus Station

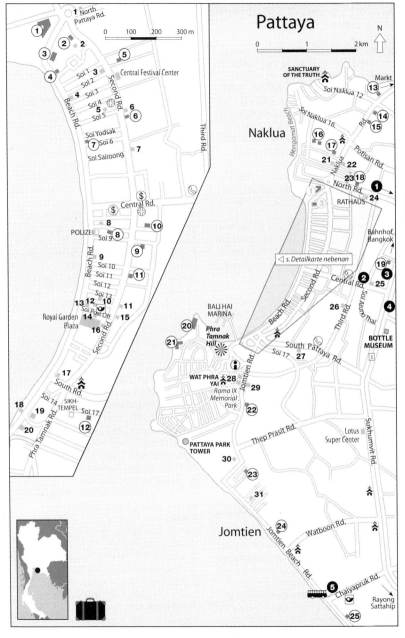

Pattaya

N

0   100   200   300 m

0   1   2 km

1 North Pattaya Rd.

Soi 1
Soi 2
Soi 3
Soi 4
Soi 5
Soi Yodsak
Soi 6
Soi Sairoong

Second Rd.

Beach Rd.

Third Rd.

Central Festival Center

Central Rd.

POLIZEI

Soi 9
Soi 10
Soi 11
Soi 12
Soi 13
Soi Post Off.

Royal Garden Plaza

South Rd.

Soi 14
SIKH-TEMPEL
Soi 17

Phra Tamnak Rd.

BALI HAI MARINA

Phra Tamnak Hill

WAT PHRA YAI

Rama IX Memorial Park

PATTAYA PARK TOWER

Thep Prasit Rd.

Jomtien Rd.

Jomtien

Jomtien Beach Rd.

Watboon Rd.

Chaiyapruk Rd.

SANCTUARY OF THE TRUTH

Markt

Soi Naklua 12

Soi Naklua 16

Mongamat Beach

Naklua Rd.

Potisan Rd.

Naklua

Naklua

North Rd.

RATHAUS

Bahnhof, Bangkok

◁ s. Detailkarte nebenan

Central Rd.

Soi Auno Thai

BOTTLE MUSEUM

South Pattaya Rd.

Soi 17

Beach Rd.

Second Rd.

Third Rd.

Sukhumvit Rd.

Lotus Super Center

Rayong Sattahip

der zum Teil sehr schmale Strand – dazwischen verläuft die Straße.

LUXUS – Resorts mit schönen Gartenanlagen und allem Komfort sind häufig über Agenturen erheblich günstiger zu buchen als vor Ort:

Royal Cliff Beach Resort ⑳, 353 Moo 12, Cliff Rd., ✆ 250421-30, ✆ 250511, ab 6000 Baht. Das größte Resort mit 1129 Zimmern in 4 Komplexen (Grand, Beach, Main, Royal Wing), 9 Restaurants, 6 Tennisplätzen, 4 Pools und etwa 1500 Angestellten wurde mehrfach zum besten Beach-Resort der Welt gewählt.

Dusit Resort ①, 240/2 Beach Rd., ✆ 425611-7, ✆ 428239, 450 Zimmer um 6000 Baht mit einem wunderschönen, riesigen Tropengarten im Innenhof.

Amari Orchid Resort ③, 240 Moo 5, Beach Rd., ✆ 428161, ✆ 428165, in einer 4 ha großen tropischen Gartenanlage mit schönem Pool und stilvollem Foyer, eine Oase der Ruhe. 236 Zimmer ab 2500 Baht.

BUNGALOWS – Bungalowanlagen bieten mehr Platz und Ruhe, vor allem für Familien. Sie differieren sehr stark in Preis und Ausstattung.

*Marina Inn**–**** ⑬, 284/54 Moo 5, Naklua Rd., nahe Soi 12, ✆ 225134, ✆ 225135, 32 hübsche Bungalows in Meeresnähe, allerdings etwas weit im Norden.

*The Cottage**** ⑤, 78/36 Second Rd., nahe Soi 2, ✆ 425660, ✆ 425650, neben dem Big-C, zwei Pools, viele (deutsche) Stammgäste.

Tarzan Hut Jomtien ab**** ㉕, 59/1 Soi Najomtien 4, ✆ 231213, ✆ 232110, hübsch angelegte, überschaubare Anlage direkt am Meer. Angegliedert ist das beliebte, romantische Restaurant *Sharky*.

Essen

Beim abendlichen Bummel durch die Straßen überrascht das vielfältige Angebot der über tausend Restaurants. Chinesisch, indisch oder japanisch kann man hier ebenso essen wie deutsch, französisch, italienisch, belgisch, libanesisch oder mexikanisch. Ob man sich in großzügigen Gourmet-Restaurants von livrierten Dienern ein Menü servieren lassen oder auf die Schnelle ei-

nen Hamburger, eine Pizza oder Pommes in den Einheits-Restaurants internationaler Ketten erstehen will, hier wird jeder fündig.

Westliche Fast-Food-Ketten und Food Courts mit einem üppigen, günstigen Angebot an einheimischen Gerichten sind in großen, neuen Shopping- und Entertainment-Centern zu finden.

Am Imbiss im *Foodland* in der Central Rd. gibt es bis 8.30 Uhr ein günstiges American Breakfast sowie rund um die Uhr eine Vielzahl frisch zubereiteter, sehr guter, preisgünstiger Speisen.

Bei Gerhard, Soi 33, Naklua Rd., das erfolgreichste Restaurant der Stadt. Gutes, günstiges Frühstück, hervorragende, preiswerte deutsche, schwäbische und thailändische Küche, während der Essenszeiten häufig voll besetzt.

Steirerhaus, 157/5 Soi Sibunruang, Nähe Wongamat-Strand, hervorragendes, preiswertes Restaurant mit europäischer und thailändischer Küche. Der Koch und Besitzer Karl-Heinz Baumgartner kommt aus der Steiermark.

Berliner Bistro, im PBC-Condo, Soi 13, und Filiale mit Biergarten in Naklua, Ecke Soi Porthisan, für Leute, die auf Currywurst und Buletten mit Bratkartoffeln nicht verzichten wollen. Restaurant-Motto „Jut und jünstig": fast alle Speisen 98 Baht!

Vientiane, Second Rd., gegenüber Soi Yamato, gemütlich, beliebt wegen seiner guten thailändischen, laotischen und vietnamesischen Küche. Über 500 Gerichte werden im offenen Restaurant mit Bambusdach serviert.

Ruen Thai Restaurant, Second Rd., etwas weiter südlich, ✆ 425911, bietet jeden Abend von 19.30–23 Uhr klassische Musik und Thai-Tanz, Sitzplätze in einer tropischen Gartenanlage oder ac.

Captain's Corner, Jomtien Rd., ✆ 364318, ◷ tgl. 12–24 Uhr, stilvolles Restaurant mit tropischem Garten und netter Atmosphäre. Von 18–23 Uhr tolles Barbecue-Buffet im texanischen Stil mit Meeresfrüchten, Steaks und Salat.

Alibaba, 1/13-14 Central Rd, ✆ 429262, gegenüber der Nova-Lodge, hervorragende, preiswerte indische Küche.

Thai House, 171/1 North Rd., neben der City Hall, ✆ 370579-81, gehört mit rund 800 Plätzen zu den größten Restaurants, ◷ tgl. 19–24 Uhr eindrucksvolle, traditionelle Tanz-Darbietungen.

P.I.C. Kitchen, Soi 5, ✆ 428374, ◷ tgl. 8–24 Uhr, hier kann man wie in einer Oase in einem Garten speisen, neben klassischem Thai Food gibt es auch europäisches Essen. Gelegentlich auch klassischer Thai-Tanz oder Jazz-Abende. Ein Ableger namens **Sugar Hut** befindet sich am Jomtien Beach. Sehr sauber – der Besitzer ist Arzt.

Bon Café, Naklua Rd., serviert guten Kaffee und Kuchen.

Ice Cafe Berlin, South-, Ecke Beach Rd., deutsche Bäckerei, die frischen Kuchen und hausgemachte Eiscreme verkauft. Frühstück, Salate und Steaks werden tgl. von 7–1 Uhr serviert.

Stars, im 23. Stock des Pattaya Hill Resorts, Pratamnak Rd., Ecke Soi 2, wunderbarer, mit dezenter Musik untermalter Rundblick über Jomtien, die Stadtkulisse, vorgelagerte Inseln und das Hinterland.

Unterhaltung

BARS – An der Beach und der Naklua Rd. nördlich vom Kreisel konzentrieren sich die offenen, nur durch eine Überdachung geschützten, für Pattaya typischen Bierbars, in denen käufliche Mädchen auf Kundschaft warten. Die Getränke sind relativ preiswert, da die Konkurrenz groß ist. Auch wer sich nur umschauen oder unterhalten möchte, wird zumeist freundlich behandelt. Zudem gibt es Pubs mit Live-Musik, Szene-Treffs und Discotheken.

DISCOTHEKEN – In den meisten Tanzschuppen geht es erst ab Mitternacht richtig los.

Das **Hollywood** im Day & Night Areal, South Rd., gilt als lautstarker Treffpunkt der einheimischen Jugend.

Die moderne Groß-Diskothek **Xzyte** an der Third Rd. offeriert Live-Konzerte bekannter Stars, Videos und eine Galerie.

Im **Star Dice** und in der gegenüberliegenden **Star Dice Disco Lounge** am Pattaya Garden Hotel, Naklua Rd., lockt die lautstarke Mischung aus Unterhaltung im thailändischen Stil mit Live-Musik, Show, Table Dance und Disco vor allem Einheimische an.

Die **Marine Disco** in der Walking Street hat sich wegen der ausgelassenen Stimmung (ab 1 Uhr nachts garantiert) und dem lasziv bis bizarren Publikum einen fast schon legendären Ruf.

Tony's Entertainment Complex am Ende der Walking Street ist ein gut besuchter, schwungvoller Szene-Schuppen, in dem die einmalig penetrante Kommerzialisierung schon fast Kult geworden ist. Zudem unterhält der umtriebige Thai-Amerikaner Tony sogar ein Disco-Schiff.

Das urig durchgestylte **Diabolo** in der Walking Street steht für eine neue Kategorie kleinerer Tanzschuppen, die das Nachtleben bereichern.

KINOS – Im oberen Stockwerk des **Pattaya Festival Centers** an der nördlichen Second Rd., ✆ 361500-1, finden sich vier moderne Kinosäle der Superlative, zwei davon mit aktuellen englischsprachigen Filmen (tgl. 5–6 Vorstellungen). Im **Royal Garden Plaza** an der südlichen Second Rd. zeigt einer der beiden Kinosäle jeweils einen Hollywood-Streifen in englischer Sprache.

LIVE-MUSIK – **The Blues Factory** in der Soi Lucky Star, gegenüber der Marine Bar, beste Unterhaltung für Blues-, Oldie- und Rockmusik-Fans, häufige Auftritte von Thailands Rock-Legende Laem Morrison, ☉ tgl. außer Mo ab 21 Uhr.

Moon River Pub, am Thai Garden Resort, North Rd., spielen Bands Country-Musik, internationale Hits, Evergreens und populäre Thai-Musik. Gelegentlich treten legendäre Thai-Musiker wie Lek und Ed Carabao auf. Stilechtes Western-Ambiente. Deftige Gerichte, ☉ tgl ab 18 Uhr.

Green Tree Pub, Beach Rd., bunte Mischung aus Thai-Songs, Jazz und Rock. Keine Anmache, gute Stimmung, Meeresblick und Seafood-Grill.

Green Bottle Pub, südliche Second Rd., bietet seit vielen Jahren eine ähnliche Atmosphäre und ein gutes Ambiente.

Elvis Pub, Second Rd, gegenüber Big C, der Deutsche Ritchie Newton imitiert auf mitreißende, spektakuläre Weise Elvis Presley und Tom Jones, ☉ tgl. ab 15 Uhr, Show ab 21.30 Uhr.

Henry J. Beans and Grill, am Amari Orchid Resort, Beach Rd., stilvoller, gediegener Pub, Meeresblick, Live-Musik und gehobene Preise, ☉ tgl. ab 17 Uhr.

Hopf Brew House, Beach Rd., Ecke Soi Yamato, seit 1997 die erste Mikrobrauerei Pattayas mit exzellentem Bier und sehr guter Musik (oft Tenöre).

Weitere Live-Musik z.B. im Irish-Pub *Shenanigans* am Royal Garden Hotel oder im oberen Stock des *V.C. Hotels* (schöner Ausblick), Second Rd., South Pattaya.

TRAVESTIESHOWS – Das überwältigende abendliche Angebot dient meist dem sexuellen Vergnügen. Auf einigen Bühnen werden durchaus sehenswerte, farbenprächtige Programme geboten. Selbst Thai-Familien mit Kind und Kegel besuchen die Travestieshows, die nicht billig sind, aber auch ein relativ hohes Niveau haben. Vor allem am Wochenende und während der Feiertage sind die Shows frühzeitig vor allem von einheimischen Reisegruppen ausgebucht:

Alcazar Show, Second Rd., ✆ 428746, 410225-7, 410505, 📠 424939, tgl. 18.30, 20 und 21.30, Sa zusätzlich um 17 Uhr, 500 und 600 Baht (für reservierte Plätze).

Tiffany Show, Second Rd., ✆ 421700-5, 📠 421711, tgl. 19, 20.30 und 22 Uhr, 400–600 Baht.

Icon Showbar, Thappraya Rd., ✆ 250300, tgl. 22.00 Uhr, weniger gigantisch, keine Reisegruppen, gemütliche Atmosphäre, 200 Baht inkl. eines Drinks, jeder weitere 100 Baht.

Kleinere, weniger durchorganisierte Travestieshows in der *Malibu Bar*, Second Rd., Ecke Soi Post Office, im *Bar-Center* an der Second Rd., Ecke Soi 8, im *Star-Treff* im Jomtien-Komplex an der Thappraya Rd. ab 22 Uhr (Erstgetränk 150 Baht).

Sport

Der Urlaubsort bietet vielfältige sportliche Möglichkeiten wie Tauchen, Segeln, Bungee Jumping, Sky Diving, Go-Kart-Rennen, Fallschirmsegeln, Windsurfen, Bowling, Schießen usw.

FITNESS – Besonders gut ist die *Universe Gym* des Weltklasse-Body-Builders Dennis James zwischen Soi 9 und 10, ✆ 428084, ◷ tgl. 9–22 Uhr, oder die *Golden VIP Gym* an der Beach Rd. Etwas gediegener ist die Atmosphäre in den Fitness Clubs der großen Hotels.

REITEN – *Horseshoe Point Resort & Country Club*, 100 Moo 9, Tambon Pong, in der Nähe von Pattaya, ✆ 735050, 📠 735051, 🖥 www.thehorseshoepoint.com, ein Reiterhof von Weltklasse. Unterricht, Dressur-Wettbewerbe, Springen, Polo und Military sowie Shows. Auch Reitausflüge, Wagenfahrten und Pony-Reiten für Kinder gehören zum Angebot.

SCHWIMMEN – Wem die Strände von Pattaya zum Baden zu schmutzig sind, der kann sich im *Pattaya Park*, einem Wasserpark mit Riesenrutsche und Strömungsbecken, vergnügen, 100 Baht. Beliebt sind zudem Tagesausflüge auf die vorgelagerte Insel Ko Larn und einige kleinere Nachbar-Eilande oder auch nach Ko Samet, das quasi als Hausinsel gilt.

SEGELN – Die Inselwelt vor der Ostküste lockt jeden Segler zur Erkundung. Entlang des Jomtien Beach werden Laser, Hobie Cats oder Optimists für 300–800 Baht pro Std. angeboten. Interessenten sollten zumindest für einen Drink im legendären, 1957 gegründeten *Royal Varuna Yacht Club* vorbeischauen, ✆ 306290, 📠 250115, oder im gediegenen *Ocean Marina Yacht Club*, 15 km östlich der Stadt, ✆ 247310. Entlang der Strände werden kleinere Boote und Katamarane, z.B. der Laser, ein Einhand-Dinghy aus Fiberglas oder Hobie Cats und Prindles angeboten. Beim *Pattaya Sailing Center* am Jomtien Beach kann man Boote chartern.

TAUCHEN – Mehrere Tauchbasen bieten Kurse und Touren nach Ko Larn, Ko Sak und Ko Khrok an. Sehr schön ist das in 27 m Tiefe gelegene, mit Korallen bewachsene Wrack *Harddeep* mit vielen Fischen. Gute Sicht. Viertägiger Open-Water-Kurs mit Zertifikat ab 10 000 Baht. Für zwei Tauchgänge mit Ausrüstung, Boot und Guide zahlt man um 2500 Baht.

Paradise Scuba Divers, Siam Bayview Hotel, 310/2 Soi 10, Second Rd., ✆ 710567, 📠 423879, etablierte Tauchschule des Deutschen Leander Salinski, deutsche und englische Ausbilder. Filiale am Jomtien Beach, Thap Praya Rd., ✆ 303333, 🖥 www.tauchenthailand.de.

Neptune Dive Center, Soi Yamato, ✆ 710131, 📠 710078, deutsche und englische Ausbilder, Filiale 344/6 Jomtien Rd., ✆/📠 756382, 🖥 www.neptunedive.com.

Mermaid's Dive School, Mermaid Beach Resort, 75/102 Moo 12, Jomtien Beach Rd., Ecke Soi White House Resort, ☎ 232219-20, ✆ 232218, ⌨ www.mermaiddive.com, unter dänischer Leitung.

WASSERSPORT – Pattaya ist nach Phuket das größte Wassersportzentrum Thailands. Viele internationale Wettbewerbe und ideale Bedingungen zum Windsurfen, Parasailing oder Wasserskifahren gibt es am Jomtien Beach, wo höchstens mal zwischen November und Januar mit stärkeren Winden und hohen Wellen zu rechnen ist. Unterricht und Ausrüstung u.a. im Wassersport-Center von Thailands Surf-Legende Amara Wichithong am *Pattaya Park Beach Hotel*, ☎ 01-8629958, ✆ 251408 ⌨ www.amarasailingcenter.com, oder im *Blue Lagoon Watersports Club* in Richtung Sattahip, ☎ 255115-6, ✆ 225227, ⌨ www.bluelagoon.biz. Am Strand werden aber auch ziemlich nervtötende Waterscooter- und Jetski-Aktivitäten zu oft überhöhten Preisen angeboten.

Sonstiges

Da Pattaya bei (Langzeit-)Touristen, Aussteigern und Rentnern beliebt ist, reicht das Angebot an Dienstleistungen von der preiswerten Zahnbehandlung, über Schneider, deutschsprachige Zeitungen und Videotheken bis hin zu deutschen Anwaltskanzleien und Wohnanlagen.

AUTOVERMIETUNGEN – Vor allem an der Beach Road werden offene und geschlossene Jeeps ab 500 Baht pro Tag vermietet. Diese haben oft nur eine Zulassung für den Betrieb in der Stadt bzw. in der Provinz Chonburi. Wagen mit ausreichendem Versicherungsschutz (Internationaler Führerschein nötig) gibt es ab 1200 Baht.
Avis, im Dusit Resort, ☎/✆ 3616278, ⌨ www.avisthailand.com.
Budget, im Tipp Plaza, Beach Rd., hat eine große Auswahl an Neuwagen sowie einen Bring- und Abholservice, ☎ 710717.
Expat Car, 191/3 Moo.10, Thappraya Rd., ☎/✆ 364461, fast 40 Fahrzeuge inkl. Pickups and Jeeps mit First-Class-Insurance, gilt als preisgünstigster Verleiher der Stadt.

GELD – Wechselstuben der Banken vor allem an der Beach Rd. ☉ meist bis 22 Uhr. Für komplizierte Transaktionen empfehlen sich die Zentralen: *Bangkok Bank*, Second Rd. und Naklua Rd., *Thai Farmers Bank*, South Rd. und Central Rd., *Siam Commercial Bank*, Second Rd.

EINKAUFEN – Die meisten Läden haben ihre **Öffnungszeiten** dem Lebensrhythmus ihrer Kunden angepasst und öffnen tgl. von 11–23 Uhr. Überall bieten Schneider und Porträtmaler ihre Dienste an. Souvenirstände und fliegende Händler versuchen vor allem an der Beach Rd., ihr üppiges Angebot – von Sonnenbrillen bis zu Musikkassetten – an den Kunden zu bringen. Zudem entstehen immer mehr große Einkaufszentren mit schicken Boutiquen und Fastfood-Läden, wie:
Royal Garden Plaza, zwischen Beach und Second Rd., edelstes Einkaufszentrum mit vielen Boutiquen.
Central Festival Center mit *Big C* an der nördlichen Second Rd. mit großem Supermarkt, Kino, vielen netten Geschäften und Restaurants.
Lotus Supercenter, Sukhumvit Rd. und North Rd.
Carrefour Center, Central Rd., Ecke Soi Solakpet (ab 2004).
Best Supermarket am Kreisel, North Rd., ☉ bis 24 Uhr nachts, gutes Sortiment, beliebt bei Ausländern.
Foodland, Central Rd., ☉ rund um die Uhr mit Restaurant.
Friendship, South Rd., u.a. ein erstaunliches Sortiment an Importwaren.
Sonntags findet ein **Markt** in Naklua in der Nähe der Post statt. Genauso bunt und lebendig ist der am Di und Fr stattfindende Markt in der South Rd. oder der Wochenendmarkt an der Thep Rrasit Rd.

FESTE – Vom Tourist Office organisierte Veranstaltungen wie der **International Marathon** oder das **Pattaya Festival** locken zusätzlich Touristen in die Stadt.

IMMIGRATION – Soi 8, ☎ 429409, die Verlängerung des 60-Tage-Visums kostet 500 Baht. Ausländer, die sich über längere Zeit in Thailand aufhalten, machen den *visa run*, der sogar von Rei-

DIE UMGEBUNG VON BANGKOK

sebüros in Pattaya für etwa 2000 Baht inkl. Gebühren angeboten wird, zumeist über Aranyaprathet. Auf eigene Faust ist es zwar um 500 Baht billiger, dauert aber einen Tag länger.

INFORMATIONEN – Das *TAT Office* hat sich leider aus der Stadt in ein abgelegenes Haus unterhalb des Rama IX Memorial Parks zurückgezogen, 609 Moo 10, Pratamnak Rd., ✆ 427667, ✆/✆ 429113, ✉ tatpty@chonburi.ksc.co.th, ◷ Mo–Fr 8.30–16.30 Uhr. Viele Prospekte und hilfsbereite, aber zuweilen etwas ahnungslose Mitarbeiter. Aktuelle Infos gibt es besser in den regionalen Zeitungen.

INTERNET – Die Stadt ist fast flächendeckend mit Internet-Cafés versorgt, die höchste Konzentration findet sich in der Soi Post Office. Die Preise schwanken zwischen 0,50 Baht (Telecommunication Centre in der South Road) und 2 Baht pro Minute.

MEDIZINISCHE HILFE – Im *Bangkok Pattaya Hospital*, Sukhumvit Rd., Richtung Bangkok, ✆ 427751-5, ✆ 42777, praktizieren diverse Fachärzte, darunter Kinder- und Zahnärzte (24-stündiger Übersetzungsdienst). Weitere große Krankenhäuser: *Pattaya Memorial*, ✆ 429422, und *Pattaya International Clinic*, ✆ 429422. Der Schweizer Arzt Dr. Olivier Meyer hat sich hier ebenfalls niedergelassen, 20/23-4 Moo 10, South Rd., gegenüber dem Day-Night Hotel, ✆ 723521, Notfall: 377463 ✆ 723522. Der deutsche Zahnarzt Dr. Ramin arbeitet auch als Implantologe und Zahntechnikermeister, ✆ 966811.
In den letzten Jahren hat sich Pattaya zu einem preisgünstigen Zentrum für chiropraktische Behandlungen oder Schönheitsoperationen entwickelt.
Mehrere Betriebe, viele unter deutscher Leitung, haben sich auf Zahnpflege und Zahnersatz bzw. Brillen spezialisiert:
German Dental Co, Thappraya Rd., ✆ 251289, ✆ 251232.
Pattaya Dental Clinic, Filiale Süd, ✆ 429206, Filiale Nord, ✆ 370213.
Brillen werden u.a. angefertigt von:
Royal Beauty, Central Rd., ✆ 410062, ✆ 730997.
Central Optic, Central Rd., ✆ 421821-2.

Euro Optic, gegenüber dem Royal Garden Plaza, ✆ 426275.

MOTORRÄDER – In Pattaya werden 100er Hondas oder Suzukis bereits ab 120 Baht pro Tag oder 3000 Baht pro Monat vermietet. Keiner fragt nach einem Motorrad-Führerschein, obwohl er offiziell erforderlich ist, und niemand checkt die Fahrzeuge. Zudem sind sie nur haftpflichtversichert und werden nicht selten (vom Vermieter!?) gestohlen. Tödliche Motorradunfälle gehören leider zum Alltag. Wer nicht darauf verzichten will: *Radi Mansion*, ✆ 716386, oder *Borrow House*, Soi 13, ✆ 710097.

POLIZEI – Polizeiwache in der Beach Rd., Ecke Soi 9, neben dem Tourist Office, ✆ 428223, 420802, Notruf ✆ 197 oder 191.
Die *Tourist Police* befindet sich an der Second Rd., nahe Soi 6, Notruf ✆ 1699, 425937 oder 429371.

POST – Hauptpost in der Soi Post Office, ✆ 429340, hier können auch Telegramme aufgegeben werden. Weitere Postämter in Naklua nahe dem Markt, und am Jomtien Beach, Chaiyapruk Rd.

RADIO – Der beliebte Lokalsender „Sunshine Radio" sendet auf FM 107,75 teilweise in englischer Sprache, ein anderer rund um die Uhr auf FM 88,50. Mehr internationale Hits gibt es auf FM 94,5 und 102,5.

REISEBÜROS – Achtung – die Billigsten sind nicht immer die Besten! Als zuverlässig bewährt haben sich:
Lee Tours, 183/40 Soi Post Office, ✆ 423253, 429738, ✆ 410014. Reisebüro mit Erfahrung und Einsatzfreude (sogar bei Flugbuchungen), Mrs. Su spricht gutes Deutsch, der freundliche Khun Boon Jaroon.
Sea-Air-Land-Tours, 183/3 Soi Post Office, ✆ 710829-30, ✆ 710831, die Deutschen Mike Müller und Joe Hoffmann bieten kompetente Beratung.
Arare Tavel, 437/37 Moo 9, Soi 6, ✆/✆ 361696, 424228. Mrs. Siriluck (Khun Muu) ist engagiert, zuverlässig und spricht gutes Englisch.

Semmy Tours, 157/128 Moo 5, Naklua Rd., ✆ 370437-8, 📠 427908. Umfassender Service. ⏰ tgl. 9–20 Uhr. Der Österreicher Franz und sein thailändischer Geschäftspartner Semmy sprechen Deutsch und Englisch.

REISEZEIT – Die beste Reisezeit für Pattaya ist von November bis Februar. Im Juni dreht der Wind Richtung Südwesten und bringt Regen. Wegen der vielen überdachten Einkaufsmöglichkeiten, des umfangreichen Freizeit- und Unterhaltungsangebots lässt sich die Stadt aber selbst zur Regenzeit gut bereisen.

TELEFON – In vielen Straßen stehen gelbe internationale Kartentelefone für Überseegespräche. Weitere Möglichkeiten in der Hauptpost, beim rund um die Uhr geöffneten *Telephone Exchange Service*, Central Rd., und *Telecommunication Centre*, South Rd., sowie bei vielen Tour-Anbietern in der Soi Post Office oder mobilen Straßenständen.

VORWAHL – 038; PLZ: 20 260 bzw. 20 150 (für Pattaya Naklua).

WÄSCHEREI EN – Mehrere in der Soi Post Office und östlich vom Kreisel in der Naklua Rd.

ZEITUNGEN – Pattaya hat sich zum wichtigsten Produktionszentrum deutschsprachiger Thailand-Publikationen entwickelt (Pattaya Blatt, Südostasien Zeitung, Der Farang, 🖥 www.der-farang.com, Pattaya Focus, Hallo, Die Gelbe Zeitung).

Nahverkehrsmittel

Rund 700 blaue **Baht-Busse** verstopfen die Straßen von Pattaya. Die offenen Sammeltaxis mit zwei durchgehenden Bänken auf der Ladefläche kosten 5–20 Baht, wenn sie auf ihrer festen Route entlang der Hauptstraßen fahren oder bis zu 100 Baht, wenn sie im Stadtgebiet individuell gechartert werden. Es gibt häufig Beschwerden über die Fahrer, die von Preiswucher und unfreundlichem Verhalten bis zu Diebstählen reichen. Wer sich die Taxi-Nummer merkt, kann sich bei Sunshine Radio, ✆ 221124, beschweren.

Motorrad-Taxis im Stadtgebiet kosten 20–50 Baht.

Transport

Über den Bang Na – Trat Motorway und Bangkok – Chonburi Motorway ist Bangkok in 1 1/2 Std. erreichbar.

BUSSE – Busse aus Bangkok halten am ac-Bus-Terminal in der North Rd., nahe Sukhumvit Rd. Da die wartenden Fahrer meist überhöhte Preise verlangen, geht man am besten die North Rd. entlang und hält außer Sichtweite der wartenden Fahrer einen vorbeikommenden Baht-Bus an.
Richtung Bangkok (ca. 140 km): Non-ac-Busse ab Bor-Kor-Sor-Bus Station an der Jomtien Rd., Ecke Chaiyapruk Rd., alle 25 Min. zum Eastern Bus Terminal für 54 Baht. Sie halten auch am Markt in der South Rd., an den grün bedachten Wartehäuschen entlang der Sukhumvit Rd. und in CHONBURI. Zwischen SI RACHA und SATTAHIP verkehren weiß-hellblaue Baht-Busse, die als preisgünstige Sammeltaxis überall angehalten werden können.
Ac-Busse vom ac-Bus-Terminal in der North Rd. *Roong Reuang Coach*, ✆ 429877, zum Eastern Bus Terminal zwischen 5.20 und 21 Uhr, zum Northern Bus Terminal zwischen 5.20 und 20 Uhr alle 30 Minuten in 2 Std. für 90 Baht und zum Don Muang Airport (meist mit Umsteigen in Bangkok) um 9, 13 und 17 Uhr für 200 Baht. Wer in Chonburi, 50 Baht, aussteigen will, muss es vorher anmelden, da die Busse sonst die Autobahn benutzen. Zum Airport in Bangkok zudem Busse des *Thai Limousine Service* ab 3/115 Moo 6, Third Rd., ✆ 423140-1, 📠 423141, tgl. um 6.30, 14 und 18.30 Uhr für 200 Baht. Zurück um 9, 12 und 19 Uhr.
Entlang der Ostküste: Nach BAN PHE, dem Fährhafen für Ko Samet, mit dem Minibus von *Malibu Travel*, Second Rd. gegenüber der Einmündung Soi Post Office, ✆ 423180, 📠 426229, Filiale in der Naklua Rd., ✆ 370259, um 8, 12 und 17 Uhr für 150 Baht, Fähre 60 Baht extra, zurück um 10, 13.30 und 15 Uhr. Direkt nach KO SAMET werden Tagestouren angeboten.
Nach LAEM NGOP, dem Fährhafen für Koh Chang, ac-Minibus von *Koh Chang Travel*, 183/72 Soi Post Office, ✆ 710145-8, 📠 421343, um 7.30

Uhr für 400 Baht, Fähre 100 Baht extra, zurück um 13 Uhr.
Nach RAYONG über SATTAHIP zwischen 3.30 und 10 Uhr non-ac-Bus für 30 Baht, ac-Bus für 50 Baht und VIP-Bus für 60 Baht ab dem Unterstand mit dem grünen Dach, 50 m vom Nakornchai Air Terminal, s.u. Nach Chantaburi oder Trat ab Rayong.

Richtung Norden und Nordosten: Ab Nakhonchai-Air-Terminal, Sukhumvit Rd., Richtung Rayong, kurz hinter der Einmündung Central Rd., ✆ 424871, 427841:
Nach CHIANG MAI über Phitsanulok, Uttaradit und Lampang non-ac-Bus um 6.15 und 16 Uhr für 295 Baht, ac-Bus um 18.15 Uhr für 555 Baht oder VIP-Bus um 14.30, 17.25, 18.30 und 19 Uhr für 605 Baht.
Nach MAE SAI über Uttaradit, Phrae, Phayao und Chiang Rai non-ac-Bus um 12.15 Uhr für 325 Baht, ac-Bus um 15.15 Uhr für 590 Baht oder VIP-Bus um 15 und 17 Uhr für 685 Baht.
Nach UBON RATCHATHANI über Korat, Buriram, Surin und Si Saket non-ac-Bus um 16.45, 18 und 19.45 Uhr für 220 Baht, ac-Bus um 7.45 und 17.45 Uhr für 390 Baht oder VIP-Bus um 17.15, 18.35, 20.15 und 20.45 Uhr für 455 Baht.
Ab Q-8-Tankstelle, Sukhumvit Rd., Richtung Bangkok, kurz hinter der Einmündung der Central Rd.:
Nach NONG KHAI über Korat, Khon Kaen und Udon Thani non-ac-Bus um 17.30 und 20 Uhr für 168–220 Baht oder ac-Bus um 8.15, 17.15, 18.30, 19, 19.45, 20.20, 20.30, 20.45, 21 und 21.30 Uhr für 200–365 Baht.
Richtung Kambodscha: Über Trat nach Kompong Som oder Aranyaprathet.

EISENBAHN – Von BANGKOK nach Pattaya tgl. um 6.50 Uhr. Zurück um 14.50 Uhr in rund 4 Std. für 31 Baht. Der winzige Bahnhof von Pattaya ist sogar mit einem Computer ausgestattet und kann Bahntickets landesweit ausstellen, ☉ tgl. 8–16 Uhr, ✆ 429285.

FLÜGE – Der ehemalige Militär-Flugplatz U-Tapao, rund 40 km südlich von Pattaya, wird vorwiegend für Flüge nach Koh Samui sowie für internationale Charter- und Linienflüge nach Phnom Penh, Moskau oder Taiwan genutzt.

Bangkok Airways, 75/8 Second Rd., gegenüber Montien-Hotel, ✆/✆ 411965, ☉ tgl. 8.30–18 Uhr. 1x tgl. Flug nach KO SAMUI in 1 Std. für 2650 Baht. Minibus-Transfer mit Pick-up-Service zum/vom Flughafen U-Tapao, ✆ 722290, 150 Baht.

Thai Airways International im Dusit Resort, am Beginn der Beach Rd., Nord Pattaya, ☉ Mo–Sa 9–17, feiertags 9–16 Uhr, ✆ 420995-7, ✆ 420998. Zum Don Muang Airport in Bangkok fahren Busse (s.o.). Ein Taxi kostet 1000–1500 Baht.

Die Umgebung von Pattaya

Nicht weit vom Stadtzentrum, jenseits des Sukhumvit Highway und nahe dem Soi Siam Country Club finden sich Touristen-Attraktionen wie das **Bottle Museum** des Holländers Pieter mit mehr als 300 originellen Miniaturen in Flaschen, ✆ 422957, ☉ tgl. 11–20 Uhr, Eintritt 100 Baht; das **Monkey Trainings Center**, ✆ 756367, mit Shows um 9, 11, 12, 13, 14 und 17 Uhr, Eintritt 250 Baht; die **Schlangenfarm**, ✆ 731586, mit ständigen Vorführungen, Eintritt 200 Baht; und **Mini Siam**, ✆ 421628, mit seinen Parkanlagen und Miniatur-Nachbildungen thailändischer und internationaler Sehenswürdigkeiten, ☉ tgl. 7–22 Uhr, Eintritt 250 Baht.

Elephant Village

Da mit dem Holzeinschlagverbot die meisten Arbeitselefanten arbeitslos wurden, suchen ihre Besitzer nach neuen Einkommensquellen. Deshalb kommen Mahouts mit ihren Elefanten aus anderen Landesteilen für einige Monate hierher, um Touristen ihre ausgebildeten Tiere zu zeigen – ein sehr touristisches Spektakel. Zudem werden zweistündige Ausritte auf Elefanten für 700 Baht und kombinierte Touren mit Trekking, Rafting und eine Fahrt im Ochsenkarren für 1300 Baht angeboten. Die Show um 14.30 Uhr kostet 400 Baht. Elephant Village, 54/1 Moo 2 Tambon Nong Prue, östlich von Pattaya. Infos unter ✆ 249818 oder im Pattaya-Büro ✆ 361868, Abholservice gratis.

The Million Years Stone Park & Crocodile Farm

Die weitläufige 40 ha große Parkanlage lohnt einen Besuch. Zwischen hübschen, weißen Felsformationen leben in Gehegen Tiere, die in Südostasien fast ausgestorben sind, u.a. Elefanten, Tiger, Bären, der große Mekong-Fisch Pla Buk sowie Tausende Krokodile in allen Größen. Krokodil-Shows um 10, 11.20, 13, 14.20, 15.30 und 17 Uhr, Monkey-Show um 11 und 16.20 Uhr. Spannende Magic-Show um 10.45 und 13.45 Uhr. ☉ tgl. 8–18.30 Uhr, Eintritt 300 Baht, ✆ 249347-9.

Wat Yansangwararam

Kurz vor dem Noong Noch Village, ca. 11 km südlich von Pattaya, zweigt vom Highway eine ausgeschilderte Straße nach Osten ab, auf der man nach 4 km die Anlage erreicht. Auf einem riesigen Gelände wurden – und werden noch immer – buddhistische Tempelanlagen zu Ehren von König Bumiphol errichtet. In einem See spiegeln sich einige Wasserpavillons im Stil der jeweiligen Stifterländer Indien, Korea, Japan, China und der Schweiz (eine Art Bergkirche). Die chinesische Gemeinde hat eine riesige Palastanlage gestiftet. Auf einem Hügel erhebt sich eine buddhistische Pagode im modernen Stil, die Buddhas Fußabdruck enthält. Von hier öffnet sich ein weiter Blick bis zum Meer. Spektakulär ist das 130 m hohe Buddhabildnis, das mithilfe von Lasertechnik an einer Felswand entstand.

Noong Noch Village

Das Nong Noch Village lohnt sich allein schon wegen seines wunderschönen Parks. Im gezähmten Dschungel kann man Affen, Wild und Pfaue beobachten und sich mit ruhig gestellten Raubtieren fotografieren lassen, was oft kritisiert wird. Außerdem gibt es eine beeindruckende Orchideenzucht und eine der größten Kakteen- und Palmensammlungen Asiens. Die Kulturshow um 10.15, 15 und 15.45 Uhr ist extrem touristisch. Die anschließende Elefantenshow zeigt dressierte Elefanten beim Fußballspielen, Rad fahren oder Tauziehen. Auf dem Sukhumvit Highway sind es 14 km nach Süden, dann am KM 163 auf einer Abzweigung nach links weitere 3,5 km. ☉ tgl. 9–18 Uhr, ✆ 238158-9. Erwachsene 80 Baht, inkl. Show 300 Baht. Infos im Pattaya-Büro in der Nova Lodge, gegenüber Amari Resort, ✆ 429321, 422958, Touren ab Pattaya um 8.30 und 13.15 Uhr für 450 Baht.

Die vorgelagerten Inseln

Von vielen Veranstaltern werden rund 400 Baht teure Ausflugstouren auf die kleinen, unbewohnten Inseln Ko Larn, Ko Pai und Ko Sak angeboten. Sie unterstehen dem Militär und dürfen daher nur tagsüber von Ausflugsbooten besucht werden. Die besten Tauchgebiete liegen vor Ko Krok.

Vor **Ko Larn** (Coral Island) ist das Wasser dank der Meeresströmung weitaus klarer als in der Bucht von Pattaya. Wer jedoch ein Tropenparadies erwartet, wird von den saftigen Preisen in den Strandrestaurants und dem Lärm der zahllosen Scooter und Boote enttäuscht. Auch die Korallenriffe sind bereits in Mitleidenschaft gezogen worden. Am schönsten ist der weiße **Ha Tien Beach** an der Westküste, wo das Meer türkisblau und sauber ist. Über die Unterwasserwelt will eine 25-minütige Show mit kurzer Fahrt in einem Mini-U-Boot für 1800 Baht informieren, ✆ 411001. Am nördlichen, überlaufenen **Tha Waen Beach** befindet sich ein Info-Stand der TAT, in der Nähe die Tourist Police und ein Rettungsdienst.

Ruhiger ist die Atmosphäre auf **Ko Pai**, einer unter Naturschutz stehenden Insel mit einem hohen Kalkfelsen, etwa 2 Stunden vor der Küste. Rings um Ko Pai liegen weitere kleine Inseln, zum Teil mit Korallenriff, die bisher allerdings noch militärisches Sperrgebiet sind. Im Januar 2003 wurde 300 m östlich von Ko Pai das 1945 von der US-Navy gebaute Landungsschiff HTMS *Kram* versenkt. Seither lockt das rund 60 m lange Wrack zahlreiche Taucher an.

Transport

Vom South Pattaya Pier fahren Boote von morgens bis gegen 18 Uhr alle zwei Stunden für 20 Baht nach **Ko Larn** und zurück. Das Moped-Taxi über den Hügel zum Ha Tien Beach kostet 50 Baht. Tickets für größere Charterboote nach Ko Larn und zu anderen vorgelagerten Inseln für 400 Baht werden von **Pimpar Tour**, Soi 7, Ecke Beach Rd., ✆ 425762, und vielen weiteren Veranstaltern wie der **Wondercat Bar**, ✆ 429837, oder dem **Lek Inn**, ✆ 713179, angeboten. Aufgepasst: Manchmal wird nur der Tha Waen Beach von Ko Larn angesteuert.

Ostküste

In **Chantanaburi** beim Schleifen von Edelsteinen zusehen

Auf **Ko Mak** in einer Hängematte die Seele baumeln lassen

Ko Chang in elf Tagen auf abenteuerlichen Pfaden umrunden

Von Pattaya nach Rayong

Verlässt man Pattaya auf dem H3 Richtung Süden, hören die Hotels und Strände noch nicht auf. Aber die Hochhäuser und Villenkomplexe sind hauptsächlich Eigentumswohnungen (Condominiums), die Zufahrten zu den Stränden sind privat. Bei Sattahip liegt eine große **Marinebasis**, Strände und vorgelagerte Inseln sind Sperrgebiet. Hinter Sattahip, kurz nach der zweiten Abzweigung zum Commercial Port, führt am KM 185,3 eine Straße (12 km) nach **Chong Samaesan**. An beiden Enden des Dorfes auf der Spitze einer kleinen Halbinsel kann man günstig Seafood essen und in *Bungalows***–***** auf Pfählen mit und ohne ac übernachten. Allerdings ist der Strand sehr schmutzig.

Die vorgelagerten Inseln

In Chong Samaesan werden kurz vor dem Seafood-Restaurant Boote für Touren auf vorgelagerte Inseln vermietet. Die Tochter der Bootsbesitzer spricht sehr gut Englisch. Eine Fahrt auf die gegenüberliegende **Ko Airaet** mit Rückkehr am nächsten Morgen kostet 800 Baht. Abgesehen von den verschmutzten Picknickstränden überrascht die schöne Insel mit klarem Wasser, Korallenriffen, vielen bunten Fischen und Seeigeln. Auf **Ko Samaesan** stehen überall Schilder: *Anlanden verboten, Militärgebiet*. Die kleine Insel **Ko Khram** hat zwei Strände, einer besitzt Korallen, Fischschwärme und verschiedenartige Seesterne und ist zum Zelten geeignet. **Ko Chuang** und **Ko Chan** haben weiße Sandstrände. Außer an langen Wochenenden kann man – mit Verpflegung und Wasser versorgt – ein bisschen Robinson spielen.

Rayong

Nam pla – wer sich eine Weile in Thailand aufgehalten hat, kennt den strengen Geruch dieser Fischsoße, die von keinem Tisch wegzudenken ist. Im Fischerort Rayong werden winzige Fische zu dieser Sauce verarbeitet. In Kanistern abgefüllt wird sie in den Geschäften am Hafen verkauft. Eine Landzunge verlängert die Flussmündung ins Meer hinaus. Dort liegen malerische Fischerboote vor Anker.

Die Strände in der Umgebung werden vor allem am Wochenende massenhaft von Erholung suchenden Thais aus Bangkok aufgesucht und für fröhliche Picknicks genutzt.

Übernachtung

Kaum ein Tourist übernachtet in Rayong, da die Stadt außer einem interessanten Essenmarkt nicht viel zu bieten hat. Wer trotzdem bleiben will oder muss, geht im Zentrum an der lauten Sukhumvit Rd., ins

Rayong Otani**–****, Nr. 69, schräg gegenüber vom Uhrturm, ℡ 611161, geräumige, saubere Zi mit Fan oder ac.

Asia Hotel*–**, Nr. 84, ℡ 611022, nordöstlich vom Uhrturm, miese, billige Zi mit Fan.

Romantic Hotel**–***, am östlichen Ortsausgang rechts, 100 m vom H3, ℡ 01- 6582541, saubere Reihenbungalows mit Fan oder ac und Du/WC.

4 weitere Hotels*–*** am H3.

Sonstiges

INFORMATIONEN – *Tourist Office*, 153/4 Sukhumvit Rd. (6 km außerhalb), ℡ 655420-1, ℻ 655422, ⊙ tgl. 8.30–16.30 Uhr; ✉ tatry@infonews.co.th

VORWAHL – 038; PLZ: 21 000.

Transport

BUSSE – Nach BANGKOK (Eastern Bus Terminal *Ekamai*, 182 km) non-ac-Busse jede Std. bis 18.30 Uhr für 72 Baht, 2.Kl. ac-Busse alle 40 Min. bis 17.30 Uhr für 101 Baht, ac-Busse alle 30 Min. bis 21 Uhr für 117 Baht in 3 1/2 Std. Zum (North Eastern Bus Terminal, 236 km, günstig zum Umsteigen nach Nord-Thailand). 2.Kl. ac-Busse alle 30 Min. bis 14 Uhr für 113 Baht in 3 1/2 Std., ac-Busse zu jeder halben Std. bis 19.30 Uhr für 124 Baht. Von CHIANG MAI non-ac-Busse um 5 und 14.45 Uhr für 305 Baht, ac-Bus 6x am Nachmittag für 555 bzw. 645 Baht in 15 Std.
Von NONG KHAI non-ac-Busse 6x tgl. für 182 Baht in 15 Std.
Nach CHANTABURI ac-Busse um 10.30 Uhr ab Bus Station für 55 Baht in 2 1/2 Std.
Nach BAN PHE (Hafen für Ko Samet) Minibusse vom Uhrturm von 7–19 Uhr jede halbe Std. für 15 Baht, weiter nach LAEM MAE PHIM bis 15 Uhr für 25 Baht.

FLÜGE – Der Flugplatz U-Tapao liegt 31 km westlich. *Bangkok Airways* fliegt 1x tgl. nach KO SAMUI für 2155 Baht und nach PHNOM PENH für 3940 Baht.

Ban Phe บ้านเพ

Hinter Rayong biegt am KM 230 eine gut ausgebaute und wenig befahrene Straße vom H3 zur Küste ab. Sie führt oft dicht am schmalen, mit Felsen durchsetzten Sandstrand **Mae Rom Phung Beach** entlang. Auf der Landseite liegen einige Unterkünfte, die meisten entsprechen nicht dem Geldbeutel und Geschmack der Traveller und sind nur in Thai beschriftet.

Von dem geschäftigen Fischerort Ban Phe, 18 km östlich von Rayong, fahren die Boote nach Ko Samet, Ko Thalu und Ko Kudee ab. Hier gibt es einige Restaurants, Hotels, viele Geschäfte mit Muschelschmuck, Obststände, an denen man sich noch vor der Überfahrt eindecken kann, und ein öffentliches, internationales Telefon an der Richtung Rayong gelegenen Bootsanlegestelle.

Übernachtung

MAE ROM PHUNG BEACH – Im *Kon Aow Youth Hostel*** ** kostet der Schlafsaal 100 Baht, Zelt 60 Baht, Bungalow 250 Baht, am Fr, Sa und So fast das Doppelte, mit Juhe-Ausweis 50 Baht Rabatt. Es gibt 34 Hotels (ab****) und Bungalow-Anlagen****.

BAN PHE – Etwa 8 Bungalowanlagen ab 150–500 Baht stehen für die Touristen bereit, die das letzte Boot zur Insel verpasst haben.
Ein Leser empfahl die *Yoong-Thong Villa***,* ✆ 038-648463, 📠 648465, 1 km östlich des Samet-Piers; Reihenhaus, Häuser und Bungalows; Restaurant ⊙ 8–20 Uhr. Anfahrt per Tuk Tuk für 6 Baht p.P.

Transport

BUSSE – Nach BANGKOK (196 km) ac-Busse jede Std. von 8–18 Uhr für 124 Baht in 3 1/2 Std. Die Rückfahrt am besten gleich nach Ankunft in Ban Phe reservieren. Von der Khaosan Rd. Minibusse um 8.30, 9.30 und 14.30 Uhr für 180 Baht (inkl.

Boot). Achtung: Vom Minibus von *Sea Horse* ist abzuraten, die Rückfahrt ist nur ab Ao Wongduan möglich.
Von PATTAYA Busse um 8, 10, 12 und 15.30 Uhr für 150 Baht, zurück um 10, 13.30. 15.30 und 17 Uhr.
Nach LAEM NGOP (für Ko Chang) in der Saison ein Minibus um die Mittagszeit für 240 Baht (Tickets bei den Reisebüros).
Songthaews ab RAYONG 15 Baht.

BOOTE – Ab Ban Phe fahren Boote jede Std. von 8–17 Uhr zum NA DAN-PIER und zu anderen Stränden (s.u.).

Ko Samet เกาะเสม็ด

Die Insel ist etwa 6 km lang und zwischen 400 m und 1000 m breit, die Hügelkette erreicht Höhen bis zu 125 m. Entlang der Ostküste zieht sich eine Reihe langer, weißer Sandstrände, die durch flache Granitbänke und baumbestandene Felsenkaps unterteilt werden. Bei Flut und hohen Wellen wird manchmal der ganze Strand überspült. Nach Süden zu verdrängen Steine immer mehr den Sand, die Felsenküste wird unterbrochen von halbmondförmigen Buchten.

Das Ende einer Traveller-Insel? Ko Samet ist Travellern nicht mehr zu empfehlen. Die Strände sind von Kurzurlaubern aus Bangkok überlaufen, die lautes Remmidemmi lieben. Nichts für Ruhesuchende! In den auf einheimischen Massentourismus ausgerichteten Resorts sind Traveller nicht erwünscht. Die meisten Angestellten verhalten sich gegenüber Rucksackreisenden überheblich und arrogant.
Die Preise stehen in keinem Verhältnis zum Gebotenen. Nicht nur die Resort- und Restaurantpreise sind überhöht, auch die Waren in den Shops kosten bis zum Dreifachen des üblichen Preises.
Nachdem wir uns alle 45 Anlagen auf der Insel angeschaut hatten, kamen wir zu diesem niederschmetternden Ergebnis: Von 29 Anlagen ist abzuraten, 2 Resorts sind für Luxustouristen geeignet, 5 für Reisende mit etwas dickerem Geldbeutel, 8 Anlagen sind akzeptabel und nur eine einzige können wir Travellern wirklich empfehlen.

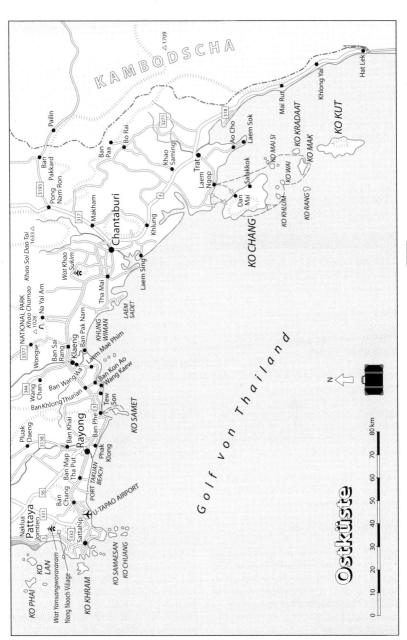

Ostküste

Am südlichen Ende tritt man aus dem Buschwald auf eine ziemlich kahle Landspitze, vor der viele Felsen aus dem Wasser ragen. Die Westküste besteht vor allem aus Klippen, die sich dem Wind und den Wellen entgegenstellen, von der Sonne gebleichtes Treibholz sammelt sich in Felsnischen. Nur ganz im Norden locken ein paar Sandstrände. An Wochenenden und in den Ferien wird Ko Samet geradezu überschwemmt von bis zu 10 000 Ausflüglern aus Bangkok, die allerdings vorwiegend im Nordosten der Insel bleiben. Traveller sieht man nur noch wenige. Die meisten Boote kommen am Pier im Norden an, wo sich der Hauptort **Ban Na Dan** befindet. Hinter dem Wat steht die Statue eines 12 m hohen, sitzenden Buddhas. In 10 Minuten kommt man leicht zu Fuß zum „schönen" Hat Sai Kaeo.

Sonstiges

AUSFLÜGE – werden zu den Nachbarinseln Ko Kudee und Ko Thalu sowie zum Schnorcheln an Korallenriffen oder zum Fischen angeboten.

BARS – und Discos gibt es im Norden zuhauf.

EINTRITT – am Eingang zum Park 200 Baht, auf dem Boot evtl. 100 Baht.

MOTORRÄDER – Überall für 150 Baht/Std. oder 500 Baht/Tag zu mieten.

REISEZEIT – Hauptsaison ist von November bis März. Völlig überrannt wird der Nordosten der Insel an den Feiertagen und während der Ferien von November bis Mai.

SANDFLIEGEN – gedeihen an einigen Stränden in Massen. Dort besser nicht sonnenbaden und starkes Antihistaminicum bereit halten.

VORWAHL – 038; PLZ: 21 000.

WASSER – Die Wasserversorgung ist nur an den nördlichen Stränden gesichert, die über die Straße vom Paradise Beach zum Ao Hin Khok mit rasenden Tankwagen versorgt werden. Ansonsten sieht das Wasser häufig schon im Dezember sehr schmutzig aus. Wer es trinkt, muss mit Dauerdurchfall rechnen.

Nahverkehrsmittel

Bis zu 70 Pickups bringen die Gäste auf 3 km Naturstraße an die Strände. Wollen mindestens 8 Passagiere zum selben Ziel, kostet es nach Hat Sai Kaeo 15 Baht, nach Ao Phai 20 Baht, nach Wongduan 40 Baht, zum Paradise Beach 40 Baht und nach Ao Thian 45 Baht. Charter kostet 120–200 Baht, zu den südlichen Stränden bis 500 Baht.

Transport

Ab BAN PHE (Anfahrt siehe dort) fahren Boote von *Nuanthip* von 8–17 Uhr jede Std. für 50 Baht zum Pier von Ban Na Dan, zurück jede Std. von 8–18 Uhr.
Nach WONGDUAN fahren Boote (min. 7 Pers.) ab 8 Uhr für 60 Baht (plus 10 Baht für die Anlandung), zurück alle 2 Std. von 8.30–16.30 Uhr. Weitere Boote (min. 7 Pers.) fahren in der Saison zu den einzelnen Stränden, zurück alle 2 Std., z.B. AO WAI (100 Baht, letztes Boot zurück um 16 Uhr), AO KIU (100 Baht, letztes Boot zurück um 15.30 Uhr) und AO PHRAO (50 Baht, zurück nur 9.30, 13.30 und 16.30 Uhr).

Hat Sai Kaeo

Der schöne, 1 km lange Strand im Norden der Ostküste wurde für Tages- und Wochenendausflügler hergerichtet. Viele Thai-Gruppen schlemmen unter Palmen an langen Tischreihen in den Seafood-Restaurants. Auf dem Sand stehen Liegestühle in Viererreihen hintereinander. Während sich die Erwachsenen in Discos, auf Surfbrettern und Wasserscootern austoben, vergnügen sich die Kinder in Strandnähe mit zu Schwimmringen umfunktionierten Autoschläuchen. Während der Ferienzeit schlagen junge Thais ihre Zelte unter den Palmen am Strand auf.

Auf Fußwegen durch Müllkippen, Sperrmüll und giftigen Sondermüll erreicht man die Felsenbucht **Ao Luk Yon** am nordöstlichen Zipfel. Er erlaubt eine schöne Sicht auf die nördliche Küste und auf Inseln. Hinter einer Felsenbarriere schließt sich nach Süden der 400 m lange Sandstrand **Ao Hin Khok** an den Hat Sai Kaeo an. Schrottreife Tankwagen missbrauchen die Straße durch den Wald zwischen Strand und Bungalowanlagen als Rennstrecke.

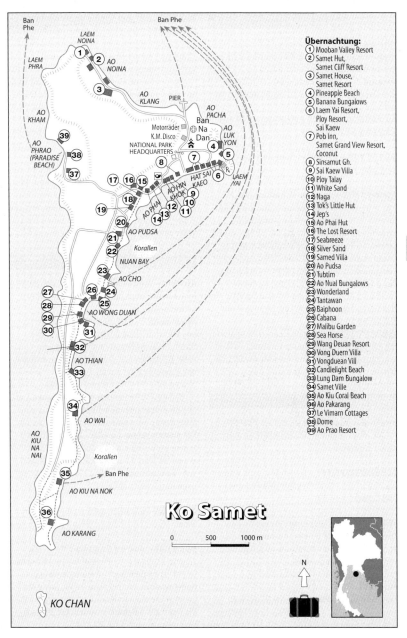

Übernachtung:
1. Mooban Valley Resort
2. Samet Hut,
   Samet Cliff Resort
3. Samet House,
   Samet Resort
4. Pineapple Beach
5. Banana Bungalows
6. Laem Yai Resort,
   Ploy Resort,
   Sai Kaew
7. Pob Inn,
   Samet Grand View Resort,
   Coconut
8. Sinsamut Gh.
9. Sai Kaew Villa
10. Ploy Talay
11. White Sand
12. Naga
13. Tok's Little Hut
14. Jep's
15. Ao Phai Hut
16. The Lost Resort
17. Seabreeze
18. Silver Sand
19. Samed Villa
20. Ao Pudsa
21. Tubtim
22. Ao Nual Bungalows
23. Wonderland
24. Tantawan
25. Baiphoon
26. Cabana
27. Malibu Garden
28. Sea Horse
29. Wang Deuan Resort
30. Vong Duern Villa
31. Vongduean Vill
32. Candlelight Beach
33. Lung Dam Bungalow
34. Samet Ville
35. Ao Kiu Coral Beach
36. Ao Pakarang
37. Le Vimarn Cottages
38. Dome
39. Ao Prao Resort

OSTKÜSTE

Übernachtung

HAT SAI KAEO – Kaum eine der 10 Bungalowan-lagen können wir Travellern empfehlen. Eine positive Rückmeldung bekamen wir zu:
Sisamut***, saubere Bungalows, sehr freundliche Besitzerin, gutes Essen, Liegen und Sonnenschirme.
Empfohlen wurde auch das Restaurant *Beach Cafe* am nördlichen Ende.

AO LUK YON – Die beiden Bungalowanlagen sind nicht zu empfehlen.

AO HIN KHOK – An einem Hügel liegt *Naga*** ⑫, ✆ 01-2185372, sehr einfache Bambusbunga-lows mit und ohne Fan und Gemeinschafts-Du/WC; eng am Hang jenseits der Straße; hausgemachte Backwaren und empfehlenswertes Essen; Buchverleih, Post, kein Video, englischer Leitung. Bei gewissen Travellern recht beliebt.
Tok´s Little Hut**–*** ⑬, 35 eng stehende, recht geräumige Hütten mit Fan und Du/WC, Restaurant mit Video ab 18 Uhr, Strandbar und Tische am Strand.
Jep´s*** ⑭, 🖥 jepbungalow.com, 7 Bungalows mit Fan und Du/WC am Hang, vorzügliches Restaurant und Bar am Strand, gute Musik; So Live-Musik.

Sonstiges

POST – Bei *Naga* gibt es ein kleines *Post Office* (🕐 Mo–Fr 9–12 und 13–16, Sa 9–12 Uhr), mit *Poste Restante*.

SCHÖNHEITSPFLEGE – Neben Massage werden am Strand auch Haareflechten, Maniküre etc. angeboten.

WASSERSPORT – Wasserski, Wasserscooter, Autoschläuche und Schnorcheltouren werden angeboten, wie auch Masken und Schnorchel von wechselhafter Qualität.

Ao Phai

Die Bucht von **Ao Phai** wird auch *Bamboo Bay* genannt. An dem mit vielen Kokospalmen bestandenen Strand mit dem feinsten Sand der Insel kann man Surfbretter und Segelboote mieten. In fast allen Anlagen stehen die überteuerten Bungalows viel zu dicht aufeinander (gesetzlicher Mindestabstand ist 4 m). Jet-Skis flitzen am Strand entlang, gefährden die Schwimmer und verpesten die Luft.

An den Klippen entlang sind es 100 m zur **Pudsa-** und **Tubtim-Bucht**. An dem 100 m langen, feinen, weißen Sandstrand stehen viele Palmen und Laubbäume sowie ein Nudelsuppenstand und zwei Bungalowanlagen mit überheblichem, unfreundlichem Personal. Auf dem Sand machen sich Liegestühle breit.

Die winzige **Nuan-Bucht** weiter südlich ist umgeben von steilen Klippen. Vom Ao Tubtim führt ein schmaler Pfad über das Kap zum von Felsen durchsetzten, kleinen Sandstrand. Hier liegt die einzige Bungalowanlage der Insel, die wir für Traveller empfehlen können.

Übernachtung

AO PHAI – Von den 5 Resorts wäre eines empfehlenswert, wenn die Disco daneben früher schließen würde.
Silver Sand***–**** ⑱, ✆ 01-2185195, zu teure, eng stehende Bungalows, z.T. mit ac, 24 Std. Strom, mäßiges Restaurant mit Video, internationaler Telefonservice. Disco mit weithin dröhnender Musik bis 2 Uhr nachts.
Samed Villa***–**** ⑲, ✆ 01-4948090, ✉ SamedVilla@hotmail.com, am südlichen Ende des Strandes hinter dem Bach, schöne, komfortable Doppelbungalows mit Fan oder ac, einige Familienbungalows für 1200–1800 Baht; hervorragendes Restaurant ohne Video; viele Infos und Preise für Touren hängen aus, Speedboot-Service, Schnorchelausrüstung 100 Baht; unter engagierter Schweizer Leitung.

AO PUDSA – 2 Anlagen mit unfreundlichem Personal.

NUAN BAY – *Ao Nual Bungalows**–**** ㉒, schöne, saubere und ruhige Anlage am Hang mit einer kleinen Badebucht, 8 einfache, aber gute Holzbungalows mit und ohne Du/WC, viele Müllbehälter, die nicht im Hinterland entsorgt werden. Die freundliche Besitzerin spricht gut Englisch. Ein echter Lichtblick für Traveller.

Ao Wongduan

Die halbkreisförmige Bucht, in der zu viele Boote ankern, wird auch *Full Moon Bay* genannt. Am feinen Sandstrand wird tagsüber eine Liegestuhlparade aufgebaut, um die Bedürfnisse des gehobenen Publikums zu befriedigen. Restaurants, Souvenirläden und Imbissstände komplettieren den Eindruck eines überlaufenen Strandes.

Eine Tauchbasis bietet Kurse und Tauchfahrten bis Ko Chang an, Windsurfer kosten 100 Baht pro Stunde. Eine Straße führt durch das Landesinnere zu den übrigen Stränden der Insel.

Über einen schmalen Felsrücken erreicht man von Ao Wongduan auf einem gut ausgetretenen Fußpfad den nördlich anschließenden Strand **Ao Cho**. Der verrottende Holzpier teilt die Bucht: in der südlichen Hälfte ist der Strand mit Steinen übersät, der schönere Sandstrand im Norden ist recht schattig.

Übernachtung

AO WONGDUAN – Die meisten Bungalows kosten über 450 Baht.

Baiphoon**–*** 25, ✆ 01-9454553, am nördlichen Ende der Bucht auf Felsen, Bambushütten mit Gemeinschafts-Du/WC, saubere Bungalows mit Fan und Du/WC; kleines Restaurant mit Thai und italienischem Essen, Laden, Schnorchelausrüstung 50 Baht/Tag; der freundliche Besitzer spricht gut Englisch, angenehme Atmosphäre; Bootstour 300 Baht/3 Std.; gutes Preis-Leistungs-Verhältnis.

Cabana*** 26, ✆ 01-8384853, 15 große, nicht sehr saubere Bungalows mit Fan und Du/WC, eigenes Restaurant im Bau.

Malibu Garden Resort**** 27, ✆ 01-2185345, 🖂 01-2138009, ✉ samet@loxinfo.co.th, ausgedehnte Anlage, Stein- und Holzbungalows, mit ac ab 1500 Baht; teures Restaurant, Minimart, Pool.

Sea Horse**** 28, abzuraten.

Wong Deuan Resort**** 29, abzuraten.

Vong Duern Villa**** 30, ✆ 01-3055915, 🖂 038-651741, gut eingerichtete Bungalows aus Holz und Matten mit Fan oder ac (ab 1500 Baht); Restaurant am Strand.

Vongduean Vill**** 31, ✆ 01-9403940, Restaurant direkt am Wasser schön auf Klippen gelegen, überteuerte Bungalows im vermüllten Garten. Nicht zu empfehlen.

AO CHO – Wonderland**–**** 23, ✆ 01-9968477, am nördlichen Strand, riesige Anlage mit 70 Bungalows und 2 Restaurants; auf Touren und Thai-Gruppen eingerichtet; laute Gruppen und Barmusik. Am sonst sauberen Strand wird über Nacht viel Plastikmüll angespült.

Tantawan***–**** 24, ✆ 038-651999, 01-8654676, am südlichen Steinstrand, komfortablere Anlage mit hübschen Häusern, alle mit Fan und Dusche/WC; Restaurant; neuer Besitzer; Speedboot-Service.

Transport

Ab BAN PHE fahren Boote von *Nuanthip* (min. 7 Pers.) ab 8 Uhr für 60 Baht (plus 10 Baht für Anlandung), zurück alle 2 Std. von 8.30–16.30 Uhr. Der Speed Boat Service von Ao Cho bietet Insel- und Schnorcheltouren für 180–250 Baht sowie *Sunset Tours* ab 16 Uhr, Transport nach Ban Phe für 50 Baht.

Die südlichen Strände

Ein 300 m langer Fußweg führt von Ao Wongduan über die Klippen zum großen Sandstrand **Ao Thian** (*Lung Dam Beach*). Der saubere Strand ohne Palmen wird von Felsbändern unterteilt. Das Wasser wird entweder aus Tiefbrunnen hochgepumpt und ist brackig oder muss in Kanistern gekauft werden. Über den mit niedrigen Gehölzen bewachsenen Bergrücken gelangt man zum Sunset Point an der Westküste. Ein immer schlechter werdender Fußweg führt von Ao Thian am Strand entlang und über entsetzlich vermüllte Klippen bis zur Südspitze der Insel. Der Weg im Inselinneren verläuft durch uninteressanten Buschwald, ist sehr ausgewaschen und an schattigen Stellen voller Moskitos – nichts für eine Inselwanderung!

Der halbmondförmige Strand **Ao Wai** hat feinen, weißen Sand und urige Bäume, an den Seiten Felsen mit Korallen, schön zum Schnorcheln. Im Hinterland ist der Müll des Resorts verstreut.

Am **Ao Kiu Na Nok** ist Ko Samet so schmal, dass man den Sonnenaufgang vom feinen Sandstrand, den Sonnenuntergang von der Felsenküste genießen kann. Beliebtes Ausflugsziel der Thais am Wochenende.

Am **Ao Karang** (Coral Bay) an der Südspitze gibt es vor allem schöne Felsen. Die Sicht beim

OSTKÜSTE

Schnorcheln am nördlichen Riff beträgt nur 3–5 m. Malerisch wirkt die vorgelagerte Insel **Ko Chan** *(Moon Island)* mit den kahlen Granitflanken und den windzerzausten Bäumen.

Übernachtung

AO THIAN – Beide Anlagen gehören nicht zu den besten der Insel, haben aber eine gemütliche Atmosphäre.

Candlelight Beach**** ㉜, ✆ 01-2186934, große Anlage am Hang im Zentrum der Bucht, 21 Bungalows mit Fan und Du/WC, Langzeitrabatt 20%; Restaurant; Kanu 150 Baht/Std., Speedboot 1500 Baht für Inselrundfahrt.

Lung Dam Bungalow*** ㉝, ✆ 01-4529472, langgestreckte Anlage am Strand in Familienbesitz, über 35 Bungalows verschiedener Größen mit Du/WC; um das *Apache Restaurant* ist die Anlage mit Liebe zum Detail errichtet, der Strand ist sauber, das Personal ist freundlich und spricht Englisch; Schnorchelausrüstung 50 Baht, Speedboot. Leider wird der Müll im Hinterland entsorgt.

AO WAI – *Samet Ville* ab **** ㉞, ✆ 01-9495394, 🖳 www.sametville.com; 66 überteuerte Zi in 40 Bungalows mit Fan oder ac (ab 1300 Baht), viel Personal und wenig Gäste. Viel Müll im Hinterland. Nicht zu empfehlen.

AO KIU NA NOK – *Ao Kiu Coral Beach***** ㉟, ✆ 01-8122046, schöner Strand, Garten mit jungen Palmen, 21 Steinbungalows zu beiden Seiten der Insel, mit Du/WC; Restaurant mit Thai und chinesischen Gerichten, extrem hohe Preise, auch für Getränke; unfreundliches, überhebliches Personal.

AO KARANG – *Ao Pakarang*** ㊱, unsauberes Grundstück mit viel Gerümpel, Müll und Glasscherben; 5 alte Bambusbungalows mit z.T. zusammengebrochener Gemeinschafts-Du/WC, 10 Zelte; nette junge Leute; Anmeldung in Chonburi (✆ 038-286314).

Transport

Vormittags fährt ein Boot von Ao Thian nach BAN PHE (100 Baht) und gleich wieder zurück.

Ab BAN PHE fahren Boote von *Nuanthip* (min. 7 Pers.) zum Ao Wai und zum Ao Kiu für 100 Baht, zurück alle 2 Std., letztes Boot um 16 bzw. 15.30 Uhr.

Paradise Beach (Ao Phrao)

An der Westküste gibt es nur diesen einen 250 m langen, schönen Sandstrand in einer von Felsen begrenzten, palmenbestandenen Bucht. Bei Ebbe kann er allerdings mit den Stränden an der Ostküste nicht mithalten, da er stark mit Steinen und Korallen durchsetzt ist. Dafür ist er echt ruhig und wenig touristisch. Schöne Sonnenuntergänge. Ao Phrao wird am besten mit dem Boot erreicht. Der Weg von Ao Phai über den Berg (30 Min.) ist nicht angenehm.

Übernachtung

Le Vimarn Cottages ㊲, ✆ 01-9065006, Luxusanlage, Bungalows mit Meersicht über US$100; 50 m zum Riff.

Dome**** ㊳, ✆ 01-5785455, schöner Garten mit vielen Blumen und jungen Palmen, 26 Bungalows am Hang mit Fan oder ac für Thai-Gruppen (4–5 Pers.), mit Meerblick; Restaurant; Kanu 150 Baht/Std., Speedboot 1800 Baht/3 Std.

Ao Prao Resort ㊴, ✆ 038-616880-3, 📠 038-616885, 📧 aopraodivers@hotmail.com, 🖳 www.aopraoresort.com; Tauchresort am sauberen Strand, hübsche, sehr gepflegte First Class-Anlage mit bestem Rundumservice, den Hang hoch ziehen sich gute ac-Bungalows mit großem Balkon ab 3745 Baht und einige Reihenhäuser mit Zimmern ab 1878 Baht; gepflegtes Restaurant, u.a. deutsche Speisekarte, Bar, Shop, Internet; gut geschultes Personal mit Niveau; Fr und Sa Live-Musik. *Ao Prao Tauchschule*, PADI 5 Sterne, geleitet von einem Holländer, der 5 Sprachen spricht. Mountain Bikes ab 100 Baht/Std.

Transport

Ab BAN PHE fahren Boote von *Nuanthip* (min. 7 Pers.) zum Ao Phrao für 50 Baht, zurück nur um 9.30, 13.30 und 16.30 Uhr.

Von Ban Phe nach Laem Mae Phim

Wer ein eigenes Fahrzeug und etwas Zeit hat, sollte hinter Ban Phe nicht auf den H3 zurückkehren, sondern an der Küste entlangfahren und erst bei Klaeng wieder auf den H3 stoßen. Gleich hinter Ban Phe führt der H3145 durch einen 1500 m langen, schönen „Tunnel" von Kasuarinen *(Suan Son)*. Picknick-Tische und Imbissstände laden zum Verweilen ein, Spezialität ist gekochte Kokosnuss. Auf der 29 km langen Strecke nach Laem Mae Phim gibt es über 40 Bungalowdörfer und Hotels an verschiedenen, schön gelegenen Stränden. Nur zu empfehlen für Leute, die bereit sind, für ihre Unterkunft mindestens 400–500 Baht zu bezahlen. Thai-Kenntnisse sind von Vorteil. An Wochentagen ist hoher Rabatt möglich.

Die meisten Strände sind sehr flach und werden nur von einheimischen Urlaubern besucht. Etwa 10 km hinter Ban Phe macht der H3145 einen Bogen durch ein Dorf. An der anschließenden Kreuzung mit dem H3192 nach rechts kommt man nach einem knappen Kilometer rechts zu einigen ruhig gelegenen Bungalowsiedlungen an einem schönen Strand. Unter der Woche herrscht hier wahre Einsamkeit, am Wochenende ist an Schlaf kaum zu denken. Der berühmteste Strand ist **Wang Kaeo** (auch Vang Kaew, *Kristallpalast*), 17 km östlich von Ban Phe. Weiter östlich wird das Meer zunehmend sauberer. Hier entstanden mehrere luxuriöse Anlagen.

Am **Laem Mae Phim** gibt es für lange Zeit die letzte Gelegenheit, direkt am Meer zu essen. Viele nette Restaurants bieten Seafood an. Man kann Pferde mieten und am Strand entlang reiten. Boote fahren zu den vorgelagerten **Mun-Inseln** und zum *Raya Island Resort*. Von Rayong kommt man mit dem offenen Minibus bis 15 Uhr für 25 Baht her, von Klaeng mit dem Pickup für 20 Baht.

Die Straße verlässt nun die Küste. Nach 16 km ist in Klaeng wieder der H3 (am KM 267) erreicht. Die Bus Station befindet sich am östlichen Ortsausgang rechts.

Etwa 10 km östlich von Ban Phe: *Ban Phe Cabana*, ☎ 01-2114888, eine Luxusanlage, allgemein bekannt.
Thale Ngam Resort****, ruhige Bungalows.
Ban Tew Son***–****, originelle Bungalows und Baumhütten, hübsch unter Kasuarinen verteilt; sehr harte Betten, herzliches Personal. Reservierung: ☎ 038-662725.

17 km östlich von Ban Phe: *Suan Wang Kaeo***–*****, 204 Moo 2, Charkpong, Klaeng, ☎ 01-2111527. Auf einem weitläufigen, parkähnlichen Areal stehen an 3 Stränden 100 Bungalows mit 2–6 Betten und Fan oder ac, die 600–2500 Baht kosten. Ausgezeichnetes Seafood! Reservierung unter ☎/℡ 02-2510836. Pickups fahren um 6, 8, 10 und 14.15 Uhr für 12 Baht von Ban Phe nach Wang Kaeo, ansonsten per Motorradtaxi oder Charter-Pickup für 100 Baht.
2 km östlich von Wang Kaeo: *Pat Lodge***– *****, auf der Landseite der Straße, relativ preiswert, Bungalows unter Palmen.
Ban Srai Kaew, 1 km weiter, wesentlich schöner, von Rhododendren überwachsene, aus Stein errichtete Luxusbungalows.
Direkt am Laem Mae Phim: *Sea View*****, ☎ 038-638046, an der Linkskurve, wo die Straße den Strand verlässt, sehr gepflegte Anlage mit Garten, Bungalows und Reihenbungalows mit ac und Du/WC für 2–4 Pers., wochentags*** (gutes Preis-Leistungs-Verhältnis); nette Besitzerin, die perfekt Deutsch spricht; Restaurant gegenüber am Strand, Frühstück und deutsches Essen möglich.
Porn Phim**–****, direkt am Strand, viele Doppelbungalows, etwas abgewohnt, einige billigere Zi.
Klaeng: *Klaeng Palace Hotel****, 179 Sukhumvit Rd., ☎ 038-671553, saubere ac-Zi mit Kühlschrank und Warmwasser-Du/WC, parken im Innenhof.
Green House Hotel***, ☎ 038-671980, 6 km nördlich am H344, saubere ac-Zi und ac-Bungalows mit Garage.

Khao Chamao National Park
วนอุทยานเขาชะเมา

Nur ein einziges Waldgebiet, das Granitmassiv des Khao Chamao, ist in der Provinz Rayong vom tropischen Dschungel übrig geblieben. Für riesige landwirtschaftliche Entwicklungsprojekte, neue Fernstraßen, z.B. von Chachoengsao nach Klaeng, für Neusiedlerdörfer und aus reiner Geldgier wurden die Wälder abgeholzt. Wegen der massiven Zerstörung des Lebensraums von Fauna und Flora wird vermutet, dass sich zumindest ein Großteil der Tiere in dieses Schutzgebiet zurückgezogen hat.

7 km hinter Klaeng zweigt vom H3 am KM 275,7 die 16 km lange Straße H3377 nach Norden

zum Dorf Ban Nam Sai ab, dort am Hinweisschild in Thai rechts abbiegen. Das *Headquarter* des National Parks ist dann nur noch 1 km entfernt. Am Wochenende sind viele Besucher im Park, die sich hauptsächlich an den beiden kleinen Wasserfällen vergnügen. Eine Karte am Parkplatz neben dem Visitor Center hilft bei der Orientierung. Eintritt.

Nur 200 m oberhalb liegt der **Khao Chamao-Wasserfall** und 2 km weiter am Fluss entlang der interessantere Wasserfall **Chong Laep**. In einem Naturbecken schwimmen Karpfenschwärme.

Eine anstrengende Tour führt auf den Berg hinauf. Sie sollte nur mit Guide gemacht werden. Wer schon andere Parks im Norden gesehen hat, wird diesen nicht sonderlich interessant finden.

Khao Wong Caves

Die Khao Wong Caves gehören ebenfalls zum Khao Chamao National Park. Sie sind nur vom National Park Office her zu erreichen. Ein steiler, glitschiger Pfad führt in die interessante Höhle **Tham Lakhon**. Nachdem man sich mühsam durch ein dunkles, tunnelartiges Gewölbe gearbeitet hat, kommt einem der lichtdurchflutete Dschungel auf der anderen Seite ganz märchenhaft vor. Von dort sind es noch wenige hundert Meter zum Eingang der **Tham Samit**, deren zweiter Ausgang zwar schöne Sicht über den Dschungel eröffnet, aber nicht zum Ausgangspunkt zurückführt.

Der **Khlong Prakang-Wasserfall** kostet keinen Eintritt. Auf 2 km fällt er in 7 Stufen in meist hüfttiefe Pools, der Weg bis zu den besten Stufen 6 und 7 ist leicht.

Vom H3 am KM 286,4 nach links auf den H3433 abbiegen (Motorradtaxi 60 Baht) und nach 11,5 km an Schule und Gemeindezentrum parken. Dort nach einem Führer fragen oder sich den Weg zum versteckt liegenden National Park Office zeigen lassen.

Im Parkhauptquartier gibt es Bungalows*** für 5 Pers., zu Zweit sicher billiger. Camping 30 Baht p.P. Das *Visitor Center* und die Essensstände davor sind meist nur am Wochenende geöffnet. Lebensmittel sind am Wochenende an den Wasserfällen nicht erlaubt.

In KLAENG kann man Pickups für die Strecke zum Park mieten. Falls genug Passagiere mitfahren, kostet es 25 Baht bis zur Abzweigung (dann 1 km zu Fuß).

Khung Wiman und Laem Sadet คุ้ง วิมานแหลมเสด็จ

Am 100 m langen Sandstrand **Khung Wiman** liegen einige Resorts für einheimische Touristen und viele kleine Restaurants, an denen am Wochenende Rummel ist. Vom H3 geht es am KM 301,9 nach rechts auf den H3399, danach folgt man den Wegweisern etwa 18 km. Von den beiden Buddhastatuen in halber Höhe hat man einen schönen Ausblick.

3 km vor Khung Wiman biegt ein Weg nach links zum Strand **Laem Sadet** ab. Nach 11 km durch Shrimp-Farmen öffnet sich ein breiter Sandstrand, von Essensständen gesäumt und von Wochenendabfällen verunziert. Ein Dschungelpfad führt über einen mit Affen bevölkerten Hügel zu einem einsamen Strand.

KHUNG WIMAN – Freundlich sind die Leute im luxuriösen *Chaolao Beach Resort*, ✆ 02-2529933, das neben einem großen Hotelgebäude viele Bungalows am Strand und einen Swimming Pool besitzt; wochentags gibt es Rabatt.

LAEM SADET – Hier kann man in einfachen Hütten** übernachten.

Wat Khao Sukim วัดเขาสุกิม

Wat Khao Sukim ist ein modernes Kloster von riesigen Dimensionen. Ein vierstöckiges Klostergebäude, viele Museums- und Versammlungshallen, wertvolle Antiquitäten, unglaublich lebensechte Nachbildungen ehemaliger Äbte, ein kleiner Zoo und eine schöne Aussicht in die grüne Ebene machen den Abstecher lohnenswert. Liebhaber von Keramik finden in vier Sälen viele 2–3 m hohe Vasen. Thais besuchen dieses Kloster wegen seines berühmten Abtes, dem übernatürliche Kräfte zugeschrieben werden. Im Hof steht mittags kostenloses Essen und kaltes Wasser zur Selbstbedienung bereit.

Interessierte Besucher müssen vom H3 am KM 305,8 nach links auf den H3322 abbiegen und ihm 13 km folgen. Eine kostenlose Bergbahn erspart den Aufstieg zum Hügel.

Chantaburi จันทบุรี

In der interessanten Stadt mit 40 000 Einwohnern herrscht ein reges Treiben. Ein großer Markt, schöne Holzhäuser, einige Wats und repräsentative Gebäude sind sehenswert. Zahlreiche Villen entlang der Zufahrtsstraße zeugen von einem gewissen Wohlstand. Chantaburi ist in Thailand berühmt für sein Obst. Saison für Durian ist von Mai bis August, für Rambutan und Mangosteen von Mai bis September und für Mango von März bis Juni.

Viele christliche Vietnamesen haben sich hier niedergelassen, als sie in ihrer Heimat verfolgt wurden. Sie leben vor allem in der Nähe des Flusses. In einigen Geschäften werden von ihnen die typischen roten Flechtarbeiten verkauft.

Eine 1880 erbaute **Kathedrale** im Stil französischer Kirchen liegt auf der anderen Flussseite. Zu erreichen über die Fußgängerbrücke südöstlich vom Markt, etwas versteckt hinter den Holzhäusern. Schlüssel im Pfarrhaus.

Viele Ausländer kommen nach Chantaburi, um in den Juweliergeschäften entlang der Hauptstraße **Edelsteine**, vor allem den Roten Saphir (*Thapthim Siam*), zu kaufen. Überall kann man beim Schleifen oder Sortieren der winzigen Steine zuschauen. Kaufen sollten allerdings nur wirkliche Experten: Steine zum halben Preis gibt es in ganz Thailand nicht. Am Freitag, Samstag und Sonntag Nachmittag findet in der Soi Krachang, von der Sri Chan Road abgehend, ein Juwelenmarkt statt.

Die Straße H3146 führt Richtung Süden nach Laem Sing an der Flussmündung. In **Pak Nam** und **Ka Chai** stehen noch die Reste ehemaliger Befestigungsanlagen, die vor feindlichen Angriffen vom Meer her schützen sollten.

Arunsawat Hotel* ④, ℡ 311082, 239 Sukha Phiban Rd., ℡ 311082, kein englisches Schild au-

ßen, gegenüber vom *Chantra Hotel*, 18 saubere Zi mit Fan und Du/WC, geleitet von einem älteren Ehepaar, kein Restaurant.

Chantra Hotel*–** ③, 248 Sukha Phiban Rd., ℡ 312388, einige Zi renoviert.

Amarin Palais** ①, Raksakchamoon Rd., ℡ 328940, kein englisches Schild, an der Ausfallstraße neben der Shell-Tankstelle, 30 gut eingerichtete, saubere Zi mit Fan oder ac, sehr gutes Preis-Leistungs-Verhältnis.

New Travel Lodge**** ①, 14 Raksakchamoon Rd., 1 km nördlich vom Busbahnhof, ℡ 351300, renovierte ac-Zi, Pool.

Chantaburi Hotel*–** (ac***) ⑨, 42/6 Tha Chalaeb Rd., ℡ 311300, saubere Zi mit Fan und ac.

Budsalakam Bungalow** ①, Raksakchamoon Rd., ℡ 321563, 500 m weiter, 200 m von der Ausfallstraße, sehr ruhige Lage, abgewohnt.

Muang Chant** (ac***) ⑩, 257-9 Sri Chan Rd., ℡ 312909, an der Hauptstraße in einem Hintergebäude, macht einen gepflegten Eindruck, Personal spricht Englisch, relativ ruhig; ordentliche Zi.

Kasemsarn 1** (ac***) ⑤, 98/1 Benjamarachuthid Rd., ℡ 311100, relativ laut; sauber, ac-Zi mit Kühlschrank, TV und Warmwasser, nach hinten ruhiger. Im 1. Stock das *Chanthon Restaurant*.

K.P. Grand Hotel**** ⑪, 35/200 Tri Rat Rd., ℡ 323201-13, 🖷 323214, Hochhaus, luxuriöse Zi.

Eastern Hotel**** ⑫, 899 Tha Chalaeb Rd., ℡ 312218-20, 🖷 311985, saubere gute Zi; empfehlenswert, aber etwas weit außerhalb.

Caribou Highland Hotel ⑥, 14 Chawana Uthid Rd., ℡ 323431, 🖷 321584, Luxushotel im Westen der Stadt, DZ mit 50% Rabatt ab 990 Baht, Pool, Bäckerei.

Es gibt viele leckere Straßenrestaurants und ein auffallend gutes Gemüseangebot. Rings um den großen See im Taksin Park liegen eine Reihe netter Seafood-Restaurants, entlang der Tha Chalaeb Rd. mehrere gute Restaurants. **Dream Restaurant**, neben der Busstation hinter der Shell-Tankstelle, bietet gutes Essen an sauberen Tischen.

Im **Sui Market** beim Clock Tower werden abends leckere Gerichte zubereitet.

Im Kaufhaus gibt es im 2. Stock ein Food Center.

OSTKÜSTE

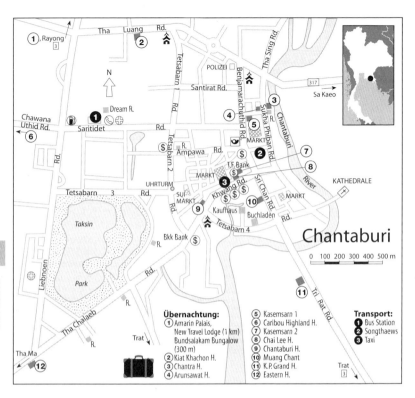

Chantaburi

0 100 200 300 400 500 m

Übernachtung:
1 Amarin Palais,
New Travel Lodge (1 km)
Bundsalakam Bungalow
(300 m)
2 Kiat Khachon H.
3 Chantra H.
4 Arunsawat H.

5 Kasemsarn 1
6 Caribou Highland H.
7 Kasemsarn 2
8 Chai Lee H.
9 Chantaburi H.
10 Muang Chant
11 K.P. Grand H.
12 Eastern H.

Transport:
1 Bus Station
2 Songthaews
3 Taxi

Sonstiges

FEST – Die **Fruit Fair** mit Umzug und Jahrmarkt findet am zweiten Mai-Wochenende statt.

GELD – wechselt die *Kasikorn Bank* nahe dem Marktplatz.

INFORMATIONEN – In der Stadt spricht kaum jemand Englisch. Der freundliche, Englisch sprechende Besitzer des Buchladens (siehe Karte) kann gute Tipps geben. In der Tetsabarn 3 Road soll es eine Touristeninformation geben.

VORWAHL – 039; PLZ: 22000.

Transport

Wesentlich schneller als über den Sukhumvit Highway entlang der Küste ist die 70 km kürzere Straße H344 von Chonburi via Ban Bung und Klaeng nach Chantaburi.
Nach BANGKOK (Eastern Bus Terminal) non-ac-Busse um 7.30 und 13 Uhr für 103 Baht in 5 Std. (309 km), ac-Busse alle 30 Min. bis 24 Uhr für 148 Baht in 3 1/2 Std. (239 km), 2.Kl. ac-Bus 9x tgl. für 115 bzw. 144 Baht. Zum North Eastern Bus Terminal (günstig zum Umsteigen nach Nord-Thailand) ac-Busse 7x tgl.für 153 Baht in 3 1/2 Std.
Nach RAYONG ac-Busse ab 10.30 Uhr für 55 Baht in 2 1/2 Std.

Nach TRAT non-ac-Bus 42 Baht, ac-Busse bis 14 Uhr für 58 Baht in 90 Min.
Nach BO RAI alle 30 Min. für 80 Baht.
Von und nach KORAT non-ac-Busse 15x tgl. für 118 Baht, ac-Busse 8x tgl. für 210 Baht in 5 Std.
Sammeltaxis nach TRAT fahren vom Brunnen von 6–17 Uhr, sobald 5–6 Pers. beisammen sind, für 60 Baht p.P.

Die Umgebung von Chantaburi
Khao Phloi Waen

Edelsteine, die in der Stadt verarbeitet werden, kommen zum Teil aus nahe gelegenen Minen. Für eine Besichtigung bietet sich Khao Phloi Waen an, wenige Kilometer nördlich der Stadt. Auf dem 150 m hohen Hügel steht eine Stupa im ceylonesischen Stil und ein Mondhop, der die Nachbildung eines Fußabdrucks von Buddha enthält. Die Erde wird aus tiefen Schächten nach oben transportiert und ausgewaschen. Mit viel Glück findet sich unter zahlreichen dunklen Steinen ein blauer Saphir.

Krating-Wasserfall

Leicht zu erreichen (28 km) ist der Nam Tok Krating. Ein steiler Pfad schlängelt sich durch üppiges Bambusdickicht den Berg hinauf, vorbei an vielen Kaskaden und kleinen Pools. Der Fall Nr. 8 stürzt ca. 50 m über 4 Stufen in einen großen, hüfttiefen Badepool. An Wochenenden sitzen viele Bewohner Chantaburis in voller Bekleidung in den Wasserbecken und picknicken. Eindrucksvoller sollen die Fälle Nr. 9 und 10 sein. Auf dem H316 stadtauswärts erreicht man den H3 beim KM 324 und überquert diesen auf dem H3249, auf dem es weitergeht bis zum KM 21,6. Hier noch 800 m nach rechts zum Eingang des **Kitchakut National Parks**, ⊙ 6–18 Uhr, Eintritt. Übernachtungsmöglichkeit in Park-Bungalows****. Zelte sind für 40 Baht zu mieten, Aufstellen des eigenen kostet 5 Baht. Songthaew vom Markt in Chantaburi für 25 Baht in 1 Std., plus 20 Min. zu Fuß.

Khao Soi Dao Tai National Park

Wer die Natur in diesem wenig frequentierten, aber sehr reizvollen National Park erleben will, muss einen großen Abstecher in Kauf nehmen. Der 745 km² große **Khao Soi Dao Tai National Park** liegt 70 km von Chantaburi entfernt.

Schmetterlinge von wenigen Millimetern bis zur Handtellergröße umflattern den Besucher schon am Eingang. Am Fluss führt ein einfacher Fußpfad an den Wasserfällen hinauf durch schönen Dschungel. Nach 30 Min. ist der beeindruckende 7. Wasserfall erreicht. Um bis zum 16. Fall vorzudringen, sollte eine Ganztagstour mit Führer eingeplant werden. Um auf den 1670 m hohen Khao Soi Dao Tai zu gelangen, braucht man 3 Tage, eine besondere Genehmigung vom National Park Office und ebenfalls einen Führer. Gewarnt wird vor giftigen Schlangen und Malaria!

Vom H3 biegt am KM 332,6 der H317 nach Nordosten ab. An ihm steht beim KM 62,5 kurz nach einer Tankstelle links unter vielen Thai-Schildern: *„Nam Tok Khao Soi Dao“*. Auf einem Erdsträßchen sind es nun noch 3,5 km bis zur Schranke. Zu Fuß (in der Trockenzeit mit dem Wagen) erreicht man nach 3,5 km den Fluss. Kostenlos übernachten kann man in 2 Bungalows beim *Headquarter*. Verpflegung mitbringen, da das kleine Restaurant nur an Ausflugstagen geöffnet ist.

Übernachtung

20 km südlich des Parks liegt **Green Future*****, ☏ 01-3053814, 20 Moo 3, Ban Pang Ngon, wo ein Thai-Schweizer Paar 3 Bambusbungalows mit Du/WC in einen Obstgarten gebaut hat; Fahrräder für Ausflüge zum Park zu mieten.

Trat   ตราด

Die Provinzhauptstadt Trat (15 000 Einwohner) liegt 317 km von Bangkok entfernt in der Nähe der kambodschanischen Grenze. Schon in der Ayutthaya Zeit galt Trat als wichtiger Seehafen. Im 19. Jahrhundert war die Stadt kurzzeitig von Franzosen besetzt. Heute präsentiert sich die Marktstadt modern und wohlhabend, die Schmuggelgeschäfte mit Kambodscha bringen wohl immer noch viel ein. Kaum ein Reisender würde sich nach Trat verirren, wäre die Stadt nicht der Ausgangspunkt für die vorgelagerte Inselwelt und für den Grenzübergang nach Kambodscha. Wer Zeit hat, kann sich die moderne Markthalle mit Rolltreppe anschauen. Davor wird eine goldene Statue in einem Schrein vor allem abends mit vielen Opfergaben verehrt.

Schräg gegenüber liegt das **Wat Chai Mongkol** mit malerisch bewachsenen alten Chedis. An der Ampel nach Westen kommt man nach 2 km zum 300 Jahre alten **Bupharam Tempel**, der Asche Buddhas beherbergt. Ansonsten wirkt die Stadt eher langweilig.

Auch in der Provinz Trat werden Edelsteine gefunden, unter denen der Königsrubin als besonders wertvoll gilt. Auf fruchtbarem Boden wachsen Durian, Rambutan, Langsat und Mangosteen, große Flächen werden für Gummiplantagen genutzt.

Übernachtung

GÄSTEHÄUSER – Fast alle Gästehäuser liegen in einem Umkreis von 2 Min. zu Fuß um das *N.P. Gh.* Alle sind sehr einfach und haben Du/WC außen.
Jame Gh. * ⑥, 45-1 Lak Muang Rd., ✆ 530458, ✉ Jamegh@hotmail.com, zurückversetzt von der Straße, schönes Holz- und Bambushaus, saubere Zi mit Moskitonetz, gutes Essen, freundliche Familie; Internet.
Friendly Gh. * ⑦, Lak Muang Rd., ✆ 524053, schräg gegenüber, saubere, hellhörige Verschläge. Bootstouren, Minibus-Service nach Sihanoukville für 500 Baht.
N.P. Gh. * ⑩, Lak Muang Rd., 10 Soi Yai On, ✆ 512270, Stadthaus mit 12 einfachen, sauberen Zimmern, Du/WC außen, Schlafsaal mit 3 Betten; angenehme Atmosphäre, viele Informationen. Der freundliche Manager spricht gutes Englisch. Moped 50 Baht/Std.
Coco Gh. * ⑭, Thana Charoen Rd., Holzhaus mit einfachen, großen Zimmern, Moskitonetz, primitive Du/WC außen, nette Familie.
Foremost Gh. * ⑬, 49 Thana Charoen Rd., ✆ 511923, gemütliches, in die Jahre gekommenes Holzhaus, große Zi, warme Gemeinschafts-Du/WC, Gemeinschaftsraum mit ac, viele Infos.
Guy Gh. * ⑮, Thana Charoen Rd., ✆ 01-9406270, gegenüber *Foremost,* saubere, helle Zi bei freundlicher Familie, Warmwasser; Internet.
Residang House * ⑯, Thana Charoen Rd., ✆ 530103, 400 m hinter *Foremost Gh.*, modernes Steinhaus, kleine, saubere Zi, das Personal spricht kaum Englisch.
Garden Home Gh. * ⑪, 8, Sukhumvit Rd., gegenüber von der Thana Charoen Rd., ausgeschildert,

winzige, saubere Zi nach hinten hinaus, sehr hellhörig; gemütliches Gartenrestaurant.
Pop Gh. * ⑫, Thana Charoen Rd., ✆ 512392, ✉ popson1958@hotmail.com, saubere Zi, Warmwasser-Du/WC. Im Biergarten gibt es europäisches Frühstück und Thai-Essen.
Trat Gh. * ⑨, ✆ 511152, Soi Khunpoka, Lakmuang Rd., in einer kleinen Seitenstraße, sehr ruhig, saubere Gemeinschafts-Du/WC, kleine Zi; Bücher, Infos. Guter Standard für Traveller.
Tok Gh. 1 * – * * ⑥, Lak Muang Rd., Zi mit und ohne Du/WC, netter Aufenthaltsraum, Frühstück und Thai-Essen.
Tok Gh. 2 * (ac* *) ④, etwas außerhalb.
Tok Gh. 3 * ①, gegenüber vom Krankenhaus, Reihenhaus direkt an der Hauptstraße.

HOTELS – *Thai Roong Roj Hotel* * (ac* * *) ②, 296 Sukhumvit Rd., ✆ 511141, etwa 200 m von den Bus Stationen, große, ältliche Zi.
Muang Trat Hotel * (ac* * *) ③, 24 Vijijanya Rd., ✆ 511091, zwischen der Markthalle und dem Nachtessen-Markt, einfache, saubere Zi, ruhig im 4. Stock Richtung Innenhof, Parkmöglichkeiten.
Muang Trat O.K. * (ac* * – * * *) ③, 4 /4 Chaimongkol Rd., ✆ 512657, große Bungalowanlage östlich der Stadt. **Am H3 Richtung Bangkok** liegen von Süd nach Nord einige kleine Hotels, darunter:
Pa Ploen * – * * *, 248 Sukhumvit Rd., ✆ 512231, 25 Zi mit Fan oder ac.

Essen

Abends isst man am besten und billigsten auf dem **Nachtessen-Markt** neben dem *Trat Hotel.* Exzellent sind hier die vielen Varianten von Nachtisch, sehr gut schmeckt *tao tung*, eine Eisspezialität.
Saeng Fah und *Puen* servieren leckere Gerichte.
Jiraporn Breakfast, neben dem *Trat Hotel*, ist fürs Frühstück zu empfehlen.
Im *Trat Department Store* gibt es im 2. Stock ein ac-Restaurant mit Blick auf die Markthalle und die Hauptstraße.
Der **Night Food Park** in Tha Rua liegt direkt am Trat Fluss, 4 km nach Nordosten auf der Straße, die an der Post entlangführt.
Cool Corner ist eine beliebte Bar zum Relaxen mit Restaurant.

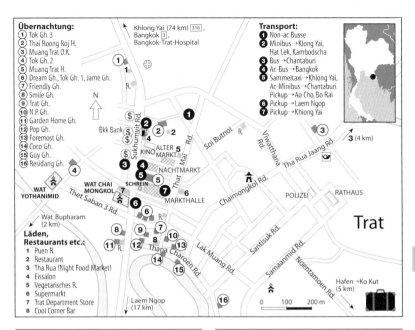

1. Tok Gh. 3
2. Thai Roong Roj H.
3. Muang Trat O.K.
4. Tok Gh. 2
5. Muang Trat H.
6. Dream Gh., Tok Gh. 1, Jame Gh.
7. Friendly Gh.
8. Smile Gh.
9. Trat Gh.
10. N.P Gh.
11. Garden Home Gh.
12. Pop Gh.
13. Foremost Gh.
14. Coco Gh.
15. Guy Gh.
16. Residang Gh.

Läden,
Restaurants etc.:
1. Puen R.
2. Restaurant
3. Tha Rua (Night Food Market)
4. Eissalon
5. Vegetarisches R.
6. Supermarkt
7. Trat Department Store
8. Cool Corner Bar

Transport:
1. Non-ac Busse
2. Minibus→Klong Yai, Hat Lek, Kambodscha
3. Bus→Chantaburi
4. Ac-Bus→Bangkok
5. Sammeltaxi→Klong Yai, Ac-Minibus→Chantaburi
6. Pickup→Laem Ngop
7. Pickup→Khlong Yai

Klong Yai (74 km) 318, Bangkok 3, Bangkok-Trat-Hospital

Trat

Sonstiges

BÜCHER – Am *Trat Gh.* befindet sich ein Bookshop mit An-und Verkauf.

FESTE UND FEIERTAGE – Am 23. März wird der **Memorial Day** zum Gedenken an den Austausch der Provinzen mit Frankreich begangen. Im Juni findet die **Rakarn Fair**, ein Früchte-Fest mit Umzug und Jahrmarkt statt.

GELD – Banken entlang der Hauptstraße.

INTERNET – Mehrere Internet Cafés in der Sukhumvit Rd. in der Nähe der Bushaltestelle für 1 Baht/Min.

MEDIZINISCHE HILFE – *Bangkok Trat Hospital*, am Highway, ✆ 039-532735. *Government Hospital*, ✆ 511040.

MOPEDS – werden rechts vom Markt, gegenüber dem Schrein, ab 150 Baht vermietet.

VORWAHL – 039; PLZ: 23 000.

Transport

BUSSE – 4 große Busgesellschaften haben ihre Büros an der Hauptstraße. Die Preise sind nahezu gleich. Nach Bangkok zum Eastern Bus Terminal, 317 km, und Northern Bus Terminal, 387 km, fahren Busse etwa stündlich zwischen 6 und 23.30 Uhr. Zudem vom Platz hinter dem *Thai Roong Roj Hotel* non-ac-Bus bis 15.30 Uhr für 105 bzw. 126 Baht in ca. 6 Std.; 2.Kl.-ac-Bus für 147 Baht; ac-Bus für 189 bzw. 194 Baht, VIP-32-Bus 221 Baht, in 4 1/2 Std.
Chok Anukul verkauft in den Gästehäusern Tickets für seinen guten ac-Bus mit 20 Baht Rabatt.
Nach CHANTABURI im ac-Bus Richtung Bangkok für 58 Baht (non-ac 42 Baht) in 1 1/2 Std. Blaue Taxis zwischen 6 und 18 Uhr für 350 Baht.
Zu den Ko Chang-Piers von LAEM NGOP (17 km) mit Pickups mit 10–12 Passagieren bis 17 Uhr für 20–25 Baht. Blaue Taxis 120 Baht.
Nach KHLONG YAI Songthaew für 40 Baht in 50 Min., ac-Minibus 60 Baht.
Nach BAN HAT LEK (Kambodscha-Grenze, 90 km) ac-Minibus alle 45 Min. von 6–18 Uhr für 100 Baht in 70–90 Min.

FLÜGE – Nach BANGKOK fliegt *Bangkok Air* 4x wöchentl. bis 2x tgl.

Die Umgebung von Trat
Bo Rai

Wer am Kauf von Edelsteinen interessiert ist und sich entsprechend auskennt, für den lohnt sich ein Trip nach Bo Rai an der Kambodscha-Grenze, 53 km nördlich von Trat. In den frühen Morgenstunden (bis 10 Uhr) findet hier ein **Juwelenmarkt** (Hua Tung Market) statt. Es gibt mehrere Hotels. Minibusse fahren für 30 Baht in 1 Std. von Trat nach Bo Rai. Ein weiterer Edelstein-Markt findet in Ban Nong Bon, 20 km nordwestlich, statt.

Laem Sok

Auf dem H3155 nach Süden kommt nach 27 km ein hübscher Picknick-Platz am Strand, Laem Sok (30 Baht mit Songthaew). Unterwegs geht es an den Fischerdörfern **Ban Ao Cho** (von hier gehen Boote zu den südlichen Inseln) und **Ban Laem Hin** vorbei.

Übernachtung

BO RAI – *Paradise* ** (ac***) bei der Post.
Honey Inn * (ac**), beim Markt.
B.M. House ** (ac***), 18 Zi.
Sirin Garden *, ✆ 01-8271326, einfache Mattenhütten um einen Teich in nettem, natürlichen Umfeld; guter Service. Buchbar bei Jürgen im *Sirin Guesthouse* in White Sand Beach, Ko Chang.

LAEM SOK – An der Bucht im Osten liegen zwei Resorts:
Ban Pu Resort, 199 Moo 1, Nong Khan Song, ✆/✆ 512400, 🖳 www.banpuresort.com, First Class-Anlage, nennt sich Boutique Resort, große Zi mit viel Holz im Haupthaus, ac-Bungalows mit TV, Kühlschrank. Seafood-Restaurant, Swimming Pool.
Laem Thean ****, 113 Moo 1, Tambon Ao Yai, ✆ 511824, 14 Zi mit ac.

Laem Ngop   แหลมงอบ

17 km südwestlich von Trat liegt Laem Ngop. Der Ort wirkt wie ein schmuddeliges, billiges Amüsierdörfchen, in dem sich viele Thais vergnügen. Von 3 Piers westlich von Laem Ngop fahren die Boote nach Ko Chang und auf die anderen Inseln. Traveller übernachten hier nur noch, wenn sie das letzte Boot um 19 Uhr verpasst haben.

Übernachtung

Laem Ngop Inn ***–****, ✆ 597044, 31 gut eingerichtete Bungalows mit Fan und ac.
Paradise Hotel **–***, ✆ 597031, am Dorfeingang links, saubere Bungalows mit Bad und ac (auf Wunsch ohne Benützung der ac); an einem künstlichen Wasserbecken.
Laem Ngop Resort ***, ✆ 597084, 20 Zi mit Fan; Restaurant.
Hwah Hin House **, Teakhaus am Mangrovenstrand mit toller Vogelwelt, geleitet von einem Thai-englischen Paar, ca. 5 km östlich von Laem Ngop.

Sonstiges

GELD – *Kasikorn Bank* mit Wechselschalter an der Hauptstraße.

INFORMATIONEN – *Tourist Office*, 100 Moo 1, ✆/✆ 597255, Nähe Laem Ngop Pier.

IMMIGRATION – Für ein 30-Tage-Visum kostet eine 10-tägige Verlängerung 500 Baht, ebenso die Verlängerung um 30 Tage für das 60-Tage-Visum, ✆ 039-597261.

MEDIZINISCHE HILFE – Eine kleine, gut ausgestattete *Clinic* liegt am Ortseingang links. Bei akutem Fieber untersucht das *Malaria Office*, 600 m vom Pier rechts, Blut auf Malaria-Erreger.

Transport

Von TRAT mit dem Songthaew für 20 Baht in 30 Min. zu einem der 4 Piers.

BUSSE – Von BANGKOK kommen viele Traveller direkt von der Khaosan Rd. mit dem Ko Chang ac-Minibus für 250–300 Baht (ohne Boot), hin und zurück 500 Baht; Abfahrt um 9 Uhr, Ankunft ca. 15–16 Uhr. Zurück in die Khaosan Rd. um 11 Uhr für 250 Baht in 7 Std.

Ansonsten zurück nach BANGKOK zunächst mit dem Songthaew nach Trat, dort umsteigen in den non-ac- bzw. ac-Bus (105–221 Baht) nach Bangkok zum Eastern Bus Terminal (6 bzw. 4 1/2 Std.). Ein ac-Minibus nach BAN PHE (für Ko Samet, 250 Baht) und PATTAYA (400 Baht) fährt um 13 Uhr. Ein ac-Minibus nach HAT LEK (Grenze zu Kambodscha) fährt um 11 Uhr für 350 Baht in 2 1/2 Std. Weitere ac-Minibusse fahren am Mo, Mi, Fr um 13 Uhr nach ARANYAPRATHET für 400 Baht in 4 1/2 Std. und nach KORAT für 450 Baht in 5 Std.

BOOTE – Von 4 Piers fahren laufend Boote ab.
Nach Ko Chang: 3 Autofähren fahren alle 1 bis 2 Std. bis 19 Uhr für 30 Baht p.P., Motorrad 120 Baht, Auto 150 Baht (inkl. Fahrer, hin und zurück) in 25–45 Min.
Vom Krom Luang-Pier fährt ein Boot stündl. von 9–17 Uhr zum Tha Dan Kao Pier für 50 Baht in 45 Min. und ein Boot zum White Sand Beach Resort um 15 Uhr für 80 Baht in 2 Std.
Vom Laem Ngop-Pier fahren jeden Werktag um 13 Uhr Boote nach DAN MAI (30 Min., 30 Baht) und THAN MAYOM (45 Min., 30 Baht), zurück werktags um 16 Uhr.
Zu den südlichen Inseln: Vom Laem Ngop-Pier fahren regelmäßig Transportboote (ohne Verpflegung) von November bis Juni um 15 Uhr u.a. nach KO WAI und KO MAK für 130 bzw. 220 Baht in 2 1/2 bzw. 3 1/2 Std. Sie fahren um 8 Uhr zurück. Nach KO MAK fährt das neue Fährboot am Fr, Sa, Mo um 8.30 Uhr, zurück am Fr, So, Do um 14 Uhr. Private Speedboote transportieren die Gäste der Luxus-Resorts zu ihren (Privat-)Inseln (nur mit Vorbuchung, s.u.). Zudem fahren Ausflugsboote mit Thai-Gruppen an langen Wochenenden zu den Stränden.

Ko Chang   เกาะช้าง

Ko Chang (Elefanten-Insel), die zweitgrößte Insel des Landes, liegt im Südosten des Golfs von Thailand, im Grenzgebiet zu Kambodscha. Sie ist 30 km lang, 8 bis 13 km breit und bis zu 744 m hoch. Der Regenwald im Inneren wirkt wild und undurchdringlich, Wolken durchwabern ihn häufig. In den Bergen leben Wildschweine, Affen und Schlangen. Der Wald gilt als einer der am besten erhaltenen in Südostasien. Nur an den Küsten und in den Tälern

liegen einige kleine Dörfer, deren Bewohner (ca. 3000) vom Fischfang oder vom Anbau von Kokosnüssen und Gummibäumen leben.

1982 wurden das gesamte Bergland von Ko Chang und 46 kleinere Inseln zum Ko Chang National Marine Park erklärt. Bis 1987 kamen nur wenige Touristen auf die Insel. Aber in jüngster Vergangenheit hat eine rasante touristische Entwicklung stattgefunden, deren Höhepunkt noch längst nicht erreicht ist.

Nach dem wirtschaftlichen Aufschwung in Thailand leisten sich seit der Jahrtausendwende immer mehr Thais einen Wochenend- oder Kurzurlaub. Gerne fahren sie mit dem eigenen Wagen auf die Insel Ko Chang, die schon von drei Autofähren bedient wird. Thais haben eine etwas andere Vorstellung von Urlaub als westliche Touristen und genießen vorzugsweise die Ostküste der Insel.

Die Regierung möchte die Inseln systematisch für den Tourismus erschließen und in Ko Chang einen First-Class-Tourismus entwicken. Viele Resortbetreiber wurden mit günstigen Krediten animiert, ihre alten Hütten abzureißen und zu einem vielfachen Preis Komfortübernachtungen zu schaffen. Der Ministerpräsident, der auf Ko Chang angeblich selbst ein Resort besitzt, hat bereits einige hundert Millionen Baht für die Infrastruktur locker gemacht. So wurde Ko Chang ans Stromnetz angeschlossen, ein Pier gebaut und ein gut funktionierender Fährbetrieb eingerichtet. Die Uferstraße ist zweispurig asphaltiert, und bis 2004 soll auch ein Seekabel fürs Telefon gelegt werden. Der 2003 neu eröffnete Flughafen in Trat gewährleiset eine schnelle Verbindung nach Bangkok.

Sehr reiche, einflussreiche Thais investieren in Ko Chang, die Grundstückspreise schießen in die Höhe. So entstehen zwangsläufig, auch ohne Druck der Regierung, Resorts im oberen Preisniveau, die sich nur Leute mit viel Geld leisten können. Trotzdem bleiben noch immer preiswerte Unterkünfte erhalten, in denen sich Traveller wohlfühlen.

Übernachtung und Essen

An allen Stränden sind die Bungalows mit eigener Du/WC und elektrischem Licht ausgestattet, bei gehobenen Preisen (400–600 Baht). Auch die Preise der besseren Bungalows (600–1200 Baht) sind in der Regel höher als in Süd-Thailand.

OSTKÜSTE

Wenn Thais an den Festtagen auf die Insel strömen, schießen die Preise in die Höhe, viele der über 120 Unterkünfte sind bereits ab dem späten Vormittag belegt, und an den Stränden werden Zelte aufgestellt.

Fast alle Anlagen haben ein Restaurant, das „Thai-Farang-Essen" (verwestlichtes Thai-Essen) bietet, andernfalls weisen wir darauf hin. Super und günstig isst man in den Garküchen am Straßenrand.

Sonstiges

BIKES – Es gibt überall gute neue Bikes zu mieten. Am Ende von White Sand sogar Shopper und Offroad-Bikes. Fast jedes Resort vermietet eigene Bikes, überwiegend 110- bzw. 125 ccm Viertakter für 250–300 Baht, bei Langzeitmiete Rabatt. Viele Vermieter verlangen nach einem Unfall zu den Reparaturpreis noch einen Unfall-Obulus von ca. 1000 Baht. Werkstätten sind ausreichend vorhanden und auch bis in den späten Abend geöffnet.

Die Westseite mit ihren Kurven und Steigungen bis Bang Bao ist eine super Strecke und zweispurig asphaltiert. Vorsicht: viele enge Kurven! Auch die Ostseite ist durchgehend asphaltiert, endet aber am Pier von Salakpet. Hier ist es nicht so bergig, und es gibt relativ wenig Verkehr. Von den Piers im Norden bis Kai Bae muss mit starkem LKW-Verkehr gerechnet werden.

BOOTSTOUREN – Fast alle Resorts bieten Boots- und Schnorcheltouren an. Am Laem Ngop Pier kann man an vielen Stellen Bootstickets kaufen. Auch am Ende des Touristendorfes Bang Bao gibt es Bootstickets für die vorgelagerten Inseln. *Island Hopper Tours* (mit *Captain Graham),* ✆ 01-8650610, ✉ islandho@tr.ksc.co.th, macht Schnorcheltouren nach Ko Wai (400 Baht), Ko Mak (600 Baht) und Ko Rang (900 Baht) inkl. Essen, Softdrinks und Schnorchelausrüstung, vermietet auch Kanus, Zelte, Maske und Schnorchel (500 Baht Pfand). Abfahrt in Bang Bao um 9 Uhr, Rückkehr um 17 Uhr, Zubringer mit dem grün-gelben Taxi für 50 Baht ab *Apple Bungalow* am White Sand Beach um 8 Uhr oder unterwegs stoppen. *Captain Dam Tourboat,* ✆ 09-5216516, macht Halb- und Ganztagstouren auf vorgelagerte In-

seln bzw. zu Schnorchelrevieren auf der Westseite von Ko Chang. Sein blaues Boot mit leisem Motor liegt am White Sand Beach. Das Boot fasst ca. 30 Personen und hat sehr gute Schnorchelausrüstung, Weste und Flossen inkl., Wasser und Obst frei. Halbtagstour 9–13 Uhr für 200 Baht, mit Essen 250 Baht.

Sao's Boat Trip (Vorausbuchung bei Frau Sao, ✆ 09-0360350, im *Fisherman's Restaurant* oder *Ban Nuna,* White Sand Beach). Zweitagestrip mit Partyboot für 2000 Baht *all inclusive,* Essen, Bier, Whisky + Schnorcheln + Fischen usw. Es soll auch bei strengen Trinkern keine Engpässe geben – also Party extrem!

GELD – Am White Sand Beach gibt es Geldautomaten und direkt an der Straße im Sabay Plaza eine Bank.

INTERNET – gibt es überall. Sobald die neue Telefonleitung installiert ist, werden die Preise auf ca. ein Baht pro Minute fallen.

MALARIA UND MOSKITOS – Moskitos werden bei Windstille nach Regen zur Plage. Ansonsten gibt es sehr wenige. Laut Tropeninstitut Tübingen ist die Gefahr, auf Ko Chang an Malaria zu erkranken, sehr gering. Von chemischer Prophylaxe wird abgeraten. Mechanischer Schutz wird empfohlen (s. S. 24). Dagegen berichten Deutsche, die schon jahrelang auf Ko Chang leben, über mehrere an *Malaria tropica* erkrankte Freunde, i.b. am Klong Prao Beach, anscheinend vorwiegend in der Regenzeit. Bei akutem Fieber sollte man sich auf Malariaerreger untersuchen lassen.

MEDIZINISCHE HILFE – Am White Sand Beach gibt es die *International Clinic,* ✆ 01-8633609, 🖥 www.kohchanginterclinic.com, ⊙ tgl. 10–20 Uhr, beim *Ban Pu Resort,* mit neuem Krankenwagen. Sie ist eine Zweigstelle des Bangkok Trat Hospital, ✆ 039-532735. Eine weitere *Clinic,* ✆ 01-8658358, ⊙ tgl. 17–22 Uhr, am White Sand Beach. In Klong Son, Klong Prao, Kai Bae und am Pier von Bang Bao gibt es *Krankenstationen,* in Dan Mai an der Ostküste ein neues *Hospital,* ✆ 521660. Das nächste staatliche *Krankenhaus* befindet sich in Trat, ✆ 511040.

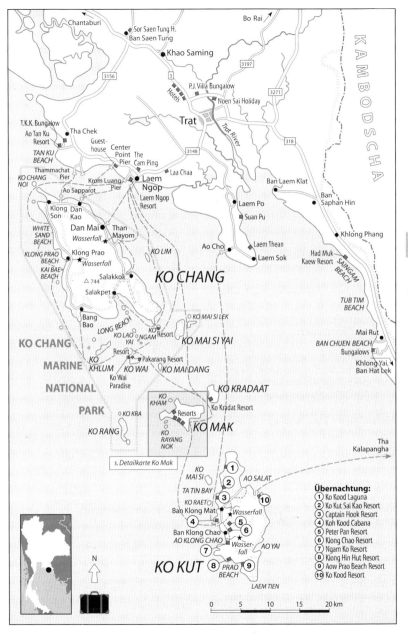

Chantaburi

Bo Rai

Sor Saen Tung H.
Ban Saen Tung

Khao Saming

3197

3156

3

P.J. Villa Bungalow

3271

Hotels

Noen Sai Holiday

Trat

318

T.K.K. Bungalow
Ao Tan Ku Resort

Tha Chek

Guest-house

3148

TAN KU BEACH

Center Point Pier

The Cam Ping

Laa Chaa

Thammachat Pier

KO CHANG NOI

Krom Luang Pier

Laem Ngop

Ban Laem Klat

Ban Saphan Hin

Ao Sapparot

Laem Ngop Resort

Laem Po

Klong Son

Dan Kao

Suan Pu

Khlong Phang

WHITE SAND BEACH

Dan Mai

Wasserfall

Than Mayom

KO LIM

Ao Cho

Laem Thean

Had Muk Kaew Resort

SAINGAM BEACH

KLONG PRAO BEACH

Klong Prao

★ *Wasserfall*

Laem Sok

KAI BAE BEACH

△ 744

Salakkok

KO CHANG

TUB TIM BEACH

Salakpet

Bang Bao

LONG BEACH

KO LAO YAI

KO NGAM

Resort

Mai Rut

BAN CHUEN BEACH
Bungalows

KO CHANG

MARINE

KO KHLUM

Resort

KO WAI

Pakarang Resort

KO MAI SI LEK

KO MAI SI YAI

KO MAI DANG

Khlong Yai,
Ban Hat Lek

NATIONAL

Ko Wai Paradise

KO KRADAAT

PARK

○ *KO KRA*

KO KHAM

Resorts

Ko Kradat Resort

KO RANG

KO RAYANG NOK

KO MAK

Tha Kalapangha

s. Detailkarte Ko Mak

KO MAI SI

①

②

AO SALAT

Übernachtung:

TA TIN BAY

③

⑩

① Ko Kood Laguna

KO RAETO

Ban Klong Mat

★ *Wasserfall*

② Ko Kut Sai Kao Resort

③ Captain Hook Resort

④

⑤

④ Koh Kood Cabana

Ban Klong Chao

⑥

⑤ Peter Pan Resort

AO KLONG CHAO

Wasser-fall

AO YAI

⑥ Klong Chao Resort

⑦

⑦ Ngam Ko Resort

KO KUT

⑧ *PRAO BEACH*

⑨

⑧ Klong Hin Hut Resort

⑨ Aow Prao Beach Resort

LAEM TIEN

⑩ Ko Kood Resort

0   5   10   15   20 km

N

POST – Am White Sand Beach beim *Ko Chang Resortel*.

REISEZEIT – Von Oktober bis Januar ist eine angenehme Reisezeit. Im Dezember/Januar muss man 2–4 mal mit Kälteeinbrüchen mit heftigem Wind rechnen (jeweils 4–5 Tage lang). Die beste Zeit ist von Februar bis Mai. Während der Regenzeit von Juli bis September/Oktober sind viele Bungalowanlagen geschlossen. Vom 20.12. bis ca. 5.1. sind alle Bungalows belegt, da Thais hier ihre Weihnachtsferien verbringen. Ein freies Bett zu finden, ist fast aussichtslos, daher möglichst schon am Flughafen buchen. Auch an langen Wochenenden und zu Songkran (13. April) kommen Einheimische in Massen, dann kann es ebenfalls Probleme mit Unterkünften geben. Im April/Mai ist Thai-Saison, ab Juni wird es ruhig.

SANDFLIEGEN UND QUALLEN – können an einigen Stränden zu bestimmten Zeiten unerträglich werden. Es kann zu starken Entzündungen und allergischen Reaktionen kommen. Vor Sandfliegen hilft evtl. *Skin-So-Soft* von *Avon*, gegen Quallenausschlag als Erste-Hilfe-Maßnahme Essig oder Zitronensäure.

SCHNORCHELN – An allen Stränden werden Ausfahrten mit dem Boot angeboten. Die besten Inseln zum Schnorcheln sind Ko Khlum (Ko Kum) und Ko Kra (nördlich von Ko Rang).

SEGELTOUREN – *Thida Yachting*, ℡ 01-8337673, 🖥 www.sailing-in-thailand.com.

STRÖMUNGEN – In der Monsunzeit in unseren Sommermonaten können an den Stränden gefährliche Strömungen auftreten. Am White Sand Beach und Thanam Beach sind schon Touristen ertrunken. Deshalb wird mit Schildern am Strand gewarnt: „Bei hohen Wellen Baden verboten".

TAUCHEN – Auf Ko Chang operieren mehrere Tauchschulen. Sie unterscheiden sich nur wenig in den Angeboten und haben an jedem Strand ihre Stützpunkte.
Ko Chang Dive Point, beim *Nature Bungalow*, Lonely Beach, ✉ arnhelm@gmx.de, geleitet von Willi und Werner aus Kempten.

Übernachtung:

KLONG SON:
1. Premvadee Resort
2. Manee Gh., Garden Lodge, Aiyapura Resort & Spa
3. Jungle Way Bungalows

WHITE SAND BEACH:
4. White Sand Beach Resort
5. Maylamean Bungalow, Chang Bar, Banana Beach Resort, Rock Sand Bungalow, Star Beach Bungalows, Pen's Bungalow
6. K. C. Sand Beach, Yakah, Palm Garden, Sangtawan Resort
7. Jinda, Arunee Resort, Tigerhut Bungalow
8. Heri & Tawan Gh.
9. Cookie Bungalow, Sabay Bar Bungalow
10. Mac, Koh Chang Lagoon Resort
11. Tantawan, neuer Name, Bamboo Bungalow
12. Apple Bungalow, Phet Garm Resort, Ban Pu Koh Chang Hotel, Alina Resort, Ban Thai Restaurant
13. Sai Rung, Ban Nuna, No Name, Harmony
14. Sirin Gh., Sea-Sun Gh., Koh Chang Grand View Resort, Moonlight Resort
15. Plaloma Cliff Resort, Top Cliff Resort, Pa Suk Sun Inn, Eco Divers Resort, Ko Chang Camp & Resort
16. Sea Sun House, Para Resort, P. Cabin Bungalow, Villa Koh Chang
17. Remark Cottage, Saffron on the Sea, Enjoy Resort, Paradise Palms Bungalow
18. Ko Chang Resortel, Sunrise Bungalows, Ban Nuna Apartment

LAEM CHAI CHET:
19. Chai-Chet Resort, Royal Coconut Resort
20. Boutique Resort, Coconut Beach Bungalows, Ko Chang Paradise Resort

HAT KLONG PRAO:
21. Koh Chang Resort

22. Klong Prao Resort, Fisherman's Camp, Iyara Resort
23. Klong Plu Hut

KLONG MAKOK BEACH:
24. Thale Bungalows, Panviman Kohchang Resort
25. K.P. Bungalows, Ko Chang Tropicana
26. Blue Lagoon, Lagoona Koh Chang
27. Grand Cabana, Magic Resort, Chokdee Bungalow

KAI BAE BEACH:
28. Koh Chang Cliff Beach, Chang Park Resort, Pakalang House
29. Kai Bae Garden, 02 Bungalows
30. Coral Resort, Nang Nual Bungalow
31. Kai Bae Hut
32. Kai Bae Beach Bungalows, K.B. Bungalow Resort, Mam Kai Bae Beach Resort
33. Porn's Bungalow, Sea View Resort
34. Siam Bay Resort

THANAM BEACH:
35. Siam Beach Resort, Nature Beach Resort, Bhumiyama Beach Resort, Siam Hut, Tree House Lodge

BAILAN BEACH:
36. Sunset Hut, Bailan Hut, Maggies Place
37. Happy Hut, Jungle Hut Resort, Garden House, Bailan Beach Resort

BANG BAO:
38. Gästehäuser, Captain Thums & Paradise, Ko Chang Hill Resort, Cliff Cottages
39. Koh Chang Bang Bao Resort
40. Dragon House

KLONG KLOI BEACH:
41. Koh Chang Boat Chalet

SALAKPET:
42. Gästezimmer, Salakpet Resort
43. Ko Chang Marena

JEKBAE:
44. Saeng Aroon Bungalow
45. Playtalay Resort, Rommai Chailay Resort, Kalang Bay View

TANTAWAN:
46. Haad Sai Yao Resort
47. Tantawan Bungalows

OSTKÜSTE:
48. Chanakarn Resort
49. Funny Hut
50. Koh Chang Cabana
51. Ao Sapparot Camp & Resort

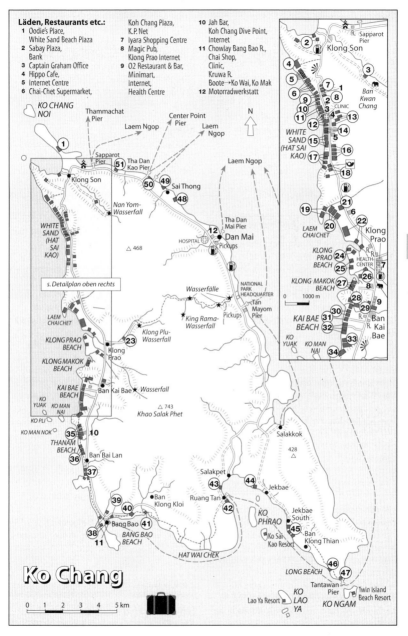

Läden, Restaurants etc.:
1 Oodie's Place, White Sand Beach Plaza
2 Sabay Plaza, Bank
3 Captain Graham Office
4 Hippo Cafe,
5 Internet Centre
6 Chai-Chet Supermarket,

Koh Chang Plaza, K.P. Net
7 Iyara Shopping Centre
8 Magic Pub, Klong Prao Internet
9 O2 Restaurant & Bar, Minimart, Internet, Health Centre

10 Jah Bar, Koh Chang Dive Point, Internet
11 Chowlay Bang Bao R., Chai Shop, Clinic, Kruwa R. Boote→Ko Wai, Ko Mak
12 Motorradwerkstatt

KO CHANG NOI

Thammachat Pier

Laem Ngop

Center Point Pier

Laem Ngop

Laem Ngop

N

Sapparot Pier

Klong Son

Tha Dan Kao Pier

Sai Thong

Nan Yom-Wasserfall

WHITE SAND (HAT SAI KAO)

△ 468

Tha Dan Mai Pier

Dan Mai

HOSPITAL

Pickups

s. Detailplan oben rechts

NATIONAL PARK HEADQUARTER

Wasserfälle

Tan Mayom Pier

LAEM CHAICHET

KLONG PRAO BEACH

Klong Prao

King Rama-Wasserfall

Pickups

KLONG MAKOK BEACH

0 — 1000 m

KAI BAE BEACH

Ban Kai Bae

Wasserfall

KO YUAK

KO MAN NAI

△ 743 Khao Salak Phet

Salakkok

KO MAN NOK

THANAM BEACH

Ban Bai Lan

Ban Klong Kloi

Salakpet

Ruang Tan

Jekbae

KO PHRAO

Jekbae South

Ko Sai Kao Resort

Ban Klong Thian

Bang Bao

BANG BAO BEACH

HAT WAI CHEK

LONG BEACH

Tantawan Pier

Twin Island Beach Resort

KO NGAM

Lao Ya Resort

KO LAO YA

Ko Chang

0 1 2 3 4 5 km

OSTKÜSTE

KO CHANG NOI
Klong Son
WHITE SAND (HAT SAI KAO)
LAEM CHAICHET
KLONG PRAO BEACH
Klong Prao
KLONG MAKOK BEACH
KAI BAE BEACH
Ban Kai Bae
Sapparot Pier
Ban Kwan Chang
CLINIC
HEALTH CENTER

Seahorse Divecenter, ✆ 01-9967147,
🖳 www.ede.ch/seahorse, beim *Kai Bae Hut*.
Paradise Scuba Divers, ✆ 01-2914732,
✉ kaybrunkau@yahoo.com, am White Sand
Beach, Pickup von jedem Resort.
Eco-Divers, ✆ 01-9836486, 🖳 www.ecodivers.
co.th, hat ein eigenes Resort südlich White Sand
am Hang mit Meersicht.
Gutes Tauchen ermöglichen einige korallenüber-
zogene Unterwasserfelsen in Tiefen von 10–25 m.

TOURIST POLICE – Im *Iyara Shopping Centre* in
Klong Prao, ✆ 01-9828381, 01-7510058.

VORWAHL – 039 (immer vorwählen).

Nahverkehrsmittel

Umgebaute, weiße Pickups, Jeeps und relativ
teure Motorradtaxis haben den Transport ent-
lang der Ost- und Westküste sowie zu den Piers
übernommen.
Das volle Pickup (ca. 12 Pers.) kostet von jedem
Pier nach White Sand Beach 30 Baht, Laem Chai
Chet 40 Baht, Klong Prao Beach 40 Baht, Kai Bae
Beach 40 Baht p.P.
Zum Thanam Beach (70 Baht) geht es bis zur
Siam Hut, wo man von den südlichen Resorts ab-
geholt wird.
Nach Ban Bang Bao kostet die Fahrt gegen 16
Uhr 80 Baht. Ansonsten wird das Pickup selten
voll, so dass hohe Charterpreise zu zahlen sind.
Vom Tha Dan Mai Pier bzw. vom Than Mayom
Pier fährt das Pickup gegen 14 Uhr nach Salak-
pet für 40 bzw. 30 Baht, zum Salakpet Pier für
10 Baht mehr.

Transport

Von den Piers bei LAEM NGOP fahren laufend
Boote und **Fähren** zum Ao Sapparot-Pier und zu
den Dan Kao-Piers (Zeiten und Preise s.S. 267),
wo die Passagiere in Pickups umsteigen.
Zurück geht es von diesen 3 Piers von 8–18.30
Uhr ca. alle 2 Std.
An den Stränden werden Tickets für die **Mini-
busse** nach BANGKOK, 250 Baht, BAN PHE, für
Ko Samet, 250 Baht, und PATTAYA, 400 Baht, ver-
kauft.

Zu den **südlichen Inseln** geht es mit dem *Island
Hopper* von Captain Graham, ✆ 01-8650610,
✉ islandho@tr.ksc.co.th, ab Bang Bao tgl. um
9 Uhr: nach KO WAI für 200 Baht, KO MAK
300 Baht und 2x pro Woche nach KO KUT für
500 Baht. Zubringer mit dem grün-gelben Taxi für
50 Baht ab *Apple Bungalow* am White Sand
Beach um 8 Uhr oder unterwegs stoppen.

Klong Son

Das typische Thai-Dorf liegt am nördlichsten Ende der Insel in einer tiefen Bucht, die als Fischerhafen dient. Durch die Palmen hindurch kann man
das Meer auf der östlichen Seite der schmalen
Halbinsel sehen. Am Sapparot-Pier gibt es frischen
Fisch zu kaufen.
    Im Ort findet man einige Nudelstände und ein
kleines Hospital. Vom Dorf führt eine schöne Wanderung zum **Nan Yom-Wasserfall** (1/2 Tag).

Übernachtung

Premvadee Resort**① , ✆ 01-2998982, an der
Zufahrt nördlich des Dorfes Bungalows und
mehrere große Häuser. Das Personal ist nur auf
Thai-Gruppen eingerichtet.
Manee Gh.** ②, ✆ 01-8632108, 20 einfache
Bungalows ohne Du/WC, die mit Stegen verbunden sind, auf einer Betonplattform im Wasser
zwischen Mangroven. Zufahrt von der Dorfkreu-
zung zum Meer vor dem Tempel links, angenehme Traveller-Atmosphäre, Bootstouren; Rabatt
bei längerem Aufenthalt.
Garden Lodge** ②, ✆ 01-8634090, 5 hübsche Zi
mit Fan und Bad in großem Haus, tropischer Garten.
Aiyapura Resort & Spa ②, ✆ 521657, 🖳 www.
aiyapura.com; Luxusanlage, in der superreiche
Thais absteigen, Bungalows bis 26 000 Baht,
künstlich angelegter Strand.
Jungle Way Restaurant & Bungalows ③, ✆ 09-
2234795, beim Elefantencamp, an der Kreuzung
Richtung Wasserfall abbiegen, Pickup-Transport
frei.

Sonstiges

ELEFANTENREITEN – Das Elefantencamp *Ban
Kwan Chang* bietet eine Stunde Reiten für 400 Baht.

OSTKÜSTE

White Sand Beach (Hat Sai Kao)

Der gut 2 km lange, schöne, palmenbestandene Sandstrand wird durch einige Felsen aufgelockert. Schatten spendende Laubbäume machen ihn besonders angenehm. Im Hinterland ragen steile Berge mit dichtem Regenwald auf, der teilweise bis ans Meer reicht. An kleinen Bächen entlang kann man ein wenig hinaufwandern, um etwas Dschungelgefühl zu schnuppern. In der Mitte liegen einige wenige Fischerhütten, das Dorf **Ban Hat Sai Kao**.

Der immer noch schöne Strand wurde fast völlig zugebaut, vor allem im mittleren und südlichen Teil stehen die Bungalows dicht auf dicht. Auch in zweiter Reihe hinter der Straße stehen schon Anlagen und Apartmenthäuser. Der Geräuschpegel hat zugenommen, vor allem am Wochenende sind Ruhesuchende vor Techno-Gedröhn nicht sicher. Discos und Amüsierbars finden hier ihr Publikum. Leute, die das Nachtleben lieben oder abends gerne noch etwas bummeln gehen, fühlen sich hier wohl.

Auch am Strand, der bei Flut recht schmal werden kann, herrscht reges Leben. Bei Ebbe ist er breit genug zum Fußball spielen. Strandverkäufer, Masseusen, Nagelpflegerinnen und Zöpfchenflechter bieten ihre Dienste an. Bei Ebbe und Flut kann man im klaren Wasser gut schwimmen. In der Monsunzeit können sich jedoch gefährliche Strömungen bilden. Das Sonnenbad wird nur selten von Sandfliegen verleidet. Problematisch sind die vielen Hunde, die ihren Kot auf dem Strand hinterlassen, und die ungehemmte Entsorgung des Abwassers, das manchen Strandabschnitten einen gewissen Duft verleiht.

Die Straße vom Pier windet sich über den steilen Hügel, von dem man am chinesischen Tempel eine tolle Aussicht hat, in die Ebene herunter und kommt auf 40–100 m an den Strand heran.

In den 50 Anlagen gibt es nur noch wenige einfache Bungalows. Immer mehr bessere Unterkünfte entstehen, die einige Möbel, Klimaanlage und sogar TV bieten. Nahezu überall stehen die Bungalows extrem dicht aufeinander. Einige sind in der Regenzeit von Juli bis November geschlossen, die anderen geben hohen Rabatt. Auch bei längerem Aufenthalt sollte man einen Rabatt gewährt bekommen. Die Anlagen hinter der Straße haben z.T. doppelt so guten Service zum halben Preis. Von Nord nach Süd liegen am Strand entlang:

White Sand Beach Resort*–**** (und mehr) ④, ℡ 01-8637737, 🖥 www.whitesandbeachresort. com, ganzjährig geöffnete, riesige Anlage am schönen, 200 m langen, ideal abfallenden Sandstrand. Unterschiedliche Bungalows aller Kategorien, viele Ausländer, auch Familien. Direktes Boot von Laem Ngop 80 Baht; steile Zufahrtsstraße, nur für geübte Motorradfahrer.

Maylamean Bungalow** ⑤, ℡ 01-95192204 , wenige Bungalows, mit Holztreppen miteinander verbunden; Musikbar.

Chang Bar* ⑤, ℡ 09-0529583, wenige Bungalows, Bootstrip, Massage, Wäscheservice.

Banana Beach Resort** ⑤, ℡ 07-0272335, 23 Bungalows; Restaurant auf Felsen im Wasser.

Rock Sand Bungalow**–**** ⑤, ℡ 09-2446463, urig gestaltete Anlage mit 15 bunten Holzbungalows, in die Felsen gebaut, Musikbar.

Star Beach Bungalows** ⑤, ℡ 01-9402195, ✉ starbeachbungalows@hotmail.com, wenige Holzhütten am Felsen, unter Thai-holländischer Leitung.

Pen's Bungalow** ⑤, wenige Bungalows mit und ohne Du/WC.

K. C. Sand Beach*–**** (ac teurer) ⑥, ℡ 01-8331010, riesige Anlage mit allen Arten von Bungalows, von der einfachen Bambushütte ohne Du/WC bis zur ac-Luxusvilla, 2 Restaurants, sehr gemischtes Publikum. Schöner, relativ breiter Sandstrand mit Laubbäumen und Palmen. Abseits der Straße und relativ ruhig gelegen.

Yakah*–*** ⑥, ℡ 01-2193897, schmuddelige Anlage unter Palmen am Strand, 8 eng gebaute, einfache Bambushütten mit Veranda, mit und ohne Du/WC; kein Essen; geleitet von einem Thai und einer Engländerin; familiäre Atmosphäre; nachts Techno Musik von der *KC Bar*.

Palm Garden**–**** ⑥, ℡ 09-9398971, wenige Bungalows auf schmalem Grundstück; Restaurant mit europäischen Gerichten, Pool-Billard; Thai-englische Leitung.

Sangtawan Resort** ⑥, ℡ 09-0923500, sterile Steinbungalows in Reih und Glied, laute Live-Musik von *Oodie's Place*, Motorrad 250 Baht/Tag; kleines Restaurant.

Auf der Landseite der sich vom Hügel herunterwindenden Straße liegen:

*Jinda*** ⑦, ☎/☏ 01-8620853, 17 sehr kleine, saubere, solide Bungalows mit Fan, Moskitonetz und
Du/WC, möblierte, überdachte Terrasse, mit Blumen nett gestaltet; *Fisherman Restaurant*, morgens echt frische Brötchen, freundliche Thai-
deutsche Leitung; auch Tickets für *Sao's Boat Trip*.
*Arunee Resort**–*** ⑦, ☎ 01-8295308, ☏ 01-
9455812, ✉ wolf_frey@hotmail.com; Holz-
Reihenhaus mit 18 Zimmern, geleitet von Wolfgang; viele Dauergäste.
*Tigerhut Bungalow*** ⑦, ☎ 09-8331503, wenige
Bungalows auf schmalem Grundstück.
*Heri & Tawan Gh.*** ⑧, Gästehaus mit wenigen Zimmern.
Die folgenden **Strandanlagen** sind vom Strand
bis zur lauten Straße nur 40 m breit.
*Cookie**** (ac teurer) ⑨, ☎ 01-8614227, 30 sterile Steinbungalows in 3 engen Reihen, Abwas-
serprobleme, Minimarkt, gelobt wird das Seafood-BBQ am Strand.
*Sabay Bar Bungalow**** ⑨, ☎ 07-1319934, 9
komfortable Holzbungalows, z. T. für 4 Pers., große Bar mit Musik, jeden Monat Vollmond-Party;
Minimart; unfreundlich.
*Mac**** (ac teurer) ⑩, ☎ 01-8646463, 19 kleine
Holzbungalows auf schattenlosem Grundstück.
Der folgende, sehr schöne Strandabschnitt weist
feinen, hellen Sand auf. Die Straße verläuft bis
zu 100 m entfernt im Landesinneren.
*Koh Chang Lagoon Resort**** (und teurer) ⑩,
☎ 01-8641908, gut ausgestattete ac-Zi, im Haupthaus (ab 1600 Baht) und z. T. renovierungsbedürftige Häuschen; Restaurant zurückversetzt,
ganzjährig geöffnet; Minimarkt, Autovermietung.
*Tantawan**+**** ⑪, ☎ 01-9965969, eng stehende, renovierungsbedürftige Bungalows; Restaurant am Strand, davor Scooter-Vermietung.
Bamboo Bungalow ⑪, ac-Steinbungalows für
1600 Baht inkl. Frühstück, Restaurant.
*Apple Bungalow*** ⑫, ☎ 01-3740944, 30 eng
stehende, saubere Bungalows ohne und mit
Du/WC, 5 Zi im Haus, festes Steinrestaurant am
Strand, Beachbar.
Am Strand davor das Office von *Island Hopper*,
☎ 01-8650610, das von der jungen Frau von Mis-
ter Graham betreut wird.
Phet Garm Resort ⑫, ☎ 01-9179084, überteuerte
Bungalows mit TV, z.T. zweistöckig, sehr großes
Restaurant.

Jenseits der Straße liegen:
*Sai Rung*** ⑬, ☎ 01-8296721, ✉ schmidti@tr.
ksc.co.th, ⊑ www.Kohchang-Hotels.com, 7 nette Bambusbungalows mit Fan und Du/WC, z.T.
für Familien, am Hügel in einem kleinen Tal, unter
Leitung von Klaus Schmidtpeter und seiner Frau.
*Ban Nuna**–**** ⑬, ☎ 01-8214202, ⊑ www.
koh-chang.de, natürliche Parkanlage am Hang
mit schönem Blick aufs Meer (100 m), kleine, z.T.
abgewohnte Bungalows mit Fan und Du/WC; gemütliches Restaurant mit guter Pizza; Mountainbike, Motorrad zu mieten (250 Baht/Tag), Thai-
deutsche Leitung. Harald Eisele kümmert sich,
wenn er anwesend ist, um die Belange seiner
Gäste. Gästehaus 2 km südlich, man braucht
aber ein Moped.
*No Name**** ⑬, preisgünstige ac-Räume;
hinter *Ban Nuna*.
*Harmony*** ⑬, 3 Bungalows mit Matratzen,
ohne Du/WC.
Am steinigen Strand:
Ban Pu Koh Chang Hotel ⑫, ☎ 01-8637314,
☏ 01-9837127, 32 Bungalows und Zi für 2000–
7000 Baht in sehr gepflegter Anlage mit vielen
Blumen, kleiner Pool; beliebt bei älteren Touristen. Kein Sandstrand, bei Ebbe schaut man auf
Steine, und es kann unangenehm riechen.
*Alina Resort**** ⑫, ☎ 01-8630543,
✉ alinaresort@hotmail.com, ⊑ alinasresort.
tripod.com; großes Haus mit 20 ac-Zimmern sowie 5 Bungalows mit Fan in unterschiedlichen
Größen, eine große Wohnung mit Kühlschrank
und TV (2000 Baht); alles sauber und gepflegt.
Restaurant mit sehr gutem, preiswertem Essen,
nettes Personal.
Ban Thai Restaurant ⑫, 11 kleine Räume im
Haus für 1800–2500 Baht; Restaurant mit Terrasse zur See.
*Sirin Gh.*** –**** ⑭, 01-8271326, ✉ sirinjurgen
@hotmail.com, 7 Zi im Reihenhaus mit Fan oder
ac auf schmalem Grundstück; Motorräder 300
Baht/Tag; unter Thai-deutscher Leitung.
*Sea-Sun Gh.** ⑭, ☎ 01-4537214, ✉ kmintsomsak
@hotmail.com, 10 Zi mit Fan ohne Du/WC.
*Koh Chang Grand View Resort***–**** (ac teurer) ⑭, ☎ 01-8637802, mit Steinen und Beton befestigter Strand, Steingungalows in breiter, recht
großzügiger Anlage unter jungen Palmen und
Laubbäumen; Restaurant (⏰ 6–22 Uhr), Boots-

ausflüge, Schnorcheln; freundlicher Betreiber Mr. Pook.

Moonlight Resort**–*** (ac teurer) ⑭, ✆ 597198, ✉ moonlightresort@yahoo.com, an einem Felsen- und Steinstrand, 24 Holzbungalows mit Fan und Du/WC, 6 ac-Bungalows mit Du/WC für 1500 Baht; Restaurant mit frischem Seafood und schönem Panoramablick, freundliche Leute. Motorrad 300 Baht/Tag; Minibusbesitzer, *Seang Chant Travel*.

Ploloma Cliff Resort** (ac teurer) ⑮, ✆ 01-8631305, ✆ 01-9455812, ✉ plalomacliff@hotmail.com, 🖵 www.plaomacliff.com, sehr saubere, gepflegter, tropischer Garten über den Klippen, kein Sandstrand, 29 große, gemauerte Doppel-Bungalows, schöne Zi; Rund-Restaurant und Swimming Pool mit Blick aufs Meer, gutes Personal. Motorradvermietung, Geldwechsel, schweizer Management, ganzjährig geöffnet. Gutes Preis-Leistungs-Verhältnis.

Top Cliff Resort** (ac teurer) ⑮; am Hang.

Pa Suk Sun Inn* ⑮, 15 Doppelbungalows am Hang, mit Fan und Du/WC, beliebt bei Thais.

Eco Divers Resort* ⑮, ✆ 01-9836486, 16 Bungalows, gut eingerichtet; davor ein Office der Tauchschule.

Ko Chang Camp & Resort ⑮, Camping & Holzbungalows direkt am Meer, gegenüber *Hollywood Disco*, steile Zufahrt.

Auf der anderen Straßenseite:

Sea Sun House* ⑯, ✆ 01-8634093, einfache Bungalows mit Du/WC, Fan und Moskitonetz, primitivere Ausstattung.

Para Resort* ⑯, ✆ 01-2613774, 9 fantasielose Bungalows unter jungen Laubbäumen am Hang, 2-stöckiges Seafood-Restaurant.

P. Cabin Bungalow**–* ⑯, einfache Holzhütten, nicht so sauber.

Villa Koh Chang** (und teurer) ⑯, ✆ 06-1580584, 4 ac-Steinbungalows geleitet von Tina und Gerhard, rundes Restaurant mit österreichischen Spezialitäten.

Am steinigen Strand:

Remark Cottage ⑰, ✆ 09-0237166, 7 Holzbungalows für 2500 Baht, nettes Restaurant, kleiner Pool aus Holz & Plastik, schöner Palmengarten, sauber, Strand aufgeschüttet, im Wasser Steine, bei Ebbe Baden nicht möglich, deutsche Bücher im Office.

Saffron on the Sea** ⑰, ✆ 09-8024913, ✉ info@saff rononthesea.com, 🖵 www.saffronthesea.com, wenige nett eingerichtete Räume in unkonventionell gestalteten 1- bis 2-stöckigen Bungalows direkt am Meer.

Enjoy Resort (ac****) ⑰, ✆ 01-7333788, 20 kleine Holzbungalows, Restaurant; davor steiniger, steil abfallender Strand.

Paradise Palms Bungalow** ⑰, ✆ 01-3754735, wenige komfortable Bungalows in kleinem, gepflegten Garten direkt am Meer in ruhiger Lage; unter Leitung des Engländers Matt. Sehr steil abfallender Steinstrand, etwas Sand wurde aufgeschüttet, gut zum Schwimmen und Schnorcheln. Kaffee, Tee und Schnorchelausrüstung frei.

An der Straße:

Ko Chang Resortel ⑱, ✆ 01-8784337, Luxusanlage mit zusammenhängenden Gebäuden in 2 Etagen sowie Bungalows, Disko-Lärm, Post.

Sunrise Restaurant & Bungalows**–* ⑱, ✆ 01-8615540, wenige Bungalows unter Thai-deutscher Leitung, Bar, gute Bikes.

Essen

Es gibt sehr viele Restaurants, deren Qualität wechselt. Für jeden Geschmack und Geldbeutel lässt sich etwas Passendes finden.

Beliebt sind die kleinen Fisch-Restaurants am Strand.

Gelobt wurde das *Alina*, in dem es außer günstigen, leckeren muslimischen Gerichten auch billiges Bier gibt.

Sonstiges

BARS – Es gibt einige Bars am Strand und an der Straße, z.B. *Oodie's Place*, eine urige Bar mit urigen Leuten, wo abends bis spät nachts Live-Musik (Pop, Oldies, Blues, Reggae) in wechselnder Besetzung gespielt wird. Der nette Chef spielt selbst E-Gitarre. Auch in den Bungalows der Umgebung ist die Musik gut zu hören. Die Bars vor den nördlichen Felsen sind nur zu Fuß erreichbar.

BUCHLADEN – Gegenüber vom *Ban Pu Hotel*, gut sortiert, auch Ankauf von gelesenen Büchern.

EINKAUFEN – Das Nötigste gibt es in den meisten Bungalowanlagen. Zudem mehrere Minimärkte und etwas größere Shopping Centers.

WASSERSPORT – Einige Anlagen vermieten Kajaks und Windsurfer.

Nahverkehrsmittel

TAXIS – Die Taxifahrer haben das lukrative Geschäft fest in der Hand. Wer von außerhalb nach White Sand Beach will, muss für Hin- und Rückfahrt überhöhte 500 Baht bezahlen, dafür wird man auch wieder abgeholt. Eine Einzelfahrt ist kaum zu bekommen.

PICKUPS – fahren von 7–17.30 Uhr bis zum Kai Bae Beach Pier für 40 Baht. Ab Sonnenuntergang ist nur noch Chartern möglich.

Nördlicher Klong Prao Beach

Der 4 km lange Sandstrand (oft auch: *Klong Plao*) wird durch die Flussmündung des Klong Prao in zwei Teile gespalten und im Norden vom Felsvorsprung Laem Chai Chet begrenzt. Vor allem im mittleren Teil ist der Strand extrem flach und das Wasser nicht so sauber.

Hier verbringen gerne ältere Pauschaltouristen ihren Urlaub, Thai-Gruppen zelten an langen Wochenenden am Strand, viele Traveller fühlen sich hier nicht wohl. Eine echte Plage sind die aggressiven Sandfliegen von *Chai Chet* bis *Fisherman's Camp* an der Flussmündung. Die Einkaufsmöglichkeiten befinden sich gegenüber der Zufahrtsstraße zu *Chai Chet Bungalow*.

Bei Ebbe kann man den Fluss zu Fuß überqueren. Zum **Klong Prao-Wasserfall** (auch: Klong Plu-Wasserfall, Nationalpark, Eintritt 200 Baht) führt eine Betonstraße. Sie endet an der Zahlstelle mit bewachtem, gebührenpflichtigen Parkplatz. An der Brücke gibt es ein Motorradtaxi (50 Baht) und es werden Kanus vermietet. Ein Dschungelpfad führt zum etwa 22 m hohen Wasserfall, der in eine enge Schlucht stürzt. Gegen die Strömung kann man bei ausreichend Wasser bis zum Fuße des Wasserfalls schwimmen. Ein Pfad rechts am Fall vorbei führt in 10 anstrengenden Minuten zum Beginn des Wasserfalls (feste Schuhe erforderlich). Oben hat man einen herrlichen Blick bis zum

Meer. In den kleinen Wannen kann man stundenlang relaxen. Engagierte Dschungelwanderer können sich in 2–5 Tagen am Fluss entlang über den Berg bis zum **Than Mayom-Wasserfall** an der Ostküste durchschlagen.

Übernachtung

LAEM CHAI CHET – Auf der Felsnase liegt das *Chai-Chet Resort**** (ac****) ⑲, ☎ 01-8623430, schöne Anlage unter Palmen, kein Sandstrand, komfortable Steinbungalows, z.T. schöne Sicht, freundliche Leute. Brücke über den Fluss zum Strand.

Royal Coconut Resort ⑲, ☎ 09-8073543, First Class-Anlage mit Hotelblock am Fluss und einigen einfacheren Hütten, bei Thai-Touristen beliebt.

Boutique Resort & Health Spa ⑳, ☎ 09-9386403, schöne kleine First Class-Anlage mit rustikalen, kleinen ac-Bungalows zwischen viel Grün direkt an der Straße, hübsches Spa, gediegene Atmosphäre, beliebt bei älteren Pauschaltouristen.

Coconut Beach Bungalows**–*** ⑳, ☎ 01-7817079, 🖥 www.coconutbeachbungalows.com, ausgedehntes Grundstück mit geräumigen, eng stehenden Bungalows sowie großem Reihenhaus, Zi für 250–2500 Baht. Hier fühlen sich ältere Ehepaare wohl.

Ko Chang Paradise Resort ⑳, ☎ 09-7863232, ✉ info@koh-chang.com, 🖥 www.koh-chang.com, sehr saubere Mittelklasse-Anlage mit großen und kleineren Bungalows, Zelt***, freundliches Personal. Am Strand hohe Palmen und ein Beach-Restaurant, ◷ 7–22 Uhr.

HAT KLONG PRAO – *Koh Chang Resort* ㉑, ☎ 529000, ✉ rooksgroup@hotmail.com, 🖥 www.kohchangresort.20m.com, sehr teure, schöne First-Class-Anlage mit Hotel und Bungalows mit ac, TV und Mini-Bar, diesseits und jenseits der Straße, gutes Restaurant, kleiner Pool. Eigene Fähre jede volle Stunde vom Center Point Pier. *Klong Prao Resort***** ㉒, ☎ 01-8300126, 🖥 www.klongprao.com, in der Mitte des schönen Strandes, viele Bungalows um eine Lagune, Hotel in zwei Reihenhäusern am Strand; gutes Restaurant, Pool mit Bar und Aussicht aufs Meer. Sehr beliebt bei Thais, Speedboot-Vermietung.

Fisherman's Camp**–**** ㉒, ☎ 01-9038826, große Anlage unter schattigen Palmen auf der Landzunge zwischen Fluss und Meer. 8 ac-Räume in 2 Häusern sowie einfache, überteuerte Holzbungalows mit Wellblechdach ohne Du/WC. Zufahrt durchs Klong Prao Resort. Es wird von jungen Thai-Gruppen bevölkert und hat kein gutes Preis-Leistungs-Verhältnis.

Iyara Resort ㉒, ☎ 01-9828381, ✉ kohchangiyara @mweb.co.th, ⌨ www.koh-chang.com/ iyararesort, exklusive First Class-Anlage im Thai-stil an der Lagune, schön in die Natur integiert, 10 sehr schöne Zi; der Besitzer ist ein ehemaliger Windsurf-Champion, der allerlei Wassersport anbietet.

Im Hinterland: *Klong Plu Hut***–*** ㉓, Holzbungalows an der Straße zum Wasserfall, mit und ohne Du/WC.

Klong Makok Beach (südlicher Klong Prao Beach)

An diesem noch sehr ruhigen Strandabschnitt liegen die Anlagen weit auseinander, der Strand wirkt naturbelassen und friedlich. Mit dem Motorrad ist er in 10 Min. vom White Sand Beach zu erreichen, zu Fuß in 2 Std. Die Häuser des Dorfes **Ban Klong Prao** stehen zum Großteil auf Pfählen im Fluss. Aber auch hier hat der Fortschritt Einzug gehalten: Supermärkte, Karaoke-Bars, das *Iyara Plaza* mit zum Teil klimatisierten Läden, Motorradwerkstätten und Tankstellen.

Übernachtung

Hier gibt es noch Resorts mit Traveller-Atmosphäre, allerdings schieben sich schon First Class-Resorts dazwischen.

Thale Bungalows** ㉔, ☎ 01-9263843, südlich der Flussmündung sehr ruhig gelegen, weit von der Straße entfernt. Etwas heruntergekommene, ältere, einfache Hütten unter Palmen; Restaurant. Der Strand davor und weiter nach Süden ist nicht so gut zum Schwimmen geeignet, aber sehr schön. Der Fluss kann bei Ebbe zu Fuß, ansonsten mit einem Longtailboot für 10 Baht überquert werden.

Panviman Kohchang Resort ㉔, ☎ 01-2120750, ✉ booking@panviman.com, exklusive First-Class-Anlage im malaiischen Stil. Eng stehende, luxuriös eingerichtete Bungalows ohne Meerblick, Pool, Restaurants. Vorwiegend skandinavische Pauschaltouristen .

K.P. Bungalows**–*** ㉕, ☎ 01-7617579, große, naturbelassene Anlage mit viel Freiraum unter Palmen, 34 Hütten und bessere Bungalows, 2 große Bungalows für 4–8 Pers.; Strom von 18–6 Uhr, viele Hunde in der Umgebung; unter neuseeländischer Leitung.

Ko Chang Tropicana ㉕, neue Anlage.

Blue Lagoon** ㉖, ☎ 01-9851132, Bungalows mit Fan und Du/WC, schön gelegen an der nicht gerade einladenden Lagune. Schattiger Garten mit vielen Moskitos, Restaurant, Kochkurse; viele junge Traveller; zum Strand geht es über einen langen Steg.

Lagoona Koh Chang**** ㉖, ☎ 01-8485052, ✆ 039-511429, schön begrünte Anlage, gute Holzbungalows mit Fan und Du/WC, sowie Reihenhaus; viele Thai-Touristen; Restaurant.

Grand Cabana ㉗, First-Class-Anlage mit großen Holzbungalows und 2-stöckigen Häusern, in denen vor allem Thai-Familien Urlaub machen.

Magic Resort***–**** ㉗, ☎ 01-8614829, am schmalen Sandstrand unter Palmen, Bungalows mit Fan und Du/WC sowie 6 ac-Bungalows, gutes Restaurant auf Pfählen über dem Strand; Speedboot. Viele Thai-Touristen, die mit eigenem Wagen anreisen.

Chokdee Bungalow**+**** ㉗, ☎ 01-9821974, am Felsenkap, kein eigener Sandstrand, Steinbungalows in drei Reihen, Restaurant über dem Wasser. Vor allem an Wochenenden und Feiertagen von motorisierten Thai-Touristen stark frequentiert.

Essen

Baan Chang Seafood Restaurant beim *Iyara Resort* an der Lagune.

Vovan Seafood Restaurant, 200 m neben *Baan Chang*, mit besonders leckerem Fish Curry.

Chokdee Restaurant über dem Wasser, empfehlenswert.

Leckeres Hähnchen gibt es beim Grill an der Abzweigung zum Wasserfall.

Sonstiges

BIKES – in den meisten Resorts werden Motorräder vermietet, Werkstätten im Dorf.

OSTKÜSTE

ELEFANTENREITEN – das *Elephant Jungle Trekking Camp* bietet eine Stunde Reiten für 400 Baht.

Kai Bae Beach

Der bei mittlerem Wasserstand optisch ansprechende, lange Strand wird von z.T. überhängenden Palmen und Laubbäumen gesäumt. Die Hügel im Hinterland bedeckt dichter Dschungel. Drei Inseln sind malerisch vorgelagert. Am nördlichen und südlichen Ende ist bei Flut vom Strand nichts mehr zu sehen, bei tiefer Ebbe zieht sich das Wasser hingegen weit zurück (bis zu 300 m). Beim Versuch, Schwimmtiefe zu erreichen, hat sich so mancher an Korallenschrott und spitzen Steinen schon die Füße aufgerissen. Schnorcheln kann man hervorragend an der Insel vor dem Strand. Gegen die zeitweiligen Sandfliegenattacken am Strand kann man mit Kokosnussöl vorbeugen. Der zum Kai Bae Beach gehörende **Wasserfall** ist nicht leicht zu finden, besser einen Guide anheuern. Nach Süden führt ein kaum noch begangener Dschungelpfad in 30 Minuten über einen grünen Hügel zum **Thanam Beach**.

Übernachtung

Auf einem recht schmalen Landstreifen stehen sehr viele Bungalows, daher ist es hier nicht besonders ruhig. Die meisten Anlagen sind ganzjährig geöffnet.

Koh Chang Cliff Beach (28), ℡ 01-9455827, ✉ cliffbeach@hotmail.com, 🖥 www.kohchangcliffbeach.com; 24 große Luxusvillas (ab 4000 Baht) am nördlichen Hang mit toller Meersicht; kastellartiges Restaurant mit Bar und Pub auf dem Hügel mit fantastischer Aussicht, gediegene Atmosphäre, formale Kleidung nach 18 Uhr; guter Pool, Schnorcheln direkt vor der Anlage möglich. Bei Voranmeldung Transfer vom Bangkok Airport.

Chang Park Resort (28), ℡ 01-8532572, um eine Lagune herumgebaute, gestylte Anlage mit schönen Gärten bis zum Meer, hundert saubere Bungalows für 1200–40 000 Baht, Camping 300 Baht, großes Restaurant. An der Straße davor viele Restaurants und Bars.

Pakalang House* (28), ℡ 01-9231373, teilweise recht urige Stein- und Holzbungalows, Restaurant; unter dänischer Leitung.

Coral Resort*–**** (30), ℡ 09-9112284, ✉ coralresort@hotmail.com, üppiger Palmenhain, 26 große, gemauerte Bungalows am steinigen Ufer mit Fan und Du/WC, Camping; Restaurant mit französischen Gerichten, Internet, unter Thai-französischer Leitung. Schöne Aussicht, der Strand wurde mit Steinen aufgeschüttet.

Nang Nual*–**** (30), ℡ 01-7443358, 12 ältliche Bungalows mit Fan mit und ohne und Du/WC, z.T. Warmwasser; Restaurant.

Kai Bae Hut*–**** (ac teurer) (31), ℡ 01-8628426, direkt südlich vom Hafen, 25 feste, nicht gerade hübsche Bungalows mit Fan und Du/WC, aber ohne Moskitonetz, sowie Komfort-Bungalows aus Stein. Restaurant mit Barbecue. Steiniger Strand.

An der folgenden Küste gibt es kaum Sandstrand:

Kai Bae Beach Bungalows** (32), ℡ 01-8628103, Holz-und Steinbungalows mit großer Glasfront und unterschiedlicher Ausstattung; großes Restaurant, Motorrad 250 Baht.

K.B. Bungalow Resort*–**** (32), ℡ 01-8656039, verschiedene eng stehende Bungalows; schmaler, mit Steinen aufgeschütteter Strand. Hier gefällt es einheimischen Wochenend-Touristen.

Mam Kai Bae Beach Resort** (und teurer) (32), einfache Hütten, überteuerte Bungalows.

Porn's Bungalow* (33), ℡ 01-9496052, 20 alte Matten-Bungalows, Bar mit Aussichtsplattform, ungepflegtes Restaurant, in dem ein Rasta-Mann kühle Drinks mixt.

Sea View Resort (33), ℡ 01-8307529, ℡ 01-2185055, von Sandsäcken geschützter Strand, große, gepflegte Anlage, Zi 2000–5000 Baht, viele Pflanzen und schöner Rasen, auch große Familienhäuser; gutes Restaurant am Wasser. Im Notfall werden winzige 2-Mann-Zelte mit Matratzen und Decken aufgestellt. Minibus-Service, Ausflüge, Buchausleihe. Bei Thais, Pauschaltouristen und Individualreisenden gleichermaßen beliebte Anlage.

Siam Bay Resort*–**** (34), ℡ 01-9224495, 33 Bungalows, z.T. aus Naturmaterialien und nicht sehr sauber, mit Fan und Du/WC am steilen Hang; Restaurant am Ufer, schöner Blick.

Essen

Entlang der Straße und an den Zufahrtsstraßen gibt es ausreichend Restaurants und Bars.

Zudem haben die meisten Bungalowanlagen ein offenes Restaurant.

Das **O2 Restaurant** bietet eine vielfältige Küche, auch vegetarische Gerichte ohne Glutamat. **Nang Nual** bereitet neben gutem Curry auch leckere *Banana Fritters Special*.

Sonstiges

BAR – Zwischen den Coral Bungalows liegt die originelle **Kai Bae Bar**.

BOOTSAUSFLÜGE – Ganztägige Schnorcheltrips zu drei unbewohnten Inseln (u.a. Ko Yuak mit ziemlich zerstörten Korallen und wenig Fischen) werden von fast allen Resorts angeboten (Start 7 Uhr). Am Hafen ist die Miete einer Schnorchelausrüstung genauso teuer wie ein Schnorcheltrip mitsamt Ausrüstung, ca. 200–300 Baht.

EINKAUFEN – Läden und Supermarkt an der Straße.

Thanam Beach (Lonely Beach)

Seit es die Straße gibt, wird der schöne Dschungelpfad vom Kai Bae Beach über den Hügel zum malerischen **Thanam Beach** kaum noch benutzt (30 Min.). Dieser herrliche Strand ist bei Ebbe und Flut gut zum Schwimmen geeignet. In der Monsunzeit können gefährliche Strömungen auftreten. An diesem früher einsamen Bilderbuchstrand entstanden viele Bungalowanlagen. Vor allem im südlichen Teil fühlen sich Traveller wohl. Hier ist der Strand allerdings steinig und von Mangroven durchsetzt.

Die Straße nach Süden verläuft steil und kurvenreich durch den Dschungel, ist aber zweispurig asphaltiert und mit Leitplanken versehen. Die Zufahrtswege zu den Resorts sind teilweise schlecht bis gefährlich. Die Straße führt an schönen Buchten vorbei nach Bang Bao. In der nächsten Bucht liegt der **Bailan Beach**.

Übernachtung

THANAM BEACH – *Siam Beach Resort*** ㉟, ✆ 01-7825030, große, saubere Anlage am herrlichen Strand unter Palmen und am steilen Hang mit guter Sicht, große Hütten aus Naturmaterialien mit Moskitonetz, großer Veranda, Fan und

Du/WC; großes, etwas teureres Restaurant. Abholung vom Pier bei Voranmeldung. Hier kam es mehrfach zu Diebstählen.

Nature Beach Resort*–*** ㉟, ✆ 511331, am schönen Strand unter Palmen, Holzhütten direkt am Strand mit Du/WC, weitere mit schönem Gemeinschaftsbad dahinter, im Hinterland weitere Hütten, Camping 70 Baht; unter Leitung von Arnold Kübler. *Nature Bar* und gutes Restaurant.

Bhumiyama Beach Resort ㉟, komfortable Bungalows in großer Anlage mit Pool, meistens Thai-Touristen.

Siam Hut*–***** ㉟, 77 Bungalows aus Naturmaterialien im schattenlosem Garten und am Strand, alles recht eng.

Tree House Lodge*–*** ㉟, ✆ 01-8478215, am steinigen Strand inmitten von üppigem Grün, einfache, winzige, eng stehende aber recht saubere Bambus- und Palmblatthütten sowie viele Zelte, schön gestaltete Gemeinschafts-Du/WC. Restaurant auf Holzplattform, riesige Sonnenterrasse; viele Bücher. Beliebt bei jungen Traveller-Pärchen.

Sonstiges

BAR – Die schöne **Jah Bar** am Hang ist nach wie vor beliebt. Jeden Abend Party mit Rock, Reggae und Pop.

TAUCHEN – **Koh Chang Dive Point**, ✉ arnhelm @gmx.de, veranstaltet nette Trips.

Bailan Beach

Diese Bucht sieht weniger attraktiv aus. Ein steiniger Strand und einige schmale Sandabschnitte bestimmen das Bild. Viele Anlagen wirken verwahrlost, die unbefestigten Anfahrtswege sind versandet. Nur wenige Gäste finden hierher. An der Straße gibt es einige kleine Restaurants und eine Motorradvermietung.

Übernachtung

Sunset Hut*–*** ㊱, ✆ 01-8187042, 15 Naturbungalows am Strand, mit und ohne Du/WC, Restaurant; beliebt bei jungen Travellern, gute Atmosphäre. Motorrad 400 Baht/Tag.

Bailan Hut* ㊱, ✆ 070-280796, wenige eng stehende Mattenbungalows in familärer Traveller-

OSTKÜSTE

Anlage ohne Strand. Restaurant auf Pfählen im Wasser mit viel gelobten Thai- und westlichen Gerichten, Bar mit guter Musik. Tik und ihr Rasta-Mann kümmern sich liebevoll um die Gäste. Abholservice vom Taxihalteplatz bei *Siam Hut*, ansonsten nicht leicht zu finden. Es werden Schnorchel- und Dschungeltouren angeboten.
Maggies Place ㊱, ✆ 01-8741151, ✉ Maggies 125@hotmail.com, einige Bungalows um das Restaurant auf hohen Pfählen. Wenige Gäste, langer Weg zum Strand.
Happy Hut** ㊲, ✆ 01-7614582, ungepflegte Anlage, 12 Bungalows am Strand, Restaurant.
Jungle Hut Resort*–** ㊲, ✆ 01-8655805, 💻 www.junglehutresort.com; 15 einfache Bungalows ohne Du/WC am Strand unter Palmen, 2 palmblattgedeckte Bungalows mit Terrasse und Du/WC, Camping 100 Baht, Mountain Bikes für 200 Baht/Tag, Motorräder 300 Baht/Tag, Restaurant. Abholung vom Pier bei Voranmeldung.
Garden House** ㊲, kleine Anlage neben der Straße, einfache, weniger schöne Bungalows auf Stelzen ohne Du/WC, Restaurant.

Essen und Trinken

In allen Anlagen gibt es Restaurants, häufig auch Bars. Es werden zwar noch keine Wucherpreise verlangt, aber besonders billig ist es auch hier nicht.

Nahverkehrsmittel

Das Songthaew vom Pier kostet 70 Baht. Das Bootstaxi fährt von 8–9 Uhr und von 11–14 Uhr.

Bang Bao

Dieser kleine Ort im Südwesten ist auf der Asphaltstraße gut zu erreichen. Schon allein die Fahrt durch Berge und Täler ist eine Reise wert. Das touristisch ausgebaute Fischerdorf auf Pfählen wirkt nicht überlaufen und hat doch einiges zu bieten, wie preiswerte, urige Restaurants, kleine Bars und eine Bäckerei. Die Häuser stehen auf Pfählen im Wasser und sind über viele Laufstege miteinander verbunden. Am Pier warten viele Boote, die zu den vorgelagerten Inseln oder zum Schnorcheln fahren. Der **Bang Bao Beach** wirkt als Strand steinig und wenig attraktiv. Bei Ebbe liegt ein großer Teil der Bucht fast trocken. Der **Klong Kloi Beach** wird als Privatstrand des *Boat Chalets* genutzt. Bis hierher führt die Fahrstraße.

Übernachtung

BANG BAO – ***Gästehäuser*–***** im Pfahldorf.
Captain Thums & Paradise** ㊳, z.T. kleine, nette Bungalows auf Stelzen im Wasser.
Ko Chang Hill Resort**** ㊳, wenige Bungalows in einem Garten am Hang etwas außerhalb des Dorfes.
Cliff Cottages**–**** ㊳, ✆ 01-3028901, 💻 www.cliffcottages.com, ruhig gelegene Bungalows ohne Strand, in Ortsnähe.

BANG BAO BEACH – ***Dragon House**–****** ㊵, ✆ 01-9450498, 21 Bambushütten mit und ohne Du/WC, Terrassen-Restaurant mit Thai-Essen. Sehr ruhige Lage abseits vom Strand, steiler Anfahrtsweg. Hier fühlen sich Traveller und alleinreisende Frauen wohl; Schnorcheltouren

KLONG KLOI BEACH – ***Koh Chang Boat Chalet (Ko Chang Lagoona)*** ㊶, ✆ 501065, 💻 www.grandlagoona.com, Hotelanlage mit umgebauten Dschunken, die ab 4500 Baht gemietet werden können. Das Herzstück ist ein vierstöckiges schwimmendes Hotel-Schiff mit Restaurant und Konferenzräumen, das zuvor in Kambodscha und Vietnam vor Anker lag, Privatstrand.

Essen

Chowlay Bang Bao Restaurant in Bang Bao, auf Stelzen gebautes Lokal mit guter Aussicht, bei Einheimischen und ansässigen Europäern sehr beliebt. Man kann lebende Fische aus Aquarien aussuchen und nach Wunsch zubereiten lassen. Frischer geht es nicht.
Das ***Kruwa Bang Bao*** hat ein ähnliches Angebot, Cocktail-Bar, Sonnendeck.
Im ***Chai Shop*** gibt es Tee aus aller Welt.

Nahverkehrsmittel

Nach Bang Bao kommt man mit dem Pickup um 16 Uhr entlang der Westküste für 80 Baht.

Das Pickup zum Tha Dan Kao Pier fährt tgl. um 7 Uhr für 80 Baht.

Transport

Zu den **südlichen Inseln** fährt der *Island Hopper* von Captain Graham, ✆ 01-8650610, tgl. um 9 Uhr: nach KO WAI für 200 Baht, KO MAK 300 Baht und 2x pro Woche nach KO KUT für 500 Baht. Im Fischerdorf gibt es Boote zu mieten, ein kleines kostet 300 Baht für 3 Std., ein größeres mit Dach 500 Baht.

Die Südküste

Am hervorragenden **Hat Wai Chek** gibt es keine Unterkunft und kein Essen. Hier leben nur einige Kokosnuss-Farmer. Man kommt zu Fuß von Bang Bao oder auf dem schwierigen Pfad von Ruang Tan her. Am Pier **Ruang Tan** (Tha Salakpet) landet ein Boot von Laem Ngop. Hier beginnt der Pfad durch den Regenwald zum Hat Wai Chek.

An einer tiefen Bucht im Südosten liegt das traditionelle Fischerdorf **Salakpet**. Das *Salakpet Seafood Restaurant* bereitet hervorragendes Seafood zu, bei mittleren Preisen.

Jekbae ist ein Fischerdorf, in dem auch Kokosnuss- und Kautschukfarmer leben. Das Boot von Laem Ngop landet in Jekbae South.

Long Beach (Hat Sai Yao), ein idyllischer Strand, der zeitweise zum Schwimmen geeignet ist; bei Ebbe zieht sich das Meer einige hundert Meter zurück.

Man erreicht auf Pfadfinderart zu Fuß eine Stelle am Südostzipfel, die gut zum Schnorcheln geeignet ist, **Tantawan**. Dort kann man bei den Fischerhütten am Landesteg auch Boote für Tagesausflüge mieten (max. 8 Personen).

Übernachtung

RUANG TAN – Gästezimmer* 42, werden in den Shops und Restaurants am Pier angeboten, gutes Seafood.
*Salakpet Resort****42, ✆ 512751, Bungalows auf Pfählen im Wasser, mit ac, TV und Du/WC; freundliches Personal; Shop, Bootsausflug zu Stränden auf vorgelagerten Inseln möglich.

SALAKPET – *Ko Chang Marena****43,
✆ 237374, sterile Steinbungalows am Hang.

JEKBAE – *Saeng Aroon Bungalow***44,
15 Bungalows. Bootstransfer ab dem *Saeng Aroon Restaurant*.

TANTAWAN – *Haad Sai Yao Resort*–***46,
20 verschiedenartige Bungalows mit und ohne Du/WC, nur per Boot zu erreichen, Fußweg zu den *Tantawan Bungalows*.
*Tantawan Bungalows***47, wenige einfache Bretterhütten auf Felsen, per Boot und über das Haad Sai Yao Resort zu erreichen, gutes Seafood.

Transport

Um 15 Uhr fährt vom Pier von Laem Ngop das Taxiboot nach TANTAWAN, JEKBAE und RUANG TAN (2 1/2 Std., 120 Baht); zurück um 9 Uhr. Motorrad-Taxis fahren von Than Mayom oder Dan Sai für 100 Baht nach SALAKPET. Es gibt auch Boote zu den Stränden und Inseln zu chartern, was um die 2000 Baht pro Tag kosten dürfte.

Die Ostküste

Salakkok ist ein originales Thai-Dorf mit einem der besten Mangrovenwälder in Thailand. Zwischen den Häusern kann man sich nur per Boot fortbewegen. Die nächste Unterkunft liegt in Jekbae.

Ungefähr in der Mitte der Ostküste von Ko Chang liegt **Than Mayom** mit dem *Headquarter* des National Parks. Die Attraktion ist der **Than Mayom-Wasserfall**, (Nationalparkeintritt 200 Baht), der auf einem Dschungelpfad in etwa 10 Minuten vom Strand aus erreichbar ist. In zwei Pools kann man schwimmen. Auf der rechten Seite führt ein schwieriger, abenteuerlicher Pfad zu zwei weiteren Wasserfällen hinauf. Der dritte heißt **King Rama-Wasserfall**. Er wird von den Einheimischen als der erste bezeichnet. In 2 bis 5 Tagen können sich engagierte Regenwald-Wanderer zur Westküste durchschlagen. Das Meer ist hier schlammig und nicht zum Baden geeignet. Das kleine *Tourist Center* ist recht informativ. Ein Relief der Inselwelt gibt einen guten Eindruck von ihrer Vielfalt.

Dan Mai ist ein Fischerdorf an der Ostküste mit großem Pier. Hier gibt es Lebensmittel, Getränke und Treibstoff sowie eine kleine Motorradwerkstatt.

OSTKÜSTE

Die **Strände** an der Ostküste wirken auf westliche Touristen wenig attraktiv. Die Unterkünfte werden hauptsächlich von Thai-Touristen an Wochenenden und Feiertagen frequentiert. Es gibt ca. 10 Bungalowanlagen, bei einigen kann man auch campen, z. B.:

Ao Sapparot Camp & Resort***–**** ⑤1, ✆ 01-9114595, wenige unterschiedliche Bungalows mit Du/WC zwischen vielen Grünpflanzen, Camping 100 Baht. Strand mit gelbem, grobkörnigem Sand.

Ko Mak   เกาะหมาก

Die „Betelnuss-Insel" ist eine flache Insel mit seichten Buchten und schönen, weißen, aber schmalen Stränden. Eigentlich besteht sie aus vier Halbinseln, die sich von Ost nach West über 7 km, von Nord nach Süd über 5,5 km ausdehnen.

Auf dem westlichen Halbinsel erhebt sich ein Höhenzug mit zwei Gipfeln. Rotbraunes Lavagestein tritt an vielen Stellen zu Tage und bildet im Meer schöne „Badewannen". Auf der Insel werden Kokospalmen und Gummibäume intensiv angebaut. Im Zentrum der Insel befindet sich ein richtiges Dorf mit Schule und Gesundheitsstation, ansonsten gibt es nur kleine Häuseransammlungen. Ständig leben nur 420 Menschen auf der Insel. An der Südostseite ragt der Ao Nid Pier in die Bucht. Fußpfade und betonierte Fahrwege (für Traktoren und Jeeps) durchziehen die Insel.

Die Strände vor den Bungalowanlagen sind zwar sehr schön, aber es gibt viele Sandfliegen und zeitweise angeschwemmter Müll. Schnorcheln und Tauchen ist im Südwesten und Norden gut bis akzeptabel. Mehrere ganz kleine Inseln sind vorgelagert. Noch immer finden nicht allzu viele Touristen auf diese entspannend einsame Insel. In der Regenzeit sind fast alle Anlagen geschlossen.

Ko Kham

Diese herrliche, private Südseeinsel mit tollem Sandstrand und herrlichen Felsen hängt westlich vor der Nordspitze von Ko Mak. Bei tiefer Ebbe ist sie über eine Sandbank mit Ko Mak verbunden. Ein Denkmal erinnert an einen französischen Arzt, der hier wirkte. Vom Sunset Point kann man schöne Sonnenuntergänge erleben. Die tiefen Brunnen liefern für intensiven Tourismus zu wenig Wasser.

KO MAK – Ein zentraler Generator verteilt auf alle Anlagen Strom von 17–24 Uhr. Es gibt keine Bungalows mit Klimaanlage.

Ko Mak Resort***–**** ②, ✆ 597296, ✉ info @KohMakResort.com, 🖥 www.KohMakResort.com, schöne, aber etwas ungepflegt wirkende Anlage im Nordwesten. Viele unterschiedliche Bungalows mit Du/WC, die jeden zweiten Tag gereinigt werden; 2 Restaurants und Minimarkt. In der Regenzeit geöffnet und extrem günstig; Tauchschule.

Koh Mak Fantasia*–** ④, ✆ 09-9906333, unter Palmen hinter der Lagune am selben Strand, direkt am Wasser und Hang verschiedene Bungalows mit und ohne Du/WC, alle mit Moskitonetz. Preisgünstiges Restaurant an der Lagune, eigene Bäckerei, davor ein schmaler Sandstrand. Geleitet von 2 deutschen Brüdern, freundliches Personal.

Ko Mak Cococape Resort ab*** ③, ✆ 501003, 🖥 www.makisland.com; schöne, aus Naturmaterialien gebaute Bungalows am und im Meer zwischen Mangroven, bessere mit ac am Hang (ab 2300 Baht), angenehme Umgebung. Pool, Boots-Restaurant, Bootssteg.

Holiday Beach Resort** ⑤, ✆ 01-9023179, angenehme, sehr ruhige Gartenanlage, nette, unterschiedliche Bungalows ohne Fan, mit und ohne Du/WC, schöne Sicht auf die vorgelagerten Inseln; gutes, aber nicht billiges Essen im einfachen Thai-Stil-Restaurant; flacher Strand mit vielen Steinbrocken. Als Paket viel teurer.

T.K. Hut*** ⑥, ✆ 521631, qualitativ gute Bungalows, unter deutscher Leitung.

Baan Ko Mak**** ⑦, saubere Bungalows mit schönem Bad, freundliche Leute, unter englischer Leitung.

Ao Kao Resort***–**** ⑧, ✆ 501001, schöne Anlage unter Palmen, einfache Hütten z.T. ohne und gute Bungalows mit Du/WC, die teureren sehr schön und komfortabel, bei längerem Aufenthalt Rabatt. Gutes, rundes Restaurant am Meer, gemütliche Bar; freundliche Leute, die sich um Pattaya-Atmosphäre bemühen. Der

OSTKÜSTE

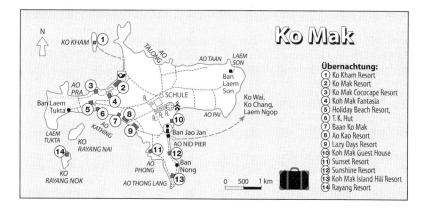

Ko Mak

Übernachtung:
1. Ko Kham Resort
2. Ko Mak Resort
3. Ko Mak Cococape Resort
4. Koh Mak Fantasia
5. Holiday Beach Resort,
6. T. K. Hut
7. Baan Ko Mak
8. Ao Kao Resort
9. Lazy Days Resort
10. Koh Mak Guest House
11. Sunset Resort
12. Sunshine Resort
13. Koh Mak Island Hill Resort
14. Rayang Resort

0   500   1 km

Strand eignet sich bei Flut bedingt zum Schwimmen, am Hausriff lässt es sich nett schnorcheln, Tauchschule. Anmeldung in Pattaya unter ℡ 038-225263.

Lazy Days Resort **⑨, durch den Bach vom *Ao Kao Resort* getrennt, große Anlage unter Palmen, einfache Mattenhütten; gutes Essen; sehr locker geleitet von einer großen Familie; Masken und Schnorchel zu mieten (100 Baht/Tag), Abholung vom Pier in witzigem Holzauto.

Sun Set Resort **⑪, wenige Bungalows mit und ohne Du/WC an der Felsen- und Mangrovenküste, kein Strand, Hippie-Atmosphäre.

Koh Mak Island Hill Resort ****⑬, komfortable Bungalows an einem kleinen Strand, als Paket buchbar.

Koh Mak Gh. *⑩, ℡ 501064, nördlich vom Pier, einfache Hütten, mehrere Schlafsäle und Restaurant.

KO KHAM – ***Ko Kham Resort*** *–**①, 01-3031229, 28 einfache Bambushütten, einige bessere Bungalows****, freundliche Leute, gutes Essen; Generatorstrom ab 19 Uhr; das Wasser für die sanitären Anlagen kommt täglich per Boot von Ko Mak; Essen und Trinken ist nicht immer ausreichend verfügbar. Geöffnet von November bis April.

White Beach Resort **⑧, einfache Bungalows und Familienhaus, super Strand und Felsen.

Rybys Resort **–***⑧, wenige Holzbungalows.

KO RAYANG NOK – ***Rayang Island Resort*** ***–****⑭, ℡ 01-3056585, am Hang der kleinen Insel, 18 gute Bungalows, die Familie ist sehr bemüht, spricht aber nur Thai. Wenn keine Gruppen da sind, sehr erholsam, aber eingeschränkte Auswahl an Speisen. Kleiner Strand mit grobem Korallensand, keine Sandfliegen, Schnorchelriff. Transfer mit dem Speedboot des Besitzers ab Laem Ngop oder Ko Chang / Bang Bao. Bootsservice nach Ban Laem Tukta auf Ko Mak.

Essen

Alle Anlagen haben Restaurants mit ähnlichen, nicht überhöhten Preisen.

Im Dorf in der Mitte von Ko Mak gibt es zwei einheimische Restaurants mit billigem, sehr gutem thailändischem Essen; 10–30 Minuten zu Fuß von den Bungalows entfernt.

Sonstiges

BÄCKEREI – Die Franzosen vom ***Silver Wind Wassersport*** backen morgens frische Baguettes für 20 Baht.

BIKES – Im ***Ko Mak Resort*** Motorräder für 350 Baht, Fahrräder für 150 Baht.

INTERNET – Im ***Ko Mak Resort***, 5 Baht/Min., läuft ab 12 Uhr über einen eigenen Generator.

POST – Beim *Ko Mak Resort*, auch Telefon- und Fax-Service – Verbindung ist nicht sicher.

SANDFLIEGEN – sind an manchen Strandabschnitten eine echte Plage. Ein gutes Mittel dagegen ist ein Kokosöl, das in allen Anlagen verkauft wird. Im Dorfladen wird eine pinkfarbene Paste aus Muscheln und Korallen hergestellt, die die entzündeten Sandfliegenbisse schnell abklingen lässt.

WASSERSPORT – *Silver Wind* zwischen *Ko Mak Resort* und *Fantasia* vermietet Windsurfer, Kanus und Schlauchboot. Auch werden dort Touren und Schnorcheltrips angeboten.

TAUCHEN – *Lagona Divers* im *Ko Mak* und *Fantasia Resort*. Kurs zum *Open Water Diver* 11200 Baht.

Transport

Mit dem Boot vom LAEM NGOB PIER um 15 Uhr in ca. 3 1/2 Std für 220 Baht, zurück um 8 Uhr. Vom Laem Ngob Pier fährt auch das neue Fährboot am Fr, Sa, Mo um 8.30 Uhr, zurück am Fr, So, Do um 14 Uhr.
Am Pier warten die Traktoren oder Jeeps der Resorts – da heißt es schnell entscheiden, in welcher Anlage man die erste Nacht verbringen will. Nach KO CHANG direkt gelangt man mit dem *Island Hopper* von Captain Graham, ✆ 01-8650610, für 300 Baht, nach KO WAI und KO KUT für 200 Baht; er fährt nach Bedarf zum Ko Mak Resort (übers Resort anmelden lassen).

Ko Wai   ເກາະ

Die recht große Insel mit vier Hügeln, vier Resorts, zwei Dörfern, Kokos- und Gummiplantagen besitzt mehrere kleine Strände. Sie eignet sich sehr gut zum Entspannen und zum Schnorcheln auf der Nordseite. Die Korallen wachsen schon in 6 m Tiefe, allerdings sind viele bereits abgestorben. Von Juni bis Oktober sind alle Anlagen geschlossen.

Übernachtung

Koh Wai Paradise*–***, ✆ 039-597031, billige Hütten, bessere Bungalows und größere für Familien an einem 800 m langen, schönen Strand, gutes Restaurant, idyllische Anlage.
Good Feeling Gh.**, ✆ 01-8503410, einfache, saubere Hütten ohne Du/WC am Strand und am Hang, Familienhaus, preiswertes Essen, freundliches Personal; direkt am Hauptpier. Strand davor nicht erstklassig, aber sehr gutes Schnorcheln.
Ko Wai Resort**, am zweiten Pier. Bei Ebbe ist der Strand davor nicht sehr schön.
Pakarang Resort**–***, ✆ 01-9832098, Bungalows unter Thai-französischer Leitung, im Osten der Insel, in der Nähe von Pier Nr. 3. Es ist auch über einen Dschungelpfad erreichbar, der aber nicht mit Gepäck begangen werden sollte.

Transport

Ab LAEM NGOB PIER um 15 Uhr in 2 1/2 Stunden für 130 Baht zum Hauptpier auf Ko Wai mit Zwischenstopp bei Bedarf an Pier 2 und 3, zurück um 8 Uhr.
Island Hopper nach Ko Chang, Ko Mak und Ko Kut.

Weitere Inseln vor Trat

Die folgenden Inseln sind touristisch erschlossen. Übernachten in den teuren Anlagen ist nur möglich, wenn man die Unterkunft zuvor bucht und die Besitzer ein Boot bereitstellen. In der Regel logieren hier nur Thai-Gruppen. Auf allen Inseln wird über Stechmücken, Sandfliegen und Quallen geklagt.

Ko Phrao Nai - Ko Phrao Nok

Zwei kleine, geschützt gelegene Inseln in der Bucht von Salakpet; Wasser kommt in einer Leitung von Ko Chang. Beide Inseln sind bewohnt. Auf Ko Phrao Nok gibt es ein Resort.

Ko Lao Ya

Die kleine, attraktive Insel mit weißen Sandstränden, kristallklarem Wasser und schönen Korallen liegt so geschützt, dass sie ganzjährig besucht werden kann. Für 200 Baht kann man in Salakpet ein Boot hierher chartern. Es gibt ein Resort.

Ko Ngam

Die kleine Insel liegt an der Südostspitze von Ko Chang. Die sehr tiefe Bucht im Süden sieht sehr schön aus, ist aber zum Baden nicht gut geeignet, dafür soll Schnorcheln vor der Südspitze möglich sein. Mit Taxi-Boot von Tantawan zu erreichen (ca. 300 m). Es gibt eine First-Class-Anlage.

Ko Kradaat

(Papier-Insel) – eine sehr flache, fast vollständig mit Kokospalmen bewachsene und von Korallen umgebene Privat-Insel. Gutes Schnorcheln vor allem im Süden und Westen. Außer den Plantagenarbeitern wohnen keine Einheimischen hier. Es gibt eine First Class-Anlage.

Ko Rang

Auf der steilen, unbewohnten Insel ohne Trinkwasser, mit mehreren Buchten und vielen Inselchen drum herum werden Schwalbennester geerntet, Schildkröteneier und Fledermauskot gesammelt. Ausflügler angeln am Wochenende gerne vor der Insel. Eindrucksvolle Felsformationen unter Wasser und Korallen in größeren Tiefen bilden ein fantastisches Schnorchel- und Tauchrevier, das mit den Tauchschulen zu erreichen ist.

Ko Kut

Eine recht große, gebirgige Insel, die östlichste von Thailand, mit vielen Dörfern an der Küste. An der Ost- und Westseite liegen schöne Buchten, zum Teil mit Stränden. Die Buchten im Osten sind tief eingeschnitten, aber schlammig.

Einige Wasserfälle machen die Insel besonders attraktiv: der **Klong Chao Wasserfall** in der Nähe vom *Peter Pan Resort* hat einen herrlichen Pool zum Schwimmen, auch der Pool des etwas kleineren **Nam Tok Klong Yai** beim *Captain Hook Resort* ist lohnenswert. Im Nordwesten liegt der **Wasserfall Than Sanook**. Durch den Dschungel führen etliche Pfade und eine Straße. Viele der Einheimischen leben vom Schmuggel mit Kambodscha. Es gibt mehrere teure Anlagen mit Bungalows für Thai-Gruppen. Malaria ist stark verbreitet.

Echte Inselfreaks können sich auch an kaum erschlossenen Inseln wie **Ko Mai Dang** und **Ko Mai Si Lek** versuchen, aber das kann ins Geld gehen.

KO MAI SI YAI – 4 große Hütten** eines Deutschen am steinigen Ufer am Pier.

KO PHRAO – *Ko Sai Kao Resort*, ☏ 039-511824, ✆ 511429, 63 Luxus-Bungalows mit ac, Paket ab 1500 Baht p.P.

KO LAO YA – *Lao Ya Paradise Island Resort*, ☏ 039-531838-40, ✆ 512828, Mittelklasse-Anlage, 8 Bungalows mit 24 Zimmern, als Paket buchbar; beliebt bei thailändischen Männern.

KO NGAM – *Twin Island Beach Resort*, ☏ 039-520420, First-Class-Anlage, 25 Bungalows am Hang mit 30 Zimmern, als Paket buchbar.

KO KRADAAT – *Ko Kradat Resort*, ☏ 01-3540016, First-Class-Anlage, 40 Bungalows, als Paket buchbar.

KO KUT – An der Westküste gibt es mindestens 9 recht teure First-Class-Resorts, die nur am Wochenende für Thai-Gruppen geöffnet sind. Wochentags lohnt es nicht, den Generator anzuwerfen. Manche Traveller schlagen ihr Zelt am Strand bei einem Resort oder Dorf auf. Von Nord nach Süd (Karte s.S. 269):
Ko Kood Laguna ①, ☏ 01-3565722.
Ko Kut Sai Kao Resort ②, ☏ 039-511824.
Captain Hook Resort ③, ☏ 039-522895.
Koh Kood Cabana ④, ☏ 02-92326456.
Peter Pan Resort ⑤, ☏ 039-522895, eigenes Speedboot. *Klong Chao Resort* ⑥, ☏ 039-520337.
Klong Hin Hut Resort ⑧, ☏ 039-511661.
Aow Prao Beach Resort ⑨, ☏ 039-525211-3.
Ko Kood Resort ⑩, ☏ 02-3743004, an der Ostküste.

Der *Island Hopper* verkehrt täglich von Ko Chang (Bang Bao) nach Ko Wai (200 Baht) und Ko Mak (300 Baht) und 2x wöchentlich weiter nach Ko Kut (400 Baht) und zurück. Der Zubringerbus fährt von 8 bis 8.30 Uhr an den Stränden ab und kostet 50 Baht. Er kommt gegen 12 Uhr am Klong Chao auf Ko Kut an und fährt um 13 Uhr zurück (3 Std.).

Zwischen allen anderen Inseln gibt es keinen regelmäßigen Bootsverkehr, Islandhopping ist nur mit einem gecharterten Fischerboot möglich.

OSTKÜSTE

Von Trat in den Ostzipfel

Auf dem schmalen Landstreifen zwischen dem Golf von Thailand und dem Khao Bantal-Gebirgszug, der die Grenze zu Kambodscha bildet, gibt es mehrere einsame Strände. Nur an langen Wochenenden verwandeln sie sich in Picknick-Plätze für Einheimische. Auf dem gut ausgebauten H318 sind es noch 90 km bis zur Grenze nach Kambodscha.

Am KM 41,6 biegt ein Weg zum **Sai Ngam Beach** ab, 300 m von der Straße. Ein Schild weist am KM 47 auf den **Tub Tim Beach** hin, einen längeren Strand mit verwildertem Hinterland. Am schönen, aber nicht immer sauberen Sandstrand **Ban Chuen Beach**, 60 km hinter Trat, 14 km vor Khlong Yai, kann man in 4 *Bungalows**–**** übernachten und in einem Restaurant während der Woche sehr einfach essen, aber am Wochenende schlemmen. Wer auch an Wochenenden die Einsamkeit sucht, braucht nur über die Lagune zu schwimmen. Zwischen dem KM 31 und dem KM 57 liegen mindestens vier weitere Strände. Um sie zu entdecken, braucht man ein eigenes Fahrzeug (z.B. ein gemietetes Motorrad aus Trat).

Die Straße nach **Khlong Yai** biegt beim KM 74 nach rechts ab. Etwa die Hälfte dieses sehenswerten Fischerdorfes steht auf Pfählen. Selbst die Straßen verlaufen auf Stegen. Bei Ebbe lastet ein penetranter Gestank von Schlick, Abfall und Fisch über den Holzhäusern, bei Flut wird aller Unrat weggespült. Wer hier einen Spaziergang unternimmt, sollte schwindelfrei und trittsicher sein.

Nach Kambodscha

Der H318 geht noch 16 km weiter bis **Ban Hat Lek**. Die Grenze zu Kambodscha ist von 7–17 Uhr geöffnet. Für Ausländer kostet das 30-tägige Kambodscha-Visum direkt an der Grenze derzeit US$20. Dollars werden in Kambodscha gerne genommen. Über eine gebührenpflichtige Brücke geht es zur angrenzenden Inselprovinz Koh Kong.

In Kambodscha geht es per Taxi oder Motorradtaxi weiter (60–80 Baht, 8 km), vorbei an Casinos und Vergnügungsvierteln, nach Koh Kong. Ein großes Speedboot fährt tgl. um 8 Uhr in 4 Std. für 600 Baht nach **Sihanoukville** (gern wird behauptet, das Boot sei kaputt, man müsse ein Taxi nehmen), von wo man auf guter Straße per Bus oder Sammeltaxi bis **Phnom Penh** fahren kann. Auf dem Landweg kommt man jetzt über **Sre Ambel** nach Sihanoukville. Wer hängen bleibt, findet in **Koh Kong** leicht eine Unterkunft. Thais errichteten auf Koh Kong, das sich touristisch stark entwickelt, ein Casino und Resorts, die vor allem männlichen Besuchern billiges Amüsement bieten. Traveller können sich in Otto's Gh. ein Moped mieten und durch den Dschungel zu Wasserfällen fahren.

KHLONG YAI – Es gibt im Ort drei Hotels:
Suksamran** (ac***), ✆ 039-581109, 🖷 581311, 37 Zi,
Tawanuk Inn**–***, ✆ 581043, 25 Zi,
Khlong Yai Hotel**–****, ✆ 581260, 37 Zi.
Bang Inn Villa**–***, an der Straße nach Trat, ✆ 039-581401, 🖷 581403, 44 Zi mit Fan.

KOH KONG – ***Otto's Restaurant & Gh.****, einfache, hellhörige Zi aus Holz mit Moskitonetz, z.T. mit Du/WC, viele Informationen, deutsche Leitung. Angenehmes Restaurant.
Nokor Reach Hotel**, Ziel der Motorradtaxis. Das Restaurant ***Koh Kong Kitchen*** ist nicht schlecht, der Fisch sogar lecker.

Ein Taxi von TRAT zum Ban Chuen Beach kostet 200 Baht, ein Pickup Richtung KHLONG YAI nur 30 Baht, es bleiben dann noch 5 km zu Fuß zu gehen. Möglicherweise lässt sich der Fahrer überreden, für einen kleinen Aufschlag (ca. 15 Baht) bis zum Strand zu fahren.
Von Trat nach KHLONG YAI mit dem Songthaew für 40 Baht in 50 Min.
Von Trat nach BAN HAT LEK (90 km) am besten mit dem ersten Minibus um 6 Uhr für 100 Baht, zurück alle 45 Min. von 7–17 Uhr (umsteigen in Khlong Yai). Charter-Pickup 500 Baht.
Von Khlong Yai nach BAN HAT LEK mit dem Songthaew für 20 Baht in 25 Min.

OSTKÜSTE

Von Phetchaburi nach Surat Thani

Einen Bummel durch die Tempelstadt **Phetchaburi** unternehmen

Durch den Dschungel des **Kaeng Krachan National Parks** trekken

Das Flair des traditionellen Thai-Badeortes **Hua Hin** genießen

Auf einer einsamen Insel vor **Chumphon** Robinson spielen

An der Strandpromenade von **Prachuap Khiri Khan** fantastisches Seefood probieren

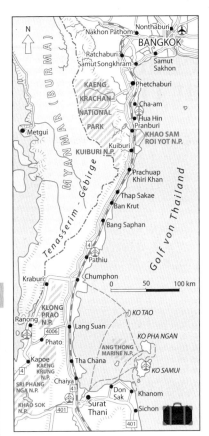

so üppiger wirkt die Landschaft. An vielen schönen Stränden entstanden in den letzten Jahren einfache und komfortable Strandhotels, vorwiegend für einheimische Touristen.

Von den schnellen Bussen und angenehmen Nachtzügen sollte man sich nicht zum Durchbrausen verleiten lassen. Auch wenn Abstecher Zeit erfordern, so ermöglichen sie doch einen guten Einblick in ein noch kaum vom Tourismus verändertes Land. Mit den langsamen lokalen Zügen lässt sich die Reise leicht unterbrechen, da spätestens am nächsten Tag zur selben Zeit ein Anschlusszug durchkommt. Die großen ac-Busse fahren von Bangkok aus nur zu den Provinzhauptstädten und zu den Hauptreisezielen. So müssen Reisende nach Zwischenstopps häufig auf lokale Transportmittel umsteigen.

Auf der Kammlinie des zentralen Tenasserim-Bergmassivs verläuft die Grenze zwischen Myanmar und Thailand. Diese Bergkette ist zwar nur 800–1500 m hoch, doch während des Südwest-Monsuns regnen sich die Wolken an ihrer Westflanke ab. Daher bieten die Strände von Hua Hin bis Surat Thani auch in der Regenzeit meist schönes Badewetter. An dieser Küste des Golfs von Thailand fallen die höchsten Niederschläge von Oktober bis Dezember.

Phetchaburi   เพชรบุรี

Eine traditionelle, wenig besuchte Stadt mit 36 000 Einwohnern ist Phetchaburi (auch Phetburi, Bhetchaburi), 135 km südlich von Bangkok. Wer auf Englisch sprechende Guides und europäisches Essen verzichten kann und kulturell interessiert ist, kann hier einen anregenden Tag verbringen. Auch als Tagesausflug von Hua Hin bietet sich diese Stadt der vielen Wats an.

Im Stadtzentrum

In der Stadt selbst gibt es an die 30 Tempelanlagen zu erkunden. Im Zentrum erhebt sich **Wat Mahathat**, ein über tausendjähriger Tempel, der in jüngerer Zeit restauriert und erweitert wurde. Von außen beeindruckt der Prang mit seinen fünf hohen, maiskolbenförmigen Stupas sowie der Chedi mit dem vierfachen Brahma-Kopf. In der mit Szenen aus dem Ramayana ausgemalten Hauptkapelle wird eifrig gebetet und geopfert. Vor diesem Ge-

Von Bangkok in den Süden führen zwei Hauptverkehrswege: der vierspurige Petchkasem Highway Nr. 4 und die einspurige Südlinie der Thailändischen Staatseisenbahn. Auf den 530 km von Phetchaburi bis Surat Thani verlaufen die Gleise immer in der Nähe der Küste, erlauben aber nur selten einen Blick aufs Meer. Sie durchqueren kleine und größere Städte, von denen nur Hua Hin und Prachuap Khiri Khan direkt am Golf von Thailand liegen. Die Autobahn verläuft zumeist noch einige Kilometer weiter im Landesinneren und lässt fast alle Städte links liegen. Doch das Meer ist nie weit. Schon kurze Abstecher führen zu kleinen Buchten und herrlichen Badestränden. Je weiter südlich, um

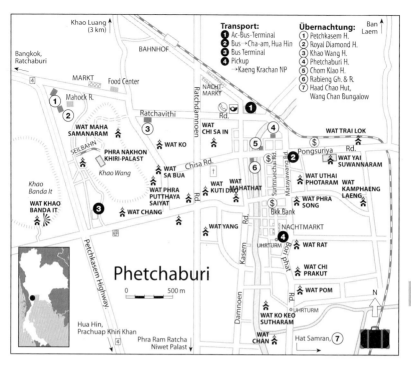

Khao Luang ↑
(3 km)

Bangkok,
Ratchaburi

BAHNHOF

Transport:
❶ Ac-Bus-Terminal
❷ Bus →Cha-am, Hua Hin
❸ Bus Terminal
❹ Pickup
→Kaeng Krachan NP

Übernachtung: Ban ↑
① Petchkasem H. Laem
② Royal Diamond H.
③ Khao Wang H.
④ Phetchaburi H.
⑤ Chom Klao H.
⑥ Rabieng Gh. & R.
⑦ Haad Chao Hut,
Wang Chan Bungalow

MARKT
Food Center
Mahock R.
Ratchavithi

NACHTMARKT

WAT MAHA SAMANARAM
PHRA NAKHON KHIRI-PALAST
Khao Wang
WAT KO
WAT SA BUA
WAT PHRA PUTTHAYA SAIYAT
WAT CHANG

Ratchdamnoen Rd.
WAT CHI SA IN
Chisa Rd.
WAT KUTI DAO
WAT MAHATHAT

Khao Banda It
WAT KHAO BANDA IT

WAT YANG

WAT TRAI LOK
Pongsuriya Rd.
WAT YAI SUWANNARAM
WAT UTHAI PHOTARAM
WAT KAMPHAENG LAENG
WAT PHRA SONG
Bkk. Bank
NACHTMARKT
UHRTURM
WAT RAT

Phetchaburi

0   500 m

WAT CHI PRAKUT
WAT POM
UHRTURM
WAT KO KEO SUTHARAM
WAT CHAN

N

Hua Hin,
Prachuap Khiri Khan
Phra Ram Ratcha
Niwet Palast ↓

Hat Samran, ⑦

bäude werden fast täglich vormittags von verschiedenen Gruppen Tempeltänze aufgeführt. Dem Tempelbezirk sind ein großer Klosterbereich und eine Schule angeschlossen.

Im **Wat Yai Suwannaram**, das aus der Ayutthaya-Periode stammt, stehen schöne Holzgebäude. Den zentralen, fensterlosen Bot, dessen Innenwände mit über 300 Jahren alten Wandmalereien geschmückt sind, die u.a. mythische Fabelwesen darstellen, kann man sich aufschließen lassen. Der Viharn besitzt besonders schöne Eingangstore, die mit vergoldeten, aus Holz geschnitzten Blumenmotiven geschmückt sind.

Die fünf Prangs in **Wat Kamphaeng Laeng** wurden während der Khmer-Herrschaft 1157–1207 errichtet. Jeder der vier erhalten gebliebenen Türme beherbergte eine brahmanische Gottheit, vermutlich Indra, Narain, Brahma sowie Uma, deren Statue man 1956 in dem zerstörten Prang fand. Die aus Sandstein errichtete alte Anlage wurde zu einem buddhistischen Tempel umgestaltet.

Khao Wang

Im Westen liegt der 92 m hohe, von aggressiven Affenhorden bevölkerte Hügel **Khao Wang**, ein *National Historical Park*. Im Jahre 1860 ließ König Mongkut auf dem Gipfel den königlichen Sommerpalast **Phra Nakhon Khiri** bauen. In der Haupthalle befindet sich das kleine **Museum**. Von der Observationsstation, die dem König zu astronomischen Beobachtungen diente, eröffnet sich eine gute Sicht auf die Stadt und ihre Umgebung. Eintritt in den Park beträgt 40 Baht, mit der Seilbahn 70 Baht inkl. Museum, Kinder 10 Baht. ⊙ Mo–Fr 8–17.30 Uhr, Sa und So 8–18 Uhr. Nördlich vom Palast wurde Ende des 19. Jahrhunderts das **Wat Maha Samanaram** erbaut. Von der Einmündung der Ratchavithi Road führt über mehrere von Nagas flankierte Rampen ein halbstündiger Fußpfad unter schönen Frangipani-Bäumen hindurch auf den Hügel. Es wird überall Futter für die vielen Affen angeboten. Im angrenzenden Tempel **Wat Phra Putthaya Saiyat** imponiert ein 34 m langer liegender Buddha.

Buddhistische Grotten

Besonders interessant ist **Wat Khao Banda It**, 3 km westlich der Stadt. Am Ende der Stichstraße liegt rechts die Tempelanlage, die gegen Ende der Ayutthaya-Periode ein berühmtes Meditationszentrum war. Ein Fußpfad führt den 121 m hohen Berg hinauf. Auf halber Höhe befindet sich der Eingang zu einem Labyrinth aus Tropfsteinhöhlen, in dem früher Mönche ihre Meditationsübungen abhielten und in denen zahlreiche Buddhastatuen stehen. Auf dem Berg hat ein reicher Thai einen Bot für seine verstorbene Frau, einen Viharn für seine Geliebte und eine Pagode für sich selbst errichten lassen. Nun neigt sich die Pagode eindeutig in Richtung Viharn, was einige Deutungen zulässt. Wer vor der Tempelanlage rechts in den Schotterweg einbiegt und am Ende die Felsen hoch steigt, gelangt den Pfeilen folgend zu einem alten, kleinen Tempel und kann sich an einem tollen Ausblick auf die Stadt erfreuen.

In der Umgebung gibt es weitere buddhistische Grotten. Die wichtigste ist die 3 km nördlich der Stadt liegende **Khao Luang-Höhle**. Auf steilen Treppen steigt man zunächst hinab in den großen, zentralen Dom, in dem viele Buddhafiguren und Chedis zwischen malerischen Tropfsteinen stehen. Weitere Statuen verbergen sich in zahlreichen Nischen und Nebenhöhlen. In der Sonnen- und Mondhöhle fällt das Tageslicht jeweils durch entsprechend geformte Öffnungen, die den Höhlen die Namen gaben. ⊙ 9– 15 Uhr, Eintritt frei, Führer verlangen 100 Baht. Zwischen 11 und 14 Uhr wird die Szenerie besonders eindrucksvoll von der Sonne beleuchtet. Am Eingang wartet eine Affenhorde auf Bananen. Rikschas aus der Stadt kosten ca. 50 Baht, Motorradtaxis 30 Baht.

Der Höhlentempel **Khao Yoi** liegt ca. 20 km nördlich der Stadt direkt am H4. Die Haupthöhle beherbergt eine liegende Buddhastatue und einen Fußabdruck Buddhas. Weiter unten stehen in einer weitere Höhle zahlreiche Statuen von Buddha, der chinesischen Göttin der Barmherzigkeit Kuan Yin und von König Rama VIII. In der Nähe leben Chinesen der *Thai Song Dam*-Minorität, die vor 200 Jahren nach Thailand einwanderten. Sie haben ihre Traditionen bewahrt und veranstalten regelmäßig Kulturprogramme mit Tänzen und Musik sowie ein Dorffest am 18. April. Auch ein Aufenthalt in einer Familie ist möglich (✆ 032-499208).

Südlich der Stadt

Der **Phra Ram Ratcha Niwet Palast** im Süden der Stadt wurde 1909–16 von einem deutschen Architekten im europäischen Stil für König Rama V. als Aufenthaltsort für die Regenzeit erbaut. Man plant, das National Museum von Phetchaburi hier unterzubringen. 16 km südöstlich erstreckt sich der nächstgelegene Strand, **Hat Chao Samran**. Da sich hier bereits die Ayutthaya-Könige erholten, nennt man ihn „Strand des glücklichen Königs". An dem weißen Sandstrand ließ 1918 Rama VI. sogar einen kleinen Palast erbauen. Heute liegt hier ein neu erschlossenes Naherholungsgebiet mit einem Riesenhotel. Offene Busse fahren auf dem H3177 laufend zum Strand für 12 Baht.

Übernachtung

Einige Hotels sind heruntergekommen und nicht zu empfehlen.

Rabieng Gh.** ⑥, 1 Chisa Rd., ✆ 425707, ✆/✉ 410695, angenehmes 2-stöckiges, traditionelles Haus, sehr schöne, saubere, etwas teure, z.T. kleine Zi ohne mit Bad, Moskitonetz entwendig, wegen der Straße ziemlich laut; gutes Restaurant (s.u.); Infos über die Umgebung, nur mit der freundlichen Besitzerin ist die Verständigung einfach. Es werden Touren in die Umgebung angeboten, z.B. ein dreitägiges Nature Exploring.

Chom Klao Hotel** ⑤, Pongsuriya Rd., ✆ 425398, am Fluss, relativ ruhiges Hotel, abgewohnte Zi, schlechte Matratzen, Fan, mit/ohne Du/WC; vom Balkon z.T. schöne Sicht. Die nette, hilfsbereite Managerin spricht gut Englisch und liebt Hunde.

Royal Diamond Hotel**** ②, 555 Petchkasem Rd., ✆ 411062-9, ✉ 424310, am Highway, sehr saubere ac-Zi mit Teppichboden, TV und großem Bad; Restaurant mit Musik ab 19 Uhr.

Khao Wang Hotel**–**** ③, 123 Ratchavithi Rd., ✆/✉ 425167, ein lautes Hotel mit großen, verwohnten Zimmern und Gucklöchern zum Flur.

HAT CHAO SAMRAN – Ca. 200 m vom Strand führt eine Stichstraße nach Süden.

Haad Chao Hut*** ⑦, ✆ 032-478421, nette Hütten unter Kasuarinen und Palmen, offenes Restaurant, das nicht immer geöffnet ist. Hilfsberei-

ter Besitzer. Zum Strand über den Parkplatz des Hochhauses gegenüber und 5 Min. zur Stadt.
Wang Chan Bungalow********⑦, ☎ 01-2115479, 1 km weiter, 11 gute Bungalows.
Dazwischen liegen weitere Bungalows für Thai-Familien ab 500 Baht.

BAN KROG – 8 km nördlich der Stadt an einem Nebenfluss des Phetchaburi River.
Dato Farm*****_******, 84 Moo 4, ☎ 032-450295, ✉ info@datofarm.com, 🖥 www.datofarm.com; Fisch- und Kokosnussfarm in einem kleinen Thai-Dorf, geleitet von Thomas Krey; 4 Zi mit Moskitonetz und Fan im Teakhaus inmitten der Großfamilie; Rundumversorgung. Man kann Fische fangen und füttern, wilden Honig suchen, Bootstouren auf dem Fluss unternehmen, in der Küche beim Kochen helfen, und vor allem am Alltagsleben des Dorfes teilnehmen.

Essen

Das gemütliche **Rabieng Restaurant** des gleichnamigen Gästehauses liegt schön am Fluss, umfangreiche englische Speisekarte, viele ungewöhnliche, günstige Thai-Gerichte und Seafood, gute Auswahl an vegetarischen Gerichten. Öko-Touren in die Umgebung.
Auf dem neuen Nachtmarkt am ac-Busbahnhof gibt es hervorragendes Seafood.
Am Fuß des Hügels Khao Wang befindet sich an der Straße nach Bangkok ein großes **Food Center** mit mehreren Restaurants und vielen Läden und Ständen mit leckeren Süßigkeiten, für die die Stadt berühmt ist.

Sonstiges

FESTIVAL – Rund um den Vollmond im Februar findet die 9-tägige **Phra Nakhon Khiri Fair** mit klassischen Thai-Tänzen und einer *Light & Sound Show* auf dem Khao Wang statt.

INTERNET – Im Obergeschoss der Post und in Internet-Cafés in der Stadt.

POST – An der Kreuzung Ratchavithi Rd. und Damnoen Kasem Rd., ⊙ Mo–Fr 8.30–16.30 Uhr,

am Sa/So und an Feiertagen 9–12 Uhr. Internationale Ferngespräche und Internet ⊙ Mo–Fr 8.30–18, Sa, So 9–16 Uhr.

RIKSCHAS – ab 20–30 Baht.

SONGTHAEW – ab 10 Baht p.P.

VORWAHL – 032; PLZ: 76 000.

Transport

BUSSE – Der ac-Bus Terminal *(Rot Tour)* liegt direkt am neuen Nachtmarkt gegenüber der Post. Nach BANGKOK (152 km) mit ac-Bus 977, 72 und 74 alle 30 Min. bis 20.30 Uhr für 90 Baht.
Nach CHA-AM 2.Kl.-ac-Bus laufend für 20 Baht, HUA HIN 38 Baht, PRACHUAP KHIRI KHAN 80 Baht, 2 1/2 Std. und CHUMPHON 150 Baht, 6 Std., ab dem Petcharat Hospital gegenüber vom Wat Konkaram.
Weiter nach Süden fahren 2.Kl.-ac-Busse ab dem Busbahnhof beim Khao Wang. Von dort auch nach KANCHANABURI: Bus Nr.73 nach RATCHABURI für 20 Baht in 1 Std., auf der anderen Straßenseite umsteigen in Bus Nr.461 nach Kanchanaburi für 36 Baht.
Auch im Anschluss an den Besuch des Schwimmenden Marktes in DAMNOEN SADUAK kann man über SAMUT SONGKHRAM (Bus 10 Baht) nach Phetchaburi (2.Kl. ac-Bus 30 Baht) fahren.

EISENBAHN – Der *Sprinter* 43 fährt um 7.45 Uhr ab BANGKOK, an 10.17 Uhr. Weiter nach HUA HIN (11 Uhr), CHUMPHON (14.15 Uhr) und SURAT THANI (Ank. 16.20 Uhr, 2. Kl. ac 370 Baht). Weitere 8 Züge aus BANGKOK kommen von 16.08–1.21 Uhr nach ca. 3 1/2 Std. Fahrt an, ab 118 bzw. 74 Baht (2./3. Kl. *Rapid*).
Zurück fahren tagsüber Bummelzüge um 7.32 und 12.48 Uhr nach BANGKOK NOI (Ank. 10.45 und 16.10 Uhr).
Nach Süden eignet sich der *Express* 85 um 22.19 Uhr, der CHUMPHON um 3.58 Uhr und SURAT THANI um 6.40 Uhr erreicht.
Nach HUA HIN mit dem Dieselzug 261 um 12.50 Uhr und dem Bummelzug um 16.45 Uhr für 13 Baht (3.Kl.) in 1 Std.

BIKER – Nach **Süden** verlässt man die Stadt auf der Boriphat Rd. Einige hundert Meter nach dem Uhrturm zweigt unübersehbar der schnurgerade H3177 zum Hat Chao Samran (16 km) ab. 500 m vor dem Meer kreuzt der H3187, der in Meeresnähe nach Cha-am führt (26 km).

Nach **Norden** nimmt man nicht die direkte Straße nach Ban Laem (37 km), sondern den gut ausgebauten, wenig befahrenen H3176, die Verlängerung der Ratchdamnoen Rd., 10 km nach Norden. Hier links einbiegen und vorbei an Shrimp-Farmen 3,5 km Richtung Wat Khao fahren. Nach weiteren 3 km geht es nach links, kurz darauf nach rechts und weitere 10 km durch eine wunderschöne Mangrovenlandschaft mit Kokoshainen und Köhlereien, bis man auf die Asphaltstraße zum Wat Khao Samro Rabung (im Nordosten auf einem Hügel) trifft. Auf dieser 5 km nach links, über die Bahnlinie zum H4 fahren. Aber schon nach 4,5 km auf dem H4 geht es in Khao Yoi wieder auf schmalen Landstraßen Richtung Norden durch idyllische kleine Dörfer bis zum Höhlentempel **Khao Yoi** (s.o.). 700 m östlich der Höhle führt von der Asphaltstraße ein Erdweg, der nur bei trockenem Wetter befahrbar ist, in Sichtweite des H4 an einem Kanal entlang ca. 13 km Richtung Norden zurück zum H4, der für die folgenden 9 km die einzige Alternative ist. Erst ab Ban Puey geht es wieder über schmale Beton- oder Erdstraßen, auf denen höchstens einige landwirtschaftliche Fahrzeuge unterwegs sind, ca. 500 m östlich vom Highway durch kleine Dörfer mit traditionellen Häusern bis man hinter Ban Khim (im Zentrum ein chinesischer Tempel) nach 5,3 km, jenseits des großen Thai-Tempels mit dem weißen Chedi, den H35 Richtung Bangkok erreicht. Links sind es 500 m bis zum H4 und geradeaus liegt jenseits des H35 und der Reisfelder Pak Tho, wo eine Nebenstraße nach Ratchaburi beginnt. Dort geht es auf dem interessanten H3087 nach Chom Bung und zur Chompon-Höhle (28 km), dann auf dem H3274 (23 km) und dem H3209 (38 km) nach Kanchanaburi.

Kaeng Krachan National Park
วนอุทยานแก่ง กระจาน

Vom Highway H4 zweigt kurz hinter Tha Yang der H3175 ab zum größten thailändischen National Park (2920 km^2), der im Westen bis zur burmesi-

schen Grenze reicht. Dort, in einer bergigen, schwer zugänglichen Region leben im dichten, subtropischen Regenwald noch 40 Säugetierarten, darunter etwa 200 wilde Elefanten, wenige Tiger, Malaien-Bären und Banteng (Wildrinder), sowie kleinere Dschungelbewohner wie Fischotter, Riesenwarane, Gibbons, Makaken und sogar das Siamesische Krokodil. Über 250 Vogelarten sind hier beheimatet, darunter mehrere gefährdete Arten. Mit etwas Glück sieht man Nashornvögel, aber auch Schlangenadler, Pfauen und Fasanen, am Bangkrang Camp sogar Stachelschweine und die Zibetkatze (*Masced Palm Civet*). Die gefährlichen Großtiere lassen sich am ehesten im Panoen Thong Camp beobachten.

Zum 760 m langen und 58 m hohen **Kaeng Krachan-Staudamm**, der hier das La-u Reservoir auf ca. 25 km Länge staut, führt eine gut ausgebaute Straße. Wer richtigen Dschungel erleben möchte, fährt zunächst zum Headquarter am Stausee. Das Ticket kostet für Ausländer 200 Baht, Fahrzeug 30 Baht, ein Mietfahrzeug für bis zu 10 Pers. mit Fahrer ca. 1000 Baht. Eine Straße führt in 20 km zum Eingang des Parks. Dann geht es einspurig nach Zeitplan noch 36 km weiter (Einfahrt nur von 5–8 Uhr, Ausfahrt von 16–17 Uhr), in der Regenzeit nur mit geländegängigem Fahrzeug und nur bis zum *Bang Krang Camp* (KM 15).

Es empfiehlt sich, im *Headquarter* einen Guide (200 Baht/Tag) zu organisieren. **Trekking Touren** zu Höhlen und schönen Wasserfällen (z.B. Tho Thip Wasserfall, 3 Std. ab KM 33 am Fahrweg) oder Floßfahrten sind möglich, wenn Essen und Getränke (ein Kanister Wasser 30 Baht) – auch für den Guide – mitgebracht werden. Allerdings haben Englisch sprechende Mitarbeiter der Forstbehörde, die im *Headquarter* anzutreffen sind, nicht immer Zeit, Touristen zu begleiten.

Eine Karte und ein Leuchtkasten mit Fotos der Highlights eines Treks hängen dort an der Wand. Auch Bootsfahrten lassen sich arrangieren. Von März bis Mai, am Ende der Trockenzeit, ist die Landschaft völlig ausgetrocknet, und der Wasserspiegel des Stausees sinkt beträchtlich ab. Beste Besuchszeit ist von November bis Mai.

Übernachten kann man in den ***Bungalows*****–****** 100 m hinter dem *Headquarter*, in den Na-

tional Park Bungalows nach vorheriger Reservierung in Bangkok, ☎ 02-5797223, 5795934.
Zelten ist auf einer schattenlosen Wiese beim *Headquarter* möglich (5 Baht p.P.), Mietzelte kosten 100 Baht pro Nacht.

Kaeng Krachan Resort****, schwimmende Häuser, die an den Inseln im Stausee liegen. Reservierungen in Bangkok, ☎ 5133238.
Das Restaurant unten am See ist die ganze Woche geöffnet, mit Fernglas gut zum Beobachten von Vögeln geeignet.
Im National Park sind drei **Zeltplätze** beim KM 15, KM 27 und KM 30 eingerichtet, im Bang Krang Camp nur mit Naturdusche. Feuerholz ist von den Wildhütern erhältlich. Beim Trekking ist freies Zelten erlaubt. Trinkwasser kann aus den Bächen entnommen werden.

Transport

Von BANGKOK mit Bus 977 oder 72 jede volle Std. bis THA YANG, 18 km südlich von Phetchaburi, und weiter per Pickup für 30 Baht bis zum Kontrollpunkt.
Von PHETCHABURI (ac-Busbahnhof) direkt für 20 Baht.
Vom Kontrollpunkt aus führt eine ca. 3 km lange Straße zum Damm hinauf.
Zum *Headquarter* geht es kurz vor dem Damm auf der linken Abzweigung und dann, vorbei an der Siedlung der Angestellten, zum westlichen Ende des Staudamms. Motorradtaxis verlangen 30 Baht für die 3 km zum *Headquarter*.
Mit dem eigenen Fahrzeug nimmt man die erste ausgeschilderte Abzweigung am KM 187,1 hinter Tha Yang (38 km) oder die zweite Abzweigung am KM 183,8 über PETCH DAM (6,5 km) zum Damm (rechte Abzweigung).

Cha-am ชะอำ

Dieser typisch thailändische Badeort liegt 40 km südlich von Phetchaburi und 25 km nördlich von Hua Hin. König Mongkut, so heißt es, wurde hier einst von blutrünstigen Moskitos vertrieben. Er hatte sich einen Sommerpalast erbauen lassen. Als er die erste Badesaison darin verbringen wollte, wurde er samt seinem Gefolge von Mückenschwärmen überfallen. Selbst der Einsatz aller einheimi-

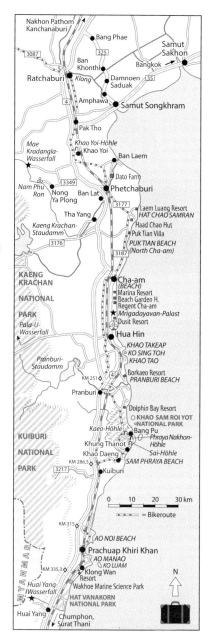

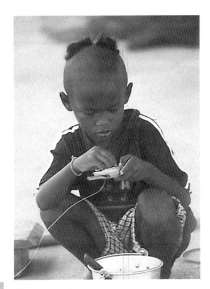
Fischerjunge aus Cha-am

schen Kinder zur Insektenbekämpfung konnte den Badeort nicht mehr retten. Cha-am wurde in großem Stil zu einem Erholungszentrum für Familien aus Bangkok ausgebaut. Davon zeugen riesige Apartmentsiedlungen, Geschäftsstraßen, große Hotelanlagen und die neue Umgehungsautobahn. Das eigentliche Dorf erstreckt sich westlich der alten Hauptstraße und Eisenbahnlinie, also landeinwärts. Vom Bahnhof aus führt die Narathip Road, an der sich ein Vergnügungszentrum mit Go-Go-Bars und anderen Einrichtungen der Sexindustrie entwickelt hat, bis zum Strand hinunter. Sie trifft auf die schmale Uferstraße Ruamchit Road, die parallel zum kilometerlangen Sandstrand verläuft. An der Landseite stehen dicht an dicht kleinere Hotels, private Wochenend-Villen, Souvenir- und Lebensmittel-Geschäfte, Essensstände sowie einige Restaurants. Auf der Meerseite erholen sich Thais beim Picknicken oder Kartenspielen und machen es sich bei lauter Musik auf dicht an dicht stehenden Liegestühlen unter Sonnenschirmen gemütlich. Hohe Kasuarinen beschatten vor allem die parkenden Autos.

Überall gibt es Fahrräder oder Tandems zu mieten. Da sich die Wassersport-Aktivitäten der meisten Thais auf kurze Spaziergänge im knöcheltiefen Wasser beschränken, gibt es weder Surfbrett-Verleih noch Bootsvermietung, doch aufgepumpte Autoreifen werden zu Tausenden vermietet. Leider stören auch hier bereits Jet Skis die friedliche Atmosphäre. So mancher Europäer fühlt sich hier, vor allem am Wochenende, fehl am Platz. Norweger dagegen scheinen dieses Flair zu lieben.

Nördlich des Fischerdorfes mit dem weit hinausreichenden Pier stehen weitere Hotelanlagen. Recht isoliert liegen auch die großen Hotelanlagen südlich des Flusses, ca. 15 km vor Hua Hin, die über Stichstraßen von der Hauptstraße aus zu erreichen sind.

Am nördlichen H4, an der Abzweigung der Umgehungsautobahn, hat ein **Crocodile Park** eröffnet, der auf 16000 m² Fläche verschiedenste Themen anbietet.

Südlich der Hotels weist am KM 216,4 ein Hinweisschild in Englisch auf den **Mrigadayavan-Palast** hin, der längste Teakholz-Palast von Thailand direkt am Strand. Das luftige Gebäude wurde 1925–27 nach Plänen des Königs errichtet. Während die 1080 hohen Säulen aus Teakholz für eine gute Belüftung sorgen, schirmen Fensterläden die Sonne ab. Besonders prächtig ist die über zwei Stockwerke reichende Thronhalle mit verspielten Balustraden und Erkern. Doch auch die privaten Gemächer, einschließlich des Badezimmers, können von außen besichtigt werden. Über die abgeschlossenen, umfangreichen Renovierungsarbeiten informiert eine Ausstellung. Obwohl der Palast auf militärischem Gebiet steht, ist eine Besichtigung möglich. Da sich vom Eingangstor am H4 der Zufahrtsweg 2,5 km durch das fast baumlose Gelände schlängelt, ist es ratsam, sich ein Fahrzeug zu mieten. ☺ tgl. 8.30–16 Uhr.

Übernachtung

Wir können uns beim besten Willen keinen Grund vorstellen, weshalb Traveller in diesem Ort des extremen Wochenend-Massentourismus nächtigen sollten.

Während der Woche ist ein Zi mit Du/WC und Fan schon ab 250 Baht zu haben, mit ac für 500 Baht. Die großen Bungalows sind teurer. In den kleinen Hotels haben die Zi meist einen Balkon, auf dem man die ruhigen Abende genießen kann – die Moskito-Coils nicht vergessen!

Falls mal jemand hängen bleibt:
Daeng Gh.**–*** ②, 234/28 Ruamchit Rd.,
✆ 433753, am Plaza neben dem Bus Stopp, ordentliche Zi mit Fan oder ac.

Südlich des Plaza liegen an der Ruamchit Rd. mehrere Bungalowanlagen dicht nebeneinander, in denen es Zi mit Fan oder ac für 300–800 Baht gibt. Nördlich der Straßeneinmündung liegt ein gutes Dutzend Hotels in der Ruamchit Rd. mit Zimmern in derselben Preisklasse.

Evtl. für Traveller geeignet ist das
Happy Home*** (ac****) ⑧, ✆ 471393, angenehme ältere Holzbungalows.

An der Zufahrtsstraße liegt das
Monopan House*** ⑱, 292/9 Narathip Rd.,
✆ 471886, 13 recht laute, preiswerte ac-Zi mit Du/WC.

Richtung Norden ziehen sich entlang der Küstenstraße H3187 viele komfortable, z.T. sehr teure Bungalowanlagen hin, die fast ausschließlich von einheimischen Touristen an Wochenenden und in den Ferien aufgesucht werden. Für Traveller ist evtl. die folgende Anlage an Werktagen interessant:

Puk Tian Villa**–**** ①, 141 Puk Tian Rd.,
✆ 428299; 21,4 km nördlich von Cha-am (auch North Cha-am genannt), Häuser für Gruppen und äußerst einfache Hütten und Bungalows; Restaurants, Toilettenhäuschen mit Duschen am Strand, Picknickplätze.

Richtung Süden stehen erstklassige Hotel- und Bungalowanlagen am langen Sandstrand, u.a.:
Springfield Beach Resort ㉘, KM 210 Petchkasem Rd., ✆ 451181-3, ✆ 451194; ✉ sfield@ksc. th.com, 🖳 frangipani.com/springfield, Luxusresort mit Golfplatz, 72 erstklassig ausgestattete Suiten und Zi mit Balkon zum Strand (ab 3000 Baht).

Regent Cha-Am Beach Resort ㉘, 849/21 Petchkasem Rd., ✆ 471483-9, ✆ 471491-2, ✉ info@ regent-chaam.com, 🖳 www.regent-chaam.com; 8 km südlich von Cha-am, 18 km von Hua Hin; riesige, dreiteilige First Class-Anlage, 646 ac-Zi mit Balkon (ab 3000 Baht); 47 rustikale, nett eingerichtete Holzbungalows für größere Familien; mehrere Restaurants mit französischer, italienischer, chinesischer und Thai-Küche; 3 Pools, Tennis, Squash, Disco, Fitness-Center. Umweltbewusstes Management.

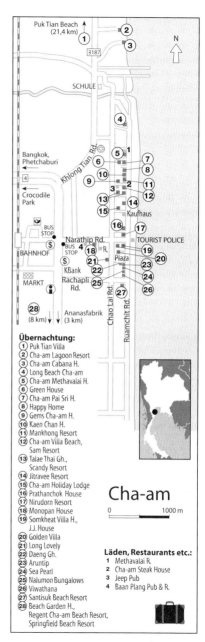

Cha-am

0   1000 m

Übernachtung:
① Puk Tian Villa
② Cha-am Lagoon Resort
③ Cha-am Cabana H.
④ Long Beach Cha-am
⑤ Cha-am Methavalai H.
⑥ Green House
⑦ Cha-am Pai Sri H.
⑧ Happy Home
⑨ Gems Cha-am H.
⑩ Kaen Chan H.
⑪ Mankhong Resort
⑫ Cha-am Villa Beach,
   Sam Resort
⑬ Talae Thai Gh.,
   Scandy Resort
⑭ Jitravee Resort
⑮ Cha-am Holiday Lodge
⑯ Prathanhom House
⑰ Nirudorn Resort
⑱ Monopan House
⑲ Somkheat Villa H.,
   J.J. House
⑳ Golden Villa
㉑ Long Lovely
㉒ Daeng Gh.
㉓ Aruntip
㉔ Sea Pearl
㉕ Nalumon Bungalows
㉖ Viwathana
㉗ Santisuk Beach Resort
㉘ Beach Garden H.,
   Regent Cha-am Beach Resort,
   Springfield Beach Resort

Läden, Restaurants etc.:
1 Methavalai R.
2 Cha-am Steak House
3 Jeep Pub
4 Baan Plang Pub & R.

Dusit Resort & Polo Club ㉘, 1349 Petchkasem Rd., ✆ 520009, 🖷 520296, ✉ polo@dusit.com, 🖳 www.dusit.com; 8 km nördlich von Hua Hin, am langen Sandstrand, großer Hotelkomplex mit riesiger Pool-Landschaft, über 300 Luxus-Zi (ab 3900 Baht), 5 Restaurants, 4 Bars (2 mit Live Bands), Wassersport, Tennisplätze, Squash-Hallen, Fitness, Reitbahn, Golf gegenüber.

Essen

Es gibt zahlreiche Essenstände, aber keines der Thai-Restaurants entlang der Strandstraße ist wirklich zu empfehlen.
Sehr gut isst man zu gehobenen Preisen im ***Methavalai Restaurant***.

Sonstiges

An der Straße vom Bahnhof zum Strand liegen das Postamt, die Polizeistation und an der Kreuzung mit der Hauptstraße zwei Banken. Umkleidekabinen und Duschen an der Strandstraße können gegen Gebühr genutzt werden.

INFORMATIONEN – ***Tourist Office***, 500/ 51 Petchkasem Rd., ✆ 471502; ✉ tatphet@tat.or.th, 700 m südlich der großen Kreuzung am H4; Infos über Cha-am, Hua Hin und Phetchaburi.
Einige Infos im Web unter 🖳 http://cha-am-beach.com

JEEPS – vermietet die ***Jeep Pub***, ✆ 433434.

VORWAHL – 032; PLZ: 76 120.

Transport

BUSSE – Alle direkten Busse halten am Bus Stopp am Plaza, 300 m südlich der Straßeneinmündung. Nach BANGKOK (175 km) mit ac-Bus um 9, 11, 12.30, 14, 15.50 und 17 Uhr für 113 Baht in 3 Std. Vom Southern Bus Terminal in BANGKOK ac-Bus um 7, 8.20, 11, 12.20 und 14.20 Uhr.
Nur ac-Busse nach PHETCHABURI für 20 Baht und HUA HIN für 25 Baht. Alle Busse von Bangkok in den Süden halten bei Bedarf in Cha-am am H4; zum Strand per Motorradtaxi für 20–30 Baht oder mit Pickup für 8 Baht.

BIKER – Nach **Süden** können Selbstfahrer und Biker eine schmale, recht stark befahrene Straße nach HUA HIN (30 km) an einem Kanal entlang nutzen, etwa 2–3 km im Landesinneren. Am neuen Flughafen ca. 5 km vor Hua Hin muss man evtl. auf den H4 ausweichen.

Hua Hin   หัวหิน

Wer palmenumsäumte, einsame Strände erwartet, sollte lieber weiter Richtung Süden fahren, auch ein Nachtleben à la Pattaya wird hier nicht geboten, ebenso wenig exotische Tempel und andere traditionelle Sehenswürdigkeiten. Hua Hin zeigt dem Touristen zwei völlig verschiedene Seiten. Wer die Stadt von Juni bis Oktober besucht, erlebt noch die Atmosphäre eines thailändischen Badeortes mit guten Seafood-Restaurants, Familien-Picknicks am Strand und Souvenirläden voller Muscheln. Wer jedoch in der „Ausländersaison" von November bis April kommt, wird keine Familienidylle entdecken, sondern sich vorwiegend unter skandinavischen Paaren bewegen. Er findet eine sehr touristische Stadt mit teuren Hotels, viele am westlichen Geschmack orientierte Restaurants, viele laute Bars und Biergärten. Dennoch eine interessante Stadt mit freundlichen Menschen und moderatem Preisniveau.

Der älteste Badeort Thailands mit 40 000 Einwohnern liegt nur 188 km von Bangkok entfernt an der südlichen Eisenbahnlinie. Als diese Strecke fertig gestellt war, ließ 1921 der Direktor der Eisenbahn, Prinz Purachatra, ein Sohn des damals regierenden Königs, das **Railway Hotel** errichten. Direkt am Strand entstand nach europäischen Vorbildern ein modernes Resort mit Tennis-Anlagen und dem ersten Golfplatz des Landes. Während der heißen Jahreszeit kam die High Society angereist, um den kühlen Seewind zu genießen.

Rama VI. war von dem Ort so angetan, dass er beschloss, sich 2 km nördlich vom Hafen eine **Sommerresidenz** (*Klai Kangwon* = ohne Sorgen) errichten zu lassen. Noch heute ist die königliche Familie hier zu Gast. Die Residenz kann besichtigt werden, 🕐 tgl. 9–16 Uhr, Ticketverkauf bis 15.15 Uhr. Auch die Bungalows anderer Mitglieder der königlichen Familie stehen in und um Hua Hin. Der **Sommerpalast der Königin** (*Rampaiphani*) liegt etwas landeinwärts, ca. 3 km Richtung Süden.

Morgens von 7–8 Uhr und abends kommen die Fischer mit ihren Booten in den **Hafen** zurück, um den Fang zu entladen, der sofort verkauft wird. In den schmalen Gassen südlich vom Hafen prägt noch immer der Fischfang das Leben der Menschen. 52 touristische Einrichtungen an diesem Strand, darunter Gästehäuser, Restaurants und Läden, sollen nach den Plänen der Stadt in Kürze abgerissen werden.

Dutzende von Hochhäusern, darunter viele Spekulationsruinen, prägen das Landschaftsbild der Umgebung. Ansonsten hat sich die Stadt zu einem angenehmen, gepflegten **Badeort** entwickelt.

Der Strand ist vom Hafen durch eine felsige Landzunge getrennt, auf der ein Hotel hochgezogen wurde, das jetzt zu Hilton gehört. Jenseits der Pool-Landschaft steht auf der felsigen Landzunge die **Statue** eines Thai-Boxers.

Am 6 km langen, von Felsen durchsetzten, mit Liegen und Sonnenschirmen bestückten Sandstrand kann man in der Thai-Saison thailändisches Strandleben beobachten. Dazu gehört auch ein Ausritt auf Ponys am bis zu 100 m breiten Strand entlang (200 Baht/halbe Stunde). Zum Baden eignet sich der Strand ab dem Sofitel Hotel Richtung Süden. Er wird einmal pro Woche gereinigt und dafür stellenweise abgesperrt. Ein tropisches Flair verbreiten die in den Sand gepflanzten Palmen. Zu manchen Zeiten des Jahres verleiden Quallen das Badevergnügen.

Nach Süden wird der Strand von einer Landzunge begrenzt, auf der sich mehrere buddhistische Tempel an die Spitzen felsiger, kleiner Hügel schmiegen. Knapp 2 km westlich der Stadt wurde auf dem **Khao Hin Lek Fai** ein kleiner Park eingerichtet, von dem man eine schöne Aussicht über die Stadt hat; steile Auffahrt. Da die neue Autobahn weiträumig um Hua Hin herumführt, ist der lokale Verkehr auf der Hauptstraße durchaus erträglich.

Eindrucksvolle Tempelanlagen mit riesigen Buddha-Statuen sind im Nordwesten der Stadt, kurz vor dem Elefantencamp und gegenüber einem chinesischen Friedhof, im Bau.

Die Ananas-Firma **Dole**, ✆ 571177, bietet Mo–Sa Führungen von 90 Min. durch die Produktionsanlagen und umliegende Ananasplantagen für 250 Baht. Zu erreichen mit einem Songthaew am Nordrand des Marktes (13 km). Die Früchte reifen zwischen April und Juli auf den Feldern.

Übernachtung

GÄSTEHÄUSER – Preiswerte Gästehäuser liegen in Hua Hin im schmalen Streifen zwischen der Poonsuk Road und der Naretdamri Road. Nur in diesem Stadtviertel dürfen auch Bars für Ausländer öffnen. Go-Go-Bars werden vorerst nicht zugelassen.

In der **Naretdamri Road** und den Seitengassen gibt es etwa 18 Gästehäuser mit Zimmerpreisen von 120–200 Baht, die in der Saison auf 200–350 Baht steigen können.

Nördlich der Damnoen Kasem Rd. liegen von Süd nach Nord u.a.:

Thai-Tae Gh. ** (ac***) ㉟, 6 Damnoen Kasem Rd., ✆ 511906, im Hinterhaus, gut und viel gelobt, saubere, geräumige Zi; echte Hinterhofatmosphäre; Mopeds ab 150 Baht.

Parichart Gh. **–**** ㊱, 162/6 Naretdamri Rd., ✆ 513863, modernes 4-stöck. Haus, saubere Zi mit Du/WC und Fan oder ac, mehrsprachiger Service.

Moti Mahal Gh. ** ㉚, 152 Naretdamri Rd., ✆ 513769, 5-stöckiges Haus, relativ teure, nicht besonders saubere Zi mit Du/WC, indisches Restaurant (auch vegetarisches Essen).

MP ** ㉜, 6 Naretdamri Rd., ✆ 511344, saubere Zi, je zwei Zi teilen sich eine Du/WC, kleine gemeinsame Terrasse zum gemütlichen Sitzen, hervorragendes Frühstück, nette Familie, kein Saisonaufschlag.

Som Waan Gh. **–*** ㉘, Naretdamri Rd., im Obergeschoss, einfache, saubere Zi mit Fan und Du/WC, einige ac-Zi.

Sunee Gh. ** ㉘, Naretdamri Rd., altes Holzhaus, 6 Zi mit Gemeinschafts-Du/WC.

Europa **–*** ㉘, 158 Naretdamri Rd., ✆ 513235, große Zi mit Du/WC und Fan, einige Möbel, ein beliebter Traveller-Treff, freundliche Familie.

Phuen Gh. **–*** ㉒, 4A Soi Bintabat, ✆ 512344, in der Bargegend, saubere Zi mit Du/WC und Fan, großer Gemeinschaftsbalkon mit Holzstühlen und Bänken, einige bessere Zi; gemütlich und gut. Englisches Pub, bis spät geöffnet.

Relax Gh. ** ㉑, Soi Bintabat, ✆ 513585, Holzhaus in ruhiger Gasse, 4 Zi mit Fan, Gemeinschafts-Du/WC; familiäre Atmosphäre.

21 Gh. ** ⑫, 10 Selakam Rd., ✆ 531243, Holzhaus in ruhiger Sackgasse, Zi mit Du/WC und Fan, Fenster zum Aufenthaltsraum.

	Übernachtung:			**Vorwahl 032**
①	F & T Guest House	***	130/3 Chomsin Rd.	
②	Damrong H.	**–***	46 Petchkasem Rd.	℡ 511574
③	Pattana Gh.	**–****	52 Naretdamri Rd.	℡ 513393
④	Karoon Hut	**–***	80 Naretdamri Rd.	℡ 511429
⑤	Thanachote House	***	11 Naretdamri Rd.	℡ 511393
⑥	Chat Chai H.	**	59/1 Petchkasem Rd.	℡ 511461
⑦	All Nations Gh.	***	10 Dechanuchit Rd.	℡ 512747
⑧	Chomkluen Gh.	***	Naretdamri Rd.	℡ 511687
⑨	Rom Ruen Gh.	**–***	17 Naretdamri Rd.	℡ 530300
⑩	Memory Gh.	**–***	Naretdamri Rd.	℡ 511816
⑪	Fulay Gh.	**–***	110 Naretdamri Rd.	℡ 513145
⑫	21 Gh.	**	10 Selakham Rd.	℡ 531243
⑬	Fulay Hotel	****	110/1 Naretdamri Rd.	℡ 513670
⑭	Sirima Gh.	***	116 Naretdamri Rd.	℡ 511060
⑭	Mod Gh.	**–****	116 Naretdamri Rd.	℡ 512296
⑮	Bird Gh.	***	31/2 Naretdamri Rd.	℡ 511630
⑯	Ban Pak Look Ghai	***	Naretdamri Rd.	
⑰	K. Place Gh.	****	Naretdamri Rd.	
⑱	Siripetchkasem H.	***	7/5-8 Srasong Rd.	℡ 511394
⑲	Sand Inn H.	*** (ac****)	18 Poonsuk Rd.	℡ 533667
⑳	Subhamitra H.	**–****	19 Amnuay Sin Rd.	℡ 511208
㉑	Relax Gh.	**	Soi Bintabat	℡ 513585
㉒	Phuen Gh.	**–***	4A Soi Bintabat	℡ 512344
㉓	Fresh Inn	****	132 Naretdamri Rd.	℡ 511389
㉔	Sukwilai Gh.	** (ac****)	21 Soi Bintabat	℡ 513523
㉕	Ban Pak Hua Hin	**–***	5/1 Poonsuk Rd.	℡ 511653
㉖	Silapetch H.	**–***	Srasong Rd.	℡ 513523
㉗	Tanawit H. & Condo	****	64/1 Amnuay Sin Rd.	℡ 530420
㉘	Europa	**–***	158 Naretdamri Rd.	℡ 513235
㉘	Sunee Gh.	**	Naretdamri Rd.	
㉘	Som Waan Gh.	**–***	Naretdamri Rd.	
㉙	Lucky	**	Naretdamri Rd.	
㉚	Moti Mahal Gh.	**	152 Naretdamri Rd.	℡ 513769
㉚	Usaah Gh.	**	Soi Kanchanomai	℡ 532062
㉛	Ban Boosarin	***–****	8/8 Poonsuk Rd.	℡ 512076
㉜	MP	**	6 Naretdamri Rd.	℡ 511344
㉝	Khun Daeng Gh.	**	Naretdamri Rd.	
㉞	Srichan H.	***	Srasong Rd.	℡ 513130
㉟	Thai-Tae Gh.	** (ac***)	6 Damnoen Kasem Rd.	℡ 511906
㊱	Parichart Gh.	**–****	162/6 Naretdamri Rd.	℡ 513863
㊲	Sirin H.	****	10 Damnoen Kasem Rd.	℡ 511150
㊳	Mercure Resort	Luxus	1 Damnoen Kasem Rd.	℡ 512036-8
㊴	Jed Pee Nong H.	****	17 Damnoen Kasem Rd.	℡ 512381
㊵	Paung Pen Villa H.&Gh.	****	7 Damnoen Kasem Rd.	℡ 533785
㊶	Golf Inn	ab****	Damnoen Kasem Rd.	℡ 512473
㊷	Baan Somboon	*** (ac****)	13/4 Damnoen Kasem Rd.	℡ 511538
㊸	Patchara House H.	****	Soi Kasem Samphan	℡ 511788
㊹	Pala-U Gh.	*** (ac****)	178/5 Naretdamri Rd.	℡ 512687
㊺	Sailom	First Class	29 Petchkasem Rd.	℡ 511890-1
㊺	Thipurai Gh.	****	113/27-28 Petchkasem Rd.	℡ 532731
㊺	Janchai Bungalow	****	117/1-18 Petchkasem Rd.	℡ 511461

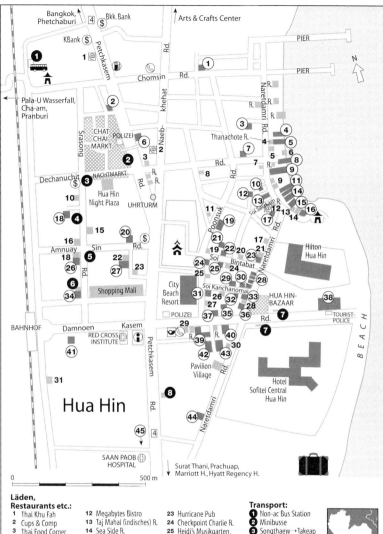

Bangkok, Phetchaburi
Bkk. Bank
Arts & Crafts Center
PIER
N
KBank
Chomsin Rd.
Rd.
PIER
R.
Naredtami Rd.
Pala-U Wasserfall, Cha-am, Pranburi
CHAT CHAI-MARKT
POLIZEI
Thanachote R.
Naeb
Dechanuchit
NACHTMARKT.
Hua Hin Night Plaza
UHRTURM
Soi Seekim R.
Poonsuk
Amnuay
Sin Rd.
Hilton Hua Hin
Shopping Mall
Bintabat
Soi
Naredtami Rd.
City Beach Resort
Soi Kanchanomai
HUA HIN-BAZAAR
TOURIST-POLICE
POLIZEI
BAHNHOF
Damnoen Kasem
RED CROSS INSTITUTE
Petchkasem Rd.
Pavilion Village
B E A C H
Hua Hin
Hotel Sofitel Central Hua Hin
Naredtami Rd.
SAAN PAOB HOSPITAL
0   500 m
Surat Thani, Prachuap, Marriott H., Hyatt Regency H.

Läden, Restaurants etc.:

1 Thai Khu Fah
2 Cups & Comp
3 Thai Food Corner
4 Thachanote R.
5 Brasserie de Paris R.
6 Chao Lay Seafood R.
7 My Friend Travel
8 White Gold Tours
9 Amadeus R., Maharaj R.
10 The Boat R.
11 Coconut

12 Megabytes Bistro
13 Taj Mahal (indisches) R.
14 Sea Side R.
15 Bäckerei/Konditorei
16 Supermarkt
17 Lo Stivale R.
18 Deutsche Bäckerei (Ruam Mit R.)
19 Sandwich Shop
20 Aelpli Bar
21 Bier Garten
22 Euro Bakery & Café

23 Hurricane Pub
24 Checkpoint Charlie R.
25 Heidi's Musikgarten, Willy's Station, Thai Boxing
26 Norddeutsches R.
27 La Villa R.
28 Deutsches Reisebüro
29 Western Tours
30 Bookazine
31 Hähnchen-R.

Transport:

1 Non-ac Bus Station
2 Minibusse
3 Songthaew →Takeap
4 Ac-Bus →Bangkok
5 Ac-Bus-Tickets
6 Motorradvermietung
7 Auto- und Motorradvermietung
8 Motorräder

Memory Gh.**–*** (10), ✆ 511816, 2-stöckiges Gebäude, saubere Zi mit Du/WC und Fan.

All Nations Gh.*** (7), 10 Dechanucht Rd., ✆ 512747, ✉ cybercafehuahin@hotmail.com; 12 kleine und sehr große Zi mit Fan oder ac, Balkon, Gemeinschafts-Du/WC für 3 Zi; recht laut; Restaurant mit Thai und europäischen Gerichten, Bar mit Bier vom Fass, Cyber Café. Vermietet billigere Zi** in einem weiteren Gästehaus in der Nähe.

Pattana Gh.**–**** (3), 52 Naretdamri Rd., ✆ 513393, ✆ 530081, altes Thai-Teakhaus in einer sehr ruhigen Gasse, 13 Zi mit und ohne Du/WC; gemütliche Pergola.

Über dem Strand östlich der Naretdamri Rd. wurden 8 Holzhäuser auf Pfählen gebaut, die abgerissen werden sollen, u.a.:

Bird Gh.*** (15), Nr. 31/2, ✆ 511630, ruhiges Haus mit schöner Terrasse am Meer, die sauberen Zi mit Fan oder ac sind ihr Geld wert, nette Besitzerin.

Sirima Gh.*** (14), Nr. 116, ✆ 511060, relativ teure Zi mit Fan oder ac, die vorderen Zi am Meer sind schön; Schweizer Leitung.

Mod Gh.**–**** (14), Nr. 116, ✆ 512296, direkt ans Sirima angebaut, relativ günstige, z.T. etwas versiffte Zi mit Fan, mit und ohne Du/WC; tolle Terrasse; freundliche Besitzer.

Fulay Gh.**–*** (11), Nr. 110, ✆ 513145, sauberes Hotel auf dem Pier, 20 liebevoll eingerichtete Zi mit Fan und ac, ein wunderschönes Suite-Zi im Thai-Stil für 1500 Baht; tolle Meeresterrasse, freundliche, engagierte Managerin.

Thanachote House*** (5), Nr. 11, ✆ 511393, kleine, dunkle ac-Zi mit Du/WC. Sehr gutes Restaurant mit freundlichem Service.

Karoon Hut**–*** (4), Nr. 80, ✆ 511429, die Zi auf der linken Seite sind sauber und ordentlich, die ac-Zi rechts sind dunkel; große, schöne Seeterrasse.

Südlich der Damnoen Kasem Rd. liegen u.a.:

Baan Somboon*** (ac****) (42), 13/4 Damnoen Kasem Rd., ✆/✆ 511538, in einer Seitengasse, sehr schöne, saubere Zi (außer Nr.2), geschmackvoll und mit Liebe eingerichtet, mit Fan oder ac; gemütlicher Innenhof, Restaurant. Viel gelobt und preiswert.

Pala-U Gh.*** (ac****) (44), 178/5 Naretdamri Rd., ✆ 01-8230800, ✆/✆ 512687, in der ruhigen

südlichen Naretdamri Rd., 15 saubere Zi mit Bad/WC und Fan oder ac sowie 5 einfache Zi mit Fan; neue Leitung.

Thipurai Gh.**** (45), 113/27-28 Petchkasem Rd., ✆ 532731, 2 km südlich des Zentrums, nahe am Strand, geräumige ac-Zi mit Du/WC, auch Vierbettzimmer. Garten, Pool, Restaurant, Bar. In der Umgebung liegen nicht weit vom Strand weitere ähnliche Gästehäuser.

HOTELS – In den Hotels von Hua Hin regelt die Nachfrage den Preis, ein Zi kann sich plötzlich um 100 bis 200 Baht verteuern oder verbilligen. Es empfiehlt sich daher zu handeln!

Nördlich der Damnoen Kasem Rd. liegen von Süd nach Nord u.a.:

Sirin Hotel**** (37), 10 Damnoen Kasem Rd., ✆ 511150, ✆ 513571, sehr gute Zi mit Kühlschrank, TV, Balkon; Restaurant.

Ban Boosarin**** (31), 8/8 Poonsuk Rd., ✆ 512076, sauberes Kleinhotel, gute Zi mit ac, Warmwasser, Kühlschrank und Balkon. In der Dependance gibt es Bungalows*** mit Fan.

Ban Pak Hua Hin**–*** (25), 5/1 Poonsuk Rd., ✆ 511653, Kleinhotel in der Bargegend, saubere Zi mit Du/WC und Fan, unfreundliches Personal.

Sand Inn Hotel*** (ac****) (19), 18 Poonsuk Rd., ✆ 533667-8, ✆ 533669, preiswertes Hotel, saubere Zi mit TV, Du/WC und Fan oder ac; Restaurant, nettes Personal.

Fulay Hotel**** (13), 110/1 Naretdamri Road, ✆ 513670, Kleinhotel, vornehm eingerichtete Zi.

Südlich der Damnoen Kasem Rd. liegen u.a.:

Jed Pee Nong Hotel**** (39), 17 Damnoen Kasem Rd., ✆ 512381, ac-Zi mit Bad/WC, sauber und ruhig; Swimming Pool; Seafood-Restaurant; freundliches Personal, handeln ist möglich.

Paung Pen Villa Hotel & Gh.**** (40), 7 Damnoen Kasem Rd., ✆ 533785, ✆ 511216, saubere ac-Zi mit Bad/WC, z.T. mit TV und Kühlschrank; Garten, Swimming Pool.

In der Stadt liegen u.a.:

Siripetchkasem Hotel*** (18), 7/5-8 Srasong Rd., ✆ 511394, 511464, etwas zurückversetzt, saubere Zi mit Fan oder ac.

Subhamitra Hotel**–**** (20), 19 Amnuay Sin Rd., ✆ 511208, 511487, gute, saubere Zi mit Fan oder ac, Swimming Pool.

*Tanawit Hotel & Condo******** (27), 64/1 Amnuay Sin Rd., ☎ 530420, im Zentrum der Stadt, 71 schöne, komfortable Zi mit ac, Swimming Pool.
City Beach Resort, 16 Damnoen Kasem Rd., ☎ 512870-4, 📠 512488, modernes Hotel im Stadtzentrum.

LUXUSHOTELS – Im Stadtbereich liegen 10 Luxushotels, die auch über Veranstalter gebucht werden können, u.a.:
Mercure Resort (38), 1 Damnoen Kasem Rd., ☎ 512036-8, 📠 511014, ✉ sofitel_central@ hotmail.com; gepflegter Garten am Strand, 41 luxuriöse Holzbungalows im Thai-Stil ab 4800 Baht. Die Einrichtungen des Sofitel Hotels können mitbenutzt werden.
Hotel Sofitel Central Hua Hin, 1 Damnoen Kasem Rd., ☎ 512021-38, 📠 511014, ✉ sofitel@sofitel. co.th, 🖥 www.sofitel.co.th; stilvolles Luxus-Resort direkt am Strand in einem sehenswerten Parkgelände mit Bäumen in Tierform. Das ehemalige Railway Hotel wurde völlig im ursprünglichen Stil renoviert und erweitert. Es hat riesige, komfortable ac-Zi in viktorianischer Architektur mit Balkon/Terrasse und Blick aufs Meer. 3 Restaurants, *Elephant Bar*, gepflegter Garten mit 3 Swimming Pools, Kinderbecken, Terrassen, Liegewiese. Wer auf gediegene Atmosphäre Wert legt, sollte wenigstens um 17 Uhr in der offenen Teehalle einen Tee einnehmen.
Hilton Hua Hin, 33 Naretdamri Rd., ☎ 512888, 📠 511135, ✉ huahin@hilton.com, 🖥 www. hilton.com; das kontroverse Hochhaushotel, das mit dem traditionellen Stadtbild von Hua Hin Schluss machte, nun in neuer Hand – der Beginn der 5-Sterne-Ära: gefolgt von Marriott, Hyatt und Co. 296 Luxuszimmer, sonnenüberfluteter Pool, tolle Aussicht vom 17. Stock.
Royal Garden Village, 43/1 Petchkasem Rd., ☎ 520250-6, 📠 520259, ✉ royalgardenvhh@ minornet.com, 🖥 www.royal-garden.com; 5 km nördlich der Stadt, wunderschöne Luxusanlage auf 5 ha königlichen Privatbesitz, wirkt wie ein Tempelgelände in einem Kokoswald; 162 große, mit Teak und Rattan möblierte ac-Zi mit Balkon/Terrasse in 21 Gebäuden (ab 5500 Baht, wochentags 30% Rabatt); 5 Restaurants und Lounges; sehr schöner Swimming Pool.

Sailom (45), 29 Petchkasem Rd., ☎ 511890, 📠 512047, First Class-Hotel 2 km südlich der Stadt, werktags und in der Nebensaison 40% Rabatt.
Chiva Som, 73/4 Petchkasem Rd., ☎ 536536, 📠 511154, 3 km südlich der Stadt am Strand, ein international bekanntes *Health Resort*, bietet in luxuriöser Atmosphäre Anwendungen aller Art, i.b. Massage, Reflexologie, Aromatherapie, Kneipp-Therapie. Pauschalarrangements ab US$900 für 3 Tage.
Hua Hin Highland Resort, 20/23 Petchkasem Rd., ☎ 511676, Golf Resort nördlich der Stadt.
An der Straße zum **Takeap Strand** stehen viele Bungalows, fast alle mit Küche und mehreren Schlafräumen für Thai-Familien.

Essen

Billige, leckere **Thai-Gerichte** bekommt man auf dem erstaunlich sauberen, von Touristen belebten **Nachtmarkt** (bis ca. 24 Uhr) und kann sie geruhsam an Tischen mit Stühlen verzehren. Besonders gut sind Fischgerichte (i.b. vor dem kleinen *7/11*), aber auch andere Snacks, wie Sate, sowie frisches Obst. Wer sich am westlichen Ende der Straße rechts hält, entdeckt weitere Essenstände, die überwiegend an einheimische Kunden verkaufen. Dahinter im *Hua Hin Night Plaza* stellt man sein Mahl von verschiedenen Essenständen zusammen und genießt es in ruhigerer Atmosphäre, vielleicht mit einem Bier vom Fass.
Auf dem *Chat Chai Markt* gibt es morgens leckere Reissuppe und tagsüber ausgezeichnetes Thai-Essen, vor allem **Seafood**.
Günstig sind die chinesischen Restaurants, z.B. das *Khoung Seng* an der Hauptstraße.
In den Restaurants direkt am Meer ist Seafood gut, aber teuer. Schön sitzt man auf der Terrasse des *Sea Side* über dem Strand, das Essen schmeckt lecker, die Familie ist sehr freundlich, aber die Preise sind der Lage entsprechend hoch.
Viele Restaurants wurden in den letzten Jahren von Europäern, zumeist Deutsche, Briten und Skandinavier, eröffnet. Sie inserieren im *Observer*.
Willy's Station (auch: *Ban Lan Sao*), ☎ 01-9875768, deutsche Küche, jeden Abend

Live-Musik von 20–2 Uhr, beliebt bei älteren Herren, ein Abend pro Woche Thai-Boxen.
Heidi's Musikgarten, Poonsuk Rd., Gartenrestaurant mit deutscher Küche, Schweizer Spezialitäten und Thai-Essen, gemütliche Bar, häufig Cabaret-Shows; eigener Taxi-Service mit Tuk Tuk (✆ 532367), ⏰ 11–24 Uhr.
Checkpoint Charlie, Soi Bintabat, bietet Hertha, Skat und viel mehr Berlinerisches.
Im *Norddeutschen Restaurant (=NDR)*, Soi Kanchanomai, wird Hausmannskost serviert.
La Villa, Poonsuk Rd., ✆ 513435, italienisches Restaurant mit original italienischem Essen, gute Pizza und Wein, aber nicht billig.
Auch der Italiener *Lo Stivale*, 132 Naretdamri Rd., ✆ 513800, bekommt von vielen Expats gute Noten. Im indischen Restaurant *Taj Mahal* ist das Essen recht ordentlich, im nordindischen *Maharaja* sogar durchaus authentisch.
In der *Deutschen Bäckerei (Ruam Mit Restaurant)*, Srasong Rd., gibt es täglich frisches Brot, Kuchen, Wurstwaren und bestes deutsches Frühstück sowie europäische Küche, ⏰ 8–22 Uhr.
In einem gemütlichen Gartenrestaurant 300 m südlich vom Bahnhof (geschnitztes Holzschild in der Hecke: *Krua Kanniga)* werden **Hähnchen** auf 10 verschiedene Arten zubereitet. ⏰ bis 17.30 Uhr.

Unterhaltung

Anzeigen und aktuelle Informationen über das Nachtleben stehen im *Observer*.

LIVE–MUSIK – in verschiedenen Restaurants, Hotels, Cafés (z.B. *Chill-Out-Cafe)* und im *Hua Hin Night Plaza*.

SZENE–TREFF – im *Rockestra Cafe*, etwas außerhalb Richtung Pala-U Wasserfall.

THAI-BOXEN – In *Willy's Station*, 20/4 Poolsuk Rd., finden 1x pro Woche ab 21.30 Uhr 5 Thai-Boxkämpfe statt, Eintritt 200 Baht.

Sonstiges

AUTOVERMIETUNG – *Avis*, ✆ 032-512021-38, 🖥 www.avisthailand.com, im *Hotel Sofitel* und im *Chiva Som Resort*.

Mr. Somsak Jaroenphon, 4/21 Hua Hin Bazar, ✆ 513614, vermietet Jeeps, PKWs und Motorräder.

BÜCHER – sowie Karten, europ. Zeitungen und Zeitschriften im *Bookazine*, ⏰ tgl. 9.30–21 Uhr.

EINKAUFEN – Auf dem interessanten Nachtmarkt wird alles verkauft von Obst und Fischen bis zu T-Shirts und Souvenirs. Tagsüber findet in mehreren Straßen des Stadtzentrums ein großer Markt statt.
Über 100 Schneider bieten ihre Dienste an.

FAHRRÄDER / MOTORRÄDER – Beim Souvenir Markt werden für einen Tag Fahrräder (70 Baht), Motorräder (200 Baht) vermietet, besonders zuverlässig ist der Verleih gegenüber, ✆ 01-8034606. Pro Stunde kostet eine Honda in der 87/7 Petchkasem Rd. z.B. 50 Baht, von 10–19 Uhr 150 Baht, schwere Maschinen 500–1200 Baht pro Tag, Jeeps ab 800–1000 Baht.

FESTE – Mitte Juni findet das **Hua Hin Jazz Festival** statt mit gratis Musikdarbietungen auf 3 verschiedenen Bühnen. An diesem Wochenende sind kaum Zimmer zu bekommen.

GELD – Banken und Wechselstellen, ⏰ bis 19.30 Uhr, z.T. auch So.

INFORMATIONEN – ein städtisches *Tourist Office* an der Damnoen Kasem Rd., Ecke Petchkasem Rd., ✆ 512120, 532433; hier auch das neueste *Official Guide Book*; ⏰ tgl. 8.30–16.30 Uhr. Aktuelle Infos: 🖥 frangipani.com/huahin/huahin.htm
Hilfreich bei der Auswahl von Restaurants und aktueller Abendunterhaltung ist das informative, englischsprachige Monatsheft *Observer* (gratis).

INTERNET – Überall gibt es Internet-Cafés, zumeist für 1 Baht/Min.

KOCHKURSE – *Hua Hin Thai Cooking Course*, ✆ 01-8582217, südlich der Stadt, max. 10 Kochschüler lernen von 9 bis 16 Uhr 6 Gerichte zu kochen, englischsprachige Kochlehrer, kostenloser Transport.

MASSAGE – Seriös und kompetent bei *Elephant Massage* und *Royal Thai* Nähe *Hilton*. In den Spas der Resorts sind Massagen sehr teurer.

MEDIZINISCHE HILFE – Krankenhaus Thonburi, 5 km nördlich der Stadt am H4 (Motorradtaxi 15 Baht). Sehr freundlich und hilfsbereit sind die Leute im *Red Cross Institute* neben dem Tourist Office.

POST – Damnoen Kasem Rd. nahe der Kreuzung, ⊙ Mo–Fr 8.30–16.30 Uhr, am Wochenende und an Feiertagen 9–12 Uhr. Internationale Ferngespräche tgl. 6–22 Uhr.

RECHTSANWALT – im Notarbüro der *German-Thai Group*, 19/2 Damnoen Kasem Rd., ✆ 532498, ✆ 515574.

REISEBÜROS – *Western Tours*, 11 Damnoen Kasem Rd., ✆ 512560, bietet Taxi-Service zu allen Airports und akzeptable Touren in die Umgebung.
My Friend Travel, 98 Naretdamri Rd., ✆ 512439, bietet abends direkte VIP-32-Busse zu den Touristenorten im Süden an (s.u.) sowie gute Halbtags- und Tagestouren in der Umgebung, i.b. mit Mr. Varee.
J.Diamond ist laut Lesern absoluter Nepp.

SAISON – Von Juni bis Oktober sowie während der Feiertage ist Hochsaison der Thais, von November bis April Hochsaison der Ausländer.

SPRACHKURSE – *Baan Pasa*, Soi Bintabat, ✆ 511770, bietet Thai-Sprachkurse in Thai-Englisch und Thai-Deutsch an.

TAUCHEN – Bei *Coral Divers*, 7 Naretdamri Rd., ✆ 01-4328180, der deutschen Tauchschule, werden Ausflüge zu einer Koralleninsel angeboten. Allerdings sollte man keine großen Ansprüche haben, die Riffe sind zerstört, vermüllt und die Sicht ist schlecht.

VORWAHL – 032; PLZ: 77 110.

FAHRRAD-RIKSCHAS – für kürzere Strecken zahlt man 20–30 Baht, für längere, z.B. vom Bahnhof zum Strand, 40–50 Baht. Viele Fahrer verlangen für die Fahrt zum Gästehaus von Touristen 80 Baht und vom Besitzer nochmals 150 Baht. Wer diese Abzockerei nicht mitmachen will, geht besser zu Fuß.

SONGTHAEW – fahren von 6–17.45 Uhr in die nähere Umgebung der Stadt von der Petchkasem Rd., gegenüber Chat Chai Hotel, für 7–10 Baht p.P., zum Takeap-Felsen 20 Baht.

TAXIS – Ein Taxi kostet für eine Tagestour etwa 800 Baht, in der Saison mehr – zum Khao Sam Roi Yot 800–1200 Baht, mit dem Tuk Tuk 800 Baht.

BUSSE – Die non-ac- und 2.Kl. ac-Busse halten am Busbahnhof an der Bahnlinie, ac-Busse vor dem *Siripetchkasem Hotel* (Ticketkauf bis 24 Std. im Voraus). Busse von Bangkok in den Süden stoppen zwischen 19 und 24 Uhr.
Nach BANGKOK (188 km) 2.Kl. ac-Bus alle 30 Min. bis 17.30 Uhr für 99 Baht, ac-Bus alle 20 Min. bis 21 Uhr für 128 Baht in 3 1/2 Std. Nur ac-Busse fahren bis 17.30 Uhr nach CHA-AM für 25 Baht und PHETCHABURI für 36 Baht; jede Std. nach PRANBURI für 20 Baht und PRACHUAP KHIRI KHAN für 50 Baht in 1 1/2 Std. Weitere ac-Busse nach CHUMPHON für 126 Baht (VIP-Bus 550 Baht) in 4 1/2 Std., SURAT THANI für 210 Baht (VIP-Bus 580 Baht) in 8 1/2 Std., PHUKET für 305 Baht (VIP-Bus 700 Baht), KRABI für 273 Baht (VIP-Bus 700 Baht).
Die VIP-32-Busse von *My Friend Travel* (s.o.) fahren um 21.30 Uhr direkt nach PHUKET, PHANG NGA und TAKUA PA (700 Baht), um 21.40 Uhr nach KO SAMUI (700 Baht, inkl. Express Boot), KO PHA NGAN (750 Baht, inkl. Express Boot), KRABI (750 Baht) und HAT YAI (800 Baht, umsteigen in Surat Thani), ein Minibus (10 Pers.) um 24 Uhr nach KO TAO (750 Baht, inkl. Speedboat).

TAXIS – Nach Cha-am 200 Baht, nachts 250 Baht. Zum Flughafen Bangkok (224 km,

VON PHETCHABURI NACH SURAT THANI

3 Std.) 1300–1500 Baht (z.B. an einem Straßenstand an der Damnoen Kasem Rd., Ecke Naretdamri Rd.

EISENBAHN – Der *Sprinter* 43 fährt um 7.45 Uhr ab BANGKOK, an 11 Uhr. Weitere 10 Züge fahren zwischen 13 und 22.50 Uhr in ca. 4 Std. nach Hua Hin (ab 142 / 84 Baht in der 2./3. Kl.).
Von BANGKOK NOI um 7.15, 13.10 und 19.05 Uhr für 44 Baht in der 3.Kl., Ank. um 11.33, 17.44 und 22.43 Uhr.
Nach BANGKOK fahren die Schnellzüge in der Nacht ab, tagsüber nur der *Sprinter* 40 um 16.38 Uhr (Ank. 20.40 Uhr).
Nach BANGKOK NOI fährt ein lokaler Zug um 11.35 Uhr (Ank. 16.10 Uhr).
Zum Bahnhof SAMSEN fährt der Dieselzug 262 um 14.15 Uhr (Ank. 18.54 Uhr).
Wer **aus dem Süden** bei Tag fahren möchte, nimmt von SURAT THANI den *Sprinter* 40 um 11.25 Uhr für 234 Baht (Ank. 16.38 Uhr), von CHUMPHON und PRACHUAP den lokalen Zug 254 um 6.40 bzw. 9.49 Uhr für 49 / 19 Baht (Ank. 11.35 Uhr).
Richtung Süden tagsüber am besten mit dem *Sprinter* 43 um 11 Uhr über CHUMPHON (14.15 Uhr) nach SURAT THANI, an 16.20 Uhr. Nachts am besten mit dem *Rapid* 167 um 22.21 Uhr oder dem *Express* 85 um 23.10 Uhr, bei deren Ankunft in SURAT THANI bereits die Busse zu den Fähren nach Ko Samui und Ko Pha Ngan warten. Weiter nach Süden fahren der *Rapid* 171 um 16.59 Uhr und der *Special Express* 37 um 19.08 Uhr bis zur Grenze nach SUNGAI GOLOK (ab 328 / 177 Baht), der *Special Express* 35 um 18.34 Uhr bis nach Malaysia (ab 423 Baht), der *Rapid* 169 um 19.56 Uhr über HAT YAI (ab 309 / 156 Baht) bis YALA.
Ein Bummelzug fährt um 11.33 Uhr bis CHUMPHON für 49 Baht (3.Kl.), Ank. 16.12 Uhr.
Rechtzeitige Reservierung der Schnellzüge wird empfohlen.

FLÜGE – Vom Flughafen im Norden der Stadt fliegt *Bangkok Air* vorerst 1x tgl. nach BANGKOK für 1500 Baht und nach KO SAMUI für 2400 Baht. Airport Tax 500 (!!) Baht.

BIKER – Anstatt nach **Süden** den stark befahrenen H4 zu nehmen, kann man Hua Hin auf der Chomsin-Thu Rd. nach Westen verlassen und sich auf ländlichen, aber asphaltierten Straßen Richtung Süden durchschlagen. Mit etwas Glück kommt man nur 400 m von der Einmündung des H4 auf die Autobahn heraus (KM 251). Nun sind es noch wenige Kilometer bis Pranburi, wo man am KM 254,3 abbiegt, um zum Khao Sam Roi Yot National Park zu fahren (60 km ab Hua Hin).

Die Umgebung von Hua Hin
Takeap und Krilas-Felsen

6 km am Strand entlang nach Süden kommt man zu den Takeap-Felsen am südlichen Ende der Bucht. Direkt am Meer steht eindrucksvoll auf der Klippe ein Tempel mit aggressiven Affen. Vom Fuße des Felsens blickt ein riesiger stehender Gold-Buddha aufs Meer. Daneben liegen im Schatten eines Hochhaus-Condominiums ein paar hässliche Souvenir-Stände und schmuddelige Seafood-Restaurants sowie Essenstände, in denen fast überall Blue Crabs gedämpft und Tintenfische gegrillt werden. Über 200 Treppenstufen kann man den Felsen erklimmen und viele kleine Höhlen und Felsmalereien sowie Buddhafiguren entdecken. Zurück in die Stadt geht es per Minibus für 20 Baht.

Etwas weiter landeinwärts erheben sich die hohen Krilas-Felsen, die von Klosteranlagen komplett überbaut zu sein scheinen. Sofern es nicht dunstig ist, hat man von oben eine gute Aussicht, auch auf die 18 Hochhäuser. Die Bungalows entlang der Straße zum Strand sind ohne Charakter und relativ teuer.

Suan Son

Der ruhige, pinienumsäumte **Suan Son Beach** ist an Wochentagen immer noch empfehlenswert. Er schwingt sich 8 km südlich von Hua Hin sanft südwärts zu den Tao-Felsen. Hier liegt ein Fischerdorf. Muschelketten, Anhänger und andere Souvenirs aus Muscheln werden angeboten. Wer sich den Fischern verständlich machen kann, könnte Boote zur vorgelagerten, winzigen Insel Singh To mieten. Hin mit dem Bus ab der Dechanuchit Road alle 20 Min. für 8 Baht.

Am KM 240,1 biegt die Zufahrtsstraße zum **Suan Son Pradipat** (auch Sea Pine Tree Garden) ab, einem großen Erholungspark des Militärs, aber für jedermann zugänglich. Unter hohen Pinien liegen etwa 50 unterschiedliche Bungalows mit Fan und ac des *Suan Son Pradipat Resorts***–*****, ☎ 032-511239, nahe am langen, schönen Strand. Auch Restaurants und Essenstände laden zu einer Zwischenmahlzeit ein. Am südlichen Ende können durchreisende Selbstfahrer auf einem Parkplatz mit Dusche rasten und ein Bad im Meer nehmen.

Pala-U-Wasserfall

65 km westlich von Hua Hin plätschert in eindrucksvollem Dschungel der Pala-U-Wasserfall über viele kleine Stufen, ein anstrengender Spaziergang für teure 200 Baht Eintritt. ☉ bis 16 Uhr.

Pranburi

Am KM 246 zweigt ein Fahrweg zum **Pranburi Forest Park** ab, der sich nördlich der Mündung des Pranburi-Flusses erstreckt. Unter Kasuarinen kann man sein Zelt für 20 Baht aufschlagen und für 100 Baht eines mieten. 1,4 km nördlich des Waldes liegt das *Borkaeo Resort**–*****, ☎ 032-621713, eine weitläufige Anlage mit 16 Bungalows. Busse fahren nach Bangkok für 146 Baht, nach Hua Hin für 20 Baht. Östlich der Stadt Pranburi liegen am Strand mehrere Pauschalhotels, z.B. das *Evason Resort & Spa*, ☎ 032-632111, die sehenswerte Anlage eines indischen Besitzers mit reizvoller Architektur. Sowohl bei der Einrichtung als auch beim Betrieb wird viel Wert auf den Umweltschutz gelegt.

Khao Sam Roi Yot National Park
อุทยานแห่งชาติเขาสามร้อยยอด

Südlich von Pranburi erheben sich die so genannten „Berge der 300 Gipfel" – ein rund 130 km² großer Marine National Park an der Küste zwischen Hua Hin und Prachuap Khiri Khan. Die bizarren Kalksteinformationen ragen steil bis zu 605 m aus einer weiten, grünen Ebene. In den Wäldern hausen dreiste Affenherden, die sich gern auch mal über die Essensvorräte der Besucher hermachen. Die Küste des National Parks zieren mehrere schöne, weiße Strände. Etwa 30–40 Delphine sollen in den Küstengewässern zuhause sein, darunter vielleicht noch 5 oder 6 fast weiße *Indo Pacific Humpback Dolphins*. Zu sehen sind sie evt. ab Dezember, wenn das Meer ruhig ist.

Leider hat sich die ökonomisch orientierte Regionalverwaltung erfolgreich gegen Naturschutz und Tourismus durchgesetzt. Alte Weiderechte wurden ausgegraben, auf Grund derer das Sumpfland mit 165 Shrimp-Farmen überzogen wurde. Nun bleiben viele Vögel weg. Regenzeit ist zwischen August und Oktober, günstigste Zeit zum Besuch des Parks von November bis Juni. Allerdings ist es ab März so heiß, dass man sich tagsüber kaum noch am Strand aufhalten mag und Klettertouren anstrengend werden. Die beste Zeit zum Beobachten der Vögel sind die Monate November bis Januar. Im Park gibt es sehr viele Moskitos, die aber keine Malariaüberträger sein sollen.

Höhlenenthusiasten, denen die 200 Baht Eintritt nicht zu viel sind, können drei Höhlen aufsuchen: die relativ kleine, z.T. recht enge Tropfsteinhöhle **Kaeo Cave**, die große Felsenhöhle **Phraya Nakhon Cave** und die **Sai Cave** mit bis zu 15 m hohen Stalagmiten und Stalaktiten. Auch der weite **Laem Sala Beach** mit Schatten spendenden Kasuarinen und der **Sam Phraya Beach** reißen für diesen Eintrittspreis niemanden vom Hocker.

Kaeo Cave

Von der Stichstraße zum Dorf Ban Bang Pu zweigt nach 3 km links eine 1 km lange, ausgeschilderte Erdstraße ab, die an Shrimp-Farmen vorbei zur Kaeo Cave führt. Die relativ kleine Tropfsteinhöhle kann, mit einer starken Taschenlampe ausgerüstet, auch ohne Führer begangen werden, da der Weg markiert ist. Man muss sich jedoch durch einige enge, von Fledermäusen bewohnte Gänge zwängen und erblickt daher etwas verschmutzt wieder das Tageslicht. Am Kiosk neben dem Eingang können Lampen ausgeliehen werden.

Ban Bang Pu und Laem Sala Beach

In der Bucht liegt das Fischerdorf Bang Pu mit einem natürlichen Hafen und einer Lagune westlich des Ortes. Hier werden Boote für eine Tour zur **Phraya Nakhon Cave** angeboten. Pro Boot bis zu 10 Personen zahlt man für die 25 Minuten lange Fahrt zur Bucht und zurück 150–300 Baht. Manchmal ist das Meer allerdings zu unruhig oder ab Februar häufig zu seicht. Dann lässt sich die Höhle auch zu Fuß über den Berg erwandern – einfach den Betontreppen über den Berg zum nächsten Strand folgen. Am Beginn des Weges, hinter dem Restaurant, soll man morgens Languren beobachten können – so leicht wie sonst nirgends. Am weiten Laem Sala Beach spenden Pinien und Kokospalmen wohltuenden Schatten. Ein einfaches, offenes Restaurant offeriert tagsüber einfache Gerichte und kühle Getränke.

Phraya Nakhon Cave

Der anderthalbstündige, anstrengende Aufstieg vom Strand zur Höhle ist nicht zu verfehlen, denn er führt die meiste Zeit ein steiles, felsiges Flussbett hinauf. Die beiden großen Felsenhöhlen erhalten durch große Öffnungen in der Decke genügend Licht, so dass sogar Bäume in ihrem Inneren wachsen und keine Lampen nötig sind. Der steinige Pfad ist auch von mehreren Königen begangen worden – für König Rama V. wurde ein kleiner Pavillon im Thai-Stil inmitten der Höhle erbaut. Während der Mittagszeit ist der Aufstieg schweißtreibend. Am Morgen (gegen 10 Uhr) und am Nachmittag fällt das Licht am schönsten in die Höhlen.

Sai Cave und Sam Phraya Beach

Zur Sai-Höhle fährt man durch das Fischerdorf Khung Thanot und steigt am Ende des Strandes (Parkplatz) den steilen Pfad durch den Kakteenwald ca. 15 Minuten hinauf. Durch zwei eingestürzte Schächte fällt etwas Licht in die große Halle mit bis zu 15 m hohen Stalagmiten und Stalaktiten. Besonders interessant wirken die „durchgeschnittenen Säulen", die durch Absinken des Untergrundes entstanden sind. Ein Führer ist für diese Höhle nicht erforderlich. Vom Pfad zur Sai Cave zweigt ein schmaler Kletterpfad (1,5 Std.) zur Phraya Nakhon-Höhle ab (s.o.).

Zurück auf der Hauptstraße und 2 km weiter geht es durch eine tote, staubige Ebene – ehemalige Shrimp-Farmen – zum Sam Phraya Beach. Der lange, recht saubere Sandstrand mit Kasuarinen und Bänken, einem Parkplatz, Restaurant, Toilettenhäuschen und Zeltmöglichkeiten lädt zu einer Pause ein.

Rund um das Headquarter

Im *Headquarter* informiert eine kleine Ausstellung über die Tierwelt des Parks, Unterkünfte und Ausflugsmöglichkeiten. Im Dorf **Khao Daeng**, in der Nähe des *Headquarters*, kann man von Fischern

Boote mieten (für bis zu 10 Pers. 250 Baht pro Std.), um die Strände und Inseln entlang der Küste zu entdecken. Besonders schön ist eine Fahrt durch den **Klong Khao Daeng** kurz vor Sonnenuntergang.

Vom *Headquarter* (idealer Ausgangspunkt für Touren) lässt sich in etwa 30 Minuten der Gipfel des **Khao Daeng** (Schild: *Viewpoint 725 m*) besteigen. Bei klarem Wetter hat man vor allem morgens und abends vom Gipfel eine gute Aussicht. Auch wer nicht so gut zu Fuß ist, kann fantastische Sonnenaufgänge bei gutem Wetter am Ende der Stichstraße, südwestlich des *Headquarters*, erleben. Schwerer zu erreichen ist der Gipfel des 605 m hohen **Khao Krachom**.

Übernachtung

Am *Headquarter* bietet die Nationalparkverwaltung je 4 Bungalows (☉ bis 16.30 Uhr, schwierige Verständigung) für 8–12 Pers. an, die 700–800 Baht kosten.
Am Laem Sala-Strand gibt es Bungalows für 400 Baht mit Gemeinschafts-Du/WC und Unterkünfte für große Gruppen. Hier wie am Sam Phraya-Strand kann man campen. Kleine Zelte für 2 Personen können für 100–120 Baht gemietet werden.
Im Fischerdorf Bang Pu:
Bang Pu Bay Resort*****–******, ☎ 032-671277, modernes, zweistöckiges Haus unterhalb des Felsens am Dorfrand.
Bayview Laguna Resort ab***, ☎ 622165, 📠 622211, 500 m hinter Bang Pu am nördlichen Ende der Straße. Am ruhigen Ende der von Felsen begrenzten Bucht stehen unter Bäumen jenseits der Lagune die Bungalows mit jeweils 4 Einheiten. Zi mit Fan oder ac, Du/WC und Terrasse. Im großen Restaurant wird neben einheimischen Gerichten auch ein westliches Frühstück aufgetischt. Boote können für 300 Baht für eine Fahrt zur Höhle gemietet werden.
Am Phu Noi Beach (38 km von Hua Hin):
Phu Noi Beach Bungalows********, ☎ 559333, 📠 559334, 🖥 www.phunoibeachbungalows. com; am kilometerlangen, flachen und schattenlosen Strand, umgeben vom National Park, 20 komfortable ac-Bungalows mit TV, Minibar und Warmwasser-Du/WC, Meer- und Bergsicht von der Terrasse; Restaurant mit frischem Seafood, Swimming Pool.

Dolphin Bay Resort, 200 m entfernt, ✉ dolphin@ explorethailand.com, 🖥 www.dolphinbayresort. com; 24 Bungalows und 24 Zi im Obergeschoss des Hotelgebäudes, 2 große Swimming Pools, 6 Hobie Kajaks, Motorräder 200 Baht/Tag, Boots-trip um *Monkey Island* für 300 Baht. Informatio-nen für Vogelkundler. Europäische Leitung. Be-sonders beliebt bei Familien.

Essen

Am *Headquarter* kann man bis 17 Uhr in einem kleinen Restaurant essen. Falls es geschlossen ist, kocht die Familie gegenüber von den Bunga-lows für die Gäste.

Am Laem Sala- und Sam Phraya-Strand gibt es einfache Restaurants, die bis zum Sonnenunter-gang geöffnet haben.

Transport

Mit dem Mofa benötigt man von Hua Hin bis zum Park 1 1/2 Std. für die 60 km.

BUSSE – Busse fahren für 20 Baht von HUA HIN bis PRANBURI. Von dort entweder weiter mit dem stündlichen Bus vom Platz beim Markt, der durch den Park (37 km) nach KUIBURI fährt, oder jede halbe Std. mit dem Pickup für 30 Baht nach BANG PU, wo vormittags Pickups für 15 Baht in den Park fahren.

Die Pickups von Bang Pu zurück nach Pranburi fahren nur bis Mittag, ein Charter-Pickup am Nachmittag kostet ca. 200 Baht.

TOUREN – Ein Taxi für eine Tagesfahrt ab Hua Hin kostet 800–1200 Baht. Zudem werden organi-sierte Touren angeboten.

BIKER – **Von Norden** kommend nimmt man in Pranburi am KM 254,3 bei der Polizei die Abzwei-gung nach links und folgt dem Straßenverlauf (nach 3,7 km kurz rechts und wieder links hal-ten). **Von Süden** zweigt vom H4 am KM 286,5 eine Straße nach Osten ab zum *Headquarter* (13 km). Weiter nach **Süden** gibt es auf 28,5 km keine Al-ternative zum breiten H4. Dann geht es etwa am KM 315 nach links ab zum Ao Noi Beach und nach Prachuap Khiri Khan hinein (ca. 12 km).

Kuiburi National Park

Beim KM 292 zweigt Richtung Berge die Straße H3217 ab. Sie führt zum neuen National Park, in dem über 100 wilde Elefanten leben, die jeden Abend gegen 17 Uhr zu ihrer Tränke in einem Fluss kommen. Dort sind sie leicht zu beobachten.

Prachuap Khiri Khan
ประจวบคีรีขันธ์

Am südlichen Ende einer weiten Bucht liegt die kleine, gemütliche Provinzhauptstadt. In ihrem na-türlichen Hafen, der durch die vorgelagerten Fel-seninseln gut geschützt ist, ankern viele Fischer-boote. Leider lassen einige offensichtlich häufig Altöl ab.

In der Nähe des Strandes erhebt sich der „Spie-gelberg", **Khao Chong Krachok**, der ein Loch hat, das aus einiger Entfernung gut zu sehen ist und dem Berg zu seinem Namen verhalf. Seine Hänge sind von zahlreichen dreisten Affen bevölkert, die sich oft nur mit einem Stock auf Distanz halten las-sen. Wer über die 415 Stufen den kleinen Tempel auf dem Gipfel erklommen hat, wird mit einer sehr schönen Aussicht belohnt. Man kann nicht nur die Bucht mit den vorgelagerten Inseln und die Stadt überblicken, sondern im Westen bis zu einer Berg-kette sehen, die bereits zu Burma gehört. Thailand ist an dieser Stelle nur wenige Kilometer breit. Ana-nas-Plantagen ziehen sich über die weiten Hügel des Hinterlandes.

In Prachuap leben außergewöhnlich nette Men-schen, die an die wenigen Touristen gewöhnt sind und kaum ein Wort Englisch sprechen. An-sonsten besitzt das nette Städtchen nicht genügend Attraktionen für einen längeren Aufenthalt.

Ganz herrlich ist allerdings der 3 km lange Strand in der malerischen Bucht **Ao Manao**, 3 km südöstlich der Stadt im Militärgelände. Viele Son-nenschirme, Liegestühle, Erfrischungsstände und aufgepumpte Autoreifen warten im mittleren Strandabschnitt auf Tagesausflügler, auch Duschen und Toiletten stehen bereit. Die Atmosphäre ist ganz angenehm und unkommerziell. Auf dem letz-ten Kilometer laden einfache Ruhehütten unter Ka-suarinen zum Relaxen ein. Bei einem Bootstrip (300 Baht pro Boot) lässt sich die besonders schö-ne Landschaft am besten genießen. Am Tor der Ka-serne muss man sich an der Schranke ausweisen (evtl. Pass abgeben) und in ein Buch eintragen (mit Moped unbedingt Helm tragen); wer Richtung Süden weiterfahren will, kann auf Wunsch seinen Pass behalten. Am besten per Tuk Tuk für 20 Baht p.P. zu erreichen. Wer einen Thai dabei hat, kann in renovierungsbedürftigen, aber sehr preiswerten und sauberen Reihenhäusern*** mit 11 Betten einen tollen Familienurlaub machen.

Vom neuen **Wakhoe Marine Science Park**, auch **King Mongkut Memorial Park of Science & Technology**, sind bereits einige Museen fertiggestellt. Im Transportmuseum kann man an lehrreichen Modellen, die auf Thai und z.T. Englisch beschriftet sind, sein Verständnis von den Grundlagen der Aerodynamik praktisch vertiefen. Gebäude für Insekten und Vögel, für Energie und für Küstenökologie sowie ein Aquarium werden nach und nach folgen. Mit dem Bummelzug steigt man an der Haltestelle Wha Kor aus (12 km südlich von Prachuap), mit eigenem Fahrzeug fährt man über Ao Manao. Von Süden her biegt die Zufahrtsstraße am KM 335,3 vom H4 ab.

Übernachtung

Kings Hotel*–⑩, 800/3 Phitakchat Rd., ✆ 611418, kein englisches Schild, aber blaues SONY-Schild, geräumige, saubere Zi mit Du/WC, zum Flur hin oben vergittert, nach hinten relativ ruhig, doch um 6 Uhr ist die Nacht vorbei.

Yuttichai*⑦, 35 Kong Kiat Rd., ✆ 611055, ein beliebtes älteres, einfaches Holzhaus, sehr sauber und billig, aber etwas laut.

Inthira*⑥, 118-120 Phitakchat Rd., Holzhaus, große Zi mit Bad.

Suk Sant**⑧, 131 Susuk Rd., ✆ 611145, nicht sehr freundlich und abends mit viel Umtrieb, aber saubere Zi und Balkon mit Meerblick.

Had Thong Hotel***⑨, 7 Susuk Rd., ✆ 601051-7, ✆ 611003, 6-stöckiges Gebäude, schöne Sicht über die Bucht, moderne Zi mit ac und Balkon, Zi im Keller ohne Fenster gibt es zum halben Preis; Swimming Pool. Gut zum Frühstücken.

Thaedsaban Bungalows***⑤, ✆ 611204, ordentlich, aber alt und völlig überteuert; auch Bungalows für 4 oder 6 Personen. Vorsicht vor den Affenbanden, die alles Essbare klauen!

SUAN SON BEACH – 1,5–3,8 km nördlich der Stadt: viele Bungalows**–**** mit Fan und Du/WC, für einheimische Urlauber.

Golden Beach Hotel***④, 35 Suanson Rd., ✆ 601626, ✆ 601222, 2-stöckiges, neues Gebäude mit 20 ac-Zimmern, nette, saubere ac-Reihenbungalows dahinter, Schattendach am Kanal, Frühstücksrestaurant; einfaches Restaurant nebenan.

KLONG WAN BEACH – 8 km südlich der Stadt: Kokosplantagen am langen Strand.

Bahn Forty***, ✆ 661437, 3 Suite-Bungalows mit Kochecke, 8 Zi im 2-stöckigen Haus, kein Restaurant.

Essen

Viele gute Restaurants bieten frisches Seafood an, für das Prachuap berühmt ist.

Einige Essenstände bereiten an der Strandpromenade südlich vom Pier abends Seafood zu.

Suan Krue Vegetarian Restaurant, Soi 4 Tampramuk, die nette Familie kocht sehr gutes vegetarisches Essen zu günstigen Preisen. Kein Alkoholausschank. ⊙ 7–16 Uhr.

Gutes Essen gibt es außerdem auf dem Nachtmarkt, z.B. Mo südlich vom Bahnhof.

Sehr guter Coffee Shop schräg links gegenüber vom *Kings Hotel*.

In den Restaurants der Stadt konnten wir keine englischsprachige Speisekarte entdecken.

Sonstiges

INFORMATIONEN – Im kleinen städtischen **Tourist Information Service Center**, ✆ 611491, geben nette Angestellte kompetente Auskünfte (nicht immer auf Englisch); ⊙ tgl. 8.30– 16.30 Uhr. Hier kann ein guter Guide vermittelt werden: Mr. Pinit Ounope, der gut Englisch spricht und sich hervorragend auskennt.

MOTORRADVERMIETUNG – bei *Honda* für 200 Baht pro Tag, zuzüglich Benzin.

VORWAHL – 032; PLZ: 77 000.

VON PHETCHABURI NACH SURAT THANI

BUSSE – Überlandbusse halten am H4 westlich der Stadt.

Nach BANGKOK (292 km) 2.Kl. ac-Bus zu jeder halben Std. bis 18.30 Uhr für 137 Baht, ac-Bus um 8.30, 12 und 15.30 Uhr für 176 Baht in 5 Std.

Nach HUA HIN ac-Bus für 50 Baht, nach PHET-CHABURI 2.Kl. ac-Bus für 80 Baht.

Nach CHUMPHON non-ac-Bus 426 vor dem *Inthira Hotel* jede Std. von 7.20–13.20 Uhr für 65 Baht (2.Kl. ac-Bus ab Highway 70 Baht, ac 90 Baht).

Nach SURAT THANI für 124 Baht (ac-Bus ab Highway 261 Baht) in 6 1/2 Std.

Nach THAP SAKAE (24 Baht) und BANG SA-PHAN (33 Baht) muss man am H4 aussteigen und mit Motorradtaxi in den Ort fahren (40 bzw. 60 Baht).

EISENBAHN – Der *Sprinter* 43 fährt um 7.45 Uhr ab BANGKOK, Ank. 12.05 Uhr. Weiter nach CHUMPHON (14.15 Uhr) und SURAT THANI (Ank. 16.20 Uhr). Ansonsten von BANGKOK mit dem *Rapid* 171 oder dem *Special Express* 37 um 13 bzw. 15.15 Uhr (ab 175 / 98 Baht in der 2./3. Kl. im *Rapid*), Ankunft 18.19 bzw. 20.31 Uhr; die anderen Züge kommen erst in der Nacht an.

Nach BANGKOK fährt der *Sprinter* 40 um 15.36 Uhr in 5 Std. für 265 Baht.

Von BANGKOK NOI mit dem Bummelzug um 7.15 und 13.10 Uhr in 6 Std. für 58 Baht (nur 3. Kl.), zurück um 9.49 Uhr.

Die Schnellzüge aus dem Süden passieren Prachuap in der Nacht. Nur der *Sprinter* 40 (Abf. in Surat Thani um 11.25 Uhr) kommt um 15.36 Uhr an. Nach CHUMPHON fährt der Bummelzug 255 um 12.57 Uhr für 34 Baht in 3 Std.

BIKER – Von **Norden** kommend biegt man ca. 8 km vor Prachuap nach links auf ein Sträßchen zum Ao Noi Beach ab (ca. 6 km). Nach weiteren 5 km liegen rechts die ersten Bungalowanlagen gegenüber vom Strand. Durch Prachuap hindurch geht es durchs Militärgelände zum schönen Strand Ao Manao und zum Südtor hinaus durchs langgestreckte Fischerdorf Klong Wan sowie am Wakhoe Marine Science Park vorbei wieder auf den H4 am KM 335,3. Die nächsten

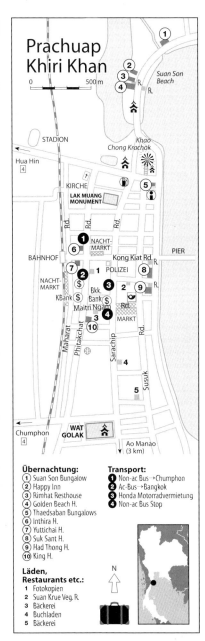

Prachuap Khiri Khan

Übernachtung:
1. Suan Son Bungalow
2. Happy Inn
3. Rimhat Resthouse
4. Golden Beach H.
5. Thaedsaban Bungalows
6. Inthira H.
7. Yuttichai H.
8. Suk Sant H.
9. Had Thong H.
10. King H.

Läden, Restaurants etc.:
1 Fotokopien
2 Suan Krue Veg. R.
3 Bäckerei
4 Buchladen
5 Bäckerei

Transport:
1 Non-ac Bus →Chumphon
2 Ac-Bus →Bangkok
3 Honda Motorradvermietung
4 Non-ac Bus Stop

37,6 km gibt es keine Alternative zum breiten H4. Am KM 372,9 beginnen die schönen Nebenstraßen (s.S. 315) nach Chumphon.

Die Umgebung von Prachuap Khiri Khan
Ao Noi Beach

Am nördlichen Ende der Bucht von Prachuap zweigt die Straße nach links ab zu einem 6 km entfernten Fischerdorf am schönen Ao Noi Beach (Tuk Tuk 30 Baht). Wegen der Nähe zur Stadt treibt relativ viel Strandgut an. Auf dem hohen Felsen Khao Khan Bandai hinter der Bucht steht das mit vielen Muschelschalen geschmückte Kloster **Wat Phra That Khoa**, von dem man einen guten Ausblick hat. 289 Stufen sind es zur Felshöhle **Tham Khan Kradai** mit einem 16 m langen liegenden Buddha und vielen sitzenden Buddhas (den Mönchen unten Bescheid sagen, dann schalten sie das Licht an). Auf einem Sandweg geht es entlang einer sehr flachen Bucht noch ein paar Kilometer weiter nach Norden.

Vanakorn Beach

22 km südlich von Prachuap biegt am KM 345,6 eine Schotterstraße nach Osten zum **Hat Vanakorn Marine National Park** ab. Nach 3,2 km ist der einsame, schnurgerade Strand erreicht, an dem Kasuarinen Schatten spenden, sowie ein Kiosk und ein Toilettenhaus die leiblichen Bedürfnisse befriedigen. Zum *Sukta Resort* am Meer geht es am KM 348,8 ab.

Huai Yang-Wasserfall

In **Ban Huai Yang**, 27 km südlich der Stadt (Bus ca. 30 Baht), fahren von der Abzweigung am KM 350,6 Motorradtaxis für 40 Baht zum 7 km entfernten Parkplatz – am besten Abholzeit für 2–3 Std. später ausmachen. Am Wochenende kann man sich an Essensständen stärken und erfrischen. Ein Spazierweg (Eintritt 200 Baht) führt durch den lichten Wald zum Fuß des Wasserfalls, wo morgens ruhige Badeplätze locken. Da es nicht besonders steil ist, kann man während der Trockenzeit einen Teil des Bachbetts hinaufklettern oder auf halb überwucherten Pfaden durchs Gebüsch kriechen. Ihre ganze Schönheit entfalten die unzähligen Kaskaden allerdings erst am Ende der Regenzeit. Zelten ist

sehr gut möglich, Duschen und WC sind nicht immer geöffnet.

Wer sich nicht rechtzeitig auf den Rückweg macht, muss ein Motorradtaxi chartern (ca. 150 Baht bis Prachuap). Diesen Ausflug keinesfalls am Wochenende unternehmen und unbedingt Mückenschutz mitnehmen.

Von Prachuap nach Bang Saphan

Richtung Süden zeigt sich die Landschaft zunehmend tropischer. Die Berge sind nun von dichtem Dschungel bedeckt. Allerdings wird der Wald, trotz Verbot, laufend dezimiert. In den küstennahen Regionen wachsen Kokospalmen und auf den großen Plantagen im Hinterland Ölpalmen und Kautschukbäume. Die Fischer in den Küstendörfern sind malaiischen Ursprungs und muslimisch, während die Städte überwiegend von Thais und Chinesen bewohnt werden.

Thap Sakae

50 km südlich von Prachuap Khiri Khan zweigt beim KM 364 die Straße nach Thap Sakae ab. Dieser Marktflecken mit vielen alten Holzhäusern zieht sich 2 km an der Straße entlang bis zum Bahnhof. Danach führt eine schlechte Straße noch gut einen Kilometer weiter durch Felder bis zum unattraktiven Strand, der von vielen Fischern benutzt wird.

Haad Kaeo Beach und Ban Krut Beach

Wer am KM 372,9 auf die Straße zur Küste abzweigt, kann bis Chumphon (160 km) auf Nebenstraßen in Strandnähe nach Süden fahren. Zunächst passiert man den schönen Haad Kaeo Beach, dann kommt man zum langen, herrlich ruhigen Kee Ree Wong Beach (gesprochen: Kie Rie Wong), an dem kleine Pinienwäldchen Schatten spenden. Davor liegt die Insel **Ko Lam Ra** (Boot 15 Min.), wo es einen Strand und nette Korallen zum Schnorcheln geben soll. Nach Süden schließt den Strand der **Khao Thong Chai** ab, der 13 km vom H4 liegt. Von oben blickt eine große Buddha-Statue über den herrlich weißen Ban Krut Beach und die Kokoshaine im Hinterland bis zu den schroffen Bergen in Myanmar. Auf dem Gipfel erhebt sich kreuzförmig der neue **Tempel Maha Chedi**, zu dem Treppen und eine schmale Straße hinaufführen – herrliche Sicht nach Norden.

Am Fuße des Berges liegt das Fischerdorf **Ban Krut** mit bunt bemalten Booten, dahinter zwischen Palmen das **Wat Don Samran**, bei dem man am besten gleich zum Meer abbiegt. Einige nette Strandrestaurants und Bungalowanlagen zwischen den Wohnhäusern laden zum Verweilen ein. Geradeaus geht es weiter auf ein Betonsträßchen, das malerisch direkt am schönen Strand entlangführt, an dem die ersten großen Feuerquallen gesichtet wurden. Es folgen fünf teure Resorts auf der Landseite und nach 8 km an Ende einer pittoresken **Lagune** das angenehme *Siam Garden Beach Resort*. An der nächsten Asphaltstraße hält man sich nochmals links. Nach insgesamt 36 km ist Bang Saphan erreicht.

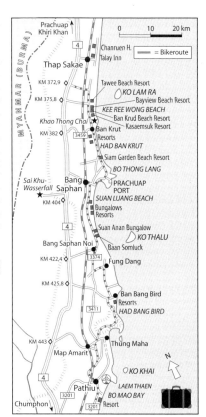

Übernachtung

THAP SAKAE – Wer den Ort durchquert, sich am Meer nach Norden wendet und nach 400 m nach links auf einen Sandweg abbiegt, kommt beim Fischerpier nach 200 m zum tollen *Talay Inn********, ☎ 032-546336 (evtl. ausgeschildert). Wie verwunschen, mit Pflanzen überwuchert, liegen die 3 Bambushütten, die ac-Bungalows und das Restaurant in einem ruhigen Garten am gestauten Fluss (perfekt zum Angeln). Sehr nette Leute, die ein bisschen mehr fegen könnten. Liegt bei Thais hoch im Trend zum Übernachten und Essen. Zum Badestrand sind es 2 km.

*Chan Ruen Hotel*********, ☎ 671930, ✉ 671401, 700 m weiter nördlich am kahlen Strand. Reihenbungalows im Motel-Stil mit sehr sauberen Zimmern und allen Annehmlichkeiten. Während der Woche sind hohe Rabatte möglich, allerdings spricht niemand Englisch.

Im Ort liegen das *Suk Kasem Hotel****–***, 39/15 Moo 6, Sukhaphiban Rd., ☎ 032-671598, sehr einfache Zi mit Fan, fast am H4 das *Chawalit******, ☎ 032-671110, einfache, saubere Zi, und das *Thap Sakae Hotel********, ☎ 032-671273, saubere Zi mit Fan oder ac.

KEE REE WONG BEACH – *Tawee Beach Resort****–*** (gesprochen: Tawie), ☎ 01-2917201,

einfache, ebenerdige Bambushütten mit dünnen Matratzen, Du/WC, Palmdach, in einem Pinienwäldchen, sowie bessere Steinbungalows; Restaurant. Uncle Tawee ist sehr nett und spricht gut Englisch, seine Tochter Jim geht ihm zur Hand. Viele Hunde sorgen für Leben. Camping im eigenen Zelt für 30 Baht p.P., Mopedvermietung.

Bayview Beach Resort, ☎ 01-6667272, 400 m südlich, gepflegte Anlage direkt am sauberen Strand, 21 Doppelbungalows für 2000 Baht rings um einen kleinen Pool oder direkt am Strand, alle mit ac, Du/WC, TV und Kühlschrank. Außerhalb der Saison und während der Woche 40% Rabatt. Das Frühstück wird im luftigen Restaurant serviert.

*Ban Krud Beach Resort & Youth Hostel******* (ac********), ☎ 032-619103, ✉ thailandbeach@

hotmail.com, 🖳 www.thailandbeach.com, schöne Anlage direkt am Meer mit eigenem Sandstrand. Schmuckes 3-stöckiges Stadthaus mit Schlafsaal, ac- und Fan-Zimmern sowie Fan- und ac-Bungalows; Campingplatz und Pool mit Liegen. Es werden Touren zum Fischen, Schnorcheln und mit Mountainbikes angeboten., Verleih von Fahrrädern und Motorrädern; freundliche Herbergseltern und ein deutscher Helfer; Abholung vom Bahnhof (3 km) oder der Busstation möglich.

Kasaemsuk Resort***–****, ✆ 032-695030, kein engl. Schild, schöne, kleine Anlage direkt am ruhigen Strand, 5 kleine Hütten aus Bambus mit Fan, 2 Bungalows mit ac, geräumige, palmholzverkleidete Häuser für 2500 Baht mit ac, Kühlschrank, Du/WC; Kochmöglichkeit auf der Terrasse bei den netten Besitzern Charlia und Ratana, die etwas Englisch sprechen und an der Dorfschule unterrichten.

BAN KRUT BEACH – 12 km langer, schöner Sandstrand. Alle Bungalowanlagen im Dorf und die guten Resorts am Strand liegen auf der Landseite der schmalen Strandstraße. Die ersten Pauschaltouristen haben Einzug in die Resorts gehalten, die ansonsten unter der Woche fast leer sind.

Lung Samut***, am Dorfanfang, ac-Bungalows, Strandrestaurant unter Palmen und Kasuarinen.
Ban Kaew Resort****, ✆ 032-695112, 🖳 www.ban-kaew.com; aufwändig gebaute, gepflegte Bungalows und Reihenbungalows mit ac, Kühlschrank; 2 Restaurants. Ein freundliches Team, der Manager spricht gut Englisch.
Ban Rim Had Resort***–****, ✆ 032-695205, ✆ 695206, in einem schönen Garten stehen über 20 hübsche ac-Häuschen mit Kühlschrank, z.T für 4 Pers., sowie neue, preiswerte Fan-Bungalows; Thai und deutsche Küche.
Nebenan das gute *Reanchun Seaview Restaurant*, das auch einige Bungalows*** vermietet. 3 weitere Restaurants liegen nahebei.
Die folgenden 5 Resorts sind auf westliche Touristen nicht eingestellt, sie werden i.b. an Wochenenden von thailändischen Großfamilien überschwemmt. Weitere Resorts sind im Bau.
Suan Ban Krut Beach Resort, ✆/✆ 695217, 1 km südlich des Dorfes, 28 gute, große Bungalows ab

1800 Baht in einem Palmengarten; Restaurant, Pool, Fitness-Center.
Dahinter ein pinkfarbenes Resort mit Pool.
Bonito Beach vermietet Häuser mit Satellitenfernsehen, ac, mit Pool.
Ban Klang Aow Beach Resort, ✆ 695123, 🖳 www.Baan-Klang-Aow.co.th; 3 km südlich des Dorfes, gepflegter Garten, 29 schöne, große, gut ausgestattete ac-Bungalows mit Satelliten-TV, Kühlschrank, Warmwasser, ab 2200 Baht (wochentags hoher Rabatt); Restaurant und Pools mit Meersicht.
Tha Vara Beach Resort, ✆ 695359, 500 m weiter, große und kleine luxuriöse Häuser ab 3500 Baht.
Siam Garden Beach Resort***–****, ✆ 01-4587877, 5 km weiter, 12 km nördlich von Bang Saphan; nette Anlage am Strand, 30 Reihenbungalows mit Fan oder ac, z.T. mit 2 Zimmern; preiswertes Seafood-Restaurant, Tipps für Ausflüge, Motorräder (300 Baht/Tag); familiäre, freundliche Atmosphäre. Auf Anfrage werden Gäste am Bahnhof abgeholt.

Transport

BUSSE – Zum KEE REE WONG BEACH kann man jeden Bus nach Süden nehmen (i.b. die Bang Saphan- und Chumphon-Bus) und am H4 beim Dorf Ban Sida Ngam (KM 375,8) oder Si Yaek Ban Krut (KM 382) aussteigen. Weiter mit Motorradtaxi für 60 Baht p.P. (nachts 80 Baht). Entsprechendes gilt für Thap Sakae (Motorradtaxi 40 Baht) und Ban Krut (Motorradtaxi 70–80 Baht, nachts 100 Baht, ca. 10–14 km). Vom BANGKOK Southern Bus Terminal (Schalter 10) VIP-40-Bus um 12.30 Uhr für 245 Baht in 5 1/2 Std. nach Ban Krut.

EISENBAHN – Von BANGKOK am besten mit dem Bummelzug 255 ab BANGKOK NOI um 7.15 Uhr, Ankunft an der Haltestelle Ban Krut um 14.45 Uhr, 65 Baht.
Von Bangkok Hauptbahnhof mit dem *Sprinter* 43 um 7.45 Uhr für 335 Baht (Ank. 12.45 Uhr) oder dem *Rapid* 169 um 15.50 Uhr, Ankunft um 22.15 Uhr, für 97 Baht.
Von CHUMPHON fährt der Zug 254 um 6.40 Uhr (Ankunft ca. 9 Uhr).

Vom Bahnhof Ban Krut mit dem Motorradtaxi für 50 Baht p.P. (nachts 60 Baht) ca. 5–10 km zu den Resorts.

Bang Saphan   บาง สะพาน

76 km südlich von Prachuap zweigt am KM 399 der H3169 ab, der nach 10 km die Kleinstadt Bang Saphan (auch: *Bang Saphan Yai*) erreicht. Der Ort wird von einem Tempel auf einem Hügel überragt. Er hat nichts Aufregendes zu bieten, aber in der Umgebung liegen einige nette Naturschönheiten.

3 km hinter Bang Saphan kommt man auf dem H3169 zur Maerumphung Bay, die einen tiefen Dreiviertelkreis bildet, der durch die Insel **Ko Thalu** optisch zu einem Vollkreis ergänzt wird. In diese malerische Bucht mit einigen Fischerdörfern und vielen Fischerbooten, die offenbar häufig Altöl ablassen, verirrt sich nur selten ein westlicher Tourist, denn der graue, schmutzige Strand ist zum Baden nicht geeignet. Doch für den Thai-Tourismus an langen Wochenenden und in den Ferien stehen viele Bungalows zur Verfügung.

Bo Thong Lang Bucht

Zu den schönen Stränden nördlich der Bungalows führen asphaltierte Straßen am Hafen vorbei. Für ein Stahlwalzwerk wurden große Gebiete eingezäunt und überbaut. In nur drei Jahren wurden ein großer Hafen und die Industrieanlage fertig gestellt.

Dennoch lohnt sich ein Ausflug (7 km) zur hübschen, kleinen Bucht **Bo Thong Lang** (auf Englisch: *Pretty Bay*). Laubbäume spenden Schatten, das Wasser lädt zum Schwimmen ein, der Hügel zum Besteigen, an Ausflugstagen servieren Imbiss-Buden Leckereien. Leider ist auch die große Hafenmole zu sehen.

Nördlich erstreckt sich eine weitere kreisrunde, fast abgeschlossene Bucht, die sich auch gut zum Baden eignet. 600 m weiter ragt ein großer Holzpier für Fischerboote ins Meer hinaus, 400 m dahinter liegt die Fischfabrik mit mehreren Piers.

Biegt man nach weiteren 1,8 km von der Uferstraße nach links ins Inland ab und hält sich nach 800 m wieder links, erreicht man nach weiteren 3,5 km (durch das Gelände des Walzwerks hindurch) die Hauptstraße H3169 am KM 11,8.

Wer sich jedoch nach den 800 m Richtung Inland rechts hält, gelangt auf einer schönen Straße

am Sandstrand entlang nach Ban Krut (18 km) und 4 km weiter zum Kee Ree Wong Beach (s.o.).

Weitere Naturschönheiten

In den Bungalows kann man sich zeigen lassen, wo es zu schönen Stränden oder den roten Klippen weiter südlich geht, sowie zu zwei kleinen Seen und einer heißen Quelle. Reizvoll sind zudem hinter dem **Wat Tham Ma Rong** die Höhlenkomplexe **Nam Thip** (hinter dem großen Buddha runter) und **Phlerng Chit** (kurz vorher rechts die steile und schlüpfrige Treppe hoch); 20 Baht Spende für die farbige Beleuchtung.

Wer Wasserfälle liebt, kann den schönen 13-stufigen **Thap Mon-Fall** aufsuchen, etwa beim KM 393 vom H4 abbiegen. Mehrere kleine Pools zum Schwimmen bietet der 9-stufige **Sai Khu-Fall** (beim KM 404 vom H4 abbiegen), durch wirklichen Dschungel geht es hoch hinauf, über Felsen und an Lianen entlang.

Ein Halbtagsausflug führt zum **Gold Field Bang Saphan**, wo in kleinen Mengen 99% reines, und deshalb teures, Gold gefunden wird, das zu Blattgold für religiöse Zwecke verarbeitet wird. Zu erreichen vom H4 am KM 397 in Richtung Berge, dann noch ca. 4 km.

MAERUMPHUNG BAY – An der Maerumphung Road liegen auf der Landseite 7 Hotels, u.a.: ***Haad Som Boon Seaview Hotel****–****, Nr. 33/2, ☎ 548345, ☎/📠 548344, links an der Abzweigung der Uferstraße, prachtvolle, große, an der sehr werte Zi, die besten mit TV; Restaurant jenseits der Straße am Strand, Bungalows*** gegenüber. ***Vanveena Hotel****–****, Nr. 163, ☎ 691251, 548356-7, 📠 691548, saubere Zi mit TV, Kühlschrank, Du/WC und Fan oder ac; Restaurant, Café, freundlicher Besitzer; ein weiteres Restaurant am Strand mit gutem Seafood; vermittelt Minibus (800 Baht/Tag). Tagesausflug zur Insel 500 Baht p.P. inkl. Essen (400 Baht ohne Essen).

SUAN LUANG BEACH – In Bang Saphan biegt die Straße H3374 an der Ampel nach Süden ab. Die Resorts liegen 5 km südlich am KM 5, sehr ruhig in Kokosplantagen an einem schönen, gepflegten Strand. Bei Wellengang wirkt das Wasser grau. Motorrad-Taxis vom Bahnhof zur Suan Luang Area für 50 Baht, nachts 80 Baht, vom H4 100 Baht.

Von Nord nach Süd liegen direkt am Strand:
Deng's Bungalow*, 4 neue, einfache Bungalows in kahlem Garten, Restaurant. Deng spricht etwas Englisch.

Waree*, ✆ 691656, 200 m südlich, Palmengarten und Wiese, kleine Steinbungalows mit Du/WC, *Mama Da Restaurant* mit billigen Meeresfrüchten. Der Treffpunkt ist die *Coco Bar* vorn am Strand, der Montri sein persönliches Flair gibt.

Lola's Bungalow*–*, ✆ 691963, großer Palmengarten am Strand, viele Laubbäume, 10 sehr kleine, einfache, hübsch bemalte Hütten, z.T. mit Bett und Moskitonetz, z.T. mit eigener Du/WC; freundliche Atmosphäre; Moped 200 Baht/Tag. Immer zuerst voll. Gratis Abholung durch Mr. Sofa, ✆ 691535.

Why Not Bar*, 10 sehr einfache Bambushütten mit Du/WC, Restaurant mit guter muslimischer Küche; gemütliche, kleine Bar direkt am Strand unter Kasuarinen, Satelliten-TV.

Coral Hotel****, 171 Moo 99, ✆ 691667, ✆ 691668, 🖳 www.coral-hotel.com/fcoralgb. htm; Mittelklasse-Resort mit französischem Management, tropischer Garten unter Palmen nahe am Strand, komfortable Zi für 2–4 Pers. in 1- und 2-stöckigen Bungalows mit ac, TV, Mini-Bar und Telefon; relativ teure Restaurants, Pool; Windsurfing, Tauchen und Ausflüge, Abholservice.

Suan Luang Beach****, 5 gut eingerichtete Bungalows mit ac, TV, Warmwasser-Du/WC; gutes, preiswertes Restaurant mit scharfem Essen. Beliebt bei Thais am Wochenende und feiertags.

Bang Saphan Beach Resort***–****, direkt nebenan, 10 große Bungalows in einer Reihe senkrecht zum Strand, mit Fan oder ac, Terrasse mit wenig Schatten, Restaurant. Es wird geleitet vom Engländer Tony.

Suan Luang Resort***, ✆ 691663, ✉ suanluang@ prachuab.net, 700 m vom Strand entfernt, Holz- und Steinbungalows z.T. mit ac, Familienbungalow. Teures Restaurant, Video, Billard; Mopedverleih.

BANG SAPHAN NOI – *Suan Anan Resort****,
✆ 699118, am KM 13 des H3374, am sauberen Sandstrand, 10 hübsche ac-Bungalows mit TV und Kühlschrank; Restaurant am Meer.

Baan Somluck**–***, ✆ 699344, ✉ somluck@ prachuab.net, 🖳 www.somluck.de.vu; am KM 13,2 des H3374 bei der Schule, 150 m vom Sandstrand unter Palmen in einem üppigen Garten. Saubere Steinbungalows und Zi mit Du/WC, sowie Zi ohne Du/WC, Restaurant mit leckerem Essen, Mopedverleih. Unter Thai-deutscher Leitung.

Essen

The Coffee Garden, ✆ 032-548050, ✉ klauszelm @hotmail.com, kleines Café mit frischem Bohnenkaffee und kühlen Getränken in angenehmen Garten direkt neben dem AN Plaza an der Hauptstraße, 500 m östlich der Ampel. Internet, Motorrad 200 Baht. Unter Thai-deutscher Leitung.

Tae's Restaurant, sehr gute, preiswerte Thai-Küche 100 m vom Bahnhof Richtung Zentrum nahe den Bahngleisen. ◷ ab 17 Uhr.

Lek's Pizza, 300 m südlich der Ampel, gute Pizza und Spaghetti mit selbstgemachtem Ketchup in rustikalem Restaurant. Lek spricht auch Englisch.

Mr Mac's Slab Restaurant, gegenüber vom *Haad Som Boon Hotel*, gute Thai und westliche Küche, englische Karte. Mr. Mac spricht fließend Englisch.

Sonstiges

GUIDES – Wer die oben genannten Ausflüge mit einem exzellenten Führer machen will, sucht den Motorradtaxi-Fahrer Mr. Pia, Nr.26, auf. Dieser angenehme Zeitgenosse spricht freundliches Englisch und fährt ab 200 Baht/Tag; bei mehreren Personen benützt er ein Dreirad mit Dach. Auch Mr. Sofa, im Markt, ✆ 691535, macht Touren aller Art.

MOTORRÄDER – Mrs. Jang im *Yamaha-Shop* (gegenüber vom Markt) vermietet Mopeds für 300 Baht pro Tag, zudem bekommt man gute Infos und einen Plan von der Umgebung.

INSEL-TRIP – Wer es richtig einsam haben will, kann Vorräte besorgen und sich zu der kleinen Korallen-Insel Ko Thalu vor der Küste bringen lassen; Unterkunft in Fischerhütten oder im sehr teuren Resort, z.B. mit Mr. Mac vom *Slab Restaurant*.

VORWAHL – 032; PLZ: 77 140.

BUSSE – Nach BANGKOK (387 km) direkter non-ac Bus um 5 und 12 Uhr für 120 Baht, 2.Kl. ac-Bus um 6, 7.30 und 15 Uhr für 168 Baht, direkter ac-Bus um 7.30, 10, 13.30 und 23 Uhr für 227 Baht in 6 Std.

Vom BANGKOK Southern Bus Terminal (Schalter 10) VIP-40-Bus um 12.30 Uhr für 280 Baht in 6 1/2 Std. nach Bang Saphan.

Hält der Bus aus dem Norden oder Süden nur am H4, geht es 10 km weiter mit Motorradtaxi für 60 Baht (zur Suan Luang Area für 100 Baht, nachts 200 Baht).

EISENBAHN – Ab BANGKOK mit den *Rapid*-Zügen um 13 Uhr, Ankunft 19.25 Uhr, und um 15.50 Uhr, Ankunft 22.43 Uhr, für 197 Baht. Zurück mit dem *Rapid* 174 um 21.37 Uhr.

Ab BANGKOK NOI mit dem Bummelzug um 7.15 Uhr für 68 Baht (ab HUA HIN um 11.33 Uhr für 33 Baht), Ankunft 14.14 Uhr.

Von CHUMPHON mit dem Bummelzug um 6.40 Uhr für 20 Baht, Ankunft um 8.06 Uhr.

BIKER – Nach **Süden** geht es 124 km auf Nebenstraßen bis Chumphon (Beschreibung s.u.).

Von Bang Saphan nach Chumphon

Auf dem H4 Richtung Süden fällt der Wechsel von Kokospalmen zu Plantagen mit Tapioka, Bananen, Kautschuk und Ölpalmen ins Auge. Sie wurden angelegt, nachdem der Taifun „Gay" im Herbst 1989 die ausgedehnten Palmenplantagen vernichtet hatte. Vom H4 biegt am KM 422,4 eine 9 km lange Straße Richtung Küste nach **Bang Saphan Noi** ab. Am KM 425,8 zweigt nach links die Straße zum Dorf und Bahnhof Huai Sak ab und erreicht nach 17 km Ban Bang Bird am Nordende eines optisch schönen Strands.

Had Bang Bird

Der 10 km lange, von Pinien gesäumte Sandstrand wird im Süden von hohen Dünen begrenzt und von steilen Bergen eingerahmt. Der Müll der Bewohner des kleinen Dorfes Ban Bang Bird wird nicht entsorgt, so dass es das Resort nicht leicht hat, den Strand sauber zu halten. Der größere Teil der Grundstücke am Strand gehört der Königsfamilie und darf nicht bebaut werden.

Alternative Fahrt auf Nebenstraßen

Recht abenteuerlich gestaltet sich die Fahrt von Bang Saphan (Yai) nach Süden bis Pathiu (92 km), da keinerlei Hinweisschilder Richtung Süden weisen. Auf der wenig befahrenen Straße H3374 geht es zunächst in Strandnähe 27 km nach Süden. An der Straßenkreuzung nicht geradeaus auf dem langweiligen H3411 nach Map Amarit (25 km) fahren, sondern nach links 3,2 km nach Osten (*Ban Fung Dang 3 km*). Im Dorf scharf nach rechts abbiegen. Nach 4 km zweigt links ein unscheinbarer Fahrweg (1200 m) zum Meer mit schwarzem Vulkangestein ab. Geradeaus kommt man nach 2,4 km zur Straße, die nach Osten zum Fischerdorf Ban Bang Bird (500 m, s.o.) führt und im Westen nach 16,5 km den H4 am KM 425,8 erreicht. Hier fährt man 700 m nach rechts und biegt dann nach links Richtung Pathiu ab. Die 9 km lange, neue Straße kurvt ganz herrlich durch Dünen und eröffnet tolle Ausblicke. Nach einem Fischerpier zieht sich die Straße durch landwirtschaftlich genutztes und von Shrimp-Farmen überzogenes Land. Bereits nach 7 km sollte man nach einem kleinen Pass anhalten und gegenüber von einem Tempel einen Blick in die Bucht werfen: eindrucksvolle, steile Felsen und eine langgestreckte Halbinsel geben ein wahrlich spektakuläres Panorama ab. Nach 13 km kommt eine Kreuzung. Nach links könnte man nach 4 km zum Fischerhafen **Thung Maha** gelangen (von hier erreicht eine weniger gute Schotterstraße nach ca. 35 km Pathiu). Besser geht es jedoch geradeaus weiter: nach 5,5 km rechts halten und nach 4,5 km vor dem traditionellen Marktflecken **Map Amarit** nach links abbiegen (im Ort an der Hauptstraße links das kleine *Ammarit Hotel**). Nach 600 m hinter der Schlaglochstrecke nochmals links halten, dann auf einer wiederum neuen Straße nach 14 km rechts halten. Nach weiteren 7,5 km erreicht man links den Bahnübergang, hinter dem von Pathiu's **Tempelberg** ein vergoldeter stehender Buddha grüßt. Die restlichen 32 km bis Chumphon geht es im wesentlichen geradeaus (nach 20 km aber nach links abbiegen!) auf den guten Straßen H3201 und H3180, wenn man keinen Umweg über den Thung Wua Laen Beach (s.u.) vorhat.

Pathiu

Den Distrikt Pathiu traf das Zentrum des Taifuns „Gay". Der Strand, das Resort und die Kokosplantagen wurden vollständig vernichtet. Hier wurde vor kurzem der Flugplatz von Chumphon gebaut. Die kleine Stadt Pathiu wird von der großen Buddha-Statue und dem weißen Chedi auf einem Felsenhügel überragt. Ein nettes Ausflugsziel ist die kleine, vorgelagerte Insel **Ko Khai** mit Höhlen (z.B. Tham Yai Ai) und Schwalbennestern. Am feinen Sandstrand Virgin Beach können Schnorchler schöne Korallen bewundern (mit dem Boot hin und zurück für 1000 Baht). Zu Fuß kann man das **Kap Laem Thaen** erkunden. Dahinter liegt der ziemlich kahle Strand **Bo Mao Bay**.

Thung Wua Laen Beach

Vom H4 führt am KM 476,6 die 18 km lange Straße H3180 zum herrlichen, ruhigen Thung Wua Laen Beach (auch Tung Wualan Beach). Der 2 km lange, weiße Strand liegt 16 km nördlich von Chumphon und bietet viele preisgünstige Restaurants, die von Dezember bis April erstklassiges Seafood zubereiten, z.B. *Prasit Sregrat*. Der südliche Strandabschnitt vor den *Cabanas*, bepflanzt mit Kasuarinen und jungen Palmen, wird von einem mit Büschen bedeckten Hügel begrenzt. Bei Ebbe wird der feine Sandstrand von einer schmalen Lagune geteilt, bei Flut ist er recht breit. Das Wasser scheint ständig klar zu sein. Selbst in der Regenzeit kann man hier bei leichtem Wellengang fast immer baden, dann muss man sich allerdings vor Sandfliegen in Acht nehmen, auch Quallen wurden mehrfach gesichtet. Eine Straße führt 1 km am Meer entlang zum schönen nördlichen Strandabschnitt, der auch **Chuanphun Beach** (gesprochen *Tschuan-fahn*) genannt wird. Am mit Palmen bestandenen Sandstrand tummeln sich am Wochenende viele Thai-Familien, ansonsten ist er sehr ruhig. Nach Norden erstreckt sich hinter dem Fluss das Fischerdorf Sapli, in dem Fremde immer noch bestaunt werden.

HAD BANG BIRD – Es gibt mehrere Resorts, die hauptsächlich von Thais aufgesucht werden. Bei deutschen Touristen beliebt ist das *Bangburd Resort* (ab 8 Nächten****), 🖵 www. CT-Reisen.de, 300 m südlich vom Dorf direkt am Strand, Mittelklasse-Anlage in neu angelegtem Garten, 20 schöne, große Bungalows. Restaurant, dessen Gerichte an den Geschmack der Touristen angepasst wurden. Moped- und Fahrradvermietung. Unter Thai-deutsche Leitung.

PATHIU – *Gästehaus Wasserturm**, Johny und Willay Kolitsch, 78 Moo 10, Pathiu 86160, 📞 01-8922248, 4 km nördlich von Pathiu an der Straße nach Map Amarit, Kinder willkommen, 15 Min. zum Strand per Motorrad, telefonische Anmeldung erforderlich, Abholung von Chumphon. *Hatsuy Resort***, 📞 01-8948480, an der Bo Mao Bay, 9 neue Bungalows mit Fan oder ac. Gay spricht gut Englisch. Einfache Restaurants in der Nähe am Strand.

THUNG WUA LAEN BEACH (NORTH) – *K Hut Resort****, 📞 560151, 5 Steinbungalows mit Veranda, Du/WC und ac. *Chuan Phun Lodge***, 54/3-6 Chuanphun Beach, 📞 560230, modernes Hotel, gute ac-Zi, relativ preiswertes Seafood-Restaurant, durch die Straße von der Strand-Terrasse unter Palmen getrennt, Englisch sprechender Manager; Windsurfen ab 100 Baht. *Clean Wave Resort**-****, 📞 560151-2, daneben, Reihenhaus hinter der Straße, 10 saubere Zi mit kleinem Bad; zur Meerseite 5 saubere, geräumige ac-Bungalows, nett möbliert, großes Bad; preiswertes Restaurant, Tischgruppen unter Palmen am Meer. *View Resort***-****, 📞 560214, 20 m vom Strand stehen einige hübsche Bungalows, kleines Schlafzimmer mit Doppelbett, Vorraum, Du/WC (EZ reicht für 2 Pers.), hinter der Straße liegen mehrere große, saubere, achteckige Bungalows mit Kühlschrank, ac und Bad; wochentags Rabatt; hervorragendes *View Seafood* Restaurant. Mopeds 200 Baht/Tag. *Sea Beach Bungalows**-***, 📞 560155, 600 m weiter nördlich, 18 verschiedenartige Bungalows mit Moskitofenstern und Fan oder ac; Restaurant. *Resort Sapee Beach***, 200 m nördlich der Brücke im Fischerdorf, Reihenhäuser mit 6 Zimmern.

THUNG WUA LAEN BEACH (SOUTH), auch CABANA BEACH – *Chumphon Cabana Resort ab****, 📞/📠 077-560245–7, ✉ info@cabana.co.

th, 🖥 www.cabana.co.th (deutsch und englisch); hervorragendes Mittelklasse-Resort an der schönsten Stelle des Strandes, üppig grüner tropischer Garten; 17 gemütliche Cottages mit Fan (800 Baht inkl. Frühstück) und begrüntem Bad unter freiem Himmel, 25 komfortable Superior-Bungalows mit ac (1320 Baht); ein 3-stöckiges, eindrucksvolles Hotel wurde in umweltfreundlicher Technologie errichtet, 108 schöne Zi mit Balkon für 1080 Baht, die komfortabel eingerichtet sind mit Klimaanlage (völlig neue Wasserkühlung der Wände!), Satelliten-TV, Kühlschrank, Minibar und Warmwasser-Du/WC (mit Loose-Handbuch auf ac-Zi meistens 10% Rabatt); nettes, nicht billiges Strandrestaurant, leckere Gerichte mit Bio-Gemüse; Beach Bar. Kiosk, Thai-Massage, Internet, lizenzierter Geldwechsler, Tauchschule, Pool, Sea Kayak, Mountain Bike 60 Baht/Std., interessante Ausflüge. Sehr beliebt bei Thais am Wochenende und in den Ferien.

Thung Wua Laen Resort*** (ac****), ✆ 01-9701387, 10 kleine, ältere, ruhige Bungalows und 6 große Bungalows, z.T. mit ac.

Miao House**, ✆ 01-6912266, 500 m vom Strand, gegenüber vom Mini-Market, Gästehaus in ländlicher Umgebung für Traveller, die längere Zeit bleiben wollen, 10 große Zi mit Fan und Du/WC, z.T. in Bungalows aus Naturmaterialien, Fahrräder gratis. Infos und Buchung bei Miao im *New Chumphon Gh.* in Chumphon.

Kiddy's Gh.***, ✆ 560300, ✉ belgique2001@hotmail.com, 🖥 http://kiddys.itgo.com, 300 m vom Strand, 3-stöckiges Stadthaus, 6 Zi mit Fan, Kühlschrank und Bad, Open-Air-Restaurant, Bierecke, unter Thai-belgischer Leitung. Pizzeria, Fahrräder.

Die Tauchbasis *Chumphon Diving Center*, ✆ 560246, 📠 560247, ist bemüht, das schöne Tauchrevier zu bewahren. Bootstouren bei gutem Wetter kosten 500 Baht, für Taucher 1600 Baht p.P inkl. Ausrüstung und Lunch. Lohnende Tauchgründe bieten 8 außenliegende Inseln in 6–23 m Tiefe bei 3–20 m Sicht; besonders beeindruckt die enorme Artenvielfalt und Dichte der Meerestiere. Es stehen 20 Sets mit 100 Flaschen zur Verfügung; der 4-tägige PADI-Tauchkurs kostet 9000 Baht.

Der Thung Wua Laen Beach ist von CHUMPHON alle 40 Min. mit dem Songthaew für 30 Baht zu erreichen. Fantasiepreise verlangen Motorradtaxis (150 Baht) und Taxifahrer in der Stadt. Der kostenlose Minibus der Cabanas fährt um 7, 12 und 17.30 Uhr nach Chumphon und um 14 und 19 Uhr zurück.

Chumphon ชุมพร

Die lebhafte Provinzhauptstadt Chumphon (auch: Chumporn, gesprochen: Tschum-pohn) liegt 468 km südlich von Bangkok, 7 km vom Meer entfernt. Der Name stammt von *chumnumphon*, was etwa „freundschaftlicher Treffpunkt" bedeutet. Thais kennen Chumphon als „Tor zum Süden". Die Provinz unterliegt dem Südwest-Monsun, wird aber auch vom Nordost-Monsun beeinflusst, was den Tenasserim-Gebirge die zweithöchsten Regenfälle von Thailand beschert. Obwohl es im Flachland weitaus weniger regnet, wurde die Stadt in der Regenzeit (i.b. im August/September) schon mehrmals von den Fluten aus dem Grenzgebirge mannshoch überschwemmt. Im Hinterland wurden in den letzten Jahren viele Plantagen angelegt: Kaffee, Früchte und Palmöl.

In der weiteren Umgebung von Chumphon, die für ausländische Touristen kaum erschlossen ist und keinen Massentourismus kennt, laden den Naturliebhaber schöne Strände, Korallen- und Felseninseln, unberührter Dschungel, spektakuläre Höhlen und Wasserfälle zu Ausflügen ein. Um die herrliche Natur von Chumphon zu erkunden, mietet man am besten ein Motorrad. Gute Gästehäuser helfen dabei, den Weg zu sehenswerten Landschaften und Tropfsteinhöhlen zu finden. Auch auf einer Tour, wenn es nicht gerade die 08/15-Minibusversion für Thai-Touristen ist, kann man viel Entdecken. Dabei lohnt für Tempelfreunde durchaus auch **Wat Tham Khwan Muang** (der Marmortempel), **Wat Tham Nam Lot** oder **Big Buddha** einen Besuch.

Die Stadt selbst bietet neben dem fantastischen abendlichen **Essenmarkt** in der Krom Luang Rd. keine touristischen Sehenswürdigkeiten.

VON PHETCHABURI NACH SURAT THANI

Rab Ro-Höhle

21 km nordwestlich der Stadt liegt die Höhle Tham Rab Ro. Hinter dem Tempel Thep Charoen erhebt sich ein durchlöchertes, von vielen Pflanzen überwuchertes Kliff. Treppen führen zu den vier unterschiedlichen, nicht besonders spektakulären Höhlen hinauf, die miteinander verbunden sind. Einige der Höhlen enthalten Tropfsteine, andere Buddha-Statuen. Eine gute Taschenlampe ist erforderlich. Im halboffenen Tempelgebäude ist ein mumifizierter Mönch in einem Glassarg aufgebahrt. Über 100 Jahre alte Riesenschildkröten leben hinter einer Mauer am Fuße der Felsen. Man erreicht die Anlage vom KM 490,0 des H4 (4 km nach Westen).

Übernachtung

GÄSTEHÄUSER – Die beiden ersten Gästehäuser bieten einen hervorragenden Service, der selbst für Thailand ganz außergewöhnlich ist. Denn auch für Transit-Gäste wird alles getan, sogar wenn sie mitten in der Nacht vom Zug kommen und einen Schlafplatz im voll belegten Gästehaus brauchen. Einige Schlepper am Bahnhof versuchen mit falschen Aussagen, Gäste der beliebten Gästehäuser zu ködern.

New Chumphon Gh.*–②**, 3 Krom Luang Rd., ✆ 502900, 01-6912266, ▱ www.thaisouth.com/miaoguesthouse/; recht einfach, doch überaus beliebt; 600 m östlich vom Bahnhof links in einer ruhigen Gasse (150 m von der Hauptstraße); Holzhaus im Thai-Stil und kleines Reihenhaus im Hof, 10 einfache Zi mit Fan, 3 mit Gemeinschafts-Du/WC im Erdgeschoss, sowie 3 weitere, etwas bessere Zi; Gartenrestaurant mit Frühstück, das Abendessen kauft man auf dem Nachtmarkt und verzehrt es hier in ruhiger Umgebung. Die gute Traveller-Atmosphäre und tolle Touren veranlassen viele Gäste zu längeren Aufenthalten. Die nette Besitzerin Miao und ihre Söhne Ooh und On bemühen sich sehr, jedem Gast weiterzuhelfen. Waschmaschine und Auto-Transport stehen zur Verfügung, Transfer zum Pier 50 Baht, Moped 200–250 Baht/24 Std., vielgelobte Touren ab 700 Baht, z.T. mit Trekking (s.u.). *Miao House* am Thung Wua Laen Beach für längeren Aufenthalt (s.o.).

Sooksamer Gh.*⑥**, 118/4 Sooksamer Rd., ✆ 502430, 900 m östlich vom Bahnhof rechts in einer Seitengasse; kleine Zi, Schlafsaal, 3 kleine Gemeinschafts-Du/WC; Restaurant und Bar, guter Service.

Infinity Travel Gh.*①, neben *New Chumphon Gh.*, 6 schöne, große Zi im Thai-Holzhaus, Gemeinschafts-Du/WC; ruhige, aufmerksame Betreuung; freier Transport vom Reisebüro.

Snack Bar & Gh.*(=*Deer Gh.*) ③, 61/1 Krom Luang Rd., ✆ 501948, 1 km östlich vom Bahnhof links in einer Seitengasse ruhig gelegen; riesige, kahle Zi im Obergeschoss, saubere Du/WC ohne Waschbecken, vom Balkon Sicht auf ein Feld; Restaurant und Bar, guter Service; Moped und Auto zu mieten.

Ekawin Tour & Gh.*(ac***) ④, 5/3 Krom Luang Rd., ✆ 501821, ▱ www.thaisouth.com/ekawin; Reisebüro mit Reihenhaus dahinter, mitten im Nachtessenmarkt, spartanische Zi ohne Fenster. Hat nichts mit dem *New Chumphon Gh.* zu tun.

Joe's Gh.*⑤, Krom Luang Rd., 800 m vom Bahnhof mitten im Essenmarkt, zwei Verschläge oben, ein Dreckloch unten in einem Stein-Holzhaus.

Money Gh.*⑬, 113/14 Soi Bangkok Bank, 2-stöckiges Stadthaus im Zentrum.

Mayazes Resthouse*(ac***) ⑮, 111/35 Soi Bangkok Bank, ✆ 504452, ☏ 502217, sehr sauberes, 3-stöckiges Stadthaus im Zentrum, nette, kleine Zi, Fenster z.T. zum Flur; sehr saubere Du/WC außerhalb, Trinkwasser und Tee frei, Moped 150 Baht/Tag gegen Pass, freundliche Besitzerin, schließt um 22 Uhr. Transfer (50 Baht) zum *M.T. Resort* am Thung Kam Noi Beach (s.u.).

Suda Gh.*–***⑭, 8 Tha Taphao Rd., ✆ 504366, schöne, luxuriöse Zi, Warmwasser, Fan oder ac; Fahrrad und Moped zu vermieten; die freundliche Verwalterin spricht kein Englisch.

Farang Bar Gh.*⑰, Tha Taphao Rd., ✆ 503001, ✉ farangbar@yahoo.com, beim Bus Terminal, grüner Garten, 9 spartanische Zi in einem niedrigen Reihenhaus, Du/WC außen im Hinterhof; ◷ 6–24 Uhr (nachts klopfen); Auto (Suzuki) 1200–1500 Baht, Motorrad 150 Baht, Fahrrad 50 Baht.

HOTELS – In der lauten Hauptgeschäftsstraße, der **Saladaeng Rd.**, gibt es acht Unterkünfte vom Stundenhotel bis zur Nobelherberge, u.a.:

Sri Chumphon*–***⑧, Nr. 127/22-24, ✆ 511280, ☏ 504616, große, recht komfortable ac-Zi; viele Geschäftsleute, sicherer Parkplatz.

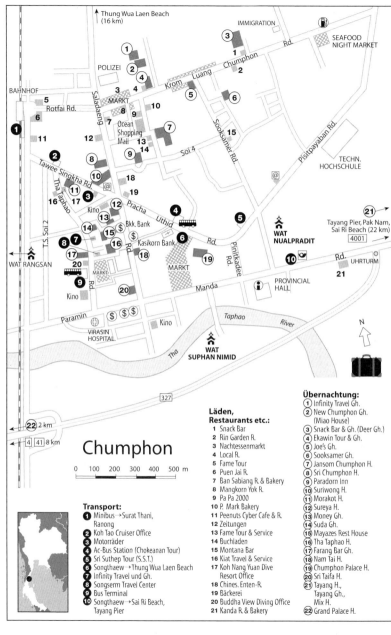

↑ Thung Wua Laen Beach
(16 km)

IMMIGRATION

SEAFOOD
NIGHT MARKET

POLIZEI

BAHNHOF

Rotfai Rd.

Saladaeng

Krom Luang Chumphon Rd.

MARKT

Ocean
Shopping
Mall

Sooksamer Rd.

Soi 4

Pisitpayaban Rd.

TECHN.
HOCHSCHULE

Tawee Singkha Rd.

Tha Taphao

T.S. Soi 2

Pracha Uthid

Kino

Bkk. Bank

Kasikorn Bank

MARKT

WAT
NUALPRADIT

Tayang Pier, Pak Nam,
Sai Ri Beach (22 km)

4001

WAT RANGSAN

Pinitkadee Rd.

Rd.

UHRTURM

MARKT

Kino

PROVINCIAL
HALL

Manda

Paramin

VIRASIN
HOSPITAL

Kino

Taphao River

WAT
SUPHAN NIMID

N

327

⟨22⟩ 2 km

4 41 8 km

Chumphon

0   100 200 300 400 500 m

Transport:
1 Minibus →Surat Thani,
  Ranong
2 Koh Tao Cruiser Office
3 Motorräder
4 Ac-Bus Station (Chokenan Tour)
5 Sri Suthep Tour (S.S.T.)
6 Songthaew →Thung Wua Laen Beach
7 Infinity Travel und Gh.
8 Songserm Travel Center
9 Bus Terminal
10 Songthaew →Sai Ri Beach,
   Tayang Pier

Läden,
Restaurants etc.:
1 Snack Bar
2 Rin Garden R.
3 Nachtessenmarkt
4 Local R.
5 Fame Tour
6 Puen Jai R.
7 Ban Sabiang R. & Bakery
8 Mangkorn Yok R.
9 Pa Pa 2000
10 P. Mark Bakery
11 Peenuts Cyber Cafe & R.
12 Zeitungen
13 Fame Tour & Service
14 Buchladen
15 Montana Bar
16 Kiat Travel & Service
17 Koh Nang Yuan Dive
   Resort Office
18 Chines. Enten-R.
19 Bäckerei
20 Buddha View Diving Office
21 Kanda R. & Bakery

Übernachtung:
1 Infinity Travel Gh.
2 New Chumphon Gh.
  (Miao House)
3 Snack Bar & Gh. (Deer Gh.)
4 Ekawin Tour & Gh.
5 Joe's Gh.
6 Sooksamer Gh.
7 Jansom Chumphon H.
8 Sri Chumphon H.
9 Paradorn Inn
10 Suriwong H.
11 Morakot H.
12 Sureya H.
13 Money Gh.
14 Suda Gh.
15 Mayazes Rest House
16 Tha Taphao H.
17 Farang Bar Gh.
18 Nam Tai H.
19 Chumphon Palace H.
20 Sri Taifa H.
21 Tayang H.,
   Tayang Gh.,
   Mix H.
22 Grand Palace H.

Suriwong**(ac***) ⑩, Nr. 125/30, ✆ 511397, ✉ kamairat@hotmail.com, saubere Zi.

Jansom Chumphon**** ⑦, Nr. 118/65, ✆ 502502, ☏ 502503, beliebtes Komforthotel, voll klimatisiert, bietet alle Annehmlichkeiten. Disco.

Morakot Hotel*** ⑪, 102-112 Tawee Singkha Rd., ✆ 503628-32, ✉ boaee2000@yahoo.com, 400 m vom Bahnhof, Seiteneingang neben dem Yamaha-Shop; 5-stöckiges Hotel mit Aufzug, sehr gute, saubere Fan- und ac-Zi; häufig ausgebucht.

Paradorn Inn*** ⑨, 180/12 Pharadon Rd., ✆ 511500, ☏ 501112; modernes Hotel, kleine, dunkle Zi, kaum zu empfehlen.

Chumphon Palace***–**** ⑲, 328/15 Pracha Uthid Rd., ✆ 571715-22, ☏ 571724, neben dem Markt, modernes Hotel, komfortable ac-Zi mit TV, Kühlschrank, Warmwasser; Restaurant.

Grand Palace Hotel*** ㉒, Wangpai Rd., ✆ 574800-9, 21-stöckiges Hochhaus 2 km westlich der Stadt, 300 große ac-Zi, riesiger Coffee Shop.

AM PIER – *Tayang Hotel***–***** ㉑, 212 Moo 10, Tayang, ✆ 521953-4, 8 km außerhalb, bei den Piers für die Boote nach Ko Tao, 24 saubere, überteuerte Zi mit Fan oder ac.

Tayang Gh.**–*** ㉑, nebenan, stundenweise zu mieten.

STRANDHOTELS – werden bei den Stränden beschrieben: Thung Wua Laen Beach (s.S. 316) sowie Paradonpap, Sai Ri und Thung Kam Noi Beach (s.S. 323).

(s.S. 316)

Essen

Sehr verlockend sind die mobilen Essenstände an den Märkten und der **Nachtessenmarkt** in der Krom Luang Rd., ein Schlaraffenland für Fischesser; gelegentlich machen sich hier Langfinger zu schaffen.

Im *Rin Garden Restaurant*, 118 Krom Luang Rd., gibt es bestes Seafood, Thai und chinesische Gerichte in gediegener Atmosphäre.

Super und billig ist die Ente mit Nudeln im chinesischen Restaurant gegenüber vom *Suriwong Hotel*, nur morgens und mittags offen.

Die *P.Mark Bakery* hat bis spät geöffnet, bei wartenden Travellern sehr beliebt.

Im 3. Stock der *Ocean Shopping Mall* gibt es ein ac-Food Center mit Coupons (Gerichte 20–25 Baht). Angenehm sitzt man abends im nicht ganz billigen Gartenrestaurant *Puen Jai* gegenüber vom Bahnhof, es gibt u.a. beste italienische Pizza und gutes westliches Essen.

Das *Mangkorn Yok Restaurant* hat eine fantastische Auswahl an preiswertem Seafood.

Sonstiges

AUTOVERMIETUNG – im *Snack Bar & Gh.* (s.o.).

INFORMATIONEN – Das Tourist Office in der Provincial Hall ist nutzlos. Gute Infos gibt es in den Gästehäusern und einigen Reisebüros. Mehrere Homepages über Chumphon (auch Chumporn) sind recht veraltet, z.B. ⌨ www.chumporninfo.com. Recht eigenwillige Informationen bietet ⌨ www.thaisouth.com/Chumphon/ Bunte Landkarten dienen vor allem der Werbung, für Ausflüge taugen sie nur bedingt.

INTERNET – viele Internet-Shops: 1 Baht/Min. *Fame Tour & Service*, ✆ 571076-7, ✉ fametour @hotmail.com, ☉ bis 23 Uhr, Essen und Getränke, Büchertausch, Touren, Transport sowie Buchung von Bus und Minibus.

Fame Tour, ✆ 506904, am Bahnhof, dieselben Dienste, ☉ 3.30–7 und 12.30–22 Uhr.

Peenuts Cyber Cafe & Restaurant, schräg gegenüber vom Bahnhof, öffnet bei Ankunft der Züge um 3 Uhr, Frühstück mit frischem Bohnenkaffee. Vermittlung von Autos und Mopeds.

MASSAGE – bietet eine Masseurin aus dem Hospital im *New Chumphon Gh.* für 200 Baht an.

MEDIZINISCHE HILFE – Sehr gut und gar nicht teuer ist das *Virajsilp Hospital*. Gegen die gelegentlich in Massen an den Stränden auftauchenden Sandfliegen (i.b. bei bedecktem Himmel) half einigen Travellern Kokosöl, anderen *Skin-So-Soft* von Avon. Autan war wirkungslos.

MOTORRÄDER – gibt es in den Gästehäusern und in der Stadt für 150 Baht, z.B. in einem Laden in der Tawee Sinkha Rd., gegenüber vom *Suriwong Hotel*.

PARAGLIDING – am Khao Rang, 15 km vom Meer am H4, Beschreibung und Karte unter 🖥 www. geocities.com/addyoldman/chumporn.html

REISEBÜROS – Die Angebote und Serviceleistungen der Reisebüros unterscheiden sich kaum, sie verkaufen auch wie die Gästehäuser Tickets für die Boote nach Ko Tao und besorgen ein Fahrzeug zum Pier, 60 Baht p.P.
Infinity Travel Service, 68/2 Tha Taphao Rd., 📞 501937, Transport zum Pier, individuelle Touren in der Umgebung, Mopeds für 150 Baht gegen Ausweis. Günstiges Frühstück im Hof. Eigenes Gästehaus, freier Transport hin.
Kiat Travel & Service, 189-191 Saladaeng Rd., 📞 502127, veranstaltet Tagestouren, macht Buchungen, vermietet Minibus und Mopeds.
Songserm Travel Center, 66/1 Tha Taphao Rd., 📞 502764, 📞/🖨 502023; hier übernachten auch Fahrgäste, die per Zug oder Minibus mitten in der Nacht ankommen, ⏰ 24 Std.
Im *Chumphon Cabana Office*, Tha Taphao Rd., kann man die *Cabanas* buchen (inkl. Transfer).

TOUREN – Ooh vom *New Chumphon Gh.* veranstaltet ganztägige Ausflüge per Pickup und Boot zu den interessantesten Attraktionen der Umgebung für 700–800 Baht p.P., u.a. *Animal Watching* in der Nähe des Heo Lom Wasserfalls. Die Tour zum Thap Charng Wasserfall und zur tollen Höhle Tham Nam Lot Yai kann nur bei bestimmtem Wasserstand durchgeführt werden.
Ekawin Tour, 📞 501821, 🖥 www.ekawintour. com, organisiert Touren in der Umgebung, simples Essen inklusive.
Mit einigem Aufwand können viele Ziele in der Umgebung auch auf eigene Faust und billiger erreicht werden.

TREKKING – Beim viel gelobten **2-Tage-Trekking** mit Ooh vom *New Chumphon Gh.* für 1800 Baht p.P. geht es zu Fuß 4 Std. aufwärts durch Dschungel zum Heo Lom-Wasserfall (auch Haew Loam u.ä.) mit einem natürlichen Swimming Pool, dann per Pickup zum Ton Phet Wasserfall und zur eindrucksvollen Khao Khriab Cave. Zeitweise ist auch Rafting auf einem Höhlenfluss möglich. Übernachtet wird in einem eigenen Bambushäuschen (2 Zi, Du/

WC, Aufenthaltsraum) 1 km vom Wasserfall entfernt.
Wer wilde Elefanten im Dschungel erleben will, kann mit Ooh und 2 bewaffneten Guides eine anstrengende 2-tägige **Elefantenpirsch** machen, bei der man ca. 6 Std. zu Fuß unterwegs ist.

VISA – On vom *New Chumphon Gh.* bietet den *Visa-Run* nach Myanmar über Ranong als Tagesausflug an (1500 Baht für 1 Pers., 800 Baht p.P. bei 2 Pers., 500 Baht p.P. bei 4 Pers.), inkl. Essen, Besuch der heißen Quellen und eines Wasserfalls.

VORWAHL – 077, PLZ: 86 000.

Nahverkehrsmittel

Songthaew zum Thung Wua Laen Beach (30 Baht, 30 Min.) fahren hinter dem großen Markt in der Pracha Uthid Rd. von 6–16 Uhr alle 40 Min. ab. Songthaew für 20 Baht fahren bis 18 Uhr zum Nachtboot-Pier von Chumphon; später per Taxi für 50–150 Baht je nach Personenzahl.
Motorradtaxis kosten für Ausländer innerhalb der Stadt generell 10 Baht, nachts 20 Baht, nachts zum Pier 80 Baht, eine gefährliche Fahrt.

Transport

BUSSE – Auf dem 4-spurigen H4 ist das Busfahren nach Bangkok angenehm.
Die meisten Busse fahren von der Bus Station ab, einige ac-Busse nach Bangkok vom ac-Bus-Terminal in der Pracha Uthid Rd., viele weitere von der Kreuzung Pathomphon Junction am H4. Nach BANGKOK (468 km) 2.Kl.-ac-Bus von 6–14 Uhr stündlich und um 20 und 21 Uhr für 211 Baht, ac-Bus um 10, 14, 21, 21.40 und 22 Uhr für 272 Baht in 7 Std., mit *Chokeanan Tour* vom Markt in der Pracha Uthid Rd. um 9.30, 14 und 21.30 Uhr für 272 Baht (2 Fahrer wechseln sich ab). Neue VIP-Busse fahren gegen 21.30 Uhr: VIP-32 für 317 Baht, VIP-24 für 420 Baht sowie der Super-VIP-Bus von *Sri Suthep Tour* für 470 Baht (Essen-Stopp in Hua Hin um 1 Uhr) in 6 1/2 Std., zurück zur selben Zeit.
Nach BANGKOK direkt vom Pier nach Ankunft der Boote mit einem VIP-Bus um 14 Uhr in 7 1/2 Std., zurück um 21.30 Uhr.

VON PHETCHABURI NACH SURAT THANI

Achtung: Von Bangkok nach Chumphon möglichst nicht die Busse von *O.S.Travel* und *S.O.T. (State of Tours)* benutzen. Ein Dieb, der sich im Gepäckfach versteckt, hat mehrfach Geld und Reiseschecks entwendet. Erst mit Hilfe des zuverlässigen Busunternehmens *Ekawin* bekamen Bestohlene ihr Geld zurück.

Nach HUA HIN ac-Bus für 126 Baht in 4 1/2 Std. Nach PRACHUAP mit 2.Kl.-ac-Bus jede Std. von 6–14 und um 20 Uhr für 70 Baht (ac 90 Baht) über BANG SAPHAN (hält nur am H4) für 40 Baht. Nach SURAT THANI non-ac-Bus ca. jede Std. für 80 Baht in 4 Std.

Nach HAT YAI am Vormittag non-ac- und ac-Busse für 162 / 280 Baht in 9 Std.

Nach RANONG mit non-ac Bus ca. alle 90 Min. von 7–17.30 Uhr für 50 Baht in gut 2 Std. auf der landschaftlich reizvollen Strecke zur Westküste. Nach PHUKET (über Ranong) um 12 Uhr mit dem non-ac-Phuket-Bus für 140 Baht, 2.Kl. ac-Bus um 14 und 16 Uhr für 196 Baht, ac um 8 und 13 Uhr für 250 Baht.

MINIBUSSE – Nach BANGKOK direkt vom Pier mit dem ac-Minibus um 13.30 bzw. nach Ankunft der Boote um 17 Uhr für 400 Baht in 7 Std. Mit ac-Minivan nach RANONG jede volle Std. bis 18 Uhr für 90 Baht, nach SURAT THANI ebenso für 130 Baht in 2 1/2 Std., zum Flugplatz von Surat Thani für 160 Baht in 2 Std.

EISENBAHN – Der *Sprinter* 43 fährt um 7.45 Uhr ab BANGKOK, an 14.15 Uhr. Er fährt weiter nach SURAT THANI (Ank. 16.20 Uhr). Ansonsten von BANGKOK 10x tgl. von 13–22.50 Uhr ab 230 / 122 Baht in der 2. / 3. Klasse; das Nachtboot nach Ko Tao erreicht man sicher mit dem *Rapid* 171 um 13 Uhr (Ank. 21.15 Uhr), mit dem *Special Express* 35 um 14.45 Uhr nur, wenn er tatsächlich um 22.30 Uhr ankommt. Etwas Schlaf kann man im *Express* 85 um 19.15 Uhr finden (2.Kl. Sleeper oben 350 Baht), der um 3.58 Uhr eintrifft. Wer mitten in der Nacht ankommt, kann selbständig im *New Chumphon Gh.* einchecken (Notiz an der Tür). Nach BANGKOK fahren die *Rapid*-Züge 174 und 168 um 19.35 und 20.44 Uhr, der *Express* 86 um 20.14 Uhr (Ank. 5, 6.05 bzw. 5.20 Uhr), die *Sprinter* 40 und 42 um 13.27 bzw. 22.15 Uhr für 380 Baht

(Ank. 20.40 bzw. 5.35 Uhr). Der *Sprinter* 40 ist der einzige schnelle Tageszug, der es erlaubt, etwas vom Land zu sehen. Mit dem Speed Katamaran von Ko Tao erreicht man ihn nicht immer, daher das Ticket erst am Bahnhof kaufen.

Von BANGKOK NOI fährt der Bummelzug 255 um 7.15 Uhr in 9 Std.

Nach Norden fährt ein Bummelzug um 6.40 Uhr (Ank. in BANGKOK NOI um 16.10 Uhr); er erreicht HUA HIN um 11.35 Uhr, 49 Baht.

Von SURAT THANI fahren *Rapid*-Züge um 16.43 und 17.49 Uhr sowie der *Express* um 17.26 Uhr in 3 Std. Der lokale Zug 446 fährt um 13.05 Uhr für 34 Baht (Ank. 16.25 Uhr).

Nach SURAT THANI fährt zudem der lokale Zug 445 um 6.35 Uhr (Ank. 9.50 Uhr).

Die Fernzüge in den Süden fahren abends ab, z.B. um 21.25 und 23.20 Uhr nach SUNGAI GOLOK, der *Special Express* 35 um 22.42 Uhr nach BUTTERWORTH, der *Express* 83 um 1.18 Uhr nach TRANG (Ank. 7.35 Uhr, Weiterfahrt nach Ko Lanta mit Minibus).

BOOTE – Die 7 Boote nach KO TAO fahren jeden Tag beim Tayang-Pier des Hafens Pak Nam Chumphon an 4 verschiedenen Stellen ab (von Nov.–Jan. abhängig vom Wetter). Den Transfer (13 km) übernehmen die Gästehäuser oder die Reisebüros rechtzeitig vor der Abfahrt, falls man ihn nicht selbst organisiert.

Mehrere Speedboote (u.a. die gute **Speed Ferry** von *Ekawin* und ein **Speed Katamaran**) fahren um 7 oder 7.30 Uhr in 1 1/2–3 1/2 Std. für 300 Baht nach Ko Tao, Rückfahrt um 10.30 und 15 Uhr.

Das *Songserm*-**Expressboot** fährt um 7 Uhr in 3 Std. nach KO TAO für 400 Baht (KO PHA NGAN 650 Baht, KO SAMUI 765 Baht). Zurück ab Ko Tao um 15 Uhr; Ankunft ca. 18.30 Uhr. (Das neue 3-stöckige Expressboot, das gewissen minimalen Sicherheitsstandards genügt, fährt nicht ab Chumphon!)

Das mit Bastmatten ausgelegte **Nachtboot** (das Transportboot für Ko Tao) fährt um 24 Uhr für 200 Baht in 6–7 Std. Minibus- und Pickup-Zubringer um 22 Uhr für 50 Baht p.P., Motorradtaxi 80 Baht p.P., Tuk Tuk 50–150 Baht. Bei „unvorhersehbar" hohem Wellengang dreht das Boot nur eine Ehrenrunde auf dem Fluss, dann müssen die Passagiere notgedrungen im zugehörigen Hotel für stolze 300–400 Baht nächtigen. Wer in diesem Fall Miao vom *New Chumphon Gh.* unter ✆ 502900, 01-6912266 anruft, wird von On abgeholt.

Zurück fährt dasselbe Boot um 10 Uhr, bei Tag wegen fehlender Sitze recht unbequem; bei der Ankunft gegen 15.30 Uhr warten Pickups und ein ac-Minibus auf Passagiere nach Bangkok.

Achtung: Wer sein Bootsticket bereits in Bangkok oder von einem Motorradtaxi kauft, erhält kein Geld zurück, falls das Boot nicht fährt. Anders verhält es sich bei Kauf im Gästehaus.

FLÜGE – Der Flugplatz liegt 35 km nördlich der Stadt bei Pathiu (Minibus 200 Baht, auch ab Pier).

Air Andaman, ✆ 591266, fliegt Mi, Fr und So mit 19-sitzigen BA Jetstream 31 nach BANGKOK für 2230 Baht. Wenn der Flug ausfällt, wird ein Minibus eingesetzt.

BIKER – Nach **Süden** gibt es für 60 km keine Alternative zum autobahnmäßig ausgebauten H41. Erst am KM 57,8 biegt der H4097 zum Lang Suan Beach ab (s.S. 325) und ermöglicht eine herrliche, gemütliche Fahrt auf ebenen Landstraßen bis Chaiya und auf der schönen Nebenstraße H4112 weiter bis Surat Thani (insgesamt 210 km).

Zur **Westküste** hinüber empfehlen wir, am KM 63,5 des H41 den wenig befahrenen, aber recht hügeligen H4006 über Phato nach Ratchakrut (72 km) zu nehmen. Zum Übernachten eignen sich unterwegs die Ton Sai Bungalows (ca. 125 km, s.S. 000) oder am Ziel der Bang Baen Beach (176 km). Nächstes Etappenziel könnte hinter Takua Pa der Bang Niang Beach (162 km südlich) sein, mit Übernachtung in Khuraburi (79 km).

Die Strände südlich von Chumphon
Paradonpap Beach und Sai Ri Beach

17 km südlich von Chumphon, in der Nähe der Flussmündung. Am 3 km langen Strand gibt es nette, teure Fischlokale und ein Fischerdorf. Zum Baden ist er nicht geeignet.

Sai Ri Beach, der beliebte Ausflugs- und Picknickplatz für Thais liegt 5 km weiter (Pickup 20 Baht). Am Wochenende haben alle Strandrestau-

rants offen und vermieten massenhaft Liegestühle, Sonnenschirme und aufgepumpte Autoreifen. Das Seafood-Restaurant *Karakhed* am Strand ist besonders gut, wirklich lecker schmecken die frischen Shrimps mit Soße und die *Prawn Cakes.* Am Anfang der Bucht liegt das ausgediente Torpedoboot HTMS *Chumphon* am Strand. Darüber steht der **Prince of Chumphon Shrine** in exponierter Lage. Hier wird der Begründer der Thai Navy wie ein Heiliger verehrt. Ein Festival zu seinen Ehren findet vom 19. bis 25. 12. statt. Vom **Chao Muang Hill** am Ende der Straße hat man eine schöne Sicht über die Küste und die vorgelagerten Inseln.

Ganz in der Nähe hat das *Ministry of Public Health* den **Mo Phon Traditional Herbal Garden** angelegt. Hier werden traditionelle Heilkräuter gesammelt, deren Wirkung noch heute genutzt wird.

Ao Makham

Die traumhafte Bucht liegt noch weiter südlich, 26 km von Chumphon (Pickup 30 Baht). Am schönen, friedlichen Strand **Thung Kam Noi** liegt ein Gästehaus, das auch gern von Thais aufgesucht wird; Transfer beim *Mayazes Resthouse* in Chumphon. Häufig stören Massen von Sandfliegen (Insektenschutzmittel mitbringen). Der Küste ist die Schnorchelinsel **Ko Klaep** vorgelagert. Ein Boot steht zur Verfügung (ab 1200 Baht pro Tag).

PARADONPAP BEACH – *Baan Ing Thalae****, ✆ 521663, 🖷 521526, sauberes Reihenhaus am Meer, schöne Sicht.

SAI RI BEACH – *Suan Pha Daeng**, ✆ 521143, 7 Bungalows mit Fan.
*Sai Ree Lodge****, ✆ 502023, 20 komfortable ac-Bungalows, Tauchausrüstung verfügbar.
*Nongmai Resort***, ✆ 558022, putzige Bungalows und spartanische Zi im Reihenhaus.

THUNG KAM NOI – *M.T. Resort**–*** (auch *Mother House*), ✆ 558152-3, direkt am Strand, 8 Bungalows mit Du/WC und Fan, Kaffee gratis, gutes, relativ teures Strandrestaurant, von der freundlichen Chai geleitet. Infos im *Mayazes Resthouse.*

Die Inseln vor Chumphon

13 km südöstlich der Stadt an der Mündung des Klong Tha Taphao liegt der betriebsame Fischerhafen **Paknam Chumphon**. Auf mehreren Werften werden neue Fischerboote gebaut. Man kann ein Boot mieten, um die ca. 50 vorgelagerten Inseln zu erkunden, die im 317 km² großen **Mu Ko Chumphon National Park** liegen (gute Homepage 🖳 www.geocities.com/hadsairee/frist.htm). Einigermaßen erschwinglich ist ein Boot nur zu mehreren und mit entsprechendem Verhandlungsgeschick. Viele Traveller kommen begeistert von den Touren zurück, die von den Reisebüros oder von den Gästehäusern veranstaltet werden.

Die meisten Inseln bestehen nur aus Felsen und sind für Robinsonaden nicht geeignet. An zwei Inseln kann man sehr schön schnorcheln. Interessant ist **Ko Lang Ka Chiu** (auch: Langaching) südlich vom Hafen. In ihren Höhlen und Kliffs wohnen Tausende von Schwalben (Salangane) und bauen ihre Nester, die von schwindelfreien Burschen geerntet werden (z.Zt. kostet ein Kilo 70 000 Baht). Ganz in der Nähe liegt **Ko Thong Lang**, lang und schmal. Sie hat an einem Ende schöne Strände; bei einem Wassertank nebst Toilette und Sala kann man zelten und picknicken. Die schlammige Thungka-Bucht beherbergt zahlreiche Möwen. Die 30-minütige Fahrt mit einem Fischerboot sollte 500 Baht (hin und zurück) kosten.

Nahe an der Flussmündung liegt **Ko Mattra**, von den Einheimischen *Tang Kuay* genannt. Sie eignet sich zum Fischen und Zelten und ist meist von vielen Fischern belegt. Um die Insel herum gedeihen Korallenriffe, allerdings ist das Wasser manchmal nicht klar genug zum Schnorcheln.

Von Chumphon nach Chaiya

Bei Chumphon wendet sich der H4 an der *Pathomphon Junction* am KM 499 nach Westen und durchschneidet den schmalen Isthmus von Kra, um nach 60 km den Kra Buri Fjord zu erreichen. Nach Süden setzt der H41 die direkte Nord-Süd-Verbindung fort. Auf 320 km Länge berührt der zur Autobahn ausgebaute Highway keine einzige Stadt. Stichstraßen erschließen die von Kokosplantagen gesäumte Küste im Osten und das fruchtbare Flachland im Westen, das von vielen schönen Bergketten durchzogen wird. Links und rechts der Straße erstrecken sich ausgedehnte Reisfelder, in die Ende Juli / Anfang August die Setzlinge gesteckt werden. Am Fuße des Berglands wurden in den letzten Jahren große Dschungelgebiete gerodet, um Obst- und Kaffee-Plantagen anzulegen. Am KM 34,1 lädt rechts ein schwimmendes Restaurant auf dem von schöner Ufervegetation gesäumten Khlong Sawi zu einer Pause ein. Etwas weiter zweigt links eine Straße ab zum Ort Sawi und rechts (KM 35) zum eindrucksvollen Marmortempel **Wat Tham Khwan Muang** (500 m). Am H41 locken Obststände, die Früchte der Saison zu probieren.

Arunothai Beach

Am KM 44,8 biegt nach links der H4096 nach Ban Paknam Tako ab. Nach 12 km kommt der 5 km lange, einsame Arunothai Beach. Am naturbelassenen Strand gibt es feinen Sand. Das Resort bietet vom Restaurant aus eine schöne Sicht auf fünf Inseln.

Es werden Bootsausflüge nach **Ko Phithak** (Fischerdorf), **Ko Rangtat** (Korallen) und **Ko Prao** (schöner Strand) veranstaltet. Sie starten in **Paknam Tako** (2 km). Dort gibt es neben einem großen kommerziellen Fischerhafen auch einen **Schrein des Prinzen von Chumphon** und einen Picknick-Strand.

Khao Thalu

Ebenfalls am KM 44,8 biegt nach rechts der H4139 nach **Ban Khao Thalu** (23 km) ab, zum „Berg mit dem Loch". Es hat einen Durchmesser von etwa 90 m und ist in der gewaltigen Felsenkette schon vom H41 klar zu erkennen. Für Höhlenforscher interessant ist vielleicht die **Tham Nam Lod Noi**, 5 km nordwestlich vom Dorf beim Wat Khao Nam Thip Wa La Lam. In der engen Kalksteinhöhle hat ein Bach Granitfelsen glatt geschliffen. Ohne Führer hat man kaum eine Chance, die im Wasser versteckten Passagen zu finden. Vom steilen Kalksteinberg belohnt eine schöne Aussicht den anstrengenden Aufstieg. Leicht verirren kann man sich in der schönen **Tham Nam Lod Yai**. Ooh vom *New Chumphon Gh.* hat diese Höhle mit ihren tollen Gardinen in sein Tourenprogramm aufgenommen.

Klong Prao National Park

Nur Abenteurer und erfahrene Bike-Off-Road-Freaks sollten am KM 57,8 nach rechts zum Klong Prao National Park (19 km) abbiegen. Nach 33 km

Betonstraße kommt ein schlechter, kaum ausgeschilderter Erdweg (5 km), der durch mehrere Bäche führt und auf z.T. grobem Schotter sehr steil aufwärts geht. Ohne Guide kann es echt gefährlich werden. An der Straße entlang erstrecken sich vor allem Kaffee- und Durianplantagen.

500 m unterhalb des *Headquarters* liegt der 5-stufige **Klong Prao-Wasserfall** mit einem tiefen, natürlichen Schwimmbecken im Dschungel.

Zum 30 m hohen **Krathing-Wasserfall** muss man mit einem Führer durch den Dschungel wandern, wo wilde Büffel leben sollen. Ein weiterer schöner Wasserfall mit 15 Stufen ist noch 6 km weiter im Dschungel versteckt.

Lang Suan Beach

Am KM 57,8 biegt der H4097 am Hinweisschild *Phitak Island 28* nach Osten ab. Nach 11 km ist ein nicht ganz sauberer Fischerstrand mit einem Seafood Restaurant erreicht. 700 m weiter liegt das *Kao Saen Resort* am Strand mit grauem Sand.

1,5 km weiter südlich beginnt der Vergnügungsstrand von Lang Suan mit vielen kleinen Strand-Restaurants. Mittendrin liegt an KM 0 ein großes Kloster, in dem ein mumifizierter Mönch mit einer ausgestopften Kobra in einem Glasschrein südlich vom Bot aufbewahrt wird. Über einen Lotusteich gelangt man zum **Schrein des Prinzen von Chumphon** am Meer.

Schließlich erreicht man das Dorf **Pak Nam Lang Suan** (Hafen von Lang Suan), wo Ende Oktober/Anfang November Bootsrennen stattfinden. Die gepflegt wirkende Kleinstadt **Lang Suan** (Pick-up 8 Baht) liegt 8 km landeinwärts. Die Zufahrtstraße wird von blühenden Bäumen gesäumt, der Mittelstreifen ist bepflanzt. Im Zentrum stehen noch viele schöne, alte Holzhäuser.

Vom H41 zweigt die Straße nach Pak Nam Lang Suan (12 km) am KM 63,5 ab. An derselben Kreuzung beginnt auch die wenig befahrene Straße H4006 nach Ratchakrut (72 km), die sich besonders gut für Biker eignet, die zur Westküste hinüber wollen. Nach ca. 50 km geht es hinter Phato beim KM 22,6 nach links ab (5 km) zu den *Ton Sai Bungalows*.

Am KM 66 zweigt die Straße zur Stadt Lang Suan (2 km) nach links ab. Das **Wat Tham Khao Ngoen** an der Kreuzung nach rechts ist einen Abstecher wert.

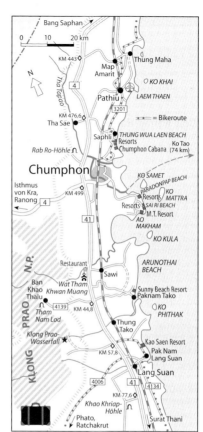

Alternative Fahrt auf der Landstraße

Von Lang Suan kann man auf einer schönen, wenig befahrenen Nebenstraße nach Chaiya (73 km) und weiter nach Surat Thani (53 km) fahren. Die ersten 21 km auf dem H4134 bis Lamae sind teilweise, die folgenden 29 km auf dem H4112 vollständig asphaltiert. Die Straße säumen Reisfelder, Kautschukplantagen, Palmenhaine und Brachland.

7 km südlich von Lamae soll es die drei sauber gefassten, **heißen Quellen** Bo Nam Ron Tham Khao Phlu geben. Wir konnten keine entsprechenden Schilder entdecken, genauso wenig wie die vier **Tropfsteinhöhlen** Khun Krathing in der Nähe.

Beim Ort **Tha Chana**, nach 50,5 km, 4 km vom H41 entfernt, ist ein kurzer Abstecher zum Strand möglich, wo es nette, einfache Restaurants mit gutem Seafood gibt. Die restlichen 23 km auf dem H4112 bis Chaiya sind asphaltiert und verlaufen weit von der Küste entfernt. Nach einigen Kilometern zweigt am KM 45,3 eine Straße nach links zum Strand und zum neuen Pier ab. Über die große Brücke führt sie ebenfalls nach Chaiya.

Khao Khriap-Höhle

Am KM 77,6 biegt vom H41 eine Straße ab zur Khao Khriap Cave (6 km). Man hält sich nach 2 km links, fährt 3 km immer geradeaus und biegt dann links in eine Einfahrt ein. Vom kleinen Tempel führen fast 400 Stufen auf den imposanten **Kalkfelsen** hinauf. Nicht weit unter dem Gipfel liegt der Eingang zur Höhle, die wie die Kuppel eines Domes wirkt. Sie wird durch einige Löcher etwas erhellt, aber um ihre Dimensionen zu erfassen, braucht man eine starke Taschenlampe. Außerdem beeindrucken Sinterterrassen, Tropfsteine und mit Tüchern umwundene Säulen. Wer durch versteckte Zugänge tiefer in die Höhle vordringen will, wendet sich am besten an Ooh im *New Chumphon Gh.*

SAWI – *Sawi Garden Inn***, 156 Tambon Napo, Sawi, ☎ 077-531220, 9 Zi mit Fan.

ARUNOTHAI BEACH – *Chumphon Sunny Beach Resort****, ☎ 541895, große Bungalows mit Fan oder ac, Mo–Do Rabatt; niemand spricht Englisch.

LANG SUAN BEACH – *Kao Saen Resort***, ☎ 541803, eine preisgünstige Bungalowanlage im Motel-Stil, etwas vergammelte Zi mit Fan, üppig bewachsener Garten. Das Restaurant mit normalen Preisen liegt direkt am Strand. *99 Bay Resort**–**** (= Kao Kao Resort), 9 Moo 4 Paknam, ☎ 541133, 1,5 km weiter Richtung Süden, alte Bungalows und Zi im muffigen Reihenhaus mit Fan, sehr schöne, große Bungalows mit ac; Seafood-Restaurant mit Meersicht.

LANG SUAN – Im Zentrum beim Markt liegt das *Thawat**–***, 55 Khao Ngoen Rd., ☎ 541341, 100 Zi mit Fan oder ac; Restaurant. *Jan**–***, 26/5 Khao Ngoen Rd., ☎ 541330, am westlichen Stadtrand, Zi mit Fan oder ac.

PHATO – *Ton Sai Bungalows*–***, ☎ 01-2110895, ☎ 077-840015, Steinbungalows am Dschungel, wunderschöne Anlage, der Schweizer Mark veranstaltet Dschungeltreks, Floßfahrten und Elefantenreiten. Auch Zelten ist möglich. Mit öffentlichen Verkehrsmitteln am besten von Ranong über Ratchakrut auf dem H4006 zu erreichen (s.S. 323). Am KM 22,6 abbiegen, dann rechts 2,5 km, links, rechts, links (insgesamt 4,7 km).

Chaiya   ไชยา

Der kleine Ort unweit der Straße nach Surat Thani besteht vorwiegend aus Holzhäusern, die zwei kurze Straßen und deren Seitengassen flankieren. Chaiya war bis vor etwa 1000 Jahren ein Zentrum des Sri Vijaya-Reiches, das weite Teile des Landes beherrschte. Es reichte von Java bis zum Isthmus von Kra, wo das Reich der Khmer begann. Doch wer erwartet, großartige Zeugen der großen Vergangenheit bewundern zu können, wird enttäuscht sein. Man muss sich mit wenigen Überresten begnügen und das Bewusstsein genießen, auf dem historischen Boden eines längst verflossenen Reiches zu stehen.

Im **Wat Phra Boromathat**, einem sehr verehrten Tempel 1 km westlich der Stadt, sind Ähnlichkeiten mit den Tempelanlagen und Chandis in Zentral-Java unverkennbar. Die aufwendig restaurierte, über 1200 Jahre alte Pagode beherbergt Reliquien von Buddha.

In der Umgebung gibt es weitere Tempel im Sri Vijaya-Stil, **Wat Wieng**, **Wat Long** und **Wat Kaeo**, das einst eine mächtige Stupa besaß.

Ein kleines, gut geführtes **National Museum** etwa 1 km westlich der Stadt zeigt Repliken von Statuen, die jetzt im Nationalmuseum von Bangkok stehen, sowie viele weitere Funde aus der Gegend um Chaiya. ⊙ Mi–So 9–16 Uhr, außer feiertags, Eintritt 30 Baht.

Fährt man durch Chaiya hindurch 3 km weiter, so weist das Schild *Beach 2 km* nach rechts zum Restaurant *Plub Pla Seafood*. Es ist auf Stelzen zwischen Mangroven errichtet; Pickup ab Chaiya 8 Baht. Eine Straßenbrücke führt über den Fluss zum Laem Pho mit einigen Seafood-Restaurants.

Im Ort liegt 300 m nordöstlich vom Bahnübergang an einer schmalen, lauten Straße das äußerst einfache
Hotel Udomlap **–***, ✆ 077-431123, ganz aus Holz gebaut; gute, ruhigere ac-Zi im Steinanbau.
Ein Frühstücksrestaurant liegt in der ersten Querstraße vom Bahnhof kommend.

Transport

EISENBAHN – Chaiya ist mit der Bahn von SURAT THANI zu erreichen. Neben den 4 *Rapid*-Zügen hält auch der *Express* 86 um 17.26 Uhr, Ankunft 18 Uhr, sowie der lokale Zug um 13.05 Uhr (8 Baht), Ankunft 13.47 Uhr.
Die Schnellzüge von Norden kommen alle nachts an.

SAMMELTAXIS – Von SURAT THANI mit Sammeltaxi für 40 Baht, mit dem orangen Songthaew für 30 Baht in 45 Min. Zurück fahren Sammeltaxis am Bahnhof ab, das blaue Songthaew fährt zum Bahnhof Phunpin.
Songthaew zum WAT PHRA BOROMATHAT 7 Baht, zum WAT SUAN MOKE 15 Baht.

BIKER – Nach Süden geht es auf der schönen Nebenstraße H4112 weiter bis Surat Thani (53 km).
Unterwegs kann man nach ca. 18 km beim Dorf Klong Sai zuschauen, wie Affen dazu ausgebildet werden, Kokosnüsse zu pflücken.

Wat Suan Moke

6 km westlich von Chaiya an der Straße nach Surat Thani steht in einem schönen dschungeligen Park das moderne Wat Suan Moke. Pilger aus dem In- und Ausland kamen hierher, um einen der berühmtesten Mönche des Landes kennen zu lernen, **Achaan Buddhadasa**, der 1993 verstorben ist.

Die Architektur und Ausschmückung der Klostergebäude ist sehenswert. Der Bot z.B. ist in Schiffsform gebaut, was das Hinübergleiten ins Nirwana symbolisiert. Das Zentralgebäude wird außen von Flachreliefs geschmückt, die die Geschichte Buddhas erzählen und nach indischen Originalen gearbeitet worden sind. Das Innere wirkt wie eine großartige Gemäldesammlung, nur dass die verschiedenen Künstler ihre Bilder nicht auf Leinwand, sondern direkt auf die Mauern gemalt haben. Alle Künstler setzten sich auf die verschiedenste Art mit dem Weg zur Vervollkommnung auseinander. Der wandernde, surrealistisch angehauchte Zen-Buddhist Emanuel Schermann verlieh dem Gebäude mit seinen Sinnsprüchen und Illustrationen das besondere Image. Im 2. Stockwerk gibt es noch freie Wandstellen für künstlerisch Begabte. Östlich der Straße liegen 1200 m entfernt sehr angenehme heiße Quellen.

Übernachtung und Essen

Es gibt einen Frauen- und einen Männerschlafsaal (gegen Spende) und während der kursfreien Zeit (11.–30.) vegetarisches Gemeinschaftsessen (50 Baht täglich).
Außerhalb der Klosteranlage haben sich viele kleine Essenstände angesiedelt, die vor allem die Spezialität dieser Gegend, in Salz eingelegte, gekochte Enteneier anbieten.

Meditationskurse

Jeden Monat werden vom 1. bis 11. Kurse in **Dhamma-Meditation** abgehalten. In einem Kokospalmenhain bekommen die Teilnehmer eine Zelle zugewiesen. Nach der Methode *Annapasati* (Achtsamkeit durch Atmen) herrscht strenges Rede-, Schreib-, Lese-, Rauch- und Alkoholverbot. Durch den Kurs wird viel Verständnis für Thailands Religion und Kultur geweckt. Gute Englischkenntnisse sind hilfreich. Anmeldung persönlich ein bis zwei Tage vor Beginn. Kosten: 1200 Baht. Weitere Infos: ✆ 431596, ✆ 431597, 🖵 www.suanmokkh.org
Achtung: Die Regenzeit ist wegen der vielen Moskitos weniger gut geeignet.
Die 12-seitige Schrift *Ten Day Buddhist Meditation Course at Suan Mokkh – Basic Information* kann Entscheidungshilfe dazu geben, ob man den Kurs wirklich mit allen Konsequenzen absolvieren will.
Während der kursfreien Zeit werden weitere Meditationsmöglichkeiten angeboten.

Transport

Vom Bahnhof fahren Songthaews für 15 Baht zum Wat Suan Moke. Busse nach SURAT THANI kosten ca. 30 Baht.

Surat Thani   สุราษฎร์ธานี

Die Provinz Surat Thani ist die größte im Süden. Die Provinzhauptstadt hieß früher Ban Don und wird von vielen Einheimischen auch heute noch so genannt. Surat ist an sich eine wenig interessante Stadt, meist nur Durchgangsstation auf dem Weg nach Ko Samui. Es gibt für die meisten Touristen keinen Grund, länger hier zu bleiben, außer auf den Anschluss zu warten.

Während langer Wartezeiten kann man auf der Insel Lamphu in einem Park ausspannen und etwas Thai-Freizeit-Flair genießen oder sich einer Tour durch die Kanäle der Stadt anschließen und dabei schwimmende Dörfer und winzige Kokosnuss-Inseln im Tapi-Fluss besuchen; Informationen dazu in den Reisebüros (außer dort spricht hier kaum jemand Englisch!). Schräg gegenüber von *Samui Tour* liegt ein großes, interessantes Wat mit freundlichen Mönchen.

Übernachtung

GÄSTEHÄUSER – Einige Reisebüros bei den Bus Terminals vermieten wenig erfreuliche Zi.*-** als kaum erträgliche Notunterkunft.

Top Team Gh. * ⑮, Soi 12, mies. Kaum zu finden.

HOTELS – Leser empfehlen das

Surat Hotel** ⑩, 496 Na Muang Rd., ✆ 272287, große, saubere Zi mit Du/WC und Fan; freundliches Personal.

Grand City Hotel** (ac***) ⑧, 428/7-10 Chon Kasem Rd., ✆ 272960, ✉ 284951, saubere, günstige Zi mit Du/WC und Fan oder ac; relativ netter Empfang; trotz der gewerbetreibenden Damen im 3. Stock ist es ruhig. Mehrere Empfehlungen.

Bandon Hotel** ⑩, 268/1 Na Muang Rd., ✆ 272167, am Markteingang, saubere Zi mit Du/WC und Fan, relativ ruhig, akzeptabel. Eingang durch ein Restaurant.

Phan Fa Hotel** ④, 247/3 Na Muang Rd., ✆ 272287-8, einfache Zi mit Fan.

Thai Tani** (ac***) ⑱, 442/306-8 Talat Kaset 2, ✆ 273586, ✉ 286129, am Bus Terminal Kaset 2, Rezeption im 3. Stock (dort recht laut), riesige, saubere, im 4. Stock relativ ruhige Zi mit Du/WC und ac oder kleinem Fan; desinteressiertes Personal, gerade noch erträglich. Im EG vegetarisches Restaurant, ☉ bis 13.30 Uhr.

Rajthani Hotel** (ac***) ⑦, 293/96 Talat Kaset 1, ✆ 272143, ✉ 287638, etwas verwohnte, kleinere Zi mit Fan oder ac.

K.R. Mansion**–*** ⑳, Tri-Anusarn Rd., ✆ 217727-8, Zi mit Fan und ac in mehreren Stockwerken.

T.H. Mansion*** ⑤, 70/1-4 Mitr Kasem Rd., ✆ 212701-3, ✉ 286353, 5-stöckiges Apartmenthaus mit Aufzug, 50 saubere ac-Zi mit Du/WC, TV und Telefon, auch monatlich zu mieten; freundliche Besitzer.

Thai Rung Ruang*** ⑬, 191-199 Mitr Kasem Rd. (Soi 12), ✆ 273249, ✉ 286353, großes Hotel, saubere, große Zi mit Du/WC und Fan oder ac; im Hinterhof ruhig; überhebliches Personal.

Intown Hotel*** ⑨, 276/1 Na Muang Rd., ✆ 210145, ✉ 210422, recht neues Gebäude, saubere Zi.

Wang Tai**** ⑭, 1 Talat Mai Rd., ✆ 283020-39, ✉ 281007, Mittelklassehotel, sehr gute ac-Zi, Pool.

Southern Star**** (und teurer) ㉑, 253 Chon Kasem Rd., ✆ 216414-24, ✉ 216427, 112 ac-Zi bis 2690 Baht. Riesige Discothek.

AUSSERHALB – *Ban Suan Maprown**** ①, 4 km westlich der Stadt, ✆ 437160, ein ehemaliger Townhouse-Komplex, große, sehr saubere Zi. Abholservice (auch zurück).

Saowaluk Thani ⑰, 99/99 Kanchanadit Rd., ✆ 213700-30, ✉ 213735-6, außerhalb Richtung Osten, riesiges, modernes First-Class-Hotel, 280 ac-Zi ab 1900 Baht (bei Buchung übers Internet und auch sonst 50% Rabatt), Disco, Pool.

Am Bahnhof Phunpin gibt es nur noch das *Queen*** (ac***), ✆ 311003, mit stinkenden Zimmern, und das *Sabai Sabai Gh.***, ✆ 312911, 100 m links (nördlich) vom Bahnhof, 4 einfache, saubere Zi ohne Du/WC, hier das Reisebüro *Samui Tour*.

Im Viertel am Hafen verpflegen sich wartende Passagiere in Restaurants mit thailändischen und westlichen Gerichten und abends auf dem hervorragenden Essenmarkt.

Die **Straßenmärkte** sind fantastisch. Gute, lebhafte Essen-Märkte von 18–23 Uhr in der Tee Lek Rd. und von 23 Uhr bis kurz vor Sonnenaufgang am Fluss entlang.

Im klimatisierten *NPA Café* an der Na Muang Rd. gibt es von 7.30–22.30 Uhr Thai-Essen und Fast Food.

Beim **Bahnhof Phunpin** gibt es neben dem Gästehaus *Oum's Restaurant* und das *Pann Restaurant*.

Sonstiges

FESTIVAL – Zu Ok Phansa findet, gewöhnlich Mitte Oktober, das **Chak Phra Festival** zu Ehren von Buddha statt. Höhepunkte sind eine Prozession mit Buddha-Statuen und ein Langbootrennen mit bis zu 50 Paddlern.

Am 1. Wochenende im August wird das **Rambutan Festival** gefeiert.

IMMIGRATION – Office in der Surat Thani City Hall, Don Nok Rd., ✆ 273217; ⏱ Mo–Fr 8.30–12 und 13–16 Uhr.

INFORMATIONEN – *Tourist Office*, Na Muang Rd., ✆ 288817-9, ✉ tatsurat@samart.co.th; im Westen der Stadt, ⏱ tgl. 8.30–16 Uhr.

INTERNET – *Future@Internet*, 293/13 Talat Mai Rd., 2 Baht/Min. (Minimum 15 Min.), ⏱ 6–21 Uhr. Zwei weitere Internet-Cafés liegen am Pier der Nachtboote.

MARKT – Neben dem Bahnhof in Phunpin liegt eine interessante Markthalle.

MEDIZINISCHE HILFE – Das Surat Hospital, 2 km westlich (nach der Brücke rechts), ist gut ausgestattet und billig.

MOSKITONETZE – Sehr gute, große Moskitonetze aus leichtem Kunststoff gibt es billig in einem kleinen Laden schräg gegenüber vom Jula Department Store, der 5. Laden links der Kreuzung.

REISEBÜROS – ein halbes Dutzend in der Nähe vom Pier.

Zug-Tickets gibt es in einem Shop zwischen den Bus Terminals Kaset 1 und 2 (siehe Karte). Bus-Service zur Fähre inkl. Fährtickets bei *Phantip Travel*, Talat Mai Rd., vor dem Bus Terminal Kaset 1, und bei *Samui Tour*, 326/12 Talat Mai Rd., ✆ 282352, ⏱ 6–19 Uhr, auch Verleih von Motorrädern.

In **Phunpin**, in der Nähe vom Gästehaus, verkauft *Surat Gateway Travel* alle Tickets für nur 30 Baht Provision. Die negativen Berichte über *Chaw Wang Tours* gehen weiter. Wenn möglich die Polizei einschalten, sie hilft geleimten Touristen durchaus.

TOURIST POLICE – Am Bahnhof Phunpin links bei den Taxiständen, ist behilflich, den richtigen Bus Stop zu finden und aufdringliche Schlepper loszuwerden.

VORWAHL – 077, PLZ: 84 000.

Nahverkehrsmittel

Minibusse in der Stadt 8 Baht.

Tuk Tuks vom Busbahnhof zum Pier für Expressboote 15 Baht.

Kleinbusse verkehren alle 5 Min. von 5–17.15 Uhr zwischen Bahnhof und Bus Terminal 1, Zwischenstopp am neuen Bus Terminal (regulär 8–12 Baht).

Motorradtaxis ab 20 Baht, zum Bahnhof PHUNPIN 100 Baht.

Transport

Die Klagen reißen nicht ab:

In ganz Thailand werden Reisende beim Kauf von Tickets nicht so abgezockt wie in Surat Thani (in Kooperation mit vielen Reisebüros auf Ko Samui). Es werden miserable Busse und Boote benutzt, auf der Fähre aus dem „abgeschlossenen" Bus Gepäckstücke entwendet, absichtlich lange Wartepausen eingelegt (natürlich an einem Vertrags-Restaurant), ein Restaurant einige

Kilometer vor Surat Thani zur Endstation erklärt, am Abend übersteuerte Übernachtungen für Krabi gegen Vorkasse gebucht (unter Vorspiegelung „voller" Unterkünfte), Kombitickets „versehentlich" vorzeitig entwertet, Tickets für einen VIP-Bus verkauft und kurz vor der Abfahrt gegen ein Ticket für einen normalen Bus umgetauscht (ohne Ausgleich der Differenz) und reguläre Fahrscheine ganz einfach für ungültig erklärt, natürlich ohne Rückerstattung des Fahrpreises. Alle paar Wochen hören wir von einem neuen Trick. Die meisten Beschwerden kommen über *Songserm*, den größten Transporteur der Region, der in *Andaman Wave Master* umfirmiert hat, aber weiterhin unter dem alten Namen arbeitet, *Chaw Wang Tours* und kleine Reisebüros an den Busbahnhöfen. Bei Bussen von *O.S.Travel* und *S.O.T. (State of Tours)* von Bangkok nach Chumphon und weiter nach Surat Thani versteckt sich ein Dieb im Gepäckfach und sucht nach Geld und Reiseschecks. Viele Traveller sprechen von einer Transport-Mafia.

BUSSE – Terminals: Die Bangkok-Busse kommen am New Bus Terminal an, private ac-Busse beim Pier, alle anderen Busse halten in der Stadt am Terminal 1 oder 2. Viele Busse warten an den verschiedenen Piers auf ankommende Boote bzw. am Bahnhof auf die ankommenden Nachtzüge. Die ac-Busse von *Phantip* nach Phuket und Krabi fahren am Büro in der Talat Mai Rd. ab.

Nach / von Ko Samui: Die Busse zur Autofähre in Don Sak starten u.a. bei *Samui Tour* um 6.45, 8.30, 10.30, 14.30, 15.30 und 16.30 Uhr für 100 Baht (inkl. Fähre), ac-Busse um 6.50, 8.30, 12.30 und evtl. 15.30 Uhr für 130 Baht (an Bord muss man den Bus verlassen, das Gepäck wird währenddessen häufig gefilzt und sogar entwendet). Bei den Terminals warten aufdringliche Schlepper, um die ankommenden Touristen in Reisebüros mit *special price* zu führen – natürlich besonders teuer.

Bei der Ankunft des Expressbootes um 10 Uhr warten am Tha Thong-Pier Busse nach Penang, Hat Yai und Phuket sowie ein Bus zum Airport und zum Bahnhof. Es ist ratsam, sich rasch um seinen Sitz im Anschlussbus zu kümmern.

Vom Bahnhof Phunpin: Hier warten bei Ankunft der Nachtzüge private Busse, die nach Ko Samui um 7.30 Uhr, 150 Baht, Ko Pha Ngan um 8 Uhr, 250 Baht, Phuket, 220 Baht, oder Krabi, 180 Baht, fahren. Lokale Busse fahren, von Surat Thani startend, 30 Min. später am Bahnhof vorbei, z.B. Bus 474 nach Chumphon, Bus 469 nach Ranong, Bus 490 nach Hat Yai, Bus 708 nach Phang Nga sowie der Bus 465 nach Khao Sok, Khao Lak und Phuket. Tickets gibt es rechts (südlich) vom Bahnhof an einem Tisch vor dem *Sintawee Coffee Shop*.

Richtung Norden: Das New Bus Terminal *(BoKo-So Takub)*, ✆ 200032-3, liegt 7 km westlich an einer Seitenstraße der Umgehungsstraße. Die

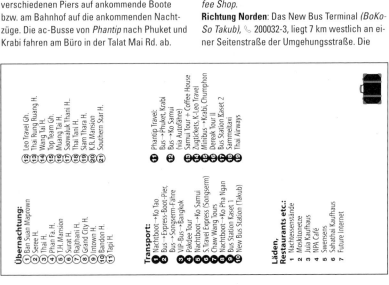

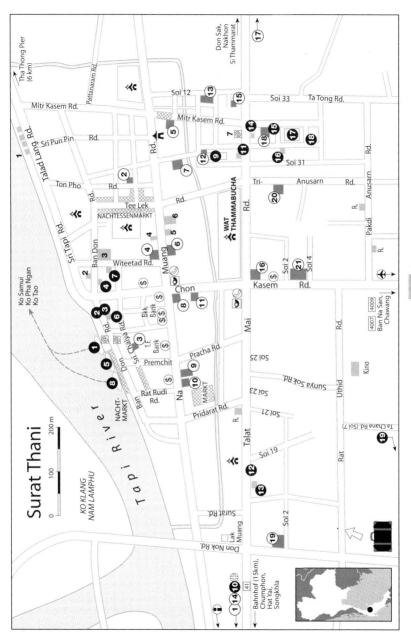

Surat Thani

KO KLANG
NAM LAMPHU

T a p i   R i v e r

Tha Thong Pier
(6 km)

Mitr Kasem Rd.

Sri Pun Pin   Rd.

Ton Pho   Rd.

Tee Lek
NACHTESSENMARKT

Ban Don

Witeetad Rd.

Chon

Bkk
Bank

T.F.
Bank

Premchit

Rat Rudi
Rd.

NACHT-
MARKT

Pattanaram Rd.

Soi 12

Mitr Kasem Rd.

WAT
THAMMABUCHA

Pracha Rd.

Pridarat Rd.

Surat Rd.

Lak
Muang

Don Nok Rd.

Bahnhof (15km),
Chumphon,
Hat Yai,
Songkhla

Don Sak,
Nakhon
Si Thammarat

Soi 33   Ta Tong Rd.

Tri-   Anusarn   Rd.

Soi 31

Kasem   Rd.

Soi 2   Soi 4

Kino

Ta Chana Rd. (Soi 7)

VON PHETCHABURI NACH SURAT THANI

Ko Samui
Ko Pha Ngan
Ko Tao

Ban Don

Sri Tapi Rd.

Talad Lang Rd.

0   100   200 m

staatlichen Bangkok-Busse halten hier, die meisten anderen machen einen Stopp. Von der Stadt zu erreichen mit Songthaew für 8–12 Baht (von Touristen wird häufig 50–200 Baht verlangt), Motorradtaxi 50 Baht.

Nach BANGKOK (668 km) 2.Kl. ac-Bus etwa jede Std. von 9–21 Uhr für 295 Baht, ac- und VIP-34-Bus um 11.45, 13.30, 19 und 19.40 Uhr für 380 Baht, VIP-24 um 19 und 19.50 Uhr für 590 Baht in 10 Std.

Vom Fähranleger Don Sak VIP-24-Bus um 17 Uhr für 645 Baht in 11 Std.

Vom Nachtboot-Pier (in der Stadt) fahren ac-Busse um 18.30 und 19 Uhr für 300 Baht in 10 1/2 Std., VIP-32-Busse um 20 Uhr für 400 Baht in 10 Std. Von der Khaosan Road fahren diese Busse um 17 und 19.30 Uhr in 12 1/2 bzw. 10 1/2 Std.

Nach CHUMPHON vom Terminal 2 non-ac-Bus 474 9x tgl. von 5.30–14 Uhr für 80 Baht in 4 Std.

Richtung Süden: Vom Terminal 2 (Kaset 2): Nach KRABI non-ac-Bus 462 12x tgl. von 5.30–16.30 Uhr für 90 Baht in 4 1/2 Std.; ac-Busse von *Phantip* sind in Ordnung und fahren 8x tgl. von 6.30–17.10 Uhr für 120 Baht in 3 Std. Die ac-Busse von *Songserm* um 7.15, 11 und 18 Uhr für 180 Baht benötigen aus unklaren Gründen oft 4–7 Std.

Nach PHANG NGA non-ac-Bus 708 5x tgl. bis 13.30 Uhr für 80 Baht, ac-Bus für 130 Baht in 4 Std.

Nach PHUKET non-ac-Bus 465 von 5.40–15 Uhr alle 80 Min. für 109 Baht in 6 Std. (über Khao Sok 50 Baht, Takua Pa 65 Baht, Khao Lak 85 Baht), ac-Bus um 7 und 10 Uhr für 180 Baht in 5 Std. (Khao Sok 100 Baht, Khao Lak 130 Baht). Die ac-Busse von *Phantip* um 7, 10.30, 13.30 und 15.30 Uhr für 160 Baht benötigen 4 1/2 Std.; sie fahren nicht über Khao Lak.

Nach HAT YAI non-ac-Bus 490 um 5.30 und 7 Uhr für 115 Baht, 2.Kl. ac-Bus um 9, 10 und 12 Uhr für 161 Baht in 6 1/2 Std., ac-Bus um 6.30, 9.30, 11, 13 und 15 Uhr für 180 Baht in 5 1/2 Std.

Nach TRANG non-ac-Bus um 6.20 und 8.40 Uhr für 88 Baht in 4 Std.

Vom Terminal 1 (Kaset 1): Nach RANONG non-ac-Bus 469 stündlich von 5.10–12.10 Uhr für 70 Baht in 5 Std., ac-Bus um 6.30 und 8.30 Uhr für 110 Baht in 4 Std.

Nach NAKHON SI THAMMARAT alle 20 Min. bis 17.30 Uhr für 55 Baht in 3 Std., ac-Bus 7x tgl. bis 16.10 Uhr für 70 Baht in 2 1/2 Std.

MINIBUSSE – Gute ac-Minibusse (keine Beschwerden!) fahren stündlich neben dem *Thai Thani Hotel* ab: KRABI von 7.30–16.30 Uhr für 200 Baht, TRANG 7–17.30 Uhr für 130 Baht in 3 Std., PHUKET von 7–17 Uhr für 250 Baht in 4 Std., CHUMPHON von 7.30–17.30 Uhr für 130 Baht in 2 1/2 Std., RANONG von 8–16 Uhr für 120 Baht, NAKHON SI THAMMARAT von 6.30–17.30 Uhr für 95 Baht sowie HAT YAI 270 Baht, SUNGAI GOLOK 450 Baht, PENANG 600 Baht, KUALA LUMPUR 800 Baht, SINGAPORE 1000 Baht.

TAXIS – Ein Stand mit großer Preistafel nördlich vom *Bahnhof Phunpin*, z.B. Taxi nach WAT SUAN MOKE 400 Baht, KHAO SOK 800 Baht, KHAO LAK 1500 Baht, KRABI 1500 Baht.

EISENBAHN – Der Bahnhof Phunpin liegt 15 km westlich von Surat Thani, mit dem orange-roten Bus Nr.1831 vom Bus Terminal 1 (*Kaset 1*) laufend bis gegen 20 Uhr für 15 Baht zu erreichen, mit dem Taxi für 100 Baht. Gepäckaufbewahrung ⊙ 24 Std. Zugtickets erhält man auch in Surat Thani im Reisebüro beim Bus Terminal 1. Zum Expressboot am Mittag ist der Bus kostenlos. Wer mit dem Kombi-Ticket (+150 Baht) ankommt, wird auf diesem Travellerumschlagplatz gleich in den Bus zum Pier verfrachtet. Aufdringliche Schlepper versuchen, müden Reisenden eine Bungalowanlage aufzuschwatzen.

Ab BANGKOK fährt tagsüber der *Sprinter* 43 um 7.45 Uhr (an 16.20 Uhr).

Nachts fahren von BANGKOK *Rapid-*, *Express-* und *Special Express*-Züge 8x tgl. zwischen 13 und 19.15 Uhr in ca. 12 Std., Preise ab 288 / 147 Baht (2./3. Kl. Sitzplatz im *Rapid*) und ab 388 / 438 Baht (oberes/unteres Bett in 2.Kl. *Sleeper* im *Rapid*) sowie 1119 Baht im 1.Kl. *Sleeper*. Außerdem fahren die beiden *Sprinter* 39 und 41 ohne Schlafwagen, aber mit bequemen Sitzen, um 22.50 Uhr in gut 9 Std. für 448 Baht.

Nach BANGKOK geht es 8x tgl. zwischen 16.43 und 23.06 Uhr, zudem mit dem *Sprinter* um 20.15 und 11.25 Uhr (der einzige Tageszug, der es erlaubt, etwas vom Land zu sehen; 448 Baht). Diese 10 Züge unbedingt vorher reservieren.

Nach CHUMPHON mit lokalem Zug um 13.05 Uhr für 34 Baht in 3 1/2 Std.

Von HAT YAI fahren die *Rapid*-Züge um 15.25 und 16.08 Uhr für 164 / 97 Baht und die *Special Express* um 17.40 und 18.20 für 204 Baht (2.Kl.) in gut 5 Std., der *Sprinter* um 16.30 Uhr für 254 Baht in 4 Std., lokale Züge um 6.30 und 11.10 Uhr für 57 Baht in 7 Std.

Nach HAT YAI 4x tgl. von 0.55–3.29 Uhr, der *Sprinter* um 8 Uhr, lokale Züge um 6.20 und 9.50 Uhr.

Von SUNGAI GOLOK an der Grenze zu Malaysia um 11.50 und 14.05 Uhr in ca. 9 Std. für 126 Baht in der 3. Klasse. Zurück 2x tgl. nach Mitternacht.

Nach BUTTERWORTH mit dem *Special Express* um 1.34 Uhr ab 424 Baht in 10 Std. Weiter nach KUALA LUMPUR (plus 38 RM, 18 Std.) und SINGAPORE (plus 64 RM, in 28 1/2 Std.).

Von BUTTERWORTH (PENANG) um 14.10 Uhr (Ankunft 23.06 Uhr).

BOOTE – Express- und Nachtboote sowie Auto-/Personenfähren fahren laufend von den Piers in Surat Thani, Tha Thong (8 km), Don Sak (68 km) und Khanom (85 km) nach KO SAMUI, KO PHA NGAN und KO TAO.

Songthaews fahren zum Tha Thong Pier für 25 Baht, Busse nach Don Sak ab *Kaset 1* für 30 Baht. Wer ohne Kombi-Ticket von den Inseln kommt, erreicht den nächsten Zug mit öffentlichen Bussen nur unter Stress.

FLÜGE – Der Flugplatz liegt 29 km westlich von Surat Thani (ac-Bus 70 Baht). Für die Anreise nach Ko Samui taugt er nur bedingt. Das Restaurant ist gut und billig.

Thai Airways fliegt vormittags und abends von / nach BANGKOK in 75 Min. für 2340 Baht. Von der Morgenmaschine langer und lästiger Transfer nach Ko Samui mit dem Thai Airways-Bus für 280 Baht inkl. Fähre (Ankunft ca. 13.30 Uhr), Ticket möglichst schnell besorgen. Taxistand mit Festpreis, z.B. zum Thung Wua Laen Beach 1700 Baht in 2 Std.

Thai Airways Office, 3/27-28 Karun Rat Rd., ✆ 272610.

BIKER – Nach **Westen** führt der H401 durch eine schöne Berglandschaft beim Khao Sok National Park (123 km) nach Takua Pa (163 km). Nach der Hälfte der Strecke nimmt der Verkehr ab.

Nach **Südwesten** Richtung Krabi verlässt man Surat Thani auf der Chon Kasem Rd., die als H4007 und H4009 nach Ban Na San führt. Auf dem H4035 fährt es sich mit wenigen Anstiegen gut zur Ao Luk Junction (180 km), von wo es auf unserer ausführlich beschriebenen Rundtour (s.S. 456) noch 60 km nach Krabi sind.

Nach **Süden** fährt man von Ban Na San auf dem H4015 weiter nach Chawang und um das Khao Luang Massiv herum auf dem H4016 nach Nakhon Si Thammarat (ca. 140 km).

Nach **Norden** biegt man 500 m vor dem Bahnhof Phunpin nach rechts auf die schöne Nebenstraße H4112 nach Chaiya ab (53 km). Unter „Alternative Fahrt auf der Landstraße" (s.S. 325) und unter Chumphon (s.S. 317) wird die 2-tägige Etappe (insgesamt 210 km) weiter beschrieben.

Die Umgebung von Surat Thani
Monkey Training School

Wie wäre es mit einem Besuch in der *Monkey Training School?* Hier werden Affen dazu ausgebildet, reife Kokosnüsse von den Palmen zu ernten. 7 km östlich der Stadt vom H401 nach Süden abbiegen (7 km), die Schule ist ausgeschildert. Vorführungen werden schon für 300 Baht für 1 Pers., 150 Baht p.P. bei 2 Pers. durchgeführt, bei größeren Gruppen billiger. Vorbuchen unter ✆ 077-282074, Khun Somphon.

Tai Rom Yen National Park

Er liegt 55 km südlich der Stadt und bietet einen Bambuswald, Klippen, Höhlen, mehrere schöne Wasserfälle und frühere unterirdische Camps der Kommunisten.

Rajjaprabha-Damm

83 km westlich von Surat Thani liegt der Rajjaprabha-Damm, hinter dem sich das riesige **Chiew Lan Reservoir** aufgestaut hat, im Khao Sok Nationalpark (s.S. 573).

Mit dem staatlichen Bus oder einem eigenen Fahrzeug fährt man auf dem H401 nach Westen bis zum KM 58,2 in der Marktstadt **Ta Khun**.

Ko Samui, Ko Pha Ngan und Ko Tao

Mit dem Motorrad die Insel **Ko Samui** umrunden

Im **Reggae Pub** eine heiße Nacht verbringen

Mit dem Mountainbike die wilde Landschaft von **Ko Pha Ngan** erkunden

Auf **Ko Pha Ngan** in einer einfachen Strandhütte bei Petroleumlicht den Abend genießen

Auf **Ko Tao** das Gerätetauchen lernen

Ko Samui   เกาะสมุย

Ko Samui ist die Hauptinsel eines Archipels von ca. 80 Inseln im Südwesten des Golfs von Thailand. Mit 247 km^2 ist sie die drittgrößte Insel Thailands, 14 km breit und 20 km lang. Auf dem 5 bis 12 m tiefen Meeresboden liegt sie 20 km vor der Küste. Ein Viertel der Insel besteht aus Flachland, das hauptsächlich mit Kokospalmen und Reisfeldern bebaut ist. Das Innere der Insel, von dichtem Wald bedecktes Hochland, wird nur wenig landwirtschaftlich genutzt. An den äußeren Hängen wachsen in den Gärten, die ein ungeübtes Auge nicht vom Dschungel unterscheiden kann, Baumfrüchte wie Durian, Rambutan, Langsat und Mangosteen.

Die Zeiten, in denen Ko Samui als Geheimtipp gehandelt wurde, in denen die Traveller mit Fischerbooten die Insel erreichten und zu Fuß die Strände eroberten, sind längst vorbei. Heute bedienen Autofähren und Schnellboote die Insel. Eine 50 km lange Ringstraße mit Seitenstraßen wurde betoniert und Ampeln samt Kreuzungsbeleuchtung installiert. Ein besonders schöner Flugplatz empfängt die Urlauber gleich mit tropischem Flair. An den schönsten Stränden entstanden zahllose komfortable Touristen-Bungalows, und große Hotelanlagen folgten. Ko Samui hat sich zu einem bekannten internationalen Ferienzentrum mit guter Infrastruktur entwickelt. Bei kritischen Travellern hat die Reputation der Insel damit jedoch abgenommen. Urlauber, die in erster Linie Spass haben wollen, übernehmen die schönsten Strände. Für sie ist Ko Samui der Inbegriff eines Südseeparadieses. Doch seit 1998 stagnieren die Besucherzahlen bei ungefähr 830 000 pro Jahr.

Die Kokosnuss Was wäre Thailand für den Touristen ohne die sachte im Wind wiegenden Kokospalmen an weißen Stränden? Für die Einheimischen bedeuten sie mehr als romantische Urlaubsstimmung, sie gelten als der „Baum des Lebens". In vielen Teilen Süd-Thailands stellen die Kokospalmen die Existenzgrundlage dar. Fast alle Teile dieser Pflanze werden fürs tägliche Leben benötigt. Die kulinarische Nutzung der Kokosnuss, wie könnte es in Thailand anders sein, genießt den höchsten Stellenwert. Viele der schmackhaften Thai-Gerichte, wie Currys, verschiedene Suppen und Süßspeisen, wären ohne Kokosmilch undenkbar. Um Kokosmilch zu gewinnen, wird das Fleisch der reifen Nuss geraspelt, die Flocken werden in heißem Wasser eingeweicht und ausgepresst. Nicht zu verwechseln ist diese Kokosmilch, auch Kokoscreme genannt, mit Kokoswasser. Die trübe Flüssigkeit der unreifen Kokosnuss wird direkt aus der grünen Schale getrunken – ein köstlicher, hygienischer, kalorienfreier Durstlöscher. Das Kokoswasser der reifen Kokosnuss ist nicht bekömmlich und sollte nicht getrunken werden.

Kopra wird in Süd-Thailand nur in primitiven Familienbetrieben oder in kleinen Manufakturen hergestellt. Aus Kopra, der getrockneten Nuss, wird Kokosöl gewonnen, das als Haut- und Haaröl, sowie als Grundlage für Margarine, Seifen und Cremes sehr geschätzt wird. Zum Kochen wird es seines hohen Cholesterinwertes wegen in jüngster Zeit in Thailand weniger verwandt. Aus Kopra werden auch Kokosraspeln hergestellt.

Die Fasern, die die Nuss umhüllen, dienen als Kissen- und Matratzenfüllung oder werden zum Herstellen von Seilen und zur Orchideenzucht verwendet. Getrocknet werden sie auch als Brennmaterial benützt. Aus den harten, polierten Schalen stellen Handwerker Haushaltsgegenstände und Schmuck her, wie Schöpflöffel, Salatbesteck, Broschen und Haarspangen. Eine halbe Kokosnussschale kann als kleines Gefäß verwendet werden, zum Beispiel um Latex, den Rohgummi, zu sammeln.

Außer der Frucht findet auch der Rest des Baumes Verwendung. Aus dem Holz des Stammes werden Häuser und Brücken gebaut oder Möbel hergestellt. Aus den Palmwedeln flechten die Frauen Matten, mit denen die Dächer der einfachen Hütten gedeckt werden. Eine Kokospalme wird durchschnittlich 60 Jahre alt und trägt zwischen 25 und 75 Nüsse pro Ernte. Auf ganz besondere Weise wird in manchen Provinzen Süd-Thailands geerntet: Dressierte Affen drehen die reifen Nüsse vom Stiel.

In den letzten Jahren geht der Trend zum Langzeiturlaub. Einige Resorts bieten Monatstarife an. Neue Unterkünfte werden gezielt als Enklaven für europäische Frühpensionäre gebaut. Auch entstehen zahlreiche kleine Häuser, die von Privat zur Langzeitmiete angeboten werden.

In besonders trockenen Sommern kommt es zu Engpässen bei der Trinkwasserversorgung, so daß auch die Gäste von teuren Anlagen aufgefordert werden, mit dem Wasser sehr sparsam umzugehen.

Die meisten der ca. 30 000 Einheimischen gehen übrigens trotz Tourismus nach wie vor ihren traditionellen Berufen als Fischer und Bauern nach. Immer noch werden jeden Monat 2 Millionen Kokosnüsse nach Bangkok verschifft.

Die Strände von Ko Samui

Insgesamt besitzt Ko Samui 26 km Sandstrand. Die bekanntesten Strände, Chaweng und Lamai, liegen an der Ostküste. Sie glänzen mit weißem Sand, sauberem Wasser und Palmen im Hintergrund und sind entsprechend beliebt. In Chaweng überwiegen mittlerweile die Pauschaltouristen, die ihr hart verdientes Geld gegen Urlaubsfreude eintauschen wollen, während sich am Lamai Beach eher noch ein individuelles Publikum bewegt.

Die Strände im Norden sind noch weitaus ruhiger, und im Westen oder Süden gibt es immer noch richtige Einsamkeit. Allerdings sind hier die Strände flach, z.T. von Korallen durchsetzt und bei Ebbe nicht zum Baden geeignet. Nicht zu übersehen ist der Müll, der an einigen Stränden weggeworfen oder angeschwemmt wird. Doch mit Inbetriebnahme der Müllverbrennungsanlage von Ko Samui hat sich wirklich etwas getan – die Insel wirkt sauberer.

Bungalows / Hotels

Mitte 2003 gab es auf Ko Samui 296 registrierte Bungalow- und Hotelanlagen mit ca. 9200 Zimmern. Mit etwas Planung bei der Auswahl des Strandes und des Bungalows findet heute fast jeder Reisende, was seinen Vorstellungen entspricht. Die Einfachst-Bungalows sind nahezu ausgestorben. Die neueren bieten durchweg mehr Komfort. Eine ganz einfache Hütte für 100 Baht ist heute nur noch schwer zu bekommen. Ein einfacher Bungalow mit integrierter Du/WC kostet z.B. am Mae Nam Beach 300–400 Baht. Soll das Häuschen etwas solider gebaut und mit ein wenig Komfort ausgestattet sein, wie Stuhl, Tisch, gute Matratze und Fan, sind 500–1000 Baht fällig.

Reisende, die weniger aufs Geld schauen müssen, können einen Komfortbungalow wählen, der 1500–2500 Baht kostet. Diese Preiskategorie bezeichnen wir als Mittelklasse. Hier kann man mit Klimaanlage, Sauberkeit und guter Ausstattung rechnen. Hotelzimmer oder Bungalows über 2500 Baht gehören zur First Class-Kategorie, ab $100 zur Luxusklasse. Sie können über internationale Reiseveranstalter gebucht werden und verfügen über eine vorgeschriebene Ausstattung, die bei den Hotelbeschreibungen nicht extra erwähnt wird: große Zimmer, gekacheltes Bad/WC mit Warmwasser, ac, Minibar, Fernseher, Safe. Individualreisende können diese Zimmer vor Ort mieten und je nach Auslastung und Saison weniger, manchmal aber auch mehr als Pauschalurlauber bezahlen. Wenn über Weihnachten und Neujahr fast alle Zimmer belegt sind, verlangen die meisten Anlagen vom 20.12.–10.1. einen Peak-Season-Preis, der ca. 25 % über dem in der Hochsaison liegt. Die im Jahr 2000 eingeführte zwangsweise Teilnahme an einem sündhaft teuren Weihnachts- oder Silvestermenü hat zu erheblichen Protesten geführt, und es scheint, dass langsam von dieser Praxis abgegangen wird. In der Hauptreisezeit ist eine Vorausbuchung ratsam.

Unsere Preiseinteilung gilt für die übrige Zeit der Hochsaison (Mitte Juni – August und Dezember – März). In der Nebensaison und bei geringer Auslastung wird. zuweilen erst nach kräftigem Handeln ein Rabatt gewährt. Wer an der Rezeption einer Mittelklasse- bis Luxusanlage keinen akzeptablen Preis erhält, kann evtl. in einem Reisebüro (z.B. *Bann Chaweng Inter Travel* am Chaweng Beach) einen günstigeren Voucher kaufen. Auch im Internet werden manchmal Sonderpreise angeboten, Buchungen sind durch eine Anzahlung zu bestätigen.

Jede Bungalowanlage hat ihr eigenes Restaurant. In vielen ist das Essen preiswert und hervorragend. Wer geräuschempfindlich ist, sucht sich am besten einen Bungalow mit entsprechendem Abstand zum Restaurant und zur Bar. Die üblichen Arten touristischer Unterhaltung werden am Lamai und am Chaweng Beach reichlich angeboten. In vielen Strandrestaurants werden allabendlich westliche, englischsprachige Videos gezeigt, und die

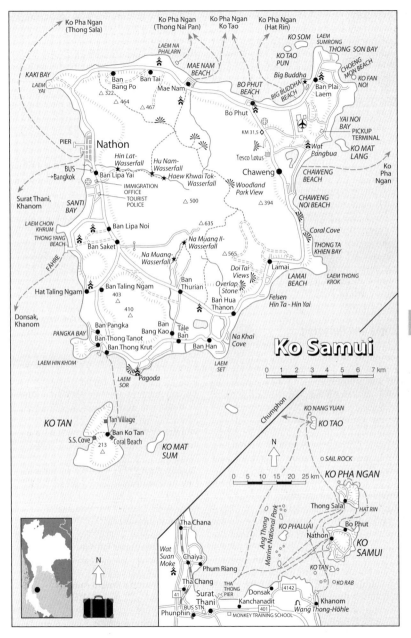

Ko Samui

0 1 2 3 4 5 6 7 km

Chumphon

KO NANG YUAN
KO TAO

N

0 5 10 15 20 25 km

○ SAIL ROCK

KO PHA NGAN

Thong Sala

HAT RIN

Ang Thong Marine National Park

KO PHALUAI

Bo Phut

Nathon

KO SAMUI

KO TAN

KO RAB

Tha Chana

Wat Suan Moke

Chaiya

Phum Riang

Tha Chang

Surat Thani

41

BUS STN.

Phunphin

THA THONG PIER

Donsak

Kanchanadit

MONKEY TRAINING SCHOOL

401

4142

Khanom

Wang Thong-Höhle

Map labels (main island):

Ko Pha Ngan (Thong Sala)

Ko Pha Ngan (Thong Nai Pan)

Ko Pha Ngan Ko Tao

Ko Pha Ngan (Hat Rin)

KO SOM

LAEM SUMRONG

THONG SON BAY

KO TAO PUN

Big Buddha

LAEM NA PHALARN

MAE NAM BEACH

BO PHUT BEACH

BIG BUDDHA BEACH

CHOENG MON BEACH

KO FAN NOI

Ban Plai Laem

KAKI BAY

LAEM YAI

Ban Bang Po

Ban Tai

Mae Nam

△ 322

△ 464

△ 467

Bo Phut

KM 31,5 ◇

YAI NOI BAY

PICKUP TERMINAL

KO MAT LANG

PIER

Nathon

Hin Lat-Wasserfall

Hu Nam-Wasserfall

Haew Khwai Tok-Wasserfall

Tesco Lotus

Wat Pangbua

Ko Pha Ngan

BUS →Bangkok

Ban Lipa Yai

IMMIGRATION OFFICE

TOURIST POLICE

Chaweng

Woodland Park View

CHAWENG BEACH

Surat Thani, Khanom

SANTI BAY

△ 500

△ 394

CHAWENG NOI BEACH

LAEM CHON KHRUM

THONG YANG BEACH

Ban Lipa Noi

△ 635

Na Muang II-Wasserfall

Coral Cove

THONG TA KHIEN BAY

FÄHRE

Ban Saket

Na Muang-Wasserfall

△ 565

Lamai

LAMAI BEACH

LAEM THONG KROK

Hat Taling Ngam

Ban Taling Ngam

403 △

410 △

Ban Thurian

Doi Tai Views

Overlap Stone

Ban Hua Thanon

Felsen Hin Ta - Hin Yai

Donsak, Khanom

PANGKA BAY

Ban Pangka

Ban Thong Tanot

Ban Thong Krut

Ban Bang Kao

Tàle Ban

Ban Han

Na Khai Cove

LAEM SET

LAEM HIN KHOM

LAEM SOR

Pagoda

KO TAN

Tan Village

Ban Ko Tan

S.S. Cove

Coral Beach

213 △

KO MAT SUM

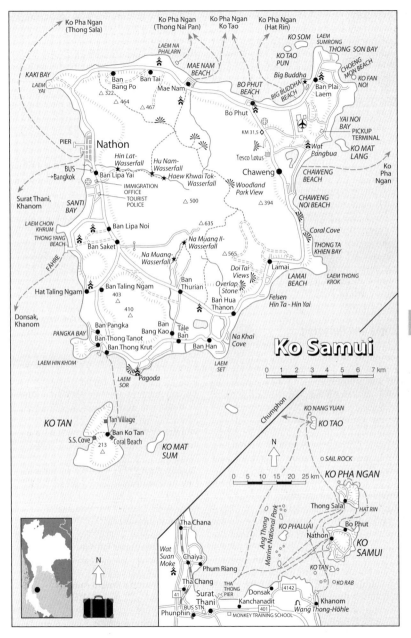

Hauptstraßen verwandeln sich in eine aufgesetzte Glimmerwelt. Es gibt Discos, Clubs, Pubs, Bars mit und ohne Hostessen und sogar Vorführungen klassischer Thai-Tänze mit Dinner. Auch Travestie-Shows und Go-Go-Bars mit öffentlicher Anmache haben sich etabliert.

Die Qual der Wahl

Wer nicht vorgebucht hat, wählt zunächst nach der Beschreibung einen Strand aus und lässt sich vom Pickup dort absetzen. Wer bereits auf dem Boot von einem Schlepper angeworben wurde, sollte für die Pickup-Fahrt nichts bezahlen müssen. Wem die ausgewählte Anlage nicht zusagt, kann immer noch wechseln, das Gepäck in einem vertrauenswürdigen Restaurant unterstellen und zu Fuß auf die Suche nach einer geeigneten Unterkunft gehen. Zur Not nimmt man irgendeine für die erste Nacht und reserviert etwas Besseres für die folgenden Tage. Wer nicht auf Anhieb seinen Idealstrand erwischt hat, mietet am nächsten Tag ein Motorrad und klappert andere Strände ab. Falls der Traum-Bungalow belegt ist, kann man es mit einer Reservierung versuchen.

Klima und Reisezeit

Ko Samui besitzt ein eigenes Mikroklima. Fast immer ist **gute Reisezeit**, wenn man die richtige Gegend aussucht. Selbst wenn im übrigen Thailand der Südwestmonsun herrscht und von Juli bis Oktober viel Regen bringt, regnet es auf Ko Samui höchstens am Mittag oder Nachmittag für eine halbe oder ganze Stunde, was die Badefreude aber kaum schmälert. Im Gegenteil, durch die aufgelockerte Bewölkung wird es nicht so stechend heiß. Der kleinere Nordostmonsun bringt dagegen von Mitte November bis Mitte Februar viel Regen auf der ganzen Insel. Bessere Bademöglichkeiten bestehen zu dieser Zeit im Norden, Westen oder Süden, in den übrigen neun Monaten an den Superstränden der Ostküste. Von April bis Juni schwächt der Wind ab und es wird z.T. unerträglich heiß. Von Mai bis Juli ist mit abendlichen Wärmegewittern zu rechnen, die jedoch kaum Abkühlung bringen.

Die Monate August bis Oktober sind eigentlich eine **ideale Reisezeit**, werden aber von einigen Reiseveranstaltern und in touristischen Werbeschriften fälschlich als Regenzeit bezeichnet und von vielen Reisenden gemieden. Neben der **Haupt-**saison, die – trotz der Regenzeit – normalerweise von Mitte Dezember bis Ende März dauert, wird Ko Samui auch von April bis Mai gut besucht. Wer tagsüber direkt vom Strand weg ins Meer hüpfen will, sollte sich an den flachen Stränden am besten zur Neumondzeit einquartieren. Dann findet die hohe Flut nämlich um die Mittagszeit statt. Um **Vollmond** (s. S. 59) kann sich das Meer dagegen tagsüber sehr weit zurückziehen, so dass man an einigen Stränden gar nicht baden kann.

Nathon หน้าทอน

Der Hauptort der Insel, mittlerweile eine kleine Stadt, ist von geschäftiger Aktivität erfüllt und voll auf die Bedürfnisse von Touristen und Hoteliers eingestellt. Die Preise haben ein gehobenes Niveau erreicht. Hier legen die Personenfähren, die Express- und Nachtboote sowie die meisten Speedboote an. In der Nebensaison versuchen Schlepper, Neuankömmlingen bei der Ankunft einen Bungalow aufzuschwatzen, andere Aufdringlichkeiten sind aber in der Regel nicht zu erwarten. Die Einkaufsmöglichkeiten sind, mit Ausnahme von Obst und Gemüse, kaum besser als an den Stränden. Die Strandpromenade wurde recht nett ausgebaut.

Übernachtung

In der Uferstraße **Chonvithi Rd.** liegen:
Seaside Palace Hotel*** (ac****) ⑥, ℡ 421079, ✆ 421080, gute, saubere, geräumige Zi mit Fan oder ac, z.T. mit Terrassen.
Win Hotel**** ⑦, ℡ 421500-1, ✆ 21454, alle Räume mit ac, renovierungsbedürtig, Coffee Shop.
Seaview Hotel*** ⑨, ℡ 421481, am südlichen Ende der Strandstraße, Zi mit Fan und Du/WC sowie ac-Zi mit TV, Kühlschrank und Du/WC; daneben liegen zwei Seafood-Restaurants.
Jinta Hotel / Residence***–**** ⑧, ℡ 420630-1, ✉ jinta@samart.co.th, südlich von **Win Hotel**, gepflegte Cottages mit Fan oder ac und Du/WC, z.T. mit Satelliten TV, in einer schönen Gartenanlage mit Blick über die Straße zum Meer.
An der Hauptstraße **Tawirat Pakdi Rd.**:
Seaview Gh.**–*** ④, ℡ 420052, Stadthaus, 30 Zi mit Fan und ac, mit oder ohne Du/WC, recht schmutzig, keine Meersicht.

Nathon

0   50   100 m

Läden, Restaurants etc.:
1 Island Coffee R.
2 Nathon Book Shop
3 Silent Flute R.
4 Easy Divers
5 Hot Bread Shop Bäckerei (R.T.2)
6 Chao Koh R.
7 Ruong Thong Bakery (R.T.1)
8 Samui Medical Clinic
9 Will Wait R., Pop's Boutique
10 Mai Tai R.
11 Supermarkt Giant
12 Nowi Metzgerei Bistro
13 Thai-Restaurant
14 Supermarkt
15 Dental Clinic
16 Uhrmacher
17 Apotheke
18 7 Eleven
19 Vegetarisches R. International
20 Surasit Clinic
21 Tang´s R. + Bakery
22 Samui Mart
23 Grilled Duck R. (Hia Ming R.)
24 Dental Clinic
25 Vegetar. R. Zheng Teck
26 Krua Savoiey R.
27 Sunset Seafood R.
28 Samui Foods Center
29 Supermarkt Samphet
30 Dental Clinic Jaidee

Transport:
1 Limousine→Airport
2 Phanthip Travel
3 Speedboot→Ko Tao, Nachtboot
4 Songserm
5 Pickups
6 AA Travel
7 Songserm 3
8 Ac-Minibus→Flugplatz
9 Bangkok Airways
10 Expressboot→Surat Thani
11 Fähre→Ko Pha Ngan
12 Songserm 2
13 Bus→Surat Thani, Krabi, Phuket, Hat Yai
14 Motorrad-Taxis
15 World Travel

Übernachtung:
1 Chao Koh
2 Chai Thong House
3 Damrong Town H.
4 Seaview Gh.
5 Nathon Residence
6 Palace H.
7 Win H.
8 Jinta Hotel / Residence
9 Seaview H.

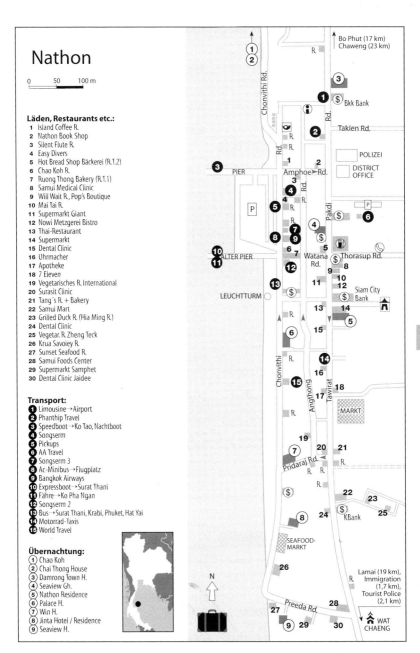

Bo Phut (17 km)
Chaweng (23 km)

Bkk Bank

Takien Rd.

POLIZEI

DISTRICT OFFICE

PIER

Amphoe→Rd.

Chonvithi Rd.

Pakdi

Watana Rd.

Thorasup Rd.

Siam City Bank

ALTER PIER

LEUCHTTURM

Chonvithi

Angthong

Tawirat

MARKT

Pridaraj Rd.

KBank

SEAFOOD-MARKT

Preeda Rd.

WAT CHAENG

Lamai (19 km),
Immigration (1,7 km),
Tourist Police (2,1 km)

N

Damrong Town Hotel*** ☎ 420359, ☏ 420336,
32 akzeptable Zi mit Fan oder ac, Du/WC und rotem Teppichboden, der schon bessere Tage gesehen hat; Restaurant.

Nathon Residence***⑤, leicht zu übersehen an der Hauptstraße neben Siam City Bank,
☎ 236058, ac-Zi mit TV, preiswertes Restaurant, gutes Preis-Leistungs-Verhältnis.

Essen

An der Uferstraße Chonvithi Rd. und an der Amphoe Rd. gibt es eine Menge Restaurants, hauptsächlich mit europäischem Essen.

R. T. Bakery (auch *Hot Bread Shop),* hier gibt es mehr als nur Brot und Kuchen.

Tang's Restaurant & Bakery, Pizza und andere italienische Gerichte, zudem gibt es Kuchen und hausgemachte Nudeln.

Mai Tai Restaurant, ☎ 235488, ◷ bis 21 Uhr; Treffpunkt der auf der Insel lebenden Deutsch sprechenden „Diaspora". Wer im Urlaub irgendwann Appetit auf deutsche Gerichte und Wurstwaren bekommt, die original auf der Insel hergestellt werden, sollte mal einkehren. Auch wer eines der vielen Thai-Gerichte bestellt, wird zufrieden sein.

Silent Flute, vegetarisches *Little Buddha Restaurant* in der *Zen Gallerie*, ◷ 9–17 Uhr.

Coffee Island Restaurant, mit Bäckerei, modernes, westliches Ambiente.

Zheng Teck, vegetarisches Restaurant in ruhiger Lage, hinter dem *Samui Mart.*

Sunset Seafood Restaurant, in einem netten Garten am Meer, leckere Gerichte.

Krua Savoiey Restaurant, gleich um die Ecke, mit Thai-chinesischer Küche.

Obst, Gemüse und frischen Fisch kauft man am besten vormittags auf dem Markt.

Sonstiges

AFFENSHOWS – viele Kleinunternehmer lassen ihre Affen, die zum Kokosnusspflücken trainiert wurden, vor Touristen auftreten.

ALTERNATIVE MEDIZIN – Im *Samui Dharma Healing Center* bieten Greg und Hillary Hitt,
☎ 234170, verschiedene therapeutische Techni-

ken und geleitete Meditation; links vor dem Hospital beim *Sawai Home.*

BENZIN – kostet an den richtigen Tankstellen ca. 17–18 Baht pro Liter, an den Mini-Tankstellen an der Ringstraße und beim Verleiher der Fahrzeuge dagegen durchweg 25 Baht und mehr.

BÜFFELKAMPF – Eine traditionelle Form der Unterhaltung, die für die Einheimischen organisiert wird. Im Gegensatz zum spanischen Stierkampf fließt beim Ko Samui-Büffelkampf kaum Blut, und es ist kein Torero in den Kampf verwickelt. Nach langer Vorbereitung rasen zwei Büffel aufeinander los, die Köpfe stoßen mit Getöse zusammen, sie kämpfen mit ihren Hörnern und ihrem vollen Körpergewicht, bis einer aufgibt und davonrennt. Das kann schon nach einigen Sekunden der Fall sein, soll aber auch schon einmal 2 Stunden gedauert haben. Den Einheimischen kommt es bei diesem Sport aufs Wetten an, und am Ende jeden Kampfes wechselt viel Geld die Besitzer. Kampfplätze gibt es u.a. in Chaweng, Bo Phut und Ban Saket. Die Kämpfe finden nicht an bestimmten Tagen statt, doch bietet jedes Fest einen Anlass. Am besten in der Unterkunft oder einem Restaurant nachfragen. Eintritt 200 Baht für Männer, 100 Baht für Frauen.

GELD – Banken und Wechselstuben in der Tawirat Pakdi Rd. und an der Uferstraße haben zum Teil recht unterschiedliche Kurse, so dass sich ein Vergleich lohnt.

Siam City Bank, ◷ tgl. 8.30–17 Uhr. Hierher kann man problemlos telegrafisch Geld überweisen lassen. Auch bietet sie Schließfächer und *Poste Restante Service* an. Geldautomaten, die mit Kreditkarte Bargeld ausspucken, werden von allen Banken in Nathon und drei Banken in Chaweng angeboten.

IMMIGRATION – 1,7 km südlich von Nathon, an der Kreuzung rechts, Songthaew 10 Baht,
☎ 421069, (◷ Mo–Fr 8.30–16 Uhr. Das 30-Tage-Visum kann um 15 Tage, das zweimonatige Touristenvisum um 30 Tage verlängert werden (500 Baht); 1 Passfoto (kann dort gemacht werden) und Rückflugticket mitbringen. Der Verlängerungsservice durch Agenturen ist illegal.

INFORMATIONEN – TAT-Office hinter dem Postgebäude, ☎ 420504, 🖷 420720-2.
Gute deutschsprachige Homepage 🖵 www.samui.de; Infos über Ko Samui und Online-Hotelbuchung 🖵 www.sawadee.com; viele Links: 🖵 www.amazingsamui.com und 🖵 www.samuiwelcome.com
Ko Samui-Infos und Buchung (englisch) unter 🖵 www.kohsamui.org. Deutsches Ko Samui-Portal unter 🖵 italasia.www.50megs.com/deutsch.html

INTERNET – wird in allen Orten und allen Stränden für 1–2 Baht/Min. angeboten.

JEEPS – werden an mehreren Stellen vermietet ab 800–1000 Baht (inkl. Versicherung). Bei Billiganbietern ist der Versicherungsschutz oft mangelhaft und der Pass wird als Sicherheit einbehalten.

KIRCHE – In der Katholischen Kirche St. Anna wird sonntags um 8.30 Uhr Messe abgehalten.

MASSAGE – An allen Stränden bieten Frauen oft billig ihre Massagekünste an. Fast jedes Hotel hat Massagepavillons aufgestellt, in denen Frauen oder ältere Männer als Angestellte oder auf Komissionsbasis arbeiten. Einige haben einen Massagekurs absolviert, andere die Technik von ihrer Mutter gelernt. Die Hoteliers wollen damit den armen Landsleuten aus dem Zentrum zu Arbeit, den Gästen zu Wohlbehagen und sich selbst zu einem Zusatzeinkommen verhelfen.

MEDIZINISCHE HILFE – Empfehlenswert ist das *Samui International Hospital* (s.S. 366). Auch mit dem *Bandon International Hospital* (s.S. 352) sind die meisten Patienten zufrieden. Diese privaten Kliniken sind nicht billig. Wer nicht versichert ist, kann sich im staatlichen *Nathon Hospital* behandeln lassen, ☎ 421230-2, 2 km südlich von Nathon, Aufnahme Mo–Fr 8.30–16.30 Uhr. Ärzte praktizieren in ihren privaten *Clinics* nur von 7–8 Uhr und von 17–19 Uhr außer an Sonn- und Feiertagen. Sonst arbeiten sie im Krankenhaus. Eine gut sortierte **Apotheke** mit deutscher Beratung findet man in Chaweng (s.S.365)

MOPEDS – werden an allen Stränden und in Nathon vermietet. Wegen schlechter Erfahrungen verlangen Vermieter häufig den Pass zu hinterlegen, wovon wir abraten. Der Pass ist ein Dokument, das bei nichtstaatlichen Stellen nur vorgezeigt, niemals abgegeben werden darf. Die Botschaften wissen über entsprechende Dummköpfe ein Lied zu singen. Der Mietpreis für eine *Honda Dream* ist 150–200 Baht je 24 Std. Versicherungen für Motorräder sind illegal und keinen Baht wert. Wer ohne Helm erwischt wird, zahlt 500 Baht Strafe.

POLIZEI – *Tourist Police*, 2 km südlich der Stadt, ☎ 421281, 421441, 🖷 421360; Notruf 1699 (Tourist Police) bzw. 191 (Polizei). Absolut korrekt und vernünftig haben uns die Polizisten in der Polizei Station in Nathon, ☎ 421095-8, behandelt, als wir wegen einer Falschanzeige vorgeführt wurden. Am besten ruhig, aber bestimmt auftreten. Von dem häufigen Ratschlag, den Fall mit Geld aus der Welt zu schaffen, halten wir überhaupt nichts.
Weitere Polizeireviere gibt es in Chaweng, ☎ 422067, in Lamai, ☎ 424068, in Mae Nam, ☎ 425070, in Big Buddha, ☎ 425071, in Hua Thanon, ☎ 424069, und in Taling Ngam, ☎ 423009.

POST – am nördlichen Ende der Uferstraße, Auslandstelefon (🕐 tgl. 7–22 Uhr) und *Poste Restante Service*, hilfsbereites Personal. Sea-Mail-Pakete benötigen vier Monate bis nach Deutschland. 🕐 Mo–Fr 8.30–16.30, Sa und So bis 12 Uhr.

REISEBÜROS – Rings um die Piers und an den Stränden gibt es viele große und kleine Reisebüros, in denen Bus-, Zug-, Schiffs- und Flugtickets verkauft, Flüge gegen Gebühr rückbestätigt oder Ausflüge gebucht werden können. Internationale Flüge kosten etwa 1000 Baht mehr als in Bangkok.

ROLLI – Laut einem Leserbrief ist Ko Samui auch wegen des Flugplatzes rollstuhlgeeignet. Jeder Rolli-Fahrer mit Begleitperson kann hier auch ohne Reiseerfahrung Urlaub machen. Trainierte Leute in guter körperlicher Verfassung können es sich allein zutrauen. Am besten vorher in den ausgewählten Anlagen anrufen und nach Stufen fragen.

KO SAMUI, KO PHA NGAN UND KO TAO

TAUCHEN – von Ko Samui aus s.S. 382.

VORWAHL – 077; PLZ: 84310.

Einkaufen

BÜCHER – tauschen die Second Hand-Book-shops an der Amphoe Rd. im Verhältnis 1 zu 2. In vielen Touristenanlagen liegen gebrauchte Bücher zur freien Verfügung aus. Im *Nathon Book Shop* findet man selbst deutsche Klassiker. Gebrauchte Bücher werden relativ teuer (fast zum vollen Preis) verkauft.

LANDKARTEN – von Ko Samui liegen in allen Hotels und Läden kostenlos aus. Sie dienen vor allem der Werbung und erheben keinen Anspruch auf Korrektheit. Als übersichtlichste Karte gilt zur Zeit die blaue *Samui Guide Map*.

SUPERMÄRKTE – Die drei größten Supermärkte sind der *Samui Mart* und der *Giant Supermarket* in der Tawirat Pakdi Road, sowie der *Samphet Supermarket* in der Preeda Rd.

TEXTILIEN – gibt es mehr als genug. Wer nichts Vorfabriziertes findet, kann sich günstig etwas schneidern lassen.

ZEITUNGEN – 2 Tage alte Zeitungen aus Europa gibt es u.a. gegenüber vom Pier. Lokale Zeitung: *Samui Welcome*, kostenlos, 🖳 www.samuiwelcome.com.

Nahverkehrsmittel

PICKUPS – Das übliche öffentliche Transportmittel sind Pickups mit Bänken (Songthaews). Sie haben die jeweiligen Strände angeschrieben und fahren ihre Ziele von 6–18 Uhr (z.T. auch später) laufend an. Bei Ankunft eines Bootes sind sie am Pier oder am Ferry Jetty versammelt, ihre Ziele werden ausgerufen. Ansonsten kreisen sie hupend durch die Straßen von Nathon und stoppen auf ein Zeichen überall. Man kann um die ganze Insel fahren. Von den Anlegestellen zu allen Stränden werden 50 Baht verlangt. Geld passend bereithalten. Oft wird von Touristen mehr abverlangt. Selbst For-derungen nach 500 Baht sind an der Tagesordnung.

Unser Tipp: Nach der Ankunft das Preisniveau checken und wie die Einheimischen selbstbewusst hinten einsteigen und nach dem Aussteigen das abgezählte Geld dem Fahrer geben. Nach 18 Uhr verdoppelt sich der Preis. Ein Pickup zum Strand zu chartern kostet etwa 400 Baht.

TAXIS – Die Fahrer haben sich noch nicht angewöhnt, das Taxameter einzuschalten und verlangen Fantasiepreise. Um eine Änderung dieses Verhaltens zu bewirken, sollte man auf Taxameter bestehen.

MOTORRADTAXIS – warten nördlich vom Markt auf Fahrgäste zum Busbahnhof (10 Baht), zum Immigration Office (10 Baht) und zum Krankenhaus (15 Baht); zu einigen Stränden sind die Preise von 50–150 Baht vorgeschrieben. Vom **Lipa Noi Jetty** nach NATHON 60 Baht, CHAWENG 200 Baht, LAMAI 130 Baht.

Transport – Anreise

Kommt man abends auf Ko Samui an, ist es ratsam, für die erste Nacht die Dienste der Schlepper anzunehmen oder in Nathon im *Nathon Residence* oder *Jinta Hotel/Residence* zu bleiben.

BUSSE – Von BANGKOK ac-Bus um 19.30 und 20 Uhr für 430 Baht in 13 Std. nach Ko Samui, 2.Kl.-ac Bus um 19.30 und 20.30 Uhr für 337 Baht und VIP-24-Bus um 7, 19.30 und 20.20 Uhr für 660 Baht in 10 1/2 bzw. 11 1/2 Std. Ac-Busse ab Khaosan Road 470–680 Baht (Ticket nur bei guten Reisebüros kaufen und vor dem Einsteigen fotokopieren). Wer ein Ticket für 250–300 Baht kauft, benutzt möglicherweise einen Bus, in dem Rucksack, Geld oder Reiseschecks abhanden kommen. Von PHUKET ac-Bus von *Phantip* um 10 Uhr für 360 Baht in 8 1/2 Std. Von KRABI ac-Bus und Fähre um 11 Uhr für 300 bzw. 370 Baht in 6 1/2 bzw. 8 Std., sowie um 16 Uhr (mit Nachtboot). Von HAT YAI ac-Bus um 8 Uhr für 370 Baht in 7 1/2 Std.

Billiger als die direkten ac-Busse nach Ko Samui sind non-ac-Busse nach Surat Thani, s.S. 328, bei denen jedoch die Kosten für die Tuk Tuk-Fahrt, den Bus zum Pier und die Fähre nach Ko Samui hinzukommen.

Von PENANG ac-Minibusse, die früh am Morgen von Hotels losfahren, für ca. 50 RM (ca. 540 Baht) in 12–14 Std.

EISENBAHN – Zum Zugticket nach Surat Thani (s.S. 328) wird in Bangkok gleich ein „Bus–Boot–Kombi-Ticket" für 150 Baht dazuverkauft. Selbstverständlich kann man auch Zugtickets ohne Kombi-Ticket kaufen und mit anderen Booten nach Ko Samui fahren.

BOOTE – Von SURAT THANI fahren jeden Tag 6 verschiedene Boote von 4 Piers ab. Achtung: Expressboot und Fähre können bei hohem Wellengang nicht anlegen.

Ab **Tha Thong Pier** (8 km) mit dem *Songserm*-**Expressboot** um 8 und 14.30 Uhr in 2 1/2 Std. für 150 Baht. Mit Zubringerbus um 7.30 Uhr vom *Songserm*-Büro *S. Travel Express*, um 7.15 Uhr vom Bahnhof in Phunpin (10 Baht) zum Pier. In Nathon Anschluss an das Boot nach Ko Pha Ngan, dort nach Ko Tao. Das Boot ist in der Saison fast immer extrem überladen. Angenehmer ist die Fähre.

Vom **Pier in Khanom** (85 km) mit der *Songserm*-**Fähre** zum Nathon Pier um 8, 10, 12, 16, 18 und 20 Uhr in ca. 2 Std., inkl. Zubringerbus um 8, 10, 14 und 15 Uhr für 260 Baht.

Vom **Don Sak Pier** (68 km) mit der *Raja*-**Autofähre** zur Lipa Noi Ferry Jetty um 6.30, 9, 11, 13, 15 und 17 Uhr in 1 1/2 Std. für 64 Baht, Motorrad 90 Baht, PKW 225 Baht (inkl. Fahrer). Mit der Raja-Personenfähre zum Nathon Pier um 5.30, 8, 10, 12, 14, 16 und 18 Uhr in 1 1/2 Std. für 54 Baht (ab Surat Thani Zubringerbus von Samui Tour 5x tgl. für 105 Baht, ac 125 Baht). Mit der *SeaTran*-**Autofähre** zum Nathon Pier ab 7 Uhr in 1 1/2 Std. für 80 Baht, PKW 250 Baht (inkl. Fahrer). Kombi-Ticket Bus und Boot ab Surat Thani 150 Baht.

An Wochenenden in den thailändischen Ferien können Wartezeiten von bis zu 5 Std. entstehen. Vom zentralen **Pier in Surat Thani** mit dem **Nachtboot** nach Nathon um 23 Uhr für 150 Baht.

Es wird von sparsamen Travellern benutzt (eine „Schwimmende Jugendherberge"). Es kommt um 5 Uhr an, bis nach 7 Uhr kann man weiterschlafen.

Weitere, ständig erweiterte Transportmöglichkeiten gibt es von Ko Pha Ngan, Ko Tao und Chumphon, auch nach Mae Nam, Bo Phut und Big Buddha Beach.

FLÜGE – Der privat betriebene Flugplatz gleicht einer tropischen Parkanlage und ist eine Attraktion. Viele Broschüren liegen aus.

Bangkok Airways, Reservierung in Bangkok, ✆ 02-2293456–63, fliegt von Bangkok, Phuket, U-Tapao (Pattaya) und Hua Hin (s.u.) Von SINGAPORE 1x tgl. für 353 S$ (innerhalb 14 Tagen hin und zurück für 560 S$). Tickets für Minibus-Shuttle und Airport Limousinen zu den Stränden im Flughafen kaufen.

Ab BANGKOK landet *Thai Airways* auf dem Flugplatz 29 km westlich von Surat Thani (s.S. 328) – bis Ko Samui ein langer, lästiger Transfer für 200 Baht.

Alle Abfahrtszeiten gelten als Anhaltspunkt für die Hauptsaison. Je nach Bedarf werden mehr oder weniger Boote und Busse zu anderen Zeiten eingesetzt.

BUSSE – Wir raten davon ab, bei Reisebüros in Ko Samui Tickets für einen Bus oder Minibus zu kaufen, der erst in Surat Thani losfährt. Zu oft fuhr er nicht und das Geld war weg. Auf der Fähre verschwand mehrfach Gepäck, das im „abgeschlossenen" Fahrgastraum des Busses zurückgelassen worden war.

Alle Reisebüros der Insel werben mit z.T. unterschiedlichen Preisen für ac-Busse und ac-Minibusse nach BANGKOK um 8, 13.30, 15.15, 16 und 16.30 Uhr ab der Chonvithi Rd. (Ankunft um 21 bzw. von 4–6 Uhr), z.B. ein ac-Bus für 430 Baht und VIP-Bus für 600 Baht.

Die staatlichen ac-Busse nach Bangkok, ✆ 420765, fahren an der Bus Station, 1,5 km südlich von Nathon, ab: der 2.Kl. ac-Bus um 13.30 und 17 Uhr für 390 Baht, VIP-24 Bus um 15.15 Uhr für 660 Baht, ac-Bus um 14.30 Uhr für 430 Baht in

KO SAMUI, KO PHA NGAN UND KO TAO

13 Std. Witzigerweise steigt man am Pier wieder aus, um das Fährticket separat für 52–54 Baht zu kaufen.

Nach SURAT THANI non-ac-Bus laufend von 7.30–16.30 Uhr für 200 Baht inkl. Fähre, ac-Bus für 250 Baht inkl. Fähre.

Nach KRABI ac-Busse um 7.30 und 14.30 Uhr für 350 Baht (inkl. Boot) in ca. 6 Std.

Nach PHUKET ac-Bus von *Phantip*, ✆ 421221, um 7.30 Uhr für 360 Baht in 7 Std. (nach KHAO LAK in Khok Kloi umsteigen).

Weitere *Phantip*-Busse um 7.30 und 11.30 Uhr nach HAT YAI 370 Baht in 7 1/2 Std., Sungai Golok (11 Std.), Penang (14 Std.), Kuala Lumpur und Singapore (30 Std.). Diese ac-Busse werden manchmal überbucht, so dass sich 4 Passagiere 3 Sitzplätze teilen müssen.

EISENBAHN – Nach BANGKOK fahren ab Surat Thani tgl. 10 Züge. Jedes Reisebüro bucht per Telefon mit ca. 60 Baht Aufschlag. Mit dem kombinierten „Boot–Bus–Zug–Ticket" über Surat Thani nimmt man die Raja-Fähre um 14 Uhr und den *Express* 86 um 17.26 Uhr oder den *Rapid* 168 um 17.49 Uhr nach BANGKOK (Preise s.o.); Ankunft um 5.20 bzw. 6.05 Uhr. Rechtzeitig buchen. Direkt am Bahnhof gibt es häufig noch einzelne Schlafwagenplätze. Nach Süden fahren alle Schnellzüge mitten in der Nacht ab, nur 2 lokale Züge tagsüber.

BOOTE – Zum Bus-, Zug- oder Flugticket wird gleich das passende Bootsticket mitverkauft (Abfahrtszeiten werden sehr flexibel gehandhabt). Bei der Ankunft auf dem Festland sollte man sich flink um seinen Sitz im Anschlussbus kümmern. Den Zug wegen Sturm, eines Maschinenschadens oder kurzfristiger Fahrplanänderung zu verpassen, gehört zu den Abenteuern bei einer Asien-Reise.

Nach Surat Thani fahren 6 verschiedene Boote von 3 Piers.

Mit dem **Expressboot** vom Old Pier in Nathon um 14 Uhr in 2 1/2 Std. für ca. 250 Baht inkl. Zubringer. In der Saison wird dieses Boot gefährlich überladen. Am Tha Thong Pier auf dem Festland warten Anschlussbusse.

Mit der **Fähre** nach KHANOM vom Nathon Ferry Jetty alle 2 Std. von 6–16 Uhr in 80 Min. für

80 Baht. Um 7.30, 11.30, 15.30 und 17.30 Uhr per Bus weiter nach Surat Thani und zum Bahnhof in 90 Min. für 150 Baht.

Mit der *Raja*-**Personenfähre** nach DON SAK vom Nathon Ferry Jetty von 7–19 Uhr für 54 Baht.

Mit der *Raja*-**Autofähre** nach DON SAK vom Lipa Noi Ferry Jetty, 9 km südlich von Nathon, um 8, 10.30, 12.30, 14.30, 16.30, 18.30 und 19.30 Uhr für 64 Baht, Motorrad 90 Baht, PKW 225 Baht (inkl. Fahrer).

Das **Nachtboot** fährt ab Nathon um 21 Uhr für 150 Baht in 6 1/2 Std.

Nach Ko Pha Ngan: Nach THONG SALA mit dem *Ferry Line/Songserm*-**Expressboot** ab Nathon um 11 und 17 Uhr für 100 Baht in 1 Std.

Nach THONG SALA mit dem **Koh Tao Express** ab Nathon um 9.30 Uhr für 115 Baht in 40 Min., zurück um 12 Uhr.

Mit der *Raja*-Fähre nach THONG SALA vom Lipa Noi Jetty um 17 Uhr.

Nach HAT RIN WEST mit **Passagierbooten** ab Big Buddha (s.S. 353).

Nach THONG NAI PAN und THONG SALA ab Mae Nam (s.S. 346).

Außerdem fahren diverse **Speedboote** ab 80 Baht, die kleinen sind nicht zu empfehlen.

Nach Ko Tao: Mit dem *Songserm*-**Expressboot** ab Nathon um 9 und 11 Uhr für 345 Baht in 3 1/2 Std. (über Thong Sala).

Mit dem **Slow Boat** und dem Katamaran-Schnellboot *Lomprayah* ab Mae Nam (s.S. 346).

Mit dem **Speedboot** ab Mae Nam und ab Bo Phut (s.S. 351).

Achtung: Die kleinen Speedboote sind zum Abgewöhnen!

FLÜGE – Minibus-Service zum Flughafen für 50–70 Baht. Airport Tax 400 Baht.

Bangkok Airways: ✆ 420133, am Flughafen ✆ 522513, ☏ 425010. Unbedingt rückbestätigen, da manche Flüge kurzfristig gestrichen werden.

Nach BANGKOK ca. 20x tgl. in 80 Min. für 3550 Baht.

Nach PHUKET 1–2x tgl. in 50 Min. für 1980 Baht.

Nach U-TAPAO (Pattaya) 1x tgl. für 2500 Baht.

Nach HUA HIN 1x tgl. für 2400 Baht.

Nach SINGAPORE 1x tgl. in 2 1/2 Std. für 4920 Baht.

Zum *Thai Airways*-Flug am Abend von Surat Thani nach Bangkok fährt ein ac-Bus von *Phantip* um 13.30 Uhr für 280 Baht in 4 Std. (stressfreie Fahrt mit gutem Zeitpuffer). Die Anfahrt um 7.30 Uhr zum Mittagsflug ist dagegen sehr stressig.

Der Nordwesten von Ko Samui

Umfährt man die Insel im Uhrzeigersinn, kommt man zunächst an der äußerst flachen Küste der **Bang Makham-Bucht** vorbei, die zum Baden nicht geeignet ist. Dennoch gibt es hier nach 2 km Bungalowanlagen. Auch der erste Strand im Norden, **Bang Po Beach**, ist nicht zum Baden geeignet. Wer einen leichten Schlaf hat, wird durch die Fischerboote gestört, die die ganze Nacht rein und raus fahren. Gleich anschließend kommt der **Ban Tai Beach** mit einem schmalen, seichten Strand.

Übernachtung und Essen

Med Sai Bungalow*** (ac teurer) ④, ℰ 420475, komfortable Bungalows am flachen Strand.
Natural Wing Resort ⑦, ℰ 420871-2, ✉ info @naturalwing.net, 🖥 www.naturalwing.com; sehr gepflegte First Class-Anlage mit Bungalows im Thai-Stil, jenseits der lauten Hauptstraße, kein Meerblick, Zelten kostenlos, Spa.
Chariya Bungalow**–*** ⑨, ℰ 420121, Bang Po Beach, einfache Bungalows am Strand, bessere an der Straße, nicht zu empfehlen.
Health Oasis Resort & Healing Child Center** (ac teurer) ⑨, ℰ 420124, ✉ contactus@ healthoasisresort.com, 🖥 www. healthoasisresort.com; eine alternative, gesundheitsorientierte *New Age*-Kuranlage unter griechischem Management. Dicht stehende Bungalows und Schlafsaal, innen und außen in rosa oder orange gehalten, viele Häuser an der lauten Hauptstraße. Fast alle Kunden belegen hier Therapien oder Kurse, z.B Reiki, Healing Tao oder Heilfasten.
Blue River*** ⑫, ℰ 421357, schöner Garten, 19 Bungalows mit Kochgelegenheit.
Axolotl Village***–**** ⑬, Ban Tai Beach, ℰ/📠 420017, ✉ info@axolotlvillage.com, 🖥 www. axolotlvillage.com; 35 nette Zi in 26 Bungalows, die im linken Garten wirken etwas vernachlässigt, schönes Restaurant „La Luna" mit Thai und italie-nischer vegetarischer Küche, Beach Bar – etwas Spezielles. Geleitet von freundlichen deutschen und italienischen Sanyassins, die Kurse und esoterische Aktivitäten anbieten, u.a. Massage, Tai-Chi, Yoga und Meditation. Sehr angenehm zum Erholen und Entspannen. Frühzeitig buchen.
Sun Beam*** ⑭, ℰ 421061, 01-9783742, schöne Anlage am friedlichen Strand, große Bungalows mit Fan und Du/WC, viele einheimische Gäste.

Verkehrsunfälle auf Ko Samui Die Unfallstatistik des Krankenhauses von Ko Samui zeigt, dass die Verkehrsunfälle auf der Insel drastisch zugenommen haben. Viel zu viele Verkehrsteilnehmer, vor allem Motorradfahrer, wurden zum Teil schwer verletzt!
Als Gründe nennt das Krankenhaus an erster Stelle: Trunkenheit am Steuer. Danach kommt schon der schlechte Zustand des Fahrzeugs, gefolgt von Unkenntnis und Nichtbefolgung der Verkehrsregeln, vor allem durch Touristen. Zu schnelles Fahren trifft auf Thai wie auf farang zu. Die Überschätzung der eigenen Fahrkünste auf der unbekannten Betonstraße führte vor allem bei Touristen zu Unfällen, und zwar wegen der vielen scharfen Kurven, den plötzlichen Straßenverengungen, dem Rollsplitt und Sand auf der Straße sowie wegen geringer Sicht durch weit in die Straße hängende Äste.
Die *Social Medical Section* des Krankenhauses empfiehlt daher:
– nicht unter Alkoholeinfluss fahren
– vor dem Fahren das Fahrzeug checken (Bremsen, Beleuchtung, etc.)
– nicht schneller als 60 km/h, in Ortschaften max. 30 km/h fahren
– einen Sturzhelm tragen, bei Nacht helle Kleidung tragen
– Verkehrsregeln und Verkehrszeichen beachten
Große Schilder warnen: *Please remember to drive on the LEFT.*
Fußgänger sind vor allem bei Dunkelheit auf der Ringstraße gefährdet. Sie sollten helle Kleidungsstücke tragen und beim Herannahen von Fahrzeugen, die häufig mit nur einem Scheinwerfer fahren, die Taschenlampe anschalten.

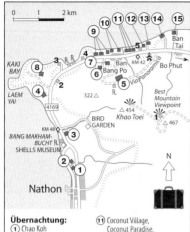

Moon Bungalow*** ⑮, ✆ 447129 , in einem Palmenhain am sauberen, schönen Strand, gut eingerichtete Bungalows mit Du/WC, Fan oder ac, Terrasse, separate Ruheterrasse; Restaurant am Meer; Mopeds.

Santi Thani ⑤, ✆ 01-9708177, 🖥 www. santithani.com; am Hang an der Via Panoramica, vermietet Villas mit 1–4 Schlafzimmern ab 2200 Baht/Tag (ab 3 Tage).

Ban Ban Steakhouse, Gartenrestaurant am Meer, ein empfehlenswerter Stopp für eine kleine Stärkung.

Sonstiges

FERIENHAUS – Wer das nötige Kleingeld besitzt, kann sich z.B. in den Ferienhausanlagen *Coconut River* ⑨, *Coconut Grove* ⑩ oder *Coconut Sands* ⑪ ein Häuschen am Strand bauen lassen (ab 1,3 Mill. Baht). Mietpreis ab 4100 Baht. Angeboten werden auch Eigentumswohnungen am Strand und hübsche Häuser am Hügel (ab 1 Mill. Baht). Infos bei *Coconut Land & House*, ✆/✁ 236463, ✉ coconut@sawadee.com, 🖥 www.coconut-land-house.com.

WELLNESS – Massagen, Dampfbäder, Massagekurse im *Health Oasis* (s.o.). Traditionelle Massage im *Garden Home Herbal Health Center*, ✆ 421311, 2 km nördlich von Nathon an der Ringstraße. Modernes Spa in gepflegtem Ambiente, jedoch direkt an der Straße, im *Natural Wing Resort* (s.o.).

Mae Nam Beach

Der erste schöne Badestrand beginnt nach 11 km. Die leicht geschwungene, 4 km lange Bucht ist von tausenden von Kokospalmen gesäumt. Die Bungalow-Siedlungen liegen in lockerer Folge am sauberen Strand und sind von der weit entfernten Straße nicht einsehbar. Obwohl auch hier einige luxuriöse Hotels gebaut wurden, herrscht noch längst kein Massentourismus.

Die ruhige, erholsame Atmosphäre bleibt bewahrt. Kaum Liegestühle, die das Strandbild verschandeln könnten. Das leidige Video gibt es jedoch fast überall. Das Preisniveau in den Bungalowanlagen ist das niedrigste von Ko Samui. Der schmale Strand mit gelbem Sand fällt ziemlich steil ab, so dass schnell Schwimmtiefe erreicht ist. Vor allem im östlichen Bereich ist der Sand relativ grobkörnig, im zentralen Abschnitt beim Dorf eher fein. Bei Ebbe schauen an einigen Stellen Felsen heraus. Das ruhige Wasser eignet sich fast ganzjährig zum Baden, aber nicht zum Schnorcheln. Neben den wenigen Sonnenanbetern liegen auch einige Fischerboote am Strand. Die Ruhepavillons (*sala*) unter den vordersten Palmen gehören den Fischern. Am Mae Nam Beach empfindet man wegen des vergleichsweise geringen Windes die Hitze stärker, vor allem in der heißen Jahreszeit.

Das ruhige Fischerdorf **Ban Mae Nam** liegt in der Mitte des Strandes. Hier gibt es alles Lebensnotwendige zu kaufen. Man findet sogar einen Arzt und ein Fotolabor. Am Abend wirkt das Dorf wie ausgestorben, nur ein paar kleine Bars haben geöffnet.

In Ban Mae Nam: Etwa 35 Bungalow-Siedlungen liegen 300–800 m von der Straße entfernt, die meisten kosten 200–400 Baht, außerdem 3 teure Hotels.

Home Bay*–* (ac****) ①, ✎ 247214, am westlichsten Ende der Bucht unter Palmen, besonders ruhig, nette Anlage, unterschiedliche Bungalows von der Winzighütte bis zum Riesenbungalow am Strand; gutes Restaurant am Strand, etwas unpersönliches Personal.

Pinnacle ②, ✎ 247308, 🖳 www.pinnaclehotels.com, Mittelklasse-Anlage der Pinnacle Gruppe, die pauschal gebucht werden kann. Eng aufeinander stehende ac-Bambusmatten-Bungalows und 3-stöckiges Hotel, Pool.

Coco Palm Samui* (und teurer) ②, ✎ 247288, ✉ cocopalmsamui@yahoo.com, 🖳 www.kohsamui.net/cocopalm; vornehm hergerichtete Anlage in einem hübschen Garten, ac-Bungalows in 5 verschiedenen Preiskategorien mit steigendem Komfort; feines Restaurant, uninteressiertes Personal, Swimming Pool.

Phalarn Inn* ③, ✎ 247111, ca. 100 m vom Meer entfernt und ruhig, großer Garten, etwas heruntergekommene, staubige Zi mit großen Betten, funktionierende Du/WC, gutes Essen, nette, familiäre Atmosphäre.

Naplarn Villa**–* ③, ✎ 247047, weiter hinten gelegen, netter Garten, normale Bungalows und extra große für Familien, ungepflegt, düster.

O.K. Village* ④, vor dem Eingang zur Tempelanlage, saubere Steinbungalows mit Du/Thai-WC, gutes Restaurant, junges, freundliches Personal, Mopedverleih. Zum Strand geht es 100 m durch das Tempelgelände.

Harry's* ④, ✉ harrys@sawadee.com, 🖳 www.kohsamui.net/harrys; landeinwärts hinter einer Mauer, 20 solide gebaute Bungalows, z.T mit ac und Kochnische, z.T. extra Kinderzimmer; sehr gute Thai-Küche, Moped zu vermieten (150 Baht); freundlicher Besitzer. Zum Strand sind es 150 m.

Sea Fan Beach Resort ⑤, ✎ 425204-5, ✎ 425 350, ✉ seafan@cscoms.com, 🖳 www.seafansamuihotel.com, ruhige, schöne First Class-Anlage, sehr große, etwas ältere, gut ausgestattete Holz-Bungalows mit ac (ab US$75) und Terrasse; teures Restaurant; Pool mit Bar, Whirl Pool, verschiedene Sportarten; Motorräder, Jeeps. Grober Sand am Strand.

Der folgende 500 m lange, schöne Strandabschnitt mit feinem Sand wurde von einem Großinvestor aufgekauft und dürfte noch einige Jahre frei bleiben.

Anong Villa* (ac****) ⑥, ✎ 247256, einfache Bungalows, Restaurant; Frau Anong kümmert sich selbst um die Anlage. Mofas, Massagen.

Shangri-Lah* (ac teurer) ⑥, ✎ 425189, schöne Anlage, verschiedenartige, saubere, gut ausgestattete Bungalows, die billigsten direkt am Strand, Restaurant mit schleppendem Service, distanziertes bis unhöfliches Personal.

New Sunrise Village**–* ⑥, ✎ 247219, verschiedenartige, dicht aneinander stehende Bungalows, die vorderen sind neuer und mit Meersicht, die hinteren älter und düster. Gutes Essen, aber kleine Portionen. Geschäftstüchtige Inhaber, die es nicht mögen, wenn Gäste zu häufig auswärts essen. Mopedverleih.

Palm Point Village* (ac****) ⑥, ✎ 247372, saubere Steinbungalows, ac-Bungalows weiter hinten, freundliches Personal, familiäre Atmosphäre, gutes Essen.

Shady Shack* (ac teurer) ⑥, ✎ 425392, wenige Holzbungalows, bessere Seaview Bungalows. Strand-Terrasse mit Bar, ◷ bis nach Mitternacht. Gutes Restaurant aber weniger freundliches Personal.

Golden Huts**–* ⑦, ✎ 425408, hinter dem Weg 100 m vom Strand, 27 einfache und einige größere Hütten dicht an dicht, schattenlos.

Mae Nam Resort* (ac teurer) ⑧, ✎ 247286, ✉ maenamrs@samart.co.th, saubere Anlage mit schönem Garten, in der man liebevoll von einer Thai-Familie betreut wird. Eng stehende, z.T. etwas reparaturbedürftige Bungalows. Die großen Zimmer mit Terrasse sind schön mit Rattan möbliert, auch Extra-Betten und Familienbungalows. Restaurant am Strand, Internet, Mopedverleih, viele Stammgäste, beliebt bei Familien.

Santiburi Dusit Resort ⑨, ✎ 425031-38, ✎ 425040, echtes 5-Sterne-Hotel in einem gepflegten Palmengarten am Strand, luxuriöse Thai-Pavillons und Suiten, 2 Restaurants, 2 Bars, 50 m-Swimming Pool, Spa, Tennis, Squash, Wassersport, Tauchschule, alle Einrichtungen eines Luxus-Hotels.

KO SAMUI, KO PHA NGAN UND KO TAO

Lolita*–**** (ac****) ⑩, ✆ 425134, am feinsandigen Dorfstrand, verschiedenartige, saubere Bungalows mit Bad/WC und Terrasse, die billigsten sowie die ac-Bungalows stehen direkt
am Strand; Restaurant am Meer.

Wandee**, ✆ 245608, neue, saubere Bungalows in 2 Reihen parallel zum Strand, kleine,
freundliche Anlage.

Koseng 2* ⑩, ✆ 427106, preiswerte, renovierte Bungalows mit Fan und Du/WC, 4 Bungalows
direkt am Strand; täglich gereinigt; Strandrestaurant mit Thai-Food und guter europäischer Küche, unter Leitung eines Schweizers, über den
wir widersprüchliche Zuschriften erhielten.

Maenam Inn** ⑫, ✆ 01-2293600, direkt im Ort
an der Straße, großer, 3-stöckiger Kasten mit klimatisierten Zimmern.

Östlich vom Dorf: Die nächsten 6 Anlagen haben
einen schönen, aber steilen Strand mit mittelfeinem Sand. Ein 250 m langer Palmengarten ist
noch unbebaut. Ein Bach staut sich zu einer
schmutzigen Lagune.

Mae Nam Village Bungalows–*** (ac****)
⑬, ✆ 425151, gut eingerichtete Reihenhäuser
mit Fan senkrecht zum Strand. Im Hinterland große Bungalows mit ac, Kühlschrank, Spülbecken.
Freundliches Personal, hilfsbereiter Besitzer.
Restaurant *Chok Dee* am Strand.

Mae Nam Beach Bungalows ⑬, ✆ 425060,
nette Holz-Stein-Bungalows rechts und links des
Sand-Palmen-Gartens. Die Inhaberin ist freundlich und zuverlässig. Restaurant in der 2. Reihe.

Ubon Villa–*** ⑬, ✆ 425414, unter holländischer Leitung, ungenehme Atmosphäre.

Moon Hut* (ac****) ⑭, ✆ 425247, ✉ moonhut
@hotmail.com, etwas zurückversetzt 23 nette,
sehr saubere Fan-Bungalows aus Holz, 3 ac-Bungalows vorne am Strand, geleitet vom hilfsbereiten Alastair und seiner sympathischen Thai-Frau.
Thai- und europäische Küche, kleine Strandbar,
Mopeds mit Helmen, internationales, ruhiges Publikum jeden Alters, freundliche Atmosphäre.

Nature–*** ⑮, schmale Anlage zwischen Lagune und Sandstrand, 12 saubere, kleine Banga-
lows mit Du/WC, Fan und Moskitonetz, Hängematte; freundliche Familie, Box-Fans.

Nong Beach Sports Cafe ⑮, ✆ 01-8936615,
3 recht gute Bungalows direkt am Strand. Organisiert für Ausländer auch Hochzeiten.

Östlich des Friedhofs wird der Sand grober, das
Meer ist wegen abgestorbener Korallen nicht
zum Baden geeignet. Der recht miese Strandabschnitt ist mit z.T. meterhohen, unansehnlichen
Stützmauern befestigt. Aus der Lagune kommt
trübes Wasser. Hier drängen sich direkt am
Strand auf 700 m:

Cleopatra Palace–**** ⑯, ✆ 425486,
✉ orasa75@hotmail.com, Sandstrand, sehr eng
stehende Steinbungalows und Holzhütten, komfortable ac-Chalets am Strand, gutes Restaurant,
freundliche Familie.

Sea Shore 1–**** ⑯, ✆ 425280, Steinstrand,
saubere, gepflegte Anlage, Holzbungalows und
kühle Steinhäuser, gutes Essen, freundliche Leute.

Sea Shore 2 ⑯, ✆ 425192, schöne Bungalows
aus Stein, alle mit Meersicht; Tour-Info und
Internet vorn am Strand, Restaurant, kleine Bar.

New Lapaz Villa*–**** ⑰, ✆ 425296, ✆ 425402,
Sandstrand, komfortable, saubere ac-Doppelbungalows am Strand; kleiner Pool, Restaurant direkt
über der hohen Mauer; älteres Publikum.

Paradise Beach Resort ⑰, ✆ 247227-32,
✆ 425290, ✉ paradise@surat.loxinfo.co.th,
🖥 asiatravel.com/thailand/paradise.htm
(deutsch); vornehme Luxus-Anlage mit extrem
hohen Preisen, viele Pauschalurlauber; Villas im
Thai-Stil und große, gediegen möblierte Zimmer
mit 3 Betten und Terrasse in tropischem Garten;
2 Restaurants; 2 Pools mit Sprudelbecken und
Liegestühlen, Strandbar, Babysitting; *Watersport
Center.* Schweizer Management.
Anschließend kommt noch ein netter Strandteil
ohne Mauer unter Palmen.

Friendly* ⑱, ✆ 425484, einige Bungalows
stehen absturzgefährdet über einer 4 m hohen,
bröckelnden Mauer aus Betonrohren.

Das östliche Ende des Strands wirkt wieder at-
traktiver:

Morning Glory Village*– ⑲, ✆ 01-8918934,
nette, eng stehende Palmholz-Hütten mit und ohne Du/WC; Restaurant mit schöner Veranda und
Bühne, wo immer wieder Musiker auftreten, guter Espresso; unter österreichischer Leitung.

Silent ⑲, einfache Holz-Stein-Bungalows in
3 Reihen am Strand, Restaurant.

Magic View Bungalow ⑲, einfache Bambusmatten-Hütten in 2 Reihen unter Palmen am
Strand mit Meersicht.

KO SAMUI, KO PHA NGAN UND KO TAO

Mae Nam, Bo Phut, Big Buddha

Übernachtung:

MAE NAM:
1. Home Bay
2. Pinnacle, Coco Palm Samui
3. Phalarn Inn, Napiarn Villa, Harry's
4. O.K. Village, Nature, Nong Beach, Cleopatra Palace, Sea Shore 1 + 2, Sea Fan Beach Resort
5. Anong Villa, Shangri-Lah, New Sunrise Village, Palm Point Village, Shady Shack
6. Golden Huts
7. Mae Nam Resort
8. Santiburi Dusit Resort
9. Lolita, Koseng 2 Bung.
10. S.S. Villa
11.
12. Mae Nam Inn
13. Mae Nam Village, Mae Nam Beach, Ubon Villa
14. Moon Hut
15.
16. Near Sea Resort
17. New Lapaz Villa, Paradise Beach Resort
18. Friendly
19. Morning Glory, Silent, Magic View Bungalow
20. New Star, Mae Nam Villa, S. R. Bungalow
21. Laem Sai

BO PHUT:
22. Sunny Bungalows
23. Zazen Bungalow, Sandy
24. World Resort
25. Samui Palm Beach
26. Lawana Resort, Coconut Calm Beach Resort, Cactus Bungalows
27. Peace, Fontana Resort, Gecko Village
28. Samui Euphoria
29. Siam Sea Resort, Ziggy Stardust
30. Smile House
31. The Lodge, Summer Night Resort
32. Hello Diving & Gh.
33. World Beach Resort

BIG BUDDHA:
34. Chalee, Chez Ban Ban, Como
35. Shambala Bungalows, Kinnaree Resort, Secret Garden
36. Oriental Samui Resort, Sunset Song
37.
38. Ocean View Resort, Pongpetch Servotel
39. Samui Mermaid
40. Nara Garden
41. Palm Bungalow
42. Jenny's Garden
43. Happy Place

Läden, Restaurants etc.:

MAE NAM:
1. Sunshine Gourmet R.
2. Sea View R., Cupid R.
3. Kuchenbäckerei
4. Twin R.
5. Bio's Yoghurt
6. Angela's Bakery
7. Veena Bakery
8. Anna Samui Tours
9. Jazzer Pub & Internet Café

BO PHUT:
10. Free House R.
11. Happy Elephant R.
12. Easy Divers
13. Popeye Tour
14. Fisherman's Village
15. Le Bateau R.

BIG BUDDHA:
16. My Friend R.
17. Ban Sabai
18. Shabash R.
19. Elephant and Castle R.
20. Khwan Ta R.
21. Chai Motorcycle Repair
22. Nickie Minimart
23. Lotus R.
24. Ocean Bar

Ko Tao
Thong Son Bay (2 km)
Choeng Mon
Ban Plai Laem
Big Buddha
BIG BHUDDA BEACH
Ko Pha Ngan (Hat Rin Beach)
Ko Tao
BO PHUT BEACH
Bo Phut
Chaweng
Health Center
TAXI
BÜFFEL-KAMPFPLATZ
GO-KART
NATURAL HISTORY MUSEUM
LAEM SAI
CHIN. FRIEDHOF
Ko Pha Ngan (Thong Nai Pan)
Ko Pha Ngan Ko Tao
MAE NAM BEACH
Mae Nam
Health Center
POLIZEI
Best Mountain Viewpoint
WAT PHU KHAO THONG
Viewpoint R.
LAEM NA PHALARN
Ban Tai
Nathon
Via Panoramica

N

0 500 1000 1500 2000 m

KM 39
KM 37
KM 36
KM 34
KM 3
KM 4
△ 172

ew Star Bungalow** ⑳, kleine, billige Bambusmatten-Hütten; gutes Essen, vor allem
Thai-Currys und gebratener Fisch; freundlicher
Service. Bar im Bob-Marley-Stil, in dem die gleichen Gerichte wie im Restaurant serviert werden. Sehr relaxt, mit Hängematten, Billardtisch
und guter Musik.

Die letzten 3 Anlagen sind durch niedrige Mauern geschützt, was das Strandwandern bei hohem Wasserstand erschwert.

*Mae Nam Villa*****–**** (ac****) ⑳, ✆ 425501, ruhige, schöne, saubere Anlage, 15 recht eng stehende Bungalows mit WC und Fan, 5 bessere mit
ac. Freundliche, hilfsbereite Leute; gute Küche.
Mopedverleih.

*S.R. Bungalow******* ⑳, ✆ 427530, gepflegte, ruhige Anlage. Saubere und nett eingerichtete, kleine
Steinhäuschen mit Balkon stehen sehr eng in
2 Reihen senkrecht zum Strand. Strand-Restaurant mit akzeptablen Preisen und gutem Coffee-
Shake.

*Laem Sai Bungalows******* (ac****) ㉑, ✆ 425133,
nett angelegte, nicht übermäßig gepflegte, weitläufige Anlage auf dem Kap am östlichen Ende
der Bucht. Schöne Steinbungalows mit großer
Terrasse, große ac-Bungalows mit viel Mobiliar.
Restaurant und offene Beach Lounge; Mopedverleih. Man kann zwischen zwei Stränden in
westlicher und östlicher Richtung wählen, also
Wind oder kein Wind, Sonne oder Schatten.
20 Min. Fußmarsch von der Straße entfernt.

Essen

Sea View Restaurant, am Strand, geschmackvolle Gerichte und Vollkornbrot.

Cupid Restaurant, nebenan am Steg, wird von
Lesern v.a. wegen seiner guten Fischgerichte
und Milchshakes empfohlen.

Twin Restaurant, gutes Essen, große Portionen,
freundlicher Service, laut.

Sunshine Gourmet, 20 m neben dem Ticket Office des Ferry Speed Boats. Moo ist nicht nur eine
göttliche Köchin, die für jeden Gast individuell
kocht, sie kann auch Brot und Kuchen backen
und einen Small Talk führen.

Kai's Restaurant, an der Hauptstraße gegenüber
der Tankstelle, von außen schwer zu erkennen,

authentische Thai Gerichte zu günstigen Preisen, leckere Fruitshakes.

Bio's Yoghurt hat auch gutes Lassi.

Angelas Bakery, direkt am H4169, ⏰ 8.30–18 Uhr,
bietet neben selbstgebackenem Brot auch leckeren Kuchen, Torten und Kaffee zu deutschen
Preisen im heißen, lauten Straßencafé.

Malachan, am H4169 Richtung Nathon, Restaurant mit Thai und europäischen Gerichten, ein
Frühstücks-Schlemmerparadies mit selbstgebackenem Brot und Süßigkeiten, geleitet vom
Schweizer Pascal und seiner Frau Yao.
Preiswertes Seafood findet man morgens auf
dem Markt.

Viewpoint Restaurant, hoch auf einem Hügel
hinter dem Ort, herrliche Aussicht und recht gutes Essen; die letzten 200 m sind wegen der steilen Steigungen und ausgewaschenen Rinnen
auch für erfahrene Biker schwierig zu fahren.
Selbst mit dem Geländewagen sollte man sehr
erfahren sein.

Sonstiges

AUSFLÜGE – U.a. werden folgende Tagesausflü-
ge ab Mae Nam Pier angeboten:
Zum *Angthong Marine N.P.* von 8.30–17.30 Uhr,
nach *Ko Pha Ngan* von 8.30–17.30 Uhr, nach *Ko
Tao* von 9–17 Uhr, zur Fullmoon-Party am *Hat Rin
Beach* von 20.30–7.30 Uhr.

FAHRRÄDER – am H4169 bei der Abfahrt zu den
Laem Sai Bungalows, 70 Baht/Tag.

GELD – Der Geldautomat neben dem 7-Eleven
akzeptiert Karten mit Maestro-/Cirrus-Symbol.

MEDIZINISCHE HILFE – Im *Health Center* wird
kostenlos behandelt, aber eine Spende erwartet.
Im Lebensmittelladen mit Drogerie rechts vor
dem westlichen Pier arbeitet eine gut Englisch
sprechende Apothekerin.

POST – ⏰ 8–16 Uhr, nimmt Schweizer Post-
checks an.

THAI-MASSAGE – kostet in ac-Zimmern beim
Strand 150 Baht und soll professionell gut sein.

Von Jan. bis Sept. fährt von Mae Nam nach THONG NAI PAN NOI auf Ko Pha Ngan um 12 Uhr bei ruhiger See entweder ein Speedboat für 300 Baht oder ein normales Boot für 200 Baht in 1 1/2 Std. (Stopps an den Stränden Hat Rin 100 Baht, Hat Tien 150 Baht, Sadet Beach und Thong Nai Pan Yai). Zurück um 8 Uhr.

Slow Boat, ℡ 377231, tgl. um 9.30 Uhr über Thong Sala (100 Baht) nach MAE HAT (Ko Tao) für 280 Baht, Ankunft gegen 14.30 Uhr. Zurück um 9.30 Uhr.

Speedboot, ℡ 247146, um 8.30 Uhr über Thong Sala nach MAE HAT (Ko Tao) in ca. 90 Min. für 450 Baht, Rückfahrt gegen 15 Uhr; auf Wunsch kann ein Schnorcheltrip um Ko Tao arrangiert werden (Rundfahrt ab 1300 Baht inkl.).

Das komfortable, klimatisierte **Katamaran-Schnellboot** *Lomprayah*, ℡ 247416, fährt um 8 und 12 Uhr vom schwimmenden Pier im Westen nach THONG SALA (Ko Pha Ngan) in 30 Min. für 250 Baht und nach MAE HAT (Ko Tao) in insgesamt 90 Min. für 550 Baht, Tickets gibt es auch beim Einsteigen. Bei der Ankunft wartet ein Dutzend Minibusse, um die Fahrgäste kostenlos zu allen Stränden und zum Ko Samui Airport zu fahren. In der Nebensaison fährt nur ein Boot pro Tag. _Okt – Dez._

Bo Phut Beach

Die 2 1/2 km lange, weit geschwungene Bucht erstreckt sich im Norden der Insel und beginnt 15 km hinter Nathon. Sie weist einen relativ steil abfallenden Strand mit relativ grobem, gelbem Sand auf und ist ganzjährig gut zum Schwimmen und Windsurfen geeignet. Kurz vor dem nordwestlichen Ende der Bucht ist der Strand am schönsten, in der Mitte geht er in das Dorf Ban Bo Phut über, im Osten wird er äußerst flach. Bei Flut bleibt nur ein schmaler Strandstreifen übrig. Das Preisniveau ist etwas gehoben.

Die kleinen, nur als Hobby betriebenen Familienbetriebe schließen außerhalb der Saison ihre Anlagen. Bei Bo Phut quartieren sich viele Urlauber ein, die zwar weg vom Rummel sein wollen, aber dennoch nicht allzu weit von den Unterhaltungsmöglichkeiten von Chaweng.

Ban Bo Phut ist ein kleines Thai-Dorf mit typisch ländlicher Atmosphäre. In Dorfnähe fühlen sich vor allem Franzosen wohl. So entstanden u.a. einige französische und belgische Restaurants. Es gibt Boote zu mieten, kleine Läden und einen Buchladen. Touristenlokale und Unterkünfte sind ins Dorf integriert, einzigartig auf Ko Samui.

Zwei Dutzend Bungalow-Siedlungen liegen 100–300 m von der Straße entfernt am Strand. Bungalows für 200–500 Baht verschwinden langsam oder werden durch bessere ersetzt, dafür entstehen teure Anlagen mit Zimmern bis weit über 1200 Baht. Im westlichen Bereich ist der Strand von *Sunny Bungalows* bis *Sandy* schlecht: Geröll, Abfall, Steine, öldurchtränkter Sand – also nichts zum Baden. Bei Zazen und Sandy stört Empfindliche auch der Straßenlärm.

Zazen Bungalow ㉓, ℡ 425085, schöne gelbe Strandbungalows mit ac und Fan für 1500 Baht im Thai-mediterranen Stil, feines Ambiente, Pool.

Sandy**** ㉓, ℡ 425353-4, ✉ sandy@sawadee. com, ▢ www.sawadee.com/samui/sandy; saubere ac-Zi in Bungalows und 2-stöckigen Häusern. Schön sind sie nur um den Pool herum, sonst stehen sie sehr dicht aufeinander; 2 Restaurants; Jeep und Mopedverleih; Tauchschule. Von World Resort bis Peace ist der Strand gut, der Sand etwas grobkörnig.

World Resort ㉔, ℡ 42535-6, 🖷 425355, ✉ world @sawadee.com, ▢ www.sawadee.com/samui/ world/; verschiedenartige Komfort-Bungalows mit ac und teure Zi mit Meerblick in großem Garten. Restaurant mit Live-Musik, Swimming Pool; Ruder- und Motorboote zu mieten, Tauchschule. Schöner Strand mit Liegestühlen und Sonnenschirmen. Viele Pauschaltouristen aus Bangkok.

Samui Palm Beach ㉕, ℡ 425494, 🖷 425358, ✉ asiatravel.com/samuipalmbeach, First Class-Anlage, 50 gepflegte ac-Bungalows mit Minibar, TV, Bad/WC und großer Terrasse ab 3300 Baht, 9 Bungalows am Meer ab 5500 Baht, Strandvilla. Teures Restaurant, Swimming Pool. Bei Internet-Buchung Rabatt. Arrangieren traditionelle Hochzeiten ab 45 000 Baht.

Lawana Resort ㉖, ℡ 425631-3, ✉ info@ lawanaresort.com, ▢ www.lawanaresort.com, neue First Class Anlage, Villas im Thai-Stil, Restaurant, Pool mit Jacuzzi. Der Garten muß noch etwas wachsen.

Coconut Calm Beach Resort ***–**** ㉖, &/☏ 427558, ✉ Thanrug@hotmail.com, gepflegte Stein- und Holzbungalows, Restaurant, Bar und Sonnendeck am Strand.

Cactus Bungalows ***–**** (ac teurer) ㉖, & 245565, ✉ cactusbung@hotmail.com, 🖳 www.sawadee.com/samui/cactus/, 5 Bungalows mit Fan und 9 mit ac im Kaktusgarten, nettes französisches Management, Restaurant und Bar am schönen Sandstrand, Internet.

Peace Resort, ㉗, & 425357, ☏ 425343, ✉ info @peaceresort.com, 🖳 www.peaceresort.com; große First Class Anlage mit Bungalows von 2450–4500 Baht an einem schönen Teil des Strandes, alle 107 Bungalows stehen relativ weit auseinander, besonders familien-, senioren- und behindertenfreundlich; Restaurant am Strand, großer Swimming Pool mit Spa und Kinderbecken, Kinderspielplatz, Beach-Volleyball-Feld, Jeep, Mopeds, Internet Service.

Fontana Resort ㉗, & 427336-9, ☏ 427340, ✉ fontana@samui.de, 🖳 www.sawadee.com/ samui/fontana/ 41 Komfortbungalows der Mittelklasse, Restaurant, Pool.

Samui Euphoria ㉘, & 425100-6, ☏ 425107, 🖳 www.asiatravel.com/thailand/samuieuphoria/ ; 3-stöckiges First Class-Hotel.

Der folgende Strandabschnitt besteht aus grobem Sand, bei Ebbe schaut feiner Sand heraus, viele Boote und Jachten liegen im Wasser.

Siam Sea Resort ** (ac****) ㉙, 2-stöckige, dicht beieinander stehende Reihenhäuser.

Smile House ㉚, & 425361, ☏ 425239, ✉ smilehouse@samui.de, schöne, große Mittelklasse-Anlage auf der Landseite der Straße mit unterschiedlichen Bungalows, 2 große Pools, gutes Restaurant am Strand. Unter englischer Leitung.

The Lodge **** ㉛, & 425337, ☏ 425366, schönes, älteres Haus am Strand, alle 10 Zi mit ac, Bad und schöner Meersicht, Satelliten-TV in allen Räumen; familiär geführt, netter Service; Tauchschule.

Hello Diving & Gh. ** ㉜, & 427608, ☏ 427542, 🖳 www.hello-diving.com, im *Fisherman's Village*, schönes, altes, renoviertes Holzhaus,

Schlafsaal mit Doppelstockbetten, ac und Fan, Snacks, Tauchbasis.

Östlich vom Dorf ist der Strand nicht zum Baden geeignet.

Essen

Einige Restaurants bieten eine luftige Veranda über dem Strand.

Happy Elephant Restaurant, & 245347, hübsch mit thailändischen Statuen und nordthailändischen Kissen eingerichtetes Restaurant am Meer.

Le Bateau Restaurant wird vorzüglich gemanagt, exzellente französische und Thai-Küche.

An der Strandstraße zwischen dem *Samui Euphoria* und dem Ort liegen mehrere gute Restaurants für jeden Geschmack, zumeist von Europäern geführt.

Free House, direkt neben dem *Samui Palm Beach* unmittelbar am Strand. Super gutes und günstiges Thai-Essen, tolle Bedienung, gute Cocktails.

Fisherman's Village mit vielen netten, nicht ganz billigen Restaurants, wie *Angela's Harbourside Cafè, Villa Bianca, Steve's Inn, Alla Baia, Tropicana* und *Frog and Gecko Pub.*

Sonstiges

AFFENTHEATER – Vom *Monkey Theatre* muss abgeraten werden. Westliche Touristen können das unwürdige Schauspiel nur schwer ertragen. Zudem werden die Tiere unter nicht artgerechten Bedingungen in viel zu engen Käfigen gehalten.

AUSFLÜGE – mit guten, modernen Speedbooten nach Ko Tao, Ko Nang Yuan, Ko Pha Ngan und zum Marine Park veranstaltet **Grand Sea Tours**, & 427001, ✉ info@grandseatour.com, 🖳 www. grandseatour.com; Rundfahrten zum Schnorcheln ab 1300 Baht (inkl.).

GO-KART – man kann sich von 9–21 Uhr austoben, & 245041.

MEDIZINISCHE HILFE – Auf halbem Weg von Bo Phut nach Chaweng liegt am KM 31,6 links das private **Bandon International Hospital**, 123/1

Moo 1, Bo Phut, ☎ 245236-9, 🖷 425342, 🖳 www.bandonhospital.com, westlicher Standard, 24-Std.-Notdienst, Hausbesuche. Viele deutsche Reiseversicherungen können direkt abrechnen. Eine Liste ist verfügbar. Wer keine Versicherung oder ein großes Scheckbuch hat, wird von dem kommerziellen Verhalten abgestoßen.

MOTORRÄDER – Im Dorf: 100cc Honda 150 Baht, 125er Enduro 200 Baht.

TAUCHEN – Tauchschule *Easy Divers*, ☎ 245026, neben *Tropicana*.

TAXIS – an der Abzweigung nach Big Buddha.

Boote nach Ko Pha Ngan & Ko Tao

Mit dem **Speedboot** (☎ 425197) ab Bo Phut nach THONG SALA (Ko Pha Ngan) um 8.30 Uhr für 300 Baht in 15 Min., weiter nach MAE HAT (Ko Tao) für 450 Baht in 90 Min. Rückfahrt ab Thong Sala um 16 Uhr, ab Mae Hat um 15 Uhr. Auf Wunsch kann ein Schnorcheltrip um Ko Tao arrangiert werden.

Zu den Booten von BIG BUDDHA nach HAT RIN BEACH (Ko Pha Ngan) fahren 30 Min. vor Abfahrt Zubringer-Taxis, 15 Baht.

Big Buddha Beach

(Auch: *Bang Rak Beach* und *Phra Yai Beach)* 19 km hinter Nathon beginnt die relativ kleine Bucht mit gut 2 km Küste, davon 1,3 km Strand. Sie wird überragt von der Buddha Kolossal-Statue auf der kleinen Insel **Ko Fan**. Manchmal dröhnt bis spät in die Nacht laute Musik übers Wasser.

Wenn der Wind im europäischen Sommer von Westen weht, erstreckt sich hier ein schöner, gräulicher Sandstrand mit leicht abfallendem Ufer. Bei starkem Wind wird die See jedoch aufgepeitscht. Bei Ostwind im europäischen Winter zieht sich das Meer zurück, und der breite Strand sieht mit den dunklen Matsch und den glitschigen Steinen bei Ebbe wenig einladend aus. Zum Baden ist er in dieser Jahreszeit nur bei Flut geeignet, dann wird der Sandstrand jedoch schmal. An diesem Strand soll es keine gefährlichen Strömungen geben, so dass er bestens für Kinder geeignet ist.

Übernachtung

Trotz der dicht vorbeiführenden Straße is. Strand recht beliebt. Die meisten Bungalow-Siedlungen haben ein gehobenes Niveau, sind z.B. aus Backsteinen gebaut, mit Ventilator und gekacheltem Badezimmer ausgestattet, immer häufiger sogar mit ac. Die meisten Anlagen sind zum Strand hin abgeschottet. Das höhere Preisniveau lässt in der Nebensaison viel Spielraum fürs Handeln.

Es stehen etwa 20 Anlagen mit unterschiedlichem Preisniveau zur Verfügung.

Der westliche Strand: Die ersten 4 Anlagen wirken eingequetscht auf die 20 m zwischen Straße und Strand. Die Bungalows stehen dicht aufeinander, die Grundstücke sind mit Stützmauern oder Betonrohren zum Strand gesichert. Schwimmen kann man nur bei hohem Wasserstand.

Chalee Bungalow**** ㉞, ☎ 425035, 🖂 freddy_raymond@hotmail.com, 8 nette ac Steinbungalows in 2 Reihen; Restaurant an der Straße (s.u.), kleine Bar am Strand.

Chez Ban Ban**** ㉞, einfache Fan-Bungalows unter französischer Leitung, bekanntes Restaurant.

Como Resort, ㉞, ☎/🖷 425210, 🖂 comoresort @yahoo.com, 🖳 www.go.to/comoresort, 11 sehr saubere, nette Bungalows mit Fan und ac, Kühlschrank, einige direkt am Strand, ein Familienbungalow mit 2 Zimmern und 2 Bädern, Kinderpool und schattige Terrasse. Gutes Essen, belgisches Management.

Am zentralen Strand sind die Grundstücke etwa 30–40 m lang. Auch hier kann man meist nur bei hohem Wasserstand schwimmen.

Beach House Resort*** ㉟, ☎ 425211, sehr eng stehende, komfortable Holz- und Steinbungalows, kleiner Garten, Steintische und -bänke auf der Strandterrasse; Restaurant mit gehobenen Preisen; schöne Sicht auf die daneben liegenden Fischerboote.

Shambala Bungalows***–**** ㊱, ☎ 425330, 🖂 info@samui-shambala.com, 🖳 www.samui-shambala.com, Bungalows im großen Halbkreis um das Restaurant.

Kinnaree Resort**** ㊱, ☎ 425111, ac Bungalows in 2 Reihen, Beachfront teurer; Restaurant an der Straße.

KO SAMUI, KO PHA NGAN UND KO TAO

der nördliche Strand: Am km 3,2 beginnt der schönere Teil des Strandes, zumeist gutes Schwimmen.

Secret Garden*** (ac teurer) ㊱, ✆ 425419, ☏ 245253, ✉ secretgarden@kohsamui.com, 🖥 www.secretgarden.co.th; 6 unterschiedliche, gute Bungalows im Garten mit Fan und Warmwasser, ac-Bungalows am Strand um 1800 Baht, Ferienhaus für Langzeitaufenthalt. Restaurant mit europäischer und Thai-Küche, häufig Grillabend. Im *Beach Pub* So ab 17 Uhr live Blues & Rock mit internationalen Gruppen, Essenständen etc.; Thai-englische Leitung. Freundliche Atmosphäre. Besonders beliebt bei Musikern.

Oriental Samui Resort**** (ac teurer) ㊲, ✆ 427192, 🖥 www.sawadee.com/samui/oriental/. Hübsche Steinbungalows und doppelstöckiges Reihenhaus, Kinder unter 10 Jahren frei; Restaurant und Rezeption an der Straße, Pool, Sauna, Spa.

Sunset Song**–*** (Sunset 2) ㊲, ✆ 425155, einfache und gute Palmholzbungalows, z.T. ac.

Ocean View*** (ac****) ㊳, ✆ 425439, 10 Jahre alte Anlage am schönen Strandabschnitt, treue Dauergäste, die alten Holzhütten verschwinden langsam, jetzt schöne, geräumige Steinbungalows mit Terrasse, Fan oder ac und Warmwasser. Strandlokal zum Frühstücken, Cocktail-Bar; fähiger, freundlicher Manager, nette Atmosphäre, angenehm zum Relaxen.

Pongpetch Servotel**** (vorn teurer) ㊳, ✆ 425100-3, ☏ 425148, ✉ info@pongpetchhotel.com 🖥 www.pongpetchhotel.com, niedliche Bungalows im netten Garten, saubere Zi im Kleinhotel, die durchweg von Dauergästen belegt sind. Deutsches Management, angenehme Atmosphäre.

Nara Garden Beach Resort ㊵, ✆ 425364, ☏ 425292, ✉ naragarden@hotmaio.com, 🖥 www.naragarden.com, gepflegtes Mittelklasse-Hotel im Reihenhaus-Stil, ac-Zi 1800–3000 Baht; Pool.

Happy-Place ㊸, ✆/☏ 245530, ✉ kohsamui@happy-place.de, 🖥 www.sawadee.com/samui/happyplace; Ferienhäuser eines Deutschen mit 1 bzw. 2 Schlafzimmern ab 35 €/Tag, liegen 10 Min. vom Strand in einer ruhigen Palmenplantage mit Pool.

My Friend Restaurant, Seafood, das von manchen als das beste der Insel bezeichnet wird.

Chez Ban Ban, europäisches Essen mit französischem Einschlag, beliebt bei Expats.

Shabash Restaurant, indische, indonesische und arabische Gerichte nach Singapore-Art, im *Chalee Bungalow*.

Lotus, China-Restaurant, günstige Gerichte, z.B. *Shanghai Duck*.

Khwan Ta, sehr gute Thai-Gerichte und etwas teure, aber knusprige Pizza.

Elephant and Castle, europäisches Essen mit englisch-irischem Einschlag.

Secret Garden, große Speisekarte, Thai-Food, bestes Preis-Leistungs-Verhältnis.

KROKODILFARM – am Airportgelände, Eintritt 200 Baht, geleitet von Hans und Dim, soll zur Arterhaltung der Krokodile dienen, Shows nicht jedermanns Geschmack.

LIVE-MUSIK – So von 17–22 Uhr wird im *Beach Pub* vom *Secret Garden* live Blues & Rock mit internationalen Gruppen geboten ("Big Buddha Mini Festival"); manchmal treten bekannte Musiker auf.

MOTORRADWERKSTATT – von *Chai*, fast gegenüber vom *Kinnaree Resort* (KM 3,1).

FLUGRÜCKBESTÄTIGUNG – im *Kinnaree Shop*, gegenüber *Kinnaree Resort*.

WELLNESS – im *Ban Sabai*, ✆ 245175, 🖥 www.santithani.com/health, verschiedene Gesundheitsanwendungen und Massagen in gediegener Atmosphäre.

Vom Pier beim *Oriental Samui Resort* fährt die *Seaflower* tgl. um 10.30, 13 und 16 Uhr für 100 Baht in 45 Min. zum HAT RIN (WEST) an der Südspitze von Ko Pha Ngan. Zurück um 9.30, 11.40 und 14.30 Uhr.

KO SAMUI, KO PHA NGAN UND KO TAO

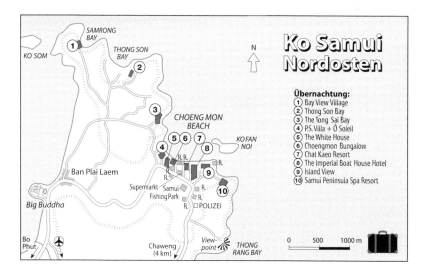

Übernachtung:
1. Bay View Village
2. Thong Son Bay
3. The Tong Sai Bay
4. P.S. Villa + Ô Soleil
5. The White House
6. Choengmon Bungalow
7. Chat Kaeo Resort
8. The Imperial Boat House Hotel
9. Island View
10. Samui Peninsula Spa Resort

Sao Samui Cruise, ☎ 245383, veranstaltet Chartertrips mit einem großen Speedboot nach Ko Tao zum Tauchen (ab 1500 Baht p.P.).
Jachtcharter ist möglich bei *Secret Garden* und *Shabash Restaurant*.

Thong Son Bay

Ganz im Norden (2,5 km von Big Buddha, 24 km von Nathon) liegen zwei kleine Buchten mit schöner Sicht in Richtung Ko Pha Ngan, die **Samrong Bay** mit einem 4 Sterne Hotel und die **Thong Son Bay** mit einer kleinen Bungalow-Anlage. Auf dem Hügel dazwischen werden Privathäuser gebaut. Baden kann man nur bei hohem Wasserstand oder an wenigen Stellen, die nicht von Korallenstöcken bedeckt sind. Dagegen können sich Schnorchler bei ruhigem Wasser der Unterwasserwelt auf Armeslänge nähern. Von September bis November treibt der heftige Wind hohe Wellen über den Sandstrand.

Übernachtung

Bay View Village ①, ☎ 230350, 📠 422466, ✉ ppbay@loxinfo.co.th, 4-Sterne-Luxusanlage mit 64 Bungalows am sandigen *Secret Beach* in der Samrong Bay, eigene Zufahrt. Meistens

recht ruhig, doch bei Neumond und Viertelmond werden hier beliebte Partys gefeiert.
Thong Son Bay***–**** ②, ☎ 01-8914640, am Osthang über der Bucht, 18 verschiedene Bungalows ohne ac, auch Familienbungalows, der teuerste in super Lage mit toller Sicht übers Meer. Sie sind über Stege erreichbar. Restaurant am Strand unter Palmen mit Blick auf Ko Pha Ngan, Familienbetrieb.

Choeng Mon Beach

Die wunderschöne, kleine Bucht am Nordzipfel von Ko Samui (auch: *Cherng Mon*) liegt 23 km von Nathon entfernt. Kokospalmen und Kasuarinas säumen den weißen Strand mit feinem Sand. Am linken Rand liegen Fischerboote und Speedboote im Wasser. Neben den alten Bungalowanlagen sind einige Hotels für Pauschalurlauber entstanden.

Die Bucht bietet in ihrem mittleren Teil zu jeder Saison optimalen Strand und gute Bademöglichkeiten, sie ist auch für Kinder bestens geeignet. Das im Westen vorgelagerte Inselchen **Ko Fan Noi** reizt zu einer Erkundungstour, was bei der Unwegsamkeit des Geländes gar nicht ohne ist. Man erreicht es bei Ebbe trockenen Fußes, bei Flut schwimmend. Teile des einst traumhaften Strandes sind mit Liegestühlen und Sonnenschirmen bis ins

Wasser hinein zugepflastert. Auch die Tische und Stühle der Restaurants stören das Strandbild gewaltig. Die Haupt- und Zufahrtsstraße säumen Minimarts, Souvenirläden, Schneidern, Restaurants und anderen Service-Anbieter.

Übernachtung

In der Bucht gibt es zur Zeit 5 Bungalow-Siedlungen und 3 Hotels.

The Tong Sai Bay ③, ✆ 425015-28, ✆ 425462, ✉ info@tongsaibay.co.th, 🖳 www.tongsaibay.co.th; Super-Luxus-Resort an einer kleinen, privaten Bucht mit grobem Sand, völlig abgeschlossen hinter einer Felsbarriere. Mit seinen weiß gestrichenen Bungalows am Hang und dem kleinen, 3-stöckigen Hotelkomplex wirkt es wie ein mediterranes Dorf, verteilt in 10 ha Garten. Die 24 großen Hotelsuiten und 63 riesigen Bungalows sind exklusiv möblierte, vollklimatisierte Suiten mit großer Terrasse und herrlicher Aussicht. Auch die 135–200 m² großen *Grand Villas* haben nicht einsehbare, bis zu 81 m² große Verandas mit Badewanne und Bar. 3 Luxus-Restaurants, geleitet von preisgekrönten Chefs, Meerwasser-Pool. Süßwasser wird aus 5 km Entfernung herbeigepumpt.

O Soleil**–****(ac teurer) ④, ✆ 425232, ✉ osoleil@loxinfo.co.th, von einem Belgier geleitet, 25 ordentliche Bungalows unterschiedlicher Ausstattung mit Fan oder ac und Du/WC, teurere mit Warmwasser, TV und Kühlschrank, gutes Restaurant, kleiner Kinderspielplatz, davor liegen Fischerboote.

P.S. Villa***–****, ④, ✆ 425160-1, ✆ 425403, ✉ samsuwan@hotmail.com, verschiedenartige Bungalows in gepflegtem, großen Garten, z.T. mit ac, Beachfront teurer mit Warmwasser und Kühlschrank, nettes Restaurant mit Beach Bar.

The White House ⑤, ✆ 245315-7, ✆ 245318, ✉ info@samuidreamholiday.com, 🖳 www.samuidreamholiday.com; ein Boutique Hotel, sehr gepflegte, schmale First Class-Anlage mit vielen Antiquitäten, 12 Komfort-Bungalows mit 40 ac-Zimmern ab 3900 Baht, schönes Restaurant im Thaihaus-Stil, Swimming Pool. Die Schweizer Besitzer kümmern sich um alles. Der Strand davor ist mit Liegen und Sonnenschirmen vollgestellt.

✗ **Choengmon Bungalow***** (ac ab****) ⑥, ✆ 425372, ✆ 425219, einfache und bessere Bungalows an der schönsten Stelle des Strandes, aber der Garten ist ausbaufähig, nette Besitzer. Das Restaurant am Strand veranstaltet hervorragende Seafood-Barbeques.

Chat Kaeo Resort**** (ac teurer) ⑦, ✆ 425109, üppig grüne Anlage, 6 Holzbungalows mit Glasfenstern und Terrasse, 6 weiße, komfortable Bungalows im mediterranen Stil mit Dachterrasse; Restaurant mit schattiger Strandterrasse; die Preise schwanken enorm je nach Saison. Wer es mit der Chefin nicht verderben will, sollte möglichst jede Mahlzeit hier einnehmen.

Imperial Boat House Hotel ⑧, ✆ 425041-52, ✆ 425460-1, 🖳 www.imperialhotels.com/boathouse/; originelle Suiten in 34 komfortabel hergerichteten, klimatisierten Reisbarken ab 6000 Baht; einfallsloser, riesiger 360-Betten-Hotelkomplex mit Zimmern ab 3200 Baht. Einer der beiden Pools ist in Form eines Bootes angelegt, von Liegestühlen umringt. Vom Turm aus schöner Ausblick. Tauchschule *Easy Divers*.

Island View*** (ac ab****) ⑨, ✆ 425080, ✆ 425081, angenehmer Familienbetrieb, schöne Bungalows mit fan oder ac auf großem Gelände, die Besitzer lassen sich durch Touristen nicht in ihren traditionellen Gewohnheiten stören und sind sehr freundlich, gutes Restaurant.

Samui Peninsula Spa Resort ⑩, ✆ 428100, 🖳 www.peninsula.com; Luxus-Anlage der Time-Sharing-Firma RCI, 44 Appartments und 21 Villas für US$250–750 pro Tag. Die netten Schlepper suchen als Interviewer getarnt an den Stränden nach Opfern.

Essen

Romantisch sitzt man im einfachen Strandrestaurant **Honey Seafood** am Eck bei der Insel. **Otto's Country Pub & Restaurant**, ✆ 245226-7, ✆ 245134, gehobenes Preisniveau, bietet, wenn Otto da ist, auch Reisebüroservice und Geldwechsel.

Im **Samui Fishing Park** kann man seinen Fisch selbst angeln und im angeschlossenen Restaurant nach Wunsch zubereiten lassen.

KOCHKURSE – *Siam Kitchen*, ✆ 061091915, Mo–
Sa von 10–14 Uhr lernt man für 850 Baht 5 Thai-
Gerichte zuzubereiten. Buchungen einen Tag
vorher.

Im *Island View* gibt es Tickets für Speedboote
nach Ko Pha Ngan, Ko Tao und zum Ang Thong
Marine National Park (8.30–17 Uhr). Die Tour
nach KO TAO kostet 1350 Baht (alles inkl.), die
reine Fahrt hin 450 Baht, Fahrtzeit 80 Min.

Yai Noi Bay

An dieser kleinen Bucht (25 km von Nathon) geht
es sehr ruhig zu. Es gibt zwar keinen langen Sandstrand, aber zwischen den Steinen verlocken immer wieder Sandflecken zum Sonnenbaden.

I.K.K. Bungalows–***** ①, ✆ 422482-3,
✉ ikksamui@samart.co.th, nette Bungalowanlage unter Palmen, kleiner Sandstrand, davor Korallenbänke, bei Flut ist Baden möglich; geleitet
vom Deutschen Bernd Weiss.
Coral Bay Resort ②, ✆ 422223-4, 📠 422392,
✉ info@coralbay.net, 🖥 www.coralbay.net;
weiter Palmengarten mit tropischen Pflanzen
und nostalgischen Bungalows aus Naturmaterialien, 52 geräumige, komfortable First Class-
Bungalows mit Fan, ac, Kühlschrank und großer
Terrasse, z.T. mit Meersicht, für 2500 Baht (inkl.
Frühstück), einige Familien-Bungalows mit
2 Schlafzimmern; Bar, Pool; Jeep und Mopeds
zu mieten, Touren, Buchungen, Tauchschule;
E-Mail-Service. Rabatt in der Nebensaison.
Umweltbewusstes Management. Geeignet zu
geruhsamer Erholung, aber nicht für einen Badeurlaub.

Chaweng Bay

Die 6 km lange, sanft geschwungene Chaweng-
Bucht, 23 km von Nathon, öffnet sich nach Osten.
Bungalow-Anlagen und Resorts reihen sich unter
vielen Kokospalmen fast lückenlos aneinander. Alle
Anlagen liegen zwischen der neuen, beleuchteten
Betonstraße und den breiten, schönen Sandstrand,
den viele Globetrotter als einsame Spitze bezeichnen. Das Preisniveau ist höher, die Ausstattung vor-
nehmer, das Drumherum touristischer als an den
anderen Stränden. In der Saison ist der Strand oft
wochenlang ausgebucht, die Preise für einfache
Bungalows pendelten sich bei 1000–1200 Baht ein,
die Preise für ac-Bungalows bei 1500–2800 Baht (je
nach Strandnähe).

Chaweng Yai Beach

Am nördlichen Ende der beliebten Bucht fühlen
sich Sandstrand-Freaks so richtig wohl. Hier ist das
Meer so flach, dass der Strand bei Ebbe weit über
hundert Meter breit werden kann – hervorragend
geeignet fürs Frisby-Spielen und einen Spaziergang
zur Insel **Ko Mat Lang**. Im Spätsommer bilden
sich mitten in der Lagune flache, klare Pools zwischen den Sandbänken, dann reicht das Wasser gerade noch zum Plantschen. Leider sieht die nördliche Hälfte dann auch ziemlich schmutzt aus, dagegen lassen die Besitzer der südlichen Anlagen
den Strand jeden Morgen reinigen. Zwischen der
kleinen Insel und den südwestlich vorgelagerten
Felsen kann man im hüfttiefen Wasser schön
schnorcheln.

Von November bis April ist dieser fast 2 km lange Strandabschnitt optisch recht schön, das Wasser
steht hoch, manchmal gibt es Wellen, trotzdem
kann man sicher baden. Ab Mai / Juni fällt der Wasserspiegel extrem und steigt bis Oktober nicht wieder an.

Chaweng Beach, Zentrum

Der Anblick dieses Strandes, der sich vom Chaweng
Garden im Norden bis zum Kap am First Bungalow
über 2 1/2 km erstreckt, wirkt wie eine Seite aus einem Südsee-Bilderbuch: Feiner, weißer Sand, überhängende Palmen und klares, blaues Meer, bei Ebbe und Flut ideal zum Schwimmen. Im Winter
drückt allerdings der Wind das Wasser gegen die
Küste, und der Strand wird relativ schmal. Wer
empfindlich ist, sollte sich zu manchen Zeiten
wegen der Sandfliegen nicht unbedingt in den
Sand legen.

Dieser Strandabschnitt hat sich touristisch
enorm entwickelt. Einige der Hotelanlagen gehören

zu den teuersten auf Ko Samui. Immer mehr Bungalowanlagen müssen Schicki-Micki-Hotels weichen. Nur noch 20% der Anlagen sind in einheimischer Hand, internationale Ketten und Konzerne aus Bangkok vertrauen das Management ausländischen Experten an. Viele Hotels haben nichts Ko Samui Spezifsches mehr an sich. Sie könnten genau so woanders auf der Welt stehen. Trotzdem, oder gerade deshalb, werden viele Touristen von diesem Strand angezogen.

Auf betriebsame Urlauber warten zahlreiche Strandrestaurants mit Video, Musikbeschallung aus mehreren Lautsprechern gleichzeitig, Strandverkäufer, die mehr oder weniger aufdringlich ihre Waren oder Dienste anbieten. Langweilig wird's hier keinem. Auch entlang der Straße wird etwas geboten: viele einfache und originelle Lokale, Thai-Dinner mit klassischen Tänzen, mehrere Discos sowie unzählige Bars und Pubs. Man trifft sich im *Tropical Murphy's*, *The Club*, bei *Green Mango*, im *Reggae Pub* oder im *Santa Fé* – alle sorgen für gute Stimmung und lohnen einen Besuch. Selbst auf McDonalds muss man nicht verzichten. Supermärkte, Bäckereien, Reisebüros, Fotoshops, Telefon-Service und ein Posten der Touristenpolizei runden das Angebot entlang der Hauptstraße ab. Morgens herrscht noch absolute Ruhe auf dieser Straße, mittags und vor allem abends kämpfen sich Autos und Touristen durch das Gewühl, nachts übernehmen Transvestiten die Szene. Wer für komfortable Unterkünfte, Sportangebote und abendliche Unterhaltung gerne etwas mehr bezahlt, ist am richtigen Platz. Leider vermieten einige Unternehmer massenhaft Wasser-Scooter. Viele Touristen fühlen sich dadurch sehr gestört und gefährdet. Doch Abhilfe ist, trotz mehrerer tödlicher Unfälle, nicht in Sicht.

Chaweng Noi Beach

Durch ein kleines Kap ist der 1 km lange Chaweng Noi Beach vom Chaweng Beach getrennt. Der schöne, stellenweise breite, saubere Sandstrand mit den abgeschliffenen Felsen im Meer wirkt recht malerisch. Am südlichen Ende liegen viele Korallenblöcke im flachen Wasser. Von dort ziehen sich große, abgeschliffene Steine im Wasser bis zum *Impiana Resort* hin.

Während man im Sommer jederzeit gut schwimmen kann, ist Baden im Winter aufgrund der starken Brandung zu gefährlich. Pauschaltouristen sind hier bei weitem in der Mehrheit.

Übernachtung

CHAWENG YAI BEACH – Etwa 30 Anlagen stehen an diesem Strandabschnitt. Wo die Straße dicht vorbeiführt, können die Pickups stören, die lautstark für die Discos werben. Bei Ebbe bilden sich schöne, flache, klare Pools zwischen Sandbänken mitten in der Lagune, etwas weiter kann man im hüfttiefen Wasser schön schnorcheln.

Einfache Bungalows: Ein halbes Dutzend Anlagen, fast alle Bungalows haben Du/WC und Ventilator. Gut gefallen uns und unseren Lesern:

Marine Bungalow*** (ac teurer) ⑦, ✆ 422416, ✉ 422263; hübsche Anlage in einem gepflegten Blumengarten, um einen großen Platz gruppieren sich einfache, schöne Holz- und Steinbungalows mit Du/WC, Fan und Terrasse, teurere Steinbungalows mit ac. Der Blick über die Bucht erinnert an eine Seenlandschaft. Preiswertes Restaurant mit Video, freundliche Fischerfamilie.

Family Bungalow**–*** ⑧, ✆ 422470, Bungalows mit Fan oder ac.

Your Place***–**** ⑩, ✆ 230039, recht voll gestopfte Anlage mit Fan oder ac, nette Bar.

Lucky Mother*** ⑲, ✆ 230931, nur Fan-Zi, trotz einigen dunklen und muffigen Bungalows, Mücken und wenig interessiertem Personal wegen der Lage und des Preises beliebt.

Lotus Bungalow** ⑳, ✆/✉ 230891, 20 Bungalows mit Fan. Tauchschule *Easy Divers*.

Komfortbungalows: Recht gepflegte Anlagen, geräumige Bungalows mit Du/WC, schönem Mobiliar, Fan oder ac, Restaurant zumeist am Strand, am Abend z.T. auf dem Strand.

Samui Island Resort**** (ac teurer) ④, ✆ 422355, großzügige, geräumige, gut ausgestattete Bungalows, täglich gereinigt, nette Familie mit Kindern, bei Flut schmaler Strand.

Blue Lagoon Cottages**** ⑥, ✆ 01-9794740, 18 saubere, palmblattgedeckte ac-Steinbungalows mit Du/WC, eng aneinander; Restaurant, Bar.

Corto Maltese*** ⑨, ✆ 230041, ✉ 422535, ✉ pierre@samart.co.th, 🖥 www. cortosamui. com; gepflegte Mittelklasse-Anlage in tropischem Garten. Eng stehende, geräumige bis sehr große, individuell dekorierte ac-Bungalows mit Fan, TV, Mini-Bar und Bad/WC; Pool, Jacuzzi, Restaurant, Pub. Der Besitzer, ein Franzose, entwarf die Anlage nach dem Cartoon *Corto Maltese* und pflegt eine familiäre Atmosphäre.

Muang Kulaypan Hotel ⑪, ☎ 230849-51, ✆ 230031, ✉ kulaypan@sawadee.com, 🖥 www.sawadee.com/samui/kulaypan; Mittelklasse-Resort, von außen dem gegenüberliegenden International Hospital ähnelnd, innen inspiriert von der alten javanischen Sage über den Prinzen Inao; 41 künstlerisch gestaltete ac-Zi mit Minibar, TV und Bad/WC ab 3050 Baht, die meisten mit Meerblick, Gäste im *VIP Inao Room* werden rund um die Uhr von einem privaten Butler verwöhnt (das kostet dann allerdings 7000–8500 Baht + 17 % Steuern!); offenes Restaurant, Swimming Pool am Strand, Health Club. In der Nebensaison bis zu 50% Rabatt.

Samui Natien Hotel ⑬, ☎ 231340-9, ✆ 422604; ✉ info@samuinatien.com, 🖥 www.samuinatien.com (Super-Homepage), 4-stöckiges Luxushotel mit Fahrstuhl und 40 Zimmern sowie 16 Bungalows, freundliches Personal, Coffee Shop, toller Swimming Pool und an der Straße eine Einkaufspassage mit Kirche.

O.P. Bungalow****** (ac teurer) ⑭, ☎ 422424, ✆ 422425, schöner, gepflegter, tropischer Garten an einer kleinen Landspitze, Sitzplätze am Strand unter schattigen Laubbäumen; 70 gut eingerichtete, geräumige Bungalows, täglich gesäuberte Zi mit Kühlschrank, Fan oder ac und Warmwasser-Du/WC, *Seaview*-Zi mit bis zu 4 Betten; Rabatt für frühere Gäste; chinesische Besitzerfamilie, gutes chinesisches Restaurant mit mittleren Preisen; Mopeds zu vermieten, Tauchschule. Sehr beliebte und gelobte Anlage, aber für Familien mit Kleinkindern wegen der Weitläufigkeit nicht geeignet. In der Saison bis 20.3. fast immer voll. Der Strand direkt davor und das Wasser ist nicht besonders schön.

Samui Country Resort***** (ac****) ⑯, ☎ 422186, ✆ 230790, ein- und zweistöckige Bauten, Restaurant am Strand, Ausbildung im Windsurfen; unter Schweizer Leitung.

Montien House****** (und teurer) ⑱, ☎ 422169, ✆ 422145, ✉ montien@samart.co.th, 🖥 www.kohsamui.net/montien; beliebte Anlage mit schönem Garten; große ac-Betonbungalows mit soli-

der Holzeinrichtung, Veranda und Du/WC, sowie Reihenhaus mit billigeren Fan-Zimmern; guter Service, kompetente Leute; Strandrestaurant; Mopeds und Jeep zu mieten, Tauchschule.

Samui Coral Resort***** (ac****) ㉑, ☎ 231005, 20 kleine, helle Bungalows mit Terrasse, sauber und ruhig; gutes, gemütliches Restaurant mit nettem Service direkt am Meer.

First Class-Hotels: Schön angelegte, recht beliebte Anlagen sind z.B.:

Amari Palm Reef Resort ⑪, ☎ 422015-9, ✆ 422394, 🖥 www.amari.com; ansprechende First Class-Anlage, mit viel Holz doppelstöckig im Thai-Stil gebaut, kleine, dunkle ac-Zi ab US$100, origineller Pool; schöne 2-stöckige ac-Bungalows jenseits der Straße mit eigenem Pool; nette, umweltbewusste Leute.

Chaweng Blue Lagoon ⑫, ☎ 422037-40, ✆ 422401, g reservationsbl@bluelagoonhotel.com, 🖥 www.bluelagoonhotel.com; relativ ruhige Luxus-Anlage mit 71 Zimmern, große ac-Zi mit Balkon/Terrasse im Hotelgebäude ab 5000 Baht, 10 *Village Villas* am jenseits der Straße, herausragendes Frühstücksbüfett für jedermann im Open-Air-Restaurant am Strand unter Bäumen; großer Pool, Kinderbecken.

Chaweng Regent Beach Resort ⑰, ☎ 422008-10, ✆ 422222, ✉ admn@chawengregent.com, 🖥 www.chawengregent.com; Luxus-Resort, tropischer Garten, 2-stöckige Häuser, 3-stöckiges Hotel, große Bungalows im Thai-Stil, 142 ac-Zi für US$105–345; Swimming Pool, Kinderbecken, Kinderspielplatz.

CHAWENG BEACH (ZENTRUM) – Die teuerste Gegend auf Ko Samui. Wer auf guten Schlaf Wert legt, sollte nicht zu nah beim *Reggae Pub* oder *Santa Fé* übernachten. Ca. 32 Anlagen liegen am feinsandigen Strand.

Einfache Bungalows gibt es nur wenige, z.B.:

Evergreen Resort***** (ac teurer) ☎ 230051, ✆ 413018, ✉ pinyoevergreen@hotmail.com, 🖥 www.sawadee.com/samui/evergreen, sehr saubere Bungalows in gepflegtem Garten, nette Leute.

Chaweng Garden Beach***** (ac****) ㉒, ☎/✆ 422265, geräumige, muffige Bungalows mit Fan oder ac.

(F): First Class (M): Mittelklasse (L): Luxusklasse

Yai Noi Bay

#	Name	Kat.	Tel.
①	I.K.K.Bungalows	**_***	422482-3
②	Coral Bay Resort	(F)	422223-4

Chaweng Yai Beach

#	Name	Kat.	Tel.
③	Papillon Resort	(F)	231169
④	Samui Island Resort	ab****	422355
⑤	Matlang Resort	***_*****	422172
⑥	Blue Lagoon Cottages	****	01-9794740
⑦	Chaba Cabana Resort	(F)	230350
⑧	Marine Bungalow	ab***	422416
⑨	Family Bungalow	**_***	422470
⑩	Corto Maltese	(F)	230041
⑪	Villa Flora	(M)	230048
⑫	Your Place	***_****	230039
⑬	Chaweng Villa Resort	(M)	231123
⑭	Muang Kulaypan Hotel	(F)	422305
⑮	Amari Palm Reef Resort	(F)	422015-8
⑯	Chaweng Blue Lagoon	(L)	422037-40
⑰	Palm Island Hotel	(M)	422298
⑱	Samui Natien Hotel	(L)	231340-9
⑲	O.P. Bungalow	ab****	422424-5
	Drop In Beach Resort		422405
	Relax Resort	***_*****	422475
⑳	Samui Country Resort	***_*****	422186
	Chaweng Regent	(L)	422008-10
	Chaweng Villa	(M)	231123-4
㉑	Montien House	ab****	422169
	Lucky Mother	***	230931
㉒	Lotus Bungalow	**	230891
	Suneast Bungalow	***_*****	422145
	Samui Coral Resort	***_*****	231005
	P&P Samui Resort	****	422540

Chaweng Beach

#	Name	Kat.	Tel.
	Chaweng Gardens Beach	***_*****	422265
	Baan Chaweng Resort	(F)	230310
	Evergreen Resort	***_*****	230051
㉓	Anchor House Resort	***_******	230586

#	Name	Kat.	Tel.
㉓	Best Beach Bungalow	***_*****	422410
	Royal Beach	***_****	422154
㉔	Malibu Beach Resort	(F)	231546-9
㉕	Chaweng Buri Resort	(F)	0066-77 422465-6
㉖	Komfort Bungalow	(M)	422372
	Baan Samui Resort	(F)	230965
	Dew Drop Hut	**_***	230551
㉗	King Garden Resort	***_*****	230430
㉘	Chaba Samui Resort	(F)	230407
㉙	Beachcomber Hotel	(F)	422041-3
	Silver Sand	**_****	231202
㉚	Viking Hut	**	422343
	Charly's Hut	**	422343
	Banana Fan Sea Hut	(F)	413483-6
㉛	Central Bay Resort	ab***	422118-9
㉜	The Princess Village	(F)	422216
㉝	Tradewinds Resort	(F)	230602-4
	The Central Samui R.	(L)	230500
㉞	Chaweng Resort	(M)	422230
㉟	Arabian Bungalow	****	424202
㊱	Chaweng Cabana	(M)	231350
	Chaweng Cove Resotel	(M)	230642
㊲	Poppies Samui Resort	(L)	422419
	Seascape Resort	(M)	422681-4
㊳	Samui Resotel	ab****	422374
	Sans Souci Samui	(M)	422044
㊴	Samui Paradise Chaweng	(M)	230294
	Sea Side Bungalows	ab****	422364-5
㊵	First House	(M)	413754
	First Bungalow Beach Resort	(F)	422327
㊶	Mercure Resort	(F)	422472
㊷	Moby Dick Guesthouse	***_****	413107
㊸	City Hotel	***	422345
㊹	Bay Breeze Gh.	***	422198
㊺	Parrot	****	231221
㊻	Samui Holiday Homes	***	
㊼	Lucky Home Resort	****	01-7285582

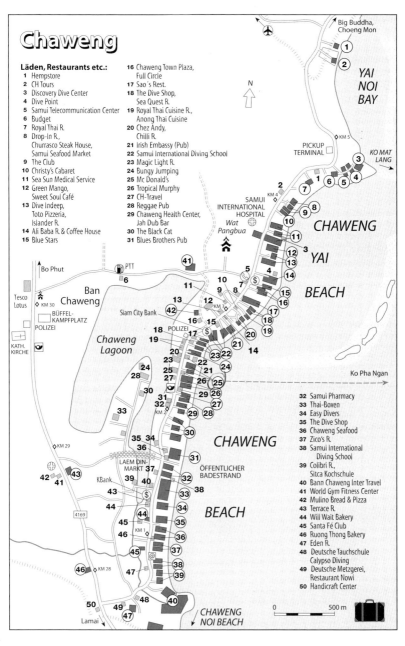

Chaweng

Läden, Restaurants etc.:

1 Hempstore
2 CH Tours
3 Discovery Dive Center
4 Dive Point
5 Samui Telecommunication Center
6 Budget
7 Royal Thai R.
8 Drop-In R.,
   Churrasco Steak House,
   Samui Seafood Market
9 The Club
10 Christy's Cabaret
11 Sea Sun Medical Service
12 Green Mango,
   Sweet Soul Café
13 Dive Indeep,
   Toto Pizzeria,
   Islander R.
14 Ali Baba R. & Coffee House
15 Blue Stars

16 Chaweng Town Plaza,
   Full Circle
17 Sao´s Rest.
18 The Dive Shop,
   Sea Quest R.
19 Royal Thai Cuisine R.,
   Anong Thai Cuisine
20 Chez Andy,
   Chilli R.
21 Irish Embassy (Pub)
22 Samui International Diving School
23 Magic Light R.
24 Bungy Jumping
25 Mc Donald's
26 Tropical Murphy
27 CH-Travel
28 Reggae Pub
29 Chaweng Health Center,
   Jah Dub Bar
30 The Black Cat
31 Blues Brothers Pub

32 Samui Pharmacy
33 Thai-Boxen
34 Easy Divers
35 The Dive Shop
36 Chaweng Seafood
37 Zico's R.
38 Samui International
   Diving School
39 Colibri R.,
   Sitca Kochschule
40 Bann Chaweng Inter Travel
41 World Gym Fitness Center
42 Mulino Bread & Pizza
43 Terrace R.
44 Will Wait Bakery
45 Santa Fé Club
46 Ruong Thong Bakery
47 Eden R.
48 Deutsche Tauchschule
   Calypso Diving
49 Deutsche Metzgerei,
   Restaurant Nowi
50 Handicraft Center

Big Buddha, Choeng Mon

YAI NOI BAY

KO MAT LANG

PICKUP TERMINAL

KM 5

KM 4

SAMUI INTERNATIONAL HOSPITAL

Wat Pangbua

CHAWENG YAI BEACH

Bo Phut

PTT

Ban Chaweng

Tesco Lotus

KM 30

BÜFFEL-KAMPFPLATZ

POLIZEI

KATH. KIRCHE

Siam City Bank

KM 3

Chaweng Lagoon

POLIZEI

Ko Pha Ngan

KM 29

KM 2

CHAWENG

ÖFFENTLICHER BADESTRAND

LAEM DIN-MARKT

KBank

4169

KM 1

BEACH

@

Lamai

CHAWENG NOI BEACH

0   500 m

KO SAMUI, KO PHA NGAN UND KO TAO

Dew Drop Hut**–*** ㉖, ℡ 230551, in einem urigen, schattigen Garten stehen Pfahlhütten im alten Stil mit Du/WC. Durch das daneben liegende, zweistöckige fensterlose Gebäude ist der Charme etwas geschwunden. Mit Restaurant und Bar, Thai-Massage.

King Garden Resort*** (ac teurer) ㉗, ℡ 230430, ✆ 422304; ✉ kings@loxinfo.co.th, 🖥 www.kings-garden-resort.com; 31 solide Bungalows mit Fan oder ac, viele mit freier Sicht in den großen Garten.

Anchor House Resort**** (ac teurer) ㉓, ℡ 413041 ✆ 230586, schöner tropischer, enger Garten, einfache, saubere Doppelbungalows mit Gittern vor den Fenstern, geleitet vom geschäftstüchtigen ehemaligen Weltenbummler Markus aus der Schweiz und seiner Partnerin, Mrs. Pradee. Restaurant *Panviman* am Strand.

Silver Sand***–**** ㉙, ℡ 231202-4, dreierlei nette, naturnahe, geräumige Bungalows unter Palmen, mit Fan, Du/WC und gut eingerichtet, aber mit Holzklappen statt Fenstern. Kostenloser Safe an der Rezeption, Englisch sprechendes Personal, Restaurant.

Charly's Hut** ㉚, ℡ 422343, billigste Unterkunft am Strand, einfache Hütten mit und ohne Du/WC, 2 Restaurants.

Komfortbungalows gibt es in großer Auswahl in attraktiven, gepflegten, relativ naturnah gebauten Anlagen, z.B.:

Komfort Bungalow ㉕, ℡ 422372, großer Palmengarten; ac-Bungalows ab 1400 Baht; Restaurant oberhalb vom Strand mit guter Weitsicht.

Chaweng Cove Resotel**** (und mehr) ㊱, ℡ 422509-10, ✆ 230642, ✉ info@chawengcove.com, 🖥 www.chawengcove.com; gemütliche Anlage, gepflegter Garten, 112 Zi in Doppel-Bungalows mit Terrasse und Reihenhaus.

Seascape Beach Resort ㊲, ℡ 422681-4, ✆ 422685, ✉ info@seascapebeachresort.com; 🖥 www.seascapebeachresort.com, 23 ac-Bungalows, 28 ac-Hotelzimmer, davon 2 Familien Suiten, gepflegte Anlage, Restaurant und Pool am Strand, nette, professionelle Leute.

Samui Resotel ㊳, ℡ 422374, ✆ 422421, ✉ resotel@samuiresotel.com 🖥 www.samuiresotel.com; 24 ac-Zi und 86 unterschiedlich große, luxuriöse Bungalows für 2000–4500

Baht, z.T. direkt am Strand aber etwas eng stehend; Restaurant am Strand, Beach Bar, tiefer Pool; Tauchschule *Big Blue Diving* mit professionellem Videographer. Hoher Rabatt bei Internet-Buchung.

Mittelklasse-Resorts: Von Landschaftsgärtnern sehr schön gestaltete Anlagen, z.B.:

Malibu Beach Resort ㉔, ℡ 231546-9, ✆ 231196, ✉ malibu@loxinfo.co.th, 🖥 www.malibubeachresort.com; 18 Zi in 2-stöckigen, hübschen Reihenhäusern, 2 Villas und 4 Zi mit Jacuzzi für 2900–4000 Baht. Pool und Restaurant mit Dachterrasse am Strand; Spa und Wassersport.

Sans Souci Samui ㊳, ℡ 422044, ✆ 422045, kleine, schöne Gartenanlage, große, schön möblierte, gegeneinander versetzte Reihenbungalows, nettes Personal.

Samui Paradise Chaweng ㊴, ℡ 230294, ✆ 422176, ✉ guests@samuiparadise.com, 🖥 www.samuiparadise.com; sehr gepflegte Anlage, einige Bungalows am Strand für 2400 Baht.

Seaside Bungalows**** (ac z.T. teurer) ㊴, ℡ 422364-5, verschiedenartige Bungalows in großem Palmengarten, freundliche Familie, die kaum Englisch spricht.

First House ㊵, ℡ 413754, ✉ chaweng_firsthouse889@hotmail.com, 🖥 www.samuifirsthouse.com; vor dem Bach, zur gleichen Familie wie *First Bungalow* gehörendes Hotel mit 69 Zimmern für 2000–5000 Baht mit modernem Ambiente am malerischen Fischerstrand.

First Bungalow Beach Resort ㊵, ℡ 422327, 230414-5, ✆ 422243, g info@firstbungalowsamui.com, 🖥 www.firstbungalowsamui.com; hinter dem Bach auf beiden Seiten der Landzunge, eine der ältesten Anlagen auf Ko Samui, frisch aufgemotzt. 101 eng stehende Bungalows mit Fan und ac (ab 3500 Baht); schöner Pool, um den sich große, hervorragend ausgestattete Bungalows und mehrere Häuser im Thai-Stil gruppieren, dahinter ein 30-Zi-Gebäude, herrlicher Strand.

First Class-Hotels:

Chaweng Buri Resort ㉕, ℡ 230349, ✆ 422466, ✉ info@chawengburi.com 🖥 www.chawengburi.com; freundliche, gepflegte Anlage, liebenswürdiges, auch Deutsch sprechendes

KO SAMUI, KO PHA NGAN UND KO TAO

Personal, üppig grüner Garten, 117 ac-Bungalows (US$76–220) mit Veranda, Pool mit Strandsicht.

Baan Samui Resort ㉖, ✆ 230965-9
✉ baansamui@see2sea.com, 🖳 www.see2sea.com; 2- und 3-stöckige Gebäude im New-Mexico-Stil in einem schmalen Garten, schöne Zi mit Kaffeemaschine und Wasserkocher, Open-Air-Restaurant, großer Pool.

Beachcomber Hotel ㉙, ✆ 422041-3, 📠 422 388,
✉ reservationsbc@bluelagoonhotel.com,
🖳 www.bluelagoonhotel.com; zentral gelegener, 3-stöckiger, deplatziert wirkender Kasten für Pauschalurlauber, 58 gute ac-Zi mit 3 Betten (3800 Baht) sowie Suiten; Swimming Pool mit Kinderbecken; Erdgeschoss und Hotelgelände Rolli-gerecht; Schweizer Leitung.

Banana Fan Sea Resort, ✆ 413483-6,
✉ bananafan@ksc.th.com, 🖳 www.bananafanseasamui.com, 73 große Bungalows ab 3600 Baht sowie Suiten, luftiges Restaurant, Pool mit Kinderbecken.

The Princess Village ㉜, ✆ 422216, 📠 422382,
✉ pvl@samuidreamholiday.com, 🖳 www.samuidreamholidays.com; etwas ganz Besonderes: 14 schöne, originale Teakhäuser, die aus Zentral-Thailand hergebracht, renoviert und wie ein Dorf neu aufgebaut wurden, Dorfteich, Ruhe-Pavillons, Strandrestaurant; unter Schweizer Leitung.

Tradewinds Resort ㉜, ✆ 230602-4, 📠 231247,
✉ tradewinds@kohsamui.com; weiträumige First Class-Anlage in einem tropischen Garten, 20 ac-Bungalows mit großem Kühlschrank und großem Balkon ab 2000 Baht, davon 5 mit Meersicht ab 2500 Baht, in der Nebensaison ab 1600 Baht, im Eingangsbereich ein Hotelgebäude; Restaurant, Kajaks zu mieten, Segelschule.

Poppies Samui Resort ㊲, ✆ 422419, 📠 422420,
✉ front@poppiessamui.com, 🖳 www.poppiessamui.com; Resort der Luxusklasse, üppiger, gepflegter Tropengarten, 24 luxuriöse Bungalows im Thai-Stil (US$240); erstklassige internationale und Thai-Küche, Restaurant am Strand; toll angelegter Pool. Massage, Reflexologie, Aromatherapie etc.

Im Hinterland ohne direkten Strandzugang:
Mercure Resort ㊶, ✆ 422472, 230864, 📠 230866, First Class-Hotel hinter der Lagune am Hang mit sehr hoher Auslastung, da die Preise recht flexibel gehandhabt werden. Zi mit schöner Sicht, ein Minibus bringt Gäste zum Strand beim *Samui Natien Hotel.*

Moby Dick Guesthouse–******* ㊷, ✆ 413107,
🖳 www.mobydick-guesthouse.com; 4-stöckiges Stadthaus hinter *Blue Wave City*, gute Zi mit Fan und ac, unter skandinavischer Leitung.

CHAWENG NOI BEACH – Relativ teure Anlagen für Pauschaltouristen an einem herrlichen Strandabschnitt, u.a.:

The Fair House Resort ㊽, ✆ 422255-6,
📠 422373, ✉ fairhouse@sawadee.com,
🖳 www.sawadee.com/samui/fairhouse; architektonisch gut gestaltete, mit vielen Pflanzen aufgelockerte Anlage auf engem Raum, ac-Zi in komfortablen Bungalows mit schmalen Betten, Mini-Bar, Bad/WC oder in den Hotelgebäuden ab 3000 Baht. Mittelmäßiges Restaurant mit gehobenen Preisen, 2 Bars, 3 Pools.

The Imperial Samui ㊿, ✆ 422020-36, 📠 422396-7, 🖳 www.imperialhotels.com; First Class-Resort, ansprechend gegliederte Gebäude, 155 ac-Zi mit Blick aufs Meer, Terrassen und Restaurant am Hang auf verschiedenen Ebenen; Süßwasser- und Meerwasser-Swimming Pool mit integrierten Naturfelsen, der faszinierend wirkt. Tennis, Wassersport.

Samui Bayview Villa (54), ✆ 230358, 📠 413321, private Villen mit herrlicher Aussicht über Chaweng, auch zu mieten; Restaurant, Swimming Pool.

Essen

Chaweng hat sich zu einem Mekka für Schlemmer entwickelt, auch wenn kaum eine Speisekarte ohne Schnitzel auskommt. Erstklassige Restaurants entlang der Strandstraße konkurrieren mit stimmungsvollen Strandrestaurants. Einige wirklich **gute Restaurants** halten konstant ihren Standard, dazu gehören ***Poppies***, ✆ 422419, ***Magic Light Restaurant*** und ***Royal Thai Cuisine***, ✆ 422246, dessen siamesische Traditionen allerdings nicht jedermanns Sache sind. Dagegen weist die Speisekarte im ***Royal Thai Restaurant*** kein einziges Thai-Gericht auf.

Auch sonst bietet kaum noch ein Restaurant authentische, unverwässerte Thai-Küche. Der nivellierende Geschmack der internationalen Massentouristen hat Vorrang.

Ein Erlebnis besonderer Art ist ein **Dinner** im **Drop In**, ✆ 230361, auch wenn die Qualität der relativ teuren Speisen wegen des immensen Andrangs manchmal zu wünschen übrig lässt: einzigartige Ausstattung und Atmosphäre, hohes Niveau, vorzügliches Personal.

Das **Colibri Restaurant**, ✆ 230681, bietet feine europäische Küche mit importierten Zutaten in einem schönen, friedlichen Garten.

Romantisch sitzen kann man am späten Abend in mehreren kleinen Restaurants auf dem Strand bei der Lagune, das Essen ist relativ gut und preiswert, die Shakes sind z.T. sogar Spitze.

Empfohlen wurden uns die Restaurants **Chez Andy**, ✆ 01-8916 148, Schweizer Küche, Steakhouse, unten Taverne, hinten Biergarten mit besten Preisen für deutsches Bier, die **Toto Pizzeria**, ✆ 01-8917764, und **Chilli** mit italienischen und japanischen Gerichten.

Ali Baba ist ein kleines **indisches Restaurant** mit authentischer Küche, auch vegetarische Gerichte, große Portionen, sehr gutes Lassi.

Tropical Murphy, irisches Pub mit entsprechender Stimmung, irischem und internationalem Essen und Guiness vom Fass. Wem es dort zu heiß wird, kann umziehen zur

Irish Embassy, am Malibu Plaza, klimatisiert.

Zico's, gegenüber vom *Central Beach Resort*, brasilianisches Restaurant mit Bar.

Einige Dutzend mehr oder weniger einfache **Thai-Restaurants** laden zum Essen ein, die Qualität der Speisen und des Service nimmt mit schöner Regelmäßigkeit schon wenige Monate nach der Eröffnung drastisch ab. Mehrfach empfohlen wurde uns allerdings die **Anong Thai Cuisine**.

Viele **Seafood-Restaurants** präsentieren ihre Meeresfrüchte dekorativ auf Eis in kleinen Booten. Man sollte jedoch bedenken, dass alles so langsam auftaut und am nächsten Tag wieder angeboten wird. Ob dann noch alles so frisch und gesund ist, wie es aussieht? Lebensmittelvergiftungen durch Seafood rangieren bei Urlaubserkrankungen in Thailand jedenfalls ganz oben. Empfehlenswert ist allerdings das schöne

Restaurant **Samui Seafood Market** nahe beim *Drop In*.

Kaum zu empfehlen sind die meisten Restaurants der großen Hotels.

Auch die diversen Biergärten eignen sich kaum für eine bekömmliche Mahlzeit.

Ein tolles **Bauernfrühstück** sowie gute Thai und internationale Küche bietet der gelernte Schweizer Koch Hans Peter Frutiger im **Magic Light Restaurant**. Er kann auch Touristen mit Diabetes beraten.

In den Filialen der **Will Wait Bakery** gibt es leckere Backwaren, flinken Service und Video in bester Bild- und Tonqualität.

Etwas Besonderes ist das **Sea Quest**, ein zweistöckiges Restaurant mit Riesen-Aquarien, wo einem die Haie beim Rotweintrinken zuschauen, unter französischer Leitung.

Besonders bei Kindern beliebt sind **McDonalds** und **Burger King** an der Strandstraße.

Unterhaltung

The Club, ✆ 422341, mit viel Geschmack eingerichtete Bar, gute Atmosphäre, freundliche Bedienung, gute CD-Musik; ◷ 16–2 Uhr, Happy Hour 16–21 Uhr. Ab 23.30 Uhr wird es voll, gehobenes, gut gekleidetes Publikum.

Sweet Soul Café, zieht jüngere Leute ab 23 Uhr an; kein Techno-Schuppen, hier hört man *Funk and Soul, Hip Hop* etc.

Green Mango wird ab 24 Uhr interessant. Die große, ohrenbetäubend laute Disco ◷ bis 2 Uhr.

Reggae Pub, ✆ 422331-2, schon eine Institution auf Ko Samui; die Live-Band spielt zwar nicht allzu viel Reggae, aber tolle Klangqualität; romantische Sitzgruppen mit Blick auf den See oder den künstlichen Wasserfall, 5 Bars, Biergarten, Freilichtkino unter Palmen, Eintritt frei, unter Insidern nicht mehr in, bei Touristen immer noch sehr beliebt.

Santa Fé, ✆ 230570, eindrucksvolle Anlage mit riesigem Palisadentor, auf Thai-Publikum ausgerichtet, bis 2 Uhr dröhnen die Techno-Bässe an den Strand.

Full Circle, auf Techno getrimmte, innen total versilberte Anlage, gegenüber *Central Samui*, DJs aus UK.

Rock Pub, Indoor und Outdoor Pub, Livemusik unbekannter Gruppen, die Altbekanntes nachspielen.
Christy's Cabaret, Travestie-Shows um 23 Uhr, anschließend werden einem Getränke aufgedrängt und es geht recht ordinär zu.
Jah Dub Bar, ℅ 422238, veranstaltet Parties mit Barbecue zu *Black Moon* und *Half Moon*.

Sonstiges

APOTHEKE – **Samui Pharmacy**, mit Deutsch sprechender Apothekerin, die auch gut beraten kann, in der Strandstraße gegenüber *Beachcomber / Silver Sand*.

AUSFLÜGE – Zur **Fullmoon Party** auf Ko Pha Ngan fahren die Speedboote für 300 Baht von 18–24 Uhr jede Std. ab, Rückkehr am Morgen von 6–8 Uhr; buchen bis 16 Uhr; Treffpunkt am Strand bei *ez* vor *Dew Drop Hut*.
T.W.C. Travel, ℅ 230609, fährt ebenfalls mit Speedbooten für 300 Baht um 20.30, 21.30 und 22.30 Uhr, zurück um 6 und 7 Uhr; buchen bis 17 Uhr. Preis für einfache Fahrt: 150 Baht p.P.

AUTOVERMIETUNG – Gute Angebote bei **CH Tours**, ℅ 231183, Autos werden zum Hotel gebracht. **Budget**, ℅ 413384, gegenüber der PTT-Tankstelle, erlaubt Rückgabe in ganz Thailand ab einer Mietdauer von 3 Tagen.

BUNGY JUMPING – **Bunjy Jumping & Entertainment**, ℅ 01-8913314, mit großem Pool, Bar und Grill. Ein Sprung kostet 1400 Baht, Hoteltransfer und ein Getränk inkl.

EINKAUFEN – viele Super- und Minimärkte entlang der Strandstraße. Besonders preisgünstig für den Großeinkauf ist das Einkaufszentrum **Tesco Lotus** an der Hauptstraße H 4169.

ELEFANTEN – Mehrere Elefantencamps bieten das besondere Reitvergnügen an, z.B. **Chaweng Elephant Trekking**, ℅ 422151, man kann in die Plantagen und Wälder der Insel reiten (800 Baht für 30–35 Min., 1200 Baht für 1 Std.).

FITNESS – Das **World Gym Fitness Center**, ℅ 231174, am H4169 hat neues High Tech Equip-

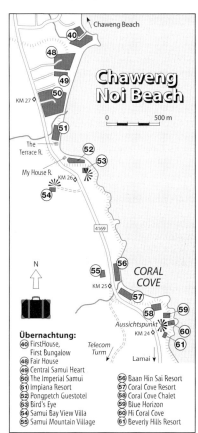

Chaweng Beach

Chaweng Noi Beach

KM 27

0   500 m

The Terrace R.

My House R.   KM 26

4169

N

CORAL COVE
KM 25

Aussichtspunkt   KM 24

Lamai ▼

Übernachtung:
40 FirstHouse,
First Bungalow   *Telecom Turm*
48 Fair House
49 Central Samui Heart
50 The Imperial Samui
51 Impiana Resort   56 Baan Hin Sai Resort
52 Pongpetch Guestotel   57 Coral Cove Resort
53 Bird's Eye   58 Coral Cove Chalet
54 Samui Bay View Villa   59 Blue Horizon
55 Samui Mountain Village 60 Hi Coral Cove
                           61 Beverly Hills Resort

ment, kostenlose Unterweisung auf Englisch und Deutsch; ☉ 9–21 Uhr.

KANUTOUREN – **Blue Stars**, ℅ 413231, ✆ 230497, (in der Gallery Lafayette), paddelt von Weihnachten bis August mit Seekajaks im **Angthong Marine National Park** für 1990 Baht p.P. (bei Direktbuchung 10% Rabatt), Anfahrt mit Speedboot. Bei den nördlichen Inseln Ko Wao und Ko Tungku kann man mit den Kanus in Höhlen fahren.

KLEIDUNG – Zahllose Schneider, Boutiquen und Klamottenläden verkaufen Kleidung, auch aus Seide und aus Hanf.

KOCHKURSE – *Sitca* (Samui Institute of Thai Culinary Art), Chaweng Boulevard beim *Colibri Restaurant*, ✆/☏ 413172, 🖥 www.sitca.net; erfahrene Köche unterrichten Mo–Sa ab 11.30 Uhr (3 Gerichte zum Mittagessen, 895 Baht) und 16 Uhr (5 Gerichte zum Abendessen, 1250 Baht), max. 5 Schüler bereiten in der klimatisierten Kochschule an eigenen Kochern Thai-Gerichte zu und verspeisen das Menü anschließend gemeinsam (Partner gratis); inkl. Kochbuch (englisch). In einem Kurs von 3 Tagen zu je 2 Std. kann man von einem Meisterschnitzer die Thai-Kunst erlernen, Früchte und Gemüse dekorativ zu schnitzen und zu garnieren; 2995 Baht p.P. Im 2. Stock des Gebäudes ist ein Restaurant.

MEDIZINISCHE HILFE – Im *Samui International Hospital*, ✆ 230781-2, 422272, 🖥 www.sih.co.th; ☉ 24 Std., mit Labor, Zahnarzt und Krankenwagen. Im *Sea Sun Medical Service*, 166/7 Moo 2, in einer Ladenzeile, hat ein fähiger Arzt auch tagsüber Bereitschaft.

MINIGOLF – *Treasure Island*, ✆ 01-8921416, hinter dem *Islander Restaurant*; 18 Löcher, es können auch nur 9 gespielt werden.

MOTORRÄDER – werden überall für 150–200 Baht/Tag angeboten, in wechselndem Zustand. **Achtung:** Motorradfahren auf Ko Samui ist auch bei vorsichtiger Fahrweise nicht ungefährlich.

MOUNTAIN BIKES – werden beim *World Gym Fitness Center*, ✆ 231174, am H4169, und im *Discovery Dive Centre*, ✆ 413196, North Chaweng, vermietet. Auch mehrere Hotels bieten sie an, z.B. *Impiana* oder *Blue Lagoon*. *Samui Mountain Bikes*, ✆ 01-9823715, führen Tagestouren durch, wo die Gäste zwischen 9 und 9.30 Uhr vom Hotel abgeholt werden und zwischen 17.30 und 18 Uhr wieder zum Hotel gebracht werden.

PICKUPS – Der Terminal liegt am Samui International Hospital. Alle Chaweng-Pickups fahren rund um die Insel. Für kurze Strecken zahlt man 20 Baht, für längere 30–50 Baht. Am Abend nehmen die Forderungen manchmal unverschämte Ausmaße an. Der Shuttle-Pickup von *Santa Fé* ist gratis.

REISEBÜROS – Etwa 100 Reisebüros bieten in Chaweng ihre Dienste an. Im *Bann Chaweng Inter Travel*, ✆/☏ 422153, gegenüber *Central Samui*, bekommt man nicht nur deutschsprachige Beratung, sondern auch Hotel-Vouchers mit hohen Rabatten, Gruppen- oder Individualausflüge mit Deutsch sprechendem Führer, Flugrückbestätigung und günstige Flüge nach Europa.

STRANDVERKÄUFER – Die vielen Verkäufer verhalten sich relativ friedlich. Kleine Dienstleistungen sind besonders „in": Maniküre, Pediküre, Zöpfchen flechten, Perlen in die Haare flechten.

TAUCHEN – mehrere Tauchschulen (s.S. 382) haben in Chaweng ihre Basis, z.B.:
Calypso Diving, deutsche Tauchschule, ✆/☏ 422437, ✉ info@calypso-diving.com; an der südlichen Zufahrtsstraße.
Big Blue Diving, ✆/☏ 422617, ✉ samui@ bigbluediving.com; vor dem *Resotel*.

TELEFON – Im *Samui Telecommunication Center* kosten Auslandsgespräche *(Oversea Calls)* 47 Baht/Min.; außerdem Internet- und Fax-Service.

WASSERSPORT – Wassersportbegeisterte finden den Tauchbasen, Surfboard- und Wasserski-Anbieter am Strand und entlang der Straße. Das *Discovery Dive Centre*, ✆ 413196, North Chaweng, bietet Kayaks, Windsurfing und Katamarane an.

Coral Cove

2 km südlich von Chaweng Noi (25 km von Nathon) liegt zwischen zwei Pässen der Küstenstraße ein kleiner Strand mit weißem, sehr grobkörnigem Sand, umrahmt von runden Felsblöcken. Bei ruhigem Wasser macht es Spaß, durch die bizarren Felskanäle zu schwimmen, am besten mit Maske und Schnorchel. Bei starkem Wellengang ist Baden nicht ganz ungefährlich.

Übernachtung

Baan Hin Sai ⑤⑥, ✆ 422624-7, ✉ baanhinsai@ samui.com, 🖥 www.kohsamui.com/baanhinsai.

Sehr gepflegte, weitläufige Anlage am Hang mit 78 Räumen und Chalets für 2000 oder 2500 Baht, 2 Pools, 2 Restaurants, Spa und Englisch sprechende Mitarbeiter.

Coral Cove Resort**–***** ⑤⑦, ✆ 422126, im schmalen Streifen zwischen Straße und Meer. Die 18 Bungalows mit Du/WC und Fan (z.T. mit ac) liegen direkt am Strand und verteilt auf dem Hügel unter Palmen; freundliche Leute, gutes Essen.

Coral Cove Chalet ⑤⑧, ✆ 422260-1, 📠 422496, ✉ ccc@sawadee.com, 🖳 www.sawadee.com/samui/ccc; gepflegte Mittelklasse-Anlage, 60 Zi in Komfort-Bungalows mit Balkon (2200–5000 Baht), Open-Air-Restaurant mit guter internationaler und Thai-Küche, Swimming Pool mit Terrasse, schöne Aussicht; fest in den Händen von Pauschalurlaubern; Jeep 800–1000 Baht (auch für Nicht-Gäste).

Blue Horizon*** (ac****) ⑤⑨, ✆ 422426, 📠 230293, ✉ bluehorizon@samuitourism.com, vom Restaurant an der Straße führen Treppen hinunter zu den 11 Bungalows, die renoviert werden sollen, am Hang, schöne Aussicht, netter Manager.

Hi Coral Cove**** (und teurer) ⑥⓪, ✆/📠 422495, ✉ hicoral@sawadee.com, 🖳 www.sawadee.com/samui/hicoral/; gepflegter Palmengarten, 10 ac-Bungalows mit schöner Aussicht; Restaurant an der Straße; vermietet Schnorchelausrüstung und Mopeds.

Beverly Hills Resort***–***** ⑥①, ✆/📠 422232, 🖳 www.sawadee.com/samui/beverly, auf dem Pass neben dem Viewpoint. Zum Verkauf stehen sollen die 12 schon etwas in die Jahre gekommene Bungalows mit Du/WC, Fan oder ac und Balkon mit herrlicher Aussicht. In den unteren Bungalows ist von der Straße nichts zu hören. Restaurant in herrlicher Lage, freundliches, bemühtes Personal. Die felsige Küste davor eignet sich kaum zum Baden.

Thong Ta Khien Bay

Gut 1 km weiter (23 km von Nathon) liegt unterhalb der Straße die schöne Thong Ta Khien Bay. Bei Ebbe ist Baden nur eingeschränkt möglich.

Übernachtung

Crystal Bay Resort ab**** ②, 🖳 www.sawadee.com/samui/crystalbay/, neues Resort, gute Preise übers Internet, unterschiedliche Bungalows und Zi in einem kleinen Hotelgebäude.

Silver Beach Resort***–***** ③, ✆/📠 422478, 20 ungepflegte Bungalows mit Fan oder ac mit Palmblattdach, Restaurant am Strand, normale Preise, echter Kaffee.

Thong Ta Khian Villa** (ac****) ④, ✆ 230978, ✉ thongtakianvilla@hotmail.com, 14 günstige, sehr saubere Bungalows, einige mit TV und Kühlschrank. Die teureren stehen etwas versetzt und bieten mit mehr Privatsphäre. An der Gartengestaltung wird gearbeitet, netter Besitzer.

Samui Yacht Club ⑤, ✆ 422225-6, 📠 422400, ✉ sycsamui@samart.co.th, 🖳 www.samuiyachtclub.com; weitläufige Mittelklasse-Anlage unter Palmen und Schatten spendenden Bäumen in einem dschungelartig verwucherten Garten, 43 gut ausgestattete, renovierte ac-Bungalows mit verbeulten Wellblechdächern; ansprechendes Restaurant mit Unterhaltungsprogramm, Swimming Pool, Fitness-Center, Kinderspielzimmer; 2x tgl. kostenloser Transfer zum Chaweng Beach, mit Songthaew 30 Baht.

Lamai Bay

Die sichelförmige, 4 km lange Bucht wird von vielen, zum Teil überhängenden Kokospalmen gesäumt. Individualreisende und (weniger) Pauschalurlauber aus allen Ländern kommen in etwa 80 Hotels und Bungalowsiedlungen mit mehr als 1500 Zimmern unter. Jede Anlage verfügt über ein eigenes Restaurant. Die insgesamt guten Strände wirken nicht überfüllt. Überall gibt es noch Unterkünfte zu passablen Preisen. Die Strandhändler sind zurückhaltend und freundlich.

Die **östliche Bucht** beginnt 22 km entfernt von Nathon. Die malerische Bucht mit vorgelagertem Korallenriff ist flach, bei Ebbe weniger als hüfttief. Der weiße Sandstrand ist mit glatten Felsen durchsetzt. Die schweren Brecher im Winter werden vom vorgelagerten Kap größtenteils abgehalten, so dass auch dann gebadet werden kann. Diese Bucht reicht bis zum Jungle Park Resort. Im Juli / August fällt die Bucht bei Ebbe fast ganz trocken.

Dem 1 km langen **nördlichen Strand**, 21 km von Nathon, nahe an der Straße, ist bis zur Höhe des Dorfes **Ban Lamai** ein Riff vorgelagert. Bei Ebbe schauen hier die Felsen heraus. An der Lagune werden während der Saison Bootsfahrten zur Insel **Ko Tan** angeboten.

Der gut 2 km lange, schöne **zentrale Strandabschnitt** liegt 18–21 km von Nathon entfernt. Er ist am südlichen Ende mit malerischen Felsen durchsetzt und bei Ebbe und Flut gut zum Baden geeignet. Der Sand ist an vielen Stellen recht grob. Im Winter herrscht starke Brandung, und der hohe Wasserstand reduziert den Strand beträchtlich. Am südlichen Ende findet man selbst im Sommer noch Stellen, wo man in den Wellen schwimmen kann.

Das Leben spielt sich an der Parallelstraße im Hinterland ab. Lamai wird jetzt verstärkt von Familien, Paaren und befreundeten Cliquen besucht. Sie schlendern abends durch die Straßen und haben Spaß an Musik, Essen, Trinken und Shopping. Es gibt sicher auch noch allerhand alleinreisende Männer in den besten Jahren, die die Reise nur wegen einer anschmiegsamen und recht jungen Gefährtin machen. Doch die Bars werden immer weniger frequentiert, viele mussten schon schließen.

Der Wonderful Rock schließt die Lamai Bucht nach Süden ab. Die noch südlicheren Bungalows (17 km von Nathon) liegen eigentlich schon in der **Bang Nam Chuet Bay**, zehren aber von dem bekannten Namen Lamai. Der Strand ist meistens zu flach zum Schwimmen. Bei starkem Ostwind ist es allerdings gerade hier besonders angenehm. Der Wonderful Rock, von den Thai als „Großvater und Großmutter" (*Hin Ta–Hin Yai*) bezeichnet, ist ein weit ins Meer vorstehender Felsen mit schöner Aussicht, dessen Formen offenbar die sexuelle Fantasie beflügeln. Im Winter kann man sich an der tosenden Brandung erfreuen, im Sommer zwischen den Felsen baden. Für Thai-Touristen ist der Fels ein beliebtes Ausflugsziel.

Übernachtung

ÖSTLICHE BUCHT – Die wenigen Bungalowanlagen liegen am Hang in Kokosplantagen, in denen man auch schön spazieren gehen kann. Diese Gegend ist relativ weit von der Straße entfernt und wird von Travellern geschätzt, die Ruhe in der Nähe vom Trubel suchen.

Jungle Park Resort (8), ☎ 418034-7, 📠 424110, ✉ plongeur@samuinet.com, 🖳 www.kohsamui. net/junglepark; üppiger Tropengarten mit viel Bambus und Bananen, künstlichen Wasserläufen und Wasserfall, saubere, komfortable ac-Doppelbungalows (ab 1500 Baht) mit TV, Minibar und Balkon am Strand und senkrecht dazu; luftiges, geschmackvolles Restaurant mit exzellenten französischen und Thai-Gerichten, Frühstücksbuffet, großer Pool, Strandbar, Spa mit Dampfbad, Massage, Schönheitsbehandlung und Gym, internationales Publikum; unter engagierter Leitung eines französischen Teams.

Bay View Resort**** (7), ☎ 418429, ✉ wolfgang @samuinet.com, 🖳 www.kohsamui.net/bayview; renovierte Holzbungalows, angemessen ausgestattet, und exzellente Komfortbungalows der Mittelklasse mit ac, Kühlschrank und toller Aussichtsterrasse, locker im zum Meer abfallenden Palmenhain verteilt, nettes Restaurant mit Meerblick; einsamer Sandstrand, Pool, Massagesala; unter Leitung des engagierten Deutschen Wolfgang und der liebenswerten Pu.

Long Island Resort*** (ac wesentlich teurer) (9), ☎ 424202, 📠 424023, ✉ longisland@sawadee. com, 🖳 www.sawadee.com/samui/longisland; verschiedenartige Bungalows mit Fan oder ac, z.T gut ausgestattet, 2 teure Suiten am Strand (Discount bei Internet-Buchung); Swimming Pool, *Health Spa* mit Sauna und Massage, kleines, teures Restaurant. Nicht von jedem wird Englisch gut verstanden.

.

NÖRDLICHER STRAND – Zwischen dem kleinen, schmalen Strand und der nahen Straße gibt es kaum noch billige Unterkünfte bis 150 Baht.

Tamarind Hill (10), ☎ 424221, 📠 424311, ✉ martin@tamarindretreat.com, 🖳 www. tamarindretreat.com; unterschiedliche, geschmackvoll ausgestattete Ferienhäuser (US$68–160) aus Naturmaterialien mit Küche, einem Schlafzimmer und Bad, sehr schön in die Natur integriert, jenseits der Straße am Hang in üppiger Vegetation, besonders für den Langzeitgast. Angegliedert das Wellness-Center *Tamarind Springs* (s.u.)

Rose Garden***–****** (11), ☎ 424115, 📠 424410, gepflegte Anlage mit vielen Pflanzen, schöne Bungalows mit Fan oder ac aus Holz und Ziegelsteinen, preiswertes Restaurant, Familienbetrieb.

Weekender Villa*–****⑫, ☎ 424116, ✉ weekendervilla @samui2002.com, großzügige Anlage mit 19 Holzbungalows mit Fan, Du/WC (z.T. Warmwasser), einige mit High Speed Internet-Zugang, großes Restaurant mit Billardtisch und Fernsehecke, Beach Bar, familiäre Atmosphäre. Deutsches Management, Mopedverleih, Fischerboote und Live Cam am schmalen Sandstrand.

The Spa*–****⑬, ☎ 230855, ☎ 424126, ✉ thespa@ spasamui.com, 🖥 www. spasamui.com; verschiedenartige, günstige Bungalows mit Fan oder ac, ein Familienhaus; Strandrestaurant mit vielen leckeren vegetarischen Gerichten und Vollkornkost, auf die man manchmal recht lange warten kann; verschiedenste Gesundheitsprogramme (s.u.). Betrieben von Guy und Toi Hopkins und ihrer Großfamilie.

Spa Village, ☎ 230976, Dependance im Hinterland vom *The Spa* mit besseren Bungalows und einem Pool. Die Gesundheitsprogramme werden auch dort durchgeführt. Wer an den Strand möchte, wird mit einem offenen Elektrowagen hin- und hergefahren.

An der Lamai Bay

Sukasem Bungalows*–***⑭, ☎ 424119, ☎ 231084, ✉ sukasembungalows@hotmail.com; 🖥 www.sukasem-bungalows.netfirms.com/ rooms.htm, 17 Bungalows mit Fan oder ac, ac-Räume mit TV und Minibar. Jeep, Motorradverleih, Internet, nette Leute.

No Name**⑭, ☎ 06-2686216, recht kleine, eng stehende Bungalows mit Fan und Du/WC.

My Friend Bungalows*⑮, ☎ 424120, auf der anderen Straßenseite gegenüber von *No Name*, höchst einfache Bretterhütten mit Fan und Du/WC in einem netten Garten mit Enten und Hühnern.

Tapee*–****⑯, ☎ 424096, 11 Holzbungalows mit Fan und Du/WC, 2 Doppelbungalows mit ac.

Aree Bungalows*–****⑯, ☎ 232297, ✉ helmut.wehowsky@gmx.de, 🖥 www. sawadee.com/samui/aree/, 18 Räume in 6 Häusern, nebenan entstehen weitere Komfort-Zi, eifriger deutscher Manager.

Surat Palms*–****⑯, ☎ 🖥 www.sawadee. com/suratpalm/, Holzbungalows in einer netten Gartenanlage, gutes Restaurant mit schönem Blick auf den breiten Strand.

Thong Ta Khien Bay:

Nr.	Name	Kat.	Tel.
①	The Little Mermaid	***-****	422409
②	Crystal Bay Resort	****	
③	Silver Beach Resort	***-****	422478
④	Thong Ta Khian Villa	***-****	230978
⑤	Samui Yacht Club	(M)	422225-6

Lamai, östliche Bucht:

Nr.	Name	Kat.	Tel.
⑥	Spa Buriaya	(L)	
⑦	Bay View Resort	**** (M)	418429
⑧	Jungle Park	(M)	418034-7
⑨	Long Island Resort	ab****	424202

Lamai, nördlicher Strand:

Nr.	Name	Kat.	Tel.
⑩	Tamarind Hill	♡	424221
⑪	Rose Garden	***-****	424115
⑫	Weekender Villa	**-****	424116
⑬	The Spa	**-****	230855
⑭	Sukasem Bungalow	**-****	424119
⑭	No Name	**	06-2686216
⑮	My Friend Bungalow	*	424120
⑯	Tapee	**-****	424096.
⑯	Aree Bungalows	**-****	232297
⑯	Surat Palms	***-****	
⑰	New Hut	*-**	
⑰	Beer's House	**	230473
⑱	Wish	**-***	230467
⑲	Lamai Resort	**-***	424124
⑳	Sand Sea Resort	(M)	424026

Lamai, Zentrum:

Nr.	Name	Kat.	Tel.
㉑	Platuna Bungalow	**-****	424138
㉒	Samui Laguna Resort	(M)	424215
㉓	The Pavilion Resort	♡	424420
㉔	Mui Bungalows	***-****	424224
㉔	Utopia	***-****	233113
㉕	Sun Garden Beach	****	418007
㉕	Lamai Coconut Resort	ab****	232169

Nr.	Name	Kat.	Tel.
㉘	Saman's GH	**-***	424231
㉖	Lily House	***	418021
㉗	Fantasy	***-****	424429
㉘	Weekender Resort	(M)	424209
㉙	Coconut Beach Resort	***-****	424427
㉚	Lamai Inn 99	ab****	233341
㉛	Best Resort	***-****	424426
㉜	Marina Villa	(M)	424441
㉝	Galaxy Resort	****	424262
㉞	Miramare	**-****	424258
㉞	Sea Breeze	**-****	424031
㉟	Golden Sand Beach Resort	(M)	424156
㉟	Som Thong Resort	***	424014
㉟	Aloha Resort	♡	424090
㊱	Baan Phax	**	424285
㊱	Koeng	*-**	233122
㊲	Amadeus	**-****	424284
㊳	Varinda Resort	**	424294
㊴	Lamai Pearl	*-**	424403
㊴	Bill Resort	(M)	424290
㊴	Paradise Bungalow		424292
㊵	Green Canyon	**-***	233232
㊶	Lamai Chale't	**-****	424084
㊷	Amity	*-**	424298
㊷	White Sand	*-**	424033
㊸	Samui Beach Resort	***-****	424432
㊸	Nice Resort	(M)	424433
㊹	Sunrise Bungalow	ab****	01-0866473
㊺	Grand Rock Resort	***-****	

Lamai, südliche Küste:

Nr.	Name	Kat.	Tel.
㊻	Samui Park Resort	(M)	424008
㊼	Noi Bungalow	**-***	424562
㊽	Floral House	(M)	424319
㊾	Swiss Chalet	****	424321
㊿	White Elephant Resort	****	232312
51	Rocky Resort	****	418367

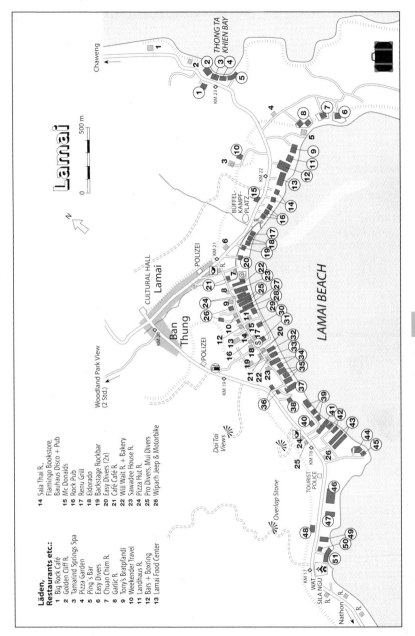

Lamaï

0   500 m

*THONG TA
KHIEN BAY*

← Chaweng

KM 23

KM 22

KM 21

KM 20

KM 19

KM 18

KM 17

BÜFFEL-
KAMPF-
PLATZ

CULTURAL HALL
Lamai

POLIZEI

POLIZEI

Ban
Thung

Woodland Park View
(2 Std.)

*Doi Tai
Views*

Overlap Stone

TOURIST
POLICE

WAT
SILA NGU

Nathon R.

SILA NGU
R.

LAMAI BEACH

**Läden,
Restaurants etc.:**
1 Big Rock Café
2 Golden Cliff R.
3 Tamarind Springs Spa
4 Pizza Garden
5 Ping´s Bar
6 Easy Divers
7 Chuan Chim R.
8 Garlic R.
9 Tony's Bratpfandl
10 Weekender Travel
11 Landhaus R.
12 Bars + Boxing
13 Lamai Food Center

14 Sala Thai R.,
Flamingo Bookstore,
Bauhaus Disco + Pub
15 Mc Donalds
16 Rock Pub
17 Renu Grill
18 Eldorado
19 Backstage Rockbar
20 Easy Divers (2x)
21 Café Café R.
22 Will Wait R. + Bakery
23 Sawadee House R.
24 Pizza Hut R.
25 Pro Divers, Mui Divers
26 Wipach Jeep & Motorbike

New Hut*–** ⑰, ✆ 230473, primitive Hütten zwischen schönem Strand und einem stehenden Gewässer; beides wird nicht regelmäßig gereinigt. Gutes Restaurant.

Beer's House** ⑱, ✆ 230467, und *Wish*** ⑱, ✆ 230467, haben nette Holzhütten mit Du/WC; kleine Restaurants am Strand.

Lamai Resort**–*** ⑲, ✆ 424124, ✉ lamai_re @samart.co.th, 30 Bungalows mit Fan und WC/Du, z.T. Warmwasser, manche direkt am Strand. Nettes Thai-Management, Saroy spricht Deutsch und Englisch.

Sand Sea Resort ⑳, ✆ 424026, angenehme Mittelklasse-Bungalows im Thai-Stil mit ac, großer Pool, Jacuzzi. Kein schöner Strand.

ZENTRUM – Etwa 50 Bungalowsiedlungen, Reihenhäuser und Hotels liegen am Strand und an der Parallelstraße, wo noch Zi ab 200 Baht zu bekommen sind. Im Gegensatz zu Chaweng sind in Lamai noch viele Unterkünfte in einheimischer Hand, jährlich um eine bessere Bungalow erweitert, uneinheitlich im Stil und noch liebenswürdig unprofessionell geführt.

Direkt am Strand liegen z.B.:

Samui Laguna Resort ㉒, ✆ 424215, ✉ laguna @loxinfo.co.th; 🖳 www.sawadee.com/samui/ laguna/; Mittelklasse-Hotel, 63 ac-Zi mit Warmwasser, auch ac-Bungalows an der Lagune; Swimming Pool, Jeeps, Bikes; nette Atmosphäre. Internet-Service.

Utopia***–**** ㉔, ✆ 233113-4, ✉ jim_utopia @hotmail.com, 🖳 www.utopia-samui.com; 33 gute Bungalows mit Du/WC und Fan, z.T. ac, etwas eng stehend; täglicher Zimmerservice, in einem bunten, tropischen Garten; Restaurant am Strand, freundliches Personal; Bar (◷ 19–24 Uhr). *C@fe Network* neben der Rezeption.

Sun Garden Beach Resort**** ㉕, ✆ 418007, ✉ sungarden@sawadee.com, 🖳 www. sawadee.com/samui/sungarden; 21 saubere Bungalows im Thai-Stil mit Fan oder ac, Du/WC und großer Terrasse; Restaurant und Bar am Strand; viele Stammgäste.

Noch empfehlenswert sind:

Platuna Bungalow**–**** ㉑, ✆ 424138, am Fluss, 32 Bungalows mit Fan, ac-Reihenbungalows aus Stein in der Nähe der Straße. Das Restaurant *La Terrazza* offeriert Pizza und Pasta.

Mui Bungalow***–**** ㉔, ✆ 424224, Reihen- und kleine Einzelbungalows in einer Hintergasse, trinkfeste Stammgäste, deutsches Management.

Lamai Coconut Resort**** (ac teurer) ㉕, ✆ 233236, 33 nette, gut ausgestattete Bungalows, z.T. mit Kühlschrank.

Saman's Gh.** (ac***) ㉖, einfache, saubere Zi mit Kühlschrank und TV, tagsüber laut, nachts ruhig, neben Eisfabrik, gutes Preis-Leistungs-Verhältnis.

Fantasy***–**** ㉗, ✆ 418020, ✆ 418021, 5 einfache Bungalows mit Fan und Du/WC; 7 Bungalows mit ac und renovierten Bädern; neuer Besitzer.

Weekender Resort ㉘, ✆ 424429, 232240-2, ✆ 424011, ✉ weekend@samart.co.th, 🖳 www. sawadee.com/samui/weekender/, beliebtes Mittelklasse-Hotel zwischen Straße und Strand, das in verschiedensten Gebäudekomplexen 145 sehr geräumige, gut ausgestattete Zi anbietet. Besonders bestechend ist der Blick von den Seafront Zimmern im 2. Stock des vorderen Kastens, während die Bungalows im Thaistil auch von außen ansprechend wirken. Restaurant am Pool, freundliches Management.

Coconut Beach Resort** (ac****) ㉙, ✆ 424209, 34 kleine, eng aufeinander stehende Bambushütten, die vorderen super am Strand gelegen, die hintersten größer, gut ausgestattet und mit ac.

Lamai Inn 99**** (ac teurer) ㉚, ✆ 424427, ✆ 424211, ✉ lamaiinn@samart.co.th, 🖳 www. sawadee.com/samui/lamaiinn, schöne, große Anlage mit guten, sauberen Bungalows.

Marina Villa***–**** ㉜, 30 Bungalows mit Fan und ac, 11 ac-Hotelzimmer (1500 Baht), schöner Garten, sehr gepflegt, freundlicher Service.

Sea Breeze**–**** (ac teurer) ㉞, ✆ 424258, ✆ 232173, billige, etwas enge Bungalows mit Fan und Du/WC, bessere mit ac und Warmwasser.

Golden Sand Beach Resort ㉟, ✆ 424031-2, ✆ 424430, ✉ goldsand@samart.co.th; schöner Garten, eng nebeneinander stehende Bungalows, nur noch wenige billige mit Fan, sonst Komfort-Zi mit ac, Minibar und TV, auch im 2-stöckigen Hotelgebäude, für 1000–2700 Baht je nach Saison und Ausstattung bzw. Lage.

Aloha Resort ㉟, ✆ 424014-6, 424418, ✆ 424419, ✉ aloha@samart.co.th 🖳 www.sawadee.com/ samui/aloha; Mittelklasse-Anlage mit vielen Pauschaltouristen, U-förmig zum Meer hin offen um den Pool herum, 3-stöckige Häuser mit 45 großen Komfort-Zimmern mit ac, Bad, Warmwasser und TV ab 2600 Baht, 20 ältere ac-Bungalows ab 2200 Baht; Deluxe Seaview 3000 Baht. Restaurant, abends häufig Live-Musik, schöner Pool mit Kinderbad und Jacuzzi; Internet-Service.

Am südlichen Ende ist es an vielen Stellen ganzjährig möglich zu schwimmen. Hier tummeln sich vorwiegend Traveller mit geringem Budget. U.a.liegen hier:
Lamai Pearl*– ㊴, ✆ 424294, ungepflegte, hässliche Anlage, Bretterbungalows mit Terrasse auf Betonstelzen dicht an dicht, 2-stöckige Reihenhäuser, soll renoviert werden. Restaurant *Zick Zack* des Österreichers Rossi.
Bill Resort** ㊴, ✆ 424403, 📠 424286, schöne Anlage, Garten mit Pflanzen und Palmen, 41 Bungalows mit ac, davon 3 am Strand; gutes Restaurant, angenehme Atmosphäre.
Paradise Bungalow ㊴, ✆ 424290, neue Steinbungalows und Häuser mit je 4 ac-Zimmern.
Green Canyon*– ㊵, ✆ 424292, auf dem Hügel an der Straße, ohne Meersicht, 15 am Hang verteilte, kleine Betonbungalows; Restaurant mit guter Atmosphäre, viele junge Traveller, sehr freundliche Leute.
Lamai Chale't**–** ㊶, ✆ 233232, 61 kleine und große Hütten mit und ohne Du/WC und größere ac-Steinbungalows am Strand. Beach-Bar, dahinter Restaurant, kleiner Pool.
Amity*– ㊷, ✆ 424084, die billigsten Hütten ohne Fan und WC, die besseren mit; bewohnt von Althippies und Jüngeren, lockere Atmosphäre, gutes Essen; nicht besonders sauberer Strand.
White Sand*– ㊷, ✆ 424298, berühmte Anlage der ersten Generation: Die einfachen Hütten am Strand sind allerdings fast immer belegt; bessere Hütten weiter hinten. Etwas für Nostalgiker, die darüber hinwegsehen können, dass die Anlage doch recht heruntergekommen ist. Sonntags Flohmarkt. Sehr freundliche Besitzerin.
Samui Beach Resort*** (ac****) ㊸, ✆ 424033, 📠 418404, 💻 www.samuibeach.com; Bungalows, Reihenhäuser und 2-stöckige Reihenhäuser aus Beton, Pool.
Nice Resort** ㊸, ✆ 424432, 📠 424028, ✉ nice1@sawadee.com, 💻 www.kohsamui.net/nice1; saubere, gepflegte, aber recht heiße Beton-Anlage, 2 Reihenhäuser, Zi mit Fan oder ac; Video-Restaurant am Strand, Pool, Jeep und Mopeds zu mieten; viele junge Touristen.
Sunrise Bungalow**** (ac teurer) ㊹, ✆ 424433, 232383-4, 📠 424057, ✉ gecko@samart.co.th, 💻 login.samart.co.th/~gecko/; an der Zufahrt zu *Hin Ta–Hin Yai*, schön angelegter Garten mit kleinem Wasserfall, z.T. zwischen den Felsen, 20 ansprechende Bungalows verschiedenen Stils, z.T. gute Aussicht, 5 Bungalows mit ac, TV und Kühlschrank; gutes Schwimmen bei hohem, ruhigem Wasser zwischen den Felsen oder am kleinen, steil abfallenden Sandstrand, sonst 100 m weiter; Auto und Moped zu mieten.
Grand Rock Resort*** (ac****) ㊺, ✆ 01-0866473, ✉ Newgrandrockresort@hotmail.com, wenige verschiedenartige, saubere Bungalows in gepflegtem Felsgarten, Restaurant; unter Leitung des Franzosen Jacky.

SÜDLICHE KÜSTE – Am steinigen, flachen Strand liegen entlang der Straße:
Samui Park Resort ㊻, ✆ 424008-10, 📠 424435, ✉ samuipark@sawadee.com, 💻 www.kohsamui.net/samuipark; Mittelklasseanlage, 60 komfortable ac-Zi ab 2000 Baht in 5-stöckigen Hotelgebäuden. Neuer Besitzer, mit vielen Verbesserungen ist zu rechnen.
Noi Bungalow**–* ㊼, ✆ 424562 , ✉ noibungalow@hotmail.com, 💻 www.noibungalow.8m.com, verschiedenartige Bungalows von sehr einfach ohne Du/WC bis komfortabel mit ac und Warmwasser. Der Besitzer Gabor spricht neben vorzüglichem Deutsch auch mehrere südeuropäische Sprachen. Restaurant & Bar mit lockerer, angenehmer Atmosphäre.
Rocky Resort**** (ac z.T. teurer) (51), Gut abgeschirmt vom Straßenlärm, besitzt einen privaten Sandstrand, von runden Felsen eingerahmt. Das 100 m entfernte Riff bricht die Brandung, daher ist es hier im Winter angenehm, im Sommer jedoch zu flach zum Schwimmen.
Hübsche Bungalows, Swimming Pool über dem Strand, englisches Management.

Essen

Es gibt jede Menge Restaurants und Straßenküchen, die durchweg gelobt werden.

Landhaus, Michael aus Kärnten serviert seit mehr als 10 Jahren deftiges europäisches Essen in großen Portionen; viele Stammgäste.

Tonys Bratpfandl, ab 16 Uhr ist Tony immer für einen Schwatz zu haben, und seine Frau serviert typisch bayerische Spezialitäten.

Sala Thai, Thai und europäische Gerichte, vielgelobte Küche, normale Preise.

Chuan Chim, einfaches, bei Insidern sehr beliebtes Restaurant.

Eldorado, leckere europäische und Thai-Küche wird von einem Schweden sehr ansprechend serviert. Für Gäste steht ein großer Billardtisch zur Verfügung.

CafeCafe, kleines, gutes Restaurant.

Renu Grill, frischer Fisch u. Seafood, guter Service.

Am Nordende des Strandes sitzt man sehr schön auf der Terrasse des **Star Bay,** Thai- und europäisches Essen abseits vom Trubel zu vernünftigen Preisen.

Pizza Garden, in einem nettem Gartenlokal serviert Christian hervorragende Pizza, super Käsespätzle und Filterkaffee mit Apfelkuchen.

Sonstiges

AIRPORT TRANSFER – Verschiedene Reisebüros bieten Abholservice vom Hotel, als besonders zuverlässig gilt **Weekender Travel.**

BÜCHER – **Flamingo Bookstore,** riesige Auswahl auch an deutschen Taschenbüchern zum Tauschen oder Ausleihen; Telefon- und Faxservice, Flug- und Transportbuchungen.

Island Books, gegenüber von *Tapee Bungalows;* Paul aus Liverpool kauft, verkauft und verleiht Bücher in vielen Sprachen.

FITNESS – **Lamai Gym** bietet einen Fitnessraum mit einfacher Ausstattung und eine Thai-Boxschule.

GELDWECHSEL – ist alle paar Meter möglich, ⏱ 10–20 Uhr.

KAJAK – **Sea Canoe,** ☎ 230484, bietet geführte Paddeltouren entlang der Küste oder im Ang Thong Marine Park an.

KUNST – **Kunstgalerie,** ☎ 424236, ✉ thegallery @samuinet.com, 🖥 www.samuigallery.com. Der Österreicher Harry hat Originale und Kopien im Angebot. Nach Vorlage kann man sein Lieblingsporträt in Öl malen lassen.

MOTORRÄDER – werden entlang der Straßen und bei den meisten Resorts angeboten.

REISEBÜRO – In Lamai bieten ca. 60 Reisebüros ihren Service mit recht unterschiedlicher Qualität an. Das deutschsprachige Reisebüro **Weekender Travel,** gegenüber vom *Weekender Hotel,* ☎/📠 424225, ✉ info@weekender-travel.de; 🖥 www.weekender-travel.com, hat sich seit Jahren als sehr zuverlässig und kompetent erwiesen: Schnelle Online-Buchung von Bangkok Airways von und Thai Airways mit Sofortausstellung von Tickets, Flugrückbestätigung, Individualtouren auf der Insel, Speedboot-Fahrten etc.

UNTERHALTUNG – Eine Unmenge Shops, Restaurants, Bierbars und Discos ziehen dem Touristen das Geld aus der Tasche, doch meist in recht freundlicher, kaum aufdringlicher Weise. Go-Go-Bars konnten sich bisher nicht richtig durchsetzen. Für alle Pubs gilt jetzt die Polizeistunde um 2 Uhr.
Bekannte Einrichtungen sind:

Bauhaus, ☎ 233147, Disco mit gemütlicher Architektur, zieht auch Gäste von anderen Stränden an, wird ab 24 Uhr richtig voll.

Backstage Rockbar , der Schwede Kris bietet Rockmusik vom Feinsten und schafft es jeden Abend, dass sich seine Gäste wohlfühlen.

WELLNESS – **Tamarind Springs,** ☎ 424436, ⏱ 11–20 Uhr; 🖥 www.tamarindsprings.com; sehr gepflegte, saubere, schön in die Natur integrierte Spa-Anlage mit verschiedensten Gesundheitsanwendungen, gut ausgebildetes Personal, gehobenes Preisniveau; über Tamarind Hill.

The Spa, ☎ 230855, ✉ thespa@spasamui.com, 🖥 www.spasamui.com; Gesundheitsprogramme wie Reflexologie, Reiki, Dampfsauna, Yoga, Fasten ohne die vornehme, moderne Spa-Atmosphäre.

Südküste

Hier findet man keine kilometerlangen Südseestrände, sondern kleine, versteckte Buchten mit nur wenigen Bungalowanlagen. Allerdings ist das Wasser oft sehr flach oder bei Ebbe das Meer so weit entfernt, dass Baden und Schwimmen nicht immer möglich sind. Wem Ruhe und Natur mehr bedeuten als makellose, doch kommerzialisierte Sandstrände, ist hier besser aufgehoben. Allerdings haben mehrere Besitzer von unrentablen Bungalowanlagen die Hütten abgerissen und mit mehr oder weniger geschmackvollen Häuschen für Langzeiturlauber bebaut. An dieser Küste kann man nicht wie an den bekannten Stränden von Bungalow zu Bungalow gehen, um sich den schönsten selbst auszusuchen. Deshalb beschreiben wir sämtliche Unterkünfte. An der Küste entlang führt keine Straße. Die Buchten sind nur über Stichstraßen vom H4170 erreichbar.

Hua Thanon

Das traditionelle muslimische Fischerdorf mit seinem tollen Markt lohnt einen intensiveren Blick, denn die Hauptstraße säumen noch viele traditionelle Holzhäuser. Hinter den vollflächigen Fassadenöffnungen der 2–3-geschossigen, luftig gebauten Häusern verbergen sich Läden und kleine Werkstätten, während die Obergeschosse als Wohnraum genutzt werden. Die für eine natürliche Ventilation sorgenden Öffnungen unter den Dächern und Geschossdecken sind mit kunstvoll geschnitzten Friesgittern verkleidet. Weit auskragende Dächer und überdachte Veranden schützen vor heftigen Monsunregenfällen ebenso wie vor starker Sonneneinstrahlung.

Na Khai Cove

Biegt man hinter dem Dorf auf den H4170 ab, so weisen nach etwa 400 m einige Schilder nach links. Durch Palmenplantagen kommt man zu einem sehr flachen, ruhigen Strand (16 km von Nathon), der bei Ebbe weit hinaus trocken liegt.

Bang Kao Bay

Jenseits des 135 m hohen Hügels Khao Tale liegt die sehr flache Bang Kao Bay (17 km von Nathon).

Ein Riff zieht sich mehrere hundert Meter weit draußen entlang. Im **Baanthale Riverside** kann man Fischerboote anschauen und mieten.

An der südlichsten Spitze von Ko Samui (1,2 km vom H4170) steht der gelb gestrichene **Chedi Laem Sor**, auch **Pagoda** genannt. Er gehört zum gegenüberliegenden Wat mit freundlichen Mönchen und Nonnen. Direkt davor schaut ein breites Riff aus dem Wasser heraus. Bei geeignetem Wasserstand kann man hier gut schnorcheln und sieht viele bunte Korallenstöcke, allerdings kaum Fische. Beim Ein- und Ausstieg kann man sich sehr leicht an den scharfen Korallen verletzen. Richtung Osten vergrößert sich der Abstand zwischen Riff und Strand, so dass dazwischen eine Lagune entsteht, in der man bei Ebbe in noch knietiefem Wasser baden kann.

Thong Krut

Wo der H4170 dem Meer am nächsten kommt, liegt das Dorf Thong Krut an einer flachen Sandbucht. Vom Dorf aus fahren um 9.30 Uhr mehrere Boote auf die vorgelagerte Insel **Ko Tan** für 150 Baht in ca. 30 Minuten, zurück gegen 14 Uhr. Songthaews nach Nathon fahren mehrmals am Tag für 50 Baht p.P.

Pangka Bay

Diese abgelegene Bucht (15 km von Nathon) im südwestlichen Zipfel der Insel ist über einen schlechten Fahrweg von 2 km zu erreichen. Hier liegen unter Palmen und schattigen Laubbäumen verstreut viele Fischerhäuser und wenige Bungalow-Siedlungen. Bei Ebbe kann man 1 km übers steinige Watt zum Wasser wandern, immer mit Blick auf die 5 skurilen Felsen im Meer. Auch bei Flut erreicht das Wasser höchstens Brusttiefe. Kayaking ist möglich. Ruhe suchende Romantiker sind hier bestens aufgehoben. Ohne Motorrad ist man allerdings total abgeschnitten.

Übernachtung

NA KHAI COVE – *Samui Marina Cottage***** ①, (ac ab****), ☎ 233394-6, ✉ booking@ samuimarina.com, 🖳 www.samuimarina.com, 40 eng nebeneinander stehende, schön eingerichtete ac-Bungalows mit TV, Minibar und Safe, alle mit freiem Blick auf den Garten, großer Pool, in dem auch Tauchanfänger unterrichtet werden. Sehr guter Service, ideal für Familien.

Wanna Samui Resort*** (ac****) ②, ✆ 232130, ✉ wanna@sawadee.com, 🖳 www.sawadee.com/samui/wanna, gepflegte, großzügige Anlage am täglich gesäuberten Strand, 13 kleine Holzbungalows mit Fan, die alle nach frischer Farbe rufen und 12 2-stöckige Bungalows mit ac, die vordersten 4 liegen sehr schön. Sehr guter Service. Im strandnahen Restaurant kein Video, Swimming Pool, freundliche Leute; eine wohltuend ruhige Oase.

Samui Orchid Resort ③, ✆ 424017-8, ✉ orchid @sawadee.com, 🖳 www.sawadee/samui/orchid/; ausgedehntes Mittelklasse-Resort, das leicht verwahrlost wirkt. 1,- bis 3-stöckige Gebäude, Zi im Hotel mit Teppichboden, der unangenehm riecht. Palmengarten mit Restaurant, 2 Swimming Pools und Pool Bar. Bei Ebbe schauen aus dem groben Sand Felsen und Korallenbrocken heraus, auch bei Flut kann man nur selten schwimmen. Aquarium, Tiger und Leoparden im Käfig.

Central Samui Village ④, ✆ 424020, ✆ 424022, ✉ csvsamui@smart.co.th, 🖳 www.centralhotelsresorts.com, First Class-Anlage am Hang zwischen vielen Bäumen, schöne Häuser mit Zimmern ab 4000 Baht; teures Restaurant, 2 Pools, Spa, Liegestühle am Strand; Autotransport nach Chaweng.

Laem Set Inn ⑤, ✆ 424393, ✆ 424394, ✉ inn@laemset.com, 🖳 www.laemset.com; vom englischen Besitzer gemanagtes Boutique Resort mit unterschiedlichen Häusern (US$75–450, für 3 bis 10 Personen), die gekonnt in die tropische Landschaft integriert sind: einfache Strandhütten für Nostalgiker mit Safe, Minibar und Kaffeekocher; Standardzimmer mit internationalem Komfort oder Suiten, aus alten Teakhäusern konstruiert, mit eigenem Pool, Jacuzzi oder Massagepavillon, beliebt bei Hochzeitsreisenden und Familien. Schwimmkanal zur Bucht, kostenlose Kajaks und Mountain Bikes, Kinderbetreuungsservice, für Gehbehinderte steht ein Elektrowagen zur Verfügung; großer Pool, Spa, Kunstgalerie, Spielplatz, Restaurant. Ein besonderer Platz für besondere Leute.

Waikiki** ⑥, neben dem Wat bei der Pagoda, steht zum Verkauf, es werden aber 10 große aber ungepflegte Bungalows mit Fan in super Lage vermietet.

THONG KRUT – hier kommt der H4170 dem Meer am nächsten.

Thong Krut Bungalow*** (ac****) ⑦, ✆ 423117, einfache Hütten und große, gepflegte Bungalows mit ac und Minibar an einer flachen Sandbucht, gutes Restaurant, freundlicher Besitzer.

THONG TANOT – Hier wurde ein neuer Pier weit ins Meer hinaus gebaut.

Coconut Villa*** (ac****) ⑧, ✆/✆ 423151, 🖳 www.sawadee.com/samui/coconutvilla; etwas eng bebaute, gepflegte Anlage am sehr flachen Strand, 20 einfache, saubere Holzbungalows mit unterschiedlichen Außenanstrichen wie lila und blau, mit Fan oder ac, 23 Steinhäuser mit ac, davon 9 sehr große für 3–4 Pers. Restaurant, Strandbar, Billardtisch, schöner Swimming Pool am Strand, nette Sicht auf Ko Tan; Jeep und Motorräder zu mieten. Sehr ruhig.

PANGKA BAY – **Emerald Cove Bungalows*****
⑨, ✆ 423082, einfache und bessere Bungalows.
Pearl Bay** ⑩, ✆ 423110, einfachste Hütten am Hang am Ende der Bucht, zur Zeit kaum bewohnbar, ein Haus für Langzeiturlauber ist im Bau, mäßiges Restaurant.
Seagull Bungalow**-*** ⑪, ✆ 423091, direkt dahinter, unterschiedliche Hütten aus Holz und Stein mit Du/WC und Fan, gekonnt in die Landschaft integriert, einige am üppig grünen Hang, andere direkt am Meer neben Mangroven; nettes Restaurant.

Essen

NA KHAI COVE – **Baan Lamom Restaurant**, ✆ 233146, am H4170, großes, offenes Restaurant, leckere Thai-Gerichte, Spezialität: *tom yam gung*; nette Leute. In der Nähe liegt ein kleiner Supermarkt mit Bänken, gut für ein Bier unter freundlichen Menschen.

BANG KAO BAY – Das **Hafen-Restaurant** *Ban Bangkao Seafood* verlangt normale Touristenpreise, schmutzige Umgebung.

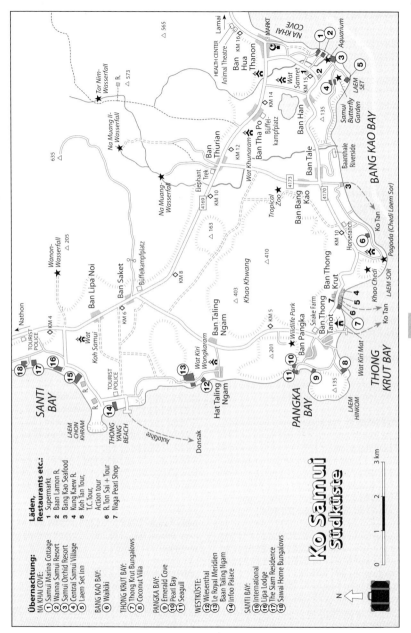

Ko Samui
Südküste

Übernachtung:

MA KHAI COVE:
1. Samui Marina Cottage
2. Wanna Samui Resort
3. Samui Orchid Resort
4. Central Samui Village
5. Laem Set Inn

BANG KAO BAY:
6. Waikiki

THONG KRUT BAY:
7. Thong Krut Bungalows
8. Coconut Villa

PANGKA BAY:
9. Emerald Cove
10. Pearl Bay
11. Seagull

WESTKÜSTE:
12. Wiesenthal
13. Le Royal Méridien
    Baan Taling Ngam
14. Infoo Palace

SANTI BAY:
15. International
16. Lipa Lodge
17. The Siam Residence
18. Sawai Home Bungalows

Läden,
Restaurants etc.:
1. Supermarkt
2. Baan Lamon R.
3. Bang Kao Seafood
4. Kung Kaew R.
5. Koh Tan Tour,
   T.C. Tour,
   Action tour
6. R. Ton Sai + Tour
7. Naga Pearl Shop

0   1   2   3 km

N

KO SAMUI, KO PHA NGAN UND KO TAO

THONG KRUT – hier gibt es viele Restaurants am Ufer, z.B.: *Kung Kaew Restaurant*, gutes Seafood direkt vom Fischer, sehr nette, hilfsbereite Leute. Bootstouren (s.u.).

Sonstiges

AUSFLÜGE – Reguläre Boote nach KO TAN (s.S. 383) gibt es in der *Na Khai Cove* beim *Baan Lamom Restaurant* um 10 und 15 Uhr.
Bootstouren nach Ko Tan zum Schnorcheln oder Angeln veranstalten mehrere Anbieter in Thong Krut und Bang Kao Bay.

ELEFANTEN – Am KM 11 des H4169, Abzweigung zum Na Muang-Wasserfall, bieten nette Mahouts eine durchaus empfehlenswerte *Elephant Trekking-Tour*, ℡ 230247, 01-6761164, durch den schattigen Wald an (800 Baht für 2 Pers.). ◷ 9–17 Uhr.

PFERDE – Die *Sundowner Horseranch*, ℡ 01-6760992, Abweigung am KM 10,5, ausgeschildert, veranstaltet Ausritte durch den Wald oder am Strand, bei Vollmond Strandpartys mit nächtlichem Reiten; deutsche Leitung.

SCHMETTERLINGE – Der **Butterfly Garden**, ℡ 424020-2, ◷ 9–18 Uhr, Eintritt 150 Baht, nicht besonders viele Schmetterlinge, aber wunderschöne Anlage, im März recht gut.

TIERSHOWS – Nicht jedermanns Geschmack, aber viele Kinder haben Freude daran.
Samui Aquarium, ℡ 424017-8, im *Samui Orchid Resort*, besteht aus mehreren Becken (insgesamt 120 m lang). Tropische Fische sowie Tiger und Leoparden im Käfig, die gegen Gebühr als Fotostaffage zur Verfügung stehen. Eintritt 350 Baht, Kinder bis 12 Jahren 150 Baht, ◷ tgl. 9–17 Uhr.
Samui Snake Farm, ℡ 423247, führt um 11 und 14 Uhr Schlangen, Skorpione und Moskitos auf liebenswürdig unprofessionelle Art vor. Eintritt 300 Baht, Kinder 150 Baht.
Samui Animal Theatre, ℡ 424406, es werden Elefanten, Affen, Schlangen, Kampfhähne und Thai-Tänze um 10, 12 und 14 Uhr vorgeführt. Eintritt 150 Baht.

WELLNESS – *Laem Set Spa*, ℡ 418063, qualifizierte Enspannungs- und Schönheitsbehandlungen in gepflegtem Ambiente.

Westküste

Die flachen Strände der Westküste sind nicht so berauschend wie die der Ostküste und nicht überlaufen. Liebhaber von Sonnenuntergängen kommen hier voll auf ihre Kosten. Wenn im Winter am Chaweng und Lamai Beach das Baden unmöglich wird, bleibt auf der Westseite im Windschatten der Insel das Meer ruhig.

Fast alle Unterkünfte liegen nicht weit vom Ferry Jetty, der Anlegestelle für die Fähre. Für An- und Abfahrt ist man allerdings auf die häufig überfüllten Pickups angewiesen, die 5–7x pro Tag die Fähre bedienen.

Übernachtung

HAT TALING NGAM – Am KM 3 des H4170 zweigt durch das Elefantentor eine Schotterstraße (1 km) ab zum Strand Hat Taling Ngam (10 km von Nathon), wo noch viele Fischerhäuser stehen.
*Wiesenthal*** (ac****) ⑫, ℡ 235165, ⌨ www. sawadee.com/samui/wiesenthal/ in einer Palmenplantage, schöne, locker verteilte Bungalows, auch Doppelbungalows mit Verbindungstür; Restaurant.
Le Royal Meridien Baan Taling Ngam ⑬, ℡ 423019-22, ✉ meridien@sawadee.com, ⌨ www .meridien-samui.com; exklusive Luxusanlage weithin sichtbar an einem Hügel, 72 separate, großzügige Bungalows, einige am Strand, 76 ac-Zi mit Balkon (ab US$300); da der Strand kaum mittelmäßig ist, führt ein Badesteg zum tieferen Wasser, zudem bringen Boote die Gäste zum Baden an andere Strände. Tauchschule.
*Infoo Palace*** (ac****) ⑭, ℡ 423066, kleine, nette Bungalows, 1 Minute am Strand entlang zur Fähre.

SANTI BEACH – An der Zufahrtstraße H4174, 3 km nördlich vom Jetty, erstreckt sich dieser ruhige, schmale Strand (6 km von Nathon), der ganzjährig bei hohem Wasserstand zum Schwimmen und für kilometerlange Wanderungen geeignet ist. Kein Rummel. Pickups kommen nur voll beladen vorbei.

International Bungalow** (ac teurer) ⑮, ☎ 423025, ✉ international@sawadee.com, 🖥 www.sawadee.com/samui/international; Bungalows und Häuser unter Palmen, offenes Restaurant *Big John Seafood* mit schöner Sicht, im anderen Restaurant jede Nacht von 19–23 Uhr Live-Musik aus den 60er Jahren und polynesischen Tanzvorführungen, gute Atmosphäre; netter Chef, arrangiert Thai-Hochzeit auf Voranmeldung; vermietet einen Jeep und Mopeds.

Lipa Lodge***(ac****), ⑯, ☎ 077 423028, 🖨 077 423022, Lipalodge@hotmail.com, 🖥 www.sawadee.com/samui/lipalodge/ an einem ruhigen Strand, schöne, weitläufige Anlage in tropischem Garten mit 18 Bungalows, von denen einige etwas planlos renoviert wurden; gutes und sehr sauberes Restaurant direkt am Wasser; nette Thai Besitzer. Geplant ist ein Spa und 80 Hotelzimmer.

The Siam Residence ⑰, ☎ 420008, 🖨 420009, ✉ siamres@samart.co.th, 🖥 www.siamresidence.com; Luxusanlage mit exklusivem Ambiente; 20 ac-Villas von 80 m² (ab US$160); Restaurant am Strand, Pool, Fitnessraum, Tennis mit Flutlicht, österreichische Besitzer.

Sawai Home Bungalows** ⑱, zu erreichen über die Straße zum Hospital oder durchs Wat; einsame, sehr saubere Anlage mit kleinen und großen Bungalows. Hier bieten Greg und Hillary Hitt im *Samui Dharma Healing Center*, ☎ 234170, verschiedene therapeutische Techniken und geleitete Meditation an. Motorrad- und Jeepvermietung.

Wasana Gh. ⑱, gegenüber, 5 ac-Bungalows ab 1500 Baht, freundliche Besitzerin.

Ausflüge auf Ko Samui
Inselrundfahrt

Die Insel selbst hat außer ihren Stränden nichts Spektakuläres zu bieten, nichts, das man unbedingt gesehen haben sollte. Trotzdem ist eine Rundfahrt um die Insel wunderschön: die schmalen Straßen durch die Palmengärten, die tollen Ausblicke aufs Meer, die vielen Strände, die Attraktionen und „Sehenswürdigkeiten", die eine willkommene Abwechslung bieten.

Am einfachsten ist solch eine Rundfahrt mit dem Motorrad (max. 2,5 Liter Benzin) oder Jeep durchzuführen, aber auch mit dem Fahrrad ist sie möglich, manchmal muss man schieben. Schon viele Motorradfahrer wurden wegen sandiger Stellen aus den Kurven getragen und trugen böse Verletzungen davon. Die Chaweng-Pickups umrunden die Insel. Die in einigen Karten eingezeichneten Pisten durch das Landesinnere entsprechen nicht der Realität, zudem sind sie oft wegen umgestürzter Bäume oder anderer Hindernisse nicht zu befahren oder sehr steil.

Wer in Nathon auf dem H4169 im Uhrzeigersinn startet, kann nach 2 km beim **Sea Shells Museum** anhalten und sich einige schöne Muscheln anschauen. Schon die erste Steigung ist recht steil, der Ausblick zurück einen Stopp wert. Die hübsche **Kaki Bay** am nordwestlichen Zipfel erreicht man auf dem Weg, der auf der Passhöhe beginnt.

In **Ban Bang Po** kann man mit einer starken Maschine auf der *Via Panoramica* bis auf 300 m hoch fahren, in **Ban Tai** sogar bis zu einem Aussichtspunkt am *Khao Toei* auf über 400 m Höhe. Vorbei am Mae Nam Beach (von der Straße aus nicht zu sehen) geht es nun durch den regen Fischerort **Mae Nam**. Mit einer Enduro können erfahrene Off-Road-Artisten am KM 36,6 durch die Berge zum Lamai Beach fahren (ca. 15 km). Nach dem Bo Phut Beach (ebenfalls von der Straße aus nicht zu sehen), geht es am KM 33 nach links auf den H4171 zum Big Buddha Beach. Durchaus sehenswert sind die hübschen Gebäude des **Samui Airport** und die **Crocodile Farm** (hinter der Brücke nach rechts, 1 km).

Nach 22 km kommt als erste „Attraktion", der 12 m hohe, sitzende **Big Buddha** (*Phra Yai*). Die Statue steht im dazugehörigen Wat auf der kleinen Insel Ko Fan, die durch zwei Dämme mit dem Festland verbunden ist. Die vergoldete Statue ist weder alt noch besonders schön, aber gegen den blauen Himmel und das tropische Meer verfehlt sie mit den beiden Wächterfiguren ihre Wirkung nicht. Die Läden mit großer Auswahl an Andenken, Kunsthandwerk und Thai-Essen kennzeichnen diesen Platz als beliebtes Ausflugsziel, vor allem für Thai-Touristen.

Eine Betonstraße führt durch Palmenplantagen in den nordöstlichen Zipfel der Insel. Unterwegs sollte man nicht versäumen, einen Blick auf den **Choeng Mon Beach** zu werfen. 700 m hinter

Choeng Mon führt links ein 800 m langer, ausgewaschener Weg zum Aussichtspunkt bei der **Thong Rang Bay**: schöner Blick bis Thong Ta Khien, über Palmenhaine und bewaldete Hügelketten; vormittags bestes Licht.

Von der Straße zum Chaweng Beach (4 km) bieten sich weitere schöne Ausblicke aufs Meer, vormittags bestes Licht. Vom öffentlichen Strand in der Mitte des Chaweng Strandes überblickt man die herrlich geschwungene **Bucht** mit der Insel Ko Mat Lang im Hintergrund. Weiter geht es über die schöne Bergstrecke nach Süden. Schon auf dem ersten Pass zwischen Chaweng und Lamai lädt das *Bird's Eye View* zu einem Aussichtsstopp ein, gleich danach geht es rechts hoch zum *Bay View Restaurant* mit einer Aussichtsterrasse. Auf dem zweiten Pass lässt sich im *Beverly Hills Cafe* bei einem Drink die herrliche Sicht genießen.

Nach den Ausblicken auf die Thong Ta Khien Bay sollte man nicht versäumen, am KM 22,5 oder 22,4 nach links zum Strand abzubiegen und von einem der schön angelegten Restaurants einen Blick auf die Bucht von Lamai zu werfen.

Wer ein geländegängiges Fahrzeug und einen gewissen Orientierungssinn besitzt, kann am KM 21,8 nach rechts zu einer schönen Rundfahrt durch die Plantagen und Gärten von Lamai abbiegen. Wer sich nicht durch Seitenwege beirren lässt, trifft nach 9 km am KM 19,1 wieder auf die H4169.

In **Ban Lamai** geht's in der Kurve nach rechts zur **Cultural Hall**. Hier werden hauptsächlich Gegenstände ausgestellt, die chinesische Händler im letzten Jahrhundert auf die Insel brachten, wie Waffen, Teegeschirr, Instrumente und Uhren, aber auch alte, landwirtschaftliche Geräte.

Am KM 18,8 kann man mit einer Off-Road-Maschine (oder zu Fuß) den 1000 m langen, steilen Weg zum Aussichtspunkt **Doi Tai Views** in Angriff nehmen. Eine herrliche Rundsicht belohnt für den schweißtreibenden Aufstieg.

Am Ende des Lamai Beach biegt man am blauen Schild bei der Tourist Police ab zum **Wonderful Rock**. Vor allem Thai-Touristen zieht es hier zu den naturalistisch geformten Felsen „Großvater und Großmutter" (Hin Ta–Hin Yai). Europäischen Besuchern gefällt vielleicht die tosende Brandung besser, vor allem in der Regenzeit.

Am KM 17 zweigt etwas versteckt eine Naturstraße durch Palmengärten ab. Nach 1 km wird sie

so steil, dass nur geübte Motorradfahrer hochkommen. Nach weiteren 300 m erreicht man schweißgebadet den Aussichtspunkt **Overlap Stone**, von dem sich ein wunderschöner Blick auf die Südküste öffnet. Hier hat ein Deutscher das **Overlap Herbal Spa**, ✆ 01-8923132, mit Dampfbad aufgebaut. Im Wat Sila Ngu am Meer steht ein kleiner, vergoldeter Schrein. Beim KM 16 bietet das **Samui Animal Theatre** Vorführungen an.

Ban Hua Thanon ist das einzige von Moslems bewohnte Fischerdorf der Insel. Die farbenfrohen Boote hatten die Fischer aus ihrer einstigen Heimat Pattani mitgebracht. Da der Fang in den letzten Jahren stark zurückging, vor allem wegen der kommerziellen Trawlerflotten, sind die Einwohner in Armut versunken. Den frischesten Fisch der Insel kann man auf dem Markt des Dorfes kaufen.

Am KM 14,5 zweigt ein Betonweg nach links zum **Wat Samret** ab, wo ein weißer Jade-Buddha und viele Korallen-Buddhas in einer Scheune zu sehen sind. Am KM 12,9, gegenüber vom **Wat Khunaram**, in dem ein mumifizierter Mönch ausgestellt ist, zweigt ein sehr steiler und schlechter Fahrweg durch Palmen ab, der nach ca. 2 km im dichten Wald den Wasserfall **Tar Nim** erreicht. Er besteht aus mehreren Stufen von insgesamt ca. 60 m Höhe und bildet einige kleine Pools zum Erfrischen. In der Nähe liegt ein Restaurant, ✆ 424479, das von den *Mahouts* geleitet wird.

Am Ende des Dorfes Ban Thurian zweigt der 1 km lange Weg zum **Na Muang-Wasserfall** ab. Hier plätschert ein Bächlein in einigen Stufen 20 m herunter. Im Pool baden viele Thais – vor allem am Wochenende – ausgiebig (kurz vor Sonnenuntergang lässt der Andrang nach). Hier startet die *Elephant-Trekking-Tour* durch den Wald (s. S. 378).

Jetzt nimmt man in Ban Thurian den H4173 3 km Richtung Meer, nach 2 km liegt rechts der **Tropical Zoo**. Nochmals rechts (1,7 km) und dann wieder links (Schild) geht es zur **Pagoda** (*Chedi Laem Sor*), die sich eindrucksvoll gegen das Meer abhebt.

Biegt man dagegen bereits hinter Ban Hua Thanon auf dem H4170 nach Süden ab, stößt man bald auf die Abzweigung zum **Aquarium** beim *Samui Orchid Resort* (s. S. 376). Gleich danach kommt am KM 15 ein ausgeschilderter Abstecher zum **Butterfly Garden** (s. S. 378). Die Anlage wirkt zwar recht schön, aber nur zur „richtigen" Jahreszeit kann man lebende Schmetterlinge sehen, z. B. im März.

Auf dem H4170 geht es weiter durch üppige Kokosplantagen. Auf dem Berg links am KM 9 steht die Ruine des **Khao Chedi**. In 10 Minuten hat man die Stufen erklommen und kann das herrliche Panorama genießen. Wer sich für Perlen interessiert, kann in Ban Thong Krut im **Naga Pearl Shop** die bei Ko Matsum gezüchteten *South Sea Pearls* bewundern. Am KM 6,1 liegt rechts die **Samui Snake Farm** (s. S. 378), die man nicht gesehen haben muss. Einsam und versteckt liegt der schöne chinesische Tempel **Wat Kiri Mat** noch weiter links am Meer. Er beeindruckt durch seine elegante Architektur und die farbenfrohen Verzierungen.

Nach weiteren Kokosplantagen, in denen links der **Wildlife Park** liegt, biegt man vom H4170 durch das eindrucksvolle **Elefantentor** zum Dorf Hat Taling Ngam ab. Nach 1 km liegt rechts das **Wat Kiri Wongkaram**, das einen mumifizierten Mönch in einem Glaskasten beherbergt. Nach einer Fahrt durch weite Reisfelder erreicht man bei Ban Saket wieder die Hauptstraße H4169. Hier zweigt eine unbeschilderte Prachtstraße der Air Force in Richtung Berge ab. Nach 500 m ist sie leider mit einer bewachten Schranke abgesperrt. Auch das malerische Kap **Laem Chon Khram** an der Zufahrtsstraße zur Fähre ist militärisches Sperrgebiet.

Auf der Hauptstraße kommt am KM 2 die Abzweigung zum **Hin Lat-Wasserfall**. Zum eigentlichen Wasserfall **Haew Khwai Tok** verläuft vom Parkplatz, rechts an den Hütten vorbei, ein schmaler, etwa 2 km langer Dschungelpfad. Bei dem kleinen Getränkestand (nur in der Saison geöffnet) kann man hinabsteigen und in dem großen Pool unterhalb des **Hu Nam-Wasserfalles** schwimmen oder sich vom fallenden Wasser massieren lassen. Kletterer können hinter der kleinen Brücke noch 500 m nach oben steigen. Wer weitergeht, lässt sich auf eine echte, schwierige Dschungeltour ein. Es ist ratsam, sich schon unten mit Trinkwasser einzudecken.

Dschungelwanderung (Leservorschlag)

Am KM 30,9 führt ein Weg vorbei an der Schießanlage in die Berge hoch. Nach 400 m wird er zu einer steilen Betonpiste, vor der man schon den 1. Gang einlegen sollte. Er endet nach weiteren 400 m. Man lässt das Fahrzeug stehen und bahnt sich durch Kokospalmen, Laubwald und Gestrüpp ca. 1,5 km einen Weg nach oben. Dann erreicht man einen Bergrücken, der die Mühsal mit einer wunderschönen Aussicht über Chaweng Beach, Big Buddha Beach und den Airstrip bis nach Ko Pha Ngan belohnt. Entdeckernaturen können sich auch noch weiter Richtung Nordwesten zum *Twin Coconut Tree* durchschlagen.

Mountainbike-Tour (Leservorschlag)

Wer das Radfahren in den Bergen trotz Hitze genießt und über entsprechende Fitness verfügt, kann den Aussichtspunkt **Woodland Park View** in Angriff nehmen. Viel Wasser mitnehmen! Ausgangspunkt ist Lamai. Aus Richtung Chaweng auf der Ringstraße bleiben bis zum KM 20 kurz hinter dem Straßenknick. Hinter der Brücke führt ein zunächst noch betonierter Weg geradeaus. Folgt bald auf der linken Seite eine kleine Manufaktur, in der Kokosnüsse verarbeitet werden, am ständigen Qualm zu erkennen, dann ist es der richtige Weg. Steigungen von über 20% sind zu erklimmen. Bei Geröll auf dem Sandweg und zu tiefen Rillen muss man schieben. Nach fast 2 Std. erreicht man den Gipfel. Überwältigende Aussicht auf die Nordküste und den Dschungel. Auf der Strecke gibt es 4 Restaurants, am ersten Aussichtspunkt wartet das *Woodland Park Resort**–**** mit netten, ruhigen Bungalows und preiswertem Restaurant. Die Abfahrt erfordert gute Bremsen und hohes Fahrgeschick.

Ang Thong Marine National Park
หมู่เกาะอ่าง ทอง

Während einer Tagestour (8.30–17 Uhr) werden 2 Inseln des 40 Inseln umfassenden Archipels nordwestlich von Ko Samui angefahren. Auf der Insel **Ko Mae** kann man den grün schimmernden **Thale Noi** bewundern, auch *Blue Lagoon* genannt, einen kristallklaren Salzwassersee. Schnorcheln an den Riffen endet wegen des meist trüben Wassers oft enttäuschend.

Auf der Insel **Wua Talap** lohnt es sich unbedingt, auf den **Utthayan Hill** zu klettern, auch wenn das 30 Min. schweißtreibende Anstrengung bedeutet. Die Aussicht auf die vielen dschungelbewachsenen Inselchen und das in allen Blautönen schimmernde Meer ist einfach betörend. Festes Schuhwerk ist ratsam. Während einige Traveller von der Tour schwärmen, empfinden sie andere als üblen Nepp. Wer auf Wua Talap übernachtet, gewinnt sicher schöne Eindrücke.

Übernachtung und Essen

Auf Wua Talap, einer Insel mit Süßwasser, steht das *Park Headquarter*. Hier kann man in den **Park Bungalows***** (eigenes Moskitonetz ist ratsam) oder in Zelten* (gegen Aufpreis mit Matratzen und Bettwäsche) übernachten. Ein Restaurant ist vorhanden, Essen auf Vorbestellung. Wer einen Aufenthalt plant, sollte gleich beim Ticket-Kauf den Termin für die Rückfahrt angeben. Um den Archipel zu erkunden, kann man sich beim *Headquarter* Sea Canoes ausleihen oder mit etwas Glück mit Fischern gegen Bezahlung Bootsausflüge machen.

Tauchen von Ko Samui aus Von Mitte Februar bis Mitte November ist Tauchsaison auf Ko Samui. Direkt um die Insel herum gibt es mehrere nette Riffe, doch es lässt sich nie voraussagen, wo und wann das Wasser klar ist. Tauchtrips und Tauchkurse können bei mehreren Reisebüros, an den Stränden und in den Stadtbüros der Tauchbasen gebucht werden. Es gibt Dutzende von Tauchschulen, von denen viele nur ein paar Jahre existieren. Gute Erfahrungen machten wir und unsere Leser wiederholt mit:

Calypso Diving, deutsche Tauchschule, ✆/📠 422437, ✉ info@calypso-diving.com, 🖥 www.calypso-diving.com; am Südende vom Chaweng Beach an der südlichen Zufahrtsstraße, engagiertes deutschsprachiges Team; PADI 5 Sterne IDC Center, 9 preiswerte Kurse auf Ko Samui und auf der schwimmenden Tauchbasis *MV Calypso* (z.B. *Open Water Diver* für 6900 Baht), gute Tauchfahrten u.a. mit einem superschnellen Offshore-Boot (Fahrtpreis 850 Baht p.P.), einem für Nachtfahrten tauglichen Safariboot sowie von der schwimmenden Tauchbasis aus (ca. 1200 Baht/Tag p.P.).

Big Blue Diving, ✆/📠 422617, ✉ samui@bigbluediving.com; bietet Kurse im Resotel und exklusive Tauchfahrten mit einem Speedboot (8 bis 10 Taucher) zum Sail Rock, Hin Samran und nach Ko Tao; ernsthaften Videofreunden steht der professionelle, schwedische Videographer und Studio-Musiker Andreas zur Seite, Videos werden mit einem Macintosh in TV-Qualität bearbeitet.

Samui International Diving School, ✆ 422386, 413050, 📠 231242, ✉ info@planet-scuba.net, 🖥 www. planet-scuba.net; an allen Stränden vertreten. PADI 5 Sterne IDC Center, alle Kurse vom Anfänger bis Instruktor sowie Nitrox, u.a. auf Deutsch. Tauchboote, Live-aboard, tgl. mit Speedboot nach Ko Tao.

The Dive Shop, ✆/📠 230232, ✉ diveshop@samart.co.th, 🖥 www.thediveshop.net; im Zentrum von Chaweng Beach, PADI 5 Sterne IDC Center mit 6 Instruktoren. PADI-Kurse u.a. auf Deutsch, Tagesausflüge, 2-Tage-Live-aboard nach Ko Tao, Nitrox-Tauchen.

Dive Point, ✆/📠 421371, 🖥 www.divepoint.com; am Chaweng Beach bei O.P. Bungalow, PADI-Kurse u.a. auf Deutsch, bietet 25 m-Boot bei Ko Tao für Live-aboard.

Easy Divers, ✆ 413372-3, 📠 413374, ✉ easy@samart.co.th; 🖥 www.thaidive.com; Tauchschule in Ko Samui, die überall mit selbständigen Franchise-Unternehmen vertreten ist.

Zwei Einführungstauchgänge für Anfänger kosten 1500–2800 Baht (inkl. Ausrüstung), je nachdem, ob vom Ufer oder vom Boot aus getaucht wird. Ein Tauchgang ohne Führer, Boot oder Ausrüstung kostet 500–600 Baht, ein PADI-Kurs zum *Open Water Diver* ab 6900 Baht.

Die häufigsten **Touren** von Ko Samui (inkl. 2 Tauchgänge) gehen nach:
Sail Rock – Felswand-Tauchen, Großfische, interessante Kamin-Höhle (ca. 1800–2350 Baht); von superschnellen 30 Min. bis zu 2 1/2 Std. Anfahrt.
Marine National Park – bunte Korallenriffe und Rifffische an kleinen Inseln (ca. 1800–2350 Baht).
Südliche Inseln – recht gute Riffe, aber selten gute Sicht (ca. 2150 Baht).
Ko Tao – große Auswahl an Tauchplätzen (Tagestour ca. 2800 Baht, 2 Tage / 1 Nacht 4800 Baht).

Tgl. um 8.30 Uhr laufen Boote verschiedener Veranstalter aus, die je nach Typ 1–2 1/2 Std. für einen Weg brauchen und inkl. Soft Drink, Snack und einfachem Lunch ab Nathon und ab Bophut ca. 500 Baht p.P. kosten, ab Chaweng ca. 700 Baht (inkl. Transfer), Eintritt zum Nationalpark 200 Baht. Maske und Schnorchel können für 50 Baht ausgeliehen werden, Flossen 50 Baht extra. Insgesamt sind die Teilnehmer von 7.30–19.30 Uhr unterwegs, davon ca. 7 Std. im National Park. Mit Speedboot wird die Tour ab 1100 Baht (inkl. Schnorchelausrüstung) angeboten.

Mit **Blue Stars Sea Kayaking**, Chaweng Zentrum, können begleitete Touren mit **Seekajaks** durch die nördlichen Inseln unternommen werden.

Südliche Inseln

Südlich von Ko Samui bilden 7 Inseln den **Katen-Archipel**. Die größte, **Ko Tan**, ist eine nette, kleine Insel zum Entspannen. Der Ort **Ban Ko Tan** liegt am 1 km langen Sandstrand im Osten der Insel. **Ko Mat Sum** besitzt einen Kiesstrand – gut zum Schwimmen, und mehrere kleine, von Korallen- und Muschelstücken durchsetzte Sandstrände. Die Korallenriffe vor dieser Insel sind für Anfänger gut zum Schnorcheln geeignet (falls die Sicht mal nicht miserabel ist). Am südlichen Ende werden von **Naga Pearl Farm** die seltenen *South Sea Pearls* gezüchtet (Pauschaltour 1300 Baht). Die Inseln **Ko Mod Dang**, **Ko Rab** und **Ko Mat Kong** sind für ihre schneeweißen Strände berühmt.

Tan Village Bungalows**–***, ✆ 01-9684131, bei Ban Ko Tan am nördlichen Ende des Strandes an der Ostküste, gute, saubere Bungalows, nett eingerichtet, mit Fan und sauberer Du/WC, trotz Moskitogitter ist ein Moskitonetz ratsam; liebenswerte Gastgeber, deren Essen man teilt; lauter Generator bis 22 Uhr; Ausflüge nach Ko Matsum für 300 Baht / Boot.

Auf Ko Tan gibt es 3 weitere Anlagen*–***, die in der Regenzeit schließen und in dieser Zeit den Strand nicht reinigen.

Auf Ko Rab liegt ein Resort*** am Strand.

In der Regenzeit fahren nur selten Boote ab Thong Krut zu den Inseln.

Nach KO TAN fahren Boote mehrmals tgl. (zumindest um 10.20 und 16 Uhr) ab Thong Krut und ab Thong Tanot für 50 Baht in ca. 30 Min.; zurück um 8 und 15 Uhr. Auch werden von Thong Krut und Bang Kao Bay Tagestouren nach Ko Tan zum Schnorcheln oder Angeln angeboten. Von manchen Bungalows an der Südküste kann man Boote mieten und selbst eine Tour arrangieren. Auf die Anschläge achten.

Ko Pha Ngan   เกาะพงัน

20 km nördlich von Ko Samui liegt **Ko Pha Ngan** (häufig auch *Koh Phangan*). Mit 19 km Länge, 12 km Breite und 168 km² Fläche ist die Insel etwa 2/3 so groß, hat aber einen völlig anderen Charakter. Während Ko Samui weich und einschmeichelnd wirkt, zeigt sich ihr kleineres Gegenüber eher von der rauen, ungezähmten Seite. Ein Drittel der Insel besteht aus bewaldeten, bis zu 630 m hohen Bergen. Die gut 10 000 Einheimischen sprechen Ko Pha Ngan ungefähr „Ko Pa-hahn" aus.

Die Strände von Ko Pha Ngan

Auf der Insel sind mittlerweile 26 Strände erschlossen. Die leicht erreichbare Westküste mit ihren hellen, palmengesäumten Sandstränden bietet bei hohem Wasserstand einen Anblick, der den Träumen aus dem Südseebilderbuch nahe kommt. Bei niedrigem Wasserstand wird eine Wattebene freigelegt, die bis zum weit vorgelagerten Riff mit Muschel- und Korallenschrott durchsetzt ist. Bedeutend schöner wirken die kleinen Buchten im Nordwesten, die sich wenigstens bei Flut sehr gut zum Schwimmen und Schnorcheln eignen. Der beliebte, einst traumhafte Hat Rin Beach an der Südspitze ist total überlaufen, von der Drogenszene heimgesucht und für Ästheten und Ruhesuchende nicht zu empfehlen. Die schönen Sandbuchten an der felsigen Ostküste sind recht abgelegen und lassen sich fast nur per Boot erreichen.

Eine Ringstraße ist seit langer Zeit im Bau, aber es wird noch Jahre dauern, bis sie vollendet ist. Ei-

Übernachtung:

THONG SALA BEACH:
- ① Boon Café
- ② White West Pungiae Hut,
  Sundance,
  Pha Ngan Villa
- ③ Moonlight,
  Sea Gate Resort,
  Weangthai Bungalow,
  Coco Garden
- ④ Or Rawarn Resort,
  Golden Light,
  Charm Beach,
  Chokana Resort

BAN TAI BEACH:
- ⑤ First Villa,
  Rung Arun Resort,
  First Bay Resort,
  Garden Lodge
- ⑥ Field Paradise Village,
  Two Rocks Hut,
  Tiu Resort,
  Siam Resort
- ⑦ Dew Shore,
  Pesch Cottage,
  Pim Bungalow,
  Maraya Bungalow
- ⑧ Ban Tai Resort
- ⑨ Hunsa Resort,
  S.P. Resort,
  Pink,
  Triangle Lodge
- ⑩ Liberty,
  Mac's Bay Resort

BAN KHAI BEACH:
- ⑪ Club Land Resort,
  Bay Hut,
  Lee Garden,
  Munchies
- ⑫ Papillon Resort,
  Copa
- ⑬ Pha Ngan Rainbow,
  Blue Lotus Resort,
  Green Peace
- ⑭ Golden Beach,
  Sun Sea Resort,
  Beer Huts
- ⑮ Thong Yang
- ⑯ Pha Ngan Island Resort
- ⑰ Silvery Moon
- ⑱ Hillside House
- ⑲ Viewpoint
- ⑳ Bang Son Villa

HAT YUAN:
- ㉑ Ocean Song Bungalows,
  Neue Anlage
- ㉒ Haad Yuan Bungalow
- ㉓ Bamboo Hut,
  Good Hope,
  Big Blue
- ㉔ New Heaven,
  Neue Anlage,
  Golden View
- ㉕ Horizon

HAT TIEN:
- ㉖ The Sanctuary,
  Haad Tien Resort
- ㉗ World Nature Resort,
  Love Tip,
  Silver Star

HAT WAI NAM:
- ㉘ Whynam Huts

HAT YAO (Ost):
- ㉙ Pioy Beach
- ㉚ Haad Yaaw Cabana

HAT YANG:
- ㉛ Yang Beach Bungalows

HAT NAMTOK:
- ㉜ Dam Bungalows
- ㉝ Kung Bungalows

HAT THONG RENG:
- ㉞ Thong Reng Resort,
  Than Sadet Resort

HAT SADET:
- ㉟ Mai Pen Rai,
  J.S. Hut,
  Nid's Bungalows
- ㊱ Silver Cliff,
  Mai Pen Rai 2,
  Piaa's Thansadet Resort
  Seaview Thansadet,
  Grookoo,
  Sunsmile
- ㊲ Tipi

BOTTLE BEACH:
- ㊳ Bottle Beach 2
- ㊴ Bottle Beach 3
- ㊵ Bottle Beach 1

KHOM BEACH:
- ㊶ Had Khom
- ㊷ Ocean View
- ㊸ Coral Bay

CHALOK LAM:
- ㊹ Thai's Life
- ㊺ Try Thong Resort,
  Fanta,
  Malibu Resort
- ㊻ Belvedere
- ㊼ Anan Gh.,
  Nanthawan Resort,
  Rose Villa
- ㊽ Seaside Resort
- ㊾ Chalokiam Bay Resort,
  Wattana Resort
- ㊿ Hin Ngam View Bungalows

MAE HAT BAY:
- 51 Utopia
- 52 Ko Ma Dive Resort
- 53 Crystal Island

- 54 Royal Orchid Resort,
  Mae Haad Bay Resort
- 55 Island View Cabana
- 56 Wang Sai Resort
- 57 Mae Had View Resort,
  Mae Haad Cove
- 58 Wang Sai Garden Resort

HAT SALAD:
- 59 Pre Bungalows,
  Haad Lad Resort,
  Green Papaya Resort
- 60 Hope
- 61 Neues Resort,
  My Way,
  Asia Bungalows,
  Coral Beach,
  Salad Hut,
  Dubble Duke

HAT KRUAT:
- 62 High Life

HAT THIAN (West):
- 63 Hat Thian Bungalows

HAT YAO:
- 64 Ben Jawaan,
  Dream Hill,
  Blue Coral,
  Graceland,
  Bayview
- 65 Long Bay,
  Silver Beach,
  Long Beach Resort
- 66 Haad Yao Bungalows,
  Ibiza Bungalow,
  Sea Board Bungalow,
  Sandy Bay
- 67 Over Bay
- 68 Tantawan

HAT SON:
- 69 Haad Son Bungalows

CHAO PAO BEACH:
- 70 Rock Garden
- 71 Green View,
  Sun View,
  Great Bay
- 72 Hut Sun,
  Haad Chao Phao,
  Jungle Huts,
  Pha-Ngan Cabana,
  Sea Flower,
  Seetanu Bungalows

SRI THANU BEACH:
- 73 Laem Son 2,
  Laem Son
- 74 Sea View Rainbow,
  The Beach Resort,
  Neues Resort
- 75 Ladda
- 76 Loy Fa
- 77 Chai Country

- 78 Nantakarn,
  Banana Beach
- 79 Neue Anlage

HIN KONG BEACH:
- 80 Lipstick Cabana
- 81 Pha-Ngan Twilight

WOK TUM BEACH:
- 82 Sukho
- 83 Woktum Bay,
  O.K.

PLAAYLAEM BEACH:
- 84 Darin
- 85 Asia Resort,
  Baan Play Laem
- 86 Sea Scene,
  Bounty,
  Porn Sawan
- 87 Cookie,
  Beach 99

NAI WOK BAY:
- 88 Neue Anlage,
  Tranquil
- 89 Siripun
- 90 Suntown,
  Phangan Bungalow,
  Roongthip

**Läden,
Restaurants etc.:**
- 1 Chalok Lum
  Diving School
- 2 White House Shop
- 3 Phangan Divers
- 4 Island Garden
- 5 Thong Sala Diving
- 6 Keda Kew R.
- 7 Donrak Garden R.
- 8 Mac Travel
- 9 Pink Travel
- 10 Agro-Tourism Center

KO PHA NGAN

KO SAMUI, KO PHA NGAN UND KO TAO

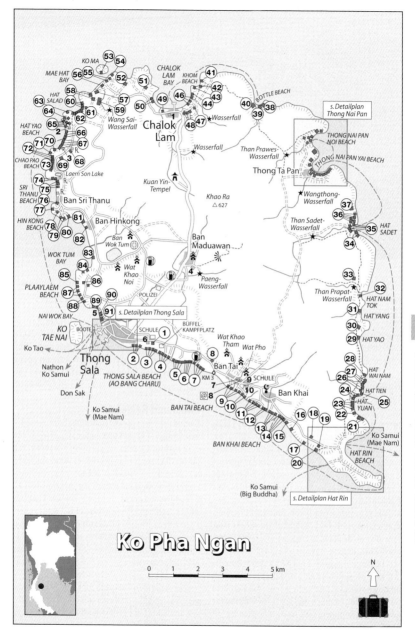

nige Teile sind schon wieder abgerutscht. Eine betonierte Straße führt von Thong Sala quer durch die Insel nach Chalok Lam, eine weitere an der Westküste entlang. Um diese kleine Runde abzufahren, benötigt man mit dem Moped etwa eine Stunde. Einige Strände der Westküste sind nur auf steilen, schlecht ausgebauten Stichstraßen zu erreichen.

Bungalows

Unter den 260 Bungalowanlagen von Ko Pha Ngan gibt es immer noch einige mit günstigen Hütten in ursprünglichen, nicht kommerzialisierten Familienbetrieben. Doch es werden laufend komfortable Resorts mit ac, Satelliten-TV und sogar Swimming Pool gebaut, die über Veranstalter oder das Internet gebucht werden können. Trotzdem konnte der Charakter von Ko Pha Ngan bewahrt werden, nur Hat Rin hat sich stark verändert.

Die ganz einfachen Bambusmattenhütten mit dünner Matratze und Außentoilette für 80 Baht scheinen nicht mehr so begehrt und werden nur noch von Langzeit-Travellern frequentiert. Die etwas besseren Bungalows mit Fan, eigener Dusche, WC und Moskitonetz ab 150 Baht sind an allen Stränden vertreten und mehr gefragt. Auch größere Bungalows für Familien und sogar Ferienwohnungen sind im Kommen. Viele Anlagen warten mit einem ganzen Sammelsurium unterschiedlicher

Bungalows auf – von der Billighütte bis zum teuren Komfortbungalow – und einem Preisspektrum von 150–2500 Baht.

Jede Bungalowanlage hat ihr eigenes Restaurant, z.T. mit wechselnder Qualität. Viele Anlagen auf der Insel leiden in der Trockenzeit unter Wassermangel. An fast allen Stränden setzt am Abend die Berieselung mit amerikanischen Videos ein. Wer keinen Wert darauf legt, muss wirklich suchen.

Klima und Reisezeit

Hauptsaison ist von Dezember bis Februar und – weit weniger – im Juli und August. Dauerregen gibt es in manchen Jahren vor allem im November. Von Juli bis Oktober ist zumeist schönes Wetter mit leichter Bewölkung, häufig ziehen aber nachmittags Regenwolken auf, die sich nur manchmal für 1–2 Stunden abregnen; allerdings können Monsunstürme tagelang gefährlich hohe Wellen verursachen.

Während im Juli und August das Wasser an den breiten Stränden der Westküste kaum Hüfttiefe erreicht, überspült sie das Meer zumeist im Oktober und November, weniger von Dezember bis Februar – nun ist die ideale Zeit zum Schwimmen.

Zur Fullmoon Party am Hat Rin Beach kommen Tausende Jugendlicher aus aller Herren Länder an den Strand gedüst, und die Bootsbesitzer fahren Sonderschichten.

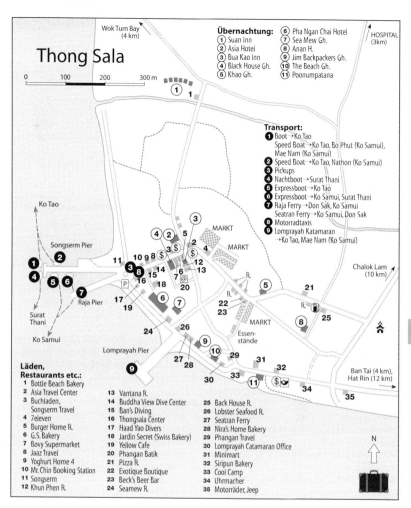

Thong Sala

ท้อง สาลา

Übernachtung:
1. Suan Inn
2. Asia Hotel
3. Bua Kao Inn
4. Black House Gh.
5. Khao Gh.
6. Pha Ngan Chai Hotel
7. Sea Mew Gh.
8. Anan H.
9. Jim Backpackers Gh.
10. The Beach Gh.
11. Poonumpatana

Wok Tum Bay (4 km)

0   100   200   300 m

HOSPITAL (3km)

Ko Tao

Songserm Pier

Surat Thani

Ko Samui

Raja Pier

Lomprayah Pier

MARKT

MARKT

MARKT

Chalok Lam (10 km)

Essen-stände

Ban Tai (4 km), Hat Rin (12 km)

Transport:
1. Boot →Ko Tao
   Speed Boat →Ko Tao, Bo Phut (Ko Samui), Mae Nam (Ko Samui)
2. Speed Boat →Ko Tao, Nathon (Ko Samui)
3. Pickups
4. Nachtboot →Surat Thani
5. Expressboot →Ko Tao
6. Expressboot →Ko Samui, Surat Thani
7. Raja Ferry →Don Sak, Ko Samui
   Seatran Ferry →Ko Samui, Don Sak
8. Motorradtaxis
9. Lomprayah Katamaran →Ko Tao, Mae Nam (Ko Samui)

Läden, Restaurants etc.:
1. Bottle Beach Bakery
2. Asia Travel Center
3. Buchladen, Songserm Travel
4. 7eleven
5. Burger Home R.
6. G.S. Bakery
7. Bovy Supermarket
8. Jaaz Travel
9. Yoghurt Home 4
10. Mr. Chin Booking Station
11. Songserm
12. Khun Phen R.
13. Vantana R.
14. Buddha View Dive Center
15. Ban's Diving
16. Thongsala Center
17. Haad Yao Divers
18. Jardin Secret (Swiss Bakery)
19. Yellow Cafe
20. Phangan Batik
21. Pizza R.
22. Exotique Boutique
23. Beck's Beer Bar
24. Seamew R.
25. Back House R.
26. Lobster Seafood R.
27. Seatran Ferry
28. Nira's Home Bakery
29. Phangan Travel
30. Lomprayah Catamaran Office
31. Minimart
32. Siripun Bakery
33. Cool Camp
34. Uhrmacher
35. Motorräder, Jeep

N

Thong Sala   ท้อง สาลา

Der Hauptort der Insel, früher ein kleines Fischer-dorf, hat sich zu einem Traveller-Ort mit allen ent-sprechenden Möglichkeiten entwickelt. Telefon-und Postamt, Supermärkte, Bäckereien, Hospital und ein Buchladen sowie Reisebüros und die ein-zigen Hotels der Insel sind zentral im Ort und in der Nähe der Piers zu finden. Selbstverständlich haben sich auch Banken mit Wechselschalter und Geldautomat, Internetcafes, Kleiderläden und Res-taurants mit Traveller-Food niedergelassen. Auf ei-nem Morgen- und einem Abendmarkt kann man sich mit frischem Obst, Gemüse und Seafood ein-decken.

Pha Ngan Chai Hotel (ab****) ⑥, ☎/📠 377068-9, ✉ pa-nganchai@thaimail.com, einst piekfeine ac-Zi mit allen modernen Einrichtungen und Teppichboden im größten Gebäude der Insel. Die Preise variieren saisonal.

Sea Mew Gh.**–*** ⑦, ☎ 01-4777076, ✉ seamew_kohphangan@hotmail.com, 🖥 www.kohphangan.com/seamew; einfache Zi im Stadthaus beim neuen Pier, davor das Restaurant *Sea Mew Hut*, Vermietung von Mopeds 120–150 Baht/Tag, Auto und Jeep 800–1000 Baht/Tag.

Jim Backpackers Gh.** ⑨, 2-stöckiges Gästehaus.

The Beach Gh.** ⑩, ☎ 377475, sauber.

Asia Hotel*** (ac****) ②, ☎ 238607, etwas zurückversetzt von der Hauptstraße, die günstigen Zi sind winzig, Du/WC ins Zi integriert, die teureren haben Hotel-Standard.

Bua Kao Inn*** ③, ☎ 377226, ✉ buakao@samart.co.th, 🖥 www.50megs.com/italasia/buakao.html; verschiedene gute Zi mit Fan oder ac. Restaurant mit frischem Filterkaffee; die Bar ist bei Ausländern beliebt, aber keineswegs billig. Jeden Fr und Sa ab 21.30 Uhr Live-Musik (Rock, Soul, Latin Jazz). Thai-amerikanische Leitung.

Khao Gh.** (ac***) ⑤, ☎ 238326, Zi mit Fan oder ac und Du/WC; Coffee Shop.

Poonumpatana** (ac***) ⑪, ☎ 377089, sauberes, chinesisches Gästehaus mitten im Ort bei der Post. Falls der Besitzer, Mr. Prakong, nicht anwesend ist, kann man ihn vielleicht gegenüber in der *Siripun Bakery* finden.

Suan Inn**–*** ①, ☎ 238248, einige kleine und große, weit auseinander stehende Bungalows mit Fan und Du/WC, sogar Heißwasser, nette Anlage mit vielen Pflanzen, 500 m nördlich von Thong Sala.

In Privathäusern werden ebenfalls Zi** vermietet.

Preiswert ist das **Vantana Restaurant**, ☎ 377024, mit Früchtemüsli, tollen Currys und vielen Cocktails. MTV in dezenter Lautstärke, britischer Besitzer.

Exzellentes Essen im **Khun Phen Restaurant**, wo sich vor allem Thais treffen.

Im **Yoghurt Home 4** gibt es u.a. gute vegetarische Gerichte und super Shakes.

In der **Bottle Beach Bakery** kann man gutes Brot und leckeres Gebäck kaufen.

Yellow Café, unter deutsch-australischer Leitung, bietet angenehmes Ambiente, gute Betreuung, echten Käse, Bohnenkaffee und vieles mehr.

Das **Jardin Secret** *(Swiss Bakery)* hat leckeres Brot.

Lobster Seafood Restaurant ist bekannt für frische Fische.

BÜCHER – Verleih und Kauf im **Bookstore**.

DROGEN – Das Gerücht, auf Ko Pha Ngan sei der Kauf und Gebrauch von Drogen (z.B. Marihuana) legal, ist gefährlicher Unsinn. Zivilfahnder verschaffen Uneinsichtigen häufig eine Nacht im Knast und einen weltweit entlarvenden Stempel im Pass.

GELD – Banken: ⏰ Mo–Fr 8.30–15.30 Uhr. Einige Geldautomaten bei den Banken in der Hauptstraße, z.B. bei der **Krung Thai Bank** auch für Karten mit Cirrus-/Maestro-Symbol.

INFORMATIONEN – Im Internet
🖥 www.pha-ngan.com (sehr hübsch),
🖥 www.kohphangan.com (informativ),
🖥 www.phangan.beckspaced.com (neueste Infos),
🖥 www.phangan.info (gute Karten) und
🖥 www.hadrin.com (Beschreibungen vieler Strände, gute Links).
Buchung der teureren Resorts auf Englisch unter
🖥 www.kohsamui.org

INTERNET – Internet-Cafés gibt es in Thong Sala und an allen großen Stränden für 2–3 Baht/Min.

MEDITATION – Das **Island Garden**, 🖥 www.islandgarden.atfreeweb.com; bei Ban Maduawan (3 km nördlich) ist ein Zentrum für Internal Arts – Übungen und Meditationen der taoistischen Tradition: Qi Gong, Tai Ji Quan, Tao Yin etc.

MEDIZINISCHE HILFE – *Hospital*, ✆ 377251, 3 km nördlich von Thong Sala. Gegen das häufig grassierende Denguefieber (auch *Dandy Fieber*) gibt es keinen chemischen Schutz (s.S. 22). Sandfliegen sind je nach Jahreszeit an einigen Stränden eine Plage. Die Entzündungen können in jeder Apotheke behandelt werden. Im Notfall helfen angeblich Kokosöl oder *Skin-So-Soft* von *Avon*.

MOTORRÄDER – Ein akzeptables Motorrad wird für 150–350 Baht pro Tag vermietet, im *Sea Mew Restaurant* ab 120 Baht. Eine 125er Enduro kann man für 250 Baht pro Tag mieten. Außerhalb der Fullmoon-Zeit lässt sich bei Langzeitmiete gut handeln. Aber Vorsicht: Die meisten „Straßen" auf der Insel sind holprige Naturwege und übelste Bergpfade, auf die sich nur geübte Fahrer wagen sollten! Viele Bikes sind nicht funktionstüchtig. Es gibt keine Straßenbeleuchtung. Motorradfahren auf dem Strand kostet 2000 Baht Strafe!

MOUNTAIN BIKES – bei *Phangan Travel* für 50 Baht/Std.

POST – mit Poste Restante: ⏲ Mo–Fr 8.30–12 und 13–16.30, Sa 9–12 Uhr.

REISEBÜROS – Viele Büros in der Nähe der Piers verkaufen Boots-, Eisenbahn- und Flugtickets aller Art, machen Rückbestätigung von Tickets, bieten Auslandsgespräche, Fax-Service, Geldwechsel, Gepäckaufbewahrung, Motorrad- und Jeep-Vermietung.
Phangan Travel, ✆ 377058, ✇ 377105, ✉ pim@ phangantravel.com, 🖥 www.phangantravel.com; verkauft Tickets, hat Fax- und Telefon-Service, vermietet Mountain Bikes und ein Speedboot.

ROLLI – Fahrer und Rollstuhl sollten reiseerfahren und geländetauglich sein. Hat Rin ist für Rolli ungeeignet. Zu empfehlen ist *Sea Scene* am Wok Tum (Plaay Laem) Beach.

SUPERMARKT – *Bovy Supermarket* hat das größte Angebot und relativ hohe, aber konstante Preise.

TELEFON – Auslandsgespräche nur von den vielen privaten *Oversea Call* Läden.

THAI-BOXEN – In der Hochsaison bis zu 2x pro Monat.

VORWAHL – 077; PLZ: 84280.

Nahverkehrsmittel

In Thong Sala warten bei jeder Bootsankunft 2 Dutzend Pickups, die erst losfahren, wenn sie voll beladen sind.

LONGTAIL-BOOTE – fahren manchmal zu den Stränden, sonst machen sie Touren.

MOTORRADTAXIS – Motorradtaxis fahren für 50–80 Baht (bis 18 Uhr) die meisten Strände im Süden, Westen und Norden an.

PICKUPS – fahren nicht nur bei Ankunft der Boote zu den Stränden, z.B. nach THONG NAI PAN (80 Baht), HAT YAO (50 Baht), MAE HAT (50 Baht), BAN KHAI (40 Baht) und HAT RIN (50 Baht).
Das silberblaue Allradtaxi von Mr. Pock und das schwarze Allradtaxi von Mr. Wat fahren um 13 Uhr nach THAN SADET für 60 Baht.

Transport

BUSSE – Von der Khaosan Rd. in BANGKOK fahren ac-Busse um 17, 18 und 19 Uhr für 500–600 Baht (inkl. Boot). Viel niedrigere Preise sind nicht reell, höchste Vorsicht ist geboten.
Von KRABI mit dem ac-Bus um 11 Uhr für 450 Baht inkl. Expressboot bzw. Fähre in 7 1/2 bzw. 6 Std. sowie um 16 Uhr inkl. Nachtboot in 14 1/2 Std.

EISENBAHN – Aus BANGKOK kommt man über Chumphon (s.S. 317) oder Surat Thani (Bahnhof Phunpin) nach Ko Pha Ngan. Reisebüros schlagen ca. 40 Baht auf die Ticketpreise auf.
Ein *Phantip*-Bus fährt vom Bahnhof Phunpin um 8 Uhr zur Fähre nach Don Sak (Abfahrt 10 Uhr).
Zurück nach BANGKOK tagsüber mit dem *Sprinter* oder mit einem Nachtzug, der am frühen Morgen in Bangkok ankommt.

BOOTE – Zu allen Booten fahren von den Stränden rechtzeitig Pickups. In der Nebensaison fahren weniger Boote.

Nach Surat Thani: Mit dem **Nachtboot** von Thong Sala um 22 Uhr in 6 Std. (plus Zeit zum Ausschlafen) für 200 Baht.

Ein Schnellboot fährt von Thong Sala um 12.30 Uhr für 250 Baht, zurück ab Tha Thong Pier.

Von Don Sak: Die *Raja*-Ferry, ✆ 077-423190, fährt direkt nach THONG SALA, in der Saison um 8, 10, 14 und 17 Uhr in 3 Std., zurück um 7, 11, 13 und 17 Uhr. Preise: 120 Baht p.P., 220 Baht/Motorrad, 350 Baht/Auto (inkl. Fahrer). Zubringer-Busse fahren ab Bahnhof Phunpin um 8 Uhr, ab Surat Thani um 6.50, 8.30, 12.30 und 15.30 Uhr.

Von Khanom: Vom Khanom Pier mit der *Ferry Line*-**Autofähre** um 10 und 18 Uhr für 160 Baht, Auto 350 Baht (inkl. Fahrer) in 3 1/2 Std. inkl. Zubringer-Bus ab Surat Thani. Zurück um 6 und 14 Uhr; der Anschlussbus kommt um 11.30 und 19 Uhr in Surat Thani an.

Von Ko Samui: Am besten mit dem klimatisierten **Katamaran**-Schnellboot *Lomprayah* (140 Sitze) vom schwimmenden Pier am westlichen Ende von MAE NAM nach Thong Sala um 8 und 12 Uhr in 30 Min. für 250 Baht. Zurück um 11.30 und 16 Uhr inkl. Transfer per Minibus an die großen Strände und zum Ko Samui Airport.

Von NATHON mit dem **Koh Tao Express** um 9.30 Uhr für 115 Baht in 40 Min., zurück um 12 Uhr.

Von NATHON mit dem *Ferry Line/Songserm*-**Expressboot** um 11 und 17 Uhr für 115 Baht in 1 Std., zurück um 6, 12.30 und 16.30 Uhr in 50 Min.

Von NATHON mit dem *Raja*-**Speedboot** um 8 und 14 Uhr für 80 Baht in 40 Min., nach NATHON um 16 und 18 Uhr.

Von den nördlichen Stränden von Ko Samui kommen nur bei ruhiger See, zumeist von Jan.–Sept., folgende Boote nach THONG SALA:

Von MAE NAM mit dem **Slow Boat** um 9.30 Uhr für 100 Baht in 75 Min., das Boot fährt weiter nach Ko Tao für 180 Baht, Ankunft ca. 15 Uhr. Zurück um 12 Uhr.

Von MAE NAM mit dem **Speedboot** um 8.30 Uhr für 300 Baht in 15 Min., das Boot fährt weiter nach Ko Tao. Zurück ca. 15 Uhr.

Von BO PHUT in der Saison mit dem **Speedboot** um 8.30 Uhr für 300 Baht in 15 Min. und weiter nach Ko Tao. Zurück ca. 15 Uhr.

Von BIG BUDDHA nach HAT RIN WEST (s.S. 393).

Von MAE NAM nach THONG NAI PAN (s.S. 400).

Nach Ko Tao (Mae Hat): Mit dem Katamaran-Schnellboot *Lomprayah* ab Thong Sala um 8.30 und 13 Uhr in 60 Min. für 350 Baht.

Das „Schönwetterboot" *Koh Tao Express* fährt um 11.30 Uhr für 180 Baht in 2 Std.

Mit dem **Expressboot** um 10 und 12.30 Uhr für 250 Baht in 1 1/2 Std.

Das **High Speed Boat** fährt um 9.30 und 12.30 Uhr für 350 Baht in 1 Std. Zurück um 9.30 und 15 Uhr.

Von Chumphon: Anreise mit dem *Songserm*-**Expressboot** für 650 Baht via Ko Tao. Billiger mit dem Nachtboot bis Ko Tao und nach dem Frühstück um 9.30 Uhr weiter für insgesamt 380 Baht. Das Chaos am Tag nach der Fullmoon Party kann grauenhaft sein, wenn jeder um einen Platz auf den Booten kämpft und total überfüllte Boote die Insel verlassen.

FLÜGE – Mit *Bangkok Airways* nach Ko Samui, mit dem Pickup-Taxi zum Big Buddha Beach für 50 Baht, dann bis 16 Uhr mit der *Seaflower* nach Hat Rin (s.S. 396) für 100 Baht und mit dem Pickup nach Thong Sala (50 Baht) oder zu den Stränden (bis 100 Baht).

Zum Airport in Surat Thani gute Verbindungen mit der *Raja Ferry* um 7 und 13 Uhr und Zubringerbusse, die um 11.30 und 17.30 Uhr ankommen.

Thong Sala Beach (Ao Bang Charu)

Ein flacher Wattstrand bildet den ersten Küstenabschnitt. Im Sommer kann man bei Ebbe im seichten Wasser bis zum Riff waten und in Vertiefungen ein Wannenbad genießen. Abends kommt das Meer zurück und bildet eine herrliche Kulisse für den Sonnenuntergang. Von Dezember bis April soll baden möglich sein. Die „Stadt" ist über den Strand leicht zu Fuß erreichbar.

Übernachtung

White West Punglae Hut**–*** ②, schöne, holzverkleidete Steinhäuser mit Strohdach, innen weiß getüncht, sauberes, gefliestes Bad, Sandgarten.

Sundance*–** ②, ✆ 238103, 15 vergammelte Hütten aus Naturmaterialien ohne und mit Du/WC, ohne/mit Fan.

Pha Ngan Villa** ②, ✆ 377083, ✉ phanganvilla @hotmail.com, gepflegte Anlage am Strand, 18 verschiedenartige, nette Holzbungalows mit Du/WC und Fan, einige direkt am Strand, freundliche Leute. Gutes Restaurant.

Moonlight** ③, ✆ 238398, kleine Mattenbungalows verstreut im sandigen Palmengarten, schattige Laubbäume, Familienbetrieb.

Sea Gate Resort*** ③, ✆ 377341, geräumige Holzbungalows in 2 Reihen senkrecht zum Strand, großes Familienhaus mit 5 Betten direkt am Strand. Sandgarten mit jungen Palmen und Laubbäumen. Gutes, gemütliches Restaurant mit vielfältiger Musik; freundliche Familie. Boot und Schnorchelausrüstung kostenlos.

Weangthai Bungalow*** (ac teurer) ③, ✆ 377247, ✉ viengthaiphangan@hotmail.com, Fan-Zi in einstöckigem Reihenhaus senkrecht zum Strand, ac-Zi in 2-stöckigem Reihenhaus, hinten einige Bungalows. Vorsicht, aggressiver Hund.

Boon Café** ①, Gästehaus, auffälliger Klotz direkt an der Straße, für einen Urlaub ungeeignet.

Coco Garden** (ac***) ③, ✆ 377721, hübsch anzuschauende Bungalows mit eindrucksvollen Balkongeländern, vorne mit Fan, hinten ac; Sandgarten mit Palmen, Restaurant mit Bodenkissen, freundliche Leute.

Or Rawarn Resort** (ac***) ④, ✆ 377713, 🖳 www.or-rawarn.20m.com, gestrichene Bretter-Bungalows mit grünen Dächern und offener Du/WC, günstige Zi hinten im Gh., Restaurant mit Bodenkissen vorne, Sandgarten mit Palmen.

Golden Light**–*** ④, ✆ 377468, Bungalows verschiedensten Alters und Stils, auch Doppelbungalows in großem Gelände zwischen Strand und Straße, manche hinter der Lagune, die Gartenanlage zeigt guten Willen, familienfreundlich, Volleyballnetz am Strand.

Charm Beach*–*** ④, ✆ 377165, 🖳 www.triptrekkers.com/charmbeach; verschiedenartige Einzel- und Doppelbungalows; sehr schöne Thai-Stil-Häuschen stehen zwischen Billighütten und alten Steinhäuschen im Sandgarten mit großen Laubbäumen. Sauberes Restaurant weiter hinten, gute Küche, freundliche, hilfsbereite Leute, viele Hunde, angenehme Atmosphäre; Boot und Schnorchelausrüstung kostenlos.

Chokana Resort**–*** (ac****) ④, ✆ 238085, verschiedenartige Bungalows sowie ein Familienhaus mit ac und Warmwasser-Du/WC. Sandgarten mit Palmen und Schatten spendenden Bäumen, hinten Rasen; Strand-Restaurant.

Keda Kew Restaurant, an der Abzweigung zum *Sea Gate Resort*; der offene Gastraum ist um die Küche angeordnet, so dass man beim Kochen zuschauen kann. Empfehlenswert.

Ban Tai Beach

Dieser schöne, ruhige Strandabschnitt in der Mitte der Sunset-Küste besteht aus etwas grobem, aber sauberem Sand. Das flache Riff vor dem fast ebenen Wattstrand zieht sich weit draußen entlang. Im Sommer ist Baden nur bei hohem Wasserstand an wenigen Stellen möglich. Im Ort Ban Tai, 4 km von Thong Sala, gibt es eine Tankstelle, eine Sanitätsstation, mehrere Restaurants und einen Laden, in dem man Mopeds leihen kann. Im kleinen Fischerhafen kann man Bootstrips arrangieren. Songthaews von Thong Sala kosten 20–30 Baht, Motorradtaxis 30 Baht.

Auf dem Hügel liegt das **Wat Khao Tham** mit schöner Aussicht und 10-tägigen Meditationskursen (s.u.), etwas weiter landeinwärts das **Wat Nai**.

First Villa**** (und teurer) ⑤, ✆ 238352, ✉ firstvilla@kohphangan.com, 🖳 www.kohphangan.com/firstvilla; solide, dicht aufeinander stehende, natursteinverkleidete Einzel- und Doppelbungalows mit ac in gepflegtem Garten. Dicht am Strand ein 2-stöckiges Hotelgebäude mit gut ausgestatteten ac-Zimmern und einer Suite mit Jacuzzi; Pool am Strand, der mit Rohren und Steinen befestigt werden musste. Satelliten-TV; Jeeps, Mopeds, Kanus, Tauchschule; Abholservice.

Rung Arun Resort*** (ac****) ⑤, fein eingerichtete Bungalows mit Badewanne, ganz in Blau gehalten, vorne am Strand sowie ein Doppel-Holzhaus weiter hinten. Liebevoll angelegter Garten, Restaurant mit Sitzpolstern.

First Bay Resort** ⑤, ✆ 238363, einfache Einzel- und Doppelbungalows aus Beton am Strand und dahinter.

Garden Lodge**** ⑤, große, fein eingerichtete Zi in Gartenanlage mit Pool, direkt hinter *First Bay*. Für Familien geeignet.

Field Paradise Village**–**** ⑥, ✆ 377338, Holz- und Bambusmatten-Bungalows, großer ac-Familienbungalow am Strand sowie 2 sehr orginelle, solide Baumhäuser mit Du/WC. Restaurant und Bar, schattiger Garten mit Hängematten. Eine beeindruckende Anlage mit fantasievollen Leuten.

Two Rocks Hut**–*** ⑥, ✆ 377544, ✉ beachtworocks@gmx.net, einfache, hintereinander stehende Bretterhütten und Reihenhaus; Thai-schweizer Leitung, Familienbetrieb.

Tiu Resort*** ⑥, ✆ 238319, große, moderne Beton-Bungalows, gutes Preis-Leistungs-Verhältnis.

Siam Resort**–*** ⑥, neue Holz- und Matten-Bungalows mit Du/WC direkt am Strand.

Dew Shore*** (ac**** und teurer) ⑦, ✆ 238128, ✉ dewshore@phangan.info, 🖥 www.phangan.info/dewshore, nette, saubere Bungalows, einige mit zwei Doppelbetten, in 2 weit auseinander liegenden Reihen, dazwischen ein liebevoll angelegter Garten. Hängematten unter Schatten spendenden Bäumen. Restaurant mit Pizza vom deutschen Bäcker und manchmal auch frische Brötchen, kleines Boot und Schnorchelausrüstung gratis, freundlicher Familienbetrieb; Abholservice.

Pesch Cottage*** ⑦, ✆ 238270, die wenigen schönen Holzbungalows am Strand werden kaum frequentiert. Die Besitzerin hat 25 Jahre in Deutschland gelebt.

Pim Bungalow** ⑦, einfache Hütten auf einem Strandgrundstück.

Maraya Bungalow*** ⑦, schöne Holzbungalows auf einem Strandgrundstück, die zur Pim-Familie gehören.

Ban Tai Resort**–*** (ac****) ⑧, hübsche Holzbungalows und gut ausgestattete ac-Bungalows an der Hauptstraße, vor dem Dorf Ban Tai.

Hunsa Resort*** (ac****) ⑨, gut ausgestattete Bungalows, große ac-Bungalows und Restaurant am Dorfstrand.

S.P. Resort*–*** ⑨, ✆ 238442, schlichte Hütten z.T. ohne Du/WC und Bungalows am Dorfstrand. Ausgezeichnetes, billiges Essen, nette Familie.

Pink** ⑨, ✆ 238235, Bungalows südlich vom Bach.

Triangle Lodge*–** ⑨, ✆ 238090, gute, saubere Bungalows, sehr ruhig, feiner Sand am Strand.

Liberty**–*** ⑩, ✆ 238171, kleine Anlage, Familienbetrieb.

Mac's Bay Resort*–*** ⑩, ✆ 238443, 30 preiswerte Bungalows mit Du/WC und Terrasse direkt am Strand, weitere, noch billigere Holzhütten weiter hinten; passables Restaurant. Hier fühlen sich die Freaks von dazumal noch wohl. Viele Langzeitgäste.

KRÄUTERDAMPFBAD – im Tempel Wat Pho (400 m links in Richtung Thong Nai Pan) von 16–18 Uhr (Schild *Sauna*).

MEDITATIONEN – 10-tägige Kurse in Vipassana- (Einsichts-)Meditation finden einmal pro Monat von Dezember bis März und Juni bis August im *Wat Khao Tham* bei Ban Tai statt. Der Kurs ist ähnlich aufgebaut wie derjenige im Wat Suan Moke (s.S. 327), Weckzeit um 4 Uhr, Mittagessen um 11 Uhr, Freizeit bis 13 Uhr; absolutes Rauch-, Sprech-, Lese- und Schreibverbot. Er wird von Steve und Rosemary Weisman, einem australisch-amerikanischen Ehepaar, geleitet. Sie sind in der Lage, auch Leuten, deren Englisch nicht so gut ist, viel über Buddhismus und Meditation beizubringen. Es liegen auch deutsche Übersetzungen des Kurses vor. Für Essen und Unterkunft sind 3500 Baht zu zahlen. Informationen und Anmeldung (am besten mehrere Tage zuvor) im Wat auf dem Hügel, 🖥 www.watkowtahm.org.

Ban Khai Beach

Dieser Wattstrand beginnt 1 km hinter Ban Tai und erstreckt sich über mehr als 2 km. Kurze Sandstrände wechseln mit flachen Felsbänken ab. Kokospalmen säumen die flache Küste. Die Straße entlang der Südküste führt durch **Ban Khai**. Motorräder und Jeeps können auf der sehr steilen Straße über die Hügel bis zum Hat Rin Beach fahren. Motorradtaxi und Pickup von Thong Sala kostet 50 Baht p.P.

Club Land Resort* ⑪, hier findet jeden Monat die *Black Moon Party* statt. An der Straße die Bar *The Place*.

Bay Hut** ⑪, ☎ 238332, gute und einfache Hütten, Terrasse überm Strand, relaxte Atmosphäre.

Lee Garden*–** ⑪, ☎ 238150, große Anlage, Mattenhütten in 3 Reihen unter Palmen, billig und familiär, bei Deutschen sehr beliebt, gutes Essen.

Munchies*–** ⑪, gute Bungalows und einfache Hütten; nur wer dort isst, ist gern gesehen.

Papillon Resort*–** ⑫, kleine Anlage mit verschiedenen hübschen Holzhütten, Restaurant am Strand.

Copa*–** ⑫, ☎ 01-8930251, wenige Hütten und gute Bungalows unter deutscher Leitung.

Pha Ngan Rainbow*–** ⑬, ☎ 238236 kleine, ruhige Anlage mit ordentlichen Bungalows, australische Leitung.

Blue Lotus Resort** ⑬, ☎ 238489, ✉ bluelotusresort@yahoo.com, 🖥 bluelotusresort.tripod.com; neue, geräumige Bungalows unter Palmen, am Strand und weiter hinten. Im zugehörigen *Ban Kai Café* werden u.a. mexikanische Gerichte serviert. Unter Thai-amerikanischer Leitung von Pong und Shana.

Green Peace*–** ⑬, ☎ 238436, Anlage aus den guten, alten Zeiten am Hafen, schöne Aussicht.

Golden Beach** (ac***) ⑭, ☎ 238074, auf dem Kap an einer Schlickbucht, einfache Hütten und einige komfortablere Bungalows mit Fan und Du/WC.

Sun Sea Resort* ⑭, ☎ 238193, 17 Hütten.

Beer Huts*–** ⑭, nahe an der Straße, einfache Hütten; nettes Restaurant, freundlich.

Thong Yang*–** ⑮, ☎ 238192, 20 Bungalows, malerisch hinter Felsen versteckt.

Pha Ngan Island Resort*–****** ⑯, angenehme, schön gestaltete Anlage mit Pool.

Auf den folgenden 2 km treten die Berge und Felsen bis ans Meer heran, nur an wenigen Stellen von Sandstränden unterbrochen.

Silvery Moon* ⑰, ☎ 238563, ganz einfache Hütten, recht malerisch unter Palmen.

An der Straße nach Hat Rin liegt *Hillside House* ⑱, ☎ 01-2293605, 01-2709447, vermietet ganze Häuschen mit herrlichem Ausblick.

Unten am Strand *Bang Son Villa*** ⑳, und unterhalb der Straße *Viewpoint*–*** ⑲.

Ban Kai Café serviert gute und preiswerte mexikanische und amerikanische Gerichte, ☉ 9.30–21.30 Uhr.

Anahata, Restaurant in Ban Khai am *Big Tree* an der Straße, in dem schwedische Köche erstklassige internationale Menüs zaubern. Sonntägliche Buffets sind der Renner; ☉ ab 19 Uhr.

Gut sortierter Supermarkt an der Hauptstraße.

Hat Rin Nai Beach (West)

Der **Sunset Beach** wird durch einen kleinen Hügel in zwei Teile geteilt. Der südliche Teil kann am besten vom Pier über den Strand erreicht werden, der nördliche über die Hauptstraße am Fuße der Berge. Einige Unterkünfte wurden im Hinterland gebaut, aber die meisten liegen am Strand. Im Sommer wird viel Müll und Kokosabfall an den Strand geschwemmt, der von den Anliegern nicht entfernt wird. Zu dieser Zeit sind viele Anlagen geschlossen oder nur um die Vollmondzeit betriebsbereit. Während der Regenzeit (Okt / Nov) sind die Strände zumeist völlig überschwemmt. Das Riff verläuft etwa 100 m vor dem Strand, dazwischen wachsen viele Korallen. Wer zur Abwechslung einen langen, feinen Sandstrand sucht, geht zu Fuß die 800 m rüber nach *Hat Rin East*.

NÖRDLICHER STRAND – **Blue Hill**** ①, weit entfernt von den anderen Anlagen. Die originellen, mit Lianen und Luftwurzeln dekorierten Hütten erstrecken sich den Hang hinauf. Bei Flut entsteht ein richtiger Sandstrand zum Schwimmen.

Tiara Place** ②, ☎ 375017, Reihenhaus-Verschläge.

Princess Resort** ③, zweistöckiges, neues, sauberes Hotelgebäude in Einfachbauweise auf hohen Betonpfählen, gute Sicht.

Bird**③, ✆ 375191, Stein- und Holzbungalows gruppieren sich ums Restaurant.

Satanai***③, etwas gepflegtere Anlage.

Sun Beach**④, ✆ 375192, blaugrün gestrichene Holzbungalows in gepflegtem Garten in drei Reihen senkrecht zum Strand.

Sandy**–***④, ✆ 375138, saubere, grau gestrichene Mattenbungalows, kleiner Garten.

Seaside**–***④, alte einstöckige und neue zweistöckige Bungalows.

Rainbow*⑤, ✆ 375293, hellblau gestrichene, vergammelte Mattenhütten, freundliche Familie.

Coral Bungalows*–**⑤, ✆ 375241, blau gestrichene Mattenhütten und viele Liegen oberhalb einer weit in den Strand hinausgebauten Korallenmauer.

Laid Back**⑤, ✆ 375241, Holzverschläge.

Phangan Buri Resort***⑥, ✆ 375330, etwas bessere, weiß getünchte Bungalows in einer angedeuteten Gartenanlage, zur Hälfte eine Bauruine.

Sook Som Bungalow*⑥, ✆ 01-9790845, alte Hütten am Strand.

IM HINTERLAND – **Pooltrap Village***⑧, abseits und sehr ruhig. Der liebenswürdige Besitzer ist Lehrer der Dorfschule.

Malai*⑩, Bungalows an der Straße.

Nee's**–****⑩, ✆ 375193, an der Straße, freundliche Familie, gutes Essen.

Garden Hill**⑩, ✆ 375033, 8 Bungalows an der Straße, 4000 Baht pro Monat.

Ringo Gh.*⑨, einfache Räume an der Straße.

Thai House***⑨, nette Bungalows in den Bergen, die über einen Fußpfad zu erreichen sind.

Mr. Chaa*⑦, in den Bergen, ebenfalls nur über den Fußpfad zu erreichen.

SÜDLICH DER ANHÖHE – **Palm Beach****⑪, ✆ 375080, ganz alte und zwei sehr schöne, neue Holzbungalows.

Haad Rin Thai Resort***⑪, ✆ 09-7702290, schöne, neue Bambusbungalows am Hang mit guter Sicht.

Sunset Bay*–**⑫, ✆ 01-3461589, ordentliche, saubere Bungalows vorne am Strand, nette Atmosphäre.

Neptune's Villa**–****⑬, ✆ 375251, verschiedenartige Bungalows, von einfachen Bretterhüt-

ten und Bungalows bis zu schmucken 1- und 2-stöckigen Häuschen mit schöner Front aus Natursteinen, freundliches Personal. Von hier an ist der Strand mit einer Mauer befestigt.

Charung****⑭, ✆ 375166, 2-stöckige Steinhäuschen mit ac.

Black & White**–****⑭, ✆ 375186, 2-stöckige Gebäude mit je 4 Zimmern, sowie Bungalows, nette Familie.

Friendly**–***⑮, ✆ 375167, vorne am Strand gute Steinbungalows, hinten alte Holz- und Bambushütten, große Wiese. Im Zentrum das Restaurant des Familienbetriebs.

Family House***(ac****)⑯, ✆ 375173, schöne Steinhäuser mit Bad, einige ac-Bungalows; daneben ragen malerische Felsen aus dem Wasser; nette Familie.

Rin Beach Resort**(ac****)㉑, ✆ 375122, ausgedehnte Anlage neben dem Fähranleger, viele Bungalows mit Fan und einige Luxusbungalows mit ac; großes ac-Restaurant, Bäckerei.

AUF DEM SÜDLICHEN HÜGEL – Sun Cliff**–*

***㉒, ✆ 375134, saubere, unterschiedlich große Bungalows am Hang zwischen Büschen, Bäumen und Felsen, einige direkt über den Klippen, nur über Betonstege erreichbar, alle mit Balkon und wunderschöner Sicht. Freundliche Familie.

Sea Breeze***–****㉓, ✆ 375162, genauso schön auf dem Hügel gelegen.

SEEKANTANG BEACH (LEELA BEACH) – Am abgeschiedenen Sandstrand liegen 3 Anlagen:

Coco Hut Village***–****(ac teurer)㉔, ✆ 375368, ✉ cocohut@hotmail.com.

Sarikantang Resort***–****(ac teurer)㉕, ✆ 375055, ✉ sarikantang@yahoo.com, 🖥 www.sarikantang.com; neue Einzelbungalows aus Holz und ein Reihenhaus aus Stein in einem weitläufigen Palmengarten, offenes Restaurant am Strand.

Leela Beach*㉖, ✆ 375094, ✉ leelabeach@hotmail.com, einfache Hütten weitläufig verteilt unter Palmen an einem schönen, privaten Sandstrand, freundliche Familie.

Auf dem Kap unterhalb des Leuchtturms liegt **Light House***–****㉗, ✆ 01-2291880, 🖥 www.

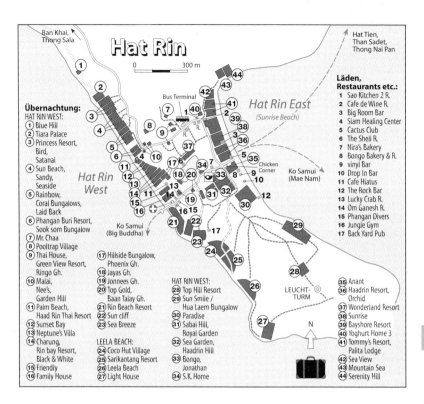

Hat Rin

0   300 m

Ban Khai, Thong Sala

Hat Tien, Than Sadet, Thong Nai Pan

Bus Terminal

Hat Rin East
(Sunrise Beach)

Hat Rin West

Ko Samui
(Big Buddha)

Chicken Corner

Ko Samui
(Mae Nam)

LEUCHT-TURM

N

Übernachtung:
HAT RIN WEST:
① Blue Hill
② Tiara Palace
③ Princess Resort, Bird, Satanai
④ Sun Beach, Sandy, Seaside
⑤ Rainbow, Coral Bungalows, Laid Back
⑥ Phangan Buri Resort, Sook som Bungalow
⑦ Mr. Chaa
⑧ Pooltrap Village
⑨ Thai House, Green View Resort, Ringo Gh.
⑩ Malai, Nee's, Garden Hill
⑪ Palm Beach, Haad Rin Thai Resort
⑫ Sunset Bay
⑬ Neptune's Villa
⑭ Charung, Rin bay Resort, Black & White
⑮ Friendly
⑯ Family House

⑰ Hillside Bungalow, Phoenix Gh.
⑱ Jayas Gh.
⑲ Jonnees Gh.
⑳ Top Gold, Baan Talay Gh.
㉑ Rin Beach Resort
㉒ Sun cliff
㉓ Sea Breeze

LEELA BEACH:
㉔ Coco Hut Village
㉕ Sarikantang Resort
㉖ Leela Beach
㉗ Light House

HAT RIN WEST:
㉘ Top Hill Resort
㉙ Sun Smile / Hua Laem Bungalow
㉚ Paradise
㉛ Sabai Hill, Royal Garden
㉜ Sea Garden, Haadrin Hill
㉝ Bongo, Jonathan
㉞ S.K. Home

㉟ Anant
㊱ Haadrin Resort, Orchid
㊲ Wonderland Resort
㊳ Sunrise
㊴ Bayshore Resort
㊵ Yoghurt Home 3
㊶ Tommy's Resort, Palita Lodge
㊷ Sea View
㊸ Mountain Sea
㊹ Serenity Hill

Läden, Restaurants etc.:
1 Sao Kitchen 2 R.
2 Cafe de Wine R.
3 Big Room Bar
4 Siam Healing Center
5 Cactus Club
6 The Shell R.
7 Nira's Bakery
8 Bongo Bakery & R.
9 vinyl Bar
10 Drop In Bar
11 Cafe Hiatus
12 The Rock Bar
13 Lucky Crab R.
14 Om Ganesh R.
15 Phangan Divers
16 Jungle Gym
17 Back Yard Pub

lighthousebungalows.com; auf einem 250 m langen Plankensteg über dem Wasser zu erreichen, die 20 Hütten und Bungalows schmiegen sich an den Hang; baden kann man zwischen den Felsen.

Essen

Einige Restaurants in der Nähe vom Pier, z.B. **Om Ganesh** mit indischer Küche, für Gäste mit viel Zeit.
Im **Lucky Crab Restaurant**, 2 Häuser weiter, einfallsreiche Küche und hervorragendes Seafood. Tipp: *sizzling seafood*.
Empfehlenswert ist das Café **Hiatus**.

Sonstiges

FITNESS – **Jungle Gym**, ✆ 375115, ✉ junglegym25@hotmail.com; 50 m vom Pier

rechts; geleitet von Wendy und Marissa aus Canada und Neuseeland, qualifiziertes Personal bietet u.a. Aerobic, Thai-Kickboxen (inkl. Diät-Beratung), Yoga; der Fitness-Raum ist nach internationalen Standards ausgestattet, *Health and Juice Bar*.

MEDIZINISCHE HILFE – **Bandon International Clinic**, ✆ 375119, am Pier, Arzt und Personal sprechen Englisch, Zahlung mit Kreditkarte möglich, 24 Std. Notdienst und Speedboat Service; Erfahrung vor allem bei Wundversorgung und Motorradunfällen. Krankheiten, die warten können, besser in Ko Samui oder Bangkok behandeln lassen.

TAUCHEN – **Phangan Divers**, ✆ 375117, ✉ info @phangandivers.com, 🖥 www.phangandivers. com; beim Pier, PADI 5 Sterne-Tauchschule, geleitet vom Deutschen Torsten Ewers, Kurse vom *Beginner* bis zum *Instructor*, zum *Open Water Diver* u.a. auf Deutsch 8000–9200 Baht; fröhliche Atmosphäre, eigenes Boot mit Sonar, tägliche Tauchausfahrten u.a zum Sail Rock für 2000 Baht, zum Marine Park und nach Ko Tao für 2200 Baht inkl. Ausrüstung.

Transport

Ab THONG SALA mit dem Jeep (nach Ankunft der Boote) für 50 Baht auf einer sehr steilen Straße. Von BIG BUDDHA auf Ko Samui mit der *Sea Flower* tgl. um 10.30, 13 und 16 Uhr für 100 Baht in 40 Min. Die Boote landen am Pier neben dem *Family House*. Zurück um 9.30, 11.40 und 14.30 Uhr. Von BAN KHAI dauert es zu Fuß am Strand entlang eine gute Stunde. Das Restaurant von *Blue Hill* lädt unterwegs zu einer Rast ein.

Hat Rin Beach

(Auch: Hat Rin East, Rin Nok Beach, Sunrise Beach) Vor einigen Jahren war bei vielen Travellern Ko Pha Ngan identisch mit diesem herrlichen, durch steile, grüne Hügel begrenzten Strand im Südosten der Insel. Berühmt wurde er in ganz Thailand durch die Fullmoon Partys, über die in der Thai-Presse jeden Monat ausschweifend berichtet wird – mit Details, die häufig der Fantasie der Reporter entspringen, aber das Blut rechtschaffener Thais in Wallung bringen. Orgien werden jedoch fast nur von Sandfliegen gefeiert, die im feinen, weißen Sand hausen. Rechts und links wird die Bucht von Korallen begrenzt (allerdings reicht die Sicht nur selten zum Schnorcheln aus). Man kann hier den größten Teil des Jahres gut schwimmen, von Oktober bis Februar kann es jedoch wegen der sehr hohen Wellen gefährlich sein. Die an diesem Strand arbeitenden Thais dulden zwar aus Geschäftsgründen „oben ohne" und den Mini-Tanga, dennoch gefällt ihnen beides nicht. So manche säuerliche Miene lässt sich damit besser verstehen. Auch wer Hippie-mäßig auftritt, kann nicht mehr mit Sympathien rechnen.

Hat Rin hat sich zu einem enorm touristischen Ort entwickelt. Das Preisniveau ist etwa doppelt so hoch wie in Nathon auf Ko Samui, die Verkäufer sind nicht gerade freundlich und lassen sich mit nicht

sich handeln. Auf der Landbrücke entstand ein richtiges Zentrum. Die beiden Dorfstraßen säumen lückenlos mehrere Diskotheken, viele Restaurants und Bars, Tattoo-Shops, Supermärkte, Internet-Cafés und Reisebüros, eine Bäckerei mit großer Auswahl, Wechselstuben und massenhaft Müll. Restaurants ohne Video-Berieselung sind kaum noch zu finden. Abends sitzen junge Damen in den Bars herum und warten auf Kunden.

Wer Ruhe sucht, ist fehl am Platz. Die ehemaligen Freaks kennen ihr geliebtes Hat Rin kaum mehr und suchen sich andere Strände.

Übernachtung

Viele Anlagen liegen z.T. sehr eng am Strand, weitere im Hinterland. Die Bungalows sind durchweg teurer als an den anderen Stränden. Vor Vollmond (s.S. 59) gibt es keine freien Zimmer, aber 2 Tage danach mehr als genug. Strand und Anlagen sind für Rollis ungeeignet. Zwischen den Bungalows drängen sich am Strand viele, z.T. 2-stöckige Bars.
Top Hill Resort*** ㉘, ✆ 375327, wunderschön auf dem Hügel im Süden gelegen, neue, saubere, geräumige Bungalows mit Fan und Bad, herrlicher Meerblick, preisgünstiges Essen, nette Familie, Fahrservice zum Strand.
Paradise*** (ac****) ㉚, ✆ 375244, am südlichen Ende, die Hütten auf den Felsen wirken ganz nett; teure Schließßfächer.
Sea Garden*** (ac****) ㉛, ✆ 375283, ✉ blackhead68@hotmail.com, unattraktive Reihenhäuser im rückwärtigen Teil.
Haad Rin Resort***–**** ㉟, ✆ 375259, Zi im Hauptgebäude und saubere, nette Bungalows mit Du/WC und Fan; bis hierher ist eine schmale Korallenbank vorgelagert, in deren Lagune viele Boote ankern.
Sunrise*** (ac****) ㊳, ✆ 375145, im Zentrum des Strandes, Hütten aus Naturmaterialien mit Fan und Du/WC, saubere ac-Bungalows; Minimarkt. Am Strand davor ekliges Abwasser.
Bayshore Resort***–**** (ac teurer) ㊴, ✆ 375227, schöne, neue Bungalows am Strand; touristische Küche. Visa- und Mastercard werden akzeptiert.
Tommy's Resort*–*** ㊶, ✆ 375253, ✉ tommy_resorts@hotmail.com, eng aufeinander stehen-

de, ältliche Bungalows; leckeres Essen, netter Service; Internet-Zugang.

*Palita Lodge**–*** (ac****) ④, ✆ 375172, 35 einfache, etwas vergammelte Holzhütten, ebenfalls am schönsten Strandabschnitt.

*Sea View**–*** (ac****) ④, ✆ 375160, etwas teure Bungalows am Strand mit Du/WC und Fan; hier sind schon wieder Steine im Wasser.

*Mountain Sea*** (ac****) ④, ✆ 375274, Hütten am Hang, steile Pfade und Betontreppen.

*Serenity Hill**–*** ④, am steilen Nordhang, wacklige Hütten und komfortable, saubere Bungalows mit herrlicher Aussicht, voll den Bässen der Stereoanlagen ausgesetzt. Viel Müll trübt den Genuss.

*S.K. Home**–*** ③, neues Guesthouse im 2. und 3. Stock eines Geschäftshauses in der Mitte der Durchgangsstraße.

*Yoghurt Home 3*** ④, neues Guesthouse 50 m vom Strand, im Viereck angeordnete Reihenhäuser.

An der Zufahrtsstraße lädt die Internationale Küche ein: Spanisch, Italienisch, Indisch, Japanisch, Nepalesisch, Thai, . . . und auch Vegetarisch.

Empfehlenswert ist das italienische Restaurant *The Shell* hinter dem Teich.

Im neuen, sauberen *Cafe de Wine* gibt es von 7–2 Uhr „Drinks and Food". Hier werden gern Geburtstags-Partys gefeiert.

Nira's Bakery in der Mitte der Durchgangsstraße, gegenüber der Post, leckere Backwaren und vieles mehr.

BOOTSTOUREN – macht *Baracuda* ab dem *Haad Rin Resort* von 10.30–18 Uhr nach Than Sadet, Thong Nai Pan, Bottle Beach und Ko Ma für 300 Baht p.P. ab 4 Pers. inkl. Maske, Schnorchel, Soft Drinks, Früchte und Dinner.

EINKAUFEN – Am Hat Rin Beach haben sich viele Berufstraveller niedergelassen, die Kleidung und Schmuck aus Nepal, Indien, Indonesien etc. verkaufen, z.T. wirklich schöne Sachen. Aber natürlich muss auch mit ihnen gefeilscht werden.

Klamotten und Taschen sind im großen *Oasis Supermarket* an der Hauptstraße recht billig, ebenso Dinge des täglichen Bedarfs. Ein *7/Eleven* hat rund um die Uhr geöffnet und verkauft das übliche Sortiment zu den üblichen Preisen.

ELEFANTENREITEN – bei *Jungle Safari*, tgl. 9–17 Uhr.

GELD – gibt es an mehreren Geldautomaten.

FULLMOON PARTY – An den Tagen vor Vollmond werden die Unterkünfte voll, und die Preise steigen. Auf der Zufahrtsstraße muss man mit Polizeikontrollen rechnen. Richtig los geht es erst am späten Abend. Es wird hauptsächlich Techno und Trance gespielt.

Gewarnt werden muss vor jungen Männern, die sich als Polizisten ausgeben und versuchen, Travellern Drogen unterzuschieben, vor allem nach der Fullmoon Party. Das ganze Jahr über finden Razzien mit zahlreichen Festnahmen statt, vor allem durch junge Polizisten in legerer Kleidung, die extra aus Bangkok anreisen.
Website: 🖳 www.thaisite.com/fullmoonparty

INFORMATIONEN – Eine interessante Website im Entstehen ist 🖳 www.realhaadrin.com

INTERNET – Hat Rin sollte ins Guiness Buch der Rekorde aufgenommen werden als Ort mit den meisten Internet-Cafés pro Einwohner.

MEDIZINISCHE HILFE – Mehrere kleine Arztpraxen und die *Bandon International Clinic*, am Pier von Hat Rin West (s.S. 393).

MOTORRÄDER – Ein akzeptables Motorrad wird für 250–450 Baht pro Tag vermietet. Am günstigsten ist ein Roller ab 150 Baht pro Tag, 125er Enduro für 250 Baht pro Tag. Außerhalb der Fullmoon-Zeit ist bei längerer Mietdauer Handeln gut möglich. Viele Maschinen sind nicht in gutem Zustand, und ungeübte Fahrer sollten sich nicht auf die Pisten wagen.

REISEBÜROS – Über einige Reisebüros kursieren schreckliche Geschichten. Zu den verlässlichen gehören u.a.: *Home Travel 1 & 2* sowie

Scorpion Travel und *Travel Center* bei Chicken Corner.

TAUCHEN – Im *Adventure Center*, ☏ 375263, gibt es u.a. Schnorchelausrüstung zu mieten / kaufen, und es können PADI-Kurse und Touren von Phangan Divers gebucht werden.

UNTERHALTUNG – In der Saison werden fast jede Nacht am Strand Feten gefeiert oder Raves improvisiert.
Zu einer Institution für den allabendlichen Treff hat sich der *Cactus Club* entwickelt.
Im *Back Yard Club* ist 3x pro Woche Party.

Transport

Ab THONG SALA mit dem Pickup (nach Ankunft des Express-Bootes, 50 Baht) auf der sehr steilen Straße, mit Motorradtaxi 70 Baht.
Von Jan.–Sept. fährt von MAE NAM auf Ko Samui jeden 2. Tag um 12 Uhr bei ruhiger See ein Boot nach Hat Rin (100 Baht, Ankunft 12.40 Uhr) und weiter nach Hat Tien (ab Hat Rin 50 Baht), Sadet Beach und Thong Nai Pan (ab Hat Rin 100 Baht). Zurück geht es um 8 Uhr. Jeden anderen 2. Tag fährt ein Speedboat für 100 Baht mehr.
Achtung: Direkt am Wasser auf Höhe der *Cactus Bar* warten!
Am Stand rechts werden Taxi-Boote angeboten, die jenseits von Hat Tien sehr teuer werden.

Hat Yuan, Hat Tien, Hat Wai Nam

Hat Yuan, der kleine Strand nördlich von Hat Rin, lockt mit seinem feinen Sand und dem flach abfallenden Ufer viele Tagesausflügler an. Erst seit einigen Jahren werden hier zunehmend Bungalowanlagen errichtet. Am zentralen Strand wurden die Bungalows alle in senkrechten Reihen hinter die Restaurants gebaut. Junge Leute, vor allem aus Israel und England, spielen am Strand, aalen sich in der Sonne oder tummeln sich zwischen den Longtail-Booten im Wasser. Schwimmen soll hier ganzjährig möglich sein.

Hat Tien, nur 500 m von Hat Yuan entfernt, hat einen vollkommen anderen Charakter. Da der Strand mit Korallenbrocken durchsetzt ist, erreicht man mit viel Vorsicht das Wasser am besten am südlichsten Ende. Gesundheitsbewusste und spirituell Orientierte bestimmen die Szene, viele alleinreisende Frauen hauptsächlich aus Amerika finden hier zusammen.

Hat Wai Nam, ein kleiner, unattraktiver Strand mit grauem, groben Sand, wird durch einen Hügel vom Hat Tien getrennt und hauptsächlich für Yoga und Meditation genutzt.

Alle drei Strände sind autofrei und durch steile, stark frequentierte Fußpfade miteinander verbunden.

Übernachtung

HAT YUAN – *Ocean Song Bungalows*** ㉑, Bungalows mit und ohne Du/WC, teilweise direkt über dem Wasser in die Felsen gebaut und nur über einen Steg erreichbar, dafür eine umwerfende Sicht.
Neue Anlage ㉑, geschmackvolle, geräumige Bungalows, etwas erhöht am südlichen Ende des Strandes.
Haad Yuan Bungalow* ㉒, alte Hütten am Strand und am Hang, ohne Du/WC, von Langzeit-Travellern bewohnt.
Bamboo Hut** ㉓, Bungalows mit und ohne Du/WC. Der freundliche Besitzer Mr. Tee ist für sein gutes Essen bekannt.
Good Hope** ㉓, eine Anlage der Yoghurt-Home-Familie, Essenszwang. Minimarkt, Telefon, Internet.
Big Blue***–**** ㉓, ☏ 01-2701537, Bungalows hinter dem Restaurant mit Video-Beschallung, besser ausgestattete am Hang; Wasserski, Kajaks, *waterdonut*.
New Heaven*–** ㉔, Bungalows zwischen großen Felsen.
Neue Anlage ㉔, abenteuerlich in die Felsen gebaute Bungalows.
Golden View* ㉔, esoterisch angehauchte, sympathische Anlage am Hügel, Restaurant mit toller Sicht. Die nette Besitzerin kocht mit Herz.
Horizon** ㉕, ☏ 01-08155226, Anlage an der höchsten Stelle zwischen den beiden Stränden. Von einigen Bungalows und vom Restaurant tolle Sicht, Gemeinschafts-Du/WC. Spezialisiert auf junge Leute.

HAT TIEN – *The Sanctuary**–**** ㉖, ▭ www.thesanctuary-kpg.com; große Anlage am Hang zwischen Felsen, Bungalows und Schlafsaal, lu-

KO SAMUI, KO PHA NGAN UND KO TAO

xuriöse Familienhäuser um 2000 Baht; vorzügliches vegetarisches Restaurant am Strand mit
riesiger Speisekarte, Spa und Wellness Center.
Kurse für alternative Techniken, u.a. Massage,
Meditation, Reiki, Tai Chi, Fasten. Meditations-
halle auf einem Hügel mit herrlicher Sicht; umfangreiche Osho-Bücherei. Die stinkende Kloake
neben dem Wellness Center, eine wahre Moski-
to-Brutstätte, sowie die häufigen Wasserproble-
me schrecken viele Besucher nicht ab.

Haad Tien Resort*–*** (26), ☎ 01-2293919,
✉ htienresort@kohphangan.com, 🖥 www.
kohphangan.com; weitläufige Anlage der Yoghurt Home-Familie, verschiedenartige Bungalows mit Du/WC am Strand, im Hinterland und
am nördlichen Hügel bis zum Kamm. Sie sind
heruntergekommen und wenig sauber, dafür entschädigt die tolle Lage. Viele Langzeit-Traveller.
Vegetarisches Restaurant mit Essenszwang,
Internet. Es gab Beschwerden über das rüde
Verhalten des Managements.

World Nature Resort* (27), nette Anlage in der
Ebene, kleine Hütten ohne Du/WC; Restaurant;
unter Leitung einer Thai-Familie.

Love Tip*–** (27), Bungalows ohne Du/WC im
Hinterland, in der Ebene und am Hügel. Beliebtes, preisgünstiges Restaurant mit Video.

Silver Star** (27), neue, saubere Bungalows mit
gekachelten Badezimmern weit verstreut über
den bewaldeten Hügel im Norden, 3 Min. vom
Strand. Restaurant mit viel gepriesenem Essen,
unter Leitung einer engagierten Engländerin und
ihres einheimischen Mannes.

HAT WAI NAM – Das *Haad Tien Resort* verwaltet
Whynam Huts** (28), ruhige Bungalows in einsamer Bucht, kleines Restaurant, Generatorstrom
bis die Familie ins Bett geht.

Transport

Von Jan.–Sept. fährt von MAE NAM auf Ko Sa-
mui jeden 2. Tag um 12 Uhr bei ruhiger See ein
Boot über Hat Rin nach Hat Tien (150 Baht, ab
Hat Rin 50 Baht) und weiter nach Sadet Beach
und Thong Nai Pan. Zurück geht es ca. 8.40 Uhr.
Jeden anderen 2. Tag fährt ein Speedboat für
100 Baht mehr. Bei hohem Wellengang kann das
Boot in Hat Tien nicht anlanden.

Zum HAT YUAN und HAT TIEN fahren viele Taxi-
Boote ab HAT RIN.
Zu Fuß erreicht man Hat Yuan auf einem 5 km
langen Bergpfad in etwa 2 Std. ab Hat Rin, was
von November bis Januar die Regel ist. Zwischen den Stränden führen Pfade über die Kaps.

Hat Yao (East), Hat Yang, Hat Thong Reng, Hat Sadet

Zwischen felsige Kaps schmiegt sich der palmenbestandene Sandstrand **Hat Yao**, an dem erst wenige Bungalows stehen. In der Mitte der Ostküste liegt
der kleine, ebenfalls palmenbestandene **Yang
Beach**. Der **Hat Namtok** in der gleichen Bucht dient
als Ausgangspunkt für eine Wanderung zum **Than
Prapat-Wasserfall**, der sich nur von November bis
Januar eindrucksvoll präsentiert. **Hat Thong Reng**
bildet mit seiner größeren Schwester Hat Sadet eine
malerische Doppelbucht. Hier geht es noch ruhig zu,
Schwimmen ist eingeschränkt möglich.

Hat Sadet liegt an der Mündung des Flusses
Than Sadet. Der kleine, weiße Sandstrand wird von
grünen Hügeln flankiert. Der relativ steil abfallende
Strand erlaubt ganzjährig herrliches Schwimmen.
In der Regenzeit kann es jedoch hohe Wellen geben. Zum Schnorcheln bieten sich die felsigen Enden der Bucht an. Viele Bungalows liegen zwischen
malerischen Felsen und Fischerhütten am kleinen
Sandstrand und auf dem felsigen Hang. Abends
sorgt ein Generator für Strom. Leider machen die
Fischerboote viel Lärm. Die meisten Anlagen sind
in der Regenzeit geschlossen. Von hier aus kommt
man zu Fuß zum **Than Sadet-Wasserfall**, der seit
über 100 Jahren ein beliebtes Ausflugsziel der Könige von Thailand ist, was mehrere Steininschriften bezeugen.

Übernachtung

HAT YAO (Ost) – **Ploy Beach**** (29), am südlichen
Ende des Strandes Bungalows zwischen Pal-
men. Der Strand darunter ist steinig, aber zum
Sandstrand ist es nicht weit.
Haad Yaaw Cabana* (30), wenige, einfache Hüt-
ten am Fuße des Kaps *Laem Nokrong*.

HAT YANG – **Yang Beach Bungalows*–**** (31),
22 neue Hütten zwischen Palmen.

HAT NAMTOK – ***Dam Bungalows*–*** ㉜, ✆ 077-238145, wenige Hütten am kleinen Sandstrand in der Mitte der Bucht.
Kung Bungalows*– ㉝, 2 km südlich von Hat Sadet, ca. 20 Min. zu Fuß zum Strand, über eine Piste erreichbar, ✆ 01-8915592, wenige Bungalows auf dem Land einer ehemaligen Farm in den Bergen, wunderbare Ausblicke auf die Dschungellandschaft. Kung bekocht die Gäste mit selbst angebautem Gemüse. Freundliche Atmosphäre. Kostenlose Mitfahrgelegenheit nach Thong Sala und Abholservice auch von den Stränden.

HAT THONG RENG – ***Thong Reng Resort*–*** ㉞, ✆ 01-2294752, südlich des Sandstrandes nette Bungalows mit und ohne Du/WC.
Than Sadet Resort ㉞, ✆ 238227, Bungalows zwischen großen Felsen versteckt auf dem Kap.

HAT SADET – ***Mai Pen Rai**–**** ㉟, ✆ 377414, 🖳 www.thansadet.com; schönen Bungalows am Strand, an der Flussmündung und auf den Felsen mit toller Sicht. Uriges Restaurant und angenehme Reggae Bar am Strand. Schnorcheltrips mit dem *Reggae Boat* bis nach Ko Ma.
J.S. Hut* ㉟, ✆ 01-2294614, wenige geräumige, saubere Fan-Bungalows am nördlichen Hang mit sehr schöner Sicht. Die liebenswerten Besitzer Song und Jit kümmern sich um ihre Gäste. Gutes Essen, Generatorstrom ab 18 Uhr, Motorradverleih (nur für geübte Fahrer zu empfehlen).
Nid's Bungalows*– ㉟, Hütten mit und ohne Du/WC am nördlichen Ende des Sandstrandes.
Silver Cliff*– ㊱, einfache Hütten und Bungalows mit Du/WC in den Felsen.
Mai Pen Rai 2**–* ㊱, besser ausgestattete Bungalows am steilen Hang.
Plaa's Thansadet Resort*–* ㊱, ✆ 377414, 🖳 www.plaa-thansadetresort.com; 15 schöne Bambusbungalows am steilen Hang zwischen Felsen, z.T. mit Gemeinschafts-Du/WC, tolle Sicht übers Meer. Restaurant auf dem Hügel mit Supersicht, Bambusmöbel und Sitzkissen, gutes und reichliches Essen. Freundliche, familiäre Atmosphäre; 10 Min. zum Strand hinunter.
Seaview Thansadet* ㊱, ✆ 238284, 🖳 www.seaview.thansadet.com; 30 recht geräumige Holzbungalows am steilen Hang zwischen Felsen, Terrasse mit toller Sicht übers Meer; halb offenes Restaurant mit Aussichtsterrasse, niedrigen Tischen und Sitzkissen. Zum Strand geht es 12 Min. hinunter, um 10 und 16 Uhr kostenloses Taxi zum Strand.
Tipi* ㊲, einfache, weit abgelegene Hütten oben auf den Felsen. Gutes und reichliches Essen, über 20 Min. bis zum Strand.

Transport

Von Jan.–Sept. fährt von MAE NAM auf Ko Samui etwa jeden 2. Tag um 12 Uhr bei ruhiger See ein Boot über Hat Rin zum Sadet Beach (ca. 200 Baht, ab Hat Rin ca. 70 Baht) und nach Thong Nai Pan. Zurück geht es ab Than Sadet gegen 8.30 Uhr. Ansonsten fährt das Speedboat für 300 Baht. Von HAT RIN fährt von Okt. bis April das Reggae-Boot vom *Cactus Club* um 12.30 Uhr zum Sadet Beach. Das silberblaue Allradtaxi von Mr. Pock und das schwarze Allradtaxi von Mr. Wat fahren auf der abenteuerlichen Piste ab THONG SALA um 13 Uhr für 60 Baht.

Thong Nai Pan Yai Beach

Die große Bucht Thong Nai Pan (auch *Thong Ta Pan*) besteht aus zwei sichelförmigen, hellgelben Sandstränden, die durch einen steilen Hügel getrennt sind. Beide Strände liegen so geschützt, dass man auch im Monsun immer irgendwo baden kann. Je nach Windrichtung schwimmen manchmal ekelhafte, aber kaum gefährliche Quallen in der südlichen Bucht. Leser berichten von vielen Sandfliegen und Moskitos. Der schöne, 1 km lange Thong Nai Pan Yai hat sich zu einem Party-Strand entwickelt, an dem fast jeden Abend irgendwo etwas los ist. Besonders beliebt sind Feuerwerke an Geburtstagen der Gäste, also fast täglich. Sportliche finden hier viele Volleyball-Felder. Wer Ruhe sucht, ist in den südlichen Anlagen am besten aufgehoben.

Der Ort **Ban Thong Nai Pan** liegt verstreut unter Palmen im Hinterland der weitgeschwungenen südlichen Bucht. Eine Schule, ein Health Center, ein Tempel, einige Läden und eine Disco bilden die öffentlichen Einrichtungen. Der Verbindungsweg nach Ban Tai an der Westküste ist zwar nur 13 km lang, stellenweise schon betoniert, aber extrem steil und voller Löcher und Rinnen. Viele denken nur mit Grauen an die Jeepfahrt auf diesem Weg. Zum

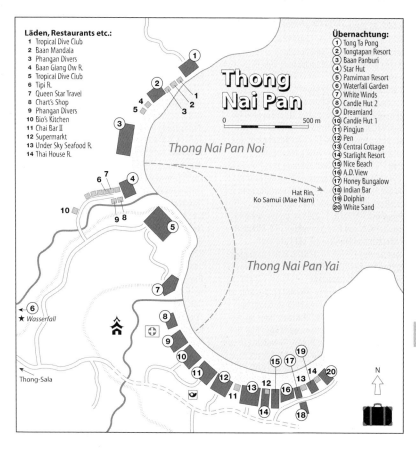

Läden, Restaurants etc.:
1 Tropical Dive Club
2 Baan Mandala
3 Phangan Divers
4 Baan Glang Ow R.
5 Tropical Dive Club
6 Tipi R.
7 Queen Star Travel
8 Chart's Shop
9 Phangan Divers
10 Bio's Kitchen
11 Chai Bar II
12 Supermarkt
13 Under Sky Seafood R.
14 Thai House R.

Übernachtung:
① Tong Ta Pong
② Tongtapan Resort
③ Baan Panburi
④ Star Hut
⑤ Panviman Resort
⑥ Waterfall Garden
⑦ White Winds
⑧ Candle Hut 2
⑨ Dreamland
⑩ Candle Hut 1
⑪ Pingjun
⑫ Pen
⑬ Central Cottage
⑭ Starlight Resort
⑮ Nice Beach
⑯ A.D. View
⑰ Honey Bungalow
⑱ Indian Bar
⑲ Dolphin
⑳ White Sand

Thong Nai Pan Noi

Hat Rin,
Ko Samui (Mae Nam)

Thong Nai Pan Yai

★ *Wasserfall*

Thong-Sala

nördlichen Strand läuft man entweder ca. 2 km auf der Verbindungsstraße, klettert über den steilen Hügel des Panviman, chartert ein Boot – oder schwimmt durch die Bucht.

Übernachtung

White Sand**–**** (z.T. ac) ⑳, ✆ 01-8923227, 13 Holz- und Steinbungalows, auch große Thai-Stil-Bungalows unter Palmen, am nicht so schönen, aber ruhigen, natürlichen Ende des Sandstrands. Davor eine Korallenbank, in der Lagune der Hafen; gutes Restaurant, dezente Musik, nettes Ehepaar.
Dolphin** ⑲, 12 bessere Bungalows und kleine Bar mit angenehmer Atmosphäre am Strand; bei

Touristen beliebte Küche, selbstgebackenes Brot. Kiet lässt kein Feuerwerk zu.
Honey Bungalow** ⑰, neue Doppelbungalows senkrecht zum Strand aus Holz und Eternitplatten, überm Restaurant ein Aufenthaltsraum mit TV.
Indian Bar** ⑱, Bungalows hinter *Honey* und am Hügel mit guter Sicht.
A.D. View**–*** ⑯, ordentliche Bungalows mit und ohne Fan, z.T. Blockhütten, der Sand davor ist bei Ebbe schlickig.
Nice Beach**–*** (ac****) ⑮, ✆ 238092, 01-2294745, viele verschiedenartige Bungalows, einfache Holzhütten mit Fan und bessere Steinbungalows mit Bad, einige mit ac.

Starlight Resort–***(ac****) ⑭, ✆ 238542, 20 Steinbungalows und Supermarkt, Internet, Telefon, Geldwechsel, geleitet von Frau Dow und Herrn Down, die zur Familie von *Nice Beach* gehören.

Central Cottage–***(ac****) ⑬, ✆ 299059, ✉ central_cottage@hotmail.com, Fan- und ac-Zi in einem Reihenhaus aus Stein sowie Bambusmatten-Hütten. Große Bäume am Strand, darunter Restaurant. Die Anlage ist nicht gepflegt und die Chefin wenig freundlich.

Pen–***⑫, ✆ 238545, Stein- und Holzbungalows mit großer Terrasse und sauberer Du/WC direkt am Strand und beim Restaurant; sehr nettes Personal, familiäre Atmosphäre.

Pingjun–***⑪, ✆ 299004, große, schöne Bungalows aus Bambusmatten mit richtigen Fenstern und Du/WC, z.T. mit Fan.

Candle Hut 1** ⑩, ✆ 377073, Bambusmatten-hütten mit Bad/WC auf schattenloser Wiese rings um das Restaurant.

Dreamland*–*** ⑨, ✆ 238549, ✉ dreamland_resort@hotmail.com; am schönsten und besonders lauten Teil des Strandes, über 30 verschiedenartige Bungalows ganz vorn aus Holz, dahinter aus Stein und Beton. Reisebüro *Dreamland Travel*, Bootservice nach Mae Nam.

Candle Hut 2***–**** ⑧, ✆ 01-2294950, ✉ candlehut@hotmail.com, 30 wunderschöne Holzbungalows mit Glasfront und großer Terrasse mit Meersicht.

White Winds** ⑦, ✆ 238548, kleine Häuser kleben am Hang des Hügels, fantastische Aussicht, freundliche Leute, gutes, preiswertes Essen, nette Grillabende mit *Khun Fai*.

Thong Nai Pan Noi Beach

(Auch *Thong Ta Pan Beach*) Der 700 m lange Strand besteht aus herrlich feinem, weißem Sand. Die Bungalowanlagen wurden naturnah gestaltet. Leider kommen im Meer zeitweise Quallen vor. So warnen sogar einige Resorts ihre Gäste: „*Please beware of jelly fish while swimming.*" In der Regenzeit können die Wellen recht hoch werden. Unter Palmen leben eine Hand voll Fischerfamilien. Vom nördlichen Ende können Unternehmungslustige in 1 1/2 Std. über *Ban Fai Mai* auf einem gut ausgetretenen, aber anstrengenden Pfad zum *Bottle Beach* wandern.

Panviman Resort ⑤, ✆/✆ 377048, ✉ booking @panviman.com, 🖥 www.panviman.com; große Mittelklasse-Anlage unter Kokospalmen am Hang, 40 weiße ac-Komfort-Steinvillen sowie ein 2-stöckiges Hotel mit Fan-Zimmern; 2 Restaurants, eines oben mit herrlichem Panoramablick, eines unten am Strand und der Lagune. Abholservice gegen Gebühr.

Star Hut–***④, ✆ 299005, direkt am Strand, alte, einfache, durchlässige Bambushütten ohne Du/WC sowie neue, bessere Bungalows; exzellentes Essen, netter Service bis 20 Uhr, gute Atmosphäre, Infos, Supermarkt, Telefonzelle, Bar, Internet, Kajak 80 Baht/Std. Auch in der Nebensaison fast immer voll.

Baan Panburi–***③, ✆ 238599, ✆ 01-2294992, ✉ baanpanburi@yahoo.com, 🖥 www.baanpanburi.bigstep.com; 63 ältere und neuere Bungalows aus Naturmaterialien in 3 Reihen unter Palmen, sehr sauber, nettes Personal. Großes Restaurant, Buchverkauf und -tausch.

Tongtapan Resort***②, gepflegte Steinbungalows unter Bäumen, auch größere für Familien. Internet-Zugang, Telefon, Travel Service, Buchverleih, aber kaum deutsche.

Tong Ta Pong–***①, ✆ 238538, nett möblierte Holzbungalows wunderschön auf runden Felsen am Ende des Strandes, stimmungsvolles Restaurant mit guter Küche.

Waterfall Garden*–***⑥, einfache Hütten und ordentliche Bungalows an der Zufahrtsstraße beim Than Prawes Wasserfall, etwa 2 km vom Strand.

Am Weg hinter dem *Star Hut* liegen rechts und links fast ein Dutzend Restaurants und kleine Bars.

Tipi, kleines familär geführtes Restaurant hinter *Star Hut*; grillt abends appetitlichen Fisch.

Bio's Kitchen, im Hinterland, einfach und gut, leckeres Joghurt und Brot, Sitzgelegenheit auf Polstern oder Stühlen.

Sonstiges

BOOTSTOUREN – macht der ***Travel Service*** im *Tongtapan Resort* ab 4 Pers. nach Bottle Beach, Than Sadet, Hat Tien, Hat Rin und Ko Ma für 100–350 Baht p.P.

MASSAGE – Im ***Baan Mandala*** beim *Tong Ta Pong* wird traditionelle *Thai Healing Massage* für 300 Baht/Std. angeboten.

MOTORRÄDER – vermieten ***Star Hut*** und der ***Travel Service*** im *Tongtapan Resort* für 250 Baht/Tag. Sie sind aber nur etwas für Experten. Wer hier einen Unfall baut, ist übel dran; die Polizei kommt leider nie zum Schlichten her.

SCHNORCHELN – Der ***Tropical Dive Club*** beim *Tong Ta Pong* macht Tagestouren nach Ko Ma, Bottle Beach und Than Sadet für 400 Baht inkl. Lunch, Soft Drinks und Schnorchelausrüstung.

TAUCHEN – mit ***Phangan Divers*** beim *Tongtapan Resort* und beim *Star Hut* am Strand.
Mit ***Tropical Dive Club*** beim *Baan Panburi* per Speedboat zum Sail Rock von 9–13.30 Uhr für 2500 Baht, inkl. Soft Drinks, Früchte, Tauchausrüstung, 2 Tauchgänge.

Transport

Beide Strände erreicht man am einfachsten, wenn man sich bei der Ankunft den Schleppern anvertraut. Für 80 Baht fahren sie um 12.30 Uhr mit Allrad-Pickup auf der schlechten Piste durch den Dschungel (17 km in 45 Min.). Zurück ab *Star Hut* nach THONG SALA um 8 bzw. 10 Uhr.
Ein gechartertes Taxi verlangt 600 Baht pro Trip. Vom BOTTLE BEACH fährt bei ruhigem Wasser und bei Bedarf um 13.30 Uhr ein Boot für 40 Baht zum Thong Nai Pan Beach.
Von Jan.–Sept. fährt von MAE NAM auf Ko Samui etwa jeden 2. Tag um 12 Uhr bei ruhiger See ein Boot über Hat Rin, Hat Tien und Sadet Beach nach Thong Nai Pan. Ansonsten ein Speedboat für 100 Baht mehr. Zurück um 8 Uhr ab dem *Dreamland.*

Bottle Beach (Hat Khuat)

In einer kleinen, tiefen Bucht im Nordosten liegt dieser schöne, 400 m lange Sandstrand, der schon seit Jahren als Eldorado für Langzeittraveller gilt. Er bietet wenig Schatten und ist relativ sauber. Die Bucht ist ideal zum Schwimmen. Vor allem an den Felsen auf der linken Buchtseite kann man schön schnorcheln. Es gibt viele Fische, aber im Sommer beträgt die Sicht wegen Plankton nur 2–5 m.

Von Oktober bis Dezember können wegen der hohen Wellen keine Boote in die Bucht fahren, deshalb bleiben die Anlagen in dieser Zeit geschlossen. Die Tümpel hinter dem Strand wurden stümperhaft zugeschüttet. Im September und Oktober scheint es am Strand besonders viele Sandfliegen zu geben.

Übernachtung und Essen

Bottle Beach 1** ㊵, direkt am Strand unter Palmen, 50 einfache und bessere Hütten mit Du/WC. Das gemeinsame Waschhaus ist schmuddelig, der Service im netten Restaurant mäßig.
Bottle Beach 3**–*** ㊴, die neueste, noch kleine Anlage mit den besten Bungalows am Bach.
Bottle Beach 2*–** ㊳, jenseits des Bachs und am östlichen Hang, 38 einfache Hütten, Gemeinschafts-Du/WC, relaxte Atmosphäre, mäßige Küche.

Transport

Mit dem Taxi von THONG SALA für 50 Baht nach Chalok Lam. Von CHALOK LAM fährt nur bei ruhiger See tgl. um 13 und 16 Uhr ein Boot für 50 Baht, zurück um 9.30 und 15 Uhr, bei Bedarf auch häufiger.
Der Fußweg ist von Chalok Lam (4–5 km) recht beschwerlich und dauert mindestens 2 Std., von THONG NAI PAN (5 km) braucht man auf der Straße etwa 1 1/2 Std.

Chalok Lam Bay

An dieser tiefen Bucht ganz im Norden der Insel liegt das Dorf **Chalok Lam**. Was die einen als unattraktiven, stinkenden Fischerort bezeichnen, wirkt auf andere als ursprüngliches, malerisches Thai-Dorf. Wenn auch nicht direkt auf Touristen ausgerichtet, findet man hier Läden, Restaurants, Geldwechsel, Mopedverleih, Internet-Zugang und einige Bungalowanlagen. Viele Fischerboote ankern in der Bucht. Bei Neumond werden Tintenfische gefangen und am Strand getrocknet. Der Strand liegt geschützt und eignet sich gut zum Sonnenbaden. Schwimmen kann man fast das ganze Jahr, wenn auch nur bei Flut.

Am kleinen, weiß-sandigen **Khom Beach** im Nordosten, vor dem sich ein Korallenriff hinzieht, gibt es erst 3 Bungalowanlagen. Hier kann man immer gut schnorcheln und von März bis Oktober gut schwimmen. Über den Hügel ist der Ort in 40 Min. zu erreichen.

Übernachtung

KHOM BEACH – Had Khom**⑪, ☏ 374246, ✉ dang2000@hotmail.com, weit auseinander liegende Bungalows am Hang und ein Doppelbungalow am Strand für Familien. Restaurant mit schöner Sicht; ab nachmittags Strom. Hier beginnt der einstündige Pfad nach *Bottle Beach.*

Ocean View**–***⑫, ☏ 377231, nette Bungalows aus Holz und Stein sowie Reihenhaus unter vielen Bäumen am Strand. Abends Strom. Restaurant am Strand. Kajak zu vermieten. Kostenloser Transport vom *Bovy Supermarket* in Thong Sala.

Coral Bay*–***⑬, ☏ 374345, verschiedenartige, wenig gepflegte Bungalows locker verteilt in terrassiertem Garten. Die teuersten haben 2 Doppelbetten und einen tollen Meerblick. In der Saison sind die Bungalows ständig belegt, häufig von Langzeittouristen. Zelten für 50 Baht möglich.

CHALOK LAM – Neben den üblichen Bungalows kann man hier auch einzelne Ferienhäuser mit Küche ab 3000 Baht/Monat mieten. Auf Hinweisschilder achten.

Thai's Life*⑭, einsam gelegene Bungalows am Anfang des Sandstrandes, nur in der Saison geöffnet.

Belvedere***⑮, ☏ 374214, hübsche Bungalows am Berg mit guter Sicht, großzügig angelegte, relaxte Anlage, Restaurant mit großer Auswahl. Am Zufahrtsweg zum Try Thong.

Try Thong Resort***(ac****)⑯, ☏ 374115, ▢ trythongresort.com; verschiedenartige Bungalows am Bach, am Strand und auf dem Hügel, zum Teil mit schöner Aussicht, gute Küche. Davor ein kleiner, steiniger Strand; sehr freundlicher Familienbetrieb. Über eigenen Zufahrtsweg oder durch den Bach erreichbar. Die Anlage ist nur von Okt. bis März voll, sonst sehr ruhig.

Fanta** (gesprochen *Fänta*) ⑯, ☏ 374132, zwischen dem flachen Meer und der Lagune, einige neue Bungalows und ältere Doppelhütten am Ende der Anlage; Restaurant mit uninteressiertem Personal. Bei Flut schöner Strand, Volleyball.

Malibu Resort**⑯, neue Bungalows direkt am Strand, der auch von Fischern benutzt wird.

Anan Gh.**⑰, Reihenhaus mit 8 Zimmern senkrecht zum Strand.

Nanthawan Resort*⑰, einfache, saubere Hütten hinter einem Restaurant.

Rose Villa***(ac****)⑰, ☏ 374013, hübsche Backsteinbungalows, z.T. mit 2 großen Betten, Garten mit Rasen; davor Strandstraße zum nahe gelegenen Dorf. Vor dem weißen Strand liegen Fischerboote, das Meer soll hier tief genug zum Schwimmen sein.

Seaside Resort **⑱, ☏ 374104, große und kleinere Thai-Stil-Bungalows im Ort direkt an der Zufahrtsstraße, die gern monatlich vermietet werden.

Chaloklam Bay Resort***(ac****)⑲, ☏374147, verschiedenartige familiengerechte Bungalows mit 1, 2, oder 3 Betten in sandigem Palmengarten; protziges Restaurant mit mäßigem Essen.

Wattana Resort**–***⑲, ☏374022, saubere Holzbungalows in weitläufiger Anlage am westlichen Ende der Bucht. Bei Ebbe reicht die weite Sandfläche fast bis zum frei liegenden Riff, das nur einen engen Zugang zum Meer bietet. Am Strand Kasuarinen, viele Palmen und ein großes Restaurant mit langsamem Service; ohne Atmosphäre.

Hin Ngam View Bungalows ㊿, ☏ 9470881, wenige hübsche, ruhige Bungalows mit Terrasse zum Meer, ca. 1 km westlich von Ban Chalok Lam an einer 80 m hohen Steilküste, 200 m von der Straße entfernt, Hinweisschild an der Straße. Gutes Restaurant. Eine stabile Betontreppe führt zur Badebucht, in der man auch schnorcheln kann.

Sea Side Restaurant am Ende der Beach Road im Ort, mit gutem Essen (i.b. was nicht auf der Karte steht).

Niao Restaurant schräg gegenüber der Tauchschule, typisches Thai-Essen zu günstigen Preisen. Viele Fischer, die ihren Fang feiern.

Eine zuverlässige Tauchschule auf Ko Pha Ngan ist die **Chalok Lum Diving School**, ✆/✆ 374025, ✉ info@chaloklum-diving.com , ⌨ www. chaloklum-diving.com/german.htm; Michael und Nick machen PADI-Kurse (max. 4 Teilnehmer) auf Deutsch und Englisch und Tauchtrips im Nordwesten der Insel bei Ko Ma (1200 Baht für 2 Tauchgänge inkl. Ausrüstung, 1500 Baht mit Boot). Es werden Ein- und Zweitagestrips auf dem großen Tauchschiff angeboten.

Lotus Diving, unter Thai-Leitung.

Pickups fahren ab THONG SALA für 50 Baht, Motorradtaxis für 60 Baht.
Boote fahren nur bei ruhigem Seegang 2x tgl. von und nach BOTTLE BEACH für 50 Baht.

Mae Hat Bay

Die 500 m weite Bucht von Mae Hat liegt im Nordwesten von Ko Pha Ngan. Sie wird beherrscht von der steilen, waldigen **Ko Ma**. Der flache, breite Strand besteht aus feinem, weißem Sand und ist bemerkenswert sauber. Die Bucht wurde zum Marine National Park erklärt, kommerzielles Fischen und Harpunieren ist nicht erlaubt. Je nach Wind und Wasserstand muss man zum Schwimmen weit hinauslaufen. Aber Vorsicht: viel Korallenschrott! Schnorcheln kann man schon nach 50 m, aber richtig gut ist es im Westen von Ko Ma, zu der man bei Niedrigwasser auf einer Sandbank hinüberlaufen kann. Viele hohe und junge Palmen wachsen hinter dem Strand.

Zum **Wang Sai-Wasserfall**, der in der Trockenzeit kaum zu erkennen ist, kann man in etwa 40 Min. spazieren.

Crystal Island*–** ⑤③, ✆ 374182, einfache, neu renovierte Hütten am Strand und am Hügel, ruhig und abgelegen, unter Verwaltung des *Royal Orchid*.

Royal Orchid Resort**–*** ⑤④, ✆ 374182, schöne, neue Holzbungalows, preislich gestaffelt nach Abstand zum Strand, nette Besitzerin.

Mae Haad Bay Resort***–**** ⑤④, ✆ 374171, ✉ maehaad_bay_resort@hotmail.com, sehr schöne, geräumige Holzbungalows mit hervorragenden Du/WC in 2 weit auseinander liegenden Reihen senkrecht zum Strand. Gutes Restaurant mit Blick auf Ko Ma, netter Familienbetrieb.

Island View Cabana*** ⑤⑤, ✆ 374172, saubere, gestrichene Holzbungalows in mehreren Reihen parallel zum Ufer, an dem große, schattige Bäume wachsen, davor breiter Sandstrand. Vom schönen Restaurant Blick über beide Buchten. Einzig der Service lässt Wünsche offen.

Ko Ma Dive Resort*** ⑤②, gepflegte Anlage auf der Insel, die bei Ebbe zu Fuß erreichbar ist. Wenige schöne, geräumige Holzbungalows mit Du/WC, geschickt an und in den Dschungel gebaut; Restaurant mit guter Küche, Tauchschule; Mr. Cham, der Besitzer, hat sich zum Ziel gesetzt, das vor der Insel gelegene intakte Riff zu schützen.

Wang Sai Resort**–*** ⑤⑥, ✆ 374238, sehr hübsche, einfache Mattenbungalows im Tal, am Hang und hinter der Lagune, sowie neue, gut ausgestattete Thai-Häuschen. Eine eindrucksvolle Anlage am linken Rand der Bucht neben einer kleinen Lagune, über die Stege zum Strand führen. Im Restaurant an der Lagune gutes Essen. Der Besitzer, Mr. Prathan, ist sehr um seine Gäste bemüht. Tauchschule.

Wang Sai Garden Resort** (ac***) ⑤⑧, ✆ 374238, ✉ wangsai garden@chaio.com, große Bungalows im Thai Stil im Hinterland in einer weitläufigen, professionell geführten Anlage, die bis zum Wasserfall reicht.

Mae Had View Resort** ⑤⑦, ✆ 374107, Holzbungalows hinter der Lagune am Hügel kurz vor Mae Hat, auf dem Weg zum Wang Sai Wasserfall, mit ausgezeichnetem Blick auf Ko Ma.

Mae Haad Cove**–*** ⑤⑦, ✆ 374254, wenige, geschmackvolle, saubere Holzbungalows am Strand, kleiner Garten, sehr ruhig. Nette, korrek-

KO SAMUI, KO PHA NGAN UND KO TAO

te Besitzer; Nob kocht aus seinen Vorräten nach Wunsch, auch selbst gefangenen Fisch. Kleines Boot mit Motor zu vermieten.
Utopia*** (ac****) ⑤①, ☏ 374093, 🖳 www. phanganutopia.com; hübsche Holzbungalows und Reihenhäuser hoch oben auf dem Berg, die über eine steile, enge Betonpiste schwer erreichbar sind. Umwerfende Aussicht auf zwei Buchten, vor allem vom Restaurant, guter Service.

Ab THONG SALA per Pickup für 50 Baht in 30 Min. Zurück geht es um 10 und 13 Uhr.

Hat Salad

Abseits und ruhig liegt die schöne, 400 m lange Hat Salad Bucht (= Piratenbucht, auch *Had Salat*, gesprochen Sa-latt). Das winzige Fischerdorf und die in der Bucht dümpelnden Boote verleihen der Bucht Lokalkolorit. Nur bei hohem Wasserstand in den Wintermonaten kann man zwischen dem feinen Sandstrand und dem südlich vorgelagerten Riff gut schwimmen und vor den nördlichen Felsen schnorcheln. Die Sicht ist allerdings nicht umwerfend. Im Sommer eignet sich der flache Strand mit vielen Korallen und Sandbänken eher zum Spazierengehen und ab dem Nachmittag für ein entspannendes „Wannenbad" in einem der natürlichen Pools. Der 1 km lange, steile Zufahrtsweg zur Bucht hinunter kann für ungeübte Moped-Fahrer schwierig werden. Mitfahrer sollten absteigen. Noch gefährlicher ist die direkte Verbindung zum Hat Yao Beach. Ein Pickup von Thong Sala nach Hat Salad kostet 50 Baht.

Trips zum Fischen und Schnorcheln können fast überall gebucht, Motorroller an mehreren Stellen für 150 Baht pro Tag gemietet werden. Es gibt einen Supermarkt mit Reisebüro und Internet-Zugang. An Wochenenden vergnügen sich Einheimische mit Karaoke, und es ist vorbei mit der Ruhe.

Alle billigen Anlagen verbreiten eine ausgesprochen angenehme, freundliche Atmosphäre. Die meisten sind durch eine Mauer zum Strand begrenzt.

Pre Bungalows** ⑤⑨, wenige Bambusmatten-Bungalows am Strandende, Restaurant direkt über den Felsen.
Haad Lad Resort**–*** (ac****) ⑤⑨, ☏ 374220, ✉ haadlad_resort@yahoo.com, 🖳 www. haadladresort.com; sehr saubere Holz- und Steinbungalows idyllisch unter Palmen, hufeisenförmig ums offene Restaurant verteilt, gutes Essen. In der weitläufigen Anlage zudem Beach Volleyball, Sitzgruppen, Strand-Duschen. Das freundliche Personal sorgt für eine familiäre, relaxte Stimmung. Qualifizierte Massage; Internet-Zugang, Video.
Hope* ⑥⓪, einige einfache Holzbungalows am Hang hinter dem *Haad Lad Resort*.
Green Papaya Resort**** ⑤⑨, ✉ kingdidie@ hotmail.com, 🖳 www.sawadee.com/ kohphangan/greenpapaya; schöne Komfortbungalows mit Fan oder ac, TV, Kühlschrank und Warmwasser. Gepflegt wirkende Anlage in einem Palmengarten mit Speiseterrasse; französischer Besitzer.
Neues Resort ⑥①, im Besitz der Familie vom *Long Beach*, Hat Yao, mit Swimming Pool.
My Way** ⑥①, 11 billige Hütten unter Palmen, viele direkt am Strand, mit oder ohne Du/WC, mit Moskitonetz und Hängematte; beliebt bei Langzeittravellern, gemütliches Restaurant mit netten Leuten, Sitzkissen, kein TV, dafür die Möglichkeit, eigene Musik zu spielen, Büchertausch, auch viele deutsche.
Asia Bungalows*** ⑥①, ☏ 377288, ✉ asiabungalows@hotmail.com, 🖳 www.kohphangan. com/asia; 9 Zimmer mit Fan, z.T. mit Kühlschrank, in Doppelbungalows und Hütten aus Bambusmatten, Restaurant.
Coral Beach*** ⑥①, gemütliche Anlage, 7 nette, bogenförmig angeordnete Bungalows mit Fan, Du/WC und Moskitonetz. Mit vielen Pflanzen schön dekoriertes Restaurant, Ruheplätze mit Matten und Kissen, überhängende Palmen am Strand.
Salad Hut** ⑥①, sehr schöner Garten, 10 Hütten mit Fan, Du/WC und Moskitonetz, alle mit Strandsicht. Restaurant am Strand unter Palmen mit preiswerten Gerichten, kleine Strandbar, separates TV-Zi, 1 Kajak.
Dubble Duke** ⑥①, nette Bungalows am Südende des Strandes, unter Leitung des freundlichen

Mr. Pong und seiner Frau. Restaurant am Strand mit z.T. gutem, billigem Essen. TV-Berieselung wird auf Wunsch ausgemacht.

Hat Kruat, Hat Thian (West), Hat Yao (West) und Hat Son

Wer die Einsamkeit liebt, fühlt sich am winzigen Strand **Hat Kruat** trotz grobem Sand und Korallenschutt wohl. Der ebenfalls kleine **Hat Thian (West)** glänzt dagegen mit feinem Sand bis zur Wasserlinie.

Der 500 m lange, flache Sandstrand **Hat Yao** wirkt insgesamt sehr schön, der Sand ist so fein wie Mehl. Er wird gesäumt von hohen Kasuarinen, dahinter wachsen Palmen und im hinteren Bereich liegt der Müll. Das etwa 40 m vorgelagerte Riff bildet eine Lagune mit vorwiegend glattem Sandboden und ist bei Flut gut zum Schnorcheln geeignet. Während der Wintermonate kommt das Meer, vor allem bei Vollmond, bis zu den Palmen, bei Sturm sogar noch weiter. Der feine Sand enthält anscheinend nur selten Sandfliegen. Immer mehr Bungalows entstehen, Supermärkte, Reisebüros und Internet-Cafés bieten ihre Dienste an. Die Zufahrtsstraße ist ausgebaut. Viele junge Traveller, die sich vergnügen wollen, bestimmen das Bild. Trotz der auf Rauschgift angesetzten Zivilpolizei herrscht nach wie vor eine angenehme, entspannte Atmosphäre.

Wenige Minuten südlich von Hat Yao liegt der kleine Strand **Hat Son**. Viel Korallenschutt sieht bei Ebbe unschön aus und erlaubt Baden auch bei Flut erst 50 m vom Ufer entfernt.

Übernachtung

HAT KRUAT – *High Life* ** ⑥②, ✆ 01-9567594, an einem eigenen kleinen Strand einfache, gepflegte Holzbungalows, die sich zwischen die runden Felsen am Nordhang des Hügels schmiegen, 15 Min. zu Fuß von Hat Yao, nette Besitzerfamilie.

HAT THIAN (West) – *Hat Thian Bungalows**–** ⑥③, an einem kleinen Strand mit einfachen Hütten und besseren Bungalows.

HAT YAO – Strom gibt es nun rund um die Uhr.

Ben Jawaan ** ⑥④, einfache Bambus-Eternit-Hütten mit Du/WC am steilen Hang, tolle Sicht.
Dream Hill ** ⑥④, ✆ 01-6070172, saubere, gepflegte Hütten mit Du/WC aus Stein und Holz, einige Familienbungalows, 100 m vom Strand entfernt, Restaurant mit bester Sicht durch Palmen auf Hat Yao. Freundliche Familie. Tagestouren zum Angthong Marine Park für 500 Baht p.P.
Blue Coral*–** ⑥④, 9 Bungalows in nettem Garten am Fuß des Hügels, Restaurant mit Sitzpolstern.
Graceland* ⑥④, Bungalows oberhalb vom Supermarkt.
Bayview**–*** (ac teurer) ⑥④, ✆ 01-4763226, Bungalows aller Art am Strand und kühn auf Felsen gebaut, z.T. tolle Sicht. Teures Restaurant mit schöner Aussicht; Läden, Tauchschule.
Long Bay**** (ac teurer) ⑥⑤, viele geschmackvolle Bungalows in gestylter Anlage mit Swimming Pool, Supermarkt, Ausflugsangebote; 6-eckiges Restaurant mit teuren Möbeln, kostenloses Kajakfahren, Liegen am Strand.
Silver Beach ** ⑥⑤, Bambusmatten-Bungalows in 2 Reihen senkrecht zum Strand, daneben großer Palmengarten.
Long Beach Resort**–**** ⑥⑤, ✆ 377015, 🖥 www.longbeach.20m.com; viele bessere Bungalows aus Holz oder Bambusmatten, einige Räume mit 3 Betten, für Familien geeignet. Unfreundlich, Geldwechsel, Flugbestätigung, Auslandstelefon, Internet.
Haad Yao Bungalows**–*** ⑥⑥, ✆ 01-2281947, verschiedene Bungalows am schönsten Teil des Strandes, großes Restaurant mit Bar, Dachrestaurant, Laden, Reisebüro mit Information, Speedboot zu vermieten. Tauchshop von *Phangan Divers*.
Ibiza Bungalow*–*** (ac teurer) ⑥⑥, ✆ 01-9684727, alte Bambusmatten-Hütten und neue, große, saubere Bungalows in gepflegtem Palmengarten. Angenehme Anlage mit preiswertem Restaurant im Zentrum, davor Volleyballfeld und große Kasuarinen. Bargeld und Reiseschecks werden zu relativ schlechten Kursen gewechselt.
Sea Board Bungalow*** ⑥⑥, ✆ 01-9684489, ältliche Eternitbungalows mit Holzfassade,

Du/WC und Fan, die renoviert werden; Strand-Restaurant.

Sandy Bay**(ac****) ⑥⑥, ✆ 01-2294744, viele unterschiedliche Bungalows von der einfachen Hütte bis zum guten ac-Steinbungalow an sehr schönem, gepflegtem Strand, am Hang und im Hinterland; günstiges Essen, freundlicher Service, aber die Rechnung kontrollieren; großer Ruhesala am Strand. Tauchbasis.
Oberhalb der Straße liegen:
Over Bay** ⑥⑦, geräumige Bungalows mit fantastischer Aussicht. Das Restaurant ist für sein Seafood berühmt.
Tantawan**–*** ⑥⑧, 10 Einzel- und Doppelbungalows sowie 2 Familienzimmer am steilen Hang und daher für kleine Kinder ungeeignet, schöner Swimming Pool, Aussichtsrestaurant, in dem Pizza und Baguette serviert werden.

HAT SON – Am eigenen schönen Strand liegen **Haad Son Bungalows*****–**** ⑥⑨, ✆ 01-9796015, 🖳 www.kohphangan.com/haadson; gut ausgestattete Bungalows am Wasser, oben an den Felsen und beim Restaurant, Restaurant erhöht am Felsen mit schönem Ausblick aufs Meer, schmackhaftes, teilweise überteuertes Essen.

Sonstiges

EINKAUFEN – Im Hinterland liegen der **Hideaway Supermarket**, bei dem es auch Bücher, Telefon und Fax gibt, und der **White House Shop** mit Mopedvermietung (150–200 Baht/Tag), Wäsche-Service und Tankstelle.

RESTAURANT – Die Restaurants **Over Bay** und **Tantawan** (Kochkunst aus Zentral-Thailand) mit toller Aussicht sind für ihr hervorragendes Essen berühmt.

TAUCHEN – Eine Filiale von **Phangan Divers**, ✆ 375263, bei den **Haad Yao Bungalows**, bietet von 8–15.30 Uhr Tagesausflüge zum Sail Rock: 2 Tauchgänge inkl. Gerät kosten 2000 Baht. **Haad Yao Divers**, ✉ hfrutig@hotmail.com, 🖳 www.haadyaodivers.com; geleitet von Daniel und Heike Frutig, ruhige und entspannte Atmosphäre, Hauptbüro an der Küstenstraße

gegenüber *Seaflower*, Strandshop bei *Sandy Bay*. Tauchkurse, Tauchen vom Strand und Tagestrips, auch für Schnorchler.

Transport

Zum HAT YAO kommt man mit dem Pickup für 50 Baht. Motorradtaxis verlangen 80 Baht. Nach THONG SALA mit dem Bay View-Pickup um 10 Uhr für 50 Baht, dem Long Beach-Pickup um 9.30 und 11 Uhr, dem Sandy Bay-Pickup um 9.45 Uhr, zu anderen Zeiten per Charter für 300 Baht.

Chao Pao Beach

Dieser Strand mit seinem feinen, sauberen Sand wird nur durch einen Hügel vom Sri Thanu Beach geteilt. Das Meer fällt ganz flach ab. Ab März gibt es so wenig Wasser, dass man vor den vorgelagerten Korallenbänken nicht mehr schwimmen, sondern nur im warmen Wasser plantschen kann. Sich auf dem nicht gerade sauberen Kies- und Sandstrand über die Korallen hinauszuarbeiten, ist etwas mühsam. Beim Schnorcheln kann man zwar bunte Fische sehen, die meisten Korallen sind jedoch zerstört. Attraktiv scheint ein Tankerwrack zu sein. Einige Anlagen sind noch vom alten Stil – man nimmt noch am Leben der Fischer teil.

Übernachtung

Rock Garden** ⑦⓪, ✆ 01-9686391, wenige hübsche Bungalows am steilen Felsenhügel über einem kleinen Strand, schön zum Schnorcheln.
Green View*–** ⑦①, ganz einfache, innen unverkleidete Bungalows aus Holz und Eternit am Fuße des Hügels, schöne Aussicht; Steinstrand.
Sun View*** ⑦①, ✉ charlie_thailand@yahoo.com, Holz- und Bambusmatten-Bungalows am steilen Hang mit tollem Blick auf den Sonnenuntergang, unten Steinstrand mit der *Freedom Bar*.
Great Bay**–*** ⑦①, ✆ 377128, neue und ältere Bungalows in der Ebene; Restaurant mit TV; 50 m südlich beginnt der Sandstrand.
Hut Sun**–*** ⑦②, ✆ 01-8913202, ✉ hut_sun @hotmail.com, 5 kleine und 2 sehr schöne, große Holz-Bambus-Bungalows mit großer

Veranda auf schmalem Grundstück, Restaurant hinten.

Haad Chao Phao** ⑦, 10 Bungalows auf schmalem Grundstück, hinten Restaurant, vorne Relax-Zone, Familienbetrieb, Minimarkt; Jeep, Bike und Schnorchelausrüstung zu mieten.

Jungle Huts* ⑦, ✉ jungle_huts@hotmail. com, 9 Holz-Bambus-Bungalows, Restaurant an der Straße.

Pha-Ngan Cabana*** (ac****) ⑦, ☎ 01-9580182, ✉ pha-ngan-cabana@kohphangan. com, 🖳 www.kohphangan.com; 40 einfache, eng aneinander gebaute, überteuerte Bungalows und kleine Zi in Reihenhäusern; kleiner Pool, vorn Restaurant mit Video; über Reisebüros in Ko Samui und übers Internet zu buchen.

Sea Flower** ⑦, ☎ 01-9684820, seit Jahren beliebte, schöne, parkähnliche Anlage, einfache, in die Jahre gekommene und bessere Bungalows mit Du/WC im Halbkreis in einem breiten Palmengarten; nette Thai-kanadische Familie, gutes Essen; veranstalten *Sea Trekking* zum Marine Park.

Seetanu Bungalows***–**** ⑦, ☎ 01-9684685, ältere Bungalows um das zentrale Restaurant verteilt, Familienbungalows hinten im schönen Sand-Palmengarten, viele Stammgäste, der Strand ist hier etwas schöner.

Sri Thanu Beach

Der lange, gelbe Sandstrand in der weit geschwungenen, mit Palmen und Mangroven bestandenen Bucht fällt ganz flach ab. Schwimmen soll immer möglich sein, wenn man den richtigen Kanal kennt, am tiefsten ist es an der felsigen Halbinsel **Laem Niad**. Im Hinterland liegt der idyllische **Laem Son-Baggersee**, in dem man auch schwimmen kann.

Übernachtung

Laem Son 2*–** ⑦, ☎ 01-9681627, neuere einfache Hütten mit direkter Strandsicht.

Laem Son*–** ⑦, ☎ 01-8566027, 26 vorwiegend neue Hütten in einer ausgedehnten Anlage mit sauberem Garten, Restaurant am Strand.

Sea View Rainbow*–*** ⑦, ☎ 01-3697272, einfache Hütten und gut ausgestattete Bungalows auf beiden Seiten des Baches; beliebte

Anlage, freundliche Leute; Boot zum Schnorcheln und Fischen.

The Beach Resort**–*** ⑦, ☎ 377336, 70 nett gemachte Bungalows am Strand wirken innen recht heimelig. Nebenan ein neues Resort.

Am südlichen Strandende:

Ladda** ⑦, ☎ 377533, die Bungalows an der Straße beim Ladda Shop werden gerne monatlich vermietet, günstige Gerichte, Internet.

Auf dem Kap:

Loy Fa**–*** ⑦, ☎ 377319, viele verschiedenartige Bungalows auf großem Gelände, einfachere am Hang, bessere Steinbungalows direkt am kleinen Privatstrand, alle mit guter Aussicht; lässiger Service.

Chai Country*–** ⑦, kleine Bungalows auf dem Kap mit guter Sicht, Chai und seine Familie verbreiten eine herzliche Atmosphäre; Restaurant mit Aussicht.

Nantakarn** ⑦, ☎ 01-8932785, wenige Bungalows, Restaurant am Strand mit Blick auf den Sonnenuntergang.

Banana Beach** ⑦, saubere Bungalows in einer süßen, kleinen Anlage am südlichen Ende des Kaps unter Thai-deutscher Leitung. Neben Thai-Gerichten wird auch ausgezeichnete europäische Küche serviert. Am Zufahrtsweg geht es links ab zu einer neuen Anlage.

Unterhaltung

Das Restaurant **Three Brothers** überblickt den Laem Son See.
Im Club **Yaya** wird manchmal Live-Musik geboten. In der **Outback Bar** kann man in gediegener Atmosphäre ein Glas Rotwein trinken.

Transport

Die Sri Thanu-Strände erreicht man entweder mit dem Boot (Hinfahrt oft kostenlos, Rückfahrt 20 Baht), mit dem Motorradtaxi oder Pickup.

Hin Kong Beach, Wok Tum Beach und Plaaylaem Beach

Hin Kong Beach und Wok Tum Beach bilden eine weite, flache Bucht, die nur durch die Mündung eines Baches geteilt wird. Die Strände sind groß-

KO SAMUI, KO PHA NGAN UND KO TAO

teils noch nicht entwickelt. Ein Korallenriff liegt 300 m vor dem Ufer, und Schwimmen ist nur in den Wintermonaten bei Flut möglich. Die Straße verläuft in geringem Abstand parallel zum Strand. Viele Traveller zieht es zu den alten Anlagen dieser Bucht, weil in den meisten die Atmosphäre stimmt, das Essen schmeckt und sich die Besitzer um ihre Gäste kümmern.

Der **Plaaylaem Beach** duckt sich am Fuße des **Hin-Nok-Hügels**, von dessen Hängen man eine fantastische Sicht über den Angthong Marine Park hat.

Dieser Küstenabschnitt ist leicht zu erreichen, ab Thong Sala (2 1/2 km) mit dem Pickup für 30 Baht.

Übernachtung

HIN KONG BEACH – In der Mitte des Strandes liegt

Lipstick Cabana*** ⑧⓪, ✆ 377924, eine kleine Anlage mit gut ausgestatteten, sauberen Bungalows, einige davon recht neu.

Pha-Ngan Twilight*–** ⑧①.

WOK TUM BEACH – Am flachen Strand liegen:

Sukho* ⑧②, ✆ 238456, wenige Hütten, meist Langzeittraveller.

Woktum Bay** ⑧③, ✆ 377430, bessere Bungalows in größerer Anlage, geführt von einer netten, hilfsbereiten Familie.

O.K.*–** ⑧③, ✆ 377141, Bungalows mit großer Terrasse, auf der sogar eine Liege steht, z.T. Gemeinschafts-Du/WC; preiswertes, schmackhaftes Essen, zu empfehlen ist *Müsli Thaistyle*; liebevolle Familie.

PLAAYLAEM BEACH – *Darin*–*** ⑧④, ✆ 238551, ✉ suttiwan_c@yahoo.com, beliebte Anlage, saubere Hütten mit und ohne Du/WC, versteckt zwischen den Felsen und an kleinen Stränden, gutes Essen; Mama umsorgt ihre Gäste, herrliches Schnorcheln.

Asia Resort*–** ⑧⑤, einfache Hütten, oben am Hang, mit und ohne Du/WC.

Baan Play Laem* ⑧⑤, einfache Hütten oben an der Strasse, Gemeinschafts-Du/WC.

Sea Scene*** (ac****) ⑧⑥, ✆ 377516, ✉ seasceneresort @yahoo.com, idyllische Anla-

ge mit grünem Rasen, Obstbäumen und Blumen, wenige Meter vom Meer 19 gemauerte, geräumige Bungalows mit Fan oder ac, Du/WC und Hängematte; langsamer Service, gutes Essen; nette Leute. Internet, Motorradvermietung. Spezieller Bungalow für Behinderte mit Rolli.

Bounty** ⑧⑥, ✆ 377517, Bungalows am Strand.

Porn Sawan*–** ⑧⑥, ✆ 377599, 🖳 porn-sawan. netfirms.com; einfache, billige Hütten am Strand, mit Strom und Wasser, sauber, freundlich, gutes Essen.

Cookie**–*** ⑧⑦, ✆ 01-6774472, mehrere einfache Hütten und einige bessere Bungalows am Strand und am Hang, Restaurant, gute Atmosphäre.

Beach 99*–** ⑧⑦, ✆ 01-6769067, schöne Lage, netter Garten, preiswerte Hütten mit Fan und Du/WC, gutes Essen; Windsurfer zu mieten.

Nai Wok Bay

Diesen 1000 m langen, unattraktiven Strand jenseits des Flusses nördlich von Thong Sala kann man nur auf der Straße erreichen. Das Meer ist äußerst flach, das Korallenriff liegt weit vor der Küste.

Wer die Bequemlichkeit des nahen Thong Sala schätzt, findet hier angenehme Bungalows. Viele Leser schwärmen von den Sonnenuntergängen und dem guten Essen.

Übernachtung

Neue Anlage ⑧⑧, schöne, große, recht teure Bungalows im Halbkreis um den Pool.

Tranquil*–*** ⑧⑧, hübsche Holzbungalows senkrecht zum Strand in einer schmalen Anlage, Restaurant vorn am Strand, Kajaks zu vermieten.

Siripun*** (ac****) ⑧⑨, ✆ 377140, ✉ Siripun2 @hotmail.com, ausgedehnte Anlage der freundlichen Besitzerin Yupa, neue, mit Steinen gebaute besseren Fan- und komfortablen ac-Bungalows, bekannt für die großen Portionen im Restaurant.

Suntown** ⑨⓪, ✆ 377411, nette Hütten mit Du/WC; in der Saison ab November geleitet vom hilfsbereiten Schwaben Sohni und seiner Deutsch sprechnden Frau Ooy.

Phangan Bungalow*–** ⑨⓪, ✆ 377191, Holzbungalows mit Du/WC in 2 Reihen auf einer großen Wiese mit Palmen; Restaurant.

Roongthip ﹡ ⑨⓪, ✆ 01-8918674, sehr einfache Hütten.

Ausflüge auf Ko Pha Ngan

Engagierte Leute in der Provinzverwaltung hatten die Idee, den Touristen etwas mehr Einsicht in das Leben der Inselbewohner zu ermöglichen. So riefen sie „Points of Interest" ins Leben, die gut beschildert sind: *Bee processing Group* in Maduwa, *Ko Pha Ngan Culture Work Center* in Thong Sala, oder die *Sea Processing Group* in Chalok Lam, wo man Fischern beim Putzen und Auslegen von Tintenfischen zusehen kann.

Die auf den Landkarten eingezeichneten Fußwege im Inneren der Insel sind in der Realität kaum vorhanden. Ohne Führer kann man sich leicht verirren!

Alle Wasserfälle sind allenfalls von November bis Januar eindrucksvoll. Dennoch können diese Ausflüge auch sonst die Mühe lohnen.

Zum **Paeng Waterfall Forest Park** fährt man 1 km auf einer Erdstraße bis zu einem großen Parkplatz. Zum meist kaum erkennbaren **Paeng-Wasserfall** sind es noch 200 m zu Fuß, zum schönen, lohnenswerten Aussichtspunkt 500 m den Berg hinauf. Essen und Getränke dürfen nicht mit hoch genommen werden, doch am Parkplatz sorgt in der Saison ein Shop für Snacks und Erfrischungen. Zum **Wang Sai-Wasserfall** im Nordwesten spaziert man zu Fuß in 40 Min. von der Mae Hat Bay. Den schwierigen Pfad zum **Than Sadet-Wasserfall** im gleichnamigen National Park können nur erfahrene Off-Road-Fahrer mit dem Motorrad bewältigen, gute Karte erforderlich.

Vom **Khao Ra**, mit 627 m der höchste Punkt der Insel, hat man eine herrliche Aussicht über die ganze Insel, aber der Aufstieg ist nur mit einem erfahrenen Führer möglich. Der Dorfchef von Ban Maduawan kann innerhalb einer Stunde einen Guide vermitteln.

Auf der Spitze eines Hügels, 10 Min. vom Dorf Ban Tai entfernt, liegt der Meditationstempel **Wat Khao Tham**. In seinem Mondop wird ein Fußabdruck Buddhas verehrt. Vom Vorplatz des Tempels hat man einen schönen Blick auf den Strand und das Meer. Die **Wat Nai Pagoda** am Fuße des Berges stammt aus der Ayutthaya-Periode und ist über 200 Jahre alt. Die 12 m hohe Pagode im **Wat Khao**

Noi (gegenüber dem Hospital) bietet einen tollen Ausblick.

Für Abenteuerlustige ist eine Inselumrundung in mehreren Tagen möglich, zu Fuß, versteht sich. Wegen des schwierigen Geländes entlang der Ostküste dauern die vorgesehenen Etappen dort weitaus länger, als die meisten Wanderer vorausplanen.

Zum **Ang Thong Marine National Park** (s.S. 381) werden lohnenswerte Tagesausflüge per Schiff für 300 Baht angeboten. Auf **Ko Tae Nai** gibt es Bungalows für 900 Baht, schöne Aussicht vom Hügel.

Ko Tao   เกาะเต่า

Die kleine, felsige Insel Ko Tao (Schildkröteninsel) liegt 38 km nördlich von Ko Pha Ngan und 74 km von Chumphon entfernt. Sie ist knapp 8 km lang und 3 km breit und hat eine Fläche von ca. 21 km^2. Bewaldete Berge reichen bis auf 379 m Höhe. Auf Ko Tao leben etwa 550 Einheimische, die früher aus dem Anbau von Kokosnüssen ein mageres Einkommen erzielten. Fischfang wurde vorwiegend für den Eigenbedarf betrieben. Das harte Leben hat den etwas harschen Charakter der Einheimischen geprägt. Heute beziehen die meisten einen Teil ihres Einkommens aus dem Tourismus. Kaum ein Bewohner der Insel sehnt sich nach dem mühsamen Leben in den alten Zeiten zurück. Besonders gewiefte Bewohner reißen sich Land unter den Nagel, „legalisieren" den Besitz und verkaufen ihn teuer an touristische Unternehmen weiter. Hanggrundstücke werden gerodet, immer mehr Wald geht verloren. Unbefestigte Fahrwege, rücksichtslos durch den Hang gefräst, verursachen katastrophale Erosion, die manchem umweltbewussten Touristen das Blut gefrieren lässt.

Die Strände von Ko Tao

An den zwei langen Sandstränden im Westen reiht sich unter Kokospalmen eine Bungalowanlage an die andere. Die tiefen, von runden Felsen eingerahmten Buchten im Süden wirken bei Flut romantisch, bei Ebbe sehen die mit Korallenschrott bedeckten Strände jedoch weniger einladend aus. Der Osten und Nordosten sind rau und schwer zugänglich, nur kleine Sandstrände tauchen bei Ebbe zwischen den Felsen auf.

Übernachtung:

KO NANG YUAN:
1 Nang Yuan

SAI RI BEACH (SAIREE BEACH):
2 C.F.T.
3 Thipwimarn Resort
4 Hillside Resort
5 Sairee View Resort,
Eden Resort,
Sun Sea
6 Sun Lord
7 Silver Cliff,
Golden Cape,
8 Ko Toa Palace,
Bow Thong Beach,
9 Ko Tao Coral Grand Resort,
Pranee
10 O'Chai 2,
O'Chai,
Blue Wind
11 Sai Ree Hut,
Sunset Buri Resort
12 Simple Life Villa,
Big Blue Diving Resort
13 New Way Diving,
Lotus Resort,
Sea Shell Resort
14 Sairee Cottage
15 Sabai Sabai Resort
16 S.B. Cabana,
Asia Dive Resort
17 Koh Tao Island Resort,
Ban's Diving Resort,
Bingo Bungalows
18 AC Resort,
AC Two,
In Touch Bungalows,
Ocean View

19 Moonlight
20 Mountain View
21 OK View
22 Clear View Bungalows,

MAE HAT BEACH:
22 D. D. Hut
23 View Cliff 2,
View Cliff,
Tommy's Resort
24 Queen Resort
25 Beach Club Dive Resort
26 Baan Tao Bungalows,
Mr. J.'s Bungalows
27 Kailapangha Dive Resort,
Blue Diamond Resort,
Koh Tao Royal Resort
28 Sensi Paradise Resort,
29 Jansom Bay Bungalows,
Charm Churee Villa
30 Bahn Khun Daeng

SAI NUAN BEACH:
31 Sai Thong
32 Siam Cookie
33 Char Resort
34 Tao Thong Villa

CHUN CHUA-BUCHT:
35 Moon Dance
36 Sunset

CHALOK BAN KAO BAY:
37 Black Rock
38 Viewpoint Bungalows,
Big Bubble Dive Resort
39 Laem Klong

40 Sunshine 2 Bungalows,
Sunshine 1 Resort
41 Buddha View Dive Resort,
Carabao
42 Ko Tao Tropicana,
J.P. Resort
43 Dhanaporn Resort,
Big Fish Dive Resort
44 Ko Tao Cottage
45 Aud Bungalow
46 Taa Toh Lagoon Dive Resort,
Freedom Beach

ROCKY BEACH (AO THIAN):
47 New Heaven,
OK 2 Bungalow
48 Rocky Resort
49 Eagle View,
Happy House

SAI DAENG BEACH:
50 Coral View Resort,
51 New Heaven Huts

AO LEUK:
52 Nice Moon
53 Aow Leuk 2
54 Aow Leuk Bungalow

AO LANG KHAAY:
55 Pahnun View
56 Nok's Garden Restaurant
57 Lang Khaay Bay Bungalows

AO TANOTE:
58 Island Hill Resort
59 Belle Vue Camping
60 Mountain Reef

61 Poseidon Bungalow
62 Diamond Beach
63 Black Tip Dive Resort
64 Bamboo Hut
65 Tanote Bay Resort
66 Two View

LAEM THIAN BEACH:
67 Laem Thian Bungalows

HIN WONG:
68 Hin Wong Resort
69 Green Tree Resort
70 View Rock Resort

**Läden,
Restaurants etc.:**
1 Here & Now
2 Mal-Skelett
3 Schwimmendes Restaurant
4 Pranee Complex
5 Restaurants
6 Planet Scuba,
Sairee Minimart
7 Pon Bakery
8 Scuba Junction
9 S.B. Travel
10 Ban's Diving
11 AC Party Pub
12 In Touch Beach Bar
13 Calypso Diving
14 Black Tip Diving
15 Chintana Clinic
16 Whitening Bar
17 Zen Rock Climbing
18 Jamahkiri Spa
19 Beach Bar

Bungalows

Schon über 100 Bungalowanlagen wurden auf der Insel gebaut, sowohl an den bekannten Stränden als auch an den kleinen Buchten und im Hinterland. Am Mae Hat und Sai Ri Beach überwiegen saubere, gepflegte Anlagen mit hübschen, bereits recht teuren Bungalows mit Du/WC und Fan ab 250 Baht. An allen anderen Stränden werden selbst in der Saison noch einfache Hütten aus Bambusmatten, Holz oder Sperrholz für weniger als 200 Baht angeboten. Das übrige Preisniveau ist höher als auf den Nachbarinseln. In den letzten Jahren hoben die meisten Bungalowbesitzer an den Hauptstränden die Preise kräftig an. In der Trockenzeit leiden viele Anlagen unter Wassermangel, und das kostbare Nass muss für viel Geld vom Festland gekauft werden. Fast alle Anlagen verfügen über ein eigenes Restaurant. Man kann zwar keine Luxusrestaurants erwarten, das Essen ist jedoch zumeist gut.

Ein Müllwagen und drei Müllverbrennungsanlagen sollen umweltschonend entsorgen. Aber schon beim oberflächlichen Hinschauen fällt auf, dass die Insel das Müllproblem noch lange nicht im Griff hat. Obwohl die Einweg-Plastikflaschen inzwischen auf dem Festland recycled werden, landen noch allzu viele in der Landschaft. Auf der Insel wird auch Trinkwasser in Glasflaschen verkauft, das qualitativ sicherer sein soll als das lokal produzierte Trinkwasser.

Tauchen und Schnorcheln

Ko Tao besitzt unter Tauchanfängern einen hervorragenden Ruf, daher der Spitzname „Ko Taoch". Kaum sonst wo kann man so preisgünstig direkt neben der Strandhütte das Tauchen lernen, wenn man die niedrigen Kosten für die Unterkunft und das Essen mitrechnet. Näheres zum Tauchen s.S. 426/427.

KO SAMUI, KO PHA NGAN UND KO TAO

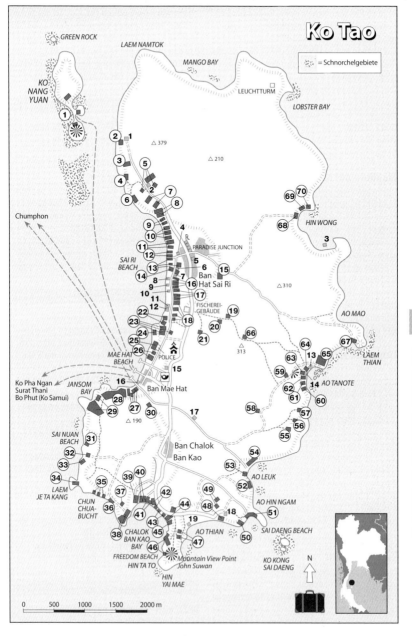

Ko Tao

GREEN ROCK

LAEM NAMTOK

MANGO BAY

= Schnorchelgebiete

KO NANG YUAN

LEUCHTTURM

LOBSTER BAY

Chumphon

△ 379

△ 210

SAI RI BEACH

PARADISE JUNCTION

HIN WONG

Ban Hat Sai Ri

FISCHEREI-GEBÄUDE

△ 310

AO MAO

POLICE

MAE HAT BEACH

LAEM THIAN

AO TANOTE

Ko Pha Ngan
Surat Thani
Bo Phut (Ko Samui)

JANSOM BAY

Ban Mae Hat

△ 313

△ 190

SAI NUAN BEACH

Ban Chalok
Ban Kao

AO LEUK

LAEM JE TA KANG

CHUN CHUA-BUCHT

AO HIN NGAM

AO THIAN

SAI DAENG BEACH

CHALOK BAN KAO BAY

FREEDOM BEACH
HIN TA TO

Mountain View Point
John Suwan

KO KONG
SAI DAENG

N

HIN YAI MAE

0   500   1000   1500   2000 m

Auch fürs Schnorcheln ist Ko Tao hervorragend geeignet. Vor allem an der Ostküste existieren intakte Biotope mit vielerlei Korallen und farbenfrohen Fischen, z.B. vor Ao Tanote. Vor der ruhigen, einsamen Hin Wong sind tolle Muscheln zu sehen. An der Südküste müssen sich Schnorchler erst über flache Korallenriffe oder durch Felsbarrieren quälen, ehe sie eine geeignete Wassertiefe erreichen. Wer zu den vorgelagerten Taucherfelsen **Shark Island** schwimmen will, sollte laut Gezeitentabelle ruhiges Wasser abwarten, da die Strömungen um die Insel gefährlich werden können.

Wandern auf Ko Tao

Auf einigen Berg- und Talpfaden kann man herrlich wandern, während einem Schmetterlinge um die Nasen flattern. Genügend Wasser mitnehmen. Bei starkem Wind sollte man nicht durch Kokosplantagen laufen, denn Kokosnüsse und Palmwedel haben schon Menschen erschlagen. Zu empfehlen sind die durchaus anstrengenden Wanderungen auf den Fahrwegen zu den Buchten an der Ostküste. Von der Tanote Bay führt ein Pfad auf den zweithöchsten Gipfel (313 m) der Insel mit Teehaus und Meditationszentrum oder quer über die Insel, am Moonlight und Mountain View vorbei, zur Westküste.

Klima und Reisezeit

Die beste Reisezeit ist von Ende Dezember bis April und im August und September. In der Hauptsaison von Dezember bis Ende März wird die Insel total voll. Jeden Tag kommen 400 neue Gäste an, die z.T. an den Stränden oder in den Büros auf dem Boden nächtigen. Mitte April (Songkran) überfluten Thais für einige Tage die Insel – die Bungalowpreise steigen in astronomische Höhen. Im November und Anfang Dezember wird die Insel von so schweren Stürmen heimgesucht, dass schon Gäste nach einer Woche Sturm von der Marine evakuiert werden mussten. In der Nebensaison werden die meisten Bungalows eine Preisklasse tiefer angeboten.

Ban Mae Hat   บ้านแม่หาด

In eine malerische Bucht eingebettet, begrenzt von faszinierenden Granitfelsen, liegt im Südwesten das Hauptdorf der Insel, Ban Mae Hat. An den neuen Piers können auch größere Boote anlegen. Außer mehreren Restaurants, kleinen Supermärkten und

einem Wat haben sich im Ort auch Tauchschulen, Geldwechsler, Internet-Cafes, Reisebüros, die Post und ein Oversea Telefon Service niedergelassen. Mit den vielen aufdringlichen Kundenfängern, den An- und Abreisenden und dem unkontrollierten Bauboom wirkt der Ort nicht gerade gemütlich.

Übernachtung

*Crystal Dive Resort***** ①, ✆ 456107, gute Steinbungalows mit Balkon, einige mit ac. Tauchschule.

The Sea Lodge ②, ✆ 456111, Deluxe-Zi mit ac, Minibar, TV über *Planet Scuba*.

*Dive Point*** ④, ✆ 456231, am Strand, saubere Zi, Gemeinschafts-Du/WC, halber Preis bei Teilnahme am Tauchkurs. *Joseph's Restaurant* mit europäischer Küche, ⏲ ab 19 Uhr.

*Koh Tao Garden Resort*** ⑤, ✆ 456258, saubere Bungalows in einer Reihe, die bevorzugt länger vermietet werden. Hinter dem *Health Center*.

Essen

Die Auswahl ist groß und meist sehr gut.
Bei *Farango*, das von dem Franzosen Stephane Taulaigo geleitet wird, bekommt man sogar Pizza, für die aber auch ein entsprechender Preis gezahlt werden muss.
Das *Baan Yaay* serviert milde Thai-Gerichte und sehr große Portionen.
Teuer ist das *Mae Haad Restaurant*, wo schon eine Reissuppe 40 Baht kostet.
Dagegen kostet im *Yang Restaurant* fast jedes Gericht nur 30 Baht.
Preiswerte Mini-Menüs bietet das *Liabtalae Restaurant*, z.B. 1 Thai-Gericht plus Soft Drink 49 Baht.
Vegetarische Gerichte gibt es bei *Mr. J.* am Weg zum Sai Ri Beach.
Far out bereitet gute Sandwiches, auch zum Mitnehmen, und hat Satelliten-TV.
Die *Swiss Bakery* bäckt tolles Vollkornbrot, Croissants und europäisches Gebäck.

Sonstiges

BATTERIEN – werden bei den meisten Tauchschulen gesammelt und aufs Festland gebracht.

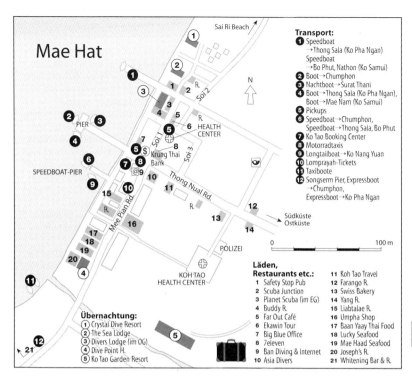

Mae Hat

Sai Ri Beach

N

PIER

SPEEDBOAT-PIER

HEALTH CENTER

Krung Thai Bank

Soi 1 · Soi 2 · Soi 3

Thong Nual Rd.

Mae Pean Rd.

POLIZEI

KOH TAO HEALTH CENTER

Südküste
Ostküste

0   100 m

Transport:
1. Speedboat →Thong Sala (Ko Pha Ngan) Speedboat →Bo Phut, Nathon (Ko Samui)
2. Boot→Chumphon
3. Nachtboot→Surat Thani
4. Boot→Thong Sala (Ko Pha Ngan), Boot→Mae Nam (Ko Samui)
5. Pickups
6. Speedboat→Chumphon, Speedboat→Thong Sala, Bo Phut
7. Ko Tao Booking Center
8. Motorradtaxis
9. Longtailboat→Ko Nang Yuan
10. Lomprayah-Tickets
11. Taxiboote
12. Songserm Pier, Expressboot →Chumphon, Expressboot→Ko Pha Ngan

Übernachtung:
1. Crystal Dive Resort
2. The Sea Lodge
3. Divers Lodge (im OG)
4. Dive Point H.
5. Ko Tao Garden Resort

Läden, Restaurants etc.:
1 Safety Stop Pub	11 Koh Tao Travel
2 Scuba Junction	12 Farango R.
3 Planet Scuba (im EG)	13 Swiss Bakery
4 Buddy R.	14 Yang R.
5 Far Out Café	15 Liabtalae R.
6 Ekawin Tour	16 Umpha Shop
7 Big Blue Office	17 Baan Yaay Thai Food
8 7eleven	18 Lucky Seafood
9 Ban Diving & Internet	19 Mae Haad Seafood
10 Asia Divers	20 Joseph's R.
	21 Whitening Bar & R.

GELD – Die Banken tauschen Reiseschecks und Bargeld, solange der Vorrat an Thai-Baht reicht (oft nur bis 10 Uhr!). In Ban Mae Hat gibt es mehrere Geldautomaten.

Mr. J. wechselt Geld, kauft und tauscht Bücher. Er macht Fotos für die Tauchlizenzen, verkauft Bootstickets mit Rabatt, hilft bei Visa-Angelegenheiten, vermietet Mopeds und hat immer einen tollen Spruch auf Lager.

INFORMATIONEN – Vorab kann man sich im Internet über Ko Tao informieren oder ein Resort buchen: ⌨ www.kohtao.com, ⌨ www. thaisouth.com/English/Guidebook/koh_tao/, ⌨ www.kohtaoonline.com oder ⌨ www. koh-tao.biz; Unterkünfte, die auch Nichttaucher gern aufnehmen, stehen unter ⌨ www. on-koh-tao.com (mit Buchung).
Aktuelle Informationen und brauchbare Karten bietet das kostenlose Werbeheft „Koh Tao Info".

INTERNET – Viele Internet-Cafés, ca. 2 Baht/ Min. Für Tauchschüler in den Tauchbasen oft gratis.

KLETTERN – *Zen Gecko Rock Climbing*, im Büro am Beginn der Straße nach Tanote Bay, ⌨ www.zengecko.com, Kurse in Bouldern und Verleih von Ausrüstung.

MEDIZINISCHE HILFE – Mehrere Arztpraxen und *Health Centers* mit Krankenschwestern gibt es in Mae Hat, Chalok Ban Kao und Sairee Village. Am besten ausgerüstet ist das *Koh Tao Health Center* in Mae Hat, ℡ 456007.

MOTORRÄDER – ab 150 Baht für 24 Std. Schäden am Bike vor der Rückgabe reparieren lassen, sonst kann es übermäßig teuer werden.

POLIZEI – Polizeistation in Mae Hat, ℡ 456260.

POST – hat Poste Restante, ☉ tgl. 8.30–16 Uhr.

REISEBÜROS – Alle 30 Reisebüros gelten als hilfsbereit, korrekt und zuverlässig, u.a.
Ko Tao Booking Center, ✆ 456187, am Pier.
Nang Yuan Travel, ✆ 456009, macht Fotokopien.

SCHNORCHELN – Die besten Schnorchelreviere liegen im Südosten an den Bai Sai Daeng-Felsen, bei Shark Islands und um Ko Nang Yuan. Ausrüstung, meist in schlechtem Zustand, wird von einigen Anlagen kostenlos verliehen, sonst jeweils 50–100 Baht für Maske, Schnorchel und Flossen.
Bei der Inselumrundung ab Sai Ri um ca. 9 Uhr wird etwa 5 mal zum Schnorcheln gestoppt, Rückkehr ca. 16 Uhr, Preis 300 Baht p.P. (bei rauer See keine Tour).

SUPERMARKT – *7/Eleven* und viele weitere.

THAI-BOXEN – In zwei Stadien einmal pro Monat, Eintritt 250 Baht.

UNTERHALTUNG – Viele Restaurantbesitzer verzichten auf Video-Berieselung.
Am Sai Ri Beach liegen mehrere Bars, die manchmal bis weit in die Nacht lärmen, vor allem an Neumond und Vollmond (s.S. 59). Ansonsten ist es auf Ko Tao am Abend friedlich und ruhig.

VORWAHL – 077; PLZ: 84280.

WÄSCHEREI – Wäsche waschen für 35–40 Baht/kg an mehreren Stellen im Ort.

Nahverkehrsmittel

Auf Ko Tao geht man vorwiegend zu Fuß. Aber auch hier bieten sich **Motorradtaxis** (ab 20 Baht) und **Pickups** (20–50 Baht) an. Der Allrad-Pickup von Mae Hat nach Tanote Bay fährt um 10.30, 15.30 und 17.30 Uhr für 50 Baht p.P. (mindestens 200 Baht), zurück um 11, 16 und 18 Uhr.
Ein breiter „Highway" wurde von Süden nach Norden gebaut.
Nach KO NANG YUAN fährt um 10 und 16.30 Uhr ein **Taxiboot** für 30–50 Baht, hin u. zurück 60–100 Baht.

Transport

Bei Ankunft der Boote warten viele Schlepper und einige Bungalowbesitzer mit ihren Pickups am Pier. Kostenlos oder für 20–30 Baht bringen sie ihre Gäste an die Strände. Jedes Jahr werden neue Bootslinien in Dienst gestellt. Bei hohem Seegang fahren keine Boote von/nach Ko Tao, was zu jeder Jahreszeit passieren kann.
Nach BANGKOK geht es leicht mit dem Kombi-Ticket für 500 bzw. 550 Baht: um 10.30 Uhr nach CHUMPHON, wo am Pier ein so genannter VIP-Bus abfährt, der um 20.30 Uhr in der Gegend um die Khaosan Rd. ankommt (zum Aussteigen in Hua Hin den Fahrer informieren).
Wer den Zug vorzieht, erreicht in Chumphon normalerweise den *Sprinter* um 13.27 Uhr, der 7 Std. später in Bangkok ankommt.
Nach BANGKOK ist der billigste Weg (nicht jedermanns Sache) mit dem **Boot** um 10 Uhr für 200 Baht nach CHUMPHON, dort weiter mit dem *Rapid* 174 um 19.35 Uhr für 112 Baht (Sitzplatz 3.Kl.) in 9 Std.

BUSSE – Von der Khaosan Rd. in BANGKOK fährt ein **ac-Minibus** um 14 Uhr nach CHUMPHON zum Nachtboot, das um 6 Uhr in Ban Mae Hat ankommt, Preis 550 Baht inkl. Boot. Reelle Tickets für ac- und VIP-32-Busse kosten 670–900 Baht inkl. Boot.

> **Achtung:** Wer in der Khaosan Road ein Kombi-Ticket Bangkok – Chumphon – Ko Tao für sagenhafte 150 Baht kauft, muss damit rechnen, professionell bestohlen zu werden. Im Gepäck dürfen dann absolut keine Wertsachen sein, und Rucksäcke müssen abgeschlossen werden.

Ein **ac-Bus** ab der Khaosan Rd. fährt um 17 Uhr über Chumphon für 680 Baht (Ankunft gegen 2 Uhr, ungemütliche Notunterkunft im Reisebüro bis zum Transfer zum Expressboot gegen 7 Uhr).
Für die Rückfahrt ist ein VIP-Bus dem unbequemen ac-Minibus vorzuziehen; beide kommen zwischen 20 und 21 Uhr in Bangkok nahe Khaosan Rd. an.

EISENBAHN – Aus BANGKOK am besten über Chumphon (s.S. 317). Reisebüros schlagen ca. 40 Baht auf die Ticketpreise auf. Bei einem Kombi-Ticket ist meist eine ungemütliche Notunterkunft, Transfer zum Hafen und das *Songserm*-Expressboot nach Ko Tao inklusive. Billiger kommt weg, wer ein anderes Zugticket nach Chumphon kauft und mit einem anderen Boot nach Ko Tao fährt. In Chumphon verbringt man den Rest der Nacht besser in einem Gästehaus und überlässt diesem den Transfer zum Hafen.

Zurück nach BANGKOK geht es tagsüber mit dem *Sprinter* oder mit einem Nachtzug, der am frühen Morgen in Bangkok ankommt.

Sehr zeitaufwändig ist die Reise über SURAT THANI, Ko Samui und Ko Pha Ngan nach Ko Tao.

BOOTE – Zu allen Booten fahren von den Stränden rechtzeitig Pickups. Die Abfahrtszeiten und Preise werden relativ flexibel gehandhabt. In der Nebensaison fahren weniger Boote.

Von Chumphon (Tayang-Pier): Nachtboot um 24 Uhr für 200 Baht in 6 Std., auf harten Bastmatten kann man recht unbequem schlafen; Tickets und Transport zum Pier von den Gästehäusern und Reisebüros. Zurück um 10 Uhr in 5 1/2 Std., bei der Ankunft warten Pickups. Von November bis Mitte Januar ist die Fahrt nur bei ruhiger See möglich.

> **Warnung:** Aufgrund eines eindringlichen Leserbriefs weisen wir darauf hin, dass sich in akute Lebensgefahr begibt, wer mit dem Songserm-Expressboot bei 2 m hohem Wellengang fährt. Nicht nur die Fahrgäste, sondern auch das Personal steht bei jedem Brecher Höllenängste aus. Passagiere und Gepäck werden völlig durchnässt. Der Dieselgestank im geschlossenen Fahrgastraum ist nicht auszuhalten. Notausgänge lassen sich nicht öffnen. Auf dem Oberdeck gibt es weder Sitze noch eine Reling um sich festzuhalten. Einheimische meinen, dass alle bisherigen Unfälle verschwiegen wurden. Sie empfehlen, während des Monsuns die Vormittagsboote zu nehmen, da die Stürme normalerweise am Nachmittag zunehmen.

Mehrere große **Speedboote** fahren um 7 oder 7.30 Uhr ab den Piers von Chumphon für 300 Baht in 1 1/2 bis 3 1/2 Std. nach Ko Tao (länger bei schwerer See, die schwache Nerven strapaziert). Zurück um 10.30 Uhr (mit Anschluss-Bus nach Bangkok um 13.30 Uhr, auch zum *Sprinter* klappt der Anschluss normalerweise) und um 15 Uhr.

Expressboot von *Songserm* tgl. um 7 Uhr in 3 Std. für 400 Baht nach Ko Tao und weiter nach Ko Pha Ngan. Zurück ab Ko Tao um 15 Uhr für 400 Baht in 3 1/2 Std. Inkl. einem überteuerten Bus nach Bangkok werden satte 850 Baht verlangt (Ankunft 5 Uhr).

Nach Ko Pha Ngan: Mit dem **Slow Boat** um 9.30 Uhr für 180 Baht in 3 Std.

Mit dem Katamaran-Schnellboot *Lomprayah* um 10 und 15 Uhr für 350 Baht in 1 Std.

Das "Schönwetterboot" *Koh Tao Express* fährt um 9.30 Uhr für 180 Baht in 2 Std.

Expressboot von *Ferry Line/Songserm* um 10 und 14 Uhr für 250 Baht in 2 Std.

Mit dem **High Speed Boat** um 9.30 und 15 Uhr für 350 Baht in 1 Std.

Nach Ko Samui: Nach NATHON mit dem *Songserm*-**Expressboot** um 10 und 14 Uhr für 345 Baht in 3 Std., über Thong Sala.

Nach MAE NAM mit dem Katamaran-Schnellboot *Lomprayah* um 10 und 15 Uhr für 550 Baht in 90 Min.

Nach MAE NAM mit dem **Slow Boat** um 9.30 Uhr für 280 Baht in 5 Std. über Thong Sala. Zurück um 9.30 Uhr.

Nach BO PHUT und MAE NAM mit dem **Speedboot** um 9.30 und 15 Uhr ab 350 Baht in 90 Min. (zeitweise eingestellt). Zurück um 8.30 Uhr.

Nach Surat Thani: Mit dem **Nachtboot** um 20.30 Uhr für 400 Baht in 9 Std. Zurück ab dem zentralen Pier um 23 Uhr.

Ein **Expressboot** um 10 Uhr für 500 Baht in 6 1/2 Std., zurück um 8 Uhr.

Mae Hat Beach

Die kleine Badebucht in der Nähe des Hauptortes ist ziemlich verschmutzt und kann sich mit den anderen Stränden der Insel nicht messen. Doch die malerische Felsenküste Richtung Süden, **Ao Ta Saeng**, ist fürs Schnorcheln gut geeignet. An den südlichen Bungalowanlagen vorbei gelangt man auf einem Pfad in 20 Min. über den Hügel zur **Jansom Bay**, einer hübschen Badebucht mit Sandstrand, Palmen und Felsen.

Übernachtung

Beach Club Dive Resort**–**** ㉕, ℡ 456222, ✉ beachclub@thaidive.com; gepflegte Anlage, senkrecht zum Strand stehen 12 komfortable Bungalows mit Fan bzw. ac ab 1500 Baht, 9 Hütten mit/ohne Du/WC am Strand und im Garten; Restaurant; Tauchschule von *Easy Divers*.

Mr J.'s Bungalow** ㉖, ℡ 456066, Terrassenhäuser am Hang, Zi mit und ohne Du/WC, vegetarisches Restaurant, Bücher, Minimarkt, Western-Union-Vertretung, Uhrmacher; Bootsfahrt um Ko Tao 250–500 Baht, Fahrräder, Visa für Indien und Vietnam. Viele witzige Slogans hängen an den Wänden.

Baan Tao Bungalows*** ㉖, ℡ 456201, ✉ hammykohtao@hotmail.com, Zi mit Bad.

Auf dem Kap aus großen, glatten Granitfelsen liegen von Süd nach Nord:

Queen Resort**–*** ㉔, ℡ 456002, 17 Holz- und Steinbungalows am Felsenhang; Restaurant mit schöner Sicht übers Meer, Video. Tauchschule.

Tommy's Resort**–**** (ac teurer) ㉓, ℡ 456039, ✉ tommy_resorts@hotmail.com; zu viele, z.T. große Bungalows, einige ac-Zi; Restaurant mit Abwassergestank. Tauchschule LV Diving.

View Cliff**–**** ㉓, ℡ 456353, ✉ viewcliff@ hotmail.com, komfortable Matten- und Steinbungalows zwischen Felsen, saubere Zi im Reihenhaus; Restaurant mit Video, freundliche Leute.

View Cliff 2***–**** ㉓, ℡ 456353, neue, große, saubere ac-Bungalows, z.T. mit schöner Sicht, Fan-Zi im OG des Apartmenthauses.

D.D. Hut**–*** ㉒, ℡ 456077, verdorrte Wiese am Hang, links und rechts Matten-, Holz- und Steinbungalows, winziger Sandfleck zwischen großen, runden Felsen. Gemütliches Restaurant mit Bodenmatten zum Sitzen, Video.

Clear View Bungalows** ㉒, 5500–6000 Baht pro Monat.

In den Bergen liegen drei ganz ruhige Bungalowanlagen, zu denen man wandern oder teilweise fahren kann:

Moonlight** ⑲, ℡ 456143, **Mountain View**** ⑳, 15 Min. vom Strand, und **OK View**** ㉑, ℡ 456138.

Südlich von Ban Mae Hat:

Baan Khun Daeng***–**** ㉚, ℡ 456368, ✉ baankhundaeng@hotmail.com, Bungalows mit Fan oder ac, Bad im Garten-Stil mit grenzenlosem Einblick vom gegenüberliegenden Hügel. Restaurant in einem zauberhaften Garten, gutes Essen, freundliches Personal, gutes Preis-Leistungs-Verhältnis.

Kallapangha Dive Resort*** ㉗, ℡ 456058, ✉ jimkallapangha@hotmail.com, originelle, farbige Bungalows; Tauchshop, Reisebüro, Seafood-Restaurant am Meer.

Blue Diamond Resort***–**** ㉗, ℡ 456255, bluediamond_resort@yahoo.com, 9 Bungalows mit Bad und Fan am Hang; 2-stöckiges Restaurant am Meer.

Koh Tao Royal Resort**** (ac viel teurer) ㉗, ℡ 456156, Anlage am Hang, 14 sehr schöne Holzbungalows mit Fan und Du/WC, 2 ac-Bungalows ab 2800 Baht (für 4–6 Pers.); gutes Restaurant, in der Saison gibt es Barbecue am Strand; besonders freundliches Personal.

Sensi Paradise Resort**** (und teurer) ㉘, ℡ 456244, ☎ 456245, ✉ info@kohtaoparadise. com, 🖳 www.kohtaoparadise.com; weitläufige, angenehme Anlage am Hang mit z.T. doppelstöckigen, sauberen, großen Komfort-Bungalows mit Du/WC und Fan, umlaufende Terrasse, schöner Blick über Fischerboote zu den Bergen im Norden; gut für Familien geeignet, romantische ac-Suite und 2 ac-Familienhäuser sowie einfachere Beach-Bungalows; Swimming Pool. Das gepflegte Restaurant liegt schön über den Felsen am Strand und ist relativ günstig; hier gibt es *Early Morning Tea* und *Afternoon Coffee*. Unterhalb eine nette Steinbucht mit grobem Korallensand, gutes Schnorcheln zwischen Korallen und einem Wrack, Meerwasserentsalzungsanlage.

Jansom Bay Bungalows***–**** ㉙, ℡ 09-0315324, 8 große Bungalows und ein *Family House* im Halbkreis um eine felsige Bucht, weiter oberhalb 10 Bungalows mit z.T. schöner Sicht, ungepflegte Anlage, einfaches Restaurant.

Charm Churee Villa ㉙, ℡ 456393, ✉ info@ charmchureevilla.com, 🖳 www.charmchureevilla. com; ein Boutique-Resort mit 17 Luxus-Bungalows ab 2700 Baht nahe einem hübschen, von Felsen eingerahmten Mini-Strand, Seafood-Restaurant am Meer; Strom von 18–8 Uhr.

In der netten **Whitening Bar** kann man auf dem Balkon, der aufs Meer hinaus geht, pfiffig gemixte Cocktails (120–150 Baht) schlürfen und das angenehme Ambiente genießen, besonders schön zum Sonnenuntergang. Die originalen Thai-Gerichte kosten etwas mehr als sonst.

Sai Ri Beach (Sairee Beach)

Der 2 km lange, leicht geschwungene Sandstrand im Westen der Insel erlaubt nur bei hohem Wasserstand problemloses Schwimmen, ansonsten müssen Korallenstöcke und Steine umwatet werden, um tieferes Wasser zu erreichen. Die meiste Zeit des Jahres kann man hier gut schnorcheln, das Wasser ist recht klar und die Bucht liegt geschützt. Nur 100 m vom Ufer entfernt beginnt das Riff. Am schönen, breiten Strand hausen manchmal blutrünstige Sandfliegen. Zwischen Strand und Betonweg liegen viele nette, kleine Restaurants und Bars, die Bungalowanlagen vorwiegend auf der anderen Seite. Es ist bedeutend angenehmer, am Strand entlang zu wandern, als auf dem Betonweg dauernd den Mopeds auszuweichen. Mit Kinderwagen und als Rollifahrer schätzt man allerdings diesen Betonweg sehr. Im Hinterland liegt das kleine, vom Bauboom heimgesuchte Dorf **Sairee Village**. Der Sai Ri Beach hat sich zu einem Party-Strand entwickelt. Vor allem die Umgebung vom AC Resort ist nichts für Ruhesuchende.

Alle Anlagen liegen unter hohen Palmen, am Strand stehen vielfach schattige Laubbäume. Nicht alle Anlagen halten ihren Strandabschnitt sauber. An langen Wochenenden und Feiertagen strömen Erholung suchende Thais an diesen Strand. Fast alle Anlagen gehören zu einer Tauchschule, viele gute Zi sind mit Tauchkurs spottbillig (z.B. 100 Baht anstatt 400 Baht).
In Touch Bungalows**–*** ⑱, ✆ 456514, romantischer, tropischer Garten, Bungalows mit

Du/WC, durch viele Pflanzen vom Weg abgeschirmt; Beach Bar und Restaurant.
AC Two**–*** ⑱, ✆ 456195, schöne Holz- und Mattenbungalows mit Du/WC, im Halbkreis um eine Palmenwiese, von vielen Büschen umrahmt, gut ausgestattete Terrasse. Nettes Restaurant am Strand. Hier sind Nicht-Taucher willkommen.
AC Resort***–**** ⑱, ✆ 456197, ✉ acresort@ yahoo.com, gepflegte Anlage, 50 hübsche Bungalows mit Du/WC im Halbkreis ums Restaurant an der Straße (Video), z.T. am Hang und auf dem Hügel (80 m vom Betonweg entfernt), 2-stöckige Reihenhäuser; lautes Pub am Strand. Tauchbasis.
Bingo Bungalows** ⑰, ✆ 456172, Reihenhaus und sehr eng stehende Mattenhütten, Hinterhof-Atmosphäre; gemütliches Restaurant am großen Felsen am Strand. Häufig Wassermangel.
Ban's Diving Resort***–**** ⑰, ✆ 456061, ✉ bans@amazingkohtao.com, gepflegte Anlage am Hang unter Palmen und Laubbäumen, 10 schöne Steinbungalows, sauber, gut eingerichtet, 24 Std. Strom; relativ preiswertes Restaurant am Strand; vermietet nur an Tauchschüler.
Koh Tao Island Resort ⑰, ✆ 456295, 13 neue Steinbungalows mit Du/WC um 2000 Baht und einige am Strand um 2500 Baht; Restaurant.
Asia Dive Resort** ⑯, Bungalows mit Fan und Du/WC, guter Service. Mit Tauchkurs freie Übernachtung. Freier Transport vom Pier nach Anmeldung bei Asia Divers.
Koh Tao Marina ist in die S.B. Cabana integriert.
S.B. Cabana**–*** ⑯, ✆ 456005, weitläufige Anlage, Mattenbungalows mit Du/WC im Halbkreis und in mehreren Reihen in Palmenplantagen, große Bungalows mit ac und Warmwasser; Restaurant am Strand.
Sairee Cottage*** ⑭, ✆ 456126, ✉ nitsairee@ hotmail.com, gepflegter Palmengarten, nette, etwas teure Bungalows mit Du/WC im Halbkreis; gutes Strand-Restaurant mit flinkem Service, von einem netten, jungen Team gemanagt. Gute Atmosphäre.
Sea Shell Resort*** (ac teurer) ⑬, ✆ 456299, 🖳 www.kohtaoseashell.com, gute Holz- und Mattenbungalows mit Fan und Du/WC in einem nett angelegten, weitläufigen Palmengarten, ac-Betonbungalows für große Familien geeignet, Service mit Mängeln; Strandrestaurant. Tauchschule.

*Lotus Resort**** (ac teurer) ⑬, ☎ 456297, ✉ siamscubadivecenter@hotmail.com, große Bungalows am Strand, Tauchschule.
*New Way Diving**–**** ⑬, ☎ 456527, ✉ info @newwaydiving.com; saubere Bungalows; Restaurant am Strand, Tauchschule.
*Big Blue Diving Resort***–**** (ac teurer) ⑫, ☎ 456415, ✉ info@bigbluediving.com, 2-stöckiges Reihenhaus und 5 Bungalows mit Du/WC und Fan oder ac; Restaurant am Strand, nette Beach Bar zum Entspannen. Tauchschule Big Blue, 2 große ac-Schulungsräume, Kurse finden auf Wunsch auf der Terrasse unter dem großen Baum am Strand statt. Vermieten auch Sea Canoes.
*Simple Life Villa*** ⑫, ☎ 456142, schmale Anlage mit einem Reihenhaus aus Stein; Bambusrestaurant am Strand.
*Sunset Buri Resort**** (ac teurer) ⑪, ☎ 456266, überteuerte Steinbungalows in gepflegtem, schattigem Garten mit Rasen, Büschen und kleinen Palmen, schmuddelige Badezimmer, unmotiviertes Personal; Restaurant, Mini-Pool, Minimart mit Internet am Strand; sehr laut, schmutziger Strand.
*Sai Ree Hut***–**** ⑪, ☎ 456000, ✉ saireehutresort@hotmail.com, ältere und sehr hübsche neuere Bungalows stehen dicht auf dicht zwischen tollen, niedrigen Kokospalmen.
*Blue Wind**–*** ⑩, ☎ 456116, ✉ bluewind_ wa@yahoo.com, 25 einfache Hütten mit Du/WC; schattiger, ungepflegter Garten; 2-stöckiges Restaurant am Strand mit bemerkenswertem Essen, nettes, unaufdringliches Personal; Bäckerei.
*O'Chai**–*** ⑩, ☎ 456037, alte Holzbungalows mit und ohne Du/WC; Restaurant vorn, verschmutzter Strand.
*O'Chai 2**–*** ⑩, Bungalows aus Zementplatten am Strand.
*Pranee*** ⑨, ☎ 456080, Bambusbungalows in schöner Anlage; nette Leute.
Ko Tao Coral Grand Resort ⑨, ☎ 456431, ✉ info@coralgrand.com, witzig aussehende ac-Bungalows aus modernen Baumaterialien, Wände aus Zementplatten, Dach mit Dachpappe gedeckt.
*Bow Thong Beach***–**** ⑧, ☎ 456 351, nette, saubere, überteuerte Holzbungalows in schöner Anlage, brackiges Wasser. Restaurant am Strand mit malerischen Felsen.

Ko Tao Palace ⑧, ☎ 456250, Komfort-ac-Bungalows der Mittelklasse, wirkt von außen recht ansprechend, die Inneneinrichtung ist jedoch betoniert, geweißt und fürs feuchtheiße Klima kaum geeignet.
An den nördlichen Hängen gibt es 9 Anlagen, mit dem Motorradtaxi für 20 Baht zu erreichen. Vorsicht: Der steile Betonweg ist nichts für Anfänger auf dem Moped. Auf der gefährlichen Auffahrt, die für Mutproben herhalten muss, ereignen sich jeden Tag Unfälle.
Golden Cape–** ⑦, ✉ golden_cape@hotmail. com, 10 einfache, etwas heruntergekommene Hüttchen mit und ohne Du/WC; Restaurant am Palmenhang.
*Silver Cliff** ⑦, unterschiedliche Stein- und Holzbungalows am steilen Hang zwischen tollen Felsen. Schöne Sicht aufs Meer; einfaches Restaurant oben auf dem Kamm.
Sun Sea–** ⑤, ☎ 01-2294902, einsam gelegen, Hütten mit und ohne Du/WC mit toller Aussicht, teures Trinkwasser, freundliche Leute. 10 Min. zum Strand.
Eden Resort–** ⑤, östlich des Weges, hat wenige, unterschiedlich große Hütten.
*Sairee View Resort*** ⑤, ☎ 456649, wenige Hütten unter Palmen östlich des Weges auf dem Hügel, gute Sicht auf Sai Ri, Wal-Skelett.
*Sun Lord** ⑥, einfache, nette Hütten mit und ohne Du/WC am Hang, schöne Aussicht, eigener Mini-Strand. Unfreundliche Besitzer, schmuddeliges Restaurant mit Essenzwang und vielen Fliegen.
Hillside Resort–** ④, unten am Meer Bungalows und Restaurant am Felsen.
Thipwimarn Resort ③, ☎ 456409, ✉ tipshop@ hotmail.com, Mittelklasseanlage oben am Weg, riedgedeckte Stein-Holzbungalows mit Fan oder ac (ab 2500 Baht), herrliche Sicht, tolle Landschaftsarchitektur, kleiner Strand.
C.F.T.–*** ②, ☎ 456730, *Center For Taichichuan*, gehört zu *Here & Now*, am Ende des öffentlichen Weges herrlich zwischen Felsen gelegen, tolle Aussicht auf Ko Nang Yuan, kein Strand.
Landeinwärts unter Palmen:
*Sabai Sabai Resort**–**** ⑮, wunderschöne Anlage der Tauchschule *Scuba Junction*, abgelegen in einem ruhigen Tal mit schattigen Bäumen und vielen Blumen, 9 großzügig verteilte, große Bungalows aus Naturmaterialien, mit Balkon,

Hängematten und Warmwasser-Du/WC. Preis nach der Anzahl der Tauchgänge, zumeist gratis.

Sonstiges

BÄCKEREI – In der *New Heaven Bakery* in Sairee Village bekommt man Kuchen, Brötchen, guten Kaffee (Café Latte 50 Baht).

BAR – Im *AC Party Pub* vor dem *AC Resort* geht das Leben erst nach Mitternacht richtig los.

BOOTE – nach KO NANG YUAN fahren auf der Höhe vom *Sea Shell Resort* ab.

LADEN – *7/Eleven* hat 24 Stunden geöffnet.

MEDIZINISCHE HILFE – *Home Health Center*, ✆ 456412, neben *7/Eleven*, untersucht gründlich und ist erfahren in Wundbehandlung, ⊙ 8–22 Uhr.

YOGA – *Here & Now*, 🖳 HEREandNOW.be, bietet traditionelle *Thai Yoga Massage* und Kurse in *Qigong /Taijiquan* mit Martin, einem Lehrer aus Deutschland (10 Lektionen für 2800 Baht).

Sai Nuan Beach

Auf einem recht schwierigen Pfad Richtung Süden, gespickt mit scharfkantigen Felsen, hartem Gebüsch und trügerischen Wurzeln, erreicht man nach gut 2 km die zwei kleinen Sandstrände **Relax Beach** und **Sai Nuan**. 300 m weiter schiebt sich das Kap **Laem Je Ta Kang** ins Meer hinaus. Normalerweise passt ein Longtail-Boot neue Gäste am Pier ab.

Übernachtung

*Sai Thong****★*** ㉛, ✆ 456476, 🖳 www.sai-thong. com, 30 schöne Bungalows mit Du/WC (bis 1400 Baht); eigener Pier, gratis-Transfer durch Crystal Diving. Tauchresort Crystal Sai Thong Bay.

Siam Cookie★–★★★ ㉜, ✆ 456301, an einer schönen, kleinen Sandbucht, Bungalows mit und ohne Du/WC; reserviertes Personal.

Char★–★★★ ㉝, ✆ 456450, beliebte Anlage am steilen Hang, einfach, ruhig und freundlich, aber mit Video.

Tao Thong Villa★–★★★ ㉞, ✆ 456078, malerisch auf einer Felsnase, zwei kleine Buchten mit ein wenig Strand, einfache Hütten, z.T. tolle Sicht; kleines Restaurant auf dem Kap; schönes Schnorcheln; Safes stehen zur Verfügung, in der Nebensaison geöffnet.
Daneben eine neue, kleine Anlage★★★.

CHUN CHUA BAY – Zu Fuß von Chalok Ban Kao zu erreichen.

Sunset★–★★ ㊱, ✉ lovelysunset@hotmail.com, 500 m hinter dem Kap einfache Hütten unter Palmen an einer kleinen, von Felsen eingerahmten Sandbucht. Im Restaurant einige sehr gute Gerichte, aber viele Fliegen. Nettes Schnorcheln am rechten Rand der Bucht, Ausrüstung zu mieten; freundliche Familie.

Moon Dance★★ ㉟, ✆ 01-9582971, einfache Bambus- und Holzhütten, gefliestes Bad, Restaurant am weißen Sand. Ruhe pur.

2 weitere Anlagen in einer kleinen Bucht rechts und links, durch große, runde Steine getrennt.

Chalok Ban Kao Bay

Die tiefe Bucht im Süden wird malerisch von Palmen und Felsen begrenzt. Sie weist bei hohem Wasserstand einen sehr schönen Sandstrand auf. Bei Ebbe ragen viele Korallenfelsen aus dem Wasser. Wer schwimmen will, muss 100–300 m durchs Wasser waten oder 15 Min. zum kleinen, hübschen **Freedom Beach** wandern, der allerdings privatisiert und um eine Bungalowanlage bereichert wurde. An den schmalen Stränden mit feinem Sand hausen manchmal Sandfliegen. Ein Ausflug zum östlichen Kap mit den vorgelagerten, bizarren *Spirit Rocks* **Hin Ta To** und **Hin Yai Mae** lohnt sich. Auch der **Mountain View Point John Suwan** ist reizvoll, festes Schuhwerk ist sehr empfehlenswert.

Die Bucht ist etwa 2 km auf dem „Highway" von Ban Mae Hat entfernt. Alle 7–14 Tage findet eine laute Beach-Party statt. Immer mehr Palmen müssen modernen Bungalows weichen, das Bild der Bucht wandelt sich.

Übernachtung

Viewpoint Bungalows★★ (ac★★★★) ㊳, ✆ 456666, ✉ viewpointresort@hotmail.com, einfache Hütten und ac-Luxusbungalows mit umwerfender Sicht zum Sonnenuntergang, akzeptables Essen; verwaltet von *Big Bubble*.

Big Bubble Dive Resort**–*** ㊳, ☎ 456669, ✉ bigbubble@hotmail.com, am rechten Rand der Bucht, über einen Steg zu erreichen, große Bungalows mit oder ohne Du/WC am Hang und am Sandstrand, nur für Taucher. Die billigen sind nur Abenteuer-Urlaubern zumutbar. Preiswertes Restaurant auf Pfählen über dem Wasser. Deutsche Leitung.

Black Rock* ㊲, einfache Hütten auf dem Hügel, verwaltet von der *Babalu Beach Bar*.

Laem Klong**–*** ㊴, ☎ 456333, unterschiedliche, etwas ältere Hütten, z.T. geflieste Du/WC, zwischen Felsen und Büschen am Hang hinter dem Bach. Wie in guten alten Zeiten. Nur der neue Betonbau stört die Idylle. Gelobt werden das Essen und das freundliche Personal. Tauchschule.

Sunshine 2 Bungalows*** ㊵, ☎ 456154, schön angelegte, gute Bungalows in 4 Reihen unter wenigen Palmen, je nach Abstand zum Restaurant mit Video sehr laut. Reihenhaus sowie neuere Hütten jenseits vom Weg bei der Müllkippe, 20–30 m vom lauten Generator. Zur Bucht offenes Restaurant neben der Bar, Sala und Ruhezone. Das Management könnte freundlicher sein. Sehr flaches Meer.

Sunshine 1 Resort**–*** ㊵, ☎ 456155, etwas eng stehende einfache Holz-und Mattenbungalows sowie 2-stöckiges Reihenhaus in üppigem Garten, Restaurant und Shops am Strand.

Buddha View Dive Resort**–*** (ac ab****) ㊶, ☎ 456074, ✉ buddha@samart.co.th, 🖳 www.buddhaview-diving.com; schmale Anlage, Doppelbungalows und ein 2-stöckiges Reihenhaus, nur für Tauchschüler; Restaurant und Shops am Strand, freundliches Personal. Pool. Tauchschule.

Carabao** ㊶, ☎ 456635, ✉ carabao69@hotmail.com, 2-stöckiges Reihenhaus in der Mitte des mit Rohren gesicherten Strandes unter Palmen. Von oben Sicht aufs Meer, Restaurant mit Sitzpolstern und Video. Hier übernachten Tauchschüler.

Ko Tao Tropicana*** ㊷, ☎ 456167, ✉ wantropicana1@hotmail.com, 🖳 www.on-koh-tao.com/tropicana-resort.htm; Doppelbungalows und Fan-Zi im 2-stöckigen Reihenhaus,

schneeweiße Fliesen in Zi und Bad, Moskitofenster, keine Palmen, freundliches Personal, gemütliches Strandrestaurant, gute Schnorcheltouren. Vorwiegend Tauchschüler von *Buddha View*.

J.P. Resort*** ㊸, ☎ 456099, 🖳 www.on-koh-tao.com/jp-resort.htm; große Anlage beiderseits der Straße, saubere Fan-Zi im 2-stöckigen Reihenhaus am Hang und neue, saubere Bungalows hoch oben mit toller Aussicht, Restaurant am Meer mit amerikanischen Videos.

Dhanaporn Resort***–**** ㊸, gestrichene, ältere Holzbungalows am steilen Hang jenseits der Straße, z.T. in die Felsen integriert, traumhafter Blick auf die Bucht. Allerdings ist die Zukunft des Resorts unklar.

Big Fish Dive Resort*–*** ㊸, ☎ 456290, ✉ brian@bigfishresort.com, 🖳 www.bigfishresort.com; Bungalows und Reihenhäuser (fast nur für Tauchschüler, z.T. gratis) nahe am Strand, mit Fan und Bad/WC, sowie einige geräumige ac-Bungalows; Restaurant am Strand, jeden Abend Barbecue, Satelliten-TV, E-Mail, guter Service, PADI-Tauchschule unter amerikanischer Leitung.

Ko Tao Cottage**** (ac teurer) ㊹, ☎ 456134, ✉ divektc@samart.co.th; unter Palmen am Strand und am Hang, geräumige, saubere, gemauerte ac-Bungalows mit Bad und Terrasse sowie Reihenhäuser, gepflegte Anlage mit höflichem Personal; Restaurant, Internet. Kajaks, Tauchschule, hoher Rabatt für Tauchschüler, nehmen aber auch Nichttaucher auf.

Aud Bungalow** ㊺, ☎ 456453, einfache, nette Hütten am linken, windigen Rand des schmutzigen Sandstrands, große Bungalows für Kleingruppen auf dem Palmenhügel dahinter; Reggae Bar ⏰ bis 2 Uhr.

Taa Toh Lagoon Dive Resort**–**** ㊻, ☎ 456192, ✉ info@taatohdivers.com, 600 m nach Süden über den Hügel Richtung Kap, schön gelegene, solide Holz- und Steinbungalows auf gepflegtem, weitläufigen Gelände am steilen Hang und auf den Klippen. Eigene kleine Bucht mit trübem Wasser und kleinem Sandstrand. Wird vorzugsweise mit Rabatt an Tauchschüler vermietet. Tauchschule mit deutschen Instrukteuren, gepflegtes Gerät.

Freedom Beach*–*** ㊻, große Bungalows mit schöner Sicht, Restaurant auf halber Höhe am Hang.

New Heaven auf dem westlichen Hügel von Ao Thian mit super Aussicht, gutes, teures Essen, langsamer, freundlicher Service, man sitzt auf dem Boden oder auf einer offenen Veranda mit Tischen und Stühlen.

Last Paradise, Panorama-Bar auf einem Hügel mit umwerfender Aussicht. Einmal im Monat findet hier eine *Blackmoon Party* statt.

Taraporn Restaurant im Westen von Chalok Ban Kao Bay direkt über dem Wasser und über einen Betonsteg erreichbar. Tolle Aussicht, abends immer voll, etwas unaufmerksamer Service. Ez bietet Schnorcheltrips rund um Ko Tao an.

Sawatdee Restaurant, in der Strandmitte, zwischen *Porn* und *Big Fish*, wunderbares Essen, guter Service; man spricht Englisch und Französisch.

Rocky Beach (Ao Thian Ok) und Sai Daeng

Der Privatstrand Rocky Beach wird durch eine Schranke abgesperrt, nur Fußgänger und registrierte Fahrzeuge dürfen durch. In einem gepflegten Garten am westlichen Ende tummeln sich Truthähne und Perlhühner. Liegestühle und Sonnenschirme werden von der Beach Bar verwaltet. Der etwa 200 m lange, feine **Sandstrand** ist stark mit Korallenbrocken durchsetzt. Bei Ebbe bedecken abgestorbene Korallen und viel Müll die ganze Bucht. Schwimmen kann man nur bei hoher Flut sowie links und rechts an den bizarren, runden Felsen.

Vor dem Korallenriff kann man schnorcheln (Verleih an der Strandbar), aber die Sicht ist nicht gut. Oft kann man Schwarzspitzenhaie sehen.

Die Sai Daeng-Bucht erreicht man auf einem Fußpfad (1 km) vom Rocky Beach etwas landeinwärts über den Hügel oder per Motorrad auf einer 1,5 km langen Piste (Vorsicht, nicht ungefährlich). Mit etwas Glück bekommt man auch ein Taxiboot. Am vorgelagerten Kap und am Rande der Bucht, bekannt als Shark Bay, kann man bei Flut schön schnorcheln.

New Heaven***–**** ④⑦, ✆ 456462, toll gelegene Aussichtsbungalows für Paare und Klein-

gruppen am steilen Hang auf der westlichen Seite der Bucht schräg gegenüber der Auffahrt zum *Taa Toh Lagoon*. Restaurant mit frischem Kuchen und fantastischer Sicht. Zugang zum Meer über einen steilen Pfad.

OK 2 Bungalow*** ④⑦, ✆ 456506, große Holzbungalows am Hang zwischen schattigen Laubbäumen, gute Aussicht.

Rocky Resort**–*** ④⑧, ✆ 456035, große Anlage am Ostende der Bucht mit Bungalows aller Generationen auf, zwischen und unter den Felsen, am Hang und über dem Wasser. Direkter Zugang zum Meer über Treppen; nettes Personal, zufriedenstellendes Essen, Schnorchelverleih.

Eagle View ④⑨ und **Happy House** ④⑨ liegen in den Bergen oberhalb vom Spa.

Coral View Resort**–*** ⑤⓪, ✆ 456277, Sai Daeng Beach, schöne Holzhütten mit Du/WC und Steinbungalows am Hang, kein Zimmerservice; gutes Restaurant mit herrlicher Aussicht auf die Bucht und Shark Islands; Schnorcheltouren.

New Heaven Huts** ⑤①, ✆ 01-2294638, Sai Daeng Beach, 12 neue Bungalows z.T. direkt auf den Felsen mit schönem Meerblick. Tauchshop.

WELLNESS – **Jamahkiri Spa**, ✆ 456400; oberhalb vom Rocky Resort, eindrucksvolle Anlage in umwerfender Umgebung mit Massagen, Dampfbad und Aussichts-Restaurant. Junge, dynamische Mitarbeiter. Abholservice bei telefonischer Anmeldung; ◷ 11-23 Uhr.

Die Ostküste
Ao Leuk

Ao Leuk oder Ao Luk (gesprochen wie Glück ohne G) ist ein kleiner Strand im Südosten, ungefähr 200 m lang, mit einigen Palmen. Dem schmalen, weißen Sandstreifen ist ein steiniger Ufersaum vorgelagert. Es geht relativ steil ins klare Wasser, so dass man sehr gut schwimmen kann. Auch Schnorcheln ist schön. Im Sommer drängen sich viele junge Touristen auf dem kleinen Strand, der von den starken Boxen der Beach Bar beschallt wird. Die großen Fischerboote vor und der Müll am Rand der Bucht sorgen für Lokalkolorit. Zu Fuß, mit dem

Motorrad oder Jeep gelangt man ab Ban Mae Hat nach 3 km durchs Innere der Insel zu dieser Bucht. Auch Taxis zur Tanote Bay machen auf Anfrage einen Abstecher hierher. Ein steiler Fußweg von 1,5 km führt zum Rocky Beach.

Ao Lang Khaay

Die kleine, ruhige Steinbucht mit den großen, runden Felsen und dem fantastischen Blick auf den Shark Point eignet sich gut zum Schnorcheln. Um die Bungalows und das Meer zu erreichen, sollte man gut klettern können.

Ao Tanote

Die malerische Bucht an der Ostküste ist auf einer extrem abschüssigen, abenteuerlichen Piste zu erreichen (4,5 km von Ban Mae Hat, 50 Baht). Unter Palmen und auf den Felsen stehen die Bungalows verschiedener Anlagen. Der etwa 200 m lange Strand ist von schönen Felsen durchsetzt. Um die großen Felsen in der Bucht tummeln sich viele Fische zwischen den unterschiedlichen, intakten Korallen. Wer am Laem Thian hinüber schnorchelt, kann große Fische beobachten, z.B. Barracudas und bis zu 2 m lange, nicht aggressive Riffhaie, die sich vorwiegend am Fuße des Riffs bewegen. Im August ist das Wasser ideal ruhig, im Winter rau. Im August sind oft alle Bungalows in der Bucht belegt.

Laem Thian

Dieser winzige Strand liegt in der Mitte der Ostküste. Er besteht aus feinem Sand und ist von Felsformationen eingerahmt. Bei einer Wassertiefe von 2–12 m kann man gut schnorcheln, obwohl das Wasser relativ unruhig und wellig sein kann. Häufig beobachteten Schnorchler schon 3–7 bis zu 2 m lange Schwarzspitzenhaie! In Thailand ist bisher kein Hai-Angriff auf Schnorchler bekannt, dennoch sollte man sich vorsichtig verhalten.

Laem Thian liegt auf einer Jeep-Piste etwa 6 km von Ban Mae Hat entfernt. Der zum Teil recht steile, aber gut ausgebaute Pfad erfordert etwa 2 Std. Fußmarsch. Der Fußweg von Laem Thian nach Tanote Bay ist zur Zeit kaum begehbar.

Hin Wong

Am Ende eines engen Tales im Nordosten (4,5 km von Mae Hat) liegt diese idyllische Palmenbucht. Es gibt so gut wie keinen Strand, aber insbesondere an den Felsen links kann man sehr schön schnorcheln. Zu erreichen über eine schlechte Piste von der Paradise Junction am Ende des Sai Ri Beach (ca. 40 Min. zu Fuß). Tauch-Resort von *Big Fish*.

Mango Bay

An der breiten Bucht (auch: Mamuang Bay) im Norden mit ganz wenig Sandstrand kann man bei ruhigem Wasser schön schnorcheln.

Übernachtung

AO LEUK – *Nice Moon*** ⑤, ✉ nicemoon43@ hotmail.com, ältere Hütten an steilem Hang über der Bucht, Du/WC z.T. unter dem Schlafraum, Balkone mit toller Sicht. Mit dem Restaurant haben die freundlichen Besitzer ihren Traum von Schönheit verwirklicht. 4 Min. zum Strand.
Aow Leuk 2*** ⑤, wenige Bungalows aus Zementplatten oben am Hang, einfache Restaurant-Terrasse mit Blick über die Bucht.
Aow Leuk Bungalow** ⑤, ✆ 01-2293070, einfache Bungalows in einer Kokosplantage, Restaurant am Strand, in dem Gäste häufiger essen sollten, um nicht verabschiedet zu werden. Beach Bar, kein Platz für Ruhesuchende.

AO LANG KHAAY – *Pahnun View*** ⑤,
✆ 456484, kleine, neue Anlage, saubere, einsam gelegene Holzbungalows mit großer Terrasse und fantastischer Sicht auf die Bucht und den Shark Point. Gutes, relativ teures Essen. Kostenloser Transport ins Dorf durch den Hausherrn. Der Weg zum Wasser über hohe Felsbrocken ist sehr beschwerlich, gutes Schnorcheln.
Nok's Garden Resort** ⑤, ✆ 456350.
Lang Khaay Bay Bungalows* ⑤, einfache Hütten hoch oben in den Begen.

AO TANOTE – In der Bucht liegen 6 Anlagen:
Mountain Reef*** ⑥, ✆ 01-9568876, am südlichen, nachmittags schattigen Ende, 12 einfache, saubere Holzbungalows am steilen Hang, z.T. mit Du/WC und Veranda, Abwasserprobleme; Restaurant etwas erhöht, mit schöner Aussicht auf die Bucht; freundliche Familie, kein Sandstrand, gutes Schnorcheln rechts an den Felsen. Es werden Schnorcheltrips rund um die Insel angeboten.

Die malerische Ao Tanote

Poseidon Bungalow*** ⑥, ✆ 01-9588917, ver-schiedenartige, schlichte, undichte Mattenhüt-ten und Bungalows mit Balkon und schöner Sicht am flachen Hang unter Palmen, z.T. mit Du/WC; Restaurant vorn am Felsenstrand, manchmal laute Boxen; Abholung vom Pier per Jeep.

Diamond Beach*** ⑥, ✆ 01-9583983, Bunga-lows am Strand und am Hang; gutes Restaurant am Strand, Relax-Area unter schattenspenden-den Bäumen; davor breiter Strand mit grobem Sand. Schnorchelausrüstung 100 Baht/Tag.

Black Tip Dive Resort***–**** (ac teurer) ⑥, ✆ 456488, ✉ blacktipdiving@yahoo.com, Desi-gner-Holzbungalows am Hang, einige Doppel-bungalows mit Gemeinschafts-Du/WC. Tauch-schüler, ehemalige Tauchschüler sowie deren Bekannte (Beweis erforderlich) bezahlen die Hälfte. Die futuristische Tauchbasis dominiert die Bucht und sprengt den natürlichen Rahmen.

Bamboo Hut**** ⑥, ✆ 01-9686000, am Hang unter Palmen mit schöner Aussicht auf die Bucht, 14 saubere Bungalows am Hang sowie wunderschöne Holzbungalows am Strand; gute Küche.

Tanote Bay Resort***–**** ⑥, ✆ 456757, ✉ tanotebay@hotmail.com, 🖳 www.thaisouth. com/tanote; schöne, saubere Anlage am steilen Felsenhang mit vielen blühenden Büschen und Bäumen, kleiner Sandstrand zwischen runden

Felsen, verschiedenartige Bungalows, z.T. ohne Glasfenster, großer Balkon. Restaurant mit un-bequemen Sitzmöbeln. Primitive sanitäre Ein-richtung. Die einfache Ausstattung und der ho-he Preis der Bungalows wird durch die einzig-artige Lage wett gemacht. Im August auf Tage im Voraus ausgebucht. Das Management wird als unhöflich bis freundlich beurteilt. Daneben die Tauchschule Calypso unter straffer Leitung von Eugen Müllerschön.

Am Zufahrtsweg liegen:

Island Hill Resort ⑤, der Beginn des Fußwegs zum **Two View** ⑥ und **Belle Vue Camping** ⑤, ✆ 01-2294864.

LAEM THIAN BEACH – Laem Thian Bunga-lows*+**** ⑥, ✆ 456477, an einem steilen Hang, zum Teil mit Felsen, inmitten schöner Blu-men. 15 unterschiedliche, einfache Hütten, z.T. mit Bad/WC; das große, von Weitem ins Auge fallende 2-stöckige Bauwerk direkt am Strand trübt die einstige Idylle. Es beherbergt unten ein Restaurant, oben Zi und auf dem Dach den Wä-schetrockenplatz. Einige Leser haben hier sehr schlechte Erfahrungen gemacht, viele ziehen nach der ersten Nacht aus.

HIN WONG – Hin Wong Resort** ⑥, ✆ 01-2294810, schöne, gepflegte Anlage, 8 einfache, geräumige Holzhütten mit Du/WC und Balkon, gutes Essen, Schnorchelausrüstung zu mieten; geleitet vom netten Sahat und seiner freundlichen Familie. Tauchschule Hin Wong Divers, 🖥 www.hinwongdivers.com

Green Tree Resort* ⑥⑨, ✉ greentree@shopart. com, 🖥 www.shopart.com/thailand/greentree. html; Haupthaus und 3 Bungalows, z.T. mit Gemeinschafts-Du/WC, steile Pfade, auch zum Bad; Noi und Joe pflegen eine familiäre Atmosphäre.

View Rock Resort** ⑦⓪, ✆ 01-2294307, schöne Bungalows mit traumhafter Aussicht, kleines Restaurant.

Essen

Das **Schwimmende Restaurant** in der *Hin Wong Bucht*, nur schwimmend oder per Boot erreichbar, bereitet ausgezeichneten Pancake und Fisch.

Ko Nang Yuan   เกาะนางยวน

Reizvolle Korallenriffe gibt es an der nordwestlich vorgelagerten Insel Ko Nang Yuan, die von den Bewohnern *Hang Tao* (Schwanz der Schildkröte) genannt wird. Eigentlich besteht sie aus drei kleinen Inseln. Die mittlere und kleinste Insel ist bei Ebbe durch zwei Sandbrücken mit den anderen beiden verbunden und erzeugt so einen 3-zackigen Stern. Die Flut löscht das hübsche Bild zweimal am Tag wieder aus. Zurück bleibt die von herrlich runden Felsen umlagerte, zentrale Insel, die ein wenig an die Seychellen erinnert. Berge voll Korallenschutt hat der Taifun Gay 1988 an den Felsen aufgetürmt.

Einige hundert Taucher und Schnorchler bevölkern an manchen Tagen die 3–12 m tiefe westliche Bucht **Chinese Gardens** mit ihren schönen Steinkorallen – und zerstören sie zusehends. Besonders faszinieren die Anemonenfische an den **Twins**. Auch an der Westküste der beiden größeren Inseln kann man herrlich schnorcheln. Mit etwas Glück sieht man sogar eine Muräne oder den Kugelfisch. Am nördlich vorgelagerten **Green Rock** locken

---

Tauchparadies Ko Tao In der unmittelbaren Umgebung von *Ko Taoch* liegen viele schöne Korallenriffe und Felsformationen, in denen **über 100 Korallenarten** verbreitet sind. Die **fischreichen Gewässer** sind als Schutzzone ausgewiesen, die auch tatsächlich überwacht wird. So können neben vielen Riff-Bewohnern auch Schildkröten, Delphine, Wale und sogar **Walhaie** beobachtet werden. Im klaren Wasser macht schon der erste Tauchgang Spaß. Es ist also kein Wunder, dass hier fast 3 Dutzend Tauchbasen operieren. Sie fahren mit eigenen oder gemieteten Booten (bis zu 50 Taucher pro Boot) zu 25 Tauchplätzen, die für **Tauchanfänger** überaus vielfältige und eindrucksvolle Erlebnisse bereit halten. So mancher **Tauchexperte** fühlt sich unter den Massen von Tauchschülern nicht besonders wohl und wird nur mit viel Glück großartige, neue Erfahrungen sammeln können.

Zum Schutz der Riffe wurden 50 Bojen installiert, an denen die Tauchboote anlegen. Die Sicht beträgt von Januar bis Mai 25–35 m, in den übrigen Monaten 15–20 m. **Tauchsaison** ist das ganze Jahr außer während der Regenzeit von Oktober bis Mitte Dezember. Trocken und heiß ist es vor

allem im April und Mai. Von Mai bis Juli veranstalten die Tauchschulen Tauchausflüge zu Walhaien, den größten Fischen der Erde.

Die schönsten **Tauchplätze**, ihre Tauchtiefe und Hauptattraktionen sind:

South West Pinnacle	5–33 m
Seeanemonen, weiße und purpur Weichkorallen, **Walhaie**	
Chumphon Pinnacles	14–36 m
große Grouper und andere Fische, **Walhaie**	
Red Rock/Shark Island	2–24 m
größte Korallenvielfalt, starke Strömung	
Green Rock	2–18 m
viele Drückerfische, gut für Nachttauchen	
Hin Wong Pinnacle	2–18 m
große Fächerkorallen, verschiedene Weichkorallen	
Sail Rock	bis 40 m
Kamin von 18–8 m, Walhaie, viel besucht ab Ko Samui	

Der Standard der von Ausländern geleiteten **Tauchschulen** ist generell sehr hoch, das Gerät wird laufend erneuert und in der Regel gut gewartet, Tauch-Unfälle hat es bei ihnen fast noch nie gegeben. Schon viel zu oft mussten jedoch Taucher mit Sauerstoff behandelt wer-

Schildkröten und Höhlenlandschaften in 2–18 m Tiefe. Schwer zu ertragen sind die Abgase der Tauchboote und der großen Ausflugsschiffe.

Tagsüber sind die Inseln völlig touristisch, eine ruhige Stimmung kommt erst nach 16 Uhr auf. Nur noch Gäste können auf Betonstufen an vielen Bungalows vorbei zum Viewpoint der Südinsel hochsteigen und die herrliche Aussicht genießen, das Motiv vieler Postkarten. Auch auf der Nordinsel gibt es einen Aussichtspunkt. Leider wurde etwas zu viel Beton verarbeitet. Trotz der Hunde mit Maulkorb kamen wiederholt Diebstähle vor.

Übernachtung

Nang Yuan Dive Resort ①, ☎ 456088, ✉ info@nangyuan.com, auf den drei Inseln liegen 50 gute, teure Bungalows (1200–3200 Baht) mit Fan oder ac, z.T. Kühlschrank und Balkon sowie 30 einfache Hütten*** (Service alle 2 Wochen). Die schattenlosen Bungalows können im April unerträglich heiß werden. Auf der klei-

den. Unfallopfer waren vor allem nicht ausreichend ausgebildete Instruktoren (*Dive Master*), die in Tauchschulen unter Thai-Leitung arbeiten – anscheinend zu viel und zu lange. Viele Traveller empfinden es als sehr lästig, in den Bungalowanlagen ständig von Tauchlehrern und *Dive Masters* angemacht zu werden, doch einen Tauchkurs mitzumachen. Dass da kein Mensch nach einem Gesundheitszeugnis fragt, versteht sich von selbst.

Achtung: In den Tropen ist es äußerst wichtig, zwischen den Tauchgängen viel zu trinken, da sonst Dehydrierung und Erschöpfung drohen. Es gab deswegen nach dem Tauchen einige schwerwiegende Unglücksfälle.

Mitte 2003 gab es 32 Tauchschulen und Tauchresorts. Die Tauchkurse kosten überall gleich viel. Unterschiedlich ist die Zahl der Tauchschüler pro Kurs, die Dauer des Kurses, der Spaßanteil und der Preisnachlass bei der Unterkunft. Bei manchen Tauchschulen kann man sogar kostenlos wohnen.

Beständig hören wir Gutes über:
Big Blue Diving Center, ☎ 456050-2, 🖷 456049, ✉ info@bigbluediving.com , 🖳 www.

nen, mittleren Insel liegt das riesige, teure Restaurant, schleppender Service. Waschwasser ist rationiert, da es mühsam von Ko Tao gebracht werden muss. Auslandsgespräche sind möglich. Das Preis-Leistungs-Verhältnis halten viele Leser für unakzeptabel, für andere ist die kleine Insel die Krönung ihres Thailand-Urlaubs. Tauchschule.

Transport

Man erreicht die Insel ab BAN MAE HAT bei ruhiger See mit dem Taxiboot um 10 und 16.30 Uhr für 30–50 Baht (hin und zurück 60–100 Baht); zurück um 8.30 und 16 Uhr. Auch vom SAI RI BEACH fahren Boote hinüber (50 Baht), individuelle Abholung vor 16 Uhr ist möglich (Preis ist Verhandlungssache).Im Restaurant rechts vom Anlegesteg kann man die Tickets buchen. Plastikflaschen und Getränkedosen dürfen nicht auf die Insel mitgenommen werden, da zu viele uneinsichtige Traveller ihren Abfall nicht mit zurücknehmen.

bigbluediving.com; in Mae Hat am Pier und am Sai Ri Beach; PADI 5-Sterne-IDC-Center, TUSA-Agentur, Instructor-Kurse alle 2 Monate. 90 Scubapro- bzw. Dacor-Sets, Tauchcomputer zu mieten, sowie 142 Alu-Flaschen mit DIN- und INT-Anschluss, Befüllung auf 180 bar. 4 eigene Tauchboote für 15 bzw. 30 Taucher sind mit Satellitennavigation und 3D-Sonar ausgerüstet, es werden Ganztags-, Frühstücks-, *Sunset*, Nacht- und Übernacht-Trips durchgeführt, um den Massen zu entgehen. 4 ständige und 15 temporäre Instruktoren aus Europa geben in 3 Schulungsräumen laufend PADI-Kurse u.a. in Deutsch, 6 Tauchgänge sind normal: 2 sehr wichtige in Flachwasser, 2 mal bis 12 m Tiefe, 2 mal bis 18 m Tiefe. Eigenes Big Blue Dive Resort. Engagierte schwedische Leitung.

Calypso Diving, ☎ 456745, ✉ eugentao@yahoo.de, 🖳 www.calypso-diving.info, kleines Tauchunternehmen in der Tanote Bay, unter Leitung von Eugen Müllerschön. Hier werden Kurse von engagierten Tauchlehrern in sehr kleinen Gruppen abgehalten, in denen man wirklich etwas lernt. Geübte Taucher können paarweise ohne Guide direkt vom Ufer aus in einem herrlichen Revier bis ca. 15 m Tiefe tauchen oder sich von Eugen in seinem kleinen, leisen Schnellboot in andere Buchten fahren lassen.

Black Tip Diving, ✆ 456488, ✉ blacktipdiving @yahoo.com, PADI 5-Sterne-IDC-Tauchschule, an der Tanote Bay, geleitet vom Thai Dam, der sehr gut Deutsch spricht. Große Boote, sehr beliebt.

Scuba Junction, ✆ 456162, ✉ info@ scuba-junction.com, 🖥 www.scuba-junction. com; in Mae Hat und am Sai Ri Beach, kleine PADI 5-Sterne-Tauchschule (SSI Platinum), verantwortungsvoll geleitet von Kevin, Schulungszentrum mit 5 Räumen, gründlicher Open Water-Anfängerkurs (auch auf Deutsch), IANTD- und NASDS-Kurse, 2 eigene Tauchboote für 16 bzw. 12 Taucher, Video-Kameramann, neue Ausrüstung, hier werden Tauchunfälle behandelt; Nitrox verfügbar. Eigenes Resort Sabai Sabai in einem ruhigen Tal, mit Tauchkurs gratis.

Big Fish Dive Resort, ✆ 456290, ✉ brian@ bigfishresort.com, 🖥 www.bigfishresort.com; Chalok Ban Kao Bay. PADI 5-Sterne-Tauchschule, Kurse u.a. auf Deutsch, relativ neues Gerät, eigenes Boot für max. 8 Taucher, nette, persönliche Atmosphäre, amerikanische Leitung, Bezahlung mit Kreditkarte möglich. Mehrere gute Kritiken unserer Leser.

Weitere Tauchschulen u.a.:

New Way Diving, ✆ 456527, ✉ info@ newwaydiving.com, Sai Ri Beach; kleine Gruppen, kompetenter deutscher Tauchlehrer, Übernachtung während des Kurses kostenlos.

Asia Divers, ✉ asiadive@samart.co.th, PADI 5 Sterne IDC-Center, Kurse und Tauchtrips, Tauchschule in Mae Hat, eigene Bungalows am Sai Ri Strand (freier Transport).

Buddha View Dive Resort, ✆ 456074-5, 456210, ✉ buddha@samart.co.th, 🖥 www. buddhaview-diving.com; Chalok Ban Kao Bay. Sunrise Dive um 6.45 Uhr. Max. 10 Schüler pro Kurs. Diese Tauchschule schleust angeblich die fünftmeisten Schüler aller PADI-Tauchschulen durch.

Dive Point, ✆ 456231, am Strand von Mae Hat, Tauchschule mit voll bestücktem 20 m Tauchschulschiff, Besitzer aus Deutschland, Australien und Österreich. Eigenes Hotel und Restaurant in Mae Hat. Speedboot-Transfer von Ko Samui für Tauchgäste.

Planet Scuba (=Samui International Diving School), ✆ 456110, ✉ info@planet-scuba.net, 🖥 www.planet-scuba.net; PADI 5 Star CDC Center, Büro in Mae Hat, alle Kurse vom Anfänger bis Instruktor.

Ban's Diving Center, ✆ 456061-3, ✉ bans@ amazingkohtao.com, 🖥 www.amazingkohtao. com; Sai Ri Beach, PADI 5 Sterne IDC-Center, größte Thai-Tauchschule, mehrere Thai Divemaster. Ideal für Schüler, die sich in großen Gruppen wohlfühlen.

Crystal Dive, ✆ 456107, ✉ info@crystaldive. com, 🖥 www.crystaldive.com; u.a. deutsche Tauchlehrer, gute Ausrüstung, gute Stimmung. Schnorchler können mit aufs Boot, nicht unbedingt ein tolles Erlebnis. Mehrere Tauchresorts.

Big Bubble, ✆ 456669, ✉ bigbubble@ hotmail.com, 🖥 www.tauchen-diving.de; PADI-Tauchschule an der Chalok Ban Kao Bay. Schnelle Video-Tauchkurse u.a. in Deutsch, entspannte Atmosphäre, deutsche Leitung; Billigunterkunft für Hartgesottene.

Nang Yuan Divers, Tauchschule von *Easy Divers*, ✆ 456088, ✉ info@nangyuan.com.

Der erste Tauchgang kostet 800 Baht (mit eigenem Gerät ca. 600 Baht), ab 6 Tauchgänge 600 Baht, ab 20 Tauchgängen evtl. nur 400 Baht.

4- bis 4 1/2-tägige PADI-Kurse zum *Open Water Diver* werden durchweg für 7800 Baht angeboten, aber es gibt starke Rabatte in verschiedenen Versionen. Die **Tauchkurse** sollten 6 Tauchgänge, davon mindestens 2 im tieferen Wasser, enthalten und mindestens 4 volle Tage dauern (viele Tauchschulen bieten nur noch 3- bis 3 1/2-tägige Kurse mit 4 Tauchgängen an, was absolut zu wenig ist; auch am schriftlichen Begleitmaterial wird gespart). Das Zertifikat soll international anerkannt sein (am besten ist PADI). Ein Tauchlehrer sollte maximal 4–6 Schüler betreuen. Schriftliches Begleitmaterial ist absolut notwendig und viel Tauch-Theorie lebenswichtig.

Jeder Tauchschüler kann sich an der Putzaktion *PADI Aware* beteiligen, die von einigen Tauchschulen einmal im Monat gemeinsam durchgeführt wird.

Krabi und Ko Lanta

Mit dem Motorrad durch die faszinierenden **Felsentürme** bei Krabi fahren

Die mutigen Kletterer an den **steilen Wänden** bestaunen

Mit einer Dschunke durch die **Inselwelt** schippern

Bei einer **Inseltour** mit Maske und Schnorchel inmitten bunter Fische schwimmen

An herrlichen **Stränden** Sonne, Sand und Meer genießen

Schon vor 25 000–35 000 Jahren bewohnten Menschen die Höhlen in der heutigen Provinz Krabi. Die **Grotte Lang Rongrien**, erst 1982 etwa 15 km nördlich der Stadt entdeckt, könnte eine der ältesten menschlichen Siedlungen in Asien gewesen sein. Noch heute werden Höhlensiedlungen gefunden, samt einfachen Steinwerkzeugen, Perlen, Ohrringen, menschlichen Knochen und sogar Höhlenzeichnungen. Am Ende der letzten Eiszeit, vor etwa 9000 Jahren, stieg der Meeresspiegel auf das heutige Niveau. Der prähistorische Krabi-Mensch siedelte sich in den Höhlen an der Hochwassermarke an und bereicherte sein Essen um Muscheln, deren Schalen noch heute zu finden sind. Vor 2000–3000 Jahren bemalten die Höhlenbewohner die Höhlenwände mit Zeichnungen von Menschen und Tieren in ocker und schwarzen Farben.

Ab dem 5. Jh. existierte bei Klong Thom ein See-Handelsposten, in dem Kaufleute aus Indien und China, später sogar aus Europa, Waren tauschten. Bei Ausgrabungen in den 80er Jahren wurden Siegel aus dem 5. bis 7. Jh. gefunden, sowie verschiedene alte Perlen und ein Bronzespiegel aus der chinesischen Han-Dynastie. Dutzende von Funden sind im **Museum** des Wats von **Klong Thom** ausgestellt.

Mitte der achtziger Jahre kamen die ersten Globetrotter in die Provinz Krabi und entdeckten fantastische Strände mit wunderbar weißem Sand, eingerahmt von überwucherten Felsentürmen. Primitive **Bambushütten** mit Palmblattdächern boten ihnen eine gemütliche Bleibe. Unglaublich schnell sprach sich Krabi herum, unterstützt durch blumige Schilderungen in der deutschen Tourismuspresse. Geschäftstüchtige Einheimische setzten an den vier schönsten, aber relativ kurzen Stränden in Windeseile eine Hütte neben die andere, um den anschwellenden Bedarf zu decken. Von Jahr zu Jahr wurden Qualität und Ausstattung verbessert. Aus naturnahen Bungalowanlagen entwickelten sich komfortable Resorts und **Hotelanlagen**. In den Prospekten vieler Pauschalreise-Veranstalter hat Krabi einen festen Platz, vor allem bei Skandinavier bestimmen die Szene. Wer Einsamkeit sucht, ist in der Saison an den Stränden von Ao Nang und Rai Leh fehl am Platz. Doch weniger belebte Strände und Inseln lassen sich durchaus finden.

Es sind nicht die Badestrände allein, die so viele Urlauber nach Krabi ziehen. Die fantastische und einzigartige **Landschaft** der Provinz mit ihren Felstürmen, Höhlen, Wasserfällen, unberührtem Dschungel und Korallengärten lässt keinen Besucher kalt. Auch die muslimischen Bewohner der Küstendörfer tragen mit einem gewissen orientalischen Flair zur Attraktivität der Provinz bei.

Die beste **Reisezeit** für Krabi und Umgebung ist von November bis April. Von Mai bis August unterbrechen kurze Regenschauer, vor allem am Nachmittag, das sonnige Wetter. Selbst während des Höhepunkts der **Regenzeit** von September bis Anfang November kann an der Küste tagelang schönes Wetter herrschen, da die Monsunwolken meist erst einige Kilometer im Hinterland abregnen. Wegen der hohen Wellen und kräftigen Winde werden allerdings viele Bootsausflüge nicht durchgeführt.

Krabi กระบี่

Die Provinzhauptstadt Krabi hat selbst weiter nichts zu bieten, aber ihre Bilderbuchstrände und die vorgelagerten Inseln begeistern immer mehr Urlaubshungrige aus Deutschland und vor allem Nordeuropa. Fast jeder Thailandreisende möchte zumindest für ein paar Tage die herrliche Landschaft erleben, ehe er zu weniger touristischen Zielen wie Ko Lanta weiterzieht.

Die geschäftige Kleinstadt Krabi hat 18000 Einwohner, die sich Touristen gegenüber äußerst zuvorkommend verhalten, was vor allem im Straßenverkehr auffällt. Unter emsige Städter und Dorfbewohner, die ihre Einkäufe tätigen, mischen sich entlang der vier Hauptstraßen im Zentrum Touristen und Traveller auf der Durchreise. Immer mehr ziehen nun eine billige Stadtunterkunft den teuren Resorts an den Stränden vor und fahren täglich an einen anderen Strand oder unternehmen Touren in der Umgebung. Mit dem Geldsegen aus dem Tourismus haben die Stadtväter u.a. einige Verschönerungen durchgeführt. Sie ließen zwei feste Piers und eine lange **Uferpromenade** bauen und ganze Straßenzüge in einheitlichem Stil „sanieren". So wirkt das Stadtzentrum zwar etwas charakterlos und einförmig, aber weitaus ansprechender als zuvor. Die Einheimischen halten Krabi für die teuerste Stadt Thailands, i.b. was die Preise auf dem Markt betrifft.

Butterfly World, ✆ 632222, 🖥 www.
butterfly.th.com, am H4034; in einen Botanischen
Garten eingebettet, der auf Europäer leicht kitschig wirkt, lassen sich Schmetterlinge geduldig
bewundern oder fotografieren. Im kleinen Museum ist die Schmetterlings-Vielfalt des Landes
aufgespießt demonstriert. ⏲ 8.30–17.15 Uhr, Eintritt 200 Baht.

Wer an der Frühgeschichte der Provinz interessiert ist, kann auf dem H4 nach Klong Thom
(41 km) fahren und das **Wat Klong Thom Museum** besuchen.

Übernachtung

GÄSTEHÄUSER – Jedes Reisebüro vermittelt billige Zi in Gästehäusern (in der Saison für 100–
250 Baht, Nebensaison 80–150 Baht). Manche
existieren nur für eine Saison.

Entlang der Hauptstraße, Uttarakit Rd.:
Thaimit Tours Gh.** ②, Nr.179, ✆ 632054, 5 saubere Zi mit Fan.
Jungle Book Gh.* ⑦, Nr.141, ✆ 611148, kleine
Betonzellen mit Doppelbett, Notunterkunft für
eine Nacht, Taschenlampe nötig, hinter *Jungle
Book Tour*.
Grand Tower* (ac***) ⑮, Nr.73/1, ✆ 621456,
📠 621457, saubere, z.T. etwas abgewohnte Zi in
verschiedenen Preisklassen. Die billigen, hellhörigen Verschläge ohne Du/WC liegen im 6. Stock,
die besseren, schönen haben moderne Du/WC,
etwas laut und z.T. ungepflegt; Balkon in der 5.
Etage. Sauberes Restaurant mit mittleren Preisen, Motorräder zu vermieten, Schließfächer;
empfehlenswert.
P.S. Gh.*–** ⑳, Nr.71/1, ✆ 620480, relativ laute,
abgeteilte, düstere Zi mit sauberer Gemein-
schafts-Du/WC, Touren.
Chan-Cha-Lay** ㉑, Nr.55, ✆ 620952,
📧 chanchalay_krabi@hotmail.com, große, saubere Zi mit Fenster überm guten Restaurant.
Sehr saubere Du/WC ausserhalb, gemütliche
Sitzecken im Flur, hilfreiche Besitzerin, die gut
Englisch spricht.
Mr.Clean Gh.** ㉑, ✆ 620748, 3 saubere Zi.
Judy Gh.** ㉒, ✆ 623162, große, saubere Zi.
Cha Gh.** ㉕, Nr.45, 📧 chaguesthouse@
hotmail.com, ✆ 611141, 📠 621125; langes Haus
mit Garten und Bäumen, muffige Zi mit und ohne

Du/WC, Restaurant, Mopedverleih, Internet, ex-
trem hilfsbereite Leute.
Am Fluss entlang, Kongka Rd.:
Galaxy Gh.*–** ⑯, in der Seitenstraße am
Hang, renovierte Zi.
Star Gh.** ㉔, ✆ 611721, mitten unter den Reise-
büros, sehr einfache Zi über dem Minimarkt,
nachts vom Straßenlärm sehr laut.
Kong Ka Gh.*** ㉜, 73/2, ✆ 630377, direkt am
Fluss gelegenes Haus, mit Sperrholz abgeteilte
Zi, 2 wunderschöne mit Flussterrasse, sehr hilfs-
bereite Leute.
Mitten in der Stadt:
N.C. Gh.** (ac***) ⑪, 35-37 Soi 4, ✆ 630243,
📠 630244, einfache, akzeptable Zi mit Du/WC;
Restaurant, Mopedverleih; Reisebüro, Minivan
um 11 und 13.30 Uhr an alle Strände zu Ko Lanta,
verbilligte Bootstickets. Das Personal spricht gut
Englisch.
Lipstic Gh.** ⑬, 20-22 Soi 2, ✆ 612392,
📧 lipstickb@hotmail.com, in der Umgebung von
mehreren Discos, 4-stöckiges Stadthaus, neue,
saubere Zi mit Fan, z.T. ohne Du/WC.
K.L. Gh.* –** ⑫, 28 Soi 2, ✆ 612511, in der Umgebung von mehreren Discos, 4-stöckiges Stadthaus, 43 abgewohnte Zi mit Fan, z.T. ohne Fenster, 4 etwas abgenutzte Bäder pro Flur, Rucksack
wird kostenlos aufbewahrt; Internet, Motorräder.
Hollywood** –*** ⑱, 26 Isara Rd., ✆ 620508,
📧 hollywoodtour@yahoo.com, 3-stöckiges
Stadthaus, 10 kleine und große, saubere Zi mit
Fan oder ac, Restaurant/Bar.
Area 51 Gh.* –** ㉖, 1/13 Soi Ruam Chit,
✆ 630257, 📧 area51krabi@i-kool.com, in lauter
Umgebung, einfache, günstige Zi.
Café Europa*** ㉗, 1/9 Soi Ruam Chit, 5 nett eingerichtete, sehr saubere Zi im Obergeschoss,
heiße Du/WC außerhalb, unten gutes Restaurant
und Bar, Fax/Telefon-Service, Satelliten-TV; hei-
melige Atmosphäre beim freundlichen Dänen
Fynn. Sehr laute Pubs in der Nachbarschaft.
S.B.M. Gh.** ㉘, 1/21 Ruam Chit Rd., ✆ 612322,
mit Restaurant, Motorrad- und Autovermietung,
geleitet von Sue und Kratae.
Chao Fah Road:
A. Mansion**** ⑰, Nr.12/6, 40 komfortable, saubere Top-Zi im Kleinhotel.
K. Gh.** –*** ㉓, Nr.71/1, ✆ 623166, schöne, saubere Zi in zweistöckigem, total renoviertem Holz-

haus, mit und ohne Du/WC, zur Straße ohrenbetäubend laut.

Bai Fern *** ㉛, Nr.24/1, ✆ 611254, sauberes Kleinhotel, recht ruhig, 18 Zi mit Fan oder ac, Du/WC für 1 bzw. 2 Zi auf dem Flur, kleiner Balkon; unfreundlich.

K.R. Mansion **–**** ㊱, 52/1 Chao Fah Rd., ✆ 612761-2, 📠 612545, ✉ krmansion@hotmail. com; 40 gute, saubere Zi mit Fan, mit oder ohne Du/WC, auch monatlich zu mieten. Angenehmes Kleinhotel. Cocktailbar auf dem Dach, Satelliten-TV, Mountain Bike Trips von 9–16 Uhr für 550 Baht.

HOTELS – In der Stadt:

Krabi City Seaview Hotel ***–**** ㉝, 77 Kongka Rd., ✆ 622885-8, ✉ krabicityseaview@ hotmail.com, sehr beliebtes Kleinhotel am Fluss, gut eingerichtete, kleine ac-Zi und größere mit

Aussicht. Im Erdgeschoss für Rolli geeignet. Gutes Preis-Leistungs-Verhältnis. Reservierung sehr zu empfehlen.

Thai Hotel *** (ac****) ⑮, 7 Isara Rd., ✆ 611474, 📠 620564, im Stadtzentrum, abgewohnte und ordentliche Zi, guter Coffee Shop.

New Hotel ** ⑨, 9-11 Soi 6, ✆ 620 606, gar nicht mehr neu, kleine, schäbige, laute Zi.

Vieng Thong Hotel *** ⑥, 155 Uttarakit Rd., ✆ 620020-3, 📠 612525, saubere ac-Zi mit Badewanne, die Zi mit Fan werden in der NS von der Rezeptionistin fast immer als „ausgebucht" deklariert. Guter Service für Behinderte.

City Hotel ***–**** ④, 15/2-3 Soi 10, ✆ 621280-2, 📠 621301, 🖥 www.city-riverside-hotel-group. com; 4-stöckiges Stadthotel, Aufzug, saubere, etwas verwohnte Zi mit Fan und ac. Für Rolli geeignet.

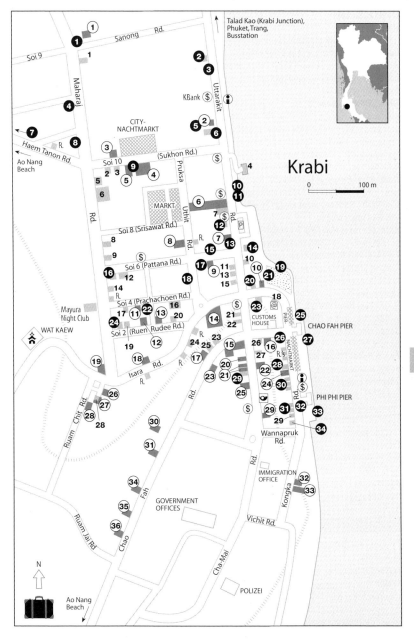

Talad Kao (Krabi Junction),
Phuket, Trang,
Busstation

KBank $

Krabi

0   100 m

CITY-
NACHTMARKT

Sanong   Rd.

Soi 9

Maharaj

Haem Tanon Rd.

Ao Nang
Beach

R.

Soi 10

(Sukhon Rd.)

Pruksa

Uttarakit

MARKT

Uthit

Rd.

Soi 8 (Srisawat Rd.)

R.

Rd.

Rd.

Soi 6 (Pattana Rd.)

Soi 4 (Prachachoen Rd.)

Mayura
Night Club

WAT KAEW

Soi 2
(Ruen   Rudee Rd.)

Isara   Rd.

R.

R.

Rd.

R.

CUSTOMS
HOUSE

@

PIER

NACHTMARKT

Rd.

CHAO FAH PIER

PHI PHI PIER

Wannapruk
Rd.

Ruam Chit Rd.

Ruam Jai Rd.

Chao   Fah

Chao

GOVERNMENT
OFFICES

IMMIGRATION
OFFICE

Kongka

Vichit Rd.

Cha-Mai

POLIZEI

N

Ao Nang
Beach

Etwas außerhalb:
*River Side Hotel**–**** (ac****) ⑨⑤, ℡ 612128,
📠 621301, 🖥 www.city-riverside-hotel-group.
com; 500 m außerhalb an einer Seitenstraße,
mehrere Gebäude, saubere Zi mit Fan oder ac
und verwohnte Doppelbungalows mit Fan,
freundlicher Service.
Grand Mansion Hotel*** (ac****) ⑨④, 289/1 Uttarakit Rd., ℡ 611371, 📠 611372, 700 m außerhalb an der Uferstraße, sehr saubere, gute Zi,
die besten mit Kühlschrank und TV, einige Familienzimmer mit 3 Betten; preiswertes Essen,
freundliches, hilfsbereites Personal.
Krabi Royal Hotel ⑨②, 403 Uttarakit Rd.,
℡ 611582-4, 📠 611581, 2 1/2 km außerhalb Richtung Krabi Junction, direkt an der Straße, einige
VIP-Zi, hinten ruhiger.
Krabi Maritime Hotel ⑨③, 1 Tungfah Rd.,
℡ 620028-46, 📠 612992, First Class-Hotel 2 1/2
km außerhalb Richtung Krabi Junction, in einer
ruhigen Sackgasse, aufgelockerte Gebäudetrak-
te in riesigem Gelände, tolle Aussicht über einen
kleinen See mit vielen Pflanzen, Fitness-Center.
Boon Siam Hotel**** ⑨⑧, 27 Chao Khun Rd.,
℡ 632511-3, großes Hotel mit 70 ac-Zimmern, die
Suiten sind bestens für Familien geeignet und
nicht zu teuer.
Forum House*** ⑨⑥, 36/26 Krabi Rd., ℡ 631295,
neues Reihenhaus mit sauberen ac-Zimmern.
Theparat Lodge***–**** ⑨⑦, 151 Maharaj Rd.,
℡ 622048, 📧 theparatlodge2002@yahoo.com,
neues Hotel in 4-stöckigen Stadthaus, kleine,
saubere Zi mit ac oder Fan, TV und Du/WC; Restaurant, das ohne Glutamat kocht, Bar, Coffee
Corner, Touren.
In Ban Talad Kao (Krabi Junction): *Kittisuk Ho-
tel*–*** ⑨①, ℡ 611087, 30 m neben der Kreuzung,
geeignet für Passagiere, die erst spät am Busbahnhof ankommen.

Essen

Es gibt in der Stadt viele kleine Restaurants und
Garküchen.
Nachtmarkt am Pier, billige Essenstände ab
17 Uhr.
City-Nachtmarkt in der Stadt, appetitliche Stände, leckeres Essen, große Auswahl; eine Schau
ist der Getränkemixer im Zentrum des Marktes,

der Shakes in doppelter Geschwindigkeit produziert.
Food Center im 3. Stock des Vogue-Kaufhauses,
Essecke mit billigen, einfachen Gerichten, klimatisiert; ⏱ 9.30–19 Uhr.
Sea House Restaurant bietet in einem schönen,
alten Holzhaus sehr gutes Essen bei angenehmer Atmosphäre und ansprechender Musik, lange geöffnet.
Richy Bakery and Restaurant, liebevoll zubereitete Thai und westliche Gerichte, reichliche,
preiswerte Portionen. Täglich frische Backwaren und echt italienisches Eis. Im Obergeschoss
klimatisiert, sehr geschmackvoll dekoriert. Unten
das Reisebüro *Footpath*, ℡ 01-5353369,
📧 kratip@iname.com, ⏱ 7–24 Uhr.
Ruamchai ist ein kleines Thai-Restaurant mit
ausgezeichneter Speisekarte: Rogensalat Thai-
Style, Tausendjährige Eier, Krabben in Currypul-
ver oder Garnelen in Bierschaum (=*snow
shrimp*); große Portionen, niedrige Preise.
May & Mark Restaurant, besonders beliebt fürs
Frühstück, echter Kaffee und gute Tees, verschiedene Brot- und Käsesorten, aber auch hervorragende internationale Küche. Nicht billig.
In der *Pizzeria Viva*, 29 Pruksa Utit Rd., spricht
der Besitzer Renato gut Englisch und Deutsch.
Cafe Europa, europäische Gerichte zu etwas gehobenen Preisen; dänische Leitung.
Viva Café, Pruksa Uthit Rd., nahe Thai-Hotel,
lockt mit leckeren thailändischen und italienischen Gerichten, reichhaltigem Frühstück, haus-
gemachtem Ciabatta-Brot, Joghurt und Voll-
milch-Shakes.
Mocca Milk Ice Bar, deutsches Restaurant, Rattana und Carsten servieren nicht nur gutes Thai-
Food und deutsches Frühstück, sondern auch
feines Eis, Röstkaffee, verschiedene Teesorten
und vegetarische Gerichte. carst_lekve@web.de
Lisa Bakery hat Vollkornbrot, Croissants, leckeres Gebäck, 7.30–20.30 Uhr.

Sonstiges

AUTOVERMIETUNG – Jeeps gibt es für 1200
Baht bei verschiedenen Reisebüros, z.B. *Frank
Tour*, *Friendly Tour* und besonders zuverlässig
bei *Lai Kram Tour*.

BOOTE – Das Chartern eines Longtail-Bootes für eine Mangrovenfahrt kostet 250 Baht pro Stunde.

BÜCHER – Bei *Fai Books* können viele deutsche Bücher ausgeliehen, gekauft oder getauscht werden. Im Buchladen *The Books* werden u.a. englischsprachige Reiseführer und Magazine verkauft. Besser ist der neue Buchladen *Saeng Ho*.

FESTIVAL – Das **Vegetarian Festival** (Vegetarier-Fest) wird – ähnlich wie in Phuket – in kleinerem Rahmen auch in Krabi gefeiert (Okt. / Nov., genaue Termine sind ab März dem Tourist Office bekannt).
Das Stadtfest **Open Andaman Sky** mit Umzügen und Wettbewerben findet im November statt.

GELD – Mehrere Banken in der Uttarakit Rd., Wechselschalter ☉ Mo–Fr 8.30–19 Uhr, Sa, So 8–15 Uhr in der Saison.
Die *Siam City Bank* betreibt täglich einen Schalter im Pavillon am Phi Phi-Pier, ☉ Mo–Sa 8.30–19, So 8.30–16.30 Uhr.

IMMIGRATION – Uttarakit Rd., ✆ 611097; Visa-Verlängerung bei freundlichem Auftreten problemlos. ☉ Mo–Fr 8.30–12 und 13–16.30 Uhr.

INFORMATIONEN – *Tourist Office*, ✆ 612740, am Fluss, ziemlich nutzlos für Krabi-Infos. Informationen im Web: 🖳 www.krabi-thailand.com; Hotelbuchung: 🖳 www.krabi.sawadee.com/
Tourist Information nennen sich die unzähligen Reisebüros. Sie halten Informationen zu den Gästehäusern in der Umgebung bereit, außerdem Stadtpläne, Informationsblätter, Hinweise für Ausflüge und Tickets.
Die kostenlose Werbebroschüre „Flyer" enthält aktuelle Informationen über Krabi und Umgebung.

INTERNET – gibt es unzählige, meistens für 1 Baht/Min.

KAJAK – *Sea Kayak Krabi*, ✆ 630270, 🖳 www.seakayak-krabi.com; veranstaltet eindrucksvolle Tages-Touren z.B. Canyon Tour, Cave Tour, Coral Tour. Zwei Touren führen durch schöne Mangrovenwälder. Auch Zeit zum Schwimmen bleibt noch, Mittagessen inkl.

KARTEN – Für eigene Ausflüge sind die gute *Guide Map of Krabi* (95 Baht) oder die *Tourist Map Krabi* empfehlenswert.

KOCHKURS – *Krabi Thai Cookery School*, ✆ 695133, ✉ krabicookeryschool@hotmail.com, geleitet von der diplomierten Ernährungswissenschaftlerin und langjährigen Chefköchin Ya; Tageskurs 1000 Baht, Abholung vom Hotel in Krabi oder Ao Nang.

MEDIZINISCHE HILFE – Gute Ärzte und einen **Zahnarzt** gibt es im staatlichen *Krabi Hospital*, 325 Uttarakit Rd., ✆ 611203, mit Songthaew 5 Baht ab Stadt.
In den letzten Jahren kamen im Gebiet von Krabi keine Fälle von Malaria vor.
Als gute **Privatärzte** wurden uns genannt:
Dr. Supot, Maharaj Rd Soi 10, Allgemeinarzt, und *Dr. Taweelarp*, Maharaj Rd, Frauenarzt; beide praktizieren von 7–8.30, 12–13 und 17–18 Uhr, samstags und sonntags ganztägig.

MOTORRÄDER – bei mehreren Gästehäusern und Reisebüros für 150–200 Baht/Tag. Zuerst den Zustand kontrollieren.

POST – Uttarakit Rd, ☉ Mo–Fr 8.30–16.30, Sa, So 9–12 Uhr; Poste Restante; Pack-Service.

REISEBÜROS – Fast alle Reisebüros werden von Lesern als freundlich und kompetent gelobt (mit Ausnahme von *Songserm*). Die meisten vertreten eigene Gästehäuser und Bungalows, die sie ihren Kunden ans Herz legen. Alle vermitteln Touren, Boote zu den Inseln und, gegen 20–60 Baht Aufschlag, Bus- und Zugtickets.
Chao Koh Travel, Kongka Rd., ✆ 630290, besonders freundlich.
Footpath, 91 Uttarakit Rd., ✆ 630515, 01-5353369, ✉ kratip@iname.com, in *Richy Bakery*. Frau Kan bucht alles und stellt kompetent und freundlich individuelle Touren zusammen.
Frank Tour, 256 Uttarakit Rd., ✆ 611110, Frau Renu und Frau Arrak haben alle Informationen im Kopf und bieten besten Service.

Jungle Book Tours, 141 Uttarakit Rd., ☎ 611148, Mrs. Maria versteht ihr Geschäft, arrangiert Felsklettern.

P.P.Family, Kongka Rd., ☎ 630165, ✆ 612463; betreiben Busse nach Surat Thani, Ko Samui, Ko Pha Ngan, Phuket und Bangkok sowie Boote nach Ko Phi Phi und Ko Lanta.

Siam Smile Travel, 4 Kongka Rd., ☎ 623158, ✉ siamsmile69@hotmail.com; kompetente Beratung auf Deutsch und Englisch durch Patrick und Thip.

Songserm, neuer Name *Andaman Wave Master*, ☎ 632423, Haem Tanon Rd (Hauptbüro) und Reisebüro am Pier, 92/94 Kongka Rd., ☎ 630470-2, ✆ 630079; betreiben Busse nach Surat Thani, Ko Samui und Ko Pha Ngan, über die wir auch nach der Namensänderung laufend Klagen bekommen, z.B. wird häufig abends kurz vor Krabi eine Rast eingelegt, um mit windigen Argumenten überteuerte Zi zu vermitteln. Auskünfte über staatliche Busse sind fast immer falsch. Beschwerden nimmt nur das Hauptbüro entgegen.

S.R. Tours, 11 Kongka Rd., ☎ 611930, ✆ 612536, seriöses Reisebüro, Autovermietung, Bücherverkauf und -tausch (viele deutsche Titel).

Thaimit Tours, 179 Uttarakit Rd., ☎/✆ 632054, Tickets und Reservierungen aller Art; Mr. Nui ist sehr zuverlässig und kann viele Fragen beantworten.

Owart & Friends, Nähe Pier, ☎ 611693, Buchungsbüro für Bubu Island.

TAUCHEN – Einige Tauchschulen bieten Kurse in Krabi an, u.a.: **Reefwatch Worldwide Dive Club**, ☎ 632650, gegenüber vom *Grand Tower Hotel*, und **Phra Nang Divers**, gegenüber von *Frank Tour*.

TELEFON – *Krabi Telecommunication Center*, 346 Uttarakit Rd., 2 km außerhalb Richtung Talad Kao, ◷ 7–22 Uhr. Mit Internet Service.

TOUREN – Alle Travel Offices vermitteln die gleichen Touren, die Preise variieren geringfügig, z.B.: *Ko Boda Tour* (4 Islands) für 400 Baht (mit Speedboat 1000 Baht), *5-Island-Tour* ab ca. 480 Baht (mit Speedboat 1200 Baht), *Phang Nga Bay* mit Bus und Longtail-Boot, 750 Baht inkl. Mittagessen, Tempel- und Naturparkbesuch, *Phi Phi Tour*, 990 Baht (mit Speedboat 2000 Baht).

Einige Veranstalter verlangen weitaus höhere Preise.

VORWAHL – 075; PLZ: 81 000.

Nahverkehrsmittel

PICKUPS – Zwischen der Stadt und TALAD KAO (= Krabi Junction) mit dem Bus Terminal verkehren von 6–21 Uhr alle 3 Minuten Pickups für 10 Baht.
Zum Strand AO NANG (20 Baht) fahren von 7–18 Uhr alle 15–30 Min. Pickups von der Stadt ab (von 18–22.30 Uhr 50 Baht). Dieselben Pickups fahren bis 18 Uhr zum Nopparat Thara Beach.
Achtung: Die gelben Songthaews fahren als Taxis (ca. 300 Baht).
Zum Gastropod Museum SUSAN HOI geht es nur von Oktober bis April von 7–18 Uhr für 40 Baht.
Zum WAT THAM SUA *(Tiger Cave)* für 25 Baht; Motorradtaxi ca. 40–50 Baht.

LONGTAIL-BOOTE – fahren zur PHRA NANG BAY (Oktober–März sowie bei ruhiger See) und zum RAI LEH BEACH (Ost und West) für 70 Baht in 25 Min. (ab 6 Pers.), Charter 300 Baht.
Die **Railay Group** fährt um 9, 11, 13.30, 16 und 18 Uhr für 70 Baht, zurück um 7.45, 9.30, 12, 14.30 und 16 Uhr.

Transport

Kombinierte Bus-Boot-Tickets über Krabi nach Ko Phi Phi bzw. Ko Lanta, die in Bangkok von windigen Reisebüros verkauft werden, sind erstens teuer und zweitens Betrug, da das Bootsticket in Krabi von niemandem anerkannt wird.

BUSSE – Alle öffentlichen Busse fahren vom Bus Terminal **Talad Kao**, ☎ 611804, an der Kreuzung 4 km nördlich von Krabi (= Krabi Junction) ab, rote Pickups fahren laufend hin (s.o.). Ankommende Busse werden außerhalb der Hochsaison von Schleppern bestürmt, die den müden Neuankömmlingen ihre Bungalows aufdrängen wollen. Geschäftstüchtige Tuk Tuk-Fahrer wollen Passagiere für 300 Baht direkt zum Ao Nang Strand fahren.
Unser Rat: Abblitzen lassen und erst mal mit dem roten Pickup für 10 Baht nach Krabi reinfahren,

Strandstraße von Krabi

dort fahren laufend öffentliche Songthaews für 20 Baht zum Strand.

Die privaten Busse entladen ihre Passagiere an täglich wechselnden Gästehäusern in der Stadt. Tickets für öffentliche **Fernbusse** bekommt man auch bei vielen Reisebüros für einen Aufschlag von 20–60 Baht. Die meisten Reisebüros verkaufen bevorzugt teure, miserable Busse privater Unternehmen, da sie dafür hohe Provisionen erhalten. Also zum Fahrscheinkaufen zu einem kooperativen Reisebüro gehen oder zum Bus Terminal fahren.

Bangkok: Nach BANGKOK (817 km) non-ac Bus um 16.30 Uhr für 255 Baht in 14 Std., 2.Kl. ac-Bus um 16, 16.40 und 17.20 Uhr für 357 Baht, ac-Bus und VIP-42 um 8, 16.30 und 17 Uhr für 459 Baht sowie VIP-24 Bus um 17 Uhr für 710 Baht in 12 Std, Vorbuchung empfehlenswert.

Von BANGKOK, Southern Bus Terminal 9x tgl. Busse aller Art.

Der **Khaosan-Bus**, von dem dringend abzuraten ist, fährt für 280–550 Baht, benötigt wegen langwierigem Umsteigen in Surat Thani bis zu 20 (!) Std. und hält abwechselnd bei verschiedenen Reisebüros. Zurück fährt dieser höchst gefährli-che Bus ab dem Pier um 16 Uhr für 350 Baht (als VIP-32-Bus 650 Baht) und benötigt mindestens 15 Std. bis zur Khaosan Road, mit Zwischenstopp in Surat Thani. Als relativ zuverlässig gilt die Firma *P.P.Family*, obwohl auch sie unsinnige Zwischenstopps einlegt.

Achtung Immer noch wird aus den Khaosan-Bussen Gepäck gestohlen. Höchst genial entwendet das „überzählige" Begleitpersonal Geld und Reiseschecks aus dem Bauchgurt und aus Handtaschen. Wer dem zum Opfer fällt, sollte die Polizei einschalten! Ohne eine Kopie des Tickets und den Namen des Busunternehmens ist die Polizei machtlos. Wie wäre es, von den potenziellen Dieben vorher ein „Erinnerungsfoto" zu schießen?

In die Umgebung: Nach PHUKET non-ac-Bus ca. alle 30 Min. von 6.20–9 Uhr für 65 Baht in 4 Std., 2.Kl.-ac-Bus von 5.30–14 Uhr ca. alle 60 Min. für 91 Baht, ac-Bus von 8–17.30 Uhr ca. alle 30 Min. für 117 Baht in 3 Std., zudem ein privater Bus um 9 Uhr für 200 bzw. 250 Baht. Nach Phuket Town, Patong, Kata und Karon fahren recht klapprige private Busse (z.T. auch Vans) um 7, 9 (nur in der Saison), 11 (Minibus) und 17.30 Uhr für 250 Baht in 3–3 1/2 Std., zum Phuket Airport um 13 Uhr für 200 Baht in 3 Std.; zurück nur um 8.30 Uhr für 200 Baht.

Nach PHANG NGA im Phuket-Bus 438 für 36 Baht, 2.Kl.-ac-Bus 64 Baht, ac-Bus 82 Baht in 2 Std. (bis KHOK KLOI 48 Baht, ac-Bus 86 Baht).

Nach TRANG non-ac-Bus 441 alle 30–60 Min. von 6.20–21 Uhr für 50 Baht, 2.Kl.-ac-Bus 70 Baht, ac-Bus 90 Baht in 2 Std.

Nach AO LUK fahren LKW-Songthaews von 6–17 Uhr gegenüber von *Thongfah* ab, für 30 Baht in 90 Min., zur AO LUK JUNCTION mit Phuket- oder Surat Thani-Bussen für 20 Baht.

Zu anderen Orten im Süden: Nach SURAT THANI non-ac-Bus alle 30 Min. von 5.30–14.30 Uhr für 90 Baht in 3 Std. Ac-Bus von *Phantip* 9x tgl. von 5.30–15 Uhr für 126 Baht. Ac-Bus von *P.P.Family* um 11 und 16 Uhr in 3 Std. für 180 Baht.

Über den ac-Bus von Songserm, umfirmiert in *Andaman Wave Master*, um 11, 13 und 16 Uhr für 180 Baht (die letzten beiden auch zum Bahnhof PHUNPIN) in 3 1/2 Std. wird vehement geklagt (enge Sitze, Verspätung, Zwangsessenspause, falsche Abfahrts- und Ankunftszeiten, Vermittlung überteuerter Zimmer). Doch fast jeder, der in einem Reisebüro auf die tollen Fotos hereinfällt und bucht, landet letztendlich im schrottreifen *Songserm-Bus*.

Nach KO SAMUI ac-Bus und Fähre um 11 Uhr direkt für 300 Baht (Ankunft 17.30 Uhr). Mit ac-Bus von *P.P.Family* um 11 Uhr (mit Fähre) und um 16 Uhr (mit Nachtboot) in 8 bzw. 13 1/2 Std. für 370 Baht.

Nach KO PHA NGAN ac-Bus und Fähre um 11 Uhr direkt für 450 Baht (Ankunft 18.30 Uhr). Mit ac-Bus von *P.P.Family* um 11 Uhr (mit Expressboot) und um 16 Uhr (mit Nachtboot) in 6 bzw. 14 1/2 Std. für 450 Baht.

Nach NAKHON SI THAMMARAT non-ac-Bus von 9–14.30 Uhr für 67 Baht in 3 Std.

Nach RANONG non-ac-Bus 435 um 6, 8, 9.30, 10.30 und 11.30 Uhr für 106 Baht in 6 Std.; in Takua Pa (65 Baht) umsteigen nach KHAO LAK (25 Baht).

Nach PHATTALUNG um 13.40 Uhr für 115 Baht (oder mit Hat-Yai-Bussen).

Nach HAT YAI non-ac-Bus um 8.30 und 13.30 Uhr über TRANG für 96 Baht in 5 Std., 2.Kl.-ac-Bus

von 10.30–13.30 Uhr für 130 Baht, ac-Bus von 9.20–15.20 und 22 Uhr für 173 Baht in 4 Std.

Nach SATUN ac-Bus um 11 und 13.30 Uhr für 175 Baht in 5 Std. (der Anschluss an das Boot nach Langkawi am selben Tag ist nicht sicher, besser den ersten Minibus nehmen, s.u.).

Nach SUNGAI GOLOK ac-Bus um 8.40 und 24 Uhr für 335 Baht in 9 Std.

MINIBUSSE – (auch *Minivans* genannt) sind klimatisiert und fahren tgl. zu festen Zeiten von verschiedenen Reisebüros oder am Straßenrand ab (in der Karte markiert). Sie sind zwar eng, geben aber sonst keinen Anlass zu Beschwerden.

Nach PHUKET fahren verschiedene Gesellschaften über Phang Nga (200 Baht) und Phuket Airport um 9, 11, 12, 14 und 16 Uhr für 200–250 Baht in 3 Std.

Nach KHAO LAK in der Saison um 11 bzw. 11.30 Uhr für 250–300 Baht, nach KHAO SOK um 11 Uhr für 250–270 Baht (ab *Hotrock*).

Von SURAT THANI ac-Minibusse stündlich von 7.30–16.30 Uhr für 140 Baht. Zurück am besten mit *P.P.Family*-Bussen.

Nach KO SAMUI und KO PHA NGAN um 11 und 16 Uhr, Ankunft um 18.30 / 6.30 Uhr und 20.30 / 8.30 Uhr.

Nach NAKHON SI THAMMARAT jede Std. für 120 Baht in 3 Std.

Um 7 und 11 Uhr nach TRANG für 200 (!) Baht in 2 Std., HAT YAI für 200 Baht in 4 Std., SATUN für 350 Baht (6 Std., umsteigen in Hat Yai, oder 4 1/2 Std. direkt), PAKBARA für 350 Baht in 3 Std. (ab *Hotrock*), SUNGAI GOLOK für 420–450 Baht in 8 Std. (umsteigen in Hat Yai).

Nach KO LANTA Minivan von *N.C. Gh.* um 11, 13 und 16 Uhr über Ban Hua Hin (inkl. 2 Fähren) zum Klong Dao Beach und zum Klong Nin Beach. Tickets für 150 Baht gibt es bei Reisebüros, wo man auch abgeholt wird. Alternative: Mit Songthaews bzw. Minibussen zum Pier BAN HUA HIN ab Soi 6 etwa alle 30 Min. von 10–14 Uhr für 50 Baht in 45 Min.

Nach Malaysia und Singapore: Zu allen Zielen in Hat Yai umsteigen.

Ac-Minibus und ac-Bus nach KUALA LUMPUR um 7 und 11 Uhr für 850 Baht, Ankunft gegen 23 Uhr bzw. 6 Uhr, nach SINGAPORE für 1050 Baht, Ankunft gegen 7 Uhr bzw. 12 Uhr.

KRABI UND KO LANTA

Nach PENANG mit ac-Minibus um 7 und 11 Uhr für 550 Baht, Ankunft gegen 17 bzw. 21 Uhr. Zurück frühmorgens mit dem ac-Minibus über Hat Yai.
Nach KOTA BHARU zunächst nach SUNGAI GO-LOK für 450 Baht um 7 und 11 Uhr, weiter mit dem Taxi.
Nach LANGKAWI mit dem ac-Minibus über Satun um 7 Uhr für 650 Baht in 8 Std.

SAMMELTAXIS – fahren vom Bus Terminal, ✆ 612859, ab: u.a. nach TRANG für 80 Baht und NAKHON SI THAMMARAT für 120 Baht. Ein Taxi nach KO LANTA kostet ca. 2000 Baht.

EISENBAHN – Von BANGKOK kommt man bequem mit der Bahn nach SURAT THANI (s.S. 328) und am Morgen mit dem wartenden Bus nach Krabi. Das kombinierte *Joint Ticket* lohnt sich nicht, i.b. bei Zugverspätung. Zu den Zügen von Surat Thani nach Bangkok fahren Zubringerbusse um 11 und 16 Uhr in Krabi ab (dieses *Joint Ticket* gibt es z.B. bei *Frank Tours*).
Alternativ von Bangkok mit dem *Express* 83 um 17.05 Uhr oder dem *Rapid* 167 um 18.20 Uhr bis TRANG und mit einem Sammeltaxi für 480 Baht nach Krabi. Auch zurück mit Zügen ab Trang, besonders in der Hochsaison einen Versuch wert. Zugfahrten mindestens 2–3 Tage vorher im Reisebüro reservieren lassen (in Ferienzeiten 10 Tage vorher).

BOOTE – Nach KO PHI PHI tgl. um 9 (ab Ao Nang), 10.30 und 14.30 Uhr per Expressboot für 250 Baht einfach in 1 1/2–2 Std., zurück u.a. um 9 und 13 Uhr sowie um 15.30 Uhr nach Ao Nang. Nach KO LANTA von Nov. bis April tgl. per Expressboot um 10.30 und 13.30 Uhr für 250 Baht in 2 1/2 Std. (das Boot hält auch vor Ko Jum, 180 Baht). Verbilligte kombinierte Bootstickets für Ko Phi Phi und Ko Lanta sind nur in der Saison sinnvoll.
Zum Rassada-Pier in PHUKET TOWN mit dem ac-Boot *Ao Nang Princess* tgl. um 15 Uhr in 2 1/2 Std. für 350 Baht; zurück um 8.30 Uhr. Nach KO SIBOYA wird Transport von *Pine Tour* organisiert, Abfahrt gegenüber vom *Vieng Thong Hotel* gegen 14 Uhr, per Longtail-Boot in ca. 2 Std. für 100 Baht.

FLÜGE – Der Flugplatz liegt 12 km nordöstlich von Krabi. Hier gibt es keinen Geldwechsel, aber eine Avis-Autovermietung. Minibus in die Stadt 300 Baht. Taxi-Service mit festen Preisen, z.B. zur Stadt 300 Baht, Ko Lanta 1800 Baht.
Ab BANGKOK fliegt *Thai Airways* in der Saison tgl. in 1 1/2 Std. für 2410 Baht (in der Nebensaison 3x pro Woche).
P.B. Air, ✆ 691942, fliegt am Fr und So von Bangkok nach Krabi für 2410 Baht.
Phuket Air, ✆ 636393-4, fliegt tgl. von / nach BANGKOK für 2410 Baht.

BIKER – Nach **Süden** empfehlen wir, die Stadt Trang weiträumig zu umfahren. Dazu nimmt man in Krabi das Bike mit auf das Boot (100 Baht) nach Ban Saladan auf Ko Lanta. Von Ko Lanta nimmt man die zwei Fähren von Ban Saladan nach Ban Hua Hin und radelt auf dem H4206 (27 km) weiter zum H4. Auf dem H4042 (14 km), dem H4 (8 km), dem H4046 (26 km) und dem H4162 (9 km) fährt man locker zum Pak Meng Beach. Die nächste Etappe ist unter Trang (s.S. 606) beschrieben.
Nach **Norden** geht es auf schönen Nebenstraßen (s.S. 456) nach Phang Nga.

Rai Leh Beach

Die von fantastischen Kalksteinformationen abgeschlossene Halbinsel (auch unter Phra Nang Bay und Rai Lay Beach bekannt) ist nur mit dem Boot zu erreichen. An den beiden schönsten Stränden wurden 1986 in den Palmenhainen die ersten Bungalows gebaut – ein ehemaliger Geheimtipp unter Travellern! Durch Mund-Propaganda erhielten die wunderschönen Badestrände einen derartigen Zulauf, dass fast täglich neue Hütten aufgestellt wurden. Schließlich musste das ganze Fischerdorf einer Bungalowanlage weichen. Die alten Bambushütten werden mehr und mehr durch (teurere) Steinbungalows ersetzt. Große Dieselgeneratoren blasen Tag und Nacht ihre Abgase durch die Palmen.
Am landschaftlich einzigartigen **Phra Nang Beach** mit seinen steil aufragenden Wächterfelsen tummeln sich hunderte von Tagesausflüglern. Aus Booten heraus und von anderen fliegenden Händlern werden Getränke, Sandwiches und Snacks verkauft. In der tropischen Vegetation dahinter wur-

KRABI UND KO LANTA

den private Luxushäuser gebaut, die Rayavadee Premier Villas. Der Verbindungsweg zwischen dem Phra Nang Beach und Rai Leh East führt dicht an den Felsen vorbei, auf halbem Weg beginnt der Aufstieg zur Phra Nang Lagoon und zum Super-Aussichtspunkt.

Neben der seichten, mit Mangroven bewachsenen Bucht **Rai Leh (East)**, die nach Süden geöffnet und gegen den Monsun geschützt ist, gibt es drei herrliche Strände mit feinem, weißem Sand: der wunderschöne **Phra Nang Beach** mit den vorgelagerten Felstürmen nach Osten, der flache, fast ideale Badestrand **Rai Leh (West)** nach Nordwesten und die friedliche, zum Baden nicht geeignete nördliche Bucht **Ao Ton Sai**. An den vorgelagerten Inseln **Chicken Island** und **Ko Boda** locken schöne Korallenriffe und fantastische Strände, die massenhaft von Tagesausflüglern bevölkert werden.

Höhlen

Die **Phra Nang Cave** (Grotte der Prinzessin) schließt den Phra Nang Beach nach Süden ab, direkt am Meer mit den eindrucksvoll herabhängenden Stalaktiten ziert sie mittlerweile viele Touristenprospekte. In der **Diamond Cave** (*Sombat Höhle*) an Rai Leh East wurde ein massiver Steg bis in den letzten Winkel gebaut sowie eine Beleuchtungsanlage installiert, die von den National Park-Angestellten eingeschaltet wird, angeblich gegen 15 Uhr, Eintritt 20 Baht. Eine gute Taschenlampe tut's aber auch. Die einst weiß funkelnden Tropfsteine sollen inzwischen matt und grau aussehen.

Reizvoll ist auch eine Wanderung mit Kletterpartie (z.T. mit morschen Seilen gesichert) durch eine ca. 120 m lange **Höhle** am nordwestlichen Ende des Phra Nang Strandes. Das riesige Höhlenportal ist leicht zu finden. Den eigentlichen Zugang zur Höhle bildet im linken, weiter oben liegenden Eingang ein schräger Kamin, in dem als Steighilfe ein Baumstamm lehnt. Die Eingangshalle hat gewaltige Dimensionen, etwa 20 m hoch und 80 m lang. An der linken Wand verläuft nach ca. 30 m und ca. 40 m schräg nach unten jeweils ein Ausgang zum Meer. Am Ende der Halle den linken, steilen Gang nach oben nehmen (Achtung: Zeitweise war er anscheinend mit einem Felsbrocken versperrt). Ein enger Durchschlupf mit Seil weist den Weg. Danach im engeren Höhlenraum schräg aufwärts (Holztreppe und Seil). Ein letzter 3 m hoher Absatz mit dünnem Seil weist zum Ausgang am Rai Leh West Beach, wo die **Thai Wall** in ca. 30 m Höhe mit herrlicher Aussicht aufwartet. Festes Schuhwerk ist nötig, eine Stirnlampe sinnvoll. Da nur wenige Tropfsteine wachsen, wirkt die Höhle selbst nicht so spektakulär wie andere in der Umgebung. (Schilderung von Peter Mauch)

Phra Nang Lagoon

Die Phra Nang Lagoon (*Sa Phra Nang*) liegt inmitten eines 80–100 m tiefen Felsenkessels. Schwindelfreie können sie über einen mit Seilhilfen versehenen Kletterpfad erreichen, der auf halber Strecke vom Verbindungsweg beim Wegweiser abgeht. Bei Flut ist die durch eine Unterwasserhöhle mit dem Meer verbundene Lagune unwirklich schön, und man kann herrlich darin schwimmen, bei Ebbe allerdings ist sie voller Schlick. Für die Begehung der Höhle am anderen Ende braucht man eine Taschenlampe. Die Tour ist vor allem bei feuchtem Wetter für Ungeübte durchaus gefährlich. Der **Phra Nang View Point**, bei der Abzweigung auf dem Pass nach links, bietet einen überwältigenden Ausblick. Hier werden auch Kletterkurse veranstaltet.

Übernachtung

Die Preise der Bungalowanlagen variieren je nach Auslastung stark, werden durchweg als überteuert empfunden, zumal es nur am Abend Strom gibt. In der Hauptsaison verlangen die Bungalowbesitzer heftige Mondpreise, in der Nebensaison sind dagegen ohne weiteres über 50% Rabatt zu erzielen (schöne Bungalows für 400–500 Baht). Es werden immer mehr teure ac-Bungalows ab 1500 Baht gebaut. Nachts sind die Stromgeneratoren weit zu hören.

PHRA NANG BEACH – Hinter einem Zaun und undurchdringlichen Büschen stehen die 10 Luxushäuser der *Rayavadee Premier Villas* ⑦⑧, ✆ 620740-3, 📠 620630, 🖳 www.rayavadee. com. Am wunderschönen Strand tummeln sich neben hunderten von Badegästen auch Souvenir-, Getränke- und Imbissverkäufer sowie Longtail-Boote. Kein Wunder, dass er immer enger wird und zusehends verdreckt. Das Restaurant und die Strand-Bar ist ebenso wie das hintere Ende des

KRABI UND KO LANTA

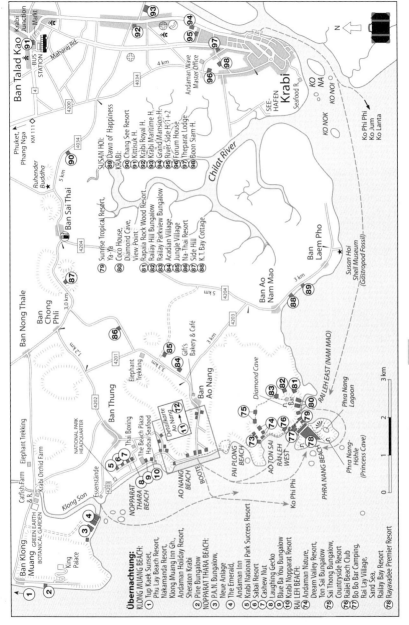

Übernachtung:

KLONG MUANG BEACH:
① Tup Kaek Sunset,
Phu Lay Beach Resort,
Nakamanda Resort,
Klong Muang Inn Gh.,
Andaman Holiday Resort,
Sheraton Krabi
② Pine Bungalow

NOPPARAT THARA BEACH:
③ P.A.N. Bungalow,
Neue Anlage
④ The Emerald,
Andaman Inn
⑤ Krabi National Park Success Resort
⑥ Sabai Resort
⑦ Cashew Nut
⑧ Laughing Gecko
⑨ Blue Ba You Bungalow
⑩ Krabi Nopparat Resort

RAI LEH BEACH:
⑭ Andaman Nature,
Dream Valley Resort,
Ton Sai Bungalow
⑮ Sai Thong Bungalow,
Countryside Resort
⑯ Railei Beach Club
⑰ Bo Bo Bar Camping,
Rai Lay Village,
Sand Sea,
⑱ Railay Bay Resort

① Tup Kaek Sunset,
SUSAN HOI:
⑲ Sunrise Tropical Resort,
Ya-Ya
⑳ Coco House,
Diamond Cave,
View Point
㉑ Rapala Rock Wood Resort
㉒ Railay Parkview Bungalow
㉓ Acadian Village
㉔ Jungle Village
㉕ Na-Thai Resort
㉖ Side Hill
㉗ K.T. Bay Cottage

SUSAN HOI:
⑧⑨ Dawn of Happiness
KRABI:
⑨⓪ Chang See Resort
⑨① Kittisuk H.
⑨② Krabi Royal H.
⑨③ Krabi Maritime H.
⑨④ Grand Mansion H.
⑨⑤ River Side H.1+2
⑨⑥ Forum House
⑨⑦ Theparat Lodge
⑨⑧ Boon Siam H.

KRABI UND KO LANTA

Strandes *for members only*. Zu Fuß gelangt man auf dem schmalen Verbindungsweg am Zaun entlang zum Rai Leh East Beach. Die öffentliche Toilette liegt nach 30 m an diesem Zaun.

RAI LEH EAST BEACH (auch Nam Mao Beach, Sunrise Beach oder Back Beach) – Hier liegen 6 Bungalowanlagen am ungepflegten, etwas mülligen Strand. Einige Anlagen bekommen einen Swimming Pool hinzu. Sie bieten einen besseren Gegenwert als die Anlagen am Rai Leh West. Die Disco bei der Diamond Cave lässt bis 5 Uhr keinen Schlaf zu.

Sunrise Tropical Resort (79), ✆ 622604, völlig neu gestaltete, hochpreisige Anlage, Restaurant *Sai Lom* am Strand.

Ya-Ya**** (und teurer) (79), ✆ 01-4760270, 2–4-stöckige Reihenhäuser aus Stein und Holz sowie originelle aus Bambus gefertigte mehrstöckige Häuser, durch deren Zimmer Palmen wachsen, 75 z.T. dunkle, ungepflegte Zi mit Fan, Dusche und westlichem WC, im 3. und 4. Stock liegen die besten Zi mit Balkon und schöner Sicht, üppiger Tropengarten, teures, manchmal sehr gutes Essen, vor allem von der Fischtheke; lockere Atmosphäre. Das Reisebüro bietet u.a. Camping Trips an.

Coco House** (80), unzumutbare Bambushütten. Nettes Restaurant ohne Video, aber mit gepflegter Musik, gute Atmosphäre, gemütliches Frühstück, tolles Essen (40–60 Baht pro Gericht), daher in der Saison ab 20 Uhr immer voll. Ein Leser schreibt: „Essen ungenießbar", ein anderer: „überfordertes Personal".

Diamond Cave**** (80), überteuerte, vergammelte Steinbungalows; Restaurant am Strand, Videos, Minimarkt. Daneben Kneipe mit *Phra Nang Rock Climber*.

View Point**** (und teurer) (80), große, völlig verbaute Komfortanlage am Ende des Mangrovenstrands in Hanglage, nett eingerichtete, aber z.T. wenig einladende 1- und 2-stöckige Steinbungalows mit Fan; preiswertes Restaurant und Bierbar mit schöner Sicht über die Bucht.

Railay Hill Bungalow**** (82), ✆ 621730-2, Richtung Felsentempel und Grotte, dann noch 3 Min. zu Fuß. Abseits gelegene, schöne Anlage, große Bambusmatten-Bungalows mit Moskitonetz und großer Terrasse mit Sitzkissen. Vom Restaurant tolle Aussicht auf das Meer und die Kletterfel-

sen, Di und Sa *Buffet Dinner* und Party; Abholservice mit dem Jeep. Der freundliche Manager spricht gut Englisch.

RAI LEH WEST BEACH (Sunset Beach) – Sehr flacher, aber zum Schwimmen gut geeigneter Strand, optisch sehr schön – ein Eldorado für Badeurlauber. Hier herrscht die gepflegte Langeweile.

Rayavadee Premier Resort (78), ✆ 620740-3, ✉ 620630, 🖥 www.rayavadee.com. Über 100 doppelstöckige Super-Luxusbungalows stehen weit verstreut unter Palmen in der riesigen Gartenanlage, die sich zu allen drei Stränden erstreckt und jeglichen Luxus bietet. Den Gästen stehen u.a. 3 Restaurants, eine außergewöhnlich beeindruckende Poollandschaft, Tennisplatz, klimatisierte Squash-Halle und eine Tauchschule zur Verfügung. Motorboot-Zubringer nach Krabi und Phuket.

Railay Bay Resort (77), ✆ 622571, 🖥 www.railaybaythai.com, gepflegter Palmengarten bis hinüber zum Oststrand, Steinbungalows mit Fan und ac (ab 2100 Baht) neue Luxusbungalows; Pool, Spa. Das *Sunset Restaurant* ist mies und teuer, unfreundliche Leute. Am Oststrand liegt ein miserables Restaurant und das *Rock Pub*, daneben dröhnt die Klimaanlage vom *Rayavadee*.

Sand Sea (77), ✆ 622167, ✉ 622170, gepflegter Garten unter Palmen, Hütten in 3 Reihen, Standard aus Bambusmatten mit Fan (1900 Baht), schöne Deluxe-Bungalows (ab 2500 Baht). Die Hütten in Strandnähe sind teurer und besser ausgestattet. Großes, preiswertes Restaurant am Strand, überfordertes Personal, kein Alkohol. Kleiner Supermarkt, Souvenir Shop, Bootstouren.

Rai Lay Village (77), ✆ 637359, großer Garten, 50 eng aneinander stehende ac-Bungalows (ab 2100 Baht) unter Palmen, z.T. mit drei Betten, Restaurant am Strand, kein Alkohol, relativ freundliche Bedienung; geschäftstüchtige Leute. Direkt dahinter steht auf einem kleinen Grundstück die **Bo Bo Bar** (77) mit Restaurant und guter Musik, Camping.

Hinter dem Bach liegen die privaten Ferienvillen: **Railei Beach Club** (77), ✆ 01-4644338, ein weniger dicht bebautes Grundstück, vermietet Zi und komplette Häuser für 4–8 Personen recht günstig, für mehrere Paare und Familien geeignet.

AO TON SAI – In der nördlichen Bucht liegen unter den Kletterfelsen sechs Anlagen, eine weiter oben, nur zu Fuß erreichbar. Ein etwa einstündiger Pfad führt über den Berg bis zur Diamond Cave.

Dream Valley Resort**** ⑦④, einfache, kleine, saubere Bungalows mit Fan oder ac in einer etwas hügeligen Kokos- und Gummibaumplantage, nicht direkt am Strand, sehr ruhig.

Ton Sai Bungalow***–**** ⑦④, ca. 200 Bungalows mit Du/WC; Restaurant, Bar.
Bei Ebbe kann man in 15 Min. hinwandern und den schönen Strand genießen. Herrliche Tropfsteine hängen von den Felstürmen. Bei Flut geht es nur per Boot oder durch den Dschungel, schwierig.

Countryside Resort ⑦⑤, neue Holzbungalows mit schöner Aussicht, 5 Min. vom Strand.

Sai Thong Bungalow ⑦⑤, nach 15 Min Fußmarsch zu erreichen auf dem Pfad zur Diamond Cave.

Essen

Die Restaurants am West Beach sind immer mehr belegt als jene am East Beach, aber keineswegs besser! Das Personal ist desinteressiert bis arrogant, der Service dauert lange. Die Besitzer sind meistens Muslims und servieren keinen Alkohol. Besser isst man am East Beach: weniger Betrieb, schnellerer Service, Essen gut bis sehr gut, ab 150–200 Baht für 2 Pers. (plus Getränke).
Beliebt ist der *Ya Ya Coffee Shop* von 7.30–12.30 Uhr (guter Kaffee). Wechselhaft ist das Restaurant im *Coco House* (s.o.).

Sonstiges

Am Ost- und Weststrand sowie an deren Verbindungsweg gibt es mittlerweile 3 teure Shops (Lebensmittel, Hausrat, Kleidung, Souvenirs), 2 Buchläden, einen Friseur, 3 Tauchschulen, 4 Kletterschulen, eine Batikschule, mehrere Bars und eine Wäscherei.

BARS – In der Hauptsaison dröhnen an einigen Beach Bars die Lautsprecher so, dass in den anliegenden Bungalows nicht an Ruhe zu denken ist. Am beliebtesten ist die *Sunset Bar* von Rai Lay Bay, deren Boxen bis gegen 2 Uhr in der Nacht die Umgebung beschallen. Sehr beliebt ist die *Ya Ya Bar*.

BÜCHER – Kleiner, teurer Buchladen beim Rai Lay Village, An- und Verkauf von Büchern.

KAJAKS – werden am Rai Leh West für 250 Baht pro halber Tag vermietet.

KLETTERN – Rai Leh hat sich zu einem Paradies für Kletterer entwickelt. 450 Routen sind beschrieben, ständig werden neue gebohrt und gesichert. Das *Phra Nang Rock Climbers Route Guide Book* kostet 500 Baht. Bis auf einige verrostete Haken (nicht in Modetouren) kommt man ohne zusätzliche Klemmkeile, Frieds usw. gut aus. Aber ein langes Seil (60-70 m Einfachseil) wäre ratsam mitzunehmen.
Die Kletterkurse sind bei allen Schulen sehr populär.

King Climbers, ☏ 662581, ✉ kingclimbers@iname.com, 🖥 www.railay.com; hinter dem Ya Ya Restaurant, die erfahrenste Kletterschule in Rai Leh, mit der alles begann. Kurse inkl. Ausrüstung (1/2 Tag für 800 Baht, 1 Tag für 1500 Baht, 3 Tage für 5000 Baht); komplette Ausrüstung ist zu mieten. Büro in Ao Nang, ☏ 637125.
Bei den 4 Kletterschulen finden Kletterer die Guides King, Ting, Tex und viele Kollegen, die Klettertouren und ein- bis 7-tägige Kurse inkl. Ausrüstung anbieten. Komplette Ausrüstung ist auch zu mieten. Die Mannschaft von *King Climbers* und *Hard Climber* hat einen Kurs in Bergrettung absolviert und verfügt über entsprechendes Gerät.

REISEZEIT – Die Regenzeit von Mai–Oktober fällt hier meist sehr schwach aus, da die Wolken meist nur am Morgen oder Nachmittag ein paar Stunden abregnen, ansonsten ins Hinterland weiterziehen. Daher ist i.b. fürs Klettern das ganze Jahr Saison.

TAUCHEN – 3 Tauchschulen bieten lohnenswerte Tauchausflüge mit 2 Tauchgängen, auch

Wracktauchen. In den nahe gelegenen Tauchgebieten ist eine Sicht von 7–10 m normal, 16–18 m ist schon maximal. Manche Tauchschulen gehen mit Longtail-Booten auf Tauchtrip, was wesentlich unangenehmer ist als ein großes Boot. Nachfragen! Die Saison dauert von Nov–April.
Phra Nang Divers, ℡ 01-2284544, ℡ 075-637064, Shop beim Rai Lay Village, 4-tägiger PADI-Kurs zum *Open Water Diver*, Tauch-Safaris zu den Similan Islands und Hin Daeng / Hin Muang.
Baby Shark Divers, ℡ 075-612914, am Weg zwischen Rai Leh Ost und West, lockere 7-tägige *Open Water Diver*-Kurse mit 1–4 Schülern.
View Point Diving School im View Point.

TELEFON – Auslandsgespräche (nach Europa für 310 Baht je 3 Min.) beim Rai Lay Village, beim Sand Sea (⏱ 7–22 Uhr) und beim View Point. Wer die hiesigen Mobiltelefone anruft, sollte etwas Geduld mitbringen.

TOUREN – Ganztägige Bootsausflüge zu den vorgelagerten Inseln mit Schnorchelstopps (Boot für 600–800 Baht / Tag) sowie zur Phang Nga Bay.

Transport

Boot ab KRABI in 50 Min. für 70 Baht p.P. (ab 6 Pers.) oder in der Saison ab AO NANG in 20 Min. für 50 Baht (ab 4 Pers.). Letzte Rückfahrt um 17.30 Uhr.
Von Oktober bis März landen die Boote je nach Wind und Wellen an allen Stränden. Am Rai Leh East Beach landen die Boote von April bis September und bei starkem Wind, dann ist nach dem Aussteigen eine Wattwanderung inklusive.
Nach KO PHI PHI mit dem Schiff tgl. um 9 Uhr für 300 Baht einfach (ab Rai Leh West), als Pauschaltour für ca. 600 Baht. Zurück um 15.30 Uhr.

Pai Plong Beach

Rechts Felsen, links Felsen, hinten Felsen und darin eingebettet eine niedliche Bucht mit blauem, klarem Meer, weißem Sandstrand, Palmengürtel und Dschungel – das ist der wunderschöne Pai Plong Beach. Er ist zu erreichen vom Ao Nang Beach mit dem Boot, bei tiefer Ebbe vom Last Café durchs Wasser um das Kap herum oder auf einem Kletter-

steig über die Felsen. Auch von Rai Leh West ist dieser Strand mit dem Kanu leicht zu erreichen. In dieser traumhaften Bucht wollte eine Hotelkette ein Luxushotel bauen und dafür einen Tunnel durch die Felsen sprengen. Per Gerichtsbeschluss wurde das Projekt gestoppt, und die Baumaschinen wurden entfernt. Der Strand hat seinen Frieden zurück – ein herrliches Ausflugsziel für jedermann! Besonders schön schnorcheln kann man an den südlichen Felsen.

Ao Nang Beach

18 km westlich von Krabi liegt der Ao Nang Beach, der über eine gute touristische Infrastruktur verfügt. In atemberaubendem Tempo entwickelte er sich zu einem internationalen Pauschalreiseziel, das den Hauptstränden auf der Insel Phuket nur noch wenig nachsteht – hier herrscht so richtig Massentourismus-Trubel. Ursprünglichkeit sucht man vergebens, doch die Menschen sind nach wie vor nett und zuvorkommend. Hervorragend eignet sich Ao Nang fast ganzjährig als Basis für herrliche Ausflüge zu den vorgelagerten Inseln und Korallenriffen sowie ins malerische Umland.

An beiden Seiten und im Hinterland wird der 1300 m lange Ao Nang von üppig bewachsenen Felsen begrenzt, die bereits zum National Park gehören. Feiner, heller Sand bildet den relativ festen Strand, der zunehmend verdreckt. Bei Ebbe sieht er nicht gerade einladend aus, zum Schwimmen muss man weit hinauswaten. Sowohl Touristen als auch Gruppen von Thais nutzen ihn zum Joggen, Sonnenbaden und Spazierengehen.

Ruhe und Erholung suchende entfliehen mit einem der vielen lauten Longtail-Boote zu einem der schöneren Strände in der Nähe. Auch der Verkehr auf der viel befahrenen Straße trägt zum hohen Lärmpegel der kleinen Stadt bei. Die Bebauung erstreckt sich von der Häuserzeile entlang der Strandstraße mit Läden, Restaurants und Bars bis weit ins Hinterland.

Das nördliche Ende des Strandes ist mit Felsplatten durchsetzt. Palisaden verhindern hier das Abrutschen der Seafood Restaurants ins Meer. Am weniger entwickelten südlichen Ende können Wanderer viele Muscheln finden und (bei Ebbe) um das Kap herum zum Pai Plong Beach weitergehen oder -waten. Während des Monsuns muss mit star-

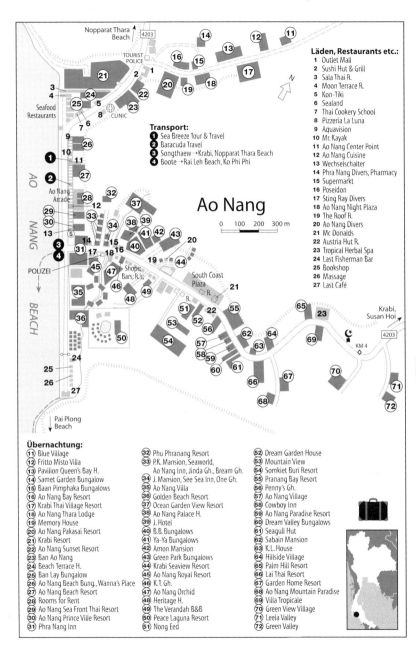

ken Strömungen gerechnet werden – durchaus nicht ungefährlich.

Das Schönste am Ao Nang Beach ist der herrliche Ausblick auf die pittoresken Felsen der Ko-Boda-Inselgruppe. Er macht Lust auf Ausflüge in die Karstlandschaft von Krabi.

Die in der Umgebung des Strandes lebenden Thais sind Muslime mit strikter Moralvorstellung, leicht geschürzte Touristinnen sind ihnen durchaus zuwider.

Übernachtung

An billigen Bungalowsiedlungen existieren nur noch 3 oder 4 Anlagen. Sie werden immer mehr durch Hotels ersetzt, die vor allem von Pauschalurlaubern gebucht werden. Weiter vom Strand weg wurden mehrere schöne, von Familien geführte Bungalowanlagen für preisbewusste, ruhesuchende Individualreisende gebaut. In vielen Apartments werden ac-Zi ab 800 Baht vermietet. In der **Hochsaison** sind alle Anlagen schnell belegt. Dann werden die Zimmerpreise stündlich der Nachfrage angepasst, bei den gleichen Leistungen. Reservierungen werden oft nicht angenommen und Anfragen nicht beantwortet. In der **Nebensaison** von Ende April bis Anfang Oktober sind viele Anlagen und die meisten kleinen Restaurants und Läden geschlossen, die Strandstraße wirkt manchmal verödet.

Am nördlichen Ende des Strandes:

Krabi Resort ㉑, ☏ 637030-3, ✆ 637051-2, ältestes Resort an diesem Strand, bei dem verschiedene Mängel zutage treten. 45 Bungalows mit ac (z.T. mit 4 Betten), vor denen laufend Touristen vorbeispazieren, und ein großes, 2-stöckiges Hotel, tropischer Garten, Pool mit Kinderbecken, Tennisplatz, geschmackvoll eingerichtetes Restaurant in bester Lage mit weniger geschmackvollen Gerichten. Bei Ebbe kann man am kleinen Privatstrand zwischen den Felsen baden. Transfer zum Resort auf Ko Boda (s.S. 459). Tauchschule.

Beach Terrace ㉔, grässliches Hochhaus, das als Schandfleck von Ao Nang gilt.

Ban Lay Bungalow*** (ac****) ㉕, ☏ 637660, renovierte Bungalows und Reihenhäuser dicht an dicht, zwischen Hochhaus, Bars und Restaurants.

Ban Ao Nang ㉓, ☏ 637072, ✆ 637070, Mittelklassehotel zwischen Steilhang und Straße, vier 2- und 3-stöckige Gebäude ohne Flair, Pool.

Ao Nang Sunset Resort ㉒, ☏ 637441, 🖥 www.aonangsunset.com; großes, vierstöckiges Stadthotel der Mittelklasse an der Straße.

Ao Nang Bay Resort & Spa ⑯, ☏ 695051, 🖥 www.krabi-hotels.com/aonangbay, großes Hotel mit Thai-Stil-Elementen, gemütliche Zi, hoher Rabatt, gekonnt angelegter, kleiner Garten, großer Pool.

Baan Pimphaka Bungalows**** ⑮, ☏ 637310, 5 Bungalows aus Bambus und Holz mit je 3 Zimmern, unterhalb der Straße.

Samet Garden Bungalow**** ⑭, ac-Bungalows aus Naturmaterialien zwischen Bäumen.

Pavilion Queen's Bay Hotel ⑬, ☏ 637611, riesiges, 6-stöckiges Luxushotel im Lopburi-Stil für Pauschaltouristen, Zi z.T. mit schönem Meerblick (ab 9600 Baht), 2 Lifts, Pool auf 3 Ebenen.

Fritto Misto Villa ⑫, ☏ 637692, 🖥 www.frittomistovilla.com; Komforträume (ab 2600 Baht) in 2- und 3-stöckigen, sehr eng stehenden Gebäuden, einige Apartments, Swimming Pool, teures Restaurant, italienischer Besitzer.

Blue Village ⑪, ☏ 637887, 🖥 www.krabibluevillage.com; Bungalows ab 1800 Baht; kanadische Leitung.

Ao Nang Pakasai Resort ⑳, ☏ 637777, ✉ apakasai@loxinfo.co.th, schön den Hang hoch gebaute 3- und 4-stöckige Gebäude der Luxusklasse, z.T mit guter Sicht, palmblattgedeckte Dächer, herrliche Gartengestaltung; Pool über dem Restaurant mit fantastischer Sicht aufs Meer. Gefiel uns sehr gut.

Memory House**** ⑲, ☏ 637556, einige ac-Bungalows und Restaurant, kleiner Familienbetrieb.

Ao Nang Thara Lodge*** (ac****) ⑱, ☏ 637 087, alte Bungalows, soll umgebaut werden.

Krabi Thai Village Resort ⑰, ☏ 637710, ✉ kabibaka@mail.cscoms.com, Luxushotel mit mehreren 2- und 3-stöckigen Gebäuden, Dächer im Thaistil, 120 sehr große Zi ab 7600 Baht, übers Internet billiger, schöne Gartenlandschaft, Swimming-Pool-Komplex, Fitness-Center.

Entlang der Strandstraße:

Andaman Sunset Resort (Wanna's Place)**** (ac teurer) ㉖, ☏ 637484, ✉ stephan@wannasplace.com, 🖥 www.wannasplace.com;

Bungalows mit Fan oder ac sowie Kleinhotel mit sauberen Zimmern, hinter Restaurant- und Ladenkette. Gutes Restaurant, kleiner Pool im tropischen Garten. Unter Leitung von Stephan und Wanna Scheidegger.

Ao Nang Beach Resort ㉗, ✆ 637766, schöne Zi (ab 1200 Baht) im 2-stöckigen Gebäude hinter der Ladenzeile, Pool.

Rooms for rent ㉘, in den Gebäuden hinter der Ladenzeile werden von verschiedenen Besitzern saubere ac-Zi**** vermietet.

Ao Nang Sea Front Thai Resort ㉙, ✆ 637591, 🖥 www.aonang-thairesort.com, gepflegte First-Class-Anlage mit Thai-Touch, üppig grüner Garten hinter Läden und Restaurants, 22 gediegene Zi ab 4000 Baht; freundlicher Service. Gästehaus mit 10 Zimmern für 2000 Baht nebenan.

Aonang Prince Ville Resort ㉙, ✆ 637342, 📠 637309, Komfortzimmer, von hinten an die Ladenzeile angebaut, *White Orchid Restaurant*.

Phra Nang Inn ㉛, ✆ 637130-3, 📠 637134-5, auf beiden Straßenseiten, ältlich wirkendes, lautes, 2-stöckiges Mittelklasse-Hotel für Pauschaltouristen.

Ao Nang Villa ㉟, ✆ 637271, 🖥 www.aonangvilla.com; saubere, weiße First-Class-Hotelanlage aus acht 3-stöckigen Gebäuden für Pauschalurlauber; Pool. Gutes Restaurant mit *Seafood Barbecue*.

Golden Beach Resort ㊱, ✆ 637870, ✉ thaigold@loxinfo.co.th, 🖥 www.krabigoldenbeach.com; First Class-Hotel für Pauschaltouristens, nur durch einen Fahrweg vom schönsten Teil des Strandes getrennt, dreistöckige Gebäude und sehr geräumige, luxuriöse Bungalows mit Bädern unter einem Glasdach, Pool.

Kleinhotels und Gästehäuser in unattraktiven Wohnblocks in einer Sackgasse, z.B.:

*Bream Gh.**** ㉝, ✆ 637555, 5 Zi mit Fenstern, Gemeinschafts-Du/WC, in der NS*.

*Jinda Gh.**** ㉝, ✆ 695068, ✉ tkaewchai@hotmail.com, 13 Zi auf 4 Etagen, z.T. mit ac, Warmwasser, Kühlschrank; Kajak-Touren.

*Ao Nang Inn**** ㉝, ✆ 637607, ✉ dutchkev@loxinfo.co.th, 4 schöne Zi, variable Preise.

*P.K. Mansion***–**** ㉝, ✆ 637431, ✉ pkmansion@hotmail.com, verschiedene Preise in 25 sehr unterschiedlichen Zimmern. Die freundliche Mama lässt mit sich handeln.

*Phuphranang Resort**** ㉜, ✆ 695370, oben am Hang, Bungalows mit Fan, ac-Zi im 2-stöckigen Hotelkasten.

An der Straße Richtung Osten, linke Seite:

Ocean Garden View Resort ㊲, ✆ 637527, ✉ Oceankrabi@hotmail.com, 🖥 www.oceangardenview.com; sauberes Mittelklassehotel für Pauschalurlauber, sehr ruhig. Zweistöckige Gebäude mit Balkon, die oberen mit Meerblick, Swimming Pool; Bambusmattenbungalows im Wald.

*J. Hotel**** ㊴, ✆ 637878, ✉ j_hotel@hotmail.com, modernes Kleinhotel mit 17 komfortablen Fan- und ac-Zimmern ohne Moskitonetze.

Ao Nang Palace ㊳, ✆ 637542, ✉ aonangpalace@yahoo.com, neues Kleinhotel mit 24 Mittelklasse-Zimmern, z.T. Meersicht.

*Ya-Ya Bungalows*** ㊶, ✆ 637176, große, saubere Bambushütten mit Fan und Reihenhaus unter schattigen Bäumen; sehr beliebt, Restaurant.

*Amon Mansion** ㊷, ✆ 637695, ✉ wannaladlam@hotmail.com, 7 einfache, kleine Zi mit Fan und Du/WC im Reihenhaus.

*Green Park Bungalows**–*** ㊸, ✆ 637300, ungepflegte, ruhige Anlage unter Bäumen mit Bambushütten und Steinbungalows; unter israelischer Leitung.

*Krabi Seaview Resort**** (ac wesentlich teurer) ㊹, ✆ 637242-5, 📠 637246, ✉ info@krabi-seaview.com, 🖥 www.krabi-seaview.com; gepflegte Anlage am Hang ohne Seeblick, komfortable ac-Bungalows im Thai-Stil mit vielen Pflanzen (mit Tauchpaket hoher Rabatt) sowie einfache Zi mit Fan, familienfreundlich; individueller Service und persönliche Betreuung durch engagierten Schweizer Besitzer; beliebtes Restaurant, Pool, hauseigene Tauchschule *Ao Nang Divers*.

Pranang Bay Resort ㊺, ✆ 637654, First Class-Hotel mit pompöser Eingangshalle an der Straße, mehrere 2- und 3-stöckige Gebäude, kein schöner Pool, Spa. Aufdringlicher Servcie.

*Sabain Mansion*** ㊽, ✆ 637643, komfortable Reihenbungalows mit Fan oder ac.

*Hillside Village**** ㊻, ✆ 637604, Reihenhaus, Fan-Zi, ac-Zi mit TV und Kühlschrank.

Palm Hill Resort ㊽, ✆ 637207, 15 verschiedenartige, sehr saubere Bungalows in 2 Reihen den Hang hinauf, winziger Pool, kostenlose Fahrrä-

KRABI UND KO LANTA

der, unter der Leitung eines auf Korrektheit bedachten Franzosen, der auch perfekt Deutsch spricht.

An der Straße Richtung Osten, rechte Seite:

*Ao Nang Royal Resort*****(ac teurer) ㊺, ✆ 637118, 📠 637119, Eingang versteckt zwischen den Läden, eng aufeinander stehende Doppelbungalows im Halbkreis um einen Rasen und einen kleinen Teich, große, sehr saubere Zi.

*K.T. Gh.*****㊻, ✆ 637098, Reihenhaus mit 4 Fan-Zimmern und Laden, Du/WC außen.

*Ao Nang Orchid Bungalow*****(ac teurer) ㊼, ✆ 637116, Steinbungalows ohne Sicht.

Krabi Heritage Hotel ㊽, ✆ 695261, ✉ reservation@krabiheritage.com, gesichtsloser First-Class-Hotelkasten mit 78 Zimmern, kleiner Pool, Pauschalurlauber.

The Verandah ㊾, ✆ 637454, Mittelklasse, 20 gut ausgestattete Zi, möbliert wie im *Sheraton*.

Peace Laguna Resort ㊿, ✆ 637345-6, schäbige, überteuerte Bungalows und dreistöckiges Hotelgebäude der Mittelklasse, auch Familienzimmer; weitab von der Straße, ruhige Anlage an einem künstlichen See.

Somkiet Buri ㊾, ✆ 637990, 💻 www.somkietburi.com, Anlage mit einem üppig-tropischen, fast dschungelartigen Garten mit Bächen und Teichen, 2-stöckige Häuser mit 26 Komfortzimmern ab 2000 Baht. Sie wird von von Malaien geführt, daher kein Alkoholausschank.

*Mountain View*****-***㊾, Steinbungalows unter Palmen, gute Zi.

*Penny's Gh.*****-****㊾, ✆ 637444, modernes 2-stöckiges Gebäude, 23 unterschiedliche, saubere Zi mit Fan oder ac, zumeist mit Du/WC; großer Gemeinschaftsbalkon mit schöner Sicht auf die Felsen; Restaurant.

*Ao Nang Village*****-****㊿, ✆ 01-4760309, drei Reihen Hütten aus Stein und Holz mit Fan und Du/WC, z.T. mit ac, einfach und sauber.

*Cowboy Inn***(ac***) ㊿, ✆ 637126, großes, zweistöckiges Haus mit günstigen Zimmern.

*Ao Nang Paradise Resort*****(ac teurer) ㊿, ✆ 637650, ✉ aonangparadise@hotmail.com, gemütliche Doppelbungalows in gepflegtem Palmengarten.

*Seagull Hut*****㊿, ✆ 637456, Reihenbungalows mit Fan und Bambusmattenbungalows mit ac, freundliche muslimische Familie.

Lai Thai Resort ㊿, ✆ 637281, 📠 637282, ca. 1,5 km vom Strand, 20 eng aufeinanderstehende First Class-Bungalows, geschmackvoll ausgestattet, um großen Swimming Pool gruppiert, unter Leitung des engagierten Besitzers Robert Reynolds und seiner freundlichen Frau.

*Garden Home Resort***(ac****) ㊿, ✆ 637586, nette Bungalows mit Fan oder ac, Felsenblick, im Halbkreis inmitten von viel Grün angelegt. Große, geschmackvoll eingerichtetete Zi, 15 Min. vom Strand entfernt. Gutes Preis-Leistungs-Verhältnis.

*Ao Nang Mountain Paradise***(ac***) ㊿, ✆ 637659, schöne Steinbungalows am Fuße der Felsen, gutes Preis-Leistungs-Verhältnis.

*Green View Village***-****㊿, ✆ 637481, gut ausgestattete, verschiedenartige Bungalows mit Fan oder ac, um einen kleinen Teich gruppiert in großem, schattenlosem Garten in ruhigem Seitental.

*Leela Valley***(ac****) ㊲, ✆ 637673, viele zweistöckige Häuschen und Bambusmattenhütten bis zur Straße.

*Green Valley****㊲, ✆ 637021, schmucke Ferienhäuser in ruhigem Tal, mit 2 Zimmern und Küche, bisher nur Schlafzimmer ausgestattet. Für Dauermieter gedacht, die sich eigene Möbel anschaffen. Günstige Monats- oder Jahresmiete.

Im Hinterland:

*Na-Thai Resort****㊏, ✉ info@na-thai.com, 💻 www.na-thai.com; neue, familiäre Bungalowanlage, 4 komfortable ac-Bungalows und 1 Familienbungalow; Restaurant mit Bar, Internet, Pool; Mopedverleih. Engagierte Thai-deutsche Leitung.

*Chang See Resort****㊐, 124 Moo 3 Ban Sai Thai, ✆ 623657, an der Zufahrtsstraße von Krabi, neue Doppelbungalows mit ac, TV, Du/WC.

Essen

Fast alle Hotel- und Bungalowanlagen verfügen über ein eigenes Restaurant. Entlang den Straßen gibt es eine Unmenge an Restaurants, die sich gegenseitig das Geschäft wegnehmen. In Strandnähe ist das Essen teurer als an der Zufahrtsstraße. In der Nebensaison sind viele Restaurants geschlossen.

Straßenstände machen ab 16.30 Uhr auf. Einfache Snacks bereiten die Essenstände in der Nähe des Bus Stopps. Früchte kosten am Strand 20–30 Baht.

Auf dem Weg zum Krabi Resort bieten **Seafood Restaurants** von ihren Terrassen den schönsten Blick auf Meer, Felsen und Fischerboote. Das Essen gehört allerdings kaum zum Besten. Ausnahme: **Sala Thai**, freundliches Personal serviert seit Jahren sehr gutes Seafood zu fairen Preisen.

Wanna's Place bietet Käseplatte mit Import-Käse, gute Thai- und internationale Küche, beste Shakes und Bier vom Fass.

The Roof mit guter Thai-Küche, Seafood und europäischen Gerichten, besonders bekannt für die besten Steaks.

Spa Restaurant serviert exzellentes, gesundes Essen und exotische Kräutertees in gediegenem Ambiente bei Meditationsmusik.

Ao Nang Cuisine, schon seit vielen Jahren an der Strandstraße, überzeugt mit einer ausufernden Speisekarte und guten Preisen.

The Last Fisherman, hinter der Schranke, Strandbar in einer offenen Bambushütte.

The Last Café, ℡ 637053, am südlichen Ende des Strandes, hier sitzt man schön und ruhig unter Bäumen; besonders beliebt fürs Frühstück. Teng serviert auch *Whole Wheat Bread* und eigene Kuchen. ⏰ 8–20 Uhr.

Gift's Bakery & Café, ℡ 637193, am östlichen Ortsrand von Ban Ao Nang, 3 km vom Strand. Im zeitweise klimatisierten Café bietet Mrs. Gift selbstgebackene Kuchen, Vollkornbrot, knusprige Croissants, leckere Sandwichs sowie Kräutertees und Kaffee an; Zeitungen und Zeitschriften liegen aus.

Sonstiges

BOOKSHOP – vor allem englische Taschenbücher, auch einige deutsche.

BOOTE – Fast 200 Longtail-Boote warten am Strand auf Kundschaft, ein Charterboot nach Ko Hong kostet 1500 Baht, für eine Halbtagstour 900 Baht; wenig Verhandlungsspielraum.

BOOTSTOUREN – Ao Nang gilt als hervorragender Ausgangspunkt für Touren und Bootstrips. Alle Reisebüros und Resorts vermitteln die gleichen Touren, die Preise variieren jedoch stark.

Deshalb vergleichen und nach einem Rabatt fragen. Bei den Tagestouren ist ein einfaches Mittagessen, viel zu wenig Trinkwasser, bei den Inseltouren auch Schnorchel und Maske (besser eine eigene mitbringen) enthalten. Mit dem Schnellboot kosten die Touren über 1000 Baht.

4-Island-Tour, ab 270 Baht, mit dem Longtail-Boot zum Schnorcheln nach Chicken Island (viele Fische, kaum Korallen, manchmal zu viel Plankton, Liegestühle und Sonnenschirme), Ko Boda (schöne, jedoch überlaufene Strände) und zum Phra Nang Beach.

5-Island-Tour, ab 370 Baht, Richtung Norden nach Ko Daeng (schönstes Schnorcheln, viele Anemonen und Anemonenfische), Ko Hong (herrliche Durchfahrt zur Lagune) und Ko Bileh (auch Pelay, toller Strand, aber viel Müll).

Phang Nga Bay (s.S. 456) 450–900 Baht.

Ko Phi Phi Don (s.S. 538), Bootsfahrt zur und um die Insel, ca. 720 Baht.

Jungle Tour zum *Thung Tieo Naturpark* für 400 Baht.

EINKAUFEN – Klamottenläden, Schneider, Souvenir Shops, Supermärkte (Preisunterschiede von 50%!) und Fotoläden gibt es zuhauf, sogar einen Silber- und Edelsteinladen.

ELEFANTENREITEN – wird für eine Stunde oder einen halben Tag angeboten. Reiten im Schatten ist ratsam. Buchung über alle Reisebüros.

FAHRRÄDER / MOTORRÄDER – **Mountainbikes** können bei **Barracuda Tours** für 150 Baht pro Tag geliehen werden. **Fahrräder** vermieten einige Gästehäuser z.T. kostenlos, **Motorräder** werden an vielen Stellen angeboten, 250 Baht für eine neue 100er Honda, 180–200 Baht für eine alte.

GELD – Wechselschalter beim Bus Stopp, gleiche Kurse wie in Krabi, ⏰ in der Saison tgl. 10–20 Uhr. Am Abend gehen oft die Baht-Scheine aus. Ein Minibus-Wechselschalter kommt von 16–20 Uhr vorgefahren, er akzeptiert auch Kreditkarten.

INFORMATIONEN – Aktuelle Infos über Ao Nang unter 🖵 www.krabi-seaview.com.

INTERNET – für 2 Baht/Min. an vielen Stellen.

KANU – Die guten Kanuveranstalter bemühen sich, auch etwas für den Erhalt der Flora und Fauna in den Mangroven zu tun. Bei Billiganbietern mit zu niedrigen Preisen verkommt die Erlebnistour zu einer einfachen Paddeltour. An trockene Kleidung für die Rückfahrt denken.

Sealand & Trek, macht Kanu-Touren, Trekking, Mountain Bike-Touren und Camping entlang der ganzen Küste bis Satun, z.B. 1 Tag Kanu-Tour 1200 Baht, 2 Tage / 1 Nacht Kanu und Camping für 3500 Baht, dasselbe 3 Tage / 2 Nächte für 4500 Baht.

Mr. Kayak Thailand, ✆ 637165, bietet Ausfahrten für Seekanus an, z.B. 1 Tag *Hong Island Trip* mit Schnorcheln für 1500 Baht p.P., 1/2 Tag *Canyon-Tour* bei Ao Tha Len 1200 Baht p.P.

Krabi Sea Cave, ✆ 637461, veranstaltet eine eindrucksvolle Paddeltour bei den Meereshöhlen und Mangrovenwäldern in der Nähe von Ao Luk.

KOCHKURS – Mr. Gift und seine Frau Jam bieten im wunderschönen *Green Earth Botanical Garden*, 7 km nördlich von Ao Nang, Kochkurse ab 2 Pers. für 1300 Baht an. Einkaufen im Markt und Besichtigung des Kräutergartens gehören zum Programm. Anmeldung in *Gift's Bakery & Kitchen*, ✆ 637193.

MASSAGE – 18 Massagehütten am südlichen Ende des Strandes, Thai-Massage ab 200 Baht, Maniküre, Pediküre, Fußmassage, Zöpfchenflechten etc.

The Institute of Massage im *Ao Nang Center Point* bietet gute, traditionelle Massage.

Auch alle anderen Masseusen, die in Häusern oder am Strand ihre Dienste anbieten, gelten als seriös.

MEDIZINISCHE HILFE – *Ao-Nang Clinic (Ruampat Hospital)*, ✆ 637840, im Notfall 611223, kleine Arztpraxis an der Straße vor dem Ban Ao Nang Hotel, Ärztin ist nachmittags in der Saison anwesend, eine Krankenschwester ist von 9–18 Uhr anwesend und ruft die Ärztin bei Notfällen.

MOUNTAINBIKE TOUREN – *Green Earth Mountain Bike Tours* bietet 3 Tagestouren. Hier geht

es nicht nur um Sport und Naturerlebnis, man soll auch etwas lernen über Ökologie, Farmtechniken, Flora und Fauna, Mangroven und Dschungel. Vorgesehen sind auch mehrtägige Touren mit Zeltübernachtung im *Green Earth Botanical Garden*. Information und Anmeldung in *Gift's Bakery & Café*, ✆ 637193.

NACHTLEBEN – Mit Diskos und Girlie Bars lässt sich in Ao Nang nicht viel Geld machen, sie kommen und gehen.

SAISON – Beginnt pünktlich am 1. November mit laufend steigenden Hochsaisonpreisen. In der Nebensaison ab 16. April sind die meisten Restaurants und Resorts geschlossen, viele Ausflüge fallen ins Wasser, daher nicht vorher bezahlen. Zur Reisezeit s.S. 19.

SCHNORCHELN – am besten an den südlichen Felsen des *Pai Plong Beach*, es gibt einige Korallen.

SEGELTOUREN – Die 1996 nach internationalen Sicherheitsstandards gebaute, 25 m lange Dschunke *Dauw Talae 2* von Raimund Fehrmann und Duang unternimmt von November bis April ab Ao Nang 6-tägige Kreuzfahrten von und nach Phuket. Sie bietet reichlich Platz für 16 Gäste (2 *Honeymoon Suites*), besitzt einen offenen Achtersalon und Liegen auf dem Sonnendeck. Weitere Infos bei *Lazy Tours* unter ✆ 01-4761656, 01-8921967, ✉ info@lazytours.com, 🖥 www.lazytours.com.

Krabi Yacht Charter, bietet Tagestouren für max. 8 Pers., Mehrtagestouren auf Anfrage. Auskunft bei *YaYa Bungalows*, ✆ 637176 oder 620373.

TAUCHEN – Etwa 15 Tauchziele sind in 20–60 Min. per Boot zu erreichen. Erfahrene Taucher können eine 50 m lange Höhle in 20 m Tiefe erkunden. Die Sicht in den Tauchgebieten wechselt je nach Wasserstand und Strömung stark, selten übertrifft sie 12 m. Die Tauchschulen haben ganzjährig geöffnet und bieten von Mai–Sep. Tagesausflüge mit dem Longtail-Boot ab 1400 Baht an. Die Adressen der Tauchschulen ändern sich häufig.

Anfang 2001 gab es 9 Tauchschulen, z.B.:

Ao Nang Divers im *Krabi Seaview Resort*,
✉ aonang@loxinfo.co.th, ✆ 637242-5, 🖷 637246,
🖳 www.krabi-seaview.com; die PADI 5 Sterne-
Tauchschule hat sehr professionelles Personal,
das Kurse in vielen Sprachen abhält. Mit einem
18 m-Tauchschiff werden von Nov.–April Tagestouren für 1900 Baht p.P. (2 Tauchgänge) bzw.
2600 Baht (3 Tauchgänge) zzgl. Gerät (max.
500 Baht), Schnorchler 900 Baht, sowie Tauchfahrten von 2–7 Tagen bis nach Hin Daeng/Hin
Muang und zu den Burma Banks durchgeführt.
Tauchshop am Strand (🕐 tgl. 9–12 und 16–21
Uhr) mit E-Mail-Service für Kunden.
Aqua Vision, ✆/🖷 637415, 🖳 www.
aqua-vision.net; unter deutsch-schweizer Leitung, Tagestouren, u.a. nach Similan über Thap
Lamu von 7–19 Uhr, 4200 Baht.
Poseidon Dive Center, ✆/🖷 637263, 🖷 637264,
PADI-Tauchschule mit gutem, mehrsprachigem
Personal, das die Gegend seit Jahren kennt,
sehr guter Service, deutsche Leitung.
Stingray Divers, ✆ 637493, 🖳 www.
stingray-divers.de, Ausbildung in klimatisiertem
Klassenzimmer, Tagesfahrt zum Tauchgebiet Hin
Daeng mit 2 Tauchgängen für 6400 Baht alles
inkl.; neue deutsche Leitung.

TOURIST POLICE – am nördlichen Ende an der
Straße Richtung Nopparat Thara.

TREKKING – auf eigene Faust und Camping ist
am Honak Mountain hinter dem Klong Muang
Beach möglich. Zuvor unbedingt Informationen
sammeln, z.B. bei *Coconut Bungalow*, und besser einen Guide anheuern.

VORWAHL – 075; PLZ: 81 000.

WELLNESS – neben der Moschee liegt das *Tropical Herbal Spa*, ✆ 637867, ✉ spa@aonang.
com, 🖳 www.spakrabi.com, in einen wunderschön angelegten tropischen Garten eingebettet, mit Kräuterdampfbad, Pool, Jacuzzi und
Massagepavillons. Bei melodischer Musik und
melodischem Froschgesang kann man wunderbar entspannen. Wer sich etwas Besonderes
gönnen will, sollte vor dem Preis nicht zurück-
schrecken. Gutes Restaurant.

Transport

PICKUPS – Pickups fahren ab KRABI von 7.30–18
Uhr alle 15–30 Min. für 20 Baht in ca. 30 Min., zurück 6.30–18 Uhr (über Nopparat Thara Beach).
Gelbe Songthaews sind Taxis (Charter) und kosten mindestens 300 Baht.

MINIBUSSE – Nach KHAO LAK (mit umsteigen)
um 10.30 Uhr für 250 Baht (ab *P.K. Mansion*).
Zum KRABI AIRPORT (30 Min.) Transfer per Minibus 350–500 Baht.

TAXIS – Nach Krabi 300 Baht, Ko Lanta 2000
Baht, Phuket Airport 1800 Baht, Trang 1500 Baht.
Zum PHUKET AIRPORT wird Transfer per PKW
ab 1500 Baht angeboten (z.B. bei *A.P. Travel*),
Tickets für den direkten Bus ab Krabi verkauft
Baracuda.

BOOTE – Zum PHRA NANG BEACH und zum RAI
LEH WEST verkehren in der Saison laufend an
die 100 Longtail-Boote für 50 Baht (zurück bis
spätestens 17.30 Uhr). Die 20-minütige, herrliche
Fahrt an den dramatischen Felsen entlang ist ab-
solut zu empfehlen. Nach 18 Uhr 80 Baht.
Nach KO BODA für 200 Baht, nach CHICKEN
ISLAND 250 Baht, Rückkehr gegen 16.30 Uhr.
Nach KO PHI PHI fährt in der Saison jeden Tag
um 9 Uhr ein Boot in 2 Std. für 270 Baht (einfach);
Rückfahrt um 15 Uhr, so dass man in der Zwi-
schenzeit bequem zum Aussichtspunkt aufstei-
gen kann).
Zum Rassada-Pier in PHUKET mit dem ac-Boot
Ao Nang Princess tgl. um 15 Uhr in 2 1/2 Std. (ab
Rai Leh um 14 Uhr) für 350 Baht. Buchung bei *Ao
Nang Travel & Tour*, ✆ 637152, 🖳 www.
aonangtravel.com. Von Phuket um 8.30 Uhr.

Nopparat Thara Beach

Der 4 km lange, zweigeteilte und extrem flache
Strand erstreckt sich 1 km nördlich von Ao Nang.
Der H4202 führt zunächst dicht am baumlosen
Wattstrand entlang, 200–300 m im Landesinnern
liegen einige preiswerte Bungalowanlagen. Am Ende der ersten, schlickigen Strandhälfte stehen einzelne Kasuarinen, die sich zu einem Hain verdich-
ten. Einheimische Ausflügler picknicken unter den

KRABI UND KO LANTA

schattigen, hohen Nadelbäumen. Andere schlemmen in den Open-Air-Restaurants und an Essenständen, die vorwiegend Isan-Food servieren – Essen aus Nordost-Thailand. Bei Ebbe kann man trockenen Fußes zu den vorgelagerten Inseln laufen. Zahllose Seesterne, Schnecken und Einsiedlerkrebse liegen in den Prielen. Das Headquarter des Mu Ko Phi Phi National Parks ist keinen Besuch wert.

Jenseits des Klong Son Flusses liegen einige Bungalowanlagen sehr ruhig und friedlich am 2 km langen, breiten Sandstrand. Im hellen, pulvrigen Sand hausen vor allem im Oktober / November viele Sandfliegen, im Dezember / Januar weniger. Der Strand ist sehr flach und gut geeignet für Kinder, bei Ebbe ist schwimmen nur eingeschränkt möglich. Bis gegen Mittag spenden hohe Kasuarinen angenehmen Schatten, danach wird der Sand heiß. Die Sicht auf die vorgelagerten Inseln und Felsen ist traumhaft. Für Ärger sorgt der Kapitän des Longtail-Bootes, das als Fähre über den Fluss dient. Er ließ Gäste schon stundenlang warten, manche schwammen schließlich hinüber. Viele Frustrierte halten ihn für verantwortlich für den schlechten geschäftlichen Erfolg der dortigen Bungalowanlagen.

Vor dem Klong Son Fluss:
*Blue Ba You Bungalow*** (ac****) ⑨, ☎ 637558, Steinbungalows hinter der lauten *Corner Bar*.
Laughing Gecko–*** ⑧, ☎ 695115, ✉ gecko@aonang.com, 🖥 www.aonang.com/laughinggecko; hier schlägt das Traveller-Herz höher: Eine Bungalowanlage vom alten Schlag, preiswert und gut. Die Kanadierin Patricia und Nui, der gut Deutsch spricht, mit ihren 2 kleinen Kindern verbreiten eine Atmosphäre, in der man sich einfach wohl fühlt. Alle Ausflugsmöglichkeiten Ao Nangs liegen vor der Haustür, und trotzdem ist man weg vom Trubel. Da bleibt man gerne länger als geplant. Gemeinsames Abendessen. Schlafsaal, schöner, preiswerter Familienbungalow mit 2 Zimmern. 200 m vom Meer.
*Cashew Nut**** ⑦, ☎ 637560, nette Steinbungalows, einige Doppelbungalows mit Verbindungstür, bei einer muslimischen Familie.

*Sabai Resort**** (ac teurer) ⑥, ☎ 637791, 🖥 www.sabairesort.com, weiße Bungalows mit blauen Dächern auf grünem Rasen, sauber, gut eingerichtet, Familien- und Spielzimmer, Pool; hier hat Mauricio aus Italien seinen Traum verwirklicht.

Jenseits des Klong Son Flusses:
Die 3 Bungalowanlagen liegen absolut ruhig unter Palmen und Kasuarinen. Sie sind nur in der Saison (Ende Oktober bis April) geöffnet und am bequemsten in Krabi bei den Reisebüros zu buchen (z.T. mit freiem Transport). Sonst geht es per Pickup von Nopparat Thara Beach (20 Baht) und mit dem Fährboot über den Fluss (bis 19 Uhr 10 Baht, je nach Laune des Kapitäns bis zu 150 Baht!). Bei Ebbe ist das Wasser etwa brusttief.
*Andaman Inn**–**** ④, ☎ 01-6767720, sehr große, parkartige Bungalowanlage, 37 relativ teure, ziemlich heruntergekommene Bungalows, z.T. ohne eigene Du/WC, im weiten Halbkreis um das Restaurant angeordnet. Essenszwang bei nicht gerade billiger Kost, Videoberieselung. Strom von 18–6 Uhr. Auf Fotos sieht die Anlage traumhaft aus und wird als besonders preiswert gern von weit entfernten Reisebüros gebucht. Auch gewiefte Schlepper bringen Touristen von überall her. Viele reisen enttäuscht nach der ersten Nacht ab.
*The Emerald**–**** ④, ☎ 623328, ✉ kumthont@yahoo.com, 🖥 come.to/emerald_krabi; weitläufige Anlage direkt daneben, 20 schöne, aber teure Bambusmatten-Zimmer, große Terrasse mit schöner Sicht, außerdem 20 sehr einfache, kleine, überteuerte Bambushütten dahinter, Strandduschen; Restaurant mit gehobenen Preisen, gemütliche Bar.
*P.A.N. Bungalow**** ③, ☎ 01-8034849, letzte Anlage am Strand, neue, große Holzbungalows mit fließend Wasser und Strom von 17–24 Uhr, sehr nette Managerin.
Gelobt wurde die *Rakhangthong Cuisine* am südlichen Ende des Strandes für das aromatische Essen und den guten Service.

Klong Muang Beach

Dieser Strand liegt ganz im Westen, ist aber nicht an der Küste entlang, sondern nur über Ban Nong Thale im Landesinnern zu erreichen. Bei Ebbe ist der Strand sehr flach und mit Felsen und Korallengestein durchsetzt, bei Flut sieht er dagegen wunderschön aus. Am südlichen Ende des Strandes liegt der Königspalast, deshalb ist die Straße gesperrt. Noch vor der Schranke liegt *Pine Bungalow* (s.u.).

Vor der Abzweigung nach rechts verläuft die Straße am schönen Klong Muang Beach entlang bis zu einem Verlade-Pier, der evt. schon aufgegeben ist. Die vorgelagerte Insel Kaw Kwang kann bei Ebbe zu Fuß erreicht werden.

Gegenüber vom *Andaman Holiday Resort* hat sich ein blühendes Touristennebengewerbe mit Restaurants, Läden, Schneidern und Bars entwickelt.

Übernachtung und Essen

Pine Bungalow*–** ②, sehr abgelegen, einfache Hütten mit und ohne Du/WC. Nur in der Saison geöffnet. Freier Transport und Info von *Pine Tour* in Krabi, ✆ 612192.
Andaman Holiday Resort ①, ✆ 644321-4, ✆ 644320, First-Class-Resort, herrlich angelegter, tropischer Garten am Hang, 59 sehr geräumige, z.T. 2-stöckige, luxuriöse ac-Bungalows mit 3 Betten, Kühlschrank, großer Dusche/Badewanne/WC und z.T. mit Dachterrasse, Hotelflügel für Pauschalurlauber; 3 Restaurants, 2 Pools. Viele Schatten spendende Bäume am Strand. Jeep 1200 Baht. Shuttle Bus nach Ao Nang und Krabi 3x tgl.
Klong Muang Inn Gh.**** ①, ✆ 637290, Neubau gegenüber vom Resort, geräumige ac-Zi; Restaurant mit deutscher Küche, Ausflüge; deutschsprachige Leitung.
Salalai**** ①, ✆ 01-6776470, 🖥 www.salalai. com; direkt am Strand, aus einem alten Haus neu gestaltet, 4 Zi, eines mit Meersicht. Da es weit von der Straße liegt, ist es ruhig.
Phu Lay Beach Resort ①, (ab 2300 Baht).
Tup Kaek Sunset Beach Resort ①, ✆ 618067, ✉ tupkaek@klongmuang.com; am Ende der Straße, nette Bungalows in einem schön angelegten Wald (ab 2500 Baht).
Ein *Sheraton Hotel* hat neu aufgemacht.
In **Kanya's Restaurant** gibt es am Dienstagabend ein tolles, preiswertes italienisches Buffet.

Ao Tha Len

35 km nordwestlich von Krabi liegt der flache Strand mit herrlicher Aussicht auf die vorgelagerten Felseninseln von Ko Hong und Ko Bileh. Er ist berühmt für die fantastischen Sonnenuntergänge. Der Strand selbst bietet wenig Schatten und ist bei Ebbe unschön, bei Flut ist das Wasser tief genug zum Schwimmen. Einen herrlichen Ausflug durch die Inseln vor der Küste kann man mit dem täglichen Boot nach Ban Yai auf Ko Yao Noi (s.S. 536) machen. Das Boot fährt täglich um 10, 12 und 15 Uhr südlich vom Coconut Bungalow ab (50 Baht, 60 Min.). Nebenan beginnen die Kanufahrten durch die Mangroven und den Canyon.

Übernachtung

Coconut Bungalow**–***, ✆ 09-8672769, weitläufige, ruhige, idyllische Anlage, trotz etwas heruntergekommener Bungalows bei Kennern immer noch beliebt; gutes Essen. Vor der Anreise auf eigene Faust sollte man sich erkundigen, ob es noch offen ist, bei *Sea Kayak Krabi*, 40 Ruen Rudee Rd., ✆ 630270. Dort kann auch ein Transfer organisiert werden. Infos über Trekking am Honak Mountain.
Bei Olli**, ✆ 06-9472482, Haus mit einem Bungalow.

Ausflugsziele rund um Krabi

Zu einigen Attraktionen fährt man am leichtesten mit dem Motorrad, andere sind nur mit dem Boot erreichbar. Pauschalangebote gibt es in den Reisebüros.

Wat Tham Sua (Tiger Cave)

In diesem Kloster leben 134 Mönche und 133 Nonnen. In einer ausgebauten Grotte mit Buddha-Figuren, Verkaufsständen und Meditationsbildern wird vor allem der Große Meister Phra Acharn Jumnean Seelasettho verehrt. Er lehrt eine eigenwillige, aber durchaus mit dem Buddhismus in Einklang stehende **Meditation**: die Besinnung auf das Körperinnere. Der Meister selbst spricht kein Englisch, einige der Mönche aber ausgezeichnet. Mit Spendengeldern wird die Anlage gigantisch ausgebaut.

Etwa 100 m weiter, vor einem kleinen Wasserfall, führen 1272 unterschiedlich hohe Stufen

290 m steil hinauf zu einer neuen Buddha-Statue – nur etwas für Durchtrainierte ohne Herz- oder Kreislaufbeschwerden. Bei klarem Wetter herrliche **Aussicht** über das Land und die Inselwelt vor Krabi! Sonst erkennt man nicht viel mehr als den Steinbruch unten. Wer die beiden großen Glocken je vier Mal anschlägt, wird von den Mönchen im Tal ins Gebet einbezogen. Daran denken: Dieselben Stufen geht es wieder runter!

Die große, goldgewandete Statue der **Goddess of Mercy** (die chinesische Gottheit *Kuan Yin*) wurde von einem Chinesen aus Kuala Lumpur gestiftet.

Die Treppe daneben führt nach links zu einem Pass hoch und auf der anderen Seite hinunter in ein rundes Tal ohne Ausgang. Hier wohnen Mönche in kleinen Hütten und in Grotten unter Felsüberhängen. Ein gut begehbarer Rundweg lädt zu einem schönen, absolut empfehlenswerten Spaziergang durch einen kleinen **Wald** mit perfektem Regenwaldklima ein. Viele Langschwanz-Makaken und riesige Brettwurzelbäume sind zu sehen – die zwei größten heißen die „Tausendjährigen Bäume".

Wat Tham Sua erreicht man, wenn man 2 km östlich von der Krabi Junction (Ban Talad Kao) beim KM 106,8 vom H4 abbiegt und 2 km weiterfährt. Pickups fahren ab Krabi für 20 Baht hin.

Susan Hoi

Eine flache Felsbank am Ufer entlang, gebildet aus kleinen, versteinerten Schnecken (Gastropod Fossil), die 20–40 Millionen Jahre alt sind. Ein typisches Ausflugsziel für Thais, die nach 11 Uhr in Scharen kommen. Für die meisten Ausländer nicht besonders beeindruckend, obwohl es nur zwei weitere solche Plätze in Amerika und Japan geben soll. Zu erreichen über den H4204. Pickups fahren von Oktober bis April ab Krabi für 40 Baht, ab Ao Nang 10 Baht.

Übernachtung

Dawn of Happiness***–**** (89), ✆ 01-4644 362, 1,5 km vor Susan Hoi. Die einst friedvolle Bungalowanlage ist heruntergekommen und laut. Nicht mehr zu empfehlen.

Phra Nang Cave

Die Höhle beim Phra Nang Beach ist entlang der herrlichen Küste mit dem Longtail-Boot sowohl von Krabi (70 Baht einfach) als auch vom Ao Nang Beach (50 Baht) leicht zu erreichen. Die hohe, ausgespülte Grotte reißt niemanden vom Hocker. Aber der Blick über den herrlichen Strand zu den Kalktürmen im Wasser bleibt unvergesslich. In der Saison muss man diesen fantastischen Strand allerdings mit hunderten von anderen Touristen und vielen Booten teilen, im Monsun ist er fast völlig überschwemmt.

Khanab Nam Mount

Zum charakteristischen, überhängenden „Hausberg" auf der anderen Seite des Krabi River fährt ein Boot vom Chao Fah-Pier (100 Baht pro Std.) in Krabi. Im Berg soll eine sehr schöne Tropfsteinhöhle begehbar sein.

Khao Phanom Bencha National Park

Aus der gesamten Umgebung von Krabi ist der 1350 m hohe, markante Gipfel des Khao Phanom Bencha zu sehen, meist jedoch verhüllt von Wolken. Er krönt den nur 50 km² großen Khao Phanom Bencha National Park, der 1981 eingerichtet wurde. Üppiger primärer Regenwald mit hunderten von Pflanzenarten bedeckt die unteren Hänge des Berges, während immergrüner Bergwald in den Gipfelregionen vorherrscht. Die Wälder beherbergen 32 Arten Säugetiere, darunter die asiatische Bergziege (*serow*), zwei Arten Bären, Leopard, Binturong, Malaiischer Tapir und zwei Arten Affen. Die eindrucksvollen Nashornvögel gehören zu den 156 gelisteten Vogelarten. Leider wird diese Oase in der Monokulturlandschaft von Gummibäumen und Ölpalmen zunehmend von Wilderern und Holzfällern geplündert. Die wenigen Parkangestellten sind dagegen machtlos, da sie jetzt damit ausgelastet sind, die 200 Baht Eintritt von Ausländern zu kassieren.

Touristen und Einheimische, diese vorwiegend am Wochenende, zieht es vor allem zum herrlichen, elfstufigen **Huay To-Wasserfall**, dessen untere drei Stufen zum Baden in kristallklarem Wasser einladen. Ein Wasserfall, der seinen Namen verdient. Die Pfade zu den höheren Stufen und die zwei Naturpfade verwahrlosen.

Eine Jeep-Tour in den Park bietet *Rainforest Discovery* von 9–16 Uhr für 750 Baht an.

500 m östlich von der Krabi Junction (KM 108) biegt eine Straße zum Park ab. Nach 19 km erreicht

Rund um Krabi

= Bikeroute

0 10 20 30 40 km

man die Schranke und das *Visitor Center* mit Parkplatz und Campinggelände. Kurz dahinter liegt der Huay To-Wasserfall.

Bereits 1 km vor dem Park geht nach rechts ein Pfad (1–2 km) über den Bach ab zur **Khao Pung Höhle**, die man nur mit Führer aufsuchen sollte. Hinter einem winzigen Eingang verbirgt sich eine riesige Halle mit einem See; auch der Ausgang am andern Ende des Berges ist sehr schmal. Insgesamt liegen hier 5 unterschiedliche Höhlen, in denen sehr schöne Stalaktiten und Stalagmiten zu bewundern sind.

Thung Tieo Naturpark

Im Süden der Provinz Krabi liegt ein letzter Rest von Tieflandregenwald. Regenwald existiert sonst in Thailand nur noch im Bergland. Mit dem *Khao Nor Chuchi Lowland Forest Project* versuchen die Mahidol Universität in Bangkok und *Birdlife International* in Cambridge, England, diesen bedeutsamen Wald und damit eine große Zahl von bedrohten Pflanzen und Tieren zu bewahren. Nirgendwo im Süden Thailands leben sonst so viele verschiedene Arten Vögel, nämlich 308 Spezies. Der *Gurney's Pitta*, ein herrlich blau, schwarz und gelb gefiederter Vogel, der auf dem Boden lebt und sehr scheu ist, wurde zum Symbol des Kampfes für die Erhaltung der Regenwälder.

In diesem Wald wurde ein 2,7 km langer Rundweg zum **Thung Tieo Naturlehrpfad** ausgebaut. Solange der Pfad nicht zu sehr verwachsen ist, kann jedermann durch den fast ebenen Dschungel wandern, ohne Angst sich zu verlaufen. Selbst aufmerksame Beobachter entdecken zwischen den riesigen Bäumen und niedrigen Palmen kaum einmal eine Wildkatze oder einen Affen. Aber viele Vögel, Eichhörnchen, Eidechsen und natürlich Hunderte von Blumen, Pilzen und Schmetterlingen erfreuen die Seele. Eine schöne **Warmwasser-Quelle** lädt zu einem herrlichen Bad mitten im Dschungel ein. Getränke und Snacks sollte man spätestens an den Essensständen kaufen. Einen Plan des Rundwegs gibt es manchmal bei der Parkverwaltung.

Von Krabi fährt man mit eigenem Fahrzeug auf dem H4 nach Klong Thom (41 km, das *Wat Klong Thom Museum* ist der Frühgeschichte gewidmet), biegt im Ort an der Ampelkreuzung nach links auf den H4038 ab und nach ca. 200 m bei nächster Gelegenheit nach rechts. Nach wenigen Kilometern kommt die Ausschilderung „Crystal Lagoon", dort wiederum nach rechts. Die zunächst asphaltierte Straße mündet in eine raue Erdstraße. Der Beschilderung folgen, bis nach ca. 3 km der gebührenpflichtige Parkplatz und danach der Parkeingang zu sehen ist. Dahinter beginnt der Pfad zu den heißen Quellen. Ein Motorradtaxi von Klong Thom kostet ca. 80 Baht. Mückenschutz und feste Schuhe sind ratsam.

Long Beach (Taling Chan)

Am 3 km langen Sandstrand südlich von Krabi hat das erste Resort aufgemacht, das *Long Beach Resort****. In einer Palmenplantage am ruhigen Strand liegen Stein- und Bambusbungalows und ein preiswertes Restaurant.

Tham Sra Kaew

Mit Hilfe der *Guide Map of Krabi* sind das Dorf Ban Nai Sa (23 km nordwestlich) und die Grotte Tham Sra Kaew (Kristallquellen) mit den hübschen Teichen *Seven Ponds* (2 km weiter nordöstlich) leicht zu finden. Durch den Kalkfelsen zieht sich eine schöne Galerie von Grotten mit Tropfsteinsäulen und Lianen.

Phang Nga Bay

Beliebt ist die Fahrt zur Phang Nga Bay mit den herrlichen Kalksteinfelsen. Es lohnt sich, diese Fahrt pauschal ab Krabi zu buchen (380–400 Baht). Die Tour ist nur wochentags zu empfehlen, da am Wochenende viele Einheimische unterwegs sind. Innerhalb von 8 Std. bekommt man viel Sehenswertes mit. Nicht nur die Fahrt durch die Mangrovensümpfe und zu den Felstürmen ist im Preis enthalten, sondern auch ein zumeist üppiges Seafood-Essen im Abfütterungsdorf Ko Panyi und ein Abstecher zum liegenden Buddha von Tham Sawan Khuha. Zudem können Enthusiasten im Than Boke Khorani National Park im Naturpool baden.

Zwischen Krabi und Phang Nga

Eine wunderschöne Strecke führt von Krabi nach Phang Nga (93 bzw. 84 km) durch eine herrliche Felsenlandschaft. Diese Art von tropischem Turm- und Kegelkarst ist sonst nur noch in Vietnam (Halong Bay) und in China (bei Guilin) so eindrucksvoll zu sehen. Von tropischen Gewächsen überwucherte Felsen, durchlöchert und überhängend, laden immer wieder zum Anhalten und Staunen ein. Diese Landschaft belohnt jeden, der sich Zeit lässt, die herrliche Natur zu genießen und vielleicht auch mehrere Tage zu verweilen. Wir haben eine **Rundtour** (110 km hin, 86 km zurück) über gute Nebenstraßen so zusammengebastelt, dass nur 6 km auf Erdstraße und nur 2 km doppelt zu fahren sind. Die exakte *Guide Map of Krabi* hilft, sich zurechtzufinden, auch die *Tourist Map Krabi* erfüllt diesen Zweck. Wer ohne funktionierenden Kilometerzähler und ohne Karte losfährt, braucht einigen Spürsinn und etwas mehr Zeit. Zum Trost: Auch wir verfahren uns alle 2 Jahre aufs Neue, weil es jedes Mal neue Straßen gibt, die zum Abbiegen verführen. Das macht aber auch den Reiz dieser Strecke aus. Nur in der Regenzeit von Juni bis Oktober sind einige der beschriebenen Abstecher nicht ratsam. In Regenpausen kann die Landschaft jedoch noch intensiver wirken.

Von Krabi nach Norden

Von Krabi führt die westliche Straße H4034 zu den Stränden. Hinter dem ruhenden Buddha (KM 7,1) bleibt man auf dem H4034, der sich nun langsam nach Norden wendet. Einige Dörfer, tolle Felsen und Kautschukplantagen säumen die Straße. Beim KM 21,7 weist ein Schild nach rechts Richtung Phang Nga auf den H4033 (am KM 116,8), hier fährt man aber besser weiter auf dem H4034 nach links Richtung **Ban Nai Sa** und nach 1,3 km wieder nach rechts. Nach 2,8 km zweigt nach links eine Straße (9,4 km) zum *Ao Tha Len* ab. Nach weiteren

5,1 km quert eine Straße: Nach rechts geht es nach 1,6 km im Dorf Ban Thung am KM 126,7 (unbeschildert) auf den H4, der fast gerade Richtung Norden verläuft. Entdeckernaturen sollten jedoch die Straße nach links nehmen. Nach 1,5 km geht es in einer Rechtskurve nach links ab zu einem klaren Bach in einem tollen Wald. Nach weiteren 1,5 km passiert man interessante **Holzkohlenmeiler** aus Lehmziegeln und ein unglaubliches Sägewerk. 700 m hinter der Holzbrücke hält man sich links. Auf den nächsten 6,8 km sind noch 2,6 km Erdstraße. Im Dorf biegt man rechts ab, und trifft nach weiteren 1,6 km auf die Querstraße H4205.

Die linke Abzweigung führt in eine Sackgasse zum Hafen **Ban Ba Kan** (3,4 km) an einem Gezeitenfluss mit Flößen zur Muschelzucht. Wir biegen nach rechts ab und erreichen auf dem H4205 nach weiteren 6,4 km den H4 am KM 144,4.

Wer den H4 evtl. für die Rückfahrt benützt, kann am KM 117,5 nach Osten durch friedliche Dörfer fahren und nach 14 km im Huay To-Wasserfall (s. S. 454) ein erfrischendes Bad nehmen. Wer noch Zeit für einen Abstecher hat, kann am KM 134,8 des H4 nach Osten abbiegen (4 km) und auf einer Erdstraße noch 600 m nach rechts fahren, dann taucht 200 m entfernt ein Felsen mit der Höhle **Tham To Luang** auf. Auf drei Ebenen hängen und stehen Tropfsteine in wunderlichen Formen.

Zur Phet-Höhle

Beim KM 146,9 bietet sich ein Abstecher nach rechts zur Höhle Tham Phet (Petch Cave) an: 5 km Fahrweg bis zum Eingang. Wie Diamanten funkeln die Tropfsteine in dieser schönen, langen und verzweigten Höhle, die schon etwas unter den Massentouristen gelitten hat. Gute Taschenlampe erforderlich, ein Führer ist sehr empfehlenswert.

Ao Luk und Umgebung

Am KM 146,2 zweigt eine wenig befahrene Straße nach links ab. Sie ist interessant als Alternative für den Rückweg und für Fahrradfahrer. Nach 25,8 km trifft sie beim KM 16,1 auf den H415 (s.u.). Dort sind es noch 21 km bis Phang Nga, 72 km zurück bis Krabi.

Der H4 durchbricht beim KM 147 eine schöne Kette von Felsen und erreicht nach 2 km die **Ao Luk Junction** mit vielen Läden, einem Gemüsemarkt und unattraktiven Restaurants. Nach rechts

zweigt der H4035 Richtung Surat Thani ab (ca. 180 km), die ersten 35 km führen durch eine schöne Landschaft mit bewachsenen Felsen, der Rest durch langweilige Ebenen. Geradeaus sind es 47 km bis Phang Nga. Von der Kreuzung fahren Motorradtaxis zum Than Boke (20 Baht) und zur Höhle Tham Phet (6 km, 30 Baht).

Than Boke Khorani National Park

Nach links auf dem H4039 kommt man nach 1,3 km zum Eingang des kleinen Than Boke Khorani National Parks (es existieren noch andere Schreibweisen), Eintritt 50 Baht.

In einem Felsenkessel kommt aus einer Grotte ein Bach zum Vorschein, der sich vielfach verzweigt und mit schönen Kaskaden durch hohe Bäume schlängelt. Über kleine Brücken und Pfade erreicht man zwei natürliche Wasserbecken vor der Grotte. Mit Badezeug kann man tatsächlich in die Grotte hineinschwimmen (keine Taschenlampe erforderlich). Schöne Stalaktiten hängen am Eingang herunter. Schwimmer mit viel Tiefgang können an einigen Unterwasser-Stalagmiten anstoßen. Die Wände sind zu glatt zum Festhalten. Die Grotte endet nach etwa 25 m, der Blick zurück ist geradezu überwältigend.

Am Wochenende ist der Park Ziel vieler Thais, die hier ein Bad nehmen. Verkaufsstände und kleine Restaurants bieten täglich Snacks und Getränke an.

Am Auslauf des Baches liegt zwischen tollen Felsen das *Hotel Waterfall Inn***–***, ☎ 681133, schöne, etwas stickige Bungalows mit Bad, Fan und einem Fenster, einfache, muffige Reihenhäuser mit ac; Restaurant.

300 m vor der Zufahrt zum Park liegen links direkt an der Straße die nachts sehr betriebsamen *Ao Luk Bungalows***.

Tham Khao Phra und Tham Khao Raang

Wer vom National Park nach links und auf dem H4039 weiter fährt, kann nach 500 m am KM 1,9 rechts abbiegen (Thai-Schild: *2 km*) und nach 1,8 km rechts die Höhle Tham Khao Phra mit einer hochverehrten, schwarzen Buddhastatue besichtigen. Der ganze Felsen ist durchlöchert wie ein gigantischer Schweizer Käse und leicht ebenerdig begehbar. Trotz elektrischer Beleuchtung (auf Anfrage) ist eine Taschenlampe empfehlenswert.

Nach weiteren 1,2 km liegt rechts nach 300 m Fußweg das Höhlensystem Tham Khao Raang (auch: Khow Rang). Durch ebenerdige Wandelgänge sind viele Grotten miteinander verbunden. Den Abschluss bildet, so weit wir entdecken konnten, eine spektakuläre Säulenhalle.

Tham Hua Kalok und Tham Lod

Der H4039 durchquert den kleinen Ort Ao Luk. Beim KM 5,5 führt rechts eine Straße Richtung „Tham Pee Hua To". Zweigt man nach 1,2 km nach links ab, kommt man nach weiteren 600 m zum kleinen Hafen Bo Tho. Dort kann man ein Boot chartern (150–200 Baht) und in 15 Min. zur Höhle Tham Hua Kalok fahren. Die Felszeichnungen in ocker und schwarzen Farben stellen Personen und Tiere dar, sie sollen 2000–3000 Jahre alt sein. 15 m über dem jetzigen Meeresspiegel lassen sich fossile, tertiäre Muscheln und Schneckengehäuse entdecken.

Anschließend geht es zur Tham Lod, einem Gewölbe mit schönen Stalaktiten. Günstig ist es, nicht bei Ebbe aufzubrechen, sonst kommt man kaum unter den bizarren Tropfsteine. 300 m hinter der Tham Hua Kalok liegt die 200 m lange **Dark Cave**. Halbzerfallene Stege führen nach 100 m zu einer Schlucht. Viele Stalaktiten hängen herab, einige Gardinen glitzern im Lampenlicht. Es lohnt sich auch, die Fahrt auszudehnen und zwischen den malerischen Felsen im üppigen Grün der Mangroven hindurchzuschippern.

Schlammspringer Die Schlammspringer, die hier in Massen zu sehen sind, gehören zur Ordnung der Knochenfische, verlassen aber häufig das Wasser. Einige Arten sind in der Lage, auf Mangroven zu klettern und dort bis zur Ebbe auszuharren; diese haben von der Kiemenatmung auf Hautatmung umgestellt.

300 m rechts vor dem Hafen kann man in einem einfachen Bungalow* bei einem freundlichen Polizisten unterkommen.

Fährt man die 600 m zurück und nach links, geht es geradeaus durch verschiedenartige Plantagen. Biegt man nach 4 km (am Thai-Schild: *500m*) nach rechts ab, kommt man zur Klosterhöhle **Tham Soeur Noi** (auch: Tham Sua Noi). Sie liegt in einem stark durchlöcherten Felsen mit vielen grauen Tropfsteinen, Durchgängen, Mönchswohnungen und Meditationsnischen.

Am KM 9,2 des H4039 versteckt sich hinter einem natürlichen Pflanzenvorhang die kühle **Tham Khao Kluai**.

Am Ende des H4039 liegt das Fischerdorf **Laem Sak**, 17 km von der Ao Luk Junction entfernt. Für ca. 150 Baht werden hier Boote vermietet, die zur Insel **Ko Mak Noi** oder zur schönen Insel **Ko Chong Lad** hinüberfahren, die zum Than Boke National Park gehört.

Zu schönen, einsamen Stränden bei **Ko Ka Rot** findet man nur mit einem einheimischen Bootsmann, der sicher kein Englisch spricht; dabei geht es zunächst durch intakte Mangrovenwälder.

Von Ao Luk Junction nach Phang Nga

Von der Ao Luk Junction geht die Hinfahrt auf dem H4 weiter nach Norden, aber schon nach 600 m können Höhlenenthusiasten nach links abbiegen. Wo der Himmel durch das Loch im Felsen leuchtet, gibt es die **Tham Thalu Fa** zu besichtigen: außen einige Stalagmiten, innen sehr schöne Tropfsteine.

Nach 14 km hören die markanten Kalkfelsen auf. An der Kreuzung am KM 164,9 geht es nach rechts auf der landschaftlich uninteressanten Straße H415 Richtung Surat Thani (123 km). Am KM 169,8 zweigt nach rechts der H4118 zum **Wat Bang Riang** (10,3 km) mit der **Phutthabanlu Pagode** ab. Nach 10,1 km geht es durch ein Tor nach rechts zum Wat und dann steil den Berg hinauf zur Pagode. Vom Parkplatz aus steigt man zwischen zwei Nagageländern bergauf. Vom Dach des Chedi belohnt eine herrliche Aussicht auf ein fruchtbares Tal, dichte Wälder und grün bewachsene Karstfelsen. Eine riesige Statue der Chinesischen Göttin Kuan Yin spiegelt sich in einem Teich, etwas weiter thront eine nicht weniger gewaltige Statue des Buddha auf einer Nagaschlange. Im prunkvollen, achteckigen Chedi sind im äußeren Wandelgang 60

Buddhastatuen aufgereiht. Im inneren Wandelgang beeindrucken die Wandmalereien, die das Leben Buddhas in die thailändische Landschaft integrieren und mit köstlichen Szenen aus dem dörflichen Leben ausschmücken.

In **Thap Put**, am KM 170, zweigt links die Straße H415 ab, die sich für die Rückfahrt eignet (von Phang Nga kommend am KM 16,1 in einer Kurve nach rechts abbiegen und 25,8 km bis zum H4 fahren, unterwegs weist ein Schild nach rechts zur Klosterhöhle Tham Soeur Noi, s.o.). Der H415 verläuft 21,5 km in der Ebene, verkürzt die Strecke nach Phuket um 9 km und bietet einige schöne Abstecher nach rechts in üppige Reisfelder zwischen Kalkfelsen. Dies ist der südliche Zweig der „Kleinen Rundfahrt" ab Phang Nga (s.S. 552).

Ab Thap Put (neuer KM 67) geradeaus auf dem wenig befahrenen H4 (der nördliche Zweig der „Kleinen Rundfahrt" ab Phang Nga) liegt nach 9 km rechts die Einsiedelei **Wat Kiriwong**, in der ein freundlicher alter Mönch lebt. Gleich danach schwingt sich die Straße in engen Kurven durch die Berge zum Pass (KM 54) hinauf, ein Leckerbissen für Motorradfahrer. In steilen Kehren geht es ins Tal hinab. Dabei eröffnen sich nur wenige Ausblicke durch die überwucherten Berge in die Ebene von Phang Nga.

Am KM 50 biegt rechts die gut ausgebaute, 47 km lange Straße H4090 ab, die den Weg nach Norden erheblich abkürzt. Sie führt durch eine wilde, gering besiedelte Berglandschaft. Nach 14,5 km zweigt am KM 35,5 des H4090 nach links die landschaftlich schöne Straße H4240 ab, die nach 15 km in Thung Maphrao am KM 39 wieder auf den H4 trifft und die Strecke nach Khao Lak um 52 km verkürzt. Geradeaus durchschneidet der H4090 den Khao Lak-Lamru National Park (s.S. 570), passiert nach ca. 26 km ein einsames Resort und trifft 14 km südöstlich von Takua Pa am KM 135 auf den H401.

Geradeaus führt der H4 in die fantastische Kalkfelsenlandschaft von Phang Nga. Nach 6 km zweigt am KM 43,9 nach Osten ein Fahrweg durch Gummiplantagen (4,6 km) zum wenig besuchten **Sar Nang Manora Forest Park** ab. Nichts Spektakuläres, aber friedliche Picknickplätze, hübsche Wasserfälle (vor allem die oberen Stufen) und einige Badepools in einem kleinen Stück urigen Dschungel. Hinter dem Phang Nga-Fluss zweigt am KM 42,6 ein Sträßchen nach rechts ab. Dort kann

man nach 4 km einen gemütlichen Spaziergang von etwa 2 Stunden durch Reisfelder zu den Kaskaden des **Nam Tok Ton Phang Nga** machen.

Beim KM 40,5 erreicht man nach 110 km Fahrt (ohne Abstecher) die 5 km lange Provinzhauptstadt Phang Nga (s.S. 551).

Die Inseln vor Krabi

Die Provinz Krabi weist bei einer Küstenlänge von 120 Kilometern 130 Inseln auf, von Ko Hai im Süden bis Ko Chong Lad im Norden. Viele haben schöne, oft auch sehr flache Strände, an denen immer wieder Bungalows für Traveller entstehen. Andere werden auch für die nächsten Jahre „unentdeckt" bleiben – noch kann man sich auf einer guten Karte eine „einsame" Insel aussuchen und *island hopping* gehen. Wer jedoch kein Thai kann und nur wenig Zeit und Geld hat, ist mit einer „fast einsamen", bereits erschlossenen Insel besser dran.

Ko Boda

(Auch: Ko Poda oder Ko Puda) Die 1 km² große Insel, ca. 8 km vom Ao Nang Beach entfernt, besticht durch einen wunderschönen Strand auf der Ostseite und eignet sich im Norden und Westen bestens zum Schnorcheln. Von Ao Nang und Nopparat Thara werden Tagesausflüge („*4-Island-Tour*") angeboten, meist in Verbindung mit Ko Hua Khwaan (Chicken Island), vor deren Ostseite sich ein schönes Korallenriff erstreckt.

Ko Siboya

Diese kleine Insel wird von Muslims bewohnt, die vom Fischen und vom Anbau von Gummibäumen leben. Die Westküste wird von einem flachen Sandstrand gesäumt. Das nicht immer klare, seichte Wasser eignet sich nicht zum Schwimmen und Schnorcheln. Bei Ebbe jedoch lädt das Watt zu herrlichen Wanderungen ein, bei denen man viel Tierleben beobachten kann. Auf dieser ruhigen Insel kann man aber schöne Spaziergänge unternehmen. Ein Dorf mit Läden liegt hinter den Hügeln, zwei Fischerdörfer Richtung Norden.

Ko Jum (Ko Pu)

Die Insel Ko Jum (gesprochen Ko Dscham) wird nach dem nördlichen Dorf auch Ko Pu genannt. Sie liegt etwa 25 km südlich von Krabi. Im Norden ra-

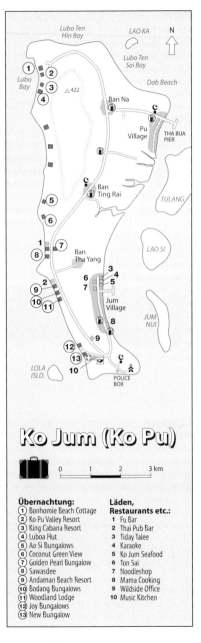

Ko Jum (Ko Pu)

0   1   2   3 km

Übernachtung:
① Bonhomie Beach Cottage
② Ko Pu Valley Resort
③ King Cabana Resort
④ Luboa Hut
⑤ Ao Si Bungalows
⑥ Coconut Green View
⑦ Golden Pearl Bungalow
⑧ Sawasdee
⑨ Andaman Beach Resort
⑩ Bodang Bungalows
⑪ Woodland Lodge
⑫ Joy Bungalows
⑬ New Bungalow

**Läden,
Restaurants etc.:**
1 Fu Bar
2 Thai Pub Bar
3 Tiday Talee
4 Karaoke
5 Ko Jum Seafood
6 Ton Sai
7 Noodleshop
8 Mama Cooking
9 Wildside Office
10 Music Kitchen

gen bewaldete Berge bis auf 422 m auf, während der Süden eher flach ist. Ko Jum wird hauptsächlich von muslimischen Fischerfamilien bewohnt, die vorwiegend in 5 Dörfern leben. Sie produzieren zudem Kautschuk und weben einen Stoff, den bekannten *Pato Ko Pu*. Überall sieht man lächelnde Gesichter. An den langen, weißen, nicht besonders schönen Strand im Süden treibt viel Müll an. Man kann dort nur bei Flut baden, ansonsten kilometerweit wandern oder einfach ausspannen und das Meer betrachten. Aktive Naturen spielen Volleyball oder Boccia. Die Generatoren laufen meist nur von 18–22 Uhr. Von den südlichen Anlagen erreicht man in etwa 20 Min. locker zu Fuß das Fischerdorf, wo es sechs Restaurants gibt. Südwestlich vorgelagert liegt malerisch eine kleine Insel. Bei den mittleren Anlagen eignet sich der Strand besser zum Schwimmen. Die Bucht Lubo Bay im Norden hat einen schönen, recht flachen Sandstrand. Die neuen Bungalowanlagen liegen unter schattigen Bäumen.

Ko Hai

(Auch: Ko Ngai) Auf der südlichsten Insel der Provinz Krabi gibt es vier Bungalow-Anlagen. Sie ist nur vom Pier des Pak Meng Beach in der Provinz Trang leicht zu erreichen (s.S. 611), ab Ko Lanta ist die Fahrt sehr wacklig und nass.

Ko Phi Phi

Lohnenswerte Tagesausflüge nach Ko Phi Phi (s.S. 538) werden an vielen Stränden angeboten.

Übernachtung

KO BODA – Vom Krabi Resort wurden 18 komfortable Bungalows**** und ein nicht sonderlich gutes, aber teures Restaurant errichtet; unfreundliches Personal. Zelten kostet 100 Baht pro Tag (inkl. Badbenutzung). Von Idylle keine Spur – dafür kommen gar zu viele Ausflugsboote zur Insel. Von Mai–Oktober geschlossen.

KO SIBOYA – *Siboya Resort**–****, ✆ 230425, am schmalen, seichten Strand an der Westküste, 24 einfache, saubere Bambusbungalows mit Du/WC und große Familienbungalows im gepflegten Garten; Restaurant, freundliche Atmosphäre. Keine Badestrände. Weitere Infos bei *Pine Tour* in Krabi.

Racha Resort***, ✆ 01-0839318, an der Westküste, 10 einfache, saubere Bambusbungalows
mit Du/WC in einem Palmenhain; Restaurant.

KO JUM – **New Bungalow**–***** ⑬, ✆ 01-
4644230, nahe der Südwestspitze, schöne Anlage, 14 einfache bis komfortable Bungalows mit
Möbeln, Jalousiefenstern und Terrasse, einige
Baumhäuser. Die billigen Hütten sind nicht dicht
und werden von Ratten bevorzugt. Strom von 18–
22 Uhr. Gutes Restaurant, mäßige Preise; freundliche Besitzer, eine auf der Insel ansässige chinesische Familie. Telefonische Reservierung
klappt nicht.
Joy Bungalows**–**** ⑫, ✆ 01-4646153, unter
Kokospalmen an einem herrlichen Strand, der
bei jedem Wasserstand zum Baden einlädt. Gute, entspannte Robinson-Atmosphäre, die jedoch
ihren Preis hat. 30 einfache Bambushütten mit
und ohne Du/WC sowie 15 schöne, relativ teure
Holzbungalows mit großem Balkon und Moskitonetz, ohne Fan und Warmwasser. Im nicht gerade billigen Freiluftrestaurant wird leckeres Thai-
Essen, vor allem Fisch, im Schein der Petroleum-
lampen serviert. Nette, freundliche Leute.
Reservierungen klappen.
Woodland Lodge*** ⑪, ✆ 01-8935330, 4 schöne, kleine Bungalows am Strand, Restaurant mit
Bar; unter englischer Leitung.
Bodang Bungalows* ⑩, 12 einfache, schöne
Hütten ohne Du/WC unter Palmen, Restaurant;
sehr freundliche, offene Menschen.
Andaman Beach Resort***–**** ⑨, ✆ 01-
4646500, 19 bessere, doppelstöckige Steinbunga-
lows mit einigem Komfort, sauberes Bad, z.T. mit
großer Terrasse, gepflegte Anlage. Großes, offe-
nes, gutes Restaurant, freundliches Personal.
Beliebt bei schwedischen Reisegruppen.
Ab hier wird der Strand steinig.
Golden Pearl Bungalow*** ⑦, ✆ 630352-3, 7 relativ teure Hütten im Palmenhain, Restaurant.
Nebenan Fischer, deren Fang einen Blick wert ist.
Coconut Green View** ⑥, ✆ 01-9568790, 8 Bungalows mit Du/WC im Palmenhain, mittelmäßiges Restaurant, sehr freundlich. Volleyball-Platz,
das Wasser eignet sich gut zum Schwimmen.
Ao Si Bungalows*** ⑤, ✆ 06-0671090,
✉ ao-si@hotmail.com, Bungalows mit Du/WC
am bewaldeten Hang direkt am Meer, Balkon mit

Meerblick, Restaurant mit Bar. Es wird von einem netten, hilfsbereiten Schotten geführt.

LUBO BAY – Ganz im Norden von Ko Pu liegen
Bonhomie Beach Cottage***–**** ①, ✆ 01-
8449069, ✉ bonhomiebeach@yahoo.com, am
Hang im Wald, Holzbungalows mit Du/WC, Restaurant, Volleyball am Strand. Arrangiert traditionelle Thai-Hochzeit am Strand.
Ko Pu Valley Resort*** ②, ✆ 01-7667785,
10 Bungalows am Strand, Restaurant.
King Cabana Resort**–*** ③, ✆ 075-620569,
01-9904174, ✉ kingcabana@hotmail.com, Bambushütten und Holzbungalows unter Bäumen am
Hang.

Im **Ko Jum Seafood** sitzt man wunderschön auf
der Terrasse am Wasser und kann frische Langusten und Krebse essen (Preis nach Gewicht).
In **Mama's Restaurant** versteht die gemütliche
Mama jeden und kocht immer das Richtige lecker und preisgünstig.

KO BODA – Transport ab Ao Nang um 10 Uhr für
100 Baht, zurück gegen 16.30 Uhr.

KO SIBOYA – Transport wird von *Pine Tour* in Krabi um die Mittagszeit organisiert, Abfahrt gegen
14 Uhr per Longtail-Boot in ca. 2 Std. für 100 Baht.
Auf eigene Faust geht es zuerst per Songthaew
17 km nach BAN NUA KLONG am H4 für 17 Baht,
mit dem nächsten Songthaew 22 km zum ungemüt-
lichen Hafen BAN LAEM KRUAT für 30 Baht und
per Fährboot von 8–15 Uhr für 30 Baht zur Insel.

KO JUM (KO PU) – Am leichtesten erreicht man
Ko Jum in der Saison mit dem Ko Lanta-Boot von
KRABI für 180 Baht (oder von KO LANTA für
70 Baht). Zubringer mit dem Longtail-Boot direkt
von der Bungalowanlage. Zurück um 8.30 und
13.30 Uhr, besser 30 Min. vorher da sein.
Mühsam, zeitaufwendig und kaum billiger ist es
über BAN LAEM KRUAT (s.o.), von wo um 13 Uhr
ein Boot zum nördlichen Dorf BAN PU (20 Baht)
fährt.

KRABI UND KO LANTA

Von dort geht es mit einem Motorradtaxi (ca. 40 Baht) weiter. Zurück fährt das Boot um 7 Uhr. In Ban Laem Kruat ein Boot zu chartern, kostet mindestens 200–300 Baht.

Wildside, ✆ 09-5904864, vermietet Fahrräder, Mopeds und Kajaks und organisiert Touren.

Ko Lanta   เกาะลันตา

Die große, hügelige Insel Ko Lanta Yai, meist nur Ko Lanta genannt, ist noch zu 67% mit geschütztem Wald bedeckt. Der Name Lanta stammt von den Vorfahren der Seenomaden, die heute noch auf der Insel leben. In vielen Dörfern wohnen außerdem muslimische Fischer und etwa 10% chinesische Kaufleute, insgesamt etwa 20 000 Menschen. Mit Dschungelbohnen, die auf dem Markt 1/2 Baht pro Schote, in Bangkok aber 4 Baht einbringen, verdienen sich viele Inselbewohner ihren kärglichen Lebensunterhalt. Die Südspitze von Ko Lanta wurde 1990 samt den umliegenden Gewässern und 15 Inseln in einen National Park umgewandelt.

Von Ban Saladan im Norden führt eine Straße entlang der Ostseite der Insel bis zum Dorf **Ban Ko Lanta** (auch *Lanta Town*). Die Ostküste ist sehr flach und fürs Baden nicht geeignet, aber durchaus sehenswert. Eine Straße zieht sich entlang der schönen, 25 km langen Westküste, an der die Bungalowanlagen liegen, bis zu den Stränden im Südwesten. Von Ban Saladan über Ban Klong Nin bis Ban Ko Lanta wurde sie 1999 so stümperhaft direkt auf den Staub asphaltiert, dass sie bereits wieder neu gemacht werden muss. Die Strecke vom Klong Nin Beach bis an die Südspitze bleibt weiterhin Staubpiste. Der Monsun schwemmt viel Treibgut an die Strände. Vor der Saison wird jedoch alles eingesammelt und verbrannt. Im Inneren ragen bewaldete Berge bis zu 488 m auf, durchschnitten von zwei Querstraßen. Mit Motorrädern lässt sich die Insel (mit Ausnahme der Südspitze) umrunden – für vorsichtige Fahrer sehr zu empfehlen.

Ko Lanta wurde Ende der 80er Jahre von Travellern „entdeckt". Die verschiedenartigen Strände der Insel wurden im Laufe der Jahre von Norden nach Süden für den Tourismus erschlossen – von langen, flachen Sandstränden über raue Felsenküsten bis zu kleinen, idyllischen Buchten. Noch kommt

man nur mit dem Boot oder einer kleinen Autofähre auf die Insel. Pläne für eine Brücke liegen vorerst auf Eis. Alle guten Grundstücke entlang der Küste wurden von Investoren aufgekauft und werden zunehmend mit immer teureren, klimatisierten Bungalows bestückt. In Hotelanlagen für Pauschaltouristen fehlt auch der Pool nicht.

In der **Hochsaison** von Dezember bis Februar waren früher alle Zimmer belegt, und die Preise schnellten in die Höhe. Aufgrund des Überangebots konnten Anfang 2003 leicht Rabatte von über 50% erzielt werden. Im November, März und April sind die Preise erträglich. In der **Nebensaison** von Mai bis Oktober schließen alle Tauchschulen, die nördlichen Strände werden nicht gereinigt und sind nur bedingt zum Baden geeignet. Hier werden nur wenige Bungalows und Restaurants offen gehalten. Die Strände an den südlichen Buchten liegen windgeschützt und sind auch im Monsun fast immer zum Baden geeignet. Viele Anlagen bleiben hier ganzjährig geöffnet und bieten extrem günstige Preise. Auch wenn bis Juli / August der Himmel manchmal grau ist und häufig Regenschauer herab schickt, ist doch oft auch gutes Wetter. Die **Zimmerpreise** auf Ko Lanta schwanken gemäß Angebot und Nachfrage extrem. Wir nennen deshalb nur Durchschnittswerte der im Januar und Februar geforderten Preise, die durchaus das Doppelte nach oben oder die Hälfte nach unten abweichen können.

Ban Saladan

Alle Touristenboote kommen an den Piers im nördlichen Hafen Ban Saladan an. Dann herrscht ein fürchterliches Gedränge, bis jeder seinen Pickup gefunden hat. An der betonierten Uferstraße des kleinen Fischerdorfes liegen zwei Dutzend feste Holzhäuser, darunter Restaurants, mehrere Läden mit Lebensmitteln, Obst und Gemüse, sechs Tauchschulen, eine Bank und viele Reisebüros mit *Tourist Information*. Hier warten auch die Motorradtaxis und die Pickups der Bungalowanlagen. Am Sonntag und am Montagvormittag findet auf dem Marktplatz neben der Schule ein **Wochenmarkt** statt.

Salatan Resort**** (und teurer) ①, ✆ 684111, 10 Min. von Ban Saladan am Wattstrand, 22 ac-

Zi in verschiedenen Kategorien, Terrasse, Restaurant, freundlicher Manager.

Lanta Silver Beach Resort*** ②, rustikale, aber komfortable Bambusbungalows, 70 m vom Strand, ruhig.

Manoon Resort***(ac****) ③, ✆ 684115, gut ausgestattete Zi, schlechte Lage.

Lanta Gypsy House** ④, kleine Anlage, nette Bungalows.

Essen

Guten Gewissens können wir keine Restaurants empfehlen, gar zu oft wechseln die Köche und ihre Lust und Laune. Die meisten Traveller sind jedoch durchaus mit dem Essen in ihrem Restaurant zufrieden.

In vielen Bungalowanlagen ist das Essen relativ teuer. Die meisten Restaurants schließen außerhalb der Saison.

Sonstiges

ELEFANTENREITEN – Es gibt zwei Camps, am Long Beach und am Klong Khong: 400 Baht/30 Min., 700 Baht/1 Std.

GELD – **Siam City Bank** tauscht Bargeld, Reiseschecks und gibt Baht gegen Kreditkarte und Vorlage vom Reisepass, ⊙ 8.30–16 Uhr. Ansonsten wird zu ca. 3–10% schlechterem Kurs gewechselt als auf dem Festland.

INFORMATIONEN – im Internet unter ⌨ www.lanta.de, www.kolanta.net

INTERNET – Internet Cafes in Ban Saladan an jeder Ecke und an allen Stränden, 2–3 Baht.

JEEPS – werden für 1200–1500 Baht vermietet.

KANUFAHREN – **Lanta Canoeing** bietet Paddelausflüge an, **Lanta Sea Kayak** macht auf Ökotourismus und dieselben Touren wie andere auch, z.B. Fischen.

KRIMINALITÄT – Immer mehr Touristen werden bestohlen. Die Polizei ist unter Umständen dabei behilflich, wichtige Papiere zurück zu bekommen, wenn man auf das gestohlene Geld verzichtet.

LANDKARTEN – Mehrere recht ordentliche Karten werden gratis verteilt.

MEDIZINISCHE HILFE – In Ban Saladan hat die **Lanta Doctor Clinic** aufgemacht. In Ban Ko Lanta gibt es das **Lanta Hospital**, ✆ 697017. Bei einem Unfall die Polizei anrufen: ✆ 697085. Zeitweilig sind an manchen Stränden Sandfliegen eine Plage.

MOTORRÄDER – werden für 250–300 Baht/Tag vermietet, 40 Baht/Std. Auch in den meisten Anlagen werden Motorräder vermietet. Viele sind in bedauernswertem Zustand, werden aber lustig immer wieder vermietet.

Will ein Paar über den Wasserfall zum National Park fahren, sollte es zwei Mofas mieten, sonst muss der Sozius über die Hügel zu Fuß gehen.

POST – der Service ist völlig unzuverlässig.

REISEBÜRO – In 11 Reisebüros in Ban Saladan werden Bootsfahrscheine verkauft und alle Arten von Buchungen gemacht. Eisenbahnfahrscheine verkauft das Reisebüro neben dem Krabi-Pier. Alle Gästehäuser vermitteln ebenfalls Bootstickets und Touren.

TAUCHEN – Die 6 Tauchschulen arbeiten friedlich zusammen und bieten ähnliche Touren zu identischen Preisen.

Atlantis, ✆ 684081, ⌨ www.top-com.com/atlantis; führt PADI-Kurse durch, z.B. zum *Open Water Diver* für 9500 Baht, Tagestrips zum Hausfelsen Hin Bida und zum Wrack.

Koh Lanta Diving Center (Ko Lanta Tauchschule), ✆ 684065, ⌨ www.kolantadivingcenter.com; PADI-Tauchschule, 2-Tagestrips.

Lanta Diver, ✆ 684208, ⌨ www.lantadiver.com Typische **Tagesfahrten** gehen zu den herrlichen Schnorchelinseln Ko Ha, Ko Bida und Hin Bida, 2 Tauchgänge kosten US$55 mit eigener Ausrüstung, ca. US$75 inkl. Ausrüstung, ca. 650 Baht für Schnorchler.

Weltklasse sind die **Tauchplätze** bei den Felsen Hin Daeng und Hin Muang im Süden, wo erfah-

KRABI UND KO LANTA

	Ban Saladan		☎ 075-
①	Salatan Resort	ab****	684111
②	La. Silver B.R.	***	
③	Manoon Resort	***_****	684115
④	La. Gypsy House	**	
	Kaw Kwang		
⑤	Deer Neck Cabana	**_***	01-2303635
⑥	Kaw Kwang Beach	ab**	621373
	Klong Dao Beach		
⑦	Costa Lanta	(L)	618092
⑧	Noble House B.R.	****	684096
⑧	Laguna Beach Club	***_****	
⑨	La. Summer House	ab****	684099
⑨	D.R. La. Bay Resort	ab****	684383
⑩	Sun, Fun & Sea Bung.	***_****	684025
⑩	Hans Bungalows	**_***	01-6062258
⑪	Baahra Bungalow	neu	
⑪	La. Scenic Bungalow	****	684231
⑫	Royal La. Resort	(M)	
⑫	Golden Bay Cottages	***_****	611572
⑬	Diamond Sand Palace	***_****	621135
⑭	Southern La. Resort	(M)	684175
⑮	La. Villa Resort	(M)	684129
⑯	Chaba La. Bung.	**_***	
⑰	Merry Beach Resort	**_***	630812
⑱	La. Island Resort	(M)	621524
⑲	La. Sea House	ab****	684073
⑳	Starwin La. Lodge	***_****	
㉑	Klong Dao Beach Bung.	ab****	
㉒	Lom Thale Bungalow	***	620629
㉒	V.R. Minimart & Bung.	**_***	01-2284125
㉓	La. Garden Home	**_****	684084
㉓	La. Sand Bung.	****	01-4766446
㉓	La. Bee Garden	***_****	684227
㉔	Andaman La. Resort	ab****	684200
㉔	Ocean View Resort	neu	684089
㉔	La. Island Cabana	**_***	
㉕	SinLanta 2000	**_***	
㉕	La. Happyland	**	
㉖	Holiday Villa	(M)	684370
	Long Beach		
㉗	Best House	****	01-1740241
㉘	The Deep Forest	*_***	684247
㉘	La. Sand Resort	neu	684034
㉘	Sayang Beach Resort	(M)	684156
㉘	Seapearl La. Cottage	***	01-3322109
㉘	Blue Sky Bung.	***	
㉘	Somewhere Else	***	
㉘	La. Sandy Beach	**_***	01-4770142
㉘	La. Palm Beach Resort	****	01-7879483
㉘	Lanta Pearl B.R.	**_***	684204
㉙	Wang Thong Resort	ab***	
㉙	La. Regant Beach	neu	
㉙	La. Resotel	ab****	422275
㉙	La. Long B.R.	****	684198
㉙	La. City Beach	(M)	684022
㉙	Papillon Resort	neu	
㉚	La. Sunny House	***	684347
㉚	Good Days La.	ab****	684186
㉚	Ban Gayee	**	01-4646488
㉛	Odyssey	neu	
㉛	Sanctuary	**_****	
㉛	Rapala Long B.R:	***_****	01-2284562
㉛	Andaman Sunfl. Resort	**_***	
㉜	Freedom Estate	****	684251
㉜	La. Garden Hill	(M)	684210-1
㉝	Blue Marine	neu	
㉝	La. Marina Resort	**_***	01-6774522
㉝	Relax Bay	****	684194
㉝	Blue Andam.La. Resort	***_****	01-7194951
	Ban Phu Klom Beach		
㉞	New Beach	**_***	684317
㉞	Last Horizon Resort	**_***	01-2283625
㉞	La. Riviera Bung.	***_****	
㉞	La. Emerald	**_***	
	Klong Khong Beach		
㉟	Khlong Khong Bung.	neu	01-9678318
㉟	Green Garden Resort	neu	01-3579930
㉟	La. Liberty	***_****	
㉟	La. Lodge	**_***	01-2284537
㉟	Sea Sand Sun Bung.	***_****	
㉟	Where Else	**_***	01-4535599
㉟	La. Pavilion Resort	****	684031
㉟	Bee Bee Bungalows	**	
㊱	La. Family Bungalow	***_****	684310
㊱	La. New Coconut Bung.	**_***	01-5377590
㊱	Siraya Palace Resort	neu	
㊱	Full Moon Bay View R.	****	684345
㊱	La. Merry Hut Resort	**_***	01-5833197
	Klong Nin Beach		
㊲	Moonlight Bay Resort	(M)	618097
㊲	La. Palace	(M)	697123
㊲	La. River Sand	**_****	697296
㊳	Clean Beach Bung.	**_***	697112
㊳	La. Nice Beach	**_***	697276
㊳	Sunset Bung.	neu	09-6463292
㊳	La. Nature Beach	**_****	01-3970785
㊳	La. Paradise	(M)	01-6075114
㊳	La. Miami Bung.	**_***	01-2284506
㊵	Sri Lanta	(F)	
㊶	The Narima	(M)	618081
㊶	La. Coral B.R.	***_****	618073
㊶	Dream Team Bung.	ab****	618171
㊷	Seaview	****	
	Kantiang		
㊸	La. Marine Park View	**_****	01-3970793
㊹	Simple Life Bung.		
㊺	Kantiang Bay View	***_****	
㊺	Pimalai Resort & Spa	(L)	
㊺	Same Same But Diff.	**	
	Klong Jak Bay		
㊻	Waterfall Bay Resort	(M)	612084
㊼	Klong Jak Bungalow	**_***	
㊽	Sunmoon Bungalow	**	629235
	Bamboo Bay (Mai Phai)		
㊾	Bamboo Bay Resort	ab****	697069
㊾	Baan Phu Lae Bung.	***	01-7014369
㊿	Last Beach Resort	**_***	
	Ostküste		
51	Bu Bu House	**	
	Bubu Island		
52	Bubu Island	***	01-2284510

(La.) = Lanta, (B.R.) = Beach Resort, (M) = Mittelklasse, (F) = First Class, (L) = Luxus

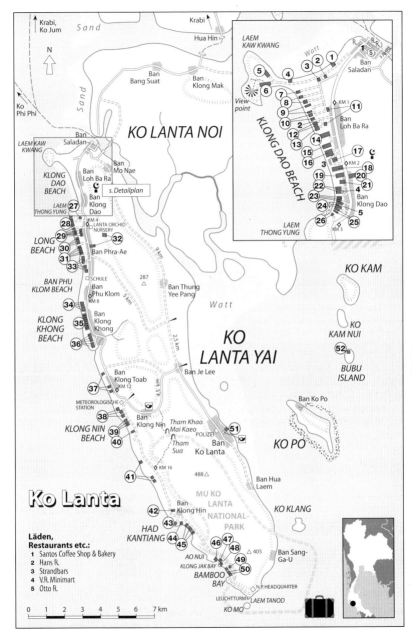

LAEM
KAW KWANG

↑ Krabi,
Ko Jum

Sand

N

Krabi

Hua Hin

Ban
Bang Suat

Ban
Klong Mak

Wott

Ban
Saladan

↖ Ko
Phi Phi

Sand

Ban
Saladan

KO LANTA NOI

LAEM
KAW
KWANG

KLONG
DAO
BEACH

Ban
Loh Ba Ra

Ban
Mo Nae

s.Detailplan

Ban
Klong
Dao

LAEM
THONG YUNG

KM 4
LANTA ORCHID
NURSERY

Ban Phra-Ae

LONG
BEACH

SCHULE

Ban
Phu Klom
KM 8

287

Ban Thung
Yee Pang

BAN PHU
KLOM BEACH

Watt

KLONG
KHONG
BEACH

Ban
Klong
Khong

KO LANTA
YAI

KO KAM

KO
KAM NUI

BUBU
ISLAND

Ban
Klong Toab
KM 12

Ban Je Lee

METEOROLOGISCHE
STATION

Ban
Klong Nin

KLONG NIN
BEACH

Tham Khao
Mai Kaeo

Tham
Sua

Ban
Ko Lanta

POLIZEI

Ban Ko Po

KO PO

KM 16

488△

Ban Hua
Laem

Ko Lanta

Ban
Klong Hin

MU KO
LANTA
NATIONAL-
PARK

KO KLANG

Läden,
Restaurants etc.:
1 Santos Coffee Shop & Bakery
2 Hans R.
3 Strandbars
4 V.R. Minimart
5 Otto R.

HAD
KANTIANG

AO NUI
KLONG JAK BAY

BAMBOO
BAY

△ 405

Ban Sang-
Ga-U

N.P. HEADQUARTER

LEUCHTTURM

LAEM TANOD

KO MO

0 1 2 3 4 5 6 7 km

KRABI UND KO LANTA

Ko Lanta 465

rene Taucher häufig Walhaie, Mantas und riesige Muränen sehen (Tagestrip für US$65–71). Die übrige Meeresfauna gehört ebenfalls zum Feinsten in Thailand.
Für Höhlen- und Nachttauchen ist Ko Ha Yai ideal, für Wracktauchen die gesunkene *King Cruiser*.

TOUREN – werden von den Bungalow-Managern und Reisebüros angeboten. Die *3 Islands Tour* geht um 8.30 Uhr nach Ko Hai, Ko Cheuk und Ko Muk, im Preis von 800 Baht sind Wasser, Lunch und 3 Schnorchelstopps enthalten. Die *4 Island Tour* beinhaltet zusätzlich Ko Kradan und kostet 650 Baht. Die sehr empfehlenswerte Tagestour nach Ko Rok mit dem Speedboat kostet 900 Baht.

VORWAHL – 075; PLZ: 81150.

WASSER – Auf der Insel gibt es etwa 20 wasserführende Bäche, von denen jedoch im April und Mai die meisten austrocknen. Das Wasser reicht dann kaum für die Einheimischen, so dass Durchfallerkrankungen stark zunehmen.

Transport auf Ko Lanta erfolgt mit **Pickups** und privaten **Motorradtaxis**. Von Ban Saladan bringen sie Passagiere zu allen Bungalow-Anlagen: zum KAW KWANG BEACH für 20 Baht, zum KLONG DAO BEACH 20 Baht, zum Lanta Paradise 40 Baht und zum Hat Kantiang 80 Baht. Man verstaubt schnell. Einige Fahrer verlangen weit höhere Preise.
Von unterwegs ist es schwierig, einen Lift zu finden.
Taxi-Service ist nicht unter 90 Baht zu bekommen.

BUSSE – Das Kombi-Ticket ab der Khaosan Road in BANGKOK mit Umsteigen in Surat Thani lohnt sich nicht, da häufig das letzte Boot in Krabi weg ist.

MINIBUSSE – Das ganze Jahr über fährt von KRABI um 11, 13, 15 und 16 Uhr ein direkter Mini-

van (inkl. 2 Fähren) bis zum Klong Dao Beach und Klong Nin Beach, Tickets für 200 Baht beim N.C. Gh. und bei Reisebüros in Krabi, wo man auch abgeholt wird. Zurück um 8 und 12 Uhr ab Ban Saladan bzw. kurz vorher bei der Bungalowanlage.
Von TRANG fährt bei *K.K. Travel & Tour* in der Saison um 10.30, 11.30, 12.30, 13.30, 14.30 und 15.30 Uhr ein Minivan für 150 Baht über Ban Hua Hin (inkl. 2 Fähren) in 2 1/2 Std. nach Ban Saladan, in der Nebensaison nur 1x tgl. Zurück um 7, 8 und 12 Uhr.
Nach PHUKET fährt in der Saison ein Van um 9 und 14 Uhr in 4 Std.

TAXIS – Von KRABI für ca. 1500 Baht.

EISENBAHN – Von BANGKOK fährt man am besten mit dem *Rapid* 167 um 18.20 Uhr bis TRANG (Ankunft 10.11 Uhr). Zur Insel nimmt man den Minivan (s.o.). Wer den *Express* 83 um 17.05 Uhr bis TRANG nimmt (Ankunft 7.35 Uhr), kann sich noch die Stadt anschauen.
Auch nach BANGKOK kann man per Minivan von *K.K.* nach Trang fahren (s.o.) und den *Rapid* 168 um 13.45 Uhr oder den *Express* 84 um 17.30 Uhr nehmen (das Gepäck während der Wartezeit im Reisebüro am Bahnhof deponieren).
Fahrscheine ab Trang oder Surat Thani kauft man am besten auch bei *K.K. Tours*.

BOOTE – Bei der Ankunft der Boote von Krabi und Ko Phi Phi warten Dutzende Fahrer der Pickups der meisten Bungalowanlagen bereits. Schlepper mit Fotoalben fahren auch schon auf dem Boot mit. Die Hinfahrt zur Bungalowanlage ist gratis, manchmal auch die Rückfahrt. Falls das Pickup der gewünschten Anlage nicht da ist, am besten in eine benachbarte Anlage mitfahren. In den Bungalow-Siedlungen und Travel Offices wird man gut über die Weiterreise informiert.
Von Krabi von November bis April (bei ruhiger See auch noch im Mai) **Expressboot** tgl. um 10.30 und 13.30 Uhr für 250 Baht in 2 1/2 Std. nach BAN SALADAN. Zurück um 8 und 13 Uhr. Das Boot legt einen Stopp vor Ko Jum ein (180 bzw. 70 Baht, Transfer mit Longtail-Booten).
Von Krabi über Ban Hua Hin: Billiger, aber mühsamer als mit dem Minivan, fährt man von der

Soi 6 mit großen Songthaews von 10–14 Uhr jede Stunde für 40 Baht nach BAN HUA HIN in 2 Std. Weiter mit der **Autofähre** (3 Baht p.P., 5 Baht / Motorrad, 50 Baht / Auto) zur Insel Ko Lanta Noi. Dann mit dem Motorradtaxi (30 Baht) oder Pick-up (20 Baht) 8 km zur anderen Seite der Insel und nochmals per **Autofähre** (3 Baht p.P., 50 Baht/Auto) bzw. **Longtail-Boot** (10 Baht) nach Ko Lanta. Die Longtail-Boote und die Autofähre verkehren laufend zwischen 7 und 20 Uhr.

Von Ko Phi Phi fährt von Oktober bis April tgl. ein **Expressboot** nach Ban Saladan um 11.30 und 14 Uhr für 250 Baht in 1 1/2 Std. Zurück um 8 und 13 Uhr; Transfer nach Phuket (Ankunft um 11 und 16 Uhr).

Von Ban Saladan fährt tgl. zwischen 8.30 und 9 Uhr ein Longtail-Boot für 300 Baht in 80 Min. nach KO HAI. Die Überfahrt ist jedoch sehr wacklig und nass. Von dort kommt man von Okt. bis April weiter nach Pak Meng (s.S. 611) und Trang.

MIT EIGENEM FAHRZEUG – Vom H4 am KM 63,7 im Dorf Ban Huai Nam Khao nach Westen auf den H4206 abbiegen und 27 km bis zum Pier der Fähre bei Ban Hua Hin fahren (2 x 3 Baht p.P., 2 x 5 Baht/Motorrad, 2 x 50 Baht/Auto).

Kaw Kwang

In der Nordwestecke der Insel, 2 km westlich von Ban Saladan, liegt die Halbinsel Kaw Kwang (= Deer Neck). Die nördliche Bucht besteht aus einem topfebenen Mangrovenstrand, der bei Ebbe trocken fällt. Der südliche, flache, aber schöne Badestrand geht in den langen Klong Dao Beach über. Dazwischen liegt eine 20–400 m breite Landzunge, die im Westen von einem Felsenhügel abgeschlossen wird. Vom Kaw Kwang Beach führt ein Treppenaufgang zu einem Aussichtspunkt, schöner Blick über die doppelte Bucht. Am kleinen Strand hinter dem Hügel kann man bei Flut eventuell schwimmen und gut schnorcheln.

Deer Neck Cabana**–*** ⑤, ✆ 01-2303635, schöne Anlage am Mangrovenstrand, zwei Dutzend saubere, preiswerte Komfort-Bungalows; gutes Restaurant auf dem Hügel, Bar in den

Mangroven; Fußweg zum Klong Dao Strand ausgeschildert. Zum Wohlfühlen.

Kaw Kwang Beach**–**** (und teurer) ⑥, ✆ 621373, am südlichen Beginn des Klong-Dao-Strandes, fast auf dem Kap, unter Kokospalmen. Bungalows mit Fan oder ac parallel zum Strand in mehreren Reihen, für Familien 2 Zi nebeneinander, sowie billige, solide Hütten mit Gemeinschafts-Du/WC sehr schön auf dem Hügel, schlechter Zimmerservice; riesiges Restaurant, Bar am Strand, sehr flacher Strand, ideal für Kinder. Mehrfach wurde mit Zweitschlüsseln eingebrochen. Das ganze Jahr geöffnet.

Klong Dao Beach

Südlich von Ban Saladan erstreckt sich der flache, relativ feste Sandstrand Klong Dao über etwa 2 km. Von Touristen wird er häufig Lanta Beach genannt, was die Einheimischen aber nicht gern hören.

Der hellgraue Sand ist z.T. übersät mit kleinen Muscheln. Das stellenweise mit Mauern befestigte Ufer flankieren mächtige Kasuarinen. So wirkt der Strand nicht gerade tropisch, weshalb ihn manche Traveller nicht als schön empfinden. Er eignet sich bei jedem Wasserstand gut zum Schwimmen, denn schon nach 30 m erreicht man schwimmtiefes Wasser. Auch Kinder können gefahrlos baden. Bei starkem Wind ist das Wasser allerdings überhaupt nicht zum Baden geeignet. Im Süden wird der Strand von scharfkantigen Felsen und einem Kap abgeschlossen, über das man bei Ebbe mit festen Schuhen zum nächsten Strand klettern kann. Entlang der Hauptstraße ist es dicht besiedelt.

Zwischen den Häusern der Einheimischen hat sich das touristische Nebengewerbe breit gemacht. Ab 5 Uhr morgens wird von der Moschee hinter der Straße im südlichen Bereich des Strandes zum Gebet gerufen.

Im Jahre 2002 wurden überall neue, teurere Bungalows dicht aufeinander gebaut, so dass ein dramatisches Überangebot entstand, was zu extremen Preisabschlägen in der folgenden Saison führte. Das erste 5-Sterne-Hotel hat eröffnet. An diesem etwa 2 km langen Strand liegen zurzeit 26 Anlagen mit Bungalows von 200–2000

Baht (Preisschwankung s.o.), wobei die teureren meistens Klimaanlage haben. Auch Komfortbungalows, die man über internationale Reiseveranstalter buchen kann, sind hier zu finden. Die billigsten Zi liegen meistens weiter weg vom Strand und sind in der Hauptsaison fast immer ausgebucht. Viele Gäste sprechen Deutsch.
Alle Anlagen sind über Stichstraßen von der neu gebauten Hauptstraße aus zu erreichen. Sie besitzen ein Restaurant mit Meersicht und mindestens eine Strandbar. Fast alle Anlagen vermieten Mopeds ab 250 Baht.

Noble House Beach Resort******* ⑧, ℡ 684096, ✉ lantanoblehouse@hotmail.com, Reihenhaus, sehr gut ausgestattete, saubere Zi mit Fan oder ac, verbunden für Familien; Restaurant mit europäischer Küche, Backwaren; unter schweizer Leitung, davor schöner Sandstrand.

Laguna Beach Club******–**** ⑧, gut ausgestattete, kleine Bungalows, eine entsprechend teurere *Honeymoon Suite* mit Meerblick, gepflegter Garten, freundlicher Service, unter Thai-holländischer Leitung. Die Attraktion zurzeit ist der zahme Fischotter Noom, zum Spielen, Schmusen und Schwimmen.

Sun Fun & Sea Bungalows******–**** ⑩, ℡ 684025, 🖥 www.thailandbungalow.com; unterschiedliche Bungalows mit Fan oder ac; Barbeque-Restaurant am Strand, *Sanuk Bar* mit Shows, unter Thai-schweizer Leitung.

Hans Bungalows****–*** ⑪, ℡ 01-6062258, am KM 1,5, einfache Fan-Bungalows aus Stein oder Naturmaterialien, einige Strohhütten, Strandrestaurant.

Golden Bay Cottage***** (ac****) ⑫, ℡ 611572, am KM 1,6 Zufahrtsweg von 500 m; am besonders flachen, schattigen Strandabschnitt, einfache, ordentliche Hütten und komplett eingerichtete Steinbungalows mit Fan oder ac in großem Garten, gut für Familien. Gutes Essen, riesige Auswahl, Bar. Motorrad- und Mountainbikevermietung. Sehr beliebte Anlage mit guter Atmosphäre; günstig über Reiseveranstalter zu buchen. Das ganze Jahr geöffnet.

Diamond Sand Palace***** (ac****) ⑬, ℡ 621135, am KM 1,7, relativ dicht aufeinanderstehende Reihenbungalows mit Fan oder ac, alle mit Doppel- und Einzelbett, gut für kleine Familien geeignet; ordentliches Restaurant.

Southern Lanta Resort ⑭, ℡ 684175, ✉ southlt @cscoms.com, 84 große, komfortable, dicht stehende Einzel- oder Doppelbungalows der Mittelklasse, mit ac; familienfreundlich, Restaurant mit angemessenen Preisen, großer Swimming Pool. Deutsche Pauschaltouristen.

Lanta Villa ⑮, ℡ 684129, 🖥 www.lantavillaresort.com; am KM 1,8; dicht aufeinander gebaute Bungalows der Mittelklasse, z.T. mit ac und Verbindungstür für Familien, manche mit Meersicht, dazwischen ein riesiges Restaurant, wird auch gern von Pauschalreisenden aufgesucht. Akzeptiert Visa- und Mastercard, Geldwechsel mit 10% Aufschlag. Viele Moskitos. Das ganze Jahr geöffnet.

Chaba Lanta Bungalow***–*** ⑯, weiträumige Anlage, einfache, eng aneinander gebaute, dunkle Bungalows mit gestrichenen Mattenwänden; Restaurant am Strand.

Merry Beach Resort***–*** ⑰, ℡ 630812, Mattenbungalows mit Fan und Wellblechdächern, hinter Strandbars.

Lanta Island Resort ⑱, ℡ 621524, am KM 2; 99 verschiedenartige, teure, z.T. vergammelte Bungalows auf engem Raum, Du/WC oben offen; extrem schwankende Zimmerpreise; ungemütliches, etwas teureres Restaurant. Massageraum für ca. 15 Personen. Deutsche Pauschaltouristen.

Lanta Sea House***** (ac teurer) ⑲, ℡ 684073, ✉ lantaseahouse@hotmail.com, gepflegter Garten, große Komfort-Bungalows aus Holz oder Stein, z.T. mit 3 Betten; großes, gutes Restaurant unter hohen Kasuarinen, thailändische und europäische Küche, freundliches, manchmal überfordertes Personal. Besonders beliebt und vielfach gelobt. Das ganze Jahr geöffnet.

Starwin Lanta Lodge ⑳, auf der anderen Straßenseite zurückversetzt.

Klong Dao Beach Bungalow***** (und teurer) ㉑, Steinbungalows mit ac, in einer Reihe, zurückversetzt.

Lom Thale Bungalow**** ㉒, ℡ 620629, ältere Bungalows.

V.R. Minimart & Bungalow***–*** ㉒, ℡ 01-2284125, 6 schöne, luftige, ebenerdige Steinhäuser mit Fan, weitere Bungalows in der Gummiplantage gegenüber; gutes, preiswertes Essen im Restaurant; freundlicher Besitzer.

Lanta Garden Home**–**** ㉓, ✆ 684084, am KM 2,4; 14 Holz- und Steinbungalows mit Du/WC und Fan oder ac; hervorragendes Strandrestaurant mit Essenszwang, familiäre Atmosphäre, nette, muslimische Leute.

Lanta Sand*** ㉓, ✆ 01-4766446, kleine Mattenhütten mit Fan und Wellblechdach, alle mit Meersicht, Strandrestaurant.

Lanta Bee Garden***–**** ㉓, ✆ 684227, große, saubere Bungalows, hinten billiger, freundliches Management, nur in der Hauptsaison geöffnet.

Andaman Lanta Resort**** (ac teurer) ㉔, ✆ 684200, ✉ andamanlanta@hotmail.com, Resort der gehobenen Preisklasse, zweistöckige Hotelgebäude an der Straße, gut eingerichtete Zi mit Fan oder ac, Bungalows mit blauen Dächern, um einen großen Pool gruppiert. Schwedische und deutsche Pauschaltouristen. Schwimmen wegen Felsen im Wasser nur bedingt möglich. Hier hört der Sandstrand auf, die scharfkantigen Felsen beginnen.

Holiday Villa ㉖, ✆ 843702, ✉ info@ holidayvillalanta.com, große, klimatisierte Suiten in Bungalows im Thai-Stil, großer Pool.

Essen

In der Hochsaison steigen die Essenpreise auf deutsches Niveau.
Im preiswerten, guten Restaurant des *V.R. Minimart* wird leckerer Fisch zubereitet.
Im *Noble House* wird Pizza, Brot und Baguette selbst gebacken.

Sonstiges

SUPERMARKT – *V.R. Minimart* am südlichen Ende des Strandes ist klein, aber gut sortiert, Preise wie auf dem Festland. Motorradvermietung. ☉ in der Saison tgl. 8–20 Uhr.

UNTERHALTUNG – beschränkt sich auf die Strandbars, die recht früh schließen. Außerhalb der Hauptsaison sind nur wenige populär.
Billard im *Laguna Beach Club*, Bier vom Fass.

Long Beach

(Auch Phra-Ae Beach) Der Long Beach beginnt am KM 3,5 und ist knapp 3 km lang. Er ist nur durch ein kleines Kap vom Klong Dao Beach getrennt. Nur der nördliche Teil bietet schönen, feinen Sand und ist gut zum Schwimmen geeignet. Vom mittleren zum südlichen Teil kommt man nur bei niedrigem Wasserstand über den recht vermüllten Fluss. Hier ragen Felsen aus dem Wasser, Baden ist eingeschränkt möglich. Am südlichen Ende wachsen 200 m draußen im Meer ein paar kleine Korallenstöcke, in denen sich kleine Fische tummeln.

Die Bungalowanlagen stehen hier noch nicht ganz so dicht aufeinander, viele Unterkünfte sind einfach, aber immmer mehr werden zu besseren Häuschen ausgebaut. Die Besiedelung entlang der Straße ist geringer. Mehrere einheimische Restaurants und Supermärkte haben auch in der Monsunzeit geöffnet.

Die *Lanta Orchid Nursery*, im Hinterland, Nähe *Lanta Resotel*, bietet außer der Orchideenfarm, wo man die bunte Vielfalt einheimischer Orchideenarten bestaunen kann, eine Ausstellung, die über den komplizierten Lebenszyklus dieser Spezies informiert. Eintritt 30 Baht.

Übernachtung

The Deep Forest**–*** ㉘, ✆ 01-4644643, Bambusbungalows mit Fan, ungepflegte Anlage, Meersicht, Restaurant.

Sayang Beach Resort ㉘, ✆ 684156, 🖥 www. sayangbeach.com; innen mit Bambusmatten ausgekleidete Holzbungalows mit Fan oder ac direkt am Strand, uriges Bad. Restaurant am Strand mit Thai und indischer Küche, auch vegetarisch; nette Leute.

Seapearl Lanta Cottage***–**** ㉘, ✆ 01-3322109, 17 einfache, saubere Hütten mit Du/WC im schattigen Palmenhain, Bungalows mit gehobenem Standard. Gutes Restaurant, netter, schneller Service.

Blue Sky Bungalows*** ㉘, 30 m vom Strand 4 liebevoll ausgestattete Bungalows mit Fan und Du/WC. Man isst bei der freundlichen Familie für 100 Baht. Laute Musik von nebenan.

Somewhere Else*** ㉘, 6 sehr große Mattenbungalows am Strand im Palmenhain, gutes Restaurant, laute *Ozone Bar*.

Lanta Sandy Beach**–*** ㉘, ✆ 01-4770142, einige einfache Bungalows mit Fan.

Lanta Palm Beach**** ㉘, am KM 3,8 abzweigen auf den 400 m langen Zufahrtsweg. Etwas vom Strand zurückversetzt; Restaurant. Davor liegt eine schöne Spielwiese unter hohen Kasuarinen.

Wang Thong Resort***–**** (ac teurer) ㉙, ältere Fan-Bungaows, 50 m vom Strand zurückversetzt und neuere, gut ausgestattete ac-Bungalows, 200 m vom Strand, Sicht über Lagune und natürlichen Halbdschungel.

Lanta Resotel Long Beach**** (ac teurer) ㉙, ✆ 422275, Holzbungalows mit Kühlschrank, in gerader Linie vom Strand zurückversetzt.

Lanta Long Beach Resort**** ㉙, ✆ 684198, ✉ lantalongbeach@hotmail.com, überteuerte, eng aneinander gebaute Bungalows mit Du/WC, Moskitonetz und Terrasse; vom Strand zurückversetzt, Restaurant mit schöner Sicht, extrem teures Essen.

Good Days Lanta**** ㉚, ✆ 684186, ✉ gooddays_lanta@hotmail.com, Steinbungalows mit Fan und ac an einer Lagune und am Strand. Gute Lage, unaufmerksamer Service, Restaurant.

Lanta Sunny House*** ㉚, ✆ 684347, 15 Bungalows mit Fan, Moskitonetz und Du/WC. Sehr freundliche Managerin, die sehr gut Englisch spricht und bestens organisieren kann.

Sanctuary**–**** ㉛, am KM 5,7; kleine, sehr einfache Bambushütten, z.T. mit Bad und bessere Bungalows; tolles Essen im Restaurant, i.b. die *Garlic and Pepper*-Gerichte.

Rapala Long Beach Resort***–**** ㉛, ✆ 01-2284562, am KM 5,8; 19 ältliche, sechseckige Bungalows mit Fan oder ac und winzigem Bad, im Halbkreis angeordnet auf einere Wiese am Strand; rundes Restaurant 30 m vom Strand; freundliches Personal, hilfsbereiter Besitzer.

Andaman Sunflower Resort**–*** ㉛, ✆ 01-6099503, einfache, saubere Bambusbungalows in einem schönen Garten, 100 m zum Strand, leckeres, billiges Essen; nette Besitzer, aber die Verständigung auf Englisch ist nicht leicht. In der Nähe das *Reggae House.*

Freedom Estate ㉜, 🖥 www.ko-lanta.com/freedomestate; 6 EZ-Apartments mit toller Aussicht hoch am Hang jenseits der Straße, 10 Min.

zu Fuß zum Strand, unter Thai-schweizer Leitung.

Lanta Garden Hill ㉜, ✆ 684210-1, 🖥 www.lantagardenhill.com; ca. 50 sehr saubere, nette, komfortable ac-Bungalows aus Stein (1500–2000 Baht inkl. Frühstück), in 2 Reihen am Hang jenseits der Straße, Terrasse mit toller Sicht zum Meer. Privatparkplatz; nette Besitzer, Restaurant, Swimming Pool. Super-Rabatt in der Nebensaison.

Lanta Marina Resort**–*** ㉝, ✆ 01-6774522, am KM 6,2. Schöne, ruhige Anlage unter Palmen, weit über 60 etwas dicht stehende hübsche, saubere Bambus- und Palmblatthütten, witzige 2-stöckige Bambushäuschen, unten das Bad, oben ein großer, luftiger Schlafraum mit Balkon; gutes, originales, super scharfes Thai-Essen, i.b. das vegetarische Curry, große Portionen. Geleitet von 2 netten Frauen, die manchmal etwas den Überblick verlieren. Der Strand ist mit Felsen durchsetzt, zum Schwimmen muss man 200 m weiter gehen.

Relax Bay**** ㉝, ✆ 620618, am KM 6,2 abzweigen auf den 400 m langen, schlechten Zufahrtsweg bergauf. Weitläufige Anlage unter lichten Laubbäumen am steilen Hang, geräumige, gut ausgestattete Holzbungalows mit Du/WC, Terrasse mit Sitzmöbeln; Restaurant mit schöner Sicht; klein, persönlich, einsam, nette Leute. Direkter Zugang zum 250 m langen, separaten Strand mit feinem Sand, durchsetzt mit Korallengestein, gut zum Schwimmen.

Essen und Trinken

Empfehlungen unserer Leser:

Nice and Easy, leckeres, originales Thai-Food zu günstigen Preisen. Der Inhaber Chai spricht gut Englisch und organisiert individuelle Touren.

Bistro Lanta, gegenüber der Disco *Opium*, feine, preiswerte Thai-Gerichte (i.b. Curries), die Besitzer Meo und Tum verbreiten eine familiäre Atmosphäre und veranstalten individuelle Kochkurse.

Im **Reggae House** am südlichen Ende des Strandes wurde ein Paradies aus Treibgut errichtet. In lustigen Pavillons kann man seine Drinks zu Reggae-Musik direkt am Meer genießen und der untergehenden Sonne zublinzeln.

Klong Khong Beach

Der Klong Khong Beach (auch *Klong Khoang*) ist ein langer, von Pandanus gesäumter, schmaler Sandstrand. Bei Ebbe schauen die Steine heraus, nur bei Flut kann man schwimmen und schön schnorcheln. Die Bungalowanlagen stehen dicht aufeinander, die meisten bieten nur geringen Komfort. Hier trifft man hauptsächlich Rucksackreisende. Zwischen der dörflichen Ansiedlung entlang der Straße liegen nur wenige Restaurants.

BAN PHU KLOM BEACH – *New Beach***–*** ③④, ✆ 684317, am KM 8,5; Steinbungalows im Palmengarten mit Balkon und Du/WC in 2 Reihen; gut für Familien, ruhig, keine Nachbarn. Internet, Restaurant mit Bar am Strand.

Last Horizon Resort–***** ③④, ✆ 01-2283625, ✉ last_horizon@hotmail.com, gepflegte Anlage mit wenig Schatten, nette Steinbungalows mit Fan, jeder mit Meerblick, freundlicher Bangkoker Pächter. Gutes Restaurant mit großer Auswahl an Jazz-Musik.

Lanta Riviera*–****** ③④, ✆ 684300, 24 sehr kleine, saubere, holzverkleidete Steinbungalows mit Du/WC und Holzbungalows in einem schönen Palmenhain, preiswert; offenes Restaurant, tolles Fischbarbeque. *Bang Beach Bar*, Strand-Volleyball. Angeboten werden Mopeds und Schnorcheltouren zu den Inseln.

Lanta Emerald –***** ③④, Bambusmatten- und Steinbungalows, saubere Zi, durchschnittliches Essen, magerer Service, ruhige Atmosphäre.

KLONG KHONG BEACH – *Lanta Liberty****–**** ③⑤, 10 Bungalows mit Fan, betreut von Titaya, die fließend Deutsch spricht. Ihre Nichte Nud kocht hervorragend. Zum Strand über eine Klong-Brücke. Ideal für Gäste, die gerne Gitarre spielen, Mopedverleih.

Lanta Lodge–***** ③⑤, ✆ 01-2284537, am KM 9; recht schöne Anlage in einer großen, graswachsenen Kokosplantage; palmblattgedeckte Holzbungalows mit Bad/WC; offenes Restaurant.

Where Else–***** ③⑤, ✆ 01-4535599, Palmenhain, liebevoll gestaltete, einfache Bambus- und Holzhütten auf Pfählen mit guten Matratzen, Moskitonetz und Du/WC unter freiem Himmel;

gutes, gemütliches Strandrestaurant (u.a. leckere indische Gerichte). Schöner Strand, im Meer felsig. Der freundliche buddhistische Besitzer Wit spricht gut Englisch und bemüht sich, den Aufenthalt so entspannend wie möglich zu gestalten. Safe, Bücher, Spiele, Mopedverleih. ⊙ Okt.–Mai (Juni–Sep. Unterkunft möglich).

Bee Bee Bungalows** ③⑤, wenige Bambushütten in Kokosplantage, gutes, günstiges Essen, viele Bücher, chinesische Besitzer.

Lanta New Coconut–***** ③⑥, ✆ 01-5377590, ✉ newcoconut@hotmail.com, saubere, geräumige Mattenbungalows mit Fan, in 2 Reihen, tropischer Garten mit vielen schattigen Bäumen; Strandrestaurant und *Monkey Beach Bar*.

Lanta Merry Hut–***** ③⑥, ✆ 01-5833197, ✉ merryhut@hotmail.com, einfache Holzbungalows, palmblattgedeckt.

Klong Nin Beach

Die Hauptstraße biegt in diesem Strandabschnitt quer über die Insel zur Ostküste ab. Die Westküstenstraße wird ab der Abzweigung nach Ban Klong Nin sehr schlecht. Der 2,5 km lange, schöne Sandstrand ist von ein paar Felsvorsprüngen unterbrochen. Die Flut überspült den Strand fast völlig. Hier liegen recht gute Unterkünfte mitten im Dorf am Strand. Die Infrastruktur ist noch nicht sehr entwickelt. Auch in der Nebensaison sind die Anlagen offen. Nach Ban Saladan benötigt man mit dem Auto ca. 35 Minuten.

Vor einigen Jahren wurde die sehenswerte Höhle **Tham Khao Mai Kaeo** (*Diamond Cave*) bei Ban Klong Nin entdeckt (ca. 3 km vom Klong Nin Beach). Ca. 1,5 km hinter Ban Klong Nin geht es rechts ab (beschildert), dann sind es noch 20 Min. zu einer kleinen Siedlung am Fuße der Höhlen. Von dort führt ein Weg durch intakte Natur mit teilweise bis zu 50 m hohen Bäumen, z.T. auf steilen Treppen und Leitern aus Bambus, hoch zum Höhlensystem. Es sollte nur mit einem Führer aus der Siedlung aufgesucht werden, der 150 Baht p.P. für 2 Stunden bekommt und dafür auch Taschenlampen bereithält. Er hilft bei der anstrengenden, wirklich abenteuerlichen Kletterei in den drei Höhlen, die ineinander übergehen. In einem Becken kann man baden. Abwärts geht es 200 m auf wackligen Bambusleitern. Lange Hosen und feste Schuhe sind

An der Küste sind frische Meeresfrüchte ein Genuss

notwendig, eine zusätzliche gute Taschenlampe ist hilfreich. Der Ausflug wird an den Stränden auch als Tagestour (9–16 Uhr) für 250 Baht angeboten. Die erst kürzlich entdeckte **Tham Sua** *(Tiger Cave)* konnten wir wegen starker Regenfälle leider nicht besichtigen.

Übernachtung

Lanta Palace ㊲, ✆ 697123, ✉ lantapalace@kolanta.net, 35 Komfortbungalows mit ac (ab 1370 Baht), Kühlschrank, Warmwasser und TV; offenes Strandrestaurant.

Lanta River Sand Resort**–**** ㊲, ✆ 697296, großzügige Bungalows, z.T. völlig aus Naturmaterialien, und kleine Hütten in traumhafter Lage auf einer Halbinsel am Nordende des Strandes; sehr hilfsbereite, gebildete Besitzerin, die gut und gern auf Englisch diskutiert; hervorragendes Seafood.

Lanta Nice Beach**–*** ㊳, ✆ 697276, 🖳 www.nice-beach.com; kleine, günstige Stein-Bungalows mit Fan, am Strand und auf der anderen Straßenseite, etwas abseits am Dorfeingang.

Sunset Bungalows ㊳, ✆ 09-6463292, 10 schöne, neue Bungalows mit Fan oder ac am Sandstrand, weit vom nächsten Resort entfernt, Strandrestaurant mit Bar, freundliche Familie.

Lanta Nature Beach Resort**–**** ㊴, ✆ 01-3970785, ✉ naturebeachresort@yahoo.com, am Hang gelegene, nette Anlage, Hütten jenseits der Straße und eng stehende Steinbungalows Richtung Strand mit Fan oder ac. Strandrestaurant mit Speisekarte ohne Preise, Abrechnung bei der Abreise, was zu unangenehmen Überraschungen führen kann. Jeden Abend Beach Volleyball mit Gästen und Personal, Felsen im Meer; Motorrad- und Mountainbike-Verleih.

Lanta Paradise**–**** (ac teurer) ㊴, ✆ 01-6075114, am KM 14,5; ungepflegte Anlage am schmutzigen Strand. Es gibt Besseres fürs Geld.

Lanta Miami Bungalow**–**** ㊴, ✆ 01-2284506, zu viele Steinbungalows mit und ohne ac zwischen Strand und Straße; gutes Restaurant mit hervorragenden Fischgerichten.

Sri Lanta ㊵, Boutique-Hotel der First Class-Preiskategorie auf beiden Seiten der Staubstraße, große, palmblattgedeckte Holzhütten am Hang. Bei

Indianern und Hindus entliehene philosophische Elemente, die es erlauben, für einfache Dinge einen extrem hohen Preis zu verlangen, z.B. Frühstück im pyramidenförmigen Strandrestaurant auf Bodenmatten serviert für 275 Baht. Pool, Yoga, Meditationen, Sternebeobachtung. Das Management warnt wegen scharfkantiger Felsen vor Baden im Meer. Überfordertes Personal.

Lanta Coral Beach Resort***–**** ④①, ✆ 618073, saubere Steinbungalows unter Palmen, hoch über dem Meer, tolle Sicht, sehr ruhig. Zugang zum Wasser durch spitze Felsen verwehrt, 200 m weiter ok.

Dream Team Bungalow**** (ac teurer) ④①, ✆ 618171, Ao Nui Beach, am KM 16,5. Große Bungalows mit Fan oder ac in idyllischem, gepflegtem Garten; Restaurant mit schöner Sicht; Sandstrand mit Felsen, Fußweg zu besserem Badestrand.

Seaview**** ④②, Bungalows mit Patio am Hang oberhalb der Straße, Familienbetrieb, Restaurant. Direkt davor Felsen, daneben eine kleine Sandbucht.

Kantiang

Die malerische, 1 km lange Bucht Had Kantiang (Betonung auf dem I), in der mehrere Fischerfamilien leben, liegt 20 km von Ban Saladan entfernt. Den breiten Sandstrand bedecken viele Muscheln. Auch bei Ebbe kann man an einigen Stellen schwimmen. Die Bungalowanlagen sind während des Monsuns offen.

Lanta Marine Park View Resort** –**** ④③, ✆ 01-3970793, hoch an einem Osthang in lichtem Wald ungepflegte Anlage unter malaiisch-muslimischer Leitung mit heruntergekommenen Bungalows, einige mit herrlichem Blick über die Bucht, andere umweht von Küchengerüchen. Bei bester Aussicht gutes Essen, vor allem frischer Fisch; Bar, nachts laute Musik vom Strand. Mopedverleih, Schnorchelausrüstung, Schnorchelfahrten. In der Nebensaison*.

Kantiang Bay View***–**** ④⑤, Bungalows und Restaurant am Hang mit toller Sicht, beschwerlicher Weg zu Unterkunft und Strand.

Pimalai Resort & Spa ④⑤, riesige Luxusanlage mit zweistöckigen Chalets ab 7800 Baht pro Nacht.

Same Same But Different** ④⑤, wenige einfache Bungalows ohne Du/WC im Wald, ganz kleine, romantische Anlage, preiswertes Essen im Strandrestaurant.

Klong Jak Bay

Der schöne Badestrand **Klong Jak** (KM 22) liegt traumhaft ruhig inmitten üppiger Natur. Er ist auch mit dem Pickup über einen steilen, kurvigen Weg zu erreichen. Schöne Wanderungen führen zum hübschen Wasserfall (immer am Bach entlang, 1 Std.) und über steile Hügel durch den National Park (3 km) zum Leuchtturm. Schwimmen kann man bei jedem Wasserstand, sogar im Monsun, daher sind einige Anlagen ganzjährig offen. 800 m nördlich liegt der sehr schöne Strand **Ao Nui.** Alle Anlagen bieten Massage (250 Baht/Std.) und Schnorcheltouren (550 Baht) an.

Waterfall Bay Resort ④⑥, ✆ 01-3977529, 🖳 www.waterfallbaybeach.com; Mittelklasseanlage mit neuen Bungalows in weitläufigem Garten direkt am Strand, Restaurant ganzjährig geöffnet.

Klong Jak Bungalows**–*** ④⑦, schlichte Bambushütten und neue, saubere Steinbungalows in rustikaler Anlage direkt am herrlichen Strand; ruhig, naturnah; entspannte familiäre Atmosphäre; leckeres Essen im stimmungsvollen Restaurant am Strand. Taxi nach Ban Saladan 50 Baht p.P.

Sunmoon Bungalow**–**** ④⑧, ✆ 629235, ✉ musasanmoon@hotmail.com, 10 romantische Bungalows zwischen der Straße und einem kleinen Fluss, wo sich auch das Restaurant mit der Bar befindet. Der direkte Strandzugang ist abgesperrt; sehr nette, bemühte Besitzer.

Bamboo Bay (Mai Phai)

Diese hübsche, kleine Bucht ganz im Süden ist etwas für Einsamkeitsfanatiker und Naturfreaks. Der **Mu Ko Lanta National Park** umfasst 134 km^2

KRABI UND KO LANTA

Wald auf der Südspitze und 27 km^2 Wasserfläche mit 15 Inseln im Süden und Osten von Ko Lanta. Im Wald werden kleinere Säugetiere, Pythons, Kobras und über 100 Vogelarten geschützt. Leider sind die Parkangestellten nicht in der Lage, die Zerstörung des Waldes aufzuhalten. Auch die Korallenriffe können sie nicht ausreichend schützen. Verantwortungsbewusste Traveller könnten die Bootsleute bitten, ihre Anker nicht zwischen den Korallenstöcken sondern gezielt im Sand abzuwerfen. Übernachten im Park ist zwar nicht verboten, wird aber wegen der fragilen Ökologie nicht gern gesehen. Der National Park ist nur durch die Naturstraße bis zum Leuchtturm beim Headquarter erschlossen. Am Sandstrand der Tanod Bay kann man sich beim Bade erfrischen. Tagestouren für 700 Baht (inkl. 200 Baht National Park Eintritt), Flossen nicht vergessen.

Bamboo Bay Resort******* 49, ✆ 697069, 🖳 www. bambooobay.net; 18 Bungalows am steilen Hang oberhalb der Straße, Restaurant am Meer, fantastische Sicht über die Bucht, geeignet für Familien, die den beschwerlichen Weg zum Strand nicht scheuen; unter Thai-dänischer Leitung.
Baan Phu Lae Bungalows***** 49, ✆ 01-7014369, 9 sehr schöne, neue Bungalows mit Du/WC am Strand und unter Bäumen am Hang dahinter, Hängematte, Moskitonetz; nette Besitzer. Anfahrt mit dem Schlepper vom *Last Beach*.
Last Beach Resort****–*** 50, eng aufeinanderstehende, heruntergekommene, einfache Bungalows zwischen Bäumen, viele Gemeinschaftseinrichtungen direkt am Strand, junge, freundliche Leute. Fahrdienst. Ganzjährig geöffnet.

Die Ostküste

Die Ostküste ist sehr flach und fürs Baden nicht geeignet. Hier liegt das Verwaltungszentrum der Insel, **Ban Ko Lanta**, auch **Lanta Town** genannt, mit dem Postamt und einer Unterkunft (*Bu Bu House*** 51). Für Touristen ist der kleine Ort unattraktiv.

Die Inseln vor Ko Lanta

Vor der Ostküste Ko Lantas liegen einige kleine Inseln. Nur auf der bewaldeten Bubu Island kann man übernachten. Wer Ruhe und Einsamkeit nicht scheut, ist hier richtig am Platz.

Bubu Island***** 52, ✆ 01-2284510, ein Dutzend Bungalows mit WC (Brackwasser) und ein Schlafsaal (80 Baht) sowie relativ teures Restaurant. Sehr netter Besitzer. Von Dezember bis April geöffnet. Der Matsch-Strand lädt kaum zum Schwimmen ein.

Zu erreichen am besten mit dem Minibus und Boot von **Owart & Friends** in Krabi, Nähe Chaofa Pier, ✆ 611693, ✆ 630077.
Ansonsten am Hafen von Bo Muang bei *Pa Saree Restaurant*, ✆ 699044, nachfragen. Ab Trang mit **K.K. Tour**, am Bahnhof, ✆ 075-211198.

Phuket und
die nördliche Westküste

Den persönlichen Lieblingsstrand auf der **Insel Phuket** entdecken

Mit dem Sea Canoe durch die **Wasserhöhlen** von Phang Nga paddeln

Vom Aussichtspunkt die einzigartige Form von **Ko Phi Phi** bewundern

Bei den Similan-Inseln in **Unterwasserlandschaften** von Weltklasse tauchen

Am Strand von **Khao Lak** zum Sonnenuntergang einen Sundowner genießen

Phuket und Umgebung

Die mit 543 km² größte Insel Thailands (gesprochen: Pu-kett) liegt am Rande der Andamanensee im Indischen Ozean. Während früher der Reichtum der Insel auf Gummiplantagen, Kopra, Perlenzucht, Fischerei und vor allem auf umfangreichen Zinnerzvorkommen basierte, bringt heute der Tourismus Geld auf die Insel. Der malaiische Einfluss ist auf Phuket (abgeleitet von *bukit* – malaiisch „Hügel") deutlich spürbar – von 253 000 offiziell registrierten Einwohnern sind ein Drittel Moslems. Buddhistische Thai und Chinesen dominieren dennoch das Bild.

Kleine und größere Buchten mit weißen Sandstränden, schöne Tauchgründe und herrliche Segelreviere, Luxus-Hotels und Seafood-Restaurants machen Phuket zu einem Fernwehziel par excellence. Weit über 4 Millionen Besucher kommen jedes Jahr und füllen die 30 000 Hotelzimmer der Insel. Wer teures Remmidemmi und Vergnügen sucht, findet hier genauso seinen Platz wie der Urlauber, der einen ruhigen, abgeschiedenen Strand oder einsame, nur wenig entwickelte Inseln vorzieht. An fast jedem Strand stehen komfortable Bungalowsiedlungen und große Hotels internationalen Standards mit eleganten Empfangshallen, Swimming Pools, mehreren Restaurants und Bars, Spielzimmern, Einkaufsarkaden und Unterhaltungsangeboten. Sollte die Insel demnächst zollfreien Status erhalten, wird es sicherlich zu einer starken Zunahme des regionalen Tourismus kommen.

Zu den schönsten Inseln der Erde gehört zweifellos Ko Phi Phi. Etwa eine halbe Million Besucher kommen jedes Jahr, um die tropische Schönheit zu bewundern. Obwohl der größte Teil der Insel in einen National Park integriert ist, hat der Kommerz voll zugeschlagen, und die Umweltschäden sind unübersehbar. Weltberühmt wurde die flache Bucht von Phang Nga mit ihren bizarren Kegelkarstfelsen durch einen James-Bond-Film. Fast das ganze Jahr über dröhnen Ausflugsboote durch den eindrucksvollsten Teil der Felsenlandschaft.

Reisezeit

Die beste Reisezeit ist Dezember bis März. Im April und Mai kann es an windstillen Tagen heiß werden, nachts kühlt es jedoch immer ab. Im Juni setzen die zeitweise stürmischen Südwestwinde ein, die feuchte Luft und viele, zumeist kurze Regenschauer bringen. Drei bis vier Tage mit Dauerregen kommen vor allem im September und Oktober vor. Die Monate Juli / August gelten in Reisekatalogen wegen der heimischen Ferien als Hauptsaison – mit entsprechend hohen Preisen. Vor Ort erhält man allerdings leicht 50% Rabatt. Auf sein Badevergnügen braucht auch im Monsun keiner zu verzichten – überall warten fantasievolle Swimming Pools auf Gäste. Generell ist von November bis April mit höheren Preisen zu rechnen, wobei zwischen Weihnachten und Neujahr noch einmal kräftig aufgeschlagen wird.

Die Stadt Phuket

Das Zentrum der Insel, Phuket Town mit ihren 56 000 Einwohnern, ist häufig nur Durchgangsstation auf dem Weg zu anderen Zielen im Süden. Die meisten Besucher kommen tagsüber in die Stadt, um einzukaufen und sich etwas Abwechslung vom gleichförmigen Strandleben zu verschaffen. Lohnend ist ein Bummel durch die zentrale **Markthalle**, in der neben Lebensmitteln auch Textilien und Haushaltswaren verkauft werden, und über den gegenüberliegenden **Obst- und Gemüsemarkt** unter freiem Himmel. Am Nachmittag werden hier zudem an Essenständen leckere Snacks verkauft. Vom offenen Eckrestaurant aus lässt sich das Geschehen gut beobachten.

Die repräsentativen Fassaden der hübschen **Häuser** chinesischer Geschäftsleute in der Talang, Deebuk, Phang Nga und Krabi Road waren lange dem Verfall preisgegeben und werden zunehmend liebevoll restauriert, die bunten Kacheln und Holzschnitzereien an den Eingangstoren erneuert. Zu Beginn des 20. Jahrhunderts residierten die reichen Zinnbarone in schönen **Villen**, die nach sino-portugiesischen Vorbildern des 19. Jahrhunderts in weitläufigen Parks errichtet wurden. Viele liegen am nordwestlichen Stadtrand, einige aber auch im Zentrum. Eine prachtvolle Villa in der Ranong Rd., nordwestlich vom Markt, wird leider durch einen davor angelegten Parkplatz verschandelt. Weitere schöne Häuser findet man an der Krabi, Ecke Satun Road, weiter östlich in der Krabi Rd. (**Thaihwa School**), sowie etwas versteckt nördlich des Kreisverkehrs mit dem **Suriyadet-Brunnen** an der Yaowarat Rd. Alle Villen sind Privathäuser und können daher nicht besichtigt werden.

Zahlreiche chinesische Tempel zeugen vom Einfluss dieser Einwanderergruppe. Der große taoistische **Bang Niaw Tempel** in der unteren Phuket Road ist dem Gott der Vegetarier gewidmet. Durch das hohe Tempeltor gelangt man hinauf zu dem lang gestreckten Hauptgebäude mit 6 Altären, auf denen mehrere Gottheiten über den Opfergaben der Gläubigen thronen. In einem Raum stehen 2 Sänften, auf denen während der Prozession zum Vegetarier-Fest Götterfiguren durch die Straßen getragen werden.

Im wesentlich kleineren **Hok Huan Kong** nahe dem Uhrturm bewachen Drachen und andere mythologische Figuren die Eingänge des recht fotogenen Tempels. Er ist von zahlreichen Garküchen umgeben, die vor allem tagsüber geöffnet sind. Auch der **Sanjao Sam San** in der Krabi Road lohnt einen Besuch. Er wurde 1853 für den Schutzgott der Seeleute erbaut.

Asiatische Reisegruppen werden zur **Methee Cashew Factory**, Tilok Uthit 2 Rd., ☏ 219622/3, gekarrt, wo sie zwischen 7 und 19.30 Uhr im Innenhof beobachten können, wie Cashewnüsse mühsam geknackt, sortiert, geröstet, geschält und verpackt werden. Die meisten Arbeiterinnen sitzen jedoch in der heißen Halle dahinter. Im großen Verkaufsraum werden viele Geschmacksvarianten zum Kauf angeboten. Nüsse der ersten Wahl kosten wesentlich mehr als im Supermarkt.

Südlich der Fabrik erstreckt sich beiderseits der Straße ein weiterer kleiner **Markt**. Während auf der östlichen Straßenseite Haushaltsgegenstände, Trockenobst und andere Lebensmittel verkauft werden, stehen gegenüber Steinmetzarbeiten, Keramiken, Möbel und Pflanzen zum Verkauf. Weiter im Süden erstrecken sich der Nachtmarkt, eine Großmarkthalle, ◷ 9–22 Uhr, sowie zwei Einkaufszentren.

Das hundert Jahre alte imposante Gebäude der Provinzverwaltung (**Provincial Hall,** *Sala Klang*) im Nordosten der Stadt stellte im Film „Killing Fields" die französische Botschaft in Phnom Penh dar. Nordwestlich davon steht das ebenso beeindruckende Gerichtsgebäude der Provinz (**Provincial Court**).

Ein **Erholungspark** auf der kleinen Halbinsel im Süden ist über die verlängerte Phuket Road zu erreichen. Vom **Rang Hill** im Nordosten der Stadt, auf den eine 2 km lange Asphaltstraße führt, eröffnet sich eine gute Aussicht (Fotos am besten vor 10 Uhr). Auf dem Gipfel steht in einem gepflegten Park das Denkmal des ersten Gouverneurs von Phuket Town, zudem befinden sich hier Picknickplätze, Restaurants und ein Fitness Parcours. Auch der **Rama IX Park** an der Chaofa Rd., der Straße Richtung Rawai, lädt mit seinen Spazierwegen und dem Fitness-Parcours zwischen Seerosen-Teichen, Blumenbeeten und Bäumen zu einer Pause ein. Das **Regional Mineral Resource Centre**, schräg gegenüber, beherbergt neben der Verwaltung und den Labors der Zinnschürfer auch einen Park mit alten Dampfloks, Dinosaurierfiguren und ein kleines Museum, das auf Anfrage besichtigt werden kann.

Der **Phuket Zoo**, Soi Parhai, Richtung Rawai, ☏ 381227, ◷ tgl. 9.30–18 Uhr, 400 Baht, Thai 80 Baht, lohnt nicht und bietet Tierschützern manch traurigen Anblick, wie Tiger, denen die Zähne und Krallen gezogen wurden, damit sich Besucher mit ihnen fotografieren lassen können.

Übernachtung

Touristen haben die Hotels der Stadt als günstige Alternative zu den Stränden entdeckt. Vor allem in der Hochsaison bieten die Gästehäuser Billigreisenden preiswerte Alternativen. Nur während des Vegetarier-Festes im Oktober und des chinesischen Neujahrsfestes sind die meisten Hotels ausgebucht. Zudem offeriert Phuket Town gute Einkaufs- und Essensmöglichkeiten, die besten Verkehrsanbindungen und eine Auswahl an Fahrzeugvermietungen und Reisebüros. Fast alle Strände sind mit einem Motorrad oder Auto in weniger als einer Stunde zu erreichen.

GÄSTEHÄUSER – An einigen Restaurants und Geschäften hängen Schilder mit der Aufschrift „Zimmer zu vermieten" – eine der preiswertesten Möglichkeiten, auf der Insel Unterschlupf zu finden. Eine gute Adresse ist die namenlose Zimmervermietung** hinter dem *Boonma Restaurant* ⑮, ☏ 233449, gegenüber dem Imperial 1 Hotel. Große, saubere Zi mit Fan und Du/WC in einer ehemaligen Ladenzeile, Fenster zum Gang hin.

Läden, Restaurants etc.:
1 Thung-Ka Café, Phuket View R.
2 Sawadee R.
3 Timber & Rock
4 O'Malley's Irish Pub
5 Seng Ho Bookstore
6 Raja Thai Cuisine
7 Siam Bakery
8 South Wind Books
9 Tokyo House
10 Mae Porn R.
11 Food Center
12 Kanda Bakery
13 Hokkien Mie
14 Phuket Bowl
15 Laundry
16 The Circle Café
17 Ka Jok See R.
18 Rasada Center
19 Boonma R.
20 Nai Yao R.
21 The Books
22 Supermarkt
23 Natural R.
24 Ta Yai Seafood R.
25 Biergärten und Essenstände
26 Kor Tor Mor
27 X Zone
28 Laem Thong Seafood
29 The Pizza Company, Swensen's
30 Coca R.
31 McDonald's

Transport:
1 Malaysian Airlines, Bangkok Airways
2 Bus →Airport
3 Thai Airways
4 Bus →Kata-Karon, Chalong, Patong
5 Tuk Tuk
6 Motorradtaxis
7 Bus →Rawai, Nai Harn, Kamala, Thalang
8 Island Tour
9 Pure Car Rent
10 Bus Terminal
11 Silk Air, China Eastern
12 Dragon Air

Jeweils die Vorwahl **076** mitwählen

Nr.	Name	Kategorie	Adresse	Telefon
1	Phuket Merlin	ab****	158/1 Yaowarat Rd.	212866-70
2	Phuket Island Pavilion	(M)	133 Satun Rd.	210444
3	Siri H.	***	213 Yaowarat Rd.	211307
4	Suk Sabai	**	82/9 Thepkrasattri Rd.	212287
5	Imperial 2 H.	ab****	17/14 Luang Poh Rd.	216683
6	Summer H.	***	102/6 Patipat Rd.	211353
7	Talang Gh.	**	37 Talang Rd.	214225
8	City H.	****	9/1 Thepkrasattri Rd.	216910
9	Montree Resotel	****	12/6 Montri Rd.	212936
10	Wasana Gh.	**	159 Ranong Rd.	211754
11	XVI B&B	****	14 Rasada Rd.	222812
12	On On Hotel	*_***	19 Phang Nga Rd.	211154
13	Sintawee H.	ab***	89 Phang Nga Rd.	211186
14	Thavorn H.	**_****	74 Rasada Rd.	211333
15	Boonma Restaurant	**	Phuket Rd.	233449
16	Imperial 1 H.	****	51 Phuket Rd.	212311
17	Daeng Plaza	***	57 Phuket Rd.	213951
18	Pearl H.	ab****	42 Montri Rd.	211044
19	Royal Phuket City	(F)	154 Phang Nga Rd.	233333
20	Thanaporn Gh.	***	41/7 Montri Rd.	216504
21	Nana Chart Mansion	**_***	41/34 Montri Rd.	230041-2
22	Crystal Gh.	**_***	41/16 Montri Rd.	222774-5
23	P.K. Mansion	**_***	58 Montri Rd.	224800
24	Metropole H.	(F)	1 Soi Surin, Montri Rd.	215050
25	Phuket Garden H.	(M)	40/12 Bangkok Rd.	216900
26	Pure Mansion	***_****	3/7 Chao Fa Rd.	211709
27	Thavorn Grand Plaza	(F)	40/5 Chana Charoen Rd.	222240-71
28	Phuket Crystal Inn	****	2/9 Soi Surin, Montri Rd.	230071-2
29	Pacific Inn	***	328 Phuket Rd.	256558-9

(M) = Mittelklasse um 2000 Baht, (F) = First Class um 4000 Baht

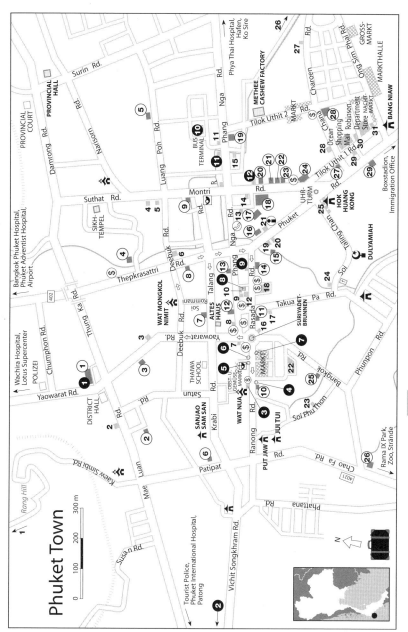

Phuket Town

0 100 200 300 m

Rang Hill

Surin Rd.

PROVINCIAL HALL

PROVINCIAL COURT

PROVINCIAL HALL

Damrong Rd.

Narisorn Rd.

Poh Rd.

⑤

Luang Rd.

BUS TERMINAL

⑩

⑪

⑪

⑮

⑲

Phang Nga Rd.

METHEE CASHEW FACTORY

Phya Thai Hospital, Hafen, Ko Sire

㉖

㉗

Charoen Rd.

Ong Sim Phai Rd.

GROSS-MARKT

MARKTHALLE

㉘

Ocean Shopping Mall

Robinson Department Store

㉚

㉛

NACHT-MARKT

BANG NIAW

Tilok Uthit 2 Rd.

MARKT

Tilok Uthit 1 Rd.

㉗

㉙

Suthat Rd.

Thepkrasattri Rd.

Thung Ka Rd.

SIKH-TEMPEL

⑨

Montri Rd.

⑫

⑳

㉑

㉒

㉓

㉔

㉑

④

⑤

⑨

⑬

⑭

⑰

⑱

Phuket Rd.

UHR-TURM

㉕

HOK HUANG KONG

DULYAMIAH

Deebuk Rd.

⑥

⑧

⑬

⑯

㉑

⑮

⑳

⑲

Nga Rd.

⑨

⑧

⑩

⑫

⑭

⑲

⑮

⑱

WAT MONGKOL NIMIT

Soi Rommani

Talang Rd.

ALTES HAUS

⑦

⑧

⑫

⑪

⑯

⑰

Rasada Rd.

Takua Pa Rd.

SURIYADET-BRUNNEN

Taling Chan Rd.

Soi

㉔

Yaowarat Rd.

Deebuk Rd.

Krabi Rd.

Satun Rd.

③

③

②

②

①

①

DISTRICT HALL

THAIWA SCHOOL

WAT NUA

OBST-U. GEMÜSE-MARKT

⑤

⑥

⑦

⑨

⑩

③

④

MARKT

⑩

㉓

㉒

㉕

Bangkok Rd.

Phunpon Rd.

JUI TUI

PUT JAW

SANJAO SAM SAN

⑥

Patipat Rd.

Ranong Rd.

Soi Phu Thon

Chao Fa Rd.

㉖

Rama IX Park, Zoo, Strände

Phattana Rd.

Kaew Simbi Rd.

Mae Luan Rd.

Susan Rd.

Chumphon Rd.

POLIZEI

Wachira Hospital, Lotus Supercenter

Bangkok Phuket Hospital, Phuket Adventist Hospital, Airport

402

Tourist Police, Phuket International Hospital, Patong

②

Vichit Songkhram Rd.

4021

Boxstadion, Immigration Office

N

Talang Gh.** ⑦,37 Talang Rd., ☎ 214225, ✉ talanggh@phuket.ksc.co.th, umgebautes chinesisches Geschäftshaus, saubere Zi mit Du/WC, die billigen ohne Fenster, etwas teurere mit großer Terrasse. Ac 100 Baht extra. Kaffee, Tee und Toast inkl.

Wasana Gh.** ⑩, 159 Ranong Rd., ☎ 211754, gleich neben dem Markt; sehr saubere Zi mit Fan oder ac und Du/WC, nette Leute, im 1. Stock sehr laut.

XVI B&B**** ⑪, 14 Rasada Rd., ☎ 222812, ✆ 369067, ✉ thexvi@ksc.th.com, dieses besondere Guesthouse hat nur 3 ac-Zi mit Du/WC, die von jungen Architekten über dem Café modern gestaltet wurden. Eine Bleibe für Leute, die das Ungewöhnliche lieben. Gesundes Frühstück inkl.

Nana Chart Mansion**–*** ㉑, 41/34 Montri Rd., ☎ 230041-2, sauberes Kleinhotel, Zi z.T. mit Fenstern nach innen, mit Du/WC und Fan oder ac und TV.

Crystal Gh.**–*** ㉒, 41/16 Montri Rd., ☎ 222774-5, ✆ 218722, hinter dem Internetcafé, saubere, kleine Zi mit Warmwasser-Du/WC und ac, TV und Kühlschrank, einige mit Fan oder ohne Fenster.

P.K. Mansion**–*** ㉓, 58 Montri Rd., ☎ 224800, hinter dem Zeitungsladen. Sehr saubere Zi mit Fan oder ac.

PREISWERTE HOTELS – *Suk Sabai*** ④, 82/9 Thepkrasattri Rd., ☎ 212287, einfache, saubere Zi mit Fan und Bad, z.T. ac, trotz der ruhigen Lage etwas abseits ist alles gut zu Fuß zu erreichen.

UNTERE MITTELKLASSE – *Imperial 1 Hotel***** ⑯, 51 Phuket Rd., ☎ 212311, ✆ 212894, nahe dem Tourist Office, akzeptable Zi mit ac, TV, Minibar. Freundlicher Service.

Pure Mansion***–**** ㉖, 3/7 Chao Fa Rd., ☎ 211709, ✆ 214220, ein neueres, preiswertes Hotel an der Straße Richtung Süden, alle Zi mit ac, TV und Kühlschrank.

Phuket Crystal Inn**** ㉘, 2/9 Soi Surin, Montri Rd., ☎ 230071-2, ✆ 223528, neueres Hotel über den Geschäften, 36 gefliste, relativ kleine aber saubere Zi im 4. und 5. Stock mit ac, TV, Warmwasser-Du/WC und Minibar, Internetzugang. Rezeption im Erdgeschoss.

Hotels mit Geschichte
On On Hotel*–*** ⑫, 19 Phang Nga Rd., ☎ 211154, das älteste, 1929 erbaute Hotel der Stadt vermietet immer noch 49 einfache Zimmer, z.T. mit ac und Du/WC. Einige Gäste fanden sie sauber, andere schmuddelig und von Ratten bewohnt vor. Im Hotelsafe deponierte Wertsachen auflisten, bestätigen lassen und genau kontrollieren. Nachdem das Hotel als Drehort von The Beach in die Khaosan Rd. von Bangkok verlegt und weltberühmt wurde, ist es für Leonardo di Caprio-Fans ein beliebtes Ziel. Im Eingangsbereich ein angenehmes Café, ein Eissalon, Reisebüro, Internetzugang und Wäscheservice.

Thavorn Hotel**–**** ⑭, 74 Rasada Rd., ☎ 211333-5, ✆ 215559. Das große Hotel gehört ebenfalls zu den ältesten im Süden Thailands. Die abgewohnten Zimmer mit ac und TV lohnen nicht. Hingegen lohnen die Lobby und der Sportpub im Erdgeschoss einen Besuch, denn dort kommt man sich vor wie in einem angestaubten Museum. Alte Fotos dokumentieren die Geschichte des Hotels und der Insel, zudem findet sich hier eine bunte Sammlung von Blechspielzeug, Musikinstrumenten, Filmplakaten und Rechenmaschinen, das Modell einer Zinnmine und der erste Hotelsafe.

Pacific Inn*** ㉙, 328 Phuket Rd., ☎ 256558-9, einfaches Kleinhotel, Zi mit Fan, etwas teurere mit ac und Warmwasser-Du/WC.

OBERE MITTELKLASSE – *Phuket Merlin* mit Rabatt**** ①, 158/1 Yaowarat Rd., ☎ 212866-70, ✆ 216429, ✉ merlin@phuket.ksc.co.th, 🖳 www.merlinphuket.com, nördlich des Zentrums, 180 Komfortzimmer, Restaurant, Disco, Bar, Pool, Sauna und Massage. Kostenloser Shuttle zum Schwesterhotel am Patong Beach. Auch in der Saison Ermäßigung.

Pearl Hotel mit Rabatt**** ⑱, 42 Montri Rd., im Zentrum, ☎ 211044 ✆ 212911, ✉ pearlhkt@loxinfo.co.th, größeres, älteres Mittelklassehotel mit 250 sehr sauberen Zimmern. 3x tgl. Shuttlebus zum Schwesterhotel Pearl Village am Nai Yang Beach. Kleiner Pool mit Wasserfall, Bar,

Restaurant im Obergeschoss mit gutem kantonesischen Essen.

Royal Phuket City Hotel ⑲, 154 Phang Nga Rd., ✆ 233333, ✆ 233335, 🖳 www.royalphuketcity.com, großes, gepflegtes, 19-stöckiges Hotel ab 3500 Baht, in der Nebensaison Rabatt. 250 Zi mit allem Komfort wie Satelliten-TV, Safe, Internetzugang, 2 Restaurants, Bar, eine gute Bäckerei, Pool, Fitnesscenter, Massage und Sauna. Shuttle zum Laem Ka Beach nördlich von Chalong, wo Hotelgästen Duschen, Liegestühle und ein Restaurant zur Verfügung stehen.

Metropole Hotel ㉔, 1 Soi Surin, Montri Rd., ✆ 215050, ✆ 215990, ✉ metropole@phuketinternet.co.th, elegantes 18-stöckiges Hotel, 248 luxuriöse First Class-Zi mit ac, viele Geschäftsleute, z.T. behindertengerecht ausgebaut; Restaurant, Pool mit Kinderbecken. Sehr gutes Mittagsbuffet (s.u.). Shuttle zum Airport und Strand, traditionelle Massage.

Phuket Garden Hotel ㉕, 40/12 Bangkok Rd., ✆ 216900, ✆ 216909, großes Mittelklassehotel südlich vom Zentrum, saubere Zi mit lauter ac, Du/WC und Badewanne, Restaurant, Dachgarten mit Panorama-Sicht. Großes Frühstücksbuffet inkl. Abends Live-Musik und Tanz. Die Busse zu den Stränden halten vor der Tür.

Thavorn Grand Plaza ㉗, 40/5 Chana Charoen Rd., ✆ 222240-71, ✆ 222284, im Süden der Stadt. Der großer Neubau des alten Stadthotels beherbergt vor allem chinesische Reisegruppen, die die Nähe zu den Einkaufszenten schätzen. Zäher Service, Shuttle zum Schwesterhotel am Karon Beach für 120 Baht.

Essen

Essenstände mit Gerichten, die weder auf Englisch beschriftet sind noch alle dem Geschmack von Ausländern entsprechen, sind auf dem **Nachtmarkt** rings um die große Halle an der Tilok Uthit 2 Rd., Ecke Ong Sim Phai Rd., aufgebaut. Nahe dem Bus Terminal bietet das **Food Center** in der Phang Nga Rd. eine große Auswahl preiswerter Gerichte.

Hokkien Mee, die beste traditionelle Nudelsuppe mit gelben Nudeln und Wantan wird in der schmalen Straße vor der Phuket Bowl gekocht.

Rings um die **Ocean Shopping Mall** in der Tilok Uthit 1 Rd. konzentrieren sich mehrere Fast-Food-Restaurants, wie **The Pizza Company, KFC** und **McDonald's** sowie das **Coca Restaurant**, Tilok Uthit 1 Rd., in dem Zutaten einzeln bestellt und am Tisch gegart werden können. Bebilderte Speisekarte, recht preiswert.

Natural Restaurant, 62 Soi Phu Thon, ✆ 224287, in dem urigen, mit vielen Pflanzen und Trödel eingerichteten Haus sind besonders die Thai-Salate zu empfehlen. Aber auch die anderen Gerichte von der bebilderten Speisekarte sind sehr lecker. Mittleres Preisniveau, ⊙ tgl. außer Mo.

Ka Jok See, 26 Takua Pa Rd., ✆ 217903, das geschmackvoll rustikal eingerichtete kleine Lokal mit gehobenen Preisen und kleinen Portionen wird von vielen Touristen besucht. ⊙ Di–Sa ab 18 Uhr, Reservierung empfohlen.

Weiter im Süden an der Takua Pa Rd., neben dem Kanal, werden abends im großen, offenen **Ta Yai Seafood Restaurant** von in giftgrün-orangenen T-Shirts gekleideten Kellnern leckere Thai-Gerichte serviert. Auch nahe dem Tempel in der Soi Taling Chan haben sich mehrere Biergärten und Garküchen angesiedelt.

Raya Thai Cuisine, Debuk Rd., östlich vom Klong, gute thailändische Gerichte zu akzeptablen Preisen werden in einem luftig-kühlen Raum im Erdgeschoss und 1. Stock einer alten, gelb-grün gestrichenen Villa hinter dem neuen, hässlichen Restaurant- und Pub-Komplex. Hier ist noch etwas Atmosphäre aus der Zeit der Zinnbarone zu spüren. ⊙ tgl. 10–23 Uhr.

Sawadee Restaurant, 8/5 Mae Luan Rd., ✆ 234804, im Norden der Stadt, gediegenes, renoviertes ac-Restaurant, englische Speisekarte mit köstlichen, nicht allzu scharfen Gerichten zu akzeptablen Preisen. Bier vom Fass, Steaks und andere westliche sowie Thai-Gerichte. Angenehmer, aufmerksamer Service, ⊙ tgl. 18–24 Uhr.

Mae Porn, Phang Nga Rd., zwischen Phuket und Takua Pa Rd., offenes, bei Touristen beliebtes Restaurant, das auf Seafood spezialisiert ist und eine eigene Shrimppaste herstellt. Gutes Preis-Leistungs-Verhältnis.

Schräg gegenüber dem Tourist Office konkurrieren kleine Restaurants um Kundschaft.

Nai Yao Restaurant, Montri Rd., einfaches Seafood-Restaurant, das abends seine Tische auf dem Bürgersteig vor den geschlossenen Geschäften aufbaut.

Boonma Restaurant, Montri Rd., serviert ein einfaches Frühstück und Thai-Gerichte zwischen 50 und 100 Baht, ⊙ 6–22 Uhr.

Tokyo House, 34-38 Phang Nga Rd., ✆ 256735-6, japanisches Restaurant, dessen Gerichte 100–500 Baht kosten. ⊙ tgl. 11–23 Uhr.

Metropole Hotel, 1 Soi Surin Montri Rd., das europäisch-asiatische Mittagsbuffet von 11–14.30 Uhr im 1. Stock der großzügigen Lobby mit über 150 Gerichten und Spezialitäten aus China, Thailand und Europa für 210 Baht ist seinen Preis wert.

Laem Thong Seafood, 31-39 Chana Charoen Rd., nahe Robinson Department Store, traditionelles, großes chinesisches Restaurant, in dem neben Lobster und anderen teuren Delikatessen auch Spezialitäten wie gedünstete Ziege oder Gänsefüße auf der Karte stehen.

Vom ***Thung-Ka Café*** auf dem Khao Rang, ✆ 211500, bietet sich eine schöne Aussicht. Das Essen ist allerdings teuer und nicht sehr gut. ⊙ tgl. 11–23 Uhr.

Phuket View Restaurant, unterhalb des Gipfels auf dem Rang Hill, ✆ 216865, ⊙ tgl. 11–23.30 Uhr. Auch wenn die Thai-Gerichte nicht billig sind, ist die Bar und das darunter liegende Restaurant mit der offenen Terrasse wegen seiner schönen Aussicht bei Einheimischen wie Touristen beliebt.

Kanda Bakery, 31/33 Rasada Rd., beliebt zum Frühstücken, allerdings gibt es erst ab 15 Uhr frisches Brot. Außerdem Thai-Gerichte, Pizza, Sandwiches und Eiscreme.

Siam Bakery, 13 Yaowarat Rd., ✆ 355947, die französische Bäckerei verkauft sehr leckere Kuchen und Desserts von hochwertiger Qualität. ⊙ Mo–Sa 7.30–19 Uhr.

L'Amandine, Konditorei und Bäckerei im Royal Phuket City Hotel, 154 Phang Nga Rd., verkauft von 7–21.30 Uhr Baguette, Brot und eine große Auswahl an Kuchen.

Vom ***The Circle Café*** am zentralen Kreisverkehr nahe dem Markt kann man hervorragend bei Kaffee und Kuchen das Treiben beobachten.

Unterhaltung

KINO – IM ***C.E. Paradise Multiplex Cinema*** in der Ocean Shopping Mall werden viele neuere Filme im englischen Original oder mit Untertiteln gezeigt.

LIVE-MUSIK – Super im ***Timber & Rock***, 118/1 Yaowarat Rd., ✆ 211839, ⊙ tgl. 20–2 Uhr. Die Hausband spielt ab 22.30 Uhr überwiegend Rock. Das 2-stöckige Pub ist nicht unterkühlt, man kann auch an einer Bar draußen sitzen.

O' Malleys Irish Pub & Restaurant, 2/20-21 Montree Rd., ✆ 220170, in dem ac-Restaurant wird abends Live-Musik gespielt, zudem Pool-Billard und Fußball auf Großbildschirm. ⊙ tgl. 17–2 Uhr. Das ***Sinthavee Hotel***, Phang-Nga Rd., wartet mit einer Disco und Comedy-Show auf. Auch in den Lounges anderer Hotels wird abends live Musik gespielt.

X-Zone und ***Kor-Tor-Mor***, beliebte Pubs mit Live-Musik am Nimith Circle, östlich des Zentrums.

THAI-BOXEN – Im Boxstadion, ✆ 214690, südlich der Stadt, am Ende der Phuket Rd., werden jeden Fr ab 20.30 Uhr Wettkämpfe in dieser traditionellen Sportart durchgeführt. Mit Eintrittspreisen von 500, 700 und 1000 Baht allerdings sehr teuer. Besser und billiger sind die Shows in Patong in der Simon Arcade.

Einkaufen

Die Straßen von Phuket, besonders die Yaowarat und Phang Nga Rd., säumen viele kleine Läden, in denen chinesische und muslimische Händler Haushaltswaren, Textilien und Lebensmittel verkaufen. Zunehmend öffnen Boutiquen, Souvenir- und Antiquitätenläden, Juwelier- und Goldshops. Das Angebot wird abgerundet von modernen Supermärkten, Shopping Centers, Internet-Cafés und Department Stores. Die Auswahl an Souvenirs ist zwar an den Stränden, insbesondere in Patong, etwas größerer, die Preise der angebotenen Waren sind aber in Phuket Town fast immer niedriger, und das Einkaufen ist entspannter.

BÜCHER – Englische und wenige deutsche Bücher verkaufen
The Books, 53-55 Phuket Rd., ✆ 224362, Zeitungen, Zeitschriften vor dem Laden, drinnen Reiseführer, Bildbände und eine Auswahl englischer Paperbacks. Filiale in der Ocean Shopping Mall.

Seng Ho Book Store, 2/14-16 Montri Rd., nahe Deebuk Rd., neben Schreibwaren auch Reiseführer, Paperbacks, Kochbücher und Magazine auf zwei Stockwerken.

South Wind Books, 3 Phang Nga Rd., hat die größte Auswahl an Second-Hand-Büchern, auch viele in Deutsch. Rücknahme ausgelesener Bücher zum halben Preis beim Kauf eines neuen.

SUPERMÄRKTE – In der **Ocean Shopping Mall** und den Geschäften in der Nachbarschaft lässt sich gut bummeln. Neben vielen kleinen Geschäften auch ein *Big One Supermarkt* und ein Food Center, das *Black Canyon Coffee* und *C.E. Paradise Multiplex Cinema*.

Lotus Supercenter sowie **Big C** (🖳 www.bigc. co.th), nordwestlich der Stadt am H402, ⏱ tgl. 9–24 Uhr, (Tuk Tuk 50 Baht, Stadtbus Nr. 1), große Auswahl, günstige Preise und alles an einem Platz. Neben Lebensmitteln, Textilien und Haushaltswaren auch eine Apotheke und ein Food Court.

Sonstiges

AUTOVERMIETUNG – Mietwagen werden in der Stadt Phuket ab 1000 Baht pro Tag ohne Benzin, inkl. Versicherung vermietet. Internationale Firmen verlangen 1500–2000 Baht. Jeeps gibt es an der Rasada Rd. und an den Uferstraßen der Strände unter 1000 Baht pro Tag – wichtig ist es, darauf zu achten, dass eine CDW-Versicherung besteht. Rabatte bei längerer Mietzeit.

Pure Car Rent, 75 Rasada Rd., ✆ 211002, 📠 214220; ⏱ tgl. 8–20 Uhr.

Die Zentralen von **Avis**, ✆ 351243, 🖳 www. avisthailand.com, **Budget**, ✆ 205396-7, 🖳 www. budget.co.th, mit Filialen am Airport und in großen Hotels an den Stränden, offerieren *one way service* in andere Touristenorte, wo sie Filialen besitzen.

BOWLING – **Pearl Bowl**, 130/1 Phang-Nga Rd., ✆ 230117, hinter dem gleichnamigen Hotel, offeriert von 10–14 Uhr ein American Breakfast für 300 Baht inkl. unbegrenztem Bowling und Schuhmiete, ⏱ tgl. 10–2 Uhr. Noch größer ist die Bowlingbahn im **Big C** Supermarkt (s.o.).

FAHRRADFAHREN – **Action Holiday Phuket**, ✆/📠 263575, ✉ biketour@loxinfo.co.th, 🖳 www.geocities.com/biketours2002, veranstaltet halbtägige (975 Baht) Touren im Süden zwischen Wat Chalong und Nai Harn und ganztägige Touren (1950 Baht) im Nordosten um Ao Po, Tha Sala und zum Gibbon Projekt inkl. Mittagessen und Begleitfahrzeug. Beide Touren inkl. guter Mountainbikes, Helm, Getränken und Snacks, englischer Tourleitung und Pickup vom Hotel.

FESTE – Das außergewöhnliche **Vegetarian Festival** (Vegetarier-Fest) im Oktober, ein altes, wieder belebtes chinesisches Ritual, bei dem tausende qualmender Chinakracher lautstark in den Straßen explodieren, wird seit 1825 auf Phuket und ansonsten nur noch in Krabi und Trang begangen. Während der 9-tägigen Feierlichkeiten sind die Teilnehmer in Weiß gekleidet und nehmen nur vegetarische Speisen zu sich. An den letzten Tagen lassen sich junge und Männer in Trance zur zeremoniellen Reinigung Speere durch die Wangen stecken oder Haken an Wangen, Armen und am Rücken befestigen, ohne dass Blut fließt. Am achten Tag werden die Mönche in der Stadt empfangen. Das Fest endet am neunten Tag mit der Vertreibung des Übels, indem Männer in Trance über glühende Kohlen gehen. Den Abschluss bildet eine lärmende Mitternachtsprozession durch die Stadt und nach Saphan Hin ans Meer. Die Termine werden von einem Komitee etwa 6 Monate vorher festgelegt und sind ab März bei TAT zu erfragen.

Für Reisen in die Fischerdörfer ist es wichtig, die muslimischen Feiertage und vor allem den **Ramadan** im Auge zu behalten. 2003 beginnt der 4-wöchige Fastenmonat Ramadan am 25.10., 2004 bereits Mitte Oktober und 2005 Anfang Oktober.

GELD – Viele Banken, v.a. am Kreisverkehr nahe dem Markt, in der Rasada und Phang Nga Rd., haben Wechselschalter und Geldautomaten.

IMMIGRATION – Office in der 482 Phuket Rd. kurz vor der Halbinsel, ✆ 212108, ⏱ Mo–Fr 8.30–12 und 13–16.30 Uhr.

INFORMATIONEN – **Tourist Office**, 73-75 Phuket Rd., ✆ 212213, 211036, 217138, 📠 213582,

tathkt@phuket.ksc.co.th, ⏱ tgl. 8.30–16.30
Uhr. Hier gibt es Karten, Prospekte, Werbezeit-
schriften und weitere Informationen.
Zahlreiche mehr oder weniger aktuelle Websites
informieren über Phuket, u.a.: 🖳 phuket-hotels.
com, phuket-web.com, www.gophuket.com,
www.phuket-island.de (umfassende, gute, deutsche Website), www.phuket-travel.com,
🖳 www.phuket-travel.org, www.phuket.com,
🖳 www.phuket.net, www.phuketxyber.com,
🖳 www.thaiwave.com, www.thephuket.com,
🖳 www.trv.net (englisch und deutsch).

INTERNET – Mittlerweile gibt es an fast jeder
Ecke Internet-Cafés, die mit immer niedrigeren
Preisen um die Gunst der überwiegend jugendlichen Besucher werben. Meist kostet die Min.
1 Baht, absolut günstig sind Angebote von
20 Baht pro Std. Teurer ist das Angebot an den
Stränden, v.a. in den Hotels.

KOCHKURSE – *Pat's Home Thai Cooking
Classes*, 85 Rasda Rd., ✆ 213765, 01-5388276,
✉ thaicookingclass@hotmail.com, 🖳 www.
phuket.com/dining/index_cooking.htm, englischsprachige halbtägige Kochkurse am Vormittag
oder Abend in Pats Privathaus am Stadtrand.

KONSULAT – *Deutsches Konsulat*, Dirk Nau-
mann, 100/425 Chalermprakiap Rd, ✆ 354119.
Österreichisches Konsulat, 2 Virathongyok Rd.,
Moo 4, ✆ 248334-6.

MEDIZINISCHE HILFE – Der Service des staatlichen *Wachira Hospitals*, ✆ 211114, Yaowarat
Rd., etwas außerhalb, lässt zu wünschen übrig.
Besser ist das private *Phuket Adventist (Mission) Hospital* Richtung Norden in der 4/1 Thap-
krasattri Rd., ✆ 211173, Notruf 211173-130,
✆ 211907, 🖳 www.thaibiz.com/mission. Hier gibt
es auch Zahnärzte.
Modern ausgestattet ist das private *Bangkok
Phuket Hospital*, 2/1 Hongyok Uthit Rd.,
✆ 254421-9, Notruf: 1060, ✆ 254430, 🖳 www.
bpk.co.th. Es bietet alle in Thailand verfügbaren
medizinischen Dienste und 150 Betten für stationäre Patienten.
Ebenfalls neu ist das private *Phuket International Hospital*, 44 Chalerm Phra Kiat Rd.,

✆ 249400, ✆ 210936, Notruf 210935, 🖳 www.
phuket-inter-hospital.co.th; an der Umgehungsstraße; modernes Krankenhaus, das keine Ähnlichkeiten mit dem in der Fernsehserie „Klinik
unter Palmen" aufweist.

MOTORRÄDER – Motorräder sind in Phuket ein
beliebtes, aber extrem gefährliches Transportmittel. Wer ohne ausreichende schützende Kleidung fährt, geht ein sehr großes Risiko ein, und
wer keinen Helm trägt, muss 400 Baht Strafe
zahlen. Zweiräder werden in Phuket an der Rasada Rd. und an den Stränden in vielen Bungalows für 150–500 Baht vermietet. Je näher am
Strand der Vermieter angesiedelt ist, umso höher sind die Preise.

POST – *Hauptpostamt*, Montri, Ecke Talang Rd.,
neben dem hübschen, alten, dem Verfall preis-
gegebenen Gebäude, ✆ 211010, ⏱ Mo–Fr 8.30–
16.30, Sa, So und feiertags 9–12 Uhr. Ein kleiner
Postshop schräg gegenüber vom TAT-Office.

REISEBÜRO – *Island Tour*, 10 Soi Pradith,
Rasada Rd., ✆ 354311, ✆ 224538, ✉ uwe@
phuket-island.de, 🖳 www.suedthailand.de, das
Büro von Uwe Matthias in Phuket hilft bei der
Organisation einer Phuket-Tour.

TAUCHEN – Zahlreiche Tauch-Shops an den
Stränden bieten Tauchausrüstung und Kurse an
(s. dort).

TELEFON – Von 8–24 Uhr hat das *Telephone Center* in der Phang Nga Rd. geöffnet. Hier können
internationale Gespräche geführt werden. Zudem stehen im Ort mehrere gelbe Kartentelefone
für internationale Gespräche.

TOURIST POLICE – Falls etwas passiert, wendet
man sich zuerst an die *Tourist Police*, Chalerm
Kiat Rd., westlich der Stadt, ✆ 355015, 254693, im
Notfall ✆ 1155.

VORWAHL – 076; PLZ: Chalong und Süden: 83
130; Patong: 83 150; Phuket Town: 83 000.

WÄSCHEREI – *Laundry* in der schmalen Gasse
am Fluss westlich vom Royal Phuket City Hotel.

TUK TUKS – Innerhalb der Stadt kosten Tuk Tuks 20–40 Baht, in die Außenbezirke mehr. Die Fahrer bieten kostenlose Fahrten an, wenn man sich zu einer Einkaufstour überreden lässt. Auch wenn nichts gekauft wird, erhalten sie ihre Provision. Nach Sonnenuntergang muss mit einem Aufschlag von 20–30% gerechnet werden. Charterpreise:

AIRPORT	32 km, 340 Baht
BANG TAO	34 km, 220 Baht
CHALONG	11 km, 160 Baht
KAMALA	26 km, 300 Baht
KARON	20 km, 230 Baht
KATA	17 km, 200 Baht
NAI HARN	18 km, 220 Baht
NAI YANG	30 km, 320 Baht
PATONG	15 km, 200 Baht
RAWAI	17 km, 200 Baht
SURIN	24 km, 300 Baht

MOTORRADTAXI – kostet in der Stadt 10–20 Baht pro Person, Preis vor der Abfahrt aushandeln. Die Fahrer tragen rote oder grüne Westen mit Nummern.

MICRO-BUSSE – Innerhalb von Phuket Town verkehren Linienbusse für 10 Baht auf 2 verschiedenen Routen. Nr. 1 fährt vom Südosten über die Phuket Rd., am Kreisverkehr am Uhrturm vorbei, durch die Phang Nga Rd. und Bangkok Rd. hinaus zum Lotus und Big C. Bus Nr. 2 fährt vom Norden über die Thepkrasatri Rd., die Phang Nga Rd, den Markt und weiter Richtung Süden auf der Chao Fa und Sakdidej Rd.

BUSSE AN DIE STRÄNDE – Lokale Busse an die Strände fahren alle 30 Min. von 7 bis gegen 17 / 18 Uhr in der Nähe vom Markt ab.

BANG TAO	20 Baht
CHALONG	15 Baht
KAMALA	25 Baht
KARON	20 Baht
KATA	20 Baht
LAEM KA	15 Baht
MAKHAM BAY (Aquarium)	20 Baht
NAI HARN	20 Baht
NAI YANG	30 Baht
PATONG	15 Baht
RAWAI	20 Baht
SURIN	25 Baht

Es gibt keine Busse, die von Strand zu Strand fahren.

TAXIS – *Phuket Taxi Meter*, ✆ 232157-8, sind die beste Alternative und weitaus günstiger als alle anderen Taxis. Sie verlangen für die ersten 2 km 30 Baht und für jeden weiteren 4 Baht, bei telefonischer Bestellung in Phuket Town 20 Baht extra, so dass sie zum AIRPORT ca. 162 Baht, PATONG 106 Baht, KARON 118 Baht und RAWAI 52 Baht kosten. Ihr Nachteil: Es gibt noch nicht genug davon.

Alle anderen Taxifahrer verlangen hohe Preise, Handeln erforderlich. Zum Flughafen kostet es 360–400 Baht, zu den Stränden liegen die Preise etwas höher als die der Tuk Tuks. Auch Taxifahrer verlangen nach Sonnenuntergang einen Aufschlag und versuchen, Neuankömmlinge zu Hotels zu bringen, von denen sie eine Provision kassieren.

BUSSE – Busbahnhof, ✆ 211977, im Osten der Stadt, hier halten fast alle Busse. Bei der Ankunft der Überlandbusse stehen Tuk Tuks bereit, die Fahrgäste zu den Stränden bringen. Die Fahrer erhalten von vielen Unterkünften eine Provision, die dann bevorzugt angefahren werden. Wer sich nicht abschleppen lassen will, nimmt vom Busbahnhof für 20–40 Baht ein Tuk Tuk zum Markt und von dort den Bus.

Bangkok: Von BANGKOK, 891 km, non-ac-Bus um 7.30, 14 und 19 Uhr für 278 Baht, die nicht zu empfehlen sind, ac- und VIP-32-Bus 8x tgl. bis 20 Uhr für 486/500 Baht, 2.Kl.-ac-Bus um 7, 9.30, 14, 17 und 20 Uhr für 378/389 Baht in 15 Std, VIP-24-Bus gegen 18 Uhr für 755 Baht in 13–15 Std. Nach BANGKOK non-ac-Bus um 9.30 Uhr, 2.Kl.-ac-Bus 10x tgl. bis 19 Uhr, ac-Bus um 17.30 Uhr, VIP-32-Bus um 7 und von 15–18 Uhr und VIP-24-Bus um 7.30 und von 16–18 Uhr von *Transport Co.*, ✆ 211480, *Phuket Central Tour*, ✆ 213615, oder *Phuket Travel Service*, ✆ 222107.

In die Nachbarorte: Nach PHANG NGA 5x tgl. von 10.10–16.30 Uhr für 36 Baht in 2 1/2 Std.

TAKUA PA non-ac-Bus jede volle Stunde bis 18 Uhr für 54 Baht in 3 Std.

KHAO LAK non-ac-Bus Richtung Takua Pa (s.o.) für 45 Baht in 2 1/2 Std. oder ac-Bus um 7.30, 9, 10 und 15.10 Uhr für 90 Baht.

KHAO SOK ac-Bus um 7.30 und 9 Uhr für 140 Baht.

CHUMPHON ac-Bus um 8.10 und 14 Uhr für 250 Baht.

RANONG non-ac-Bus um 8 und 12.30 Uhr für 103 Baht in 6 Std.; ac-Bus um 10 und 15.10 Uhr für 185 Baht in 5 Std. über Khao Lak.

KRABI non-ac-Bus um 11.25 und 15.50 Uhr für 65 Baht; 2.Kl.-ac-Bus um 10.50, 12.50 und 14.30 Uhr für 91 Baht, ac-Bus jede halbe Std. von 7–18.30 Uhr für 117 Baht in knapp 4 Std.

Zu den übrigen Orten im Süden: SURAT THANI 8x tgl. non-ac-Bus bis 13.50 Uhr für 104 Baht, ac-Bus um 7.30 und 9 Uhr über Khao Lak und Khao Sok für 180 Baht.

Phantip-ac-Bus, ☏ 01-5693290, um 8, 10, 12 und 15.30 Uhr für 160 Baht, private Minibusse s.u. Anschluss nach KO SAMUI für 360 Baht (inkl. Fähre) in 8 Std.

NAKHON SI THAMMARAT non-ac-Bus etwa stündlich bis 11 Uhr für 115/125 Baht, ac-Bus um 6, 7.20, 8.20 und 9.15 Uhr für 175 Baht in 6–7 Std., sowie zahlreiche Microbusse, Abfahrt von der Deebuk, Ecke Montri Rd. und hinter dem Seng Ho Book Store zwischen 7.20 und 16 Uhr für 200/216 Baht in 5 1/2 Std.

SUNGAI GOLOK, 766 km, ac-Bus um 6, 8 und 20 Uhr für 432 Baht, in 11 Std.

SATUN mit ac-Bus um 8.15 und 10.15 Uhr für 274 Baht in 7 Std., ansonsten in Trang umsteigen oder über Hat Yai.

HAT YAI, non-ac-Bus um 10.20 Uhr für 150 Baht in 8 Std., 2.Kl.-ac-Bus um 6.25, 7.45, 8.45 und 20.30 Uhr für 210 Baht; ac-Bus 6x am Vormittag und um 21.30 Uhr für 270 Baht in 7 Std. Microbusse um 6.30, 14.30 und 19.30 Uhr für 421 Baht.

TRANG, non-ac-Bus 6x tgl. von 5.05–12.25 Uhr für 105 Baht in 6 Std.; ac-Bus 16x tgl. von 6–18.30 Uhr für 147 / 189 Baht in 5–6 Std.

MINIBUSSE – Ac-Minibusse, die gern von Travellern genutzt werden, sind nicht immer zuverlässig und bequem. Sie lesen Passagiere an Sammelpunkten oder von der Unterkunft in Patong, Kata – Karon und Phuket Town auf.

Nach BANGKOK in die Khaosan Rd. über Surat Thani um 12 Uhr für 650 Baht. Um 8, 10 und 17 Uhr fährt ein ac-Minibus über KHAO LAK 280 Baht nach SURAT THANI für 300 Baht mit Anschluss an den Zug. Er kostet inkl. Fähre nach KO SAMUI 400 / 550 Baht und nach KO PHANGAN 600 / 650 Baht, KO TAO 850 Baht.

Gegen 8 Uhr Minibus über PHANG NGA 250 Baht, 2 Std., KRABI 250 Baht, 3 Std., (inkl. Boot bis RAI LEH 400 Baht), TRANG, 6 Std., und HAT YAI, 7 1/2 Std., 350 / 400 Baht, SATUN 480 Baht, 9 Std., und SUNGAI GOLOK 650 Baht, 10 Std.

Nach Malaysia und Singapore: Gegen 20.30 Uhr ac-Minibus über Hat Yai und Sungai Golok nach PENANG 650 / 700 Baht in 17 Std., KUALA LUMPUR 950 / 1000 Baht in 23 Std., SINGAPORE 1200 Baht in 28 Std.

EISENBAHN – Die nächste Bahnstation für Phuket liegt bei Surat Thani.

FLÜGE – Der *Phuket International Airport*, nach Bangkok zweitgrößter Flughafen des Landes, liegt 31 km nördlich von Phuket Town. Information ☏ 327230-5. In der Ankunfthalle Wechselschalter der Banken, Geldautomaten, ein Counter des Tourist Office mit aktuellen Broschüren, eine Gepäckaufbewahrung (40 Baht pro Tag), eine kommerzielle Hotelvermittlung und in der Abflughalle ein Postamt sowie ein internationaler Telefon- und Internet-Service (100 Baht für 15 Min., 300 Baht pro Std.).

Minibusse von *Tour Royale Enterprises Car*, 55/3 Vichit Songkhram Rd., ☏ 235265-71, 222062, und des *Phuket Airport Limousine Service*, ☏ 351347-9, fahren im Auftrag von Thai Airways um 6.30 und stündlich von 7–18 Uhr ab dem Stadion westlich der Einmündung der Mae Luan Rd. in die Vichit Songkhram Rd., 2 km westlich des Zentrums, und ab Airport in jeweils 1 Std. für 80 Baht einfach. Weitere Minibusse nach Patong, Kata oder Karon für 120 Baht und Kata Noi für 180 Baht.

An einem Schalter in der Ankunftshalle werden Coupons für Fahrten mit Taxen verkauft:

BANG TAO	450 Baht
CHALONG	550 Baht
KAMALA	500 Baht
KARON	650 Baht

KATA	650 Baht
KATA NOI	540 Baht
KHAO LAK	1300 Baht
KHAO SOK	2000 Baht
KRABI	2500 Baht
NAI HARN	650 Baht
PATONG	550 Baht
PHANG NGA	900 Baht
PHUKET TOWN	400 Baht
RAWAI	480 Baht
SURIN	450 Baht

Günstiger sind Taxi Meter, ✆ 232157-8, die nicht auf dem Flughafenparkplatz warten dürfen, aber telefonisch bestellt werden können.

Für Flüge, die früh abgehen, rechtzeitig ein Taxi vorbestellen.

Avis hat einen Schalter in der Ankunftshalle, *Budget* vermietet an der Straße gegenüber PKW, aber vor allem Jeeps. Zudem die lokale Autovermietung *Airport Car Rent*, ✆ 327484, ✉ 327485, ✉ airport@loxinfo.co.th, deren Jeeps bereits ab 800 Baht zu bekommen sind.

Richtung Takua Pa (für Khao Lak) oder Krabi auch mit dem Thai Airways-Bus Richtung Phuket Town. Den Busfahrer bitten, an einer Haltestelle der Überlandbusse an der Hauptstraße anzuhalten und auf der gegenüberliegenden Straßenseite einen vorbeifahrenden Bus zum Zielort stoppen.

Inlandflüge: Mit Thai Airways nach BANGKOK etwa stündlich für 2625 Baht, HAT YAI 1x tgl. für 1180 Baht.

Mit Bangkok Airways nach KO SAMUI 1–2x tgl. in 50 Min. für 1980 Baht und BANGKOK 3x tgl. für 2775 Baht.

Mit Phuket Air nach BANGKOK 1x tgl. für 2625 Baht.

Internationale Flüge nach KUALA LUMPUR 2–4x tgl. (Thai und MAS), SINGAPORE 3x tgl. (Thai) und zu weiteren Zielen über Bangkok.

Verschiedene Airlines offerieren Charterflüge im Winterhalbjahr.

Airport Tax bei internationalen Flügen 500 Baht, bei nationalen ist die Airport Tax von 30 Baht meist im Ticketpreis enthalten.

Airlines: *Bangkok Airways*, 158/2-3 Yaowarat Rd., ✆ 225033-5, ✉ 212341.

Phuket Air, am Airport, ✆ 351337, 🖥 www.phuketairlines.com.

Singapore Airlines, 183/103 Phang Nga Rd., ✆ 213891/5, ✉ 213888.

Thai Airways, 78 Ranong Rd., ✆ 212946.

BOOTE – Zwischen Phuket und KO PHI PHI, 48 km, fahren in der Saison tgl. gegen 8.30 Uhr über 10 Boote in 1 1/2–2 1/2 Std. zur Tonsai Bay. Zurück gegen 9 und 14.30 Uhr. Die meisten starten am Rassada Pier, einige wenige auch am Tiensin-Pier im Mündungsgebiet des Klong Tha Chin östlich von Phuket Town, Tuk Tuk 50 Baht. Ankommende Passagiere müssen sich auf überhöhte Forderungen der Taxifahrer einstellen. Die einfache Fahrt inkl. Hoteltransfer kostet 300–500 Baht, hin und zurück 500–1000 Baht, eine Tour inkl. Hoteltransfer, Mittagessen, Schnorchelausrüstung und Besuch der Maya Bay (700–1200 Baht). Man wird zwischen 7 und 8 Uhr abgeholt. Da sich die Boote und Abfahrtsorte ständig ändern, informiert man sich am besten in den Reisebüros vor Ort. Man sollte sich auf Massenabfertigung einstellen und keine Inselromantik erwarten. Nach Krabi und Ko Lanta steigt man in Ko Phi Phi um.

Direkt nach KRABI und zum Ao Nang Beach um 8.30 Uhr ab Rassada-Pier mit dem ac-Boot *Ao Nang Princess* in 2 Std. für 400 Baht, zurück um 15.30 Uhr.

BIKER – Wer vom Festland kommend nach Phuket Town fahren will, kann die erste Strecke auf der Insel den breiten Seitenstreifen der 4-spurigen Hauptstraße bis 1,2 km hinter der Zufahrt zum Marriott nutzen. Dort auf die schmale, wenig befahrene Asphaltstraße abbiegen, die durch die Küstenebene zum Mai Khao Beach führt. Am Ortsende von Mai Khao umfährt man in östlicher Richtung die Landebahn und kehrt südlich vom Flugplatz über den breiten H4026 mit Seitenstreifen an die Küste zurück. Nach einem Abstecher an den Nai Yang Beach, der über eine 500 m lange Straße zu erreichen ist, geht es nach Sakhu und weiter über den ersten steileren Pass Richtung Nai Thon. Nachdem weitere steile Strecken durch Kautschukplantagen und Wälder überwunden sind, liegt einem die abwechslungsreiche Ebene von Choeng Thale zu Füßen. Da die Küstenstraße vor allem zwischen Kamala, Patong und Kata / Karon sehr steil und stark befahren ist, sollten weniger Erfahrene den H4025 nach Osten nehmen und nach einer kurzen Strecke auf der Hauptstraße in Bang Khu rechts auf den Bypass H4022 abbiegen. Doch auch die Schleife über die südliche Insel hat ihre Reize, wenn man ausreichend Zeit für Abstecher hat und unterwegs übernachtet.

Die Strände der Insel Phuket

Die Strände im Osten der Insel, Chalong, Laem Ka und Rawai, sind sehr flach und zum Schwimmen nicht gut geeignet. Die attraktiven Sandstrände mit ihren Touristenenklaven liegen im Westen. Sie sind in mehreren Reihen mit Sonnenschirmen und Liegen vollgestellt. Mit dem eigenen Fahrzeug geht es vom Nai Harn Beach im Süden über Kata, Karon, Patong, Kamala, Surin, Bang Tao bis zum Nai Yang Beach, Busse verkehren nicht auf dieser Strecke.

Makham Bay und Umgebung

Von Phuket Town kommend, geht es auf dem H4021 Richtung Süden. Am Stadtrand zweigt der H4023 nach links zum **Kap Laem Panwa** ab. Vor **Ban Ao Makham** an der seichten **Makham Bay** verläuft eine Straße zum Ko Tapao Pier, von dem Boote auf die kleine vorgelagerte **Ko Tapao** fahren, auf der das *Phuket Paradise Resort*, ✆/✆ 211935, errichtet wurde. Hinter dem Dorf führt vor der großen Ölraffinerie vom H4123 links eine Abzweigung zum **Hafen** (*Deep Sea Port*). Geradeaus endet die Straße nach 10 km am sehenswerten **Aquarium** und **Marine Biological Research Center**, Eintritt 20 Baht, ⊙ tgl. 8.30–16 Uhr, ✆ 391126, Inselbusse ab dem Markt in Phuket Town 20 Baht, ein Tuk Tuk 140 Baht. Die bunten Korallenfische und anderen Meeresbewohner in den Becken vermitteln eine gute Vorstellung von der Unterwasserwelt rings um die Insel. Zurück geht es mit dem eigenen Fahrzeug am besten auf der unbeschilderten Abzweigung 1,5 km vor dem Aquarium am hügeligen westlichen Kap entlang. Die schmale Straße verläuft durch Kautschukplantagen hinab zur Küste, wo in einer Bucht eine Fischfarm ihre Reusen ausgelegt hat. Hinter dem Fischerdorf **Klong Chalong** erreicht man wieder die Hauptstraße.

Münchhausen Bungalows****, 11/9 Moo 7, Sakdidej Rd., ✆ 393123, ✉ muenchh@phuketinternet. co.th, neben der Raffinerie an der Küste. Leider stehen die ac-Bungalows ziemlich eng zusammen auf einem zubetonierten Grundstück. Pool, mäßiges Restaurant, Bar, deutsch-thailändisches Management.

The Panwaburi, 84 Moo 8 Sakdidej Rd., ✆ 200800-10, ✆ 200819, 🖳 www.panwaburi. com, ein neues, ruhig gelegenes Luxushotel, dessen 40 Zimmern und 39 Villas vor allem von Erholung suchenden gebucht werden. Offenes Restaurant, Pool und das Angsana-Spa in 8 teils offenen Räumen am Hang über einem kleinen eigenen Strand. Die angebotene Halbpension wird flexibel gehandhabt.

Cape Panwa Hotel, 27 Moo 8 Sakdidej Rd., ✆ 391123-5, ✆ 391177, 🖳 www.capepanwa.

PHUKET UND DIE NÖRDLICHE WESTKÜSTE

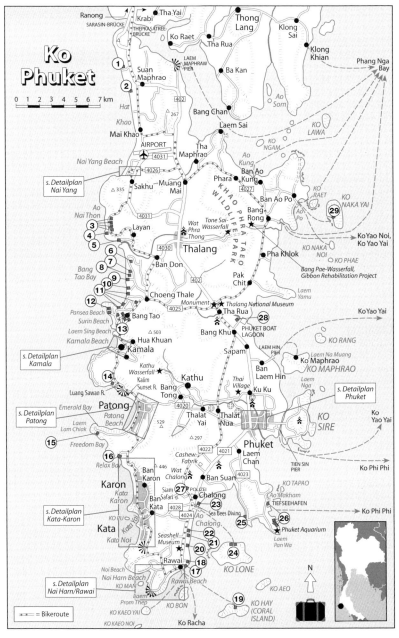

Ko Phuket

Ranong
SARASIN-BRÜCKE
Krabi
THEPKASATREE-BRÜCKE
Tha Yai
Ko Raet
Tha Rua
Thong Lang
Klong Sai
Klong Khian
Phang Nga Bay

0 1 2 3 4 5 6 7 km

Suan Maphrao
LAEM MAPHRAW PIER
Ba Kan
Ao Som
Bang Chan
Laem Sai
KO LAWA
KO NGAM
KO RAET
Ao Kung
Ban Ao Kung
Phara
Ban Ao Po
KO NAKA YAI
Ao Po
Mai Khao
AIRPORT
Tha Maphrao

Hat Khao

Nai Yang Beach
s. Detailplan Nai Yang
Sakhu
Muang Mai
△335
KHAO PHRA THAEO WILDLIFE PARK
Bang Rong
KO NAKA NOI
KO PHAE
Ao Nai Thon
Layan
Wat Phra Thong
Tone Sai-Wasserfall
Pha Khlok
Bang Pae-Wasserfall, Gibbon Rehabilitation Project

Thalang
Ban Don
Pak Chit
Laem Yamu

Bang Tao Bay
Choeng Thale
Monument
Thalang National Museum
Tha Rua
KO RANG
Ko Yao Yai

Pansea Beach
Surin Beach
Laem Sing Beach
Kamala Beach
Bang Tao
△503
Hua Khuan
Bang Khu
PHUKET BOAT LAGOON
LAEM HIN PIER
KO MAPHRAO

s. Detailplan Kamala
Kamala
Kathu Wasserfall
Kalim Sunset R.
Sapam
Ban Laem Hin
Ko Maphrao
Laem Nga
Laem Na Muang

Luang Sawan R.
Bang Tong
Kathu
Thai Village
Ku Ku
s. Detailplan Phuket

Patong
Emerald Bay
Patong Beach
Laem Lam Chiak
Thalat Yai
Thalat Nua
KO SIRE
Ko Yao Yai

s. Detailplan Patong
△529
△297

Freedom Bay
Cashew-Fabrik
Phuket
Laem Chan
TIEN SIN PIER
Ko Phi Phi

Relax Bay
Ban Karon
△446
Wat Chalong
Ban Suan
KO TAPAO
Ao Makham
TIEFSEEHAFEN

Karon
Kata Karon
Ban Kata
Siam Safari
POLIZEI
Chalong
Phuket Aquarium
Ko Phi Phi

s. Detailplan Kata-Karon
Kata
KO PU
Kata
Sea Bees Diving
Ao Chalong
Laem Pan Wa

Kata Noi
Seashell Museum
Rawai
KO LONE

s. Detailplan Nai Harn/Rawai
Noi Beach
Nai Harn Beach
KO MAN
Rawai Beach
Laem Prom Thep
KO KAEO YAI
KO BON
KO KAEO NOI
Ko Racha
KO AEO
KO HAY (CORAL ISLAND)

N

① ② ③ ④ ⑤ ⑥ ⑦ ⑧ ⑨ ⑩ ⑪ ⑫ ⑬ ⑭ ⑮ ⑯ ⑰ ⑱ ⑲ ⑳ ㉑ ㉒ ㉓ ㉔ ㉕ ㉖ ㉗ ㉘ ㉙

🚲 = Bikeroute

com, 100 m vor dem Aquarium zweigt links die steile Straße zum Luxushotel ab, 219 großzügige Zi mit allem Komfort, auch Bungalows und eine Villa mit eigenem Pool, mehrere Restaurants und Bars, Pool. Der schöne, kleine Privatstrand ist über eine Zahnradbahn von den höher liegenden Gebäuden erreichbar. Zu diesem Hotel gehört zudem unten kurz vor dem Aquarium **The Bay Hotel**, 31/11 Moo 8 Sakdidej Rd., ☎ 391514, ✆ 391208, ausschließlich mit luxuriösen Suiten. Shuttle zum Cape Panwa Hotel. Rings um das Bay Hotel konzentrieren sich einige kleine Restaurants, ein Minimarkt und kleine Läden, darunter viele Schneider und Reisebüros. **Panwa Beach Resort**, 5/3 Moo 8, Ao Yon, ☎ 393300-11, ✆ 200334, 🖥 www.panwaresort. com, komfortable, kleine Zi mit Balkon oder Terrasse in 2- und 3-stöckige Häusern an einem abgelegenen Strand an der Westküste des Kaps mit Blick auf Chalong. Großer Pool. Jahreszeitlich stark schwankende Preise. Wegen der abgelegenen Lage ist ein eigenes Fahrzeug von Vorteil.

Chalong

Vom H4021 führt 11 km südlich von Phuket Town am Kreisverkehr eine Zufahrt zur seichten **Chalong Bay**, der die Insel **Ko Lon** vorgelagert ist und die im Süden vom **Laem Ka** (16 km), einer kleinen Felsformation, begrenzt wird. Am Rande der Bucht, die bei Jachties aus aller Welt wegen ihrer geschützten Lage beliebt ist, wurden in den vergangenen Jahren viele Shop-Häuser errichtet. Der neue, 750 m lange Pier von Chalong hat die Erwartungen der Investoren geweckt, so dass Einkaufszentren und Apartmenthäuser aus dem Boden schießen. Schon seit Jahrzehnten haben sich viele Langzeiturlauber in dieser Gegend niedergelassen. Morgens starten Ausflugs- und Tauchboote zu den vorgelagerten Inseln. Zudem können Boote gechartert werden. Die Strände beiderseits der Anlegestelle in der Chalong Bay sind zu schmutzig und seicht zum Schwimmen.

Am **Mittrapab Beach**, auch Friendship Beach genannt, weiter im Süden ist das Meer ebenfalls sehr seicht. Daher sind die Bungalowanlagen kaum ausgelastet. Wer an Tempeln Interesse hat, sollte sich **Wat Chalong**, eine der wichtigsten buddhisti-

schen Anlagen Phukets, nicht entgehen lassen (3 km, s. S. 530).

CHALONG – The Father Bungalow***_****, 46/16 Chaofa Rd., ☎ 281282-3, 01-5977425, ✆ 280975, ✉ fatherbungalow@hotmail.com, 🖥 www.geocities.com/fatherbungalows, trotz der Nähe zur Anlegestelle ruhig gelegen, einstöckige Reihenhäuser mit 16 sehr sauberen Zi mit Fan oder ac, Du/WC und TV. Es können Boote zu den vorgelagerten Inseln gechartert werden.

IM HINTERLAND – Hier werden preiswerte Unterkünfte vor allem für Langzeiturlauber angeboten. Außerdem **Youth Hostel Phuket*****, 1 km vor dem Wat Chalong, ☎ 281325, 018-396857, ✆ 7111986, ✉ hostthai@ksc.th.com, 🖥 www.phukethostel. com. Neues Haus, saubere Zi mit Balkon, Fan oder ac, Frühstück inkl. Leider ziemlich weit abseits der Strände und jeglicher touristischer Infrastruktur gelegen und daher nur wenig gebucht. Die Busse von Phuket Town Richtung Chalong fahren daran vorbei.

SAI YUAN BEACH – Atlas Dive Resort ab****, 14 Vichit Rd., ☎ 381286, ✆ 381279, gepflegte, familienfreundliche Anlage, kleine Bungalows mit Fan oder ac oben am Hang oder gute ac-Zi in einem 2-stöckigen Haus nahe dem Pool und Strand z.T. mit TV, Telefon und Kühlschrank. Hier ist das Tauchzentrum von Poseidon, www.poseidondiving.com, stationiert. **Friendship Beach***_******, 27/1 Vichit Rd., ☎ 381281, ✆ 289140, renovierte Bungalows unter Kokospalmen in einer weitläufigen, Gartenanlage rings um ein großes Restaurant. Zur Zeit der Recherche war die Anlage ohne Management. **Vighit Bungalows** ab****, 16/1 Vichit Rd., ☎ 381342-5, ✆ 383440, ✉ Vichit_bungalow@ yahoo.com, 🖥 www.phuket.com/vighit, hinter dem Seenomaden-Friedhof. Am Hang und rings um das Restaurant und den großen Pool an der kleinen Bucht stehen 45 Steinhäuser unterschiedlicher Größe und Ausstattung mit ac, TV, Kühlschrank, Du/WC und Balkon. Die teuren stehen direkt am Meer.

LAEM KA – Auf dem felsigen Laem Ka erhebt sich das *The Evason Phuket Resort & Spa*, 100 Vichit Rd., ✆ 381010-7, ✉ 381018, 🖥 www.evasonphuket. com, das älteste First Class-Hotel der Insel. Von den 282 Zi mit Balkon und teils open-air-Bädern in den doppelstöckigen Reihenhäusern um den Pool bietet sich ein schöner Rundblick. Dafür liegt der Strand nicht vor der Tür. Die Gäste können zur 10 Min. entfernten Bon Island hinausfahren, die exklusiv zum Resort gehört.
Laemka Beach Inn ab****, 159 Viset Rd., 1 km abseits der Straße unterhalb vom Evason, ✆ 381305, ✉ 288547, an einem von Felsen durchsetzten, schattigen, netten, kleinen Badestrand, kleine Bungalows mit Fan oder größere mit ac sowie ein offenes Restaurant, in dem sich auch die Rezeption befindet.

Essen

Das Seafood-Restaurant *Kan Eang 1*, ✆ 381323, südlich des alten Piers, ist vor allem bei Thai-Touristen und Gruppen beliebt. Man sitzt an überdachten Tischen oder im Freien unter Kasuarinen und blickt aufs Meer.
Etwas weiter nördlich findet sich das Hinweisschild zum *Kan Eang 2*, wo ebenfalls frische Meeresfrüchte und Fische zubereitet werden, und dem vietnamesischen *Danang Restaurant*, ✆ 283124.
Jimmy's Lighthouse, Bar & Grill, 45/33 Chao Fa Rd., das große, stilvolle Restaurant unter dem Leuchtturm hat unter einem neuen Besitzer wieder eröffnet. Hier treffen sich Yachties, die Küche ist amerikanisch angehaucht, große Portionen. Entlang der Strandstraße reihen sich mehrere Bars und kleine Restaurants. Auch an der Hauptstraße nach Phuket gibt es einige Restaurants sowie die gute Bäckerei *Flintstones*.

Sonstiges

BOOTE – Auf dem langen Pier verkehren spezielle Minibusse für 10 Baht p.P. Mehrere Veranstalter bieten Tagestouren nach Ko Racha für 1100 Baht zum Schnorcheln oder 1700 Baht zum Tauchen an.
Selbst organisierte Tagestouren zur CORAL ISLAND mit dem Longtail-Boot 1200 Baht, Speed-boot für 6–8 Pers. 2500 Baht hin und zurück. Nach KO LON kostet das Longtail 800 Baht und das Speedboot 1800 Baht, und nach KO RACHA YAI ist nur das Speedboot für 400 Baht einfach bzw. 3500 Baht Charter pro Boot für einen Tagesausflug zu empfehlen.

MASSAGE – *Panwa Gardens*, am Cape Panwa, gute, günstige Massage von ausgebildeten Blinden, Kräutersauna, nach Voranmeldung unter ✆ 200484.

REITEN – *Phuket Riding Club*, 95 Moo 4, Viset Rd., ✆ 288213, erteilt Reitunterricht und bietet Ausritte mit oder ohne Begleitung am Strand entlang und durch das Hinterland an.

TAUCHEN – *Fantasea*, 43/20 Moo 5, Viset Rd, ✆ 281388, ✉ 281389. 🖥 www.fantasea.net, www.ocean-rover.com. Unter holländischer Leitung. Touren mit dem hervorragend ausgerüsteten Tauchboot Ocean Rover (z.B. mit E-6 Dia-Entwicklung) und *Liveabord Cruises* zu den Burma Banks und auf die Similan Inseln.
Sea Bees, 1/3 Moo 9, Viset Rd., ✆ 381765, ✉ 280467, 🖥 www.sea-bees.com, unter deutscher Leitung. Ableger in Kata und am Patong Beach.
South East Asia Divers, an der Hauptstraße südlich vom Kreisverkehr, ✆ 340586, 🖥 www. phuketdive.net. PADI 5-Sterne, Filialen u.a. im Le Meridien und Kata Thani.
Poseidon, im Atlas Dive Resort, 🖥 www. poseidondiving.com.

Nahverkehrsmittel

Die Inselbusse ab dem Markt in PHUKET TOWN kosten bis CHALONG 15 Baht, weiter nach RAWAI und KATA ebenfalls 15 Baht.
Tuk Tuks können nach PHUKET TOWN für 160 Baht gechartert werden. Rückkehrer von den Inseln müssen manchmal 200 Baht zahlen.

Rawai Beach

Der Strand im Süden der Insel, 17 km von Phuket Town, ist ein beliebtes Ausflugsziel einheimischer Touristen. Unter den Kasuarinen direkt am Meer mit schönem Blick auf die Inseln wird frisch zubereitetes Seafood serviert. Der schmale Sandstrand ist häufig verschmutzt und sieht wenig einladend aus, das Meer fällt flach ab und ist zum Schwimmen auch wegen der vielen Boote nicht geeignet. Durch die Coral Island ist die Bucht gut geschützt, dass selbst während der Monsunzeit das Meer ruhig ist.

Gegenüber der Einfahrt zum Island Resort steht das große, moderne Gebäude des privaten **Phuket Sea Shell Museum**, ⏰ tgl. 8–18 Uhr, ✆ 381888, ▭ www.phuketseashell.com, mit einem großen Souvenirshop. Die Sammlung der Brüder Patmakanthin umfasst über 200 Muschelarten aus aller Welt, darunter viele einheimische Muscheln, Schneckenhäuser und Perlen in allen Größen. Mit 200 Baht ist der Eintritt überhöht. Auch die Muscheln im Museumsshop sind überteuert, zudem stammen sie aus Indonesien oder den Philippinen, da das Sammeln und Verkaufen von Muscheln und Korallen in Thailand verboten ist.

Dort, wo die Straße nach Westen abzweigt, weisen Souvenirbuden und geparkte Busse den Weg zum **Sea Gypsy Village**, einer ärmlichen Siedlung von so genannten Seenomaden, die nicht unbedingt auf dem Besichtigungsprogramm stehen sollte.

Jenseits des Seenomaden-Dorfes und der Kokosplantage erreicht man einen angenehmen, schmalen **Strand** mit vereinzelten Felsgruppen. Hier kann man auch bei Ebbe schwimmen und sich unter schattigen Bäumen ausruhen.

Übernachtung

RAWAI – Alle Anlagen am Rawai Beach weiter südlich liegen direkt an der belebten Straße und sind durch diese vom Meer getrennt.

Pornmae Bungalow** ⑭, 58/1 Viset Rd., ✆ 381300, einfache, zweckmäßig eingerichtete Bungalows in einem ruhigen Garten hinter dem Seafood-Restaurant mit Fan und Du/WC, familiäre Atmosphäre.

Siam Phuket Resort ab**** ⑬, 24/24 Viset Rd., ✆ 381346, ✆ 381647, ▭ www.siamphuketresort. com, beliebte, gepflegte Anlage mit einstöckigen, soliden Häusern, neben 40 ac-Zimmern mit TV und Kühlschrank 10 Standard-Zi. und 4 Deluxe-Zi. um einen Garten mit Pool. Relativ günstiges Restaurant mit asiatischen und westlichen Gerichten, Seafood, Frühstück inkl.

SAYAN – In diesem Ort im Hinterland zwischen Rawai und Nai Han werden Bungalows und Apartments an Langzeiturlauber überwiegend auf monatlicher Basis vermietet. Im **Minimarkt** in Rawai, wo auch deutsche Boulevardblätter verkauft werden, kann man sich erkundigen, oder im Netz ▭ www.fishermanway.com. Einige Wäschereien und Läden haben sich auf diese Gäste eingestellt.

Essen

An zahlreichen Essensständen an der Strandstraße werden *som tam* und andere Snacks zubereitet.

Salaloi Seafood, am Strand, eines der größten Restaurants von Rawai das gutes Seafood und andere Thai-Gerichte zubereitet, man sitzt in wenig romantischer Umgebung an gefliesten Tischen am Strand neben der Straße. Gutes, preiswertes Seafood und andere Thai-Gerichte, freundlicher Service, sehr beliebt bei Einheimischen und vor allem am Wochenende voll.

Rimlay Restaurant, liegt etwas schöner und bietet ebenfalls einen Blick aufs Meer. Das Essen ist allerdings nicht so gut wie bei der Konkurrenz.

Nikita Café, kleine Bar unter Schatten spendenden Bäumen direkt am Meer. Wegen seiner ruhingen, entspannten Atmosphäre ist es bei Ausländern sehr beliebt. Es gibt westliches Frühstück mit gutem Kaffee, Thai-Gerichte und eine große Auswahl alkoholischer Getränke.

Touren

Am Strand können **Longtail-** und **Speedboote** für Tagestouren gemietet werden. Longtail-Boote, nur bei ruhiger See zu empfehlen, kosten nach Ko Bon oder Ko Kaeo Yai 400 Baht, Coral Island 600 Baht, Speedboot für bis zu 10 Pers. 2500 Baht, nach Ko Mai Thon, Ko Khai oder Racha Yai sollte man wegen der Entfernung nur mit dem Speedboot für 5000 Baht fahren. Weitere Boote ab Chalong Bay.

Nahverkehrsmittel

Inselbusse zum Markt in PHUKET TOWN 20 Baht, bis CHALONG 15 Baht.

Tuk Tuks zu chartern kostet nach PHUKET TOWN 200 Baht, abends mehr.
Taxi zum AIRPORT 480 Baht.

Nai Harn Beach

Ein herrlicher Strand an der südlichen Westküste, 21 km von Phuket Town: feiner, weißer Sand umrahmt von einer malerischen Lagune, rechts und links felsige Hügel, teilweise mit Kokospalmen bewachsen und schöne Sonnenuntergänge. Während der Regenzeit von April bis Oktober ist man jedoch voll dem Monsun ausgeliefert, und es hat beim Baden zu dieser Jahreszeit wegen der starken Unterströmungen vor dem Yacht Club bereits Tote gegeben.

Dieser Strand war einst das Eldorado der Traveller, jetzt ist er Anlaufpunkt betuchterer Feriengäste, die im vornehmen Yacht Club residieren. Allerdings wurde der geplante Jachthafen nicht genehmigt. Für Gäste, die den Trubel von Patong und Kata Karon nicht schätzen, ist Nai Harn noch immer eine Alternative. Auch das Hinterland überrascht mit reizvollen Plätzchen und vielen neuen Ferienhäusern, die zum Verkauf oder zur Vermietung stehen.

Auf der schmalen, kurvenreichen Straße durch Kautschukplantagen nach Kata bietet sich die Möglichkeit für einen Abstecher zum kleinen **Nui Beach**, zu dem sich 2,5 km hinter der Gabelung nach Nai Harn eine steile, etwa 2 km lange Straße hinabwindet. Die Bucht wird wie ein Privatstrand verwaltet. Für 200 Baht Eintritt erhält man einen Drink, eine Liege und einen Sonnenschirm.

Einen knappen Kilometer weiter Richtung Kata eröffnet sich von einem **Aussichtspunkt** mit Getränkeständen ein schöner Ausblick auf die Buchten von Kata und Karon. Auf der schmalen Straße östlich der Lagune gelangt man zum kleinen **Yanoi Beach**, einem sauberen, von Felsen durchsetzten Sandstrand. Das seichte Wasser mit vielen Fischen eignet sich gut für erste Schnorcheltrips. Gutes Restaurant, Verleih von Sonnenschirmen und Liegen.

Weiter geht es über die Hügel mit den Windmühlen in Richtung Rawai zum **Laem Prom Thep**, einem beliebten Ausflugsziel zum Sonnenuntergang (s.S. 531).

Am Nai Harn Beach

Übernachtung und Essen

NÖRDLICH VOM HAUPTSTRAND – *Coconut Bungalows***** ⑦, ☎ 381047, oberhalb der als Arbeiterunterkünfte genutzten alten Hütten und nur über steile Treppen zu erreichende saubere, renovierte Einzel- und Doppelbungalows mit Du/WC und Fan am Hang des Hauptstrandes direkt neben einem der teuersten Hotels der Insel. Von den kleinen Terrassen schöne Sicht aber viele Mücken. Anmeldung im Minimarkt neben dem guten, preiswerten *Coconut Café* an der Straße.
The Sands Resort ⑨, ☎ 383366, ☏ 289184, 🖳 www.phuket-sands.com, Apartments mit 2 Schlafzimmern für Langzeiturlauber, Pool, Restaurant.
Nai Harn Resort ⑧, 14/53 Moo 1, ☎ 289327-33, ☏ 289322, 🖳 www.naiharnresort.com, lieblos gestaltete Apartment-Reihenhäuser, 150 Zi zu 3500–6500 Baht, Pool, teures Restaurant.
Le Royal Meridien Yacht Club ⑥, ☎ 381156-63, ☏ 381164, diese wuchtige Anlage der Luxusklasse, die sich in Stufen den Hang hinauffrisst.

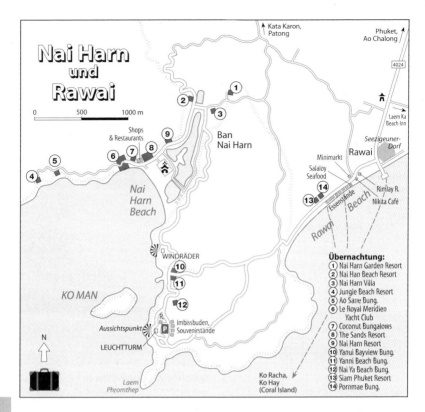

Nai Harn
und
Rawai

0   500   1000 m

Kata Karon, Patong
Phuket, Ao Chalong
4024
Laem Ka Beach Inn

Shops & Restaurants
Ban Nai Harn
Seezigeuner-Dorf
Rawai
Minimarkt
Salaloy Seafood
Rimlay R.
Nikita Café
Essensstände
Rawai Beach

Nai Harn Beach

WINDRÄDER
KO MAN
Aussichtspunkt
Imbissbuden, Souvenirstände
LEUCHTTURM
N
Laem Phromthep
Ko Racha, Ko Hay (Coral Island)

Übernachtung:
① Nai Harn Garden Resort
② Nai Han Beach Resort
③ Nai Harn Villa
④ Jungle Beach Resort
⑤ Ao Sane Bung.
⑥ Le Royal Meridien Yacht Club
⑦ Coconut Bungalows
⑧ The Sands Resort
⑨ Nai Harn Resort
⑩ Yanui Bayview Bung.
⑪ Yanni Beach Bung.
⑫ Nai Ya Beach Bung.
⑬ Siam Phuket Resort
⑭ Pornmae Bung.

scheint hinter den mit Blumen bepflanzten Terrassen fast völlig zu verschwinden.

HINTER DEM YACHT CLUB – (die Straße führt durch die Garage oder über die Uferpromenade am Quarterdeck Restaurant vorbei).

Ao Sane Bungalows**–*** ⑤, 11/2 Nai Harn Beach, ✆ 288306, 011-244687, ✉ 288306, an einem kleinen, groben Sandstrand, nach 1 km auf der Straße über den Hügel (herrliche Aussicht) zu erreichen. Die stark renovierungsbedürftigen Bambusmatten-Bungalows mit Du/WC, Moskitonetz und Veranda stehen direkt am Meer. In dem traditionellen Familienbetrieb geht es sehr geruhsam zu. Das Restaurant ist Ziel vieler Spaziergänger und Motorradfahrer, zudem dient es einigen Jachties als Nachschubbasis. Seit Jahren soll die Anlage abgerissen werden und einem

Luxusresort Platz machen. Das von Felsen durchsetzte Meer eignet sich gut zum Schnorcheln und auch zum Schwimmen.

Jungle Beach Resort ④, ✆/✉ 288264, 381108, 200 m weiter, seit Jahren repariert wird diese Anlage, die völlig abseits an einem Hang mit altem Baumbestand liegt. Renovierte Bungalows werden überteuert angeboten. Das Meer vor dem kleinen Strand ist zum Schnorcheln, aber nicht zum Schwimmen geeignet, dafür bietet sich der kleine Pool nahe dem Eingang an. Shuttle-Service zum Nai Harn Beach.

SÜDLICH VOM HAUPTSTRAND – 3 Straßenkilometer südlich von Nai Harn Beach, in Luftlinie nur 1 km:

Yanui Bay View Bungalows*** ⑩, 94/10 Moo 6, Viset Rd., ✆/✉ 238180, ✉ samsbayview@

hotmail.com, ein ruhiges Plätzchen in einer klei-nen Bucht, 15 Bungalows aus Naturmaterialien mit Fan und Du/WC mit der Atmosphäre des al-ten Phuket. Restaurant mit günstigen Gerichten, Pickup-Service.

Yanni Beach Bungalows**⑪, nebenan, 13 Thepkasatree Rd., ✆ 238179, 01-2735095, 14 Bungalows mit Fan, Du/WC und Kühlschrank, die etwas eng aufeinander stehen. Mit Restau-rant.

Nai Ya Beach Bungalow**⑫, 99 Moo 6, Viset Rd., ✆ 288817, 20 ältere und neuere nette, grö-ßere Bambusmatten-Bungalows mit Fan, Du/WC und Veranda, z.T. mit Kühlschrank, in einer weit-läufigen Anlage am Hang unter Bäumen. Vom Restaurant am oberen Ende der Anlage, in dem es nur Frühstück gibt, schöne Aussicht auf den Nai Harn Beach, unterhalb ein kleiner Sand-strand. Die Bungalows sind nur von Nov.–April geöffnet.

HINTER DER LAGUNE – Ca. 10 Min. zu Fuß zum Strand, liegen:

Nai Han Beach Resort**②, 14/29 Moo 1, Viset Rd., ✆ 381810, ✆ 214687, 20 solide Reihen-häuser an der Straße, 600 m vom Strand, mit Warmwasser-Du/WC, ac oder Fan, Restaurant.

Nai Harn Garden Resort ab****①, 15/12 Moo 1, ✆ 288319, ✆ 288320, ✉ naiharngardenresort @yahoo.com, 200 m abseits der Straße mit Blick über die Felder, neue Anlage für einen Langzeit-aufenthalt, kleine Zi und ein großes Haus für 2000 Baht bzw. 35 000 Baht im Monat. Mit Pool, Bar und Restaurant.

Nai Harn Villas ab****③, ✆ 381595-60, ✆ 381961, komplett eingerichtete Häuser und Wohnungen für einen Langzeitaufenthalt, Pool, Satelliten-TV.

Nahverkehrsmittel

Am Eingang zum Le Meridien Yacht Club vermie-tet ein Laden Mopeds für 150–200 Baht.
Bis zum späten Nachmittag fahren lokale Busse für 20 Baht nach PHUKET TOWN.
Tuk Tuks nach PHUKET TOWN für 220 Baht.
Taxi zum FLUGHAFEN 650 Baht, nach KATA 250 Baht.

Kata Beach (Kata Noi, Kata Yai, Kata-Karon)

Der Kata Beach, 17 km von Phuket Town, besteht aus zwei Buchten an der Westküste, die relativ schöne, saubere **Kata Noi** und die angenehme, vom *Club Med* dominierte **Kata Yai,** an deren südlichem Ende sich ein kleines Zentrum herausgebildet hat. Sie sind durch einen Felsvorsprung getrennt, von dem sich malerische Aussichten eröffnen. Das Ko-rallenriff mit vielen Fischen am nördlichen Ende der weit ausladenden Kata Yai-Bucht, rings um die Felsen und die kleine Insel **Ko Pu**, eignet sich gut zum Schnorcheln und für erste Tauchversuche, allerdings ist die Sicht oft schlecht. Während der Regenzeit entstehen am Kata Noi aufgrund eines Steilabfalls des Meeresbodens sehr gefährliche Unterströmungen. Dagegen ist es an Kata Yai si-cher, schöne Wellen, bereits ab September eignet sich dieser Strand gut zum Wellenreiten. Der Fe-rienclub nimmt mehr als die halbe Bucht von Kata Yai ein. Beiderseits der Taina Rd. liegt das zweite Zentrum mit vielen Geschäften, Unterkünften, ei-nigen Bars, Restaurants, Reisebüros, Motorrad-und Jeep-Verleih sowie Tauchstationen. Hier fühlen sich vor allem Skandinavier wohl. Eine Kläranlage soll bis Ende 2003 fertig sein.

Eine beliebte Attraktion in Kata-Karon ist der **Dino Park**, ✆ 330625, 🖥 www.dinopark.com, 🕐 tgl. 10–22, in der Saison bis 24 Uhr, eine mit steinernen Dinosauriern bestückte Minigolf-Anla-ge, die nicht nur Kindern Spaß macht, nettes Res-taurant, pro Runde 240 Baht, Kinder 200 Baht.

Ein großer **Markt** an der Umgehungsstraße, südlich des Zentrums, lohnt einen Besuch. Hier ge-hen vor allem Einheimische Lebensmittel und Tex-tilien einkaufen.

Ruhesuchende mit etwas großzügigerem Reise-budget fühlen sich am **Kata Noi** wohl. Die Atmo-sphäre am Strand wird von den Hotelgästen ge-prägt, die vielfach, trotz des Verbotes, „oben ohne" in der Sonne brutzeln. Am nördlichen Ende der Bucht führt eine lange Treppe auf die Landzunge hinauf, die Kata Noi vom Hauptstrand trennt. Hier sind zahlreiche neue Apartmentanlagen entstanden.

Übernachtung

KATA NOI – Trotz des riesigen Kata Thani Hotels ist diese Bucht immer noch angenehm ruhig.

PHUKET UND DIE NÖRDLICHE WESTKÜSTE

Jeweils die Vorwahl **076** mitwählen

①	Karon Hill Bungalows	****	✆ 341343-5
②	Le Meridien Phuket	(L)	✆ 340480-5
③	Central Karon Village	(L)	✆ 286300-9
③	Karon Bayview Bung.	ab****	✆ 286247
③	On the Hill	****	✆ 286469
③	Ban Karon Hill	(M)	✆ 286233
④	Felix Karon Swissotel	(F)	✆ 396666-75
④	The Front Village	(F)	✆ 398200-5
④	Ann House	***	
⑤	In on the Beach	(M)	✆ 398220
⑥	Lume & Yai Bungalows	****	✆ 396382
⑦	Phuket Ocean Resort	(M)	✆ 396176-8
⑧	Golden Sand Inn	(M)	✆ 396493-5
⑨	C.S. Resort	(M)	✆ 398041-5
⑩	Karon Whale Resort	(M)	✆ 398139-44
⑪	Beshert Hotel	**	✆ 396751
⑪	Southland Inn	****	✆ 396867
⑫	The Islandia Park Resort	(F)	✆ 396200-5
⑬	Crystal Beach Hotel	****	✆ 396580-5
⑭	Karon Bungalow	***	✆ 396237
⑮	South Sea Resort	(L)	✆ 396611-5
⑯	Karon Villa & Royal Wing	(F)	✆ 396139-48
⑰	Old Phuket Hotel	(F)	✆ 396353-6
⑱	Karon Seaview Bung.	***	✆ 396798
⑲	Phuket Arcadia H.	(L)	✆ 396038-44
⑳	Karon Village Resort	****	✆ 396431
㉑	Thavorn Palm Beach H.	(F)	✆ 396090-3
㉒	Karon Southern H.	ab****	✆ 396511-2
㉓	Holiday Village	**-***	✆ 396297-8
㉔	Tony Home Gh.	***	✆ 396160
㉕	Phuket Orchid Resort	(M)	✆ 396519-22
㉖	Bazoom House	**	✆ 396914
㉗	Casa Brazil	ab****	✆ 396317
㉘	Phuket Island View	ab****	✆ 396452-6
㉙	Karon View Resort	ab****	✆ 396272-6
㉚	Karon Silver Resort	ab****	✆ 396185
㉚	Kasemsuk Gh.	****	✆ 396480
㉚	Sangsavang Gh.	****	
㉛	Happy Inn	***	✆ 396260
㉛	Andaman Seaview H.	(F)	✆ 398111
㉜	Prayoon Bungalows	***-****	✆ 396196
㉝	Ruam Thep Inn	ab***	✆ 330281
㉞	Karona Tropical Resort	(L)	✆ 286406-10
㉟	Merit Hill Bung.	***	
㊱	Happy Hut	**-***	✆ 330230
㊲	Karon Beach Resort	(M)	✆ 330006-8
㊳	Marina Cottage	(F)	✆ 330625
㊴	S.P. Inn	(M)	✆ 330722
㊵	Kata On Sea Bung.	***	✆ 330549
㊶	Kata Garden Resort	ab****	✆ 330627-8
㊷	Diamond Cottage	(F)	✆ 286447
㊷	Fantasy Hill Bungalow	***	✆ 330106
㊸	Peach Hill Hotel	(M)	✆ 330603
㊹	Smile Inn	****	✆ 330926-8
㊺	Hotel Center Inn	****	✆ 330873
㊻	Rose Inn	***-****	✆ 330582
㊼	Lucky Gh.	***-****	✆ 330572
㊽	The Little Mermaid	***-****	✆ 330730
㊾	Bougainvillea Terr. Hs.	****	✆ 330087
㊿	Dome	***-****	✆ 330620
㊿	Jiva Resort	(L)	✆ 370300
(51)	Laem Sai Bungalow	****	✆ 285255
(52)	Club Med	(L)	✆ 330456-9
(53)	Sawasdee Gh.	***-***	✆ 330979
(53)	Sawasdee Village	(M)	✆ 330979
(53)	The Kata Orient House	ab****	✆ 285176
(54)	Sumitra Thai House	****	✆ 330515
(54)	Kata Seabreeze Resort	(F)	
(54)	Kata Palm Resort	(F)	✆ 284334-8
(55)	Banpetch Bungalow	***	✆ 333235
(55)	Maleena Bungalow	***	✆ 330296
(55)	Poolside	***-****	✆ 330678
(56)	Kata Beach Resort	(F)	✆ 330530-4
(57)	Mom Tri's Boathouse	(L)	✆ 330015
(58)	Kata Delight Villas	(F)	✆ 330636
(59)	Coastline	***	✆ 330550
(59)	Cool Breeze	ab****	✆ 330787
(59)	Over Sea	***	✆ 284155-6
(59)	Flamingo	ab****	✆ 330776
(59)	Da Bungalows	***	✆ 333055
(59)	Kata Rock Inn Seaview	****	✆ 330677
(59)	Tropical Garden Resort	(M)	✆ 285211-9
(60)	Kata Hill Residence	ab****	✆ 333042
(61)	Friendship	****	✆ 330499
(62)	Serene (Seawind) Res.	(M)	✆ 330148-50
(63)	Kata Minta	(F)	✆ 333283-5
(64)	Pornprateep	****	✆ 284186
(65)	Bell's Bungalow	***	✆ 330858
(66)	Kata View Point Resort	****	✆ 330815
(67)	P&T Kata House	**-****	✆ 284203
(68)	NIT	***-****	✆ 330766
(69)	K Gh.	***-****	✆ 333067
(70)	Pop Cottage	ab****	✆ 330181
(71)	Andaman Cannacia	(F)	✆ 284211-5
(72)	Kata Noi Pavillon	****	
(72)	Kata Noi Bay Inn	****	✆ 330570
(73)	Kata Thani Hotel	(F)	✆ 330009-14
(74)	Kata Noi Club	ab****	✆ 284025
(75)	Tapkaew Bungalow	****	✆ 330433-4

(M) = Mittelklasse um 2000 Baht, (F) = First Class um 4000 Baht, (L) = Luxus über 6000 Baht

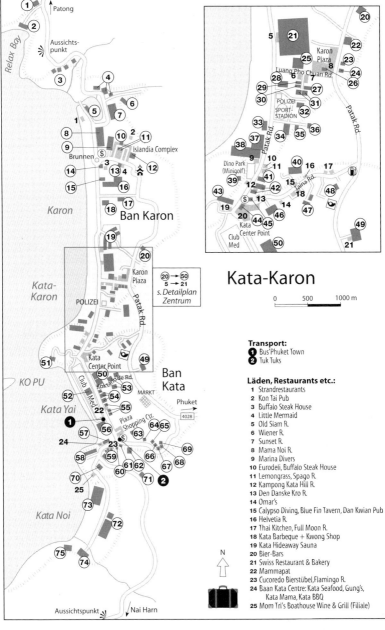

Kata-Karon

0   500   1000 m

Transport:

1 Bus'Phuket Town
2 Tuk Tuks

Läden, Restaurants etc.:

1 Strandrestaurants
2 Kon Tai Pub
3 Buffalo Steak House
4 Little Mermaid
5 Old Siam R.
6 Wiener R.
7 Sunset R.
8 Mama Noi R.
9 Marina Divers
10 Eurodeli, Buffalo Steak House
11 Lemongrass, Spago R.
12 Kampong Kata Hill R.
13 Den Danske Kro R.
14 Omar's
15 Calypso Diving, Blue Fin Tavern, Dan Kwian Pub
16 Helvetia R.
17 Thai Kitchen, Full Moon R.
18 Kata Barbeque + Kwong Shop
19 Kata Hideaway Sauna
20 Bier-Bars
21 Swiss Restaurant & Bakery
22 Mammapat
23 Cucoredo Bierstübel, Flamingo R.
24 Baan Kata Centre: Kata Seafood, Gung's, Kata Mama, Kata BBQ
25 Mom Tri's Boathouse Wine & Grill (Filiale)

Noch fehlt es außerhalb der Resorts an Restaurants und günstigen Einkaufsmöglichkeiten.

Tapkaew Bungalow ab**** ⑦₅, 4/13 Patak Rd., ☎ 330433-4, ✆ 330435, ✉ tabkaew@pkt. cscoms.com, ruhig gelegene aber teure Doppel-Steinbungalows mit Fan oder ac und Du/WC am Hang unter Schatten spendenden Bäumen, schön eingerichtet, fantastische Sicht aufs Meer, gutes Essen im Restaurant am Strand, aber etwas teuer.

Kata Noi Club ab*** ⑦₄, 3/25 Moo 2, Patak Rd., ☎ 284025, ✆ 330194, ✉ katanoi_club@yahoo. com, in 2-stöckigen Reihenhäusern neuere Zi mit Fan oder ac und Warmwasser-Du/WC am ruhigen Ende der Bucht in Strandnähe.

Kata Thani Hotel ⑦₃, 3/24 Patak Rd., ☎ 330009-14, ✆ 330426, 💻 www phuket-katathani.com. Riesige First Class-Hotelanlage, deren Strandseite jedoch gut der Landschaft angepasst wurde, recht kleine Zi; 3 Pools im Riesenpalmengarten am Strand. Im Restaurant *Oma's Küche* fühlen sich Pauschalurlauber wohl.

Kata Noi Bay Inn**** ⑦₂, 4/16 Moo 2, Patak Rd., ☎ 330570, ✆ 333308, ✉ katanoi_bayinn@ hotmail.com, saubere Zi mit ac und Warmwasser-Du/WC in einem neuen Haus an der Straße hinter dem großen Hotel. Im Seafood-Restaurant im Erdgeschoss steht auch Pizza auf der Karte.

Kata Noi Pavillon **** ⑦₂, Moo 2, Patak Rd., im Zentrum der Bucht auf der Landseite der Straße, neue Zi mit ac über dem Restaurant.

KATA YAI – Viele Unterkünfte konzentrieren sich am felsigen südlichen Ende des Strandes.

Pop Cottage ab**** ⑦₀, ☎ 330181, ✆ 330794, 💻 www.popcottage.com; außerhalb der Saison bei längerem Aufenthalt handeln möglich. Terrassenförmig angelegte Anlage an einem steilen Hang oberhalb der Straße nach Kata Noi und der Abzweigung zur Umgehungsstraße. Großzügige, komfortable, saubere Zimmer mit Balkon und Blick über die Bucht, in der Hochsaison übertreuert, Pool, Restaurant. Ruhebedürftige sollten die Zimmer nahe der Straße und am Pool meiden. An der Straße zum H4028 u.a.:

P. & T. Kata House*–****, Nebensaison**–***⑥₇, 13/3 Moo 2, Patak Rd., ☎/✆ 284203, ✉ ptkata@loxinfo.co.th. 300 m vom Strand liegt dieses ruhige Gästehaus für Traveller, das vom schweizer Ehepaar Babs und Charly geleitet wird. 12 ansprechende, saubere Zimmer mit Fan und Du/WC oder mit ac, Warmwasser-Du/WC und Kühlschrank, guter Service. Frühstücksmöglichkeit im Garten, Aufenthaltsraum.

K Gh.*–**** ⑥₉, 106/5 Koktanode Rd., ☎/✆ 333067, neueres, etwas von der Straße zurückversetztes, ruhiges Haus, 12 saubere Zi mit Fan oder ac und Du/WC, einige mit Balkon.

Friendship**** ⑥₁, ☎ 330499, ac-Bungalows verschiedener Größe, gutes Essen.

Kata Hill Residence ab**** ⑥₀, 5/42 Koktanode Rd., ☎ 333042, ✆ 330446, 💻 www.go.to/ familyinn. Neues Kleinhotel am Hang mit toller Aussicht auf die Bucht. 15 nett eingerichtete, geräumige Zi mit ac, TV, Kühlschrank und Balkon, großes, modernes Bad. Die 3 größeren Zi im Erdgeschoss haben sogar eine Küche. Kleiner Pool mit Liegen, Frühstücks-Restaurant.

Flamingo ab**** ⑤₉, 5/19 Patak Rd., ☎ 330776, ✆ 330814, Bungalows mit Fan oder ac und Du/WC hinter dem Restaurant an einem steilen Hang.

Kata Delight Villas ⑤₈, ☎ 330636, ✆ 330481, 💻 www.phuket-katadelight.com, an der steilen Felsküste südlich der Bucht mit toller Sicht, luxuriöse Bungalows und komfortable Zi ab 3000 Baht, Restaurant. Schönes Schnorcheln vor den Felsen am Ufer.

Mom Tri's Boathouse & Villa Royale ⑤₇, 2/2 Patak Rd., ☎ 330015, ✆ 330561, 💻 www. theboathousephuket.com, Luxuszimmer direkt am Meer und 6 exklusive Suiten im Thai-Stil in einem tropischen Garten hoch über dem Meer für 7–17 000 Baht, gepflegte Atmosphäre zu entsprechenden Preisen. Im Gebäude außerdem ein exklusives Wein- und Grillrestaurant sowie eine Galerie mit wechselnden Ausstellungen. So und Mi abends Live-Musik. Sa und So von 10–14 Uhr Thai-Kochkurs.

Kata Beach Resort ⑤₆, ☎ 330530-4, ✆ 330128, 💻 www.katagroup.com, riesiges First Class-Hotel direkt am Strand, 262 Deluxe-Zi mit Meersicht, 3 Restaurants. Großer Pool nahe dem Strand.

Poolside Bungalows*–**** ⑤₅, 7/7 Moo 2 Patak Rd., ☎/✆ 330678, am Ende der Bar-Gasse Soi Sanuk, recht hellhörige Bungalows mit Fan oder ac, kleiner Pool.

PHUKET UND DIE NÖRDLICHE WESTKÜSTE

The Kata Orient House ab**** ⑤③, 68/102 Moo 2, Patak Rd., ✆ 285176, 🖷 285177, 🖳 www. phuketweb.com/koh, 10 Min. abseits vom Strand, große, saubere und angenehm eingerichtete Zi mit Fan oder ac in soliden, steinernen Doppelbungalows in einem Garten, Frühstück inkl., unter belgischer Leitung.

Sawasdee Village ⑤③, 65 Kokranode Rd., ✆ 330979, 🖷 330905, 🖳 www.phuketsawasdee. com, romantische, kleine Bungalowanlage im Thai-Stil. Rings um den von Skulpturen und Pflanzen umgebenen Pool gruppieren sich die hübsch mit viel Holz und traditionellen Textilien eingerichteten Bungalows und eine Massage-Sala.

Bougainvillea Terrace House Resort ab**** ㊾, ✆ 330087, 🖷 330463, am Hügel über Kata, 1 km vom Strand, Studios und Apartments mit 1 und 2 Schlafzimmern, voll möbliert und mit Küche; Pool, Restaurant, Bäckerei; unter Schweizer Leitung. Mo, Mi, Fr und So Buffet mit Salat und Gerichten vom Grill, Abholservice von Kata und Karon.

KATA CENTER – Im neuen Zentrum aus mehrstöckigen Stadthäusern wurden zwischen Läden, Banken, Bars und Restaurants entlang der Taina Rd. (auch Moo 4, Patak Rd. genannt) Gästehäuser aufgemacht:

The Little Mermaid *** ㊽, 94/23-25 Taina Rd., ✆ 330730, 🖷 330733, ✉ mermaid@phuket.ksc. co.th, 4-stöckiges, bunt gestrichenes Hotel, kleine, saubere Zi mit ac oder Fan, extrem kleine Du/WC, Warmwasser; Pool. Skandinavische Bar und Steakhaus.

Lucky Gh. ***–**** ㊼, 110/44-45 Taina Rd., ✆ 330572, 🖷 330334, Zi und Bungalows mit und ohne Du/WC sowie Fan, ac-Zi im Hauptgebäude, ruhig, aber ignoranter bis unfreundlicher Service.

Rose Inn ***–**** ㊻, 114/23 Moo 4, Taina Rd., ✆ 330582, 🖷 330591, enge Reihenhäuser mit Fan oder ac und Du/WC hinter dem Restaurant und Reisebüro, Autovermietung, Taxiservice.

Hotel Center Inn **** ㊺, 65/1-66/3 Taina Rd., ✆ 330873, 🖷 330631, kleines Hotel, saubere Zi mit ac, heimelige, dänische Atmosphäre, mit Restaurant und Tauchschule.

Smile Inn **** ㊹, 116/10-12 Patak Rd., im Kata Center Point, ✆ 330926-8, 🖷 330925, 🖳 www. smile-inn.com, zentral gelegenes Hotel, alle Zi mit ac und Du/WC, TV, Telefon und Kühlschrank.

Peach Hill Hotel (um 2000 Baht),㊸, 113/16-18 Patak Rd., ✆ 330603, 🖷 330895, 🖳 www. peach-hill.com, 2–4-stöckiges Hotel, das sich vom Zentrum über den Hang erstreckt, ruhig gelegen abseits der Straße mit teils schöner Aussicht, offenes Restaurant mit kühler Brise aber schlechtem Service und mäßigem Essen. Ac-Zi mit Balkon und TV, teurere im neuen Flügel. Zudem Bungalows im Garten unter Palmen, 2 kleine Pools, Preis inkl. Frühstück.

Laem Sai Bungalow **** ㊿, 119/26 Patak Rd., ✆ 285255, 🖷 330464, ✉ laem_sai@samart.co.th, an der Stichstraße 500 m vom Zentrum, oberhalb der Breakers Apartments, 10 große Bungalows mit ac, Du/WC und Terrasse am Hang, z.T. mit Blick aufs Meer.

Am Hügel über Kata Center liegen u.a.:

Fantasy Hill Bungalow *** ㊷, 112/1 Patak Rd., ✆ 330106, große, saubere aber etwas hellhörige Bungalows im Thai-Stil mit Fan und Du/WC in einem Garten. Mopedvermietung.

Kata Garden Resort ab**** ㊶, 121/1 Patak Rd., ✆ 330627-8, 🖷 330466, 🖳 www. phuket-katagarden.com, 50 ac-Bungalows und 13 ältere mit Fan, Warmwasser-Du/WC, unter großen Bäumen, Pool, großes Seafood-Restaurant, Frühstück inkl.

Kata On Sea Bungalows *** ㊵, 116/16 Patak Rd., ✆ 330549, steiler Aufstieg von 100 m, zwischen Palmen und Büschen stehen 25 Steinbungalows, z.T. mit Sicht über Kata, einfach eingerichtet, überaus beliebt, daher auch häufig ausgebucht.

S.P. Inn ㊴, 122 Moo 4, Karon, ✆ 330722, neben dem Dino Park, 2 etwas abseits gelegene neue Häuser, große Zi. mit ac und Du/WC, die teils von Langzeiturlaubern bewohnt werden.

Diamond Cottage Resort & Spa (um 4000 Baht), ㊷, 6 Karon Rd., ✆ 286447, 🖷 286451, 🖳 www. diamondcottage.com, neue Anlage im modernen Thai-Design mit 57 angenehm gestalteten Zi mit Balkon und 10 Villen, relativ großer Pool, Restaurant.

KATA–KARON – Auf dem Hügel zwischen Kata und Karon in günstiger Lage zwischen Zentrum und Strand stehen Unterkünfte verschiedenster Kategorie:

Prayoon Bungalows ***–**** ㉜, ✆ 396196, große und kleine allein stehende, saubere Bunga-

lows in ruhiger Lage am Hang hinter dem Stadion und Andaman Seaview Hotel, auf einem weitläufigen Grundstück, freundliche Leute.
Ruam Thep Inn ab*** ③③, 120/4 Patak Rd., ✆ 330281, Zi mit Du/WC und Fan oder ac in einigen Bungalows und dem Haupthaus zwischen Straße und Strand, belebtes Restaurant.
Karona Tropical Resort ③④, 121/4 Patak Rd., ✆ 286406-10, 396686-7, 🖷 286411, 🖳 www.karonatropicalresort.com, 96 Luxuszimmer und Suiten um 3000–8000 Baht.
Happy Hut–*** ③⑥, ✆ 330230, eine der ältesten, erhalten gebliebenen Anlagen. Einfache Bambusmatten-Bungalows mit Du/WC und einem offenen Restaurant am Ende einer Stichstraße am Hang, 400 m vom Strand. Relaxte Atmosphäre, viele Familien und Stammgäste. In der Regenzeit geschlossen.
Karon Beach Resort (um 2000 Baht), ③⑦, 120/5 Patak Rd., ✆ 330006-7, 🖷 330529, 🖳 www.phuket.com/karonbeach, Hotel direkt am Strand, 79 Zi in 3-stöckigem Hotelblock mit Meerblick; Restaurant; Swimming Pool.
Marina Cottage ③⑧, 120/2 Patak Rd., ✆ 330625, 🖷 330516, 🖳 www.marinaphuket.com, eine Anlage mit Charakter, die leider die Preise selbst der günstigsten Zimmer auf über US$100 erhöht hat. Große ac-Bungalows in traditioneller Thai-Architektur auf dem Hügel in tropischer Gartenanlage, 2 schöne Restaurants am Meer über den Felsen und am Pool. Das Essen im On the Rock Restaurant ist eines der besten der Insel. Sehr umweltbewusst und auf guten Service bedachtes Management.

Vorsicht: Vor allem in Kata und Karon, aber auch an anderen Stränden bieten Europäer Touristen die Teilnahme an einem Gewinnspiel an. Der Gewinn muss in einem Resort abgeholt werden, wo man von einem angeblichen Verein zu einem Time-Sharing-Vertrag überredet werden soll. Am besten geht man von vornherein nicht darauf ein.

Essen

KATA YAI – Da der Club Med Rundum-Versorgung bietet, sind die Restaurants rings um die Anlage äußerst rar gesät. Weiter südlich offerieren die Strandrestaurants die beste Auswahl und eine angenehme Atmosphäre.
Im **Mom Tri's Boathouse Wine & Grill** werden zu qualitativ hochwertigen internationalen Gerichten, die von einem Spitzenkoch zubereitet werden, gute Weine serviert. Europäisches Preisniveau. ☼ tgl. 7–22.30 Uhr, Sa 21–24 Uhr Jazz-Live, Mi abends Latin-Musik. Auch Kochkurse und Kunstausstellungen.
Rings um das Boathouse bieten sich mehrere preiswertere Alternativen:
Einige nette Restaurants liegen direkt am Meer unterhalb vom Baan Kata Center. Wer zur richtigen Zeit hier ist, kann beobachten, wie die Fischer mit ihren Booten zum Nachtfischen hinausfahren. Von den offenen Gartenrestaurants ist das einfache **Kata Mama** zu Recht sehr beliebt. Die alteingesessene Familie gehört zu den letzten Fischern am Strand, so dass das Seafood immer frisch ist. Manchmal wird der Fang direkt aus dem Boot ins Restaurant gebracht. Auch Zimmervermietung. Leider werden manchmal die Abwässer des dahinter liegenden großen Hotels direkt vor dem Restaurant abgeleitet. Das wird sich wohl erst mit der Fertigstellung der Kläranlage ändern.
Auch im **Kata BBQ** ist das Essen preiswert und gut und der Service freundlich. Weiterhin befinden sich hier **Kata Seafood** und das teure **Gung's**.
An der Straße im **Flamingo** hervorragende Holzofenpizza, Pasta und guter Kaffee, allerdings ohne Strandblick.
Im **Cucoredo Bierstübel** werden bereits sein vielen Jahren von Reinhard und seiner Familie österreichisch-deutsche und einfache Thai-Gerichte sowie Pizza zum Bier vom Fass serviert.
Mammapat, 7/5 Moo 2, Patak Rd., hinter dem Kata Beach Resort. Das einfache, offene Restaurant serviert preiswerte, leckere Thai- und europäische Gerichte, auf Vorbestellung auch frischen Fisch. Das entschädigt für die unattraktive Lage an der Straße mit Blick auf die hohe Hotelmauer.

KATA CENTER – Das offene Restaurant im Erdgeschoss des **Smile Inn** im Center Point ist aufgrund der zentralen Lage trotz der lauten Straße gut besucht. Abends Thai-Menü zum Festpreis.

Den Danske Kro im Hotel Center Inn, ein skandinavisches Restaurant, Speisekarte in vielen Sprachen, internationale Küche.

Hungrige werden bei einem Bummel durch die Taina Rd. höchstwahrscheinlich zu jeder Tageszeit etwas Leckeres finden:

Kata Barbeque, Taina Rd., der deutsche Besitzer Eugen und seine Helferinnen fahren in der Saison morgens ein preiswertes Frühstücksbuffet auf. Ansonsten Frühstück à la carte, tagsüber einheimische und deutsche Gerichte. Abends konkurriert das ac-Restaurant mit seinem Nachbarn um das beste, günstigste Seafood.

Der *Kwong Shop* nebenan, 114/53 Taina Rd., ☎ 285201, lockt ebenfalls mit frischen Meeresfrüchten und anderen leckeren Thai-Gerichten mit chinesischem Einschlag. Relativ einfache Ausstattung, aber sehr gutes Essen und freundlicher Service. Der Besitzer sorgt für eine originelle Atmosphäre.

Omar's, 114/68-9 Taina Rd., etwas zurückversetzt, ☎ 330611, ist eines der wenigen besseren indisch-muslimischen Restaurants. Gute, aber nicht ganz billige indische, afghanische, arabische und pakistanische Gerichte, auch Vegetarisches, sauber und freundlich. Auch Lieferservice.

Im *Blue Fin Tavern* und benachbarten *Dan Kwian Pub* lassen bei guter Musik die Taucher aus der Nachbarschaft den Abend ausklingen. Man kann drinnen und draußen sitzen, gute Atmosphäre, freundlicher Service, akzeptables Essen.

Das *Kampong Kata Hill*, 112/2 Patak Rd., ☎ 330103, eine schöne Anlage aus Holz in einem tropischen Garten auf dem Berg, wartet nicht nur mit einer umfangreichen Speisekarte (Seafood, einheimische und europäische Gerichte ab 200 Baht), sondern auch mit einer schönen Aussicht über Kata auf. Der Service lässt allerdings zu wünschen übrig.

Thai Kitchen in der hinteren Taina Rd. hat gutes, sehr preiswertes Thai-Essen, das auf einheimischen Geschmack abgestimmt und sehr scharf ist sowie wesentlich teurere Gerichte auf der Touristen-Speisekarte.

Im *Full Moon Restaurant* neben Thai Kitchen wird die preiswerteste Pizza des Ortes gebacken.

Helvetia Restaurant, gute Frühstückskarte, gehobenere Preise.

Im *Swiss Restaurant & Bakery* beim Bougainvillea Terrace House, 117/1 Patak Rd., etwas außerhalb an der Hauptstraße, werden europäische Gerichte und aus der Schweiz importierter Käse und Kaffee serviert. ⏰ tgl. 8–24 Uhr.

KATA–KARON – Im *Spago*, Taina Rd., gibt es italienische Gerichte.

Hier findet man zudem das relativ günstige Thai-Restaurant *Lemongrass*.

Im *Dino Park*, ☎ 330625, 🖥 www.dinopark.com, ⏰ tgl. 10–24 Uhr, lohnt das hervorragende Restaurant mit tollem Ambiente die Geldausgabe, gemischtes Seafood-BBQ 240 Baht.

Euro-Deli, gegenüber dem Dino Park, ein Café im westlichen Stil und europäischem Preisniveau. Recht preiswert ist das Essen im *Ruam Thep Inn*, 120/4 Moo 4, Patak Road. Das Restaurant direkt am Meer gehört zur gleichnamigen Unterkunft.

Sonstiges

AUTOVERMIETUNG – *Avis*, 🖥 www.avisthailand.com, hat eine Filiale in Mom Tri's Boathouse.

FESTIVAL – Jedes Jahr steht Anfang Februar Kata Beach im Zeichen des Baan Kata Artfest. Informationen über akutelle Ereignisse unter 🖥 baankata.com/events/index.htm. Neben Ausstellungen bekannter Künstler und Kunsthandwerker locken zahlreichen Musikveranstaltungen. Zentrum ist das Haus des Thai-Architekten ML Tri Devakul.

GELD – Automaten an der zentralen Kreuzung beim Smile Inn und am Plaza Shopping Center.

KOCHKURSE – Im *Mom Tri's Boathouse*, ☎ 330015, wird Sa und So nach telefonischer Voranmeldung von 10–14 Uhr ein 2-tägiger Thai-Kochkurs abgehalten, maximal 10 Teilnehmer, 2400 Baht p.P., ein Tag 1500 Baht (am besten den Sonntags-Kurs nehmen).

MOTORRÄDER – Werden je nach Saison und Nachfrage für 150–200 Baht von Unterkünften und Reisebüros vermietet.

SAUNA – *Kata Hideaway Sauna*, 116/9 Moo 4, Patak Rd., ☏ 330914, 💻 www.phuket-hideaway.com, an der Abzweigung der Stichstraße auf die Landzunge, für alle, die sich verwöhnen lassen wollen. Holzhütten mit Kräutersauna, kleiner Pool, Mo–Fr vormittags Massagekurse. Im angeschlossenen Restaurant vegetarische Gerichte, Mi und Do Kochkurse.

TAUCHEN UND SCHNORCHELN – Die meisten Tauchschulen haben ihre Basen in Kata. Auf einigen Tagestouren werden auch Schnorchler mitgenommen. Eine ABC-Ausrüstung kann für ca. 100 Baht geliehen werden.

Calypso Divers, 109/17 Taina Rd., Kata Beach, ☏/📠 330869, 💻 www.calypsophuket.com. Deutsche Tauchschule, Spezialist für *Liveaboard Cruises* mit 6 Booten zu den Inseln im Süden (2 Tage Hin Daeng, Hin Muang, Calypso Riff), nach Similan (4 Tage), Phi Phi (2 Tage inkl. Übernachtung), Richilieu und den Burma Banks (8 Tage).

Kon-Tiki, 66/2 Patak Rd., Karon Beach, ☏ 396312, 📠 396313, 💻 www.kon-tiki-diving.com. Schwedische Tauchschule. Filiale im Karon Royal Wing.

Marina Divers, 120/2 Moo 4, Patak Rd., Kata Beach, ☏ 330272, 📠 330516, ✉ info@marinadivers.com, beim Marina Cottage. PADI 5-Sterne, die französischen Besitzer organisieren vor allem Tagestouren, Fahrten nach Similan und Kurse.

Nautilus Divers, 5/33 Kata Noi Rd., Kata Beach, ☏/📠 330174. Tauchschule unter Schweizer Leitung, Tauchfahrten mit dem Speedboat, Unterwasser-Scooter, große Gruppen.

WÄSCHEREIEN – Mehrere in der Hauptstraße, der Taina Rd.

Nahverkehrsmittel

Die Fahrer von Samlors und Tuk Tuks verlangen bereits für kurze Strecken an den Stränden unter 1 km mindestens 100 Baht, da hilft nur Laufen oder intensives Handeln. Kurze Strecken sollten tagsüber nicht mehr als 20 Baht und nachts 50 Baht kosten, zwischen Kata und KARON 100 Baht. Gecharterte Tuk Tuks nach PHUKET TOWN kosten 200 Baht, PATONG 160 Baht und Taxis vom und zum FLUGHAFEN 650 Baht, Tuk Tuks ab 300 Baht.

Bis 17 Uhr fahren lokale Busse alle 30 Min. für 20 Baht nach PHUKET TOWN, zurück bis 18 Uhr. Sie starten südlich vom Club Med und halten überall an der Strandstraße an.

Karon Beach

Der 3 km lange, breite Sandstrand mit Dünen, 20 km von Phuket Town, wirkt landschaftlich nicht gerade reizvoll. Im Norden wird er von Felsen und einer vorgelagerten hübschen Lagune begrenzt. Hier führt die Straße über die Relax Bay zum Patong Beach. Beim Schwimmen ist, vor allem während der Regenzeit, Vorsicht angebracht, da ein starker Rücksog herrscht. Am südlichen und nördlichen Rand der Bucht wurden der Islandia Complex mit Supermärkten, Apartments, Restaurants, Bars, Reisebüros, anonymen Kleinhotels und Einkaufspassagen aus dem Boden gestampft. Zur Verschönerung des nicht besonders attraktiven Gebietes soll der **Brunnen** mit Statuen von Bauern und Himmelsnymphen im großen Kreisverkehr beitragen. Am zentralen Strand erstrecken sich eine Hand voll Luxushotels. Im nördlichen Bereich sind nur noch wenige auf Individualtouristen eingestellt, dagegen haben sich im südlichen Bereich einige preiswerte Anlagen etabliert. Das Preisniveau der Restaurants ist etwas überhöht.

Übernachtung

LUANG PHO CHUAN RD. (auch Moo 3, Patak Rd.) – *Bazoom House*** ㉖, Karon Plaza, 64/76-77 Patak Rd., ☏ 396914, ✉ bazoom@loxinfo.co.th, 💻 www.bazoomhouse.com. In dem bunt angemalten 2-stöckigen sauberen Hostel werden Doppelstockbetten im Schlafsaal für 100 Baht vermietet, mit Bettwäsche 20 Baht mehr. Die preiswerteste Unterkunft an diesem Strand, wenn nicht von allen Stränden.

Phuket Orchid Resort ㉕, 128/4 Luang Pho Chuan Rd., ☏ 396519-22, 📠 396526, die große Mittelklasse-Hotelanlage etwas abseits des Strandes dominiert die Straße. Bungalows und komfortableren Zimmern mit Balkon in 3-stöckigen Reihenhäusern, z.T. zur lauten Straße hin. Großer Pool.

Gegenüber mehrere Restaurants, einfache Zimmervermietungen und Gästehäuser, in denen sich Sparsame wohl fühlen. Einige sind schmuddelig oder laut, daher checken!

Zurückversetzt in einer Sackgasse liegen:

Casa Brazil ab**** ㉗, 127/14 Luang Pho Chuan Rd., ✆ 396317, ✉ casabrazil@hotmail.com, 21 Zi im Landhausstil mit Fan oder ac und Du/WC, Frühstück inkl. Gutes Preis-Leistungs-Verhältnis.

Karon View Resort ab**** ㉙, 127/21-6 Luang Pho Chuan Rd., ✆ 396272-6, ✇ 396279, Bungalows und Zi mit ac an einem kleinen Pool. Frühstück inkl.

Karon Silver Resort ab**** ㉚, 127/9 Luang Pho Chuan Rd., ✆ 396185, ✇ 396187, ✉ karonsilver @hotmail.com, ruhiges familiäres Resort, Zi in 2-stöckigen Häusern mit Fan oder ac, mit oder ohne Warmwasser.

Kasemsuk Gh.** ㉚, ✆ 396480, preiswerte Zi, freundliche Leute.

Happy Inn*** ㉛, ✆ 396260, am Ende der Sackgasse, 9 Bungalows in einem Palmen- und Blumengarten am Hang; familiäre Atmosphäre.

ZENTRUM – Hier dominieren Riesen-Luxushotels. Die kleineren Anlagen scheinen dem Verfall preisgegeben, wer billig übernachten will, findet an anderen Strandabschnitten bessere Möglichkeiten.

Crystal Beach Hotel*** ⑬, 36/10 Patak Rd., ✆ 396580-5, ✇ 396584, einfaches, abgewohntes Hotel an der Hauptstraße zum Strand, Zi mit ac und TV.

South Sea Resort ⑮, 36/12 Moo 1, Patak Rd., ✆ 396611-5, ✇ 396618, ⌨ www.phuket-southsea. com, etwa 100 Zi mit Luxuspreisen konzentrieren sich rings um den Pool.

Karon Villa & Royal Wing ⑯, 36/4 Patak Rd., ✆ 396139-48, ✇ 396122, ⌨ www.karonvilla.com, 324 gut ausgestattete ac-Zi in Bungalows und im bis zu 5-stöckigen First Class-Hotelkomplex, guter Zimmerservice, hingegen mäßiger Service in den Restaurants, 3 Pools. Frühstücksbuffet in steriler Umgebung.

Old Phuket Hotel ⑰, 192/36 Karon Rd., ✆ 396353-6, ✇ 396357, ⌨ www.oldphukethotel. com, attraktiv wirken die im sino-portugiesischen Stil gestaltete Fassade und der Eingangsbereich mit dem Coffee Shop. Da können die Zi mit ihrer üblichen Mittelklasse-Ausstattung nicht mithalten. Pool, Fitness Center mit Sauna und

Massage, aber relativ triste Umgebung und weiter Fußweg zum Meer.

Karon Seaview Bungalows*** ⑱, 36/9 Patak Rd., ✆ 396798, auch wenn das Personal nicht sehr freundlich ist, so ist dies doch die einzige relativ preiswerte, große Anlage an der Strandstraße. 70 gemauerte, dicht nebeneinander liegende und etwas abgewohnte Bungalows mit Fan und Du/WC, Restaurant mit preiswerten Gerichten. Durch die neuen Geschäftshäuser nebenan wird sich die Gegend vielleicht bald verändern.

Thavorn Palm Beach Resort ㉑, 128/10 Patak Rd., ✆ 396090-3, ✇ 396555, ⌨ www. thavornpalmbeach.com, riesiger, 2–4-stöckiger First Class-Hotelkomplex, 210 ac-Zi, 4 Restaurants; 5 Pools und Tennisplätze in großzügiger Gartenanlage, Kindergarten mit Pool. Ableger von einem der ältesten Hotels der Insel in Phuket Town.

KARON NORD – Von der Strandstraße zweigt am Kreisverkehr die Patak Rd. landeinwärts ab. In den 3-stöckigen Geschäfts- und Wohnhäusern des **Islandia Complexes** befinden sich mehrere Bars, Restaurants, Reisebüros und im Obergeschoss preiswerte Unterkünfte ab 200 Baht, deren Namen und Besitzer häufig wechseln. Hier u.a.:

Beshert Hotel* ⑪, 33/118 PATAK RD., ✆ 396751, ✇ 396752, ✉ suchan02@hotmail.com, vor dem Eingang zum Kon Tai Pub, einfache aber saubere Zi mit Doppelstockbetten und Fan.

Southland Inn*** ⑪, 33/117 Patak Rd., ✆/✇ 396867, ⌨ www.southland-phuket.com, Zi mit ac, TV und Warmwasser. Im Erdgeschoss ein Café.

Karon Whale Resort ⑩, 33/135 Patak Rd., ✆ 398139-44, ✇ 398145, ✉ karonwhale_phuket @hotmail.com, 3-stöckiges Hotel am Ende der Barstraße. Zi ab 2000 Baht mit Balkon zum Pool und Blick auf die Rückwand des C.S. Resorts.

Hinter der Lagune, die es auf dem Weg zum Strand zu überqueren gilt:

Golden Sand Inn ⑧, 8/6 Patak Rd., ✆ 396493, ✇ 396117, ⌨ www.phuket-goldensand.com, Bungalows mit ac ab 1500 Baht, teure Hotelzimmer mit ac, Warmwasser und Minibar, gutes, nicht überteuertes Restaurant, schöner Pool, nahe zum Strand.

PHUKET UND DIE NÖRDLICHE WESTKÜSTE

Phuket Ocean Resort ⑦, 9/1 Patak Rd.,
✆ 396176-8, 📠 396470, Mittelklassehotel mit terrassenförmig angeordneten Balkons am Hang, schöne Sicht zum 300 m entfernten Meer; chinesisches Restaurant, 2 Pools.

*Lume & Yai Bungalows****** ⑥, ✆ 396382,
🖥 396096, in einer ruhigen Nebenstraße hinter den Neubauten am Hang, 9 Steinhäuser mit 18 Doppelzimmern, z.T. mit Küche, saubere Du/WC, Terrasse, schöne Sicht auf Meer und Berge.

In on the Beach ⑤, 9/23-24 Moo 1, Patak Rd.,
✆ 398220, 🖥 398225, 🖥 www.
karon-inonthebeach.com, 2-stöckiges Mittelklassehotel zwischen Lagune und Meer abseits der Hauptstraße direkt am Strand. 30 ac-Zi und 4 familiengeeignete Suiten mit Balkon, Safe, Kühlschrank und mehr. Frühstück inkl., Pool.

Central Karon Village ③, 8/21 Moo 1, Karon,
✆ 286300-9, 🖥 286315-6, 🖥 www.centralgroup.com, am Hang abseits des Hauptstrandes liegt dieses Resort. 64 Komfortbungalows für ca. 4000 Baht stehen auf einem 22 ha großen bewaldeten, ruhigen Grundstück am Hang, 2 Pools, Restaurant, Shuttlebus zum Hauptstrand.

Essen und Unterhaltung

LUANG PHO CHUAN RD. – Entlang der Straße haben sich einige Touristen-Restaurants etabliert, die überwiegend von Gästen des gegenüberliegenden großen Phuket Orchid Hotels besucht werden und auch mit etwas gehobenen Preisen und deutschsprachigen Speisekarten aufwarten.
Im *Wiener*, ✆ 396532, wird österreichische Küche und deutsches Bier geboten. ⏱ tgl. 9–24 Uhr.
Im großen *Sunset Restaurant* serviert die freundliche Bedienung westliche und Thai-Küche.

Mamma Noi, die früher in Kata war, ist mit ihrem Selbstbedienungsrestaurant ins Karon Plaza umgezogen. Das weiß geflieste Restaurant mit Neonlicht, Plastikstühlen, einem Tresen zum Bestellen und dem Kühlschrank, aus dem sich die Gäste selbst mit Getränken versorgen, ist nicht gerade gemütlich, aber wegen der Chefin und der relativ günstigen italienischen Gerichte beliebt. Auch Thai-Essen und Frühstück.

ZENTRUM – Im *Old Siam Restaurant*, 128/10 Moo 3, Patak Rd., an der Strandstraße, kann man in traditioneller Thai-Atmosphäre klassisch speisen, mit Aussichtsterrasse. Mi und So abends klassische Thai-Tänze. Gehobenes Preisniveau. Gratistransport unter ✆ 396552. ⏱ tgl. 12–15 und 18–23 Uhr.

KARON NORD – Im *Buffalo Steak House*, 35/19-22 Moo 1, Patak Rd., südlich vom Karon-Kreisverkehr, ✆ 333013, serviert der schwedische Chef ausgezeichnete neuseeländische oder australische Steaks und leckeren schwedischen Apfelkuchen. Man kann draußen sitzen und den Blick aufs Meer genießen. Bei Europäern trotz der hohen Preise sehr beliebt, freundlicher Service. Filiale in Kata-Karon, gegenüber dem Dino Park.
Im *Little Mermaid*, gegenüber dem Islandia Complex, wird unter dänischer Leitung überwiegend europäisch gekocht, ⏱ rund um die Uhr, nur die Küche schließt zwischen 3 und 6 Uhr.
Im *Islandia Complex* konzentrieren sich zahlreiche Restaurants mit relativ günstigen Preisen.
Im *Kon Tai Pub* südlich vom Phuket Ocean Resort geht in der Saison die Post ab. Auf dem Platz davor bauen abends Händler ihre Stände auf.

Sonstiges

AUTOVERMIETUNG – *Budget* hat eine Filiale in der Karon Villa.

GELD – Die *Siam City Bank* am Kreisverkehr in Karon wechselt bis 21 Uhr, außerdem ein Geldautomat.

INFORMATIONEN – Es gibt zwar kein Tourist Office aber Informationen im Netz unter 🖥 www.katakaron.com.

LIEGESTÜHLE – Überall am Strand werden Liegestühle mit Sonnenschirmen für 50 Baht vermietet.

SCHNEIDER – Für gute Kleidung sollte man 4–5 Tage Zeit mitbringen und nichts innerhalb von 24 Stunden fertigen lassen. Leser haben sich über mäßige bis schlechte Qualität beschwert, empfohlen wurde: *La Moda*, 114/11-12 Kata Center, ✆ 330934, nicht billig aber gut.

TAUCHEN – *Dive Asia*, 121 Moo 4, gegenüber dem Islandia Complex, Patak Rd., Kata Beach, ✆ 330598, ✇ 284033, 🖥 www.diveasia.com. Deutsche PADI 5-Sterne-Tauchschule und CDC Center, Tagestouren und 4-, 5- und 7-tägige *Liveaboard Cruises*, auch Nitrox-Tauchen.

Nahverkehrsmittel

Gecharterte Tuk Tuks nach PHUKET TOWN für 230 Baht, zum FLUGHAFEN 650 Baht. PATONG ab Karon 120 Baht.
Bis zum späten Nachmittag lokale Busse für 20 Baht nach PHUKET TOWN. Kurze Strecken am Strand sollten nicht mehr als 20 Baht und nachts nicht mehr als 40 Baht kosten, zwischen KATA und Karon 50 Baht.

Relax Bay

Diese wunderschöne, kleine Bucht (auch Karon Noi genannt) mit weißem Sandstrand liegt zwischen Karon und Patong Beach, 18 km von Phuket Town. Zu erreichen ist die Relax Bay von Karon zu Fuß (40 Min.) sowie von Karon und Patong über die Straße (3 km). Der Strand wird vom Hotel beansprucht und ist nicht frei zugänglich. Von der Straße führt eine Abzweigung hinunter, an der sich kleine Restaurants und Geschäfte angesiedelt haben.

Übernachtung

Die Relax Bay ist voll in Beschlag genommen vom Luxushotel
Le Meridien Phuket ②, 8/5 Moo 1, Karon Noi Beach, ✆ 340480-5, ✇ 341583, 🖥 www.phuket.com/meridien. Die 7-stöckige terrassierte Anlage der Luxusklasse erstreckt sich am Hang des privaten, kleinen Karon Noi Beach. Geschmackvoll eingerichtete ac-Zi, alle mit Balkon und Meerblick. 5 Restaurants, darunter ein Buffet-Restaurant mit abendlicher Kulturshow, Thai-Kochkurse. Weitläufige Pools, Kinderbecken, Fitness-Center mit Sauna, viele Sportmöglichkeiten wie Tennis, Tischtennis, Squash, Bogenschießen, Windsurfen und Segeln. Tauchschule von South East Asia Divers, ärztliche Versorgung, Avis-Autovermietung. Kinderbetreuung im Club.

Karon Hill Bungalows ①, 8/7 Moo 1, Sirirat Rd., an der Zufahrtsstraße zum Hotel Meridien, ✆/✇ 341343, ✆ 01-6774645, gute Doppelbungalows mit ac, Du/WC, Minibar und TV um 1500 Baht, leider etwas zu nahe an der Straße. Strandzugang gewährleistet.

Patong Beach

Dieser 3 km lange Strand, 15 km von Phuket Town, wurde für den internationalen Tourismus voll entwickelt und verfügt über die dichteste touristische Infrastruktur. Hotel- und Bungalowanlagen erstrecken sich über die gesamte Länge des Strandes entlang der beiden Parallelstraßen und bis weit hinein ins Hinterland. Shops, Unterkünfte, Restaurants Bars und Pubs, die vor allem am Abend von allein reisenden Männern bevölkert sind, drängen sich an der mittleren Beach Road, der Sawasdirak Rd., dem Soi Sunset, dem Paradise Complex und auf den etwa 300 Metern der Bangla Road. Auch Ehepaare, Familien und Senioren kommen auf ihre Kosten, wenn sie sich an dem Nachtleben nicht stören, denn der Ort hält ein breites Angebot an Einkaufs-, Essens- und Ausflugsmöglichkeiten bereit. Tagsüber können sich aktive Urlauber mit Windsurfen, Fallschirmsegeln Schnorcheln, Segeln, Tauchen, Wakeboarding (eine Art Snowboardfahrt auf dem Wasser hinter einem Wellen werfenden Boot), Jeep- und Motorrad fahren vergnügen. Weniger Sportliche machen ein paar Schwimmzüge im ruhigen Wasser, legen sich in die Sonne, hängen an der Pool-Bar herum, lesen heimische Tageszeitungen, lassen sich massieren oder schlagen die Zeit tot – ein Strand für ganz normalen Erholungsurlaub also. Die Preise sind kaum höher als an den Stränden weiter im Süden. Das Angebot ist vielfältiger und völlig dem westlichen Geschmack angepasst. Patong hat sich zu einer pulsierenden Stadt entwickelt. Überall sind Einkaufsarkaden und Stadthäuser entstanden, die an anderer Stelle bereits wieder dem Verfall preisgegeben sind, was ein Gefühl von Schnelllebigkeit hinterlässt. Am Abend drängen sich die Touristen auf den Gehsteigen. Pickups, Minibusse und Mopeds quälen sich durch die schmalen Straßen. Zuweilen scheint der Strand vor Menschen überzuquellen, dennoch wirkt er sauber, da er ständig gepflegt wird. Die Wasserqualität ist nicht immer die Beste, das Meer wirkt zu bestimmten Jahreszeiten trüb, zu anderen kann es aber strahlend blau sein. Von einem Urlaubsort am Mittelmeer unterscheidet sich Patong äußerlich kaum. Allenfalls das Preisniveau liegt immer noch etwas niedriger.

Di, Do und Sa findet auf dem Platz des Patong Center Point ein großer **Markt** statt, bei dem neben Obst und Gemüse auch Haushaltswaren und Textilien angeboten werden.

Weitere Buchten nahe Patong

Die hübschen Strände **Crystal Bay Beach** und **Freedom Beach** im Südwesten von Patong werden oft mit Booten angefahren, um dort zu schnorcheln, zu tauchen oder ein Picknick zu veranstal-

ten. Mit dem Auto oder Motorrad gelangt man auf der neuen, teils steilen Straße bis zum gigantischen, neuen *Merlin Beach Resort*. Zu Fuß kann man zur ersten Bucht auch bequem durch das Gelände des Coral Beach Hotels wandern.

Nördlich von Patong, hinter dem ersten Felsen, der eine schöne Sicht auf den Badeort bietet, erstreckt sich entlang der Küstenstraße die **Kalim Bay**. Der flache, von muschelbewachsenen, scharfkantigen Felsen durchsetzte Strand eignet sich nicht zum Schwimmen. Daher ist es von Vorteil, wenn die Unterkünfte mit einem Pool ausgestattet sind. Aussichtspunkte und Restaurants weiter oben an der Küstenstraße bieten zum Sonnenuntergang eine weniger überlaufene Alternative zum Laem Prom Thep.

Soi Bangla Ebenso wie ein Besuch der Travestieshow gehört ein Rundgang durch die Bierbars in der Soi Bangla zum Standardprogramm nahezu aller Urlauber. Etwas verunsichert über das „verruchte Treiben" und mit allen Vorurteilen über den Fleischmarkt im Kopf beginnt man in Kleingruppen den Rundgang durch das Gedränge – Ehepartner oder Freund(in) fest an der Hand. In gleichmäßigem Tempo geht es voran, mal nach links oder rechts auf die Bierbars blickend, die sich bei näherem Hinsehen als ziemlich gefahrlos erweisen. Eine Überzahl an Mädchen, meist in den Zwanzigern und durchaus normal gekleidet, umlagern gelangweilt oder auch hyperaktiv den Bartresen und unterhalten die hängen gebliebenen Gäste mit harmlosen Spielchen wie Jenga, „4 in einer Reihe" oder Nägel in einen Baumstamm zu hämmern. Die Getränkepreise halten sich in Grenzen, ebenso die unzüchtigen Handlungen, die in der Öffentlichkeit selbst in diesen Kreisen verpönt sind. Auffällige Ausnahmen sind ausgerechnet die am hübschesten herausgeputzten „Mädchen", die ihre weiblichen Formen allerdings ausschließlich den Schönheitschirurgen und dem Silikon verdanken.
Die verschiedenen Bierbar-Gassen haben einen sehr unterschiedlichen Charakter ebenso wie die Bars selbst. Einige Gassen sind einheitlich mit derselben Musik beschallt, während in anderen eine Bar die andere zu übertönen versucht. An einigen sitzen ein paar Mädchen gelangweilt herum, während an anderen der Bär tobt. In der unteren Bangla nahe dem Strand, wo die Bierbars einer Gasse fast ausschließlich von Transvestiten betrieben werden, sind schon mal nackte Brüste zu sehen. Im Allgemeinen geht es draußen aber recht sittsam zu. Wer allerdings eine Tür zu den angrenzenden Gebäuden öffnet, wird im harmlosesten Fall in eine Go-Go-Bar blicken und junge Frauen in Unterwäsche oder Bikinis, manchmal auch „oben ohne", aber auch härtere Shows zu sehen bekommen. Doch wer dieses Angebot ignoriert, kann hier durchaus einen harmlosen, vergnüglichen Abend verbringen.
Es muss ja nicht in der härtesten Szene oder lautesten Bar sein – einfach irgendwo Platz nehmen, einen Drink bestellen (vorher nach dem Preis fragen) und die Szene beobachten. Manchmal sind sogar ganze Familien unterwegs. Auch Pärchen oder allein reisende Frauen werden keineswegs schräg angesehen. An einigen Eingängen prangt sogar das Schild: „Couples and female visitors welcome".

Weit über hundert Unterkünfte bieten Zimmer

an, vom einfachen Gästehaus bis zum First Class-Hotel. Für Billigreisende gibt es kaum ein Plätzchen. In der Regenzeit von Mai bis Oktober kann man bis zu 50% Rabatt erhandeln, aber auch schon außerhalb der absoluten Hochsaison um Weihnachten und Neujahr sind Rabatte möglich. Vorsicht vor Schleppern, die mit einem Lotteriegewinn von einer Woche kostenloser Übernachtung Kunden für ein Time-Sharing-Hotel zu ködern versuchen!

GÄSTEHÄUSER UND PENSIONEN – An der Rat Uthit Rd., die etwa 400 m im Land parallel zum Strand verläuft, und in ihren Seitengassen werden in mehreren Stadthäusern über den Shops, Restaurants und Bars relativ günstig Zimmer vermietet. In der Hochsaison kosten sie mit Fan etwa 800 Baht, mit ac 1200 Baht, in der Nebensaison sind sie erheblich preiswerter. Viele liegen in der Soi San Sabai, im Paradise Complex (viele Bars), an der Rat Uthit, Ecke Patong Beach Rd., in der Einkaufsarkade an der Strandstraße südlich der Polizei, in der Soi Ketsap und vor dem P.P. Building. Außerdem von Norden nach Süden:

*Baan Orchid**–**** (12), 71/3–7 Rat Uthit Rd., &/☎ 340578, 🖳 www.baan_orchid.com, kleine Anlage um einen Garten mit deutschem Management, Bungalows mit Fan oder ac und Warmwasser-Du/WC, Kühlschrank und TV.

*Berliner Gasthaus Mon Bijou**** (19), 37/14-15 Rat Uthit Rd., &/☎ 344201, ✉ berliner@ phuketdir.com, 8 nett eingerichtete Zi mit Du/WC und ac, TV und Kühlschrank um einen Innenhof mit Sitzgelegenheiten und lautem TV.

*Odin's Gh.**** (21), 51 Rat Uthit Rd., ☎ 340732, ☎ 340766, ruhige Zi in einem Neubau mit ac und Du/WC, z.T. mit Warmwasser.

*Jaranya Gh.**** (30), 92/1-10 Sai Nam Yen Rd., ☎ 341131, ☎ 342447, freundliches, zentral und dennoch recht ruhig gelegenes älteres Haus, zweckmäßig eingerichtete Zi mit ac, Kühlschrank und TV, Restaurant im Erdgeschoss. Günstige Monatsmiete.

*Chanathip Gh.**** (40), 53/7 Rat Uthit Rd., ☎ 294087, ☎ 294088, kleine Pension, saubere Zi mit Du/WC, Fan oder ac, Warmwasser und Kühlschrank, Satelliten-TV; nette Besitzer; günstige Vermietung von Jeeps und Motorrädern.

KN Gh. (40), 191 Rat Uthit Rd., ☎ 342719, große Zi in einem Mehrfamilienhaus, die sich gut für einen Langzeit-Aufenthalt eignen, um 1500 Baht.

*Sandy House**** (51), in der Passage zum Strand nördlich der Bangla Rd., ☎ 340458, einfach und nicht gerade ein Urlaubsparadies, aber direkt am Strand und neben dem Barviertel gelegen.

*Back Pack Inn**** (74), 221 Rat Uthit Rd., ☎ 341329, ✉ patongbackinn@yahoo.com, einfache ac-Zi mit Du/WC neben den Tauchshops. Frühstück inkl.

The Beach House (90), 6 Thawiwong Rd., ☎ 345639, ☎ 345640, 🖳 www.thebeachhouse-phuket.com. Guesthouse mit kleinem Restaurant in einem Neubau. Einige Zi mit Balkon und Blick aufs Meer.

UNTERE MITTELKLASSE – Hier sind viele Reisegruppen untergebracht, wobei sich Österreicher besonders im nördlichen Patong wohlzufühlen scheinen.

Eden Bungalow-Hotel (11), 1 Chalermprakiat Rd., ☎ 01-2291510, ☎ 340944, mit etwa 2000 Baht überteuerte Mittelklasse-Bungalows und Reihenhäuser mit Fan oder ac und Warmwasser, ruhig gelegen am Nordrand von Patong, Garten, Pool, 200 m vom Strand; österreichische Leitung.

Patong Penthouse ab**** (13), ☎ 340350, ☎ 340349, Bungalows mit Fan oder ac und große DeLuxe-Räume in einer Gartenanlage mit Pool und Restaurant, dessen Personal in der Saison stark überfordert ist. Unter österreichischer Leitung.

*P.S. 2 Bungalow**** (14), 21 Rat Uthit Rd., ☎ 342207-8, ☎ 290034, 🖳 www.ps2bungalow. com, einfache, saubere Doppelbungalows mit Fan oder ac, Du/WC und Kühlschrank sowie ein neueres 2-stöckiges Haus. Die hinteren Häuser liegen recht ruhig rings um einen Garten mit Pool. Nahe der Straße ein Restaurant.

Than Thip Villa (16), 4/1-2 Chalermprakiat Rd., &/☎ 344307, ☎ 340359, ✉ thanthippatong@ hotmail.com, 3-stöckiges Kleinhotel mit Pool in ruhiger Lage.

Beau Rivage ab**** (18), 77/15 Rat Uthit Rd., ☎ 340725, ☎ 340785, ✉ beaurivage@e-mail. in.th, kleines Haus, Zi mit ac oder Fan und Du/WC, mit Warmwasser teurer.

Patong Palace (19), ☎ 342369, ☎ 341999, kleine, gepflegte Anlage, 40 ac-Zi mit Du/WC, TV und Balkon oder Terrasse in 2-stöckigen Reihenhäusern. Garten mit Pool, Restaurant und Bar.

PHUKET UND DIE NÖRDLICHE WESTKÜSTE

Jeweils die Vorwahl **076** mitwählen

#	Name	Class	Phone
1	Nerntong Resort	ab****	340571-2
2	Malibu Island Club H.	(M)	342321
3	The Orchid	(L)	340496
4	The Resid. Kalim Bay	(F)	342211
5	Patong Lodge	(M)	341020-4
6	Diamond Cliff	(L)	340501-6
7	Novotel Phuket	(L)	342777
8	AA Villa	****	342465
9	First Resort	(M)	340980
9	The Mermaid Resort	(M)	01-8926415
10	Sunset Mansion	ab****	340734-5
11	Eden Bungalow-Hotel	(M)	01-2291510
12	Baan Orchid	***-****	340578
13	Patong Penthouse	ab****	340350
14	P.S. 2 Bungalow	****	342207-8
15	Shamrock Park Inn	***	340991
16	Than Thip Villa	(M)	340359
17	Swiss Palm Beach	(M)	342099
18	Beau Rivage	ab****	340725
19	Berl. Gasth. Mon Bijou	****	344201
19	Patong Palace (P) Hotel	(M)	342369
20	Andatel Patong Phuket	(M)	290480
21	Deva Patong Resort	(M)	290387-90
21	Odin,s Gh.	****	340732
22	Bayshore Resort	(M)	341414
22+25	Pat. Grand Condotel	****	341043
23	Boomerang Inn	****	342182
23	S.V. Hotel	***	342895
24	The Andam.Beach Suites	(F)	341879-83
26	Club Andam. Beach Res.	(F	340361-2
27	Patong Bayshore	(M)	340602-6
28	Casuarina	(F)	341197-8
29	Patong City Hotel	(M)	342150-5
30	Jaranya Gh.	****	341131
31	Family Mansion	****	344139
31	Patong Sub Inn	****	344701
32	Nippa Villa	****	340099
33	Vises Patong H.	(M)	341015-7
34	Royal Crown H.	(M)	340274
35	Impiana Phuket Cabana	(L)	340138-40
36	Patong Beach Bung.	(F)	340117
37	Thara Patong Beach Res.	(F)	340135
38	Salathai Resort	(M)	296631-4
39	Home Sweet Home	****	340756
39	Azzuro Village	****	341811
40	Chanathip Gh.	****	294087
40	KN Guesthouse	(M)	342719
40	Baan Patong Guesth.	(M)	344152
41	Jintana Patong H.	(M)	344007-9
42	The Beach Resortel	(F)	340544
43	Patong Bay Garden Res.	(F)	340297
44	Patong Villa	(M)	340132
45	K–Hotel	****	340832
46	Capricorn,s Village	***	340390
46	Neptuna Hotel	(M)	340824
47	Royal Paradise Hotel	(F)	340666
48	Aloha Village	(M)	345733-42
48	C&N Hotel	****	340475
49	P.S. 1 Hotel	(M)	340184
50	Safari Beach H.	(M)	341171-4
51	Sandy House	****	340458
51	Victoria Gh.	****	
51	Suksan Mansion	****	341227
51	Villa Swiss Garden	****	341120
51	Geo Gh., The Yorkshire Inn, Riley's, Orchid Gh., Cadilac Mansion		
53	Sand Inn	(M)	340275
54	Hotel Summer Breeze	****	340464
55	Andaman Resotel	(M)	341516-7
56	Sansabai Bungalows	ab****	342949
57	Tropica Bungalow	(M)	340204-5
58	Baan Sukhothai	(L)	340195
59	Patong Inn	ab****	340587
60	Patong Beach H.	(F)	340301-2
61	Patong Resort	(F)	340551-4
62	Banthai Beach Hotel	(F)	340328
63	Sea Sun Sand	(M)	341806-7
64	ADD Mansion	****	294430
64	Lamai Hotel	****	294378
65	Montana Grand Phuket	(M)	294181-3
66	Royal Palm Resotel	(M)	292510
67	Baan Laimai	(F)	340460
68	Paradise Hotel	ab****	340172
69	Horizon Beach Resort	(F)	292526
70	Tatum Mansion	****	344332
71	Tony Resort	(M)	345377
71	B&B Gh.	***-****	292147
72	Sandy Beach Mansion	****	344914
73	2000 Mansion	****	294032
74	Back Pack Inn	****	341329
75	Holiday Inn	(L)	340608
76	Comfort Resort	(M)	345688-98
77	Andaman Orchid	(F)	340902
78	Phuket Grand Tropicana	(M)	340210-2
79	Patong Merlin	(F)	340037
80	Patong Street Inn	****	345951-5
81	Holiday Resort	(F)	340119
82	Hyton Leelavadee	(L)	340452
83	Ramaburin	(M)	345333
84	Seapearl	(L)	341901
85	Seagull China City	(M)	340238
86	Phairin Beach Hotel	(F)	340601
87	Patong Swiss Hotel	(M)	340933
88	Nilly,s Marina Inn	(M)	342197-8
89	Patong B&B	ab****	340819
90	The Beach House	****	345639
91	Seaview	(F)	341300-4
92	Amari Coral Beach Res.	(F)	340106
93	Duangjit Resort	(F)	340303
94	Coconut Village Resort	(M)	340146-9
95	Le Jardin Bung. & Spa	(M)	340391
96	Club Bamboo	(F)	345345
97	C&N Resort & Spa	(F)	345949-50

(M) = Mittelklasse um 2000 Baht, (L) = First Class um 4000 Baht, (L) = Luxus über 6000 Baht

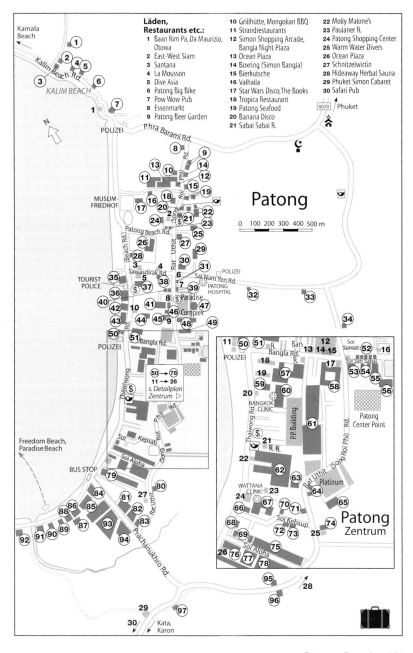

Läden,
Restaurants etc.:
1 Baan Rim Pa, Da Maurizio, Otowa
2 East-West Siam
3 Santana
4 La Mousson
5 Dive Asia
6 Patong Big Bike
7 Pow Wow Pub
8 Essenmarkt
9 Patong Beer Garden
10 Grillhütte, Mongolian BBQ
11 Strandrestaurants
12 Simon Shopping Arcade, Bangla Night Plaza
13 Ocean Plaza
14 Boxring (Simon Bangla)
15 Bierkutsche
16 Vaihalia
17 Star Wars Disco, The Books
18 Tropica Restaurant
19 Patong Seafood
20 Banana Disco
21 Sabai Sabai R.
22 Molly Malone's
23 Paulaner R.
24 Patong Shopping Center
25 Warm Water Divers
26 Ocean Plaza
27 Schnitzelwirtin
28 Hideaway Herbal Sauna
29 Phuket Simon Cabaret
30 Safari Pub

Kamala Beach

Kalim Beach Rd.

KALIM BEACH

POLIZEI

Phra Barami Rd.

4029 Phuket

Patong

0 100 200 300 400 500 m

MUSLIM-FRIEDHOF

Patong Beach Rd.

Beach Rd.

Sawasdirak Rd.

TOURIST POLICE

Sai Nam Yen Rd.

POLIZEI

PATONG HOSPITAL

Paradise Complex

Rat Uthit

Bangla Rd.

POLIZEI

Thaiwong Rd.

Cong Roi Rd.

Phi Rd.

50 → 78
11 → 26
s. Detailplan Zentrum ▷

Freedom Beach,
Paradise Beach

BUS STOP

Soi Kepsab

Soi Aloha

Prachanukhro Rd.

Rat Uthit

Kata,
Karon

11 50 51 R. Bars 12
13 14 15
Bangla Rd.
R.
POLIZEI
18
19 57
59 60
20
BANGKOK CLINIC
PP. Building
21
R. R.
22
62
63
WATTANA CLINIC 23
24 67
66 70 71
68 72 73
69 75
26 76 77 78
Soi Aloha
Soi Kebsup

Thaiwong Rd.

Rat Uthit (Song Roi Phi) Rd.

Soi Sunset
52 16
Soi San Sabai
53 54 55
56
Patong Center Point

61

Platinum
64 65

Patong
Zentrum

74
25

95
28
96
29
97
30

PHUKET UND DIE NÖRDLICHE WESTKÜSTE

Deva Patong Resort ㉑, 89/58 Rat Uthit Rd., ℡ 290387-90, ℻ 290384, 🖥 www.deva-patong. com, an der Zufahrtsstraße zum Grand Condotel. Nette, weitläufige Anlage, 53 Zi in einstöckigen Reihenhäusern rings um einen Pool, Restaurant. Über das Internet Sonderangebote.

Patong City Hotel ㉙, 25 Ratprachanusorn Rd., ℡ 342150-5, ℻ 342156, 🖥 www. phuket-patongcity.com, 9-stöckiges Mittelklasse-Hotel, 900 m vom Strand, 130 kleine Zi mit ac und Du/WC, viele Reisegruppen. Restaurant, Bar, kleiner, zwischen Mauern eingezwängt Pool.

Salathai Resort ㉟, 10/4 Sawasdirak Rd., ℡ 296631-4, ℻ 296635, ✉ salathai@cscoms. com. Neueres im modernen Thai-Stil gestaltetes Mittelklasse-Hotel mit 37 hübsch eingerichteten ac-Zimmern, alle mit Kühlschrank, TV, Du/WC und Balkon oder Terrasse.

Jintana Patong ㊶, 33 Rat Uthit Rd., ℡ 344007-9, ℻ 341452, ruhig gelegenes Kleinhotel der Mittelklasse in einer Gartenanlage mit Pool.

K-Hotel ab**** ㊺, 180 Rat Uthit Rd., ℡ 340832, ℻ 340124, 🖥 www.k-hotel.com, Bungalows hinter und neben dem beliebten deutschen Gartenrestaurant, viele deutschsprachige Pauschalurlauber. In der Saison Buchungen nur über Reiseveranstalter möglich.

Capricorn's Village** ㊻, 82/29 Rat Uthit Rd., ℡/℻ 340390, nette Bungalowanlage mit Garten, Zi mit Fan, unter italienischer Leitung.

C&N Hotel** ㊽, 151 Rat Uthit Rd., ℡ 340475, ℻ 341896, komfortable Zi, z.T. ac, im 4-stöckigen Haus, dahinter im Viereck angeordnete Bungalows mit einfachen Zimmern mit Fan, Du/WC und Terrasse.

P.S. 1 ㊾, 157 Rat Uthit Rd., ℡ 340184, ℻ 341097, 🖥 www.pshotel.com, zentral gelegenes Mittelklasse-Stadthotel, kleine Zi mit ac, Du/WC und z.T. Balkon, Frühstück inkl.

Sand Inn ㊾, 93/35 Rat Uthit Rd., Ecke Soi San Sabai, ℡ 340275, ℻ 340273, Block an der lauten Straße, Mittelklasse-Zi mit ac, Du/WC und TV, im Erdgeschoss ein rund um die Uhr geöffneter *Euro Deli* und im Obergeschoss das Steamboat-Restaurant *Chopsticks*, ⏰ tgl. 10.30–23 Uhr.

San Sabai Bungalows ab**** ㊶, 171/21 Soi San Sabai, ℡ 342948-9, ℻ 344888, 🖥 www. phuket-sansabai.com, am Ende der Soi San Sabai, ländlich und ruhig hinter einem See, 23 Bungalows mit Fan oder ac, z.T. mit Küche; offener Coffee-Shop; Vermietung auch monatlich. Die Bungalows gehören zum

Tropica Bungalow ㊸, 94/4 Thawiwong Rd., ℡ 340204-5, ℻ 340206, ruhige, gepflegte Gartenanlage im Zentrum, 30 m vom Strand. Einfaches Mittelklassehotel mit ac-Zimmern und unterschiedlichen ac-Bungalows, die in der Hochsaison über 2000 Baht kosten. 2 hervorragende Restaurants; unter der Leitung eines deutschen Künstlers.

Sea Sun Sand** ㊻, 206/24 Rat Uthit Rd., ℡ 341806-7, ℻ 343047, ✉ seasunsand@ thaimail.com, neues Kleinhotel, 78 ac-Zi mit ac und Balkon um einen Garten mit Pool; Bar und Restaurant.

Paradise Hotel ab**** ㊽, 56 Moo 4, Thawiwong Rd., ℡ 340172, ℻ 295467, kleine 2-stöckige Hotelanlage hinter der Bar an der Strandstraße. 11 Zi. mit Fan oder ac und Du/WC.

Horizon Beach Resort ㊾, Soi Kebsup, ℡ 292526, ℻ 292535, etwas überteuertes, großes Hotel am Ende der Gasse, kleiner Pool.

Ramaburin ㊸, Prachanukhro Rd., ℡ 345333, ℻ 345222, 🖥 www.ramaburin.com, neuere Anlage mit Bungalows und einem 2-stöckigen Reihenhaus an einer stark befahrenen Straßeneinmündung.

Seagull China City + Cottage ㊾, 40 Thawiwong Rd., ℡ 340238, ℻ 340239, eine der preiswerteren aber auch unfreundlicheren Unterkünfte an diesem Strandabschnitt, dicht aneinander gereihte Bungalows um eine Wiese und 3-stöckige Reihenhäuser, einfache Zi mit Du/WC und ac, Pool.

OBERE MITTELKLASSE – In dieser Kategorie finden sich vor allem die typischen Pauschalurlauberhotels, die z.T. günstig über Reisebüros gebucht werden können, u.a.:

The Beach Resotel ㊷, ℡ 340544, ℻ 340848, ✉ beach@loxinfo.co.th, zwischen Beach Road und Strand, 30 geräumige ac-Zi mit Bad/WC, Restaurant, kleine Bar, kein Pool.

Patong Resort ㊱, 208 Rat Uthit Rd., ℡ 340551-4, ℻ 340189, 🖥 www.phuket.com/patong-resort, im Zentrum an der Bangla Road in einer Seitengasse, großes Hotel mit stilvoll eingerichteten, komfortablen Zi mit Balkon, der 2-stöckige *Garden Wing* ist rings um den Pool gebaut. Daneben liegt der dazugehörige 8-stöckige *Pavilion Wing*.

Patong Merlin ⑦⑨, 44 Thawiwong Rd., ✆ 340037-41, 🖥 340394, 💻 www.merlinphuket.com. 400-Zimmer-Hotel im Zentrum mit 3 Pools in einem tropischen Garten, Restaurants und Café mit Tischen im Freien, kostenloser Shuttle zum Schwesterhotel in Phuket Town. Ein weiterer großer Ableger, das *Merlin Beach Resort*, mit 415 Zi und 4 Restaurants steht am Tri-Trang Beach südlich von Patong.

Phairin Beach Hotel ⑧⑥, 36-38 Thawiwong Rd., ✆ 340601, 🖥 340522, 💻 www.phairinbeach.com, 3-stöckiges, sauberes Reihenhaus, Zi mit ac, Warmwasser und TV, oben schöne Sicht zum Strand, liebevoll eingerichtet, freundlich.

Patong Swiss Hotel ⑧⑦, 30/1-8 Thawiwong Rd., ✆ 340933, 🖥 341505, ✉ swisshot@loxinfo.co.th, kleines 4-stöckiges Hotel, saubere Zi unterschiedlicher Größe und Ausstattung mit Balkon und z.T. mit Meerblick. Kleiner Pool, Thai-Restaurant.

Amari Coral Beach Resort ⑨②, 104 Moo 4, Patong Beach, ✆ 340106, 🖥 340115, am südlichen Ende der Patong Bucht am steilen Hang, schmaler Sandstrand, schöne Sicht über den 800 m entfernten Patong Strand, 200 ac-Zi; Restaurants, 2 Pools.

Duangjit Resort (auch: Palm Paradise Resort) ⑨③, 18 Prachanukhro Rd., ✆ 340303, 🖥 340288, 💻 www.duangjit.com, in der viel befahrenen südlichen Seitenstraße, schön gestalteter Garten mit vielen Palmen, 2 U-förmig um Pools gebaute 2-stöckige Hotelanlagen, 230 komfortable ac-Zi mit Balkon oder Terrasse und etwas kleinere ac-Bungalows mit Du/WC; gutes Restaurant.

Coconut Village Resort ⑨④, 20 Prachanukhro Rd., ✆ 340146-9, 🖥 340144, 2-stöckiges Hotel, 80 nette ac-Zi mit Balkon oder Terrasse; Pool in der Mitte. Viele Reisegruppen.

FIRST CLASS-HOTELS – Am Strand liegen vor allem Hotels der gehobenen Preisklasse, u.a.:
Club Andaman Beach Resort ㉖, 77/1 Thawiwong Rd., ✆ 340361-2, 🖥 340527, 💻 www.clubandaman.com, am nördlichen Ende des Strandes in einem gepflegten, weitläufigen, tropischen Garten, 7-stöckige Hotelanlage und 50 rustikale Bungalows im Thai-Stil, 251 ac-Zi mit Balkon oder Terrasse; 2 Restaurants, großzügig gestaltete Poollandschaft, Kinderbecken.

Impiana Phuket Cabana ㉟, 41 Thawiwong Rd., ✆ 342100, 🖥 340178, 💻 www.impiana.com, ac-Reihenbungalows mit viel Teakholz und Terrasse direkt am Strand, der vom Pool durch Büsche getrennt ist. Gutes Restaurant mit Fusion Cuisine.

Patong Beach Bungalows ㊱, 96/1 Thawiwong Rd., ✆ 321117, 🖥 321213, eng bebaute Anlage, 34 komfortable ac-Bungalows, deren Preis mit zunehmender Nähe zum Strand steigt, Pool.

Thara Patong Beach Resort ㊲, 170 Thawiwong Rd., ✆ 340135, 🖥 340446, 💻 www.tharapatong.com, 173 Zi gruppieren sich um 2 Pools, zudem ein Spa und ein einheimisches, chinesisches und italienisches Restaurant.

Patong Bay Garden Resort ㊸, 33/1 Thawiwong Rd., ✆ 340297, 🖥 340560, Mittelklasse-Anlage mit großem Garten, 70 Zi und Suiten (für Familien geeignet) mit ac, Restaurants, Pool.

ETWAS BESONDERES – *Banthai Beach Hotel* ㊽, 94 Thawiwong Rd., ✆ 340328-9, 🖥 340330, große First Class-Anlage mit Thai-Stil Bungalows und Zimmern im Haupthaus, Pool und Läden; abends klassische Thai-Tänze.

Baan Laimai ㊲, 66 Thawiwong Rd., ✆ 340460, 🖥 292050, ✉ laimai@samart.co.th, stilvolle, kleine Anlage, 28 Zi in hübschen Bungalows rings um einen Pool.

Holiday Inn ㊵, 52 Thawiwong Rd., ✆ 340608, 🖥 340435, 💻 www.phuket.com/holidayinn, beliebtes Gartencafé am Pool an der Strandstraße, Pizzeria, Thai-Kochkurse. Neuer Flügel mit Zi und Villen im Thai-Stil mit 3 weiteren Pools und dem Spa The Aspara.

Hyton Leelavadee ⑧②, 3 Prachanukhro Rd., ✆ 340452, 🖥 345272, 💻 www.phuket-hytonleelavadee.com, zweistöckige Häuser mit komfortablen Suiten, für die offiziell bis zu 10 000 Baht verlangt werden, rings um eine Gartenanlage mit Pool sowie Zimmer ab 3000 Baht. Restaurant, Aromatherapie und Massage.

APARTMENTS – *Sunset Mansion* ab**** ⑩, 28-30 Rat Uthit Rd., ✆ 340734-5, 🖥 340516, 💻 www.sunsetmansion.com, Apartments mit Küche sowie kleinere, billigere Zi mit Fan oder ac; Pool, Coffee Shop, Bar; 500 m vom Strand.

Swiss Palm Beach ⑰, Chalermprakiat Rd., hinter dem muslimischen Friedhof, ✆ 342099,

342098, Hotelanlage, um einen Garten mit Pool angelegt, 36 Apartments von 90 qm mit Terrasse, 2 ac-Schlafzimmer, Bad, Küche, Essecke und Wohnraum mit TV und Video; Restaurant, 150 m vom Strand. Bei deutschsprachigen Gästen beliebtes Haus unter schweizer Leitung.
Baan Sukhothai ⑤⑧, 70 Bangla Rd., ☎ 340195, ✆ 340197, 🖳 www.baan-sukhothai.com; im Zentrum, schöne, luxuriöse Thai-Stil-Bungalows, z.T. Apartments mit Küche und Waschmaschine.

KALIM BEACH – An der zum Baden kaum geeigneten felsigen Küste im Norden liegen u.a.:
Nerntong Resort ab**** ①, 60/4 Moo 5, Kalim Beach, ☎ 340571, ✆ 342387, ✉ pff@loxinfo.co.th, am Hang in einem üppigen tropischen Garten, sehr ruhig und abgelegen, 300 m vom Meer, 19 Häuschen mit Fan, 11 ac-Bungalows mit Warmwasser-Du/WC, TV und Kühlschrank; Argentina Steak House, Pool, Jacuzzi. Die traditionelle Kräutersauna kann auch von Nichtgästen genutzt werden, französisches Management.
Malibu Island Club Hotel ②, 2 Soi Prabaramee Rd., ☎ 342321, ✆ 344266, ✉ malibu@phuket.ksc.co.th, kleinere, 2-stöckige Anlage um einen von Bougainvillen umrahmten Pool, Zi mit ac, TV, Du/WC und Balkon unter 2000 Baht, Restaurant und Fitnesscenter.
The Orchid ③, 320 Ban Kalim, ☎ 340496, ✆ 342438, luxuriöses Gästehaus, 12 ac-Zi und Suiten mit schöner Sicht; Coffee Shop, Pool an der Straße.
The Residence Kalim Bay ④, ☎ 342211, ✆ 342213, luxuriöse ac-Apartments von 100 qm mit großem Balkon, 2 Schlafzimmer, Wohnraum mit TV und Video, Bad, Küche; Swimming Pool, Restaurant; 50 m vom Felsenstrand. Skandinavische Leitung.
Patong Lodge ⑤, 284/1 Moo 5, Kalim Beach, ☎ 341020-4, ✆ 340287, ✉ patonglodge@phuket.a-net.th, 3-stöckiges Mittelklasse-Hotel am Hang, viele Reisegruppen, 130 ac-Zi mit Balkon oder Terrasse, Restaurant, Swimming Pool mit Kinderbecken.

NANAI ROAD – Im Hinterland, etwa 1–2 km abseits vom Strand, entstehen immer weitere Unterkünfte mit einem besseren Preis-Leistungs-Verhältnis als im Zentrum. Viele Häuser, Zi und Apartments werden für einen längeren Aufenthalt vermietet, entsprechende Schilder hängen aus.
Club Bamboo ⑨⑥, 247/1-8 Nanai Rd., ☎ 345345, ✆ 345099, 🖳 www.clubbamboo.com, kleine, im asiatischen Sti gestaltete Bungalowanlage mit nett eingerichteten Zimmern und Apartments ab 3000 Baht, Pool, Sauna und Fitnesscenter, Restaurant, Motorradvermietung, Shuttlebus zum Strand.

Die meisten Gästehäuser und einfachen Hotels servieren das übliche Ei-und-Toast-Frühstück, während teurere Resorts ein mehr oder weniger üppiges Buffet auftragen.
Der ***Euro Deli*** im Sand Inn, ein nett eingerichtetes Selbstbedienungs-Café an einer verkehrsreichen Ecke, offeriert Frühstück, Sandwiches und Kuchen.
Mittags verlassen nur wenige den Strand, und wer nicht von den fliegenden Händlern mit Sandwiches, Obst und gekühlten Getränken versorgt wird, sucht höchstens eines der strandnahen Restaurants für einen Imbiss auf.
Bereits mittags beliebt ist die Beachbar des ***Paradise*** neben dem Holiday Inn. Auch die Strandrestaurants sind gut besucht.
Nach Sonnenuntergang scheinen alle Touristen auf den Beinen, um ein Restaurant für den Abend zu suchen. Viele lassen sich dabei von den leckeren (aber teuren) Auslagen von den Seafood-Restaurants an der Thawiwong Rd. anlocken.
Das von Giorgio geleitete ***Tropica Restaurant***, 132 Thawiwong Rd., ☎ 341193, im tropischen Garten des gleichnamigen Hotels, ist sehr beliebt und offeriert eine große Bandbreite an Gerichten; ☉ tgl. 8–23 Uhr.
Andere bevorzugen heimisches Essen: ***Bierkutsche*** gegenüber dem Baan Sukhothai.
Österreichisch-deutsche Küche auch bei der ***Schnitzelwirtin***, Rat Uthit Rd., im Süden, und im ***Patong Beer Garden***, 82/47 Rat Uthit Rd., im K-Hotel, gute österreichische und einheimische Küche, gehobenes Preisniveau. Im ruhigen Garten kann man angenehm sitzen.
Paulaner, gediegenes ac-Restaurant mit deutschen Spezialitäten, diversen heimischen Bieren

und Schnäpsen, auch Frühstück, Zimmervermietung.
Swiss Treff, 66/32 Soi Kebsup, ✆ 344848, Bratwurst und andere schweizer Spezialitäten, auch
Zimmervermietung.
Grillhütte, 144/3 Thawiwong Rd., ✆ 341456,
🕾 340128, 🖳 www.grillhuette.com. Seit 1983 gibt
es dieses deutsch-österreichische Restaurant,
das auch Zimmer ab**** vermietet. Großer Biergarten mit Grill, Bier vom Fass. Zur Grillhütte gehört auch das
Mongolian BBQ, wo man sich beliebig viele Zutaten selbst zusammenstellt und dann den Kö-
chen bei der Zubereitung auf der heißen Platte
zusehen kann.
Viele kleine, einfache Restaurants konzentrieren
sich in der Soi Post Office (Soi Permpongpata-
ana). Italiener bevorzugen die zahlreichen Pizzerien. Hier auch das
Sabai Sabai, sehr gute, preiswerte Thai-Gerichte
und Steaks. In der Hochsaison warten die Gäste
auf der Straße auf freie Plätze, schneller Service.
Auf dem großen **Essensmarkt** in der Rat Uthit Rd.
sitzen Touristen an langen Tischen zwischen den
Garküchen, in denen gebraten und gegrillt wird.
Nach dem Umbau ist es nicht mehr so heiß. Die
Atmosphäre stimmt – da stört es nur wenige,
dass vor allem beim Seafood kräftig abgezockt
wird. Angenehm sitzt man an den **Essenständen**
in der kleinen Soi, die hinter dem Tropica Bungalows vor der Bangla Rd. abgeht. Hier essen viele
Mädchen aus den gegenüber liegenden Bars.
Wer einen Grund zum Feiern hat oder bereit ist,
für ein gutes Essen etwas mehr auszugeben, findet in Patong einige hervorragende Restaurants
mit verschiedenen Küchen:
La Mousson in der Sawasdirak Rd. ist das beste
französische Restaurant der Insel. Der Chef wartet nicht nur mit einer hervorragenden Küche,
sondern auch einem gut sortierten Weinkeller auf.
Im **Royal Kitchen** unter dem Dach des Royal Paradise Hotel, wird chinesisch gekocht, gute kantone-
sische Küche und Peking-Ente, fantastische Aussicht.
Casanova, 97/32 Thawiwong Rd., ✆ 340417, feine
italienische Küche, die mehr als Pizza zu bieten hat.
Drei Restaurants liegen auf den Felsen am Kalim
Beach und bieten neben einem kulinarischen Erlebnis eine herrliche Sicht.

Das stilvoll dekorierte **Baan Rim Pa**, ✆ 340789,
ist bekannt für seine stilvolle Thai-Küche. Ein
Menü mit 5 Gerichten kostet um 550 Baht p.P.
Frühzeitige Reservierung vor allem in der Saison
zu empfehlen.
Otowa nebenan, ✆ 344254, hat sich der japanischen Küche verschrieben, und in
Da Maurizio, ✆ 344079, dem dritten Restaurant,
wird italienisch gekocht.
Auch das **Kalim Sunset**, ✆ 290286, und das
Luang Sawan Restaurant noch weiter hinauf an
der Straße nach Kamala bieten eine tolle Aussicht vor allem zum Sonnenuntergang. Den gleichen Blick mit preiswertem Essen bieten die einfachen Essenstände links der Straße.

Unterhaltung

Unterhaltung gibt es mehr, als so mancher ertragen kann. Ob Bier-, Video- oder Go-Go-Kneipen,
Discos oder Bordelle – hier wird jeder fündig.
Die Sperrstunde ab 2 Uhr und ein Überangebot
an Bars hat zu einem verschärften Wettbewerb
geführt, der sich unangenehm bemerkbar macht.

PUBS UND DISCOS – **Banana Disco** im Zentrum
an der Thawiwong Rd., recht finster und kalt,
hier wird es erst nach Mitternacht richtig voll.
🕐 21–2 Uhr, der dazugehörige Pub öffnet bereits
mittags.
Star Wars Disco im ehemaligen Shark Club in
bester Lage, Rat Uthit Rd., Ecke Soi Bangla, wurde umgebaut und neu eröffnet.
Molly Malone's, ✆ 292771, in dem irischen Pub
an der Beach Rd. vor dem Banthai Beach Hotel
wird manchmal Live-Musik gespielt.
Eine fantastische Disco ist der **Safari Pub** auf einem Hügel an der Straße nach Karon: der Traum
eines Romantikers wurde wahr! Alles ist aus Naturmaterialien erbaut und mit vielen Pflanzen
und originellen Tonfiguren dekoriert. Live-Bands
von 22–2 Uhr. 🕐 tgl. 20–3 Uhr.
Mehr Unterhaltung bietet im **Patong Shopping
Center** in der Beach Rd.:
Mambo Beach Club, ✆ 292883, von 21–3 Uhr
spielt eine Hausband Musik, die auch ein älteres
Publikum zum Tanzen animiert, mexikanische
Gerichte.

SOI BANGLA – (s.o.).

SHOWS – *Phuket Simon Cabaret*, 8 Sirirat Rd., an der Straße Richtung Karon Beach. Eine professionell gestaltete Travestieshow, herrliche Bühnenbilder, gekonnte Dramaturgie, fantastische Licht- und Sound-Effekte. Vorstellungen um 19.30 und 21.30 Uhr, Reservierung unter ✆ 342011-5, ✉ 340437. Tickets 600 Baht, für Einheimische und in der Nebensaison günstiger.
Valhalla, Soi Sunset, 🖥 www.valhalla-th.com, rund um die Uhr ist dieser Laden im nordischen Stil geöffnet und macht den Tag zur Nacht, so dass hier schon nachmittags Go-Go-Tänzerinnen ihr Publikum finden.

THAI-BOXEN – *Vegus*, ✆ 341632-3, im *Simon Bangla* um 9 und 13 Uhr, außerdem eine Schlangenshow um 21.30 und 24 Uhr, die Preise für Getränke sind etwas höher als sonst, dafür wird kein Eintritt verlangt, so dass dieses eine gute Gelegenheit ist, sich einen Kampf anzusehen.

Sonstiges

AUTOVERMIETUNG – Am Strand und bei den Gästehäusern werden Jeeps unter 1000 Baht vermietet, die allerdings nicht ausreichend versichert und oft in schlechtem Zustand sind.

BANKEN – Zahlreiche Wechselstuben und Banken im Zentrum und an der Rat Uthit Rd. wechseln tgl. von 9.30–20 Uhr Geld und Travellers Cheques. Spätabends sind noch die Wechselschalter in der Bangla Rd. geöffnet. Außerdem zahlreiche Geldautomaten.

BOOTSFAHRTEN – Longtail-Boote verkehren vom Pier zum Freedom Beach (am besten von November bis März) und Paradise Beach (am besten von April bis Oktober). Sie kosten 400 Baht pro Std. bzw. 1000 Baht für eine Tagestour, bis Laem Sing 1500 Baht. Tagestouren mit Booten in die Phang Nga Bay und auf die Nachbarinseln s.S. 538.

BUNGY JUMPING – Wer den großen Nervenkitzel sucht, kann bei *Jungle Bungy Jump*, ✆ 321351, an der Zufahrtsstraße zum Patong

Beach in der Saison tgl. von 9–18 Uhr aus 54 m Höhe, mit einem Gummiseil gesichert, in die Tiefe auf einen gefluteten Baggersee zu springen. Der erste Sprung kostet 1400 Baht, jeder weitere wird billiger.

EINKAUFEN – Je nach Saison und Nachfrage schwanken die Preise an den **Souvenirständen**, die sich in der Bangla Rd., der Thawiwong Rd. und vielen Nebenstraßen ausgebreitet haben. Es werden zum Teil extrem überhöhte Preise (bis zum 3–4-fachen) gefordert, so dass es lohnt, das Angebot mit dem in Phuket Town zu vergleichen. Die **Einkaufszentren** sind gut bestückt mit Waren, die Urlauber brauchen – das Angebot reicht von Bademode über Sonnenbrillen bis zu Kosmetika und Medikamenten aller Art.
Im Zentrum verkaufen mehrere **Supermärkte** alle Arten von Drogerie-Artikeln, Spirituosen, westliche Lebensmittel, Postkarten und Zeitschriften. Eine gute Auswahl im *Big One Supermarket* im Untergeschoss der beiden Ocean Plazas, eines an der Strandstraße, 48 Thawiwong Rd., 🕐 tgl. 11–23 Uhr, das zweite in der 31 Bangla Rd., 🕐 tgl. 12–24 Uhr. In beiden weitere Geschäfte und Wechselschalter, in der Bangla Rd. zudem im 3. Stock ein Food Center und eine Bowlingbahn. Die Auswahl an Büchern ist sehr begrenzt. Vielleicht wird man im *The Books*, Rat Uthit Rd., Ecke Bangla Rd., fündig.

ELEFANTENREITEN – an der Kalim Bay bei *Patong Elephant Treks*, ✆ 290056, tgl. 8–18 Uhr, bei *Adventure Safaris*, 70/85 Rat Uthit Rd., ✆ 341988 und 341746, sowie von anderen Stellen an der Straße nach Kamala und Kata. Normalerweise führt der kurze Ausritt durch ehemalige Gummiplantagen. Für eine einstündige Tour sind etwa 1000 Baht zu zahlen. Viele Unternehmen sind nicht registriert und operieren illegal.

LIEGESTÜHLE – Überall am Strand werden Liegestühle mit Sonnenschirmen für 100 Baht vermietet.

MEDIZINISCHE HILFE – Das *Patong Hospital* an der Sai Nam Yen Road hat eine gute ambulante Station und ist sehr erfahren in der Behandlung von Verletzungen durch Motorradunfälle. Bessere stationäre Behandlung erfährt man in den Krankenhäusern von Phuket.

Bangkok Clinic vor dem Patong Beach Hotel, 94 Thawiwong Rd., ✆ 344699, tgl. 10–22 Uhr.

Wattana Clinic, 78/8 Thawiwong Rd., ✆ 340690, ◷ tgl. 8.30–22 Uhr.

MOTORRÄDER – In einem Jahr hat es auf der Insel über 1000 registrierte Motorradunfälle mit 179 Toten gegeben, also bitte vorsichtig fahren. Über 100 Motorräder, darunter auch 250cc und 1200cc-Maschinen, vermietet **Patong Big Bike** an der Thawiwong Rd., ✆ 340380, 🖥 www.trv.net/bigbike. 100cc-Maschinen kosten ca. 200 Baht pro Tag, 125cc 300 Baht. Allerdings schwanken die Preise je nach Nachfrage erheblich.

PARKEN – Wer mit dem eigenen Fahrzeug unterwegs ist, sollte unbedingt darauf achten, dass an geraden / ungeraden Tagen das Parkverbot von einer zur anderen Straßenseite wechselt, manchmal sogar mittags.

POST – Im Zentrum, ◷ 8.30–12 und 13–16.30, feiertags 9–12 Uhr.

REISEBÜROS – Ein gutes Dutzend Büros preist Ausflüge zu allen denkbaren Attraktionen an, meist zu günstigeren Preisen als die Travel Counter in den Hotels.

SAUNA – **Hideaway Herbal Sauna**, Soi Na Nai, ✆ 340591, eine Oase der Ruhe am Fuß der bewaldeten Hügel, abseits des Trubels. Nach einer entspannenden Kräutersauna und der Abkühlung im Pool (im tropischen Klima allerdings nicht so effektiv wie der Sprung in einen kühlen nordeuropäischen See) bieten Masseure ihre Dienste an.

STRASSENNAMEN – Die Thawiwong Rd., die entlang des Strandes verläuft, wird häufig auch Beach Rd. genannt. Die Parallelstraße Rat Uthit Rd. erhielt den Zusatz Song Roi Pee Rd., was 200-Jahr-Straße bedeutet. Nur selten wird sie allerdings Rat Uthit Song Roi Pee Rd. genannt. Man bevorzugt die Abkürzung oder gar die englische Version 200 Year Rd.

TAUCHEN – Zahlreiche Tauchshops in Patong veranstalten weder Kurse noch Touren sondern buchen ihre Kunden bei den großen Veranstaltern ein.

Santana, 222 Thawiwong Rd., ✆ 294220, ✆ 340360, ✉ www.santanaphuket.com (englisch und deutsch). Die älteste Tauchschule auf Phuket unter deutscher Leitung, PADI 5-Sterne IDC Center, mit 2 Tauchbooten 3- bis 7-tägige *Liveaboard Cruises* nach Similan, Surin und zu den südlichen Inseln.

Scubacat, 94 Thawiwong Rd., ✆ 293120, ✆ 293122, 🖥 www.scubacat.com, PADI 5-Sterne IDC Center unter deutscher Leitung bietet PADI-Kurse, *Liveaboard Cruises* mit 2 Tauchschiffen und Tagestouren an.

Warm Water Divers, 225 Rat Uthit Rd., ✆ 294150, Filiale im Amari Coral Beach Resort, ✆ 293023, 🖥 www.warmwaterdivers.com. PADI 5-Sterne, zahlreiche Filialen aber keine eigenen Schiffe. Neben der Zentrale von Warm Water Divers eine privat betriebene Dekompressionskammer. Eine große Kammer besitzt das Wachira Hospital in Phuket Town.

TELEFON – Auslandsgespräche können von verschiedenen gelben internationalen Telefonzellen und dem **Telefon Office** neben dem Postamt geführt werden, ◷ tgl. 8–23 Uhr. Nach Deutschland für 46 Baht pro Min.

TOURIST POLICE – *Police Box* im Zentrum an der Thawiwong Rd. Zudem eine Polizeibox direkt an der Einmündung der Bangla Rd. Notruf ✆ 1155.

VORWAHL – 076; PLZ: 83 150.

WASSERSPORT – Windsurfen für 300 Baht/Std., Hobie Cats 600 Baht/Std., Parasailing 600 Baht, Wasserski 700 Baht/15 Min., Tauchen (s.o.) und Longtail-Boote sowie Jet Skis, die offiziell verbannt sind, da sie laut und gefährlich sind – besser meiden! Neu im Angebot ist Wakeboarding, eine Art Snowboardfahrt auf dem Wasser hinter einem Wellen werfenden Boot. Es erfordert gute Fitness und technisches Können.

Pickups und Songthaew im Ort kosten 20 Baht, abends 40 Baht, verlangt werden nicht selten 50–100 Baht. Motorradtaxi 20 Baht.
Tuk Tuks nach PHUKET TOWN 200 Baht, KARON 120 Baht, KATA 160 Baht, BANG TAO 250 Baht.
Busse nach PHUKET TOWN für 15 Baht starten am Bus Stop vor dem Patong Merlin, nehmen aber auch während ihrer Fahrt durch die Thawiwong Rd. und Phra Barami Rd. Fahrgäste auf. Minibus zum AIRPORT 150 Baht p.P., Taxi 550 Baht.

Kamala

Von Patong führt eine breit ausgebaute, aber steile Straße nach Norden, die bereits vielen Freizeit-Motorradfahrern einen Krankenhausaufenthalt beschert hat. Oben auf dem Hügel passiert man das *Pan Yah* und etwas weiter das *Kalim Sunset* und *Luang Suwan Restaurant* mit toller Aussicht. Vorbei geht es am **Nacha Beach**, der bei hohem Wasserstand nur einen schmalen Sandstrand aufweist und dessen seichte, von Steinen durchsetzte Bucht, die zudem von einem langen Pier halbiert wird, bei Ebbe trocken liegt. Hier erstrecken sich den Hang hinauf die Luxusbungalows (ab US$100) des Thavorn Beach Village. Zu den zweistöckigen Häuschen mit einer großen Sala fährt eine Zahnradbahn hinauf. Anschließend erklimmt man auf der extrem steilen Straße einen Berg. Von oben blickt man hinab auf die schöne Landschaft der tiefen **Kamala Bay**. Pickups fahren nur selten diese 5 km lange Straße entlang.

Am Südende der Bucht zweigt der anfangs schmale Weg zum abgelegenen Kamala Bay Terrace Resort ab. Hinter dem Resort beginnt die neue, breite Straße entlang der steil abfallenden Küste um das Kap zu zwei neuen Wohnanlagen mit luxuriösen Villen und Apartments. Solange kein Erdrutsch die Straße unpassierbar macht, gelangt man am KM 1 zum kleinen **Hua Beach**, am KM 2,5 zu einem netten Aussichtspunkt und nach einem steilen Anstieg nach insgesamt 3,5 km zu dem Elefantencamp **Kamala Safari** an einem weiteren guten Viewpoint am KM 4,2.

Weiter im Norden erstreckt sich, 26 km von Phuket Town, das ehemalige Moslemdorf **Ban Kamala** zwischen dem Strand und der Umgehungsstraße, das erst 1995 an das asphaltierte Straßennetz angeschlossen wurde. Seither hält der Tourismus auch hier mit Läden, Restaurants und Liegestühlen am Strand Einzug. Nach dem Bau des großen Kamala Beach Hotels wurde der Dorfstrand touristisch entwickelt. Entlang der befestigten Promenade, die den Strand abgrenzt, bieten zahlreiche Garküchen, Schneider und Massagefrauen ihre Dienste an. Zudem besitzt der Ort die größte touristische Sehenswürdigkeit der Insel, **Phuket FantaSea** (s.S.529). In Kamala wohnen vor allem Familien und Paare, eine angenehme Mischung aus Langzeittouristen, Pauschalurlaubern und einigen Backpackern.

Am nördlichen Ende der Bucht werden abseits des Dorfes an einem schönen Picknickplatz mit mehreren Restaurants unter hohen Bäumen am Strand Liegestühle vermietet. Hier kann man auch gefahrlos schwimmen. Die Straße verläuft an der Küste entlang weiter Richtung Norden an privaten Wohnanlagen vorbei, die an hübschen, kleinen Buchten stehen, nach Surin. Von zwei Parkplätzen am Kap (Parkgebühr von 8.30–18.30 Uhr fürs Moped 20 Baht, fürs Auto 40 Baht) geht es zu Fuß hinab zum hübschen, aber übervölkerten **Laem Sing Beach**. In der Saison stehen am malerischen Strand Liegestühle mit Sonnenschirmen, Essen- und Getränkestände. Das türkisblaue Wasser ist ruhig und gut zum Baden geeignet.

In Ban Kamala gibt es neben den Resorts und kleinen Bungalowanlagen mehrere private Zimmer- oder Bungalowvermietungen:
Papa Crab ⑲, 93/5 Moo 3, Rimhad Rd., ✆ 385315, 01-5351700, ✉ papacrabphuket@ hotmail.com, kleines Gh. mit thailändischem Flair hinter dem Restaurant. Zi mit ac, Du/WC, viel dunklem Holz und Terracotta-Böden, winzige Terrasse mit Blick auf den begrünten Gang, Motorradvermietung.
Benjamin Resort ***–**** ⑱, Rimhad Rd., ✆ 385739, 01-8950337, ✆ 385739, 🖥 www. phuketdir.com/benjaminresort, 3-stöckiges Haus am südlichen Ende des Badestrandes. Zi mit ac, Du/WC und Balkon, von einigen schöner Blick aufs Meer, Dachgarten.

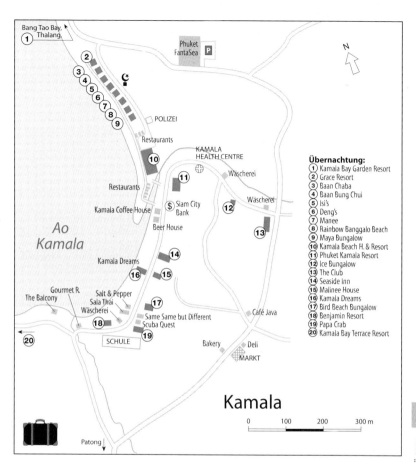

Kamala

| 0 | 100 | 200 | 300 m |

Übernachtung:
1. Kamala Bay Garden Resort
2. Grace Resort
3. Baan Chaba
4. Baan Bung Chui
5. Isi's
6. Deng's
7. Manee
8. Rainbow Banggalo Beach
9. Maya Bungalow
10. Kamala Beach H. & Resort
11. Phuket Kamala Resort
12. Ice Bungalow
13. The Club
14. Seaside Inn
15. Malinee House
16. Kamala Dreams
17. Bird Beach Bungalow
18. Benjamin Resort
19. Papa Crab
20. Kamala Bay Terrace Resort

Bird Beach Bungalows******** ⑰, 73/3 Moo 3, Rimhad Rd., ✆/📠 279669, im Ort an einer landeinwärts führenden Nebenstraße, 14 Steinbungalows mit Fan oder ac und Du/WC im Kreis.

Kamala Dreams ab******** ⑯, 74/1 Moo 3, Rimhad Rd., ✆ 076-279131, 📠 076-279132, ✉ info@kamala-beach.net, 🖳 www.kamala-beach.net, neu erbaute Pension direkt am Strand. Große Studios mit ac, Kochecke mit Mikrowelle und Kühlschrank sowie kleinem Balkon. Gutes Seafood-Restaurant im Erdgeschoss.

Malinee House*****–****** ⑮, 75/4 Moo 3, Rimhad Rd., ✆ 324094, über dem Laden werden in einem Wohnhaus 5 Zi mit Fan oder ac vermietet.

Seaside Inn******** , 88/6 Moo 3, Rimhad Rd., ✆/📠 279894, 3 sehr saubere, gut ausgestattete Mittelklasse-Doppelbungalows mit Kochecke ca. 10 m abseits der Dorfstraße. Blick auf einen kleinen Garten.

Ice Bungalow*****–****** ⑫, 84/1 Moo 3, Rimhad Rd., ✆/📠 385437, über den Läden werden einige Zi mit Fan oder ac vermietet.

Phuket Kamala Resort ab**** ⑪, 74/8 Moo 3, Rimhad Rd., ☎ 385396-9, 🖷 385399, ✉ kamalaresort@hotmail.com, 🖳 www.phuket-kamalaresort.com, komfortable Bungalows, die auf erhöhten Betonwegen zu erreichen sind. Durch die grüne Umgebung und den Park vor der Tür sehr ruhig. Mit Pool, Tennisplatz und Restaurant, Frühstück inkl. Das Resort ist durch einen Bach und die Dorfstraße vom Strand getrennt.

Kamala Beach Hotel & Resort ⑩, 96/42-43 Moo 3, Rimhad Rd., ☎ 279580-84, 🖷 279579, ✉ info@kamalabeach.com, 🖳 www.kamalabeach.com, 4-stöckige, U-förmige Blocks um einen Pool nahe dem Strand. Alle 200 Zi mit ac und Balkon, mit Meeresblick etwas teurer, ansonsten um 3000 Baht, in der Hochsaison mehr, viele Pauschalurlauber.

An der **Umgehungsstraße**:

The Club ab**** ⑬, 94/12 Moo 3, ☎ 279111, 🖷 385218, ✉ theclub@granis.net, unter Leitung von Mel Newton und seiner Frau. Die älteren Zi öffnen sich zu einem Pool im Innenhof hin, z.T. 2-stöckige Maisonette-Wohnungen mit Kochecke. 3-stöckiger Anbau mit weiteren ac-Zimmern mit Balkon nach hinten. Im 1. Stock des Hauptgebäudes gemütlicher Aufenthaltsraum im Stil eines englischen Clubs mit Billardtisch, Internet-Zugang und Bar.

Südlich von Ban Kamala erreicht man über eine Stichstraße:

Kamala Bay Terrace Resort ⑳, 16/12 Moo 3, ☎ 279801, 🖷 279818, 🖳 www.kamalabay.com, First Class-Hotel mit 126 Zimmern mit Meeresblick in 4- bis 6-stöckigen, stilvoll eingerichteten Häusern am steilen Hang etwas abgelegen am südlichen Ende der Bucht, umrahmt von tropischem Wald – Natur pur, schöne Sonnenuntergänge. Restaurants, Thai-Kochkurse, Pool mit Kinderbecken; sehr flacher, schmaler Sandstrand mit grobem Sand und Steinen, der bei Ebbe nicht zum Baden geeignet ist – alle 30 Min. fährt ein Shuttlebus zum nördlichen Sandstrand von Kamala. Einige Restaurants vor der Tür.

Nördlich von Ban Kamala am Badestrand unter Kasuarinen werden viele Bungalows vermietet, u.a.:

Maya Bungalows**** ⑨, ☎/🖷 385510, solide, saubere Bungalows mit Du/WC und Fan auf einem einsehbaren Grundstück direkt am Strand, gutes, beliebtes *Coconut Garden Restaurant*, netter Service.

Rainbow Banggalo Beach*–**** ⑧, ☎ 01-7378605, einfache Bungalows mit Fan oder ac.

Baan Bung Chui** ④, ☎ 279122, 01-8952533, 🖷 324269, große Bungalows mit ac und Du/WC. Die Familie betreibt auch einen Taxiservice und eine Wäscherei.

Baan Chaba** ③, ☎ 01-8920503, ✉ teerawatsalika@hotmail.com, in einem kleinen Garten stehen 8 neue, solide Bungalows mit Dächern im Thai-Stil, ac, Warmwasser-Du/WC, Minibar und TV, freundliches Management.

Grace Resort ② ab****, ☎ 385839, 01-8942292, 🖷 385476, ✉ grace_resort@hotmail.com, 3 Bungalows und Zi in einem 2-stöckigen Gebäude mit Fan oder ac und Du/WC.

Kamala Bay Garden Resort ①, 100/10 Moo 3, Kamala Beach Rd., ☎ 325722-7, 🖷 325721, 🖳 www.kamalabaygarden.com, neues Hotel vor allem für skandinavische Pauschalurlauber im Hinterland nördlich von Kamala, 300 m vom Strand.

Essen

Im Ortszentrum haben sich eine ganze Reihe kleiner Restaurants auf den Geschmack der Urlauber eingestellt. Auch an der Strandpromenade und am nördlichen Ende der Bucht sorgen mehrere Garküchen und kleine Restaurants mit Tischen unter Bäumen für das leibliche Wohl der Badeurlauber.

Noch hält sich das Nachtleben in Grenzen und ist beschränkt auf wenige Bars gegenüber der Schule.

Café Java, nur abends geöffnet ist das kleine Restaurant mit französischer und einheimischer Küche.

Salt & Pepper, hier fühlen sich skandinavische Urlauber zu Hause, ebenso im

Same Same but Different, 94/10 Moo 3, ☎ 385606, freundlicher Service.

Sala Thai, bei gutem Wetter wird am Strand hinter dem Restaurant ein BBQ aufgebaut.

Beer House, zwischen Dorfstraße und Strand, bietet einheimische und deutsche Gerichte sowie Burger. Auf der Abendkarte stehen zudem Fisch, Lamm und sogar Krokodil.

Kamala Coffee House, nebenan, bietet Frühstück mit gutem Kaffee. Man kann drinnen und oben auf der offenen Terrasse sitzen.

Gourmet, Thai-Restaurant am südlichen Ortseingang direkt am Strand, wo die Fischerboote anlegen.

AUTO- UND MOTORRADVERMIETUNG – Motorräder und Jeeps werden im Dorf vermietet. *Via Rent a Car*, an der Umgehungsstraße, ☎ 385718, 📠 385719, ✉ via-cars@phuket.com, 🖥 www.via-phuket.com, vermietet versicherte PKW ab 900 Baht pro Tag.

EINKAUFEN – Mehrere gut bestückte Minimärkte, eine Bäckerei und einen Markt findet man an der Umgehungsstraße. Ein reichhaltiges Angebot an Souvenirs der gehobenen Preisklasse hält *Phuket FantaSea* bereit.

GELD – Wechselschalter der *Siam City Bank* im Dorfzentrum. Der nächste Geldautomat befindet sich vor den Kassen von *Phuket FantaSea*.

TAUCHEN – *Scuba Quest*, 121/3 Moo 3, ☎./📠 271113, 🖥 www.scuba-quest.com (englisch und deutsch). Mit eigenem Hausriff, Bungalowvermietung an der Basis, täglich Tagesausflüge, Mehrtagesfahrten, u.a. mit dem Tauchschiff *Faah Yai* 7-tägige Myanmar-Touren ab Ranong zum Mergui-Archipel, Kurse, deutschaustralische Leitung.

TOURIST POLICE – ☎ 1155 oder 225361.

WÄSCHEREI – Im nördlichen Bereich des Dorfes betreiben Muslimfamilien Wäschereien. Einige sind am Fr geschlossen.

Tuk Tuks nach PHUKET TOWN 300 Baht, PATONG 250 Baht.
Busse nach PHUKET TOWN über Bang Tao für 25 Baht.
Taxi zum AIRPORT 500 Baht.

Surin Beach und Pansea Beach

Der Hauptstrand, 24 km von Phuket Town, wird hauptsächlich tagsüber von Thai-Touristen frequentiert. Vom großen Parkplatz geht es hinab zum südlichen Strandabschnitt, wo unter Bäumen und Sonnenschirmen eine Doppelreihe einfacher Snack- und Souvenirbuden ein großes Angebot bereithalten. Am Parkplatz weist ein kleines **Denkmal** darauf hin, dass bereits 1928 der König diesem Strand einen Besuch abstattete, denn hier befand sich der erste Golfplatz der Insel. Der Strand ist sauber und selbst am Wochenende nicht allzu überlaufen, zudem stimmt das Preis-Leistungs-Verhältnis. Allerdings eignet er sich wegen der hohen Wellen und starken Unterströmungen nicht zum Baden.

Der Teich am zentralen Strandabschnitt dient der Wasseraufbereitung. Weiter nördlich führt eine Straße nach links zum schönen, völlig abgeschlossenen, 250 m langen **Pansea Beach** mit den beiden Luxus-Hotelanlagen. Auf der Abzweigung geht es weiter durch das Hinterland Richtung Norden, wo schmale Wege zur südlichen Bang Tao Bay verlaufen, und dann zurück zur Hauptstraße, die man nördlich des Ortes Bang Tao erreicht.

In Surin an der Straße zum Pansea Beach kurz hinter der Abzweigung u.a.:
Pensione Capri****, 106/17-18 Srisoontarn Rd., ☎ 325587, ✉ pensionecapri@hotmail.com, 12 Standard- und 6 Deluxe-Zi in einem 3-stöckigen Gebäude etwas abseits der Hauptstraße mit ac, TV, Kühlschrank und Telefon, die einfachen ohne Fenster oder Blick nach hinten, die besseren mit Balkon zum Meer hin. Restaurant im Erdgeschoss.
Surin Bay Inn ab****, 106/11 Srisoontarn Rd., ☎ 271601, 📠 325816, ✉ surbay&loxinfo.co.th, hübsche, geschmackvoll eingerichtete Zi, einige mit großem Balkon.
Ca. 500 m weiter nördlich der Abzweigung an der Hauptstraße:
Tiw & Too Gh. ***, 13/11 Srisoontarn Rd., ☎ 270240-1, 01-7885223, 📠 270241, in einem neueren Haus. 10 saubere Zi mit ac, TV und Kühlschrank. Den Gästen werden am Strand eigene Liegen bereitgestellt.

Sun Set View Inn***, 13/18 Srisoontarn Rd., 📞 324264, 01-2714150, ✉ 324264, in Bonbonfarben gestrichener 4-stöckiger Neubau oberhalb der Straße, eine Kopie von Tiw & Too, großzügige Zi mit Du/WC, TV und Balkon.

Pen Villa ab****, 9/1 Moo 3, Srisoontarn Rd., Choeng Talay, 15 Min. vom Strand, 📞 271100, ✉ 324221, geräumige Zi mit ac, Du/WC und Kühlschrank in einem L-förmigen Neubau an einem großen Pool, Frühstück inkl., freundlicher Service.

The Chedi, 118 Moo 3, Choeng Talay, 📞 324017-20, ✉ 324252, 🖥 www.chedi-phuket.com, schöne, an den Hang gebaute Bungalowanlage der Luxusklasse an einer kleinen Privatbucht; z.T. sind fast 200 Stufen bis zum Strand zu überwinden. 110 geräumige, mit Holzstegen und Treppen verbundene ac-Bungalows im balinesischen Stil mit einem oder zwei Schlafräumen, die je nach Saison, Lage und Größe US$160–600 kosten. Der Blick Richtung Meer wird teilweise durch Palmen und dichte Bäume abgeschirmt. Restaurants, Pool. Die Gemeinschaftsanlagen sind architektonisch gekonnt platziert.

Alle Dienstleistungen eines Luxushotels werden angeboten, u.a. auch Autovermietung.

Amanpuri Resort, 📞 324333, ✉ 324100, 🖥 www.amanresorts.com, ein abgeschottetes, ruhiges Refugium für den internationalen Jet-Set, 40 große, luxuriöse Pavillons und 30 Villas mit bis zu 6 Schlafzimmern (ohne TV!) im nordthailändischen Stil in einer Kokosplantage am Hang auf dem Kap Laem Son ab US$550 pro Nacht. Herrliche Landschaftsarchitektur. Zum Angebot gehören Behandlungen im Spa, Yachtcharter, Tauchtrips und sogar Hochzeitszeremonien. Das geschmackvoll dekorierte Restaurant, die Bar und der Pool liegen 70 Stufen über dem privaten Strand. Die Küche verarbeitet nur Freilandhühner und Bio-Gemüse. In der Nebensaison sind auch Gäste von Außerhalb im Restaurant willkommen.

Die kleinen Restaurants am südlichen Strand von Surin halten ein breit gefächertes Angebot bereit, wo für jeden das Passende dabei ist. Die Preise sind angemessen und die Lage sehr schön. Man sitzt unter schattigen Bäumen oder Sonnenschirmen unter dem Hang direkt am befestigten Strand.

Die Restaurants und der Jazzpub nördlich des Strandes haben ihr Angebot auf die Gäste der teuren Hotels abgestimmt.

Jazzmatazz, Restaurant und Bar zwischen Pensione Capri und Surin Bay Inn, offeriert am So einen großen Brunch und jeden ersten So ab 15.30 Uhr Jazz-Musik.

Toto, an der Straße zum Chedi, 📞 270232, Gartenrestaurant der mittleren Preisklasse mit Bar, das Pizza und andere italienische Gerichte zubereitet.

Tuk Tuks nach PHUKET TOWN 300 Baht, Busse 20 Baht. Taxi zum AIRPORT 450 Baht.

Bang Tao Bay

Der Ort **Bang Tao**, 24 km von Phuket Town, ist eine der größten Siedlungen im Hinterland der Westküste mit einer beachtlichen sunnitischen Gemeinde. Im Ortszentrum erhebt sich die größte **Moschee** von Phuket mit ihrer weißen Fassade im maurischen Stil, ihren Türmchen und Kuppeln. Doch auch buddhistische Tempel stehen in diesem geschäftigen Ort, dessen **Markt** einen Besuch lohnt.

Nördlich des Ortes zweigt eine Straße ab zur **Bang Tao Bay**. Ein 5 km langer Strand erstreckt sich an der Küste, in deren Hinterland früher Zinn gefördert wurde. In den ehemaligen Zinnminen wurden Szenen des Films „Killing Fields" gedreht. Der Großinvestor Thai Wah Resorts ließ für 5 Milliarden Baht die toten Zinnminen rekultivieren. Auf dem Areal entstand das *Laguna Phuket*, eine wunderschöne Parklandschaft mit 5 fantastischen Luxushotels, einem 18-Loch-Golfplatz und vielen anderen touristischen Einrichtungen. Jedes wurde an eine andere Hotelkette verpachtet. Gäste eines Hotels können die Dienstleistungen der anderen Hotels in Anspruch nehmen. Was in einem Hotel gratis ist, gilt auch für die Gäste der anderen Anlagen. Das Unternehmen hat 1000 Arbeitsplätze für die lokale Bevölkerung geschaffen, ohne die Atmosphäre des Dorfes Ban Bang Tao im Hinterland zu zerstören.

Im Jahre 1992 wurde dem Unternehmen ein Umweltschutzpreis verliehen. Die Bucht eignet sich hervorragend für Windsurfer. Über eine kostenlose Bootslinie sind das Laguna Beach Resort, Dusit Laguna, das Sheraton und Allamanda Laguna Phuket miteinander verbunden – auch für Nicht-Gäste lohnt sich eine Rundfahrt.

Während der Regenzeit brechen sich hohe Wellen am Strand und schwemmen den Sand hinaus aufs Meer, wo er sich in den Löchern, die Schwimmbagger auf dem Meeresgrund hinterlassen haben, ablagert. Am Strand hingegen müssen die Resorts für Nachschub an frischem, weißem Sand sorgen.

Übernachtung

Bangtao Bay, Ban Ketray Rd.: *Bangtao Beach Cottage*, 63/4 Moo 3, Choeng Thale, nördlich von Surin an der kleinen Strandstraße, ☎ 325418, ☏ 325419, 🖳 www.bangtaobeachcottage.com, 7 Luxus-Chalets unterschiedlicher Größe (ab 2200 Baht) und eine Villa mit 2 Zimmern am Meer (6600–11 800 Baht) an einem eigenen, kleinen Sandstrand, die ebenso wie der kleine Garten sehr interessant gestaltet sind. So wurden in den Badezimmern viele Naturmaterialien verbaut. Restaurant und Bar nur zu den Essenszeiten geöffnet. Eine Anlage für Individualisten mit entsprechendem Budget.

Bangtao Beach Chalet, 73/3 Soi Awo Bangtao 2, ☎ 3258378, ☏ 325839, 🖳 www.bangtaochalet-phuket.com, neben dem neuen, großen Hotel an der Zufahrtstraße zu den Bungalows abseits des Strandes. 10 Bungalows und ein Pool, während der Hochsaison 3500 Baht inkl. Frühstück.

Bangtao Lagoon Bungalows ab****, 73/3 Moo 3, Choeng Thale, ☎ 324260, ☏ 324168, 🖳 www.phuket-bangtaolagoon.com, große Anlage mit 60 Bungalows am Strand unter Kasuarinen. Einfache, kleine Bungalows im schattigen Hinterland, geräumige ac-Bungalows in Strandnähe sowie Suiten. Restaurant mit Sicht aufs Meer, Pool, Wäscheservice, Transportservice.

Bangtao Village Bungalow, 72/25 Moo 3, Choeng Thale, ☎ 270634, ☏ 270636, 🖳 www.bangtaovillagebungalow-phuket.com, dicht aneinander gereihte kleine, überteuerte Bungalows rings um einen Pool.

Phuket Laguna Nature Place ab****, ☎ 271376, ☏ 271377, an der schmalen Straße, 400 m vom Strand entfernt, Villas im Thai-Stil mit ac, Fan, Kühlschrank und TV.

Rydges (Royal Park Beach Resort), 322 Moo 2, Bangtao Bay, am Ende der Stichstraße rechts. ☎ 324021-2, ☏ 324243, 🖳 www.rydges.com/phuket, 3-stöckige Anlage am Strand in einer weitläufigen, schattigen Gartenanlage, 115 gut eingerichtete ac-Zi für ca. 5000 Baht; Restaurants, Strandgrill; Pool, Kinderbecken, viele Pauschalurlauber.

Zum Laguna Phuket gehören: *Laguna Beach Resort*, ☎ 324352, ☏ 324353, 🖳 www.lagunabeach-resort.com, First Class-Anlage mit großzügigen, stilvoll eingerichteten Zimmern ab US$250 zwischen Lagune und Strand. Großer, mit Steinmetzarbeiten verzierter Pool und ein breites Sportangebot, das im Preis enthalten ist. Besonders für Familien mit Kindern geeignet.

Dusit Laguna Resort Hotel, ☎ 324320-32, ☏ 324174, 🖳 www.dusitlaguna.com, sehr schöner 3-stöckiger Luxus-Hotelkomplex mit vornehmem Interieur und friedlicher Atmosphäre, an zwei Seiten von Lagunen abgegrenzt, an einem langen, feinen Sandstrand; 225 große Zi mit Balkon, 3 Restaurants, Cocktail Lounge und Bar; viele Strandverkäufer. Während des Monsuns sorgen Rettungsschwimmer für die Sicherheit, da es starke Strömungen gibt. Aromatherapie-Behandlungen und Massagen im Angsana-Spa, Kinderbetreuung, Tennis, Wassersport, Golf, Thai-Kochkurse u.v.m. im Angebot.

Sheraton Grande Laguna Beach, ☎ 324101-7, ☏ 324108, 🖳 www.lagunaphuket.com/sheraton, fantastische Super-Luxus-Anlage, 50 bis 150 m vom Strand auf einer von Salzwasserlagunen umgebenen Insel, riesiger, mit Brücken verbundener Gebäudekomplex, der wie eine kleine Stadt wirkt, 340 ac-Zimmer und luxuriöse Suiten, anspruchsvolle Restaurants, Disco, Live-Musik; mehrere Pools, Langstreckenschwimmbahn, Fitness-Center; Tauchschule.

Allamanda Laguna Phuket, ☎ 324359, ☏ 324360, 🖳 www.lagunaphuket.com/allamanda, 2- bis 3-stöckige, verwinkelte Reihenhäuser entlang der Lagune und der Straße, 300 m vom Strand, Studios und Apartments mit 1 und 2 Schlafräumen und Küche.

Banyan Tree, 33 Moo 4, ✆ 324374, ✆ 324356, 🖵 www.banyantree.com, weitläufige, prachtvolle Anlage für die Upper Class und Hochzeitsreisende, 50–200 m vom Strand um eine Lagune gebaut. Offizielle Tarife: US$300–860. 108 luxuriöse, geschmackvoll eingerichtete Villen im Thai-Stil mit privatem Garten, z.T. mit eigenem Pool und Jacuzzi. Die 1994 eröffnete erste, moderne Schönheitsfarm des Landes mit stilvollem Spa und einem innovativen Therapie- und Massageangebot, das seinen Preis hat. Tennisplätze, großer Pool und umfangreiches Wassersportangebot. Im Hinterland erstreckt sich ein 18-Loch-Golfplatz.

Essen

Alle Hotels im Laguna verfügen über mehrere vorzügliche Restaurants, deren Preise dem luxuriösen Ambiente entsprechen. Einige einfache Restaurants servieren direkt am Strand nördlich vom Sheraton zu weitaus niedrigeren Preisen hervorragendes Seafood. Die Speisekarten bemühen sich auf Deutsch und Englisch, die Pauschalgäste zu verführen.
Auch allen Resorts südlich des Laguna sind Restaurants angeschlossen.

Sonstiges

An der Abzweigung der Straße zum Laguna haben sich zahlreiche Geschäfte, Veranstalter und Schneider auf Gäste eingestellt, die Abwechslung suchen.

AUTOVERMIETUNG – Jeeps werden bei den Strandrestaurants und an der Straße zu den Resorts ab ca. 1000 Baht pro Tag vermietet. **Avis**, 🖵 www.avisthailand.com, hat eine Filiale im Dusit und Sheraton.

GELD – Bank mit Geldautomat u.a. in Bang Tao an der Hauptstraße gegenüber der Abzweigung zum Laguna.

REITEN – **Phuket Laguna Riding Club**, ✆ 324199, 🖵 www.phuketdir.com/lagunariding, bietet Ausritte am Strand, durch die Lagunen und Kasuarinenhaine.

SAUNA – **Hideaway Spa**, an der Einfahrt zum Laguna.

SHUTTLEBUSSE – Für die Gäste der Resorts pendeln Busse (von 7–24 Uhr alle 10 Min.) und Fähren (von 7–21 Uhr alle 20 Min.) zwischen den Einrichtungen.

Nahverkehrsmittel

Tuk Tuks nach PHUKET TOWN 250 Baht, Taxi bis 400 Baht, Busse 20 Baht. Taxi zum Airport 450 Baht.

Nai Thon Beach

Erst kürzlich erschlossen wurde der 900 m lange, herrliche Sandstrand **Had Nai Thon**, 32 km von Phuket Town. Von Bang Tao erreicht man ihn auf der Asphaltstraße (8 km) durch schönen Wald und Gummiplantagen über das Dorf **Layan**. Ein Abschnitt des bislang ursprünglichen **Layan Beach**, zu dem eine 1 km lange, ausgeschilderte Stichstraße führt, wurde vom gleichnamigen Resort mit Sonnenschirmen und Liegen für Hotelgäste bestückt. Das Resort selbst liegt 2,5 km entfernt, umgeben von bewaldeten Dünen und Mangroven im malerischen Mündungsgebiet des **Klong Kala**. Vor dem Dorf zweigt am Telekom-Turm eine schmale, ausgeschilderte Straße Richtung Küste zum Resort ab. Obwohl die Küste nördlich der Mündung mit Ausnahme weniger Siedlungsgebiete als Had Sirinath National Park (s.S. 526) unter Naturschutz gestellt wurde, sind hier in den vergangenen Jahren mehrere Apartmentanlagen und Luxushotels entstanden.

Auf den letzten, kurvenreichen Kilometern hinter Laem Son hinab zum Strand zweigen links der schmalen Straße Wege zu neuen Luxusanlagen in kleinen Buchten ab. Die winzigen Felseninseln **Ko Waeo**, 15 Min. mit dem Boot ab Nai Thon, mit ihren Korallen und dem Wrack eines Zinnbaggers sind ein beliebtes Ziel von Tauchern, die 4 bis zu 30 m tiefe Tauchgebiete erkunden können. Die fischreichen Riffe in bis zu 15 m Tiefe sind bei guter Sicht auch zum Schnorcheln geeignet.

2,5 km vor Nai Thon errichtete das Amanpuri auf einer Klippe oberhalb des **Hinkuay Beach** mitten im National Park das **Trisara** mit luxuriösen Eigentumswohnungen. 1,5 km weiter steht am kleinen Sandstrand **Naithorn Noi** das neue *Andaman White Beach Resort*.

Von Norden kommend biegt man zum Nai Thon Beach in **Sakhu**, kurz vor KM 6, vom H4031 rechts auf eine Asphaltstraße (3,5 km) ab. Kurz darauf zweigt eine ausgeschilderte schmale Stichstraße rechts ab, die zum Talaythai Seafood Restaurant am südlichen Ende des Nai Yang Beach führt. Danach geht es durch muslimische Dörfer über einen kleinen Pass. Zunächst passiert man das Fischerdorf am nördlichen, von Felsen begrenzten Ende des Strandes. Am Fuß der bewaldeten Berge, die das Hinterland umrahmen, ragen Zucker- und Kokospalmen empor. Näher zum Strand hin erstrecken sich Sumpfgebiete bis zu den Sanddünen, die von Kasuarinen und Pandanusbäumen bewachsen sind.

Im südlichen Strandabschnitt stehen an der Landseite der wenig befahrenen Straße einige Resorts – ein beliebtes Ziel motorisierter Touristen. Man kann nur hoffen, dass dieser Küstenabschnitt trotz der jüngsten Entwicklung seinen natürlichen Charme bewahrt. Noch geht es sehr geruhsam zu. An dem schönen Badestrand sind die Wellen außerhalb des Monsuns nicht allzu hoch, so dass er sich gut zum Schwimmen eignet. Schnorchelmöglichkeiten bestehen am südlichen Ende des Strandes.

Phuket Naithon Resort ab****, ☎ 205233, ✆ 205214, ✉ phuketnaithon@hotmail.com, 🖥 www.phuketdir.com/naithon, 50 Zi und Apartments in unterschiedlichen Häusern entlang der Strandstraße mit Fan oder ac, zudem einige größere Zi und Mehrzimmerapartments mit Kühlschrank, Blick auf die Küste oder ins Hinterland. Restaurant mit chinesisch angehauchten, etwas überteuerten aber sehr leckeren Gerichten, kleine Bar. Mopeds werden für 200 Baht pro Tag vermietet.

Naithon Beach Villa, ☎ 341456, ✆ 340128, ✉ grillhut@loxinfo.co.th, 🖥 www.phuketdir.com/naithonvilla, 6 gepflegte, große Apartments in einem 2-stöckigen Haus mit komplett eingerichteter Küche, 1–2 Schlafzimmern, Terrasse oder Balkon mit Meerblick sowie ein Bungalow, je nach Haus und Saison 1500–2800 Baht, deutscher Besitzer.

Naithon Beach Resort & Restaurant ab****, ☎ 205379-80, ✆ 205381, 14 kleine, eng aufeinander stehende, braun gestrichene Holzbungalows mit ac und 3 günstige Fan-Zi, alle mit Du/WC und kleiner Terrasse; das Restaurant an der Straße mit mittleren Preisen ist bis 23 Uhr geöffnet. Jeep-Vermietung.

Layan Beach Resort, 62 Moo 6, ☎ 313412-4, ✆ 313415, 🖥 www.layanphuket.com. Neueres Resort an einem sehr steilen Hang. Von den außen mit viel Beton und innen mit viel Bambus gestalteten 52 Zimmern ab 6000 Baht Blick auf die Küste. Überdachter Warmwasserpool mit Jacuzzi, Spa mit Sauna, auch Nichtgäste können sich hier von 10–19 Uhr für 600 Baht verwöhnen lassen. Gäste des Resorts können zum 2,5 km entfernten Layan Beach den kostenlosen Shuttle nutzen oder laufen.

Andaman White Beach Resort, 28/8 Moo 4, Sakhu, ☎ 316300, ✆ 316399, 🖥 www. andamanwhitebeach.com, sehr schöne Anlage mit Privatstrand in einer kleinen Bucht am Hang. Terrassenförmig angeordnete, geschmackvoll gestaltete Luxuszimmer für über US$200. Die Bungalows am Strand unter schattigen Bäumen lohnen nicht die Mehrausgabe. Teures Restaurant.

Tien Seng Restaurant, südlich von den Resorts, ☎ 205260, serviert preiswertere Gerichte und vermietet ebenfalls einige Zi****.

NAHVERKEHRSMITTEL – Tuk Tuks nach PHUKET TOWN 400 Baht, Busse 20 Baht.

TAUCHEN – Die originalen *Aqua Divers* neben dem Naithon Beach Resort, ☎ 205440, ✆ 328218, 🖥 www.aquadivers.de, unter deutscher Leitung. PADI und IDA/CMAS-Kurse, für erfahrene Taucher Kurztrips und Mehrtagestouren.

Nai Yang Beach

Der schöne Badestrand im Nordwesten, 32 km von Phuket Town, liegt so nahe am Flughafen, dass er von dort aus zu Fuß zu erreichen und trotzdem ruhig ist. Riesige, Schatten spendende Kasuarinen ragen direkt am Strand in den Himmel. Zahlreiche Liegestühle zieren den sauberen öffentlichen Strand. Da das Meer nicht tief ist und keine tückischen Strömungen aufweist, eignet sich das etwa 30 °C warme Wasser gut zum Baden, so dass sich auch weniger erfahrene Schwimmer sicher fühlen. Zum Schnorcheln ist er hingegen nicht geeignet. Während der Schulferien kommen Familien mit Kindern und später ältere Menschen, die teils mehrere Monate hier bleiben. Nach Regenfällen spült der Bach am nördlichen Ende des Strandes eisenoxydhaltiges Wasser aus den Sümpfen im Hinterland in die Bucht, so dass das Wasser eine rötliche Farbe annimmt.

Ein Teil der Bucht ist in den 90 km² großen **Had Sirinath Marine National Park** mit einbezogen worden, der einen schmalen Küstenstreifen und das Meer entlang der Nordwestküste umfasst. Als schutzwürdig gelten die Kasuarinenwälder und Mangroven ebenso wie das Korallenriff ca. 1 km vor der Küste und ein 5 km langer Meeresstreifen, der allerdings kaum zu kontrollieren ist. Vor allem wurde der Park wegen der Meeresschildkröten (Leder-, Bastard- und der Echten Karettschildkröte) eingerichtet, die hier während der Trockenzeit im Dezember und Januar ihre Eier zum Ausbrüten in den Sand legen. Die Verschmutzung des Wassers, die Netze lokaler Fischer und der Trubel an den Stränden hat allerdings stark zur Dezimierung der Tiere beigetragen. Sofern Schildkröten Eier ablegen, werden diese eingesammelt und in einer Aufzuchtstation unter Aufsicht gehegt, bis die Jungen schlüpfen. Mit einem großen Volksfest werden sie zum thailändischen Neujahrsfest am 13. April ins Meer entlassen. Das *Headquarter*, ⊙ tgl. 8.30–16.30 Uhr, hat außer einigen Prospekten nichts zu bieten, so dass es sich nicht lohnt, dafür Eintritt (in welcher Höhe auch immer) zu bezahlen. Von Gästen, die in den Bungalows des Parks wohnen, und nach 17 Uhr wird kein Eintritt verlangt.

Übernachtung

Nai Yang House*****–*****, 6/1 Moo 1, Sakhu, ℂ 327488, ℮ 205061, an der Hauptstraße, 1,5 km vor dem Airport, gegenüber dem Tempel, kurz vor der Abzweigung der Straße nach Crown Nai Yang. Sehr saubere, ordentliche Zi mit Bad/WC und Fan im renovierten Reihenhaus, 3 ac-Bungalows, ländliche Geräuschkulisse, nachts relativ ruhig, aufmerksam geleitet von einer pensionierten Lehrerin. 15 Min. zu Fuß vom Strand entfernt.

Garden Cottage ab*****, 53/1 Moo 1, Sakhu, ℂ 327293, ℮ 327292, ✉ gardencot@yahoo.com, ▭ de.geocities.com/gardencottage2002, Reservierung empfohlen. 18 Bungalows mit grünen Dächern an der Straße am hohen Baum etwas weiter südlich. Recht große und sehr saubere, nett eingerichtete Häuser mit Fan oder ac und Warmwasser in einem üppigen Garten. Auto- und Motorradvermietung. Geleitet von Chris, einem ehemaligen Architekten aus der Schweiz. Freundliche, familiäre Atmosphäre, hervorragende einheimische und europäische Küche. Hübscher Bungalow für traditionelle Thai- Massage (400 Baht pro Std.).

National Park Bungalows****–*****, 89/1 Moo 1, Sakhu, ℂ 328226, oder in Bangkok ℂ 02-5790529, sirinath_np@yahoo.com, zahlreiche solide Bungalows in einem Kasuarinenwäldchen locker verteilt, mit Bad/WC, Zeltplatz 100 Baht für kleine und 200 Baht für große Zelte. Sehr gutes, aber einfach eingerichtetes Restaurant mit authentischen Thai-Gerichten direkt am Strand.

Nai Yang Beach Resort ab*****, ℂ 328300/400, ℮ 328333, ▭ www.phuket.com/naiyangbeach, an der Strandstraße zwischen den beiden großen Hotels Crown Nai Yang und Pearl. Bungalows mit Fan oder ac, Du/WC und Kühlschrank in einem Garten. Trotz der guten Lage nicht sehr attraktiv gestaltet.

The Golddigger's Resort ab*****, 74/12 Surin Rd., Sakhu, ℂ/℮ 328424, ✉ hava2233@ksc.th.co, ▭ www.golddigger-phuket.com, 2 Reihenhäuser beiderseits eines Pools, 10 Min. vom Strand im Dorf in ruhiger Lage. Zi. mit Fan oder ac, Warmwasser-Du/WC und TV, auch Apartments, Restaurant, Fahrrad- und Motorradvermietung, schweizer Management.

Crown Nai Yang Suite Hotel, ℂ 327420-9, ℮ 327322-3, First Class-Hotel mit Pool, das durch eine wenig befahrene Straße vom Strand getrennt ist. Geräumige, renovierungsbedürftige ac-Suiten für Familien und Kleingruppen.

Pearl Village, ℂ 327006, ℮ 327338, ✉ pearlvil @loxinfo.co.th, ▭ www.phuket.com/pearlvillage, First Class-Hotelanlage, 226 komfortable ac-Zi, Cottages und Suiten, ausgezeichnetes Restaurant, großer Pool in weitläufigem Garten, Kinderbecken. Viele Sportmöglichkeiten. 3x tgl. Shuttlebus zum Schwesterhotel Pearl in Phuket Town.

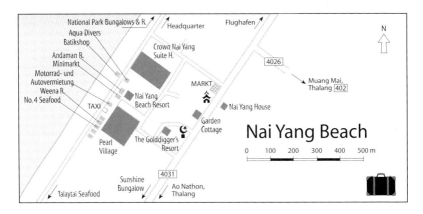

Sunshine Bungalows ab****, südlich vom Strand, an der Straße nach Thalang, ℡ 328317, 🖳 www.sunshine-bungalows.de, 6 großzügige, solide Bungalows für Familien, Pool, Auto- und Motorradverleih, deutsches Management.

Stichstraße, die von der Straße zum Nai Thon Beach abzweigt. In dem offenen Restaurant mit sehr schönem Blick über die Bucht werden frisches Seafood und andere Thai-Gerichte zubereitet. Englische Speisekarte, mittleres Preisniveau.

Essen

An der belebten Strandstraße liegen noch einige Garküchen, Seafood-Restaurants, Souvenirstände, Schneider und ander Läden, ein überteuerter Minimarkt und sogar ein Batikshop. Entsprechend der überwiegend älteren Gäste und Familien gibt es hier keine Bierbars und Prostituierte. Alle Restaurants zwischen Meer und Strandstraße wurden abgerissen und auch die anderen sind vom Abriss bedroht.

Im **No. 4 Seafood** servieren die freundliche Besitzerin und ihr Personal schmackhaftes Seafood und andere Gerichte; die Preise sind relativ niedrig. Nebenan im **Weena Restaurant** gibt es sehr leckere Pizza aus dem Holzofen.

Die einheimischen und europäischen Gerichte im **Garden Cottage** sind ein Gedicht. Tischreservierung in der Saison empfehlenswert, ℡ 327293, 🕐 tgl. 18.30–21 Uhr.

Auch wenn das **Restaurant des Nationalparks** gegenüber dem Headquarter mit seinem Zementboden, den Plastikstühlen und Neonröhren kein optisches Highlight darstellt, lohnen doch die originalen Thai-Gerichte einen Besuch.

Talaytai Seafood, am südlichen Ende der Bucht, Anfahrt über die ausgeschilderte, 3,5 km lange

Sonstiges

JEEPS UND MOPEDS – werden an der Strandstraße vermietet. Suzuki-Jeeps für 800 Baht pro Tag, Mopeds 250 Baht pro Tag.

LIEGESTÜHLE, MASSAGE – Überall am Strand werden Liegestühle mit Sonnenschirmen vermietet und Strandmassagen für 300 Baht pro Std. angeboten.

TAUCHEN – **Aqua Divers**, zwischen dem Pearl Village und Crown Nai Yang, ℡ 205440, ✆ 328218, 🖳 www.aquadivers.de, Filiale der Tauchschule in Nai Thon unter deutscher Leitung. PADI und IDA/CMAS-Kurse am Hausriff und in Ko Waeo, Trips nach Similan und zu anderen Tauchgebieten. Geöffnet von Oktober bis Mai. **Paradise Diving**, Crown Nai Yang Hotel, ℡ 327420, ✆ 327322, 🖳 www.paradise-diving. com, freundlich und hilfsbereit.

Nahverkehrsmittel

Tuk Tuks nach PHUKET TOWN 320 Baht, Taxis 600–800 Baht, Busse 30 Baht. Nach PATONG Taxi 800–1000 Baht, KATA 500 Baht, AIRPORT 100 Baht.

Mai Khao Beach

Der längste Strand der Insel im Nordwesten, 35 km von Phuket Town, erstreckt sich bis hinauf zur Sarasin-Brücke. Der Strand ohne das Hinterland wurde in den **Had Sirinath National Park** mit einbezogen, da auch hier Meeresschildkröten ihre Eier zum Ausbrüten in den heißen Sand ablegen.

Im Dorf **Mai Khao**, 1 km nördlich der Abzweigung zum Airport nach links, (ausgeschildert: Wat Mai Khao) werden inmitten von Kokospalmenplantagen an der Straße zum Meer die berühmten Phuket Lobster in riesigen Tanks gezüchtet, denn der natürliche Bestand dieser heiß begehrten Delikatesse ist stark dezimiert. Die steil abfallende Küste mit grobem, gelbem Sand wird in der Monsunzeit von hohen Wellen unterspült und abgetragen. Nach einem Sturm, der auch allen Unrat hier anspült, sieht es aus wie auf einer Müllkippe. Aber auch in der Trockenzeit sollte man hier wegen der starken Unterströmungen nicht baden gehen. Dann hat der kilometerlange Strand durchaus seine Reize.

Ganz im Norden, wo die zur **Sarasin-Brücke** führende Fahrspur des H402 am **Sai Keaw Beach** entlang verläuft, besuchen Einheimische am späten Nachmittag die Strandrestaurants im Schatten der Kasuarinen um bei Whisky und Snacks den Sonnenuntergang zu genießen.

Neben der alten Sarasin-Brücke führt die neue **Thepkasatree-Brücke** über den **Klong Tha Nun** und verbinden die Insel Phuket mit dem Festland. Die Küste östlich der Brücke ist von Mangroven gesäumt.

Übernachtung

Nördlich von Mai Khao liegen abseits aller Touristenzentren zwei kleine Anlagen unter Kokospalmen direkt an einem ruhigen Strandabschnitt. Wegen der starken Strömungen und hohen Wellen ist das Baden hier gefährlich. Die Anlagen in der Nähe einer Shrimpfarm sind nur von Ende Nov. bis April geöffnet. In Suan Maphrao, 1,2 km südlich der Einfahrt zum Marriott Resort, am Schild „Wat Mai Khao" Richtung Süden abbiegen und nach 1 km auf der unbefestigten Straße (Schild: Maikhao Beach Bung.) 1,2 km zum Strand fahren.

Phuket Camp Ground, ☎ 01-6764318, 01-8952032, ✉ campground63@hotmail.com, 🖥 www.

phuketcampground.com. Mit eigenem Zelt kostet der Stellplatz 50 Baht und ist damit die billigste Übernachtungsmöglichkeit der Insel. Wer sich Zelt, Matratze, Kissen, Decke, Stuhl und Sonnenschirm ausleiht, zahlt pro Tag 100, evtl. auch 150 Baht p.P. Außerdem ein Doppelbungalow***. Nette Atmosphäre, vor allem am Abend beim Lagerfeuer. Einfaches Restaurant.

Maikhao Beach Bungalow**-, ☎ 01-8951233, ✉ bmaikhao_beach@hotmail.com, in Strandnähe stehen 4 große, solide Bungalows mit Du/WC und Fan sowie 10 kleine mit Palmblättern gedeckte Hütten mit kleiner Veranda.

JW Marriott Phuket, ausgeschilderte Abzweigung nahe KM 38, ☎ 338000, ☎ 348348, 🖥 www. marriotthotels.com, großes Luxushotel, über 270 Zi ab US$200 mit allem Komfort, u.a. DVD-Player, Flachbildschirm, riesige Badewanne und mehr, 2 Pools, Tennisplätze und Fitnesscenter, Einkaufszentrum, u.a. ein großer Deli mit europäischen Lebensmitteln, Cafés und Restaurants – eine Welt für sich mitten im Nationalpark etwas abseits der Küste.

Aktivitäten

Vor allem in den großen Hotels und an den Hauptstränden wird eine große Bandbreite an Aktivitäten geboten, die vor allem auf Urlauber abzielen.

Wassersport
Kanu fahren

Sea Canoe war der erste Veranstalter, der fantastische Seekanu-Touren in der Bucht von Phang Nga anbot. Mittlerweile operieren zahllose Seekanu-Veranstalter mit insgesamt über 200 Kanus, so dass es zu bestimmten Zeiten in der Hochsaison fast wie auf den schwimmenden Märkten zugeht. Es empfiehlt sich daher, außerhalb der Hauptsaison zu fahren oder bei einem Veranstalter zu buchen, der eigene Wege beschreitet.

Die langen Strecken werden auf einem größeren Boot zurückgelegt, das die seefesten Kanus für die Ausflüge mitführt. Gepaddelt wird um malerische Inseln herum und durch Höhlen hindurch. Höhepunkte sind Fahrten in Hongs, natürliche Lagunen, die von hohen, üppig bewachsenen Felswänden völlig umschlossen sind. Nur zu einem ganz bestimmten Zeitpunkt zwischen Ebbe und Flut kann man für kurze Dauer mit den Kanus durch enge Höhlen in diese unberührten Naturwunder eindringen. Beliebt ist die große **Ko Phanak** und die kleine **Ko Hong** nahe dem Festland nördlich von Ko Yao Noi. In jedem aufblasbaren Kanu sitzen 2 Passagiere, die von einem Führer gepaddelt werden. Preis für einen Tagestrip mit Transfer und guter Verpflegung: ca. 2800 Baht. Auf eigene Faust ohne erfahrenen Führer sind solche Kanutrips lebensgefährlich. Also nicht von Billiganbietern verleiten lassen!

John Gray's Sea Canoe, 124 Soi 1, Yaowarat Rd., Phuket Town, ✆ 254505-6, ✉ info@ johngray-seacanoe.com, 🖥 www. johngray-seacanoe.com.
Santana Adventure Tours, 222 Thawiwong Rd., Patong Beach, ✆ 294220, 📠 340360, ✉ www. santanaphuket.com (englisch und deutsch). Auch 2-tägige Touren inkl. Übernachtung für 6500 Baht.
Sea Canoe Thailand, 367/4 Yaowarat Rd., Phuket Town, ✆ 212252, 📠 212172, 🖥 www.seacanoe.net.
Sea Cave Canoe, 2/1 Chumphon Rd., Phuket Town, ✆ 234419, 📠 214249, 🖥 www.seacavecanoe.com, Di und Do deutsche Touren.

Schnorcheln

Die Unterwasserwelt der Tropen mit Maske und Schnorchel zu entdecken, gehört zu den schönsten und billigsten Urlaubsaktivitäten. Wer noch nie in tropischen Gewässern geschnorchelt hat, kann gar nicht ermessen, welch herrliche Erlebnisse ihn erwarten. Phuket bietet ausgezeichnete Schnorchelgebiete für Anfänger und Fortgeschrittene.

An der Westküste gibt es die meisten Korallenriffe. Das mit 1,5 km Länge größte Riff liegt vor dem Nai Yang Beach, ca. 1 km vor der Küste, wo das Park-Office steht. Hier liegt die Wassertiefe zwischen 10 und 20 m. Weitere **Riffe** zum Schnorcheln: vor dem Coral Beach Hotel; an der Freedom Bay und an der Emerald Bay, vor den Felsen von Laem Prom Thep, vor Laem Son nördlich von Surin Beach, innerhalb der Bojenketten am nördlichen Kata Beach (vom Club Med Strand aus erreichbar) und am westlichen Ende des Nai Harn

Beach vor Ao Sane und vor dem Jungle Beach Resort.

Gute **Inseln** zum Schnorcheln: **Ko Kaeo** (3 km von Rawai vor der Südspitze von Phuket), **Ko Hay** (= Coral Island, vor Rawai), **Ko Mai Thon** (12 km im Südosten), **Ko Khai Nai** und **Ko Khai Nok** (im Osten vor Ko Siray, 2 Felseninseln mit schattenlosem Strand, Restaurant, manchmal sind Delphine zu sehen) und **Ko Racha Yai** (s.u.). Maske, Schnorchel und Flossen werden in manchen Unterkünften und in Taucherläden für ca. 250 Baht pro Tag vermietet. Vor Sonnenbrand schützt man sich am Besten mit einem Polo-Shirt mit Kragen und eng anliegenden, langen Hosen. Tauchschiffe nehmen häufig Schnorchler zum halben Preis auf Tagestouren mit.

Tauchen von Phuket aus

Tauchen vom Land aus ist in Phuket nur zum Eingewöhnen oder blutigen Anfängern zu empfehlen, die an der südlichen **Kata Beach** oder weiter nördlich vor **Ko Pu** ihre ersten Tauchgänge im offenen Meer unternehmen. Wegen des Bootsverkehrs kann es vor allem vor Patong gefährlich sein. In kurzen Bootstouren erreichbaren Plätze wie **Shark Point** (Felsen mit Korallen bis in 22 m Tiefe) und das angrenzende **Anemonenriff** (mit Seeanemonen und Weichkorallen) auf halbem Weg nach Ko Phi Phi sowie **Ko Doc Mai** (steiler Felsen mit Weichkorallen) haben eine große Vielfalt an Korallenfischen zu bieten. Interessanter wird es an den vorgelagerten Inseln, vor allem für Unterwasserfotografen und Genusstaucher. Das Nonplusultra in Thailand sind derzeit die *Liveaboard Cruises* an Bord echter Tauchschiffe. So werden z.B. die **Similan Islands** (s.S. 557), Ziele in **Myanmar** (Burma), der **Richelieu Rock** (manchmal Walhaie) und **Ko Tachai** angesteuert – Tauchreviere, die auch dem verwöhnten Taucher ungewöhnliche Erlebnisse bescheren.

Im Durchschnitt kostet eine 4-tägige Tauchreise nach Similan oder auf die Surin Inseln inkl. Übernachtung an Bord, Vollpension, Flaschen, Gewichten und allen Tauchgängen 32–40 000 Baht, eine 8-tägige Myanmar-Tour ins Mergui-Archipel, von Similan und Surin ca. 65–80 000 Baht plus US$120 für das Visum.

Allein auf Phuket gibt es über hundert Tauchbasen, von denen die 5-Sterne Tauchzentren die Besten sind. Nur wenige habe eigene Boote, aber fast alle bieten 4-tägige PADI-Kurse zum *Open Water Diver* für 8000–12 000 Baht an. In vielen Tauchschulen unterrichten auch deutschsprachige Tauchlehrer. Vor einer Buchung empfiehlt es sich, die Ausrüstung zu inspizieren. Tagestörns zu Tauchrevieren wie dem Shark Point und Ko Racha mit zwei Tauchgängen werden je nach Ziel und Saison für 2200–2800 Baht (inkl. Fahrt, Softdrinks und Mittagessen) angeboten. Schnupperkurse (*Introductory Dive Courses*) unter Aufsicht eines Tauchlehrers kosten pro Tauchgang etwa 900–2000 Baht. Die Ausrüstung kann separat oder als Set für ca. 500–800 Baht gemietet werden; Kamera, Tauchcomputer und Lampen kosten extra.

Tauchsaison ist in Phuket von Dezember bis Mitte. Mai, Tauchtouren finden von Mitte Oktober bis Ende Mai statt. Adressen siehe Patong, Kata, Karon, Kamala, Chalong, Nai Thon und Nai Yang.

Segeln

Die Inselwelt um Phuket hat sich zu einem weltweit beliebten Segelrevier entwickelt. Der beliebteste Ankerplatz der Insel Phuket ist der Jacht-Hafen in der Chalong Bay und die Phuket Boat Lagoon. Dort lassen sich Jachten zum Chartern finden, mit oder ohne Skipper, und Jachties, die Mitsegler nach Europa oder Australien brauchen. Zudem werden mehrtägige Segeltouren angeboten.

SEGELTOUREN – *Asia Explorer*, Karon, ☎ 284103, 🖳 www.trv.net/phuket/asiaex. Tagestouren und längere Segel- und Tauchtouren.

Thai Marine Leisure, 20/7-8 Phuket Boat Lagoon, ☎ 239111, ✆ 238974, 🖳 www.thaimarine.com, kürzere Kreuzfahrten zum Sonnenuntergang, Tagestouren nach Ko Phi Phi, aber auch längere Fahrten mit Segelbooten für 4–25 Personen in der Phang Nga Bay, nach Similan und Krabi.

East West Siam, 60/6-7 Aroonsom Square, Rat Uthit Rd., Patong, ☎ 340912, ✆ 341188, 🖳 www.east-west.com, Zentrale in Bangkok, ☎ 02-2566153-5, ✆ 2566665. Die 3 1/2-Tagestour mit der umgebauten Dschunke *Suwan Macha* für US$300–555 (je nach Saison) von Phuket durch Phang Nga nach Krabi und Ko Phi Phi hat einige unserer Leser sehr begeistert. Abfahrt in Phuket Sa um 8 Uhr, rückwärts beginnt die Tour Di ab 8 Uhr. Das Boot bietet maximal 10 Passagieren in 5 Kabinen Platz. Über den glei-

chen Veranstalter können 3 1/2-tägige Segeltouren auf der *Meroja* für 25 000 Baht von Phuket nach Phang Nga, Krabi, Ko Phi und zurück gebucht werden. Die Jacht bietet maximal 10 Passagieren in 5 Kabinen Platz. Abfahrt jeden zweiten Mo ab Phuket und den folgenden Di ab Ko Phi Phi. Auch Tagestouren in die Bucht von Phang Nga mit der *June Bahtra 1–3*.

Lazy Tours, ☎ 01-4761656, 01-8921967, ✉ info @lazytours.com, 🖳 www.lazytours.com. Die *Dauw Talae 2*, eine 25 m lange Dschunke segelt in der Saison durch die Bucht von Phang Nga nach Ao Nang (Krabi). Die 6-tägige Kreuzfahrt für bis zu 16 Personen kostet US$750.

Jolly Roger, 391 Yaowarat Rd., Phuket Town, ☎ 213939, ✆ 254350, fährt mit einem nachgebauten Piratenschiff, auf dem hundert Touristen Platz finden, Mo–Fr von Nov.–April nach Ko Racha Yai, von Mai–Okt. nach Ko Khai östlich von Phuket Town, und ganzjährig Sa und So in die Bucht von Phang Nga jeweils für 1950 Baht p.P. Auch abendliche Sunset Cruises.

MITSEGELGELEGENHEITEN – Die Besitzer einiger Jachten bieten Mitsegelgelegenheiten an. Wer ernsthaftes Interesse hat, meldet sich am besten bei einem der gelisteten Veranstalter. Treffpunkte sind neben der Chalong Bay (Phuket Boating Association, ☎ 381615, Yacht Club, ☎ 381488):

Boat Lagoon Resort, 22/1 Thepkasattri Rd., ☎ 238533-40, ✆ 238541-2, an der Phuket Boat Lagoon, 10 km nördlich von Phuket Town auf halbem Weg zum Airport. Es hat 94 ac-Suiten mit Blick auf den Kanal oder die Lagune, Pool, Sauna und Fitness-Center. Zudem findet man hier Restaurants, Café sowie einige Geschäfte und Büros von Charterunternehmen.

Yacht Haven Marina, 57/5 Moo 2, Bai Khao, im abgelegenen Nordosten der Insel, ☎ 206022-5, Preiswerter Liegeplatz ohne weitere Infrastruktur.

REGATTA – Anfang Dezember findet die **King's Cup Regatta** statt, zu der sich Jachten aus aller Welt in der Bucht von Nai Harn und vor Ko Phi Phi einfinden.

SEGELKURSE – Von *Sunsail*, Phuket Boat Lagoon, 10 km nördlich von Phuket Town, ☎ 239057, ✆ 238940, ✉ sunthai@phket.loxinfo.

co.th, 🖥 www.sunsail.com., werden von Mai–Okt. So–Fr 5-tägige Kurse für Anfänger, Erfahrene und Fortgeschrittene mit Zertifikat (RYA) angeboten.

Elefantensafaris

Eine große Attraktion sind Safaris auf Elefantenrücken durch Gummiplantagen. Treks von 30 und 60 Min. veranstaltet z.B *Siam Safari Nature Tours*, 70/1 Chao Far Rd., Chalong, ✆ 280116, ✆ 280107, 🖥 siamsafari.com, tgl. 10–16 Uhr, im Hinterland der Chalong Bay, oder *Adventure Safaris*, 70/85 Rat Uthit Rd., Patong, ✆ 341988, ✆ 340292, ab Patong. Halbstündige Touren kosten etwa 750 Baht, eine Stunde ca. 1000 Baht. Die Mahouts sehen darin die einzige Möglichkeit, ihren Elefanten am Leben zu halten. Denn seit dem Baumeinschlagverbot sind Hunderte der Dickhäuter ohne Arbeit. Viele Unternehmen operieren allerdings illegal.

Ein auf Phuket gegründetes *Elephant Help Project*, das von der Regierung wie von privaten Initiativen unterstützt wird, hat es sich zur Aufgabe gemacht, die 177 Elefanten in den knapp 30 Camps zu schützen. Bei ersten veterinärmedizinischen Untersuchungen wurden vor allem Krankheiten festgestellt, die auf Fehlernährung und Wassermangel zurückzuführen sind. Neben der Sorge um die Tiere versucht die Organisation auch die Mahouts fortzubilden. Touristen können sich an diesem Projekt beteiligen, Informationen unter ✆ 280116, ✆ 280107, 🖥 www.elephanthelp.org.

Radtouren, Wanderungen und Ausritte

Einige wenig befahrene Küstenstraßen und das hügelige Landesinnere mit seinen Plantagen stellen für mehr oder weniger Geübte eine Herausforderung dar, die Insel aus einer neuen Perspektive zu erfahren. Mountainbikes vermieten der *Phuket Mountain Bike Club*, ✆ 280116, oder *Andaman Trails*, ✆ 235098.

Der Phuket Mountain Bike Club offeriert Ausflüge, die gemächliche Radtouren von 10–36 km mit Wanderungen, Elefantenreiten und einem Besichtigungsprogramm verbinden. *Siam Safari Nature Tours*, 70/1 Chao Fa Tawan Tok Rd., 1 km nördlich vom Kreisverkehr in Chalong, ✆ 280116, ✆ 280107, 🖥 siamsafari.com, bieten neben Halb-

tagstouren mit halbstündigem Elefantenritt, Jeep- und Kanufahrt auch eine 5-tägige Tour mit Mountainbikes rings um die Bucht von Phang Nga an.

Zudem organisieren sie ebenso wie *Adventure Safaris*, 70/85 Rat Uthit Rd., Patong, ✆ 341988, ✆ 340292, und der deutsche Veranstalter *South Nature Travel*, 68/2 Soi Poguy, Mae Luang Rd., Phuket Town, ✆ 234201, Jeeptouren mit Wanderungen auf der Insel, wobei über die Natur und Plantagenwirtschaft ebenso informiert wird wie über Haustiere und die traditionelle Küche.

Der *Phuket Riding Club*, westlich vom Chalong-Kreisverkehr, ✆ 288213, stellt Besuchern 10 Pferde für einen Ausritt zur Verfügung. Die Reitwege führen durch Plantagen, Wälder und bei Ebbe am Strand entlang. Weitere Möglichkeiten für einen Ausritt bietet im Norden der *Phuket Laguna Riding Club*, Bang Tao, ✆ 324199, ✆ 223158.

Attraktionen
Phuket FantaSea

Der 35 ha große Themenpark, der 80 Mill. € verschlungen haben soll, erstreckt sich an der Umgehungsstraße von Kamala. Der gigantische Parkplatz lässt bereits seine Ausmaße erahnen. Solange es genügend Touristen gibt, die den teuren aber lohnenden Eintritt zahlen, wird dort eine gewaltige Show geboten, die selbst Las Vegas in den Schatten stellt. Vor der Show geht es zum Einkaufsbummel durch das **Festival Village**, ein teurer Shopping Complex in bunten, thematisch gestalteten Disneyland-Läden. Auf den Plätzen treten Artisten und Bands auf. Am Ende des „Dorfes" werden links in einem dem Königspalast nachempfundenen Gebäude, dem **Golden Kinnaree Restaurant** mit 4000 Sitzplätzen, von 18.30–20.30 Uhr leckere europäisch-asiatische Buffets aufgebaut. Nach dem Essen strömen die Besucher hinüber zum **Palace of the Elephants**, einem gewaltigen Gebäude im Khmer-Stil, dessen Fassade in wechselnden Farben angestrahlt wird. Sie zieren 999 steinern aussehende Elefanten, die zum Teil beweglich sind. Hinter den Eingangstoren geht es durch tropische Ruinen in den modernen Theatersaal mit 3000 Sitzplätzen. Der Kontrast könnte kaum größer sein. Um 21 Uhr beginnt das gewaltige Spektakel „Fantasy of a Kingdom" mit den Helden Rama, Hanuman und Prinz Kamala, über einem Dutzend Elefanten, Tauben,

Wasserbüffeln und sogar einem Tiger. Moderne artistische Darbietungen (Bungee-Ballett) und Zauberkünstler wechseln mit traditionellem Schattenspiel (mit Lasertechnik modern verfremdet), Tänzen und Nachstellungen gigantischer Schlachten, die durch den Einsatz modernster Bühnentechnik fast real wirken. Die Texte in Thai und Englisch sind wie die Musik dem internationalen Publikum angepasst. Etwa 100 Personen stehen am Ende der eineinhalbstündigen Show auf der Bühne, und weit mehr sind zudem im Hintergrund daran beteiligt. ⏲ tgl. außer Di 17.30–23.30 Uhr, ✆ 385111-5, ✆ 385222, 🖥 phuket-fantasea.com, Eintritt nur zum Festival Village (lohnt nicht) 60 Baht, nur Show (sehr lohnend) 1000 Baht, Dinner + Show 1500 Baht.

Thai Village & Orchid Garden

Wer die Kultur nicht ganz vernachlässigen will, kann im Thai Village, ✆ 214860-1, eine Show mit Volkstänzen, Thai Boxen, traditionellen Zeremonien und verschiedenen Bräuchen ansehen. Auch Vorführungen des traditionellen Handwerks wie Seidenweben, Töpfern, Schirmmachen und Mattenflechten stehen neben Elefantenreiten (in 2 Min. ganze 50 Meter für 50 Baht p.P.) auf dem Programm. Einstündige Shows tgl. um 11 und 17.30 Uhr, Eintritt 400 Baht. Die Bergstamm-Produkte in den Souvenirläden sind wahrlich nicht billig. Im zugehörigen Phuket Orchid Garden sollen bis zu 45 000 Orchideen blühen. Man fährt von Phuket Town Richtung Flughafen und biegt beim KM 2,4 nach links ab. Nach 1,4 km ist das Thai Village erreicht. Taxi ab Phuket City 50 Baht pro Strecke.

Phuket Butterfly Garden

5 km westlich vom Thai Village zweigt die Straße zum Phuket Butterfly Garden ab. Im tropischen, mittlerweile vernachlässigten Garten schwirren Schmetterlinge frei umher oder liegen verendet auf dem Boden; zudem sind in viel zu kleinen Becken Fische, Echsen, Skorpione, Spinnen und andere Insekten sowie Fischotter zu sehen. ⏲ tgl. 9–17 Uhr, den überteuerten Eintritt von 200 Baht kann man sich sparen, ✆ 210861.

Phuket Water Ski Cableways

In der Nähe des Kathu Wasserfalls finden sich weitere Attraktionen, die vor allem auf asiatische Touristen abzielen, wie Phuket Water Ski Cableways, 86/3 Mo 6, Soi Namtok Kathu, ✆ 202525, wo tgl. von 9–21 Uhr Wasserski-Fahrer an einem Seil über einen künstlichen See gezogen werden, eine Elefanten- und Affenshow sowie die *Phuket Shooting Range*, ✆ 381667-8. Auch in anderen Orten werden Affen und Schlangen zur Schau gestellt.

Ausflugsziele

Wat Chalong

8 km südwestlich von Phuket Town liegt 2,7 km vom großen Kreisverkehr entfernt am H4022 der berühmte Tempel, dessen Viharn die verehrten Statuen der beiden Mönche Luang Pho Chaem und Luang Pho Chuang enthält, die sich unter Rama V. große Verdienste erworben haben: Während des Aufstandes der chinesischen Zinnminenarbeiter haben sie durch heilende magische Kräfte (sagen die einen) bzw. natürliche Heilmethoden und geschickte Diplomatie (sagen die anderen) Verletzte auf beiden Seiten gerettet und zur Beendigung des Aufstandes beigetragen. Pilger entzünden hier gern Kracher, lassen sich wahrsagen oder erkunden Glückszahlen für die Lotterie. Im hinteren Bereich kann man schön ruhig an einem Teich sitzen.

Thalang

Der H402 durch Thalang, 20 km nördlich von Phuket Stadt, wurde verbreitert, dafür mussten ganze Häuserzeilen weichen. Nur noch in den Nebenstraßen sind einige der alten Holzhäuser der ehemaligen Inselhauptstadt erhalten geblieben. Die Hauptstraße säumen Banken, chinesische Geschäfte, Restaurants und ein großer Markt. **Wat Phra Thong**, der große Tempel des Goldenen Buddhas, liegt im Norden des Ortes, 400 m östlich des H402. Um die große Buddhastatue mit einem recht ungewöhnlichen Gesichtsausdruck, die von der Brust aufwärts aus dem Tempelboden herausschaut, ranken sich zahlreiche Legenden. Ein Junge soll beim Hüten seines Wasserbüffels die fast vollständig vergrabene Buddhastatue entdeckt haben. Kurz darauf starben beide und alle anderen, die später versucht haben sollen, sie weiter auszugraben Die Statue, die aus reinem Gold bestehen soll, verblieb somit an der Fundstelle, und es wurde über ihr der Viharn errichtet. Viele Chinesen glauben, dass sie ursprünglich aus China stammt, und kommen vor allem während der chinesischen Neujahrsfeierlichkeiten hierher, um zu opfern und zu beten. Neben dem Tempel loht das Tempelmuseum einen Besuch. Es ist eine Art Heimatmuseum, vollgestopft mit Alltagsgegenständen und Devotionalien, die einen Einblick in das Leben früherer Bewohner ermöglichen.

Tha Rua

Hier, im Zentrum der Insel, 12 km nördlich von Phuket Stadt, steht der **Lak Muang** von Phuket und mitten im Kreisverkehr das 1966 für die Heldinnen Thao Thepkrasatri und Thao Sri Sunthorn erbaute **Denkmal**. Die Geschwister, die populär Chan und Muk genannt werden, konnten am 13.3.1785 angreifende burmesische Soldaten während der Abwesenheit ihrer eigenen Krieger mit einer List in die Flucht schlagen.

Das neu gestaltete **National Museum** östlich vom Denkmal lohnt einen Besuch. Der Eingangsbereich neben der Kasse bietet eine Einführung in die Frühgeschichte und die Beziehungen zu den Khmer (Kambodscha), den Thai-Reichen Sukhothai und Ayutthaya sowie zu Indien. Im ersten Raum werden die Landschaftsformen, die Geologie sowie die Grabstätten und Wohnhöhlen der ersten menschlichen Siedler dargestellt, die seit dem 7. Jh. in Takua Pa eintreffenden indischen Händler und späteren europäischen Seefahrer. Der zweite Raum beleuchtet die Geschichte der Insel seit dem 18. Jh. und damit auch die Entwicklung des Zinnbergbaus. Der folgende Raum zeigt auf anschauliche Weise das Leben der seit dem 13. Jh. eingewanderten chinesischen Händler und Kulis, ihren engen Beziehungen zu Penang und die Arbeit in den Zinnminen. Auch den Muslimen der Insel, den Thai und Seenomaden ist ein Raum gewidmet. Im Museumsgarten stehen Boote, die Pumpe aus einer Zinnmine und einfache Häuser der Seenomaden. ⊙ tgl. 8.30–16 Uhr, ✆ 311426, Eintritt 30 Baht.

Jeden Montag wird an der Abzweigung zum Museum ein großer lokaler **Markt** abgehalten. 200 m südlich steht der schöne Tempel **Wat Tha Rua**.

Laem Prom Thep

Einer der beliebtesten Ausflüge führt an die südlichste Inselspitze, 19 km von Phuket Town. Eine Serpentinenstraße schlängelt sich vom Rawai-Strand durch Kokoswälder zum Parkplatz unter dem Leuchtturm mit vielen Imbiss- und Souvenirständen.

Am **Brahma-Denkmal** neben dem Leuchtturm verehren Einheimische den Hindugott, dessen Namen das Kap trägt, und bringen ihm Elefanten als Opfergaben dar. Vor allem zu Sonnenuntergang genießen Hunderte von Bustouristen die abendliche Stimmung, bevor sie zum Dinner weiterfahren.

Khao Phra Taeo Wildlife Park

In diesem letzten Rest tropischen Regenwaldes, 21 km nördlich von Phuket, leben auf 2228 ha zahlreiche Affen, Vögel, Makaken, Wildschweine und sogar noch einige Malaienbären. An den Hängen der Berge, von denen der **Khao Phara** mit 450 m am höchsten ist, entspringen mehrere Bäche, die sich in der Regenzeit zu Wasserfällen formen, dem **Tone Sai-Wasserfall** im Westen und dem **Bang Pae-Wasserfall** im Osten. Eine einfache Tour führt ein Stück am Wasserfall entlang. Ein Pool lädt zu einem abkühlenden Bad ein. Längere Touren sollten nur mit Guide unternommen werden, z.B. bietet *Jungle Tours*, ✆ 285223, Tagestouren in kleinen Gruppen an. Wer über die Wasserscheide zum zweiten Wasserfall wandern möchte, kann sich bei *Siam Safari Nature Tours*, 70/1 Chao Far Rd., Chalong, ✆ 280116, ✉ 280107, 🖳 siamsafari.com, nach einer Trekkingtour erkundigen. In Tiergehegen sind nahe dem Eingang einige der Tiere (Makaken, Vögel, Schildkröten u.a.) untergebracht. Außerdem gibt es nahe am See ein kleines Restaurant und eine sehenswerte Ausstellung über das Ökosystem Regenwald. Auf Wanderwegen durch den Wald erhält man einen guten Eindruck.

Endemisch ist die Palmenart **Kerriodoxa elegans** mit cremefarbigen Blüten und großen, fächerförmigen Blättern mit hellgrünen Unterseiten, die auch am Ufer des Baches oberhalb des Wasserfalls wachsen.

Im Wald stehen die Verwaltungsgebäude und Bungalows**** des Khao Phra Taeo Wildschutzgebietes, die Platz für 20 Personen bieten. Zu erreichen, indem man in Thalang vom H402 nach Osten abbiegt, der Ausschilderung 3 km zum Tone Sai-Wasserfall folgt und sich an der Gabelung rechts hält.

Bang Pae-Wasserfall und Gibbon Rehabilitation Project

Das Gibbon Rehabilitation Project beim Bang Pae-Wasserfall, Ban Pa Khlok, 1,5 km von der Straße entfernt am Fuß der bewaldeten Berge, wurde 1992 gegründet, um die in den Bars lebenden verhaltensgestörten Gibbons, die mit Drogen ruhiggestellt und an Alkohol und Nikotin gewöhnt wurden, zu rehabilitieren und in einen artgemäßen Lebensraum zurückzuführen. Auch Tiere, die in Privathäusern in Gefangenschaft aufwuchsen, sollen an das Leben im Dschungel gewöhnt werden, damit sie gruppenweise in sicheren Wäldern auf zwei unbewohnten Inseln und im Wald hinter dem Zentrum ausgesetzt werden können. Allerdings war dieses Projekt bisher von wenig Erfolg gekrönt. Daher leben immer noch 45 Gibbons in teils recht engen Käfigen auf dem Gelände, neue Tiere können nicht aufgenommen werden. Junge Leute aus aller Welt arbeiten hier freiwillig und ohne Bezahlung. Sie erklären am Eingang gern Besuchern die Hintergründe und Ziele des Projekts. Daneben können einige der Tiere in Käfigen betrachtet werden. Am Eingang ist ein Informationsblatt der Wild Animal Rescue Foundation of Thailand auch in Deutsch erhältlich. ◷ tgl. 10–16 Uhr, ✆ 260492, ✉ gibbon @samart.co.th, 🖳 www.war-thai.org. Kein Eintritt, aber es wird eine Spende erwartet. Für einzelne Gibbons können Patenschaften übernommen werden (1500 Baht pro Jahr).

Der zehnminütige Weg weiter hinauf zum nicht gerade spektakulären Wasserfall bietet einen schönen Einstieg in die Vegetation des Regenwaldes. Auf wenigen hundert Metern wachsen viele typische Dschungelpflanzen.

Einige Reisebüros bieten die Fahrt im Rahmen einer Tour an. Mit einem eigenen Fahrzeug fährt man am Kreisverkehr beim Denkmal der Heldinnen auf den H4027 und nach 9 km links nach Bang Pae.

Der Nordosten

Hier zeigt sich Phuket von einer völlig anderen Seite. Schmale Straßen winden sich durch Gummiplantagen, Ananasfelder, kleine Thai- und muslimische Fischerdörfer. Stichstraßen führen hinab zur Küste. In **Tha Maprao**, einem kleinen Thai-Dorf, steht an einem Klong in den Mangroven ein großes Seafood-Restaurant, das frischen Fisch direkt aus dem Tank zubereitet. Auch in **Laem Sai**

gibt es frisches Seafood, ebenso im Nachbardorf, das sich auf Fischzucht spezialisiert hat. Schade, dass der Dorfstrand völlig vermüllt ist. Die großen Teiche der Aquabetriebe prägen auch das Hinterland, wo sich auch das *Andaman Marine Shrimp Reserarch and Development Centre* befindet.

Im muslimischen Fischerdorf **Ban Ao Krung** kann man Boote für Touren auf die vorgelagerten Inseln mieten. Ein Boot für eine Tagestour, das 6–10 Personen Platz bietet, kostet 2000 Baht. Von **Ban Ao Po** starten viele Boote der Seekanu-Veranstalter und die Touren nach Naka Noi und Yai. Eine Tour zur Perlenfarm kostet 600 Baht, eine Rundfahrt durch die Bucht 2000–2500 Baht. Nur der Pier von Sea Caves Canoe liegt weiter im Norden, dort bietet sich eine schöne Aussicht auf die Bucht von Phang Nga.

Von der Anlegestelle östlich von **Bang Rong** starten die Passagierboote nach Ko Yao Noi um 9.30, 11, 12.30, 14.30 und 17 Uhr, zurück um 7, 10, 15 und 16 Uhr für 40 Baht. Nach Ko Yao Yai um 12 Uhr, zurück um 7 Uhr für 50 Baht. Busse nach Phuket um 8 und 11 Uhr für 20 Baht. Boote für eine Tour durch die Phang Nga Bay 2500–3000 Baht, nach Naka Yai 1500 Baht hin und zurück.

Ko Siray

Diese Halbinsel (auch Ko Sire) an der Ostküste ist über eine Straße mit Phuket verbunden. Auf der höchsten Erhebung der Halbinsel wurde eine große, ruhende Buddhastatue errichtet. Im Süden liegt ein touristisch vermarktetes Dorf mit Seenomaden (*Chao Leh*). An der Ostküste gibt es am seichten, schmutzigen Sandstrand mehrere Restaurants und Picknickplätze, die fast nur von Thais am Wochenende frequentiert werden. Komfortabel übernachtet man im *Sirey Resort*. Keine öffentlichen Verkehrsmittel, Tuk Tuks können für 80 Baht gechartert werden.

Die Inseln vor Phuket

Viele Reisebüros bieten Ausflüge zu den vorgelagerten kleineren Inseln und Korallenriffen zu Preisen an, die nicht viel höher sind, als wenn man es selbst organisiert. Wer den Trip selbst organisiert, sollte andere Leute ansprechen, damit das Boot, das meist 10 Passagiere fasst, voll wird. Zu den vorgelagerten Inseln im Süden kommt man am günstigsten ab Chalong oder Rawai (siehe dort), zu den Inseln in der Phang Nga Bay ab Bang Rong und anderen Piers an der Nordostküste. Vielen Inseln im Süden sind Korallenriffe vorgelagert, so dass sie sich gut zum Schnorcheln und Tauchen eignen. Die Inseln in der seichten Bucht von Phang Nga können zwar nicht mit Riffen aber mit steilen Kalkfelsen im zumeist spiegelglatten Wasser locken.

Coral Island

Die Insel Ko Hay (auch Ko Hae) liegt etwa 6 km vor Rawai am Südzipfel von Phuket. Wegen ihrer schönen Korallen führen viele Schnorchelausflüge hin, daher ist sie besser als Coral Island bekannt. Während der Saison stehen die Liegestühle in 4–5 Reihen am Strand der nördlichen Bucht, einfache Strandrestaurants bereiten mittags Thaigerichte an und servieren kalte Getränke. Tagsüber ankern Dutzende von Booten vor dem westlichen Teil des Sandstrandes, wo sich das Meer am Besten zum Schwimmen eignet. Die Fische werden durch laute Boote, Fallschirmsegler und propellergetriebene Deltasegler vertrieben. Der östliche Strandabschnitt mit den Bungalows des *Coral Island Resorts* musste bereits mit Sandsäcken abgesichert werden. Erst gegen 16.30 Uhr, wenn die Tagesausflügler zurückfahren, wird es ruhiger. Ruhiger ist es am kleinen Banana Beach, der nach 10 Min. Fußweg Richtung Osten zu erreichen ist und an dem das *Coral Reef Restaurant* steht.

Coral Island Resort, Buchungsbüro in Chalong an der Zufahrt zum Pier, 48/11 Chaofa Rd., ☎ 281060-2, ✆ 381957, ⌨ www.coralislandresort. com, das Büro vermittelt 64 bereits etwas ältere Doppelbungalows für 2000–3000 Baht mit ac, die in Doppelreihen um einen Pool gebaut sind. Die Anlage steht direkt links am privaten Strandabschnitt, sehr gutes Restaurant.

Das reguläre Boot fährt ab Chalong Bay um 9.30 Uhr in 45 Min. und kostet 300 Baht einfach, für Tagesbesucher 300 Baht hin und zurück.

Pauschaltouren veranstaltet *Aloha Tours*, Chalong Bay, ☎ 381215, tgl. um 9 Uhr für 700 Baht p.P. inkl. Transfer vom Hotel, Lunch und Schnorchelausrüstung, Rückkehr um 15.45 Uhr. Longtail-Boote ab Chalong (Rawai) für 1200 (600) Baht, Speedboot mit 200 PS für 2500 (2500) Baht hin und zurück. *Phuket Island Hopper*, ⌨ www. phuket-islandhopper.com, ab Ko Siray 1200 Baht.

Ko Lone

Ko Lone ist eine der größten Inseln Phukets vor der seichten Chalong Bay. Sie hat bis zu 260 m hohe Berge. Auf drei Seiten ist sie von einer steilen Felsküste umgeben, nur im Nordosten erstreckt sich ein Strand. Hier liegt auch ein muslimisches Dorf, dessen Einwohner vom Fischen, Verkauf von Latex und Kopra leben.

Baan Mai Cottage, ☎ 223095, ✉ baanmai@voila. fr, 9 teure Bungalows mit ac, Pool.
Cruiser Island Resort, ☎ 383210-1, ✆ 383211, 24 ac-Bungalows am Strand, Restaurant.

Boote können in Chalong gechartert werden und kosten 800 Baht (Longtail) bzw. 1800 Baht (Speedboot) hin und zurück. Am frühen Morgen verkehrt auch eine Fähre von Chalong in 20 Min. zum Dorf.

Ko Mai Thon

Auch zu dieser Insel, 16 km vor Chalong, werden Tagesausflüge angeboten, die sich wegen der schönen Strände und Schnorchelgründe lohnen. Hier steht das exklusive *The Maiton Resort*, ☎ 214954-8, ✆ 214959, ⌨ www.maitonisland.com.

Boote können in Rawai gechartert werden und kosten 1500 Baht (Longtail, nur bei absolut ruhiger See zu empfehlen) bzw. 5000 Baht (Speedboot) hin und zurück. Tagestouren ab Phuket, ☎ 214954-8.

Ko Racha Yai und Noi

Die hügelige und felsige Insel **Ko Racha Yai** (auch Ko Raya oder Ko Raja) liegt 21 km südlich von Phuket. Im Winterhalbjahr leben etwa 130 Menschen auf der Insel, während des Monsuns nur 30. Schattige Fußpfade führen durch die Palmenwälder. Feiner, weißer Sand bildet die zwei Hauptstrände **Batok** und **Siam Bay** im Nordwesten der Insel. Hier liegen die Bungalowanlagen, Restaurants und landeinwärts ein kleiner Laden. Von den Felsen im Süden hat man einen herrlichen Ausblick über die Insel. Das Wasser ist fast immer klar und herrlich zum Schwimmen und Schnorcheln geeignet. Viele Tauchschulen fahren täglich zur Insel. Gutes Tauchen ist an der Ostseite auf 9–22 m Tiefe bei 10–18 m Sicht möglich. Auf den Steinkorallen sitzen viele farbenfrohe Federsterne. Mehrere Veranstalter bieten Tagestouren an, so dass Tagesausflügler von 11–14.30 Uhr den Strand belagern, ein wenig schnorcheln und ein Barbecue veranstalten, dann tritt wieder Ruhe ein. Während der Touristeninvasion am Hauptstrand sind die anderen Strände immer noch eine ruhige Alternative. Im Februar sind manchmal Quallen eine Plage.

Die kleinere Doppel-Insel **Ko Racha Noi** liegt 8 km südwestlich und ist nicht bewohnt. Sie besitzt nur einen winzigen Sandstrand. Sehr gut tauchen kann man vor der Nordspitze in einer Tiefe von 9–28 m bei 15–25 m Sicht. Weich- und Steinkorallen, Gorgonien, rot-weiß gestreifte Federsterne und Schwämme gedeihen auf den Granitfelsen, umschwärmt von vielen Rifffischen. Allerdings gibt es starke Strömungen, und während des Monsuns ist die Insel ungeschützt starken Winden ausgesetzt, so dass dann keine Boote fahren.

Übernachtung und Essen

Bei allen Anlagen auf Ko Racha Yai finden sich wegen der Nähe zur Natur viele Kleintiere ein: Insekten, Eidechsen, Warane etc. Die Preise sind durchweg etwa doppelt so hoch wie auf dem Festland, da alles mit dem Boot hergebracht werden muss. Sie steigen zudem bei größerem Andrang. Also vorher genügend Geld tauschen! **Jungle Bungalows*****, Siam Bay, ✆ 01-3960087, Buchungen unter ✆ 076-288550, der Natur angepasste, friedvolle Anlage auf einem dicht bewachsenen Hügel, weit auseinander stehende,

übersteuerte Hütten, schöne Sicht, schäbige Toiletten und Zi, viele Insekten, gemütliches Restaurant, tgl. frisches Brot, schönes Schnorcheln direkt vom Strand, kein motorisierter Wassersport. Gemanagt vom Neuseeländer Gerry, der auf der Insel eine Tauchschule führt. Die freundliche Familie ist umweltbewusst. Zu erreichen über einen Pfad, der links am Strand hinaufführt. Am Aufgang zu den Bungalows ein preiswertes Restaurant in ruhiger Lage.
Raya Resort***, ✆ 01-2292706, Buchungen unter ✆/✉ 076-288271, Frühstück inkl. Die Hütten stehen in einem schön angelegten Garten auf den Felsen. Die 20 relativ komfortablen Holzbungalows haben Fan oder ac, ein gefliestes Bad und ein besonders großes Bett mit guten Matratzen, Moskitonetz auf Anfrage. Strom von 18–24 Uhr. Das Restaurant links am Strand serviert gute, frische Gerichte, ist bei Flut allerdings nur durchs Wasser zu erreichen. Wer bereits in Phuket am Rawai Beach bucht und bezahlt, sollte darauf bestehen, dass er nicht in den heruntergekommenen Bambushütten des übersteuerten *Raya Executive Club* (s.u.) untergebracht wird, weil das Resort angeblich ausgebucht ist.

Seglers Club***, am rechten Ende des Strandes, hat Schlafsäle, Mehrbettzimmer und ein schönes Haus für 3 mal 4 Personen auf dem Felsen über der Bucht; geleitet von einem Schweizer.
Raya Executive Club***–*****, ✆ 01-2292779, Bambushütten mit Du/WC in einem erbärmlichen Zustand und völlig übersteuert. Hingegen sind die schönen, großen Zi mit Du/WC in den soliden Reihenhäusern mit Veranda ok.
Bamboo Restaurant, Batok Bay, hat frischen Fisch zu einem vernünftigen Preis und leckeres Frühstück.
Ban Raya ab*****, ✆ 01-8285956, Buchungen unter ✆ 076-354682, ✉ www.phuket.com/banraya, neue Anlage mit komfortablen Bungalows mit Fan oder ac und einem offenen Restaurant in der kleinen Bucht auf der anderen Seite der Insel, die nach 20 Min. zu Fuß durch einen Palmenhain zu erreichen ist. Internet, kostenlose Tageszeitungen und von den *Raya Divers*, ✉ www.rayadivers.com, Schnorchel-, Tauchtrips und PADI-Kurse. Motorrad-Shuttle ab Anlegestelle in der Batok Bay.

In der Mitte des Strandes befindet sich ein sehr gutes Restaurant: reiche Auswahl zum Frühstück, frischer Fisch wird nach Wunsch zubereitet. Das Angebot und die Preise in allen Restaurants der Insel sind in etwa gleich.

Transport

Vor allem von Oktober bis Mai fahren zahlreiche Boote ab Phuket Hafen gegen 9 Uhr in 1 Std., Rückfahrt zwischen 15 und 16 Uhr. Buchungen u.a. über ✆ 242253, Im Pauschalpreis von 1200 Baht sind der Transfer vom Hotel, Getränke, Lunch und Schnorchelausrüstung enthalten, für den Transport allein zahlt man 900 Baht. Ein Speedboot ab Chalong zu chartern kostet etwa 3500 Baht hin und zurück, bzw. 400 Baht p.P. einfach, und benötigt pro Strecke ca. 1 Std., vom Rawai Beach 5000 Baht. Longtail-Boote für 2000 Baht brauchen 2 Std. und sind auf längeren Entfernungen nur bei absolut ruhiger See zu empfehlen, Fischerboote 1900 Baht.
Phuket Island Hopper,
🖥 www.phuket-islandhopper.com, bietet Rundfahrten ab Ko Siray für 2800 Baht an.

Naka Pearl Island

Auf der Perlenfarm Naka Noi in der Phang Nga Bay, die tgl. 9–15.30 Uhr für Besucher geöffnet ist, wird um 11 Uhr die Perlenzucht in allen Einzelheiten demonstriert. Natürlich soll man auch Perlen und Muschelprodukte kaufen.

Auf der privaten Nachbarinsel Naka Yai liegt das *Island Resort* an der Westküste, der Strand ist flach und nicht gut. Aber an der Ostküste (30 Min. zu Fuß) liegt ein Super-Strand: 1 km lang, davon 500 m feiner Sand, Palmen, schöne Sicht auf Felsen. Tagesausflügler aus Phuket informieren sich hier über Perlenzucht, kaufen ein und baden max. 2 Std. am Strand.

Übernachtung

Naka Yai Island Resort**, ✆ 01-2291448, Office in Phuket, 2/4 Dee Buk Rd., ✆ 214583, 10 Bungalows, Getränke relativ teuer, Essen gut.

Transport

Boote können am Ao Po Pier für 600 Baht, ab Bang Rong für 1000–1300 Baht, gechartert werden. Organisierte Touren kann man buchen bei **Naka Tour and Resort Co.**, 5/30 S. T. Plaza, Sakdidej Rd., Phuket, ✆/🖥 219870. Sie kosten 1400 Baht inkl. Transfer vom Hotel, Besichtigung der Perlenzucht und Lunch; Abfahrt am Ao Po um 10.30 Uhr, Rückkehr gegen 15 Uhr. Die Touren sind für eine „Kaffeefahrt" zu teuer.

Ko Yao Yai

Die große Ko Yao Yai und die kleinere Schwesterinsel Ko Yao Noi mitten in der Phang Nga Bay sind von zahlreichen kleineren Inselchen umgeben. Auf der südlichen, größeren Ko Yao Yai gegenüber von Krabi werden in der weiten Bucht im Westen Perlen gezüchtet.

Nur im Norden verläuft eine Straße über die Bergkette hinüber an die Ostküste nach **Ban Chong Lat**, einem Fischerhafen mit einem Pier, an dem auch einige Boote aus Phuket und die aus Phang Nga anlegen. Hier warten Motorradtaxis auf ankommende Passagiere. Die Boote nach Ko Yao Noi fahren vom großen Pier nördlich des Kanals ab und die zum Tien Sin Pier von **Ban Lo Palai** im Südwesten der Insel. Von *Khun Boonlit*, ✆ 01-7978538, können Motorräder für eine Inselerkundung gemietet werden. Mit einem gemieteten Motorrad kann man die traditionellen muslimischen Dörfer besuchen oder zu den Stränden fahren.

Der von Kokospalmen gesäumte, hübsche **Lo Pa Rat Beach** in der tiefen Bucht im Westen der Insel lädt zum Baden ein und ist über die Inselstraße zu erreichen. Auch die von Felsen durchsetzten Strände **Ao Sai** und **Laem Nok Ok** an der Ostküste eignen sich gut zum Schwimmen. Von einigen Buchten im Nordwesten und Nordosten bietet einen schönen Ausblick auf die kleinen Inseln der Phang Nga Bay.

Übernachtung

Auf der Insel gibt es einige kleinere, einfache Unterkünfte mit Restaurant:
Tiew Son Resort**, 58/4 Moo 4, im Nordosten, südlich von Chong Lat, ✆ 01-7374420, 01-

PHUKET UND DIE NÖRDLICHE WESTKÜSTE

9567582, mit einem guten Restaurant und einem wunderschönen Ausblick auf die Inselwelt.

Yao Yai Island Resort***–****, Lo Pa Rat Beach, 80/3 Moo 7, ✆ 076-238265, 01-5356871, mit 25 Zi die derzeit größte Anlage an einem schönen Strandabschnitt. Nach Voranmeldung werden Gäste vom Pier abgeholt.

Ti Pa Sak Resort***–****, Lo Pa Rat Beach, 80 Moo 7, ✆ 09-9722001, oder in Phuket ✆ 076-215030, 9 Bungalows, nur in der Hochsaison geöffnet.

Eden Bungalow***, ✆ 01-2700904, mit Restaurant, und *Yao Yai Family Bungalow****, sind 2 kleine Anlagen am Lo Palai Beach nahe der Bootsanlegestelle.

Weitere Bungalows sind im Bau.

Hin Kong Villa**, im Dorf Ban Hin Kong, 10 einfache Bungalows mit Fan, kein Badestrand.

Transport

Vom Tien-Sin-Pier, 7 km nördlich von Phuket Town, fährt täglich um 10 und 14 Uhr ein Boot für 50 Baht in 1 Std. zur Insel. Zurück gegen 8 und 12 Uhr. Vom Bang-Rong-Pier um 12 Uhr, zurück um 7 Uhr für den Baht. Zudem ein Boot nach Ko Yao Noi für 20 Baht. in 15 Min. Speedboot von *Phuket Island Hopper*, 🖥 www.phuket-islandhopper. com, ab Ko Siray 1800 Baht.

Ko Yao Noi

Das nördliche **Ko Yao Noi** ist die kleinere, aber bereits besser erschlossene Insel. In mehreren Dörfern leben etwa 4000 Moslems vor allem vom Fischfang, der Landwirtschaft, von Kautschuk- und Ölpalm-Pflanzungen. Der Tourismus ist auf diese Insel erst zögerlich vorgedrungen. Mittlerweile gibt es an den meisten Stränden Elektrizität, aber weder Telefon noch Sonnenschirme und Liegestühle. Die einstigen Erdpisten sind teilweise asphaltiert worden. Neben Motorrädern können Tuk Tuks für Rundfahrten gemietet werden. Im größten Dorf **Ban Yai** im Südwesten (auch: Ban Ta Khai) befinden sich der Hauptpier, die Schule, Polizei und Post ein Krankenhaus, der große Markt, ein paar kleine Restaurants und Läden, ein Gästehaus, ein Kino, eine Moschee und sogar ein Internet-Café.

Von einem weiteren Pier im Süden, **Tha Manoh**, fahren die Boote nach Ko Yao Yai und das Pa-

sagierboot nach Phuket ab. Die schönsten Badestrände liegen an der Ostküste, u.a. der **Pasai Beach** im Süden hinter dem Dorf **Ban Laem Sai** und der **Long Beach** (Hat Klong Jaak) weiter nördlich. Weitere verhältnismäßig kleine, schmale Buchten mit feinem gelblichen Sand werden von Kokospalmen und Kasuarinen gesäumt. Von diesen Stränden bietet sich eine schöne Sicht auf die bizarren, weißen Felsformationen im türkisblauen Meer, die im warmen Licht der Nachmittagssonne besonders schön erleuchtet werden. Dahinter erstrecken sich die dschungelbedeckten Berge des Festlandes bis hinab nach Krabi.

Am Pier des Fischerdorfes **Ban Tha Khao**, das von Kautschukplantagen umgeben ist, werden Latexmatten zum Abtransport vorbereitet, während daneben Fischer ihren Fang entladen. Mit ihnen kann man zum Nachtfischen hinausfahren. Bei Ebbe ist die winzige vorgelagerte Insel **Ko Nok** zu Fuß zu erreichen. Zwei Läden sorgen für das Lebensnotwendige. Ein größeres Fischerdorf ist **Tha Tondo** an der Westküste, 4 km nördlich von Ban Yai. Viele Häuser stehen auf Stelzen im Meer. Am Pier kann man in einem der beiden Restaurants sitzen und das Dorfleben beobachten.

Übernachtung und Essen

An der Ostküste liegen mehrere Resorts. Von Süden nach Norden:

Lom' Lae***, Moo 5, Pasai Beach, 4,5 km vom Markt, ✆ 01-9580566, 09-8688642, ehemals Nui's Place, der in den Norden hinauf umgezogen ist. Es wird nun von der Kanadierin Jade und ihrem Mann geleitet. Die 4 einfachen, kleinen Bambushütten auf Stelzen, mit Terrasse und Hängematte, Bambusdusche und Thai-WC ebenerdig, sind liebevoll dekoriert und seit 2002 auch mit Strom versorgt. Besonders schön sitzt man in den kleinen Gartenpavillons des Restaurants, das v.a. leckeres Thai-Essen serviert. Englische und deutsche Taschenbücher können ausgeliehen werden. Der Strand auf der gegenüberliegenden Straßenseite ist zum Schwimmen nur bei Flut geeignet. Touren-Angebote.

Pasai Cottage***, Pasai Beach, 200 m weiter, ✆ 076-248099, 01-9561879, oder in Phuket ✆ 076-248099, 10 Bungalows mit Terrasse, Fan, Du/WC und Moskitonetz stehen in einer Reihe dicht aneinander gereiht hinter dem Restaurant, das an der Straße liegt. Der Bau von 10 weiteren Hütten ist geplant. Frühstück inkl.

Coconut Corner***, Pasai Beach, 500 m weiter, 📞 01-9562607, 3 Bambusbungalows mit kleiner Veranda und Du/WC unter der Leitung des hilfsbereiten, Englisch sprechenden Mr. Bean und seiner Frau. Gutes kleines Restaurant, kostenlos ist die tägliche Kokosnuss frisch von der Palme.

Sabai Corner***, 150 m weiter, in der folgenden kleinen Bucht am Hang, 📞 01-8921827, kleine palmwedelgedeckte Hütten mit Terrassen, teilweise mit schönem Blick aufs Meer und den Long Beach. Gemanagt von der Italienerin Lela und ihrem Mann Uhn. Im gemütlichen Restaurant über den Klippen am Meer gibt es Pasta, guten Kaffee und nach Voranmeldung ein traditionelles Thai-Dinner.

Raggae Pub, 300 m weiter, eine Strandbar, die Snacks und Getränke verkauft.

Long Beach Village***–**** und mehr, 35/26 Moo 5, Long Beach, 600 m weiter, 📞 01-6077912, oder in Phuket 📞 076-381623. Der größten Anlage fehlt etwas Atmosphäre: 28 größere Bungalows mit Du/WC und 1 oder 2 Betten stehen auf hohen Stelzen oberhalb der Straße auf einem weitgehend baumlosen Grundstück an einem schönen Strandabschnitt. Großes, offenes Rimlay Restaurant, Jeep-Vermietung.

Koyao Island Resort, 800 m weiter, 24/2 Moo 5, 📞 076-597474, 597476 Reservierungen, 📠 597477, 🖥 www.koyao.com, in einer von Felsen umrahmten Bucht mit feinem Sandstrand abseits der Straße. Unter Kokospalmen stehen in weiten Abständen zueinander 15 sehr schöne, stilvoll möblierte Villas mit hohen traditionellen Dächern, deren Architektur sich gut in die Natur einfügt. Alle mit Blick aufs Meer, westlichem Komfort, Fan (auf Wunsch ac), Warmwasser-Du/WC, 1 oder 2 großen Doppelbetten aus Baumwollnetz, offenes Wohnzimmer mit TV, Video und Kühlschrank für 3300–6500 Baht, billiger über Internet. Restaurant mit guter einheimischer und mediterraner Küche, verschiedene Aktivitäten (Kanu, Fahrräder, Katamaran,Windsurfing), Abholservice ab Airport. Spa mit Thai-Sauna und Massagen. Am Strand Hängematten und kleine Ruheplattformen. Französisches Management, entspannte, freundliche Atmosphäre.

Tha Khao Bungalows***, 2 km weiter nördlich, 3 km südlich vom Fischerdorf Ban Tha Khao. Abseits von allen anderen Anlagen stehen in einer kleinen, ruhigen Bucht mit hübschem Sandstrand in einem gepflegten Garten am Wasser die stabilen Bungalows mit großer Terrasse. 3 Bungalows für 2 Pers., 2 mit 2 Zi für 4 Pers. und 3 mit 3 Zi für 6 Pers., alle jeweils mit Du/WC. Im Restaurant werden alle Mahlzeiten zubereitet, Fahrrad- und Kajakverleih.

Außerdem:

Nui's Place im Norden.

Amina Bungalow**, in Ban Yai, nahe dem Markt, 📞 076-597278, 01-8944860. Kleinere und größere Bungalows mit TV und einfacher Du/WC stehen dicht aufeinander L-förmig um einen kleinen Garten. Motorräder für 250 Baht pro Tag.

Sonstiges

BOOTE – Longtail-Boote können für Ausflüge und Badetrips auf die benachbarten Felseninseln oder aufs Festland gechartert werden. Sie bieten bis zu 10 Pers. Platz und kosten z.B. ab Ban Tha Khao nach KO NOK 200 Baht, KO BILEH 1200 Baht, PHUKET 1500–2000 Baht, Tagestouren z.B. nach AO NANG 2000–3500 Baht.

MOTORRÄDER – In den meisten Bungalowanlagen werden Motorräder für 250 Baht pro Tag vermietet. Sie eignen sich gut, um auf eigene Faust die Insel zu erkunden.

TUK TUKS – fahren von allen Piers zu den Stränden für 50–100 Baht pro Person.

Transport

Vom Pier östlich von BANG RONG auf Phuket (Bus aus Phuket Town nur morgens in 30 Min., zurück um 8 und 11 Uhr für 20 Baht) fahren um 9.30, 11, 12.30, 14.30 und 17 Uhr alte Passagierboote in 45 Min. für 40 Baht zur Insel, zurück um 7, 10, 15 und 16 Uhr. Je nach Gezeiten legt das reguläre Boot auf Ko Yao Noi in THA MANOH oder BAN YAI an. Von Tha Manoh fährt zudem tgl. 1 Boot in 15 Min. für 20 Baht nach KO YAO YAI. Von THA KHAO im Nordosten fährt tgl. 1 Boot um 7 Uhr nach THA LEN in 45–60 Min. für

50 Baht, von dort mit dem Minibus weiter nach KRABI für 30 Baht, zurück um 12 Uhr.

Ko Rang Yai

Vor der Ostküste, 5 km von der Phuket Boat Lagoon entfernt, werden auf dieser privaten Insel und der weit kleineren **Khai Nok** Perlen gezüchtet. Die **Phuket Pearl Farm** hat ein Büro in Sapam, nördlich von Phuket Town, ✆ 238002, ✉ phuketpearl @yahoo.com. Aufgrund ihrer Lage in der geschützten Bucht von Phang Nga kann sie auch während des Monsuns besucht werden. Über *Richy Island Tour*, 31/11-12 Arawang Bldg., Thepkrasattri Rd., Phuket Town, ✆ 238163, ⌨ www.phuket.com/island/rangyai.htm, oder Leisure 4, ✆ 202625, 01-8958244, können Touren für 600–1700 Baht gebucht werden, bei denen Gelegenheit zum Baden, Windsurfen und für andere Aktivitäten geboten wird. Teurere Touren schließen den Besuch von Ko Khai Nok mit ein. Die Überfahrt ab Laem Hin Pier dauert 20 Min. Am Pier können auch Boote für 1500–1700 Baht gechartert werden.

Phang Nga Bay

Besonders schön ist eine Tour durch die Inselwelt in der Bucht von Phang Nga. Die meisten Boote fahren jeden Tag gemeinsam und zur selben Zeit in einen kleinen Teil der Felsenlandschaft. Die Tour selbst zu organisieren lohnt sich kaum. Wer dagegen sowieso über Phang Nga nach Krabi fahren will, kann die Tour dort preiswerter und ruhiger bereits am frühen Morgen beginnen. Zudem werden Halbtagstouren am Nachmittag angeboten, mit denen man den Massen entgeht.

Ein unvergleichliches, aber relativ teures Erlebnis bietet die Tour zu den Felsen der Phang Nga Bucht mit seefesten Kanus. Die fantastische Welt der Höhlen und Lagunen wird bei sensiblen Reisenden bleibende Eindrücke hinterlassen.

Transport

Je nach Komfort des Busses und der Boote werden Touren in Phuket Town und an allen Stränden für 400–800 Baht p.P., Halbtagstouren, die nur unwesentlich kürzer sind, ab 350 Baht, angeboten. Enthalten ist der Transfer zum Hotel.

Wer es sich leisten kann, segelt komfortabel, ruhig und angenehm mit den Dschunken *June Bahtra* und maximal 20 bzw. 40 Mitseglern in die Bucht von Phang Nga. Zu buchen für 2900 Baht, in der Nebensaison günstiger, bei den meisten Reisebüros oder beim Veranstalter **East West Siam**, 60/6-7 Aroonsom Square, Rat Uthit Rd., Patong, ✆ 340912, ✆ 206653, ⌨ www.east-west. com. Abholung gegen 7.30 Uhr, Rückkehr gegen 18 Uhr. Sunset Cruise von 16.45–21 Uhr inkl. Buffet für 1950 Baht, in der Nebensaison günstiger. **Jolly Roger**, 91 Yaowarat Rd., Phuket Town, ✆ 213939, ✆ 254350, ⌨ www.jollyroger-phuket. com, fährt mit einem nachgebauten Piratenschiff Sa und So von 9–16 Uhr in die Bucht von Phang Nga für ca. 2000 Baht p.P. Auch abendliche Sunset Cruises.

Zudem offerieren verschiedene Veranstalter kombinierte Touren mit der Bucht von Phang Nga, Naka Pearl Island (mit Mittagessen) und einer Schnorchelinsel.

Wer die Tour selbst organisieren will, fährt zuerst mit dem Bus für 26 Baht nach Phang Nga, dann mit einem Minibus für 20 Baht zum Hafen. Touren mit Seekanus s.S. 526.

Longtail-Boote für eine Rundfahrt können in verschiedenen Häfen an der Ostküste von Phuket für 2–3000 Baht gechartert werden (s.S. 532, Nordosten), ab Laem Hin Pier 4500 Baht für bis zu 15 Pers.

Ko Phi Phi

เกาะพีพี

Eine Insel, deren Bilder Südseeträume wecken. Man stelle sich zwei Kalksteinmassive vor, wild zerklüftet, mit Dschungel auf der einen und Kokospalmen auf der anderen Seite bewachsen. Diese werden durch eine flache Landbrücke verbunden, die auf beiden Seiten eine halbrunde, schneeweiße Sandbucht formt. Im glasklaren Wasser der Buchten, das in allen Blauschattierungen schimmert, sieht man die Korallen schon vom Boot aus.

Kein Wunder, dass Ko Phi Phi (ausgesprochen: Pi Pi) total vermarktet wurde und vor allem seit dem 1999 hier gedrehten Film *The Beach* mit jährlich etwa 220 000 Touristen wahnsinnig touristisch und überlaufen ist.

Tagestouren nach Ko Phi Phi Der beliebteste Tagesausflug führt von Phuket zu den beiden Inseln Ko Phi Phi Don und Ko Phi Phi Le. Je nach Alter, Geschwindigkeit, Größe und Komfort der Boote (mit oder ohne ac, Sonnendeck, Qualität des Essens usw.) werden in Phuket und an allen Stränden Touren für 700–1200 Baht p.P. inkl. Snacks und Mittagessen angeboten. Man wird rechtzeitig vom Hotel zum Schiff gebracht, das mit vielen anderen zwischen 8.30 und 8.45 Uhr am Tiensin-Pier ablegt. Nach ca. 2 Std. Fahrt inkl. einer Runde um Ko Phi Phi Le und einem 20-minütigen Aufenthalt an der Viking Cave ist die Hauptinsel Phi Phi Don erreicht. Dort steht das Mittagessen in Form eines Buffets bereit. Danach bleibt Zeit zum Spaziergehen, Schwimmen oder für eine Schnorcheltour (Ausrüstung und Boot im Preis inkl.), bevor es gegen 14.30 Uhr zurück geht.

Besonders junge Leute, die sich gern aufhalten, wo auch etwas los ist, zieht es auf die Partyinsel, die keine Sperrstunde kennt. Einige Bungalows und Restaurants sind absolut überteuert und ebenso wie viele Strandabschnitte völlig verdreckt. Wilde Bautätigkeit hat um sich gegriffen, das Wasser ist knapp, das Grundwasser brackig, und die Sickergruben laufen über – Ko Phi Phi ist kein Traumziel mehr. Nach der Touristensaison ist das Wetter im Juni / Juli normalerweise schön, und die Preise guter Zimmer fallen. Auch von August bis Oktober erlebt so mancher hier seinen Traumurlaub, wenn er gerade eine regenfreie Woche erwischt. Doch selbst in der Nebensaison können an schönen Tagen plötzlich Ausflügler die Insel überschwemmen. Regnet es zwei Tage, verschwinden die Massen genauso schnell wieder.

Ko Phi Phi besteht eigentlich aus zwei Inseln: die liebliche Ko Phi Phi Don mit allen Unterkünften und die schroffe, unbewohnte Ko Phi Phi Le mit schönen Ausflugszielen. Ein Teil von Ko Phi Phi wurde 1983 in den 390 km² großen **Noppparat Thara–Ko Phi Phi Marine National Park** einbezogen, dessen Headquarter am Strand von Noppparat Thara bei Krabi stationiert ist.

Wer Ruhe sucht, hat es schwer auf Ko Phi Phi. Schon am Morgen brechen die Longtail-Boote auf, sie werden am Vormittag abgelöst von den Fähr-

schiffen für Touristen – das Geknatter hallt ununterbrochen von den Felsen wider. Erst am Abend kehrt Ruhe ein, sofern nicht ein Stromgenerator dröhnt.

Ban Laem Trong (Phi Phi Village) und Umgebung

Im Zentrum der südlichen Bucht legen die Ausflugsboote am großen Pier an. Das ehemalige Fischerdorf Ban Laem Trong hat sich zu einem ausgedehnten Touristenort mit allen Möglichkeiten entwickelt. Auf den schön angelegten Parkwegen, an der Uferpromenade und an beiden Hauptstränden herrscht ein wahres Touristengetümmel. An der Dorfstraße und in den neuen Ladenzeilen konzentrieren sich die teils rund um die Uhr geöffneten Minimärkte, Snackbars, Bäckereien, Eissalons mit gutem italienischem Eis, Bierbars, Restaurants, Cafés, Pubs, Geldwechsler, Geldautomaten, Internet-Cafés, Reisebüros, Tauchschulen, viele Wäschereien, eine Post und ein Health Center (vor dem Ton Sai Village). In zig Läden werden Strandkleidung, Lederwaren, Schuhe, Souvenirs aus Südostasien u.v.m. angeboten, z.T. auch Unterwasserkameras verliehen.

Die malerische südliche **Ton Sai Bay** ist das Ziel Hunderter Tagesausflügler aus Phuket und Krabi, die an den Buffets der Restaurants abgefüttert werden und danach bis zur Abfahrt die Liegestühle am Strand in Beschlag nehmen. Das westliche Ende der Bucht ist wegen der zahlreichen Korallen nicht zum Baden geeignet. Auch die vielen Boote verleiden außerhalb der abgegrenzten Badestellen das Schwimmen.

Der **Hin Khom Beach** ist ein Strand für Nachtschwärmer, denn mehrere Bars beschallen bis in die frühen Morgenstunden die Gegend. Zudem liegen hier viele Boote, die schon früh mit ihren lauten Motoren alle Gäste aufwecken. Die Küste besteht aus rauen Felsen, davor zeigt sich bei Flut nur wenig Sandstrand, der zudem nahe dem Dorf von Müll übersät ist. Vom Bay View Resort gelangt man in 30 Min. zu Fuß zum Long Beach zuerst über die Felsen am Ufer entlang und dann weiter landeinwärts.

Die seichte **Lo Dalam Bay** (auch Back Bay) sieht bei Flut wunderschön, bei Ebbe eher hässlich aus. Sie liegt nur 200 m von der Ton Sai Bay entfernt, auf der anderen Seite der Landbrücke. Tagsüber spielt sich hier der totale Urlaubsrummel ab, mit Ausflüglern in feiner Kleidung, Badegästen im Bikini, Motorbooten, Paragliding, Fahrten mit der „Banane", unzähligen Souvenir- und Getränkeverkäufern etc. Tagesausflügler flanieren am Strand auf und ab. Die Abfallhalden des Dorfes am westlichen Ende der Bucht sind allerdings weniger attraktiv. Hier sollte man beim Baden nichts unbeaufsichtigt am Strand liegen lassen.

Übernachtung

Während der Saison tut man gut daran, den erstbesten Bungalow zu belegen, sich dann die anderen Anlagen anzuschauen und umzuziehen, sobald sich etwas Besseres findet. In Stoßzeiten musste schon so mancher die erste Nacht am Strand verbringen, ohne Mückenschutz! Die meisten Zimmer im Dorf werden je nach Saison für 250–700 Baht ohne Lizenz vermietet, einige sind eigentlich nur Notunterkünfte für eine

Nacht, andere haben sogar ac. Die Hotels werden fast ausschließlich von Touristen aufgesucht, die nur für 1 oder 2 Tage kommen. Am Pier vermitteln Reisebüros und Schlepper Zimmer an abgelegeneren Stränden.

IM VILLAGE – Phi Phi Hotel ⑥, ✆ 611233, 01-8940624, 🖥 www.phiphi-hotel.com, 4-stöckiges Mittelklassehotel ohne Flair, das den Pier überragt, 64 ac-Zi, die je nach Zi und Saison bis 3000 Baht kosten. Business Center, umbauter Pool neben dem Restaurant, kein Garten.

Natcha Hotel ⑦, ✆ 618113, in einem 3-stöckigen Haus über dem Reisebüro Zi mit ac, TV, Du/WC und Kochnische für 1300–2000 Baht.
An der Dorfstraße, die zum Viewpoint führt, entstehen ständig neue kleine Gästehäuser oder wechseln unter neuen Besitzern ihre Namen, u.a.:

JJ Gh. * * ** ⑧, ✆ 01-8940833, 2-stöckiges Haus in einer ruhigen Gasse hinter dem muslimischen Essensmarkt, Zi mit ac und Du/WC.

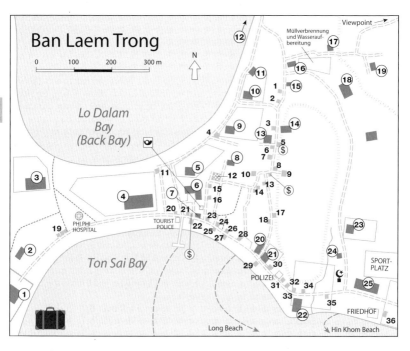

Ban Laem Trong

0   100   200   300 m

N

Lo Dalam Bay (Back Bay)

Ton Sai Bay

PHI PHI HOSPITAL

TOURIST POLICE

POLIZEI

Viewpoint

Müllverbrennung und Wasseraufbereitung

SPORTPLATZ

FRIEDHOF

Long Beach

Hin Khom Beach

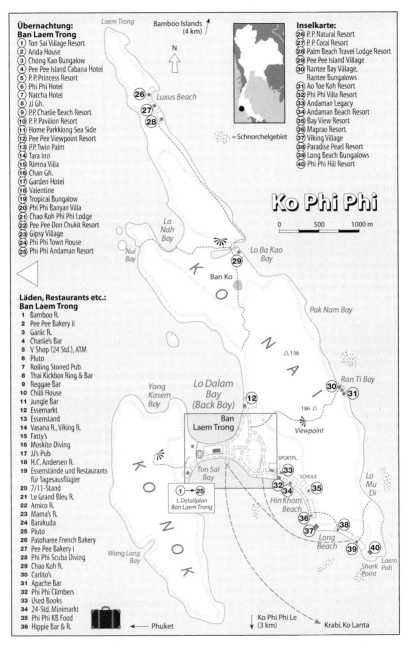

Übernachtung:
Ban Laem Trong
1. Ton Sai Village Resort
2. Arida House
3. Chong Kao Bungalow
4. Pee Pee Island Cabana Hotel
5. P.P. Princess Resort
6. Phi Phi Hotel
7. Natcha Hotel
8. JJ Gh.
9. P.P. Charlie Beach Resort
10. P.P. Pavilion Resort
11. Home Parkklong Sea Side
12. Pee Pee Viewpoint Resort
13. P.P. Twin Palm
14. Tara Inn
15. Rimna Villa
16. Chan Gh.
17. Garden Hotel
18. Valentine
19. Tropical Bungalow
20. Phi Phi Banyan Villa
21. Chao Koh Phi Phi Lodge
22. Pee Pee Don Chukit Resort
23. Gipsy Village
24. Phi Phi Town House
25. Phi Phi Andaman Resort

Inselkarte:
26. P.P. Natural Resort
27. P.P. Coral Resort
28. Palm Beach Travel Lodge Resort
29. Pee Pee Island Village
30. Rantee Bay Village, Rantee Bungalows
31. Ao Toe Koh Resort
32. Phi Phi Villa Resort
33. Andaman Legacy
34. Andaman Beach Resort
35. Bay View Resort
36. Maprao Resort
37. Viking Village
38. Paradise Pearl Resort
39. Long Beach Bungalows
40. Phi Phi Hill Resort

Läden, Restaurants etc.:
Ban Laem Trong
1. Bamboo R.
2. Pee Pee Bakery II
3. Garlic R.
4. Charlie's Bar
5. V Shop (24 Std.), ATM
6. Pluto
7. Rolling Stoned Pub
8. Thai Kickbox Ring & Bar
9. Reggae Bar
10. Chilli House
11. Jungle Bar
12. Essemarkt
13. Essenstand
14. Vasana R., Viking R.
15. Fatty's
16. Moskito Diving
17. JJ's Pub
18. H.C. Andersen R.
19. Essenstände und Restaurants für Tagesausflügler
20. 7/11-Stand
21. Le Grand Bleu R.
22. Amico R.
23. Mama's R.
24. Barakuda
25. Pluto
26. Patoharee French Bakery
27. Pee Pee Bakery I
28. Phi Phi Scuba Diving
29. Chao Koh R.
30. Carlito's
31. Apache Bar
32. Phi Phi Climbers
33. Used Books
34. 24-Std. Minimarkt
35. Phi Phi KB Food
36. Hippie Bar & R.

= Schnorchelgebiet

Ko Phi Phi

0   500   1000 m

P.P. Twin Palm**(13), ☎ 01-9588753, 613038, 618041, ✉ hanoomann@hotmail.com, 🖥 www.krabidir.com/pptwinpalmbung, Bungalows und Reihenhäuser mit Du/WC in einem Garten sowie am Hang.

Tara Inn ab*****(14), ☎/✆ 612402, 618101, ✉ tara_inn@hotmail.com, 🖥 www.krabidir.com/tarainnbung, gemauerte Doppelbungalows mit Fan oder ac, Du/WC und TV z.T. am Hang mit schöner Sicht. Kleine und große Zi, ordentliches Bad. Nette, hilfsbereite Leute aber seltener Wäschewechsel.

Rimna Villa*(15), ☎ 01-8942668, ✉ tanu15@hotmail.com, am Hang unter Palmen, feste Häuschen, 27 große Zi mit Du/WC und Fan, verbunden durch Laufstege und Treppen. In der Hochsaison überteuert.

In dieser Gegend gibt es viele weitere, teils illegal betriebene **Gästehäuser**, die meist dunkle, heiße Zi in Wohnhäusern günstig vermieten und häufig ihre Namen wechseln.

Chan Gh.***(16), 2-stöckiges Haus an der Abzweigung zum Viewpoint. Große, einfache Zi mit Fan und Du/WC.

Garden Home**(17), ☎ 01-8943835, ✉ ppseatour@hotmail.com, hinter der Müllverbrennungsanlage, kleine Anlage mit 3 Zimmern in einem schönen Garten. Restaurant mit netter Atmosphäre.

Valentine–***(18), ☎ 01-2284500, neue, solide Häuser und nette Bambusbungalows mit Bad und Fan, etwas abgelegen und nicht gerade schön aber ruhig. Die hinteren Bungalows liegen nicht im Schatten und heizen sich deshalb stark auf.

Tropical Bungalow**(19), ☎ 01-8930714, Holzhäuser am Hang in ruhiger Lage mit Fan, Du/WC und Moskitonetz sowie Terrasse. Restaurant.

Phi Phi Banyan Villa(20), ☎ 611233, 01-8940624, 🖥 www.phiphi-hotel.com, Ableger des gleichnamigen Hotels. Hinter dem großen Banyan-Baum stehen in einer kleinen, üppigen Gartenanlage 2-stöckige Reihenhäuser, alle ac-Zi mit Du/WC, Wasserkocher, Balkon oder Terrasse für 2000–2500 Baht, Pool, Massage, Restaurant und Bar.

Chao Koh Phi Phi Lodge**(21), ☎ 612747, Anlage am östlichen Dorfrand hinter den Tauchschulen. Wegen der Boote, Bars und Passanten, die direkt vor der Hütte entlang laufen, vorn recht laut. Besser die in der hinteren Reihe nehmen.

WESTLICHE TON SAI BAY – **Ton Sai Village Resort**(1), ☎/✆ 612434, 612297, am Ende der Bucht am Korallenstrand steht eine dreifache Reihe überteuerter Mittelklasse-Komfortbungalows um 2800 Baht mit ac, TV und Kühlschrank. Im Restaurant werden mittags Tagesausflügler abgefüttert.

Arida House**(2), ☎ 01-3677114, 06-2724317, neue ac-Bungalows mit großem Bad und Terrasse in einem Kokospalmenhain etwas landeinwärts hinter den Restaurants für Tagesausflügler. Am Strand vor dem Liegestuhlverleih ist zwar ein Badebereich abgegrenzt, aber es ist wegen der vielen Boote ziemlich laut.

Pee Pee Island Cabana Hotel(4), ☎ 620634, ✆ 612132, 🖥 www.phiphicabana-hotel.com, das erste Hotel auf der Insel erstreckt sich bis zur Dalam Bay. 3-stöckiges Hotel mit 160 ac-Zi für über 4000 Baht rings um den großen Pool. Weiter westlich 41 überteuerte Bungalows mit Fan für 1500–2000 Baht. Gutes Frühstücksbuffet. Im großen Maya Restaurant werden v.a. Tagesausflügler verpflegt, dort ist das Essen schlecht und der Service mäßig. Außerdem Shops, Massage, Tauchschule, abgegrenzter Badebereich vor der Restaurant-Terrasse, wo die Liegestühle eng aneinander stehen.

LO DALAM BAY – **Chong Kao Bungalow***–****(3), ☎ 01-8941233, 09-8661316, zurückversetzt in einer Kokospalmenplantage am westlichen Rand der Bucht, einfache Hütten mit Wellblechdach und Bungalows mit Du/WC hinter den Generatoren und dem Dorf. Störend ist die Belästigung durch die Verbrennung von Müll. Preiswerte thai-muslimische Gerichte werden in einem offenen Restaurant serviert.

P. P. Princess Resort(5), ☎ 622079, ✆ 612188, ✉ ppthaiprincess@hotmail.com, 🖥 www.ppprincess.com, saubere, komfortable Holzbungalows mit ac und Warmwasser-Du/WC in einer Kokosplantage direkt am Strand, Zi über Veranstalter zu buchen oder direkt, dann kosten sie je nach Lage, Saison und Ausstattung 2300–5000. Mehrere Restaurants. Großes Spa und den Gästen vorbehaltener fantastischer Pool mit Aussicht und Wasserfall zum Meer hin. Zum Sonnenuntergang fantastischer Blick. Tagsüber geht es am zugehörigen Strand recht turbulent zu.

P.P. Charlie Beach Resort ab**** ⑨,
✆/✉ 620615, 01-7230495, 🖥 www.charlie.com,
hinter der modern gestylten, großen Beach Bar
in einer gepflegten Anlage unter Kokospalmen
große, neue Bungalows mit Glasfront, ac,
Du/WC und kleiner Terrasse mit Blick auf die
Bucht; einfache billigere mit Fan weiter hinten in
der Nähe des Generators und dem Müllverbren-
nungsplatz. Laute Musik in der Strandbar, die
auch Snacks serviert, außerdem ein Restaurant
und eine eigene Bäckerei. Massenabfertigung.

P. P. Pavilion Resort ab**** ⑩, ✆/✉ 611578,
50 etwas renovierungsbedürftige Bungalows
stehen locker verteilt unter Kokospalmen, von
den ac-Bungalows vorn blickt man aufs Meer
und hinten von den Hütten mit Fan auf Müll. Die
Schließfächer wirken nicht besonders sicher.
Am Strand das italienische Restaurant Ciao Bella und eine Reggae-Bar.

Home Parkklong Sea Side**** ⑪, ✆ 01-
9710272, kleine Anlage neben der Mangroven-
Müllkippe, einfache Zi und neuere Häuser vorn
am Strand.

Pee Pee Viewpoint Resort ab**** ⑫, ✆ 01-
8923150, ✆/✉ 622351, ✉ pp_viewpoint@hot-
mail.com, große Anlage entlang der felsigen
Küste und im Hinterland am östlichen Rand der
Bucht am Hang, 50 Bungalows, von teuren Häu-
sern im Thai-Stil mit ac, Warmwasser-Du/WC
Balkon oder Zugang zum Garten bis zu einfachen
Zi mit Fan. Die einstöckigen Häuser sind ruhiger.
Vom Restaurant mit großer Terrasse schöner
Blick über die Bucht. Freundliche Leute.

HIN KHOM BEACH – In einigen Bungalows östlich vom Dorf, kann es wegen der Bars nachts
recht laut werden. Die einfachen Hütten weichen zunehmend besseren Bungalows mit
Du/WC. Fast jeder mögliche Platz ist bebaut.

Pee Pee Don Chukit Resort**** ㉒, ✆ 01-
9568300, ✆/✉ 618126, die Bungalows stehen
sehr eng, nur wenige direkt am Ufer, alle mit
Du/WC und ac, Frühstück inkl. Das Restaurant
liegt z.T. etwas erhöht auf Felsen und direkt am
Wasser, so dass abends eine leicht kühlende
Brise durchs Lokal weht, herrliche Aussicht;
freundliche Bedienung.

Gipsy Village**** ㉓, ✆ 01-2291674, 150 m landeinwärts in ruhiger Lage, 25 neue, saubere

Steinbungalows mit Du/WC und Fan, weiträumig
um einen Palmengarten angeordnet. Freundliche
Leute.

Phi Phi Town House*** ㉔, ✆ 618109, in einem
einfachen Reihenhaus hinter der neuen Moschee 6 Zi mit Fan und Du/WC.

Phi Phi Andaman Resort ab*** ㉕, nahe der
Moschee, ✆/✉ 618061, ✉ andamanresort@
yahoo.com, 30 neue, teure Bungalows am Strand
mit ac, Du/WC und Terrasse, nur noch 7 alte mit
Fan. Restaurant.

Phi Phi Villa Resort ab**** ㉜, ✆/✉ 623343,
neue Bungalows, baugleich mit dem benachbarten Andaman, und einige ältere Hütten, die aber
wahrscheinlich auch bald verschwinden werden. Restaurant. Große, Schatten spendende
Bäume am Sandstrand, bei Flut recht malerisch
mit schöner Sicht auf Phi Phi Le.

Andaman Legacy ab*** ㉝, ✆ 618048, U-förmig
angeordnete Bungalows mit ac und Zi im Reihenhaus mit Fan auf einem großen Grundstück
hinter dem Friedhof und der Strandstraße.

Andaman Beach Resort ab**** ㉞, neben der
Schule, ✆/✉ 621427, ✆ 620230, 33 U-förmig angeordnete ac-Betonbungalows mit kleiner Veranda rings um einen Pool auf einem relativ
schattenlosen Gelände, dahinter preiswertere
mit Fan. Auch am durch eine Mauer befestigten
Strand ist kein Schatten zu finden. Restaurant
mit westlichem und Thai-Essen zu akzeptablen
Preisen, Beach Bar.

Bay View Resort ㉟, ✆ 621223, ✉ ppbay@
loxinfo.co.th, 🖥 www.phiphibayview.com, breitet sich mit seinen grünen Komfort-Bungalows in
einheitlicher Ausstattung immer weiter über den
mit alten Bäumen bestandenen Hang aus. Je
nach Saison und Lage Preise von 2500–3000
Baht. Wer die weniger teuren weiter oben bucht,
sollte gut zu Fuß sein, um den steilen Weg hinab
zum Restaurant am schönen Sandstrand zu bewältigen. Das Essen und die Getränke sind überteuert. Eigene Tauchschule.

Maprao Resort ab** ㊱, ✆ 622486,
✉ mapraoresort@exite.com, 🖥 www.maprao.
com, Anlage jenseits des Luxus am Hang
oberhalb einer kleinen Bucht beiderseits
des Fußwegs zum Long Beach, von einfachen
Hütten aus Naturmaterialien ohne Du/WC
bis zu Häusern mit Dachterrasse, Fan und

Du/WC. Thai-belgisches Management. Kleines Restaurant, nebenan eine Beach Bar. Tauchschule mit Kursen in englischer und französischer Sprache.

Essen

Das im Preis enthaltene Frühstück im Restaurant der Bungalowanlagen kann man meist vergessen. In den Bäckereien ist es auch nicht gut, aber besser. Hier bekommt man Croissants, Crepes und sonstige Backwaren.

Die vielen Restaurants, darunter Pizzerien und ein französisches Restaurants, stellen Gourmets nicht zufrieden. Zudem ist das Essen teurer als auf dem Festland, da alles mit dem Boot herangeschafft werden muss. Die Wahl eines Restaurants hängt bei vielen Gästen vom Videoprogramm ab (häufig wird The Beach gezeigt). Wer nicht während eines Films essen möchte, ist in seiner Auswahl begrenzt. Mäßig sind auch die Mittagsbuffets in den großen Restaurants für Tagesausflügler.

Richtig billig isst man auf dem muslimischen **Essenmarkt** und an dem **Essenstand** zwischen den Textilläden schräg gegenüber JJ's Pub, wo auch Lunchpakete für Tagesausflügler zubereitet werden. In der *Pee Pee Bakery I* an der Strandstraße und die etwas abseits gelegene *Pee Pee Bakery 2* im Dorf am Weg zum Viewpoint, zwei beliebten Frühstückslokalen, gibt es auch Espresso, Baguette und Kuchen.

Pluto, neben der Pee Pee Bakery I, ein weiterer Laden neben dem Twin Palm Gh., hat echten italienischen Kaffee, Sandwiches und sehr gutes Eis. Auch in der *Patoharee French Bakery* gegenüber kann man frühstücken. Am Straßenstand werden leckere Pfannkuchen gebacken.

Im *Viking Restaurant* kocht und serviert eine fröhliche Mannschaft mit Wikingerhüten bekleidet leckere Gerichte zu günstigen Preisen, auch Fisch aus der Auslage.

Vasana, neben dem Viking, bereitet ebenfalls Seafood und leckere Hähnchen zu, gutes Preis-Leistungs-Verhältnis, zur Happy Hour gibt es als kostenlose Beigabe Salat, Toast und Grillkartoffeln. Im *Chilli House* gegenüber der Bank schmecken die Thai-Essen recht gut und sind nicht allzu teuer, ☉ ab 17 Uhr.

Im nahe gelegenen *Garlic Restaurant* sind zu empfehlen Ananas gefüllt mit gebratenem Reis und Meeresfrüchten oder junge Kokosnuss mit Prawn Curry. Manchmal ist der Service etwas überfordert, aber die Preise sind ok.

Bamboo Restaurant, im zweistöckigen, offenen Haus am Weg Richtung Viewpoint, werden leckere Thai-Gerichte frisch zubereitet.

In *JJ's Pub* fühlen sich vor allem britische Urlauber wohl, besonders beim kalorienhaltigen Frühstück und bei Trinkgelagen mit eiskalten Getränken während der Live-Fußball-Übertragungen.

Im *H.C.Andersen* schräg gegenüber genießen vor allem skandinavische Urlauber ihre heimische Küche und Steaks.

Fatty's Cheers, hinter der Tauchschule Moskito, ✆ 01-8941804, 🖳 www.fattys-cheers.com, ruhiges, tropisches Gartenrestaurant, das von 10–24 Uhr öffnet, mit sehr guten europäischen und Isarn-Gerichten zu vernünftigen Preisen. Der deutsche Chef Jens Peter kocht, backt sein eigenes Roggenbrot und sorgt hinter der Bar u.a. mit Apfelwein und Erdinger Weißbier für das Wohl der Gäste. Di und Fr all-you-can-eat-BBQ, So großer Schweinebraten.

Im *Amico Restaurant* nahe dem Pier wird akzeptabel italienisch gekocht, auch Pizza und Espresso. Besonders schön sitzt man bei gutem Wetter an einigen Tischen direkt am Meer.

Le Grand Bleu, an der Dorfstraße nahe dem Pier. Dieses Restaurant der gehobenem Klasse öffnet nur abends. Es serviert westliche und Thai-Gerichte sowie mehrgängige Menüs.

In *Mama's Restaurant* im großen Holzhaus wird lecker gekocht, wenn der Chef selbst da ist. Das *Chao Koh Restaurant* ist vor allem wegen seiner Lage direkt am Meer beliebt.

Phi Phi KB Food hinter dem Phi Phi Don Chukit Resort lockt mit preiswerten Grillhähnchen.

Unterhaltung

Im Village wird Phi Phi wird seinem Ruf als Partyinsel voll und ganz gerecht. Romantische Plätzchen am Strand sind zum Sonnenuntergang bei Urlaubern aller Generationen beliebt, während sich ein überwiegend junges Publikum bis in die frühen Morgenstunden in den Bars drängt.

In der **Disco** im *Cabana Hotel* treten in der Saison Live-Bands auf.

Die idealen Orte für einen Happy Hour Drink zum Sonnenuntergang sind *Charlie's Bar* und die *Jungle Bar* an der Lo Dalam Bay, gute Atmospäre. Die *Hippie Bar & Restaurant* unter alten Bäumen am Strand, Schaukeln und Matten auf dem Sand wird ihrem Namen voll gerecht und erfreut sich bereits früh am Abend regen Zuspruchs. Auf der Karte stehen auch Thai-Gerichte.

Später füllen sich bis gegen Mitternacht das nahe dem Meer gelegene *Carlito's*,

Die große *Reggae Bar* am Hang füllt sich erst nach Mitternacht und dann, wenn sie mit Thai-Kickboxen lockt. Ihre Cocktails lassen allerdings zu wünschen übrig.

In der *Rolling Stoned Bar* wird manchmal Life-Musik geboten.

Tintin's Bar (besonders für Tim und Struppi-Fans), etwas abgelegen in einer Gasse hinter Moskitos, veranstaltet auch BBQ am Strand. Einheimische sind v.a. im *Apache* zu finden, dessen Musik die ganze Bucht beschallt.

Aktivitäten

KAJAK – Am Dorfstrand, im *Pee Pee Princess* oder *Cabana* werden meerestaugliche Einer- und Zweierkajaks vermietet für 150/200 Baht pro Std., 600/800 Baht pro Tag, (Kaution 500 Baht). Zu empfohlenen Trips gibt es Skizzen mit den Routen.

KLETTERN – Mehrere Veranstalter bieten in der Saison halbtägige Anfängerkurse (800–1000 Baht), Tageskurse (1500 Baht) und 3-tägige Fortgeschrittenenkurse (5–6000 Baht) an den Felsen beim Ton Sai Village an. Darauf achten, dass eine Versicherung inbegriffen ist.

Phi Phi Climbers an der Dorfstraße hinter der Apache Bar.

K.E. Hang Out, ✆ 01-9792642, 🖥 www.kehangout.com.

SCHNORCHELN UND TAUCHEN – s.S. 527.

TOUREN – Schnorcheltouren und Inselrundfahrten mit Stopp in der Maya Bay für 1000–1500 Baht pro Boot oder 400–600 Baht pro Person werden von zahlreichen Veranstaltern offeriert.

Boote zur Bamboo Island 1200 Baht, Phi Phi Le 600 Baht. Auch Tauchschulen nehmen Schnorchler mit. Zuverlässig ist *Siam UK*, 70 m rechts vom Pier, ✆ 076-383081, und *Maya Tour*, nahe dem Pier. Informationen im Netz unter 🖥 www.phi-phi.com.

WASSERSPORT – In der Lo Dalam Bay wird bei Flut Wasserskifahren, Paragliding und Gleiten auf der „Banane" angeboten.

Sonstiges

BÜCHER – *Used Books* hinter der Polizei tauscht und verkauft gebrauchte Bücher.

DROGEN – Einige Nachteulen greifen zum Joint oder einer explosiven Mischung aus Red Bull und Thai-Whisky, vor der nur gewarnt werden kann. Bei einheimischen Jugendlichen sind zudem Yabah und Heroin weit verbreitet – also Vorsicht auch vor Beschaffungskriminalität.

GELD –*Krung Thai Bank* im Zentrum ◷ 8.30–15.30 Uhr (außer mittags). Ein Geldautomat an der Bootsanlegestelle und ein weiterer im Village akzeptieren auch Karten mit Cirrus- / Maestro-Symbol. Bei der Zahlung mit Kreditkarte wird oft ein Aufschlag von 5% verlangt.

LIEGESTÜHLE – für 30–40 Baht pro Tag stehen dicht aneinander vor allem im Village an den Stränden vor den Restaurants der Tagesausflügler.

MASSAGEKURS – Im Dorf werden nicht nur für 300 Baht pro Std. Massagen erteilt, sondern auch die Techniken gelehrt.

POLIZEI – Die Box der Touristenpolizei an der Bootsanlegestelle ist nur selten belegt. Die Zentrale auf der Insel befindet sich an der Dorfstraße nahe den Bars am Hin Khom Beach.

POST – im Village.

VORWAHL – 075.

WÄSCHEREI – Überall im Dorf wird Wäsche für ca. 40 Baht pro Kilo gewaschen, aber nicht gebügelt.

PHUKET UND DIE NÖRDLICHE WESTKÜSTE

ZEITUNGEN – Nach 16 Uhr aktuelle Tageszeitungen im kleinen Laden vor dem Postamt, auch deutsche Zeitungen, die allerdings einige Tage alt und teuer sind.

Transport

RINGS UM DIE INSELN – Für eine Rundfahrt können Longtail-Boote am Pier, am Long Beach oder am Hin Khom Beach gemietet werden. Sie kosten für 2–3 Std. 600 Baht und für einen ganzen Tag 1200 Baht. Es herrscht ein Überangebot, daher sollte man auf Booten mit leisen Motoren bestehen, um mit dazu beizutragen, dass die alten Knalltöpfe bald verschwinden. Wer die Bootsleute zudem bittet, langsamer zu fahren, hat nicht nur mehr von der Tour, sondern trägt damit auch erheblich zur Verringerung des Lärmpegels bei. Zwischen Long Beach und dem Village verkehren Boote für 40 Baht p.P., nach Sonnenuntergang 50 Baht.

AN- UND WEITERREISE – **Von Krabi Town**: Vom Chaofa tgl. zumeist um 9, 10 und 13 Uhr per Expressboot für 150/200 Baht einfach in 1 1/2–2 1/2 Std., zurück u.a. um 9 und 13 Uhr. Den Bus nach Bangkok erreicht man über Krabi noch am selben Tag.
Vom Ao Nang Beach: in der Saison tgl. um 9 Uhr ein Boot über Rai Leh für 270 Baht p.P. in 2 Std. Rückfahrt um 15 Uhr.
Von Ko Lanta: In der Saison um 8 und 13 Uhr ein Boot für 250 Baht p.P. in 1 1/2 Std., zurück um 8 und 13 Uhr.
Von Phuket: Viele Boote vom Tiensin-Pier gegen 8.30 und 12.30 Uhr in 50 Min.–2 1/2 Std. zur Tonsai Bay für 300–500 Baht. Tour inkl. Mittagessen, Schnorchelausrüstung und Besuch der Viking Cave 700–1200 Baht. Zurück gegen 9 und 14.30 Uhr. Leser haben schlechte Erfahrungen mit dem Boot *Andaman Wave Master* von Andaman Wave Tours (früher: Songserm) gemacht.
Wer in Phuket ankommt, muss sich am Pier auf überhöhte Forderungen der Taxifahrer einstellen. Den ac-Bus von Phuket nach Bangkok schafft man am selben Tag nur mit dem Morgenboot.
Die Dschunke Suwan Macha (s.S. 528) startet am Sa und Di in Phuket.

Für eine außergewöhnliche Fahrt kann man von Sept.–April (beste Jahreszeit Feb./März) die *Electric Blue* von Bernd Kunkel, ✆ 01-2716025, berku32@hotmail.com, 🖳 www.mv-electric-blue.com, chartern, ein fürs Hochseefischen ausgerüstetes Boot, das 4–6 Passagieren Platz bietet, und mit ihm Richtung Malaysia fahren. Wer die hübschen, einsamen Inseln und Riffe auf der Strecke links liegen lässt, ist bereits nach 12 Std. in Pakbara. Kosten für das gesamte Boot: ca. US$400 pro Tag alles inkl.

Long Beach

Der schöne Long Beach, auch Hat Yao, reicht bis ans Kap Laem Poh. Der weiße, lange Sandstrand ist mit Steinen und Korallen durchsetzt. Er bietet eine tolle Sicht übers Meer nach Ko Phi Phi Le. Direkt vom relativ steil abfallenden Strand kann man zu den wunderschönen Schnorchelfelsen (z.B. Hin Pae, Shark Point) und zum Riff schwimmen. Auch bei Ebbe ist hier, im Gegensatz zu vielen anderen Stränden, das Wasser tief genug zum schwimmen. Nachteilig macht sich der ständige Lärm aller an- und abreisenden Boote und Schiffe bemerkbar.

Übernachtung und Essen

Bis auf das Paradise Pearl sind alle außerhalb der Saison geschlossen. Hier stören nur die lauten Longtail-Boote die Ruhe.
*Viking Village*** ㊲, 7 einfache Bungalows in einer kleinen Bucht, Restaurant.
Paradise Pearl Resort ab*** ㊳, ✆/🖷 622100, ✆ 618050, 80 saubere, nett eingerichtete Steinbungalows, in der ersten Reihe mit Moskitogaze, Du/WC, Rattan- und Beton-Gartenmöbeln, einige neue, geräumige Bungalows mit ac je nach Lage, Größe und Ausstattung zu unterschiedlichen Preisen, langsamer Service, ruhige Lage, viele Stammgäste, v.a. Familien und junge Leute. Großes Restaurant mit einigen Tischen in Strandnähe; Reisebüro, Ausflüge, Safe, Internet-,Telefon- und Fax-Service. Tauchbasis. Im angrenzenden großen Restaurant werden die Taugesausflügler der *Paradise Cruise* verpflegt.
*Long Beach Bungalows*** ㊴, ✆ 612217, etwa 70 heruntergekommene Hütten. Die billigsten mit Netz, Fan und Gemeinschafts-Du/WC, bessere

PHUKET UND DIE NÖRDLICHE WESTKÜSTE

Malerische Aussicht vom View Point auf Ko Phi Phi

mit Fan und Du/WC. Verschmutztes Wasser, durch das Leser krank geworden sind. Unfreundlicher Service. Riesiges Restaurant, in dem Tagesausflügler des *Andaman Wave Master* essen, abendliches Video-Programm, Internet-Service, Massage, Vermietung von Seekanus, Tauchbasis.

Phi Phi Hill Resort & Restaurant ab*** ㊿, ✆ 01-7341570, 🖥 www.phiphihill.com, zu dem ruhig gelegenen Resort oberhalb des Strandes führt eine lange, steile Treppe und ein Lastenaufzug hinauf. Geräumige, saubere Bungalows auf Stelzen mit Du/WC, Fan (Sunrise) oder ac (Sunset), TV und Kühlschrank. Schöne Aussicht auf die Bucht von Ban Laem Trong und aufs Meer, v.a. von der Terrasse des guten, günstigen Restaurants aus. Freundlicher Familienbetrieb.

<h3 style="background:black;color:white">Boote</h3>

Man erreicht den Long Beach zu Fuß in einer guten halben Stunde (zu später Stunde starke Taschenlampe mitnehmen) oder bis zum Abend mit einem der ständig verkehrenden Langbooten für 40 Baht p.P., nach Sonnenuntergang wollen sie ab Pee Pee Don Resort 50 Baht oder gechartert werden. Bootsleute verlangen bis zu 400 Baht für die 10-minütige Tour.

Die nördlichen Buchten

Viele unbewohnte Buchten weiter im Norden, wie die Lo Mu Di, sind nur mit dem Boot zu erreichen und schöne Ausflugsziele. Die kleine, ruhige **Ran Ti Bay** erreicht man von Ban Laem Trong über den Viewpoint mit schönem Blick (30 Min., 330 Stufen) und anschließend auf einem schlechten Trampelpfad, der bei Regen schwer begehbar ist, durch interessanten Dschungel (weitere 30 Min.). Hier kann man sich in kleinen Restaurants stärken, in Liegestühlen (30 Baht) ausruhen und bei Flut schön schnorcheln. Eine Schnorchelausrüstung kann ausgeliehen werden. Bei Ebbe sind Wanderungen an der Küste entlang möglich, sofern man die Gezeiten im Auge behält. Müde Wanderer können ein Longtail-Boot chartern.

Die **Lo Ba Kao Bay** mit ihrem 450 m langen, sehr schönen, aber flach abfallenden feinen Sandstrand wird von Kokospalmen gesäumt. Am südlichen Ende der Bucht kann man gut zwischen Felsen und Korallen schnorcheln. Die einzige Unterkunft, das Pee Pee Island Village ist allerdings sehr teuer. Zwischen seinen Personalunterkünften beginnt ein Dschungelpfad. Rechts gelangt man nur bei Ebbe nach einer nicht empfehlenswerten, gefährlichen Klettertour an der Küste entlang bis Ban Laem Trong. Links geht es über eine Holzbrücke am Dorf vorbei quer über die Insel zur La Nah Bay. Nach einer halben Stunde ist 300 m hinter der Abzweigung ein Abstecher rechts zu einem weiteren Viewpoint mit guter Sicht auf die La Nah Bay, Lo Ba Kao Bay und Bamboo Island möglich. In der schönen **La Nah Bay** kann man schnorcheln (schöne Fische) und in einem kleinen Restaurant gut und billig essen. Das Dorf der Seenomaden am äußeren Rand der Bucht ist z.T. über Felsen nur bei Ebbe zugänglich. Bei den ersten Hütten führt ein steiler Pfad über den Berg zur einsamen **Nui Bay** mit schneckenförmigen Felsen, schönen Korallen, Mördermuscheln und vielen Fischen.

Am **Luxus Beach** am nördlichen Ende der Insel liegen drei Luxusresorts. Hier ist es zwar ruhig, man bekommt aber nichts von der besonderen Schönheit der Insel mit, dafür kann man auch bei Ebbe im Meer schwimmen.

Übernachtung

RAN TI BAY – *Rantee Hut*** ㉚, ☎ 01-5690789, ✉ Ordsaeb@hotmail.com, sehr einfache Bambusbungalows am Strand mit Moskitonetz und Du/WC oder Gemeinschafts-Kübeldusche, kleines, preiswertes Restaurant im Schatten unter Bäumen am nördlichen Ende der Bucht.
*Rantee Bay Village**–**** ㉚, ☎ Mr. Edd: 01-0863084, 06-2695305, hübsch gestaltete, aber einfache Bambusbungalows am Hang von unterschiedlicher Größe und Ausstattung mit Moskitonetz, Fan (nur abends, wenn der Generator läuft) und einfacher Du/WC, Restaurant.
*Ao Toe Koh Resort**–*** ㉛, ☎ 01-2690011, 15 einfache, romantische Bambushütten mit Moskitonetz und Strom bis gegen 23 Uhr, teilweise mit Du/WC. Sie stehen an einem Hang an einer Felsenküste und an einem kleinen, einsamen Strand südlich der Ran Ti Bay, der nur zu Fuß über den steinigen Strand oder mit dem Longtail-Boot für 100 Baht zu erreichen ist. Die Anlage wird von einer freundlichen, hilfsbereiten Familie aus

Bangkok betrieben, die gutes Englisch sprechen. Teures Essen, aber lecker und große Portionen. Traditionelle Thai-Massage für 200 Baht pro Std.

LO BA KAO BAY – *Pee Pee Island Village* ㉙, ☎ 01-2111907, ✆ 01-2291204, ✉ ppisland@ e-mail.in.th, zu buchen in Phuket, 89 Satun Rd., ☎ 076-215014, ✆ 214918, 💻 www.ppisland.com. 84 ruhige, hübsche Holzbungalows auf Pfählen in einem Palmenhain am Strand, die je nach Größe und Saison offiziell ab 5800 Baht kosten. Während der Ebbe kann im Meer nicht gebadet werden, dafür gibt es einen Pool. Möglichkeiten zu Dschungelwanderungen, zum Segeln, Windsurfen, Schnorcheln und Fischen. PADI-Tauchkurse in Englisch, Deutsch und Französisch mit kleinen Gruppen.

LUXUS BEACH – *P.P. Natural Resort* ab**** ㉖, ☎ 613010-11, ✆ 613000, 💻 www.phiphinatural. com, 70 Zi in unterschiedlichen Bungalows mit ac, Kühlschrank, Satelliten-TV, Bad mit Warmwasser und Balkon, einfachere Zi im Reihenhaus, Restaurant und Pool.
P.P. Coral Resort ㉗, ☎ 01-6767795, ✆ 076-215455, ✉ ppcoral@cscoms.com, 💻 www. ppcoral.com, 51 dunkle Holzhäuschen mit ac, TV und Kühlschrank um 2000 Baht, Restaurant.
Palm Beach Travel Lodge Resort ㉘, ☎/✆ 01-2291922, Buchungen in Phuket, ☎ 214411, 💻 phiphi-palmbeach.com, 80 Luxusklasse-Bungalows unter Palmen, für die in der Hochsaison bis zu 7000 Baht verlangt werden. Süßwasser-Pool mit Jacuzzi, Tennisplätze, Restaurants mit hohem Preisniveau, auch der Transport ist teuer, und die Bar schließt bereits um 22 Uhr.

Boote

Boote ab dem Village zur RAN TI BAY 100 Baht p.P., NUI BAY 400 Baht und zur LA NAH BAY 500 Baht pro Boot.

Ausflüge auf Ko Phi Phi
Aussichtspunkt

Wenn man einige Tage auf Ko Phi Phi verbringt, ist die Besteigung des *Viewpoint* ein absolutes Muss, denn nur aus der **Vogelperspektive** ist ein Überblick über die einmalige Form dieser wunderschönen Insel zu bekommen. Für Fotografen empfiehlt sich die Besteigung (20 Min.) des östlichen Hügels auf den Vormittag zu verlegen. Der breite, mit Betonstufen versehene Weg beginnt hinter dem Dorf. Von dem Felsen reicht der Blick bis zum nördlichen Kap der Insel. Oben werden in der von einem Garten umgebenen Imbissbude Getränke, Snacks und Souvenirs verkauft. Selbst in der Nebensaison kommen täglich 200–300 Besucher herauf. Der Pfad auf den westlichen Hügel hinter dem Ton Sai Village ist zugewachsen und nicht mehr begehbar.

Inselrundfahrt

Eine lohnende Schnorchel- und Sightseeing-Fahrt um Phi Phi Don mit dem Boot lässt sich auf eigene Faust organisieren (inkl. Schnorchelausrüstung, Mittagessen, Wasser, Früchte) und bei einem der vielen Reisebüros buchen. Außerhalb der Saison machen diese Tour täglich etwa 12 Boote. An der Ostseite der Insel gibt es Sandstrände mit mittelfeinem Sand, schön zum Baden. Südlich vom Pee Pee Nature Resort kann man gut anlegen, zu Fuß die Landzunge durchqueren und die Aussicht genießen. Baden ist nicht möglich, da zu glitschig. Die **Bamboo Islands** sind nicht nur gut zum Schnorcheln, sie haben auch einen schönen, feinen, weißen Strand mit Schatten spendenden Kasuarinen. Man kann sie leicht umwandern. Am Nordende der **Ko Nok-Halbinsel** wächst Seefarn an den tiefen Stellen vor den steilen Felsen. An der Westseite gibt es Tropfsteinfelsen, keine Strände und keine Bademöglichkeit.

Umweltprobleme Der größte Teil von Ko Phi Phi ist ein Nationalpark. Angesichts der vielen Bungalow-Dörfer und der Müllhalden ist das kaum zu glauben. Wer sich für umweltbewusst hält, könnte vielleicht die thailändischen Tourist Guides darum bitten, den Müll nicht einfach über Bord zu werfen, sondern wieder mitzunehmen. Das beruhigt aber mehr das eigene Gewissen, denn in der Nacht wird das meiste doch ins Meer gekippt. Zwar wurde 1998 im Ton Sai Village für 18 Mill. Baht eine Müllverbrennungsanlage errichtet, sie ist aber, ebenso wie die benachbarte Wasseraufbereitungsanlage für 14 Mill. Baht, so unwirtschaftlich, dass sie nie in Betrieb genommen wurde.

Ko Phi Phi Le

Bootsfahrten zur schroffen, südlichen Schwesterinsel Ko Phi Phi Le (auch: Ko Phi Phi Lay) mit interessanten Kliff-Formationen werden regelmäßig angeboten. Bei den Ausflugs-Arrangements von Phuket sowie den Inselrundfahrten ist diese Tour im Preis inbegriffen.

Die Tourboote legten früher auch an der **Viking Cave** an, aber weil der Besucheransturm die brütenden Vögel irritierten, wurde sie für Touristen geschlossen. In der Viking Cave werden pro Jahr etwa 200 kg Schwalbennester von 16 Männern unter Lebensgefahr geerntet, immer 3 Monate Ernte – 3 Monate Pause. Chinesen, Hauptabnehmer der Schwalbennester, bezahlen an die Konzessionäre für ein Kilo 40 000 – 50 000 Baht, weil sie an die potenzfördernde und lebensverlängernde Wirkung der Nester glauben.

Die **Pi Leh-Bay** wirkt wie ein tief eingeschnittener Fjord, der Blick zurück ziert viele Postkarten. Vor dem Felsen in der südlichen **Lo Sanah Bucht** kann man gut Gerätetauchen. An den im Süden sichtbaren **Bi-Dah Islands** gehen die Einwohner von Ko Phi Phi auf Fischfang. In den steil aufragenden Felsen wurden dazu Bambusstangen bzw. Gerüste verankert, von denen sich die Fischer abseilen können.

Die liebliche **Maya Bay** wurde weltweit bekannt, als dort Anfang 1999 der Traveller-Roman *The Beach* verfilmt wurde. Dabei kam es zu Auseinandersetzungen mit Naturschützern, die den National Park gefährdet sahen, da für die Dreharbeiten große Pontons im Meer verankert werden mussten und der Strand mit Kokospalmen aufgeforstet wurde. Wer einen Strand wie im Film erwartet, wird bitter enttäuscht sein. Vor allem nach heftigen Monsunstürmen sammelt sich viel Unrat an. Viele Ausflugsboote fahren in die Bucht hinein, so dass sie eher an einen Hafen als an ein Inselidyll erinnert. Wer mit einem gecharterten Longtail-Boot früh morgens anreist, kann sie bis gegen 10 Uhr noch sehr idyllisch erleben. Die Wasserschlangen sind zwar, giftig aber ungefährlich. Von der Westseite der Insel gibt es eine Unterwasserhöhle, darin leben große Fische und vor der Höhle Haie.

Schnorcheln

Ko Phi Phi besitzt Top-Schnorchelgebiete mit vielen Fischen. Im Village und einigen Unterkünften gibt es ordentliche Schnorchelausrüstungen zu mieten. Die Felsengruppe **Shark Point** (Thai: *Hin Phae)* vor dem Long Beach kann mit Flossen in 2 Std. bequem umrundet werden. Neben vielen Rifffischen sind am westlichsten Zipfel häufig harmlose Schwarzspitzenhaie zu sehen, v.a. früh morgens, bevor die Touristenboote eintreffen. Sehr schön kann man auch vor **Laem Poh** schnorcheln. Am Abhang des flachen Wassers vor dem **Hin Khom Beach** leben in geringer Wassertiefe giftige, aber harmlose Seeschlangen und in 2 m Tiefe Muränen, die man nicht anfassen oder provozieren sollte. Vorsicht vor Booten, die ins Hafenbecken fahren!

Die Schnorchelreviere vor der Ostküste besucht man am Besten auf einem Halbtages- oder Tagesausflug. Die Bucht **Lo Mu Di** lohnt nur bei Flut mehrere Schnorchelgänge. In der **Ran Ti Bay**, einem flachen Riff, das nur bei Flut besucht werden sollte, gibt es viele Fische. Manchmal angeln hier Seenomaden. Auch südlich von den **Bamboo Islands** lohnt es sich zu schnorcheln.

> Beim Schnorcheln unbedingt den Rücken und vor allem den Nacken durch ein dünnes Polo-Shirt mit Kragen schützen. Eine eng anliegende, lange Hose schützt empfindliche Waden.

Tauchen

Die Umgebung der Inseln bietet Tauchern ausgezeichnete Möglichkeiten, die bunte Unterwasserwelt der Korallengärten zu erkunden. Am besten eignen sich die Monate November bis Mai, wenn die Sicht zwischen 10 und 30 m beträgt.

Die schönsten Tauchgebiete liegen vor **Ko Bida Nok** südlich von Ko Phi Phi Le (schöne Riffe in 18–30 m, Korallenfische, Seepferdchen, Tintenfische und Schildkröten) und vor **Ko Phi Phi Don** (mit Korallen bewachsene Steilwände). Diese Tauchgründe eignen sich hervorragend für Anfänger und Genusstaucher, die in der Saison in großen Gruppen die Riffe bevölkern. Dem verwöhnten Taucher haben sie nichts Spektakuläres zu bieten, allenfalls ein paar harmlose Leopardenhaie.

Nur sehr erfahrene Höhlentaucher könnten sich bei ruhigem Wasser an den bizarr geformten **Unterwasserhöhlen** an den steil ins Meer abfallenden Kalkfelsen von Ko Phi Phi Le versuchen.

20 km Richtung Phuket liegt in 18–30 m Tiefe in einem Gebiet mit starker Strömung das riesige, 80 m lange **Wrack** der Fähre King Cruiser I, die 1997 nicht ohne Verschulden des Kapitäns aufgrund eines Navigationsfehlers auf das Riff lief und sank. Das Wrack ist bereits stark mit Entenmuscheln bewachsen und lockt zahlreiche Barrakudas, Zackenbarsche und andere Fische an.

24 Tauchstationen auf Phi Phi bieten Tagesausflüge in die Umgebung für ca. 2000 Baht für 2 Tauchgänge an. Auch von vielen Tauchbasen auf Phuket werden 1- bis 2-tägige Tauchausflüge nach Ko Phi Phi für ca. 3800 bzw. 7000 Baht ohne Ausrüstung organisiert.

Tauchschulen bieten den PADI-Tauchkurs zum *Open Water Diver* an. Viele liegen rechts vom Pier. Zwischen Weihnachten und Neujahr, wenn jeder Tauchgang zu einer Massenveranstaltung wird, sollte man die Insel besser meiden. Kleine Veranstalter ohne eigenes Boot, die mit gecharterten Longtail-Booten hinausfahren, sind nicht zu empfehlen.

***Barakuda Dive Center*,** ☎/📠 620698, 🖥 www.barakuda.com, PADI 5-Sterne unter dänischer und englischer Leitung. Mit den Tauchbooten *Oceana* und *Pasadena* werden Tages- und Mehrtagestouren (u.a. zu den Supertauchplätzen bei den Felsen Hin Daeng und Hin Muang im Süden) unternommen. Zudem wird Wracktauchen angeboten. Sie haben allerdings nicht das neueste Equipment.
***Moskito Diving*,** ☎ 01-7230361, ☎/📠 612092, 🖥 www.moskitodiving.com, PADI Center unter österreichischer Leitung, hat seit 1987 Erfahrung in den Tauchrevieren um Phi Phi, sehr gute Tauchboote und ein eigenes Tauchbecken.
Phi Phi Scuba Diving Center im Village, ☎ 612665, 🖥 www.phiphi-scuba.com, PADI Center unter schweizer Management, das Kurse in 10 Sprachen anbieten, Massenabfertigung. Weiterhin gelobt wurden von Lesern ***Paradise Diving*, *SSI*** und ***Be Friend Club*.**

Von Phuket nach Phang Nga

Der H402 verlässt die Insel Phuket nach Norden über die Thepkasattri Brücke. Am KM 4 beginnt die neue Umgehungsstraße von Khok Kloi, die von den privaten Bussen genutzt wird. Der Bus Terminal der öffentlichen Busse liegt am KM 0,6 rechts hinten in einer Seitengasse (kurz vor der PTT Tankstelle). An der zentralen Kreuzung (KM 0) in **Khok Kloi** (Hotel *Khok Kloi Inn**) geht es auf dem H4 geradeaus Richtung Khao Lak (50 km) und Ranong (258 km), nach rechts Richtung Phang Nga (38 km), Krabi (118 km) und Hat Yai. An der kurvigen Straße H4 nach Phang Nga liegen viele Palm-öl-, Kokos- und Kautschukplantagen. Neue Umgehungsstraßen umfahren einige Dörfer.

Zur heiligen Grotte **Tham Sawan Khuha** biegt man beim KM 29,7 nach links ab (1 km), Eintritt 10 Baht. Hinter dem Wat sind in einer überwucherten Felswand die große Grotte mit dem liegenden Buddha und viele weitere Buddha-Statuen zu sehen. Am Abend fliegt ein riesiger Schwarm von Fledermäusen hinein. Schön und friedlich ist das Gebiet zwischen dem Felsen und dem Fluss dahinter.

Der **Vogelpark** am KM 31,9 hinterlässt einen schalen Geschmack. Beim KM 33,6 biegt die Straße zum Hotel, zum *Headquarter* des **Ao Phang Nga Marine National Parks** und zu den Anlegestellen für eine Bootsfahrt durch die Bucht von Phang Nga ab. Am KM 35,8 des H4 zweigt nach rechts die neue Straße H415 ab, die in der Ebene verläuft und die Strecke nach Krabi um 9 km verkürzt. Sie bietet auch einige landschaftliche Reize, z.B. nach 7,8 km am Thai-Schild *5 km* einen Abstecher in ein hübsches Tal mit tropisch bewachsenen Felsen. An einigen markanten Kalkfelsen ist am KM 36,2 der Ortsanfang von Phang Nga erreicht.

Transport

Der kleine Bus Terminal **Khok Kloi** liegt 600 m südlich der zentralen Kreuzung in einer Nebenstraße. Hier kommen nur staatliche Busse durch, die von Phuket Richtung Norden, Osten und Süden fahren, daher eignet er sich sehr gut zum Umsteigen. Die Angestellten sprechen kaum Englisch, helfen Touristen aber immer freundlich weiter. Tickets für ac-Busse gibt es am Terminal, die für non-ac-Busse werden im Bus verkauft.

Wegen der vielen Busse, die nur kurz halten, ist es ratsam, sich die Busnummer zu merken. Zwischen 13.30 und 15 Uhr kommen nur wenige Busse vorbei.

Nach BANGKOK non-ac-Bus 63 um 7, 13.30, 16.10 und 19.30 Uhr für 267 Baht, 2.Kl. ac-Bus 63 um 9.30, 11.55, 14.30, 15.20, 17.20 und 18.30 Uhr für 374 Baht, ac-Bus 949 um 16 und 18.30 Uhr für 460 Baht, VIP-24-Bus um 17 Uhr für 720 Baht in 12 Std.; diese Busse passieren Khao Lak ca. 50–60 Min. später, in Takua Pa machen alle ca. 1 1/2 Std. später an der Bus Station etwa 15 Min. Rast.

Nach TAKUA PA mit non-ac-Bus 436, 430 oder 465 ca. jede Std. von 6.15–19 Uhr für 36 Baht in ca. 2 Std., bis KHAO LAK (50 km) und BANG NIANG für 30 Baht in ca. 70 Min.

Nach RANONG über Khao Lak mit non-ac-Bus 430 gegen 9.20, 11, 12, 13 und 16 Uhr für 95 Baht (ac 160 Baht) in 5 1/2 Std.

Nach SURAT THANI über Khao Lak und Khao Sok mit non-ac-Bus 465 um 6.15, 7, 8.30, 9.50, 11.10, 12.30, 13.50 und 15.10 Uhr für 88 Baht in 5 Std., ac-Bus 465 um 8.30 und 10 Uhr für 158 Baht in 4 Std.; diese Busse stoppen nach Bedarf.

Nach PHANG NGA Bus 437 um 11.40, 13.30, 15.10, 17 und 18 Uhr für 17 Baht.

Nach KRABI Bus 438 um 12, 14.50 und 16 Uhr für 48 Baht in 3 Std. (ac 86 Baht).

Nach TRANG non-ac-Bus 441 9x tgl. von 6.30–13.25 Uhr für 90 Baht in 5 Std., 2.Kl. ac-Bus 411 für 126 Baht in 4 Std.

Nach HAT YAI Bus 443 10x tgl. für 134 Baht, ac-Bus 241 Baht.

Nach KHAO LAK kann man zur Not auch ein Songthaew für 400–600 Baht chartern.

Phang Nga   พังงา

Die saubere Provinzhauptstadt Phang Nga (gesprochen ungefähr Pang-ga) liegt 84 km von Krabi und 92 km von Phuket entfernt. Berühmt ist sie für die wunderschöne Bucht mit den steil aus dem Wasser aufragenden Kalkfelsen. Auch im Stadtgebiet erheben sich viele Kalkfelsen, einige von Höhlen durchzogen. Die erst kürzlich entdeckte **Tham Pung Chang** gehört zu den eindrucksvollsten Höhlen Thailands. Am südwestlichen Ortsanfang von Phang Nga (KM 36,2 des H4) ragen einige markante Kalkfelsen auf. Sie sind unten völlig durchlöchert

Wat Bang Riang

und enthalten **Tham Russi**, die Höhle des Eremiten. Mit viel Beton wurden Pfade hindurchgebaut und der **Srinakarin Park** ringsherum angelegt.

Der schöne Tempel **Wat Phrachumyothi** am nördlichen Stadtrand ist vor allem wegen der hübschen Bonsai-Bäumchen einen Besuch wert. Im **Wat Thamtapan** werden ungewöhnliche, moderne Figuren in Lebensgröße in schauerlichen Höllenszenen für ihre Sünden bestraft. Man gelangt durch ein Drachenmaul in das Innere des Tieres. Der Weg führt in eine Höhle, in der Holzstege und Brücken bis ans Ende führen.

Interessant ist vielleicht auch der chinesische Friedhof mit seinen aufwändigen Gräbern zwischen der muslimisch geprägten Stadt und dem Pier.

Kleine Rundfahrt

Wer nichts für Tempel und Höhlen übrig hat, hält Phang Nga Stadt vielleicht für ein langweiliges, unattraktives Nest, in dem es nichts zu tun gibt. Wer sich jedoch ein Motorrad mietet, kann in der völlig untouristischen Umgebung auf wenig befahrenen Straßen malerische Landschaften, urige Höhlen, hübsche Wasserfälle, eindrucksvolle Tempel, idyllische Bauerndörfer und ein wenig Dschungel entdecken – mehr als genug für einen Tag.

Appetit auf mehr könnte die folgende **kleine Rundfahrt** (80 km) machen: Sie führt nach Norden und Osten über die Berge bis Thap Put und im Flachland zurück nach Phang Nga. Auf dem H4 geht es zunächst 9 km durch fast ebene Talauen (2 nette Abstecher) bis zur Abzweigung des H4090 am KM 48 (= KM 187,7). Bald beginnt auf dem kaum befahrenen H4 der steile Aufstieg zum **Pass** (KM 185) durch dichte Vegetation. In herrlichen Kurven geht es bergab bis zum KM 179, wo man einen Abstecher nach rechts zu einem **Felsenkloster** mit mehreren schönen Höhlen machen kann. Nun verläuft der H4 vorwiegend eben weiter bis Thap Put (KM 169). Dort sollte man den Abstecher vom KM 168 auf dem H4118 nach Osten zum **Wat Bang Riang** nicht versäumen, ein Höhepunkt im wahrsten Sinne des Wortes. Auf dem H415 geht es – mit diversen Abstechern – durch intensiv landwirtschaftlich genutzte Ebenen nach Westen zurück nach Phang Nga. Einige Abstecher haben wir am Ende der **Rundtour** „Zwischen Krabi und Phang Nga" beschrieben.

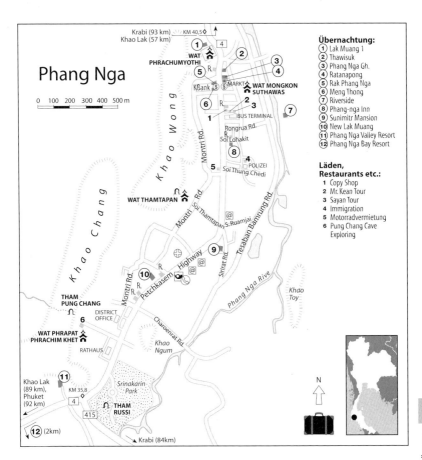

Phang Nga

Krabi (93 km)
Khao Lak (57 km)
KM 40,5

WAT
PHRACHUMYOTHI

0 100 200 300 400 500 m

K h a o   W o n g

MARKT

KBank

WAT MONGKON
SUTHAWAS

BUS TERMINAL

Rongrua Rd.
Soi Lohakit

POLIZEI
Soi Thung Chedi

WAT THAMTAPAN

Montri Rd.

Soi Thamtapan Rd.

S. Ruamjai

Tesaban Bamrung Rd.

K h a o   C h a n g

Highway

Sirirat Rd.

Petchkasem

Montri Rd.

THAM
PUNG CHANG

DISTRICT
OFFICE

Charoenrat Rd.

Phang Nga Rive

Khao
Toy

WAT PHRAPAT
PHRACHIM KHET

RATHAUS

Khao
Ngum

Khao Lak
(89 km),
Phuket
(92 km)

KM 35,8

Srinakarin
Park

THAM
RUSSI

Krabi (84km)

N

PHUKET UND DIE NÖRDLICHE WESTKÜSTE

Übernachtung:
1. Lak Muang 1
2. Thawisuk
3. Phang Nga Gh.
4. Ratanapong
5. Rak Phang Nga
6. Meng Thong
7. Riverside
8. Phang-nga Inn
9. Sunimitr Mansion
10. New Lak Muang
11. Phang Nga Valley Resort
12. Phang Nga Bay Resort

**Läden,
Restaurants etc.:**
1. Copy Shop
2. Mr. Kean Tour
3. Sayan Tour
4. Immigration
5. Motorradvermietung
6. Pung Chang Cave
   Exploring

Übernachtung

Phang-nga Inn***–**** ⑧, 2/2 Soi Lohakit, ✆ 411963, ✉ phang-ngainn@png.co.th, *Bed and Breakfast* für gehobene Ansprüche, verschiedene, geschmackvoll eingerichtete ac-Zi mit und ohne Du/WC, gepflegtes, großzügig gestaltetes Haus in ruhiger Lage; freundliches, Englisch sprechendes Personal, unsichere Safes. Open-Air-Restaurant gegenüber.

Alle anderen Unterkünfte liegen an der Hauptstraße, der **Petchkasem Rd.**:

Phang-nga Gh.** (ac***) ③, Nr. 99/1, ✆ 411358, saubere, sehr kleine Zi mit und ohne Du/WC, in

zwei Stockwerken eines schmalen, langen Hauses, die hinteren Zi sind ruhiger; bestens gepflegt und betreut von einer freundlichen Mama, die kein Englisch spricht. Motorräder 200 Baht.

Lak Muang 1** ①, Nr. 1/2, ✆ 411288, ✉ 411512, 700 m nördlich vom Bus Terminal am Stadtrand, 24 Zi mit Fan und Du/WC, zur Straße recht laut, Personal etwas indifferent. Das beste Hotel beim Stadtzentrum.

Thawisuk*–** ②, Nr. 77-79, ✆ 411686, hellblaues Gebäude, 12 sehr preiswerte, z.T. schmuddelige und muffige Zi mit Fan.

Rak Phang Nga** ⑤, Nr. 100, ✆ 412090, nicht besonders sauber, sehr laut, viel Kurzzeitgäste.

Ratanapong**–***④, Nr. 111, ✆ 411247, 30 große, relativ saubere Zi, sehr laut, nach hinten besser. Kaum akzeptabel.

Meng Tong**–*** (auch: Muang Thong) ⑥, Nr. 128, ✆ 412132, 14 besonders große Zi mit Fan oder ac, sehr laut.

New Lak Muang***–**** (auch: Lukmuang 2) ⑩, Nr. 540, ✆ 411500, ✆ 411501, 1,6 km südlich, 24 Zi mit ac (nur mit Fan 60 Baht billiger) und Bad mit Badewanne, gut, komfortabel und nach hinten ruhig; freundliches Personal.

Phang Nga Valley Resort***–**** ⑪, Nr. 5/5, ✆ 412201, ✆ 411393, 3 km südlich am KM 35,4 in einer Nebenstraße. Mondänes Thai-Hotel mit 15 ac-Bungalows und Gästehaus, Restaurant, *Thai Dance Show*, Pool, Fischteich; Eintritt.

Sunimitr Mansion*** ⑨, 2/1 Sirirat Rd., ✆ 411 422, 411130, 1 km südlich vom Zentrum, 20 saubere ac-Zi mit TV, Kühlschrank und Bad. Snooker Club. Laute Karaoke Bar und Disco nebenan.

Gutes, preiswertes Restaurant *Kha Mu* (ohne engl. Schild) gegenüber vom *Thawisuk Hotel*, nicht immer geöffnet.

Zum Muslim-Restaurant *Bismilla* erreichen uns unterschiedliche Stimmen: sauber und gemütlich, aber auch mieses Essen und unfreundlich. Ruhig sitzt man im offenen *Na Khai Restaurant* gegenüber vom *Phang-nga Inn*.

Empfohlen wurde uns das *Cha-Lang Restaurant*, ✆ 413831, 5 Min. vom *Phang-nga Inn* entfernt, wo es eine Wegbeschreibung gibt. Besonders schön sitzt man im Garten. Lecker sind das *Green Curry* und *Crispy Pork* mit Kokosmarkscheiben. Passabel sind die Straßenrestaurants in der Umgebung des *New Lak Muang Hotels*.

Sonstiges

BOOTSTOUREN ZUR PHANG NGA BAY – Am Bus Terminal bieten mehrere Unternehmer mehr oder weniger aggressiv zu identischen Preisen ihre Touren an. Die Veranstalter stehen seit Jahren in erbittertem Wettbewerb, ohne dass sich die geringe Qualität der Touren verbessert hätte. Am besten ist immer noch *Sayan Tour*, ✆ 430348, ✉ Pakorn@netsiam.net.

Eine typische Halbtagestour geht von 8–12 und von 14–18 Uhr (in der Saison) für 200 Baht p.P. (plus 2x 20 Baht für den Minibus und 200 Baht Eintritt für die James-Bond-Insel). Der Ganztagestrip von 8–16 Uhr für 500 Baht p.P. bietet nicht viel mehr. Die Übernacht-Tour von 14–9.30 Uhr für 450 Baht p.P. mit einer einfachen Mahlzeit auf der wenig erfreulichen Restaurant-Insel KO PANYI und einer Übernachtung in einem schmuddeligen, lauten, heißen Zimmer am Pier ohne Moskitonetz und Dusche ist eher etwas für Hartgesottene. Die Longtail-Boote sind extrem nass, von unten und oben, und besonders laut (vielleicht helfen Badelatschen, eine Windjacke und Ohrenstöpsel). Es gibt auch Traveller, die mit der 8-Uhr-Tour zufrieden sind. Bei der Kanutour müssen auch Anfänger evtl. selbst paddeln.

Dagegen werden die entsprechenden Spezialtouren der *Khao Lak Guide Co.* ab Khao Lak (s.S. 563) durchweg sehr gelobt.

HÖHLE – Nur mit den Führern von *Pung Chang Cave Exploring*, ✆ 076-264320, kann man die ganz fantastische Flusshöhle erkunden (500 Baht p.P., 9–15 Uhr). Bei der 2-stündigen, anspruchsvollen Tour durch z.T. enge Schluchten werden auch Kanus und Bambusflösse eingesetzt.

MOTORRÄDER – kann *Sayan Tour* evtl. für 250 Baht arrangieren. Auch 500 m südlich des Bus Terminals befindet sich eine kleine Motorradvermietung, Preis: 250–300 Baht.

VORWAHL – 076; PLZ: 82 000.

Transport

BUSSE – Bustickets gibt es am Schalter der Transport Co. und im Bus.

Nach BANGKOK (815 km), 2.Kl. ac-Bus um 16.30 Uhr für 357 Baht, um 20.30 Uhr für 343 Baht in 12 Std., ac-Bus um 17 Uhr für 441 Baht, VIP-32-Bus von *Nitnai Tour* jeden 2. Tag für 498 Baht; der VIP-24-Bus um 17 Uhr für 685 Baht fährt nicht über Takua Pa.

Von und nach PHUKET alle 30 Min. für 36 Baht in 2 1/2 Std., ac-Bus für 65 Baht.

Von und nach KRABI alle 30 Min. für 46 Baht in 2 Std., 2.Kl. ac-Bus für 64 Baht, ac-Bus 82 Baht.

PHUKET UND DIE NÖRDLICHE WESTKÜSTE

Nach TRANG alle 30 Min. für 85 Baht, ac-Bus 139 Baht.
Nach SATUN um 9.45 und 11.45 Uhr für 221 Baht.
Nach PHATTALUNG um 11.30 Uhr für 171 Baht.
Nach HAT YAI ac-Bus 6x tgl. von 8–14 Uhr für 220 Baht in 6 1/2 Std.
Nach SURAT THANI non-ac-Bus um 6, 7, 11.30, 13 und 14.20 Uhr für 80 Baht, ac-Bus um 9.30, 11.30, 13.30 und 17.30 Uhr für 130 Baht. Der erste non-ac-Bus erreicht um 10.30 Uhr den Zubringerbus zur Fähre nach Ko Samui, dafür den Bus bei *Samui Tour* stoppen lassen.
Nach KO SAMUI ac-Bus und Fähre um 11.30 Uhr für 230 Baht, KO PHA NGAN für 360 Baht.
Nach TAKUA PA jede Stunde für 30 Baht, stündlich weiter mit dem Surat Thani-Bus nach KHAO SOK für 30 Baht.
Nach RANONG direkt per H4090 über Takua Pa um 8.10, 11.15 und 13.15 Uhr für 90 Baht in 4 1/2 Std.
Nach KHAO LAK erst mit dem Phuket-Bus zur Bus Station nach KHOK KLOI (20 Baht), dort umsteigen Richtung Takua Pa (30 Baht).
Zum Hafen mit Songthaew für 20 Baht.

BIKER – Nach **Süden**: Wer auf einer kaum befahrenen Asphaltstraße 2 km die Berge hochklettern möchte, verlässt Phang Nga nach Osten auf dem H4 und erreicht nach 12 km den Pass am KM 185. Von hier sind es auf unserer ausführlich beschriebenen Rundtour über Nebenstraßen (s. S. 456) noch 94 km nach Krabi.
Wer ebene Straßen bevorzugt, verlässt Phang Nga nach Westen und nimmt erst den H415 nach Osten Richtung Thap Phut (s.S. 552), bevor er ebenfalls unserer Rundtourstrecke nach Krabi folgt (insgesamt 100 km).
Nach **Norden** verlässt man Phang Nga nach Osten auf dem H4 und biegt nach 9 km auf den H4090 ab. Weiter geht es mit der Beschreibung unter Takua Pa (s.S. 572).

Bootsfahrt durch die Bucht von Phang Nga

Die weltberühmte Bucht mit ihren bizarren Kegelkarstfelsen wurde 1981 zum National Park erklärt. Er umfasst mit seinen 400 km² einen großen Teil der flachen Bucht, die steilen Inseln und die angrenzenden Felsen. Das Wasser ist fast immer ruhig, so dass eine Bootsfahrt nahezu ganzjährig möglich ist. Tausende von Touristen drängen sich am Ziel der Bootsfahrt, dem Nadelfelsen Ko Tapu – für die einen ein Horrortrip, für die anderen ein einmaliges Naturerlebnis. Es kommt wohl auf die Einstellung an. Am eindrucksvollsten ist die Fahrt von Dezember bis April, wenn der Himmel blau und das Licht klar ist. Nicht vergessen, einen Sonnenhut, Sonnencreme, Ohrenstöpsel und etwas zu trinken mitzunehmen.

Zuerst geht es mit dem lauten Longtail-Boot auf dem breiten **Klong Khao Thalu-Fluss** immer geradeaus, vorbei an Mangrovensümpfen und markant geformten, mit tropischen Bäumen bewachsenen Felsen, z.B. dem „Kleinen Hund" **Khao Ma Chu**. Dann erreicht man die Bucht von Phang Nga: steile Kalkfelsen im Meer, die scheinbar nur durch die Wurzeln der wild wuchernden tropischen Vegetation zusammengehalten werden, dunkle Höhlen und Grotten mit herabhängenden Stalaktiten.

James Bond machte die bizarren Felsformationen durch den Film „Der Mann mit dem goldenen Colt" berühmt. Gegenüber vom so genannten „James Bond Felsen" **Ko Tapu** wird auf einer kleinen Insel (Eintritt 200 Baht) an Betonpiers angelegt. Hier stehen viele Erfrischungs- und völlig überteuerte Souvenirstände. Der gelegentliche, penetrante Geruch soll von den Mangroven stammen. Wer nicht frühzeitig dran ist, muss das berühmte Fotomotiv gleichzeitig mit hundert anderen Touristen ablichten. Anfang 1998 wurden Risse am Fuß des Felsen entdeckt. Die National Park Behörden befürchten, dass er zusammenbrechen könnte, und legten eine Sicherheitszone um den Felsen fest.

Aufregend wird es, wenn das Boot auf eine Felswand zufährt, in der sich dann aber noch rechtzeitig ein Höhleneingang auftut, in dem das Boot verschwindet. Die Felsmalereien am **Khao Khian** sind 3000 Jahre alt.

Das auf Stelzen gebaute Muslimdorf, das sich an die Insel **Ko Panyi** anschmiegt, hat sich zu einem fast ausschließlichen, reinen Restaurant- und Souvenirdorf gewandelt. Alle Tourgruppen werden hier mittags mit Meeresfrüchten abgefüttert (je nach Anbieter üppig bis miserabel). Wer selbst zahlt, sollte nur Gerichte bestellen, die auf der Karte mit Preisen ausgezeichnet sind, da bei Fisch nach Gewicht schon mancher eine böse Überraschung erlebte.

Zuletzt geht die Fahrt durch eine intakte Mangroven-Landschaft, und man durchfährt eine Höhle, die **Tham Lot** (gezeitenabhänig kann dieser Abstecher auch zu Beginn der Fahrt erfolgen).

Wer sich mehr für Mangroven interessiert, kann den schönen **Mangrovenlehrpfad** beim Phang Nga Bay Resort begehen.

Übernachtung

Phang Nga Bay Resort**⑫, 20 Tha Dan, ✆ 412067-70, ✎ 412057; ein großer Kasten am Klong Khao Thalu, etwas verwohnte ac-Zi; Restaurant; großer, sauberer Pool, tolle Aussicht. Reiseschecks werden gewechselt. Bootsfahrt für 850 Baht. In der Empfangshalle des Hotels verschafft eine große Reliefkarte einen guten Überblick über die Bucht und die Ziele der Bootsfahrt. **Lava Islands*****, auf der Insel Ko Wa Yai am südwestlichen Rand der Phang Nga Bay, 3 nette Hütten unter National Park Verwaltung, 2 Std. per Boot vom Tha Dan Pier. Auskunft bei *Sayan Tour*. **Camping** im Park ist möglich, doch die Strände fürs Aufschlagen der Zelte sind sehr schmal. Erlaubnis erteilt: **National Park Division**, Bangkok, ✆ 02-5790529.

Transport

Die 3 km lange Zufahrtsstraße zur Bucht geht am KM 33,7 ab. Von Phang Nga fährt ein Songthaew für 20 Baht zum Hafen. An der Anlegestelle gleich neben dem Hotel kostet ein langsames, überdachtes Boot für max. 10 Pers. (3–4 Std.) 400–500 Baht (handeln!). Touren ab PHANG NGA kosten 200–500 Baht, z.T. mit Übernachtung, ab Phuket 400–1000 Baht, ab Krabi 450–900 Baht, ab Khao Lak 1000–1300 Baht (bei 2–8 Pers.). Bei Nachmittagstouren sind weniger Boote unterwegs.

Von Phuket nach Ranong

Wer den gut ausgebauten H4 zwischen der Insel Phuket und der Stadt Ranong (258 km) befährt, wird rechts durchweg von grünen Bergen begleitet und kann links das Meer erahnen, das aber nur zwei- oder dreimal zu sehen ist.

Die ganze Schönheit dieser Strecke lässt sich nur mit eigenem Fahrzeug erleben: Dschungelpfade in fünf National Parks, einsame Wasserfälle mit natürlichen Schwimmbecken, herrliche, kaum bekannte Strände und traditionelle Dörfer, in die sich nur selten Ausländer verirren. Wer mit dem Bus unterwegs ist, kann sich in den naturnahen Bungalows von Khao Lak, Bang Sak, Khao Sok oder beim Laem Son National Park einquartieren. Die reizvollen Naturschönheiten lassen sich von dort leicht zu Fuß, per Moped, Jeep oder Boot erkunden.

Wer nur durchfährt und keine Abstecher machen kann, wird diese Strecke eher als eintönig und langweilig empfinden. Von den vielen Touristenattraktionen, auf die Schilder hinweisen, haben wir die lohnenswerten ausgesucht und beschrieben.

Von Phuket bis Takua Pa

Auf dem H402 verlässt man die Insel Phuket. An der Abzweigung in Khok Kloi geht es nach rechts Richtung Phang Nga, geradeaus auf dem H4 Richtung Khao Lak und Ranong. Nach links führt eine kurvige Straße zum *Dusit Hotspring Beach Resort & Spa*, ✆ 076-580000, ✉ info@dusithotspring. com, 24 luxuriöse, wunderschön eingerichtete Bungalows ab 6500 Baht mit eigenem Badebecken in einem herrlich angelegten Garten. Schöner Pool mit warmem Mineralwasser, Spa mit vielen Anwendungen, sehr freundliches Personal.

Nach Norden führt der breit ausgebaute H4 durch Reisfelder, Gummi- und Ananas-Plantagen. Dazwischen wachsen Bananen, Mango-, Jackfrucht- und Durian-Bäume.

Khao Lam Pi National Park

Beim KM 24 zieht sich die chinesisch beeinflusste Stadt **Thai Muang** an der Straße entlang. Es gibt gute, einfache Restaurants und einen Obstmarkt. Am Straßenknick liegt das Chinesenhotel *Muang Thong***–***.

Geradeaus Richtung Meer passiert man den Golfplatz (18 Löcher) mit den luxuriösen *Thai Muang Beach Chalets* (✆ 076-571533, 10 Cottages, erstklassiges Restaurant, Bar, Pool). Nach 1000 m zeigt sich der lange, aber steile Strand. Hinter einem Fischerstrand warten unter Kasuarinen viele Picknicktische und Restaurants auf einheimische Gäste. Nach 4 km beginnt der **Khao Lam Pi–Hat**

Thai Muang National Park mit dem 14 km langen Sandstrand **Hat Chai Thale Thai**. Wer badet, sollte nahe am Ufer bleiben und auf gefährliche Unterströmungen achten. Im Park gibt es 4 einsame *Bungalows***–****, ✆ Bangkok 02-5790529. Zelten ist erlaubt, Toiletten sind vorhanden.

Zum **Tonepri-Wasserfall** am KM 28,4 des H4 geht es 7 km auf einer Erdstraße, dann 1 km zu Fuß. Das Wasser soll das ganze Jahr über fließen. Am KM 28,7 liegt links die kleine Hotel- und Bungalowanlage *Sari Rot****, ✆ 076-571567-8. Wer unter der Woche im Süßwasser schwimmen möchte, fährt am KM 32,7 nach rechts 2 km zum **Lam Pi-Wasserfall** (auch *Lumpee*), der Hauptattraktion des 72 km² großen National Parks. Im weiten Wasserbecken unter dem dreistufigen Fall nehmen Thai-Familien häufig ihr Bad, i.b. am Wochenende. Zum **Khanim-Wasserfall** am KM 36,7 führt ein 500 m langes Sträßchen – kaum der Mühe wert.

In Thung Maphrao biegt am KM 39 die 15 km lange, landschaftlich schöne Straße H4240 nach rechts zum H4090 ab, auf dem man den östlichen Flügel des Khao Lak–Lamru National Parks (ca. 10 km) und die Provinzhauptstadt Phang Nga (28 km) erreicht.

Nach einer Fahrt durch Obstgärten zweigt am KM 51,4 links die Straße H4147 zum Hafen **Thap Lamu** (5 km) ab. Hier liegt ein Büro des Similan National Parks, von dem Boote zu den unter Tauchern weltbekannten **Similan Islands** fahren.

Similan Islands   หมู่เกาะสิมิลัน

Rings um diese Inselgruppe von 9 unbewohnten Inseln ca. 75 km vor der Küste wurde ein 128 km² großes Gebiet 1982 zum Marine National Park erklärt. Unter Tauchern gilt die Inselgruppe als eines der zehn schönsten Tauchgebiete der Erde. Erfahrene Gerätetaucher genießen bei ca. 25 m Sicht die herrlichen Unterwasserlandschaften in 12–40 m Tiefe, wo eine riesige Artenvielfalt gedeiht. Schnorchler erfreuen sich an Korallengärten und -riffen, die bei 2 m Tiefe beginnen, jedoch vorwiegend etwa 9 m tief liegen. Für einen Badeurlaub sind die Inseln ungeeignet, da es auf keiner Insel Trinkwasser gibt und die wenigen Unterkünfte sowie die Verpflegungsmöglichkeiten überteuert sind. Während der Regenzeit bleiben die Unterkünfte auf den Inseln vom 15.5.–15.11. geschlossen.

Fürs Gerätetauchen sind die Inseln Nr. 1, 4, 7, 8 und 9 am Besten geeignet. Die besten Monate zum Tauchen sind Februar, März und April. Die auf vielen Postkarten abgebildete **Insel Nr. 8** (auch Similan Island) besitzt eine wunderschöne Bucht mit herrlichem Sandstrand und schönen Korallenstöcken in 8–10 m Tiefe sowie ein optimales Schnorchelgebiet. Der Strand wird begrenzt von fantastisch geformten Felsen, wie man sie von den Sey-chellen kennt – allerdings ohne Kokospalmen. In der geschützten Bucht nächtigen viele Tauchboote. Bestes Tauchen bieten Riffe in 12–40 m Tiefe. Eine Bucht auf der anderen Seite der Insel ist sehr schön zum Schnorcheln.

Auf der **Insel Nr. 4** (Miang Island) und der **Insel Nr. 8** gibt es Nationalpark-Unterkünfte (s.u.). Der Norden und Osten eignen sich besonders gut zum Schnorcheln im etwa 28 Grad warmen Wasser, weshalb die vorwiegend einheimischen und japanischen Tagesausflügler hier zu Wasser gelassen werden. Gerätetaucher, die auf Großfische scharf sind, kommen voll auf ihre Kosten. Wir haben z.B. im Februar auf 5 von 10 Tauchgängen Haie gesehen, und zwar Weißspitzen-, Leoparden- und Ammenhaie sowie riesige Rochen, vorwiegend in 25–30 m Tiefe. Die Sicht betrug nur 15–20 m, wurde aber von unserem Tauch-Guide als fast optimal eingestuft. Andere Taucher sahen allerdings auf 11 Tauchgängen nur einen Hai. Außerdem kann man auf allen Tauchgängen Zackenbarsche, fast alle im Indischen Ozean vorkommenden Korallenfische, Schnecken, Muscheln, Riesengorgonien, Federsterne, Röhrenwürmer und eine große Vielfalt an Korallen sehen, gelegentlich auch Mantas und Walhaie.

Bei mehrtägigen Tauchfahrten auf Tauchbooten (*Live-Aboards*) werden regelmäßig auch die Inseln **Ko Tachai** und **Ko Bon**, sowie der Unterwasserfelsen **Richelieu Rock** angesteuert, gelegentlich auch die kaum kartografierten unterseeischen Fleckenriffe der **Burma Banks**.

Übernachtung

Auf der Insel Nr.4 (Miang Island) gibt es Zelte**-*** (z.T. mit schmalen Feldbetten) und Bungalows**** sowie teurere, neue Häuser, Generator bis 23 Uhr. Das teure Restaurant ist vor allem auf Reisegruppen eingestellt. Auch auf der Insel Nr. 8 kann man in Zelten** übernachten.

Sonstiges

EINTRITT – Die *Nationalparkbehörde* des Similan National Parks, ☏ 076-421365 (Insel Nr. 4), 422136 (Insel Nr. 8), 595045 (Thap Lamu), kassiert von jedem Besucher 200 Baht (5 Tage gültig) und von jedem Taucher noch einmal 200 Baht extra (je nach Tauchveranstalter im Preis enthalten).

TAUCHEN – Am Strand auf der Insel Nr. 4 bietet **Pro Ocean Divers**, ⌨ www.pro-ocean-divers.de, Tauchtrips und Kurse auch auf Deutsch an.

TOUREN – Viele Tauchbasen auf Phuket verkaufen 2–7-tägige *Live-Aboard*-Touren mit mehr oder weniger schnellen und komfortablen Booten nach Similan, oft in Verbindung mit anderen Tauchgebieten (Surin, Burma Banks). Die meisten legen die Strecke bis Thap Lamu mit dem Bus zurück. Strikte Auflagen haben dazu geführt, dass nur noch umweltfreundliche Boote eingesetzt werden und damit der Standard recht hoch ist. Ein Tauchtag kostet bei einer mehrtägigen Tour um 4500–6000 Baht (inkl. Fahrt, Tauchen, Unterkunft in Zelten oder auf dem Boot, Essen und Trinkwasser), Ausrüstung extra; Nichttaucher erhalten Rabatt. **Andaman Leisure Phuket**, ☏ 352088-91, ☏ 354899, ⌨ www.andamanleisurephuket.com, offeriert Tagesausflüge ab Phuket inkl. Schnorchelstopps. Es lohnt allerdings, mindestens eine Nacht auf den Inseln einzuplanen, vor allem wenn man tauchen will.

In Khao Lak (s.u.) bieten 17 Veranstalter Tauch- und Schnorchelfahrten nach Similan an. Tagesausflüge kosten für Schnorchler ab 1900 Baht, für Taucher ab 3300 Baht, 2-tägige Tauchfahrten ab 10800 Baht (6 Tauchgänge), 3-tägige ab 11800 Baht (9 Tauchgänge), 4 Tage/4 Nächte ab 17800 Baht (14 Tauchgänge), alles inklusive, Nicht-Taucher-Rabatt ca. 35%.

Transport

Von THAP LAMU (98 km nördlich von Phuket) fahren in der Saison tgl. gegen 9 Uhr mehrere Boote zur Insel Nr. 4 für 950 Baht einfach. *Metsine Tours*, ☏ 443276, fährt in der Saison tgl. zwischen 8.30 und 9 Uhr ab (über 2 Std. Fahrzeit), Rückkehr gegen 17–18 Uhr (1900 Baht hin und zurück inkl. Transfer ab Khao Lak, Parkgebühr, Lunch, Getränke), Schnorcheln möglich (ca. 70 Min.).

Von der Insel Nr. 4 fahren langsame Longtail-Boote in 1 Std. weiter zur Insel Nr. 8 (150 Baht).

Khaolak Beach (South)

Am KM 53,5 geht es 1,5 km nach links ab zu einem bei der lokalen Bevölkerung sehr beliebten Sandstrand mit schönen, glatten Felsen. In einem See liegt links das *Baan Lampoo Restaurant*, wo es leckeren geräucherten Fisch gibt. Bei guten Wetterbedingungen kann man von hier bis zum Meer mit Kanus fahren. Am KM 54,1 geht es rechts ab zum kleinen **Ton-Pling-Wasserfall** (800 m).

Am KM 54,5 zweigt eine kurze Straße zum **Khaolak Beach (South)** ab, dessen Nordende gut gegen den Monsun geschützt ist, so dass Baden fast ganzjährig möglich ist. Der herrliche Strand ist ideal für Urlauber, die Ruhe und Abgeschiedenheit suchen. Nach der Brücke kurvt der H4 zwischen herrlichen Tropenbäumen einen Berg hoch zum Khao Lak–Lamru National Park.

Übernachtung

*Poseidon******–****** ⑥³, ✆/📠 443258, 🖥 www. similantour.nu/poseidon.htm, am KM 53,5 ausgeschildert (1,3 km), schöne, sehr saubere Bungalows mit Du/WC, Fan und Moskitonetz, z.T. malerisch am Fluss, mit Meerblick, außerdem 2 Zi im Haupthaus. Vom Restaurant bietet sich ein herrlicher Blick über die Flussmündung aufs Meer. Große, runde Felsen rahmen einige kleine, einsame Sandstrände ein, ein langer Strand erstreckt sich nach Süden. Olof, der schwedische Besitzer, veranstaltet Schnorcheltouren zu den Similan Inseln (s.u.).
Seagull Andaman Resort ⑥¹, ✆ 417005, ✉ info-seagull@khaolak.de, sehr schöne 2- und 3-stöckige Häuser mit komfortablen Zimmern (ab 2300 Baht), Restaurant, Pool, Transfer nach Central Khao Lak.
*Khaolak Beach Bungalow********* ⑥⓪, ✆ 01-7875465, 100 m vom Strand, fantasielos in 2 Reihen gestellte, kleine Bungalows mit Fan und ac, Du/WC, z.T. Minibar.

Khao Lak   เขาหลัก

Der Strand von Khao Lak wurde zu einem Refugium für Naturfreunde und Ruhe suchende Touristen entwickelt. Vom Khao Lak View Restaurant (KM 57,2) bietet sich eine fantastische Aussicht: Das goldbeige Band des Sandes, malerisch von einigen Felsrippen unterbrochen, trennt das blaue Wasser der Andamanensee von üppig grünen Palmenhainen. Ein Gürtel von Kasuarinen und großen Laubbäumen säumt den 12 km langen Strand. Im 600–2000 m breiten

Flachland erstrecken sich Kautschuk- und Kokosplantagen, Felder und kaum erkennbare kleine Dörfer. Dazwischen verteilen sich viele Baggerseen, Überreste einer Zeit, in der hier intensiv Zinn geschürft wurde. Dahinter ragen die bewaldeten Berge des Khao Lak–Lamru National Parks auf. 2 km weiter entsteht entlang des H4 langsam eine kleine Stadt mit vielen Ladenpassagen. Nach Khao Lak kommen vor allem Paare jeden Alters und immer mehr Familien aus deutschsprachigen und skandinavischen Ländern. Einzelreisende finden Khao Lak eher langweilig und ziehen zu Stränden weiter, wo mehr geboten wird. Um den natürlichen Charme zu erhalten, hat die Vereinigung der Hoteliers mit Unterstützung des Gouverneurs von Phang Nga festgelegt, dass es an den Stränden **keine Jetskis** und andere Motorsportboote sowie keine lauten Bars geben darf. Das Verbot von Sonnenschirmen und Liegestühlen **auf dem Sandstrand** konnte bisher nur am Sunset Beach und Nang Thong Beach durchgesetzt werden. Am Bang Niang Beach wehrt sich eine Gruppe von Geschäftsleuten dagegen.

Um Objektivität zu gewährleisten, wurde Khao Lak von einem freien Mitarbeiter recherchiert und überarbeitet, da unsere Autoren Ursula Spraul-Doring und Richard Doring eine persönliche Beziehung zu vielen touristischen Einrichtungen haben.

Übernachtung

Da Khao Lak eine relativ kurze Saison von Mitte Nov. – Mitte April hat, können die Unterkünfte nicht so preiswert wie an anderen Stränden Thailands sein. Fast alle **Resorts** wurden zunächst von Geschäftsleuten aus Takua Pa gebaut, für die Tourismus ein völlig neues Betätigungsfeld darstellte. Die unprofessionelle, aber liebenswürdige Art, in der die meisten Anlagen noch heute betrieben werden, macht für viele Gäste gerade den Reiz von Khao Lak aus. Billige Bungalowanlagen wurden bewusst nicht gebaut, da die Dorfältesten alles vermeiden wollten, was die Drogenszene nach Khao Lak locken könnte – bis jetzt mit Erfolg. Die meisten Resortbesitzer wollen ihr Personal nun ganzjährig halten und müssen es auch in der Nebensaison bezahlen – so bleiben viele Resorts auch in der Regenzeit geöffnet. Dann gibt es Zimmer zum halben Preis.

Essen

Die **Restaurants** der Resorts liegen ausnahmslos schön und sind gut eingerichtet, aber relativ teuer. Billigere Strandrestaurants servieren Thai-Gerichte direkt am Wasser. Entlang des H4 haben sich viele, meist einfach ausgestattete, preisgünstige Restaurants angesiedelt. Sie bereiten dem westlichen Gaumen angepasste Thai- und Seafood.

Einheimische kaufen gern im **Khao Lak Minimart**. In **Bang Niang** gibt es den klimatisierten **Taveesub Supermarkt** an der Abzweigung und mehrere weniger gut sortierte Minimärkte am H4, beim *The Beach Resort* und im *Bang Niang Beach Resort*. Eine echte Attraktion ist der **Nachmittagsmarkt** am Mi und Sa in Bang Niang an der Abzweigung. Unter Sonnenschirmen oder Plastikplanen werden alle Produkte des täglichen Bedarfs angeboten: Obst, Gemüse, Blumen, Kleidung, Haushaltsartikel...

Einkaufen

Das Angebot in Khao Lak steht dem in Patong (Phuket) kaum noch nach, die Preise sind aber ziviler und die Atmosphäre wirkt entspannter. Der klimatisierte **Nang Thong Supermarket** am H4 hat das größte Angebot an westlichen Waren, wie Joghurt, Kekse, Wein und Kaffee, aber auch deutsche und englischsprachige Zeitungen und Zeitschriften.
Der **Coconut Minimart** im *Khaolak Shopping Bazaar* führt viele Spirituosen und hat ein ähnliches Angebot, ⊙ 7–23 Uhr.

Aktivitäten

BOCCIA / BOULE / PETONG – Eine gute Bahn mit Flutlicht gibt es bei den *Dream Beach Villas* am Bang Niang Beach. Anfragen von erfahrenen Spielern unter ✆ 420639.

ELEFANTENREITEN – im Wald vermitteln Tourunternehmer und die Resorts. Elefantencamps liegen z.B. vor Thap Lamu links am H4 (KM 54,5) oder beim Sai Rung Wasserfall (1200 Baht pro Elefant für 1 1/2 Std.).

PHUKET UND DIE NÖRDLICHE WESTKÜSTE

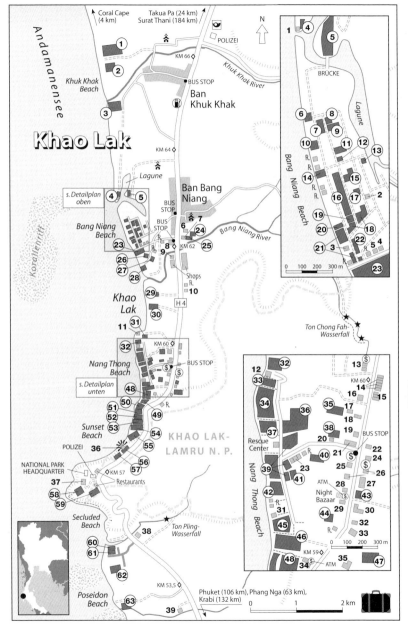

Andamanensee

Coral Cape (4 km)   Takua Pa (24 km)
Surat Thani (184 km)

N

POLIZEI

KM 66 ◇

① ②

Khuk Khak Beach

③

Ban Khuk Khak

BUS STOP

Khuk Khak River

BRÜCKE

Lagune

① ④ ⑤ ⑤

⑥ ⑧
⑦ ⑨
⑩ ⑪ ⑫ ⑬
Bang Niang Beach
R.
⑭ ⑮
R. R.
⑯ ⑰ ②
⑲
⑳ ⑱
㉑ ③ ㉒ ⑤ ④
R.
㉓

Khao Lak

KM 64 ◇

Lagune

s. Detailplan oben

④ ⑤

Bang Niang Beach

Ban Bang Niang

BUS STOP

⑥ ⑦

⑧ ⑨

KM 62

㉔ ㉕

Bang Niang River

Kordllenriff

㉓
㉖
㉗
㉘

Shops
R.
⑩

㉙
H 4

㉚

Khao Lak

11 ㉛

㉜

KM 60 ◇

Nang Thong Beach

BUS STOP

$

s. Detailplan unten

㊽

㊿
51
52 53
54
55
56
57

49

Sunset Beach

KHAO LAK-
LAMRU N. P.

POLIZEI   36

NATIONAL PARK HEADQUARTER

37

◇ KM 57

Restaurants

58
59

Secluded Beach

38

★ Ton Pling-Wasserfall

60
61

62

KM 53,5 ◇

Poseidon Beach

63

39

Phuket (106 km), Phang Nga (63 km),
Krabi (132 km)

0   1   2 km

Ton Chong Fah-Wasserfall ★ ★

0 100 200 300 m

12 ㉜
⑬ $
33
KM 60 ◇
16 ⑭
34
⑮
36
35
⑰
18
37
38 ⑲
Rescue Center
⑳
BUS STOP
40 21 ㉒
39
23 25 $ ㉔
$ 26
41
ATM
42
28 ㉗
R.
Night Bazaar
31
㊺ 29 30
45
44
32
46 R. 33
48 ㉟
KM 59 ◇
34 ATM
$ 47

0   100   200   300 m

FISCHEN – Ausfahrten zum Fischen arrangieren viele Restaurants ab 200 Baht p.P. (min. 2 Pers.) für ca. 4 Std., anschließend wird der Fang in der Küche zubereitet.

SCHNORCHELN – Vom Ufer aus ist Schnorcheln nur bedingt möglich, evt. an den Felsen südlich vom Sunset Beach oder an den Felsen vom Nang Thong Beach. 1,5 km vor dem Bang Niang Beach ragt das z.T. abgestorbene Korallenriff *Karang Haeng* bei Ebbe aus dem Wasser. Während des Gezeitenwechsels kann man im 2–5 m tiefen, nicht besonders klaren Wasser an einigen Stellen schön schnorcheln (i.b. am südwestlichen Außenriff) und erstaunlich viele Fische beobachten. Am Vormittag ist das Meer normalerweise am ruhigsten. Eine 2–3-stündige Tour zum Riff muss man mit einem Fischerboot selbst organisieren, bei 5–6 Pers. sollte sie max. 350 Baht p.P. kosten. Evt. kann Mr. Pad, der Barkeeper der Piranha Bar helfen. Von den Ausflügen zur Insel *Ko Na Yak* sind Schnorchler meistens enttäuscht.
Poseidon Similan Island Tours, ☎ 443258, 🖥 www.similantour.nu; macht 3-tägige Schnorcheltouren nach Similan Island für 5700 Baht (alles inkl., aber nicht üppig).
Auf den mehrtägigen Tauchtrips der Tauchbasen erhalten Schnorchler 35% Rabatt.

TAUCHEN – In der Saison 2002/03 boten 17 Tauchbasen ihre Dienste an. Im Trend liegen Tagestouren zu den Similan Islands mit 2 Tauchgängen ab 3500 Baht. Alle werben mit schnellen, aber engen Booten oder geruhsamerem, aber kurzem Tauchen. Im lockeren Service unterscheiden sie sich kaum. Wenig Kritik gab es zu folgenden Tauchbasen:
Bang Neang Divers, in Ban Bang Niang an der Abzweigung, guter Service.
e-dive, Japanische Tauchschule, ☎ 420608, 🖥 www.edive-phuket.com; höfliches Management, hauptsächlich Thai-Tauchguides.
Khao Lak Fun Divers, ☎/✆ 420685, 🖥 www.khao-lak-fun-divers.com; Tagesausflüge mit je 2 Tauchgängen zum Wrack für 1800 Baht und zu den Similan Islands für 3500 Baht. 3 Tauchgänge im Rajjaprabha-Stausee in 2 Tagen 5900 Baht. Familiäre Atmosphäre, deutschsprachige Leitung.
iQ-Dive, ☎ 420208, 🖥 www.kontiki-khaolak.com; Khaolak Shopping Bazaar, Similan-Touren mit

Übernachtung auf der Insel, etwas teurer, aber korrekt, schweizer Leitung.
Kon-Tiki Khao Lak, ☎ 423068, 🖥 www.kontikikhaolak.com; 50 m vor dem *Nang Thong Bay Resort*. Touren mit dem sehr schnellen Hydrofoil-Boot (50 Plätze, 1 Std.) zu separaten Tauchbooten an den Tauchplätzen am So, Mo, Di für 3900 Baht, deutsch-schwedische Leitung.
Sea Bees, ☎ 420581, ✉ khaolak@sea-bees.com, 🖥 www.sea-bees.com; Ableger der ausgezeichneten Tauchschule aus Phuket, Tagestouren mit einem schnellen Katamaran um 3900 Baht und 3–6-tägige Touren bis zu 40 000 Baht.
Sea Dragon, ☎ 420420, 🖥 www.seadragondivecenter.com; unter langjähriger englisch-deutscher Leitung. Eigene Boote für 2- bis 4-tägige *Live-Aboard-Trips* bis Ko Surin für 10 800–17 800 Baht für Taucher alles inkl., guter spartanischer Service, ideal für Taucher mit geringem Budget.
Similan Scuba Adventures, ☎ 420777, 🖥 www.similan-scuba.com; macht Tagestouren für 3500 Baht und Mehrtagestrips mit 3 neuen Tauchbooten: z.B. für 2 Tage und 6 Tauchgänge 9500 Baht, 4 Tage, 14 Tauchgänge15 500 Baht. Man fährt per Speedboot hin und steigt auf das komfortable Tauchboot um.
Sub Aqua Dive Center, ☎ 420165, 🖥 www.sub-aqua-khaolak.com; macht Tagestouren mit einem neuen, großen Speedboot zu den Similan Inseln für 3600 Baht und mit einem kleineren Speedboot zum Richelieu Rock.

Alle Tauchschulen bieten PADI-Kurse zum *Open Water Diver* für 7700–11 000 Baht an, fast alle haben Deutsch sprechende Tauchlehrer und eigene Boote vom Speedboat bis zum Fischkutter. Einige buchen bei den Kollegen ein oder auf Transportbooten *(Metsine)*. Mehrere bieten Live-Aboard-Cruises auf speziell ausgerüsteten Tauchbooten an. Die Bootstouren gehen vom nahen Hafen Thap Lamu zu den berühmtesten Tauchgebieten der Andamanen See, i.b. die Similan Inseln (2 Tage mit 6 Tauchgängen ab 8300 Baht, 4 Tage mit 12 Tauchgängen ab 13 800 Baht). Der Richelieu Rock, Ko Bon und Ko Tachai bescheren selbst dem verwöhnten Taucher ungewöhnliche Erlebnisse. Einige erfahrene Taucher sind irritiert, dass in Khao Lak keine Tauchschule ein Logbuch sehen will, manche halten die Tauchgebiete bereits für zu voll. Ein recht nahes, schön besiedeltes Wrack kann in einer Tiefe von 12–20 m erkundet werden (ca. 1700 Baht für 2 Tauchgänge). Von Tagestouren zur Insel Ko Na Yak vor Thap Lamu sollten Taucher nicht allzu viel erwarten (ca. 1600 Baht für 2 Tauchgänge). In der Nebensaison von Mai–Okt. auf den Similan Islands zu tauchen, ist nach den Erfahrungen unserer Leser ein Glücksspiel.

TOUREN – Verschiedenste Ausflüge in die Umgebung werden angeboten, wie Phang Nga Bay, Elefantentrekking, Kanufahren auf Fluss, See oder Meer, Dschungelwanderungen im Sri Phang Nga oder Khao Sok National Park, Tempeltouren zu historischen und modernen Klöstern, Höhlentouren oder ein Ausflug nach Phuket. Die Touren können über alle Resorts und Restaurants gebucht werden oder direkt bei einem der Veranstalter. Leser empfahlen *Jungle Sea Tours*, ☎ 01-9583016, ⌨ phuket-wildlife.com, geleitet vom pensionierten Forstbeamten Khun Suthep Prommoon, der Englisch spricht und sich in den umliegenden Wäldern gut auskennt. Touren zu Wasserfällen ab 1000 Baht, Camping im Dschungel ab 1800 Baht, 200–500 Baht Rabatt mit Studentenausweis. Am Eingang des National Parks nach ihm fragen. Ein deutscher Tourunternehmer mit TAT-Lizenz bietet viel gelobte, häufig ausgebuchte Touren mit kleinen Gruppen an: *Khao Lak Guide Co.*, ☎ 420177, ✉ KhaoLakGuide@gmx.net, ⌨ www.khaolakguide.de; geleitet vom Berliner Olaf Schomber; Büro am H4 bei KM 59,9 neben dem Fotoladen.

WANDERUNGEN – Sehr empfehlenswert ist die 3 km lange Wanderung durch den Khao Lak National Park zum *Secluded Beach* (Eintritt 20 Baht). Vom Haupteingang geht es 45 Min. lang durch anspruchsvollen Dschungel zum schönen Strand mit einem kleinen Bach. Gute Schuhe sind ratsam, Trinkwasser mitnehmen.

Sonstiges

AUTOVERMIETUNG – Vermieter, Reisebüros und Resorts bieten ein kleines Kontingent an Mietwagen an, z.B. der *Khao Lak Beach Service* Jeeps ab 1000 Baht pro Tag inkl. Versicherung.

Budget, ☎ 420580, ☎ 420579, ✉ brachk9@budget.co.th, unterhält eine Filiale am Sawasdee Plaza und bietet auch *one-way-rental*. Das billigste Angebot ist ein Suzuki Caribian für 1375 Baht bei 1–6 Tagen Miete.

GELD – Mehrere Wechselstuben in Central Khao Lak am H4, ⏱ in der Saison 10.30–20 Uhr, bei *Cash Advance* von der Kreditkarte ist der Pass erforderlich. Geldautomaten für Maestro-/Cirrus-, Mastercard und Visa-Karten.

INFORMATIONEN – Unter ⌨ www.khaolak.de stehen im Web gute, laufend aktualisierte Infos zum Strand und seinen Unterkünften (mit Sonderpreisen bei Buchung einiger Bungalowanlagen).

INTERNET – Mehrere Internet-Cafés entlang des H4 und in einigen Resorts, 2–3 Baht pro Minute.

KARTEN – werden gratis bei Resorts und anderen Läden verteilt, die Qualität schwankt sehr. Gut sind Kopien aus dem Internet von ⌨ www.khaolak.de

MASSAGE – Entlang der Strände gibt es viele einfache oder komfortablere Massagehütten, ab 200 Baht/Std. Alle Masseusen und Masseure gelten als seriös. Am besten erkundigt man sich bei anderen Kunden nach der Qualität. Eine Legende ist *Nuang*, der uralte Mann mit den Muskeln eines 20-Jährigen. Ohne Voranmeldung hat man keine Chance. Besonders gelobt wird auch die Thai-Massage mit Öl von *Father & Son* für 250 Baht/Std.

MEDIZINISCHE VERSORGUNG – Mehrere Arztpraxen haben sich entlang des H4 in Central Khao Lak niedergelassen, darunter der Kinderarzt *Dr. Chusak*.
Der Arzt *Dr. Seree*, ☎ 420149, praktiziert von 16.30–21.30 Uhr in seiner Praxis hinter dem Krathom Restaurant. Er ist sehr erfahren, spricht gut Englisch und etwas Deutsch. Tagsüber arbeitet er in seiner Klinik in Talad Takua Pa, wohnt aber in Khao Lak. Falls nötig, macht er auch Hotelbesuche.
Zwei junge Zahnärztinnen, die in Bangkok studierten, praktizieren abwechselnd in der sauberen *Dental Clinic* in Bang Niang, ☎ 01-2725127, ⏱ Sa/So 9–17 Uhr.

Gelegentlich kommen Quallen bis an den Badestrand. Zur Behandlung der Bläschen s.S. 25.

MOPEDS – 200–250 Baht/24 Std. inkl. Benzin. Auf Helm bestehen.

POST – In Khuk Khak neben der Polizei.

REISEZEIT – In Reisekatalogen ist **Saison** vom 1.11.-30.4., aber die eigentliche Hauptreisezeit ist von Mitte November bis Mitte April. In der **Hochsaison** vom 20. Dez.–Mitte März sind Buchungen sehr zu empfehlen.
Regnen sollte es in der **Monsunzeit** von Mai–Okt. In den letzten Jahren wurde jedoch über Regenfälle in allen Monaten berichtet, zumeist Schauer oder Gewitter am Nachmittag oder Abend. Die meisten Restaurants und Läden sowie viele Bungalowanlagen schließen in der Monsunzeit.

UNTERHALTUNG – Es gibt einige kleine Bars am Strand und am H4, z.B. *Mex' Biker Bar*, *Snap Bar* (im *Happy Snapper*, abends Live-Musik), *Funky Gekko* (beliebt bei Tauchern), *Tarzan Bar* (Pub-Atmosphäre), *Piranha Bar*.

VORWAHL – 076, PLZ 82190.

Nahverkehrsmittel

Songthaews mit der Aufschrift *Beach Taxi* fahren die Strände in der Saison ab 20 Baht regelmäßig an. Am leichtesten bekommt man sie vor dem Nang Thong Supermarket und am KM 62,1. **Motorradtaxis** ab 20 Baht warten an mehreren Stellen am H4 und an der Abzweigung in Bang Niang.

Transport

Bus-, Zug- und Flugtickets sowie Taxis werden von Reisebüros am H4 vermittelt, z.B. *Milky Way*, *TKP Travel*, ✆ 420485, ✉ wattanamit-wong@hotmail.com, und an der Abzweigung in Bang Niang, z.B. *Bang Niang Travel Guide*, ✆ 420800. Alle gelten als korrekt und zuverlässig.

BUSSE – Vom Southern Bus Terminal in BANGKOK mit ac-Bus um 18.50 Uhr für 427 Baht nach Takua Pa in 12 1/2 Std. Weiter nach Khao Lak um

8 Uhr mit dem lokalen Bus (25 Baht). Die ac- und VIP-Busse von Bangkok nach Phuket (z.B. *Phuket Central Tour*) halten auf Anfrage in Khao Lak. Nach BANGKOK kann man zu den Phuket-Bussen am späten Nachmittag am Nang Thong Supermarket zusteigen, am besten mit einer Reservierung durch ein Reisebüro.
Richtung KHOK KLOI (30 Baht, 70 Min.) und PHUKET (45 Baht, 2 1/2 Std.) passieren die Busse 436 und 465 Khao Lak ca. alle 40 Min. von etwa 7–18.20 Uhr. Richtung TAKUA PA (25 Baht, 50 Min.) passieren die Busse 430, 436 und 465 Khao Lak ca. alle 40 Min. von etwa 7–19.30 Uhr. Bus 430 um ca. 9.30, 12.10 und 13.30 Uhr fährt weiter nach RANONG (85 Baht, 4 Std.), Bus 465 weiter nach SURAT THANI (85 Baht, ac 130 Baht, 4 Std.) über den Bahnhof Phunpin.
Von SURAT THANI fährt der Phuket-Bus 465 von 5.50–15 Uhr ca. alle 80 Min. über den Bahnhof Phunpin nach Khao Lak.
Wer zum Bang Niang Beach will, steigt am KM 62,1 aus, stellt das Gepäck bei einem Laden an der Abzweigung unter und lässt es später vom Resort abholen.
Gut geeignet fürs Umsteigen Richtung Krabi und zum Süden ist die Bus Station in Khok Kloi, wo viele Überlandbusse halten (s.S. 551).

TAXIS – Mehrere Taxiunternehmen am H4. Auch das *Garden Beach Resort* und das *Nang Thong Bay Resort* betreiben einen Taxi-Service (Preise für 2 Pers.): THAP LAMU 200 Baht, TAKUA PA 350 Baht, zum AIRPORT in Phuket 900–1200 Baht bzw. 200 Baht p.P. (1 Std.), PHUKET 1200 Baht, PHANG NGA 700 Baht, KRABI 1500 Baht und SURAT THANI 1500–2000 Baht.

FLÜGE – ab Phuket. Vom Flughafen gibt es keine öffentlichen Busse. Ein Airport-Taxi nach Khao Lak kostet 1300 Baht (1 Std.). Die billigere Alternative bis 16 Uhr: Mit dem Minibus von Thai Airways für 80 Baht in Richtung Phuket fahren und den Busfahrer bitten, auf der Hauptstraße, ca. 25 km vor Phuket, an irgendeiner Bushaltestelle Richtung Khao Lak anzuhalten. Dann auf der gegenüberliegenden Seite einen vorbeifahrenden Bus Richtung Ranong (Nr. 430), Surat Thani (Nr. 465) oder Takua Pa (Nr. 436) heranwinken (30 Baht, 2–2 1/2 Std.).

Sunset Beach

Der 500 m lange, schöne Sandstrand wird von zwei grünen Hügeln begrenzt, auf dem südlichen liegt das Büro des Nationalparks. Der relativ schmale Strand ist mit einzelnen Felsen, z.B. dem **Elephant Rock**, bestückt und für Kinder geeignet. Unterhalb der Straße schmiegen sich die sechs Resorts für Pauschalurlauber an den Hang. Die Vegetation des National Parks steigt wie in einem Amphitheater hinter der Straße an. Im Monsun ist dieser Strandabschnitt sehr feucht und zum Baden kaum geeignet.

Übernachtung

NATIONAL PARK – *National Park Bungalows***– ***(58), unter riesigen Bäumen am Hang beim KM 56,8 unterhalb der Straße, Zelte verschiedener Größe und 3 einfache Holzbungalows für 4–10 Pers., Camping mit eigenem Zelt 10 Baht pro Person.

Khao Lak Nature Resort (59), ℡ 420179-81, 🖷 420182, am KM 56,5 in den Wald integrierte Bungalows aus Stein und Holz mit Fan oder ac und Du/WC; Restaurant an der Straße, Bar und Pool oben auf dem Berg; 700 m über steilen Abhang zum Strand. Wer Moskitos und Straßenlärm nicht scheut, ist hier gut aufgehoben.

Khao Lak View*** (56), ℡ 420225, das *Khao Lak View Restaurant* am KM 57,2 vermietet 4 große, schattige Steinbungalows mit Fan unterhalb der Straße auf halber Höhe am Hang, tolle Sicht.

SUNSET BEACH – Alle 6 Resorts an diesem Strandabschnitt gehören der gehobenen Preiskategorie an und sind, wenn pauschal gebucht, durchaus ihren Preis wert.

Khao Lak Sunset Resort (55), ℡ 420075-7, 🖷 420147, Zufahrt am KM 57,8, 4-stöckiges Terrassenhotel in Hanglage sowie 3-stöckiger Hotelkomplex mit lautstarker ac, große, saubere Zi (ab 3300 Baht), z.T. gemauerte Einzelbetten, Balkon Richtung Strand, teilweise fantastische Sicht, einige Zi mit Verbindungstür; gutes Restaurant am Strand.

Khao Lak Palm Beach Resort (54), ℡ 420099, 🖷 420095, 🖳 www.khaolakpalmbeach.com; etwas eng stehende Doppelbungalows im Thai-Stil (ab 2800 Baht), komfortable Einrichtung, gepflegte Anlage mit 2 schönen Pools, Spa und Health

Center; Restaurant am Strand. Pauschalbuchung günstiger.

Khao Lak Bayfront Resort (53), ℡ 420111-7, 🖷 420118, 🖳 www.khaolakbayfront.com; schöne Anlage für Pauschaltouristen, dicht den Hang hinaufgebaute Doppel-Bungalows (ab 2500 Baht), Pool und Restaurant am Strand.

Khaolak Paradise Resort (52), ℡ 429100-28, 🖷 429129, ✉ khaolakparadise@hotmail.com; 6 hübsche, mit Palmblättern gedeckte Bungalows am Strand, 24 Zi (ab 6000 Baht) in kleinen Häusern am Hang unter Bäumen, Pool und Restaurant nahe am Strand.

Khaolak Wanaburee Resort (51), ℡ 423333, 🖷 420750, 🖳 www.wanaburee.com; neue Anlage mit 31 luxuriösen Zimmern (ab 5000 Baht) in hübschen Cottages und Häusern, tropisch grüner Garten, Restaurant am Strand.

Khao Lak Resort (50), ℡ 420060-3, 🖷 420636, ✉ khaolak_resort@hotmail.com, 🖳 www.khaolak_resort.com; große Anlage am Hang, mit mehrstöckigen Hotelgebäuden in Straßennähe und wunderschönen Bungalows am Strand und dahinter. Pool, Restaurant.

Nang Thong Beach (Khao Lak)

Einige Felsenbänder (*Hin Nang Thong*) unterteilen den 2,5 km langen, feinen Sandstrand und ragen malerisch bis zu 50 m ins Meer hinaus. In der Saison ist er auch bei niedrigem Wasserstand bestens zum Schwimmen geeignet, dann bilden sich bei den Felsen kleine und große „Badewannen", an denen z.T. scharfkantige Muscheln wachsen. Der Bang Niang Fluss schließt diesen Strandabschnitt nach Norden ab. Bei Ebbe ist er kaum als Hindernis zu erkennen, doch bei hohem Wasserstand muss er brusttief durchwatet werden, falls kein Fährmann hinüberhilft (10 Baht). Am H4, der 200–600 m vom Strand verläuft, liegen viele neue Geschäfte und mehrere Ladenpassagen, in denen sich Restaurants, Tauchshops, Schneider, Tourunternehmer, Taxidienste, Reisebüros, Souvenirläden, Minimärkte, Wechselstuben etc. angesiedelt haben (auch *Central Khao Lak* genannt). Die etwa 30 weit verstreuten Bauernhäuser lassen kaum noch das ursprüngliche Dorf **Bang La On** erahnen.

Die netten Bungalows am Nang Thong-Strand werden schon seit 1986 vorwiegend von deutschen Individualreisenden aufgesucht. Seit 1997 das erste

Komfort-Resort eröffnete und Pauschalurlauber den Strand eroberten, wurden neben den naturnahen Bungalows immer mehr komfortable Bungalows aus Stein und sogar 2-stöckige Apartmenthäuser gebaut.

Während des Monsuns von Mai bis Oktober rollen große Wellen an diesen Strandabschnitt, und die salzige Gischt stäubt weit ins Land hinein. Baden ist dann nur sehr eingeschränkt möglich.

Übernachtung

Fast alle Resorts liegen direkt am Strand, einige kleine Bungalowanlagen weiter im Hinterland. Neben dem Nang Thong Supermarket geht eine 600 m lange Straße ab, die auf die Strandstraße mündet. Während des Monsuns sind einige Anlagen und die Strandrestaurants geschlossen.

Similana Park Resort (49), riesiger Hotel-Neubau mit 149 Zimmern, 3-stöckigen Häuschen um einen See und Einzelbungalows, 3 Restaurants und Riesenpool.

Khao Lak Laguna Resort (48), ✆ 420200, ✉ reservation@khaolaklaguna.net, 🖳 www. khaolaklaguna.net; schöne First-Class-Anlage im Thai-Stil in einem gepflegten, von einem Bach durchflossenen Gelände, Doppelbungalows aus Edelholz, z.T. mit Meersicht, aufgelockert gebaute 2-und 3-stöckige Hotelkomplexe mit gut ausgestatteten Zimmern, großzügiges, offenes Restaurant, netter Pool am mit Beton gesicherten Strand.

Baan Khao Lak Resort (46), ✆ 420199, ✆ 420198, ✉ bklresort@hotmail.com; Mittelklasseanlage mit geschmackvoll eingerichteten ac-Doppel- oder Vierfach-Bungalows, 2 teurere Seafront Bungalows, Pool am Strand, ruhige, schön begrünte, familär geführte Anlage; rundes, palmblattgedecktes Restaurant, netter Manager.

Nang Thong Bay Resort 2****** (45), ✆ 420078-9, ✉ nangthong2@hotmail.com, große, gepflegte, sehr beliebte Anlage; große Steinbungalows mit Terrasse, saubere Zi mit Du/WC sowie sehr schöne Doppelbungalows aus Holz mit Du/WC, mit Fan oder ac; zurückversetztes, sauberes Restaurant, freundliche Leute. Vorzüglicher Badestrand. Viele Stammgäste.

Khao Lak Seaview Resort & Spa (42), neue hochpreisige Anlage direkt am Strand.

Nang Thong Bay Resort 1****** (und teurer) (39), ✆ 420088-9, ✉ nangthong1@hotmail.com, 🖳 www.nangthongbayresort.de; parkähnliche, von einem Bach durchflossene, sehr beliebte Anlage; Einzelbungalows in der Strandreihe mit Fan (1500 Baht), im Garten mit ac, Doppelbungalows jenseits der Straße billiger, aber durchweg gut ausgestattet. Geräumige Komfort- und Familienzimmer in 2 Apartmenthäusern an der Straße. Qualifiziertes, Englisch sprechendes Management, Strandrestaurant. Befestigter Strand, Liegestühle oberhalb im Resort. Viele Stammgäste.

Khao Lak Bamboo Lodge***** (41), ✆ 420625, saubere Bambushütten am Bach, jenseits der Straße.

Khao Lak Green Beach Resort****** (37), ✆ 420043, ✉ information@greenbeach.de, 🖳 www. greenbeach.de; schön in die Natur integrierte Anlage mit See und großen Bäumen am Strand, 40 hübsche, z.T. renovierte Einzel- und Doppelbungalows aus Bambusmatten und Natursteinen, strandnahe VIP-Bungalows. Freundliches Personal; angenehmes Strandrestaurant, z.T. auf dem Sand, gutes Frühstücksbuffet. Internet, Mountain Bikes 20 Baht/Std. Beliebt bei Individualreisenden und Familien.

Bhandari Resort (36), ✆ 420751, ✉ khaolakbhandari @hotmail.com, besonders ästhetisches 4-Sterne-Resort in klassischem Thai-Stil 100 m vom Strand. Ausgedehnte Garten- und Wasserlandschaft. Sehr geräumige Bungalows mit allem Komfort (4200 Baht); 2 Restaurants, Minimarkt.

Garden Beach Resort*****–**** (34), ✆/℡ 420121, ✉ gardenbeachresort@hotmail.com, große, recht naturbelassene, aber gepflegte und beliebte Anlage unter hohen Bäumen; hübsche, saubere Steinbungalows mit Fan, billigere Zi hinter der Straße; viele Stammgäste gesetzteren Alters. Großes Restaurant und Tische am Strand. Der feine Sandstrand davor ist von malerischen Felsen durchsetzt, die Badewannen bilden.

Khao Lak Bungalows Gerd & Noi (ab****) (33), ✆ 420145, ✉ info@gerd-noi.com, 🖳 www. gerd-noi.com/dindex.html; üppig grüne Anlage, unterschiedliche, z.T. recht schöne Bungalows und Apartments (gut für Familien geeignet); viele Stammgäste. Die liebenswerte, Deutsch sprechende Noi leitet die Anlage seit Jahren allein. Ein Chedi erinnert an Gerd Serucnik, den bei einem Verkehrsunfall umgekommenen „Pionier von Khao Lak". Restaurant am Strand. Möglichkeiten zur Langzeitmiete und eigenem Hausbau.

Khao Lak Andaman Resort****** ㉜, ✆ 420135, ✆ 420134, ✉ fonandaman@hotmail.com, geräumige, saubere Steinbungalows mit ac, die hinteren 2 Reihen mit Fan, WW-Du/WC, relativ eng in Reih und Glied vom Strand bis hinten zur Lagune. Sehr preisgünstiges Restaurant am Strand, ☺ bis 21 Uhr. Für Kinder nicht besonders geeignet.

Happy Lagoon****** ㉛, ✆ 420141, neue Steinreihenhäuser 100 m vom Strand. Nettes Restaurant.

Lah-Own Khao Lak Resort ㉚, ✆ 420064-6, First Class-Anlage mit sehr schönen Holzbungalows, gut ausgestattet, alle mit Meerblick, Pool, Strandrestaurant; beste Lage am noch einsamen Sandstrand.

Khao Lak Tropicana Beach Resort ㉙, ✆ 420231-36, ✆ 420240, ✉ khaolaktropicana@hotmail.com, Mittelklasseanlage, 100 m vom Strand entfernt mit unverbauter Sicht aufs Meer; saubere, kleine Steinbungalows mit ac oder Fan. Die Fan-Bungalows sind um eine Lagune mit vielen Fröschen gruppiert. Rabatt je nach Auslastung. Pool, teures Restaurant. In der Nebensaison sehr angenehm.

Beim H4: Phu Khao Lak***** ㊼, ✆ 420141, ebenerdige Steinhäuser mit mehreren sauberen Fan-Zimmern in einem großen, gepflegten Palmenhain, 10 Min. zum Strand. Die Anlage liegt zurückversetzt auf der Landseite der H4. Exzellentes Restaurant mit schöner Sicht aufs Meer, geleitet von der freundlichen Familie Ko Chin.

Wandee Bungalow***** ㊹, ✆ 420427, Einzel- und Doppel-Backsteinbungalows 100 m unterhalb der Straße, Familienbetrieb; 300 m bis zum Strand.

Khaolak Inn****** ㊸, ✆ 423056, große, saubere ac-Zi im OG eines Geschäftshauses im Zentrum, gut ausgestattet mit Bad, TV, Kühlschrank, Balkon zum H4.

Father & Son***** ㊳, ✆ 420277, ✉ mycatsleep@hotmail.com, eine Hand voll Bungalows aus Bambus und Holz hinter *Nom's Family Restaurant* in einem ruhigen Garten.

Krathom Bungalows*****–**** ㉟, ✆ 420149, hübsche, einfache Holzbungalows mit Fan und nette Steinbungalows mit ac in einem Palmengarten, vom H4 aus zugänglich, 500 m vom Strand entfernt; Restaurant; sehr nette Familie, der Vater ist Arzt und hat eine Abend-Praxis auf dem Gelände.

Essen

Authentisches Thai-Essen in ansprechender Atmosphäre bieten **Ruen Mai** und *Old Siam*. Auch einige europäische Restaurants finden guten Anklang, i.b. das *Khao Lak Restaurant* mit heimatlichen Gerichten und Bier vom Fass, die *Pizzeria-Spaghetteria* und nebenan *Jui's Bistro* mit exzellentem Kaffee und täglich frischem Kuchen nach echt europäischen Rezepten.

Leser lobten die folgenden Restaurants: **Phu Khao Lak** (nette, familiäre Atmosphäre), **Lamuan Seafood** (beständig gutes Thai-Essen), **Sala Thai** (gute Milchshakes, freundliches Geschwister-Paar), **Nom's Family** (hervorragende, preiswerte Fischgerichte am Abend), **Jai Restaurant** (preiswert und lecker, für Leute mit viel Zeit), **Khao Lak Seafood** (erstklassiger Fisch), **Happy Snapper** (im OG, angenehmes Ambiente), **Khao Lak Andaman** (flink, günstigste Preise am Strand), **Happy Lagoon** (preiswert, gut).

Einige Restaurants am H4 bieten kostenlosen Abholservice von den Resorts.

Von Mai–Okt. sind viele Restaurants geschlossen.

Bang Niang Beach

Der schöne, 2 km lange Sandstrand liegt 2,5 km nördlich vom Nang Thong Beach (Abzweigung am KM 62,1). Der goldbeige, feine Sand ist auch unter Wasser frei von Steinen, Felsen oder Korallenblöcken. Das Meer eignet sich bei Ebbe und Flut zum Baden und Schwimmen. Schon bei leichtem Wellengang wirkt das Wasser nicht völlig klar, da feine Sedimente aufgewirbelt werden. Der schmale Sandstreifen wird durch Sonnenschirme und Liegestühle verunziert. Am Strand gibt es viele einfache Restaurants und kleine Cocktailbars, in denen man zur Happy Hour der Sonnenuntergang genießen kann.

Wer morgens den beschatteten Strand entlang nach Norden zum Coral Cape (8 km) oder sogar zum Bang Sak Beach (14 km) wandert, kann stundenlange Einsamkeit erleben – eine Fischersiedlung liegt direkt am Meer, ansonsten nur einige Resorts. Wer sich dagegen nach etwas mehr Umtrieb sehnt, kann in 40 Min. am Strand entlang nach Süden den Nang Thong Beach erreichen.

Im Hinterland bis zur Abzweigung am H4 entwickelt sich eine touristische Infrastruktur mit Minimärkten, Reisebüros, Restaurants, Schneider etc.

Die 60 Häuser des Dorfes **Ban Bang Niang** verbergen sich in den Gärten in der Nähe des H4.

Selbst während des Monsuns von Mai bis Oktober kann man am Bang Niang Beach manchmal baden, da das Korallenriff die Wellen bricht.

Übernachtung

Die Resorts und Ferienhausanlagen liegen sowohl am Strand als auch im Hinterland. Selbst in der Hochsaison wirkt der Strand meist ziemlich leer.

Palm Andaman Beach Resort ㉘, ℡ 420185-8, ☏ 420189, ✉ palm_as1@hotmail.com, Komfortanlage mit sehr geräumigen ac-Mattenbungalows um 3000 Baht in mehreren Reihen direkt hinter dem Strand, fast alle mit Meerblick, sowie 3-stöckige Hotelgebäude im Hinterland; geschmackvolles Restaurant, Seafood-Buffet direkt am Strand, Pool. Viele Pauschaltouristen.

The Beach Resort ㉖, ℡ 420106, ☏ 420107, ✉ info-TheBeachResort@khaolak.de, 🖳 www.thebeach-khaolak.com; 37 nette ac-Bungalows mit Kühlschrank auf üppig grünem Gelände, 7 doppelstöckige Häuser mit je 4 ac-Zimmern, 4 Bungalows mit Fan; gutes Restaurant, Pool, Spa; 100–300 m vom Strand gelegen.

The Traveller's Inn ***–**** ㉗, ℡ 423024, ✉ thetravellersinnkhaolak@hotmail.com, 200 m vom Strand, 3-stöckiges Stadthaus gegenüber vom *The Beach Resort*, sehr einfache, kleine, saubere Zi mit Fan oder ac, Du/WC auf dem Flur, unter Thai-englischer Leitung von Pensy und Michael.

Mukdara Beach Resort ㉓, neue 4-Sterne-Anlage für Pauschaltouristen, 56 große Bungalows.

Chong Fah Beach Resort **** (und teurer) ㉑, ℡ 420056, ✉ chongfah@usa.net; schmuckes 2-stöckiges Kleinhotel am Strand, saubere Zi mit Fan, Du/WC und kleiner Balkon mit Meerblick, 8 komfortable Zi in ac-Bungalows (z.T. mit Meersicht, ab 1600 Baht); weitere Zi 100 m entfernt; offenes Restaurant am Strand. Viele Stammgäste. Familienbetrieb.

Sabai Bungalows *** ㉒, ℡ 420145, neue Steinbungalows. Zum Strand geht es durchs *Chong Fah*.

Bang Niang Beach Resort ⑱, ℡ 420175, ☏ 420176, gepflegte Gartenanlage, hübsche Steinbungalows um einen Swimming Pool sowie komfortable Zi in doppelstöckigen Häusern im Hinterland und im Hauptgebäude; Strandzugang

durchs *Chong Fah* Restaurant. Mäßig sortierter Minimarkt.

Coconut Bungalows ***–**** ⑲, ℡ 420256, eine Alternativ-Bungalowanlage, nette Holzbungalows auf hohen Pfählen, z.T 2-stöckig, und einfache Hütten; geleitet von Mr. Pat, dessen herzliche Art so manche Unzulänglichkeit wett macht. Gäste können im üppig bewachsenen Garten kostenlos grillen oder zelten, bis der vorgebuchte Bungalow frei wird. Kaffee und Getränke im Self-Service.

Baan Soraya **** ⑳, ℡ 420192, Fan- und ac-Zimmer, Restaurant, Bar, soll verkauft werden.

Pascha Resort ⑯, ℡ 420280, ✉ info-pascha@khaolak.de, 🖳 www.pascharesort.de; Komfortanlage in gepflegtem Garten unter Palmen, unverbaute Meersicht über die Sandstraße durch einen lichten Palmenhain. Geschmackvolle Einzel- und Doppelbungalows aus Holz und Stein mit ac und Terrasse (ab 2000 Baht); neues Haus im Thai-Stil mit Deluxe-Zimmern (ab 2500 Baht); Frühstücks-Restaurant. Swimming Pool. Strandgrundstück davor mit gratis Liegen und Sonnenschirmen sowie sehr gutem, preiswerten Restaurant. Überaus freundliches Personal. Sehr beliebt bei selbst buchenden Deutschen und Schweden.

Amsterdam Resort ***–**** ⑰, ℡ 420634, ✉ keeshuahinth@hotmail.com, kleine Anlage im Hinterland, 10 saubere, kleine Holzbungalows und größere ac-Steinbungalows mit Du/WC; Restaurant, kleine Bar; holländische Leitung. Gutes Preis-Leistungs-Verhältnis.

Cousin Resort **** ⑮, ℡ 420715, ✉ info-cousins@khaolak.de, 🖳 www.cousinresort.com; in 3. Reihe hinter dem *Pascha Resort* 22 saubere Zi in modernen Doppelbungalows mit Fan oder ac (1500 Baht), 2 Familienhäuser; Restaurant, sauberer Pool, freundliche Leitung.

Sanuk Bungalows **** ⑬, ℡ 423800, ✉ sanuk-resort@yahoo.de, im Hinterland 6 kleine Fan-Bungalows aus Stein mit Teeküche. Deutsche Leitung.

Sita Garden ⑭, ✉ sita-garden@khaolak.de, 🖳 www.sitagarden.de; familienfreundliche Ferienhausanlage direkt am Strand, 8 hübsche Häuschen (1800–2400 Baht) mit Fan und ac, Du/WC, Kitchenette, große Terrasse mit Meersicht, z.T. mit Kinderbetten bzw. Matratzenlager unterm Dach, Liege, Sonnenschirm, Hängematte. Engagierte deutsche Besitzer, kein Hotelservice. Restaurant am Strand. Buchung ratsam.

Orchid Holiday Home ⑫, ✆ 01-8912926, ✉ orchidhh@loxinfo.co.th, 2-stöckige, luxuriöse Villa (US$450/Tag), 3 geräumige Schlafzimmer mit Bad, Meersicht vom Balkon. Große, vollständig eingerichtete Wohnküche, kleiner Pool. Buchung erforderlich.

Baan Rak Talay ⑪, ✆ 420686, ✉ baanraktalay @hotmail.com, in 3. Reihe, sehr eigenwillige, eng bebaute Anlage in modernem, japanisch inspirierten Stil. Unterschiedliche Holzhäuser (1500–3500 Baht); Restaurant, Pool. Ein weiteres Restaurant und die Bar am Strand.

Ayara Villas ⑩, ✆ 01-8136754, ✉ ayara-villas @khaolak.de, 🖳 www.ayaravillas.de; große Palmenwiese direkt am Strand, 16 ac-Zi in Einzel- und Doppelbungalows im Thai-Stil (ab 2100 Baht), nett eingerichtet, Kitchenette, große, z.T. nach oben offene Bäder, Meersicht von jeder Terrasse. Restaurant hinter der Anlage.

Green Village Steirereck* (ac teurer) ⑨, ✆ 423060, ✉ steirer19@hotmail.com, in 3. Reihe, 8 saubere Zi mit Fan oder ac in Doppelbungalows und im großen Hauptgebäude, Restaurant mit europäischen Spezialitäten. Unter österreichischer Leitung.

Baan Thai Resort* ⑧, ✆ 420531, 📠 420506, 18 kleine Räume in Doppelbungalows und 2-stöckigen Bambushütten, mit Du/WC und Fan oder ac, recht hübsch anzusehen; zentrales Restaurant. Flexible Preise.

Thoup Thong Guest House ⑦, neues, 3-stöckiges Gästehaus, unter Thai-dänischer Leitung.

Mai's Quiet Zone ⑥, ✆ 420196, ✉ maisquietzone@yahoo.com, 🖳 www. maisquietzone.de; neuere, dicht aufeinander stehende Holz- und Steinbungalows mit Fan am Strand und im üppig bewachsenen Garten, zweistöckiges Familienhäuschen**** mit Kühlschrank und Kochgelegenheit; geleitet von der aktiven, freundlichen Mai und ihrem amerikanischen Mann Douglas. Naturnahes Restaurant auf einer Terrasse direkt über dem Strand, offene Hütten mit Sitzkissen.

Lagoon Cottages* ⑤, ✆ 01-1244648, ✉ lagoon-cottages@khaolak.de, hinter der Lagune, über eine private Brücke erreichbar, sehr schöne Holzbungalows mit Fan, tolle Meersicht von der Terrasse, nach oben offenes, einfaches Bad, Restaurant, von 12–17 Uhr kein Strom. Freundliche Familie.

Sunsetbar Bungalow* ④, jenseits des Flusses am Strand, ruhige, einfache Hütten im alten Stil; Snackbar.

Beim H4: ***Taveesub Apartment**** ㉕, ✆ 420770, 11 geräumige Zi mit Kühlschrank, TV, ac und großem Bad über dem Supermarkt, die für Langzeitmiete geeignet sind.

Sinee Guesthouse* ㉔, ✆ 420772, hinter dem Internet-Shop, 4 saubere Steinbungalows mit ac, großem Bad, großer Terrasse.

Essen

Auf dem Mittwochs- und Samstagsmarkt gibt es u.a. marinierte und gegrillte Hähnchenstücke für 10–20 Baht, dazu Klebreis für 5 Baht und *Som Tam* für 20 Baht – ein super Essen. Nicht so einladend sieht der Stand mit *Khanom Chin* aus, aber das Nudelgericht schmeckt lecker. Große Obstauswahl.

Leser lobten die folgenden Restaurants direkt am **Bang Niang Strand:** ***Coconut Grove*** (rustikal, gute Stimmung, mangelhafte Sauberkeit in der Küche), ***Pascha Strandrestaurant*** (hervorragendes Essen, Seafood-Barbecue, sehr freundliches Personal), ***Chong Fah*** (dem Touristengeschmack angepasstes Thai-Essen), ***Mai's Quiet Zone*** (relaxte Umgebung, tolles Flair, für Leute mit viel Zeit). Gegenüber vom *Amsterdam Resort* bäckt der Deutsche **Michael** gutes Brot und Brötchen, nur frühmorgens geöffnet.

Khuk Khak Beach

Der Sitz der Gemeindeverwaltung Ban Khuk Khak liegt 4 km nördlich von Ban Bang Niang. Einige einfache Läden, die Tankstelle und die Polizeistation sind dort angesiedelt. Am langen, sehr flachen Sandstrand entstanden mehrere weitläufige Bungalowanlagen mit gehobenem Preisniveau.

Übernachtung

Vom H4 geht es am KM 65,5 durch das Dorf Ban Khuk Khak und dann nochmals 1000 m zum feinen, flachen Sandstrand.

Theptharo Lagoon Beach Resort ③, ✆ 420155, 📠 421063, 🖳 www.phuket.com/theptharo; überteuerte Mittelklasseanlage, schöne Thaistil-Doppelbungalows mit Meersicht. Um zum Strand zu

PHUKET UND DIE NÖRDLICHE WESTKÜSTE

gelangen, ist die Lagune auf Brücken zu über-queren.

Coralia Magic Lagoon ①, ✆ 429300, 📠 420030, ausgedehnte Pool-Landschaft, gediegene Luxus-Zi (ab 4500 Baht) in 2-stöckigen Häusern.

Coral Cape (Laem Pakarang)

Vom H4 biegt am KM 68,4 die Straße zum Coral Cape (Laem Pakarang) ab. Nach 3,5 km Fahrt durch Kokosplantagen und Krabbenfarmen erreicht man das kleine Fischerdorf **Ban Pramong** am Meer, das vom Tintenfischfang und Touristennebengewerbe lebt (2 Minimärkte und mehrere Restaurants). Bei Niedrigwasser schaut eine ausgedehnte Korallen-platte heraus. Nach links geht es zum luxuriösen Blue Village Pakarang Resort (1 km). Nach rechts erreicht man nach 1,3 km das **Coral Cape**. Kleine Restaurants und Picknickplätze laden zum Rasten ein – schöne Sicht auf den Bang Sak Beach. Der Sandstrand ist von totem Korallengestein bedeckt.

Übernachtung

Pakarang Beach Cottage, ✆ 412691, 💻 www. khaolakpakarangbeachcottage.com; hübsche, palmblattgedeckte ac-Komfortbungalows im Adobe-Stil, offenes Bad, 2 Balkone (ab 1800 Baht), Restaurant; an der Zufahrtsstraße zum *Blue Village Pakarang Resort.*

Blue Village Pakarang Resort, ✆ 413434-5, First-Class-Anlage für Pauschaltouristen auf riesigem Grundstück, geschmackvolle Häuser und luxu-riöse Suiten, pompöser Pool und tägliche Abend-programme.

Die Umgebung von Khao Lak
Khao Lak-Lamru National Park

Der H4 durchquert am Pass beim KM 56,8 einen Zipfel des Khao Lak–Lamru National Parks, der 1991 eingerichtet wurde. Er umfasst 125 km^2 und besteht aus mehreren, von immergrünem Monsun-regenwald bedeckten Bergketten, die nach Osten auf über 500 m Höhe ansteigen.

Neben einem Schrein, an dem die Busfahrer hu-pen, liegen beim Pass ein Polizeiposten, das Head-quarter des National Parks mit mehreren Bunga-lows (s.o.) und 3 einfache Restaurants. Ein Fußweg führt vom **Laem Hin Chang** zu zwei schönen

Stränden hinunter. Hinter dem Phu Khao Lak Re-sort geht es 1 Std. lang steil bergauf zu einem Aus-sichtspunkt, von dem man bei klarem Wetter die Si-milan Inseln in ca. 80 km Entfernung sehen kann.

Im östlichen Flügel des Parks, jenseits des H4090, liegt 10 km südlich der ruhigen Kleinstadt Kapong der bei Einheimischen beliebte **Lamru-Wasserfall** in einer schönen Landschaft. Der Wald ist reich an Epiphyten (z.B. Orchideen), Farnen, Lianen und Kletterpflanzen (z.B. Rattan). Für sei-ne geringe Fläche leben ungewöhnlich viele Säuge-tiere im Park, vor allem Languren, Makaken, Wild-schweine, Barking Deer und mehrere Arten von Eichhörnchen.

Ton Chong Fah-Wasserfall

Am KM 62,5 des H4 biegt eine Straße nach Osten ab zum Ton Chong Fah-Wasserfall. Nach 100 m hält man sich links und fährt 5,5 km durch Kautschuk-plantagen und Gärten bis zum Eingang des Natio-nal Parks (kaum lohnende 200 Baht Eintritt). Auf einem Erdweg durch schönen Wald erreicht man nach 1 km die 10 m über eine Felswand herabrau-schenden Wasserfall. In einem natürlichen Becken kann man in kaltem Wasser baden, umgeben von hohen Bäumen, umschwirrt von zahlreichen Schmetterlingen und Libellen. Am Ende der Tro-ckenzeit versiegt das Wasser bereits weiter oben.

Auf einem markierten Pfad geht es hoch in den Dschungel, wo drei weitere, bis zu 20 m hohe Fälle zu finden sind. Gutes Schuhwerk ist ratsam.

Bang Sak   บางสัก

Vom H4 zweigt am KM 71,5 ein Weg ab zu aufge-gebenen Zinnminen und zum **Pakwib Beach**. Den feinen, weißen Sandstrand der weit geschwunge-nen Bucht begrenzen Kasuarinen, aus dem Wasser schauen einige Felsbänder heraus. Am Strand ent-lang kann man 4 km weit zum Bang Sak Beach wandern. Nach rechts führt am KM 71,5 eine land-schaftlich schöne Straße nach **Talad Takua Pa**, der alten Stadt (17 km). Der **Sai Rung-Wasserfall** (*Rainbow Waterfall*, 2,5 km) lohnt evtl. für ein Pick-nick.

Am KM 73,4 baute ein Unternehmer von den Malediven das erste 5-Sterne-Resort der Region. Der Bo Hin-Wasserfall (1 km) am KM 75,2 ist kaum einen Abstecher wert.

Zum langen, relativ flachen **Bang Sak Beach** geht es am KM 75,7 ab (14 km vor Takua Pa). Vor Jahren von der Brandung unterspülte, riesige Kasuarinen scheinen auf ihren Wurzeln zu balancieren. Davor hat sich ein neuer, breiter Sandstrand aufgeschwemmt. Unter der Wasserlinie beeinträchtigt grober Korallenschrott den Badespaß. Der Strandabschnitt nördlich vom Bang Sak Resort birgt viel Bruchholz (Verletzungsgefahr). Viele kleine, nette Restaurants am Strand bieten tagsüber Snacks und hervorragendes Seafood an. In der Nebensaison wird außer am Wochenende jedoch nach 18.30 Uhr nichts mehr serviert.

Bei der Police Box am KM 82,5 geht es in 2,4 km zum Diamond Beach Resort, das 400 m vom **Bang Muang Beach** entfernt liegt. Die Asphaltstraße führt durch den schmuddeligen, aber durchaus sehenswerten Fischerhafen **Ban Nam Kaem** zu Strandrestaurants an der Flussmündung. Vom Pier verkehrt bei Bedarf ein Fährboot zur nördlich vorgelagerten Insel **Ko Kho Khao** (10 Baht p.P., Auto 1000 Baht hin und zurück). Die hügelige Insel ist z.T. mit Gras oder Avicennia-Wald bedeckt. Am Nordende der Straße beginnt ein Naturschutzgebiet. Die kleine Nachbarinsel **Ko Pha** mit den 3 Bäumen lohnt einen Besuch wegen des langen Sandstrands, des klaren Wassers und des Korallenriffs mit vielen Fischen. Zwischen November und Februar legen Schildkröten ihre Eier des Nachts in den Sand.

OAWTHONG BEACH – *Oawthong****, ✆ 443094, nette, saubere Bungalows am Strand, freundliches Personal; Lek, der etwas Englisch spricht, kümmert sich um die Anlage und organisiert Touren. Strandrestaurant mit vernünftigen Preisen.

Similana Resort, ✆ 420168, ✆ 420169, 🖥 www.similanaresort.com; am KM 70,2 abbiegen, gepflegte First Class-Anlage in einer üppig grünen Palmenplantage auf einem Hügel; komfortable, geräumige, geschmackvoll eingerichtete Holzbungalows mit Fan und ac, Du/WC, Minibar und Veranda am Hang, ein Hotelblock mit 16 großen ac-Zimmern mit Bad sowie viele fast wie Baumhäuser originell angelegte ac-Bungalows; offe-

nes Restaurant mit hohem Preisniveau; Pool am Strand. Über Veranstalter günstig zu buchen. Der Strand ist gespickt mit Felsen.
Nebenan stehen 3 schöne ***Privathäuser*** aus Holz, ab 2600 Baht/Nacht zu mieten, ✆/✆ 420361.

BANG SAK – *The Royal Coco Palm*, ✆ 592100, zwischen H4 und Strand, schönes Resort für den gut gefüllten Geldbeutel. Exquisit eingerichtete Bungalows mit großem Bad aber ohne Terrasse (ab 12 200 Baht), sowie Bungalows mit Garten und Pool (ab 16 300 Baht).

Bang Sak Lagoon Beach****, ✆ 01-9799517, zwischen einer Lagune und dem Meer, 5 hübsche Bungalows an der Lagune, umsichtig von 3 Frauen geführtes Restaurant mit schöner Meersicht.

Bang Sak Resort***, ✆ 421471, in einer Kokosplantage 60 m vom Meer; 12 ältere, etwas abgewohnte Bungalows in 3 Preisklassen mit Du/WC und kleiner Terrasse, sehr sauber und ruhig; neuere Steinbungalows mit Fan, Terrasse und großer Du/WC, 30 m vom Strand.

Bang Sak Beach Resort, ✆ 446520, 🖥 www.bangsakbeachresort.de; sehr schöne First Class-Anlage mit strohgedeckten ac-Bungalows aus Naturmaterialien, mit Du/WC, Minibar, Telefon und Balkon, einige direkt am Strand. Das Restaurant am Pool serviert westliche und einheimische Gerichte, ein weiteres ist auf Grillgerichte spezialisiert.

BANG MUANG – *Diamond Beach Resort****, 9 Steinbungalows mit Du/WC; simples Restaurant (in der Saison bewirtschaftet); ganzjährig geöffnet.

KO KHO KHAO – *Ko Kho Khao Resort****, ✆ 076-207707, saubere, geschmackvolle Bungalows aus Naturmaterialien, schöne Anlage mit vielen Blumen, Sträuchern und Jungbäumen, guter Sandstrand, angenehme, friedliche Atmosphäre, freundliche Leute, gutes Restaurant, Moped (200 Baht). Ausflug zur Korallensand-Insel Ko Pha 150 Baht p.P.
Mehrere teure Resorts sind im Bau, z.B. 2 km nördlich das Ko Kho Khao Island Resort.

Takua Pa   ตะกั่วป่า

Die Zinnstadt Takua Pa, 134 km nördlich von Phuket, hat eine bewegte Vergangenheit hinter sich. Schon im dritten Jahrhundert v. Chr. kamen zahlreiche Siedler aus Indien an, die sich vor den Kriegszügen von König Ashoka in Sicherheit brachten. In der Umgebung der Stadt wurden Schmuckstücke, Statuetten und Keramik aus jener Zeit entdeckt.

Der größte Schatz der Stadt sind die drei großen indischen Statuen **Pra Narai** (der stehende Hindugott Brahma mit vier Armen, der Schöpfer, der alles Böse in der Stadt zerstört), **Pra Luk** (Laksamana, der Bruder Ramas aus dem Ramayana-Epos, der Helfer aus der Not) und **Nang Srida** (Sita, die Frau Ramas und Helferin aus der Not). Sie sind in einem kleinen Park neben der südlichen Ampelkreuzung aufgestellt.

Takua Pa, die Stadt des Zinns

Im 3.–8. Jahrhundert war die Stadt unter dem Namen **Takola** ein bedeutendes Handelszentrum unter der Oberhoheit von Nakhon Si Thammarat. Neben Indern kamen auch Griechen, Araber, Perser und Chinesen auf ihren Handelsreisen durch die Stadt. Wegen der reichen **Zinnvorkommen** wurde die freie Stadt später Takua Pa genannt (*takua* heißt auf Thai Zinn). Im 13. Jahrhundert wurde die Stadt unter König Ramkhamhaeng dem Reich von Sukhothai einverleibt. Zu Beginn des 17. Jahrhunderts konnte sie wieder ihre Unabhängigkeit erringen, wurde jedoch später von burmesischen Truppen zerstört.

Anfang des 19. Jahrhunderts kamen chinesische Einwanderer und kurbelten den Zinnabbau im gesamten Distrikt an. Im Jahre 1843 wurde aus Ziegeln die einige Meter hohe **Schutzmauer Senanuchit** errichtet, deren Reste heute noch, z. T. von Kletterpflanzen überwuchert, an mehreren Stellen von Talad Takua Pa zu sehen sind. Als Anfang des 20. Jahrhunderts die Geschäfte blühten, wurde Takua Pa zur Provinz erhoben.

Alte Männer erinnern sich noch an einen Zinnminenbesitzer aus Holland, bei dem jeder gern arbeitete, da er seine Arbeiter sehr menschlich behandelte und sie jeden Sonntag ruhen ließ. Als die Gewinne zurückgingen, wurde Takua Pa zur Distrikthauptstadt degradiert und der Provinz Phang Nga einverleibt. Geblieben ist die kosmopolitische Gesinnung seiner Bewohner und ihre Ausländerfreundlichkeit.

Das Zentrum der angenehmen Stadt Takua Pa heißt Yan Yao. Es besteht im wesentlichen aus der kurzen Hauptstraße mit den drei modernen Bankgebäuden, der Post und vielen Geschäften in traditionellen Arkadenhäusern. Die Menschen sind ungewöhnlich freundlich. Jeden Durchreisenden erstaunt die breite Prachtstraße, die nördlich um den Stadtkern führt. Aufgrund der Nähe zum Meer wird es nie zu kalt und nie zu heiß.

An der Mündung des Takua Pa-Flusses liegen spärliche Reste der antiken Ruinen von **Thung Tuk** („Ziegelfeld") auf der Insel Ko Kho Khao. Wie viele ausgegrabene Steine, Münzen, Glas-, Porzellan- und Tonscherben zeigen, siedelten hier vom 3.–8. Jh. indische und chinesische Kaufleute. Im Fluss haben Taucher noch vor kurzem wertvolle Stücke gefunden.

Am Ortseingang nach rechts geht es auf dem H4032 zur 7 km entfernten „Alten Stadt" **Talad Takua Pa** (Talad Kao), einem Städtchen mit einem schönen, aber zunehmend verfallenden, chinesischen Ortskern. Mit ein wenig Fantasie kann man sich durchaus vorstellen, dass dies einst ein wohlhabendes Geschäftszentrum war. Vom Ort aus kann man auf wenig befahrenen Straßen schön durch Obstgärten wandern.

Übernachtung

TAKUA PA (YAN YAO) – In der Neustadt:
Extra***, 46 Sena Rat Rd., ✆ 421026, hinter der Esso-Tankstelle am H4. Schlichtes, 4-stöckiges Hotel für Geschäftsleute, 75 große, etwas schmuddlige Zi mit Du/WC, Fan und Mückengitter, nach hinten ruhig.

TALAD TAKUA PA – In der alten Stadt:
Tan Prasert*–**, 23/1-2 Khankaeo Rd., ✆ 421173, kleines Stadthotel, 50 m neben der Krung Thai Bank, 12 Zi mit Fan.
Phadung**, 36-38 Montri 2 Rd., ✆ 421132, 20 Zi mit Fan, am Eck.
Amarin**–***, 39 Montri 2 Rd., ✆ 421083, 4-stöckiges Gebäude in zentraler Lage, 25 Zi mit Fan oder ac und Du/WC. Am angrenzenden Markt gibt es gutes Essen.

Gut und billig isst man im *Food Market* an der Bus Station.

Bestes *Dim Sum* bereitet morgens das Restaurant links neben der PTT Tankstelle.

Nebenan im Open-Air-Restaurant *Tam Leung* wird exzellentes Thai-Essen zu niedrigsten Preisen aufgetischt; Ruhepause von 14–17 Uhr.

Ein Erlebnis ist der *Nachtessensmarkt* bei der südlichen Ampelkreuzung, ⊕ tgl. 17–21.30 Uhr. Im relativ sauberen, überdachten Markt neben der Bus Station verkaufen freundliche Marktfrauen u.a. viel Obst und Gemüse, in der Saison werden die Preise für Touristen gewaltig angehoben.

Sonstiges

GELD – Die sehr tief gekühlte *Kasikorn Bank* und die *Bangkok Bank* wechseln Geld und geben Bargeld auf Kreditkarte. Beide Banken haben einen Geldautomaten.

GESUNDHEIT – Dr. Seree Pathanapichai in der privaten *Seree Clinic* in Talad Takua Pa (Talad Kao) spricht ein wenig Deutsch. Nach 16.30 Uhr praktiziert er zuhause in Khao Lak.

KAUTSCHUK-BLUMEN – Nur noch selten sieht man Frauen bei der alten Kunst, aus Kautschukfäden filigrane Blumen, Blätter und Schleifen herzustellen.

TELEFON – *Telecom Office* an der Straße nach Talad Takua Pa: ⊕ tgl. 24 Std. Telefonieren nach Europa kostet 47 Baht/Min.

VORWAHL – 076; PLZ: 82 110.

Transport

BUSSE – Die Bus Station Yan Yao von Takua Pa liegt 1 km östlich vom Zentrum am H4 (KM 168,3), ein angenehm luftiger Platz zum Umsteigen. Die aktuellen Abfahrtszeiten und Preise sind auf eine Wand gepinselt. Tuk Tuk-Fahrer verlangen ab 18 Uhr hohe Preise.

Nach BANGKOK (757 km) 2.Kl. ac-Bus 63 10x tgl. von 10.40–20.30 Uhr für 332 Baht, direkter ac-Bus

um 17.30 und 18 Uhr für 427 Baht in 11 Std., VIP-32-Bus von *Nitnai Tour* (von Phang Nga kommend) jeden 2. Tag für 498 Baht, VIP-24-Bus (von Phuket kommend) um 18 Uhr (Reservierungen unter ✆ 076-421686) für 755 Baht.

Nach PHUKET (134 km) non-ac-Bus 436 und 465 zwischen 5 und 17.45 Uhr ca. alle 40 Min. in 3 Std. für 54 Baht (bis KHAO LAK 25 Baht in ca. 50 Min), ac-Bus 465 um 10 und 13 Uhr in 2 1/2 Std. für 100 Baht (bis KHAO LAK 50 Baht).

Nach KRABI (162 km) non-ac-Bus 435 um 9.45, 10.40, 12.40 und 14.30 Uhr für 65 Baht.

Nach PHANG NGA mit kleinen Bussen stündlich ab 6.30 Uhr für 30 Baht.

Nach SURAT THANI (157 km) non-ac-Bus 465 von 6.45–17 Uhr ca. alle 80 Min. für 65 Baht, ac-Bus 465 um 10 und 11.30 Uhr für 100 Baht (zum KHAO SOK für 25 Baht, ac 50 Baht).

Nach RANONG (168 km) non-ac-Bus 430 um 10.30, 13 und 14.30 Uhr für 65 Baht in 3 1/2 Std., über KHURABURI (25 Baht, 45 Min.).

In die Stadt CHUMPHON (289 km) hinein fährt nur der ac-Bus um 11 Uhr für 140 Baht in 5 Std., die übrigen Busse halten nur an der Kreuzung Pathomphon Junction am H4.

BIKER – Nach **Norden** sind es auf dem anspruchsvollen H4 bis zum Bang Baen Beach 133 km. In Khura Buri (55 km) ist ein Zwischenstopp möglich. Von dort empfehlen wir, zur Ostküste hinüber am KM 638,5 den wenig befahrenen H4006 nach Lang Suan (insgesamt 106 km) zu nehmen.

Direkt nach **Osten** führt der auf der ersten Hälfte relativ wenig befahrene H401 durch eine schöne Berglandschaft beim Khao Sok National Park (43 km) nach Surat Thani (157 km).

Nach **Süden** geht es auf dem H4 an den Stränden von Bang Sak (14 km) und Khao Lak (ca. 30 km) vorbei bis Thung Maphrao (50 km), wo der 15 km lange, schöne H4240 nach Osten zum H4090 abbiegt. Darauf erreicht man nach 14,5 km den H4 und nach weiteren 13 km Phang Nga.

Khao Sok National Park
เขาสกแห่งชาติ

4 km hinter Takua Pa zweigt der H401 (KM 145,5) nach rechts ab Richtung Surat Thani (152 km). Die Straße führt zunächst am Rande des weiten Takua

Pa-Tales entlang und schwingt sich anschließend in eleganten Kurven ins Hügelland. Am KM 119,4 geht es ab zum *Elephant Trekking* und zu einem Wasserfall im Regenwald. Jenseits des Passes am KM 113 lädt ein Aussichtspunkt ein, die herrliche Landschaft von überwucherten Kalkfelsen zu bewundern. Beim KM 109,1 führt nach links eine Straße (2 km) zum 646 km² großen Regenwald-National Park (Eintritt 200 Baht, Studenten 100 Baht, 3 Tage gültig). Viele Traveller machen diesen Stopp zwischen den Küsten, denn nur beim Khao Sok können sie so preiswert in angenehmen, romantischen Gästehäusern übernachten, den immergrünen Monsunwald direkt vor der Tür. Der Park ist keineswegs überlaufen – insgesamt besuchen ihn nur wenige tausend Touristen pro Jahr.

Den Naturliebhaber erwarten dichter Dschungel, kleine, eher mittelmäßige Wasserfälle, schöne Wanderwege an Bächen entlang und ein Naturlehrpfad. In den Wäldern des Parks leben auch viele seltene Säugetiere, darunter Elefanten, einige Tiger, Leopard, Asiatischer Schwarzbär, Gaur und Serow, die nur bei mehrtägigen Dschungeltreks angepirscht werden können. Leichter zu sehen sind mit etwas Glück Warane, Gibbons, Wildschweine, Flughörnchen, Eichhörnchen, Otter und Nashornvögel. 6 km lange Wanderwege führen zu 6 Wasserfällen und zur **Tang Nam**-**Schlucht**, in der man herrlich schwimmen kann. Der Wanderweg westlich vom Headquarter am Sok River entlang verläuft die ersten 3 km auf einer Lateritstraße und wird erst jenseits von Bang Hua Raed interessant, daher rechtzeitig losgehen. Am schönsten ist der **Badeplatz** am letzten Wasserfall. Anspruchsvoll ist der 4 km lange Aufstieg vom Headquarter nach Norden am Bang Laen River entlang zum elfstufigen **Sip-et-Chan-Wasserfall**, in dessen Pool man von Mai bis Dezember ebenfalls schwimmen kann.

Vor einigen Jahren wurden innerhalb und außerhalb des Parks die ersten Exemplare der **Rafflesia** (*Rafflesia kerrii meijer,* auf Thai *Buah Poot*) gefunden, einer parasitären Pflanze, die auf den Wurzeln einer Lianenart wächst. Die topfförmige, ziegelrote Blüte hat innen einen gelbroten Blütenstand. Sie gehört mit 60–80 cm Durchmesser zu den größten Einzelblüten auf der Erde. Die Rafflesia kann das ganze Jahr über blühen, benötigt aber 9 Monate, bis die kleine Knolle heranwächst und sich entfaltet. An einigen Stellen ist sie durch zu regen Besuch bereits vernichtet. Wer Interesse an dieser Pflanze hat, kann in den Gästehäusern nach einer Tour fragen (kein fester Preis).

Die schöne **Palme** *Kerridoxia elegans* (auch Langkow-Palme) ist eine weitere Attraktion für Botaniker. Wer gern in einem aufgepumpten Autoschlauch den Fluss hinabtreiben möchte, hat dazu nach der Regenzeit die beste Möglichkeit. Den Dschungel in diesem Park kann man entlang der Hauptwege leicht auf eigene Faust erkunden. Wer es sich nicht allein zutraut, kann einen kundigen Führer aus einer der Gästehäuser anheuern.

Während der feuchten Zeit von Mai bis Dezember lohnt sich der Park nur für Leute, denen die vielen Blutegel (auf Thai *Tahk*) nichts ausmachen oder denen eines der Hausmittelchen hilft, wie z.B. Tabaksaft oder Tiger Balsam. Gegen Zecken (auf Thai *Hep*), die von Januar bis April Warmblütler befallen, hilft es schon, die Hosenbeine in die Socken zu stecken und ein Mücken abweisendes Mittel zu verwenden.

In den Nächten kann es empfindlich kalt werden. Von Juni bis August reifen in der Umgebung die stinkenden, aber leckeren Durian.

Rajjaprabha-Damm

Zum östlichen Teil des National Parks, der per Boot über den Rajjaprabha-Stausee (auch *Chiew Lan Reservoir*) zu erreichen ist, gelangt man vom Dorf Ta Khun am KM 58,2 des auf 12 Spuren verbreiterten H401 (83 km westlich von Surat Thani). An der Abzweigung liegt ein *Hotel**–****, ☎ 077-261192. Wer Glück hat, kann eines der unregelmäßigen Songthaews für 20 Baht p.P. nehmen (da oben keine Songthaews warten, gleich die Rückfahrt ausmachen, ab 70 Baht/2 Pers.), ansonsten ein zeitaufwändiges Abenteuer. Selbstfahrer biegen links ab, erreichen nach 9 km die Schranke und nach 12 km die Dammkrone, die von einem beliebten Park mit dichtem Rasen bedeckt ist und eine tolle Aussicht auf den See und die pittoreske Bergszenerie ermöglicht. Ein Imbiss verkauft Erfrischungen. Man kann ein Longtail-Boot chartern (1700 Baht für 1–10 Pers.) und sich 2 Std. über den See fahren lassen. Die Boote liegen am Damm rechts unten bei den Verkaufsständen, an denen auch riesige Fische angeboten werden. Zum Eingang des Nationalparks und zur Landestelle der Tourboote geht es nach links 4 km weiter Richtung Nordwesten.

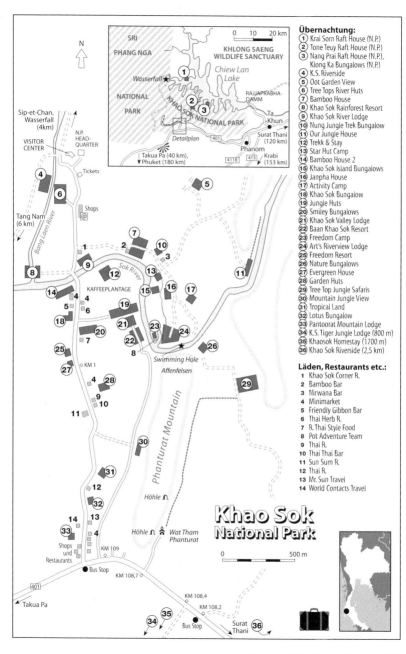

Übernachtung:
1 Krai Sorn Raft House (N.P.)
2 Tone Teuy Raft House (N.P.)
3 Nang Prai Raft House (N.P.), Kiong Ka Bungalows (N.P.)
4 K.S. Riverside
5 Oot Garden View
6 Tree Tops River Huts
7 Bamboo House
8 Khao Sok Rainforest Resort
9 Khao Sok River Lodge
10 Nung Jungle Trek Bungalow
11 Our Jungle House
12 Trekk & Stay
13 Star Hut Camp
14 Bamboo House 2
15 Khao Sok Island Bungalows
16 Janpha House
17 Activity Camp
18 Khao Sok Bungalow
19 Jungle Huts
20 Smiley Bungalows
21 Khao Sok Valley Lodge
22 Baan Khao Sok Resort
23 Freedom Camp
24 Art's Riverview Lodge
25 Freedom Resort
26 Nature Bungalows
27 Evergreen House
28 Garden Huts
29 Tree Top Jungle Safaris
30 Mountain Jungle View
31 Tropical Land
32 Lotus Bungalow
33 Pantoorat Mountain Lodge
34 K.S. Tiger Jungle Lodge (800 m)
35 Khaosok Homestay (1700 m)
36 Khao Sok Riverside (2,5 km)

Läden, Restaurants etc.:
1 Khao Sok Corner R.
2 Bamboo Bar
3 Nirwana Bar
4 Minimarket
5 Friendly Gibbon Bar
6 Thai Herb R.
7 R. Thai Style Food
8 Pot Adventure Team
9 Thai R.
10 Thai Thai Bar
11 Sun Sum R.
12 Thai R.
13 Mr. Sun Travel
14 World Contacts Travel

Waterfalls & Gibbon Calls Jeder Naturfreund, der den Khao Sok kennen lernen will
und einigermaßen Englisch lesen kann, sollte sich die Broschüre von Thom Henley,
*„Waterfalls & Gibbon Calls – Exploring Khao
Sok National Park"*, zulegen (470 Baht). Mit
interessanten Texten, Zeichnungen und Fotos
stellt der kanadische Ökologe den National
Park, seine Flora und Fauna gekonnt vor.
Hobby-Ornithologen finden alle 355 im Park
identifizierten Vogelarten akribisch auf Latei-
nisch und Englisch aufgelistet. Auch die Liste
aller Säugetiere, Reptilien und Amphibien im
Park ist vorhanden.

Der Stausee ist vollkommen von steilen Kalksteinfelsen und dichtem Monsunwald eingefasst.
Nur an wenigen Stellen reicht flacheres, begehbares
Gelände an den See heran. Am bequemsten lässt
sich der Stausee mit den Gästehäusern oder den
Tour-Veranstaltern erkunden. Romantisch übernachten kann man in vier schwimmenden Bungalowanlagen (s. u.).

Höhlen

Im Umkreis von Khao Sok gibt es mehrere Höhlen.
Leicht zu Fuß erreichbar ist die Höhle beim **Wat
Tham Phanturat**, wo häufig eine Horde Affen für
Leben sorgt. Ein ebenerdiger Gang, ca. 60 m beleuchtet, führt hinter dem Zeremonienplatz mit
dem einbalsamierten Gründerabt in den Berg hinein bis zu einem Steilabfall. Über eine Leiter gelangt man in eine untere Etage mit einem See, in
dem man schwimmen kann. Das Wasser soll heilende Kräfte besitzen. Eine obere Etage kann über
126 Stufen erreicht werden. Von dem Höhlensystem
sind 1000 m mit einer guten Taschenlampe relativ
leicht zu erkunden. Das Wat ist zu erreichen vom
H401 beim KM 108,7 oder auf dem Dschungelweg
hinterm Nature Resort.

Nicht weit von den Tone Teuy-Floßhäusern kann
man nur mit Führer 3 km durch Primärdschungel
zur Tropfsteinhöhle **Tham Nam Thalu** wandern
und sie durchqueren. Bei der Durchquerung der
Höhle muss man durch brusttiefes Wasser waten
oder bei hohem Wasserstand 6 m weit schwimmen.
Nur für abenteuerliche, angstfreie Naturen! Feste
Schuhe sind absolut notwendig. Bei aufkommendem
Gewitter mit starken Regenfällen kann die Tour

wegen der schnell zunehmenden Strömung gefährlich werden. Wer dann mit einem unqualifizierten
Guide (z.B. vom Jungle Hut) in der Höhle steckt, ist
in Lebensgefahr. Mit lizenzierten Guides soll noch
kein Unfall vorgekommen sein, sie verlangen ordentliche Ausrüstung und haben gelernt, das Wetter
und die Kondition der Touristen einzuschätzen.

Übernachtung

In einer vorwiegend ebenen, parkartigen Gartenlandschaft liegen die Bungalowanlagen verstreut
in der Nähe des Sok River, direkt außerhalb des
National Parks. Die naturnahen Bungalows stehen
teilweise auf sehr hohen Pfählen; um vor Überschwemmungen sicher zu sein. Im Dschungel
nagt der Zahn der Zeit schneller als anderswo,
deshalb sehen manche nach einigen Jahren
schon etwas schäbig aus, und die Besitzer bauen
neue dazu. Dass man in Bungalows aus Naturmaterialien und dazu noch in Flussnähe mit Ungeziefer rechnen muss, dürfte jedem klar sein. Ein eigenes Moskitonetz ist empfehlenswert, da die vorhandenen oft löchrig sind. Fast alle Anlagen
(Ausnahmen werden erwähnt), sind an öffentlichen Strom angeschlossen, aber häufig herrscht
Stromausfall, deshalb Taschenlampe nicht vergessen. Nachts ist es im Dschungel stickig-feucht,
aber wesentlich kühler als an der Küste. Alle Anlagen haben ein einfaches, offenes Restaurant mit
Speisekarte, bieten mehr oder weniger aufdringlich Ausflüge im Park und zum Stausee an und geben detaillierte Informationen für eigene Aktivitäten. Neue Gäste werden am Bus Stopp abgepasst,
so dass der Transfer auch zu den entlegeneren
Bungalows keine Probleme bereitet.

AN DER HAUPTSTRASSE ZUM PARK – *Pantoo-
rat Mountain Lodge****** ③③, 100 m vom H401,
4 Steinbungalows, einfach eingerichtet, Beton-
boden, Balkon; unter Leitung von Toy und seiner
englischen Frau Sue.
Lotus Bungalow** ③②, ✆ 395012, 200 m vom
H401, 10 einfache Hütten mit Du/WC, unter Aufsicht einer lieben, nicht gerade fähigen Mama.
Vom Wäsche-Service ist abzuraten.
Tropical Land*** ③①, geräumige Bambusbungalows und Baumhäuser mit gutem Bad ruhig mitten im Wald gelegen.

Garden Huts** 28, ℡ 395004, luftige Mattenbungalows in nettem Garten mit kleinem Teich, 60 m von der Hauptstraße, ruhig, jedes Jahr neues Personal.

Evergreen House** 27, neu, freundliche, hilfsbereite Leitung, kostenlos Fahrräder.

Freedom Resort –*** 25, betagte, schäbige Bambushütten und bessere Holzbungalows, Balkon und Hängematte. Leser raten von den unverantwortlich durchgeführten Touren ab. Das Resort hat nichts mit dem *Freedom Camp* zu tun.

Smiley Bungalows–*** 20, Bungalows in disponierter Lage mit schöner Sicht.

Jungle Huts*–* 19, ℡ 395017, hier bekommt man genau das, wofür man bezahlt: billigste Betten (auch in der Personalhütte), löchrige Moskitonetze, eine ungepflegte Anlage, stundenlang kein Essen, Durchfall, unqualifizierte Tourguides. Gästen wird mit falschen Informationen das Geld aus der Tasche gezogen. Viele Leser schrieben sehr kritische Briefe. Wer den Minibus von Surat Thani oder Krabi nach Khao Sok nimmt, landet automatisch hier.

Bamboo House 2*–**** 14, ℡ 395013, links vor der Brücke, schöne Bungalows direkt am Fluss, mit Moskitogittern vor den Fenstern, und billigere dahinter; Restaurant mit leckerem, originalen Thai-Essen; geleitet von der erfahrenen Mama. Wenn Mama nicht da ist, liegt manches im Argen. Leser berichten, dass dieses Gästehaus das einzige war, das sie freundlich aufnahm, nachdem sie eine Tour hinter sich hatten.

Khao Sok Rainforest Resort*–**** 8, ℡ 395006, ✉ KhaoSokRainforest@yahoo.com, Bungalows verschiedener Bauart und Ausstattung, manche älter, idyllisch gelegen im Primärdschungel am Hang über dem Fluss; beste Sicht vom *Honey Bear*; schönes Restaurant mit offener Terrasse. Der freundliche Manager Mr. You gibt gute Informationen über den Regenwald. Preise je nach Auslastung.

Khao Sok River Lodge** 9, ℡ 395023, geräumige, komfortable Bungalows mit Hotelstandard, hoch über dem Fluss, mit Laufstegen verbunden, bestes Zi mit Flussbalkon Nr.14; unter Management von *Phuket Trekking Club*. Wenn keine Pauschaltouristen anwesend sind, eine gute Wahl für den gehobenen Anspruch, wenn der Service etwas besser wäre.

Tree Tops River Huts–**** 6, ℡ 395129, verschiedenartige Bungalows, hoch in den Bäumen oder auf der Wiese, zwischen einfach, baufällig und komfortabel; freundliche Leute. Die Besitzer wechseln Geld und Travellers Cheques, jedoch zu schlechtem Kurs.

Khao Sok Riverside–*** 4, neue Anlage, 5 Bambusbungalows, ein Haus, Restaurant, Touren.

FLUSSABWÄRTS AM LINKEN FLUSSUFER –

Bamboo House 1–*** 7, ℡ 395014, 01-7877484, Obstwiese mit schönen Bäumen und Büschen, 20 verschiedene Bungalows; nette Hütten im Garten, abenteuerliche Baumhäuser am gestauten Fluss, neuere Steinbungalows für Familien; davor ist Schwimmen im Fluss möglich; geleitet vom freundlichen Sao, der die längste Erfahrung im Touristenbusiness von Khao Sok hat, und seiner eher schüchternen Frau. Tour-Info-Kiosk, Ticket-Verkauf, hervorragende Touren.

Nung House*–* 10, ℡ 395024, einfache Hütten, Steinbungalows und Baumhäuser auf Gartengrundstück.

Janpha House* 16, 11 Bungalows aus Bambusmatten auf hohen Pfählen, hübsches Restaurant im Obstgarten.

Activity Camp 17, schöne Anlage, 4 einfache Bungalows nahe am Sok River, gemauerte Du/WC 15 m entfernt, Restaurant, Touren unter dem Motto „mehr verstehen, mehr erleben".

**Freedom Camp* 23, ℡ 01-8954297, auf einer Insel im Sok River, über eine tolle Hängebrücke erreichbar, uriger Zeltplatz (100 Baht pro Zelt), 2 Baumhäuser für Tour-Teilnehmer, im einfachen Restaurant wird auf Wunsch *Jungle Food* in Bambusgeschirr gekocht. Ein in Thailand einzigartiges Erlebnis für anspruchslose, abenteuerlustige, junge Leute, die etwas für Pfadfinderromantik übrig haben. In der Regenzeit hochwassergefährdet. Das *Pot Adventure Team* bietet abenteuerliche Touren in die Umgebung an (s.S. 579).

Art's Riverview Jungle Lodge*–**** (und teurer) 24, ℡ 06-2822677, diese Anlage können wir nicht objektiv beschreiben, da wir es Art nicht verzeihen, dass er einen der schönsten Naturplätze in Thailand außerhalb der National Parks mit Badeplatz im Fluss, Affenfelsen und vielen Naturgeräuschen nun mit einem Restaurant beglückt hat. Zweistöckiges Backsteinhaus am Fluss mit 6 total überteuerten Zimmern ohne Glasfenster, eng aufeinanderstehende, muffige Bungalows mit viel Ungeziefer, einzelne alte Baumhäuser.

Nature Resort**–**** ㉖, Bungalows und Baumhäuser, davon ein Familienhaus, etwas abenteuerlich über einen Bambussteg zu erreichen, ein echtes Naturerlebnis. Tee und Aer bemühen sich um ihre Gäste und kochen auf Wunsch Reis in Bambus. Reservierungen unter ☎ 076-424201.

Our Jungle House*** ⑪, ☎ 09-9096814, weit weg von allem, einzelne Bungalows und 3 Baumhäuser mit Moskitonetz liegen verstreut im Dschungel, am Fluss oder auf der Flusswiese; kein elektrischer Strom. Gehört zu *Lost Horizons*, das fast jedes Jahr die Leitung auswechselt, wodurch sich der Service und die Atmosphäre ändern.

AM PANTOORAT MOUNTAIN – *Mountain Jungle View*** ㉓, ☎ 077-299088, einfache, etwas modrige Bungalows am Fuße der Felsen, neuere im Bau. Besonders aggressiv im Abwerben bereits woanders gebuchter Gäste.

Baan Khao Sok Resort*** ㉒, ☎ 01-0881874, 8 Bungalows entlang des Weges, Moskitonetz, Bambusdusche, wirkt etwas modrig; Restaurant nah am Fluss; unter freundlicher Leitung von Nui.

Khao Sok Valley Lodge** ㉑, ☎ 06-2839933, 5 Bungalows aus Bambus und Stein im Garten, 1200 m vom H401.

Tree Top Jungle Safaris ㉙, Reisegruppen übernachten in den 6–9 m hohen Baumhäusern in dichtem Wald unter einer Felswand. Buchung bei *Wiang Travel*, ☎ 076-330480.

WEITER NACH OSTEN – *Khao Sok Tiger Jungle Lodge*** ㉞, am KM 108,4 nach Süden abbiegen (800 m). 3 Bungalows an einem kleinen Stausee, Restaurant mit schöner Sicht auf Felsen.

Khaosok Homestay Resort**–**** ㉟, ☎ 09-2018994, ✉ khaosok_homestay@hotmail. com, 🖳 www.welcome.to/khaosok; am KM 108,4 nach Süden abbiegen (1,7 km). Sehr schöne Anlage an einem Seerosenteich, 6 Bungalows mit und ohne Du/WC; Restaurant, tgl. frisches Brot. Jeden Abend Live-Musik mit Musikern aus aller Welt (auch die bekannte *Monkey Diving Band*). Ein toller Platz zum Relaxen.

Khao Sok Riverside Cottages**** ㊱, ☎ 395027, ✉ riverside@khao-sok.com, am KM 106,8 nach Norden abbiegen (2,5 km). 15 große, gut eingerichtete Bungalows mit Glasfenster und Moskitonetz im gezähmten Dschungelgarten, wunderschönes Restaurant direkt am Khao Sok River, Zelten gegen geringe Gebühr auf Flusswiese, bemühter, perfekt Englisch sprechender Manager.

NATIONAL PARK BUNGALOWS AUF DEM STAUSEE – Alle Floßhäuser liegen in einer grandiosen, traumhaft ruhigen Landschaft inmitten üppiger Natur. Die Preise sind in allen identisch: Vollpension 500 bzw. 750 Baht p.P.

Krai Sorn Raft House*** ①, am offenen See; 8 luftige Bambushüttchen und eine Gruppenunterkunft, Toiletten am Land, wacklige Stege; gutes Restaurant; National Park-Büro und Unterkünfte der Angestellten an Land; links hinten in einem Seitenarm lohnt ein Wasserfall.

Tone Teuy Raft House*** ②, in einem flachen Seitenarm mit warmem Wasser; 7 extrem einfache, luftige, schwankende Bambushüttchen, Toiletten am Ufer, über wacklige Stege erreichbar; sehr gutes Restaurant. Am Spätnachmittag kommen häufig Affen an die Uferhänge zum Fressen.

Nang Prai Raft House**** ③, schwimmende Bungalows für über 50 Pers. in einem 300 m tiefen Seitenarm mit kühlem Wasser; große Holzhäuser auf stabilen Flößen, jeweils mit 3 ordentlichen Zimmern und einem WC, sowie primitive Bambushüttchen; Restaurant mit exzellenten Fischgerichten am Abend; kipplige Paddelboote zu mieten (250 Baht/Tag).

Klong Ka Bungalows**** ③, neue Anlage nahebei am Ende des Seitenarms, 4 schwimmende Bungalows, 10 schöne Bungalows jeweils für 8 Pers., am steilen Hang mit toller Sicht von den Terrassen, 2x Du/WC im Haus, Restaurant.

Essen

Alle Unterkünfte führen ein Restaurant, viele werben mit Barbeque (um 100 Baht).
Im *Thai Style Food Restaurant* an der Straße wird hervorragend und absolut original gekocht, Kräuter werden nach der Bestellung frisch aus dem Garten geholt, die Schärfe ist genau richtig, aber für viele Touristen zu viel; ⊙ 7.30–23.30 Uhr.

Weitere Restaurants liegen an der Hauptstraße, besonders billig sind die beiden nahe am H401. Die *Bamboo Bar* bietet einen gemütlichen Grillabend mit Lagerfeuer am Fluss: Kochen in Bambus, gemischtes Barbeque, Fruchtsalat und Salat für 120 Baht, ⊙ 20–22 Uhr.

Aktivitäten

DSCHUNGELTREKKING – Geführte **Wanderungen** im und außerhalb des National Parks, 1 Tag bei 2 Pers. ca. 400 Baht p.P. Die 2-stündige *Night Safari* kostet 300 Baht p.P., die 4-stündige 500 Baht. Empfohlen wurden die **Abenteuertouren** des *Pot Adventure Team* mit den Guides Sak und Bon: *Jungle Tour* (2 Tage / 1 Nacht) für 1900 Baht p.P. inkl. Essen und Campen (Hängematten) im Dschungel, 2200 Baht am See. Nur einmal pro Jahr wird eine lange Tour von 7–10 Tagen durchgeführt. Highlights sind das Dschungelerlebnis, Vögel, einige wilde Tiere und das Kochen von Reis in Bambus. Preis aushandeln und schriftlich bestätigen lassen.

Auch die Touren von *Bamboo House 1* (mit den Guides Gang und Kiam, Anfahrt mit Minibus) und die botanischen Wanderungen des *Activity Camp* wurden gelobt.

Andere Tourunternehmer bieten Ähnliches zu z.T. niedrigeren Preisen an. In der Qualität gibt es aber himmelweite Unterschiede, so geht z.B. so mancher Führer mit bis zu 16 Touristen los!

ELEFANTENREITEN – 3 Elefantencamps haben sich in der Nähe von Khao Sok niedergelassen. Alle Gästehäuser und Tourunternehmen vermitteln einen Elefantenritt außerhalb des Parks, z.B. zum Wasserfall in 2 Std. für 800 Baht p.P. (2 Pers.).

HÖHLENTOUR – mit Guide und Transport außerhalb des Parks für 400 Baht p.P.

KANUFAHREN – In großen, aufblasbaren Kanus können sich 2–3 Personen den Sok River hinunterpaddeln lassen. Bei hohem Wasserstand wird bei der Brücke an der Hauptstraße eingesetzt, bei niedrigem einige Kilometer weiter unterhalb am H401. Unterwegs sieht man schöne Flusslandschaft, wenn man Glück hat Schlangen, Affen, seltene Blüten oder Früchte. Abho-

lung und Rücktransport mit Auto, 2-stünd. Tour 600 Baht p.P., zu buchen bei allen Gästehäusern und Tourunternehmern.

MASSAGEN – Nach anstrengenden Aktivitäten entspannt eine Massage für 200 Baht pro Std.

NACHTLEBEN – die meisten Touristen genießen, auf ihrem Balkon sitzend, die nächtlichen Dschungelgeräusche. Wer Reggae-Musik mag, kann sich in der *Nirvana Bar* (beim *Nung House*) volldröhnen lassen.

SCHWIMMEN – kann man sehr schön im *Swimming Hole*, einem natürlichen Becken im Sok River, in dem allerdings einige glatte Felsen bis knapp unter die Wasseroberfläche hochragen. An den Felsen dahinter turnt manchmal nach der Mittagszeit eine Horde **Affen** in der Vegetation herum, für eine Banane stürzen sich einige sogar mit Kopfsprung ins Wasser. Die vielen kleinen Fische kann man mit etwas Toastbrot füttern.

STAUSEE-TOUREN – In fast allen Gästehäusern wird die *Lake Tour* angeboten, 1 Tag inkl. Lunch für 1200 Baht p.P., 2 Tage 2200 Baht, 3 Tage 3500 Baht. (Preise jeweils bei 4 Pers.; sollte die Tour wesentlich billiger angeboten werden, den Preis schriftlich bestätigen lassen). Man wird mit Pickup oder Minibus zum Rajjaprabha-Damm gefahren (90 Min.), mit dem Longtailboot geht's zu den schwimmenden Bungalows zum Mittagessen (90 Min.), anschließend folgt eine Wanderung durch Primärdschungel (1 Std.) mit Höhlendurchquerung (1 Std.), Rückfahrt mit Boot und Auto. Bei Mehrtagestouren wird das Programm erweitert: man kann durch Sekundärdschungel in 3–4 Std. zum See wandern, macht abendliche und morgendliche Pirschtouren am Ufer, um Affen und Hornbills zu sehen, fährt Kanu, badet im See oder besteigt einen Aussichtsberg (90 Min.). Übernachtet wird in den schwimmenden Bungalows.

TUBING – Es ist eine Gaudi, sich 2 Std. in aufgepumpten Autoschläuchen den Fluss hinab treiben zu lassen, 300 Baht. Dabei kann man mit ziemlicher Sicherheit Schlangen sehen. Wegen der Stromschnellen ist es ratsam, bei der ersten Fahrt einen Guide zu nehmen.

PHUKET UND DIE NÖRDLICHE WESTKÜSTE

WANDERN – Nachdem man an der Schranke seinen Eintritt bezahlt hat, erhält man evtl. für 5 Baht im Visitor Center das informative Faltblatt *Trails in Khao Sok National Park*, in dem die gut markierten, aber nicht korrekt kilometrierten Wanderwege beschrieben sind. Man kann sie auch ohne Faltblatt leicht selbständig gehen. Für glitschige Flussdurchquerungen sind Wasserschuhe ratsam. Getränke und Verpflegung mitnehmen.

Sonstiges

EINKAUFEN – mindestens 5 Minimärkte entlang der Hauptstraße.

GUIDES – Alle 67 Führer haben einen Kurs der TAT absolviert und eine Lizenz. Da nur 15 als Tourguides arbeiten, ist offensichtlich, dass einige Veranstalter billigere Guides ohne Lizenz einsetzen. Fast alle Touristen sind mit den lizenzierten Guides zufrieden.

INFORMATIONEN – Im *Visitor Center* informieren in Thai und Englisch beschriftete Grafiken und Fotos kostenlos über den Park, ① 8–16.30 Uhr. Sehr informativ ist die Broschüre von Thom Henley, *„Waterfalls & Gibbon Calls – Exploring Khao Sok National Park"* (470 Baht, erhältlich in den Minimärkten).
Das **Khao Sok Tourist Center** vor den *Smiley Bungalows* ist ein kommerzielles Unternehmen.

INTERNET – mindestens 4 Shops (2 Baht/Min.).

MOPEDS – vermieten die Minimärkte **Bamboo 2** und **Jungle Huts** für 200 Baht/Tag.

TOUREN – Einige Reiseunternehmen aus Krabi, Phuket und Ko Samui bieten relativ teure, mehrtägige Touren zum Khao Sok an. Übernachtet wird auf dem See oder in privaten Bungalows am Fluss.
3 Tage / 2 Nächte mit **Khao Sok Tours**, ✆ 077-230951, ab Ko Samui für 3500 Baht (inkl. Transport, Unterkunft und Verpflegung). 3- und 4-Tage-Touren ab Krabi mit **Thai Nature Tours**, ✆ 075-612914.
Eine typische Tagestour offeriert im Schnelldurchgang Elefantenreiten, heiße Quellen, eine Tropfsteinhöhle, einen Wasserfall und einen Tempel.
Am Rajjaprabha Damm bietet der National Park eine 2-tägige Tour mit Rangern an; im Headquarter buchen.

Transport

Die Pickups der meisten Gästehäuser warten an der Straße auf die Busse und werben neue Gäste an. Sie bringen ihre Gäste auch rechtzeitig zu den Bussen in beide Richtungen zurück.
Nach SURAT THANI non-ac-Busse von 8–18 Uhr ca. alle 60–75 Min. für 50 Baht in 3 Std. über PHUNPIN (45 Baht in gut 2 Std.), ac-Bus für 100 Baht um 11 und 12.45 Uhr.
Nach TAKUA PA non-ac-Bus von 8.30–17.20 Uhr ca. alle 60–75 Min. für 25 Baht in 1 Std., ac-Bus um 9 und 12 Uhr für 50 Baht.
Die privaten Busse von *Songserm* und *Phantip* zwischen Surat Thani und Phuket fahren nicht auf dieser Route.
Von SURAT THANI kostet Taxi- oder Tuk Tuk-Charter 700–800 Baht (oft sogar 1500 Baht), von TAKUA PA ein gechartertes Pickup 300 Baht.
Von KRABI mit dem Ranong-Bus bis Takua Pa, von dort mit dem Surat Thani-Bus 40 km zum Park, 30 Baht.
Über Takua Pa geht es stündlich weiter nach KHAO LAK für 25 Baht und PHANG NGA für 30 Baht.
Ein Minibus fährt um 8.30 Uhr nach HAT YAI (420 Baht), KRABI (220 Baht), TRANG 400 Baht und SATUN 500 Baht, um 9 Uhr nach SURAT THANI (170 Baht) mit Anschluss nach KO SAMUI (300 Baht), KO PHA NGAN (450 Baht) und KO TAO (650 Baht), um 13.30 Uhr mit Anschluss zum Flug (18 Uhr), Zug (18.30 Uhr, 898 Baht) und Bus (19 Uhr, 500 Baht) nach Bangkok.

Von Takua Pa nach Khura Buri

An der Straßengabelung am KM 165,3 beginnt die Kilometrierung Richtung Ranong mit KM 776,8 (die alte Entfernung von Bangkok). Am KM 756 zweigt eine Straße nach rechts ab zum 246 km^2 großen **Sri Phang Nga National Park**. Nach 4,7 km kommt die Schranke, 1 km weiter ein Parkplatz mitten im Dschungel: überdachte Picknicktische,

Salas, ein Toilettenhaus unter riesigen Bäumen und ein Flussbecken mit tausenden von heiligen Fischen. Ein guter Pfad führt in 500 m zum **Tam Nang-Wasserfall**, der aus einer Rinne mit mehreren Stufen in einen schönen Pool mit klarem Wasser 20 m herabstürzt – hervorragend zum Schwimmen geeignet. In der Regenzeit rauschen jedoch gewaltige Wassermassen herunter. Die 200 Baht Eintritt ist dieser National Park kaum wert.

Die Landschaft am H4 wird nun immer schöner: dschungelbedeckte Berge in unendlich vielen Grüntönen, selbst die sonst so stumpf wirkenden Gummibäume leuchten hier in tropischem Grün. Die Täler werden für die Landwirtschaft und für Krabbenfarmen genutzt. Einige völlig neue Beton-Ortschaften wurden entlang der Straße hingesetzt.

Am KM 747 zweigt eine Straße (17 km) ab zum Hafen für den Transfer zu den vorgelagerten Inseln Surin, Similan, Pow Morgan, Ko Ta Chai, Sud Kob Fah, Ko Phra Thong, Ko Ra und Ko Nok. Auf der Insel **Ko Phra Thong** liegen an einem 7 km langen Strand 2 Bungalowanlagen. Hier werden drei Arten von Meeresschildkröten (Suppenschildkröte, Bastardschildkröte und die seltene Lederschildkröte) erforscht, die vor allem zwischen Dezember und März ihre Eier ablegen.

In der Distrikthauptstadt **Khura Buri** (KM 727) werden im Zentrum am H4 in der Bus Station neben *Benjamins Seafood Restaurant* Bustickets nach Bangkok, Richtung Ranong und Phuket verkauft. Das *Tourist Information Center* daneben (✆ 076-491053) macht einen verlassenen Eindruck.

Beim Dorf Hin Lad (KM 720,8) biegt man nach Westen 2 km zum schmuddeligen Hafen mit dem wichtigen Fischmarkt ab (Motorradtaxi von der Stadt 40 Baht, von der Abzweigung 10-20 Baht). Am Wasser steht ein Büro des Mu Ko Surin National Parks. *Kurabuvi Greenview Travel* fährt von hier tgl. von 9–16.30 Uhr mit einem großen Speedboot zu den Surin Islands und anderen Inseln (2200 Baht p.P.).

KO PHRA THONG – *Golden Buddha Beach*****, ✆ 02-2791915, 🖳 www.losthorizonsasia.com/gbtxt.html; schöne, relativ teure Bungalows, ausgezeichnetes Essen. Man kann gut schwimmen, aber nicht gut schnorcheln. Selbst die rührige

Managerin kann den schlechten Service nicht verbessern.

Krathom Moken, am Nordende der Insel, 20 Bungalows im Stil der Moken (Seenomaden), ab 1600 Baht) mit Bambusmöbeln etc., Bad mit Meersicht, offenes Restaurant am Strand, Essen 700 Baht pro Tag p.P. Gutes Schnorcheln. Anreise per Longtailboot.

KHURA BURI – *Greenview Resort*, ✆ 076-421360, 🖳 www.losthorizonsasia.com/greenview.html; am KM 739 in einer Kurve, 25 komfortable ac-Bungalows aus Holz am Hang über einem Stausee mit störendem Straßenlärm. Gepflegtes Restaurant, Pool.

Tararin River Hut**–***, ✆ 491789, im Ort vor der Brücke rechts, 10 liebevoll dekorierte Hütten mit Palmblattdach, drei davon mit Balkon über dem Fluss, unter Leitung von Mama Aporn, Restaurant.

Pikun Guesthouse**–*** (Schild: *FOR RENT ROOM*), ✆ 491449, im Ort.

Surin Islands   หมู่เกาะสุรินทร์

Die Inselgruppe, ca. 60 km vor Khura Buri, besteht vor allem aus zwei großen Inseln, der nördlichen **Ko Surin Nua** und der südlichen **Ko Surin Tai**, die von ca. 240 Seenomaden (*Moken*) polynesischen Ursprungs bewohnt ist. Die mit hohem, dichtem Wald überzogenen Inseln besitzen wunderschöne Sandstrände. Deutsche Sandsammler fanden hier „den weißesten Sand der Erde". Sandfliegen sind noch nicht gesichtet worden. Die Inselgruppe wurde 1981 zum Marine National Park erklärt. Auf einem schönen Pfad von 2 km kann man in 90 Min. durch herrlichen Dschungel zur gegenüberliegenden und einer weiteren Bucht wandern.

Fantastische, vielfältige Korallenriffe laden zum Schnorcheln und Tauchen ein. Die Sicht erreicht nur selten über 20 m. Die Anzahl der Fische ist nicht überwältigend, doch Schwarzspitzenhaie, Schildkröten und Seeschlangen sieht man häufig. Bisher waren die Inseln nur am Wochenende das Ziel von bis zu 300 einheimischen Touristen, was sich aber ändern könnte. Ein **Unterwasserpfad** vor einer kleinen Insel, 15 Min. vor Ko Surin, soll auch unerfahrenen Schnorchlern und Tauchern Einblick in die Welt der Korallenriffe ermöglichen. Dieser

Ko Surin National Park

0 1 2 3 km

N ↑

KO REE

KO SURIN NUA

KO GLANG

KO SURIN TAI

KO HIN PIJA

KO KUI

KO CHI

- gute bis sehr gute Schnorchelplätze
- --- Dschungelpfad
- ⌂ Bungalowcamp
- ● Seezigeuner (Chao Le)

Die Verpflegung im Restaurant ist nicht besonders gut und relativ teuer. Das Frühstück ist gewöhnungsbedürftig. Feste Essenszeiten: 7–9 (80 Baht), 12–13.30 (140 Baht) und 17–21 Uhr (180 Baht). Wer an einem Tag nicht essen möchte, muss sich vorher abmelden. Im Kiosk gibt es Kekse, Batterien, Cola, Mekhong, etc. Es ist ratsam, Obst selbst mitzubringen.

Sonstiges

FESTE – Um Vollmond im März halten die Moken (Seenomaden) wichtige Zeremonien zur Ahnenverehrung ab. Während dieser Zeit ist Ko Surin Tai zumeist nicht zugänglich. Auch Songkran wird von den Moken ausgiebig gefeiert.

FLECHTARBEITEN – Im Dorf der Seenomaden auf Ko Surin Tai gibt es schöne Flechtarbeiten zu kaufen.

REISEZEIT – Beste Zeit ist Dezember bis Ende April. Im März und April wird es jedoch heiß: im Durchschnitt bis 34 °C. Wer Trubel scheut, sollte die Thai-Ferien im März und April meiden. Von Mai bis Mitte November peitscht der Südwestmonsun das Wasser auf.

SCHNORCHELN – Im 80 m breiten Kanal zwischen den Inseln kann man zwar auch schön schnorcheln, aber es gibt bessere Reviere, u.a. die weite Bucht südlich des Park Headquarters. Bei der sehr empfehlenswerten Schnorchel-Tagestour für 100 Baht p.P. werden 5 Stopps eingelegt. Ansonsten kann man zu mehreren ein Boot mieten (1500 Baht pro Tag). Schnorchelausrüstung und Schwimmwesten gibt es für 80 Baht zu mieten.

TAUCHEN – Mehrere Tauchbasen auf Phuket (s.S. 527 ff) und in Khao Lak (s.S. 562) bieten im Rahmen ihrer 4- bis 7-tägigen Similan-Törns auch einen Tauchausflug nach Ko Surin an. Das beste Tauchrevier liegt 15 km südöstlich von Surin beim Richelieu Rock, der mehrere lohnende Tauchgänge und hervorragende Sichtverhältnisse in einer Tauchtiefe von 6–30 m bietet. Auch Walhaie werden hier gelegentlich gesichtet.

100 m lange Botanische Unterwassergarten ist in 8 markierte Zonen unterteilt, in denen man garantiert (abgestorbene) Korallen mit Anemonenfischen, Meeresschildkröten und sogar Haie sehen kann. Eine Broschüre informiert über die Highlights.

Übernachtung

Auf der Nordinsel Ko Surin Nua ist das Park Headquarter am Ao Mae Yai im Südwesten stationiert. Die Leute sind freundlich. Das Camp macht einen sehr gepflegten Eindruck. Das Wasser kommt in einer Plastik-Pipeline von der Nachbarinsel. Es gibt 4 Bungalows (1200 Baht) mit Platz für 6–8 Pers., WC drinnen, sowie 8 Langhäuser aus Holz, in dem ein Zi 3–4 Schlafplätze (400 Baht) bietet, Du/WC dahinter. Achtung: Vor Ort sind sie kaum zu buchen! Strom gibt es von 18–22 Uhr. Moskitonetz mitbringen! Ein Vierer-Zelt kostet 300 Baht. Die Gebühr fürs eigene Zelt beträgt 40 Baht. Warnung an Ruhesuchende: Thais stehen gewöhnlich lautstark um 5 Uhr auf!

Beim Hafen von Khura Buri (s.o.) steht ein Büro des Mu Ko Surin National Parks, ℡ 076-491378. Die freundlichen Angestellten sprechen kaum Englisch. Informationen hängen aus. Ein Boot fährt täglich um 9 Uhr für 1200 Baht hin und um 10 Uhr zurück, Fahrtdauer 4 Std.

Vom Camp zum Seenomadendorf auf Ko Surin Tai mit dem Moken-Boot (20 Baht).

Laem Son National Park
วนอุทยานแหลมสน

Am KM 712,8 zweigt eine Betonstraße zum **Ao Koei Beach** ab (2,7 km). Der ca. 3 km lange Strand besteht aus festem, grauem Sand, der bei Ebbe einsame Strandwanderungen ermöglicht. In der Ferne ragen 9 Inseln aus dem Meer auf. Eine Bootsrampe aus Beton erlaubt das Einsetzen von größeren Booten. Am KM 711,1 weist ein Schild zum **Suan Mai Wasserfall**. 5 km weiter beginnt die Provinz Ranong, die als die regenreichste des Landes gilt.

Zum **Prapad Beach** biegt am KM 702 eine Straße ab, die durch dschungelbedeckte Hügel, Gummiplantagen und Krabbenfarmen zum Headquarter Nr. 2 des **Laem Son National Parks** führt (3 km). Er zieht sich über 50 km an der Küste entlang und schließt in über 300 km² Fläche fast nur Strand, Mangrovenwald, Meer und ein gutes Dutzend Inseln ein. Feiner, grauer Sand bedeckt den 2 km langen Strand am Headquarter, außerdem viel Strandgut, Holz und Blätter – alles wirkt natürlich und angenehm ungepflegt. In der Ferne sind einige Inseln zu erkennen. In einem parkähnlichen Gelände machen Thais unter schattigen Laubbäumen und einer Reihe Kasuarinen gern ein Picknick – beäugt von Büffeln und Milchkühen. Am nördlichen Ende liegt ein Fischerdorf an einer Lagune. Für die 200 Baht Eintritt bekommt man eigentlich nichts geboten.

Beim KM 691 zweigt nach links die Ban Thalee Nok Road ab, die in 7 km zur Naga Beach Lagune führt (Motorradtaxi ca. 20 Baht). Für 60 Baht kommt man per Boot durch Mangroven zum *Manee Naga Beach Resort****. Unter Kasuarinen stehen an der Nordspitze der Insel hübsche Steinhäuser und das Restaurant. Weitere Informationen im *Tanatwan Palace* in Ranong.

Zum **Khlong Na Kha Wildlife Sanctuary** geht es am KM 685,9 nach rechts ab. Durch schönen Dschungel führt ein Weg zu einem kleinen Wasserfall (500 m). Die Passhöhe ist beim KM 673,5 erreicht. Selbst in der Trockenzeit ist der Dschungel hier unglaublich grün. Zum **Khao Phra Narain Wasserfall** zweigt in Kapoe eine Straße am KM 664,4 ab.

Beim KM 657,4 biegt man beim Dorf Sam Nak nach Westen zum **Bang Baen Beach** ab. Wer mit dem Bus kommt, steigt hier aus und wartet auf ein Pickup. Die 10 km lange Straße führt über mehrere Brücken durch Mangrovensümpfe zum Laem Son National Park. Hinter der Schranke (Eintritt 200 Baht) erstreckt sich ein parkähnlicher, lichter Kasuarinen-Hain, der 2 km lang und bis zu 100 m breit ist, davor ein breiter Strand mit feinem Sand. Eine vorgelagerte Sandbank bricht die Wellen, so dass das warme Wasser an den markierten Stellen sicher zum Baden ist. Die Strömung zwischen Strand und Inseln ist gefährlich.

Im Südwesten sieht man die Inseln Ko Kam Noi, Ko Kam Yai, Ko Khao Khwai und Ko Lu Kam Tok, die mit einem Longtail-Boot in zwei Stunden erreicht werden können (mit Speedboot 1 Std.). Die National Park-Verwaltung ist dabei behilflich, ein Fischerboot für einen Tagesausflug zu finden (ca. 800 Baht pro Tag). Rings um die Inseln gibt es einige mickrige Korallenriffe. Wer Natur pur und Einsamkeit liebt, ist an diesem Strand bestens aufgehoben.

Park Bungalows****, ℡ 077-823255, am Wochenende und während der Ferien meist ausgebucht. Campieren im gemieteten Zelt (50 Baht) oder im eigenen. Toilettenhaus mit Kübeldusche und ein Restaurant sind vorhanden.

Wasana Resort***, 36/9 Bang Baen Beach, 85120 Kapoe; 500 m links vor dem Parkeingang. 4 kleine und 4 große Bungalows; Restaurant; Thai-holländische Leitung.

Entlang der Straße gibt es Läden und Essensstände, eine Karaoke Bar nahebei.

Andaman Peace Resort***–****, 11/2 Moo 4, Muang Klang, Kapoe, ℡ 077-821796; 2 km nördlich vom Parkeingang an einem grauen, festen Sandstrand mit vielen Muscheln (kein Eintritt).

18 kleine und große Bungalows mit Fan oder ac; Restaurant unter Kasuarinen am Strand. Wochentags geeignet für Einsamkeitsfanatiker. Nahebei liegt eine Moschee.

Weiter nach Ranong

Bei der Weiterfahrt nach Ranong kann man am KM 641,0 zum **Ton Phet Wasserfall** abbiegen (2 km). Am KM 638,5 biegt im Dorf Ratchakrut der H4006 Richtung Lang Suan ab (72 km). Busse fahren von 6–13 Uhr jede Stunde ab. Die gute, wenig befahrene Straße führt durch Dschungel, Bambushaine, Kaffee- und Palmölplantagen. Sie eignet sich besonders gut für Biker, die zur Ostküste hinüber wollen. Die Passhöhe ist bereits nach 4,7 km erreicht, anschließend geht es immer auf und ab. Im Juli werden an Straßenständen hervorragende, billige Durian angeboten. Am KM 10,8 zweigt die Straße zum **Haew Loam Wasserfall** ab. Am KM 22,6 geht es nach rechts ab zu den *Ton Sai Bungalows* (s.S. 542), per Motorradtaxi von Ratchakrut für 50 Baht zu erreichen.

Am KM 634,3 liegt der Ranong Airport. Zum **Ko Phayam National Park** geht es am KM 628 nach links (8 km). Das **Mangrove Forest Reserve Center** erreicht man vom KM 626,1 durch das lange Dorf Ngao hindurch, nach 3 km am 24-Std.-Resort scharf rechts und nach 4,7 km in die Einfahrt nach links hinein (nur Thai-Beschriftung, Eintritt frei). Im Besucherzentrum verteilen die freundlichen Angestellten informative Broschüren über das Mangrovenprojekt, das vor allem der Wiederaufforstung dient. Ein 800 m langer Lehrpfad führt durch einen intakten Mangrovenwald, in dem eine große Horde der *Crab-eating Makaken* zuhause ist, die den Weg anscheinend nicht gern frei gibt.

Rechts voraus stürzt in der Regenzeit recht dramatisch der **Ngao-Wasserfall** in vielen Kaskaden einen glatten Felsenhang herunter. Die Zufahrtsstraße zum **Ngao National Park** beginnt am KM 625 und führt nach 700 m zu einem Parkplatz am *Information Center*. Hinter der Kantine rauschen kleinere Fälle in Badepools mit klarem Wasser. Für Biologen könnte der Chao Fa-Krebs interessant sein, eine neue Art, die erst vor kurzem an diesem Wasserfall entdeckt wurde. Vor allem in der Regenzeit ist der purpur-weiße Krebs häufig zu sehen. In der Trockenzeit wirkt der Wasserfall unscheinbar.

Der **Grass Hill Bald Mountain**, mit saftigem Gras bedeckte Hügel am KM 624, stellt eine *scenic area* für Thai-Touristen dar. Vom Wat am Fuße der Hügel führt ein Pfad zu einem Aussichtspunkt hinauf.

Schon von weitem erblickt man den Miniatur-Eiffelturm des *Eiffel Inn Hotel* (s.u.) am KM 619,4. Nach 258 km ab Phuket ist am KM 614,4 die Abzweigung zur Innenstadt von Ranong erreicht.

Ranong ระนอง

Die Kleinstadt Ranong am Petchkasem Highway ist eine überaus geschäftige Provinzhauptstadt mit stark chinesischem Einschlag. Die Stadt wurde vor etwa 250 Jahren von eingewanderten Hokkien-Chinesen gegründet, die sich wegen der nahen Zinnminen hier niederließen. Viele Burmesen aus Kaw Thaung (Victoria Point) kommen zum Einkaufen oder als illegale Arbeiter nach Ranong, und die Stadt profitiert offensichtlich davon. Victoria Point bildet den südlichsten Punkt Myanmars. Ein Besuch ist möglich (s.u.).

Die eigentliche Quelle des Reichtums der Stadt war neben dem Fischfang das Zinn. Seit das Meer und die Minen immer weniger hergeben und die Preise auf dem Weltmarkt verfallen, schaut man sich nach anderen Einkommensmöglichkeiten um, z.B. Kaffee und Cashewnüsse (kayu), die für ihre gute Qualität bekannt sind. Zudem werden mehr und mehr Fischerboote umgerüstet, um einheimische Touristen auf die Inseln Ko Surin, Ko Phayam und Ko Rayam oder zum Fischen zu fahren.

Ranong besteht im wesentlichen aus einer langen „Einkaufsmeile" über einen Hügel, der Ruang Rat Road. Schön ist der weitläufige (Nacht-)Markt im Zentrum. Rucksackreisende kommen nur nach Rayong, um ein Songthaew zum Hafen **Sapan Pla** zu nehmen, wo die Longtail-Boote zu den Traveller-Inseln Ko Chang und Ko Phayam sowie nach Kaw Thaung in Myanmar abfahren. Es lohnt, morgens früh aufzustehen und an den Piers die heimkehrenden Fischer zu beobachten.

Viele einheimische Besucher der Stadt sind Geschäftsleute, die sich bei „Konferenzen" an den heißen Quellen erholen oder zum Luxus-Hotel Andaman Club mit Spielcasino auf der burmesischen Insel Thahtay Kyun pilgern, oder Touristen mit etwas höherem Reisebudget, die sich den Luxus des

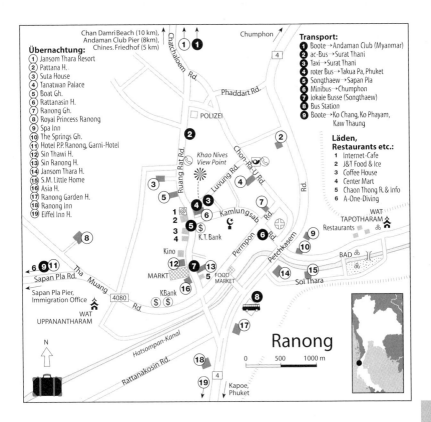

Übernachtung:
1. Jansom Thara Resort
2. Pattana H.
3. Suta House
4. Tanatwan Palace
5. Boat Gh.
6. Rattanasin H.
7. Ranong Gh.
8. Royal Princess Ranong
9. Spa Inn
10. The Springs Gh.
11. Hotel P.P. Ranong, Garni-Hotel
12. Sin Thawi H.
13. Sin Ranong H.
14. Jansom Thara H.
15. S.M. Little Home
16. Asia H.
17. Ranong Garden H.
18. Ranong Inn
19. Eiffel Inn H.

Chan Damri Beach (10 km),
Andaman Club Pier (8km),
Chines. Friedhof (5 km)

Chumphon

Chatchaloem Rd.

Phaddart Rd.

POLIZEI

Khao Nives View Point

Ruang Rat Rd.

Chon Ra-U Rd.

Luvung Rd.

Kamlungsab Rd.

@

K.T. Bank

Permpon Rd.

Petchkasem Rd.

Kino

MARKT

KBank

4080

Tha Muang Rd.

Sapan Pla Rd.

Sapan Pla Pier,
Immigration Office

WAT UPPANANTHARAM

N

Hatsompan-Kanal

Rattanakosin Rd.

Kapoe, Phuket

Soi Thara

FOOD MARKET

BAD

WAT TAPOTHARAM

Restaurants

Ranong

0   500   1000 m

Transport:
1. Boote →Andaman Club (Myanmar)
2. ac-Bus →Surat Thani
3. Taxi →Surat Thani
4. roter Bus →Takua Pa, Phuket
5. Songthaew →Sapan Pla
6. Minibus →Chumphon
7. lokale Busse (Songthaew)
8. Bus Station
9. Boote →Ko Chang, Ko Phayam, Kaw Thaung

Läden, Restaurants etc.:
1. Internet-Cafe
2. J&T Food & Ice
3. Coffee House
4. Center Mart
5. Chaon Thong R. & Info
6. A-One-Diving

Jansom Thara Hotels leisten können. Denn die große Attraktion der Stadt ist die **Thermalquelle**, eine 70 °C heiße, schwefelhaltige Mineralquelle, die am Fuße eines bewaldeten Berges im **Wat Tapotharam** entspringt. Man erreicht sie am Fluss entlang etwa 2 km nordöstlich der Stadt. Bäume überschatten das Areal mit den drei Quellen und kleinen Bächen.

Hinter der Brücke wacht ein großer, goldener Buddha über die Stadt. Unten liegt ein kleiner Erholungspark, unter der Woche eine Oase der Ruhe. Die Badekabinen neben dem Tempel für 10 Baht sind noch benutzbar. Wer im Jansom Thara Hotel wohnt, kann im mineralhaltigen, auf 42 °C abgekühlten Wasser baden, das über Rohre in zwei Jacuzzis (eins für Frauen, eins für Männer) und in den (kalten) Pool geleitet wird. Ordentlich geklei-

dete Besucher können für 200 Baht Pool und Jacuzzi benutzen.

Ranong ist eine der regenreichsten und waldreichsten Provinzen in Thailand, was auch gleich an der üppigen Vegetation auffällt. Wegen seiner unzugänglichen, steilen Berge sind noch immer 70% der Region mit Dschungel bedeckt. Von Mitte April bis Anfang Dezember ist Regenzeit, von Juni bis August gießt es in Strömen.

Übernachtung

GÄSTEHÄUSER – *The Springs Gh.* ** ⑩,
📞 834369, ✉ hatainon@yahoo.com, an der Straße zu den heißen Quellen, Stadthaus mit 7 z.T. sehr kleinen Gästezimmern, Du/WC außen, ac extra 50 Baht, Schlafsaal, Restaurant, Karaoke,

Motorrad 200 Baht, Auto 800 Baht; Thai-australische Leitung.

S.M. Little Home**–*** ⑮, ☏ 823405, direkt am Fluss ruhig gelegen, Stadthaus mit Supermarkt, saubere Zi mit Du/WC und Fan oder ac, Flussbalkon mit schöner Sicht in die Natur gegenüber.

Tanatwan Palace**–*** ④, ☏ 812212, ✉ tanatwan@hotmail.com, 🖳 http://stay-thailand.net; Apartmenthaus mit schönem Swimming Pool, Zi mit ein oder zwei Betten, Fan oder ac, Du/WC, einige Apartments mit Küche, sehr ruhig sind die Zi mit Balkon im hinteren Haus 4; Monatsmiete 2700–13 000 Baht; freundliche Managerin. Internet. Vermieten auch Häuser*** (min. 3 Tage) in La-Un, 35 km nordöstlich in den Bergen, sowie an der Küste und auf Inseln.

Boat Gh.*–** ⑤, über dem großen Restaurant, ziemlich verwohnte, aber noch brauchbare Zi mit Fan oder ac, Dachterrasse mit WC, relativ ruhig.

Suta House Bungalows** (ac***) ③, ☏ 832707, hübsche, kleine, saubere Bungalows in einer ruhigen Sackgasse. Der Manager, Mr. Ood, ist sehr um seine Gäste bemüht.

Ranong Gh.*** ⑦, Reihenhaussiedlung, kein Guesthouse für Traveller.

HOTELS – Die meisten Hotels stehen an der lauten Hauptstraße, der Ruang Rat Rd., und am Highway.

Sin Thawi**–*** ⑫ (Schild: Sintavee Hotel), Nr. 81/1, ☏ 811213, preiswerte, saubere Zi mit Bad und Fan oder ac, zur Straße mit Balkon.

Sin Ranong**–*** ⑬ (Schild nur auf Thai), Nr. 24/24, ☏ 823754, gegenüber vom Markt, saubere Zi mit Du/WC und Fan, nach hinten relativ ruhig, ac-Zi. laut.

Asia**–**** ⑯, Nr. 39/9, ☏ 811113, am Markt, 97 ruhige, saubere Zi mit Fan oder ac und Bad/WC.

Rattanasin*–** ⑥, Nr. 226, ☏ 811242, heruntergekommene, schmutzige Zi mit Fan und Du/WC, zur Straße laut, zum Innenhof stickig.

Ranong Inn*** ⑱, 29/9 Petchkasem Rd., ☏ 822777, ✆ 821523, südlich der Stadt am Highway, Zi mit Fan oder ac. Im großen Restaurant spielt ab 19 Uhr eine Band.

Ranong Garden***–**** ⑰, 6/54 Petchkasem Rd., ☏ 832174-81, ✆ 832183, 93 ac-Zi.

Eiffel Inn Hotel ⑲, 160/1 Petchkasem Rd., ☏ 823271, ✆ 848370, südlich der Stadt am H4 am KM 619,4. Auf vornehm gestyltes ac-Hotel mit 37 Zimmern und 10 Bungalows ab 1600 Baht, hervorragend eingerichtete Zi.

Jansom Thara Hotel ⑭, 2/10 Petchkasem Rd., ☏ 822516-9, ✆ 821821, am H4; 220 Zi und Bungalows mit ac, TV, Bad. Restaurant, Café, Nachtclub, Pool (🕐 ab 16 Uhr, 200 Baht für Nicht-Gäste). 2 heiße Sprudelbäder, nach Geschlechtern getrennte Jacuzzis. Reisebüro.

Jansom Thara Resort**** ①, Hat Chan Damri, ☏ 821611, ✆ 821821, 36 Zi in herrlich angelegten Bungalows mit schöner Sicht, direkt am nicht zum Baden geeigneten, verdreckten Strand, schmutziger Pool.

Royal Princess Ranong ⑧, 41/144 Tha Muang Rd., ☏ 835240-44, ✆ 835238-9, First-Class-Hotel, 139 ac-Zi ab 1600 Baht, Restaurant und Pool.

Hotel P.P. Ranong*** ⑪, 27/183 Sapan Pla Rd. Soi 7, ☏ 833807-9, ca. 2 km außerhalb Richtung Hafen rechts, 5 einfache ac-Zi mit Du/WC im Erdgeschoss, sowie 18 bessere mit ac.

Garni-Hotel** ⑪, Sapan Pla Rd. Soi 5, mit sehr preiswerten ac-Zimmern, aber die Umgebung wirkt wie ein Slum.

Essen

Das **Coffee House** (Ban Gafae) in der 173 Ruang Rat Rd. ist ein schöner Platz zum Frühstücken. Die Besitzerin spricht gut Englisch und kümmert sich um ihre Gäste.

Bei **J&T Food & Ice** kann man über die winzigen Portionen staunen. Nebenan ein lautes Internet-Café.

Das **Chaon Thong Restaurant** erteilt hilfreiche Informationen.

Der **Center Mart** besitzt im Obergeschoss einen sauberen Coffee Shop mit Eissalon.

In der gleichen Straße gibt es noch weitere Restaurants.

Sonstiges

MINIBUSSE – Innerhalb von Ranong verkehren von 6–18 Uhr mehrere Minibuslinien (Songthaews) für 6 Baht pro Strecke: Nr. 1 zwischen Markt und Bank, Nr. 2 (rot) vom Markt zu den

Thermalquellen, Nr. 3 (rot) vom Markt zum Hafen, Nr. 3 und 4 zum Sapan Pla (für Ko Chang, Ko Phayam, Kaw Thaung).

MOTORRADTAXI – überall in der Stadt für 30 Baht.

MOPEDS – *Boy's Motorbike for Rent*, ℡ 811116, 53/1 Ruang Rat Rd., neben dem Markt, vermietet Mopeds und bucht einige Gästehäuser auf den Inseln.

TAUCHEN – *A-One-Diving*, ℡ 832984, 🖳 www. a-one-diving.com; von Oktober bis April *Live-Aboard*-Tauchtouren mit 3 Booten nach Ko Surin, Richelieu Rock, Ko Bon, Similan Islands ab 2 Tage / 2 Nächte für 8500 Baht bis 4 Tage / 4 Nächte für 15 500 Baht sowie Tauchfahrten nach Myanmar ab 30 000 Baht. PADI-Kurse finden auf dem Boot statt. Ableger auf Ko Phayam.

VORWAHL – 077, PLZ: 85 000.

Transport

BUSSE – Die Bus Station liegt draußen am H4. Mit dem grünen Songthaew (6 Baht) von der Stadt zu erreichen. In der Innenstadt an der Tha Muang Rd. liegen die Büros der Busgesellschaften *Choke Anan Tour*, ℡ 811337, und *Mitt Tour*, ℡ 811150.
Nach BANGKOK (583 km) mit 2.Kl. ac-Bus 9x tgl. für 260 Baht, ac-Bus um 20 Uhr für 333 Baht, VIP-24-Bus um 20 Uhr für 515 Baht in 9 Std.
Nach CHUMPHON non-ac-Bus alle 90 Min. von 8.30–16 Uhr für 50 Baht in gut 2 Std., Minibus ab 34 Permpon Rd., 50 m südlich der Kreuzung Kamungsab Rd., von 7–17 Uhr jede volle Stunde für 90 Baht.
Nach PHANG NGA und KRABI mit non-ac-Bus 435 um 6, 7, 9.30, 11.30 und 14 Uhr für 90 bzw. 106 Baht in 4 1/2 bzw. 6 Std. über TAKUA PA (65 Baht).
Nach PHUKET non-ac-Bus 430 um 7.30, 8.30, 13.30 und 15.30 Uhr (sehr voll) für 103 Baht, ac-Bus 430 um 8.30 und 15.30 Uhr für 185 Baht über TAKUA PA (65 / 122 Baht, 3 Std.) und KHAO LAK (85 / 150 Baht, 4 Std.). Die non-ac-Busse starten 15 Min. vorher am Rattanasin Hotel, die ac-Busse an der Bus Station.

Nach SURAT THANI (ab Markt) non-ac-Bus ca. jede Std. von 6.30–13.30 Uhr für 70 Baht in 5 Std., ac-Bus um 8.30 und 14 Uhr für 110 Baht in 4 Std.; ac-Minibus von 8–16 Uhr für 120 Baht; Sammeltaxi 120 Baht in 3 Std. (z.B. um 16 Uhr).
Nach HAT YAI ac-Bus um 6, 10 und 20 Uhr für 302 Baht in 8 Std.
Nach KAPOE um 14 Uhr für 20 Baht und KHURA BURI für 45 Baht.
Vom lokalen Songthaew Stopp an der Ruang Rat Rd. fahren Minibusse u.a. zum Hafen von Khura Buri.

FLÜGE – *Phuket Air*, ℡ 824591-2, fliegt tgl. von / nach BANGKOK für 2000 Baht.
Der Flugplatz liegt 20 km südlich direkt am H4 (KM 634), Minibus-Service und Bus-Stop.

Die Umgebung von Ranong
Chan Damri-Strand

12 km nordwestlich der Stadt, an der Flussmündung und Grenze zu Myanmar, liegt ein schlammiger Strand mit dem luxuriösen *Jansom Thara Resort*. Auf der anderen Seite des Flusses erkennt man die kleine burmesische Stadt **Kaw Thaung**. Auch die nächste Insel **Pulu Ru** vor dem Festland gehört zu Myanmar.

Ranong Canyon

Flussaufwärts von der heißen Quelle liegt das Dorf **Som Ben** (7 km). 3,2 km nach dem Dorf ist in einer ehemaligen Zinnmine ein idyllischer Badeplatz entstanden. Die alte Grube wurde mit sauberem Grundwasser gefüllt, ein Rasen angelegt, und auch Imbissstände fehlen nicht. Den Rahmen bilden pittoreske Felsformationen. Nur am Wochenende von Thais besucht. Anfahrt bis Som Ben mit Tuk Tuk, dann mit Motorradtaxi oder zu Fuß – schöne Wanderung auf wenig befahrener Straße.

Die Straße Richtung Chumphon

Diese viel befahrene, bergige Strecke eignet sich nicht für Biker. Wir empfehlen, bereits am KM 638,5 den H4006 zu nehmen.
    Am Ortsausgang von Ranong (KM 609) weist ein Schild am H4 auf die Höhle **Phra Kayang Cave** hin (47 km), zu der es am KM 564 ca. 1 km nach links geht.

Die Cashewnuss Der Cashewbaum (*Anacardium occidentale*) ist ein immergrüner Strauch, der aus dem tropischen Mittel- und Südamerika stammt. Er wird im Süden Thailands in Gärten und Plantagen kultiviert. In fruchtbarer Erde und bei ausreichender Feuchtigkeit können die Bäume bis zu 12 m hoch werden.

Duftende, rosa Blüten zieren den Baum im November und Dezember. Zurzeit der Reife, von Februar bis Mai, leuchten die verdickten Fruchtstiele gelb oder rot aus den grünen Blättern heraus. Diese Scheinfrüchte, die so genannten Cashewäpfel, sind essbar. Ihr süßliches, saftiges Fruchtfleisch hinterlässt ein pelziges Gefühl auf der Zunge. In Thailand werden sie mit Salz, Zucker und Chilipulver verspeist oder an Schweine verfüttert. Direkt unter diesem Cashewapfel hängt die eigentliche Frucht, die nierenförmige Cashewnuss. Sie wird von zwei Schalen umhüllt. Aus der äußeren, weichen, giftigen Schale kann Cashewnussschalenöl, auch Cardolöl genannt, gewonnen werden. Es wird von der chemischen Industrie genutzt. Die innere, harte Schale muss, wie bei anderen Nüssen, geknackt werden.

Die Früchte werden von Hand gepflückt oder vom Baum geschüttelt. Nach der Ernte werden die Nüsse vom Fruchtstiel getrennt und sorgfältig in der Sonne getrocknet. So können sie lange gelagert werden. Auf den Märkten werden sie geschält, aber vorwiegend ungeröstet, angeboten. Doch erst geröstet schmecken die eiweißreichen Cashewnüsse knackig und lecker. Deshalb rösten viele Käufer die Nüsse erst kurz vor dem Gebrauch bei offenem Feuer oder in der Pfanne.

Die Familienanbaubetriebe aus den Provinzen Phang Nga, Ranong, Krabi und Phuket liefern ihre Ernte zumeist an große Cashewnuss-Fabriken in Ranong oder Phuket. Die Sri Bhurapha Orchid Factory oder Methee Cashew Factory auf Phuket kann man besichtigen und die 6 Schritte der Verarbeitung mitverfolgen:

1   Die Nüsse werden bei 200 Grad 12 Stunden lang gebacken.

2   Sie werden in der Schale gekocht, um sie weniger zerbrechlich zu machen.

3   Die Schalen werden in einer handbetriebenen Kurbelmaschine geknackt und die Nüsse per Hand mit einer scharfen Nadel herausgepickt.

4   Die Cashewnüsse werden im Ofen gebacken, um das giftige Öl zu entfernen.

5   Eine dünne gelbe Haut wird abgeschält, und die Nüsse werden maschinell nach Größen sortiert.

6   Die Nüsse werden nochmals gebacken und mit verschiedenen Aromastoffen versehen: Butter, Salz, Zucker, Schokolade, Sesam etc.

Nach dem fünften Lebensjahr trägt der Baum zum ersten Mal Früchte. 20–40 Jahre lang kann geerntet werden. Ein Baum erbringt pro Ernte bis zu 2500 Früchte, was etwa 5 Kilo gerösteten Nüssen entspricht.

Als besonders beliebte Sorte in Thailand gilt **Kayu**, deren dicke Nüsse bis 2,5 cm lang werden. Berühmt für seine guten Kayus ist die Provinz Ranong.

Bis **Kraburi** (55 km) zieht sich der tief eingeschnittene Fjord ins Land hinein, der Thailand von Burma trennt. Von einem Flussrestaurant am Hafen von Kraburi kann man ins Nachbarland hinüberschauen – nichts Spektakuläres. In der kleinen Stadt fallen die Taxis ins Auge: Motorräder mit Beiwagen. Kurz vor Kraburi liegen rechts Bungalows******–*******.

Der vielbesuchte **Punyaban-Wasserfall** stürzt direkt neben der Straße 14 km von Ranong am KM 597,7 herunter. Am KM 595,2 geht es nach links 1 km zum **Kraburi National Park**, wo man den Fjord schön überblicken kann. Zum **Bok Krai-Wasserfall** muss man am KM 557,5 noch 9 km nach rechts fahren.

Ko Chang   เกาะช้าง

(das „andere" Ko Chang) Die 18 km von Ranong entfernte hügelige Insel Ko Chang ist im Tiefland von Gummiplantagen und an den Berghängen von Dschungel bedeckt. An der seichten Ostküste wachsen Mangroven, während die felsige Westküste einige flache Buchten bildet, an denen Cashew-

und Kokosplantagen gedeihen. Dort liegen auch die Sandstrände, die seit einigen Jahren immer mehr Traveller anziehen. Sie suchen friedliches, uriges Leben und verzichten gern auf die Annehmlichkeiten der Zivilisation, denn auf der abgelegenen Insel gibt es weder Straßen noch Elektrizität. Von Dezember bis April können genügsame Traveller in äußerst einfachen Hüttensiedlungen preiswert, aber nicht gerade billig unterkommen. Während des Monsuns sind nicht alle Anlagen geöffnet, da die kleinen Boote bei Wellengang nicht fahren können. Die Insel kann dann nur von der geschützten Ostseite durch die Kanäle in den Mangrovensümpfen angefahren werden. Dann geht es weiter zu Fuß in etwa 15–20 Min. über die Insel, während das Gepäck transportiert wird.

In der Trockenzeit sind in manchen Jahren alle Strände mit grauen Schlieren durchsetzt, so dass sie „schmutzig" aussehen. In der Regenzeit zeigen sie sich wieder in ihrer natürlichen Schönheit. Bei aufgewühltem Meer wirkt das Wasser recht trüb. Auch Sandfliegen trüben manchmal den vergnüglichen Aufenthalt am Strand. Vor der Westküste liegen **Ko Phayam** und in einer Entfernung von 25–30 km weitere Inseln, die bereits zu Myanmar gehören.

Übernachtung

Es gibt über 20 einfache Bungalowanlagen mit ähnlichen Preisen: Sie kosten ohne Du/WC 100–150 Baht und mit Du/WC 150–200 Baht, in der Nebensaison bei längerem Aufenthalt 20% Rabatt. Die Preise in den Restaurants sind etwas hoch, dafür machen die Portionen satt. Wenn gegen 22 Uhr das Licht ausgeht, führen nur unbeleuchtete Wege über Stock und Stein zum Plumpsklo. Keine Musikbox, kein Fernseher und kein Video stört den Frieden. Man kann ausruhen, fischen gehen und den Sonnenuntergang betrachten. Dieses ist weder eine Insel für Drogenkonsumenten noch für anspruchsvolle Gäste.

NORDWESTLICHE STRÄNDE – Hier gibt es einige kleine, abgelegene Strände mit herrlich weißem Sand. Zwischen der Nordspitze und der kleinen vorgelagerten Insel können sich bei Gezeitenwechsel gefährliche Strömungen bilden.

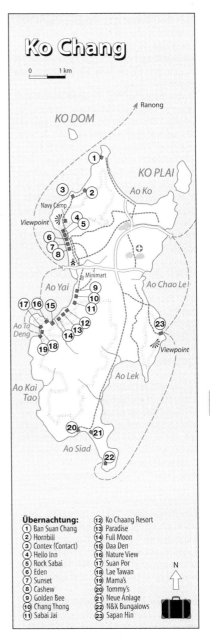

Übernachtung:

1. Ban Suan Chang
2. Hornbill
3. Contex (Contact)
4. Hello Inn
5. Rock Sabai
6. Eden
7. Sunset
8. Cashew
9. Golden Bee
10. Chang Thong
11. Sabai Jai
12. Ko Chaang Resort
13. Paradise
14. Full Moon
15. Daa Den
16. Nature View
17. Suan Por
18. Lae Tawan
19. Mama's
20. Tommy's
21. Neue Anlage
22. N&X Bungalows
23. Sapan Hin

Baan Suan Chang** ①, wenige, einfache Hütten mit Du/WC an der Nordspitze, lustloser Service, kleiner Strand, Vorsicht beim Schwimmen.

Hornbill Bungalow*–** ②, gute Anlage mit wenigen Hütten, z.T. am Hang, kleiner Strand, viele vorgelagerte Felsen.

Contex Bungalow** ③, an einem kleinen, von Felsen eingerahmten Sandstrand mit muschelbesetzten Steinen, der bei Flut sehr schmal wird und zum Baden nicht empfehlenswert ist. 5 kleine A-frame-Hütten, die teils nur kletternd erreichbar sind; Restaurant in schöner Lage am Hang mit gutem Ausblick, Speisekarte, sehr gutes Essen; Strom gibt es noch nicht; es werden Trips rund um die Insel mit dem Longtail-Boot angeboten. Nur zu erreichen per Boot oder auf einem Fußweg von 20 Min. über einen Berg durch Dschungel und Plantagen zum Ao Yai. Etwas für Robinson-Liebhaber.

AO YAI – Die meisten Anlagen liegen an dieser 3 km langen Bucht, deren nördlicher Teil aus einem 1,5 km langen, recht festen, gelblichen Sand besteht. Der daran angrenzende felsige Abschnitt ist mit kleinen Stränden durchsetzt. Am südlichen Ende wird der Strand flacher, so dass man bei Ebbe nur über Schlick und Steine watend tieferes Wasser erreicht.

In der Mitte des Strandes liegt der Pier, an dem bei ruhiger See größere Boote anlegen können. Dahinter erstreckt sich ein alter aus Holz erbauter Tempel und ein steinerner Neubau. Schräg dahinter gibt es einen Minimarkt und ein Restaurant, das sich zum Traveller-Treff entwickelt hat. Die Getränke sind hier etwas billiger als in den Bungalowanlagen.

Rock Sabai*** ⑤, kleine Anlage am nördlichen Ende der Bucht, unregelmäßig geöffnet, zeitweise von größeren Thai-Gruppen belegt.

Eden Bungalows*–** ⑥, ✆ 077-835375 (Ranong Office); am nördlichen Ende gelegene, schöne Bungalows mit Du/WC oder angrenzenden Du/WC-Häuschen. Im kleinen Restaurant feiern gerne die oberhalb stationierten Navy-Soldaten. Der Chef spricht gut Englisch. Der Sandstrand fällt hier steil zum Meer hin ab.

Sunset Bungalow*–** ⑦, einfache, nette Hütten mit und ohne Du/WC sowie große Bungalows, geleitet von Mr. Moo und seiner Familie;

Restaurant mit viel Platz, leckerem Essen und guter Musik; gute Ausrüstung zum Fischen.

Cashew Bungalow** ⑧, ✆ 01-8298892, die älteste, größte, gut organisierte Anlage am Strand, billige Steinbungalows mit Du/WC liegen verstreut in einer Cashew-Plantage. Das Essen im betonierten Restaurant ist ordentlich und bei Rentnern sehr beliebt.

Golden Bee Bungalow*–** ⑨, ✆ 077-820129, liebevoll gestaltete Anlage mit hübschen Hütten mit und ohne Du/WC unter der Leitung eines netten, hilfsbereiten Ehepaares. Restaurant mit großer Auswahl an gutem, preisgünstigem Essen, auch vegetarisch. Viele Informationen, Ausflüge zu vorgelagerten Inseln und zum Fischen. Schatten spendende Bäume und flacher Sandstrand ohne Steine, gut für Kinder geeignet; Minimarkt.

Chang Tong Bungalows** ⑩, ✆ 077-820178, Holzhütten und 3 sehr schöne Holzbungalows; kleines Restaurant mit guten Portionen zu normalen Preisen, Spezialität: Wienerschnitzel mit Bratkartoffeln; fester Sandstrand.

Anschließend beginnt der felsige Teil der Bucht.

Sabai Jai** ⑪, ✆ 077-820131, verschiedenartige, nette Bungalows, z.T. am Hang, unter Leitung eines freundlichen Ehepaars, liebevoll gestaltetes Restaurant mit hervorragendem Essen. Zum Schwimmen geht man vors *Golden Bee*, direkt davor stören die kleinen Steine im Wasser.

Kho Chaang Resort* ⑫, gute Hütten auf einem Felsen, nur über weitere Felsen zu erreichen. Restaurant mit guter Aussicht; Schwimmen ist an der felsigen Küste nur bedingt möglich.

Paradise Bungalow* ⑬, Hütten am steilen Hang, meist ohne Strom, kleiner, von Felsen durchsetzter Sandstrand.

Full Moon*–** ⑭, wenige einfache Hütten, Restaurant, gespannte Atmosphäre.

Daa Deng Bungalow* ⑮, einfache Hütten jenseits des Bachs, über den eine Holzbrücke führt, am Hang mit wunderschönem Blick über die Bucht.

Nature View** ⑯, wenige saubere, geräumige Holzbungalows auf den Felsen am südlichen Ende des Strandes mit gutem Meerblick, unter Leitung von Lek und und ihrem kanadischen Mann, Restaurant im dreistöckigen, weithin sichtbaren Steinhaus, fantastische Küche; Bootsanlegeplatz.

AO TA DENG – Über einen kleinen Hügel gelangt man durch Wald nach 10 Min. zur kleinen Ao Ta Deng-Bucht. Der etwa 100 m lange, flache Sandstrand wird von Felsen eingerahmt. In der Regenzeit ist er ungeschützt gegen Wind und Wellen und sehr einsam. Regelmäßiger Bootsverkehr in der Saison.

*Suan Por*** (17), wenige einfache, hübsche Hütten mit Du/WC, kleines Restaurant mit gutem Essen unter freiem Himmel; nette Leute.

*Lae Tawan Bungalow** (18), ✆ 077-820179, wenige Bungalows am Strand und Hütten am Hang, nur über steile Treppen erreichbar, von netten Leuten gemanagt. Gute Thai-Küche.

*Mama's Bungalow*** (19), einige liebevoll gestaltete Bungalows am Hang mit europäischer Toilette, gemütliches Restaurant auf den Klippen mit super Aussicht aufs Meer. Exzellente Thai- und berühmte bayerische Küche. Geleitet von Mr. Pok und Mrs. Soi. Aus dem nahen Wald kommen immer wieder Affen oder Schlangen zu Besuch.

AO SIAD – eine kleine, halbrunde, mit Felsen durchsetzte Bucht im Süden der Insel. An der südlichsten Spitze herrschen lebensgefährliche Strömungen.

*Tommy's*** (20), wenige Bungalows mit Du/WC.

*Noname*** (21), groß geplante Anlage mit Zimmern und Restaurant im mehrstöckigen Holzturm sowie unzählige Bungalows.

*N&X Bungalows*** (22), wenige einfache, sehr ruhige Hütten mit ziemlich hohen Preisen für Essen und Getränke, herzliche Familie.

SAPAN HIN – eine Felsbucht unterhalb eines Berges mit ganz kleinem Sandstrand, beliebt bei Mondaufgang. Ein gerodeter Weg führt durch die Dschungelvegetation hin.

*Sapan Hin*** (23), wenige Hütten und liebevoll gestaltetes Restaurant, nette Leute, sehr einsam; davor ein Steinstrand und daneben ein kleiner Sandstrand. Der aufgeschüttete Steinwall eignet sich bestens zum Fischen.

Sonstiges

BIKES – Es gibt keine Motorräder zu mieten, um die Ruhe der Insel zu erhalten, wohl aber Fahrräder.

DORFLADEN – hier gibt es außer Zigaretten und Seife auch leckeres Essen und ein Telefon.

GESUNDHEIT – Vereinzelt traten auf der Insel Fälle von Malaria auf. Um dieser Krankheit Herr zu werden, müssen sich Einheimische und Burmesen einmal pro Monat auf Malaria testen lassen.
Auch für Touristen ist dieser Test kostenlos, aber freiwillig. Die Hütten werden einmal pro Jahr mit DEL besprüht. Nur wenn alle Kranken behandelt und die infizierten Anopheles ausgerottet werden, kann auch Ko Chang malariafrei werden. Die Schlangen, die sich manchmal auch in Hütten verstecken, sollte man besser nicht melden. Die Einheimischen erschlagen sie sonst. Sie können zwar giftig sein, sind aber nicht angriffslustig. Am besten vorsichtig vertreiben und nicht in die Enge drängen!

TAUCHEN – *Aladin* am Ao Yai bietet mehrtägige Tauchtouren nach Ko Surin, bei denen auch Schnorchler mitgenommen werden. Das flache Boot soll besonders langsam und wellenempfindlich sein.

TELEFON – In fast allen Anlagen wird Telefon-Service angeboten.

Transport

In der Saison fahren mehrere Longtail-Boote für 100 Baht p.P. von 11–14 Uhr (manchmal bis 16 Uhr) am Hafen Sapan Pla ab. Die zumeist sehr nasse, aber schöne Fahrt (1 Std.) geht zu allen Bungalowanlagen an der Westküste bis Ao Ta Deng, zurück von den Bungalowanlagen ab 7 bis 8 Uhr.
Das neue, große Boot von N&X fährt zur Ostküste und zum AO SIAD (auf Wunsch Stopp am *Sapan Hin*), dann weiter nach Ko Phayam. Wer zur Westküste will, zahlt weitere 100 Baht für den Transport.
Zum Hafen SAPAN PLA fährt man mit dem Songthaew Nummer 3 oder 4 ab Ranong (4 km), steigt vor dem Tor am Gebührenhäuschen *(Toll Booth)* aus, geht nach links die Straße durch Wohngebiet und vorbei an den Büros der Bungalowanlagen bis zum Fluss runter, wo die Boote liegen.

Schlepper, zumeist Ausländer, schwatzen Travellern Anlagen auf, in denen sie Provision bekommen.

Ausflüge von Ko Chang nach Ko Phayam und zu kleineren Inseln werden ab 200 Baht p.P. angeboten.

Golden Bee, ✆ 09-8733442, bietet Transport nach Ko Phayam für 600–1000 Baht pro Boot.

Ko Phayam   เกาะพยาม

Die Insel Ko Phayam (gesprochen: Ko Pa–**yahm**) genoss unter Thais einige Zeit Berühmtheit, denn mit japanischer Unterstützung wurde hier eine inzwischen aufgegebene Perlenfarm angelegt. Ansonsten ist die Insel ein Urlaubsparadies mit ruhigen Stränden, vielen Cashewbäumen und Palmen. Hier sollten allerdings nur echte und gut vorbereitete Ruhe-Fanatiker herkommen, denn es ist wirklich absolut nichts los! Das nicht gerade saubere Dorf mit dem Pier liegt im Osten der Insel. Hier gibt es Läden mit Obst und Lebensmitteln, Restaurants mit Thai-Essen sowie eine Tauchschule. Auch Motorradtaxis zu allen Stränden können hier gemietet werden.

Übernachtung

AO YAI – 2,5 km lange, flache Bucht an der Westküste mit einem schönen, weißen Sandstrand mit niedrigem Wald dahinter. Auf den Hügel am Südende der Bucht führt ein Weg durch den Wald. Von oben hat man eine gute Sicht auf beide Seiten. An den felsigen Enden der Bucht und bei der kleinen Insel kann man gut schnorcheln. Bei hoher Flut ist das Wasser recht trüb, sonst etwa 6–10 m Sicht. Häufig gibt es an diesem Strand größere Wellen, auf denen man mit Body-Surf-Brettern, die viele Anlagen zur Verfügung stellen, gut reiten kann.

Hornbill Huts**⑨, ✆ 077-825543, ✉ hornbill_hut@hotmail.com, am nördlichsten Ende der Bucht, kleine Bambushütten mit 2 großen Betten und Veranda, westliche Toilette, kein Schatten, keine Palmen, Restaurant mit ordentlichem Essen; Zelte für 70 Baht zu mieten.

Bamboo Bungalows***⑩, ✆ 01-2733437, am Nordrand der Bucht unter altem Baumbestand, Haupthaus und Bungalows mit Du/WC. Außer

Fisch und gebratene Nudeln oder Reis gibt es nur spärliche Portionen. Boards zum Wellenreiten; unter Thai-israelischer Leitung. Nichts für Leute, die Ruhe suchen.

Coconut Bungalows***⑪, ✆ 820011, große Bungalows mit 2 großen Betten, nette Leute, Restaurant mit gutem, günstigem Essen. Häufig läuft der Fernseher.

Gilles & Phatchara**–*** (auch **Aow Yai Bungalows**) ⑫, ✆ 821753, das erholsame, gemütliche Resort eines Thai-französischen Pärchens in der Mitte der Bucht. Holz- und Steinbungalows mit und ohne Du/WC aber mit Waschbecken, Familienhäuser mit 2 Zimmern und Bad. Es wird Wert auf Sauberkeit gelegt; die Ventilatoren laufen auch tagsüber, da Solaranlage. Im Restaurant lässt es sich gut speisen; Auslandsgespräche möglich. Gilles kennt die besten Stellen zum Schnorcheln. Verleih von Boards zum Wellenreiten und Schnorchelausrüstung. Ca. 60 Min. zu Fuß ins Dorf.

Andaman Resort**⑮, wenige Bungalows im Süden der Bucht.

Tub Ouan Huts*–**⑯, ✆ 825876, einfache, luftige Hütten am Hang, wenig Auswahl beim Essen.

AO KO KWAI – Tiefe Bucht im Norden der Westküste, die bei Ebbe mindestens 700 m weit hinaus trocken fällt und zu Wattwanderungen einlädt. 1 km lange, weißer, feiner Sandstrand.

Vijit Bungalows**⑤, ✆ 834082, saubere Holzbungalows mit Du/WC, sehr ruhige, fast einsame Lage in schöner Natur; mäßiges Essen zu sehr günstigen Preisen; ab Februar wird das Duschwasser brackig. Zu Fuß 40 Min. ins Dorf; während der Regenzeit ist der Weg zur Anlage oft überflutet. Büro in Ranong, ✆ 832414.

Mr. Gao Bungalow***③, ✆ 823995, nette Anlage, renovierte und neue Bungalows; auch bei Ebbe ist Schwimmen zumeist möglich. Mr. Gao offeriert Schnorcheltouren nach Ko Surin. Ca. 30 Min. ins Dorf.

J.P.R. Bungalow**②, ✆ 812023, wenige Hütten am Hang mit Du/WC und gutem Ausblick; kurzer, steiler Fußweg zum Strand, nette Leute.

Mountain Resort**①, 3 Hütten mit Du/WC an einem Sandstrand, freundliche Thai-chinesische Leitung. Schnorchel- und Tauchausrüstung vorhanden.

OSTKÜSTE – Im Nordosten liegt das Fischerdorf mit dem Pier und dem Tempel. Es gibt eine Möglichkeit zu telefonieren. Hier werden Lebensmittel und Obst verkauft, zudem einige Essenstände.

Koh Phayam Resort**–**** ⑬, ✆/✉ 812297, an einem Sandstrand an der südlichen Ostküste in einer Cashew-Plantage, einfache und bessere schöne Holzbungalows (für bis zu 4 Pers.) mit Du/WC und Fan, auch zweistöckige, gut ausgestattete Häuschen mit 3 Zimmern und Küche; gutes Restaurant. Der Besitzer, Mr. Piak, ein erfahrener Fischer, organisiert Bootstouren und Angelausflüge. 25 Min. zum Dorf.

Ko Khak Resort* ⑭, einfache Hütten ohne Du/WC auf der kleinen Insel Ko Phayam Lek (Ko Khak) gegenüber vom *Koh Phayam Resort*, die man bei Ebbe zu Fuß erreicht. Von dort kann man den Sonnenauf- und Sonnenuntergang sehen.

Uncle Red Bungalows** ⑦, wenige Hütten mit Bad, ca. 9 Min. südlich vom Dorf.

Sunshine Bungalows** ⑧, wenige Hütten mit Bad, ca. 10 Min. südlich vom Dorf.

Anan Bungalows** ④, wenige Bungalows mit Du/WC, nördlich vom Dorf, kein Strand.

Sonstiges

BAR – Beliebt ist *Oscars Bar* im Dorf.

ESSEN – Im *Lady House* gegenüber vom *Anan Bungalows* verkauft Sukhon selbst gemachtes Brot, leckere Kuchen, Cookies und Joghurt.

GESUNDHEIT – Vereinzelt traten auf der Insel Fälle von Malaria auf. Die Gesundheitsbehörde trifft drastische Maßnahmen, um diese Krankheit in den Griff zu bekommen.

TAUCHEN – *A-One-Diving* hat einen Ableger nahe am Pier (s. Ranong).

Transport

Boote fahren von RANONG von 11–14 Uhr für 100 Baht in 2 Std. zum Dorf mit Pier im Süden der Ostküste. Sie sind oft heillos überladen. Für wei-

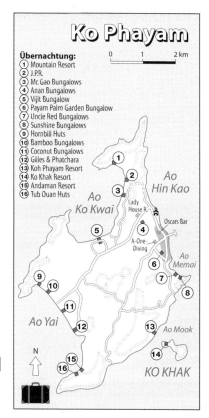

Übernachtung:
1. Mountain Resort
2. J.P.R.
3. Mr. Gao Bungalows
4. Anan Bungalows
5. Vijit Bungalow
6. Payam Palm Garden Bungalow
7. Uncle Red Bungalows
8. Sunshine Bungalows
9. Hornbill Huts
10. Bamboo Bungalows
11. Coconut Bungalows
12. Gilles & Phatchara
13. Koh Phayam Resort
14. Ko Khak Resort
15. Andaman Resort
16. Tub Ouan Huts

tere 100 Baht geht es per Longtail-Boot zur Westküste (30 Min.), oder per Motorradtaxi für 50–100 Baht direkt zu den Anlagen. Zurück fahren die Boote um 8 Uhr (Zubringer um 7 Uhr).

Die Ablegestelle erreicht man genauso wie die für Ko Chang (s.o.). Vertreter der Resorts fahren die Gäste kostenlos vom Busbahnhof zum Pier. Selbst ein Boot zu mieten kostet etwa 1000 Baht, was sich lohnen kann, wenn mehrere Personen zusammen kommen.

Wer von Ko Phayam nach Ko Chang wechseln will, findet oft kein Boot, oder es ist sehr teuer. Am besten ruft man in Ko Chang bei *Golden Bee* an und lässt sich abholen (ab 200 Baht).

Kaw Thaung (Myanmar)

Es ist möglich, einen Tagesausflug (oder den *Visa Run* für einen neuen Einreisestempel nach Thailand) per Boot nach **Victoria Point** zu machen. Die Anlegestelle in **Kaw Thaung** (gesprochen *Ko Sohng*) liegt nahe am Stadtzentrum mit dem großen, schönen Markt. Bei gebuchten Ganztagsausflügen kann zusätzlich die schöne Insel **Pulu Basin Island** besucht werden. Wer den *Visa Run* macht, also nur wegen eines neuen Thai-Visums nach Burma fährt, kann dies sehr bequem mit einem Ausflug zum schönen Luxus-Hotel Andaman Club auf der burmesischen Insel **Thahtay Kyun** verbinden.

Kaw Thaung: Im *Honey Bear Hotel* kostet ein ac-Zi ungefähr 700 Baht pro Nacht, im ältlichen *Victoria Point Motel* etwa 1000 Baht.

Thahtay Kyun: *Andaman Club*, ☎ 835223, ✆ 830594, 205 ac-Zi und alle Einrichtungen eines Luxushotels sowie ein schöner botanischer Garten mit Spazierwegen. Die Sicht aus dem hochgelegenen Restaurant auf 8 burmesische Inseln ist fantastisch, das Essen lecker und erschwinglich. Man merkt kaum, dass zum Hotel ein großes Casino gehört.

Sonstiges

GELD – Im Grenzgebiet werden Thai-Baht akzeptiert, es ist allerdings günstiger, in Kyat zu bezahlen.

GRENZFORMALITÄTEN – Auf der Thai-Seite wird das **Thai-Visum** vom Immigration Office (1 km vor dem Hafen rechts, gegenüber Kasikorn Bank, ⊙ tgl. 8–16.30 Uhr) regulär aus dem Pass gestempelt.
Der **Border Pass** für Myanmar kostet für Touristen mit Thai-Visum US$5 oder 300 Baht, für Touristen ohne Thai-Visum (d.h. nur mit 30-Tage-Stempel) US$15 oder 750 Baht.

Bei der Rückkehr wird im selben Immigration Office wieder ein **Einreisevisum** erteilt, mit dem man sich wiederum 30 Tage (bzw. 60 oder 90 Tage mit entsprechendem Visum) in Thailand aufhalten kann.
Zudem werden 4-wöchige **Burma-Visa** ausgestellt, in denen auf Wunsch Kaw Thaung als Einreiseort eingetragen wird. Damit kann man bei Kaw Thaung regulär nach Myanmar einreisen (Pflichtumtausch von US$300 in FEC) und sogar mit dem täglichen Flugzeug nach Yangon weiterfliegen (ca. US$120).

Transport

Das Boot von RANONG nach Kaw Thaung benötigt 30 Min. (40 Baht pro Strecke) und wartet, bis ausreichend Passagiere eingetroffen sind. Charter für 2 Personen (hin und zurück) 300–650 Baht (vorsicht: burmesische Boote fahren manchmal nur den Hinweg und lassen die Touristen stehen!).
Die Überfahrt vom Andaman Club Pier im Nordwesten von Ranong mit einem großen, klimatisierten Boot zum Andaman Club ist zu jeder ungeraden Stunde möglich, von Fr–So zu jeder vollen Stunde, dauert 20 Min. und kostet 500 Baht inkl. Ausreisestempel und Border Pass, die von den Angestellten des Hotels besorgt werden. Nach 2 Std. kann man zum Pier zurückfahren und sich an der dortigen Immigration (⊙ tgl. 8.30–17 Uhr) den neuen Einreisestempel nach Thailand holen.
Von CHUMPHON aus bietet On vom *New Chumphon Guesthouse* den *Visa Run* nach Myanmar als Tagesausflug an (1500 Baht für 1 Pers., 800 Baht p.P. bei 2 Pers., 500 Baht p.P. bei 4 Pers.), inkl. Essen, Besuch der heißen Quellen und eines Wasserfalls.
Von PHUKET aus bietet *Mike's Bikes Visa Run*, ☎ 076-282354, die Tour nach Myanmar für 999 Baht an. Zusteigemöglichkeit auch in Khao Lak.

Der Tiefe Süden

In natürlichen Pools unter **Wasserfällen** im Dschungel baden

Auf den Felsen **Kin Daeng** und **Hin Muang** fantastische Tauchgänge machen

In einem Strandrestaurant bei **Sichon** einen scharfen Mangosalat mit getrocknetem Tintenfisch genießen

Die zweithöchste Stupa Thailands in **Nakhon Si Thammarat** besichtigen

Durch die Meereshöhle **Tham Morakot** schwimmen

Südlich der Badeorte nimmt die thailändische Kultur und Mentalität langsam ab, denn hier im südlichsten Landesteil dominieren in den meisten Städten chinesischstämmige Thais, auf dem Land Malaien. Viele Frauen und Mädchen tragen Kopftücher, die Männer und Knaben das typisch muslimische Käppi.

Noch vor 25 Jahren galt dieses Ende des Landes als unterentwickelte Region ohne Infrastruktur. Die unzufriedene Bevölkerung konnte leicht von den „Freiheitskämpfern" beeinflusst werden. Doch die thailändische Regierung pumpt seitdem viel Geld in dieses Gebiet und bemüht sich sehr, den Südländern das Bewusstsein zu geben, gleichberechtigte und gleichgeliebte thailändische Staatsbürger zu sein. So hat der König einige seiner beeindruckenden landwirtschaftlichen Projekte hier eingerichtet, und er wird vom Volk genauso verehrt wie anderswo.

Auch im tiefen Süden gibt es schöne, jedoch touristisch kaum entwickelte Sandstrände. Entlang der **Ostküste** werden die relativ kahlen, scheinbar endlosen und von vielen Muschelschalen überzogenen Sandstrände vorwiegend von muslimischen Fischern genutzt. Einheimische Touristen in Ausgehkleidung begnügen sich mit kurzen Spaziergängen im knöcheltiefen Wasser. Erst langsam finden auch Erwachsene Vergnügen am Baden, Plantschen und Schwimmen in Badebekleidung.

Die Strände an der **Westküste** zwischen Trang und Satun sind vorwiegend sehr flach. Thais lieben es, bei Ebbe trockenen Fußes weit zum Meer hinauszulaufen, Muscheln zu sammeln und auszugraben. Nur wenige westliche Touristen zieht es an diese Ufer. Einige vorgelagerte Inseln locken jedoch mit traumhaften Stränden und unzerstörten Korallenriffen.

Das Hinterland bietet Naturfreunden vor allem schöne Wasserfälle inmitten von üppigem Regenwald.

Khanom – Sichon ขนอม – สิชล

Die beiden Fischer- und Marktorte liegen 30 km auseinander an H4014 und H401 am Golf von Thailand, ca. 85 km östlich von Surat Thani. In Khanom ist mittwochs Wochenmarkt. In den nächsten Jahren soll im Meer vor Khanom der riesige Hafen Southern Sea Port East gebaut werden. Mit zwei Stichstraßen an der Küste entlang wurden

schöne Sandstrände erschlossen. Die Strände von Khanom im Norden und von Sichon sind recht abwechslungsreich: hier scheinbar endlos lang, dazwischen sichelförmig geschwungen und von felsigen Kaps begrenzt, im Süden bei Sichon wieder endlos lang.

Der H4232 führt durch Kokosplantagen am 7 km langen Sandstrand **Nadan Beach** entlang, an dem in vielen Farmen Krabbenbrut aufgezogen wird. 7 km südlich von Khanom beginnt hinter einem Felsenhügel die schöne **Nai Plao-Bucht** mit feinem Sandstrand, im Hinterland versteckt sich ein Fischerdorf. Wer um den Hügel am Beginn der Bucht herumspaziert, kann hübsche, kleine Sandstrände zwischen schönen Felsen entdecken. Eine Betonstraße führt am Ende der Bucht 2 km weiter zum wunderschönen, doppelten Sandstrand **Thong Yi**, überragt von dschungelbedeckten Hügeln. Malerische, große Felsen teilen den ersten Strand in mehrere Abschnitte auf, während am zweiten ein 400 m langer, einsamer Sandstrand zum Verweilen einlädt. Eine urige Snackbar ist nur selten bewirtschaftet. Im *Homestay*, ☎ 01-9584504, können Gruppen ab 5 Pers. nach Voranmeldung übernachten.

Überragt wird das Gebiet vom 814 m hohen Khao Phra. An seinen östlichen Abhängen stürzen zwei Wasserfälle herab. Leicht zugänglich ist der **Hinlad-Wasserfall** auf einem Fahrweg (1,7 km) und zu Fuß nach links hoch (200 m), hier strömt Wasser aus dem Fels heraus und bildet einen kleinen Fall. Entdeckernaturen können einen Motorradausflug zur schönen Tropfsteinhöhle **Tham Wang Thong** unternehmen (Richtung Don Sak, 6 km links der Straße H4142). Auch ein Besuch der Tempel **Suwan Ban Pot** und **Kra Dang Nga** kann lohnen.

Von Sichon erreicht man auf der Straße zum Meer die **Hin-Ngam-Bucht**. Zum hinteren Strand geht sie über den Berg. In den Restaurants am breiten Sandstrand wird u.a. ein hervorragender scharfer Mangosalat mit getrocknetem Tintenfisch serviert (*yam mamuang plamuk fai*). Der Weg führt vom hinteren Strand weiter zu einer mit Palmen gesäumten Bucht (1,5 km). Der kilometerlange Fischerstrand besitzt groben Sand und viele Muscheln. Die Strandstraße passiert zahllose Farmen, in denen Krabbenbrut aufgezogen wird, und wendet sich 10 km südlich vom Piti Resort wieder nach Westen zum H401.

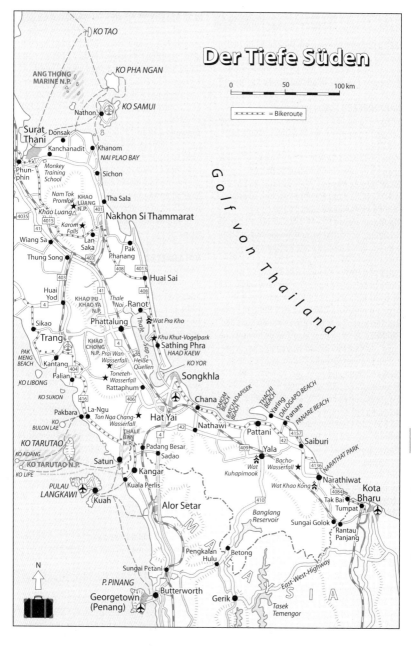

Der Tiefe Süden

0   50   100 km

⊢⊣⊢⊣⊢⊣ = Bikeroute

KO TAO

ANG THONG MARINE N.P.

KO PHA NGAN

Nathon   KO SAMUI

Surat Thani
Donsak
Kanchanadit
Phunphin   Khanom
Monkey Training School   *NAI PLAO BAY*
Sichon

Golf von Thailand

Nam Tok Promlok   KHAO LUANG N.P.
Khao Luang △   Tha Sala
Karom Falls
Wiang Sa   Lan Saka   Nakhon Si Thammarat
Thung Song   Pak Phanang
Huai Sai
Huai Yod   KHAO PU KHAO YA N.P.   *Thale Noi*
Sikao   Ranot
Trang   Phattalung   Wat Pra Kho
KHAO CHONG N.P.   Prai Wan-Wasserfall   Khu Khut-Vogelpark
PAK MENG BEACH   Heiße Quellen   Sathing Phra
Kantang   Toneteh-Wasserfall   *HAAD KAEW*
Palian   Rattaphum   KO YOR
KO LIBONG   Songkhla
KO SUKON
Pakbara   Ton Nga Chang-Wasserfall   Chana   *SAKOM BEACH*   *THACHI BEACH*
KO BULON LAE   THALE BAN N.P.   Hat Yai   Naring   Panare   *DALOGAPO BEACH*
KO TARUTAO   Nathawi   RATCADAPISEK   *PANARE BEACH*
KO ADANG   Padang Besar   Pattani
KO TARUTAO N.P.   Satun   Sadao   Yala   Saiburi
KO LIPE   Kangar   Wat Kuhapimook   Bacho-Wasserfall   NARATHAT PARK
PULAU LANGKAWI   Kuala Perlis   Wat Khao Kong   Narathiwat
Kuah   Alor Setar   Kota Bharu
Banglang Reservoir   Tak Bai   Tumpat
Pengkalan Hulu   Betong   Sungai Golok   Rantau Panjang
N   Sungai Petani   *East-West-Highway*
P. PINANG   Georgetown (Penang)   Butterworth   Gerik   *Tasek Temengor*
MALAYSIA

Die 14 Anlagen sind nur am Wochenende und in den Ferien durch Thai-Touristen ausgelastet. In der übrigen Zeit kann man an den Palmenstränden echte Einsamkeit erleben (meist mit Rabatt).

NADAN BEACH – *Alongot Resort*****, ✆ 075-528657, die nördlichste Anlage direkt am Strand, ein gepflegtes Areal mit 36 Komfort-Bungalows aus Stein.

Khanom Golden Beach****, ✆ 326690, 🖥 www.khanom.th.com; Komfort-Zi (40% Rabatt).

Sand Terrace Resort****, ✆ 528910, am KM 8 (500 m nördlich der Nai Plao-Straße), 20 größere, schöne ac-Bungalows am Strand.

Tip Montri Resort***–****, ✆ 528147, an der Abzweigung, komfortable Steinbungalows mit Fan oder ac, gutes, preiswertes Restaurant.

NAI PLAO BAY – *Khanom Hill Resort*, 🖥 www.khanom.de, eine Treppe führt hinab zu einigen im Thai-Stil erbauten, überdurchschnittlich hübschen Bungalows (1500 und 2500 Baht) mit großer Terrasse. Sie liegen etwas erhöht über der Bucht, zu der man über eine Treppe hinunter gelangt. Geleitet von einem sympathischen deutschen Ehepaar. Das Restaurant von Dhum ist ausgezeichnet und wirkt sehr familiär. Einsame Strände sind zu Fuß erreichbar.

White Beach Resort***, ✆ 527503, Reihenhaus am Hang auf der Landseite, 2 saubere Zi mit Fan im Bungalow am Hang auf der Meerseite, Restaurant, kostenloser Transport.

Supar Royal Beach, Nr. 51/4, ✆ 528552, 📧 528553, ✉ suparksc@ksc.th.com, am Beginn der Bucht auf der Landseite, 6-stöckiges Hochhaus mit Lift, 66 geschmackvoll und komfortabel eingerichtete Mittelklasse-Zi mit Balkon und Meersicht ab 1500 Baht sowie 19 Bungalows**** am Strand; Coffee Shop, Restaurant, Pool, Internet-Zugang, Auto- und Motorradvermietung.

Nai Plao Bay Resort****, Nr. 51/3, ✆ 529039, an der schönsten Stelle des Strandes in einem weiten Palmengarten; heruntergekommene Anlage. Vorsicht: Gleich nach dem Sandstrand liegen im Wasser scharfkantige Steine, an denen man sich verletzen kann.

G. B. Resort****, Nr. 30/1, ✆ 529253, 1,4 km weiter, am südlichen Ende des Strandes, sehr ansprechende Anlage mit vielen Pflanzen und Blumen, 5 putzige Häuschen mit Fan, 3 mit ac, netter Raum, freundlich eingerichtet, kleine Du/WC, Terrasse, ac-Zi mit Kühlschrank, TV und Warmwasser; Restaurant halb über der Lagune gelegen, Speisekarte in Thai; schattige Sitzgruppen am Strand.

Diamond Cliff ab**** (auch: *Khanab Nam Resort*), Nr. 99, ✆ 529144, Holz-Reihenhäuser mit Terrasse am felsigen Ende der Bucht und Bambus-Bungalows; das schöne Restaurant und der originelle Swimming Pool bieten eine tolle Aussicht. Empfohlen wurde uns das kleine **Restaurant** mit zwei Tischen nördlich vom *Supar Royal*. Es hat eine englische Speisekarte und freundliche Besitzer.

HIN NGAM BAY – *Prasarnsook Villa Resort***–***** (wochentags Discount), ✆ 075-536299, weitläufige Anlage, 30 hübsche Bambus-Bungalows mit Fan oder ac; großes Restaurant. In der Nähe befinden sich viele Liegestuhl-Seafood-Restaurants.

Hin Ngam Bungalow**, ✆ 536204, 800 m weiter an der hinteren Bucht, 6 kleine Bungalows, vollständig renoviert; Restaurant mit Seafood-Spezialitäten, davor ein Sandstrand mit zwei malerischen Felsen. Nur selten kommen Ausländer hier her.

Piti Resort***–****, ✆ 335301, 🖥 www.pitiresort.com, 2 km weiter südlich an der Strandstraße, Reihenhäuser mit Eigenheimen in einem Palmengarten. Die neueren Steinbungalows im Garten sind gut ausgestattet mit Kühlschrank, TV, Du/WC und Fan oder ac und ihr Geld wert. Offenes Restaurant mit englischer Speisekarte. Kaum jemand spricht Englisch, und es ist meist sehr einsam.

SICHON – *Sailom Bungalow**–****, ✆ 536275, 22 Bungalows mit Fan und ac, beim Markt.

BUSSE – Von Khanom nach BANGKOK (744 km) mit dem 2.Kl. ac-Bus um 17 Uhr für 328 Baht, mit dem ac-Bus um 18 Uhr für 421 Baht und dem

DER TIEFE SÜDEN

VIP-24-Bus um 18 Uhr für 655 Baht in 11 Std.
Von SURAT THANI, 85 km, mit ac-Minibus für
100 Baht in 90 Min. oder mit non-ac-Bus Richtung Nakhon Si Thammarat bis KLONG LENG
und dort per Songthaew für 14 Baht bis Khanom
(8 km).
Von NAKHON SI THAMMARAT von 7–18 Uhr jede Std. für 48 Baht nach Khanom, mit ac-Minibus
für 60 Baht in 90 Min.
Von DON SAK nach Khanom (20 km) mit dem
Small Bus für 35 Baht.
Zum NAI PLAO BEACH von 6–18 Uhr mit dem Tuk
Tuk-Shuttlebus oder Pickup weiter für 20 Baht,
teurer sind die Motorradtaxis.

FÄHRE – Ab dem Khanom Pier fahren Fähren
nach KO SAMUI und nach KO PHA NGAN.

Nakhon Si Thammarat
นครศรีธรรมราช

Kilometerlang erstreckt sich die Provinzhauptstadt
(von den Einheimischen nur „Nakhon" genannt)
entlang der Ostküsten-Straße, die hier 10 km im
Landesinneren verläuft. Wahrscheinlich befand
sich an dieser Stelle bereits im 8. Jh. die bedeutende
Hafenstadt Ligor, die vielleicht Zentrum des Sri Vijaya-Reiches oder Hauptstadt eines Vasallenstaates
des Königs von Palembang auf Sumatra war. Noch
immer kann man Reste der alten Befestigung entdecken, deren Ursprünge bereits auf das Jahr 655
zurückgehen sollen.
Im 13. Jahrhundert lag die Stadt noch am Meer
und war ein Zentrum für Händler aus Südindien
und Ceylon. Hinduistische Einflüsse sind noch immer in der Stadt zu sehen und im täglichen Leben
zu spüren. Später, unter König Ramesuan (1407)
und Narai (1677), wurden die Erdwälle erneuert
und durch Mauern aus Ziegeln ersetzt.

Zentrum

Das neue Stadt- und Geschäftszentrum, wo sich
auch die meisten Hotels und Restaurants befinden,
ist leicht an den vier Fußgängerbrücken an der
zentralen Kreuzung zu erkennen. Es liegt nördlich
der alten Siedlung, östlich vom Bahnhof.
Wer zwischen der schönen **Moschee** und dem
Kanal die Tha Chang Road Richtung Süden geht,
findet rechts einige Geschäfte, die Lederartikel,

Schmuck und Kunsthandwerk verkaufen, und links
das Tourist Office (TAT). Berühmt ist Nakhon für
seine Niello-Ware und die gestanzten Büffelhäute.
Der große **Hua It Markt** findet täglich in der
Nähe des Busbahnhofs statt. Ein weiterer großer
Markt wird auf der Pak Nakhon Road im Nordosten der Stadt und ein Straßenmarkt in den schmalen Gassen gegenüber vom Bahnhof veranstaltet. In
Nakhon gibt es nur wenige Touristen, es ist also
nicht verwunderlich, wenn sich Einheimische auf
der Straße umdrehen und die Schulkinder begeistert winken. Nur ganz wenige Einheimische sprechen Englisch.

Südlich des Zentrums

Heute sind südlich des Zentrums noch Reste der
Befestigungsanlagen zu sehen sowie 250 m der
Stadtmauer, die einst 2238 m auf 456 m lang war.
Zwei hinduistische Schreine, **Ho Phra Isuan** und
Ho Phra Narai, flankieren die Hauptstraße.
500 m weiter südlich steht vor der City Hall das
moderne Gebäude **Ho Phra Sihing**, ⏰ Mo–Fr 9–
16 Uhr, in dem die berühmte Buddha-Statue Phra
Buddha Sihing aufbewahrt wird – eine jener drei
Figuren, die jede für sich den Anspruch erhebt, das
aus Ceylon stammende, alte Original zu sein. Die
anderen beiden stehen im Nationalmuseum von
Bangkok und im Wat Phra Sing von Chiang Mai.

> **Die Legende vom Smaragd-Buddha** Vor et-
> wa 1700 Jahren erlitt die indische Prinzessin
> Hemshela, so die Legende, an dieser Küste
> Schiffbruch. Aus Dankbarkeit für die Rettung
> gründete sie die Stadt Nakhon Si Thammarat
> und stiftete den Smaragd-Buddha, den sie an
> Bord hatte. Falls die Legende stimmt, wäre
> dieser Smaragd-Buddha, der heute im Wat
> Phra Keo in Bangkok hochverehrt wird, eine
> der frühesten Buddha-Statuen überhaupt.

Wat Mahathat

Der älteste, bedeutendste und sicherlich interes-
santeste der vielen Tempel der Stadt soll nach der
Überlieferung im 8. Jh. von König Si Thanna Soka-
rat errichtet worden sein, nach archäologischen
Funden zu schließen, stammt er aus dem 7.–12. Jh.
Die mit 77 m Höhe zweitgrößte Stupa Thailands,
Phra Borommathat, wurde während der Sri Vi-
jaya-Herrschaft im ceylonesischen Stil errichtet, als

die Ideen des Buddhismus im Land Verbreitung fanden. Ihre Spitze ist vergoldet. Angeblich wird hier eine Zahnreliquie Buddhas aufbewahrt. Die Anlage wurde kürzlich restauriert.

Ein Wandelgang mit über 100 Buddhastatuen begrenzt den inneren Tempelbezirk. Weitere Buddhastatuen stehen im quadratischen Unterbau der zentralen **Stupa**, der von zahlreichen kleineren Chedis umgeben ist. Im Gebäude nördlich des Wandelgangs wird eine große, stehende Buddha-Statue von verschiedenen mystischen Wesen bewacht. Im **Tempelmuseum** ist der Klosterschatz in unglaublicher Unordnung ausgestellt. ☉ tgl. 8.30–12 und 13–16.30 Uhr, Eintritt 20 Baht. Auch das Wat-Gelände wird bereits um 16.30 Uhr geschlossen, die Mönche wohnen gegenüber im **Wat Na Phra Boromathat**.

An zahlreichen Ständen des **Handicraft Centers** im südlichen Tempelbereich werden Souvenirs und Kunstgewerbe-Artikel der Region angeboten – Messing-, Bronze- und Silberarbeiten, Schattenspiel-Figuren, Korbwaren usw., außerdem Magenfüllendes an Essenständen mit überaus freundlichen Verkäufern.

Nationalmuseum

Noch weiter im Süden liegt das große Nationalmuseum. Im Erdgeschoss sind prähistorische Funde, buddhistische und hinduistische Kunstwerke der malaiischen Halbinsel sowie alte Stein-Inschriften ausgestellt.

Das Obergeschoss enthält Ausstellungsstücke verschiedener Regionen: Sawankhalok-Keramik, chinesisches Porzellan, hinduistische Bronzefiguren und Schattenspielfiguren. ☉ Mi–So 9–16 Uhr, außer feiertags, Eintritt 30 Baht.

Übernachtung

Viele Hotels liegen in der Nähe des Bahnhofs.
New Si Thong** ②, 1547/2-3 Yommaraj Rd., ✆ 356702, Zi mit Fan.
Udom** ⑦, 1461/8-9 Yommaraj Rd., ✆ 356310, kein englisches Schild, in 2. Reihe, durch die Einfahrt zu erreichen, etwas ruhiger, Zi mit Fan und Du/WC.
Nakorn** ⑧, 1477/5 Yommaraj Rd., ✆ 356318, saubere Zi mit Fan und Bad, starker Straßenlärm.

Bua Luang**–*** (auch *Bue Loung*) ⑨, 1487/19 Soi Luang Muang, ✆ 341518, ✆ 342977, große, saubere Zi mit Fan oder ac, nicht gar so laut, schöne Aussicht aus dem 3. Stock; einige Traveller.
Montien**–**** ⑥, 1509/40 Yommaraj Rd., ✆ 341908-10, ✆ 345561, neben dem Bahnhof.
Thai Lee** ⑩, 1130 Ratchdamnoen Rd., ✆ 356948, sauberes, relativ ruhiges Hotel an der Hauptstraße, große Zi mit Fan und Du/WC. Der alte Besitzer verleiht dem anonymen Kasten ein uriges Flair. Daher ist das Hotel bei Travellern recht beliebt.
Thai Hotel**–*** ④, 1375 Ratchdamnoen Rd., ✆ 341509, ✆ 344858, große ac-Zi und guter Service, laut; für das Gebotene sehr preiswert.
Taksin*** ①, 1584/23 Si Praj Rd., ✆ 342790-4, ✆ 342794, ordentliche Zi.
Nakorn Garden Inn*** ⑪, 1/4 Pak Nakhon Rd., ✆ 344831-5, ✆ 342926, gutes Hotel östlich des Zentrums, ac-Zi; Restaurant.
Grand Park Hotel**** ⑫, 1204/79 Pak Nakhon Rd., ✆ 317666-73, ✆ 317674, hervorragendes Hotel östlich des Zentrums, toll eingerichtete Zi, freundliches Personal; sehr gutes Restaurant.
The Twin Lotus ⑬, 97/8 Phathanakan Rd., ✆ 323777, ✉ admtwl@twinlotushotel.com, Luxushotel im Süden der Stadt, 120 ac-Zi (ab 2800 Baht); Restaurant, Swimming Pool.

Essen

Im Ort gibt es zahlreiche Bäckereien und Foodstalls, sowie viele Restaurants in der Chamroen Vithi Rd. Dort findet man auch einen lebhaften **Nachtmarkt** mit Essenständen, wo man noch ein Thai-Curry für 10 Baht bekommt.
Gegenüber vom Wat Mahathat wird abends ein **Nachtmarkt** mit grandiosem Obst-Angebot aufgebaut.

Sonstiges

FESTIVALS – An Feiertagen werden noch Aufführungen des traditionellen **Schattenspiel-Theaters** gezeigt, das im malaiischen und indonesischen Raum weit verbreitet war, aber im Aussterben begriffen ist. Allein in Nakhon soll es noch 300 Schattenspieler geben.
Beim 3-tägigen Fest **Hae Pha Khun That** zu Vollmond im Februar / März wird bei einer Prozes-

Transport:
1. Minibus→Ko Samui
2. Ac-Minibus→Krabi, Phuket
3. Bus Station
4. Ac-Minibus→Trang
5. Thai Airways
6. Sammeltaxis→Surat Thani, Chumphon,Ranong
7. Ac-Minibus→Sichon, Khanom, Surat Thani
8. Ac-Bus→Surat Thani
9. Minibus→Hat Yai (2x)
10. Bus→Bangkok (Sopon Tour)
11. Sammeltaxis
12. Pickup→Sichon, Karom Falls

Übernachtung:
1. Taksin H.
2. New Si Thong H.
3. Phet Phai Lin H.
4. Thai H.
5. Siam H.
6. Montien H.
7. Udom H.
8. Nakorn H.
9. Bua Luang H.
10. Thai Lee H.
11. Nakorn Garden Inn
12. Grand Park H.
13. The Twin Lotus

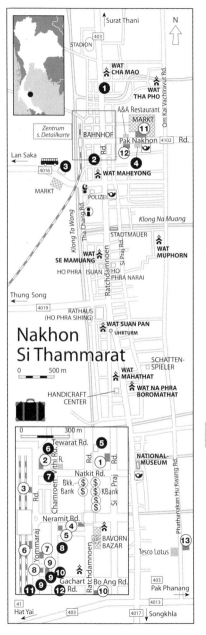

Nakhon
Si Thammarat

sion ein langes, mit der Geschichte des Buddha bemaltes Tuch mitgeführt und um die Buddha-Reliquie geschlungen.

Prapheni Duan Sip, das Festival des zehnten Monats, wird ab dem ersten Tag des abnehmenden Mondes im September / Oktober für 10 Tage gefeiert. Dieses tief religiöse Fest findet vor allem am Wat Mahathat statt: Ausstellungen, Cultural Shows (mit Schattentheater und Nora-Tanz), farbenfrohe Umzüge, u.v.m.

INFORMATIONEN – *Tourist Office*, Tha Chong Rd., ☏ 346515-6, ✆ 346517, ✉ tatnakon@nrt.cscoms.com; freundliche, gut Englisch sprechende Angestellte. Termine der Feste sind einige Monate zuvor bekannt. Naturliebhaber und Trekker sollten nach dem tollen *Nature Guidebook Khao Luang National Park* fragen. Das Büro ist auch für Trang und Phattalung zuständig.

INTERNET – im *Bavorn Bazar.*

POST – ein Postamt liegt südlich vom neuen Zentrum in der Ratchdamnoen Rd., ⏱ Mo–Sa 8.30–16.30 Uhr; Auslandstelefon im Obergeschoss, ⏱ tgl. 8–23 Uhr; weitere beim National Museum und gegenüber vom *Nakorn Garden Inn.*

TELEFON – Auslandsgespräche auch vom *Telephone Office* hinter dem Rathaus.

UNTERHALTUNG – Im *Bavorn Bazar* gibt es eine westliche Bar mit Live-Musik und Videoclips, auch westliches Essen.

VORWAHL – 075; PLZ: 80 000.

DER TIEFE SÜDEN

Nakhon Si Thammarat   601

Entlang der Hauptstraßen der lang gestreckten Stadt fahren **Minibusse** (Songthaew) für 6 Baht. Außerdem gibt es **Motorradtaxis** (10–50 Baht je nach Entfernung) und **Fahrrad-Rikschas** (3-stündige Sightseeing-Tour 60–100 Baht).

BUSSE – Die Bus Station liegt etwa 1 km südwestlich vom Bahnhof.
Nach BANGKOK (805 km) 2.Kl.-ac-Bus (hier *Ordinary* genannt) von 7–18.30 Uhr für 353 Baht, ac-Bus von 12–14 Uhr mit ***Krungsiam Tour***, ✆ 341665, sowie laufend von 17–18.40 Uhr für 454 Baht mit 4 Busgesellschaften (z.B. ***Sopon Tour***, ✆ 341221).
Nach SURAT THANI non-ac-Bus alle 40 Min. bis 16.20 Uhr für 55 Baht, ac-Bus 70 Baht.
Nach KO SAMUI ac-Bus um 11.30 Uhr für 170 Baht inkl. Fähre.
Nach KRABI bis 14 Uhr für 67 Baht in 3 Std.
Nach PHUKET non-ac-Bus stündl. bis 10 Uhr für 125 Baht, ac-Bus bis 9.15 Uhr 175 Baht in 8 Std.
PHATTALUNG non-ac-Bus alle 30 Min. bis 16.30 Uhr für 43 Baht.
HAT YAI non-ac-Bus alle 30 Min. bis 16.10 Uhr für 73 Baht, ac-Bus 102 Baht.
SONGKHLA non-ac-Bus alle 30 Min. bis 15 Uhr für 70 Baht, ac-Bus um 11.35 und 13.15 Uhr für 98 Baht.
SICHON 24 Baht.

MICROBUSSE – Die ac-Microbusse fahren von verschiedenen Stellen in der Stadt zu jeder vollen Std. ab (siehe Stadtplan).
Nach PHUKET gegenüber vom Rathaus bis 16 Uhr für 200 Baht in 7 Std., nach KRABI von derselben Stelle bis 16 Uhr für 120 Baht in 3 Std.
Nach HAT YAI von der Gachart Rd. jede Std. bis 18 Uhr für 100 Baht in 3 Std.
Nach TRANG von der Bo Ang Rd. bis 17 Uhr für 80 Baht in 2 Std.
Nach SURAT THANI nördlich vom Bahnhof bis 17.30 Uhr für 95 Baht in 2 Std.
Nach KO SAMUI mit ac-Microbus von ***Sichon Pattanakit***, ✆ 342400, nördlich hinter der Brücke rechts, um 7.30, 11.30 und 13.30 Uhr für 120 Baht in 5 Std. (zzgl. Fähre 54 Baht).

SAMMELTAXIS – Ab der südlichen Yommaraj Rd. bis 17 Uhr nach SICHON für 40 Baht, KHANOM 60 Baht, PHATTALUNG 60 Baht, KRABI 120 Baht, PHUKET 250 Baht, TRANG 70 Baht, HAT YAI 90 Baht und SONGKHLA 90 Baht.
Ab der nördlichen Chamroen Vithi Rd. nach SURAT THANI für 90 Baht.

EISENBAHN – Ein Zweig der südlichen Bahnlinie endet hier.
Von BANGKOK *Rapid* 173 um 17.35 Uhr (ab 348 / 173 Baht in der 2. / 3.Kl.) oder *Express* 85 um 19.15 Uhr (ab 368 Baht in der 2.Kl.), Ank. 8.50 bzw. 10.15 Uhr. Weitere 7 Züge halten in THUNG SONG, 58 km südwestlich von Nakham.
Um 13 und 14 Uhr fahren der *Rapid* 174 und der *Express* 86 Richtung BANGKOK, Ank. um 5 bzw. 5.20 Uhr.
Nach Süden lokaler Zug 451 um 6.10 Uhr über HAT YAI (37 Baht) bis SUNGAI GOLOK (Ank. 15.20 Uhr, 70 Baht) und lokaler Zug 455 um 10.20 Uhr bis YALA (Ank. 17.25 Uhr, 55 Baht).

FLÜGE – Der Flugplatz liegt im Norden der Stadt, wo auch eine große Fallschirmjäger-Einheit stationiert ist. *P.B. Air*, ✆ 313030, fliegt tgl. von / nach BANGKOK für 2420 Baht.

BIKER – Nach **Süden** geht es auf dem H408 nach Huai Sai, dann durch die Mondlandschaft der Shrimp-Farmen und in Strandnähe ohne Meersicht bis Songkhla (mit der Fähre übersetzen, ca. 180 km).
Nach **Norden** empfehlen wir die schöne, weniger befahrene Strecke westlich um das Khao Luang Massiv herum. Dazu geht es auf dem H4016 an der Bus Station vorbei nach Westen, an den Karom-Fällen vorbei und über Chawang auf dem H4015 nach Surat Thani (s.S. 328).

Die Umgebung von Nakhon
Khao Luang National Park

Der 570 km² großen National Park, bei Einheimischen als *Nam Tok Karom* bekannt, erstreckt sich rings um den 1835 m hohen Khao Luang. Durch dichten Monsunwald, vorbei an Urwaldriesen und Baumfarnen, stürzen die **Karom-Wasserfälle** einige hundert Meter über mehrere Stufen bis zu 40 m tief die Felsen hinunter. An sieben von den beeindruckenden 19 Fällen entlang ist ein Pfad gut begehbar. Herrlich schwimmen kann man im natürlichen Pool unter dem 7. Fall. Mit seinen glatten Felsen und natürlichen Rutschbahnen ist er selbst an Werktagen eine große Attraktion für die Dorfjugend.

Der Karom-Wasserfall liegt 29 km westlich der Stadt, 2 km nördlich der Straße H4015 nach Chawang. Hinter Ban Ron, 8 km hinter Lan Saka, zweigt die Straße am KM 20 (Schild: *Karom Falls 2 km*) ab. Ein Songthaew ab Nakhon Si Thammarat für 15–20 Baht nehmen (nach *Nam Tok Karom* fragen), dann 2 km zum *Visitor Center* hochgehen (evt. Motorradtaxi). Unterhalb des Parkplatzes liegt ein Restaurant mit Essen und Getränken. Am Wochenende sollten Ruhebedürftige den Wasserfall meiden. Eintritt: Ausländer 200 Baht, Autos 20 Baht.

Zum nicht so spektakulären 3-stufigen Wasserfall **Nam Tok Phrom Lok** gelangt man auf dem H4016 und H4132 über Phrom Khiri, etwa 20 km nordwestlich der Stadt (z.Zt. besteht keine Möglichkeit zum Übernachten). Daneben steht ein neuer *King Palace*.

Vom *Khao Luang Nature Education Centre* beim Dorf **Khiriwong**, 33 km westlich der Stadt auf einer z.T. steilen Straße (mit Songthaew 25 Baht), können Trekker bei guter Vorbereitung in ca. 14 Std. den Gipfel des **Khao Luang** (1835 m) besteigen. Am ersten Tag wandert man in 4 Std. durch Obstgärten und an einigen Wasserfällen entlang bis auf 600 m Höhe, wo in dichtem Dschungel in einer Rasthütte übernachtet wird. Am zweiten Tag geht es auf teilweise sehr steilem Pfad 5 Std. aufwärts. Baumfarne, Bergorchideen, Begonien und Rhododendron bieten Abwechslung im unberührten Dschungel. Nach weiteren 3 Std. erreicht man den Gipfel, der bei klarer Luft eine schöne Rundsicht bietet. Hier oben kann es bis auf 5 °C abkühlen. Gute Führer und Träger organisiert der *Khiriwong Ecotourism Club* (ca. 1700 Baht p.P. für 3 Tage inkl. Verpflegung + Nationalparkeintritt). Günstiger macht es *Lek* vom *Herbal Home*. Beste Zeit ist Januar bis Mai, allerdings nicht nach heftigen Regenfällen. Das Permit wird im National Park Büro erteilt. Weitere Infos im *Nature Guidebook*, das im Tourist Office erhältlich ist.

Weniger anstrengend gestaltet sich die Wanderung auf dem *Krung Ching Nature Trail* im Norden

des Parks. Durch dichten Dschungel, bis vor wenigen Jahren noch Rückzugsgebiet kommunistischer Guerillas, und durch besonders hohe Baumfarne geht es 4 km weit zum 7-stufigen **Krung Ching Wasserfall**. Der Führer aus dem *Krung Ching Park Büro* erhält ein Trinkgeld. Das Büro liegt im Norden des Parks, zu erreichen auf den Straßen H4016, H4186 und H4188 (ca. 70 km nördlich der Stadt). Beste Zeit ist nach den Regenfällen im November und Dezember. Weitere Infos im *Nature Guidebook*, das im Tourist Office erhältlich ist.

Am Nordrand des Parks bieten einige Dörfer **Wildwasserfahrten** mit Gummikanus auf dem Khlong Klaai sowie **Elefantentrekking** zurück zum Dorf an. Anmeldung ist drei Tage im Voraus erforderlich bei Mr. Pairote, ☏ 075-309004.

Strände

Der Savanniwat Beach, 20 km nördlich, ist ein beliebter Picknickplatz der Einheimischen und ziemlich verschmutzt. In der Nähe liegen reichlich Puff-Bungalows am Strand.

Das Fischerdorf **Pak Phanang**, auf dem H4013 nach 28 km erreichbar, hat etwas Besonderes zu bieten: Durch Zufall kamen die Einwohner darauf, dass die Schwalben, für deren Nester 40 000–50 000 Baht/ kg bezahlt werden, auch in verlassenen Gebäuden Nester bauen, wo sie leicht geerntet werden können. Nun stehen bereits über 30 leere Gebäude allein für die Schwalben bereit, damit sie von März bis August mit ihrem Speichel die begehrten Nester an die Decken bauen. *Supachok Hotel***–***, 46/2 Phanit Samphan Rd., ☏ 075-517201, mit 40 Zimmern. Die Straße geht über die neue Brücke 4 km weiter nach Osten bis zum Sandstrand. Das *Shane Resort*** liegt 11,2 km südlich davon, hat 5 Bungalows und etwa eine Million Moskitos, ansonsten ist es angenehm.

Auf der schmalen Landzunge kann man bis zur Landspitze **Laem Talumpuk** fahren. Wegen der unzähligen Krabbenfarmen ähnelt die Straße H408 entlang der Küste nach Songkhla (s.S. 638) einer Mondlandschaft.

Das durch Zinnminen mit Arsen verseuchte Wasser zwischen Ron Phibun und Pak Phanang gefährdet nach Berichten der *Bangkok Post* die Landbevölkerung in hohem Maße. Davon sind auch die Shrimp-Farmen in der Bucht von Pak Phanang betroffen.

Phattalung พัทลุง

Die kleine Provinzhauptstadt an der Bahnlinie Richtung Hat Yai liegt inmitten von Reisfeldern. Der Highway verläuft etwa 3 km außerhalb der Stadt. In den zwei großen Kalkfelsen, die sich aus der Ebene erheben, befinden sich buddhistische **Höhlentempel**, z.B. Wat Kuha Sawan im Westen der Stadt. Wahrscheinlich dienten diese Höhlen bereits während der Sri Vijaya-Periode (8.–13.Jh.) als Meditationsklöster, denn es wurden dort zahlreiche Votivtafeln aus jener Zeit gefunden. In einer Tropfsteinhöhle stehen etwa 40 Buddha-Statuen, darunter ein großer ruhender Buddha. In Phattalung werden die traditionellen Künste gepflegt. So findet im April ein Schattenspiel-Wettbewerb statt, im Juni ein Tanzwettbewerb im dramatischen Tanz *Manohra* und im Oktober ein Trommel-Wettbewerb.

Übernachtung und Essen

Hor Far Hotel **–*** ① (auch *Ho Fah*), 28-30 Kuha Sawan Rd., ✆ 611920, saubere Zi mit Fan oder ac, freundliches Personal.
Thai Hotel **–*** ③, 14 Dissara-Sukharin Rd., ✆ 611636, große, einigermaßen saubere und ruhige Zi mit Telefon, Radio, Du/WC und Fan oder ac, hat schon bessere Tage gesehen, wird auch stundenweise vermietet.
Grand Mansion *** ⑥, 64/12 Pracha Bamrung Rd., ✆ 615705, neue, saubere ac-Zi.
Dina Inn **–*** (Schild: *Dee Na Inn*) ②, 1/20 Saiburi Rd., ✆ 613026, 1,4 km westlich der Stadt links, Anlage à la Vorhanghotel mit 24 Zimmern.
Lampam Resort **–*** ⑤, ✆ 611486, am Hat Sansuk Lampam (s.u.), 8 km östlich. 20 hübsche Bambus-Bungalows mit Bad und Fan; durchschnittliches Essen zu gehobenen Preisen, als Farang ist man eine Sensation.
Patalung ** ④, abzuraten.
Sehr gutes, billiges Essen gibt es auf dem Nachtmarkt.

Sonstiges

INFORMATIONEN – *Phattalung Tourist Center*, ✆ 611201, am Eingang zum Rathaus, ca. 1 km westlich. Infos über die Provinz und Verkauf von lokalem Kunsthandwerk, ☉ Mo–Fr 8–16 Uhr (allerdings selten besetzt).

TELEFON – Auslandsgespräche bei der Post im Obergeschoss, ☉ 8–20 Uhr.

VORWAHL – 074; PLZ: 93 000.

Transport

BUSSE – Nach BANGKOK (888 km) 2.Kl. ac-Bus um 17 Uhr für 388 Baht in 15 Std., ac-Bus um 16 und 16.30 Uhr für 499 Baht in 13 Std. Nach HAT YAI non-ac-Bus von der Bus Station alle 30 Min. für 40 Baht in 90 Min. Weitere Busse fahren gegenüber der *Kasikorn Bank* ab. Minibusse für 50 Baht in 80 Min. jeweils zur halben Std.
Nach NAKHON jede Std. für 43 Baht in 2 Std.
Nach TRANG jede Std. für 25 Baht in 90 Min.
Nach PHUKET für 135 Baht, ac-Bus 223 Baht in 7 Std.
Vom Süden Richtung Bangkok fahrende Busse halten 3 km außerhalb am H4/41.

SAMMELTAXIS – nach TRANG für 50 Baht in 1 Std., nach NAKHON SI THAMMARAT für 60 Baht in 90 Min.

EISENBAHN – Direkt von BANGKOK eignen sich nur der *Rapid* 169 mit Schlafwagen um 15.50 Uhr (Ank. 7.10 Uhr) und der *Sprinter* 41 um 22.50 Uhr (Ank. 10.54 Uhr).
Nach BANGKOK *Rapid* um 16.44 und 17.53 Uhr (ab 358 / 177 Baht in der 2. / 3.Kl.), Ank. 7.55 und 9.05 Uhr.
Special Express um 19 und 19.39 Uhr (ab 398 Baht in der 2. Kl.), Ank. 9.35 bzw. 9.55 Uhr, *Sprinter* um 17.32 Uhr, Ank. 5.35 Uhr.
Mit dem lokalen Zug (3. Klasse) nach HAT YAI 5x tgl. für 18 Baht, SUNGAI GOLOK für 56 Baht, NAKHON SI THAMMARAT 3x tgl. für 22 Baht und SURAT THANI um 8.37 und 13.07 Uhr für 42 Baht in 5 Std.

Die Umgebung von Phattalung
Tham Malai

Nach etwa 3 km Fußmarsch an den Bahngleisen entlang Richtung Norden erreicht man das Höhlenkloster Tham Malai. Wer die Höhlen besichtigen will, braucht eine Taschenlampe. Der zentrale Che-

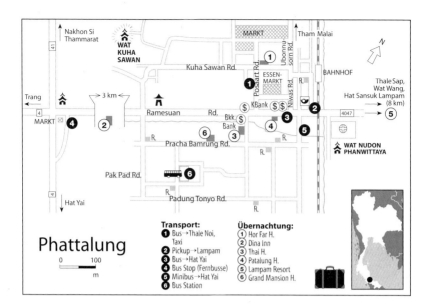

Phattalung

0   100
m

Transport:
1 Bus→Thale Noi, Taxi
2 Pickup→Lampam
3 Bus→Hat Yai
4 Bus Stop (Fernbusse)
5 Minibus→Hat Yai
6 Bus Station

Übernachtung:
1 Hor Far H.
2 Dina Inn
3 Thai H.
4 Patalung H.
5 Lampam Resort
6 Grand Mansion H.

di wird von 32 Mönchs- und Buddhafiguren in verschiedenen Körperhaltungen umrahmt. Von oben geht der Blick über die Reisfelder bis zu den Bergen im Westen und über die Kalkfelsen bis zum Meer und zum großen Binnensee Thale Sap im Osten.

Hat Sansuk Lampam

Auf der Hauptstraße nach Osten (H4047) fährt man 8 km zum **Binnensee Thale Sap** (Songthaew links vor der Eisenbahnkreuzung für 8 Baht). Am flachen, kaum knietiefen Strand Hat Sansuk Lampam machen viele Thai-Familien am Wochenende und am Abend Picknick; viele Imbissbuden.

Auf der anderen Flussseite liegt das *Lampam Resort* mit einem Seafood-Restaurant (gehobene Preise). An Wochenenden fährt ein Ausflugsboot zur Vogelbeobachtung auf den See. Eine Tretbootfahrt bei Sonnenuntergang durch die Seerosenfelder ist wunderschön, aber die Rückfahrt kann sich schwierig gestalten.

Thale Noi

Der flache Süßwassersee Thale Noi, etwa 36 km nordöstlich der Stadt, ist ein großes Vogelreservat. Von Januar bis März – nachdem die Monsunwinde abgeebbt sind – machen hier viele Zugvögel Station: Weißer Ibis, Storch, Kormorane, Graureiher und fast 200 weitere Arten, vor allem Wasservögel. Schön sind die riesigen Felder von lila blühenden Seerosen im Januar. Am besten schon vor 7 Uhr morgens mit dem Boot hinausfahren (1,5 Stunden, 200 Baht). 30 Übernachtungsplätze im Headquarter, nachfragen! Private Unterkünfte (ab ca. 150 Baht) können über das Restaurant *Rim Nam* organisiert werden. Busse nach Thale Noi fahren ab der Posaart Road für 25 Baht (zurück bis 17 Uhr). Vogelkundlern sei die 16-seitige, informative Broschüre *Nature Guidebook Thale Noi* empfohlen, die im Tourist Office von Nakhon Si Thammarat kostenlos zu bekommen ist.

Heiße Quellen

30 km südlich von Phattalung kann man in heißem Wasser baden, das mit 52 °C aus einer Quelle am Fuße eines Kalksteinfelsens sprudelt (bekannt als *Bo Nam Ron – Nam Yen*). Auf dem Gelände eines Klosters sind Badehäuschen mit Schöpfdusche und ein Thai-Dampfbad eingerichtet. Eine Spende wird erwartet. In einem halbrunden Felsenkessel liegt ein Lotusteich mit Picknicktischen. Viele Grotten

DER TIEFE SÜDEN

sind in den Felsen zu sehen. Von Phattalung biegt man vom H4 am KM 46,4 nach links auf den H4081 ab und fährt 6,6 km auf dem guten Sträßchen bis zum Dorf **Khao Chai Son**. Dort geht es vor der Polizei nach rechts und nach 100 m nochmals rechts, dann sind es noch 1,8 km zum Klosterhof am Fuße der Felsen. Ohne eigenes Fahrzeug am besten mit einem lokalen Hat Yai-Zug für 4 Baht nach Khao Chai Son fahren und ca. 3 km zu Fuß gehen oder ein Motorradtaxi nehmen.

Die übrigen, an der Abzweigung vom H4 ausgeschilderten *Tourist Attractions* sind keinen Abstecher wert.

Wasserfälle

In einem dichten, herrlichen Dschungel fällt der **Prai Wan-Wasserfall** in einer Serie von Kaskaden die Felsen der Banthat Bergkette herab. Ein steiler, nicht ungefährlicher Pfad führt ca. 120 m hoch zu den höchsten Fällen, viele Badeplätze bieten sich an, aber kein Swimming Pool. Am Fuße der Fälle stehen etwa ein Dutzend Bambushütten, in denen Snacks und Getränke angeboten werden. Viel Müll trübt im unteren Teil das Dschungelerlebnis.

Der einsame **Nokrum-Wasserfall** am KM 43,4 des H4122 (dann 1200 m auf schlechtem Fahr- und Fußweg) ist nur 4 m hoch, bildet aber einen schönen Swimming Pool.

Westlich des H4122 stürzen noch mindestens vier weitere sehenswerte Wasserfälle von den Bergen herab: weiter südlich der **Mom Jui-Wasserfall** (mit großem Parkplatz), sowie weiter nördlich der **Pliu-Wasserfall** mit schönen, hohen Kaskaden, der **Ban Tone-Wasserfall** und der besonders schöne **Khao Khram-Wasserfall**, der mehrere klare Swimming Pools bildet (25 km westlich von Phattalung 3 km nach Süden fahren und 3 km wandern).

Von Phattalung zum Prai Wan-Wasserfall fährt man mit einem Minibus nach Kongra (30 Baht) am H4122 oder nach Mae Khri am H4 Richtung Hat Yai. Von beiden Orten fahren Minibusse nach Ban Phut (6 bzw. 16 Baht). Die letzten 3,4 km chartert man ein Moped (40 Baht) oder geht zu Fuß. Mit dem eigenen Fahrzeug fährt man von Phattalung auf dem H4 Richtung Trang bis zum KM 26,4 und biegt dort auf den H4122 ab. Dieser führt 27 km nach Süden durch eine schöne Landschaft mit bizarren Hügeln und Reisfeldern über Ban Kongra bis zum Dorf Ban Phut. Am KM 37,3 biegt ein

Schotterweg durch Gummiplantagen zum Nam Tok Prai Wan ab.

Trang   ตรัง

In der angenehmen, chinesisch geprägten Provinzhauptstadt mit 50 000 Einwohnern fallen viele moderne, gut bestückte Läden ins Auge. Fast 2000 Jahre lang lag Trang am Meer und war eine bedeutende Handelsstadt. Im 19. Jh. wurde sie wegen ständiger Überflutungen weiter ins Landesinnere verlegt. Heute dient sie hauptsächlich als wichtiger Umschlagplatz für den Kautschuk, der in der Umgebung in Familienbetrieben gewonnen wird. Die Stadt macht einen wohlhabenden Eindruck. Nachdem Chuan Leekpai, ein Sohn der Stadt, zum Ministerpräsidenten von Thailand gewählt worden war, entwickelten die Bewohner auch ein neues Selbstbewusstsein, und es flossen größere Zuwendungen in die Stadt. Westliche Touristen sind hier häufig noch bestaunte Attraktionen.

Wer von Süden kommt, wird vom großen, überdachten **Markt** im Zentrum und vom Nachtmarkt beeindruckt sein. Einige chinesische **Tempel** sind mit interessanten Höllendarstellungen geschmückt. Von der **Buddha-Statue** hinter dem Bahnhof auf dem Hügel hat man einen herrlichen Blick über die Stadt. Kaum mehr erträglich ist der Höllenlärm, den die Dreirad-Scooter in der Stadt veranstalten.

So manchen Traveller zieht es an die einsamen Strände der Provinz und auf die kaum bekannten Inseln vor der Küste. Touristisch allenfalls für Wochenendausflügler erschlossen, sind diese Ziele nicht ganz einfach zu erreichen und nur für Entdeckernaturen interessant, die auf jeglichen Komfort verzichten und sich einigermaßen auf Thai verständlich machen können. Ein guter Sprachführer mit Thai-Schrift ist Gold wert. Die beste Zeit für Fahrten entlang der Westküste und zu den Inseln ist von Dezember bis April. Die Wasserfälle wirken während der Regenzeit (Juni–Nov.) am eindrucksvollsten.

Übernachtung

GÄSTEHAUS – *P.J. Guest House* ★★ ⑯, 25/12 Satani Rd., ✆ 217500, Stadthaus beim Bahnhof, 8 kleine, einfache Zimmer, Bad außen, Dachgar-

DER TIEFE SÜDEN

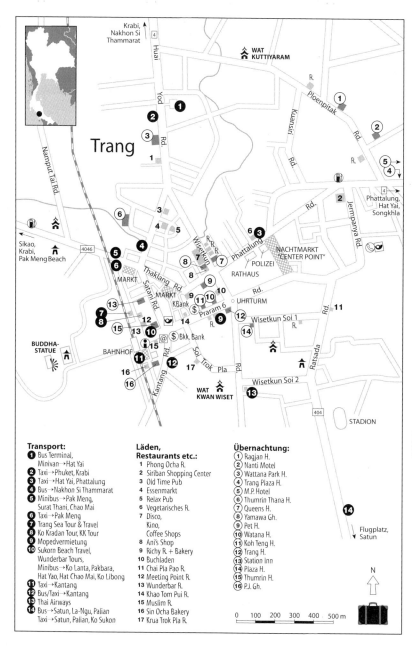

DER TIEFE SÜDEN

ten, Tickets, Mietwagen, Touren, professionelle Beratung durch Mr. Pong.

HOTELS – *Station Inn*** (ac***), auch *Station Apartment*, ⑬, 118 Satani Rd., ✆ 223393-6, ✆ 223390, sauberes Hotel nördlich vom Bahnhof, 70 Zi mit TV, Telefon, Warmwasser-Du/WC und Fan oder ac; wechselhaftes Personal; Wäscheservice. Es sollen Diebstähle vorgekommen sein.

Koh Teng (Backpackers)** (ac***), ⑪, 77-9 Praram 6 Rd., ✆ 218622, frisch renoviert, sauber, ac-Zi und im ruhigen hinteren Gebäudeteil sehr große Zi mit Fan, beliebte Restauranthalle; freundlicher Besitzer, für Anspruchsvolle weniger geeignet.

Pet Hotel** ⑨, einfach und billig, aber sehr laut.

Watana** (ac***) ⑩, 127/3 Praram 6 Rd., ✆ 218184, heruntergekommene Zi.

Queens** (ac***) ⑦, 85-89 Wisetkun Rd., ✆ 210413, 2002 wurde von Diebstählen berichtet.

Thumrin Hotel*** ⑮, Satani Rd., ✆ 211011, ✆ 218057, 100 m vom Bahnhof, ziemlich abgewohntes vollklimatisiertes Hotel.

Trang Hotel*** ⑫, 134/2-5 Wisetkun Rd., ✆ 218157, ✆ 218451, modernes Gebäude am Uhrturm, große, saubere ac-Zi mit Fan und TV, nach hinten ruhiger; guter Coffee Shop, freundliches Personal mit geringen Englischkenntnissen, Discount möglich.

Trang Plaza Hotel ④, 132 Phattalung Rd., ✆ 226902-9, ✆ 226901, 1 km östlich vom Zentrum vor dem Park rechts, 14-stöckiges Hotel mit Aufzug, 196 große, gut ausgestattete ac-Zi mit großem Bad (ab 1200 Baht inkl. Frühstück); gutes chinesisches Restaurant, Coffee Shop, abends Live-Musik in der Lounge. Swimming Pool, Jacuzzi, Autovermietung. Rolli-gerecht.

Thumrin Thana Hotel ⑥, 69/8 Trang Thana Rd., ✆ 211211, ✆ 223288, First-Class-Hotel mit Aufzug, 289 große, hervorragend ausgestattete ac-Zi mit großem Bad (ab 1200 Baht); Restaurants, Coffee Shop, Swimming Pool, Fitness Center, Autovermietung.

M. P. Hotel**** ⑤, 184 Phattalung Rd., ✆ 214230-45, ✆ 211177, am Stadtrand, ist wie ein Schiff geformt; 191, gering belegte, luxuriöse Zi; Restaurants, Pool, Pool-Bar, Fitness Center, Tennis. Auch wenn es einige Verschleißerscheinungen zeigt, ist es für den Preis noch sehr günstig.

Essen

Der neue **Nachtmarkt** *Center Point* in der Ruenrom Rd. ist nach Sonnenuntergang wirklich gut und unterhaltsam.

Essenstände machen nach 18 Uhr überall an der Praram 6 Rd. auf.

Gute, billige Restaurants liegen an der Straße hinter der Markthalle und neben dem *Queens Hotel*.

Einige hervorragende Restaurants in der Praram 6 Rd. servieren u.a. erstklassiges Seafood zu moderaten Preisen, z.B. das exzellente **Khao Tom Pui** ohne englisches Schild aber mit englischer Speisekarte, ◷ 16–4 Uhr, und das **Krua Trok Pla** in der gleichnamigen Seitengasse. Es ist einfach und gut, nicht teuer und hat eine englische Speisekarte.

Im **Muslim-Restaurant** (vor dem Bahnhof) sind die Portionen (20–25 Baht) zwar nicht groß, dafür scharf und schmackhaft, es gibt saure Gurken und eine interessante Kräutermischung dazu.

In der **Wunderbar** gegenüber vom Bahnhof wird gutes europäisch-thailändisches Essen zu akzeptablen Preisen serviert, leckeres Eis, Fassbier, Wein, importierter Käse. Gute Musik, netter Service, unter Leitung des Deutschen Matthias. Günstige Touren (s.u.). ◷ ab 9 Uhr.

Frühstückstreff der Traveller ist ab 7.30 Uhr die Restauranthalle des *Koh Teng Hotels*. Der freundliche Besitzer kümmert sich aufmerksam um seine Gäste. Alles geht sehr fix.

In den chinesischen *Coffee Shops* wird vorzüglicher Kaffee *(kopi)* serviert, im Gegensatz zum üblichen *kafae*; man kann ihn z.B. in der modernen **Sin Ocha Bakery** nahe beim Bahnhof testen.

Im **Siriban Shopping Center** findet man u.a. einen *KFC* und einen *Coffee Shop*, in dem echter Kaffee gereicht wird.

Viele Gartenrestaurants an der Peripherie der Innenstadt laden zum Dinieren im Thai-Stil ein.

DER TIEFE SÜDEN

Ein Leser empfiehlt: **Ban Suwimon Restaurant**, direkt neben dem Suriwong Park, ist ein sehr gutes und gemütliches Thai-Gartenrestaurant, allerdings ohne englische Speisekarte. Der Besitzer ist aber gerne behilflich.
Spezialität von Trang ist Spanferkel, serviert mit vielen kleinen chinesischen Happen.

Sonstiges

AUTOVERMIETUNG – bei **Trang Travel**, ✆ 219598-9, 🖷 211290, Autos und Minibusse mit Fahrer für 1500 Baht/Tag, sowie bei **Wunderbar Tours** und **Sukorn Beach Travel** beim Bahnhof.

BÜCHER – **Ani's Shop**, ✆ 01-3974574, 🖂 happy_hans@hotmail.com, hat Second-Hand-Bücher, darunter viele deutsche, sowie gute Souvenirs, Mopedvermietung 150 Baht/Tag. Abends gibt es Bier und Softdrinks, Mr. Hans sorgt bis spät für gute Stimmung.

FESTIVAL – Das spektakuläre **Vegetarian Festival** findet im Sep. / Okt. statt. Während dieser 10 Tage werden höhere Hotelpreise verlangt. Die exakten Termine sind ab März beim TAT bekannt. Siehe auch Phuket (s.S. 483).

GESUNDHEIT – Ein Krankenhaus für Tropenkrankheiten liegt Richtung Flugplatz links. Bei Malariaverdacht wird eine Blutanalyse für 80 Baht gemacht (2 Std.).

INFORMATIONEN – gibt es am besten bei den vielen *Travel Offices* beim Bahnhof.

MOTORRÄDER – verleihen **Suzuki** (250 Baht/Tag) gegenüber vom *Koh Teng Hotel* sowie die **Wunderbar Tours** und **Ani's Shop** (150 Baht).

POST – Gegenüber vom Thumrin Hotel an der Praram 6 Rd. Ein **Telephone Center** für Auslandsgespräche liegt ca. 1 km weiter außerhalb an der Jermpanya Rd., ☉ 8–16.30 Uhr.

REISEBÜROS – gibt es mehrere beim Bahnhof, u.a.:
Chitlada Tour, u.a. Minibus nach Pakbara (Ko Lipe).
K.K. Tours, u.a. Minibus nach Ko Lanta.
P.J. Tours, ✆ 217500, im Gästehaus, Tickets und Touren in der Umgebung.
Sukorn Beach Travel, ✆/🖷 211457, Buchungsbüro und Transfer um 11.30 Uhr für *Sukorn Beach Bungalows*, unter holländischer Leitung. Ähnliches Angebot wie *Wunderbar Tours*.
Wunderbar Tours, ✆/🖷 214563, 🖂 wunderbar @asia.com, organisiert günstige Touren für max. 4 Pers. in den Dschungel, zu nahe gelegenen Inseln und Wasserfällen, speziell auch für Taucher und Angler. Tickets, Motorräder, Autos, Limousinen-Service. Gute Landkarten. Bucht Unterkünfte in der gesamten Region per E-Mail (auch auf Deutsch). Thai-deutsche Leitung.

STRASSENNAMEN – Die fantasievolle Umsetzung der Thai-Schreibweise ins Englische führt vor allem bei Straßen zu einer Vielfalt scheinbar neuer Namen: So heißt die Wisetkun Rd. auch Wisetkoon, Visedkun, Visedkul oder Wisekun.

VORWAHL – 075; PLZ: 92 000.

Nahverkehrsmittel

Motorradtaxis kosten in der Stadt 15 Baht, Dreiradtaxis 20 Baht.

Transport

BUSSE – Alle Busse starten und kommen beim Bus Terminal, ✆ 210455, 218718, in der Huai Yod Rd. an.
Nach BANGKOK (938 km) ac-Bus um 16 Uhr für 483 Baht in 12 Std., VIP-24-Bus um 17 Uhr für 765 Baht in 13 Std.
Nach PHUKET non-ac-Bus alle 30 Min. für 105 Baht in 6 Std., ac- und VIP-Bus für 157 bzw. 189 Baht in 5 Std. Sie fahren über KRABI für 50 Baht in 2 1/2 Std., ac-Bus 90 Baht, und über PHANG NGA für 85 Baht in 4 Std., ac-Bus 139 Baht.
Nach KHAO LAK mit dem Phuket-Bus bis Khok Kloi in 4–5 Std., umsteigen Richtung Takua Pa (30 Baht, 1 Std.).

DER TIEFE SÜDEN

Nach PHATTALUNG non-ac-Bus für 25 Baht in 75 Min.

Nach NAKHON SI THAMMARAT non-ac-Bus für 56 Baht, ac-Bus 80 Baht, ab dem *Thumrin Thana Hotel*.

Nach HAT YAI non-ac-Bus alle 30 Min. von 5.30–16.30 Uhr für 60–84 Baht.

Nach LA-NGU (für Pakbara) non-ac-Bus für 40 Baht, ac-Bus stündlich für 70 Baht in 2 Std., weiter nach SATUN non-ac-Bus für 56 Baht, ac-Bus 100 Baht. Per Motorradtaxi für 15 Baht zum Bus Stop.

Nach SURAT THANI non-ac-Bus für 88 Baht in 4 Std.

MINIBUSSE – Zum Strand von PAK MENG alle 30 Min. für 60 Baht (70 Baht zum Hafen und zum Resort), Taxi schräg gegenüber.

Zum Strand von HAT YAO und nach CHAO MAI jede Std. für 60 Baht.

Nach KO LANTA in der Saison um 11, 12 und 13 Uhr Minivan für 150 Baht über BAN HUA HIN (inkl. 2 Fähren) in 2 Std., in der Nebensaison nur 1x tgl.; Abfahrt vor dem Bahnhof (Zwischenstopp am Bus Terminal). Zurück um 8 Uhr. Einen Minibus zu chartern kostet 1000 Baht.

Nach PAKBARA mit *Andrew Tour* vom Bahnhof (bei *Chitlada Tour*) um 11 Uhr für 150 Baht.

Nach HAT YAI vom Bus Terminal ca. alle 30 Min. bis 17.30 Uhr für 70 Baht.

Nach NAKHON SI THAMMARAT für 80 Baht.

Nach SURAT THANI für 130 Baht in 3 Std.

SAMMELTAXIS – Die Taxi-Stände sind im Stadtplan eingetragen.

Nach KRABI für 80 Baht (1 1/2 Std.), PHATTALUNG 50 Baht, NAKHON SI THAMMARAT 70 Baht, HAT YAI 70 Baht, SURAT THANI 100 Baht (ac 150 Baht), SATUN 80 Baht, LA-NGU 70 Baht, zum Hafen von PALIAN (für Ko Sukon) 50 Baht (außerdem fährt ein Minibus, 30 Baht), nach KANTANG (20 Baht).

EISENBAHN – Von BANGKOK *Express* 83 um 17.05 Uhr, Ank. 7.35 Uhr, oder *Rapid* 167 um 18.20 Uhr, Ank. 10.11 Uhr.

Nach BANGKOK *Rapid* 168 um 13.45 Uhr, Ank. 6.05 Uhr, oder *Express* 84 um 17.30 Uhr, Ank. 8.35 Uhr (ab 371 / 195 Baht in der 2./3. Kl.).

FLÜGE – Täglich ein Flug von und nach BANGKOK (2750 Baht).

Thai Airways Office, 199/2 Wisetkun Rd., ☎ 218066. Agenturen beim Bahnhof.

BOOTE – In PAK MENG, 39 km westlich von Trang, ist der Bootsverkehr jetzt gut organisiert. Longtail-Boote zu den Inseln KO HAI kosten 500 Baht, nach KO KRADAN 600 Baht.

BIKER – Wir empfehlen, die Stadt Trang wegen des starken Verkehrs weiträumig zu umfahren. Dazu kommt man von **Norden** ab Krabi über Ko Lanta zum Pak Meng Beach.

Nach **Süden** fährt man zunächst an den Stränden entlang und biegt beim KM 16 ab nach Kantang (15+3 km). Auf dem H403 geht es 4 km Richtung Trang, dann aber vor der großen Brücke am KM 90 in die Ausfahrt nach links (Schild: *Ban Thung Khai*) und unter der Brücke nach rechts durch (Schild: *Yan Tha Kao*) auf die Verbindungsstraße H4261 (12,3 km) zum H404 (KM 12). Darauf sind es 9 km nach Yan Ta Khao, wo man entweder am KM 22 auf die ländliche Straße H4125 nach Osten abbiegt und in einem großen Bogen Thung Yao erreicht (27 km) oder auf dem H404 bleibt und erst nach 20 km nach links auf den H416 abzweigt nach Thung Yao (4 km). Nun ist zunächst ein 1,5 km langer Anstieg zu einem Pass (19 km) zu bezwingen, hinter dem gleich die **Khao Ting Höhle** kommt. Wer noch Energie hat, kann am Fuße des Passes am KM 34,9 einen Abstecher zum sehr schön im Dschungel gelegenen Wasserfall **Tan Pliu** machen (vorwiegend auf z.T. steiler Asphaltstraße, 6,7 km, Essenstände). Relativ leicht geht es weiter nach Thung Wa (ca. 14 km) und am nächsten Morgen über La-Ngu nach Pakbara (32 km). Insgesamt sind dies ca. 162 km. Übernachten kann man in Kantang, Yan Ta Khao und im *Green House Hotel*** kurz vor Thung Wa links.

Die Umgebung von Trang
Khao Chong National Park

Das **Nature Education and Wildlife Center Khao Chong** und der **Ton Nam Pliu-Wasserfall** (angeblich 130 m hoch, 35 m breit) im Khao Chong National Park sind keine 200 Baht Eintritt wert, solange die „Straße der Wasserfälle" genauso schöne, aber kostenlose Naturbegegnungen bereithält.

Wasserfälle

Wer etwas für Wasserfälle übrig und ein eigenes Fahrzeug zur Verfügung hat, kann vom H4 Richtung Phattalung am KM 53 nach Süden auf die **Straße der Wasserfälle** H4264 abbiegen. Von dieser Asphaltstraße aus sind mehrere Wasserfälle zu erreichen, die von der Banthat-Bergkette im Osten herabstürzen. Zum Fotografieren eignet sich der frühe Nachmittag bis 15 Uhr am besten. Mit Tuk Tuk kostet die Fahrt ca. 300 Baht, mit Taxi ca. 500 Baht, organisiert 1000 Baht.

Am KM 1 zweigt rechts ein Sträßchen zum **Lam Chan Bird Park** ab. Hier kann man nur selten Vögel beobachten, ganzjährig aber Waschbären und Affen in elenden Gehegen bedauern.

Am KM 11,7 führt eine Straße beim Thai-Schild *3 km* zum **Sairung-Wasserfall**. In einem schönen Monsunwald mit Baumfarnen bildet er einige kleine, bei der Dorfbevölkerung sehr beliebte Badeplätze. Nichts fürs Wochenende.

Am KM 15,5 geht es 3 km auf einem Schotterweg zum **Phraisawan-Wasserfall**, der in 7 Stufen herabstürzt. Am Fuße der 2. Stufe kann man in einem großen Pool schön schwimmen. Besonders die im dichten Wald schwer erreichbaren Stufen 3 und 7 sollen sehr schön sein.

Der **Lamplog-Wasserfall** am KM 20,5 liefert die Energie für ein kleines E-Werk (2 km). Danach geht es teilweise im Flussbett weiter bis zu einem natürlichen Schwimmbecken am Fall. Vorsicht, Felsen im Wasser!

Zu zwei weiteren Wasserfällen zweigt im Dorf Sam Yaek Palian am KM 26,4 eine Straße nach links ab (Schild *10 km*). Schon unterwegs ist das breite, glitzernde Band des herabstürzenden Wassers zu sehen. Nach 9,8 km kommt der Parkplatz des **Toneteh-Wasserfalls** (auch *Tontae*) mit vielen Erfrischungsständen. Regierungs-Bungalows stehen zum Übernachten bereit. Den Fuß des Wasserfalls erreicht man auf einem leichten Pfad in 10 Minuten. Mehrere breite Wasserbänder stürzen ca. 100 m über eine schräge Felswand. In einem Strömungs-Pool kann man im Anblick von Wasserfall, Dschungelgewächsen und Baumfarnen schön schwimmen.

Der **Tonetok-Wasserfall** ist touristisch noch nicht erschlossen. Man biegt 2 km vor dem Parkplatz nach rechts ab und folgt 3,3 km dem schmalen, gut befestigten Fahrweg durch Gummiplantagen und Dschungelgärten bis ans Ende. Über 12 m stürzt er als breiter Fall nicht allzu eindrucksvoll über mehrere Rippen. Die 2. und 3. Stufe im Dschungel sind nur links am Wasserfall entlang recht schwierig zu erreichen.

Am Ende des Dorfes Ban Laem Som zweigt vom KM 17,7 des H4125 (Thai-Schild: *3,2 km, 9,0 km*) ein 9 km langer, schlechter Erdweg nach links zum **Chaopha-Wasserfall** ab. Der Fall besteht aus 25 Sinterterrassen von 5–10 m Höhe.

Die letzten drei Wasserfälle sind auch vom H404 zu erreichen, wenn man am KM 22 in Yan Ta Khao auf den H4125 nach Osten abbiegt, der nach 13 km auf den H4264 trifft.

Höhlen

Zwischen Trang und Phattalung liegt nördlich des H4 am KM 34 das Meditationszentrum (*Insight Development*) **Sumano Cave Temple**. Mehrere große, z.T. ausgebaute Höhlen enthalten Statuen von Buddha und Kuan Yin.

Von der Straße H4 zwischen Huai Yod und Krabi biegt 46 km von Trang entfernt eine Straße nach Norden ab. Nach 4 km links halten, dann sind nach weiteren 12 km die beiden Seen **Song Hong** im Wald erreicht; ein ruhiger, idealer Zeltplatz. Kurz vorher kann mit einem Boot das schöne Höhlensystem **Tham Thale** besichtigt werden, was die Reisebüros in Trang organisieren können.

Höhlenfreaks können sich auch nach den Höhlen **Tham Le Khao Kob** im Distrikt Huai Yod, **Tham Eso** bei Thung Song und **Tham Khao Chang Hai** im Distrikt Nayong erkundigen. Dagegen lohnt die Höhle Tham Khao Pina nicht mehr.

Strände bei Trang
Pak Meng Beach

Der Strand von Pak Meng ist in den **Chao Mai National Park** integriert. Der 5 km lange, von hohen Kasuarinen gesäumte Sandstrand wird fast ausschließlich von Thais besucht, vor allem an den Wochenenden und in den Ferien. Leider verstreuen sie unglaublich viel Müll. Ein lokales Nachtleben mit Bars hat sich entwickelt. Zum Schwimmen ist der Strand viel zu flach, er eignet sich aber gut für Wattwanderungen, Strandspaziergänge und zum

Muscheln sammeln. In den einfachen Restaurants gibt es ab und an hervorragenden Fisch oder Seafood. Wer Glück hat, erlebt bei Sonnenuntergang, wie sich die grandiosen Felsen im Meer gegen den glutroten Himmel abheben. Am nördlichen Ende liegt vor der Lagune der Pier für Fischer- und Ausflugsboote und für Boote nach Ko Hai. Das südliche Ende wurde mit einer betonierten Promenade gegen das in der Regenzeit anbrandende Meer geschützt.

Anfang November findet am Tag mit niedrigster Ebbe ein Volksfest statt, bei dem Tausende von Menschen nach *Tapao*-Muscheln suchen.

Zwischen Sikao und dem Pak Meng Beach fällt am KM 5,3 rechts das Tor des *Raja Mangala Institute of Technology* ins Auge. Jenseits des bewachten Tores ist nach 4,2 km auf der schnurgeraden Schotterstraße durch das Institutsgelände der flache **Raja Mangala-Strand** an der Boon Kong Bay mit feinem, dunklem Sand erreicht. Nach links fährt man durch eindrucksvolle Felsen und findet nach 1 km rechts am Meer einen recht idyllischen Platz zwischen Felsen. Hier kann man schön schwimmen. Auf dem Gelände des Instituts wurde das **Trang Aquarium** eröffnet.

Übernachtung

Pak Meng Resort***–******, 60/1 Moo 4, ☎ 274111, ✉ pakmengresort@hotmail.com, 🖥 www.pakmengresort.com; 2,4 km südlich der Abzweigung bei der Promenade landseitig am Strand. 24 nette Bungalows mit Fan oder ac und Du/WC im großen Garten, 2 schöne Häuser mit je 4 geschmackvoll eingerichteten ac-Zimmern am Klong; gutes Restaurant; freundliche Besitzerin. Tagesausflüge zu vorgelagerten Inseln, Motorrad 250 Baht/Tag, ein Kanu für 400 Baht/Tag.
Lay Trang Resort****, ☎ 274027, 100 m hinter dem Pier, ruhiger, kühler Garten mit Teich und Sitzgruppen unter großen Bäumen, ac-Bungalows, gepflegtes Restaurant mit gutem Essen.

Transport

MINIBUSSE – Von TRANG fährt jede halbe Std. ein Minibus über Pak Meng nach SIKAO für 60 Baht (bis zum Hafen oder Resort für 70 Baht).

Chang Lang Beach

Von Pak Meng geht es über die Klong Hla-Brücke zum **Chang Lang-Strand**. 300 m hinter der Brücke entsteht ein riesiges Resort mit 3-stöckigen Gebäuden der Amari-Gruppe. Nach 1,8 km liegen links der Straße die beiden Resorts, nach 4,5 km ist am KM 6,5 das *Visitor Center* des Chao Mai National Parks (200 Baht Eintritt) erreicht. Der kilometerlange Sandstrand ist von Muscheln übersät, sehr flach und zum Schwimmen nicht geeignet, Zelten ist möglich. Die vielen hübschen, schattigen Picknick-Plätze sind bei jungen Thais sehr beliebt. Am südlichen Strandende gibt es einen Erfrischungskiosk, Wasser zum Abduschen und Toiletten. In der Nähe des *Headquarters* stehen Toiletten- und Duschhäuschen sowie 2 *Bungalows***–****.

Übernachtung

Chang Lang Resort***–****, ☎ 075-291008, 100 m links der Straße, 200 m vom Strand, hübsch angelegter, ummauerter Garten. Jeder Bungalow hat 4 kleine, saubere Zi mit Fan, die aber etwas steril wirken. Die größeren sind mit guten Möbeln ausgestattet und besitzen einen Decken-Fan. Ein Haus mit 3 Zi bietet für 1600 Baht 8 Personen Platz, ist gut eingerichtet und verfügt über ac und Kühlschrank. Gutes Restaurant.
Chang Lang Seasand Bungalow***, ☎ 242259, direkt an der Straße, 50 m vom Strand, 10 nicht gerade einladende Zi in 5 Doppelbungalows mit Vorraum und Du/WC.

Yong Ling Beach

Am KM 13 führt eine Schotterstraße nach rechts nach **Kuan Tung Ku** (1,6 km), wo Boote zur Insel Ko Muk ablegen. An der nächsten Abzweigung nach 3 km geht es nach links zum Fähranleger **Tha Sam** für die Fähre nach Kantang. Rechts beginnt die Kilometrierung der Asphaltstraße wieder bei 0. Sie führt zu zwei sehr schönen Stränden und endet nach 12,5 km beim Fischerdorf Ban Chao Mai / Mata Noi.

Am KM 5 zweigt eine 2 km lange Straße nach rechts ab zu den kilometerlangen, schattenlosen Stränden San Beach und Yong Ling Beach. Besonders bei Ebbe ist der letztere sehr reizvoll, da es dann Löcher unter den Felsen erlauben, zu kleinen Stränden zu schlüpfen. Große Kasuarinen laden zu einem Picknick ein.

Umgebung Trang

DER TIEFE SÜDEN

Die Produktion von Rohgummi Vor einer kleinen Hütte mitten im Wald hängen seltsame, weiße Matten auf der Leine. Wer nichts darüber weiß, kann sich diesen häufigen Anblick in Süd-Thailand kaum erklären. Der Wald, das sind die Kautschukplantagen, und die weißen Matten das frisch produzierte Latex. Latex, den Rohgummi, benötigen wir zur Herstellung von Autoreifen und Kondomen. Bevor wir diese aufziehen können, muss viel Schweiß fließen, sogar bei Nacht.

Die Arbeit beginnt zwischen 1 und 2 Uhr, da der Baum bei zunehmender Tageshitze in seiner Leistung nachlässt. Die mit Stirnlampen ausgerüsteten Arbeiter schaben mit einem Zapfmesser an den spiralförmig nach unten verlaufenden Schnitten eine dünne Schicht der Rinde ab. Sofort beginnt die Kautschukmilch zu fließen. Am Ende des Schnittes tropft über eine Blechrinne der weiße, klebrige Saft in eine Ton- oder Kokosnussschale, maximal 300 ml pro Baum und Nacht. Bei Regen und Blattfall kann nicht geerntet werden.

Ist die Schale am Morgen voll, muss das flüssige Latex auf einem zweiten Rundgang in einen Eimer eingesammelt werden. Unter einem Schutzdach wird die Kautschukmilch in gleich große Schalen gegossen. Um die Flüssigkeit möglichst schnell zum Gerinnen zu bringen, wird ihr Säure zugefügt. Auf einem Tisch wird dieser schwammig weiche Teig zu einer 2–3 cm dicken, rechteckigen Matte breitgedrückt. Die Schalen sichern eine etwa gleiche Größe der *sheets*, wie sie in der Fachsprache heißen. Die Matten werden nun dreimal durch eine Mangel mit gerippten Walzen gedreht. So wird das meiste Wasser herausgepresst, und die *sheets* erhalten die Größe eines Türvorlegers.

Zum weiteren Trocknen werden sie auf eine Leine gehängt. Später kommen sie auf eine große, erhitzte Steinplatte, bis sich ihre weiße Farbe in eine schmutzig graue verwandelt hat. Haben sich genügend Matten angesammelt, bringt sie der Kautschukpflanzer mit seinem Moped zum nächsten Aufkäufer. Dieser räuchert die Waren, um Bakterien abzutöten und verkauft sie an einen Zwischenhändler weiter. Der wiederum liefert die gebündelten Gummiplatten tonnenweise an seinen Exporteur in der nächsten Hafenstadt.

Bis der Kautschuk-Baum *(Hevea brasiliensis)* aber erst einmal Saft gibt, gehen mindestens 8 bis 10 Jahre ins Land, bei guter Düngung, wohlgemerkt. Sein produktives Leben hört nach 28 bis 30 Jahren auf, dann muss er gefällt werden. Das minderwertige Holz findet Verwendung als Feuerholz beim Brennen von Ziegeln. Im Februar und März färben sich die Blätter der Bäume braun und fallen schließlich ab, um frischen, grünen Blättern Platz zu machen.

In Thailand wird Kautschuk vorwiegend in Familienbetrieben gewonnen, im Gegensatz zu den Großplantagen im Nachbarland Malaysia. Seit 1992 ist Thailand der weltgrößte Produzent von Naturkautschuk. Der Export brachte Thailand im Jahre 1998 etwa 25 Milliarden Baht ein. Mit Reis und Tapioka liegt Gummi an der Spitze der landwirtschaftlichen Exportgüter. Überall in Süd-Thailand, wo man Gummimatten auf der Leine hängen sieht, kann man vormittags den Produktionsprozess verfolgen. Auch mit geringen Thai-Kenntnissen wird man das Meiste gut verstehen. Führungen auf Englisch werden z.B. von Reisebüros in Phuket angeboten.

Hat Yao Beach

Am KM 8, 24 km südlich von Pak Meng, beginnt rechts der Hat Yao, ein sehr schöner, 4 km langer Sandstrand, der von Kasuarinen gesäumt wird. Am schönsten ist er am südlichen Ende, wo ein Felsen weit ins Meer ragt. Dort kann man auch sehr gut schwimmen, häufig sogar während des Monsuns (ca. Juni–Oktober).

Leider gibt es auch Sandfliegen und sehr viel Müll. Ein Kiosk verkauft Getränke und sehr einfache Gerichte. Wasser zum Duschen kann man aus einem Brunnen heraufziehen.

500 m weiter werden im muslimischen Fischerdorf **Ban Chao Mai / Mata Noi** zeitweise Krebse und Krabben verkauft. Ein einfaches Seafood-Restaurant mit englischer Speisekarte und gehobenen Preisen steht auf Pfählen über dem Wasser. Das Dorf ist der Endhaltepunkt der Songthaews von Kantang (36 km) und eines Minibus von Trang (60 Baht, 2 Std.). Von hier aus geht es mit dem Boot

für 200 Baht zur lohnenswerten **Chao Mai-Höhle**, die sich links flussaufwärts im Felsen befindet (die Tour dauert etwa 2 1/2 Std.).

Am Pier von Ban Chao Mai liegt ein Büro des *Trang Scuba Dive Center*, ✆ 222189, 🖳 www. travelthailand.com/trangscuba.

Sinchai's Chaomai Resort*–***, 400 m vom Hat Yao rechts hinter dem Felsen, 10 einfache, etwas verwohnte Bungalows unter Kasuarinen und Palmen am flachen Strand, einfaches Restaurant, Zelt 50 Baht; Fahrrad 120 Baht, Touren zur Chao Mai Cave für 100 Baht p.P. und zu 3 Inseln für 400 Baht p.P.
Haadyao Nature Resort** (ac***), ✆ 075-203012, 🖳 www.thailandtrang.com; im Fischerdorf direkt am Pier, Holzhütten und Reihenhaus (mit YHA-Ausweis billiger); Touren zu 3 Höhlen 300–700 Baht p.P., Kajaks 50 Baht/Std., Boot nach Ko Libong 20 Baht. Dugong-Trekking mit Kajak, Maske und Schnorchel.

Hat Samran

Der äußerst flache, ziemlich schlammige Strand mit großen Kasuarinen liegt 49 km südlich von Trang. Für Wochenendausflügler stehen 4 Restaurants, einige kleine Bungalows** und ein Resort bereit. An beiden Enden liegen Fischerhütten und Boote. Draußen im Meer sind malerische Felsen zu sehen. Bei der vorgelagerten Insel **Ko Lao Liang** (15 km) soll es schöne Korallen geben (Boot 300 Baht). Von Trang mit einem eigenen Fahrzeug auf dem H404 nach Süden fahren und in Ban Na am KM 27,8 nach Westen abbiegen (Thai-Schild: *21*).

Die Inseln vor der flachen Küste von Trang sind kaum für den Tourismus erschlossen und geben echten Abenteurernaturen noch viel zu entdecken. Wer gar Erfahrung mit Meeres-Faltbootfahrten hat, kann zur Zeit des ruhigen Wassers während des Nordostmonsuns, also von Oktober bis Januar, eine herrliche Route befahren. Etwa 10 Tage (oder mehr) benötigt man z.B. für die Strecke Hat Yao – Ko Libong – Ko Muk – Ko Lanta – Ko Jum – Ko Siboya – Krabi. Unterwegs laden immer noch einsame Strände zum Zelten ein, auch an der Festlandküste.

Auf dem H4235 geht es 21 km immer geradeaus bis zum Strand von Hat Samran. Mit Pickups geht es etwas langsamer.

Laem Ta Se Beach Resort***, ✆ 212947, 15 Bungalows. Buchung bei den Reisebüros in Trang.

Ko Hai   เกาะไหง

Auf der nur 5 km² großen Insel Ko Hai (auch Ko Ngai) sind die Hügel mit Wald und die Küsten mit Kokosplantagen bedeckt. Ein 2 km langer, schöner Sandstrand an der Ostküste ist zum Teil mit Korallengestein durchsetzt. Bei Ebbe kann man nicht baden, es schauen an vielen Stellen die Korallenstöcke aus dem klaren Wasser heraus. Auch bei Flut muss man beim Schwimmen vorsichtig sein. Im Januar und Februar steht starker Ostwind auf den Stränden und treibt hohe Wellen heran. Als gute Zeit gilt Dezember bis Juli, Hochsaison ist von Januar bis April. Zu jeder Zeit ist die Insel zum absoluten Relaxen geeignet, denn außer einer kleinen Tauchschule gibt es nur Strand, Palmen, Wald und totale Ruhe.

Es werden Bootsausflüge zu einigen Inseln und ans Festland organisiert. Vor allem am Wochenende kann man sich Ausflüglern anschließen. Gern besuchte Ziele sind: **Ko Rok** (24 km), **Ko Muk** (8 km), **Ko Kradan** (8 km).

Die Bungalowsiedlungen auf Ko Hai liegen unter Kokospalmen und haben ein Restaurant. Zelte können für 150 Baht gemietet werden.
Koh Hai Villa***–****, direkt am Strand, Bambusmattenhütten und Reihenhaus mit Fan. Wer etwas für Natur übrig hat, sollte diese Anlage meiden, denn der Besitzer zerstört das Riff vor seiner Anlage nach Lust und Laune und damit den Lebensraum der Fische.
Koh Hai Resort ab****, ✆ 075-206924, im Südosten vor Felsen an einer 200 m langen Sandbucht, sehr große, gepflegte Anlage, Thai-Häuser und Suiten mit ac (um 2700 Baht), schöne ac-Bungalows (bis 1900 Baht) und einfache, teure Hütten auf Pfählen, Fan-Zi in einem 2-stöckigen Gebäude; bei Buchung über die Tauchschule billiger;

Sonnenuntergang an der Nordspitze von Ko Hai

gutes Essen, kinderfreundlich. Kreditkarten werden gegen Gebühr akzeptiert. Schöne Schnorchelgründe, aber meist trübe Sicht, 3-stündige
Schnorcheltouren für 350 Baht; geführte Insel-
wanderungen durch den Regenwald. Bei Ebbe
kann man trockenen Fußes zur *Koh Hai Villa*
wandern. Tauchschule.

Fantasy Resort, ✆ 075-210317, 216339, gepflegte
Anlage am Nachbarstrand, 30 ac-Komfortbungalows und ac-Zi (ab 1900 Baht), geschmackvoll eingerichtet, die vorderen mit herrlicher Strandterrasse; hervorragendes, aber teures Essen. Gehört
dem gleichen Besitzer wie *Koh Hai Resort*, kostenloser Transfer zum Schwester-Resort mit Boot.

Seafood Resort*, ✆ 01-6070464, 10 Zelte mit
Vordächern (250 Baht) direkt am Strand neben
Fantasy.

Koh Hai Paradise*, auf der Südseite der Insel an
braunem, 400 m langen Sandstrand, an dem man
gut baden und schnorcheln kann. 15 Holzbungalows mit Fan, Du/WC und Terrasse mit Meersicht;
Restaurant am Strand. Der gut gelaunte Besitzer
schaut am Wochenende nach dem Rechten. Auf
einem Dschungelpfad quer durch die Insel nach
45 Min. erreichbar. Infos und Abfahrt am *Meeting
Point Restaurant* in Trang um 12 Uhr, 250 Baht.

Tauchen

Die von den Deutschen Brigitte und Lothar geleitete Tauchschule **Rainbow Divers**, ✆ 075-
206924, 🖳 www.Rainbow-Diver.com, hat ihre
Basis im Koh Hai Resort. Die sehr schönen, fast
exklusiven Tauchplätze liegen im Umkreis von
20 Min. Bootsfahrt und sind oft auch gut zum
Schnorcheln geeignet. Tagesausflüge führen je
nach Bedarf in die Umgebung, u.a. zu den Super-
Tauchplätzen bei Hin Daeng und Hin Muang. PA-
DI-Kurse. Kreditkarten werden akzeptiert.

Transport

Vom Pier in PAK MENG fährt in der Saison um
10.30 Uhr ein Boot zu allen Resorts für 150 Baht
p.P. (40 Min.). Zurück geht es ca. 13 Uhr (in der
Nebensaison bei der Tauchschule anfragen).
Ansonsten Charter für 600 Baht/Longtailboot.
Von BAN SALADAN auf Ko Lanta fährt tgl. zwischen 8.30 und 9 Uhr ein Longtailboot für 300
Baht in 80 Min. nach Ko Hai, sehr wacklig und
sehr nass. Zurück gegen 14.30 Uhr.
Auch zur Südspitze von KO LANTA mit gechar-
tertem Longtail-Boot (200 Baht p.P. ab 3 Pers.) ist

nur mit seefestem Gemüt und wasserfestem Gepäck zu empfehlen.

Das *Koh Hai Office* am Bahnhof von Trang arrangiert auf Wunsch Transport direkt zu den Resorts. Ab Ban Saladan auf Ko Lanta mit der *4-Island Tour* oder Schnorcheltour um 8.00 Uhr für ca. 300 Baht, Rückfahrt nachmittags. Alle Reisebüros in Ban Saladan organisieren den Transport und die Unterkunft. Vom Ausflugsboot werden die Passagiere mit Longtails abgeholt und zum gebuchten Resort gebracht.

Ko Muk   เกาะมุก

Diese Insel, auch Ko Mook genannt, liegt nur wenige Kilometer vom Festland entfernt. Die Nord-, West- und Südküste fallen steil zum Meer ab. Einige kleine Buchten sind in die Felsküste eingebettet. Auf der Ostseite schiebt sich eine flache Landzunge ins seichte Meer. Hier liegt ein Muslim-Fischerdorf mit fundamentalistischen Bewohnern. Die Bungalowanlagen am schönen Strand **Farang Beach** sind nach einer längeren Wanderung, mit Motorradtaxi oder per Boot zu erreichen. Die flacheren Teile der Insel sind mit Gummi- und Kokosplantagen, die Hügel zur Hälfte mit dichtem Wald bedeckt, in dem seltene Vögel und fliegende Hunde leben. Im Meer werden manchmal Seekühe gesichtet, die auch Dugong genannt werden (auf Thai: *Pla Payun* oder *Pla Duyong*). Hier gibt es auch besonders viele Delphine (auf Thai: *Pla Loma).*

An der Westseite von Ko Muk liegt ein kleines Naturwunder, **Tham Morakot** (Emerald Cave). Es ist nur mit dem Boot erreichbar, orange Bojen markieren den Eingang. In die 50 m lange Meereshöhle kann man bei ruhigem Wasser und dem richtigen Wasserstand, der normalerweise bei Flut erreicht ist, hineinschwimmen. Eine wasserdichte Taschenlampe ist erforderlich und eine Schwimmweste empfehlenswert. Am anderen Ende mündet der Tunnel in eine Lagune mit einem schönen Strand.

Weitere Tagesausflüge sind nach Ko Kradan und zu anderen Inseln möglich. Boote kann man im Dorf chartern, die Preise sind auszuhandeln.

Einige Unterkünfte können in Trang gebucht werden.

OSTKÜSTE – *Koh Mook Resort–***,** ☏ 075-219199, ca. 1,5 km nördlich vom Dorf; einfache Bambushütten mit und ohne Du/WC zwischen Palmen und Gummibäumen; Restaurant. Der Strand hat feinen Sand, der zum Meer steinig wird. Das Meer ist so flach, dass man bei Ebbe nicht baden kann.

Koh Mook Garden Resort**–,** ☏ 075-211372, nebenan, Hütten und Reihenhaus, Zelt 200 Baht.

FARANG BEACH – kann von der Ostküste in einem 3 km langen Fußmarsch erreicht werden. Hier werden sicher noch mehr Bungalows gebaut.

Ko Mook Mirande Resort**–,** 15 Bungalows.

Charlie**,** 20 Steinbungalows mit Bad, Restaurant mit gutem Essen zu günstigen Preisen. Der Besitzer holt Gäste vom Hafen ab.

Rubber Tree Resort,** hinter Charlie am Hügel, meist mit einer schönen Brise, Bungalows mit Bad.

Had Farang Resort*–,** nicht direkt am Strand, in einem großen Saal mit guter Matratze und Moskitonetz, Gemeinschaftsbad; einige einzelne Bungalows; gepflegter grüner Garten am Hang, Hängematten unter Bäumen, Restaurant mit guter Küche, wenn die alte Frau kocht.

Mook Andaman Resort,** auf dem Kap südlich vom Farang Beach, Bungalows am Hügel, kein Schatten, am Strand ein langer Pier und Felsen, Zelte 250 Baht. Bambushütten mit und ohne Du/WC zwischen Palmen und Gummibäumen; Restaurant. Der Strand hat feinen Sand, der zum Meer steinig wird. Das Meer ist so flach, dass man bei Ebbe nicht baden kann.

Vom Bahnhof in Trang gegen 11 Uhr mit dem Sammeltaxi nach KANTANG (20 Baht). Dort mit dem Kombi-Ticket für 100 Baht nach Ko Muk (Minibus und Longtailboot zum Farang Beach). Alternative: Vom PAK MENG BEACH zwischen 11 und 13 Uhr mit dem täglichen Longtail-Boot für 100 Baht p.P. Vom Ko Mook Resort Büro in Trang (zwischen Post und Kasikorn Bank) Transport um 11.30 für 150 Baht direkt ins Resort, Bedingung ist, dass man mindestens eine Nacht dort verbringt.

DER TIEFE SÜDEN

Ko Kradan เกาะกระดาน

Die Hälfte der flachen Insel ist mit Gummi- und Kokosplantagen bedeckt, in denen auch das Resort liegt. Der dichte Wald des Restes gehört zum **Had Chao Mai National Park**. Das klare Wasser erlaubt wunderschönes Schnorcheln an intakten Korallenriffen. Der schöne Sandstrand auf der Ostseite ist besonders bei einheimischen Ausflüglern beliebt. Bei Flut wird er allerdings sehr schmal, zum Teil völlig überspült. Beim Schnorcheln sollte man sich vor Seeigeln in acht nehmen. An der Westseite liegt der **Sunset Beach**, ein langer, mit Felsen durchsetzter, schmaler, gelbweißer Sandstrand. Am besten ist er mit einem Guide zu finden.

Übernachtung

Ko Kradan Paradise Beach***, ☏ 211391, 🖥 travel.to/kradanisland; 30 relativ teure Zi in Langhäusern, mit Du/WC (ac 1500 Baht), sehr heruntergekommen; teures, aber gutes Essen; freundliche Leute; herrlicher Strand mit schattigen Bäumen. Bietet Pauschalpakete.
Es soll eine neue, kleine Bungalowanlage*** geben, in der Nebensaison geschlossen.

Transport

Mit einem Boot ab PAK MENG für 600 Baht hin und zurück; vorbuchen in Trang.
Ab Ban Saladan auf Ko Lanta für den 4-Island Tour oder Schnorcheltour um 8.00 Uhr, Rückfahrt nachmittags. Alle Reisebüros in Ban Saladan organisieren den Transport und die Unterkunft. Vom Ausflugsboot werden die Passagiere mit Longtails abgeholt und zum gebuchten Resort gebracht.

Ko Rok เกาะรอก

Die beiden mit Dschungel bedeckten Inseln **Ko Rok Nok** und **Ko Rok Nai** etwa 40 km vor der Küste gehören zum **Ko Lanta National Park**. Auf Ko Rok Nai ist ein Außenposten des National Parks stationiert. Sehr interessant sind dort die großen Bindenwarane. An extra für sie angelegten Futterplätzen kann man sie besonders leicht beobachten. Die Inseln, bekannt für ihre schönen Strände und Korallengärten, werden bei sicherem Wetter von Booten angefahren, in der Saison normalerweise

täglich mit den Speedboats von Ban Saladan (*Ko Rok Tour*) für ca. 150 Baht pro Person. Das offene Meer vor diesen Inseln hat schon viele Fischer und ihre Boote begraben. Ein Leser hat beide Inseln in jeweils 4 Std. umrundet, zur Hälfte schnorchelnd, sonst am Strand gehend.

23 km weiter westlich liegt der massive Kalksteinturm **Hin Daeng** im offenen Meer. Er ragt nur wenige Meter aus dem Wasser auf und fällt auf einer Seite senkrecht 50 m ab – ein herrliches Tauchrevier mit Sichtweiten von 15–25 m. Nach Meinung von Experten stellt der Hin Daeng einen Tauchplatz der Weltklasse dar. Nur wenige hundert Meter entfernt liegt der Unterwasserfelsen **Hin Muang**, der völlig von Weich-, Leder- und Steinkorallen überzogen ist und eine große Artenvielfalt an Fischen beherbergt. Auch Haie, Walhaie und riesige Rochen suchen die Felsen auf. Tauchausflüge zu den Inseln und Felsen werden von den Tauchschulen auf Ko Phi Phi (s. S. 550), in Ban Saladan auf Ko Lanta (s. S. 463), auf Ko Hai (s. S. 616) und auf Phuket veranstaltet (s. S. 527).

Übernachtung

In sehr guten, nagelneuen Zelten für 2-8 Personen kann man für 50 Baht pro Person übernachten. Restaurant neben der Ranger Station mit einfachen Thai Gerichten.

Ko Libong เกาะลิบง

Auf der größten Insel der Provinz Trang liegen drei Fischerdörfer. Hier spricht niemand Englisch. Es gibt keine Autos, nur ein paar Mopeds quälen sich über unbefestigte Pfade durch den Regenwald. Am **Juhoi Cape**, der Ostspitze, brüten ungewöhnlich viele Vögel. Im Zentrum der Insel liegt die schöne Tropfsteinhöhle **Tham Hin Pang**. Im Meer leben die seltenen Seekühe *(Pla Payun)*, die sich von Seegras ernähren. Sie sind geschützt und sollen wissenschaftlich untersucht werden. Die östlichen Strände sind extrem flach.

Übernachten kann man im Resort an der Westküste. Der schöne, lange Sandstrand eignet sich bei Flut gut zum Baden. Bei Ebbe schauen veraltete Korallenbänke heraus. Schwierige Pfade führen durch urigen Regenwald. Bei **Ban Lang Khao** gibt es ein einzigen Laden außer Keksen und Zigaretten nichts Interessantes. Wer auf eigene Faust die Insel besucht, sollte darauf gefasst sein, wie ein Marsmensch bestaunt zu werden. Interessant sind auch Ausflüge zu kleineren Inseln.

Übernachtung

Libong Beach Resort***-****, ✆ 210013, einfache Nur-Dach-Hütten aus Naturmaterialien und einige bessere Chalets (z.T. ac) unter Palmen; sehr freundliches Personal; relativ teures, aber gutes Restaurant.
Libong Nature, viele Beschwerden.

Transport

Mit einem Boot von BAN CHAO MAI (s.S. 614) direkt zum Resort für 100 Baht p.P. in 30 Min.

Ko Sukon เกาะสุกร

Vor der Küste von Palian liegt die schöne Insel Sukon (auch Ko Sukurn), auf der 2500 Fischer, Bauern und Kautschukpflanzer leben. Neben 5 Pickup fahren vor allem Mopeds auf den wenigen Kilometern befestigter Straße. Von einem der beiden 150 m hohen, mit Busch-Dschungel bewachsenen Hügel kann man nach anstrengendem Aufstieg (30 Min.) über die Insel und bis Krabi und Satun blicken. Der Strand beim Fischerdorf ist sehr flach. Im Dorf gibt es mehrere Läden, ein gutes Restaurant und zwei Gästehäuser. Hier sind die Muslims sehr freundlich. Die Resorts liegen 3 km entfernt nebeneinander an der ruhigen Westküste der Insel an einem 500 m langen, sauberen, grau-braunen Sandstrand mit vielen Muscheln und einigen Steinen.

Übernachtung

IM DORF – *Pawadee Guesthouse.*
Jan and Cream Bungalow***.

WESTKÜSTE – *Sukorn Beach Bungalows***–*
**** ✆ 075-207707, ✉ sukorn@cscoms.com, 🖥 www.sukorn-island-trang.com; saubere Anlage unter hohen Palmen am nicht besonders tollen Strand; 12 Zi in 3 Häusern und 10 stabile Bungalows, alle mit Fan, Du/WC und Terrasse; Strom bis 23 Uhr. Im offenen Restaurant am Meer wird frischer Fisch serviert, auf Wunsch auch euro-

päische Gerichte. Freundliche, hilfsbereite Besitzer (Holländer und Thai), die Englisch sprechen. Auch am Wochenende ruhig, da keine Thai-Gruppen. Auslandsgespräche, Verleih von Kanu, Mountain Bikes und Mopeds, Schnorchel- und Ausflugstouren zu benachbarten Inseln und zum Ko Petra Nationalpark. In der Nebensaison Discount möglich. Buchung bei *Sukorn Beach Travel* in Trang, ✆/🖨 211457.
Andaman Resort****, neue Anlage daneben, Holzbungalows am Meer, Restaurant.
Koh Sukon Resort***–****, großer, schattiger Garten mit alten Bäumen am Hang, 50 schöne, renovierte Bungalows mit Fan, Du/WC, sehr sauber; Restaurant. Ruhiger Strand, auch für Familien geeignet. Freundliche Besitzer und Leiterin. Schöner Aussichtspunkt über der Anlage.

Transport

Am besten morgens von Trang nach PALIAN (Takham Pier) mit dem Sammeltaxi für 50 Baht oder Minibus für 25 Baht. Weiter mit dem Fährboot um 13 Uhr für 30 Baht in 45 Min. (Charter ab 350 Baht). Eine weitere Möglichkeit: Von Trang mit dem lokalen Bus für 20 Baht nach YAN TA KHAO und weiter mit dem offenen, blauen Bus für 25 Baht zum Ta Sae-Pier. Longtail-Boote zur Insel in 15 Min. für 150 Baht pro Boot. In beiden Fällen weiter mit Motorradtaxi für 30 Baht p.P.
Die *Sukorn Beach Bungalows* organisieren von ihrem Office in Trang tgl. um 11.30 Uhr einen Transfer für 90 Baht.

Pakbara ปากบารา

Pakbara (die letzte Silbe wird betont), 58 km nordwestlich von Satun, ist Ausgangsbasis für die Überfahrt zu den Inseln Tarutao, Lipe und Bulon Lae. Wenn der schmutzige Strand auch nicht zum Schwimmen einlädt, so sind es vielleicht die fantastischen Ausblicke, die guten Seafood-Restaurants oder die wenigen westlichen Touristen, die so manchen ein paar Tage verweilen lassen. Ein El Dorado für Fotografen sind die tollen Sandformationen beim Abebben. Dass dieser Ort den Fischern auch als Red Light-Distrikt dient, ist kaum zu sehen.

In diesem muslimisch geprägten Dorf sollten Shorts und Badekleidung gar nicht erst ausge packt werden. Am betriebsamen Fischerhafen befindet sich ein Büro des Tarutao National Parks. Vom Pier fahren Longtail-Boote für 10 Baht in 15 Minuten durch schöne Kalkfelsenlandschaft zum Resort auf der vorgelagerten Insel **Ko Kebang**.

Übernachtung

Die Unterkünfte in **Pakbara** liegen am Strand und an der Straße, fast alle ohne Restaurant. Die meisten Zi haben Du/WC und Fan, aber kein Moskitonetz, obwohl es von Stechfliegen wimmelt. Die angegebenen Entfernungen sind vom Hafen aus gemessen:

Best House***, 300 m links, ℡ 783058, etwas zurückversetzt, 20 Zi mit Fan, ac, TV, Warmwasser-Du/WC in Bungalows, Doppel- und Twinbetten, Besitzer sprechen Englisch und geben sich Mühe, gutes Restaurant. Sehr sicher.

Bara Guesthouse**, 400 m, 100 m von der Straße zurückversetzt, 8 kleine Bungalows in einem Garten am Fluss, schöne Sicht vom *Jumping Bar & Restaurant* über den Fluss und die Fischerboote, gutes Essen.

Diamond Beach**–***, 500 m, ℡ 783138, 200 m von der Straße zurückversetzt, 13 nette Bungalows im Sandgarten, Restaurant vorn am Flussstrand.

Krachom Sai Bungalow**, 550 m, ℡ 783371, an der Flussmündung auf einem großen Gelände mit Kasuarinen; einfache, sehr saubere A-frame Hütten mit Eternitdach, Mini-WC integriert. Das Personal spricht kein Englisch, ist aber sehr freundlich.

Grand Villa***, 600 m, ℡ 783499, 2-stöckige Gebäude an der Straße, beste Zi im OG, sauber und gepflegt, Personal freundlich, keine Englischkenntnisse. Seafood Restaurant.

Andrew House*, 600 m, ℡ 01-8978482, 2-stöckiges Reihenhaus, einfache Zi in der Privatwohnung der Lehrerin Orawan.

Marina Bungalow**, 800 m, verschiedenartige, hübsche Holzbungalows auf großem Gelände, direkt am Meer, an einem ruhigeren Weg parallel zur Straße.
Rechts daneben liegt *Malee Seafood*.

KO KEBANG – An einem schönen, mit Muscheln durchsetzten, aber zum Baden wenig geeigneten Sandstrand liegt das nette

Pak Nam Resort** (auch Bag Nam Resort), ℡ 781109, 20 A-frame-Hütten aus Kokosmatten unter Palmen, gute Du/WC; Restaurant. Für Naturliebhaber, Kanus zu vermieten; Gratis-Shuttledienst von Pakbara, Anruf genügt.

Essen

Die nicht billigen Seafood-Restaurants liegen direkt an der Straße und am Strand etwa 1–3 km vom Hafen entfernt. Am Hafen und vor dem Kino an der Hauptstraße gibt es mehrere einfache Restaurants.

Sonstiges

INTERNET – etwas versteckt beim Pier.

NATIONAL PARK – Am Hafen liegt das *Ko Tarutao National Park Office*, ℡ 729002-3, von dessen Pier in der Saison alle offiziellen Boote nach Ko Tarutao, Ko Adang und Ko Lipe fahren.

TOUREN – Einen Camping-Trip zu den Inseln bis Ko Adang bietet das *Bara Gh.* für max. 8 Pers., 3 Tage/2 Nächte alles inkl. für 5000 Baht p.P. Tagestouren nach Ko Bulon (1600 Baht), Tarutao (1600 Baht) und Ko Lipe (2600 Baht) veranstaltet der *Pakbara Speed Boat Club*, ℡ 783643, 🖳 www.tarutaoisland.com.
Andrew Tour, ℡ 783459, veranstaltet ebenfalls Touren zu den Inseln.

VORWAHL – 074 (immer vorwählen)

Transport

BUSSE – Von TRANG mit Bus (40 Baht, 2 Std.) oder Sammeltaxi (70 Baht) nach LA-NGU (dort eine Bank), weiter mit dem Pickup nach PAKBARA (12 Baht), oder mit dem Minibus vor dem Bahnhof um 15 Uhr für 100 Baht p.P. in 90 Min. Von SATUN mit dem Bus (23 Baht) oder Sammeltaxi (40 Baht) nach LA-NGU.
Von HAT YAI mit dem direkten Bus 732 alle 2 Std. von 6.15–16.15 Uhr für 45 Baht (ac 70 Baht) in 2 1/2 Std.; außerdem fährt ein weißer Minibus jede volle Std. für 70 Baht von der Niphat Uthit 1 Rd., Ecke Prachathipat Rd., bis Pakbara. Die Abfahrt um 8 Uhr reicht für das Tarutao-Boot.

Von KRABI mit dem Minivan um 7 und 11 Uhr für 350 Baht in 3 Std.

Der Minibus von *Andrew Tour*, ☎ 01-8978482, vom Pakbara Pier nach TRANG um 13.30 Uhr in 90 Min. für 150 Baht (bis LA-NGU 20 Baht) wartet auf das Boot von Ko Lipe. Weitere Minibusse um 9, 11 und 15 Uhr. Alle fahren weiter nach KO LANTA und KRABI für jeweils 350 Baht.

BOOTE – Die Abfahrtszeiten variieren um 30 Min., manche Boote fallen aus.
Nach TARUTAO um 10.30 und 15 Uhr für 200 Baht, zurück um 9 und 12 Uhr.
Nach KO BULON um 10.30, 12, 13.30 und 15 Uhr für 200 Baht, zurück um 9, 12 und 16 Uhr.
Nach KO LIPE über Tarutao um 10.30 und 13.30 Uhr für 450 Baht, zurück um 12 Uhr.
Nach KO LIPE über Ko Bulon um 10.30, 12 und 13.30 Uhr für 450 Baht, zurück um 9 Uhr (hin und zurück 800 Baht).
Nach KO LIPE mit dem Speedboot direkt um 10.30 Uhr für 680 Baht.
Boote fahren nur in der Saison von November bis Mitte Mai.

BIKER – Nach **Süden** Richtung Malaysia geht es auf dem H416 zur Abzweigung Chalung (39 km von La-ngu). Vom H406 biegt man nach einigen Kilometern beim Dorf Kwuan Don nach rechts ab auf den H4184 zum Thale Ban National Park (KM 20) und zum Grenzübergang Wangprachan (KM 22, insgesamt 86 km). Im Park kann man zelten oder in den Park-Bungalows unter der Woche normalerweise übernachten. Der nächste Ort in Malaysia ist Kaki Bukit, die nächste Stadt Kangar. Nach **Norden** siehe unter Trang (s. S. 610).

Ko Bulon Lae เกาะบุโลนเล

Diese schöne, hügelige, kleine Insel liegt 22 km vom Festland entfernt. Sie ist Teil des 1984 zum Nationalpark erklärten *Petra Archipels* und wurde erst vor wenigen Jahren für den Traveller-Tourismus erschlossen – ein Kleinod in schöner Natur mit friedlicher Atmosphäre. Bulon Lae (gesprochen: Bulon Läh) wird auch Bulon-Leh, Mulon Lae und sogar Molone genannt. Saubere, von Muschel- und Korallenschrott durchsetzte, von Kasuarinen gesäumte Sandstrände eignen sich bestens zum Baden und Schnorcheln. Saison ist von November bis Mai. An den Sandstränden im Osten stehen Bungalowsiedlungen, die an langen Wochenenden und in den Ferien von Thais frequentiert werden. Im Nordwesten leben etwa 500 *Chao Leh*, Seenomaden, in einem kleinen Dorf. Anmarsch vom Strand im Osten in ca. 20 Min. durch schönen Wald, in dem sogar einige Tiere zu beobachten sind.

Zu den Inseln **Ko Bulon Don** (von Seenomaden bewohnt, unberührte Strände, Zelten möglich), **Ko Bulon Mai Phai** (Bambus Insel, unbewohnt, zum Zelten geeignet) und **Ko Bulon Rang** können Bootstouren organisiert werden. Außerdem werden eine 3–4-stündige Inselrundfahrt für 150 Baht pro Person und mehrtägige Fahrten (s.u.) angeboten.

Übernachtung

Pansand Resort*–*****, ☎ 01-3970802, ✉ pansand@cscoms.com, 🖥 www.pansand-resort.com; großzügige Anlage am Hang, 50 m zum Strand; 25 verschiedenartige, saubere Bungalows; von der einfachen A-Frame Hütte mit Gemeinschafts-Du/WC bis zu noblen Häuschen, auch Camping möglich; vorbuchen ratsam; gute Küche, großes, relativ teures Restaurant; nettes, zuvorkommendes Personal, italienische Leitung; Maske und Schnorchel zu mieten. Im Notfall gibt es Zelte für 80 Baht. Internet.
Bulon Resort**, ☎ 01-8979084, ✉ bulonresort @hotmail.com; im Nordosten direkt am Strand, saubere Anlage, einfache Hütten und Zimmerchen im Langhaus, Gemeinschafts-Du/WC, Licht bis Mitternacht, gutes Restaurant, sehr angenehm. Maske, Schnorchel und Flossen zu mieten.
Bulon Hill Resort****, hinter dem *Bulon Resort* am Hang, 15 saubere Bungalows mit Du/WC; gutes Restaurant mit schnellem Service; *Chaeng* spricht gut Englisch. Internet 150 Baht/Std.
Marina Resort***, ☎ 075-684168, große Nur-Dach-Bungalows im Landesinnern, aus Holz und Palmblättern gefertigt, teures Restaurant, schlechter Service.
Viewpoint Resort**–*****, ☎ 074-728005, ✉ bulon_view_satun@hotmail.com, größere Anlage mit verschiedenartigen hübschen Bungalows an einem Hügel an der Nordküste (*Panka Noi*), die billigeren mit Gemeinschaftsdusche; teilweise schöne Aussicht, am besten ist der

Bungalow 8A; gutes, etwas teures Restaurant, nette Leute. 300 m weiter liegt ein schöner Strand, an dem man auch schnorcheln kann.

Ban Sulaida**–***, einige schöne Bungalows im Inselinnern (*Panka Noi*), bestes Restaurant, guter Service, reelle Preise.

Bamboo Bungalows**, Bungalows oberhalb der *Panka Yai Bay* beim Chao Leh Dorf, günstiges Restaurant mit großen Portionen.

Panka Bay Resort**, ✆ 783097, im Nordwesten in der *Panka Yai Bay* hinter dem Dorf der Seenomaden an einer felsigen Bucht. *Forra Dive Centre*.

Jungle Hut**, vom Dorf zur *Mango Bay* in einer Gummi-Farm, kleine Bungalows, Restaurant.

Zeltplatz*, im Osten, bei der Schule.

Essen

Abends trifft man sich bei *Bang Daeng* oder im Laden von *Djiab*, einer aufgeschlossenen, schlagfertigen Chinesin.

Pin & Mooda Restaurant, Nähe *Viewpoint Resort*, *Mr. Chui* mixt beste Cocktails und spricht gut Englisch.

Orchid Shop & Restaurant, dahinter.

Eang Restaurant, in der *Mango Bay*, hat auch 3 Holzbungalows**.

Chao Leh Restaurant, im Dorf, hat auch 3 schöne Bungalows***.

Sonstiges

AUSFLÜGE – zur *Nose Cave* im Nordwesten, zur *Bat Cave* im Südwesten, zur *Mango Bay* im Süden oder eine Nachtwanderung bei Vollmond zur *Moonsighting Platform* im Osten.

BOOTSTOUREN – *Chaeng* vom *Bulon Hill Resort* veranstaltet einen abenteuerlichen Ko Lipe-Trip (4 Tage / 3 Nächte) für 2000 Baht, Übernachtung in Zelten.

Mr. Boat (Plakat im *Bulon Resort)* macht auf Wunsch eine *5-Island-Tour* (4 Tage / 3 Nächte) u.a. nach Ko Lipe, Ko Adang und Ko Rawi für 1600 Baht. Übernachtet wird in Bungalows, zu Mittag gibt es Fisch, sofern welcher gefangen wird, am Freitagabend ein Barbecue. Die Tour lohnt sehr, der Service ist gut.

Auch *Bang Daeng* und *Mr. Nann* (im Dorf fragen) machen Trips.

SCHNORCHELN – können auch Anfänger an zwei Korallenriffen, auf denen u.a. viele farbenprächtige Weichkorallen gedeihen. Am besten ist das Riff südöstlich des *Pansand Resort*, u.a. sieht man Feuerfische (nicht berühren!), Muränen und kleine Riffhaie. Manchmal ist die Sicht allerdings mäßig.

Transport

Vom Pier in PAKBARA fahren unterschiedliche Boote um 10.30, 12, 13.30 und 15 Uhr für 200 Baht in 2 Std. Hinzu kommen 20 Baht für das Longtailboot. Rückfahrt von Bulon Lae um 9 und 12 Uhr, je nach Wetterlage von wechselnden Stellen. Nach KO LIPE zwischen 13.30 und 14.30 Uhr für 250 bzw. 300 Baht, hin und zurück 500 Baht.

Tarutao National Park

อุทยานแห่งชาติตะรุเตา

Zum Tarutao National Park im Südwestzipfel von Thailand gehören über 1400 km² der glasklaren Andamanen-See und 51 Inseln, fast alle unbewohnt. Früher dienten die Inseln den Seeräubern und Schmugglern als beliebtes Versteck, heute unterhält der National Park an den gefährdeten Stellen Kontrollpunkte. Tarutao bedeutet auf Malaiisch: „alt, geheimnisvoll und primitiv".

Auf Naturliebhaber warten verschiedenartige Inseln mit langen, unberührten Sandstränden, mit tropischem Regenwald bedeckte Berge, Mangrovensümpfe und Tropfsteinhöhlen. Das Reisen in dieser Inselwelt setzt aber viel Zeit, Geduld, Frustrationstoleranz und Geld voraus. Zudem ist wirklich nichts los, und erst auf der von *Chao Leh* bewohnten Insel Ko Lipe ist ein kleines Travellerzentrum entstanden. Es ist allerdings bekannt, dass mehrere Hotelkonzerne beim *Royal Forestry Department* eine Baugenehmigung für Ferienanlagen auf anderen Inseln beantragt haben. Hauptsaison ist November bis Februar; von Mai bis Oktober sind die Unterkünfte wegen Monsun geschlossen, und der Bootsverkehr ist eingestellt. Außerhalb von Wochenenden und Ferien sind die Inseln sehr einsam.

Auf Ko Tarutao und Ko Adang gibt es einfache Hütten des National Parks und einfache Zelte zu mieten. Im gesamten National Park darf man gegen 10 Baht Gebühr sein Zelt aufschlagen, sollte sich aber auf viele Plagegeister einstellen. Auf den beiden Hauptinseln bekommt man genügend zu essen, aber nicht so billig und keineswegs in der Vielfalt oder Qualität wie auf dem Festland oder auf Ko Lipe. Es ist also ratsam, eine Notverpflegung mitzunehmen.

Da sich im National Park immer mehr Besucher aufhalten, gibt es mittlerweile Money Changer, einen Postservice und abends Elektrizität. Trotzdem sollten sich Reisende rechtzeitig mit genügend Bargeld, Taschenlampen und Batterien eindecken.

EINTRITT – für den gesamten National Park (außer Ko Lipe) beträgt wie überall 200 Baht. Er ist hier 3 Tage gültig. Also Ticket aufbewahren! Strafe fürs Nichtbezahlen ist 1000 Baht.

INFORMATIONEN – Das National Park Office in Pakbara, ℰ 074-729002, reserviert Bungalows auf Tarutao und verkauft für 15 Baht einen guten Prospekt. Dort und auf jeder Insel spricht mindestens ein Angestellter Englisch.

PLAGEGEISTER – Sandfliegen hausen an allen feinen Sandstränden. So mancher Traveller hat deswegen die Inseln fluchtartig verlassen. Im Wasser schwimmen zeitweilig Quallen, die unangenehm, aber nicht gefährlich sind.

Ko Tarutao

Die größte der Inseln liegt 22 km vom Festland und nur 8 km von der Langkawi-Inselgruppe in Malaysia entfernt. Der höchste Berg im Süden der Insel steigt auf 713 m an. Das National Park *Headquarter* ist im Nordwesten an der **Punta Bay** stationiert, es kassiert den Eintritt.

Manche Naturfreunde halten es hier tagelang aus. Doch auch für Kurzurlauber gibt es einiges zu tun: Ein herrlicher Strand lädt zum Baden ein (häufig Sandfliegen), auf einem Weg an der Küste

entlang kann man zu anderen einsamen Stränden wandern, unterwegs Tiere beobachten (viele Nashornvögel), auf einem markierten Pfad den 50 m hohen Felsen **To Bu** hinter der Touristenanlage besteigen (20 Min.) und die herrliche Aussicht genießen (vor allem zum Sonnenuntergang).

Ein breiter, schattenloser Pfad (12 km) führt ca. 3 Std. durch das Landesinnere an die Ostküste zur **Talu Wao Bay**, wo noch die Grundmauern eines ehemaligen Gefängnisses stehen. Zwischen 1939 und 1947 waren hier vor allem politische Häftlinge eingekerkert.

Der thailändische Schriftsteller Paul Adirex hat jene Zeit im leicht zu lesenden Roman „The Pirates of Tarutao" beschrieben (siehe Bücherliste). Nun haben die Vögel die schmale, schattige Bucht zurückerobert – eine gute Stelle, um große Nashornvögel zu beobachten. Da nur derselbe Weg zurückführt, sollte man ausreichend Wasser mitnehmen. Der ebenso lange, völlig überwucherte Weg durch den Dschungel zur Südspitze der Insel ist auch mit Buschmesser nicht mehr zu schaffen. Dort befindet sich in der **Talu Udang** (Krabben-Bucht) ein Außenposten des National Parks, der nur noch per Boot zu erreichen ist. Es gibt einfache Hütten zum Übernachten und etwas weiter entfernt eine Zeltmöglichkeit am Strand. Auch andere auf den Wanderkarten des Parks eingezeichnete Wege sind längst überwuchert und praktisch nicht mehr zu begehen.

Das *Headquarter* organisiert für 200 Baht pro Boot, das sind ca. 25 Baht p.P., eine Fahrt mit dem Longtail-Boot durch Mangrovenkanäle zur **Crocodile Cave**. Auf einem abenteuerlichen Plankensteg stolpert man durch die mit Wasser gefüllte Höhle mit herrlichen, zum Teil schneeweißen Stalaktiten und Stalagmiten (unbedingt eine starke Taschenlampe mitnehmen).

Eine eintägige **Inselumrundung** mit Schnorchelstopps und Landgängen kostet 2200 Baht, geschnorchelt wird an der Südostspitze (Ao Talo Udang) am Inselrand an der Nordostspitze (Ao Rusi, Sonnenstand beachten) an vorgelagerten Felsen, bei Ebbe gelangt man durch eine Höhle unter dem Felsen (bunte Weichkorallen und viele Fischschwärme).

Interessant ist das **Museum** im Visitor Center, wo an manchen Abenden Dias von der Umgebung gezeigt werden.

Die Seenomaden (Chao Leh, Chao Lay, Chao Nam, Thai Mai) Durch ihre dunkle Haut, das rotbraune Haar und den stämmigen, muskulösen Körperbau unterscheiden sich die Chao Leh, wie die Thais sie nennen, schon rein äußerlich von anderen Volksgruppen. Sie sprechen eine eigene Sprache, kennen jedoch keine Schrift. Über ihre Herkunft können sie nur vage Angaben machen. Auch die Historiker sind sich nicht einig. Einige siedeln ihr Herkunftsland in Westchina oder auf den Andamanen an, andere meinen, sie stammen aus Polynesien oder seien mit den Dayak von Borneo verwandt.

Fest steht, dass die Chao Leh seit Menschengedenken ein Seefahrervolk sind und seit etwa 120 Jahren auf Inseln und an Küstenstreifen Süd-Thailands leben. Das Meer war und ist ihre Heimat, das Meer ernährt sie. Sie fischen, tauchen nach Hummern und sammeln Muscheln. In früheren Zeiten lebten sie im Einklang mit der Natur und fingen nie mehr, als sie zum Leben brauchten.

Die Frauen genießen einen hohen Status. Während die Männer zur See fahren, hüten die Frauen das Haus, verwalten das Geld und treffen die wichtigen Entscheidungen innerhalb der Familie. Die Chao Leh ziehen die Geburt eines Mädchens der eines Jungen vor. Eine Tochter bedeutet eine weitere Helferin im Haushalt, während ein Sohn der Helfer seiner Frau wird.

Die Chao Leh sind Animisten, in deren Glauben sich neben der Geisterverehrung auch viele Einflüsse des Buddhismus und Islam niedergeschlagen haben. In der traditionellen Gesellschaft spielte der *toh*, eine Art Medizinmann, eine wichtige Rolle. Heute tritt er nur noch bei Zeremonien in Erscheinung.

Die Chao Leh sind dabei, ihre Kultur zu verlieren. Die thailändische Regierung versucht, sie zu zivilisieren. Sie hat ihnen den offiziellen Namen Thai Mai gegeben, was Neue Thais bedeutet. Häuser, Schulen und Gesundheitszentren werden für sie gebaut. Sie sollen registriert werden, Elektrizität bekommen, die Thai-Sprache lernen und zum Buddhismus übertreten. Der Bürgermeister ihres Dorfes muss ein Thai sein, ihre Produkte werden von Thais vermarktet.

Das Fernsehen hat Konsumwünsche geweckt, die die Chao Leh immer mehr in Schulden treiben. So müssen sie härter und länger arbeiten und weit mehr Fische und Hummer fangen, als sie zum Leben brauchen. Sie lassen sich ausnutzen, fischen z.B. mit Dynamit oder tauchen mit einem zur Wasseroberfläche führenden Schlauch. So ruinieren sie nicht nur sich selbst, sondern auch die Natur. Viele wandern in die Städte ab und verdingen sich als Arbeiter.

Der Tourismus hat die Seenomaden, vor allem bei Phuket, als Attraktion entdeckt. Die von Natur aus sanften Chao Leh haben gelernt, den Massenansturm ungerührt an sich vorbeiziehen zu lassen. Sie werden nur sichtbar böse, wenn die Fremden ungebeten in ihre Hütten strömen oder stillende Mütter fotografieren. Die Kinder tauchen nach Geld, das ihnen Touristen ins Wasser werfen, oder betteln.

Der Tourismus spielt den Chao Leh aber auch einen Trumpf in die Hand: Durch seine Macht können sie wahrscheinlich ihre Dörfer am Meer behalten, von denen sie vertrieben werden sollen. In touristisch weniger berührten Gegenden kann man die Chao Leh als ganz normale Menschen kennen lernen, deren Dörfer sich von Muslim-Fischerdörfern kaum unterscheiden.

Man kann von ihnen Fische kaufen, sie für eine Bootstour engagieren oder gar bei ihnen wohnen. Chao Leh-Dörfer befinden sich auf vielen Inseln in der Andamanensee, insbesondere in den Meeresnationalparks von Ko Surin, Ko Lanta, Ko Petra und Ko Tarutao.

Übernachtung

Chalets*** (Ta-Bag) mit 2 Räumen für je 4 Pers. für 1000 Baht (2 Pers. evt. 600 Baht), mit Du/WC. *Cottages** (Ta-Boon)* für 6 Personen für 600 Baht, mit Du/WC.

Bambus-Langhaus (Ruan Taew), 30 schlechte Zi mit je 4 schmutzigen Matratzen für 400 Baht für 4 Pers., mit undichtem Dach; Wasser gibt es nur morgens und abends, Strom nur abends. Ein kleines *Zelt* kostet 100 Baht für 2 Pers., ein großes 200 Baht für 4 Pers., ohne

Unterlage und Decke. An Taschenlampe denken.
Zeltplatz* an der *Ao Makham (Tamarind Beach)*,
nur per Boot erreichbar.

Essen

Das Essen auf Ko Tarutao ist seit vielen Jahren
unverändert miserabel.
Im ***Restaurant*** bekommt man von 7.30–17.30 Uhr
fried rice „ohne alles" und einige andere Thai-Gerichte. Mit Eiern und Toast zum Frühstück kann
man nicht rechnen, *cold drinks* und Bier zum
Abendessen sind die Ausnahme. Im kleinen Laden
gibt es außer Dosenfisch kaum etwas Essbares.
Das Restaurant wird nur zeitweise bewirtschaftet. Einigen Lesern hat es gar nicht so schlecht
geschmeckt. Die Gruppentouristen der Jachten
haben Vorrang.

Transport

Vom Hafen von PAKBARA fahren Boote in der
Saison tgl. um 10.30, 11 und 15 Uhr in ca. 2 Std.
zur Hauptinsel Ko Tarutao für 200 Baht (hin und
zurück 300 Baht), an Wochenenden und Ferienta-
gen häufiger, aber da kann alles ausgebucht sein.
Zurück zum Festland fahren die Boote um 9,
11.30 und 15 Uhr.

Ko Adang

Die üppig grüne Insel liegt 40 km westlich von Ko
Tarutao. Steile, bis zu 700 Meter hohe Berge machen es schwer, das Innere zu erkunden. Steile Fußwege gibt es zu den Wasserfällen, an deren Pool
man schön baden, aber nicht schwimmen kann.
Wenn man Glück hat, erspäht man Nashornvögel,
Seeadler, Hirsche, Wildschweine, Affen, Schlangen
oder Schmetterlinge.

Der *John Salad Wasserfall* ist in einer Stunde
vom Ko Adang Resort, oder in einer halben Stunde
von der richtigen Stelle am Strand aus (vom Taxiboot dort absetzen lassen) erreichbar, der Weg ist
anfangs gut, später schwieriger. Der *Rattana Wasserfall* ist in 20 Min. am Bach entlang zu erreichen.
Vom Aussichtspunkt hat man einen spektakulären
Blick über die Inseln.

Etwa 15 Min. von der Rangerstation entfernt
lädt ein langer, weißer Sandstrand und glasklares
Wasser mit Korallen und tropischen Fischen zum

Relaxen und Schnorcheln ein. Sogar eine Dusche
wurde hier installiert. Um die Insel herum und bei
den Nachbarinseln gibt es noch viele intakte Korallenriffe. Neben den Fischen sind hier seltene
Kleinstlebewesen wie die wunderschönen Röhrenwürmer zu bewundern.

Ausrüstung zum Flaschentauchen gibt es nicht.
Maske und Schnorchel kann man in der Rangerstation ausleihen. Auf der Insel liegen zwei Dörfer.

Übernachtung und Essen

Ko Adang Resort***–*****, das Camp hat sich zu
einer Anlage mit schönen Bungalows gemausert.
Zimmerabteile im renovierten Langhaus für
200 Baht, Bungalows für 600 Baht.
Zelte für 200 Baht direkt am Strand; Matratze
50 Baht.
Zeitweise gibt es keine Verpflegungsmöglichkeit
auf Ko Adang. Es empfiehlt sich, Lebensmittel
mitzubringen. Das einzige Restaurant bietet oft
schmackhaftes Essen, hat aber nur an den Wochenenden eine reiche Auswahl.

Transport

Von PAKBARA in der Saison tgl. über Tarutao.
Weitere Boote siehe bei Ko Lipe.
Achtung: Die Boote halten zwischen Ko Lipe und
Ko Adang. Von dort werden die Touristen auf
Longtailboote (30 Baht) verladen, die Ko Lipe
oder Ko Adang anlaufen.
Von KO LIPE mit dem Taxiboot für 30 Baht. Es legt
an der Rangerstation an. Dort liegen zumeist auch
andere Longtail-Boote, die man chartern kann.

Ko Lipe

Die kleine, zumeist flache Insel liegt gegenüber von
Ko Adang. Wie ein schwungvoll gezeichnetes
Dreieck sieht sie aus, und misst an ihrer längsten
Stelle ca. 3 km, an der schmälsten ca. 400 m. Am
West- und Südzipfel hat sie ihre höchsten Erhebun-
gen. Wegen ihrer weißen, feinkörnigen Sandstrände
und dem glasklaren Wasser, das sich bestens zum
Schnorcheln eignet, wurde sie bei Travellern be-
liebt. Drei Strände haben sich touristisch entwi-
ckelt: auf der südlichen Seite der Insel der Pattaya
Beach, im Osten der Andaman Beach und im Nor-
den der Porn Beach (auch *Sunset Beach*). Fußwege

DER TIEFE SÜDEN

führen quer durch die Insel und verbinden die Strände. Das Wegdreieck ist in einer halben Stunde abgelaufen. Wer die raue, nicht erschlossene Steinküste im Westen auslässt, kann die Insel zu Fuß leicht in 2–4 Stunden umrunden.

An allen Stränden gibt es nur Generatorstrom von ca. 18–24 Uhr.

Ko Lipe wurde schon vor vielen Jahren den *Chao Leh* (Seenomaden) von der thailändischen Regierung geschenkt. Ihr 500-Seelen-Dorf zieht sich am gesamten östlichen Strand entlang. Es gibt eine Schule und einige kleine Läden. Interessant ist es, den Bewohnern beim Flechten von Matten und bei den Vorbereitungsarbeiten zuzuschauen. Die *Chao Leh* sind sehr fähige Seefahrer, vor allem mit kleinen Booten. Traditionell leben sie von Fischfang und vom Tauchen nach Muscheln, Korallen und Schwarzen Korallen. Leider konnten auch die *Chao Leh* der Versuchung des Dynamitfischens nicht widerstehen, so dass einige Korallenriffe Spuren der Zerstörung aufweisen. Auf Ko Lipe bestreiten viele ihren Lebensunterhalt aus den Einnahmen des Tourismus. Da von Juni bis Oktober keine Touristen kommen, können die Chao Leh in dieser Zeit zu sich selbst zurückfinden.

Obwohl Ko Lipe zum Tarutao Marine Nationalpark gehört, wird bisher kein Eintritt erhoben.

Übernachtung

PATTAYA BEACH – In einer tiefgeschwungenen, auf beiden Seiten von großen, runden Steinen begrenzten Bucht präsentiert sich ein schneeweißer, schattenloser, langer Sandstrand. Im klaren Wasser tummeln sich zwischen den Korallen bunte Fische, das Riff liegt etwa 500 m vor dem Strand. Bei Ebbe muss man zum Schwimmen hinauswaten.

Hier treffen sich die meisten Traveller. Es ist nicht mehr ruhig, allabendlich werden Videos gezeigt. Auch Karaoke hat Einzug gehalten. Über 40 Longtail- und Speedboote stören die Ruhe. Laute Motorräder gewinnen an Beliebtheit, und bei Ebbe ist man selbst am Strand nicht vor ihnen sicher.

Pattaya Song**–****(ac teurer) ⑥, ✆ 728034 am westlichen Ende des Strands, 33 einfache Hütten mit Gemeinschaftsdusche und 7 bessere Bungalows mit Du/WC auf dem Hügel; die Fußwege zu den Bungalows sind schlecht ausge-

baut; schöne Sicht über die Bucht; sauberes Restaurant *Pattaya Seafood* mit Großbildschirm und entsprechender Lautstärke, freundliches, aber überfordertes Personal, das Spaghetti besser hinbekommt als Reis; unter Leitung des Italieners Stephano und einer Chao Leh Familie; ganztägige Bootstrips und Kajaks werden angeboten.

Daya Resort**–***⑦, ✆ 728030, 25 Strohbungalows, 8 liebevoll eingerichtete Steinbungalows und ein kleines Steinhaus mit 3 Zimmern; beliebtes Restaurant, abendliches Seafood Barbeque mit frischem, preiswertem Fisch, man isst an Tischen direkt auf dem Strand. Empfehlenswerte Thai- und Fußmassage. Bootstickets.

Chao Le Villa***⑧, neue Bungalows und Restaurant.

Leepae Resort***–****(auch *Lipe Resort*) ⑨, ✆ 724336, 65 eng stehende Bungalows, z.T mit Fan, die besseren mit Du/WC, und ein großes Haus mit mehreren Zimmern; bei den Preisen handeln! Großes Restaurant, schlechter Service, willkürliche Abrechnung; Internet. Tauchbasis *Starfish Scuba Diving*, Kreditkarten werden akzeptiert.

ANDAMAN BEACH – Von diesem langen Sandstrand im Osten der Insel hat man Sicht auf die Nachbarinsel Ko Adang. Hier liegt auch das Dorf der Chao Leh. Die Müllentsorgung erfolgt im Meer, und die Strömung treibt zeitweise den Müll wieder zurück. Auch der Lärm der Longtailboote und Motorräder schreckt Ruhesuchende ab. Bei Ebbe kann man im hüfthohen Wasser zum Riff waten und zwischen *Tiny Island* und *Big Rock* wunderbar schnorcheln.

Andaman Resort**–***①, ✆ 729200, Bungalows mit Bad, am begehrtesten ist die erste Reihe mit Bungalows unter Palmen direkt am relativ unruhigen Meer; gute, gepflegte Anlage, recht schöner Strand mit gepflanzten Palmen; Service und Essen miserabel, Internet 5 Baht/Min.; Zelte für 100 Baht, zelten mit eigenem Zelt 20 Baht. Affen sind ein Problem.

Asia Resort***②, einige schöne, neue Bungalows an gutem Strand.

Chao Leh Resort**–***⑩, ✆ 09-8778156, 732473, beim Dorf, ein Langhaus und Hütten ohne und mit Du/WC, Bungalows mit Fenstern, 2 schöne Steinbungalows****; Restaurant mit schleppendem Service, gutes Essen. Rechts da-

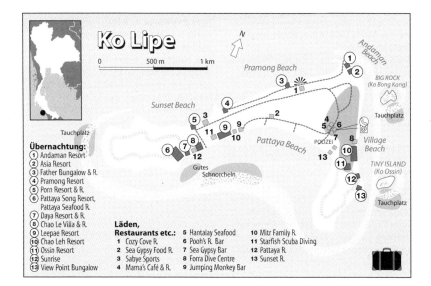

Ko Lipe

0   500 m   1 km

N

Pramong Beach

Andaman Beach

BIG ROCK
(Ko Bong Kang)

Sunset Beach

Tauchplatz

Tauchplatz

Pattaya Beach

POLIZEI

Village Beach

TINY ISLAND
(Ko Ossin)

Gutes Schnorcheln

Tauchplatz

Übernachtung:
1 Andaman Resort
2 Asia Resort
3 Father Bungalow & R.
4 Pramong Resort
5 Porn Resort & R.
6 Pattaya Song Resort,
  Pattaya Seafood R.
7 Daya Resort & R.
8 Chao Le Villa & R.
9 Leepae Resort
10 Chao Leh Resort
11 Ossin Resort
12 Sunrise
13 View Point Bungalow

Läden, Restaurants etc.:
1 Cozy Cove R.
2 Sea Gypsy Food R.
3 Sabye Sports
4 Mama's Café & R.
5 Hantalay Seafood
6 Pooh's R. Bar
7 Sea Gypsy Bar
8 Forra Dive Centre
9 Jumping Monkey Bar
10 Mitr Family R.
11 Starfish Scuba Diving
12 Pattaya R.
13 Sunset R.

vor kann man schön schnorcheln. *Forra Dive Centre* mit Kajakausleihe.

Ossin Resort** 11, auch: *Au-Sin*, beim Dorf, 10 neue, einfache Hangbungalows aus Bambus, kein Lärm durch vorbeifahrende Mofas; nettes Restaurant.

Sunrise 12, neue Anlage des Deutschen Mikel, der auch Insel-Hopping mit Longtailboot anbietet.

View Point Bungalow** 13, neue, schiefe Hangbungalows hinter den Felsen, gute Aussicht. Die älteren Besitzer sprechen kein Englisch.

PORN BEACH (SUNSET BEACH) – Ein feinsandiger Strand und direkt davor das glasklare Wasser mit Korallen und bunten Fischen zieht vor allem Ruhesuchende und Taucher an. Von hier aus hat man Blick auf die übrigen Inseln und den Sonnenuntergang. Bisher gibt es keine Motorräder an diesem Strand, daher ist er auch für Kleinkinder geeignet.

Porn Resort**–*** 5, Zelte**, ☏ 728088, sehr beliebt und immer voll, 22 saubere, luftige Matten- und Holzhütten mit Moskitonetz, Du/WC, Fan, an einem kleinen, noch schnuckeligen Strand; ordentliches Restaurant am Strand, freundliches Personal, Geldtausch zu horrendem Kurs; Strom ab 18 Uhr, Schnorchelausrüstung.

Der nette Besitzer bietet auch Schnorcheltrips mit eigenen Longtailbooten nach Ko Rawi. Tauchbasis *Sabye Sports Diving* mit schlecht gewartetem Gerät. 5 Min. zum Pattaya Beach, 20 Min. ins Dorf.

PRAMONG BEACH – Oberhalb der steilen Nordküste wurden 2 neue Anlagen errichtet.

Pramong Resort** 4 (auch *Fishery Bay*), ☏ 728088, 9 Bambusbungalows auf Pfählen mit Du/WC, Moskitonetz und Fan, 1 Min. vom Strand entfernt. Freundliche, hilfsbereite Besitzer, die kaum Englisch sprechen. Günstiges Restaurant; Bootstouren werden organisiert.

Father Bungalow* 3, einfache Bungalows ohne Du/WC am Hang. Der weiße Sandstrand ist über eine Leiter erreichbar; gutes Restaurant mit schöner Aussicht. Zu erreichen über einen Fußweg, der beim letzten Bungalow des *Andaman Resorts* beginnt.

Essen und Unterhaltung

Mama's Café & Restaurant, sehr gute, günstige, originale Chao Leh-Kost, empfehlenswert.

Pooh's Restaurant & Bar, die TOP Bar mit sehr guten Cocktails zu vernünftigen Preisen, sehr gutes Essen, abends romantische Atmosphäre und gute Musik, Geldwechsel (Cash), Internet- und Telefonservice.

Sea Gypsy Bar, nette Bar mit gutem Sound, Reggae etc., betrieben vom hilfsbereiten Thai Ott.

Jumping Monkey Bar, kleine Bar am Strand, Tische etc. aus Schwemmholz, unterschiedliche Musik, der Affe heißt *Jessie*.

Alle Restaurants schließen Anfang Mai.

Sonstiges

AUSFLÜGE – Es werden Longtailboote für 800–1000 Baht angeboten, oder organisierte Bootstouren für 250 Baht p.P. inkl. Essen (min. 4 Pers.). Campingtouren werden z.B. für 2 Tage eine Nacht für 1000Baht p.P. angeboten. Am meisten als Führer gelobt wird *Cheng* vom *Daya Resort*. Am Pattaya Beach kann man ein Kajak mieten und damit die Insel umrunden.

EINKAUFEN – Im Dorf liegen am Strand 3 Geschäfte (eines mit Restaurant), in denen man u.a. Früchte, Gemüse, Dosen, Zigaretten, Batterien, Alkohol, Eis und Kekse kaufen kann.

GELD – Es gibt keine Bank. Tauschmöglichkeit im *Pooh's Restaurant* oder *Porn Resort*.

INTERNET – im *Pooh's Restaurant*.

MOTORRÄDER – gibt es an mehreren Stellen zu mieten. Auch Motorradtaxis werden vereinzelt angeboten.

POLIZEI – Station mit 3 Polizisten.

SAISON – Hauptsaison ist von November bis Ende April, danach schließen die Bungalows, denn von Mai bis Oktober wird der Bootsverkehr eingestellt.

TAXIS – Boottaxis kosten 30 Baht, Motorradtaxis mehr.

TAUCHEN – Es gibt mehrere Tauchbasen auf der Insel.

Sabye Sports, ℡ 734104, beim *Porn Resort*, kanadische Leitung, 2000 Baht/2 Tauchgänge.

Forra Dive Centre, ℡ 711982, beim *Chao Leh Resort*, französisch-englische Leitung.

Starfish Scuba Diving, 🖳 www.starfishscuba. com, beim *Leepae Resort*. Der *Open Water* Kurs (4 Tage, 8 Tauchgänge) kostet 12000 Baht. Alle Tauchbasen gehören PADI an. Mehrmals hörten wir von schlecht gewartetem Gerät.

In der Umgebung von Ko Lipe wurden 23 Tauchplätze in 30 bis 90 Min. Entfernung erkundet. Die Tauchbasen fahren mit Longtailbooten zu nahegelegenen Spots, die Tauchtiefe liegt zwischen 8 bis 12 m. Die Riffe bestehen größtenteils aus karg bewachsenen Felsformationen. Spuren des früheren Dynamitfischens sind nicht zu übersehen. Heutzutage findet man häufig Fischfallen der Seezigeuner.

Ein berühmtes Tauchgebiet ist der *Sail Rock*, 2 km westlich von Ko Lipe. Hier kann nur in der Zeit des Halbmonds getaucht werden, wenn sich die Kräfte der Gezeiten die Waage halten. Dann hat man die Chance, den riesigen, planktonfressenden Walhai zu sehen. Viele Taucher klagen über viel Sediment und schlechte Sicht.

TELEFON – im *Pooh's Restaurant*.

VORWAHL – 074

Transport

Von SATUN, Tammalang Pier, mit der Schnellfähre von *Satun Travel* über Tarutao-Ost um 11.00 Uhr in 2 1/2 Std. für 500 Baht zum Pattaya Beach, zurück um 14 Uhr (hin und zurück 900 Baht).
Von PAKBARA über Tarutao um 10.30 Uhr in 6 Stunden für 400 Baht, um 11 bzw. 13 Uhr in 3 1/2 Std. für 450 Baht (hin und zurück 800 Baht).
Von PAKBARA über Ko Bulon um 12 Uhr in 5 Stunden für 400 Baht, um 13.30 Uhr in 3 Std. für 450 Baht (hin und zurück 800 Baht).
Von KO BULON zwischen 13.30 und 14.30 Uhr für 250 bzw. 300 Baht (hin und zurück 500 Baht). Diese Boote fahren um 9 und 12 Uhr zurück.
Von PAKBARA tgl. um 13 Uhr mit dem Speedboot in 1 1/2 Std. für 800 Baht, zurück um 10 Uhr.
Von KO ADANG fahren unregelmäßig Longtail-Boote nach Ko Lipe (20–30 Baht pro Strecke).
Achtung: Die Boote fahren nur in der Saison von Anfang November bis Anfang/Mitte Mai.

Die Boote halten zwischen Ko Lipe und Ko Adang. Von dort werden die Touristen auf Longtail Boote (30 Baht) verladen, die Ko Lipe (Porn Beach, Andaman Beach oder Pattaya Beach) oder Ko Adang anlaufen. Von dort gibt es einen Weitertransport mit Longtailbooten, meistens wird dafür nochmals eine extra Gebühr verlangt.

Die übrigen Inseln

Hin Ngam ist eine kleine Insel, deren Granitfelsen vom Meer so glatt geschliffen sind, dass sie als große, schwarze Kiesel in der Sonne glänzen. Vor diesem Kieselstrand kann man wunderschön schnorcheln. Knapp unter der Wasseroberfläche leben Unmengen von Röhrenwürmern, die ihren farbenprächtigen Fächer bei unvorsichtiger Annäherung blitzartig in die Röhre zurückziehen. Nicht weit von Ko Hin Ngam liegt im Meer der schöne Schnorchelplatz *Seven Colors* (2–8 m tief), wo Korallen in sieben Farben gedeihen.

Auf **Ko Rawi** legen manchmal Meeresschildkröten im heißen Sand ihre Eier ab, sehr gut zum Schnorcheln eignet sich die Seite zu Ko Adang.

Bei **Ko Butong** ist Schnorcheln am schönsten an der vorderen Seite zu Ko Rawi. Bei **Ko Yang** ist Schnorcheln sehr lohnenswert.

Ko Kai liegt wie ihre Schwesterinsel **Ko Klang** auf halbem Weg zwischen Ko Adang und Ko Tarutao. Von November bis Dezember vergraben auch hier riesige Meeresschildkröten ihre Eier im Sand am Strand.

Satun   ᨲᩩᩁ

In der Hauptstadt der südlichsten Provinz an der Westküste Thailands, 995 km von Bangkok entfernt, leben hauptsächlich Moslems und einige Chinesen. Diese Hafenstadt abseits der üblichen Route hat Touristen fast nichts zu bieten. So mancher benutzt sie, um mit dem Boot entlang des schönen Ufers nach Kuala Perlis oder direkt auf die Insel Langkawi in Malaysia zu schippern.

Übernachtung

*Rian Thong*** (auch *Rain Tong* oder *Lian Thong*) ⑥, 4-6 Samanta Pradit Rd., ✆ 711036, Chinesenhotel gegenüber der Bootsanlegestelle in der Stadt; große, saubere Zi, am besten im 2. Stock.

*Udom Suk*** ⑤, 201 Hattagam Suksa Rd., ✆ 711006, in einer relativ ruhigen Nebenstraße, saubere Zi, Garten, freundliche Leute.

*Satultanee*** (ac***) (auch: *Satun Thani)* ③, 90 Satun Thane Rd., ✆ 711010, im Stadtzentrum, laut.

*Sinkiat Thani**** ④, 50 Burivanit Rd., ✆ 721055-8, ✆ 721059, modernes, klimatisiertes Hotel, 50 große, saubere, komfortable Zi mit Du/WC und Badewanne, ac individuell regelbar, schöne Fernsicht aus dem 7. Stock; Coffee Shop, Restaurant; freundliche Besitzer.

*Pinnacle Tarutao**** ②, 43 Satun Thane Rd., ✆ 711607, ✆ 722162, modernes, klimatisiertes Hotel, vor allem für Geschäftsleute und Touristen aus Malaysia.

*My House*** ①, 111 Yontrakarnkumthorn Rd., ✆ 721700, Reihenhäuser im Motel-Stil, z.T. mit ac; 2,2 km nördlich des Wang Mai Hotels, 50 m von der Hauptstraße entfernt.

*Amm Guesthouse*** ⑦, 676 M.3 Sulakanukoon Rd, ✆ 01-738521, Richtung Tammalang Pier, einfache Bambushütten. Amm hat 10 Jahre in Wien gelebt und ist sehr hilfsbereit.

*Junglejo Resort***–****, ✆ 724085, ✉ junglejoresort@yahoo.com, 🖥 www.junglejo.com; eine urige Baumhütte und Bambushütten am Fluss im Dschungel, Essen inklusive; 60 km nördlich beim Wang Sai Tong Wasserfall, weitere Wasserfälle und Höhlen in der Nähe; zu erreichen mit Songthaew von La-ngu (gegenüber vom Markt) oder von Satun, Infos im *Amm Gh.*

Essen

Stilvoll isst man zu leicht gehobenen Preisen im schön dekorierten, klimatisierten *Time Restaurant* vor dem *Pinnacle Tarutao Hotel* an der Hauptstraße.
Bemerkenswert ist der Nachtessenmarkt.

Sonstiges

IMMIGRATION – Office in der Stadt, Passabfertigung am Tammalang-Pier.

REISEBÜRO – *Satun Travel & Ferry Service*, 45/16 Satun Thane Rd., ✆ 711453, ✆ 721959, gegenüber vom Pinnacle Hotel, verkauft Tickets für die

Fähre nach Langkawi und Ko Lipe. Von hier aus mit dem Taxi für 20 Baht weiter zum Hafen.
Thai Ferry Center, ☎ 730511-3, fährt ab Tammalang Pier nach Ko Lipe.

VORWAHL – 074; PLZ: 91 000.

BUSSE – Nach BANGKOK (995 km) 2.Kl. ac-Bus um 13.30 Uhr für 433 Baht in 16 Std., ac-Bus um 7.30, 15.30 und 16 Uhr für 563 bzw. 556 Baht in 14 Std., VIP-24 Bus um 16.30 Uhr für 865 Baht in 13 Std.
Von KRABI direkt ac-Bus um 11 und 13.30 Uhr für 175 Baht in 5 Std.
Von PHUKET direkt ac-Bus um 8.15 und 10.15 Uhr für 274 Baht in 7 Std. Zurück zur gleichen Zeit.
Von TRANG non-ac-Bus tagsüber alle 30–60 Min. für 56 Baht (ac 100 Baht). Zurück etwa stündlich zwischen 5.30 und 14.30 Uhr mit Anschlussmöglichkeit nach Krabi und Phuket. Von 14.30–16.30 Uhr nur bis LA-NGU (24 Baht).
Von PAKBARA mit dem Pickup bis LA-NGU und von dort weiter mit dem non-ac-Bus (24 Baht).
Von HAT YAI (96 km) am Plaza non-ac-Bus alle 15 Min. für 40 Baht, ac-Bus um 7.10, 9.40, 11.55 und 15.10 Uhr für 65 Baht.

MINIBUSSE – Nach HAT YAI um 9 Uhr für 100 Baht (Abfahrt vor dem Wat), dort weiter in alle Touristenorte im Süden. Bei Ankunft der Ko Lipe-Fähre um 16.30 Uhr warten Minibusse, die für 150–170 Baht nach Hat Yai (nicht zum Airport) fahren.
Nach TRANG und KRABI um 11 und 16.30 Uhr in 2 1/2 bzw. 4 1/2 Std. mit **Satun Travel**.
Von KRABI um 7 und 11 Uhr (über Hat Yai) für 320 Baht in 6 Std. Besser zur selben Zeit nach Pakbara fahren (2 Std., 350 Baht) und umsteigen.

SAMMELTAXIS – Nach HAT YAI für 50 Baht, TRANG für 80 Baht, LA-NGU für 40 Baht (Charter bis PAKBARA 250 Baht), zur Grenzstation WANGPRACHAN (40 km, s.S. 646) und zum THALE BAN NATIONAL PARK für 30 Baht.
Ein Charter-Taxi fährt nach PAKBARA für 180 Baht, nach WANGPRACHAN für 300–400 Baht.

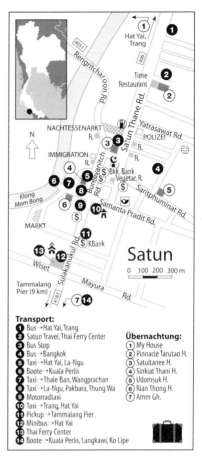

Transport:
❶ Bus→Hat Yai, Trang
❷ Satun Travel, Thai Ferry Center
❸ Bus Stop
❹ Bus→Bangkok
❺ Taxi→Hat Yai, La-Ngu
❻ Boote→Kuala Perlis
❼ Taxi→Thale Ban, Wangprachan
❽ Taxi→La-Ngu, Pakbara, Thung Wa
❾ Motorradtaxi
❿ Taxi→Trang, Hat Yai
⓫ Pickup→Tammalang Pier
⓬ Minibus→Hat Yai
⓭ Thai Ferry Center
⓮ Boote→Kuala Perlis, Langkawi, Ko Lipe

Übernachtung:
① My House
② Pinnacle Tarutao H.
③ Satultanee H.
④ Sinkiat Thani H.
⑤ Udomsuk H.
⑥ Rian Thong H.
⑦ Amm Gh.

BOOTE – Der Tammalang-Pier liegt 9 km südlich der Stadt. Am Hafen befinden sich nur das *Customs* und *Immigration Office* für die Zoll- und Passabfertigung, sonst nichts. Zu erreichen in 15 Min. mit dem Pickup für 15 Baht, dem Tuk Tuk oder Motorradtaxi für max. 30 Baht, ab Kasikorn Bank oder besser schon ab Markt. Ca. 1 Std. vor Abfahrt der Langkawi-Fähre startet ein Taxi für 20 Baht bei *Satun Travel*.
Von Satun nach LANGKAWI betreiben **Satun Travel & Ferry Service**, ☎ 721960, und **Thai Ferry Center**, ☎ 730511, komfortable Personenfähren, die 4–5x tgl. zwischen 9.30 und 17 Uhr für 200 Baht in 75 Min. fahren.

DER TIEFE SÜDEN

Von Langkawi nach SATUN starten sie von 8.30–16 Uhr Malaysia-Zeit für 18 RM, Sa, So 19 RM.

Von / nach KUALA PERLIS fahren ab und an große Longtail-Boote in 1 Std. für 20 RM / 180 Baht. Die Fahrt ist unangenehm heiß.

Bei hohem Wasserstand fahren die Longtail-Boote direkt von der Anlegestelle in der Stadt, neben dem *Rian Thong Hotel*, ab. Die Grenzformalitäten werden auch in diesem Fall am Tammalang-Pier erledigt. Bei ruhiger See ist die Fahrt landschaftlich sehr reizvoll.

Schlepper versuchen, Ankommenden überteuerte Tickets nach Krabi anzudrehen.

Nach KO LIPE geht es ebenfalls vom Tammalang-Pier um 11 Uhr für 500 Baht in 2 1/2 Std., zurück um 14 Uhr. Ein zweites Schnellboot soll um 9 Uhr abfahren und um 12.30 Uhr zurückfahren.

Achtung: Die Fährdienste nach Malaysia wechseln fast jedes Jahr.

BIKER – Nach **Norden** geht es am besten auf dem H416 bis La-Ngu und Pakbara. Die weiteren Etappen sind entlang der Westküste unter Trang, Krabi, Phang Nga und Takua Pa beschrieben. Die Fortsetzung entlang der Ostküste bis Bangkok steht unter Surat Thani, Chumphon, Bang Saphan, Ban Krut Beach, Prachuap Khiri Khan, Khao Sam Roi Yot, Hua Hin, Cha-am und Phetchaburi. Nach **Süden** Richtung Malaysia biegt man vom H406 nach 15 km nach rechts ab zum Thale Ban National Park und zum Grenzübergang Wangprachan (insgesamt 40 km). Im Park kann man zelten oder in den Park-Bungalows unter der Woche normalerweise übernachten. Der nächste Ort in Malaysia ist Kaki Bukit, die nächste Stadt Kangar.

Die Umgebung von Satun
Thale Ban National Park

Direkt an der Grenze zu Malaysia liegt 40 km von Satun der südlichste National Park Thailands. Das *Park Headquarter*, ☎ 074-797073, ist nur 2 km vom Grenzposten Wangprachan entfernt und etwa 75 km von Alor Setar in Malaysia. Hier kann man evtl. in den *Park Bungalows***–**** übernachten, die um einen hübschen See gruppiert und nur am Wochenende stark frequentiert sind. Auch Zelten ist möglich. Essen gibt es auf Bestellung in der Kantine, wochentags nur bis 16.30 Uhr. Die Pfade

sind zeitweise nicht gewartet und manchmal unpassierbar.

Ein 6 km langer Pfad führt durch den Dschungel zu einem Berggipfel, auf dem man zelten kann.

2 km nördlich des *Headquarters* zweigt links an einem Schild in Thai-Schrift ein Pfad zu einer Höhle ab, in der sich abends Fledermäuse versammeln.

Zum gut ausgeschilderten **Ya-Roy-Wasserfall** (700 m von der Straße) und an seinen Kaskaden entlang geht es bergauf. In einem Pool inmitten unberührten Dschungels ist es herrlich zum Baden, Wasser gibt es das ganze Jahr über. Am Wochenende und an Feiertagen vergnügen sich hier viele Thais.

Zum National Park fahren Sammeltaxis von Satun für 30 Baht. Von Hat Yai mit dem Bus für 38 Baht bis Kwuan Don, von dort mit Motorradtaxi für 60 Baht. Zurück nach Satun mit Pickup ab ca. 10 Uhr bis 15.30 Uhr, ansonsten muss man trampen.

Hat Yai   หาดใหญ่

(auch Hatyai, Had Yai oder Haad Yai) Die moderne, gesichtslose Stadt mit 130 000 Einwohnern, das Verkehrs- und Wirtschaftszentrum von Süd-Thailand, liegt 933 km südlich von Bangkok.

Viele Malaysier kommen hierher, um das einzukaufen, was billiger als im eigenen Land angeboten wird, und um zu später Stunde das zu finden, was ihnen im muslimisch-puritanischen Malaysia nicht geboten wird. Im Gegensatz zu Pattaya, Phuket und Bangkok spielt sich das Nachtleben von Hat Yai weitgehend in Hotels ab. Neben den umfangreichen Angeboten des horizontalen Gewerbes gibt es zahlreiche Discos mit Live-Musik und Laser-Shows. Die **Krokodilfarm** in der Ratchyindi Rd. ist zwar kostenlos, aber recht uninteressant.

6 km Richtung Songkhla liegt der schöne **Stadtpark**, in dem man an Wochentagen gemütlich herumspazieren kann. Als neue Attraktion wurde eine 9,90 m hohe **Statue** der *Kuan Yin* aufgestellt, die in China aus 8 Stücken weißer Jade gefertigt wurde.

Übernachtung

In den letzten Jahren sind neben den 126 Hotels mit über 9000 Zimmern einige Gästehäuser entstanden, die eigentlich Kleinhotels sind. In manchen verkehren auch Prostituierte.

①	President H.	***_****	420 Petchkasem Rd.	☎ 230608
②	J.B. Hatyai	(F)	99 Jootee Anusorn Rd.	☎ 234300-18
③	Sorasilp Gh.	**_***	251/7-8 Petchkasem Rd.	☎ 232635
④	Peking H.	**	39-43 Chamrat Uthit Rd.	☎ 245206
⑤	Had Yai Inter H.	***_****	42-44 Niphat Uthit 3 Rd.	☎ 351500-3
⑥	V.L. Hatyai H.	****	1-7 Niphat Uthit 1 Rd.	☎ 352201-9
⑦	Asian Hotel Hat Yai	****	55 Niphat Uthit 3 Rd.	☎ 353400-14
⑧	The Regency H.	(M)	23 Prachathipat	☎ 234400-9
⑨	Racha H.	***	42 Niphat Uthit 1 Rd.	☎ 230952-5
⑩	Diamond Plaza H.	ab****	62 Niphat Uthit 3 Rd.	☎ 230130-41
⑪	Siam City H.	ab****	25-35 Niphat Uthit 2 Rd.	☎ 353111-29
⑫	Mandarin H.	**	62-64 Niphat Uthit 1 Rd.	☎ 243438
⑬	Central Sukhontha H.	(L)	1 Sanehanusorn Rd.	☎ 352222-36
⑭	Hok Chin Hin H.	**	87 Niphat Uthit 1 Rd.	☎ 243258
⑮	Savoy H.	**	76/9 Niphat Uthit 2 Rd.	☎ 243546
⑯	Grand Plaza H.	****	24/1 Sanehanusorn Rd.	☎ 234340-7
⑰	Pink H.	***_****	24 Sanehanusorn Rd.	☎ 230961-4
⑱	River Inn	***	65 Chon Thana Rd.	☎ 231101-3
⑲	Park H.	***	81 Niphat Uthit 2 Rd.	☎ 233351
⑳	Laemthong H.	**_***	46 Thamnoon Vithi Rd.	☎ 352301-7
㉑	Amaraporn Gh.	***	98-100 Niphat Uthit 3 Rd.	☎ 231484
㉒	Indra H.	***_****	94 Thamnoon Vithi Rd.	☎ 245886
㉓	Prince H.	**_***	138/2-3 Thamnoon Vithi Rd.	☎ 243160
㉔	Ladda Gh.	**_***	13-15 Thamnoon Vithi Rd.	☎ 220233
㉕	Louise Gh.	**_***	21-23 Thamnoon Vithi Rd.	☎ 220966
㉖	Cathay Gh.	*_**	93/1 Niphat Uthit 2 Rd.	☎ 243815
㉗	King's H.	***	126 Niphat Uthit 1 Rd.	☎ 234140
㉘	Sakol H.	***	47-48 Sanehanusorn Rd.	☎ 355501-3
㉙	Rado H.	***	59 Sanehanusorn Rd.	☎ 239202
㉚	B.P. Grand Suite H.	(M)	75/1 Sanehanusorn Rd.	☎ 354520-7
㉛	Pacific H.	**_***	149/1 Niphat Uthit 2 Rd.	☎ 244062
㉜	New World H.	***_****	152-156 Niphat Uthit 2 Rd.	☎ 230100-4
㉝	Hat Yai Central H.	***_****	180-181 Niphat Uthit 3 Rd.	☎ 230000-11
㉞	Sakura Grand View	****	186 Niphat Uthit 3 Rd.	☎ 355700-15
㉟	Sakura H.	***_****	165/1 Niphat Uthit 3 Rd.	☎ 235111-3
㊱	Dai-ichi H.	***_****	29 Chaiyakul Uthit 4 Rd.	☎ 230724
㊲	Kosit H.	****	199 Niphat Uthit 2 Rd.	☎ 234364-9
㊳	Ambassador H.	***	23 Padung Pakdee Rd.	☎ 234411-7
㊴	Emperor H.	***_****	1 Tanrattanakon Rd.	☎ 220215-8
㊵	Lee Garden H.	ab****	1 Lee Patthana Rd.	☎ 234420-9
㊶	Mae Nam H.	***	43/42-43 Tanrattanakon Rd.	☎ 234800-3
㊷	The Florida H.	ab****	8 Sri Puvanart Rd.	☎ 234555
㊸	New City Gh.	**	8 Chaiyakul Uthit 2 Rd.	☎ 244738
	S.C. Heritagme H.	***	36/43 Sang Sri Rd. Soi 5	☎ 233088

GÄSTEHÄUSER – *Cathay Gh.* *–** ㉖, 93/1 Niphat Uthit 2 Rd., ☎ 243815, sehr zentral, im 1. Obergeschoss, einfache, große Zi mit Du/WC, Fan und viel Ungeziefer (durchgenagter Rucksack) sowie Schlafsaal (90 Baht). Die nach hinten gelegenen Zi sind teurer. Trotz allem ein beliebter Travellertreff. Viele Infos, Snacks, gutes Frühstück. Im Erdgeschoss ein Reisebüro.

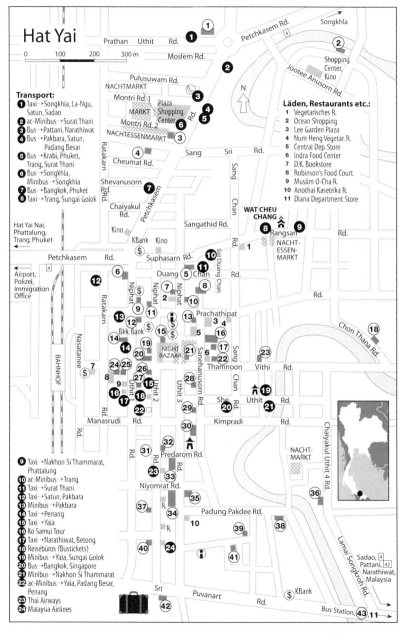

Hat Yai

0   100   200   300 m

Transport:
1. Taxi→Songkhla, La-Ngu, Satun, Sadao
2. ac-Minibus→Surat Thani
3. Bus→Pattani, Narathiwat
4. Bus→Pakbara, Satun, Padang Besar
5. Bus→Krabi, Phuket, Trang, Surat Thani
6. Bus→Songkhla, Minibus→Songkhla
7. Bus→Bangkok, Phuket
8. Taxi→Trang, Sungai Golok

Prathan Uthit Rd.
Petchkasem Rd.
Songkhla
Moslem Rd.
Pulusuwam Rd.
NACHTMARKT
Montri Rd. 1
MARKT
Montri Rd. 2
NACHTESSENMARKT
Cheumat Rd.
Shevanusorn Rd.
Chaiyakul Rd.
Kino
Shopping Center, Kino
Jootee Anusorn Rd.
N
Plaza Shopping Center
Sang Sri Rd.
Petchkasem
Sang Chan
Ratakarn

Läden, Restaurants etc.:
1. Vegetarisches R.
2. Ocean Shopping
3. Lee Garden Plaza
4. Num Heng Vegetar. R.
5. Central Dep. Store
6. Indra Food Center
7. D.K. Bookstore
8. Robinson's Food Court
9. Muslim O-Cha R.
10. Anothai Kasetrika R.
11. Diana Department Store

WAT CHEU CHANG
Rangsan
NACHT-ESSEN-MARKT
Sangathid Rd.
Hat Yai Nai, Phattalung, Trang, Phuket
Petchkasem Rd.
Airport, Polizei, Immigration Office
KBank Kino
Suphasarn Rd.
Duang
Chan
Soi Duang Chan
Rd.
Prachathipat
Niphat
Bkk. Bank
NIGHT BAZAAR
Chon Thana Rd.
Sanehanusorn Rd.
Thamnoon Vithi Rd.
Sang Chan
Nasatanee
BAHNHOF
Ratakarn
Uthit
Uthit 2
Uthit 3
Manasrudi Rd.
Kimpradi Rd.
She Uthit Rd.
Predarom Rd.
Niyomrat Rd.
Padung Pakdee Rd.
Chaiyakul Uthit 4 Rd.
Sri Puvanart Rd.
KBank
Bus Station
Lamai Songkroh Rd.
Sadao, Pattani, Narathiwat, Malaysia

9. Taxi→Nakhon Si Thammarat, Phattalung
10. ac-Minibus→Trang
11. Taxi→Surat Thani
12. Taxi→Satun, Pakbara
13. Minibus→Pakbara
14. Taxi→Penang
15. Taxi→Yala
16. Ko Samui Tour
17. Taxi→Narathiwat, Betong
18. Reisebüros (Bustickets)
19. Minibus→Yala, Sungai Golok
20. Bus→Bangkok, Singapore
21. Minibus→Nakhon Si Thammarat
22. ac-Minibus→Yala, Padang Besar, Penang
23. Thai Airways
24. Malaysia Airlines

DER TIEFE SÜDEN

Sorasilp Gh.**__ (auch _Sornsil_) ③, 251/7-8 Petchkasem Rd., ✆ 232635, am Nachtmarkt, saubere Zi mit Du/WC und Fan oder ac, recht laut.
Ladda Gh.**__ ㉔, 13-15 Thamnoon Vithi Rd., ✆ 220233, muffige Zi, z.T. ac, in neuerem Gebäude beim Bahnhof, nette Leute.
Louise Gh.**__ ㉕, 21-23 Thamnoon Vithi Rd., ✆ 220966, Kleinhotel nebenan, saubere Zi mit Du/WC, z.T. ac, falls nötig nach frischer Bettwäsche fragen; wochentags 30% Rabatt.
New City Gh. ㊸, 8 Chaiyakul Uthit 2 Rd., ✆ 244738, 3 km außerhalb des Zentrums bei der Bus Station, saubere Zi mit ac.
Amaraporn Gh.* ㉑, 98-100 Niphat Uthit 3 Rd., ✆ 231484, 17 Zi. Empfehlung ohne genaue Ortsangabe.

HOTELS – Die Hotels sind selten ausgelastet und man kann besonders günstige Preise erzielen, wodurch man z.T. billiger als in Gästehäusern übernachtet. Die großen Mittelklassehotels unterscheiden sich kaum voneinander.
In der **Niphat Uthit 1 Rd.** liegen z.B.:
Hok Chin Hin* ⑮, Nr. 87, ✆ 243258, renoviertes, günstiges Hotel, große Zi mit Bad, große Betten, Fan, gut eingerichtet, netter Besitzer; Eingang durchs Restaurant. Nachtmarkt nebenan.
King's* ㉗, Nr. 126, ✆ 234140, ✆ 246990, z.T. ac, abgewohnt, aber brauchbar.
In der Parallelstraße **Niphat Uthit 2 Rd.**:
Kosit* ㊲, Nr. 199, ✆ 234366, ✆ 232365, modernes Hotel, mit Nachtclubs der gepflegteren Kategorie.
Siam City* ⑪, Nr. 25-35, ✆ 353111-29, ✆ 231060, 143 Zi mit ac.
In der Parallelstraße **Niphat Uthit 3 Rd.**:
Asian Hat Yai* ⑦, Nr. 55, ✆ 353400-14, ✆ 234890, 184 Zi mit ac.
Hat Yai Central Hotel* ㉝, Nr. 180-181, ✆ 230000-11, ✆ 230990, modernes Hotel, alle Zi mit ac.
Laemthong (ac***) ⑳, 46 Thamnoon Vithi Rd., ✆ 352301-7, ✆ 237574, 200 m vom Bahnhof, groß, sauber und seinen Preis wert.
The Regency ⑧, 23 Prachathipat Rd., ✆ 234400-9, ✆ 234102, modernes First Class-Hotel mit 28 Etagen, hervorragende Zi und Suiten, großer Pool.

The Central Sukhontha Hotel ⑬, 1 Sanehanusorn Rd., ✆ 352222-36, ✆ 352223, Luxus-Hotel im Zentrum, 238 schöne Zi (ab 3300 Baht) und Suiten mit allen Annehmlichkeiten; Restaurants, Fitness-Center.
S.C. Heritage* , 36/43 Sang Sri Soi 5, ✆ 233088, nettes Hotel mit sauberen ac-Zimmern in ruhiger, zentraler Lage. Empfehlung ohne genaue Ortsangabe.

Essen

Überall in der Stadt gibt es recht gute Seafood-Restaurants und Essenstände.
Am Abend finden mehrere kleine **Nachtmärkte** statt, z.B. nahe _Hok Chin Hin_ und _Savoy Hotel_.
Ein sehr großer, empfehlenswerter abendlicher **Essenmarkt** wird auf der Montri 2 Rd. beim _Plaza Shopping Center_ aufgebaut.
Muslim-O-Cha, gegenüber vom King's Hotel, ist ein gutes Muslim-Restaurant.
Im klimatisierten **Robinson's Food Court** befinden sich die internationalen Fast Food-Restaurants _KFC, Burger King, Dunkin Donut, Daidomon_ (Buffet-Lunch und -Dinner) sowie Essenstände mit Coupon-System.
Indra Food Center, 94 Thamnoon Vithi Rd., ◷ 24 Std. und entsprechend teuer. Am Abend werden die Schlemmer bei Haifischflossen- und Schwalbennestersuppe mit Live-Musik unterhalten.
McDonald's, Pizza Hut, Swensen's und **Sizzler** im _Lee Garden Plaza_ in der Prachathipat Rd.

Einkaufen

Da Hat Yai für viele Malaysier das Einkaufsparadies ist, verfügen die Straßenstände und Einkaufszentren über ein reichhaltiges Warenangebot, vor allem in den drei Niphat Uthit Straßen. Nördlich der Thamnoon Vithi Rd. wird am Abend ein quirliger **Night Bazaar** aufgebaut.
Günstig kauft man Textilien, Kassetten, Lederwaren und Kunstgewerbe. Besonders gut sind Obst und Nüsse, v.a. Cashewnüsse. Ein großer Markt wird am Songkhla-Bus Stop abgehalten.
Der tolle **Asean Trade Weekend Market** am Stadtrand im _Diana Department Store_ soll der größte seiner Art sein, ◷ Do-Sa 15-21 Uhr.

D.K. Bookshop In der Thamnoon Vithi Rd. beim Bahnhof hat auch Reiseführer und Detailkarten von Thailand, ☉ 9–20 Uhr.

KINOS – Hat Yai hat einen besonderen Kino-Service. Seinem Image als „internationaler" Stadt entsprechend bieten die folgenden Kinos die Möglichkeit, Filme in Englisch zu sehen: **Chaloem Thai**, Suphasarn Rangsan Rd. sowie **Indra** und **Rama** in der Petchkasem Rd.

DISCO – Empfohlen zum Abtanzen wurde uns das **Hollywood**, beim *Lee Garden Plaza*, Eintritt 200 Baht inkl. Getränkegutschein, ☉ bis 2 Uhr.

THAI-BOXEN – an jedem Samstag von 14–17 Uhr im **Television Stadion**.

AUTOVERMIETUNG – *Hertz*, Büro im Flughafen, ☎ 751007. *Avis*, im *J.B. Hotel*, ☎ 234300, *Budget* im *Hotel Central Sukhonhta*, ⑬.

GELD – *Kasikorn Bank*, 188 Petchkasem Rd., tgl. 8.30–16.30 Uhr, mit Geldautomat. Weitere Banken in der Niphat Uthit 2 und 3 Rd. mit Wechselschalter (☉ 9–19 Uhr, auch am Wochenende). Spät abends wechselt nur ein Money Changer oder eines der großen Hotels.

IMMIGRATION – Petchkasem Rd., ☎ 243019, hinter der Eisenbahnbrücke links.

INFORMATIONEN – *Tourist Office* in der 1/1 Soi 2 Niphat Uthit 3 Rd., etwas versteckt in einer Seitengasse, ☎ 243747 und 238518, ✉ tathatyai @hatyai.inet.co.th; ☉ tgl. 8.30–16.30 Uhr. Informationen über Verkehrsverbindungen und Hotels für Hat Yai, Songkhla, Satun und Tarutao. Das *Tourist Information Center* in der Innenstadt kann bei der Suche nach Hotels behilflich sein: ein Kiosk in der Niphat Uthit 3 Rd., nahe der Prachathipat Rd., ☉ 13–17 und 18–21 Uhr. Gute Informationen (auf Englisch) im Web unter 🖥 www.hatyaitoday.com/menueng.html

MEDIZINISCHE HILFE – Das zur Universität von Songkhla gehörende **Songkhla Nakharin Hospital** am H4 (Kanchanavanit Rd.), ☎ 245 677, ist modern eingerichtet und hat auch sonntags einen hervorragenden Notdienst.

POST – Hauptpostamt 300 m nördlich vom President Hotel. Ein weiteres Postamt an der Ratakarn Rd. nahe beim Bahnhof.

REISEBÜROS – viele entlang der Thamnoon Vithi Rd. und an den drei Niphat Uthit-Straßen. Gute Preise haben u.a. **Pakdee Tour** im *Cathay Gh.*, *Gold Travel* und **D.J. Tour** gegenüber vom *King's Hotel*.
Üble Erfahrungen haben Traveller wiederholt mit *Chaw Wang Tours* gemacht. Wessen gekauftes Ticket nach Malaysia für ungültig erklärt oder wessen gebuchter Bus für voll besetzt deklariert wird, sollte auf die Polizei hinweisen.

TOURIST POLICE – 1/1 Soi 2 Niphat Uthit 3 Rd., beim Tourist Office, ☎ 246733 und 1699.

VORWAHL – 074; PLZ: 90 110.

Die **Tuk Tuks** im Stadtgebiet kosten 15–20 Baht, zum großen Bus Terminal 30 Baht. **Taxis** sind teuer, kräftig handeln!
Bei einer Fahrt mit der **Fahrrad-Rikscha** zu Hotels und Reisebüros wird vielfach die Provision des Fahrers aufgeschlagen.

BUSSE – Non-ac-Busse fahren am Municipal Market (Plaza Shopping Center) ab. Der Busbahnhof für alle Fernbusse liegt südöstlich der Stadt an der Straße Richtung Grenze, mit dem Songthaew für 12 Baht zu erreichen. Fast alle Busse (Ausnahme: die nach Bangkok und Chumphon) halten 15 Min. später an der Petchkasem Road, gegenüber vom Plaza Shopping Center, wo man zusteigen kann.
Viele ac-Busse fahren von den Reisebüros ab, bei denen das Ticket gekauft wird. Bei Buchung im Gästehaus wird man häufig dort abgeholt, ei-

DER TIEFE SÜDEN

ne längere Stadtrundfahrt ist inklusive. Alle Tickets für Minibusse und nach Bangkok bucht man am besten in den Reisebüros im Zentrum.

Bangkok: Nach BANGKOK (954 km) 2.Kl. ac-Bus um 7.30 Uhr für 416 Baht in 15 Std., ac-Bus und VIP-30-Bus ca. alle 30 Min. von 13.30–17.40 Uhr für 535 bzw. 567 Baht, VIP-24-Bus um 16 und 17 Uhr für 830 Baht in 14 Std.

Der ac-Bus ab der Khaosan Road in BANGKOK kann bis zu 22 (!!) Std. unterwegs sein.

In die Nachbarorte: Nach SONGKHLA non-ac-Bus alle 7 Min. bis 19.15 Uhr für 14 Baht in 1 Std. (z.B. ab Uhrturm).

Nach SATUN non-ac-Bus alle 15 Min. bis 17.40 Uhr für 40 Baht in 2 Std., ac-Bus um 7.10, 9.40, 11.55 und 15.10 Uhr für 65 Baht in 90 Min.

Nach PAKBARA (Tarutao National Park und Ko Bulon Lae) alle 2 Std. von 6.15 bis 17 Uhr für 45 Baht (ac 70 Baht) in 2 1/2 Std. (ab Plaza Shopping Center 15 Min. später).

Nach PADANG BESAR alle 10 Min. bis 19.20 Uhr für 26 Baht (ac 36 Baht) in 100 Min.

Nach PHATTALUNG alle 15–45 Min. bis 17.15 Uhr für 40 Baht in 90 Min.

Zu anderen Orten im Süden: Nach PHUKET non-ac-Bus um 9.45 Uhr für 150 Baht in 8 Std., 2.Kl. ac-Bus um 7.30, 8.30 und 9.45 Uhr für 210 Baht in 7 Std., ac-Bus ca. jede Std. von 8–13 Uhr für 270 Baht in 6 Std., VIP-Bus um 19 Uhr für 420 Baht, über KRABI für 96 / 130 / 173 / 420 Baht.

Nach SURAT THANI non-ac-Bus um 5.20 und 6.50 Uhr für 115 Baht in 6 1/2 Std., 2.Kl. ac-Bus um 8.20, 10 und 11.20 Uhr für 161 Baht, ac-Bus um 6.10, 9, 13, 14 und 15 Uhr für 170 Baht in 5 1/2 Std.

Nach KO SAMUI ac-Bus um 8 und 10.40 Uhr für 370 Baht in 7 Std.

Nach NAKHON SI THAMMARAT alle 35 Min. bis 16.15 Uhr non-ac-Bus für 73 Baht in 4 Std., ac-Bus für 102 Baht in 3 Std.

Nach TRANG non-ac-Bus alle 15–45 Min. bis 16.55 Uhr für 60 bzw. 84 Baht in 3 Std.

Nach CHUMPHON non-ac-Bus um 7.15 und 10.30 Uhr für 162 Baht, ac-Bus um 8.15, 9.30 und 12 Uhr für 280 Baht in 9 Std.

Nach RANONG ac-Bus um 7, 11 und 21 Uhr für 302 Baht in 8 Std.

Nach PATTANI non-ac-Bus alle 35 Min. bis 16.30 Uhr für 41 bzw. 50 Baht in knapp 2 Std., ebenso nach YALA für 53–80 Baht.

Nach SUNGAI GOLOK 2.Kl. ac-Bus um 13.30 Uhr für 148 Baht in 5 Std.

Richtung Malaysia / Singapore: Nach BUTTERWORTH (Penang) ac-Bus um 9, 9.30, 12, 14 und 16.30 Uhr für 240 Baht. Weiter nach KUALA LUMPUR für 460 Baht in 13 Std. Alternative ist der *Langkawi Express* um 15.50 Uhr für 520 Baht. Billiger mit dem VIP Coach von **Ming Travel**, 131 Niphat Uthit 2 Rd., ✆ 237325: BUTTERWORTH 220 Baht, KUALA LUMPUR 280 Baht, SINGAPORE ab 450 Baht. Nach SINGAPORE zudem um 12 Uhr VIP-32-Bus für 490 Baht und VIP-24-Bus für 660 Baht in 19 Std. und um 11 Uhr ac-Bus für 340 Baht.

MINIBUSSE – (auch *Minivans* genannt) sind klimatisiert und fahren tgl. zu festen Zeiten (zumeist jede Stunde) zwischen 7 und 17 Uhr von verschiedenen Stellen am Straßenrand ab. Diese sind in der Karte markiert.

Nach SONGKHLA laufend für 20 Baht von der Petchkasem Rd., Ecke Montri Rd.; bringt den Fahrgast evtl. direkt zur gewünschten Unterkunft.

Nach PAKBARA jede volle Std. für 70 Baht von der Niphat Uthit 1 Rd., Ecke Duang Chan Rd.

Nach PADANG BESAR ab 6 Uhr alle 30 Min. für 30 Baht in 60 Min.

Nach PHUKET um 9.30 Uhr für 270 Baht.

Nach KRABI um 9.30, 13 und 17 Uhr für 200 Baht.

Nach SURAT THANI 5x tgl. von 8.30–17 Uhr für 200 Baht in 4 1/2 Std.

Nach KO SAMUI um 9 Uhr für 270–290 Baht (inkl. Fähre) und um 8.30 Uhr für 300 Baht (inkl. Expressboot), weiter nach KO PHA NGAN für 350 Baht.

Nach KO PHA NGAN um 12.30 Uhr für 330 Baht (inkl. Nachtboot).

Nach NAKHON SI THAMMARAT jede Std. von 7–17 Uhr für 100 Baht.

Nach TRANG ca. alle 30 Min. von 7.40–17.40 Uhr für 70 Baht.

Nach SUNGAI GOLOK jede Std. von 7–17 Uhr für 150 Baht.

Nach NARATHIWAT 130 Baht.

Nach YALA und PATTANI jede Std. von 7–17 Uhr für 70 Baht.

Nach PENANG (Georgetown) mit *Malinja Holiday Tour* um 9.30, 12.30 und 15 Uhr für ca. 300

Baht oder 25 RM (inkl. Fähre) in 5 Std. Zurück um 4.30 Uhr.

SAMMELTAXIS – fahren tgl. zwischen 6 und 15 bzw. 17 Uhr von verschiedenen Taxiständen Ziele in Süd-Thailand und Malaysia an. Sie fahren dann los, wenn sie voll sind. Die Taxistände sind in der Karte markiert. Der Fahrpreis versteht sich pro Person.
BETONG 100 Baht, 3 1/2 Std.; KRABI 150 Baht, 5 Std.; NAKHON SI THAMMARAT 90 Baht, 3 1/2 Std.; PADANG BESAR 40 Baht, 1 Std.; PENANG 220 Baht, 5 Std.; PHATTALUNG 60 Baht, 1 1/2 Std.; PHUKET 250 Baht, 6 Std.; SATUN 50 Baht, 1 1/2 Std.; SONGKHLA 25 Baht (abends bis 22 Uhr 30 Baht, Charter 200 Baht), 30 Min.; SUNGAI GOLOK 140 Baht, 3 1/2 Std.; SURAT THANI 150 Baht, 5 Std.; TRANG 70 Baht, 2 1/2 Std.

EISENBAHN – Der Bahnhof liegt im Zentrum der Stadt. Am besten gleich nach der Ankunft das Ticket für die Weiterfahrt besorgen. Direkt nach Songkhla kann man am Bahnhof ein Songthaew chartern (ca. 100 Baht)
Nordrichtung: Von BANGKOK tgl. 4 Züge mit Schlafwagen zwischen 13 und 15.50 Uhr (Ank. 6.02–8.28 Uhr). *Sprinter* um 22.50 Uhr (Ank. 11.54 Uhr).
Zurück *Rapid*-Züge um 15.25 und 16.08 Uhr (ab 425 / 229 Baht in der 2. / 3.Kl.), Ank. 7.55 und 9.05 Uhr; u.a. über SURAT THANI (ab 205 / 135 Baht), CHUMPHON (ab 260 / 159 Baht) und HUA HIN (ab 347 / 196 Baht).
Special Express-Züge um 17.40 und 18.20 Uhr (ab 1354 / 715 Baht in der 1. / 2. Kl.) Ank. 9.35 bzw. 9.55 Uhr, *Sprinter* um 15 Uhr, Ank. um 5.35 Uhr (545 Baht).
Südrichtung: Tgl. um 6.27 Uhr fährt der *International Express* von Hat Yai über PADANG BESAR (100 Baht) nach BUTTERWORTH für 300 Baht in 4 1/2 Std., einschließlich 1 Std. Aufenthalt und Zugwechsel an der Grenze, und kommt um 12.55 Uhr (Malaysia-Zeit = Thai-Zeit + 1 Std.) an. Zurück ab Butterworth (Penang) tgl. um 14.20 Uhr (Ank. 12.10 Uhr).
Von Hat Yai fahren zwei weitere Schnellzüge um 6.02 und 6.54 Uhr über YALA nach SUNGAI GO-LOK, dem Grenzort an der Ostküste für 82 bzw.

122 Baht (3. Klasse) in 3 1/2 Std. Von Sungai Golok sind es nur wenige Kilometer nach KOTA BHARU.
Zudem 5 lokale Züge (3. Klasse) zwischen 6.30 und 12.50 Uhr nach YALA (23 Baht, 1 1/2 – 2 1/2 Std.) und SUNGAI GOLOK (42 Baht, 3 1/2– 4 1/2 Std.).

FLÜGE – Zum Airport, 12 km westlich der Stadt, Sammeltaxi von Thai Airways ab 7.45 Uhr genau alle 2 Std., 50 Baht, oder Songthaew, 36 Baht. Internationale Airport Tax 500 Baht, ansonsten 50 Baht.
Thai Airways, 190/6 Niphat Uthit 2 Rd., ✆ 234238, 231272, fliegt 5x tgl. von / nach BANG-KOK für 2990 Baht, nach PHUKET 1–2x tgl. für 1180 Baht.
Malaysia Airlines, Lee Gardens Hotel, 1 Lee Pattana Rd., ✆ 245443, 243729.
Silk Air, 7-15 Joote Uthit 1 Rd., ✆ 238901, ✆ 238903, fliegt 1x tgl. nach SINGAPORE.

Die Umgebung von Hat Yai
Wat Hat Yai Nai

Der Viharn des Wat Hat Yai Nai enthält eine riesige, 35 m lange und 15 m hohe, liegende Buddha-Statue, *Phra Phut Mahathat Mongkol* genannt, die von der Bevölkerung der Stadt und von Chinesen aus Malaysia hoch verehrt wird.

Das Besondere an dieser Statue ist, dass ihr hohler Körper Herz, Leber, Lunge und Eingeweide aus Metall enthält. Ihr werden viele Votivgaben dargebracht, die im Unterbau der Statue ausgestellt sind. Der Tempel steht in Ban Hat Yai Nai, 4 km westlich der Stadt am H4 Richtung Flugplatz.

Ton Nga Chang-Wasserfall

Wer in Hat Yai einen Tag totzuschlagen hat, kann zum **Ton Nga Chang Sanctuary** fahren. Ein hübscher Wasserfall läuft in zwei Hälften eine schräge Felswand herunter. Am Wochenende wird es ab 8 Uhr voll. Wer es einsam liebt und die Anstrengung nicht scheut, kann bis zur 7. Stufe hochsteigen (ca. 4 km). Wirklich schön zum Schwimmen ist bereits die 4. Stufe. Mit eigenem Fahrzeug auf dem H4 Richtung Rattaphum und am KM 13,5 nach links auf eine asphaltierte Straße (14 km) abbiegen.

Von der Plaza Shopping Mall in Hat Yai fahren regelmäßig Minibusse für ca. 25 Baht in den Park.

Sakom Beach

48 km östlich von Hat Yai erstreckt sich beim Fischerdorf **Pak Bang** (bemalte Boote, Mangrovenwald) an einer Flussmündung der Sakom Beach. An einem Hang stehen die hübschen Bungalows (mit Fan oder ac) des *Sakom Bay Resort****, ✆ 238966. Am Ende des langen Strandes, an dem Ausländer noch eine Sensation sind, ragt ein überwucherter Hügel ins Meer. Vier weitere, teurere Anlagen liegen in der Nähe. Zu erreichen über den H43 und auf dem H4086 an Chana (weitere 13 km) vorbei.

Songkhla   สงขลา

Die beschauliche Küstenstadt am Golf von Siam und Provinzhauptstadt hat 85 000 Einwohner. Vorwiegend einheimische Besucher und Gäste aus dem Nachbarland verbringen hier ihren Urlaub. Auch Traveller, die sich entspannen wollen, sind hier besser aufgehoben als im unruhigen Hat Yai.

Nördlich der Stadt können die Schiffe durch einen schmalen Kanal den Binnensee Thale Sap erreichen, der durch eine über 80 km lange Landzunge vom Meer abgetrennt ist. Diese natürlichen Gegebenheiten boten ideale Voraussetzungen für die Anlage eines Hafens.

Die einstmals bedeutsame Hafenstadt strahlt noch etwas von dieser Atmosphäre aus. Für die großen Schiffe ist allerdings die schmale Einfahrt nicht tief genug, so dass nur kleinere Fischerboote und die Schiffe der Marine hier ankern. Heute hat Songkhla zu Gunsten des nahe gelegenen Hat Yai seine Bedeutung als Handelsstadt eingebüßt. Dafür besitzt es wesentlich mehr touristische Reize und eine angenehme kleinstädtische Atmosphäre.

Der Süden Thailands war schon immer eine unruhige Region. Bereits 1642 ließ König Prasat Thong von Ayutthaya die im 14. Jh. gegründete Stadt mit Forts befestigen, um sie vor Aufständischen zu schützen. Doch 1642 rebellierte Songkhla selbst gegen Ayutthaya. Ein Teil der Befestigungsanlagen sind z.B. in der Laem Sai Road noch erhalten.

Zentrum

Das zentrale **Wat Matchimawat** (Wat Klang), Saiburi Road, der 400 Jahre alte, bedeutendste Tempel

der Stadt, ist mit schönen Skulpturen, Wandmalereien, Steinmetz- und Stuck-Arbeiten geschmückt, die zum Teil chinesische Einflüsse aufweisen.

Im nördlichen Tempelkomplex sind in einem kleinen Museum Funde aus Süd-Thailand und Votivgaben der Bevölkerung untergebracht. ☉ Mi–So 9–12 und 13–16 Uhr, außer feiertags. Im Viertel westlich des Tempels sind noch einige alte Häuser erhalten geblieben, die chinesische und malaiische Einflüsse erkennen lassen.

Das **National Museum** ist in einem 1878 erbauten Palast im chinesischen Stil untergebracht. Das Wohnhaus der einflussreichen Familie Phraya Sunthranuraksa diente später als Rathaus und zuletzt als Armenhaus. Die Ausstellungsstücke aus verschiedenen historischen Epochen stammen schwerpunktmäßig aus Süd-Thailand. ☉ Mi–So 9–16 Uhr, außer feiertags, Eintritt 30 Baht.

Auf dem **Khao Dang Kuan**, einem Hügel nördlich des Zentrums, wurden 1888 eine Stupa im ceylonesischen Stil und ein kleiner Pavillon für König Rama IV. erbaut. Wer die 200 Stufen erklimmt, wird meist mit einer schönen Aussicht belohnt. Eine Bergbahn ist im Bau. Auf dem kleineren Hügel **Khao Noi** Richtung Strand wurde ein etwas verwilderter Picknick-Park mit Pavillons angelegt. Er ist zwar leichter zu besteigen, bietet aber kaum Aussicht.

Der **Fischerhafen** liegt innerhalb der Stadt am westlichen Ufer. Auf den schmalen Stegen hinter den alten Häusern werden Körbe voller Shrimps, Fische und anderer Meerestiere entladen. Wenn der Wind ungünstig weht, verbreitet sich der Fischgeruch aus den verarbeitenden Betrieben über die ganze Stadt. Von hier aus fahren Boote nach **Ko Yor**, gesprochen Ko Ja (3 Baht, erst beim Aussteigen zahlen!). Die dreieckige Insel kann allerdings auch über die **Tinsulanonda Brücke**, die mit einem 900 m und 800 m langen Abschnitt über die Insel Ko Yor führt, erreicht werden. Im Dorf werden die karierten Baumwollstoffe *Pa Ko Yor* gewebt, die auch an Ständen neben der Straßenbrücke verkauft werden. Auf der *Ko Yor Cultural Route* kann man zwei alte Tempel, ein altes Gebäude und Obstplantagen besuchen, den Webern bei der Arbeit zusehen und den Aussichtspunkt auf einem Hügel erklimmen.

Southern Folklore Museum

Auf dem Hügel im Norden der Insel Ko Yor liegt auch das *Institute for Southern Thai Studies* der Sinakharinwirot-Universität. In 22 Häusern mit den drei südthailändischen Dachformen ist das **Taksin Folklore Museum** untergebracht. Es enthält Ausstellungen von Kunst und Kunstgewerbe aus Süd-Thailand: Töpferwaren, gewebte Stoffe, frühgeschichtliche Steinäxte und Perlenfunde, Bootsmodelle, Instrumente und alte Haushaltsgegenstände sowie eine gute Multimedia-Abteilung. Wer sich für Süd-Thailand, seine Geschichte, Besiedlung, Einflüsse anderer Kulturen, die Künste und Religionen interessiert, findet kaum etwas Besseres. ◷ Mo–Fr 8.30–16.30 Uhr, Eintritt 50 Baht.

Der Strand

Der etwa 5 km lange, breite Samila-Strand ist zum größten Teil mit Kasuarinen bepflanzt. Für echte Südsee-Atmosphäre fehlen allerdings die Palmen. Zudem ist die Stadt recht nah und das Wasser etwas verschmutzt. Der saubere Strand ist außerhalb der Regenzeit (Oktober–Dezember) ab etwa 16 Uhr und am Wochenende gut besucht. Thai-Familien picknicken unter den Kasuarinen oder lassen sich in den offenen Restaurants den frischen Fisch und andere Meerestiere schmecken. Malaysische Wochenendausflügler sorgen für einen gewissen Touristenrummel. Wochentags wirkt die Szenerie aber sehr erholsam. Die beiden Inseln **Ko Meo** und **Ko Nu**, Katz und Maus, sehen vom Strand mit etwas Fantasie sogar wie diese Tiere aus.

Im Nordosten steht neben dem *B.P. Samila Beach Hotel* ein dem Vorbild in Kopenhagen nachempfundenes **Denkmal der Seejungfrau** – das Wahrzeichen der Stadt. Dahinter beginnt eine schmale, sandige Landzunge mit Seafood-Restaurants, den Ankerplätzen der Marine und einer Fähre. Entlang der Straße sind außerdem Unterhaltungsmöglichkeiten für die lokale Bevölkerung entstanden.

Die bemalten Kor-Lae-Boote beim muslimischen Fischerdorf **Kao Seng** im Süden des Strandes zieren viele Postkarten und Prospekte.

Übernachtung

GÄSTEHÄUSER – *Abritus Guest House*** ⑨, 28/16 Ramviti Rd., ✆ 326047, ✉ abritus_th@ yahoo.com; Stadthaus mit Restaurant und Internet-Cafe im Erdgeschoss, 4 saubere Fan-Zi mit Gemeinschafts-Du/WC im 2. und 3. Stock; sehr

freundliche und hilfsbereite Thai-bulgarische Familie, viele Informationen, bucht Minivans ab Hat Yai für Gäste; leckere, hausgemachte Joghurts, gutes Frühstück, 10% Rabatt; Internet 30 Baht/Std., Mopedvermietung 200 Baht.

Amsterdam Guest House** ⑧, 15/3 Rong Muang Rd., ✆ 314890, gegenüber vom Museum in einer kleinen Straße mit wenig Verkehr; 7 ordentliche Zi mit Fan, Gemeinschafts-Du/WC; angenehmer Hof mit Sitzgruppen und Pflanzen, multikulturelle Travellerszene, gutes Frühstück; geleitet von der tierlieben, netten Holländerin Paula.

Yuma Guest House 1 und 2** ⑦, 27 Rong Muang Rd., ✆ 311788, nahe beieinander, saubere Zi und Schlafsaal, freundliche Leute; kleines Café, Fahrräder zu vermieten.

HOTELS – Narai** ②, 14 Chai Khao Rd., ✆ 311078, nördlich der Innenstadt, älteres Holzhaus, saubere, z.T. große Zi mit Fan und Gemeinschafts-Du/WC; häufig Hundegebell.

Smile Inn**–*** (auch: *Chokdee Inn*) ⑤, 14/19 Vichainchom Rd., ✆ 311158, saubere Zi mit Du/WC und Fan oder ac; Restaurant.

Songkhla Hotel** ⑥, 68-70 Vichainchom Rd., ✆ 313505, saubere Zi mit/ohne Du/WC, freundlich.

Sooksomboon 2**–*** ⑩, 18 Saiburi Rd., ✆ 311149, sehr saubere Zi mit Fan, gute ac-Zi im Neubau.

Queen*** ⑪, 20 Saiburi Rd., ✆ 311138, große, komfortable ac-Zi, etwas laut.

Saen Sabai** ⑫, 1 Petchkiri Rd., ✆ 311106, schmutziges Hotel, Zi mit Bad und Fan, z.T. ac.

Sooksomboon 1** ⑬, 40 Petchkiri Rd., ✆ 311049, Zi mit Bad und Fan, muffig und abgewohnt, sowie neuere ac-Zi.

Lake Inn*** ⑮, 301-3 Nakhon Nok Rd., ✆ 321441-2, südlich der Innenstadt an der Lagune, Hochhaus mit guten Zimmern mit ac, z.T. mit Balkon und Blick auf den Hafen.

Royal Crown***–**** ③, 37 Saingam Rd., ✆ 312174, außerhalb Richtung Strand; 5-stöckiges, modernes Gebäude, ac-Zi mit Bad/WC.

Pavilion Songkhla Hotel**** ④, 17/1 Platha Rd., ✆ 311355, ✆ 323716, Luxushotel, 9 Etagen, 179 Zi mit ac, Satelliten-TV und Kühlschrank, Pool. Im Restaurant sind nur die Preise überdurchschnittlich.

B.P. Samila Beach Hotel ①, 8 Ratchdamnoen Rd., ✆ 440222, ✆ 440442, Luxushotel mit 208 erstklassigen Zimmern, dominiert den Strand.

HAAD KAEW – Richtung Norden liegt am KM 5 des H408 (6 km von Songkhla via Fähre) am 2 km langen, breiten Sandstrand sehr isoliert das **Haad Kaew Resort******, ✆ 331058-67, gepflegte Anlage, 143 ac-Bungalows an einer kleinen Lagune; feines Restaurant, Pool (Benutzung für Nicht-Gäste 50 Baht), Rabatt möglich; Taxi von der Stadt 200 Baht.

Essen

Billiges Essen bis spät in die Nacht wird auf dem **Nachtmarkt** in der Vichainchom Rd. bei der Post und beim alten Bahnhof angeboten.

In der Nang Ngam Rd. gibt es mehrere Chinesenlokale, z.B. das **Tae Heag Eaw**, das bei Einheimischen beliebt ist.

Im **Abritus Gh.** gibt es u.a. gutes Frühstück mit leckerem Joghurt.

An der Laem Son On Rd., auf der östlichen Seite der Landzunge, genießt man preisgünstig ausgezeichnetes Seafood bei bestem Service in Liegestühlen.

Am Strand beim *Samila Hotel* gibt es ein paar teure Seafood-Restaurants und einen guten Coffee Shop.

Roy Him, ein großes, offenes Restaurant südlich vom Krankenhaus in der Ramviti Rd. Fantastisches Seafood, das man sich von den Auslagen an der Straße zusammenstellt.

Sonstiges

EINKAUFEN – in vielen Geschäften der Stadt kann man, ebenso wie in Hat Yai, aber mit mehr Ruhe, Textilien, Kassetten, Cashewnüsse, *Pa Ko Yor* Baumwollstoffe und andere Souvenirs einkaufen.

GELD – in der Vichainchom Rd. nahe dem Markt können Touristen bei der **Bangkok Bank** und der **Kasikorn Bank** wechseln.

KONSULAT VON MALAYSIA – in der 4 Sukhum Rd., Ecke Ratchdamnoen Rd., ✆ 311062.

NAHVERKEHRSMITTEL – Im Stadtgebiet fahren Tuk Tuks für 10 Baht p.P. und Rikschas ab 15 Baht für kurze Entfernungen.

POST – gegenüber dem Markt in der Vichainchom Rd., ⏰ Mo–Fr 8.30–15.30 Uhr. Im Obergeschoss das *Telephone Office*, von dem aus internationale Ferngespräche möglich sind, ⏰ tgl. 8–18 Uhr.

VORWAHL – 074; PLZ: 90 000.

Transport

BUSSE – Nach BANGKOK (1004 km) non-ac-Bus um 11.30 Uhr für 312 Baht, 2.Kl.-ac-Bus um 7 und 14 Uhr für 437 Baht, ac-Bus um 16.45, 17 und 18.20 Uhr für 562 Baht (inkl. Dinner) in 15 Std. Zwischen HAT YAI und SONGKHLA Busse alle 7 Min. bis 19.15 Uhr für 14 Baht, u.a. ab Rong Muang Rd. Zudem ein Minibus für 20 Baht, der manchmal Passagiere bis zum Hotel fährt. Nach NAKHON SI THAMMARAT für 70 Baht (ac 98 Baht) fahren Busse wie die Taxis (90 Baht) am südlichen Ende der Ramviti Rd. ab und über die Landzunge und die große Brücke weiter. Von NARATHIWAT kommt man zuerst mit dem Bus nach PATTANI für 40 Baht, dann nach NATHAWI für 30 Baht und schließlich nach Songkhla für 25 Baht. Besser sind die Verbindungen über die verkehrsmäßig gut erschlossene Stadt Hat Yai.

SAMMELTAXIS – Taxi nach HAT YAI (25 Baht, abends bis 22 Uhr 30 Baht, Charter 200 Baht), YALA (50 Baht) und PATTANI (55 Baht) fahren in der Ramviti Rd. nahe dem alten Bahnhof ab. Taxis nach NAKHON SI THAMMARAT (90 Baht) fahren wie die Busse am südlichen Ende der Ramviti Rd. ab und über die Landzunge und die Brücke weiter.

FLÜGE – ab Hat Yai. *Thai Airways Office*, 2 Soi 4 Saiburi Rd., Songkhla, ✆ 311012.

BIKER – Nach **Süden** geht es auf dem H408/ H42 über Chana, den Sakom Beach und den Ratchadapisek Beach nach Pattani (ca. 120 km). Nach **Norden** nimmt man die kleine Fähre über den Ka-

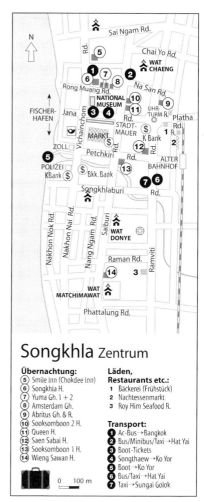

Songkhla Zentrum

Übernachtung:
5 Smile Inn (Chokdee Inn)
6 Songkhla H.
7 Yuma Gh. 1 + 2
8 Amsterdam Gh.
9 Abritus Gh. & R.
10 Sooksomboon 2 H.
11 Queen H.
12 Saen Sabai H.
13 Sooksomboon 1 H.
14 Wieng Sawan H.

Läden, Restaurants etc.:
1 Bäckerei (Frühstück)
2 Nachtessenmarkt
3 Roy Him Seafood R.

Transport:
1 Ac-Bus→Bangkok
2 Bus/Minibus/Taxi→Hat Yai
3 Boot-Tickets
4 Songthaew→Ko Yor
5 Boot→Ko Yor
6 Bus/Taxi→Hat Yai
7 Taxi→Sungai Golok

0   100 m

nal und fährt auf dem ebenen H408 (s.u.) nach Nakhon Si Thammarat (ca. 180 km).

Die Umgebung von Songkhla

Die 140 km lange Küste Richtung Norden bis **Pak Phanang** war einst ein endloser Sandstrand. Tausende von Shrimp-Farmen haben die nördliche Hälfte dieses Gebiets in eine grauenhafte Mondlandschaft verwandelt.

DER TIEFE SÜDEN

Über die Brücke oder mit der Fähre (3 Baht p.P., 12 Baht pro PKW) verlässt man Songkhla Richtung Norden. Am KM 129 des H408 liegt rechts das *Sathing Phra Resort****, ✆ 01-2303956, mit sauberen Bungalows. Beim KM 125,5 (33 km von Songkhla) führt links eine Abzweigung (Schild: Wildbird Sanctuary 3) zum **Khu Khut-Vogelpark**. Zehntausende Vögel bevölkern die Inseln und den flachen See. Am Ende der Straße gibt es einen Beobachtungsturm und Boote für 200–250 Baht pro Stunde zu mieten. Am besten sind die Vögel während der kühleren Stunden am Morgen und Abend zu beobachten (beste Zeit ist von November bis Februar). Songthaew von Songkhla nach Sathing Phra 15 Baht, Motorradtaxi zum Park 25 Baht.

Beim KM 110 liegt **Wat Pra Kho**, das von einem der am meisten verehrten Mönche Thailands geleitet wurde. Um ihn ranken sich viele Legenden. Im Tempel wird ein Fußabdruck von ihm verehrt, außerdem schöne Wandmalereien, ein ruhender Buddha und ein Chedi im Sri Vijaya-Stil. Wegen der Shrimp-Farmen ist es kein reines Vergnügen, den H408 nach Norden weiterzufahren.

Pattani   ปัตตานี

Hauptstadt der gleichnamigen Provinz. Pattani, Narathiwat und Yala sind die malaiischsten Provinzen Thailands. Viele Menschen sprechen malaiisch und gehen zum Gebet in die Moschee, die Kinder besuchen Koranschulen. Konflikte zwischen den buddhistischen Thai und der islamischen Bevölkerung in Süd-Thailand sind an der Tagesordnung. Schlagzeilen machte der muslimische Widerstand gegen eine Verordnung, die in der Schule Mädchen das Tragen eines Kopftuchs oder Schleiers verbot.

Pattani wirkt nicht gerade sauber. In einer Werft auf der westlichen Seite des Flusses werden Schiffe fast ausschließlich aus Holz gebaut (schwer zu finden). Sehenswert ist evtl. der Fischerhafen, in dem große Kutter ihren Fang entladen. Außerdem hat der Ort einen guten Nachtmarkt. An jedem zweiten oder dritten Februar-Wochenende findet das **Chao Mae Lim Kor Nieo Festival** statt, bei dem Gläubige öffentlich über glühende Kohlen laufen.

Strände bei Pattani

Am schönen Strand **Dalogapo**, 16 km östlich der Stadt nahe dem Dorf Yaring, liegen viele traditionelle *Kor-Lae* Fischerboote. Weitere Strände, an denen Ausländer in Badekleidung noch als Sensation gelten, sind der **Ratchadapisek Beach**, 15 km westlich von Pattani, und der 11 km lange **Thachi Beach** auf der Landzunge vor Pattani, der nur per Boot ab Pattani oder Yaring zu erreichen ist. Beide Strände sind von Kasuarinen gesäumt und zumeist etwas verschmutzt.

Am **Panare Beach** liegen an einem kilometerlangen Strand Hunderte von *Kor-Lae*-Fischerbooten, die über und über mit handgemalten Blumenmotiven dekoriert sind. Auf dem H42 fährt man von Pattani 14 km nach Südosten bis Yaring und biegt nach links Richtung Norden zum Talo Kapo Beach ab (4 km). Anschließend kann man auf dem

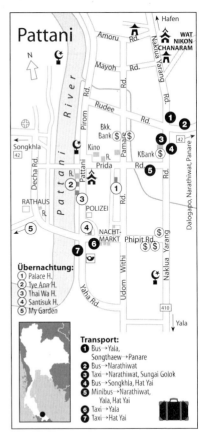

Übernachtung:
1. Palace H.
2. Tye Ann H.
3. Thai Wa H.
4. Santisuk H.
5. My Garden

Transport:
1. Bus→Yala, Songthaew→Panare
2. Bus→Narathiwat
3. Taxi→Narathiwat, Sungai Golok
4. Bus→Songkhla, Hat Yai
5. Minibus→Narathiwat, Yala, Hat Yai
6. Taxi→Yala
7. Taxi→Hat Yai

H4157, oft dem Meer folgend, durch herrliche Fischerdörfer, Kokosplantagen, ausgelegten Trockenfisch, Vogelkäfige, Pinienhaine und Shrimp-Farmen bis nach Saiburi fahren, wo man wieder den H42 erreicht – eine tolle Strecke.

Übernachtung

Thai An* (auch Tye Ann) ②, 67 Pattani Pirom Rd., ✆ 348267, sehr lautes, billiges Hotel mit 5 Zimmern in einem Holzgebäude am Fluss.
Thai Hua* (auch Tai-Wa) ③, 91 Pattani Pirom Rd., ✆ 349106, gleiche Lage, 5 Zi.
Palace** ①, 38-40 Prida Rd., ✆ 349171, daneben in der Gasse, ordentliche Zi mit Fan oder ac, freundliche Leute, Restaurant.
My Garden*** ⑤, 8/28 Charoenpradit Rd., ✆ 331055, 2 km außerhalb Richtung Songkhla, komfortable Zi mit ac oder Fan; Restaurant; Disco am Wochenende.

VORWAHL – 073; PLZ: 94 000.

Transport

BUSSE – Nach BANGKOK (1100 km) VIP-24-Bus um 16 Uhr für 950 Baht in 15 Std. Vom Southern Bus Terminal in Bangkok um 17.30 Uhr. Non-ac-Bus ab HAT YAI alle 35 Min. bis 16.30 Uhr für 41 bzw. 50 Baht. Weitere Busse fahren von SONGKHLA über NATHAWI (25 + 30 Baht) und von NARATHIWAT 40 Baht.
Ac-Minibus nach NARATHIWAT für 60 Baht in 100 Min., nach YALA für 35 Baht in 50 Min., nach HAT YAI für 70 Baht in 1 1/2 Std., nach SUNGAI GOLOK für 90 Baht in 2 1/2 Std.

SAMMELTAXIS – fahren nach NARATHIWAT für 50 Baht, YALA für 30 Baht, SONGKHLA 55 Baht und HAT YAI 60 Baht.

EISENBAHN – Der Bahnhof von Pattani liegt ca. 25 km südwestlich in Mae Lan. Alle Yala-Züge halten hier ca. 30 Min. früher bzw. später als in Yala.

BIKER – Nach **Süden** fährt man bis Yaring (14 km), dann nach links über den Talo Kapo Beach und den Panare Beach (s.o.) bis Saiburi, weiter auf dem H42 und dem H4136 nach Narathiwat (ca. 120 km).

Yala ยะลา

Yala ist eine sehr saubere Stadt, überragt von der großen, modernen **Moschee**, durchzogen von breiten Straßen, umgeben von Hügelketten. Der starke, chinesische Einfluss ist unverkennbar.

In einem großen Park steht der **Lak Muang-Schrein**, der Schrein des Schutzgeistes der Stadt, der auf brahmanische Einflüsse im Buddhismus zurückgeht. Zu seinen Ehren wird Ende Juni ein 6-tägiges Fest gefeiert.

Anfang März findet in Yala das **Asian Barred Ground Dove Festival** statt, ein Wettbewerb im Taubengesang. Etwa 1400 gestreifte Tauben gurren in ihren Käfigen auf meterhohen Stangen, bis die Sieger (in verschiedenen Kategorien) feststehen. Die besten Vögel haben einen Marktwert von etwa 1 Mill. Baht. Zur gleichen Zeit finden Kämpfe zwischen Schafen sowie Büffel- und Hahnenkämpfe statt (z.T. Eintritt).

Übernachtung und Essen

Im Zentrum liegen viele preiswerte Hotels mit ordentlichen Zimmern. Billig übernachtet man in den Hotels gegenüber vom Bahnhof, z.B.:

Aun Aun* (auch An An) ②, 32-36 Pipitpakdee Rd., ✆ 073-212216, preiswerte, verwahrloste Zi mit Fan, mit und ohne Du/WC; der Manager spricht Englisch.
Thepviman**–*** ④, 31-37 Sri Bamrung Rd., ✆ 212400, großes Hotel, ordentliche, saubere, große Zi mit Fan oder ac; Restaurant.
Metro* ⑦, 7/1-2 Ratakit Rd., ordentliche Zi mit Fan; unten Restaurant.
Sri Yala**–*** ⑧, 16-22 Chaijarus Rd. (auch Chaicharat Rd.), ✆ 212299, großes Hotel, saubere Zi mit Fan oder ac; Restaurant.
Yala Rama**–*** ③, 21 Sri Bamrung Rd., ✆ 212815, ✆ 214532, gutes Hotel, ac-Zi mit zwei Betten; Restaurant, Coffee Shop.
Chang Lee***–**** ⑪, Sirorot Rd., ✆ 211223, ✆ 211773, hervorragendes Hotel, ac-Zi mit TV und Telefon; Restaurant, Coffee Shop, Nachtclub, Pool.

DER TIEFE SÜDEN

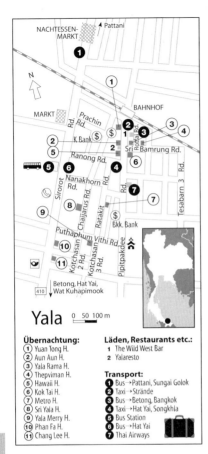

NACHTESSEN-MARKT

↑ Pattani

MARKT

BAHNHOF

Prachin Rd.
Rd.

K Bank

Ranong Rd.

Sri Bamrung Rd.

Rotfai Rd.

Nanakhorn Rd.

Sirorot Rd.

Chaijarus Rd.

Ratakit Rd.

Tesaban 3 Rd.

Bkk. Bank

Puthaphum Vithi Rd.

Kotchasan 2 Rd.

Kotchasan 3 Rd.

Pipitpakdee

Betong, Hat Yai,
410 Wat Kuhapimook

Yala 0 50 100 m

Übernachtung:
1 Yuan Tong H.
2 Aun Aun H.
3 Yala Rama H.
4 Thepviman H.
5 Hawaii H.
6 Kok Tai H.
7 Metro H.
8 Sri Yala H.
9 Yala Merry H.
10 Phan Fa H.
11 Chang Lee H.

Läden, Restaurants etc.:
1 The Wild West Bar
2 Yalaresto

Transport:
1 Bus→Pattani, Sungai Golok
2 Taxi→Strände
3 Bus→Betong, Bangkok
4 Taxi→Hat Yai, Songkhla
5 Bus Station
6 Bus→Hat Yai
7 Thai Airways

In der Innenstadt gibt es sehr viele gute und einfache Restaurants. Exzellentes, preiswertes Seafood serviert z.B. das beliebte *Yalaresto*. Ein Nachtessenmarkt wird in der Sirorot Rd., nördlich der Bahnlinie aufgebaut.
In der *Wild West Bar*, 108 Rotfai Rd., wird z.T. Live-Musik geboten, recht gut.

Transport

BUSSE – Nach BANGKOK (1089 km) ac-Bus um 13 und 14 Uhr für 607 Baht, VIP-24-Bus um 14.30 Uhr für 940 Baht in 15 Std. Vom Southern Bus Terminal in Bangkok um 10.30, 16 und 17.30 Uhr.

Von HAT YAI non-ac-Bus alle 35 Min. bis 16 Uhr für 53–80 Baht in 3 Std.
Ac-Minibus nach PATTANI für 35 Baht, nach HAT YAI für 70 Baht in 2 Std., nach BETONG für 60 Baht in 2 1/2 Std., nach SUNGAI GOLOK für 90 Baht in 3 Std.

SAMMELTAXIS – Gegenüber vom Bahnhof entlang der Straße. Nach BETONG 80 Baht, SUNGAI GOLOK 70 Baht, NARATHIWAT 50 Baht, HAT YAI 60 Baht, PATTANI 30 Baht, SONGKHLA 50 Baht.

EISENBAHN – Von BANGKOK fahren tgl. 3 Züge mit Schlafwagen von 13 bis 15.50 Uhr ab, Ank. 8.26–10.30 Uhr, der *Sprinter* 41 (nur 2. Kl. Sitzplatz) um 22.50 Uhr, Ank. 13.55 Uhr. Sie kosten 465/252 Baht in der 2. bzw. 3. Kl. zzgl. Zuschläge. Nach BANGKOK mit dem *Rapid* 172 um 13.34 Uhr, Ank. 7.55 Uhr, dem *Rapid* 170 um 14.15 Uhr, Ank. 9.05 Uhr, dem *Special Express* 38 um 15.47 Uhr, Ank. 10.35 Uhr, und dem *Sprinter* 42 um 15 Uhr, Ank. 5.35 Uhr.
6 lokale Züge (3. Kl.) von HAT YAI (23 Baht) und 5 lokale Züge von SUNGAI GOLOK (22 Baht) brauchen jeweils 1 1/2–3 Std.

Die Umgebung von Yala
Wat Kuhapimook, bekannt als Wat Tham

An der Straße H409 Richtung Hat Yai, 5 km außerhalb der Stadt, liegt Wat Kuhapimook, ein etwa 1200 Jahre alter Höhlentempel. Mit dem Bus Nr. 480 zu erreichen.

In Kalkfelsen über einem parkähnlichen Tempelgelände mit einem See sind in 25 m Höhe einige Tropfsteinhöhlen zugänglich, in denen Dutzende von Buddha-Statuen stehen. Ein grimmig blickender Dämon bewacht die Haupthalle mit einer 24,5 m langen, liegenden Buddha-Statue. Sie gehört zu den meistverehrten Statuen in Süd-Thailand. Wer Glück hat, kann die Makaken mit Bananen füttern, viele Fledermäuse.

Der zweite Höhlentempel, **Tham Silpa**, enthält Felsmalereien, die aus der Sri Vijaya-Periode (8.–13.Jh.) stammen und wahrscheinlich die ältesten ihrer Art in Thailand sind. In der Gegend rings um die Höhlentempel wachsen riesige Grapefruits.

Banglang Reservoir

An der Straße H410 Richtung malaysische Grenze kommt nach 80 km ein 50 km² langer Stausee, der durch den **Banglang-Damm** gebildet wird und zwischen hohen Bergen liegt. 4 km abseits der Straße liegt in den Bergen eine Siedlung der *Sakai*, der negroiden Urbevölkerung der malaiischen Halbinsel, die mit anderen alten Bevölkerungsgruppen in Malaysia unter dem Begriff *Orang Asli* zusammengefasst sind. Hier gibt es ein kleines Museum und einen Andenkenladen.

Narathiwat   นราธิวาส

Wer nicht nach Malaysia fährt, kann an den Stränden zwischen Pattani und Narathiwat malaiisches Dorfleben erfahren. Die Küste ist hier genauso schön wie weiter südlich an der weitaus bekannteren Ostküste von Malaysia. Überall liegen noch die buntbemalten Kor-Lae-Fischerboote am Strand. Im Norden der Stadt, jenseits der Brücke, liegt der **Narathat Park** (2 km) mit einem schönen, langen Strand, an dem sich die Einheimischen vor allem in Seafood-Restaurants gütlich tun. Ausländer sind hier eine Sensation und werden entsprechend bestaunt. Wer im Urlaub gern um 20 Uhr ins Bett geht, ist in Narathiwat richtig. Auf einer teilweise schönen Uferstraße gelangt man mit dem Tuk Tuk für 10 Baht zum 10 km nördlich gelegenen muslimischen Fischerdorf **Ban Thorn**, in dem die bunten Kor-Lae-Fischerboote gebaut werden. Außerdem werden hier Matten und die Fischsoße *Nam Budu* hergestellt.

Im Dorf **Yahkung** (4 km) werden farbenprächtige Batiken hergestellt.

6 km südlich der Stadt (Songthaew 6 Baht) stößt man an der Straße nach Sungai Golok auf eine Hügelkette, die zum **Khao Kong-Kloster** gehört. Auf dem höchsten Hügel ist die 25 m hohe Statue des sitzenden Buddhas Phra Buddha Taksin Ming Mongkol platziert. Am KM 73 des H42 nach Pattani liegt der **Bacho-Wasserfall**.

Übernachtung und Essen

Rex**–*** ④, 6/1-2 Chamrun Nara Rd., ✆ 511134, ordentliche Zi mit Fan oder ac und Du/WC; Restaurant.
Yaowaraj** ③, 131 Phichit Bamruang Rd., ✆ 511148, etwas laute Zi mit Fan oder ac und Du/WC.

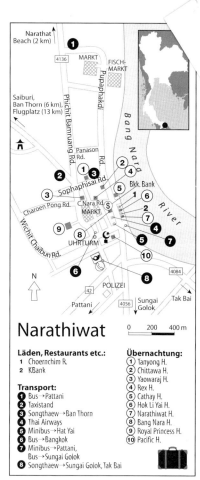

Narathiwat

0   200   400 m

Läden, Restaurants etc.:
1 Choernchim R.
2 KBank

Transport:
❶ Bus →Pattani
❷ Taxistand
❸ Songthaew →Ban Thorn
❹ Thai Airways
❺ Minibus →Hat Yai
❻ Bus →Bangkok
❼ Minibus →Pattani,
   Bus →Sungai Golok
❽ Songthaew →Sungai Golok, Tak Bai

Übernachtung:
① Tanyong H.
② Chittawa H.
③ Yaowaraj H.
④ Rex H.
⑤ Cathay H.
⑥ Hok Li Yai H.
⑦ Narathiwat H.
⑧ Bang Nara H.
⑨ Royal Princess H.
⑩ Pacific H.

Pacific*** ⑩, 41/1-2 Warakham Pipit Rd., ✆ 511076, große, saubere Zi mit ac und Du/WC.
Royal Princess ⑨, Phichit Bamruang Rd., ✆ 511027, 8-stöckiges Luxushotel, alle Zi mit ac ab 1800 Baht; Restaurant und Nachtclub.
Am **Narathat Beach** gibt es 3 Bungalows** mit Bad (ohne Name) für bis zu 6 Personen.
Im *Choernchim Restaurant*, 280 Pupaphakdi Rd., wird ausgezeichnetes Seafood serviert.

VORWAHL – 073.

Von Westen nach Osten sind folgende **Grenzübergänge** für ausländische Touristen geöffnet:

Von (Thailand)	mit	nach (Malaysia)	weitere Tipps
Satun	Boot	Kuala Perlis	s.S. 630
Satun	Boot	Langkawi	s.S. 630
Wangprachan	Taxi	Kangar	s.u. und s.S. 673
Padang Besar	Eisenbahn / Straße	Kangar	s.u. und s.S. 651
Sadao	Autobahn	Alor Setar	s.u.
Betong	Straße	Pengkalan Hulu	s.u.
Sungai Golok	Straße	Rantau Panjang	s.S. 648
Tak Bai	Fähre und Straße	Pengkalan Kubor	s.S. 649

Das Stefan Loose Travel Handbuch Malaysia – Singapore – Brunei sollte man sich allerdings möglichst schon vor der Reise besorgt haben.

Transport

BUSSE – Nach BANGKOK (1200 km) mit dem VIP-24-Bus um 13.30 Uhr für 1035 Baht in 16 Std. Vom Southern Bus Terminal in Bangkok um 17.15 Uhr. Nach PATTANI 40 Baht, YALA 50 Baht und SUNGAI GOLOK 30 Baht (ac 50 Baht). Ac-Bus ab HAT YAI 5x tgl. für 120 Baht. Ac-Minibus nach PATTANI für 60 Baht in 100 min., nach SUNGAI GOLOK für 60 Baht in 1 Std., nach HAT YAI für 130 Baht in 3 Std. Bus und Songthaew zum Grenzübergang TAK BAI ab 7.30 Uhr für 18 Baht.

SAMMELTAXIS – Nach PATTANI für 50 Baht, YALA 50 Baht, SUNGAI GOLOK 40 Baht, TAK BAI 30 Baht.

FLÜGE – *Air Andaman*, ✆ 073-565122, fliegt tgl. von und nach BANGKOK für 3540 Baht. Zubringer-Limousine vom Airport zur Grenze nach SUNGAI GOLOK, 140 Baht, 1 Std.

BIKER – Nach **Süden** fährt man auf dem H4084 in Meeresnähe zum angenehmen Grenzübergang Tak Bai, per Autofähre über den Fluss und weiter nach Kota Bharu.
Nach **Norden** geht es am besten über Pattani und Songkhla nach Nakhon Si Thammarat. Erst danach kann man auf dem H4035 die Halbinsel angenehm durchqueren (s.S. 333 bei Surat Thani), denn auf den drei südlichen Querstraßen H406, H4 und H403 herrscht streckenweise sehr starker Verkehr.

Wangprachan

Der westlichste Grenzübergang zu Land zwischen Thailand und Malaysia liegt 41 km nordöstlich von Satun im **Thale Ban National Park**. Die Fahrt von Satun mit dem Pickup auf dem H4184 kostet 30 Baht, Sammeltaxi 300–400 Baht. Von der Grenze geht es nur mit dem Taxi weiter über **Kaki Bukit** zur nächsten Stadt Kangar (20 RM für 4 Pers.). Dort gibt es mehrere Hotels und Banken mit Geldautomaten.

Die Abfertigungsgebäude der beiden Länder liegen direkt nebeneinander, so dass man mit einem *Double-Entry*-Visum die Prozedur in einer halben Stunde schafft. Und so lange wartet das Sammeltaxi auf Anfrage. ☉ 7–18 Uhr Thai-Zeit (= 8–19 Uhr Malaysia-Zeit).

Padang Besar ปาดังเบซา

Dies ist der Grenzübergang für den Internationalen Expresszug. Die Pässe werden in Thailand eingesammelt und mit dem Ausreisestempel versehen. Am Bahnhof müssen Reisende nur die wichtigsten Daten in das Einreiseformular eintragen, dann bekommen sie den Pass zurück.

Wer nur einen neuen Einreisestempel braucht und gleich wieder nach Thailand zurückfahren möchte, benützt besser den Grenzübergang an der Straße. Von Hat Yai reist man per Bus oder Taxi an und wird direkt an der Grenze abgesetzt. Man holt sich den Ausreisestempel und geht die etwa 10 Minuten durch ein Stück Niemandsland mit Duty-

Free-Geschäften die Straße entlang bis zum Kontrollpunkt der Malaysier zu Fuß oder nutzt den Motorrad- oder Minibustransfer (20 Baht). Auch Fußgänger bekommen, wenn sie einen höheren Geldbetrag (in beliebiger Währung) vorweisen können, normalerweise immer den Stempel für Malaysia. Wer gleich wieder nach Thailand zurückkommt, erhält problemlos einen weiteren Stempel für 4 Wochen.

Übernachtung

Wer hier hängen bleibt, kann im *Siam Orchid Hotel****, 208-217 Moo 1 Padang Besar Rd., ✆ 521478, direkt an der Grenze übernachten.

Sonstiges

GELD – Die *Maybank*, 1371-2 Jl. Pekan, hat einen Geldautomaten für Mastercard und Karten mit Cirrus- / Maestro-Symbol.
Die Money Changer im Bahnhofsgebäude und im Coffee Shop an der Bus Station haben keine guten Wechselkurse.

GRENZÖFFNUNGSZEITEN – Die Grenze ist ab 21 Uhr Thai-Zeit bzw. 22 Uhr Malaysia-Zeit geschlossen.

Transport

BUSSE – fahren nach KANGAR für 3 RM und relativ selten nach BUTTERWORTH (Penang) bis um 20 Uhr für 10,20 RM.
Nach HAT YAI ab Thai-Seite der Grenze alle 10 Min. mit non-ac-Bus für 26 Baht, ac-Bus 36 Baht, in 100 Min.
Nach BANGKOK (1020 km) mit ac-Bus um 15 Uhr für 569 Baht in 15 Std.

SAMMELTAXIS – fahren vom Bahnhof nach KUALA PERLIS 36 RM, KANGAR 22 RM, BUTTERWORTH 150 RM (besser über ALOR SETAR (40 + 60 RM). Nach HAT YAI ab Thai-Seite der Grenze 40 Baht.

EISENBAHN – Richtung KUALA LUMPUR mit dem *Express Langkawi* um 17.30 Uhr, Ank. 6.45 Uhr. Der *International Express* Richtung BANG-

KOK um 18.15 Uhr (Malaysia-Zeit) und Richtung BUTTERWORTH (Penang) um 10 Uhr (Malaysia-Zeit). Zuvor werden am Bahnhof, ✆ 9490231, die Grenzformalitäten erledigt.

Sadao   สะเดา

70 km südlich von Hat Yai liegt der meistgenutzte Grenzübergang, den auch alle Busse und Taxis von Hat Yai nach Penang nehmen. Normalerweise fährt man hier nach kurzem Grenzaufenthalt nur durch.

Wer per Sammeltaxi von Malaysia kommt (ab Penang 180 RM pro Taxi), steigt am Duty-Free-Shop in **Bukit Kayu Hitam** in ein Thai-Taxi um und fährt damit durch die Grenzübergänge. Wer hier übernachten muss, bekommt im *Sadao Plaza**–****, 14/3 Ruamsuk Rd., ✆ 412373, ein ac-Zimmer.

Betong   เบตง

Durchschnittlich 580 m hoch in den Bergen liegt die Grenzstadt auf einem Zipfel, der weit in malaysisches Staatsgebiet hineinragt. Die Häuser sind vorwiegend an die Hänge gebaut und die meiste Zeit von Nebelschwaden umhüllt.

Von Yala führt eine kurvige, landschaftlich schöne, 140 km lange Bergstrecke durch Kalksteinformationen nach Betong. In den Tälern erstrecken sich Palmöl-, Kaffee- und Kautschuk-Plantagen. Unterwegs passiert man das Banglang Reservoir (s. S. 645).

Übernachtung

Die vielen Hotels dienen vor allem am Wochenende als Stundenhotels für Malaysier, was allein reisende Traveller zu spüren bekommen.
Kheng Thai**, 33 Chaya Chaowalit Rd., ✆ 230589.
Fah Anrung**–***, 113/1-2 Chantharo Thai Rd., ✆ 231403, Zi mit Fan.
Muang Thong**–***, 25/8-9 Chantharo Thai Rd., ✆ 230158.
Rama**, 39 Tanweera Rd., ✆ 230011, Bungalows.
Sri Betong***, 2-4 Thamwithi Rd., ✆ 230188, ordentliche Zi mit Fan und ac, gute Zi**** im neueren Flügel.

DER TIEFE SÜDEN

Betong Merlin****, ✆ 230222, ✆ 231357, auf
einem Hügel über der Stadt, sehr gute Zi (am
Wochenende über 1000 Baht); Restaurant, Pool,
Fitness Center, Disco.

Transport

Von YALA mit dem Bus (2x tgl.) dauert es 4
1/2 Std. (52 Baht), mit dem Sammeltaxi 3 Std.
(80 Baht).
Kurz hinter Betong ist der südlichste Punkt Thailands und die Grenze zum malaysischen Staat
Perak erreicht. Minibus von der Stadt zur Grenze
für 15 Baht, Taxi 60 Baht.
Von der Grenze zur malaysischen Stadt BALING
mit dem Taxi 20 RM, per Bus 1,50 RM. Weiter mit
dem Bus nach KUALA LUMPUR um 9, 11 und
21.30 Uhr für 25 RM, nach Butterworth stündlich
für 5 RM, Taxi 48 RM. Keine Busse fahren von
hier an die Ostküste.
Direkt nach BANGKOK (1234 km) mit ac-Bus um
14 Uhr für 686 Baht in 16 Std.

Sungai Golok

An der Ostküste gibt es einen Grenzübergang, der
für alle interessant ist, die direkt zur Ostküste von
Malaysia fahren wollen. Sungai Golok (auch Sungai
Kolok) ist ein uninteressanter, bereits sehr malaii-
scher Ort. Die vielen Hotels dienen vor allem am
Wochenende als Stundenhotels für Malaysier.

Übernachtung

Asia Hotel** (ac***), 44 Charoenket Rd.,
✆ 611101, gute Zi, die eine Mehrausgabe lohnen.
Savoy**, ✆ 611093, 8/2 Charoenket Rd., sehr
große, saubere Zi mit Du/WC für 3 Personen.
Thailiang Hotel**, 12 Charoenket Rd., ✆ 611132,
saubere Zi mit Du/WC und Fan. Geldwechseln
möglich.
Die größten Hotels, das **Grand Garden******,
104 Arifmarka Rd., ✆ 611219, und das
Genting****, 141 Asia 18 Rd., ✆ 613231, verfügen
über einen Pool.
Außerdem viele weitere Hotels, darunter einige
der teureren Kategorie mit Disco und Massagesalon.

Sonstiges

GELD – Alle thailändischen Banken haben
Zweigstellen in der Stadt, so dass es kein Problem ist, Geld zu wechseln. Die **Kasikorn Bank**,
1/6 Warakamintr Rd., hat einen Geldautomaten
mit Maestro-Symbol. Abends und am Wochenende öffnen Wechselstuben in der Hauptstraße
in der Nähe des Bahnhofs und direkt neben dem
Fahrkartenschalter sowie gegenüber dem chinesischen Tempel und neben dem Ticket-Büro der
Minibusse nach Hat Yai (kein Schild), nur Baht
gegen Ringgit mit schlechteren Kursen oder umgekehrt mit gutem Kurs.

INFORMATIONEN – **Tourist Office**, 18 Asia Rd.,
✆ 073-612126, ✆ 615230, zuständig für Narathiwat, Yala und Pattani.

POSTAMT – neben dem *Plaza Hotel*.

Transport

BUSSE – Im Valentine Hotel, Waman Amnoey
Rd., befindet sich der Ticket-Schalter für die ac-
Busse nach HAT YAI, tgl. alle 2 Std. von 7–15 Uhr
für 148 Baht in 5 Std.; Abfahrt vor dem Hotel.
Alle übrigen Busse fahren von der Bus Station
ab, ✆ 612045.
Nach BANGKOK (1266 km) 2.Kl.-ac-Bus um 13.30
Uhr für 546 Baht in 20 Std., ac-Bus um 13.30 Uhr
für 702 Baht, VIP-24-Bus um 12.30 Uhr für 1090
Baht in 17 Std.
Nach PHUKET ac-Bus bis 15.30 Uhr für 432 Baht
in 11 Std.
Nach KRABI ac-Bus für 335 Baht in 9 Std. (Mini-
bus 450 Baht).
Nach TRANG ac-Bus für 261 Baht.
Nach NARATHIWAT non-ac-Bus bis 17 Uhr für
30 Baht (ac-Bus 50 Baht) in 1 Std.
Nach YALA ac-Bus bis 17 Uhr für 80 Baht in 3 Std.

MINIBUSSE – Nach NARATHIWAT 60 Baht in
1 Std., PATTANI 90 Baht in 2 1/2 Std., YALA
90 Baht in 3 Std. (Tickets an der Charoenket
Rd., die gegenüber vom Bahnhof von der Hauptstraße abzweigt). Nach HAT YAI jede Std. von
7–17 Uhr für 150 Baht in 4 Std. (Tickets schräg
gegenüber vom Bahnhof an der Hauptstraße,

Vom Fischfang zurück

daneben eine Wechselstube, an Wochenenden geöffnet).

SAMMELTAXIS – YALA 70 Baht, NARATHIWAT 40 Baht, HAT YAI 140 Baht.

EISENBAHN – In Sungai Golok endet der östliche Zweig der Südlinie der Staatseisenbahn von Thailand.
Von BANGKOK *Rapid* 171 um 13 Uhr (ab HAT YAI um 6.02 Uhr), Ank. 10.20 Uhr, und der *Special Express* 37 um 15.15 Uhr (ab Hat Yai um 6.54 Uhr), Ank. 10.40 Uhr.
Nach BANGKOK *Rapid* 172 um 11.50 Uhr in 20 Std., mit dem *Special Express* 38 um 14.05 Uhr ab 497 Baht (2.Kl.), 627 Baht (2.Kl. Schlafwagen) und 1493 (1.Kl.) in 19 1/2 Std.
Lokale Züge von HAT YAI um 6.55, 8.10, 10.32 und 12.50 Uhr in 3 1/2 – 4 1/2 Std. für 42 Baht.
Nach HAT YAI lokale Züge um 6.30, 8.45, 12.10, 13.25 und 14.55 Uhr für 42 Baht, weiter nach SURAT THANI für 86 Baht.

NACH MALAYSIA – Vom Bahnhof mit dem Sammeltaxi zur Grenze, weiter zu Fuß, mit Motorrad oder Fahrradriksha, problemloser Grenzübertritt nach Rantau Panjang, s.S. 712.
Ab Rantau Panjang nach KUALA LUMPUR um 20 Uhr für 26 RM. Bessere Verbindungen ab KOTA BHARU, Bus Nr. 29 bis gegen 18 Uhr für 3,20 RM, Sammeltaxis 20 RM. Nach Pulau Perhentian über KUALA BESUT, Sammeltaxi 50 RM, 1 Std., und weiter mit dem Boot. Der Grenzübergang ist ab 21 Uhr Thai-Zeit bzw. 22 Uhr Malaysia-Zeit geschlossen.

Tak Bai ตากใบ

Ein weiterer, sehr angenehmer Grenzübergang liegt 38 km weiter östlich direkt an der Küste. Nach Tak Bai fahren Busse und Songthaew von Narathiwat ab 7.30 Uhr für 18 Baht, Taxis für 30 Baht. Ein Taxi vom Bahnhof in Sungai Golok kostet 25 Baht. Die Autofähre nach Pengkalan Kubor (Malaysia) fährt alle 30 Min. und kostet 10 Baht bzw. 1 RM. Mit dem Bus 19, 27 oder 43 für 3 RM erreicht man von hier aus Kota Bharu. Hier bekommt man leicht ein neues Visum für Thailand (in 24 Std.). Geld sollte man bereits in der letzten Stadt vor Tak Bai wechseln. Angenehme Unterkünfte, z.B. *Taba Hotel*** vor dem Ort.

Nord-Malaysia

Die landschaftliche Vielfalt von **Pulau Langkawi** entdecken

In **Georgetowns** kleinen Läden und Werkstätten auf Entdeckungstour gehen

Die Atmosphäre in einem **chinesischen Tempel** schnuppern

Im Gelanggang Seni von **Kota Bharu** die malaiische Kultur kennen lernen

Auf **Pulau Perhantian** abtauchen

Grenzübergänge
Kaki Bukit

13 km vor Padang Besar (s.u.) zweigt von der Fernstraße 7 links die Straße nach Kaki Bukit ab. Bereits nach 1 km erreicht man den kleinen Grenzort. Ein Schild weist den Weg nach **Gua Kelam** am Fuße eines Kalksteinmassivs, 1 km jenseits des Ortes. Durch die steil aufragenden Felsen führt ein etwa 350 m langer, erleuchteter Plankenweg in das kleine, abgeschirmte **Wan Tangga-Tal**. Es wurde zu einem bei Einheimischen beliebten Picknick- und Erholungsgelände umgestaltet mit Bademöglichkeit, Duschen und WC sowie einem kleinen Tiergehege.

Die Tropfsteine und die gurgelnden Geräusche des Wassers wirken bei einer einsamen Wanderung durch diese unterirdische Welt gespenstisch. Alles nicht sehr spektakulär, aber einen Abstecher wert. Eintritt 1 RM.

Padang Besar

Grenzort nach Thailand, den man mit dem Bus, Taxi oder der Bahn erreicht. Wer billig nach Thailand einreisen will, geht die Straße hinauf bis zum malaysischen Kontrollpunkt, holt sich die entsprechenden Stempel und geht dann 10 Minuten durch ein Stück Niemandsland mit Duty-Free-Geschäften die Straße entlang bis zum thailändischen Zollhaus. Die Grenzbeamten kontrollieren Fußgänger zwar etwas gründlicher, doch bekommt man normalerweise bei Nachweis eines höheren Geldbetrages ohne Schwierigkeiten den Stempel. Eine Alternative ist der Transfer mit einem Motorrad oder Minibus.

Bukit Kayu Hitam

Ein winziger Ort an der Autobahn an der Grenze zu Thailand. Von hier aus verkehren nur wenige Busse und Taxis Richtung Süden, so dass man diesen Grenzübergang meiden sollte, sofern man keinen durchgehenden Bus nach Hat Yai hat. Zwar kann man von Alor Setar mit einem malaysischen Überlandtaxi oder dem Bus herauf fahren, muss aber dann ab der Grenze eine längere Strecke zum thailändischen Kontrollpunkt laufen. Besser nur bis zur Autobahnausfahrt in **Changlun** fahren, wo thailändische Überlandtaxis warten. Die Grenze ist bis Mitternacht geöffnet.

BUSSE – Nach **Padang Besar**, Jl. Masjid, und **Kaki Bukit** ab KUALA LUMPUR 2x morgens und 2x abends für 30 RM, ab BUTTERWORTH *Plusliner*, 🖥 www.plusliner.com, um 14 Uhr für 10,20 RM und ab KANGAR für 3 RM. Auf der thailändischen Seite fahren non-ac- und ac-Busse sowie Minibusse nach HAT YAI alle 10 Min. bis 19.20 Uhr für 26 / 36 / 30 Baht.
Nach **Bukit Kayu Hitam** fahren *Plusliner*-Busse ab JOHOR BHARU um 21.30 und 22 Uhr für 48,30 RM, ab KUALA LUMPUR um 9.30, 10.30 Uhr sowie zwischen 22 und 23 Uhr für 28 RM. Sie halten auch in **Changlun**. Nahverkehrsbusse nach ALOR SETAR für 3 RM.

ÜBERLANDTAXIS – Von **Padang Besar** oder **Kaki Bukit** nach KANGAR 22 RM, ALOR SETAR und KUALA PERLIS 36 RM, KUALA KEDAH 40 RM, BUTTERWORTH 150 RM (besser über ALOR SETAR (40 + 60 RM. Auf der Thai-Seite Taxis nach HAT YAI 40 Baht p.P. Von BUTTERWORTH direkt nach HAT YAI 160 RM.
Von ALOR SETAR nach **Bukit Kayu Hitam** 30 RM, bis **Changlun** 25 RM. Dort und hinter dem thailändischen Kontrollpunkt warten Taxis, die nach Sadao oder Hat Yai fahren.

EISENBAHN – Der *International Express* (Zuschläge!) sowie der *Ekspres Langkawi* haben eine knappe Stunde Aufenthalt in **Padang Besar**. Während dieser Zeit werden am Bahnhof, ✆ 9490231, die Grenzformalitäten erledigt. Der internationale Express über Hat Yai und Surat Thani nach BANGKOK fährt um 18.15 Uhr, der nach BUTTERWORTH um 10 Uhr ab, der *Ekspres Langkawi* nach HAT YAI um 10.25 Uhr für 9 RM und nach KUALA LUMPUR um 16.40 Uhr (2. Klasse Sitzplatz 31 RM, Bett 39 / 41 RM, 2 Plus 62 / 70 RM). Bis 2005 dauert wegen der Baumaßnahmen die Fahrt Richtung Süden sehr lange.

NORD-MALAYSIA

Nord-Malaysia

Ein Abstecher über die Grenze von Süd-Thailand nach Malaysia bietet die Möglichkeit, einen Eindruck von einem malaiisch–chinesisch–indischen Vielvölkerstaat einschließlich der Relikte aus jahrhundertelanger Handelstätigkeit und britischer Kolonialzeit zu erhalten. Wie ein Malaysia im Miniaturformat wirkt die Urlauberinsel Langkawi an der Westküste, die trotz ihrer erschlossenen Strände und intensiver Tourismus-Entwicklungsprogramme in ihrem Hinterland noch immer viel ländliche Ruhe bietet. Traveller zieht es vor allem an die Ostküste nach Pulau Perhentian, wo sich auch gute Tauchmöglichkeiten bieten. Ein Muss für alle ist die Insel Penang, nicht so sehr wegen ihrer Strände, sondern wegen der chinesisch geprägten Stadt Georgetown mit ihren historischen Bauten, dem hervorragenden Museum und der kulinarischen Genüsse. Billigreisende finden hier ebenso wie anspruchsvolle Urlauber ein breites Angebot an Unterkünften, zudem ist sie ebenso wie die malaiisch geprägte Stadt Kota Bharu an der Ostküste eine beliebte Adresse zum Verlängern des Thailand-Visums.

Pulau Langkawi

Mit tropischen Wäldern, imposanten Bergrücken, schroffen Felsen, Gummiplantagen, Reisfeldern, Sandstränden und luftigen Kampungs, ganz so, wie man es aus Bilderbuch-Prospekten kennt, präsentiert sich die Inselgruppe im Nordwesten Malaysias. Man mag über die touristische Entwicklung, die dieses traumhaft schöne Fleckchen Erde in den letzten Jahren stark verändert hat, denken, was man mag. Tatsache ist, dass der Langkawi-Archipel mit seinen 60 000 Einwohnern noch immer eine gute Adresse an der Westküste Malaysias darstellt, für diejenigen die Ruhe und Erholung suchen und für kurze Zeit der Hektik lärmender Großstädte entfliehen wollen.

Schon zu Beginn der 80er Jahre hatte es den Anschein, als sollte die Inselgruppe das Schicksal des nahe gelegenen Phuket teilen. Es schien, als müsse man Langkawi bald von der Liste der verträumten Ecken Malaysias streichen. 1987 wurde Langkawi zur zollfreien Zone erklärt. Seitdem kauft man den VSOP-Cognac in zahlreichen Duty-Free-Läden der Inselhauptstadt Kuah billiger ein als am Flughafen von Singapore, und die Kretek-Zigaretten sind fast so günstig wie in Indonesien. Natürlich hat die Sache einen bedeutungsvollen Haken: Duty-Free-Waren bis zu 500 RM darf nur aufs Festland bringen, wer einen Aufenthalt von mindestens 48 Stunden nachweist. Und so drängen sich nach einem langen Wochenende verschleierte Malaiinnen mit Kisten voller Küchenmaschinen, Decken und Geschirr zusammen mit Chinesen, die teuere Cognacflaschen im Gepäck haben, auf den Fähren. Der ersehnte große Touristen-Boom blieb dennoch aus. Daher versucht man, durch Attraktionen, wie der sehenswerten Underwater World am Pantai Cenang, und große Einkaufszentren die Gäste länger auf der Insel zu halten.

Orientierung – Pulau Langkawi ist die größte Insel im Archipel. Auf den anderen, kleinen Inseln gibt es weder Straßen noch nennenswerte Siedlungen. Hauptort, Sitz der Verwaltungen, Einkaufszentrum und Anlaufpunkt der Fähren ist **Kuah**. Auf gut ausgebauten Straßen erreicht man von hier aus die lang gestreckten Strände **Pantai Tengah** und **Pantai Cenang** am Südwestzipfel Langkawis. Weiter im Westen liegen der **Pantai Kok** und **Teluk Burau**, von der aus eine Seilbahn die dschungelbedeckten, steilen Berghänge hinaufführt. Edel-Resorts sind in **Datai**, der abgelegenen und windgepeitschten Nordwestecke, entstanden. Wirklich pittoresk ist die Bucht **Tanjung Rhu** im Nordosten mit einem herrlichen Ausblick auf die nahe gelegenen Inseln des thailändischen Tarutao Nationalparks.

Reisezeit – Der meiste Regen fällt in den Monaten September bis Dezember, das Maximum im Oktober. Im regenreichen Nordwesten der Insel wurden bis zu 3900 mm Niederschlag im Jahr gemessen. Hochsaison ist dennoch zwischen Oktober und April. Während des Ramadan oder zwischen Mai und September ist auf der Insel manchmal wochenlang buchstäblich „nichts los". Lediglich während der LIMA-Show, einer Luftwaffenmesse, die in ungeraden Jahren Ende November / Anfang Dezember stattfindet und von lauten Tief- und Showflügen begleitet wird, sind alle Hotelbetten belegt.

Pulau Langkawi

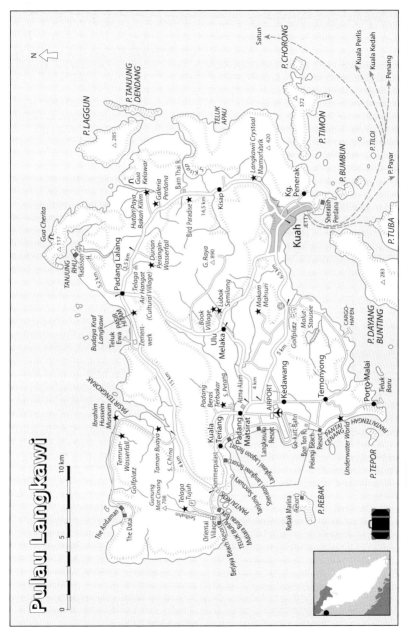

N

0   5   10 km

P. LAGUN

P. TANJUNG DENDANG

△ 285

△ 117
Gua Cherita

TANJUNG RHU
Radisson △ H.

Gua Kelawar

Hutan/Paya Bokan Kilim

Galeria Perdana

Barn Thai R.

△ Kisap

P. CHORONG

Satun

Kuala Perlis
Kuala Kedah
Penang

TELUK APAU

△ 372

P. TIMON

Langkawi Crystaal
Marmorfabrik
△ 420

Bird Paradise   14,5 km   Kisap

Padang Lalang
3,5 km
Teleaga ▲
Air Hangat
(Cultural Village)
Durian Perangin-Wasserfall

G. Raya
△ 890

Book Village

Lubok Semilang

Mokam Mahsuri

Malut-Stausee

Golfplatz

P. BUMBUN

Kg. Penerak

P. TILOI

P. Payar

Kuah

JETTY

Sheraton Perdana

P. TUBA

△ 283

P. DAYANG BUNTING

CARGO-HAFEN

5 km

5,2 km   H.

Budaya Kraf Langkawi

Teluk Ewa
PASIR HITAM

Zement-werk

Ulu Melaka

S. Pelang

6,5 km T 155

Temonyong

PASIR TENGKORAK

Ibrahim Hussein Museum

Temrun-Wasserfall

Golfplatz

Taman Buaya

S. China

15 km

Padang Beras Terbakar

Atma Alam

Kuala Teriang

Kedawang

AIRPORT

4 km

Go-Kart-Bahn

Bon Ton R.

Pelangi Beach Resort

Underwater World

PANTAI TENGAH

Porto-Malai

Teluk Baru

P. TEPOR

Gunung Mat Cinang
△ 708

Telaga Tujuh

Sommerpalast

PANTAI KOK

Oriental Village

The Andaman

The Datai

Selibahn

TELUK BURAU

Makam Buan Bujang

Berjaya Beach Resort

Padang Matsirat

Langkasuka Resort

Tanjung Sanctuary

Speetel Langkawi Resort

Langkawi Lagoon Resort

Rebak Marina (Resort)

P. REBAK

NORD-MALAYSIA

In dieser Woche sollte die Insel gemieden werden. Wer tosendes Nachtleben, Bars und Beach Partys liebt, wird sich wahrscheinlich langweilen.

Übernachtung – Auf Langkawi übernachten europäische Touristen lieber an den Stränden als in Kuah. Durch den Hotelbauboom in den letzten Jahren entstand eine Überkapazität an Hotelbetten. Da die meisten Hotels das ganze Jahr über notorisch unterbelegt sind, werden fast immer Rabatte angeboten. Wer länger bleibt kann über einen weiteren Nachlass verhandeln. Eng wird es allenfalls während der Schulferien oder an Feiertagen. Selbst an langen Wochenenden ist auf Langkawi in der Regel noch ein Zimmer zu bekommen. Allerdings können sich während der Schulferien in Malaysia und Singapore und vor allem an Feiertagen mit einem langen Wochenende die Zimmerpreise verdoppeln.

Kuah

In Kuah, dem Hauptort auf Langkawi, kommt die Fähre an, hier kauft man ein, von hier starten Rundfahrten und Bootstouren. Über 4 km erstrecken sich locker verteilte Wohnhäuser und Geschäfte beiderseits der Hauptstraße, die vor wenigen Jahren noch entlang der Küste verlief. Landaufschüttungen und Bautätigkeit haben den Charakter des Ortes gründlich verändert. An allen Ecken und Enden wurde fieberhaft gebaut. Es entstand ein modernes Zentrum, und die Küstenlinie wurde ei-nen Kilometer ins Meer hinausverlagert. Auf dem neu gewonnenen Land wurden Shopping-Arkaden, ein Park und ein großes Hotel errichtet.

In der Nähe der Jetty wurde ein Strandpromenade angelegt, die von einem überdimensionalen **Seeadler-Denkmal** überragt wird. Im auf aufgeschüttetem Land fertig gestellten **Taman Lagenda Park** werden die Geschichte Malaysias und zahlreichen Legenden Langkawis mit großen und recht kitschigen Figuren in überdimensionierten Hallen und auf einer Videoleinwand zum Leben erweckt, ⏱ tgl. 8–19 Uhr, Eintritt 5 RM, Kinder 2,50 RM.

Weiter stadteinwärts erhebt sich die alte **Al-Hana Moschee**. Mehrere neue Moscheen sind in den letzten Jahren hinzugekommen. Einige der neuen Wohn- und Geschäftshäuser im mediterranen Disney-Stil sind nicht unangenehm anzusehen, die Mehrzahl ist allerdings eher eine Beleidigung fürs Auge. An der Straße nach Padang Lalang entstanden zahlreiche Wohnparks, ein Sportzentrum und ein Fußballstadion. Zahlreiche Duty Free-Shops und Einkaufszentren haben sich etabliert. Das größte ist zur Zeit die **Langkawi Fair Shopping Mall** mit Duty-Free-Supermarkt, Essensständen und Fast-Food-Läden.

Bei Sonnenuntergang, wenn die Obst- und Essenstände öffnen und die Restaurants sich mit Menschen füllen, lohnt ein Stadtbummel. Früh morgens öffnet der **Fischmarkt Pasar Awam** in einem modernen Gebäude.

Übernachtung

In den letzten Jahren sind zahlreiche Hotels in Kuah hochgezogen worden, in der Regel gesichtslose Betonklötze, die die meiste Zeit des Jahres leer stehen oder von einkaufswütigen Reisegruppen aus asiatischen Staaten bevölkert werden. Die Preise sind meist happig (ab 100 RM), der Service mäßig und die Lage schlecht (laute Straße oder Karaoke-Bar). Alles in allem für den europäischen Geschmack wenig einladend. Deshalb hier nur eine kleine Auswahl bewährter Hotels in Kuah. Unsere Preiskategorien beziehen sich auf die Nebensaison.

PREISWERT – *Malaysia Hotel*** ①, 66 Pakok Asam, ✆/✉ 9666298, einfache Zimmer mit Warmwasser-Du/WC und ac, auch Familienzimmer. Im EG ein indisches Restaurant.
*Central Hotel*** ⑥, 33 Jl. Persiaran Putera, ✆ 9668585, ✉ 9667385, 🖥 www.hotelcentral.com.my, ein in die Jahre gekommener Hotelblock mit 132 Zimmern und kleinem Pool am Ortseingang.

MITTELKLASSE – *Beringin Beach Resort*** ⑦, ✆ 9666966, ✉ 9667970, ca. 2 km von der Anlegestelle an einer kleinen, ruhigen, geschützten Bucht östlich von Kuah. 40 recht komfortable, kleine Chalets, für den Preis inkl. Frühstück ganz attraktiv, aber kein richtiger Badestrand.
*Grand Continental*** ②, Lot 398, MK Kuah Kelibang, ✆ 9660333, ✉ 9660288, 🖥 www. grandhotelsinternational.com, größerer Hotelblock mit 198 Zimmern an der Straße zu den Stränden. Pool, Frühstück inkl., überwiegend einheimische Gäste.

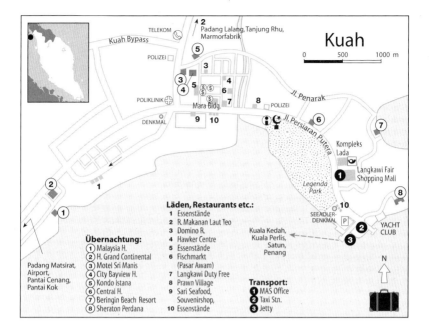

Kuah

0   500   1000 m

Padang Lalang, Tanjung Rhu, Marmorfabrik
TELEKOM
Kuah Bypass
POLIZEI
POLIKLINIK
Mara Bldg.
DENKMAL
Jl. Penarak
POLIZEI
Jl. Persiaran Putera
Kompleks Lada
Langkawi Fair Shopping Mall
Legenda Park
Kuala Kedah, Kuala Perlis, Satun, Penang
SEEADLER-DENKMAL
YACHT CLUB
N

Padang Matsirat, Airport, Pantai Cenang, Pantai Kok

Läden, Restaurants etc.:
1 Essenstände
2 R. Makanan Laut Teo
3 Domino R.
4 Hawker Centre
5 Essenstände
6 Fischmarkt
   (Pasar Awam)
7 Langkawi Duty Free
8 Prawn Village
9 Sari Seafood,
   Souvenirshop,
10 Essenstände

Übernachtung:
1 Malaysia H.
2 H. Grand Continental
3 Motel Sri Manis
4 City Bayview H.
5 Kondo Istana
6 Central H.
7 Beringin Beach Resort
8 Sheraton Perdana

Transport:
1 MAS Office
2 Taxi Stn.
3 Jetty

*Motel Sri Manis**–***(3),* 13 Jl. Penarak, 9667805, einfache Zimmer mit Du/WC und TV in einem traditonellen Haus mit Veranda in ruhiger Lage. Auch große Familienzimmer.

LUXUS – *City Bayview Hotel* ab****(4), Jl. Pandak Mayah, 9661818, 9663888, cbvlgk@tm.net.my, der 4-Sterne-Hotelblock bietet 282 komfortable Zimmer in absoluter Citylage, ideal für Shopping-Touren, weniger geeignet für Erholung Suchende. Fitnesscenter und Pool im 4. Stock, chinesisches Restaurant.

Sheraton Perdana (ab 480 RM) (8), 9615104, 9615152, www.sheraton.com/perdana, liegt nur etwa 1 km von der Anlegestelle entfernt in einem kleinen Park im Südosten. Das renovierte 5 Sterne-Resort mit 258 Zimmern bietet allen Komfort, einen großen Pool und vom Restaurant einen schönen Blick auf die vorgelagerten Inseln. Preise schwanken stark nach Saison. Touren und Ausflüge werden angeboten.

*Kondo Istana*****(5), Lot 757 Jl. Penarak, 9661118, 9661122. Neubaublock oberhalb des alten Zentrums, alle Apartments mit 3 Schlafzimmern, Küche, Bad, TV. Pool und Fitnesscenter.

Essen

Die **Essenstände** gegenüber dem *Tiara Hotel* servieren abends Steamboat, thailändische sowie malaiische Gerichte. Asiatisch-muslimisches und westliches Fast Food wird in und um dem Fährterminal angeboten. Weitere malaiische Essenstände konkurrieren an der Straße zum City Bayview mit dem nahe gelegenen chinesischen *Hawker Centre* und weiteren Restaurants in den Neubaublocks.

Domino, 10 Pandak Maya 6, 9667214. Hier serviert der deutsche Besitzer deutsche Gerichte, z.B. Currywurst für 15 RM, eine Käseplatte, Burger oder Spaghetti und Bier vom Fass. tgl. 10.30–15 und 17.30–21 Uhr.

Prawn Village Restaurant neben dem Asia Hotel, reichhaltige Auswahl an Fisch und Seafood, topfrisch, mittlere Preislage.

Sari Seafood im rückwärtigen Teil des Souvenirshops am alten Fischmarkt mit Blick aufs Meer ist teuer, aber gut. Auch bei Einheimischen beliebt.

Makanan Laut Teo, 1,9 km außerhalb, am nördlichen Ortseingang von Kuah, noch hinter dem Fußballstadion, in den Geschäftshäusern auf der rechten Seite. Es ist bei Einheimischen für seine große Auswahl an chinesischen Gerichten zu günstigen Preisen beliebt. Bei der Zusammenstellung der Menüs ist das Personal gerne behilflich. Nur abends geöffnet.

Barn Thai, Kampung Belanga Pechah, ℘ 9666699, ▯ www.ytlhotels.com, 9 km nördlich von Kuah Richtung Padang Lalang, zu erreichen über einen 450 m langen Plankenweg. Mitten in den Mangroven auf einer Terrasse am Fluss, der für eine kühle Brise sorgt, werden scharfe Thai-Gerichte offeriert. Nach telefonischer Anmeldung Abholservice vom Hotel. Seit keine Jazzmusiker mehr auftreten, hat es an Zuspruch verloren, aber das kann sich ja ändern.

Sonstiges

AUTOVERMIETUNG – Wegen der horrenden Fährpreise und umständlichen Verschiffung, die mehrere Tage dauern kann, lohnen es nicht, einen Mietwagen vom Festland auf die Insel zu überführen.
Mietwagen organisieren Reisebüros und viele Hotels für 60–100 RM pro Tag, in der Hochsaison bis 120 RM.
Kasina Rent A Car, ℘ 9553355, ▯ www.kasina. com.my. Filialen im Airport, im *Datai* und im *Tropical Resort*.

BOOTSTOUREN, SEGELN – Boote zu den benachbarten Inseln, wo man fischen, schnorcheln, bzw. im Süßwassersee baden kann, werden regelmäßig in fast allen Hotels und Reisebüros angeboten. Ein 4-stündiger Trip zu 3 Inseln (Pulau Dayang Bunting, Pulau Singa Besar und Pulau Beras Basah) mit 10 Teilnehmern kostet um 45 RM, ein Boot zu chartern 150 RM. Ein Tagesausflug per Boot rund um die Insel Langkawi 110 RM p.P., Lunchpaket inbegriffen.
Mehrere Veranstalter bieten Segeltörns in den Gewässern um Langkawi an. Die Touren starten meist vom Yacht Club in Kuah oder von der Marina in Teluk Baru.

Crystal Yacht Holidays von Jamie und Ryoko Scott, Lot 6 Recreation & Culture Building Porto Malai, am *Awana Hotel*, ℘ 9556544, 012-4087866, ▯ www.crystalyacht-charters.com. Offerieren exklusive Tagestörns von 9.30–16.30 Uhr für 220 RM p.P. Auch mehrtägige Touren nach Phuket, Krabi oder Ko Phi Phi in Thailand. Die 3-stündige *Sunset Cocktail Cruise* findet Mo, Mi und Fr von 17.30–20 Uhr inkl. unlimitierter Getränke statt und kostet 140 RM p.P. Di, Do und Sa kann man an einer *Dinner Cruise* von 17–20 Uhr für 180 RM teilnehmen.

FAHRRÄDER – Im Januar / Februar zum Auftakt des Radrennens rund um Malaysia gehören die Straßen der Insel den Radrennfahrern. An allen anderen Tagen müssen sich Fahrräder dem immer stärker werdenden Autoverkehr unterordnen. Dennoch kann man außerhalb des stark befahrenen Kuah angenehme Touren unternehmen, so lange es nicht zu heiss ist. Obwohl der höchste Berg, der Gunung Raya, 890 m hoch ist, sind, mit wenigen Ausnahmen, keine extremen Steigungen vorhanden. Einige Hotels und Bungalowanlagen am Cenang Beach vermieten Räder für 18–20 RM pro Tag.

GELD – Filialen der **Maybank**, **Public Bank** und **Bank Bumiputra** nahe dem neuen Fischmarkt, zum Teil mit Geldautomaten. ℗ der Schalter Mo–Fr 9.30–16, Sa bis 11.30 Uhr, obwohl die Behörden den Do und Fr schließen.
Zwei **Money Changer** mit guten Kursen neben dem MARA-Building und im 1. OG der *Langkawi Fair Shopping Mall*. An der Fähranlegestelle mäßige Kurse.

INFORMATIONEN – *Tourism Malaysia Information Center* neben der großen Moschee in Kuah, ℘ 9667789, ✉ mtpblgk@tourism.gov.my. ℗ tgl. 9–17 Uhr.
Ein weiteres Informationsbüro im Flughafengebäude, ℗ tgl. 9–12 und 13–18 Uhr.
Im Fährterminal entpuppen sich die Informationsbüros allesamt als Reiseagenturen, die von der Vermittlung von Touren und Unterkünften leben.

IMMIGRATION – Office am Airport, ℘ 9591076.

MEDIZINISCHE HILFE – das moderne *Hospital*, ✆ 9663333, liegt nahe dem Golfplatz, 10 km westlich von Kuah. Eine Poliklinik befindet sich mitten in Kuah.

MOTORRÄDER – Unerfahrene sollten wegen der ungewohnten Verkehrsverhältnisse möglichst nicht in Kuah losfahren. Ansonsten ist das Fahrzeug gründlich zu überprüfen, denn nicht alle sind gut gewartet. Auch wenn die Straßen asphaltiert sind und außerhalb von Kuah wenig Verkehr ist, können immer wieder unerwartet Schlaglöcher oder Hindernisse auftauchen. Motorräder (kleine Honda 75 oder 90) für 35 RM am Tag in vielen Läden und Hotels. Wer länger mietet erhält einen Rabatt. Die Vermieter an der Fähre verlangen den internationalen Führerschein, andere nicht.

POLIZEI – Verkehrspolizei in Kuah Richtung Jetty, ✆ 9666222, Notruf ✆ 999.

POST – Hinter dem Kompleks LADA, Block 1, zwischen dem Pier und Kuah, ✆ 9667271. ◷ Sa–Do 8–17, Fr geschlossen.

RADIO LANGKAWI – ein englischsprachiger Urlaubssender ist auf UKW 104.8 zu empfangen.

TAUCHEN – Tauchschulen an den Stränden bieten Ausrüstung und Touren an. Allerdings ist die Sicht rings um die Hauptinsel sehr mäßig, und es gibt keine Korallenriffe. Daher fahren die Veranstalter zu den Tauchgründen bei Pulau Payar, 1 1/2 Std. mit dem Boot Richtung Süden. Der größte Veranstalter, *Langkawi Coral*, an der Jetty, ✆ 9667318, ▱ www.langkawicoral.com, bietet den Tagestrip zu ihrer Plattform vor Pulau Payar inkl. 2 Tauchgängen, Ausrüstung und Verpflegung für 280 RM an, Schnorchler zahlen 220 RM. Weitere Veranstalter:
Pro Dive, Pantai Cenang, neben dem Lankgapuri Beach Resort, ✆ 9553739.
Langkawi Divers, 40 Lorong Bukit Indah, ✆ 9661302, ✉ langkawidivers@pd.jaring.my.
East Marine, Langkawi Yacht Club, ✆ 9665805. Näheres zum Marine Park Pulau Payar s.S. 668.

TOUREN – Jürgen Zimmerer aus Deutschland, ✆ 9554744 oder 012-4848744, ✉ juergzim@

yahoo.com, ▱ www.emmes.net/langkawi-natur, lebt seit vielen Jahren auf Langkawi und organisiert Touren abseits des Touristenrummels. So stehen auf seinem Programm Regenwaldtrekking – bei Tag und in der Nacht – am Gunung Raya oder eine Mangroven-Safari entlang der unerschlossenen Nordostküste mit Höhlenerkundung per Motorboot oder im Kayak. Sein neuestes Produkt sind die *Langkawi Canopy Adventures*, bei denen es sich um ein ausgeklügeltes System von Plattformen, Stahlkabeln und Kletterseilen handelt, mit deren Hilfe man sich von Baum zu Baum schwingen, Schluchten überqueren und als Krönung sich 30 m aus einem Urwaldriesen wieder abseilen kann – ein Abenteuer der nicht alltäglichen Art!

VORWAHL – 04, PLZ 07000.

Nahverkehrsmittel

Seit die Autos auf der Insel steuerfrei sind, haben sich die Taxis merklich vermehrt. Sie warten vor allem am Fährterminal und im Zentrum Kuahs. Preisbeispiele von der Jetty, ✆ 9668286: Kuah 4 RM, Pantai Cenang, Pantai Tengah 14 RM, Tanjung Rhu, Burau Bay, Teluk Baru 25 RM, Datai 40 RM. Spät abends werden überhöhte Preise verlangt, daher besser für den Rückweg ein Taxi zum Festpreis vorbestellen. **Am Flughafen** bezahlt man am Taxi-Ticket-Counter, ✆ 9551800, den Fahrpreis im Voraus, z.B. zum PANTAI CENANG und PANTAI KOK 15 RM und nach KUAH 20 RM.

Transport

BUSSE – *Darulaman*, am Fährterminal neben den Schaltern der Fährgesellschaften, ✆ 9662134, verkauft Tickets für Überlandbusse auf dem Festland mit Aufschlag (Bus + 50 sen).

FLÜGE – Mit MAS vom Flughafen Padang Matsirat, 20 km westlich von Kuah, ✆ 9551311, nonstop 5–6x tgl. nach KUALA LUMPUR für 205 RM, PENANG 1x tgl. 77 RM. SINGAPORE 1–2x tgl. nonstop 305 RM. Zu allen anderen Zielen in Kuala Lumpur umsteigen.
MAS, im EG der Langkawi Fair Shopping Mall, ✆ 9668611, ◷ Sa–Do 8.30–17 Uhr, Fr ge-

NORD-MALAYSIA

schlossen, der Schalter am Airport bleibt geöffnet. MAS ist Agent für Flüge mit *Silk Air* nach Singapore.

Air Asia, ✆ 9555668, 🖥 www.airasia.com, 2x tgl. nach KUALA LUMPUR für 90 RM. Buchungen im Netz.

Im Ankunftsbereich des Flughafens bieten zwei **Wechselstuben** günstige Kurse an. Auch Geldautomaten stehen zur Verfügung. Zudem sind Autovermietungen, einige Hotels, Tourveranstalter und das Tourist Office vertreten.

FÄHREN – Zum Festland: An Wochenenden und während der Ferien sollte man sich für die frühen Boote schon einen Tag im Voraus ein Ticket besorgen, da sie schnell ausgebucht sind.

United Ferry Ventures *(LFS, Ekspres Bahagia, Nautica Ferries)*, ✆ 9669439, verkehrt von 8–19 Uhr alle 30–60 Min. für 15 RM in 1 1/4 Std. nach KUALA KEDAH (günstig Richtung Süden) und für 12 RM in 45 Min. nach KUALA PERLIS (günstig Richtung Norden). Auf die letzte Fähre sollte man sich allerdings nicht verlassen, da sie manchmal ausfällt.

Nach Penang: Fähren von *LFS*, ✆ 9661125, 🖥 www.langkawi-ferry.com, *Fast Ferry Ventures*, ✆ 96637799, und *Ekspres Bahagia*, ✆ 9664371, ab Kuah um 10, 14.30 (über Pulau Payar) und 17.30 Uhr und ab PENANG um 8, 8.30, 8.45 (über Pulau Payar) bzw. in der Saison um 14 Uhr, in 2 1/2 Std. für 35 RM einfach, 65 RM hin und zurück. Das Rückfahrtsticket ist nur für die jeweils gebuchte Fähre gültig.

Nach Pulau Payar: Mit *Ekspres Bahagia* tgl. um 9.15 Uhr in 60 Minuten zur Korallen- und Schnorchelinsel für 80 RM hin und zurück inkl. Lunch, Abfahrt in Pulau Payar gegen 15 Uhr.

Nach Thailand: *LFS* fährt 4–5x tgl. zwischen 8.30 und 16 Uhr nach SATUN in 1 Std. für 18 RM, Sa, So 19 RM. Zurück zwischen 9.30 und 17 Uhr (Malaysia-Zeit = Thai-Zeit plus 1 Std.) für 200 Baht. Die Abfahrtszeiten ändern sich häufig.

Pantai Tengah, Pantai Cenang

Am Südwestzipfel der Insel, ca. 21 km von Kuah entfernt, erstrecken sich die beliebtesten Strände. Von Kuah nimmt man die Hauptstraße am Hospital vorbei über Kedawang und Temonyong oder die

wenig befahrene Strecke vom Golfplatz nach Süden, am Cargo-Hafen vorbei Richtung Temonyong. Kurz vor dem Ort links Richtung Pantai Tengah / Cenang abbiegen.

Etwa 2 km westlich von Temonyong erstrecken sich kilometerlang über mehrere Buchten von Kokospalmen gesäumte weiße Sandstrände. Auf der größten vorgelagerten Insel **Pulau Rebak** wurde ein Jachthafen und Resort angelegt. Der Ausbau des Flughafens nördlich der Strände und die Anlage einer Marina für Kreuzfahrtschiffe und Jachten an der **Teluk Baru** an der Südspitze hat die Ruhe an den Stränden nicht merklich beeinträchtigt. Allerdings haben sich durch den Bau des Wellenbrechers vor dem Flughafen die Strömungsverhältnisse derart geändert, dass am südlichen **Pantai Cenang** der Strand zunehmend abgespült wird und das Ufer mit Sandsäcken und Steinen befestigt werden musste. Im Norden erstreckt sich dafür ein weiter, sanft abfallender, heller Sandstrand. Am nördlichen **Pantai Tengah** ist der Sand etwas gelblicher und fällt steiler zum Meer hin ab, so dass bei Flut nur ein schmaler Strandstreifen übrig bleibt. Etwas breiter ist der Strand vor den Luxushotels im Süden.

Zahlreiche Bungalowanlagen, Chalets und Luxushotels offerieren eine breite Bandbreite an Unterkünften. Nur Billigquartiere für Traveller, früher einzige Übernachtungsmöglichkeit am Pantai Cenang, sind fast vollständig verschwunden. Das unmittelbare Hinterland ist sehr ländlich geblieben – inmitten von Reisfeldern stehen kleine Holzhäuser auf Stelzen im Schatten von Kokospalmen, während die Berge von Dschungel bedeckt sind, der teilweise fast bis zur Straße reicht.

Empfehlenswert ist ein Besuch von **Underwater World**, ein modernes Aquarium, das auf sehr attraktive Art die Meeresfauna präsentiert. Zudem sind hier einige seltene Anemonen, Weichtiere und andere Meeresbewohner zu sehen. Durch das größte Becken (Fassungsvermögen 600 000 Liter) führt ein 15 m langer Gang. So ist man umringt von Meeresschildkröten, Haien und anderen Fischen, die von einem Taucher um 15 Uhr gefüttert werden. Am Ende des Rundgangs gelangt man zu einem Souvenirshop, der recht attraktive Mitbringsel zu günstigen Preisen anbietet. ⏰ tgl. 10–18 Uhr, Eintritt 18 RM, Kinder 10 RM, ✆ 9556100.

Das **Reismuseum** (**Laman Padi**) informiert über *das* Grundnahrungsmittel Südostasiens.

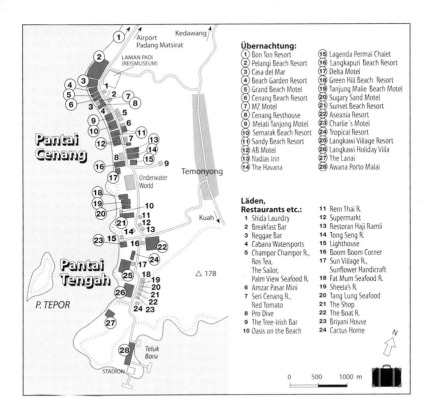

Übernachtung:

1. Bon Ton Resort
2. Pelangi Beach Resort
3. Casa del Mar
4. Beach Garden Resort
5. Grand Beach Motel
6. Cenang Beach Resort
7. MZ Motel
8. Cenang Resthouse
9. Melati Tanjong Motel
10. Semarak Beach Resort
11. Sandy Beach Resort
12. AB Motel
13. Nadias Inn
14. The Havana
15. Lagenda Permai Chalet
16. Langkapuri Beach Resort
17. Delta Motel
18. Green Hill Beach Resort
19. Tanjung Malie Beach Motel
20. Sugary Sand Motel
21. Sunset Beach Resort
22. Aseania Resort
23. Charlie´s Motel
24. Tropical Resort
25. Langkawi Village Resort
26. Langkawi Holiday Villa
27. The Lanai
28. Awana Porto Malai

Läden, Restaurants etc.:

1. Shida Laundry
2. Breakfast Bar
3. Reggae Bar
4. Cabana Watersports
5. Champor Champor R., Ros Tea, The Sailor, Palm View Seafood R.
6. Amzar Pasar Mini
7. Seri Cenang R., Red Tomato
8. Pro Dive
9. The Tree-Irish Bar
10. Oasis on the Beach
11. Rern Thai R.
12. Supermarkt
13. Restoran Haji Ramli
14. Tong Seng R.
15. Lighthouse
16. Boom Boom Corner
17. Sun Village R., Sunflower Handicraft
18. Fat Mum Seafood R.
19. Sheela's R.
20. Tang Lung Seafood
21. The Shop
22. The Boat R.
23. Briyani House
24. Cactus Home

0   500   1000 m

Schaufelder zeigen die verschiedenen Arten und Stadien des Reisanbaus. Meist ist im durchaus lohnenswerten Museum wenig los, aber wenn Gruppen eintreffen, wird auch schon mal das Aussetzen der Reispflanzen im angrenzenden Feld demonstriert. ☉ tgl. 8–16.15 Uhr, Eintritt 3 RM.

Eine weiteres lohnenswertes Ausflugsziel ist das **Bon Ton** an der Straße vom Pantai Cenang zum Airport, ✆ 9553643, ein Restaurant, das weit mehr bietet als gute Nonya-Küche. Das liebevoll eingerichtete Haupthaus im Stil einer balinesischen Versammlungshalle beherbergt neben dem luftigen Restaurant mit hervorragenden (nicht billigen) Spezialitäten einen Shop mit geschmackvollem Kunsthandwerk aus dem südostasiatischen Raum. Im weitläufigen Garten wurden von der australischen Besitzerin mehrere alte Langkawi-Häuser errichtet, restauriert und zu komfortablen Wohn-

und Aufenthaltsräumen mit Du/WC, Fan, ac und Kühlschrank umgebaut. Aus Holz erbaute, kleine chinesische Geschäftshäuser wurden mit vielen chinesischen Antiquitäten zur *Chin Chin – an Asian bar and lounge* umgestaltet. Für Gäste ist ein kleiner Pool vorhanden.

Übernachtung

An diesen Stränden werden einige Unterkünfte, vor allem Reihenhäuser und große ac-Familienzimmer abseits des Strandes, vor allem von einheimischen Touristen gebucht, während Ausländer die Bungalowanlagen bevorzugen.

PANTAI CENANG – Preiswert: *Grand Beach Motel**–***** ⑤, ✆ 9551457, ✉ 9553846, Holz-Chalets mit Fan, Du/WC und kleiner Terrasse, einige teure Familienchalets mit ac und TV, Motorrad-verleih, Restaurant an der Straße. Motorradver-mietung.

Cenang Beach Resort*** ⑥, ✆ 9551395, Zimmer mit ac und TV in 2 gegenüberliegenden, renovie-rungsbedürftigen zweistöckigen Häusern. Durch den angrenzenden Bootsverleih ist dieses kein ruhiger Strandabschnitt. An der Straße chinesi-sches Restaurant.

MZ Motel** ⑦, ✆ 9556492, 2-stöckiges Reihen-haus an der Straße.

Cenang Rest House** ⑧, ✆ 9559928, in einem Reihenhaus Zimmer mit ac, Du/WC und Blick auf den Parkplatz. Restaurant, am Strand *Viva Water-sports*, Bootsverleih und Wassersportangebote.

Melati Tanjung Motel** ⑨, ✆ 9551099, einfa-che, abgewohnte Chalets mit Fan oder ac und mit Du/WC.

Sandy Beach Resort*** ⑪, ✆ 9551308, ✉ 9551762, renovierte Chalets mit ac, Du/WC und Meerblick sowie komfortable Hotelzimmer mit ac und Warmwasser-Du/WC jenseits der Straße. Das Restaurant ist wenig berauschend.

AB Motel**–*** ⑫, ✆ 9555278, ✉ 9551466, ✉ abmotel@hotmail.com, 🖥 www.geocities.com/abmotel. Die freundlichen, hilfsbereiten Be-sitzer vermieten Chalets in einer weitläufigen Anlage mit Fan oder ac direkt am Strand. Jen-seits der Straße neues Haus mit ac-Zimmern. Restaurant mit sehr gutem Frühstück, ◷ 8–17 Uhr. Auto- und Motorradverleih, Internet-Café.

Lagenda Permai Chalet*** ⑮, ✆ 9552806, ✉ 9552007, lagendapermai@hotmail.com, 🖥 www.lagendapermai.cjb.net. hübsche Anlage , die leider nicht am Strand liegt. Nebeneinander aufgereihte ältere Chalets mit Fan oder ac, Mini-bar und TV. Autovermietung.

Delta Motel**–*** ⑰, ✆ 9551307, am Ende des langen Strandes, hinter dem Aquarium. Einfache, muffige und ungepflegte A-frame-Hütten und ein Langhaus mit Fan oder ac und TV. Insgesamt überteuert und nur selten Gäste, Restaurant.

Mittelklasse: *Beach Garden Resort* (ab 180 RM) ④, ✆ 9551363, ✉ 9551221, 🖥 www.beachgardenresort.com, unter Leitung der bei-den Frankfurter Madeleine und Wolfgang. Sau-bere, komfortable Zimmer mit ac, Safe, Warm-wasser-Du/WC, Kühlschrank und Terrasse, Liegestühle am Strand, kleiner Pool. Im beliebten

Strandrestaurant sehr leckere deutsche und ein-heimische Gerichte und ein reichhaltiges Früh-stück bis 13 Uhr, das im Zimmerpreis inbegriffen ist. Bibliothek für Gäste mit deutschen und engli-schen Büchern.

Semarak Beach Resort***–**** ⑩, ✆ 9551377, ✉ 9551159, eine der ersten und schönsten Anla-gen im malaiischen Stil. Gepflegte, geräumige Doppelbungalows mit Du/WC und Fan oder ac auf einem weitläufigen Grundstück am Meer. Großes Restaurant.

Nadias Inn**** ⑬, ✆ 9551401-4, ✉ 9551405, ✉ nadiasinn@hotmail.com, Hotel im Apartment-Stil, das jede Atmosphäre vermissen lässt, nicht direkt am Strand, dafür mit Pool.

The Havana (ab 200 RM) ⑭, ✆ 9558228, ✉ 9558889, ✉ habana@tm.net.my, neues, über-teuertes Mittelklasse-Hotel mit 100 Zimmern, mehreren Restaurants, Bars und Coffee Houses sowie das *Fun Pub & Disco Brasil*.

Langkapuri Beach Resort***–**** ⑯, ✆ 9553453, ✉ 9551959, Chalets für 2–4 Pers. mit ac, TV, Warmwasser-Du/WC, am besten sind die teureren Zimmer mit Meerblick. Motorradverleih. Nebenan eine Tauchschule und Touren-Angebo-te. Der schattige, ruhige Strand wird regelmäßig gereinigt.

Luxus: *Pelangi Beach Resort* (offiziell 640 RM) ②, ✆ 9528888, ✉ 9528899, 🖥 www.pelangibeachresort.com, nimmt fast den ganzen nördlichen Strand ein. Die 5-Sterne-Anlage mit 350 Zimmern wurde rings um den großen Swim-ming Pool weitgehend im malaiischen Stil erbaut – ein Luxushotel mit allem Komfort für Pauschal-urlauber. Die Zimmer sind großzügig und ge-schmackvoll eingerichtet. Vielfältiges Sportan-gebot, von Tennis und Squash bis zu Tauchaus-flügen und Dschungeltouren. Wer hier wohnen möchte, sollte über einen Veranstalter oder ein Reisebüro buchen, da die *walk in rates* stark überhöht sind.

Casa del Mar (ab 550 RM) ③, ✆ 9552388, ✉ 9552228, 🖥 www.casadelmar-langkawi.com. Modern im mediterranen Stil gestaltete kleine Anlage für einen individuellen Luxusurlaub. Aller-dings rechtfertigen die kleinen Zimmer nicht un-bedingt den hohen Preis, dafür lockt eine schöne Gartenanlage am Strand und vor allem ein ausge-zeichnetes Restaurant, das die Ausgabe lohnt.

Bon Ton Resort (ab 160 RM) ①, ✆ 9556787, 🖤 955479, ✉ bontonlangkawi@yahoo.com. Vier alte, stilvoll eingerichtete malaiische Holzhäusern auf Stelzen können komplett gemietet werden. Alle sind mit Fan, ac und Du/WC ausgestattet. Kleiner Pool im Garten. Naarelle, die australische Besitzerin hat sich hier ihren Traum verwirklicht.

PANTAI TENGAH UND TELUK BARU – Preiswert:
Green Hill Beach Resort**–**** ⑱, ✆/🖤 9551935, Holzbungalows und Reihenhäuser mit Fan oder teurere Familienzimmer mit ac und TV am nördlichen Ende des Pantai Tengah an den Felsen. Sehr einfaches Restaurant. Fahrzeugvermietung.

Tanjung Malie Beach Motel**–*** ⑲, ✆ 9551891, 🖤 9556914 renovierungsbedürftige, preiswerte Chalets mit Fan oder ac und Familienzimmer mit ac und TV, alle mit Du/WC. Die besten Zimmer am schmalen, steil abfallenden Strand.

Sugary Sand Motel**–**** ⑳, ✆ 9553473, hinter dem Malie. Nahe dem Strand mehrere neue Bungalows mit zwei großen Betten, ac, TV, Du/WC für 4 Personen. Die einfachste Kategorie nur mit Fan und Du/WC.

Mittelklasse: Sunset Beach Resort ab**** ㉑, ✆/🖤 9551751, 🖥 www.sunsetbeachresort.com. my, auf einem optimal genutzten, schmalen Grundstück von der Straßeneinmündung bis hinab zum Restaurant am Strand. Beiderseits der liebevoll gestalteten Gartenanlage Häuser mit balinesischem Touch. 28 geschmackvoll ausgestattete, unterschiedlich große ac-Zimmer mit Warmwasser-Du/WC, TV und Kühlschrank. Ihr einziger Nachteil ist die fehlende oder kleine Terrasse. Dafür entschädigt das große, runde Sunset-Strandrestaurant, wo von 8–11 Uhr Frühstück serviert wird.

Charlie's Motel*** ㉓, ✆ 9551200, 🖤 9551316, ✉ chamotel@tm.net.my, auf einem offenen Grundstück in ruhiger Lage am Ende der Stichstraße. Renovierungsbedürftige Bungalows in 3 Reihen, z.T. direkt am Strand mit ac, TV und Du/WC. Preiswertes, einfaches Restaurant. Neben dem letzten Bungalow wird der Müll verbrannt, und die Bungalows neben dem Restaurant bieten v.a. am Wochenende wenig Privatsphäre.

Tropical Resort*** ㉔, 100 m vom Strand, ✆ 9554075, 10 solide, saubere Doppelbungalows mit ac, TV, z.T. mit Warmwasser. Geflieste Terrasse und Blick ins Grüne oder auf die Straße. Die Anlage lässt Atmosphäre vermissen. Autovermietung.

Luxus: Aseania Resort (ab 200 RM) ㉒, ✆ 9552020, 🖤 9552136, aseania_resort@yahoo. com, riesige, pinkfarbig gestrichene Anlage landeinwärts an der Abzweigung, das vor allem von asiatischen Touristen gebucht wird, mit allem Komfort und dem mit 154 m längsten Swimmingpool des Landes aber ohne eigenen Strand.

Langkawi Village Resort (ab 150 RM) ㉕, ✆ 9551511, 🖤 9551531, 🖥 www. langkawi-villageresort.com, schönes 3-Sterne-Resort mit 100 komfortablen, sauberen Zimmern in doppelstöckigen Häusern mit Balkon sowie einigen Chalets und großem Pool, freundliche Atmosphäre, gepflegter Strand. Auch über deutsche Reiseveranstalter buchbar. Der bei Touristen wie Einheimischen beliebte Coco Jam Disco & Fun Pub ist der Treffpunkt für Nachtschwärmer (☉ ab 22 Uhr).

Langkawi Holiday Villa (ab 245 RM) ㉖, ✆ 9551701, 🖤 9551504, 🖥 www.holidayvilla. com.my, 4-Sterne-Urlauberhotel, das auch über Veranstalter zu buchen ist. 3-stöckige, große Anlage mit 258 Zimmern mit moderner ac, Safe, Minibar, Kabel-TV sowie Balkon mit mehr oder weniger Meerblick. 4 Restaurants und Disco. 2 Pools und ein Frauen vorbehaltenes Hallenbad – ideal für Musliminnen. Zudem ein Fitnesscenter und Tennisplätze.

The Lanai (ab 170 RM) ㉗, ✆ 9552262, 🖤 9558459, 🖥 www.lanaibeach.com.my, kleinere Anlage am Ende der Bucht, doppelstöckige Hotelblocks um einen großen Pool, 104 geschmackvoll eingerichtete Zimmer für gehobene Ansprüche. 8 teure, schöne Villen mit Suiten für 430 RM.

Awana Porto Malai (ab**** inkl. Frühstück) ㉘, ✆ 9555111, 🖤 9555222, 🖥 www.awana.com.my. Hotelanlage im mediterranen Stil am Porto Malai, der Marina. Zimmer mit Balkon und Blick über die Bucht mit den Jachten haben ihren Reiz. Auf der Promenade kann man den Abend ausklingen lassen.

PANTAI CENANG – *Bon Ton*, Auskunft, Reservierungen und Transport unter ☏ 9553643, etwas abgelegen nördlich des Pantai Cenang, ⊙ tgl. 11–23 Uhr. Das Restaurant wartet mit leckeren Nonya-Gerichten und einer umfangreichen Weinliste auf. Mittags werden Snacks serviert, abends von 19–23 Uhr west-östliche Gerichte. Empfehlenswerte Fischgerichte für 30–50 RM oder die Nonya-Platter für 50 RM mit malaiischen und chinesischen Spezialitäten. Gute Kuchen mit Eiscreme (10–15 RM). Besonders am Abend bei Kerzenschein ein Genuss für die Sinne.

***Beach Garden Resort*,** ein angenehmes Restaurant, teils überdacht, teils unter Palmen direkt am Strand, mit aufmerksamem Service serviert vom schweizer Küchenchef JJ zubereitete leckere deutsche und einheimische Gerichte sowie Pizza. Am Abend eine wechselnde Tageskarte. Große Auswahl an Weinen, Cocktails und anderen Alkoholika. In der Hauptsaison einen Tisch vorbuchen.

***Breakfast Bar*,** tgl. außer Dienstag von 7–14 Uhr *der* Frühstückstreff am Pantai Cenang für Traveller und Locals, Mr. Mukhtar und sein flinkes Team verwöhnen alle!

***Champor Champor*,** in individueller und angenehm ruhiger Atmosphäre serviert ein junges Team bei Kerzenschein Gerichte nach dem Motto *East Meets West, Roti Canai Tortilla* oder *Seafood Spaghetti*. Nicht ganz billig, aber seinen Preis wert.

Gleich daneben drei weitere Lokale:

***Ros Tea*,** einfaches Thai-Lokal, hier kocht die Chefin selbst abgemilderte Thai-Gerichte zu günstigen Preisen.

***The Sailor*,** für Freunde saftiger Steaks und deutscher Küche (Bratwurst, Schnitzel, Schweinebraten), gekocht von Klaus. Thai-chinesische Küche und Pizza stehen ebenfalls auf der umfangreichen Speisekarte. ⊙ 14–23 Uhr.

***Palm View Seafood Restaurant*,** chinesisches, nicht gerade billiges Restaurant mit Tischen zum drinnen und draußen sitzen.

***Red Tomato Garden Cafe & Pizzeria*,** ☏ 9559118, serviert eine bunte Mischung aus malaysischen und westlichen Gerichten. Gartenrestaurant mit *chill-out*-Musik in modernem Design. Tanja orga-

nisiert die Küche und bereitet ein leckeres Frühstück mit fantastischen Brötchen zu. Abends Pizza und diverse Nudelgerichte, Steaks oder Geschnetzeltes. Empfehlenswerte Lassi-Shakes. ⊙ tgl. 9–15 und 18.30–22.30 Uhr.

Wonder Season Restaurant mit westlichen und Seafood-Gerichten sowie Steamboat zu moderaten Preisen.

***The Tree – Irish Bar*,** ein kurzer Fußweg führt zu diesem lauschigen Plätzchen.

***Kampung Siam*,** großes Thai-Restaurant im Komplex des Aquariums, in dem Reisegruppen aus dem Nachbarland Station machen.

***Oasis on the Beach*,** im großen, luftigen Restaurant gibt es Currys, Tandoories und andere Gerichte. Ein Billardtisch, Tische und Stühle am Strand und der ausgezeichnete Kaffee tragen zu einer entspannten Atmosphäre bei.

***Rern Thai Restaurant*,** das einzige Thai-Restaurant am Pantai Tengah.

***Restoran Haji Ramli*,** einfaches, offenes Restaurant an der Abzweigung der Straße nach Temonyong serviert malaiisches Essen, ⊙ ab 17 Uhr.

PANTAI TENGAH – *Lighthouse*, in dem neuen, modernen Gebäude direkt am Meer werden an eingedeckten Tischen Fleisch- und Fischgerichte westlichem Geschmack entsprechend zubereitet stilvoll serviert, Gerichte um 30 RM.

***Tong Seng Restaurant*,** offenes chinesisches Restaurant mit preiswerten Gerichten, auch Steamboat.

***Boom Boom Corner*,** pakistanische Küche in einem einfachen, offenem Restaurant.

***Sun Village*,** edles Restaurant mit traditionellen Gerichten in gepflegter, angenehmer Atmosphäre. Asiatische Kochkunst in höchster Vollendung, die auch eine längere Anreise lohnt. Angeschlossen ist das *Sunflower Handicraft Center*.

***Fat Mum Seafood Restaurant*,** ein freundlicher Familienbetrieb, der sehr schmackhaftes Essen zubereitet. Spezialität: *Noodles on fire* und Hummer. moderate Preise. Wenn viel los ist, muss man Zeit mitbringen, denn hier kocht Fat Mum noch selbst, und das kann dauern.

***Sheela's*,** ☏, 9552308, kleines, einfaches, offenes Restaurant in einem weitläufigen Garten, das von Sheila und ihrem deutschen Mann Willi gemanagt wird. Neben malaiischen Gerichten (emp-

fehlenswert ist Saté) und Seafood finden sich auf der Karte auch europäische Gerichte, Bierausschank. Gute Stimmung, prima Service! Mi und Sa ist italienischer Abend, dann läuft der Pizzaofen auf Hochtouren. ☉ tgl. außer Mo ab 18 Uhr.
Drei Restaurants am südlichen Ende des Pantai Tengah sind auf die Kundschaft aus den gegenüberliegenden Resorts ausgerichtet:
Tang Lung Seafood, großes überdachtes chinesisches Restaurant, ☉ tgl. 11.30–14.30 und 17.30–23 Uhr. Umfangreiche Karte.
The Boat einfaches, kleines Restaurant mit chinesischen Gerichten und
Briyani House mit indisch-malaiischer Küche. Kein Alkoholausschank.
Cactus Home, gutes Frühstücks-Restaurant mit großem Pancake-Angebot.
In den großen Hotelanlagen isst man ebenfalls sehr gut. Alles auf hohem Niveau, vom Service und den Gerichten bis zum Preis.

Sonstiges

EINKAUFEN – **The Shop**, eine Minimarkt-Kette offeriert an den Stränden alles, was ein Touristenherz höher schlagen lässt, Souvenirs, Snacks und Getränke ebenso wie Bücher, Filmentwicklung, der Verleih von Schnorchelausrüstung, eine Fahrrad- und Motorradvermietung sowie Internetzugang. Zu finden gegenüber der Holiday Villa und dem Cenang Resthouse.

GELD – Am Pantai Cenang gibt es keine Banken, aber mehrere Wechselstuben, z.T. auch bei den Mopedverleihern und in den Resorts. Allerdings nicht die besten Kurse. Die nächsten Bankschalter und Geldautomaten befinden sich am Flughafen.

INTERNET – Zugang zum Web bieten neben *The Shop* ein Laden vor dem *Sandy Beach Resort*.

MOTORRÄDER – Für Inselrundfahrten nahezu von jeder Bungalowanlage für 30 RM am Tag zu mieten. Für mehrere Tage kann man zumeist einen Rabatt aushandeln.

TAUCHEN – Mehrere Tauchschulen an den Stränden bieten Ausflüge in die Unterwasserwelt rund um Langkawi an, u.a.:

Pro Dive neben dem Langkapuri Beach Resort, ℡ 9553739, prdive@pc.jaring.my, ein PADI 5-Sterne Center, Tagestrips von 9.15–16 Uhr für Taucher 280 RM und für Schnorchler 180 RM. 4-tägiger PADI-Kurs 1300 RM.
Weitere Infos siehe Kuah.

TAXIS – Etliche Taxis fahren die Straße am Strand entlang. Ganz sicher findet man immer einige vor dem Pelangi Beach Resort und den anderen großen Hotels. Dort können auch die Restaurants einen Wagen bestellen. KUAH und AIRPORT 15 RM. Spät abends werden manchmal überhöhte Preise verlangt, daher besser für den Rückweg ein Taxi zum Festpreis vorbestellen.

WÄSCHEREI – Mehrere Dobis am Pantai Cenang waschen wesentlich günstiger als in den Hotels, z.B. **Shida Laundry** gegenüber dem Grand Beach Motel und beim Restoran Haji Ramli.

WASSERSPORT – Außerhalb der großen Hotelanlagen sind auch lokale Anbieter am Pantai Cenang zu finden. Die Preise variieren je nach Saison. Geboten werden u.a. Parasailing, Wasserski, Jetski, Surfbretter und Segelkatamarane.

Padang Matsirat

Der Ort, 7 km nördlich vom Airport, war einmal der Hauptort der Insel. Ein Schild weist auf **Padang Beras Terbakar** – den „Platz vom verbrannten Reis" hin, der links in der Nähe des kleinen muslimischen Friedhofs liegt. Noch heute wird bei Grabungen verbrannter Reis gefunden, denn die Bewohner hatten einst ihre gesamte Ernte vergraben, um sie vor den angreifenden Thai zu bewahren. Zu sehen ist freilich nichts außer den üblichen Kampung-Häusern und jeder Menge Souvenir- und T-Shirt-Ständen.

Am östlichen Ortseingang steht das erfolgreiche **Atma Alam Batik Art Village,** ℡ 9552615, ℡ 9551227. Das einheimische Künstlerpaar Roshada (Rose) und Aza Osman bietet geschmackvolle Souvenirs aus Malaysia sowie hervorragende, von Rose gestaltete Textilien und handgefertigte Batiken sowie ausdrucksstarke, moderne Ölgemälde von Aza Osman an. Batikkurse für Anfänger unter Anleitung von Rose oder eines Mitarbeiters nach telefonischer Anmeldung tgl. außer Fr 14–17 Uhr. Auf dem Gelände befinden sich außerdem eine **Batik Galery** mit einer großen Auswahl an Batikgemälden von anderen einheimischen Künstlern. ☉ tgl. 9–18 Uhr.

Pantai Kok und Teluk Burau

Über Kuala Teriang führt eine kurvenreiche Straße durch dichten Dschungel vorbei am Sheraton Langkawi und der Tanjung Sanctuary zum Pantai Kok, einem einst idyllischen Plätzchen, das mit einer künstlichen Mole und schützenden Insel zu einem Jachthafen umgestaltet werden soll und einen öffentlichen Badeplatz umfasst.

Ein nettes Ausflugsziel ist der **Sommerpalast** im thailändischen Stil, der schon immer hier gestanden zu haben scheint und doch nur ein Relikt der Dreharbeiten für den Hollywood-Film „Anna und der König" mit Jodie Foster im Frühjahr 1999 ist. Bei genauerem Hinsehen entblößt die prachtvolle Kulisse ihre Stützpfeiler und zeigt bereits erste Verfallserscheinungen. Dafür wird man im Sommerpavillon mit netten Aussstellungsstücken aus der Requisitenkammer entschädigt und darf für 5 RM in Annas Schlafzimmer eines der Kostüme anprobieren. Zudem kann man auf einer etwas zu hellen Leinwand den Film ansehen und im kleinen Gartenrestaurant thailändisch essen. ☉ tgl. 9–22 Uhr, ✆ 9592599, Eintritt 3,50 RM plus 3,50 RM für die Fotoerlaubnis. Vor dem Strand wurde eine künstliche Insel mit Sandstrand und Palmen angelegt.

Nach weiteren 2,5 km endet die Straße an der Teluk Burau, einem kleinen felsendurchsetzten Strand mit feinem Sand. An der Abzweigung zum Berjaya Beach Resort erstreckt sich das **Oriental Village**, das sich zu dem geplanten Einkaufsparadies für asiatische Touristen mausern soll. ☉ tgl. 10–22 Uhr, ✆ 9591606. 3 Restaurants mit unterschiedlichen Küchen, darunter das chinesische *Fook Look Chinese Opera Restaurant*, ✆ 9592000, und ein Hotel ergänzen das Angebot. Hier startet seit Anfang 2003 die von Schweizern erbaute **Seilbahn** hinauf in die dschungelbedeckten Berge. Die 18-minütige Fahrt auf den 709 m hohen Gipfel des Gunung Mat Cincang mit Zwischenstation auf 650 m Höhe lohnt wegen der tollen Ausblicke über die Insel die Ausgabe von 15 RM hin und zurück. Wer Lust hat, kann in 20 Minuten von der Bergsta-

tion zur Zwischenstation hinabwandern. Weitere 2,5 km sind es nach Telega Tujuh. Auf der relativ kurzen Strecke durchquert man mehrere Vegetationszonen. Die Seilbahn ist tgl. von 10–19 Uhr in Betrieb. Mehrmals im Jahr wird sie jedoch für mehrtägige Wartungsarbeiten stillgelegt.

Einen Kilometer weiter nördlich endet die Straße an einem Parkplatz, dem Beginn des Wanderwegs zu den „sieben Brunnen" und dem Wasserfall **Telaga Tujuh**. Das letzte Stück durch den Wald muss man über Stufen zu Fuß zurücklegen, denn da geht es steil bergauf (festes Schuhwerk sinnvoll!). Nach einigen Minuten Fußmarsch zweigt links ein Weg zum Wasserfall ab. Dort treffen sich am Abend und an Wochenenden Einheimische zum Baden und Picknicken. Folgt man dem Hauptweg weiter bergauf gelangt man zu den Pools. Eine erfrischendes Bad bei herrlicher Aussicht in einem der sieben natürlichen Becken belohnt die Anstrengung. Vorsicht: Hinter der Absperrung wird es gefährlich steil! Wer den Weg noch weiter bergauf geht, findet am rechten der beiden Bäche eine zweite schöne Bademöglichkeit. Flussaufwärts im Dschungel kann man spazierengehen, ohne dass die Gefahr besteht, sich zu verlaufen. Nach lang anhaltenden Trockenperioden verkümmert der Wasserfall zu einem Rinnsal. Nach heftigen Regenfällen wird er dagegen zu einem erfrischenden Erlebnis.

Übernachtung und Essen

Sheraton Langkawi (offiziell ab 555 RM), ✆ 9551901, ✆ 9551913, 🖥 www.sheraton.com/langkawi, dieses komfortable, gepflegte 231-Zimmer-Resort weist alle Annehmlichkeiten auf, verfügt aber nur über einen winzigen Strand.

Tanjung Sanctuary (ab 230 RM), ✆ 9552977, ✆ 9553978, 🖥 www.tanjungsanctuary.com.my, abseits der Hauptstraße auf einer Landzunge mit einem kleinen Strand stehen auf einem ruhigen Waldgrundstück die soliden Doppelbungalows. Die 32 großzügigen Suiten sind außerhalb der Saison bereits für unter 200 RM zu bekommen. Einige teurere stehen direkt am Strand. Auf der Landzunge ein Pool und das luftige Restaurant auf einem Felsen über dem Meer mit wunderschöner Aussicht.

Mutiara Burau Bay (ab 380 RM), ✆ 9591061, ✆ 9591172, 🖥 www.mutiara-buraubay.com, großes Resort auf einer Landzunge, 150 Zimmer in klimatisierten Bungalows, hier geht es leger zu. **Berjaya Beach Resort** (ab 450 RM, im Internet ab 315 RM), ☎ 9591888, 📠 9591886, 🖥 www. berjayaresorts.com.my, weitläufige, große 5-Sterne-Anlage im „Edel-Kampung-Stil". 400 Chalets und Suiten am Hang oder auf Stelzen in der Bucht. 7 Restaurants und alles, was man von einem Deluxe-Resort erwarten kann einschließlich eines Eselshofs für Kinder. Am Ortsausgang von **Kuala Teriang** an der Straße nach Pantai Kok gibt es mehrere Open-Air Seafood-Restaurants.

Datai

Von der Straße zum Pantai Kok zweigt nach Norden eine gute, wenig befahrene Stecke ab. Bereits nach 4 km führt eine neue Straße nach links am Fuße der dschungelbedeckten Berge entlang nach Datai (43 km ab Kuah) im äußersten Nordwesten Langkawis. Nach 2,5 km gelangt man zur Krokodilfarm **Taman Buaya**, ⏱ tgl. 9–18 Uhr. Eintritt 15 RM, Kinder 10 RM, Foto- oder Videoerlaubnis 1 bzw. 5 RM. In verschiedenen Becken können zahlreiche Krokodilarten aus tropischen Ländern vom Baby- bis zum Greisenalter bestaunt werden. Nur wenn 7x tgl. zwischen 10.30 und 17.30 Uhr einige Tiere gefüttert werden, scheinen sie aus ihrer Strarre zu erwachen und zeigen blitzschnelle Reaktionen. Shows mit Riesenkrokodilen finden um 11.15 und 14.45 Uhr statt. Sicherlich nicht jedermanns Geschmack. Die asiatischen Touristen lieben die Darbietungen der „Dompteure" und noch mehr die Handtaschen und Gürtel aus Krokoleder, die im Laden am Eingang der Farm angeboten werden. Entsprechend dem Washingtoner Artenschutzabkommen ist die Einfuhr von Krokodilprodukten nach Europa untersagt, sofern sie nicht das CITES-Zertifikat haben, dass sie aus einer Farm stammen.

Nach 6,7 km erreicht man die Küste und die kleine, von Felsen umrahmte Badebucht **Pasir Tengkorak** mit weißem Sandstand und zwei Pondoks (Pavillons) unter Schatten spendenden Bäumen. Es stehen einfache Chalets zur Verfügung. Zudem kann gezeltet werden. Oberhalb der Bucht erstrahlt inmitten unberührter Natur das **Ibrahim Hussein Museum** in blendendem Weiß. Im Mittelpunkt der Ausstellung stehen die Werke des malaysischen Künstlers Ibrahim Hussein sowie weiterer zeitgenössischer einheimischer und internationaler Künstler. ⏱ tgl. 10–16 Uhr, 12 RM.

Nach weiteren 2,4 km weist links ein Schild auf den **Temurun**-**Wasserfall** hin. Ein schmaler Pfad führt vom Parkplatz an der Straße am Bach entlang nach oben. Das Wasser stürzt recht imposant eine steile Felswand hinab und sammelt sich in einem kleinen Badepool. Ein großer Teil des Dschungels in diesem Gebiet mit einer vielfältigen Pflanzenwelt ist geschützt.

Im schwer zugänglichen Nordwesten, wurden zwei exklusive Deluxe-Strandresorts und ein Golfplatz errichtet. Die Privatstrände beider Anlagen sind einfach traumhaft gelegen. Das Wasser ist kristallklar, wenn nicht gerade einer der häufigen Regenschauer über dieses paradiesische Fleckchen Erde niederprasselt. Die beiden Resorts wurden innerhalb des Naturschutzgebietes angelegt und haben daher besondere Auflagen bezüglich des Naturschutzes zu erfüllen, so dass der tropische Regenwald rings um die Resorts intensiv gepflegt und geschützt wird. Das Andaman bietet geführte Wanderungen unterschiedlicher Schwierigkeitsgrade an, die einen interessanten Einblick in dieses vielfältige Ökosystem ermöglichen. Infos bei Mr. Dave im Resort.

Übernachtung

The Datai (offiziell ab 1490 RM), ☎ 9592500, 📠 9592600, 🖥 www.ghmhotels.com/thedatai, die 54 Luxuszimmer und 40 Villen des edlen 5-Sterne-Resorts sind bei Golfern und First-Class-Touristen aufgrund der diskreten Abgeschiedenheit beliebt. Das Spa des Hotels gilt als eines der besten des Landes.

Andaman Resort (offiziell ab 900 RM), ☎ 9591088, 📠 9591168, 🖥 www.theandaman.com, in den 187 Zimmern des 5-Sterne-Resorts finden Familien abseits des Trubels die nötige Entspannung, und es geht etwas lockerer zu. Große Pool-Landschaft, mehrere Restaurants und ein breites Freizeitangebot. Das Resort-Management ist für sein umweltbewusstes Engagement bekannt, und es lohnt sich, die Angebote (Dschungelwanderungen, Bibliothek mit interessanter Literatur, Schmetterlingsgarten und mehr) zu studieren.

NORD-MALAYSIA

Inselrundfahrt

Nur am Strand herumzuhängen, kann auf Dauer eintönig werden, so dass fast jeder irgendwann zu einer Inselumrundung aufbricht. Die Rundfahrt von mindestens 70 km ist durchaus an einem Tag zu absolvieren, wer sich etwas Zeit nimmt, kann aber auch zwei oder drei schöne Touren daraus machen.

Langkawi ist auch ein beliebtes Ziel einheimischer Touristen, und vielen Attraktionen, die auf diese Zielgruppe ausgerichtet sind, können europäische Urlauber kaum etwas abgewinnen.

Im Zentrum der Insel

Makam Mahsuri (Mahsuris Grab) liegt 10 km von Kuah entfernt. Hinter dem Hospital nimmt man, von Kuah kommend, die kleinere Straße nach rechts. Über einen ausgeschilderten Weg erreicht man die Pilgerstätte vieler malaysischer Besucher. Am Grab der muslimischen Prinzessin mit dem typischen, flachen, geschwungenen Grabstein ist der verhängnisvolle Fluch nachzulesen, der lange über der Insel lag. Zudem wird die Geschichte von Mahsuri dargestellt. Um das Grab ist ein riesiger Rummel aufgebaut worden. Händler verkaufen traditionelle malaiische Medizin, die üblichen Souvenirs und Snacks. Außerdem wurde ein traditionelles Kampung-Haus, der **Rumah Kedah**, aufgebaut, den man tgl. von 7.30–18 Uhr besichtigen kann. Eintritt 2 RM.

Lubok Semilang, ein Erholungspark an einem Bach hinter Ulu Melaka am Fuß des Gunung Raya mit einigen Picknickplätzen und Dschungelwegen, wird am Wochenende gern von Einheimischen besucht.

Weiter nördlich führt eine 14 km lange Stichstraße Richtung Osten auf den 890 m hohen **Gunung Raya** hinauf. Am Beginn der Zufahrt wird an einem Kontrollposten 50 sen Maut für PKW verlangt. Mopeds sind mautfrei. Entlang der Strecke zum Gipfel sind mit etwas Glück Affen und Nashornvögel in den Baumwipfeln zu beobachten. Auf dem Gipfel wurde der Dschungel gerodet und ein Kongresszentrum errichtet. Es ist die meiste Zeit des Jahres geschlossen und der Aussichtsturm nicht zugänglich. Ein Café lädt zum Verweilen ein. Auf alle Fälle lohnt die Tour, denn vom Gipfelbereich aus hat man eine tolle Aussicht über Langkawi und die zahlreichen Inseln des Archipels.

An der Nordküste

Padang Lalang besteht eigentlich nur aus dem Kreisverkehr, einer Moschee, einer Polizeistation und ein paar Häusern. Nach Westen geht es 1 km zum von Souvenirständen umringten **Pasir Hitam**, einem etwa 150 m langen Streifen schwarzen Sandstrandes, dessen Farbe natürlich ist und nicht von der nahe gelegenen Zementfabrik stammt, die mit deutscher Hilfe ausgebaut wurde. Allerdings ist der Strand vor allem in der Saison total verdreckt und zugemüllt.

Lohnend ist ein Stopp im **Kompleks Budaya Kraf Langkawi**, ℡ 9591913, ◷ 10–18 Uhr, Eintritt frei. In mehreren großen Ausstellungs- und Verkaufsräumen wird die komplette Palette malaiischen Kunsthandwerks, vom Tonväschen für 10 RM bis zum Songket-Stoff mit eingeflochtenen Goldfäden für 1000 RM, präsentiert. Auch wer nichts kaufen will, sollte sich dieses Fest der Farben und Formen nicht entgehen lassen. Täglich Vorführungen, z.B. Songket-Weben, und Videoshows. Zwei kleine Museen, in denen lebensgroße Figuren die Legenden und Hochzeitsbräuche darstellen, sind in die Anlage integriert. Eine kleine Kantine verkauft Erfrischungen.

Ganz im Norden erstreckt sich der breite Sandstrand von **Tanjung Rhu**. Die Bucht ist eine der schönsten der ganzen Insel. Nachdem eine kleine Felseninsel vor der Küste abgetragen worden war, wurde ein Teil des Strandes durch die stärkeren Wellen weggeschwemmt. An dem verbliebenen weißen Sandstrand mit zahlreichen Kasuarinen stehen etliche Souvenirbuden und einfache Essenstände. Bei Ebbe laden die weiten, freiliegenden Sandbänke vor Tanjung Rhu zum Spazierengehen und Muscheln sammeln ein. Beim Baden ist wegen gefährlicher Unterströmungen Vorsicht geboten, denn es ist hier schon zu tödlichen Badeunfällen gekommen. Abends kommen bei Flut oft hohe Wellen auf. Am Strand kann man bei Flut ein Boot zur Höhle **Gua Cherita** mieten, und über eine Bambusleiter in die Kalksteinhöhle klettern.

Übernachtung

Tanjung Rhu Resort (ab 700 RM), ℡ 9591033, ℻ 9591899, 🖥 www.tanjungrhu.com.my. 5-Sterne-Hotel mit stilvollen, großzügigen Zimmern und Suiten mit allen Annehmlichkeiten, die sich um eine tropische Gartenanlage mit Pool gruppieren. Eine Bibliothek, diverse Sportmöglichkeiten und vornehme Restaurants runden das Angebot ab. Man schottet sich etwas gegen Tagesgäste von außerhalb ab.

Im Osten der Insel

Vom Kreisverkehr in Padang Lalang geht es auf der Hauptstraße wieder zurück nach Kuah (18 km), vorbei an den heißen Quellen **Telaga Ayer Hangat**, die in drei runden Becken eingefasst und mit Souvenirshops zum *Ayer Hangat Cultural Village* aufgedonnert wurden.

Auf einem Wandfries ist die Geschichte des Ortes dargestellt, und in einer Halle wird Fußmassage (15 Min. für 10 RM) angeboten. Ansonsten wirkt alles ziemlich verwaist, so lange keine Reisebusse eintreffen, die abends zum Essen im angrenzenden Restaurant malaiische Tanz- und Folklore-Shows vorgeführt bekommen. ☉ tgl. 10–18 Uhr, ✆ 9591357.

Nach 3 1/2 km zweigt rechts eine 1,9 km lange Straße als Fuß der Berge an einem Parkplatz endet. Hier werden einfache Snacks und Getränke verkauft. Ein Fußpfad verläuft jenseits des Baches durch eine Durianplantage und dichten Dschungel zum **Durian Perangin-Wasserfall** hinauf. Am Ende des anstrengenden Weges führt ein schmaler Pfad durch das Dickicht. Mehrere schattige, natürliche Pools laden inmitten üppiger tropischer Vegetation zum Baden und der Wasserfall selbst zu einer kühlen Dusche ein. Der steile Weg kann nach Regenfällen sehr schlüpfrig werden, also aufpassen!

Im 100 km^2 großen Schutzgebiet **Hutan Paya Bakau Kilim**, etwa 300 m von der Hauptstraße entfernt, kann man von einem Plankenweg aus das Leben in den Mangroven beobachten oder an einer einstündigen Bootstour für 150 RM pro Boot teilnehmen. Dabei werden Seeadler gefüttert, eine Höhle und eine Fischfarm besucht. Die beste Zeit ist nachmittags ab 17 Uhr. Die Touren können auch über Jürgen Zimmer (s. S. 657) gebucht werden.

In der **Galeria Perdana** in Kelim wird dem Ministerpräsidenten Mahathir gehuldigt. Das Museum enthält vor allem Geschenke von Staatsbesuchen ausländischer Würdenträger, ☉ Di–So 10–17, Fr 10–12.15 und 15–17 Uhr, in den Ferien tgl. 9–18 Uhr, Eintritt 3 RM.

Die Straße zurück nach Kuah durchquert ehemalige Kautschukplantagen und Dörfer, in denen die früheren indischen Plantagenarbeiter lebten. Am nördlichen Ortseingang von **Kisap** liegt ein Golfplatz. Überall auf der Insel, wie auch in anderen Landesteilen, werden an den Straßenrändern Teakbäume angepflanzt. Sie sollen einmal wirtschaftlich genutzt werden, wenn die natürlichen Reserven in den Regenwäldern des Landes erschöpft sind.

Kurz vor der Marmorfabrik lohnt ein Stopp in der **Glasbläserei Langkawii Crystaal**, ☉ tgl. 9–18 Uhr, ✆ 9661555, Eintritt frei. Hier kann man Kunstglasbläsern bei der Arbeit über die Schultern schauen. Es werden kostenlose Fabrikbesichtigungen angeboten. Im dazu gehörenden großen Verkaufsraum glitzern verführerisch die gläsernen Kunstwerke. Alles sehr edel und teuer, aber sehenswert.

Am alten Marmorsteinbruch arbeitet immer noch die **Marmorfabrik Kedah Marble** aus der alle besseren Hotels der Insel ihre Fußbodenfliesen beziehen. Ein kleines Informationszentrum demonstriert Verarbeitung und Qualität des hiesigen Marmors, der sogar beim Bau der Nationalmoschee in Kuala Lumpur Verwendung fand. Im Fabrikverkauf wird von Briefbeschwerern bis zu riesigen Standvasen alles aus feinstem Langkawi-Marmor angeboten, ☉ Sa–Do 9.30–13 und 14.30–17 Uhr.

Entlang zahlreicher Neubauviertel und vorbei am neuen Fußballstadium Langkawis erreicht man schließlich Kuah.

Die vorgelagerten Inseln
Pulau Dayang Bunting

Die „Insel des schwangeren Mädchens", zweitgrößtes Eiland der Langkawi-Gruppe, ist ein beliebtes Ausflugsziel. Sie lässt sich mit einem Boot in etwa 45 Minuten erreichen. An der Nordspitze wird weißer Marmor abgebaut.

Vom Pier im Westen führt ein Fußweg zum **Tasik Dayang Bunting**, ein friedlicher, smaragdgrüner Süßwassersee, der zu einem erfrischenden Bad einlädt. Aber Vorsicht: Der Name rührt daher, dass eine kinderlos gebliebene junge Frau nach einem Bad in diesem See prompt schwanger wurde; seitdem spricht man dem Gewässer wundersame Kräfte zu.

Pulau Payar

Etwa 30 km südöstlich von Langkawi liegen 4 kleine, unbewohnte Inseln, die zum **Marine Park** erklärt wurden. Da an der Westküste der Malaiischen Halbinsel klares Meerwasser und Korallenriffe eher die Ausnahme bilden, ist dies einer der wenigen Plätze für einen Einblick in die fantastische Unterwasserwelt der Tropen. Am klarsten sind die Gewässer um Pulau Payar in der Trockenzeit von November bis März. während in der Regenzeit die Aussichten im wahrsten Sinne des Wortes trübe sind.

Alle Eingriffe des Menschen, wie Abbrechen von Korallen, Fischen und Jagen von Meerestieren und Ankern in den Riffen, sind verboten und werden streng bestraft. Trotz der Reglementierung hat sich die Zahl der Besucher von ca. 2000 innerhalb von 10 Jahren auf über 90 000 Personen explosionsartig erhöht, was dem Ökosystem nicht gerade zuträglich ist. Leider sind mittlerweile die Korallen an der Bootsanlege-Plattform so gut wie abgestorben, so dass man nur wenig von der Vielfalt der lokalen Unterwasserwelt mitbekommt. Dafür sind bunte Fische, die sich gierig auf die Brotstückchen der Touristen stürzen, in Massen vorhanden.

Die Fahrtzeit zur Pulau Payar beträgt knapp eine Stunde. Jeder Besucher muss 5 RM Eintritt in den Nationalpark entrichten. In der Bucht am Visitor Center lässt es sich am sauberem Sandstrand herrlich faulenzen. Duschen sind vorhanden. Im kristallklarem Wasser können auch Kinder unbedenklich baden und schnorcheln oder Fische füttern. Ein Wanderweg führt an der Ostküste entlang zu weiteren, etwas abgelegeneren Badebuchten.

Zelten kann man nur mit Erlaubnis des *Fisheries Department* in Alor Setar, Wisma Persekutuan, Jl. Kampung Baru, ✆ 04-7325573.

Transport

So genanntes *Island Hopping*, die Standardtour mit dem Boot zu benachbarten Inseln, wo man fischen, schnorcheln, bzw. im Süßwassersee baden kann, werden in fast allen Hotels und Reisebüros angeboten.

Ekspres Bahagia, ✆ 9661368, bietet eine tägliche Verbindung mit kleinen Booten zum Visitor Center auf Pulau Payar. Das Ticket am Schalter an der Kuah Jetty kostet 80 RM inkl. Lunch und Schnorchelausrüstung. Die Buchung sollte einen Tag im Voraus erfolgen, denn man wird vom Hotel abgeholt. Abfahrt gegen 9.15 Uhr von *Kuah*, zurück gegen 15 Uhr. Für Taucher mit Zertifikat werden Touren inkl. von 2 Tauchgängen angeboten, ohne Tauchschein kann man auch einen Schnuppertauchgang absolvieren.

Langkawi Coral, ✆ 9667318, 🖳 www. langkawicoral.com, fährt tgl. um 9.45 Uhr ab Kuah Jetty mit einem Katamaran (Kapazität: 160 Personen!) zu einer eigenen Plattform vor der Küste von Pulau Payar mit Tauchbasis, Unterwasser-Aussichtsfenstern, Restaurant und Glasbodenbooten. Zurück gegen 15.30 Uhr, Erwachsene zahlen 220 RM, Kinder von 3–12 Jahren 140 RM, Taucher 280 RM, im Preis sind Schnorchel- bzw. Tauchausrüstung mit 2 Tauchgängen sowie Verpflegung enthalten. Dieser Ausflug wird zum gleichen Preis auch von zahlreichen Reisebüros in Kuah und an den Stränden angeboten.

Zwischen Thailand und Penang

Die beiden nördlichen Bundesstaaten Kedah und Perlis zwischen Hat Yai und Penang sind die Reiskammern des Landes. Die Ebene rings um Alor Setar und Kangar, die nur wenige Meter über dem Meeresspiegel liegt, war ursprünglich ein Sumpf- und Mangrovengebiet, das zu Beginn des 20. Jahrhunderts durch zahlreiche Kanäle und Dämme trocken gelegt und für den Nassreisanbau nutzbar gemacht wurde. Die zu größeren Einheiten zusammengelegten Felder werden mittlerweile mit Mähdreschern abgeerntet und zwischen den malaiischen Dörfern, die sich kilometerlang entlang der Kanäle erstrecken, haben sich moderne Industriebetriebe angesiedelt.

Im Gegensatz zu anderen Regionen der Halbinsel wird der Norden durch eine ausgeprägte Trockenzeit von November bis März geprägt, während zur Zeit der wechselnden Winde im April / Mai und von August bis Oktober die höchsten Niederschläge fallen.

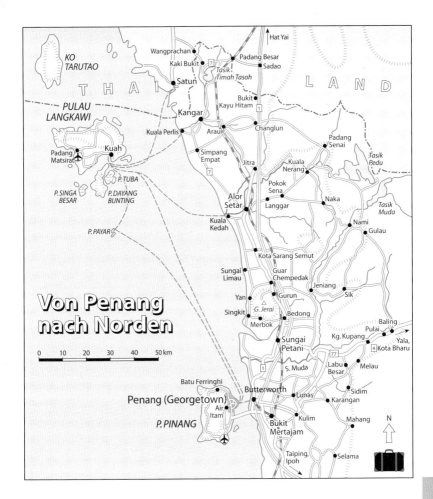

Von Penang nach Norden

0   10   20   30   40   50 km

Kangar

Hauptstadt von Perlis, mit 806 km² und 120 000 Einwohnern das kleinste Sultanat von Malaysia. Ein verschlafenes Nest, das außer einer kleinen **Moschee** nicht allzu viel bietet. Nur der **Nachtmarkt**, der am Mittwoch stattfindet, sorgt für Unterhaltung. Samstags ist Markttag. Touristen verschlägt es allenfalls hierher, wenn sie aus Thailand kommen oder dorthin wollen.

In Sungai Batu Pahat, 10 km nördlich von Kangar, werden in einer **Schlangenfarm** die Tiere für medizinische Tests und Serumgewinnung gehalten. Die zahllosen Kalkfelsen inmitten der Reisfelder von Perlis bieten Schlangen optimale Lebensräume, so dass sie hier häufiger als in anderen Gebieten Malaysias vorkommen. ① tgl. 10–16.15 Uhr, 2 RM.

Übernachtung

Kangar Hotel*–**, einfaches Chinesenhotel im Zentrum.

Malaysia Hotel**, 67 Jl. Jubli Perak, ☎ 9761366, einfache, saubere Zimmer mit Fan oder ac und Warmwasser-Du/WC.

Federal Hotel**–***, 104 Jl. Kangar, ☎ 9766288, saubere Zimmer mit Du/WC und Fan oder ac, dazu gehört ein Restaurant.

Putra Palace Hotel****, 135 Jl. Kangar, ☎ 9767755, ✆ 9761049, die beste Adresse in Perlis, für alle, die auf gehobenen Standard nicht verzichten möchte. Komfortable Zimmer mit ac, Du/WC und TV, zudem mit Restaurant und Pool.

VORWAHL – 04, PLZ 01000.

Transport

Busse nach ARAU 1 RM, ALOR SETAR 3,20 RM, BUTTERWORTH 7,60 RM, zur Grenze nach PADANG BESAR oder KAKI BUKIT 3 RM sowie KUALA PERLIS 1 RM, KUALA LUMPUR 5x tgl. 28 RM.

Ein **Überlandtaxi** kostet nach ARAU 12 RM, ALOR SETAR 30 RM, PADANG BESAR 22 RM, KUALA PERLIS 12 RM und BUTTERWORTH 120 RM.

Kuala Perlis

Durch endlose Reisfelder führt die Straße zu diesem Fischerort nahe der thailändischen Grenze. Fischfang ist die Haupterwerbsquelle – kein Wunder, dass es am Hafen mehrere Seafood-Restaurants gibt. Hier auch ein kleiner **Markt**, auf dem man frisches Obst erstehen kann.

Dienstags findet abends ein Nachtmarkt statt. Die meisten Gäste befinden sich auf der Durchreise – sie wollen nach Langkawi. Von Süden kommend ist der Weg über Kuala Kedah allerdings wesentlich schneller.

Übernachtung

Wer die letzte Fähre nach Langkawi verpasst hat, wird in Kuala Perlis übernachten (müssen). *Pens Hotel****, Jl. Kuala Perlis, ☎ 9854122, ✆ 9854131, nahe der Anlegestelle. Alle Zimmer mit ac und Du/WC.

VORWAHL – 04, PLZ 02000.

Transport

BUSSE – Vom Busterminal nahe der Fähranlegestelle nach ARAU 1,50 RM, KANGAR 1 RM, BUTTERWORTH etwa stündlich 7,60 RM und nach KUALA LUMPUR 4x tgl. über Kangar für 27,90 RM sowie zur Grenze nach PADANG BESAR.

ÜBERLANDTAXIS – Zur Grenze nach PADANG BESAR 36 RM, ARAU oder ALOR SETAR 30 RM. Die kurze Strecke nach KANGAR 12 RM, BUTTERWORTH 120 RM.

FÄHREN – Der Abfertigungsterminal liegt 1 km östlich des Zentrums Richtung Meer. Nach KUAH (Langkawi) legen alle 30–60 Min. zwischen 8 und 18 Uhr Fähren von der Jetty in Kuala Perlis ab, sie kosten 12 RM. In Gegenrichtung zur gleichen Zeit. Die genauen Abfahrtzeiten sind variabel.

United Ferry Ventures, ☎ 04-9852690. Die klimatisierten Speedboote mit nummerierten Sitzen sind komfortabel und benötigen etwa 45 Min. An Wochenenden und während der Ferien sollte man sich rechtzeitig ein Ticket besorgen, da vor allem frühe Boote häufig ausgebucht sind.

Wer eine ungewöhnliche Route nach SATUN in Thailand ausprobieren will und Geduld mitbringt, nimmt eines der großen Longtail-Boote mit Plane 4x tgl. (ca. 9.30, 11.30, 15.30 und 17 Uhr Malaysia-Zeit) nahe dem Immigration Office. Die Überfahrt dauert eine Stunde und kostet 20 RM bzw. 180 Baht. Es kann recht heiß werden. Ankunft ist am Tammalang-Pier, von dort aus geht es nach den Einreiseformalitäten mit dem Pickup weiter nach Satun (3 km), wo Busse und Überlandtaxis nach Hat Yai bzw. Trang weiterfahren.

Wer aus Thailand kommt, bekommt an der Anlegestelle in Kuala Perlis den Einreisestempel. Nicht vergessen, da es sonst Probleme bei der Ausreise gibt. Notfalls kann man sich im Immigration Office melden.

Kuala Kedah

Der Hafen an der Mündung des Kedah-Flusses war schon vor mehr als tausend Jahren von Bedeutung für den Handel mit Indien. Die Reste eines alten **Forts**, erbaut zwischen 1771 und 1780, erheben sich am jenseitigen Ufer an der Mündung des Kedah-Flusses. 1821 nahmen siamesische Truppen das Fort ein. Trotz mehrerer Anläufe, die Befestigung zurückzuerobern, blieb sie in siamesischen Händen, bis Kedah 1909 unter britische Verwaltung kam.

Der Ort ist der Hafen für Langkawi. Rings um die Fähranlegestelle herrscht ein reges Treiben, und überall im Ort werden freie Flächen für 7–15 RM pro Nacht je nach Entfernung vom Terminal als Parkplätze vermietet. Bereits an der Anlegestelle werden Mietwagen, Unterkünfte und Touren auf Langkawi vermittelt.

Essen

Wartende können sich an der Anlegestelle stärken, z.B. im *Hai Ting Restaurant* links der Fähranlegestelle, unter anderem mit scharfer *Tom Yam* und sehr würzig-fischiger Laksa-Nudelsuppe. Einige Seafood-Restaurants liegen an der Flussmündung 500 m südlich der Anlegestelle hinter dem Fischmarkt.

Transport

BUSSE – ALOR SETAR, 12 km, laufend für 1,20 RM, KUALA LUMPUR um 12.30, 21.30 und 21.45 Uhr für 29 RM über IPOH, 15 RM. Tickets am Counter neben dem Fährterminal.

ÜBERLANDTAXIS – Sie warten an der Anlegestelle auf eintreffende Passagiere. Im ac-Taxi nach ALOR SETAR 14 RM, PADANG BESAR 40 RM, weiter nach HAT YAI für 100 RM, BUTTERWORTH 70 RM.

FÄHREN – Die zu *United Ferry Ventures*, ☎ 7626295, zusammengeschlossenen Fähren verkehren für 15 RM (1. Klasse 18 RM) zwischen 8 und 18 Uhr alle 30–60 Min. in 1 1/2 Std. zur Insel. Nur während der Ferien und an Feiertagen kann es Engpässe geben.

Alor Setar

Die Hauptstadt von Kedah ist das Handels- und Geschäftszentrum Nordwest-Malaysias. Wie überall an der Westküste stellen Chinesen auch hier die Mehrheit der Stadtbevölkerung. Während die Stadt im Zentrum geschäftig-dynamisch wirkt, hat sie in den Außenbezirken ihre ruhige Atmosphäre erhalten können.

Die vierspurige Lebuh Raya Darul Aman durchquert in Nord-Süd-Richtung das Zentrum, in dem repräsentative Gebäude der Sultane neben chinesischen Geschäftshäusern und prächtigen Verwaltungsbauten aus britischer Kolonialzeit stehen. Alles überragt der **Menara**, der 165 m hohe Telekom-Turm. Besuchern bietet sich die Möglichkeit, mit dem Panoramalift für 3 RM nach oben zu fahren und die Aussicht zu genießen oder sich im Drehrestaurant verwöhnen zu lassen, ☉ tgl. 9–22 Uhr. Westlich der Hauptstraße liegt die **Zahir-Moschee**, wohl eine der schönsten orientalischen Moscheen im Land. Sie wurde 1912 im maurischen Stil nach dem Vorbild der Moschee in Langkat, Nord-Sumatra, errichtet und 1959 erweitert.

Östlich der stark befahrenen Straße steht der **Balai Besar**, wörtlich übersetzt „die große Halle". Sultan Muhammad Jiwa Zainal Azilin Mu'adzan Shah II. kehrte 1726 von einer Reise nach Palembang (Sumatra) stark beeindruckt zurück und ließ vor seinem Palast eine ebenerdige Audienzhalle im Palembang-Stil errichten. Stark beschädigt überdauerte sie Invasionen der Siamesen und Bugis und wurde zur Jahrhundertwende abgerissen, um einem zweistöckigen Gebäude Platz zu machen, das heute als eines der schönsten Beispiele malaiischer Architektur gilt. Es kann nicht besichtigt werden. Das angrenzende **Royal Museum** rechts der Halle in einem Erweiterungsbau des Sultanspalastes, enthält Gegenstände aus dem Besitz der Sultane.

Im gelben, achteckigen Turm nördlich des Platzes, dem **Balai Nobat**, sind die Musikinstrumente des herrschaftlichen Orchesters untergebracht. Die Trommeln, Gongs und Flöten sollen Ende des 15. Jahrhunderts dem Sultan von Kedah von den Herrschern von Melaka übergeben worden sein. Sie werden nur während großer Feierlichkeiten am Sultanshof gespielt. Der **alte Sultanspalast** (Istana Kuning, der Gelbe Palast) befindet sich in einem gepflegten Park in der Jl. Istana Lama zu Füßen des Menara.

Im **Balai Seni Negri** an der Jl. Tungku Ibrahim, der staatlichen, ziemlich angestaubten Kunstgalerie, sind Antiquitäten und zeitgenössische Werke ausgestellt. ☉ tgl. außer Fr 10–18 Uhr, Fr 9–12 und 15–18 Uhr, Eintritt frei.

Sehenswert ist das **Muzium Negeri** (Staatsmuseum) im Stil des Balai Besar, 2,5 km außerhalb an der Hauptstraße nach Norden gegenüber dem Stadion. Hier ist eine große Sammlung archäologischer Funde aus Kedah zu sehen. ☉ tgl. außer Fr 10–18, Fr 9–12 und 15–18 Uhr, Eintritt frei.

Am Mo, Sa und So findet an der Jl. Putera, Ecke Jl. Gangsa, nahe der Brücke über den Sungai Anak Bukit, ein großer **Nachtmarkt** statt. Im **Pekan Rabu**, einem mehrgeschossigen malaiischen Bazar an der Jl. Tunku Ibrahim, decken sich vor allem Malaien mit Bekleidung, Haushaltswaren und Lebensmitteln ein. Am Flussufer lädt eine Promenade zum abendlichen Bummel ein.

Übernachtung

In der Altstadt haben noch einige billige chinesische Hotels überlebt.

Yuan Fang Hotel* ⑩, Jl. Langgar, ✆ 7331736, ist von den kleinen Billighotels noch am ehesten zu empfehlen. Die 10 Zimmer mit Fan und Gemeinschafts-Du/WC über dem Restaurant sind nur Sperrholzverschläge ohne Außenfenster und nicht sehr ruhig aber recht sauber. Im Café im Erdgeschoss werden auch Bustickets verkauft.

Miramar Hotel** ④, 246 Jl. Putera, ✆ 7338144, ✆ 7338430, chinesisches Hotel an einer lauten Straßenkreuzung, dessen einfache Zimmer mit ac und Warmwasser-Du/WC ausgestattet sind.

Royale Hotel** ③, 97 Jl. Putera, ✆ 7330922, ✆ 7330925, zweckmäßig eingerichtetes Hotel an der Straße nach Kangar, Zimmer mit ac, TV, Du/WC, inkl. Frühstück.

Flora Inn*–*** ⑨, 8 Kompleks Medan Raja, Jl. Pengkalan Kapal, ✆ 7322375, einfaches Hotel in einem neueren Gebäudekomplex. Kleine Zimmer mit Fan und Gemeinschafts-Du/WC, größere mit ac und Du/WC, TV und Telefon sowie Familienzimmer, einige mit Blick auf den Fluss.

Samila Hotel*** ⑥, 27 Jl. Kanchut, ✆ 7318888, ✆ 7322344, der Hotelblock nahe der Hauptstraße hat sicherlich schon bessere Tage gesehen. Frühstück inkl.

Sentosa Regency*** ②, 250 A-F Jl. Putera, ✆ 7330372, ✆ 7308999, neuerer, großer Hotelblock mit modern ausgestatteten, guten Zimmern, Satelliten-TV, inkl. Frühstücksbuffet.

Regent Hotel*** ⑧, 1536 Jl. Sultan Badli Shah, ✆ 7311900, sehr zentral gelegen, aber ohne Restaurant. Komfortable Zimmer im 1. Stock vorn und ruhiger hinten.

Grand Crystal*** ⑤, 40 Jl. Kg. Perak, ✆ 7313333, ✆ 7316368, ✉ crystal@grandcontinental.com.my, 🖥 www.grandstay.com, angenehmes Mittelklassehotel in ruhiger und zentraler Lage, das mit komplett ausgestatteten Zimmern, Pool und Restaurant aufwartet.

Grand Continental**** ⑦, 134 Jl. Sultan Badli Shah, ✆ 7335917, ✆ 7335161 das etwas teurere, sehr zentral gelegene Schwesterhotel wird vor allem von Geschäftsleuten frequentiert. Hotelblock mit 125 Zimmern mit ac und TV, die teureren verfügen zudem über einen Wasserkessel und eine Minibar.

Seri Malaysia Hotel**** ①, nördlich des Zentrums am Stadion, ✆ 7308737, ✆ 7307594, bietet den üblichen Standard der Kette: kleine Zimmer mit Du/WC und ac sowie ein Restaurant.

Essen

Neben den chinesischen Essenständen an der Jl. Putera, den malaiischen Ständen im EG unter dem *Flora Inn*, 8 Medan Raja, und die abends geöffneten Garküchen am Fluss in der Jl. Tunku Yaakub überrascht Alor Setar mit einer Reihe hervorragender Restaurants.

Hai Pin, nördlich der Brücke an der Jl. Tunku Yaakub, Ecke Jl. Sultan Mohammed Jiwa, ist nur ein kleines, unscheinbares chinesisches Restaurant, das aber gutes Essen serviert.

Im **Hai Choo** an der nördlichen Ecke der Jl. Tunku Yaakub kann man abends neben dem chinesischen Tempel auf einer Terrasse am Fluss mit Blick auf die Moschee sehr gut chinesisch essen, z.B. sehr leckere Hähnchen Drumsticks in schwarzer Soße oder Steamboat. Eine Speisekarte existiert nicht, man wirft am besten einen Blick in die offene Küche oder lässt sich etwas empfehlen. Es wird Englisch gesprochen.

Chew Loong, neben der Sentosa Mall, ist eines der besten chinesischen Restaurants der Stadt. Das große klimatisierte Restaurant ist mittags und abends geöffnet.

EINKAUFEN – In der Altstadt kann man noch immer durch die Arkaden der zweistöckigen, alten chinesischen Geschäftshäuser wandeln und das bunte Sortiment an Waren bewundern, das in den nicht klimatisierten, offenen Läden ausliegt. Allerdings werden ständig ganze Straßenzüge abgerissen, um modernen Einkaufszentren Platz zu schaffen. Das größte, *City Point*, erhebt sich östlich des Zentrums.

GELD – Die *Maybank* und *RHB Bank* in der Jl. Sultan Badli Shah, die *OCBC Bank*, Jl. Tunku Ibrahim und die *Standard Chartered Bank* in der Jl. Raja, haben Geldautomaten.

POST – Das neue Hauptpostamt liegt an der Jl. Stadium im Norden der Stadt. Das alte Postamt *(Pejabat Pos Besar)* liegt zentraler in dem alten kolonialen Gebäude in der Jl. Raja, Ecke Jl. Langgar, und ist weiterhin in Betrieb.

VORWAHL – 04, PLZ 05990.

Transport

BUSSE – Am **Expressbusterminal** (Terminal Bas Shahab Perdana) an der Ringstraße Jl. Sultanah, 4 km nordwestlich vom Zentrum, fahren alle Überlandbusse ab. Die Stadtbusse Nr. 2 und 6 pendeln zwischen Terminal und City für 0,90 RM und halten u. a. am Pekan Rabu sowie vor der alten Bus Station, Taxi 5 RM. Alle Busgesellschaften verkaufen Tickets am Terminal. Nach BUTTERWORTH stündlich bis 21.15 Uhr für 6,80 RM in 2 Std.;
KANGAR zwischen 6.40 und 18 Uhr für 3,20 RM;
KOTA BHARU um 9, 21, 21.30 und 22 Uhr über Gerik für 22,60 RM;
KUALA KEDAH Bus 772 und 180 laufend zwischen 6 und 19.20 Uhr für 1,70 RM;
KUALA LUMPUR 8x tgl. zwischen 9 und 24 Uhr für 25,50 RM über IPOH, 16 RM, Business Class von Transnasional 3x tgl. für 34,10 RM.
Von der **alten Bus Station** hinter den Geschäftshäusern der Jl. Langgar, Ecke Jl. Stesyen, im Zentrum verkehren nur noch einige Busse in die

unmittelbare Umgebung, u. a. nach KUALA KEDAH für 1 RM, ac 1,20 RM.

ÜBERLANDTAXIS – Von der Taxistation unweit des Bahnhofs nach BUKIT KAYU HITAM (Grenze zu Thailand) 30 RM, BUTTERWORTH 70 RM, IPOH 180 RM, KANGAR 30 RM, KOTA BHARU 250 RM, KUALA KEDAH 14 RM, KUALA LUMPUR 300 RM, KUALA PERLIS 30 RM, PADANG BESAR 40 RM, PENANG 120 RM.

EISENBAHN – Vom Bahnhof fährt um 16.17 Uhr der *International Express* von Butterworth nach BANGKOK (23 Std., 53 RM, Bett 88,40 / 96,40 RM) und um 11.08 Uhr in Gegenrichtung nach BUTTERWORTH (2 Std.) für 6,70 RM. Wegen der Bauarbeiten bis 2005 kann der *Ekspres Langkawi* um 18.51 Uhr nach KUALA LUMPUR nur geduldigen Eisenbahnfans empfohlen werden (31 RM, Bett in 2. Klasse 38,50 / 41 RM, in 2 Plus 62 / 70 RM), Ankunft um 6.45 Uhr. Nach HAT YAI um 8.15 Uhr in 3 Std. für 12 RM in der 2. Klasse.

FLÜGE – Der Flughafen liegt 11 km nördlich der Stadt bei Kepala Batas. Von hier MAS-Flüge nach KUALA LUMPUR 4x tgl. für 172 RM. *MAS*-Office, Lebuh Raya Darul Aman, ☎ 7311107, nördlich des Zentrums.
Air Asia fliegt ebenfalls zu günstigeren Preisen 2x tgl. nach KUALA LUMPUR. Buchungen über 🖥 www.airasia.com.

BIKER – Der Grenzübergang zwischen Thailand (Wangprachan) und Malaysia (Kaki Bukit) ist auch mit dem Fahrrad unproblematisch. Schwierig ist höchstens der 3 km lange steile Anstieg nach den ersten 4 km. Von Kaki Bukit sind es 35 km auf direktem Weg nach Kangar. Wer Zeit hat, fährt eine Nebenstrecke über die R118 nach Kampung Wang Mu und weitere auf der R121 nach Kampung Besen und Kampung Abi. Weiter nach Alor Setar kann man parallel zur Hauptstraße über weite Strecken links an einem Kanal entlang fahren.
Alternative: Mit dem Boot von Satun über Langkawi oder direkt nach Kuala Perlis. Von dort sind es 45 km nach Alor Setar.

NORD-MALAYSIA

Penang

Seit Jahren steht die Insel Penang ganz oben auf den Listen der Reiseveranstalter, und das, obwohl sie nicht einmal zu den atemberaubendsten Landstrichen Malaysias gehört. Gewiss – eine schöne Insel mit waldigen Bergrücken, grünen Plantagen, verschlafenen Dörfchen und reizvollen Buchten, aber für einen Badeurlaub gibt es schönere Strände, zumal die Wasserqualität wegen der Häfen und Industrieanlagen auf der Festlandseite nicht die beste ist. Dennoch: Penang ist ein „Muss", aber nicht der Strände wegen. Ein paar Tage im Norden der Insel in einer luxuriösen Hotelanlage zu verbringen mag ja ganz nett sein, wird aber mit Sicherheit bald langweilig werden. Wer nach Penang fährt, sollte sich für die Stadt begeistern können. Und wer das kann, sollte Georgetown / Penang unbedingt in eine Malaysia-Reise einbauen, denn sie ist mehr als einen kurzen Aufenthalt wert.

Die korrekte malaiische Bezeichnung für die Insel ist *Pulau Pinang*, die Stadt heißt nach wie vor **Georgetown**, und „Penang" ist ein alter, aber immer noch gängiger Name, der zudem für die Insel und den Staat verwendet wird. Das historische Zentrum erstreckt sich auf dem dem Festland zugewandten Zipfel der Insel. Die 1,2 Mill. Inselbewohner leben überwiegend im Stadtgebiet von Georgetown und in den angrenzenden Vororten sowie in den Industriegebieten entlang der Ostküste Richtung Flughafen, während das Inselinnere und die Westküste noch sehr ländlich sind.

Im Südosten, dort wo die imposante, 13,5 km lange Penang Bridge Georgetown mit dem Festland verbindet, haben sich Industrie und Gewerbe ausgebreitet. Die größten Hafenanlagen findet man allerdings in Butterworth, jenseits der Brücke. Die Strandgebiete im Norden avancieren mehr und mehr zur Wohngegend einer besser verdienenden Mittelschicht. In **Batu Ferringhi** und **Teluk Bahang**, wo die Küste am schönsten ist, wurde ein Touristenzentrum mit modernen Hotels geschaffen.

Der Bergrücken, der sich von Norden nach Süden über das Inselinnere zieht, ist nach wie vor mit Dschungel bedeckt. In den Niederungen auf der Westseite liegen beschauliche, kleine Dörfchen zwischen Reisfeldern, Kokoshainen und Obstplantagen. An der Küste im Süden liegen ein paar Fischerdörfer, zum Baden aber laden die Strände hier nicht ein.

Georgetown

„Perle des Orients" steht auf dem Hochglanzprospekt aus dem Tourist Office. Da mag jeder seine eigene Vorstellung haben, einmalig ist Penang aber mit Sicherheit. Einmalig sind nicht die Strände von Batu Ferringhi oder die Betelnusspalmen, die der Insel ihren Namen gaben, sondern Georgetown, das alte koloniale Zentrum. Wenige Großstädte Südostasiens haben sich diese Atmosphäre bewahrt.

Noch immer leben Moslems, Christen, Hindus und Buddhisten Tür an Tür, brennen Chinesen abends Räucherstäbchen in den Ahnentempeln ab, während ein paar Straßen weiter der Muezzin zum Gebet ruft. Hier stehen sie noch, die kolonialen herrschaftlichen Paläste der englischen Machthaber, die Kirchen, Gerichts- und Verwaltungsgebäude und die protzigen Vorstadtvillen in ihren schattigen Gärten. In den notorisch verstopften Straßen von Chinatown herrscht ein Gewühl von Verkehrsmitteln aller Art, drängen sich Fahrradrikschas zwischen Marktständen hindurch, wird in offenen Garküchen gebrutzelt und gekocht, was das Herz begehrt.

Kaum ein Produkt oder ein Bedürfnis, für das es nicht einen Laden oder eine schummrige Werkstatt gäbe. Kaum ein Artikel, der nicht irgendwo unter den Arkaden auf dem Fußweg gestapelt oder in einem der überquellenden Regale versteckt aufzutreiben wäre, kaum eine Dienstleistung, die nicht an irgendeiner Straßenecke in Anspruch genommen werden könnte.

Und schon in der nächsten Seitenstraße wieder beschauliches Familienleben, das sich mit asiatischer Gelassenheit aus den engen Häusern ins Freie verlagert hat. Zu Beginn des vorigen Jahrhunderts schrieb der englische Gouverneur Sir George Leith über Penang:

> *„Es gibt wohl kaum in irgendeinem Gebiet der Welt einen so kleinen Ort, in dem viele verschiedene Menschen unterschiedlichster Nationalität leben, und in dem eine solche Vielzahl verschiedenster Sprachen gesprochen wird."*

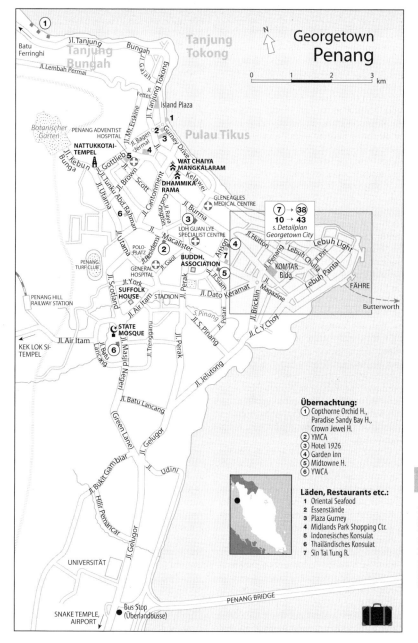

Georgetown
Penang

Tanjung Tokong

Tanjung Bungah

Pulau Tikus

0 1 2 3 km

N

Batu Ferringhi

Jl. Tanjung Bungah

Jl. Lembah Permai

Jl. Gajah

Jl. Tanjung Tokong

Jl. Fettes

Island Plaza

Botanischer Garten

PENANG ADVENTIST HOSPITAL

Jl. Mt. Erskine

Jl. Bagen Jermal

Gurney Drive

NATTUKKOTAI-TEMPEL

Jl. Kebun Bunga

Gottlieb

Jl. Brown

Scott

Jl. Tunku Abd. Rahman

Jl. Utama

Jl. Cantonment

Jl. Codrington

WAT CHAIYA MANGKALARAM

DHAMMIKA RAMA

Kelawei

Jl. Burma

GLENEAGLES MEDICAL CENTRE

LOH GUAN LYE SPECIALIST CENTRE

Macalister

Jl. Residensi

Jl. Gaol

Perak

Anson

Jl. Hutton

Jl. Penang

Lebuh Chulia

Lebuh Light

Lebuh Pitt

KOMTAR Bldg.

Lebuh Pantai

7 → 38
10 → 43
s. Detailplan
Georgetown City

FÄHRE

Butterworth

PENANG TURF CLUB

GENERAL HOSPITAL

BUDDH. ASSOCIATION

Jl. Siam

Jl. York

SUFFOLK HOUSE

Jl. Air Itam

STADION

Jl. Dato Keramat

Jl. Magazine

Jl. Bricklin

Jl. Scotland

Jl. S. Pinang

S. Pinang

Jl. Petani

Jl. C.Y. Choy

STATE MOSQUE

Jl. Air Itam

KEK LOK SI-TEMPEL

Jl. Batu Lancang

Jl. Masjid Negeri

Jl. Trengganu

Jl. Peak

Jl. Jelutong

PENANG HILL RAILWAY STATION

Jl. Batu Lancang

(Green Lane)

Jl. Gelugor

Jl. Bukit Gambiar

Hilir Pencancar

Jl. Udini

Jl. Gelugor

UNIVERSITÄT

SNAKE TEMPLE, AIRPORT

Bus Stop (Überlandbusse)

PENANG BRIDGE

Übernachtung:
① Copthorne Orchid H.,
  Paradise Sandy Bay H.,
  Crown Jewel H.
② YMCA
③ Hotel 1926
④ Garden Inn
⑤ Midtowne H.
⑥ YWCA

Läden, Restaurants etc.:
1 Oriental Seafood
2 Essenstände
3 Plaza Gurney
4 Midlands Park Shopping Ctr.
5 Indonesisches Konsulat
6 Thailändisches Konsulat
7 Sin Tai Tung R.

NORD-MALAYSIA

Zu dieser Zeit war es gerade ein Vierteljahrhundert her, dass die Engländer dem Sultan von Kedah die fast unbewohnte Insel als Gegenleistung für Protektion und militärischen Schutz abgenommen und den Union Jack aufgezogen hatten. Ihr Interesse war, wie immer, vorrangig geschäftlicher Natur, nämlich einen Stützpunkt für die Schiffe der East India Company zu schaffen. Diese segelten während des ungünstigen Südwestmonsuns selbst auf der Reise von Kalkutta nach Madras auf einem Umweg über Aceh, der Nordspitze Sumatras. In Malacca saßen die Holländer, Singapore gab es auf der Landkarte Südostasiens noch nicht.

„Georgetown", wie es Gründungsvater Francis Light 1786 zu Ehren George IV., des damaligen Prince of Wales, nannte, entwickelte sich, von Light durch großzügige Landvergabe und Zollfreiheit nach Kräften gefördert, schnell zu einem bedeutenden Hafen, nicht zuletzt wegen der nahe gelegenen Zinnminen. Um 1800 zählte man bereits 10 000 Einwohner, 1803 umfasste die Stadtfläche schon das Gebiet zwischen der heutigen Jl. Penang und der Lebuh Pantai bis hinunter zur Flussmündung. Chinesische Zinnbarone und Plantagenbesitzer, die im Hafen ihre Waren umschlugen, siedelten in den Außenbezirken, vor allem in den noch heute vornehmen Villengegenden im Norden. Mit der Gründung Singapores 1819 verlagerte sich allerdings der Handelsschwerpunkt. Beide Städte wurden später zusammen mit Malacca zu den wichtigen *Straits Settlements*, mit denen die Engländer das holländische Batavia (heute Jakarta) ins Abseits drängte und sich die Vormachtstellung im Südostasienhandel sicherten.

Penang war nie Schauplatz kriegerischer Auseinandersetzungen oder rasanter Umwälzungen, hier ist trotz quirliger Geschäftigkeit die Vergangenheit noch immer lebendig. Zwar versucht das KOMTAR Building der modernen Beton- und Glas-Kultur selbst in der Altstadt eine Schneise zu schlagen, und in den Randbezirken ragen an der Stelle ehemaliger geruhsamer Kampungs nun uniforme Apartmentblocks in den Himmel, aber das Stadtbild im Zentrum wird noch immer von zweistöckigen Wohn- und Geschäftshäusern der chinesischen Bevölkerungsmehrheit beherrscht. Gegenwärtig wird geprüft, ob Georgetown zum UNESCO World Heritage erklärt werden kann, was für den Erhalt dieser einzigartigen Atmosphäre mehr als wün-

schenswert wäre, denn Penang besitzt noch immer etwas von dem, was wir in Singapore und Hongkong längst vermissen: den Zauber einer fernöstlichen Metropole mit allen ihren Reizen und Problemen.

Wer will, kann dem **Heritage Trail** zu bekannten und weniger bekannten Sehenswürdigkeiten der Innenstadt folgen. An jedem Gebäude informiert eine Tafel ausführlich über das Gebäude und weist den Weg zum folgenden Highlight. **Trail 1** verläuft u.a. zum Fort Cornwallis, City Hall und Khoo Kongsi sowie zu der weniger bekannten Villa von Sun Yat Sen oder dem Haus des wohlhabenden Händlers Syed Alatas aus Aceh. Zum **Trail 2** gehören das Museum, der christliche Friedhof und das Cheong Fatt Tze Mansion ebenso wie das Haus der Goldschmiede- oder Schreinerzunft (*Goldsmiths' & Carpenters' Guild*). Weitere Informationen erteilt der *Penang Heritage Trust*, 26A Lorong Stewart, in der *Hainanese Mariners' Lodge*, ℡ 2642631, 🖳 www.pht.org.my.

Das koloniale Viertel

Der Rundgang durch die City beginnt am 18 m hohen **Uhrturm** *(Clock Tower)* in der Nähe des Hafens, den ein einheimischer Millionär 1897 Queen Victoria zum 60-jährigen Krönungsjubiläum errichten ließ. Es ist das Viertel der prächtigen kolonialen Bank- und Verwaltungsgebäude.

Am **Fort Cornwallis** war der Gründungsvater Georgetowns 1786 an Land gegangen. Ihre Wehrhaftigkeit brauchte die von Strafgefangenen zu Beginn des 19. Jahrhunderts anstelle von Sir Francis Lights altem, hölzernen Fort errichtete Festung glücklicherweise nie unter Beweis zu stellen, denn eigentlich sind die Wälle viel zu niedrig, und die ganze Anlage war schon immer viel zu klein für eine wirksame Verteidigung. Die Briten erhielten die Kanonen, die auf der Mauer stehen, seinerzeit von Piraten, die sie wiederum dem Sultan von Johor abgenommen hatten. Die über 370 Jahre alte, große Kanone *Sri Rambai* wird von vielen Frauen als Fruchtbarkeitssymbol verehrt. ⏱ tgl. 8.30–19 Uhr, Eintritt 1 RM.

In der Lebuh Light, Ecke Lebuh Pantai (Beach St.), finden sich mehrere viktorianische Verwaltungsgebäude, so das Immigration Office und der Mariner's Club. Der nördliche Abschnitt der Lebuh Pantai ist das Finanzzentrum der lebendigen Handelsstadt. Bereits 1875 eröffnete die **Standard Chartered Bank** hier eine Filiale. Das heutige repräsentative weiße Bankgebäude stammt aus den 30er Jahren. Weitere Banken und Handelshäuser säumen die Straße.

Nahe dem Meer wurde 1903 das **Rathaus** *(Town Hall)* im typischen britischen Kolonialstil errichtet. Die Inschrift *Town Hall* ist mittlerweile ins Malaiische übersetzt worden und die Stadtverwaltung in das moderne KOMTAR-Hochhaus umgezogen. Auf der großen Rasenfläche wird in der Abenddämmerung Fußball gespielt, Kinder vergnügen sich auf dem Spielplatz und Händler bauen an der Strandpromenade, der **Esplanade**, ihre Essenstände auf.

Weitere britische Gebäude stehen in der Jl. Farquhar: der **Supreme Court** (das Oberste Gericht, Mahkamah Tinggi) und die 1817 errichtete **St. George's Church**, die erste anglikanische Kirche Südostasiens. Der **Convent Light Street** mit dem angeschlossenen Kindergarten war die erste Mädchenschule des Landes, und beherbergt immer noch eine begehrte Bildungsinstitution. Im Schulhof ist noch der erste Brunnen der Insel zu sehen, den Captain Light hatte graben lassen.

Eine **Statue von Sir Francis Light** ziert den Vorplatz des **Penang Museums**, das eine hervorragende Fundgrube für alle ist, die sich für die Geschichte dieses Vielvölkerstaates interessieren. In dem Gebäude befand sich früher die erste englischsprachige staatliche Schule östlich von Suez, die bereits 1816 eröffnet wurde. Nun berichtet eine sensibel gestaltete Ausstellung über die bunte Völkervielfalt auf der Insel, über die burmesischen Plantagenarbeiter ebenso wie die arabischen Händler und siamesischen Flüchtlinge. Ein großer Teil der Räumlichkeiten ist den größten Bevölkerungsgruppen gewidmet, ihrem Alltag und ihren Festen. Der erste Stock ermöglicht einen Rückblick auf die Geschichte einzelner Straßen, Berufszweige und Technologien (Transportmittel, Wasserversorgung). Auch die europäischen Einflüsse werden abgehandelt, und im letzten Raum sind einige schöne alte Stiche von der Insel zu sehen.

Im kleinen Souvenirshop in einem alten Wagen der Bergbahn auf den Penang Hill wird neben dem Museum auch die lohnende Publikation *Penang Past & Present* verkauft. ☉ tgl. außer Fr 9–17 Uhr, Eintritt 1 RM.

Das E&O Hotel Ebenso wie das *Raffles* in Singapore und das *Strand* in Yangon gehörte das *E&O Hotel* zum Imperium der Sarkies-Brüder, die um die Jahrhundertwende ihre gut gehenden Häuser *Eastern Hotel* und *Oriental Hotel* in Penang zusammenfügten und so das längste Promenadenhotel Asiens schufen. Bis in die 30er Jahre hinein war das E&O eine Top-Adresse der High Society und die Absteige zahlreicher prominenter Gäste. Während der folgenden Jahrzehnte litt es allerdings zusehends. Aber das koloniale Ambiente war immer noch vorhanden. In der imposanten Kuppelhalle fehlte nur der alte Springbrunnen, im großen Ballsaal wurden Feste gefeiert, und die „1889"-Bar, in der schon Rudyard Kipling, Somerset Maugham und Hermann Hesse soffen, war immer noch in Betrieb. Maughams Lieblings-Suite im Erdgeschoss wurde vom Management in Ehren gehalten. Irgendwie träumte das Hotel vom Glanz einer versunkenen Epoche, bis die Bauarbeiter anrückten und bis auf Teile der Fassade und der Kuppelhalle so ziemlich alles niederrissen. Das neue „alte" E&O, das 2001 zum ersten Mal seine Tore öffnete, ist sicherlich moderner, schicker und hat dabei viel von dem alten Flair eingebüßt. Doch es ist sich mit seinen 100 Suiten und dem luftigen Restaurant treu geblieben. Selbst wenn die stilvoll dekorierten Räume mit Blick aufs Meer und riesigen Badezimmern außerhalb der finanziellen Möglichkeiten liegen, kann man bei einem Drink zur Happy Hour in der *Farquhar's Bar* oder einem Tiffin-Lunch in *Sarkies Corner* einen Blick hinter die Fassade werfen.

Das prächtige, strahlend blau gestrichene Anwesen, das etwas zurückversetzt in der 14 Lebuh Leith steht, ist das **Cheong Fatt Tze Mansion**, eine chinesische Familienresidenz aus der zweiten Hälfte des 19. Jahrhunderts. Man nimmt an, dass es außerhalb Chinas nur in Manila und Jakarta zwei ähnliche Gebäude gibt. Es war nur eines von mehreren Wohn- und Geschäftshäusern des Kaufmanns und chinesischen Vizekonsuls Cheong Fatt Tze, der Handel mit Java, Sumatra, Hongkong und China betrieb und als „one of China's last Mandarins and first Capitalists" bezeichnet wurde. Da beim Bau des zweistöckigen Hauses die so bedeutsamen Feng Shui-Prinzipien in geradezu idealer Weise umgesetzt werden konnten, soll es sein bevorzugtes Domizil gewesen sein, und so wuchsen hier auch seine acht Kinder auf. Traditionelle chinesische Gestaltungselemente wie *cut-and-paste*-Mosaiken und die Anordnung der 38 Zimmer um einen Innenhof wurden in einzigartiger Weise mit europäischen Stilelementen wie den gotischen Fensterbögen oder Jugendstil-Glasarbeiten kombiniert. Beachtung verdient der dekorative, ausgeklügelte Mechanismus der zahlreichen Holzjalousien im Obergeschoss. 1994 begannen umfangreiche Restaurierungsarbeiten, für die eigens Handwerker aus China herangezogen wurden, die längst vergessene Techniken beherrschen. Die malerisch aufgereihten Rikschas vor dem Haus sind Überbleibsel der Dreharbeiten zum Film *Indochine* mit Cathérine Deneuve. Seit 1998 steht das Cheong Fatt Tze Mansion Besuchern im Rahmen der einstündigen, höchst informativen Führung offen, ⏰ Mo–Fr 11 und 15, Sa, So und feiertags um 11 Uhr, 10 RM; ✆ 2625289.

Auf der Penang Road geht es in Richtung Meer hinab. Hinter der Gabelung an der rechten Straßenseite taucht das herausgeputzte **Eastern & Oriental Hotel** (kurz E&O) auf, das vollständig im historischen Stil der 20er Jahre restauriert wurde. Man mag es ihm auf den ersten Blick nicht ansehen, aber es gehört zu den Hotel-Legenden des fernen Ostens.

Dort, wo die Lebuh Farquhar in die Jl. Sultan Ahmad Shah einmündet, erstreckt sich der älteste **christliche Friedhof** der Stadt, auf dem auch 1789 Sir Francis Light begraben wurde. Zudem haben hier alle späteren Gouverneure und weitere bekannte Persönlichkeiten ihre letzte Ruhestätte. Ein Schild hinter dem Eingang weist auf die interessantesten Gräber hin. Die restaurierten, von Moos überwucherten Monumente im Schatten der duftenden Frangipani-Bäume berichten auch von ungewöhnlichen Schicksalen. Jenseits der Mauer wurden in einer eigenen Abteilung hinter dem Hauptfriedhof Katholiken beigesetzt.

Im Zentrum

Chinesische Geschäftshäuser säumen die Straßen im Zentrum, dennoch leben hier auch Inder, sowohl Hindus als auch Moslems. Die Jl. Masjid Kapitan Keling, die ehemalige Lebuh Pitt, verläuft mitten durch den historischen Kernbereich. Hier entstand schon 1801 der **Goddess of Mercy-Tempel** *(Kuan Yin)*, erkennbar an dem Dach mit den Feuer speienden Drachen. Er ist der älteste und wohl auch der belebteste chinesische Tempel. Den ganzen Tag über, vor allem am 1. und 15. Tag des chinesischen Kalenders kann man das rege Tempelleben beobachten. ⏰ tgl. 9–18 Uhr.

Nur wenige Schritte entfernt, jenseits der Straße, befindet sich der farbenprächtige hinduistische **Sri Mariamman-Tempel**, dessen charakteristischer Eingangsturm mit zahlreichen Götterstatuen, der Gopuram, in der Lebuh Queen liegt. Besonders verehrt wird die mit Gold und Edelsteinen dekorierte Statue von Subramaniam, die alljährlich während des Thaipusam-Festes in einer Prozession durch die Straßen der Stadt zum Nattukkotai Chettiar Tempel (s. S. 680) gefahren wird. ⏰ tgl. 8–12 und 16–21 Uhr.

In der gleichen Straße versammeln sich auch die indischen Moslems in der **Kapitan Keling-Moschee** zum Gebet. Schon zu Beginn des letzten Jahrhunderts begann man mit dem Bau, der von einem Kaufmann aus Südindien finanziert wurde. Gegen eine Spende werden Besucher durch das restaurierte Gebäude geführt. Frauen dürfen die Moschee betreten, sofern sie ihre Beine und Schultern bedeckt halten.

Beiderseits der **Lebuh Pasar**, der zentralen Einkaufsstraße, zeigt Penang sein indisches Gesicht. Rhythmische Musik ertönt aus den Geschäften und in der Luft mischt sich der Duft von Currys und Räucherstäbchen. Von Waren überquellende Läden verkaufen indische Videos, bunte Stoffe, Goldschmuck und Haushaltswaren. In winzigen Verkaufsbuden sitzen die Verkäufer im Schneidersitz in Reichweite von Getränkedosen, Süßigkeiten, Zeitungen, Zigaretten (die auch stückweise verkauft werden), Obst, Seife und Betelnüssen.

An der Lebuh Aceh, dem früheren malaiischen Zentrum der Stadt, steht etwas versteckt eine der ältesten Moscheen von Penang, die **Mesjid Melayu**. 1820 wurde sie von dem aus Aceh stammenden arabischen Händler Syed Hussain errichtet, dessen Grab auf dem Gelände liegt. Das runde Fenster auf halber Höhe im Minarett soll ursprünglich das Einschussloch einer Kanonenkugel gewesen sein, die sich 1867 bei einem Krieg zwischen zwei chinesischen Geheimgesellschaften hierher verirrte.

Eines der schönsten Bauwerke Penangs, der **Khoo Kongsi**, liegt etwas versteckt zwischen Jl. Masjid Kapitan Keling und Lebuh Pantai. Auf dem Weg hierher kommt man an schönen, restaurierten Häuserzeilen vorbei. Mit dem Bau des Versammlungshauses des Khoo-Clans wurde 1894 begonnen, und erst acht Jahre später war es fertig gestellt. Die Drachenberg-Halle *(Leong San Tong)* fiel so opulent aus, dass man zeitweilig befürchtete, der Kaiser von China könne sich ob solcher Pracht kompromittiert fühlen. Allein die Figurenarrangements auf dem Dach zu studieren kann lange dauern. Das modern gestaltete Museum im Erdgeschoss bietet einen Einblick in die Geschichte der chinesischen Einwanderer, in ihre Tradition der Ahnenverehrung und vermittelt zugleich einen guten Eindruck von der Macht des Khoo-Clans. Das gegenüber liegende Gebäude ist für Theateraufführungen gedacht. ☉ tgl. 9–17 Uhr, Eintritt 5 RM.

Hauptgeschäftsstraße ist die laute und baulich wenig attraktive **Jl. Penang** (Penang Road – nicht zu verwechseln mit der wesentlich ruhigeren Lebuh Penang, der Penang Street!). Sie endet am 65-stöckigen **KOMTAR Building**, einem etwas überdimensionierten Geschäfts- und Verwaltungszentrum, das wie ein Fremdkörper im alten Penang wirkt und Fast-Food-Restaurants, viele Läden und die Stadtverwaltung beherbergt.

Kongsi Mit diesem Begriff werden Clan-Häuser bezeichnet, die von chinesischen Familien gleicher Herkunft und gleichen Familiennamens errichtet werden, sofern sie über das entsprechende Vermögen verfügen. Die Verehrung der Ahnen nimmt in der religiösen Praxis einen breiten Raum ein. Die Khoo-Sippe gehört sicher zu den wohlhabenden Familien, was schon an den Tafeln für die Vorfahren erkennbar ist. Diese haben an allen großen Universitäten der Welt studiert.
Kongsis gibt es überall in der Stadt. Weitere Clan-Häuser in der Nähe sind z.B. **Lim Kongsi** (Lebuh Ah Quee) und **Yeoh Kongsi** (Gat Lebuh Chulia). Beachtlich ist auch der **Ong Kongsi** in der Jl. Penang, gegenüber dem KOMTAR Building.

Wer sich die Stadt von oben ansehen will, muss 5 RM anlegen, und diese in einem so genannten *Tourist Information Centre* samt Souvenirladen ausgeben. Auch im darüberliegenden Restaurant gibt es die Möglichkeit, den Ausblick zu genießen. Bei einem Kaffee für 5 RM und in ansprechendem Ambiente ist der Blick aus dem 60. Stockwerk über die größte Einkaufsstraße von Penang gleich nochmal so gut.

In den Straßen nördlich des KOMTAR Buildings kann man bis spät in die Nacht bummeln, einkaufen, essen gehen und dem bunten Treiben zusehen. Südlich des KOMTAR-Gebäudes erstreckt sich der **Seven Streets Precint**, ein chinesisches Viertel mit zweistöckigen, aufwendig verzierten Reihenhäusern aus der Zeit zwischen der Jahrhundertwende und den 30er Jahren, die leider dem Verfall preisgegeben sind. Die Hokkien-Straßennamen der Jalan Magazin und ihrer südlichen Parallelstraßen bedeuten „Straße Nr. 1", „Straße Nr. 2", usw.

Pulau Tikus

Der blaue Hin-Bus 93 für 80 sen, Transit Link-Bus 202 und der blau-gelbe Sri Negara-Bus 137 fahren durch den Vorort Pulau Tikus am westlichen Ende der Jl. Burmah Richtung Tanjung Tokong und Batu Ferringhi. Die **Jl. Sultan Ahmad Shah**, die parallel zur Jl. Burmah am Meer entlang aus dem Stadtzentrum hinausführt, wird auch *Millionaires Row* genannt, da sich hier wohlhabende Familien die prächtigsten Villen der Stadt errichten ließen. In ihnen lebte bis in die 30er Jahre hinein die chinesische Crème de la Crème neben einflussreichen Europäern und malaiischen Sultanen. Die schönen Landhäuser inmitten tropischer Gärten sind teilweise von privaten Clubs in Besitz genommen worden oder stehen leer, da ihr Unterhalt zu teuer ist. Immer mehr weichen modernen, profitträchtigen Hochhäusern, die entlang der Straße wie Pilze aus dem Boden schießen. Ein Apartment an der Nordküste ist begehrt, denn die Stadt ist nahe und die Luft besser als im industriellen Süden.

Die Busse halten bei der Polizeistation nahe der Kreuzung Jl. Cantonment. Hier finden sich viele Straßenzüge mit Reihenhäusern im kolonialen Stil, z.B. die **Bangkok Lane**. In der Jl. Pasar – der Name sagt es schon – wird ein kleiner Markt abgehalten. In der Lorong Burmah (Burma Lane) stehen zwei buddhistische Tempel – kein Zufall, denn diese

Grundstücke wurden 1845 von Königin Victoria der siamesischen Bevölkerung zum Geschenk gemacht.

Der Eingang zum Thai-Tempel **Wat Chaiyamang Kalaram**, der ganz im Thai-Stil erbaut ist, wird von zwei riesigen Tempelwächtern bewacht. Nagaschlangen säumen den Haupteingang. Im Inneren befindet sich einer der größten ruhenden Buddhas der Welt, 33 m lang, der allerdings nicht fotografiert werden darf. Auf seiner Rückseite sind Urnen mit der Asche von Verstorbenen beigesetzt. Zahlreiche weitere Buddhastatuen in verschiedensten Haltungen umgeben die zentrale Figur.

Auf der gegenüberliegenden Straßenseite flankieren zwei weiße Elefanten den Eingang zum einzigen burmesischen Tempel, dem **Dhammika Rama**. In mehreren Gebäuden stehen Buddhastatuen und Figuren aus der buddhistischen Mythologie. Besonders schöne Holzschnitzereien schmücken den Vihara, in dem eine weiße Buddhastatue steht. Aufgrund der eigenständigen kulturellen Entwicklung der Nachbarländer Thailand und Burma sind deutliche Unterschiede in der Architektur und Ausstattung der beiden buddhistischen Heiligtümer zu erkennen. Im Übrigen kann man sich von der *Buddha Peep Show* überraschen lassen. Der Besuch der beiden Tempel lässt sich auch mit einem Trip nach Batu Ferringhi oder zum Botanischen Garten verbinden.

Botanischer Garten

Transit Link Bus 7 fährt für 1,10 RM alle 30 Minuten von der Lebuh Victoria durch schöne koloniale Villenviertel Richtung Botanischer Garten. Etwa 1 km (zwei Haltestellen) vor dem Botanischen Garten, an der Jl. Kebun Bunga (Jl. Waterfall), Ecke Jl. Gottlieb, liegt der **Nattukkotai Chettiar Temple**, der größte und berühmteste Hindutempel der Insel. Hier wird das Thaipusam-Fest im Februar besonders prächtig gefeiert.

Der Botanische Garten, Endstation von Bus 7, liegt in einem Tal und ist umgeben von dschungelbedeckten Hügeln. Der beliebte Ausflugsort der indischen und malaiischen Bevölkerung ist am Wochenende entsprechend belebt. Die meisten Pflanzen blühen im März und April. Einige der etwa 4000 Javaneraffen aus den nahen Wäldern haben sich daran gewöhnt, von Passanten mit Erdnüssen gefüttert zu werden. Das hat dazu geführt, dass sich die Affen zur Plage entwickelt haben, Besucher an-

greifen, die Pflanzen beschädigen und auf der Suche nach etwas Essbarem Müllbehälter durchwühlen und den Inhalt verstreuen. Zum Schutz der Passanten und Gewächse ist das Füttern der Tiere verboten. Für Tropenneulinge ist ein Gang durch das kleine Areal Primärdschungel im vorderen, östlichen Teil des Parks interessant. Der Wasserfall im hinteren Bereich des Gartens ist abgesperrt und nicht zugänglich, da dort ein Wasserreservoir angelegt wurde. Am Eingang gibt es ein Restaurant und Foodstalls. ☉ tgl. 5–20 Uhr; Eintritt frei.

Am Moon Gate, 300 m vor dem Eingang zum Botanischen Garten, beginnt der 7 km lange asphaltierte **Pfad zum Penang Hill** (Bukit Bendera) hinauf (s.u.). Der Aufstieg dauert etwa 1 1/2 Std. bis zu einem *Tea Kiosk*, wo der Wanderweg auf den zweiten, insgesamt 4 km langen Jeep Track trifft, der direkt vom Botanischen Garten hinaufführt. Weiter geht es dann auf dem Jeep Track vorbei an den Bungalows *Grace Dieu* und *Edgecumbe* und dahinter einen Pfad und steile Treppen geradeaus hinauf zur Bergstation.

Air Itam

Die weiß-roten Transit Link-Busse 101 und 130 fahren für 1 RM ab Jetty über die Lebuh Chulia und am KOMTAR Bldg. vorbei in den Vorort Air Itam. Etwas zurückversetzt von der Jl. Air Itam liegt hinter einer Schule das **Suffolk House**, ein repräsentatives zweistöckiges „Gartenhaus" im indischen Kolonialstil, das 1792–93 von Captain Francis Light erbaut wurde. Die Residenz mit ihren 12 Zimmern, die rings um einen Ballsaal angeordnet sind, lag in einer weitläufigen Parkanlage. Sie wurde nach Lights Tod von den ersten Gouverneuren Penangs bewohnt.

An der Jl. Air Itam, Ecke Green Lane, erhebt sich die moderne **Moschee** des Staates Penang, die 1980 fertig gestellt wurde. Vor allem zum Freitagsgebet und an hohen islamischen Feiertagen finden sich hier viele Gläubige ein. Bis zu 5000 Menschen haben im Inneren Platz, 57 m hoch ist das Minarett. Wer die Moschee besichtigen will, braucht allerdings – neben ordentlicher Kleidung – die Genehmigung vom *State Religious Department* in der Lebuh Pantai.

Die Busse halten am **Pasar Air Itam**, wo man vormittags über den Markt bummeln und sich mit einer Laksa stärken kann.

Der Kek Lok Si-Tempel besticht allein schon durch seine Größe und Weitläufigkeit. Der Abt des Goddess of Mercy-Tempels in der Jl. Masjid Kapitan Keling war 1885 aus Foochow in China gekommen, und die Landschaft von Air Itam erinnerte ihn an seine alte Heimat. Er begann, bei reichen chinesischen Kaufleuten Geld zu sammeln und war so erfolgreich, dass man hier den größten buddhistischen Tempel Malaysias bauen konnte. Bunt geschmückte Bauten, Gärten und Teiche wurden in Terrassen angelegt und durch zahllose Treppen miteinander verbunden. Der nicht abreißende Pilgerstrom aus dem In- und Ausland schuf eine solide finanzielle Grundlage, die weitere Ausbauten ermöglichte, so dass mittlerweile das 12 ha große Grundstück am Hang fast komplett zugebaut ist. Zur Anlage gehört außer religiösen Bauten auch ein großes vegetarisches Restaurant im unteren Bereich der auf mehreren Ebenen angeordneten Anlage.

In einem umbauten Teich recken Schildkröten ihre Hälse nach oben. Bei Chinesen gelten die Tiere als ein Symbol für langes Leben. Dahinter gelangt man zu einem der wenigen freien Plätze, die einen Blick auf die beiden Hügel ermöglichen. Große Granitsteine, die mit religiösen Inschriften versehen sind, erfahren besondere Verehrung. Links führt eine Treppe hinauf und durch ein rundes Mondtor zu einer kleinen Pagode, die von über 100 Buddhas in der gleichen Haltung umgeben ist. Rechts geht es durch weitere Hallen hinauf zur großen, weißen Statue der Göttin der Barmherzigkeit *(Kuan Yin)* und zur prunkvollen Gebetshalle. Davor ist jedoch erst einmal ein Eintrittsgeld von 2 RM zu entrichten. In der pompösen, neuen Halle mit Marmorboden, deren Front mit figürlichen Steinmetzarbeiten aus grauem Granit bedeckt ist, stehen vor einer vergoldeten Wand drei Buddhastatuen. Überragt wird die Anlage von der 30 m hohen Ban Hood-Pagode, auch „Pagode der zehntausend Buddhas" genannt. Allerdings sind die meisten dieser Buddhas nur Abbildungen auf Wandfliesen, die alle Räume und Treppenwände bedecken. Sie ist in drei Stilrichtungen erbaut, die untere nach chinesischen Bauplänen, der Mittelteil thai-buddhistisch, und die spiralförmige Spitze nach burmesischen Vorlagen.

Im obersten Teil, der Besuchern nicht zugänglich ist, befinden sich einige Schätze, darunter eine Reliquie Buddhas, eine Statue aus purem Gold, Diamanten und Silbermünzen.

Die beste Assam Laksa gibt es am Stand an der Abzweigung der Straße zum Tempel unter dem Hinweisschild.

Kek Lok Si-Tempel

Von der Endstation der Busse nach Air Itam führt ein Fußweg hinauf zum Kek Lok Si-Tempel, der weithin sichtbar die Ansiedlung überragt. Der schmale, überdachte Weg ist etwa 500 Meter lang, ziemlich steil und nahtlos von Souvenirständen mit aufdringlichen Händlern gesäumt. Beim Aufstieg kann man gefälschte Gucci-Taschen und Parfüms, malaiische Batik, billig produzierte chinesische Masken, indischen Schmuck, Stickereien, Schnitzereien, Spielzeug, Snacks, usw. erstehen (handeln!). Es ist allerdings möglich, sich den Aufstieg durch den schmalen, stickigen Gang zu ersparen und die längere, steile Straße rechts vom Tor entlangzugehen, die an einem Parkhaus endet, das in den Tempelkomplex integriert ist. Ein Devotionalien-Supermarkt unter dem Haupttempel bietet u.a. eine Riesenauswahl herrlich kitschiger dickbäuchiger Buddhafiguren in allen Größenordnungen. Der Verkaufserlös dient der Instandhaltung der Tempelanlage. ⊙ tgl. 9–18 Uhr, Eintritt.

Penang Hill (Bukit Bendera)

Schon allein die fünf bis sechs Grad Temperaturunterschied rechtfertigen den erfrischenden Ausflug auf den 830 Meter hohen Penang Hill, eigentlich ein Hochland mit mehreren Gipfeln. Die herrliche Aussicht auf Georgetown, die Insel Penang, und bei gutem Wetter auch auf die Berge von Kedah und Perak tun ein Übriges.

Schon 1923 wurde die **Penang Hill Railway** in Betrieb genommen. 25 Minuten braucht eine der beiden Bergbahnen bis zu der auf 735 m gelegenen oberen Station. Schon während der Fahrt kann man deutlich den Wechsel in der Vegetation wahrnehmen.

Pfade und Treppen führen dann weiter den Penang Hill hinauf zum **Bellevue Hotel**. Das ehemalige Landhaus eines englischen Kolonialbeamten stand früher zwischen Erdbeerfeldern, die schon Sir Francis Light hatte anlegen lassen, und die der Gegend um die Bergstation den Namen **Strawberry Hill** gaben. Hier befinden sich Souvenirstände, Foodstalls, eine Polizeistation, ein Postamt und ein *Tea Kiosk* inmitten eines Blumengartens.

Zwischen dem Postamt und der Polizeistation beginnt ein **Fußweg zum Botanischen Garten** hinab. Für den 5 km langen Abstieg durch den Dschungel (s.S. 680) benötigt man 2 Std.

Daneben führen weitere Wanderwege, z.B. über die Summit Rd. an den Ferienhäusern vorbei zum **Tiger Hill** (5 km). Von der Endstation der Busses nach Air Itam (s.S. 680) entweder 10 Min. ab dem Kreisverkehr laufen oder mit dem Transit Link-Bus 8 bis zur unteren Bahnstation *(Lower Station)* fahren. Die Bergbahn verkehrt halbstündlich zwischen 6.30 Uhr und 21.15 Uhr. Sa und So fährt die letzte Bahn zurück um 23.45 Uhr. Während der Ferien können sich lange Schlangen bilden. Ein Rückfahrtticket kostet 4 RM. Es lohnt sich, nach Sonnenuntergang das nächtliche Panorama zu betrachten.

Übernachtung

Georgetown ist eine Stadt mit reichlich Hotels in allen Preislagen. Der Ansturm auf die billigen Traveller-Quartiere ist allerdings besonders in den Sommermonaten enorm. Wer spät abends ankommt, kann Schwierigkeiten haben, noch ein Zimmer in der gewünschten Kategorie zu bekommen.

GÄSTEHÄUSER UND TRAVELLER-HOTELS – In keinem anderen Ort sind die Grenzen zwischen Gästehäusern und Billighotels so durchlässig – viele Chinesenhotels in der Lebuh Chulia, die sich völlig auf den Traveller-Markt spezialisiert haben, unterscheiden sich kaum von Gästehäusern, so dass wir sie hier ebenfalls listen. Traveller-Unterkünfte konzentrieren sich in der Lebuh Chulia (Chulia Street) und ihren Seitenstraßen. Hier hat sich auch die Gastronomie auf das Traveller-Publikum eingestellt. Bei den meisten liegen die Preise fürs DZ unter 30 RM.

D'Budget Hostel**③⓪, 9 Lebuh Gereja, ✆/✉ 2634794, nahe Fährhafen, einfaches, renoviertes Hotel, Schlafsaal für 7 RM, Zimmer mit Fan oder ac mit und ohne Du/WC. Aufenthaltsraum mit TV. Hübsche Dachterrasse mit Blick auf Georgetown. Internet-Zugang, Wäscheservice.

Plaza Hostel*–**③②, 32 Lebuh Ah Quee, ✆ 2632388, Schlafsaal 8 RM, Zimmer mit Fan oder ac, mit und ohne Fenster, alle mit Gemeinschafts-Du/WC, z.T. mit Balkon, ein beliebter Traveller-Treff. Sauber und freundlich. Schließfächer, Wäscheservice, Ticketreservierungen und jede Menge Infos.

Broadway Hostel*–** ㉙, 35F Jl. Masjid Kapitan Keling (Lebuh Pitt), ℡ 2628550, ℡ 2645622, moderner Bau an einer belebten Straße. Einfache Zimmer mit ac oder Fan, Schlafsaalbett 7 RM, viele einheimische indische Gäste.

Halo Crystal Hostel* ㉖, 290 Lebuh Chulia, ℡ 016-4722233, einfache Zimmer ohne Fenster, vermittelt Minibusse von *New Chaw Wang Tour* nach Thailand.

Love Lane Inn* ㉓, 54 Love Lane, ℡ 016-4198409, ocean008@hotmail.com, einfache Zimmer mit Fan und Gemeinschafts-Du/WC sowie Schlafsaalbetten für 8 RM. Auch Ticketverkauf.

Wan Hai Hotel* ㉒, 35 Lorong Cinta (Love Lane), Ecke Lorong Steward, ℡ 2616853. Ehemaliges Chinesenhotel für Anspruchslose mit einfachen, zumeist etwas dunklen aber sehr billigen Zimmern, die nach oben nur durch Holzgitter abgeteilt etwas hellhörig sind, Gemeinschafts-Du/WC, Schlafsaal für 7 RM und Balkon im 1. Stock. Freundliche Atmosphäre.

Swiss Hotel* ㉗, 431 Lebuh Chulia, ℡ 2620133. Alte Traveller-Adresse, etwas abseits der Straße gelegen, großer Vorhof mit einfachem Restaurant. Zimmer mit Fan, einige mit Du/WC. Unfreundliches Personal. Vermittelt Minibusse von *Chaw Wang Tours* nach Thailand.

75 Travellers Lodge*–** ⑰, 75 Lebuh Muntri, ℡ 2623378, ℡ 2633378, sehr gut, sauber und freundlich, Schlafsaal mit 10 Betten 7 RM, Zimmer mit Gemeinschafts-Du/WC, teils mit Warmwasser, einige Zimmer mit kleiner Du/WC oder ac, Wäscheservice, im Obergeschoss ein teilweise überdachter Balkon. Mr. Loo und sein Personal sind sehr freundlich und hilfsbereit.

Oriental Gh.* ⑰, 81 Lebuh Muntri, ℡ 2613378, gehört zur benachbarten *75 Travellers Lodge*. Am schönsten ist das luftige, weiträumige Café im vorderen Bereich des alten Hauses, von dem hinten mit Spanplatten-Wänden die kleinen Zimmer mit Fan abgeteilt sind, Gemeinschafts-Du/WC. Sehr gutes aber nicht billiges Essen.

Stardust Gh.*–** ㉑, 370 D Lebuh Chulia, ℡ 2635723, nettes, familiäres und sehr sauberes Haus, 4 Zimmer mit Fan und unter dem Dach

2 mit ac, 3 Gemeinschafts-Du/WC, z.T. mit Warmwasser. Im Erdgeschoss kleines Café.

Olive Spring Hotel* ㉕, 302 Chulia Street, ℡ 2614641, 20 sehr saubere, einfache Zimmer mit Fan, Waschbecken und Gemeinschafts-Du/WC, Schlafsaalbetten 8 RM. Familiäre Atmosphäre. Im Erdgeschoss ein kleines Traveller-Restaurant, ◔ Mo–Sa 8–24 Uhr.

Genesis* ㉛, 208 Lebuh Chulia, ℡ 017-4967262, in einem alten chinesischen Haus. Einfache Zimmer, Ticketverkauf und ein Kühlschrank mit kaltem Bier.

PREISWERT – Auch wenn in Penang viele billige Absteigen gleichzeitig Stundenhotels sind, kann man dort doch häufig unbeschadet übernachten und bekommt von dem nächtlichen Betrieb kaum etwas mit.

SD Motel*–** ⑯, 24 Lebuh Muntri, ℡ 2643743, ✉ sd_motel@hotmail.com, Kleinhotel ohne Atmosphäre. Zimmer mit Fan oder ac, auch Familienzimmer, alle mit Gemeinschafts-Du/WC.

Island City Hotel*–*** ⑲, 456 Lebuh Chulia, ℡ 2643107, ✉ sdin_97@hotmail.com, nicht sehr sauberes Hotel mit Zimmern ohne Fenster und unterschiedlicher Ausstattung, von kleinen, lauten Räumen mit Fan und Gemeinschafts-Du/WC bis zu Zimmern mit ac, Du/WC und TV.

Blue Diamond Hotel*–** ⑳, 422 Lebuh Chulia, ℡ 2611089, ✉ b_diamond422@hotmail.com, hat rund um die Uhr geöffnet. Hinter dem Biergarten verbirgt sich in dem ruhig gelegenen Gebäude ein klassisches, weiträumiges, altes Chinesenhotel. Große, einfache Zimmer mit Fan und Du/WC, manche mit ac, auch Schlafsaal mit 4 Betten à 8 RM. Gutes Frühstück und preiswerte Getränke.

Pin Seng Hotel* ㉔, 82 Love Lane, ℡ 2619004. Einfaches Hotel mit einem alten und einem neuen Flügel. Zimmer mit und ohne Du/WC. Etwas zu weit außerhalb liegen:

YMCA–***** ②, 211 Jl. Macalister, ℡ 8295224, ℡ 2295869, im Nordwesten, weiß-roter Transit Link-Bus 7 ab KOMTAR Bldg. Alle Zimmer mit Du/WC mit und ohne ac. Nichtmitglieder können eine Mitgliedschaft auf Zeit erwerben.

YWCA** ⑥, 8 Jl. Masjid Negeri (Green Lane), ℡ 2681855, nahe der Nationalmoschee, weiß-roter Transit Link-Bus 101, ist Frauen vorbehalten.

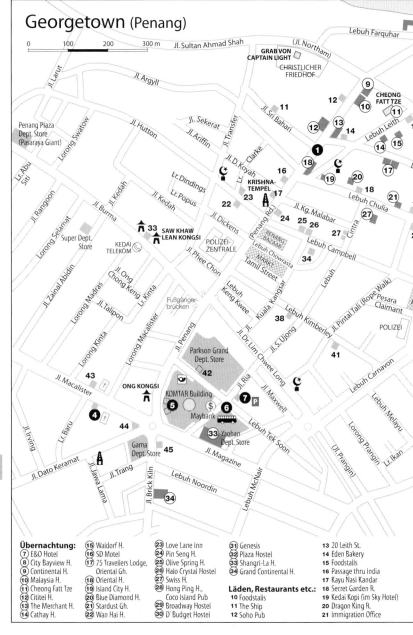

Georgetown (Penang)

0   100   200   300 m

Jl. Sultan Ahmad Shah

GRAB VON CAPTAIN LIGHT

(Jl. Northam)

Lebuh Farquhar

CHRISTLICHER FRIEDHOF

Jl. Argyll

Jl. Larut

9

CHEONG FATT TZE

12

10

11

Jl. Sekerat

Jl. Sri Bahari

11

Jl. Hutton

Jl. Transfer

Jl. Ariffin

12

13

14

Lebuh Leith

Lorong Swatow

Penang Plaza Dept. Store (Pasaraya Giant)

Jl. D. Koyah

Clarke

14

15

Lr. Abu Siti

Lr. Dindings

1

18

17

Jl. Rangoon

Jl. Kedah

Lr. Popus

KRISHNA-TEMPEL

19

20

18

Jl. Burma

Jl. Kedah

16

17

21

Super Dept. Store

33 SAW KHAW LEAN KONGSI

22

23

Jl. Dickens

24

25 26

Jl. Kg. Malabar

Lebuh Chulia

27

Cintra

Lorong Selamat

KEDAI TELEKOM

POLIZEI-ZENTRALE

Penang Rd.

PENANG BAZAAR

Lebuh Chowrasta

27

Lebuh Campbell

Jl. Zainal Abidin

Jl. Ong Chong Keng

Jl. Phee Chon

MARKT Tamil Street

34

Jl. Madras

Lr. Kinta

Lebuh Keng Kwee

Kuala Kangsar

Lebuh Kimberley

Lebuh

Pesara Claimant

Jl. Pintal Tali (Rope Walk)

Lorong Macalister

Jl. Talipon

Fußgänger-brücken

38

Lorong Kinta

Jl. Penang

Jl. Dr. Lim Chwee Long

Jl. S. Ujong

POLIZEI

41

Jl. Macalister

43

Parkson Grand Dept. Store

42

Jl. Ria

Lebuh Carnavon

ONG KONGSI

KOMTAR Building

5

6

7

P

Jl. Maxwell

Lebuh Melayu

Jl. Baru

Jl. Irving

4

44

Maybank

Lebuh Tek Soon

Lorong Prangin

Lr. Ikan

33 Yaohan Dept. Store

Gama Dept. Store

45

Jl. Magazine

(Jl. Prangin)

Jl. Dato Keramat

Jl. Jawa Lama

Jl. Trang

Jl. Brick Kiln

Lebuh Noordin

Lebuh McNair

34

NORD-MALAYSIA

Übernachtung:
7 E&O Hotel
8 City Bayview H.
9 Continental H.
10 Malaysia H.
11 Cheong Fatt Tze
12 Cititel H.
13 The Merchant H.
14 Cathay H.
15 Waldorf H.
16 SD Motel
17 75 Travellers Lodge, Oriental Gh.
18 Oriental H.
19 Island City H.
20 Blue Diamond H.
21 Stardust Gh.
22 Wan Hai H.
23 Love Lane Inn
24 Pin Seng H.
25 Olive Spring H.
26 Halo Crystal Hostel
27 Swiss H.
28 Hong Ping H., Coco Island Pub
29 Broadway Hostel
30 D` Budget Hostel
31 Genesis
32 Plaza Hostel
33 Shangri-La H.
34 Grand Continental H.

Läden, Restaurants etc.:
10 Foodstalls
11 The Ship
12 Soho Pub
13 20 Leith St.
14 Eden Bakery
15 Foodstalls
16 Passage thru India
17 Kayu Nasi Kandar
18 Secret Garden R.
19 Kedai Kopi (im Sky Hotel)
20 Dragon King R.
21 Immigration Office

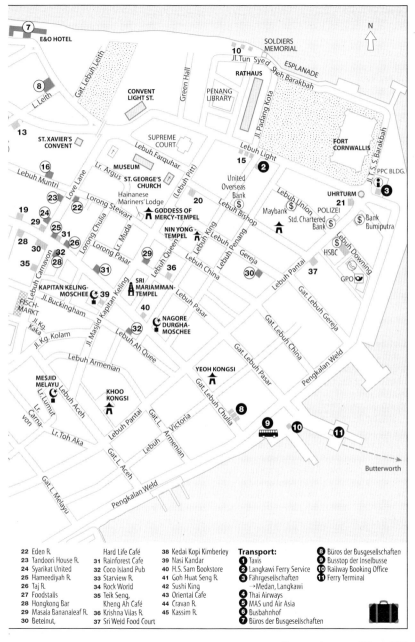

22 Eden R.
23 Tandoori House R.
24 Syarikat United
25 Hameediyah R.
26 Taj R.
27 Foodstalls
28 Hongkong Bar
29 Masala Bananaleaf R.
30 Betelnut,

Hard Life Café
31 Rainforest Cafe
32 Coco Island Pub
33 Starview R.
34 Rock World
35 Teik Seng,
   Kheng Ah Café
36 Krishna Vilas R.
37 Sri Weld Food Court

38 Kedai Kopi Kimberley
39 Nasi Kandar
40 H.S. Sam Bookstore
41 Goh Huat Seng R.
42 Sushi King
43 Oriental Cafe
44 Cravan R.
45 Kassim R.

Transport:
❶ Taxis
❷ Langkawi Ferry Service
❸ Fährgesellschaften
   →Medan, Langkawi
❹ Thai Airways
❺ MAS und Air Asia
❻ Busbahnhof
❼ Büros der Busgesellschaften

❽ Büros der Busgesellschaften
❾ Busstop der Inselbusse
❿ Railway Booking Office
⓫ Ferry Terminal

MITTELKLASSE – Die meisten Mittelklasse-Hotels konzentrieren sich am nördlichen Ende der **Jl. Penang.** Auf Anfrage wird von fast allen auf die offiziellen Zimmerpreise ein hoher Rabatt gewährt.

Cathay Hotel**–*** (14), 15 Lebuh Leith, ☎ 2626271, 📠 2639300, schräg gegenüber dem Cheong Fatt Tze Mansion. Altes Chinesenhotel, saubere, große Zimmer mit Du/WC und ac, manche etwas düster, die besten nach vorn. Hinten im Haus befindet sich ein Coffeeshop mit Massagesalon und leicht bekleideten Mädchen.

Waldorf Hotel** (15), 13 Lebuh Leith, ☎ 2626143, 📠 2626140, liegt gleich nebenan. Das moderne Gebäude wirkt wegen der Nachbarschaft zu den alten Villen nicht ganz so attraktiv, aber die ac-gekühlten Zimmer sind o.k. Positive Leserzuschriften.

The Merchant Hotel*** (13), 55 Jl. Penang, ☎ 2632828, 📠 2625511, komfortables Business-Hotel, 86 Zimmer mit TV, ac, Du/WC und Kühlschrank im 16.–11. Stock, Rezeption im EG.

Oriental Hotel*** (18), 105 Jl. Penang, Ecke Lebuh Leith, ☎ 2634211, 📠 2635395. Schon etwas abgewohntes 11-stöckiges Hotel, Zimmer mit ac, Du/WC, TV und Kühlschrank. Am besten sind die oberen Stockwerke (wegen der Aussicht), sofern man sich mit dem langsamen Lift arrangieren kann. Gutes Preis-Leistungs-Verhältnis, im UG das hervorragende indische *Kashmir Restaurant.*

Continental Hotel*** (9), 5 Jl. Penang, ☎ 2636388, 📠 2638718, ✉ hotelconti@po.jaring.my, am oberen Ende der Jl. Penang. Business-Hotel mit 200 komfortablen Zimmern, die im alten Flügel etwas günstiger als die besseren im 18-stöckigen Neubau, Café und Restaurant, Pool im 6. Stock, einfaches Frühstücksbuffet inkl.

Malaysia Hotel (10) (ab 150 RM), 7 Jl. Penang, ☎ 2633311, 📠 2631621, 🖥 www.hotelmalaysia.com.my. Renoviertes, sauberes Hotel. Zimmer mit Du/WC, Satelliten-TV und Wasserkocher. Allerdings wurde die alte, zentrale ac-Anlage nicht ausgetauscht.

Hong Ping Hotel*** (28), 273B Lebuh Chulia, ☎ 2625243-4, 📠 2623270, zentral gelegen und etwas laut, aber eine gute Alternative für Nachtschwärmer. Saubere Zimmer mit ac, Du/WC, Kühlschrank, gefliesten Böden und Fenstern.

Midtowne Hotel**** (5), 101 Jl. Macalister, ☎ 2269999, 📠 2295149. Business-Hotel mit Bar und Restaurant, alle Zimmer mit Bad, TV, Kühlschrank; Frühstück inkl.

Garden Inn**** (4), 41 Jl. Anson, ☎ 2263655, 📠 2267906. Modernes, komfortables Hotel, etwas außerhalb und ruhiger gelegen.

Hotel 1926***–**** (3), 227 Jl. Burma, Ecke Jl. Imigresen, ☎ 2281926, 📠 2279926, 🖥 www.penang-hotels.com/hotel1926/, ist trotz seiner nicht ganz zentralen Lage eine interessante Adresse für Nostalgiker. Das fast 100 m lange, zweistöckige, ursprünglich von Regierungsbeamten bewohnte Kolonialgebäude wurde vorbildlich renoviert. Kleine, teils muffige, im Kolonialstil eingerichtete Zimmer mit Du/WC und ac, im Obergeschoss mit Balkon, unten kleine Terrassen.

Bellevue Hotel***–****, Bukit Bendera (Penang Hill), ☎ 8299600, 📠 8292052. Hoch über der Stadt in reizvoller Umgebung gelegen, bot das traditionsreiche, koloniale Villa bisher 12 vergleichsweise preiswerte Zimmer an, die nach der Renovierung wahrscheinlich teurer werden. Nur über die Bergbahn zu erreichen.

LUXUS – kann man nicht nur am Strand von Batu Ferringhi (s.S. 696) genießen, die Preise sind natürlich entsprechend. Allerdings lohnt es sich, die Strandhotels zu checken, da die Resorts große Pools haben und außerhalb der Saison mit hohen Preisnachlässen locken, so dass ein komfortables Zimmer sehr günstig zu bekommen ist. Bei folgenden Hotels nennen wir nicht die meist überhöhten *published rates*, sondern die im Internet oder vor Ort angebotenen Preise.

Eastern & Oriental Hotel (7) (ab 340 RM), 10 Lebuh Farquhar, ☎ 2222000, 📠 2616333, 🖥 www.e-o-hotel.com, (s.S. 677) das sanierte Kolonialhotel verbirgt hinter seiner Fassade 100 komfortable Suiten in 5 unterschiedlichen Kategorien bis 5500 RM pro Nacht. Vom Wohnraum mit Satelliten-TV, Bar und Wasserkocher teils Blick aufs Meer, separater Schlafraum und riesiges Bad im alten Stil.

Cheong Fatt Tze Mansion (11) (ab 200 RM), 14 Lebuh Leith, ☎ 2620006, 📠 2625289, 🖥 www.cheongfatttzemansion.com, (s.S. 677) ein weiteres Kleinod aus der Kolonialzeit. Nach Voranmeldung kann man eines der 16 stilvoll eingerichteten, großen Zimmer in den beiden Seitenflügeln bewohnen, die mit Liebe zum Detail individuell mit alten Möbeln und modernen Bädern einge-richtet wurden. Im ruhigen Innenhof kann man frühstücken und auch ansonsten gemütlich sit-zen. Wer möchte, kann es sich erst einmal wäh-rend einer der 2x tgl. stattfindenden Führungen ansehen.

City Bayview Hotel (ab****) ⑧, 25 Lebuh Farquhar, ✆ 2633161, ✆ 2634124, 🖥 www.penang-hotels.com/citybayview/. 4-Sterne-Hotel mit 320, sauberen und mit allem Komfort ausge-statteten Zimmern, einige mit Blick aufs Meer. Pool, vom Turm-Café genießt man eine schöne Aussicht auf die Stadt. Im Haus eine beliebte Disco.

Cititel (ab 160 RM) ⑫, 66 Jl. Penang, ✆ 3701188, ✆ 3702288, 🖥 www.cititelhotel.com. Großes 4-Sterne-Business-Hotel in zentraler Lage mit Business Centre, japanischem Restaurant, Pool, Jacuzzi und Frühstücksbuffet und großes *All you can eat buffet* von 12–14.30 und 18.30–22 Uhr, So abends Seafood.

Shangri-La Hotel (ab 300 RM) ㉝, Jl. Magazine, neben dem KOMTAR Bldg., ✆ 2622622, ✆ 2626526, 🖥 www.shangri-la.com. Internatio-nales Top-Hotel mit entsprechenden Leistungen, beliebte Disco.

In **Tanjung Bungah** stehen hintereinander zwi-schen Straße und Strand 3 Hotelblocks, die zeit-weise mit günstigen Angeboten**** werben:

Copthorne Orchid Hotel (ab 230 RM) ①, Tanjung Bungah, ✆ 8903333, ✆ 8903303, 🖥 www.penang-hotel.com/copthorne_orchid.htm. Luxus-hotel u.a. mit Pool, Fitnesscentre, einem chinesi-schen Restaurant und der beliebten Disco *Shock*.

Paradise Sandy Bay Hotel ① (ab 170 RM) Tan-jung Bungah, ✆ 8999999, ✆ 8990000, 🖥 www.penang-hotel.com/paradise_sandy.htm. 300 Stu-dios mit Kochnische und 1–2-Zimmer-Suiten mit allem Komfort, die sich gut für einen längeren Aufenthalt eignen, Pool und Restaurant.

Crown Jewel Hotel (ab 230 RM) ①, Tanjung Bungah, ✆ 8904111, ✆ 8904777, 🖥 www.crownprincehotel.net. 280 großzügige Zimmer, alle mit Balkon zum Meer, hübscher Pool am Strand, chinesisches Restaurant.

Ähnlich wie in Singapore lässt sich ein Penang-Besuch zu einer wunderbaren kulinarischen Rei-se ausgestalten, denn hier sind einige der bes-ten Küchen Asiens auf engem Raum versammelt. Wer da noch auf seinem nivellierten internatio-nalen Traveller-Essen besteht, ist selbst schuld. Malaiisch, indonesisch, chinesisch, Nonya, nord- und südindisch, Thai, japanisch und natür-lich auch europäisch lässt es sich allabendlich vorzüglich speisen, auch ohne die Reisekasse allzu sehr zu strapazieren.

Eine Spezialität, die sogar auf der Insel kreiert worden sein soll, ist *Laksa*, eine im ganzen Land berühmte würzige, säuerlich-scharfe Nudelsup-pe auf Fischgrundlage mit dicken Nudeln und zahlreichen weiteren Zutaten – köstlich! *Laksa* und malaiisches *Sate* an vielen Essenständen, vor allem auf den Nachtmärkten, die häufig ihren Standort wechseln.

ESSENSTÄNDE – *Hawker Centres* servieren oft erstaunlich gute Mahlzeiten, z.B. tagsüber an der Lebuh King gegenüber dem Rathaus und abends an der Esplanade jenseits vom Rathaus. Gut besucht sind abends die Lebuh Carnavon und Lebuh Cintra zwischen Lebuh Chulia und Le-buh Campbell, wo sich neben den kleinen chine-sischen Restaurants auf dem Bürgersteig weite-re Essenstände drängen.

Ein weiteres beliebtes *Hawker Centre* ist **Kedai Kopi Kimberley** in der Lebuh Kimberley zwischen Jl. Kuala Kangsar und Jl. Sungai Ujong, und der *Sri Weld Food Court* an der Einmündung der Le-buh Bishop in die Lebuh Pantai.

Keinesfalls versäumen sollte man den Nacht-markt am **Gurney Drive** nahe dem Kreisverkehr am Ende der Jl. Bagan Jermal, etwas außerhalb des Zentrums (Bus 93 oder 202 ab KOMTAR Bldg., Haltestelle hinter McDonald's und Pizza Hut). Durch seine Lage nahe dem Meer ist es hier abends angenehm kühl. Die meisten Stände, die sowohl malaiisches als auch chinesisches Essen sowie frisch gepresste Säfte und Bier ser-vieren, öffnen kurz vor Sonnenuntergang.

Vegetarier kommen im *EE Beng Vegetarian Food Centre*, 20 Lebuh Dickens, gegenüber der Polizei, auf ihre Kosten, das überwiegend von der arbei-

NORD-MALAYSIA

tenden Bevölkerung zum Frühstücken und Mittagessen besucht wird. Daher ist es nur bis 16 Uhr geöffnet und So geschlossen.

Der *Kedai Kopi im Sky Hotel*, Leboh Chulia, ist am frühen Abend wegen seiner echt chinesischen Küche bei Einheimischen sehr beliebt, v.a. der Stand von Wai Kee.

Der *Nasi Kandar-Stand* neben der Kapitan Keling Moschee ist seit Generationen bei Nachtarbeitern und Nachtschwärmern beliebt und unübertroffen gut, ⊙ tgl. 2.30–12 Uhr. Bereits nach 7 Uhr sind die besten Gerichte ausverkauft, so dass es sich lohnt, früh aufzustehen oder spät zu Bett zu gehen.

> **Nasi Kandar** Das Gericht besteht aus einer Portion Reis, der zusammen mit Gemüse- und Fleisch-Currys sowie anderen Zutaten vom Bananenblatt mit den Fingern gegessen wird. Ursprünglich war es ein Gericht indischer Muslime, das Straßenhändler in großen Bastkörben, die an langen Bambusstäben getragen wurden, anboten.

Das beste Curry Mee gibt es im *New Cathay Coffeeshop*, Jalan Burma gegenüber Bellisa Row.

MALAIISCH – *Kassim*, 2-I Jl. Brick Kiln, nahe KOMTAR Bldg., ist für seinen vorzüglichen *Nasi Kandar* bekannt und hat zudem die ganze Nacht geöffnet.

Kayu Nasi Kandar, Jl. Penang, neben dem Krishna-Tempel. Neues, großes und sehr sauberes Restaurant mit Selbstbedienung und einer guten Auswahl preiswerter Gerichte, das rund um die Uhr geöffnet hat.

CHINESISCH – Kein Wunder, dass ein so chinesisch geprägter Ort wie Penang über unzählige chinesische Restaurants verfügt. Einige haben keine Speisekarte, und man muss sich ein wenig durchfragen.

Sin Tai Tung, 130 Jl. Macalister, Ecke Lorong Selamat, hinter dem UMNO-Hochhaus ist ein echter Tipp. In dem offenen, einfachen Restaurant wird fantastisches, frisches Essen zu günstigen Preisen zubereitet. Unbedingt den süß-sauren Garupa und die knusprigen Hähnchen probieren, auch leckere vegetarische Gerichte.

Teik Seng + Kheng Ah Café, Lebuh Carnavon, nahe Lebuh Chulia, bereitet leckere chinesische Wok-Gerichte und andere Spezialitäten zu und ist vor allem bei Einheimischen beliebt. ⊙ Mi–Mo 12–14.30 und 17.30–20.30 Uhr.

Goh Huat Seng, 59 A Jl. Kimberley, nahe Jl. Pintal Tali. Gutes China-Restaurant, nicht ganz billig.

NONYA – Eine fantastische Mischung aus malaiischer und chinesischer Küche haben die in Südostasien lebenden Chinesinnen, die Nonya, entwickelt. Bekannt sind die Frühlingsrollen *Popiah*, weniger bekannt die mit Gemüse gefüllten winzigen Teighütchen *Top Hats*, die es nur selten gibt.

Dragon King, 99 Lebuh Bishop, nahe Jl. Masjid Kapitan Keling. ⊙ tgl. außer Mi 11.30–15 und 18–21.30 Uhr. Spezialisiert auf die Nonya-Küche. Gut schmecken *Assam Prawns*, in Tamarinde eingelegte und gebratene Garnelen, sowie *fish otak-otak* auf Bananenblättern.

Sweet Cuisine Corner, Jl. Perak, Perak Plaza, ✆ 2272269, für die wechselnden Tagesgerichte, die auf einer Tafel am Eingang angeschrieben sind, lohnt der Weg. Leckere Hausmacher-Nonya-Küche in einem unspektakulären, sauberen Restaurant. Zum Essen den Muskatnuss-Saft probieren.

SEAFOOD – Der hohe Fischpreis aufgrund der leer gefischten einheimischen Gewässer verdirbt vielen Chinesen nicht den Appetit an Seafood. Allerdings muss man bereit sein, weit mehr als an der Ostküste zu bezahlen, z.B. für große Prawns und Lobster 80–100 RM pro kg, ein Fisch mittlerer Größe um 40 RM. Vorsicht, auf Speisekarten und Auslagen werden immer Preise für 100 g angegeben. Da es schon viele Missverständnisse gegeben hat, sollte man sich nach der Bestellung den Preis für das ausgewählte Seafood nennen lassen.

Oriental Seafood, 42 Gurney Drive, ein großes, ins Meer hinausgebautes Freiluftrestaurant, Becken mit lebenden Fischen und anderen Meerestieren, die auf verschiedene Art zubereitet werden. Dieses ist eine Filiale des

Oriental Café in der 62 Jl. Macalister, nahe KOMTAR Bldg., im Vorhof dieses alten Hauses haben sich mehrere Essenstände angesiedelt, darunter ein etabliertes Seafood-Restaurant, das leckere Gerichte und frische Fische sowie Meeresfrüchte zubereitet, ⏰ tgl. 18–24 Uhr.

Eden, 15 Jl. Hutton, in einer Seitenstraße der Jl. Penang, 📞 2639262. Exzellente Seafood-Spezialitäten, aber auch gute Steaks und andere Gerichte in dem seit 1964 etablierten Restaurant. ⏰ tgl. 12–15 und 18–22.30 Uhr. Ausreichend Geld bzw. Kreditkarte einstecken!

Starview Restoran, 66 Burmah Rd., großes chinesisches Seafood-Restaurant neben dem Tempel. ⏰ tgl. 12–14.30 und 18.30–22.30 Uhr.

INDISCH – Indische Restaurants sind vor allem rund um die Lebuh Pasar und Lebuh Penang zu finden.

Kashmir im Untergeschoss des Oriental Hotel, 105 Jl. Penang. Freunde der nordindischen Currys kommen hier auf ihre Kosten. Kein billiges Restaurant, aber es ist immer gut besucht und lohnt sich. ⏰ tgl. 12–15 und 19–23 Uhr.

Passage thru India, 132-134 Jl. Penang, neben dem Kino, 📞 2620263, ein größeres, farbenfroh dekoriertes nordindisches Restaurant mit etwas höheren Preisen und sehr gutem Essen – ein Erlebnis für die Sinne. ⏰ 11–15 und 18.30–23 Uhr.

Tandoori House, 34-36 Jl. Hutton, 📞 2619105, gehobenes nordindisches Restaurant mit gleichnamigen Spezialitäten. ⏰ tgl. 11.30–15 und 18.30–22.30 Uhr.

Hameediyah, 164 A Lebuh Campbell, liegt in einer Seitenstraße der Jl. Penang. Im offenen Erdgeschoss und klimatisierten ersten Stock serviert man Murtabak und Currys.

Taj, 166 Lebuh Campbell, nebenan, abends geöffnetes, preiswertes, muslimisch-indisches Restaurant.

Krishna Vilas, Lebuh Pasar, sauberes, preiswertes Bananaleaf-Restaurant. Morgens von 6–11 und von 16.30–22 Uhr auch frische Dosai und Puri, mittags nur Currys für 3–6 RM.

Masaala Bananaleaf Restaurant, neben dem 7-Eleven in der Love Lane, nahe Lebuh Chinta, bietet ebenfalls südindische Küche.

Cravan Restaurant, Jl. Macalister, Ecke Jl. Dato Keramat, sehr einfach, manche schwören auf den *Byriani Rice*, der hier serviert wird.

WESTLICH – Im *Coco Island Pub & Cafe*, 273 Lebuh Chulia, vor dem Hong Ping Hotel, treffen sich abends Traveller, um *Sate, Fried Rice* und andere Gerichte zu essen oder einen Drink zu nehmen. Man kann bei asiatischer oder westlicher Musik drinnen und draußen sitzen.

Rainforest Cafe, 302 Lebuh Chulia, Restaurant mit einer Speisekarte nach westlichem Geschmack. Selbst gebackenes Brot und guter Kaffee. ⏰ tgl. außer So 8.30–24 Uhr.

In einigen Traveller-Cafés werden abends Filme gezeigt. Das Essensangebot ist auf den westlichen Geschmack zugeschnitten und preiswert: **Betelnut**, 317 Lebuh Chulia, ⏰ tgl. 17–2 Uhr, **Halo Crystal Café**, 290 Lebuh Chulia, unter dem gleichnamigen Guesthouse.

Secret Garden, Lebuh Cintra, ein weiteres Traveller-Restaurant mit westlicher und asiatischer Küche, auch Steaks unter 30 RM.

Eden Bakery, am westlichen Ende der Lebuh Muntri, süße, weiche Brötchen und Teilchen frisch aus dem Ofen, Torten und Kuchen, auch Kaffee, Selbstbedienung, einige Tische unter den Arkaden. Nur tagsüber geöffnet.

The Ship, Jl. Sri Bahari, serviert bis spät abends Steaks und andere westliche Gerichte, im 1. Stock spielt ab 21 Uhr die Band.

TRAVELLER-TREFFS – Wer den Abend nicht nur bei einem guten Essen verbringen möchte, dem bietet Georgetown mehr als jede andere Stadt Malaysias (KL einmal ausgenommen) ein breites Unterhaltungsangebot. Die Schauplätze können sich, wie überall, schnell ändern.

Die Traveller-Szene sitzt abends in den Kneipen rund um die Lebuh Chulia (wo sonst? s.o.). Hier geht es sehr „westlich" zu.

Hard Life Cafe, 363 Lebuh Chulia, ⏰ tgl. 14–2 Uhr – keine Waffen, keine Krawatten dafür Reggae bis zum Abwinken.

PUBS UND BARS – **20 Leith St**, Trend-Bistro mit Bar im EG der restaurierten Häuserzeile gegenüber dem Cheong Fatt Tze Mansion. Der lange Bar-Raum und die dahinter liegenden Räume sind mit Antiquitäten, Fotos und alten Stichen geschmückt. Wenn gute chinesische Bands spielen geht es hoch her. Dann halten auch die gehobenen Getränkepreise nicht davon ab, mal richtig auf die Pauke zu hauen. Ausländer bevorzugen es allerdings, wegen der frostig kalt eingestellten ac auf den rustikalen Bänken im Vorhof draußen zu sitzen.

Soho Pub, im Peking Hotel, 50 Penang Rd., gepflegte Kneipe in der ab 12 Uhr ein halbes Dutzend Biersorten vom Fass ausgeschenkt werden. Wenn auf den vielen Bildschirmen wichtige Sportereignisse live übertragen werden, ist der Laden brechend voll. Als Stärkung serviert man englisches Pub Food wie Hamburger und Pies. Happy Hour von 17–21.30 Uhr.

Wer Lust hat, einmal in einer der traditionellen **Bars** abzustürzen:

Hongkong Bar, 371 Lebuh Chulia, eine alte Bar, in der sich über Jahrzehnte die Soldaten der Commonwealth-Luftwaffe aus Butterworth austoben, entsprechend ist die Ausstattung.

DISCOS – Die besten Veranstaltungsorte findet man in den großen Hotels. Nur am Wochenende sind ca. 20 RM Eintritt zu entrichten.

Rock World, 1 Drury Lane, ✆ 2613168, große Disco im Zentrum abseits der Lebuh Campbell in einem ehemaligen Kino, überwiegend China-Pop und Treffpunkt der Drogenszene, ☉ ab 22 Uhr.

The Bistro und ***The Café*** im Gurney Hotel, 18 Gurney Drive. Auf 3 Stockwerken finden Gäste jeder Altersgruppe das Passende. Die Musik ist eine Mischung aus Pop, Rock und House mit Schwerpunkt auf den 80er Jahren. Tgl. außer So Live-Musik. ☉ tgl. 21–3 Uhr.

Lush, im City Bayview Hotel, 25 Lebuh Farquhar, vor allem am Wochenende brechend voll. Live-Musik und Disco, die v.a. ein junges Publikum begeistert.

Orange in Pulau Tikus ist eher auf ein jüngeres Publikum programmiert und spielt Rave, Trance und House.

Eine weitere Disco ist ***Desperados*** im Shangri-La Hotel, Jl. Magazine, ✆ 2622622, mit Karaoke, tgl. geöffnet.

Einkaufen

Bei einem Bummel durch die Straßen lässt sich die faszinierende Vielfalt an Geschäften und Werkstätten erkunden. Hier gibt es fast alles, und das Angebot ist merklich größer als in anderen Orten Malaysias.

CHINATOWN – In den übervollen, kleinen offenen Läden entlang der Lebuh Kimberley, Lebuh Chulia, Lebuh Campbell und ihrer Seitenstraßen lässt es sich wunderbar stöbern, vor allem natürlich bei den Antiquitätenhändlern (Rope Walk, 100 Lebuh Chintra), aber z.B. auch beim Tempelzubehör (Lebuh Kimberley, Rope Walk). Eine interessante traditionelle chinesische Apotheke befindet sich an der Lebuh Pantai zwischen Gat Lebuh Chulia und Gat Lebuh Pasar sowie an der Lebuh Chulia, Ecke Jl. Masjid Kapitan Keling.

INDISCHES VIERTEL – Die zentralen Straßen sind jüngst zur Fußgängerzone umgestaltet worden. Rings um die Lorong Pasar und Lebuh Penang gibt es Kassetten und Räucherstäbchen, Kupfer- und Weißblechwaren. Bunte Sari-Stoffe und exotische Gewürze stapeln sich in den engen Läden und auf den Bürgersteigen.

JALAN PENANG – In der Touristen-Einkaufsmeile wird von Antiquitäten bis zu Zinnprodukten aus Selangor alles verkauft, was Touristen interessieren könnte. Straßenhändler bieten billig Videos, DVDs und CDs (vorspielen lassen!), bunt bedruckte T-Shirts, billiges Parfum in teurer Verpackung und vieles mehr an. Handeln ist obligatorisch.

KOMTAR – (Kompleks Tun Abdul Razak), das 65-stöckige „Wahrzeichen" am südlichen Ende der Jl. Penang, beherbergt in den unteren Stockwerken eine Reihe von Geschäften und Dienstleistungsunternehmen. Mit dem KOMTAR Bldg. konkurrieren die nahe gelegenen, teils moderneren Kaufhäuser ***Parkson Grand*** und ***Yaohan Department Store***.

EINKAUFSZENTREN – Auch in Penang hat die Shopping-Centre-Kultur Einzug gehalten.

Penang Plaza, Jl. Burma, Ecke Jl. Larut, mit dem *Pasaraya Giant Supermarkt*.

Größere Einkaufszentren in Pulau Tikus.

Midlands Park Shopping Centre, am westlichen Ende der Jl. Burma, blaue Hin-Busse 93, mit mehreren Internet-Cafés, dem *1-Stop Supermarket* und dem *Berjaya Hotel*.

Island Plaza, Jl. Tanjung Tokong, noch etwas weiter draußen, mit allen Bussen Richtung Tanjung Bungah zu erreichen, Filialen vieler internationaler Ketten, Cafés und Restaurants.

Plaza Gurney, zwischen Jl. Kelawai und Gurney Drive, großer Block, in dem viele Expats einkaufen gehen. Neben vielen kleinen Geschäften, u.a. ein MPH Bookshop, auch ein Parkson Grand.

FLOHMARKT – Täglich von 7–14 Uhr findet in der Lorong Kulit auf einem großen Parkplatz hinter dem Stadion ein Flohmarkt mit Second-Hand-Waren, Elektroartikeln, Uhren und Souvenirs statt. Besonders lebhaft geht es sonntags zu. Alle Busse von der Innenstadt nach Richtung Air Itam kommen hier vorbei.

MÄRKTE – Ein kleiner **Fischmarkt** in der Leboh Carnavon. Vor allem Lebensmittel und Textilien werden auf den **Chowrasta Markt**, Penang Rd., verkauft.

BÜCHER – Das Angebot ist relativ begrenzt. In der Lebuh Chulia und Jl. Macalister handeln mehrere kleine Buchläden mit Second Hand-Büchern, z.B. *Saleemul Enterprise*, 440-B Lebuh Chulia. Einige bieten auch Internet-Zugang an. *H.S. Sam Book Store*, 144 Chulia St, hat sein Second-Hand-Sortiment an Büchern besonders sorgfältig sortiert, verkauft zudem Textilien und Tickets, organisiert Motorräder, Autos und Visa für Thailand, zudem Gepäckaufbewahrung und Internet-Zugang. ⏰ Mo–Sa 9.30–20.30, So und feiertags 10.30–13.30 und 18.30–20.30 Uhr. Ein großer *MPH Bookshop* im Plaza Gurney.

VISITENKARTEN UND STEMPEL – In einer der kleinen Druckereien kann man sich Briefpapier oder Visitenkarten billig drucken lassen. Mehrere Druckereien z.B. entlang der Lebuh Penang (nicht Jalan!). Auch **Stempel** werden von Papierwarenläden preiswert angefertigt. Unbedingt auf saubere, gut lesbare Vorlagen achten und evtl. auf ä-, ö- und ü-Pünktchen hinweisen!

Sonstiges

DROGEN – Da Penang auch ein Drogenumschlagplatz ist, noch einmal die Warnung, keinesfalls auf irgendein Angebot einzugehen und

keine Päckchen von Unbekannten für ihre „Freunde" in Europa mitnehmen. Mancher Rikschafahrer scheint von Marihuana bis zu Heroin alles zu verkaufen – er kann aber auch ein Spitzel sein. Seit die Drogengesetze in Malaysia strenger gehandhabt werden, hat man schon mehrfach die Todesstrafe verhängt – auch gegen leichtsinnige Ausländer.

FESTE – Vor allem die chinesischen Feste werden in Penang prunkvoll gefeiert, z.B. im Januar / Februar das **Neujahrsfest** mit seinen hektischen Vorbereitungstagen.

Außerdem begeht man in den großen Tempeln der Stadt spezielle **Tempelfeste** zu Ehren der jeweiligen Namensgeber.

Auch das indische **Thaipusam** lohnt im Januar / Februar einen Besuch in Penang.

Während des ganzen Monats Dezember läuft ein buntes Programm. Der Höhepunkt der **Pesta Pulau Pinang** z.B. sind die Drachenbootrennen am Gurney Drive in Pulau Tikus. Wer abends durch die Straßen geht, kann häufig Zaungast prächtiger Familien- oder Tempelfeste werden, bei denen auch Chinesische Oper, Puppenspiele, Tänze und Musik die Gäste unterhalten. Die *Penang Tourist Newspaper* und *Penang Travel News* enthält die aktuellen Termine.

GELD – Die meisten Banken residieren im alten Verwaltungsviertel um das Hauptpostamt, z.B.: *Standard Chartered Bank* und *HSBC* in der Lebuh Pantai, *United Overseas Bank*, Lebuh Bishop, *Maybank* in der Lebuh Union und Lebuh Light. Alle verfügen über Geldautomaten für Karten mit Cirrus / Maestro-Symbol. ⏰ Mo–Fr 10–15, Sa 9.30–11.30 Uhr.

American Express-Vertretung: *Mayflower Acme Tours Sdn. Bhd.,* Tan Chung Bldg., 274 Lebuh Victoria, ✆ 2623724, ⏰ Mo–Fr 8.30–17.30, Sa 8.30–13 Uhr. Schecks werden von Banken und Money Changern gewechselt.

Geldwechsler, meist Inder, findet man z.B. im Bankenviertel südlich des Uhrturms, in der Lebuh Chulia, im KOMTAR Bldg. und in der Jl. Masjid Kapitan Keling. Im Gegensatz zu den Banken haben sie fast immer geöffnet und wechseln auch Bargeld.

INFORMATIONEN – Sehr informativ ist die monatlich erscheinende *Penang Tourist Newspaper*, daneben die 4x jährlich erscheinende *Penang Travel News*.
Das staatliche *Tourism Malaysia*, Jl. Tun Syed Sheh Barakbah, beim Fort Cornwallis neben dem Uhrturm, ✆ 2620026, vergibt kostenlose Pläne und Broschüren, hat jedoch nur wenige Informationen über Penang, ☉ Mo–Fr 8–17, Sa 8–13 Uhr. Ein weiteres *Information Centre* am Airport, ✆ 6430501, ☉ tgl. 9–17 Uhr.
Penang Tourist Guides Association im KOMTAR Bldg., im 3. Stock, nahe McDonald's und KFC, ✆ 2614461. ☉ tgl. außer So und feiertags 10–18 Uhr, Mittagspause. Ein privat organisiertes Büro.

INTERNET – Die meisten Gästehäuser, viele Cafés und einige Shops bieten Internet-Zugang ab 2 RM pro Std. zumeist in angenehm ruhigen, klimatisierten Räumen.

KONSULATE – *Royal Thai Consulate*, 1 Jl. Tungku Abdul Rahman, ✆ 2269484, liegt im Nordwesten. ☉ Mo–Fr 9–12 Uhr. Wer länger als 1 Monat bleiben will, braucht ein Touristenvisum, das für 2 Monate ca. 200 RM kostet. Es müssen 2 Passfotos vorgelegt werden, die Bearbeitung dauert in der Regel einen Tag. Zu erreichen mit Bus 7 vom KOMTAR Bldg.
Deutsches Honorarkonsulat, ✆ 6415707.

KRIMINALITÄT – Nicht nur Drogen bergen Gefahren. Es kommt gerade in Penang häufig zu Betrügereien mit Falschgeld, Traveller werden beim Kartenspiel abgezockt oder beim Einkaufen übervorteilt. Gegenüber freundlichen Fremden, die sich gleich als Freunde anbieten, ist ein gesundes Maß an Misstrauen angebracht.

MALAYSIAN GERMAN SOCIETY – 250 B Jl. Air Itam, ✆ 2296853. Die Bibliothek ist Mo–Fr von 9.45–18, Sa 9.45–13 Uhr geöffnet. Manchmal finden auch besondere Veranstaltungen statt. weiß-roter Transit Link-Bus 101 ab Jetty.

MEDIZINISCHE HILFE – Polizei und Ambulanz ✆ 999, Feuerwehr ✆ 994, Notruf ✆ 991.
General Hospital, Jl. Residensi (Jl. Western, am Poloplatz westlich des Zentrums), ✆ 2293333. Im

Notfall wird man hierhin gebracht. Außerdem eine Reihe privater Kliniken, in denen die Behandlung wesentlich teurer ist und die Räumlichkeiten (nicht unbedingt die medizinische Behandlung) einen höheren Standard haben. Sie haben auch ambulante Sprechstunden Mo–Fr 8/9–17 und Sa 8/9–13 Uhr:
Gleneagles Medical Centre, 1 Jl. Pangkor, ✆ 2276111, 🖥 www.gleneagles-penang.com, gutes privates Krankenhaus.
Penang Adventist Hospital, 465 Jl. Burmah, ✆ 2261133, 🖥 www.adventisthospital.com.my, liegt nahe am indonesischen Konsulat (s.o.),
Loh Guan Lye Specialists Centre, 19-21 Jl. Logan, ✆ 2266911, 🖥 www.lohguanlye.com.

POLIZEI – Die *Tourist Police*, ✆ 2615522, ist bei Problemen die erste Anlaufstelle. In Penang werden besonders häufig Handtaschen von vorbeifahrenden Motorrädern aus gestohlen. Auch allzu aufdringlichen Passanten auf der Lebuh Chulia sollte man mit einer gesunden Portion Misstrauen begegnen.

POST – *Pejabat Pos Besar* (Hauptpostamt) in der Lebuh Downing, ✆ 2619222, liegt nahe am Fort Cornwallis. ☉ Mo–Fr 8.30–16.30, Sa 8–16, So 10–11 Uhr.
Auch im EG des KOMTAR Bldg. ein Postamt.

TELEFON – *Telecom*, Bangunan Tuanku Syed Putra, Lebuh Downing, ✆ 2610791, neben dem Hauptpostamt, ☉ Mo–Fr 8–16.45 Uhr. Auch hier Kartentelefone. Außerdem Fax-Service.
Kedai Telekom, Jl. Burmah, ✆ 2293273, hat rund um die Uhr geöffnet.

WÄSCHEREI – In fast allen Gästehäusern kann Wäsche abgegeben werden. Zudem gibt es mehrere Wäschereien in der Lebuh Chulia und eine um die Ecke in der Lebuh Leith noch vor der Moschee.

VORWAHL – 04, PLZ 10000.

Nahverkehrsmittel

In der Innenstadt lässt sich alles gut zu Fuß erledigen. Inselbusse oder Taxis wird man nur für

Fahrten in die Vororte oder zu weiter entfernten Zielen der Insel benötigen.

SHUTTLEBUS – Ein kostenloser Shuttlebus fährt relativ selten von der Fähre zum KOMTAR Bldg., zur Jl. Penang und zurück Mo–Fr 7–19 und Sa 7–14 Uhr. Man kann an 10 Haltestellen zusteigen.

STADT- UND INSELBUSSE – Sehr komfortabel sind die klimatisierten Intrakota-**Minibusse**, die innerhalb des Stadtgebietes für 80 sen zu dem jeweiligen Ziel, das an der Frontscheibe angeschrieben ist fahren, und an den üblichen Bushaltestellen stoppen.
Daneben verkehren weitere **Busgesellschaften** auf der Insel. Viele halten an der Jetty am Fährterminal und am KOMTAR Bldg. Beim Einsteigen Kleingeld bereithalten.
Batu Ferringhi und Teluk Bahang: blauer Hin-Bus 193 und weiß-roter Transit Link ac-Bus 201 (Gurney Drive: Haltestelle hinter McDonald's und Pizza Hut) für 1,70 RM, ac-Busse 2 RM.
Botanischer Garten: weiß-roter Transit Link-Bus 7 für 1,10 RM.
Flughafen: Yellow Bus 83 stündlich zwischen 6 und 22 Uhr für 2 RM.
Kek Lok Si Tempel: weiß-roter Transit Link-Bus 101 nach Air Itam für 1 RM. Von dort zum Penang Hill weiter mit dem Transit Link-Bus 8 oder zu Fuß.
Snake Temple: Penang Yellow Bus 66 für 2 RM.

TAXIS – Obwohl viele Wagen ein Taxameter eingebaut haben, „funktioniert" dieses in der Regel nicht. Fahrpreis vorher klären, eine Fahrt innerhalb des Zentrums sollte nicht mehr als 3–6 RM kosten. Zwischen Mitternacht und 6 Uhr morgens wird ein Nachtzuschlag von 50% berechnet. Vom Flugplatz aus fahren Coupon-Taxis in die Stadt für 23 RM. Von der City nach Batu Ferringhi sollte die Fahrt 20 RM kosten und nach Air Itam oder zum Botanischen Garten 10 RM. Für eine Inselrundfahrt werden 120 RM verlangt oder ab 3 Std. 20 RM pro Std. Telefonisch sind Taxis unter ☎ 2617098, 8909918, 6425961 oder 6430161 zu bekommen.

TRISHAWS – Die Fahrradrikschas sind im Citybereich ein beliebtes Transportmittel – man sitzt vor dem Fahrer und hat freie Sicht auf die Stra-

ße. Preise aushandeln, denn der erste Preis ist meistens überhöht! Das Minimum ist 5 RM für eine kurze Fahrt, eine volle Stunde kostet mindestens 30 RM.

FÄHREN – Obwohl eine imposante, 13,5 km lange Brücke die Insel mit dem Festland verbindet (Gebühr für einen PKW vom Festland zur Insel 7 RM), verkehren rund um die Uhr zwischen Penang und Butterworth große Auto- und Personenfähren. Tagsüber legen sie alle 20 Minuten ab, nachts zwischen 24 und 7 Uhr stündlich. Die Fähre von Penang nach Butterworth ist kostenlos, die umgekehrte Fahrt kostet 60 sen, die man an der automatischen Sperre passend bereithalten sollte. Autos kosten 7 RM. Die Anlegestelle ist am Weld Quay (Pengkalan Weld). Fernbusse, Überlandtaxis und Züge fahren an der Anlegestelle in Butterworth ab.

Transport

Dreh- und Angelpunkt für den Schienenverkehr ist die Hafenstadt **Butterworth** auf dem Festland. Dort liegen Fähranleger, Bahnhof, Bus Station und Taxistand direkt nebeneinander. Viele Busse fahren auch ab dem großen Busbahnhof beim KOMTAR Bldg.

BUSSE – Ab Penang: Viele Gesellschaften fahren vom Busbahnhof beim KOMTAR Bldg., ☎ 2612427, vor allem Ziele an der Westküste an. Tickets ab Penang verkaufen Reisebüros mit einem kleinen Aufschlag und die Gesellschaften selbst. Viele haben ihre Büros neben dem Busbahnhof im KOMTAR Bldg., einige auch in der Gat. Lebuh Chulia. Passagiere können auch kurz vor der Brücke aufs Festland zusteigen.
JOHOR um 8.15, 9.30, 11.30, 20, 21.30 und 22 Uhr. in 10 Std. für 42 RM, die letzten beiden Busse fahren weiter nach SINGAPORE für 45 RM.
KOTA BHARU um 9 und 21 Uhr in 6 Std. für 19,50 RM (die Busse sind oft über Tage ausgebucht, Vorbuchung bei *Transnasional*, der staatlichen Gesellschaft, ☎ 2612427, empfehlenswert);
KUALA LUMPUR mit verschiedenen Gesellschaften ständig von 5.15–24 Uhr in 6 Std. für 22,80 RM, Super VIP von *Nice* ab Garden Inn, Anson Rd., ☎ 2277370, 6x tgl. für 50 RM; Executive Class

NORD-MALAYSIA

von *Transnasional* um 9.30 und 17.30 Uhr für 53 RM;

Ab Butterworth: Der Busbahnhof liegt nördlich der Fähranlegestelle. Da die meisten Busse auch ab Penang fahren, lohnt es nur noch für wenige Ziele zuerst mit der Fähre Butterworth anzusteuern. ALOR SETAR Bus 770 ständig in 2 Std. für 6.30 RM; KANGAR und KUALA PERLIS stündlich von 8–19 Uhr für 7,60 RM; PADANG BESAR (malaysischer Grenzort) *Plusliner*, 🖥 www.plusliner.com, um 14 Uhr für 10,20 RM. Auf der thailändischen Seite fahren Busse weiter nach HAT YAI. Außerdem verkehren Minibusse von Penang direkt zu den Touristenzielen in Süd-Thailand.

MINIBUSSE NACH THAILAND – Die Minibusse von *Chaw Wang Tours*, im *Swiss Hotel*, Abfahrt um 5, 8.30, 12 und 16 Uhr, und die etwas besseren von *New Chaw Wang Tour*, im *Halo Crystal Hostel*, Abfahrt um 5, 8.30, 12 und 15.30 Uhr, werden von vielen Gästehäusern und Reisebüros vermittelt, die auch die Tickets ausstellen. Meist geht es sehr früh am Morgen los, viele fahren auch nachts. Passagiere der Minibusse sollten besonders bei der Fahrt von Thailand nach Malaysia darauf achten, dass ihnen keine Drogen ins Gepäck geschmuggelt werden. Beim Grenzübergang wird manchmal von der Immigration ein kleiner Obulus verlangt, der gezahlt werden sollte. Keinesfalls sollte man Geschichten Glauben schenken, dass man schon vor der Einreise nach Thailand / Malaysia einen größeren Betrag in Baht / Ringgit eintauschen muss, denn mit dem Umtausch zu ungünstigen Kursen haben einige Angestellte einen lukrativen Nebenverdienst aufgetan. Von Penang geht es zuerst nach HAT YAI, 20 RM, wo man in andere, teils billigere Busse umgeladen wird. Dabei kann es zu einem längeren Aufenthalt kommen, wenn einer der Zulieferbusse noch nicht eingetroffen ist. Wer sicher gehen will, bucht nur bis Hat Yai und steigt dort am Busbahnhof in einen der großen staatlichen Thai-Busse um, die sehr zuverlässig und bequem sind. Ansonsten kostet die Fahrt weiter nach KRABI 35 RM, PHUKET 52 RM, und SURAT THANI 35 RM, von hier mit dem Boot nach Ko Samui und Ko Pha Ngan (kein durchgehendes Ticket auf die Inseln kaufen, da dann mit langen Wartezeiten auf das Nachtboot zu rechnen ist). Nicht zu empfehlen ist auch die lange Fahrt bis BANGKOK für 90 RM.

ÜBERLANDTAXIS – Ab Penang fahren auch einige der normalen Taxis als Überlandtaxis. Sie stehen u.a. am KOMTAR, an der Jetty und vor dem Malaysia Hotel. Man bucht sie am besten einen Tag im voraus bei den Fahrern oder über die Unterkunft. In Butterworth stehen Überlandtaxis nördlich der Fähranlegestelle. Sie sind v.a. für Ziele im Norden Malaysias günstiger, da sie nicht den Umweg über die Brücke oder die Fähre nehmen müssen. Preise von Taxistation zu Taxistation für non-ac-Taxi pro Wagen, ac-Taxi plus 20%. ALOR SETAR 70 RM, KANGAR 120 RM und PADANG BESAR 150 RM, KUALA KEDAH 70 RM, KUALA PERLIS 120 RM, GUNUNG JERAI 50 RM, HAT YAI 160 RM, KOTA BHARU 300 RM.

EISENBAHN – Züge fahren ab Butterworth Railway Station, am Ferry Terminal, ☎ 3312796, 3237962. Preisangaben beziehen sich auf die 2. Klasse ac.
Tickets gibt es in Georgetown beim: *Railway Booking Office*, Pengkalan Weld, an der Fähre, ☎ 2610290.
Ab Butterworth fährt um 6.10 Uhr der *Ekspres Langkawi* über Alor Setar (2 Std.), ARAU (für Langkawi, 3 Std.) und PADANG BESAR (4 Std.) nach HAT YAI (5 Std.).
Zudem um 14.20 Uhr der *International Express* (Preis für oberes / unteres Bett) über HAT YAI (18.25 Uhr Thai-Zeit, 58 / 65 RM) und SURAT THANI (23.08 Uhr, Fähre nach Ko Samui, 69 / 76 RM) nach BANGKOK (11.10 Uhr, 88 / 95 RM). Zurück ab Bangkok um 14.20 Uhr, Ankunft in Butterworth am folgenden Tag um 12.55 Uhr.

FLÜGE – Der Penang International Airport, ☎ 6430811, liegt 20 km südlich von Georgetown, 39 km von Batu Ferringhi entfernt. Der Yellow Bus 83 fährt stündlich zwischen 6 und 22 Uhr für 2 RM ins Zentrum und über das KOMTAR Bldg. zur Jetty. Coupon-Taxi nach Georgetown 23 RM, Tanjung Bungah 28 RM, Batu Ferringhi 35 RM und Teluk Bahang 45 RM. Die Bank im Airport

⊕ tgl. 7–23 Uhr, außerdem ein Tourist Office und Büros diverser Autovermieter.

Inlandsflüge: MAS, KOMTAR Bldg., ✆ 2620011, ✉ 2618191, 🖥 www.malaysia-airlines.com.my, ⊕ Mo–Sa 8.30–17.30 Uhr, am Airport ✆ 6430811.

Air Asia, KOMTAR Bldg., ✆ 6449701, 🖥 www. airasia.com, fliegt nach KUALA LUMPUR 3x tgl., Buchung über Internet um 90 RM.

MAS verkehrt nach KUALA LUMPUR nonstop etwa stündlich für 158 RM, LANGKAWI um 10.30 Uhr für 77 RM. JOHOR BHARU 5x wöchentl. für 270 RM. Alle weiteren Flüge über Kuala Lumpur (KLIA). Günstige Flüge in alle Welt werden in verschiedenen **Billigflug-Reisebüros** rund um die Lebuh Chulia angeboten. Ein internationaler Studentenausweis ist hilfreich, da häufig Rabatte gewährt werden. Vorsicht, einige Reisebüros existieren nicht lange, eines Tages bleibt die Tür geschlossen und der Manager ist mit den Anzahlungen über alle Berge.

Fluggesellschaften:

Cathay Pacific, Menara PSCI, 39 Jl. Sultan Ahmad Shah, ✆ 2260411, 🖥 www.cathay-usa.com.

Singapore Airlines, Wisma Penang Garden, 42 Jl. Sultan Ahmad Shah, ✆ 2263201, 🖥 www. singaporeair.com.

Thai Airways, Wisma Central, 41 Jl. Macalister, ✆ 2266000, 🖥 www.thaiair.com.

SCHIFFE – Eine gute Möglichkeit, relativ preiswert nach Langkawi oder Sumatra zu kommen. Alle Gesellschaften haben Büros im PPC Building, 1 King Edward Place, neben dem Uhrturm gegenüber vom Fort Cornwallis.

Fast Ferry Ventures, ✆ 2620521, nach MEDAN tgl. um 9 und 9.30 Uhr (So nur 9 Uhr), zurück um 10.30 und 11 Uhr (Mo nur 10.30 Uhr) für 100 RM, 170 RM hin und zurück plus 6 RM Hafengebühr. Nach LANGKAWI um 8.30 und 8.45 Uhr (über Pulau Payar), zurück um 14.30 Uhr (über Pulau Payar) und 17.30 Uhr für 35 RM, 65 RM hin und zurück.

Langkawi Ferry Service (LFS), 8 Lebuh Penang, ✆ 2643088, 🖥 www.langkawi-ferry.com, Tickets im PPC Building. nach LANGKAWI um 8, 8.45 Uhr (via. P. Payar) und in der Saison um 14 Uhr. Zurück um 10 Uhr (in der Saison), 14.30 Uhr (via. P. Payar) und 17.30 Uhr für 35 RM, 65 RM hin und zurück. Das Rückfahrtsticket ist nur für die jeweils gebuchte Fähre gültig.

BIKER – Von der Grenze bis Alor Setar s.S.671. Weiter nach Butterworth (107 km) von Alor Setar zuerst auf der Straße Nr. 1 und nach 2 km rechts auf die R78 Richtung Kuala Kedah. Nach 6,5 km links auf die K1 und 32,5 km geradeaus nach Yan. Dort dem Hinweisschild rechts Richtung Tanjung Dawai folgen und nach 13 km noch einmal rechts auf die K161 nach Tanjung Dawai abbiegen. Nach 7 km gelangt man an den Bootssteg. Zuvor sind noch Abstecher zum Gunung Jerai, zu den Ausgrabungsstätten im Bujang-Tal und zum Pantai Merdeka möglich. Falls kein Boot vorhanden ist, im Restaurant fragen. Die Überfahrt nach Kampung Bagan Ulu kostet für das Rad ca. 5 RM. Von dort weiter auf der K14 und nach 1,5 km nach rechts dem Hinweis K643 folgen. Nach weiteren 4 km rechts und weiteren 2,5 km wieder rechts halten. Nach 4 km in Kota Kuala Muda nach links abbiegen und nach 8 km im Tikam Batu nach rechts auf die K1. Nach 35 km auf dem breiten Randstreifen der Hauptstraße ist die Fähre nach Penang erreicht, für das Fahrrad kostet die Überfahrt 70 sen. Auf Penang selbst lässt sich die Inselrundfahrt auch gut mit dem Rad bewältigen.

Der Norden der Insel Penang

Jahrelang war die Nordküste von Penang das Reiseziel für alle, die bei einem Badeurlaub unter tropischen Palmen auf ein komfortables Hotel nicht verzichten wollten. Da es hier – im Gegensatz zur Ostküste – auch während der Wintermonate kaum regnete und durch die Nähe zur Stadt und zum Flughafen eine gute Infrastruktur gewährleistet war, entstanden in Batu Ferringhi bereits in den 60er Jahren Strandhotels für Touristen aus dem Ausland. Doch die starke Verschmutzung der Straße von Malacca macht auch vor dieser Küste nicht Halt, ganz im Gegenteil. Durch die expandierende Stadt Georgetown und die neuen Industriebetriebe im Süden hat sich die Wasserqualität verschlechtert, was je nach den Stömungs- und Windverhältnissen mehr oder weniger offensichtlich wird. Die Strandhotels gibt es noch immer, nur konzentriert sich das Leben hier rings um die Swimming Pools, die in einigen Hotels der oberen Preisklasse traumhafte Dimensionen haben. Allerdings warnen Schilder am Strand vor gefährlichen Quallen.

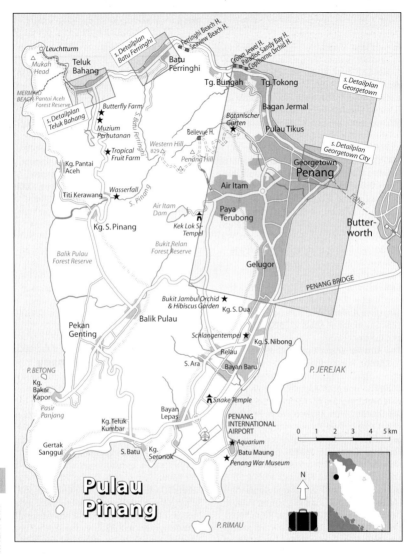

Man verlässt Georgetown Richtung Norden auf der Jl. Burmah (blauer Bus) oder auf der Jl. Sultan Ahmad Shah, der späteren Jl. Kelawei und Jl. Tanjung Tokong durch den Vorort **Tanjung Tokong**, wo sich neue Apartmenthochhäuser erheben und in der Jl. Fettes ein großer Markt stattfindet. Parallel zur Küste geht es nach **Tanjung Bungah**, an dessen Stränden einige internationale Hotels stehen, und auf einer kurvenreichen Straße weiter nach Batu Ferringhi, dem Touristenzentrum von Pulau Pinang.

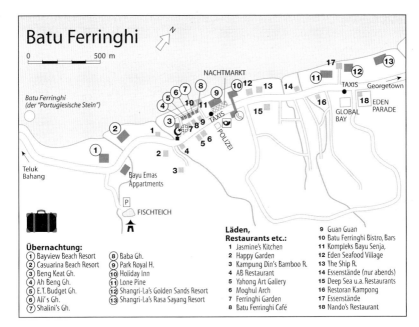

Batu Ferringhi

0   500 m

NACHTMARKT

*Batu Ferringhi
(der "Portugiesische Stein")*

TAXIS   Georgetown

EDEN
PARADE

GLOBAL
BAY

POLIZEI

TAXIS

Teluk
Bahang

Bayu Emas
Appartments

P

FISCHTEICH

Übernachtung:
1. Bayview Beach Resort
2. Casuarina Beach Resort
3. Beng Keat Gh.
4. Ah Beng Gh.
5. E.T. Budget Gh.
6. Ali's Gh.
7. Shalini's Gh.
8. Baba Gh.
9. Park Royal H.
10. Holiday Inn
11. Lone Pine
12. Shangri-La's Golden Sands Resort
13. Shangri-La's Rasa Sayang Resort

**Läden,
Restaurants etc.:**
1. Jasmine's Kitchen
2. Happy Garden
3. Kampung Din's Bamboo R.
4. AB Restaurant
5. Yahong Art Gallery
6. Moghul Arch
7. Ferringhi Garden
8. Batu Ferringhi Café
9. Guan Guan
10. Batu Ferringhi Bistro, Bars
11. Kompleks Bayu Senja
12. Eden Seafood Village
13. The Ship R.
14. Essenstände (nur abends)
15. Deep Sea u.a. Restaurants
16. Restoran Kampong
17. Essenstände
18. Nando's Restaurant

Batu Ferringhi

Der kilometerlange Küstenstreifen mit seinen Sandstränden und Badebuchten wird im Interesse des internationalen Publikums sauber gehalten – zumindest reinigt man täglich den Sand. Leider kann man dem Meerwasser seine tropisch-blaue Farbe nicht zurückgeben. Vor allem im Winter sieht es durchaus idyllisch aus. Große internationale Hotels bestimmen das Bild, dazwischen liegen nach wie vor bescheidene Privathäuser. Selbst der kleine Ortskern mit der Moschee ist noch auffindbar. Restaurants und Boutiquen säumen die Straße, aber die Atmosphäre ist friedlich und unaufdringlich, und so mancher Tourist, der an den Tischen im Freien seinen Kaffee schlürft, macht einen ausgesprochen entspannten Eindruck.

Von dem markanten Felsen, der 3,3 km vor Teluk Bahang, nördlich des Strandes, aus dem Meer emporragt, erhielt Batu Ferringhi, übersetzt „**der portugiesische Stein**", seinen Namen.

Während der weiteren Fahrt entdeckt man in den kleinen Buchten abgelegene Sandstrände, die z.T. über Fußpfade zu erreichen sind, wie der **Lone Crag Beach**, 800 m westlich des Ortes.

Inselrundfahrt   Mit öffentlichen Verkehrsmitteln kostet die 75 km lange Rundfahrt um die Insel ca. 6 RM und dauert ohne längere Pausen etwa 6 Stunden. Als Alternative bietet sich ein Mietwagen oder ein Taxi an, das 120 RM verlangt. Der Preis und die Stopps müssen vorher ausgehandelt werden.
Beispiel einer Rundfahrt gegen den Uhrzeigersinn: Mit dem blauen Hin-Bus 93 nach Batu Ferringhi (16 km), mit derselben Linie weiter nach Teluk Bahang (19 km). Von hier fährt zwischen 7 und 16 Uhr alle 2 Std. der Penang Yellow Bus 76 nach Balik Pulau (40 km). Ab hier verkehrt bis gegen Mitternacht der Penang Yellow Bus 66 für 2,70 RM über Teluk Kumbar (53 km), vorbei am Penang International Airport (56 km), dem Schlangentempel (60 km) wie auch der Penang Bridge (62 km) zurück nach Georgetown (75 km). Als schnellere Alternative bietet sich von Balik Pulau der Penang Yellow Bus 89 über Air Itam an.

NORD-MALAYSIA

Teluk Bahang

Der nächste Ort, Teluk Bahang, wird überwiegend von Malabar-Fischern bewohnt. Am Ortseingang errichtete man das Top-Hotel *Penang Mutiara* – grauweiß, kühl, vornehm und ein Fremdkörper neben den windschiefen Kampung-Häusern.

Das **Pinang Cultural Centre**, 1 km vor Teluk Bahang, ist ein touristischer Anziehungspunkt vor allem für Reisegruppen. Im Theater-Restaurant im Stil malaiischer Paläste, das verschwenderisch mit Holzschnitzereien geschmückt ist, werden abends für bis zu 500 Gäste von einer hervorragenden Tanzgruppe malaiische Tänze zu einem traditionellen Buffet aufgeführt. Zudem wurde auf dem Gelände ein altes Melaka-Holzhaus und Iban-Langhaus sowie Modelle anderer typischer Hausformen errichtet. ☉ tgl. 9.30–12 und 18–22.30 Uhr. Sind genügend Besucher da, werden Tänze und die Herstellung von Drachen, Batiken und ein Kreiselwettbewerb vorgeführt und erläutert. Die Cultural Tour am Vormittag kostet 40 RM, das ganze Programm inkl. Show von 18–22.30 Uhr 110 RM, 🖳 www.geovision.com.my/pcc. Voranmeldung unter ☎ 8851175. Die Busse halten vor dem Centre an der Straße.

Der Strand nahe dem Ort ist nicht schön und zum Baden ungeeignet. An einem weit ins Meer hinausragenden Steg am Ende der Straße liegen einige Fischerboote. Mit gemieteten Booten kann man für 60 RM zum Monkey Beach und zurück oder zu anderen Stränden rings um Mukah Head fahren.

Am Strand beginnt ein Fußweg (2–2 1/2 Std.) zum Leuchtturm am **Mukah Head**, der nordwestlichen Spitze der Insel. Ein Wanderweg führt nach 1,1 km über den Sungai Tukun und hinab zu den Stränden **Monkey Beach** und **Pantai Keracut**, 2,9 km. Einige Brücken über die kleinen Flüsse sind verfallen oder zusammengestürzt. Ein weiterer Fußweg zweigt vom Pfad nach Mukah Head nach links ab, und führt nach etwa 1 1/2–2 Std. zu einem an der Westküste gelegenen Strand, dem sauberen **Mermaid Beach**. Beides sind empfehlenswerte Wanderungen. Leider hat man hier auch ein militärisches Sperrgebiet eingerichtet.

Batikfabrik

Gegenüber dem *Penang Mutiara* kann man die *Craft*-Batikfabrik, ☎ 8851284, 🖳 www.pgbatik.com, besichtigen und neben dem Ausstellungs-

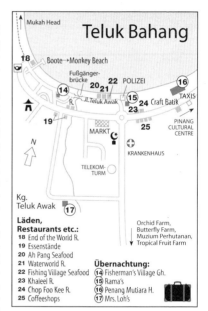

Läden, Restaurants etc.:
18 End of the World R.
19 Essenstände
20 Ah Pang Seafood
21 Waterworld R.
22 Fishing Village Seafood
23 Khaleel R.
24 Chop Foo Kee R.
25 Coffeeshops

Orchid Farm,
Butterfly Farm,
Muzium Perhutanan,
Tropical Fruit Farm

Übernachtung:
⑭ Fisherman's Village Gh.
⑮ Rama's
⑯ Penang Mutiara H.
⑰ Mrs. Loh's

raum den Prozess des Batikens beobachten. Hier wird sowohl Stempelbatik als auch Batik Tulis hergestellt. Bei dieser Methode wird das Wachs mit kleinen Kännchen (*Janting*) auf den Stoff aufgetragen. Während bei der herkömmlichen Batik der gesamte Baumwollstoff eingefärbt wird und nach dem Auskochen des Wachses die Muster entstehen, färbt man bei der Seidenbatik die mit Wachs umrandeten Flächen mit dem Pinsel ein. ☉ Mo–Fr 10–18 Uhr.

Butterfly Farm

Vom Kreisverkehr etwa 1 km in Richtung Balik Pulau liegt die Butterfly Farm, ein großes Freigehege, in dem 120 Schmetterlingsarten frei umherfliegen – eine seltene Gelegenheit, die farbenprächtigsten Exemplare einmal aus der Nähe zu fotografieren. Außerdem beeindruckt eine ansehnliche Sammlung seltener Insektenarten, lebender Skorpione, Spinnen, Eidechsen, Frösche und anderer Kleintiere sowie eine interessante kleine Kunstausstellung. ☎ 8851253, ☉ tgl. 9–17, Sa, So und feiertags bis 18 Uhr, Show um 10 und 15 Uhr, Eintritt 12,50 RM, Kinder 6,25 RM, Fotoerlaubnis 1 RM, Videoerlaubnis 5 RM. Zudem kann man eine **Orchideenfarm** besuchen, 1 RM.

Muzium Perhutanan (Forestry Museum)

Rings um das Muzium Perhutanan nebenan wurden etwa 100 ha Wald zum Naturschutzgebiet erklärt, weil hier besonders viele Arten einheimischer Bäume wachsen. Eine Ausstellung im großen Pavillon informiert über Baumarten und zudem relativ unkritisch über die malaysische Holzwirtschaft. Besucher können im Park in den kleinen Pools eines Baches baden und auf markierten Wegen wandern. ☉ Di–Do, Sa und So 9–13 und 14–17, Fr 9–12 und 14.45–17 Uhr, 1 RM.

Tropical Fruit Farm

Etwa 4 km südlich von Teluk Bahang, an der Straße nach Balik Pulau, wurde ein 11 ha großes Gelände für den Anbau von über 200 verschiedenen tropischen Früchten in steilen Terrassen angelegt. In diesem Privatprojekt werden nicht nur die üblichen Früchte des Landes, wie Papaya, Mangos oder Durian, angebaut, sondern auch neue Züchtungen sowie seltene Obstsorten aus Asien, Afrika und Lateinamerika. Für Liebhaber tropischer Früchte ein idealer Stopp auf der Inselrundfahrt. Mit dem Minibus wird man durch das Gelände der Farm den Berg hinauf gefahren und kann dann gemütlich in 45–60 Min. wieder zurück laufen. Dabei informieren Mitarbeiter über die verschiedenen Früchte. Natürlich kann man sich auch einen Früchteteller oder einen erfrischenden, frisch gepressten Fruchtsaft servieren lassen, und dabei den herrlichen Blick auf die Berge und die Nordküste genießen. Zudem werden im Laden verschiedene Früchte verkauft.

Die Farmtour kostet inkl. Transport ab Georgetown 38 RM, ab Batu Ferringhi 30 RM, ohne Transport 20 RM, wobei ein Obstteller mit inbegriffen ist. ☉ tgl. 9–18 Uhr.

GÄSTEHÄUSER – Kaum zu glauben, aber man kann in **Batu Ferringhi** auch billig in kleinen Holzhäusern bei einheimischen Familien wohnen, die zumeist jenseits der schmalen Strandstraße stehen. Neben dem Park Royal Hotel am alten Ortskern zweigt an den Foodstalls ein Weg zum Strand ab. Geht man an der Strandstraße nach links, gelangt man zuerst zum

Baba Guest House *–*** (8), 52 Jl. Batu Ferringhi, ✆ 8811686, ✉ babaguesthouse@yahoo.com, freundlich, sauber, mit Verandah im 1. Stock. Zimmer mit Du/WC und Fan oder ac. Gleich daneben links

*Shalini's Guest House** –*** (7), 56 Jl. Batu Ferringhi, ✆ 8811859, ✉ ahlooi@pc.jaring.my, 15 recht komfortable, saubere Fan-Zimmer mit und ohne Du/WC, einige mit ac, Du/WC und Kühlschrank. Im EG kann man frühstücken und in der Saison abends leckere malaysische Hausmannskost bekommen, wobei die hilfsbereite Chefin selbst chinesisch, indisch und malaiisch kocht. Auf dem gemütlichen, überdachten Balkon kann man auch gut einen Regentag genießen. An diesem Strandabschnitt stehen einige schöne alte, Schatten spendende Bäume, und in der Nähe befindet sich eine Moschee.

*Ali's Guest House** –**** (6), 53-54 Jl. Batu Ferringhi, ✆ 8811316, ✉ alisgues@tm.net.my, kleine Zimmer mit Fan, z.T. mit Gemeinschafts-Du/WC, andere mit ac und Du/WC. Gartenkneipe mit akzeptablen Bierpreisen, ☉ 20–0 Uhr. Direkt daneben das

*E.T. Budget Guest House** –*** (5), 47 Jl. Batu Ferringhi, ✆ 8811553, gehört zu Baba, 15 Zimmer mit Fan oder ac und Du/WC, Wäsche- und Ticketservice sowie Autovermietung.

*Ah Beng Guest House** (4), Jl. Batu Ferringhi nebenan, ✆ 8811036, ist ein einfaches, sauberes Haus mit 13 Zimmern mit Fan und Du/WC oder ac.

*Beng Keat Guest House** (3), 67A Jl. Batu Ferringhi, ✆ 8811987, an dem kleinen, ruhigen Sträßchen, das zur Hauptstraße zurückführt. In dem einstöckigen Gebäude sind die Zimmer direkt von außen zugänglich und bieten daher etwas mehr Privatsphäre. Alle Zimmer mit Du/WC und Fan oder ac, einige mit TV, auch Familienzimmer, Küchen- und Kühlschrankbenutzung, freundlicher Service.

In **Teluk Bahang**: *Rama Gh.* * (16), ✆ 8811179, an der kleinen Straße Richtung Meer, hat Schlafsaalbetten für 8 RM und ein paar einfache Zimmer ohne Fan.

Fisherman's Village Guesthouse *–** (15), Lorong Nelayan 3, ✆ 8852936, etwas abseits vom Meer mitten im Dorf bei einer Familie. Saubere Zimmer im Nebenhaus mit Fan und im Erdgeschoss ein Zimmer mit ac und Du/WC. In ländlicher Umgebung sehr ruhig gelegen und gut zum relaxen. Essen am Strand oder auf dem großen Essensmarkt an der Hauptstraße.

Mrs. Loh's* ⑱, ☎ 8851227, Zimmer und Schlafsaalbetten für 6–8 RM in einem kleinen Haus mit hübschem Garten, vielen Hunden, Katzen und leider auch Mücken. Sehr freundlich.

MITTELKLASSE – In dieser Kategorie finden sich keine interessanten Angebote.

LUXUS – Die meisten Zimmer in den großen Hotels sind von Pauschalurlaubern belegt. Außerhalb der Ferienzeiten bekommt man überall Rabatt, so dass die folgenden Hotels dann 200–300 RM inklusive großem Frühstücksbuffet kosten, offiziell werden meist um 400 RM verlangt. Auch über Veranstalter sind sie günstig zu buchen. Bereits 4 km vor Batu Ferringhi liegt **Shangri-La's Rasa Sayang Resort** ⑭, ☎ 8811811, ✆ 8811984, 🖳 www.shangri-la.com, am Ortseingang und Ende der Bucht, gehört zu den 5-Sterne-Hotels. 514 Luxuszimmer und Suiten, schöne Gartenanlage mit Pool-Landschaft, Wasserrutsche, einem breiten Wassersportangebot, Tennisplätze, Sauna und Fitnessstudio, Restaurants, Disco usw., etwas steife Atmosphäre. Shuttlebus zum KOMTAR Bldg. in Georgetown.

Shangri-La's Golden Sands Resort ⑬, ☎ 8811911, ✆ 8811880, 🖳 www.shangri-la.com. 4-Sterne-Hotel mit 395 Zimmern. Große Gartenanlage mit mehreren schön gestalteten Pools.

Lone Pine*** ⑫, 97 Batu Ferringhi, ☎ 8811511-2, ✆ 8811282, 🖳 www.lonepinehotel.com, 1999 wurde dieses älteste Strandhotel, das 1948 erbaut und bis 1973 mehrfach erweitert wurde, komplett aufgemöbelt und hat trotz der Luxussanierung erkennbare Elemente aus der Frühzeit bewahrt. Wer ein individuelles, stilvolles Resort den Massenquartieren vorzieht und bereit ist, etwas mehr für eines der 50 Zimmer auszugeben, ist hier richtig. Die einfachen Zimmer am Parkplatz erhielten einen eigenen abgeschirmten Garten, während die teuren mit einer großen, gemütlichen Terrasse mit Blick aufs Meer und einem großzügigen Badezimmer mit Wanne, Dusche und Mandi locken. Man kann im ruhigen, friedvollen Garten in einer Hängematte unter Ka-

suarinen oder bei einer Massage entspannen und sich ein persönliches BBQ auf der Terrasse zubereiten lassen. Kinder können sich zudem auf einem Kinderbauernhof vergnügen.

Holiday Inn ⑩, ☎ 8811601, ✆ 8811389, 🖳 www.holiday-inn.com/hotels/penmy. Der 26-stöckige Ocean Tower und der kleine Beach Wing des 4-Sterne-Hotels mit 362 Zimmern beiderseits der Straße sind über eine Fußgängerbrücke miteinander verbunden. Große Familienzimmer, Pool, Wassersportangebote, Bar, Restaurants usw.

Park Royal Hotel ⑨, ☎ 8811133, ✆ 8812233, 🖳 www.parkroyalhotels.com, nebenan, ein weiteres 4-Sterne-Hotel für gehobene Ansprüche.

Casuarina Beach Resort ②, ☎ 8811711, ✆ 8812155, 🖳 www.casuarina.com.my, kleineres 4-stöckiges 3-Sterne-Hotel am Ortsausgang mit einem hübschen Garten. 180 Zimmer mit Balkon und Blick aufs Meer, italienisches Restaurant, relativ kleiner Pool. Tgl. wechselndes Angebot an Aktivitäten.

Bayview Beach Resort ①, ☎ 8812123, ✆ 8812140, 🖳 www.bayviewbeach.com, unpersönliches 4-Sterne-Hotel im Westen von Batu Ferringhi, 366 Zimmer rings um einen dreieckigen, überdachten Innenhof, nur die teurer Zimmer mit Bayview. Viele einheimische Gäste. Großes Angebot an Aktivitäten und Restaurants.

Penang Mutiara ⑰, Teluk Bahang, ☎ 8868888, ✆ 8852829, 🖳 www.mutiarahotels.com, kühler, gestylter Luxus, alle 440 Zimmer des 5-Sterne-Hotels mit Meerblick. Das moderne Hotel mit schönem Pool in einer weitläufigen Gartenanlage, die sogar einen kleinen japanischen Garten hat, liegt direkt am Strand, großes Wassersportangebot. Mehrere Restaurants, Disco, Bar und alles, was dazugehört.

Essen und Trinken

IN BATU FERRINGHI – Die Hotel-Restaurants bieten internationale Küche in allen Schattierungen, aber auch zu entsprechenden Preisen. Viele Hotelgäste möchten abends mal was anderes sehen und wandern die Hauptstraße entlang, an der diverse **Seafood-Restaurants** auf Kundschaft warten.

Zudem findet abends von 18–22/24 Uhr an der Straße westlich vom Holiday Inn ein **Nachtmarkt** statt.

Billiger als in den internationalen Hotels ist ein Drink an den Beach Bars und Essenständen, z.B. vor den Gästehäusern oder hinter dem Parkplatz am öffentlichen Strandzugang.

Tagsüber sitzt man schön direkt am Meer im **Kompleks Bayu Senja**, wo an Essenständen Seafood, chinesisches und indisches Essen sowie Pizza angeboten wird.

Batu Ferringhi Bistro, neben dem Kompleks Bayu Senja direkt am Strand. Hier kann man gemütlich auf einer Terrasse am Meer sitzen und westliche sowie Thai-Gerichte oder ein kühles Bier genießen, besonders schön bei Sonnenuntergang und für Nachtschwärmer, ⊙ tgl. 18–5 Uhr.

Jasmine's Kitchen, am westlichen Ortseingang, bietet gutes chinesisches, malaiisches und indisches Essen bei freundlichem Service. Während der Zubereitung kann man zusehen. ⊙ nur abends.

Happy Garden, man sitzt ganz nett im kleinen Gartenrestaurant mit großem Frühstücksangebot, internationalen, leckeren Gerichten, die relativ preiswert sind, und vielen Säften. ⊙ tgl. 9–14.30 und 18–22.30 Uhr.

Kampung Din's Bamboo Restaurant, 200 m den Weg in das Dorf hinein. Sehr familiär, einfache malaiische Gerichte. Nur am Abend geöffnet. Außerdem wird traditionelle Massage angeboten.

AB Restaurant, gegenüber der Moschee, ist ein günstiges und einfaches indisches Restaurant u.a. mit Banana-Leaf-Gerichten.

Im Zentrum von Batu Ferringhi:

Moghul Arch, großes nordindisches Tandoori-Restaurant.

Ferringhi Garden, Seafood, Steaks und weitere westliche Gerichte zu Touristenpreisen.

Batu Ferringhi Café, ein weiteres einfacheres Restaurant mit relativ preiswerten Gerichten für Touristen.

Guan Guan, Restaurant-Café, nicht ganz so fein wie die benachbarten Hotels, ganz angenehm zum Sitzen, guter Garnelensalat, Di geschlossen.

Im westlichen Teil des Ortes reihen sich entlang der Hauptstraße:

Eden Seafood Village, großes Restaurant. Vielfältige Auswahl, gute Qualität und entsprechende Preise.

The Ship, in einem großen alten Segelschiff kurz vor dem Holiday Inn, listet auf seiner Speisekarte westliche und asiatische Gerichte.

Deep Sea, 190A Batu Ferringhi, ein preiswerteres, einfaches chinesisches Restaurant, etwas weiter ortseinwärts, hier kann man drinnen und draußen sitzen.

Restoran Kampong hat weniger Auswahl als die anderen Restaurants, lockt dafür aber mit günstiger authentischer malaiischer Küche.

Ferringhi Village Restaurant liegt am oberen Ende der Preis-Skala: edel, groß und teuer. Man sitzt im Freien.

Nando's, ein Ableger der mexikanischen Restaurant-Kette, hat sich in der neuen Eden Parade eingemietet.

IN TELUK BAHANG – Billige Foodstalls und Coffeeshops an der Bushaltestelle zwischen dem Mutiara und Kreisverkehr sowie an der Abzweigung hinter der Brücke. Manchmal verirren sich Touristen aus der Hotelanlage nach Teluk Bahang und freuen sich an der ursprünglichen Atmosphäre.

End Of The World (Ah Sim Seafood), das Restaurant am Ende der Straße. Ein beliebter Ort für gutes Seafood. Man blickt auf den Pier, an dem die Fischerboote liegen. Do geschlossen.

Fishing Village Seafood, einfaches Seafood-Restaurant an der Strandstraße nahe dem Kreisverkehr, das nur abends geöffnet hat.

Ah Pang Seafood, nebenan, hier bereiten zwei Geschwister günstige chinesische Gerichte zu, vor allem Seafood. Außerdem das

Waterworld Restaurant.

Kurz vor dem Kreisverkehr:

Khaleel Restaurant mit Nasi Kandar rund um die Uhr und

Chop Foo Kee, ein chinesisches Restaurant, in dem auch Seafood zubereitet wird.

In Batu Ferringhi ist alles auf Touristen eingestellt. Entsprechend finden sich hier ein **Postamt**, **Wechselstuben**, eine **Wäscherei** und **Polizei** sowie die neuen Einkaufszentren **Eden Parade** und **Global Bay**.

Wassersportangebote: Angeboten werden Windsurfen, Kanufahren, Wasserski, Fallschirm-

NORD-MALAYSIA

segeln sowie Bootstouren entlang der Küste. Die Preise schwanken je nach Saison und Hotel. Motorräder, Fahrräder, Autos und Boote werden an mehreren Stellen vermietet. Zahlreiche Geschäfte verkaufen Strand-Textilien und Souvenirs zu überhöhten Preisen.

MAS-Office im Rasa Sayang Hotel.

Yahong Art Gallery, 58 D Jl. Batu Ferringhi, hier verkauft der international bekannte Künstler Chuah Thean Teng seine Batikbilder und denen, die sich sich nicht leisten können, Kunstdrucke, Antiquitäten und andere Souvenirs. ☉ tgl. 9.30–18.30 Uhr.

INSELBUSSE – Der blaue Hin-Bus 193 und Bus 201 fahren für 1,70 RM sowie der ac-Bus 202 für 2 RM alle 30 Min. bis gegen Mitternacht vom KOMTAR Bldg. in GEORGETOWN über die Jl. Burmah, Tanjung Tokong, Tanjung Bungah und Batu Ferringhi nach Teluk Bahang. Der Penang Yellow Bus 76 verkehrt alle 2 Std. von Teluk Bahang nach BALIK PULAU.

TAXIS – Sie warten u.a. vor dem Park Royal, ✆ 8814093, und Rasa Sayang, ✆ 8813430. Die aktuellen Preislisten hängen in allen Hotels aus. Taxi von Batu Ferringhi zum Airport 45 RM, zur Fähre 25 RM, ins Stadtzentrum 20 RM, Penang Hill 30 RM, Teluk Bahang 12 RM. Taxifahrer nutzen die Situation, dass nach Mitternacht kein Bus mehr fährt, schamlos aus und verlangen überhöhte Preise. Daher für späte Heimfahrten Taxis vorbuchen und mit einem Aufschlag von 50% rechnen.

Der Süden der Insel Penang

Die Penang Yellow Bus 66, 68 (bis Batu Maung) und 69 fahren auf der großen Ausfallstraße Richtung Flughafen, vorbei an zahlreichen Industriebetrieben und der Einmündung der **Penang Bridge**, mit 13,5 km die längste Brücke Südostasiens. Sie wurde 1985 nach über 3 Jahren Bauzeit fertig gestellt und kostete über 850 Mill. RM. Unter dem 225 m hohen mittleren Teilstück können auch große Ozeantanker hindurchfahren.

Die gelben Busse halten auch am **Schlangentempel** gegenüber dem Osram-Gebäude. Er wurde 1850 erbaut und Chor Soo Kong gewidmet, dem man magische Heilkräfte zuspricht und als dessen Jünger die Schlangen angesehen werden. Giftige Vipern *(Wagler's Pit Viper)* liegen betäubt von Weihrauch und Räucherstäbchen schlaff auf zwei kleinen Sträuchern im Haupttempel herum. Speziell für Touristen zog man einigen die Zähne und stellte sie zum Fotografieren in einem Nebenraum ab (2 große Fotos für stolze 30 RM). Ansonsten ist der Tempel recht uninteressant, und der Rummel um ihn herum steht in keinem Verhältnis zu dem, was er bietet. Statt Eintrittsgeld wird eine „Spende" *(donation)* für den Erhalt des Tempels von ca. 10 RM erwartet.

Die Ostküste

Von der West- zur Ostküste

Der gut ausgebaute Highway 77 führt von Sungai Petani nach Osten, Richtung thailändische Grenze. Eine andere, ebenfalls gut ausgebaute Strecke verläuft von Butterworth über Kulim und Melau und trifft bei Kuala Ketil auf diese Überlandstraße. Reisfelder und Kampung, so weit das Auge reicht – eine ländliche, friedliche Region. Von Baling hinauf nach Pengkalan Hulu wurde der Highway durch die Berge ausgebaut.

Von Pengkalan Hulu geht es weiter nach Gerik, dem größten und wichtigsten Ort des Grenzgebietes im Landesinneren mit einem Markt, zahlreichen Geschäften und den letzten Tankstellen vor dem Highway. In der Umgebung liegen mehrere Orang Asli-Dörfer, die nicht auf eigene Faust besucht werden können. Die Temperaturen hier oben sind spürbar niedriger als an der Küste.

5 km nördlich von Gerik zweigt der East-West-Highway (auf Malaiisch: Lebuhraya Timur–Barat) nach Kota Bharu ab. Vor dem Bau der Straße fuhr man von Penang nach Kota Bharu einen riesigen Umweg über Kuala Lumpur und Kuantan – insgesamt eine Strecke von über 1000 km, die sich mit der Verbindungsstraße auf 363 km reduzierte.

45 km östlich von Gerik hat der gewaltige **Tasik Temengor**, ein Stausee, weite Dschungelgebiete überflutet. Die Wälder beiderseits der Straße sind der Lebensraum von Großsäugetieren wie Elefan-

ten oder Banteng. Es kann durchaus geschehen, dass eine Elefantenherde am frühen Morgen oder in der Dämmerung die Straße kreuzen, die ihre alten Pfade durchschneidet. Leider wird auch hier selektiver Holzeinschlag betrieben, die zahlreichen Sattelschlepper, schwer mit Bäumen beladen, sprechen eine beredte Sprache.

Erst nach 110 km auf dem East-West-Highway gelangt man wieder in bewohnte Regionen und in den ersten Ort, **Batu Melintang**.

Kota Bharu

Dies ist die Gegend der Malaien. Sie waren seit eh und je Küstenbewohner, lebten vom Fischfang, betrieben ein wenig Landwirtschaft, hielten etwas Vieh und bauten Boote und Häuser aus Kokospalmen – ein genügsames, anspruchsloses Dasein, das den Launen der Natur, den Gezeiten und den Regeln des Islam gehorchte. Nirgendwo sonst in Malaysia hat sich malaiisches Leben und malaiische Tradition so gehalten wie hier.

Bis 1909 stand Kelantan unter der Herrschaft der Thais, wurde dann britisches Schutzgebiet und kam so als Bundesstaat zum heutigen Malaysia. Noch heute sprechen die 1,2 Millionen Bewohner dieses Staates einen Dialekt, der in anderen Regionen kaum verstanden wird. Kein nennenswerter Kautschuk-Boom, kein rasanter Warenumschlag, kein hektischer Zinn-Rausch suchte das Grenzgebiet heim. Für die erste und bisher einzige Schlagzeile in der Weltpresse sorgten die Japaner, die am 8. Dezember 1941 exakt um 4.55 Uhr am Pantai Sabak mit ihren Truppen an Land gingen und so den 2. Weltkrieg nach Südostasien trugen. Auf dem Landweg rückten sie von hier aus, zum Teil auf eilig konfiszierten Fahrrädern, in weniger als sieben Wochen bis nach Singapore vor. 95 Minuten später fielen am selben Tag die ersten Bomben auf Pearl Harbor.

Eigentlich war Kota Bharu immer ein unbedeutendes Nest und ist trotz seiner mittlerweile 273 000 Einwohner ein wenig aufregender Ort geblieben. Auf den ersten Blick bietet das Stadtbild wenig Reize, dennoch darf Kota Bharu als das Zentrum der malaiischen Kultur gelten. Veranstaltungen wie Wettkämpfe im Drachensteigen oder Vogelsing-Wettbewerbe finden regelmäßig statt, auch Werkstätten und Geschäfte für malaiisches Kunst-

handwerk sind zahlreich. Ein Besuch im Tourist Office hilft beim Auf- und Herausfinden.

Das Zentrum

Am Padang Merdeka (Unabhängigkeitsplatz) stehen die wichtigen Bauten. So auch die unübersehbare **Istana Balai Besar**, der Sultanspalast von 1844. Heute ist die Residenz des Sultans Mohammed II. unzugänglich und wird nur noch für repräsentative Zwecke, z.B. königliche Hochzeiten, genutzt. Fotografierverbot!

Die kleinere **Istana Jahar** (Royal Custom Museum) hat man hingegen in ein Museum umgewandelt. Das 1887 errichtete Bauwerk ist ein großartiges Beispiel für die Holzbaukunst Kelantans. ☉ tgl. außer Fr 8.30–16.45 Uhr, Eintritt 2 RM, für die Waffensammlung 1 RM extra.

Das blaue Gebäude hinter der Istana Jahar ist das **Royal Museum**, in dem Gegenstände aus dem Besitz der Sultansfamilie ausgestellt sind. ☉ tgl. außer Fr 8.30–16.45 Uhr, Eintritt 2 RM. Nördlich des Sultanspalastes hat man, stilecht aus dunklem Holz, ein Handicraft Center und Textilmuseum, das **Kampung Kraftangan**, errichtet. In dem Museum sind Landestrachten und traditionelle Textilien ausgestellt, und es gibt eine Auswahl dessen zu sehen und zu kaufen, was die malaiische Volkskunst hervorgebracht hat. ☉ tgl. außer Fr 9.30–16.45 Uhr.

Mit dem Bau der **großen Moschee** wurde 1916 begonnen. Seither hat sie für die Islamisierung der Region eine wichtige Rolle gespielt. Erst vor kurzem wurden ihre Minarette mit prunkvollen neuen Messingkuppeln versehen. Die örtliche Koranschule besitzt nach wie vor landesweite Bedeutung. Ein Besuch ist Nicht-Moslems leider verwehrt. Gleich daneben, im ältesten steinernen Gebäude Kelantans aus dem Jahr 1912, ging einst die Hongkong & Shanghai Bank ihren Geschäften nach. Heute ist hier das **World War II Museum** untergebracht, das sich unter anderem mit der japanischen Invasion beschäftigt. ☉ tgl. außer Fr 8.30–16.45 Uhr, Eintritt 2 RM. Gleich daneben informiert das **Islam Museum** über die Geschichte des Islam an der Ostküste. ☉ tgl. außer Fr 8.30–16.45 Uhr, Eintritt 2 RM. Die Straße endet am Kelantan-Fluss, an dessen Ufer ein paar Hausboote liegen.

Von der Istana Balai Besar erreicht man über die Jl. Hulu Kota den großen Markt, den **Pasar Besar** (nicht mit der Markthalle weiter südlich verwechseln). Von außen eher ein unansehnlicher Betonklotz, ist das Innere des mehrstöckigen Gebäudes ein Ereignis für Augen, Nase und Ohren, vor allem das untere Geschoss, wo die Gemüse- und Obsthändlerinnen ihr reichhaltiges Angebot ausgebreitet haben. Im 1. Stock gibt es eine Menge Essenstände, in den oberen Stockwerken, wo Textilien und Haushaltswaren verkauft werden, findet man ein preiswertes und umfangreiches Angebot an Batikstoffen. Der Blick hinunter in den mit gelblichen Glas überdachten zentralen Teil bietet ein farbenprächtiges Bild und ist ein beliebtes Fotomotiv. Die Markthalle ist tgl. von 8–18 Uhr geöffnet. Zwischen Pasar Besar und der Istana Balai Besar lädt eine kleine Fußgängerzone mit Essenständen und Bänken zur Rast ein.

Südlich des Pasar Besar taucht man in das geschäftige Zentrum Kota Bharus ein, das vor allem tagsüber recht laut und belebt ist. Touristische Sehenswürdigkeiten gibt es hier nicht, nur an manchen Ecken sind ein paar alte chinesische Geschäftshäuser erhalten geblieben. Abends und nachts konzentriert sich das Treiben in der Fußgängerzone in der Jl. Padang Garong zwischen der zentralen Bus Station und dem sehenswerten, farbenprächtigen **Nachtmarkt**. Zur Gebetszeit in der gegenüberliegenden Moschee gegen 19.30 Uhr müssen alle für eine Stunde den Markt verlassen.

Südlich vom Zentrum

Das **Kelantan State Museum** ist in den ehemaligen kolonialen Verwaltungsgebäuden zwischen dem Tourist Office und den Government Offices am großen Kreisverkehr untergebracht. Neben archäologischen Ausstellungsstücken enthält es Beispiele des malaiischen Kunsthandwerks wie Drachen, Musikinstrumente, Kreisel, Silberarbeiten und Gegenstände des alltäglichen Gebrauchs. Angeschlossen ist eine zeitgenössische Kunstgalerie. Eintritt 2 RM, ⏱ tgl. außer Fr 8.30–16.45 Uhr. Das Kulturzentrum **Gelanggang Seni** (Zufahrt von der Jl. Mahmud), lohnt einen Besuch, wenn traditionelle malaiische Kulturveranstaltungen stattfinden. Geboten werden u.a. *Rebana Ubi* (rhythmische Musik auf Riesentrommeln), *Wau* (Drachensteigen), *Gasing Uri* (Kreiselspiel), *Silat* (eine traditionelle Art der Selbstverteidigung, die bestimmten Regeln und Ritualen folgt), *Wayang Kulit* (Schattenspiel), traditionelle Tänze und Musik. Das aktuelle Programm ist im Tourist Office erhältlich. Die Aufführungen finden zwischen Februar und Oktober mit Ausnahme des Ramadan-Monats jeden Mo, Mi und Sa von 15.30–17.30 Uhr und 21–23 Uhr statt. Die besten Darbietungen sind samstags zu sehen. Eintritt frei. Einmal jährlich organisiert das Tourist Office auch mehrtägige Drachenwettkämpfe und Wettbewerbe in anderen traditionellen Sportarten.

Batik ist ein Handwerk, das die Malaien besonders kunstvoll beherrschen. Durch mehrere Färbe- und Stempelvorgänge zaubert man auf Tücher mit Hilfe des aufgetragenen Wachses raffinierte Muster, wobei sie verschiedene heiße Bäder durchlaufen und am Schluss zum Trocknen auf langen Wäscheleinen aufgehängt werden. Leider ist die Kelantan-Batik kaum noch gefragt, so dass sich die meisten Fabriken in den 90er Jahren auf die Produktion bunt bemalter Reyon- oder Seiden-Stoffe umgestellt haben. Auf dem Central Market wird immer noch eine große Auswahl von Kelantan-Sarongs, Decken und Kleidung aus Baumwolle angeboten.
Die mit Goldfäden durchwirkten, handgewebten Songket-Stoffe werden auf Handwebstühlen gefertigt und nur zu festlichen Anlässen getragen. Sie können ebenfalls in den meisten Batikläden erworben werden.

Drachen und Kreisel sind für die Malaien weniger Kinderspielzeuge als vielmehr kunstvolle Objekte uralter regionaler Tradition. Alljährlich im Frühjahr werden beispielsweise beim internationalen *Kite Festival* die schönsten und wendigsten Drachen gekürt.
Dabei spielen Schönheit, Handhabung und Steiggeschwindigkeit ebenso eine Rolle wie das vibrierende Summen, das die Drachen im Wind verursachen. Mittlerweile treffen sich zum Festival Drachen-Clubs aus der ganzen Welt und lassen auf dem Padang die unglaublichsten Gebilde in die Lüfte steigen. Malaiische Kreisel sind meist aus Metall und etwa tellergroß. Einen Kreisel mit einem Seil anzutreiben, ihn dabei noch mit einer Art „Schaufel" aufzufangen und dann zum minutenlangen Weiterrotieren wieder abzusetzen, ist eine Übung, die großes Geschick erfordert und entsprechend feierlich vorgetragen wird.

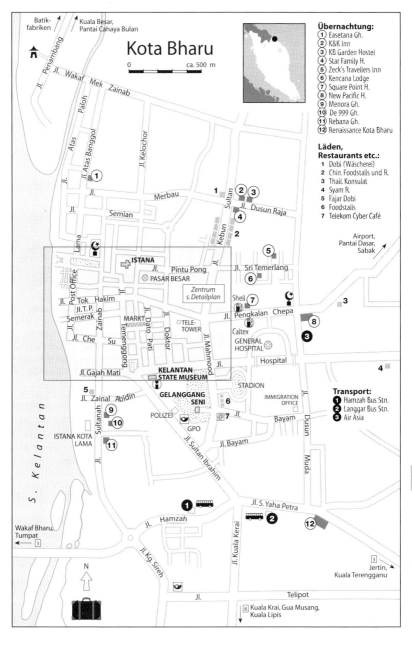

Kota Bharu

0 — ca. 500 m

Übernachtung:
1. Easetana Gh.
2. K&K Inn
3. KB Garden Hostel
4. Star Family H.
5. Zeck's Travellers Inn
6. Kencana Lodge
7. Square Point H.
8. New Pacific H.
9. Menora Gh.
10. De 999 Gh.
11. Rebana Gh.
12. Renaissance Kota Bharu

Läden, Restaurants etc.:
1. Dobi (Wäscherei)
2. Chin. Foodstalls und R.
3. Thail. Konsulat
4. Syam R.
5. Fajar Dobi
6. Foodstalls
7. Telekom Cyber Café

Transport:
1. Hamzah Bus Stn.
2. Langgar Bus Stn.
3. Air Asia

Batik-
fabriken

Kuala Besar,
Pantai Cahaya Bulan

Jl. Penambang
Jl. Wakaf Mek Zainab
Jl. Kelochor
Jl. Atas Banggol
Atas
Paloh
Jl. Merbau
Jl. Semian
Lama
Sultan
Jl. Dusun Raja
Kebun

Airport,
Pantai Dasar,
Sabak

Jl. Sri Temerlang

ISTANA
Jl. Pintu Pong
PASAR BESAR
Zentrum
s. Detailplan

Shell

Post Office
Jl. Tok Hakim
Jl. T.P.
Semerak
Zainab
MARKT
Jl. Dato Pati
Jl. Doktor
TELE-
TOWER
Jl. Pengkalan Chepa
Caltex
GENERAL
HOSPITAL
Jl. Che Su
Jl. Temenggong
Jl. Mahmood

Hospital

Jl. Gajah Mati
KELANTAN
STATE MUSEUM

STADION

IMMIGRATION
OFFICE

Jl. Zainal Abidin
GELANGGANG
SENI
POLIZEI
GPO
Jl. Bayam
Sultanah
ISTANA KOTA
LAMA

S. Kelantan

Jl. Sultan Ibrahim
Jl. Bayam
Dusun Muda

Wakaf Bharu,
Tumpat
3

Jl. Hamzah
Jl. Kg. Sireh
Jl. Kuala Krai

Jl. S. Yaha Petra

N

Jl. Telipot

Kuala Krai, Gua Musang,
Kuala Lipis

Jertin,
Kuala Terengganu

GÄSTEHÄUSER – In der Stadt gibt es etwa 70 Gästehäuser, die um die Gunst der Rucksackreisenden buhlen und sich dabei alle nur erdenklichen Sonderleistungen ausgedacht haben: Kaffee und Tee kostenlos, Willkommensdrink, kostenlose Abholung vom Busbahnhof, Internet-Zugang usw., von den niedrigen Preisen ganz zu schweigen. Das Schlafsaalbett kostet in der Regel 4–8 RM pro Nacht, einfache DZ sind schon für 15–25 RM, jene mit Du/WC ab 30 RM zu haben. Viele Gästehäuser organisieren den Transfer nach Pulau Perhentian, reservieren Zimmer auf den Inseln und bewahren überflüssiges Gepäck kostenlos auf. Insbesondere unter den etwas außerhalb gelegenen Häusern trifft man auf atmosphärische Kleinode mit Garten oder Dachgarten, deren Betreiber sich alle Mühe geben, ihren ausländischen Gästen den Aufenthalt so angenehm wie möglich zu gestalten. Allerdings gibt es häufig Klagen über mangelnde Sauberkeit.

Nördlich des Zentrums: *Easetana**–** ①, 161-S/3 Jl. Atas Banggol, ✆ 019-9617887, ✉ EasetanaGuestHouse@hotmail.com. Geräumiges, relativ neues 2-stöckiges Wohnhaus mit kleinem Garten. Im Flur ein Dutzend Doppelstockbetten für 11 RM p.P. DZ mit Fenstern und Fan, ein DZ mit Du/WC. Großes Wohnzimmer, Küchenbenutzung.

***Lonesome Travellers Lodge** ⑯**, Jl. Dato Perdana 3, ✆ 012-9593680, ✉ lonesometravelers@ekno.com. Im 2. Stock gelegen, relativ neu und sauber. Schlafsaal mit 4 Betten à 8 RM, EZ teilweise ohne Fenster, DZ mit Fan. Kaffee und Tee kostenlos, TV-Zimmer, kleine Küche.

***Ideal Travellers' House** ⑬**, 3954-F Jl. Kebun Sultan, ✆/✆ 7442246, ✉ idealtrahouse@hotmail.com. Beliebtes 2-stöckiges Haus mit Garten in einer ruhigen Seitenstraße hinter dem Juita Inn. Freundliches chinesisches Management. Unterschiedlich große und saubere Zi teils mit Holzböden, Balkon, Fan und Du/WC. Schlafsaalbetten 7 RM. Möglichkeit zum Wäsche waschen und Frühstück zuzubereiten.

***Zeck's Travellers Inn**–** ⑤**, 7088-G Jl. Sri Cemerlang, ab Jl. Kebun Sultan, ✆ 7431613, ✉ ztraveller_inn@hotmail.com. Sehr ruhig gelegenes Haus, jeweils 2 Zimmer teilen sich ein Du/WC, auch ac. Bett im Schlafsaal 7 RM, Lounge mit Video in separatem Haus, Internet-Zugang. Familiäre Atmosphäre. Transfer nach Pulau Perhentian und 3-tägige Dschungeltouren im nördlichen Taman Negara (Kuala Koh) und um Kg. Jelawang bei Dabong (3 Tage/2 Nächte für 220 RM p.P.). Internet-Anschluss und Fahrradvermietung. Gegenüber finden am Fr morgen Vogelsingwettbewerbe statt.

Südlich des Zentrums: Drei preiswerte Unterkünfte, die sich auf Rucksackreisende spezialisiert haben, liegen abseits Jl. Sultanah Zainab maximal 15 Minuten zu Fuß vom Zentrum entfernt.

***Menora Guest House** ⑨**, 3338-D, Jl. Sultanah Zainab, ✆ 7481669, von außen ist nur ein unspektakulärer Treppenaufgang erkennbar, im Innern verbirgt sich ein geräumiges, sauberes Gästehaus über 2 Etagen mit gepflegtem Dachgarten mit vielen Blumen und schönem Blick auf den Kelantan-Fluss. Alle Zimmer, davon 2 auf dem Dach, mit Fenster, Fan oder ac, Schlafsaalbetten für 6 RM. Chua, der Besitzer, hält viele Tipps für Kota Bharu bereit. In der großen Küche wird das Frühstück zubereitet. Fahrradverleih.

***De 999 Guest House** ⑩**, 5438-E Lorong Kota Lama, ✆ 7481955, am Ende einer kleinen Seitenstraße, der Jl. Sultanah Zainab. Bei Japanern beliebtes luftiges, helles Holzhaus im Grünen. Äußerst sauber und ruhig. Kostenloser Tee. Fahrradverleih.

***Rebana Guest House** ⑪**, in einer Seitenstraße der Jl. Sultanah Zainab gegenüber der Istana Kota Lama. Ohne Telefon 8 einfache Zimmer. Ruhiger, fantasievoll gestalteter Garten.

Zentrum: Die Gästehäuser in der Gegend um die **Jl. Padang Garong**, in unmittelbarer Nähe des zentralen Busbahnhofs, haben sich vorwiegend auf die Bedürfnisse von jungen, billig reisenden Travellern eingestellt. Sauberkeit und Hygiene lassen oft zu wünschen übrig. Bettwanzen sind in vielen Gästhäusern die Regel. Einige haben ein Gemeinschaftszimmer mit TV, Video und Internet-Zugang bei angesagter Musik in entsprechender Lautstärke.

***KB Inn** ㉓**, 1872-D Jl. Padang Garong, ✆ 013-9021515. Mitten im Geschehen, bietet die üblichen Sperrholzverschläge mit Fan, mehrere

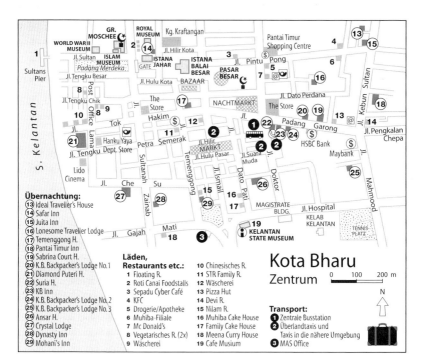

Kota Bharu

Zentrum

0   100   200 m

N

Übernachtung:
⑬ Ideal Traveller's House
⑭ Safar Inn
⑮ Juita Inn
⑯ Lonesome Traveller Lodge
⑰ Temenggong H.
⑱ Pantai Timur Inn
⑲ Sabrina Court H.
⑳ K.B. Backpacker's Lodge No.1
㉑ Diamond Puteri H.
㉒ Suria H.
㉓ KB Inn
㉔ K.B. Backpacker's Lodge No.2
㉕ K.B. Backpacker's Lodge No.3
㉖ Ansar H.
㉗ Crystal Lodge
㉘ Dynasty Inn
㉙ Mohani's Inn

**Läden,
Restaurants etc.:**
1 Floating R.
2 Roti Canai Foodstalls
3 Sepadu Cyber Café
4 KFC
5 Drogerie/Apotheke
6 Muhiba-Filiale
7 Mc Donald's
8 Vegetarisches R. (2x)
9 Wäscherei
10 Chinesisches R.
11 STR Family R.
12 Wäscherei
13 Pizza Hut
14 Devi R.
15 Nilam R.
16 Muhiba Cake House
17 Family Cake House
18 Meena Curry House
19 Cafe Musium

Transport:
❶ Zentrale Busstation
❷ Überlandtaxis und
Taxis in die nähere Umgebung
❸ MAS Office

Leser klagten über Bettwanzen, Schlafsaalbetten 8 RM. Gemeinschaftsraum und Kochmöglichkeit. Von der Dachterrasse aus könnte man fast den Sendeturm ersteigen! Frühstück im Preis inbegriffen. Jelawang-Touren, 1–3 Nächte für 170–280 RM.

KB Backpacker's Lodge No. 1* ⑳, 2981-F, Jl. Padang Garong, gegenüber der HSBC Bank, ✆ 7432125, ✉ kb_backpackers@TechEmail.com, im 2. Stock. Zimmer verschiedener Größe, Schlafsaalbetten 8 RM. Wäscheservice und Internet-Zugang. Sehr ungepflegt.

KB Backpacker's Lodge No. 2* ㉔, 1872-A, Jalan Padang Garong, im 2. Stock. Dunkle Zimmer mit Fan, Schlafsaalbetten 8 RM, mit Dachterrasse. Etwas ruhiger und familiärer als KB No. 1.

KB Backpacker's Lodge No. 3 (Homestead)* ㉕, 2879-Q, Taman Sri Laksamana, Jl. Mahmood, ✆ 9635530, in einer ruhigen Seitenstraße und doch zentral gelegen bietet diese grüne Oase mit gemütlichem Garten und lichtdurchflutetem Gemeinschaftsraum viel Raum zum Entspannen.

Schlafsaal 8 RM p.P. Alle Zimmer mit Fan, Du/WC. Kostenloser Kaffee, Gäste können sich gratis 2 Std. ein Fahrrad mieten, danach 1 RM pro 2 Std.

PREISWERTE HOTELS – Diese Hotels bieten, im Gegensatz zu den Gästehäusern, meist klimatisierte Zimmer mit Du/WC. Allerdings ist es häufig recht laut, und die Sauberkeit lässt zu wünschen übrig.

An der **Jl. Dusun Raja** gibt es einige zweckmäßige Unterkünfte mit Zimmern um 35–40 RM mit Warmwasser-Du/WC, TV und ac, die allerdings überwiegend von Geschäftsleuten frequentiert werden:

KB Garden Hostel** ❸, 754 Jl. Dusun Raja, ✆ 7485696, 21 Zimmer mit ac, Du/WC. Preiswert.

K&K Inn** (Kenn Kenn Inn) ❷, 753 Jl. Dusun Raja, ✆ 7439069. Sehr saubere, sterile DZ.

Star Family Hotel** ❹, 4210 Q-T Jl. Dusun Raja, ab Jl. Kebun Sultan, ✆ 7486115, ✆ 7482970, etwas abseits der Hauptstraße. Kleine Zimmer.

NORD-MALAYSIA

Kota Bharu   707

*Pantai Timur Inn*** ⑱, 391 Lorong Tengku Yusoff, ✆/✉ 7483753, 🖥 www.geocities.com/pt_inn/index.html, in einer kleinen Seitenstraße der Jl. Kebun Sultan, ruhig und zugleich zentral gelegen. Aufgrund der Sauberkeit – Schuhe sind am Eingang auszuziehen – und der freundlichen Atmosphäre ist es das mit Abstand beste Hotel dieser Kategorie. Zudem etwas teurere aber empfehlenswerte 3-Bett-Zimmer mit Du/WC und ac, Schlafsaalbetten 15 RM p.P., Internet-Zugang. Frühstück in dem kleinen Cafe vor dem Hotel.

*Mohani's Inn****** ⑲, 3761 Jl. Temenggong, ✆ 7477855, 7477899, ✉ 7471736, kleines, zentral gelegenes Hotel. Der freundliche Manager spricht ausgezeichnetes Englisch. Die Preise für DZ mit/ohne Du/WC sind für das Gebotene zu hoch.

Sabrina Court Hotel-*** ⑲, Jl. Padang Garong, ✆ 7447944, ✉ 7447955. Relativ sauber und zentral gelegen.

MITTELKLASSE – In diesen Hotels kann man den Zimmerpreis meist auf 80–100 RM herunterhandeln. Noch billiger sind Zimmer ohne Fenster. An die Sauberkeit müssen manchmal Abstriche gemacht werden.

*Safar Inn**** ⑭, Jl. Hilir Kota, ✆ 7478000, ✉ 7479000, Hotel neben der Istana Jahar mit 39 Zimmern mit ac, Telefon, TV und Du/WC, etwas muffig.

*Temenggong Hotel**** ⑰, Jl. Tok Hakim, Ecke Jl. Temenggong, ✆ 7483130, ✉ 7441481, an einer lauten Straße. Durchschnittliches, etwas abgewohntes aber sauberes Mittelklasse-Hotel mit Coffeeshop, 37 Zimmer mit ac und Du/WC. Zimmer nach hinten nehmen.

*Juita Inn***-**** ⑮, Jl. Pintu Pong, ✆ 7446888, ✉ 7445777, überwiegend muffige Zimmer ohne Fenster.

*Kencana Lodge**-*** ⑥, etwas außerhalb in der 316-24 Jl. Sri Cemerlang, ✆ 7477222, ✉ 7440181, ruhig gelegen, kleine akzeptable Zimmer mit Du/WC, ac, TV und Telefon, chinesisches Restaurant und Foodcourt.

OBERE MITTELKLASSE – Folgende Hotels gewähren oft beträchtliche Rabatte, sind häufig nicht teurer als die o.g. Mittelklassehotels und ihren Preis wert. Sie liegen zentral, sind sauber und verfügen oft über einen Wasserkocher und eine Minibar. Das Frühstück ist meist inbegriffen.

*Suria Hotel***-**** ㉒, Jl. Padang Garong, ✆ 7432255, ✉ 7432555, das Hotel überblickt den Nachtmarkt und bietet mit seinen sehr schön eingerichteten Zimmern mit Du/WC, ac, Telefon, TV und Kühlschrank ein gutes Preis-Leistungs-Verhältnis. Kein Frühstück.

*Dynasty Inn***-**** ㉘, 2865-D Jl. Sultanah Zainab, ✆ 7473000, ✉ 7473111, ✉ dynasty@hotmail.com. Modernes, mittelgroßes Hotel mit geschmackvollen Zimmern. Beim Frühstücken auf der gepflegten Dachterrasse im 7. Stock kann man den schönen Blick auf den Fluss genießen. Chinesisches Restaurant im Erdgeschoss.

*Ansar Hotel**** ㉖, Jl. Maju, ✆ 7474000, ✉ 7461150, gutes, zentral gelegenes „islamisches" Hotel mit zuvorkommendem Personal, in dem Raucher unerwünscht und Alkohol verpönt sind. Zimmer mit TV, ac und Kühlschrank.

*Crystal Lodge**** ㉗, 124 Jl. Che Su, ✆ 7470888, ✉ 7470088, 🖥 www.crystal-lodge.com.my, westlich des Zentrums, Zimmer mit ac, Bad, Telefon und TV, Frühstück inklusive. Günstige Zimmer ohne Fenster mit wenig Flair. Restaurant auf der Dachterrasse mit Blick auf den Fluss.

*Square Point***-**** ⑦, Jl. Pengkalan Chepa, ✆ 7433333, ✉ 7438333, neben der Shell-Tankstelle, in einem auffälligen rosa-mint Ton gestrichenen größeres Hotel. Geräumige Zimmer mit ac und Du/WC. Buchungsmöglichkeit des Resorts auf Lang Tengah.

LUXUS – Die „offiziellen" Zimmerpreise in dieser Klasse müssen nie bezahlt werden, Rabatte sind möglich.

Renaissance (ab 250 RM) ⑫, Jl. Sultan Yahya Petra, ✆ 7462233, ✉ 7470702, 🖥 www.renaissance-kotabharu.com. Neues, erstklassiges Luxus-Hotel internationalen Standards der Marriot-Hotelkette. Hier trifft sich die Prominenz, und hier nächtigt das Bordpersonal der MAS.

New Pacific Hotel (ab 178 RM) ⑧, Jl. Pengkalan Chepa, ✆ 7351111, ✉ 7479696, 🖥 www.newpacifichotel.com.my, ein unübersehbarer violett-grüner Hotelklotz, der auf prunkvolle Art und Weise hält was er verspricht. Schöne Zim-

NORD-MALAYSIA

mer mit Marmorbädern und toller Aussicht auf die Innenstadt. Pool und Jacuzzi.

Diamond Puteri (ab 170 RM) ㉑, Jl. Post Office Lama, ✆ 7439988, ✆ 7351100, ✉ dphk@tm.net.my. Elegantes First-Class-Hotel am Ufer des Kelantan-Flusses, das unter einem Mangel an Kapital und Gästen leidet. Schön eingerichtete Zimmer, Sonnenterrasse am Ufer und ein stilvoller Frühstückssaal. Bis dato sind einige der oberen Stockwerke ungenutzt, und auch der Pool ist seit Jahren im Bau.

Essen

Der **Nachtmarkt**, der vor Einbruch der Dunkelheit in der Fußgängerzone Jl. Padang Garong aufgebaut wird, hält viele kulinarische Köstlichkeiten bereit. Von Sonnenuntergang bis Mitternacht wird hier an zahllosen Ständen gebrutzelt und gekocht, und es herrscht ein buntes Treiben, das man sich nicht entgehen lassen sollte. Die ausgewählten Gerichte kann man an bereitgestellten Tischen verzehren. Das Angebot ist groß und reicht von Murtabak über Currys und anderen Gerichten bis zu bunten Kuchen, Obst und Getränken (kein Alkohol). Probieren sollte man die hervorragenden *Sate* oder das gegrillte Hühnchen *Ayam Percik*. Traditionell wird mit der rechten Hand gegessen, daher stehen auf vielen Tischen Krüge mit Wasser zum Hände waschen. Löffel und Gabeln sind an einigen Ständen vorhanden. Während der Gebetszeit in der nahe gelegenen Moschee schließen die Händler gegen 19.30 Uhr ihre Stände, und auch die Gäste werden von der Religionspolizei für die Zeit des Gebets zum Verlassen des Platzes aufgefordert. Das verschafft den angrenzenden (offenen) Geschäften guten Umsatz.

An den **Essensständen** in der Jl. Mahmud, Ecke Jl. Bayam kann man bereits zum Frühstück eine Reissuppe bekommen. Tagsüber sind zudem zahlreiche Essenstände im Markt geöffnet. Kleine Freiluft-Restaurants mit malaiischen Spezialitäten und besonders guten *Roti Canai* befinden sich an der Jl. Sultanah Zainab gegenüber der großen Moschee.

Auch Fast-Food-Liebhaber kommen bei zwei *McDonald's* nördlich vom Nachtmarkt (mit Internet Café) und im Einkaufszentrum *The Store*,

Jl. Sultanah Zainab, Ecke Jl. Tok Hakim, auf ihre Kosten. Im anderen *The Store*, nahe Nachtmarkt, ein *A&W* auf der Dato Perdana. *Pizza Hut* an der Jl. Padang Garong.

In den beiden Filialen der Bäckerei *Muhibah*, Jl. Dato Pati und Jl. Pintu Pong, kann man sich aus einem Sortiment von Keksen, Salzgebäck und Kuchen das Gewünschte aussuchen und an Tischen in Ruhe mit einer Tasse Kaffee oder Tee genießen.

Family Cake House, zwischen Jl. Padang Gorong und Jl. Bersaten, großes Angebot, ⏱ ab 11 Uhr.

Restaurants sind im Zentrum nicht so dicht gesät, wie man zunächst meinen möchte.

Mehrere **chinesische Restaurants** an der Jl. Tok Hakim neben dem Diamond Puteri Hotel. Hier wird auch Bier ausgeschenkt. Die meisten chinesischen Essenstände und Restaurants findet man an der oberen Jl. Kebun Sultan. An zahlreichen Ständen wird in riesigen Woks gebraten und aus gigantischen Töpfen brodelnder Brühe schmackhafte Suppen zubereitet. Interessante Atmosphäre.

STR Family Restaurant, Jl. Temenggong, ein gutes chinesisches Restaurant mit einer weiteren Filiale gegenüber der Hamzah Bus Station.

Meena Curry House, ein hervorragendes indische *Banana Leaf*-Restaurant befindet sich an der Jl. Gajah Mati, nahe Jl. Sultanah Zainab, im südwestlichen Zentrum. Curry mit Gemüse und Hühnchen oder Lamm für 7 RM.

Nilam Restaurant neben *Mohani's Inn*, Jl. Temenggong, serviert große Portionen malaiischer Gerichte – guter Fisch, auch frisch gepresste Fruchtsäfte.

Syam, Lot 594 Jl. Hospital, ausgezeichnetes, ac-gekühltes Thai-Restaurant, das zu Fuß einen etwa 1 km langen Spaziergang aus dem Zentrum erfordert, besser ein Taxi nehmen.

Einkaufen

Einen guten Überblick über das **Kunsthandwerk** der Malaien vermittelt das *Kampung Kraftangan* am Sultanspalast. Neben dem Museum offeriert eine Hand voll Geschäfte Kunsthandwerk aus der Region. Die Preise sind zwar auf Touristen abgestellt, aber verhandelbar.

Nur noch wenige Batikfabriken, drei Drachen-bauer und Songket-Weber haben ihre Werkstät-ten entlang der Straße, die über Kg. Penambang und Kg. Badang zum Pantai Cahaya Bulan hi-nausführt (s.u.).

In der Jl. Sultanah Zainab, kurz hinter der Jl. Zai-nal Abidin, verkaufen einige Läden Kelantan-**Silber** – vor allem Filigranarbeiten – allerdings nicht billig.

Große Supermärkte und Einkaufszentren im Zen-trum, z.B. in der westlichen Jl. Tok Hakim.

> Für Neuankömmlinge: in den etwas stärker muslimisch orientierten Staaten Kelantan und Terengganu ist Freitag der offizielle Ru-hetag, der Donnerstag ist also so etwas wie ein „Samstag". Samstag und Sonntag sind hingegen normale Werktage. Während des Ramadan ruhen nicht nur weite Teile des öf-fentlichen Lebens, sondern auch die meisten kulturellen Aktivitäten.

Sonstiges

AUTOVERMIETUNG – *Avis*, im Perdana Hotel, Jl. Mahmud, ☎ 7484457.
Hawk Rent a Car, Kota Bharu Airport, ☎ 7733824, ✆ 7734013, ▭ www.hawkrenta car. com, ☉ Sa–Mi 8–17.30, Do 8–13 Uhr, Fr ge-schlossen.

GELD – Wer nach Perhentian fährt, sollte sich mit ausreichend Bargeld eindecken. Wechsel-schalter der *Maybank* am Pantai Timur Shopping Centre, Ecke Jl. Doktor, ☉ tgl. 11–19 Uhr, ☎ 7432615, ✆ 7432617. Es werden Reiseschecks für 10 RM pro Transaktion eintauscht.
Geldautomaten, die Karten mit Maestro-Symbol akzeptieren, findet man bei der *Maybank, MBF Finance*, 1121 Jl. Padang Garong, und der *Sou-thern Bank*, 3764-5 Jl. Temenggong.
Ein **Money Changer** im Fotogeschäft Azam, ☉ 10–22 Uhr, neben dem KB Inn in der Jl. Pa-dang Garong, wechselt nur US$ in bar zu schlechten Kursen.

IMMIGRATION – Bei der Einreise aus Thailand gibt es ein 3-Monats-Visum an der Grenze. Wer verlängern will: *Immigration Office*, Wisma Per-sekutaan, 2. Stock, Jl. Bayam. ☎ 7482126, ☉ Do 8–12.45 und Sa–Mi 8–16 Uhr. Filiale gegenüber dem Tourist Information Centre über dem MAS Office.

INFORMATIONEN – Das *Tourist Information Centre* am oberen Ende der Jl. Sultan Ibrahim, ☎ 7485534, ✆ 7486652, ist sehr hilfreich und hält ein reichhaltiges Angebot an Informationsmate-rial bereit, das einen guten Überblick über Ver-anstaltungen, Touren, Ausflüge, Verkehrsverbin-dungen etc. vermittelt. Auch Kunsthandwerk aus der Region wird hier angeboten. Keine Zimmer-vermittlung. ☉ So–Mi 8–13 und 14–16.45, Do 8–13 und 14–16.30 Uhr.

KONSULAT – *Thai Consulate*, 4426 Jl. Pengkalan Chepa, ☎ 7440867, ist wichtig für alle, die noch kein Visum für die Einreise nach Thailand haben und dort länger als 30 Tage bleiben wollen. Für das 2-Monats-Visum sind 2 Passfotos und ca. 200 RM erforderlich. Die Bearbeitung dauert in der Regel einen Tag. ☉ So–Do 9–12 und 14–15.30 Uhr. Grenzübergänge nach Thailand sind Rantau Panjang (Sungai Golok) und Kg. Pengkalan Ku-bor (Tak Bai).

MEDIZINISCHE HILFE – *Klinik Liew*, neben dem Menora Guest House, der Arzt spricht Englisch. *Kota Bharu Hospital*, ☎ 7485533, ist auch gut.

POLIZEI – Die *Tourist Police* ist unter ☎ 7405513 Sa–Do 8–16 Uhr zu erreichen. Ansonsten die Polizei in der Jl. Bayar, ☎ 7485522, kontaktieren. Insgesamt ist Kota Bharu allerdings eine sichere Stadt, so dass die Polizei nur selten benötigt wird.

POST – Jl. Sultan Ibrahim und östlich vom Pasar Besar, dem großen Marktgebäude, ☉ tgl. außer Fr 9–18 Uhr.

TELEFON – *Telekom Office*, zu dem auch der un-übersehbare Sendeturm gehört, an der zentralen Bus Station. Karten-Telefonzellen auch für Aus-landsgespräche am Telekom-Eingang an der Jl. Pengkalan Chepa.

TOUREN, KOCHKURSE u.a. – Mr. Roselan vom *Tourist Office* bietet diverse Tages- und Halbtagstouren in die nähere Umgebung an, z.B. *River Cruises* auf dem Kelantan-Fluss mit Besuch in einem Fischerdorf und einem Kunsthandwerksbetrieb für *Wayang Kulit* von 10–13 Uhr ohne Mittagessen für 70 RM oder von 10–17 Uhr für 130 RM inkl. Mittagessen.

Malaiisch kochen lernt man ebenfalls bei Roselan mit viel Vergnügen von 17.30–20.30 Uhr für 55 RM ab 2 Teilnehmern – Essen selbstverständlich inbegriffen.

Zudem werden ab zwei Interessenten eintägige Workshops organisiert, bei denen man sich von 10–17 Uhr in die traditionellen Künsten versuchen kann. Die Batik-, Wayang Kulit-, Töpfer- und Drachenbau-Kurse kosten 125 RM inklusive Material.

VORWAHL – 09, PLZ Zentrum: 15 000.

WÄSCHEREI – Eine kleine Wäscherei liegt versteckt in der Gasse hinter dem vegetarischen Restaurant, Jl. Tengku Chik, weitere sind in den Stadtplänen eingezeichnet.

Nahverkehrsmittel

TAXIS – Taxistand vor dem Pasar Besar und in der Jl. Doktor. Ein Wagen kostet bei mindestens 3 Std. Mietdauer 20 RM pro Stunde; die Fahrt zum Pantai Cahaya Bulan 12 RM, zum Bahnhof Wakaf Bharu 10 RM und zum Flughafen ab Hotel 20 RM; ab Taxistand 17 RM. Für kurze Strecken den Preis jeweils aushandeln.

TRISHAWS – Nur noch wenige Fahrradrikschas quälen sich durch den dichten Autoverkehr. Sie warten vor allem westlich vom Pasar Besar auf die mit Waren bepackten Händlerinnen.

Transport

BUSSE – **in die Umgebung** ab der zentralen Bus Station in der Jl. Hilir im 30-Minuten-Takt. Die meisten kosten je nach Entfernung 1–3 RM. Abends starten hier auch die Fernbusse von *Transnasional*.
Nach SABAK und zum AIRPORT Nr. 8 und 9. Zur Grenze nach RANTAU PANJANG und PASIR MAS Nr. 29 für 3,20 RM.

Zur Pulau Perhentian zuerst nach PASIR PUTIH mit Bus Nr. 3 für 3 RM und weiter nach KUALA BESUT mit Bus Nr. 96 für 1,60 RM.

Überlandbusse: An der **zentralen Bus Station** erhält man an den Schaltern Nr. 1 und 2 gegenüber dem Sendeturm Auskünfte über die wichtigsten Verbindungen:
ALOR SETAR um 21 Uhr für 20,60 RM;
BUTTERWORTH / PENANG um 21 und 22 Uhr für 19,50 RM;
GERIK 14 RM;
KUALA LUMPUR um 20, 21 und 21.30 Uhr für 26,10 RM.
Von der **Langgar Bus Station**, Jl. Sultan Yaha Petra, fahren nur tagsüber Transnasional-Busse.
ALOR SETAR um 9 Uhr für 20,60 RM;
KUALA LUMPUR um 9 Uhr für 26,10 RM und gleichzeitig ein Business Bus für 39,10 RM;
SINGAPORE Business-Bus um 20 Uhr in 10–12 Std über JOHOR BHARU, 47 RM.
Von der **Hamzah Bus Station**, Jl. Hamzah, fahren ebenfalls Transnasional und private Busgesellschaften:
ALOR SETAR um 9 und 21 Uhr für 22,60 RM;
KUALA LUMPUR um 9 und 21 Uhr für 26,10 RM;
PENANG um 10 und 22 Uhr für 23,75 RM in 8 1/2 Std.

ÜBERLANDTAXIS – fahren südlich des Sendeturms in der Jl. Doktor, in der **Jl. Suara Muda**, sowie in der Jl. Hilir Pasar nördlich vom Markt ab. Preise gelten jeweils für bis zu 4 Personen im Taxi ohne ac:
ALOR SETAR 240 RM, BUTTERWORTH 200 RM, GERIK 120 RM, KUALA BESUT 28 RM, KUALA LUMPUR 280 RM, PENANG 260 RM, RANTAU PANJANG 20 RM, Informationen und Reservierungen unter ☎ 7481386.

EISENBAHN – Die Bahnlinie verläuft jenseits des Flusses, der nächste Bahnhof befindet sich in **Wakaf Bharu**, ca. 5 km westlich des Zentrums. Zu erreichen mit Bus Nr. 19 oder 27 für 80 sen von der zentralen Bus Station. Endstation der Linie ist im Nordosten ist **Tumpat**, ☎ 7257232 , 17 km weiter nordwestlich. Aktuelle Fahrpläne sind im Tourist Office oder am Bahnhof von Wakaf Bharu, ☎ 7196986, ⏱ tgl. 8–18 Uhr, sowie unter 🖥 www.ktmb.com.my, erhältlich. Plätze im

Ekspres frühzeitig reservieren. Die angegebenen Preise gelten für Economy / 2. Klasse. In den Nachtzügen sind zusätzlich für eine Liege oben 7,50 RM und unten 10 RM zu zahlen. Sie können nur für längere Strecken ab Gemas gebucht werden. Taxi nach Kota Bharu 10 RM, nach Kuala Besut 25 RM.

Nach Kuala Lipis am besten mit dem *Ekspres Kenali* nur am Sa oder So um 17.04 Uhr ab Wakaf Bharu über GUA MUSANG 20.13 Uhr (12/15 RM) nach KUALA LIPIS 21.47 Uhr (16/19 RM). Der Zug fährt weiter über JERANTUT 22.41 Uhr (18/22 RM) und GEMAS 2.07 Uhr (24/30 RM) nach KUALA LUMPUR (29/39 RM) wo er um 5.50 Uhr ankommt. Zurück ab Kuala Lumpur Fr und Sa um 22.40 Uhr, Ankunft in Wakaf Bharu um 11.11 Uhr. Auf der gleichen Route verkehrt tgl. der Nachtzug *Ekspres Wau* um 18.19 Uhr von Wakaf Bharu, Ankunft in Kuala Lumpur um 7.25 Uhr, zurück um 19.55 Uhr, Ankunft in Wakaf Bharu um 8.08 Uhr. Dieser Zug verfügt zudem über komfortable Kabinen (2 Plus), für die etwa der doppelte Preis eines 2. Klasse-Tickets verlangt werden, für den Schlafplatz unten noch 8 RM extra.

Nach Singapore nur mit dem Nachtzug *Ekspres Timuran* um 19.19 Uhr von Wakaf Bharu über Gemas (8 1/2 Std.) nach JOHOR BHARU (11 1/2 Std., 31/40 RM) und SINGAPORE (12 1/2 Std., 32/41 RM). Zurück ab Singapore um 20.20 Uhr, Ankunft in Wakaf Bharu um 9.30 Uhr.

Wer viel Zeit hat, Verspätungen hinnehmen kann, mehr von der Landschaft sehen will und Lokalkolorit schnuppern möchte, kann einen Teil des Weges in einem der langsamen Postzüge *(Mel),* dem so genannten „Jungletrain", fahren: Der *Mel* um 7.12 Uhr ab Wakaf Bharu ist höchstens bis GUA MUSANG (13.04 Uhr, 7.80/13.70 RM) oder KUALA LIPIS (15.51 Uhr, 11.10/19.50 RM) aber nicht bis GEMAS (Ankunft 21.45 Uhr) zu empfehlen. Weitere Postzüge nur bis GUA MUSANG um 3.34 und 13.58 Uhr. Zurück am besten ab Kuala Lipis um 13.45 Uhr, Ankunft in Wakaf Bharu um 21.22 Uhr, ab Gua Musang um 7 Uhr, Ankunft 12.09 Uhr.

NACH THAILAND – Es gibt keine durchgehende Bahnverbindung. Züge fahren vom Übergang **Sungai Golok,** jenseits der Grenze, um 11.50 und 14.05 Uhr über SURAT THANI (9 Std.) nach BANGKOK (ca. 20 Std., 1. Klasse 1493 Baht, 2. Klasse Schlafwagen 627 Baht und 2. Klasse. Sitzplatz 497 Baht). Diese Expresszüge sind sehr schnell ausgebucht, daher empfiehlt es sich, frühzeitig zu reservieren. Der Bahnhof in Sungai Golok ist unter ✆ 0066-73-611162 zu erreichen. Der schnellste Weg führt über Rantau Panjang (s.u.). Nach HATYAI weitere Züge von Sungai Golok 5x tgl. für 42 Baht.

FLÜGE – Der Sultan Ismail Petra Airport liegt 8 km östlich der Stadt, zu erreichen mit den Bussen Nr. 8 und 9, Taxi nach Kota Bharu 15 RM, nach Kuala Besut 45 RM.

5x tgl. MAS-Flüge nach KUALA LUMPUR 158 RM (Nachtflug 111 RM), von dort weitere Verbindungen. *Air Asia* fliegt ebenfalls 2x tgl. nach KUALA LUMPUR zu günstigeren Preisen, Buchungen über 🖥 www.airasia.com.

MAS-Office im Erdgeschoss des Komplexs Yakin an der Jl. Gajah Mati, ✆ 7483477.

Das Reisebüro in der Jl. Dusun Muda, gegenüber vom General Hospital, verkauft Tickets.

Im Grenzgebiet

Wer nicht sofort nach Thailand weiter muss, kann noch einige hübsche Abstecher diesseits der Grenze unternehmen: **Pasir Mas,** jenseits des Kelantan-Flusses, lohnt wegen seines schönen Marktes einen Besuch. Kurz hinter dem Ort zweigt von der Hauptstraße Nr. 3 Richtung Rantau Panjang eine Nebenstraße rechts nach Repek ab. Nach 1,6 km dem Hinweisschild folgend gelangt man nicht vor der Bahnlinie links nach 1 km zum **Wat Uttamaram,** einem besonders schönen, mit bunten, fantasievollen Figuren versehenen Thai-Tempel in friedlicher Umgebung. Die Asphaltstraße führt weiter zum Wat Phothivihan.

Nördlich des Ortszentrums von **Rantau Panjang** führt die Straße direkt zu dem großen Grenzübergang für Autos. Da weder malaysische Taxis noch Busse hinüber fahren, überquert man die Grenze zu Fuß. 200 m rechts vor der Grenze warten an einem Platz mit einigen Restaurants malaysische Überlandtaxis auf Passagiere aus Thailand, hier halten auch die Überlandbusse. Angenehmer vertreibt man sich die Wartezeit jedoch unten im Ort.

Im kleinen Grenzort **Pengkalan Kubor** verkehren Personenfähren über den Grenzfluss für 60 sen / 7 Baht p.P. tgl. 6–19 Uhr nach Tak Bai in Thailand.

Our Guesthouse*, sehr einfache Unterkunft in Rantau Panjang nahe der Bus Station. Besser: ***Zaihun Palace Hotel*****, 175 Jl. Lubok Stol, ✆ 7951114, ca. 1 km Richtung Jeli, ein nettes, kleines Haus gegenüber der Krankenstation. Zimmer mit ac und Du/WC, auch Bett im Schlafsaal für 10 RM.

Sonstiges

Unterhalb des neuen Grenzübergangs, im Zentrum von Rantau Panjang, gibt es ein Postamt und mehrere Restaurants sowie eine zentrale Bus Station. Die Grenze ist zwischen 22 und 5 Uhr geschlossen.

GELD – Im thailändischen Grenzort Sungai Golok hat die ***Thai Farmers Bank***, 1/6 Warakamintr Rd., einen Geldautomaten für Karten mit Maestro-Symbol. Wer ein paar Thai-Baht vorsorglich in Rantau Panjang beim Money Changer wechseln möchte – gute Kurse im ***Fuji Fotoshop***. Malaysische Ringgit gibt es bei der ***Maybank*** im Zentrum, Lot P.T. 192, die auch über einen Geldautomaten verfügt.
Wer am Freitag **von Thailand nach Malaysia** kommt und keinen Geldautomaten nutzen kann, sollte in Rantau Panjang einige Banknoten in Ringgit eintauschen.

Transport

IN MALAYSIA – Ab **Rantau Panjang** nach KOTA BHARU mit Bus Nr. 29 bis gegen 18 Uhr für 3,20 RM über PASIR MAS (1,80 RM). Überlandbusse nach KUALA LUMPUR um 20 Uhr für 26 RM. Bessere Verbindungen ab Kota Bharu. Sammeltaxis ohne ac nach KOTA BHARU 20 RM, nach KUALA BESUT 44 RM. Zugverbindungen siehe Kota Bharu.
Ab **Pengkalan Kubor** nach KOTA BHARU mit Bus Nr. 19, 27 und 43 für 3 RM. Überlandtaxis nach KOTA BHARU 12 RM, KUALA BESUT 40 RM.

Nach KUALA LUMPUR Expressbusse um 9.30 und 19.30 Uhr für 28,10 RM. Zugverbindungen siehe Kota Bharu.

NACH THAILAND – Von **Tak Bai** fahren Busse für 18 Baht und Überlandtaxis nach NARATHIWAT (s.S. 645). Die Grenze ☉ tgl. 6–19 Uhr. Es gibt keine durchgehende Bahnverbindung. Züge fahren vom Übergang **Sungai Golok**, jenseits der Grenze, um 11.50 und 14.05 Uhr über SURAT THANI (9 Std.) nach BANGKOK (ca. 20 Std., 1. Klasse 1493 Baht, 2. Klasse Schlafwagen 627 Baht und 2. Klasse. Sitzplatz 497 Baht). Diese Expresszüge sind sehr schnell ausgebucht, daher empfiehlt es sich, frühzeitig zu reservieren. Der Bahnhof in Sungai Golok ist unter ✆ 0066-73-611162 zu erreichen. Der schnellste Weg führt über Rantau Panjang. Nach HAT YAI weitere Züge von Sungai Golok 5x tgl. für 42 Baht.
Jenseits der Grenze in **Rantau Panjang** fahren Minibusse nach Hat Yai und in andere Orte (s.S. 712).

Kuala Besut

Der weitläufige Fischerort an der Mündung des Sungai Besut hat sich mittlerweile zu einer wichtigen Durchgangsstation für Touristen auf dem Weg nach Pulau Perhentian entwickelt. Das alte Zentrum rings um den Hafen wird von der modernen Einkaufspassage, die sich hinter dem Pier für Passagierboote anschließt, dominiert. Weiter flussabwärts liegen zahlreiche Fischerboote vor Anker, die am jenseitigen Ufer im Fischgroßmarkt ihren Fang anlanden.

Den ganzen Tag über verkehren Boote zwischen Kuala Besut und Pulau Perhentian, dennoch ist es ratsam, frühzeitig am Pier zu sein, denn wer erst abends auf einer der Inseln ankommt, hat unter Umständen nur eine sehr begrenzte Auswahl an attraktiven Übernachtungsmöglichkeiten.

Übernachtung

Nan Hotel**, Jl. Hj. Mohammad, ✆ 6974892, helle, saubere Zimmer mit und ohne Du/WC, mit Fan oder ac sowie mit ac und TV in einer ruhigen Seitenstraße.

Bubu Inn**, Jl. Pantai, ℡ 6978888, 🖅 6975080.
Sauber und realtiv große Zimmer mit Fenstern,
ac und Du/WC, Schlafsaal mit 6 Betten für
20 RM.
Yaudin Guest House *–**, 86 Terminal Pelacong,
℡ 6974887, 🖂 yaudin@tm.net.my, im 1. Stock,
einfache Zimmer mit Gemeinschafts-Du/WC und
ac oder Fan, auch Familienzimmer.

Sonstiges

GELD – Noch gibt es keine Bank in Kuala Besut,
die nächsten befinden sich im 15 km entfernten
Jerteh u.a. die ***Maybank,*** an der Hauptstraße Lot
405/406 Jl. Besar, an der Einfahrt zum Bus Terminal, mit Geldautomat.

INFORMATIONEN – Einige Büros von Resorts
und Fährbetreibern in der Passage und im Ort
haben Informationen zu Unterkünften auf der Insel, Boots- und Bustickets etc. für Touristen auf
Anschlagsbrettern und in Broschüren aufbereitet. Da viele Bungalowanlagen auf der Insel nur
über Funktelefon zu erreichen sind, was vor allem von weiter entfernten Orten die Kommunikation erheblich erschwert, kommt den Büros eine
wichtige Funktion zu.
In der Nähe der Bus Station befinden sich die
Büros verschiedener Resorts und Tauchschulen:
Coral View Island Resort, ℡ 6918276,
🖅 6910943.
Watercolours Dive Centre / Paradise Resort,
℡ 010-9113852.
Perhentian Pelangi Travel & Tours, 712 Jl. Jetty,
℡/🖅 6918353, hat gute Infobretter zu Unterkünften, Tauchschulen, Flugverbindungen etc.

VORWAHL – 09, PLZ 22 300.

Transport

BUSSE – Gelb-weiße Nahverkehrsbusse von
SKMK halten wie die Überlandtaxis am zentralen
Platz nahe dem Hafen. Bustickets für *Transnasional*-Busse werden auch in der Passage verkauft.
Von Süden kommend steigt man in JERTEH (von
7–18.30 Uhr alle 30 Min. für 1,20 RM), von Norden
in PASIR PUTIH (alle 30 Min. für 1,60 RM), in den

lokalen Bus nach Kuala Besut. Pasir Putih ist von
KOTA BHARU mit Bus Nr. 3 für 4,10 RM zu errei-
chen. Richtung Nordosten (Penang, Alor Setar)
fahren alle Busse über Kota Bharu.
In **Jerteh** halten alle Busse Richtung Süden. VIP-
Busse von *Budaya Express* fahren nach KUALA
LUMPUR um 21 Uhr für 26,10 RM.
Transnasional-Busse verlangen die gleichen
Preise wie ab Kota Bharu.
Mutiara nach PENANG um 8 und 20 Uhr für
27,10 RM.

ÜBERLANDTAXIS – pro Taxi für max. 4 Personen
ohne/mit ac: AIRPORT 40/45 RM, KOTA BHARU
28/40 RM, KUALA LUMPUR 268/300 RM, PE-
NANG 270/350 RM, RANTAU PANJANG 44/55
RM, WAKAF BARU 34/45 RM, Informationen in
Kuala Besut ℡ 6974294.

BOOTE – Tickets für die Überfahrt nach Pulau
Perhentian werden bereits in den Gästehäusern
von Kota Bharu verkauft. Allerdings ist es völlig
unproblematisch, am Pier auf eines der Boote zu
kommen.
Sowohl an der *Old Jetty* als auch an der *New
Jetty* legen die ersten Boote zwischen 8.30 und
9 Uhr, die letzten Schnellboote gegen 16–17.30
Uhr ab. Exakte Abfahrtszeiten werden selten eingehalten, und bei viel Betrieb werden mehr Boote eingesetzt.
Bis zu 12 Personen können ein langsames Boot
für 400 RM und maximal 8 Personen ein Schnellboot für 600 RM hin und zurück chartern.
Neben den Schnellbooten in 30–40 Min. für
30 RM bzw. 60 RM hin und zurück verkehren
noch wenige alte Fischkutter in 2 Std. für 20 RM
bzw. 40 RM hin und zurück. Relativ problemlos
sind im Voraus gekaufte Rückfahrkarten. Sie
werden zwar für ein Boot der schnellen oder
langsamen Kategorie ausgeschrieben, lassen
sich jedoch mit einer Nachzahlung an Bord zumindest aufwerten (in umgekehrter Richtung ist
eine Erstattung kaum zu erwarten). Die für 12
Personen zugelassenen Fischkutter werden häufig überladen, in diesem Fall sollte man sich auf
die Suche nach einem anderen Boot machen.
Am besten ist es, sich schon vorher für ein ers-
tes Übernachtungsziel auf Perhentian zu entscheiden, um dem Bootsmann mitteilen zu kön-

nen, wo er halten soll. In Reichweite des flachen Inselstrandes holen Taxiboote Gäste für 2 RM vom Fährboot ab. Mit Ausnahme der Boote der Resorts sollte man dem Taxi-Bootsmann seine Dienste fairerweise bezahlen.
Zurück fahren langsame wie schnelle Boote gegen 8, 12 und 16 Uhr.

Pulau Perhentian

Zwei dschungelbewachsene Felsrücken erheben sich etwa 25 km vor der Küste von Kuala Besut aus dem Meer, hier und da gesäumt von kleinen Stränden, manche völlig einsam, manche mit kleinen Hütten unter Kokospalmen – ganz so, wie man sich ein tropisches Traum-Szenario vorstellt. An vielen Stellen ist das Wasser kristallklar, beim Schnorcheln und Tauchen entdeckt man noch stattliche Korallen, selbst Schildkröten gehen manchmal nachts an Land. Ansonsten gibt es nur Sonne, Wind, das schrille Zirpen der Zikaden vom Dschungel her und das ein oder andere Boot, das auf dem Wasser seine Kreise zieht. Noch geht es auf den beiden Inseln Perhentian Kecil und Perhentian Besar relativ beschaulich zu. Kein Nachtleben, keine Disco, kaum Bierbars, tagsüber häufig nicht einmal Strom – vorerst jedenfalls, denn ein kleines Kraftwerk für die Inseln ist nahe dem Dorf geplant.

Als die erste Auflage dieses Buches erschien, war Pulau Perhentian noch ein weißer Fleck auf der touristischen Landkarte. Ein zweites Tioman scheint bevorzustehen, denn das Interesse an Perhentian hat merklich zugenommen. An Feiertagen, verlängerten Wochenenden und in der Hauptsaison im Juli / August gibt es oft nicht genügend Unterkünfte – kein Wunder, dass Bungalowsiedlungen wie Pilze aus dem Boden geschossen sind und mit zunehmend besserer Ausstattung aufwarten. Die knappen natürlichen Wasservorräte verhinderten bisher die weitere Ansiedlung von touristischen Einrichtungen. Nun soll eine Wasserleitung vom Festland die zunehmenden Versorgungsengpässe beseitigen. Eigentlich möchte man den beiden reizvollen Inselchen nicht noch mehr Touristen wünschen.

Perhentian Besar

Wie der Name schon sagt, die größere und, wenn man so will, „erschlossenere" der beiden Inseln.

Am **Teluk Pauh**, dort wo das Island Resort steht, gibt es den schönsten Strand mit feinem, weißem Sand und Wasser so klar wie in einem Swimming Pool. Südlich davon erstreckt sich ein langer, von Korallenschrott durchsetzter Strandstreifen, der an einigen Stellen durch Felspartien unterbrochen ist. An diesem geschützten Hauptstrand, der sich entlang der Meerenge zwischen den beiden Inseln erstreckt, ist das Wasser meist ruhig und von einer türkisgrünen Farbe. Hier befinden sich die meisten besser ausgestatteten Bungalowsiedlungen und es ist am meisten los. Viele Boote, die Touristen vom Festland auf die große Insel bringen, laufen zunächst die Anlagen im Süden und Osten an, bevor sie ihren Weg zum nördlichen Abschnitt des Hauptstrandes fortsetzen.

Ein **Dschungelpfad** führt von der südlichsten Bucht hinter dem staatlichen Guest House über den Bergrücken auf die andere Seite zur Flora Bay. Er ist nicht leicht zu finden, etwas zugewachsen und endet am *Everfresh Beach Resort*: Es geht gleich südlich des Piers landeinwärts, zunächst durch Grasland an den unbewohnten Häusern vorbei und dann durch das Dickicht bergan. Der Abstieg auf der anderen Seite ist relativ steil, aber es ist ein schöner, insgesamt halbstündiger Weg durch die Natur mit vielen laut zirpenden Grillen.

Teluk Dalam (Flora Bay), auf der anderen Seite, ist eine weit geschwungene Bucht mit einem schönen, weißen Strand und Schatten spendenden Kasuarinen, allerdings ist das Wasser hier zum Schwimmen bei Ebbe zu flach, und die Korallen sind weitgehend zerstört.

Wer von hier den Weg zum *Perhentian Island Resort* finden will, wendet sich ab *Flora Bay Resort 2* landeinwärts und wandert am Wasserwerk vorbei. Die ersten 15 Min. folgt man der Schneise am Kabel entlang den Berg hinauf und biegt dann rechts auf einen unmarkierten Fußpfad ab, der am Tennisplatz des *Perhentian Island Resorts* endet. Man gelangt nach insgesamt etwa 30 Min. durch den Dschungel zum *Island Resort*. Am Island Resort wurde ein schöner halbstündiger **Dschungel-Rundweg** und ein schwierigerer 2-stündiger **Wanderweg** angelegt.

Die anderen Strände rund um Perhentian Besar sind (noch) unbewohnt und nur mit dem Boot zu erreichen. Viele haben hervorragende Schnorchel-Ecken.

Perhentian Kecil

Hier gibt es den einzigen Ort, **Kampung Pasir Hantu**, bestehend aus einer Ansammlung von Holzhäusern, viel Müll, einem neuen Pier, der kaum genutzt wird, einer Polizeistation, einer Krankenstation mit nicht allzu qualifiziertem Personal und der Moschee. Über einen schmalen Fußweg (20 Min.) gelangt man vom südlichen Dorfrand an der steilen Küste entlang nach **Pasir Petani**, einem kleinen, von Kokospalmen gesäumten, gelblichen Sandstrand mit zwei Bungalowanlagen. Ab hier verläuft ein Dschungelpfad entlang der Westküste von einem Strand zum nächsten. Die hier einsam liegenden Unterkünfte sind jedoch, insbesondere mit Gepäck, am besten mit dem Boot zu erreichen. Einige Kilometer nördlich vom Dorf befindet sich der **Pasir Panjang** (Long Beach), der längste und schönste Sandstrand der Insel. Er bietet wenig Schatten, so dass die ersten Sonnenschirme bereits aufgetaucht sind. Die bemerkenswerte Dichte von Unterkünften am südlichen Strandende begründet sich in der Beliebtheit, die der Long Beach bei vorwiegend jungen Travellern genießt. Es herrscht eine entspannte Atmosphäre.

Hier kann während der Regenzeit das Baden aufgrund nicht kalkulierbarer Strömungen sehr gefährlich sein, und viele Unterkünfte sind geschlossen. Das ganze Jahr über kommt es vor, dass der Strand bei hohem Wellengang von den Fährbooten nicht angesteuert werden kann. Dann muss man über einen gut ausgetretenen Pfad (auch mit Gepäck kein Problem) von der Coral Bay (Teluk Aur) in 15 Minuten hierher laufen. Oft kreuzen große Bindenwarane den Weg.

In der ruhigeren **Coral Bay** ankern viele Boote, und man kann gut tauchen. Der Sandstrand ist nicht so breit und von Felsen umrahmt, was von oben herab sehr attraktiv aussieht. Allerdings wurde hier nach dem Bau vieler neuer Bungalows das Süßwasser knapp, und die vermüllte Lagune trägt nicht gerade zur Attraktivität des Ortes bei. Dennoch ist die Coral Bay im Vergleich zum Long Beach geruhsamer, malaiischer und zum Entspannen geeignet.

Am nördlichen Ende der Insel liegt **Teluk Kerma**, ebenfalls eine sehr einsame Bucht. Das Wasser ist hier seichter, aber die Schnorchelmöglichkeiten sind prima. Ansonsten sind nur noch eine der vielen Buchten im Osten und einige wenige im Süden bewohnt. Alle anderen sind einsam – noch jedenfalls.

Während der **Hauptsaison** im Juli/August und in den malaysischen Schulferien kann es schwierig werden, günstige Unterkünfte auf den Inseln zu finden. Deshalb unbedingt vorab reservieren! Die Büros am Hafen haben Fotos und andere Informationen über die Anlagen. Bisher betreiben noch sämtliche Unterkünfte Generatoren, die am Tage unbemerkt bleiben, da sie nur abends laufen. Es zahlt sich bei der Wahl des Chalets aus, wenn man den Standort des Generators kennt! Klimaanlagen und Warmwasser sind auf den Inseln der reine Luxus.

Fast alle Unterkünfte sind während der **Regenzeit** von November bis Januar geschlossen. Dann sollten Gäste keine kulinarische Vielfalt erwarten und darauf eingestellt sein, auch mal einen Tag auf das Boot zu warten, da die Verbindungen unregelmäßig sind.

Eine empfehlenswerte aber nicht ganz aktuelle Website mit allen Unterkünften auf beiden Inseln ist 🖳 www.paradise.com.my/.

PERHENTIAN BESAR, WESTKÜSTE – von Norden nach Süden:
Perhentian Island Resort (ab 200 RM) 24,
✆ 010-9030100, 03-2448530 (Kuala Lumpur),
✆ 03-21434984, ✉ pir@po.jaring.my, 🖳 www.jaring.my/perhentian, die größte Anlage auf Perhentian mit einem eigenen gepflegten, feinen Sandstrand. 106 Zimmer in renovierten, neu möblierten Chalets zwischen Strand und Dschungel. Sie wirken nicht überdimensioniert; schattiger Tennisplatz, Pool in beschaulicher Grünanlage und Restaurant mit etwas überfordertem Personal. Richtig komfortabel sind die Suiten am Meer mit großer Badewanne und Warmwasser. Amex-, Visa- und Mastercard werden akzeptiert. Das Resort organisiert für 15 RM p.P. geführte Wanderungen. Neben dem Tennisplatz beginnen der Dschungelpfad in Richtung Flora Bay und weitere Wanderwege. Vom *Seasports Centre* werden auch Tauch- und Schnorcheltrips organisiert.
Coral View Island Resort ab**** 25, ✆ 010-9030943, ✆ 010-9030200. Reservierungen in Kuala Besut ✆ 6974276, ✆ 6974943, schon von weitem an den blauen Dächern zu erkennen;

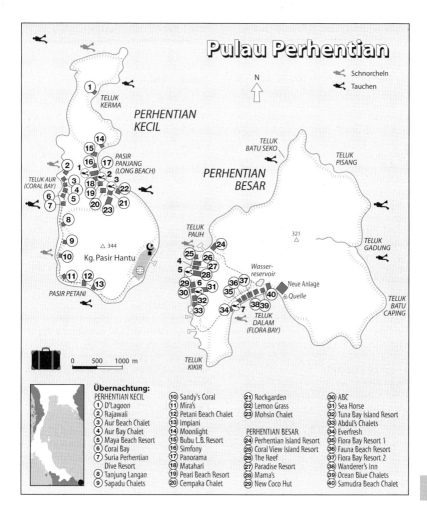

Pulau Perhentian

N

↗ Schnorcheln
↙ Tauchen

TELUK KERMA

PERHENTIAN KECIL

TELUK BATU SEKO

TELUK PISANG

PASIR PANJANG (LONG BEACH)

PERHENTIAN BESAR

TELUK AUR (CORAL BAY)

TELUK PAUH

321

TELUK GADUNG

△ 344

Kg. Pasir Hantu

Wasser-reservoir

Neue Anlage
Quelle

PASIR PETANI

TELUK BATU CAPING

0 500 1000 m

TELUK DALAM (FLORA BAY)

TELUK KIKIR

Übernachtung:

PERHENTIAN KECIL
1. D'Lagoon
2. Rajawali
3. Aur Beach Chalet
4. Aur Bay Chalet
5. Maya Beach Resort
6. Coral Bay
7. Suria Perhentian Dive Resort
8. Tanjung Langan
9. Sapadu Chalets
10. Sandy's Coral
11. Mira's
12. Petani Beach Chalet
13. Impiani
14. Moonlight
15. Bubu L.B. Resort
16. Simfony
17. Panorama
18. Matahari
19. Pearl Beach Resort
20. Cempaka Chalet

21. Rockgarden
22. Lemon Grass
23. Mohsin Chalet

PERHENTIAN BESAR
24. Perhentian Island Resort
25. Coral View Island Resort
26. The Reef
27. Paradise Resort
28. Mama's
29. New Coco Hut

30. ABC
31. Sea Horse
32. Tuna Bay Island Resort
33. Abdul's Chalets
34. Everfresh
35. Flora Bay Resort 1
36. Fauna Beach Resort
37. Flora Bay Resort 2
38. Wanderer's Inn
39. Ocean Blue Chalets
40. Samudra Beach Chalet

eine große Anlage mit schönen, aber völlig überteuerten Chalets mit Veranden, Du/WC, Fan oder ac. Da die Häuser qualitativ sehr unterschiedlich sind, sollten sie nicht unbesehen gebucht werden: Eine Hand voll liegt in direkter Nachbarschaft des auch tagsüber laufenden Generators in Richtung *The Reef* und an einem Abwasserrinnsal, andere preiswerte Fan-Hütten sind in einen Steilhang gebaut. Die Chalets in den hinteren Reihen und die neuen,

kleinen Bungalows im südlichen Bereich stehen ziemlich eng. Die gehobene Preisklasse hat durchaus Resort-Standard und Preisniveau. Durch die Lage auf der Landzunge verfügt das Resort über zwei von Felsen und Korallen durchsetzte Sandstrände. Beliebtes, stilvolles, sehr großes Restaurant mit einer abgetrennten chinesischen non-halal-Abteilung, kein Alkoholausschank, Tauchschule *Pro Diver's World*, Schnorcheltrips und Kanuverleih. In der Vorsaison werden großzügige Rabatte gewährt, in der Hauptsaison ist nichts unter 100 RM zu haben. Es werden Kreditkarten akzeptiert. Internet-Zugang.

The Reef**–*** (26), ☎ 019-9606762, acht halbkreisförmig angeordnete Bungalows mit Fan, Du/WC und kleinen Terrassen, Küche mit Kühlschrank für die Gäste, keine Rezeption, daher nach Kamel, dem Besitzer, fragen. Schnorchel- und Kanutrips werden organisiert.

Paradise Resort**–*** (27), ☎ 01-9811852, 🖵 www.watercoloursworld.com, das Resort wird von Anke und Mike geführt, die zugleich das Restaurant und die *Watercolours*-Tauchschule betreiben. In der ersten Reihe stehen Einzelbungalows, in der zweiten Reihenhäuser mit Du/WC und Fan. Im wunderschön angelegten *Watercolours Restaurant* herrscht jeden Abend reger Betrieb. Visa- und Mastercard werden akzeptiert.

Mama's**–*** (28), ☎ 010-9840232, 010-9813359, in 3 Reihen angeordnete, gepflegte, großzügige Chalets mit schönen Holzböden, gekachelter Du/WC, Fan und Terrasse zu einem angemessenen Preis. Auch Familienzimmer. Reiseschecks werden angenommen und gewechselt. Restaurant mit abendlichem BBQ. Lecker ist der gegrillte Fisch mit Kokossoße.

Weiter nach Süden geht es nur bei Ebbe am Strand entlang (nur mit Sandalen wegen des Korallenschrotts und möglichst ohne großes Gepäck). Ein Fußweg zur *New Coco Hut* (das alte *Cozy Chalet* ist geschlossen und zerfällt) beginnt hinter Mama's und führt über den Felsen durch den Dschungel zumeist an der Pipeline entlang. Bequemer geht es mit dem Boot.

New Coco Hut***–**** (29), ☎ 019-9105019, 6977988, chinesisches Management. Schöne Chalets mit Du/WC und ac, in der hinteren Reihe A-frame-Hütten mit WC und sehr sauberen Gemeinschafts-Du/WC. Großes, beliebtes Restaurant mit Bierverkauf und abendlichem Barbecue. Kreditkarten, Internet-Zugang für 20 RM/Std.

ABC** (30), zweistöckiges, älteres Reihenhaus aus Holz, direkt am Wasser und sehr einfache Zimmer mit Fan und Du/WC, billigere mit Gemeinschafts-Du/WC, alle mit Meerblick, vor allem von Langzeitgästen belegt.

Sea Horse*–** (31), ☎ 013-9445370, in zweiter

Reihe hinter ABC ohne Meerblick, dafür aber 9 preiswerte, einfache, teilweise mit Atap gedeckte A-frame-Hütten mit Moskitonetz und Gemeinschafts-Du/WC. Minishop.

Tunabay Island Resort (ab 160 RM) (32), ☎ 6977779, ✆ 6977173, 🖵 www.tunabay.com. my, an einem mit Palmen bestandenen Strand 44 Chalets mit ac und Fan, Du/WC und schönen Veranden. Generator rund um die Uhr, Internet-Zugang. Visa- und Mastercard werden akzeptiert. Im Restaurant westliche, thailändische, japanische und chinesische Gerichte.

Das neue große **Government Resthouse** am Hang wird nur von Regierungsgästen genutzt.

Abdul's Chalets** (33), ☎ 010-9837303, 6977058, hinter dem Felsen an einem sauberen, ruhigen Sandstrand, Einzel- und Reihenbungalows ohne Du/WC. Auch schöne, neuere Häuser mit Du/WC und Fan am Strand, gutes Preis-Leistungs-Verhältnis. Restaurant mit leckeren Gerichten. Wäscheservice.

TELUK DALAM (Flora Bay) – In der südlichen Bucht der Insel, die nur unregelmäßig vom Festland angefahren wird, gibt es folgende Anlagen:

Everfresh Beach Resort*–*** (34), ☎ 6977620. Anlage mit blau gedeckten Chalets mit Du/WC und Fan und A-frame-Hütten mit Du/WC und Fan. Restaurant, günstiges Barbeque für 15 RM p.P., Tauchschule.

Flora Bay Resort**–**** (35), ☎ 6977266, ✆ 6977267, 🖵 www.florabayresort.com, saubere Anlage. Doppel- und Einzelbungalows, Zimmer in doppelstöckigen Langhäusern mit jeweils 2 Veranden (eine mit Dschungelblick!), alle mit Du/WC und Fan, sehr geräumig, Suiten mit ac. Tägliche Zimmerreinigung, Restaurant, Internet-Zugang. 5-Sterne-Tauchschule. Visa- und Mastercard werden akzeptiert. Gutes Preis-Leistungs-Verhältnis. In der Hochsaison werden 20% aufgeschlagen.

Fauna Beach Resort** (36), ☎ 6977607, ✆ 6977507, größere Holzbungalows mit Du/WC und Fan. Großes Restaurant. Mittags und abends günstige Menüs.

Flora Bay Resort 2**–**** (37), die zweite Anlage des Resorts mit eigenem Restaurant hinter dem U-förmig die Reihenhäuser angeordnet sind.

Wanderer's Inn* ③⑧, ✆ 012-2909300,
✉ oyaand ena@hotmail.com, Oya und Ena, zwei
malaiische Frauen aus Kuala Lumpur, vermieten
einige A-frame-Hütten mit Fan und Gemein-
schafts-Du/WC sowie Zelte auf einem weitläufigen Strand-Grundstück. Entspannte Atmosphäre. Ganzjährig geöffnet. Abends nach Voranmeldung leckeres Essen und große Portionen.
Größere Umbauten sind geplant.

Ocean Blue Chalets**–**③⑨, ✆ 010-2819689,
10 Bungalows mit Du/WC. Tauchschule mit ma-
laiischem Tauchlehrern.

Samudra Beach Chalet** ④⓪, ✆ 6977608, am Ende des Strands, A-frame-Hütten und Bungalows
mit Du/WC und Fan, überwiegend mit Meerblick,
Café, Wäscheservice. Es werden Dschungelwanderungen angeboten.
Eine riesige, neue Anlage mit 150 Zimmern
nebenan.

PERHENTIAN KECIL, NORDEN UND WESTKÜSTE
– Hier kann man abschalten, und das trifft auf alle Strände zu. Einige Unterkünfte bieten noch
sehr billige, einfache Hütten mit Moskitonetzen,
ohne Du/WC, Fan und Elektrizität an. Es überwiegen jedoch die Anlagen, in denen nachts Generatoren laufen.

D'Lagoon*–*** ①, ✆ 010-9857089 , einsam an
der Teluk Kerma gelegen, 2 A-frame-Hütten mit
Fan und Gemeinschafts-Du/WC, 14 Standard-
Bungalows mit Fan und Du/WC . 2 Chalets mit ac
und Du/WC für 100 RM. Außerdem Zimmer im
Langhaus und Schlafsaalbetten für 10 RM. Gut
zum Schnorcheln, schöne Sonnenaufgänge.
Baumhaus, Restaurant ohne Alkoholausschank.
Unfreundlicher Service.

Rajawali*–**** ②, ✆ 6977907, 019-9340251, auf
Felsen am nördlichen Rand der Teluk Aur gelegen, 40 Bungalows mit Du/WC, Fan oder ac in allen Preislagen, viele mit schönem Blick auf die
Bucht, 20 einfache A-frame-Hütten mit Gemein-
schafts-Du/WC. Schlafsaalbetten mit Schließfächern 10 RM. 2003 war die gesamte Anlage im
Verfall begriffen.

Aur Beach Chalet** ③, ✆ 019—9630391, 10 saubere Holzbungalows mit Fan, Du/WC und Netz,
kleines Café, *Aur Beach Shop* wechselt Bargeld
zu schlechten Kursen, außerdem internationale
Ferngespräche, Boots- und Schnorchelausflüge.

Aur Bay Chalet*–** ④, ✆ 6977694, 17 Zimmer in
einem Langhaus und 2 Bungalows, 14 Zimmer
mit Fan, Du/WC, 3 ohne Du/WC, *Bay Shop* und
einfaches Restaurant. Das stehende Wasser der
Lagune und der Müll hinter der Anlage locken
unliebsame Mitbewohner an.
Von hier aus geht es auf einem leichten Weg in
10 Min. zum Long Beach.

Maya Beach Resort**–*** ⑤, ✆ 019-9379136,
✉ mayabeachresort@yahoo.com. Neue, weitläufige Anlage, 2 Doppelbungalows mit Veranda
und Meerblick und 12 zurückversetzte Zimmer in
Reihenhäusern mit Fan und Du/WC. Kleine Teeküche mit Bänken und Tischen am Strand.
Freundliche Leute!

Coral Bay** ⑥, 5 Holzchalets in hübscher Grünanlage mit Du/WC und Fan, entspannte Atmosphäre.

Suria Perhentian Dive Resort***–**** ⑦,
✆ 6977960, 🖥 www.suriaresorts.com/. Insgesamt 50 Zimmer in eng aneinander stehenden
Doppelbungalows am Ende der Bucht mit 24
Std.-Strom, ac und Du/WC, einige mit Fan.
Manchmal gibt es nur stundenweise Wasser. Zu
einigen Bungalows am Meer und auf den Felsen
sind die Fußwege sehr steil oder nicht vorhanden. Malaiisches Management. Visa- und Mastercard wird akzeptiert. Restaurant an der Küste,
Kembara 5-Sterne-Tauchzentrum.
Hier beginnt der Fußweg nach Süden. Die folgenden Unterkünfte liegen jeweils an felsigen
Küstenabschnitten maximal 10 Minuten Fußweg
voneinander entfernt:

Tanjung Langan**–*** ⑧, an einem steilen
Hang verstreut liegende Doppelbungalows mit
Du/WC und Fan sowie Schlafsaal für 15 RM,
Restaurant, Pier, viele Felsen, kaum Strand.

Sapadu Chalets*–** ⑨, ältere Chalets mit Ver-
anda, Fan und Du/WC in gepflegter, üppiger
Grünanlage, großes Frühstück für 5 RM. Felsiger
Strand.

Sandy's Coral* ⑩, Langhaus mit 6 Zimmern an
einem ruhigen, kleinen Sandstrand. Gemein-
schafts-Du/WC, Café.

Mira's*–** ⑪, ✆ 010-9829389, in einsamer Lage
an einem kleinen eigenen Strand, mit großem
Gepäck nur per Boot zu erreichen. Billige Hütten
im Robinson Crusoe-Stil in verschiedenen Größen mit Elektrizität mit und ohne Du/WC. Verleih

von Schnorchelausrüstung und Kanus. Abends essen Gäste im Kreise der Familie. Es gibt ausgesprochen leckeres Essen und üppige Portionen. Zu Fuß von Coral Bay zu *Mira's* sind es ca. 30 Min. auf einem teilweise schwierigen, jedoch ganz gut zu findenden Pfad.

*Petani Beach Chalets***** ⑭, ✆ 019-9571624, 019-3133887, ist eine sympathische, kleine Anlage, wo man in aller Ruhe unter sich sein kann. 5 luftige und geräumige Holzhäuser mit Du/WC und Fan in traditioneller Bauweise, ein Boot für Ausflüge steht zur Verfügung. Telefonische Anmeldung wird dringend empfohlen.

Impiani ab****, ⑬, ✆/✆ 010-9130300, ein größeres Resort mit 23 achteckigen, komfortablen Holzbungalows im Dschungel am Hang oder am Strand unter Kokospalmen. Zimmer mit ac, Du/WC, besser abseits vom lauten Generator einziehen.

PERHENTIAN KECIL, LONG BEACH – Die Umwelt leidet, besonders am Long Beach, erheblich unter der wachsenden Zahl von Bungalows und Touristen auf der Insel. Die Ziehbrunnen trocknen zeitweise fast völlig aus, so dass man nur noch Faulschlamm herausbefördert. Die Abwässer aus den Küchen fließen ungeklärt ins Meer.

Moonlight*–*** ⑭, ✆ 019-9858222, 24 einfache Hütten am Hang mit und ohne Du/WC, teilweise etwas düster, viele Moskitos und 3 teurere geräumige Holzhäuser. Restaurant im Schatten eines alten Baums, abends Barbecue. Viele Stammgäste. Eigenes Schloss verwenden und abgegebene Wertsachen quittieren lassen.

Bubu Long Beach Resort (ab 160 RM) ⑮, ✆ 6978888, ✆ 6975080, 💻 www.buburesort.com. my. Das 3-stöckige, neue Haus am nördlichen Strandabschnitt wirkt völlig deplatziert. Überteuerte, einfach eingerichtete Zimmer mit ac, Du/WC, 2 großen Betten, muffigen Teppichböden und kleinem Balkon. Restaurant. Viele chinesische Pauschalurlauber. Strandbar, Tauchbasis.

Simfony* ⑯, ✆ 9479421, eine große Ansammlung von sehr einfachen A-frame-Hütten mit Gemeinschafts-Du/WC, Schließfächer vorhanden. Simfony betreibt die schnellen Boote nach Tok Bali, s.S. 722.

Panorama*–*** ⑰, 📧 mas0012@yahoo.com, etwas zurückversetzt auf einem weitläufigen Ge-

lände am Hang. Insgesamt 30 unterschiedliche Bungalows z. T. mit Attap-Dächern mit und ohne Du/WC, Moskitonetz, Fan, Video, Batikkurse, Souvenirshop, Tischtennis, 2 Billardtische, Internet 10 RM/20 Min. Restaurant mit MTV-Beschallung.

Matahari**–*** ⑱, ✆ 019-9568726, weitläufige, bei Travellern beliebte Anlage, A-frame-Hütten und Chalets mit Moskitonetz und Hängematte, teilweise mit Du/WC. Günstigere Zimmer im Langhaus. Man ist auf Service bedacht: Video, Büchertausch, Schließfächer, Wäscheservice. Restaurant mit abendlich wechselndem Film.

Pearl Beach Resort**** ⑲, ✆ 7478999. ✆ 7479888, 📧 long-beach-inn@hotmail.com. 13 U-förmig angeordnete Zimmer mit ac und Du/WC. Chinesisches Management, keine stimulierende Atmosphäre.

Cempaka Chalet* ⑳, auf einer kleinen Wiese preiswerte A-frame-Hütten mit Moskitonetz und Gemeinschafts-Du/WC, daneben neuere Bungalows mit Du/WC, netter Familienbetrieb, Tauchschule *Spice Divers*.

Rockgarden I* ㉑, sehr einfache A-frame-Hütten auf dem Felsen oberhalb des Strandes. Weiter unterhalb neue aber eng auf eng gebaute Hütten. Das Wasser kommt aus dem Brunnen.

Lemon Grass* ㉒, ✆ 012-9008393. 10 sehr eng aneinander stehende Bungalows.

Mohsin Chalet**–*** ㉓, ✆ 010-3338897, 📧 marhms@pc.jaring.my. Gepflegte Anlage am Hang, Doppelbungalows aus Bambusgeflecht mit schönem Ausblick, 30 saubere Zimmer mit Du/WC und Fan, Reservierung empfohlen. Vom Restaurant aus lässt sich bei einem frischgepressten Saft die gesamte Bucht überblicken. Visa- und Mastercard werden akzeptiert. Tgl. sehr gutes Buffet.

Essen

Die Küche der einfachen Unterkünften ist meist wenig abwechslungsreich und auf den Traveller-Einheitsgeschmack ausgerichtet, also *fried rice,* Omelette, etc. Viele der etwas besseren Anlagen veranstalten abends regelmäßig ein Barbecue, bei dem Fischliebhaber auf ihre Kosten kommen. Alkohol ist höchstens in Anlagen unter chinesischer Leitung erhältlich, oder wird, am Long Beach, heimlich am Strand verkauft.

PERHENTIAN BESAR – Das große Restaurant des *Perhentian Island Resort* bietet manchmal abends Buffet und Essen à la carte. Die Kellner verlieren leicht den Überblick. Zudem gab es viele Beschwerden über das Essen.

Die großen Restaurants des *Coral View* mit Sitzplätzen am Meer und unter freiem Himmel und einer großen Speisekarte erfreuen sich großer Beliebtheit, sind aber relativ teuer. Es wird kein Alkohol ausgeschenkt.

Im freundlichen Restaurant von *Watercolours* wird jeden Abend gegrillt. Außerdem gibt es Tagesgerichte: Hähnchen, Lamm, Steak sowie Tintenfisch und Garnelen. Die thailändischen, malaiischen und europäischen Gerichte sind ein Genuss für Gaumen und für's Auge. Reservierung empfehlenswert. Bei Kerzenlicht kann man sein Essen direkt am Strand unter freiem Himmel genießen. Bier und Wein sind ebenfalls erhältlich.

Im *New Coco Huts* kann man gut chinesisch essen. Außerdem sind die Pfannkuchen zu empfehlen. Abends wird gegrillt, und man trifft sich bei etwas störender TV-Beschallung zum Bier.

Im *Abdul's* wird lecker gekocht, zudem stimmt das Preis-Leistungs-Verhältnis, nur der immerzu laufende Fernseher stört das Ambiente.

PERHENTIAN KECIL – Hier haben sich viele Touristen den Magen verdorben, weil sie unbehandeltes Wasser getrunken haben. Wer einmal festgestellt hat, dass hier alle Abwässer ungeklärt im Sand versickern, wird verstehen, dass es keine Alternative zu den teuren Trinkwasserflaschen gibt.

Am Coral Bay gibt es im *Barracuda Café* südlich von Steffen's Sea Sports preiswerte und gute einheimische Küche und Baguettes.

Amin's Cafe, ein beliebtes, einfaches Strandcafé südlich vom Maya Beach Resort, das ganztags geöffnet ist. Große Auswahl an Pancakes, Omelettes, Sandwiches und Shakes.

Palm Tree Café , zwischen Panorama und Sinfoni, ein zweistöckiges, teils offenes, großes Strandrestaurant mit Musik und Essen nach westlichem Geschmack.

Die Restaurants *Umbrella, Pit Stop, Tussy* und *Intan Cafe* sind an den Strand vor dem Matahari umgezogen, wo sie direkt nebeneinander liegen. Es gibt Plätze draußen unter Sonnenschirmen und drinnen, Traveller Food und preiswerte Getränke.

Sonstiges

BÜCHER – Eine kleine Bibliothek, viele Infos und Batikkurse beim *Panorama* und *Matahari* am Long Beach.

GELD – Kreditkarten werden von fast allen Tauchveranstaltern und einigen wenigen großen Resorts akzeptiert. Die Möglichkeit, zu schlechten Kursen bei einzelnen Anlagen oder in Shops Reiseschecks und Bargeld zu wechseln, sind begrenzt. Daher sollte man sich auf dem Festland unbedingt mit ausreichend RM eindecken. Die nächste *May Bank* mit Geldautomat befinden sich in Jerteh, an der Hauptstraße, nahe dem Bus Terminal. Im kleinen Shop neben den Restaurants vor Matahari werden Bargeld und Reiseschecks zu schlechten Kursen gewechselt.

MEDIZINISCHE HILFE – In Notfällen sollte man lieber nicht die Krankenstation im Dorf in Anspruch nehmen, sondern nach einem Arzt unter den anderen Touristen fahnden bzw. aufs Festland fahren. Besonders Taucher sollten sich daher umsichtig verhalten. Beim Schwimmen am Long Beach ist bei hohen Wellen wegen starker Unterströmungen Vorsicht geboten.

TAUCHEN UND SCHNORCHELN – ist sicher eines der schönsten Vergnügen auf Perhentian. Interessante Tauchgebiete erstrecken sich rings um die beiden Inseln, teilweise direkt an den Felsenküsten, teilweise an einem Schiffswrack aus den 70er Jahren in 24 m Tiefe oder an weiter entfernt liegenden Riffen. Die maximale Tauchtiefe beträgt 30 m. Tauchgänge im Februar, März und Oktober sind auch bei stürmischem Wetter in einigen Gebieten möglich. Von April bis September ist die beste Saison.

Mindestens ein Dutzend Tauchschulen werben auf beiden Inseln um Kunden. In den meisten ist Englisch Unterrichtssprache. Im Vergleich zur

Westküste sind die Preise moderat und das Taucherlebnis meist besser. Folgende Preise werden von einigen Billiganbietern unterboten, die dafür mit größeren Gruppen arbeiten. 2 Tauchgänge 120–140 RM, 10 Tauchgänge 500 RM, 2 Tauchgänge auf Pulau Redang 220 RM, Nachttauchen 100 RM, Padi-Kurs 650–850 RM, auch Fortgeschrittenen- und Rettungskurse, Bootstour zum Schnorcheln inkl. Ausrüstung 30 RM. Alle Tauchschulen sind von Ende Oktober bis Anfang Februar geschlossen.

Auf **Perhentian Besar**:
Flora Bay Divers, ☏ 6977266, 🖷 6977267, 🖥 www.florabaydivers.com, in der Teluk Dalam ist die einzige 5-Sterne-Tauchschule auf den beiden Inseln. Sie verfügt über 6 Tauchboote und gutes Gerät.

Watercolours Dive Centre, im *Paradise Resort*, ☏ 010-9113852, 019-9811852, 🖷 6974019, 🖥 www.watercoloursworld.com, wird von der deutschen Tauchlehrerin Anke und ihrem Partner Mike geleitet. Die Atmosphäre ist freundlich, die Organisation gut und die Touren zu vielen interessanten Revieren werden professionell geführt. Padi-Kurse und Tauchgänge nur in Kleingruppen mit maximal 4 Personen, engagierte Instruktoren.

Turtle Bay Divers, am südlichen Ende des Hauptstrands bei Mama's, ☏ 010-3319624, 🖥 www. turtlebaydivers.com.
Auf **Perhentian Kecil** am Long Beach: Eine Filiale der **Turtle Bay Divers** beim Panorama, **Spice Divers** beim Chempaka, **Coral Sky Divers** neben dem Matahari.
Schnorchelausrüstung und aufblasbare Kanus werden von mehreren Bungalowanlagen und Tauchläden vermietet. Da sich die Preise stark unterscheiden, lohnt es sich, sie zu vergleichen. Manchmal ist eine Tagestour inkl. Ausrüstung sogar billiger als die Ausrüstung alleine.

TAXIBOOTE – Von einem Strand zum anderen kommt man nur mit kleinen Boote mit Außenbor-

der, die über die Bungalowsiedlungen gebucht werden können. So kostet ein Taxiboot pro Person von Abdul's zum Dorf 4 RM, zum Long Beach (Pasir Panjang) 10 RM, zur Flora Bay (Teluk Dalam) 8 RM, Coral Bay (Teluk Aur) 12 RM, D'Lagoon (Teluk Kerma) 15 RM, Mama's 4 RM und zum Resort 6 RM. Für Tagesausflüge zu anderen Stränden kosten sie je nach Entfernung und Dauer 15–25 RM p.P. bei mindestens 4 Teilnehmern.

VORWAHL – 09.

KUALA BESUT – Die Boote fahren auf Wunsch alle Bungalowanlagen auf den Inseln an. Das letzte Stück bis zum Strand legt man in einem Taxiboot für 2 RM zurück. Boote ab Kuala Besut fahren je nach Bedarf zwischen 8.30 und 16/17.30 Uhr, wobei die späten Schnellboote die Inseln noch im Hellen erreichen.
Von Perhentian nach KUALA BESUT werden die Abfahrtszeiten um 8, 12 und 16 Uhr eingehalten. Die Boote holen ihre Passagiere an mehreren Stellen ab, weshalb man tags zuvor an der Rezeption Bescheid geben sollte. Die einfache Fahrt im langsamen Boot kostet 20 RM und dauert 1 1/2–2 Std., Schnellboote für 30 RM brauchen 30–45 Min.

TOK BALI – Eine Alternative sind die Fährboote zur Anlegestelle Tok Bali, ca. 10 km nördlich von Kuala Besut. **Berjaya Ferry Service**, ☏ 019-9623878, **D'Bali Boat Villa** und **Simfony** (Jetty), ☏ 010-9811742, 018-8949783, betreiben einen eigenen Pier und fahren mit Schnellbooten in 30–45 Min. für 60 RM und mit langsamen Booten in 1 1/2 Std. für 40 RM hin und zurück. In Perhentian legen sie um 8, 12 und 16 Uhr ab. Die Weiterreise von Tok Bali erfolgt per Taxi für 35 RM nach KOTA BHARU.

Anhang

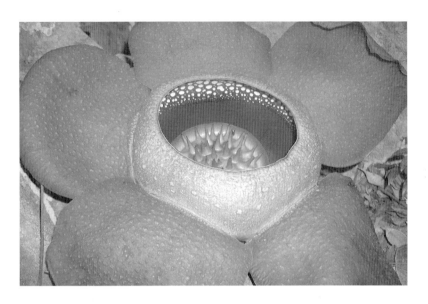

Bücherliste

Nur wenige deutschsprachige Autoren beschäftigen sich mit Thailand. Der größte Teil der hier angegebenen Literatur ist deshalb auch in Englisch geschrieben. In Thailand werden viele dieser Bücher in den größeren Buchhandlungen verkauft, in Deutschland hingegen sind die englischsprachigen Titel kaum zu bekommen. Eine gute Quelle, die zudem nichts kostet, ist die Bibliothek des Goethe-Instituts in Bangkok (s. S. 170).

Länderkunde

Thailand ohne Tempel. Lebensfragen eines Tropenlandes (Donner, Wolf; Frankfurt 1993). Die schwerwiegenden ökologischen und sozialen Probleme Thailands werden fundiert dargestellt und mit vielen Fakten begründet – dennoch gut lesbar. Empfehlenswertes Buch für alle, die bereit sind, einen Blick hinter die Sonnenseiten des Landes zu werfen.

Thailand – Land zwischen Tradition und Moderne (Donner, Wolf; München 1996). Kompetent geschriebene, informative Abhandlung über den Naturraum, die Geschichte, Kultur, Wirtschaft und Gesellschaft des Landes.

The Five Faces of Thailand (Donner, Wolf; Hamburg 1978). Eine umfassende Wirtschaftsgeografie der thailändischen Regionen.

Schriftreihe der Deutsch-Thailändischen Gesellschaft (anfordern bei Asia Books Edith Rieger, Bahnhofstr. 132, 69151 Neckargemünd, ✆ 06223-6849; 📠 72466). Informationen, die über die Tagesereignisse hinaus von Bedeutung und Interesse sind, z.B.:

Im Land des weißen Elefanten. Die Beziehungen zwischen Deutschland und Thailand von den Anfängen bis 1962 (Stoffers, Andreas; Bonn 1995). Ein Überblick über das wechselvolle Verhältnis beider Länder, politische Ränkespiele und wirtschaftliche Beziehungen, leider etwas langatmig.

Thailand, The Lotus Kingdom (Shearer, Alistair; London 1989). Beschreibung Thailands und seiner Bewohner.

Sympathie Magazine des Studienkreises für Tourismus gibt es u.a. zu Thailand und zum Buddhismus.

Geschichte, Politik, Religion und Soziales

Thailand – a Short History (Wyatt, David; New Haven 1984; englisch). Ausgezeichnete Einführung in die Geschichte von der Vorzeit bis heute.

Conflict or Communication (Reprint verschiedener Artikel aus dem „Business Thailand" Magazin; Bangkok 1980; englisch). Ausgezeichnete Einführung in die soziale Struktur des Landes und die Mentalität der Menschen.

Kukrit Pramoj: His Wit and Wisdom (Bangkok 1983; englisch). Die Darstellung eines bedeutenden thailändischen Politikers in seinen Schriften, Reden und Interviews.

A Meditator's Diary. A Western woman's unique experiences in Thailand monasteries (Jane Hamilton-Merritt; London, Boston, Sydney 1976; englisch). Für alle, die sich ausführlich mit Buddhismus und dem Leben in einem thailändischen Kloster beschäftigen wollen.

Thailand's Boom (Phongpaichit, Pasuk; Baker, Chris; Chiang Mai 1996). Eine aufschlussreiche, unterhaltsame Darstellung der wirtschaftlichen Entwicklung des Landes, wobei der Schwerpunkt auf der Zeit von 1975–95 liegt.

Power and Culture – the Struggle against Poverty in Thailand (Gohlert, Ernst W.; Bangkok 1990). Bespricht konventionelle und alternative Entwicklungsprogramme, Geburtenkontrolle, Umwelt, Menschenrechte, Frauenbewegung und Spiritualität.

Behind the Smile – Voices of Thailand (Ekachai, Sanitsuda; Bangkok 1991). Hervorragende kritische Reportagen für die Bangkok Post über die Schwierigkeiten, mit denen das einfache Landvolk im Zuge der dramatischen Änderungen in Thailand zu kämpfen hat.

Die Nacht der Krokodile. Kinderprostitution in Bangkok (Botte, Marie-France; Mari, Jean-Paul; München 1996). In dem aufschlussreichen Sachbuch fasst die engagierte Autorin, eine belgische Sozialarbeiterin, ein heißes Eisen an. Sie weiß, wovon sie schreibt, denn ihrem Engagement ist es vor allem zu verdanken, dass die missbrauchten Kinder nicht länger totgeschwiegen werden.

Geschichten aus Thailand (Ruffert, Günther; Taufkirchen 1996). Amüsante Erfahrungsberichte aus dem thailändischen Alltag.

War in the Blood: Sex, Politics and AIDS in Southeast Asia (Dr. Beyrer, Chris; 1998). Der aufrüttelnde Bericht eines amerikanischen Epidemiologen, der in der Region arbeitete und Ärzte, Drogenabhängige und AIDS-Kranke interviewte.

Das siamesische Lächeln. Literatur und Revolte in Thailand (Kothmann, Hella; Karlsruhe 1993). Umfangreiche Informationen über Politik und Zeitgeschichte.

Kunst und Kultur

Traditional Thailand, Glimpses of a Nation's Culture (Denis Segaller; Hong Kong 1982; englisch). Liebevolle Darstellung traditionellen thailändischen Kunsthandwerks in Text und Bild.

Thai Culture, New Series (Hrsg.: The Fine Arts Department, Bangkok). Diese Reihe zu verschiedenen kulturellen Themen umfasst 25 farbige Broschüren, die leider nur selten in Museen verkauft werden.

Natur

Thailand. Räumliche Strukturen und Entwicklung (Donner, Wolf; Darmstadt 1989). Darstellung thailändischer Landschaftsformen und die Möglichkeiten ihrer sinnvollen, schonenden Nutzung.

A Guide to the Birds of Thailand (Lekagu, Boonsong & Round, Philip D.; Bangkok 1991). Ein Vogelbestimmungsbuch für 913 Vögel in Thailand mit Bildtafeln.

A Field Guide to the Wild Orchids of Thailand (Vaddhanaphuti, Nantiya; Bangkok 1992). Beschreibung von 90 Orchideen mit Foto.

A Field Guide to the Flowering Plants of Thailand (McMakin, Patrick D.; Bangkok 1988). Beschreibung von 502 Blütenpflanzen mit Photo.

Marine Animals of Thailand (Majchacheep, Surin; Bangkok 1989). Wissenschaftliche Beschreibung und Nachschlagewerk über 371 Meerestiere, jeweils mit Foto.

Fischführer Indischer Ozean. Rotes Meer bis Thailand (Debelius, Helmut; Bissendorf 1999). Ein deutschsprachiges Fischbestimmungsbuch für Taucher und andere Interessierte.

Der unersetzbare Dschungel (Reichholf, Josef H.; BLV München, 1991). Verständlich geschrieben, auch für Neulinge in der Regenwald-Problematik geeignet.

Historische Beschreibungen

The Kingdom and the People of Siam (Bowring, Sir John; New York 1969; englisch). Zweibändiges, umfangreiches Werk, 1855 von einem englischen Diplomaten verfasst, der das Land bereiste. Reprint.

Temples and Elephants (Bock, Carl; London 1884, Reprint Bangkok 1985; englisch). Beschreibung einer Reise von Bangkok nach Chiang Mai zu Zeiten König Chulalongkorns.

Siam on the Meinam from the Gulf to Ayuthia (Sommerville, Maxwell; London 1897; Reprint Bangkok 1985; englisch).

A Narrative of a Residence in Siam (Neale, Frederick Arthur; London 1852; Reprint Bangkok 1986; englisch).

Voyage to Siam (Tachard, Guy; London 1688; Reprint Bangkok 1981; englisch). Beschreibung einer Gesandtschaft aus sechs Jesuiten, die von König Louis XIV. an den Hof König Narais reiste.

1688 Revolution in Siam (Hutchinson, E.W.; Bangkok 1990). Memoiren von Pater de Bèze, einem Jesuitenpriester. Er beschreibt die ersten europäischen Versuche, das Königreich zu durchdringen.

Anfang der Eisenbahn in Thailand (Weiler, Luis; Reprint Bangkok 1979). Tagebuch vom Bau der Thai-Eisenbahn unter der Leitung von deutschen Ingenieuren in der Periode von 1893 bis 1917; interessant zu lesen.

Matahari. Stimmungsbilder aus dem Malayisch-Siamesischen Dschungel (Morgenthaler, Hans; Zürich 1987). Ein schweizer Abenteurer sucht 1917–1920 in Siam nach Bodenschätzen.

Romane und Erzählungen

Leider sind viele der Taschenbücher vergriffen und nur noch in der Bibliothek oder antiquarisch zu erhalten. Ausnahmen:

The Beach (Der Strand) (Garland, Alex; Goldmann München 2000). Der britische Autor beschreibt in seinem vielbeachteten Erstlingswerk die Traveller-Szene in der Khaosan Road und auf Ko Samui, ihr Leben und ihre Träume. Verfilmt auf Ko Phi Phi Le und im Khao Yai Nationalpark mit Leonardo di Caprio in der Hauptrolle.

Haus der Geister (Moore, Christopher G., Unionsverlag Zürich 2000). Ein Thriller von dem in Thailand lebenden und dort bereits viel beachteten englischsprachigen Schriftsteller um einen Privatdedektiv, Drogen und das große Geld. Auch der im Bangkoker Nachtclub-Milieu spielende Roman **Nana Plaza** wurde 2001 übersetzt. Wer Gefallen an dem teils recht deftigen Stil gefunden hat, kann weitere Titel des Autors in Englisch lesen, die in Thailand erhältlich sind. Einen Eindruck vom Autor vermittelt 🖥 www.cgmoore.com.

Anna und der König. Der Roman zum Film (Hand, Elizabeth, München 2000). Neuauflage des Schinkens rechtzeitig zum Erscheinen des Films mit Jodie Foster, der in Thailand wegen Majestätsbeleidigung verboten ist und in Malaysia gedreht werden musste. Die fantasievolle Geschichte der englischen Gouvernante am Hof von König Mongkut.

Muschelprinz und Duftende Blüte (Manesse Verlag, Stuttgart 1992). Volkstümliche Liebesgeschichten aus Thailand, die ihren Ursprung in der Region Chiang Mai haben.

Reis aus Silberschalen (Ekert-Rotholz, Alice; Hoffmann und Campe, Hamburg 1985). Ein unterhaltsamer Einstieg in die Denk- und Handelsweise von Südostasiaten.

Das Goldriff / Teufelskreis Bangkok (München 1999). Sammelband. Interessant ist der im korrupten Milieu von Bangkok spielende Roman von John R. Saul.

Joys Geheimnis (Anschel, Louis, Verlag der Criminale, Berlin 2000). Nach einem Mord im Berliner Rotlichtmilieu führen die Ermittlungen Kriminalhauptkommissar Ludger Bruske auch nach Thailand, wo er einem Mädchenhändler auf die Schliche kommt.

Vergriffene Titel:

Auf den Spuren Buddhas (Uhlig, Helmut; Ullstein 1982, vergriffen). Erlebnisse einer Reise durch Südostasien, mit vielen Hintergundinformationen.

Bambus läßt sich nicht brechen – Reportagen vom Überleben in Südostasien (Siebert, Rüdiger; Würzburg 1986, vergriffen). Hervorragend beobachtete und gut geschriebene Kurzgeschichten über die Schattenseiten des Lebens in Thailand und seinen Nachbarländern. Sehr zu empfehlen!

Die Brücke am Kwai (Boulle, Pierre; rororo Taschenbuch). Der verfilmte Klassiker über das Leben im Kriegsgefangenenlager und den Bau der Brücke über den River Kwai während des 2. Weltkriegs.

Endstation Bangkok (Lerco, Armand; rororo Taschenbuch 1984). Bericht eines ehemaligen Dealers, der in einem Gefängnis in Thailand landet.

Frauen in Thailand (dtv-Taschenbuch 1991). Eine Sammlung von Erzählungen thailändischer Autorinnen.

Himmel und Erde – Ein Südostasien-Lesebuch (Hrsg.: Michael Hase; Berlin 1985). U.a. drei Kurzgeschichten aus Thailand.

Insel im Schwarzen Fluß – Die Geschichte einer verkauften Kindheit in Thailand (Siebert, Rüdiger; Arena Verlag, Würzburg 1995). Eine hervorragend recherchierte Geschichte über die unmenschlichen Bedingungen, unter denen Kinder armer Eltern in Fabriken arbeiten müssen.

Rough Boys. Drei Jahre Ewigkeit im Drogen-Knast von Bangkok (Vyskocil, Helmuth L.; Heyne Taschenbuch 1984). Ein Erlebnisbericht aus thailändischen Gefängnissen.

Siamesische Hunde (Blettenberg, Detlef; Ullstein Taschenbuch 1989) Als Landeskenner hat der deutsche Entwicklungshelfer diesen spannenden Thriller mit vielen Fakten über das Leben in Thailand gespickt. Der Handlung liegen die geheimdienstlichen Aktivitäten von Jim Thompson zugrunde. Vom selben Autor erschienen bei Ullstein der Roman **Farang** (vergriffen) sowie die Reportagen **Inka grollt und Buddha lächelt** (ebenfalls vergriffen).

In Bangkok erhältlich:

Thai-Ramayana (Übersetzung der Fassung von König Rama I. durch M.L. Manich Jumsai, deutsch, englisch). Es gibt verschiedene Fassungen dieses Epos', das im gesamten süd- und südostasiatischen Raum bekannt ist. In die Thai-Version sind zahlreiche Märchen und Sagen Thailands eingearbeitet worden. Eine umfangreiche deutsche Übersetzung der indischen Ramayana-Version ist im Eugen Diederichs Verlag, Düsseldorf, Köln 1981 erschienen. Eine besonders schöne englische Nacherzählung mit Bezug auf die Artus-Legende und Abbildungen von den Wandmalereien im Wat Phra Keo hat J.C.Shaw 1988 bei D.K. in Bangkok veröffentlicht.

Kurzgeschichten aus Thailand (ausgewählt und übersetzt von Thupha Otrakul, Bangkok 1982). Dieser Sammelband vermittelt einen Einblick in die moderne thailändische Literatur und in das Denken der Thais.

The Politician and Other Stories (Srinawk, Khamsing; Reprint Oxford 1991, 1. Auflage 1973). Über Bauern und die Konfrontation mit der modernen Welt.

Traveler's Tales Thailand (O'Reilly, James; Habegger, Larry; San Francisco 1994). 54 Erzählungen von amerikanischen und englischen Touristen. Insgesamt oberflächlich, trotz der Vielzahl von Aufsätzen der Vielfalt Thailands nicht angemessen.

The Pirates of Tarutao (Adirex, Paul; Bangkok 1994, englisch). Historischer Roman über das Schicksal der Gefangenen auf der südthailändischen Insel Tarutao im 2. Weltkrieg. Interessant geschrieben, gut zu lesen.

Kingdom of Make-Believe (Dave Barrett, Village East Books, kein Ort und Jahr, englisch) Roman und Thriller.

Bildbände

Thailand from the Air (Invernizzi, Luca & Cassio, Alberto; Bangkok 1984). Eine ungewöhnliche Methode das Land fotografisch darzustellen – Großformat.

Thailand. Seven Days in the Kingdom (William Warren und fünfzig Fotografen; Singapore 1987). 1987 bereisten zahlreiche Fotografen Thailand. Das Ergebnis ist ein phantastischer Bildband.

The Royal Kingdom of Thailand (hrsg.: Tourist Authority of Thailand; Bangkok 1997). Aus Anlass des 50-jährigen Thronjubiläums des Königs haben die 50 besten Fotografen Thailands das Land bereist und unter unterschiedlichen Aspekten porträtiert.

Thailand sehen & erleben (Modrow, Jörg; Müssig, Jochen; München 1999). Ein kompakter Bildband, in dem es auch Spaß macht zu schmökern.

The Arts of Thailand (Van Beek, Steve & Invernizzi, Luca; Hong Kong 1991; englisch). Die fantastischen Bilder des großformatigen Bildbandes haben ihren Preis – ca. 60 €.

Kulturführer

Kulturschock Thailand (Krack, Rainer; Bielefeld 1999). Informationen über Kultur und Gesellschaft der Thais.

Land & Leute Thailand (Bolik, Rainer; Jantawat-Bolik, Siriporn; München 1995). In alphabetischer Reihenfolge wird in dem gut lesbaren Band der Polyglott-Reihe Hintergrundwissen über das Alltagsleben und die Kultur Thailands vermittelt.

Reisegast in Thailand (Aarau, Alice; Cooper, Robert & Nanthapa; München 1996). Amüsant und locker geschrieben ist dieses Buch eine Hilfestellung, um die Verhaltensweisen der Thais zu verstehen und sich als Ausländer entsprechend zu verhalten. Titel der englischen Originalversion: Culture Shock! Thailand.

Thai Ways und **More Thai Ways** (Segaller, Denis; englisch). Der seit Jahrzehnten in Thailand lebende Dokumentarfilmer schreibt humorvoll und doch respektvoll über Sitten und Lebensweisen der Thai. Beide Bändchen sind am ehesten in Bookshops großer Hotels in Bangkok zu finden.

Sprachführer und Wörterbücher

Thai Phrasebook Language Survival Kit (Cummings, Joe bzw. Bradley, David; Melbourne 1984 / 1991). Sehr guter englischer Sprachführer mit gewöhnungsbedürftiger Lautschrift und Thai Schrift; sie ermöglichen auch in ländlichen Gebieten eine (Lese- und Zeige-) Konversation und fordern die Gesprächspartner dazu heraus, Sprachlehrer zu spielen.

Das Deutsch Thai Wörterbuch (Veuskens, Michael; Zug, Phuket 1999). Ein dreifaches Wörterbuch in Thai, Deutsch und Thai-Lautschrift auf 407 Seiten. Die Lautschrift wurde speziell für Deutschsprachige entwickelt und ist einfach, aber etwas gewöhnungsbedürftig. Auch für den thailändischen Gesprächspartner sehr nützlich.

Langenscheidt Sprachführer Thai (Sangsri Götzfield, München). Wörter sind auch in Thai-Schrift verzeichnet, und die Lautschrift wird mit Tonhöhen angegeben.

Deutsch – Thai Cockatoo-Bibliothek, 3-bändiges, 2 kg schweres Werk, Reiseführer, Sprachführer und Wörterbuch in einem (Cockatoo, in Thailand bei Asia Books, in Deutschland in München unter ✆ 089-878955, in der Schweiz unter ✆ 01-9843420 erhältlich). Neben Informationen über die thailändische Sprache enthält es zahlreiche Tipps für Geschäftsreisende und Auswanderer.

Phuut Thai. Deutsch-Thailändisches Wörterbuch mit Sprachausgabe, Textverarbeitung und Vokabeltrainer sowie Erläuterungen zur thailändischen Sprache. (Möller, Hans, Suriyanja, Wasana; 2000) CD-ROM mit 13 000 Begriffen, einem elektronischen Wörterbuch und thailändischer Tastaturunterstützung für den PC, mehr Infos: H.Moeller @phuutthai.com.

Gesundheit

Wo es keinen Arzt gibt (Werner, David; Bielefeld 1998). Das Gesundheits-ABC für unterwegs. Praktische Reisemedizin im Kleinformat, mit medizinischem Wörterbuch in den Weltsprachen.

The Travel & Tropical Medicine Manual (Jong, Elaine; McCullen, Russell; 1995; englisch). Sehr systematische, komprimierte Informationen für Tropenmediziner. Von Laien nicht leicht lesbares Taschenbuch.

Die Kunst traditioneller Thai Massage (Asokananda – Harald Brust; Bangkok 1990). Die Techniken der Ganzkörpermassage, mit Fotos und Zeichnungen.

Kochbücher

Die Poesie der thailändischen Küche (Heymann-Sukphan, Wanphen; Aarau 1995). Großformatiges bebildertes Kochbuch, das Appetit macht.

Küchen der Welt: Thailand (München 1993). Fantastisch fotografierter großformatiger Bildband, der weit mehr als ein Kochbuch ist.

Compact Minirezepte. Thai-Küche. (Compact-Verlag, München 1999). Die hundert bekanntesten Rezepte für wenig Geld.

Nitaya's Thai Küche (München 1995). Das Buch wartet nicht nur mit schönen Bildern sondern auch mit vielen nachkochbaren Rezepten auf, die den deutschen Gegebenheiten angepasst wurden.

Lust auf Thai-Snacks (München 2001) Taschenbuch, in dem Kleinigkeiten aus der Thai-Küche präsentiert werden.

Thai Food (Rolf Heyne, München 2002). Eine Liebeserklärung an die Küche Siams vom australischen Koch David Thompson, einem glühenden Verehrer der thailändischen Kochkunst.

World Food: Thailand (Lonely Planet, Melbourne 2000, englisch). Dieses kompakte, farbige Buch informiert umfassend über die thailändische Küche, ihre Zutaten und regionalen Varianten, viele Hintergrundinformationen, praktische Tipps und Rezepte.

Reiseführer

Eine große Zahl von Reiseführern beschäftigen sich mit Thailand. Aus dem Angebot haben wir einige ausgewählt, die dieses Buch ergänzen können.

Richtig Reisen Thailand (Loose, Renate; DuMont, Köln). Hintergrundinformationen über das bud-

dhistische Land. Außerdem zahlreiche Fotos und Routentips über die wichtigsten Reiseziele in Thailand.

APA Guide Thailand (Rutherford, Scott u.a.; Langenscheidt, München). Ein Reiseführer mit schönen Bildern und ausführlichen Routenbeschreibungen in Deutsch und Englisch. Wenig praktische Tipps!

Thailand visuell (DuMont; Köln). In dieser Reihe erscheinen bunte Bücher mit zahlreichen kleinen Artikeln, die Lust auf das Land machen, aber unterwegs weniger brauchbar sind.

Thailand (Nelles Guides; München). Ein handlicher, bunter Reiseführer, der Wert auf gute Karten legt, wobei der Text etwas zu kurz kommt.

Thailand (Clarac, A.; Bangkok, 1985). Der umfangreichste Kunst- und Reiseführer selbst für Touren in abgelegene Regionen, allerdings nur für Selbstfahrer, praktische Preisangaben und Hinweise auf öffentliche Verkehrsmittel fehlen, keine Neuauflage. Französisch. Englische Fassung: Oxford, New York, Bangkok 1981.

Thailand per Rad (Thomes, Matthias; Kettler Verlag 1991). Veralteter Radführer mit 90 Teilstrecken, Kartenskizzen und Hintergrundwissen.

National Parks of Thailand (Graham, Mark, Hrsg.; Bangkok 1991). Ausführliche Beschreibung der Vegetationssysteme von 30 Nationalparks, Kurzbeschreibung von weiteren 33 der über 100 Nationalparks, schöne Fotos und Karten. Als Wanderführer nicht geeignet.

Bangkok und Umgebung (Krack, Rainer; Bielefeld). Handbuch für Touristen, die sich längere Zeit im Großraum von Bangkok aufhalten wollen.

Thailand, Tauchen und Reisen (Lees, Paul; Bielefeld, 1997). Ausführliche Informationen über die besten Tauchplätze und viele Sehenswürdigkeiten, herrliche Farbfotos und Farbkarten.

Dive Guide Thailand (Lees, Paul; Asia Books Bangkok, 2001, englisch). Über 140 Tauch- und Schnorchelplätze in Thailand und auf den Andamanen.

Tauchreiseführer Thailand (Mietz, Christian; Augsburg 1995). Allgemeine Informationen über Thailand, Streifzug durch die Natur und das Leben im Meer, allgemein gehaltener Führer zu 13 Tauchregionen mit Übersichtskarten, konkrete Reisetipps zu Anreise, Unterkunft und Tauchschulen, exzellente Fotos.

Sail Thailand – **Exploring the Andaman Sea by Sail – Islands, Maps and Anchorages** (Piprell, Collin, Hrsg.; Bangkok 1991). Führer zu den Segelrevieren von Ko Phi Phi bis zu den Surin Islands mit vielen Fotos und Karten.

The Meditation Temples of Thailand: A Guide (Cummings, Joe; Bangkok 1990). Informationen über Buddhismus in Thailand, über Meditationslehrer und die Tempel, die auch Ausländer für einige Zeit aufsuchen können.

A Guide to Buddhist Monasteries and Meditation Centres in Thailand (Weir, Bill; Bangkok). Eine gute Übersicht, veröffentlicht von The World Fellowship of Buddhists, 616 Benjasiri (Queen's) Park, Soi 24 Sukhumvit Rd., ✆ 6610555.

Krabi – Caught in the Spell (Henley, Thom; Bangkok, 2003, englisch) Der Untertitel „A Guide To Thailand's Enchanted Province" läßt nicht vermuten, dass dieses Buch weit mehr ist als ein Reisefuehrer. Der engagierte kanadische Ökologe, der jeden Winter in Krabi verbringt, beschreibt in vielen Kurzgeschichten die Landschaften, die Menschen und die Natur der Provinz Krabi. Er spart nicht mit kritischen Anmerkungen über die Entwicklung Krabis seit dem Einzug der Touristen, doch immer schimmert seine Liebe zu den Menschen der Provinz durch.

Kosmos NaturReiseführer Thailand (Kath, Andrea; Braun-Lüllemann, Jörg; Braun-Lüllemann, Annette; Stuttgart 2001) Auf 286 Seiten wird der Naturraum Thailands ausführlich dargestellt und mit teils farbigen Fotos und Karten illustriert.

Landkarten und Pläne
… über Thailand:
Thailand Highway Map 1:1 000 000 (Roads Association of Thailand, Hrsg.; Bangkok). Der zur Zeit umfangreichste Straßenatlas Thailands, brauchbar für Hauptrouten. Viele alte Stadtpläne. Englisch und Thai. Erscheint jährlich neu, jedoch kaum ernsthaft überarbeitet.

B&B Thailand Road Map 1:1 750 000 (Berndtson & Berndtson Publications; Fürstenfeldbruck). Brauchbare Straßenkarte mit Sehenswürdigkeiten, 6 Stadtpläne und Detailkarten, Orts- und Straßenindex. Eine gute Ergänzung zum Handbuch.

Thailand Nelles Map 1:1 500 000 (Nelles Verlag, München). Sehenswürdigkeiten sind markiert, Grundlage ist eine topografische Karte mit angenehmem Maßstab.

… über Bangkok:
Latest Tour's Guide to Bangkok & Thailand. Brauchbarer Bangkok-Stadtplan mit eingezeichneten Busrouten, den es in vielen Gästehäusern, Buchläden und im Tourist Office für 30–40 Baht zu kaufen gibt.

B&B Bangkok City Map 1:14 000, Innenstadtplan sowie Karte des Großraums bis zum Airport im Maßstab 1:85 000, mit Straßenindex.

Bangkok Nelles Map 1:15 000 (Nelles Verlag, München). Mit einem Plan des Großraumes im Maßstab 1:75 000, mit Sehenswürdigkeiten, Hotels u.a.

Map of Bangkok (Chandler, Nancy). Grafisch hübsch gestaltete, handgezeichnete Karten von den interessantesten Märkten und Einkaufsvierteln mit eingezeichneten Geschäften, Restaurants, Sehenswürdigkeiten.

… über die Inseln:
B&B Phuket Road Map 1:80 000, umfasst das Gebiet bis Krabi, mit Detailplänen von den Stränden, Phuket Town, Krabi und Ko Phi Phi. Exakt recherchierte Karte.

Guide Map of … (V. Hongsombud; Bangkok). Hervorragend recherchierte Serie von Karten über touristische Gebiete, zur Zeit über Krabi und Ko Tao mit Ko Pha Ngan. Wird laufend aktualisiert. Vorsicht vor minderwertigen Nachahmern!

Videos
Bangkok. Das kultivierte Chaos (Schultze & Schultze 1993) Ein sympathisches und realistisches Stadtportrait, das in einem unterhaltsamen Mosaik die Vielfalt der Stadt in 45 Minuten darstellt.

Bangkok – Thailand Travel Video (Bernarding, Franz; München, 1999) Die Stadt als Mega-City, aktuelle Informationen und Tips von 1999. Auf Deutsch in VHS-PAL, 56 Minuten. Zu beziehen im Internet: 🖥 www.bernarding.com

Thailand. DuMont Video-Reiseführer (Kirchmayer, Josef; Köln 1997) Auf Deutsch in VHS wird in 55 Minuten das Land dargestellt.

Bangkok / Süd-Thailand. DuMont Kompakt-Video (Kirchmayer, Josef; Köln 1996)

Ontour. Thailand / Phuket (Köln, 1997)

Kleines Wörterbuch

Wenigstens ein paar Worte auf Thai sprechen zu können und das Bemühen zu zeigen, noch mehr lernen zu wollen – dies weckt spontane Sympathie und Neugier in den meisten Thais. Eine Mini-Konversation von 4 oder 5 Sätzen mit dem Abschluss, nur ganz wenig Thai zu sprechen *(put thai dai nitnoi *khrap / kha)*, wird immer wieder die sprichwörtliche Freundlichkeit der Thais hervorzuzaubern. * Sogar ein nicht korrekt konstruierter Satz erhält durch das Anhängen der obligatorischen Endung „khrap" (von Männern gesprochen) bzw. „kha" (von Frauen gesprochen) einen höflichen Klang.

Selbst mit einem Wörterbuch hat man große Schwierigkeiten, die Worte richtig auszusprechen.

Neben den Tonhöhen, die Anfänger nie richtig treffen, muss man sich mit 44 unterschiedlichen Konsonanten und 32 Vokalen herumschlagen, die es zum großen Teil in unserer Sprache nicht gibt. Der folgende Grundwortschatz kann hierbei nur eine kleine Hilfestellung sein. Wer die Zahlen bis 1000 in Thai beherrscht, wird einen guten Eindruck machen – vor allem bei Taxifahrern und beim Handeln. Am besten lässt man sich die Wörter von einem Thai vorsprechen und versucht, sie nachzusingen. Ein Trost für alle, die es dennoch wagen – die Grammatik ist recht einfach zu lernen, da es nur wenige Regeln und keine Ausnahmen von diesen Regeln gibt.

Tonhöhen haben wir allerdings nicht angegeben. Die Aussprache-Umschrift der ausgewählten Worte basiert weitgehend auf dem Deutschen.

Das Allerwichtigste

Willkommen! (Begrüßung)	sawadie khrap / kha	สวัสดีครับ/ค่ะ
Wie geht es?	sabai die mai?	สบายดีไหม
Mir geht es gut	sabai die	สบายดี
tschüss	laa gon	ลาก่อน
Auf Wiedersehen	pop gan mai	แล้วพบกันใหม่
Woher kommst du?	töh mah dschak tienai?	เธอมาจากไหน
Darf ich fotografieren?	tai ruhpdai mai?	ถ่ายรูปได้ไหม
Sprichst du Thai?	phuht thai daai mai?	เธอพูดไทยได้ไหม
Ich spreche ein wenig Thai	phuht thai nitnoi	ฉันพูดไทยได้นิดหน่อย
Verstehen sie?	kao dschai mai?	คุณเข้าใจไหม
Ich verstehe (nicht)	pom (mai) kaodschai	ฉันไม่เข้าใจ
Bitte sprechen Sie langsam!	prott put cha cha	โปรดพูดช้าๆ
Das macht nichts!	mai pen rai	ไม่เป็นไร
danke (Männer/Frauen)	kop khun khrap	ขอบคุณครับ/ค่ะ
bitte (fordernd)	prott	โปรด
bitte (einladend)	tschuhn	เชิญ
Achtung!	rawang	ระวัง
es tut mir Leid	pom sia chai	ฉันเสียใจ
Entschuldigung	kao tott	ขอโทษ
Wie heißt du?	dschüarai	เธอชื่ออะไร
Ich heiße	dschüa	ฉันชื่อ.....
Wie alt bist du?	ahju tao-rai	เธออายุเท่าไหร่
Wo wohnst du?	ju tienai	เธออยู่ที่ไหน
Was machst du?	tham arai	ทำอะไร
Viel Glück!	dschok die	โชคดี
verrückt	bababobo	บ้าๆบอๆ
gut, clever	gäng	เก่ง
Junge	dek phudschai	เด็กผู้ชาย
Mädchen	dek phujing	เด็กผู้หญิง
Kind	dek	เด็ก
müssen	tong	ต้อง

können	*dai*	ได้
brauchen	*dongka*	ต้องการ
haben...	*mih...*	มี
Freund	*püan*	เพื่อน
Westl. Ausländer	*farang*	ฝรั่ง

Fragen

wann	*möerai*	เมื่อไหร่
warum	*tammai*	ทำไม
was	*arai*	อะไร
wer, wen, wem	*krei*	ใคร
wie	*jangrai*	อย่างไร
wie viel(e)	*tao-rai*	เท่าไหร่
wo, wohin, woher	*tienai*	ที่ไหน

Antworten

ja	*dschai*	ใช่
nein	*mai, plao*	ไม่/เปล่า
nicht	*mai*	ไม่
gut	*die*	ดี
sehr gut	*die mak*	ดีมาก
nicht gut	*mai die*	ไม่ดี
sehr	*mahk mahk*	มากๆ
vielleicht	*bangti*	บางที
ein bisschen	*nitnoi*	นิดหน่อย

Personen

ich (weiblich)	*ditchan / tchan*	ดิฉัน/ฉัน
ich (männlich)	*pom / kra pom*	ผม/กระผม
du, sie, ihr	*töh / khun / puak töh*	เธอ/คุณ/พวกเธอ
er, sie, es	*khao*	เขา
wir	*rao*	เรา
du, Sie bzw. Herr...	*khun*	คุณ

Orientierung und Transport

geradeaus	*trong pai*	ตรงไป
(nach) links	*(liao) sai*	(เลี้ยว) ซ้าย
(nach) rechts	*(liao) khwa*	(เลี้ยว) ขวา
Stopp!	*jut*	หยุด
Welche Straße ist das?	*thanon nih arai?*	ถนนนี้ชื่ออะไร
Welche Stadt ist das?	*müang nih arai?*	เมืองนี้ชื่ออะไร
Wohin gehst du?	*pai nai?*	เธอจะไปไหน
Ich gehe nach...	*pai...*	ฉันจะไป.....
Nein, ich will nicht gehen	*pom mai pai*	ฉันไม่ไป
Ich gehe schwimmen	*pai nahm*	ฉันจะไปว่ายน้ำ
Bus	*rot meh*	รถเมล์
Busbahnhof	*sathani rot meh*	สถานีรถเมล์/บขส.
Eisenbahn	*rot fai*	รถไฟ
Bahnhof	*sathani rot fai*	สถานีรถไฟ

Flugzeug	*rüha bin*	เครื่องบิน
Flugplatz	*sahnam bin*	สนามบิน
Boot	*rüha*	เรือ
Hafen	*tah*	ท่าเรือ
Taxi	*teksi*	แท็กซี่
Auto	*rot jon*	รถยนต์
Motorrad	*mohtöhsai*	มอร์เตอร์ไซด์
Fahrrad	*dschakrajahn*	รถจักรยาน
mieten	*tschau*	เช่า
Benzin	*bensin*	เบนซิน
Normalbenzin	*tammadah*	ธรรมดา
Super	*supähr*	ซุปเปอร์

Umwelt

Stadt	*müang*	เมือง
Großstadt	*nakhon / müang yai*	นคร/เมืองใหญ่
Dorf	*bahn*	หมู่บ้าน
Berg	*doi*	ภูเขา/เขา
Fluss	*mä nahm*	แม่น
Insel	*ko*	เกาะ
Strand	*haht*	ชายหาด/หาด
Bucht	*ao*	อ่าว
Wasserfall	*nahm tok*	น ตก
Höhle	*tam*	ถ
Straße	*thanom*	ถนน
Gasse	*soi*	ซอย

Übernachten

Hotel	*rong rähm*	โรงแรม
Wo ist das Hotel?	*rong rähm ju tienai?*	โรงแรมอยู่ที่ไหน
Zimmer	*hong*	ห้อง
Bett	*tiang*	เตียง
Schlüssel	*gun tschä*	กุญแจ
Moskito	*jung*	ยุ
Moskitonetz	*mung*	ยุ้งกันยุง
Badezimmer	*hong nahm*	ห้องน
Toilette	*hong suam*	ห้องส้วม
Wo ist die Toilette?	*hong nahm ju tienai*	ห้องน อยู่ที่ไหน
müde	*nguang noh*	ง วง นอน
allein	*kon dijo*	คนเดียว

Essen und Trinken
s.S. 45

Einkaufen

kaufen	*süh*	ซื้อ
verkaufen	*khai*	ขาย
Wie viel möchten Sie?	*khun tong kahn tao-rai?*	คุณต้องการเท่าไร
Wie viel kostet es?	*raka tao-rai?*	ราคาเท่าไร

Wie viel Baht?	kih baht?	กี่บาท
Ich nehme nichts	mai aau	ไม่เอา
teuer	päng	แพง
zu teuer	päng pai	แพงไป
billig	mai päng	ไม่แพง
es gibt…	mie…	มี
es gibt nicht	mai mie	ไม่มี
Tasche	gapao	กระเป๋า
Toilettenpapier	gadad samla	กระดาษชำระ
oder	tischuh hong nahm	
Seife	sabu	สระบู่
Shampoo	ja sa pom	ยาสระผม
Handtuch	pa set dua	ผ้าเช็ดตัว
Moskito-Coils	ja gan jung	ยากันยุง
Streichhölzer	mai kit fai	ไม้ขีดไฟ
Kerze	tian kai	เทียน
Batterie	tahn fai sai	ถ่านไฟฉาย
Briefmarke	satäm	แสตมป์
Schreibpapier	gadad kien djod mai	กระดาษเขียนจดหมาย

Gesundheit

krank	mai sabai	ไม่สบาย
gesund	sabai	สบาย
Medizin	jah	ยา
Fieber	kai	ไข้
Durchfall	tong döhn	ท้องเดิน/ท้องร่วง
Erbrechen	adschian	อาเจียร
Krankenhaus	rong payabahn	โรงพยาบาล
wehtun	dschep	เจ็บ

Zeit

Welche Zeit	wella tao-rai	กี่โมง
Morgen	tschao	เช้า
Mittag	tiang	เที่ยง
Abend	jen	เย็น
Nacht	khühn	กลางคืน
heute	wan-nie	วันนี้
morgen	prung-nie	พรุ่งนี้
gestern	müa wan-nie	เมื่อวานนี้
Minute	natie	นาที
Stunde	tschua mohng	ชั่วโมง
Tag	wan	วัน
Woche	athit	อาทิตย์
Monat	düan	เดือน
Jahr	bi	ปี
jetzt	däo-nie	เดี๋ยวนี้
später	tie-lang	ทีหลัง
noch nicht	yang	ยัง
schon / fertig	läou	แล้ว

Zahlen

1	*nöng*	๑	20	*jie sip*	๒๐
2	*sohng*	๒	21	*jie sip et*	๒๑
3	*sahm*	๓	25	*jie sip hah*	๒๕
4	*sie*	๔	30	*sahm sip*	๓๐
5	*hah*	๕	40	*sie sip*	๔๐
6	*hock*	๖	100	*nöng roy*	๑๐๐
7	*dschät*	๗	200	*sohng roy*	๒๐๐
8	*bet*	๘	1000	*nöng pan*	๑๐๐๐
9	*gao*	๙	10 000	*nöng müün*	๑๐๐๐๐
10	*sip*	๑๐	100 000	*nöng sähn*	๑๐๐๐๐๐
11	*sip et*	๑๑	1 000 000	*nöng laan*	๑๐๐๐๐๐๐
12	*sip sohng*	๑๒			

Wichtige Reiseziele in Thai-Schrift

Ang Sila .... อ่าง ศิลา
Ang Thong Marine National Park .... หมู่เกาะอ่าง ทอง
Ayutthaya .... อยุธยา
Ban Mae Hat .... บานแม่หาด
Ban Phe .... บานเพ
Bang Pa In – Der Sommerpalast .... พระราชวัง บาง ปะอิน
Bang Saen .... บาง แสน
Bang Sai .... บาง ไทร
Bang Sak .... บาง สัก
Bang Saphan .... บาง สะพาน
Bangkok .... กรุง ฉ.ศศ
Betong .... เบตง
Cha-am .... ชะอำ
Chaiya .... ไชยา
Chantaburi .... จันทบุรี
Chonburi .... ชลบุรี
Chumphon .... ชุมพร
Damnoen Saduak .... ดำเนินสะดวก
Hat Yai .... หาดใหญ่
Hua Hin .... หัวหิน
Kaeng Krachan National Park .... วนอุทยานแก่ง กระจาน
Kanchanaburi .... กาญจนบุรี
Khanom – Sichon .... ขนอม – สิชล
Khanom – Sichon .... ขนอม – สิชล
Khao Lak .... เขาหลัก
Khao Sam Roi Yot National Park .... นอุทยานเขาสามร้อยยอด
Khao Sok National Park .... วนอุทยานเขาสก
Khung Wiman und Laem Sadet .... คุ้ง วิมานแหลมเสด็จ
Ko Bulon Lae .... เกาะบุลอนเล
Ko Chang .... เกาะช้าง
Ko Chang .... เกาะช้าง
Ko Hai .... เกาะไห
Ko Kradan .... เกาะกระดาน

ANHANG

Ko Lanta	เกาะลันตา
Ko Libong	เกาะลิบง
Ko Mak	เกาะหมาก
Ko Muk	เกาะมุก
Ko Nang Yuan	เกาะนางยวน
Ko Pha Ngan	เกาะพงัน
Ko Phayam	เกาะพะยาม
Ko Phi Phi	เกาะพีพี
Ko Rok	เกาะรอก
Ko Samet	เกาะเสม็ด
Ko Samui	เกาะสมุย
Ko Sukon	เกาะสุกร
Ko Tao	เกาะเต่า
Ko Wai	เกาะหวาย
Krabi	กระบี่
Laem Ngop	แหลมงอบ
Laem Son National Park	วนอุทยานแหลมสน
Nakhon Pathom	นครปฐม
Nakhon Si Thammarat	นครศรีธรรมราช
Narathiwat	นราธิวาส
Nathon	หน้าทอน
Padang Besar	ปาดังเบซาร์
Pakbara	ปากบารา
Pattani	ปัตตานี
Pattaya	พัทยา
Phang Nga	พังงา
Phattalung	พัทลุง
Phetchaburi	เพชรบุรี
Phuket	ภูเก็ต
Prachuap Khiri Khan	ประจวบคีรีขันธ์
Ranong	ระนอง
Ratchaburi	ราชบุรี
Rayong	ระยอง
Sadao	สะเดา
Samphran	สามพราน
Satun	สตูล
Si Racha	ศรีราชา
Similan Islands	หมู่เกาะสิมิลัน
Songkhla	สงขลา
Sungai Golok	สุไหงโกลก
Surat Thani	สุราษฎร์ธานี
Surin Islands	หมู่เกาะสุรินทร์
Tak Bai	ตากใบ
Takua Pa	ตะกั่วป่า
Tarutao National Park	วนอุทยานเกาะตะรุเตา
Thong Sala	ท้องศาลา
Trang	ตรัง
Trat	ตราด

Index

ANHANG

ANHANG

ANHANG

ANHANG

ANHANG

ANHANG

ANHANG

ANHANG

ANHANG

ANHANG

Bildnachweis

Umschlag vorn und innen: Renate Loose

Farbfotos
Farbfotos (14): alle **Renate Loose**

s/w-Fotos
Renate Loose: S. 3, 38, 77, 84, 113, 124, 130, 182, 194, 205, 250, 294, 458, 472, 493, 547, 650, 681 und 723.

Richard Doring: S. 11, 81, 98, 107, 287, 334, 369, 386, 425, 429, 437, 475, 552 und 649.

Rainbow Blub Club Divers: S. 616.

ANHANG

Über die Autoren

Stefan Loose schloss eine Lehre als Industriekaufmann, die Hochschulreife auf dem zweiten Bildungsweg und ein Studium in Englisch und Politik ab, bevor ihm die Reiselust zum Schicksal wurde. Seine ersten Südostasien-Trips verdiente er sich als Taxifahrer in regnerischen Berliner Nächten. Als die erste Traveller-Welle Südostasien eroberte, war er schon ein alter Hase, der sich auskannte. Die Idee, seine Kenntnisse in ein Buch zu packen, nahm aber erst Gestalt an, als er sich entscheiden musste: Lehrer werden oder etwas anderes machen? Und nachdem er es mit der Referendarzeit probiert hatte, war es endgültig klar: Etwas anderes. Etwas eigenes. Aus der Reiselust einen Beruf machen.

Das war die Zeit, als er **Renate Loose** kennenlernte. Nach einem Geografie- und Germanistik-Studium hatte die Referendarzeit sie nach Berlin verschlagen, der Stadt mit dem idealen Nährboden für neue Interessen und andere Horizonte. Ihr Faible für asiatische Völker und Kulturen entwickelte sich nach der ersten großen Reise durch Sarawak und Sabah 1978. Bald war die Faszination Südostasiens stärker als die Aussicht auf Verbeamtung, Pensionsberechtigung und Bausparvertrag, und mit dem Zweiten Staatsexamen stand auch ihre Entscheidung fest: Reisen, schreiben, fotografieren, wieder reisen – das war ihr Beruf.

Das erste Südostasien-Handbuch, auf Schreibmaschine getippt und von Hand illustriert, kam 1978 im Selbstverlag auf den Markt. Dass das Buch ein Renner und der Grundstein zu einem Verlag werden sollte, ahnte damals noch niemand. 1980 heirateten Stefan Loose und Renate Ramb in Penang, 1982 wurde ihr Sohn Mischa geboren – auch er musste sich frühzeitig daran gewöhnen, ständig auf Reisen zu sein. Das Südostasien-Handbuch erlebte eine Neuauflage nach der anderen. Neue Autoren stiegen ein, neue Titel kamen auf den Markt, dicker, bunter, professioneller. Der „Loose" wurde zum Begriff.

Richard Doring absolvierte sein Studium der Informatik und Pädagogik in Deutschland und in den USA und war als Trainer in der Industrie tätig. Jetzt versucht er, mit dem Internet sein Taschengeld zu verdienen. Schon als Teenager entdeckte er seine Freude am Reisen und trampte durch Europa.

Ursula Spraul-Doring studierte Deutsch, Kunst und Sonderpädagogik und arbeitet an einer Schule für Lernbehinderte. Die ersten Erfahrungen in Asien sammelte sie alleine. Ihre Begeisterung war so groß, dass sie mühelos ihren Mann dafür gewann ein Jahr mit dem VW-Bus nach Indien zu reisen.

Gemeinsam durchstreiften sie in den Ferien und während mehrjähriger Reisen alle Kontinente. Ihre Eindrücke und Fotos publizieren sie in Büchern und Zeitschriften sowie im Web unter ⌨ www.doring2000.de. Sie verwerteten ihr Wissen auch bei der Produktion von Landkarten. Einige Jahre reisten sie durch Südostasien. Vor allem ihr Lieblingsland, Thailand, erkundeten sie mit Bus, Bahn, Schiffen, Mietwagen und dem Wohnmobil bis in die letzten Winkel. Seit 1987 bringen sie ihr Wissen mit persönlichem Engagement und größter Genauigkeit in die Loose Travel Handbücher ein. In mehrmonatigen Reisen tragen sie jedes Jahr Materialien und Informationen zusammen, von denen selbst die örtlichen Tourismusbehörden nur träumen können. Unter ⌨ www.thailand2000.de/dneues. htm veröffentlichen sie laufend aktuelle Fahrpläne, Neuerungen und wichtige Änderungen. Besondere Freude bereiten ihnen die Rückmeldungen begeisterter Leser, die mit dem orangen Buch einen unvergesslichen Urlaub hatten.

An dieser Stelle möchten wir uns bei allen Leserbrief- und E-Mail-Schreibern für die vielen Informationen, Anregungen und Ermutigungen recht herzlich bedanken, durch die wir ein wahres Buch von Travellern für Traveller schreiben konnten.

Notizen

Notizen

Dieses Buch ist gedruckt

und schon wird der Fahrplan geändert
ein ausgezeichnetes Restaurant eröffnet
das alte Kolonialhotel abgerissen
die Einreise erleichtert …

Unsere Website
wird ständig mit aktuellen Updates ergänzt, die wir
nach Redaktionsschluss dieses Buches erhalten haben

Einfach vor der Reise
- aufrufen
- ausdrucken und
- einkleben
- damit das Travel Handbuch noch aktueller wird

Unsere Website bietet zudem:
Links zu interessanten Websites und E-Mail-Adressen
Einen Interaktiven Reiseplaner Südostasien, um jederzeit
das optimale Reiseziel zu finden
Informationen über Autoren und Mitarbeiter
Aktuelle Mitteilungen aus dem Verlag
Länderprofile zu vielen Reisezielen weltweit
Leseproben aus unseren Travel Handbüchern
Bilder zum Einstimmen auf die Reise
einen Newsletter zum Herunterladen oder Abonnieren
und mehr …

Und wenn dann immer noch Fragen offen sind:
Im Globetrotter-Forum weiß ganz sicher jemand die Antwort!

www.loose-verlag.de

ANHANG

Stefan Loose
Travel Handbuch
Laos
ISBN 3-7701-6142-4
22,95 €

Laos

Stefan Loose
Travel Handbücher

Jan Düker und Annette Monreal

Mit vielen aktuellen Reisetipps!

Myanmar
(Birma)

Stefan Loose
Travel Handbuch
Myanmar (Birma)
ISBN 3-7701-6147-5
22,95 €

Die orangen
Stefan Loose Travel Handbücher
für die spannendsten Fernreiseziele

Ägypten
Muriel Brunswig und
Martin Schemel, 480 Seiten

Australien
Anne Dehne, 784 Seiten

Australien – Der Osten
Anne Dehne, 608 Seiten

Bali – Lombok
Stefan Loose u.a., 304 Seiten

China
Jeremy Atiyah u.a., 1296 Seiten

China - Der Osten
Jeremy Atiyah u.a., 664 Seiten

Florida
Jeffrey Kennedy u.a., 448 Seiten

Guatemala
Frank Herrmann, 440 Seiten

Indien
David Abram u.a., 1312 Seiten

Indien – Der Nordwesten
David Abram u.a., 704 Seiten

Indien – Der Süden
David Abram u.a., 736 Seiten

Indonesien
Stefan Loose u.a., 800 Seiten

Jamaika
Peter Lukowski, 276 Seiten

Japan
Chris Rowthorn u.a., 760 Seiten

Java – Bali – Lombok
Stefan Loose u.a., 524 Seiten

Kalifornien
Deborah Bosley u.a., 656 Seiten

Kambodscha
Beverley Palmer, 328 Seiten

Kanada – Der Osten
Tim Jepson u.a., 540 Seiten

Kanada – Der Westen
Tim Jepson u.a., 616 Seiten

Kenya
Richard Trillo, 684 Seiten

Kenya – Nationalparks/Strände
Richard Trillo, 376 Seiten

Kuba
Fiona McAuslan, Matthew
Norman, 544 Seiten

Laos
J. Düker, A. Monreal, 400 Seiten

Malaysia – Singapore – Brunei
Stefan Loose u.a., 680 Seiten

Marokko
Mark Ellingham u.a., 632 Seiten

Mexiko
John Fisher u.a., 800 Seiten

Myanmar (Burma)
markand u.a., ca. 512 Seiten

Namibia
Livia und Peter Pack, 424 Seiten

Nepal
David Reed, 560 Seiten

Neuseeland
Laura Harper u.a., 832 Seiten

New York
Martin Dunford u.a., 488 Seiten

Peru
Frank Herrmann, ca. 600 Seiten

Südafrika
Barbara McCrea u.a., 800 Seiten

Südostasien - Die Mekong-Region
Hrsg. Jan Düker, ca. 800 Seiten

Thailand – Der Süden
Richard Doring u.a., 752 Seiten

Thailand
Richard Doring u.a., 848 Seiten

Trinidad – Tobago – Grenada
Christine De Vreese, 332 Seiten

USA (gesamt)
Samantha Cook u.a., 824 Seiten

Vietnam
Jan Dodd u.Mark Lewis, 640 Seiten

Zimbabwe – Botswana
Friedrich Köthe u.a., 512 Seiten

ANHANG

**Stefan Loose Travel Handbücher –
mit vielen aktuellen Reisetipps!**